O Novo Código de Processo Civil e seus Reflexos no Processo do Trabalho

ORGANIZADOR

Élisson Miessa

CONFORME NOVO CPC

O Novo Código de Processo Civil e seus Reflexos no Processo do Trabalho

2ª edição
revista, ampliada e atualizada

2016

EDITORA *jus*PODIVM

www.editorajuspodivm.com.br

EDITORA jusPODIVM
www.editorajuspodivm.com.br

Rua Mato Grosso, 175 – Pituba, CEP: 41830-151 – Salvador – Bahia
Tel: (71) 3363-8617 / Fax: (71) 3363-5050
• E-mail: fale@editorajuspodivm.com.br

Copyright: Edições JusPODIVM

Conselho Editorial: Eduardo Viana Portela Neves, Dirley da Cunha Jr., Leonardo de Medeiros Garcia, Fredie Didier Jr., José Henrique Mouta, José Marcelo Vigliar, Marcos Ehrhardt Júnior, Nestor Távora, Robério Nunes Filho, Roberval Rocha Ferreira Filho, Rodolfo Pamplona Filho, Rodrigo Reis Mazzei e Rogério Sanches Cunha.

Diagramação: PVictor Editoração Eletrônica *(pvictoredit@live.com)*

Capa: Rene Bueno e Daniela Jardim *(www.buenojardim.com.br)*

M631n	Miessa, Élisson
	O Novo Código de Processo Civil e seus reflexos no processo do trabalho / Coordenador, Élisson Miessa – 2. ed. rev., ampl. e atual. – Salvador : Juspodivm, 2016.
	1.440 p.
	Bibliografia.
	ISBN 978-85-442-0723-9.
	1. Direito processual do trabalho. I. Título.
	CDD 342.68

Todos os direitos desta edição reservados à Edições JusPODIVM.

É terminantemente proibida a reprodução total ou parcial desta obra, por qualquer meio ou processo, sem a expressa autorização do autor e da Edições JusPODIVM. A violação dos direitos autorais caracteriza crime descrito na legislação em vigor, sem prejuízo das sanções civis cabíveis.

2ª ed., *2.ª tir.*: jul./2016.

Sobre os Autores

ARYANNA MANFREDINI

Graduada em Ciências Jurídicas e Sociais pela PUC-PR. Especialista em Direito Processual do Trabalho pela Universidade Candido Mendes e em Direito Processual Civil pela Academia Brasileira de Direito Constitucional. Professora de Direito Processual do Trabalho do Complexo de Ensino Renato Saraiva (CERS) e da Pós-graduação da Faculdade Baiana de Direito. Palestrante em diversos Seminários e Congressos. Autora de várias obras jurídicas. Advogada Trabalhista.

BRUNO GOMES BORGES DA FONSECA

Doutorando e Mestre em Direitos e Garantias Fundamentais pela Faculdade de Direito de Vitória (FDV). Especialista em Direito Constitucional pela Universidade Federal do Espírito Santo (UFES). Procurador do Trabalho na 17ª Região. Professor. Ex-Procurador do Estado do Espírito Santo. Autor do livro *Compromisso de ajustamento de conduta*. São Paulo: LTr, 2013. *E-mail:* bgbfonseca@yahoo.com.br.

BRUNO KLIPPEL

Doutor em Direito do Trabalho pela PUC/SP, Mestre em Direito pela FDV/ES, Professor da Faculdade de Direito de Vitória – FDV/ES, Universidade de Vila Velha – UVV/ES, Faculdade Estácio de Vitória/ES, IOB/Marcato Concursos/SP, Estratégia Concursos/DF, Aprova Concursos/PR, Educação Avançada/DF e Centro de Evolução Profissional/CEP em Vitória e Vila Velha/ES. Autor de diversos livros jurídicos pela Editora Saraiva, em especial, *Direito Sumular TST Esquematizado*.

CAIO VICTOR NUNES MARQUES

Graduando em Direito pela UFPB, pesquisador do Centro de Pesquisas do Judiciário Trabalhista Paraibano (CPJ TRT 13).

CARLOS HENRIQUE BEZERRA LEITE

Mestre e Doutor em Direito das Relações Sociais (PUC/SP). Professor Adjunto do Departamento de Direito (UFES). Professor de Direitos Metaindividuais do Mestrado (FDV). Desembargador Federal do Trabalho do Tribunal Regional do Trabalho da 17ª Região/ES. Ex-Procurador Regional do Ministério Público do Trabalho/ES. Diretor da Escola de Magistratura do Trabalho no Estado do Espírito Santo. Membro da Academia Nacional de Direito do Trabalho. Medalha do Mérito Judiciário do Trabalho (Comendador). Ex-coordenador Estadual da Escola Superior do MPU/ES.

CLÁUDIO BRANDÃO

Ministro do Tribunal Superior do Trabalho. Mestre em Direito pela Universidade Federal da Bahia – UFBA. Membro da *Associacion Iberoamericana de Derecho del Trabajo* e do Instituto Baiano de Direito do Trabalho. Professor de Direito do Trabalho e Direito Processual do Trabalho da Faculdade Ruy Barbosa. Professor convidado da Escola Judicial do Tribunal Regional do Trabalho da 5ª Região. Professor convidado da Pós-Graduação da Faculdade Baiana de Direito e da Fundação Faculdade de Direito da Bahia.

CLEBER LÚCIO DE ALMEIDA

Juiz do Trabalho. Professor dos cursos de graduação e pós-graduação da PUC/MG. Pós-doutor em Direito pela Universidad Nacional de Córdoba/ARG. Doutor em Direito pela UFMG. Mestre em Direito pela PUC/SP.

CRISTIANO LOURENÇO RODRIGUES

Procurador do Trabalho da 15ª Região. Ex-Procurador Federal da Procuradoria Federal Especializada do INSS. Graduado e Especialista em Direito do Trabalho pela Faculdade de Direito da Universidade de São Paulo - Largo de São Francisco. Mestrando em Direito Negocial na Universidade Estadual de Londrina. Professor de Direito Processual do Trabalho no Centro Universitário Toledo de Presidente Prudente - SP.

DANIEL GEMIGNANI

Bacharel em Direito pela Pontifícia Universidade Católica de São Paulo (PUC/SP). Auditor Fiscal do Ministério do Trabalho e Emprego (AFT/MTE). Especialista em Auditoria Fiscal em Saúde e Segurança no Trabalho, pela Universidade Federal do Rio Grande do Sul (UFRGS).

DANILO GONÇALVES GASPAR

Juiz do Trabalho Substituto do Tribunal Regional do Trabalho da 5ª Região. Mestre em Direito Privado e Econômico (UFBA). Pós-Graduado em Direito e Processo do Trabalho (Curso Preparatório para Carreira Jurídica JUSPODIVM Salvador/BA). Bacharel em Direito (Faculdade Ruy Barbosa Salvador/BA). Professor de Direito do Trabalho e de Direito Processual do Trabalho do Curso DIPA.

EDILTON MEIRELES

Pós-doutor em Direito pela Faculdade de Direito da Universidade de Lisboa. Doutor em Direito pela Pontifícia Universidade Católica de São Paulo (PUC/SP). Professor de Direito Processual Civil na Universidade Federal da Bahia (UFBa). Professor de Direito na Universidade Católica do Salvador (UCSal). Membro do IBDP. Membro da Associacion Iberoamericana de Derecho del Trabajo. Membro do Instituto Brasileiro de Direito Social Cesarino Júnior. Desembargador do Trabalho na Bahia (TRT 5ª Região).

Eduardo Simões Neto
Advogado, Professor, especialista pelo CAD – Centro de Atualização em Direito, Mestre em Direito pela PUC – Pontifícia Universidade Católica de MG.

Elaine Nassif
Procuradora Regional do Trabalho em Minas Gerais. Doutora em Direito pela Universidade de Roma e PUC-Minas.

Eliana dos Santos Alves Nogueira
Mestre em Direito do Trabalho pela Faculdade de Ciências Humanas e Sociais na UNESP em Franca/SP. Graduada – licenciatura plena - em Filosofia pela Pontifícia Universidade Católica de Belo Horizonte/MG. Professora assistente junto ao Departamento de Direito Privado na Faculdade de Ciências Humanas e Sociais da UNESP/Franca/SP. Juíza do Trabalho, titular da 2ª Vara do Trabalho de Franca/SP, junto ao TRT da 15ª Região.

Élisson Miessa
Procurador do Trabalho. Professor de Direito Processual do Trabalho do curso CERS online. Autor e coordenador de obras relacionadas à seara trabalhista, entre elas: "Súmulas e Orientações Jurisprudenciais do TST comentadas e organizadas por assunto", "Recursos Trabalhistas" e "Impactos do Novo CPC nas Súmulas e Orientações Jurisprudenciais do TST", publicadas pela editora *Jus*PODIVM.

Fábio Natali Costa
Juiz do Trabalho Substituto (15ª Região). Mestre em Ciências Jurídico-Processuais pela Faculdade de Direito da Universidade de Coimbra – Portugal. Professor em cursos de pós-graduação.

Fabrizio De Bortoli
Fabrizio De Bortoli é advogado. Especializado em Direito e Processo do Trabalho pela Faculdade de Direito da Universidade Laudo de Camargo – Universidade de Ribeirão Preto (Unaerp). Fundador (20/3/2003) da Cooperativa Nacional de Assessoria, Mediação e Arbitragem – Coopernama.

Fernanda de Miranda S. C. Abreu
Doutoranda e Mestre em Direito das Relações Econômicas Internacionais pela PUC-SP. Professora assistente na Pós-Graduação em Direito Internacional da PUC-SP/Cogeae. Advogada em São Paulo.

Flávio Henrique Freitas Evangelista Gondim
Master em Direito Constitucional pela Universidade de Sevilha (Espanha). Procurador do Trabalho desde 2005.

FREDIE DIDIER JR.
Professor-associado de Direito Processual Civil da Universidade Federal da Bahia. Mestre (UFBA), Doutor (PUC/SP), Pós-doutor (Universidade de Lisboa) e Livre-docente (USP). Advogado e consultor jurídico. www.frediedidier.com.br.

GABRIELA NEVES DELGADO
Professora Adjunta de Direito do Trabalho da Universidade de Brasília (UnB).

GUILHERME GUIMARÃES FELICIANO
Professor Associado II do Departamento de Direito do Trabalho e da Seguridade Social da Faculdade de Direito da Universidade de São Paulo. Livre-Docente e Doutor pela Universidade de São Paulo. Diretor de Prerrogativas e de Assuntos Jurídicos da Associação Nacional dos Magistrados da Justiça do Trabalho (2013-2015). Juiz Titular da 1ª Vara do Trabalho de Taubaté/SP.

GUILHERME GUIMARÃES LUDWIG
Juiz do Trabalho no TRT da 5ª Região/BA, Membro do Conselho Consultivo da Escola Judicial do Tribunal Regional do Trabalho da Quinta Região (biênios 2005-2007, 2007-2009, 2009-2011 e 2013-2015), Doutorando e Mestre em Direito Público pela Universidade Federal da Bahia – UFBA, Extensão universitária em Economia do Trabalho pelo CESIT/UNICAMP, Professor de Direito e Processo do Trabalho e Direito da Seguridade Social na Universidade do Estado da Bahia – UNEB, Coordenador Executivo da Escola da Associação dos Magistrados da Justiça do Trabalho da 5ª Região – EMATRA5 (biênio 2012-2014).

GUSTAVO FILIPE BARBOSA GARCIA
Livre-Docente pela Faculdade de Direito da Universidade de São Paulo. Doutor em Direito pela Faculdade de Direito da Universidade de São Paulo. Especialista em Direito pela *Universidad de Sevilla*. Pós-Doutorado em Direito pela *Universidad de Sevilla*. Membro da Academia Brasileira de Direito do Trabalho, Titular da Cadeira nº 27. Membro Pesquisador do IBDSCJ. Professor Universitário em Cursos de Graduação e Pós-Graduação em Direito. Advogado. Foi Juiz do Trabalho das 2ª, 8ª e 24ª Regiões, Ex-Procurador do Trabalho do Ministério Público da União e Ex-Auditor-Fiscal do Trabalho.

IGOR DE OLIVEIRA ZWICKER
Bacharel em Direito e Especialista em Gestão de Serviços Públicos pela Universidade da Amazônia (Unama), Especialista em Economia do Trabalho e Sindicalismo pela Universidade de Campinas (Unicamp) e Especialista em Direito do Trabalho e Processo do Trabalho pela Universidade Cândido Mendes (UCAM). Assessor Jurídico-Administrativo do TRT da 8ª Região. Professor de Direito. Autor do livro "Súmulas, orientações jurisprudenciais e precedentes normativos do TST" (São Paulo: LTr, 2015).

Isabelli Gravatá

Bacharel em Direito pela Faculdade Cândido Mendes - Centro/RJ. Mestre em Direito Público pela UNESA/RJ. Especialista em Direito Empresarial pela Faculdade Cândido Mendes-Centro/RJ. Especialista em Direito e Processo do Trabalho pela Universidade Cândido Mendes – UCAM. Ex-residente Jurídica da área Trabalhista da Universidade do Estado do Rio de Janeiro – UERJ. Professora de Direito e Processo do Trabalho da Mackenzie Rio e de Cursos Preparatórios para Concursos Públicos - área jurídica, área fiscal e OAB.

Ítalo Menezes de Castro

Juiz do Trabalho Substituto do Tribunal Regional do Trabalho da 2ª Região. Mestrando em Direito do Trabalho e da Seguridade Social pela Faculdade de Direito da Universidade de São Paulo (USP). Pós-graduando em Direito Constitucional. Bacharel em Direito pela Universidade Federal do Ceará. Professor de cursos preparatórios para ingresso na magistratura do trabalho.

Iuri Pereira Pinheiro

Juiz do Trabalho no Tribunal Regional do Trabalho da 15ª Região. Mestrando em Direito pela Faculdade Autônoma de Direito de São Paulo. Especialista em Direito e Processo do Trabalho pela Universidade Anhanguera. Ex--Assessor de Desembargador no Tribunal Regional do Trabalho da 7ª Região. Ex-Chefe de Gabinete de Desembargador no Tribunal Regional do Trabalho da 2ª Região. Ex-Assistente no Gabinete da Presidência do Tribunal Superior do Trabalho e no Gabinete do Ministro Rider Nogueira de Brito. Ex-Assistente de Juiz nos Tribunais Regionais do Trabalho da 7ª e da 2ª Região. Ex-servidor do Tribunal Regional do Trabalho da 9ª Região. Escritor de Artigos Científicos e do livro "Apontamentos sobre a Execução Trabalhista". Coautor-Colaborador da obra Estudos Aprofundados da Magistratura do Trabalho, V. 2. Salvador: JusPodivm, 2014.

João Humberto Cesário

Juiz Titular de Vara no Tribunal Regional do Trabalho da 23ª Região. Membro do Comitê Executivo do Fórum de Assuntos Fundiários do Conselho Nacional de Justiça de 2013 a 2014. Coordenador Acadêmico da Pós-graduação em Direito e Processo do Trabalho da Escola Superior da Magistratura Trabalhista de Mato Grosso nos biênios 2011 a 2013 e 2013 a 2015. Mestre em Direito Agroambiental pela Universidade Federal de Mato Grosso. Professor das disciplinas Teoria Geral do Processo, Direito Processual do Trabalho e Direito Ambiental do Trabalho. Tem atuado ultimamente como Professor convidado na Escola Nacional de Formação e Aperfeiçoamento de Magistrados do Trabalho (ENAMAT) e nas Escolas Judiciais dos TRTs da 5ª, 6ª, 9ª, 18ª e 23ª Regiões. Professor do Instituto JHC (Justiça, Humanismo e Cidadania) de Direito e Processo do Trabalho.

JOÃO MARCOS CASTILHO MORATO
Mestre em Direito pela PUC Minas. Professor de Direito e Processo do Trabalho nos cursos de graduação e pós-graduação na PUC Minas. Advogado.

JORGE LUIZ SOUTO MAIOR
Juiz do Trabalho, titular da 3ª Vara do Trabalho de Jundiaí/SP. Professor livre-docente da Faculdade de Direito da USP.

JOSÉ ANTÔNIO RIBEIRO DE OLIVEIRA SILVA
Juiz Titular da 6ª Vara do Trabalho de Ribeirão Preto (SP). Mestre em Direito Obrigacional Público e Privado pela UNESP. Doutor em Direito do Trabalho e da Seguridade Social pela Universidad de Castilla-La Mancha (UCLM), na Espanha. Membro do Conselho Técnico da Revista do TRT da 15ª Região (Subcomissão de Doutrina Internacional). Professor da Escola Judicial do TRT-15.

JOSÉ GONÇALVES BENTO
Analista Judiciário no TRT da 15ª Região. Assistente de Juiz. Bacharel em Direito e Especialista em Direito do Trabalho e Processo do Trabalho, pela LFG. Graduado – licenciatura plena - em Letras, pela Universidade de Franca.

JOSÉ LUCIANO DE CASTILHO PEREIRA
Ministro do TST – aposentado. Membro Efetivo do Instituto dos Advogados Brasileiros. Professor de Processo do Trabalho no IESB – Brasília – DF.

JULIANA COELHO TAVARES DA SILVA
Pesquisadora bolsista do CNPq (PIBIC) vinculada ao grupo de pesquisa "Marxismo e Direito" e do Centro de Pesquisas sobre o Judiciário Trabalhista Paraibano (CPJ-TRT13), graduanda em Direito pela Universidade Federal da Paraíba (UFPB).

JÚLIO CÉSAR BEBBER
Juiz do Trabalho - Doutor em Direito

LEONARDO DIAS BORGES
Professor Universitário (Graduação e Pós-graduação), Pós-graduado (lato e stricto sensu), autor de diversos livros e artigos na área processual, Desembargador no Rio de Janeiro, membro do IAB – Instituto dos Advogados do Brasil/RJ.

Lorena Vasconcelos Porto

Procuradora do Ministério Público do Trabalho. Doutora em Autonomia Individual e Autonomia Coletiva pela Universidade de Roma II. Mestre em Direito do Trabalho pela PUC-MG. Especialista em Direito do Trabalho e Previdência Social pela Universidade de Roma II. Professora Titular do Centro Universitário UDF. Professora Convidada do Mestrado em Direito do Trabalho da Universidad Externado de Colombia, em Bogotá.

Luciano Athayde Chaves

Juiz do Trabalho da 21ª Região (RN). Titular da 2ª Vara do Trabalho de Natal. Professor da Universidade Federal do Rio Grande do Norte (UFRN). Doutorando em Direito Constitucional (UNIFOR). Mestre em Ciências Sociais (UFRN). Membro do Instituto Brasileiro de Direito Processual (IBDP).

Luciano Rossato

Doutorando em Direito pela Pontifícia Universidade Católica de São Paulo. Mestre em Direitos Difusos. Procurador do Estado de São Paulo. Professor do Complexo de Ensino Renato Saraiva – CERS. Autor de livros jurídicos. Instagram: @lucianorossato1 – Periscope: @lucianorossato – blog: www.lucianorossato.pro.br

Luiz Philippe Vieira de Mello Filho

Ministro do Tribunal Superior do Trabalho

Luiz Philippe Vieira de Mello Neto

Advogado e co-autor do APPNCPC.

Luiz Ronan Neves Koury

Desembargador Vice-Corregedor do Tribunal Regional do Trabalho da 3ª Região. Mestre em Direito Constitucional pela UFMG. Professor de Direito Processual do Trabalho da Faculdade de Direito Milton Campos.

Manoel Carlos Toledo Filho

Bacharel, Mestre e Doutor em Direito pela Universidade de São Paulo. Desembargador do Trabalho. Vice-Diretor da Escola Judicial do Tribunal Regional do Trabalho da 15ª Região. Professor convidado da Universidade Nacional de Córdoba, na República Argentina. Membro efetivo da *Asociación Argentina de Derecho del Trabajo y de la Seguridad Social* (AADTSS). Membro efetivo da *Asociación Uruguaya de Derecho del Trabajo y de la Seguridad Social* (AUDTSS). Membro honorário da *Asociación de Abogados Laboralistas del Paraguay*.

MARCELO FREIRE SAMPAIO COSTA

Doutor em Direito pela PUC/SP. Mestre em Direito pela UFPA. Especialista em Direito Material e Processual do Trabalho pela UNAMA/PA. Autor de seis livros e dezenas de artigos publicados. Professor-convidado de Pós-Graduação em diversas instituições. Membro do Ministério Público do Trabalho.

MARCELO MOURA

Juiz titular da 19ª Vara do Trabalho do Rio de Janeiro. Mestre em Direito do Trabalho (Universidade Antonio de Nebrija, Madrid). Coordenador Acadêmico do Curso de Direito da Universidade Candido Mendes – Ipanema e professor da disciplina de Direito do Trabalho na mesma instituição.

MÁRCIO TÚLIO VIANA

Professor no Programa de Pós-Graduação em Direito da PUC-Minas. Doutor em Direito pela UFMG.

MARCOS SCALÉRCIO

Juiz do Trabalho no TRT da 2ª Região (São Paulo), aprovado nos Concursos Públicos para ingresso na magistratura trabalhista do TRT da 1ª Região (Rio de Janeiro) e do TRT da 24ª Região (Mato Grosso do Sul), professor em curso preparatório para as carreiras trabalhistas e para o Exame da OAB, palestrante em todo o Brasil sobre os mais diversos temas jurídico-laborais e autor de obras jurídicas.

MAURO SCHIAVI

Juiz Titular da 19ª Vara do Trabalho de São Paulo. Mestre e Doutor em Direito pela PUC/SP. Professor dos Cursos de Especialização da PUC/SP (Cogeae), Escola Paulista de Direito (EPD) e Escola Judicial do TRT da 2ª Região. Autor, entre outros, de *Manual de Direito Processual do Trabalho*. 8. ed. São Paulo: LTr.

NATÁLIA MENDONÇA DE PAULA LEITE

Advogada. Pós-graduação em Direito e Processo do Trabalho em 2013.

OTAVIO PINTO E SILVA

Advogado trabalhista, representante da OAB/SP no Comitê Gestor Regional do PJe-JT do TRT da 2ª Região, Professor Associado da Faculdade de Direito da USP.

PAULO HENRIQUE TAVARES DA SILVA

Doutor e Mestre em Direitos Humanos e Desenvolvimento pela UFPB. Professor dos cursos de graduação e pós-gradução do Unipê-JP, ESMAT 13 e ESA-PB. Juiz do Trabalho, Titular da 5ª Vara do Trabalho de João Pessoa-PB. Vice-diretor da Escola Judicial do TRT da 13ª Região e Coordenador do Centro de Pesquisas sobre o Judiciário Trabalhista Paraibano (CPJ-TRT13).

Paulo Sérgio Jakutis
Juiz do trabalho, titular da 18ª VT/SP.

Raphael Miziara
Professor em cursos de graduação e pós-graduação em Direito. Advogado. Mestrando em Direito. Pós-Graduado em Direito do Trabalho e Processual do Trabalho. Presidente do Instituto Piauiense de Direito Processual – IPDP. Membro do CONPEDI – Conselho Nacional de Pesquisa e Pós-Graduação em Direito. Editor do site http://www.ostrabalhistas.com.br

Renata Maria Miranda Santos
Juíza do Trabalho Substituta no Tribunal Regional do Trabalho da 13ª Região (Paraíba). Professora de Sentença Trabalhista em cursos preparatórios para concursos para a Magistratura do Trabalho.

Renata Queiroz Dutra
Doutoranda e Mestre em "Direito, Estado e Constituição" pela Universidade de Brasília (UnB).

Ricardo José Macêdo de Britto Pereira
Subprocurador Geral do Trabalho. Professor Titular do UDF-Brasília. Doutor pela Universidade Complutense de Madri. Mestre pela Universidade de Brasília. Pesquisador colaborador do Programa de Pós-graduação da Faculdade de Direito da Universidade de Brasília. Colíder do Grupo de Pesquisa da Faculdade de Direito da UNB "Trabalho, Constituição e Cidadania".

Rodrigo Cândido Rodrigues
Juiz do Tribunal Regional do Trabalho da 3ª Região, Professor, Mestre em Direito pela PUC – Pontifícia Universidade Católica de MG.

Ronaldo Lima dos Santos
Professor Doutor da Faculdade de Direito da Universidade de São Paulo – USP. Procurador do Trabalho do Ministério Público do Trabalho em São Paulo. Mestre e Doutor em Direito do Trabalho pela Faculdade de Direito da Universidade de São Paulo. Ex-Procurador do INSS

Sergio Torres Teixeira
Doutor em Direito. Desembargador do TRT6. Professor Adjunto da UNICAP e FDR/UFPE. Diretor da ESMATRA 6. Coordenador do Curso de Direito da Faculdade Marista do Recife. Titular da cadeira nº 33 da Academia Brasileira de Direito do Trabalho.

Tereza Aparecida Asta Gemignani

Desembargadora do Tribunal Regional do Trabalho de Campinas, Doutora em Direito do Trabalho pela USP – Universidade de São Paulo –, professora universitária e membro da ABDT – Academia Brasileira de Direito do Trabalho.

Tulio Martinez Minto

Advogado especialista em Direito e Processo do Trabalho, consultor de escritórios de advocacia em matérias trabalhistas e autor de obras jurídicas.

Vicente de Paula Maciel Júnior

O autor é doutor em direito pela UFMG, pós-doutor em direito processual civil pela Universitá di Roma (La Sapienza), professor dos cursos de graduação e pós-graduação da PUC/Minas desde 2000, Juiz do trabalho desde 1993, atualmente presidente da 2ª Vara do Trabalho de Nova Lima/MG

Vitor Salino de Moura Eça

Pós-doutor pela UCLM – Espanha. Doutor em Direito Processual. Mestre em Direito do Trabalho. Especialista em Direito Empresarial. Professor Permanente do Programa de Pós-graduação *Stricto Sensu* – Mestrado e Doutorado em Direito da PUC-Minas – CAPES 6. Líder do Grupo de Pesquisa *Execução Trabalhista no Plano da Efetividade dos Direitos Sociais*, reconhecido pelo CNPq. Juiz do Trabalho no TRT da 3ª Região.

Wolney de Macedo Cordeiro

Desembargador do Tribunal Regional do Trabalho da 13ª Região, mestre e doutor em Direito, Professor Titular do UNIPÊ – Centro Universitário de João Pessoa e da ESMAT-13 – Escola Superior da Magistratura Trabalhista da Paraíba.

Wânia Guimarães Rabêllo de Almeida

Doutora e mestra em Direito do Trabalho pela PUC-MG. Professora e advogada.

NOTA À 2ª EDIÇÃO

Inicialmente, gostaríamos de agradecer a todos que adquiriram a edição anterior desta obra. A 1ª edição teve uma ótima recepção pelo público, devido ao alto nível dos artigos elaborados pelos autores participantes.

Como já anunciamos na 1ª edição, este livro representa as reflexões iniciais sobre as inovações trazidas pelo Novo Código de Processo Civil (Lei nº 13.105/2015) e suas consequentes implicações no direito processual do trabalho.

Como não poderia ser diferente, durante o período da *vacatio legis* do NCPC os posicionamentos sobre a temática evoluíram e foram amadurecidos, seja pela ampliação das obras acerca da matéria, seja pelas palestras ocorridas ou, simplesmente, pela maior reflexão sobre a temática. Desse modo, nesta nova edição, diversos artigos da edição anterior foram atualizados.

Além disso, nesta edição, buscou-se ampliar consideravelmente o número de temas debatidos, saindo de uma proposta mais aberta, apresentada na edição anterior, para artigos mais pontuais sobre os principais temas introduzidos pelo Novo Código de Processo Civil.

Nesse contexto, foram inseridos 33 novos artigos no livro, os quais versam sobre os seguintes temas: 1) radicalidade do artigo 769 da CLT; 2) Primazia do Julgamento de Mérito; 3) Princípio da Identidade Física do Juiz; 4) Honorários Advocatícios; 5) Gratuidade da Justiça; 6) *Amicus Curiae*; 7) Solução de conflitos; 8) Ministério Público do Trabalho e a mediação; 9) Convenções Processuais; 10) Informatização do processo; 11) Nulidades; 12) Tutela Provisória; 13) Improcedência liminar; 14) Julgamento antecipado parcial do mérito; 15) Prova Pericial; 16) Fundamentação das decisões judiciais; 17) Remessa Necessária; 18) Coisa Julgada; 19) Multa do art. 523 do Novo CPC; 20) Prescrição intercorrente; 21) Responsabilidade solidária/subsidiária; 22) Penhora de salário; 23) Execução de obrigação de fazer e de Não Fazer; 24) Procedimentos Especiais no Processo Comum e sua Aplicação no Processo do Trabalho; 25) Precedentes Judiciais; 26) Poderes do Relator; 27) Assunção de Competência; 28) Ação rescisória; 29) Incidente de Resolução de Demandas Repetitivas; 30) Incidente de Julgamento de Recursos de Revista Repetitivos; 31) Extinção do juízo de admissibilidade recursal a quo e técnicas de julgamento nos Tribunais; 32) Teoria da causa madura; 33) Temas polêmicos do novo CPC.

Portanto, na 2ª edição, estão presentes todos os artigos da edição anterior, devidamente atualizados, somados aos 33 novos artigos indicados no parágrafo anterior.

Desse modo, esperamos que a obra seja de extrema valia nesse momento inicial de reflexão, possibilitando a formação de opinião sobre o assunto ou, pelo menos, provocando maiores discussões sobre as alterações promovidas pelo novel código.

Por fim, gostaríamos, novamente, de agradecer a cada um dos autores participantes desta edição pela recepção da ideia, pelo comprometimento e pela qualidade dos artigos apresentados.

Janeiro de 2016
Élisson MIESSA

APRESENTAÇÃO

O Novo Código de Processo Civil decorreu de iniciativa do Senado Federal, que, em 08.06.2010, apresentou o projeto de lei (PL 166 de 2010) pelo Senador José Sarney.

Em 15.10.2010, foi aprovado na referida Casa, sendo enviado à Câmara dos Deputados, onde tramitou como PL nº 8.046/2010. Nesta Casa, o projeto foi amplamente debatido, sofrendo diversas alterações. Retornou ao Senado em 01.04.2014, tendo sido aprovado em 17.12.2014.

Ato contínuo, foi enviado para sanção presidencial, em 25.02.2015, ocorrendo a sanção em 16.03.2015, publicando a Lei nº 13.105/15, a qual terá *vacatio legis* de um ano a contar da sua publicação.

O Novo CPC, nos dizeres da comissão instituída no senado e presidida pelo Ministro Luiz Fux, busca gerar "um processo mais célere, mais justo, porque mais rente às necessidades sociais e muito menos complexo".

Conforme declinado pela aludida comissão, os objetivos buscados foram:

> "1. Estabelecer expressa e implicitamente verdadeira sintonia fina com a Constituição Federal; 2) criar condições para que o juiz possa proferir decisão de forma mais rente à realidade fática subjacente à causa; 3) simplificar, resolvendo problemas e reduzindo a complexidade de subsistemas, como, por exemplo, o recursal; 4) dar todo o rendimento possível a cada processo em si mesmo considerado; e, 5) finalmente, sendo talvez este último objetivo parcialmente alcançado pela realização daqueles mencionados antes, imprimir maior grau de organicidade ao sistema, dando-lhe, assim, mais coesão"[1].

Nesse contexto, o Novo CPC insere no ordenamento uma nova ideologia do processo, alterando diversos temas. Citaremos alguns, com finalidade exemplificativa e, portanto, sem o objetivo de esgotar a temática.

Logo de início, o Novo CPC passa a declarar, expressamente, que o processo civil será disciplinado e interpretado conforme os valores e as normas fundamentais estabelecidos na Constituição da República Federativa do Brasil, reconhecendo, dentre outros, os seguintes princípios: duração razoável do processo, boa-fé objetiva, cooperação, contraditório e publicidade.

Excluiu a impossibilidade jurídica do pedido como condição da ação. Disciplina a cooperação judiciária internacional e nacional.

---

[1] Comissão de Juristas instituída pelo Ato do Presidente do Senado Federal n. 379, de 2009.

Regula, detalhadamente, os honorários advocatícios os quais passam a ser devidos na reconvenção, no cumprimento de sentença, provisório ou definitivo, na execução, resistida ou não, e nos recursos interpostos, cumulativamente, bem como aos advogados públicos, nos termos da lei.

Trata do benefício da justiça gratuita, revogando diversos artigos da Lei 1.060/50.

No título de intervenção de terceiros, exclui a nomeação à autoria, além de tratar a oposição como procedimento especial. Passa a considerar como intervenção de terceiros: a assistência, a denunciação da lide, o chamamento ao processo, o incidente de desconsideração da personalidade jurídica e o *amicus curiae*.

O Novo CPC dá amplo destaque à conciliação, como forma mais democrática de solução dos conflitos, instituindo uma seção para os conciliadores e mediadores judiciais.

Quanto ao Ministério Público, adequa os artigos ao papel que lhe foi instituído dentro do Estado Democrático implementado pela Constituição Federal de 1988, passando a tratá-lo como fiscal da ordem jurídica. Da mesma forma, passa a disciplinar a Defensoria Pública.

No que se refere aos prazos processuais, provoca inovação substancial na contagem dos prazos, ao declarar que somente contará os dias úteis, acolhendo pleito antigo da advocacia. Acaba com o prazo em quádruplo para o Ministério Público e a Fazenda Pública apresentarem contestação, mantendo apenas o prazo dobrado para a prática dos atos processuais. Previu-se, ainda, o acordo processual, permitindo a mudança no procedimento para ajustá-lo às especificidades da causa, possibilitando a convenção sobre ônus, poderes, faculdades e deveres processuais. Admite a instituição de calendário processual para a prática de atos, a ser fixado em comum acordo entre as partes e o juiz. Pouco falou sobre o processo judicial eletrônico, embora tenha trazido algumas diretrizes sobre esse tema.

Muda o conceito de sentença passando a considerá-la como "o pronunciamento por meio do qual o juiz, com fundamento nos arts. 485 e 487, põe fim à fase cognitiva do procedimento comum, bem como extingue a execução" (NCPC, art. 203, § 1º).

Permite a correção de ofício do valor da causa, quando verificar que não corresponde ao conteúdo patrimonial em discussão ou ao proveito econômico perseguido pelo autor.

Cria um título para a tutela provisória, a qual poderá se fundamentar em urgência ou evidência. A propósito, a tutela provisória de urgência, cautelar ou antecipada, poderá ser concedida em caráter antecedente ou incidental, excluindo assim o processo cautelar autônomo.

Acaba com o procedimento sumário, mantendo apenas o procedimento comum.

Na petição inicial, deixa de interpretar os pedidos restritivamente para interpretá-los no conjunto da postulação, observando-se o princípio da boa-fé.

Na contestação amplia o rol das preliminares, inserindo no seu bojo a incompetência relativa, o valor da causa e o benefício da justiça gratuita, acabando com as impugnações separadas.

Contempla, expressamente, o julgamento antecipado parcial do mérito.

No âmbito probatório, codifica a teoria dinâmica do ônus da prova, aprimora a produção antecipada da prova, inclui a ata notarial como fonte de prova, traz algumas modificações acerca da prova pericial e testemunhal.

Altera o livre convencimento motivado para convencimento motivado, impondo diversas exigências ao juiz para que a decisão seja considerada fundamentada.

No reexame necessário, amplia consideravelmente os casos em que ele não incidirá.

Quanto à coisa julgada, inova ao permitir que ela formará sobre a questão prejudicial, decidida expressa e incidentalmente no processo, se: "I – dessa resolução depender o julgamento do mérito; II – a seu respeito tiver havido contraditório prévio e efetivo, não se aplicando no caso de revelia; III – o juízo tiver competência em razão da matéria e da pessoa para resolvê-la como questão principal" (NCPC, art. 503, § 1º).

O Novo CPC faz adequações procedimentais acerca da aplicação da multa de 10% pelo não cumprimento voluntário da obrigação. Estabelece o protesto da decisão judicial, além de aprimorar a hipoteca judicial, como mecanismos de efetivação da tutela jurisdicional.

Permite o ajuizamento de processo de conhecimento, mesmo diante de título executivo extrajudicial. Simplifica as hipóteses de execução provisória sem caução.

Dificulta a comprovação da fraude à execução, passando a se preocupar mais com a figura do adquirente do que com o exequente, atraindo o posicionamento do STJ descrito na Súmula 375, além de dificultá-la também para os bens móveis sujeitos a registro.

Altera em parte a ordem de penhora, dando maior relevo aos títulos da dívida pública com cotação em mercado, além dos títulos e valores mobiliários com cotação no mercado. Aliás, cria uma subseção inteira para tratar da penhora em dinheiro.

Contempla a prescrição intercorrente e amplia o rol daqueles que não podem arrematar.

Ademais, quanto ao preço vil, adota, inicialmente, o critério subjetivo na sua definição, de modo que será considerado vil o preço inferior ao mínimo estipulado pelo juiz e constante do edital. Contudo, caso o juiz não o defina, será considerado vil o preço inferior a cinquenta por cento do valor da avaliação (art. 891, parágrafo único).

No âmbito recursal, confere efeito vinculante aos precedentes judiciais, aproximando o direito brasileiro do *common law*. Desse modo, mantém os recursos extraordinário e especial repetitivos, além de criar mecanismos como o incidente de resolução de demandas repetitivas, a assunção de competência e ampliar a reclamação para todos os tribunais.

Além disso, acaba com o juízo de admissibilidade *a quo* nos recursos, exceto para os recursos especial e extraordinário; amplia os poderes do relator; uniformiza os prazos recursais em 15 dias; permite a regularização da representação em instância recursal; amplia a primeira multa dos embargos de declaração para 2%; amplia, consideravelmente, as hipóteses de julgamento imediato do mérito pelo Tribunal, impondo como requisito apenas que a causa esteja em condições de imediato julgamento e; adota a tese do prequestionamento *ficto*.

Enfim, o Novo CPC atinge diversos pontos sensíveis da sistemática processual, declinando no seu art. 15 que:

> Art. 15. Na ausência de normas que regulem processos eleitorais, trabalhistas ou administrativos, as disposições deste Código lhes serão aplicadas supletiva e subsidiariamente.

Embora referido dispositivo seja norma de sobredireito, o que poderia nos levar a pensar na revogação do art. 769 da CLT, pensamos que a inserção de normas comuns em um microssistema jurídico sempre impõe a compatibilidade com o sistema em que a norma será inserida, sob pena de se desagregar a base do procedimento específico. Desse modo, pensamos que, s.m.j, os arts. 769 e 889 da CLT sobrevivem à chegada do art. 15 do NCPC.

De qualquer modo, havendo compatibilidade, é sabido que o NCPC passará a ser aplicado ao processo do trabalho nos casos de omissão, seja de forma supletiva, seja subsidiariamente.

Com efeito, passa a ser de extrema relevância o estudo do Novo CPC e seus reflexos no processo do trabalho, de maneira que a presente obra busca trazer ao leitor as primeiras impressões sobre como o processo comum (processo civil) será atraído para a sistemática trabalhista.

APRESENTAÇÃO

Nesse contexto, buscou-se nesta obra contemplar o maior número possível de matérias, sendo abordados os seguintes temas: aplicação supletiva e subsidiária do Novo CPC; princípios do Novo CPC; condição da ação, jurisdição e ação; conciliação e mediação; cooperação judiciária nacional e internacional; litisconsórcio e intervenção de terceiros, especialmente o incidente de desconsideração da personalidade jurídica; oposição; atos, termos e prazos processuais; os poderes do juiz do trabalho face ao novo CPC, bem como as prerrogativas da Magistratura Nacional; reflexos na atuação do Ministério Público do Trabalho; tutela provisória; nova defesa do reclamado; prova emprestada; ônus da prova, principalmente sobre a teoria dinâmica; hipoteca judiciária e protesto da decisão judicial; penhora; embargos do executado; fraude à execução; utilização dos precedentes judiciais; impactos nos recursos trabalhistas; embargos de declaração e incidente de resolução de demanda repetitiva.

Uma obra desta dimensão é fruto de um trabalho coletivo, com a ajuda de muitos profissionais renomados, motivo pelo qual gostaríamos de agradecer pessoalmente a cada um dos co-autores pela recepção da ideia, pelo comprometimento e pelo grau de aprofundamento dos temas tratados nos artigos.

Por fim, ao leitor, esperamos que a obra contribua para proporcionar um panorama amplo acerca das modificações introduzidas pelo Novo CPC.

Ribeirão Preto, março de 2015.

ÉLISSON MIESSA
Organizador

SUMÁRIO

Parte I
APLICAÇÃO DAS NORMAS DO NOVO CPC

CAPÍTULO 1
O NOVO CPC E SUA APLICAÇÃO SUPLETIVA E SUBSIDIÁRIA NO PROCESSO DO TRABALHO 57
Edilton Meireles

1. Introdução 57
2. Dos procedimentos e do procedimento trabalhista 58
3. Elementos essenciais do processo do trabalho 60
4. Conceitos fundamentais do processo e sua aplicação às ações trabalhistas 61
5. Princípios do processo do trabalho 62
6. A busca equivocada da autonomia e o esquecimento do processo do trabalho 63
7. Da regra supletiva e da regra subsidiária 65
8. Revogação da regra de subsidiariedade contida na CLT 70
9. Compatibilidade com o processo do trabalho 71
   9.1. Incompatibilidade e conceito jurídico indeterminado 76
10. Da aplicação da regra supletiva 78
11. Conclusões 81
12. Referências 82

CAPÍTULO 2
A APLICAÇÃO SUPLETIVA E SUBSIDIÁRIA DO CÓDIGO DE PROCESSO CIVIL AO PROCESSO DO TRABALHO 83
Mauro Schiavi

1. O artigo 15 do Novo Código de Processo Civil 83
2. As lacunas do processo do trabalho e o princípio da subsidiariedade 85
3. Conclusões 92

CAPÍTULO 3
A RADICALIDADE DO ART. 769 DA CLT COMO SALVAGUARDA DA JUSTIÇA DO TRABALHO 93
Jorge Luiz Souto Maior

1. A indevida classificação pessoal 93
2. Um argumento de legalidade 94
3. Formulação teórica 96
4. A centralidade do processo do trabalho 97
5. A Justiça do Trabalho em foco 99
6. Implicações do postulado teórico 101
7. Conclusão 103

PARTE II
NORMAS FUNDAMENTAIS DO PROCESSO CIVIL

CAPÍTULO 4
PRINCÍPIOS JURÍDICOS FUNDAMENTAIS DO NOVO CÓDIGO DE PROCESSO CIVIL E SEUS REFLEXOS NO PROCESSO DO TRABALHO 107
Carlos Henrique Bezerra Leite

1. O paradigma do estado democrático de direito e suas repercussões na ciência jurídica 107
2. A constitucionalização do processo 108
3. Novo conceito de princípios jurídicos 110
4. Funções dos princípios constitucionais fundamentais 112
5. Hermenêutica principiológica do novo CPC 113
6. Heterointegração dos sistemas processuais por meio dos princípios constitucionais e infraconstitucionais 114
7. Princípios fundamentais do processo 114
8. Princípios específicos do Processo Civil 115
9. Aplicação dos princípios do CPC no Processo do Trabalho 116

CAPÍTULO 5
O NOVO CÓDIGO DE PROCESSO CIVIL E O PRINCÍPIO DA DURAÇÃO RAZOÁVEL DO PROCESSO 117
Mauro Schiavi

1. Breve conceito e funções dos princípios 117
2. Do Direito Constitucional Processual 119

3. Impactos do princípio da duração razoável do processo nas esferas civil e trabalhista 121

CAPÍTULO 6
O PRINCÍPIO DA EFICIÊNCIA COMO VETOR DE INTERPRETAÇÃO DA NORMA PROCESSUAL TRABALHISTA E A APLICAÇÃO SUBSIDIÁRIA E SUPLETIVA DO NOVO CÓDIGO DE PROCESSO CIVIL 129
Guilherme Guimarães Ludwig

1. Introdução 129
2. O novo papel do poder judiciário no pós-positivisto jurídico: o neoprocessualismo. 130
3. A força normativa dos princípios 132
4. O princípio da eficiência no ordenamento jurídico brasileiro 135
5. Aplicação do princípio da eficiência no Processo do Trabalho 140
6. Princípio da eficiência como critério para aplicação subsidiária ou supletiva do novo Código de Processo Civil 144
7. Conclusões 149
8. Referências 151

CAPÍTULO 7
O PRINCÍPIO DO CONTRADITÓRIO NO NOVO CÓDIGO DE PROCESSO CIVIL. APROXIMAÇÕES CRÍTICAS 153
Guilherme Guimarães Feliciano

1. Introdução. O contraditório e suas nuances 153
2. O contraditório no novo Código de Processo Civil (I): avanço ou retrocesso? 155
3. O contraditório no novo Código de Processo Civil (II): apegos liberais 157
4. A *"due process clause"* entre a justiça e a democracia 158
5. Repensando o contraditório em perspectiva jusfundamental 163
6. À guisa de conclusão 168
7. Referências bibliográficas 169

CAPÍTULO 8
PRIMAZIA DO JULGAMENTO DE MÉRITO NO NOVO CÓDIGO DE PROCESSO CIVIL E IMPACTOS NO PROCESSO DO TRABALHO 171
Mauro Schiavi

1. Introdução 171
2. A primazia do julgamento de mérito no Novo CPC 174
3. Primazia do Julgamento de mérito e a teoria da asserção na aferição das condições da ação 176

4. A questão da correção dos pressupostos processuais na perspectiva do julgamento de mérito 179
5. A teoria da causa madura e a primazia do julgamento do mérito na instância recursal 180

CAPÍTULO 9
O PRINCÍPIO DA IDENTIDADE FÍSICA DO JUIZ E SUA INCOMPATIBILIDADE MATERIAL COM A GÊNESE PROCESSUAL TRABALHISTA 183
Igor de Oliveira Zwicker

1. Prolegômenos 183
2. Esforço histórico 185
3. Conceito do princípio da identidade física do juiz 187
4. Evolução do instituto na legislação pátria 190
5. O princípio da identidade física do juiz após o advento da Emenda Constitucional n. 24/1999, a extinção da representação classista na Justiça do Trabalho e o cancelamento da Súmula n. 136 Pelo Tribunal Superior do Trabalho 192
6. Conclusão 198
7. Bibliografia 203
8. Apêndice – siglário 205

Parte III
JURISDIÇÃO E AÇÃO

CAPÍTULO 10
COOPERAÇÃO JUDICIÁRIA NACIONAL E INTERNACIONAL NA NOVA REDAÇÃO DO CPC: REFLEXOS NA SEARA TRABALHISTA 209
Renata Maria Miranda Santos e Fernanda de Miranda S. C. Abreu

1. Introdução 209
2. Cooperação Judiciária Internacional: o que é e qual sua importância? 210
3. Reflexos na Responsabilização Internacional de Empregadores. 215
4. Conclusão 218
5. Referências bibliográficas 220

CAPÍTULO 11
SERÁ O FIM DA CATEGORIA "CONDIÇÃO DA AÇÃO"? UM ELOGIO AO CPC. ... 223
Fredie Didier Jr.

CAPÍTULO 12
JURISDIÇÃO E AÇÃO NO NOVO CÓDIGO DE PROCESSO CIVIL 227
Ronaldo Lima dos Santos

DA JURISDIÇÃO

1. Conceito e natureza jurídica 227
2. Características 228
   - 2.1. Substitutividade 228
   - 2.2. Instrumentalidade 229
   - 2.3. Concretude 229
   - 2.4. Inércia 229
   - 2.5. Definitividade 230
3. Princípios da jurisdição 230
   - 3.1. Unidade da jurisdição 230
   - 3.2. Princípio da investidura 230
   - 3.3. Princípio do juiz natural 231
   - 3.4. Princípio da aderência ao território 231
   - 3.5. Princípio da inafastabilidade 232
   - 3.6. Princípio da indelegabilidade 232
   - 3.7. Princípio da inevitabilidade 233
4. Espécies 233
   - 4.1. Jurisdição contenciosa e jurisdição não contenciosa (voluntária) 233
     - 4.1.1. Quadro sinóptico 235
5. Quadro sinóptico da organização judiciária na CF/88 236

DA AÇÃO

1. Conceito 236
2. Natureza jurídica 237
   - 2.1. Teoria imanentista ou civilista 237
   - 2.2. Ação como direito autônomo 238
     - 2.2.1. Ação como direito autônomo e concreto 238
     - 2.2.2. Ação como direito autônomo e abstrato 238
   - 2.3. Ação como direito potestativo 238
   - 2.4. Ação como poder constitucional 239
   - 2.5. Quadro sinóptico 239
3. Bifontralidade do direito de ação 240

4. Classificação das ações 240
   4.1. Quanto ao provimento jurisdicional 240
      4.1.1. Ação de conhecimento 241
         4.1.1.1. Ações declaratórias 241
         4.1.1.2. Ações constitutivas 241
         4.1.1.3. Ações condenatórias 242
      4.1.2. Ação de execução 242
      4.1.3. Ação cautelar 243
      4.1.4. Ação mandamental 243
5. Elementos identificadores da ação 244
   5.1. Partes 244
   5.2. Pedido 245
   5.3. Causa de pedir 246
6. Condições da ação 246
   6.1. Conceito 246
   6.2. Interesse de agir 248
   6.3. Legitimidade *ad causam* 249
      6.3.1. Legitimação ordinária e extraordinária 250
   6.4. Quadro sinóptico das condições da ação 251
7. Bibliografia citada 251

Parte IV
SUJEITOS DO PROCESSO

CAPÍTULO 13
HONORÁRIOS ADVOCATÍCIOS NO NOVO CPC E SEUS REFLEXOS NO PROCESSO DO TRABALHO 255
Natália Mendonça de Paula Leite e Fábio Natali Costa

1. Introdução 255
2. Honorários advocatícios 256
3. Código de Processo Civil de 1973 256
4. O *jus postulandi* 257
5. Honorários Advocatícios na Justiça do Trabalho 258
6. Projetos de lei sobre o tema 260
7. Informativos do TST 261
8. Novo Código de Processo Civil 262

9. Reflexos do novo Código de Processo Civil no processo do trabalho 265
10. Bibliografia 266

CAPÍTULO 14
GRATUIDADE DA JUSTIÇA NO PROCESSO DO TRABALHO SOB A ÉGIDE DO NOVO CÓDIGO DE PROCESSO CIVIL 267
Aryanna Manfredini

1. Introdução 267
2. Gratuidade da Justiça 268
    2.1. Beneficiários da Gratuidade da Justiça 268
    2.2. Abrangência do Benefício da Gratuidade da Justiça 268
    2.3. Não Extensão do Benefício da Gratuidade da Justiça 271
    2.4. Modulação da Concessão dos Benefícios 271
    2.5. Requerimento da Gratuidade da Justiça 272
    2.6. Impugnação ao Pedido de Gratuidade da Justiça 274
    2.7. Recurso 274
3. Assistência judiciária 274
4. Conclusão 275
5. Bibliografia 276

CAPÍTULO 15
LITISCONSÓRCIO E INTERVENÇÃO DE TERCEIROS: O NOVO CPC E O PROCESSO TRABALHISTA 277
Tereza Aparecida Asta Gemignani e Daniel Gemignani

1. Introdução 277
2. A intervenção de terceiros no Código de Processo Civil de 1973 279
3. As alterações promovidas pelo novo CPC na intervenção de terceiros. 281
4. A intervenção de terceiros e o processo trabalhista 287
5. O novo conceito de acesso à Justiça: eficácia, celeridade e efetividade. Integração à lide nas ações coletivas 294
6. Um modelo em construção 300
7. Conclusões 303
8. Referências Bibliográficas 304

CAPÍTULO 16
INCIDENTE DE DESCONSIDERAÇÃO DA PERSONALIDADE JURÍDICA 307
Cleber Lúcio de Almeida

1. Introdução 307

2. Empresa e sociedade empresária. Aquisição de personalidade jurídica pela sociedade. Os tipos de sociedade e a responsabilidade dos sócios segundo o Código Civil 309
    2.1. Empresa e sociedade empresária 310
    2.2. Aquisição de personalidade jurídica pela sociedade 310
    2.3. Os tipos de sociedade e a responsabilidade dos sócios segundo o Código Civil 310
    2.4. Sociedade limitada e responsabilidade dos sócios 311
3. O ordenamento jurídico brasileiro e a desconsideração da personalidade jurídica 311
4. A responsabilidade pela satisfação das obrigações trabalhistas das sociedades empresárias 313
5. Desconsideração inversa da personalidade jurídica 316
6. A desconsideração da personalidade jurídica no CPC de 2015 317
7. O incidente de desconsideração da personalidade jurídica e o processo do trabalho 320
8. Conclusões 324

CAPÍTULO 17
INCIDENTE DE DESCONSIDERAÇÃO DA PERSONALIDADE JURÍDICA 327
Eliana dos Santos Alves Nogueira e José Gonçalves Bento

1. Considerações introdutórias 327
2. A ficção "pessoa jurídica" 328
3. A desconsideração da personalidade jurídica sob o olhar da Justiça do Trabalho 331
    3.1. Teorias 331
    3.2. Pressupostos processuais da desconsideração da personalidade jurídica no processo do trabalho 334
4. O instituto "Do Incidente de Desconsideração da Personalidade Jurídica" previsto pelo novo Código de Processo Civil. Aplicabilidade ou não no processo do trabalho 337
5. Bibliografia 340

CAPÍTULO 18
A PREVISÃO DA FIGURA DO *AMICUS CURIAE* NO DIREITO PROCESSUAL DO TRABALHO E NO NOVO CÓDIGO DE PROCESSO CIVIL 341
Luiz Ronan Neves Koury

1. Introdução 341

2. Histórico..342
3. Conceito – natureza jurídica figuras assemelhadas – tratamento no STF e STJ....343
4. Aspectos processuais relacionados ao *amicus curiae*..346
5. A previsão do *amicus curiae* nos artigos 896-c, § 8º da CLT e 10 da Instrução Normativa nº 38 do TST..347
6. O *amicus curiae* e o novo Código de Processo Civil..349

CAPÍTULO 19
OS PODERES DO JUIZ DO TRABALHO FACE AO NOVO CÓDIGO DE PROCESSO CIVIL 351
Manoel Carlos Toledo Filho

1. Introdução..351
2. Os poderes específicos do Juiz do Trabalho...352
3. A incidência do Processo Civil sobre o Processo do Trabalho..........................355
4. Os poderes do Juiz no novo CPC: compatibilidades e exclusões......................359
5. Conclusão..367

CAPÍTULO 20
O NOVO CÓDIGO DE PROCESSO CIVIL E AS PRERROGATIVAS DA MAGISTRATURA NACIONAL: REFLEXÕES DE UM JUIZ..............................369
Guilherme Guimarães Feliciano

1. Introdução. O anteprojeto do novo Código de Processo Civil: aspectos positivos. A evolução no Congresso Nacional...369
2. Introdução crítica às razões de resistência. A questão da independência judicial..372
3. O novo Código de Processo Civil: pontos críticos. Artigos 10, 15, 133, 235, 489, 927 e outros...377
4. Conclusões..391

CAPÍTULO 21
A APLICAÇÃO DA CONCILIAÇÃO E DA MEDIAÇÃO DO NOVO CÓDIGO DE PROCESSO CIVIL NO PROCESSO DO TRABALHO, À LUZ DO ACESSO À JUSTIÇA 393
Isabelli Gravatá

1. O acesso à Justiça...393
2. Princípio da celeridade...395
3. Formas de solução de conflitos..396

3.1.	Autotutela ou autodefesa	400
3.2.	Autocomposição	401
3.3.	Heterocomposição	402

4. Meios de solução de conflitos 404
    4.1. Negociação 404
    4.2. Mediação 405
    4.3. Conciliação 406
5. Os conciliadores e os mediadores do novo Código de Processo Civil 409
6. Considerações finais 414
7. Referências bibliográficas 415

CAPÍTULO 22
SOLUÇÃO DE CONFLITOS, O NOVO CPC E AS RELAÇÕES DE TRABALHO 419
João Marcos Castilho Morato

1. O conflito e o Direito 419
2. O conflito, o Direito, a solução 420
3. Litígio, consenso, o Novo CPC e o Processo do Trabalho 425
4. Considerações finais 429
5. Referências 430

CAPÍTULO 23
UMA NOVA POLÍTICA PÚBLICA PARA O MINISTÉRIO PÚBLICO DO TRABALHO 433
Fabrizio De Bortoli

1. Introdução 433
2. O contexto atual dos conflitos trabalhistas no Brasil 434
3. As Comissões de Conciliação Prévia 436
4. Da complementaridade entre as funções e atividades do Estado 437
5. Finalidade e atribuições do Ministério Público do Trabalho 439
6. A Lei de Mediação, o Novo CPC e o Ministério Público do Trabalho 441
7. Da nova política pública que se propõe ao MPT 443
8. A Resolução nº 118 do Conselho Nacional do Ministério Público e o artigo 175, *caput*, do Novo CPC. Conclusão 444
9. Referências bibliográficas 445

CAPÍTULO 24
REFLEXOS DO NOVO CÓDIGO DE PROCESSO CIVIL NA ATUAÇÃO DO MINISTÉRIO PÚBLICO DO TRABALHO 447
Bruno Gomes Borges da Fonseca

1. Introdução 447
2. Advertência inicial: temos um novo CPC e não uma nova CLT ou um Código de Processo do Trabalho 449
3. O novo CPC e o perfil constitucional do Ministério Público Brasileiro 451
4. Título sobre o Ministério Público no novo CPC 452
5. Cooperação do ministério público do trabalho com a duração razoável da tramitação processual e a prolação de decisão meritória 454
6. Punição dos agentes do Ministério Público do Trabalho por inobservância de deveres processuais 456
7. Conciliação e mediação como mecanismos destacados no novo CPC 457
8. Nulidade processual por falta de intimação do Ministério Público do Trabalho .. 458
9. Tutela inibitória e sua relevância para atuação do Ministério Público do Trabalho 459
10. Legitimidade do Ministério Público do Trabalho para propor ação rescisória 459
11. Incidente de resolução de demandas repetitivas e sua aplicação no processo do trabalho 460
12. *Amicus curiae* e sua aplicação no processo do trabalho 462
13. Considerações finais 463
14. Referências 464

Parte V
ATOS PROCESSUAIS

CAPÍTULO 25
ATOS, TERMOS E PRAZOS PROCESSUAIS NO CPC/2015 E NO PROCESSO DO TRABALHO 467
Marcelo Moura

1. Atos processuais 467
    1.1. Conceito e classificação 467
    1.2. Tempo de realização dos atos processuais 469
2. Forma dos atos processuais 470
3. Assinatura das partes 471
4. Termo: movimentação dos processos 471
5. Intimação: inicio do prazo 473

6. Contagem do prazo 475
   6.1. Contagem do prazo em dias úteis. 476
   6.2. Recesso Forense: suspensão dos prazos 476
   6.3. Prorrogação do prazo 478
   6.4. Litisconsórcio: procuradores distintos 479
   6.5. Fazenda Pública e Ministério Público do Trabalho 480
   6.6. Extemporaneidade: mudança de paradigma. 480
7. Certidão de vencimento de prazos 482
8. Retirado dos autos para cumprimento de prazos 482

CAPÍTULO 26
CONVENÇÕES PROCESSUAIS: DISCIPLINA NO CÓDIGO DE PROCESSO CIVIL DE 2015 E APLICABILIDADE NO PROCESSO DO TRABALHO 485
Wânia Guimarães Rabêllo de Almeida

1. Introdução 485
2. Gestão processual como poder/dever do juiz na perspectiva da CLT e do CPC de 1973. Flexibilidade procedimental e convenções processuais no direito processual do trabalho e no direito processual civil (sob a ótica da CLT e do CPC de 1973, respectivamente) 485
   2.1. A gestão processual na sua concepção ampla 487
3. O CPC de 2015 e a gestão processual: considerações introdutórias 492
   3.1. As convenções processuais no CPC de 2015 494
4. As convenções processuais e o processo do trabalho 511
   4.1. Breves anotações sobre o Direito do Trabalho 511
   4.2. O direito ao processo justo e à tutela jurisdicional adequada, efetiva e tempestiva dos direitos trabalhistas 512
   4.3. As convenções processuais segundo o estabelecido no CPC de 2105 e o processo do trabalho. Notas conclusivas 516
5. Referências bibliográficas 519

CAPÍTULO 27
A APLICAÇÃO DAS CONVENÇÕES PROCESSUAIS DO NOVO CPC AO PROCESSO DO TRABALHO NA PERSPECTIVA DOS DIREITOS FUNDAMENTAIS 523
Gabriela Neves Delgado e Renata Queiroz Dutra

1. Introdução 523
2. Resgate histórico 525

3. O princípio da proteção e o Processo do Trabalho 529
4. Os direitos fundamentais como critério vetor de aplicação das normas processuais trabalhistas 532
5. Considerações finais 534
6. Referências 535

CAPÍTULO 28
O NOVO CPC E A INFORMATIZAÇÃO DO PROCESSO JUDICIAL TRABALHISTA 537
Otavio Pinto e Silva

1. Introdução 537
2. Momento de transição 538
3. Principais conceitos legais do processo eletrônico 538
4. Regulamentação do processo eletrônico no âmbito da Justiça do Trabalho e o novo CPC 541
5. Conclusão 550
6. Bibliografia 551

CAPÍTULO 29
NULIDADES NO NOVO CPC E O PROCESSO DO TRABALHO 553
Vicente de Paula Maciel Júnior

1. Introdução 553
2. As nulidades no sistema processual de 1973 e no novo CPC 554
   2.1. Diferenças entre as nulidades no Direito Civil e no Direito Processual 557
   2.2. Os princípios e a organização das nulidades no Código de Processo Civil de 1973 e que continuam no novo CPC 559
      2.2.1. Os princípios 559
      2.2.2. O sistema das nulidades do CPC/73 permanece na nova lei 561
         2.2.2.1. Atos inexistentes 561
         2.2.2.2. Nulidade absoluta, relativa e anulabilidade 562
   2.3. O momento da argüição e os efeitos das nulidades 564
      2.3.1. O momento de arguição das nulidades 564
      2.3.2. Os efeitos das nulidades 565
3. As nulidades no processo do trabalho na CLT 565
4. Conclusão 567
5. Bibliografia 567

35

Parte VI
TUTELA PROVISÓRIA

CAPÍTULO 30
NOÇÕES CONCEITUAIS SOBRE A TUTELA PROVISÓRIA NO NOVO CPC E SUAS IMPLICAÇÕES NO PROCESSO DO TRABALHO 571
Danilo Gonçalves Gaspar

1. Introdução 571
2. A aplicação supletiva e subsidiária do novo código de processo civil ao processo do trabalho 572
3. Noções introdutórias sobre o tratamento conferido pelo novo CPC ao tema 574
4. A tutela provisória de acordo com a sistemática da Lei nº 13.105/15 – o novo CPC 574
   - 4.1. A existência de um livro próprio 574
   - 4.2. As espécies de tutela provisória no novo CPC 575
   - 4.3. As espécies de tutela de urgência 575
     - 4.3.1. Tutela Provisória de Urgência Cautelar e Antecipada 575
     - 4.3.2. Tutela Provisória de Urgência Antecedente ou Incidental 577
   - 4.4. As regras procedimentais gerais 577
     - 4.4.1. Custas processuais 577
     - 4.4.2. Conservação da eficácia da decisão 577
     - 4.4.3. A adoção de medidas adequadas à efetividade do provimento 578
     - 4.4.4. Motivação da decisão 580
     - 4.4.5. Forma de impugnação 581
     - 4.4.6. A questão da competência originária 581
   - 4.5. A sistemática da tutela provisória de urgência 582
     - 4.5.1. Requisitos para concessão 582
     - 4.5.2. A prestação de caução 583
     - 4.5.3. A possibilidade de concessão liminar da tutela de urgência 584
     - 4.5.4. Medidas idôneas para efetivação da tutela de urgência cautelar ... 585
     - 4.5.5. A responsabilidade do credor pelos prejuízos causados 585
     - 4.5.6. Da possibilidade de postulação da tutela provisória de urgência antecipada antecedente 586
       - 4.5.6.1. Concessão da tutela antecipada e aditamento da petição inicial 586
       - 4.5.6.2. O indeferimento da tutela pretendida e a emenda da petição inicial 587

4.5.7. Da possibilidade de postulação da tutela provisória de urgência cautelar antecedente..........587
4.6. A sistemática da tutela provisória de evidência..........589
5. Conclusão..........590
6. Referências..........590

CAPÍTULO 31
A TUTELA PROVISÓRIA NO NOVO CÓDIGO DE PROCESSO CIVIL E OS IMPACTOS NO PROCESSO DO TRABALHO..........591
Cristiano Lourenço Rodrigues

1. Introdução..........591
2. O processo trabalhista e o cabimento das tutelas provisórias..........594
3. As modernas tendências regedoras das tutelas provisórias..........599
4. As diferenças entre a tutela cautelar e a tutela antecipada..........602
5. Da tutela cautelar e de sua aplicação no processo do trabalho..........604
6. Da técnica antecipatória de tutela de urgência e de sua aplicação no processo do trabalho..........606
7. Da técnica antecipatória de tutela de evidência e de sua aplicação no processo do trabalho..........616
8. Conclusão..........619
9. Bibliografia..........619

PARTE VII
PROCESSO DE CONHECIMENTO

CAPÍTULO 32
A IMPROCEDÊNCIA LIMINAR DO ART. 332 DO NOVO CPC, E SEUS REFLEXOS NO PROCESSO DO TRABALHO..........623
Eduardo Simões Neto e Rodrigo Cândido Rodrigues

1. Introdução..........623
2. O contexto em que foi elaborado o art. 332 do novo Código de Processo Civil..........624
3. O novo art. 332 e a sua aplicação ao Direito Processual do Trabalho..........627
   3.1. Incompatibilidade parcial..........628
   3.2. O novel artigo 332 e o Processo do Trabalho..........630
   3.3. Prescrição e Direito do Trabalho..........631
   3.4. Prescrição de Ofício..........633
4. Conclusão..........635
5. Bibliografia..........636

CAPÍTULO 33
A NOVA DEFESA DO RECLAMADO: ANÁLISE DAS PRINCIPAIS ALTERAÇÕES PROMOVIDAS PELO NOVO CPC E SUA APLICABILIDADE NO PROCESSO DO TRABALHO 637
Bruno Klippel

1. Introdução 637
2. Aplicação subsidiária do CPC ao processo do trabalho 638
3. Princípios do Novo CPC e compatibilidade com os ideais do processo do trabalho 642
4. Novo regramento da defesa do réu no CPC e possível aplicação no processo do trabalho 643
5. Conclusões 647
6. Referências 647

CAPÍTULO 34
JULGAMENTO ANTECIPADO PARCIAL DO MÉRITO 649
Edilton Meireles

1. Introdução 649
2. Uma distinção necessária: ação e processo 649
3. Do julgamento antecipado parcial na legislação anterior ao CPC/15 651
4. Do julgamento antecipado parcial de mérito no art. 356 do CPC/15. 652
    4.1. Outras hipóteses de julgamento parcial antecipado de mérito 654
5. Do recurso 656
6. Dos honorários advocatícios 659
7. Da ordem cronológica 660
8. No processo do trabalho 661
9. Conclusão 664

CAPÍTULO 35
PROVA EMPRESTADA NO NOVO CPC E O PROCESSO DO TRABALHO 665
Júlio César Bebber

1. Considerações iniciais 665
2. Direito à prova 665
3. Formas de prova 667
4. Técnicas probatórias 667
5. Prova emprestada 667
    5.1. Fundamentos 668
    5.2. Admissão da produção 668

5.3. Forma de ingresso da prova emprestada.. 669
5.4. Natureza jurídica.. 670
5.5. Requisitos da eficácia probatória... 670
5.6. Contraditório da prova emprestada.. 675
5.7. Valoração da prova emprestada... 675
6. Considerações finais... 676

CAPÍTULO 36
A INFLUÊNCIA DO NOVO CPC NO ÔNUS DA PROVA TRABALHISTA............. 677
Paulo Sérgio Jakutis

1. Qual o texto de que se trata aqui?... 678
2. O que vem a ser essa teoria, afinal?... 678
3. Compatibilidade com o processo do trabalho.. 679
4. O princípio da norma mais favorável e o processo do trabalho................... 681
5. Conclusões.. 687

CAPÍTULO 37
A TEORIA DINÂMICA DO ÔNUS DA PROVA.. 689
Wânia Guimarães Rabêllo de Almeida

1. Introdução.. 689
2. Prova e direito... 689
3. Ônus da prova e distribuição do ônus da prova: aspectos gerais................ 689
    3.1. Distribuição do ônus da prova no CPC de 1973..................................... 690
    3.2. Distribuição dinâmica do ônus da prova... 691
4. A opção do novo CPC.. 696
    4.1. Limites à distribuição dinâmica do ônus da prova.............................. 698
5. A distribuição dinâmica ou flexível do ônus da prova e o processo do trabalho.. 700
6. Conclusão.. 708
7. Bibliografia... 710

CAPÍTULO 38
O NOVO CPC E A PROVA PERICIAL NO PROCESSO DO TRABALHO................. 713
João Humberto Cesário

1. Conceito e generalidades.. 713
2. Objeto da prova pericial e momento de ordenação da sua realização...... 714
3. A causa de pedir e o objeto da perícia... 717
4. Classificação das perícias.. 719

5. O problema da obrigatoriedade da perícia 720
6. Prova técnica simplificada 722
7. O perito, a sua nomeação, os seus encargos, a sua substituição e os seus honorários periciais 723
8. As conclusões do perito, os poderes de instrução e decisão do magistrado e a possibilidade de realização de nova perícia 730
9. Procedimento da prova pericial 733
10. Bibliografia 737

CAPÍTULO 39
A FUNDAMENTAÇÃO DAS DECISÕES JUDICIAIS NO PROCESSO DO TRABALHO: EXAME DA APLICABILIDADE DO ART. 489, § 1º, DO CPC DE 2015 NO PROCESSO DO TRABALHO 739
Cleber Lúcio de Almeida

1. Introdução 739
2. A relação entre o art. 769 da CLT e o art. 15 do CPC de 2015 740
3. A fundamentação das decisões judiciais como direito das partes e dever do juiz ... 741
4. Conteúdo e alcance da fundamentação das decisões judiciais no direito processual do trabalho. 743
5. O conteúdo e alcance da fundamentação das decisões judiciais no direito processual civil 746
6. Enunciados aprovados no Seminário da Escola Nacional de Formação e Aperfeiçoamento de Magistrados. Enunciados do Fórum Permanente de Processualistas Civis 748
7. Conclusão 751

CAPÍTULO 40
HIPOTECA JUDICIÁRIA E PROTESTO DA DECISÃO JUDICIAL NO NOVO CPC E SEUS IMPACTOS NO PROCESSO DO TRABALHO 755
Élisson Miessa

1. Introdução 755
2. Hipoteca Judiciária 756
   2.1. Quadro Comparativo 756
   2.2. Definição do Instituto 757
   2.3. O que mudou com o Novo CPC 761
   2.4. Aplicação no Processo do Trabalho 763
3. Protesto 765
   3.1. Quadro Comparativo 765
   3.2. Definição do instituto 766

3.2.1. Protesto de decisão interlocutória..767
3.3. Aplicação no processo do trabalho...769
4. Referências Bibliográficas...772

CAPÍTULO 41
DA REMESSA NECESSÁRIA..775
Luciano Rossato

1. Introdução...775
2. Da Apelação Necessária à Remessa Necessária 776
3. O efeito translativo da remessa necessária 779
4. A extensão do efeito translativo da remessa necessária..............................780
5. O efeito suspensivo decorrente da remessa necessária...............................781
6. Das Limitações à Incidência da Remessa Necessária 782
7. Da remessa necessária na tutela coletiva..785
8. Remessa Oficial no Mandado de Segurança 787
9. Remessa Necessária e Recursos aos Tribunais Superiores.........................787
10. Temas que Fazem Referência à Remessa Necessária no Novo CPC........787
11. Conclusão..788

CAPÍTULO 42
ASPECTOS DA COISA JULGADA NO NOVO CPC 789
Marcos Scalércio e Tulio Martinez Minto

1. Introdução...789
2. Modalidades da Coisa Julgada: Formal e Material..790
3. Eficácia extraprocessual da Coisa Julgada Formal 792
4. Coisa Julgada Soberana 793
5. Coisa Julgada Progressiva 793
6. Limites da Coisa Julgada e a novidade sobre a questão prejudicial.........795
7. Relações Jurídicas Continuativas...797
8. Imutabilidade e Relativização da Coisa Julgada 797
9. Conclusão..799

Parte VIII
CUMPRIMENTO DA SENTENÇA E PROCESSO DE EXECUÇÃO

CAPÍTULO 43
MULTA DO ART. 523 DO NOVO CPC (ANTIGO ART. 475-J) 803
Wolney de Macedo Cordeiro

1. Notas introdutórias 803

2. A supletividade orgânica no NCPC e seus limites perante o direito processual do trabalho...804
3. Da aplicação de medidas coercitivas para o cumprimento das obrigações de pagar previstas em títulos judiciais 807
4. Referências bibliográficas..816

CAPÍTULO 44
A TUTELA DA CONFIANÇA E A PRESCRIÇÃO INTERCORRENTE NA EXECUÇÃO TRABALHISTA 817
Raphael Miziara

1. Introdução 817
2. A tutela da confiança e o *venire contra factum proprium* em ambientes processuais...818
3. *Supressio – Verwirkung* como fator ensejador da prescrição intercorrente............821
4. Aplicabilidade prescrição intercorrente na execução trabalhista e a posição dos Tribunais Superiores...824
5. Requisitos para declaração da prescrição intercorrente na execução trabalhista a partir do Novo CPC..828
6. A prescrição intercorrente a partir do Novo CPC e do Projeto de Lei nº 606/2011 do Senado Federal..830
7. Notas conclusivas 834
8. Referências..835

CAPÍTULO 45
RESPONSABILIDADE SOLIDÁRIA/SUBSIDIÁRIA E A NECESSIDADE DE INCLUSÃO DAS EMPRESAS NA FASE DE CONHECIMENTO DO PROCESSO TRABALHISTA 837
Paulo Henrique Tavares da Silva e Caio Victor Nunes Marques

1. Introdução 837
2. Um peso: duas medidas..838
3. Sólidos imperfeitos 841
4. *Patchwork* jurídico 844
5. Conclusões...851
6. Referencias..853

CAPÍTULO 46
O REGIME DA FRAUDE DE EXECUÇÃO DO NOVO CPC E SEUS REFLEXOS NO PROCESSO DO TRABALHO 855
Wolney de Macedo Cordeiro

1. Notas introdutórias 855

2. Construção conceitual da fraude de execução. 856
3. Comparação genérica entre os regramentos da fraude de execução no CPC de 1973 e na nova redação. 857
4. Das hipóteses caracterizadoras da fraude de execução no novo Código de Processo Civil 860
   4.1. Fraude de execução relacionada à modalidade da ação movida contra réu ou devedor (NCPC, art. 792, I). 861
   4.2. Fraude de execução baseada na existência de prévio gravame do bem ou do patrimônio do devedor (NCPC, art. 792, II e III). 861
   4.3. Fraude de execução relacionada ao limite temporal da alienação ou oneração dos bens (NCPC, art. 792, IV) 864
5. Instrumentos de preservação do interesse de terceiros diante da fraude de execução (NCPC, art. 792, § 4º) 870
6. Considerações finais 871
7. Referências bibliográficas. 871

CAPÍTULO 47
A PENHORA DE BENS E SEUS EFEITOS À LUZ DO NOVO CPC – AVANÇOS, RETROCESSOS E A DERROCADA DE ALGUNS MITOS 873
Iuri Pereira Pinheiro

1. Breves Considerações sobre a Execução e Penhora de Bens 873
2. Noções conceituais e efeitos da penhora 875
   2.1. Garantia do Juízo 876
   2.2. Individualização dos bens e direito de preferência 877
   2.3. Perda da posse direta e investidura na condição de depositário 877
   2.4. Hipótese excepcional de investidura do executado como depositário infiel e suas consequências 878
   2.5. Ineficácia dos atos de alienação ou oneração dos bens (Fraude à Execução) 881
3. Intimação da Penhora 886
4. Ordem de Penhora 887
5. Bens Impenhoráveis – A derrocada de alguns mitos 889
   5.1. Penhora de salário 890
   5.2. Penhora de valores em caderneta de poupança 894
   5.3. Impenhorabilidade do bem de família 895
   5.4. Penhora de bem com alienação fiduciária 902
   5.5. Penhora da restituição do imposto de renda? 905
   5.6. Penhora de bens de terceiro? 906
6. Restrições à penhora de dinheiro 907

43

7. Conclusão 908

CAPÍTULO 48
PENHORA DE SALÁRIOS: INTERPRETAÇÃO E APLICAÇÃO DO ART. 833, §2º DO NOVO CPC NO PROCESSO DO TRABALHO 909
Bruno Klippel

1. Introdução 909
2. Penhora de salários como forma de efetivação do princípio da função social do processo 910
3. Entendimentos atuais sobre a penhora de salários no Processo do Trabalho 911
4. Disposições contidas no art. 833, §2º do Novo CPC 913
   4.1. Análise do novel dispositivo legal 913
5. Conclusões 915
6. Referências 916

CAPÍTULO 49
EMBARGOS DO EXECUTADO NO CPC VINDOURO E SEUS REFLEXOS NO DIREITO PROCESSUAL DO TRABALHO 917
Vitor Salino de Moura Eça

1. Introdução 917
2. Panorama na Sistemática Atual 918
3. Conceito e natureza jurídica dos embargos à execução 920
4. Cumprimento da Sentença – Ambiente dos embargos 921
5. Causas de competência originária 922
6. Livro das Execuções 923
7. Dever de Colaboração 923
8. Fatos executivos 924
9. Embargos à Execução 925
10. Conclusão 929

CAPÍTULO 50
EXECUÇÃO DE OBRIGAÇÕES DE FAZER E DE NÃO FAZER: REPERCUSSÕES DAS REGRAS DO NOVO CPC NO MODELO PROCESSUAL DO TRABALHO 931
Sérgio Torres Teixeira

1. Introdução 931
2. Tutela Específica envolvendo Prestações de Fazer e de Não Fazer 933
3. Cumprimento de Prestações de Fazer e Não Fazer no Âmbito das Relações de Trabalho 936

4. Tutela Específica de Prestações de Fazer e de Não Fazer na Lei nº 13.105 de 2015 (Novo CPC) e suas Repercussões no Processo do Trabalho 939
5. Disciplina do novo CPC envolvendo o Cumprimento de Sentença que Reconheça a Exigibilidade de Obrigação de Fazer ou de Não Fazer e seus Reflexos no Processo Laboral 946
6. Disciplina do Novo CPC acerca da Execução das Obrigações de Fazer ou de Não Fazer em Processo de Execução Autônomo e seus Impactos sobre o Modelo Processual Trabalhista 951
7. Conclusões 956
8. Referências 957

Parte IX
PROCEDIMENTOS ESPECIAIS

CAPÍTULO 51
OS PROCEDIMENTOS ESPECIAIS NO PROCESSO COMUM E SUA APLICAÇÃO NO PROCESSO DO TRABALHO: UM OLHAR A PARTIR DO NOVO CÓDIGO DE PROCESSO CIVIL 961
Luciano Athayde Chaves

1. Algumas notas sobre o novo Código de Processo Civil e os objetivos deste capítulo 961
2. *Overview* sobre os procedimentos especiais no novo Código de Processo Civil e a cláusula de subsidiariedade das normas do procedimento comum 964
3. Dos procedimentos especiais em espécie com potencial de ocorrência na Justiça do Trabalho 966
   - 3.1. Dos procedimentos especiais de jurisdição contenciosa 967
     - 3.1.1. Da ação de consignação em pagamento 967
     - 3.1.2. Da ação de exigir contas 971
     - 3.1.3. Das ações possessórias 973
     - 3.1.4. Dos embargos de terceiro 978
     - 3.1.5. Da oposição 985
     - 3.1.6. Da habilitação 988
     - 3.1.7. Da ação monitória 992
     - 3.1.8. Da restauração de autos 995
   - 3.2. Dos procedimentos especiais de jurisdição voluntária 999
     - 3.2.1. Ação de alvará 1001
     - 3.2.2. Homologação de autocomposição extrajudicial, de qualquer natureza ou valor 1013
4. Referências 1018

CAPÍTULO 52
NOVO CPC: OPOSIÇÃO COMO PROCEDIMENTO ESPECIAL NO PROCESSO TRABALHO 1021
Gustavo Filipe Barbosa Garcia

1. Introdução 1021
2. Parte no processo e parte na demanda 1022
3. Oposição 1023
4. Conclusão 1028
5. Bibliografia 1029

PARTE X
PRECEDENTES JUDICIAIS

CAPÍTULO 53
UTILIZAÇÃO DO PRECEDENTE JUDICIAL NO ÂMBITO DO PROCESSO TRABALHISTA 1033
Paulo Henrique Tavares da Silva e *Juliana Coelho Tavares da Silva*

1. Introdução 1033
2. Notas acerca do *stare decisis* no *common law* 1034
3. Construindo o *common law* tupiniquim 1039
4. Efeitos da padronização decisional para o processo trabalhista 1044
5. Conclusão 1050
6. Referências 1051

CAPÍTULO 54
NOVA REALIDADE: TEORIA DOS PRECEDENTES JUDICIAIS E SUA INCIDÊNCIA NO PROCESSO DO TRABALHO 1053
Élisson Miessa

1. Introdução 1053
2. Famílias jurídicas 1054
   2.1. *Civil law* (família romano-germânica) 1055
   2.2. *Common law* (família anglo-saxônica) 1055
   2.3. Aproximação entre o *civil law* e o *common law* 1057
3. Precedentes judiciais 1058
   3.1. Conceito 1058
   3.2. Natureza jurídica dos precedentes judiciais 1059

3.3. Classificação dos precedentes 1059
3.4. Estrutura dos precedentes 1060
    3.4.1. Ratio decidendi ou *holding* 1060
    3.4.2. *Obter dictum* 1063
3.5. Precedente, jurisprudência e súmula 1064
3.6. Precedentes judiciais no direito brasileiro 1064
    3.6.1. Regras e princípios atingidos 1064
    3.6.2. Rol dos precedentes obrigatórios no Novo CPC 1065
        3.6.2.1. Súmulas 1066
        3.6.2.2. Decisão judicial 1068
    3.6.3. Deveres gerais dos tribunais 1071
    3.6.4. Outros efeitos dos precedentes 1072
    3.6.5. Constitucionalidade dos precedentes obrigatórios no direito brasileiro 1074
3.7. Técnicas para utilização dos precedentes 1076
    3.7.1. *Distinguishing* 1076
    3.7.2. Superação dos precedentes judiciais 1079
        3.7.2.1. *Overruling* 1080
        3.7.2.1.1. Fundamentação 1083
        3.7.2.1.2. Hipóteses de superação 1084
        3.7.2.1.2.1. Superveniência de lei nova (Novo CPC) 1084
        3.7.2.1.3. Quem pode realizar a superação 1085
        3.7.2.2. *Signaling* (Sinalização) 1086
        3.7.2.3. *Overriding* 1087
        3.7.2.4. Eficácia temporal na superação do precedente 1087
4. Reclamação 1089
5. Aplicação da teoria dos precedentes judiciais no processo do trabalho 1092
    5.1. Integração (art. 15 do NCPC) 1092
        5.1.1. As lacunas no direito processual do trabalho 1093
        5.1.2. Subsidiariedade e supletividade 1096
        5.1.3. Antinomias 1097
        5.1.4. Diálogo das fontes 1099
        5.1.5. Omissão na CLT 1100
        5.1.6. Compatibilidade com o processo do trabalho 1101
6. Conclusão 1104
7. Bibliografia 1105

Parte XI
PROCESSOS NOS TRIBUNAIS E MEIOS DE IMPUGNAÇÃO

CAPÍTULO 55
OS PODERES DO RELATOR 1111
Leonardo Dias Borges

1. Considerações propedêuticas sobre os poderes do juiz 1111
2. Os poderes do magistrado e a convenção processual 1117
3. Do calendário processual 1118
4. Dos processos nos tribunais: o poder do magistrado na condução processual em segunda instância 1119
5. Referências bibliográficas 1126

CAPÍTULO 56
A ASSUNÇÃO DE COMPETÊNCIA NO NOVO CPC E SEUS REFLEXOS NO PROCESSO DO TRABALHO 1129
Carlos Henrique Bezerra Leite

1. Introdução 1129
2. O incidente de assunção de competência no CPC/73 1130
3. Assunção de competência no novo CPC de 2015 1131
4. Extensão da força vinculante do acórdão proferido em Incidente de Assunção de Competência 1133
5. Assunção de competência no Processo do Trabalho 1134
6. Conclusão 1135

CAPÍTULO 57
AÇÃO RESCISÓRIA: ANÁLISE DAS PRINCIPAIS ALTERAÇÕES INTRODUZIDAS PELO NOVO CPC E SUAS IMPLICAÇÕES NO PROCESSO DO TRABALHO 1137
Flávio Henrique Freitas Evangelista Gondim

1. Considerações preliminares 1137
2. Disciplinamento da ação rescisória no processo do trabalho 1139
3. Disciplinamento da ação rescisória no novo CPC 1140
    - 3.1. Breves notas sobre o regime de formação da coisa julgada no novo CPC 1140
    - 3.2. Principais modificações introduzidas pelo novo CPC quanto ao instituto da ação rescisória 1141
        - 3.2.1. Ampliação do rol das decisões "atacáveis" por ação rescisória (ou "rescindíveis") 1142
        - 3.2.2. Modificações no elenco legal dos fundamentos/hipóteses de rescindibilidade 1143

     3.2.2.1. Supressão da hipótese de rescindibilidade previstas no inciso VIII do art. 485 do CPC/73 1144

     3.2.2.2. Aperfeiçoamento da redação dos incisos I, II e VI do art. 485 do CPC/73 (sem alteração substancial do conteúdo de tais disposições) 1144

     3.2.2.3. Acréscimo das hipóteses de *"coação da parte vencedora em detrimento da parte vencida"* e *"simulação"* 1145

     3.2.2.4. Ampliação do alcance da hipótese de rescisória fundada em violação.. 1146

     3.2.2.5. Substituição da expressão "documento novo" por "prova nova" 1148

     3.2.2.6. Ampliação do alcance da hipótese de rescisória fundada em *erro de fato*.. 1149

     3.2.2.7. Impossibilidade de estipulação de novos fundamentos de rescindibilidade por meio de negócios jurídicos processuais.. 1150

  3.2.3. Alterações relativas à contagem do prazo para propositura da ação rescisória 1151

     3.2.3.1. Flexibilização do termo inicial do prazo nos casos de "prova nova" (art. 975, § 2º) e simulação/colusão das partes (975, § 3º) 1151

     3.2.3.2. Termo inicial da contagem do prazo nos casos que envolvam "trânsito em julgado progressivo" 1152

     3.2.3.3. Reconhecimento da possibilidade de prorrogação do prazo decadencial, caso o respectivo termo final recaia sobre dia em que não haja expediente forense..................... 1154

     3.2.3.4. Contagem do prazo em relação a decisões transitadas em julgado antes do início da vigência do novo CPC........... 1155

  3.2.4. Ampliação do rol de legitimados ativos.. 1156

  3.2.5. Alterações relacionadas a aspectos procedimentais........................ 1157

     3.2.5.1. Instituição de teto para o valor do depósito prévio e criação de novas hipóteses de isenção 1157

     3.2.5.2. Consequência processual do ajuizamento da ação rescisória perante tribunal incompetente 1157

     3.2.5.3. Tutela de urgência... 1159

     3.2.5.4. Produção de provas 1160

     3.2.5.5. Critério para escolha do relator... 1161

     3.2.5.6. Julgamento... 1161

4. Implicações do novo CPC no regramento da Ação Rescisória no Processo do Trabalho 1162

5. Conclusões.. 1163

6. Referências bibliográficas 1165

CAPÍTULO 58
INCIDENTE DE RESOLUÇÃO DE DEMANDA REPETITIVA. O NOVO CPC E APLICAÇÃO NO PROCESSO DO TRABALHO 1167
Marcelo Freire Sampaio Costa

1. Resumo 1167
2. À guisa de intróito 1167
3. Fases da subsiariedade: 1) Clássica; 2) Conforme a Constituição; 3) Sistemática; 4) Subsidiariedade e o novo CPC 1168
   - 3.1. Do viés clássico do princípio da subsidiariedade no processo do trabalho 1169
   - 3.2. Leitura conforme a Constituição à técnica da subsidiariedade 1170
   - 3.3. Da necessária leitura sistemática 1173
   - 3.4. A subsidiariedade e o novo Código de Processo Civil 1174
4. Do Incidente de Resolução de Demanda Repetitiva 1175
   - 4.1. Texto legal 1175
   - 4.2. Contextualizar, problematizar e comparar com o sistema das *class actions* 1177
   - 4.3. Finalidade, conceito e breve desenvolvimento legal 1180
   - 4.4. Alguns aspectos de demandas seriadas, o processo do trabalho e a Lei. n. 13.015/2014 1181
5. Conclusão. Visão moderna da subsidiariedade e compatibilidade do instituto com o Processo do Trabalho 1182

CAPÍTULO 59
A LEI 13.015/2014 E O INCIDENTE DE RESOLUÇÃO DE DEMANDAS REPETITIVAS: UMA VISÃO 1183
Luiz Philippe Vieira de Mello Filho e Luiz Philippe Vieira de Mello Neto

1. Introdução 1183
2. O Processo do Trabalho e o Novo CPC 1185
3. A Lei 13.015/2014 e o IRDR 1186
4. O Incidente de Resolução de Demandas Repetitivas: noções gerais 1188
   - 4.1. Natureza jurídica 1189
   - 4.2. Instauração 1191
     - 4.2.1. Legitimados 1192
     - 4.2.2. Admissibilidade 1194
     - 4.2.3. Procedimento 1194
     - 4.2.4. Publicidade 1195

4.2.5. Suspensão dos casos 1196
4.2.6. Julgamento 1197
4.2.7. Fundamentação 1198
4.2.8. Recorribilidade 1199
4.3. Aplicação da tese jurídica 1199
4.4. Possibilidade de revisão 1200
5. A uniformização da jurisprudência no âmbito dos Tribunais Regionais e a Lei nº 13.015/14 1200
6. O incidente de uniformização da jurisprudência e sua compatibilização com a Lei 13.015/2014 1203
7. Conclusão 1205
8. Referências bibliográficas 1207

CAPÍTULO 60
INCIDENTE DE JULGAMENTO DE RECURSOS DE REVISTA REPETITIVOS....1209
Cláudio Brandão

1. Introdução 1209
2. Aplicação Supletiva do CPC 1214
3. Formação do precedente – unidade sistêmica: racionalidade do sistema – e regras gerais 1217
   3.1. Ordem cronológica de julgamentos 1227
4. Processamento do incidente 1227
   4.1. Efeitos da decisão de afetação 1229
   4.2. Instrução 1233
   4.3. Julgamento e efeitos: vinculação, distinção e superação 1238
   4.4. Questão Constitucional 1243
5. Referências 1245

CAPÍTULO 61
O NOVO CÓDIGO DE PROCESSO CIVIL E SEUS POSSÍVEIS IMPACTOS NOS RECURSOS TRABALHISTAS 1247
Ricardo José Macêdo de Britto Pereira

1. Considerações gerais 1247
2. Síntese das alterações promovidas pela Lei 13.015/2014 1250
3. Síntese do sistema recursal previsto no novo CPC 1255
4. Incidência das disposições do novo CPC ao sistema recursal trabalhista 1266
5. Considerações finais 1276
6. Referências bibliográficas 1277

CAPÍTULO 62
EXTINÇÃO DO JUÍZO DE ADMISSIBILIDADE RECURSAL *A QUO* E TÉCNICAS DE JULGAMENTO NOS TRIBUNAIS NO NOVO CPC E O PROCESSO DO TRABALHO 1279
Júlio César Bebber

1. Considerações iniciais 1279
2. Juízo de admissibilidade 1279
   - 2.1. Juízo de admissibilidade recursal no Processo Civil 1280
   - 2.2. Juízo de admissibilidade recursal no Processo do Trabalho 1281
3. Técnicas de julgamento nos tribunais 1282
   - 3.1. Prevenção do relator 1282
   - 3.2. Distribuição e encaminhamento imediatos 1283
   - 3.3. Poderes-deveres do relator 1283
   - 3.4. Revisor 1286
   - 3.5. Inclusão do recurso em pauta de julgamento 1286
   - 3.6. Sustentação oral 1287
   - 3.7. Procedimento de julgamento na sessão 1288
   - 3.8. Acórdão 1289
   - 3.9. Publicação do acórdão 1290
   - 3.10. Vista na sessão de julgamento 1290
   - 3.11. Reconsideração do voto 1291
   - 3.12. Voto vencido 1291
   - 3.13. Ordem de julgamento do recurso 1292
     - 3.13.1. Ordem lógica no juízo de admissibilidade 1292
     - 3.13.2. Ordem lógica no juízo de mérito 1293
   - 3.14. Ampliação do quorum de julgamento 1294

CAPÍTULO 63
A TEORIA DA CAUSA MADURA NO NOVO CÓDIGO DE PROCESSO CIVIL: CONSIDERAÇÕES SOBRE OS IMPACTOS NO PROCESSO DO TRABALHO 1295
Ítalo Menezes de Castro

1. Introdução 1295
2. A teoria da causa madura no ordenamento jurídico brasileiro 1296
3. A compatibilidade da teoria da causa madura com o processo trabalhista 1303
4. A teoria da causa madura no novo Código de Processo Civil e seus reflexos no Processo do Trabalho 1306
   - 4.1. Reforma de sentença que extingue o processo sem resolução do mérito 1310
   - 4.2. Decisões incongruentes com o pedido ou com a causa de pedir 1312

4.3. Decisões omissas quanto à análise de um dos pedidos 1313
4.4. Decisões nulas por falta de fundamentação 1318
4.5. Decisões que reconhecem a prescrição ou a decadência 1319
5. Considerações finais 1319
6. Referências bibliográficas 1319

CAPÍTULO 64
OS EMBARGOS DE DECLARAÇÃO NO NOVO CPC E OS REFLEXOS NO PROCESSO DO TRABALHO 1321
Lorena Vasconcelos Porto

1. Considerações iniciais 1321
2. Os embargos de declaração no novo CPC 1323
3. Os possíveis reflexos da nova disciplina dos embargos de declaração no processo do trabalho 1328
4. Conclusão 1333
5. Bibliografia 1334

PARTE XII
TEMAS GERAIS

CAPÍTULO 65
TEMAS POLÊMICOS DO NOVO CPC E SUA APLICAÇÃO NO PROCESSO DO TRABALHO 1337
José Antônio Ribeiro de Oliveira Silva

1. Nota introdutória 1337
2. Aplicação supletiva e subsidiária do novo CPC 1339
3. Força normativa dos valores e princípios 1341
   3.1. Os princípios no Processo do Trabalho 1345
   3.2. O princípio inquisitivo e o negócio jurídico processual 1348
4. Desconsideração da personalidade jurídica 1351
5. A fundamentação da decisão judicial 1355
   5.1. Sentença omissa e embargos de declaração 1360
   5.2. Aplicação no processo do trabalho 1361

CAPÍTULO 66
O CONFLITO ENTRE O NOVO CPC E O PROCESSO DO TRABALHO 1365
Jorge Luiz Souto Maior

1. O processo do trabalho 1365

2. O procedimento oral trabalhista e o art. 769, da CLT 1370
3. Contexto do advento do novo CPC 1374
4. Análise do novo CPC 1379
    4.1. Alguns elementos para o diagnóstico 1379
    4.2. "Normas fundamentais"? 1383
    4.3. Mirando a Justiça do Trabalho 1385
    4.4. Perigo à vista 1387
    4.5. O maior perigo: ataque à independência do juiz 1389
    4.6. Controlando os juízes e desembargadores 1396
5. Jurisprudência de cúpula e afronta à celeridade 1398
6. O inconstitucional ataque à independência do juiz 1401
7. Nenhum otimismo 1409
8. Conclusão 1412

CAPÍTULO 67
A LEGISLAÇÃO TRABALHISTA E AS RELAÇOES DE TRABALHO NO BRASIL E O NOVO CPC 1415
José Luciano de Castilho Pereira

1. Origens 1415
2. O Processo do Trabalho a partir da Constituição Federal de 1988 1418
3. Que rumo deve tomar o Direito e o Processo do Trabalho. 1421
4. Conclusão 1422

CAPÍTULO 68
O DIREITO CIVIL, O DIREITO DO TRABALHO E O CPC RENOVADO: CAMINHOS QUE SE CRUZAM 1425
Elaine Nassif e Márcio Túlio Viana

1. As palavras que se estranham 1425
2. As práticas diferentes 1427
3. As tendências que se opõem 1429
4. De volta ao cárcere do juiz 1431
5. O processo civil e a conciliação 1432
6. O outro lado da moeda 1434
7. Bibliografia 1437

Parte I

APLICAÇÃO DAS NORMAS DO NOVO CPC

Capítulo 1
O NOVO CPC E SUA APLICAÇÃO SUPLETIVA E SUBSIDIÁRIA NO PROCESSO DO TRABALHO

Edilton Meireles[1]

SUMÁRIO: 1. INTRODUÇÃO; 2. DOS PROCEDIMENTOS E DO PROCEDIMENTO TRABALHISTA; 3. ELEMENTOS ESSENCIAIS DO PROCESSO DO TRABALHO; 4. CONCEITOS FUNDAMENTAIS DO PROCESSO E SUA APLICAÇÃO ÀS AÇÕES TRABALHISTAS; 5. PRINCÍPIOS DO PROCESSO DO TRABALHO; 6. A BUSCA EQUIVOCADA DA AUTONOMIA E O ESQUECIMENTO DO PROCESSO DO TRABALHO; 7. DA REGRA SUPLETIVA E DA REGRA SUBSIDIÁRIA.; 8. REVOGAÇÃO DA REGRA DE SUBSIDIARIEDADE CONTIDA NA CLT; 9. COMPATIBILIDADE COM O PROCESSO DO TRABALHO; 9.1. INCOMPATIBILIDADE E CONCEITO JURÍDICO INDETERMINADO; 10. DA APLICAÇÃO DA REGRA SUPLETIVA; 11. CONCLUSÕES; 12. REFERÊNCIAS.

1. INTRODUÇÃO

Antes de estudar as modificações do processo do trabalho em face do novo CPC (Lei n. 13.015/15) é preciso interpretar e cuidar do art. 15 deste novel diploma legal e suas consequências para processualística laboral.

Isso porque, de acordo com o art. 15 do CPC de 2015, "na ausência de normas que regulem processos eleitorais, trabalhistas ou administrativos, as disposições deste Código lhes serão aplicadas supletiva e subsidiariamente".

Antes tínhamos apenas a regra do art. 769 da CLT que mandava aplicar o "direito processual comum" como fonte subsidiária. Agora poderemos ter a regra do CPC/15 que manda aplicar esse diploma legal de forma supletiva e subsidiária.

É preciso, porém, bem situar o procedimento trabalhista no âmbito do processo civil para que se possa, com clareza, interpretar as novas normas processuais e sua incidência no processo do trabalho.

No Brasil, a ação trabalhista tem sido objeto de estudo de forma destacada em relação ao processo civil. Fatores como uma legislação especial disciplinan-

---

[1] Pós–doutor pela Universidade de Lisboa. Doutor em Direito pela Pontifícia Universidade Católica de São Paulo (PUC/SP). Professor de Direito Processual Civil na Universidade Federal da Bahia (UFBa). Professor de Direito na Universidade Católica do Salvador (UCSal). Membro do IBDP. Membro da Associacion Iberoamericana de Derecho del Trabajo. Membro do Instituto Brasileiro de Direito Social Cesarino Júnior. Desembargador do Trabalho na Bahia.

do o procedimento laboral e a existência de órgãos judicantes especializados, numa estrutura orgânica autônoma, contribuiu para o afastamento do processo do trabalho do denominado processo civil.

Neste trabalho, no entanto, em preliminar, procuramos estudar se efetivamente a ação trabalhista goza de autonomia em relação ao processo civil e se o processo do trabalho não se encontra agasalhado pela teoria geral do processo civil.

2. DOS PROCEDIMENTOS E DO PROCEDIMENTO TRABALHISTA

Sem querer se aprofundar nas diversas teorias que definem o processo e o procedimento, podemos ter este último, para fins de compreensão do que se fala, como o rito processual a ser observado em cada processo judicial, a partir da propositura da ação.

O procedimento civil, por sua vez, divide-se em comum e especial. Aquele primeiro está regulado no CPC como o procedimento que deve ser utilizado para a generalidade das demandas judiciais; o segundo, regulado no próprio CPC e em legislação esparsa, divide-se em procedimentos especiais de jurisdição voluntária e de jurisdição contenciosa.

Ensina, sinteticamente, Adroaldo Fabrício Furtado, que,

> "em tema de procedimento (ou rito, ou forma do processo), a técnica legislativa usual é a de começar-se pela definição de um modelo procedimental básico, destinado à adoção na generalidade dos casos, verdadeiro rito-padrão, para se estabelecerem depois, com base nele, as variações por supressão, acréscimo ou modificação de atos, donde resultarão procedimentos mais ou menos distanciados do modelo fundamental, segundo a intensidade e número dessas alterações.
>
> Em regra, o procedimento-tipo é formal e solene, procurando cercar o exercício da função jurisdicional das mais amplas garantias e franquear às partes os mais largos caminhos de discussão, de prova e de impugnação das decisões. O procedimento assim estruturado - geralmente denominado comum ou ordinário - serve ao volume maior e principal das causas, às situações mais frequentes e destituídas de peculiaridades aptas a justificar um tratamento diferenciado... Esse procedimento por assim dizer genérico funciona também como um standard básico, seja no sentido de que a partir dele se constroem os outros, específicos, seja porque em numerosos casos a diversidade destes em confronto com aquele é parcial e condicionada, de tal sorte que o trâmite processual, iniciado em forma diferenciada, retorna ao leito comum do rito básico a partir de certo momento ou a depender de uma dada condição. A tudo isso se acresça que, exatamente por terem sido fixados como um modelo, os termos do procedimento ordinário prevalecem também no especial, na medida em que as regras jurídicas a este pertinentes sejam omissas: vale dizer, as normas do rito genérico enchem os vazios da regulação dos especiais, a estes aplicando-se subsidiariamente"[2].

---

2 Justificação teórica dos procedimentos especiais, p. 4.

Neste sentido, basta lembrar o art. 566 do CPC/15 que manda aplicar às ações possessórias as disposições que regem o procedimento comum.

Os motivos que induzem a criação dos procedimentos especiais são diversos. Eles podem ser desde a modesta expressão econômica ou jurídica, a fatores de ordem política, social, vinculadas ao próprio direito material, etc., ou, ainda, dadas às peculiaridades que cercam a tutela jurisdicional pretendida.

Em regra, os ordenamentos jurídicos também criam procedimentos sumários para atender situações especiais ainda que não dispense a cognição exauriente. Ela é sumária, limitada, daí porque se dispensa solenidades, abreviam-se prazos, restringe-se a atuação das partes, podam-se recursos, etc.

Como ensina Cândido Rangel Dinamarco,

> *"a realidade dos conflitos e das variadas crises jurídicas em que eles se traduzem gera a necessidade de instituir procedimentos diferentes entre si, segundo peculiaridades de diversas ordens, colhidos no modo-de-ser dos próprios conflitos, na natureza das soluções ditadas pelo direito substancial e nos resultados que cada espécie de processo propõe-se a realizar"*[3].

Em suma, por ser o processo instrumental, "*sempre, o procedimento deve ser adaptado à realidade dos conflitos e das soluções buscadas*"[4].

E aqui cabe outra ressalva para melhor compreensão do debate. O procedimento especial, para fins didáticos, deve ser entendido como sendo aquele que não adota o rito geral regulado no CPC, valendo-se de regras mais especiais e tão-somente se socorrendo das regras do procedimento comum de forma subsidiária ou supletiva.

Assim, temos que todos os procedimentos previstos em lei que não adota o rito do procedimento comum regulado no novo CPC, mas tem as suas disposições como fonte subsidiária ou supletiva, são classificados como de rito especial.

Daí se tem, então, que, considerando apenas a jurisdição civil, devemos incluir entre as ações com ritos especiais não só os procedimentos especiais tratados no CPC, como, também, todas as outras ações de natureza civil que possuem ritos específicos, tratados na legislação esparsa, e que têm as regras do procedimento comum como fontes subsidiárias ou supletivas. Aqui, portanto, incluímos, dentre outros, o mandado de segurança, a ação rescisória, a ação cautelar, a ação de execução, a ação judicial que corre perante a Justiça Eleitoral, as ações perante os Juizados Especiais e as típicas ações trabalhistas (reclamação trabalhista, inquérito judicial, ação de cumprimento, procedimento sumaríssimo e dissídios coletivos).

Neste sentido, a ação trabalhista, em verdade, é um procedimento especial, disciplinado em legislação específica (esparsa, em relação ao CPC) e que têm,

---

3   Instituições de direito processual civil, p. 332-333.
4   Ibidem, p. 333.

inclusive, expressamente, as regras do procedimento comum regido pelo CPC como fonte subsidiária ou supletiva (art. 15 do novo CPC), desde a teoria geral do processo aos meios de impugnação às decisões judiciais, tal como ocorre em relação aos demais procedimentos especiais disciplinados por outras leis. Em suma, é um processo civil especial.

Tal procedimento especial trabalhista, por sua vez, tem razão de ser no surgimento das questões sociais no início do Século XX, na preocupação do Estado com as condições de trabalho, na tomada de consciência dos trabalhadores e no desequilíbrio socioeconômico do empregado em face do tomador dos serviços. A estas razões podemos ainda lembrar outros motivos, tais como a ineficiência do procedimento ordinário para resolver os litígios trabalhistas e o surgimento do direito do trabalho destacado do direito civil. Tais motivos e razões, pois, levaram o legislador a criar um procedimento diferenciado para as demandas judiciais trabalhistas.

Interessante notar que, por semelhantes razões e motivos, já no final do Século XX, ao menos no Brasil, o legislador passou a adotar medidas, inclusive processuais, para proteção do consumidor.

3. ELEMENTOS ESSENCIAIS DO PROCESSO DO TRABALHO

Feitos os esclarecimentos acima, cabe-nos investigar se os elementos essenciais do procedimento trabalhista lhe distinguem dos demais procedimentos judiciais civis de modo a poder lhe afastar do âmbito deste último.

Jaime Guasp aponta cinco categorias distintas para essa análise: sujeitos, objeto, atos, procedimento e efeitos no processo[5].

Quanto aos sujeitos, são os mesmos que podem ser sujeitos em outro qualquer processo judicial: o órgão judicial e as partes em litígio. Parte, por óbvio, entendido em seu sentido processual, ou seja, como a pessoa titular de uma situação ativa ou passiva em relação à pretensão. Não é, outrossim, o fato de que na demanda trabalhista se enfrentarem de modo geral o empregado e o empregador que se revela qualquer autonomia. Fosse assim, dada as semelhantes condições (desequilíbrio, proteção, etc), as demandas envolvendo menores deveriam também ser por rito especial.

Da mesma forma, a existência de órgão próprio para apreciar a demanda trabalhista não torna o processo do trabalho autônomo. Do contrário, teríamos que afirmar que a ação judicial em curso na Justiça Eleitoral também seria autônoma em relação ao processo civil, da mesma forma que a ação que tramita nos Juizados Especiais. E nenhum doutrinador aponta que esses outros processos (eleitorais e nos Juizados) sejam autônomos. E vejam que a organização dos

---

5   El proceso del trabajo en el teoria general del derecho procesal, in Estudios juridicos, Madrid: Civitas, 1996, p. 538.

Juizados Especiais em muito se assemelha à Justiça do Trabalho. Basicamente a diferença está na falta de autonomia administrativa dos Juizados. De resto, são órgãos judiciais próprios, separados e autônomos em relação à Justiça Estadual e à Federal.

Quanto ao objeto, ele é idêntico a qualquer outro, isto é, a satisfação do direito.

Os atos processuais realizados no procedimento trabalhista não se diferenciam dos atos do processo civil, sendo apenas, em alguns casos, sujeitos às regras mais especiais. De um modo geral, aliás, o processo do trabalho se vale do processo civil para definição e realização desses atos.

Em relação ao procedimento, "o processo do trabalho e as diversas atividades que realizam seus objetos se ordenam em um procedimento igual a qualquer outro tipo processual"[6]. Aliás, há um paralelismo substancial nos procedimentos, especialmente quando comparado o processo do trabalho ao rito dos Juizados Especiais[7].

Aliás, pode-se afirmar que o antigo rito sumaríssimo previsto no CPC/73, o atual rito comum disciplinado no CPC de 2015 e aquele estabelecido para os Juizados Federais, em verdade, valeram-se da experiência trabalhista[8].

Por fim, quanto aos efeitos, ele é idêntico a qualquer outro, já que o processo do trabalho também busca a formação da coisa julgada.

E mais. Podemos afirmar que o estudo, em relação ao processo do trabalho, das regras de competência, legitimidade, capacidade, invalidade processual, procedimento, jurisdição, ação, relação jurídica processual, provas, impugnações, dentre outros institutos de direito processual, não se diferiam em nada do estudo dessas mesmas figuras em relação ao processo civil. Quando muito, estudam-se as regras mais especiais, que dão tempero e eventualmente regime jurídico diverso a todos esses institutos.

4. CONCEITOS FUNDAMENTAIS DO PROCESSO E SUA APLICAÇÃO ÀS AÇÕES TRABALHISTAS

Verificamos, acima, que, em seus elementos essenciais, o processo do trabalho, assemelha-se a qualquer outro feito civil.

Temos, ainda, para bem revelar essa identidade, que os conceitos fundamentais do processo civil também se aplicam ao processo do trabalho.

---

6   Ibidem, p. 541. Tradução livre do Autor.

7   Quanto ao procedimento sumaríssimo na Justiça do Trabalho, cf., do autor, Procedimento Sumaríssimo na Justiça do Trabalho, LTr, passim.

8   Neste sentido, cf. Alcides de Mendonça Lima, Processo civil no processo trabalhista, passim.

Assim é que o processo do trabalho é mero instrumento de restauração da ordem jurídica, compondo o conflito laboral, assim como o processo civil é instrumento de satisfação do ordenamento civil, buscando a pacificação social na esfera não-trabalhista.

Em nada o processo do trabalho se diferencia, quanto ao conceito fundamental do processo civil, de busca da concretização da ordem jurídica.

Outrossim, como já destacado acima, os conceitos processuais mais fundamentais, que tratam da ação, jurisdição e processo, em nada se diferenciam.

A existência de órgãos próprios para apreciar a demanda trabalhista, por outro lado, não daria, por si só, autonomia ao processo do trabalho, até porque não se pode confundir regra de competência, com regra de processo[9]. Não é porque o processo tem curso na Justiça do Trabalho que ele muda de natureza. O mandado de segurança é uma demanda mandamental, que visa impugnar ato de autoridade, seja na Justiça do Trabalho, seja na Justiça Federal ou Estadual. Sua natureza não muda, ainda que a competência para apreciar a demanda seja afeta a outro Órgão Judiciário.

Aliás, podemos destacar que a típica demanda trabalhista – a reclamação trabalhista -, não passa de uma ação de cobrança de prestações pecuniárias, o mais das vezes. Ela, portanto, não se diferencia de qualquer ação ordinária de cobrança ajuizada na Justiça Comum, salvo quanto ao rito e a competência.

5. PRINCÍPIOS DO PROCESSO DO TRABALHO

Costumam apontar as diferenças entre estes dois processos quanto aos princípios reitores. Apontam que o processo do trabalho teria princípios próprios, que lhe distanciaria do processo civil.

Assim é que Humberto Theodoro Júnior aponta como princípio característico do processo do trabalho o da finalidade social, que, em outras palavras, seria o princípio da proteção do hipossuficiente[10] aplicado ao processo judiciário. Princípio este inerente ao direito material do trabalho, mas que contaminaria o processo do trabalho[11].

Não temos dúvida de que esse princípio protetor atinge o processo do trabalho, de modo a justificar a incidência de regras processuais que acabam criando verdadeiros privilégios para o hipossuficiente.

---

9 A este respeito, tratando do rito aplicável às ações cíveis de competência da Justiça do Trabalho, cf., do Autor, Competência e Procedimento na Justiça do Trabalho. Primeiras Linhas da Reforma do Judiciário, LTr, 2005.
10 Os princípios do direito processual civil e o processo do trabalho, p. 62.
11 A este respeito, cf. Sérgio Ferraz, A norma processual trabalhista. São Paulo: Revista dos Tribunais, 1983, passim.

Tal princípio, no entanto, por si só, não daria a pretendida autonomia ao processo do trabalho, até porque, todos os demais princípios que regem a ação laboral são comuns ao processo civil, a exemplo do princípio da oralidade, dispositivo, inquisitivo, da conciliação, da economia, da concentração, etc, ainda que com maior ou menor ênfase.

Ademais, o princípio protetor, em maior ou menor medida, também rege o processo civil na ação na qual seja parte o consumidor (que tem assegurado o direito a inversão do ônus da prova como instrumento de proteção ao direito material) ou, ainda, nas ações nas quais seja parte a Fazenda Pública, que goza de diversos privilégios processuais em proteção aos seus interesses (prazo em dobro, citação pessoal, etc).

E mesmo no novo CPC encontramos diversas regras que visam a proteger o demandante mais débil, a exemplo do alimentando quanto ao foro competente para demanda de alimentos (art. 53, inciso II), a preferência a ação na qual seja parte o idoso (art. 1.048, inciso I), etc.

Vê-se, assim, que nem o princípio da finalidade social de proteção do hipossuficiente é exclusivo do processo do trabalho (esse princípio da proteção também contamina o processo penal).

Não é, pois, por esta outra razão, que se pode sustentar a autonomia do processo do trabalho.

6. A BUSCA EQUIVOCADA DA AUTONOMIA E O ESQUECIMENTO DO PROCESSO DO TRABALHO

Ao certo, qualquer estudioso do processo civil brasileiro já deve ter percebido que, apesar do processo do trabalho não ser autônomo, há um fosso enorme que separa um do outro, além do esforço monumental em mantê-los distantes. Exemplo desse fosso, é o próprio CPC de 2015 que, no mais das vezes, ignorou o processo do trabalho e a Justiça do Trabalho até quando deveria ter se dirigido a eles em matéria que lhe compete regular. Para se demonstrar essa distância criada e compartilhada, basta citar que o recurso extraordinário, que tem curso em toda e qualquer ação judicial, mas está regulado no CPC como se apenas coubesse das decisões proferidas pela Justiça Estadual e Federal. Esqueceu o processualista civil, no entanto, que ele também tem cabimento na Justiça do Trabalho, Eleitoral e Militar. No processo civil e penal. Logo, as regras postas no CPC, quanto ao processamento do recurso extraordinário, aplicam-se a toda e qualquer demanda judicial no Brasil. Aqui, pois, temos regras de processo constitucional e não somente de processo civil em sentido restrito.

Esse distanciamento do processo do trabalho em relação ao processo civil tem raízes na equivocada doutrina juslaboralista que sustenta sua autonomia, buscando distanciar o feito trabalhista das formalidades excessivas da demanda civil, bem como no não menos equívoco dos processualistas civis, que têm, em geral, ojeriza do processo laboral dada a informalidade das lides trabalhistas.

Ambas as posições, no entanto, são equivocadas, em prejuízo ao desenvolvimento do processo.

Esse prejuízo fica bem claro quando verificamos que as reformas processuais levadas a efeito nos últimos anos têm deixado de lado o processo do trabalho, que acaba por ficar "para trás", tendo que se socorrer a "malabarismos" para compatibilizar as regras processuais da CLT às novas normas do CPC, muitas vezes, quase que inconciliáveis.

Exemplo temos em relação ao fim da ação de execução por título executivo judicial, que foi retirada do CPC, mas ainda permanece na CLT! Isso sem esquecer que a liquidação por simples cálculos ainda continua a ser previsto na CLT nos moldes do CPC/73 em sua versão originária.

Por outro lado, a falta de estudo do processo do trabalho por parte dos processualistas civis conduz à falta de percepção de práticas processuais que, transportadas para o processo civil, apenas contribuiriam para seu aperfeiçoamento. Podemos mencionar, como exemplo a ser seguido, a regra de contagem do prazo a partir da data da comunicação à parte e não, da juntada aos autos do mandado respectivo (com isso se evitam 'custos por fora', perda de tempo e artimanhas abusivas). Essa é uma prática salutar do processo do trabalho, existente há mais de setenta anos e que, ao certo, iria contribuir para celeridade do feito civil.

Aliás, estamos certo, que o processo civil precisava (e continua a precisar em diversos tópicos), antes de tudo, de uma reforma "cartorária", ou seja, é preciso mudar o processo civil em suas práticas burocráticas, cartorárias. Quanto mais se eliminar a atividade do servidor, ao certo mais o processo irá se desenvolver normalmente.

Assim, além da mudança da regra da contagem do prazo acima mencionado (eliminando um ato do servidor para início da contagem do prazo, lembrando que a juntada do mandado será indispensável para verificação do dia a quo), podemos destacar a regra da CLT que determina a citação do réu pelo distribuidor ou pelo diretor da vara quando este recebe diretamente a demanda, o que, ao certo, contribuiria para maior celeridade do feito cível.

Desse modo, podemos concluir, neste ponto, que em nada contribui para o aperfeiçoamento da legislação processual brasileira a tentativa de afastar o processo do trabalho do processo civil, além de faltar consistência científica a qualquer argumento neste sentido.

Contudo, apesar de nosso pessimismo, entendemos que esse afastamento tende a diminuir em face do disposto no art. 15 do CPC de 2015. Tal dispositivo, em verdade, acabou por atrair o processo trabalhista à sua casa originária, como quem quer se reconciliar após uma longa relação de estranheza.

7. DA REGRA SUPLETIVA E DA REGRA SUBSIDIÁRIA.

O art. 15 do novo CPC dispõe que "na ausência de normas que regulem processos eleitorais, trabalhistas ou administrativos, as disposições deste Código lhes serão aplicadas supletiva e subsidiariamente".

A primeira questão a ser tratada é quanto a definição do que seja regra supletiva e quando estamos diante de uma regra subsidiária.

A primeira ideia que nos vem à mente é que a regra supletiva e a subsidiária são aplicadas sempre na omissão ou lacuna. Tais expressões serviriam, assim, para tratar do mesmo fenômeno. Contudo, como diz antigo brocado interpretativo, a lei não contém palavras inúteis. Logo, devemos estabelecer a distinção em regra supletiva e regra subsidiária, ao menos para fins de incidência do direito processual civil no processo do trabalho.

E a resposta nos é dada pelo sub-relator da proposta legislativa que incluiu no projeto do novo CPC a expressão "supletiva". Para o Deputado Efraim Filho, "aplicação subsidiária visa ao preenchimento de lacuna; aplicação supletiva, à complementação normativa". Sútil diferença que procuraremos ressaltar e que, na prática, vem dar solução a uma questão pouco resolvida no processo do trabalho que é da incidência da regra do direito processual civil mesmo quando não há lacuna na CLT.

De qualquer forma, podemos nos valer da ideia do que seria uma omissão absoluta (ou integral) e uma omissão relativa (parcial) para apontar essa diferença. Isso porque o próprio art. 15 do novo CPC estabelece que somente "na ausência de normas... as disposições deste Código lhes serão aplicadas supletiva e subsidiariamente". A omissão, portanto, tanto deve ocorrer para aplicação da regra supletiva, como para a regra subsidiária.

Para uma melhor compreensão, no entanto, caberia distinguir a omissão que seria do complexo ou sistema normativo, da omissão relativa ao tratar de um determinado instituto jurídico.

A aplicação subsidiária teria, assim, cabimento quando estamos diante de uma lacuna ou omissão absoluta. Ou, em outras palavras, quando omisso o sistema ou complexo normativo que regula determinada matéria (o processo do trabalho, no nosso caso). Por esse fenômeno, a regra subsidiária se integraria à legislação (sistema) mais especial omisso com objetivo de preencher o vazio deixado pelo corpo de regras que tratam de determinada matéria. Preencheria os claros do complexo normativo mais especial (em relação ao sistema geral), com novos preceitos.

Por outro lado, comumente também se diz que a norma supletiva visa a suprir a falta da regra ou, quando diante de um negócio jurídico, da manifestação da vontade. Exemplo, no direito do trabalho, é a regra supletiva do valor do salário estabelecida no art. 460 da CLT. Cabem as partes contratar o valor do salário. Na omissão, porém, prevalece a regra do art. 460 da CLT, que determina que, neste caso, o salário será igual ao daquele "que, na mesma empresa, fizer serviço equivalente ou do que for habitualmente pago para serviço semelhante". A regra supletiva, assim, teria como objetivo suprir as omissões do contrato, incidindo nas hipóteses nas quais os contratantes poderiam dispor, mas foram omissos. Mas este é um conceito de direito material.

Para fins de direito processual, no entanto, essa definição não se adequa aos fins previstos no art. 15 do novo CPC. Daí porque se pode ter que a regra supletiva processual é aquela que visa a complementar uma regra principal (a regra mais especial incompleta). Aqui não se estará diante de uma lacuna absoluta do complexo normativo. Ao contrário, estar-se-á diante da presença de uma regra, contida num determinado subsistema normativo, regulando determinada situação/instituto, mas cuja disciplina não se revela completa, atraindo, assim, a aplicação supletiva de outras normas.

Para ficar claro podemos apontar alguns exemplos no direito processual do trabalho.

O primeiro exemplo que pode ser lembrado é o das hipóteses de impedimento e suspeição das testemunhas. A CLT, em seu art. 829, laconicamente, estabelece que "a testemunha que for parente até o terceiro grau civil, amigo íntimo ou inimigo de qualquer das partes, não prestará compromisso, e seu depoimento valerá como simples informação".

Aqui a CLT cuidou de uma hipótese de impedimento ("parente até o terceiro grau civil") e outras duas de suspeição ("amigo íntimo ou inimigo de qualquer das partes"). A partir de tal norma não se pode, então, afirmar que a CLT (o "complexo normativo") seja omissa a respeito desse tema. Não. Ao contrário, ela cuidou de apontar quais seriam as pessoas impedidas e suspeitas para depor como testemunhas no processo do trabalho. Mas por óbvio que esse regramento é incompleto. Basta lembrar que a CLT sequer inclui o cônjuge (que não é parente) como pessoa a impedida para depor como testemunha ou ainda o juiz que anteriormente atuou no feito como advogado da parte.

Daí, então, podemos afirmar que, neste caso, a regra do CPC que trata dos impedimentos e suspeições das testemunhas visa a complementar o que já está disciplinado na CLT. Ao que já dispõe a CLT, soma-se a regra supletiva.

Da mesma forma: a CLT não contém regra sobre as testemunhas incapazes de depor. Logo, aqui estamos diante de uma lacuna existente no sistema normativo, já que falta a disciplina legal no processo do trabalho a este respeito.

Aplica-se, então, neste caso, a regra subsidiária diante da lacuna absoluta sobre essa questão de incapacidade da testemunha.

Outro exemplo que podemos citar é o das hipóteses de cabimento dos embargos à execução. A este respeito, a CLT não é omissa, pois no § 1º do seu art. 884 dispõe expressamente que nos embargos à execução "a matéria de defesa será restrita às alegações de cumprimento da decisão ou do acordo, quitação ou prescrição da dívida".

Observem que a CLT chega a ser imperativa ao afirmar que a matéria "será restrita" ao que aponta como questões de defesa. Contudo, mais uma vez se tornou consenso que a CLT, apesar de não ser lacunosa, é incompleta no que se refere a esta regra disciplinadora, daí porque se entende majoritariamente que o executado pode alegar em sua defesa todas as matérias apontadas no CPC para hipótese de cabimento da impugnação ao cumprimento da sentença. O CPC, assim, neste caso, atua como regra supletiva, complementando a CLT.

A CLT, por outro lado, é completamente omissa, por exemplo, a respeito da tutela provisória. Logo, neste caso, aplica-se a regra subsidiária do CPC que trata da matéria.

Mas outra questão que deve ficar clara é de se saber quando estamos diante de uma omissão parcial a se poder recorrer à regra supletiva. Identificar a omissão absoluta ou integral é fácil. Isso porque, neste caso, na legislação especial inexistiria qualquer dispositivo tratando de determinado instituto/matéria jurídico.

Já quanto a omissão parcial podemos afirmar que estamos diante dela sempre que a legislação processual mais especial cuida de regular determinada matéria/instituto jurídico de forma menos abrangente do que no processo civil. Ou seja, em sentido inverso, sempre que o CPC trata de determinada matéria/instituto de forma mais abrangente (mais ampla) do que a ela é tratada pela legislação processual especial, as regras daquele diploma processual básico incidiram de forma supletiva no procedimento especial, salvo expressa disposição em contrário.

Os exemplos acima citados confirmam essa regra. Por ser regulado de forma mais abrangente (mais ampla) pelo CPC, por exemplo, é que os institutos dos impedimentos e suspeição das testemunhas, tal como disciplinados neste diploma legal processual básico, aplicam-se ao processo do trabalho, apesar de neste existir regra tratando da matéria. O mesmo ocorre com diversas outras matérias, a exemplo das hipóteses de defesa em embargos à execução, no impedimento e suspeição do juiz (art. 801 da CLT), etc.

Contudo, duas ressalvas devem ser postas de modo a não incidir a regra supletiva mesmo quando diante de uma suposta omissão. Primeiro porque, da norma mais especial se pode extrair a impossibilidade de aplicação da regra supletiva dada a própria disciplina da matéria. Tal ocorre quando a legislação mais especial esgota a matéria, não deixando margem para aplicação supletiva.

Exemplo mais marcante (desmentida pela praxe forense) seria do § 1º do art. 884 da CLT, que dispõe que nos embargos à execução "a matéria de defesa será restrita às alegações de cumprimento da decisão ou do acordo, quitação ou prescrição da dívida".

Vejam que aqui o legislador quis peremptoriamente restringir a hipótese de cabimento dos embargos à execução. Logo, descaberia a incidência da regra supletiva. Esse, porém, não é o entendimento dominante, o que bem revela a complexidade da matéria...

Contudo, de qualquer forma, podemos ter que sempre que a lei mais especial dispõe de forma a esgotar a matéria, descabe se pensar em aplicação supletiva.

A segunda ressalva a ser destacada é quando estamos de uma omissão que configura o silêncio eloquente. Silêncio eloquente é aquela situação na qual "a hipótese contemplada é a única a que se aplica o preceito legal, não se admitindo, portanto, aí o emprego da analogia" (STF, in RE 0130.552-5, ac. 1a. T., Rel. Min. Moreira Alves, in LTr 55-12/1.442) ou de qualquer regra supletiva ou subsidiária.

Em suma, estamos diante dessa situação quando o legislador dispõe sobre determinada matéria/instituto e desse regramento se extrai a conclusão de que nenhuma outra regra seria aplicável a hipótese, não se admitindo, assim, a incidência de qualquer outra norma sobre a mesma questão, seja ampliativa ou restritiva. Contudo, neste caso, o legislador não deixa de forma expressa a impossibilidade dessa incidência analógica, ampliativa, etc. Em outras palavras, na primeira hipótese, o esgotamento da matéria seria expresso. No silêncio eloquente, a disciplina estaria disciplinada exaustivamente de forma implícita.

Podemos, aqui, então, mencionar a hipótese da regra de nulidade processual. A CLT, em seu art. 795, estabelece a regra geral de que "as nulidades não serão declaradas senão mediante provocação das partes, as quais deverão argui-las à primeira vez em que tiverem de falar em audiência ou nos autos". Já no § 1º estabeleceu uma exceção a essa regra, qual seja, de que cabe declarar "ex officio a nulidade fundada em incompetência de foro".

Aqui, a CLT teria esgotado a matéria. Previu a regra geral e estabeleceu uma exceção. O CPC de 2015, porém, contém a mesma regra geral em seu art. 278 isto é, de que "a nulidade dos atos deve ser alegada na primeira oportunidade em que couber à parte falar nos autos, sob pena de preclusão". Contudo, de maneira mais abrangente, em seu parágrafo único, estabeleceu que "não se aplica esta disposição às nulidades que o juiz deva decretar de ofício, nem prevalece a preclusão provando a parte legítimo impedimento". Ou seja, pelo CPC cabe ao juiz reconhecer toda e qualquer nulidade absoluta. Tal regra é mais abrangente do que aquela da CLT. Logo, poder-se-ia pensar em aplicação supletiva. Contudo, do que se extrai do texto da norma mais especial é que ela somente quis estabelecer uma exceção apenas, apesar de não ter sido expressa ou peremptória neste sentido. Teria, assim, o legislador mais especial esgotado a disciplina da matéria, afastando a incidência supletiva.

O silêncio do legislador quanto a declaração de ofício de outras nulidades que não aquela mencionada na CLT, configuraria uma omissão eloquente, isto é, não se cuida de uma omissão propriamente dita, mas de regular a matéria de forma exaustiva, não deixando margem para a incidência de outras regras ampliativas, restritivas ou de exceção.

Outro exemplo que aqui se pode citar é o da regra de deserção. A legislação processual trabalhista prevê que o preparo (recolhimento de custas e depósito recursal) deva ser realizado e comprovado no prazo recursal e com o recurso. Tão somente. O CPC de 1973, todavia, em regra que se repete no CPC de 2015, também contém regra idêntica (art. 511, CPC/73 e art. 1.007, CPC/15). Contudo, no § 2º do art. 511 do CPC de 1973 e no § 2º do art. 1.007 do CPC/15, estabeleceu o legislador processual civil que em caso de insuficiência do valor do preparo, cabe ao juiz intimar a parte para suprir o vício no prazo de cinco dias.

Tal regra do CPC, no entanto, jamais foi aceita como aplicável ao processo do trabalho. Isso porque, em outras palavras, tem-se que quando o legislador processual trabalhista tratou desta matéria, estabelecendo, tão somente, que o preparo deveria ser realizado e comprovado no prazo recursal, não prevendo a possibilidade de concessão de prazo para complementar o preparo insuficiente, teria aquele esgotado a disciplina da questão. Sua omissão quanto esse prazo para sanar o vício teria sido eloquente, isto é, não que tivesse sido omisso de modo a atrair a regra supletiva, mas, sim, que ao não prevê a concessão desse prazo é porque não o queria. Descaberia, assim, neste ponto, a aplicação supletiva[12].

Assim, em suma, neste ponto, podemos concluir que a regra subsidiária visa preencher a lacuna integral (omissão absoluta) do corpo normativo. Já a regra

---

12   Entendemos, porém, que essa questão merece maiores reflexões, já que aqui estamos tratando de uma garantia constitucional de acesso aos tribunais (à justiça), não cabendo, assim, ser mantido um rigor formal ao ponto de não admitir recurso quando o depósito recursal é realizado em valor inferior ao devido, mas com diferença ínfima. Ademais, lembro que essa questão passa por novas reflexões diante do disposto no § 11 do art. 896 da CLT, com a redação dada pela Lei n, 13.015/14, ao permitir que, pelo menos no âmbito do recurso de revista, possa o TST, quando diante de recurso tempestivo, mas que contém defeito formal que não se repute grave, desconsiderar "o vício ou mandar saná-lo, julgando o mérito". Ou seja, por exemplo, quando diante de um depósito insuficiente, com diferença irrisória, pode o Relator conceder prazo para sanar o vício ou mesmo desconsiderá-lo de logo dado seu valor ínfimo. Temos aqui, portanto, a aplicação da regra do CPC, em outras palavras. Ressalto, ainda, que, no novo CPC, essa questão é tratada de forma mais ampla em seu art. 1.006.

supletiva tem por objeto dar complementação normativa ao que foi regulado de modo incompleto (omissão parcial). Ali falta a regra, aqui a regra é incompleta. Ali, supre-se a ausência da regra; aqui, complementa-se a regra que não esgota a matéria.

8. REVOGAÇÃO DA REGRA DE SUBSIDIARIEDADE CONTIDA NA CLT

Outra questão que deve ficar clara é quanto a revogação ou não do art. 769 da CLT a partir do disposto no art. 15 do CPC de 2015.

Primeiro é preciso deixar claro o art. 15 do novo CPC não é uma regra de processo civil. Este dispositivo, em verdade, é regra de direito processual do trabalho, de processo judicial eleitoral e de processo administrativo. O art. 15 do CPC, aliás, não se aplica ao processo civil em sentido restrito. Daí então, surge o questionamento, neste caso ele teria revogado o art. 769 da CLT?

Vejam que o art. 769 da CLT dispõe, verbis:

> Art. 769 - Nos casos omissos, o direito processual comum será fonte subsidiária do direito processual do trabalho, exceto naquilo em que for incompatível com as normas deste Título.

Já o art. 15 do novo CPC estabelece que, verbis:

> Art. 15. Na ausência de normas que regulem processos eleitorais, trabalhistas ou administrativos, as disposições deste Código lhes serão aplicadas supletiva e subsidiariamente.

É sabido que a regra posterior revoga a anterior "quando expressamente o declare, quando seja com ela incompatível ou quando regule inteiramente a matéria de que tratava a lei anterior" (§ 1º do art. 2ª da Lei de Introdução às normas do Direito Brasileiro).

A CLT, em seu art. 769, regula a aplicação subsidiária do direito processual comum no processo do trabalho. Já o art. 15 do novo CPC passou a tratar da mesma matéria relativa a aplicação subsidiária de regras processuais ao processo do trabalho. Logo, estaria revogado o art. 769 da CLT.

Antes, conforme art. 769 da CLT, subsidiária era a regra do "direito processual comum". Agora é o CPC. Antes, apenas se aplicava a regra subsidiária, o que pressupõe uma omissão absoluta. Agora, aplicam-se as regras do CPC subsidiária ou supletiva.

Assim, tem-se que o art. 769 da CLT está revogada em face do art. 15 do novo CPC a partir da vigência deste. Isso porque este novo dispositivo trata da mesma matéria regulada no art. 769 da CLT.

Cabe, por fim, neste ponto, ressaltar que o disposto no art. 889 da CLT, por ser norma mais especial em relação à regra da subsidiariedade, não foi afetado pelo novo CPC. Assim, no que se refere à fase de execução, a fonte subsidiária principal é o do "processo dos executivos fiscais". O CPC, neste caso, seria fonte subsidiária secundária. Contudo, diante da regra geral do art. 15 do novo CPC, este passa a atuar também como fonte supletiva na execução trabalhista.

Cabe, por fim, ressaltar que ainda que o novo CPC não tenha disposto expressamente quanto a revogação do art. 769 da CLT, como recomenda o art. 9º da LC n. 95/98, daí não se pode concluir que a norma consolidada não teria sido revogada. Isso porque o que o art. 9º da LC n. 95/98 estabelece, enquanto regra dirigida ao legislador, é que este, ao dispor sobre uma matéria que redundará na revogação de outra regra, seja expresso, enumerando as leis ou disposições que serão revogadas.

Contudo, quando diante da omissão do legislador em não apontar expressamente esses dispositivos, tal não afasta a incidência da regra da Lei de Introdução às Normas de Direito Brasileiro (Decreto-Lei n. 4.657/42), que dispõe que "a lei posterior revoga a anterior quando expressamente o declare, quando seja com ela incompatível ou quando regule inteiramente a matéria de que tratava a lei anterior" (§ 1º do art. 2º), lembrando que o art. 15 do CPC/15 é norma tão especial quanto ao do art. 769 da CLT.

Uma outra questão, porém, ficou duvidosa. Cuida-se da aplicação subsidiária e supletiva da regra compatível com o processo do trabalho.

9. COMPATIBILIDADE COM O PROCESSO DO TRABALHO

Confirmada a revogação do art. 769 da CLT, ficaria, então, uma dúvida: e a ressalva contida na sua parte final ("exceto naquilo em que for incompatível com as normas deste Título) continuaria a viger?

Revogada a regra, por certo que essa ressalva final segue a mesma sorte. Ela estaria, portanto, revogada. Contudo, ainda que assim seja, nada se altera a este respeito. Isso porque por óbvio que ao se recorrer à regra subsidiária ou supletiva não se pode aplicar norma que seja incompatível com o que se pretende integrar ou complementar, sob pena de revogar o sistema ou a regra individual mais especial (omissa ou incompleta), já que se estaríamos diante de uma antinomia, isto é, um conflito entre normas.

E aqui, então, devemos lembrar que a incompatibilidade mencionada na CLT é, nada mais, nada menos, do que uma situação de conflito de normas. Conflito entre a norma do processo comum com a norma do processo do trabalho.

Vejam, neste sentido, que, em havendo uma regra subsidiária ou supletiva incompatível com a legislação processual trabalhista, estaríamos diante de um conflito de normas (CPC x CLT). Logo, esse conflito de normas se resolve pelos critérios de suas resoluções. E, como se sabe, são três os critérios que podem ser aplicados quando diante de um conflito de normas: da hierarquia, temporal e da especialidade.

Pelo critério da hierarquia, a norma superior prevalece sobre a inferior. Não seria o caso de sua aplicação no conflito entre CPC e CLT, já que ambas são leis de mesma hierarquia.

Podemos invocar o critério da temporalidade para reconhecer a revogação da CLT, já que o novo CPC é lei mais recente. Contudo, lembramos que, pelo terceiro critério (que é uma exceção ao segundo), a norma geral posterior não revoga a anterior se esta é lei mais especial. E é o caso da legislação processual trabalhista em face do CPC.

A legislação trabalhista é norma mais especial em relação ao CPC. Logo, o CPC não revoga a legislação processual trabalhista nas matérias por esta tratada. Daí se tem, então, que a regra supletiva ou subsidiária deve guardar coesão e compatibilidade com o complexo normativo ou a regra que se pretende integrar ou complementar.

Assim, se a norma do novo CPC se revela incompatível com o processo do trabalho (em seus princípios e regras), lógico que não se poderá invocar seus dispositivos de modo a ser aplicados de forma supletiva ou subsidiária[13].

Essa regra da compatibilidade, porém, gera uma imensa insegurança jurídica. Não à toa é muito comum os advogados afirmarem que cada juiz do trabalho tem em sua cabeça um "código de processo do trabalho". Em cada Vara uma regra diferente. E essa afirmação não é inteiramente falsa. Isso porque, de fato, cada interprete acaba, por diversas razões, entendendo que há ou não há omissão e que determinado instituto é ou não compatível, gerando uma total insegurança jurídica.

Essa insegurança jurídica, todavia, continuará a existir enquanto não tivermos um código de processo do trabalho. E muito provavelmente tão cedo não teremos...

Contudo, a par dos equívocos de interpretação (que devem ser excluídos), o que cabe definir são os critérios que devem ser utilizados para, diante da omissão a ser suprida ou complementada, verificar se a regra subsidiária ou supletiva é compatível. E, infelizmente, nossa doutrina não procura apontar esses critérios, caindo, no mais das vezes, em apenas apontar que apenas se aplica que é compatível, sem definir o que seria essa compatibilidade.

---

13 Para não se concluir que estamos sendo contraditório em face do entendimento acima sustentado quanto a revogação do art. 769 da CLT, lembramos que o art. 15 do novo CPC é regra de processo do trabalho e não de processo civil. Este novo dispositivo somente topograficamente está inserido no CPC, mas não se cuida de regra do processo civil (em sentido restrito), tanto que a ele não se aplica. Daí se tem que a regra do art. 15 do CPC, em verdade, é regra mais especial de processo do trabalho, tanto quanto aqueles inseridas topograficamente na CLT.

Daí porque, procurando traçar esses critérios é que devemos partir do pressuposto de que, em geral, nas demandas trabalhistas se discute direito de natureza alimentar, atuando no feito uma pessoa que se encontra numa situação débil em relação ao seu contratante, daí porque o procedimento prima pela celeridade, simplicidade e busca de sua máxima efetividade.

Destas características se tem, então, que a compatibilidade deve respeitar os princípios constitucionais que regem todos os processos judicia, mas em especial três desses princípios básicos: o do amplo acesso à justiça, o da duração razoável do processo (celeridade) e da efetividade da justiça. Lógico que, tudo isso, sem perder de vista que os demais princípios constitucionais processuais devem ser respeitados, especialmente o do devido processo legal e do contraditório.

Em outras palavras, salvo quando não se está diante de uma omissão absoluta ou relativa, toda e qualquer regra do CPC que busca ampliar o acesso à Justiça do Trabalho, seja compatível com a celeridade processual e busque ampliar a efetividade das decisões judiciais, ela será aplicável ao processo do trabalho.

E aqui, cito um exemplo para clarear esse entendimento. Cito a regra do art. 475-J do CPC de 1973, agora disposta no § 1º do art. 523 do CPC de 2015. A regra da incidência da multa de 10% sobre o valor devido pelo executado, caso não efetue o pagamento no prazo concedido, visa somente a ampliar os esforços para efetividade da decisão judicial. Com ela, busca-se "incentivar" o cumprimento voluntário da obrigação pecuniária. Logo, ela em nada se mostra incompatível com o processo do trabalho, partindo-se do pressuposto de que não há qualquer regra em contrário na CLT. Aqui, em verdade, há omissão parcial no regramento da CLT a respeito das consequências caso o devedor não pague seu débito no prazo assinalado em lei.

Outro exemplo, já mencionado acima, é o da deserção. A jurisprudência trabalhista, nesta matéria, tem sido extremamente rigoroso no tratamento desta matéria, não admitindo, em nenhuma hipótese, que a parte eventualmente posa suprir o vício, negando, assim, a incidência da regra supletiva, salvo na hipótese do recurso de revista que, conforme dispõe o § 11 do art. 896 da CLT, com a redação dada pela Lei n, 13.015/14, permite que o TST, quando diante de recurso tempestivo, mas que contém defeito formal que não se repute grave, desconsiderar "o vício ou mandar saná-lo, julgando o mérito".

Aqui, porém, cabe lembrar que a nossa Carta Magna assegura o inafastável direito de acesso à Justiça, inclusive aos tribunais. Para realizar esse direito, no entanto, o Estado não apenas coloca à disposição dos jurisdicionados o aparelho Judiciário, como procura e tem o dever de criar as condições materiais para possibilidade o pleno uso desse direito. Do contrário, esse direito de acesso à Justiça não passará de uma mera ficção jurídica.

O exemplo clássico é o da pessoa pobre, que não tem condições de arcar com os custos do processo judicial. Neste caso, de nada lhe ficar assegurado o direito de ação, se dele não pode fazer uso por falta de dinheiro para pagar as custas processuais. Daí surge, então, o direito de assistência judiciária, com a isenção ou dispensa do pagamento das despesas processuais por quem não tem condições materiais de pagar pelas mesmas. Através dessa isenção, portanto, assegurasse ao mais necessitado o direito de acesso à Justiça.

E é a partir desse exemplo que se extrai uma regra basilar: a de que o legislador infraconstitucional não pode estabelecer condições ou requisitos de uso do direito de ação de modo a anular, na prática, esse direito fundamental. É o exemplo de cobrança de custas ao pobre ou de custas elevadas às pessoas que não são consideradas pobres.

Assim, de logo, podemos apontar duas consequências decorrentes do princípio do acesso à justiça: a primeira, a inafastabilidade do controle jurisdicional, que resulta no direito de ação; a segunda, a vedação de regras ou atos que impedem o acesso à justiça, inclusive através de exigências de requisitos não-razoáveis ou impeditivos ao exercício do direito de ação, como, por exemplo, a cobrança de custas a quem não pode arcar com essa despesa.

Neste último sentido, o legislador infraconstitucional também não pode exigir outras condições ou requisitos a serem observados para que seja possível a tutela definitiva, ou seja, a tutela de mérito. Seria a hipótese de o legislador exigir que o autor da demanda efetuasse um depósito prévio correspondente ao valor de seu pedido de condenação pecuniária, para garantir o ressarcimento de danos ao réu caso a ação seja julgada improcedente. Na prática, a exigência desse requisito anularia, na maior parte dos casos, ao certo, o direito de ação.

Daí se tem, então, que os requisitos ou condições processuais ou recursais devem passar pelo crivo do princípio da razoabilidade. O que foge ao razoável, anulando na prática, o direito de ação, há se ser considerado inconstitucional.

Neste sentido, viola também o direito de acesso à Justiça toda e qualquer exigência processual formal exagerada. Seria o caso de se indeferir a petição inicial porque ela não está com firma reconhecida. É razoável essa exigência?

Diga-se, ainda, que essas mesmas lições se aplicam quando da interpretação da norma. Sempre que possível, ela deve ser interpretada de forma a se assegurar, ao máximo possível, o direito fundamental de acesso à Justiça; jamais para restringir esse direito fundamental.

Complementando, ainda, este ponto, cabe ressaltar que o princípio do acesso à justiça apenas não veda os atos que impedem o exercício do direito de ação, mas também agasalha o subprincípio da efetividade da justiça, acompanhado do princípio da duração razoável do processo. Isso porque, de nada adianta assegurar o direito de ação se esta não conduz à uma decisão judicial, ou a conduz de forma retardada, ou, ainda, quando esta não se efetiva.

O princípio do acesso à justiça, portanto, não só assegura a inafastabilidade do controle jurisdicional e veda regras ou atos que impedem o acesso à justiça, como também agasalha o princípio da efetividade da justiça, em prazo razoável. Em suma, o princípio do acesso à justiça oferece as portas de entrada e de saída. Assegura o acesso e garante a efetividade da decisão que se busca, pois de nada adianta apenas assegurar o direito de ação se este não está acompanhado da garantia de que a Justiça irá, num prazo razoável, oferecer resposta à demanda.

Cabe esclarecer, ainda, que quando falamos em efetividade não queremos nos referir apenas à decisão judicial em si. Mas, sim, à decisão judicial e a sua concretude, satisfação, efetivação, cumprimento, num prazo razoável.

Lembramos, então, que, na busca da efetividade da Justiça, com o fito de alcançar um processo justo, nosso direito constitucional garante, enquanto regra geral, o acesso ao tribunal mediante recurso (princípio do amplo acesso à Justiça).

Daí se tem que na aplicação das regras infraconstitucionais que estabelecem requisitos e formalidades para o conhecimento do recurso é indispensável também que o julgador interprete as normas pertinentes de modo a respeitar as exigências do princípio da razoabilidade. Deve-se, assim, ao máximo, fazer valer a garantia constitucional fundamental de acesso ao tribunal, evitando-se interpretações que conduzem a exigências desproporcionais ou não-razoáveis.

Neste sentido, parece-me rigorosa a jurisprudência que sustenta a deserção do recurso quando a parte comprova o recolhimento das custas em documento inautêntico. Os Tribunais do Trabalho, aos milhares, assim vêm decidindo. Tal interpretação, data venia, não respeita o princípio da proporcionalidade, na ponderação de valores, por negar o acesso ao tribunal através do recurso, apegando-se mais ao formalismo do que à substância. Sacrificando, desproporcionalmente, o direito de ação (de acesso ao tribunal, neste exemplo).

Observe-se, inclusive, que, no exemplo acima mencionado, não se trata de deserção por falta de prova do recolhimento ou mesmo no seu não-recolhimento, mas sim, da prova deficiente quanto ao seu pagamento.

Seria mais razoável, assim, neste exemplo dado, na busca da efetivação do direito de acesso ao tribunal, que se concedesse prazo à parte para que exibisse o referido documento no original ou em cópia autenticada. E, tão-somente depois, é que se poderia pensar em acolher a preliminar de deserção. Esse exemplo, aliás, também vale para os depósitos recursais quando comprovados por cópias não autenticadas.

Esse mesmo raciocínio se pode ter em relação à deserção por simples erro no preenchimento das guias de recolhimento das custas, quando se constata o pagamento do tributo em favor da Fazenda Pública. Substancialmente o tributo foi recolhido. Deixar de conhecer do recurso tão-somente porque incorretamente preenchida a guia de recolhimento é se apegar mais ao formalismo do que à substância, deixando em segundo plano o direito de acesso ao Tribunal (acesso a uma decisão de mérito).

Exemplo próximo a este temos quando as custas processuais, ao invés de recolhidas em favor da Fazenda Pública, erroneamente é deposita em conta à disposição do Juízo (como se fosse um depósito recursal). Neste caso, temos que, substancialmente o tributo foi satisfeito, ainda que não recolhido aos cofres da Fazenda Pública. É mais razoável, então, que o juiz determine seu recolhimento à Fazenda Pública (mande a ordem de transferência do crédito posto à sua disposição) do que não conhecer do recurso, sacrificando o direito de ação.

Pode-se exemplificar, ainda, em relação ao recolhimento a menor das custas ou do depósito recursal, em valor ínfimo. Não é razoável sacrificar o direito de acesso ao Tribunal por alguns poucos centavos...

Em todos os exemplos acima mencionados, portanto, data venia, os Tribunais têm se apegado mais aos formalismos exagerados do que à substância do ato. Sacrifica-se, assim, desproporcionalmente, o direito de ação ou de tutela definitiva.

Em todas essas situações, portanto, parece-me plenamente compatível a aplicação supletiva do CPC que prevê a possibilidade de concessão de prazo para a parte recorrente sanar o vício da deserção.

Desse modo, concluindo neste ponto, devemos ter em mente que a compatibilidade da regra supletiva ou subsidiária sempre estará presente quando ela estiver agasalhada pelos princípios do acesso à justiça, da duração razoável do processo trabalhista e da efetividade das decisões judiciais.

9.1. INCOMPATIBILIDADE E CONCEITO JURÍDICO INDETERMINADO

Essa questão da compatibilidade das regras do processo civil ao processo do trabalho, por sua vez, remete-nos a outra questão, que é da fundamentação para rejeitar a aplicação da regra subsidiária ou supletiva.

E aqui queremos de logo mencionar que o CPC de 2015, em seu art. 489, inciso II, estabelece que não se considera fundamentada a decisão quando o juiz utiliza de conceitos jurídicos indeterminados "sem explicar o motivo concreto de sua incidência no caso". E a regra da "incompatibilidade" é conceito jurídico indeterminado, pois ele, por si só, não define o que seja compatível. A expressão, pois, é vaga e imprecisa. Logo, em cada caso concreto o juiz deve argumentar demonstrando o que entende por ser compatível ou incompatível de modo a fazer incidir ou afastar a regra subsidiária quando diante de uma omissão, seja ela absoluta ou parcial.

Assim, ao decidir, o juiz deverá perseguir um iter de análise e fundamentação. Neste sentido, primeiro, ele deve verificar se está diante de uma omissão de modo a atrair, a princípio, a regra subsidiária ou supletiva.

Nesta primeira etapa ele poderá rejeitar a aplicação da regra do CPC quando diante de norma expressa em sentido contrário na CLT. Exemplo: na legislação processual trabalhista a regra é do prazo de oito dias para recorrer. Logo, não há omissão quanto ao prazo recursal. Inaplicável, portanto, a regra respectiva do CPC, que fixa esse prazo em quinze dias. Aqui, em outras palavras, há conflito de normas ("incompatibilidade"), incidindo a regra mais especial (da CLT).

Veja que, nesta etapa, ao julgador caberá analisar individualmente a regra que pode ser aplicada de forma subsidiária ou supletiva.

Ultrapassada essa etapa e verificando o juiz que não há regra expressa em contrário e que, em tese, há norma da CPC que pode incidir no processo do trabalho, caberá, então, verificar se a sua incidência agride o sistema do procedimento processual mais especial da CLT. Aqui, deixa-se de lado a análise individual da regra, para uma apreciação sistêmica.

Nesta etapa o juiz deve verificar se a incidência da regra do CPC pode redundar na alteração da sistemática do procedimento judicial trabalhista. Por exemplo, as hipóteses de intervenção de terceiros.

Na lei que regula os Juizados Especiais há regra expressa não admitindo "qualquer forma de intervenção de terceiro nem de assistência" (art. 10 da Lei n. 9.099/95). Não existe regra neste sentido na CLT. Logo, sendo omissa a CLT quanto as intervenções de terceiros, pode-se pensar, em tese, da compatibilidade da regra do CPC que trata desta matéria.

Podemos, porém, ter, em algumas hipóteses, como incompatível a intervenção de terceiro quando ela, por si só, causar alteração no rito procedimental estabelecido na CLT. E, neste sentido, cabe lembrar que os atos processuais, em geral, na demanda trabalhista são realizados de forma concentrada em audiência única de conciliação, instrução e julgamento, na qual o demandado também deve apresentar sua defesa. Logo, a partir deste rito, podemos, por exemplo, afirmar que a denunciação a lide formulada pelo réu em sua defesa afronta esse rito trabalhista, à medida que, se aceita, ela redundará na interrupção da audiência que deveria ser única. Com a denunciação, essa audiência haveria de ser suspensa, com a designação de outra, já que necessária a citação do denunciado, etc.

Logo, em hipótese como essa, o juiz pode fundamentar sua decisão de não aplicação da regra subsidiária diante da incompatibilidade do instituto processual regulado no CPC com o sistema procedimental trabalhista. Isso porque, neste caso, a aplicação do CPC redundará na mudança ("revogação") da regra do processo do trabalho.

Vale, porém, em análise crítica, destacar que o exemplo acima mencionado, em sua fundamentação, cai por terra quando lembramos que o processo do trabalho admite a aplicação subsidiária do instituto da reconvenção. E ao admiti-lo, por certo que o rito processual trabalhista também é agredido, pois diante da reconvenção cabe suspender a audiência na qual ela foi apresentada para, concedendo-se prazo ao autor da ação principal, em nova oportunidade seja apresentada a defesa do reconvindo. Ou seja, da mesma forma se rompe com o sistema procedimental trabalhista concentrado. São as contradições de nossa jurisprudência e doutrina!

Por fim, neste iter de fundamentação da aplicação ou não da regra supletiva ou subsidiária, o juiz ainda pode motivar a rejeição da incidência da norma argumentando que ela fere os princípios processuais trabalhistas, daí porque "incompatível".

Neste caso, caberá, então, ao juiz apontar qual princípio estaria sendo violado e em que medida, cabendo-lhe explicar o motivo da não incidência da regra do CPC no caso concreto.

E aqui lembramos que diversos princípios, já que postos na Constituição Federal, são comuns a todos os processos judiciais brasileiro. Assim, por exemplo, são os princípios da duração razoável do processo (celeridade), do contraditório, da ampla defesa, etc.

Assim, por exemplo, não cabe afirmar que a regra do CPC não se aplica em face do princípio da celeridade incidente no processo do trabalho, já que este princípio é comum a todos os processos judiciais no Brasil. Desse modo, se a regra se aplica ao processo civil, por óbvio ele deve guardar compatibilidade com o princípio da celeridade prevista na Constituição. Logo, em não sendo inconstitucional a regra do CPC, ela tanto é compatível com a demanda cível, como a trabalhista, pois ambos estão sob o manto do princípio da duração razoável do processo.

E, como ressaltado acima, não há princípio processual trabalhista que não seja comum ao processo civil brasileiro. Difícil, pois, será fundamentar a rejeição do instituto processual civil sob o argumento de ferir princípio processual trabalhista.

10. DA APLICAÇÃO DA REGRA SUPLETIVA

Com a novidade a ser introduzida pelo novo CPC, no que se refere à sua aplicação supletiva no processo do trabalho, algumas questões controvertidas podem encontrar solução, talvez pacificando a jurisprudência.

Um exemplo que podemos citar é justamente em relação a incidência ou não da multa prevista no atual art. 475-J do CPC (art. 537, § 1º, do novo CPC).

O entendimento dominante no TST é de que essa sanção não se aplica por não haver omissão na CLT quanto a conduta "em face do título executivo judicial e as consequências de sua resistência jurídica". Neste sentido, verbis:

> "MULTA DO ART. 475-J DO CPC. INAPLICABILIDADE NO PROCESSO DO TRABALHO. 2.1. O princípio do devido processo legal é expressão da garantia constitucional de que as regras pré-estabelecidas pelo legislador ordinário devem ser observadas na condução do processo, assegurando-se aos litigantes, na defesa dos direitos levados ao Poder Judiciário, todas as oportunidades processuais conferidas por Lei. 2.2. A aplicação das regras de direito processual comum, no âmbito do Processo do Trabalho, pressupõe a omissão da CLT e a compatibilidade das respectivas normas com os princípios e dispositivos que regem este ramo do Direito, a teor dos arts. 769 e 889 da CLT. 2.3. Existindo previsão expressa, na CLT, sobre a postura do devedor em face do título executivo judicial e as consequências de sua resistência jurídica, a aplicação subsidiária do art. 475-J do CPC, no sentido de ser acrescida, de forma automática, a multa de dez por cento sobre o valor da condenação, implica contrariedade aos princípios da legalidade e do devido processo legal, com ofensa ao art. 5º, II e LIV, da Carta Magna. Recurso de revista conhecido e provido..." (Processo: RR - 17400-35.2009.5.08.0205 Data de Julgamento: 14/04/2010, Relator Ministro: Alberto Luiz Bresciani de Fontan Pereira, 3ª Turma, Data de Publicação: DEJT 14/05/2010).

Entende-se que se deve

> "investigar se o texto consolidado é omisso quanto ao cumprimento do título executivo judicial, para, posteriormente, pesquisar-se a compatibilidade da norma processual comum a ser transposta ao Processo do Trabalho.
>
> Assim, o art. 880 da CLT:
>
> 'Art. 880. Requerida a execução, o juiz ou presidente do tribunal mandará expedir mandado de citação do executado, a fim de que cumpra a decisão ou o acordo no prazo, pelo modo e sob as cominações estabelecidas ou, quando se tratar de pagamento em dinheiro, inclusive de contribuições sociais devidas à União, para que o faça em 48 (quarenta e oito) horas ou garanta a execução, sob pena de penhora'.
>
> Portanto, no que diz respeito à ação do devedor em face do título executivo judicial e às consequências de sua resistência jurídica, conclui-se que o texto consolidado não é omisso" (Processo: RR - 110400-43.2008.5.13.0025. Data de Julgamento: 28/04/2010, Relator Ministro: Alberto Luiz Bresciani de Fontan Pereira, 3ª Turma, Data de Publicação: DEJT 14/05/2010).

Conquanto questionável o entendimento acima, é fato, no entanto, que a regra do art. 880 da CLT é incompleta. Isso porque ela não disciplina a incidência de qualquer sanção para a hipótese de descumprimento da ordem de pagamento. Disciplina quanto as consequências da resistência jurídica, só que de forma parcial. Isso porque não prevê qualquer sanção ao devedor para a hipótese de descumprimento da ordem judicial.

Ainda que não omissa a CLT quanto a conduta "em face do título executivo judicial", ela é incompleta quanto "as consequências de sua resistência jurídica". Isso partindo-se do entendimento de que a consequência prevista na CLT, que seria a penhora de bens ("sob pena de penhora"), não cuida de imputar ao devedor uma sanção jurídica, mas, sim, de apenas alertá-lo que, diante da omissão, a execução continuará com a apreensão de bens para o pagamento da dívida. Essa "consequência" (penhora de bens) nada mais é do que um alerta do prosseguimento do feito executivo em sua etapa posterior ao não cumprimento da ordem de pagamento.

Ademais, as regras da CLT e do CPC seriam semelhantes. Isso porque, ambos sistemas estabelecem que o devedor deva ser intimado para pagar (um citado; outro intimado), ambos estabelecem um prazo para cumprimento da obrigação (48 horas ou 15 dias) e ambos estabelecem a possibilidade de penhora.

Contudo, o CPC, mais completo, impõe uma multa cominatória. Daí podemos afirmar que a CLT, neste ponto, seria incompleta, pois ela não disciplina sobre a aplicação de qualquer sanção ao devedor para a hipótese de descumprimento da ordem de pagamento em execução. Logo, diante dessa incompletude, caberá a incidência da regra supletiva do novo CPC.

Um outro exemplo. Ainda recentemente o TST decidiu (CC-9941-32.2012.5.00.0000) que é inaplicável ao processo do trabalho a regra do art. 475-P, parágrafo único, do CPC/73 ao fundamento de que a CLT contém regra estabelecendo a competência para as execuções fundadas em título extrajudicial.

A regra da CLT é que a competência para as execuções extrajudiciais é do juízo que seria para conhecer da demanda de conhecimento respectiva (art. 877-A). Tal regra é a mesma do CPC/73 (art. 576), não se diferenciando em nada. E aqui, então, não estamos diante de uma omissão na CLT. Contudo, o CPC/73, em complemento a sua regra geral de definição de competência, estabeleceu que o credor pode demandar em execução no local onde se encontra os bens sujeitos à expropriação ou do atual domicílio do devedor (parágrafo único do art. 475-P, CPC/73).

Tal regramento complementar, assim, também seria aplicável ao processo do trabalho. Isso porque, como já dito, ela seria mera regra supletiva, complementar, portanto, ao regramento da CLT.

Estes, pois, são apenas alguns exemplos que podem ser citados como efeito prático da alteração que se introduzirá na legislação processual do trabalho a partir do texto do art. 15 do novo CPC.

E a partir dessa nova regra, diversas outras questões se descortinam, já que, doravante, não mais se poderá simplesmente alegar a falta de omissão para não incidência do CPC no processo do trabalho. Doravante, mesmo diante da existência de regra na CLT, mas desde que essa seja incompleta, cabe fazer incidir o novo CPC.

11. CONCLUSÕES

Postos os argumentos acima, apertadamente podemos concluir:

a) o processo do trabalho não guarda autonomia em relação ao processo civil brasileiro, não passando aquele de mais um dentre muitos procedimentos especiais previstos em nosso ordenamento processual.
b) a tentativa de se ressaltar a autonomia do processo do trabalho por parte dos processualistas trabalhistas e, por outro lado, o "esquecimento" do processo laboral por parte dos processualistas civis, somente têm contribuído para frear o desenvolvimento daquele e retardar a modernização deste outro.
c) o art. 15 do novo CPC revogou o art. 769 da CLT;
d) a partir da vigência do art. 15 do novo CPC, este diploma legal passará a ser fonte supletiva e subsidiária ao processo trabalhista, "na ausência de normas";
e) a aplicação da regra subsidiária visa ao preencher a lacuna (omissão absoluta) do complexo normativo que regula determinado sub-ramo do direito ou instituto jurídico (o processo do trabalho, por exemplo);
f) a aplicação supletiva visa à complementação normativa quando diante de regras mais especiais incompletas (omissão parcial);
g) a aplicação da regra subsidiária e da regra supletiva pressupõe a compatibilidade com o que se pretende integrar ou complementar, sob pena de revogar o sistema ou a regra mais especial (omissa ou incompleta);
h) a compatibilidade da regra supletiva ou subsidiária com o processo do trabalho sempre estará presente quando ela estiver agasalhada pelos princípios constitucionais processual, em especial do acesso à justiça, da duração razoável do processo trabalhista, do contraditório e da efetividade das decisões judiciais;
i) a regra supletiva tem aplicação sempre que a legislação processual mais especial (processo do trabalho) cuida de regular determinada matéria/instituto jurídico de forma menos abrangente do que no CPC, observada a sua compatibilidade;
j) não se deve aplicar a regra do CPC, de forma supletiva, quando do teor da legislação mais especial se conclui que ela esgotou a disciplina do instituto/matéria processual, ainda que se forma menos abrangente do que no processo civil;

k) também não se deve aplicar a regra do CPC de forma supletiva quando se estar diante de uma situação caracterizada pelo silêncio eloquente do legislador mais especial; e,

l) com a aplicação supletiva do novo CPC, diversos institutos processuais trabalhistas regulados de modo incompleto poderão ser completados, aperfeiçoando-os (e atualizando-os).

12. REFERÊNCIAS

DINAMARCO, Cândido Rangel. Instituições de direito processual civil. III v. São Paulo: Malheiros, 2001.

FABRÍCIO, Adroaldo Furtado. Justificação teórica dos procedimentos especiais. In http://www.abdpc.org.br/artigos/artigo57.htm, acessado em 13/02/2005.

FERRAZ, Sérgio. A norma processual trabalhista. São Paulo: Revista dos Tribunais, 1983.

GUASP, Jaime. Significación del proceso del trabajo em la teoria general del derecho procesal. In: Estudios Jurídicos. Madrid: Civitas, 1996, p. 529-544.

LIMA, Alcides de Mendonça. Processo civil no processo trabalhista. 3 ed. São Pulo: LTr, 1991.

MEIRELES, Edilton. Procedimento sumaríssimo na Justiça do Trabalho. São Paulo: LTr, 2000.

____. Competência e Procedimento na Justiça do Trabalho. Primeiras Linhas da Reforma do Judiciário. São Paulo: LTr, 2005.

THEODORO JÚNIOR, Humberto. Os princípios do direito processual civil e o processo do trabalho. In: BARROS, Alice Monteiro de (Coord.). Compêndio de direito processual do trabalho. Obra em memória de Celso Agrícola Barbi. São Paulo: LTr, 1998, p. 47-63.

Capítulo 2
A APLICAÇÃO SUPLETIVA E SUBSIDIÁRIA DO CÓDIGO DE PROCESSO CIVIL AO PROCESSO DO TRABALHO

Mauro Schiavi[1]

SUMÁRIO: 1. O ARTIGO 15 DO NOVO CÓDIGO DE PROCESSO CIVIL; 2. AS LACUNAS DO PROCESSO DO TRABALHO E O PRINCÍPIO DA SUBSIDIARIEDADE; 3. CONCLUSÕES.

1. O ARTIGO 15 DO NOVO CÓDIGO DE PROCESSO CIVIL

A chegada do Novo Código de Processo Civil provoca, mesmo de forma inconsciente um desconforto nos aplicadores do Processo Trabalhista, uma vez que há muitos impactos da nova legislação nos sítios do processo do trabalho, o que exigirá um esforço intenso da doutrina e jurisprudência para revisitar todos os institutos do processo do trabalho e analisar a compatibilidade, ou não, das novas regras processuais civil.

Um artigo que tem provocado discussões na doutrina sobre seu real alcance e implicações no Processo Trabalhista é o de número 15 do Novel Código.

Dispõe o artigo 15 do Código de Processo Civil:

> "Na ausência de normas que regulem processos eleitorais, trabalhistas ou administrativos, as disposições deste Código lhes serão aplicadas supletiva e subsidiariamente".

Conforme o presente dispositivo legal, o Código de Processo Civil será aplicado ao Processo do Trabalho de forma supletiva e subsidiariamente, na ausência de norma que disciplinem o processo trabalhista.

Trata-se de inovação do Novo Código, pois o atual não disciplina tal hipótese. Doravante, o CPC será aplicado ao processo do trabalho, nas lacunas deste, nas seguintes modalidades:

---

[1] Mauro Schiavi é Juiz Titular da 19ª Vara do Trabalho de São Paulo. Mestre e Doutor em Direito pela PUC/SP. Professor Universitário. Autor, dentre outros, de Manual de Direito Processual do Trabalho. 8. ed. São Paulo: LTr, 2015 (1472 p.).

a) supletivamente: significa aplicar a CPC quando, apesar da lei processual trabalhista disciplinar o instituto processual, não for completa. Nesta situação, o Código de Processo Civil será aplicado de forma complementar, aperfeiçoando e propiciando maior efetividade e justiça ao processo do trabalho. Como exemplos: hipóteses de impedimento e suspeição do Juiz que são mais completas no CPC, mesmo estando disciplinada na CLT (artigo 802, da CLT), ônus da prova previsto no CPC, pois o artigo 818, da CLT é muito enxuto e não resolve questões cruciais como as hipóteses de ausência de prova e prova dividida; o depoimento pessoal previsto no CPC, pois a CLT disciplina apenas o interrogatório (artigo 848, da CLT), sendo os institutos são afins e propiciam implementação do contraditório substancial no processo trabalhista, etc;

b) subsidiariamente: significa aplicar o CPC quando a CLT não disciplina determinado instituto processual. Exemplos: tutelas provisórias (urgência e evidência), ação rescisória; ordem preferencial de penhora, hipóteses legais de impenhorabilidade, etc.

Pode-se se argumentar que houve revogação dos artigos 769 e 889, da CLT, uma vez que o Código de Processo Civil, cronologicamente, é mais recente que CLT. Também pode-se argumentar que, diante do referido dispositivo legal, o processo do trabalho perdeu sua autonomia científica, ficando, doravante, mais dependente do processo civil.

Embora o artigo 15 e as disposições do novo CPC exerçam influência no processo do trabalho, e certamente, impulsionarão uma nova doutrina e jurisprudência processual trabalhista, não revogou a CLT, uma vez que os artigos 769 e 889, da CLT são normas específicas do Processo do Trabalho, e o CPC apenas uma norma geral. Pelo princípio da especialidade, as normas gerais não derrogam as especiais.

De outro lado, o 769, da CLT, que é o vetor principal do princípio da subsidiariedade do processo do trabalho, fala em processo comum, não, necessariamente, em processo civil para preencher as lacunas da legislação processual trabalhista.

Além disso, pela sistemática da legislação processual trabalhistas, as regras do Código de Processo Civil somente podem ser aplicadas ao processo trabalho, se forem compatíveis com a principiologia e singularidades do processo trabalhistas. Assim, mesmo havendo lacuna da legislação processual trabalhista, se a regra do CPC for incompatível com a principiologia e singularidades do processo do trabalho, ela não será aplicada.

O artigo 15 do novel CPC não contraria os artigo 769 e 889, da CLT. Ao contrário, com eles se harmoniza.

Desse modo, conjugando-se o artigo 15 do CPC com os artigos 769 e 889, da CLT, temos que o CPC se aplica ao processo do trabalho da seguinte forma:

supletiva e subsidiariamente, nas omissões da legislação processual trabalhista, desde que compatível com os princípios e singularidades do processo trabalhista.

2. AS LACUNAS DO PROCESSO DO TRABALHO E O PRINCÍPIO DA SUBSIDIARIEDADE

A subsidiariedade significa a possibilidade de as normas do Direito Processual comum serem aplicadas ao processo do trabalho, como forma de suprir as lacunas do sistema processual trabalhista e melhorar a efetividade do processo trabalhista. Autores há que defendem até mesmo a existência do chamado **princípio da subsidiariedade do processo do trabalho**.

O Direito Processual comum é aplicável, subsidiariamente, no Direito Processual do Trabalho. Assim, subsidiariedade é a técnica de aplicação de leis que permite levar para o âmbito trabalhista normas do Direito Processual comum[2]

Para alguns autores a subsidiariedade não se trata de um princípio próprio do processo do trabalho, e sim técnica de integração, para colmatação das lacunas da legislação processual trabalhista. Não obstante, o respeito que merecem, de nosso parte, diante da importância da aplicação subsidiária da legislação processual comum no processo trabalhista e diante da necessidade de harmonização dessa legislação aos princípios do processo do trabalho, pensamos ser a subsidiariedade, efetivamente, um princípio próprio e não apenas técnica de integração.

Na fase de conhecimento, o art. 769 da CLT assevera que o Direito Processual comum é fonte do Direito Processual do Trabalho e, na fase de execução, o art. 889 da CLT determina que, nos casos omissos, deverá ser aplicada no processo do trabalho a Lei de Execução Fiscal (Lei n. 6.830/1980) e, posteriormente, o Código de Processo Civil.

A aplicação supletiva e subsidiária do Processo Civil, passa necessariamente, pela leitura do art. 769 da CLT disciplina os requisitos para aplicação subsidiária do Direito Processual comum ao processo do trabalho, com a seguinte redação:

> "Nos casos omissos, o Direito Processual comum será fonte subsidiária do Direito Processual do Trabalho, exceto naquilo em que for incompatível com as normas deste Título".

Conforme a redação do referido dispositivo legal, são requisitos para a aplicação do Código de Processo Civil ao processo do trabalho:

---

2 NASCIMENTO, Amauri Mascaro. *Curso de Direito Processual do Trabalho.* 24ª ed. São Paulo: Saravia, , 2008 p. 87.

(a) omissão da Consolidação das Leis do Trabalho: quando a Consolidação das Leis do Trabalho e as legislações processuais trabalhistas extravagantes (Leis ns. 5.584/1970 e 7.701/1988) não disciplinam a matéria;

(b) compatibilidade com os princípios que regem o processo do trabalho. Vale dizer: a norma do Código de Processo Civil, além de ser compatível com as regras que regem o processo do trabalho, deve ser compatível com os princípios que norteiam o Direito Processual do Trabalho, máxime o acesso do trabalhador à justiça.

A questão das lacunas do Direito Processual do Trabalho e da incompletude do sistema processual sempre foi um assunto polêmico.

Como visto, a Consolidação das Leis do Trabalho (arts. 769 e 889) reconhece que a legislação processual trabalhista é permeável à aplicação do Direito Processual comum, revelando a existência de lacunas. Por isso, diante da multiplicidade de situações, há interpretações divergentes e polêmica sobre a real dimensão das lacunas no processo do trabalho. Muitos chegam a dizer que cada juiz do trabalho tem seu próprio código de processo do trabalho.

Diante da multiplicidade dos conflitos sociais e da própria dinâmica do direito, a todo momento surgem questões e problemas novos, exigindo novas respostas do direito que ainda não estão disciplinadas no ordenamento jurídico. De outro lado, em muitas situações, as leis processuais existentes não conseguem mais atender às necessidades dos novos conflitos, exigindo nova interpretação e a busca de novos caminhos.

Como bem adverte Karl Engisch:

> "Na minha opinião, na determinação das 'lacunas' não nos podemos efectivamente ater apenas à vontade do legislador histórico. A mudança das concepções de vida pode fazer surgir lacunas que anteriormente não havido sido notadas e que temos de considerar como 'lacunas jurídico-políticas'."[3]

Conforme destaca Luciano Athayde Chaves, com suporte em Maria Helena Diniz:

"Examinando uma série importante de classificações sobre o tema, concluiu Maria Helena Diniz pela síntese do problema das lacunas, a partir da dimensão do sistema jurídico (fatos, valores e normas), numa tríplice e didática classificação: lacunas normativas, axiológicas e ontológicas. As lacunas normativas estampam ausência de norma sobre determinado caso, conceito que se aproxima das lacunas primárias de Engisch. As lacunas ontológicas têm lugar mesmo quando presente uma norma jurídica a regular a situação ou caso concreto, desde que tal norma não estabeleça mais isomorfia ou correspondência com os fatos sociais,

---

3   *Introdução ao pensamento jurídico.* 10. ed. Tradução de: J. Baptista Machado. Lisboa: Fundação Calouste Gulbenkian, 2008. p. 286-287.

com o progresso técnico, que produziram o envelhecimento, 'o ancilosamento da norma positiva' em questão. As lacunas axiológicas também sucedem quando existe um dispositivo legal aplicável ao caso, mas se aplicado 'produzirá uma solução insatisfatória ou injusta'."[4]

Para fins didáticos e para maior compreensão do instituto das lacunas, adota-se, neste trabalho, a classificação de Maria Helena Diniz,[5] a qual classifica as lacunas do direito em (a) normativas, (b) ontológicas e (c) axiológicas.

Normativas: quando a lei não contém previsão para o caso concreto. Vale dizer: não há regulamentação da lei sobre determinado instituto processual.

Ontológicas: quando a norma não mais está compatível com os fatos sociais, ou seja, está desatualizada. Aqui, a norma regulamenta determinado instituto processual, mas ela não encontra mais ressonância na realidade, não há efetividade da norma processual existente.

Axiológicas: quando as normas processuais levam a uma solução injusta ou insatisfatória. Existe a norma, mas sua aplicação leva a uma solução incompatível com os valores de justiça e de equidade exigíveis para a eficácia da norma processual.

Tanto as lacunas ontológicas como axiológicas são lacunas de sentido, valorativas, uma vez que envolvem a análise dos valores ao caso concreto, ou seja, avaliam se a lei processual ainda apresenta resultados justos em sua aplicação.

A aplicação da lei processual compreende, indiscutivelmente, a valoração, pelo aplicador, da efetividade e justiça das normas, uma vez que, conforme destaca Claus-Wilhelm Canaris, "o sistema apenas representa a forma exterior da unidade valorativa do direito, toda a formação do sistema indica algo por, em geral, haver valores; as lacunas de valores implicam por isso, como consequência, sempre lacunas no sistema. Não se duvide de que semelhantes lacunas de valores possam ocorrer, pois não só não há nenhuma 'completude lógica' do direito, como também não existe nenhuma 'completude teleológica'."[6]

Hoje, diante das inovações do Novo Código de Processo Civil, levadas a efeito, principalmente, nas fases de execução e recursal, que imprimiram maior efetividade e simplicidade ao processo civil, crescem as discussões sobre a aplicação subsidiária do Código de Processo Civil ao processo do trabalho, e, se é possível a aplicação da regra processual civil, se há regra expressa, em sentido contrário na Consolidação das Leis do Trabalho.

Há duas vertentes de interpretação sobre o alcance do art. 769 da CLT. São elas:

---

4   *Direito processual do trabalho:* reforma e efetividade. São Paulo: LTr, 2007. p. 68-69.
5   *As lacunas do direito.* 5. ed. São Paulo: Saraiva, 1999. p. 95.
6   *Pensamento sistemático e conceito de sistema na ciência do direito.* 4. ed. Tradução de: A. Menezes Cordeiro. Lisboa: Fundação Calouste Gulbenkian, 2008. p. 239.

a) *restritiva:* somente é permitida a aplicação subsidiária das normas do processo civil quando houver omissão da legislação processual trabalhista. Desse modo, somente se admite a aplicação do Código de Processo Civil quando houver a chamada lacuna normativa. Essa vertente de entendimento sustenta a observância do princípio do devido processo legal, no sentido de não surpreender o jurisdicionado com outras regras processuais, bem como na necessidade de preservação do princípio da segurança jurídica. Argumenta que o processo deve dar segurança e previsibilidade ao jurisdicionado;

b) *evolutiva* (também denominada sistemática ou ampliativa): permite a aplicação subsidiária do Código de Processo Civil ao processo do trabalho quando houver as lacunas ontológicas e axiológicas da legislação processual trabalhista. Além disso, defende a aplicação da legislação processual civil ao processo do trabalho quando houver maior efetividade da jurisdição trabalhista. Essa vertente tem suporte nos princípios constitucionais da efetividade, duração razoável do processo e acesso real e efetivo do trabalhador à Justiça do Trabalho, bem como no caráter instrumental do processo.

A questão, no entanto, é complexa e delicada, exigindo avaliação crítica dos fundamentos do Direito Processual do Trabalho e de seus reais resultados para a sociedade.

O Direito Processual do Trabalho, como se sabe, foi criado para propiciar um melhor acesso do trabalhador à justiça, bem como suas regras processuais devem convergir para tal finalidade.

Os princípios basilares do Direito Processual do Trabalho devem orientar o intérprete a todo o momento. Não é possível, à custa de se manter a autonomia do processo do trabalho e a vigência de suas normas, sacrificar o acesso do trabalhador à justiça do trabalho, bem como o célere recebimento de seu crédito alimentar.

Diante dos princípios constitucionais e infraconstitucionais que norteiam o processo, e também da força normativa dos princípios constitucionais, não é possível uma interpretação isolada da Consolidação das Leis do Trabalho, vale dizer: divorciada dos princípios constitucionais do processo, máxime o do acesso efetivo e real à justiça do trabalho, duração razoável do processo, acesso à ordem jurídica justa, para garantia, acima de tudo, da dignidade da pessoa humana do trabalhador e melhoria da sua condição social.

Assim como o direito material do trabalho adota o princípio protetor, que tem como um dos seus vetores a regra da norma mais benéfica, o Direito Processual do Trabalho, por ter um acentuado grau protetivo, e por ser um direito, acima de tudo, instrumental, com maiores razões que o direito material, pode adotar o princípio da norma mais benéfica, e diante de duas regras processuais que possam ser aplicadas à mesma hipótese, escolher a mais efetiva, ainda que seja a do Direito Processual civil e seja aparentemente contrária à Consolidação das Leis do Trabalho. Para escolher dentre duas regras a mais efetiva, o intérprete deve-se valer dos princípios da equidade, razoabilidade e proporcionalidade.

Como destacado, alguns autores mais tradicionais tecem severas críticas à aproximação do Direito Processual do Trabalho ao Direito Processual civil, o que denominam de *civitização* do processo do trabalho, acarretando perda de identidade deste ramo especializado da ciência processual. Asseveram que as soluções para os conflitos que chegam diariamente à Justiça do Trabalho devem ser resolvidos à luz da Consolidação das Leis do Trabalho.

Nesse sentido é a visão de Francisco Gérson Marques de Lima: "A tônica e o uso frequente do processo civil no processo do trabalho provoca a chamada *civitização*".[7]

Segundo citado autor:

> "Alguns operadores jurídicos, por dominarem o processo civil e com ele terem afinidade, incorporam seus princípios e os aplicam generalizadamente, em detrimento da identidade do processo do trabalho (é a civilização). O erro vem logo desde o concurso para a magistratura, cuja sentença, p. ex., exige muito conhecimento de processo civil e pouco do histórico do processo do trabalho. Então, muitas vezes, os candidatos aprovados são os processualistas civis, que conhecem o processo do trabalho só na sua superficialidade e caem de paraquedas na Justiça do Trabalho. O resultado prático é encontrado em certos absurdos forenses, que o autor poupará esta obra do desprazer de citá-los."[8]

Em que pese o respeito que merecem, com eles não concordamos, pois o processo do trabalho foi idealizado, originalmente, na década de 1940, onde a sociedade brasileira era diversa, e as necessidades dos jurisdicionados também. Além disso, a complexidade dos conflitos trabalhistas não tinha a mesma intensidade dos de hoje. Atualmente, diante de fatores como a flexibilização, terceirização e horizontalização das empresas, nos processos trabalhistas são enfrentadas complexas questões processuais como a presença de diversos reclamados no polo passivo da ação. Além disso, a falta de efetividade dos dispositivos processuais trabalhistas na execução é manifesta.

A Consolidação das Leis do Trabalho e a legislação processual trabalhista, em muitos aspectos, funcionam bem e devem ser mantidas. O procedimento oral, as tentativas obrigatórias de conciliação, a maior flexibilidade do procedimento, a majoração dos poderes do juiz do trabalho na condução do processo e a irrecorribilidade imediata das decisões interlocutórias têm obtido resultados excedentes. Não obstante, em alguns aspectos, a exemplo dos capítulos dos recur-

---

7 *Fundamentos do Direito Processual do Trabalho. São Paulo:Malheiros, 2010*, p. 161.
8 Idem.

sos e execução, deve-se permitir ao juiz do trabalho buscar a melhoria constante da prestação jurisdicional trabalhista nos dispositivos do Código de Processo Civil e da teoria geral do processo.

Vale lembrar que a jurisdição do Estado é una e todos os ramos da ciência processual seguem os princípios constitucionais da jurisdição e do processo. A segmentação da jurisdição nos diversos ramos do Poder Judiciário tem à vista propiciar melhores resultados na efetividade do direito.

A maior aproximação do processo do trabalho ao processo civil não desfigura a principiologia do processo do trabalho, tampouco provoca retrocesso social à ciência processual trabalhista. Ao contrário, possibilita evolução conjunta da ciência processual. O próprio processo civil muitas vezes se inspira no processo do trabalho para evoluir em muitos de seus institutos.

Vale destacar que o processo civil vem se inspirando em diversos capítulos do processo do trabalho que têm produzido resultados satisfatórios, a exemplos do sincretismo processual, poderes instrutórios do juiz, restrição ao agravo de instrumento, audiência preliminar de conciliação, impulso oficial do juiz na execução, penhora *on-line*, etc.

Propiciar ao juiz do trabalho maior flexibilidade em aplicar normas processuais civis, no nosso entendimento, freia arbitrariedades ao tomar providências processuais sem fundamentação adequada, com suporte apenas na equidade e nos amplos poderes de direção do processo conferidos pelo art. 765 da CLT.

Além disso, as normas processuais do Código de Processo Civil, quando aplicadas ao processo do trabalho, são necessariamente adaptadas às contingências do Direito Processual do Trabalho, bem como compatibilizadas com a principiologia deste. Vale dizer: o juiz do trabalho aplica e interpreta as normas processuais civis com os olhos da sistemática processual trabalhista. Como exemplos: o instituto da intervenção de terceiros previsto no CPC, quando aplicado ao processo do trabalho não se destina ao exercício de direito de regresso e sim a ampliar as garantias de solvabilidade do crédito trabalhita; a desconsideração da personalidade jurídica do devedor é realizada de ofício pelo Juiz do Trabalho e de forma objetiva, sem se avaliar eventual conduta culposa ou o chamado ato "ultra vires"; as tutelas de urgência podem ser concedidas de ofício pelo juiz do trabalho a fim de propiciar efetividade ao processo, etc.

Embora se possa questionar: aplicando-se as regras do Código de Processo Civil, ao invés da Consolidação das Leis do Trabalho, o juiz estaria desconsiderando o devido processo legal e surpreendendo o jurisdicionado com alteração das regras?

Embora razoável o questionamento, pensamos que tal não ocorre, pois o juiz do trabalho, aplicando o Código de Processo Civil, não está criando regras, está apenas aplicando uma regra processual legislada mais efetiva que a Consolidação das Leis do Trabalho, e é sabido que a lei é de conhecimento geral (art. 3º, LICC). Se há regras expressas processuais no Código de Processo Civil que são compatíveis com os princípios do processo do trabalho, pensamos não haver violação do devido processo legal. Além disso, as regras do Código de Processo Civil observam o devido processo legal e também os princípios do Direito Processual do Trabalho.

Vale mencionar que há projeto de lei em trâmite no Congresso Nacional visando à alteração do art. 769 da CLT (PN n. 7.152/2006, que acrescenta o parágrafo único ao art. 769), com a seguinte redação: "O Direito Processual comum também poderá ser utilizado no processo do trabalho, inclusive na fase recursal ou de execução, naquilo que permitir maior celeridade ou efetividade de jurisdição, ainda que exista norma previamente estabelecida em sentido contrário".

Parece-nos que o presente projeto de lei vai ao encontro do que procuramos defender. Nota-se que, se o projeto for aprovado, o legislador estará dando um grande passo para a efetividade e celeridade do processo, bem como melhoria do acesso do trabalhador à Justiça do Trabalho. Não queremos defender a desconsideração do processo do trabalho, ou a sua extinção, até mesmo porque o processo do trabalho apresenta um procedimento simples, efetivo e que tem obtido resultados satisfatórios, mas sim aperfeiçoá-lo, para que continue efetivo e produzindo resultados satisfatórios.

No mesmo sentido é o recente anteprojeto de lei encaminhado pelo presidente do Tribunal Superior do Trabalho ao Congresso Nacional, *in verbis*: art. 876-A, CLT: "Aplicam-se ao cumprimento da sentença e à execução dos títulos extrajudiciais as regras de direito comum, sempre que disso resultar maior efetividade do processo".

Sob outro enfoque, o juiz, como condutor do processo do trabalho, encarregado de zelar pela dignidade do processo e pela efetividade da jurisdição trabalhista, conforme já nos posicionamos, deve ter em mente que o processo deve tramitar em prazo compatível com a efetividade do direito de quem postula, uma vez que a duração razoável do processo foi erigida a mandamento constitucional, além de buscar novos caminhos e interpretação da lei no sentido de materializar este mandamento constitucional.

Posto isso, a moderna doutrina vem defendendo um diálogo maior entre o processo do trabalho e o processo civil, a fim de buscar, por meio de interpretação sistemática e teleológica, os benefícios obtidos na legislação processual civil e aplicá-los ao processo do trabalho. Não pode o juiz do trabalho fechar os olhos para normas de Direito Processual Civil mais efetivas que a Consolidação das Leis do Trabalho, e, se omitir sob o argumento de que a legislação processual do trabalho não é omissa, pois estão em jogo interesses muito maiores que a aplicação da legislação processual trabalhista. O Direito Processual do Trabalho deve ser um instrumento célere, efetivo, confiável e que garanta, acima de tudo, a efetividade da legislação processual trabalhista e a dignidade da pessoa humana.

A teoria geral do processo e também a moderna teoria geral do processo do trabalho vêm defendendo um processo do trabalho mais ágil, que tenha resultados, que seja capaz de garantir não só o cumprimento da legislação social, mas, sobretudo, da expansão do direito material do trabalho.

Conforme Luiz Guilherme Marinoni:

> "A concretização da norma processual deve tomar em conta as necessidades de direito material reveladas no caso, mas a sua instituição decorre, evidentemente, do direito fundamental à tutela jurisdicional efetiva. O legislador atua porque é ciente de que a jurisdição não pode dar conta das variadas situações concretas sem a outorga de maior poder e mobilidade, ficando o autor incumbido da identificação das necessidades concretas para modelar a ação processual, e o juiz investido do poder-dever de, mediante argumentação própria e expressa na fundamentação da sua decisão, individualizar a técnica processual capaz de permitir-lhe a efetiva tutela do direito. A lei processual não pode antever as verdadeiras necessidades de direito material, uma vez que estas não apenas se transformam diariamente, mas igualmente assumem contornos variados, conforme os casos concretos. Diante disso, chegou-se naturalmente à necessidade de uma norma processual destinada a dar aos jurisdicionados e ao juiz o poder de identificar, ainda que dentro de sua moldura, os instrumentos processuais adequados à tutela dos direitos".[9]

3. CONCLUSÕES

Pelo exposto, concluímos que o Direito Processual Civil pode ser aplicado ao processo do trabalho, nas seguintes hipóteses:

(a) omissão da Consolidação das Leis do Trabalho (lacunas normativas, ontológicas e axiológicas); compatibilidade das normas do processo civil com os princípios e singularidades do Direito Processual do Trabalho;

(b) a aplicação supletiva e subsidiária do CPC, conforme disciplinadas no artigo 15 do CPC, são compatíveis com os artigos 769 e 889, da CLT;

(c) a aplicação subsidiária do Processo Civil pressupõe a adaptação da norma civilista às singularidades do processo trabalhista;

(d) ainda que não omissa a Consolidação das Leis do Trabalho, quando as normas do processo civil forem mais efetivas que as da Consolidação das Leis do Trabalho e compatíveis com os princípios do processo do trabalho.

---

9   A legitimidade da atuação do juiz a partir do direito fundamental à tutela jurisdicional efetiva. In: MEDINA, José Miguel Garcia; CRUZ, Luana Pedrosa de Figueiredo; CERQUEIRA, Luís Otávio Sequeira de; GOMES JUNIOR, Luiz Manoel. *Os poderes do juiz e o controle das decisões judiciais:* estudos em homenagem à professora Teresa Arruda Alvim Wambier. São Paulo: RT, 2008. p. 230-231.

Capítulo 3
A RADICALIDADE DO ART. 769 DA CLT COMO SALVAGUARDA DA JUSTIÇA DO TRABALHO

Jorge Luiz Souto Maior[1]

SUMÁRIO: 1. A INDEVIDA CLASSIFICAÇÃO PESSOAL; 2. UM ARGUMENTO DE LEGALIDADE; 3. FORMULAÇÃO TEÓRICA; 4. A CENTRALIDADE DO PROCESSO DO TRABALHO; 5. A JUSTIÇA DO TRABALHO EM FOCO; 6. IMPLICAÇÕES DO POSTULADO TEÓRICO; 7. CONCLUSÃO.

1. A INDEVIDA CLASSIFICAÇÃO PESSOAL

Ao sustentar que nenhum artigo do novo CPC se aplica ao processo do trabalho, mesmo com todos os argumentos já apresentados no outro texto[2], deparei-me com a acusação de ser radical, decorrendo dessa adjetivação uma dificuldade para auferir adeptos. Mas cumpre esclarecer. Primeiro, não está dentre as minhas preocupações na exposição da referida posição as de atingir fins comerciais, de obter notoriedade ou de conquistar as massas para criar seitas ou coisas que o valham. Segundo, não temo a suposta pecha de radical, afinal a radicalidade é essencial para que ao menos se tente ir à raiz dos problemas. Radical não é o oposto de ponderado ou de razoável e sim de superficial. E, terceiro, adotando critérios de raciocínio lógico, se o ponderado ou razoável fosse identificado em conformidade com a fixação de um ponto ideal, necessário seria definir a partir de que patamar alguém deixa de ser um radical e começa a ser um ponderado.

Formulando a mesma indagação no aspecto específico da relação entre o novo CPC e o processo do trabalho se poderia perguntar: quantos artigos do novo CPC precisam ser admitidos como aplicáveis no processo do trabalho para que se afaste a pecha de radical?

No entanto, até onde estou conseguindo ver, lendo os artigos escritos a respeito do assunto, os autores, todos eles, impõem restrições à aplicação do novo CPC, em diversos assuntos, mas não guardam uma identidade plena quanto a quantos e quais artigos do novo CPC se aplicam ao processo do trabalho. O ponto ideal da ponderação, portanto, não existe, objetivamente falando.

---

1 Juiz do trabalho, titular da 3ª Vara do Trabalho de Jundiaí/SP e professor da Fac. Direito USP.
2 Vide capítulo 66: O conflito entre o novo CPC e o processo do trabalho.

Além disso, alguém "mais autorizado" poderia dizer que ponderado é aplicar o novo CPC por inteiro, pois, afinal, trata-se de um instrumento moderno, que foi estudado por grandes processualistas durante anos. Recusar a aplicação de qualquer um de seus dispositivos seria, então, uma atitude radical, inconcebível.

Raciocinando a situação, posta a partir desse pressuposto, e tomando por base a visualização de que a quantidade de artigos do novo CPC admitidos como aplicáveis no processo do trabalho é o determinante para a qualificação dos autores, teríamos a conclusão, também inevitável, de que aqueles que não concordam com a aplicação de todos os artigos do novo CPC no processo do trabalho seriam, então, não-ponderados.

Se o ponto ideal da ponderação for a aplicação não de todos mas de alguns artigos, teríamos que estabelecer, então, qual é o número de artigos que define um argumento ponderado, seguindo, na sequência, os efeitos dessa definição. Assim, os que estivessem abaixo desse número entrariam na categoria dos "não-ponderados" e seriam, ainda, subdivididos em "radicais", quais seja, os que não admitem a aplicação de qualquer artigo, e os "quase radicais" ou "quase ponderados", conforme estivessem mais próximos da ponta ou do meio. Já os que se situassem acima do ponto ideal seriam catalogados como "ponderados demais" ou "excessivos", subdivididos em "excessivos ponderados" e "excessivos radicais", também conforme uma escala preestabelecida.

Vale reparar, ainda na lógica do raciocínio meramente quantitativo, que se os "ponderados" não são acordes quanto ao número de artigos do NCPC aplicados ao processo do trabalho o que se tem é uma ausência de objetividade para a definição da questão, transportando os aplicadores de artigos do novo CPC no processo do trabalho ao plano do arbítrio, ao exercício do império das próprias razões. Assim, a oposição à radicalidade não seria a ponderação, mas o arbítrio.

A classificação mais correta, portanto, seria: radicais e arbitrários, ou radicais e superficiais. E, convenhamos, melhor ser chamado de radical do que de arbitrário ou superficial.

Ou seja, dá para ficar atribuindo nomes, com intenção pejorativa, a todos os autores, só que o resultado desse esforço é que o conteúdo próprio do debate se perde. Por isso, embora não recuse a importância da radicalidade, entendo que a discussão não deve ser travada neste nível, até porque uma classificação dessa ordem, como dito, presta-se mesmo a evitar o debate.

2. UM ARGUMENTO DE LEGALIDADE

Não cabe, também, a acusação de ilegalidade aos que recusam a aplicação da totalidade do novo CPC ao processo do trabalho, pois o art. 769 da CLT[3] diz,

---

3 Art. 769 - Nos casos omissos, o direito processual comum será fonte subsidiária do direito processual do trabalho, exceto naquilo em que for incompatível com as normas deste Título.

expressamente, que os dispositivos do CPC somente serão aplicados ao processo do trabalho quando forem compatíveis com o processo do trabalho. Não está dito em tal dispositivo que devem ser aplicados artigos do CPC, obrigatoriamente, e, portanto, a questão matemática não altera a visualização do efetivo respeito ao dispositivo. Não aplicar todos os artigos do novo CPC é um resultado que parte da mesma base de raciocínio da aplicação de apenas alguns, não representando, pois, agressão ao artigo da CLT. Aliás, aplicar alguns, por dever de aplicar, é que representa desrespeito à previsão legal, pois, como dito, a aplicação deve atender a um pressuposto qualitativo, que provém da compatibilidade da regra que se pretende aplicar com o sistema processual trabalhista.

Ainda que se queira parecer um bom teórico, por meio do argumento da ponderação ou da razoabilidade, não há qualquer construção teórica relevante na atitude de partir do pressuposto de que necessariamente alguns artigos do CPC devem ser aplicados no processo do trabalho, até porque essa postura advém apenas de uma indisfarçável vontade de se ver considerado um ser acima das contradições humanas ou que provém simplesmente do medo de ser chamado de radical.

Além do mais, sem o aprofundamento do debate a contraposição a radical não é a ponderação, mas, como visto, a superficialidade ou o arbítrio, e se levarmos, então, a questão por esse lado, seria bastante possível resistir à acusação de radical, mesmo sem negar a relevância da radicalidade, partindo para o contra-ataque, acusando o acusador de arbitrário.

Fato é que no contexto de um enfrentamento apenas retórico não é possível dizer que estão mais certos ou errados os argumentos em função do número de artigos acatados como aplicáveis.

E vale insistir no aspecto de que não é essa questão classificatória o que me move. Na verdade, o que proponho é que a deixemos de lado e nos fixemos na formulação de um postulado teórico que sirva à aplicação objetiva do art. 769 da CLT, integrado à realidade atual, seguindo, ademais, a linha da recente modificação doutrinariamente introduzida no entendimento do referido artigo, que foi integrada à jurisprudência, da lacuna axiológica. Ora, sempre se disse que quando a CLT tivesse regra expressa não se poderia aplicar dispositivos do CPC que tratassem do mesmo assunto, mesmo que a regra da CLT estivesse obsoleta frente à inovação do CPC, já que o art. 769 da CLT se refere à lacuna como elemento justificador da aplicação do CPC. Mas, ao se compreender que o art. 769 não poderia ser utilizado para obstar a efetividade do processo e a melhoria da prestação jurisdicional, admitiu-se a existência de lacunas axiológicas, ou seja, de inaplicabilidade da regra da CLT em razão do advento de outra mais eficaz no CPC, e eu mesmo fui um dos defensores dessa transposição de vários textos inovadores do CPC para o processo do trabalho[4].

---

4   SOUTO MAIOR, Jorge Luiz. *Reflexos das alterações do código de processo civil no processo do trabalho*. Revista LTr, v.70, p.920 - 930, 2006.

A questão é que se inicialmente era possível vislumbrar certa aproximação entre a CLT e o CPC, as alterações posteriormente introduzidas no processo civil geraram um distanciamento cada vez mais profundo entre o processo do trabalho e o processo civil. O CPC de 1939 era bastante próximo da CLT (de 1943). O CPC de 1973 se afastou bastante da CLT, valendo destacar que o encantamento com o CPC de 73 durou pouco, haja vista a demanda por reformas, conforme fala da professora Ada Pellegrini Grinover, proferida em 1978, abaixo citada. As modificações advindas em 1994 provocaram, como dito, até uma necessidade de reaproximação entre os dois processos. Mas, agora, o novo CPC, de 2015, promoveu uma ruptura insuperável, pois seus valores são: privatização do processo, visto como negócio das partes; conciliação a qualquer custo; padronização das decisões para conferir segurança aos negócios; juiz gestor; e incentivo às vias privadas de solução de conflitos.

Aliás, tomando por base o tamanho da complexidade procedimental estabelecida no novo CPC não é excessivo dizer que a demora para a solução dos casos na via processual é um efeito assumido, servindo, isto sim, como um incentivo para o incremento dos modos extrajudiciais, os quais, curiosamente, não são regulados e, consequentemente, são desprovidos de trâmites burocráticos.

Além disso, a intelectualidade processual civil, alimentando a lógica da preservação de mercado já começa a criar nomes para qualificar institutos e, com isso, complicando um pouco mais as coisas. Tem-se falado, então, em "princípio do contraditório substancial", "teoria da causa madura", "primazia do mérito", "princípio da unificação procedimental", "flexibilização procedimental", "princípio da cooperação", que constituem fórmulas complexas para tratar de coisas simples, contribuindo para a retomada da lógica do período de "cientificização" do direito processual, de modo a jogar por terra todo o esforço empreendido durante vários anos para a compreensão do processo como instrumento, além de trazer à tona a noção, que há muito havia sido superada, do processo como um fim em si mesmo.

3. FORMULAÇÃO TEÓRICA

Pois bem, sem as amarras de uma suposta ponderação, que exigiria a aplicação de certo número de artigos do CPC ao processo do trabalho, leiamos novamente o artigo 769, da CLT. Será possível reparar, então, que referido dispositivo diz expressamente que nenhum artigo do processo comum se aplica ao processo do trabalho, consignando para o juiz a possibilidade de atrair para o processo do trabalho regras do processo comum apenas quando sejam compatíveis com a CLT e possam ser benéficas aos objetivos do processo do trabalho.

Cumpre ao juiz, então, a obrigação de demonstrar a pertinência dessa transposição, que não é, portanto, nem automática nem obrigatória.

Assim, por aplicação do art. 769 da CLT não é quem deixa de aplicar as regras do CPC no processo do trabalho que deve explicar porque o faz, vez que essa inaplicabilidade está pressuposta no teor do artigo 769. Deve fazê-lo, isto sim, aquele que pretenda aplicar uma ou mais regras do CPC na prática processual trabalhista.

O artigo 769, da CLT, ademais, conforme sentido extraído da técnica de interpretação sistemática, visto, portanto, em consonância com os demais regramentos do Capítulo I, do Título X, da CLT, e, em especial, o art. 765[5], é uma regra direcionada ao juiz, para que possa atrair para o processo do trabalho os dispositivos do processo comum que sejam compatíveis com a CLT e que lhe pareçam ser benéficos aos objetivos do processo do trabalho, cumprindo-lhe, de todo modo, repita-se, a demonstração do cabimento dessa atuação.

O presente postulado, ademais, não tem nada de inovador, vez que não passa de uma retomada da própria essência do artigo 769, que é a de proteger o processo do trabalho, para que possa cumprir o seu papel de conferir autoridade à ordem jurídica trabalhista.

O que vislumbro é apenas o aprofundamento do debate a respeito dessa questão de forma honesta e franca, partindo do mesmo pressuposto que anima a todos aqueles que têm se debruçado sobre o tema, que é o de preservar a funcionalidade objetiva da Justiça do Trabalho.

4. A CENTRALIDADE DO PROCESSO DO TRABALHO

E nem se diga que o novo CPC, em seu art. 15, obriga a transposição de regras e institutos do CPC para o processo do trabalho, pois as normas mais recentes não revogam as anteriores quando específicas e ninguém há de negar ao menos a especialidade do processo do trabalho frente ao processo civil. O processo do trabalho não nasce do processo civil. Dentro da própria racionalidade advinda do princípio da instrumentalidade, o processo do trabalho nasce do direito material trabalhista, o que, aliás, pode ser confirmado no estudo de toda a história de formação da Justiça do Trabalho e, consequentemente, do processo do trabalho, que tem como um dos postulados, ademais, se desatrelar das formalidades e dos rituais do processo civil.

Cabe perceber que o sentido ora proposto ao art. 769 da CLT não se contrapõe, na essência, ao esforço, sério e sincero, empreendido por vários juristas processuais trabalhistas que se debruçaram sobre o tema, no sentido de tentar extrair do novo CPC apenas as regras que não contrariem a lógica do processo

---

5   Art. 765 - Os Juízos e Tribunais do Trabalho terão ampla liberdade na direção do processo e velarão pelo andamento rápido das causas, podendo determinar qualquer diligência necessária ao esclarecimento delas.

do trabalho. Aliás, não só não o contraria como o reforça porque extrai desses autores a obrigação de fundamentar porque, afinal, não aplicam os demais artigos do NCPC, afastando, inclusive, a acusação de "arbitrariedade" por aplicarem uns e não aplicarem outros dispositivos.

Se o pressuposto teórico fosse o de que alguns artigos devem ser necessariamente aplicados, como resultado de uma postura razoável e ponderada, a não aplicação precisaria ser justificada o tempo todo e essa não é tarefa muito simples, pois a argumentação lógica nem sempre consegue demonstrar de forma clara o prejuízo, só visualizável em situações concretas específicas. O efeito, extremamente arriscado, seria o de abrir a porta para a entrada de vários dispositivos nefastos ao processo do trabalho, sendo que o novo CPC é repleto deles, vez que construído a partir de preocupações muito distintas daquelas que norteiam o processo do trabalho.

Considerando a incompatibilidade de fundo entre o novo CPC e a CLT a posição que me parece mais coerente e honesta é a de recusar, por inteiro, a aplicação do CPC, pois, mesmo com o pressuposto teórico estabelecido de que o juiz pode atrair do CPC a regra que considerar necessária, parece-me meio complexo, para dizer de forma amena, fatiar e fragmentar o CPC de modo a separar parágrafos de incisos, incisos de artigos, artigos de capítulos, como se estivesse aplicando o CPC porque, de fato, não se o está fazendo.

Aliás, mesmo quando se defende a aplicação de algum instituto do NCPC no processo do trabalho e se o faz mediante a realização de "necessárias adaptações" ao procedimento trabalhista não se está, de fato, aplicando o NCPC. O que se faz é apenas criar um disfarce retórico para superar a incompatibilidade entre a previsão normativa do CPC e o processo do trabalho, driblando a regra do art. 769 da CLT ao mesmo tempo em que se finge atender a uma suposta obrigatoriedade de fazer incidir o instituto processual civil no processo do trabalho.

Ora, vendo a questão do ponto de vista da teoria geral do direito, ao se buscarem normas de outros ramos para um ramo específico não se está aplicando o direito externo e sim uma ou algumas de suas normas, cujo sentido, por conseguinte, será aquele que atende aos princípios do ramo do direito específico, pois não é lógico que uma norma externa, chamada para o preenchimento de uma lacuna, seja capaz de, por si, contrariar toda a especificidade do ramo em que venha a ser inserida. Então, não se deixa de aplicar o processo do trabalho quando se busca no processo civil alguma norma que interesse à efetividade da prestação jurisdicional trabalhista.

As características da oralidade, ademais, consignam no procedimento trabalhista uma simplicidade e uma informalidade tais que, atendendo o objetivo de entregar aos trabalhadores os bens da vida perseguidos, e a que tenham efetivamente direito, de forma célere e eficaz, exigem do juiz uma atuação criativa, impulsionada pelas peculiaridades de cada caso, ou mesmo determinada pela visualização coletiva do conflito, sem desatender, é claro, os postulados do contraditório e da ampla defesa, mas que, não sendo valores absolutos, não se perfazem em abstrato, ainda mais de modo a evitar a própria efetividade do ordenamento jurídico, exigindo-se, pois, que sejam vistos e aplicados a partir do reconhecimento da desigualdade material e também processual que marcam a relação capital-trabalho.

Além disso, a atração mesmo parcial do novo CPC traz consigo o risco de graves retrocessos ao processo do trabalho, sobretudo no que se refere à atuação do juiz, que é um personagem extremamente importante no princípio da oralidade, reforçado na CLT, e que foi, frontalmente, rechaçado no novo CPC.

De todo modo, pela compreensão do art. 769 ora proposta, que rejeita a presunção da necessidade de aplicação do CPC ao processo do trabalho, a atração de artigos do novo CPC ao processo do trabalho se dá por uma espécie de convite do juiz. Não se trata, pois, de uma invasão, uma força externa que não possa ser contida.

5. A JUSTIÇA DO TRABALHO EM FOCO

É bastante importante deixar as coisas às claras, para que não se fique no limite de investigação determinado por aquelas qualificações pejorativas referidas inicialmente. Os fundamentos do novo CPC baseiam-se em uma visão de mundo que considera necessário conter a atuação de juízes sociais. Mas a racionalidade do processo do trabalho, obviamente, é outra, tanto que as regras de proteção do processo do trabalho frente aos possíveis ataques do CPC são direcionadas ao juiz, a quem cumpre definir, portanto, como o procedimento deve se desenvolver, gostem disso, ou não, os elaboradores do novo CPC.

Aliás, é indisfarçável o desejo dos elaboradores do NCPC de suprimir, por via transversa, práticas processuais trabalhistas. Lembre-se também que a reforma do Judiciário, iniciada em 1994, pretendia a extinção da Justiça do Trabalho, sobretudo por conta da atuação social dos juízes trabalhistas. A tentativa foi derrotada pela força política dos profissionais ligados à área trabalhista: advogados, procuradores e juízes. A recomendação do Banco Mundial (Documento n. 319, traduzido para o português e publicado no Brasil em 1996) continuou sendo, no entanto, a redução dos poderes do juiz e a imposição de uma racionalidade econômica à jurisdição, sob a suposição de que isso garantiria segurança aos negócios. O novo CPC traz os elementos dessa reforma e o alvo direto é o juiz social do trabalho, que, na visão retrógrada de muitos, estaria levando muito a sério essa ideia de aplicar direitos trabalhistas no Brasil.

E se o propósito do novo CPC não tiver sido este, de conter a atuação do juiz social, pretendendo, isto sim, trazer inovações importantes para aprimorar a prestação jurisdicional, tornando-a mais célere e eficaz, por meio de um "procedimento flexível", há de se reconhecer que não contraria os objetivos do processo civil a postura de não aplicar suas regras caso no procedimento específico houver normas que, atendendo as peculiaridades da relação de direito material, forem mais eficazes que aquelas do processo civil, não se podendo, por consequência, criar qualquer objeção a respeito.

Uma eventual objeção a essa postura apenas revela, portanto, que o propósito de impor a aplicação do novo CPC ao processo do trabalho foi mesmo o de criar embaraços à atuação criativa do juiz do trabalho e o pior de tudo isso é que tais obstáculos servem, exclusivamente, àqueles que se valem de estratégias fraudulentas para dificultar a prestação jurisdicional.

Veja-se, por exemplo, a questão pertinente à inovação trazida no CPC do incidente de desconsideração da personalidade jurídica, para a suposta garantia do contraditório. Ora, o juiz do trabalho não vai atrás dos bens dos sócios de pessoas jurídicas socialmente responsáveis, que são economicamente sólidas e que não lidam com os direitos trabalhistas na lógica do desrespeito reiterado. Ou seja, somente vai atrás dos bens dos sócios, superando, inclusive, a formalidade do estatuto social, para alcançar os sócios de fato, quando a pessoa jurídica não possui capital ou bens e se ativou no mercado mediante a exploração do trabalho alheio de forma irresponsável, cometendo o ilícito de expor direitos alheios a riscos. Assim, limitar a atuação do juiz nesta seara apenas serve ao fraudador.

Aliás, é bastante curioso verificar o argumento da defesa de uma pretensa legalidade, em torno do respeito ao direito constitucional ao contraditório, saindo da boca exatamente daqueles que descumprem de forma deliberada e reiterada a ordem jurídica como um todo e querem se valer seletivamente de uma ou algumas normas apenas para se manterem impunes.

No aspecto histórico-evolutivo é interessante perceber que a linha processual anteriormente adotada, que imprimiu celeridade e efetividade ao processo, chegou a impor aos processualistas trabalhistas a necessidade de romper resistências internas para que fosse possível a aplicação das inovações do processo civil. Eu mesmo sai em defesa da aplicação da tutela antecipada, da execução definitiva e do art. 475-J ao processo do trabalho, contribuindo para a formação da noção de que o mesmo artigo 769, da CLT, não poderia ser visto como empecilho à transposição desses institutos para o processo do trabalho mesmo que houvesse lacuna na CLT a respeito. Foi necessário, inclusive, romper o argumento de objeção de que não seria aplicável no processo do trabalho a tutela antecipada, por exemplo, porque se o fosse não seria utilizada como exceção e sim como regra, dadas as características das reclamações trabalhistas.

A realidade agora, no entanto, é outra e, no conjunto, o novo CPC corresponde a um enorme risco para a efetividade do processo do trabalho e para a própria sobrevivência da Justiça do Trabalho, como demonstrado.

A temática da aplicação subsidiária do CPC ao processo do trabalho, portanto, não é um problema de ordem matemática, que se completa em avaliações pontuais. Há uma questão política subjacente, que impõe aos juízes trabalhistas a necessidade de resistir para preservar tanto a Justiça do Trabalho quanto o próprio Direito do Trabalho.

Acrescente-se que, considerando o estágio de evolução da experiência processual trabalhista muitas das saídas encontradas pelos elaboradores do NCPC, acreditando ter trazido contribuições inéditas para a solução de entraves processuais, já eram há muito aplicadas no processo do trabalho e com maior eficácia.

E cumpre repetir: não se diga que tal postura de negar a aplicação do CPC é ilegal porque, afinal, o art. 769 da CLT é lei e se sobrepõe, por aplicação das normas e princípios de teoria geral do direito, ao art. 15 do novo CPC.

6. IMPLICAÇÕES DO POSTULADO TEÓRICO

Para facilitar a compreensão, o que se está tentando dizer é que se o juiz do trabalho quiser aplicar algum dispositivo do novo CPC, para uma melhor realização dos objetivos do processo do trabalho, poderá fazê-lo, mas deverá, primeiro, compreender que mesmo neste caso não estará aplicando o processo civil e sim o processo do trabalho, e, segundo, precisará justificar sua posição, demonstrando como a aplicação pretendida é compatível com o processo do trabalho e como se presta a melhorar a prestação jurisdicional, assumindo, por óbvio, a responsabilidade da conseqüência do ato, que, inversamente do imaginado, vier a piorar a sua atuação, comparada com a de outros juízes que não admitiram a mesma transposição, sendo certo que não poderá dizer que a procedeu porque estava obrigado.

Como conseqüência do pressuposto teórico proposto, não haverá para a parte o direito de exigir do juiz a adoção de algum procedimento do novo CPC baseado apenas no argumento de existir a previsão no CPC ou mesmo de que outros juízes do trabalho o tenham aplicado. Para esse convencimento, também a parte deve demonstrar como a norma contribuiria para uma maior eficácia dos objetivos fundamentais do processo do trabalho.

Dentro da linha apresentada, aliás, o juiz do trabalho, mesmo visualizando uma utilidade na aplicação da norma do CPC não precisa fazer o transpasse, bastando-lhe, por força do contido no art. 765 da CLT, fixar um procedimento análogo, cabendo lembrar, a propósito, que vários dos avanços experimentados pelo processo civil nas últimas décadas, tanto em termos legislativos quanto doutrinários, advieram de práticas processuais trabalhistas adotadas em diversas Varas do Trabalho ou desenvolvidos em textos acadêmicos de processualistas da área do trabalho, sendo que tal cópia nunca foi assumida.

De fato, a vivência concreta do processo do trabalho e mesmo os ensaios doutrinários processuais trabalhistas, ainda que tenham sido fontes de inspiração para muitas evoluções do processo civil, nunca foram reverenciados ou sequer mencionados pelos civilistas, com raras exceções. Vide, neste sentido, Ada Pellegrini Grinover, que, em 1978, já alertava sobre a necessidade de se adotarem no processo civil muitas das inovações do processo do trabalho:

> As características mais marcantes do processo trabalhista tendem, por outro lado, a impregnar o processo comum, permitindo-lhe alcançar um maior grau de democratização, de oralidade, moralidade e publicização, em obediência aos princípios informativos do processo (....). Com efeito, o processo trabalhista é permeado pela **celeridade** (concentração de atos, simplificação das formas e limitação dos recursos...); pela **economia** (máximo de rendimento com o mínimo de esforço); pela **eficácia** (justiça real, corrigindo as desigualdades substanciais). Um alto grau de **oralidade** (com seus corolários: a imediação, a concentração e a irrecorribilidade das interlocutórias), a aplicação da eqüidade (com a extensão e a revisão das sentenças próprias do juízo determinativo), o **tecnismo e a especialização**, a possibilidade de **julgamento "extra petita"** (reintegração do funcionário estável), o **foro de eleição** para a parte mais fraca, a **conciliação**, os **efeitos da revelia** e tantos outros princípios tendem, cada vez mais acentuadamente, a ser transpostos para o processo comum.[6] – grifou-se

Assim, o juiz do trabalho pode, por exemplo, atrair para o processo do trabalho o princípio da atuação de ofício do juiz nas tutelas de urgência, já que nenhum artigo do novo CPC exige iniciativa da parte para que tal providência seja tomada, assim como também a noção, que se extrai do conjunto normativo contido no NCPC, da realização de inspeções judiciais sem comunicação prévia das partes, mas sem a necessidade de explicitar os artigos do CPC em que se baseia.

Pode, também, para rechaçar os retrocessos do novo CPC, manter alguns parâmetros regulatórios do antigo CPC, como o da multa do art. 475-J e da antecipação da tutela tratada no art. 273, vez que já integrados ao processo do trabalho como normas consuetudinárias, sendo que, no fundo, sequer precisa de toda essa construção argumentativa em razão do que dispõem os artigos 652, "d"[7], e 832, § 1º[8], da CLT, além do já citado artigo 675, que permitem, inclusive,

---

6   GRINOVER, Ada Pellegrini. *Processo Trabalhista e Processo Comum*. Revista de Direito do Trabalho, n. 15. São Paulo, RT, 1978, p. 92.

7   "Art. 652 - Compete às Juntas de Conciliação e Julgamento:
d) impor multas e demais penalidades relativas aos atos de sua competência."

8   "Art. 832 - Da decisão deverão constar o nome das partes, o resumo do pedido e da defesa, a apreciação das provas, os fundamentos da decisão e a respectiva conclusão.
§ 1º - Quando a decisão concluir pela procedência do pedido, determinará o prazo e as condições para o seu cumprimento."

a fixação de "astreintes" em sentença, para garantir a sua eficácia, conforme já destacava Vicente José Malheiros da Fonseca, em 1988[9].

Verifique-se, a propósito, o quanto o conteúdo da sentença trabalhista, fixado no artigo 832, difere da previsão, impossível de ser cumprida, do art 489, do NCPC.

Vários foram os anos de história de vivência do processo do trabalho sem uma incidência necessária do CPC e com os juízes do trabalho atuando criativamente para buscarem procedimentos pertinentes às peculiaridades dos conflitos submetidos à sua apreciação. Poderia, aliás, nesse passo, ficar aqui citando inúmeros casos de atuação procedimental jurisprudencial, que, no fundo, refletem uma somatória das iniciativas de diversos juízes do trabalho, procurando a superação de obstáculos concretos à efetividade da prestação jurisdicional. No entanto, como o objetivo desse texto é o da fixação de fundamento teórico, a narração seria mais uma curiosidade do que um reforço argumentativo.

7. CONCLUSÃO

Insista-se, portanto, na essência do tema, que é o de que a centralidade da análise deve partir da racionalidade do processo do trabalho, pensado dentro da linha de interesses específicos da Justiça do Trabalho. Não cabe, pois, buscar compreensões tomando como ponto de partida a lógica do processo civil e seus postulados.

Dentro desse contexto, vale reforçar a noção de que nenhuma parte, sobretudo na condição de reclamada, tem o direito de tentar impor ao juiz do trabalho um procedimento fixado no novo CPC, que venha a servir apenas ao propósito de postergar o andamento do processo ou de extrair-lhe a efetividade. E repare-se que muitos processualistas civis, para tentar romper as barreiras que os juízes do trabalho estão oferecendo ao novo CPC, compreendendo os riscos do momento histórico, já estão dizendo que o novo CPC, por imposição do seu art. 15, não é simplesmente aplicável de forma subsidiária aos demais processos. Visualizando o novo CPC como o centro da racionalidade de todos os processos, inclusive o do trabalho, apontam seu caráter de supletividade com relação aos demais, tentando fazer com que as normas do novo CPC sejam obrigatoriamente aplicadas aos demais processos, autorizando a incidência das normas dos processos "especiais" apenas quando não contrariarem os fundamentos do novo CPC e este não regular, expressamente, a hipótese. Vejam, pois, como diria Machado de Assis, a sutileza dos marotos...

---

9 FONSECA, José Vicente Malheiros da. *Eficácia da sentença: "astreintes". Multa diária por atraso de pagamento de direitos reconhecidos em sentença*. Revista LTr, vol. 52, n. 9, setembro de 1988, p. 1.060.

Enfim, é preciso rejeitar a fragilidade dos argumentos baseados em suposta ponderação ou razoabilidade que trazem consigo os pressupostos de que a aplicação de artigos do CPC ao processo do trabalho é obrigatória e de que a rejeição da aplicação de regras do CPC precisa ser fundamentada e somente acatada excepcionalmente. O artigo 769 da CLT, entendido como norma de proteção do processo do trabalho, vai em sentido diametralmente oposto, recusando a aplicação da totalidade dos dispositivos do CPC e impondo ao juiz que queira convidar algumas previsões normativas do CPC, para incrementar o procedimento trabalhista, a obrigação de justificar sua posição a partir da demonstração de como a atração requerida pode melhorar a prestação jurisdicional, sendo que na situação presente, de incompatibilidade de fundamentos entre o novo CPC e o processo do trabalho, que gera, de fato, um conflito incontornável, a posição que me parece mais lógica, racional, coerente e honesta é a da rejeição plena do novo CPC[10], suprindo-se as eventuais lacunas por aplicação criativa e responsável do art. 765 da CLT, até porque a radicalidade contida expressamente no art. 769 da CLT mostra-se, no presente momento, essencial para a salvaguarda da Justiça do Trabalho, do juiz social e, consequentemente, dos direitos trabalhistas.

São Paulo, 15 de agosto de 2015.

---

10   Até porque é de se duvidar que mesmo os juízes cíveis acatarão por inteiro, sem qualquer adaptação e maleabilidade, o referido Diploma, pois se o fizerem o efeito poderá ser o do travamento pleno da jurisdição.

Parte II

NORMAS FUNDAMENTAIS DO PROCESSO CIVIL

Capítulo 4

PRINCÍPIOS JURÍDICOS FUNDAMENTAIS DO NOVO CÓDIGO DE PROCESSO CIVIL E SEUS REFLEXOS NO PROCESSO DO TRABALHO

Carlos Henrique Bezerra Leite[1]

SUMÁRIO: 1. O PARADIGMA DO ESTADO DEMOCRÁTICO DE DIREITO E SUAS REPERCUSSÕES NA CIÊNCIA JURÍDICA; 2. A CONSTITUCIONALIZAÇÃO DO PROCESSO; 3. NOVO CONCEITO DE PRINCÍPIOS JURÍDICOS; 4. FUNÇÕES DOS PRINCÍPIOS CONSTITUCIONAIS FUNDAMENTAIS; 5. HERMENÊUTICA PRINCIPIOLÓGICA DO NOVO CPC; 6. HETEROINTEGRAÇÃO DOS SISTEMAS PROCESSUAIS POR MEIO DOS PRINCÍPIOS CONSTITUCIONAIS E INFRACONSTITUCIONAIS; 7. PRINCÍPIOS FUNDAMENTAIS DO PROCESSO; 8. PRINCÍPIOS ESPECÍFICOS DO PROCESSO CIVIL; 9. APLICAÇÃO DOS PRINCÍPIOS DO CPC NO PROCESSO DO TRABALHO.

1. O PARADIGMA DO ESTADO DEMOCRÁTICO DE DIREITO E SUAS REPERCUSSÕES NA CIÊNCIA JURÍDICA

Depois de diversos momentos históricos de colonização, coronelização, liberalismo e sucessivas ditaduras políticas, em que o juiz nada mais seria do que a "boca da lei", estamos vivenciando o *Estado Democrático de Direito*, também chamado de *Estado Constitucional*, *Estado Pós-Social* ou *Estado Pós-Moderno*, cujos fundamentos residem não apenas na proteção e efetivação dos direitos humanos (ou fundamentais) de *primeira dimensão* (direitos civis e políticos) e *segunda dimensão* (direitos sociais, econômicos e culturais), como também dos *direitos de terceira dimensão* (direitos ou interesses difusos, coletivos e individuais homogêneos).

Podemos dizer, portanto, que o *Estado Democrático de Direito* tem como princípio estruturante a dignidade da pessoa humana, ladeado pelos princípios da liberdade, igualdade e solidariedade. Vale dizer, a dignidade da pessoa humana passa a ser o epicentro de todo o sistema político, jurídico, econômico e social. Para propiciar a máxima efetividade desses princípios, a Constituição elegeu alguns objetivos fundamentais que devem ser implementados não apenas

---

[1] Doutor e Mestre em Direito (PUC/SP). Professor de Direito Processual do Trabalho e Direitos Metaindividuais da Faculdade de Direito de Vitória-FDV. Titular da Cadeira 44 da Academia Brasileira de Direito do Trabalho. Desembargador do TRT/ES. Ex-Procurador Regional do Ministério Público do Trabalho.

pelo Estado, como também pela sociedade e por todos os cidadãos e cidadãs, como a construção de uma sociedade mais livre, justa e solidária, a correção das desigualdades sociais e regionais, a promoção do bem-estar e justiça sociais para todas as pessoas sem quaisquer espécies de preconceitos, o desenvolvimento socioambiental, a paz e a democracia.

Na verdade, o principal objetivo do Estado Democrático de Direito não é apenas justificar os direitos civis, políticos, sociais e metaindividuais como direitos humanos e fundamentais, como também garanti-los. Daí a importância do Poder Judiciário (e do processo) na promoção da defesa dos direitos fundamentais e da inclusão social, especialmente por meio do controle judicial de políticas públicas.

Afinal, se o nosso tempo é marcado por uma sociedade de massa, profundamente desigual e contraditória, então as lesões aos direitos humanos, notadamente os de ordem social, alcançam dezenas, centenas, milhares ou milhões de cidadãos. São lesões de massa (macrolesões) que exigem um novo comportamento dos atores jurídicos em geral e do juiz em particular, voltado para tornar efetivos os interesses difusos, coletivos e individuais homogêneos, cujos conceitos são extraídos do CDC (art. 81, parágrafo único), verdadeiro código de acesso à justiça na pós-modernidade.

A "jurisdição justa" passa, então, a ser a gênese do sistema pós-moderno de acesso individual e coletivo à justiça (CF, art. 5º, XXXV), em função do que o Judiciário torna-se o Poder mais importante na "era dos direitos". A principal luta do povo não é mais a criação de novas leis, e sim a manutenção dos direitos. Na verdade, a luta é por democracia e direitos.

2. A CONSTITUCIONALIZAÇÃO DO PROCESSO

O Processo, no *Estado Democrático de Direito*, passa a ser compreendido a partir dos princípios e objetivos fundamentais (CF, arts. 1º, 3º e 4º), bem como pelos princípios processuais de acesso à justiça insculpidos no Título II ("Dos Direitos e Garantias Fundamentais"), Capítulo I ("Dos Direitos e Deveres Individuais e Coletivos"), especialmente os princípios da inafastabilidade da jurisdição (CF, art. 5º, XXXV), do devido processo legal (*idem*, incisos LIV e LV), da ampla defesa (autor e réu) e contraditório e o da duração razoável do processo (*idem*, inciso LXXVIII).

Trata-se do fenômeno conhecido como **constitucionalização do processo**, o qual, como lembra Cassio Scarpinella Bueno:

> convida o estudioso do direito processual civil (e do trabalho, acrescentamos) a lidar com métodos hermenêuticos diversos – a filtragem constitucional de que tanto falam alguns constitucionalistas – tomando consciência de que a interpretação do direito é *valorativa* e que o processo, como mé-

todo de atuação do Estado, não tem como deixar de ser, em igual medida, valorativo, até como forma de realizar adequadamente aqueles *valores*: no e pelo processo. A dificuldade reside em identificar adequadamente estes *valores* e estabelecer parâmetros os mais objetivos possíveis para que a interpretação e aplicação do direito não se tornem aleatórias, arbitrárias ou subjetivas. A neutralidade científica de outrora não pode, a qualquer título, ser aceita nos dias atuais.[2]

A **constitucionalização do processo,** que tem por escopo a **adequação, tempestividade e efetividade do acesso** individual e coletivo ao Poder Judiciário brasileiro, possui algumas características[3], como:

- a **inversão dos papéis da lei e da CF,** pois a legislação deve ser compreendida a partir dos princípios constitucionais de justiça e dos direitos fundamentais;

- o **novo conceito de princípios jurídicos**, uma vez que os princípios jurídicos, especialmente os que têm assento constitucional, passam a ser normas de introdução ao ordenamento jurídico, superando, assim, a posição de meras fontes subsidiárias como prevista na Lei de Introdução às Normas do Direito Brasileiro (art. 4º);

- os **novos métodos de prestação da tutela jurisdicional,** que impõem ao juiz o dever de interpretar a lei conforme a Constituição, de controlar a constitucionalidade da lei, especialmente atribuindo-lhe novo sentido para evitar a declaração de inconstitucionalidade, e de suprir a omissão legal que impede a proteção de um direito fundamental;

- a **coletivização do processo** por meio de instrumentos judiciais para proteção do meio ambiente, patrimônio público e social e outros interesses metaindividuais (difusos, coletivos e individuais homogêneos dos trabalhadores, aposentados, mulheres, negros, pobres, crianças, adolescentes, consumidores etc.), como a ação civil pública, o mandado de segurança coletivo, a ação popular, o mandado de injunção coletivo;

- a **ampliação da legitimação** *ad causam* para promoção das ações coletivas reconhecida ao Ministério Público, aos corpos intermediários (associações civis, sindicais etc.) e ao próprio Estado (e suas descentralizações administrativas);

- a **ampliação dos efeitos da coisa julgada** (*erga omnes* ou *ultra pars*) e sua relativização *secundum eventum litis* (segundo o resultado da demanda) para não prejudicar os direitos individuais;

- o **ativismo judicial** (CF, art. 5º, XXXV; CDC, art. 84; LACP, art. 12; CPC, arts. 273 e 461);

- a **supremacia das tutelas alusivas à dignidade humana e aos direitos da personalidade** sobre os direitos de propriedade, o que permite, inclu-

---

2 BUENO, Cassio Scarpinella. *Curso sistematizado de direito processual civil: teoria geral do direito processual civil*. São Paulo: Saraiva, 2007. v. 1, p. 71.
3 LEITE, Carlos Henrique Bezerra. *Curso de direito processual do trabalho*. 13. ed. São Paulo: Sariava, 2015, passim.

sive, tutelas inibitórias ou específicas, além de tutelas ressarcitórias nos casos de danos morais individuais e coletivos;

• a possibilidade de **controle judicial de políticas públicas**, conforme previsto no art. 2º do Pacto Internacional de Direitos Econômicos, Sociais e Culturais — PIDESC, ratificado pelo Brasil em 1992.

Em suma, no Estado Democrático de Direito, o processo pode ser definido como o "direito constitucional aplicado", na feliz expressão de Carlos Alberto Alvaro de Oliveira,[4] enquanto o acesso à justiça passa a ser, a um só tempo, em nosso ordenamento jurídico, princípio de direito constitucional processual, bem como direito humano e direito fundamental.

É *direito humano*, porque é previsto em tratados internacionais de direitos humanos e tem por objeto a dignidade, a liberdade, a igualdade e a solidariedade entre todos os seres humanos, independentemente de origem, raça, cor, sexo, crença, religião, orientação sexual, idade ou estado civil.

Com efeito, o art. 8º da Declaração Universal dos Direitos Humanos, de 1948, dispõe textualmente: "Toda a pessoa tem direito a recurso efetivo para as jurisdições nacionais competentes contra os atos que violem os direitos fundamentais reconhecidos pela Constituição ou pela Lei."

O acesso à justiça é, também, *direito fundamental*, porquanto catalogado no elenco dos direitos e deveres individuais e coletivos constantes do Título II da Constituição da República de 1988, cujo art. 5º, inciso XXXV, prescreve que a "lei não excluirá da apreciação do Poder Judiciário lesão ou ameaça a direito".

3. NOVO CONCEITO DE PRINCÍPIOS JURÍDICOS

A coerência interna de um sistema jurídico decorre dos princípios sobre os quais se organiza. Para operacionalizar o funcionamento desse sistema, torna-se necessária a subdivisão dos princípios jurídicos. Extraem-se, assim, os princípios gerais e os princípios especiais, conforme a natureza de cada subdivisão.

Debruçando-nos, por exemplo, sobre o direito processual e o direito processual civil, verificaremos que o direito processual possui seus princípios gerais, e o direito processual civil, que é um dos seus ramos, possui princípios especiais.

A harmonização do sistema ocorre porque os princípios especiais ou estão de acordo com os princípios gerais ou funcionam como exceção. Nessa ordem, as normas, regras, princípios especiais e princípios gerais seguem a mesma linha de raciocínio, com coerência lógica entre si.

Além da coerência lógica, deve haver uma coerência teleológica entre os princípios que compõem o sistema, consentânea com determinados fins polí-

---

4   OLIVEIRA, Carlos Alberto Alvaro de. *Do formalismo no processo civil*. São Paulo: Saraiva, 2003, passim.

ticos, filosóficos, éticos e sociológicos. Com isso, as normas assumem, no sistema, um caráter instrumental na busca de determinados valores idealizados pela sociedade.

Com efeito, a norma-ápice do ordenamento jurídico pátrio, logo no seu Título I, confere aos princípios o caráter de autênticas normas constitucionais. Vale dizer, já não há mais razão para a velha discussão sobre a posição dos princípios entre as fontes do direito, porquanto os princípios fundamentais inscritos na Constituição Federal passaram a ostentar a categoria de fontes normativas primárias do nosso sistema jurídico e político.

Daí a importância de um novo conceito de princípio jurídico, para além da posição de meras fontes subsidiárias integrativas que ocupavam no paradigma do Estado liberal que influenciou a edição da LICC (Decreto-lei 4.657, de 04.09.1942)[5], utilizada para interpretar e aplicar as normas do Código Civil de 1916, já que os princípios, notadamente os previstos, explícita ou implicitamente, no Texto Constitucional são as normas jurídicas mais importantes do ordenamento jurídico brasileiro.

O jusfilósofo Norberto Bobbio ressalta a importância dos princípios como fator determinante para a completude do ordenamento jurídico. Segundo esse notável mestre peninsular, os princípios gerais são

> normas fundamentais ou generalíssimas do sistema, as normas mais gerais. A palavra *princípios* leva a engano, tanto que é velha questão entre os juristas se os princípios gerais são normas. Para mim não há dúvida: os princípios gerais são normas como todas as outras. E esta é também a tese sustentada por *Crisafulli*. Para sustentar que os princípios gerais são normas, os argumentos são dois, e ambos válidos: antes de mais nada, se são normas aquelas das quais os princípios gerais são extraídos, através de um procedimento de generalização sucessiva, não se vê por que não devam ser normas também eles: se abstraio da espécie animal obtenho sempre animais, e não flores ou estrelas. Em segundo lugar, a função para a qual são extraídos e empregados é a mesma cumprida por todas as normas, isto é, a função de regular um caso. E com que finalidade são extraídos em caso de lacuna? Para regular um comportamento não regulamentado: mas então servem ao mesmo escopo a que servem as normas expressas. E por que não deveriam ser normas?[6]

É dizer, os princípios, assim como as regras, são normas jurídicas, razão pela qual a violação a quaisquer dessas espécies normativas implica a invalidação do ato correspondente. Mas em função da posição que ocupam os princípios no Estado Democrático de Direito podemos inferir que desrespeitar um princípio,

---

5 Por força da Lei nº 12.376, de 2010, o título, ou melhor, o apelido da Lei de Introdução ao Código Civil - LICC foi alterado para "Lei de Introdução às Normas do Direito Brasileiro" - LINDB. O conteúdo dos artigos que compõem o corpo da antiga LICC, porém, ficaram inalterados, ou seja, os princípios gerais de direito continuaram ocupando a posição de simples técnicas de colmatação de lacunas, e não de fontes primárias do Direito Brasileiro.

6 BOBBIO, Norberto. *Teoria do ordenamento jurídico*. 10. ed. Brasília: Editora UnB, 1997, p. 158-159.

por implicar ameaça a toda estrutura de um sistema, é muito mais grave do que transgredir uma regra.

4. FUNÇÕES DOS PRINCÍPIOS CONSTITUCIONAIS FUNDAMENTAIS

Do ponto de vista da dogmática tradicional, os princípios constitucionais fundamentais exercem *tríplice função* no ordenamento jurídico, a saber: informativa, interpretativa e normativa.

A **função informativa** é destinada ao legislador, inspirando a atividade legislativa em sintonia com os princípios e valores políticos, sociais, éticos e econômicos do ordenamento jurídico. Sob essa perspectiva, os princípios atuam com propósitos prospectivos, impondo sugestões para a adoção de formulações novas ou de regras jurídicas mais atualizadas, em sintonia com os anseios da sociedade e atendimento às justas reivindicações dos jurisdicionados.

A **função interpretativa** é destinada ao aplicador do direito, pois os princípios se prestam à compreensão dos significados e sentidos das normas que compõem o ordenamento jurídico. Entre os diversos métodos de interpretação oferecidos pela hermenêutica jurídica, os princípios podem desempenhar um importante papel na própria delimitação e escolha do método a ser adotado nos casos submetidos à decidibilidade.

A **função normativa**, também destinada ao aplicador do direito, decorre da constatação de que os princípios podem ser aplicados tanto de *forma direta*, isto é, na solução dos casos concretos mediante a derrogação de uma norma por um princípio, por exemplo, o princípio da norma mais favorável aos trabalhadores (CF, art. 7º, *caput*), quanto de *forma indireta*, por meio da integração do sistema nas hipóteses de lacuna (CPC, art. 128), como se dá, por exemplo, com a aplicação do princípio da preclusão no campo processual.

Não obstante a importância das referidas funções, cremos ser factível alinhar *outras importantes funções* que os princípios constitucionais fundamentais desempenham no ordenamento jurídico brasileiro:

- integram o direito positivo como normas fundamentais;
- ocupam o mais alto posto na escala normativa;
- são fontes formais primárias do direito (superação da LICC, art. 4º, que coloca os princípios gerais na posição de meras fontes subsidiárias nas hipóteses de lacunas do sistema);
- passam a ser normas de introdução ao ordenamento jurídico brasileiro;
- em caso de conflito entre princípio (justiça) e regra (lei), preferência para o primeiro;
- propiciam a atividade criativa (e vinculativa) do juiz, impedindo o dogma da neutralidade e os formalismos legalistas (supremacia dos valores superiores na interpretação do direito sobre o legalismo restrito);

- prestigiam a verdadeira segurança jurídica, pois a atividade legislativa e a judicante ficam vinculadas à observância dos princípios constitucionais fundamentais;

- vinculam todos os Poderes (Executivo, Legislativo e Judiciário): judicialização da política e politização da justiça (Judiciário);

- estabelecem a *função promocional do Ministério Público* (defesa do regime democrático e do ordenamento jurídico)

5. HERMENÊUTICA PRINCIPIOLÓGICA DO NOVO CPC

Demonstrando conhecer o novo papel dos princípios jurídicos, e em sintonia com a teoria da força normativa da Constituição (Konrad Hesse), o Título I do Novo CPC (PLS 166/2010) passa a adotar a mesma técnica redacional da Constituição Federal, já que o seu Livro I, Título I, Capítulo I, art. 1º, dispõe, *in verbis*:

"DOS PRINCÍPIOS E DAS GARANTIAS FUNDAMENTAIS DO PROCESSO CIVIL

Art. 1º O processo civil será ordenado, disciplinado e interpretado conforme os valores e os princípios fundamentais estabelecidos na Constituição da República Federativa do Brasil, observando-se as disposições deste Código".

É inegável que o Novo CPC adota como premissa ideológica o paradigma do Estado Democrático de Direito e como inspiração hermenêutica o pós-positivismo, sendo que este "não mais se reduz a regras legais, senão, e, principalmente, compõe-se de princípios maiores que representam o centro de gravidade de todo o sistema jurídico".[7]

Em rigor, tal artigo art. 1º, no atual estágio de constitucionalização do direito em geral, e do direito processual em particular, sequer seria necessário, mas, ainda assim, parece-nos importante inseri-lo no frontispício do novo CPC para reafirmar, dogmaticamente, a supremacia da Constituição sobre as demais espécies normativas que compõem o sistema jurídico brasileiro.

E, nesse ponto, andou bem o Senado Federal, porquanto no Substitutivo da Câmara dos Deputados nº 8.046, de 2010, o referido art. 1º terá a seguinte redação: "O processo civil será ordenado e disciplinado conforme as normas deste Código".

Felizmente, redação final do art. 1º do PLS 166/2010, do Senado Federal foi aprovada na íntegra, pois reconhece expressamente a hierarquia dos valores e princípios constitucionais na interpretação e aplicação dos dispositivos do Novo CPC, o que, certamente, contribuirá para uma nova hermenêutica do processo e para a formação constitucional e humanística dos estudiosos e operadores do direito processual brasileiro, abarcando não apenas o direito processual

---

7   FUX, Luiz. O novo processo civil. In: FUX, Luiz (coord.) *O novo processo civil brasileiro: direito em expectativa*. Rio de Janeiro: Forense, 2011, p. 13.

civil como também, no que couber, o direito processual trabalhista, tributário, administrativo, penal etc.

6. HETEROINTEGRAÇÃO DOS SISTEMAS PROCESSUAIS POR MEIO DOS PRINCÍPIOS CONSTITUCIONAIS E INFRACONSTITUCIONAIS

De modo inovador, o art. 6º do Novo CPC reconhece literalmente a necessidade de heterointegração (diálogo das fontes) dos diversos sistemas e subsistemas que integram o ordenamento, porquanto determina que o juiz, ao aplicar a lei,

> atenderá aos fins sociais a que ela se dirige e às exigências do bem comum, observando sempre os princípios da dignidade da pessoa humana, da razoabilidade, da legalidade, da impessoalidade, da moralidade, da publicidade e da eficiência.

Vê-se que o preceptivo em causa promoveu, de forma inédita, a heterointegração das normas principiológicas previstas, explícita ou implicitamente, na Constituição (art. 1º, II; art. 37, *caput*) e na Lei de Introdução às Normas do Direito Brasileiro (art. 5º), como norte hermêutico para interpretação e aplicação do Novo CPC.

Vale dizer, o novo CPC, adotando o método hermenêutico concretizador da Constituição Federal, "erigiu normas *in procedendo* destinadas aos juízes, sinalizando que toda e qualquer decisão judicial deve perpassar pelos princípios plasmados no tecido constitucional e ínsitos ao sistema processual como forma de aproximar a decisão da ética e da legitimidade".[8]

7. PRINCÍPIOS FUNDAMENTAIS DO PROCESSO

Os princípios fundamentais do processo, também chamados de princípios gerais do processo, são os princípios "sobre os quais o sistema jurídico pode fazer opção, considerando aspectos políticos e ideológicos. Por essa razão, admitem que em contrário se oponham outros, de conteúdo diverso, dependendo do alvedrio do sistema que os está adotando".[9]

Nos termos do art. 8º do Novo CPC, são fundamentais os seguintes princípios: dignidade da pessoa humana, razoabilidade, legalidade, impessoalidade, moralidade, publicidade e eficiência. Vale dizer, todas as normas (princípios e regras) contidas no CPC devem ser interpretadas e aplicadas conforme os princípios fundamentais.

Plasma-se do citado art. 6º do Novo CPC que o legislador invocou princípios fundamentais da própria Constituição (dignidade da pessoa humana e razoa-

---

8   FUX, Luiz, op. cit., p. 14.
9   NERY JUNIOR, Nelson. *Princípios do processo civil na Constituição Federal*. 6. ed. São Paulo: Revista dos Tribunais, 2000, p. 29.

bilidade) e princípios específicos da Administração Pública (legalidade, impessoalidade, moralidade, publicidade e eficiência), de modo a considerar que a prestação jurisdicional passa a ser um serviço público.

Vale dizer, a prestação jurisdicional, por força do art. 6º do Novo CPC, passará definitivamente a integrar o âmbito da Administração Pública da Justiça, o que, certamente, vai influenciar no próprio conceito de jurisdição, uma vez que esta, além de ser função-dever-poder-atividade estatal de pacificar os conflitos sociais, passará a ser também um serviço público que deve ser prestado com arrimo nos princípios dispostos no art. 37, caput, da CF.

De tal arte, o magistrado, além das suas funções institucionais tradicionais voltadas à prestação jurisdicional, também deverá atuar como um verdadeiro administrador público, um autêntico gestor público dos processos sob sua responsabilidade. Para tanto, haverá necessidade de formação preparatória e continuada dos juízes, de modo a propiciar-lhes capacitação em gestão: a) de pessoas, a fim de que o "serviço público da justiça" seja prestado para promover a dignidade humana tanto dos jurisdicionados (partes, terceiros, advogados etc.) como também dos próprios servidores públicos do Judiciário e demais auxiliares judiciários; b) de processos, pois estes deverão ser ordenados, disciplinados e interpretados sob o enfoque dos princípios norteadores dos atos praticados pela Administração Pública, quais sejam os princípios da legalidade, moralidade, impessoalidade, publicidade e eficiência.

8. PRINCÍPIOS ESPECÍFICOS DO PROCESSO CIVIL

Além dos princípios fundamentais de direito constitucional processual, o Novo CPC consagra outros princípios específicos no seu Livro I, Título I, Capítulos I e II. Alguns desses princípios específicos também estão previstos no Texto Constitucional; outros têm residência no próprio Código.

O **princípio da demanda**, por exemplo, constante do art. 2º do Novo CPC, que já estava previsto no CPC de 1973, não está expressamente no Texto Constitucional, mas deste pode ser intuído no sentido de que a instauração de qualquer processo depende de iniciativa da parte, salvo exceções expressamente previstas em lei, como na hipótese da execução de ofício no processo do trabalho (CLT, art. 878).

O **princípio do acesso à justiça**, contemplado no art. 3º do Novo CPC, é inspirado no art. 5º, XXXV, da CF, segundo o qual: "Não se excluirá da apreciação jurisdicional ameaça ou lesão a direito". O acesso à justiça também abrange os meios alternativos, como a arbitragem, a conciliação e a mediação.

O **princípio da tempestividade da tutela jurisdicional**, que também emerge do art. 5º, LXXVIII, da CF, foi expressamente inserido no art. 4º do Novo

CPC, segundo o qual as "partes têm direito de obter em prazo razoável a solução integral da lide, incluída a atividade satisfativa".

O art. 6º do Novo CPC positiva explicitamente o **princípio da cooperação** ou colaboração, nos seguintes termos: "Todos os sujeitos do processo devem cooperar entre si para que se obtenha, em tempo razoável, decisão de mérito justa e efetiva".

O princípio da cooperação, a nosso sentir, encontra inspiração no **princípio** (objetivo) **fundamental da solidariedade** (CF, art. 3º, I), que tem por destinatários o Estado, a sociedade e o cidadão.

Outro princípio fundamental do processo civil é o da **igualdade processual** previsto no art. 7º do Novo CPC, segundo o qual: "

> É assegurada às partes paridade de tratamento em relação ao exercício de direitos e faculdades processuais, aos meios de defesa, aos ônus, aos deveres e à aplicação de sanções processuais, competindo ao juiz velar pelo efetivo contraditório.

O **princípio da probidade processual** encontra-se disposto nos arts. 5º e 79 a 81 do Novo CPC, assim como os princípios da **inalterabilidade da demanda** (art. 141), **instrumentalidade das formas** (art. 283), **eventualidade** (art. 337), **impugnação especificada** (art. 342), **busca da verdade real** e **livre convencimento motivado do juiz** (arts. 375 e 378) e o **princípio da preclusão** (arts. 63, § 4º, 104, 209, § 2º, 278, 293, 507, 1009).

Tais princípios, a rigor, já estavam contemplados no CPC de 1973 e suas sucessivas alterações, mas é importante salientar que eles adquirem nova dimensão, pois devem ser reinterpretados em sintonia com a nova hermenêutica constitucional do processo.

9. APLICAÇÃO DOS PRINCÍPIOS DO CPC NO PROCESSO DO TRABALHO

Os princípios do Novo CPC exercerão grande influência no processo do trabalho, seja pela nova dimensão e papel que exercem como fontes normativas primárias do ordenamento jurídico, seja pela necessidade de reconhecer o envelhecimento e inadequação de diversos preceitos normativos de direito processual contidos na CLT, o que exigirá do juslaboralista uma formação continuada e uma nova postura hermenêutica, de modo a reconhecer que o processo do trabalho nada mais é do que direito constitucional aplicado.

Não se propõe a aplicação desmedida dos princípios do Novo CPC nos sítios do processo do trabalho, especialmente nas ações oriundas da relação de emprego, mas um diálogo virtuoso entre estes dois importantes setores do edifício jurídico que passe, necessariamente, pela função precípua de ambos processos (civil e trabalhista): realizar os direitos fundamentais e a justiça social em nosso País, de forma adequada, tempestiva e efetiva.

Capítulo 5

O NOVO CÓDIGO DE PROCESSO CIVIL E O PRINCÍPIO DA DURAÇÃO RAZOÁVEL DO PROCESSO

Mauro Schiavi[1]

SUMÁRIO: 1. BREVE CONCEITO E FUNÇÕES DOS PRINCÍPIOS; 2. DO DIREITO CONSTITUCIONAL PROCESSUAL; 3. IMPACTOS DO PRINCÍPIO DA DURAÇÃO RAZOÁVEL DO PROCESSO NAS ESFERAS CIVIL E TRABALHISTA.

1. BREVE CONCEITO E FUNÇÕES DOS PRINCÍPIOS

Na clássica definição de Celso Antonio Bandeira de Mello, princípio "é, por definição, mandamento nuclear de um sistema, verdadeiro alicerce dele, disposição fundamental que se irradia sobre diferentes normas, compondo-lhe o espírito e servindo de critério para sua exata compreensão e inteligência, exatamente por definir a lógica e a racionalidade do sistema normativo, no que lhe confere a tônica e lhe dá sentido harmônico".[2]

Segundo a doutrina clássica, os princípios têm quatro funções básicas, quais sejam: (a) inspiradora do legislador; (b) interpretativa; (c) suprimento de lacunas; (d) sistematização do ordenamento, dando suporte a todas as normas jurídicas e possibilitando o equilíbrio do sistema.

Os princípios costumam inspirar o legislador na criação de normas (função inspiradora). Muitos princípios, hoje, estão positivados na lei.

Na função interpretativa, os princípios ganham especial destaque, pois eles norteiam a atividade do intérprete na busca da real finalidade da lei, inclusive se ela está de acordo com os princípios constitucionais. Segundo a doutrina, violar um princípio é muito mais grave do que violar uma norma, pois é desconsiderar todo o sistema de normas.

Os princípios também são destinados ao preenchimento de lacunas na legislação processual. Há lacuna quando a lei não disciplina determinada matéria.

---

1 Mauro Schiavi é Juiz Titular da 19ª Vara do Trabalho de São Paulo. Mestre e Doutor em Direito pela PUC/SP. Professor dos Cursos de Especialização da PUC/SP (Cogeae), Escola Paulista de Direito (EPD) e Escola Judicial do TRT da 2ª Região. Autor, dentre outros de Manual de Direito Processual do Trabalho. 8. ed. São Paulo: LTr.

2 *Curso de direito administrativo*. 8. ed. São Paulo: Malheiros, 1997. p. 573.

Desse modo, os princípios, ao lado da analogia, do costume, serão um instrumento destinado a suprir as omissões do ordenamento jurídico processual.

De outro lado, os princípios têm a função de sistematização do ordenamento processual trabalhista, dando-lhe suporte, sentido, harmonia e coerência.

Os princípios dão equilíbrio ao sistema jurídico, propiciando que este continue harmônico toda vez que há alteração de suas normas, bem como em razão das mudanças da sociedade.

Em países de tradição romano-germânica como o Brasil, há tradição positivista, com prevalência de normas oriundas da lei, com Constituição rígida, havendo pouco espaço para os princípios. Estes atuam, na tradição da legislação, de forma supletiva, para preenchimento das lacunas da legislação. Nesse sentido, destacam-se os arts. 4º da LINDB, 8º da CLT.

Não obstante, diante do Estado social, que inaugura um novo sistema jurídico, com a valorização do ser humano e a necessidade de implementação de direitos fundamentais para a garantia da dignidade humana, a rigidez do positivismo jurídico, paulatinamente, vai perdendo terreno para os princípios, que passam a ter caráter normativo, como as regras positivadas, e também passam a ter primazia sobre elas, muitas vezes sendo o fundamento das regras e outras vezes propiciando que elas sejam atualizadas e aplicadas à luz das necessidades sociais.

A partir do constitucionalismo social, que se inicia após a 2ª Guerra Mundial, os direitos humanos passam a figurar de forma mais contundente e visível nas Constituições de inúmeros países, entre os quais o Brasil. Esses direitos humanos, quando constantes do texto constitucional, adquirem o *status* de direitos fundamentais, exigindo uma nova postura do sistema jurídico, com primazia dos princípios.

Como bem advertiu José Joaquim Gomes Canotilho, "o direito do Estado de direito do século XIX e da primeira metade do século XX é o direito das regras dos códigos; o direito do Estado constitucional e de direito leva a sério os princípios, é o direito dos princípios [...] o tomar a sério os princípios implica uma mudança profunda na metódica de concretização do direito e, por conseguinte, na actividade jurisdicional dos juízes".[3]

Diante disso, há, na doutrina, tanto nacional como estrangeira, uma redefinição dos princípios, bem como suas funções no sistema jurídico. Modernamente, a doutrina tem atribuído caráter normativo dos princípios (*força normativa dos princípios*), vale dizer: os princípios são normas, atuando não só como fundamento das regras ou para suprimento da ausência legislativa, mas para ter eficácia no ordenamento jurídico como as regras positivadas.

Nesse sentido, a visão de Norberto Bobbio:

---

3   A principialização da jurisprudência através da Constituição. *RePro* 98/84. São Paulo: RT, 1998.

> "Os princípios gerais, a meu ver, são apenas normas fundamentais ou normas generalíssimas do sistema. O nome 'princípios' induz a erro, de tal forma que é antiga questão entre os juristas saber se os princípios gerais são normas. Para mim não resta dúvida: os princípios gerais são normas como todas as outras. E essa é também a tese sustentada pelo estudioso que se ocupou mais amplamente do problema Crisafulli. Para sustentar que os princípios gerais são normas, os argumentos são dois, e ambos válidos: em primeiro lugar, se são normas aquelas das quais os princípios gerais são extraídos, mediante um procedimento de generalização excessiva, não há motivo para que eles também não sejam normas: se abstraio de espécies animais, obtenho sempre animais e não flores e estrelas. Em segundo lugar, a função pela qual são extraídos e usados é igual àquela realizada por todas as normas, ou seja, a função de regular um caso. Com que objetivo são extraídos em caso de lacuna? Para regular um comportamento não regulado, é claro: mas então servem ao mesmo objetivo a que servem as normas expressas. E por que não deveriam ser normas?"[4]

Por isso, adotamos a teoria que enxerga os princípios, como diretrizes fundamentais, sistema com caráter normativo, podendo estar presentes nas regras ou não, de forma abstrata ou concreta no ordenamento jurídico, com a função de ser o fundamento do sistema jurídico e também mola propulsora de sua aplicação, interpretação, sistematização e atualização do sistema. De nossa parte, o caráter normativo dos princípios, conforme os estudos de *Bobbio*, *Alexy* e *Dworkin*, são inegáveis.

Não obstante, não pensamos serem os princípios absolutos, pois sempre que houver conflitos entre dois princípios na hipótese concreta, deve o intérprete guiar-se pela regra de ponderação, sacrificando um princípio em prol de outro que se encaixa com maior justiça, e efetividade ao caso concreto. De outro lado, os princípios têm prevalência sobre as regras.

2. DO DIREITO CONSTITUCIONAL PROCESSUAL

A partir do término da 2ª Guerra Mundial começa um processo denominado *constitucionalização do direito,* em que a legislação infraconstitucional passa a ser compreendida e analisada a partir da Constituição Federal. Muitos direitos que antes estavam apenas disciplinados em lei ordinária migraram para o texto constitucional, acarretando alargamento do espaço constitucional e restrição ao legislador infraconstitucional.

De outro lado, muitos direitos humanos, previstos em tratados internacionais, passaram a figurar no texto constitucional, adquirindo, segundo a doutrina, *status* de direitos fundamentais, que são oponíveis pela pessoa em face do Estado, cumprindo também a este promover e concretizar os direitos humanos.

---

4   *Teoria geral do direito*. 3. ed. Tradução de Denise Agostinetti. São Paulo: Martins Fontes, 2010. p. 309.

Já há reconhecimento, na doutrina e também na jurisprudência, da existência do *direito constitucional processual*,[5] que se compõe dos princípios e institutos fundamentais do Direito Processual, disciplinados na Constituição Federal, preponderantemente, em seu art. 5º, e também nos arts. 93 e ss. que traçam a estrutura do Poder Judiciário.

O *direito constitucional processual* irradia seus princípios e regras ao processo do trabalho. Desse modo, atualmente, os princípios e regras do Direito Processual do Trabalho devem ser lidos em compasso com os princípios constitucionais do processo, aplicando-se a hermenêutica da interpretação conforme a Constituição. Havendo, no caso concreto, choque entre um princípio do processo do trabalho previsto em norma infraconstitucional e um princípio constitucional do processo, prevalece este último.

Como bem adverte Eduardo Cambi:

> "A derrota dos regimes totalitários também evidenciou a necessidade de criação de mecanismos efetivos de controle da constituição, por intermédio do aperfeiçoamento, especialmente pelos institutos de direito processual, da jurisdição constitucional. Em um contexto mais amplo, o estudo concreto dos institutos processuais, a partir da constituição, inaugura uma nova disciplina denominada de *direito processual constitucional*. Está preocupada, de um lado, com a tutela constitucional do processo, a qual incluiu o direito de acesso à justiça (ou de ação e de defesa) e o direito ao processo (ou as garantias do devido processo legal), e, de outro lado, com a jurisdição constitucional."[6]

Os princípios constitucionais do processo constituem direitos fundamentais do cidadão, por constarem no rol do art. 5º que trata dos direitos individuais fundamentais (art. 60, § 4º, da CF) e são postulados básicos que irradiam efeitos em todos os ramos do processo, bem como norteiam toda a atividade jurisdicional. Tais princípios constituem o núcleo de todo o sistema processual brasileiro. Esses princípios orientam não só a aplicabilidade das regras do Direito Processual, mas também determinam a aplicação e interpretação das regras do Direito Processual previstas na lei infraconstitucional. Além disso, os princípios constitucionais processuais também impulsionam a atualização da legislação processual por meio de interpretação.

Diante do exposto, concluímos: (a) os princípios constitucionais do processo influenciam todos os ramos da ciência processual; (b) a interpretação da lei processual deve estar em compasso com os princípios constitucionais do processo; e (c) o Direito Processual do Trabalho, por ser um ramo da ciência processual, deve ser aplicado e interpretado à luz da Constituição Federal.

---

5   A presente expressão tem sido diferenciada pela doutrina da expressão *direito processual constitucional*, que se destina às normas que regem a jurisdição constitucional (controle concentrado da constitucionalidade).

6   *Neoconstitucionalismo e neoprocessualismo*. São Paulo: RT, 2009. p. 35.

Ratificando a tendência exposta acima, a redação do artigo 1º, do CPC, "in verbis":

> "O processo civil será ordenado, disciplinado e interpretado conforme os valores e as normas fundamentais estabelecidos na Constituição da República Federativa do Brasil, observando-se as disposições deste Código".

3. IMPACTOS DO PRINCÍPIO DA DURAÇÃO RAZOÁVEL DO PROCESSO NAS ESFERAS CIVIL E TRABALHISTA

Dispõe o artigo 4º, do CPC:

> **"As partes têm direito de obter em prazo razoável a solução integral do mérito, incluída a atividade satisfativa".**

O presente dispositivo repete o que consta no artigo 5º, LXXVIII, da Constituição Federal, destacando, de forma salutar, a atividade satisfativa, ou seja, a materialização do direito também em prazo razoável.

Assevera o art. 5º, inciso LXXVIII, da CF:

> "A todos, no âmbito judicial e administrativo, são assegurados a razoável duração do processo e os meios que garantam a celeridade de sua tramitação".

De outro lado, no referido artigo 4º, há menção há duas características importantes:

a) solução integral do mérito: Constitui direito fundamental da parte no processo, que todos os pedidos e requerimentos formulados sejam apreciados, tanto os do autor como os do réu, e, que sempre que possível, o Magistrado julgue o mérito da causa, evitando o máximo a extinção do processo sem resolução do mérito. A decisão prematura de extinção do processo sem resolução de mérito, quando possível a compreensão da controvérsia é frustrante para quem busca seu direito no Judiciário, provoca gasto desnecessário de dinheiro público na tramitação do processo, e não resolve o conflito.

b) atividade satisfativa: Quanto à atividade satisfativa, como direito fundamental processual da parte, o NCPC merece muitos elogios. A atividade satisfativa, que se manifesta, pelo cumprimento das decisões, que se dá, como regra geral, na fase executiva, é tão importante, ou mais, que as demais fases processuais, pois o direito reconhecido na decisão, só se materializa, quando o processo é capaz de entregar "o bem da vida" ao credor, que lhe pertence por direito.

Na verdade, a moderna doutrina, à luz dos princípios da efetividade processual, do acesso à justiça e, principalmente, do acesso a uma ordem jurídica justa, tem defendido a existência do *direito fundamental à tutela executiva*.

Trata-se de um direito fundamental do cidadão e também um dever do poder judiciário, à luz do devido processo legal, em promover a execução, utilizando-se dos meios razoáveis, de modo que a obrigação consagrada no título executivo seja satisfeita, entregando o bem da vida ao credor a quem pertence por direito.

Este Direito decorre do princípio constitucional do acesso substancial à justiça e à ordem jurídica justa, previstos no art. 5º, XXXV, da CF, que determina que o Estado não apenas declare o direito a quem o possui, mas também o materialize.

Sob outro enfoque, o direito fundamental à tutela executiva é efetivado quando o Poder Judiciário é capaz de entregar precisamente o bem da vida ao credor, que lhe pertence por direito, em prazo razoável, respeitando as garantias fundamentais do devedor.

Como destaca Marcelo Lima Guerra[7], o direito fundamental à tutela executiva exige um sistema de tutela jurisdicional, capaz de proporcionar pronta e integral satisfação a qualquer direito merecedor de tutela executiva. Significa: a) a interpretação das normas que regulamentam a tutela executiva tem de ser feita no sentido de extrair a maior efetividade possível; b) o juiz tem o poder-dever de deixar de aplicar uma norma que imponha uma restrição a um meio executivo, sempre que essa restrição não se justificar à luz da proporcionalidade, como forma de proteção a outro direito fundamental; c) o juiz tem o poder-dever de adotar os meios executivos que se revelem necessários à prestação integral de tutela executiva.

Retornando, especificamente, ao princípio da duração razoável do processo, se trata de princípio inserido como uma garantia fundamental processual a fim de que a decisão seja proferida em tempo razoável. Dizia *Carnelluti* que o tempo é um inimigo no processo, contra o qual o Juiz deve travar uma grande batalha. Para *Rui Barbosa, a justiça tardia é injustiça manifesta*.

Não se trata, apenas de regra apenas programática, ou de um regra que dependa de regulamentação e especificação por lei ordinária, mas sim de um princípio fundamental que deve nortear toda a atividade jurisdicional, seja na interpretação da legislação, seja para o próprio legislador ao editar normas. A eficácia deste princípio é imediata nos termos do § 1º do art. 5º da CF, não necessitando de lei regulamentadora.

A duração razoável do processo deve ser avaliada no caso concreto, segundo o volume de processos em cada órgão jurisdicional, a quantidade de funcionários, condições materiais e quantidade de magistrados. Não obstante, devem os Poderes Executivo e Legislativo aparelhar o Judiciário com recursos suficientes para que o princípio seja efetivado.

---

7 GUERRA, Marcelo Lima. *Direitos fundamentais e a proteção do credor na execução civil*. São Paulo: RT, 2003. p. 103-104.

Se no Direito Processual Civil, a tramitação célere dos processos é necessária e fundamental, no processo do trabalho, isso se potencializa em razão: a) natureza alimentar da maioria das verbas trabalhistas postuladas; b)hipossuficiência do trabalhador; c)justiça social. Nesse sentido é o artigo 765, da CLT, "in verbis":

> "Os Juízos e Tribunais do Trabalho terão ampla liberdade na direção do processo e velarão pelo andamento rápido das causas, podendo determinar qualquer diligência necessária ao esclarecimento delas".

De outro lado, o princípio da duração razoável deve estar em harmonia outros princípios constitucionais, também fundamentais, com os do contraditório, acesso à justiça, efetividade, e justiça do procedimento, buscando uma decisão justa e razoável do conflito. Por isso, a duração razoável do processo não pode ser justificativa para se encurtar o rito processual ou para que sejam indeferidas diligências probatórias pertinentes ao deslinde dso feito. Na verdade, o que se busca, segundo a doutrina, é um processo *sem dilações indevidas*, ou seja, que observe o contraditório, ampla defesa e o devido processo legal, mas que prime pela celeridade do procedimento, diminua a burocracia processual, elimine as diligências inúteis e esteja cada vez mais acessível ao cidadão.

Como bem adverte Fredie Didier Júnior[8]:

> "Não existe um *princípio da celeridade*. O processo não tem de ser rápido/célere: o processo *deve demorar o tempo necessário e adequado à solução do caso submetido ao órgão jurisdicional*. Bem pessadas as coisas, conquistou-se, ao longo da história, um direito à demora na solução dos conflitos. A partir do momento em que se reconhece a existência de um direito *fundamental ao devido processo*, está-se reconhecendo, implicitamente, o direito de que a solução do caso deve cumprir, necessariamente, a uma série de atos obrigatórios, que compõem o conteúdo mínimio desse direito. A exigência do contraditório, o direito à produção de provas e aos recurso certamente atravancam a celeridade, mas são garantias que não podem ser desconsideradas ou minimizadas. É preciso fazer o alerta, para evitar discursos autoritários, que pregam a celeridade como valor. Os processos da Inquisição poderiam ser rápidos. Não parece, porém, que se sinta saudade deles".

A duração razoável do processo, obrigatoriamente, deve observar:

a) complexidade da causa: Conforme a complexidade das demandas, a tramitação processual é mais longa, exigindo instrução mais detalhada, discussão de teses jurídicas e maior ponderação do órgão julgador. Por isso, os processos mais complexos, naturalmente têm tramitação e tempo mais dilatado para solução do que causas mais simples;

b) estrutura e quantidade de processos em cada Unidade Judiciária: Estima-se, atualmente, que existam aproximadamente 90 milhões de processo

---

8   Curso de Direito Processual Civil. Volume 1. 16ª Edição. Salvador: Editora Jus Podivm, 2014, p. 67.

no Judiciário Brasileiro. Nos grandes centros urbanos, não há estrutura adequada para dar vazão a essa demanda. Além disso, para toda demanda há um procedimento que deve ser seguido na Lei Processual, a fim de que o processo possa ser justo e democrático. A tramitação e a decisão do processo envolvem todo um trabalho quase artesanal, tanto dos advogados como do Juiz da causa.

A estrutura do Judiciário Brasileiro não é adequada para absolver todas as demandas que chegam e crescem a cada dia. Faltam prédios adequados, juízes, funcionários. Por isso, a melhoria da estrutura, principalmente o aumento do quadro funcional é medida de urgência.

c) comportamento das partes no Processo: O comportamento das partes no processo é fundamental para a solução rápida do conflito. Quanto à coloboração das partes, principalmente honestidade e boa-fé nas alegações, nos pedidos, e nas teses defensivas, produção das provas, o processo se resolve com maior brevidade e a decisão, potencialmente, revelará, maior justiça e realidade.

De outro lado, também há necessidade de que sejam apefeiçoados os sistemas de solução de conflitos de massa, aprimorando-se e impulsionando as ações coletivas, tanto para a defesa de direitos difusos, coletivos e individuais homogêneos, tanto no processo civil como no processo do trabalho. O sitema de solução individual para conflitos de massa está superado.

Como bem advertiu a Ministra Cármen Lúcia, em entrevista à Revista Veja[9]:

"Temos um Judiciário artesanal para uma sociedade de massa. Depois da Constituição de 1988, o brasileiro passou a buscar o seu direito, o que é um fenômeno próprio da democracia. Mas hoje a litigiosidade da sociedade brasileira é das maiores do mundo. São 85 milhões de processos para 200 milhões de habitantes e 18.000 juízes. Até os juizados especiais para causa de menor valor perderam agilidade".

Sob outro enfoque, o Juiz como condutor do processo deve sempre ter em mente que este deve tramitar em prazo compatível com a efetividade do direito de quem postula e buscar novos caminhos e interpretação da lei no sentido de materializar este mandamento constitucional. Em razão disso, atualmente, a moderna doutrina vem defendendo um diálogo maior entre o Processo do Trabalho e o Processo Civil, a fim de buscar, por meio de interpretação sistemática e teleológica, os benefícios obtidos na legislação processual civil e aplicá-los ao Processo do Trabalho. Não pode o Juiz do Trabalho fechar os olhos para normas de direito processual civil mais efetivas que a CLT, e omitir-se sob o argumento de que a legislação processual do trabalho não é omissa, pois estão em jogo interesses muito maiores que a aplicação da legislação processual trabalhista e sim a importância do direito processual do trabalho, como sendo um instru-

---

9 "Temos de ter pressa"; In: Revista Veja. Edição 2391 – ano 47 – n. 38. São Paulo: Abril, 2014, p. 18

mento célere, efetivo, confiável, que garanta, acima de tudo, a efetividade da legislação processual trabalhista e a dignidade da pessoa humana.

Como bem advertiu José Carlos Barbosa Moreira[10]: "(...)de vez em quando, o processualista deve deixar de lado a lupa com que perscruta os refolhos de seus pergaminhos e lançar à sua volta um olhar desanuviado. O que se passa cá fora, na vida da comunidade, importa incomparavelmente mais do que aquilo que lhe pode proporcionar a visão de especialista. E, afinal de contas, todo o labor realizado no gabinete, por profundo que seja, pouco valerá se nenhuma repercusssão externa vier a ter (...)O processo existe para a sociedade, e não a sociedade para o processo".

É bem verdade que o tempo do processo não traz efeitos apenas negativos, há aspectos positivos em alguns casos, como o amadurecimento da causa e das partes para uma solução justa ou consensual do conflito. Entretanto, na maioria das vezes, o tempo é nocivo à efetividade da jurisdição.

Em muitos anos de militância na Justiça do Trabalho constatamos que a maior reclamação dos jurisdicionados é a demora do processo. O tempo sempre prejudica a parte que tem razão. De outro lado, a angústia da demora da decisão, muitas vezes, é pior que uma decisão desfavorável, mas que solucione o conflito.

Muitos são os fatores que contribuem para a demora na solução dos processos trabalhistas no aspectos recursal, quais sejam:

a) litigiosidade intensa dos conflitos trabalhistas;
b) inexistência que mecanismos preservem os empregos;
c) falta de credibilidade e efetividades dos instrumentos extrajudiciais de solução dos conflitos trabalhistas;
d) instabilidade econômica do país;
e) cultura do recurso;
f) falta de prestígio da decisão de primeiro grau, o que para muitos tem sido apenas um rito de passagem do processo;
g) falta de estrutura dos tribunais para dar vazão ao número excessivo de recursos;
h) excesso de leis;
i) oscilação frequente da jurisprudência trabalhista.

Por outro lado, a implementação concreta do princípio da duração razoável do processo, principalmente, na esfera processual trabalhista, dependente de um conjunto de medidas, não só dos Poderes Públicos, mas de todos que atuem no processo,quais sejam:

---

10 O juiz e a cultura da transgressão. Revista Jurídica, v. 267, jan/2000 p. 12.

a) *Poder legislativo:* aprovando projetos de lei que simplifiquem o procedimento e melhorem a estrutura do poder judiciário;

b) *Poder Judiciário:* melhorar a organização administrativa, evitando o chamado tempo morto do processo, em que ele fica aguardando a prática de atos processuais. Interpretação e aplicação justa da lei processual em compasso com as circunstâncias do caso concreto. Além disso, há necessidade de melhor capacitação dos servidores, e aperfeiçoamento do plano de carreira;

c) *Poder executivo:* colaborando para a fixação de um orçamento adequado às necessidades do Judiciário para melhoria de suas instalações e material humano.

d) *Mudança cultural:* vivemos, hoje, a tradição de litigar, arraigada em nosso país por razões culturais. Há necessidade premente de colaboração e mudança de mentalidade de todos que atuam no processo, principalmente os advogados que devem buscar, sempre que for possível, uma solução consensual para o conflito, sem a necessidade de decisão judicial.

Nesse aspecto, merece muitos aplausos o artigo 165 do CPC que impulsiona a criação de órgão de mediação e conciliação dos conflitos dentro do próprio judiciário. Dispõe o referido dispositivo:

> "Os tribunais criarão centros judiciários de solução consensual de conflitos, responsáveis pela realização de sessões e audiências de conciliação e mediação e pelo desenvolvimento de programas destinados a auxiliar, orientar e estimular a autocomposição.
>
> § 1º A composição e a organização dos centros serão definidas pelo respectivo tribunal, observadas as normas do Conselho Nacional de Justiça.
>
> § 2º O conciliador, que atuará preferencialmente nos casos em que não houver vínculo anterior entre as partes, poderá sugerir soluções para o litígio, sendo vedada a utilização de qualquer tipo de constrangimento ou intimidação para que as partes conciliem.
>
> § 3º O mediador, que atuará preferencialmente nos casos em que houver vínculo anterior entre as partes, auxiliará aos interessados a compreender as questões e os interesses em conflito, de modo que eles possam, pelo restabelecimento da comunicação, identificar, por si próprios, soluções consensuais que gerem benefícios mútuos".

Caso a demora do processo seja atribuída ao próprio Poder Judiciário, a parte prejudicada poderá intentar ação indenizatória em face do Estado.

Se a demora do processo for provocada pelo réu, o autor poderá propor ação indenizatória em face dele, inclusive danos morais, por violação de um direito fundamental do cidadão que é a duração razoável do processo, a fim de proteção da dignidade da pessoa humana.

Como bem adverte José Rogério Cruz e Tucci[11], "é necessário, pois, que a morosidade, para ser reputada realmente inaceitável, decorra do comportamento doloso de um dos litigantes, ou, ainda, da inércia, pura e simples, do órgão jurisdicional encarregado de dirigir as diversas etapas do processo. É claro que a pletora de causas, o excesso de trabalho, não pode ser consideradao, neste particular, justificativa plausível para a lentidão da tutela jurisdicional".

Destaca Luiz Eduardo Gunther:

> "Ocorrendo a demora na prestação jurisdicional por medidas procrastinatórias tomadas pelos litigantes e seus procuradores, deve o juiz tomar as medidas necessárias para a responsabilização adequada. Existem as penas por litigância de má-fé, e, ainda, a possibilidade de encaminhamento de denúncia, se for o caso, ao tribunal da Ordem dos Advogados do Brasil (OAB), quando for perceptível a intenção do advogado de adiar o término do processo. Poderão considerar-se desrespeito à garantia da prestação jurisdicional em prazo razoável as 'situações em que o órgão jurisdicional não toma as medidas cabíveis [...] De nada adiantaria, contudo, prever-se a norma constitucional, de forma cogente, se não fossem fixadas as sanções pelo descumprimento. Dessa forma, ultrapassado o limite do razoável para a finalização do processo, abre-se oportunidade para a caracterização da responsabilidade civil em relação aos danos que a demora injustificada provocar. Sendo o agente causador a administração ou o próprio órgão jurisdicional, por seus representantes, visualiza-se a responsabilidade civil do Estado, que é objetiva, aliás."[12]

---

11 Garantias Constitucionais da Duração Razoável e da Economia Processual no Projeto do Código de Processo Civil. In: WAMBIER, Teresa Arruda Alvim. Doutrinas Essenciais Processo Civil. Volume 1. São Paulo: RT, 2011, p. 426.

12 Aspectos principiológicos da execução incidentes no processo do trabalho. In: SANTOS, José Aparecido dos (Coord.). *Execução trabalhista:* homenagem aos 30 anos AMATRA IX. São Paulo: LTr, 2008. p. 29.

Capítulo 6

O PRINCÍPIO DA EFICIÊNCIA COMO VETOR DE INTERPRETAÇÃO DA NORMA PROCESSUAL TRABALHISTA E A APLICAÇÃO SUBSIDIÁRIA E SUPLETIVA DO NOVO CÓDIGO DE PROCESSO CIVIL

Guilherme Guimarães Ludwig[1]

SUMÁRIO: 1. INTRODUÇÃO; 2. O NOVO PAPEL DO PODER JUDICIÁRIO NO PÓS-POSITIVISTO JURÍDICO: O NEOPROCESSUALISMO.; 3. A FORÇA NORMATIVA DOS PRINCÍPIOS; 4. O PRINCÍPIO DA EFICIÊNCIA NO ORDENAMENTO JURÍDICO BRASILEIRO; 5. APLICAÇÃO DO PRINCÍPIO DA EFICIÊNCIA NO PROCESSO DO TRABALHO; 6. PRINCÍPIO DA EFICIÊNCIA COMO CRITÉRIO PARA APLICAÇÃO SUBSIDIÁRIA OU SUPLETIVA DO NOVO CÓDIGO DE PROCESSO CIVIL; 7. CONCLUSÕES; 8. REFERÊNCIAS.

1. INTRODUÇÃO

No âmbito da Justiça do Trabalho, as estatísticas da movimentação processual por ano do Tribunal Superior do Trabalho apontam 17.607 processos novos em 1988 contra 301.329 em 2013, significando um também expressivo incremento percentual de pouco mais de 1.600%[2], melhor dizendo, mais de dezesseis vezes aquele volume inicial encontrado.

Tais dados estatísticos são uma pequena amostra que permite concluir facilmente que são extrapolados os limites de absorção de demanda para a entrega da prestação jurisdicional, o que se estende, em suas circunstâncias, aos demais graus de jurisdição.

---

1 Juiz do Trabalho no TRT da 5ª Região/BA, Membro do Conselho Consultivo da Escola Judicial do Tribunal Regional do Trabalho da Quinta Região (biênios 2005-2007, 2007-2009, 2009-2011 e 2013-2015), Doutorando e Mestre em Direito Público pela Universidade Federal da Bahia – UFBA, Extensão universitária em Economia do Trabalho pelo CESIT/UNICAMP, Professor de Direito e Processo do Trabalho e Direito da Seguridade Social na Universidade do Estado da Bahia – UNEB, Coordenador Executivo da Escola da Associação dos Magistrados da Justiça do Trabalho da 5ª Região – EMATRA5 (biênio 2012-2014).

2 BRASIL. Tribunal Superior do Trabalho. *Tribunal Superior do Trabalho - Movimentação Processual por ano desde 1941 a 2014*. Disponível em: <http://www.tst.jus.br>. Acesso em: 02 set. 2014.

A realidade reclama, portanto, uma norma perspectiva de trato do fenômeno processual, uma vez que o modelo até então existente mostra-se preliminarmente insuficiente e ineficiente.

A Constituição Federal aponta o princípio da eficiência como um daqueles fundamentais à Administração Pública (CF, art. 37, *caput*). Por outro lado, de acordo com a atual redação do Novo Código de Processo Civil brasileiro,

> Art. 8º Ao aplicar o ordenamento jurídico, o juiz atenderá aos fins sociais e às exigências do bem comum, resguardando e promovendo a dignidade da pessoa humana e observando a proporcionalidade, a razoabilidade, a legalidade, a publicidade e a **eficiência**.

Neste contexto, o presente artigo pretende apontar, numa abordagem interdisciplinar (teoria geral do direito, direito administrativo e direito processual), como o princípio constitucional da eficiência atua como vetor de interpretação da norma processual trabalhista e de critério possível para aplicação subsidiária ou supletiva do novo Código de Processo Civil, bem assim de que modo este instrumental pode se prestar a favorecer o acesso à Justiça e à concretização de direitos fundamentais.

2. O NOVO PAPEL DO PODER JUDICIÁRIO NO PÓS-POSITIVISTO JURÍDICO: O NEOPROCESSUALISMO.

Entender a força normativa do princípio constitucional da eficiência reclama acompanhar, em primeiro momento, alguns fatores condicionantes do advento do modelo teórico do pós-positivismo jurídico e suas principais características.

O projeto do Estado Moderno encampava o valor da liberdade no centro de uma composição filosófica mais ampla. Este pensar é que iria redefinir as relações entre Estado e cidadão, consignando a este um núcleo básico de direitos fundamentais.

Em que pese a sua evidente importância para a democracia como forma de contenção do arbítrio e do despotismo, não é demais enfatizar que o liberalismo se consubstanciava em uma concepção política que privilegiava essencialmente interesses da classe burguesa em ascensão. Os anseios da sociedade como um todo seriam atendidos quando e na medida em que coincidentes com aqueles próprios da burguesia.

Quanto ao papel do Poder Judiciário, de acordo com a percepção de Ricardo Maurício Freire Soares, se antes o julgador podia obter a norma tanto de regras preexistentes na sociedade quanto de princípios equitativos e de razão; com a formação do Estado moderno, o juiz, de livre órgão da sociedade, se tornava órgão do Estado, titular de um dos poderes estatais, subordinado ao legislador.

O Direito positivo – Direito posto e aprovado pelo Estado – era nestes termos considerado como o único e verdadeiro Direito[3].

A vinculação à legalidade sempre foi verdadeiramente uma simples técnica a garantir, no paradigma da modernidade, a segurança jurídica para a classe burguesa, valor este sim a que correspondia o verdadeiro princípio em jogo.

A legalidade era apenas um dos caminhos possíveis e foi o efetivamente adotado, por motivos de melhor adequação naquelas específicas circunstâncias históricas, para atingir este desiderato. Nunca se configurou como um fim em si mesmo. Essa conformação à legalidade, porém, importava logicamente em menor recurso legislativo a normas de textura aberta e em apequenar a importância e o papel dos princípios, na medida em que estes instrumentos poderiam significar maior poder pela via interpretativa ao Poder Executivo e ao Poder Judiciário, condição esta última indesejável para a burguesia e seus interesses econômicos.

Para Carmén Lúcia Antunes Rocha, os conflitos nos Estados europeus no Século XIX se encarregaram de demonstrar a fragilidade da perspectiva do Estado de Direito em termos simplesmente formais, evoluindo então para um conceito de Estado de Direito material, por intermédio do qual a Justiça busca tornar eficazes os direitos fundamentais em toda a sua amplitude. Não se dispensaria a forma da lei, aqui entendida como elemento de segurança jurídica, mas se passaria a entender que ela não era um fim em si ou a única fonte do Direito, nem tampouco significava a correção do sistema ou a justiça do povo[4].

Ainda que se despreze o componente ideológico e os interesses setoriais da classe burguesa que envolveram a ascensão da primazia da legalidade, o atual panorama de manifesta perda de legitimidade da produção legislativa aponta em direção do enfraquecimento do papel da lei enquanto clássica limitadora do Estado e garantidora das liberdades individuais. Esvazia-se, por consequência, a argumentação em torno de uma pretensa identificação entre legalidade e segurança jurídica.

Ao contemporizar a importância da vinculação à legalidade, o pós-positivismo jurídico conduz a uma adequação do Direito, introduzindo no campo jurídico mudanças profundas de perspectiva que conferiram, de forma evidente, maior poder e autonomia aos órgãos do Poder Judiciário, ao mesmo tempo em que acarretaram consequentemente complexidade bem maior ao ato decisório.

Conforme José Roberto Freire Pimenta e Lorena Vasconcelos Porto, no paradigma do Estado Democrático de Direito, o juiz deve avaliar e interpretar as

---

3   SOARES, Ricardo Maurício Freire. *Curso de introdução ao estudo do direito*. Salvador: Juspodivm, 2009, p.131.
4   ROCHA, Cármen Lúcia Antunes. *Princípios constitucionais da administração pública*. Belo Horizonte: Del Rey, 1994, p.72-73.

necessidades do caso concreto, bem assim aplicar a técnica processual conforme o direito substancial e os valores constitucionais, sobretudo o direito fundamental à tutela jurisdicional efetiva. Não se exige mais, portanto, a neutralidade, mas sim a imparcialidade do juiz[5].

Ao novo papel do juiz que se descortina no pós-positivismo jurídico podem ser apontadas, em caráter preliminar, as seguintes características:

a) Interpreta e aplica o Direito não mais do ponto de vista meramente formal, mas pelo reconhecimento de um seu conteúdo ético e moral, que se evidencia na exata medida da concretização dos princípios e dos direitos fundamentais, especialmente aqui considerando o da dignidade humana enquanto vértice do ordenamento jurídico.

b) Interpreta os conceitos indeterminados e as normas de textura aberta no propósito de conferir, em sua maior medida, um sentido atual e socialmente compartilhado ao ordenamento jurídico, sem perder de vista os ideais de justiça e de legitimidade que devem conferir unidade e harmonia ao sistema jurídico como um todo.

c) Não mais se encontra vinculado aos restritos termos da legalidade, mas à noção mais abrangente de juridicidade, entendida como a necessária conformidade com o conjunto sistemático do ordenamento jurídico, composto de regras e princípios, especialmente os de índole constitucional.

3. A FORÇA NORMATIVA DOS PRINCÍPIOS

O pós-positivismo jurídico propiciou as condições necessárias a que os princípios passassem a desempenhar um papel de importância capital diante da insuficiência do modelo positivista em apresentar respostas satisfatórias pelo método tradicional da interpretação por subsunção.

Estas espécies normativas traduzem, neste novo panorama teórico, o elo harmônico possível entre os valores da segurança e da correção do Direito, direcionados à consecução da justiça material e da concretização de direitos fundamentais. A análise neste tópico visa a melhor compreender a utilização deste instrumental para concretização do neoprocessualismo.

Inicialmente é necessário ressalvar que a previsão literal de um princípio atende bem mais à cultura legalista clássica, que apenas reconhece efeitos jurídicos ao quanto expresso literalmente por intermédio de um enunciado normativo.

---

5   PIMENTA, José Roberto Freire; PORTO, Lorena Vasconcelos. Instrumentalismo substancial e tutela jurisdicional civil e trabalhista: uma abordagem histórico-jurídica. *Revista do Tribunal Regional do Trabalho da 3ª Região*. Belo Horizonte, n.73, jan./jun. 2006, p.96.

Se todo princípio é uma decorrência do sistema de normas, pela redução sucessiva e retroativa de juízos prescritivos[6], a simples circunstância da ausência de consignação expressa assume ares de um irrelevante jurídico, na medida em que não afeta a existência ou não do princípio, nem tampouco influi no seu potencial de gerar efeitos. E o inverso também é verdadeiro. A simples denominação expressa de "princípio" no seio de um enunciado normativo não transforma algo em princípio.

É o pós-positivismo jurídico que confere a verdadeira dignidade normativa aos princípios, situando-os em patamar igual ou superior àquele outrora reservado exclusivamente às regras de Direito. Neste momento é que ocorre o resgate dos valores para dentro do Direito, equilibrando a relação entre segurança e correção jurídicas.

Conforme Ronald Dworkin, a distinção entre princípios e regras jurídicas estaria situada no plano da estrutura lógica. Apesar de ambas as espécies de normas jurídicas apontarem decisões particulares em torno da obrigação jurídica conforme as circunstâncias do caso concreto, se distinguem quanto à natureza da orientação que oferecem. Para ele,

> as regras são aplicáveis à maneira do tudo-ou-nada. Dados os fatos que uma regra estipula, então ou a regra é válida, e neste caso a resposta que ela fornece deve ser aceita, ou não é válida, e neste caso em nada contribui para a decisão[7].

> Um princípio [...] não pretende [nem mesmo] estabelecer condições que tornem sua aplicação necessária. Ao contrário, enuncia uma razão que conduz o argumento em uma certa direção, mas [ainda assim] necessita uma decisão particular[8].

Logo, enquanto as regras, uma vez apresentada a situação fática, são aplicáveis ou não; os princípios, pelo contrário, apenas enunciam uma razão a direcionar a argumentação do juiz. Ao contrário das regras, eles possuem a dimensão do peso ou da importância, o que implica na valoração da força relativa de cada um para solucionar o conflito no caso concreto[9].

---

6 É adotado o pensamento de Miguel Reale, para quem proposição é a expressão verbal de um juízo, vale dizer, expressão de uma ligação lógica de um predicado a algo, em relação de atributividade necessária e com pretensão de verdade. A ciência implica na coerência entre juízos que se enunciam em seu seio. Como todo juízo envolve uma pergunta sobre sua validade ou seu fundamento original, há sempre a possibilidade de redução a outro juízo mais simples e assim, em princípio, sucessivamente. Quando o pensamento opera essa redução certificadora até serem atingidos juízos iniciais que não possam mais ser reduzidos a outros, são encontrados os princípios da ciência. *Conferere* REALE, Miguel. *Filosofia do direito*. 19.ed. São Paulo: Saraiva, 1999, p.59-60.

7 DWORKIN, Ronald. *Levando os Direitos a Sério*. Traduzido por Jefferson Luiz Camargo. 2.ed. São Paulo: Martins Fontes, 2007, p.39.

8 DWORKIN, Ronald. *Levando os Direitos a Sério*. Traduzido por Jefferson Luiz Camargo. 2.ed. São Paulo: Martins Fontes, 2007, p.41.

9 DWORKIN, Ronald. *Levando os Direitos a Sério*. Traduzido por Jefferson Luiz Camargo. 2.ed. São Paulo: Martins Fontes, 2007, p.42.

Para Robert Alexy, por seu turno, regras e princípios são normas porque formulados por intermédio de expressões deônticas básicas do dever, da permissão e da proibição, ambos funcionando como razões para juízos concretos de dever-ser. Embora reconheça que o critério da generalidade é o mais utilizado para distinguir princípios de regras, informa que entre estas duas espécies normativas não existe uma diferença de grau, mas qualitativa[10]. Para ele:

> princípios são, [...], *mandamentos de otimização*, que são caracterizados por poderem ser satisfeitos em graus variados e pelo fato de que a medida devida de sua satisfação não depende somente das possibilidades fáticas, mas também das possibilidades jurídicas. O âmbito das possibilidades jurídicas é determinado pelos princípios e regras colidentes.
>
> Já as *regras* são normas que são sempre ou satisfeitas ou não satisfeitas. Se uma regra vale, então, deve se fazer exatamente aquilo que ela exige; nem mais, nem menos. Regras contêm, portanto, *determinações* no âmbito daquilo que é fática e juridicamente possível[11].

Enquanto o conflito de regras se resolve pelo reconhecimento de uma cláusula de exceção ou pela declaração da validade de uma em detrimento da invalidade da outra – essa por intermédio de critérios da cronologia, hierarquia ou da especialidade –, a colisão de princípios significa apenas que um deles tem precedência sobre o outro. Trata-se aqui da relação de precedência condicionada (ou ainda concreta ou relativa), na qual o conflito é resolvido pelo sopesamento dos interesses em choque, de modo a definir qual deles, embora os respectivos valores abstratos estejam no mesmo nível, apresenta um peso maior conforme as circunstâncias do caso concreto.

A conceituação do princípio enquanto mandamento de otimização pode ensejar até mesmo que as circunstâncias fáticas e jurídicas da ocasião apontem o seu afastamento em determinado caso concreto. Não se trata de declarar a invalidade do princípio ou reconhecer uma cláusula de exceção, mas apenas de reconhecer que este não tem preferência naquelas específicas condições.

A solução do conflito de princípios não retira nenhum dos conflitantes do sistema, mas apenas reconhece a aplicabilidade mitigada ou mesmo a inaplicabilidade daquele em detrimento do qual foi resolvida a questão. Logo, é tarefa contínua e fundamental do operador do Direito avaliar, em cada caso concreto que se lhe apresente para apreciação, a relação de precedência condicionada entre os princípios em debate.

Para Robert Alexy, a natureza dos princípios implica a máxima da proporcionalidade e vice-versa. A proporcionalidade (em sentido amplo) compreende

---

10 ALEXY, Robert. *Teoria dos direitos fundamentais*. Traduzido por Virgílio Afonso da Silva. São Paulo: Malheiros, 2008, p.87-90.

11 ALEXY, Robert. *Teoria dos direitos fundamentais*. Traduzido por Virgílio Afonso da Silva. São Paulo: Malheiros, 2008, p.90-91.

três máximas parciais: a adequação (ou idoneidade), a necessidade e a proporcionalidade em sentido estrito, sendo que, enquanto as duas primeiras decorrem da natureza dos princípios diante das possibilidades fáticas, a última tem origem nas possibilidades jurídicas[12].

Não há soluções prontas e acabadas, pois toda relação de precedência entre princípios é condicionada justamente pelas circunstâncias do caso concreto, o que, por si só, já acarreta a diversidade. O que a concretização da segurança jurídica nos moldes pós-positivistas reclama são, em verdade, consensos de argumentação – tão duradouros quanto as novas circunstâncias reais cambiantes lhes imponham que sejam – entre os aplicadores do Direito e, em especial, entre os juízes, estes porque encarregados de prestar a jurisdição.

Com a técnica da ponderação de princípios, o mesmo que a argumentação na atividade do juiz assume de complexidade como salvaguarda do princípio da segurança jurídica, a entrega da prestação jurisdicional, por seu turno, também ganha em correção e legitimidade no sentido do primado da justiça. O novo papel do juiz na seara neoprocessualista implica em uma tarefa constantemente depurativa das regras de argumentação, de modo a otimizar a racionalidade da fundamentação das decisões, especialmente quando aplicados princípios como espécies normativas.

4. O PRINCÍPIO DA EFICIÊNCIA NO ORDENAMENTO JURÍDICO BRASILEIRO

De acordo com Paulo Modesto, embora originariamente residente na teoria da administração, o termo "eficiência" não é propriedade exclusiva de nenhuma ciência, cabendo aos juristas, no processo de construção do sentido deste conceito, explorar o conteúdo jurídico desse princípio no ordenamento normativo nacional[13].

Na atual quadra da *civil law*, percebe-se que as mudanças no Estado e nas instituições econômicas e sociais fragilizaram a separação entre direito público e direito privado, que, por seu turno, encontram-se em processo de reformulação, em busca de novas definições. John Henry Merryman e Rogelio Pérez-Perdomo apontam algumas das razões deste fenômeno:

a) O intercâmbio entre as tradições, que permite aos operadores da *civil law* concluir que sociedades ocidentais, democráticas e capitalistas nas quais

---

12 ALEXY, Robert. *Teoria dos direitos fundamentais*. Traduzido por Virgílio Afonso da Silva. São Paulo: Malheiros, 2008. Tradução de: Theorie der Grundrechte, p.116-118.

13 MODESTO, Paulo. Notas para um debate sobre o princípio constitucional da eficiência. *Revista eletrônica de direito administrativo econômico (REDAE)*, Salvador, Instituto Brasileiro de Direito Público, n.10, maio/junho/julho, 2007. Disponível em: <http://www.direitodoestado.com.br/redae.asp>. Acesso em: 15 set. 2010, p.3.

vigora a *common law*[14] são capazes de um avançado estado de desenvolvimento jurídico sem a necessidade de efetuar nenhuma distinção entre direito público e privado.

b) As experiências nazista e fascista, além da legalidade soviética e dos governos totalitários na América Latina no Século XX, que afastaram a ideia de que a distinção entre direitos público e privado possa ser uma verdade científica ideologicamente neutra, pois seu significado é preenchido consoante a cultura em cada tempo e lugar.

c) A Substituição do Estado individualista no Século XIX pelo Estado social do Século XX, que acarretou a redução do espaço da autonomia privada, além da publicização do direito privado, como, por exemplo, no desenvolvimento da ideia de função social da propriedade.

d) A Intervenção do Estado na economia, que tem conduzido entidades estatais ou empresas controladas por ele a atuarem em negócios comerciais e industriais, utilizando-se de formais legais do direito privado, no movimento de privatização do direito público.

e) O reconhecimento e o crescente envolvimento do terceiro setor nas sociedades democráticas do pós-guerra, constituindo uma espécie de "governo privado" e superando o dualismo entre Estado e indivíduo.

f) A inserção nos textos constitucionais europeus e latino-americanos de declarações de direitos individuais e fundamentais, tais como o direito de propriedade e de livre iniciativa, esvaziando a função dos códigos civis, no processo de constitucionalização do direito privado.

g) O controle de constitucionalidade realizado, em alguns países, pelo próprio Poder Judiciário ordinário, que tende a "embaçar a distinção direito público – direito privado nas mentes daqueles que identificam uma relação íntima entre esta distinção e a separação dos poderes".

h) Maiores restrições ao poder do Estado em desconsiderar ou violar as demandas das pessoas privadas, pelo crescimento do direito administrativo e pela tendência da doutrina em aplicar a estrutura da conceitual da ciência jurídica concebida a partir do direito privado, para o campo do direito público.

i) A expansão do campo de interesses da doutrina para além do direito em si mesmo e no seu relacionamento com a cultura, além da mitigação da validade e

---

14 A existência do direito administrativo tardou a ocorrer no sistema da *common law*, pois eram rejeitadas duas das principais premissas do modelo francês: a subordinação da Administração Pública a um regime próprio e a existência de uma jurisdição administrativa própria. *Conferere* DI PIETRO, Maria Sylvia Zanella. O direito administrativo brasileiro sob influência dos sistemas de base romanística e da common law. *Revista Eletrônica de Direito Administrativo Econômico*, Salvador, Instituto Brasileiro de Direito Público, n.8, novembro/dezembro, 2006/janeiro, 2007. Disponível em: <http://www.direitodoestado.com.br/redae.asp>. Acesso em: 02 dez. 2013, p.3.

da utilidade de estruturas conceituais e do pensamento lógico-formal, em direção a uma metodologia "menos técnica".

j) O crescimento de campos que desafiam a classificação como direito público ou direito privado, tais como o direito do trabalho e o direito agrário, ambos compostos de elementos de cada uma daquelas divisões[15].

Gustavo Binenbojm traz, como reflexo da centralidade de direitos fundamentais instituído na Constituição, em paralelo à estrutura pluralista e maleável dos princípios constitucionais, a necessidade de cedência recíproca entre interesses individuais e interesses coletivos – o que enfraquece a própria necessidade de separação entre direito público e direito privado. Para ele,

> a fluidez conceitual inerente à noção de interesse público, aliada à natural dificuldade em sopesar quando o atendimento do interesse público reside na própria preservação dos direitos fundamentais (e não na sua limitação em prol de algum interesse contraposto da coletividade), impõe à Administração Pública o dever de ponderar os interesses em jogo, buscando a sua concretização até um grau máximo de otimização [16].

As circunstâncias antes referidas apontam para uma reformulação na relação entre direito público e direito privado, marcada pela interpenetração recíproca entre ambos os campos, o que gera reflexos em todos os ramos do Direito. No campo específico do direito administrativo, os novos influxos do setor privado podem influenciar em um direcionamento da atuação estatal para a concretização de direitos fundamentais e a democratização do acesso à Administração Pública.

É importante ressalvar, no entanto, que o setor público apenas deve ser eficiente em favor da realização do interesse público e não para si mesmo. Aqui, somente por via oblíqua, é que eventualmente podem ser produzidos benefícios em favor dos interesses da própria Administração Pública.

A racionalidade de métodos e procedimentos destinados à otimização de resultados se encontra direta e imediatamente vinculada ao atendimento dos interesses de toda a sociedade da melhor forma possível. Esta inversão de perspectiva permite deduzir a impossibilidade de adoção em sua inteireza da lógica da iniciativa privada, diante das diversas variáveis que condicionam e simultaneamente são condicionadas pelos resultados da atividade do Poder Público.

Não há como se entender a funcionalidade estatal em um Estado Democrático de Direito (e consequentemente o seu direcionamento à consecução do

---

15 MERRYMAN, John Henry; PÉREZ-PERDOMO, Rogelio. *A tradição da civil law*: uma introdução aos sistemas jurídicos da Europa e da América Latina. Traduzido por Cássio Casagrande. Porto Alegre: Fabris, 2009, p.135-139.

16 BINENBOJM, Gustavo. *Uma teoria do direito administrativo*: direitos fundamentais, democracia e constitucionalização. 2.ed. rev. e atual. Rio de Janeiro: Renovar, 2008, p.31

interesse público) sem que se pressuponha necessariamente a eficiência administrativa. Nas democracias modernas é possível assim concluir que esta característica do agir estatal é transcendente ao texto positivado. A sociedade não delega aos seus representantes poder para que realizem menos do que o máximo possível e alcançável na satisfação do interesse do indivíduo e da coletividade diante das possibilidades fáticas e jurídicas do caso.

Segundo Diogo de Figueiredo Moreira Neto, por seu turno, a eficiência administrativa não pode mais ser entendida contemporaneamente no seu conceito econômico, como mero incremento da produção de bens e serviços, com a redução de insumos e aumento de lucros. Pelo contrário, precisa ser reconhecida por uma percepção mais ampla, como uma eficiência sócio-econômica, vale dizer, um complexo de resultados em prol da sociedade. Trata-se de produzir, da forma mais célere possível, bens e serviços de melhor qualidade e na maior quantidade possíveis, a partir dos menores custos para a sociedade[17].

A Administração Pública, consoante explica Onofre Alves Batista Júnior, encontra-se vinculada à busca pelo bem comum e à necessidade de assegurar a dignidade humana aos cidadãos, motivo pelo qual deve fomentar o arranjo otimizado de interesses públicos envolvidos no caso concreto, atuando de forma eficiente nas prestações estatais que garantam condições mínimas de existência digna[18].

É característica da eficiência administrativa um imperativo de maximização da funcionalidade da Administração Pública, ou seja, potencializar a sua atuação no sentido da consecução do interesse público e salvaguarda dos direitos dos cidadãos. Trata-se de um compromisso permanente e obrigatório do agente público, em qualquer de suas atribuições, contra a má utilização e o desperdício de tempo e recursos materiais e humanos.

Agir de forma eficiente no setor público significa assim empregar não mais que os procedimentos, as medidas e os recursos suficientes e estritamente necessários ao tempestivo e perfeito alcance da finalidade pública almejada em cada hipótese concreta. O princípio da eficiência administrativa pode ser conceituado como aquele que *direciona a Administração Pública a potencializar, na melhor medida possível de acordo com as circunstâncias fáticas e jurídicas, os meios idôneos a obter a solução ótima à consecução do interesse público e a concretização de direitos fundamentais*[19].

De acordo com Cármen Lúcia Antunes Rocha, a discricionariedade nos moldes atuais, ao invés de vedar, antes exige que haja controle sobre o desempenho

---

17 MOREIRA NETO, Diogo de Figueiredo. *Quatro paradigmas do direito administrativo pós-moderno*: legitimidade, finalidade, eficiência, resultados. Belo Horizonte: Fórum, 2008, p.103.
18 BATISTA JÚNIOR, Onofre Alves. *Princípio constitucional da eficiência administrativa*. Belo Horizonte: Mandamentos, 2004, p. 129-130.
19 LUDWIG, Guilherme Guimarães. *Processo trabalhista eficiente*. São Paulo: LTr, 2012, p. 93.

no qual ela se mostre. Não apenas recrudesceu o espaço da discricionariedade, como o direito do cidadão de exercer o controle se afirmou e se ampliou. Para ela, "o que predomina hoje na concepção de discricionariedade é que o administrador público está sempre sujeito ao Direito, e o Direito jamais está sujeito ao administrador público, nem mesmo quando este atua discricionariamente"[20].

No quadro pós-positivista, o princípio da eficiência administrativa se apresenta como um dos critérios de controle deste poder discricionário redesenhado. Trata-se de avaliar se, no exame da conveniência e da oportunidade em favor da sociedade, o agente público potencializou, na melhor medida possível, de acordo com as circunstâncias fáticas e jurídicas que envolviam o caso concreto, os meios idôneos para a efetivação da solução que melhor atenda ao interesse público.

Enquanto regra, a vinculação à legalidade pode ser harmonizada com o princípio da eficiência administrativa, especialmente no ambiente do pós-positivismo jurídico em que há predominância da técnica jurídica de inserir normas de textura aberta no ordenamento jurídico, como forma de torná-lo mais maleável às transformações da sociedade, resguardando o valor da correção do Direito. Se o princípio da eficiência, enquanto mandamento de otimização, vetoriza a interpretação do Direito em sua direção e sentido, cabe ao intérprete preencher as normas de caráter aberto que direcionam o atuar administrativo conferindo-lhe eficiência na maior medida possível.

Por outro lado e de acordo com Fernando Leal, se o ordenamento jurídico passa a reconhecer expressamente um compromisso jurídico com a eficiência administrativa, para se justificar agora o seu uso institucional não é necessário mais buscar preliminarmente um valor intrínseco para um resultado eficiente de distribuição de recursos. Pelo contrário, a margem jurídico-pragmática decorrente da inovação constitucional permite que o juiz passe a considerar as consequências sistêmicas de sua decisão, pela jurisdicização de considerações práticas, sem que tal recurso de argumentação seja reputado de natureza extrajurídica. O grande problema passa a ser saber como e quando será necessário recorrer ao argumento pragmático sem que se corra o risco de institucionalizar todo tipo de argumentação consequencialista ou de funcionalizar direitos[21].

Onofre Alves Batista Júnior não chega a propor que a Administração Pública se desvincule dos rigores da lei, mas que a atividade administrativa esteja sujeita às regras e aos princípios, em especial por meio de uma compreensão

---

20 ROCHA, Cármen Lúcia Antunes. *Princípios constitucionais da administração pública*. Belo Horizonte: Del Rey, 1994, p.119-120.

21 LEAL, Fernando. Propostas para uma abordagem teórico-metodológica do dever constitucional de eficiência. *Revista Eletrônica de Direito Administrativo Econômico (REDAE)*, Salvador, Instituto Brasileiro de Direito Público, nº 15, agosto/setembro/outubro, 2008. Disponível em: <http://www.direitodoestado.com.br/redae.asp>. Acesso em: 15 dez. 2013, p.3-4.

funcional e não meramente formal, dentro da perspectiva de uma normatização administrativa que sopese as considerações de legalidade e eficiência. Assim é que, na colisão entre estes dois interesses, não havendo sacrifício desproporcional ao primeiro, não deve ser anulado o ato eficiente apenas diante do propósito de se cumprir uma ritualística procedimental[22].

No processo interpretativo, não é somente necessário apreciar o sentido e o alcance do princípio da segurança jurídica no caso concreto. Ao revés, entendendo que, por definição, não existem princípios absolutos, de modo a desconstituir a relação condicionada de precedência como solução do conflito entre princípios, deve ser também cotejada a importância de direcionar a Administração Pública a potencializar, na melhor medida possível, os meios idôneos a obter a solução ótima à consecução do interesse público e a concretização de direitos fundamentais.

A segurança jurídica exige que não sejam frustradas as expectativas da sociedade, tanto em relação ao cumprimento dos comportamentos regrados, quanto na atuação do Estado de forma eficiente e garantindo resultados úteis. Em última análise, a certeza do cidadão quanto a uma resposta eficiente do aparato estatal também é materialização da segurança jurídica, tendo em vista o princípio da confiança na Administração, motivo pelo qual rigorosamente não há falar em dicotomia entre os valores da eficiência administrativa e da segurança jurídica.

5. APLICAÇÃO DO PRINCÍPIO DA EFICIÊNCIA NO PROCESSO DO TRABALHO

Ter acesso à Justiça é um direito fundamental. Mais que isso, é um direito fundamental que garante, em potencial multiplicativo, os demais direitos fundamentais.

Para Mauro Cappelletti e Bryant Garth,

> o direito ao acesso efetivo tem sido progressivamente reconhecido como sendo de importância capital entre os novos direitos individuais e sociais, uma vez que a titularidade de direito é destituída de sentido, na ausência de mecanismos para sua efetiva reivindicação. O acesso à Justiça pode, portanto, ser encarado como o requisito fundamental – o mais básico dos direitos humanos – de um sistema jurídico moderno e igualitário que pretenda garantir, e não apenas proclamar os direitos de todos[23].

---

22 BATISTA JÚNIOR, Onofre Alves. *Princípio constitucional da eficiência administrativa*. Belo Horizonte: Mandamentos, 2004, p. 354-356.

23 CAPPELLETTI, Mauro; GARTH, Bryant. *Acesso à justiça*. Traduzido por Ellen Gracie Northfleet. Porto Alegre: Sergio Antonio Fabris, 1988, p.11-12.

A discussão em torno do direito a ter acesso à Justiça encontra-se precisamente situada na emergência da pós-modernidade, na qual reside o pós-positivismo jurídico. Esta nova concepção tem gerado profundas transformações na sociedade contemporânea, refletindo efeitos sobre o fenômeno jurídico e sobre as relações entre processo, eficiência, efetividade e justiça social.

O modelo processual da modernidade, de índole liberal e individualista, começou a declinar quando passou a se observar obstáculos iniciais ao acesso efetivo à Justiça nas ordens econômica, social e cultural.

Conforme Boaventura de Sousa Santos, em termos econômicos foi constatado que, embora a justiça fosse dispendiosa para os cidadãos em geral, era proporcionalmente mais cara para aqueles economicamente mais débeis, justamente os interessados nas ações de menor valor financeiro, o que configuraria o fenômeno da dupla vitimização das classes populares diante da administração da Justiça.

Verificou-se ainda ser essa vitimização verdadeiramente tripla, na medida em que um dos outros obstáculos investigados, qual seja, a lentidão dos processos, poderia ser facilmente convertido em mais um custo econômico, proporcionalmente mais gravoso para os cidadãos de menos recursos[24].

Em termos sociais e culturais, destaca que os cidadãos de menor padrão aquisitivo tendem a não conhecer de forma adequada os seus direitos, tendo assim mais dificuldades em reconhecer um problema que os afeta como sendo de ordem jurídica, podendo ignorar, tanto os direitos em jogo, quanto as possibilidades de reparação. Por outro lado, mesmo reconhecendo o problema como a violação de um direito, ainda seria imprescindível que se dispusesse a ajuizar a ação. A realidade mostra, todavia, que, pelo contrário, os indivíduos das classes mais baixas hesitam muito mais que os demais em recorrer aos tribunais[25].

Não é possível, dentro do complexo paradigma do pós-positivismo jurídico, compreender e interpretar o direito a ter acesso à Justiça simplesmente com a perspectiva do fenômeno jurídico na modernidade, olvidando-se do perfil do novo direito processual, com clara finalidade instrumental e utilitarista porque tendente a soluções concretas e eficientes para o problema da baixa efetividade da prestação jurisdicional. A eficiência aplicada ao Poder Judiciário em todas as suas funções se mostra então como pressuposto desta instrumentalidade e desta nova racionalidade, ambas direcionadas ao atendimento do jurisdicionado na justa proporção de sua demanda.

---

24 SANTOS, Boaventura de Sousa. *Pela mão de Alice*: o social e o político na pós-modernidade. 12.ed. São Paulo: Cortez, 2008, p.168.

25 SANTOS, Boaventura de Sousa. *Pela mão de Alice*: o social e o político na pós-modernidade. 12.ed. São Paulo: Cortez, 2008, p.170.

O direito fundamental de ter acesso à Justiça, que é uma promessa-síntese das demais garantias processuais de foro constitucional, não é um fim em si mesmo e se encontra intrinsecamente limitado pelo próprio caráter da jurisdição, na medida em que substituta da atividade das partes envolvidas no conflito. A noção de eficiência, que se vincula diretamente a uma racionalização de métodos e procedimentos destinados à otimização de resultados, não prescinde da consciência do magistrado acerca destas notas de instrumentalidade e substitutividade, que deve permear todo o procedimento argumentativo durante a realização de sua função.

Como acentua Pierpaolo Cruz Bottini, a lentidão na solução das lides torna evidente um autêntico déficit de legitimidade do Poder Público no que se refere ao exercício da função jurisdicional. A consolidação de uma nação está amparada na consistência e na fiabilidade de suas instituições, criadas e mantidas com a finalidade de propiciar segurança no âmbito dos diversos relacionamentos sociais, tanto por meio da elaboração, quanto da preservação de regras de convivência. Sendo assim, a lentidão do Judiciário e a demora em exercer suas tarefas típicas acabam por mitigar o contexto estável que se necessita para o aprimoramento das relações indispensáveis ao convívio social[26].

Para além das deficiências legislativas e da precariedade de sua estrutura, entre as possíveis causas da crise do Poder Judiciário, em especial no processo do trabalho, podem ser apontadas:

a) A cultura demandista e os litigantes habituais.
b) A circunstância de que nem todos os jurisdicionados almejam a solução rápida do processo.
c) A complexidade crescente de teses e litígios.
d) A formação do juiz.

A cultura demandista e os litigantes habituais, para além da configuração do abuso de direito de ação, apenas contribuem para congestionar ainda mais as atividades do Poder Judiciário, em prejuízo daqueles que efetivamente esperam pela necessária reparação. Enquanto o acesso à Justiça exercido em limites de razoabilidade demonstra amadurecimento para a cidadania, o abuso e o exagero conduzem à negação do instrumento pela ineficiência estrutural e sistêmica do aparato judicial.

A celeridade e a duração razoável do processo constituem-se objetivos, em primeiro lugar, do juiz na condução do processo, enquanto sujeito ao qual foi constitucionalmente endereçada a missão de pacificação social. É dele a perspectiva macroscópica do quanto uma postura ineficiente em cada processo

---

26 BOTTINI, Pierpaolo Cruz. A justiça do trabalho e a reforma do judiciário. In: CHAVES, Luciano Athayde (org.). *Direito processual do trabalho*: reforma e efetividade. São Paulo: LTr, 2007, p. 100.

individualmente considerado pode repercutir de forma muito mais grave nos processos sob a sua jurisdição quando conjuntamente considerados.

No que diz respeito à complexidade crescente de teses e litígios, para cada entendimento consolidado pela jurisprudência, a parte que é por ele prejudicada, tendo a oportunidade e os meios necessários, recorrerá a teses cada vez mais elaboradas e refinadas para sua refutação direta ou ainda para justificar que aquele caso atual não se enquadra na hipótese que o derivou.

A argumentação jurídica é dinâmica e as suas possibilidades de desenvolvimento, como em qualquer ciência, são infinitas, o que reflete necessariamente em uma carga de trabalho, por litígio individualmente considerado, cada vez maior para o Poder Judiciário.

Por outro lado, a inovação decorrente das ferramentas tecnológicas também favorece o aumento na complexidade. Se em determinado sentido permite uma evolução estrutural no Poder Judiciário, em outro também municia o cidadão a aumentar a demanda e tornar mais complexa a apreciação da cada causa.

A argumentação jurídica é dinâmica e as suas possibilidades de desenvolvimento são infinitas, porque todo conhecimento do Direito é conjectural. Logo, a formação jurídica do juiz, testada e comprovada por intermédio da aprovação em específico concurso público, é idônea a resolver as questões discutidas naquela época. Se o Direito evolui, é evidente que esta formação deve acompanhar tal evolução, pois, do contrário, as soluções passarão a se mostrar insatisfatórias para o tratamento das novas e mais complexas demandas da sociedade.

Neste contexto, a eficiência – prescrita constitucionalmente como diretriz de toda Administração Pública e no plano infraconstitucional pelo novo Código de Processo Civil (Novo CPC, art. 8º) como vetor de interpretação da norma processual – vem a aparelhar o Poder Judiciário para consecução do acesso à Justiça como objetivo imediato e a concretização de direitos fundamentais como finalidade mediata.

A eficiência na função jurisdicional aqui se conforma no Estado-juiz, enquanto Administração Pública, no exercício de sua própria atividade-fim – ou seja, na resolução do conflito no caso concreto –, prestar a jurisdição com atenção, em termos macro, às diferentes demandas da sociedade, fomentando a realização ou mesmo realizando o papel do Estado de transformador social ao concretizar direitos fundamentais.

Para José Roberto dos Santos Bedaque, "acesso efetivo ao sistema processual não significa, necessariamente, acesso à justiça, à ordem jurídica justa, que somente um sistema eficiente proporciona. Efetividade e eficiência não são sinônimos"[27].

---

27 BEDAQUE, José Roberto dos Santos. *Direito e processo*: influência do direito material sobre o processo. 4.ed. rev. e ampl. São Paulo: Malheiros, 2006, p. 50.

Pelo cânone da eficiência na atividade jurisdicional, o Poder Judiciário projeta a si mesmo como objeto de suas próprias decisões, maximizando as possibilidades de uma entrega da prestação jurisdicional ágil e de qualidade na maior medida possível, com menor custo de tempo e recursos. Trata-se aqui de um olhar reflexivo no âmbito da construção racional da argumentação que confere suporte às decisões. O Poder Judiciário decide visando a um Poder Judiciário eficiente. Toda prestação jurisdicional eficiente tende a fomentar ao máximo a concretização do direito de ter acesso efetivo à tutela jurisdicional.

A eficiência aplicada ao Poder Judiciário normatiza as razões de política judiciária que informam a necessidade de favorecer o acesso à Justiça, trazendo-as à consideração no mesmo patamar que outros padrões de argumentação. A margem jurídico-pragmática decorrente da inserção expressa do princípio constitucional da eficiência permite que o juiz considere as decorrências sistêmicas de suas decisões, pela jurisdicização de considerações práticas, sem que seja possível reconhecer tal argumentação como de natureza extrajurídica.

Como já concluído em outro trabalho de nossa autoria, no âmbito das decisões jurisdicionais *o princípio da eficiência direciona os órgãos judiciais do Poder Judiciário a potencializar, pela via interpretativa e aplicativa, na melhor medida possível de acordo com as circunstâncias fáticas e jurídicas, os procedimentos e técnicas idôneas a obter a solução ótima à consecução do pleno acesso à Justiça e a concretização de direitos fundamentais*[28].

6. PRINCÍPIO DA EFICIÊNCIA COMO CRITÉRIO PARA APLICAÇÃO SUBSIDIÁRIA OU SUPLETIVA DO NOVO CÓDIGO DE PROCESSO CIVIL

A perspectiva de aplicação do princípio da eficiência no processo adequa-se perfeitamente ao fenômeno do *neoprocessualismo*, em que a Constituição é pensada na perspectiva de salvaguarda do Estado Democrático de Direito – vale dizer, protegendo o cidadão contra os excessos da Administração Pública no campo endoprocessual. A eficiência no processo não entra em colisão com a circunstância de que, no ambiente interno ao processo, o Poder Judiciário deva atuar na salvaguarda das garantias do justo processo.

Superando as perspectivas do processo enquanto extensão da relação entre as partes, bem assim o modelo inquisitorial, o novo Código de Processo Civil brasileiro passa a adotar o modelo cooperativo, o que bem se traduz e exemplifica no dispositivo pelo qual "todos os sujeitos do processo devem cooperar entre si para que se obtenha, em tempo razoável, decisão de mérito justa e efetiva (Art. 6º)". No ambiente do processo, todos devem atuar cooperativamente,

---

28 LUDWIG, Guilherme Guimarães. *Processo trabalhista eficiente*. São Paulo: LTr, 2012, p. 153.

a partir da perspectiva de um justo processo, garantindo-se essencialmente o devido processo legal substancial, o contraditório e a boa fé objetiva, dentro de uma concepção de um processo eficiente quanto aos resultados na prestação jurisdicional.

Podem ser reconhecidos, em um catálogo meramente exemplificativo, como características do atuar eficiente da atividade jurisdicional, em decorrência da aplicação do princípio da eficiência no processo, os deveres de:

a) Reduzir os "tempos mortos" no processo, descartando prazos com diligências inúteis ao desate do feito e dimensionando com exatidão o tempo destinado às diligências necessárias, inclusive pela coordenação de sua realização em caráter simultâneo. Ao apreciar a realização de diligências necessárias, deverá o juiz calcular, com a máxima exatidão cabível, na menor medida possível e razoável, os prazos destinados ao seu cumprimento. Caso seja necessária a realização de mais de uma diligência e caso tal ocorrência se mostre possível ao mesmo tempo, sem prejuízo para os princípios do contraditório e da ampla defesa, deverá o juiz providenciar que todas sejam realizadas simultaneamente, com a coincidência de prazos.

b) Interpretar os dispositivos normativos que tratem das tutelas de urgência, lhes conferindo o maior alcance possível em favor da parte contra quem o tempo do processo pode causar maior prejuízo. A disciplina das tutelas de urgência é fruto direto do pós-positivismo jurídico, não podendo assim ser interpretada consoante os métodos e técnicas do paradigma anterior. Quanto à concretização do princípio da segurança jurídica no processo, a perspectiva pós-positivista resgata o caráter instrumental do processo e a eficiência no atuar do Poder Judiciário, de modo que a *segurança no instrumento* perde a supremacia, passando a conviver, lado a lado, com a *segurança na finalidade.*

c) Reconhecer e aderir a precedentes majoritários de argumentação, que se mostrem adequados às circunstâncias específicas do caso concreto que esteja sob apreciação. No espaço em que estejam estabilizadas as expectativas, se reduz logicamente a necessidade de demanda ao Poder Judiciário ou podem ainda ser simplificadas ou encurtadas etapas processuais, aumentando em ambos os casos o desempenho das diversas instâncias do Poder Judiciário. A eficiência aplicada à atividade jurisdicional do Poder Judiciário reclama, portanto, a observância destes lugares-comuns de interpretação – os precedentes.

d) Privilegiar o caminho argumentativo razoável que confira mais alcance e abrangência de efeitos às lides coletivas. Considerando a aplicação do princípio da eficiência às decisões jurisdicionais, é sustentado que não cabe aplicar às lides coletivas os mesmos métodos e técnicas das lides individuais quando manifestamente em sacrifício de sua efetividade. Necessária se faz uma justa ponderação que compatibilize razoavelmente as exigências de ampla defesa e do contraditório com o princípio da eficiência, em direção ao resultado útil e efetivo do processo.

e) Reconhecer a validade e a eficácia das soluções extrajudiciais de composição do conflito, quando estiver devidamente resguardada a igualdade material das partes convenentes. Trata-se de um passo além na redemocratização do país, pelo qual a sociedade projeta-se para frente na reconstrução de suas próprias relações e de autossuficiência, distanciando-se cada vez mais do espectro da ditadura militar e da cultura demandista, o que deve ser reconhecido pelo juiz ao concretizar o princípio da eficiência em sua própria atividade. Tanto mais será eficiente o Poder Judiciário quanto menos dependente dele se tornar a sociedade. Por outro lado, em um círculo virtuoso, quanto mais eficiente a entrega da prestação jurisdicional, desestimulando pedagogicamente a violação intencional dos direitos fundamentais, mais emancipada e capacitada estará a sociedade para o exercício direto da cidadania.

f) Punir de forma sistemática e rigorosa a má-fé processual, conferindo eficácia real aos dispositivos normativos sancionadores, especialmente diante de medidas de protelação do processo pela via recursal. É imprescindível zelar pelo conteúdo ético do processo e impedir que o Poder Judiciário seja utilizado pelo litigante de má-fé em prejuízo de sua eficiência e, por via de consequência, da consecução do direito de ter acesso à Justiça em sentido mais amplo. Por outro lado, a eficiência da atividade jurisdicional não pode ser obtida pela extinção artificial de conflitos, na medida em que não se cumpre com isso a finalidade do Estado Democrático de Direito de pacificar a sociedade e fazer prevalecer o Direito justo. O combate à litigância de má-fé é um dever do juiz enquanto reitor do processo, bem assim dos demais operadores do Direito.

g) Adotar a interpretação razoável dos dispositivos normativos que proporcione a maior efetividade possível na fase de execução. A obtenção de resultados efetivos da tutela executiva se confunde, em última análise, com o coroamento da concretização do direito de ter acesso à Justiça, encerrando a finalidade precípua da aplicação do princípio da eficiência na atividade jurisdicional do Poder Judiciário. Utilizando tal princípio como um dos vetores de interpretação que regulam a execução, é necessário, no pós-positivismo jurídico, ajustar a compreensão da norma ao seu caráter instrumental, garantindo a igualdade entre as partes e o contraditório no mínimo necessário, mas resguardando a entrega da tutela jurisdicional de forma eficiente e efetiva, no máximo suficiente, por intermédio da adoção dos meios mais idôneos, necessários e proporcionais.

O conjunto destas características do atuar eficiente da atividade jurisdicional, quando analisados sob a perspectiva do processo do trabalho, permite concluir que este autêntico vetor de interpretação da norma processual deve também funcionar como um filtro que restrinja a adoção das regras do novo Código de Processo Civil, em caráter subsidiário ou supletivo, na medida em que elas não guardem compatibilidade com as diretrizes fundamentais do ramo processual laboral, em que se prestigia, por seu turno, a rápida solução do litígio em favor do credor trabalhista.

No ambiente processual, de acordo com José Rogério Cruz e Tucci, "tempo e processo constituem duas vertentes que estão em constante confronto. Em muitas ocasiões o tempo age em prol da verdade e da justiça. Na maioria das vezes, contudo, o fato temporal conspira contra o processo"[29].

Por esta razão é que a Emenda Constitucional 45, de 8 de dezembro de 2004, inseriu explicitamente no texto constitucional o princípio da razoável duração do processo, que, consoante José Roberto Freire Pimenta, não evidenciou mero exercício retórico, no entanto reafirmou a importante dimensão temporal do princípio da efetividade, trazendo um grande potencial transformador especialmente à magistratura, inclusive em termos de simplificação e racionalização do sistema processual[30].

No sistema constitucional italiano, Luigi Paolo Comoglio identifica o direito constitucional à razoável duração como um componente fundamental do processo justo, sendo que aquela garantia deve mesmo permitir uma ampla análise da constitucionalidade dos dispositivos processuais, que, na regulação das formalidades e tempos, possibilitem o abuso de direito, por qualquer das partes em detrimento da outra, bem assim uma extensão desarrazoada da duração do feito e uma majoração de seus custos, sejam individuais, sejam sociais[31] [32].

Ao credor trabalhista – em regra conceitualmente considerando como um hipossuficiente econômico – estas razões muitos mais se lhe aplicam. Não se pode negar, a partir de uma perspectiva instrumental, que o direito processual não existe como um fim em si mesmo, mas antes serve à própria realização do direito material.

No caso específico do direito material, em razão de sua própria construção histórica e manutenção na sociedade atual, é verificada a inexistência de iso-

---

29 TUCCI, José Rogério Cruz e. *Tempo e processo*: uma análise empírica das repercussões do tempo na fenomenologia processual (civil e penal). São Paulo: Revista dos Tribunais, 1997, p.11.

30 PIMENTA, José Roberto Freire. A nova competência da justiça do trabalho para lides não decorrentes da relação de emprego: aspectos processuais e procedimentais. *In:* COUTINHO, Grijalbo Fernandes; FAVA, Marcos Neves (Coords.). *Justiça do trabalho*: competência ampliada. São Paulo: LTr, 2005, p.261-263.

31 COMOGLIO, Luigi Paolo. Il "giusto processo" civile in Italia e in Europa. *Revista de Processo*, n.116, ano 29. São Paulo: Revista dos Tribunais, jul./ago. 2004, p. 151.

32 ITALIA. *Costituzione della Repubblica Italiana.*, "art. 111. La giurisdizione si attua mediante il giusto processo regolato dalla legge. Ogni processo si svolge nel contraddittorio tra le parti, in condizioni di parità, davanti a giudice terzo e imparziale. La legge ne assicura la ragionevole durata. [...]". Disponível em: <http://www.governo.it>. Acesso em: 02 set. 2011. ("A jurisdição será atuada por intermédio de um processo justo regulado por lei. Cada processo se desenvolve no contraditório entre as partes, em igualdade de condições, perante um juiz independente e imparcial. A lei lhes assegura uma duração razoável [...]" – tradução nossa).

nomia material entre os atores da relação contratual principal (o contrato de emprego), o que projeta efeitos reflexos na posterior ou contemporânea relação processual especialmente quanto à duração razoável do processo.

Quando se trata no direito material de créditos alimentares – vale dizer, créditos indispensáveis, por definição, à subsistência própria e familiar do credor –, o princípio da duração razoável, na relação processual que lhe seja decorrente, deve ser preenchido preponderantemente pelo valor da celeridade processual. Em breves palavras, para o credor trabalhista, razoável é célere.

Logo, o princípio da eficiência direciona os órgãos judiciais a potencializar, na melhor medida possível de acordo com as circunstâncias fáticas e jurídicas e da forma mais célere, os procedimentos e técnicas idôneas a obter a solução ótima à consecução do pleno acesso à Justiça e a concretização de direitos fundamentais.

Em consonância direta com o cânone da eficiência no processo, a nova regra processual comum, segundo a qual "na ausência de normas que regulem processos [...], trabalhistas [...], as disposições deste Código lhes serão aplicadas supletiva e subsidiariamente (atual redação do Novo CPC, art. 15º)", há de ser interpretada, em sua compatibilidade com a norma celetista (específica em relação ao direito material discutido) pela qual "nos casos omissos, o direito processual comum será fonte subsidiária do direito processual do trabalho, exceto naquilo em que for incompatível com as normas deste Título (CLT, art. 769)", que reflete precisamente as circunstâncias próprias do processo laboral, vocacionado a garantir a específica tutela garantidora da própria subsistência do trabalhador e de sua família.

A celeridade é um valor a ser perseguido especialmente no processo do trabalho, como decorrência necessária dos princípios constitucionais da eficiência e da duração razoável do processo, no sentido de potencializar, na melhor medida possível de acordo com as circunstâncias fáticas e jurídicas, os meios idôneos a obter a solução ótima à consecução do interesse público e a concretização de direitos fundamentais, o que implica na solução efetivamente mais rápida, sem prejuízo de um processo justo.

Não há, portanto, na perspectiva da aplicação do princípio da eficiência no processo do trabalho, direito de nenhuma parte à dilação processual, mas sim à concretização das garantias mínimas e invioláveis de um processo justo – o que pode lhe ser assegurado, conforme as circunstâncias, de forma célere. Estas premissas permitem identificar o que cabe ou não ser adotado do novo Código de Processo Civil em caráter supletivo e subsidiário no processo do trabalho.

A título de ilustração deste modelo interpretativo da subsidiariedade das novas regras processuais, à luz do princípio constitucional da eficiência, é possível analisar a compatibilidade do dispositivo segundo o qual "os juízes e os tribunais deverão obedecer à ordem cronológica de conclusão para proferir sentença ou acórdão (Novo CPC, art. 12, *caput*)".

A partir da experiência do cotidiano forense, é possível deduzir que o eventual não enquadramento nas exceções previstas nos diversos incisos deste artigo possa acarretar que inúmeros processos de natureza simples tenham sua rápida solução (algumas poucas horas, por exemplo) obstada pela existência de um único processo de natureza complexa, que demande tempo razoável (dez dias, por exemplo) à prolação da sentença. Todos aqueles primeiros serão represados na espera da solução desta última lide.

Neste caso, na perspectiva do conjunto de litigantes envolvidos, o Poder Judiciário não estará empregando o procedimento idôneo a obter a solução ótima à consecução do pleno acesso à Justiça e a concretização de direitos fundamentais.

Aliás, é possível que sequer o sacrifício de uma maioria de litigantes repercuta no benefício do litigante isolado na lide complexa, pois o tempo razoável à solução de sua lide muitas vezes pode ser consequência da necessidade de amadurecimento pelo magistrado acerca da decisão a ser tomada, circunstância absolutamente independente da existência (ou não) de processos outros a julgar.

Há aqui, inequivocamente, violação do princípio constitucional da eficiência, cuja concretização no particular, de acordo com as circunstâncias fáticas e jurídicas e da forma mais célere, cabe à avaliação do juiz no que tange à melhor administração da ordem de julgamento.

Não é demais lembrar que os excessos de prazo para além de limites de razoabilidade em qualquer hipótese são submetidos à atuação das Corregedorias e do próprio Conselho Nacional de Justiça, da mesma forma que o seria o descumprimento da ordem de prolação que o dispositivo processual civil impõe.

Deste modo, adotando-se o princípio da eficiência como vetor de interpretação da norma processual celetista e critério para aplicação subsidiária do novo Código de Processo Civil, não se reconhece compatibilidade do art. 12 deste último diploma com as regras do processo do trabalho.

7. CONCLUSÕES

Diante do quanto exposto, é possível concluir que:

7.1. O pós-positivismo jurídico, portanto, propiciou as condições necessárias a que os princípios passassem a desempenhar um papel de importância capital diante da insuficiência do modelo positivista em apresentar respostas satisfatórias pelo método tradicional da interpretação por subsunção.

7.2. O novo papel do juiz no pós-positivismo jurídico implica em uma tarefa constantemente depurativa das regras de argumentação, de modo a otimizar a racionalidade da fundamentação das decisões, especialmente quando aplicados princípios como espécies normativas.

7.3. No campo específico do direito administrativo, os novos influxos do setor privado podem influenciar em um direcionamento da atuação estatal para a concretização de direitos fundamentais e a democratização do acesso à Administração Pública.

7.4. No quadro pós-positivista, o princípio da eficiência administrativa se apresenta como um dos critérios de controle deste poder discricionário redesenhado. Trata-se de avaliar se, no exame da conveniência e da oportunidade em favor da sociedade, o agente público potencializou, na melhor medida possível, de acordo com as circunstâncias fáticas e jurídicas que envolviam o caso concreto, os meios idôneos para a efetivação da solução que melhor atenda ao interesse público.

7.5. A eficiência aparelha o Poder Judiciário para consecução do acesso à Justiça como objetivo imediato e a concretização de direitos fundamentais como finalidade mediata. A eficiência na função jurisdicional aqui se conforma no Estado-juiz, enquanto Administração Pública, no exercício de sua própria atividade-fim – ou seja, na resolução do conflito no caso concreto –, prestar a jurisdição com atenção, em termos macro, às diferentes demandas da sociedade, fomentando a realização ou mesmo realizando o papel do Estado de transformador social ao concretizar direitos fundamentais.

7.6. A eficiência aplicada ao Poder Judiciário normatiza as razões de política judiciária que informam a necessidade de favorecer o acesso à Justiça, trazendo-as à consideração no mesmo patamar que outros padrões de argumentação. A margem jurídico-pragmática decorrente da inserção expressa do princípio constitucional da eficiência permite que o juiz considere as decorrências sistêmicas de suas decisões, pela jurisdicização de considerações práticas, sem que seja possível reconhecer tal argumentação como de natureza extrajurídica.

7.7. Quando analisados sob a perspectiva do processo do trabalho, o princípio da eficiência, enquanto autêntico vetor de intepretação da norma processual, deve também funcionar como um filtro que restrinja a adoção das regras do novo Código de Processo Civil e do correspondente modelo colaborativo, em caráter subsidiário e supletivo, na medida em que elas não guardem compatibilidade com as diretrizes fundamentais do ramo processual laboral, em que se prestigia o valor celeridade em favor do credor trabalhista.

7.8. Em consonância direta com o cânone da eficiência no processo, a nova regra processual comum, segundo a qual "na ausência de normas que regulem processos [...], trabalhistas [...], as disposições deste Código lhes serão aplicadas supletiva e subsidiariamente (Novo CPC, art. 15º)" há de ser interpretada, em sua compatibilidade com a norma celetista pela qual "nos casos omissos, o direito processual comum será fonte subsidiária do direito processual do trabalho, exceto naquilo em que for incompatível com as normas deste Título (CLT, art. 769)".

8. REFERÊNCIAS

ALEXY, Robert. *Teoria dos direitos fundamentais*. Traduzido por Virgílio Afonso da Silva. São Paulo: Malheiros, 2008.

BATISTA JÚNIOR, Onofre Alves. *Princípio constitucional da eficiência administrativa*. Belo Horizonte: Mandamentos, 2004.

BEDAQUE, José Roberto dos Santos. *Direito e processo*: influência do direito material sobre o processo. 4.ed. rev. e ampl. São Paulo: Malheiros, 2006.

BINENBOJM, Gustavo. *Uma teoria do direito administrativo*: direitos fundamentais, democracia e constitucionalização. 2.ed. rev. e atual. Rio de Janeiro: Renovar, 2008.

BOTTINI, Pierpaolo Cruz. *A justiça do trabalho e a reforma do judiciário*. In: CHAVES, Luciano Athayde (org.). *Direito processual do trabalho*: reforma e efetividade. São Paulo: LTr, 2007.

CAPPELLETTI, Mauro; GARTH, Bryant. *Acesso à justiça*. Traduzido por Ellen Gracie Northfleet. Porto Alegre: Sergio Antonio Fabris, 1988.

COMOGLIO, Luigi Paolo. *Il "giusto processo" civile in Italia e in Europa*. Revista de Processo, n.116, ano 29. São Paulo: Revista dos Tribunais, jul./ago. 2004.

DWORKIN, Ronald. *Levando os Direitos a Sério*. Traduzido por Jefferson Luiz Camargo. 2.ed. São Paulo: Martins Fontes, 2007.

LEAL, Fernando. Propostas para uma abordagem teórico-metodológica do dever constitucional de eficiência. *Revista Eletrônica de Direito Administrativo Econômico (REDAE)*, Salvador, Instituto Brasileiro de Direito Público, nº 15, agosto/setembro/outubro, 2008. Disponível em: <http://www.direitodoestado.com.br/redae.asp>. Acesso em: 15 dez. 2013.

LUDWIG, Guilherme Guimarães. *Processo trabalhista eficiente*. São Paulo: LTr, 2012.

MERRYMAN, John Henry; PÉREZ-PERDOMO, Rogelio. *A tradição da civil law*: uma introdução aos sistemas jurídicos da Europa e da América Latina. Traduzido por Cássio Casagrande. Porto Alegre: Fabris, 2009.

MODESTO, Paulo. Notas para um debate sobre o princípio constitucional da eficiência. *Revista eletrônica de direito administrativo econômico (REDAE)*, Salvador, Instituto Brasileiro de Direito Público, n.10, maio/junho/julho, 2007. Disponível em: <http://www.direitodoestado.com.br/redae.asp>. Acesso em: 15 dez. 2013.

MOREIRA NETO, Diogo de Figueiredo. *Quatro paradigmas do direito administrativo pós-moderno*: legitimidade, finalidade, eficiência, resultados. Belo Horizonte: Fórum, 2008.

PIMENTA, José Roberto Freire. A nova competência da justiça do trabalho para lides não decorrentes da relação de emprego: aspectos processuais e procedimentais. In: COUTINHO, Grijalbo Fernandes; FAVA, Marcos Neves (Coords.). *Justiça do trabalho*: competência ampliada. São Paulo: LTr, 2005, p.261-263.

____; PORTO, Lorena Vasconcelos. Instrumentalismo substancial e tutela jurisdicional civil e trabalhista: uma abordagem histórico-jurídica. *Revista do Tribunal Regional do Trabalho da 3ª Região*. Belo Horizonte, n.73, jan./jun. 2006.

ROCHA, Cármen Lúcia Antunes. *Princípios constitucionais da administração pública*. Belo Horizonte: Del Rey, 1994.

SANTOS, Boaventura de Sousa. *Pela mão de Alice*: o social e o político na pós-modernidade. 12.ed. São Paulo: Cortez, 2008.

SOARES, Ricardo Maurício Freire. *Curso de introdução ao estudo do direito*. Salvador: Juspodivm, 2009.

TUCCI, José Rogério Cruz e. Tempo e processo: uma análise empírica das repercussões do tempo na fenomenologia processual (civil e penal). São Paulo: Revista dos Tribunais, 1997.

Capítulo 7
O PRINCÍPIO DO CONTRADITÓRIO NO NOVO CÓDIGO DE PROCESSO CIVIL. APROXIMAÇÕES CRÍTICAS

Guilherme Guimarães Feliciano[1]

SUMÁRIO: 1. INTRODUÇÃO. O CONTRADITÓRIO E SUAS NUANCES; 2. O CONTRADITÓRIO NO NOVO CÓDIGO DE PROCESSO CIVIL (I): AVANÇO OU RETROCESSO?; 3. O CONTRADITÓRIO NO NOVO CÓDIGO DE PROCESSO CIVIL (II): APEGOS LIBERAIS; 4. A "DUE PROCESS CLAUSE" ENTRE A JUSTIÇA E A DEMOCRACIA; 5. REPENSANDO O CONTRADITÓRIO EM PERSPECTIVA JUSFUNDAMENTAL; 6. À GUISA DE CONCLUSÃO; 7. REFERÊNCIAS BIBLIOGRÁFICAS.

1. INTRODUÇÃO. O CONTRADITÓRIO E SUAS NUANCES

A *garantia do contraditório* — ou, como se queira, o *princípio do contraditório* — tem, como se sabe, índole constitucional, ubicando no artigo 5º, inciso LV, da Constituição Federal. E é assim, ademais, nos mais significativos sistemas jurídicos ocidentais. Mas qual a real extensão desta garantia, no plano ideal? E qual a sua possibilidade de inflexão diante de outros valores?

Em particular, impressiona-nos o fato de que, no caso dos *títulos executivos* (notadamente os judiciais), o contraditório seja historicamente diferido para o momento dos embargos do devedor (v. artigos 736 a 739-A do Código Buzaid), enquanto em outros contextos se identifique, nos mais variegados nichos de doutrina, uma defesa quase fetichista de um contraditório prévio, pleno e intocável. OVÍDIO BAPTISTA identifica essa distorção com a própria origem burguesa dos códigos liberais[2], privilegiando a propriedade e os negócios. Tornadas excepcionais as medidas liminares de mérito sem prévio contraditório (tendência que se observou acerca do próprio artigo 273 do CPC), todos os procedimentos tornam-se "ordinários" (= "ordinarização" do sistema processual) — cognição exauriente e plenitude de defesa passam a se corresponder[3] — e todo instrumento que fuja a esse padrão passa a ser visto como autoritário.

---

1 Professor Associado II do Departamento de Direito do Trabalho e da Seguridade Social da Faculdade de Direito da Universidade de São Paulo. Livre-Docente e Doutor pela Universidade de São Paulo. Diretor de Prerrogativas e de Assuntos Jurídicos da Associação Nacional dos Magistrados da Justiça do Trabalho (2013-2015). Juiz Titular da 1ª Vara do Trabalho de Taubaté/SP.

2 *Processo e Ideologia*, p.112.

3 *Idem*, p.114. A ideia é retomada com grande ênfase adiante, à p.128: "*A imprudência cometida pelo legislador brasileiro ao inscrever em texto constitucional o pressuposto da 'plenitude da defesa' — exclusivo do*

A própria urgência nas tutelas preventivas justifica e autoriza, do ponto de vista constitucional, hipóteses de *contraditório eventual* e *diferido*[4]. No contraditório diferido, conquanto as posições das partes não se alterem, o juiz está autorizado a desde logo julgar o mérito da causa ou da questão, sob a forma de uma decisão provisória, com inversão de fases: a parte afetada poderá exercer o contraditório, mas *após* a decisão tomada, podendo o juiz revê-la adiante (assim, *e.g.*, ao tempo da sentença final de mérito, tanto nas liminares cautelares como nas liminares antecipatórias dos efeitos da tutela de mérito). É o que se passa com as antecipações dos efeitos da tutela de mérito (artigo 273 do CPC), conquanto alguns entendam que o seu deferimento *"in limine litis"* (i.e., antes do contraditório) deveria ser excepcional. Engano: a rigor, **as antecipações de tutela são de cognição *"prima facie"* e têm natureza executiva, trasladando para o direito brasileiro a *tutela interdital* desenvolvida pelos romanos a partir do período formulário**. Mas, a fim de manter a coerência retórica do sistema (não a lógica, diz BAPTISTA[5]), tais decisões são formalmente vazadas em decisões interlocutórias, internalizadas em um processo maior que caminha para uma sentença final, mais ampla e definitiva ("ordinária").

No contraditório eventual, ao revés, não se invertem fases processuais, mas as posições das partes no processo: elimina-se o contraditório do interior de um certo procedimento, transferindo-o ora para uma ação incidental (vejam-se, *e.g.*, os embargos do devedor nas execuções de títulos extrajudiciais), ora para uma ação independente, de caráter geral ou especial (o que se dá, *e.g.*, nas ações possessórias, nas ações de desapropriação e outrora na busca e apreensão do DL n. 911/1969).

O próprio legislador federal ordinário poderia regular tais hipóteses com maior regularidade e generosidade, visando um sistema processual infraconsti-

---

processo criminal, na tradição do direito brasileiro —, eliminou as formas mais significativas do 'princípio do contraditório' reduzindo-o ao 'contraditório prévio', próprio da ordinariedade, ou seja, limitou o campo de nosso direito processual apenas ao procedimento da actio romana. [...] Aos menos atentos, porém, é bom recordar que essa redução não alcança os privilégios de que é fértil o sistema brasileiro, limitando-se a 'ordinarizar' exclusivamente o procedimento plebeu, regulado pelo Código, sem interferir na legião incontável de ações e procedimentos privilegiados que gravitam ao redor do sistema, através de leis extravagantes. Essa é uma marca ideológica impagável". Veja-se p.ex., no Brasil, o DL n. 911/1969, que permitiu aos proprietários fiduciários — em geral bancos e financeiras — a busca e apreensão do bem alienado fiduciariamente, que é *"processo autônomo e independente de qualquer procedimento posterior"* (artigo 3º, §8º, na numeração da Lei n. 10.931/2004), com possibilidade de medida liminar e um espectro contraditório que originalmente se restringia ao direito de alegar o *"pagamento do débito vencido ou o cumprimento das obrigações contratuais"* (artigo 3º, §2º, na redação original), o que reputávamos inconstitucional (G. G. Feliciano, *Tratado...*, *passim*). No entanto, os peremptórios termos do antigo parágrafo 2º do artigo 3º foram eliminados pela Lei n. 10.931/2004 (já a destempo, diga-se: mais de quinze anos após a promulgação da CRFB/1988).

4   Cf. Ovídio Baptista, *Processo e Ideologia*, pp.151-164. E o novo CPC o reconhece, excepcionalmente.
5   *Idem*, p.153.

tucional mais compromissado com a celeridade e a efetividade. É, aliás, precisamente essa a sede onde os princípios constitucionais — na espécie o devido processo legal, na sua dimensão substantiva (modulando a dimensão adjetiva) — cumprem melhor o seu papel *normogenético*. O mesmo se esperaria, outrossim, nas chamadas "tutelas de evidência": fere a razoabilidade e o próprio princípio da cooperação processual que, sendo evidente o direito e a sua violação, goze ainda o devedor do direito de somente ser instado a honrá-lo após deduzir toda a sua defesa, com todos os *"recursos a ela inerentes"* (artigo 5º, LV, da CRFB), a despeito do tempo que assim se consumirá. No processo laboral brasileiro, é o que hoje se vê em relação a empresas tomadoras de serviço que se recusam a quitar o débito rescisório líquido, por um suposto benefício de ordem (v. Súmula n. 331, IV, do TST), embora em audiência já admitam a demissão do empregado, a inadimplência rescisória e o estado pré-falimentar da empresa prestadora[6].

Não parece ser esse, entretanto, um caminho convicto para o legislador brasileiro. Vejamos.

2. O CONTRADITÓRIO NO NOVO CÓDIGO DE PROCESSO CIVIL (I): AVANÇO OU RETROCESSO?

Em 17 de dezembro de 2014, aprovou-se em definitivo, no Senado Federal, o **novo Código de Processo Civil**, a partir do PLS n. 166/2010 (que, na Câmara dos Deputados, tramitara como PL n. 6.025/2010).

Entre alguns ganhos "ideológicos" do novo CPC, realce-se a assimilação da simplicidade e da informalidade processual, na linha do que sempre vigorara no âmbito do processo laboral, desde a década de quarenta do século passado (veja-se, por todos, a expressa redação do artigo 840, §1º, da CLT, e compare-se, p.ex., com a redação do artigo 282 do Código Buzaid). Nessa linha, elimina-se grande número de incidentes processuais previstos no Código de 1973. De outra parte, sedimentam-se claras regras de valorização do resultado do processo, conferindo concreção aos princípios constitucionais da efetividade e da celeridade processual.

---

6 Em casos como esse, no exercício da jurisdição, temos invocado a norma do artigo 273, I, do CPC para determinar à empresa tomadora, em prazo curto e razoável, o depósito judicial do valor da rescisão, para imediata liberação ao trabalhador, sob pena de constrição patrimonial antecipada para esse fim (inclusive com bloqueio eletrônico de contas correntes bancárias). Cf., *e.g.*, o Processo n. 00561-2008-009-15-00-0, da 1ª Vara do Trabalho de Taubaté/SP, e tantos outros semelhantes, em que figurava como empregadora a empresa Estrela Azul Serviços de Vigilância, Segurança e Transporte de Valores Ltda. ¾ então em fase de recuperação judicial (i.e., estado pré-falimentar) ¾ e como tomadores de serviços diversas instituições bancárias estabelecidas na jurisdição. Em grau de recurso ou *mandamus*, o tribunal regional ora manteve tais decisões, ora as reformou, total ou parcialmente; e, quando as reformou, não raro o fez ao argumento singelo de que a execução provisória, no processo do trabalho, vai apenas até a penhora (artigo 899 da CLT e Súmula n. 417, III, do TST)...

De outro turno, no que respeita às tutelas provisórias, o novo Código sistematiza-as como tutelas de urgência e de evidência, prevendo mecanismos de estabilização das medidas de antecipação liminar satisfativas, por um lado, e retirando-se a autonomia do processo cautelar, por outro. As medidas cautelares passam a ser concedidas, de modo antecedente ou incidental, no bojo do processo principal, i.e., daquele em que se discutem as pretensões ao bem da vida.

E, conquanto exatamente neste ponto — tutelas provisórias — veja-se, no novo texto legislativo, autorização para diferimento do contraditório, chama a atenção o fato de que, em vários outros contextos (que podem envolver similar grau de urgência ou evidência, ainda que não deduzidas nesses termos), a opção legal tenha sido pelo *resguardo dogmático e inflexível do contraditório*, para além do razoável, retrocedendo em relação ao padrão de instrumentalidade do próprio Código Buzaid (com o risco de transtornar ambientes processuais particularmente dinâmicos, como é o processo do trabalho, jungido à subsidiariedade do Código de Processo Civil, seja pelos termos do artigo 769 da CLT, seja pelos termos do artigo 15 do novel CPC).

Já era assim, ademais, no texto aprovado pela Câmara dos Deputados. O PL n. 6.025/2010 introduzia no sistema processual civil brasileiro a obrigatoriedade de se oportunizar a manifestação prévia da parte interessada *antes de qualquer decisão judicial que possa afetar o seu interesse* (vide os respectivos artigos 9º, 10, 301, 469, par. único, etc[7]), *inclusive* em casos de matéria de cognição incondicionada (= conhecimento *"ex officio"*). Onde o contraditório fora até então *diferido* (à luz do CPC de Buzaid), sem quaisquer transtornos (mesmo porque, em residuais hipóteses de nulidade, sempre houve a possibilidade de recurso à instância seguinte), passa a ser, agora, um contraditório *obrigatório, prévio* e *pleno*. Outra vez o fenômeno da "ordinarização" procedimental (i.e., da "normalização" dos diversos ritos procedimentais pela régua do procedimento ordinário), agora no regime jurídico da solução das objeções processuais, tornando o processo civil *mais burocrático* e *menos efetivo*, ao menos nesta parte.

Faz todo sentido pensar em contraditório obrigatório, prévio e pleno antes da aniquilação objetiva de direitos materiais, mormente em sede de tutela de direitos humanos fundamentais. Mas torná-lo regra quase absoluta, ao ensejo de qualquer ato judicial decisório — ainda que sobre matéria processual —,

---

7 Os preceitos citados reproduziam, por sua vez, a redação aprovada primeiramente no Senado Federal (PLS n. 166/2010, na primeira votação perante o Senado). No artigo 10, *e.g.*, lê-se que "[o] *juiz não pode decidir, em grau algum de jurisdição, com base em fundamento a respeito do qual não se tenha dado às partes oportunidade de se manifestar, ainda que se trate de matéria a qual tenha que decidir de ofício"*. Essa redação foi parcialmente atenuada no relatório-geral do Senador VALTER PEREIRA (PMDB), que propôs acrescentar, em parágrafo único, os seguintes dizeres: *"O disposto no caput não se aplica aos casos de tutela de urgência e nas hipóteses do art. 307"*. Não se resolve, porém, a questão das objeções processuais. Ressalta-se que no texto final do NCPC não foi incluído o referido parágrafo único.

parece conter desproporcionalidades. A simples positivação do princípio da cooperação (artigo 6º do NCPC) comandaria melhor a questão, sem necessidade de quaisquer outros preceitos, apreciando-se caso a caso a necessidade de um contraditório prévio eventual.

3. O CONTRADITÓRIO NO NOVO CÓDIGO DE PROCESSO CIVIL (II): APEGOS LIBERAIS

Em verdade, todas essas dificuldades de concepção residem na cultura judiciária dominante, que apenas se reflete na resistência do legislador ordinário. Isso porque haveria muitos caminhos hermenêuticos para "redescobrir" um processo civil liberto das amarras liberais; a questão maior será saber como — e se — ganharão força e ensejo.

Com efeito, a concepção do direito liberal-formal coloniza o pensamento jurídico a partir das universidades e das próprias escolas de magistratura. Forma-se o *juiz enunciador da lei*, que não precisa e nem quer buscar alternativas para o modelo tradicionalmente dado, e que não tem maiores compromissos com a renovação da ordem jurídica processual para a efetiva garantia da ordem jurídica material. *Apesar* da tutela processual interdital introduzida pela Lei n. 8.952/1994 no CPC, na nova redação do artigo 273 do Código Buzaid, apta à concessão *"in limine litis"*, não eram poucos os juízes convictos em *jamais* a deferir antes de aparelhar o contraditório (o que significava, também ali, "ordinarizar" a tutela preventiva ou de evidência)[8], perfilhando pontos de vista restritivos que ecoaram até mesmo no STF[9]. Da mesma forma, *apesar* do poder geral de cautela conferido pelos artigos 798 e 799 do CPC de 1973, juízes tinham inapelável preferência pelas *ações cautelares nominadas* — porque a descrição legal dos pressupostos facilita o trabalho intelectivo, reduzindo-o à mera subsunção formal —, ao passo que diversos juristas sequer concebiam a possibilidade de o poder geral de cautela ser exercitado *"ex officio"* (o mesmo se

---

8 Para BERMUDES, "[o] *juiz, todavia, em nenhuma hipótese a concederá liminarmente, ou sem audiência do réu, que terá oportunidade de se manifestar sobre o pedido, na contestação, caso ele tenha sido formulado na inicial, ou no prazo de cinco dias (art. 185), se feito em petição avulsa"* (Sérgio Bermudes, Inovações do CPC, 2ª ed., Rio de Janeiro, Forense, 1995, p.13).

9 O finado Min. MENEZES DIREITO, antes de ser nomeado para o STF, assim decidira no STJ: *"Ainda que possível, em* **casos excepcionais***, o deferimento liminar da tutela antecipada, não se dispensa o preenchimento dos requisitos legais, assim a "prova inequívoca", a "verossimilhança da alegação", o "fundado receio de dano irreparável", o "abuso de direito de defesa ou o manifesto propósito protelatório do réu", ademais da verificação da existência de "perigo de irreversibilidade do provimento antecipado", tudo em despacho fundamentado de modo claro e preciso. O despacho que defere liminarmente a antecipação de tutela com apoio, apenas, na demonstração do 'fumus boni iuris' e do 'periculum in mora' malfere a disciplina do artigo 273 do CPC, à medida que deixa de lado os rigorosos requisitos impostos pelo legislador para a salutar inovação trazida pela Lei 8.952/94. Recurso especial não conhecido"* (STJ, REsp n. 131.853, 3ª T., rel. Min. CARLOS ALBERTO MENEZES DIREITO).

dando com a tutela antecipada, mesmo em casos de incontrovérsia real ou ficta do pedido, e apesar do que dispôs o par. 6º do artigo 273 do CPC de 1973, sob a redação da Lei n. 10.444/2002).

O perfil do juiz enunciador da lei corresponde, afinal, àquele perfil que ROMANI identificou como o do "juiz dogmático": o seguidor do método do culto ortodoxo da lógica formal-abstrata ditada pelo legislador, que — na dicção do autor — *"em nada contribui para o Direito novo, próprio do pretor urbano da antiga Roma, mais próximo a cada tempo da verdadeira justiça, aquela coerente com os direitos naturais do povo, que é o mais legítimo credor da prestação jurisdicional"*[10]. Mesmo na análise constitucional, guia-se amiúde — disso consciente ou não — pela *hermenêutica originalista* da tradição norte-americana (a que metodologicamente corresponde, *grosso modo*, a "teoria da interpretação lógica ou mecanicista do direito" de BOBBIO[11]), que pressupõe **(i)** o absoluto respeito à letra do texto constitucional e à vontade histórica do constituinte; **(ii)** o exclusivo manejo, pelo intérprete/aplicador, de "princípios neutros" — dir-se-ia quase formais —, como o princípio da legalidade estrita e o princípio da isonomia formal, que não lhe impõem acessar elementos extrassistemáticos (como imporiam, *e.g.*, princípios ou fundamentos como "valor social do trabalho", "dignidade da pessoa humana" ou "democracia econômica e social"); **(iii)** a circunscrição tópica da atividade hermenêutica ao previsto como possível pelo constituinte histórico, sob pena de malferimento à soberania popular (que acometeu às assembleias constituintes — e não aos tribunais — a elaboração da Constituição); e **(iv)** a renúncia à ideia de discricionariedade hermenêutica (i.e., o juiz não tem "vontade" no ato de julgar, nem lhe é dado modificar ou "atualizar" os textos constitucionais)[12].

Tal perspectiva reverencia um mundo estereotipado que arrebatou o pensamento político até os oitocentos, mas depois foi superado. Deste ponto, convém sacar a crítica específica.

4. A *"DUE PROCESS CLAUSE"* ENTRE A JUSTIÇA E A DEMOCRACIA

Antes de seguir com a análise do princípio do contraditório — e de acenar com as soluções para o modelo de clausura que o novo CPC anuncia —, convirá uma reflexão de ordem jurídico-filosófica

---

10 Dagoberto Romani, *"O juiz, entre a lei e o direito"*, in *Revista dos Tribunais*, São Paulo, Revista dos Tribunais, jul./1998, n. 633, p.236.

11 Norberto Bobbio, *O positivismo jurídico: lições de Filosofia do Direito*, trad. Márcio Pugliesi, Edson Bini, Carlos E. Rodrigues, São Paulo, Ícone, 1995, pp.211-222 e 237. Com BOBBIO, bem se entende que essa perspectiva — comum ao conceitualismo e aos vários positivismos — reconhece na jurisprudência *"atividade puramente* declarativa *ou* reprodutiva *de um direito preexistente, isto é, no conhecimento puramente passivo e contemplativo de um objeto já dado"* (p.211). De nossa parte, ajustar-nos-íamos ao que BOBBIO designa como "gnoseologia de tipo *realista*" (porque tributária do "realismo jurídico"): o ato de julgar *"consiste numa atividade que é também* criativa *ou* produtiva *de um novo direito, ou seja, no conhecimento ativo de um objeto que o próprio sujeito cognoscente contribui para produzir"* (pp.211-212).

12 Cf. Néstor Pedro Sagüés, *La interpretación judicial de la Constitución*, Buenos Aires, Depalma, 1998, p.101.

Como disséramos alhures, noutros escritos, todo ato de julgar consubstancia um *ato de vontade comunicativa* (e, mais, um *ato de criação*), em que o juiz externaliza inclusive as suas convicções e ideologias (ainda que essa ideologia seja o entendimento de que deve apenas "reproduzir" a vontade histórica do legislador). A dicção da chiovendiana "vontade concreta da lei" depende da *vontade subjetiva* do magistrado, o que explica e justifica as inflexões do *"procedural due process"*. muitas das quais já assimiladas ou em vias de assimilação pela jurisprudência dos tribunais superiores, em moldes que jamais se veriam há trinta ou cinquenta anos. E, diga-se, inflexões hermeneuticamente plasmadas sob as mesmas leis que regiam o processo àquela altura.

Daí porque aderíamos a ARTHUR KAUFMANN e recusávamos a hipótese do "juiz autômato da lei", destituído de vontade juridicamente relevante. Isso porque a hipótese é fenomenicamente *impossível*: há que reconhecer, com BOBBIO, que

> "a interpretação do direito feita pelo juiz não consiste jamais na simples aplicação da lei com base num procedimento puramente lógico. Mesmo que disto não se dê conta, para chegar à decisão ele deve sempre introduzir avaliações pessoais, fazer escolhas que estão vinculadas ao esquema legislativo que ele deve aplicar"[13].

E destacávamos, no mesmo encalço, que a *segurança jurídica* não se obtém com a automatização dos juízos, mas com o reconhecimento dogmático dos *limites* do sistema, a serem esclarecidos e estabilizados de modo racional e discursivo, sem prejuízo da mobilidade e da abertura sistêmicas. Daí ser dado ao magistrado expressar-se como ser sociopolítico, sem renunciar às suas convicções pessoais e aos elementos de cultura que configuraram sua visão de mundo. É um seu *direito*:

> "los miembros de la judicatura gozarán de las **libertades de expresión, creencias,** asociación y reunión, con la salvedad de que, en el ejercicio de esos derechos, los jueces se conducirán en todo momento de manera que preserve la dignidad de sus funciones y la imparcialidad e independencia de la judicatura" (princípio n. 08 dos *Princípios Básicos relativos à Independência da Judicatura* — ONU, 1985 [*g.n.*]).

E, em certo sentido, é também um seu *dever*. Isto porque **o seu "sentimento de direito" (*"Rechtsgefühl"*) deve provir de sua visão de mundo, para transparecer como tal, no plano discursivo, ao tempo e modo da decisão que prolata** (artigo 93, IX, da CRFB). Eis, afinal, o que assegura ao Poder Judiciário o seu gradiente de *democracia*, notadamente nos países em que o ingresso na Magistratura não se dá por eleições gerais (como em geral nos países de *"common law"*, sob mandatos vitalícios ou temporários), mas por concursos públicos ou outros modos seletivo-meritórios de acesso (como em geral nos países de *"civil law"*, em que de regra se seguem carreiras profissionais).

---

13 Noberto Bobbio, *O positivismo...*, p.237.

A concepção do *"judicial law-making"* não é, de resto, antimajoritária ou antidemocrática, como geralmente se supõe e inclusive se sustenta em espaços acadêmicos[14]. As orações acima negritadas já revelam os elementos pelos quais a atividade jurisdicional logra democratizar-se e reinventar-se a todo tempo:

> **(a)** a **liberdade de convicção técnico-jurídica** (a Democracia pressupõe a pluralidade, e o que garante ao cidadão que o mais humilde juiz do mais distante rincão não estará tecnicamente vinculado à visão de mundo e direito que domina na mais alta corte judiciária do país é a sua liberdade de convicção técnico-jurídica: suas decisões não se sujeitam a um modelo autocrático e antidemocrático de reprodução mecânica de súmulas de jurisprudência, a não ser por expressa ressalva constitucional[15]);
>
> **(b)** a **publicidade das decisões** (a Democracia pressupõe a possibilidade de controle público da autoridade constituída, para cujo fim não há melhor instrumento que a irrestrita publicidade dos atos de império, vicejante em praticamente todos os sistemas judiciários, a não ser por expressa ressalva constitucional[16]);
>
> **(c)** a **fundamentação das decisões** (a Democracia pressupõe informação e contraditório, para o que é indispensável, nos sistemas judiciários em geral, que os interessados conheçam e compreendam as razões pelas quais a pretensão deduzida foi ou não acolhida).

Observe-se que todos os atributos acima reportados — liberdade de convicção técnico-jurídica (vinculada à própria ideia de independência judicial), publicidade processual e fundamentação judicial — são corolários do *"procedural due process"*. Não é demais afirmar, portanto, que a *"due process clause"* é, por assim dizer, uma das vigas-mestras de sustentação dos regimes democráticos contemporâneos.

Mas não é só. Contrapondo essa mesma objeção acerca do caráter antidemocrático e antimajoritário de um sistema judiciário com aptidões criativas (aliás, *"a mais grave de todas"*), CAPPELLETTI vai além e esclarece, a propósito, o seguinte:

> **(d)** a rigor, mesmo os poderes normativos exercitados pela Administração Pública e pelos parlamentos não gozam, em termos realmente autorais, de plena legitimidade democrática, já que geralmente a atividade normativa é capitaneada por "colégios de burocratas" e condicionada por uma série de alianças e subserviências políticas que não têm qualquer respaldo no voto popular (sequer indiretamente, já que são funções constitucionais indelegáveis). São os juízes, ao revés, os que em tese logram guardar dessas ingerências políticas e burocráticas a distância mais segura, já que pouco dependem de conjunturas políticas e arranjos administrativos (ao menos

---

14 Cf., *e.g.*, John Hart Ely, *Democracry...*, 1980, *passim*; ou ainda, Ran Hirschl, *Towards Juristocracy*, *passim*.

15 Como se deu, no Brasil, com o advento da EC n. 45/2004 e a instituição das súmulas vinculantes no âmbito do STF (artigo 103-A da CRFB).

16 No Brasil, artigo 5º, LX, da CRFB, conferindo legitimidade ao artigo 155 do CPC.

nos países com carreiras de magistratura) e podem se manter à margem de tais influências sem quaisquer prejuízos;

(e) a absoluta hegemonia da vontade das maiorias será, as mais das vezes, um grave sintoma *antidemocrático* (vejam-se, p.ex., os episódios de totalitarismo[17] e de populismo caudilho do século XX). São os juízes, ao revés, os que têm a missão constitucional de resguardar os direitos e interesses das *minorias* — particularmente no que diga respeito às dimensões da jusfundamentalidade —, de modo a poder *"frustrar o ramo político quando este, por estar muito ligado ao sentimento majoritário, atropela certos direitos fundamentais dos indivíduos ou das minorias"*[18];

(f) a própria *acessibilidade* dos juízes à população, institucional e sociologicamente, seja por imperativo constitucional (artigo 5º, XXXV, da CRFB) ou pela maior capilaridade orgânica dos corpos judiciários, tende a tornar o Judiciário um poder mais democrático e dialógico, desde que obviamente haja permeabilidade pessoal e cultural a essas experiências[19].

Em realidade, o que distingue a atividade legislativa da atividade judicante não é a sua criatividade substancial, mas o *modo* como ela é engendrada[20]. Os parlamentos legislam a partir de *inputs* de diversas naturezas (políticos, sociais, econômicos), mas tendencialmente *difusos* e *abstratos* (na medida da sanidade do próprio sistema legislativo, i.e., da sua maior ou menor suscetibilidade à ação de corruptores, *lobbys* e grupos de interesses não classistas). Os juízes, ao contrário, desenvolvem o *"judicial law-making"* a partir de *focos concretos* (modelo de *"cases and controversies"*) e em *"regime de soberania vinculada"* (CARNELUTTI), o que implica, segundo CAPPELLETTI, **(i)** uma perspectiva inercial (*"nemo iudex sine actore"*); **(ii)** uma perspectiva de limitação objetivo-subjetiva ao âmbito de controvérsia definido pelas próprias partes (*"ne eat iudex ultra petita a partibus"*); e **(iii)** uma perspectiva necessariamente dialética (*"audiatur et altera pars"*)[21].

---

17 A respeito, veja-se, por todos, Hanna Arendt, *As Origens...*, passim.

18 Mauro Cappelletti, *Processo...*, p.22.

19 CAPPELLETTI reproduz dizeres de S. M. HUFSTEDLER, no sentido de que, *"enquanto resulta quase impossível a muitos não potentados o acesso aos gabinetes dos parlamentares ou às salas deliberativas de muitos órgãos administrativos, 'a chave para abrir a porta de um Tribunal' consiste num simples ato de citação"* (*Processo...*, p.22). Não se trata aqui, obviamente, do paradigma do "juiz que vai às ruas" (ultimamente muito festejado, mas ainda incongruente com realidades sociológicas de juízes encastelados nos fóruns ou entrincheirados em corporações). Trata-se, sim, de uma estrutura pensada para fazer vir o grito das ruas aos recintos dos tribunais, sobretudo mais recentemente, como resultado do movimento pelo acesso à Justiça (cf., por todos, Cappelletti, Garth, *Acesso à Justiça*, pp.31 e ss., com as três "ondas" do enfoque do acesso à justiça).

20 Cf. Otto Bachof, *"Der Richter als Gesetzgeber?"*, in *Tradition und Fortschritt im Recht: Festschrift zum 500jährigen Bestehen der Tübinger Juristenfakultät*, Tübingen, J.C.B. Mohr, 1977, pp.177-192. Problema que, a propósito, o autor reconhece como *universal* (p.178), paralelo àquele mesmo da eficácia declaratória ou constitutiva (*"deklaratorische oder konstitutive Wirkung"*) das decisões que reconhecem, em caráter *"principaliter"*, a inconstitucionalidade de normas infraconstitucionais (p.187).

21 Mauro Cappelletti, *Processo...*, p.17.

Mais uma vez, aparecem os atributos clássicos do *"procedural due process"*, desdobrando uma importante constatação: **os conteúdos formais da *"due process clause"* constituem, a um tempo, a substância que dá *identidade* à atividade judicial "criativa"** (em relação p.ex. à legislação) **e também aquela que, dimensão política, *justifica-a* democraticamente.**

Para a Democracia, portanto, o devido processo legal cumpre concomitantemente — mas não exclusivamente, por óbvio — os papéis de *causa eficiente* (porque a sustenta endógena e exogenamente), de *causa formal* (porque justifica-a e nela se justifica) e de *causa final* (porque deve ser dela um objetivo).

A hipótese de um Poder Judiciário não criativo, com um corpo de magistrados que apenas repita os textos de lei e adapte a vontade histórica do legislador aos casos concretos, em modo de pura subsunção formal, não atende aos pressupostos políticos do Estado Democrático de Direito. Sob tais circunstâncias, torna-se irrelevante a maior ou menor acessibilidade à população (instrumental ou sociologicamente). A Magistratura torna-se incapaz de refletir a diversidade e a pluralidade do pensamento jurídico. E é menos apta a preservar as minorias contra os ímpetos das maiorias políticas, que ditam os textos de lei. É que tampouco a "lei" é um fenômeno empiricamente abstrato ou neutro, na exata medida em que *"[o] Estado, nos seus vários níveis, não é neutro. Ele sofre pressão de grupos extremamente fortes que atuam dentro das burocracias estatais, nas secretarias, nas assembleias [...]"*[22]. Daí porque, estresindo SCHWARTSMAN, *"[u]ma boa receita para produzir o pior dos mundos é aplicar com máximo zelo todas as leis vigentes"*[23].

Assim, reservar ao juiz o papel de mero enunciador da lei é, na verdade, retirá-lo do jogo de *"checks and balances"*, vergastando um dos mais importantes mecanismos da forma republicana de governo. E, mais que isso, é manietar o próprio *"procedural due process"*, por combalir a independência judicial. Afinal,

> "a independência do juiz há de ser compatível com sua configuração humana como sujeito de capacidade plena, de preocupações pela justiça que vão além de seu exercício profissional, e como titular de todos os direitos que a lei não lhe restrinja ou suprima em atenção a razoáveis medidas de incompatibilidade. Falamos, pois, de **um juiz não facilmente domesticável, não mudo, nem mais diminuído em seus direitos do que o indispensável**"[24].

---

22 Lúcio Kowarick, *"Centro de cobiça"*, in *O Estado de S. Paulo*, 29.01.2012, p.J-3.

23 Hélio Schwartsman, *"Tão perto, tão longe"*, in *Folha de S. Paulo*, 27.01.2012, p.A-2. Adiante, por constatar que *"a aplicação mecânica de regras (ainda que razoáveis) pode engendrar verdadeiros absurdos"*, o articulista pontua, sobre os paradoxos entre a lei formal e a realidade dos fatos que em seu entorno, que *"[a] solução [...], além de rever e aprimorar continuadamente os protocolos, é deixar que as pessoas usem o seu bom-senso. Na média, ele mais acerta do que erra. [...] Essa ao menos foi a aposta da natureza, ao dotar os humanos de cérebros capazes de comportamento flexível, isto é, de responder de forma diferente a diferentes situações"*.

24 Francisco Tomás y Valiente, *"Independencia judicial y garantía de los derechos fundamentales"*, in *Constitución: Escritos de introducción histórica*, Madrid, Marcial Pons, 1996, p.163 (*g.n.*).

Ademais, é seguro que o postulado *"in claris cessat interpretatio"* já não se põe, em absoluto, no direito contemporâneo. Não há lei, por mais clara ou detalhada que seja, capaz de recusar ao intérprete/aplicador um mínimo exercício de criatividade e construção semântica. O que se deve discutir hoje, afinal, já não é a *legitimidade* da criação judiciária, mas — seguindo ainda CAPPELLETTI — o *grau*, o *modo*, os *limites* e a própria *aceitabilidade social* da criação do Direito pelas cortes judiciais[25]. O que significa discutir, no marco desta Tese, *como* e *quanto* o *"substantive due process"* pode, em "criando", *infletir* o *"procedural due process"*.

5. REPENSANDO O CONTRADITÓRIO EM PERSPECTIVA JUSFUNDAMENTAL

Nessa ordem de ideias, e especialmente no âmbito do processo do trabalho, parece claro que, sobre se aplicar a concepção hodierna de contraditório — pela qual *"cada parte processual é chamada a apresentar as respectivas razões de facto e de direito, a oferecer as suas provas ou a pronunciar-se sobre o valor e resultado de umas e outras"*, em todas as fases do processo, sob estruturação dialética, pela qual todo movimento realizado por uma parte abre ao *"ex adverso"* a possibilidade de realizar um outro, de igual relevância, tendente a contrariar os efeitos do precedente[26] —, é preciso também pensar seus contextos de exceção.

O contraditório assegura, inequivocamente, o *direito de influenciar* e o *ônus de debater*; e, para mais, pressupõe o acesso à mais ampla *informação processual*[27]. O novo CPC claramente incorpora essas dimensões, por exemplo, no novo *incidente de desconsideração da personalidade jurídica* do artigo 133 e ss. (o que passa a constituir um *procedimento cível especial,* incidental aos ritos de cumprimento da sentença, já não bastando a "mera" decisão judicial fundamentada). Veja-se, p.ex., a previsão pela qual, *"[i]nstaurado o incidente, o sócio ou a pessoa jurídica será citado para manifestar-se e requerer as provas cabíveis no prazo de 15 (quinze) dias."*; oportunizam-se, é claro, outras "providências" de caráter defensivo, como, *v.g.*, o esvaziamento das contas bancárias pessoais e familiares, antecipando penhoras eletrônicas...

Ora, em especial no processo do trabalho, "avisar" previamente os sócios da provável desconsideração da personalidade jurídica da respectiva sociedade

---

25 Mauro Cappelletti, *Processo...*, p.16. Pouco antes dizia que *"[e]ssas reflexões, que poderiam, talvez, parecer revolucionárias há mais de um século, hoje não apresentam nada de novo".*

26 Abrantes Geraldes, *Temas...*, p.75 (citando BALTAZAR COELHO). O novo CPC rende homenagem a esse conceito pleno.

27 Ou, com GALANTINI: *"partecipazione"*, *"contrapposizione"* e *"comunicazione"*. Cf. Novella Galantini, *"Limiti e deroghe al contraddittorio nella formazione della prova"*, in *Il contraddittorio tra Costituzione e legge ordinaria: Atti del convegno (Ferrara, 13-15 ottobre 2000)*, Associazione tra gli studiosi del processo penale, Milano, Giuffrè, 2002, p.81).

empresarial corresponderá, amiúde, ao comprometimento de todos os esforços executivos da parte ou do juiz. Então, cabe perguntar: a despeito da letra fria da lei, e tendo em conta as necessidades concretas do caso, *o que substancialmente não pode ser infletido, sob pena de agressão à garantia constitucional do contraditório?* Ou, noutras palavras, **o que compõe o *núcleo essencial irredutível* (= *"Wesenskern"*) da garantia constitucional do contraditório?**

Pois bem. À luz das convenções internacionais e do marco civilizatório ditado pelas constituições contemporâneas mais influentes, pode-se aprioristicamente indicar quatro elementos mais íntimos, componentes do *"Wesenskern"* da garantia do contraditório:

> **(a)** a oportunidade formal de contraditório mínimo (independentemente do seu momento, desde que possa ser útil);
>
> **(b)** a possibilidade formal de informação mínima (o que abrange, portanto, o dever de motivação dos principais atos decisórios judiciais);
>
> **(c)** o caráter acusatório do devido processo penal;
>
> **(4)** o direito à defesa técnico-jurídica (exclusivamente no processo penal).

Respeitados, então, esses limites, e tendo em mira sobretudo o processo não-penal (e particularmente o processo do trabalho), *quando* e *o que se pode infletir?*

De regra, admite-se que *a lei* possa infletir a garantia do contraditório. Trata-se, pois, de aspecto obviamente sujeito ao poder de conformação do legislador ordinário, observados os metalimites imanentes já apontados. Assim, *e.g.*, o artigo 3º, 2, do CPC de Portugal (anteriormente à reforma de 2013), após dispor que *"[o] tribunal não pode resolver o conflito de interesses que a acção pressupõe sem que [...] a outra [parte] seja devidamente chamada para deduzir oposição"*, registrava de plano a possibilidade de inflexão legal, segundo as ponderações materiais que o legislador oportunamente fizer, desde que em caráter excepcional:

> "Só nos **casos excepcionais previstos na lei** se podem tomar providências contra determinada pessoa sem que esta seja previamente ouvida" (*g.n.*).

Na sequência (n. 3), concretizava uma das dimensões do princípio do contraditório, não sem novamente o excepcionar:

> "O juiz deve observar e fazer cumprir, ao longo de todo o processo, o princípio do contraditório, não lhe sendo lícito, **salvo caso de manifesta desnecessidade**, decidir questões de direito ou de facto, mesmo que de conhecimento oficioso, sem que as partes tenham tido a possibilidade de sobre elas se pronunciarem" (*g.n.*).

Está claro, portanto, que a ordem jurídico-processual portuguesa admitia, como ainda admite, as figuras do *contraditório mitigado*, do *contraditório eventual* e do *contraditório diferido*, que são todas inflexões formais da garantia do contraditório. É também o que sempre se passou no Brasil (conquanto sem tanta clareza legislativa[28]) e, de regra, em todos os países cujos sistemas processuais admitem, em alguma hipótese, provimentos judiciais de urgência. *"De lege ferenda"*, aliás, o que recentemente se debateu no parlamento brasileiro foi precisamente a *justa medida* da intervenção do juiz para garantir o contraditório nos processos judiciais: se haverá de fazê-lo indiscriminadamente, como regra, ou se o interesse do Estado-juiz em promover o contraditório limitar-se-ia às situações de "hipossuficiência técnica"[29].

Mas descrevamos, ainda que brevemente, as três hipóteses-paradigmas de inflexão do contraditório. Como explicado alhures, o juiz está autorizado, no *contraditório diferido*, a julgar de plano o mérito da causa ou da questão, por meio de decisão provisória, com uma adequada inversão de fases: a parte afetada poderá exercer o contraditório, mas somente após a decisão tomada, podendo o juiz revê-la adiante. É o regime de contraditório reservado para as técnicas de *antecipação de tutela* (*v.g.*, artigo 273 do CPC). No *contraditório eventual*, de outra parte, não se invertem as fases processuais, mas as próprias posições das partes no processo: elimina-se o contraditório do interior de um certo procedimento, transferindo-o para uma ação incidental (como se dá com os embargos do devedor nas execuções de títulos extrajudiciais) ou para uma ação independente, de caráter geral ou especial (como se dá, p.ex., nas ações de desapropriação[30]).

Convém ainda reconhecer, ademais, a figura do *contraditório mitigado*. Em algumas hipóteses, tendo em conta a natureza dos interesses materiais envolvidos no litígio e/ou a urgência da decisão final, o legislador *limita* as matérias fáticas ou jurídicas passíveis de controvérsia processual. Engendram-se nor-

---

28 Na verdade, o atual Código de Processo Civil brasileiro *desconhece* o vocábulo "contraditório", que não tem lugar ao longo de seus 1.220 artigos. Promulgado no início da década de setenta (1973), o Código Buzaid foi sobretudo pensado na perspectiva da segurança jurídica e do procedimento, sem maior pendor para enfatizar a perspectiva das garantias processuais fundamentais. Vale lembrar que, em 1973, o Brasil vivia o auge de sua ditadura militar, sob a presidência do General-de-Exército Emílio Garrastazu Médici.

29 O artigo 7º do projeto estatuía, na redação original (anteprojeto), que "[é] *assegurada às partes paridade de tratamento em relação ao exercício de direitos e faculdades processuais, aos meios de defesa, aos ônus, aos deveres e à aplicação de sanções processuais*, **competindo ao juiz velar pelo efetivo contraditório em casos de hipossuficiência técnica**" (g.n.). Já no relatório-geral do Senador VALTER PEREIRA para o PLS n. 166/2010, a expressão *"em casos de hipossuficiência técnica"* desapareceu, disso resultando que, ao menos literalmente, ao juiz competiria velar pela efetividade do contraditório *em qualquer circunstância*. Ressalta-se que a redação final do NCPC não manteve a expressão "em casos de hipossuficiência técnica". Aprove-se, porém, com ou sem a expressão, é provável que esses movimentos suscitem ulteriores debates doutrinários acerca dos *limites da disponibilidade do contraditório* no âmbito do processo civil. Ganhar-se-á, de resto, em um ponto: o princípio do contraditório passará a ter positividade no Código de Processo Civil brasileiro.

30 Veja-se o artigo 20 do DL n. 3365/1941: *"A contestação só poderá versar sobre vício do processo judicial ou impugnação do preço; qualquer outra questão **deverá ser decidida por ação direta**"* (g.n.).

malmente situações jurídicas muito delicadas, não raro suscitando dúvidas de constitucionalidade; mas, ainda assim, são em tese possíveis. No Brasil, p.ex., o DL n. 911/1969, ao regular aspectos materiais e processuais do contrato de alienação fiduciária em garantia no mercado financeiro e de capitais[31] (artigo 66-B da Lei n. 4.728/1965) e da respectiva propriedade resolúvel (artigos 1361 a 1368-A do NCC), dispôs originalmente que *"na contestação* [da ação de busca e apreensão do bem alienado fiduciariamente] *só se poderá alegar o pagamento do débito vencido ou o cumprimento das obrigações contratuais"* (art. 3º, §2º), e nada mais; não se poderia opor à pretensão de busca e apreensão, p.ex., a nulidade do contrato de alienação fiduciária. Mitigava-se, por força de lei, o contraditório possível[32]; e mitigava-se mal. Daí que, por razões várias (envolvendo inclusive o critério da devida proporcionalidade, mal resolvido pelo legislador de antanho), sustentamos a inconstitucionalidade dessa mitigação[33]. Hoje, melhor diríamos: havia inconstitucionalidade por malferimento dos *metalimites dialógicos* das inflexões formais do processo. Com efeito, o decreto-lei de 1969 restringiu o direito de defesa para privilegiar o crédito das instituições bancárias e financeiras, então os credores fiduciários por excelência. Logo, na contraposição concreta dos interesses materiais subjacentes (i.e., no juízo concreto de proporcionalidade), a solução legislativa carece do elemento da *proporcionalidade em sentido estrito*: no fim das contas, sacrificava-se uma garantia individual do consumidor — geralmente hipossuficiente econômico em face do banco fiduciário — em prol do direito creditício-patrimonial de uma pessoa jurídica. E de fato, trinta e cinco anos depois, tais limitações ao contraditório foram finalmente *revogadas*, por força da Lei n. 10.931/2004.

Haverá ensejos, ademais, em que duas ou mais técnicas de inflexão do contraditório serão combinadas. No processo laboral brasileiro, p.ex., reza a CLT que, uma vez garantida a execução trabalhista ou penhorados bens a tanto bastantes, o executado terá cinco dias para apresentar os seus embargos à

---

31 E, no que diz com o procedimento especial de busca e apreensão, também para a propriedade fiduciária constituída para garantir débitos fiscais ou previdenciários, nos termos do artigo 8º-A, *"in fine"*, do DL n. 911/1969 (com a redação da Lei n. 10.931/2003).

32 OVÍDIO BAPTISTA (*Processo e Ideologia*, pp.153 e ss.) compreendia ser esse um dos casos de *contraditório eventual* (e não meramente mitigado), de modo que os vícios do contrato de alienação fiduciária em garantia poderiam ser discutidos em ação autônoma (como se dá, p.ex., com as ações de desapropriação do DL n. 3365/1941). De se ver, porém, que **(a)** o parágrafo 2º do artigo 3º do DL n. 911/1969, na redação original, *não previa "in expressis verbis"* a possibilidade de se discutirem outras questões contratuais *"por ação direta"* (i.e., autônoma); e **(b)** ainda que se admitisse essa possibilidade, como um consectário inapelável do próprio sistema processual (*ut* artigo 5º, XXXV, da CRFB), haveria sério risco de que, ao tempo do contraditório ampliado (em "ação direta"), o bem dado em garantia fiduciária já houvesse sido apreendido e vendido. Logo, ante os efeitos muitas vezes irreversíveis da sentença no procedimento especial (à vista, p.ex., da alienação do bem para terceiros de boa-fé), melhor era mesmo reconhecer, na hipótese, a figura do contraditório *mitigado*, aquém do contraditório eventual.

33 Cf. G. G. Feliciano, *Tratado...*, passim.

execução, sendo certo que "[a] *matéria de defesa será restrita às alegações de cumprimento da decisão ou do acordo, quitação ou prescrição da dívida"* (artigo 884, §1º). Admitindo-se, na esteira do que se passa no processo civil, que esses embargos à execução têm natureza de *ação autônoma de impugnação*, exsurge que o contraditório em sede de execução trabalhista exerce-se, nessa condição, de modo *eventual* (i.e., por meio de uma ação incidental) e *mitigado* (i.e., atendo-se a certas matérias). Outra vez, porém, objeções de constitucionalidade têm sido esgrimidas; e, por conta delas, são feitos naturais esforços de interpretação conforme. TEIXEIRA FILHO[34] a propósito obtemperou — e com ele concordamos — que,

> "[p]revalecesse o senso exclusivamente literal do preceito normativo trabalhista, *sub examen*, haveríamos de concluir que ao embargante seria lícito, apenas, alegar cumprimento do acordo ou da decisão, quitação ou prescrição da dívida, porquanto *restringir* significa limitar, circunscrever. A interpretação literal é, no entanto, a mais pobre das técnicas hermenêuticas, seja no particular ou no geral. Seria insensato supor, p.ex., que ao embargante fosse defeso alegar a inexigibilidade do título, a ilegitimidade de parte, a incompetência do juízo, o impedimento ou a suspeição do juiz, o excesso de execução e o mais, como se esses fatos não existisse no mundo jurídico. A riqueza e a amplitude da realidade prática não podem ser confinadas nos estreitos limites do art. 884, §1º, da CLT, sob pena de perpetrar-se, com isso, odiosa ofensa a direitos [fundamentais] legítimos do devedor. Se, para alguns, a particularidade de o legislador trabalhista haver pretendido limitar as matérias a serem suscitadas pelo embargante àquelas mencionadas no texto deveu-se à sua preocupação de permitir que a execução tivesse curso célere, para nós o fato deve ser atribuído a uma visão simplista (ou estrábica) da realidade em que o processo se desenvolve. **O processo do trabalho pode ser simples sem ser simplório, assim como pode perseguir o ideal de celeridade sem sacrifício de certos direitos constitucionais essenciais à defesa dos interesses das partes.**
> [...] A praxe, mais sábia que o legislador, vem permitindo que o embargante alegue matéria não relacionada no art. 884, §1º, da CLT, mas de alta relevância para o processo e para o próprio Judiciário" (*g.n*).

Revelam-se, outra vez, os metalimites dialógicos, desta feita pelo desatendimento do elemento da *necessidade*: para concordar praticamente a garantia do contraditório do réu e o direito do autor à efetividade executiva, com a fruição mais pronta possível de seus créditos alimentares (o que TEIXEIRA FILHO traduziu, no excerto, como "ideal de celeridade" do processo do trabalho), não é realmente *necessário* que as matérias de defesa se resumam àquelas do artigo 884, §1º, da CLT, já que até mesmo as defesas mais fadigosas na prática — aquelas que exigem prova de fatos (com a oitiva de testemunhas) — estão

---

34 Manoel Antonio Teixeira Filho, *Curso...*, v. III, pp.2255-2256.

tacitamente admitidas pela lei (§2º[35]). Se até essas são cabíveis, fere a lógica do razoável que se suprimam do conteúdo dos embargos matérias eminentemente jurídicas ou aritméticas — ilegitimidade de parte, incompetência do juízo, excesso de execução, decadência, compensação tardia, inexigibilidade do título (matéria hoje obliquamente admitida no parágrafo 5º, por força da MP n. 2.180-35/2001[36]) etc. — que, a rigor, não exigem mais do que alguns parágrafos a mais de reflexão ao tempo da decisão judicial. Noutros termos, se é do devido processo substantivo que ninguém será privado de seu direito à vida, à liberdade ou à propriedade, ou dos demais direitos fundamentais que dimanam destes (como é o *contraditório*, sem o qual não é dado privar pessoa alguma de seus bens ou liberdade[37]), *sem a devida proporcionalidade*, então a restrição do artigo 889, §1º, da CLT restringe o *"procedural due process"* desproporcionalmente e, por consequência, não é possível interpretá-lo na sua estrita literalidade.

6. À GUISA DE CONCLUSÃO

Resulta certo, portanto, que *o legislador* pode em tese *dimensionar o contraditório*, com maior ou menor liberdade. Pode diferi-lo, mitigá-lo e/ou condicioná-lo, conforme as características das pretensões materiais hipoteticamente tensionadas.

É de rigor concluir, ademais, que, não o fazendo adequadamente o legislador (como parece ter sido o caso, no PLS n. 166), e disso derivando prejuízo concreto a outros direitos e interesses jusfundamentais envolvidos (o que somente se aferirá *"in casu"*), o *juiz* poderá fazê-lo (i.e., infleti-lo: mitigá-lo, diferi-lo, condicioná-lo), *"secundum legem"*, *"praeter legem"* ou mesmo *"contra legem"*, mas sempre à vista dos interesses materiais em jogo, em juízos concretos de ponderação.

É como pensamos. E é como haverá de ser, tanto mais quando se lida com um processo que, para se servir subsidiariamente dos ditames do novo Código, terá de supor *compatíveis* as normas episodicamente incorporadas. Porque, afinal, não se deu, em relação ao artigo 769 da CLT, qualquer derrogação, e tanto menos a sua ab-rogação. Que tampouco poderia se dar, a bem da autonomia dogmática do Direito Processual do Trabalho.

---

35 *"Se na defesa* [i.e., nos embargos ou na sua contestação] *tiverem sido arroladas testemunhas, poderá o Juiz ou o Presidente do Tribunal, caso julgue necessários seus depoimentos,* **marcar audiência para a produção das provas***, a qual deverá realizar-se dentro de 5 (cinco) dias"* (g.n.).

36 *"Considera-se inexigível o título judicial fundado em lei ou ato normativo declarados inconstitucionais pelo Supremo Tribunal Federal ou em aplicação ou interpretação tidas por incompatíveis com a Constituição Federal".* Ver a respeito o §32º, *infra*.

37 Artigo 5º, LIV e LV, da CRFB.

7. REFERÊNCIAS BIBLIOGRÁFICAS

ARENDT, Hanna. *As Origens do Totalitarismo*. Trad. Roberto Raposo. 6ª ed. São Paulo: Companhia das Letras, 2006.

BACHOF, Otto. *"Der Richter als Gesetzgeber?"* In: *Tradition und Fortschritt im Recht: Festschrift zum 500jähringen Bestehen der Tübinger Juristenfakultät*. Tübingen: J.C.B. Mohr, 1977

BATISTA, Ovídio. *Processo e Ideologia: o paradigma racionalista*. 2ª ed. Rio de Janeiro: Forense, 2006.

BERMUDES, Sérgio. *Inovações do CPC*. 2ª ed. Rio de Janeiro: Forense, 1995.

BOBBIO, Norberto. *O positivismo jurídico: lições de Filosofia do Direito*. Trad. Márcio Pugliesi, Edson Bini, Carlos E. Rodrigues. São Paulo: Ícone, 1995.

CAPPELLETTI, Mauro. *Processo, Ideologias e Sociedade*. Trad. Elício de Cresci Sobrinho. Porto Alegre: Sergio Antonio Fabris Editor, 2008. v. I.

ELY, John Hart. *Democracy and Distrust: A Theory of Judicial Review*. Cambridge: Harvard University Press, 1980.

FELICIANO, Guilherme Guimarães. *Tratado de Alienação Fiduciária em Garantia: Das bases romanas à Lei n. 9.514/97*. São Paulo: LTr, 1999.

FILHO, *Manoel Antonio Teixeira. Curso de Direito Processual do Trabalho*. São Paulo: LTr, 2009. v. III.

GALANTINI, Novella. *"Limiti e deroghe al contraddittorio nella formazione della prova"*. In: *Il contraddittorio tra Costituzione e legge ordinaria: Atti del convegno* (Ferrara, 13-15 ottobre 2000). Associazione tra gli studiosi del processo penale. Milano: Giuffrè, 2002.

GERALDES, António Santos Abrantes. *Temas da Reforma do Processo Civil*. 2ª ed. Coimbra: Almedina, 1998. v. I.

HIRSCHL, Ran. *Towards Juristocracy: the origins and consequences of the new constitucionalism*. Cambridge: Harvard University Press, 2004.

KOWARICK, Lúcio. *"Centro de cobiça"*. In: *O Estado de S. Paulo*, 29.01.2012, p.J-3.

PEDRO SAGÜÉS, Néstor. *La interpretación judicial de la Constitución*. Buenos Aires: Depalma, 1998.

ROMANI, Dagoberto. *"O juiz, entre a lei e o direito"*. In: *Revista dos Tribunais*. São Paulo: Revista dos Tribunais, jul./1998. n. 633.

SCHWARTSMAN, Hélio. *"Tão perto, tão longe"*. In: *Folha de S. Paulo*, 27.01.2012, p.A-2.

TOMÁS Y VALIENTE, Francisco. *"Independencia judicial y garantía de los derechos fundamentales"*. In: *Constitución: Escritos de introducción histórica*. Madrid: Marcial Pons, 1996.

Capítulo 8

PRIMAZIA DO JULGAMENTO DE MÉRITO NO NOVO CÓDIGO DE PROCESSO CIVIL E IMPACTOS NO PROCESSO DO TRABALHO

Mauro Schiavi[1]

SUMÁRIO: 1.INTRODUÇÃO; 2. A PRIMAZIA DO JULGAMENTO DE MÉRITO NO NOVO CPC ; 3. PRIMAZIA DO JULGAMENTO DE MÉRITO E A TEORIA DA ASSERÇÃO NA AFERIÇÃO DAS CONDIÇÕES DA AÇÃO; 4. A QUESTÃO DA CORREÇÃO DOS PRESSUPOSTOS PROCESSUAIS NA PERSPECTIVA DO JULGAMENTO DE MÉRITO; 5. A TEORIA DA CAUSA MADURA E A PRIMAZIA DO JULGAMENTO DO MÉRITO NA INSTÂNCIA RECURSAL.

1. INTRODUÇÃO

Depois de quase cinco anos de tramitação no Congresso Nacional, a partir da apresentação do Anteprojeto por uma comissão de juristas nomeada pelo Senado Federal, o Projeto do Código de Processo Civil foi aprovado e sancionado, tornando-se a Lei n. 13.105/15, de 16.03.2015, publicada em 17.03.2015, com vigência inicial para 17 de março de 2016 (artigo 1045, do CPC[2]).

Além disso, a nova codificação passou por amplo debate tanto na Câmara dos Deputados como no Senado Federal, com participação de diversos segmentos da sociedade, e sua tramitação se deu, integralmente, em regime democrático.

O Código de Processo Civil de 1973, elaborado com refinada técnica processual, vigeu por mais de 40 anos, tendo sofrido muitas reformas ao longo dos anos para que fosse adaptado às mudanças sociais e pudesse dar respostas adequadas aos milhares de processos que tramitam no Judiciário Brasileiro. Diante dessas reformas, o Legislativo e segmentos de respeito da doutrina passaram a entender que havia necessidade de um novo Código de Processo, pois o Código de 1973 parecia uma "colcha de retalhos", tendo perdido sua identidade e, em

---

[1] Juiz Titular da 19ª Vara do Trabalho de São Paulo. Doutor e Mestre em Direito pela PUC/SP. Professor de Direito Processual do Trabalho do Curso de Especialização do Mackenzie/SP. Professor Convidado dos Cursos de Especialização da PUC/SP e EJUD 2.

[2] Artigo 1045 do CPC: "Este Código entra em vigor após decorrido 1 (um) ano da data de sua publicação oficial".

muitos aspectos, havia necessidade de mudanças mais contundentes, o que somente seria possível com uma nova codificação.

Valem ser mencionadas as premissas básicas que foram consideradas pelos juristas que elaboraram o Anteprojeto do Novo Código de Processo Civil, destacando-se a seguinte passagem da Exposição de Motivos da nova codificação, "in verbis":

> "Um sistema processual civil que não proporcione à sociedade o reconhecimento e a realização dos direitos, ameaçados ou violados, que têm cada um dos jurisdicionados, não se harmoniza com as garantias constitucionais de um Estado Democrático de Direito. Sendo ineficiente o sistema processual, todo o ordenamento jurídico passa a carecer de real efetividade. De fato, as normas de direito material se transformam em pura ilusão, sem a garantia de sua correlata realização, no mundo empírico, por meio do processo. Não há fórmulas mágicas. O Código vigente, de 1973, operou satisfatoriamente durante duas décadas. A partir dos anos noventa, entretanto, sucessivas reformas, a grande maioria delas lideradas pelos Ministros Athos Gusmão Carneiro e Sálvio de Figueiredo Teixeira, introduziram no Código revogado significativas alterações, com o objetivo de adaptar as normas processuais a mudanças na sociedade e ao funcionamento das instituições. A expressiva maioria dessas alterações, como, por exemplo, em 1.994, a inclusão no sistema do instituto da antecipação de tutela; em 1.995, a alteração do regime do agravo; e, mais recentemente, as leis que alteraram a execução, foram bem recebidas pela comunidade jurídica e geraram resultados positivos, no plano da operatividade do sistema. O enfraquecimento da coesão entre as normas processuais foi uma conseqüência natural do método consistente em se incluírem, aos poucos, alterações no CPC, comprometendo a sua forma sistemática. A complexidade resultante desse processo confunde-se, até certo ponto, com essa desorganização, comprometendo a celeridade e gerando questões evitáveis (= pontos que geram polêmica e atraem atenção dos magistrados) que subtraem indevidamente a atenção do operador do direito. Nessa dimensão, a preocupação em se preservar a forma sistemática das normas processuais, longe de ser meramente acadêmica, atende, sobretudo, a uma necessidade de caráter pragmático: obter-se um grau mais intenso de funcionalidade. Sem prejuízo da manutenção e do aperfeiçoamento dos institutos introduzidos no sistema pelas reformas ocorridas nos anos de 1.992 até hoje, criou-se um Código novo, que não significa, todavia, uma ruptura com o passado, mas um passo à frente. Assim, além de conservados os institutos cujos resultados foram positivos, incluíram-se no sistema outros tantos que visam a atribuir-lhe alto grau de eficiência. Há mudanças necessárias, porque reclamadas pela comunidade jurídica, e correspondentes a queixas recorrentes dos jurisdicionados e dos operadores do Direito, ouvidas em todo país. Na elaboração deste Anteprojeto de Código de Processo Civil, essa foi uma das linhas principais de trabalho: resolver problemas. Deixar de ver o processo como teoria descomprometida de sua natureza fundamental de método de resolução de conflitos, por meio do qual se realizam valores constitucionais. Assim, e por isso, um dos métodos de trabalho da Comissão foi o de resolver proble-

mas, sobre cuja existência há praticamente unanimidade na comunidade jurídica. Isso ocorreu, por exemplo, no que diz respeito à complexidade do sistema recursal existente na lei revogada. Se o sistema recursal, que havia no Código revogado em sua versão originária, era consideravelmente mais simples que o anterior, depois das sucessivas reformas pontuais que ocorreram, se tornou, inegavelmente, muito mais complexo. Não se deixou de lado, é claro, a necessidade de se construir um Código coerente e harmônico interna corporis, mas não se cultivou a obsessão em elaborar uma obra magistral, estética e tecnicamente perfeita, em detrimento de sua funcionalidade. De fato, essa é uma preocupação presente, mas que já não ocupa o primeiro lugar na postura intelectual do processualista contemporâneo. A coerência substancial há de ser vista como objetivo fundamental, todavia, e mantida em termos absolutos, no que tange à Constituição Federal da República. Afinal, é na lei ordinária e em outras normas de escalão inferior que se explicita a promessa de realização dos valores encampados pelos princípios constitucionais. O novo Código de Processo Civil tem o potencial de gerar um processo mais célere, mais justo, porque mais rente às necessidades sociais e muito menos complexo.A simplificação do sistema, além de proporcionar-lhe coesão mais visível, permite ao juiz centrar sua atenção, de modo mais intenso, no mérito da causa. Com evidente redução da complexidade inerente ao processo de criação de um novo Código de Processo Civil, poder-se-ia dizer que os trabalhos da Comissão se orientaram precipuamente por cinco objetivos: 1) estabelecer expressa e implicitamente verdadeira sintonia fina com a Constituição Federal; 2) criar condições para que o juiz possa proferir decisão de forma mais rente à realidade fática subjacente à causa; 3) simplificar, resolvendo problemas e reduzindo a complexidade de subsistemas, como, por exemplo, o recursal; 4) dar todo o rendimento possível a cada processo em si mesmo considerado; e, 5) finalmente, sendo talvez este último objetivo parcialmente alcançado pela realização daqueles mencionados antes, imprimir maior grau de organicidade ao sistema, dando-lhe, assim, mais coesão (...)".

Muitos dos institutos fundamentais do processo civil, disciplinados no Código de 1973 foram aproveitados na nova codificação, bem como foram incorporados ao texto, a moderna visão da doutrina e muitos entendimentos consagrados na jurisprudência dos Tribunais. Há, também institutos novos que serão melhor esculpidos pela jurisprudência dos Tribunais e visão crítica da doutrina.

A chegada do Novo Código de Processo Civil provoca, mesmo de forma inconsciente, um desconforto nos aplicadores do Processo Trabalhista, uma vez que há muitos impactos da nova legislação nos sítios do processo trabalhista, o que exigirá um esforço intenso das doutrina e jurisprudência para revisitar todos os institutos do processo do trabalho e analisar a compatibilidade, ou não, das novas regras processuais civis. De outro lado, há um estimulante desafio, pois os operadores do Direito Processual do Trabalho podem transportar as melhores regras do novo Código para o processo trabalhista, frear as regras incompatíveis e, com isso, melhorar a prestação jurisdicional trabalhista, e tornar o processo do trabalho mais justo e efetivo.

Na seara do processo do trabalho, o novo código provocará, necessariamente, um novo estudo das normas e da doutrina do processo trabalhista. Institutos já sedimentados serão, necessariamente, revisados, pois haverá necessidade de se verificar se as mudanças são compatíveis com a sistemática do processo trabalhista e se, efetivamente, trarão melhoria dos institutos processuais trabalhistas. Será um trabalho árduo, de paciência e coragem. Uma pergunta terá que ser respondida, qual seja: As regras do Processo do Trabalho ainda são de vanguarda, ou já superadas pelo novel diploma processual civil?

O fato do novo código se aplicar *subsidiária* e *supletivamente* (artigo 15 do CPC) ao Processo Trabalhista, não significa que seus dispositivos sejam aplicados, simplesmente, nas omissões da lei processual do trabalho, ou incompletude de suas disposições, mas somente quando forem compatíveis com sistema trabalhista e também propiciarem melhores resultados à jurisdição trabalhista. Por isso, o artigo 15 do CPC deve ser lido e interpretado em conjunto com o artigo 769, da CLT.

Nesse sentido, também defende Carlos Henrique Bezerra Leite[3]:

> "O art. 15 do Novo CPC, evidentemente, deve ser interpretado sistematicamente com o art. 769 da CLT, que dispõe: "Nos casos omissos, o direito processual comum será fonte subsidiária do direito processual do trabalho, exceto naquilo e que for incompatível com as normas deste Título". Mas ambos os dispositivos – art. 769 da CLT e art. 15 do Novo CPC – devem estar em harmonia com os princípios e valores que fundamentam o Estado Democrático de Direito".

2. A PRIMAZIA DO JULGAMENTO DE MÉRITO NO NOVO CPC

Dispõe o artigo 4º, do CPC:

> "As partes têm direito de obter em prazo razoável a solução integral do mérito, incluída a atividade satisfativa".

O presente dispositivo consagra e repete a moderna visão da doutrina sobre a dimensão contemporânea do princípio do acesso à justiça disciplinado no artigo 5º, XXXV, da Constituição Federal, no sentido de que o sistema processo deve consagrar os direitos de:

---

[3] Curso de Direito Processual do Trabalho. 13ª ed. São Paulo: Saraiva, 2015, p. 1696.

a) acessibilidade ao judiciário: o processo deve ser acessível ao cidadão, não criando entraves e embaraços para apreciação da pretensão posta em juízo;

b) o processo deve produzir resultados satisfatórios: deve ser capaz de resolver o mérito da controvérsia e materializar o direito, entregando o bem da vida a quem pertence por direito.

Constitui direito fundamental da parte no processo, que todos os pedidos e requerimentos formulados sejam apreciados, tanto os do autor como os do réu, e, que sempre que possível, o magistrado julgue o mérito da causa, evitando o máximo a extinção do processo sem resolução do mérito.

A decisão prematura de extinção do processo sem resolução de mérito, quando possível a compreensão da controvérsia é frustrante para quem busca seu direito no Judiciário, provoca gasto desnecessário de dinheiro público na tramitação do processo, e não resolve o conflito.

Nesse sentido também determina o Código de Processo Civil, no artigo 6º, que todos os sujeitos do processo devem cooperar entre si para que se obtenha, em tempo razoável, decisão de mérito justa e efetiva.

A conduta das partes, no processo civil tradicional, nitidamente, tem caráter adversarial, ou seja, as partes se encontram em posições antagônicas, cada qual defendendo os próprios interesses, que, na maioria das vezes, colide com os da parte contrária.

Não obstante esta característica adversarial do processo, o processo civil contemporâneo vem trazendo uma nova tendência do chamado processo *comparticipativo* ou *cooperativo*, no qual a gestão do processo, sem desnaturar as posições que ocupam, e os papéis próprios que representam no processo, se divide entre juiz, partes e advogados, estabelecendo um dever mais acentuado de cooperação das partes com o magistrado, das partes entre si e do magistrado com as partes, objetivando obter maior democracia na condução do processo e uma solução mais efetiva para o conflito, sem centralizar o processo na figura do juiz ou das partes.

O Juiz também passa a ter mais deveres e uma participação mais intensa no modelo cooperativo de processo, devendo prestar auxílio e esclarecimento às partes, bem como preveni-las sobre os efeitos de determinadas posturas processuais.

Como nos traz Cássio Scarpinella Bueno[4], é comum (e absolutamente pertinente) entre nós a difusão da doutrina de Miguel Teixeira de Sousa, Professor Catedrático da Faculdade de Direito da Universidade de Lisboa, que ensina que a cooperação toma como base determinados deveres a serem observados,

---

4   Manual de Direito Processual Civil. São Paulo: Saraiva, 2015, p. 85.

inclusive pelo magistrado. Estes deveres são do de *esclarecimento* (no sentido de o juiz solicitar às partes explicações sobre o alcance de suas postulações e manifestações), de *consulta* (no sentido de que o juiz colher manifestação das partes preparatória de sua própria manifestação ou decisão), de *prevenção* (no sentido de as partes serem alertadas do uso inadequado do processo e a inviabilidade de julgamento de mérito) e de *auxílio* (no sentido de incentivar as partes a superar dificuldades relativas ao cumprimento adequado de seus direitos, faculdades, ônus ou deveres processuais).

3. PRIMAZIA DO JULGAMENTO DE MÉRITO E A TEORIA DA ASSERÇÃO NA AFERIÇÃO DAS CONDIÇÕES DA AÇÃO

Diante do referido artigo 4º do CPC há primazia do julgado de mérito como forma eficaz de resolução dos conflitos de interesse e pacificação social, uma vez que a extinção prematura do processo sem resolução de mérito, quando for possível julgá-lo é frustrante para o jurisdicionado, consome precioso tempo do Judiciário, custa caro ao Estado, e não resolve o conflito.

Nesse sentido, também dispõe o artigo 488 do CPC, "in verbis":

> "Desde que possível, o juiz resolverá o mérito sempre que a decisão for favorável à parte a quem aproveitaria eventual pronunciamento nos termos do art. 485".

Em razão dos princípios do acesso à justiça, da inafastabilidade da jurisdição, e do caráter instrumental do processo, a moderna doutrina criou a chamada *teoria da asserção* de avaliação das condições da ação, também chamada de aferição *in statu assertionis*. Segundo essa teoria, a avaliação das condições da ação deve ser realizada mediante a simples indicação da inicial, independentemente das razões da contestação e também de prova do processo. Se, pela indicação da inicial, estiverem presentes a legitimidade, e o interesse de agir, deve o juiz proferir decisão de mérito.

Nesse sentido ensina *Kazuo Watanabe*[5]:

> "O juízo preliminar de admissibilidade do exame do mérito se faz mediante o simples confronto entre a afirmativa feita na inicial pelo autor, considerada *in statu assertionis*, e as condições da ação, que são possibilidade jurídica, interesse de agir e legitimidade para agir. Positivo que seja o resultado dessa aferição, a ação estará em condições de prosseguir e receber o julgamento do mérito".

No mesmo diapasão é a visão de *Jorge Pinheiro* Castelo[6]:

---

5 Da cognição no processo civil. 2. ed. Campinas: Bookseller, 2000, p. 62.
6 O direito processual do trabalho na moderna teoria geral do processo. 2. ed. São Paulo: LTr, 1996, p. 161.

"[...] é errônea a noção de que as condições da ação devam ser aferidas segundo o que vier a ser concretamente comprovado no processo, após o exame das provas, em vez de aferidas tendo em conta a afirmativa feita pelo autor na exordial, com abstração da situação de direito material efetivamente existente. As condições da ação como requisitos para o julgamento do mérito, consoante ensina a reelaborada teoria do direito abstrato de agir, devem ser aferidas *in statu assertionis*, ou seja, à vista do que se afirmou na exordial. Positivo que seja este exame, a decisão jurisdicional estará pronta para julgar o mérito da ação".

Dinamarco[7] critica a teoria da asserção dizendo que não basta que o demandante descreva formalmente uma situação em que estejam presentes as condições da ação. É preciso que elas existam. Assevera que só advogados despreparados iriam incorrer em carência da ação.

Ainda há entendimentos na doutrina e jurisprudência no sentido de que as condições da ação, no Processo do Trabalho, devem ser avaliadas em concreto, segundo a prova dos autos.

Nesse sentido a seguinte ementa:

> Vínculo de emprego — Carência de ação. Se a prova produzida aponta no sentido de que a relação havida entre as partes era outra que não a de emprego, nos moldes do art. 3º da CLT, o reclamante deve ser considerado carecedor de ação trabalhista, por impossibilidade jurídica dos pedidos formulados contra o pretenso empregador. Se não existe contrato de emprego regido pela CLT, os direitos trabalhistas são juridicamente inexistentes. (TRT 3ª R. - 3ª T. - RO n. 73/2005.152.03.00-5 - rel. Bolívar Viegas Peixoto - DJMG 4.2.06 - p. 3) (RDT n. 03 - março de 2006)

Entretanto, tal posicionamento não é mais dominante na doutrina e jurisprudência atuais. A prática na Justiça do Trabalho nos tem mostrado que foi adotada, no processo trabalhista, a teoria da asserção para aferição das condições da ação.

Desse modo, desde que, pela indicação da inicial, o juiz possa avaliar se há a legitimidade, o interesse e a possibilidade jurídica do pedido, independentemente da prova do processo e das alegações de defesa, deve enfrentar as questões de mérito.

Ao valorar a prova e se convencer de que não estão presentes os requisitos do vínculo de emprego, no nosso sentir, deverá o Juiz do Trabalho julgar improcedentes os pedidos que têm suporte na pretendida declaração do vínculo de emprego e não decretar a carência da ação, pois esta decisão é extintiva do processo sem resolução de mérito, provocando insegurança jurídica. Considerando-se que ainda há acirradas discussões na doutrina e jurisprudência se a

---

7 Op. cit. p. 313-315.

decisão que extingue o processo sem resolução de mérito por carência da ação, mas após a análise do quadro probatório do processo, terá, ou não, a qualidade da coisa julgada material, é mais seguro, efetivo, e ainda prestigia a jurisdição, o juiz decretar a improcedência.

O novo CPC, ao priorizar o julgamento de mérito, de nossa parte, consagra a teoria da asserção na aferição das condições da ação.

Temos observado, na prática, em muitas ocasiões nas quais o Juiz do Trabalho se convenceu de que não havia vínculo de emprego, mas, ao invés de julgar improcedente o pedido, decretou a carência, o reclamante renovar o processo em outra Vara e obter sucesso em sua pretensão, o que desprestigia a Justiça, pois haverá, na verdade, dois pronunciamentos de mérito sobre a mesma questão.

No nosso sentir, a teoria da asserção *(in statu assertionis)* é a que melhor se adapta ao processo trabalhista, considerando-se os princípios da celeridade, efetividade, simplicidade, acesso do trabalhador à justiça, duração razoável do processo e efetividade. Além disso, sempre que possível, deve o Juiz do Trabalho apreciar o mérito do pedido. Não há decisão mais frustrante para o jurisdicionado que buscar a tutela de sua pretensão, e também para a parte que resiste à pretensão do autor, receber como resposta jurisdicional uma decisão sem apreciação do mérito quando for possível ao juiz apreciá-lo. Somente a decisão de mérito é potencialmente apta a pacificar o conflito. Como adverte *Calamandrei: Pacificar o conflito é muito mais que aplicar a lei.*

Como bem assevera *Kazuo Watanabe*[8]:

> "As 'condições da ação' são aferidas no plano lógico e da mera asserção do direito, a cognição a que o juiz procede consiste em simplesmente confrontar a afirmativa do autor com o esquema abstrato da lei. Não se procede, ainda, ao acertamento do direito afirmado. [...] São razões de economia processual que determinam a criação de técnicas processuais que permitam o julgamento antecipado, sem a prática de atos processuais inteiramente inúteis ao julgamento da causa. As 'condições da ação' nada mais constituem que técnica processual instituída para a consecução desse objetivo".

No aspecto, cumpre destacar a seguinte ementa:

> ILEGITIMIDADE DE PARTE. TEORIA DA ASSERÇÃO. Não se cuida de ilegitimidade de parte o quanto se refere à legitimidade passiva como se aduz em relação à segunda reclamada porque pertinente sua figuração no polo passivo, tendo em vista que aquele que o reclamante considera ser o responsável (principal, solidário ou subsidiário) pelo pagamento dos créditos postulados, detém legitimidade para figurar no polo passivo da ação. Adota-se a teoria da asserção. (TRT/SP - 02756004520085020046 - RO - Ac. 17ª T. - 20120791158 - rel. Álvaro Alves Nôga - DOE 13.7.2012)

---

8 Op. cit. p. 94.

4. A QUESTÃO DA CORREÇÃO DOS PRESSUPOSTOS PROCESSUAIS NA PERSPECTIVA DO JULGAMENTO DE MÉRITO

Os princípios do acesso real à justiça, contraditório efetivo, duração razoável do processo, e primazia do julgamento de mérito, que norteiam o novo Código de Processo Civil, buscando a solução integral ao conflito, impõe ao magistrado o dever de determinar, sempre que possível o saneamento de nulidade e o suprimento de pressuposto processual.

Esses princípios já são considerados, no cotidiano forense, pelos Juízes do Trabalho, uma vez que buscam, sempre que possível corrigir eventuais defeitos processuais, principalmente os que envolvem a petição inicial e a tramitação do procedimento, a fim de propiciar o julgamento de mérito.

O novo Código de Processo Civil exige prévio diálogo entre juiz e partes para a extinção do processo por falta de pressuposto processual, mesmo nas questões que possa conhecer de ofício. Nesse sentido é expressivo o artigo 10 do CPC, de aplicação subsidiária ao processo trabalhista:

> "O juiz não pode decidir, em grau algum de jurisdição, com base em fundamento a respeito do qual não se tenha dado às partes oportunidade de se manifestar, ainda que se trate de matéria sobre a qual deva decidir de ofício".

O presente dispositivo prestigia o chamado *contraditório real*, sob o aspecto do direito de influência da parte no convencimento judicial, e também ao magistrado maior segurança no momento de decidir, principalmente em matéria relacionada a pressuposto processual.

No mesmo sentido, dispõe o artigo 321 do CPC, "in verbis": "O juiz, ao verificar que a petição inicial não preenche os requisitos dos arts. 319 e 320 ou que apresenta defeitos e irregularidades capazes de dificultar o julgamento de mérito, determinará que o autor, no prazo de 15 (quinze) dias, a emende ou a complete, indicando com precisão o que deve ser corrigido ou completado. Parágrafo único. Se o autor não cumprir a diligência, o juiz indeferirá a petição inicial."

O referido dispositivo legal determina que o juiz, verificando que a inicial contém nulidade sanável (que pode ser corrigida facilmente, sem alteração da substância da inicial, como: erros materiais, falta de juntada de documentos, qualificação errônea das partes, endereçamento incorreto, esclarecimento sobre qual parte pretende o vínculo de emprego, quando não estiver especificado e houver mais de um reclamado no polo passivo etc.), deverá conceder à parte prazo para emendá-la. Segundo a jurisprudência, a concessão do prazo para a emenda não fica ao critério discricionário do juiz, sendo um direito subjetivo processual da parte.

Quando for determinar a emenda, deverá o juiz esclarecer à parte qual o ponto incorreto que deverá ser corrigido, a fim de propiciar maior eficiência ao processo, evitar dilações indevidas e implementar um diálogo mais efetivo entre juiz e parte no processo.

Expressivo, também o disposto no artigo 139, IX do CPC, que possibilita ao magistrado determinar, sempre que possível o saneamento de nulidades no processo. Com efeito, dispõe o referido dispositivo legal, também de perfeita sintonia com o processo do trabalho:

> "O juiz dirigirá o processo conforme as disposições deste Código, incumbindo-lhe:
>
> (...)IX – determinar o suprimento de pressupostos processuais e o saneamento de outros vícios processuais".

Outra providência importante nessa principiologia da instrumentalidade, aplicável subsidiariamente ao Processo do Trabalho, é a possibilidade do magistrado, uma vez interposto o recurso em face da decisão que extingue o processo sem resolução de mérito nas hipóteses dos incisos do artigo 485, do CPC[9], de se retratar (efeito regressivo do recurso), e determinar o prosseguimento do feito, buscando a decisão de mérito.

5. A TEORIA DA CAUSA MADURA E A PRIMAZIA DO JULGAMENTO DO MÉRITO NA INSTÂNCIA RECURSAL

Dispõem os §§ 3º e 4º do art. 1.013 do CPC:

> "A apelação devolverá ao tribunal o conhecimento da matéria impugnada. (...)§ 3º Se o processo estiver em condições de imediato julgamento, o tribunal deve decidir desde logo o mérito quando: I – reformar sentença fundada no art. 485; II – decretar a nulidade da sentença por não ser ela

---

9 Art. 485 do CPC: O juiz não resolverá o mérito quando: I – indeferir a petição inicial; II – o processo ficar parado durante mais de 1 (um) ano por negligência das partes; III – por não promover os atos e as diligências que lhe incumbir, o autor abandonar a causa por mais de 30 (trinta) dias; IV – verificar a ausência de pressupostos de constituição e de desenvolvimento válido e regular do processo; V – reconhecer a existência de peremção, de litispendência ou de coisa julgada; VI – verificar ausência de legitimidade ou de interesse processual; VII – acolher a alegação de existência de convenção de arbitragem ou quando o juízo arbitral reconhecer sua competência; VIII – homologar a desistência da ação; IX – em caso de morte da parte, a ação for considerada intransmissível por disposição legal; e X – nos demais casos prescritos neste Código. § 1º Nas hipóteses descritas nos incisos II e III, a parte será intimada pessoalmente para suprir a falta no prazo de 5 (cinco) dias. § 2º No caso do § 1º, quanto ao inciso II, as partes pagarão proporcionalmente as custas, e, quanto ao inciso III, o autor será condenado ao pagamento das despesas e dos honorários de advogado. § 3º O juiz conhecerá de ofício da matéria constante dos incisos IV, V, VI e IX, em qualquer tempo e grau de jurisdição, enquanto não ocorrer o trânsito em julgado. § 4º Oferecida contestação, o autor não poderá, sem o consentimento do réu, desistir da ação. § 5º A desistência da ação pode ser apresentada até a sentença. § 6º Oferecida a contestação, a extinção do processo por abandono da causa pelo autor depende de requerimento do réu. § 7º Interposta a apelação em qualquer dos casos de que tratam os incisos deste artigo, o juiz terá 5 (cinco) dias para retratar-se.

congruente com os limites do pedido ou da causa de pedir; III – constatar a omissão no exame de um dos pedidos, hipótese em que poderá julgá-lo; IV – decretar a nulidade de sentença por falta de fundamentação. § 4º Quando reformar sentença que reconheça a decadência ou a prescrição, o tribunal, se possível, julgará o mérito, examinando as demais questões, sem determinar o retorno do processo ao juízo de primeiro grau."

O presente dispositivo amplia as possibilidades do Tribunal para julgar o recurso quando a decisão de primeiro grau, mesmo diante da causa já estar "madura" para julgamento de mérito, com ampla discussão da causa pelas partes e adequada dilação probatória, não enfrenta todos ou alguns dos pedidos.

O Tribunal deverá julgar o mérito quando:

a) a decisão extinguir o processo sem resolução de mérito (art. 485 do CPC): nesta situação, tratando-se de matéria fática ou jurídica, o Tribunal deve apreciar o mérito, se o processo já estiver pronto para julgamento;

b) decretar a nulidade da sentença por não ser ela congruente com os limites do pedido ou da causa de pedir: nesta hipótese, a decisão pode ter sido aquém do pedido (*citra petita*), ou além do pedido (*ultra petita*). Nessas situações, o Tribunal julgará o pedido que não fora objeto de apreciação em primeiro grau, ou fará a adequação da decisão ao limites do pedido, quando a decisão fora além do pedido. Até mesmo a decisão fora do pedido (*extra petita*) pode ser apreciada pelo Tribunal;

c) constatar a omissão no exame de um dos pedidos, hipótese em que poderá julgá-lo: nesta hipótese, há faculdade do Tribunal em julgar o pedido que não fora objeto de apreciação, corrigindo o vício da decisão *citra petita*. Como bem advertem *Nelson Nery Junior* e *Rosa Maria de Andrade Nery*[10], "o dispositivo não deve ser interpretado no sentido de que a parte não tem a obrigação de destacar e discutir a omissão. Se a parte também não discute a questão, ocorre a preclusão. O tribunal não está obrigado a revolver o processo em busca disso."

d) decretar a nulidade de sentença por falta de fundamentação: Havendo deficiência na fundamentação, a exemplo da decisão de primeiro grau não ter enfrentado tese defensiva que possa infirmar a decisão, ou anula-la, deve o Tribunal enfrentar o argumentação não apreciada na sentença;

e) quando reformar sentença que reconheça a decadência ou a prescrição: nesta hipótese, se o Tribunal afastar a prescrição ou decadência em grau recursal, e a causa estiver pronta para julgamento, deverá enfrentar o mérito.

As presentes hipóteses se aplicam ao recurso ordinário trabalhista, possibilitando maior efetividade à jurisdição, implementação do princípio da duração razoável do processo, prestígio da instrumentalidade e maior aproveitamento dos atos processuais.

---

10   Comentários ao Código de Processo Civil. São Paulo: RT, 2015. p. 2.069.

O CPC/73 disciplinava apenas a hipótese de o Tribunal ingressar o exame de mérito (art. 515, § 3º, do CPC) quando a decisão de primeiro grau extinguisse o processo sem resolução de mérito, a matéria fosse exclusivamente de direito, e a causa estivesse em condições de imediato julgamento; no Código atual, o Tribunal deve julgar também a matéria fática, nas hipóteses dos incisos dos §§ 3º e 4º do art. 1.013 do CPC.

Trata-se, indiscutivelmente, de avanço em face do CPC anterior que tinha pouca efetividade, pois dizia ser faculdade do Tribunal apreciar o mérito, quando afastasse, em grau recursal a extinção do feito sem resolução meritória. Doravante, se trata de obrigação do Tribunal e não mera faculdade.

Capítulo 9

O PRINCÍPIO DA IDENTIDADE FÍSICA DO JUIZ E SUA INCOMPATIBILIDADE MATERIAL COM A GÊNESE PROCESSUAL TRABALHISTA

Igor de Oliveira Zwicker[1]

SUMÁRIO: 1. PROLEGÔMENOS; 2. ESFORÇO HISTÓRICO; 3. CONCEITO DO PRINCÍPIO DA IDENTIDADE FÍSICA DO JUIZ; 4. EVOLUÇÃO DO INSTITUTO NA LEGISLAÇÃO PÁTRIA; 5. O PRINCÍPIO DA IDENTIDADE FÍSICA DO JUIZ APÓS O ADVENTO DA EMENDA CONSTITUCIONAL N. 24/1999, A EXTINÇÃO DA REPRESENTAÇÃO CLASSISTA NA JUSTIÇA DO TRABALHO E O CANCELAMENTO DA SÚMULA N. 136 PELO TRIBUNAL SUPERIOR DO TRABALHO; 6. CONCLUSÃO; 7. BIBLIOGRAFIA; 8. APÊNDICE – SIGLÁRIO.

1. PROLEGÔMENOS

De início, agradeço ao convite a mim formulado pelo Élisson Miessa, que brilhantemente vem organizando esta obra coletiva, desde a sua 1ª edição, sobre um tema de tamanha importância para o Direito Processual do Trabalho.

Como cediço, tivemos, em 16.03.2015, o advento do novo Código de Processo Civil (**Lei n. 13.105/2015**), publicado no *DOU* do dia 17.03.2015 e em vigor, consoante artigo 1.045, "após decorrido um ano da data de sua publicação oficial", isto é, a partir de 17.03.2016, na forma dos artigos 1º, *caput*, da Lei de Introdução às normas do Direito Brasileiro[2] e 1º da Lei n. 810/1949, que define o ano civil[3].

A importância do Código de Processo Civil no Processo do Trabalho é evidente, tendo em vista que, na forma do artigo 769 da Consolidação das Leis do

---

1 Bacharel em Direito e Especialista em Gestão de Serviços Públicos pela Universidade da Amazônia (Unama), Especialista em Economia do Trabalho e Sindicalismo pela Universidade de Campinas (Unicamp) e Especialista em Direito do Trabalho e Processo do Trabalho pela Universidade Cândido Mendes (UCAM). Assessor Jurídico-Administrativo do TRT da 8ª Região. Professor de Direito. Autor do livro "Súmulas, orientações jurisprudenciais e precedentes normativos do TST" (São Paulo: LTr, 2015).

2 Art. 1º, *caput*, do Decreto-Lei n. 4.657/1942 (LINDB): *Salvo disposição contrária*, a lei começa a vigorar em todo o país quarenta e cinco dias depois de oficialmente publicada.

3 Art. 1º da Lei n. 810/1949: Considera-se ano o período de doze meses contado do dia do início *ao dia e mês correspondentes do ano seguinte*.

Trabalho, nos casos omissos e em caso de compatibilidade, o direito processual comum será fonte subsidiária do Direito Processual do Trabalho.

Élisson Miessa bem nos alerta, já na introdução ao primeiro volume desta obra coletiva[4], que não obstante a inteligência do novel artigo 15 do novo Código de Processo Civil[5] – uma norma de *sobredireito* ou de *apoio*, uma norma que disciplina a aplicação de outras normas jurídicas, o que induziria ao aparente raciocínio da revogação do artigo 769 da Consolidação das Leis do Trabalho –, fato é que a inserção de normas comuns em um microssistema jurídico, mormente o microssistema justrabalhista, que intenciona salvaguardar créditos de natureza alimentar[6] e superprivilegiada[7], **sempre impõe a compatibilidade com o sistema em que a norma está inserida**, sob pena de se desagregar a base do procedimento específico, de modo que sobrevivem os artigos 769 e 889 da Consolidação das Leis do Trabalho à chegada do artigo 15 do novo Código de Processo Civil.

Entendemos que, aqui, há de subsistir a parcimônia e a ponderação, fortes características para o acerto na escolha de qualquer direção a ser tomada, em se tratando do nosso ordenamento jurídico. Elegemos pelo meio termo: soa equivocada a corrente que entende *inaplicável* o novo Código de Processo Civil no Processo do Trabalho, até porque a própria Consolidação das Leis do Trabalho quis isso, desde o seu advento, em 1943 (artigo 769), como também soa equivocada a corrente que, sob a justificativa de trazer "normas mais efetivas" à "velha CLT", desnatura totalmente o Processo do Trabalho, olvidando de nossas características mais marcantes, desde sempre: a simplicidade e a informalidade. O processo é mero instrumento de salvaguarda do direito material: já no início do Título X da Consolidação das Leis do Trabalho, denominado "Processo Judiciário do Trabalho", na Seção V, resta claro que, nos processos sujeitos à apreciação da Justiça do Trabalho, só haverá nulidade quando resultar dos atos inquinados manifesto prejuízo às partes litigantes (artigo 794).

Júlio César Bebber[8] bem coloca esta questão:

---

4 MIESSA, Élisson (org.). *O novo Código de Processo Civil e seus reflexos no Processo do Trabalho*. Salvador: JusPODIVM, 2015, p. 28.

5 Art. 15 do NCPC: Na ausência de normas que regulem processos eleitorais, trabalhistas ou administrativos, as disposições deste Código lhes serão aplicadas supletiva e subsidiariamente.

6 Art. 100, § 1º, da CF: Os débitos de natureza alimentícia compreendem aqueles decorrentes de salários, vencimentos, proventos, pensões e suas complementações, benefícios previdenciários e indenizações por morte ou por invalidez, fundadas em responsabilidade civil, em virtude de sentença judicial transitada em julgado, e serão pagos com preferência sobre todos os demais débitos, exceto sobre aqueles referidos no § 2º deste artigo.

7 Art. 186, *caput*, do CTN: O crédito tributário prefere a qualquer outro, seja qual for sua natureza ou o tempo de sua constituição, ressalvados os créditos decorrentes da legislação do trabalho ou do acidente de trabalho.

8 BEBBER, Júlio César. *Princípios do Processo do Trabalho*. São Paulo: LTr, 1997, p. 132.

Os formalismos e a burocracia são os piores vícios com capacidade absoluta de entravar o funcionamento do processo. Os tentáculos que deles emanam são capazes de abranger e de se instalar com efeitos nefastos, pelo que exige-se que a administração da justiça seja estruturada de modo a aproximar os serviços das populações de forma simples, a fim de assegurar a celeridade, a economia e a eficiência das decisões.

A moderna doutrina tem defendido, inclusive, a existência do *princípio da função social do processo trabalhista*, em razão do caráter publicista do Processo do Trabalho e do relevante interesse social envolvido na satisfação do crédito trabalhista[9].

Pois bem. Nossa proposta, ao receber o honroso convite de participar deste segundo volume, foi de tratar do **princípio da identidade física do juiz**. E essa questão é mesmo instigante. Ao final deste artigo, procuraremos demonstrar que, não obstante o cancelamento da Súmula n. 136 do Tribunal Superior do Trabalho, que tratava da "não aplicação do princípio da identidade física às Varas do Trabalho", já levando em consideração o juízo monocrático, togado, de carreira, descartando o colegiado que compunha ao lado da representação classista, tal princípio é francamente incompatível com a gênese processual trabalhista e não sobrevive à cláusula de barreira do artigo 769 da Consolidação das Leis do Trabalho[10].

Antes, todavia, façamos um esforço histórico em torno da temática.

2. ESFORÇO HISTÓRICO

O antigo Conselho Pleno do Conselho Nacional do Trabalho (hoje Tribunal Pleno do Tribunal Superior do Trabalho) tinha competência, conforme artigo 702, alínea "f", da Consolidação das Leis do Trabalho, de estabelecer prejulgados. O artigo 702, § 1º, ainda diz que, quando adotada pela maioria de dois terços dos juízes do Tribunal Pleno, a decisão proferida em embargos de divergência terá força de prejulgado, nos termos dos §§ 2º e 3º do artigo 902 – parágrafos estes já revogados, juntamente com a totalidade do artigo 902.

Conforme escólio de Paulo Emílio Ribeiro de Vilhena[11], *prejulgados* seriam enunciados frutos do julgamento de recursos de competência do Tribunal Pleno do Tribunal Superior do Trabalho, que se pronunciava, *previamente*, para efeitos de prejulgado, sobre a interpretação de norma jurídica, ao reconhecer

---

9 Neste sentido, conferir SCHIAVI, Mauro. *Manual de Direito Processual do Trabalho*. 9. ed. de acordo com o novo CPC. São Paulo: LTr, 2015, p. 135.

10 Neste sentido, consultar, ainda, ZWICKER, Igor de Oliveira. *Súmulas, orientações jurisprudenciais e precedentes normativos do TST*. São Paulo: LTr, 2015, p. 31 e 209-210.

11 VILHENA, Paulo Emílio Ribeiro de. *Os prejulgados, as súmulas e o TST*. In: Revista de Informação Legislativa do Senado Federal, ano 14, n. 55, jul./set. 1977, p. 83-100.

que, sobre elas, ocorreria – ou poderia ocorrer – divergência entre os Tribunais Regionais do Trabalho.

Dizia Barbosa Moreira[12] que se tratava de *prejulgados preventivos*, de natureza não constitutiva, mas interpretativa, e que tinha por fim, interpretando uma regra de direito, antecipar-se sobre uma divergência, ocorrida ou que pudesse ocorrer, entre tribunais regionais.

O Supremo Tribunal Federal entendeu que tal instituto – dos *prejulgados* – não foi recepcionado pela Constituição Federal de 1946, porque não poderia carregar, em si, força vinculativa ou poder normativo, não sendo, portanto, de seguimento obrigatório pelos demais juízes e órgãos da Justiça do Trabalho. Entretanto – vejam que interessante –, o Supremo Tribunal Federal entendeu que as matérias consolidadas nos enunciados, em si, não estariam eivadas de inconstitucionalidade. É o que se colhe dos inúmeros julgamentos em diversas representações formuladas, à época, perante o Supremo Tribunal Federal, como, por exemplo, a Representação n. 946/DF, Tribunal Pleno, relator ministro Xavier de Albuquerque, julgamento em 12.05.1977, *DJ* de 1º.07.1977.

Assim, **o antigo Prejulgado n. 7 do Tribunal Superior do Trabalho** era convertido, em 1982 (Resolução Administrativa n. 102, *DJ* de 11.10.1982), na Súmula n. 136, que dizia: "Não se aplica às Juntas de Conciliação e Julgamento o princípio da identidade física do Juiz". A súmula foi mantida pela Resolução n. 121 (*DJ* de 19.11.2003).

À época (e até 1999, com o advento da Emenda Constitucional n. 24, que extinguiu a representação classista[13]), a Justiça do Trabalho contava, em sua composição, com as antigas Juntas de Conciliação e Julgamento, conforme artigo 644 da Consolidação das Leis do Trabalho, sendo estas integradas por um juiz do trabalho, que seria o seu presidente, e dois vogais – os chamados *juízes classistas*, juízes leigos –, sendo um representante da categoria econômica (dos empregadores) e outro da categoria profissional (dos empregados), na forma do artigo 647 da Consolidação das Leis do Trabalho.

Não havia, assim, que se falar na "identidade física do juiz", ou seja, na obrigação de o magistrado que instruiu o processo em, necessariamente, julgá-lo, sob o pálio de "possuir melhores condições de valorar a prova", na medida em que as Juntas de Conciliação e Julgamento eram um órgão *colegiado*, que funcionavam com mais de um membro[14], além do fato de os juízes classistas possuírem investidura *limitada no tempo* (artigo 663 da Consolidação das Leis do Trabalho).

---

12 MOREIRA, José Carlos Barbosa. *Comentários ao Código de Processo Civil*. São Paulo: Forense, 1974, p. 12-13.

13 Emenda Constitucional n. 24, de 09.12.1999, publicada no *DOU* de 10.12.1999.

14 Segundo o art. 649 da CLT, as Juntas poderiam conciliar, instruir ou julgar com qualquer número, sendo, porém, indispensável a presença do juiz do trabalho (presidente), cujo voto prevalecia, em caso de empate.

Como bem pontua Marcos Neves Fava[15], "justificava-se tal posição, pela peculiaridade de se reunirem, numa Junta, juízes vitalícios e temporários, o que dificultava, senão inviabilizava, o julgamento pelos mesmos três magistrados, dos casos por eles instruídos".

A inteligência da Súmula n. 136 do Tribunal Superior do Trabalho, aliás, era repetição da vetusta Súmula n. 222, do Supremo Tribunal Federal, que trazia o mesmo enunciado ("O princípio da identidade física do juiz não é aplicável às Juntas de Conciliação e Julgamento da Justiça do Trabalho.")[16]. No Portal do Supremo Tribunal Federal, são citados dois julgados como precedentes para a edição da Súmula n. 222, dentre eles o Agravo de Instrumento n. 25.529, oriundo do antigo Estado da Guanabara, julgado em 19.09.1961[17], no qual foi relator o ministro Ribeiro da Costa e onde se assentou que a norma do artigo 120 do Código de Processo Civil (de 1939)[18] não era de "aplicação irrestrita na Justiça Obreira".

Até então, não havia maiores divergências. A polêmica, em torno do princípio, ocorreu com o advento da Emenda Constitucional n. 24/1999 e a extinção da representação classista na Justiça do Trabalho, bem como com o cancelamento da Súmula n. 136 pelo Tribunal Superior do Trabalho, conforme Resolução n. 185 (*DEJT* de 25.09.2012).

3. CONCEITO DO PRINCÍPIO DA IDENTIDADE FÍSICA DO JUIZ

Consoante escólio de Nelson Nery Junior[19], o **princípio da oralidade** consiste em um conjunto de subprincípios, que interagem entre si, com o objetivo de fazer com que seja colhida oralmente a prova "e julgada a causa pelo juiz que a colheu".

---

15 FAVA, Marcos Neves. *O que há de novo na jurisprudência do TST*. In: RENAULT, Luiz Otávio Linhares; VIANA, Márcio Túlio; FABIANO, Isabela Márcia de Alcântara; FATTINI, Fernanda Carolina; PIMENTA, Raquel Betty de Castro (coords.). O que há de novo no Processo do Trabalho: homenagem ao professor Aroldo Plínio Gonçalves. São Paulo: LTr, 2015, p. 129-135.

16 Fonte de Publicação: Súmula da Jurisprudência Predominante do Supremo Tribunal Federal – Anexo ao Regimento Interno. Edição: Imprensa Nacional, 1964, p. 108.

17 Num resgate histórico, lembra-nos Sergio Pinto Martins que as súmulas são originárias do Supremo Tribunal Federal, por inspiração dos ministros Victor Nunes Leal, Gonçalves de Oliveira e Pedro Chaves, que eram os ministros da Comissão de Jurisprudência do STF. Foram editadas a partir de 1963. (MARTINS, Sergio Pinto. *Comentários às súmulas do TST*. 9. ed. São Paulo: Atlas, 2011, p. 1.)

18 Art. 120 do CPC/1939: O juiz transferido, promovido ou aposentado concluirá o julgamento dos processos cuja instrução houver iniciado em audiência, salvo se o fundamento da aposentação houver sido a absoluta incapacidade física ou moral para o exercício do cargo. O juiz substituto, que houver funcionado na instrução do processo em audiência, será o competente para julgá-lo, ainda quando o efetivo tenha reassumido o exercício. Parágrafo único. Se, iniciada a instrução, o juiz falecer ou ficar, por moléstia, impossibilitado de julgar a causa, o substituto mandará repetir as provas produzidas oralmente, quando necessário.

19 NERY JUNIOR, Nelson. *Código de Processo Civil comentado*. 10. ed. São Paulo: RT, 2007, p. 392.

Mauro Schiavi[20] afirma que, segundo a doutrina, a oralidade decompõe-se nos seguintes subprincípios:

a) **identidade física do juiz**: segundo este princípio, o juiz que instruiu o processo, que colheu diretamente a prova, deve julgá-lo, pois possui melhores possibilidades de valorar a prova, uma vez que colheu diretamente, tomou contato direto com as partes e testemunhas;

b) **prevalência da palavra oral sobre a escrita**: a palavra falada prevalece sobre a escrita, priorizando-se o procedimento de audiência, onde as razões das partes são aduzidas de forma oral, bem como a colheita da prova. Não obstante, os atos de documentação do processo devem ser escritos;

c) **concentração dos atos processuais em audiência**: por tal característica, os atos do procedimento devem-se desenvolver num único ato, máxime a instrução probatória que deve ser realizada em audiência única;

d) **imediatidade do juiz na colheita da prova**: por imediatidade, entende-se a necessidade de que a realização dos atos instrutórios deva dar-se perante a pessoa do juiz, que assim poderá formar melhor seu convencimento, utilizando-se, também, de impressões obtidas das circunstâncias nas quais as provas se realizam[21];

e) **irrecorribilidade das decisões interlocutórias**: esta característica do princípio da oralidade tem por objetivo imprimir maior celeridade ao processo e prestigiar a autoridade do juiz na condução do processo, impedindo que as decisões interlocutórias, quais sejam, as que decidem questões incidentes, sem encerrar o processo, sejam irrecorríveis de imediato, podendo ser questionadas quando do recurso cabível em face da decisão definitiva.

Mauro Schiavi[22], ao comentar o instituto e sua importância, assevera:

> A identidade física do juiz é de grande importância para a efetividade das decisões de primeiro grau e também para a melhoria da prestação jurisdicional trabalhista, uma vez que o juiz de primeiro grau, ao decidir, pode se apoderar de todo o corpo processual, constatar as expressões e os comportamentos das partes e das testemunhas, bem como sentir o conflito com maior clareza e sensibilidade.

E prossegue, ao refletir sobre a análise do processo nas instâncias superiores da Justiça do Trabalho (Tribunais Regionais do Trabalho e Tribunal Superior do Trabalho), onde não se está mais em contato direto com a colheita da prova, consignando que tais colegiados, ao se depararem com a "prova oral dividida", essas instâncias superiores "têm tido a tendência de manter a sentença de pri-

---

20 SCHIAVI, Mauro. *Manual de Direito Processual do Trabalho*. 9. ed. de acordo com o novo CPC. São Paulo: LTr, 2015, p. 110-111.

21 Neste sentido, conferir MAIOR, Jorge Luiz Souto. *Direito Processual do Trabalho*: efetividade, procedimento oral. São Paulo: LTr, 1998, p. 37-38.

22 SCHIAVI, Mauro. *Manual de Direito Processual do Trabalho*. 9. ed. de acordo com o novo CPC. São Paulo: LTr, 2015, p. 131.

meiro grau, uma vez que o juiz da Vara teve contato direto com as partes e testemunhas, tendo maiores possibilidade de avaliar a melhor prova".

Um adendo: diz-se "prova dividida" (ou "empatada") quando ambas as partes produzem prova em seu favor, como nos casos em que o reclamante produz prova testemunhal corroborando com sua tese e o reclamado, igualmente, produz prova testemunhal corroborando com sua tese. Nesses casos, a jurisprudência se posiciona na adoção pelo magistrado, como meio de "desempate", das regras sobre ônus da prova, na forma dos artigos 818 da Consolidação das Leis do Trabalho e 373 do novo Código de Processo Civil (que corresponde ao artigo 333 do antigo Código de Processo Civil de 1973).

Fábio Natali Costa e Amanda Barbosa, em obra sobre *formação humanística*[23] – matéria imprescindível na preparação e formação dos candidatos à magistratura nacional, em qualquer dos seus ramos, conforme Resolução n. 75 do Conselho Nacional de Justiça[24] –, dizem o seguinte:

> Nesse particular, bastante útil a transcrição pelo condutor da instrução de atos suspeitos no termo de audiência, como demonstrações de nervosismo, respostas automáticas e antecipadas às perguntas (típico de depoimentos ensaiados), relutância nas respostas (pergunta-se sobre A e depoente responde sobre B, reiteradamente), circunstâncias a considerar no momento da valoração das provas, inclusive prevalência de um depoimento em face de outro, no caso de prova dividida.

Jorge Luiz Souto Maior, em arremate[25], diz o seguinte:

> A CLT, expressamente, privilegiou os princípios basilares do procedimento oral: a) primazia da palavra (art. 791 e 839, *a* – apresentação de reclamação diretamente pelo interessado; 840 – reclamação verbal; 843 e 845 – presença obrigatória das partes em audiência; 847 – apresentação de defesa oral, em audiência; 848 – interrogatório das partes; 850 – razões finais orais; 850, parágrafo único – sentença após o término da instrução); b) imediatidade (arts. 843, 845 e 848); c) identidade física do juiz (corolário da concentração dos atos determinada nos arts. 843 a 852); d) irrecorribilidade das interlocutórias (§ 1º do art. 893); e) maiores poderes instrutórios ao juiz (arts. 765, 766, 827 e 848); e f) possibilidade de solução conciliada em razão de uma maior interação entre o juiz e as partes (arts. 764, §§ 2º e 3º; 846 e 850). Assim, muitas das lacunas apontadas do procedimento trabalhista não são propriamente lacunas, mas um reflexo natural do fato de ser este oral. Lembre-se, ademais, de que o CPC foi alterado em 1973 e, em

---

23 COSTA, Fábio Natali; BARBOSA, Amanda. *Magistratura e formação humanística*. 2. ed. São Paulo: LTr, 2014, p. 179.

24 "Daí a necessidade de se aperfeiçoar o recrutamento [do juiz]. Muito mais importante do que saber Direito é a pessoa conhecer-se, interessar-se pelo semelhante, condoer-se de alheio sofrimento. Depois, vontade de trabalhar, humildade, espírito público." (José Renato Nalini, prefaciando a obra de PRADO, Lídia Reis de Almeida. *O juiz e a emoção*: aspectos da lógica da decisão judicial. 4. ed. Campinas: Millennium, 2008, p. XV.

25 MAIOR, Jorge Luiz Souto. *Ampliação da competência*: procedimento e princípios do direito do trabalho. In: Revista do Tribunal Superior do Trabalho, ano 71, n. 1, jan./abr. 2005, Porto Alegre: Síntese, 2005, p. 223.

termos de procedimento, adotou um critério misto, escrito até o momento do saneamento, e oral a partir da audiência, quando necessário. Nestes termos, a aplicação subsidiária de regras do procedimento ordinário do CPC à CLT mostra-se naturalmente equivocada, por incompatibilidade dos tipos de procedimentos adotados por ambos.

Em suma, podemos conceituar o princípio da identidade física do juiz desta forma:

O juiz encarregado da instrução processual, da colheita direta da prova, do contato visual com partes, testemunhas e demais atores sociais que participam do processo, é o magistrado que deve julgar o feito. Apenas o juiz instrutor do feito tem as *melhores condições* de valorar o contexto fático, pois teve o dito *contato direto* com a produção probatória, que se desenvolve, em sua essência (e em especial na Justiça do Trabalho), na forma oral.

Com efeito, na Justiça do Trabalho há forte prevalência da palavra oral sobre a escrita, priorizando-se o procedimento de audiência, onde as razões das partes são aduzidas na forma oral, com a concentração do maior número de atos processuais possíveis em audiência, com imediatidade na colheita da prova, perante a pessoa do magistrado, que poderá formar *melhor* o seu convencimento com suas impressões das *circunstâncias* nas quais as provas se desenvolveram, mormente a prova *testemunhal*, que na Justiça do Trabalho, diferentemente do direito processual comum, é bastante prestigiada e possui alta carga de valor probatório, sendo princípio basilar e de sustentação da Justiça Obreira o princípio da *primazia da realidade sobre a forma*[26]/[27]/[28].

É, assim, e de acordo com o princípio da identidade física do juiz, o magistrado instrutor do processo aquele *mais apto* a produzir uma decisão *justa e equânime*.

4. EVOLUÇÃO DO INSTITUTO NA LEGISLAÇÃO PÁTRIA

Consoante escólio de Sergio Pinto Martins[29], temos a seguinte gênese do instituto:

---

26 Segundo DELGADO, Mauricio Godinho (*Curso de Direito do Trabalho*. 13. ed. São Paulo: LTr, 2014, p. 205-206), o princípio da primazia da realidade sobre a forma (ou princípio do contrato-realidade), inserido no núcleo basilar de princípios especiais, amplia a noção civilista inserida no artigo 112 do Código Civil de que o operador jurídico, no exame das declarações volitivas, deve atentar mais à intenção dos agentes do que ao envoltório formal através do que transpareceu a vontade.

27 Neste sentido, conferir, ainda, ZWICKER, Igor de Oliveira. *A leitura do princípio da primazia da realidade a partir do princípio da boa-fé objetiva sob a ótica protetiva, frente à teoria do paradigma da essencialidade*. In: Jornal do Congresso do 55º Congresso Brasileiro de Direito do Trabalho, São Paulo: LTr, jun. 2015.

28 Código Civil, art. 112: Nas declarações de vontade se atenderá mais à intenção nelas consubstanciada do que ao sentido literal da linguagem.

29 MARTINS, Sérgio Pinto. *Identidade física do juiz e sua aplicação no Processo do Trabalho*. São Paulo: Carta Forense, 2015. Disponível em: <http://www.cartaforense.com.br/conteudo/colunas/identidade-fisica-do-juiz-e-sua-aplicacao-no-processo-do-trabalho/14976>. Acesso em: 27 out. 2015.

Exigia o artigo 120 do CPC de 1939 que o juiz substituto, que houvesse iniciado a instrução da causa em audiência, deveria concluir o julgamento, ainda que o efetivo reassumisse o cargo. Mesmo que o juiz fosse transferido, promovido ou aposentado deveria completar o julgamento.

A Súmula 222 do STF interpretava a matéria, esclarecendo que "o princípio da identidade física do juiz não é aplicável às Juntas de Conciliação e Julgamento, da Justiça do Trabalho" (DJU 7.5.64, p. 218). Os dispositivos utilizados para a edição da súmula foram o artigo 120 do CPC e o parágrafo único do artigo 8.º da CLT. O fundamento para a não-aplicação da identidade física do juiz era o fato de que a Justiça do Trabalho de primeira instância era um órgão colegiado, composto pelo juiz presidente e pelos antigos vogais e depois juízes classistas.

Havia, ainda, a Súmula n. 217 do extinto Tribunal Federal de Recursos (o qual cedeu espaço, na Constituição Federal de 1988, ao Superior Tribunal de Justiça), que dizia: "Trabalhista. Justiça Federal. Feitos trabalhistas. Princípio da identidade física do Juiz. Aplicação. CPC, art. 132. CLT, art. 769. No âmbito da Justiça Federal, aplica-se aos feitos trabalhistas o princípio da identidade física do Juiz."[30]

Num esforço histórico, registra Sergio Pinto Martins[31] que o fundamento da Súmula do Tribunal Federal de Recursos seria que o juiz federal atuava sozinho e não sob a forma de colegiado e que, na época de sua edição, vigia a Constituição Federal de 1967, com as alterações promovidas pela Emenda Constitucional n. 1/1969, e para a qual competia aos juízes federais comuns o julgamento das questões trabalhistas relativas aos empregados da União, suas autarquias, fundações, empresas públicas que explorassem atividade econômica e sociedades de economia mista.

O princípio da identidade física do juiz constava, *expressamente*, na cabeça do artigo 132 do Código de Processo Civil de 1973, que dizia: "O juiz, titular ou substituto, que concluir a audiência julgará a lide, salvo se estiver convocado, licenciado, afastado por qualquer motivo, promovido ou aposentado, casos em que passará os autos ao seu sucessor".

Registre-se que a redação originária, de 1973, obrigava peremptoriamente o juiz que iniciava a audiência a *concluir a instrução e julgar a lide*. Entretanto, com a alteração promovida no *Códex* de 1973 pela Lei n. 8.637/1993, optou o legislador por apenas consignar, resumidamente, que a obrigação é do juiz *que concluir a audiência* (de instrução).

Vicente Greco Filho[32] aborda a alteração:

> O princípio da identidade da pessoa física do juiz tem por finalidade garantir a melhor apreciação da lide por aquele que colheu a prova oral. Seus fundamentos encontram-se nos princípios de concentração e oralidade do

---

30   Data do julgamento: 21.05.1986. Data da publicação: 03.06.1986.
31   MARTINS, Sergio Pinto. *Comentários às súmulas do TST*. 9. ed. São Paulo: Atlas, 2011, p. 87-88.
32   GRECO FILHO, Vicente. *Direito Processual Civil brasileiro*. São Paulo: Saraiva, 2002. Vol. 1, p. 225.

processo, que enunciam que melhor terá condições de decidir o juiz que pessoalmente fez a instrução. Tal princípio era mais rigoroso no sistema do Código de 1939, tendo sido, no Código vigente, abrandado para liberar o juiz que seja transferido, promovido ou aposentado.

O novo Código de Processo Civil não reproduziu a regra do artigo 132 do Código de Processo Civil de 1973, *em nenhuma das versões do projeto*, aliás. Trataremos, a seguir, deste *silêncio eloquente*[33].

5. O PRINCÍPIO DA IDENTIDADE FÍSICA DO JUIZ APÓS O ADVENTO DA EMENDA CONSTITUCIONAL N. 24/1999, A EXTINÇÃO DA REPRESENTAÇÃO CLASSISTA NA JUSTIÇA DO TRABALHO E O CANCELAMENTO DA SÚMULA N. 136 PELO TRIBUNAL SUPERIOR DO TRABALHO

Cheguemos ao ápice do nosso artigo. É possível se sustentar a aplicação do princípio da identidade física do juiz na Justiça do Trabalho, após o advento da Emenda Constitucional n. 24/1999 e a extinção da representação classista, que tornou a Vara do Trabalho um juízo singular, monocrático, com aptidão para proferir a sentença final à luz das provas colhidas pelo juiz em audiência? É possível afirmar que o Tribunal Superior do Trabalho, ao cancelar a Súmula n. 136, emitiu mensagem às instâncias inferiores da Justiça do Trabalho de que hoje é aplicável o princípio da identidade física do juiz?

Há entendimentos em sentidos diversos.

Mauro Schiavi é peremptório quanto à manutenção do princípio no âmbito da Justiça do Trabalho[34]:

> De nossa parte, como defendíamos em edições anteriores desta obra, a Súmula n. 136 do TST fora tacitamente revogada pela EC n. 24/99, pois não houve mais qualquer obstáculo para a implementação da identidade física do juiz nas Varas do Trabalho, atuando apenas o juiz monocrático em primeiro grau.

---

33 Aldo de Campos Costa, assessor de ministro do Supremo Tribunal Federal, diz que o silêncio também pode ser interpretado, de modo a revelar o que constitui, ou não, o conteúdo da norma. Daí dar-se a denominação de "silêncio eloquente" (do alemão *beredtes Schweigen*) à norma constitucional proibitiva, obtida, a *contrario sensu*, de interpretações segundo as quais a simples ausência de disposição constitucional permissiva significa a proibição de determinada prática por parte dos órgãos constituídos, incluindo o próprio legislador infraconstitucional. O instituto pressupõe o afastamento da analogia, aplicável apenas quando na lei houver lacuna. Cita, como precedente, o Recurso Extraordinário n. 130.552/DF, Tribunal Pleno, relator ministro Moreira Alves, julgado em 04.06.1991, *DJ* do dia 28.06.1991. Neste sentido, conferir COSTA, Aldo de Campos. *O silêncio eloquente na jurisprudência do Supremo*. Brasília: Consultor Jurídico, 2013. Disponível em: <http://www.conjur.com.br/2013-nov-21/toda-prova-silencio-eloquente-jurisprudencia-supremo>. Acesso em: 1º nov. 2015.

34 SCHIAVI, Mauro. *Manual de Direito Processual do Trabalho*. 9. ed. de acordo com o novo CPC. São Paulo: LTr, 2015, p. 131.

A identidade física do juiz é de grande importância para a efetividade das decisões de primeiro grau e também para a melhoria da prestação jurisdicional trabalhista, uma vez que o juiz de primeiro grau, ao decidir, pode se apoderar de todo o corpo processual, constatar as expressões e os comportamentos das partes e das testemunhas, bem como sentir o conflito com maior clareza e sensibilidade.

Por isso, estamos convencidos de que o princípio da identidade física do juiz deve ser implementado e impulsionado no processo do trabalho para que a valoração da prova seja realizada com efetividade e a decisão reflita justiça e realidade.

Citando iterativa, atual e notória jurisprudência do Tribunal Regional do Trabalho da 2ª Região, Wilson Ricardo Buquetti Pirotta posiciona-se igualmente, pela manutenção do princípio da identidade física do juiz[35]:

> Por certo, a aplicação do princípio da identidade física do juiz gera muitos problemas de ordem prática referentes à distribuição do trabalho jurisdicional entre os juízes e órgãos julgadores. Problemas dessa natureza, no entanto, ocorriam ainda sob a vigência da Súmula n. 136 do Tribunal Superior do Trabalho. A exemplo disso, o Tribunal Regional do Trabalho da Segunda Região, por meio do Provimento conjunto da Presidência do Tribunal com a Corregedoria Regional, publicou em 11 de maio de 2012 um conjunto de normas referentes à vinculação do juiz ao julgamento dos feitos submetidos à sua apreciação. O referido Provimento alterou a redação dos arts. 319 a 321 da Consolidação das normas da Corregedoria do Tribunal Regional do Trabalho da Segunda Região, prevendo que se vincula ao julgamento da lide o juiz que: (1) atuar na audiência inaugural, estando a parte reclamada devidamente citada, quando não houver necessidade de produzir provas; (2) prorrogar audiência uma para produção de provas complementares ou formalização de acordo; (3) prorrogar audiência uma para formalização de acordo ou para produção de provas complementares, exceto, neste último caso, quando se tratar de prova de técnica exigida por lei, hipótese em que a vinculação ficará a cargo de quem encerrou a instrução; e (4) prolatar sentença anulada ou reformada com baixa para novo julgamento. Com o cancelamento da Súmula do Tribunal Superior do Trabalho sobre a não aplicação da identidade física do juiz, tais normas regionais ganharam maior força coercitiva, restando, a princípio, firmado o entendimento no âmbito da Segunda Região de que vigora o princípio da identidade física. Outros Tribunais Regionais do Trabalho adotam normas semelhantes.

Ao sustentar o cancelamento da Súmula n. 136 do Tribunal Superior do Trabalho, Francisco Antonio de Oliveira[36] defende o entendimento de que o princípio da identidade física do juiz é aplicável ao processo do trabalho exatamente

---

35 PIROTTA, Wilson Ricardo Buquetti. *Hermenêutica da prova e argumentação jurídica na era do processo eletrônico do trabalho*. São Paulo: LTr, 2015, p. 27.

36 OLIVEIRA, Francisco Antonio de. *Comentários às súmulas do TST*. 9 ed. São Paulo: RT, 2008, p. 280. No mesmo sentido, conferir CLAUS, Ben-Hur Silveira; LORENZETTI, Ari Pedro; FIOREZE, Ricardo; ARAÚJO, Francisco Rossal de; COSTA, Ricardo Martins; AMARAL, Mário Lima do. *A função revisora dos tribunais*: a questão do método no julgamento dos recursos de natureza ordinária. In: Revista Trabalhista Direito e Processo, São Paulo: LTr, ano 13, n. 51, jul./set. 2014, p. 111-129.

em face da oralidade que o caracteriza, reconhecendo a impossibilidade da ata reproduzir a complexa realidade da audiência: "a identidade do juiz é de elevada importância porque não é possível reproduzir, nas atas e depoimentos, as impressões que resultam da inquirição direta das partes e das testemunhas. Da identidade resulta a valorização da verdade real."

Marcos Neves Fava, energicamente, sustenta a manutenção do princípio[37]:

> O antigo prejulgado n. 7 do TST, estabelecido na época da existência das Juntas de Conciliação e Julgamento, preconizava não se aplicar ao processo do trabalho o princípio da identidade física do juiz.
>
> Justificava-se tal posição, pela peculiar idade de se reunirem, numa Junta, juízes vitalícios e temporários, o que dificultava, senão inviabilizava, o julgamento pelos mesmos três magistrados, dos casos por eles instruídos.
>
> O que não se justificava mais, *venia concessa*, era sua manutenção após a Emenda Constitucional n. 24 de 1999, que extinguiu, como se recorda, a representação classista na Justiça do Trabalho. A revisão das Súmulas havida em 2003, no entanto, segundo se lê na Resolução n. 121/2003, manteve a antiga dicção.
>
> O proveito para a qualidade do julgamento exibe-se evidente e de fácil apreensão. Um processo substancialmente instruído pela prova oral, como é o do trabalho, melhor será julgado pelo juiz que diretamente colheu os depoimentos do que por outro, que a eles teve acesso pela ata de audiência. Ainda que transcrito com precisão, os depoimentos registrados em ata não traduzem as feições e as reações físicas da testemunha ao depor. O tom da voz, a busca dos olhos do advogado ou o titubeio podem dizer mais do que o próprio texto falado.
>
> O processo comum já havia, de muito tempo, assumido a premissa da superioridade desse julgamento, ao adotar o regime do art. 132 do CPC.
>
> Doravante, com o cancelamento da Súmula n. 136, que dizia: "não se aplica às varas do trabalho o princípio da identidade física do juiz", o artigo referido deverá ser observado com grande proveito para os jurisdicionados.

Ocorre que, mesmo na vigência do Código de Processo Civil de 1973 e diante da cabeça do artigo 132, outrora, ***já existiam vozes, dentro do próprio métier do Direito Processual Civil, contrárias a esta vetusta regra***. O juiz Rogério Montai de Lima, em artigo de sua autoria[38], afirma, peremptoriamente: "o princípio da identidade física do juiz não é absoluto" (o Supremo Tribunal Federal já dizia isso, aliás, na década de 1960).

---

37 FAVA, Marcos Neves. O que há de novo na jurisprudência do TST. In: RENAULT, Luiz Otávio Linhares; VIANA, Márcio Túlio; FABIANO, Isabela Márcia de Alcântara; FATTINI, Fernanda Carolina; PIMENTA, Raquel Betty de Castro (coords.). O que há de novo no Processo do Trabalho: homenagem ao professor Aroldo Plínio Gonçalves. São Paulo: LTr, 2015, p. 129-135.

38 LIMA, Rogério Montai de. *Princípio da identidade física do juiz não é absoluto*. Revista Consultor Jurídico, São Paulo, 3 jul. 2012. Disponível em: <http://www.conjur.com.br/2012-jul-03/rogerio-montaiprincipio- identidade-fisica-juiz-nao-absoluto>. Acesso em: 22 jan. 2015.

E chega a dizer que o regramento do artigo 132 do antigo Código de Processo Civil, de 1973, seria uma *mera recomendação*, relatando diversos problemas advindos da adoção de entendimento em sentido contrário a este, dos quais reproduzimos, aqui, um deles:

> Exemplificando os problemas que decorreriam de uma aplicação absoluta deste princípio, imagine-se, ainda, um juiz substituto ter sido designado para presidir uma semana de audiências de instrução em uma determinada vara cível, sendo todas de alta complexidade e que torna impossível julgar os feitos na respectiva solenidade, inclusive pelo fato das partes terem requerido prazo para memoriais. Encerrada a semana de audiências, este mesmo juiz substituto é designado para uma vara do Júri. Qual a lógica e o sentido do juiz substituto receber todos os processos que presidiu e que a instrução foi encerrada? Nenhuma.

Vicente José Malheiros da Fonseca, com sua lucidez costumeira[39], conclui da seguinte forma:

> Na tentativa de identificar o autêntico motivo da não aplicação do princípio da identidade física do juiz, perante os órgãos trabalhistas de primeiro grau, concluo que a sua causa real resulta da força de outros dois princípios, com os quais aquele, ora questionado, é incompatível: os princípios da economia e da celeridade processual, que mais caracterizam o processo trabalhista, em qualquer grau de jurisdição, à luz do art. 765, da CLT, e não sob o pretexto de que as antigas Juntas de Conciliação e Julgamento eram órgãos "colegiados" e integradas por juízes "temporários", daí porque entendo que persistem as mesmas razões para manter impessoal o Juízo quanto ao funcionamento das atuais Varas do Trabalho, onde os feitos podem ser, indistintamente, instruídos ou julgados por seu Juiz Titular ou pelo Juiz Substituto, auxiliar ou no exercício da titularidade, em benefício do andamento rápido das causas, eis que as controvérsias, na Justiça do Trabalho, giram em torno de créditos de natureza alimentar. Assim, não se aplica o princípio da identidade física do juiz às Varas do Trabalho, embora Juízos monocráticos.

Não sem brilho é a ementa de julgado oriundo do Tribunal Regional do Trabalho da 3ª Região (processo n. 0157500-58.2007.5.03.0008-RO, Quarta Turma, de relatoria do desembargador do trabalho Luiz Otávio Linhares Renault, publicado em 10.08.2009), citado pelo próprio, em obra coletiva do qual é coordenador e articulista[40]:

> PRINCÍPIO DA IDENTIDADE FÍSICA DO JUIZ – INAPLICABILIDADE NO PROCESSO DO TRABALHO – O Processo do Trabalho compõem-se de institutos, princípios e normas especiais, que devem, tanto quanto possível, ser

---

[39] FONSECA, Vicente José Malheiros da. *Princípio da não identidade física do juiz e exceção de suspeição (procedimento nas Varas do Trabalho)*. In: Revista LTr, vol. 66, n. 02, fev. 2002, p. 158-172.

[40] RENAULT, Luiz Otávio Linhares. *Nulidade*. In: RENAULT, Luiz Otávio Linhares; VIANA, Márcio Túlio; KOURY, Luiz Ronan Neves; CANTELLI, Paula Oliveira; JANNOTTI, Cláudio. ABC da Execução Trabalhista: teoria e prática – homenagem ao professor Carlos Augusto Junqueira Henrique. São Paulo: LTr, 2014, p. 121.

valorizados pelo juiz do trabalho, a quem o legislador, por política legiferante, atribuiu larga margem de construção jurisprudencial, uma vez que escassas são as regras processuais contidas na CLT. Isso não significa, todavia, que o Processo do Trabalho esteja em estágio menos evoluído do que o Processo Civil. Ao revés, sempre serviu de fonte inspiradora para a reforma do Processo Civil, cujas regras, em havendo omissão axiológica e serena compatibilidade, são recepcionadas por esse ramo processual especial, a teor do que dispõe o artigo 769 da CLT, exuberante e inesgotável fonte de modernização, que se concretiza mediante a participação ativa e prudente dos magistrados trabalhistas. A Súmula 136 do Colendo TST não foi cancelada, encontrando-se em plena vigência, pelo que não há que se falar em nulidade de sentença por inobservância do princípio da identidade física do juiz, que, por incompatibilidade, é inaplicável no Processo do Trabalho, que necessita mais do juiz do que de si próprio para voltar a reconquistar a simplicidade que o habita desde o seu nascimento, e cuja qualidade se foi perdendo ao longo do tempo, não por culpa sua, porque sabedor da importância da natureza do litígio que encerra, mas da própria natureza humana, que tem uma tendência para complicar as coisas simples. Toda e qualquer formalidade processual só se justifica existencialmente à medida que represente uma efetiva garantia do contraditório e da defesa. Importa a verdade dos fatos, porque a verdade da lei depende da verdade do juiz. Rituais vazios não convencem nem aos mais simples e incultos, que desprezam a ineficiência, porque sentem na carne a falta de carne para as bocas que têm de alimentar. O Processo do Trabalho é um bom exemplo da simplicidade franciscana, que deveria habitar todas as salas de audiências dos fóruns trabalhistas, onde entram empregados humildes para postular direitos fundamentais, indispensáveis para uma vida minimamente digna. Não se conquista a qualidade das decisões judiciais sem forte e maciço investimento nas instâncias inferiores, vale dizer, nos juízes e nas Varas do Trabalho, uma vez que essas são o *hall* de entrada e de saída dos empregados e dos empregadores, isto é, o ponto de interseção e o espaço de diálogo entre o Poder Judiciário e a sociedade. Como está o processo, moroso e ineficiente, importa menos à empresa ser uma empregadora que cumpre a legislação; importa também menos ao empregado ser milimetricamente fiel às circunstâncias que cercam o seu caso. Há situações em que ambos procuram tirar proveito do processo: inchado de muitos pedidos; esvaziado de tantas impugnações. O processo possui um nexo – início, meio e fim; tem um léxico – atos e fatos que precisam ser esclarecidos (provados); possui um plexo – juiz, advogados e partes; tem um complexo (de difícil superação) – a morosidade. É necessária uma urgente mudança para que o seu complexo se converta em virtude: segura celeridade e eficácia de suas decisões. Arguições desnecessárias atrasam a tutela jurisdicional.

No âmbito do Tribunal Superior do Trabalho, a redação originária da Súmula n. 136 está datada de outubro de 1982, consoante Resolução Administrativa n. 102/1982, fruto do ex-Prejulgado n. 7. Consoante Resolução n. 121/2003, a súmula foi mantida, apenas de alterando a expressão "Juntas de Conciliação e Julgamento" para "Varas do Trabalho", em decorrência da Emenda Constitucional n. 24/1999, que extinguiu a representação classista na Justiça do Trabalho.

Mas, se a Súmula n. 136 dizia que não se aplicava o princípio da identidade física do juiz às Varas do Trabalho e esta súmula foi cancelada, então tal princípio agora se aplica, certo? Entendemos que não, definitivamente.

Neste sentido, trazemos belíssimo julgamento do Tribunal Superior do Trabalho, de relatoria do ministro Mauricio Godinho Delgado[41], cuja ementa transcrevemos *ipsis litteris*:

> AGRAVO. AGRAVO DE INSTRUMENTO. RECURSO DE REVISTA. PRELIMINAR DE NULIDADE POR INOBSERVÂNCIA DO PRINCÍPIO DA IDENTIDADE FÍSICA DO JUIZ. ART.132 DO CPC. Não obstante o Tribunal Pleno tenha decidido cancelar a Súmula 136 do TST, continua incompatível com o processo do trabalho, regra geral, o vetusto princípio da identidade física do Juiz, brandido pelo art. 132 do CPC. É que a simplicidade, a celeridade e a efetividade da prestação jurisdicional, hoje expressamente determinadas pela Constituição, na qualidade de princípio cardeal (art. 5º, LXXVIII, CF) – e que são características clássicas do processo trabalhista – ficariam gravemente comprometidas pela importação de critério tão burocrático, artificial, subjetivista e ineficiente quanto o derivado do rigor da identidade física judicial (art. 132, CPC). O Magistrado é autoridade pública com significativo e profundo preparo técnico e seriedade profissional, podendo – e devendo – conduzir o processo com esmero, objetividade e eficiência, carreando-lhe as provas colhidas durante a instrução, que ficam objetivamente disponíveis no processo, aptas a serem avaliadas e sopesadas pelo Julgador – mesmo que outro Magistrado. Ainda que se possa, por absoluta exceção, considerar válido o princípio no processo penal, ele é dispensável e inadequado no processo do trabalho, em vista da pletora de desvantagens e prejuízos que acarreta, em contraponto com a isolada e suposta vantagem que, em tese, propicia. Se a ausência da identidade física do Juiz gera disfunções estatísticas e correcionais, estas têm de ser enfrentadas no campo próprio, sem comprometimento e piora na exemplar prestação jurisdicional que tanto caracteriza a Justiça do Trabalho. Não quer a Constituição que se importem mecanismos de retardo e burocratização do processo, em detrimento de sua celeridade e da melhor efetividade na prestação jurisdicional. Incidência dos princípios constitucionais da efetividade da jurisdição (art. 5º, LXXVIII, CF) e da eficiência na prestação do serviço público (art. 37, caput, CF). Mantida, pois, a decisão agravada proferida em estrita observância aos artigos 896, § 5º, da CLT e 557, caput, do CPC, razão pela qual é insuscetível de reforma ou reconsideração. Agravo desprovido.

Outro julgamento do Tribunal Superior do Trabalho, recentíssimo, ratifica tal iterativa, atual e notória jurisprudência da Corte Superior[42], segundo ementa abaixo, *ipsis litteris*:

> RECURSO DE REVISTA. PRINCÍPIO DA IDENTIDADE FÍSICA DO JUÍZO. PROCESSO DO TRABALHO. INAPLICABILIDADE. O postulado da identidade física do juiz, inscrito no art. 132 do CPC, não se aplica ao processo do trabalho, não

---

41 Processo: TST-Ag-AIRR-322-81.2011.5.06.0021, Data de Julgamento: 18.12.2013, Relator Ministro: Maurício Godinho Delgado, 3ª Turma, Data de Publicação: *DEJT* 31.01.2014.

42 Processo: TST-RR-1439-67.2012.5.15.0039, Data de Julgamento: 16.09.2015, Relator Ministro: Douglas Alencar Rodrigues, 7ª Turma, Data de Publicação: *DEJT* 25.09.2015.

apenas em razão do dinamismo com que se processam os atos processuais no âmbito desta Justiça do Trabalho, com o permanente trânsito de magistrados substitutos entre os seus vários órgãos, mas também em razão dos postulados maiores da celeridade e da economia processuais, que estão gravados de significado especial, em razão da natureza alimentar dos créditos debatidos perante a jurisdição especializada. Mesmo diante do cancelamento da Súmula 136 do TST, que dispunha não se se aplicar às Varas do Trabalho o princípio da identidade física do juiz, subsiste o entendimento nela consagrado, sobretudo considerando que o ônus da comprovação dos fatos polêmicos incumbe às partes, que não há prejuízo no julgamento por órgão diverso e que remanesce íntegra a possibilidade de reexame do julgado primário pela instância *ad quem*. Precedentes. Recurso de revista não conhecido.

O Anteprojeto do novo Código de Processo Civil, comissão de juristas instituída pelo Ato do Presidente do Senado Federal n. 379, de 2009, destinada a elaborá-lo, *expressamente* propôs a *eliminação* da identidade física do juiz, inclusive diante das novas tecnologias e o "uso de mídias eletrônicas". O Código promulgado – Lei n. 13.105/2015 – de fato aboliu o princípio da identidade física do juiz, o qual, aliás, *não constou em nenhuma das versões do projeto*.

6. CONCLUSÃO

Reservo esta seção para minhas considerações e conclusões pessoais.

A Justiça do Trabalho sempre foi modelar, seja na questão da celeridade, do avesso à burocracia e à forma pela forma, seja no prestígio à conciliação, hoje tão propalada pelo Conselho Nacional de Justiça, seja pela informalidade e simplicidade do Processo do Trabalho, que sempre foi instrumento de salvaguarda do direito material, sabidamente de natureza alimentar e superprivilegiada, seja na sensibilidade dos seus juízes, na interpretação das normas, ao bem-comum e à questão social.

O Processo do Trabalho *sempre* influenciou, positivamente, o processo comum. Assim o foi com o Código de Processo Civil de 1973, assim o foi com o Código de Processo Civil de 2015. O Direito do Trabalho igualmente bem influenciou o direito comum e sempre esteve na *vanguarda*.

Entretanto, de alguns tempos para cá, a Justiça do Trabalho tem se permitido, estranhamente, lançar-se em um estado de estagnação e até de involução. Basta dizer que o Direito Civil, a partir do advento do novo Código de 2002, passou por uma *revolução*, onde a boa-fé objetiva e a função social do contrato "se encontram no rol dos princípios que estruturam o direito contratual contemporâneo, ao lado do equilíbrio econômico e da eticidade – tais princípios estão presentes em todas as relações contratuais, e irradiam os preceitos constitucionais"[43].

---

43 Neste sentido, conferir OLIVEIRA NETO, Célio Pereira. *Cláusula de não concorrência no contrato de emprego*: efeitos do princípio da proporcionalidade. São Paulo: LTr, 2015, p. 24.

O Direito do Trabalho não pôde se orgulhar de ter passado, em tempos recentes, por tal "revolução".

O antigo Código de Processo Civil, de 1973, igualmente sofreu uma *revolução*, com a "terceira onda de reformas", ocorridas entre 2005 e 2006, e que resultou no advento de importantes leis modificadoras: Lei n. 11.187/2005 (*DOU* de 20.10.2005), que conferiu nova disciplina ao cabimento dos agravos retido e de instrumento, entre outros; Lei n. 11.232/2005 (*DOU* de 23.12.2005), que estabeleceu a fase de cumprimento das sentenças no processo de conhecimento (**processo sincrético e fim do processo autônomo de execução de título judicial**[44]) e revogou dispositivos relativos à execução fundada em título judicial, entre outros; Lei n. 11.276/2006 (*DOU* de 08.02.2006), que modificou regras relativas à forma de interposição de recursos, ao saneamento de nulidades processuais, ao recebimento de recurso de apelação e a outras questões; Lei n. 11.277/2006 (*DOU* de 08.02.2006), que introduziu no Código de Processo Civil o artigo 285-A, sobre a improcedência *in limine* da ação; Lei n. 11.280/2006 (*DOU* de 17.02.2006), que alterou diversos artigos do Código de Processo Civil, relativos à incompetência relativa, meios eletrônicos, prescrição, distribuição por dependência, exceção de incompetência, revelia, carta precatória e rogatória, ação rescisória e vista dos autos; Lei n. 11.341/2006 (*DOU* de 08.08.2006), que alterou o parágrafo único do artigo 541 do Código de Processo Civil, para admitir as decisões disponíveis em mídia eletrônica, inclusive na internet, entre as suscetíveis de prova de divergência jurisprudencial; Lei n. 11.382/2006 (*DOU* de 07.12.2006, que modificou o processo de execução de título extrajudicial, entre outros; Lei n. 11.418/2006 (*DOU* de 20.12.2006), que acrescentou ao Código de Processo Civil dispositivos que regulamentam o § 3º do art. 102 da Constituição Federal, que trata do recurso extraordinário e a exigência de demonstração da repercussão geral das questões constitucionais discutidas no caso; e Lei n. 11.419/2006 (*DOU* de 20.12.2006), que dispôs sobre a informatização do processo judicial, entre outros.

O novo Código de Processo Civil, ao trazer na sua base principiológica e dentre as suas normas fundamentais o **princípio da primazia do mérito**, conforme artigos 4º e 6º do novo *Códex*[45]/[46], para o qual o juiz deve superar as *filigranas* do processo e investir muito mais tempo e esforço mental para decidir o mérito propriamente dito do que para extingui-lo sem resolução, traz em si forte carga ideológica do Processo do Trabalho e da própria Justiça do Trabalho.

---

44 À exceção da execução contra a Fazenda Pública.

45 NCPC, art. 4º: As partes têm o direito de obter em prazo razoável a solução integral do mérito, incluída a atividade satisfativa. NCPC, art. 6º: Todos os sujeitos do processo devem cooperar entre si para que se obtenha, em tempo razoável, decisão de mérito justa e efetiva.

46 Neste sentido, consultar, ainda, SILVA, Bruno Freire e. *O novo CPC e o Processo do Trabalho*: parte geral. São Paulo: LTr, 2015. Vol. I, p. 28 e 30-31.

No Direito Processual do Trabalho, não vimos esta "revolução".

É claro que existem entraves muito maiores ao Direito Material e Processual do Trabalho – *as coisas entre o céu e a terra que nossa vã filosofia não pode imaginar ou conceber*, como disse William Shakespeare –, dentre os quais as **falácias** de que o Direito do Trabalho "atravanca" a economia, que a Consolidação das Leis do Trabalho tem cunho "fascista", de que o emprego está inserido no "custo Brasil" etc.

Clarice Calixto, em obra de fôlego, fruto de sua dissertação de mestrado[47], deixa clara a intenção da própria mídia quanto ao **ocultamento do trabalho como direito fundamental**. Concluiu, magistralmente (trazemos excertos):

> A pesquisa realizada desvelou que, quanto ao plano da metanarrativa das estórias jornalísticas, no exercício de seu papel de atores políticos narradores do presente, os veículos midiáticos brasileiros têm contribuído para o esvaziamento simbólico dos direitos sociais trabalhistas, num processo de construção e reforço do consenso neoliberal.
>
> Essa fábula foi analisada sob uma perspectiva ampla, relacionada a interesses políticos e econômicos na contemporaneidade de precarização do trabalho e de enfraquecimento da imagem do Estado como provedor de proteção social. Foram investigadas algumas formas atípicas de contratação como situações de mercantilização do trabalho, com ênfase em um exemplo ilustrativo: o fenômeno da "pejotização".
>
> Por fim, foi avaliada a realidade da precarização de direitos no mundo do trabalho jornalístico. Perceber essa precarização, muito relacionada ao fenômeno da "pejotização" nas empresas de comunicação, pareceu especialmente importante para a análise das performances dos veículos jornalísticos como narradores na construção de estórias midiáticas sobre o "dinossauro Direito do Trabalho".
>
> Constatou-se que o ocultamento simbólico do trabalho como direito fundamental na narrativa midiática está relacionado não só à performance dos veículos midiáticos como atores políticos que reforçam o consenso neoliberal, mas também como empresas privadas de comunicação as quais se inserem na lógica de mercado e possuem interesses econômicos na condição de empregadoras, além da condição de dependentes do financiamento das empresas anunciantes (estas também empregadoras).
>
> O silêncio na cobertura quanto à perspectiva humanista do Direito do Trabalho e ao seu caráter social de proteção serve ao reforço da lógica de desvalorização do sistema do Direito e predominância do sistema da Economia, um fenômeno preocupante. Em detrimento da tendência naturalizada de prevalência do sistema da Economia e assumindo a condição de intensa interação com o sistema da Política, cabe ao Direito do Trabalho maximizar e aperfeiçoar os seus instrumentos de inserção e disputa no mercado de discursos públicos.

---

47 CALIXTO, Clarice Costa. *A narrativa jornalística e o ocultamento do trabalho como direito fundamental.* Brasília: UnB, 2013.

Quanto ao "custo Brasil", já deixamos consignado, em tese de nossa autoria, selecionada no Congresso Brasileiro de Direito do Trabalho[48], que se sustenta a falácia de que o custo do trabalho faz parte do chamado "Custo Brasil", mas, como bem coloca o economista José Álvaro Cardoso[49], o trabalho no país, segundo dados da Organização Internacional do Trabalho, *tem baixo custo na comparação internacional*. As estradas mal conservadas, a ausência de ferrovias, o custo excessivo da energia elétrica, a má gestão de obras e empresas, a burocracia e a corrupção – esses sim – podem ser contabilizados no "Custo Brasil".

O que estamos a querer dizer é que, nesta conjuntura, não pode o Direito Processual do Trabalho, mais uma vez, acanhar-se nas suas interpretações. Se pouco se espera, quanto aos demais Poderes da República, não se pode aceitar o *menos*, em qualquer hipótese, do Poder Judiciário, intérprete em última instância da Constituição Federal, cuja República tem como fundamentos a dignidade da pessoa humana, os valores sociais do trabalho e os valores sociais da livre iniciativa (CF, artigo 1º, III e IV); cuja ordem econômica, fundada na valorização do trabalho humano e na livre iniciativa, tem por fim assegurar a todos existência digna, conforme os ditames da justiça social, observados diversos princípios, dentre os quais o do pleno emprego (CF, artigo 170); cuja ordem social tem como base o primado do trabalho, e como objetivo o bem-estar e a justiça sociais (CF, artigo 193).

Ora, se o próprio Supremo Tribunal Federal, desde 1960, já dizia que o princípio da identidade física do juiz não era absoluto; se os próprios estudiosos do Direito Processual Civil já não aceitavam a aplicação pura e simples do princípio da identidade física do juiz, na vigência do Código de Processo Civil de 1973, por traduzir regra burocrática e atravancadora do bom andamento processual; se o novel Código de Processo Civil, de 2015, não reproduziu o princípio da identidade física do juiz – aliás, expressamente disse que não iria fazê-lo, por se tratar de uma regra burocrática e ultrapassada, conforme anteprojeto elaborado pela comissão de juristas –, qual o motivo da Justiça do Trabalho ainda se manifestar favoravelmente à manutenção do princípio no Direito Processual do Trabalho?!?

Dessarte, filiamo-nos, seguramente, à corrente que entende inaplicável tal princípio no Direito Processual do Trabalho, mesmo após o advento da Emenda Constitucional n. 24/1999, mesmo após a extinção da representação classista

---

48   ZWICKER, Igor de Oliveira. *O retrocesso social na redução da base de cálculo do adicional de periculosidade dos eletricitários*. In: Jornal do Congresso do 54º Congresso Brasileiro de Direito do Trabalho, São Paulo: LTr, maio 2014.

49   CARDOSO, José Álvaro. *Custo Brasil não é provocado pelo trabalho*. Entrevista disponível em: <http://www.quimicosunificados.com.br/8697/entrevista-custo-brasil-nao-e-provocado-pelo-trabalho/>. Acesso em: 21 abr. 2014.

na Justiça do Trabalho e mesmo após o cancelamento da Súmula n. 136 pelo Tribunal Superior do Trabalho (Corte Superior que, aliás, posiciona-se igual e seguramente neste sentido).

As razões, podemos resumi-las, a partir do escólio de Vicente José Malheiros da Fonseca, Luiz Otávio Linhares Renault, Mauricio Godinho Delgado e Douglas Alencar Rodrigues:

a) a não aplicação do princípio da identidade física do juiz, perante os órgãos trabalhistas de primeiro grau, resulta da força de outros dois princípios, com os quais é incompatível: os princípios da economia e da celeridade processual;

b) toda e qualquer formalidade processual só se justifica existencialmente à medida que represente uma efetiva garantia do contraditório e da defesa – *rituais vazios prezam apenas pela ineficiência* (o que afronta, inclusive, a cabeça do artigo 37 da Constituição Federal, considerando que o princípio da eficiência também se impõe ao Estado-Juiz;

c) a simplicidade, a celeridade e a efetividade da prestação jurisdicional, hoje expressamente determinadas pela Constituição Federal, na qualidade de princípio cardeal (artigo 5º, inciso LXXVIII) – e que são características clássicas do processo trabalhista – ficariam gravemente comprometidas pela utilização de critério tão burocrático, artificial, subjetivista e ineficiente quanto o derivado do rigor da identidade física judicial;

d) o magistrado é autoridade pública com significativo e profundo preparo técnico e seriedade profissional, podendo – e devendo – conduzir o processo com esmero, objetividade e eficiência, carreando-lhe as provas colhidas durante a instrução, que ficam objetivamente disponíveis no processo, aptas a serem avaliadas e sopesadas pelo Julgador – mesmo que outro magistrado;

e) a própria Constituição Federal não admite que se importem mecanismos de retardo e burocratização do processo, em detrimento de sua celeridade e da melhor efetividade na prestação jurisdicional. Incidência dos princípios constitucionais da efetividade da jurisdição (artigo 5º, inciso LXXVIII, CF) e da eficiência na prestação do serviço público (art. 37, *caput*).

f) o dinamismo com que se processam os atos processuais no âmbito da Justiça do Trabalho, com o permanente trânsito de magistrados substitutos entre os seus vários órgãos, aliado aos postulados maiores da celeridade e da economia processuais, que estão gravados de significado especial, em razão da natureza alimentar dos créditos debatidos perante a jurisdição especializada;

g) mesmo diante do cancelamento da Súmula n. 136 do Tribunal Superior do Trabalho, que dispunha não se se aplicar às Varas do Trabalho o princípio da identidade física do juiz, subsiste o entendimento nela consagrado, sobretudo considerando que o ônus da comprovação dos fatos polêmicos incumbe às partes, que não há prejuízo no julgamento por órgão diverso e que remanesce íntegra a possibilidade de reexame do julgado primário pela instância *ad quem*.

No mais do mais, a Consolidação das Leis do Trabalho não exige expressamente a identidade física do juiz de primeiro grau. Se já não se justificava, no passado, a "importação" de tal princípio, que era expressamente previsto no Código de Processo Civil de 1973, mais ainda com o advento do novo Código de Processo Civil, de 2015, que não adota tal regramento e *expressamente disse que não iria fazê-lo*.

A quem sustenta que a identidade física do juiz "é de grande importância para a efetividade das decisões de primeiro grau e também para a melhoria da prestação jurisdicional trabalhista, uma vez que o juiz de primeiro grau, ao decidir, pode se apoderar de todo o corpo processual, constatar as expressões e os comportamentos das partes e das testemunhas, bem como sentir o conflito com maior clareza e sensibilidade", que assuma uma postura proativa e tenha o devido cuidado, ao conduzir o processo, de *milimetricamente* transcrever, no termo de audiência, as demonstrações de nervosismo, as respostas automáticas e antecipadas às perguntas, a relutância nas respostas e todas e quaisquer circunstâncias que podem ser consideradas no momento da valoração das provas, inclusive a prevalência de um depoimento em face de outro, no caso de prova dividida.

Se isto aumentará o trabalho? Talvez. Mas preferimos ficar, aqui, com as certeiras palavras da ministra Cármen Lúcia Antunes Rocha, do Supremo Tribunal Federal, no julgamento do Mandado de Injunção n. 833, julgado em 22.10.2014, quando disse: *O mais é convencimento e compreensão de cada um. Eu não considerei e não levo em consideração quanto ao que isto pode gerar em termos de judicialização. Eu vivo biblicamente: a cada dia a sua agonia, foi-me posto um processo para relatar e eu decido segundo o que se tem no processo quanto ao direito. Nada mais.*

7. BIBLIOGRAFIA

BEBBER, Júlio César. *Princípios do Processo do Trabalho*. São Paulo: LTr, 1997.

CALIXTO, Clarice Costa. *A narrativa jornalística e o ocultamento do trabalho como direito fundamental*. Brasília: UnB, 2013.

CARDOSO, José Álvaro. *Custo Brasil não é provocado pelo trabalho*. Entrevista disponível em: <http://www.quimicosunificados.com.br/8697/entrevista-custo-brasil-nao-e-provocado-pelo-trabalho/>. Acesso em: 21 abr. 2014.

CLAUS, Ben-Hur Silveira; LORENZETTI, Ari Pedro; FIOREZE, Ricardo; ARAÚJO, Francisco Rossal de; COSTA, Ricardo Martins; AMARAL, Mário Lima do. *A função revisora dos tribunais*: a questão do método no julgamento dos recursos de natureza ordinária. In: Revista Trabalhista Direito e Processo, São Paulo: LTr, ano 13, n. 51, jul./set. 2014, p. 111-129.

COSTA, Aldo de Campos. *O silencio eloquente na jurisprudência do Supremo*. Brasília: Consultor Jurídico, 2013. Disponível em: <http://www.conjur.com.br/2013-nov-21/toda-prova-silencio-eloquente-jurisprudencia-supremo>. Acesso em: 1º nov. 2015.

COSTA, Fábio Natali; BARBOSA, Amanda. *Magistratura e formação humanística*. 2. ed. São Paulo: LTr, 2014.

DELGADO, Mauricio Godinho. *Curso de Direito do Trabalho*. 13. ed. São Paulo: LTr, 2014.

FAVA, Marcos Neves. *O que há de novo na jurisprudência do TST*. In: RENAULT, Luiz Otávio Linhares; VIANA, Márcio Túlio; FABIANO, Isabela Márcia de Alcântara; FATTINI, Fernanda Carolina; PIMENTA, Raquel Betty de Castro (coords.). O que há de novo no Processo do Trabalho: homenagem ao professor Aroldo Plínio Gonçalves. São Paulo: LTr, 2015, p. 129-135.

FONSECA, Vicente José Malheiros da. *Princípio da não identidade física do juiz e exceção de suspeição (procedimento nas Varas do Trabalho)*. In: Revista LTr, vol. 66, n. 02, fev. 2002, p. 158-172.

GRECO FILHO, Vicente. *Direito Processual Civil brasileiro*. São Paulo: Saraiva, 2002. Vol. 1.

LIMA, Rogério Montai de. *Princípio da identidade física do juiz não é absoluto*. Revista Consultor Jurídico, São Paulo, 3 jul. 2012. Disponível em: <http://www. conjur.com.br/2012-jul-03/rogerio-montaiprincipio- identidade-fisica-juiz-nao-absoluto>. Acesso em: 22 jan. 2015.

MAIOR, Jorge Luiz Souto. *Ampliação da competência*: procedimento e princípios do direito do trabalho. In: Revista do Tribunal Superior do Trabalho, ano 71, n. 1, jan./abr. 2005, Porto Alegre: Síntese, 2005, p. 223.

_____. *Direito Processual do Trabalho*: efetividade, procedimento oral. São Paulo: LTr, 1998.

MARTINS, Sergio Pinto. *Comentários às súmulas do TST*. 9. ed. São Paulo: Atlas, 2011.

_____. *Identidade física do juiz e sua aplicação no Processo do Trabalho*. São Paulo: Carta Forense, 2015. Disponível em: <http://www.cartaforense.com.br/conteudo/colunas/identidade-fisica-do-juiz-e-sua-aplicacao-no-processo-do-trabalho/14976>. Acesso em: 27 out. 2015.

MIESSA, Élisson (org.). *O novo Código de Processo Civil e seus reflexos no Processo do Trabalho*. Salvador: JusPODIVM, 2015.

MOREIRA, José Carlos Barbosa. *Comentários ao Código de Processo Civil*. São Paulo: Forense, 1974.

NERY JUNIOR, Nelson. *Código de Processo Civil comentado*. 10. ed. São Paulo: RT, 2007.

OLIVEIRA NETO, Célio Pereira. *Cláusula de não concorrência no contrato de emprego*: efeitos do princípio da proporcionalidade. São Paulo: LTr, 2015.

OLIVEIRA, Francisco Antonio de. *Comentários às súmulas do TST*. 9 ed. São Paulo: RT, 2008.

PIROTTA, Wilson Ricardo Buquetti. *Hermenêutica da prova e argumentação jurídica na era do processo eletrônico do trabalho*. São Paulo: LTr, 2015.

PRADO, Lídia Reis de Almeida. *O juiz e a emoção*: aspectos da lógica da decisão judicial. 4. ed. Campinas: Millennium, 2008.

RENAULT, Luiz Otávio Linhares. *Nulidade*. In: RENAULT, Luiz Otávio Linhares; VIANA, Márcio Túlio; KOURY, Luiz Ronan Neves; CANTELLI, Paula Oliveira; JANNOTTI, Cláudio. ABC da Execução Trabalhista: teoria e prática – homenagem ao professor Carlos Augusto Junqueira Henrique. São Paulo: LTr, 2014.

SCHIAVI, Mauro. *Manual de Direito Processual do Trabalho*. 9. ed. de acordo com o novo CPC. São Paulo: LTr, 2015.

SILVA, Bruno Freire e. *O novo CPC e o Processo do Trabalho*: parte geral. São Paulo: LTr, 2015. Vol. I.

VILHENA, Paulo Emílio Ribeiro de. *Os prejulgados, as súmulas e o TST*. In: Revista de Informação Legislativa do Senado Federal, ano 14, n. 55, jul./set. 1977, p. 83-100.

ZWICKER, Igor de Oliveira. *Súmulas, orientações jurisprudenciais e precedentes normativos do TST*. São Paulo: LTr, 2015.

_____. *A leitura do princípio da primazia da realidade a partir do princípio da boa-fé objetiva sob a ótica protetiva, frente à teoria do paradigma da essencialidade*. In: Jornal do Congresso do 55º Congresso Brasileiro de Direito do Trabalho, São Paulo: LTr, jun. 2015.

_____. *O retrocesso social na redução da base de cálculo do adicional de periculosidade dos eletricitários*. In: Jornal do Congresso do 54º Congresso Brasileiro de Direito do Trabalho, São Paulo: LTr, maio 2014.

8. APÊNDICE – SIGLÁRIO

CF: Constituição Federal

CLT: Consolidação das Leis do Trabalho

CTN: Código Tributário Nacional

DJ: Diário da Justiça

DOU: Diário Oficial da União

LINDB: Lei de Introdução às normas do Direito Brasileiro

NCPC: Novo Código de Processo Civil

STF: Supremo Tribunal Federal

TRT: Tribunal Regional do Trabalho

TST: Tribunal Superior do Trabalho

Parte III

JURISDIÇÃO E AÇÃO

Capítulo 10

COOPERAÇÃO JUDICIÁRIA NACIONAL E INTERNACIONAL NA NOVA REDAÇÃO DO CPC: REFLEXOS NA SEARA TRABALHISTA

Renata Maria Miranda Santos[1] e Fernanda de Miranda S. C. Abreu[2]

SUMÁRIO: 1. INTRODUÇÃO; 2. COOPERAÇÃO JUDICIÁRIA INTERNACIONAL: O QUE É E QUAL SUA IMPORTÂNCIA?; 3. REFLEXOS NA RESPONSABILIZAÇÃO INTERNACIONAL DE EMPREGADORES; 4. CONCLUSÃO; 5. REFERÊNCIAS BIBLIOGRÁFICAS.

1. INTRODUÇÃO

Entre as inúmeras inovações trazidas pelo novo Código de Processo Civil, nos coube tratar de uma questão palpitante: a total reestruturação da disciplina da cooperação judiciária nacional e internacional.

Com a inclusão cada vez maior do Brasil na sociedade global, representada pelo significativo incremento de suas relações internacionais – tanto no campo público quanto no campo privado-, o regramento de tais situações fáticas necessitava ser revista. Assim, o legislador ordinário o fez, acrescendo inúmeros dispositivos e alterando tantos outros no futuro diploma.

São vinte artigos que trazem em seu bojo inúmeras inovações, entre as quais podemos destacar a previsão expressa do chamado auxílio direto, antes encontrado apenas na seara administrativa. Foram também brindadas as relações jurídicas de consumo, verdadeiro sinal dos tempos, já que cresce cada vez mais o número de compras e vendas internacionais pela rede mundial de computadores.

Dentro dos limites deste singelo trabalho, propor-nos-emos a abordar os dispositivos mais relevantes – quiçá mais controvertidos -, que poderão ge-

---

[1] Juíza do Trabalho Substituta no Tribunal Regional do Trabalho da 13ª Região (Paraíba). Professora de Sentença Trabalhista em cursos preparatórios para concursos para a Magistratura do Trabalho

[2] Doutoranda e Mestre em Direito das Relações Econômicas Internacionais pela PUC-SP. Professora assistente na Pós Graduação em Direito Internacional da PUC-SP/Cogeae. Advogada em São Paulo.

rar certa estranheza ao operador do direito não familiarizado com o Direito Internacional.

Em um segundo momento analisaremos os reflexos de tais possíveis modificações na seara trabalhista. Tendo em vista a disposição do artigo 769 da CLT, devemos estudar com cuidado a eventual lacuna na normatização trabalhista e a compatibilidade de tais disposições com o cunho protetivo do direito laboral.

Não pretendemos esgotar o tema, evidentemente, posto que o novo Diploma Legal apenas iniciará sua jornada. Serão inúmeras as situações concretas que vivenciaremos; muitos serão os julgados que desafiarão os nossos entendimentos; diferentes e respeitáveis posicionamentos serão construídos. Esperamos com estas breves linhas contribuir para tão fulgurante debate.

2. COOPERAÇÃO JUDICIÁRIA INTERNACIONAL: O QUE É E QUAL SUA IMPORTÂNCIA?

A Cooperação Judiciária Internacional encontra seu fundamento no princípio da cooperação entre os povos para o progresso da humanidade, o qual, segundo nos explica Carlos Roberto Husek, *"privilegia a busca de acordos para a solução dos problemas, o que está em conformidade com o art. 1º da Carta Magna das Nações Unidas, sendo este um dos propósitos da ONU"* (2012, p. 200).

Este instituto constitui importante instrumento de efetivação da soberania estatal, uma vez que possibilita que atos necessários à fiel execução e cumprimento de atos públicos sejam realizados mesmo quando a parte em questão está fora da esfera de irradiação deste Poder Soberano.

Sendo certo que a Comunidade Internacional é constituída por países soberanos, independentes entre si, imperando entre eles uma plena igualdade – ainda que apenas formalmente-, vige entre tais sujeitos internacionais o princípio da cooperação, não o da subordinação. Assim, um Estado não poderá exercer, ao menos em tese, sua soberania sobre o território de outro, à revelia deste.

Eis que entra a figura da Cooperação Judiciária Internacional: por meio de seus instrumentos os Estados-soberanos auxiliam-se mutuamente, permitindo que atos judiciais e administrativos sejam realizados sob sua esfera de soberania, possibilitando, assim, o pleno exercício da soberania de um outro Estado.

Tal se dará, via de regra, com base em Tratados Internacionais regulando essas hipóteses ou, na ausência destes, recorre-se ao princípio da reciprocidade. Segundo esse princípio, de capital importância nas relações diplomáticas entre os Estados, a cooperação entre eles se dará na exata medida em que esta for oferecida por seus pares.

O novel diploma processual traz em seu artigo 26 a disposição segundo a qual a cooperação jurídica internacional será regida por tratado do qual o Brasil seja parte. Na ausência de tratado, a cooperação jurídica internacional poderá realizar-se com base em reciprocidade, manifestada por via diplomática. Tal reciprocidade não será exigida para a homologação de sentença estrangeira.

Importante ressaltar que desde a Emenda Constitucional nº 45 de 2004 a competência constitucional para a homologação de sentença estrangeira foi transferida do Supremo Tribunal Federal para o Superior Tribunal de Justiça. Tal alteração será contemplada no artigo 960, parágrafo 2º, do Novo CPC.

No supracitado artigo 26 encontramos os paradigmas que guiarão a conduta do Poder Judiciário Brasileiro no exercício na cooperação judiciária internacional: o respeito às garantias do devido processo legal no Estado requerente; a igualdade de tratamento entre nacionais e estrangeiros, residentes ou não no Brasil, em relação ao acesso à justiça e à tramitação dos processos, assegurando-se assistência judiciária aos necessitados; a publicidade processual, exceto nas hipóteses de sigilo previstas na legislação brasileira ou no Estado requerente; a existência de autoridade central para recepção e transmissão dos pedidos de cooperação; e a espontaneidade na transmissão de informações a autoridades estrangeiras.

Será cabível a cooperação judiciária internacional quando o ato tiver por objeto citação, intimação e notificação judicial e extrajudicial; colheita de provas e obtenção de informações; homologação e cumprimento de decisão; concessão de medida judicial de urgência; assistência jurídica internacional; qualquer outra medida judicial ou extrajudicial não proibida pela lei brasileira.

Na ausência de tratado, a cooperação jurídica internacional poderá realizar-se com base em no princípio da reciprocidade, manifestada por via diplomática. Não se exigirá tal reciprocidade para homologação de sentença estrangeira, salvo para fins de execução fiscal, quando promessa de reciprocidade deve ser apresentada à autoridade brasileira.

Tem-se que os dois meios para que a decisão estrangeira seja revestida de eficácia no território brasileiro são a homologação de sentença estrangeira, que então se tornará título executivo judicial, e a concessão de *exequatur* às cartas rogatórias. O cumprimento de decisão estrangeira se dará perante o juízo federal competente, a requerimento da parte, conforme as normas estabelecidas para o cumprimento de decisão nacional.

Serão passíveis de homologação a decisão judicial definitiva, bem como a não judicial que, pela lei brasileira, teria natureza jurisdicional. Curiosa é a possibilidade de homologação parcial da decisão estrangeira, conforme o parágrafo 2º do art. 961 do Novo CPC. Há que se discutir a viabilidade de tal dispositivo.

Nos termos do artigo 963 do novo diploma processual civil constituem requisitos indispensáveis para a homologação a decisão estrangeira ter sido esta proferida por autoridade competente; precedida de citação regular, ainda que verificada a revelia; ser eficaz no país em que foi proferida; não ofender a coisa julgada brasileira, posto que não existe a litispendência internacional; estar acompanhada de tradução oficial, salvo disposição que a dispense prevista em tratado; não haver manifesta ofensa à ordem pública. Tampouco será admitida a prática de atos que contrariem ou que produzam resultados incompatíveis com as normas fundamentais que regem o Estado brasileiro.

Também deverão ser observadas as hipóteses de competência territorial absoluta da autoridade judicial brasileira, a saber: ações relativas a imóveis situados no Brasil; confirmação de testamento particular, inventário e partilha de bens situados no Brasil, ainda que o autor da herança seja de nacionalidade estrangeira ou tenha domicílio fora do território nacional; em divórcio, separação judicial ou dissolução de união estável, proceder a partilha de bens situados no Brasil, ainda que o titular seja de nacionalidade estrangeira ou tenha domicílio fora do território nacional.

Estes serão, portanto, os parâmetros observados pelos Ministros do Superior Tribunal de Justiça no exercício do juízo de delibação. Como se vê, são requisitos objetivos, com pouco espaço para a subjetividade – e, assim, para a análise discricionária do Magistrado. Afinal, o Juízo de delibação é um juízo superficial sobre a legalidade de um ato, sem, contudo, adentrar no exame de mérito.

Importante exceção à tal necessidade de homologação é a sentença estrangeira de divórcio consensual, que produzirá efeitos no Brasil, independentemente de homologação pelo Superior Tribunal de Justiça. Nestas hipóteses competirá a qualquer órgão jurisdicional examinar a validade da decisão, em caráter principal ou incidental, quando essa questão for suscitada em processo de sua competência.

Nesta e em outras hipóteses em que a homologação for dispensada, a decisão concessiva de medida de urgência dependerá, para produzir efeitos, de ter sua validade expressamente reconhecida pelo órgão jurisdicional competente para dar-lhe cumprimento, dispensada, evidentemente, a homologação pelo Superior Tribunal de Justiça. Interessante que a autoridade judiciária brasileira poderá deferir pedidos de urgência e realizar atos de execução provisória no processo de homologação de decisão estrangeira.

Decisões interlocutórias estrangeiras poderão ser executadas em território nacional por meio de carta rogatória. Também a execução no Brasil de decisão interlocutória estrangeira concessiva de medida de urgência dar-se-á por carta rogatória – tal juízo de urgência cabe exclusivamente à autoridade jurisdicional prolatora da decisão estrangeira.

Será utilizada a Carta Rogatória sempre que o pedido de cooperação entre órgão jurisdicional brasileiro e estrangeiro para prática de ato de citação, intimação, notificação judicial, colheita de provas, obtenção de informações e de cumprimento de decisão interlocutória, ou seja, quando o ato estrangeiro constituir decisão a ser executada no Brasil.

O procedimento da Carta Rogatória perante o Superior Tribunal de Justiça é de jurisdição contenciosa e às partes serão asseguradas as garantias do devido processo legal, sendo vedada, em qualquer hipótese, a revisão do mérito do pronunciamento judicial estrangeiro pela autoridade judiciária brasileira. A defesa, por seu turno, restringir-se-á à discussão quanto ao atendimento dos requisitos para que o pronunciamento judicial estrangeiro produza efeitos no Brasil.

Importante e controversa novidade empreendida pelo novo Código é encontrada no artigo 25, segundo o qual não compete à autoridade judiciária brasileira o processamento e o julgamento da ação quando houver cláusula de eleição de foro exclusivo estrangeiro em contrato internacional, arguida pelo réu na contestação. Qual o alcance de tal disposição? Cremos que apenas sobre direito disponíveis, mas os possíveis reflexos sobre direitos trabalhistas discutiremos a frente.

Fugindo um pouco da seara jurisdicional, encontramos o instituto do auxílio indireto, grande novidade deste diploma. Caberá tal medida quando a medida não decorrer diretamente de decisão de autoridade jurisdicional estrangeira a ser submetida a juízo de delibação no Brasil. A solicitação de auxílio direto será encaminhada pelo órgão estrangeiro interessado à autoridade central, na forma estabelecida em tratado, cabendo ao Estado requerente assegurar a autenticidade e a clareza do pedido.

Este novo mecanismo permite a cognição do pedido diretamente ao juiz de primeira instância, sendo desnecessário o juízo prévio de delibação do STJ. A tramitação desses pedidos é coordenada pela Autoridade Central brasileira designada em cada tratado firmado. O Departamento de Recuperação de Ativos e Cooperação Jurídica Internacional da Secretaria Nacional de Justiça, órgão subordinado ao Ministério da Justiça, exerce o papel de autoridade central para a maioria dos tratados em que o Brasil é parte, permitindo maior celeridade e promovendo o acompanhamento necessário do cumprimento dos pedidos. Sem dúvida mais consentâneo à realidade atual, tomando-se por base o crescimento exponencial do número de pedidos de cooperação jurídica que o Brasil requer de países estrangeiros (cooperação ativa) e também se analisando o aumento dos pedidos que recebe (cooperação passiva).

O Ministério da Justiça exerce as funções de autoridade central na ausência de designação específica[3]. Autoridade Central é o órgão responsável pela boa condução da cooperação jurídica que cada Estado realiza com os demais países. Cabe à Autoridade Central receber, analisar, adequar, transmitir e acompanhar o cumprimento dos pedidos de cooperação jurídica. Essa análise tem o objetivo de verificar o atendimento aos requisitos da lei do Estado requerido, bem como do tratado que fundamenta o pedido, conferindo, assim, maior agilidade ao procedimento.

A autoridade central brasileira tratará diretamente com suas congêneres e, se necessário, com outros órgãos estrangeiros responsáveis pela tramitação e pela execução de pedidos de cooperação enviados e recebidos pelo Estado brasileiro, observado eventual tratado. No caso de auxílio direto para a prática de atos que, segundo a lei brasileira, não necessitem de prestação jurisdicional, a autoridade central adotará as providências necessárias para seu cumprimento.

Recebido o pedido de auxílio direto passivo, a autoridade central o encaminhará à Advocacia-Geral da União, que requererá em juízo a medida solicitada. Em sendo o Ministério Público a autoridade central, este requererá em juízo a medida solicitada. Neste caso, competirá ao juiz federal do lugar em que deva ser executada a medida apreciar a lide.

Segundo o artigo 30 do novo instrumento processual o auxílio direto terá por objeto citação, intimação e notificação judicial e extrajudicial, quando não for possível ou recomendável a utilização de meio eletrônico; obtenção e prestação de informações sobre o ordenamento jurídico e sobre processos administrativos ou jurisdicionais findos ou em curso; colheita de provas, salvo se a medida for adotada em processo, em curso no estrangeiro, de competência exclusiva de autoridade judiciária brasileira; e qualquer outra medida judicial ou extrajudicial não proibida pela lei brasileira.

Os institutos até agora abordados dizem respeito à cooperação passiva, isto é, quando um Estado estrangeiro aciona o governo brasileiro a fim de ter determinado comando seu cumprido em nosso território, com os instrumentos de nossa soberania. Muito escasso foi o projetado disciplinamento da cooperação judiciária internacional ativa, que se dará quando o Brasil necessitar do auxílio de outro país soberano para desempenhar determinado ato.

---

[3] Para a Convenção sobre Prestação de Alimentos no Estrangeiro, de 1956, a Procuradoria-Geral da República exerce as funções de Autoridade Central (Decreto nº 56.826, de 02 de setembro de 1965); para a Convenção sobre os Aspectos Civis do Sequestro Internacional de Crianças, de 1980, a Convenção relativa à Proteção das Crianças e à Cooperação em Matéria de Adoção Internacional, de 1993, e a Convenção Interamericana sobre Restituição Internacional de Menores, a Secretaria de Direitos Humanos da Presidência da República exerce tais funções (Decreto nº 1.212, de 3 de agosto de 1994; Decreto n. 3.087, de 21 de junho de 1999; Decreto nº 3.413, de 14 de abril de 2000.

São apenas dois dispositivos, que pouco elucidam a questão. No artigo 35 encontramos que o pedido de cooperação jurídica internacional oriundo de autoridade brasileira competente será encaminhado à autoridade central para posterior envio ao Estado requerido para lhe dar andamento. Já no artigo seguinte temos que o pedido de cooperação oriundo de autoridade brasileira competente e os documentos anexos que o instruem serão encaminhados à autoridade central, acompanhados de tradução para a língua oficial do Estado requerido.

Não nos parece haver óbice para uma interpretação e aplicação sistemática dos institutos aqui analisados, a permitir sua aplicação também na modalidade ativa da cooperação judiciária internacional, especialmente em matéria trabalhista. Sabemos bem que com o incremento das relações internacionais do Brasil, crescem também os contratos de trabalho com pessoas jurídicas internacionais – sejam estas de direito público ou de direito privado.

Os novos dispositivos atinentes à cooperação judiciária internacional encontrados no futuro diploma legal em tela são plenamente compatíveis com o arcabouço protetivo juslaboral, salvo o artigo 25, que dispõe sobre a incompetência territorial brasileira para o processamento e o julgamento da ação quando houver cláusula de eleição de foro exclusivo estrangeiro em contrato internacional.

Quando se tratar de pessoa jurídica de direito privado a responsabilização internacional não gerará maiores transtornos, salvo no momento de instrumentalizar a decisão condenatória. Suscitará maior controvérsia a hipótese de ser o empregado pessoa jurídica de direito público internacional: Estados Soberanos e Organismos Internacionais. Sobre isso nos deteremos agora.

3. REFLEXOS NA RESPONSABILIZAÇÃO INTERNACIONAL DE EMPREGADORES.

A questão da imunidade de jurisdição do Estado estrangeiro possui duas visões principais: uma clássica, que vedava totalmente a possibilidade de julgamento, que se encontra totalmente superada. E uma moderna que permite a possibilidade de julgamento em certas hipóteses e que é atualmente acolhida dentro do Direito das Gentes e na maioria dos países do mundo, inclusive o Brasil.

Pela teoria clássica o Estado estrangeiro não poderia ser julgado pelas autoridades de outro Estado contra a sua vontade, com o fundamento no princípio do *par in par non habet judicium*, que significa que "iguais não podem julgar iguais".

Formulada na Idade Média, a teoria da imunidade absoluta permite que um Estado estrangeiro não se submeta à jurisdição doméstica de outro ente estatal, salvo com o seu consentimento, limitando, portanto, o poder jurisdicional do Estado. Com isso, diante da tentativa de processar um ente estatal estrangeiro, o judiciário local deveria declara-se incompetente, salvo se este Estado renunciasse a sua imunidade.

A imunidade absoluta é consentânea como o espírito da época em que surgiu o Estado nacional sob a égide do absolutismo e, portanto, com ideias como o direito absoluto de negação de subordinação ou limitação do Estado por qualquer outro poder, passando este a encerrar um poder supremo e independente.

Atualmente a visão clássica encontra-se superada. Entretanto o teor da noção tradicional da matéria foi acolhido pela noção moderna a respeito do tema imunidade de jurisdição e é ainda empregada quando o Estado pratica os chamados atos de império. Com a intensificação das relações internacionais, a imunidade de jurisdição do Estado, nos termos tradicionais, passou a configura-se problemática, por permitir que o ente estatal se eximisse da responsabilidade por atos ilícitos que cometesse, abrindo espaço para que outras pessoas sofressem prejuízos indevidos.

Com isso, entre o final do século XIX e a década de 60 do século passado, a doutrina começou a discutir a possibilidade do Estado estrangeiro fosse levado ao judiciário do outro Estado contra a sua vontade. Os debates culminaram na noção de que os Estado estrangeiros podem ser obrigados a responder por seus atos em outros Estados dentro de certas condições, distinguindo os atos estatais em atos de império e atos de gestão.

Atos de império são aqueles que o Estado pratica no exercício de suas prerrogativas soberanas e no tocante aos quais continuam a gozar de imunidade de jurisdição. São exemplos: atos praticados em ofensivas militares em período de guerra, atos de concessão ou denegação de vistos.

Já os atos de gestão são aqueles que o ente estatal é virtualmente equiparado a um particular e a respeito do qual não há imunidade de jurisdição. São exemplos: aquisição de bens imóveis, contratação de serviços e de funcionários locais para as missões diplomáticas, bem como atos que envolvam reparação civil.

A noção de atos de império e atos de gestão como referências para análise de incidência ou não da imunidade de jurisdição aplica-se apenas à imunidade do Estado no processo de conhecimento, não se referindo nem à imunidade de jurisdição estatal no campo da execução nem as imunidades de autoridade estrangeira e das organizações internacionais

Entretanto a evolução do tema, culminou em 1989, com uma mudança radical na orientação anterior, promovida pelo Supremo Tribunal Federal no julgamento da ACi 9696, que admitiu não haver imunidade de jurisdição do Estado estrangeiro em matéria trabalhista a ser julgada, após o evento da Constituição de 1988, pela Justiça do Trabalho, consagrando a possibilidade de que certos atos de entes estatais estrangeiros, entendidos como atos de gestão, podem ser apreciados pelas autoridades judiciárias brasileiras.

Refere Valério de Oliveira Mazzuoli que *"parece haver um certo consenso entre a maioria dos autores no sentido de admitir que os atos de gestão são os únicos em relação aos quais se pode deixar de aplicar a imunidade jurisdicional dos Estados, devendo esta imunidade ser somente aplicada àqueles atos que o Estado realiza no exercício do seu poder soberano, ou seja, os atos estatais "jure imperii"* (2011, p. 541).

Os atos de gestão que aparecem com maior frequência nas cortes brasileiras envolvem matérias trabalhistas. O entendimento do Ministro Celso de Melo enfatiza que *"Privilégios diplomáticos não podem ser invocados, em processos trabalhistas, para coonestar o enriquecimento sem causa dos Estados estrangeiros, em inaceitável detrimento de trabalhadores residentes em território brasileiro, sob pena dessa pratica consagrar censurável desvio ético- jurídico, incompatível com o princípio da boa-fé e inconciliável com os grandes postulados do direito internacional. O privilégio resultante da imunidade de jurisdição de execução não inibe a justiça brasileira de exercer a jurisdição nos processos de conhecimentos instaurados contra Estados estrangeiros."*

Cabe destacar, enfim, que o Supremo Tribunal Federal tem se posicionado no sentido de que *"a regra costumeira que existia no passado, e que era o único fundamento que justificava a extinção liminar do processo, não mais subsiste atualmente (a partir de 1972), por ter sido modificada com a edição da Convenção Europeia da Basileia sobre as imunidades do Estado, reafirmada com as leis dos Estados Unidos e do Reino Unido, que introduziram limites à teoria da imunidade estatal absoluta"*, conforme assinala Mazzuoli na obra citada, p. 548.

É de se ressaltar, que a possibilidade de o Estado estrangeiro se submeter ao judiciário brasileiro só pode ser apurada em juízo. Nesse sentido, cabe ao magistrado comunicar o ente externo para que este, querendo oponha resistência a sua submissão à autoridade judiciária brasileira, para que se possa discutir se o ato que motiva o processo é de império ou de gestão. Dependendo da resposta a essa consulta, poderá ou não ter prosseguimento o feito.

Vale registrar, por oportuno, que a imunidade de jurisdição do Estado não se encontra prevista nas Convenções de Viena tal como estão as dos agentes diplomáticos e consulares. O que existe, hoje, é a Convenção sobre Imunidades Jurisdicionais do Estado e de seus Bens, aberta à assinatura em Nova Iorque em 17.01.2005, mas que ainda não foi assinada pelo Brasil. Nessa Convenção, há um rol de assuntos nos quais não cabe ao Estado invocar a imunidade de jurisdição, dentre eles os contratos individuais de trabalho firmados entre Estado e pessoa física estrangeira. Foi concluída, também, em 1972, a Convenção Europeia sobre Imunidade do Estado, assinada na Suíça por alguns países daquele continente.

Caso interessante será o do empregado contratado por Organização Internacional para desempenhar suas atividades em território nacional. Então estaremos diante do único caso de imunidade internacional absoluta, expressamente reconhecida pela Corte Superior Trabalhista, em sua Orientação Jurisprudencial nº 416 da SDI-1.

Segundo esta OJ, as organizações ou organismos internacionais gozam de imunidade absoluta de jurisdição quando amparados por norma internacional incorporada ao ordenamento jurídico brasileiro, não se lhes aplicando a regra do Direito Consuetudinário relativa à natureza dos atos praticados. Excepcionalmente, prevalecerá a jurisdição brasileira na hipótese de renúncia expressa à cláusula de imunidade jurisdicional.

Tal fato decorre dos tratados assinados pelo Brasil, enquanto país soberano, com tais Organizações Internacionais. Via de regra encontra-se em tais tratados dispositivos que conferem à elas imunidade absoluta de jurisdição, independente da natureza do ato por elas praticados. Após anos discordando com o entendimento sustentado pelo Supremo Tribunal Federal, o TST acabou por reformar sua posição, publicando referida Orientação Jurisprudencial.

Assim, tais sujeitos internacionais não poderão ser acionados pelos instrumentos aqui analisados – a saber, Carta Rogatória e Auxílio Direto. Tampouco poderá ser homologada em território nacional sentença estrangeira que os condene. Nada impedirá, entretanto, que Estados soberanos condenados por atos de gestão sejam acionados por referidos instrumentos. Nem se mencione, portanto, entes privados internacionais.

Tais dispositivos permitirão maior celeridade ao deslinde internacional das lides civis e trabalhistas, permitindo que os trabalhadores brasileiros e estrangeiros tenham acesso a seus direitos de forma mais ágil e simples. Afinal, justiça tardia nada mais é senão injustiça.

4. CONCLUSÃO

A cooperação jurídica internacional será regida por tratado do qual o Brasil seja parte. Na ausência de tratado, a cooperação jurídica internacional poderá realizar-se com base em reciprocidade, manifestada por via diplomática. Tal reciprocidade não será exigida para a homologação de sentença estrangeira.

Será cabível a cooperação judiciária internacional quando o ato tiver por objeto citação, intimação e notificação judicial e extrajudicial; colheita de provas e obtenção de informações; homologação e cumprimento de decisão; concessão de medida judicial de urgência; assistência jurídica internacional; qualquer outra medida judicial ou extrajudicial não proibida pela lei brasileira.

Já a Carta Rogatória será utilizada sempre que o pedido de cooperação entre órgão jurisdicional brasileiro e estrangeiro para prática de ato de citação, intimação, notificação judicial, colheita de provas, obtenção de informações e de cumprimento de decisão interlocutória, ou seja, quando o ato estrangeiro constituir decisão a ser executada no Brasil.

O instituto do auxílio indireto é a grande novidade deste diploma. Caberá tal medida quando a medida não decorrer diretamente de decisão de autoridade jurisdicional estrangeira a ser submetida a juízo de delibação no Brasil. A solicitação de auxílio direto será encaminhada pelo órgão estrangeiro interessado à autoridade central, na forma estabelecida em tratado, cabendo ao Estado requerente assegurar a autenticidade e a clareza do pedido.

Os novos dispositivos atinentes à cooperação judiciária internacional encontrados no gestado diploma legal são plenamente compatíveis com o arcabouço protetivo juslaboral, salvo o artigo 25, que dispõe sobre a incompetência territorial brasileira para o processamento e o julgamento da ação quando houver cláusula de eleição de foro exclusivo estrangeiro em contrato internacional.

Atos de império são aqueles que o Estado pratica no exercício de suas prerrogativas soberanas e no tocante aos quais continuam a gozar de imunidade de jurisdição. São exemplos: atos praticados em ofensivas militares em período de guerra, atos de concessão ou denegação de vistos.

Já os atos de gestão são aqueles que o ente estatal é virtualmente equiparado a um particular e a respeito do qual não há imunidade de jurisdição. São exemplos: aquisição de bens imóveis, contratação de serviços e de funcionários locais para as missões diplomáticas, bem como atos que envolvam reparação civil.

A noção de atos de império e atos de gestão como referências para análise de incidência ou não da imunidade de jurisdição aplica-se apenas à imunidade do Estado no processo de conhecimento, não se referindo nem à imunidade de jurisdição estatal no campo da execução nem as imunidades de autoridade estrangeira e das organizações internacionais

Caso interessante é o das Organizações Internacionais: o único caso de imunidade internacional absoluta, expressamente reconhecida pela Corte Superior Trabalhista, em sua Orientação Jurisprudencial nº 416 da SDI-1. Segundo esta OJ, as organizações ou organismos internacionais gozam de imunidade absoluta de jurisdição quando amparados por norma internacional incorporada ao ordenamento jurídico brasileiro, não se lhes aplicando a regra do Direito Consuetudinário relativa à natureza dos atos praticados.

Assim, tais sujeitos internacionais não poderão ser acionados pelos instrumentos aqui analisados – a saber, Carta Rogatória e Auxílio Direto. Tampouco poderá ser homologada em território nacional sentença estrangeira que os condene. Nada impedirá, entretanto, que Estados soberanos condenados por atos de gestão sejam acionados por referidos instrumentos. Nem se mencione, portanto, entes privados internacionais.

5. REFERÊNCIAS BIBLIOGRÁFICAS

ACCIOLY, Hildebrando. *Manual de Direito Internacional Público.* 11. ed. São Paulo: Saraiva, 1991.

ALSTOM, Philip. *Labour Rights as Human Rights.* New York: Oxford University Press, 2005.

BARROS, Alice Monteiro. *Curso de Direito do Trabalho.* 4. ed. São Paulo: LTr, 2008.

BASSO, Maristela. A convenção nº 158 da OIT e o direito constitucional brasileiro. In: *Trabalho & Doutrina*, nº 11, dezembro de 1996.

BROWNLIE, Ian. *Principles of Public International Law.* 7. ed. New York: Oxford University Press, 2008.

DE CICCO, Cláudio. *História do Pensamento Jurídico e da Filosofia do Direito.* 6. ed. São Paulo: Saraiva, 2012.

DELGADO, Maurício Godinho. *Curso de Direito do Trabalho.* 11. ed. São Paulo: LTr, 2012.

FRANCO FILHO, Georgenor de Sousa. *Direito do Trabalho do STF. Volume 15.* São Paulo: LTr, 2012.

HUSEK, Carlos Roberto. *Curso de Direito Internacional Público.* 11. ed. São Paulo: LTr, 2012.

HUSEK, Carlos Roberto. *Curso básico de direito internacional público e privado do trabalho.* São Paulo: Ltr, 2009.

LEITE, Carlos Henrique Bezerra. *Direitos Metaindividuais.* São Paulo: LTr, 2005.

MAZZUOLI, Valério. *Curso de Direito Internacional Público.* 5ª Ed. São Paulo: Ed. RT, 2011.

MELLO, Celso D. de Albuquerque. *Curso de Direito Internacional Público.* vol. 1. 9. ed. Rio de Janeiro: Editora Renovar, 1992.

MONTANHANA, Beatriz. A constitucionalização dos direitos sociais: a afirmação da dignidade do trabalhador. In FREITAS JUNIOR, Antônio Rodrigues de (org.). *Direito do Trabalho: Direitos Humanos.* São Paulo: BH Editora, 2006. pp. 63-110.

PINHEIRO, Carla. *Direito Internacional e Direitos Fundamentais.* São Paulo: Atlas, 2001.

PINTO, José Augusto Rodrigues. *Direito Sindical e Coletivo do Trabalho.* 2.ed. São Paulo: LTr, 2002.

PIOVESAN, Flávia. *Direitos Humanos e o Direito Constitucional Internacional.* 7. ed. São Paulo: Saraiva, 2006.

PIOVESAN, Flávia. *Princípio da Complementaridade e Soberania.* Texto baseado nas notas taquigráficas de conferência proferida no Seminário Internacional "O Tribunal Penal Internacional e a Constituição Brasileira", promovido pelo Centro de Estudos Judiciários do Conselho da Justiça Federal, em 30 de setembro de 1999, no auditório do Superior Tribunal de Justiça, em Brasília-DF. Vide : http://www2.cjf.jus.br/ojs2/index.php/cej/article/view/349/551. Acesso em: 20/12/2012, as 10h43.

POLITAKIS, George P. *Protecting Labour Rights as Human Rights: Present and Future of International Supervision.* Geneva: ILO, 2007.

REZEK, Francisco. *Direito internacional público: curso elementar.* 12. ed. rev. e atual. São Paulo: Saraiva, 2010.

RODRIGUEZ, Américo Plá. *Princípios de Direito do Trabalho.* 3. ed. atual. São Paulo: LTR, 2002.

RODRIGUEZ, Americo Plá. *Los Convenios Internacionales del Trabajo.* Montevideo: Faculdade de Derecho, 1965.

SANTOS, José Aparecido. apud CORRÊA, Lelio Bentes. O papel da Organização Internacional do Trabalho no mundo globalizado: afirmando os direitos humanos dos trabalhadores. Em *O Direito Material e o Processual do Trabalho dos Novos Tempos.* São Paulo: LTr, 2009.

SHAW, Malcolm N. *Direito Internacional.* São Paulo: Martins Fontes, 2010.

SILVA, Homero Batista Mateus da. *Curso de Direito do Trabalho Aplicado – Parte Geral.* Vol I. Rio de Janeiro: Elsevier: 2009.

SILVA, Homero Batista Mateus da. *Curso de Direito do Trabalho Aplicado – Jornadas e Pausas.* Vol. II. Rio de Janeiro: Elsevier, 2009.

SILVA, José Afonso da. *Curso de Direito Constitucional Positivo.* 36. ed. São Paulo: Malheiros, 2013.

SUPREMO TRIBUNAL FEDERAL. Vide: http://www.stf.jus.br/imprensa/pdf/re466343.pdf. Acesso em: 27/06/13, as 14h01.

SUPREMO TRIBUNAL FEDERAL. Vide: http://redir.stf.jus.br/paginadorpub/paginador.jsp?docTP=AC&docID=601192. Acesso em: 21/06/2013, as 12h35.

SUSSEKIND, Arnaldo [et al.].*Instituições de direito do trabalho.* Vol I. 20. ed. São Paulo: LTr, 2002.

TORRES, Heleno Taveira. Aplicação dos tratados e convenções internacionais em matéria tributária no direito brasileiro. In: *Tratados internacionais na ordem jurídica brasileira*, (Amaral, Antonio Carlos Rodrigues do – coordenador). São Paulo: Lex Editora, Aduaneiras, 2005.

Capítulo 11

SERÁ O FIM DA CATEGORIA "CONDIÇÃO DA AÇÃO"? UM ELOGIO AO CPC.

Fredie Didier Jr.[1]

"Condição da ação" é uma categoria criada pela Teoria Geral do Processo, com o propósito de identificar uma determinada espécie de questão submetida à cognição judicial. Uma condição da ação seria uma questão relacionada a um dos elementos da ação (partes, pedido e causa de pedir), que estaria em uma zona intermediária entre as questões de mérito e as questões de admissibilidade. As condições da ação não seriam questões de mérito nem seriam propriamente questões de admissibilidade; seriam, simplesmente, questões relacionadas à ação. Constituir-se-iam, na lição de Adroaldo Furtado Fabrício, em um círculo concêntrico intermediário entre o externo, correspondente às questões puramente formais, e o interior, representativo do mérito da causa[2].

Essa categoria, desenvolvida a partir das lições de autores italianos, principalmente Enrico Tullio Liebman, foi amplamente aceita pela doutrina brasileira. Pode-se dizer mais: trata-se de noção amplamente difundida no discurso jurídico brasileiro em geral.

O CPC-1973 consagrou essa categoria; o inciso VI do seu art. 267 autorizava que o processo fosse extinto, sem resolução de mérito, quando "não concorrer qualquer das condições da ação, como a possibilidade jurídica, a legitimidade das partes e o interesse processual". No inciso X do art. 301, o CPC-1973 mencionava a *carência de ação* como matéria de defesa do réu – *carência de ação* é a falta de alguma das condições da ação. Eram os únicos textos normativos do CPC-1973 que se valiam desta categoria conceitual. Perceba que, no art. 3º do CPC-1973, que se encontrava no capítulo "Da ação", o legislador não mencionava o termo "condição da ação", embora se referisse ao interesse e à legitimidade.

---

1 Professor-associado de Direito Processual Civil da Universidade Federal da Bahia. Mestre (UFBA), Doutor (PUC/SP), Pós-doutor (Universidade de Lisboa) e Livre-docente (USP). Advogado e consultor jurídico. www.frediedidier.com.br.

2 FABRÍCIO, Adroaldo Furtado. "Extinção do Processo e Mérito da Causa". *Ensaios sobre direito processual.* Rio de Janeiro: Forense, 2003, p. 379.

Muito embora adotada expressamente pelo CPC-1973, nem por isso deixou de ser alvo de severas críticas [3]. A principal objeção a essa categoria tinha fundo lógico: se apenas há dois tipos de juízo que podem ser feitos pelo órgão jurisdicional (juízo de admissibilidade e juízo de mérito), só há duas espécies de questão que o mesmo órgão jurisdicional pode examinar. Não há sentido lógico na criação de uma terceira espécie de questão: ou a questão é de mérito ou é de admissibilidade. A doutrina alemã, por exemplo, divide as questões em admissibilidade e mérito, simplesmente[4]. Cândido Dinamarco, por exemplo, um dos principais autores brasileiros a adotar a categoria "condição da ação", já defende a transformação deste trinômio em um binômio de questões: admissibilidade e mérito[5].

Ao adotar o binômio, as condições da ação não desapareceriam. É o conceito "condição da ação" que seria eliminado. Aquilo que por meio dele se buscava identificar permaneceria existente, obviamente. O órgão jurisdicional ainda teria de examinar a legitimidade, o interesse e a possibilidade jurídica do pedido. Tais questões seriam examinadas ou como questões de mérito (possibilidade jurídica do pedido e legitimação *ad causam* ordinária) ou como pressupostos processuais (interesse de agir e legitimação extraordinária).

As críticas doutrinárias tiveram algum êxito, na missão de proscrever esse conceito jurídico processual do repertório teórico do pensamento jurídico brasileiro.

O CPC atual não mais menciona a *categoria* condição da ação.

O inciso VI do art. 485 do CPC autoriza a extinção do processo sem resolução do mérito pela ausência de "legitimidade ou de interesse processual".

Há duas grandes diferenças em relação ao CPC-1973. O silêncio do CPC atual é bastante eloquente.

Primeiramente, não há mais menção "à possibilidade jurídica do pedido" como hipótese que leva a uma decisão de inadmissibilidade do processo. Observe que não há mais menção a ela como hipótese de inépcia da petição inicial (art. 330, §1º, CPC); também não há menção a ela no inciso VI do art. 485 do CPC, que apenas se refere à legitimidade e ao interesse de agir; além disso, criam-se várias hipóteses de improcedência liminar do pedido, que poderiam

---

3   Para as apresentação das críticas, DIDIER Jr., Fredie. *Pressupostos processuais e condições da ação*. São Paulo: Saraiva, 2005.

4   ROSENBERG, Leo. *Tratado de derecho procesal civil*. Buenos Aires: EJEA, 1955, t. 2, p. 44-50; MOREIRA, José Carlos Barbosa. "Sobre pressupostos processuais". *Temas de direito processual — 4ª série*. São Paulo: Saraiva, 1989, p. 83-84; WAMBIER, Teresa Arruda Alvim. *Nulidades do processo e da sentença*. 5ª ed. São Paulo: RT, 2004, p. 352, nota 140.

5   (DINAMARCO, Cândido. *Instituições de direito processual civil*. São Paulo: Malheiros Ed., 2001, v. 3, p. 128; *Instituições de direito processual civil*. São Paulo: Malheiros Ed., 2001, v. 2, n. 727, p. 616-618

ser consideradas, tranquilamente, como casos de impossibilidade jurídica de o pedido ser atendido.

A segunda alteração silenciosa é a mais importante.

O texto normativo atual não se vale da expressão "condição da ação". Apenas se determina que, reconhecida a ilegitimidade ou a falta de interesse, o órgão jurisdicional deve proferir decisão de inadmissibilidade. Retira-se a menção expressa à categoria "condição da ação" do único texto normativo do CPC que a previa – e que, por isso, justificava a permanência de estudos doutrinários ao seu respeito.

Também não há mais uso da expressão *carência de ação.*

Não há mais razão para o uso, pela ciência do processo brasileira, do conceito "condição da ação"[6].

A legitimidade ad causam e o interesse de agir passarão a ser explicados com suporte no repertório teórico dos pressupostos processuais.

A legitimidade e o interesse passarão, então, a constar da exposição sistemática dos pressupostos processuais de validade: o interesse, como pressuposto de validade objetivo extrínseco; a legitimidade, como pressuposto de validade subjetivo relativo às partes. A mudança não é insignificante. Sepulta-se um conceito que, embora prenhe de defeitos, estava amplamente disseminado no pensamento jurídico brasileiro. Inaugura-se, no particular, um novo paradigma teórico, mais adequado que o anterior, e que, por isso mesmo, é digno de registro e aplausos.

---

6 DIDIER Jr., Fredie. "Será o fim da categoria "condição da ação"? Um elogio ao projeto do novo Código de Processo Civil". *Revista de Processo*. São Paulo: RT, 2011, v. 197, p. 255-260; CUNHA, Leonardo Carneiro da. "Será o fim da categoria condições da ação? Uma intromissão no debate travado entre Fredie Didier Jr. e Alexandre Freitas Câmara". *Revista de Processo*. São Paulo: RT, agosto 2011, v. 198, p. 227-235. Em sentido diverso, pela preservação da categoria, CÂMARA, Alexandre Freitas. "Será o fim da categoria 'condição da ação'? Uma resposta a Fredie Didier Junior". *Revista de Processo*. São Paulo: RT, julho 2011, v. 197, p. 261-269; ALVES, Gabriela Pellegrina; AZEVEDO, Júlio de Camargo. "Condições da ação e novo Código de Processo Civil". *Revista Eletrônica de Direito Processual*. Rio de Janeiro, 2014, n. 14, p. 188 (www.redp.com.br); GALIO, Morgana Henicka. "Condições da ação, direitos fundamentais e o CPC projetado". *Revista Eletrônica de Direito Processual*. Rio de Janeiro, 2014, n. 14, p. 464-465 (www.redp.com.br).

Capítulo 12
JURISDIÇÃO E AÇÃO NO NOVO CÓDIGO DE PROCESSO CIVIL

Ronaldo Lima dos Santos[1]

SUMÁRIO: DA JURISDIÇÃO; 1. CONCEITO E NATUREZA JURÍDICA; 2. CARACTERÍSTICAS; 2.1. SUBSTITUTIVIDADE; 2.2. INSTRUMENTALIDADE; 2.3. CONCRETUDE; 2.4. INÉRCIA ; 2.5. DEFINITIVIDADE; 3. PRINCÍPIOS DA JURISDIÇÃO; 3.1. UNIDADE DA JURISDIÇÃO; 3.2. PRINCÍPIO DA INVESTIDURA; 3.3. PRINCÍPIO DO JUIZ NATURAL; 3.4. PRINCÍPIO DA ADERÊNCIA AO TERRITÓRIO; 3.5. PRINCÍPIO DA INAFASTABILIDADE; 3.6. PRINCÍPIO DA INDELEGABILIDADE; 3.7. PRINCÍPIO DA INEVITABILIDADE; 4. ESPÉCIES; 4.1. JURISDIÇÃO CONTENCIOSA E JURISDIÇÃO NÃO CONTENCIOSA (VOLUNTÁRIA); 4.1.1. QUADRO SINÓPTICO; 5. QUADRO SINÓPTICO DA ORGANIZAÇÃO JUDICIÁRIA NA CF/88 ; DA AÇÃO. 1. CONCEITO; 2. NATUREZA JURÍDICA; 2.1. TEORIA IMANENTISTA OU CIVILISTA; 2.2. AÇÃO COMO DIREITO AUTÔNOMO; 2.2.1. AÇÃO COMO DIREITO AUTÔNOMO E CONCRETO; 2.2.2. AÇÃO COMO DIREITO AUTÔNOMO E ABSTRATO; 2.3. AÇÃO COMO DIREITO POTESTATIVO; 2.4. AÇÃO COMO PODER CONSTITUCIONAL; 2.5. QUADRO SINÓPTICO; 3. BIFONTRALIDADE DO DIREITO DE AÇÃO; 4. CLASSIFICAÇÃO DAS AÇÕES; 4.1. QUANTO AO PROVIMENTO JURISDICIONAL; 4.1.1. AÇÃO DE CONHECIMENTO; 4.1.1.1. AÇÕES DECLARATÓRIAS; 4.1.1.2. AÇÕES CONSTITUTIVAS; 4.1.1.3. AÇÕES CONDENATÓRIAS; 4.1.2. AÇÃO DE EXECUÇÃO; 4.1.3. AÇÃO CAUTELAR; 4.1.4. AÇÃO MANDAMENTAL; 5. ELEMENTOS IDENTIFICADORES DA AÇÃO; 5.1. PARTES; 5.2. PEDIDO; 5.3. CAUSA DE PEDIR; 6. CONDIÇÕES DA AÇÃO; 6.1. CONCEITO; 6.2. INTERESSE DE AGIR; 6.3. LEGITIMIDADE *AD CAUSAM*; 6.3.1. LEGITIMAÇÃO ORDINÁRIA E EXTRAORDINÁRIA; 6.4. QUADRO SINÓPTICO DAS CONDIÇÕES DA AÇÃO; 7. BIBLIOGRAFIA CITADA.

DA JURISDIÇÃO

1. CONCEITO E NATUREZA JURÍDICA

A jurisdição consiste no poder-função pelo qual o Estado exerce a pacificação dos conflitos sociais e a realização do direito, revelando-se, *in concreto*, como uma atividade.

Trata-se de um poder, porque constitui uma atividade essencialmente estatal dotada de imperatividade sobre os destinatários das decisões judiciais. A função jurisdicional é um poder inerente à soberania do Estado, assim como o poder legislativo e o poder executivo.

Constitui uma função, porque a jurisdição se reveste de um poder-dever estatal, isto é, constitui o encargo avocado pelo Estado, em substituição à justiça privada, de resolver os conflitos quando invocada a tutela jurisdicional em determinado caso concreto.

---

[1] Professor Doutor da Faculdade de Direito da Universidade de São Paulo – USP. Procurador do Trabalho do Ministério Público do Trabalho em São Paulo. Mestre e Doutor em Direito do Trabalho pela Faculdade de Direito da Universidade de São Paulo. Ex-Procurador do INSS

Por fim, revela-se como uma atividade, porque se desenvolve por meio de uma complexidade de atos e termos do juiz e dos demais sujeitos que se relacionam dialeticamente por meio do processo judicial. O processo é o instrumento pelo qual se realiza a atividade jurisdicional.

2. CARACTERÍSTICAS

2.1. SUBSTITUTIVIDADE

A jurisdição possui um caráter substitutivo da denominada "justiça privada". Por meio da função jurisdicional o Estado resolve o conflito de interesses, sobrepondo a sua decisão às partes envolvidas, por meio dos seus órgãos e agentes. Compete somente ao Estado, por meio da atividade jurisdicional, impor a solução de um conflito a terceiros, sendo que os particulares somente poderão fazê-lo em situações excepcionais (autotutela ou autocomposição) ou expressamente previstas em lei.

Em virtude do seu caráter substitutivo, que obsta a justiça privada (salvo em raras exceções previstas em lei), a jurisdição adquire também caráter universal, estendendo-se a todos os conflitos, no esteio do artigo 5º, XXXV, da CF/88, que informa o princípio da inafastabilidade da jurisdição: *a lei não excluirá da apreciação do Poder Judiciário lesão ou ameaça a direito*".

Não obstante a proclamação expressa do princípio da universalidade da jurisdição, no *caput* do seu artigo 3º, do Novo CPC (NCPC) incentiva os denominados métodos alternativos de solução de conflitos como a arbitragem e a mediação, prevendo-os em seu artigo 3º, que difere do corresponde artigo no Código de 1973[2], ao dispor que:

> "Art. 3º Não se excluirá da apreciação jurisdicional ameaça ou lesão a direito. § 1º É permitida a arbitragem, na forma da lei. § 2º O Estado promoverá, sempre que possível, a solução consensual dos conflitos. **§ 3º A conciliação, a mediação e outros métodos de solução consensual de conflitos deverão ser estimulados por magistrados, advogados, defensores públicos e membros do Ministério Público, inclusive no curso do processo judicial.**"

Como sói acontecer com as últimas alterações do direito processual civil, o legislador inspirou-se novamente em institutos do direito processual do trabalho; neste caso, especificamente no juízo conciliação que norteia o processo do trabalho: "*Os dissídios individuais ou coletivos submetidos à apreciação da Justiça do Trabalho serão sempre sujeitos à conciliação*" (art. 764 CLT). No âmbito constitucional, o legislador constituinte fomentou, na seara do direito coletivo do trabalho, tanto a via da negociação coletiva como da arbitragem, além da

---

2 "*Art. 3º. Para propor ou contestar ação é necessário ter interesse e legitimidade.*"

previsão do teratológico comum acordo para a suscitação do dissídio coletivo (art. 114, CF/88, §§ 1º a 3º, com redação alterada pela EC n. 45/2004).

2.2. INSTRUMENTALIDADE

A jurisdição é marcada pela nota da instrumentalidade, pois ela não constitui um fim em si mesmo, tendo como escopo a justa composição do conflito de interesses submetido ao crivo do Poder Judiciário, aplicando-se o direito ao caso concreto.

2.3. CONCRETUDE

A jurisdição, enquanto função estatal, assim como o processo, é instrumental, pois visa à composição do conflito de interesses. Ela não se desenvolve em derredor de teses jurídicas abstratas, mas cumpre teleologia voltada à aplicação da norma jurídica ao caso concreto, dando-lhe composição ou solução não encontrada volitivamente pelos interesses.

Diante deste quadro, Carnelutti afirmara que a jurisdição se desenvolve em torno de uma lide, isto é, o *"conflito de interesses qualificado pela pretensão de um dos interessados e pela resistência do outro."*[3]

Ao dispor que para a postulação em juízo, é necessário ter interesse e legitimidade (art. 17 NCPC), o legislador mantém o conceito de lide como um dos fundamentos da atuação jurisdiciona em derredor de casos concretos.[4]

2.4. INÉRCIA

A jurisdição constitui uma atividade desinteressada e provocada. Diz-se desinteressada porque o órgão jurisdicional mantém-se equidistante das partes, visto que tem como função por em prática vontades concretas da lei em relação aos sujeitos da relação jurídica substancial deduzida em juízo. Deste modo, a atividade jurisdicional só pode ser exercida quando provocada pela parte interessada. Não se trata de atividade espontânea do Estado: *ne procedat iudex ex officio*.[5]

A inércia da jurisdição é um instrumento de consolidação da imparcialidade do juiz e do princípio dispositivo, pois compete ao interessado decidir ou não pela submissão do conflito ao Judiciário. Neste sentido o art. 2º do NCPC repete *ipsis*

---

3   CARNELUTTI, Francesco. Op. cit., p 93.
4   O projeto de novo CPC reproduz preceito do CPC de 1973 (art. 4º), ao prescrever: *"Art. 19. O interesse do autor pode se limitar à declaração: I – da existência, da inexistência ou do modo de ser de uma relação jurídica; II – da autenticidade ou da falsidade de documento. Art. 20. É admissível a ação meramente declaratória, ainda que tenha ocorrido a violação do direito."*
5   THEODORO JUNIOR. Humberto. *Curso de direito processual civil*. V. 1. 46. ed. Rio de Janeiro: Forense. 2007. p. 41.

litteris o mesmo dispositivo do CPC de 1973: *"Art. 2º O processo começa por iniciativa da parte e se desenvolve por impulso oficial, salvo as exceções previstas em lei."*[6]

2.5. DEFINITIVIDADE

A atividade jurisdicional possui o caráter de definitividade, uma vez que as decisões proferidas pelos órgãos judiciários possuem o condão de tornarem-se imutáveis, isto é, impossíveis de alteração ou modificação, podendo ser qualificadas pela imutabilidade da coisa julgada. As decisões judiciárias não são passíveis de revisão por outro Poder e, quando imantadas pela coisa julgada material, tornam-se impermeáveis a qualquer tentativa de modificação, inclusive pelo próprio Poder Judiciário.

No Estado Democrático de Direito, somente os atos judiciais possuem a potencialidade de ser tornar imutáveis, condição não alcançável pelos atos administrativos ou legislativos.[7]

3. PRINCÍPIOS DA JURISDIÇÃO

3.1. UNIDADE DA JURISDIÇÃO

Como poder-função estatal a jurisdição é una, não obstante a sua atividade prática seja distribuída por diversos órgãos jurisdicionais, podendo-se falar em jurisdição civil, penal, trabalhista, bem como em Justiças Federal e Estadual, somente como aspectos do exercício especializado da atividade jurisdicional pelos órgãos do Estado, não retirando a unidade ontológica da jurisdição.

3.2. PRINCÍPIO DA INVESTIDURA

A função jurisdicional é essencialmente do Estado, só podendo ser exercida por juízes regularmente investidos no cargo consoante as normas constitucionais que disciplinam o Poder Judiciário.

A investidura na atividade judicial pode ocorrer: a) mediante concurso de provas e títulos (art. 93, I, CF/88); b) nomeação direta pelo Presidente da República de Ministro do Supremo Tribunal Federal, após a aprovação da escolha pelo Senado Federal (art. 101 CF/88); c) pelo denominado "quinto constitucional", correspondente à ocupação de um quinto dos lugares dos Tribunais Re-

---

[6] O Novo CPC alterou o artigo 2º do CPC de 1973, o qual dispunha: " *Art. 2º O processo começa por iniciativa da parte e se desenvolve por impulso oficial, salvo as exceções previstas em lei."*
[7] CINTRA, Antonio Carlos de Araújo; GRINOVER, Ada Pellegrini; DINAMARCO, Cândido Rangel. Op. cit., p. 152.

gionais Federais, dos Tribunais dos Estados e do Distrito Federal por membros do Ministério Público e da advocacia nomeados pelo Presidente da República (art. 94 CF/88), após observados os procedimentos delineados na CF/88; d) nomeação de Ministros dos Tribunais Superiores, consoante os procedimentos delineados nas normas constitucionais, escolhidos entre membros da Magistratura, do Ministério Público e da Advocacia.

A partir do momento em que no membro do Poder Judiciário perder a investidura, estará desprovido do pressuposto necessário para o exercício da atividade jurisdicional, como na hipótese de aposentadoria.

3.3. PRINCÍPIO DO JUIZ NATURAL

O princípio do juiz natural invoca a não instituição de juízo ou tribunal de exceção (art. 5º, XXXVII, CF/88). Significa que não se admite a criação de tribunal ou a nomeação de juiz *ad hoc*, isto é, para o julgamento de determinado caso. O mais emblemático tribunal de exceção foi o Tribunal de Nuremberg, instituído em 08 de agosto de 1945, para julgamento dos nazistas e criminosos de guerra.

Por este princípio, o órgão julgador deverá estar previamente investido no cargo e sob a égide de normas igualmente prévias de competência para o exercício da atividade jurisdicional. O princípio do juiz natural compreende o direito a um julgamento por juiz independente e imparcial, determinado consoante as normas constitucionais e legais.

O princípio da inamovibilidade do juiz, segundo o qual "*o ato de remoção, disponibilidade e aposentadoria do magistrado, por interesse público, fundar-se-á em decisão por voto da maioria absoluta do respectivo tribunal ou Conselho Nacional de Justiça, assegurada ampla defesa*" (art. 93, VII, CF/88) é corolário do princípio do juiz natural, vedando as substituições ou remoções *ad hoc* de juízes da sua atividade jurisdicional ou do julgamento de determinado processo.

3.4. PRINCÍPIO DA ADERÊNCIA AO TERRITÓRIO

O princípio jurisdicional da aderência ao território informa que, embora a jurisdição seja una e indivisível, cada magistrado deverá exercer sua autoridade judicial nos limites territoriais predeterminados em lei como sujeitos à sua jurisdição. Como poder decorrente da soberania estatal, o primeiro limite territorial à jurisdição consiste no território nacional de cada Estado.

O CPC de 1973 possui um capítulo intitulado "*Da Competência Internacional*", a qual estava prevista nos art. 88 a 90 da daquele diploma processual. Na realidade, a denominação era equivocada, uma vez que sob aquela denominação a norma processual tratava de causas sujeitas à jurisdição nacional, razão pela qual os dispositivos processuais citados deveriam ser interpretados à luz do princípio da aderência ao território, pois, na realidade, é a lide que possuía natureza internacional.

O NCPC alterou a denominação para constar em seu Título II, a designação "Dos limites da jurisdição nacional e da cooperação internacional" tornando o título mais compatível com o princípio da aderência ao território.

3.5. PRINCÍPIO DA INAFASTABILIDADE

O princípio da inafastabilidade da jurisdição, também denominado princípio da universalidade jurisdicional ou da indeclinabilidade, vem insculpido no art. 5º, XXXV, da CF/88, segundo o qual *"a lei não excluirá da apreciação do Poder Judiciário lesão ou ameaça a direito"*. Referido princípio é corolário do direito de petição (art. 5º, XXXIV, CF/88) e significa que o Estado tem o dever de prestar a atividade jurisdicional e o jurisdicionado o direito de acionar o Poder Judiciário para a salvaguarda de seu interesse.

Em virtude do princípio da inafastabilidade, nosso ordenamento jurídico processual proíbe o *"non liquet"*, sendo vedado ao juiz eximir-se de *"decidir sob a alegação de lacuna ou obscuridade do ordenamento jurídico"* (art. 140 NCPC). A atividade jurisdicional é indeclinável, tendo o Estado-juiz o dever de solucionar os conflitos de interesses que são submetidos à sua jurisdição.

O NCPC ampliou o dispositivo do art. 126 do CPC de 1973, o qual dispunha, *in verbis*: *"Art. 126. O juiz não se exime de sentenciar ou despachar alegando lacuna ou obscuridade da lei. No julgamento da lide caber-lhe-á aplicar as normas legais; não as havendo, recorrerá à analogia, aos costumes e aos princípios gerais de direito."*

O art. 140 do NCPC corrigiu a distorção do diploma processual de 1973, para contemplar a vedação do *non liquet* em relação a toda e qualquer decisão, e não somente ao ato de sentenciar. Além disso, previu o non liquet em relação a todo o ordenamento jurídico, e não apenas às leis *stricto sensu*.

De acordo com o NCPC, não somente na ausência de normas legais deverá o magistrado empregar os métodos de integração do direito (analogia, interpretação extensiva, equidade, princípios gerais do direito), mas sempre que necessário para proferir qualquer decisão, em concorrência com as normas legais. Os métodos de integração e interpretação revestem-se, na dinâmica do NCPC de um caráter primário, e não apenas subsidiário, como no diploma processual de 1973.

3.6. PRINCÍPIO DA INDELEGABILIDADE

Em decorrência do princípio da inafastabilidade, também denominado princípio da universalidade da jurisdição, somente o Poder Judiciário, por meio de seus agentes e órgãos, devidamente investidos do poder jurisdicional, poderá exercer a jurisdição, não podendo delegá-la a outras instâncias do Estado, devendo prestá-la com exclusividade.

Em decorrência dos princípios da indelegabilidade e da universalidade da jurisdição, em nosso país não há a dualidade jurisdicional – judicial e administrativa –, podendo as decisões proferidas pelos órgãos administrativos em seus respectivos procedimentos, serem apreciadas pelo Poder Judiciário, não formando coisa julgada. Somente as decisões proferidas pelos órgãos judiciários possuem o condão de tornarem-se imutáveis, isto é, impossíveis de alteração ou modificação.

3.7. PRINCÍPIO DA INEVITABILIDADE

O princípio da inevitabilidade informa que a autoridade dos órgãos jurisdicionais, por constituir uma emanação da soberania estatal, impõe-se aos jurisdicionados independentemente da vontade destes. Os jurisdicionados estão em situação de sujeição perante o Estado-juiz, não podendo evitar que sobre eles se exerça a autoridade estatal.

4. ESPÉCIES

4.1. JURISDIÇÃO CONTENCIOSA E JURISDIÇÃO NÃO CONTENCIOSA (VOLUNTÁRIA)

O CPC de 1973 adotou as denominações "jurisdição contenciosa" e "jurisdição voluntária" (art. 1º CPC[8]) para diferençar a natureza da atividade jurisdicional praticada pelos juízes. A jurisdição voluntária também é denominada de "jurisdição graciosa".

No NCPC, foram inicialmente extirpadas as expressões acima sublinhadas, limitando-se a prescrever que " *A jurisdição civil é exercida pelos juízes e pelos tribunais em todo o território nacional, conforme as disposições deste Código* " (art. 16).

Embora não tenha contemplado a diferenciação entre jurisdição contenciosa e jurisdição voluntária, o novo CPC não eliminou a figura da jurisdição graciosa, prevendo-a ao longo das suas disposições:

> "*Art. 88. Nos procedimentos de jurisdição voluntária, as despesas serão adiantadas pelo requerente e rateadas entre os interessados.*"
>
> "*Art. 215. Processam-se durante as férias, onde as houver, e não se suspendem pela superveniência delas: I – os procedimentos de jurisdição voluntária e os necessários à conservação de direitos, quando puderem ser prejudicados pelo adiamento;*" (...)

---

8 "*Art. 1º. A jurisdição civil, contenciosa e voluntária, é exercida pelos juízes, em todo o território nacional, conforme as disposições que este Código estabelece.*"

Além disso, o NCPC contempla todo o seu Capítulo XV, aos procedimentos de jurisdição voluntária.

Deste modo, permanece a diferenciação entre jurisdição contenciosa e jurisdição voluntária na nova sistemática do direito processual civil.

A jurisdição contenciosa compreende a atividade jurisdicional pela qual o Estado-juiz soluciona a lide, isto é, o conflito de interesses qualificado pela pretensão resistida, pacificando ou compondo o conflito, em atuação substitutiva a das partes, por meio do proferimento de uma decisão tendente à imutabilidade, isto é, à formação da coisa julgada material.

A jurisdição voluntária é considerada uma atividade atípica do Poder Judiciário, sendo tida pela doutrina processual predominante como uma espécie de *"administração pública de interesses privados"*, por possuir natureza caracteristicamente administrativa e não tipicamente jurisdicional.

Tem como fundamento a importância de determinados atos ou situações jurídicas que transcendem aos limites da esfera de interesses das pessoas envolvidas, sendo também de interesse da própria coletividade, como o casamento. Em virtude do interesse público que os envolve, o legislador impõe para a validade destes atos a participação de um órgão público. *"Trata-se de manifesta limitação aos princípios de autonomia e liberdade que caracterizam a vida jurídico-privada dos indivíduos – limitação justificada pelo interesse social nesses atos da vida privada"*.[9]

Como espécies de matérias sujeitas a procedimento de jurisdição, voluntária, o NCPC prevê as seguintes hipóteses, entre outras dispostas no referido diploma:

"Art. 725. Processar-se-á na forma estabelecida nesta Seção o pedido de:

I – emancipação;

II – sub-rogação;

III – alienação, arrendamento ou oneração de bens de crianças ou adolescentes, de órfãos e de interditos;

IV – alienação, locação e administração da coisa comum;

V – alienação de quinhão em coisa comum;

VI – extinção de usufruto, quando não decorrer da morte do usufrutuário, do termo da sua duração ou da consolidação, e de fideicomisso, quando decorrer de renúncia ou quando ocorrer antes do evento que caracterizar a condição resolutória;

VII – expedição de alvará judicial;

VIII – homologação de autocomposição extrajudicial, de qualquer natureza ou valor."

---

9   CINTRA, Antonio Carlos de Araújo; GRINOVER, Ada Pellegrini; DINAMARCO, Cândido Rangel. Op. cit., p. 169.

Em face desta relevância social da matéria, para a validade do ato, a exigência do legislador vai além da presença de uma autoridade administrativa, determinando a participação do Estado-juiz como requisito formal para a validade do ato jurídico. Os atos de jurisdição voluntária são praticados em caráter procedimental, não compondo uma relação jurídica processual.

A jurisdição voluntária não enseja a formação de coisa julgada material, pois não possui como substrato uma lide (conflito de interesses qualificado por uma pretensão resistida), mas uma administração pública de interesses privados, embora possa existir um certo grau de controvérsia entre os sujeitos. Por estas características, a jurisdição voluntária não é composta por partes, mas interessados (art. 721 NCPC).

Diferentemente das decisões dos processos de jurisdição contenciosa, na qual o julgador está predominantemente adstrito a juízo de legalidade e, excepcionalmente a um juízo de equidade, nos procedimentos de jurisdição voluntária o julgador "*não é obrigado a observar critério de legalidade estrita, podendo adotar em cada caso a solução que considerar mais conveniente ou oportuna*" (art. 723, parágrafo único, NCPC), sendo norteado por um juízo de equidade, não sujeito necessariamente ao princípio da congruência da sentença aos pedidos.

4.1.1. Quadro sinóptico

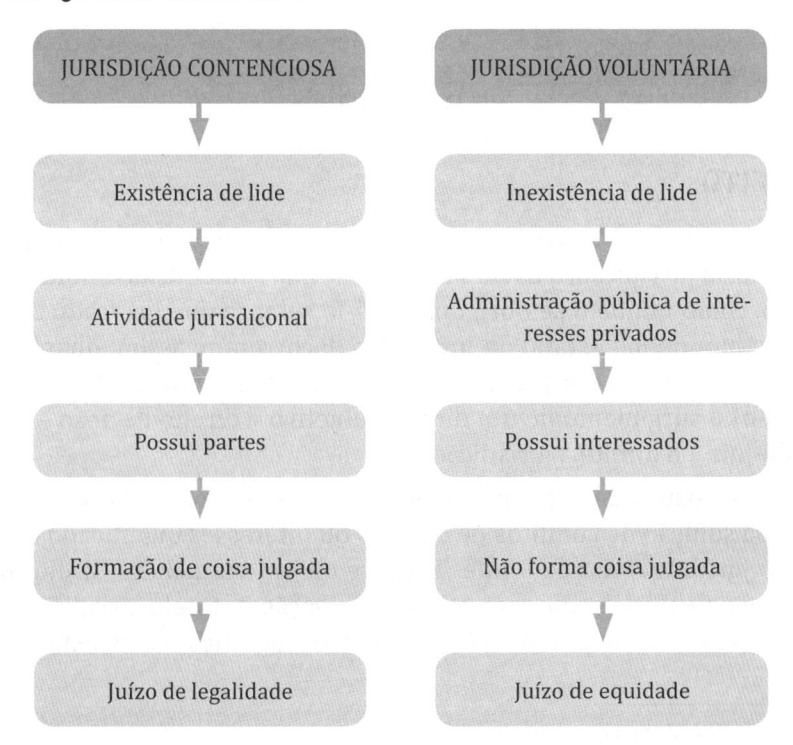

JURISDIÇÃO CONTENCIOSA	JURISDIÇÃO VOLUNTÁRIA
Existência de lide	Inexistência de lide
Atividade jurisdicional	Administração pública de interesses privados
Possui partes	Possui interessados
Formação de coisa julgada	Não forma coisa julgada
Juízo de legalidade	Juízo de equidade

5. QUADRO SINÓPTICO DA ORGANIZAÇÃO JUDICIÁRIA NA CF/88

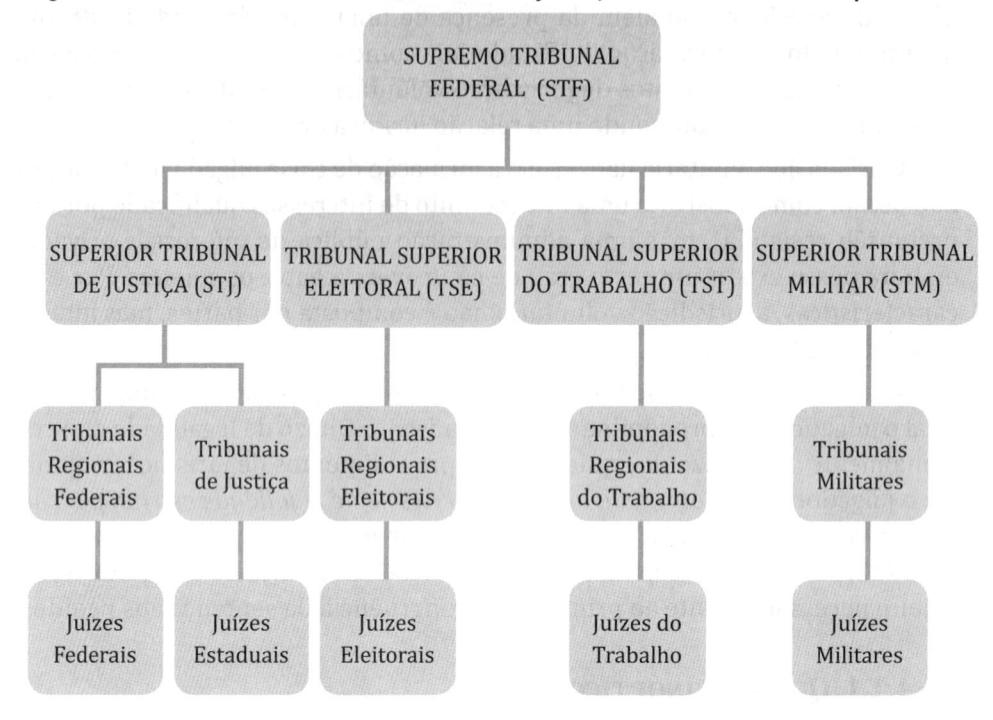

```
                        SUPREMO TRIBUNAL
                         FEDERAL (STF)
    ┌──────────────┬───────────────┬───────────────┬──────────────┐
 SUPERIOR TRIBUNAL  TRIBUNAL SUPERIOR  TRIBUNAL SUPERIOR  SUPERIOR TRIBUNAL
  DE JUSTIÇA (STJ)   ELEITORAL (TSE)   DO TRABALHO (TST)   MILITAR (STM)
    │        │            │                │                │
 Tribunais Tribunais   Tribunais       Tribunais         Tribunais
 Regionais de Justiça  Regionais       Regionais         Militares
 Federais              Eleitorais      do Trabalho
    │        │            │                │                │
  Juízes   Juízes      Juízes          Juízes do         Juízes
 Federais Estaduais   Eleitorais       Trabalho         Militares
```

DA AÇÃO

1. CONCEITO

Na passagem da justiça privada para o monopólio estatal da justiça por meio do exercício da jurisdição, o Estado obrigou-se não somente incumbiu-se da sua prestação, como também se obrigou a fazê-lo sempre que invocado a tal desiderato. Do monopólio estatal da jurisdição decorreram, assim, duas consequências relevantes: a) a obrigação de o Estado prestar a tutela jurisdicional aos cidadãos; b) o surgimento de um direito subjetivo – direito de ação – oponível ao Estado-juiz – o direito à jurisdição.[10]

A ação consiste, assim, no direito ao acionamento da jurisdição estatal para a adequada solução de conflitos de direitos ou interesses qualificados por uma pretensão jurídica resistida – lide. Trata-se de um verdadeiro direito público subjetivo oponível ao Estado com vistas à efetivação da tutela jurisdicional. Consiste no instrumento de provocação da atividade jurisdicional do Estado (art. 2º

---

10 THEODORO JUNIOR. Humberto. Op. cit., p.58

NCPC), regida pelo princípio da inércia. A provocação da jurisdição dá-se pelo direito de ação; o exercício da atividade jurisdicional ocorre por meio do processo, que compreende uma relação jurídica processual e um complexo de atos.

Como expõem Cintra, Grinover e Dinamarco, *"Caracteriza-se a ação, pois, como uma situação jurídica de que desfruta o autor perante o Estado, seja ela um direito (direito público subjetivo) ou um poder. Entre os direitos públicos subjetivos, caracteriza-se mais especificamente como direito cívico, por ter como objeto uma prestação positiva por parte do Estado (obrigação de dare, facere, praestare): a facultas agendi do indivíduo é substituída pela facultas exigendi."*[11]

2. NATUREZA JURÍDICA

A ação possui natureza jurídica de verdadeiro direito, constitucionalmente consagrado como corolário do direito de petição (art. 5º, XXXIV, CF/88) e do princípio da inafastabilidade da jurisdição (art. 5º, XXXV, CF/88). Trata-se de um direito público subjetivo, de caráter autônomo e abstrato. Público porque é exercido contra o Estado, o qual tem o dever de prestar a atividade jurisdicional; autônomo porque independe do direito material; abstrato porque não depende do resultado e do conteúdo da decisão, se favorável ou não à parte que invoca o direito, bem como se esta está realmente condizente com a realidade efetiva dos fatos, embora esta seja uma finalidade ideal da jurisdição.

A respeito da natureza jurídica da ação surgiram várias correntes: a) teoria imanentista ou civilista; b) ação como direito autônomo e concreto; c) ação como direito autônomo e abstrato; d) ação como direito potestativo; e) ação como poder constitucional.

2.1. TEORIA IMANENTISTA OU CIVILISTA

A teoria imanentista da ação, também denominada de teoria civilista ou escola clássica, possui raízes no Direito Romano.

Consoante a conceituação romana, de Celso, a ação era *o direito de perseguir em juízo aquilo que a alguém é devido ou, ao pé da letra, o que a si é devido ('Nihil aliud est actio quam ius quod sib debeatur, in iudicio persequendi'.* D. 44, 7, 51).[12] Esta concepção da ação perdurou ao longo da história, considerando os juristas que ação e processo eram simples capítulos do direito substancial (material). [13]

Resgatada por Savigny, essa concepção foi renovada pela denominada teoria imanentista ou civilista do direito de ação, a qual passou a considerar a ação

---

11 CINTRA, Antonio Carlos de Araújo; GRINOVER, Ada Pellegrini; DINAMARCO, Cândido Rangel. Op. cit., p. 273.
12 CRETELLA JÚNIOR, José. *Curso de Direito Romano*. 23. ed. Rio de Janeiro: Forense. p. 407.
13 SANTOS, Moacyr Amaral Santos. Op. cit., p. 181.

como o próprio direito material (re) agindo em juízo, em face de uma sua violação. Para a escola clássica, a ação seria o direito material em movimento.

2.2. AÇÃO COMO DIREITO AUTÔNOMO

Da polêmica processual entre Windscheid e Mutther, no século XVIII, originou-se ampla discussão sobre a natureza jurídica do direito de ação, cujo progresso foi a concepção da ação como direito autônomo, distinto do direito material.[14]

2.2.1. Ação como direito autônomo e concreto

Segundo a concepção da ação como direito autônomo e concreto desenvolvida por Adolf Wach, o direito de ação, distinto do direito material e exercido contra o Estado, só existiria na hipótese de o provimento jurisdicional ser favorável ao autor. A ação seria um direito público, voltado contra o Estado, e concreto, dependente da existência do direito material.[15]

2.2.2. Ação como direito autônomo e abstrato

Consoante a teoria da ação como direito autônomo e abstrato, ela independe da existência do direito material vindicado em juízo, não deixando de ser exercida mesmo na hipótese em que a sentença nega a existência do direito do autor, ou concede-lhe o direito sem que este exista na realidade dos fatos e do direito substancial.[16]

O NCPC reafirmou a teoria da ação como direito autônomo e abstrato ao retirar a questão da impossibilidade jurídica do pedido das condições da ação e inseri-la como questão de mérito. Na novel sistemática processual civil, as condições da ação estão restritas à legitimidade e ao interesse de agir, cuja ausência acarreta a extinção do processo sem resolução do mérito. Na hipótese de o pedido formulado encontrar vedação no ordenamento jurídico, sendo, portanto, juridicamente impossível, tal fato acarretará o proferimento de uma decisão de mérito concernente à improcedência da demanda.

2.3. AÇÃO COMO DIREITO POTESTATIVO

A partir das lições de Adolf Wach, Giuseppe Chiovenda elaborou a teoria da ação como direito potestativo. Conforme seu entendimento, a ação corresponderia a um direito material de natureza potestativa, por intermédio do qual,

---

[14] CHIOVENDA, Giuseppe. *Principi di Diritto Processuale Civile.* Jovene Editore. Napoli: Casa Editrice Dott. Eugenio Jovene. 1965. p. 54-55.
[15] CINTRA, Antonio Carlos de Araújo; GRINOVER, Ada Pellegrini; DINAMARCO, Cândido Rangel. Op. cit., p. 269.
[16] CINTRA, Antonio Carlos de Araújo; GRINOVER, Ada Pellegrini; DINAMARCO, Cândido Rangel. Op. cit., p. 270.

realizava-se a vontade da lei prevista abstratamente pelo ordenamento jurídico, no caso concreto.[17]

Conforme o jurista peninsular, a ação constitui um poder de requerer a atuação concreta da lei pelos órgãos jurisdicionais. Como direito potestativo, a ação revela-se como o poder de produzir determinados efeitos jurídicos (a atuação da lei), o qual se realiza por uma simples declaração de vontade relativa aos efeitos que se requer em juízo. A demanda judicial é ato pelo qual se exercita o direito de ação e se manifesta a vontade de fazer-se atuar a lei.[18]

2.4. AÇÃO COMO PODER CONSTITUCIONAL

A concepção da ação como poder constitucional foi difundida por Enrico Tullio Liebman, que, em análise da Constituição italiana, considerou a ação como emanação *status civitatis*, um *"poder pertencente à categoria dos direitos cívicos"*, de caráter genérico, indeterminado, inexaurível, inconsumível e abstrato, uma vez que não depende de nenhum fato concreto. Poder do cidadão e dever do Estado. Poder oponível contra o Estado, que deve prestar a jurisdição àquele que exerce a ação.[19]

2.5. QUADRO SINÓPTICO

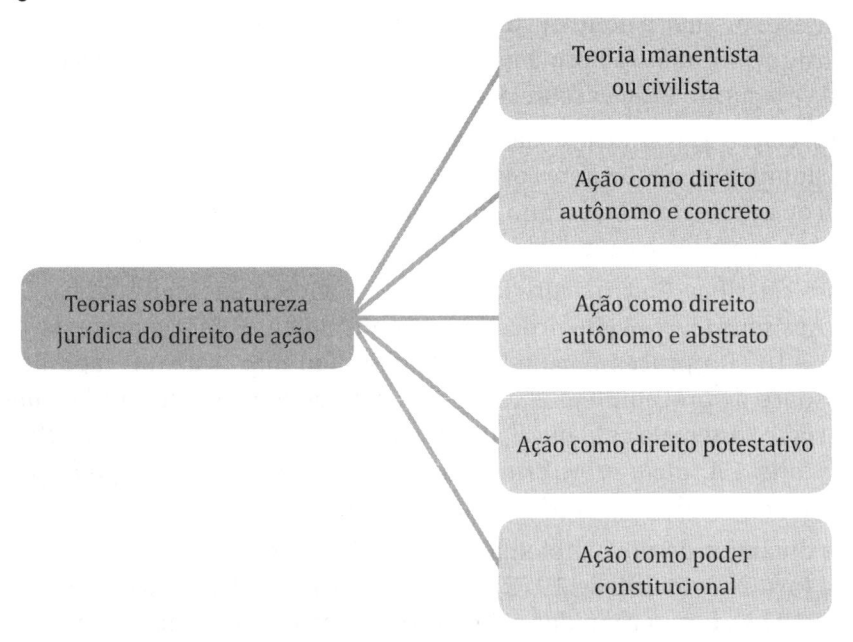

Teorias sobre a natureza jurídica do direito de ação:
- Teoria imanentista ou civilista
- Ação como direito autônomo e concreto
- Ação como direito autônomo e abstrato
- Ação como direito potestativo
- Ação como poder constitucional

---

17 SILVA, Ovídio A. Baptista da. *Curso de Processo Civil*. Vol. 1. 5. ed. São Paulo: Editora Revista dos Tribunais. 2000. p. 96.
18 CHIOVENDA, Giuseppe. Op. cit. p. 57-60.
19 LIEBMAN, Enrico Tullio. Op. cit. p. 140-141.

3. BIFONTRALIDADE DO DIREITO DE AÇÃO

O direito de ação não é uma prerrogativa do autor da demanda, como possa parecer numa primeira análise. O réu, ao se defender, também exerce o direito de ação contra a pretensão do autor, tendo igualmente o interesse em uma tutela jurisdicional, ainda que por um aspecto negativo: não ver reconhecido o pedido formulado pelo autor.

4. CLASSIFICAÇÃO DAS AÇÕES

4.1. QUANTO AO PROVIMENTO JURISDICIONAL

Ação enquanto instituto processual autônomo e abstrato constitui um conceito unívoco, universalizado em relação a todos os tipos de demanda. Não obstante, a doutrina, de um modo geral, adota como a natureza do provimento jurisdicional como critério de classificação das ações. Evidentemente que a natureza do provimento jurisdicional possui correlação lógica e direta com a pretensão material deduzida em juízo, decorrente do princípio da congruência do provimento jurisdicional ao pedido.

Por este prisma, a doutrina predominante adota a classificação tripartite do direito de ação quanto ao provimento jurisdicional: a) ação de conhecimento; b) ação de execução; c) ação cautelar.

Em relação à classificação das ações pela natureza do provimento jurisdicional, vislumbra uma relevante corrente que adota a classificação quaternária do direito de ação, com o acréscimo das ações mandamentais, às ações de conhecimento, de execução e cautelar.

Esta classificação tripartite fora adotada pelo Código de Processo Civil de 1973, nos seus Livros I (Do processo de conhecimento), II (Do processo de execução) e III (Do processo cautelar). O NCPC não mais traz um capítulo específico sobre os procedimentos cautelares, prevendo os institutos da "tutela de urgência" e "tutela de evidência", dispondo, em seu artigo 294, parágrafo único, *ipsis litteris*: " *A tutela provisória de urgência, cautelar ou antecipada, pode ser concedida em caráter antecedente ou incidental.*"

Na dinâmica do novo diploma processual civil, os institutos da tutela antecipada (art. 273 do CPC de 1973) e das medidas cautelares (art. 796 e segs. do CPC de 1973), foram reunidos sob as designações tutela de urgência e tutela de evidência. A tutela provisória é gênero, do qual passam a ser espécies as tutelas de urgência e de evidência (art. 294, *caput*, NCPC). A tutela provisória, no novo regime, poderá ser satisfativa ou cautelar, podendo ser requerida de forma incidental ou antecedente (art. 294 NCPC).

4.1.1. Ação de conhecimento

A ação de conhecimento, também denominada de ação de cognição, revela-se na instauração de um processo de conhecimento, cujo provimento jurisdicional tem como objetivo decidir a lide, isto é, o conflito de interesses qualificado pela pretensão resistida, por meio de um provimento de mérito.

Na ação de conhecimento, o Estado-juiz decidirá sobre as pretensões deduzidas em juízo pelas partes da relação jurídica processual, com a consequente formação de um processo dialético, sujeito ao contraditório e à uma cognição ampla (quanto à dimensão) e exauriente (quanto à profundidade). A ação de conhecimento pressupõe um pronunciamento do Estado-juiz sobre a procedência ou improcedência das pretensões materiais deduzidas em juízo pelas partes.

Consoante a carga decisória predominante do provimento jurisdicional, as ações de conhecimento são classificadas três tipos: a) ações declaratórias; b) ações constitutivas e, c) ações condenatórias.

4.1.1.1. Ações declaratórias

As ações declaratórias, também denominadas meramente ou simplesmente declaratórias, têm como objeto a eliminação de uma incerteza em torno de dada relação ou situação jurídica, ou, excepcionalmente, de um fato, com vistas ao exercício de determinado direito. Na ação puramente declaratória, o interesse do autor limitar-se-á à declaração da existência ou inexistência ou modo de ser de certa relação jurídica ou da autenticidade ou falsidade de documento (art. 19 NCPC).

Esta espécie de ação poderá ser proposta de forma principal ou incidental a outro processo (art. 19 e 437 NCPC), como questão prejudicial ao solucionamento da ação principal. A ação declaratória poderá ser proposta ainda que já tenha ocorrido a violação do direito (art. 20 NCPC).

Pela natureza meramente declaratória do seu provimento jurisdicional, as ações declaratórias não invocam a necessidade de execução forçada, uma vez que a decisão judicial efetiva-se automaticamente com a sua prolação e trânsito em julgado. Em regra, as ações declaratórias não são sujeitas à prescrição ou decadência.

4.1.1.2. Ações constitutivas

As ações constitutivas caracterizam-se pela dedução em juízo de uma pretensão com vistas à criação, modificação ou extinção de uma relação ou situação jurídica material. Na realidade, as ações constitutivas são caracterizadas pela carga predominantemente constitutiva do provimento jurisdicional, uma vez que este também apresenta um conteúdo declaratório antecedente ao constitutivo.

Como elucida Moacyr Amaral Santos, "*Como todas as ações de conhecimento, as ações constitutivas tendem a uma sentença que contém uma declaração e, além disso, modifica uma situação jurídica anterior, criando uma situação nova. (...) Para que a sentença crie, modifique ou extinga uma relação ou situação jurídica entre as partes, deverá, primeiro, declarar se ocorrem as condições legais que autorizam a isso e, em seguida, no caso afirmativo, criar, modificar ou extinguir a relação ou situação jurídica.*" [20] Citem-se como exemplos as ações de nulidade de um contrato; as ações de divórcio etc.

4.1.1.3. Ações condenatórias

As ações condenatórias caracterizam-se pela invocação de um provimento jurisdicional que possui uma carga predominantemente sancionadora em relação à parte contrária, com vistas à imposição de uma obrigação judicial para a reparação ou proteção do bem da vida deduzido em juízo. O conteúdo condenatório, geralmente, reveste-se da imposição de uma obrigação de fazer, não fazer ou pagar ao réu. Após a declaração do direito (antecedente lógico da condenação) ao réu é imposta uma sanção (condenação).

Em virtude do seu conteúdo sancionador, as ações condenatórias ensejam a realização da execução forçada em face do réu, caso este não satisfaça espontaneamente a prestação que lhe foi imposta pelo provimento jurisdicional. Deste modo, o réu que não satisfação a pretensão do autor ao pagamento de uma dívida, reconhecida e julgada procedente pelo juiz, poderá ser passível da penhora dos seus bens para a satisfação do crédito do autor.

4.1.2. Ação de execução

Ao passo que as ações de conhecimento são marcadas pela presença de uma lide, por sua vez caracterizada por um conflito de interesses qualificado por uma pretensão resistida, as ações de conhecimento possuem como objeto um conflito de interesses qualificado por uma pretensão insatisfeita pela parte contrária.

In casu, o direito já se encontra devidamente reconhecido em um título judicial ou extrajudicial, tornando prescindível uma anterior ação de cognição; porém, ao confrontar-se com a resistência da parte contrária em cumprir/satisfazer materialmente o direito, cumpre ao pretendente requerer a execução forçada da obrigação perante o Estado-juiz, ao qual competirá tomar as medidas necessárias para a satisfação material do direito do autor.

O NCPC, na esteira do CPC de 1973, adotou o denominado processo sincrético, com a execução dos títulos executivos judiciais sendo substituída pela fase de cumprimento de sentença (art. 513 e segs. NCPC).

---

20 SANTOS, Moacyr Amaral Santos. Op. cit., p. 214.

4.1.3. Ação cautelar

A ação cautelar é considerada um *tertium genus* processual entre a cognição e a execução. Diferentemente das demais ações que têm como objeto um bem da vida (resistido ou insatisfeito), a ação cautelar tem como objetivo a salvaguarda de uma relação jurídica processual ou do seu resultado útil. Por isso, as cautelares são conhecidas como instrumento (processo) para a tutela de outro instrumento (processo principal), pois visa a proteger uma outra demanda judicial e não o direito material vindicado em juízo.

O objeto da cautela é a própria relação jurídica processual ou o seu resultado prático, como nos casos de grave risco de prejuízos à produção probatória ou à execução da sentença. Nestas hipóteses, não é o direito material que não possui condições de aguardar o desfecho final da demanda, mas o próprio processo ou seu resultado útil que se encontra em risco. É caso da testemunha enferma, cujo estado de saúde invoca a sua oitiva antes da fase probatória, em virtude do iminente risco de morte. Aplica-se também à necessidade de arresto de bens do réu, cuja comprovada dilapidação poderá tornar inefetiva futura execução por dívida.

Como em toda tutela de urgência, para a concessão da cautela é necessário a comprovação do *fumus boni iuris* e do *periculum in mora*. Na dinâmica do CPC de 1973, a ação cautelar não faz coisa julgada material, salvo nas hipóteses de declaração de prescrição e decadência (art. 810 CPC de 1973), uma vez que não possui lide.

Como assinalado anteriormente, o NCPC não mais traz um capítulo específico sobre os procedimentos cautelares, prevendo os institutos da "tutela de urgência" e "tutela de evidência", dispondo, em seu artigo 294, parágrafo único, *ipsis litteris*: " *A tutela provisória de urgência, cautelar ou antecipada, pode ser concedida em caráter antecedente ou incidental.*"

Na dinâmica do novo diploma processual civil, os institutos da tutela antecipada (art. 273 do CPC de 1973) e das medidas cautelares (art. 796 e segs. do CPC de 1973), foram reunidos sobre as designações tutela de urgência e tutela de evidência. A tutela provisória é gênero, do qual passam a ser espécies as tutelas de urgência e de evidência (art. 294, *caput*, NCPC). A tutela provisória, no novo regime, poderá ser satisfativa ou cautelar, podendo ser requerida de forma incidental ou antecedente (art. 294 NCPC).

4.1.4. Ação mandamental

Paralelamente à tripartição clássica das ações, parte da doutrina processual considera a ação mandamental uma quarta espécie de ação. Um mandamento consiste *"numa ordem contida num mandado ou preceito legal"*[21]. A ação man-

---

21 FERREIRA, Aurélio Buarque de Holanda. *Novo Aurélio século XXI*: o dicionário da língua portuguesa. Rio de Janeiro: Nova Fronteira. 1999. p. 1268.

damental se caracteriza pelo conteúdo da sentença consistir num mandamento, numa ordem a ser cumprida pela parte sucumbente. Exemplo típico de ação mandamental é o mandado de segurança (Lei n. 12.016/2009), previsto no art. 5º, LXIX e LXX, da CF/88, que tratam, respectivamente do mandado de segurança individual e coletivo. A ação mandamental prescinde de uma fase de execução para o seu cumprimento, uma vez que a sentença mandamental possui autoexecutoriedade.

5. ELEMENTOS IDENTIFICADORES DA AÇÃO

Os elementos identificadores da ação configuram o conjunto de componentes nucleares da demanda, os quais lhe concedem uma determinada estrutura, individualizam-na e a identificam no âmbito processual. São os elementos que concedem identidade à ação, diferenciando das demais demandas.

Os elementos da ação são compostos pela seguinte tríade: 1) pedido (objeto/*res*); 2) partes (*personae*), ativa e passiva; e 3) causa de pedir (*causa petendi*). A análise dos elementos da ação é de fundamental importância para a apreciação de diversos institutos processuais, como a litispendência, a coisa julgada, a conexão e a continência. Uma ação somente será idêntica à outra quando houver a tríplice identidade dos seus elementos identificadores: igualdade de objeto (*eadem res*); de partes (*eadem personae*) e de causa de pedir (*eadem causa petendi*) – art. 337 § 2º, NCPC.

O confronto dos elementos identificadores de duas ou mais demandas invoca o problema do impedimento de repetição de demandas, como a litispendência (reprodução de ação anteriormente ajuizada e ainda em curso – art. 337, §§ 1º e 3º, NCPC) e a coisa julgada (repetição de demanda anteriormente ajuizada e já decidida por decisão judicial transitada em julgado – art. 337, §§ 1º e 4º, NCPC).

A verificação dos elementos da ação é relevante para a tomada de medidas visando à celeridade processual ou a determinação do juízo competente. Exsurge, neste aspecto, os institutos da conexão e da continência. Dá-se a conexão na situação em que duas ou mais ações possuem comunhão de objeto ou de causa de pedir, porém com diversidade de partes (art. 55 NCPC). A continência revela-se na relação entre os objetos de duas ou mais causas, sendo que o pedido de uma abrange o das demais, devendo-se verificar que, na hipótese de continência, há identidade de partes e de causa de pedir (art. 56 NCPC). Ambos os institutos (conexão e continência), podem acarretar a modificação da competência (art. 54 NCPC) a reunião das demandas (art. 55, § 1º, NCPC) e/ou a prevenção do juízo (art. 58 NCPC).

5.1. PARTES

As partes constituem os sujeitos ativo e passivo da relação jurídica processual. Geralmente são determinadas em função do pedido, sendo a parte ativa aquela que pleiteia em juízo e a passiva aquela em face da qual se pleiteia o provimento jurisdicional. A qualificação de parte deve ser extraída dos sujeitos da lide.

Figuram como partes aqueles que participam do contraditório perante o Estado-juiz. É parte tanto aquele que deduz uma pretensão à tutela jurisdicional (autor), por si próprio ou por intermédio de representante, com formulação de pedido, bem como aquele indicado como responsável pela pretensão material deduzida em juízo, de modo que a sua esfera jurídica será objeto de apreciação judiciária.[22]

A qualidade de parte, embora tenha relativa pertinência com a titularidade dos interesses deduzidos em juízo, constitui um conceito puramente processual, pelo qual se determina os sujeitos do contraditório. Nem sempre os titulares do interesse material atuarão como parte no sentido processual, como nos casos de substituição processual, na qual a parte atua em nome próprio na defesa de direito alheio, de terceiro (art. 18 NCPC). Trata-se da denominada legitimação extraordinária.

A qualificação de parte não se confunde com legitimidade. A parte pode ser legítima ou ilegítima, mas nem por isso perderá a sua condição de parte. [23] A questão da legitimação processual, enquanto condição da ação, influenciará no destino da ação, ao possibilitar ou impedir o proferimento de uma decisão de mérito, mas os sujeitos continuam figurando com partes (ativa e passiva) nos polos da respectiva ação.

Não se deve confundir a identidade de pessoas com a similitude de partes. Uma mesma pessoa pode figurar com qualificações distintas em mais de uma demanda. Deste modo, um determinado indivíduo poderá figurar como autor (legitimado ordinário) numa certa demanda, na qual tutela interesse próprio, como também poderá atuar como legitimado extraordinário/substituto processual concomitantemente em outra demanda, na tutela de interesse alheio, sem que configure litispendência.

5.2. PEDIDO

O pedido corresponde ao objeto (*res*) da ação, à matéria sobre a qual deverá incidir a apreciação judicial (lide). Nas palavras de Moacir Amaral Santos, em análise do CPC de 1973, o *"Objeto da ação é o pedido do autor (Cód. Proc. Civil. art. 282, IV), ou seja, o que ele solicita que lhe seja assegurado pelo órgão jurisdicional. Ora,*

---

[22] CINTRA, Antonio Carlos de Araújo; GRINOVER, Ada Pellegrini; DINAMARCO, Cândido Rangel. Op. cit., p. 280.

[23] Idem, ibidem, p. 280.

o autor pede uma providência jurisdicional que tutele um seu interesse, isto é, uma providência jurisdicional quanto a um bem pretendido, material ou imaterial."[24]

O pedido subdivide-se em pedido imediato e pedido mediato. O pedido imediato corresponde à providência jurisdicional requerida ao Estado-juiz em face do réu, revelando-se no tipo de provimento jurisdicional invocado: condenatório, declaratório, constitutivo, acautelatório, executivo, mandamental. O pedido mediato consiste na pretensão material deduzida em juízo, o bem da vida (material ou imaterial) que o autor quer ver declarado e realizado em face do réu. A tríplice identidade entre duas ações somente é constatada se, no quesito objeto, tanto o objeto remoto quanto o próximo sejam idênticos.

5.3. CAUSA DE PEDIR

A causa de pedir corresponde aos elementos de fato e de direito que fundamentam o pedido do autor. Consoante o art. 319, inciso III, NCPC, compete ao autor indicar na exordial "*o fato e os fundamentos jurídicos do pedido*". Exige-se desta maneira, que o autor apresente tanto a denominada causa de pedir remota quanto a causa de pedir próxima.

A causa de pedir remota corresponde ao fato (ou fatos) no qual o autor ampara a sua pretensão material deduzida em juízo, ao passo que a causa de pedir próxima corresponde aos fundamentos jurídicos que alentam a pretensão do autor, ou seja, os efeitos jurídicos extraídos da circunstância fática que dão suporte normativo às consequências almejadas pelo autor. Em resumo, a *causa petendi* remota corresponde aos fatos; a *causa petendi* próxima configura os fundamentos jurídicos do pedido.

A tríplice identidade entre duas ações somente é constatada se, no quesito *causa petendi*, tanto a causa de pedir remota quanto a próxima sejam idênticas. Não se pode olvidar que de um mesmo fato possam ser extraídas consequências jurídicas diversas. Deste modo, não haverá litispendência se alguém, com vistas a liberar-se do cumprimento de um contrato, ingresse em juízo com duas lides distintas, as quais, embora amparadas na mesma causa *petendi remota* (contrato), distinguem-se em relação à *causa petendi* (fundamentos e consequências jurídicas), como nulidade do contrato e aplicação da cláusula *exceptio non adimpleti contractus*.

6. CONDIÇÕES DA AÇÃO

6.1. CONCEITO

Embora autônomo e abstrato, o direito de ação pressupõe a observância de determinados requisitos para que possa ser devidamente exercido perante o

---

24 SANTOS, Moacir Amaral. Op. cit., p. 197.

Estado-juiz. Nesse sentido, as condições da ação constituem os requisitos, de observância necessária pelo seu exercente, para que a prestação jurisdicional do Estado alcance seu termo, isto é, o proferimento de uma sentença final.

As condições da ação constituem *numerus clausus*, mantendo-se as mesmas independentemente da natureza ou espécie de processo (relação jurídica processual) que se formará durante a prestação da tutela jurisdicional. Ao contrário dos pressupostos processuais, os quais constituem *numerus apertus,* havendo pressupostos processuais gerais (necessários para todo e qualquer tipo de procedimento ou relação jurídica processual) e pressupostos processuais específicos (configurados para determinados tipos de procedimento ou relação jurídica processual).

No regime do CPC de 1973, as condições da ação eram formadas pela seguinte trilogia: 1) possibilidade jurídica do pedido; 2) legitimidade *ad causam*; e 3) interesse de agir (art. 3º; art. 267, VI; art. 295, II e III, e parágrafo único, inciso III, CPC).

Aliás, havia uma certa incongruência na disposição das condições da ação no CPC de 1973, tendo em vista que o seu artigo 3º não mencionava a possibilidade jurídica do pedido, ao prescrever em seu artigo 3º, *in verbis*: *"Para propor ou contestar ação é necessário interesse e legitimidade"*, não obstante, conforme demonstrado no parágrafo anterior, esta estava prevista como uma condição da ação e, consequentemente, uma causa de extinção do processo sem resolução do mérito.

Consoante a exposição de motivos do Novo CPC, *"Com o objetivo de se dar maior rendimento a cada processo, individualmente considerado, e, atendendo a críticas tradicionais da doutrina, deixou, a possibilidade jurídica do pedido, de ser condição da ação. A sentença que, à luz da lei revogada seria de carência da ação, à luz do Novo CPC é de improcedência e resolve definitivamente a controvérsia."* Liebman já havia abandonado a teoria da impossibilidade jurídica como condição da ação.

Deste modo, no regime do NCPC a questão da impossibilidade jurídica do pedido constitui matéria de mérito, cujo reconhecimento acarreta a extinção do processo com resolução do mérito. Trata-se de hipótese de rejeição do pedido do autor por impossibilidade jurídica, a qual invoca a extinção do processo com resolução do mérito, nos termos do artigo 487, inciso I, do NCPC: *"Art. 487. Haverá resolução de mérito quando o órgão jurisdicional: I – acolher ou rejeitar o pedido formulado na ação ou na reconvenção".* Pedido juridicamente impossível é aquele que encontra expressa vedação legal no ordenamento jurídico.

Em consequência da nova natureza jurídica atribuída à impossibilidade jurídica do pedido, diversamente do CPC de 1973 (art. 295, parágrafo único, inciso III), seu reconhecimento não mais constitui hipótese de inépcia da petição exordial (art. 330 NCPC).

Em relação à legitimidade de parte e ao interesse processual, ambos continuam como condições da ação, sendo que a ausência de qualquer um deles torna o autor carecedor do direito de ação e a consequente extinção do processo sem resolução do mérito (art. 485, inciso VI, NCPC), podendo, inclusive, acarretar a declaração de inépcia da exordial (art. 330), incisos II e III, do NCPC).

6.2. INTERESSE DE AGIR

Consiste o interesse de agir numa condição da ação qualificada pelo trinômio necessidade, utilidade e adequação.

A necessidade invoca que a jurisdição, por seu caráter substitutivo, somente pode ser acionada diante da presença de um conflito de interesses qualificado por uma pretensão resistida, cuja satisfação não possa ser obtida por outra forma de solução de conflitos que não a via judiciária.

A necessidade possui, assim, dois aspectos: 1º) a existência de lide, de forma que o acionamento da jurisdição só deve ocorrer na presença de uma pretensão resistida, não se servindo a comprovação de teses acadêmicas ou à satisfação de diletantismo da parte; 2º) aptidão da jurisdição como meio hábil e imprescindível para a solução do conflito.

Cite-se como exemplo, a eleição da via arbitral para a solução de determinado conflito, a qual obsta o acionamento direito da jurisdição, sendo inclusive causa de extinção do processo sem resolução do mérito (art. 337, inciso X, NCPC). Falece interesse de agir à parte que, nos termos da Lei n. 9.307/96, pactua cláusula compromissória ou compromisso arbitral, porém aciona diretamente o Poder Judiciário sem passar pela via eleita. Por este mesmo prisma, não possui interesse de agir aquele que ingressa no Poder Judiciário para discutir conflito desportivo relativo à disciplina ou às competições desportivas sem o esgotamento da justiça desportiva (art. 217, § 1º, CF/88).

Pelo requisito da utilidade, o Poder Judiciário não pode ser acionado com vistas às objetivos diversos da solução de um conflito abstrato ou concreto a respeito de determinada situação jurídica, geralmente consubstanciada na ameaça de lesão ou lesão à direito ou interesse ou à necessidade de um provimento declaratório, com vistas à obtenção de um provimento jurisdicional útil e apto a solucionar o conflito de interesses. Além de pressupor a existência de lide, o requisito da utilidade invoca que o provimento jurisdicional pleiteado seja apto a corrigir a situação litigiosa.

Clássica hipótese doutrinária de ausência de utilidade consiste na propositura de demanda sem a existência de lide, baseada em pura indagação de tese acadêmica. As hipóteses de inépcia da inicial elencadas nos incisos III ("da narração dos fatos não decorrer logicamente a conclusão") e IV ("contiver pedidos incompatíveis entre si"), do parágrafo único do art. 330 do NCPC podem representar situações de falta de interesse de agir por falta de aptidão ou inidoneidade do provimento jurisdicional requerido.

Por fim, haverá ausência de interesse de agir sempre que o meio processual utilizado for o instrumento inadequado para a obtenção da pretensão processual. Cite-se, como exemplo, a propositura de um mandado de segurança contra ato não praticado por autoridade ou agente no exercício de funções delegados do poder público (Lei n. 12.016/2009).

6.3. LEGITIMIDADE *AD CAUSAM*

A legitimidade *ad causam* ou para agir representa o reconhecimento do ordenamento jurídico-processual a que determinada parte atue, no polo passivo ou ativo, de uma relação jurídica processual. Consoante Liebman, a *legitimatio ad causam* corresponde à *"pertinência subjetiva da ação, isto é, a identidade daquele que propôs a demanda com aquele que faz referência a lesão de um direito seu."*[25]

Em razão do caráter autônomo e abstrato do direito de ação, não se apresenta tecnicamente correto afirmar que a parte legítima é a detentora do direito material deduzido em juízo, pois este conceito constitui um resquício da teoria imanentista da ação. Como assevera Humberto Theodoro Junior, *"A lição, data maxima vênia, impregna-se excessivamente do conteúdo da relação jurídica material deduzida em juízo, e não condiz com a ideia de direito autônomo e abstrato que caracteriza, modernamente, a ação como o direito à composição definitiva da lide.*

Se a lide tem existência própria e é uma situação que justifica o processo, ainda que injurídica seja a pretensão do contendor, e que pode existir em situações que visam mesmo a negar in totum a existência de qualquer relação jurídica material, é melhor caracterizar a legitimação para o processo com base nos elementos das lide do que nos de direito debatido em juízo."[26]

A legitimidade *ad causam*, embora possua uma relativa referência na relação jurídica material subjacente ao conflito, deve ser aferida a partir da autonomia da relação jurídica processual, com fundamento nos sujeitos da lide, isto é, os titulares da pretensão material deduzida em juízo. O legitimado ativo é aquele reconhecido como idôneo a formular a pretensão material em juízo, geralmente na condição de titular desta mesma pretensão. Já o legitimado passivo é aquele indicado pelo autor para suportar os ônus da decisão judicial ou condenação, e que, por isso, possui a titularidade para se opor à pretensão do autor.

---

25 LIEBMAN, Enrico Tullio. *Manuale de Diritto Processuale Civile*. 7. ed. Milano: Giuffrè Editore. 2007. p. 149.
26 THEODORO JUNIOR. Humberto. Op. cit., p. 67.

A legitimidade *ad causam*, como o interesse de agir, deve ser aferida *in statu assertionis* a partir dos elementos componentes da lide, sem recorrência à relação jurídica material subjacente ao conflito.

Diante da alegação do Réu quanto à sua condição de parte ilegítima, o NCPC traz um novo procedimento processual, com alternativa à extinção do processo sem resolução do mérito:

> "Art. 338. Alegando o réu, na contestação, ser parte ilegítima ou não ser o responsável pelo prejuízo invocado, o juiz facultará ao autor, em 15 (quinze) dias, a alteração da petição inicial para substituição do réu.
>
> Parágrafo único. Realizada a substituição, o autor reembolsará as despesas e pagará os honorários ao procurador do réu excluído, que serão fixados entre três e cinco por cento do valor da causa ou, sendo este irrisório, nos termos do art. 85, § 8º.
>
> Art. 339. Quando alegar sua ilegitimidade, incumbe ao réu indicar o sujeito passivo da relação jurídica discutida sempre que tiver conhecimento, sob pena de arcar com as despesas processuais e de indenizar o autor pelos prejuízos decorrentes da falta de indicação.
>
> § 1º O autor, ao aceitar a indicação, procederá, no prazo de 15 (quinze) dias, à alteração da petição inicial para a substituição do réu, observando-se, ainda, o parágrafo único do art. 338.
>
> § 2º No prazo de 15 (quinze) dias, o autor pode optar por alterar a petição inicial para incluir, como litisconsorte passivo, o sujeito indicado pelo réu".

Na novel sistemática processual civil, há possibilidade de continuidade do processo mesmo em hipóteses de reconhecida ilegitimidade do Réu original da demanda, com a sua substituição por aquele por ele indicado como verdadeiro legitimado. Por outro lado, na persistência da dúvida sobre a indicação do Réu, poderá o autor optar pela manutenção de ambos, Réu original e indicado, como litisconsortes passivos.

6.3.1. Legitimação ordinária e extraordinária

A qualidade de parte, embora tenha relativa pertinência com a titularidade dos interesses deduzidos em juízo, constitui um conceito puramente processual, pelo qual se determina os sujeitos do contraditório. Nem sempre os pretensos ou reais titulares do interesse material deduzido em juízo atuarão como parte no sentido processual, como nos casos de substituição processual, na qual a parte (autor) atua em nome próprio em face do réu, porém na defesa de direito alheio (de terceiro) – art. 18 do NCPC. Trata-se da denominada legitimação extraordinária.

Neste diapasão, a legitimidade *ad causam* subdivide-se em legitimidade ordinária e extraordinária. A legitimidade *ad causam* é analisada em relação a cada demanda, a partir da análise dos elementos concretos da lide. A legitimidade ordinária caracteriza-se pela identificação entre o autor da demanda e a titularidade da pretensão material deduzida em juízo. A legitimidade extraordinária apresenta-se nas hipóteses em que o autor da demanda não constitui o titular da pretensão material invocada no processo ou não lhe se atribui, estando pleiteando em nome próprio direito alheio. Embora seja sujeito da relação jurídica processual, o legitimado extraordinário não compõe a lide, isto é, não constitui parte em sentido material. A legitimação extraordinária também recebe a denominação de substituição processual.

Por outro lado, não se deve confundir a identidade de pessoas com a similitude de partes. Uma mesma pessoa pode figurar com qualificações distintas em mais de uma demanda. Deste modo, um determinado indivíduo poderá figurar como autor (legitimado ordinário) numa certa demanda, na qual tutela interesse próprio, como também poderá atuar como legitimado extraordinário/substituto processual concomitantemente em outra demanda, na tutela de interesse alheio, sem que configure litispendência.

6.4. QUADRO SINÓPTICO DAS CONDIÇÕES DA AÇÃO

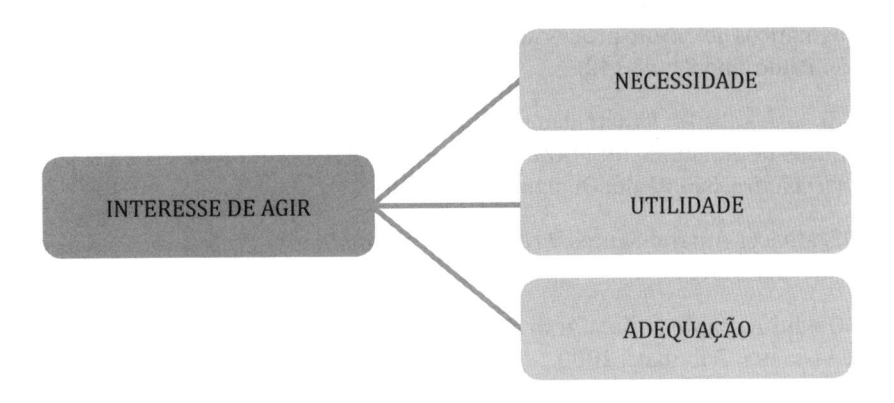

INTERESSE DE AGIR
- NECESSIDADE
- UTILIDADE
- ADEQUAÇÃO

7. BIBLIOGRAFIA CITADA

ASSIS, Araken. *Manual dos Recursos*. 2. ed. São Paulo: Editora Revista dos Tribunais. 2008.

CARNELUTTI, Francesco. *Sistema de Direito Processual Civil*. Trad. Hiltomar Martins Oliveira. Vol. II. 2. ed. São Paulo: Lemos & Cruz. 2004.

CHIOVENDA, Giuseppe. *Principi di Diritto Processuale Civile*. Jovene Editore. Napoli: Casa Editrice Dott. Eugenio Jovene. 1965.

CINTRA, Antonio Carlos de Araújo; GRINOVER, Ada Pellegrini; DINAMARCO, Cândido Rangel. *Teoria geral do processo*. 25. ed. São Paulo: Malheiros. 2009. p. 273.

DINAMARCO, Candido Rangel. *Instituições de Direito Processual Civil*. V. II. 6. ed. São Paulo: Malheiros. 2009.

CRETELLA JÚNIOR, José. *Curso de Direito Romano*. 23. ed. Rio de Janeiro: Forense.

FERREIRA, Aurélio Buarque de Holanda. *Novo Aurélio século XXI*: o dicionário da língua portuguesa. Rio de Janeiro: Nova Fronteira. 1999.

GRECCO FILHO, Vicente. *Direito Processual Civil*. Vol. 1. 22. ed. São Paulo: Saraiva. 2010.

LIEBMAN, Enrico Tullio. *Manuale de Diritto Processuale Civile*. 7. ed. Milano: Giuffrè Editore. 2007.

MARINONI, Luiz Guilherme; ARENHART, Sérgio Cruz. *Curso de Processo Civil – processo de conhecimento*. 9. ed. São Paulo: Editora Revista dos Tribunais. 2011.

NERY JUNIOR, Nelson Nery. *Princípios do processo civil na Constituição Federal*. 8. ed. São Paulo: Ed. Revista dos Tribunais. 2004.

OLIVEIRA, José Sebastião. O instituto da assistência nos seus aspectos históricos e dogmáticos no direito processual civil nacional e estrangeiro. *Revista dos Tribunais*, São Paulo, ano 31, nº 142.

RAGAZZI, José Luiz. Da assistência simples na ação civil pública em defesa de direitos difusos de consumo. In: MAZZEI, Rodrigo; NOLASCO, Rita Dias (Coord.). *Processo civil coletivo*. São Paulo: Quartir Latin. 2005.

SANTOS, Moacyr Amaral Santos. *Primeiras linhas de Direito Processual Civil*. Vol. 1. São Paulo: Saraiva. 2011.

SILVA, Ovídio A. Baptista da. Curso de Processo Civil. Vol. 1. 5. ed. São Paulo: Editora Revista dos Tribunais. 2000.

THEODORO JUNIOR. Humberto. *Curso de direito processual civil*. V. 1. 46. ed. Rio de Janeiro: Forense. 2007.

GRECCO FILHO, Vicente. *Direito Processual Civil*. 22. ed. São Paulo: Saraiva. 2010.

Parte IV

SUJEITOS DO PROCESSO

Capítulo 13

HONORÁRIOS ADVOCATÍCIOS NO NOVO CPC E SEUS REFLEXOS NO PROCESSO DO TRABALHO

Natália Mendonça de Paula Leite[1] e Fábio Natali Costa[2]

SUMÁRIO: 1. INTRODUÇÃO; 2. HONORÁRIOS ADVOCATÍCIOS; 3. CÓDIGO DE PROCESSO CIVIL DE 1973; 4. O *JUS POSTULANDI*; 5. HONORÁRIOS ADVOCATÍCIOS NA JUSTIÇA DO TRABALHO; 6. PROJETOS DE LEI SOBRE O TEMA; 7. INFORMATIVOS DO TST; 8. NOVO CÓDIGO DE PROCESSO CIVIL; 9. REFLEXOS DO NOVO CÓDIGO DE PROCESSO CIVIL NO PROCESSO DO TRABALHO; 10. BIBLIOGRAFIA.

1. INTRODUÇÃO

O principal objetivo deste estudo é analisar o tratamento dispensado aos honorários advocatícios na Justiça do Trabalho e as eventuais mudanças que poderão ocorrer na seara processual trabalhista a partir da vigência da Lei nº 13.105/15, o Novo Código de Processo Civil (NCPC).

Para tanto, inicialmente, faremos uma breve análise dos dispositivos que regulamentavam os honorários advocatícios no Código de 1973, bem como de sua aplicação subsidiária na Justiça do Trabalho.

Diante das diferenças legislativas encontradas nessa Justiça Especializada, visando nomeadamente ao pleno acesso do jurisdicionado, a possibilidade de aplicação do antigo Código Processual Civil (CPC) nesse sentido era bastante restrita, de modo que foi necessária a edição de súmulas e orientações jurisprudenciais pelo Tribunal Superior do Trabalho a fim de suprir lacunas ontológicas, adaptando os dispositivos aos princípios que regem o processo laboral.

Ao final, analisaremos o novo diploma processual e seus possíveis reflexos no processo do trabalho.

---

1 Advogada. Pós-graduação em Direito e Processo do Trabalho em 2013.
2 Juiz do Trabalho Substituto (15ª Região). Mestre em Ciências Jurídico-Processuais pela Faculdade de Direito da Universidade de Coimbra – Portugal. Professor em cursos de pós-graduação.

2. HONORÁRIOS ADVOCATÍCIOS

De forma bastante resumida, podemos entender os honorários advocatícios como a contraprestação paga pela atuação do advogado, podendo ser contratuais ou de sucumbência.

Trata-se de uma verba de caráter alimentar, estando sujeita às disposições que regulamentam parcelas dessa natureza, como, por exemplo, intangibilidade e impenhorabilidade.

Os honorários advocatícios contratuais são fixados por acordo de vontade entre o advogado e o seu cliente, enquanto os sucumbenciais são aqueles fixados pelo juiz no processo, pertencendo ao advogado que patrocinou a causa pela parte vencedora.

É justamente a questão dos honorários advindos da sucumbência que será objeto de nossa análise, porquanto a lei processual não interfere de modo direto nos honorários contratuais estabelecidos livremente entre advogados e clientes.

3. CÓDIGO DE PROCESSO CIVIL DE 1973

O artigo 20 do antigo CPC dispunha que a sentença deveria condenar o vencido a pagar ao vencedor todas as despesas processuais, bem como os honorários advocatícios.

Sobre a temática, Sergio Pinto Martins nos esclarecia que:

> Assim, aquele que ganhou a demanda não pode ter diminuição patrimonial em razão de ter ingressado em juízo. Os honorários de advogado decorrem, portanto, da sucumbência. A parte vencedora tem direito à reparação integral dos danos causados pela parte vencida, sem qualquer diminuição patrimonial.[3]

Para tanto, deveria o juiz arbitrar um valor de honorários, levando-se em consideração alguns aspectos, tais como: a) *o grau de zelo do profissional*; b) *o lugar da prestação de serviços*; c) *a natureza e a importância da causa*; d) *o trabalho realizado pelo advogado*; e, por fim, e) *o tempo exigido para o seu serviço*.

Nesse sentido, o Código também dispunha que o valor não poderia ser inferior a 10% e nem superior a 20% sobre o montante da condenação.

Outrossim, nos casos de condenação de pequeno valor, nas causas de valor inestimável, quando não houver condenação em pecúnia, se a Fazenda Pública for vencida ou nos processo de execução, o juiz deveria determinar o valor por uma apreciação equitativa.

No mesmo art. 20 do CPC, o legislador ainda tratava das ações de indenização por ato ilícito contra pessoa. No caso, segundo o diploma processual hoje

---

3 MARTINS, Sergio Pinto. Direito processual do trabalho. 34. ed. São Paulo: Atlas, 2013. p. 391.

revogado, o cálculo do valor dos honorários advocatícios deveria levar em consideração as parcelas vencidas e vincendas, sendo que estas últimas poderiam ter um percentual descontado a título de honorários advocatícios mensalmente, inclusive em folha de pagamento.

Em seguida, o art. 21 da lei processual aduzia sobre os casos em que as partes são, simultaneamente, vencedoras e vencidas. Aqui, o magistrado deveria distribuir, de forma recíproca e proporcional, o valor das custas e honorários entre as partes, levando-se em consideração a responsabilidade de cada uma delas.

Ressalta-se a exceção contida no parágrafo único do art. 21 do CPC, estabelecendo que, mesmo em caso de sucumbência recíproca, se um dos litigantes sucumbisse em parte mínima do pedido, a outra deveria responder por inteiro o valor das custas e honorários advocatícios.

4. O *JUS POSTULANDI*

O *caput* do art. 791 da Consolidação das Leis do Trabalho (CLT) combinado com seu art. 839, alínea *a*, ao afirmar que empregado e empregador poderão atuar pessoalmente na Justiça do Trabalho, faz referência ao princípio do *jus postulandi*.

Dessa forma, em boa parte das ações cuja competência foi estabelecida pela nova redação do art. 114 da Constituição Federal de 1988 (CF)[4], é possível a atuação na Justiça do Trabalho sem a presença do advogado.

Após a publicação da Carta Magna, surgiu uma corrente minoritária que afirmava que seu art. 133[5] e a posterior edição do Estatuto da OAB[6], ao dispo-

---

4 Art. 114 da CF: Compete à Justiça do Trabalho processar e julgar:
I – as ações oriundas da relação de trabalho, abrangidos os entes de direito público externo e da administração pública direta e indireta da União, dos Estados, do Distrito Federal e dos Municípios;
II – as ações que envolvam exercício do direito de greve;
III – as ações sobre representação sindical, entre sindicatos, entre sindicatos e trabalhadores, e entre sindicatos e empregadores;
IV – os mandados de segurança, *habeas corpus* e *habeas data*, quando o ato questionado envolver matéria sujeita à sua jurisdição;
V – os conflitos de competência entre órgãos com jurisdição trabalhista, ressalvado o disposto no art. 102, I, o;
VI – as ações de indenização por dano moral ou patrimonial, decorrentes da relação de trabalho;
VII – as ações relativas às penalidades administrativas impostas aos empregadores pelos órgãos de fiscalização das relações de trabalho;
VIII – a execução, de ofício, das contribuições sociais previstas no art. 195, I, a, e II, e seus acréscimos legais, decorrentes das sentenças que proferir;
IX – outras controvérsias decorrentes da relação de trabalho, na forma da lei.
5 Art. 133 da CF: O advogado é indispensável à administração da justiça, sendo inviolável por seus atos e manifestações no exercício da profissão, nos termos da lei.
6 Art. 1, I, da Lei 8.906/94: Art. 1º São atividades privativas de advocacia: I - a postulação a órgão do Poder Judiciário e aos juizados especiais;

rem sobre a imprescindibilidade do advogado para atuar no Poder Judiciário, revogaram tacitamente os referidos artigos da CLT.

Ocorre que os tribunais trabalhistas mantiveram o entendimento de que a capacidade para postular em juízo sem a presença do advogado ainda está em vigor, de modo que foi editada a Súmula 329 pelo Tribunal Superior do Trabalho (TST):

> HONORÁRIOS ADVOCATÍCIOS. ART. 133 DA CF/1988.
>
> Mesmo após a promulgação da CF/1988, permanece válido o entendimento consubstanciado na Súmula nº 219 do Tribunal Superior do Trabalho.

Tratando da mesma matéria, a Súmula 425 do TST delimita o alcance do *jus postulandi*:

> *JUS POSTULANDI* NA JUSTIÇA DO TRABALHO. ALCANCE.
>
> O *jus postulandi* das partes, estabelecido no art. 791 da CLT, limita-se às Varas do Trabalho e aos Tribunais Regionais do Trabalho, não alcançando a ação rescisória, a ação cautelar, o mandado de segurança e os recursos de competência do Tribunal Superior do Trabalho.

Diante disso, com a edição da Emenda Constitucional 45/04 na qual se ampliou a competência da Justiça do Trabalho para casos de relação de trabalho e não apenas de emprego, o entendimento majoritário atual é que as partes poderão se utilizar do *jus postulandi* sempre que houver relação empregatícia.

Tanto é assim que o art. 5º da Instrução Normativa nº 27 do TST estabelece que, com exceção das lides decorrentes da relação de emprego, os honorários advocatícios serão devidos pela mera sucumbência.

Renato Saraiva ressalta que tal direito só poderá ser exercido junto aos órgãos integrantes da Justiça do Trabalho:

> Em caso de eventual recurso extraordinário para o Supremo Tribunal Federal, ou mesmo recurso encaminhado ao Superior Tribunal de Justiça (para examinar, por exemplo, conflito de competência), também deve ele ser subscrito por advogado, sob pena de o apelo não ser conhecido.[7]

5. HONORÁRIOS ADVOCATÍCIOS NA JUSTIÇA DO TRABALHO

Antes da edição da Emenda Constitucional 45/04, os honorários advocatícios na Justiça do Trabalho eram devidos apenas nas hipóteses de assistência sindical, nos termos da Lei 5.584/70.

Diante da omissão legislativa e da ampliação da competência da justiça laboral após a EC 45/04, o Tribunal Superior do Trabalho resolveu por bem reeditar a Súmula 219, dispondo sobre os honorários advocatícios:

---

[7] SARAIVA, Renato. Curso de direito processual do trabalho. 8. ed. rev., atual. e ampl. Rio de Janeiro: São Paulo: Forense: Método, 2011. p. 39.

HONORÁRIOS ADVOCATÍCIOS. CABIMENTO.

I – Na Justiça do Trabalho, a condenação ao pagamento de honorários advocatícios, nunca superiores a 15% (quinze por cento), não decorre pura e simplesmente da sucumbência, devendo a parte, concomitantemente: a) estar assistida por sindicato da categoria profissional; b) comprovar a percepção de salário inferior ao dobro do salário mínimo ou encontrar-se em situação econômica que não lhe permita demandar sem prejuízo do próprio sustento ou da respectiva família. (art.14,§1º, da Lei nº 5.584/1970).

II – É cabível a condenação ao pagamento de honorários advocatícios em ação rescisória no processo trabalhista.

III – São devidos os honorários advocatícios nas causas em que o ente sindical figure como substituto processual e nas lides que não derivem da relação de emprego.

Portanto, o item I afirma que os honorários advocatícios nas hipóteses de relação de emprego apenas serão devidos quando a parte for assistida pelo sindicato e, concomitantemente, comprovar que recebe menos que o dobro do salário mínimo ou que se encontra em situação econômica incapaz de demandar sem prejuízo próprio ou de sua família, e não pela mera sucumbência, tendo como base o art. 14 da Lei 5.584/70[8].

Ademais, estabelece que o montante dos honorários será de no máximo 15% sobre o valor da condenação, tomando como referência o art. 11, §1º, da Lei 1.060/50[9].

Um dos principais argumentos para o não pagamento dos honorários advocatícios na Justiça do Trabalho é a possibilidade de a parte se valer do *jus postulandi*, porém, a regra do não pagamento dos honorários sucumbenciais na Justiça do Trabalho traz, dentre outros, prejuízo financeiro à parte vencedora, que não receberá eventuais créditos trabalhistas de forma integral, já que arcará com os custos da contratação do advogado.

Os itens II e III da referida súmula dispõe sobre a necessidade de pagamento dos honorários advocatícios na ação rescisória trabalhista, bem como nas hipóteses em que o sindicato atua como substituto processual ou nas relações de trabalho que não são de emprego.

Para melhor explicar sobre o benefício da assistência judiciária gratuita, a Subseção de Dissídios Individuais I (SBDI-1) consolidou entendimento nos termos da Orientação Jurisprudencial nº 304:

---

8   Art. 14 da Lei 5.584/70: Na Justiça do Trabalho, a assistência judiciária a que se refere a Lei nº 1.060, de 5 de fevereiro de 1950, será prestada pelo Sindicato da categoria profissional a que pertencer o trabalhador.

9   Art. 11, §1º, da Lei 1.060/50: Os honorários de advogados e peritos, as custas do processo, as taxas e selos judiciários serão pagos pelo vencido, quando o beneficiário de assistência for vencedor na causa. § 1º. Os honorários do advogado serão arbitrados pelo juiz até o máximo de 15% (quinze por cento) sobre o líquido apurado na execução da sentença.

> HONORÁRIOS ADVOCATÍCIOS. ASSISTÊNCIA JUDICIÁRIA. DECLARAÇÃO DE POBREZA. COMPROVAÇÃO.
>
> Atendidos os requisitos da Lei nº 5.584/70 (art. 14, § 2º), para a concessão da assistência judiciária, basta a simples afirmação do declarante ou de seu advogado, na petição inicial, para se considerar configurada a sua situação econômica (art. 4º, § 1º, da Lei nº 7.510/86, que deu nova redação à Lei nº 1.060/50).

Importante ressaltar também que o TST tem entendido que, nos casos das ações acidentárias ajuizadas na Justiça Comum antes da edição da EC 45/04 e posteriormente encaminhadas à Justiça do Trabalho, os honorários advocatícios são devidos pela mera sucumbência. Isso não ocorre nas ações acidentárias propostas após a vigência da referida emenda, uma vez que segue as regras dispostas na Súmula 219 do TST.

É o que dispõe a OJ 421 da SBDI-1 do TST:

> HONORÁRIOS ADVOCATÍCIOS. AÇÃO DE INDENIZAÇÃO POR DANOS MORAIS E MATERIAIS DECORRENTES DE ACIDENTE DE TRABALHO OU DE DOENÇA PROFISSIONAL. AJUIZAMENTO PERANTE A JUSTIÇA COMUM ANTES DA PROMULGAÇÃO DA EMENDA CONSTITUCIONAL Nº 45/2004. POSTERIOR REMESSA DOS AUTOS À JUSTIÇA DO TRABALHO. ART. 20 DO CPC. INCIDÊNCIA.
>
> A condenação em honorários advocatícios nos autos de ação de indenização por danos morais e materiais decorrentes de acidente de trabalho ou de doença profissional, remetida à Justiça do Trabalho após ajuizamento na Justiça comum, antes da vigência da Emenda Constitucional nº 45/2004, decorre da mera sucumbência, nos termos do art. 20 do CPC, não se sujeitando aos requisitos da Lei nº 5.584/1970.

6. PROJETOS DE LEI SOBRE O TEMA

Diante da falta de legislação específica sobre o tema e da enorme discussão sobre as restrições da Súmula 425 do TST para a condenação dos honorários de sucumbência, vêm tramitando pelo Congresso Nacional nos últimos anos alguns projetos de lei que têm como objetivo regulamentar os honorários advocatícios da Justiça do Trabalho.

O PL nº 3.392/04 dispõe sobre a limitação do *jus postulandi* para os seguintes casos: a) a parte tiver habilitação legal para postular em causa própria; b) quando não houver advogado no local da propositura da ação; c) ou quando houver a recusa; e d) quando houver impedimento de todos os advogados na localidade.

Além disso, regulamentou os honorários com as hipóteses de incidência semelhante ao art. 20, § 3º, do CPC, inclusive para os casos em que a Fazenda Pública for vencida.

A deputada Dra. Clair, responsável pelo Projeto de Lei exposto acima, ressalta a importância do advogado para postular em juízo ao dispor que:

> Todos aqueles que, pelo menos uma vez, já se viram na contingência de reclamar por seus direitos em juízo sabem da importância desse dispositivo constitucional. O cidadão comum, além de não compreender os intrincados ritos processuais, é, na maioria das vezes, acometido de verdadeiro temor reverencial diante das autoridades constituídas. Alguns chegam mesmo a ficar mudos com a simples visão de uma toga de juiz.[10]

Já o deputado Laercio Oliveira, por sua vez, apresentou o PL nº 5.101/13, que tem como objetivo apenas regulamentar a condenação em honorários na Justiça do Trabalho no caso de reclamações de pequeno valor, bem como a condenação por litigância de má-fé:

> Art. 1º Com a edição da presente lei fica instituído que nas reclamações trabalhistas ajuizadas por questões de menor monta e que poderiam ser resolvidos por acordo entre as partes, o juiz condenará a que dificultou esse acordo na fase extrajudicial em honorários de 10% (dez por cento) a 20% (vinte por cento) do pedido.
>
> Art. 2º Quando uma das partes usa de má fé na reclamação, conforme definida no Código de Processo Civil, o juiz a condenará a pagar à parte contrária de 1% (um por cento) a 10% (dez por cento) do valor da ação.[11]

7. INFORMATIVOS DO TST

Sobre os honorários advocatícios, podemos destacar alguns informativos do Tribunal Superior do Trabalho, dentre eles:

Informativo nº 78:

> Honorários advocatícios contratuais. Substituição processual. Lide entre advogados originada após a expedição de alvarás aos substituídos. Retenção em nome do advogado contratado pelo sindicato. Incompetência da justiça do trabalho. A Justiça do Trabalho é incompetente para decidir sobre honorários advocatícios contratuais, decorrentes de contrato de prestação de serviços firmado entre sindicato de classe e advogado para a defesa de direitos da categoria, conforme a Súmula nº 363 do STJ. Assim, disputa por honorários advocatícios contratuais entre o advogado que conduziu o processo por 24 anos e novos advogados que ingressaram no feito após a expedição de alvarás em nome dos substituídos credores preferenciais refoge à competência da Justiça do Trabalho. Sob esses fundamentos, o Órgão Especial do Tribunal Superior do Trabalho, por unanimidade, conheceu do recurso ordinário e, no mérito, negou-lhe provimento. Divergência de

---

10 Justificativa do Projeto de Lei de n. 3.392/04. Disponível em: http://www.camara.gov.br/proposicoesWeb/prop_mostrarintegra;jsessionid=80E3919980BD3EBF30DAA5A99AF016B2.proposicoesWeb2?codteor=212089&filename=PL+3392/2004. Acesso em 10/10/2015.

11 Justificativa do Projeto de Lei n. 4693/05. Disponível em: http://www2.camara.leg.br/proposicoesWeb/prop_mostrarintegra?codteor=1062835&filename=PL+5101/2013. Acesso em 10/10/2015.

fundamentação dos Ministros Ives Gandra Martins Filho e Delaíde Miranda Arantes. TST-RO-157800-13.1991.5.17.0001, OE, rel. Min. Hugo Carlos Scheuermann, 14.09.2015[12]

Informativo nº 82:

> Ação de indenização ajuizada na Justiça comum antes da EC 45/04. Honorários advocatícios. Mera sucumbência. Violação do art. 20 do CPC. Aplicação da Súmula nº 83 do TST. Decisão rescindenda anterior à edição da Orientação Jurisprudencial nº 421 da SBDI-I. No caso em que a decisão rescindenda foi prolata em data anterior à edição da Orientação Jurisprudencial nº 421 da SBDI-I, segundo a qual são devidos honorários advocatícios por mera sucumbência na hipótese de a ação de indenização decorrente de acidente de trabalho ter sido ajuizada na Justiça comum antes da Emenda Constitucional n.º 45/04, mostra-se inviável o exame da violação do caput do art. 20 do CPC, em razão do óbice contido na Súmula nº 83 do TST. Ressalte-se que o fato de à época da prolação da decisão que se pretende rescindir já estar em vigor a Instrução Normativa nº 27/05 não afasta a incidência da Súmula nº 83 do TST, pois esta, explicitamente, se refere à inclusão da matéria em verbete jurisprudencial e não em instrução normativa. Ademais, não obstante o exame da indenização por acidente de trabalho atrair a aplicação de normas previstas no Direito Civil, é inegável que, no caso concreto, a lide decorre de relação de emprego, sendo, portanto, inaplicável o princípio da mera sucumbência previsto no art. 5.º da IN nº 27/05. Com esses fundamentos, a SBDI-II, por unanimidade, conheceu parcialmente do recurso ordinário e, no mérito, por maioria, negou-lhe provimento. Vencidos os Ministros Hugo Carlos Scheuermann, relator, e Cláudio Mascarenhas Brandão. TST-RO-7381-97.2011.5.02.0000, SBDI-II, rel. Min. Hugo Carlos Scheuermann, red. p/ acórdão Min. Emmanoel Pereira, 13.5.2014[13]

8. NOVO CÓDIGO DE PROCESSO CIVIL

O NCPC tem como principais objetivos não apenas atualizar as regras processuais civis do direito brasileiro, mas também reorganizá-las, efetivando o acesso a uma ordem jurídica justa e mais célere.

O antigo código de processo era de 1973 e, com o passar dos anos, muitas foram as suas reformas, resultando na perda de sua estrutura originária, sendo isso um dos principais fundamentos para a aprovação de um novo código processual na Exposição de Motivos do Anteprojeto do CPC:

> O enfraquecimento da coesão entre as normas processuais foi uma consequência natural do método consistente em se incluírem, aos poucos, alterações no CPC, comprometendo a sua forma sistemática.[14]

---

12 Disponível em: http://www.tst.jus.br/documents/10157/1204330/Informativo+TST+n%C2%BA%20118. Acesso em: 10/10/2015.

13 Disponível em: http://www.tst.jus.br/documents/10157/1204330/Informativo+TST+n%C2%BA%20082. Acesso em: 10/10/2015

14 DIAS, Carlos Eduardo de Oliveira. MAIOR, Jorge Luiz Souto. SILVA, José Antônio Ribeiro de Oliveira. TOLEDO FILHO, Manoel Carlos. Os impactos do Novo CPC no Processo do Trabalho. p.11

O art. 769 da CLT dispõe sobre a subsidiariedade da aplicação do CPC na ausência de normas celetistas sobre o tema, bem como ressalta que tal aplicabilidade só será possível se as normas forem compatíveis com os princípios inerentes ao processo do trabalho.

Ocorre que, diferentemente do código de 73, que nada dispunha a respeito, o polêmico art. 15 do NCPC afirma que "na ausência de normas que regulem os processos eleitorais, trabalhistas ou administrativos, as disposições deste Código lhes serão aplicadas supletiva e subsidiariamente".

Portanto, o novel diploma processual não faz referência apenas à aplicação subsidiária, mas também à complementaridade, dispondo acerca da utilização obrigatória do novo código nos casos de omissão ou insuficiência normativa da consolidação laboral.

Diante disso, faz-se importante ressaltar que a omissão no processo laboral não precisa ser apenas normativa, pois há também omissões axiológicas (a lei é injusta ou insatisfatória para o caso concreto) ou ontológicas (a lei existe, mas não corresponde à realidade social) que ensejam a necessária aplicação e complementação do direito processual civil para efetivar a celeridade e efetividade da justiça trabalhista.

Assim dispõe Jorge Luiz Souto Maior:

> E como a regra do art. 769 da CLT, deve ser vista como uma regra de proteção da CLT frente às ameaças do CPC, não é possível utilizar a mesma regra para impedir a aplicação de normas do CPC que, na evolução legislativa, tornam-se mais efetivas do que aquelas previstas na CLT. Ou seja, mesmo que a CLT não seja omissa, não se pode recusar a incidência do CPC, quando este esteja mais avançado no aspecto específico.[15]

Carlos Eduardo Oliveira Dias, ao comentar sobre o Novo CPC e a sua aplicação no processo laboral, sustenta que:

> Um dos fatores de maior dificuldade no manejo do processo do trabalho reside no fato de a deliberação a respeito de quais são os dispositivos do direito processual comum que se aplicam ao processo laboral sempre ficar a critério do magistrado que conduz e preside o processo. Parece natural que isso configura ao juiz uma ampla liberdade de atuação, o que pode render ótimos frutos em favor da efetividade, mas é compreensível que gere insegurança jurídica nos litigantes, pois não são tributários de uma expectativa mais segura do que pode ou não ser adotado nas lides trabalhistas. No entanto, esse é um problema que só seria resolvido definitivamente pela existência de um código próprio para regular o processo laboral. Enquanto isso não ocorre, cumpre à jurisprudência exercer seu papel norteador do sistema, de maneira a preservar a integridade do processo laboral e de suas finalidades estruturais.[16]

---

15 DIAS, Carlos Eduardo de Oliveira. MAIOR, Jorge Luiz Souto. SILVA, José Antônio Ribeiro de Oliveira. TOLEDO FILHO, Manoel Carlos. Os impactos do Novo CPC no Processo do Trabalho. p. 34

16 DIAS, Carlos Eduardo de Oliveira. MAIOR, Jorge Luiz Souto. SILVA, José Antônio Ribeiro de Oliveira. TOLEDO FILHO, Manoel Carlos. Os impactos do Novo CPC no Processo do Trabalho. p .19.

Quanto aos honorários advocatícios, o Novo Código de Processo Civil dispõe sobre o tema em sua Seção III, entre os artigos 82 e 97.

No art. 85, o legislador estabeleceu que a sentença deverá condenar o vencido a pagar os honorários do advogado do vencedor, além do que serão também devidos, cumulativamente, honorários na reconvenção, no cumprimento de sentença, nas execuções e nos recursos interpostos.

Tal qual o Código ainda vigente, os honorários serão fixados entre os percentuais de 10 a 20% sobre o valor da condenação. Nesse caso, inovou o NCPC ao dispor que tais percentuais também poderão incidir sobre o proveito econômico obtido ou, não sendo possível mensurá-lo, sobre o valor atualizado da causa. Em todo o caso, serão observados: a) o grau de zelo profissional; b) o lugar da prestação do serviço; c) a natureza e a importância da causa; e d) o trabalho realizado pelo advogado e o tempo exigido para o seu serviço.

Uma inovação importante é a fixação de percentuais nas causas em que a Fazenda Pública for parte:

> I - mínimo de dez e máximo de vinte por cento sobre o valor da condenação ou do proveito econômico obtido até 200 (duzentos) salários-mínimos;
>
> II - mínimo de oito e máximo de dez por cento sobre o valor da condenação ou do proveito econômico obtido acima de 200 (duzentos) salários-mínimos até 2.000 (dois mil) salários-mínimos;
>
> III - mínimo de cinco e máximo de oito por cento sobre o valor da condenação ou do proveito econômico obtido acima de 2.000 (dois mil) salários-mínimos até 20.000 (vinte mil) salários-mínimos;
>
> IV - mínimo de três e máximo de cinco por cento sobre o valor da condenação ou do proveito econômico obtido acima de 20.000 (vinte mil) salários-mínimos até 100.000 (cem mil) salários-mínimos;
>
> V - mínimo de um e máximo de três por cento sobre o valor da condenação ou do proveito econômico obtido acima de 100.000 (cem mil) salários-mínimos.

Outrossim, não serão devidos honorários advocatícios no cumprimento de sentença contra a Fazenda Pública que enseje expedição de precatório, desde que não tenha sido impugnada.

Aduz ainda que nos casos de sentença líquida, os valores devem ser discriminados e, no caso de sentença ilíquida, tais honorários farão parte da liquidação da sentença. No caso de sentença sem condenação em pecúnia, os valores serão fixados conforme o valor atualizado da causa.

Nas causas de valores inestimável, irrisório o proveito econômico ou de valor baixo, o juiz fará uma apreciação equitativa para estipular um valor a causa. Já em casos de indenização por ato ilícito contra pessoa, serão analisadas as parcelas vencidas e as vincendas dos próximos 12 meses.

O tribunal, respeitado o limite máximo, poderá aumentar o valor dos honorários advocatícios levando em consideração os atos em grau recursal.

O legislador fez essa importante ressalva ao afirmar que os honorários advocatícios têm natureza alimentar e devem ter os mesmos privilégios oriundos da legislação trabalhista, vedando a sua compensação em caso de sucumbência parcial.

Os honorários fixados em quantia certa terão seus juros incididos desde o transito em julgado da decisão, sendo também devidos nos casos em que o advogado atuar em causa própria. Nos casos de omissão quanto aos honorários, cabe ação autônoma para sua definição e cobrança, sendo também devidos para os casos de advocacia pública.

No caso de sucumbência recíproca, os honorários advocatícios serão proporcionalmente distribuídos, salvo no caso em que uma das partes perde parte ínfima do pedido, restando à outra parte o pagamento integral de honorários e custas.

Na hipótese de litisconsórcio, o juiz fará a discriminação na sentença e cada um responderá proporcionalmente pelo pagamento, caso contrário, a responsabilidade será solidária.

Já nos casos de desistência, renúncia ou reconhecimento do pedido, os honorários serão pagos por aquele que desistiu, renunciou ou reconheceu e, sendo parcial, a responsabilidade será apenas referente a essa parte. No caso de transação, os valores honorários serão divididos igualmente.

Se o réu reconhecer a procedência do pedido e simultaneamente o cumprir, os valores dos honorários advocatícios serão reduzidos pela metade.

Quando o juiz extinguir a ação sem resolver o mérito, uma nova ação só será proposta após o pagamento ou depósito em cartório das despesas e honorários anteriormente condenados.

9. REFLEXOS DO NOVO CÓDIGO DE PROCESSO CIVIL NO PROCESSO DO TRABALHO

Diante da omissão legislativa no processo do trabalho quanto aos honorários advocatícios devidos por mera sucumbência e a redação do art. 15 do NCPC, fica a dúvida acerca da aplicação dos novos dispositivos na seara trabalhista.

Nesse caso, vale ressaltar que o inciso III do art. 1.072 do NCPC revogou expressamente alguns dispositivos da Lei nº 1.060/50, inclusive o art. 11, o que provocará necessária revisão da redação da Súmula 219, já que o percentual de 15% nela previsto deixa de ter base legal.

Logo, cumprirá aos juízes do trabalho e, por fim, ao Tribunal Superior do Trabalho firmar novo posicionamento acerca de tal percentual.

Nesse caso, nos termos do art. 15 do NCPC, não restaria alternativa senão a utilização do disposto no *caput* do § 2º do art. 85 do novo código processual, que prevê a fixação de honorários entre 10 e 20%.

No entanto, por outro lado, aplicar apenas parcialmente o que dispõe o art. 85 do NCPC não nos parece a melhor solução.

Talvez, é chegada a hora de rever o posicionamento acerca do deferimento dos honorários advocatícios na Justiça do Trabalho, sem que para tanto seja necessário recorrer-se a teorias eminentemente civilistas de reparação de dano.

Deferir honorários no processo do trabalho é questão de justiça, de valorização da advocacia trabalhista e desoneração do trabalhador que acaba tendo que arcar com os custos da contratação de advogado, vendo seu crédito trabalhista diminuir de forma sensível.

Permanecendo da forma que está, privilegia-se apenas os advogados dos sindicatos e daqueles cuja relação de trabalho não formou vínculo empregatício.

Assim, o art. 85 do NCPC, por motivo de omissão legislativa, deverá ser aplicado integralmente no processo do trabalho, considerando as especificidades das matérias de competência da Justiça laboral.

Aliás, nesse sentido, já em 23.11.2007, foi aprovado o Enunciado 79 da 1ª Jornada de Direito Material e Processual na Justiça do Trabalho:

> 79. HONORÁRIOS SUCUMBENCIAIS DEVIDOS NA JUSTIÇA DO TRABALHO.
>
> I – Honorários de sucumbência na Justiça do Trabalho. As partes, em reclamatória trabalhista e nas demais ações da competência da Justiça do Trabalho, na forma da lei, têm direito a demandar em juízo através de procurador de sua livre escolha, forte no princípio da isonomia (art. 5º, caput, da Constituição da República Federativa do Brasil) sendo, em tal caso, devidos os honorários de sucumbência, exceto quando a parte sucumbente estiver ao abrigo do benefício da justiça gratuita.
>
> II – Os processos recebidos pela Justiça do Trabalho decorrentes da Emenda Constitucional 45, oriundos da Justiça Comum, que nesta esfera da Justiça tramitavam sob a égide da Lei nº 9.099/95, não se sujeitam na primeira instância aos honorários advocatícios, por força do art. 55 da Lei 9.099/95 a que estavam submetidas as partes quando da propositura da ação.

10. BIBLIOGRAFIA

DIAS, Carlos Eduardo de Oliveira. MAIOR, Jorge Luiz Souto. SILVA, José Antônio Ribeiro de Oliveira. TOLEDO FILHO, Manoel Carlos. *Os impactos do Novo CPC no Processo do Trabalho*. Estudos Jurídicos 2015. Escola Judicial do Tribunal Regional da 15ª Região.

MARTINS, Sergio Pinto. *Direito processual do trabalho*. 34. ed. São Paulo: Atlas, 2013.

SARAIVA, Renato. *Curso de direito processual do trabalho*. 8. ed. rev., atual. e ampl. Rio de Janeiro: São Paulo: Forense: Método, 2011.

Capítulo 14
GRATUIDADE DA JUSTIÇA NO PROCESSO DO TRABALHO SOB A ÉGIDE DO NOVO CÓDIGO DE PROCESSO CIVIL

Aryanna Manfredini[1]

SUMÁRIO: 1. INTRODUÇÃO; 2. GRATUIDADE DA JUSTIÇA; 2.1. BENEFICIÁRIOS DA GRATUIDADE DA JUSTIÇA; 2.2. ABRANGÊNCIA DO BENEFÍCIO DA GRATUIDADE DA JUSTIÇA; 2.3. NÃO EXTENSÃO DO BENEFÍCIO DA GRATUIDADE DA JUSTIÇA; 2.4. MODULAÇÃO DA CONCESSÃO DOS BENEFÍCIOS; 2.5. REQUERIMENTO DA GRATUIDADE DA JUSTIÇA; 2.6. IMPUGNAÇÃO AO PEDIDO DE GRATUIDADE DA JUSTIÇA; 2.7. RECURSO; 3. ASSISTÊNCIA JUDICIÁRIA; 4. CONCLUSÃO; 5. BIBLIOGRAFIA.

1. INTRODUÇÃO

O tema gratuidade da justiça era regulamentado por uma lei de 1050, isto é, a Lei nº 1.060/50. A atualização de que necessitava veio com o advento do novo Código de Processo Civil (NCPC), que redefiniu inteiramente a matéria em cinco artigos (arts. 98 a 102), os quais regulamentaram minuciosamente o tema, revogando em seu artigo 1.072 diversos outros da Lei 1.060/50.[2] Desta forma, o novo diploma processual atualizou, consolidou e simplificou a gratuidade da justiça nesses cinco artigos.

A Lei nº 1.060/50 era aplicável ao Processo do Trabalho, assim o novo CPC, no que a substituiu, passa a ser igualmente compatível com a legislação processual trabalhista.

Antes de tratarmos das particularidades do presente tema, cumpre destacar que a justiça gratuita não se confunde com a assistência judiciária gratuita. Enquanto esta corresponde ao patrocínio gratuito da causa, aquela diz respeito

---

[1] Graduada em Ciências Jurídicas e Sociais pela PUC-PR. Especialista em Direito Processual do Trabalho pela Universidade Candido Mendes e em Direito Processual Civil pela Academia Brasileira de Direito Constitucional. Professora de Direito Processual do Trabalho do Complexo de Ensino Renato Saraiva (CERS) e da Pós-graduação da Faculdade Baiana de Direito. Palestrante em diversos Seminários e Congressos. Autora de várias obras jurídicas. Advogada Trabalhista.

[2] "Art. 1.072. Revogam-se:
(...)
III – os arts. 2º, 3º, 4º, 6º, 7º, 11, 12 e 17 da Lei nº 1.060, de 5 de fevereiro de 1950;"

à isenção de adiantamento das despesas do processo. Observando que a Lei nº 1.060/50 versava inadequadamente sobre a assistência judiciária gratuita, o novo Código substituiu o título por gratuidade da justiça. Afinal, mesmo que o requerente tenha um advogado particular, pode ser beneficiário da gratuidade da justiça (art. 99, § 4º, do CPC).

2. GRATUIDADE DA JUSTIÇA

2.1. BENEFICIÁRIOS DA GRATUIDADE DA JUSTIÇA

O *caput* do artigo 98 do novo CPC assegura o benefício da gratuidade da justiça à pessoa natural, jurídica, brasileira ou estrangeira com insuficiência de recurso para arcar com as custas, despesas processuais e honorários de advocatícios.

> **Art. 98 do CPC.** A pessoa natural ou jurídica, brasileira ou estrangeira, com insuficiência de recursos para pagar as custas, as despesas processuais e os honorários advocatícios tem direito à gratuidade da justiça, na forma da lei.

Ressalte-se que o novo diploma processual não deixa mais qualquer dúvida de que os benefícios da gratuidade da justiça se aplicam também às pessoas jurídicas e ao estrangeiro residente ou não no país, desde que haja insuficiência de recurso próprios para adiantamento das despesas processuais. Saliente-se que o novo Código não repete a expressão "sem prejuízo do próprio sustento ou da família", adotada pela Lei nº 1.060/50.

Há presunção de veracidade da alegação de que não há recursos financeiros para arcar com as despesas processuais apenas para a pessoa natural. Já a pessoa jurídica deverá comprovar tal impossibilidade (art. 99, § 3º, do CPC).

2.2. ABRANGÊNCIA DO BENEFÍCIO DA GRATUIDADE DA JUSTIÇA

A gratuidade da justiça abrange quase todos os benefícios já previstos no artigo 3º da Lei nº 1.060/50, o qual havia passado por inúmeras alterações ao longo dos anos, e acrescentou outros.

Os benefícios da gratuidade da justiça estão previstos no artigo 98, § 1º, do CPC:

> **Art. 98, § 1º, do CPC.** A pessoa natural ou jurídica, brasileira ou estrangeira, com insuficiência de recursos para pagar as custas, as despesas processuais e os honorários advocatícios tem direito à gratuidade da justiça, na forma da lei.
>
> § 1º A gratuidade da justiça compreende:
>
> I – as taxas ou as custas judiciais;
>
> II – os selos postais;

III – as despesas com publicação na imprensa oficial, dispensando-se a publicação em outros meios;

IV – a indenização devida à testemunha que, quando empregada, receberá do empregador salário integral, como se em serviço estivesse;

V – as despesas com a realização de exame de código genético - DNA e de outros exames considerados essenciais;

VI – os honorários do advogado e do perito e a remuneração do intérprete ou do tradutor nomeado para apresentação de versão em português de documento redigido em língua estrangeira;

VII – o custo com a elaboração de memória de cálculo, quando exigida para instauração da execução;

VIII – os depósitos previstos em lei para interposição de recurso, para propositura de ação e para a prática de outros atos processuais inerentes ao exercício da ampla defesa e do contraditório;

IX – os emolumentos devidos a notários ou registradores em decorrência da prática de registro, averbação ou qualquer outro ato notarial necessário à efetivação de decisão judicial ou à continuidade de processo judicial no qual o benefício tenha sido concedido.

Dentre as mudanças, podemos destacar a perícia nos casos de gratuidade da justiça (art. 95, § 3º, do CPC[3]). Quando o pagamento da perícia for de responsabilidade do beneficiário de gratuidade da justiça, ela poderá ser: a) custeada com recursos alocados no orçamento do ente público e realizada por servidor do Poder Judiciário ou por órgão público conveniado; ou b) paga com recursos alocados no orçamento da União, do Estado ou do Distrito Federal, no caso de ser realizada por particular, hipótese em que o valor será fixado conforme tabela do tribunal respectivo ou, em caso de sua omissão, do Conselho Nacional de Justiça (CNJ).

No Processo do Trabalho, o Tribunal Superior do Trabalho (TST) já entendia que nesses casos os honorários periciais serão pagos pela União, observada a Resolução nº 66/2010 do Conselho Superior da Justiça do Trabalho (CSJT). Nesse sentido, atente-se para a Súmula nº 457 do TST.

---

3   "Art. 95 do CPC. Cada parte adiantará a remuneração do assistente técnico que houver indicado, sendo a do perito adiantada pela parte que houver requerido a perícia ou rateada quando a perícia for determinada de ofício ou requerida por ambas as partes.
(...)
§ 3º Quando o pagamento da perícia for de responsabilidade de beneficiário de gratuidade da justiça, ela poderá ser:
I – custeada com recursos alocados no orçamento do ente público e realizada por servidor do Poder Judiciário ou por órgão público conveniado;
II – paga com recursos alocados no orçamento da União, do Estado ou do Distrito Federal, no caso de ser realizada por particular, hipótese em que o valor será fixado conforme tabela do tribunal respectivo ou, em caso de sua omissão, do Conselho Nacional de Justiça."

Súmula nº 457 do TST. HONORÁRIOS PERICIAIS. BENEFICIÁRIO DA JUSTIÇA GRATUITA. RESPONSABILIDADE DA UNIÃO PELO PAGAMENTO. RESOLUÇÃO Nº 66/2010 DO CSJT. OBSERVÂNCIA (conversão da Orientação Jurisprudencial nº 387 da SBDI-1 com nova redação) - Res. nº 194/2014, *DEJT* divulgado em 21, 22 e 23.05.2014.

A União é responsável pelo pagamento dos honorários de perito quando a parte sucumbente no objeto da perícia for beneficiária da assistência judiciária gratuita, observado o procedimento disposto nos arts. 1º, 2º e 5º da Resolução nº 66/2010 do Conselho Superior da Justiça do Trabalho – CSJT.

Acentue-se que o artigo 2º da Resolução nº 66/2010 exige três requisitos para o pagamento dos honorários periciais pela União: 1) fixação judicial dos honorários periciais (a parte arcará com os honorários do assistente-técnico que indicar); 2) sucumbência da parte na pretensão objeto da perícia; e 3) trânsito em julgado da decisão.

Por sua vez, os §§ 2º e 3º do mesmo artigo estabelecem que o juiz poderá determinar a antecipação dos honorários periciais, efetuando-se o pagamento da parte remanescente após o trânsito em julgado. Entretanto, caso o beneficiário da justiça gratuita seja vencedor no objeto da perícia, a parte vencida ressarcirá os cofres públicos.

Incluiu-se no rol de benefícios as despesas com intérprete (intérprete da linguagem brasileira de sinais, por exemplo) ou tradutor para apresentação de versão em português de documento redigido em língua estrangeira (art. 98, VI, do CPC).

Também estão abrangidas pela gratuidade da justiça a memória de cálculos quando exigida para a instauração da execução (art. 98, VII, do CPC). Esta foi uma importante definição do legislador aplicável ao Processo do Trabalho, pois o artigo 879, § 6º, da CLT determina que "tratando-se de cálculos de liquidação complexos, o juiz poderá nomear perito para a elaboração e fixará, depois da conclusão do trabalho, o valor dos respectivos honorários com observância, entre outros, dos critérios de razoabilidade e proporcionalidade", mas não define quem fará o pagamento, mormente nos casos de gratuidade da justiça. Nesta hipótese, aplica-se o CPC, de modo que o beneficiário de tal gratuidade estará isento de antecipar os honorários do perito.

Institui o artigo 98, VIII, do CPC que estão abrangidos pela gratuidade da justiça os depósitos previstos em lei para interposição de recurso, para propositura de ação e para a prática de outros atos processuais inerentes ao exercício da ampla defesa e do contraditório. Frise-se, contudo, que tal benefício não abrange o depósito recursal, na medida em que este não se trata de despesa processual, mas sim de garantia do juízo (IN nº 3, X, do TST).

Uma grande mudança introduzida pelo novo CPC foi a estabelecida pelo seu artigo 98, IX, que estende a gratuidade da justiça para atos cartorários, notariais ou de registro, decorrentes de processo em que houve a concessão da gratuidade da justiça. Refere-se aos atos necessários à efetivação da decisão judicial ou à continuidade do processo. O notário ou registrador poderá suscitar a dúvida quanto à insuficiência de recursos, após praticar o ato, requerendo, ao juízo competente para decidir questões notariais ou registrais, a revogação total ou parcial do benefício ou a sua substituição pelo parcelamento, caso em que o beneficiário será citado para, em 15 (quinze) dias, manifestar-se sobre esse requerimento (art. 98, § 8º, do CPC). Uma vez que o notário ou registrador sejam vencedores na dúvida, poderão expedir uma certidão incluindo o valor das custas que valerá como título executivo extrajudicial.

2.3. NÃO EXTENSÃO DO BENEFÍCIO DA GRATUIDADE DA JUSTIÇA

As multas processuais que lhe sejam impostas não se incluem nos benefícios da gratuidade da justiça (art. 98, § 4º, do CPC).

A concessão do benefício confere ao beneficiário o direito de não ter de adiantar as despesas, mas se no final o beneficiário for vencido será responsável por elas. Reza o artigo 98, § 2º, do CPC que "a concessão da gratuidade não afasta a responsabilidade do beneficiário pelas despesas processuais e pelos honorários advocatícios decorrentes de sua sucumbência". O responsável será condenado nas verbas de sucumbência adiantadas ou não. Uma vez vencido o beneficiário da gratuidade da justiça, as obrigações decorrentes de sua sucumbência ficarão sob condição suspensiva de exigibilidade, podendo ser executadas, se nos cinco anos subsequentes o credor demonstrar que deixou de existir a situação de insuficiência de recursos (art. 98, § 3º, do CPC). Caso em cinco anos não seja demonstrada a mudança de sua situação financeira, as despesas não poderão mais ser exigidas.

2.4. MODULAÇÃO DA CONCESSÃO DOS BENEFÍCIOS

O novo Código previu a modulação dos benefícios da gratuidade da justiça, estabelecendo que poderá ser concedida: a) em relação a um ou a alguns atos; b) em relação a todos os atos; c) com redução percentual das despesas processuais; e d) com parcelamento das despesas processuais.

Tal determinação está prevista nos §§ 4º e 5º do artigo 98 do CPC. *In verbis*:

> **Art. 98, §§** 4º e 5º, do **CPC**. A pessoa natural ou jurídica, brasileira ou estrangeira, com insuficiência de recursos para pagar as custas, as despesas processuais e os honorários advocatícios tem direito à gratuidade da justiça, na forma da lei.
>
> (...)
>
> § 4º A concessão de gratuidade não afasta o dever de o beneficiário pagar, ao final, as multas processuais que lhe sejam impostas.

§ 5º A gratuidade poderá ser concedida em relação a algum ou a todos os atos processuais, ou consistir na redução percentual de despesas processuais que o beneficiário tiver de adiantar no curso do procedimento.

As novas regras merecem aplausos, pois o fato de uma das partes não poder arcar com parte das despesas não significa que não poderá fazê-lo com todas as despesas processuais.

2.5. REQUERIMENTO DA GRATUIDADE DA JUSTIÇA

O pedido de gratuidade da justiça será feito na petição inicial, na contestação, na petição de ingresso do terceiro no processo ou em recurso (art. 99 do CPC). O pedido superveniente poderá ser formulado por meio de simples petição nos próprios autos, não sendo o processo suspenso (art. 99, § 1º, do CPC).

Do mesmo modo, no Processo do Trabalho, o benefício da gratuidade da justiça poderá ser requerido em qualquer fase do processo, e, na seara trabalhista, inclusive de ofício. Observe o disposto no artigo 790, § 3º, da CLT:

> **Art. 790, § 3º, da CLT.** É facultado aos juízes, órgãos julgadores e presidentes dos tribunais do trabalho de qualquer instância conceder, a requerimento ou de ofício, o benefício da justiça gratuita, inclusive quanto a traslado e instrumentos, àqueles que perceberem salário igual ou inferior ao dobro do mínimo legal, ou declararem, sob as penas da lei, que não estão em condições de pagar as custas do processo sem prejuízo do sustento próprio ou de sua família.

No mesmo sentido, veja o entendimento do TST, de acordo com o disposto na OJ 269 da SDI-1 do TST:

> **OJ 269 da SDI-1 do TST.** JUSTIÇA GRATUITA. REQUERIMENTO DE ISENÇÃO DE DESPESAS PROCESSUAIS. MOMENTO OPORTUNO (inserida em 27.09.2002).
>
> O benefício da justiça gratuita pode ser requerido em qualquer tempo ou grau de jurisdição, desde que, na fase recursal, seja o requerimento formulado no prazo alusivo ao recurso.

O novo diploma processual preceitua que a declaração de hipossuficiência de recursos por parte do advogado requer poderes especiais para tanto, nos termos prescrito em seu artigo 105. Por sua vez, o Código de Processo Civil anterior não fazia tal exigência (art. 38 do CPC/73[4]), e o artigo 4º da Lei nº 1.060/50 estabelecia que "a parte gozará dos benefícios da assistência judiciária, mediante simples afirmação, na própria petição inicial, de que não está em condições de pagar as custas do processo e os honorários de advogado, sem

---

[4] "Art. 38 do CPC/73. A procuração geral para o foro, conferida por instrumento público, ou particular assinado pela parte, habilita o advogado a praticar todos os atos do processo, salvo para receber citação inicial, confessar, reconhecer a procedência do pedido, transigir, desistir, renunciar ao direito sobre que se funda a ação, receber, dar quitação e firmar compromisso."

prejuízo próprio ou de sua família", ou seja, não se exigia do advogado poderes especiais para declarar a situação econômica do reclamante. Em razão disso, o TST seguiu o mesmo entendimento, consoante se extrai das OJs 304 e 331 da SDI-1 do TST. Verifique:

> **OJ 304 da SDI-1 do TST.** HONORÁRIOS ADVOCATÍCIOS. ASSISTÊNCIA JUDICIÁRIA. DECLARAÇÃO DE POBREZA. COMPROVAÇÃO (*DJ* 11.08.2003)
>
> Atendidos os requisitos da Lei nº 5.584/70 (art. 14, § 2º), para a concessão da assistência judiciária, basta a simples afirmação do declarante ou de seu advogado, na petição inicial, para se considerar configurada a sua situação econômica (art. 4º, § 1º, da Lei nº 7.510/86, que deu nova redação à Lei nº 1.060/50).
>
> **OJ 331 da SDI-1 do TST.** JUSTIÇA GRATUITA. DECLARAÇÃO DE INSUFICIÊNCIA ECONÔMICA. MANDATO. PODERES ESPECÍFICOS DESNECESSÁRIOS (*DJ* 09.12.2003)
>
> Desnecessária a outorga de poderes especiais ao patrono da causa para firmar declaração de insuficiência econômica, destinada à concessão dos benefícios da justiça gratuita.

Visto que o novo Código de Processo Civil determinou expressamente a necessidade de poderes especiais para declaração da situação econômica da parte (art. 105 do CPC) e revogou o artigo 4º da Lei 1.060/50 (art. 1.072, III, do CPC), as OJs 304 e 331 da SDI-1 do TST deverão ser canceladas.

O juiz somente poderá indeferir o pedido de gratuidade da justiça se houver nos autos elementos que evidenciem a falta dos pressupostos legais para a sua concessão. Porém, em atenção aos princípios da cooperação e do contraditório, antes de indeferir o pedido, o juiz deverá determinar à parte a comprovação do preenchimento dos referidos pressupostos (art. 99, § 2º, do CPC).

Conforme já exposto, presume-se verdadeira a alegação de insuficiência de recursos deduzida exclusivamente por pessoa natural (art. 99, § 3º, do CPC), isto é, a pessoa jurídica terá de comprovar tal situação.

A assistência do requerente por advogado particular não impede a concessão da gratuidade da justiça (art. 99, § 4º, do CPC). O novo diploma processual deixa claro que o fato de a parte ter advogado particular não significa que ela tem condições financeiras de arcar com as demais despesas processuais, afinal o advogado pode não estar cobrando para defendê-la em juízo.

Caso o advogado seja particular e o recurso interposto verse apenas sobre honorários, como trata de matéria que interessa apenas ao advogado, este deverá arcar com as despesas processuais, não podendo aproveitar o benefício da gratuidade concedido à parte. Estará dispensado do preparo, quando for o caso, apenas se comprovar que ele, advogado, tem também direito à gratuidade (art. 99, § 5º, do CPC).

O direito à gratuidade da justiça é pessoal, não se estendendo a litisconsorte ou a sucessor do beneficiário, salvo requerimento e deferimento expresso (art. 99, § 6º, do CPC). A gratuidade é divisível e leva em conta a especificidades de cada um.

Quando a concessão de gratuidade for feita em grau de recurso, o requerente estará dispensado de realizar o preparo. O relator examinará a gratuidade, e se indeferir fixará prazo para a realização do recolhimento (art. 99, § 7º, do CPC).

2.6. IMPUGNAÇÃO AO PEDIDO DE GRATUIDADE DA JUSTIÇA

Segundo o *caput* do artigo 100 do novo CPC, deferido o pedido de gratuidade, a parte ex-adversa poderá oferecer impugnação na contestação (se requerida na petição inicial); na réplica (se requerida na contestação); nas contrarrazões (se requerida no recurso) e no prazo de 15 dias (se requerida em petição avulsa). A impugnação será feita nos próprios autos, sem suspensão do processo.

Caso o benefício seja revogado, a parte arcará com as despesas processuais que deixou de adiantar, e, pagará, somente em caso de má-fé, até o décuplo de seu valor a título de multa, que será revertida em favor da Fazenda Pública estadual ou federal, e poderá ser inscrita em dívida ativa.

2.7. RECURSO

São quatro as decisões que se aplicam à gratuidade da justiça: a que concede a gratuidade, a que a indefere, a que a revoga e a que não a revoga. Todas elas são decisões interlocutórias. Acerca da decisão que concede o pedido de gratuidade da justiça cabe o pedido de sua revogação e as decisões que a deferem ou indeferem e, também, daquelas que não concedem de plano o pedido de gratuidade são impugnáveis no Processo do Trabalho por meio do recurso da decisão definitiva (art. 893, § 1º, da CLT).

Caso sobrevenha o trânsito em julgado de decisão que revoga a gratuidade, a parte deverá efetuar o recolhimento de todas as despesas de cujo adiantamento foi dispensada, inclusive as relativas ao recurso interposto, se houver, no prazo fixado pelo juiz, sem prejuízo de aplicação das sanções previstas em lei. Se o autor não efetuar o recolhimento, o processo será extinto sem resolução de mérito, e, nos demais casos, não poderá ser deferida a realização de nenhum ato ou diligência requerida pela parte enquanto não for efetuado o depósito (art. 102 do CPC).

3. ASSISTÊNCIA JUDICIÁRIA

Consoante referido no presente artigo, a assistência judiciária gratuita consiste no patrocínio gratuito da causa, e na Justiça do Trabalho, a teor do artigo 14 da Lei nº 5.584/70, ela é prestada exclusivamente ao trabalhador, por intermédio do sindicato da categoria profissional à qual pertence o obreiro.

Frise-se que a assistência judiciária será prestada ao trabalhador pelo seu sindicato profissional, mesmo que o obreiro não seja associado ao respectivo ente sindical, de acordo com o previsto no artigo 18 da Lei nº 5.584/70, não sendo lícito, portanto, ao sindicato profissional negar assistência jurídica ao trabalhador (ou mesmo condicioná-la à sua associação) pelo simples fato de o mesmo não ser sindicalizado.

A assistência judiciária será prestada ao trabalhador que perceber salário igual ou inferior ao dobro do mínimo legal, ficando assegurado igual benefício ao trabalhador de maior salário, desde que provada que sua situação econômica não lhe permite demandar, sem prejuízo do sustento próprio ou da família.

Ressalte-se que estabelece o novo CPC que a declaração de hipossuficiência de recursos por parte do advogado requer poderes especiais para tanto, à luz do artigo 105 do novo diploma processual.

Uma vez concedidos os benefícios da assistência judiciária gratuita ao reclamante, na hipótese de sucumbência do reclamado, este será condenado a pagar honorários advocatícios no importe de até 15%, reversíveis ao sindicato assistente (art. 16 da Lei 5.584/70).

4. CONCLUSÃO

A gratuidade da justiça foi atualizada, simplificada e consolidada pelo novo Código de Processo Civil, que revogou expressamente grande parte dos artigos da Lei nº 1.060/50.

A matéria elencada nos cinco artigos (arts. 98 a 102 do NCPC) cuidou de detalhar minuciosamente o tratamento a ser dado à gratuidade da justiça.

Além disso, merece destaque e aplausos a inovação promovida pelo legislador no que diz respeito à modulação da gratuidade, de modo que poderá ser concedida de quatro maneiras: a) quanto a um ou alguns atos processuais; em relação a todos os atos; c) com redução percentual das despesas processuais; e d) com parcelamento das despesas processuais.

As demais modificações reuniram no novo Código os entendimentos dos tribunais acerca da matéria, resolvendo diversas situações antes não previstas pela lei de 1950.

Não há dúvidas de que o novo diploma processual será aplicável ao Processo do Trabalho no que tange à gratuidade da justiça, assim como também fora a Lei nº 1.060/50. Saliente-se, inclusive, que o novo CPC absorveu muitos dos entendimentos já consolidados pelo Tribunal Superior do Trabalho, sendo bem-vindo à seara trabalhista.

5. BIBLIOGRAFIA

DIDIER JR., Fredie. *Curso de direito processual Civil*. 10. ed. Salvador/Bahia: Jus Podivm, v. 1, 2015.

DIDIER JR., Fredie; BRAGA, Paula Sarno; OLIVEIRA, Rafael Alexandria de. *Curso de direito processual civil*. 10. ed. Salvador/Bahia: Jus Podivm, v. 2, 2015.

LEITE, Carlos Henrique Bezerra. *Curso de direito processual do trabalho*. 13. ed. São Paulo: Saraiva, 2015.

MIESSA, Elisson (Coord.). *O novo Código de Processo Civil e seus reflexos no processo do trabalho*. Salvador/Bahia: Jus Podivm, 2015.

SANTOS, Elisson Miessa; CORREIA, Henrique. *Súmulas e orientações jurisprudenciais do TST organizadas e comentadas*. 2. ed. Salvador/Bahia: Jus Podivm, 2015.

SARAIVA, Renato; MANFREDINI, Aryanna. *Direito do trabalho. Curso de direito processual do trabalho*. 12. ed. Salvador/Bahia: *Jus Podivm*, 2015.

SCHIAVI, Mauro. *Manual de direito processual do trabalho*. 8. ed. São Paulo: LTr, 2015.

Capítulo 15

LITISCONSÓRCIO E INTERVENÇÃO DE TERCEIROS: O NOVO CPC E O PROCESSO TRABALHISTA

Tereza Aparecida Asta Gemignani[1] *e Daniel Gemignani*[2]

> "Conjuntamente com o próprio direito substancial, o processo é instrumentalmente conexo ao supremo objetivo de pacificar com justiça"
>
> **CÂNDIDO DINAMARCO**

> "Se uma justiça lenta demais é decerto uma justiça má, daí não se segue que uma justiça muito rápida seja necessariamente uma justiça boa.
>
> O que todos devemos querer é que a prestação jurisdicional venha ser melhor do que é.
>
> Se para torná-la melhor é preciso acelerá-la, muito bem: não, contudo, a qualquer preço"
>
> **JOSÉ CARLOS BARBOSA MOREIRA**

SUMÁRIO: 1. INTRODUÇÃO; 2. A INTERVENÇÃO DE TERCEIROS NO CÓDIGO DE PROCESSO CIVIL DE 1973; 3. AS ALTERAÇÕES PROMOVIDAS PELO NOVO CPC NA INTERVENÇÃO DE TERCEIROS; 4. A INTERVENÇÃO DE TERCEIROS E O PROCESSO TRABALHISTA; 5. O NOVO CONCEITO DE ACESSO À JUSTIÇA: EFICÁCIA, CELERIDADE E EFETIVIDADE. INTEGRAÇÃO À LIDE NAS AÇÕES COLETIVAS; 6. UM MODELO EM CONSTRUÇÃO; 7. CONCLUSÕES; 8. REFERÊNCIAS BIBLIOGRÁFICAS.

1. INTRODUÇÃO

A gênese coletiva do conflito trabalhista influenciou não só as instituições de direito material, mas também de direito processual, sendo o direito processual do trabalho pioneiro na positivação procedimental do dissídio coletivo, em que a atuação jurisdicional ocorre de forma mais ampla e criativa, ante a importância de solucionar um conflito de maiores proporções.

---

[1] Desembargadora do Tribunal Regional do Trabalho de Campinas, Doutora em Direito do Trabalho pela USP- Universidade de São Paulo-, professora universitária e membro da ABDT- Academia Brasileira de Direito do Trabalho.

[2] Bacharel em Direito pela Pontifícia Universidade Católica de São Paulo (PUC/SP). Auditor Fiscal do Ministério do Trabalho e Emprego (AFT/MTE). Especialista em Auditoria Fiscal em Saúde e Segurança no Trabalho, pela Universidade Federal do Rio Grande do Sul (UFRGS).

Embora inicialmente refratária à existência de um processo coletivo, como evidencia o princípio reitor adotado pelo artigo 6º, a lei adjetiva civil aos poucos foi admitindo sua importância numa sociedade de massas como a atual, ampliando os espaços para a implementação de tutelas processuais destinadas a proteger classes, grupos e coletividades, conferindo interpretação mais abrangente ao conceito de "interesse" enunciado pelo artigo 3º do Código de Processo Civil (CPC).

Neste contexto, o disposto no artigo 6º, que deixa explícito o foco no modelo de ação individual adotado pelo Código de 1973, aos poucos foi se revelando insuficiente para tratar da legitimação, ante a rápida transformação da sociedade em que vivemos, marcada pela crescente ocorrência dos casos de macro-lesão, em conflitos de natureza coletiva.

A ação civil publica disciplinada pela Lei nº 7.347/1985 bem evidenciou este caminhar, desencadeando uma evolução doutrinária que levou à promulgação da Lei nº 8.078/1990 (Código de Defesa do Consumidor), Lei Complementar nº 75/1993, Leis nº 8.974/1995, 10.671/2003 e 10.741/2003, todas agasalhando preceitos que versam sobre interesses difusos, coletivos e individuais homogêneos, dando a partida para a edificação de um microssistema processual coletivo.

Como Carta Política de um Estado Democrático de Direito Social, a Constituição Federal de 1988 inaugurou novo paradigma ao reconhecer a importância de tutelar direitos individuais homogêneos, além dos difusos e coletivos (artigo 129), em uma sociedade que registra elevados níveis dos conflitos de massa, marcados pela crescente complexidade de atos e fatos jurídicos, que cabe ao direito regular.

Neste ambiente, a demora na tramitação do processo se torna motivo de exacerbação do conflito existente, fazendo subir a temperatura e pressão do clamor social pela implementação de celeridade como imperativo constitucional, atendido pela EC nº 45/2004 com a inserção do inciso LXXVIII ao artigo 5º da CF/88, ao instituir a razoável duração do processo como direito fundamental do cidadão brasileiro.

Calcada na diretriz traçada pelos artigos 2º, 455, 843 e 844 da Consolidação das Leis do Trabalho (CLT), que conferem características peculiares à matéria, e sensível ao crescente movimento de terceirização da organização produtiva, doutrina e jurisprudência trabalhista vêm reconhecendo a importância de evitar o desnecessário ajuizamento de várias ações quando há um liame de conexão, assim admitindo novas formas de litisconsórcio e intervenção de terceiros tanto nas lides individuais quanto nas coletivas, como a denominada *integração à lide,* que apresenta muitas semelhanças com a figura da "intervenção litisconsorcial" do processo italiano.

Neste cenário, oportuna a análise da Lei 13.105/15 que estabelece um novo Código de Processo Civil, porque é no CPC que se encontram os institutos do litisconsórcio e da intervenção de terceiros, aplicáveis ao processo trabalhista sob a perspectiva da compatibilidade, na esteira da diretriz reitora fixada pelo artigo 769 da CLT[3].

2. A INTERVENÇÃO DE TERCEIROS NO CÓDIGO DE PROCESSO CIVIL DE 1973

O Código de Processo Civil de 1973 sofreu notória influência da doutrina de Liebman, ao focar o instituto da *legitimatio ad causam* nos limites da lide individual. Sob este norte formatou o instituto da assistência e abriu a possibilidade da intervenção de terceiros em 4 (quatro) figuras, cada qual destinada a atender situação jurídica específica, quais sejam: 1. Oposição; 2. Nomeação à autoria; 3. Denunciação da lide; e, 4. Chamamento ao processo.

Moacyr Amaral Santos[4] explica que *terceiros* "são pessoas estranhas à relação de direito material deduzida em juízo e estranhas à relação processual já constituída, mas que, sujeitos de uma relação de direito material que àquela se liga intimamente, intervêm no processo sobre a mesma relação, a fim de defender interesse próprio", indicando o interesse jurídico como requisito imprescindível para a formatação do instituto.

Portanto, para configurar o interesse jurídico, que vai legitimar a intervenção, se revela fundamental o liame entre as partes de uma demanda e a existência de uma relação jurídica de direito material com o interveniente.

Ao discorrer sobre a intervenção de terceiros, Sérgio Bermudes[5] observa que certos conflitos sociais "não se exaurem na divergência entre os titulares da pretensão e da resistência, que se confrontam", pois acabam enredando terceiros. Assim, o direito admite que essas pessoas ingressem na relação processual porque a "prevenção, ou a solução da lide, só terá plena utilidade e eficácia se estender a elas a prestação jurisdicional".

---

3 Essa, inclusive, é a posição expressa no relatório do senador Vital do Rêgo que, à p. 27, ao justificar a rejeição às Emenadas nº 144 e 145, que visavam excluir a referência ao processo do trabalho contida no artigo 15 do SCD, que, por sua vez, estabelece a incidência subsidiária do novo CPC ao processo trabalhista, assim justifica a rejeição: "Isso porque é no CPC, e não na CLT, que se encontram os fundamentos do processo do trabalho, tais como princípios (contraditório, ampla defesa, devido processo legal, juiz natural), conceitos básicos de competência e jurisdição, cooperação internacional, teoria geral da prova, disciplina das audiências, leis processuais no tempo, sujeitos do processo (inclusive modalidades de intervenção de terceiros), cognição, preclusão, atos processuais, nulidades, sentença (conceito, espécies etc.), coisa julgada, teoria geral dos recursos, dentre outros.".

4 SANTOS, Moacyr Amaral- Primeiras linhas de direito processual civil. São Paulo: Saraiva, 2009- p. 18.

5 BERMUDES, Sérgio- Introdução ao processo civil, 4ª Ed. Forense, 2006- p.89.

No CPC de 1973 a intervenção de terceiros foi configurada em duas modalidades distintas:

1. **Provocada**: quando ocorre solicitação de uma das partes, como se dá na nomeação à autoria, denunciação da lide e chamamento ao processo.

    1.1. Nomeação à autoria - Disciplinada nos artigos 62 a 69 do CPC/73, a nomeação à autoria ocorre quando o réu, por pretender obter não só a exclusão da lide pelo reconhecimento de sua ilegitimidade de parte, mas também a efetiva solução do litígio mediante uma decisão de mérito, no prazo assinalado para a defesa nomeia um terceiro, apontando-o como verdadeiro legitimado a responder pelo polo passivo. Visa garantir a economia processual e a utilidade da jurisdição, evitando que o processo seja extinto sem julgamento do mérito por carência de ação (ou sua improcedência - teoria da asserção) e o conflito permaneça em aberto. Entretanto, o processamento deste tipo de intervenção depende da aceitação do autor, pois assume os riscos e o ônus da improcedência.

    1.2. Denunciação da lide - Regida pelos artigos 70 a 76 do CPC/73, tem o escopo de assegurar o direito de regresso do réu contra um terceiro, inserindo outra relação processual na lide principal, para que ambas sejam julgadas em conjunto, assegurando economia processual por evitar a necessidade de ajuizamento de outra demanda e, também, a segurança jurídica por impedir a proferição de decisões conflitantes em relação a questões conexas. A lide principal é julgada por primeiro, pois desta decisão depende a apreciação da denunciação.

    1.3. Chamamento ao processo - Previsto nos artigos 77 a 80 do CPC/73, ocorre quando o réu chama para integrar a lide um terceiro, sob o fundamento de que também tem responsabilidade para responder pelo polo passivo em virtude da existência de uma relação de direito material que envolve o autor, o réu e o apontado interveniente.

2. **Voluntária** - Quando é o terceiro que se manifesta espontaneamente, demonstrando interesse jurídico em intervir como ocorre na oposição e na assistência.

    2.1. Oposição - Definida nos artigos 56 a 61 do CPC/73, faculta àquele que pretender, no todo ou em parte, a coisa ou o direito sobre o qual controvertem autor e réu, intervir no processo contra a pretensão de ambos. É ação intentada por "terceiro que se julgar, total ou parcialmente, senhor do direito ou da coisa disputada entre as partes numa demanda pendente, formulando pretensão excludente, total ou parcialmente, das de ambas", de sorte que não pode ser formulada em sede de recurso, como esclarece Moacyr Amaral dos Santos[6].

Trata-se de instituto que proporciona efetiva economia processual, por possibilitar o julgamento de duas lides distintas, embora conexas, no mesmo processo. Diferentemente do que ocorre com a denunciação da lide, o julgamento da oposição deve preceder a apreciação da lide principal.

2.2. Assistência - Apesar da assistência não estar inserida no capítulo VI, do Título II, do Livro I do CPC/1973, que disciplina a intervenção de terceiros, deve ser considerada uma de suas modalidades, por expressamente possibilitar, àquele que tiver interesse, intervir em qualquer dos tipos de procedimento para assistir ou auxiliar uma das partes, recebendo o processo no estado em que se encontra, como estabelecem os artigos 50 a 55.

A doutrina divide a assistência em duas modalidades:

2.2.1. Assistência simples (ou adesiva) - quando o interveniente tem com uma das partes relação jurídica diversa da debatida no processo, mas a decisão a ser proferida pode lhe trazer consequências.

2.2.2. Assistência litisconsorcial (ou qualificada) - quando o interveniente tem relação jurídica não só com a parte que pretende assistir, mas também com a parte adversária desta.

3. AS ALTERAÇÕES PROMOVIDAS PELO NOVO CPC NA INTERVENÇÃO DE TERCEIROS.

Em sua exposição de motivos o projeto do novo CPC registrou o compromisso de abrir espaço para a participação dos setores representativos da "sociedade civil", indicando como norte a preocupação com a celeridade do trâmite processual e a sistematização de uma nova estrutura processual, por considerá-las indispensáveis para a concretização de direitos fundamentais, a fim de adequar o processo às diretrizes principiológicas traçadas pela Constituição Federal de 1988, visando otimizar a solução de conflitos em uma sociedade de massa, assim evitando o retrocesso no acesso à Justiça.

---

6   SANTOS, Moacyr Amaral- Primeiras linhas de direito processual civil. São Paulo: Saraiva, 2009- p. 43.

Algumas modificações contribuíram para alcançar esse objetivo, outras nem tanto. Em relação à intervenção de terceiros, matéria ora em estudo, foram apresentadas as seguintes propostas:

1- Nomeação à autoria

É extinta em atendimento a corrente doutrinária que assim entendia desde a promulgação do Código Civil, por considerar que muitas das hipóteses de seu cabimento estão inseridas na figura jurídica do chamamento ao processo, de espectro mais amplo, o que vem encontrando boa receptividade entre os juristas.

A nomeação à autoria deixa de ser considerada modalidade autônoma, mas nada impede que seja tratada no bojo da contestação, como dever do réu a ser manejado em defesa, ao alegar sua ilegitimidade passiva, desde que tenha conhecimento do real legitimado, nos termos do artigo 336 do novo CPC, *in verbis*:

> Art. 339. Quando alegar sua ilegitimidade, incumbe ao réu indicar o sujeito passivo da relação jurídica discutida sempre que tiver conhecimento, sob pena de arcar com as despesas processuais e de indenizar o autor pelos prejuízos decorrentes da falta de indicação.
>
> § 1º O autor, ao aceitar a indicação, procederá, no prazo de 15 (quinze) dias, à alteração da petição inicial para a substituição do réu, observando-se, ainda, o parágrafo único do art. 338.
>
> § 2º No prazo de 15 (quinze) dias, o autor pode optar por alterar a petição inicial para incluir, como litisconsorte passivo, o sujeito indicado pelo réu.

2- Denunciação da lide

O Senado Federal aprovou em 15/12/2010 o Projeto de Lei (PLS) nº 166/2010 que, enviado à Câmara dos Deputados em 20/12/2010, passou a tramitar como Projeto nº 8.046/2010. Aprovado nesta Casa como substitutivo, a matéria retornou ao Senado Federal em 01/04/2014, em obediência ao disposto no art. 65, parágrafo único, da Constituição Federal, segundo o qual o projeto de lei aprovado por uma Casa será revisto pela outra e, sendo emendado, voltará à Casa iniciadora. Tendo recebido várias modificações na Câmara, retornou ao Senado. Em dezembro de 2014 a Comissão Temporária do Código de Processo Civil emitiu Parecer, da relatoria do Senador Vital do Rêgo, rejeitando as alterações da Câmara quanto a esta matéria e mantendo o texto original do Senado[7].

A proposta que prevaleceu elimina o anteriormente disposto no inciso II do artigo 70 do CPC/73, num evidente movimento de busca de simplificação. As

---

7 No SDC (Substitutivo da Câmara dos Deputados) o PL nº 8.046/2010 alterou o formato e a nomenclatura do instituto e passou a denominá-lo "denunciação em garantia". Em seu Parecer, a Comissão Temporária do Código de Processo Civil rejeitou as alterações propostas pela Câmara e manteve o texto original do Senado, justificando que assim devia permanecer por estar baseado na "doutrina contida no livro do professor José Carlos Barbosa Moreira, que é absolutamente precisa quanto aos conceitos e às consequências".

hipóteses de seu cabimento ficaram restritas às disciplinadas pelos incisos I e III do referido artigo.

Como novidade, alterou a imposição prevista pelo Código anterior por uma possibilidade, prevendo no artigo 127 que quando o denunciante for o autor, o denunciado terá a *faculdade* de figurar, ou não, no pólo ativo, assim prevendo de forma diversa do disposto no artigo 74 do CPC/73, que não concedia esta opção, dispondo que:

> Art. 127. Feita a denunciação pelo autor, o denunciado poderá assumir a posição de litisconsorte do denunciante e acrescentar novos argumentos à petição inicial, procedendo-se em seguida à citação do réu.

Modificação que terá repercussão no processo trabalhista foi inserida no parágrafo único, do artigo 128, ao estabelecer que, quando a denunciação for feita pelo réu e o pedido for julgado procedente (interpretação extensiva, que defendemos, aqui inclui a procedência parcial), o autor poderá requerer o cumprimento da sentença também contra o denunciado "nos limites da condenação deste na ação regressiva", possibilidade que se reveste de importância significativa para a eficiente reparação da lesão, notadamente se o denunciante ficar insolvente no transcorrer da ação.

Inequívoco, portanto, que as alterações promovidas pelo novo código visaram garantir a eficácia da jurisdição e a economia processual.

3- Chamamento ao processo

É ampliado em face do texto anterior e passa a ser tratado em três artigos. Lastreado no conceito de trazer para a lide os demais devedores solidários, aumenta a possibilidade de formação de um litisconsórcio passivo, facultativo e ulterior, visando solucionar todas as implicações do conflito de forma mais rápida e definitiva, em um único processo, estabelecendo:

> Art. 130. É admissível o chamamento ao processo, requerido pelo réu:
>
> I – do afiançado, na ação em que o fiador for réu;
>
> II – dos demais fiadores, na ação proposta contra um ou alguns deles;
>
> III – dos demais devedores solidários, quando o credor exigir de um ou de alguns o pagamento da dívida comum.
>
> Art. 131. A citação daqueles que devam figurar em litisconsórcio passivo será requerida pelo réu na contestação e deve ser promovida no prazo de 30 (trinta) dias, sob pena de ficar sem efeito o chamamento.

Em relação ao processo trabalhista, o inciso III do artigo 130, analisado em conjunto com o disposto no artigo 131, pode ser considerado compatível nos termos do artigo 769 da CLT, além de adequado para promover a agilização do trâmite processual nos casos de terceirização, em que se discute a responsabilidade solidária do pólo passivo, pois prestigia a "razoável duração" exigida pelo inciso LXXVIII do artigo 5º da CF/88.

4- Oposição

Rejeitando a proposta da Câmara de extinção da figura da oposição[8], o Parecer final da Comissão, respaldado em expressivo número de doutrinadores, repristinou o texto anterior do Senado e manteve o instituto da oposição. Entretanto, inseriu-a como capítulo VIII do Título III, que trata dos procedimentos especiais, admitindo seu oferecimento "até ser proferida a sentença".

Em seu artigo 685 estabelece o processamento em apenso e o trâmite simultâneo com a ação originária, "sendo ambas julgadas pela mesma sentença".

O parágrafo único do artigo 683, ao prever que distribuída "a oposição por dependência, serão os opostos citados, na pessoa de seus respectivos advogados" bem evidencia o valor que o novo Código atribui à celeridade, preceito compatível com os princípios que regem o processo trabalhista.

No que se refere à instrução, dispôs o parágrafo único do artigo 685 que, caso proposta a oposição "após o início da audiência de instrução, o juiz suspenderá o curso do processo ao fim da produção das provas, salvo se concluir que a unidade da instrução atende melhor ao princípio da duração razoável do processo." Trata-se de preceito cuja aplicação certamente dará ensejo a muitos debates, sendo imperioso ressaltar que o processo trabalhista prioriza a unidade de instrução, por considerá-la meio eficaz para a obtenção da verdade real e devida apuração dos fatos ocorridos, assim possibilitando a proferição de uma decisão justa e eficaz para resolver o conflito em relação a todos os envolvidos na disputa.

5- Assistência

Passa a ser inserida entre as modalidades de intervenção de terceiros, corrigindo-se o equívoco do Código de 1973 que a excluía do respectivo capítulo, apesar de na prática ser assim considerada pela doutrina majoritária. O procedimento sofre pequena alteração no processo civil, possibilitando o processamento nos próprios autos para favorecer a rapidez da tramitação, o que não é novidade na Justiça Especializada, pois já ocorre no processo trabalhista.

O artigo 121 prevê que o assistente simples atuará como auxiliar da parte principal, exercerá os mesmos poderes e estará sujeito aos mesmos ônus processuais que o assistido. Se este for revel, ou de qualquer modo omisso, o assistente será considerado seu substituto processual. Entretanto, dispõe o artigo 122 que a "assistência simples não obsta a que a parte principal reconheça a

---

[8] A proposta de extinção do instituto da oposição, apresentada pela Câmara, sofreu discordância doutrinária acirrada, pois um número expressivo de juristas entende que por possibilitar a resolução de dois conflitos no mesmo processo garante evidente economia e efetividade, como adverte Clito Fornaciari Jr- *in* FORNACIARI JUNIOR, Clito. Intervenção de terceiros no anteprojeto. Blogger, 2010. Disponível em HTTP://jurisdrops.blogspot.com.br/2010/06/intervencao-de-terceiros-no-anteproejto.html. Acessado em 04/01/2015

procedência do pedido, desista da ação, renuncie ao direito sobre o que se funda a ação ou transija sobre direitos controvertidos", preceito plenamente compatível com o processo trabalhista, comprometido com a efetiva solução do conflito.

Ao disciplinar a assistência litisconsorcial, o critério adotado pelo artigo 124 considera litisconsorte da parte principal o assistente, sempre que a sentença influir na relação jurídica entre ele e o adversário do assistido. Tal preceito poderá ter influência significativa no processo trabalhista, notadamente quanto às ações que tratam da terceirização e dissídios coletivos.

6- *Amicus Curiae*

Uma das grandes novidades apresentadas pelo novo Código é a expressa inclusão do *amicus curiae* entre as modalidades de intervenção de terceiros, cuja participação passa a ser garantida desde a primeira instância, podendo não só ser requerida pelas partes, mas também determinada pelo juiz ou solicitada voluntariamente pelo próprio interveniente, tendo como objetivo proporcionar subsídios técnicos e informações em temas polêmicos, de relevante interesse social. Por não ter interesse jurídico no litígio, a atuação do *amicus curiae* (amigo da corte), por sua própria natureza não tem o escopo de favorecer qualquer uma das partes, mas esclarecer as questões que cercam o objeto da demanda. Embora já albergado no CPC de 1973, como consta do §3º do artigo 482, com redação incluída pela Lei nº 9.868/1999, no novo CPC tal instituto passa a ter estatura e importância muito maiores.[9]

Com efeito, dispõe o artigo 138 *in verbis*:

> Art. 138. O juiz ou o relator, considerando a relevância da matéria, a especificidade do tema objeto da demanda ou a repercussão social da controvérsia, poderá, por decisão irrecorrível, de ofício ou a requerimento das partes ou de quem pretenda manifestar-se, solicitar ou admitir a participação de pessoa natural ou jurídica, órgão ou entidade especializada, com representatividade adequada, no prazo de 15 (quinze) dias de sua intimação.

A fim de evitar efeitos procrastinatórios de controvérsias, que em nada contribuem para o bom andamento do processo e a efetividade da jurisdição, estabelece expressamente os §§ 1º e 2º do artigo 138 que "caberá ao juiz ou ao relator, na decisão que solicitar ou admitir a intervenção, definir os poderes do *amicus curiae*", sendo que a "intervenção de que trata o caput não implica alteração de competência nem autoriza a interposição de recursos, ressalvadas a oposição de embargos de declaração e a hipótese do § 3º".

---

9   Na Exposição de Motivos do Novo Código de Processo Civil constou expressamente que "levando em conta a qualidade da satisfação das partes com a solução dada ao litígio, previu-se a possibilidade da presença do *amicus curiae*, cuja manifestação, com certeza tem aptidão de proporcionar ao juiz condições de proferir decisão mais próxima às reais necessidades das partes e mais rente à realidade do país. Portanto, criou-se regra de que a intervenção pode ser pleiteada pelo *amicus curiae* ou solicitada de ofício, como decorrência das peculiaridades da causa, em todos os graus de jurisdição.

O preceito contido no § 3º, ao prever que o *"amicus curiae* pode recorrer da decisão que julgar o incidente de resolução de demandas repetitivas", tem inequívoca relevância para o processo trabalhista, notadamente ante a alteração procedimental determinada pela Lei 13.015/2014, que dispõe sobre o processamento de recursos em demandas repetitivas na Justiça do Trabalho [10]

A nova formatação do *amicus curiae* demonstra de forma inequívoca alguns traços da mentalidade que está gestando o novo CPC, mas também dá margem a muitas controvérsias.

Com efeito, de um lado os que alegam a inadequação da sua inserção neste capítulo, sob o argumento de que não se trata de uma modalidade de intervenção de terceiros, já que a pessoa física, órgão ou entidade especializada que atua nesta condição, não tem interesse jurídico próprio de interveniente na solução do litígio, tratando-se de um auxiliar qualificado do Juízo, pois não é atingido pelos efeitos da decisão.

Por outro lado, os que respaldam a proposta por considerar que o conceito de interesse jurídico na era contemporânea não pode mais ser interpretado de forma restritiva, devendo ser visto sob outra perspectiva, ante a necessidade de valorizar a efetivação de uma prestação jurisdicional adequada para a obtenção da pacificação social. Neste sentido sinalizou o Projeto em sua Exposição de Motivos, ao destacar que num "Código de Processo Civil Cidadão" a participação de todos os setores da sociedade civil se reveste de importância significativa para a concretização dos direitos fundamentais garantidos pela Constituição Federal.

Além disso, nos conflitos marcados por expressiva complexidade se faz necessária a construção da decisão através de um sistema participativo dos segmentos mais envolvidos, o que torna relevante a atuação do "amigo da corte", por trazer informações específicas e imprescindíveis à obtenção de uma solução que seja não só justa e eficaz, mas que também ocorra com rapidez. Também por isso, o novo código confere ao *amicus curiae* legitimidade para recorrer da decisão que julgar o incidente de resolução de demandas repetitivas.

---

10 Lei 13.015/2014 insere o artigo 896 C na CLT dispondo que : "Quando houver multiplicidade de recursos de revista fundados em idêntica questão de direito, a questão poderá ser afetada à Seção Especializada em Dissídios Individuais ou ao Tribunal Pleno, por decisão da maioria simples de seus membros, mediante requerimento de um dos Ministros que compõem a Seção Especializada, considerando a relevância da matéria ou a existência de entendimentos divergentes entre os Ministros dessa Seção ou das Turmas do Tribunal

§ 11. Publicado o acórdão do Tribunal Superior do Trabalho, os recursos de revista sobrestados na origem:

I - terão seguimento denegado na hipótese de o acórdão recorrido coincidir com a orientação a respeito da matéria no Tribunal Superior do Trabalho; ou

II - serão novamente examinados pelo Tribunal de origem na hipótese de o acórdão recorrido divergir da orientação do Tribunal Superior do Trabalho a respeito da matéria.

Carolina Tupinambá[11] faz reflexão relevante ao demonstrar como a nova configuração do instituto do *amicus curiae* está em consonância com os princípios constitucionais que devem reger o processo, ressaltando que:

> "...os fundamentos constitucionais do instituto são assegurados em relevantes preceitos normativos da Constituição, como a cidadania (art. 1º, II da CF/88), o pluralismo político (art.1º V da CF/88), o exercício dos poderes constitucionais diretamente pelo povo (CF, art. 1º, parágrafo único), a livre manifestação do pensamento (art. 5º, IV, da CF/88), o direito à livre convicção política e/ou filosófica (art. 5º VIII da CF/88), ao acesso à informação (art. 5º da CF/88), ao devido processo legal (art. 5º, XIV da CF/88) e a representação da legitimidade ativa na propositura de ações constitucionais (art. 1º, parágrafo único, c/c art. 103 da CF/88)"

Até agora manejado de forma tímida, o instituto do *amicus curiae* ganha amplitude ao assegurar que a redemocratização do modelo processual, pela abertura do leque dos legitimados a atuar na lide, seja feita dentro da lógica jurídica própria de um Estado de Direito e não em confronto a ele, assim contribuindo para a eficácia dos marcos normativos estabelecidos pelo sistema jurídico.

Em qualquer caso, é necessário observar as balizas postas pelo norte constitucional, que exige a "formação de uma nova mentalidade", como adverte com propriedade Carlos Henrique Bezerra Leite[12]

4. A INTERVENÇÃO DE TERCEIROS E O PROCESSO TRABALHISTA

O processo trabalhista sempre priorizou procedimentos simples e diretos, concentrando a decisão dos incidentes nos próprios autos e o foco primordial na análise do mérito em detrimento das preliminares, com o objetivo de decidir efetivamente o conflito para assegurar pacificação social. Lamentavelmente, nos últimos tempos passou a ser desfigurado por aqueles que consideravam esta simplicidade um demérito.

Neste contexto, embora dirigida ao processo civil, a reflexão de Candido Dinamarco deve ser trazida à colação por combater com justificada veemência a complexidade artificialmente construída, que provoca a perda de um tempo enorme em filigranas e preliminares descabidas, por ter o processo como um fim em si mesmo, descurando-se de sua função instrumental. Esta mentalidade contaminou muitos segmentos doutrinários que, de maneira equivocada, passaram a desvalorizar a notável simplicidade do processo do trabalho e a desfigurar suas características peculiares, pautados por um esnobismo pseudo

---

[11] TUPINAMBÁ, Carolina- Novas tendências de participação processual- O *Amicus Curiae* no Anteprojeto do novo CPC – in FUX, Luiz (coord.) O novo processo civil brasileiro. Rio de Janeiro- Forense, 2011- p.105 a 141.

[12] LEITE, Carlos Henrique Bezerra- Curso de Direito Processual do Trabalho- 12ª edição. São Paulo: LTr, 2014- p. 41-45.

cientificista, que o viam como primo pobre da "ciência processual civilista". O novo código desnuda a impropriedade desta posição e traz para o processo civil muitos procedimentos genuínos do processo trabalhista.

Porém, é preciso reconhecer que os novos tipos de organização da atividade empresarial, direcionados para a pulverização do processo produtivo, que passaram a ser implementados com maior intensidade no século XXI, vêm desencadeando novos debates, que tornam necessária a releitura do instituto da intervenção de terceiros no processo trabalhista.

Tal se dá não só porque a EC nº 45/2004 ampliou a competência desta Justiça especializada, mas também porque nas últimas décadas vem crescendo a implantação de um complexo sistema de terceirização, cindindo um dos polos da relação contratual trabalhista em dois braços distintos: de um lado o empregador e, de outro, um ou mais beneficiários diretos, tomadores do serviço prestado pelo empregado.

Assim, algumas reflexões se tornam importantes:

No processo coletivo do trabalho, notadamente nas lides em que há conflito sobre a representação sindical, é freqüente a utilização do instituto da oposição. Como relatora[13] tenho sustentado seu pleno cabimento nos termos dos artigos 56, 57 e 61 do CPC de 1973, por se tratar do direito de ação constitucionalmente garantido, que assim é exercido com observância da economia processual e da duração razoável do processo, evitando a necessidade de ajuizamento de outra ação e a eternização do conflito.

Quanto ao *amicus curiae,* ante as alterações trazidas pelo Novo Código de Processo Civil ainda não se sabe que dimensões assumirá no processo do trabalho, notadamente ante o disposto no parágrafo 3º do artigo 138 e o novel procedimento estabelecido pelo artigo 896 C, inserido na CLT pela Lei 13.015/2014 quanto ao processamento de recursos repetitivos. Entretanto, ante a inequívoca compatibilidade exigida pelo artigo 769 da CLT, tal instituto terá sua aplicação ampliada no processo do trabalho, principalmente nas ações coletivas que envolvem conflitos de amplo espectro.

Nesta toada, oportuno registrar também o constante do §8º do artigo 896-C, inserido na CLT pela Lei nº 13.015/2014, ao prever que quando houver multiplicidade de recursos de revista, fundados em idêntica e relevante matéria de direito, com afetação da questão à Seção Especializada em Dissídios Individuais

---

13 Processo 0006100-75.2013.5.15.0000- Relatora Des. Tereza Aparecida Asta Gemignani: "A oposição constitui ação por meio da qual um terceiro intervém no processo, postulando o reconhecimento de sua titularidade sobre o direito que é objeto de controvérsia entre autor e réu. Assim, por se tratar do exercício do direito de ação, constitucionalmente garantido, os artigos 56,57 e 61 do CPC são aplicáveis, por compatíveis com o processo coletivo trabalhista, reputando-se cabível a oposição, que deve ser conhecida em primeiro lugar no julgamento que a decidirá simultaneamente com o dissídio coletivo."

ou ao Tribunal Pleno, o relator "poderá admitir manifestação da pessoa, órgão ou entidade com interesse na controvérsia, *inclusive* como assistente simples", o que milita em favor deste raciocínio, pela diretriz de inclusão ali sinalizada.

A legislação trabalhista disciplinou a legitimação do polo ativo nos artigos 842 e 843 da CLT, mas quanto ao pólo passivo tratou da questão apenas de forma pontual, ao dispor sobre a atuação do subempreiteiro/empreiteiro principal no artigo 455 da CLT e a ocorrência do *factum principis* em relação à "pessoa de direito público apontada como responsável pela paralisação do trabalho", conforme artigo 486 celetário.

A aferição dos legitimados a figurar no polo passivo das lides trabalhistas sempre despertou muitas controvérsias, face às peculiaridades que este direito especializado confere aos conceitos de empresa/empregador nos termos do artigo 2º da CLT, *in verbis:*

> Art. 2º - Considera-se empregador a empresa, individual ou coletiva, que, assumindo os riscos da atividade econômica, admite, assalaria e dirige a prestação pessoal de serviço.
>
> § 1º - Equiparam-se ao empregador, para os efeitos exclusivos da relação de emprego, os profissionais liberais, as instituições de beneficência, as associações recreativas ou outras instituições sem fins lucrativos, que admitirem trabalhadores como empregados.
>
> § 2º - Sempre que uma ou mais empresas, tendo, embora, cada uma delas, personalidade jurídica própria, estiverem sob a direção, controle ou administração de outra, constituindo grupo industrial, comercial ou de qualquer outra atividade econômica, serão, para os efeitos da relação de emprego, solidariamente responsáveis a empresa principal e cada uma das subordinadas.

Enquanto *caput* e §1º concentram na figura do empregador/empresa (e equiparados) a dupla condição de contratante e responsável, o §2º reconhece a possibilidade de cisão, em que o integrante do grupo econômico, embora não ostente a condição de contratante do vínculo, é chamado a responder solidariamente com o empregador (entendimento corroborado após o cancelamento da Súmula[14] nº 205 do Tribunal Superior do Trabalho - TST).

Ao discorrer sobre as especificidades do processo trabalhista, Manoel Antonio Teixeira Filho[15] considera possível o chamamento ao processo no caso do

---

[14] Interessante observar que o Relatório do Senado Federal traz discussão já objeto de debates no âmbito trabalhista, qual seja, a distinção entre enunciado de súmula e súmula. Para fins de registro, consigna-se posição contida a p. 179 do Relatório: "Em observância à nomenclatura técnica, o verbete "súmula" deve ser empregado para referir-se a qualquer dos enunciados, ao passo que "enunciados de súmula" destina-se a especificar algum enunciado." O novo CPC, assim, uniformiza a nomenclatura, firmando posição sobre o tema.

[15] TEIXEIRA FILHO, Manoel Antonio- Litisconsórcio, assistência e intervenção de terceiros no processo do trabalho. 3ª Ed. São Paulo- LTr. 1995- p. 268/269

§2º do artigo 2º da CLT, quando se tratar de sociedade de fato, condomínio irregularmente constituído e outros "que a dinâmica da realidade prática vier a revelar", mas ressalta que somente o "devedor secundário, quando acionado, poderá chamar ao processo o devedor principal, pois não faz sentido permitir-se que o inverso também ocorra.".

Além de provocar o cancelamento da Orientação Jurisprudencial (OJ) nº 227 do TST em 2005, as celeumas acirradas de parte a parte, embora longe de pacificação, levaram à alteração do inciso IV da Súmula 331 do C. TST, ao prescrever que o *"inadimplemento das obrigações trabalhistas, por parte do empregador, implica a responsabilidade subsidiária do tomador dos serviços quanto àquelas obrigações,* **desde que haja participado da relação processual e conste também do título executivo judicial".**

Neste contexto, considerando-se as alterações propostas pelo novo CPC, indaga-se: a integração do tomador ao polo passivo da lide se daria apenas por iniciativa do autor, e somente na oportunidade de ajuizamento da ação, ou a formação de litisconsórcio passivo pode acorrer mesmo após o ajuizamento da ação? A iniciativa para a formação ulterior do litisconsórcio seria reconhecida apenas ao reclamado, ou garantida também ao reclamante mesmo depois da formação da relação processual primária, a fim de garantir celeridade e eficácia da atuação jurisdicional, além de evitar decisões contraditórias em relações contratuais conexas?

Relevante pontuar que o artigo 107 do Código Processual Italiano disciplina a intervenção *jussu judicis*, que assegura a atuação proativa do juiz na formatação do litisconsórcio do polo passivo, visando não só garantir economia processual, mas também a eficiência da jurisdição, como explica Moacyr Lobo da Costa[16] ao defender sua aplicação no sistema brasileiro.

Explica Bezerra Leite[17] que o instituto da intervenção *jussu judicis* "estava previsto expressamente no CPC de 1939, que facultava ao juiz trazer para o processo qualquer pessoa para fazer parte do contraditório", tendo remanescido tal diretriz apenas no parágrafo único do artigo 47 do CPC de 1973, ao prever a "possibilidade de aplicação do instituto somente na hipótese de litisconsórcio necessário".

A distinção entre litisconsórcio passivo necessário ulterior e a intervenção *jussu judicis* mostra-se, contudo, interessante, especialmente quando analisada disposição contida no novo CPC. O tema, no entanto, é controverso na doutrina. Senão, vejamos.

---

16 COSTA, Moacyr Lobo da- A intervenção *iussu iudicis* no processo civil brasileiro- São Paulo – Saraiva-, 1961- p. 79-80.

17 LEITE, José Henrique Bezerra- obra citada- p. 463.

Segundo Fredie Didier Jr[18].

> "O art. 91 do CPC-1939 autorizava a intervenção *iussu iudicis*, permitindo ao magistrado trazer ao processo terceiros que tivessem com a causa alguma espécie de interesse jurídico, que tornasse conveniente a sua participação no processo. Moacyr Lobo da Costa, **ao interpretar o dispositivo da legislação revogada, entendia que a intervenção *iussu iudicis*** não é caso de formação de litisconsórcio, muito menos necessário, pois não tem por fim a integração de pessoa indispensável ao válido e regular deslinde do feito. Sua finalidade seria diversa. Entendia que a 'causa geral da intervenção é o nexo existente entre a relação jurídica controvertida e uma outra relação de que o interveniente é sujeito; o fim é trazer para o processo um terceiro que pode ser prejudicado pela sentença a proferir entre as partes originárias ou ao qual se pretende estender a eficácia dessa sentença'. Concluía que a intervenção de terceiro *iussu iudicis* **era poder do juiz, que poderia ser utilizado quando julgasse oportuna a presença do terceiro no processo, enquanto a determinação do ingresso do litisconsorte necessário é imposição da lei."** (grifos nossos)

Assim continua Fredie Didier Jr.:

> "**O CPC-1973, no entanto, não reproduziu a norma do art. 91 do CPC-1939, prevendo apenas a integração do litisconsorte necessário não-citado**. É o que dispõe o parágrafo único do art. 47 do CPC, que prevê expressamente que 'o juiz ordenará ao autor que promova a citação de todos os litisconsortes necessários, dentro do prazo que assinar, sob pena de declarar extinto o processo'. Se o CPC/1939 não era claro, o CPC foi evidente ao definir que o juiz, mesmo *ex officio*, deve provocar o autor para que promova a integração (citação) de terceiro ao processo, em todas as hipóteses de litisconsórcio necessário, seja simples ou unitário. Não se trata de litisconsórcio necessário por obra do juiz, mas de determinação, pelo juiz, de citação de um litisconsorte necessário, de acordo com os critérios legais que imponham a necessariedade. Se o autor não promover a citação (pagar as custas, providenciar endereço do réu etc.), o magistrado extinguirá o processo sem exame de mérito. Há quem afirme que essa é a intervenção *iussu iudicis* regulada pelo direito brasileiro." (grifos nossos)

Logo, segundo a visão do autor acima referido, distingui-se a intervenção *jussu judicis* do litisconsórico passivo necessário, pois diferentemente deste, aquela se dá por conveniência do processo, tendo por escopo a solução adequada da lide.

No entanto, e a despeito das divergências doutrinárias, atuou o novo CPC sobre o tema, trazendo, em seu artigo 115, interessante disposição, mormente quando cotejada com os artigos do CPC/1939 e CPC/1973, mencionados pelos autores acima indicados como hipóteses de intervenção *jussu judicis*:

---

18 DIDIER JUNIOR, Fredie. Litisconsórcio necessário ativo (?),disponível em http://www.frediedidier.com.br/wp-content/uploads/2012/02/litisconsorcio-necessario-ativo.pdf, acessado em 01/01/2015, p. 8/9.

"CPC/1939: Art. 91. O juiz, quando necessário, ordenará a citação de terceiros, para integrarem a contestação. Se a parte interessada não promover a citação no prazo marcado, o juiz absolverá o réu da instância."

"CPC/1973"Art. 47. Há litisconsórcio necessário, quando, por disposição de lei ou pela natureza da relação jurídica, o juiz tiver de decidir a lide de modo uniforme para todas as partes; caso em que a eficácia da sentença dependerá da citação de todos os litisconsortes no processo.

Parágrafo único. O juiz ordenará ao autor que promova a citação de todos os litisconsortes necessários, dentro do prazo que assinar, sob pena de declarar extinto o processo."

Já o novo CPC, assim estabelece:

Art. 115. A sentença de mérito, quando proferida sem a integração do contraditório, será:

I – nula, se a decisão deveria ser uniforme em relação a todos que deveriam ter integrado o processo;

II – ineficaz, nos outros casos, apenas para os que não foram citados.

Parágrafo único. Nos casos de litisconsórcio passivo necessário, o juiz determinará ao autor que requeira a citação de todos que devam ser litisconsortes, dentro do prazo que assinar, sob pena de extinção do processo.

Logo, o artigo 115 do novo CPC passou a sistematizar de forma mais eficiente a questão estabelecendo os seguintes parâmetros:

(i) Inciso I: hipótese de nulidade.

Em caso de litisconsórico necessário é devida a integração de todos que tem interesse jurídico. Se não ocorrer a integração, e mesmo assim for proferida sentença, essa será nula. Portanto, a integração do litisconsorte necessário é obrigatória, sendo determinada pelo juiz ao autor, que assim deverá requerer.

(ii) Inciso II: hipótese de ineficácia.

Tem a finalidade de solucionar a lide de forma adequada, eficiente e rápida aos envolvidos no litígio. Caso não ocorra a integração de todos, não haverá nulidade, porém a sentença será ineficaz para aqueles que não participaram.

Embora permanecesse apenas como exceção na sistemática adotada pelo CPC de 1973, a possibilidade de aplicação mais ampla do instituto da integração à lide passou a ser cogitada no processo trabalhista, ante as intensas alterações pelas quais passa o mundo do trabalho na contemporaneidade.

Nas últimas décadas do século XX, Amauri Mascaro[19] já reconhecia que o direito trabalhista vinha admitindo uma nova modalidade de legitimação

---

19 NASCIMENTO, Amauri Mascaro- Alterações no processo trabalhista- Revista Forense- Rio de Janeiro, ano 72. V.254- abril/junho 1976-p. 451

passiva, que denominou "integração ao processo", instituto diferente dos previstos na lei adjetiva civil de 1973, posto que o interveniente já ingressava na lide como parte principal.

A doutrina passou a denominá-la de *integração à lide*, figura que guarda algumas semelhanças com a "intervenção litisconsorcial" do processo italiano. Entretanto, não deixou de considerar que para tanto é preciso contar com a concordância do autor, pois a este cabe indicar em face de quem pretende postular seus direitos em Juízo. Tal raciocínio, ancorado no que a doutrina chama de "princípio da demanda" está calcado nos artigos 128, 293 e 460 do CPC, que fixam a correlação entre os termos da demanda e os limites da sentença, evitando a proferição *"extra e ultra petita"* da decisão.

Discorrendo sobre este instituto, Gustavo Filipe Barbosa Garcia[20] esclarece que na integração à lide o objetivo "é a formação de regime litisconsorcial passivo e não necessário", pontuando ser possível sua ocorrência por iniciativa do réu, desde que formulada antes da fase instrutória e o autor concordar com a pretensão procedendo ao aditamento da inicial, a fim de evitar violação ao disposto nos artigos 2º, 6º, 128 e 460 do CPC de 1973 ensejando o manejo da ação rescisória.

Entende que a integração à lide é perfeitamente aplicável ao procedimento sumaríssimo, pontuando ser inaceitável o argumento de que pretensamente violaria o "principio da celeridade", pois o efeito é justamente o contrário, já que evita a "necessidade de se ajuizar outra ação, com maior dispêndio monetário e demora na efetiva solução do conflito.".

Francisco Antonio de Oliveira[21] admite expressamente que a doutrina trabalhista "criou a figura da integração à lide", enquanto Fábio Túlio Correia Ribeiro[22] destaca que a jurisprudência trabalhista também contribuiu para a formação desta nova modalidade, que não se destina a uma controvérsia entre os réus, visando obter a eficácia de uma solução mais ampla de todas as dimensões do conflito instalado, evitando que haja uma multiplicidade de processos individuais que inchem a máquina judiciária e podem desencadear decisões conflitantes sobre os mesmos fatos conexos, assim comprometendo a credibilidade da jurisdição.

A possibilidade de formatação mais efetiva do instituto da integração à lide no processo do trabalho passa a ganhar reforço, eis que agora encontra respaldo no artigo 115 do novo CPC.

---

20 GARCIA, Gustavo Filipe Barbosa- Intervenção de terceiros, litisconsórcio e integração à lide no processo do trabalho- São Paulo. Editora Método. 2008- p. 100 e seguintes.

21 OLIVEIRA, Francisco Antonio – Manual de Processo do Trabalho- 2ª Ed. São Paulo; RT, 1999, p. 41

22 RIBEIRO- Fábio Túlio Correia- Processo do Trabalho básico: da inicial à sentença. São Paulo LTr- 1997. p.151.

5. O NOVO CONCEITO DE ACESSO À JUSTIÇA: EFICÁCIA, CELERIDADE E EFETIVIDADE. INTEGRAÇÃO À LIDE NAS AÇÕES COLETIVAS

Embora não haja, ainda, uma doutrina sedimentada a respeito da intervenção de terceiros no processo trabalhista, o imperativo maior de respeito aos princípios da celeridade e utilidade da jurisdição, alçados à condição de direitos fundamentais pela Carta de 1988, e assim ratificados pela Emenda Constitucional nº 45, tem sensibilizado a jurisprudência no sentido de ampliar as possibilidades de formação do litisconsórcio no processo trabalhista, de modo a superar a perspectiva meramente formal para conferir ao conceito conotação substantiva de acesso eficaz a uma ordem jurídica justa.

Se num primeiro momento a agregação da idéia de eficiência ao conceito de acessibilidade causou espécie aos adeptos da processualística clássica e cientificista, logo se revelou imprescindível para qualificar a eficácia da prestação jurisdicional, bandeira de proa desfraldada pelos defensores da instrumentalidade do processo.

Cândido Rangel Dinamarco[23], um dos defensores desta nova concepção, explica que há vantagens não somente para o autor, mas também para o Estado, por trazer inequívocos benefícios a toda sociedade no que se refere à obtenção da pacificação social mediante a efetiva atuação da ordem jurídica.

Cássio Scarpinella Bueno[24] também reconhece que a "premissa científica adotada pelas escolas *autonomistas*" acabaram conduzindo "o estudo do processo civil para algo muito distante da realidade" e "extremamente difícil" de ser colocado em prática". Entretanto, o "direito processual civil não pode ser compreendido como algo solto, perdido, no tempo e no espaço, como se ele valesse por si só." Importante destacar que "não obstante tenha identidade, função, finalidade e natureza próprias", o direito processual civil "serve, atende e volta-se para a aplicação concreta do direito material" e "desempenha a finalidade de *instrumento* do direito material".

Como o processo não tem um fim em si mesmo, ressalta Dinamarco[25], "suas regras não tem valor absoluto que sobrepuje as do direito substancial e as exigências sociais de pacificação de conflitos", enquanto Bedaque[26] pontua que esta visão instrumental vai possibilitar o direcionamento da ênfase na efetivi-

---

23 DINAMARCO, Cândido Rangel- Execução civil.3. Ed. Ver. Atual. E ampl. São Paulo- Revista dos Tribunais 1993-p. 402

24 BUENO, Cássio Scarpinella- Curso Sistematizado de Direito Processual Civil2ª Ed. São Paulo. Saraiva.2008- p. 53 e 101-103.

25 DINAMARCO,Cândido Rangel- a instrumentalidade do processo- 11. Ed. São Paulo- Malheiros 2003- p. 255-259, 326 e 373

26 BEDAQUE, José Roberto dos Santos- Direito e processo: influência do direito material sobre o processo- 2. Ed. São Paulo- Malheiros 2001- p. 15

dade do processo, assim "entendida como capacidade de exaurir os objetivos que o legitimam no contexto jurídico-social e político", focando sua importância na razão direta dos "resultados que produz", notadamente quanto à eficácia da "atuação da vontade concreta do ordenamento jurídico material" e o atendimento do escopo social de obter a "pacificação social com justiça", contexto em que o acesso à ordem jurídica justa se apresenta como a "síntese de todos os princípios e garantias do processo, abarcando o direito de ação, o devido processo legal, o direito ao contraditório e ampla defesa, e a utilidade da jurisdição para garantir a paz social".

Na seara trabalhista, comprometida desde sua gênese com a rapidez e a efetividade, pois lhe cabe promover a solução de conflitos atrelados à sobrevivência do cidadão, tais questionamentos apresentam peculiar relevância, ante a notória inter-relação de várias disputas individuais a uma matriz de natureza coletiva, o que torna necessário ampliar os canais de acesso substancial à justiça, notadamente quanto aos interesses e direitos coletivos.

Neste caminhar é importante observar, ainda, que certas limitações traçadas pelo princípio da asserção nas demandas individuais deixam de ser justificadas quando se trata de processo coletivo, pois pautado por regras próprias, cada vez mais focadas na natureza do bem jurídico a ser tutelado, como deixa claro o Anteprojeto de Código Brasileiro de Processos Coletivos, nas judiciosas explicações de Ada Pellegrini Grinover[27].

Com efeito, atento à extensão e peculiar natureza do bem jurídico a ser tutelado, o processo coletivo liberta-se das limitações existentes na ação individual para alçar feição própria e mais consonante com o conceito de acesso substantivo e eficácia dos marcos decisórios na seara coletiva, reconhecendo legitimidade processual *ad causam* àquele que apresenta maior aptidão para reparar a lesão, assim garantindo a utilidade da prestação jurisdicional.

Tal se dá em cumprimentos aos preceitos estabelecidos pela Constituição Federal de 1988, que ampliou a tutela dos interesses e direitos coletivos, além de assegurar a defesa de interesses e direitos difusos e individuais homogêneos, de modo a concretizar de forma mais ampla essa tutela.

Essa proteção judicial dos direitos coletivos e interesses difusos, que Cappelletti classificou como a terceira onda de acesso à justiça, decorre da constatação de que na sociedade atual a tutela jurisdicional formatada nas balizas postas pelo artigo 6º do CPC tem se mostrado insuficiente.

Destarte, a precisa dicção do conceito albergado no inciso XXXV do artigo 5º da CF/88, quando se refere a "ameaça ou lesão", supera a concepção anterior de que a função jurisdicional estaria restrita à reparação de uma lesão já ocorrida.

---

27 GRINOVER, Ada Pelegrini- Rumo a um Código Brasileiro de Processos Coletivos *in* MILARÉ, Edis (coord.) *A ação civil pública após 20 anos: efetividade e desafios*- São Paulo: RT 2005 p. 14-16

Neste contexto, oportuna a reflexão de Fredie Didier Jr., Paula Sarno Braga e Rafael Oliveira[28] ao pontuar que embora a doutrina e a jurisprudência brasileiras apresentem "certa resistência à iniciativa probatória do magistrado - fruto de reminiscência histórica de um tempo em que se tinha uma visão eminentemente privatista do direito processual", atualmente a tendência predominante tende a enxergar o processo sob um "ângulo mais publicista", no sentido de conferir "ao Estado-juiz amplos poderes instrutórios".

O novo norte trazido pela Constituição de 1988 exige uma "visão prospectiva do processo", indicando a extensão desta proteção também "à mera situação de ameaça a direito, isto é, um direito ainda não lesionado, ainda não danificado, uma situação que ainda não revela quaisquer prejuízos". Daí a necessidade de "viabilizar a representação judicial (no sentido de atuação concreta no plano do processo) de direitos e interesses que, de outra forma, restariam carentes de salvaguarda jurisdicional e, consequentemente, não passariam de meras declarações formais", como bem ressalta Cassio Scarpinella[29].

O processo coletivo se caracteriza como forma peculiar de acesso à justiça, pois o titular do direito material é diferente do autor processual, condição que ostenta não por ser o beneficiário do bem da vida, mas porque a lei assim estabelece, numa clara distinção entre a titularidade do direito material e a titularidade do direito processual.

O instituto da *class action* do direito norte-americano serviu de subsídio ao modelo do direito brasileiro que, entretanto, conservou algumas características peculiares, entre as quais pode ser destacada a que atribui ao legislador (sistema *ope legis*), e não ao juiz (sistema *ope judicis*) o controle na indicação dos entes legitimados a atuar no pólo ativo, sem depender da autorização ou manifestação da vontade de outrem pois, como bem ressalta Arruda Alvim[30], tais autores processuais "detêm *ex lege* legitimação concorrente e disjuntiva, vale dizer, podem agir plenamente, cada um por si, ou, eventualmente, litisconsorciados", o que pode ocorrer em relação ao Ministério Público do Trabalho e os sindicatos na seara trabalhista.

O sistema da *class actions* do direito norte-americano influenciou a formatação da Lei da Ação Civil Pública (LACP), mas em relação aos legitimados a atuar no polo ativo o Brasil rejeitou o modelo da representatividade adequada, preferindo o critério objetivo previsto no artigo 5º da Lei nº 7.347/1985, assim também considerado pela Lei nº 7.913/1989 e reiterado nos artigos 82 e 117 do Código de Defesa do Consumidor (CDC), Lei nº 8.078/1990.

---

28 DIDIER Jr. Fredie, BRAGA Paula Sarno, OLIVEIRA Rafael- Curso de Direito Processual Civil-v. 2- 7ª edição. Salvador- Editora Jus Podium. 2012. p. 20-24
29 BUENO, Cassio Scarpinella- obra citada. p. 53, 101e102.
30 ARRUDA ALVIM. Ação civil pública. São Paulo: Revista de processo n. 87- p. 156, jul/set. 1997

Ademais, explica Ronaldo Lima dos Santos[31] que, há uma "diferença essencial" entre os dois sistemas. No direito brasileiro "o titular do interesse individual não será abrangido pelos efeitos da coisa julgada desfavorável (sistema da coisa julgada *secundum eventum litis*), salvo se intervir na lide como litisconsorte", pois é assegurada a liberdade de o titular do direito individual aderir, ou não, ao processo coletivo "não havendo necessidade de pedido de exclusão como no direito norte-americano, em que a coisa julgada, favorável ou não, alcança os lesados individuais *(opt in)*". Já no sistema da *class action,* não há necessidade de expresso consentimento para integrar a demanda (critério do *opt in*) já que "a notificação dos indivíduos tem como objetivo conceder-lhes a opção de exclusão dos efeitos da coisa julgada *(opt out)*."

A Lei nº 13.004/2014 alterou a Lei nº 7.347/1985 que disciplina a ação civil pública. O inciso VIII, inserido no artigo 1º, inclui entre suas finalidades a proteção do patrimônio público e social, enquanto o artigo 4º prevê que para essas causas caberá também a ação cautelar objetivando evitar dano ao patrimônio social e ao meio ambiente, assim ampliando a teia de proteção dos direitos coletivos também em relação ao meio ambiente do trabalho.

Em relação a tal questão Ronaldo Lima dos Santos[32] ressalta que "diante da propositura de uma ação civil pública por um legitimado, será perfeitamente possível a assistência litisconsorcial dos demais colegitimados ao pólo ativo da ação civil pública, desde que o ente interveniente goze da mesma legitimidadee e interesse de agir necessários para a propositura singular da demanda", de sorte que uma entidade sindical profissional poderá intervir" na condição de assistente litisconsorcial em ação civil pública proposta pelo Ministério Público do Trabalho, para a regularização das condições de saúde, higiene ou segurança do trabalho, em face de determinada empresa, componente de seu âmbito de representação."

Nesta linha de ampliação da proteção a novos interesses jurídicos, o conceito da *legitimatio ad causam* em relação ao polo passivo da ação civil pública não está pautado por balizas fechadas, apresentando A maleabilidade necessária para assegurar tutela ao bem da vida pertencente a uma coletividade, podendo assim incluir todos que deram causa ao dano provocado ou que se mostraram capazes de implementar condutas de prevenção para evitar que a lesão amplie seu nível de gravosidade, investindo num inovador e virtuoso movimento que conjuga tutela reparatória com inibitória.

Trata-se de um modelo ainda em construção como pontua Antonio Gidi[33], mas cuja edificação se torna inevitável em razão da crescente importância de

---

31 SANTOS, Ronaldo Lima dos. Intervenção Assistencial nas ações coletivas- Boletim Científico da Escola Superior do Ministério Público da União. Seção II. Interesses Difusos e coletivos. p. 121/122.

32 SANTOS, Ronaldo Lima dos. Obra citada- p. 113.

33 GIDI, Antonio- Class Actions in Brazil- A model for civil law countries- *in* The American Journal of comparative law- University of Houston- Public law and legal theory series 2006-A-11- vol.51- p. 329 e seguintes

sua utilização no processo coletivo trabalhista, a fim de implementar ferramentas jurídicas eficazes para coibir ilícitos praticados ao meio ambiente do trabalho, às diferentes formas de terceirização, à intermediação fraudulenta de mão-de-obra, ao trabalho forçado ou análogo à condição de escravo, que vem ocorrendo no mundo do trabalho da era contemporânea.

Neste contexto, doutrina e jurisprudência começam a analisar a possibilidade jurídica de aplicação da teoria do domínio do fato, tanto nas lides individuais quanto nas coletivas, para conferir novos contornos à responsabilização trabalhista e consequente alteração quanto aos critérios de configuração da *legitimatio ad causam*.

Isto porque em tais casos há a participação de vários sujeitos que contribuem para a prática da lesão, muitos atuando de forma indireta, porém decisiva, detendo amplo domínio para monitorar a concretização da conduta ofensiva, o que torna necessário ampliar o leque dos coobrigados a responder pelo polo passivo, abrangendo todos os que de alguma forma participaram para que ocorresse o resultado, cominando maior parcela da responsabilidade a quem detinha maior poder de deliberação, mesmo que à primeira vista não se apresente como executor direto do ato ilícito.

Por consequência, abre a possibilidade de admitir a formação do litisconsórcio não só por iniciativa do autor ou do réu, mas também por determinação *ex officio do* juiz, não só por ocasião do ajuizamento da ação, mas também após a formação da relação processual primitiva, desde que antes da fase da instrução.

Na seara trabalhista, tal raciocínio encontra sustentação principalmente quando se trata de conflitos decorrentes da terceirização, que tem ampliado a complexidade dos conflitos, não só individuais, mas também coletivos, tornando imperioso assegurar a celeridade e evitar decisões contraditórias em questões conexas, a fim de preservar a credibilidade da jurisdição e a segurança jurídica.

Como bem ressalta Dinamarco[34], é "preciso evitar que as mesmas questões jurídicas ou de fato recebam soluções diferentes, no julgamento de diversas relações jurídicas delas dependentes", preservando a "harmonia" dos julgados, que pode ser violada se ações relacionadas a fatos idênticos ou conexos receberem decisões contraditórias.

A atuação mais assertiva do juiz neste sentido encontra respaldo nas ponderações de José Roberto dos Santos Bedaque[35] ao destacar que, para o modelo processual exigido pela sociedade atual, a "idéia de um juiz inerte e neutro, alheio ao *dramma della competizione"* carece de sustentação, pois essa "neutra-

---

34 DINAMARCO, Candido Rangel- Litisconsórcio- 5ª edição- SP. Malheiros, 1997-p. 63
35 BEDAQUE, José Roberto dos Santos-Tutela cautelar e tutela antecipada: tutelas sumárias e de urgência (tentativa de sistematização)- 2ª edição- São Paulo Malheiros- 2001- p.93-94

lidade passiva, supostamente garantidora da imparcialidade, não corresponde aos anseios por uma justiça efetiva, que propicie acesso efetivo à ordem jurídica justa",[36] reflexão que se revela importante para as lides individuais e, mais ainda, nos processos coletivos.

Neste cenário a ampliação do polo passivo até mesmo por iniciativa *ex officio* do juiz, desde que lastreada em decisão devidamente fundamentada é uma possibilidade que deve ser considerada, a fim de garantir a efetividade da atuação jurisdicional.

Tal pode ocorrer preponderantemente nas ações civis públicas, em que muitas vezes se torna difícil "delimitar os legitimados passivos no momento do ajuizamento", como bem pondera Hugo Nigro Mazzilli[37].

Destarte, nos casos de intermediação fraudulenta de mão-de-obra (artigo 9º da CLT), por exemplo, se no decorrer do trâmite processual o juiz constatar a existência de "solidariedade quanto à ofensa, deve chamar a parte ausente para responder à demanda", como ressalta Raimundo Simão de Melo[38].

Este mesmo raciocínio se revela válido quando a ação civil publica é ajuizada pelo sindicato nos termos do §1º do artigo 129 da CF/88, artigo 5º *caput* da Lei nº 7.347/1985 e inciso IV do artigo 82 da Lei nº 8.078/1990 em defesa dos direitos da categoria que representa, alegando descumprimento das normas de segurança e medicina do trabalho, o que pode gerar questionamento quanto à identificação dos responsáveis, pois a questão abrange não só o vínculo existente com o empregador, mas também com o tomador, beneficiário dos serviços prestados, que atua diretamente no local em que o trabalho se desenvolve, estando assim coobrigado ao cumprimento dos preceitos legais, o que justifica a formação do litisconsórcio passivo, para que a solução se revista de eficácia na solução do conflito e assim garanta o acesso não apenas formal, mas principalmente substantivo a uma decisão justa.

Este debate que ocorre nos dissídios coletivos suscitados por sindicatos, vem provocando a superação do anterior posicionamento restritivo, lastreado no argumento de que tal impediria a observância do §2º do artigo 114 da CF/88, que exige a prévia existência de comum acordo para o ajuizamento deste tipo de ação.

Ora, é preciso considerar que a inequívoca complexidade e amplitude das questões fáticas envolvidas num dissídio coletivo aconselham ainda com maior

---

36 BEDAQUE, José Roberto dos Santos- Efetividade do processo e técnica processual- São Paulo- Malheiros- 2006-p. 104

37 MAZZILLI, Hugo Nigro- A defesa dos interesses difusos em Juízo: meio ambiente,consumidor,patrimônio cultural, patrimônio público e outros interesses- 19.ed. São Paulo; Saraiva 2006- p. 331.

38 MELO, Raimundo Simão de - Ação civil pública na Justiça do Trabalho- 2. Ed. São Paulo, LTr, 2004- p. 137/138.

ênfase a busca da efetividade da jurisdição e a importância de evitar decisões contraditórias em matérias conexas, a fim de preservar a paz social para um número expressivo de pessoas e instituições envolvidas no conflito, o que leva à necessidade de buscar "soluções pluralisticamente integradas" a fim de conferir efetividade aos marcos constitucionais, como pondera Canotilho[39].

Portanto, nada impede que, constatada após o ajuizamento da ação a natureza peculiar do bem jurídico a ser tutelado, seja reconhecida a *legitimatio ad causam* de novos coobrigados, com ampliação do polo passivo e, em audiência na presença das partes, trabalhada a formatação do comum acordo com todos os envolvidos, assim atendendo à exigência prevista no §2º do artigo 114 da CF/88.

Como membro integrante da Seção de Dissídios Coletivos (SDC) do Tribunal Regional do Trabalho da 15ª Região (TRT 15), tenho reiteradamente apresentado divergência, votando pela possibilidade de integração à lide no processo coletivo, não somente por reconhecê-la como figura distinta da denunciação da lide prevista no CPC, mas também por entender oportuna a aplicação da teoria do domínio do fato nas lides coletivas, assim incluindo os dissídios suscitados por sindicatos de empregados, nos casos em que a dispensa coletiva promovida pela empregadora decorre da ruptura abrupta de um contrato mantido com determinada montadora de veículos em condições de exclusividade, da qual recebia máquinas e ferramentas em comodato e para a qual destinava a totalidade de sua produção. Minha divergência vem sendo acolhida pela maioria dos integrantes da SDC e assim prevalecido, com a consequente reformulação de voto pelo relator de sorteio.

6. UM MODELO EM CONSTRUÇÃO

O antigo modelo processual calcado na primazia da lide individual tem se revelado cada vez mais insuficiente para oferecer soluções eficazes aos novos e crescentes conflitos de massa, que a sociedade contemporânea vem apresentando.

Na seara trabalhista tal se reveste de importância significativa e preocupante, porque a atuação das entidades sindicais na defesa dos direitos e interesses da categoria que representam tem se mostrado aquém do espaço institucional que lhes foi garantido pela Constituição Federal de 1988, o que causa *déficit* expressivo na prevenção de novas lesões e defesa do bem coletivo, deixando um vácuo que tem provocado o desencadeamento de uma multiplicidade de ações individuais voltadas à reparação da lesão já ocorrida.

---

39 CANOTILHO, J.J. Gomes- Direito constitucional e Teoria da Constituição- 5ª edição-Coimbra/Portugal. Almedina- 2002. P. 1208.

Há, portanto, a subutilização de um ferramental processual importante pelas entidades sindicais, que poderiam contribuir de forma muito mais assertiva não só na obtenção de tutelas reparatórias das lesões já ocorridas, mas principalmente com a concessão de tutelas inibitórias destinadas à prevenção da lesão ou redução de seus efeitos, o que se revela importante para a defesa dos interesses coletivos da categoria que representam e para a efetividade da prestação jurisdicional.

Com propriedade já ressaltava Mauro Cappelletti[40] que:

> "... em certas ações de classe, um indivíduo ou uma associação age representando até milhões de sujeitos, muitas vezes nem ao menos identificáveis, para fazer valer direitos coletivos dos mais variáveis: *civil rights* (por exemplo ações de classe contra discriminações em tema de emprego, de educação e de habitação), direitos concernentes ao ambiente natural, direito dos consumidores ou de pequenos acionistas, etc.... Ainda uma vez é evidente que, diante de tais institutos, novos ou renovados, as velhas regras e estrutura processuais em questão de legitimação e interesse de agir, de representação e de substituição processual, de notificação, e em geral, de direito ao contraditório, de limites subjetivos e objetivos da coisa julgada caem como um castelo de cartas. Tais regras e estruturas, desenhadas em vista de processo civil de conteúdo individualístico... revelam sua impotente incongruência diante de fenômenos jurídicos coletivos como aqueles que se verificam na realidade social econômica moderna."

Portanto, o reconhecimento da *legitimatio ad causam* e a ampliação do polo passivo no processo coletivo pode aumentar a eficácia e a efetividade não só na solução de um conflito já instalado, mas também na prevenção de ocorrência da lesão. Tal se dá porque, como bem explica Nelson Nery Junior[41] no processo coletivo "importa menos saber quem é o titular do direito posto em causa, pois o que avulta nessa ação coletiva é o direito material, cuja defesa se pretende fazer por intermédio da ação coletiva." Por isso, diferentemente do que ocorre com a ação individual, os titulares do direito material coletivo passam a ostentar a condição de beneficiários da tutela pleiteada por um terceiro, indicado por lei para, em nome próprio, acionar a jurisdição na defesa dos direitos coletivos de outrem, em face de todos que tem condições de responder de forma eficaz para que seja garantida a prevenção da lesão que ainda não ocorreu e a reparação do dano já provocado.

É um novo horizonte que rompe a formatação posta pela teoria clássica da processualística civil, que até então considerava a configuração da legitimação como questão preliminar, desapartada da análise de mérito e

---

40 CAPPELLETTI, Mauro. Formações sociais e interesses coletivos diante da justiça civil. Revista de processo. São Paulo, v.5, jan/março 1997 – p. 147.

41 NERY JUNIOR, Nelson- prefácio *in* ALMEIDA, Gregório Assagra de. Direito Processual Coletivo brasileiro- um novo ramo do direito processual. São Paulo: Saraiva, 2003, p. xxiii.

das especificidades fáticas que lhe são subjacentes. Interessante constatar como a nova configuração do instituto da legitimidade processual supera essa perspectiva, ao reconhecer que o conteúdo do direito material pleiteado em Juízo influencia o reconhecimento dos integrantes do polo passivo, detentores da *legitimatio ad causam*, pois o que está em jogo é a eficácia da prestação jurisdicional, assim priorizando a concepção do processo como um meio para efetivação da tutela material do bem coletivo e não como um fim em si mesmo.

Como bem ressalta Norberto Bobbio[42], a mudança de modelo do Estado Liberal para o Estado Social implica na construção de um novo paradigma, voltado ao reconhecimento da necessidade de tutela de novos bens, pois a pessoa humana deixa de ser vista como indivíduo em abstrato para ser considerada na "concreticidade de suas diversas maneiras de ser em sociedade", deslocando o foco de um individuo isolado, para um cidadão situado num determinado contexto histórico, econômico, político e social, ampliando o conceito de sujeito de direito que, antes restrito ao individuo, passa a abranger as entidades de classe e as organizações sindicais, ampliando as vias de acesso à Justiça.

O aprofundamento deste debate vem ocorrendo de forma mais intenso na seara trabalhista, talvez porque, na feliz expressão de Giancarlo Perone[43], "o sistema juslaboralista deve ser considerado em sua incessante dinamicidade", o que também encontra ressonância no pensamento de Mario de La Cueva, ao considerá-lo "direito inconcluso"[44], expressão que lhe confere qualidade e distinção como marco normativo que não deixa de atentar para a realidade fática de uma sociedade em constante mutação, focado no reconhecimento da importância de garantir o acesso não só formal, mais principalmente substantivo, à eficiência da jurisdição, notadamente porque uma única ação coletiva tem a possibilidade de evitar o ajuizamento de várias ações individuais.

Além disso, a intensificação da terceirização pode dificultar a imputação de responsabilidade a todos os causadores da lesão praticada, comprometendo a eficácia da jurisdição e tornando patente o abalo aos marcos civilizatórios até aqui conquistados, com risco concreto de retrocesso social, notadamente quando se torna cada vez mais robusta a convicção de que a idéia de justiça é um dos pilares de sustentação do regime democrático, como alerta Amartya Sen[45].

Daí a importância de restaurar a perspectiva focada no princípio da proibição do retrocesso, "segundo o qual uma vez alcançado determinado grau de

---

42 BOBBIO, Norberto- A era dos direitos –tradução Carlos Nelson Coutinho.Rio de Janeiro:Campus, 1992- p. 62 a 72.

43 PERONE,Giancarlo- Crise nos elementos estruturais do ordenamento juslaboralista italiano: tendências evolutivas e aspectos críticos *in* Avanços e possibilidades do direito do trabalho- VARGAS, Luiz A. e FRAGA, Ricardo Carvalho(coord.) Editora LTr-2005- p. 188.

44 DE LA CUEVA, Mário-El nuevo Derecho Mexicano Del Trabajo- Ed. Porrúa, 1990- p. 98.

45 SEN, Amartya- A idéia de justiça

concretização de uma norma constitucional definidora de direito fundamental, fica o legislador proibido de suprimir ou reduzir essa concretização sem a criação de mecanismo outro, que seja equivalente ou substituto", na feliz expressão do Ministro Luiz Fux[46].

Com efeito, o processo do trabalho está alinhado com a diretriz constitucional que concebe o processo como um direito público, caracterizado por uma "relação imperativa e inevitável do juiz com as partes", em que não há espaços para os "parâmetros privatísticos do direito romano, em que o processo era verdadeiro *contrato* entre as partes" como bem ressalta Dinamarco[47] enfatizando que:

> "falar em acesso à ordem jurídica justa, por exemplo, (ou na garantia de inafastabilidade do controle jurisdicional) é invocar os próprios fins do Estado moderno, que se preocupa com o bem-comum e, portanto, com a felicidade das pessoas; valorizar o princípio do contraditório equivale a trazer para o processo um dos componentes do próprio regime democrático, que é a participação dos indivíduos como elemento de legitimação do exercício do poder e imposição das decisões tomadas por quem o exerce; cuidar da garantia do devido processo legal no processo civil vale por traduzir em termos processuais os princípios da legalidade e da supremacia da Constituição, também inerentes à democracia moderna;"

Portanto,

> "A inevitabilidade do Estado e dos atos de exercício do poder estatal transparece no repúdio do direito moderno à velha concepção privatística do *processo como contrato*. Deve servir de premissa para a solução de muitos problemas conceituais e práticos de direito processual, ligados à colocação do direito processual como ramo do direito público".

Essa concepção de *tutela constitucional do processo*, que sustenta a espinha dorsal do modelo adotado pelo processo trabalhista, nos termos do artigo 769 da CLT vai impedir, por incompatibilidade, a aplicação das disposições contidas no novo CPC quando enveredam pela diretriz privatística.

7. CONCLUSÕES

Os novos tipos de organização da atividade empresarial, voltados à segmentação e terceirização do processo produtivo, que passaram a ser implementados com maior intensidade no século XXI, vem aumentando a complexidade da matéria e desencadeando debates que levam à releitura de certos institutos jurídicos, entre os quais a *legitimatio ad causam*.

---

46 FUX, Luiz. "A *legitimatio ad causam* no mandado de segurança"- *in* Revista Justiça e Cidadania- edição 165- maio de 2014-Editora JC- Rio de Janeiro- p. 18 a 22

47 DINAMARCO, Candido Rangel.Instituições de Direito processual Civil 5ª edição- São Paulo. Malheiros. 2005- p. 82 a 84- 210 e seguintes.

Formatado sob a perspectiva da ação individual, o instituto vem evoluindo de forma significativa na processualística contemporânea, ante o novo norte sustentado pelo tripé: instrumentalidade do processo, efetividade da jurisdição e acesso à justiça, consagrando valores conexos e inter-relacionados que criam a sinergia necessária para fazer valer direitos processuais fundamentais postos pela Carta de 1988.

A especificidade do processo trabalhista passou a admitir a existência da "integração ao processo", figura semelhante à "intervenção litisconsorcial" do processo italiano, abrindo caminho também para a implantação do instituto do *jussu judicis* na seara trabalhista, ante a necessidade de atuação mais proativa do juiz em garantir economia processual e evitar julgamentos contraditórios em lides que tratam de relações conexas.

O novo ordenamento processual, que na Exposição de Motivos recebeu a sugestiva qualificação de *Código de Processo Civil Cidadão,* revelou-se sensível à participação de diferentes setores da sociedade civil, a valorização da boa-fé e da dignidade da pessoa, assim realçando a importância do compromisso que um Código deve ter com as balizas constitucionais garantidoras dos direitos fundamentais.

Sintomaticamente aporta ao mundo jurídico num momento crucial para o direito processual trabalhista, quando se faz intenso o movimento de terceirização da organização produtiva e a fragmentação do polo passivo que compromete a utilidade da jurisdição, como demonstra o inaceitável passivo das execuções frustradas, que provoca debates voltados à aplicação da teoria do domínio do fato na configuração da responsabilização trabalhista, não só em relação às ações individuais, mas principalmente coletivas.

A sobrecarga de processos, gerada pela disfuncionalidade das estruturas sociais, vem provocando um preocupante *déficit* de legitimidade das instituições jurídico-processuais. O grande desafio é conferir maior eficácia às tutelas reparatórias e inibitórias, direitos fundamentais garantidos pela Carta Republicana de 1988, a fim de evitar o comprometimento do marco civilizatório já conquistado nas relações de trabalho e impedir o retrocesso social, que insidiosamente está à espreita.

Conseguiremos?

8. REFERÊNCIAS BIBLIOGRÁFICAS

ARRUDA ALVIM. Ação civil pública. Revista de processo n. 87 - jul/set. São Paulo, 1997.

BEDAQUE, José Roberto dos Santos. Direito e processo: influência do direito material sobre o processo 2. ed. São Paulo: Malheiros, 2001.

BOBBIO, Norberto. A era dos direitos. tradução Carlos Nelson Coutinho- Rio de Janeiro: Campus, 1992.

BUENO, Cássio Scarpinella. Curso Sistematizado de Direito Processual Civil 2ª Ed. São Paulo. Saraiva. 2008.

CANOTILHO, J.J.Gomes. Direito Constitucional e Teoria da Constituição. 5ª edição – Coimbra / Portugal: Almedina, 2002.

CAPPELLETTI, Mauro. Formações sociais e interesses coletivos diante da justiça civil. São Paulo: Revista de processo v. 5 - jan/março 1997.

COSTA, Moacyr Lobo da. A intervenção *iussu iudicis* no processo civil brasileiro. São Paulo: Saraiva, 1961.

DE LA CUEVA, Mário. El nuevo Derecho Mexicano Del Trabajo. Ed. Porrúa, 1990.

DIDIER Jr. Fredie, BRAGA Paula Sarno, OLIVEIRA Rafael. Curso de Direito Processual Civil. v. 2. 7ª edição. Salvador- Jus Podium, 2012.

DIDIER JUNIOR, Fredie. Litisconsórcio necessário ativo (?), disponível em http://www.frediedidier.com.br/wp-content/uploads/2012/02/litisconsorcio-necessario-ativo.pdf, acessado em 01/01/2015.

DINAMARCO, Cândido Rangel. Execução civil. 3. Ed. Ver. Atual. E ampl. São Paulo. Revista dos Tribunais, 1993.

_____. Litisconsórcio. 5ª edição. São Paulo. Malheiros, 1997.

_____. A instrumentalidade do processo. 11. Ed. São Paulo. Malheiros, 2003.

_____. Tutela cautelar e tutela antecipada: tutelas sumárias e de urgência (tentativa de sistematização). 2ª edição. São Paulo Malheiros, 2001.

_____. Efetividade do processo e técnica processual. São Paulo: Malheiros, 2006.

FUX, Luiz. A *legitimatio ad causam* no mandado de segurança - *in* Revista Justiça e Cidadania- edição 165. Editora JC. Rio de Janeiro: maio 2014.

GIDI, Antonio- Class Actions in Brazil - A model for civil law countries - *in* The American Journal of comparative law - University of Houston - Public law and legal theory series 2006-A-11- vol.51.

GRINOVER, Ada Pelegrini. Rumo a um Código Brasileiro de Processos Coletivos *in* MILARÉ, Edis (coord.) A ação civil pública após 20 anos: efetividade e desafios. São Paulo: RT, 2005.

LEITE, Carlos Henrique Bezerra. Curso de Direito Processual do Trabalho. 12ª edição. São Paulo: LTr, 2014.

MAZZILLI, Hugo Nigro. A defesa dos interesses difusos em Juízo: meio ambiente, consumidor, patrimônio cultural, patrimônio público e outros interesses. 19. ed. São Paulo: Saraiva, 2006.

MELO, Raimundo Simão de. Ação civil pública na Justiça do Trabalho. 2. Ed. São Paulo: LTr, 2004.

NASCIMENTO, Amauri Mascaro. Alterações no processo trabalhista. Revista Forense, ano 72. v. 254- abril/junho - Rio de Janeiro, 1976.

NERY JUNIOR, Nelson. prefácio *in* ALMEIDA, Gregório Assagra de- Direito Processual Coletivo brasileiro - um novo ramo do direito processual. São Paulo: Saraiva, 2003.

PERONE, Giancarlo. Crise nos elementos estruturais do ordenamento juslaboralista italiano: tendências evolutivas e aspectos críticos *in* Avanços e possibilidades do direito do trabalho. VARGAS, Luiz A. e FRAGA, Ricardo Carvalho(coord.) . São Paulo: LTr, 2005.

RIBEIRO, Fábio Tulio Correia. Processo do Trabalho básico: da inicial à sentença. São Paulo: LTr, 1997.

SANTOS, Moacyr Amaral. Primeiras linhas de direito processual civil. São Paulo: Saraiva, 2009.

Capítulo 16
INCIDENTE DE DESCONSIDERAÇÃO DA PERSONALIDADE JURÍDICA

Cleber Lúcio de Almeida[1]

SUMÁRIO: 1. INTRODUÇÃO; 2. EMPRESA E SOCIEDADE EMPRESÁRIA. AQUISIÇÃO DE PERSONALIDADE JURÍDICA PELA SOCIEDADE. OS TIPOS DE SOCIEDADE E A RESPONSABILIDADE DOS SÓCIOS SEGUNDO O CÓDIGO CIVIL; 2.1. EMPRESA E SOCIEDADE EMPRESÁRIA; 2.2. AQUISIÇÃO DE PERSONALIDADE JURÍDICA PELA SOCIEDADE; 2.3. OS TIPOS DE SOCIEDADE E A RESPONSABILIDADE DOS SÓCIOS SEGUNDO O CÓDIGO CIVIL; 2.4. SOCIEDADE LIMITADA E RESPONSABILIDADE DOS SÓCIOS; 3. O ORDENAMENTO JURÍDICO BRASILEIRO E A DESCONSIDERAÇÃO DA PERSONALIDADE JURÍDICA; 4. A RESPONSABILIDADE PELA SATISFAÇÃO DAS OBRIGAÇÕES TRABALHISTAS DAS SOCIEDADES EMPRESÁRIAS; 5. DESCONSIDERAÇÃO INVERSA DA PERSONALIDADE JURÍDICA; 6. A DESCONSIDERAÇÃO DA PERSONALIDADE JURÍDICA NO CPC DE 2015; 7. O INCIDENTE DE DESCONSIDERAÇÃO DA PERSONALIDADE JURÍDICA E O PROCESSO DO TRABALHO; 8. CONCLUSÕES.

1. INTRODUÇÃO

O presente ensaio versa sobre o incidente de desconsideração da personalidade jurídica estabelecido pelo CPC de 2015 e a sua aplicação no processo do trabalho.

O ensaio corresponde àquele constante da primeira edição desta relevante obra, mas tem agregadas, principalmente, considerações sobre a relevância da dimensão humana, social e política do Direito do Trabalho e a realização prática dos direitos que atribui aos trabalhadores.

Em relação a este último aspecto, é relevante mencionar que:

a) quando está em questão a satisfação dos créditos decorrentes da relação de emprego reconhecidos em título executivo, o primeiro aspecto realçado é o seu caráter alimentar.

Com efeito, o caráter alimentar dos créditos trabalhistas, que decorre da sua vinculação com a sobrevivência do trabalhador e sua família, constitui valioso ponto de partida para o debate sobre a sua satisfação, notadamente porque é em razão do seu caráter alimentar que os créditos trabalhistas são considerados superprivilegiados (art. 100, § 1º, da Constituição da República e art. 186 do Código Tributário Nacional).

---

[1] Juiz do Trabalho. Professor dos cursos de graduação e pós-graduação da PUC/MG. Pós-doutor em Direito pela Universidad Nacional de Córdoba/ARG. Doutor em Direito pela UFMG. Mestre em Direito pela PUC/SP.

A este argumento, sem dúvida relevante, é acrescentado outro, no sentido de que o nosso ordenamento jurídico dispensa tratamento especial aos créditos de caráter alimentar, o que inclui até mesmo a prisão do devedor, no caso de pensão alimentícia, valendo lembrar, ainda, do procedimento diferenciado para a quitação de débitos da Fazenda Pública (art. 100, § 1º, da Constituição da República) e a satisfação imediata do credor mesmo se tratando de execução provisória (art. 475-0, § 2º, I, do CPC de 1973 e art. 521, I, do CPC de 2015). Estas medidas deixam certo que créditos de caráter alimentar exigem garantias diferenciadas de satisfação, o que encontra ressonância no direito processual do trabalho, que, por exemplo, atribui ao juiz o poder para promover a execução de ofício.

b) aos argumentos acima - *caráter alimentar, crédito superprivilegiado* e *crédito merecedor de tutela diferenciada* -, que, apesar e importantes, traduzem uma postura marcantemente patrimonialista, é acrescentado o fato de estes créditos estarem normalmente relacionados com direitos inerentes à dignidade humana, ou seja, direitos humanos e fundamentais. Créditos surgidos do desrespeito a direitos inerentes à dignidade humana exigem garantias diferenciadas de satisfação.

A tutela e promoção da dignidade humana constitui dever de todos e, em especial, do Estado, como condição, inclusive, para a construção de uma sociedade verdadeiramente livre, justa e solidária (art. 3º, I, da Constituição da República), o que exige cuidado especial com a satisfação dos créditos relacionados com direitos que lhes sejam inerentes.

Esta linha de raciocínio, em suma, agrega ao debate a *transcendência humana* da realização concreta dos direitos trabalhistas, enquanto direitos destinados à tutela e promoção da dignidade humana daqueles que dependem da alienação da sua força de trabalho para atender às necessidades próprias e familiares.

c) é necessário, no entanto, dar um passo adiante, para também levar em conta a *transcendência social* e *política* da satisfação dos créditos trabalhistas.

É que o Direito do Trabalho, assegurando direitos aos trabalhadores, promove, dentro dos limites que lhe são próprios, a distribuição de riqueza e, com isto, contribui para a realização da *justiça social*, e, ao mesmo tempo, estabelece as condições materiais mínimas necessárias para a participação popular na formação da ordem jurídica, operando, assim, em favor da construção da *democracia*.

A relação de trabalho traduz a troca de trabalho por salário, mas condicionada pela tutela e promoção da dignidade humana do trabalhador, realização da justiça social e construção da democracia, o que implica, inclusive, a subordinação da sua dimensão econômica pela sua dimensão humana, social e política, o que constitui uma exigência da Constituição da República, como resulta dos seus arts. 1º, III, IV (que inclui a dignidade humana e o valor social do trabalho dentre os **fundamentos** da República[2]), 3º, I, III e IV (que define a construção de uma

---

2 Ao reconhecer o valor *social* do trabalho, a Constituição se afasta da sua consideração apenas subjetiva, ou seja, que se estabelece a partir da perspectiva do trabalhador.

sociedade livre, justa e solidária, erradicação da pobreza, redução das desigualdades sociais e promoção do bem de todos como **objetivos fundamentais** da República), 170, *caput* e III (que promovem a instrumentalização da atividade econômica à finalidade de assegurar a todos **existência digna** e atribuem **função social** à **propriedade**), 186, III e IV (que vinculam o cumprimento da função social da propriedade ao **respeito às disposições que regulam as relações de trabalho** e à sua exploração de forma a favorecer o **bem-estar dos proprietários e dos trabalhadores**) e 193 (que adota como primado da ordem social o **primado do trabalho** e, como seu objetivo, o **bem-estar** e a **justiça social**).

Vale lembrar, inclusive, que trabalho, direitos humanos e fundamentais, justiça social e democracia são conceitos interdependentes e que se reforçam mutuamente (item 8 da Declaração e Programa de Ação de Viena e arts. 1º, III e IV, e parágrafo único, 3º, II, III, III e IV, 5º, § 1º, 170, *caput*, 186, III e IV, e 193 da Constituição da República), o que tem como consequência o estabelecimento de uma estreita relação entre a satisfação de créditos trabalhistas e o respeito à dignidade humana, a realização da justiça social e a construção da democracia.

É exatamente a transcendência humana, social e política do Direito do Trabalho e, por consequência, da satisfação dos direitos por ele assegurados aos trabalhadores, que conduz o ordenamento jurídico a adotar medidas voltadas à garantia da sua efetividade, valendo citar (a) a atribuição de caráter de ordem pública à maioria das normas que compõem o Direito do Trabalho (art. 9º da CLT), (b) a cominação de sanções para a hipótese de descumprimento da legislação trabalhista (arts. 49 a 56, 75, 153, 201 e 351 da CLT, por exemplo), (c) a imposição ao Estado da obrigação de fiscalizar o cumprimento da legislação trabalhista (art. 21, XXIV, da Constituição e art. 11 da Lei n. 10.393/02) e (d) o estabelecimento de relação entre a observância da legislação trabalhista e o cumprimento da função social da propriedade (art. 186, III e IV, da Constituição), não podendo ser olvidada, ainda, a criação de um processo judicial especial (art. 769 da CLT[3]), mais adequado às particularidades do direito que visa concretizar.

2. EMPRESA E SOCIEDADE EMPRESÁRIA. AQUISIÇÃO DE PERSONALIDADE JURÍDICA PELA SOCIEDADE. OS TIPOS DE SOCIEDADE E A RESPONSABILIDADE DOS SÓCIOS SEGUNDO O CÓDIGO CIVIL

O exame do tema objeto do presente ensaio exige a definição de alguns conceitos básicos.

---

[3] Ao fazer alusão ao *direito processual comum*, o art. 769 da CLT reconhece a natureza especial do direito processual do trabalho.

2.1. EMPRESA E SOCIEDADE EMPRESÁRIA

O Código Civil, ao conceituar o *empresário*, também o faz, ainda que indiretamente, com a *empresa*, autorizando conceitua-la como atividade econômica organizada para a produção ou a circulação de bens ou serviços (art. 966). O Código Civil estabelece, no art. 981, que celebram contrato de sociedade as pessoas que reciprocamente se obrigam a contribuir, com bens ou serviços, para o exercício de atividade econômica e a partilhar, entre si, os resultados. Conjugadas estas disposições legais, conclui-se que a *sociedade empres*ária constitui instrumento para o exercício de atividade econômica organizada para a produção ou a circulação de bens ou serviços.

A sociedade empresarial, doravante denominada *sociedade*, é definida a partir do seu objeto, que é o exercício de atividade econômica organizada para a produção ou a circulação de bens ou serviços.

2.2. AQUISIÇÃO DE PERSONALIDADE JURÍDICA PELA SOCIEDADE

A personalidade jurídica da sociedade é adquirida no momento da inscrição dos seus atos constitutivos no registro próprio (art. 985 do Código Civil). Até este momento, existe apenas uma "sociedade em comum" ou "sociedade de fato", respondendo os seus sócios solidária e ilimitadamente pelas obrigações sociais, estando excluído do benefício de ordem aquele que contratou pela sociedade (arts. 986 e 990 do Código Civil).

2.3. OS TIPOS DE SOCIEDADE E A RESPONSABILIDADE DOS SÓCIOS SEGUNDO O CÓDIGO CIVIL

O Código Civil alude a cinco tipos de sociedade: a) em nome coletivo, na qual todos os sócios respondem, solidariamente e ilimitadamente, pelas obrigações sociais (art. 1.039); b) em comandita simples, em que tomam parte os sócios comanditados, pessoas físicas, responsáveis solidária e ilimitadamente pelas obrigações sociais, e os comanditários, obrigados somente pelo valor de sua quota (art. 1.045); c) limitada, na qual a responsabilidade de cada sócio é restrita ao valor de suas quotas, mas todos respondem solidariamente pela integralização do capital social (art. 1.052); d) anônima, em que o capital é dividido por ações, obrigando-se cada sócio ou acionista somente pelo preço de emissão das ações que subscrever ou adquirir (art. 1.088); e) em comandita por ações, que tem o capital dividido por ações, obrigando-se cada sócio ou acionista somente pelo preço de emissão das ações que subscrever ou adquirir (art. 1.090), mas o acionista administrador da sociedade responde subsidiária e ilimitadamente pelas obrigações da sociedade (art. 1.091).

O presente ensaio versará apenas sobre a responsabilidade dos sócios na sociedade limitada.

2.4. SOCIEDADE LIMITADA E RESPONSABILIDADE DOS SÓCIOS

Na sociedade limitada, o capital social é dividido em quotas (art. 1.055 do Código Civil) e pela exata estimação dos bens conferidos ao capital respondem, solidariamente, todos os sócios, até o prazo de cinco anos da data do registro da sociedade (art. 1.055, § 1º, do Código Civil). De acordo com o art. 1.052 do Código Civil, a responsabilidade dos sócios é restrita ao valor de suas quotas, mas todos eles respondem, solidariamente, pela integralização do capital social.

Sob o prisma dos arts. 1.052 e 1.055 do Código Civil, portanto, cada sócio responde pela parcela do capital que se comprometeu a constituir (*quota subscrita*), mas todos os sócios respondem, solidariamente, pela parcela do capital social não integralizado (*quota não integralizada*: dinheiro, crédito ou bem prometido na subscrição das quotas e não transferido pelo sócio à sociedade), ressalvada a ação de regresso daquele que satisfizer a obrigação contra cada um dos demais codevedores (art. 283 do Código Civil).

É exatamente esta limitação da responsabilidade dos sócios que justifica a existência da sociedade limitada, com a ressalva de que as deliberações infringentes do contrato social ou da lei tornam ilimitada a responsabilidade dos que expressamente as aprovaram (art. 1.080 do Código Civil).

A limitação da responsabilidade dos sócios na sociedade é realizada por meio da *autonomia da personalidade jurídica* e consequente *autonomia patrimonial*, o que resulta que não se confundem a sociedade e os seus sócios, bem como os seus patrimônios, respectivamente.

3. O ORDENAMENTO JURÍDICO BRASILEIRO E A DESCONSIDERAÇÃO DA PERSONALIDADE JURÍDICA

A distinção entre a sociedade e os seus sócios e os respectivos patrimônios opera como limitador da responsabilidade dos sócios pelas dívidas sociais, vez que, em razão dela, como regra, é a sociedade que responde pelos seus débitos. Neste sentido, prevê o art. 795 do CPC de 2015 que os bens dos sócios não respondem pelas dívidas da sociedade, senão nos casos previstos em lei, o que também é previsto no art. 596 do CPC de 1973.

No entanto, a limitação da responsabilidade dos sócios pelas obrigações sociais é flexibilizada pela teoria da desconsideração direta ou clássica da personalidade jurídica, para a qual, embora sejam distintas a sociedade e os seus sócios e os seus patrimônios, situações existem em que o patrimônio dos sócios responde pelas obrigações sociais.

A desconsideração da personalidade jurídica implica, dito de outra forma, *relativização da autonomia patrimonial* da sociedade e dos seus sócios, para que estes possam responder pelas dívidas daquela. Note-se que esta relativização não resulta na negativa definitiva da autonomia patrimonial, mas, apenas, no afastamento da sua eficácia em relação a determinadas obrigações.

A teoria da desconsideração da personalidade jurídica vem sendo acolhida pelo nosso ordenamento jurídico, valendo mencionar, neste sentido:

a) o Código Tributário Nacional (Lei n. 5.172/66) estabelece, no art. 135, III, que são pessoalmente responsáveis pelos créditos correspondentes a obrigações tributárias resultantes de atos praticados com excesso de poder ou infração da lei, contrato social ou estatutos, os diretores, gerentes ou representantes das pessoas jurídicas de direito privado;

b) o Código de Defesa do Consumidor (Lei n. 8.078/90) dispõe, no art. 28, que o juiz poderá "desconsiderar a personalidade jurídica da sociedade quando, em detrimento do consumidor, houver abuso de direito, excesso de poder, infração da lei, fato ou ato ilícito ou violação dos estatutos ou contrato social", prevendo o §5º do art. 28 do CDC que "também poderá ser desconsiderada a sociedade sempre que sua personalidade for, de alguma forma, obstáculo ao ressarcimento de prejuízo causados aos consumidores";

c) a Lei n. 9.605/98, que trata da responsabilidade por danos ao meio ambiente, prevê, no art. 4º, que "poderá ser desconsiderada a sociedade sempre que sua personalidade for obstáculo ao ressarcimento de prejuízos causados ao meio ambiente";

d) o Código Civil (Lei n. 10.046/02) dispõe, no art. 50, que, "em caso de abuso da personalidade jurídica, caracterizado pelo desvio de finalidade, ou pela confusão patrimonial, pode o juiz decidir, a requerimento da parte ou Ministério Público, quando lhe couber intervir no processo, que os efeitos de certas e determinadas relações de obrigações sejam estendidos aos bens particulares dos administradores ou sócios da pessoa jurídica";

e) a Lei n. 12.529/11, que estrutura o Sistema Brasileiro de Defesa da Concorrência e dispõe sobre a prevenção e repressão às infrações contra a ordem econômica, estabelece, no art. 34, caput, que "a personalidade jurídica do responsável por infração da ordem econômica poderá ser desconsiderada quando houver da parte deste abuso de direito, excesso de poder, infração da lei, fato ou ato ilícito ou violação dos estatutos ou contrato social", sendo previsto no parágrafo único do citado artigo que "a desconsideração também será efetivada quando houver falência, estado de insolvência, encerramento ou inatividade da sociedade provocados por má administração".

O exame das normas acima referidas permite afirmar que foram adotados dois fundamentos para a adoção da teoria da desconsideração da personalidade jurídica:

I - Teoria subjetiva ou teoria maior da desconsideração da personalidade jurídica: a desconsideração da personalidade jurídica constitui medida excepcional e somente está autorizada na hipótese de fraude, abuso de direito ou confusão patrimonial (a sociedade utiliza patrimônio do sócio para cumprir as suas obrigações e vice-versa). Esta é a teoria consagrada pelo Código Civil;

II - Teoria objetiva ou teoria menor da desconsideração da personalidade jurídica: para a desconsideração da personalidade jurídica basta a constatação da inexistência de bens sociais suficientes para satisfazer a dívida da pessoa jurídica. Esta teoria foi adotada pela Lei n. 9.605/98 e pelo Código de Defesa do Consumidor (art. 28, §5º) e se distancia dos pressupostos clássicos da teoria da desconsideração da personalidade jurídica – fraude, abuso de direito e confusão patrimonial.[4]

É importante mencionar, ainda, que o Código Tributário Nacional, o Código de Defesa do Consumidor, a Lei 9.605/98, o Código Civil e a Lei n. 12.529/11 não restringem a responsabilidade dos sócios às suas respectivas quotas sociais, o mesmo ocorrendo com o art. 591 do CPC de 1973 e o art. 789 do CPC de 2015.

Neste último sentido, decidiu o STJ que:

> "A partir da desconsideração da personalidade jurídica, a execução segue em direção aos bens dos sócios, tal qual previsto expressamente pela parte final do próprio art. 50 do CC/2002, e não há, no referido dispositivo, qualquer restrição acerca da execução, contra os sócios, ser limitada às respectivas quotas sociais, e onde a lei não distingue não é dado ao intérprete fazê-lo. O art. 591 do CPC é claro ao estabelecer que os devedores respondem com todos os seus bens presentes e futuros no cumprimento de suas obrigações, de modo que admitir que a execução esteja limitada às quotas sociais levariam em temerária e indevida desestabilização do instituto da desconsideração da personalidade jurídica, que vem há tempos conquistando espaço e sendo moldada às características do nosso ordenamento jurídico".[5]

Limitar a responsabilidade dos sócios ao valor das suas quotas é, indiretamente, anular a desconsideração da personalidade jurídica, vez que o Código Civil já prevê a responsabilidade dos sócios pelo valor das suas quotas (art. 1.052).

4. A RESPONSABILIDADE PELA SATISFAÇÃO DAS OBRIGAÇÕES TRABALHISTAS DAS SOCIEDADES EMPRESÁRIAS

Pelo que foi visto quando tratamos dos tipos de sociedade e da responsabilidade dos sócios em cada uma delas, o Código Civil optou pela limitação dos ris-

---

4 Segundo uma vertente doutrinária, o § 5º do art. 28 do Código de Defesa do Consumidor estabelece hipóteses autônomas de desconsideração da personalidade jurídica, ao passo que, de acordo com outra vertente doutrinária, o § 5º somente poderá ser aplicado caso ocorra uma das hipóteses contidas no *caput* do art. 28. O § 5º do art. 28 do CDC dispõe que "também poderá ser desconsiderada a sociedadesempre que sua personalidade for, de alguma forma, obstáculo ao ressarcimento de prejuízo causados aos consumidores" (destacamos), o que indica que ele estabelece novas situações em é possível a desconsideração da personalidade jurídica, além das previstas no *caput*.

5 STJ, REsp. 1.169.175-DF, Rel. Min. Massami Uyeda, j. 17.02.11

cos assumidos pelos sócios ao constituírem uma sociedade, operando, portanto, uma verdadeira socialização destes riscos.

No entanto, o Direito do Trabalho adotou postura diversa. Neste sentido, o art. 2º, caput e § 2º, da Consolidação das Leis do Trabalho deixa claro que os riscos da atividade cabem à empresa (art. 2º, caput), o que implica que eles não podem ser transferidos ao trabalhador. Em relação às obrigações sociais trabalhistas, portanto, não foi realizada a socialização de riscos, optando a CLT, expressamente, pela individualização dos riscos: os riscos são da empresa (princípio da alteridade).

No entanto, o Direito do Trabalho deu um passo adiante.

É que, como resulta do art. 2º, § 2º, da CLT, todos aqueles que se associam para explorar atividade econômica respondem pelos débitos trabalhistas decorrentes do exercício desta atividade, valendo mencionar que o grupo de empresas, de que trata o art. 2º, § 2º, da Consolidação das Leis do Trabalho, assim como a empresa, é um instrumento para o desenvolvimento de atividade econômica, o que assemelha os seus integrantes aos sócios que se unem com o mesmo objetivo.

De outro lado, os arts. 2º, § 2º, 10, 445 e 448 da Consolidação das Leis do Trabalho, o art. 3º da Lei n. 2.757/56 e o art. 16 da Lei n. 6.019/74 operam verdadeira despersonalização das obrigações decorrentes da relação de emprego, deixando claro que respondem pelos créditos do trabalhador todos aqueles que forem beneficiados pelos seus serviços, o que resulta na consagração de um verdadeiro princípio do Direito do Trabalho, qual seja, o princípio da despersonalização das obrigações decorrentes da relação de emprego.

Neste compasso, sendo os sócios beneficiários dos lucros auferidos pela sociedade e, portanto, do trabalho dos seus empregados, deles não podem ser afastados os ônus da atividade econômica explorada por meio da sociedade. De outro lado, se os sócios não alcançaram o lucro perseguido por meio da sociedade, cumpre-lhes responder, com o seu patrimônio, pelos ônus do fracasso de sua atividade econômica e, por consequência, pela satisfação dos créditos dos empregados da sociedade, vez que, do contrário, estar-se-ia transferindo os riscos assumidos pelos sócios para os trabalhadores, em afronta ao art. 2º, caput e § 2º, da CLT, bem como ao princípio que resulta dos arts. 2º, § 2º, 10, 445 e 448 da Consolidação das Leis do Trabalho, o art. 3º da Lei n. 2.757/56 e o art. 16 da Lei n. 6.019/74.

Destarte, não há que se falar, em relação aos créditos trabalhistas, em estímulo ao investimento e consequente favorecimento do progresso econômico como fundamentos para negar aos sócios a responsabilidade pelas obrigações sociais trabalhistas.

A segurança jurídica gerada pelo investimento com responsabilidade limitada (investimento com riscos limitados), que é também utilizada como argumento contra a adoção da teoria em exame no processo do trabalho, não se sobrepõe à segurança existencial do trabalhador, que é titular de direitos de natureza predominantemente alimentar, ou seja, relacionados com a sua sobrevivência própria e familiar. Repita-se que o Direito do Trabalho adota, com foi acima demonstrado, solução diversa daquela consagrada pelo direito civil em relação à distribuição dos riscos da atividade econômica, deixando claro que estes riscos são daqueles que a exploram, o que inclui os sócios da sociedade limitada.

Também não há que se invocar, contra a desconsideração da personalidade jurídica no processo do trabalho, o fato de ser a livre iniciativa um dos fundamentos da República (art. 1º, IV, da Constituição), posto que ela deve ser harmonizada com o valor social do trabalho, que também constitui fundamento da República (art. 1º, IV, da Constituição) e que a Constituição adota como fundamento é o exercício da livre iniciativa responsável, como decorre da adoção do princípio da função social da propriedade, que é expressamente consagrado pela Constituição (art. 170, III) e, especialmente, do art. 186, III, da Constituição Federal, que relaciona o cumprimento da função social da empresa ao respeito às normas trabalhistas, o que inclui a satisfação dos créditos por elas reconhecidos aos trabalhadores.

De outro lado, a responsabilização dos sócios pelas obrigações sociais trabalhistas é reforçada pelo princípio da proteção do trabalhador, vez que dele resulta que o juiz tem o dever de tornar efetivo o direito reconhecido ao trabalhador em título executivo, inclusive por meio da atribuição de responsabilidade pela sua satisfação a todos aqueles que se beneficiaram dos seus serviços.

Ademais, no conflito entre a norma que distingue a sociedade dos seus sócios e as normas que asseguram e garantem direitos aos trabalhadores, estas é que deverão prevalecer, como permite afirmar o caput do art. 7º da Constituição Federal, que impõe a adoção, entre duas ou mais soluções possíveis, daquela que resulte na melhoria da condição social dos trabalhadores (princípio da prevalência da norma mais favorável).

Tudo isto conduz à conclusão de que a teoria da desconsideração da personalidade jurídica pode ser aplicada no processo do trabalho.

Quanto aos fundamentos da desconsideração da personalidade jurídica no processo do trabalho, os arts. 8º e 769 da Consolidação das Leis do Trabalho permitem recorrer ao Código Tributário Nacional, ao Código de Defesa do Consumidor, à Lei 9.605/98, ao Código Civil e à Lei n. 12.529/11 como fontes subsidiárias do direito processual do trabalho, valendo lembrar, ainda, que tal desconsideração é também autorizada pelos arts. 2º, § 2º, 10, 445 e 448 da Consolidação das Leis do Trabalho, o art. 3º da Lei n. 2.757/56 e o art. 16 da Lei n. 6.019/74 e por princípios próprios do direito do trabalho.

Acrescente-se que, por força do art. 2º, caput e § 2º, da Consolidação das Leis do Trabalho e dos princípios da despersonalização das obrigações decorrentes da relação de emprego e da proteção e da busca constante da melhoria da condição social dos trabalhadores, no processo do trabalho deve ser adotada a solução estabelecida pela teoria objetiva ou teoria menor da desconsideração da personalidade jurídica, ou seja, nele, a não indicação de bens à penhora pelo devedor no prazo assinalado no art. 880 da CLT e a não localização de bens passíveis de penhora é o quanto basta para que a execução seja manejada contra os sócios.

Cumpre observar que:

a) as obrigações do sócio começam imediatamente com o contrato, se este não fixar outra data, e terminam quando, liquidada a sociedade, se extinguirem as responsabilidades sociais (art. 1.001 do Código Civil).

b) o sócio que se retirar da sociedade e aquele que assume o seu lugar respondem pelas obrigações trabalhistas da sociedade até dois anos depois de averbada a retirada (art. 1.003, parágrafo único, do Código Civil). Assim, o cedente permanece vinculado à sociedade e a terceiros (dentre eles os empregados da sociedade) em relação ao cumprimento das obrigações surgidas no período em que detinha a condição de sócio, medida adotada pelo legislador para evitar que a alienação de quotas seja realizada para isentar o sócio cedente das suas obrigações.

5. DESCONSIDERAÇÃO INVERSA DA PERSONALIDADE JURÍDICA

A teoria da desconsideração da personalidade jurídica versou, primeiro, sobre a possibilidade de tornar os sócios responsáveis pelas obrigações da sociedade (*desconsideração clássica ou direta da personalidade jurídica*). Já a desconsideração inversa da personalidade jurídica constitui mecanismo para responsabilizar a sociedade pelas obrigações dos seus sócios.

A desconsideração inversa da personalidade jurídica é admitida quando se verificar a confusão entre o patrimônio da sociedade e os dos seus sócios, com esteio no art. 50 do Código Civil (o abuso da personalidade jurídica, caracterizado pelo desvio de finalidade ou pela confusão patrimonial, permite desconsiderar a personalidade jurídica em duplo sentido, quais sejam, atribuir ao sócio responsabilidade pelas obrigações da sociedade e atribuir à sociedade responsabilidade pelas obrigações de seus sócios), o que pode ocorrer, por exemplo, quando os sócios transferem todos os seus bens para a sociedade.

Como reconheceu o STJ nos autos do REsp. n. 948.117-MS: "(...) III. A desconsideração inversa da personalidade jurídica caracteriza-se pelo afastamento da autonomia patrimonial da sociedade, para, contrariamente do que ocorre na desconsideração da personalidade propriamente dita, atingir o ente coletivo e seu patrimônio social, de modo a responsabilizar a sociedade por obrigações do sócio controlador. IV. Considerando-se que a finalidade da *disregard doctrine* é combater a utilização indevida do ente societário por seus sócios, o que pode ocorrer também nos casos em que o sócio controlador esvazia o seu patrimônio pessoal e o integraliza na pessoa jurídica, conclui-se, de uma interpretação teleológica do art. 50 do CC/02, ser possível a desconsideração inversa da personalidade jurídica, de modo a atingir bens da sociedade em razão de dívidas contraídas pelo sócio controlador, conquanto preenchidos os requisitos previstos na norma. V. A desconsideração da personalidade jurídica configura-se como medida excepcional. Sua adoção somente é recomendada quando forem atendidos os pressupostos específicos relacionados com a fraude ou abuso de direito estabelecidos no art. 50 do CC/02. Somente se forem verificados os requisitos de sua incidência, poderá o juiz, no próprio processo de execução, 'levantar o véu' da personalidade jurídica para que o ato de expropriação atinja os bens da empresa".[6]

6. A DESCONSIDERAÇÃO DA PERSONALIDADE JURÍDICA NO CPC DE 2015

O CPC de 2015, ao contrário do que ocorreu com o CPC de 1073, faz expressa referência à desconsideração da personalidade jurídica, clássica e inversa.

O CPC de 2015, ao mesmo tempo que admite, expressamente, a desconsideração da personalidade jurídica, estabeleceu o procedimento a ser seguido para a sua realização.

Neste sentido, foi instituído o denominado *incidente de desconsideração da personalidade jurídica*, incluído no Título III, que trata da intervenção de terceiro.

De acordo com o art. 133 CPC de 2015:

> "Art. 133 O incidente de desconsideração da personalidade jurídica será instaurado a pedido da parte ou do Ministério Público, quando lhe couber intervir no processo.
>
> § 1º O pedido de desconsideração da personalidade jurídica observará os pressupostos previstos em lei.
>
> § 2º Aplica-se o disposto neste Capítulo à hipótese de desconsideração inversa da personalidade jurídica".

De acordo com o art. 133 do CPC de 2015, a desconsideração da personalidade jurídica será objeto de incidente próprio, que somente pode ser instaurado a pedido da parte ou do Ministério Público.

O CPC de 2015 não trata das hipóteses em que poderá ser desconsiderada a personalidade jurídica, limitando-se a estabelecer que ela deverá observar

---

6 STJ, REsp. 948.117-MS, Rel. Min. Nancy Andrighi, DJe 03.08.10.

os *pressupostos previstos em lei*, o que remete, no processo civil, ao Código Tributário Nacional, ao Código de Defesa do Consumidor, à Lei n. 8.884/94, à Lei 9.605/98 e ao Código Civil.

A desconsideração inversa da personalidade jurídica, que já vinha sendo admitida pela doutrina e jurisprudência, passa a contar com expressa previsão legal.

De outro lado, conforme o art. 134 do CPC de 2015:

> "Art. 134. O incidente de desconsideração é cabível em todas as fases do processo de conhecimento, no cumprimento de sentença e na execução fundada em título executivo extrajudicial.
>
> § 1º A instauração do incidente será imediatamente comunicada ao distribuidor para as anotações devidas.
>
> § 2º Dispensa-se a instauração do incidente se a desconsideração da personalidade jurídica for requerida na petição inicial, hipótese em que será citado o sócio ou a pessoa jurídica.
>
> § 3º A instauração do incidente suspenderá o processo, salvo na hipótese do § 2º.
>
> § 4º O requerimento deve demonstrar o preenchimento dos pressupostos legais específicos para desconsideração da personalidade jurídica".

O pedido de desconsideração da personalidade jurídica, clássica ou inversa, pode ser apresentado em todas as fases do processo de conhecimento, no cumprimento de sentença e na execução fundada em título executivo extrajudicial. Com isto, fica afastada a tese segundo a qual somente na execução, após constatada a incapacidade de a sociedade responder por seus débitos, é que pode ser operada a desconsideração da personalidade jurídica.

Apesar de se tratar de simples incidente, a sua instauração deverá ser comunicada ao distribuir, para as anotações devidas, o que tem reflexo na apuração de fraude à execução (art. 137).

O pedido de desconsideração da personalidade jurídica constante da petição inicial torna o sócio (ou a sociedade, quando se tratar de desconsideração inversa da personalidade jurídica) parte da demanda, o que dispensa a instauração do *incidente de desconsideração da personalidade jurídica*, o que é previsto no art. 134, § 2º.

A instauração do incidente suspenderá o curso do processo, sendo desnecessária a ressalva constante da parte final do § 2º, vez que, se não for instaurado o incidente, não há que se falar em suspensão do processo.

Cabe ao requerente da desconsideração da personalidade jurídica demonstrar a presença das condições necessárias para o seu deferimento, valendo observar que o art. 133, §2º, fala em atendimento dos pressupostos *previstos em lei*, ao passo que o art. 134, aduz à demonstração de *pressupostos específicos*. Aqui, é relevante mencionar que o CPC de 2015, deixando claro que *o direito não se resume à lei*, determina, em várias oportunidades, o respeito ao *ordenamento jurídico* (art. 18, p. ex.), mas, no art. 133, § 2º, retorna a uma visão restritiva do direito, aduzindo a situações prevista em lei. No entanto, a interpretação sistemática do CPC permite afirmar, então, que a desconsideração poderá ser realizada nas situações estabelecidas pela *ordem jurídica*, o que abrange regras e princípios, notadamente porque a Constituição, de forma expressa, atribui força normativa aos princípios (art. 5º, § 2º).

Consoante o art. 135 do CPC de 2015:

> "Art. 135. Instaurado o incidente, o sócio ou a sociedade será citado para manifestar-se e requerer as provas cabíveis no prazo de 15 dias".

Apesar de a desconsideração ser objeto de mero *incidente*, o CPC de 2015 determina a *citação* do sócio (desconsideração clássica) ou da sociedade (desconsideração inversa) para manifestar-se e requerer as provas cabíveis.

O respeito ao contraditório é uma exigência do devido processo legal e do princípio do contraditório (art. 5º, LIV e LV, da Constituição da República).

Ainda de acordo com o CPC de 2015:

> "Art. 136. Concluída a instrução, se necessária, o incidente será resolvido por decisão interlocutória.
>
> Parágrafo único. Se a decisão for proferida pelo relator, cabe agravo interno."

Para a prova dos fatos controversos podem ser utilizados todos os meios legais, bem como os moralmente legítimos, ainda que não especificados no CPC (art. 369 do CPC de 2015). Se for necessária prova oral, deverá ser designada audiência, para a sua produção.

Na hipótese de pedido de desconsideração apresentado com a petição inicial, a prova dos fatos e ele relacionados deverá ser produzida em conjunto com a prova dos fatos que constituem objeto da demanda.

Instruído o incidente, será proferida decisão, à qual o CPC, de forma expressa, atribui a natureza de interlocutória.

Quando o pedido de desconsideração for apresentado com a petição inicial e o seu exame ocorrer na sentença, contra esta poderá ser apresentada apelação (art. 1.009). Instaurado o incidente e proferida decisão, que é interlocutória, contra ela poderá ser apresentado agravo (de instrumento, quando o incidente for resolvido em primeira instância, e interno, quando o incidente for resolvido em grau de recurso).

Prevê o art. 137 do CPC de 2015 que:

"Art. 137. Acolhido o pedido de desconsideração, a alienação ou oneração de bens, havida em fraude de execução, será ineficaz em relação ao requerente".

Estabelece o art. 790, V, do CPC de 2015 que são sujeitos à execução os bens alienados ou gravados com ônus real em fraude à execução, dispondo o art. 792 do CPC de 2015 que, "nos casos de desconsideração da personalidade jurídica, a fraude à execução verifica-se a partir da citação da parte cuja personalidade se pretende desconsiderar".

Em várias situações, foi legalmente estabelecida presunção de fraude à execução. Neste sentido: a) presume-se fraudulenta a alienação ou oneração de bens ou renda, ou seu começo, por sujeito passivo em débito tributário, salvo se tiverem sido ressalvados pelo devedor bens ou rendas suficientes para o pagamento da dívida (art. 185 do Código Tributário Nacional); b) presume-se em fraude à execução a alienação ou oneração de bens efetuada após a averbação da distribuição/início da execução (art. 828 do CPC de 2015).[7]

O CPC de 2015 estabelece, no art. 792, II, mais uma hipótese de presunção de fraude à execução: presume-se em fraude à execução a alienação ou oneração de bens realizada a partir da citação da parte cuja personalidade se pretende desconsiderar.

Aplica-se à hipótese, no entanto, o disposto no art. 828 do CPC de 2015, o exequente poderá, no ato do pedido de desconsideração, obter certidão comprobatória da sua apresentação, para fins de averbação nos registros próprios, presumindo-se em fraude à execução a alienação ou oneração de bens efetuada após a averbação.

7. O INCIDENTE DE DESCONSIDERAÇÃO DA PERSONALIDADE JURÍDICA E O PROCESSO DO TRABALHO

Fredie Didier Júnior informa, em palestra proferida no Simpósio "O novo CPC e seus impactos no processo do trabalho", realizado pela Escola Nacional de Formação e Aperfeiçoamento de Magistrados do Trabalho (ENAMAT), no dia 15 de setembro de 2014, que a causa do incidente de desconsideração da personalidade jurídica "foi o Processo do Trabalho".

Destarte, **foi pensando no processo do trabalho** que: a) foi estabelecida a **obrigatória observância do incidente previsto no CPC para efeito de desconsideração da personalidade jurídica**; b) somente foi autorizada a instau-

---

[7] De acordo com a Súmula n. 375 do STJ, "o reconhecimento de fraude à execução depende do registro da penhora do bem alienado ou da prova de má-fé do terceiro adquirente". O art. 615-A do CPC de 1973 permite a averbação da distribuição/início da execução, para efeito de publicidade do ato e estabelecimento de presunção de má-fé do terceiro adquirente.

ração do incidente mediante **requerimento da parte ou do Ministério Público**; c) foi estabelecida a **suspensão do processo** em razão da instauração do incidente do incidente; d) contrariando a própria sistemática do código, foi determinado que a desconsideração somente pode ocorrer nas hipóteses específicas **previstas em lei**.

Tudo isto, em nome do respeito ao contraditório.[8]

Pois bem.

O art. 133 do CPC de 2015 é aplicável no processo no que comporta à autorização para desconsideração, clássica e inversa, da personalidade jurídica.

Cumpre verificar, então, se no processo do trabalho é necessária a instauração de um incidente autônomo, com força suficiente para suspender o processo, para a realização da desconsideração da personalidade jurídica.

Para tanto, cumpre esclarecer a relação entre o art. 769 da CLT e o art. 15 do CPC de 2015, na medida em que ambos tratam das formas e condições para afastar eventuais lacunas do direito processual do trabalho.

Dispõe o art. 769 da CLT que "Nos casos omissos, o direito processual comum será fonte subsidiária do direito processual do trabalho, exceto naquilo em que for incompatível com as normas deste Título", ao passo que, consoante o art. 15 do CPC de 2015, "Na ausência de normas que regulem processos eleitorais, trabalhistas ou administrativos, as disposições deste Código lhes serão aplicadas supletiva e subsidiariamente".

Por força dos arts. 769 da CLT e 15 do CPC de 2015, a aplicação do direito processual comum como fonte do direito processual do trabalho pressupõe a existência de omissão do direito processual do trabalho e dar-se-á de forma subsidiária (o que ocorrerá quando o direito processual do trabalho não disciplinar um instituto ou uma situação específica) e supletiva (o que se dará quando o direito processual do trabalho disciplinar um instituto ou uma situação específica, mas o fizer de forma incompleta, do ponto de vista da garantia de acesso à justiça e da adequada, efetiva e tempestiva tutela dos direitos assegurados pela ordem jurídica, o que equivale dizer que fonte supletiva é aquela que atua na hipótese da denominada omissão ontológica).

Como as normas jurídicas constituem gênero de que são espécies as regras e os princípios, os arts. 769 da CLT e 15 do CPC de 2015 devem ser entendidos no sentido de que, nos casos omissos, o direito processual comum será fonte subsidiária e supletiva do direito processual do trabalho, exceto naquilo em que for incompatível com as suas regras e os seus princípios.

O CPC de 2015 não revogou, no particular, a CLT.

---

8 A doutrina aponta como fundamento da adoção do incidente a necessidade de respeito ao contraditório.

Primeiro, porque o CPC não regulou inteiramente as formas e condições para afastar lacunas do direito processual do trabalho. É que o art. 769 da CLT estabelece, como condição para a adoção do direito processual comum como fonte subsidiária do direito processual do trabalho, a realização de um controle axiológico prévio ou controle prévio de aptidão social, o que decorre da exigência, nele expressa, de compatibilidade entre o direito processual do trabalho e a norma de direito processual comum a ser importada para aplicação no processo do trabalho, o que não é previsto no art. 15 do CPC de 2015.[9]

Segundo, porque o art. 769 da CLT define como fonte subsidiária do direito processual do trabalho, o direito processual comum, ao passo que o art. 15 do CPC como tal define o direito processual civil, observando-se que o direito processual civil não abarca todo o direito processual comum, no qual está incluído o direito processual penal.

Terceiro, porque o direito processual do trabalho é um direito processual especial[10], na medida em que disciplina a solução de conflitos de interesses de natureza especial - conflitos que envolvem a relação de trabalho, notadamente, da relação de trabalho subordinado -, e a norma especial prevalece sobre a comum, o significa que a compatibilidade exigida pelo art. 769 da CLT não é afastada pelo art. 15 do CPC de 2015.

A hipótese, portanto, não *é* de revogação do art. 769 da CLT pelo art. 15 do CPC de 2015, mas de uma relação de complementariedade entre eles. O art. 769 da CLT não foi revogado pelo art. 15 do CPC de 2015. Estes dois dispositivos legais são complementares: o art. 769 da CLT aduz à compatibilidade necessária para a aplicação do direito processual civil como fonte do direito processual do trabalho, o que é estranho ao art. 15 do CPC de 1973; o art. 15 do CPC permite a aplicação do direto processual civil como fonte não apenas subsidiária, como também supletiva do direito processual do trabalho, o que não é previsto, ao menos expressamente, no art. 769 da CLT.

Ademais adotando como parâmetro a doutrina do diálogo das fontes, é afirmado que, ao invés de fazer com que uma das normas em destaque se sobreponha à outra, devem elas dialogar entre si, para, a partir deste diálogo, ser estabe-

---

9   O art. 769 da CLT está em sintonia com a advertência de Maria do Rosário Palma Ramalho, no sentido de que "a aplicação das normas civis no domínio laboral não prescinde (...) de um controlo axiológico prévio, destinado a aferir da adequação, in concreto, da norma em questão aos valores laborais - é a operação que GAMILLSCHEG designou controle prévio da 'aptidão social' (...) das normas civis na sua aplicação laboral" (Da autonomia dogmática do direito do trabalho. Coimbra: Almedina, 200, p. 998-999), o que alcança as normas processuais. O controle axiológico prévio ou controle prévio de aptidão social, que é expressamente imposto pelo art. 769 da CLT, decorre do caráter especial do direito processual do trabalho e atua como fator de proteção das opções traduzidas pelas suas regras e princípios.

10 Ao aludir ao direito processual comum, o art. 769 da CLT deixa claro que o direito processual do trabalho é de natureza especial.

lecida solução que conduza à realização concreta do direito de acesso à justiça e à tutela jurisdicional adequada, efetiva e tempestiva dos direitos assegurados pela ordem jurídica, notadamente dos direitos humanos e fundamentais.[11]

Como foi dito, a CLT condiciona o recurso ao direito processual civil como fonte subsidiária do direito processual do trabalho à compatibilidade da norma que se pretende importar com as regras e princípios do direito processual do trabalho.

Por esta razão, no processo do trabalho:

a) a desconsideração da personalidade jurídica poderá ser determinada de ofício, por força do disposto no art. 878 da CLT. Com efeito, estando autorizado a *promover* a execução de ofício, pode o juiz adotar todas as medidas necessárias à satisfação do credor, dentre elas a desconsideração da personalidade jurídica (clássica e inversa), por força, inclusive, do art. 765 da CLT;

b) a desconsideração da personalidade jurídica pode ocorrer com fundamento no Código Tributário Nacional, no Código de Defesa do Consumidor, na Lei n. 8.884/94, na Lei 9.605/98, no Código Civil e, especialmente, nos princípios da despersonalização das obrigações decorrentes da relação de emprego, da proteção do trabalhador e da busca pela melhoria da condição social dos trabalhadores;[12]

c) o *princípio da simplificação das formas e procedimentos*, que informa o direito processual do trabalho, impede a instauração de incidente de desconsideração da personalidade jurídica como procedimento autônomo, em especial com força suficiente para a suspensão do processo, no caso de o pedido de desconsideração não constar da petição inicial.

É interessante notar que o CPC de 2015, em favor da celeridade processual, elimina a formação de incidentes em várias oportunidades (a incompetência relativa e a impugnação do valor da causa, por ex., passam a integrar o rol das preliminares da contestação), o que já é uma realidade no processo do trabalho, no qual somente podem ser opostas, com suspensão do feito, as exceções de suspeição, impedimento e incompetência em razão do lugar, devendo as demais exceções serem alegadas como matéria de defesa (art. 799, *caput* e § 1º, da CLT) e, em se tratando de procedimento sumaríssimo, os incidentes são resolvidos em audiência (art. 852-G da CLT). Em suma, o direito processual do trabalho impede, expressamente, a instauração de incidente com a suspensão do processo. Aliás, soa no mínimo ilógico fazer depender o reconhecimento do crédito

---

11 O critério da realização concreta dos direitos fundamentais para aferir a adequação e efetividade da tutela jurisdicional dos direitos, embora importante, não é satisfatório, na medida em que olvida os direitos humanos, que, assim como os direitos fundamentais, são inerentes à dignidade humana.

12 Tão importante quanto o reconhecimento da titularidade de um direito é a sua realização prática, na hipótese de não ser respeitado espontaneamente.

(objeto da demanda) da fixação da responsabilidade pela sua satisfação (objeto do incidente);

d) se a desconsideração for examinada em sentença, contra esta pode ser interposto recurso ordinário. Nos demais casos, a decisão sobre a desconsideração é interlocutória, o que a torna irrecorrível (art. 893, § 1º, da CLT), podendo o sócio (desconsideração clássica) ou a sociedade (desconsideração inversa) voltar ao tema em decisão contra a decisão definitiva ou em embargos (a serem ajuizados depois da garantia do juízo – art. 884 da CLT).

E como será respeitado o contraditório no processo do trabalho?

Se a desconsideração for requerida na petição inicial, não será instaurado incidente autônomo, devendo a defesa do sócio ou da sociedade ser apresentada na contestação.

Quando o sócio (ou a sociedade, na desconsideração inversa) não tiver integrado o processo na fase de conhecimento e contra ele for manejada a execução, é indispensável a sua citação antes da realização da penhora de seus bens, para que possa cumprir a obrigação ou nomear à penhora bens da pessoa jurídica (ou do sócio), situados na comarca da execução, livres e desembaraçados, quantos bastem para pagar o débito. Neste caso, a defesa do sócio (ou da sociedade) deverá ser apresentada por meio de embargos, após a garantia do juízo. Não se trata de citação para se manifestar, como prevê o CPC de 2015, mas de citação nos moldes do art. 880 da CLT, respeito o benefício de ordem.

8. CONCLUSÕES

O questionamento sobre a possibilidade aplicação do incidente de desconsideração da personalidade jurídica instituído pelo CPC de 2015, para efeito de atribuir aos sócios responsabilidade pelas obrigações trabalhistas da sociedade (desconsideração clássica) ou de conferir à sociedade responsabilidade pelas obrigações trabalhistas dos sócios (desconsideração inversa) se desdobra em dois.

O primeiro questionamento que o tema suscita diz respeito à própria possibilidade da desconsideração da personalidade jurídica, clássica e inversa, no contexto do processo do trabalho, com esteio no art. 133 do CPC de 2015. Para este questionamento, a resposta é positiva, inclusive porque o incidente de desconsideração foi pensado para o processo do trabalho, além do que a desconsideração da personalidade jurídica constitui valioso instrumento para a garantia de satisfação dos créditos trabalhistas.

Cumpre ressaltar, sob este prisma, que, no processo do trabalho, a desconsideração da personalidade jurídica encontra sustentação, a partir do diálogo das fontes, no Código Tributário Nacional, no Código de Defesa do Consumidor, na

Lei 9.605/98, no Código Civil e na Lei n. 12.529/11 e, em especial, nos princípios da despersonalização das obrigações decorrentes da relação de emprego, da proteção do trabalhador e da aplicação da norma mais favorável, devendo nele ser prestigiada a solução estabelecida pela teoria objetiva ou teoria menor da desconsideração da personalidade jurídica, ou seja, nele, a não indicação de bens à penhora pelo devedor no prazo assinalado no art. 880 da CLT e a não localização de bens passíveis de penhora é o quanto basta para que a execução seja manejada contra os sócios (ou a sociedade, na desconsideração inversa).

O segundo questionamento que o tema provoca diz respeito à obrigatoriedade, no processo do trabalhado, da instauração do incidente de desconsideração da personalidade jurídica nos moldes estabelecidos pelo CPC de 2015, inclusive com a suspensão do processo.

Aqui, a resposta que se impõe é negativa, porquanto a disciplina do incidente de desconsideração da personalidade jurídica realizada pelo CPC de 2015 é incompatível com várias regras e princípios do direito processual do trabalho.

Exatamente porque pensado para o processo do trabalho, o incidente de desconsideração deve ser adaptado ao direito processual do trabalho, considerando no conjunto de suas regras e princípios.

Neste compasso, no processo do trabalho, a desconsideração da personalidade jurídica poderá ser determinada de ofício e não é obrigatória a instauração de incidente de desconsideração da personalidade jurídica como procedimento autônomo, em especial com força suficiente para a suspensão do processo, no caso de o pedido neste sentido não constar da petição inicial, por exemplo.

O contraditório não pode ser deixado de lado, mas é realizado de forma específica, ou seja, se a desconsideração for requerida na petição inicial, não será instaurado incidente autônomo, devendo a defesa do sócio ou da sociedade ser apresentada na contestação, ao passo que, quando o sócio (ou a sociedade, na desconsideração inversa) não tiver integrado o processo na fase de conhecimento e contra ele for manejada a execução, é indispensável a sua citação antes da realização da penhora de seus bens, para que possa cumprir a obrigação ou nomear à penhora bens da pessoa jurídica (ou do sócio), situados na comarca da execução, livres e desembaraçados, quantos bastem para pagar o débito. Neste caso, a defesa do sócio (ou da sociedade) deverá ser apresentada por meio de embargos, após a garantia do juízo.

Como o incidente em destaque foi criado pensando no processo do trabalho, ele deve ser adequar à finalidade deste processo, que é realizar concretamente direitos dotados de transcendência econômica, humana, social e política.

Capítulo 17
INCIDENTE DE DESCONSIDERAÇÃO DA PERSONALIDADE JURÍDICA

Eliana dos Santos Alves Nogueira[1] e José Gonçalves Bento[2]

SUMÁRIO: 1. CONSIDERAÇÕES INTRODUTÓRIAS; 2. A FICÇÃO "PESSOA JURÍDICA"; 3. A DESCONSIDERAÇÃO DA PERSONALIDADE JURÍDICA SOB O OLHAR DA JUSTIÇA DO TRABALHO; 3.1. TEORIAS; 3.2. PRESSUPOSTOS PROCESSUAIS DA DESCONSIDERAÇÃO DA PERSONALIDADE JURÍDICA NO PROCESSO DO TRABALHO; 4. O INSTITUTO "DO INCIDENTE DE DESCONSIDERAÇÃO DA PERSONALIDADE JURÍDICA" PREVISTO PELO NOVO CÓDIGO DE PROCESSO CIVIL. APLICABILIDADE OU NÃO NO PROCESSO DO TRABALHO; 5. BIBLIOGRAFIA.

1. CONSIDERAÇÕES INTRODUTÓRIAS

Tema candente na doutrina e jurisprudência pátrias refere-se à responsabilidade dos sócios pelas dívidas contraídas pela empresa a qual pertencem, em situações nas quais as empresas não apresentam patrimônio capaz de responder às dívidas trabalhistas.

Figura jurídica positivada, a desconsideração da personalidade jurídica da empresa tem sido amplamente adotada pelo Judiciário Trabalhista, visando a garantir a efetividade da prestação jurisdicional já que, por meio dela, é possível alcançar o patrimônio dos sócios a fim de ver quitado o débito exequendo no bojo da reclamação trabalhista movida contra a pessoa jurídica que se utilizou dos serviços do trabalhador.

A questão que buscaremos analisar se refere à normatização proposta pelo Novo Código de Processo Civil, que visa à implantação de um procedimento próprio para que referida desconsideração seja levada a efeito pelo juízo.

Buscaremos, neste breve estudo, analisar o procedimento proposto, bem como responder à questão atinente à sua compatibilidade ou não com o Processo do Trabalho.

---

1 Mestre em Direito do Trabalho pela Faculdade de Ciências Humanas e Sociais na UNESP em Franca/SP. Graduada – licenciatura plena - em Filosofia pela Pontifícia Universidade Católica de Belo Horizonte/MG. Professora assistente junto ao Departamento de Direito Privado na Faculdade de Ciências Humanas e Sociais da UNESP/Franca/SP. Juíza do Trabalho, titular da 2ª Vara do Trabalho de Franca/SP, junto ao TRT da 15ª Região.

2 Analista Judiciário no TRT da 15ª Região. Assistente de Juiz. Bacharel em Direito e Especialista em Direito do Trabalho e Processo do Trabalho, pela LFG. Graduado – licenciatura plena - em Letras, pela Universidade de Franca.

2. A FICÇÃO "PESSOA JURÍDICA"

Iniciaremos nosso estudo sobre a noção da pessoa jurídica trazendo um texto muito interessante sobre sua criação. Trata-se de uma fábula italiana, de autoria de Galgano, trazida no texto do Dr. Maurício Cunha Peixoto[3], citando a Professora Rachel Sztajn, que, em razão da instigante comparação entre a criação do homem e da pessoa jurídica, ao falar sobre esta, assim o faz:

> "E a ilustrar relevância desta criação do homem e a sua flexibilidade de utilização, vale lembrar uma fábula de Galgano (in __ Rovescio del Diritto, denominada "La Favola Della Persona Giuridica), resgatada pela professora Rachel Sztajn em artigo escrito sobre o tema desta palestra (A Desconsideração da Personalidade Jurídica – RT 762, Abril de 1999, pgs. 81/96, pags. 81 e 82).
>
> A fábula tem como personagens principais o Criador, o homem e a pessoa jurídica, figurando como personagens secundários Savigny, Gierke, Kelsen, Ascarelli, e, também, não poderia faltar, o maligno.
>
> Destaca a fábula de início, a soberba do homem, pois, se Deus criou o homem à sua imagem e semelhança, este, na tentativa de se equiparar ao Criador, cria, à sua imagem e semelhança, a pessoa jurídica, dando-lhe uma assembléia que é seu cérebro e os órgãos de administração, que se equiparam aos órgãos humanos, olhos, orelhas e boca.
>
> E Deus presenteou o homem com a mulher (diria-se, o melhor presente da história da humanidade) dizendo-lhes crescei e multiplicai-vos. O homem, no entanto, não ficou atrás. A pessoa jurídica, mesmo concebida como ente assexuado, também se reproduz : as sociedades-mães geram filhas e estas outras filhas, povoando os continentes.
>
> Mas ai o homem supera quem o criou, pois a pessoa jurídica pode se imortalizar, com a possibilidade do surgimento de nova pessoa jurídica pela soma de duas ou mais anteriores, através dos processos de fusão ou incorporação. E o mais surpreendente: a pessoa jurídica pode ser desincorporada, cindida, dividida em muitas outras, demonstrando que a criatividade do homem pôs em cheque a do Criador.
>
> Neste ponto, a soberba da criatura acaba por enciumar o Criador, que, decidindo impor castigo aos homens, encarrega o Papa Inocêncio IV de "elaborar teoria destinada a convencer os homens de que a pessoa jurídica, nada mais é do que uma ficção; depois incumbe a Bartolo di Sassoferrato de convencer os homens que a pessoa jurídica "vere et proprie non est persona"; segue-o Baldo Degli Ubaldi, que completa o ensinamento afirmando que pessoas são apenas os homens, não só quando agem individualmente, mas ainda que agindo coletivamente ("uti singuli, uti universi"). Com a pregação e o assentamento destas idéias, a pessoa jurídica acaba ficando esquecida por séculos.

---

3 PEIXOTO, Maurício Cunha. Desconsideração da Personalidade Jurídica e artigo 50 do Novo Código Civil. in http://www.revistadir.mcampos.br/PRODUCAOCIENTIFICA/artigos/mauriciodacunhapeixoto.pdf - em 22/09/2014)

Passa a inquisição e tem início o iluminismo, onde o assunto volta à ordem do dia.

As pessoas jurídicas existem e são sujeitos artificiais, criados pelo legislador, diz Savigny; na outra ponta Gierke sustenta tratarem-se de verdadeiras unidades sociais vivas. E o debate acalora-se na busca de justificativa para o fenômeno.

Neste momento, mais uma vez a ira divina se manifesta, pois, desvirtuados pelo maligno, os homens são cruéis e tendo criado a pessoa jurídica à sua imagem, aplicam-lhe a mesma crueldade usada contra seus semelhantes. Veja-se que "até discriminação racial se usou contra as pessoas jurídicas". Na Alemanha nazista, confiscou-se bens de sociedades ditas judias da mesma forma que se fez relativamente aos judeus humanos. E este racismo não se manifesta apenas na Europa de Hitler; também nos Estados Unidos discutiu-se a possibilidade de compra de uma gleba de terras em um lugar onde não se admitiam pessoas de cor, por uma sociedade organizada por negros. A questão era, seria a pessoa jurídica negra ou incolor?

E o Criador volta-se em favor dos perseguidos pelo nazismo instando Hans Kelsen a repetir literalmente as palavras de Bartolo e de Baldo "E põe na boca de Ascarelli palavras de sabor bíblico: pessoas são apenas os seres nascidos do ventre de uma mulher".

Concluindo a fábula, Galgano indaga como se discutirá, no futuro a pessoa jurídica, admitindo que a qualquer momento o homem haveria de lançar novo desafio ao Criador, pois quando o homem atua no papel de jurista, é capaz de demonstrar tudo que quer, contando inclusive para tanto, com franca colaboração do maligno.

Poderíamos, então, imaginar a continuidade da fábula, com o Criador, depois, induzindo o desenvolvimento da teoria da desconsideração da personalidade jurídica como um meio de fazer com que o feitiço se virasse contra o feiticeiro, na medida em que o desvirtuamento da utilização do ente abstrato acabaria se voltando contra o próprio homem, atingindo-o na parte mais sensível de seu corpo : o bolso. "

A fábula merece destaque notadamente na questão que envolve a separação entre a finitude da pessoa e a suposta superioridade da pessoa jurídica, que deve ser entendida como a união de esforços de vários seres humanos na busca de uma finalidade maior, apenas alcançável com a união de tais esforços e, como tal, e seria de se esperar, traria consigo maiores e melhores oportunidades a todos. Nesse sentido, perfeitamente concebível a função social da empresa, já que, sendo a somatória de esforços em busca da realização de uma finalidade (objeto social), todos os esforços ali concentrados (capital social, nas suas mais diversas formas), deve manter-se fiel à observância das obrigações que assume, como ente coletivo, perante terceiros, inclusive e principalmente quanto àqueles com os quais conta para desenvolvimento de suas atividades.

É exatamente por isso que, em regra, a desconsideração da personalidade jurídica da empresa se justificaria como medida extrema, apenas quando a utilização da pessoa jurídica concebida no parágrafo anterior tenha ultrapassado seus limites. A pessoa jurídica, assim, tem como sua razão precípua de existência zelar pelo cumprimento de suas obrigações legais e contratuais.

Esse seria o cenário ideal.

No entanto, é sabido, essa situação não é a que encontramos, cotidianamente, quando iniciamos a fase de execução no processo do trabalho.

A criação da pessoa jurídica não vem acompanhada, em grande parte dos casos, notadamente nos das pequenas e médias empresas, da existência de patrimônio para satisfazer as obrigações empresariais. É comum encontrarmos empresas regularmente constituídas sem qualquer patrimônio integralizado. E tal ocorre porque nosso Direito Comercial não exige comprovação de integralização do capital social quando da constituição, nem durante o período de vida da pessoa jurídica. As empresas prestadoras de serviços, que hoje correspondem a uma fatia interessante dentro do mercado de trabalho, via de regra, sequer possuem prédio próprio.

Outras vezes, ainda que exista o capital social integralizado, muitas empresas não revertem os ganhos da própria empresa em constituição de capital para ela própria, considerados referidos ganhos como aquela parte do retorno da atividade empresarial, já desconsiderados os ganhos individuais dos sócios-proprietários.

Assim, o cenário real infelizmente aponta que a pessoa jurídica não possui patrimônio capaz de satisfazer suas obrigações. Seja porque sequer o capital social foi integralizado, seja porque durante sua existência os ganhos da empresa não retornaram a ela própria e, por fim, seja porque a confusão entre os sócios pessoas físicas e a pessoa jurídica atinge um ponto no qual não é possível identificar quem é quem para efeito de localização de patrimônio.

Esta é a triste realidade com a qual trabalha o judiciário trabalhista. O empregado utiliza sua força de trabalho em prol de uma pessoa jurídica que nada possui de patrimônio em seu nome e, quando o possui, este tem valor que não satisfaz integralmente suas obrigações de cunho trabalhista.

Além disso, tratando-se de obrigações oriundas dos contratos de trabalho, contrato para o qual a pessoalidade é elemento fundante da relação empregatícia, ao menos do ponto de vista do empregado, é de se supor que o empregador tenha sempre em vista a dívida trabalhista que nasce quando deixa de cumprir suas obrigações, motivo pelo qual há também de se pressupor que as pessoas físicas que compõem a pessoa jurídica tenham ciência de referido débito. Isso sem contar os casos nos quais o patrimônio gerado pela empresa é deliberadamente utilizado para constituição de patrimônio particular em nome dos sócios pessoas físicas, mantendo-se a pessoa jurídica ao largo da constituição de patrimônio próprio.

Esse panorama nos mostra que a ideia geral inicial de criação da pessoa jurídica, que seria o de evitar a confusão patrimonial entre os bens dos sócios e os da empresa, acaba por se desvirtuar quando encontramos a situação inversa, ou seja: a pessoa jurídica é criada com a finalidade de, além de garantir os ganhos para os sócios pessoas físicas, também tem seus ganhos próprios destinados à formação de patrimônio suplementar destes, mantendo-se aquela na mais absoluta inanição patrimonial.

Assim, o princípio da separação patrimonial e da limitação da responsabilidade societária necessita de um novo olhar, que fique atento às situações nas quais, para além da preservação de tais princípios, efetivamente garanta a responsabilização quando a burla ao sistema indique lesão dos direitos de terceiros, principalmente dos trabalhadores que são a "alma" do empreendimento.

3. A DESCONSIDERAÇÃO DA PERSONALIDADE JURÍDICA SOB O OLHAR DA JUSTIÇA DO TRABALHO

3.1. TEORIAS

A doutrina e jurisprudência trabalhistas fundam-se em duas teorias principais para embasamento da possibilidade de desconsideração da personalidade jurídica.

Para a primeira teoria, conforme dispõe o artigo 50 do Código Civil, a desconsideração da personalidade jurídica apenas pode ser levada a efeito em situações excepcionais e justificadas, já que apenas é cabível quando há "abuso da personalidade jurídica, caracterizada pelo desvio de finalidade, ou pela confusão patrimonial".

Isso porque o Código Civil prevê:

> *"Art. 50. Em caso de abuso da personalidade jurídica, caracterizado pelo desvio de finalidade, ou pela confusão patrimonial, pode o juiz decidir, a requerimento da parte, ou do Ministério Público quando lhe couber intervir no processo, que os efeitos de certas e determinadas relações de obrigações sejam estendidos aos bens particulares dos administradores ou sócios da pessoa jurídica."*

A dificuldade encontrada pela teoria é a de atingir os sócios que, em princípio, não constam como administradores da sociedade e apenas participam do seu capital social.

Referida teoria realça desvios na atividade do julgador trabalhista que, sistematicamente, desconsidera a personalidade jurídica da empresa pelo simples fato de não ter logrado êxito em encontrar bens da sociedade e, superprivilegiando o crédito trabalhista, em razão de seu caráter alimentar, atropelam o direito, como relata Maurício Cunha Peixoto, no artigo já indicado.

Para a segunda teoria, a desconsideração da pessoa jurídica não é levada a efeito apenas a partir do disposto no artigo 50 do Código Civil.

Nesse sentido, o artigo 4º, §3º da Lei 6830/80, que se aplica de modo subsidiário ao Processo do Trabalho, conforme previsão expressa do artigo 889 da CLT, estabelece que:

> "*Art. 4º. A execução fiscal poderá ser promovida contra:*
>
> *I – o devedor; (...)*
>
> *§3º Os responsáveis, inclusive as pessoas indicadas no §1º deste artigo, poderão nomear bens livres e desembaraçados do devedor, tantos quantos bastem para pagar a dívida. Os bens dos responsáveis ficarão, porém, sujeitos à execução, se os do devedor forem insuficientes à satisfação da dívida."*

Por este motivo, pouco importa a existência de fraude ou mau uso da sociedade – o que acaba sempre sendo presumido, ante o descumprimento da obrigação contratual de quitação das verbas devidas aos trabalhadores. Faculta-se ao sócio, acionado pessoalmente, a indicação de bens da empresa, para livrar-se da execução.

Neste sentido, Marlon Tomazette[4] ao analisar a questão sob a ótica do direito do consumidor, diz que:

> "*A personificação das sociedades é dotada de um altíssimo valor para o ordenamento jurídico, e inúmeras vezes entra em conflito com outros valores, como a satisfação dos credores. A solução de tal conflito se dá pela prevalência de valor mais importante. O progresso e o desenvolvimento econômico proporcionado pela pessoa jurídica são mais importantes que a satisfação individual de um credor. Logo, deve normalmente prevalecer a despersonificação.*
>
> *Apenas quando um valor maior for posto em jogo, como a finalidade social do direito, em conflito com a personificação, é que esta cederá espaço. Quando o interesse ameaçado é valorado pelo ordenamento jurídico como mais desejável e menos sacrificável do que o interesse volimado através da personificação societária, abre-se oportunidade para a desconsideração sob pena de alteração da escala de valores."*

Nesse sentido, temos que o direito social, tal qual se personifica o Direito do Trabalho, em razão da finalidade que possui, e muito mais que o direito do consumidor, não pode ser sacrificado pela teoria retritiva da desconsideração da personalidade jurídica.

Referida teoria é amplamente utilizada pela Justiça do Trabalho, e não é de hoje, conforme se observa pelos seguintes julgados, por suas ementas:

> "**PENHORA SOBRE BENS DE SÓCIO - DESCONSIDERAÇÃO DA PERSONALIDADE JURÍDICA.** *Esgotadas as possibilidades de localização de bens em*

---

[4] TOMAZETTE, Marlon. A desconsideração da personalidade jurídica: a teoria de Defesa do Consumidor e o Novo Código Civil. RT 794. Dez. 2001, pg 76/94, pg. 79.

nome da pessoa jurídica, a penhora recai sobre os bens dos sócios, porquanto o direito do trabalho, regido pela filosofia de proteção ao hipossuficiente, não permite que os riscos da atividade econômica sejam transferidos para o empregado. Justifica-se esse procedimento pelo fenômeno da desconsideração da pessoa jurídica, nos casos em que a empresa não oferece condições de solvabilidade de seus compromissos, permitindo que o sócio seja responsabilizado pela satisfação dos débitos, tendo em vista as obrigações pessoalmente assumidas em nome da sociedade, posto ter sido este quem auferiu real proveito" (Acórdão 0044087-2004, TRT 15º Região, Agravo de Petição, Juiz Relator Nildemar da Silva Ramos, publicado em 19/11/2004)

"RESPONSABILIDADE SOLIDÁRIA - SÓCIO COTISTA - TEORIA DA DESCONSIDERAÇÃO DA PESSOA JURÍDICA - ENCERRAMENTO DAS ATIVIDADES DA SOCIEDADE SEM QUITAÇÃO DO PASSIVO LABORAL. *Em sede de Direito do Trabalho, em que créditos trabalhistas não podem ficar a descoberto, vem-se abrindo uma exceção ao princípio da responsabilidade limitada do sócio, ao se aplicar a teoria da desconsideração da personalidade jurídica ("disregard of legal entity") para que o empregado possa, verificando a insuficiência do patrimônio societário, sujeitar à execução os bens dos sócios individualmente considerados, porém solidária e ilimitadamente, até o pagamento integral dos créditos dos empregados, visando impedir a consumação de fraudes e abusos de direito cometidos pela sociedade" (Decisão 545348-1999, TST, Relator Ministro Ronaldo José Lopes Leal, publicada em 27/03/2001)*

Aliado ao que dissemos linhas atrás, o pressuposto básico desta teoria é a inexistência de patrimônio da empresa, capaz de suportar os débitos trabalhistas. Nesse sentido, retome-se o já dito, no sentido de que não se pode admitir que uma empresa seja constituída sem ter a garantia patrimonial para pagamento de seus débitos, notadamente os referentes a seus trabalhadores.

Decisões recentes seguem o mesmo caminho:

"DESCONSIDERAÇÃO DA PERSONALIDADE JURÍDICA DO DEVEDOR. PRESSUPOSTOS NÃO OBSERVADOS. NÃO COMPROVAÇÃO DE AUSÊNCIA DE BENS QUE GARANTAM AS DÍVIDAS. *No processo do trabalho a desconsideração da personalidade jurídica do devedor tem lugar quando a pessoa jurídica não possui bens para pagamento da dívida, a chamada teoria objetiva, que se justifica em razão da hipossuficiência do trabalhador, do caráter alimentar do crédito trabalhista e da dificuldade que apresenta o reclamante em demonstrar a má-fé do administrador. No entanto, é necessária a persecução dos bens da executada a fim de averiguar sua real condição patrimonial, antes de adentrar no patrimônio dos sócios, que não se confunde com o patrimônio da pessoa jurídica. No caso em apreço, vê-se que foi realizada uma única tentativa de penhora on-line contra a executada, tendo essa restado negativa, antes do prosseguimento contra os sócios, o que não é suficiente para a desconsideração da personalidade jurídica. Sequer houve citação da executada para pagar ou garantir espontaneamente a execução, ou diligência na sede da executada para averiguação de seus bens, ou mesmo a pesquisa acerca da existência de veículos e imóveis. Nesse contexto, tem-se que a desconsideração da personalidade jurídica da executada é providência descabida no atual momento processual.*

> *(TRT 2ª Região – São Paulo – SP. Agravo de petiçao. Data de julgamento: 14/03/2013. Relator: Álvaro Alves Nôga, acórdão nº: 20130248350, Processo nº: 02729009519955020032, ano: 2012, turma: 17ª, Data de publucação: 22/03/2013, Acesso em 22/4/2013).*
>
> ***EXECUÇÃO. DESCONSIDERAÇÃO DA PERSONALIDADE JURÍDICA. DESNECESSIDADE DE PROVA DE DESVIO DE FINALIDADE, CONFUSÃO PATRIMONIAL OU ABUSO DE DIREITO.*** *Diante da proteção da pessoa humana, do valor social do trabalho, da hipossuficiência do trabalhador, do caráter alimentar do crédito e da dificuldade probatória de demonstrar a má-fé do administrador, no âmbito do Processo do Trabalho deve prevalecer a teoria objetiva da desconsideração da personalidade jurídica. Assim, para aplicação de tal instituto basta a falta de bens suficientes da empresa para quitação do débito trabalho (o que faz presumir a insolvência), independentemente de atos fraudulentos.(TRT 15ª Região – Campinas-SP, Ac. 57729/12-PATR, Proc. 014700-60.2009.5.15.0086 AP, DEJT 26/07/2012, pág.670, Rel. Eder Silvers, 11ª Câmara).*
>
> ***DESCONSIDERAÇÃO DA PERSONALIDADE JURÍDICA DA EMPRESA EXECUTADA. REDIRECIONAMENTO DA EXECUÇÃO AOS SÓCIOS. POSSIBILIDADE.*** *Demonstrado no executivo trabalhista que a empresa executada não apresenta força financeira capaz de suportar a execução, é admissível a desconsideração da sua personalidade jurídica (corrente objetiva – aqui adotada) com o consequente redirecionamento da execução contra os bens pessoais dos sócios e ex-sócios, de forma a garantir-se a satisfação do crédito trabalhista, verba de natureza alimentar, com fulcro no artigo 28, da Lei 8.078/90 (Código de Defesa do Consumidor), de aplicação subsidiária ao processo do trabalho (art. 769 da CLT). (TRT 2ª Região – São Paulo – SP, Agravo de Petição, data de julgamento: 21/08/2012, Relatora: Maria Isabel Cueva Moraes, acórdão nº: 20120978584, Processo nº: 02015008920015020006, ano: 2012, turma: 4ª, data de publicação: 31/08/2012).*
>
> ***DESCONSIDERAÇÃO DA PERSONALIDADE JURÍDICA.*** *À luz da teoria menor da desconsideração da personalidade jurídica, o simples fato da devedora principal restar inidônea no feito já é suficiente para legitimar o aparelhamento da execução em face dos seus membros. (TRT 2ª Região – São Paulo – SP, Agravo de Petição em Embargos de Terceiro, data de julgamento: 14/08/2012, Relator: SERGIO ROBERTO, acórdão nº: 20120932444, Processo Nº: 20120047415, ano: 2012, turma: 11ª, data de publicação: 21/08/2012).*

Traçadas as linhas gerais que envolvem a possibilidade de desconsideração da personalidade jurídica, à luz das relações laborais e no curso do processo do trabalho, pontue-se que, atualmente, referida desconsideração não tem procedimento legal próprio.

3.2. PRESSUPOSTOS PROCESSUAIS DA DESCONSIDERAÇÃO DA PERSONALIDADE JURÍDICA NO PROCESSO DO TRABALHO.

Quanto à desconsideração da personalidade jurídica no âmbito do Processo do Trabalho, em razão dos princípios que o regem, dentre eles os da celeridade, informalidade e efetividade, o pressuposto processual adotado é simplesmente o da inexistência de bens em nome da pessoa jurídica.

Apesar das críticas contrárias ao procedimento, ou da falta dele segundo alguns, é importante levar em consideração a seara na qual a desconsideração é levada a efeito, ou seja, no bojo de execuções trabalhistas nas quais o débito perseguido se refere ao trabalho desenvolvido em prol da pessoa jurídica. Esse débito é oriundo do trabalho destinado à consecução do objeto social da empresa, que, invariavelmente, não possui patrimônio por vários motivos, dentre os quais, podemos citar como principais: má adinistração empresarial, inexistência de integralização do capital social na abertura ou durante o período de existência da pessoa jurídica ou desvio do patrimônio empresarial para incremento do patrimônio dos sócios.

A desconsideração é levada a efeito, normalmente, de ofício pelo juiz que dirige a execução, eis que a mesma, por força de imperativo legal, tramita de ofício perante a Justiça do Trabalho, conforme dispõe o artigo 878 da CLT.

Essa medida é determinada sempre que os bens da pessoa jurídica são inexistentes ou incapazes de garantir a integralidade do débito perseguido pela reclamação trabalhista. Tal independe da ciência ou da citação pessoal dos sócios para responder pela execução, já que o simples ajuizamento da reclamação outorgou aos sócios-proprietários ciência da existência do débito perseguido em desfavor da pessoa jurídica por eles constituída. Tratando-se a pessoa jurídica de mera ficção, que é criada, gerida e/ou administrada por pessoas físicas, há de ser preservada a presunção de que os seres humanos por detrás da pessoa jurídica são sabedores do que se passa com ela, principalmente no que diz respeito aos trabalhadores que, direta ou indiretamente, atuam para a consecução de seu objeto social.

É exatamente por isso que a desconsideração da personalidade jurídica na Justiça do Trabalho não depende de formalidades e tampouco necessita de prévia citação do sócio incluído no polo passivo da execução, visando sempre à efetividade da medida. Aliás, a realidade vivenciada pelo Judiciário Trabalhista indica que a prévia ciência, comumente, inviabiliza a localização de bens do sócio-proprietário que, sabedor do redirecionamento da execução, tenta ocultar seu patrimônio mais imediato, notadamente em pecúnia ou em bens móveis.

Outra situação comum é a inexistência de bens da pessoa jurídica e o desfazimento paulatino dos bens por parte dos sócios-proprietários durante o curso da ação. Nessa situação, a fraude à execução é reconhecida em razão da mesma presunção, segundo a qual os sócios pessoas físicas não se podem eximir de responder pelas dívidas empresariais, notadamente quando a pessoa jurídica foi constituída e mantida sem qualquer patrimônio ou em quantidade insuficiente para satisfazer as dividas assumidas durante o período em que transcorreu a relação de trabalho.

As ementas abaixo ilustram as hipóteses mencionadas.

EXECUÇÃO. DESCONSIDERAÇÃO DA PERSONALIDADE JURÍDICA. *A desconsideração da personalidade jurídica não exige solenidades, não é coisa que dependa de forma especial, de algum anúncio ou proclama ou editais. É uma circunstância, uma consequência, um fato. Se a empresa devedora não tem bens para responder pela execução, vai a Justiça atrás dos bens pessoais do sócio. Pronto. Já se desconsiderou a personalidade jurídica. Agravo de petição da executada a que se nega provimento. (TRT 2ª Região – São Paulo – SP, Agravo de Instrumento, data de julgamento: 06/11/2012, Relator: Eduardo de Azevedo Silva, acórdão nº: 20121287860, Processo nº: 01001005420075020351, ano: 2012, turma: 11ª, data de publicação: 21/11/2012).*

DESCONSIDERAÇÃO DA PERSONALIDADE JURÍDICA. INCLUSÃO SÓCIO NO POLO PASSIVO DA DEMANDA. FALTA DE CITAÇÃO. *A falta de citação a respeito da desconsideração da personalidade jurídica e da retificação do polo passivo não gera nulidade, porquanto a finalidade do ato citatório restou devidamente cumprida, uma vez que o agravante se utilizou de todos meios próprios de defesa na fase executória. (TRT 15ª Região – Campinas – SP, Ac. 24711/11-PATR, Proc. 198800-18.2003.5.15.0004 AP, DEJT 05/05/2011, pág. 291, 8ª Câmara, Rel. Erodite Ribeiro dos Santos De Biasi).*

Um passo adiante na teoria da desconsideração da personalidade jurídica é adotado pela desconsideração inversa da personalidade jurídica, o que ocorre quando sócio-proprietário da pessoa jurídica que está no polo passivo da execução trabalhista mantém participação societária em outra empresa. A participação societária é considerada patrimônio de referido sócio e, nestas hipóteses, a execução é também redirecionada para atingir a participação societária do mesmo junto a esta outra empresa. Tal teoria ganhou o nome de desconsideração inversa porque o que se faz é alcançar outra pessoa jurídica a partir da participação do sócio-proprietário, devedor em execução trabalhista, junto a esta empresa que, embora não tenha sido acionada na ação por onde tramita a execução, compõe o patrimônio do sócio-proprietário.

Quando resta evidenciada a hipótese do artigo 2º, parágrafo 2º da CLT, ou seja, a de existência de grupo econômico, tal fato leva ao redirecionamento da execução, já que não se pode permitir que as pessoas físicas que são sócias possam utilizar-se de outras pessoas jurídicas para esquivar-se do pagamento de seus débitos junto à Justiça do Trabalho, num eterno constitui e desconstitui pessoa jurídica.

Como consequência da desconsideração da personalidade jurídica, os bens dos sócios são atingidos, considerando-se como marco inicial da procura de bens a data da distribuição da reclamação trabalhista, frisando-se o argumento segundo o qual a dívida reconhecida na sentença exequenda existe desde a distribuição da reclamação. No caso trabalhista podemos ir até mais longe: notadamente porque a dívida é preexistente à reclamação, eis que o que temos no bojo da condenação são verbas que o trabalhador deixou de receber durante a execução do contrato de trabalho, tais quais: salários, horas extraordinárias, adicionais de insalubridade e periculosidade, dentre outras.

A primeira consequência aqui envolve a declaração de fraude à execução que, nos termos do artigo 792, IV, do NCPC, ocorre quando o sócio aliena bens no curso da ação trabalhista ou da execução trabalhista. Nesse sentido, toda alienação dos patrimônios dos sócios no curso da ação ou da execução é considerada em fraude à execução, considerando-se como marco inicial, para ambos, a data da propositura da reclamação trabalhista.

4. O INSTITUTO "DO INCIDENTE DE DESCONSIDERAÇÃO DA PERSONALIDADE JURÍDICA" PREVISTO PELO NOVO CÓDIGO DE PROCESSO CIVIL. APLICABILIDADE OU NÃO NO PROCESSO DO TRABALHO.

O novo Código de Processo Civil busca estabelecer uma figura processual denominada "Incidente de desconsideração de personalidade jurídica", com a finalidade de instituir procedimento a ser adotado quando o processo exigir a desconsideração da personalidade jurídica.

Após termos verificado como a situação, atualmente, se resolve perante o Judiciário Trabalhista, passemos agora à sua análise do procedimento proposto pelo novo CPC, a fim de verificarmos se o mesmo será aplicável ao Processo do Trabalho.

O novo CPC prevê referido incidente em seu Capítulo IV, com o seguinte teor:

> *"DO INCIDENTE DE DESCONSIDERAÇÃO DA PERSONALIDADE JURÍDICA*
>
> Art. 133. O incidente de desconsideração da personalidade jurídica será instaurado a pedido da parte ou do Ministério Público, quando lhe couber intervir no processo.
>
> *1. §1º O pedido de desconsideração da personalidade jurídica observará os pressupostos previstos em lei.*
>
> §2º Aplica-se o disposto neste Capítulo à hipótese de desconsideração inversa da personalidade jurídica.
>
> Art. 134. O incidente de desconsideração é cabível em todas as fases do processo de conhecimento, no cumprimento de sentença e na execução fundada em título executivo extrajudicial.
>
> § 1º A instauração do incidente será imediatamente comunicada ao distribuidor para as anotações devidas.
>
> §2º Dispensa-se a instauração do incidente se a desconsideração da personalidade jurídica for requerida na petição inicial, hipótese em que será citado o sócio ou a pessoa jurídica.
>
> §3º A instauração do incidente suspenderá o processo, salvo na hipótese do §2º.

> §4º O requerimento deve demonstrar o preenchimento dos pressupostos legais específicos para desconsideração da personalidade jurídica.
>
> Art. 135. Instaurado o incidente, o sócio ou a pessoa jurídica será citado para manifestar-se e requerer as provas cabíveis no prazo de quinze dias.
>
> Art. 136. Concluída a instrução, se necessária, o incidente será resolvido por decisão interlocutória, contra a qual caberá agravo de instrumento.
>
> Parágrafo único. Se a decisão for proferida pelo relator, cabe agravo interno.
>
> Art. 137. Acolhido o pedido de desconsideração, a alienação ou oneração de bens, havida em fraude de execução, será ineficaz em relação ao requerente."

A aplicação das normas previstas no Código de Processo Civil, ao processo do trabalho, apenas são admitidas, em regra, se a CLT for omissa a respeito da matéria e desde que haja compatibilidade entre o instituto que se deseja aplicar e as normas que regem o processo laboral.

Na seara da execução, a prioridade de aplicação de legislação processual subsidiária está na lei dos executivos fiscais, ou seja, a Lei nº 6830/80, ressalvada a observância da ordem de preferência legal de bens à penhora prevista no artigo 655 do CPC[5] (artigo 882 da CLT). Aliás, a previsão, já mencionada linhas atrás, do artigo 4º, §3º de referida lei estabelece de modo claro e inconteste que a execução fiscal poderá ser redirecionada para os sócios, bastando que os bens do devedor sejam insuficientes à satisfação da dívida.

Assim, prevendo a norma hoje aplicável o redirecionamento da execução para os sócios-proprietários, bastando para isso a insuficiência de bens da pessoa jurídica e, no mais, tramitando a execução trabalhista de ofício, nenhuma justificativa há para aguardar-se requerimento da parte ou do Ministério Público e, muito menos, de justificativa outra para que a desconsideração seja efetuada.

No tocante à defesa do sócio quando há a desconsideração da personalidade jurídica, basta que o mesmo, atingido pela penhora de seus bens pessoais, faça indicação de patrimônio da pessoa jurídica capaz de atender à execução trabalhista. Dessa feita, não há violação ao contraditório, já que, conforme já expusemos no item anterior, a ciência da dívida trabalhista por parte do sócio presume-se já com a propositura da ação trabalhista, considerando-se a mera ficção com a qual se constitui a pessoa jurídica. Além disso, o único pressuposto para a desconsideração é a inexistência de patrimônio da pessoa jurídica, donde se presume que a única defesa possível será a de existência de patrimônio da pessoa jurídica, sobre o qual possa recair a execução trabalhista.

O incidente ainda prevê a possibilidade de impugnação da medida via agravo de instrumento. No entanto, no processo do trabalho referido recurso é in-

---

5   NCPC, art. 835.

cabível, já que não se admite recurso de decisão interlocutória, sendo utilizado o agravo de instrumento apenas para buscar o destrancamento de recurso que tenha tido denegado seu processamento.

Por fim, mas não de menor importância, é preciso destacar que os princípios que regem o direito do trabalho e que inspiram o processo do trabalho não admitem que se possa pensar em medidas que dificultem a persecução do patrimônio empresarial ou societário a fim de garantir o pagamento da dívida trabalhista. Não se admite a transposição dos riscos do empreendimento ao empregado, que os assumiria se a inexistência de patrimônio empresarial pudesse tornar inefetiva a execução trabalhista.

Além disso, o processo do trabalho não admite, em sede de execução, qualquer privilégio para o devedor. Reconhecido o débito, a única alternativa que cabe ao devedor é cumprir sua obrigação. Aliás, dentro deste panorama, não é por outro motivo que a execução ganha o nome de "forçada", após o decurso do prazo para pagamento espontâneo pelo devedor. Forçar a execução significa, acima de tudo, lançar mão dos meios legais ao alcance do judiciário para encontrar o patrimônio da empresa e, insuficientes os mesmos, alcançar o patrimônio dos sócios para quitação das dívidas trabalhistas.

Assim e, em linhas gerais, temos que o instituto do Incidente de Desconsideração da Personalidade Jurídica, tal qual delineado pelo novo CPC, não é aplicável ao Processo do Trabalho, eis que incompatível com as regras processuais trabalhistas. Aliás, além da incompatibilidade principiológica, há, como frisamos, incompatibilidade processual, já que a execução trabalhista tramita de ofício e prevê o atingimento dos bens dos sócios sem qualquer necessidade de instauração de incidente processual para tal finalidade. Por fim, não há que se falar, de qualquer modo, em violação ao princípio do contraditório, já que o sócio atingido em seu patrimônio possui remédio processual próprio para discutir referida decisão dentro do processo de execução, seja via embargos à execução (ou à penhora) ou exceção de pré-executividade, quando cabível.

Desta forma, a sistemática processual trabalhista, notadamente em sede de execução, inspirada pelos princípios que regem o direito do trabalho, apontam claramente para o princípio processual da efetividade como única forma viável do cumprimento da obrigação. E, dar efetividade à execução significa, acima de tudo, utilizar-se do instituto da desconsideração da personalidade jurídica à luz da realidade fática encontrada cotidianamente no judiciário trabalhista, a fim de permitir-se que o trabalhador possa, efetivamente, ver honrados os créditos trabalhistas decorrentes de sua prestação laboral.

Afinal, segundo a fábula de Galiano, que abriu o presente ensaio, há sempre espaço para atuação do maligno...

5. BIBLIOGRAFIA

FILHO, Manoel Antônio Teixeira. **Execução no processo do trabalho**. São Paulo: Ltr, 2013.

PEIXOTO, Maurício Cunha. **Desconsideração da Personalidade Jurídica e artigo 50 do Novo Código Civil**. In http://www.revistadir.mcampos.br/PRODUCAOCIENTIFICA/artigos/mauriciodacunhapeixoto.pdf - em 22/09/2014)

TOMAZETTE, Marlon. **A desconsideração da personalidade jurídica: a teoria de Defesa do Consumidor e o Novo Código Civil**. RT 794. Dez. 2001, pg 76/94.

Capítulo 18

A PREVISÃO DA FIGURA DO *AMICUS CURIAE* NO DIREITO PROCESSUAL DO TRABALHO E NO NOVO CÓDIGO DE PROCESSO CIVIL

Luiz Ronan Neves Koury[1]

SUMÁRIO: 1. INTRODUÇÃO; 2. HISTÓRICO; 3. CONCEITO – NATUREZA JURÍDICA FIGURAS ASSEMELHADAS – TRATAMENTO NO STF E STJ; 4. ASPECTOS PROCESSUAIS RELACIONADOS AO *AMICUS CURIAE;* 5. A PREVISÃO DO *AMICUS CURIAE* NOS ARTIGOS 896-C, § 8º DA CLT E 16 DO ATO Nº 491 DA PRESIDÊNCIA DO TST; 6. O *AMICUS CURIAE* E O NOVO CÓDIGO DE PROCESSO CIVIL.

1. INTRODUÇÃO

A rigor não se tem a previsão legal da figura do *amicus curiae* no direito processual do trabalho anteriormente à edição da Lei nº 13.015 de 21/07/2014, que faz referência à possibilidade de manifestação de pessoa, órgão ou entidade com interesse em determinada controvérsia.

No acréscimo realizado no artigo 896 da CLT, mais especificamente no art. 896-C, parágrafo 8º, a norma legal encontra-se vazada nos seguintes termos: "o relator poderá admitir manifestação de pessoa, órgão ou entidade com interesse na controvérsia, inclusive como assistente simples, na forma da Lei. 5.869 de 11 de janeiro de 1973 (Código de Processo Civil)".

Este dispositivo guarda semelhança e não identidade com o art. 7º, § 2º da Lei 9.868 de 10/11/1999, que trata das Ações Diretas de Inconstitucionalidade, e o art. 543-C, § 4º do CPC, relativo ao procedimento do recurso especial repetitivo.

Em relação ao primeiro, em sede de controle de constitucionalidade, o Relator admitirá a manifestação de órgãos e entidades e não de pessoas físicas, desde que haja relevância da matéria e representatividade dos postulantes.

---

[1] Desembargador Vice-Corregedor do Tribunal Regional do Trabalho da 3ª Região. Mestre em Direito Constitucional pela UFMG. Professor de Direito Processual do Trabalho da Faculdade de Direito Milton Campos.

O art. 543, C, § 4º do CPC, também impõe como requisito a relevância da matéria para se admitir a manifestação de órgãos ou entidades e também pessoas, acrescentando a expressão "com interesse na controvérsia".

O § 8º do art. 896-C da CLT não fixa os requisitos da relevância e representatividade, mas apenas o interesse na controvérsia, podendo admitir, referindo-se também à possibilidade de assistência simples na forma do CPC, o ingresso de pessoas desde que presente o interesse na controvérsia.

Embora com essa diversidade de pressupostos e abrangência é certo que se trata da mesma figura presente nos dispositivos legais mencionados, qual seja, o *amicus curiae* (amigo da corte), especialmente porque faz a distinção com a chamada assistência simples.

As normas legais mencionadas refletem a evolução do instituto do *amicus curiae*, cuja culminância tem guarida no Novo Código de Processo civil que prevê a figura do amigo da corte em todas as instâncias, inclusive em 1º grau, com requisitos específicos para sua admissibilidade como também a sua presença nos inúmeros Incidentes e em matérias de âmbito coletivo.

O grande desafio, com a abrangência conferida ao instituto do *amicus curiae*, é permitir que cumpra o seu relevante papel de instrumento de aperfeiçoamento das decisões judiciais e que não se torne um mecanismo de protelação da prestação jurisdicional.

Em outras palavras, o assim entendido colaborador da corte, no sentido de propiciar maior aprofundamento do debate e justiça das decisões, não pode ter a sua finalidade deturpada e ser utilizado como um expediente para atrasar o desfecho das ações.

2. HISTÓRICO

Os autores apontam a sua origem no direito inglês medieval e, alguns, de forma minoritária, fazem referência ao direito romano como fonte do instituto. O seu progresso, no entanto, se deu no direito norte-americano, onde se desenvolveu e ganhou visibilidade internacional, como informa a doutrina.[2]

Na transposição do direito inglês para o americano o *amicus curiae* perdeu a característica da neutralidade, passando a ser entendido como ente interessado na solução da causa, mas não aquele interesse próprio da intervenção de terceiros, como previsto em nosso CPC. O interesse do *amicus curiae* para intervenção no processo deve ir além dessa esfera subjetivada, o que deverá ser apreciado em cada caso concreto.[3]

---

2 AGUIAR. Mirella de Carvalho. *Amicus curiae*, Salvador. *Jus Podivm*, 2005, p. 11.
3 BUENO, Cássio Scarpinella. *Amicus Curiae* no Processo Civil Brasileiro um Terceiro Enigmático – 3ª ed. rev. e atual., São Paulo – Saraiva – 2012, p. 117/118.

O interessante no direito norte-americano é que o *amicus* evoluiu das questões envolvendo ente público para intervenção nas questões da tutela de interesses privados.

São o *amicus* governamental e privado ou particular. O primeiro com poderes quase que semelhantes à parte e o segundo de atuação mais restrita.[4]

Cabe acrescentar que o *amicus curiae* tem um desenvolvimento maior no sistema do *Common Law* em razão de uma menor regulamentação das hipóteses de intervenção de terceiros.

Em termos de Brasil, o *amicus curiae* foi paulatinamente incorporado ao nosso ordenamento, a partir de 1976, com a lei que criou a Comissão de Valores Mobiliários (Lei 6.385/76), a legislação que regulamentou o CADE, a Lei nº 8.906/94 da OAB e de atuação do advogado e a legislação do Instituto Nacional de Propriedade Industrial INPI (Lei 9.276/96). Além desses diplomas legais podem ser mencionados a Lei nº 9.868/99 do controle de constitucionalidade e, ainda, a Lei 10. 259/2001, que trata do Incidente de Uniformização perante os Juizados Especiais, como também o próprio Projeto do Código de Processo Civil.

Em relação às várias leis que tratam da figura da intervenção de terceiro, de forma singela aquele que não é parte no processo, há discussão doutrinária sobre a natureza jurídica da intervenção legalmente autorizada, se a de terceiro na forma codificada (arts. 50/80 do CPC) ou se se trata do *amicus curiae*.

Feita essa resumida digressão do tratamento e evolução do instituto no direito norte-americano e no nosso ordenamento jurídico cabe agora fixar os seus contornos, iniciando-se pela sua definição.

3. CONCEITO - NATUREZA JURÍDICA FIGURAS ASSEMELHADAS - TRATAMENTO NO STF E STJ

Muito mais do que o **conceito** do *amicus curiae*, a caracterização do instituto fica melhor evidenciada pelos objetivos que justificam a sua existência.

É voz corrente na doutrina e na jurisprudência que a admissão do *amicus curiae* representa uma abertura do processo, uma nova concepção de jurisdição, no sentido de permitir a atuação de forças sociais como forma de pluralizar o debate e garantir uma maior legitimidade e precisão da decisão judicial perante a sociedade, com uma atenção especial para suas consequências.

Como se vê dos objetivos apresentados, o *amicus* decorre de uma atitude de abertura diante da dogmática e do formalismo e individualismo processuais, com procedimento que se aproxima da democracia participativa, concretizando

---

4 BUENO, Cássio Scarpinella. Ob. citada, p. 117/118.

de forma mais ampla possível o conhecido escopo político da jurisdição no sentido de que o destinatário da decisão participe de sua construção.

Quanto à **natureza jurídica**, é indiscutível que o *amicus* é um terceiro na relação processual, mas um terceiro diferenciado, considerando o tratamento dado aos terceiros pelo nosso Código de Processo Civil.

Trata-se de um terceiro que hoje se caracteriza pela parcialidade com o propósito de influenciar a decisão para que se direcione em determinado sentido.

Não se tem mais o *amicus curiae* com a feição romântica da neutralidade, que o caracterizou quando de seu surgimento. Em outras palavras, alguém que requeria a sua participação no processo com o único intuito de apresentar fatos até então estranhos à relação processual para, com isso, contribuir com o aperfeiçoamento da decisão.

Alguns doutrinadores atribuem a ele a condição de um terceiro institucional, ou seja, alguém que comparece ao processo com interesse jurídico, com objetivos que transcendem o mero interesse público, com maior intensidade e abrangência, como resultado de uma nova configuração do processo.[5]

Outros autores apontam a sua natureza jurídica de auxiliar do juízo no sentido de fornecer elementos para decisão assim como outros auxiliares, em especial quanto à tarefa hermenêutica de produzir o direito na interpretação e aplicação das normas. Aqui ele cumpre a importante tarefa de informar sobre os fatos para melhor aplicação do Direito.[6]

Na realidade esse terceiro parcial comparece em juízo inicialmente com objetivos bem definidos de influenciar na decisão, na direção de seu interesse, mas pelas informações que oferece, propiciando uma maior ampliação do contraditório, acaba por fornecer elementos para formação do convencimento do julgador, como verdadeiro auxiliar do Juízo.

Na configuração atual, antes de ser um genuíno amigo da corte, o seu objetivo inicial é de influenciar a decisão na direção dos interesses que defende e, portanto, a sua natureza jurídica ficaria melhor explicitada na condição de terceiro diferenciado, porque não se enquadra nas hipóteses legais de intervenção de terceiro, ora prevalecendo a condição de terceiro institucional, ora acentuando a condição de auxiliar do juízo, dependendo da intensidade de sua atuação no caso concreto.

Como bem assevera Carolina Tupinambá, o *amicus curiae* "está comprometido com o debate e a pluralidade, mas, não necessariamente, com a imparcialidade".[7]

---

5   BUENO, Cássio Scarpinella - Ob. Citada, p. 457/460.
6   AGUIAR, Mirella de Carvalho – Ob. Citada – p. 59.
7   TUPINAMBÁ, Carolina. Novas Tendências de Participação Processual – O *amicus curiae* no anteprojeto do CPC *in* O novo processo civil brasileiro (direito em expectativa): (reflexões acerca do projeto do

Em relação às figuras afins, no que se refere ao demais sujeitos processuais que guardam semelhança com o *amicus curiae*, também atuando como terceiros e visando a colaborar com a decisão judicial, podem ser apontados o Ministério Público, o perito e o assistente.

O primeiro deles, **o Ministério Público**, é muito mais um terceiro institucional do que o *amicus curiae* no sentido da obrigatoriedade de sua atuação nas questões envolvendo interesse público.

A motivação para tanto é a previsão legal e até mesmo constitucional da exigência de defesa dos interesses da sociedade como um todo, de forma contrária ao *amicus curiae* que atua no interesse de determinado segmento social e também de forma voluntária.

O perito, como se sabe, na forma regulada pelo CPC, é um auxiliar do juízo eventual, que atua, sobretudo, nas questões técnicas que não sejam de conhecimento do juiz, mas sem uma preocupação de fornecer outros fundamentos além daqueles objeto de sua atuação específica para formação da decisão.

Em relação a ele (perito), a sua atuação se reveste de essencialidade pelos conhecimentos técnicos que detém, sob pena de não ser possível a entrega da prestação jurisdicional, com procedimento rigidamente traçado no CPC. Ao contrário dele, o *amicus curiae* é necessário, mas não tem a essencialidade de que se reveste a atuação do perito e, muito menos, é necessariamente elemento de confiança do juízo como deve ser o perito.

O **assistente** atua com a finalidade específica de auxiliar a parte e tem com ela esse compromisso, com definição e regulamentação de sua atuação no Código de Processo Civil (arts. 50/55). O *amicus curiae* tem compromisso, embora de forma parcial, com a solução oferecida à controvérsia, visando à defesa dos interesses dos sujeitos que representa ou mesmo que não estão presentes no processo, o que pode envolver uma categoria, setor ou segmento social, com evidente transcendência em relação às partes litigantes.

O seu compromisso, como é mencionado na doutrina, é com a repercussão social, é este o efeito agregador de sua participação, pois do contrário configura-se a situação de mera assistência.[8]

Dentro da ordem de apresentação de aspectos do tema contida nesse trabalho, resta agora fazer referência à sua **admissão e participação no processo, de acordo com o entendimento do STF e do STJ**.

O STF não admite a pessoa física ou natural como *amicus curiae*. Quanto ao prazo de sua admissão, o pedido deve ser apresentado no prazo das infor-

---

Novo Código de Processo Civil / Andréa Carla Barbosa... [et al]; coordenador Luiz Fux – Rio de Janeiro: Forense, 2011, p. 129).

8 TUPINAMBÁ, Carolina. Ob. Citada - p. 129.

mações dos órgãos ou autoridades das quais emanou o ato objeto da ação de inconstitucionalidade, que é de 30 dias ou até a data em que o Relator liberar o processo para pauta.

O Regimento Interno do STF autoriza a sustentação oral, conforme se verifica de seu art. 131, § 3º. Quanto à legitimidade para recorrer, o entendimento que prevalece é o relativo à sua impossibilidade, tanto nas hipóteses de admissibilidade, com exceção quanto à inadmissibilidade, e mesmo quando já admitido no processo e pretende se insurgir contra a decisão.

O STJ regulamentou a matéria relativa ao Recurso Especial Repetitivo na Resolução nº 08 de 07/08/2008, admitindo o ingresso de pessoas físicas, esclarecendo que a sua manifestação deve ocorrer no prazo de 15 dias e em data anterior à do julgamento pelo órgão colegiado.

O *amicus curiae*, na visão do STJ, também não tem legitimidade para recorrer, inviabilizando-se a intervenção após o julgamento. Quanto à sustentação oral, não é direito do *amicus*, tratando-se de uma faculdade da Corte a sua admissão ou não, como nos demais atos relativos à sua atuação.

4. ASPECTOS PROCESSUAIS RELACIONADOS AO *AMICUS CURIAE*

São apresentados, a seguir, alguns aspectos processuais relativos à atuação em juízo do *amicus curiae*, relativamente à representação, competência, produção de provas, legitimidade para recorrer e abrangência da coisa julgada.

Em relação à constituição de advogado, a doutrina distingue a intervenção provocada da espontânea, dispensando tal representação no primeiro caso, até porque poderia dificultar o objetivo maior de sua atuação para uma melhor prestação jurisdicional e a exigindo, no segundo caso, por se tratar de postulação que, no nosso sistema, é privativa do advogado, na forma também do entendimento do STF.[9]

A atuação do *amicus curiae*, pelo menos no âmbito da Justiça do Trabalho, não pode ser um fator de alteração da competência pelas próprias normas de regência de sua competência material e pela natureza do *amicus curiae* e a finalidade de sua atuação.

A possibilidade de produzir provas, o que para boa parte da doutrina seria uma forma de garantir a plenitude de sua atuação, aqui desmistificando a velha questão da proximidade do fato e o direito, é uma matéria delicada, porquanto poderia representar atraso na prestação jurisdicional e, talvez, uma ampliação exagerada do espaço cognitivo.

---

9 BUENO, Cássio Scarpinella – Ob. Citada p. 499/501.

A legitimidade para recorrer, que encontra obstáculos em julgados do STF e STJ, é defendida por setores da doutrina também com o fundamento de se garantir a mais plena atuação do *amicus* e a isonomia com outros terceiros.

A legitimidade recursal, em princípio, encontra-se presente sempre que, na decisão, houver contrariedade aos interesses sustentados pelo *amicus curiae*, mas que, sem prejuízo da sustentação oral e a juntada de manifestação escrita, deverá ser evitada por razões de política judiciária, presente o valor maior da celeridade na prestação jurisdicional.

Quanto à coisa julgada, o *amicus* não é atingido pelos seus efeitos, seja do ponto de vista objetivo, que se refere ao objeto litigioso que a ele não diz respeito, como também em termos subjetivos, na velha e boa redação do artigo 472, do CPC, dada a sua condição de terceiro. E, em consequência, não há que se falar na legitimidade para propor ação rescisória.

5. A PREVISÃO DO *AMICUS CURIAE* NOS ARTIGOS 896-C, § 8º DA CLT E 10 DA INSTRUÇÃO NORMATIVA Nº 38 DO TST

Cabe agora fazer referência, de forma específica, ao **mencionado § 8º do art. 896-C, com a redação dada pela Lei nº 13.015 de 21/07/102**, considerando tudo que já foi dito em relação aos dispositivos de semelhante redação e o posicionamento doutrinário e jurisprudencial sobre o tema.

Como nos demais dispositivos, em especial o art. 543-C do CPC sobre o procedimento de recurso especial repetitivo, é uma faculdade do Relator a admissão, no processo, de pessoa, órgão ou entidade com interesse na controvérsia.

Esse interesse, como já restou mencionado, não é o interesse codificado, restrito a um auxílio às partes, mas a representação do interesse de determinado setor social ou da sociedade em seu conjunto a fim de que o julgador esteja munido de um maior número de informações para que decida na linha de argumentos e dados apresentados pelo *amicus curiae*.

A novidade ficou por conta do reconhecimento expresso de que essa pessoa, órgão ou entidade poderá ser admitido como assistente simples, na forma prevista no CPC.

Nos demais dispositivos semelhantes se reconhece que alguns casos são de assistência e outros de típico *amicus curiae*, mas não há uma referência expressa à possibilidade, contida no dispositivo em comento, da admissão inclusive como assistente simples.

Ao que parece a previsão legal é no sentido de que se deve admitir o *amicus curiae* com base nos pressupostos extraíveis da doutrina e jurisprudência construídos sobre o tema, qual seja, a relevância da matéria, a representatividade do interessado e a demonstração inequívoca de interesse na controvérsia bem como a possibilidade de efetiva contribuição para decisão.

E, ao lado disso tudo, a possibilidade de admissão como assistente simples, como regulado pelo CPC, com os pressupostos e procedimentos nele definidos, mostra-se desnecessária, eis que essa possibilidade já está prevista no ordenamento processual.

Uma coisa é o *amicus*, parcial, que oferece uma pluralidade de argumentos à decisão. E, embora sendo parcial, apresenta-se como verdadeiro auxiliar do Juízo.

Outra coisa é o assistente simples, verdadeiro auxiliar da parte, com interesse jurídico que a decisão seja favorável ao assistido e com nenhum outro objetivo que não seja o êxito da parte que assiste.

Como já mencionado, pode-se dizer que o acréscimo, ou seja, a previsão para atuação como assistente simples, é absolutamente desnecessária, dando margem a que se confundam terceiros que, embora tenham aspectos em comum, atuam e têm objetivos diversos, o que pode até mesmo obscurecer a nobreza da atuação do *amicus curiae* em determinada ação.

O procedimento, neste caso, deverá ser o mais aberto possível sem que isso possa representar um retardamento no desfecho da prestação jurisdicional, adotando-se a linha preconizada no Supremo Tribunal Federal quanto à participação até a data de liberação do processo para pauta, inclusive a possibilidade de sustentação oral.

Na regulamentação levada a efeito no art. 16 do Ato nº 491 da Presidência do TST, verificou-se a previsão restritiva da atuação do *amicus curiae*, com a sua oitiva apenas em audiência pública, de iniciativa do Relator. Como restou mencionado anteriormente, a audiência pública é uma das possibilidades de manifestação deste terceiro, que também pode se dar pela via do memorial e da sustentação oral, de forma espontânea.

De qualquer forma se esperava uma regulamentação mais detalhada e não limitativa sobre a matéria, como a fixação de prazo para manifestação, em momento processual específico, com a previsão de outras formas de sua participação ou mesmo a possibilidade de recurso na hipótese de inadmissibilidade de seu ingresso no processo.

Agora, com o art.10 da Instrução Normativa nº 38 do TST, que revogou parte do Ato 491 da Presidência do TST, de 23/09/2014, ainda que não na forma desejada, restou ampliado o momento processual de participação do *amicus curiae* como também do leque daqueles que podem figurar nesta condição.

No parágrafo 1º do artigo 10 admitiu-se a manifestação do *amicus curiae* no curso do procedimento, permitindo-se também que órgãos e entidades atuem nesta condição, mencionando-se o requisito do interesse na controvérsia e presente a relevância da matéria, restando assegurado o contraditório e a isonomia de tratamento.

O parágrafo 2º do mesmo artigo traz a previsão de que o ingresso no processo deverá ocorrer até a sua inclusão em pauta.

E, como amplamente mencionado neste trabalho, a tônica da participação do *amicus curiae* na atualidade, hipótese da nova lei, é exatamente o interesse na controvérsia, que agora se encontra previsto na regulamentação da lei, procedida pelo TST, compatibilizando-se com a essência do instituto do *amicus curiae*.

Embora com o artigo 10 da Instrução Normativa nº 38 do TST tenha havido uma maior abertura na possibilidade de atuação do *amicus curiae* no processo, é certo que fica aquém do tratamento que lhe é dado pelo Supremo Tribunal Federal que, sem prejuízo da celeridade, adota mecanismos que permitem uma maior participação social nos processos de indiscutível relevância, com benefício para o aperfeiçoamento da prestação jurisdicional.

De qualquer modo, a sua inserção no rito de recurso de revista repetitivo deve ser elogiada, pois, assim agindo, o legislador presta expressa reverência ao moderno processo civil, de evidente matriz constitucional, com o abandono do dogmatismo presente nas hipóteses restritivas de intervenção de terceiros e com o indicativo de uma maior abertura para construção da decisão judicial.

6. O *AMICUS CURIAE* E O NOVO CÓDIGO DE PROCESSO CIVIL

Na introdução desse trabalho se fez referência ao tratamento dado ao *amicus curiae* no Novo Código de Processo Civil, com a sua previsão em todas as instâncias, conclusão que se retira da possibilidade de sua admissão pelo Juiz ou Relator, conforme se extrai do art. 138.

Na sequência, o dispositivo mencionado fixa os requisitos a serem observados para admissão do *amicus curiae* no processo, representados pela relevância da matéria, especificidade do tema objeto da demanda ou a repercussão social da controvérsia bem como a representação adequada (entendida pelo STF como intervenção útil ao desfecho do litígio).

Tais requisitos, fruto de construção doutrinária e jurisprudencial, são agora positivados, devendo ser preenchidos de forma concomitante com exceção da especificidade do tema e repercussão social da controvérsia, separados pela conjunção alternativa. Embora com inegável carga de subjetividade é possível estabelecer, de forma objetiva, situações em que os requisitos legais deverão ser preenchidos.

Acresça-se, ainda, como comando contido na norma legal referenciada, que a sua admissão no processo se trata de faculdade conferida ao julgador, com a natureza de decisão irrecorrível, podendo ser de ofício, por iniciativa da parte ou de quem pretenda se manifestar.

O *amicus curiae*, ao contrário de outras normas ou posições jurisprudenciais mencionados anteriormente, pode ser pessoa natural ou jurídica, órgão ou entidade especializada, cuja manifestação deverá ocorrer no prazo de 15 dias de sua intimação quando se tratar de participação provocada, como definir o STJ na Resolução nº 08 de 07/08/2008.

Na linha de fixação do procedimento a ser adotado para participação do *amicus curiae*, o Novo Código de Processo Civil dispõe que o seu ingresso no processo não implica a alteração de competência e nem autoriza a interposição de recursos, excetuando-se os embargos de declaração ou na hipótese de decisão que julgar o incidente de resolução de demandas repetitivas (parágrafos 1º e 3º).

Também nesse último aspecto seguiu a regulamentação adotada no âmbito do STF e STJ, sendo que o primeiro admite o recurso na hipótese de inadmissibilidade do *amicus curiae*, que procurou impedir que se tornasse um instrumento de protelação das decisões.

Cabe, ainda, ao julgador definir os poderes do *amicus curiae* (§ 2º), e aqui é importante fazer o registro da utilização da expressão *amicus curiae* pelo legislador processual, devendo ser interpretado o dispositivo legal como o espaço assegurado para atuação no processo em termos de peças a serem apresentadas, eventual sustentação oral ou mesmo a juntada de documentos para melhor compreensão da controvérsia e dos interesses defendidos pelo *amicus curiae*.

Cumpre também dizer que além da previsão geral de atuação do *amicus curiae* que, como se sabe, representa um mecanismo de ampliação da jurisdição, deve ser mencionada a sua referência específica, com termos diversos, mas com o mesmo conteúdo, nas hipóteses de alteração de tese jurídica em Súmula (art. 927, § 2º), Incidente de Argüição de Inconstitucionalidade (art. 950, § 3º) e no Incidente de Resolução de Demandas Repetitivas (art. 983, *caput*), aspectos que reforçam a importância do instituto em função do espaço normativo que lhe é concedido e o acerto do legislador em regulamentar instituto de fundamental importância na moderna processualística.

de 2015. Em **17/03/2015** foi publicado no Diário Oficial o texto sancionado (**Lei 13.105**), com *vacatio legis* de um ano (art. 1045).

Iremos aqui buscar proceder a uma análise contextualizada dos preceitos inseridos no novel CPC, em ordem a tentar apreender quais serão as transformações concretas que este agregará – ou poderá agregar - aos poderes do Juiz do Trabalho brasileiro.

2. OS PODERES ESPECÍFICOS DO JUIZ DO TRABALHO

A relação de trabalho subordinado (ou dependente) é uma relação geneticamente desigual. E é desigual porque ela reproduz, simultânea e paralelamente, uma *relação de poder jurídico* - na qual uma das partes (o empregador) tem o direito de mandar e a outra (o trabalhador) o dever de obedecer - e uma *relação de poder econômico* (ou de fato), onde uma das partes (o empregador) possui os recursos de que a outra (o trabalhador) necessita para sua sobrevivência pessoal e familiar.

O Direito do Trabalho, reconhecendo esta situação, veio para fazer as vezes de um *antídoto institucional* face a ela. Como advertia o saudoso doutrinador uruguaio Oscar Ermida Uriarte, o ordenamento substantivo laboral não é igual para todos, mas sim *materialmente equalizador ou compensatório*.[2]

Esta desigualdade, ademais, irrefragavelmente se desdobra e se projeta no plano processual. Não é por acaso que, na rotina dos processos trabalhistas, o demandante é sempre, ou quase sempre, o empregado[3], circunstância que consubstancia uma *realidade universal*, como se pode inferir, por exemplo, do exame da doutrina espanhola,[4] uruguaia,[5] peruana[6] e venezuelana.[7] A explicação para tanto é simples e intuitiva: o empregador não necessita da Justiça do Trabalho porque, no cotidiano do labor, pratica a *autotutela*, enquanto que o empregado, por não deter poder de reação imediata, deve aguardar o momento

---

2   *Meditación sobre el derecho del trabajo*. Montevideú: Cadernillos de la Fundación Electra, 2011, p. 7.

3   Ou, melhor dizendo, o ex-empregado, já que dificilmente o trabalhador se atreve a desafiar judicialmente seu empregador enquanto ainda vigente o contrato, pois sabe que tal ousadia poderia facilmente lhe custar sua fonte de sustento.

4   Sáez Lara, Carmen. *La tutela judicial efectiva y el proceso laboral*. Madrid: Civitas Ediciones, SL, 2004, p. 37.

5   Raso Delgue, Juan. El principio protector en el proceso del trabajo. In: *Derecho procesal del trabajo, treinta estudios*. Montevideo: FCU, outubro de 2005, p. 57.

6   Vinatea Recoba, Luis . Análisis funcional de la ley procesal del trabajo: condicionantes de la eficacia del proceso laboral. In: *Balance de la reforma laboral peruana*. Obra de autoria coletiva coordenada por Víctor Ferro Delgado, Sociedad Peruana de Derecho del Trabajo y de la Seguridad Social, Lima, setembro/2001, p. 299.

7   Pérez Sarmiento, Eric Lorenzo. *Comentarios a la ley orgánica procesal del trabajo*, 2ª edição. Caracas: Vadell Hermanos Editores, 2004, p. 23.

Capítulo 19

OS PODERES DO JUIZ DO TRABALHO FACE AO NOVO CÓDIGO DE PROCESSO CIVIL

Manoel Carlos Toledo Filho[1]

> *"Oxalá que todos os juízes brasileiros sejam capazes de seguir o exemplo notável dessa esplêndida Magistratura Trabalhista, para que todo litigante, em qualquer processo, possa aceder um dia a uma justiça mais simples, mais rápida e mais econômica. A uma justiça mais justa"* (Ada Pellegrini Grinover - 1978)
>
> **"Torniamo all´antico, sarà un progresso"**
> **(José Carlos Barbosa Moreira – 1978)**

SUMÁRIO: 1. INTRODUÇÃO; 2. OS PODERES ESPECÍFICOS DO JUIZ DO TRABALHO; 3. A INCIDÊNCIA DO PROCESSO CIVIL SOBRE O PROCESSO DO TRABALHO; 4. OS PODERES DO JUIZ NO NOVO CPC: COMPATIBILIDADES E EXCLUSÕES; 5. CONCLUSÃO.

1. INTRODUÇÃO

Em **08/06/2010**, o Senador José Sarney apresentou um projeto de Lei estabelecendo um novo Código de Processo Civil (**Projeto nº 166**). Após sua apreciação pelo Senado Federal, o projeto foi já naquele mesmo ano enviado à Câmara dos Deputados (**Projeto 8.046/2010**), onde sofreu diversas alterações, retornando ao Senado em **31/03/2014**, ali recebendo 186 propostas de emendas supressivas ou de redação. Em **17/12/2014**, o Senado aprovou a versão final do projeto, enviando-o para sanção presidencial em **25 de fevereiro**

---

[1] Bacharel, Mestre e Doutor em Direito pela Universidade de São Paulo. Desembargador do Trabalho. Vice-Diretor da Escola Judicial do Tribunal Regional do Trabalho da 15ª Região. Professor convidado da Universidade Nacional de Córdoba, na República Argentina. Membro efetivo da *Asociación Argentina de Derecho del Trabajo y de la Seguridad Social* (AADTSS). Membro efetivo da *Asociación Uruguaya de Derecho del Trabajo y de la Seguridad Social* (AUDTSS). Membro honorário da *Asociación de Abogados Laboralistas del Paraguay*.

oportuno para propor uma reclamação em que, talvez, logre recuperar ao menos uma parte de seus direitos.

Cientes e conscientes desta premissa, os idealizadores do processo do trabalho - seguindo o exemplo de seus antecessores no âmbito do direito substancial - projetaram *mecanismos de compensação*, reforçando os poderes do magistrado[8] laboral, a quem incumbirá, assim, zelar para que a relação instrumental se desenvolva sob a égide de uma *igualdade real ou substancial* e não *meramente aparente ou formal*.[9]

Esta estratégia, aliás, veio a ser reforçada por diplomas recentes encontrados no âmbito do direito comparado. Assim é que, no Peru, a lei processual do trabalho (Lei 29.497, de dezembro de 2009) estabelece como *premissa fundamental* que o Juiz do Trabalho deve "evitar que a desigualdade entre as partes afete o desenvolvimento ou resultado do processo", procurando, por conseguinte, "alcançar a igualdade real das partes" (Art. III). A tal respeito, Jorge Toyama Miyagusuku e Luis Vinatea Recoba assinalam que "el nuevo proceso laboral debe partir de la constatación de un hecho cierto: el demandante y el demandado, en la gran mayoria de casos, se encuentran antes de acudir al proceso en **situación de disparidad**. El **proceso laboral** (en cabeza del juez laboral) no puede desconecer esa realidad y, a la vez, **debe utilizar todas las herramientas** que tenga a su alcance **para situar a ambas partes** procesales en **situación de igualdad**".[10]

Já a lei dos processos laborais do Uruguai, em seu artigo 1°, esclarece que o Juiz do Trabalho estará investido, para fins instrutórios, "com todas as faculdades inquisitivas previstas para a ordem processual penal". Esta advertência, aliás, integra a tradição mesma do processo laboral uruguaio. Não por acaso,

---

[8] A conduta proativa imanente à magistratura laboral desperta algumas críticas no mínimo curiosas. Se diz, por exemplo, que por vezes a Justiça do Trabalho ignora a lei para fazer "Justiça Social". Ora, o objetivo precípuo de toda e qualquer norma de cunho trabalhista é propiciar a concretização da Justiça Social. Assim, o que os críticos em questão estão no fundo e ao cabo a querer significar é que, de duas, uma: 1) a lei laboral existente não resulta em Justiça Social (e, portanto, a rigor, não serve para nada); 2) a lei não deveria ser para valer, mas somente "para inglês ver". Em qualquer caso, como facilmente se adverte, a crítica se desfaz por si mesma.

[9] Esta orientação chega inclusive ao ponto de, em vários ordenamentos (servindo de exemplo os de Portugal, Colômbia, Panamá, Paraguai, Venezuela) ser autorizada explicitamente a prolação de decisões *ultra* e/ou *extra petita*. Como registra o autor panamenho Jaime Javier Jované Burgos, "el Juez Laboral posee poderes que el Juez civil no detenta y que lo facultan a recabar el mayor caudal probatorio que a bien tenga en virtud de poderes tales como *extra petita, y ultra petita*". *Manual de derecho del trabajo panamenho*, tomo II. Panamá: Editorial Portobelo, 2011, p. 274

[10] *Comentarios a la Nueva Ley Procesal del Trabajo. Análisis normativo*. Gaceta Jurídica, Lima, 2010, p. 38. Apud: Leopoldo Gamarra Vílchez e Beatty Egúsquiza Palacin. El protagonismo del juez laboral: atribuciones y limitaciones em la ley 29497, nueva ley procesal del trabajo. *In: II Congreso internacional de derecho procesal del trabajo*. SPDTSS, Imprenta Editorial El Búho E.I.R.L. Lima: junho de 2014, p. 174. Os destaques são nossos.

o célebre processualista daquele país, Eduardo Juan Couture, desde sempre alertara que no âmbito trabalhista os juízes necessitariam ser "más ágiles, más sensibles y más dispuestos a abandonar las formas normales de garantía, para buscar un modo especial de justicia, que dé satisfacción al grave problema que se le propone". [11]

Neste mesmo sentido orientou-se, ainda, a reforma processual laboral chilena, consumada a partir de 2006. Nas palavras de Gabriela Lanata Fuenzalida "el rol activo del juez en los procedimientos laborales fue, lejos, uno de los **fundamentos** de la **reforma procesal laboral**". [12]

No Brasil, a *norma-chave* no trato da matéria é o artigo 765 da CLT, que se reproduz a continuação:

> "Os juízes e tribunais do trabalho terão ampla liberdade na direção dos processos e velarão pelo andamento rápido das causas, podendo determinar qualquer diligência necessária ao esclarecimento delas."

Como se denota, o legislador de 1943 não se limitou a afirmar que o Juiz do Trabalho brasileiro teria liberdade na direção do processo, podendo determinar a realização de diligências, mas sim que ele teria **ampla** liberdade e poderia determinar **qualquer** diligência, sempre com o escopo primordial de esclarecer e resolver rapidamente o conflito laboral que lhe seja correspondente.

Claro que tal não significa que o Juiz do Trabalho possa abandonar seu dever de imparcialidade ou menoscabar o direito de defesa[13] dos litigantes. [14] Mas sim significa que ele pode e deve buscar tramitar o feito que esteja sob sua responsabilidade de forma dinâmica e desembaraçada, apartando-se daquelas *nuanças ou firulas* que, se bem possam ter algum sentido na dimensão civil, não se compatibilizem com a *índole específica* do litígio trabalhista e/ou as *necessidades próprias* do processo laboral.[15]

De sorte que, naquilo que aos poderes do juiz trabalhista diga respeito, o artigo 765 da CLT assume a posição de um verdadeiro preceito estrutural, ao

---

11 *Estudios de derecho procesal civil*. 2. ed. Buenos Aires: Depalma, 1978. t. 1, p. 276.

12 El rol del juez en los procedimientos laborales chilenos. In: *II Congreso internacional de derecho procesal del trabajo*. p. 42. O destaque é nosso.

13 Neste particular, o artigo 9º do Código Processual Laboral (CPL) da Província Argentina de Salta é mais completo: "Los Jueces de la Camara o de la primera instancia tienen amplias facultades de investigación, pudiendo ordenar de oficio y en cualquier estado del proceso, todas las medidas y diligencias que estimen conducentes al mejor esclarecimiento de los hechos controvertidos, respetando el derecho de defensa de las partes" (sublinhamos).

14 O natural *contraponto* do artigo 765 é o artigo 794 da CLT, segundo o qual "Nos processos sujeitos à apreciação da Justiça do Trabalho só haverá nulidade quando resultar dos atos inquinados manifesto prejuízo às partes litigantes". É dizer: o limite do poder do juiz laboral situa-se na fronteira do *real prejuízo* que o seu exercício possa ocasionar para as partes.

15 Logo, o que o Juiz do Trabalho pode e deve evitar ou eliminar é o *burocratismo*, a mera *forma pela forma*, que o NCPC, curiosa e contraditoriamente, parece querer prestigiar em alguns de seus dispositivos.

qual todos os demais devem forçosamente reportar-se, em ordem a verificar-se sua virtual eficácia no âmbito do direito instrumental especial.

3. A INCIDÊNCIA DO PROCESSO CIVIL SOBRE O PROCESSO DO TRABALHO

O tema da incidência secundária, supletória ou subsidiária das normas processuais civis ou comuns na dimensão do processo trabalhista se situa dentre os mais complexos e controversos dentro deste ramo da ciência jurídica.

Sabe-se que o processo do trabalho foi desde sempre pensado para ser *simples, desburocratizado* e maximamente *expedito*.[16] Mas o contraponto de sua *singeleza* foi a *lacunosidade*. Sabedor desta circunstância, o legislador sempre autorizou que as normas instrumentais laborais fossem completadas por aquelas integrantes de outros ramos do direito processual, notadamente do direito processual civil.

No Brasil não foi diferente. A CLT contém três preceitos que autorizam a incidência do direito comum, material ou processual, em sua esfera de abrangência: cuida-se dos artigos 8°, 769 e 889.[17] Aquele que aqui diretamente nos interessa é o seu artigo 769.

Poucas não foram as polêmicas que redação imprecisa deste dispositivo ocasionou, máxime com o advento das diversas minirreformas operadas ao atual CPC. Como tivemos oportunidade de comentar em outra oportunidade, aos operadores do direito processual do trabalho o artigo 769 parece oferecer a mesma advertência que acompanhava o célebre enigma da esfinge: "decifra-me ou devoro-te"[18]

---

16 Assim obtemperava a doutrina nacional desde seus primórdios, servindo de exemplo a manifestação a seguir, da lavra de Carlos de Oliveira Ramos: *"Nada de complicações processuais que possam retardar e dificultar a marcha e a solução dos casos que lhe são afetos. Nada de prazos dilatados. Nada de provas tardias. Nada de formalismos inúteis e prejudiciais. Nada disso. A jurisdição do trabalho deve ser simples e célere".* Justiça do Trabalho. *Revista do Trabalho*, p. 65, fev. 1938)

17 **Art. 8º** - As autoridades administrativas e a Justiça do Trabalho, na falta de disposições legais ou contratuais, decidirão, conforme o caso, pela jurisprudência, por analogia, por eqüidade e outros princípios e normas gerais de direito, principalmente do direito do trabalho, e, ainda, de acordo com os usos e costumes, o direito comparado, mas sempre de maneira que nenhum interesse de classe ou particular prevaleça sobre o interesse público. Parágrafo único - O direito comum será fonte subsidiária do direito do trabalho, naquilo em que não for incompatível com os princípios fundamentais deste; **Art. 769** - Nos casos omissos, o direito processual comum será fonte subsidiária do direito processual do trabalho, exceto naquilo em que for incompatível com as normas deste Título. **Art. 889** - Aos trâmites e incidentes do processo da execução são aplicáveis, naquilo em que não contravierem ao presente Título, os preceitos que regem o processo dos executivos fiscais para a cobrança judicial da dívida ativa da Fazenda Pública Federal.

18 As transformações do CPC e sua repercussão no processo do trabalho. Disponível em: http://www.amatra15.org.br/NovoSite//artigos/detalhes.asp?PublicacaoID=27764 .

Por conta disso, dizíamos então que haveria duas correntes doutrinárias contrapostas acerca deste tema: a *tradicional*, que partiria de uma análise sedimentada na *literalidade* do artigo 769 da CLT, e a *reformista*, que estaria firmada em uma *perspectiva global*, trabalhando com a ideia de uma adesão subsidiária de índole *estrutural* ou *teleológica*. Para esta segunda corrente – a que nos filiamos – na "ideia de supletividade, já estaria embutida a existência de omissão e/ou insuficiência da estrutura base; e a incompatibilidade não se definiria pelo cotejo de preceitos literais, mas pela ideia defendida pelo conjunto, pelos *princípios informadores*[19] do sistema principal. Vale dizer, a compatibilidade em questão seria de índole *sistêmica* ou *metodológica*".[20]

E, aqui, existe um aspecto sobremodo relevante a analisar.

É que, pela primeira vez na história do direito brasileiro, o legislador do processo civil externou uma *referência explícita* ao processo laboral, vale dizer, lembrou-se de que existe sim um processo trabalhista autônomo no país.[21] Cuida-se aqui de uma indiscutível novidade,[22] sufragada pelo artigo 15 do novo CPC, cujo teor a seguir se reproduz:

> "Art. 15. Na ausência de normas que regulem processos eleitorais, trabalhistas ou administrativos, as disposições deste Código lhes serão aplicadas supletiva e subsidiariamente".

A previsão relativa aos processos trabalhistas não constava do projeto aprovado pelo Senado, havendo sido inserida na Câmara, onde igualmente se agregou a expressão "supletiva e subsidiariamente".[23]

---

19 No Chile, o artigo 432 do Código do Trabalho estabelece que, na ausência de preceito específico, as normas processuais civis incidirão supletivamente desde que não sejam "contrárias aos princípios que informam o procedimento". Também neste sentido se orienta a quarta disposição final da recente (2011) lei de jurisdição social espanhola, a seguir reproduzida: "En lo no previsto en esta Ley regirá como supletoria la Ley de Enjuiciamiento Civil y, en los supuestos de impugnación de los actos administrativos cuya competencia corresponda al orden social, la Ley de la Jurisdicción Contencioso-Administrativa, **con la necesaria adaptación a las particularidades del proceso social y en cuanto sean compatibles con sus princípios**" (destacamos).

20 Um ótimo exemplo, no âmbito do direito comparado, do conteúdo que essa corrente busca exprimir pode ser encontrado no direito processual laboral argentino, mais especificamente no artigo 144 da Lei processual trabalhista da província de San Luis: "Sólo cuando resultaren insuficientes los principios que emergen del espíritu normativo del presente ordenamiento se aplicarán los preceptos del Código Procesal Civil y Comercial, sus leyes modificatorias. Los jueces al aplicar las disposiciones supletorias lo harán teniendo presente las características del proceso laboral y de manera que consulten **los fines de justicia social perseguido por el derecho del trabajo procurando que la situación económica de los trabajadores no pueda originar una inferioridad jurídica**" (destacamos).

21 Realmente: na orgulhosa família do direito processual, o processo trabalhista tradicionalmente foi encarado como uma sorte de meio irmão de pai desconhecido que deveria ser ignorado, ainda que, por vezes, o seu "sucesso profissional" saltasse aos olhos, a ponto de inspirar alguns de seus parentes (vide, por exemplo, o procedimento da Lei 5.478/68, que regula a ação de alimentos, e que é praticamente uma cópia do procedimento da CLT).

22 De fato: o que existe no atual CPC é somente uma mera referência indireta, constante de seu artigo 1037.

23 A expressão mencionada foi resultado de emenda apresentada pelo Deputado Reinaldo Azambuja (Emenda na Comissão - EMC, n° 80/2011), sob a justificativa de que as figuras da aplicação subsidiária e

Cabe, pois, investigar o sentido do preceito em exame.

De acordo com os léxicos, o vocábulo *supletivo* se refere a servir de *suplemento*, é dizer, "a parte que se junta a um todo para o ampliar ou aperfeiçoar" [24] ou, ainda, *suprir*, que, por sua vez, significa *completar, inteirar* ou *preencher*.[25] Já o vocábulo subsidiário se reportaria a *subsídio*, cujo significado é o de *auxílio* ou *ajuda*[26].

Assim, o que a norma em questão está claramente a expressar é que os preceitos constantes do novo CPC deverão ser utilizados no âmbito do processo trabalhista sempre e quando tal utilização sirva para, *simultaneamente*, completá-lo e auxiliá-lo, é dizer, para agregar-lhe *eficiência*, para torná-lo mais *efetivo ou eficaz*. Por outro lado, parece claro que a norma processual civil não deverá ser invocada quando sua incidência desautorize ou infirme os *objetivos* ou a *finalidade estrutural* perseguida pelo processo trabalhista. Realmente: não se pode completar *contrariando* ou auxiliar *enfraquecendo*.[27]

Do acima delineado se pode inferir que, a rigor, não existiria uma antinomia entre as disposições constantes do artigo 769 da CLT e do artigo 15 do NCPC. Na verdade, o que se constata é que este diz aquilo que o artigo 769 da CLT quis dizer,[28] mas o fez de maneira mais clara. Em suma, disse a mesma coisa, mas o disse *melhor*.[29]

Alguns exemplos práticos quiçá auxiliem a clarificar o raciocínio ora desenvolvido.

---

da aplicação supletiva possuiriam perspectivas distintas: a primeira teria por finalidade preencher claros e lacunas da lei principal, enquanto que a segunda estaria direcionada a completar ou complementar a lei principal.

24 *In*: http://michaelis.uol.com.br/moderno/portugues/index.php?lingua=portugues-portugues&palavra =suplemento.

25 Novo Dicionário Aurélio da Língua Portuguesa, terceira edição. São Paulo: Editora Positivo, 2004, p. 1898.

26 Idem, p. 1887.

27 A aplicação subsidiária e/ou supletiva pode ser comparada a uma transfusão de sangue. Se o sangue transfundido (norma transportada) não for compatível com o sangue do receptor (sistema processual principal), ela, ao invés de fortalecê-lo (complementá-lo), irá prejudicá-lo, podendo inclusive, eventualmente, levá-la a óbito (é dizer, conduzi-lo à *ineficácia completa*).

28 Para Júlio César Bebber, a inserção realizada pelo artigo 15 do projeto não muda absolutamente nada em relação às previsões já existentes na CLT (conforme palestra proferida no Simpósio sobre o novo CPC, disponível no site da ENAMAT).

29 Nesta linha de raciocínio, não se sustentava, por conseguinte, a fundamentação contida na Emenda Supressiva n°144 de autoria do Senador Alvaro Dias, segundo a qual a "prevalecer a redação prevista no artigo 15 do Substitutivo da Câmara dos Deputados, as normas do direito processual civil serão necessariamente aplicadas em todas as hipóteses de omissão da norma processual trabalhista, sem que seja aferido o requisito da compatibilidade do direito processual comum com todo o arcabouço principiológico e normativo que norteia o processo do trabalho". No mesmo sentido, foi apresentada a Emenda Supressiva n°145, de autoria do Senador Romero Jucá.

A CLT explicitamente estabelece que os recursos trabalhistas não possuem efeito devolutivo, permitindo-se a execução provisória até a penhora (art. 899) e que a interposição de recurso para o Supremo Tribunal Federal não prejudicará a execução do julgado (art. 893, § 2°). Da interpretação conjugada e isolada destes dois dispositivos específicos se conclui que a *execução provisória* no processo do trabalho, conquanto seja sempre permitida, apenas pode assumir a natureza de uma *execução completa* quando da pendência de recurso extraordinário encaminhado ao STF.[30]

Adicionando-se, porém, aos preceitos supra, a *aplicação supletiva e subsidiária* do conteúdo do novo CPC, se pode sem dificuldade concluir que, se o "*cumprimento provisório da sentença impugnada por recurso desprovido de efeito suspensivo será realizado da mesma forma que o cumprimento definitivo*" (art. 520) e se, ademais, poderá ser efetuado o levantamento de dinheiro penhorado, independentemente de caução, quando o crédito for de natureza alimentar ou o credor demonstrar seu estado de necessidade (art. 521, incisos I e II) ou, ainda, "*a sentença a ser provisoriamente cumprida estiver em consonância com súmula da jurisprudência do Supremo Tribunal Federal ou do Superior Tribunal de Justiça ou em conformidade com acórdão proferido no julgamento de casos repetitivos*" (art. 521, IV), no processo do trabalho igualmente tais hipóteses se aplicam, na exata medida em elas concretamente *completam* e *auxiliam* a consecução do objetivo previsto pelas suas disposições específicas (qual seja, a eficácia integral do comando contido na decisão impugnada por recurso desprovido de efeito suspensivo).

Agora um exemplo de ordem adversa.

O novo CPC cria, em seus artigos 133 e seguintes, a figura do "*Incidente de Desconsideração da Personalidade Jurídica*", cuja instauração dependerá de requerimento da parte ou do ministério público, e, uma vez realizada, suspende o processo, devendo proceder-se a citação do sócio ou da pessoa jurídica para manifestar-se e requerer as provas cabíveis no prazo de quinze dias (art. 135), sendo reputada obrigatória inclusive para efeito de responsabilização patrimonial na execução (art. 795, parágrafo 4°), admitindo ademais, da decisão judicial correspondente, a interposição do recurso de agravo interno ou agravo de instrumento, conforme se trate de processo em segundo ou primeiro grau de jurisdição (artigos 136, parágrafo único, e 1015, inciso IV)

Pois bem. A figura em comento está inserida no capítulo IV do Título III do CPC, que cuida das hipóteses de intervenção de terceiros. E, a este respeito, a CLT possui previsão somente do "*chamamento à autoria*", no caso da ocorrência

---

[30] Ou, ainda, como é natural, de agravo de instrumento que lhe seja correlato. Para considerações mais amplas a tal respeito: Toledo Filho, Manoel Carlos. *Perfil da execução provisória trabalhista*. Disponível em: http://www.amatra15.org.br/NovoSite//artigos/detalhes.asp?PublicacaoID=27837

de *factum principis* (Art. 486, parágrafo primeiro). Medidas outras que não essa, pela burocracia e embaraço que intuitiva e ordinariamente acarretam ao rápido trâmite da demanda – e a figura em exame, como se denota, é *enfadonhamente burocrática*[31] – revelam-se *rigorosamente incompatíveis* com a *diretriz estrutural* taxativamente imposta ao Juiz do Trabalho pelo artigo 765 da CLT. Admiti-las, portanto, não equivaleria a completar ou auxiliar o ordenamento instrumental trabalhista, mas sim a explicitamente contrariá-lo ou enfraquecê-lo[32]. De modo que o incidente em foco para nada se aplica ao procedimento judicial laboral.[33]

Em epítome e arremate: considerado e sopesado o contexto descrito, o novo CPC estaria pura e simplesmente a consagrar a *perspectiva teleológica* sustentada pela corrente reformista sob a égide do artigo 769 da CLT.[34]

4. OS PODERES DO JUIZ NO NOVO CPC: COMPATIBILIDADES E EXCLUSÕES

Neste item iremos efetuar um exame casuístico de alguns artigos do projeto cujo conteúdo se nos afigura relevante para a matéria aqui em discussão. Assim, vejamos.

> "Art. 7º - É assegurada às partes paridade de tratamento em relação ao exercício de direitos e faculdades processuais, aos meios de defesa, aos ônus, aos deveres e à aplicação de sanções processuais, competindo ao juiz zelar pelo efetivo contraditório". [35]

---

[31] Cabe citar, a título de comparação histórica, uma manifestação feita pelo Colégio de Advogados de Madrid em 1853 - em oposição a uma tentativa de reforma do então ineficiente processo civil espanhol - segundo a qual as fórmulas lentas, graves, solenes e complicadas seriam uma garantia de segurança para os litigantes e um fator de acerto para as decisões (*In*: Aguilera Izquierdo, Raquel. *Proceso laboral y processo civil: convergencias y divergências*. Madrid: Civitas Ediciones, SL, 2004, p. 34). É coerente inferir que, sob a alegação de preservar-se a qualidade da tutela jurisdicional, o que se estava realmente a defender era a *forma pela forma*, sem preocupação alguma com a efetividade do processo. Em nosso sentir, é precisamente isso o que o novo CPC está aqui a realizar.

[32] Em nossa tese de doutorado, assinalamos que "se a vinda de um estranho à lide original for aceita, naturalmente que, antes de sua viabilização, deverá ser ouvida a parte adversa ao requerimento que neste sentido se haja formulado – ou, ainda, ambas as partes, caso o terceiro tenha comparecido ao feito *sponte sua* – e, ao depois, possibilitar a este terceiro que concretize todas as alegações e provas que sejam porventura reputadas oportunas à defesa de seus interesses. Em suma: a aceitação da intervenção de terceiros no procedimento trabalhista implicará, sempre, a consecução de *mais demora* na resolução do conflito correlato". *In*: *Fundamentos e perspectivas do processo trabalhista brasileiro*. São Paulo: LTr, 2006, p.106.

[33] Assim, no âmbito do processo trabalhista, para a desconsideração da personalidade jurídica do devedor basta a prolação de decisão fundamentada, mercê da qual desde logo se poderão ultimar todas as eventuais medidas de contrição consequentes, sem prejuízo do contraditório que será realizado de modo *diferido*.

[34] O que significa, então, que para os adeptos desta linha de pensamento não haveria uma mudança fundamental no trato da matéria, sem desprezar, obviamente, o considerável reforço formal que será incorporado para a defesa de seu ponto de vista.

[35] A redação aprovada pela Câmara dos Deputados era mais objetiva: "Art. 7º É assegurada às partes paridade de tratamento no curso do processo, competindo ao juiz velar pelo efetivo contraditório".

Esta disposição se irmana com aquela constante do artigo 139, I, do NCPC que, por sua vez, reproduz o inciso I do artigo 125 do CPC atual, segundo o qual incumbe ao juiz "assegurar às partes igualdade de tratamento".

A parte final do dispositivo revela uma preocupação recorrente no projeto, concernente à viabilização da garantia constitucional do contraditório. E, no processo trabalhista, o ponto em enfoque terá, a nosso juízo, uma incidência *peculiar* e *relevante*.

É que, como dantes assinalado, no processo do trabalho digladiam partes desiguais. Logo, para que o contraditório seja, como taxativamente determina a norma examinada, "efetivo" – vale dizer, real e consistente e não meramente formal ou aparente – necessitará o Juiz do Trabalho atuar de modo a compensar a fragilidade da parte hipossuficiente, equilibrando a relação de forças em ordem a possibilitar alcançar, em *tempo razoável*, um *resultado justo*. Como enfatiza com sua lucidez habitual Cândido Rangel Dinamarco, "*não basta agir com igualdade em relação a todas as partes, é também indispensável neutralizar desigualdades*", promovendo assim uma "*igualdade substancial*", ou, em síntese, exteriorizando um "tra*tamento formalmente desigual que substancialmente iguala*".[36]

De sorte que o artigo 7º do Código é facilmente assimilável pelo ordenamento instrumental trabalhista, na medida em que complementa o sentido e auxilia a aplicação do comando geral estatuído pelo artigo 765 da CLT.

> **Art. 9º Não se proferirá decisão contra uma das partes sem que esta seja previamente ouvida.**
>
> **Parágrafo único. O disposto no caput não se aplica:**
>
> **I – à tutela antecipada de urgência;**
>
> II – às hipóteses de tutela antecipada da evidência previstas no art. 311, incisos II e III;
>
> III – à decisão prevista no art. 701.

O artigo em exame deve ser entendido dentro do contexto constitucional do devido processo legal, do qual dimana que ninguém pode ser condenado sem ser previamente ouvido ou, quando menos, sem que se lhe conceda uma real oportunidade para tanto. Mas, por isto mesmo, convém delimitar bem o alcance do dispositivo, para que seu conteúdo não venha a ser utilizado como potencial fator de protelação, chocando-se com as diretrizes explicitadas nos artigos 5º e 6º do projeto, que pregam o dever de boa fé e de cooperação de todos para a consecução da duração razoável do processo.[37]

---

36 *Instituições de direito processual civil, tomo I*, 2ª edição. São Paulo: Malheiros, 2002, p. 207/208.

37 Assim estão redigidos os artigos em questão: "**Art. 5º** Aquele que de qualquer forma participa do processo deve comportar-se de acordo com a boa-fé. **Art. 6º** Todos os sujeitos do processo devem cooperar entre si para que se obtenha, em tempo razoável, decisão de mérito justa e efetiva"

Do exame das próprias exceções a que a norma se reporta (as hipóteses de tutela antecipada e da ação monitória), é possível inferir qual é o seu alcance: a necessidade de ouvir a parte somente ocorrerá quando seu patrimônio jurídico possa ser atingido diretamente, e, ainda assim, quando isto não esteja justificado por uma situação de urgência ou evidência do direito alegado por seu ex adverso. Logo, não haverá necessidade de se consultar o litigante para a efetivação de medidas cujo caráter seja exclusivamente *endoprocessual*, como se dá, por exemplo, com os atos judiciais que determinam a produção de provas, até porque, a rigor, estes não são proferidos contra ou a favor de nenhuma das partes, mas em benefício do processo em si mesmo considerado.[38]

> Art. 113. (...) § 1º O juiz poderá limitar o litisconsórcio facultativo quanto ao número de litigantes na fase de conhecimento, na liquidação de sentença ou na execução, quando este comprometer a rápida solução do litígio ou dificultar a defesa ou o cumprimento da sentença.

A possibilidade de litisconsórcio no processo trabalhista vem genericamente tratada no artigo 842 da CLT, segundo o qual *"sendo várias as reclamações e havendo identidade de matéria, poderão ser acumuladas num só processo se se tratar de empregados da mesma empresa ou estabelecimento"*. Não parece haver incompatibilidade entre os preceitos ora em cotejo, ao revés: a possibilidade de limitação do litisconsórcio, prevista pelo NCPC, se coaduna perfeitamente com a diretriz sufragada pelo artigo 765 da CLT.

> Art. 139. O juiz dirigirá o processo conforme as disposições deste Código, incumbindo-lhe:
>
> I – assegurar às partes igualdade de tratamento;
>
> II – velar pela duração razoável do processo;
>
> III – prevenir ou reprimir qualquer ato contrário à dignidade da justiça e indeferir postulações meramente protelatórias;
>
> IV –determinar todas as medidas indutivas, coercitivas, mandamentais ou sub-rogatórias necessárias para assegurar o cumprimento de ordem judicial, inclusive nas ações que tenham por objeto prestação pecuniária;
>
> V – promover, a qualquer tempo, a autocomposição, preferencialmente com auxílio de conciliadores e mediadores judiciais;
>
> VI – dilatar os prazos processuais e alterar a ordem de produção dos meios de prova, adequando-os às necessidades do conflito de modo a conferir maior efetividade à tutela do direito;
>
> VII – exercer o poder de polícia, requisitando, quando necessário, força policial, além da segurança interna dos fóruns e tribunais;

---

38 Não estamos com isso querendo dizer que seja desnecessário dar ciência às partes das medidas instrutórias que sejam pelo juiz determinadas no curso do processo. Tal ciência é necessária até em respeito à garantia do contraditório, de sorte que possam os litigantes reagir face a elas, se for o caso. O que queremos significar é que o juiz não necessita previamente consultar as partes acerca de medidas desse jaez, em relação às quais, por conseguinte, pode o contraditório manifestar-se de maneira diferida.

> VIII – determinar, a qualquer tempo, o comparecimento pessoal das partes, para inquiri-las sobre os fatos da causa, hipótese em que não incidirá a pena de confesso;
>
> IX - determinar o suprimento de pressupostos processuais e o saneamento de outros vícios processuais;
>
> X - quando se deparar com diversas demandas individuais repetitivas, oficiar o Ministério Público, a Defensoria Pública e, na medida do possível, outros legitimados a que se referem os arts. 5º da Lei nº 7.347, de 24 de julho de 1985, e 82 da Lei nº 8.078, de 11 de setembro de 1990, para, se for o caso, promover a propositura da ação coletiva respectiva.
>
> Parágrafo único. A dilação de prazo prevista no inciso VI somente pode ser determinada antes de encerrado o prazo regular.

O artigo 139 do NCPC amplifica as hipóteses hoje previstas pelo artigo 125 do CPC em vigor. Todos os seus incisos se afiguram, a princípio, compatíveis com o regramento trabalhista. A únicas modulações a registrar-se tem a ver com a adequada interpretação do inciso I – já analisada acima – e com a inovação introduzida pelo inciso VI, naquilo que se refere à dilatação dos prazos processuais. Neste aspecto, por conta da *celeridade superlativa* ínsita ao processo trabalhista, a prorrogação do prazo somente poderá ser autorizada nos termos previstos pelo artigo 775 da CLT, é dizer, em virtude de *"força maior devidamente comprovada"*.

> Art. 190. Versando o processo sobre direitos que admitam autocomposição, é lícito às partes plenamente capazes estipular mudanças no procedimento para ajustá-lo às especificidades da causa e convencionar sobre os seus ônus, poderes, faculdades e deveres processuais, antes ou durante o processo.
>
> Parágrafo único. De ofício ou a requerimento, o juiz controlará a validade das convenções previstas neste artigo, recusando-lhes aplicação somente nos casos de nulidade ou de inserção abusiva em contrato de adesão ou em que alguma parte se encontre em manifesta situação de vulnerabilidade.

O artigo em comento prevê a possibilidade de ajustarem os litigantes o procedimento judicial segundo suas necessidades pessoais. Coloca o processo, portanto, neste particular como *coisa das partes*, ressuscitando uma perspectiva que se imaginava secularmente superada e que foi, inclusive, objeto de uma crítica muito bem delineada pelo professor Barbosa Moreira em seu ensaio sobre o "neoprivatismo" no processo civil.[39]

No processo trabalhista a disposição em foco não possui incidência. É que as normas de proteção ao trabalho subordinado se revestem, como se sabe, de uma incontestável índole de ordem pública, não se prestando, por conseguinte,

---

39 Publicado na Espanha sob o título "El neoprivatismo en el proceso civil". *In*: Montero Aroca, Juan (coord.) *Proceso civil e ideología*. Valencia: Tirant Lo Blanch, 2006, p. 199/215.

a modulações ou flexibilizações de cunho privado, cuja adoção, no procedimento judicial correlato, serviria somente para fazer prevalecer, nesta dimensão, a vontade da parte mais forte. Aliás, as referências a "contrato de adesão" e "manifesta situação de vulnerabilidade", realizadas em seu parágrafo único, já indicam sua virtual exclusão do âmbito laboral.[40]

> Art. 292. (...)
>
> § 3º O juiz corrigirá, de ofício e por arbitramento, o valor da causa quando verificar que não corresponde ao conteúdo patrimonial em discussão ou ao proveito econômico perseguido pelo autor, caso em que se procederá ao recolhimento das custas correspondentes.

O artigo 292, em seu parágrafo terceiro, traz uma inovação interessante, que permite ao juiz corrigir de ofício o valor da causa, ao verificar sua inconsistência com a dimensão patrimonial ou econômica real da demanda. Cuida-se de uma medida oportuna e importante, máxime porque as diversas sanções processuais previstas para as hipóteses de deslealdade ou litigância de má-fé – e que são plenamente compatíveis com o ordenamento instrumental laboral - estão fundamentalmente vinculadas a um percentual específico do valor da causa.

No processo do trabalho existe uma norma similar, que é aquela contida no artigo 2º da Lei 5584/70, que trata da fixação do valor da causa para determinação da alçada, quando seja ele indeterminado no pedido. A nosso ver, os dois preceitos se integram e complementam.

> **Art. 294. A tutela provisória pode fundamentar-se em urgência ou evidência.**
>
> **Parágrafo único. A tutela provisória de urgência, cautelar ou antecipada, pode ser concedida em caráter antecedente ou incidental.**
>
> (...)
>
> **Art. 297. O juiz poderá determinar as medidas que considerar adequadas para efetivação da tutela provisória.**
>
> **Parágrafo único. A efetivação da tutela provisória observará as normas referentes ao cumprimento provisório da sentença, no que couber.**

A figura da antecipação dos efeitos da tutela de fundo (*tutela provisória*, na terminologia adotada pelo novo código) foi uma das principais inovações introduzidas pelas minirreformas verificadas no processo civil ao final do século passado e ao início deste século. Nunca se duvidou, e tampouco se duvida agora, de sua plena compatibilidade com o processo do trabalho.

---

40 Nos conflitos coletivos, para os quais a Constituição Federal abriu a possibilidade de solução pela via da arbitragem (art. 114, parágrafo primeiro), quiçá seja possível vislumbrar alguma margem de incidência para a norma em foco, como sugerido pelo Prof. Fredie Didier Júnior por ocasião do Simpósio "O novo CPC e os impactos no processo do trabalho", promovido pelo Tribunal Superior do Trabalho (conforme entrevista disponível no sítio da ENAMAT).

Sem embargo, existe um dado relevante que merece ficar registrado: quando da tramitação do projeto perante a Câmara dos Deputados, introduziu-se neste preceito uma séria limitação à sua abrangência, consistente na vedação do bloqueio e penhora de dinheiro ou ativos financeiros. A restrição em foco era *claramente inconstitucional*, na medida em que deixava ao *completo desamparo* todas aquelas situações em que o perecimento completo do direito material somente pudesse ser evitado por uma medida preventiva dessa índole. Bem por isso, foi objeto de uma nota técnica contrária da Associação dos Juízes Federais do Brasil - AJUFE - cujo conteúdo foi encampado por 05 emendas supressivas apresentada perante o Senado Federal.[41] A reação surtiu efeito: o Senado, em boa hora, suprimiu a *esdrúxula alteração*, colocando assim as coisas em seus devidos e adequados lugares.

> Art. 334. (...)
>
> § 12. A pauta das audiências de conciliação ou de mediação será organizada de modo a respeitar o intervalo mínimo de vinte minutos entre o início de uma e o início da seguinte.
>
> Art. 357 (...)
>
> § 9º As pautas deverão ser preparadas com intervalo mínimo de uma hora entre as audiências.

Os parágrafos 12° do artigo 334, e 9° do artigo 357 do NCPC fixam um limite mínimo de espaçamento entre as audiências: vinte minutos para as audiências de conciliação e uma hora para as audiências de instrução e julgamento. Tais parâmetros são incompatíveis com o procedimento trabalhista, uma vez que a CLT, em seus artigos 843 e seguintes, trabalha com perspectiva de uma audiência única, em que toda a atividade conciliatória, de defesa, de instrução e julgamento deverá, em tese, ser sucessivamente realizada. Neste contexto, a audiência tanto poderá durar alguns poucos minutos (caso, por exemplo, ocorra arquivamento ou revelia) como várias horas, não servindo assim de complemento ou auxílio o regramento estabelecido pelo Código nesta matéria.

> Art. 357. (...)
>
> § 7º **O juiz poderá limitar o número de testemunhas em consideração à complexidade da causa e dos fatos individualmente considerados.**

---

41 Vale a pena conferir alguns dos fundamentos constantes das emendas em questão: **Emenda Supressiva 02, do Senador Humberto Costa**: "A norma pode impedir a realização concreta de um direito fundamental ameaçado de lesão quando a única medida executiva adequada for o bloqueio de ativos financeiros"; **Emenda Supressiva 33, do Senador Álvaro Dias**: "O art. 298, parágrafo único, na redação aprovada na Câmara dos Deputados, traz uma inovação com potencial para retirar toda a eficácia do processo judicial como meio de garantir a satisfação do credor". **Emenda Supressiva 41, do Senador Pedro Taques**: "A restrição estabelecida pela Câmara dos Deputados ao cumprimento da tutela antecipada torna esse instituto (e a jurisdição mesma) precário, claudicante, ao permitir que o réu esvazie suas contas bancárias, aplicações e outros ativos financeiros, frustrando a satisfação do direito da parte autora". A tal respeito, existiam ainda as **Emendas Supressivas apresentadas pelos Senadores João Durval (125) e Jorge Viana (152).**

A possibilidade de limitação da prova testemunhal em vista dos fatos da causa, introduzida pelo parágrafo 7° do artigo 357 em exame, guarda perfeita consonância com o artigo 765 da CLT, incidindo destarte no âmbito do processo do trabalho.

> Art. 362. A audiência poderá ser adiada:
>
> I – por convenção das partes;

O NCPC possibilita o adiamento da audiência por mera convenção das partes, retirando a limitação hoje existente neste ponto, que a admite somente uma vez. Esta disposição não se ajusta ao processo do trabalho, já que, de acordo com aquilo que peremptoriamente prescreve a CLT, a audiência nela prevista somente poderá ser cindida ou adiada por motivo relevante ou de força maior (artigos 844, parágrafo único, e 849).[42]

> **Art. 372. O juiz poderá admitir a utilização de prova produzida em outro processo, atribuindo-lhe o valor que considerar adequado, observado o contraditório.**

O artigo 372 ora em foco consagra a figura da prova emprestada ou trasladada, que é amplamente utilizada na Justiça do Trabalho, e que ganha agora um fundamento formal explícito.[43]

> **Art. 373. O ônus da prova incumbe:**
>
> (...)
>
> **§ 1º Nos casos previstos em lei ou diante de peculiaridades da causa, relacionadas à impossibilidade ou à excessiva dificuldade de cumprir o encargo nos termos do caput ou à maior facilidade de obtenção da prova do fato contrário, poderá o juiz atribuir o ônus da prova de modo diverso, desde que o faça por decisão fundamentada, caso em que deverá dar à parte a oportunidade de se desincumbir do ônus que lhe foi atribuído.**
>
> **§ 2º A decisão prevista no § 1º deste artigo não pode gerar situação em que a desincumbência do encargo pela parte seja impossível ou excessivamente difícil.**

---

42 Por isto mesmo, já no sistema atual se sustenta a impossibilidade de adiamento da audiência por mera convenção das partes. Neste sentido: Giglio, Wagner D. Corrêa, Claudia Giglio Veltri. *Direito processual do trabalho*, 16ª edição. São Paulo: LTr, 2002, p. 264.

43 O legislador brasileiro poderia ter aproveitado a oportunidade para reproduzir, neste tema, a recente legislação processual colombiana que, em seu Código Geral de Processo (Lei 1564 de julho de 2012), disciplina a matéria no artigo 174:
"Artículo 174. Prueba trasladada y prueba extraprocesal. Las pruebas practicadas válidamente en un proceso podrán trasladarse a otro en copia y serán apreciadas sin más formalidades, siempre que en el proceso de origen se hubieren practicado a petición de la parte contra quien se aducen o con audiencia de ella. En caso contrario, deberá surtirse la contradicción en el proceso al que están destinadas. La misma regla se aplicará a las pruebas extraprocesales. La valoración de las pruebas trasladadas o extraprocesales y la definición de sus consecuencias jurídicas corresponderán al juez ante quien se aduzcan".

(...)

A fixação do ônus da prova em observância à capacidade real de cada parte é uma inovação salutar perfeitamente assimilável pelos parâmetros delineados pelo artigo 765 da CLT. De outro lado, o NCPC dirime aqui a polêmica acerca da natureza da regra de inversão do ônus da prova, estabelecendo que ela, a rigor, consubstancia um ato *de instrução* e não um ato *de julgamento*, não podendo assim ser a parte surpreendida com a inferência judicial correlativa somente por ocasião da prolação da sentença.[44]

> Art. 456. O juiz inquirirá as testemunhas separada e sucessivamente, primeiro as do autor e depois as do réu, e providenciará para que uma não ouça o depoimento das outras.
>
> Parágrafo único. O juiz poderá alterar a ordem estabelecida no caput se as partes concordarem.
>
> Art. 459. As perguntas serão formuladas pelas partes diretamente à testemunha, começando pela que a arrolou, não admitindo o juiz aquelas que puderem induzir a resposta, não tiverem relação com as questões de fato objeto da atividade probatória ou importarem repetição de outra já respondida.
>
> § 1º O juiz poderá inquirir a testemunha tanto antes quanto depois da inquirição feita pelas partes.[45]

A forma de inquirição das testemunhas tem disciplina completa na CLT, notadamente em seu artigo 820 que preconiza sua inquirição direta e inicial pelo Juiz, sem a necessidade de observância de uma ordem específica para tanto, aspecto que, ademais, colidiria com os amplos poderes conferidos ao magistrado trabalhista pelo artigo 765 da CLT. De sorte que os dispositivos em exame, porque claramente incompatíveis, não integram o ordenamento instrumental especializado.[46]

> Art. 472. O juiz poderá dispensar prova pericial quando as partes, na inicial e na contestação, apresentarem sobre as questões de fato pareceres técnicos ou documentos elucidativos que considerar suficientes.

---

44 Dinamarco sustenta ser a disciplina do ônus da prova uma *regra de julgamento*, sem prejuízo do dever do Juiz de prévia e oportunamente alertar as partes sobre o encargo que a este respeito cada qual delas possua (*Instituições*...tomo III, p. 83/84). A nosso ver, o novo CPC transforma tal dinâmica, fazendo preponderar a *índole instrutória* do ato judicial da inversão.

45 Na versão modificativa proposta pela Câmara dos Deputados, o Juiz poderia inquirir as testemunhas somente após a inquirição realizada pelas partes. Tal *estrambótica sugestão* foi objeto de uma lúcida e oportuna Emenda Supressiva de autoria do Senador Cidinho Campos (ES 36), justificada nos termos seguintes: "O texto proposto pelo Senado Federal estabelece uma faculdade ao juiz de inquirir as testemunhas antes ou depois dos advogados, o que dinamiza a atividade do magistrado".

46 Os professores Júlio César Bebber e Homero Mateus Batista da Silva defenderam este ponto de vista em palestras proferidas durante o Simpósio ocorrido no Tribunal Superior do Trabalho (conforme vídeos disponíveis no sítio da ENAMAT).

O preceito introduzido pelo presente dispositivo é oportuno e compatível com o processo trabalhista, podendo ser invocado particularmente naquelas situações em que não mais exista a possibilidade de realização de laudo pericial para apuração de condições insalubres ou perigosas ou, mesmo as havendo, já existam laudos suficientes elaborados a partir de casos análogos aptos a adequadamente elucidar a controvérsia.[47] Trata-se, por conseguinte, de um preceito que concretamente completa e auxilia o conteúdo do artigo 765 da CLT.

5. CONCLUSÃO

Muito se falou e ainda se fala acerca da *vontade do legislador*.

Pouco, porém, se diz sobre a *boa vontade do Juiz*. Boa vontade no ato de interpretar e aplicar as normas jurídicas existentes no sentido de fazê-las *práticas* e *efetivas*.

Como se pode verificar pelo panorama traçado na fundamentação externada neste texto, bastante do que no processo civil se construiu em termos de ampliação ou viabilização dos poderes do Juiz já poderia haver sido extraído, sem grandes ou maiores dificuldades, de uma *leitura criativa* do teor do artigo 765 da CLT. Mesmo a antecipação dos efeitos da tutela jurisdicional de fundo, que revolucionou a ciência processual nacional, nela introduzindo o conceito de "processo sincrético", poderia, a rigor, ter sido implementada pelos juízes do trabalho mais de 50 anos antes de sua inserção pelo legislador no atual CPC.

Na verdade, consoante é possível estimar pela citação que abre este texto e que foi externada ao final dos anos 70 pela Professora Ada Pellegrini Grinover, o processo do trabalho, a rigor e fundamentalmente, nunca precisou do processo civil para ser eficiente.[48] Se os juízes do trabalho a ele insistentemente recorriam e recorrem, isto quiçá se deva mais a um *efeito colateral* de sua *formação acadêmica*[49] do que propriamente a uma necessidade real.

Pois bem: da análise dos preceitos do novo CPC, infere-se que este padece, no tema referente aos poderes do juiz, de uma *dupla personalidade*. Ao mesmo tempo em que confere ao magistrado faculdades supostamente amplas na condução e no direcionamento do feito, lhe retira prerrogativas básicas, como a

---

47 Situação em que haveria uma combinação do preceito em exame com a possibilidade de utilização de prova emprestada, prevista pelo artigo 372 do NCPC.

48 Bem ao contrário: como registrava Mozart Victor Russomano (quiçá o maior estudioso do direito processual do trabalho que nosso país produziu), a omissão da CLT "permitiu que os juízes e tribunais, desenvolvendo uma jurisprudência altamente criativa e inovadora, fossem os principais artífices de nosso Direito Processual do Trabalho" (*Comentários à CLT*, volume II. Rio de Janeiro: Forense, 1990, p. 850).

49 Na grade curricular das faculdades de direito, enquanto o processo civil exubera, o processo trabalhista não raro se apresenta como mera disciplina optativa.

possibilidade elementar de organizar o seu tempo de trabalho, facultando ainda aos litigantes estabelecer por conta própria o procedimento judicial que melhor lhes convenha (e ao qual o magistrado estará a princípio vinculado).

De modo que aqui o processo civil brasileiro, após décadas de avanço, parece querer retroceder. Talvez seja este então o momento adequado para que igualmente o processo do trabalho retroceda, mas retroceda às suas origens, à essência de sua finalidade; retroceda ou se volte àquela *estrutura básica* que fez dele um *mecanismo eficaz* e que colocou os Juízes do Trabalho do Brasil – a despeito de problemas perenes e limitações renitentes - dentre os *melhores do mundo* em termos de *eficiência* e *sensibilidade*.[50] Nesta perspectiva, portanto, é que ingressa a menção inicial a um comentário realizado precisamente na mesma época por outro processualista de escol, o Professor José Carlos Barbosa Moreira: voltemos ao antigo, será um progresso.[51]

---

[50] A Justiça do Trabalho, assim no Brasil como em outros países, tem uma *história gloriosa* que para nada se deve esquecer muito menos desprezar. Lutou – e ainda luta – contra preconceitos e incompreensões perenes, ao ponto mesmo de se lhe haver, em algum momento, negado o *status* de Justiça. Não por acaso, Russomano (op. e p. cit.) faz menção a um "período heroico" dos tribunais trabalhistas. Na Argentina, Ramiro Podetti, comentando sobre os primórdios da Justiça do Trabalho, registrou as mesmas dificuldades, enfatizando que os magistrados que então a integraram deveriam ser recordados com respeito, já que o sucesso do processo laboral naquele país resultara, fundamentalmente, de sua serenidade, patriotismo e imparcialidade (*Tratado del proceso laboral*, tomo 1. Buenos Aires: Ediar, 1949, p. 12).

[51] Em outras palavras: se o processo civil brasileiro aparentemente quer voltar ao **século XIX**, que o processo do trabalho brasileiro então retorne ao **século XX**, que é o século da **CLT**.

Capítulo 20

O NOVO CÓDIGO DE PROCESSO CIVIL E AS PRERROGATIVAS DA MAGISTRATURA NACIONAL: REFLEXÕES DE UM JUIZ[1]

Guilherme Guimarães Feliciano[2]

SUMÁRIO: 1. INTRODUÇÃO. O ANTEPROJETO DO NOVO CÓDIGO DE PROCESSO CIVIL: ASPECTOS POSITIVOS. A EVOLUÇÃO NO CONGRESSO NACIONAL; 2. INTRODUÇÃO CRÍTICA ÀS RAZÕES DE RESISTÊNCIA. A QUESTÃO DA INDEPENDÊNCIA JUDICIAL; 3. O NOVO CÓDIGO DE PROCESSO CIVIL: PONTOS CRÍTICOS. ARTIGOS 10, 15, 133, 235, 489, 927 E OUTROS; 4. CONCLUSÕES.

1. INTRODUÇÃO. O ANTEPROJETO DO NOVO CÓDIGO DE PROCESSO CIVIL: ASPECTOS POSITIVOS. A EVOLUÇÃO NO CONGRESSO NACIONAL

O anteprojeto do novo Código de Processo Civil, elaborado pela Comissão de Juristas instituída pelo Ato n. 379/2009 da Presidência do Senado Federal e convolado no Projeto de Lei do Senado n. 166/2010 (do Senador JOSÉ SARNEY)[3], nasce com o propósito primeiro de atender ao princípio do artigo 5º, LXXVIII, da CRFB. Nas palavras do Min. LUIZ FUX, presidente daquela comissão, *"o cerne do novo CPC é o ideário da duração razoável dos processos".* Para esse efeito, entre outras medidas, elimina-se a figura da ação cautelar como entidade autônoma (excluindo-se o atual Livro III e regulamentando-se a «tutela de urgência e tutela da evidência» no Livro V), restringe-se ainda mais a utilização do agravo de instrumento e cria-se o "incidente de resolução de demandas re-

---

1 Os artigos citados já estão adaptados ao teor do Novo Código de Processo Civil. As exceções estão textualmente ressalvadas, pela referência ao "anteprojeto"ou ao "projeto original".

2 O Autor é Professor Associado II do Departamento de Direito do Trabalho e da Seguridade Social da Faculdade de Direito da Universidade de São Paulo e Juiz Titular da 1ª Vara do Trabalho de Taubaté/SP. Livre-Docente em Direito do Trabalho pela FDUSP. Doutor em Direito Processual Civil pela Faculdade de Direito da Universidade de Lisboa. Doutor em Direito Penal pela FDUSP. Coordenador da Pós-Graduação *"stricto sensu"* em Direito e Processo do Trabalho da Universidade de Taubaté.

3 Adiante, referiremos indistintamente "projeto" e "anteprojeto de lei", remetendo sempre ao mesmo texto, uma vez que o PLS n. 166/2010 correspondia quase integralmente ao anteprojeto de lei apresentado pela Comissão de Juristas, sem alterações relevantes.

petitivas" (artigos 976 a 987). Por outro lado, perde-se grande oportunidade de adequar a norma-base do processo civil brasileiro ao novo paradigma digital, estabelecendo o diálogo com a Lei n. 11.419/2006 (o que há, p.ex., na Seção II do Capítulo I do Título I do Livro IV da Parte Geral, ou na Seção VIII do Capítulo XII do Título I do Livro I da Parte Especial, é francamente insuficiente). A omissão, ao que parece, foi intencional, tendo em conta que a inclusão digital ainda não alcançou todo o Poder Judiciário, nem tampouco todos os quadros da advocacia.

Nada obstante, o novo texto já era gestado sob severas críticas. Dizia-se dele, por exemplo, ser de duvidosa necessidade, na medida em que simplesmente revisita, em variegadas matérias, o que hoje já dispõe o Código de Processo Civil de 1973 (cerca de 80% dos dispositivos do novo código — num total de 970 — reproduzem *ipsis litteris* os artigos do Código Buzaid). Sugeriu-se, por isso, que melhor seria prosseguir com a estratégia das minirreformas, hábil a produzir iguais efeitos de renovação, sem todavia impactar o meio forense com a revogação integral de um texto legislativo já consagrado e curtido nas caldeiras do tempo, pela obra da doutrina e da jurisprudência.

Mais pontualmente, certo segmento da doutrina apontou retrocessos em aspectos que dizem com a instrumentalidade do procedimento e com os poderes instrutórios do magistrado, pela perda de referenciais seguros e pela possível contradição com princípios constitucionais como os do contraditório e da ampla defesa. Tal crítica exsurgiu bem condensada, p.ex., pela pena de COSTA MACHADO[4]:

> E agora, para finalizar este pequeno e despretensioso artigo, elencamos as propostas que, a nosso ver, desqualificam o anteprojeto do CPC: 1) o poder atribuído ao juiz para "adequar as fases e os atos processuais às especificações do conflito" (art. 107, V); "quando o procedimento ou os atos a serem realizados se revelarem inadequados às peculiaridades da causa, deverá o juiz, ouvidas as partes e observados o contraditório e ampla defesa, promover o necessário ajuste" (art.151, § 1º); 2) a eliminação do efeito suspensivo da apelação ("os recursos, salvo disposição legal em sentido diverso, não impedem a eficácia da decisão"- art.908, caput); 3) o poder concedido ao relator para atribuir o efeito suspensivo à apelação (art.908, §§ 1º e 2º); 4) a eliminação dos embargos infringentes; 5) fixação de nova verba advocatícia pela instância recursal quando o tribunal não admitir recursos ou negar provimento por unanimidade (arts.73, § 6º e 922); 6) a previsão de que "os órgãos fracionários seguirão a orientação do plenário, do órgão especial ou dos órgãos fracionários superiores aos quais estiverem vinculados" (art.847, II); 7) a concessão generalizada de liminares sem exigência de *periculum in mora* quando "a inicial for instruída com

---

4 COSTA MACHADO, Antonio Claudio da. *"Um Novo Código de Processo Civil?"*. In: *Jornal Carta Forense*. São Paulo: Stanich & Maia, 05.07.2010 (*Legislação*). A referência faz-se, por óbvio, aos artigos como numerados no texto que então tramitava pelo Parlamento.

prova documental irrefutável do direito alegado pelo autor a que o réu não oponha prova inequívoca" (art.285, III); 8) disciplina da multa cominatória sem estabelecimento de limite de tempo e de valor (art.503 e parágrafos); 9) eliminação do direito da parte a um certo número de testemunhas; 10) o levantamento de dinheiro depositado a título de segurança do juízo pelo credor (art. 829).

De se ver, pelo excerto, que muitas das críticas pontuais diziam com aquilo que justamente representava o maior sopro de novidade desse novo regramento: a **subordinação do procedimento às necessidades do direito material**[5] (artigo 107, V, do anteprojeto — a que equivale, p.ex., o «princípio da adequação formal» artigo 265º-A do Código de Processo Civil português[6]), caminhando para um conceito de **justa jurisdição**, i.e., de jurisdição como estrita *função de tutela* de direitos materiais[7]. Para esse fim, **incrementavam-se os poderes diretivos, instrutórios e cooperativos do juiz** (v., *e.g.*, os artigos 151, §1º, e 285, III, do anteprojeto), aproximando-se do chamado «modelo de Sttutgart» — e, por essa via, consubstanciando um importante passo qualitativo no sistema processual brasileiro, a romper com certa visão formalista, mecanicista e positivista do processo que ainda impregnava o próprio Código Buzaid. Lamentavelmente, porém, o princípio da adequação formal foi suprimido durante a tramitação. Já os poderes instrutórios gerais seguem reproduzidos, com pequenas alterações, no artigo 139, incisos VI — com consectários típicos do princípio da adequação formal, conquanto dele não exaurientes — e IX do Novo Código de Processo Civil (NCPC).

Fosse mantida a redação originária do PLS n. 166, a Magistratura nacional ganharia com a edição do novo Código de Processo Civil. Ganharia em termos de instrumentalidade processual, em termos de ductibilidade procedimental e em termos de eticidade do discurso. E também ganharia, por consequência, em matéria de prerrogativas, notadamente em relação àquelas prerrogativas que só se

---

[5] O que está decerto conforme à melhor doutrina. Por todos, confira-se, com MARINONI: *"a norma constitucional que afirma a ação institui o direito fundamental à tutela jurisdicional efetiva, e, dessa forma, confere a devida oportunidade da prática de atos capazes de influir sobre o convencimento judicial, assim como a possibilidade de <u>uso das técnicas processuais adequadas à situação conflitiva concreta</u>. [...] O direito fundamental à tutela jurisdicional efetiva obriga o juiz a garantir todos os seus corolários, como o <u>direito ao meio executivo capaz de permitir a tutela do direito</u>, além de obrigar o legislador a desenhar os procedimentos e as técnicas processuais adequadas às diferentes situações de direito substancial. [...] As novas técnicas processuais, partindo do pressuposto de que o direito de ação não pode ficar na dependência de técnicas processuais ditadas de maneira uniforme para todos os casos ou para alguns casos específicos, <u>incorporam normas abertas</u>, isto é, normas voltadas para a realidade, deixando claro que <u>a ação pode ser construída conforme as necessidades do caso conflitivo</u>"* (MARINONI, Guilherme. *Teoria Geral do Processo*. 3ª. ed. São Paulo: Malheiros, 2008. v. I. pp.285-291 — *g.n.*).

[6] *"Quando a tramitação processual prevista na lei não se adequar às especificidades da causa, deve o juiz oficiosamente, ouvidas as partes, determinar a prática dos actos que melhor se ajustem ao fim do processo, bem como as necessárias adaptações".*

[7] MARINONI, *op.cit.*, p.176.

exercem *no processo*: a prerrogativa de **dirigir o processo** (artigos 125, 445 e 446 do CPC de 1973) e a prerrogativa de **instruir** e **decidir** a causa conforme o seu livre convencimento motivado (artigos 130 e 131 do CPC de 1973), o que é especialmente relevante em sede processual trabalhista, mercê dos amplos poderes de instrução historicamente acometidos aos juízes do Trabalho (artigo 765 da CLT). Tudo isso significava, em última análise, prestigiar a ação e a decisão em primeiro grau de jurisdição.

Nada obstante, a intensa oposição e os próprios *lobbies* da advocacia no Congresso Nacional levaram à desnaturação desse texto original. O texto aprovado e sancionado em 16.3.2015 é, em larga medida, *manietador* da independência judicial, ao mesmo tempo em que "normaliza" uma série de procedimentos (como os de desconsideração da personalidade jurídica) e arma os advogados com instrumentos que hoje não existem.

Por outro turno, o texto final tencionou *inovar* em alguns contextos, a ponto de invadir matérias privativas de lei complementar (artigo 93, *caput*, da CRFB), ou de legislar em desacordo com o desiderato constitucional maior de incolumidade da independência judicial. Nisso, inova mal. Vejamos a seguir.

2. INTRODUÇÃO CRÍTICA ÀS RAZÕES DE RESISTÊNCIA. A QUESTÃO DA INDEPENDÊNCIA JUDICIAL

Como é sabido, magistrados devem gozar de plena **liberdade de convicção**, para instruir e julgar, e de **autonomia pessoal** no exercício do mister jurisdicional. Sua liberdade de convicção não pode ser arrostada sequer pela instância superior (tanto que lhe é dado *ressalvar* o próprio entendimento, no primeiro grau ou nos órgãos colegiados, ainda quando se curve ao entendimento dissidente). E, por conseguinte, *não pode ser punido administrativamente pelas teses jurídicas que perfilhar ou externar*, ainda que incomuns ou minoritárias. Não fosse assim, teríamos «não-juízes»: servidores autômatos que, em primeiro grau de jurisdição, limitar-se-iam necessariamente a repetir as teses do segundo grau e a reproduzir as emendas das súmulas dos tribunais superiores. Essa certamente não seria uma Magistratura democrática. O que significa dizer, *"a contrario sensu"*, que a **liberdade de convicção** e a **autonomia pessoal** dos magistrados, ambas radicadas na base axiológica das normas-regras constitucionalizadas no artigo 95, I a III, da Constituição, perfazem verdadeira **condição** para um Estado Democrático de Direito.

É exatamente por conta dessa percepção que tanto se debate, no âmbito das associações de juízes, a impropriedade da expressão *"hierarquia judiciária"* — ainda muito comum nos regimentos internos dos tribunais — e da própria normativa a ela relacionada. Não convém confundir **competên-**

cias funcionais, como são aquelas exercidas pelos tribunais para a revisão das decisões de primeiro grau, com **anteposição hierárquica**, conceito admissível e até mesmo natural em algumas instituições (como, p.ex., nas Forças Armadas, a ponto de se excepcionar a regra da limitação das prisões aos casos de flagrante delito e mandado judicial — veja-se, *e.g.*, o artigo 5º, LXI, *in fine*, da CRFB), mas *absolutamente impróprio* para definir a natureza das relações entre juízes de primeiro e segundo grau de jurisdição (ou entre esses e os juízes dos tribunais superiores). Não se discute, nos limites do sistema processual, o poder de revisão dos tribunais, imanente ao próprio *"procedural due process of law"* (artigo 5º, LIV, da CRFB); nem tampouco o dever intraprocessual de respeito às decisões judiciais de grau superior, no plano jurídico-decisório (o que não significa, entenda-se bem, capitulação no plano jurídico-argumentativo); mas tudo isso *nos limites subjetivo-objetivos do processo* (ou toda súmula de jurisprudência seria necessariamente vinculativa). Nada mais que isso. O magistrado de primeiro grau *pode* discordar das subsunções jurídicas e das razões de fato e de direito do *"decisum"* de segundo grau ou até mesmo das instâncias superiores; pode, por isso mesmo, ressalvar seus entendimentos; e, em casos excepcionais, pode inclusive *se escusar* de julgar, por entender malferida a sua independência funcional, em razão do tipo de decisão a que terminou «confinado» em razão de decisões superiores (valendo-se, para tanto, do artigo 135, par. único, do CPC de 1973; ou, agora, do artigo 145, §1º, do NCPC)[8]. Apenas não pode *rever* intraprocessualmente o que foi decidido nas instâncias superiores, ainda que violentem o seu convencimento. Quanto ao mais, porém, *não há hierarquias.* Leia-se, por todos, em NERY DE OLIVEIRA:

> A tal modo, se resulta lógico que a administração centralizada nos Tribunais pressupõe uma obediência aos comandos de gestão e administração por tais Cortes enunciadas, logicamente tais atos administrativos não ensejam qualquer perda dos atributos de independência do juiz, notadamente na sua atividade-fim, mas também indiretamente qualquer ingerência que possa pretender vir a perturbar aquela, ainda que emanada de órgãos internos do Judiciário. Para que assim fosse, o artigo 95 haveria de comportar exceções, e tais não existem para permitir que juízes de Cortes superiores sejam maiores que outros.
>
> Na verdade, todos os juízes são iguais, mesmo aquele magistrado da comarca mais humilde e longínqua do País em relação ao ministro do Supremo Tribunal Federal — o que os distingue, basicamente, são as competências jurisdicionais distintas, que confere a uns e outros, em dados momentos, maior *status* social (e não pouco é lembrar que muitas vezes o juiz da comarca do interior, quase esquecida por todos, é muito mais prestigiado na

---

[8] Assim, p.ex., o magistrado que se vir instado a decidir litígio para o qual se julga legalmente suspeito (artigo 145 do NCPC), por ter o tribunal, em mandado de segurança, entendido o contrário. Não se trata de hipótese acadêmica, havendo precedentes na própria Justiça do Trabalho.

sua localidade que qualquer ministro do STF, pois são as suas decisões que influem diretamente no cotidiano daquela comunidade).

Ainda que possa parecer absurdo, a inexistência de qualquer hierarquia entre os Juízes vem capitulada no artigo 6º da Lei 8.906/94, exatamente o Estatuto da Advocacia, quando assevera que «não há hierarquia nem subordinação entre advogados, magistrados e membros do Ministério Público, devendo todos tratar-se com consideração e respeito recíprocos», havendo que se ponderar que <u>tal dispositivo não se dirige apenas à inexistência de subordinação e hierarquia dos advogados em relação a juízes e membros do Ministério Público, mas também entre estes</u>, sob pena também da regra primeira acabar desvirtuada"[9].

Ainda, no escólio de GOMES DA CRUZ[10]:

Temos feito várias referências à independência do magistrado, salientando que <u>as garantias constitucionais se voltam para preservar tão fundamental atributo da magistratura</u>. Logo, <u>todo juiz deve agir com independência, até em relação à instância superior</u>, sabido que <u>esta só possui</u>, em relação ao órgão de grau inferior, <u>competência de derrogação</u>. Claro, não se exclui o poder disciplinar, mas <u>não interferindo diretamente na atuação do juiz</u> em matéria processual.

Mais além, em plagas europeias — e há décadas —, o insuperável GOMES CANOTILHO[11] identificou, no **princípio constitucional da independência dos órgãos judiciais** (consagrado na Constituição portuguesa de 1976 e inerente a todos os Estados Democráticos de Direito), três corolários: o da **independência pessoal** (donde a impraticabilidade das nomeações interinas e das transferências, suspensões, aposentações e demissões à margem da lei ou *em razão das decisões emanadas*), o da **independência coletiva** (autonomia da judicatura — inclusive orçamentária — em relação aos demais poderes da República) e o da **independência funcional.** Quanto a essa última, assere que

A **independência funcional** é uma das dimensões tradicionalmente apontadas como constituindo o <u>núcleo duro do princípio da independência</u>. Significa ela que <u>o juiz está apenas submetido à lei — ou melhor, às fontes de direito jurídico-constitucionalmente reconhecidas — no exercício da sua função jurisdicional</u>".

Consequentemente, o juiz de primeiro grau não está obrigado a acatar teses ou entendimentos de instância superiores, se pessoalmente não os crê conformes às fontes de direito jurídico-constitucionalmente reconhecidas (a não ser,

---

9 OLIVEIRA, Alexandre Nery de. *"Hierarquia e subordinação judiciárias. Inconstitucionalidade".* In: *Jus Navigandi.* Teresina, ano 5, n. 48, dez. 2000. Disponível em http://jus2.uol.com.br/doutrina/texto.asp?id=246 (acesso em 17.06.2010 — *g.n.*). O autor, não por acaso citado, é desembargador do Tribunal Regional do Trabalho da 10ª Região.

10 CRUZ, José Raimundo Gomes da. *Lei Orgânica da Magistratura Nacional interpretada.* São Paulo: Oliveira Mendes, 1998. p.44 (*g.n.*).

11 CANOTILHO, J. J. Gomes. *Direito Constitucional e Teoria da Constituição.* 3ª ed. Coimbra: Almedina, 1998. pp.617-618 (*g.n.*).

no caso brasileiro, em hipóteses cobertas por *súmulas vinculantes* exaradas pelo Supremo Tribunal Federal, mercê da norma ínsita ao artigo 103-A da CRFB). Está, sim, obrigado a acatar o *resultado* dos arestos que lhe reformam as decisões, **nos limites de seus comandos dispositivos concretos**. Não mais do que isso. Não se obriga, p.ex., a *reproduzir*, em nova sentença, os conceitos, as teses e as convicções perfilhadas pelo relator na fundamentação do voto. Nem a seguir a súmula de jurisprudência dos tribunais aos quais se vincula, se o entendimento ali vazado violenta-lhe a convicção. E, por isso mesmo, andou mal o Conselho Nacional de Justiça ao erigir a "obediência a súmulas" como um requisito objetivo de aferição do «merecimento» do magistrado ao tempo da sua promoção (cfr. artigo 93, II e III, da CRFB c.c. artigo 5º, «d» e «e», da Resolução CNJ n. 106/2010[12]).

Nesse sentido, aliás, tem se pronunciado iterativamente o próprio Conselho Nacional de Justiça, *excluindo* a possibilidade de se recorrer à instância administrativa disciplinar e/ou revisional para «corrigir» ou «punir» os assim chamados *"errores in judicando"* (i.e., erros de julgamento — que nada mais são que convicções jurídicas derrubadas em superior instância). Veja-se:

> **Recurso Administrativo em Revisão Disciplinar. Insurgência contra decisão monocrática que indeferiu pedido de apuração da responsabilidade dos magistrados que atuam em processos judiciais de interesse da requerente e contra o indeferimento de afastamento destes e do desembargador que é parte nos processos na defesa da guarda de seu neto. Recurso não provido.** A Revisão Disciplinar não se presta à indagação de *quaestionis juris*, nem ao ataque do *error in judicando* do magistrado. A pretensão de incursão em atos judiciais proferidos em juízo constitui matéria que se posta fora do âmbito de competência do CNJ. Essa atuação no plano judicial só se revê através dos meios postos na legislação processual, pela via do recurso judicial cabível, sendo inadequada e incabível a Revisão Disciplinar para essa finalidade" (CNJ, REVDIS n. 200810000005120 e REP n. 200810000005118, Rel. Cons. RUI STOCO, 65ª Sessão, j. 24.06.2008, *in* DJU 05.08.2008 — *g.n.*).
>
> **Recurso Administrativo em Reclamação Disciplinar. Arquivamento. Atos judiciais passíveis de recurso. Inexistência de infração funcional.** 1) O CNJ não é instância de revisão de decisões proferidas pelos órgãos do Poder Judiciário no exercício da típica atividade jurisdicional. 2) Os fatos trazidos aos autos pelo reclamante não apresentam cometimento de infração funcional. Recurso a que se nega provimento" (CNJ – RD 391 – Rel. Cons. JOSÉ ADONIS CALLOU DE ARAÚJO SÁ, 69ª Sessão, j. 09.09.2008, *in* DJU 26.09.2008 — *g.n.*).

---

12 Aliás, quanto à alínea «d», restaria a esclarecer — e isto tanto poderia ser tentado mediante sucessivas incursões nos recônditos da Filosofia do Direito como ainda, mais intimamente, mediante sucessivas visitas ao divã do psicanalista, tal a extensão e as possibilidades da ideia contida — o que vem a ser a «pertinência» da doutrina ou da jurisprudência citada. Com toda vênia, conceito assim aberto jamais poderia ser eleito como "critério objetivo" de promoção de magistrados.

> Magistrado. Descumprimento de dever funcional. Art. 35, I, da LO-MAN. Inexistência. Regular exercício da atividade jurisdicional. **Princípio do livre convencimento motivado.** *Error in judicando.* O Juiz tem o dever legal de observar as suas obrigações, no que se inclui 'cumprir e fazer cumprir, com independência, serenidade e exatidão, as disposições legais e os atos de ofício' (LOMAN, art. 35, I). **É-lhe assegurado, todavia, o exercício da função com liberdade de convencimento (CPC, art. 131) e independência, de modo a garantir, em última análise, a autonomia e independência do próprio Poder Judiciário (CF, art. 95)**. Constatado, no caso concreto, que, conquanto se possa considerar equivocada a decisão que condenou terceiro não integrante da relação processual, o ato em questão foi praticado no regular exercício da função e de acordo com a convicção do magistrado sobre a matéria. Não há falar, portanto, em descumprimento de dever funcional e de responsabilização do magistrado. Revisão Disciplinar de que se conhece e que se julga improcedente" (CNJ, RD n. 200830000000760, rel. Cons. ALTINO PEDROZO DOS SANTOS, 80ª Sessão, j. 17.03.2009, *in* DJU 06.04.2009 — *g.n.*)

E — antecipo-me — se é assim no plano administrativo disciplinar, não há como ser diferente no plano jurídico-civil ou jurídico-penal, nem se justifica eticamente que se haja de modo diverso no plano administrativo promocional (i.e., na consideração do "merecimento" do agente público para efeito de promoção ou de percepção de vantagens quaisquer).

Aliás, a própria Lei Orgânica da Magistratura Nacional (Lei Complementar n. 35/79) prevê, em seu artigo 41, que o magistrado não pode ser punido ou prejudicado pelas opiniões que manifestar ou pelo teor das decisões que proferir, salvo no caso de impropriedade ou excesso de linguagem. *In verbis*:

> **Artigo 41.** Salvo os casos de impropriedade ou excesso de linguagem, o magistrado não pode ser punido ou prejudicado pelas opiniões que manifestar ou pelo teor das decisões que proferir.

E, na mesma alheta, a LOMAN dispõe, no seu artigo 40, que a atividade censória dos tribunais *não pode cercear a independência* ou *malferir a dignidade* do magistrado. *In verbis*:

> **Artigo 40.** A atividade censória de Tribunais e Conselhos é exercida com o resguardo devido à dignidade e à independência do magistrado.

Se tudo isso é verdadeiro no plano judicial e administrativo, entre magistrados dos diversos níveis da carreira da Magistratura e dos tribunais superiores, não pode ser menos verdadeiro em relação a **terceiros**. Se o magistrado instrui e julga de acordo com a sua convicção, reportando-se à Constituição da República e às leis do país (da maneira como as lê, inclusive em perspectiva sistemática e/ou teleológica), e se assim *fundamenta* a sua decisão (porque é exatamente aqui — na **fundamentação judicial**, não na positividade das leis infraconstitucionais — onde tem assento, nos Estados Democráticos de Direito, a *maior garantia do jurisdicionado* contra as possíveis arbitrariedades do próprio Poder Judiciário), não pode ser responsabilizado, seja no campo administrativo, seja no campo cível, seja ainda — e com maior razão — no campo criminal. Pregar o contrário é pregar uma jurisdição *covarde*, porque a decisão judicial preocupar-se-á primeiramente com a indenidade do próprio prolator e somente depois com a justiça do caso concreto. É pregar, ainda, uma jurisdição tacanha, repetidora de verbetes que não raro se empedram no tempo. É pregar, por fim, uma jurisdição eficientista (mas não eficaz), que se ocupa de decidir mais e mais rapidamente, produzindo números, resultados e relatórios; mas que, ao cabo e ao fim, já não produz justiça social.

Mas é precisamente neste ponto que peca o projeto do novo Código de Processo Civil. Eis o que diremos na sequência.

3. O NOVO CÓDIGO DE PROCESSO CIVIL: PONTOS CRÍTICOS. ARTIGOS 10, 15, 133, 235, 489, 927 E OUTROS

Na linha do quanto exposto acima, o novo CPC apresentará desconformidades *formais* e *materiais* na perspectiva das prerrogativas da Magistratura nacional, ainda que poucas. Por isso, seria útil repará-las antes de eventual promulgação do diploma. Dois dispositivos do Novo Código de Processo Civil chamam a atenção, em particular, pela referida desconformidade. Vejamo-los:

- Artigo 10:

    O juiz não pode decidir, em grau algum de jurisdição, com base em fundamento a respeito do qual não se tenha dado às partes oportunidade de se manifestar, ainda que se trate de matéria sobre a qual tenha que decidir de ofício.

- Artigo 235:

    Art. 235. Qualquer parte, o Ministério Público ou a Defensoria Pública poderá representar ao corregedor do tribunal ou ao Conselho Nacional de Justiça contra juiz ou relator que injustificadamente exceder os prazos previstos em lei, regulamento ou regimento interno.

    § 1º Distribuída a representação ao órgão competente e ouvido previamente o juiz, não sendo caso de arquivamento liminar, será instaurado procedimento para apuração da responsabilidade, com intimação do representado por meio eletrônico para, querendo, apresentar justificativa no prazo de 15 (quinze) dias.

    § 2º Sem prejuízo das sanções administrativas cabíveis, em até 48 (quarenta e oito) horas após a apresentação ou não da justificativa de que trata o § 1º, se for o caso, o corregedor do tribunal ou o relator no Conselho Nacional de Justiça determinará a intimação do representado por meio eletrônico para que, em 10 (dez) dias, pratique o ato.

    § 3º Mantida a inércia, os autos serão remetidos ao substituto legal do juiz ou do relator contra o qual se representou para decisão em 10 (dez) dias.[13]

---

13 Compare-se, a propósito, com o teor do artigo 192 do projeto original (muito mais próximo do artigo 198 do CPC de 1973): *"Qualquer das partes ou o Ministério Público poderá representar ao presidente do*

Pois bem.

No que diz respeito ao artigo 10, impende registrar que, a despeito de suas excelentes intenções (na esteira do artigo 5º, LV, da CRFB), termina consumando um *retrocesso* no plano da aplicação judiciária da norma jurídica, notadamente quando se trata de **preceito de ordem pública** (de que se invariavelmente se revestem as chamadas "objeções processuais", às quais se reporta o artigo 10). É da tradição do processo — em especial no âmbito do processo penal e dos mecanismos processuais de tutela de direitos fundamentais — a parêmia latina *"iura novit curia"*, a significar que o juiz pode aplicar o Direito em conformidade com a configuração factual que se lhe apresenta, desde que nisso não desborde dos limites objetivos e subjetivos da lide (a que DINAMARCO denomina *princípio da correlação entre a demanda e a sentença*); ao desbordar — aí sim — seria imprescindível a imediata dilação adversarial para efeito de contraditório (como se dá, no processo penal, com a chamada *"mutatio libelli"* — art. 384 do CPP). Com mesma ou maior razão, não há necessidade de se limitar o poder decisório do juiz, quando à mercê de objeções processuais, a um procedimento contraditório prévio. O princípio do contraditório (artigo 5º, LV, CRFB) já estará atendido com a inarredável possibilidade de revisão do *"decisum"*, em sede de recurso, caso uma das partes se entenda "surpreendida" ou contrariada com a subsunção jurídica que o magistrado imprimiu a determinado fato ou circunstância (decadência, coisa julgada, litispendência, carência de ação, etc.). Desse modo, obrigar o juiz a abrir contraditório sempre que pretenda decidir com base em normatividade cogente e cognoscível *"ex officio"* é limitar a extensão do seu poder de direção processual, circunscrevendo-o a limites que hoje não se impõem e que, inexistentes, nem por isso têm suscitado discussões de fulcro constitucional; e, num certo sentido, é comprometer o próprio princípio da duração razoável do processo (artigo 5º, LXXVIII, da CRFB).

Não bastasse, a própria sistemática do novo CPC parece transigir com a saudável e necessária possibilidade de decisão imediata com base em matéria de ordem pública, sem prejuízo de eventual contraditório diferido. Vejam-se, por exemplo, os casos do artigo 278, par. único (quanto às nulidades absolutas, cog-

---

tribunal de justiça contra o juiz que excedeu os prazos previstos em lei. §1º. Distribuída a representação ao órgão competente, será instaurado procedimento para apuração da responsabilidade. §2º. O presidente do tribunal, conforme as circunstâncias, poderá avocar os autos em que ocorreu excesso de prazo, remetendo--os ao substituto legal do juiz contra o qual se representou, sem prejuízo das providências administrativas."
Na prática, o NCPC constrói uma possibilidade ainda mais temerária de o *corregedor do tribunal* e/ou *o relator da representação no Conselho Nacional de Justiça* — e já não o presidente do tribunal — interferirem com a distribuição e obliquamente malferirem a garantia do juiz natural. Melhor seria que, não praticado o ato no prazo assinado, houvesse um *incidente processual* de deslocamento da competência funcional, a ser decidido pelo tribunal (ainda que sob rito breve), assegurando-se a garantia do contraditório às partes litigantes. Não uma medida de *intervenção administrativa* que, relativamente àquele modelo outrora definido pelo Código Buzaid, torna-se agora ainda pior.

noscíveis de ofício), do artigo 285, par. único (quanto à decisão de mandar anotar *"ex officio"* as reconvenções, as intervenções de terceiros ou quaisquer hipóteses de ampliação objetiva do processo), do artigo 292, §3º (quanto à correção *"ex officio"* do valor da causa, pelo juiz, *"quando verificar que não corresponde ao conteúdo patrimonial em discussão ou ao proveito econômico perseguido pelo autor, caso em que se procederá ao recolhimento das custas correspondentes"*), do artigo 370, *caput* (quanto à determinação *"ex officio"* de produção de quaisquer provas que julgar necessárias para o julgamento da lide), do artigo 300, §1º (quanto ao condicionamento das medidas acautelatórias à prestação de caução) e, por fim, do artigo 297 (quanto às *"medidas que considerar adequadas para efetivação da tutela provisória"*). Ao que se lê nas redações desses preceitos — que sempre preordenam, em alguma medida, «decisão» judicial nos autos —, poderá o magistrado, em qualquer daqueles casos, **decidir de ofício** (para declarar a nulidade, anotar a intervenção, produzir a prova, substituir ou conceder a medida de urgência, etc.), *independentemente* de oitiva do *"ex adverso"*. Ou acaso se sustentará que, por força do artigo 10, deverá o juiz, *em todos esses casos*, ouvir antecipadamente a(s) parte(s)? Indagará ao réu o que acha ele, réu, da medida acautelatória que ao juiz parece mais adequada para evitar justamente o perecimento do direito litigioso por ação do mesmo réu? A ser assim, a hermenêutica sacrificaria amiúde a duração razoável do processo; e, para mais, o próprio *escopo* dos preceitos legais que regulam as tutelas de emergência e evidência. Em alguns casos, o contraditório prévio seria inclusive contraproducente, quando não impeditivo dos efeitos pretendidos (assim, *e.g.*, nas hipóteses de cautelaridade; neste sentido, aliás, bem previam, na redação do projeto original, o artigo 284, 1ª parte — *excepcionalidade* da urgência — ou do artigo 258, *caput*). Ora, se é dado ao juiz, ao menos nessas situações específicas, decidir *"inaudita altera parte"*, por que não poderia fazê-lo quando estiverem presentes as mesmas razões que aqui justificarão o diferimento do contraditório (a saber, a *defesa da ordem pública* e/ou a *preservação da utilidade e da celeridade do processo*)? «*Ubi eadem ratio ibi idem ius*». A bem da interpretação sistêmica, aliás, convirá reconhecer que, no próprio texto do NCPC, encontram-se alinhavados os casos em que a atuação *"ex officio"* pressupõe a necessária oitiva *prévia*; assim, p.ex., no artigo 493[14]. Nada obstante, a redação "peremptória" do artigo 10 do NCPC ensejará, infelizmente, inúmeras polêmicas a esse propósito.

Pois bem. Pela perspectiva constitucional (artigo 5º, LV), parece-nos claro que, a depender do caso concreto, **poderá** o juiz entremear o contraditório, com proporção e utilidade, entre a identificação de objeções processuais incidentes

---

[14] "**Art. 493.** *Se, depois da propositura da ação, algum fato constitutivo, modificativo ou extintivo do direito influir no julgamento do mérito, <u>caberá ao juiz tomá-lo em consideração, de ofício</u> ou a requerimento da parte, no momento de proferir a decisão.* **Parágrafo único.** *Se constatar de ofício o fato novo, <u>o juiz ouvirá as partes sobre ele antes de decidir</u>"* (g.n.).

e a sua decisão a respeito; o **dever**, porém, refere-se ao contraditório *"a se"*, não necessariamente ao seu momento. É o que se dá, aliás, com as próprias nulidades absolutas, que demandam contraditório; e, nada obstante, o novo *codex* autorizará o seu decreto de ofício (artigo 278, par. único), aparentemente sem necessidade de prévia manifestação das partes (a não ser, insista-se, que se pretenda aplicar o artigo 10 à hipótese do artigo 278, par. único; mas, sendo assim, haveremos de aplicá-lo também às hipóteses do artigo 297 do NCPC, ainda que isso prejudique a finalidade da norma?). Vê-se, pois, que a melhor sistemática será sempre *deixar a critério do magistrado*, na direção do processo em cada caso concreto, decidir sobre a *necessidade* (no aspecto técnico-jurídico, i.e., quanto à constitucionalidade/legalidade de eventual mitigação ou diferimento) e também sobre a *conveniência* (aspecto político-processual) do contraditório prévio. É, aliás, o que naturalmente decorreria da excelente norma inserta no artigo 107, V, quanto à *adequação das fases e dos atos processuais às especificações do conflito,* de modo a *"conferir maior efetividade à tutela do bem jurídico"* (mas que, viu-se, foi lamentavelmente manietada para, no atual artigo 139, VI, admitir tão-só a *dilatação dos prazos processuais legais* e a *alteração da ordem de produção dos meios de prova,* como recursos de adequação do procedimento às necessidades do conflito). Daí porque, ao que sentíamos — e assim nos manifestamos em parecer solicitado, à época, pela Diretoria de Assuntos Legislativos da Associação Nacional dos Magistrados da Justiça do Trabalho (então sob os cuidados do juiz GERMANO SILVEIRA DE SIQUEIRA) —, melhor teria sido **eliminar** do projeto o atual artigo 10 do NCPC, a bem da preservação dos poderes de direção do juiz no processo e do seu próprio livre convencimento motivado. Infelizmente, assim não se fez.

Deve-se, a propósito, debelar os preconceitos que ainda existem quanto à figura do **contraditório mitigado ou diferido.** Fiel às lições do grande OVÍDIO BAPTISTA[15], é mister reconhecer que a dignidade e a urgência do bem da vida perseguido (i.e., do "direito material") não apenas justifica como muitas vezes *impõe* um procedimento contraditório diferenciado, sem que isso represente qualquer violência à cláusula constitucional vazada no artigo 5º, LV, da CRFB). Desse modo, pode bem o juiz, deparando-se com objeções processuais ou outras matérias de que deva conhecer *"ex officio",* **decidi-las** de plano, mercê do princípio do livre convencimento motivado, quando for essa a melhor solução para a preservação da utilidade do processo e/ou para a sua duração razoável (mais: a depender do bem da vida em jogo e das circunstâncias do caso, *terá* de fazê-lo). E o fará *sem prejuízo* do contraditório, que todavia será diferido (mas nem por isso mitigado: mesmo no processo do trabalho, mais infenso a incidentes pro-

---

15 BAPTISTA SILVA, Ovídio Araújo. *Processo e Ideologia: o paradigma racionalista.* 2ª ed. Rio de Janeiro: Forense, 2004. pp.112 e ss.; pp.128-129.

cessuais, a parte insatisfeita poderá registrar seus protestos, na audiência ou no primeiro momento em que lhe couber falar nos autos, com vistas à ulterior impugnação em sede de recurso ordinário[16]; e, no processo civil — mesmo neste que agora se anuncia —, haverá sempre a possibilidade dos agravos[17]).

Podem-se, ademais, antecipar possíveis gargalos de interpretação com outros preceitos do anteprojeto que reproduzem ou revisitam essas mesmas idéias de «audição prévia e necessária das partes» antes de qualquer ato judicial decisório, mesmo naquilo que o juiz tenha de conhecer de ofício. Entretanto, a bem de uma abordagem sintética e com o propósito de não comprometer o foco da crítica — que deve mesmo privilegiar as questões principais (*supra*) —, encerramos aqui esta incursão.

No que diz com o novel artigo 235 e com a «responsabilidade» disciplinar dos magistrados pelos excessos de prazo (que já tinham regulação legal, no CPC de 1973, e também administrativa, no Regimento Interno do Conselho Nacional de Justiça), o problema é similar. Como é de sabença geral, o regime disciplinar da Magistratura não pode ser objeto de lei ordinária federal (como é, sabidamente, o NCPC). As normas de conduta da Magistratura nacional e o respectivo regime disciplinar são — e devem ser — objeto do **Estatuto da Magistratura**, que hoje tem corpo na Lei Complementar n. 35/79 (LOMAN). E, não bastasse a questão do quórum especial (artigo 69 da CRFB), é certo que, para tanto disciplinar, a iniciativa legislativa jamais poderia ser de um senador da República. Haveria de ser do Supremo Tribunal Federal. É o que dita o próprio artigo 93, *caput*, da Constituição Federal:

> Lei complementar, de iniciativa do Supremo Tribunal Federal, disporá sobre o Estatuto da Magistratura, observados os seguintes princípios [...] (*g.n.*).

Nessa alheta, tornam-se de duvidosa constitucionalidade (ante os indícios de *inconstitucionalidade formal*, por vícios de espécie e de iniciativa) as normas vazadas no novel CPC que pretendam regular a *responsabilidade disciplinar* do magistrado pelo excesso dos prazos legais, inclusive com um arremedo de *rito* para essa específica finalidade (distribuição ao órgão competente, instauração do procedimento disciplinar sem prévia oitiva do acusado, avocação discricionária dos autos em que se der o atraso para efeito de remessa a substituto legal — o que põe em xeque, teoricamente, a própria garantia do juiz natural[18] —, etc.). Com efeito, os *deveres dos magistrados* estão atualmente dispostos no artigo 35 da LOMAN (sendo certo que o excesso de prazos está contemplado já no inciso segundo, com a modulação necessária do advérbio *"injustificadamente"*

---

16   Ver artigo 795 c.c. artigo 893, §1º, da CLT.
17   Ver, no CPC de 1973, os artigos 522 a 529. No NCPC, vejam-se os artigos 1015 a 1020.
18   Cfr. artigo 5º, incisos e XXXVII, LIII e LIV da CRFB. Veja-se ainda, *supra*, a nota n. 12.

— que sequer aparecia no artigo 192 do PLS n. 166/2010, mas foi oportunamente devolvido ao atual artigo 235 do NCPC). Por sua vez, a *responsabilidade disciplinar* do juiz pela inobservância desse dever está regulada entre os artigos 40 e 48 da mesma LOMAN, sendo certo que, para o caso em testilha — que importa em *"negligência no cumprimento dos deveres do cargo"* (desde que os excessos sejam *injustificados*) —, a lei prevê penas de **advertência** (nas situações isoladas) e de **censura** (no caso de reiteração), quando aos juízes de primeiro grau (*ut* artigos 42, par. único, 43 e 44), sendo discutível a natureza da sanção quando se tratar de juízes de segundo grau (vez que, por um lado, não se justificaria aplicar-lhes pena mais grave que a reservada para juízes de primeiro grau; mas, por outro, tampouco seria juridicamente aceitável que estivessem ao abrigo de qualquer responsabilidade disciplinar em semelhantes casos). Em nenhum caso, prevê-se como sanção disciplinar a "perda da competência"; e nem se poderia prever.

Ademais, o *rito* para a aplicação de sanções disciplinares a magistrados está igualmente esboçado pela lei em vigor, ao menos para os casos mais graves, nos termos de seus artigos 27 c.c. 46 da LOMAN (recepcionada que foi, às sabenças, como lei complementar). Não poderia a lei ordinária federal fazê-lo, ainda que residualmente, mesmo para os casos mais singelos, até porque a delegação legislativa, nesse particular, foi textualmente acometida aos regimentos internos dos tribunais (artigo 48), para salvaguardar as peculiaridades locais (o que, diga-se, é de duvidosa recepção constitucional); e, no plano nacional, ao regimento interno do próprio CNJ, por força do artigo 103-B, §4º, da CRFB. Por conseguinte, qualquer tentativa de regular matéria disciplinar afeta à Magistratura nacional no Projeto de Código de Processo Civil — que perfará lei ordinária federal — tende a *não resistir* a um exame escrupuloso de constitucionalidade.

Nesse diapasão, e em casos muito semelhantes, pronunciou-se outrora o Excelso Pretório, em variegadas ocasiões (nalgumas, inclusive, por provocação de associações de magistrados, como a Associação dos Magistrados do Brasil e a própria Associação Nacional dos Magistrados da Justiça do Trabalho). Vejam-se, por amostragem, as seguintes ementas (de três casos distintos, envolvendo a criação ou o regramento de infrações disciplinares fora do Estatuto da Magistratura, o regramento dos consequentes procedimentos e a competência legalmente delegada aos regimentos internos):

> AÇÃO DIRETA DE INCONSTITUCIONALIDADE. PROVIMENTO Nº 8, DE 25.09.01, DO TRIBUNAL REGIONAL DO TRABALHO DA 20ª REGIÃO. SENTENÇA ANULADA PELO TRT. NOVA DECISÃO A QUO QUE REPRODUZ OS MESMOS FUNDAMENTOS QUE MOTIVARAM A ANULAÇÃO DA SENTENÇA ANTERIOR. ATO ATENTATÓRIO À DIGNIDADE DO TRIBUNAL. <u>MATÉRIA RELATIVA AOS DEVERES FUNCIONAIS DO JUIZ. ESTATUTO DA MAGISTRATURA. ART. 93, *CAPUT*, DA CONSTITUIÇÃO FEDERAL. INCONSTITUCIONALIDADE FORMAL</u>. 1. A decisão do Tribunal

que dá provimento ao recurso para anular a decisão impugnada não substitui o ato recorrido, mas se restringe a cassá-lo, por ilegalidade, após reconhecer a existência de vício de atividade ou error in procedendo. 2. Se, por um lado, o magistrado é livre para reapreciar o mérito da causa, podendo, até mesmo, chegar a veredicto coincidente àquele emitido anteriormente (momento em que se estará dando plena aplicabilidade ao princípio da independência do magistrado na apreciação da lide), por outro, de acordo com sistemática processual vigente, a ele é vedado alterar, modificar ou anular decisões tomadas pelo órgão superior por lhe faltar competência funcional para tanto. A ele cabe cumprir a decisão da Corte *ad quem*, sob pena de ofensa à sistemática constitucional da repartição de competência dos órgãos do Poder Judiciário. Fenômeno da preclusão consumativa *pro iudicato*. 3. Longe de configurar uma mera explicitação ou uma recomendação reforçativa da obrigação do magistrado de obediência às disposições legais, recortou o ato impugnado determinada conduta do universo das ações que traduzem violação àquele dever, atribuindo a esta autônoma infração grave e exclusiva valoração negativa que se destaca do comando genérico do dever de respeito à lei, dirigido a todos os juízes. 4. Ao criar, mediante Provimento, infração nova e destacada, com conseqüências obviamente disciplinares, incorreu a Corte requerida em inconstitucionalidade formal, tendo em vista o disposto no art. 93, caput da Carta Magna. 5. Ação direta cujo pedido se julga procedente.[19]

PROVIMENTO DE TRIBUNAL DE JUSTIÇA QUE PROÍBE OS JUÍZES DE SE AUSENTAREM DAS COMARCAS, SOB PENA DE PERDA DE SUBSÍDIOS: MATÉRIA RESERVADA À LEI COMPLEMENTAR. PROCEDÊNCIA DA AÇÃO DIRETA PARA DECLARAR A INCONSTITUCIONALIDADE FORMAL DO PROVIMENTO IMPUGNADO. O Tribunal, por unanimidade, julgou procedente a ação e declarou a inconstitucionalidade dos artigos 1º e 2º do Provimento nº 001, de 31 de julho de 2003, do Tribunal de Justiça do Estado do Pará, nos termos do voto do Relator. Votou o Presidente, Ministro Nelson Jobim.[20]

CONSTITUCIONAL. MAGISTRADO: PENAS DISCIPLINARES. COMPETÊNCIA DO TRIBUNAL. C.F., art. 93, X, art. 96, I, a. Lei Complementar 35, de 1979 - LOMAN - arts. 40, 42, parág. único, 46 e 48. I. Aos Tribunais compete, privativamente, elaborar seus regimentos internos, dispondo sobre a competência e o funcionamento dos respectivos órgãos jurisdicionais e administrativos. C.F., art. 96, I, a. A competência e o funcionamento do Conselho Superior da Magistratura devem ser estabelecidas pelo Tribunal de Justiça, em regimento interno. II. As penas de advertência e de censura são aplicáveis aos juízes de 1º

---

19 STF, **ADI n. 2885/SE** (Associação Nacional dos Magistrados da Justiça do Trabalho – ANAMATRA vs. Tribunal Regional do Trabalho da 20ª Região), **Tribunal Pleno, rel. Min. ELLEN GRACIE, j. 18.10.2006,** *in* DJ 23.02.2007, p.16 (*g.n.*).

20 STF, ADI n. **3053/PA** (Associação dos Magistrados do Brasil – AMB vs. Corregedoria de Justiça das Comarcas do Interior do Estado do Pará), Tribunal Pleno, **rel. Min. SEPÚLVEDA PERTENCE, j. 11.11.2004,** *in* RTJ 193/129 (*g.n.*).

grau, pelo Tribunal, pelo voto da maioria absoluta de seus membros. C.F., art. 93, X. III. - Recepção, pela CF/88, da LOMAN, Lei Orgânica da Magistratura: C.F., art. 93. IV. Os regimentos internos dos Tribunais estabelecerão o procedimento para a apuração de faltas puníveis com advertência ou censura. LOMAN, art. 48. V. Regimento Interno, artigos 37 e 40: inconstitucionais em face do art. 96, I, a, da Constituição Federal (maioria). Voto do Relator: empresta-se interpretação conforme a Constituição para estabelecer que citados artigos 37 e 40 dizem respeito apenas às penas de advertência e censura. VI. ADIn não conhecida em parte e, na parte conhecida, julgada procedente.[21]

Do ponto de vista estritamente hermenêutico — dizendo, pois, menos com as prerrogativas da Magistratura nacional e mais com a própria atividade judicante diuturna do juiz do Trabalho —, o artigo 14 do PLS n. 166/2010 (original), a que corresponde o *artigo 15* do NCPC, deverá causar alguma perplexidade, abalando talvez o próprio edifício jurisprudencial que ao longo dos anos se construiu, na Justiça do Trabalho, em torno do artigo 769 da CLT. Por isso mesmo, convirá desde logo **adaptá-lo** para que, no futuro, sua redação não justifique arroubos de interpretação incoerentes com a sistemática e a principiologia da Consolidação das Leis do Trabalho (ou do diploma legislativo que venha a substituí-la no plano processual), aptos a causar, nos jurisdicionados, polêmica e assombro — e, por essa via, mais demandas em corregedorias.

É que o preceito estava assim vazado:

> Na ausência de normas que regulem processos eleitorais, administrativos ou trabalhistas, as disposições deste Código lhes serão aplicadas supletivamente (*g.n.*).[22]

Ditada desta maneira, a norma termina por ignorar o clássico *binômio clausular de subsidiariedade* que a jurisprudência e a doutrina processual trabalhista construiu a partir do artigo 769 da CLT: para que a norma de direito processual comum (i.e., o *Direito Processual Civil*, ao menos pela interpretação hoje corrente[23]) possa ser aplicada ao processo do trabalho, há que ter **omissão** (da legislação processual trabalhista) **e compatibilidade** (entre a norma importada do processo comum e a própria sistemática/principiologia do processo do trabalho). Bem se vê que o artigo 15 ignora, ao menos textualmente, o segundo

---

21 STF, **ADI n. 2580/CE** (Procurador-Geral da República *vs.* Assembléia Legislativa do Estado do Ceará e Conselho Superior da Magistratura do Tribunal de Justiça do Estado do Ceará), rel. **Min. CARLOS VELLOSO, j. 26.09.2002,** *in* DJ 21.02.2003, p.27 (*g.n.*).

22 Em relação à redação original do PLS n. 166, o texto final do NCPC excluiu apenas os **processos penais**. Desnecessariamente, a nosso ver. Veja-se a nota subsequente.

23 Com a qual, diga-se, não concordamos. A rigor, tanto o *processo civil* quanto o *processo penal* poderiam ser considerados, em um sentido mais amplo, «direito processual comum». Quanto a isso, v. *"Fênix — por um um novo processo do trabalho: a proposta dos juízes do Trabalho da 15ª Região para a reforma do processo laboral (comentada pelos autores)"*, ainda no prelo, de nossa lavra (em coautoria com os juízes GERSON LACERDA PISTORI, JORGE LUIZ SOUTO MAIOR e MANOEL CARLOS TOLEDO FILHO).

elemento do binômio (i.e., a *compatibilidade*). Dir-se-ia que a inferência é óbvia. Mas, se tão óbvia fosse, não constaria expressamente do texto celetário de 1943 (*"...exceto naquilo em que for incompatível..."*).

Mantida nesses termos, e lida sem o devido cuidado, o preceito pareceria permitir, por exemplo, que um juiz do Trabalho viesse a admitir agravo de instrumento contra decisão liquidatária de sentença (artigo 1015, parágrafo único, do NCPC[24]), já que a Consolidação das Leis do Trabalho hoje é omissa a respeito dos métodos de liquidação sentencial (exceto quanto à liquidação por cálculos, *"ex vi"* do artigo 879, mas sem qualquer referência aos respectivos modos de impugnação). Poder-se-ia, mais, entender que, diante do silêncio da CLT, o «incidente de desconsideração da personalidade jurídica» previsto entre os artigos 133 e 137 do NCPC seria integralmente aplicável ao processo do trabalho, inclusive quanto ao "prazo comum" de quinze dias (maior que qualquer dos prazos celetários em fase de conhecimento) para que terceiros e pessoas jurídicas manifestem-se previamente e requeiram a produção de provas, até prolação de decisão final, a desafiar agravo de instrumento (artigos 135 e 1015, IV, do NCPC)... Tais exegeses, se levadas a cabo na esfera do processo laboral, representariam odiosos retrocessos (notadamente nas execuções trabalhistas). Isso porque, sem sombra de dúvidas, essas interpretações — que decorreriam da mera *omissão* da CLT a respeito — estariam em desacordo com a **principiologia do processo laboral**, notadamente em razão dos princípios da celeridade processual, da concentração dos atos processuais, da oficialidade da execução e da irrecorribilidade das decisões interlocutórias (*ut* artigo 893, §1º, da CLT). Em outras tantas matérias, dúvidas similares poderiam ser levantadas, especialmente por aqueles que pretendessem advogar já não ser mais a *compatibilidade principiológica* um daqueles pressupostos de aplicação subsidiária das normas de processo comum ao processo do trabalho (o que significaria dizer, na prática, que o artigo 15 do NCPC estaria a *derrogar* a norma do artigo 769 da CLT).

Em verdade, nalgumas falas públicas, o próprio presidente da Comissão de Juristas, Ministro LUIZ FUX, deixou transparecer tal pretensão, no evidente propósito de auxiliar o operador do Direito Processual do Trabalho, às voltas com um diploma legislativo que caminha para o seu septuagésimo aniversário (já inapto, pois, a atender às demandas da modernidade). Mas o fato é que, *sem* o indispensável pressuposto da compatibilidade principiológica, a norma do artigo 15 do vindouro CPC trará muito mais confusões do que equacionamentos, ao menos em seara processual laboral.

Para evitar semelhantes dificuldades, que no limite fariam vir abaixo todo o pórtico de intelecção jurisprudencial já erigido sobre o artigo 769 consolidado, era de toda conveniência **emendar** a redação do preceito, para que fosse promulgado com o seguinte texto:

---

24   A que corresponderia, *"mutatis mutandi"*, o artigo 475-H do Código de Processo Civil de 1973.

> Na ausência de normas que regulem processos penais, eleitorais, administrativos ou trabalhistas, as disposições deste Código lhes serão aplicadas supletivamente, **exceto naquilo em que forem incompatíveis com os respectivos sistemas ou princípios**.

É o que propuséramos originalmente. Com isso, já não restariam dúvidas de que, tanto no processo do trabalho como nos demais ramos da processualística contemporânea (processo administrativo, penal, penal militar, eleitoral, etc.), a norma processual civil só poderia ser "importada" quando não conflitasse com os princípios e a sistemática própria de cada um daqueles ramos. No caso específico da Justiça do Trabalho, preservar-se-ia a jurisprudência já construída para a matéria (e, com isso, incrementa-se, num primeiro momento, a segurança jurídica, tão importante nos períodos de transição legislativa), sem prejuízo da renovação que decerto advirá dos novos princípios e regras positivados pelo NCPC (especialmente em seu artigo 139). E, diga-se, *nem poderia ser outra a interpretação correta do preceito*. Mas, para prevenir arroubos colonizadores do processo civil, conviria ressalvar.

Entretanto, *não se ressalvou*. Ao final, para tentar evitar tal hermenêutica desconstrutiva, a própria ANAMATRA chegou a propor destaque supressivo para que, à maneira do processo penal, o processo do trabalho fosse *excluído* do artigo 15. Outra vez não houve êxito. Resta, agora, a *hermenêutica* minimamente razoável.

Com efeito, entendemos que, na tensão entre o artigo 15 do NCPC e o artigo 769 da CLT, *as linhas mestras deste último devem sobressair-se*. Vejamos uma aplicação concreta: a possibilidade de aplicação, ao processo do trabalho (porque "omissa" a CLT), do *incidente de desconsideração de personalidade jurídica*, tal como previsto entre os artigos 133 e 137 do novel CPC. Seria defensável? A nosso ver, definitivamente **não**. Tal incidente é absolutamente *incompatível* com o processo do trabalho, por ao menos quatro razões fundamentais:

    (a) pelo histórico caráter *oficial* do processo laboral na fase executiva (muito antes do "processo sincrético" civil, diga-se), a dispensar qualquer exigência de *"pedido da parte ou do Ministério Público"*, como se lê no artigo 133, caput, do NCPC;

    (b) pela *irrenunciabilidade "a priori"* dos créditos exequendos (o que autoriza, *"in casu"*, a relativização do princípio dispositivo — como aliás igualmente o autoriza, *"mutatis mutandis"*, no exercício do direito de defesa, quando se trata de processo penal, pelas mesmas e óbvias razões: ainda que o réu *não queira* se defender, terá designado para si um defensor);

    (c) pela *natureza monolítica* do processo laboral, que não se compadece com "incidentes" autônomos ou com "exceções rituais"; tudo se incorpora ao rito de fundo, como se dá com a exceção de incompetência *"ex ratione loci"*, com a impugnação ao valor da causa (vide a Lei n. 5584/1970) e com os próprios embargos à execução (sempre entendidos pela doutrina nacional como um mero incidente endógeno não-autônomo, enquanto os processualistas civis nele sempre viram uma ação autônoma incidental), e assim por diante; e

(d) pelo *princípio da simplicidade das formas*, que é inerente ao processo do trabalho (veja-se, *e.g.*, o artigo 840, §1º, da CLT) e não se compadece com a necessidade de requerimentos formais, de "demonstração" textual exauriente do preenchimento dos pressupostos legais específicas da *"disregard"*, de citações prévias ou de prazos dilatados para "responder" e "instruir" etc.

Idêntico ou similar raciocínio pode-se aplicar, judicialmente, a todas as demais propostas de "integração" do processo do trabalho com novidades do NCPC, como a repartição dinâmica do ônus da prova (artigo 373 do NCPC) — a nosso ver aplicável, integralmente, ao processo laboral.

Logo, *mesmo com a redação sancionada,* temos por inexorável a conclusão de que, nos processos trabalhistas, **a incorporação das normas do NCPC ainda pressupõe a compatibilidade, a reboque do artigo 789 da CLT,** que não foi nem derrogado, nem tampouco ab-rogado pelo novel *codex* processual civil.

Vale ainda uma palavra quanto à **força** das decisões judiciais, em especial nas hipóteses de liminares em tutelas de urgência e de evidência, no âmbito do Anteprojeto de Código de Processual Civil. Em certas passagens, o descumprimento de ordens judiciais é tratado como *crime de desobediência* (atualmente, o artigo 330 do Código Penal[25]). Assim ocorre com o artigo 536, §3º (quanto ao descumprimento de providência mandamental dada em sentença de cumprimento de obrigação de fazer ou de não-fazer), como também no artigo 403, parágrafo único, do NCPC (quanto ao descumprimento de ordem de exibição de documento). Leiam-se:

> **Art. 382.** Se o terceiro, sem justo motivo, se recusar a efetuar a exibição, o juiz ordenar-lhe-á que proceda ao respectivo depósito em cartório ou em outro lugar designado, no prazo de 5 (cinco) dias, impondo ao requerente que o embolse das despesas que tiver.
>
> **Parágrafo único.** Se o terceiro descumprir a ordem, o juiz expedirá mandado de apreensão, requisitando, se necessário, força policial, tudo sem prejuízo da <u>responsabilidade por crime de desobediência</u>, pagamento de

---

25 *"**Art. 330.** Desobedecer a ordem legal de funcionário público: **Pena** – detenção, de 2 (dois) meses a 2 (dois) anos".*

multa e outras medidas indutivas, mandamentais ou sub-rogatórias necessárias para a assegurar a efetividade da decisão. (*g.n.*).[26]

Normas desse cariz, vazadas nesses termos, podem comprometer a própria autoridade do julgado. O crime de desobediência é delito de menor potencial ofensivo (artigo 61 da Lei n. 9.099/95, na redação da Lei n. 11.313/2006); logo, sequer admite prisão em flagrante, se o acusado assumir o compromisso de comparecer perante a autoridade judiciária penalmente competente (artigo 69, par. único, da Lei n. 9.099/95). A depender da hipótese — imagine-se, por exemplo, a recente decisão prolatada pela 2ª Vara do Trabalho de Paulínia no rumoroso caso do "Recanto dos Pássaros", impingindo gastos de grande expressão a multinacionais (SHELL e BASF)[27] —, o *staff* corporativo poderá até mesmo compreender ser "vantajoso" o descumprimento de uma ordem judicial exarada com efeitos imediatos, pois a consequência mais grave da desobediência seria a mera lavratura de um termo circunstanciado contra preposto da empresa (sem considerar a natural dificuldade de individualização de condutas em casos desse jaez). Por outro lado, se o órgão do Ministério Público pretender subsumir a conduta em questão a delito mais grave, poderá encontrar inusitada resistência pelo viés do princípio da estrita legalidade penal (*"lex certa et stricta"*), já que a lei federal posterior (i.e., o NCPC terá vinculado tal conduta ao tipo penal do artigo 330 do CP, sem ressalvas.

Para evitar semelhantes subterfúgios, importaria *ressalvar* a responsabilidade por crime mais grave, estabelecendo textualmente o caráter *subsidiário* do

---

26 No projeto original, havia ainda o preceito do artigo 503, *"in verbis"*: "***Art. 503.*** *A multa periódica imposta ao devedor independe de pedido do credor e poderá se dar em liminar, na sentença ou na execução, desde que seja suficiente e compatível com a obrigação e que se determine prazo razoável para o cumprimento do preceito. §1º A multa fixada liminarmente ou na sentença se aplica na execução provisória, devendo ser depositada em juízo, permitido o seu levantamento após o trânsito em julgado ou na pendência de agravo contra decisão denegatória de seguimento de recurso especial ou extraordinário. §2º O requerimento de execução da multa abrange aquelas que se vencerem ao longo do processo, enquanto não cumprida pelo réu a decisão que a cominou. §3º O juiz poderá, de ofício ou a requerimento, modificar o valor ou a periodicidade da multa vincenda ou excluí-la, caso verifique que: I – se tornou insuficiente ou excessiva; II – o obrigado demonstrou cumprimento parcial superveniente da obrigação ou justa causa para o descumprimento. § 4º A multa periódica incidirá enquanto não for cumprida a decisão que a tiver cominado. § 5º O valor da multa será devido ao autor até o montante equivalente ao valor da obrigação, destinando-se o excedente à unidade da Federação onde se situa o juízo no qual tramita o processo ou à União, sendo inscrito como dívida ativa. § 6º Sendo o valor da obrigação inestimável, deverá o juiz estabelecer o montante que será devido ao autor, incidindo a regra do § 5º no que diz respeito à parte excedente. § 7º O disposto no § 5º é inaplicável quando o devedor for a Fazenda Pública, hipótese em que a multa será integralmente devida ao credor. § 8º Sempre que o descumprimento da obrigação pelo réu puder prejudicar diretamente a saúde, a liberdade ou a vida, poderá o juiz conceder, em decisão fundamentada, providência de caráter mandamental, cujo descumprimento <u>será considerado crime de desobediência</u> (g.n.)".*
27 Processo n. 000222-2007-126-15-00-6 (2ª Vara do Trabalho de Paulínia). A liminar deferida, depois confirmada com pequenas modulações (MS n. 0005200-24.2009.5.15.0000), beneficia cerca de 3,5 mil ex-empregados e parentes (a cada qual, por sentença, será devido o valor de R$ 64,5 mil). Segundo estimativas do Ministério Público do Trabalho, cerca de sessenta e seis trabalhadores perderam a vida no local, por exposição a agentes tóxicos.

crime de desobediência. Daí a sugestão feita, no devido tempo, para o **acréscimo**, à parte final desses preceitos, a tradicional locução *"se o fato não constituir crime mais grave"*, tantas vezes utilizada pelo Código Penal em vigor (*e.g.*, artigo 132, artigo 163, par. único, II, artigo 238, artigo 307, artigo 314, etc.). Mas tampouco nisto se caminhou.

Por fim, caberia tecer a necessária crítica aos parágrafos do artigo 489 do NCPC, no que — ainda uma vez — limitam indevidamente a atividade jurisdicional, "modulando" o princípio do livre convencimento motivado, com excesso insuperável. Nesse particular, as próprias associações nacionais de juízes — a ANAMATRA, a AMB e a AJUFE — apresentaram pedidos de veto à Presidência da República. E foram, por isso, criticadas por parte da doutrina. Quanto a isto, porém, basta-nos a *nota pública* da ANAMATRA, de 9.3.2015, à qual aderimos integralmente:

> "Relativamente às diversas manifestações críticas dirigidas às propostas de veto encabeçadas pelas três associações nacionais de Magistrados para alguns artigos do Novo Código de Processo Civil (NCPC), todas elas publicadas no sítio eletrônico do CONJUR e em outros órgãos de comunicação social, a **Associação Nacional dos Magistrados da Justiça do Trabalho - ANAMATRA** vem a público externar o seguinte.
>
> "**1.** Diversamente do que – até levianamente – afirmaram alguns poucos dentre os muitos juristas ouvidos, os vetos propostos não têm por finalidade "diminuir o trabalho dos juízes", mas preservar-lhes a independência funcional e assegurar mínima concretude a um dos princípios norteadores do NCPC e de todos os Pactos Republicanos para o Judiciário até aqui: a duração razoável do processo. Embora esperado o ataque de setores da advocacia, lamentavelmente ele veio antes mesmo de serem conhecidas as razões alinhavadas por ANAMATRA, AMB e AJUFE. Preferiu-se, pois, o julgamento às cegas.
>
> "**2.** No centro da polêmica, os vetos propostos aos parágrafos do artigo 489 do NCPC guiaram-se por uma lógica jurídica comezinha: o legislador não pode restringir desarrazoadamente o conceito constitucional de fundamentação (art. 93/CF), como tampouco pode obliquamente tornar "vinculantes" súmulas, teses e orientações jurisprudenciais que constitucionalmente não o sejam. O mesmo se aplica ao artigo 927.
>
> "**3.** Com efeito, os parágrafos 2º e 3º do artigo 489 e os incisos III, IV e V e parágrafo 1º do artigo 927 do NCPC exorbitam do poder de conformação legislativa do Parlamento, na medida em que terão impactos severos, de forma negativa, na gestão do acervo de processos, na independência pessoal e funcional dos juízes e na própria produção de decisões judiciais em todas as esferas do país, com repercussão deletéria na razoável duração dos feitos (artigo 5º, LXXVIII, da CRFB), que é reconhecidamente o Leitmotiv e um dos alicerces centrais do novo Código.
>
> "**4.** À vista dos termos do artigo 93, IX, da Constituição da República, o legislador entendeu por bem "regulamentar" a matéria em questão, contrariando a tradição secular do processo civil brasileiro — que jamais

se viu "condicionado" pelo legislador quanto àquilo que seria ou não uma fundamentação sentencial suficiente —, para agora, em pleno século XXI, tolher a construção dos tribunais e estatuir ele próprio, Poder Legislativo, quais as hipóteses em que os tribunais devem considerar as decisões "não fundamentadas" (e, portanto, nulas de pleno direito, aos olhos da Constituição).

"**5.** Ao fazê-lo, o Congresso Nacional retira do Poder Judiciário a plena autonomia para a interpretação do artigo 93, IX, CRFB, travestindo-se em "intérprete autêntico" de uma cláusula constitucional de garantia que foi ditada pelo poder constituinte originário, o que chama a atenção por afrontar a própria separação harmônica entre os Poderes da República (artigo 2º da CRFB). O Poder Legislativo não pode ditar ao Poder Judiciário como deve interpretar a Constituição. Esse papel cabe sumamente ao próprio Judiciário; e, em derradeira instância, ao Supremo Tribunal Federal, guardião constitucional da Carta Maior (artigo 102 da CRFB). O inciso IX do artigo 93/CF jamais encerrou norma jurídica de eficácia limitada ou contida, mas indubitável norma jurídica de eficácia plena, que agora perde plenitude por uma interpretação legislativa enviesada.

"**6.** Não bastasse, onde regulamenta impropriamente, o Congresso Nacional regulamentou de modo írrito, violando outras tantas cláusulas constitucionais. Cite-se como exemplo o inciso IV do parágrafo 1º do artigo 489 ("não enfrentar todos os argumentos deduzidos no processo capazes de, em tese, infirmar a conclusão adotada pelo julgador"), que enuncia uma utopia totalitária. Esperar que o juiz – em tempos de peticionamento eletrônico e dos impressionantes "ctrl C" e "ctrl V" – refute um a um todos os argumentos da petição inicial, da contestação e das várias peças recursais, ainda quando sejam argumentos de caráter sucessivo ou mesmo contraditórios entre si (porque será possível tê-los, p.ex., no âmbito das respostas processuais, à vista do princípio da eventualidade da defesa), tendo o juiz caminhado por uma linha lógica de decisão que obviamente exclui os outros argumentos, é exigir do agente público sobretrabalho inútil e violar obliquamente o princípio da duração razoável do processo.

"**7.** De outra parte, quanto aos incisos V e VI do parágrafo único do mesmo artigo 489, diga-se da sua quase esquizofrenia. Por tais preceitos, será nula a sentença que "se limitar a invocar precedente ou enunciado de súmula, sem identificar seus fundamentos determinantes nem demonstrar que o caso sob julgamento se ajusta àqueles fundamentos"; logo, o juiz não pode simplesmente aplicar a súmula de jurisprudência a caso que evidentemente se subsuma a ela, devendo "identificar" (enaltecer?) seus fundamentos determinantes. Mas não é só. Assim como não pode "simplesmente" decidir com base em súmula de jurisprudência de tribunais superiores, também não pode deixar de decidir conforme essa mesma súmula (o que denota, no limite, um tratamento esquizoide da matéria), porque também será nula a sentença que "deixar de seguir enunciado de súmula, jurisprudência ou precedente invocado pela parte, sem demonstrar a existência de distinção no caso em julgamento ou a superação do entendimento". No limite, restará ao juiz reproduzir súmulas e enaltecê-las --- conquanto não sejam constitucionalmente vinculantes.

"8. Essas e outras "inovações", impostas a fórceps, de uma só canetada, a toda a Magistratura nacional, sem o necessário amadurecimento de mecanismos de democratização dos procedimentos de uniformização de jurisprudência no âmbito dos tribunais superiores, regionais e estaduais, não colhem a simpatia da Magistratura do Trabalho, como tampouco deveriam colhê-la de qualquer cidadão minimamente cônscio das necessárias aptidões democráticas do Poder Judiciário. Por isso, e apenas por isso, a ANAMATRA pediu — e segue pedindo — o veto aos referidos preceitos do NCPC, já amplamente conhecido como o "Código dos advogados". Que diga, agora, a Presidência da República.

Paulo Luiz Schmidt
Presidente da ANAMATRA"

4. CONCLUSÕES

Pelo quanto exposto, impende pontuar, acrescer e concluir como segue.

4.1. Do ponto de vista das prerrogativas da Magistratura nacional, tal como disciplinadas nos artigos 93 a 95 da Constituição Federal e na Lei Complementar n. 35/79 (LOMAN), os principais cuidados que a redação de um novo Código de Processo Civil deve guardar dizem respeito à preservação da **independência funcional** do magistrado, tanto perante os órgãos judiciais revisores (excetuada, é claro, a sua própria função revisora, que está igualmente sob a guarida da independência funcional, desde que não se desdobre em constrangimento para que o juiz de primeiro grau reproduza teses que não perfilha) como perante órgãos correicionais (inclusive quanto ao tempo concretamente razoável para a distribuição de justiça) e também perante pessoas ou entidades externas (inclusive quanto à sua imunidade pelas decisões prolatadas).

4.2. Violam a cláusula constitucional da independência judicial quaisquer gestões ou preceitos que priorizem prazos, números e "metas" em detrimento das necessidades instrutórias ou persecutórias concretas de cada causa, a serem aquilatadas primeira e precipuamente pelo seu juiz natural (no primeiro ou segundo graus). «Eficienticismo» descalibrado, associado à alienação gerencial do magistrado, sacrifica o conceito mesmo de ordem jurídica justa. Veja-se, no NCPC, o artigo 12, §2º, VII, 2ª parte.

4.3. Também violam a cláusula constitucional de independência judicial os preceitos legais que vulnerabilizam as imunidades do magistrado, sujeitando-o a sanções de qualquer ordem (criminal, civil ou administrativa) pelo mero exercício consciente de suas convicções jurídicas, ainda quando contrárias à jurisprudência pacificada nos tribunais — o que inclui todos os enunciados de súmulas não-vinculantes — ou aos modelos de gestão adotados pelos vários órgãos de administração judiciária (conselhos e administrações de tribunais). Nesse diapasão, o "excesso dos prazos previstos em lei" não pode ser causa única e isolada para a punição ou para a responsabilização do juiz, notadamente quando tal excesso se justifica pelo exercício de suas convicções quando aos efeitos jurídicos de atos ou fatos jurídicos externos (como, *e.g.*, nas hipóteses de prejudicialidade externa), quando à necessidade de dilação instrutória, quando à extensão do contraditório, etc.

Que venha o novo, como deve ser. Mas que venha estribado na Constituição, na valorização do primeiro grau de jurisdição e na efetividade do processo judicial. Não em modismos de ocasião. Agora, vigente o Novo Código de Processo Civil, que nos socorra, nos excessos, a devida guarida constitucional. E, no processo do trabalho, a correta compreensão do que a ele se aplicará (e do que não se poderá aplicar).

Capítulo 21
A APLICAÇÃO DA CONCILIAÇÃO E DA MEDIAÇÃO DO NOVO CÓDIGO DE PROCESSO CIVIL NO PROCESSO DO TRABALHO, À LUZ DO ACESSO À JUSTIÇA

Isabelli Gravatá[1]

SUMÁRIO: 1. O ACESSO À JUSTIÇA; 2. PRINCÍPIO DA CELERIDADE; 3. FORMAS DE SOLUÇÃO DE CONFLITOS; 3.1. AUTOTUTELA OU AUTODEFESA; 3.2. AUTOCOMPOSIÇÃO; 3.3. HETEROCOMPOSIÇÃO; 4. MEIOS DE SOLUÇÃO DE CONFLITOS; 4.1. NEGOCIAÇÃO; 4.2. MEDIAÇÃO; 4.3. CONCILIAÇÃO; 5. OS CONCILIADORES E OS MEDIADORES DO NOVO CÓDIGO DE PROCESSO CIVIL; 6. CONSIDERAÇÕES FINAIS; 7. REFERÊNCIAS BIBLIOGRÁFICAS.

1. O ACESSO À JUSTIÇA

A Constituição da República Federativa do Brasil promulgada em 05.10.1988, em seu preâmbulo,[2] institui um Estado Democrático, destinado a assegurar o exercício dos direitos sociais e individuais, a liberdade, a segurança, o bem-estar, o desenvolvimento, a igualdade e a justiça como valores supremos de uma sociedade fraterna, pluralista e sem preconceito, fundada na harmonia social e comprometida, na ordem interna e internacional, com a solução pacífica das controvérsias.

O preâmbulo não faz parte do texto constitucional propriamente dito, entretanto, ele deve ser observado como elemento de interpretação e integração dos diversos artigos que lhe seguem[3].

---

[1] Bacharel em Direito pela Faculdade Cândido Mendes - Centro/RJ. Mestre em Direito Público pela UNESA/RJ. Especialista em Direito Empresarial pela Faculdade Cândido Mendes-Centro/RJ. Especialista em Direito e Processo do Trabalho pela Universidade Cândido Mendes – UCAM. Ex-residente Jurídica da área Trabalhista da Universidade do Estado do Rio de Janeiro – UERJ. Professora de Direito e Processo do Trabalho da Mackenzie Rio e de Cursos Preparatórios para Concursos Públicos - área jurídica, área fiscal e OAB.

[2] **Preâmbulo**
Nós, representantes do povo brasileiro, reunidos em Assembleia Nacional Constituinte para instituir um Estado Democrático, destinado a assegurar o exercício dos direitos sociais e individuais, a liberdade, a segurança, o bem-estar, o desenvolvimento, a igualdade e a justiça como valores supremos de uma sociedade fraterna, pluralista e sem preconceito, fundada na harmonia social e comprometida, na ordem interna e internacional, com a solução pacífica das controvérsias, promulgamos, sob a proteção de Deus, a seguinte Constituição da República Federativa do Brasil.

[3] MORAES, Alexandre de. **Direito Constitucional.** -10 ed. - São Paulo: Atlas, 2001, p. 49.

A Constituição da República prevê, portanto, uma sociedade livre, justa, solidária e pluralista. Porém, quando se fala em cidadania, procura-se uma participação popular mais democrática no processo político, repensando novos instrumentos democráticos para uma real e efetiva contribuição social.

De acordo com o processualista Luiz Guilherme Marinoni[4]:

> O Estado Democrático de Direito tem em seu conteúdo princípios da justiça social e do pluralismo, devendo realizar-se através da democracia participativa. A Constituição prevê várias formas de participação, entre elas a ação popular, as ações coletivas e ação de inconstitucionalidade (essas duas últimas possibilitando a participação através das entidades legitimadas a agir).

O tema do acesso à justiça faz repensar formalismos do processo civil junto à ideia de uma justiça social. O processualista deve pensar não apenas no processo isoladamente, e sim num contexto mais amplo. Deve estar voltado para a finalidade de um processo social. Acesso à justiça não é necessariamente a prestação da tutela estatal através do Judiciário. O verdadeiro acesso à justiça é aquele que possibilita o acesso à dignidade do ser humano.

A questão do acesso à justiça traz também o problema da igualdade e este, atualmente, significa direito à igualdade de oportunidades. No caso em tela, igualdade de oportunidades de acesso à justiça. Melhor falar, então, em acesso à ordem jurídica justa[5], que é, antes de tudo, uma questão de cidadania.[6]

Nesse sentido, várias causas dificultam uma real efetividade de acesso à justiça. Em uma primeira ordem, dentre outras, temos o custo e a duração do processo. Ainda dentro da operosidade, encontram-se instrumentos ou meios processuais que melhor executam a produção dos resultados, e um deles é a conciliação. Os equivalentes jurisdicionais são um meio de garantir uma rápida solução para as partes. A conciliação se mostrou eficaz na Justiça do Trabalho[7].

---

4   MARINONI, L. G. **Novas linhas de processo civil**. São Paulo: Ed. Malheiros, 1996.

5   Destaca-se: "Por isso é que se diz que o processo deve ser manipulado de modo a propiciar às partes o *acesso à justiça*, o qual se resolve, na expressão muito feliz na doutrina brasileira recente em "**acesso à ordem jurídica justa**". ARAÚJO CINTRA, Antônio Carlos de [et al.]. **Teoria Geral do Processo**. 18. ed. – São Paulo: Malheiros, 2002, p. 33.

6   Vale destacar as palavras de Kazuo Watanabe ao tratar dos Juizados Especiais: (WATANABE, Kazuo, in FIUZA, César Augusto de Castro, SÁ, Maria de Fátima Freire de e DIAS, Ronaldo Brêtas C. (Coordenadores). **Temas atuais de Direito Processual Civil**. – Belo Horizonte: Del Rey, 2001, **Texto: Relevância Político-Social dos Juizados Especiais Cíveis (sua finalidade maior)**, p. 207): "É importante que se firme, em todo o país, o microssistema de Juizados Especiais com as características corretas acima mencionadas, que efetivamente proporcione a **facilitação do acesso à Justiça pelo cidadão comum, principalmente pelos mais humildes, e possibilite uma prestação jurisdicional efetiva, adequada e tempestiva**." (grifos nossos).

7   Variação Percentual dos Processos Conciliados: 2009 – 42,8%, 2010 – 43,4% , 2011 – 43,3%, 2012 – 43,4%, 2013 – 40,5% 2014 – 39,3%. Dados fornecidos pelo TST (site consultado em 15/11/2015: http://www.tst.jus.br/conciliacoes1).

Convém lembrar que a Constituição da República de 1988 trouxe inúmeros direitos aos cidadãos trabalhadores. Esses direitos e proteções estão basicamente relacionados no Título II – Dos Direitos e Garantias Fundamentais.

Os Direitos Sociais foram elencados no Capítulo II, que é formado dos artigos 6 ao 11. Tais direitos, junto aos elencados no art. 5º (Capítulo I – Dos Direitos e Deveres Individuais e Coletivos), formam uma verdadeira rede de proteção e garantias ao trabalhador, o que levou o relator da Constituição Brasileira de 1988, Ulysses Guimarães, à época de sua promulgação, a chamá-la de Constituição Cidadã.

Tais direitos também geraram um aumento das demandas no Judiciário, pois estando eles expressos na Carta Magna ficaram mais visíveis e passaram a ser cobrados pelos trabalhadores de forma mais contundente. Há de se ressaltar que a situação econômica do país contribui para que existam empregadores inadimplentes o que leva o empregado a se valer do Judiciário para ver garantidos os seus direitos.

O estudo efetuado com base na estatística do Tribunal Superior do Trabalho[8] de processos trabalhistas autuados e julgados na Justiça do Trabalho e também especificamente nas Varas do Trabalho constata que o número de demandas trabalhistas aumentou após a Constituição Brasileira de 1988.

Essa corrida ao Judiciário infelizmente acaba por prejudicar o próprio trabalhador, uma vez que provoca um verdadeiro "congestionamento" nos órgãos julgadores. O excesso de demandas, por motivos óbvios, gera um retardo na prestação da tutela jurisdicional, e o trabalhador, por conseguinte, demora a ver o seu direito concretizado. Não se pode esquecer que justiça tardia não é justa.

2. PRINCÍPIO DA CELERIDADE

A própria Constituição da República Federativa do Brasil de 1988, após a Emenda Constitucional nº 45 de 2004, passou expressamente a tratar do princípio da celeridade, ao dispor no art. 5º, inciso LXXVIII que "a todos, no âmbito judicial e administrativo, são assegurados a razoável duração do processo e os meios que garantam a celeridade de sua tramitação".

Um dos maiores tormentos a que se podem submeter os litigantes é a morosidade do processo judicial. Ele avilta a parte, fere de morte o ideal da justiça e funciona como mais uma razão de descrédito e desprestígio do Poder Judiciário.

A elevação no nível constitucional da garantia da celeridade vem demonstrar a preocupação do legislador com a erradicação dessa mazela. Dependendo da forma que esse princípio venha a ser instrumentado, poderemos finalmente

---

8   Site consultado em 15/11/2015: www.tst.gov.br

obter uma justiça ágil e célere, expurgando os recursos protelatórios, as infindáveis e desnecessárias formalidades documentais, a multiplicidade de instâncias e outros empecilhos típicos de um conceito de processo arcaico e moroso, sedimentado em um tempo em que os conflitos sociais eram em menor número e de menor complexidade e urgência, portanto imprestáveis para rapidez e multiplicidade de facetas da vida deste início de século.

A Consolidação das Leis do Trabalho (Decreto-lei 5.452 de 1º de maio de 1943), devido a sua estrutura simplificada, traz poucos artigos destinados ao processo, até porque procurou facilitar, ao máximo, o exercício da ação trabalhista, bem como a instrução e o julgamento. Por essa razão, muitas vezes é necessário socorrer-se do processo civil, com vistas a integrar a lacuna da lei trabalhista, o que se faz baseado na regra da supletividade – art. 769 da CLT.

> Art. 769 da CLT – Nos casos omissos, o direito processual comum será fonte subsidiária do direito processual do trabalho, exceto naquilo em que for incompatível com as normas deste Título.

3. FORMAS DE SOLUÇÃO DE CONFLITOS

Para amenizar esse problema da morosidade, a melhor solução é o caminho da auto composição[9]. Esse caminho vem sendo trilhado como forma de agilizar a solução dos conflitos, tornando o direito das pessoas um verdadeiro patrimônio que pode ser operado na sua plenitude. Nesse sentido, não se pode deixar de citar o pensamento de Mauro Cappelletti[10]:

> Os juristas precisam, agora, reconhecer que as técnicas processuais servem a funções sociais; que as cortes não são a única forma de solução de conflitos a ser considerada e que qualquer regulamentação processual, inclusive a criação ou o encorajamento de alternativas ao sistema judiciário formal tem um efeito importante sobre a forma como opera a lei substantiva – com que frequência ela é executada, em benefício de quem e com que impacto social. Uma tarefa básica dos processualistas modernos é expor o impacto substantivo dos vários mecanismos de processamento de litígios. Eles precisam, consequentemente, ampliar sua pesquisa para mais além dos tribunais e utilizar os métodos de análise da sociologia, da política, da psicologia e da economia, e ademais, aprender através de outras culturas. O "acesso" não é apenas um direito social fundamental, o ponto central da moderna processualística. Seu estudo pressupõe um alargamento e aprofundamento dos objetivos e métodos da moderna ciência jurídica.

---

9 Nessa esteira de raciocínio César Augusto de Castro Fiuza (FIUZA, César Augusto de Castro, SÁ, Maria de Fátima Freire de e DIAS, Ronaldo Brêtas C. (Coordenadores). **Temas atuais de Direito Processual Civil.** – Belo Horizonte: Del Rey, 2001, **Texto: Formas alternativas de solução de conflitos**, p. 91): "Geralmente, as partes tentam, primeiro, chegar por si mesmas a um acordo, para só então, frustrada esta tentativa, procurar seus advogados, a fim de demandar."

10 CAPPELLETTI, Mauro. **Acesso à Justiça.** Tradução de Ellen Gracie Northfleet. Porto Alegre: Fabris, 1988, p. 12 e 13.

Nesta esteira, em 12.01.2000 foi sancionada a Lei 9.958, que incluiu o Título VI-A, com os artigos 625-A a 625-H na Consolidação das Leis do Trabalho, deu nova redação ao art. 876 e ainda acrescentou o art. 877-A à CLT. Este novo Título trata das Comissões de Conciliação Prévia.

Com o advento da lei foi dada a possibilidade da criação da Comissão de Conciliação Prévia nos sindicatos, nas empresas, em grupos de empresas ou ainda em caráter intersindical, de composição paritária, com representantes dos empregados e dos empregadores, com a função precípua de tentar conciliar os conflitos individuais do trabalho.

Não se pode esquecer que o crédito trabalhista tem natureza alimentar, razão pela qual a parte necessita ver o seu direito satisfeito rapidamente, não podendo ficar sujeita à morosidade do Judiciário.

As Comissões de Conciliação Prévia surgiram como forma de composição extrajudicial de dissídios individuais. Segundo José Affonso Dallegrave Neto[11]:

> Infundida na esteira neoliberal, a Lei n.º 9.958 integra o receituário da "reforma" que tem como escopo diminuir a interferência do Estado (leia-se aqui Poder Judiciário) nas relações capital-trabalho, fomentando a autocomposição dos conflitos trabalhistas.

Tendo em vista o número excessivo de processos, a reivindicação da criação das Comissões de Conciliação Prévia, como forma de desafogar a Justiça do Trabalho, é antiga na doutrina. Neste sentido, Eduardo Gabriel Saad[12] observa: "Inclui-se o novo diploma legal, no esforço de modernização do nosso Direito do Trabalho e, ao mesmo passo, constitui-se numa louvável tentativa de descongestionar os vários órgãos da Justiça do Trabalho."

A criação das Comissões diminui o número de ações trabalhistas a serem ajuizadas[13]. A maioria das reclamações trabalhistas não é complexa, sendo que a maior parte delas demora anos para ser solucionada. Já em primeira audiência há a possibilidade de serem feitos acordos nas reclamações trabalhistas. Por

---

11 Norris, Roberto e Dallegrave Neto, José Affonso. **Inovações no Processo do Trabalho**. Rio de Janeiro: Editora Forense, 2ª ed, p. 47.

12 Saad, Eduardo Gabriel. Das comissões de conciliação prévia, Suplemento LTr, 043/00, p. 235.

13 Análise da estatística do Tribunal Superior do Trabalho dos processos trabalhistas autuados e julgados na Justiça do Trabalho. Após a edição da Lei 9.958 no ano de 2000 o número de ações diminuiu, basta comparar com o ano de 1999:
1999 – 2.399.564, 2000 – 2.266.403, 2001 – 2.272.721 e 2002 – 2.113.533 (Site consultado em 02/03/2015: www.tst.gov.br).
Nesse sentido: "Há muito tempo se cogitava, no Brasil, da instituição de Comissões de Conciliação Prévia, sobretudo a partir do momento em que se verificou que a Justiça do Trabalho não podia garantir a solução célere das numerosíssimas ações perante ela ajuizadas. As Comissões poderão, efetivamente, amenizar a calamitosa situação atual, em que a solução definitiva de um processo trabalhista se pode arrastar, pelas várias instâncias, durante vários anos." RUSSOMANO, Mozart Victor [et al.]. **Consolidação das Leis do Trabalho Anotada**. - Rio de Janeiro: Forense, 2002, p. 184.

isso, os empregados acabam preferindo resolver a questão naquele momento, mesmo abrindo mão de alguns direitos, a ter de esperar muito tempo até a próxima audiência ou sentença.

Grande parte das reclamações tem baixo valor, de modo que o custo do processo é muito mais elevado do que o valor postulado pelo empregado.

As parcelas postuladas referem-se a um empregado dispensado que busca apenas receber a contraprestação em relação ao trabalho já prestado. Assim sendo, não há porque utilizar-se de uma estrutura tão burocrática, cara e demorada para julgar uma lide tão simples. Nisso reside a necessidade da criação de mecanismos alternativos para a solução dos conflitos trabalhistas, tais como as Comissões de Conciliação Prévia.

As Comissões de Conciliação não têm relação com a jurisdição do Estado exercida pela Justiça do Trabalho.

A doutrinadora Celita Oliveira Sousa[14] assevera:

> Ademais, cabe notar que a tentativa de solução amigável ou conciliação entre empregado e empregador, com essa lei passa a contar com dupla oportunidade. Continua a obrigação do juiz de, no processo, promover ab initio a conciliação das partes em conflito, e passam as próprias partes a serem obrigadas a tentar a conciliação antes de recorrerem ao juiz.

É importante salientar, que o conflito trabalhista provém, em regra, da pretensão resistida surgida da relação entre empregado e empregador. Portanto, a lide está caracterizada quando há uma pretensão resistida.

Segundo Mozart Victor Russomano[15]:

> ... conflito de trabalho é o litígio entre trabalhadores e empresários ou entidades representativas de suas categorias sobre determinada pretensão jurídica de natureza trabalhista, com fundamento em norma jurídica vigente ou tendo por finalidade a estipulação de novas condições de trabalho.

Os conflitos trabalhistas são classificados em individuais e coletivos. Os individuais são aqueles que têm por objeto interesses individuais concretos, de pessoas determinadas. Já o conflito coletivo é aquele em que se tem uma controvérsia entre grupos de trabalhadores e empregadores, podendo ser por interesses difusos, coletivos propriamente ditos ou individuais homogêneos. Por interesses difusos entende-se aqueles ligados a um direito indivisível, atingindo uma coletividade indeterminada. Interesses coletivos propriamente ditos são aqueles igualmente ligados a um direito indivisível, contudo uma coletividade determinada. Os individuais homogêneos, por sua vez, também atingem um

---

14 Sousa, Celita Oliveira. **Solução dos conflitos trabalhistas nas comissões de conciliação prévia.** Brasília: Editora Consulex, 2001, p. 26.

15 RUSSOMANO, Mozart Victor [et al.]. **Consolidação das Leis do Trabalho Anotada.** - Rio de Janeiro: Forense, 2002, p. 261.

grupo determinado, porém ligados a um direito divisível.[16] Esses são tratados pela doutrina[17] como acidentalmente coletivos e não coletivos propriamente dito, por sua característica nitidamente individual.

Na vida em sociedade constata-se a existência de conflitos entre os sujeitos caracterizados por uma das causas de insatisfação (resistência de outrem ou veto jurídico à satisfação voluntária) que devem ser eliminados. Segundo Carreira Alvim[18]: "O conflito de interesses é o elemento *material* da lide, sendo seus elementos *formais* a pretensão (de quem pretende) e a resistência (de quem se opõe à pretensão)".

Tendo em mente que o processo nada mais é do que um meio para realização do direito material, existe a sua importância para amortização das tensões sociais. De que adiantaria a existência de diversos direitos, se os mesmos não pudessem ser exercidos em sua plenitude?

A instrumentalidade do processo funciona como uma catapulta, capaz de levar os direitos materiais a transpor as muralhas das tensões sociais. Infelizmente o processo vem dando diversas mostras de não possuir condições de suprir, com excelência, os anseios sociais. O direito processual tornou-se prolixo e demorado, e justiça tardia não é justiça.[19] As relações sociais, cada vez mais dinâmicas, carecem de meios de soluções

de conflitos que sejam ágeis[20]. As últimas reformas do Código de Processo Civil e ainda da Consolidação das Leis do Trabalho em matéria processual visam exatamente criar mecanismos para agilização do processo.

---

16 A corroborar com a necessária distinção, Aluisio Gonçalves de Castro Mendes (MENDES, Aluisio Gonçalves de Castro. **Ações Coletivas no direito comparado e nacional.** - São Paulo: Editora Revista dos Tribunais, 2002, p. 218): "A correta distinção se faz necessária e é importante, na medida em que as duas categorias estão submetidas a regime diverso em termos de coisa julgada. A sentença proferida em relação aos interesses difusos produzirá efeitos *erga omnes*, enquanto na solução dos conflitos envolvendo direitos coletivos a eficácia estará adstrita ao grupo, categoria ou classe."

17 Nesse sentido: Aluisio Gonçalves de Castro Mendes (MENDES, Aluisio Gonçalves de Castro. **Ações Coletivas no direito comparado e nacional.** - São Paulo: Editora Revista dos Tribunais, 2002, p. 220)

18 ALVIM, José Eduardo Carreira. **Comentários à Lei de Arbitragem (Lei n.º 9.307 de 23/9/1996).** 2.ed. atual. – Rio de Janeiro: Editora Lumen Juris, 2004, p. 23.

19 "A tarefa da ordem jurídica é exatamente a de harmonizar as relações sociais intersubjetivas, a fim de ensejar a máxima realização dos valores humanos com o mínimo de sacrifício e desgaste. O critério que deve orientar essa coordenação ou harmonização é o critério do justo e do equitativo, de acordo com a convicção prevalente em determinado momento e lugar." - ARAÚJO CINTRA, Antônio Carlos de [et al.]. **Teoria Geral do Processo.** 18. ed. – São Paulo: Malheiros, 2002, p. 19.

20 Vale destacar as palavras de César Augusto de Castro Fiuza: "Outro ponto relevante, que devemos sempre ter em conta, é a complexidade de nosso processo, principalmente o civil. O processo civil brasileiro tornou-se fim em si mesmo. De tão complexo e formal, vai se distanciando, cada vez mais, do comum dos homens. Mundialmente, existe enorme tendência em sentido contrário. Mesmo aqui no Brasil, já se atentou para o problema." (FIUZA, César Augusto de Castro, SÁ, Maria de Fátima Freire de e DIAS, Ronaldo Brêtas C. (Coordenadores). **Temas atuais de Direito Processual Civil.** – Belo Horizonte: Del Rey, 2001, p. 79).

Embora a tutela estatal nem sempre seja o melhor caminho para a solução dos conflitos, o exercício da jurisdição ainda é de incomensurável valia, evitando que os sujeitos envolvidos façam a chamada "justiça com as próprias mãos".

Entretanto, vivemos em uma sociedade já um tanto civilizada, de modo que é possível relegar às partes, em alguns casos, o exercício da solução dos seus conflitos. Isso, repita-se, em nada diminui o exercício da jurisdição pelo Estado, mas tão somente aprimora os meios possíveis de solução dos conflitos.

A solução dos conflitos pode se dar[21]:

- por obra de um, ou seja, um dos sujeitos (ou cada um deles) consente no sacrifício total ou parcial do próprio interesse, ocorrendo a chamada **autocomposição**;
- por obra de ambos os sujeitos dos interesses conflitantes quando se impõe o sacrifício do interesse alheio ocorrendo a chamada **autodefesa ou autotutela**;
- por ato de terceiro, enquadrando-se a defesa de terceiro, a mediação e o processo (jurisdição).[22]

3.1. AUTOTUTELA OU AUTODEFESA

Na visão de Cintra, Grinover e Dinamarco[23] a autotutela ou autodefesa ocorreu nas fases primitivas da civilização dos povos quando aquele que pretendia

---

21 ARAÚJO CINTRA, Antônio Carlos de [et al.]. **Teoria Geral do Processo**. 18. ed. – São Paulo: Malheiros, 2002, p. 20.

22 Nessa esteira de raciocínio, na doutrina trabalhista, segundo Marcos Abílio Domingues (DOMINGUES, Marcos Abílio. **Introdução do direito coletivo do trabalho.** São Paulo: LTr, 2000, p.53.) a solução do conflito pode se dar por autocomposição, por heterocomposição ou por autodefesa:
autodefesa – ocorre quando há imposição da vontade de uma das partes, com o uso de meios de pressão sobre a outra.
autocomposição é a solução do conflito pelas partes, de maneira que o conflito acaba em razão da vontade convergente dos agentes envolvidos.
heterocomposição é a solução do conflito pela ação de terceiros, que decidem segundo a própria convicção.
Em sentido contrário Sebastião Saulo Valeriano (VALERIANO, Sebastião Saulo. **Comissões de Conciliação Prévia e execução de título executivo extrajudicial na justiça do trabalho.** - São Paulo: LTr, 2000, p. 15): Solução por *autodefesa* ocorre quando as próprias partes procedem à defesa de seus interesses. Seriam exemplos de autodefesa, na esfera trabalhista, a greve e o lockout.
Autocomposição é a forma de solução obtida pelas próprias partes. A composição através de mediação ou arbitragem não deixa de ser uma forma de autocomposição. Entretanto, nestes casos há intervenção de um terceiro na solução do conflito. Na mediação os mediadores aconselham as partes a negociarem, e na arbitragem o árbitro profere uma decisão para resolver o conflito.
Heterocomposição ocorre quando a solução do conflito é dada por um terceiro. Seria o caso da jurisdição. No caso específico da mediação e arbitragem a solução é dada por um terceiro escolhido pelas partes. Podemos dizer que a arbitragem é um caso híbrido de composição decorrente da união da autocomposição e heterocomposição, pois há autocomposição concretizada por uma heterocomposição.

23 ARAÚJO CINTRA, Antônio Carlos de [et al.]. **Teoria Geral do Processo**. 18. ed. – São Paulo: Malheiros, 2002, p. 21.

alguma coisa que outrem o impedia de obter, utilizava sua própria força e, na medida dela, conseguia, por si mesmo, a satisfação de sua pretensão. O método não garantia a justiça, mas sim a vitória do mais forte, mais astuto ou mais ousado sobre o mais fraco ou mais tímido. "São fundamentalmente dois os traços característicos da autotutela: a) a ausência de juiz distinto das partes; b) imposição da decisão por uma das partes a outra."

Para Alcalá-Zamora[24] a autodefesa não deve ser vista como um mal, ou algo retrógrado em relação ao processo, devendo o Estado aproveitar-se das chamadas válvulas de escape que surgem na sociedade como forma de desafogar o Poder Judiciário. Em muitos casos, a autotutela poderá ser um meio mais eficaz que a busca pelo Judiciário, tendo em vista que o valor do objeto do litígio possa ser inferior ao custo do processo, o que não quer dizer que a mesma deva ser utilizada de forma descontrolada. O próprio autor sugere que a autotutela possa ser submetida à homologação judicial.

3.2. AUTOCOMPOSIÇÃO

Pela definição de Cintra, Grinover e Dinamarco[25] a autocomposição perdura no direito moderno, ocorrendo quando uma das partes em conflito, ou ambas, abrem mão do interesse ou de parte dele. Em relação aos interesses disponíveis são três as formas de autocomposição: a) desistência (renúncia à pretensão); b) submissão (renúncia à resistência oferecida à pretensão); c) transação (concessões recíprocas).[26]

A autocomposição é tida como uma forma ideal de solução dos conflitos, pois não prescinde de uma terceira pessoa, senão das próprias partes.

Segundo César Augusto de Castro Fiuza[27] a autocomposição é:

> .. forma não jurisdicional de solução de disputas, em que as partes, por si mesmas, põem fim a suas pendências. Não há na autocomposição, como sugere o próprio nome, a intervenção de terceiro mediador. As próprias partes, por meio de discussões e debates, buscam seus direitos, chegando a bom termo.

---

24 "... lo que distingue a la autodefensa no es ni la preesistencia de un ataque, que falta en varias de sus formas, ni la inexistencia de un determinado procedimiento, que em ocasiones inteviene y hasta podría ser igual al procesal, sino la concurrencia de estas das notas: a) la ausencia de juez distinto de las partes, y b) la imposicion de la decisión por una de las partes a la outra" - CASTILLO, Niceto Alcalá-Zamora y. **Processo, Autocomposición y Autodefensa**. 2 ed. México, UNAM, 1970, p. 53.

25 ARAÚJO CINTRA, Antônio Carlos de [et al.]. **Teoria Geral do Processo**. 18. ed. – São Paulo: Malheiros, 2002, p. 21.

26 Nesse sentido: Niceto Alcalá-Zamora y Castillo, **Processo, Autocomposición y Autodefensa**. 2 ed. México, UNAM, 1970, p. 63.

27 FIUZA, César Augusto de Castro, SÁ, Maria de Fátima Freire de e DIAS, Ronaldo Brêtas C. (Coordenadores). **Temas atuais de Direito Processual Civil**. – Belo Horizonte: Del Rey, 2001, p. 91

Para o autor, é espécie do gênero "formas alternativas de solução de disputas", podendo ocorrer em dois momentos: sendo o primeiro, para evitar demanda judicial (autocomposição extraprocessual); e o segundo, para pôr fim à demanda judicial (autocomposição endoprocessual). A autocomposição endoprocessual ocorre em menor número[28], pois em regra os advogados e o juiz intervêm como intermediadores.

3.3. HETEROCOMPOSIÇÃO[29]

Caracteriza-se pela intervenção de um terceiro na disputa entre dois ou mais sujeitos, podendo aquele decidir a questão ou tão somente aconselhar as partes para que cheguem a uma solução.

Nos escólios de César Augusto de Castro Fiuza[30] as principais espécies de heterocomposição são: jurisdição, arbitragem, conciliação, mediação, negociação, facilitação, *fact-finding* e *mini-trial*.

Na evolução histórica apontada por Cintra, Grinover e Dinamarco[31], nos sistemas primitivos, além da autotutela, outra solução possível dos conflitos era a autocomposição. Os indivíduos, pouco a pouco, começaram a preferir, em vez da solução dos seus conflitos por ato das próprias partes, uma solução amigável e imparcial através de árbitros, pessoas de sua confiança mútua em que as partes se louvam para que resolvam os conflitos. Nesse momento surge a arbitragem facultativa, que advém da vontade das partes em eleger ou não um terceiro para o deslinde do conflito. Com o desenvolvimento cada vez maior do Estado, o mesmo passou a ganhar alguma ingerência sobre os conflitos entre os particulares. No período do direito romano arcaico, as partes envolvidas em algum conflito recorriam a um pretor e, em seguida, elegiam, por vontade própria, um árbitro de sua confiança. Este árbitro receberia do pretor a função de decidir a causa. Já no período clássico, o Estado romano passa a ter o direito de nomear os ár-

---

28 "Nada impede, porém, que venha a ocorrer, pois os advogados podem atuar, como meros representantes da vontade das partes, e o juiz pode quedar inerte, sem desempenhar qualquer papel intermediador. Neste caso, são as próprias partes, sem o auxílio de terceiro, que põem fim ao litígio." FIUZA, César Augusto de Castro, SÁ, Maria de Fátima Freire de e DIAS, Ronaldo Brêtas C. (Coordenadores). **Temas atuais de Direito Processual Civil.** – Belo Horizonte: Del Rey, 2001, p. 91

29 Na doutrina nem todos os autores reconhecem essa nomenclatura heterocomposição. Em definição tem-se César Augusto de Castro Fiuza: "Enquanto forma alternativa de solução de disputas, a heterocomposição ocorre quando terceiro intervém na disputa, a fim de propor-lhe solução, ou seja, a fim de promover acordo entre os contendores ou de decidir a controvérsia." - FIUZA, César Augusto de Castro, SÁ, Maria de Fátima Freire de e DIAS, Ronaldo Brêtas C. (Coordenadores). **Temas atuais de Direito Processual Civil.** – Belo Horizonte: Del Rey, 2001, p. 92.

30 FIUZA, César Augusto de Castro, SÁ, Maria de Fátima Freire de e DIAS, Ronaldo Brêtas C. (Coordenadores). **Temas atuais de Direito Processual Civil.** – Belo Horizonte: Del Rey, 2001, p. 93-99.

31 ARAÚJO CINTRA, Antônio Carlos de [et al.]. **Teoria Geral do Processo.** 18. ed. – São Paulo: Malheiros, 2002, p. 21-23.

bitros, ato que até então cabia tão somente às partes. Dessa forma chega-se à arbitragem obrigatória. Numa terceira etapa, o pretor passa a ter o poder de decisão. Sendo o pretor um representante do Estado, é a partir daí que se nota a alteração do sistema de arbitragem obrigatória para o reconhecimento da jurisdição do Estado.

> As considerações acima mostram que, antes de o Estado conquistar para si o poder de declarar qual o direito no caso concreto e promover a sua realização prática (jurisdição), houve três fases distintas: a) autotutela; b) arbitragem facultativa; c) arbitragem obrigatória. A autocomposição, forma de solução parcial dos conflitos, é tão antiga quanto a autotutela. O processo surgiu com a arbitragem obrigatória. A jurisdição, só depois (no sentido em que a entendemos hoje).[32]

Todo esse tema está diretamente ligado à terceira onda renovatória de Cappelletti[33] que traz como grande diferencial a criação de meios para tornar efetivos os novos direitos. Não basta conseguir uma melhor representação judicial aos menos favorecidos, necessária se faz a criação de novos mecanismos procedimentais na estrutura dos tribunais, tais como o uso de pessoas leigas ou paraprofissionais como defensores e juízes.

Cappelletti propõe em sua terceira onda até mesmo modificações no direito subjetivo para evitar demandas desnecessárias que só irão afogar cada vez mais a máquina estatal. A criação de mecanismos que possibilitem uma maior velocidade no julgamento é de fundamental importância. O referido autor expõe que para algumas causas se faz necessária uma solução rápida, enquanto que para outras admite-se um tempo maior.

Os mecanismos expostos na terceira onda de Cappelletti visam à simplificação processual e à criação de meios alternativos para a solução dos conflitos. Dessa forma, há maior rapidez no deslinde dos conflitos e a paz social é alcançada de maneira satisfatória.

Entre os mecanismos utilizados para solução dos conflitos modernamente encontram-se as ADRS (Alternative Dispute Resolution System ou Amicable Dispute Resolution ou Resolução de Disputas ou Sistemas Alternativos de Solução de Conflitos) ou MASCs (Métodos Alternativos de Solução de Conflitos), segundo José Maria Rossani Garcez[34]:

---

32 ARAÚJO CINTRA, Antônio Carlos de [et al.]. **Teoria Geral do Processo.** 18. ed. – São Paulo: Malheiros, 2002, p. 23.

33 "Ela (a terceira onda) centra sua atenção no conjunto geral de instituições e mecanismos, pessoas e procedimentos utilizados para processar e mesmo prevenir disputas nas sociedades modernas. Nós o denominamos "o enfoque do acesso à Justiça" por sua abrangência. Seu método não consiste em abandonar as técnicas das duas primeiras ondas de reforma, mas em tratá-las como apenas algumas de uma série de possibilidades para melhorar o acesso." CAPPELLETTI, Mauro. **Acesso à Justiça.** Tradução de Ellen Gracie Northfleet - Porto Alegre: Fabris, 1988, p. 67-68.

34 GARCEZ, José Maria Rossani. **Negociação. ADRS. Mediação. Conciliação e Arbitragem.** 2 ed. - Rio de Janeiro: Lumen Juris, 2003, p. 1.

No jargão da literatura jurídica anglo-saxônica ADRS constituem os Sistemas Alternativos de Solução de Conflitos, em português MASCs – Métodos Alternativos de Solução de Conflitos, uma sigla que em verdade representa um novo tipo de cultura na solução de litígios, distanciada do antagonismo agudo dos clássicos combates entre o autor e réu no judiciário e mais centrada nas tentativas para negociar harmoniosamente a solução desses conflitos, num sentido, em realidade, direcionado à pacificação social quando vista em seu conjunto, em que são utilizados métodos cooperativos.

O mesmo Cappelletti já reconheceu que os esforços organizados sob a égide da terceira onda devem ser levados a efeito fora do circuito jurisdicional, e que há diversas formas para a concretização dos processos de heterocomposição, notadamente, a mediação. Seguindo esse raciocínio, fica mais fácil chegar ao que se denomina de quarta onda renovatória, a saber, a efetividade dos direitos processuais.

Precisamos analisar alguns meios de solução dos conflitos. Serão abordadas a negociação, a mediação e a conciliação, ainda que brevemente, por serem importantes formas de solução dos conflitos.

4. MEIOS DE SOLUÇÃO DE CONFLITOS

4.1. NEGOCIAÇÃO

É uma forma básica de conseguir o que se quer dos outros. As próprias partes buscam resolver as questões, solucionando disputas mediante discussões que podem ser conduzidas por elas mesmas, autonomamente ou por representantes. É uma atividade usual entre advogados.

Maria de Nazareth Serpa[35] define a negociação como:

> ... , é um processo onde as partes envolvidas entabulam conversações, no sentido de encontrar formas de satisfazer os interesses. Normalmente as partes reconhecem e verbalizam a existência de demandas contraditórias, diferenças de valores de cada uma, mas muitas vezes detectam a ocorrência de interesses comuns. Através desse processo procuram ajustar as diferenças se movimentando com vistas a uma relação desejável tanto sob o ponto de vista econômico, quanto social, psicológico, e mesmo legal.

"A negociação é, portanto, o conjunto de técnicas que leva as partes a uma solução pacífica, normalmente transacionada"[36], como assevera César Augusto de Castro Fiuza.

---

35 SERPA, Maria de Nazareth. **Teoria e Prática da Mediação de Conflitos.** Rio de Janeiro: Lumen Juris, 1999, p. 108-109.

36 FIUZA, César Augusto de Castro, SÁ, Maria de Fátima Freire de e DIAS, Ronaldo Brêtas C. (Coordenadores). **Temas atuais de Direito Processual Civil.** – Belo Horizonte: Del Rey, 2001, p. 97.

As negociações pressupõem um interesse comum, mas nem por isso estão afastadas de um litígio. Mesmo em um litígio as partes podem possuir interesses comuns, muito embora aparentemente esses interesses fiquem camuflados.

No Brasil os advogados pouco ou nada estudam sobre as técnicas teóricas da negociação. O aprendizado normalmente é feito de forma pragmática, valendo-se das experiências profissionais e cotidianas. Existem diferentes teorias e técnicas de negociação que poderiam ser utilizadas de forma mais eficiente e atingir os anseios das partes na maioria dos casos.

4.2. MEDIAÇÃO

A mediação pode ser utilizada em qualquer contexto de convivência capaz de produzir conflitos. A solução dos impasses políticos e étnicos (nacionais e internacionais), assim como o deslinde das questões trabalhistas e comerciais, as empresas, as escolas, as famílias, as comunidades e as instituições podem se beneficiar deste recurso.

Para Nelson Mannrich[37]:

> A mediação corresponde a um instrumento pelo qual um terceiro, não envolvido no conflito, estimula as partes ao compromisso, à tolerância ou ao acordo, evitando-se a ruptura das relações ou da negociação. A proposta formulada pelo mediador não tem força obrigatória, apenas com a adesão das partes, transformando-se no conteúdo de um acordo ou convenção coletiva.

O mediador é um terceiro imparcial que não decide, apenas ajuda a composição, auxilia as partes a chegarem, elas próprias, a um acordo entre si, através de um processo estruturado[38-39-40]. Pode ser utilizada em diversas áreas por ser o mediador um facilitador.

A mediação é muito utilizada em países como EUA e Argentina, tendo sido introduzida recentemente no Brasil. Na negociação coletiva trabalhista a me-

---

37 PAIVA, Mário Antônio Lobato de (coord). **A Lei do rito Sumaríssimo e das Comissões de Conciliação Prévia na Justiça do Trabalho vista pelos juristas.** Rio de Janeiro: Forense, 2002, p. 229.

38 Segundo Maria Inês Moura Santos Alves da Cunha: "O mediador não toma decisões ou medidas. As partes negociam com o mediador, não como se ele fosse um juiz, apenas como uma ponte entre elas."(CUNHA, Maria Inês Moura Santos Alves da. **A equidade e os meios alternativos de solução de conflito.** - São Paulo: LTr, 2001, p. 86).

39 Humberto Theodoro Júnior ao enumerar as modalidades principais de composição de litígio entende ser a mediação uma delas: "a) a *mediação*, em que se usa a intermediação de um agente não para ditar e impor a solução autoritária do conflito, mas para conduzir negocialmente os litigantes a reduzirem suas divergências e a encontrarem, por eles mesmos, um ponto de entendimento." (THEODORO JÚNIOR, Humberto. **O processo civil brasileiro no limiar do novo século.** – Rio de Janeiro: forense, 2002, p. 306).

40 Para Alcalá-Zamora o mediador se limita a propor uma solução, podendo os litigantes aceitar, rechaçar ou modificá-la. (CASTILLO, Niceto Alcalá-Zamora y. **Processo, Autocomposición y Autodefensa.** 2 ed. México, UNAM, 1970, p. 75).

diação é facultada às partes, que podem escolher o mediador para compor o conflito. Tal fundamento está consubstanciado no Decreto 1.572/95.

No dia 29.06.15 foi publicada a Lei nº 13.140 que dispõe sobre a mediação entre particulares como meio de solução de controvérsias e sobre a autocomposição de conflitos no âmbito da administração pública.

Conforme estabeleceu o parágrafo único do art. 1º da citada Lei: "Considera-se mediação a atividade técnica exercida por terceiro imparcial sem poder decisório, que, escolhido ou aceito pelas partes, as auxilia e estimula a identificar ou desenvolver soluções consensuais para a controvérsia."

De forma detalhada a Lei 13.140/2015 dispõe sobre os princípios que orientam a mediação (imparcialidade do mediador; isonomia entre as partes; oralidade, ...), diferencia os mediadores extrajudiciais dos mediadores judiciais, estabelece o procedimento de realização da mediação extrajudicial e da judicial, estabelece o dever da confidencialidade e suas exceções, dispõe sobre a autocomposição de conflitos em que seja parte pessoa jurídica de direito público e por fim, determina a aplicação da Lei, no que couber, às formas consensuais de resolução de conflitos, tais como mediações comunitárias e escolares, e àquelas levadas a efeito nas serventias extrajudiciais.

Embora a Lei 13.140/2015 tenha regulamentado a mediação, **o mais importante a ser observado é a inaplicabilidade desta lei nas relações de trabalho. Na forma do parágrafo único do art. 42 desta Lei, "A mediação nas relações de trabalho será regulada por lei própria."**

> Art. 42 da Lei 13.140/2015 - Aplica-se esta Lei, no que couber, às outras formas consensuais de resolução de conflitos, tais como mediações comunitárias e escolares, e àquelas levadas a efeito nas serventias extrajudiciais, desde que no âmbito de suas competências.
>
> Parágrafo único - A mediação nas relações de trabalho será regulada por lei própria.

Desta forma, apenas nos resta aguardar por resposta do legislador, não nos parecendo distante o dia em que esta forma célere de solução de conflitos venha a alcançar os litígios trabalhistas.

4.3. CONCILIAÇÃO

Inicialmente é importante definir conciliação. De acordo com o entendimento de Wagner D. Giglio[41]: "Conciliação, palavra derivada do latim "conciliatione", significa ato ou efeito de conciliar; ajuste, acordo ou harmonização de pessoas desavindas; congraçamento, união, composição ou combinação."

---

41 GIGLIO, Wagner D. **A conciliação nos Dissídios Individuais do Trabalho.** Porto Alegre: Síntese, 1997, p. 11.

Para Nelson Mannrich[42]:

> O vocábulo *conciliatio* evoca harmonização. Pela conciliação, um terceiro promove a composição equitativa de um conflito ou controvérsia, cabendo aos sujeitos envolvidos aceitá-la ou não, prevalecendo apenas a vontade dos interessados na solução amigável do conflito.

O conciliador é um terceiro que aproxima as partes. As próprias partes chegam à conciliação. Pode ser extraprocessual, intraprocessual ou pós-processual. Na primeira, o conciliador ajuda as partes a terminarem o conflito para que não se inicie a jurisdição; na segunda, o fim do conflito pode se dar pelo intermédio do juiz ou pelos próprios litigantes, pondo fim ao processo. A terceira ocorre quando a conciliação for feita após o trânsito em julgado atingindo diretamente à execução.

Segundo os escólios de Maria Inês Santos Alves da Cunha tanto o conciliador quanto o mediador devem ser imparciais, tendo em vista que ambos servem como meros intermediários entre as partes.[43 - 44]

A função básica da Justiça do Trabalho é conciliar e julgar os dissídios individuais e coletivos. A lei trabalhista prevê a conciliação judicial e agora também a extrajudicial.

A Consolidação das Leis do Trabalho, em seus artigos 846, 850 e 852-E, determina que ao abrir a instrução o juiz tente a conciliação das partes, o mesmo acontecendo ao final daquela, ou até mesmo em qualquer fase da audiência. Portanto, desde a criação da CLT o Poder Judiciário é responsável, ao julgar as demandas trabalhistas, por buscar a solução dos conflitos através da conciliação.

A Lei n.º 9.958/00 inseriu na CLT um mecanismo de conciliação extrajudicial, desenvolvido pelas chamadas Comissões de Conciliação Prévia.

No direito brasileiro a forma de solução dos conflitos individuais do trabalho sempre foi através do monopólio estatal, não sendo reconhecidas as transações

---

42 PAIVA, Mário Antônio Lobato de (coord). **A Lei do rito Sumaríssimo e das Comissões de Conciliação Prévia na Justiça do Trabalho vista pelos juristas.** Rio de Janeiro: Forense, 2002, p. 228.

43 Em sentido contrário José Maria Rossani Garcez distingue a mediação da conciliação da seguinte forma: "No Brasil a expressão *conciliação* tem sido vinculada principalmente ao procedimento judicial, sendo exercida por juízes, togados ou leigos, ou por conciliadores bacharéis em direito, e **representa, em realidade, um degrau a mais em relação à mediação, isto significando que o conciliador não se limita apenas a auxiliar as partes a chegarem, por elas próprias, a um acordo, mas também pode aconselhar e tentar induzir as mesmas a que cheguem a este resultado, fazendo-as divisar seus direitos, para que possam decidir mais rapidamente."** *(grifos nossos)* - GARCEZ, José Maria Rossani. **Negociação. ADRS. Mediação. Conciliação e Arbitragem.** 2 ed. - Rio de Janeiro: Lumen Juris, 2003, p. 49.

44 César Augusto de Castro Fiuza também diverge do entendimento citado, pois para ele o grande diferencial do mediador para o negociador e para o conciliador é que aquele não propõe soluções sendo as mesmas alcançadas pelos próprios contendores. - FIUZA, César Augusto de Castro, SÁ, Maria de Fátima Freire de e DIAS, Ronaldo Brêtas C. (Coordenadores). **Temas atuais de Direito Processual Civil.** – Belo Horizonte: Del Rey, 2001, p. 97.

efetuadas pelas partes extrajudicialmente, sob o argumento de indisponibilidade dos direitos trabalhistas. Ocorre que, com o decorrer do tempo, passaram a surgir verdadeiras lides simuladas, ou seja, empregado e empregador transacionavam e, em seguida, ajuizavam uma reclamação simulada apenas para ter a chancela do Poder Judiciário. Nessa esteira de raciocínio verifica-se que a criação das Comissões de Conciliação Prévia representa o primeiro rompimento ao modelo monopolista.

Para conceituar as Comissões de Conciliação Prévia, necessário se faz, antes, apontar a classificação da conciliação quanto à forma e quanto à vontade segundo Sergio Pinto Martins[45]: "As Comissões de Conciliação visam prevenir o ajuizamento de reclamações trabalhistas, fomentando a conciliação."

A conciliação, quanto à forma que é feita, pode ser:

a. **judicial**: é a realizada em juízo, perante o magistrado;

b. **extrajudicial**: é a realizada em âmbito não judicial, como na empresa, no sindicato de empregados, entre sindicatos;

c. **extrajudicial e judicial**: em que existem mecanismos extrajudiciais de conciliação e, ao mesmo tempo, a possibilidade de se ajuizar a ação para a discussão da questão trabalhista.

Quanto à vontade, a conciliação pode ser:

a. **facultativa**: fica a cargo das partes a instituição da forma de conciliação. O sistema instituído pela Lei n.º 9.958 determina um sistema facultativo de conciliação, pois as empresas podem criar ou não a Comissão de Conciliação;

b. **obrigatória**: a lei determina que a conciliação deve ser tentada antes de ser proposta a ação trabalhista.

As Comissões não servem tão somente para causas de pequeno valor, mas para tentar solucionar qualquer demanda trabalhista de forma a evitar que a lide venha parar no Judiciário.

Assim sendo, como já dito anteriormente, a Comissão de Conciliação Prévia é uma forma de composição extrajudicial de dissídios individuais, que pode ser criada ou não pelas empresas ou pelos sindicatos. As Comissões não são órgãos judiciais, são privados, extrajudiciais, atuam antes do início da fase processual perante o Judiciário. Estão inseridas no Direito Processual do Trabalho, pois representam uma forma alternativa de solução dos conflitos trabalhistas.

O intuito desse mecanismo é desafogar o Judiciário. Nesse sentido, Dárcio Guimarães de Andrade[46]:

---

45 MARTINS, Sergio Pinto. **Comissões de Conciliação Prévia e Procedimento Sumaríssimo.** 2.ed. – São Paulo: Atlas, 2001, p. 21/22.

46 PAIVA, Mário Antônio Lobato de (coord). **A Lei do rito Sumaríssimo e das Comissões de Conciliação Prévia na Justiça do Trabalho vista pelos juristas.** Rio de Janeiro: Forense, 2002, p. 183.

O objetivo é agilizar e simplificar as controvérsias advindas da relação entre o capital e o trabalho, tentando solucionar, no nascedouro, os conflitos oriundos da relação de emprego, evitando que os mesmos culminem em longos litígios travados na Justiça Obreira.

É necessário inovar, mas não só a lei, acima de tudo, a mentalidade de todos nós.[47]

5. OS CONCILIADORES E OS MEDIADORES DO NOVO CÓDIGO DE PROCESSO CIVIL

Nesse contexto, precisamos pensar no Novo Código de Processo Civil e os seus reflexos no processo do trabalho.

Primeiramente precisamos observar a redação aprovada para a tarefa dos sujeitos que irão auxiliar na solução dos conflitos entre partes:

...

LIVRO III - DOS SUJEITOS DO PROCESSO

TÍTULO I - DAS PARTES E DOS PROCURADORES

TÍTULO II - DO LITISCONSÓRCIO

TÍTULO III - DA INTERVENÇÃO DE TERCEIROS

TÍTULO IV - DO JUIZ E DOS AUXILIARES DA JUSTIÇA

CAPÍTULO I - DOS PODERES, DOS DEVERES E DA RESPONSABILIDADE DO JUIZ

CAPÍTULO II - DOS IMPEDIMENTOS E DA SUSPEIÇÃO

CAPÍTULO III - DOS AUXILIARES DA JUSTIÇA

Seção I - Do Escrivão, do Chefe de Secretaria e do Oficial de Justiça

Seção II - Do Perito

Seção III - Do Depositário e do Administrador

Seção IV - Do Intérprete e do Tradutor

Seção V

Dos conciliadores e mediadores judiciais

Art. 165. Os tribunais criarão centros judiciários de solução consensual de conflitos, **responsáveis pela realização de sessões e audiências de conciliação e mediação, e pelo desenvolvimento de programas destinados a auxiliar, orientar e estimular a autocomposição.**

---

[47] Nesse sentido, Flávio Obino Filho: "O fortalecimento das CCP's independentes e que reúnem conciliadores preparados passa pela valorização do sistema pela advocacia e pela vigilância permanente, na certeza de que o sucesso do novo modelo é a garantia da sobrevivência da própria Justiça do Trabalho." OBINO FILHO, Flávio. **A revolução das CCP's**. In: Justiça do Trabalho, v.18, n.214, p. 66, out. 2001.

§ 1º A composição e a organização dos centros serão definidas pelo respectivo tribunal, observadas as normas do Conselho Nacional de Justiça.

§ 2º O **conciliador**, que atuará preferencialmente nos casos em que não houver vínculo anterior entre as partes, poderá sugerir soluções para o litígio, sendo vedada a utilização de qualquer tipo de constrangimento ou intimidação para que as partes conciliem.

§ 4º O **mediador**, que atuará preferencialmente nos casos em que houver vínculo anterior entre as partes, auxiliará aos interessados a compreender as questões e os interesses em conflito, de modo que eles possam, pelo restabelecimento da comunicação, identificar, por si próprios, soluções consensuais que gerem benefícios mútuos.

Art. 166. A conciliação e a mediação são informadas pelos princípios da independência, da imparcialidade, da autonomia da vontade, da confidencialidade, da oralidade, da informalidade e da decisão informada.

§ 1º A confidencialidade estende-se a todas as informações produzidas no curso do procedimento, cujo teor não poderá ser utilizado para fim diverso daquele previsto por expressa deliberação das partes.

§ 2º Em razão do dever de sigilo, inerente às suas funções, o conciliador e o mediador, assim como os membros de suas equipes, não poderão divulgar ou depor acerca de fatos ou elementos oriundos da conciliação ou da mediação.

§ 3º Admite-se a aplicação de técnicas negociais, com o objetivo de proporcionar ambiente favorável à autocomposição.

§ 4º A mediação e a conciliação serão regidas conforme a livre autonomia dos interessados, inclusive no que diz respeito à definição das regras procedimentais.

Art. 167. Os conciliadores, os mediadores e as câmaras privadas de conciliação e mediação serão inscritos em cadastro nacional e em cadastro de tribunal de justiça ou de tribunal regional federal, que manterá registro de profissionais habilitados, com indicação de sua área profissional.

§ 1º Preenchendo o requisito da capacitação mínima, por meio de curso realizado por entidade credenciada, conforme parâmetro curricular definido pelo Conselho Nacional de Justiça em conjunto com o Ministério da Justiça, o conciliador ou o mediador, com o respectivo certificado, poderá requerer sua inscrição no cadastro nacional e no cadastro de tribunal de justiça ou de tribunal regional federal.

§ 2º Efetivado o registro, que poderá ser precedido de concurso público, o tribunal remeterá ao diretor do foro da comarca, seção ou subseção judiciária onde atuará o conciliador ou o mediador os dados necessários para que seu nome passe a constar da respectiva lista, a ser observada na distribuição alternada e aleatória, respeitado o princípio da igualdade dentro da mesma área de atuação profissional.

§ 3º Do credenciamento das câmaras e do cadastro de conciliadores e mediadores constarão todos os dados relevantes para a sua atuação, tais como o número de processos de que participou, o sucesso ou insucesso da atividade, a matéria sobre a qual versou a controvérsia, bem como outros dados que o tribunal julgar relevantes.

§ 4º Os dados colhidos na forma do § 3º serão classificados sistematicamente pelo tribunal, que os publicará, ao menos anualmente, para conhecimento da população e para fins estatísticos e de avaliação da conciliação, da mediação, das câmaras privadas de conciliação e de mediação, dos conciliadores e dos mediadores.

§ 5º Os conciliadores e mediadores judiciais cadastrados na forma do caput, se advogados, estarão impedidos de exercer a advocacia nos juízos em que desempenhem suas funções.

§ 6º O tribunal poderá optar pela criação de quadro próprio de conciliadores e mediadores, a ser preenchido por concurso público de provas e títulos, observadas as disposições deste Capítulo.

Art. 168. As partes podem escolher, de comum acordo, o conciliador, o mediador ou a câmara privada de conciliação e de mediação.

§ 1º O conciliador ou mediador escolhido pelas partes poderá ou não estar cadastrado junto ao tribunal.

§ 2º Inexistindo acordo quanto à escolha do mediador ou conciliador, haverá distribuição entre aqueles cadastrados no registro do tribunal, observada a respectiva formação.

§ 3º Sempre que recomendável, haverá a designação de mais de um mediador ou conciliador.

Art. 169. Ressalvada a hipótese do art. 167, § 6º, o conciliador e o mediador receberão pelo seu trabalho remuneração prevista em tabela fixada pelo tribunal, conforme parâmetros estabelecidos pelo Conselho Nacional de Justiça.

§ 1º A mediação e a conciliação podem ser realizadas como trabalho voluntário, observada a legislação pertinente e a regulamentação do tribunal.

§ 2º Os tribunais determinarão o percentual de audiências não remuneradas que deverão ser suportadas pelas câmaras privadas de conciliação e mediação, com o fim de atender aos processos em que deferida gratuidade da justiça, como contrapartida de seu credenciamento.

Art. 170. No caso de impedimento, o conciliador ou mediador o comunicará imediatamente, de preferência por meio eletrônico, e devolverá os autos ao juiz do processo ou ao coordenador do centro judiciário de solução de conflitos, devendo este realizar nova distribuição.

Parágrafo único. Se a causa de impedimento for apurada quando já iniciado o procedimento, a atividade será interrompida, lavrando-se ata com relatório do ocorrido e solicitação de distribuição para novo conciliador ou mediador.

Art. 171. No caso de impossibilidade temporária do exercício da função, o conciliador ou mediador informará o fato ao centro, preferencialmente por meio eletrônico, para que, durante o período em que perdurar a impossibilidade, não haja novas distribuições.

Art. 172. O conciliador e o mediador ficam impedidos, pelo prazo de 1 (um) ano, contado do término da última audiência em que atuaram, de assessorar, representar ou patrocinar qualquer das partes.

Art. 173. Será excluído do cadastro de conciliadores e mediadores aquele que:

I - agir com dolo ou culpa na condução da conciliação ou da mediação sob sua responsabilidade ou violar qualquer dos deveres decorrentes do art. 166, §§ 1º e 2º;

II - atuar em procedimento de mediação ou conciliação, apesar de impedido ou suspeito.

§ 1º Os casos previstos neste artigo serão apurados em processo administrativo.

§ 2º O juiz da causa ou o juiz coordenador do centro de conciliação e mediação, se houver, verificando atuação inadequada do mediador ou conciliador, poderá afastá-lo de suas atividades por até 180 (cento e oitenta) dias, por decisão fundamentada, informando o fato imediatamente ao tribunal para instauração do respectivo processo administrativo.

Art. 174. A União, os Estados, o Distrito Federal e os Municípios criarão câmaras de mediação e conciliação, com atribuições relacionadas à solução consensual de conflitos no âmbito administrativo, tais como:

I - dirimir conflitos envolvendo órgãos e entidades da administração pública;

II - avaliar a admissibilidade dos pedidos de resolução de conflitos, por meio de conciliação, no âmbito da administração pública;

III - promover, quando couber, a celebração de termo de ajustamento de conduta.

Art. 175. As disposições desta Seção não excluem outras formas de conciliação e mediação extrajudiciais vinculadas a órgãos institucionais ou realizadas por intermédio de profissionais independentes, que poderão ser regulamentadas por lei específica.

Parágrafo único. Os dispositivos desta Seção aplicam-se, no que couber, às câmaras privadas de conciliação e mediação.

Com esses mecanismos imagina-se uma migração de empregados e trabalhadores para os centros judiciários de solução consensual de conflitos, inobstante a possibilidade de passagem pelas comissões de conciliação prévia, sempre em busca de soluções rápidas, eficazes, seguras. Esses mecanismos funcionam como novas soluções para desafogar a emperrada máquina judiciária estatal.

Não resta dúvida que a conciliação e a mediação são úteis, sendo meios extremamente eficazes para solucionar conflitos. Com a aplicação subsidiária do CPC, além do atendimento ao princípio da celeridade, tendo em vista a forma mais rápida de resolver uma lide, iremos conseguir deixar para o juiz julgar apenas os casos mais complexos, sendo assim de grande valia para a concretização da justiça.

A conciliação é um mecanismo inerente ao ser humano em suas disputas pessoais. O homem, é claro, muito remotamente percebeu os benefícios que poderia ter ao conciliar quando houvesse uma disputa.

Há previsão de conciliação em registros da Grécia antiga, bem como na lei das doze tábuas. Mais recentemente temos os *Conselhos de Prud'hommes*, restabelecidos por Napoleão, em 1806, que utilizavam a conciliação como forma de solução dos conflitos.

Na Espanha a "*Ley de Consejos de Conciliación y Arbitrage Industrial*" de 1908 é considerado, o marco nas conciliações trabalhistas naquele país.

Notadamente a conciliação é indispensável para a solução dos conflitos trabalhistas[48]. Sempre esteve presente no processo brasileiro, tendo aparecido ainda nas Ordenações do Reino (Filipinas).

> "**Livro III, Título XX, § 1º** - E no começo da demanda dirá o juiz a ambas as partes, que antes que façam despesas, e sigam entre elas ódios e dissensões, se devem concordar, e não gastar suas fazendas por seguirem suas vontades, porque o vencimento da causa sempre é duvidoso. E isto, que dizemos, de reduzirem as partes a concórdia, não é de necessidade, mas somente honestidade nos casos, em que o bem puderem fazer."

A conciliação também não passou em branco pela Constituição de 1824, em seu art. 161: "**Art. 161 da Constituição de 1824** - Sem se fazer constar que se tem intentado o meio de reconciliação, não se começará processo algum."

O regulamento 737 de 1850, também já fazia menção à necessidade de conciliação, senão vejamos: "Nenhuma causa comercial será proposta em juízo contencioso, sem que previamente se tenha tentado o meio de conciliação, ou por ato judicial, ou por comparecimento voluntário das partes."

Assim demonstrado está que a tentativa de conciliação sempre fez parte do processo brasileiro, não havendo nenhuma grande inovação sempre que uma legislação recém criada venha a obrigar uma tentativa inicial de conciliação.

Com relação ao direito do trabalho, a conciliação também sempre fez parte das suas características. A conciliação está no âmago da solução dos dissídios trabalhistas. Alguns autores chegam mesmo a dizer que a conciliação é um princípio norteador do processo trabalhista.

Pesquisas recentes demonstram que a conciliação[49] é o meio mais utilizado para pôr fim às demandas trabalhistas. Ocorre que, apesar de bem intenciona-

---

48 Wagner Giglio chega mesmo a afirmar que é uma característica comum nas legislações alienígenas a designação de um órgão não jurisdicional para a tentativa prévia de negociação. GIGLIO, Wagner D. **A conciliação nos Dissídios Individuais do Trabalho**. - Porto Alegre: Síntese, 1997, p. 14.

49 Variação Percentual dos Processos Conciliados: 1998 – 45,1%, 1999 – 46,9% , 2000 – 45,1%, 2001 – 44,8%, 2002 – 44,6%. Dados fornecidos pelo TST (site consultado em 02/03/2015: www.tst.gov.br).

da, essa ideia não consegue alcançar todo seu objetivo exatamente por ser essa conciliação feita diretamente pelo Juiz do Trabalho.

É notório que o Judiciário não possui meios físicos suficientes para absorver todas as demandas judiciais. Dessa forma, conflitos que poderiam facilmente serem resolvidos por conciliação ou mediação são tratados da mesma forma que todos os demais. O abarrotamento do Poder Judiciário leva à demora na prestação jurisdicional, retardando a solução dos conflitos.

O problema não está na conciliação ou na mediação, mas sim na redação atual da CLT que determina que as propostas de acordo sejam feitas apenas pelo Juiz. Logo, só conseguiremos reduzir o número de demandas apreciadas pelo Sr. Dr. Juiz do Trabalho se for possível a utilização dos novos auxiliares da justiça (o conciliador e o mediador), que com seus afazeres terão meios eficazes e efetivos garantidores do acesso à justiça.

Neste cenário, surge a possibilidade de aplicação subsidiária do Código de Processo Civil, com a intervenção de um mediador, ou de um conciliador para sanar a demanda mais rapidamente.

Mister frisar que a tentativa de conciliação perante o Juiz do Trabalho permanece ainda no processo judicial, inobstante a sua possibilidade de realização antes de iniciar o processo ou no início da fase de conhecimento com a participação de um conciliador ou de um mediador, se assim uma lei específica prever.

A fórmula é muito simples. Questões são levadas anteriormente aos auxiliares da justiça, onde se procura a solução rápida do conflito entre empregado e empregador. Pode-se afirmar que a figura dos novos auxiliares da justiça surge na expectativa exatamente de sanar uma deficiência apresentada pelo Poder Judiciário em conciliar as partes de forma mais célere, solucionando com efetividade suas lides trabalhistas. Os mediadores e os conciliadores contribuirão para diminuir a enorme carga sobre o Juiz do Trabalho.

6. CONSIDERAÇÕES FINAIS

Empregados e empregadores não necessitam sempre da tutela do Estado ou de sua jurisdição. Ambos podem se conciliar de forma autônoma. O que deve ser garantido, sempre, é a possibilidade de ambos poderem recorrer ao Judiciário, caso se sintam lesados. A lei que instituiu as Comissões de Conciliação Prévia em momento algum feriu o comando constitucional, ficando mantido o direito de recorrer ao Judiciário, assim como a aplicação supletiva do CPC, no que tange aos artigos 166 ao 176, em nada obstará o mandamento da Carta Maior, pois caso o mediador ou o conciliador não obtenha sucesso, é possível que as partes busquem a solução pelo Juiz.

Com o funcionamento efetivo da Justiça do Trabalho com os novos auxiliares do Juiz (mediador e conciliador) os litigantes serão beneficiados, uma vez que ocorrerá uma sensível diminuição no número de causas a serem julgadas e a Justiça ficará mais livre para julgar questões mais complexas, com mais qualidade e maior celeridade.

Portanto, este novo formato contribui para reduzir as demandas apreciadas pelo Juiz do Trabalho e ampliam o acesso dos trabalhadores à justiça, de maneira ágil.

A criação, dos novos métodos de solução de conflitos através da mediação e da conciliação, deve ser aceita, pois é a forma mais adequada para a manutenção efetiva da prestação da tutela jurisdicional. Repita-se: não se pode esquecer que justiça tardia não é justa. É necessário inovar, mas não só na lei, acima de tudo na mentalidade de todos.

7. REFERÊNCIAS BIBLIOGRÁFICAS

ALMEIDA, Amador Paes de. **Curso prático de processo do trabalho.** 14ª ed. - São Paulo: Saraiva, 2002.

ALMEIDA, André Luiz Paes de. **Direito do trabalho.** 7. ed. São Paulo: Rideel, 2009.

ALVIM, Eduardo Arruda. **Curso de direito processual civil.** vol. I. - São Paulo: Revista dos Tribunais, 1998.

ALVIM, José Eduardo Carreira. **Comentários à Lei de Arbitragem (Lei n.º 9.307 de 23/9/1996).** 2.ed. atual. – Rio de Janeiro: Editora Lumen Juris, 2004.

ALVIM, José Eduardo Carreira. **Elementos de teoria geral do processo.** 7. ed. – Rio de Janeiro: Forense, 2001.

ALVIM, José Eduardo Carreira. **Teoria geral do processo.** 8. ed. – Rio de Janeiro: Forense, 2003.

ARAGÃO, Luiz Fernando Basto. **Noções essenciais de direito coletivo do trabalho.** - São Paulo: LTr, 2000.

ARAÚJO CINTRA, Antônio Carlos de [et al.]. **Teoria Geral do Processo.** 18. ed. – São Paulo: Malheiros, 2002.

ARAÚJO, João Carlos de. **Ação Coletiva do Trabalho.** São Paulo: LTr, 1993.

BARROS, Alice Monteiro de (coord). **Curso de Direito do Trabalho: estudos em memória de Célio Goyatá.** 2. ed. atual. e ampl. – São Paulo: LTr, 1994.

BARROSO, Luís Roberto. **O direito constitucional e a efetividade de suas normas: limites e possibilidades da Constituição brasileira.** 6. ed. atual. – Rio de Janeiro: Renovar, 2002.

BATALHA, Wilson de Souza Campos. **Tratado de Direito Judiciário do Trabalho.** - São Paulo: LTr, 1977

BOMFIM, Benedito Calheiros [et al.]. **Dicionário de Decisões Trabalhistas: 2001 e 2002.** 34. ed. - Rio de Janeiro: Trabalhistas, 2003.

BOMFIM, Vólia. **Curso para Exame de Ordem.** vol. I. - Rio de Janeiro: Trabalhistas, 2001.

BOMFIM, Vólia Menezes. **Sentença Trabalhista: teoria, prática, provas de concursos, exercícios e respostas.** - Rio de Janeiro: Edições Trabalhistas, 1999.

BORGES, Leonardo Dias. **Direito processual do trabalho.** 3.ed. – Rio de Janeiro: Impetus, 2003.

CALMON FILHO, Petrônio (org.). **Reformas Legislativas: Mediação no Processo Civil, Cumprimento da sentença, Execução de Título Extrajudicial, Medidas Urgentes.** Cadernos IBDP, Série propostas legislativas, vol. III, agosto, 2003.

CAPPELLETTI, Mauro e GARTH, Bryant. **Acesso à Justiça.** Tradução de Ellen Gracie Northfleet - Porto Alegre: Fabris, 1988.

CAPPELLETTI, Mauro. **O acesso à justiça e a função do jurista em nossa época.** In Revista de Processo, vol. 61.

CARRION, Valentin. **Comentários à Consolidação das Leis do Trabalho.** 37. ed. – São Paulo: Saraiva, 2012.

CASTILLO, Niceto Alcalá-Zamora y. **Processo, Autocomposición y Autodefensa.** 2 ed. México, UNAM, 1970.

CUNHA, Maria Inês Moura Santos Alves da. **A equidade e os meios alternativos de solução de conflito.** - São Paulo: LTr, 2001.

DELGADO, Maurício Godinho. **Curso de Direito do Trabalho.** 13. ed. – São Paulo: LTr, 2014.

DINAMARCO, Cândido Rangel. **A instrumentalidade do processo.** 11. ed. – São Paulo: Malheiros Editores, 2003.

DOMINGUES, Marcos Abílio. **Introdução do direito coletivo do trabalho.** - São Paulo: LTr, 2000.

FIUZA, César Augusto de Castro, SÁ, Maria de Fátima Freire de e DIAS, Ronaldo Brêtas C. (Coordenadores). **Temas atuais de Direito Processual Civil.** – Belo Horizonte: Del Rey, 2001.

GARCEZ, José Maria Rossani. **Negociação. ADRS. Mediação. Conciliação e Arbitragem.** 2. ed. - Rio de Janeiro: Lumen Juris, 2003.

GERAIGE NETO, Zaiden. **O princípio da inafastabilidade do controle jurisdicional: art. 5º, inciso XXXV, da Constituição Federal. (Coleção estudos de direito de processo Enrico Tullio Liebman; v. 56).** São Paulo: Editora Revista dos Tribunais, 2003.

GIGLIO, Wagner D. **A conciliação nos Dissídios Individuais do Trabalho.** - Porto Alegre: Síntese, 1997.

GIGLIO, Wagner D. **Direito Processual do Trabalho.** 12. ed. - São Paulo: Saraiva, 2002.

GIGLIO, Wagner D. **Justa Causa.** 7. ed. - São Paulo: Saraiva, 2000.

GIGLIO, Wagner D. **Solução dos Conflitos Coletivos: conciliação, mediação, arbitragem, resolução oficial e outros meios.** In: Revista LTr, n.º 3, vol. 64, p. 307-312, Março, 2000.

GRAVATÁ, Isabelli et al. **CLT Organizada.** 5. ed. São Paulo: LTr, 2014.

GRAVATÁ, Isabelli & MORGADO, Almir. **Direito do trabalho: teoria e questões.** Rio de Janeiro: Elsevier, 2011.

LIEBMAN, Enrico Tullio. **Manual de Direito Processual Civil.** Tradução e notas de Cândido R. Dinamarco. 2. ed. – Rio de Janeiro: Forense, 1985.

MARINONI, Luiz Guilherme. **Novas linhas do processo civil.** 2. ed. - São Paulo: Malheiros, 1996.

MARTINS FILHO, Ives Gandra da Silva. **Manual Esquemático de Direito e Processo do Trabalho.** 20ª ed. rev. e atual. São Paulo: Saraiva, 2012.

MARTINS, Sergio Pinto. **Comentários à CLT.** 5. ed. – São Paulo: Atlas, 2001.

MARTINS, Sergio Pinto. **Direito do Trabalho.** 28. ed. – São Paulo: Atlas, 2012.

MARTINS, Sergio Pinto. **Comissões de Conciliação Prévia e Procedimento Sumaríssimo.** 2. ed. – São Paulo: Atlas, 2001.

MENDES, Aluisio Gonçalves de Castro. **Ações Coletivas no direito comparado e nacional.** - São Paulo: Editora Revista dos Tribunais, 2002 (Coleção Temas Atuais de Direito Processual Civil; vol. 4).

MORAES, Alexandre de. **Direito Constitucional.** – 12. ed. - São Paulo: Atlas, 2002.

MORAES FILHO, Evaristo de et al. **Introdução ao direito do trabalho.** 11ª ed. São Paulo: LTr, 2014.

NASCIMENTO, Amauri Mascaro. **Curso de Direito Processual do Trabalho.** 20. ed. ampl. e atual. – São Paulo: Saraiva, 2001.

NASCIMENTO, Amauri Mascaro. **Curso de Direito do Trabalho: história e teoria geral do direito: relações individuais e coletivas do trabalho.** 18. ed. rev. e atual. – São Paulo: Saraiva, 2003.

NASCIMENTO, Amauri Mascaro. **Iniciação ao Direito do Trabalho.** 37. ed. rev. e atual. – São Paulo: LTr, 2012.

NORRIS, Roberto e DALLEGRAVE NETO, José Affonso. **Inovações no Processo do Trabalho: Procedimento Sumaríssimo (Lei n.º 9.957/2000) e Comissão de Conciliação Prévia (Lei n.º 9.958/2000).** - Rio de Janeiro: Forense, 2000.

OBINO FILHO, Flávio. **A revolução das CCP's.** In: Justiça do Trabalho, v.18, n.214, p. 65-66, out. 2001.

PAIVA, Mário Antônio Lobato de (coord). **A Lei do rito Sumaríssimo e das Comissões de Conciliação Prévia na Justiça do Trabalho vista pelos juristas.** - Rio de Janeiro: Forense, 2002.

PLÁ RODRIGUEZ, Américo. **Princípios de Direito do Trabalho.** – São Paulo: Editora da Universidade de São Paulo, 1978.

PINHO, Humberto Dalla Bernardina de. DURCO, Karol. **A Mediação e a Solução dos Conflitos no Estado Democrático de Direito.** O "Juiz Hermes" e a Nova Dimensão da Função Jurisdicional, disponível em http://www.humbertodalla.pro.br, acesso em 09 de setembro de 2014.

PINHO, Humberto Dalla Bernardina de. **Uma leitura processual dos direitos humanos. O direito fundamental à tutela adequada e à opção pela mediação como via legítima para a resolução de conflitos**, in KLEVENHUSEN, Renata Braga (organizadora). Temas sobre Direitos Humanos em Homenagem ao Professor Vicente Barreto, Lumen Juris: Rio de Janeiro, 2009, p. 63/80.

RUSSOMANO, Mozart Victor [et al.]. **Consolidação das Leis do Trabalho Anotada.** - Rio de Janeiro: Forense, 2002.

SAAD, Eduardo Gabriel et al. **Curso de direito processual do trabalho.** 7ª ed. rev. atual. e ampl. por José Eduardo Saad e Ana Maria Saad Castello Branco. São Paulo: LTr, 2014.

SCHIAVI, Mauro. **Manual de Direito Processual do Trabalho.** 7ª ed. São Paulo: LTr, 2014.

SERPA, Maria de Nazareth. **Teoria e Prática da Mediação de Conflitos.** - Rio de Janeiro: Lumen Juris, 1999.

SILVA, Floriano Vaz da. **O acesso à justiça e as comissões de conciliação prévia.** In: Revista de Direito do Trabalho, n.98, p. 51-59, 2000.

SOUSA, Celita Oliveira. **Solução dos Conflitos Trabalhistas nas Comissões de Conciliação Prévia.** Brasília: Editora Consulex, 2001.

SÜSSEKIND, Arnaldo [et al.]. **Instituições de Direito do Trabalho.** 19. ed. atual. – São Paulo: LTr, 2000.

SÜSSEKIND, Arnaldo. **Curso de Direito do Trabalho.** – Rio de Janeiro: Renovar, 2002.

THEODORO JÚNIOR, Humberto. **O processo civil brasileiro no limiar do novo século.** – Rio de Janeiro: forense, 2002.

VALERIANO, Sebastião Saulo. **Comissões de Conciliação Prévia e execução de título executivo extrajudicial na justiça do trabalho.** - São Paulo: LTr, 2000.

WATANABE, Kazuo (Coord.). **Juizado especial de pequenas causas.** - São Paulo: RT, 1985.

Capítulo 22
SOLUÇÃO DE CONFLITOS, O NOVO CPC E AS RELAÇÕES DE TRABALHO

João Marcos Castilho Morato[1]

SUMÁRIO: 1. O CONFLITO E O DIREITO; 2. O CONFLITO, O DIREITO, A SOLUÇÃO; 3. LITÍGIO, CONSENSO, O NOVO CPC E O PROCESSO DO TRABALHO; 4. CONSIDERAÇÕES FINAIS; 5. REFERÊNCIAS.

1. O CONFLITO E O DIREITO

Ubi homo, ibi societas; ubi societas, ibi jus. A afirmação de Ulpiano atravessa os séculos e permanece premissa necessária para a percepção do contexto em que nos inserimos como seres humanos e aquele em que o direito começa a ser percebido na sua relação intrínseca com o homem e a sociedade. A sociologia veio, séculos depois, ratificar a visão aristotélica de que o homem é um ser social e, por isso, não o vê individualmente. De qualquer forma, como se registra no "Corpus Juris Civilis" por Ulpiano, a ideia de que "onde está o homem, há sociedade; onde há sociedade, há direito" chega aos tempos hodiernos tão atual quanto sempre foi.

Fato é, portanto, que se deflui da assertiva proclamada ainda no século VI, não apenas a relação direta entre homem, sociedade e Direito, mas que um exige, naturalmente, o outro. Mais do que isso, o convívio em sociedade demanda o Direito e, em sua evolução faz resultar relações cada vez mais intrincadas e complexas e, portanto, também do direito se exige essa complexidade.

Portanto, desde a antiguidade, essa contingência natural do homem de impor-se ao convívio social fê-lo buscar normas que pudessem assegurar que essas relações acontecessem de forma tranquila e pacífica. Desse ônus, a sociedade nunca se desincumbiu de forma plena pois, não obstante a criação e imposição de normas que pudessem permitir essa pacificação, os conflitos também sempre fizeram parte do cotidiano desse ser social. Assim, a dinâmica do processo evolutivo da sociedade, com inequívocas consequências nas relações humanas, também resultam conflitos igualmente mais complexos e que reivindicam do Direito e sua ordem jurídica o papel de garantir a paz social.

---

[1] Mestre em Direito pela PUC Minas. Professor de Direito e Processo do Trabalho nos cursos de graduação e pós-graduação na PUC Minas. Advogado.

> A tarefa da ordem jurídica é exatamente a de harmonizar as relações sociais intersubjetivas, a fim de ensejar a máxima realização dos valores humanos com o mínimo de sacrifício e desgaste. O critério que deve orientar essa coordenação ou harmonização é o critério do justo e do equitativo, de acordo com a convicção prevalente em determinado momento e lugar.
>
> Por isso, pelo aspecto sociológico o direito é geralmente apresentado como uma das formas – sem dúvida a mais importante e eficaz dos tempos modernos – do chamado *controle social*, entendido como o conjunto de instrumento de que a sociedade dispõe na sua tendência à imposição dos modelos culturais, dos ideais coletivos e dos valores que persegue, para a superação das antinomias, das tensões e dos conflitos que lhe são próprios. (CINTRA, GRINOVER, DINAMARCO, p. 27, 2012)

Por mais que esse conjunto de normas tenha permitido criar um amplo e intrincado arcabouço jurídico e, mesmo que a presença coercitiva do Estado imponha o cumprimento dessas normas, os embates nas diversas relações sociais sempre foram tão naturais quanto a própria necessidade de se viver em sociedade.

Surgido o embate, a necessidade de se o suprimir é vista como salutar à própria continuidade da sociedade. Portanto, meios de solução de conflitos sempre foram necessários ante esses enfrentamentos de interesses antagônicos.

2. O CONFLITO, O DIREITO, A SOLUÇÃO

Se o convívio em sociedade é tão natural ao homem quanto os conflitos que daí surgem e, se a solução dos conflitos sempre foi vista como parte do processo mantenedor da própria sociedade, meios para que esses enfrentamentos se solvessem foram construídos no Direito e, atualmente, se classificam em autodefesa ou autotutela, autocomposição e heterocomposição.

Talvez o primeiro que tenha surgido, na autotutela, um dos envolvidos no conflito impõe sua vontade, pela força, à outra. A despeito de existirem meios legítimos de autotutela, como, por exemplo, a greve no Direito do Trabalho ou a legítima defesa e a retenção por benfeitorias no Direito Civil, esta é uma forma restritivamente aceita para solução de um conflito, em vista de, conceitualmente, conter a permissibilidade de atividade coercitiva por um particular. A coerção como meio de resolver um conflito é monopólio estatal.

No que se refere à autocomposição, tem-se que o embate é resolvido pelas próprias partes envolvidas. Conforme salienta Adriana Goulart de Sena (2011):

> A autocomposição verifica-se seja pelo despojamento unilateral em favor de outrem da vantagem por este almejada, seja pela aceitação ou resignação de uma das partes ao interesse da outra, seja finalmente, pela concessão recíproca por elas efetuada. Não há, em tese, exercício de coerção pelos indivíduos envolvidos. As modalidades de autocomposição são as seguintes: renúncia, aceitação (resignação/submissão) e a transação.

Pela autocomposição, as partes atingem, sozinhas, um bom termo sobre a querela. Por certo, a autocomposição é a mais perfeita maneira de solução de um conflito: nela, as partes, sabedoras das suas peculiares condições, conseguirão avaliar com precisão a melhor maneira de resolver o problema. No ambiente do Direito Coletivo do Trabalho, a autocomposição é institucionalizada pelos institutos da Convenção Coletiva de Trabalho e Acordo Coletivo de Trabalho[2].

A heterocomposição, por sua vez, pede a participação de um terceiro que, sem ter envolvimento direto no conflito, irá contribuir para a solução da desavença. Quatro são as modalidades de heterocomposição, quais sejam, a mediação, a conciliação, a arbitragem e a jurisdição.

Na mediação, o conflito é solucionado por intervenção mínima do terceiro que, sem sugerir sobre o objeto da lide ou, menos ainda, impor soluções, apenas sugestiona as partes a resolverem a controvérsia. Como o objetivo do mediador é apenas auxiliar as partes com um trabalho de coordenação do processo de acordo, alguns autores repelem a ideia de classificá-la como heterocomposição. É o que defende Gustavo Filipe Barbosa Garcia (2015) ao afirmar que a mediação se trata

> na realidade, de modalidade de autocomposição, pois, com a anuência das partes envolvidas, o mediador apenas sugere as formas de resolver o conflito, aproximando as partes para que alcancem a solução da controvérsia, sem impor qualquer decisão.

Embora pertinente a ponderação, a presença do mediador, mesmo que aparentemente sutil, é não apenas eficaz, mas essencial em diversos casos e, portanto, não haveria a solução sem essa marcante presença.

Tanto assim o é que, cada vez mais, há referências à mediação na legislação brasileira sobre a mediação. A título de exemplo, a lei 10101/2000 que dispõe sobre a PLR (Participação nos Lucros e Resultados) faz expressa menção à mediação em seu artigo 4º, I, para casos em que a negociação direta sobre a questão chegue a impasse. O Código de Processo Civil de 2015 é profícuo em referências sobre a solução consensual dos conflitos e, apenas como introito, é de se mencionar o artigo 3º, §2º, que determina "O Estado promoverá, sempre que possível, a solução consensual dos conflitos" e, por certo, para seguir esta determinação, o empenho do Ministério do Trabalho e do Ministério Público do Trabalho, inclusive através de mediação, ganharão outro enlevo com a entrada em vigor no novo CPC.

---

2   Art. 611 - Convenção Coletiva de Trabalho é o acôrdo de caráter normativo, pelo qual dois ou mais Sindicatos representativos de categorias econômicas e profissionais estipulam condições de trabalho aplicáveis, no âmbito das respectivas representações, às relações individuais de trabalho. (Redação dada pelo Decreto-lei nº 229, de 28.2.1967)
    § 1º É facultado aos Sindicatos representativos de categorias profissionais celebrar Acordos Coletivos com uma ou mais emprêsas da correspondente categoria econômica, que estipulem condições de trabalho, aplicáveis no âmbito da empresa ou das acordantes respectivas relações de trabalho

Ademais, o CPC de 2015 determina a criação de câmaras de mediação e conciliação pela União, Estados, Distrito Federal e Municípios para solução consensual de conflitos no âmbito administrativo. Da mesma forma, prevê-se a criação, no âmbito dos tribunais, de centros judiciários de solução consensual de conflitos. Em ambos os casos, previstos respectivamente nos artigos 174 e 165, há expressa referência à mediação nesse propósito ordenado de promover a solução amigável dos conflitos. Sobre estes pontos, o presente artigo irá tratar adiante.

Por certo, a chamada Lei da Mediação, Lei 13.140 de 26 de junho de 2015, é o maior passo legislativo de valorização desta forma especial de solução de conflitos. Consonante com os conceitos estabelecidos pela teoria jurídica, como acima referido, há hoje um conceito legal da mediação, previsto no parágrafo único do artigo 1º da lei:

Art. 1º. *Omissis*

Parágrafo único. Considera-se mediação a atividade técnica exercida por terceiro imparcial sem poder decisório, que, escolhido ou aceito pelas partes, as auxilia e estimula a identificar ou desenvolver soluções consensuais para a controvérsia.

Alguns dos princípios suscitados na nova Lei de Mediação são importantes para se perceber a intenção do instituto neste contexto de solução de conflitos, destacando-se a imparcialidade do mediador que, por sua vez, irá garantir a isonomia entre as partes, assim como a informalidade deste procedimento, o que respalda a oralidade que o orientará. Por certo, como se trata de processo em que se busca o consenso, sempre será valorizado pela autonomia da vontade das partes que terão garantida a confidencialidade. Tudo isto, amparado pelo primado da boa-fé que deve nortear, em essência, não apenas as relações jurídicas, o processo de solução de conflitos, sob qualquer meio existente, mas, invariavelmente, qualquer relação humana.

A Lei da Mediação prevê a possibilidade da mediação judicial e extrajudicial e não exclui direitos indisponíveis, embora faça a ressalva da necessária homologação judicial e a presença do Ministério Público quando a lei o impuser. No entanto, não contempla as relações de trabalho ao prover no parágrafo único do artigo 42 que "a mediação nas relações de trabalho será regulada por lei própria". Infelizmente, neste pormenor, o legislador perdeu a oportunidade de já disciplinar na Lei de Mediação, fazendo-a mais completa, também as relações de trabalho. O que se deduz é a reafirmação da peculiar natureza das relações de trabalho que merecem sempre especial atenção do legislador, preocupação que se deve refletir ao operador do direito. Assim, seja pela indisponibilidade que caracteriza os direitos trabalhistas, seja pelo princípio da proteção que norteia o Direito do Trabalho, o olhar cuidadoso do legislador será sempre especialmente exigido quando se trata de disciplinar estes direitos.

A segunda espécie de heterocomposição é a conciliação. Esta, mais comum historicamente, se assemelha muito à mediação com diferença apenas na atuação do terceiro que se apresenta para contribuir com a solução do conflito. Aqui, o conciliador tem margem maior de intervenção que o mediador e, por isso, pode sugerir, opinar, intervir mais diretamente no objeto de discussão.

A conciliação ocorre dentro e fora dos processos judiciais e já está culturalmente arraigada no ambiente forense. Na esfera trabalhista, a origem da própria Justiça do Trabalho já determinava a importância que teria a conciliação, ao denominar as Juntas de Conciliação e Julgamento e as Comissões Mistas de Conciliação. Não obstante, o processo do trabalho sempre primou pela ênfase à solução consensual dos conflitos, sejam eles individuais ou coletivos e, quanto àqueles, dois momentos são impostos para que o juiz empreenda meios de resolver o conflito por acordo[3]. Nesta linha de dar relevante importância ao acordo, a sentença homologatória do acordo promovido pelas partes transita imediatamente em julgado, permitindo, no máximo, ação rescisória, conforme determina o artigo 831, parágrafo único, CLT e o entendimento consolidado na Súmula 259 do TST.

Por certo, o acordo é cada vez mais valorizado eis que seria inviável impor-se ao magistrado a tarefa de julgar absolutamente todos os processos submetidos ao Poder Judiciário. Nesse sentido, José Roberto Freire Pimenta (apud, SENA, 2007) afirma

> É preciso admitir, portanto, que é impossível à máquina judiciária estatal resolver todos os dissídios que lhe forem submetidos através de sentenças (as quais, em sua maioria, ainda precisarão ser executadas após o seu trânsito em julgado) - é que, se for preciso esgotar sempre todas as etapas e fases processuais necessárias para se chegar à efetiva satisfação dos direitos em definitivo reconhecidos como existentes, nunca haverá recursos públicos suficientes para montar e custear um aparato jurisdicional capaz de atender, em tempo razoável, a todos esses litígios. Diga-se expressamente: nenhum ramo do Poder Judiciário (e muito menos a Justiça do Trabalho brasileira) está preparado para instruir, julgar e, se necessário, executar as sentenças condenatórias proferidas em todos (ou quase todos) os processos que lhe forem ajuizados. As conseqüências desse quadro já são, aliás, de conhecimento geral e infelizmente estão presentes em vários setores do Judiciário brasileiro: uma Justiça assoberbada por um número excessivo de processos é inevitavelmente uma Justiça lenta e de baixa qualidade. Então, é de lógica e de bom senso trabalhar, estimular e explorar as múltiplas vertentes alternativas de solução dos conflitos de interesses, dentre as quais assume especial relevo a conciliação das partes.

---

3   Três normas da CLT que refletem a importância da solução através de acordo de um conflito trabalhistas:"Art. 764 - Os dissídios individuais ou coletivos submetidos à apreciação da Justiça do Trabalho serão sempre sujeitos à conciliação."; "Art. 846 - Aberta a audiência, o juiz ou presidente proporá a conciliação."; "Art. 850 - Terminada a instrução, poderão as partes aduzir razões finais, em prazo não excedente de 10 (dez) minutos para cada uma. Em seguida, o juiz ou presidente renovará a proposta de conciliação, e não se realizando esta, será proferida a decisão."

Outros mecanismos foram criados ao longo dos anos sempre com esta ênfase na tentativa de solução amigável dos conflitos. Citem-se, apenas para registro, os Juizados de Pequenas Causas, criado pela lei 7244/84 e que foram posteriormente substituídos pelos Juizados Especiais, disciplinados pela lei 9099/95. Os primeiros tinham um caráter informal e a solução do conflito era extrajudicial. Com a lei 9099/95, as causas até quarenta salários mínimos passaram à especial condição de gerar um processo judicial e, com isto, assegurar maior eficácia não só aos acordos celebrados, mas também permitir que houvesse sentença resolutiva do mérito quando as partes não atingissem a conciliação. No mesmo intuito, foram criados os Juizados Especiais Federais, através da Lei 10.259/01, com limitação de sessenta salários mínimos, para abranger causas de competência da Justiça Federal. Ainda, a título de glosa, para facilitar a solução judicial dos conflitos, o Tribunal de Justiça de Minas Gerais, através da Resolução 407/2003, criou as Centrais de Conciliação que funcionavam inicialmente somente em apoio às Varas de Família e, posteriormente, foram ampliadas também para as causas cíveis em geral, com a Portaria Conjunta 69/2005. Merecem referência também os Juizados de Conciliação, inspirados no Juizado informal de Pequenas Causas, que permite levar aos bairros e às comunidades mecanismos de solução de conflitos (vide Resolução 460/2005 do TJMG).

Também o Conselho Nacional de Justiça, preocupado com a questão, estabeleceu uma série de diretrizes a respeito da conciliação na Resolução n. 125/2010 e teve como fundamentos básicos, dentre outros, enfatizar que a promoção de métodos alternativos de solução de conflitos permite acesso à ordem jurídica justa e não apenas o acesso à Justiça, bem como que, por isso, é dever do Poder Judiciário a garantia desse acesso amplo, através de políticas públicas para tratamento adequado dos conflitos de interesses. Considera, ainda, que

> a conciliação e a mediação são instrumentos efetivos de pacificação social, solução e prevenção de litígios, e que a sua apropriada disciplina em programas já implementados no país tem reduzido a excessiva judicialização dos conflitos de interesses, a quantidade de recursos e de execução de sentenças;

Neste diapasão, a conciliação irá permear todos os processos de solução de conflitos com clara importância perpetrada por nossa legislação e por nossos Tribunais, sejam estes processos judiciais ou extrajudiciais.

A terceira forma de heterocomposição é a arbitragem. Hoje, disciplinada pela Lei 9307/96, permite que as partes envolvidas no conflito consintam que a solução será pronunciada por um árbitro por elas selecionado. Mais do que isto, ao celebrar o contrato, podem convencionar previamente, que caso haja algum conflito resultante daquela relação jurídica, este será resolvido pela via arbitral[4].

---

4   É o que está definido nos artigos 3º e seguintes da Lei 9307 de 1996.

Nesse sentido, o árbitro tem a tarefa de, quando não houver acordo entre os litigantes, produzir uma decisão para pôr termo à desavença.

A palavra arbitragem vem do latim e significa juiz, louvado, jurado e, como aponta Humberto Theodoro Júnior (2015)

> O juízo arbitral (lei 9307, de 23.09.1996) importa renúncia à via judiciária estatal, confiando as partes a solução da lide a pessoas desinteressadas, mas não pertencentes aos quadros do Poder Judiciário.

A eficácia da arbitragem é garantida pelos efeitos da sentença que são os mesmos da sentença advinda do judiciário, conforme determinado no artigo 31 da lei 9307/96

> Art. 31. A sentença arbitral produz, entre as partes e seus sucessores, os mesmos efeitos da sentença proferida pelos órgãos do Poder Judiciário e, sendo condenatória, constitui título executivo.

E, por fim, a jurisdição promovida pelo Estado à qual todas as outras se colocam como alternativas. Inegavelmente, a atividade jurisdicional como monopólio do Estado assegura ao cidadão acesso a um poder imparcial que visa a garantir o amplo direito de ação previsto no artigo 5º. da Constituição da República. Esse acesso amplo é ainda garantido por outros mecanismos, incluindo a igualdade, a gratuidade e, por que não, o próprio devido processo legal.

Contudo, com dezenas de milhões de processos em andamento[5], o Poder Judiciário não é mais capaz de, sozinho, suportar toda a carga. Há uma cultura de litigiosidade arraigada em nossa sociedade e a demanda por meios alternativos de solução de conflitos passará pela mudança de paradigma nas relações sociais.

Parte da mudança de pensamento é proposta no Código de Processo Civil de 2015 com mecanismos que incentivam as partes e o próprio juiz a buscar o caminho do consenso em detrimento desta litigiosidade.

3. LITÍGIO, CONSENSO, O NOVO CPC E O PROCESSO DO TRABALHO

A cultura do litígio vem se sobrepondo à cultura do consenso, o que pode ser explicado por diversas razões históricas, sociais, econômicas e culturais. Não vem ao caso, no entanto, dissecar essas razões. No entanto, por mais que esta litigiosidade seja perceptível em dados muito concretos – vide o número de processos novos a cada ano em que, somente a Justiça do Trabalho, teve cerca de quatro milhões de novos casos em 2014 e a Justiça Estadual, cerca de 20 milhões de novos casos no mesmo ano, de acordo com o CNJ – há, por outro lado,

---

5 De acordo com o Conselho Nacional de Justiça - CNJ, em 2014 foram identificados mais de 70 milhões de processo nas diferentes esferas do Poder Judiciário. Apenas para ilustrar, a Justiça Estadual contava em 2014 com 11.631 magistrados e era responsável por mais 57 milhões de processos.

a incapacidade do judiciário em resolver, à altura dessa demanda crescente, os casos que lhe são apresentados. Dessa forma, mesmo com o aumento da produtividade, o número de casos resolvidos é menor que os novos processos num quadro geral de todas as esferas do Poder Judiciário.

Também por isso, há anos propugnam-se incentivos à solução consensual dos litígios. Apenas para exemplificar, em 1994, em reforma ao CPC, foi incluído o inciso IV ao artigo 125 para determinar a tentativa de conciliação das partes a qualquer tempo pelo juiz. A mesma lei que altera o artigo 125 do CPC/1973 também altera o artigo 331 e cria a audiência preliminar com foco central na tentativa de conciliação das partes. Ainda na esfera dessas alterações legislativas, não há como deixar de mencionar novamente que, em 1995, foi promulgada a lei 9099, pela qual se criam os Juizados Especiais, e, já no artigo 2º, a conciliação é posta como princípio basilar dessa nova instituição. Mesmo na esfera trabalhista, já responsável por valorizar a conciliação e servir de fonte inspiradora para diversas normas que também a enfatizam, é de se citar a lei 9958 que, em 2000, cria Comissões de Conciliação Prévia.

Meros exemplos, portanto, de uma linha evolutiva na valorização da busca pela solução consensual dos conflitos com clara ênfase da aplicação da celeridade processual através da transação judicial.

No entanto, o Novo CPC é profícuo nessa questão. Por ora e apenas a título de exemplo, serão apresentados dois pontos trazidos pelo novo código. O primeiro se refere à Audiência de Conciliação e Mediação prevista no artigo 334 e no segundo, trataremos da produção antecipada de prova, inserida no artigo 381.

O novo procedimento comum tem inserida a Audiência de Conciliação e Mediação no novo diploma adjetivo civil. Menção importante a se fazer se refere à denominação da audiência, especificamente quanto à utilização da mediação. O artigo 165 do CPC/2015 indica a mediação como procedimento preferencial quando houver vínculo anterior entre as partes. Tal se justifica eis que, conforme já tratado alhures, o mediador apenas incentiva as partes a chegarem a um acordo. Por certo, se houver vínculo anterior, o acordo pela mediação terá muito mais sentido e a solução dada pelas próprias partes será muito mais eficaz. O conciliador atuará, por sua vez, com base na mesma norma, quando não houver vínculo anterior entre as partes[6].

---

6 Art. 165. Os tribunais criarão centros judiciários de solução consensual de conflitos, responsáveis pela realização de sessões e audiências de conciliação e mediação e pelo desenvolvimento de programas destinados a auxiliar, orientar e estimular a autocomposição.
§ 1o A composição e a organização dos centros serão definidas pelo respectivo tribunal, observadas as normas do Conselho Nacional de Justiça.
§ 2o O conciliador, que atuará preferencialmente nos casos em que não houver vínculo anterior entre as partes, poderá sugerir soluções para o litígio, sendo vedada a utilização de qualquer tipo de constrangimento ou intimidação para que as partes conciliem.

Tem-se assim, no novo modelo procedimental, que o réu será citado para comparecer à audiência de conciliação e mediação. Assim, há clara inversão do atual sistema em que primeiro é apresentada a defesa e, após, a designação de audiência de conciliação para um sistema em que se permite o acordo previamente à apresentação da resposta. Essa nova ordem levada ao processo civil sempre foi adotada no processo do trabalho e a diferença é que nele a defesa segue imediatamente à tentativa de conciliação.

A mudança de paradigma tem relevância fundamental no pensamento das partes que são postas para a tentativa de solução amigável antes que o litígio se exacerbe pela apresentação da resposta do réu. De fato, ao se defender, o réu se coloca diretamente em confronto com a tese inicial fazendo aflorar ou intensificar os motivos que geraram a lide.

No entanto, há um ponto sobre a designação da audiência que merece destaque. Determina o *caput* do artigo 334 que o réu deverá ser citado com vinte dias de antecedência. Em primeira análise, este é um tempo necessário para questões internas e burocráticas, inclusive de adequação de pauta do juízo. Por certo, o legislador considerou este ponto. Contudo, interessante ponderação sobre este tempo foi refletido por Zulmar Duarte (2015) e o denomina interstício reflexivo, analisando que é um período necessário para que as partes amadureçam para esta fase do processo e acrescenta:

> O interstício de reflexão compõe tal regramento, verdadeira mola mestra para o exercício da autonomia da vontade, da decisão informada e da independência das partes (artigo 166 do Novo CPC), permitindo à parte a análise de sua posição jurídica e, consequentemente, a reflexão sobre os benefícios da solução consensual da controvérsia.
>
> Assim, o tempo que tudo cura e normalmente depura, pode servir ao processo, distendendo a apresentação da resposta para depois de um momento em que a parte refletiu sobre os benefícios da autocomposição sem estar premida pela necessidade imediata da apresentação da resposta.

A experiência prática nos permite afirmar que, de fato, a primeira reação do réu citado, por vezes de revolta e rancor, tende a diminuir com o tempo. Ademais, chamada sua presença a uma audiência que tem o objetivo de conciliar, o espírito para que tal ocorra pode amadurecer neste intervalo de tempo.

Claro que outro motivo de ordem prática existe para tanto, uma vez que, se o autor expressamente declinar do direito de realização da audiência de conciliação e também o fizer o réu, esta não ocorrerá. Assim, o interstício serve para

---

§ 3o O mediador, que atuará preferencialmente nos casos em que houver vínculo anterior entre as partes, auxiliará aos interessados a compreender as questões e os interesses em conflito, de modo que eles possam, pelo restabelecimento da comunicação, identificar, por si próprios, soluções consensuais que gerem benefícios mútuos.

que o réu já se manifeste contrário à realização da audiência se assim o desejar. É o que determina o inciso II, do §4º, art. 334, Novo CPC.

O segundo ponto a que também se deve aludir nesse espírito conciliatório do Novo CPC é a nova sistemática da produção antecipada de prova, insculpida no artigo 381. Em especial os novos ditames trazidos ao instituto nos incisos II e III[7]:

> Art. 381. A produção antecipada da prova será admitida nos casos em que:
>
> II - a prova a ser produzida seja suscetível de viabilizar a autocomposição ou outro meio adequado de solução de conflito;
>
> III - o prévio conhecimento dos fatos possa justificar ou evitar o ajuizamento de ação.

Observe-se que a intenção propugnada pelo legislador é de se permitir às partes, num procedimento simplificado que, diante da prova produzida, ainda sem a existência do processo principal, se permita não apenas a autocomposição, mas também evitar o ajuizamento da ação que eventualmente teria resultado frustrante em decorrência dos fatos que se apurassem.

Dessa forma, permite-se que antes da apresentação ao Judiciário do pleito como um todo, apenas a apuração de um ou mais fatos dê ensejo a uma solução consensual ou até a conclusão de que a situação não deva ser resolvida judicialmente.

No que se refere ao Processo do Trabalho, a primeira situação já se encontra respaldada na Consolidação das Leis do Trabalho que, na verdade, teve em seu procedimento fonte inspiradora para a audiência prévia de conciliação. No entanto, como já existem peculiaridades específicas atinentes ao processo trabalhista, os novos ditames dessa audiência não encontrarão suporte na Justiça do Trabalho. Afinal, a defesa da parte ré é apresentada na primeira audiência designada, isto quando ela não for una[8].

Quanto à produção antecipada de provas, a aplicação subsidiária e supletiva do novo CPC prevista tanto na CLT (artigo 769) quanto na nova lei 13105/2015 (artigo 15[9]) tem aplicabilidade no processo do trabalho, não se antevendo qualquer incompatibilidade.

---

7   O inciso I desta norma é mera ratificação do que já existia no CPC/1973 em que a produção antecipada de prova, como medida cautelar, deve estar fundamentada na urgência: I - haja fundado receio de que venha a tornar-se impossível ou muito difícil a verificação de certos fatos na pendência da ação;

8   De fato, há inequívoca incompatibilidade pela própria estrutura da audiência no processo do trabalho. Considerando que a defesa é apresentada ato contínuo à tentativa frustrada de conciliação, o ideal almejado pelo legislador não se aplicaria. Ademais, quando a audiência for una – e deveria sê-lo sempre pela leitura dos artigos 848 e 849 da CLT – a situação se apresenta ainda mais diferente eis que a instrução processual ocorre na mesma assentada.

9   Art. 15. Na ausência de normas que regulem processos eleitorais, trabalhistas ou administrativos, as disposições deste Código lhes serão aplicadas supletiva e subsidiariamente.

Por certo, há outros indicativos marcantes da tendência valorativa à conciliação e à autocomposição proposta pelo Novo CPC. Dentre elas, deve ser salientado o já mencionado §3º. do art. 3º. que prevê "A conciliação, a mediação e outros métodos de solução consensual de conflitos deverão ser estimulados por juízes, advogados, defensores públicos e membros do Ministério Público, inclusive no curso do processo judicial" ou, ainda, em ratificação parcial a esta norma, o artigo 139, que traz a incumbência ao juiz de "promover, a qualquer tempo, a autocomposição, preferencialmente com auxílio de conciliadores e mediadores".

Mas, o novo CPC traz ainda, para a esfera endoprocessual soluções que são, em sua natureza, alternativas à jurisdição, especialmente quando determina, a partir do artigo 165, a criação de centros de conciliação e mediação pelos tribunais.

Esses centros que terão a finalidade de promover, auxiliar, estimular a solução de maneira consensual dos conflitos, serão compostos por conciliadores e mediadores judiciais. O CNJ irá deliberar sobre os detalhes dessa composição e organização mas, de qualquer forma, a promoção da tentativa de conciliação se torna, definitivamente, parte do arcabouço jurídico processual.

A cultura da litigiosidade pode, ao longo do tempo e da aplicação efetiva das novas normas processuais, se abrir para o caminho do consenso. A judicialização dos conflitos irá impor a tentativa conciliatória e, assim, tornar capaz a Justiça de promover justiça, sem que o jurisdicionado tenha que se perder num infindável caminho de armadilhas processuais e sempre promovendo, desde o início, a sabedoria do acordo na solução do conflito. A conciliação contribui ainda, inegavelmente, para a celeridade do processo. Afinal, a Justiça tarda e, só por tardar, já é falha.

Por certo, o processo do trabalho não está alheio a estas inovações. Pelo contrário, ele foi um grande precursor destes avanços. Assim, o novo CPC e a valorização do acordo como solução do conflito tem perfeita sintonia com o que já preconiza no ambiente trabalhista, inclusive atendendo às peculiaridades das relações de trabalho.

4. CONSIDERAÇÕES FINAIS

Percebeu-se, assim, que há pontos de confluência entre o processo do trabalho e o espírito conciliador apresentado no Novo CPC que trará, não obstante, o fomento à adaptação de institutos que enfatizam este espírito à esfera trabalhista. Afinal, o espírito conciliador sempre fez parte do Processo do Trabalho e sempre teve a conciliação valorizada pela Justiça do Trabalho. Repise-se que, originalmente, as Varas do Trabalho se chamavam Juntas de Conciliação e Julgamento e, na esfera coletiva, existiam as Comissões Mistas de Conciliação. De qualquer forma, permanece a valorização da conciliação, com a expressa previsão, já mencionada de que os dissídios trabalhistas sempre serão submetidos à conciliação (art. 764/CLT).

A conciliação judicial, como ato processual que é, submetido à homologação judicial para que surtam seus efeitos, representa importante meio de finalização dos processos submetidos à Justiça do Trabalho. Não há, neste sentido, novidade trazida pelo novo CPC que apenas corrobora o que é usual na Justiça do Trabalho, ou seja, o incentivo à conciliação dentro do processo.

Mesmo em sua aplicação supletiva, como prevê a norma do artigo 15, o CPC de 2015 tem contribuição não muito extensa com as soluções já preconizadas no dia-a-dia da prática do processo laboral, quando se tratam de questões que envolvem as partes dentro do processo judicial. No entanto, foram salientados alguns pontos de clara importância na influência e confluência do Processo Civil e Processo do Trabalho, inclusive no que se refere aos centros judiciários de solução consensual de conflitos previstos no artigo 165 poderão ser um caminho ainda a ser trilhado também pela Justiça do Trabalho.

A peculiar natureza das relações de trabalho não será empecilho ao ajuste da novel norma adjetiva civil, mas o operador do Direito não poderá perder a atenção quanto às suas especificidades. O próprio legislador atual tem essa preocupação e a enfatizou ao excluir as relações de trabalho da Lei de Mediação ou, melhor dizendo, perdeu a oportunidade de já serem estabelecidas regras específicas também às relações de trabalho nessa mesma lei.

De fato, o olhar sobre os direitos trabalhistas sempre deverá ter a premissa de se os considerar e os valorizar pelo princípio da indisponibilidade que os ampara e o princípio da proteção que os informa.

Neste diapasão, o Processo do Trabalho continuará a ser regido pelo princípio da conciliação com o natural cuidado que as discussões que formam os objetos de litígio merecem. E, mais do que isso, manterá sua importância na disseminação do conceito e da valorização do acordo para a solução dos conflitos.

Assim, o espírito conciliador que se construiu por décadas na Justiça do Trabalho finalmente encontra enlevo há muito buscado nas outras esferas do Poder Judiciário. Embora com institutos diferentes, que atendem às especificidades necessárias à norma adjetiva civil, a conciliação que há muito se faz na Justiça do Trabalho gera seus frutos no novo código.

5. REFERÊNCIAS

BRASIL. Código de Processo Civil. Lei nº. 5.869 de 11 de janeiro de 1973.

BRASIL. Código de Processo Civil. Lei nº. 13.105 de 16 de março de 2015.

BRASIL. Consolidação das Leis do Trabalho. Decreto-lei n.º 5.452, de 1º de maio de 1943.

BRASIL. Lei nº. 9.307, de 23 de setembro de 1996.

BRASIL. Lei nº 13.140, de 26 de junho de 2015.

BRASIL. Tribunal Superior do Trabalho (TST). Secretaria-Geral Judiciária. Coordenadoria de Jurisprudência.. Súmula, Orientações Jurisprudenciais, (Tribunal Pleno/Órgão Especial, SBDI-I, SBDI-I Transitória, SBDI-II e SDC), Precedentes Normativos. Brasília, 2015. 530 p.

CINTRA, Antônio Carlos de Araújo; GRINOVER, Ada Pellegrino; DINAMARCO, Cândido Rangel. Teoria Geral do Processo. 28ª. ed. São Paulo: Malheiros, 2012, p. 27

CONSELHO NACIONAL DE JUSTIÇA. Resolução n. 125 de 29 de novembro de 2010. Disponível em http://www.cnj.jus.br/atos-normativos?documento=156.

DUARTE, Zulmar. Conciliação e Mediação no Novo CPC: interstício reflexivo. Publicado em 08/06/2015. Disponível em http://jota.info/conciliacao-e-mediacao-no-novo-cpc-intersticio-reflexivo. Acesso em 27/10/2015

GARCIA, Gustavo Filipe Barbosa. Curso de Direito Processual do Trabalho. 4ª. ed. Rio de Janeiro: Forense, 2015

JUSTIÇA em números 2015. Conselho Nacional de Justiça. Departamento de pesquisas judiciais, 2015. Disponível em http://www.cnj.jus.br/programas-e-acoes/pj-justica-em-numeros. Acesso em 27/10/2015.

SENA, Adriana Goulart de. Formas de resolução de conflitos e acesso à justiça. TRT 3ª. Região. Belo Horizonte, 2011. Disponível em https://www.trt3.jus.br/download/artigos/pdf/20_formas_resolucao_conflitos.pdf. Acesso em 25/10/2015

SENA, Adriana Goulart de. Juízo Conciliatório Trabalhista. Rev. Trib. Reg. Trab. 3ª Reg., Belo Horizonte, v.45, n.75, p.139-161, jan./jun.2007.

THEODORO JÚNIOR, Humberto. Curso de Direito Processual Civil. Vol. 1. 56ª. ed. Rio de Janeiro: Forense, 2015, p. 121/122

TRIBUNAL DE JUSTIÇA DE MINAS GERAIS. Resolução n. 460 de 01 de março de 2005. Disponível em http://www8.tjmg.jus.br/institucional/at/pdf/re04602005.PDF

Capítulo 23
UMA NOVA POLÍTICA PÚBLICA PARA O MINISTÉRIO PÚBLICO DO TRABALHO

Fabrizio De Bortoli [1]

SUMÁRIO: 1. INTRODUÇÃO; 2. O CONTEXTO ATUAL DOS CONFLITOS TRABALHISTAS NO BRASIL; 3. AS COMISSÕES DE CONCILIAÇÃO PRÉVIA; 4. DA COMPLEMENTARIDADE ENTRE AS FUNÇÕES E ATIVIDADES DO ESTADO; 5. FINALIDADE E ATRIBUIÇÕES DO MINISTÉRIO PÚBLICO DO TRABALHO; 6. A LEI DE MEDIAÇÃO, O NOVO CPC E O MINISTÉRIO PÚBLICO DO TRABALHO; 7. DA NOVA POLÍTICA PÚBLICA QUE SE PROPÕE AO MPT ; 8. A RESOLUÇÃO N° 118 DO CONSELHO NACIONAL DO MINISTÉRIO PÚBLICO E O ARTIGO 175, *CAPUT*, DO NOVO CPC. CONCLUSÃO ; 9. REFERÊNCIAS BIBLIOGRÁFICAS.

1. INTRODUÇÃO

Tendo em conta a promulgação da Lei n° 13.140, de 26 de junho de 2015, que dispõe sobre a mediação como meio de solução de controvérsias entre particulares e sobre a autocomposição de conflitos no âmbito da administração pública, bem como sua omissão quanto à aplicação do instituto no âmbito das relações de trabalho, urge a necessidade de supressão da lacuna legislativa, conforme autorizam o artigo 42, parágrafo único, do suscitado diploma legal[2] e o artigo 175, *caput*, do "novel" CPC[3].

Nesse contexto, considerada a indisponibilidade da grande maioria dos direitos trabalhistas (art. 3° da Lei n°13.140/15), o interesse público primário[4] da sociedade brasileira, e o fato de ser uma das vertentes de atuação do Ministério Público do Trabalho figurar como fiscal da lei (art. 83, VI, da Lei Compl. 75/93 c/c art. 178, *caput*, do Novo CPC), é objeto do presente estudo o papel da instituição na adoção do instituto da mediação[5] no âmbito das relações de trabalho.

---

1   Fabrizio De Bortoli é advogado. Especializado em Direito e Processo do Trabalho pela Faculdade de Direito da Universidade Laudo de Camargo – Universidade de Ribeirão Preto (Unaerp). Fundador (20/3/2003) da Cooperativa Nacional de Assessoria, Mediação e Arbitragem – Coopernama.

2   O parágrafo único do artigo 42 da Lei n. 13.140/2015 prevê que a mediação nas relações de trabalho será regulada por lei própria.

3   O artigo 175 do Novo CPC (Lei n. 13.105/2015) prevê a possibilidade de outras formas de conciliação e mediação extrajudiciais vinculadas a órgãos institucionais, que poderão ser regulamentadas por lei específica.

4   "Interesse público primário: interesses sociais e individuais indisponíveis."

5   A mediação, método heterocompositivo de solução de conflitos presente nas relações humanas desde os primórdios da sociedade, encontra-se conceituada no novo diploma legal em seu artigo 1°, parágrafo único, como sendo "a atividade técnica exercida por terceiro imparcial sem poder decisório, que, escolhido ou aceito pelas partes, as auxilia e estimula a identificar ou desenvolver soluções consensuais

2. O CONTEXTO ATUAL DOS CONFLITOS TRABALHISTAS NO BRASIL

Conforme muito bem observado por Isabelli Gravatá em artigo recentemente publicado[6], a partir da CF/88, que garantiu um leque de direitos sociais e acesso à justiça aos trabalhadores (artigos 5° ao 11), passou a haver um maior número de novos processos. Essa maior demanda gera um congestionamento nos órgãos julgadores e um retardo na prestação jurisdicional, o que afronta o princípio da celeridade (art. 5°, inciso LXXVIII, CF/88) e desconsidera o caráter alimentar dos direitos trabalhistas. Pontua a eminente professora:

> "É notório que o Judiciário não possui meios físicos suficientes para absorver todas as demandas judiciais. Dessa forma, conflitos que poderiam facilmente serem resolvidos por conciliação ou mediação são tratados da mesma forma que todos os demais. O abarrotamento do Poder Judiciário leva à demora na prestação jurisdicional, retardando a solução dos conflitos." (Isabelli Gravatá)

Estatísticas nacionais[7] e regionais dos órgãos da Justiça do Trabalho demonstram que um pouco menos de 50% dos novos processos recebidos mensalmente são por eles solucionados por meio de acordos.

Vara do Trabalho	Recebidos			Solucionados		
	Casos Novos	Outros	Total	Sentença	Acordo	Total
Ribeirão Preto - 01ªVara	668	4	672	362	259	621
Ribeirão Preto - 02ªVara	664	5	669	434	183	617
Ribeirão Preto - 03ªVara	652	1	653	317	169	486
Ribeirão Preto - 04ªVara	683	4	687	283	193	476
Ribeirão Preto - 05ªVara	668	10	678	359	154	513
Ribeirão Preto - 06ªVara	661	3	664	366	223	589

Fonte: **www.trt15.jus.br** – Estatísticas Processuais – Acumulado 2015 – Período de Referência de 1/1/15 a 30/4/15.

Isso consideradas as dificuldades de tais órgãos para trabalhar as conciliações/mediações, dada a dinâmica das audiências no judiciário trabalhista, as pautas extensas e as metas estabelecidas pelo CNJ no que diz respeito ao encerramento de fases processuais/processos.

---

para a controvérsia". Por sua vez, também partindo da figura do mediador, o Novo CPC a conceitua em seu artigo 165, § 3° como sendo "o meio para o restabelecimento da comunicação e encontro de soluções consensuais que gerem benefícios mútuos".

6   GRAVATÁ, Isabelli. A Aplicação da Conciliação e da Mediação do Novo Código de Processo Civil no Processo do Trabalho, à Luz do Acesso à Justiça. In: O Novo Código de Processo Civil e seus Reflexos no Processo do Trabalho. MIESSA, Élisson (org.). Ed. JusPodivm: 2015, p.. 204 e segs.

7   "Pesquisas recentes demonstram que a conciliação é o meio mais utilizado para pôr fim às demandas trabalhistas. Variação Percentual dos Processos Conciliados: 1998 – 45,1%, 1999 – 46,9%, 2000 – 45,1%, 2001 – 44,8%, 2002 – 44,6%. Dados fornecidos pelo TST e visualizados em 02/03/2015: www.tst.gov.br." (GRAVATÁ, Isabelli. A Aplicação da Conciliação e da Mediação do Novo Código de Processo Civil no Processo do Trabalho, à Luz do Acesso à Justiça. In: O Novo Código de Processo Civil e seus Reflexos no Processo do Trabalho. MIESSA, Élisson (org.). Ed. JusPodivm: 2015, p. 223).

Importante se faz alertar, entretanto, para o fato de que, não obstante o bom desempenho dos órgãos da Justiça do Trabalho, o seu aparelhamento com o ingresso de novos servidores e o surgimento do processo eletrônico, subsiste um déficit acumulado entre o número de novas ações distribuídas ano a ano em relação ao número de processos encerrados/finalizados. Vejamos os números:

Vara do Trabalho	Data da Última Remessa	Recebidos	Solucionados	Pendentes de Solução	Finalizados	Pendentes de Finalização
Ribeirão Preto - 01ª Vara	24/2/2014	2.123	1.947	1.297	2.162	3.542
Ribeirão Preto - 02ª Vara	24/2/2014	2.116	2.003	1.500	1.724	4.187
Ribeirão Preto - 03ª Vara	24/2/2014	2.103	2.000	763	1.917	3.148
Ribeirão Preto - 04ª Vara	24/2/2014	2.119	1.691	2.199	1.846	5.451
Ribeirão Preto - 05ª Vara	24/2/2014	2.089	2.116	1.325	1.842	3.443
Ribeirão Preto - 06ª Vara	24/2/2014	2.098	1.805	1.440	1.590	4.171

Fonte: **www.trt15.jus.br** – Estatísticas Processuais – Acumulado 2013 – Período de Referência de 1/1/13 a 31/12/13.

Vara do Trabalho	Data da Última Remessa	Recebidos (itens 26, 27, 29, 30, 31, 32, 90026, 90027, 90029, 90030, 90031 e 90032)	Solucionados (itens 39, 40, 41, 42, 43, 44, 46, 47, 48, 49, 90039, 90040, 90041, 90042, 90043, 90044, 90046, 90047, 90048 e 90049)	Finalizados (item 56 e 90056)	Pendentes de Finalização (itens 342 e 90342)		
					Pendentes de Solução (itens 60, 61, 62, 90060, 90061 e 90062)	Outros	Total
Ribeirão Preto - 01ª Vara	15/1/2015	2.079	1.745	1.818	1.589	2.218	3.807
Ribeirão Preto - 02ª Vara	15/1/2015	2.047	1.750	1.889	1.769	2.596	4.365
Ribeirão Preto - 03ª Vara	15/1/2015	2.089	1.908	1.841	915	2.474	3.389
Ribeirão Preto - 04ª Vara	15/1/2015	2.036	1.556	2.026	2.642	2.382	5.024
Ribeirão Preto - 05ª Vara	15/1/2015	2.070	1.902	1.828	1.481	2.201	3.682
Ribeirão Preto - 06ª Vara	15/1/2015	2.071	1.364	1.750	2.121	2.372	4.493

Fonte: **www.trt15.jus.br** – Estatísticas Processuais – Acumulado 2014 – Período de Referência de 1/1/14 a 31/12/14.

Certamente, se pudessem contar com a ajuda de profissionais que viessem a "complementar" seu trabalho, provavelmente os resultados positivos seriam potencializados. Todavia, tais pessoas precisariam ter a mesma isenção e conhecimento técnico equiparável. E, com relação a esta qualidade técnica, é oportuno consignar os resultados obtidos por meio da mediação em outras áreas do direito na nossa vizinha Argentina, que, apesar de satisfatórios em quantidade de casos solucionados, revelaram uma acentuada desqualificação dos mediadores atuantes no sistema[8].

3. AS COMISSÕES DE CONCILIAÇÃO PRÉVIA

Embora a redação original do artigo 114 da CRFB/88 dispusesse no sentido de que "compete à Justiça do Trabalho conciliar e julgar os dissídios individuais e coletivos entre trabalhadores e empregadores", dita redação restou alterada pela EC n° 45/2004 para prever que "compete à Justiça do Trabalho processar e julgar (...)". A substituição do termo "conciliar" pelo termo "processar", entende-se, se deu não só para adequar o texto constitucional às alterações insertas pela Lei n° 9.958/2000 que permitiu a conciliação extrajudicial de conflitos individuais às comissões constituídas dentre o sistema sindical, como também para, em certa medida, estender essa possibilidade aos conflitos coletivos (art. 114, § 2°, CRFB/88). Por assim se entender, ousamos dizer que hoje a conciliação de conflitos individuais e coletivos não é mais monopólio da Justiça do Trabalho.

Ocorre, todavia, que a experiência das Câmaras de Conciliação Prévia, na visão de muitos, não rendeu bons frutos. Isso porque algumas delas, na prática, passaram a substituir os sindicatos nas homologações das rescisões dos contratos de trabalho, conferindo ampla quitação aos demais direitos indisponíveis conquistados pelo trabalhador durante o pacto laboral[9]. Isso fez com que inúmeros termos de conciliação restassem invalidados perante a Justiça do Trabalho, que passou a deixar de exigir a tentativa de conciliação nas CCPs (art. 625-D, § 3°, da CLT) sob o fundamento de que tal exigência ofende o disposto no artigo 5°, XXXV, da CRFB/88 que garante o amplo acesso à justiça (ADIs 2139 e 2160). O Estado Juiz voltou a enxergar que não poderia delegar ao particular a solução de conflitos que versem sobre direitos indisponíveis pertencentes a indivíduos hipossuficientes, ainda que assistidos por suas entidades de classe.

---

8   Targa, Maria Inês Corrêa de Cerqueira César. Mediação em Juízo. Campinas. Editora LTr: 2004, p. (...).

9   "Nós já tivemos notícias de milhares de casos em que a fraude ocorreu. As empresas simplesmente não pagavam os trabalhadores, exigiam que seus empregados fossem às CCPs para lá, teoricamente, receberem seu direitos, mas lá davam tudo por quitado e resolvido, sem nenhuma controvérsia. O empregado assinava uma quitação geral e com isso não tinha mais nenhuma possibilidade de reclamar posteriormente" (Montesso, Cláudio José. STF suspende a obrigatoriedade das Câmaras de Conciliação Prévia. Associação Nacional dos Magistrados da Justiça do Trabalho – ANAMATRA. http://anamatra.jusbrasil.com.br/noticias/1059699/stf-suspende-obrigatoriedade-das-comissoes-de-conciliacao-previa)

Certamente a sociedade brasileira pouco amadureceu no que concerne ao respeito dos direitos sociais – direitos humanos de segunda dimensão – e até mesmo, infelizmente, no que diz respeito às liberdades individuais – direitos humanos de primeira dimensão –, a exemplo da ausência de ratificação, até o presente momento, da Convenção n° 87 da OIT, que garante ampla liberdade sindical e poderia conferir ao trabalhador hipossuficiente uma melhor assistência a partir da ampla concorrência.

Nada obstante, enquanto utilizadas, as CCPs diminuíram consideravelmente o número de ações distribuídas na Justiça do Trabalho[10], o que há de ser considerado frente à nova oportunidade que nos é dada pela Lei de Mediação e pelo Novo CPC.

Entretanto, se faz necessário darmos novas respostas para antigas questões[11]. Aprovar uma lei especial de mediação para conflitos trabalhistas nos mesmos moldes da Lei n° 9.958/00 será fadar ao insucesso a oportunidade recém-aberta.

4. DA COMPLEMENTARIDADE ENTRE AS FUNÇÕES E ATIVIDADES DO ESTADO

No Estado contemporâneo há uma complementaridade entre as funções e atividades do Estado. O Executivo, por vezes, legisla; o Judiciário se auto-organiza e administra; e o Legislativo, por vezes, julga. A terminologia "poderes" foi dando lugar às expressões atividades (de declaração ou normação, execução ou gerenciamento, e revisão ou controle) ou funções, e a harmonia entre os poderes segue regida por um sistema de freios e contrapesos[12].

Desde Aristóteles já se defendia a ideia de que a separação de poderes é essencial para a sociedade alcançar a felicidade. Mas foi Montesquieu, no séc. XVIII, em sua obra *O espírito das leis*, que acreditava que o poder, naturalmente,

---

10 "Análise da estatística do Tribunal Superior do Trabalho dos processos trabalhistas autuados e julgados na Justiça do Trabalho. Após a edição da Lei 9.958 no ano de 2000 o número de ações diminuiu, basta comparar com o ano de 1999: 1999 – 2.399.564, 2000 – 2.266.403, 2001 – 2.272.721 e 2002 – 2.113.533" (GRAVATÁ, Isabelli. A Aplicação da Conciliação e da Mediação do Novo Código de Processo Civil no Processo do Trabalho, à Luz do Acesso à Justiça. *In* O Novo Código de Processo Civil e seus Reflexos no Processo do Trabalho. MIESSA, Élisson (org). Ed. JusPodivm: 2015, p. 207).

11 FEARN, Nicholas. Novas Respostas para Antigas Questões. Tradução de Maria Luiza X. de A. Borges. Rio de Janeiro: Editora Jorge Zahar, 2007, p. 216.

12 "Esse papel institucional há que ser exercido inclusive em oposição a agentes do próprio Estado, se for o caso, pois no sistema de freios e contrapesos concebido pelo constituinte foram conferidas ao *Parquet* funções institucionais que o colocam agora no papel de verdadeiro *ombudsman*." (FERRAZ, Antônio Augusto Mello de Camargo; GUIMARÃES JÚNIOR, João Lopes. A necessária elaboração de uma nova doutrina de Ministério Público, compatível com seu atual perfil constitucional. In: Ministério Público: instituição e processo. FERRAZ, Antônio Augusto Mello de Camargo (org.). São Paulo: Atlas, 1999. p. 21).

corrompia e, para que essa força política fosse neutralizada, seria necessária a criação de outra força política com igual intensidade. Montesquieu desenvolveu, então, a divisão funcional do poder político trazendo a necessidade de que essas funções do poder, principalmente a legislativa, a fiscalizadora, a administrativa e a jurisdicional, fossem exercidas por órgãos distintos (trilogia clássica do poder Legislativo, legiferante e fiscalizador, Executivo e Judiciário). Também nos seus escritos encontra-se a ideia de que não seria ideal a divisão de poderes de forma tripartida, "concentrada" em três mãos distintas. Se não houvesse freios e limites a esses poderes, a arbitrariedade também se tornaria realidade. Trouxe então a necessidade de se estabelecer o sistema de freios e contrapesos (*checks and balances*). Cada função do poder político teria uma ou duas atribuições típicas, mas não deixaria de realizar atribuições que são de outro poder. É como se houvesse limitações recíprocas, impedindo que os poderes tivessem atividades exclusivas.

Segundo alguns autores, e conforme dito anteriormente, não existe mais essa tripartição de funções, tendo em conta que cada poder não deixa de limitar o poder da outra função da República. As funções são típicas e atípicas (art. 2° e 60, § 4°, III, da CRFB/88 – princípio da separação dos poderes). Os poderes se harmonizam, dessa maneira, na visão de funções típicas e atípicas, já que a concentração de poderes nas mãos de um só priva a sociedade da sua liberdade.

Todas as constituições brasileiras previram a separação de poderes, mas, em determinadas épocas, houve superconcentração de poderes, a exemplo do Ministério Público que ora esteve integrado ao Poder Judiciário, ora ao Executivo.

Na primeira Constituição brasileira em que a instituição restou prevista (1891), ele aparece vinculado ao poder Judiciário. Já na Constituição de 1934, o Ministério Público surge como órgão de coordenação das atividades governamentais, desvinculado dos demais poderes e ganhando, portanto, autonomia.

Com a Constituição do Estado Novo (1937), o Ministério Público perde a autonomia então conquistada e o texto constitucional se restringe, novamente, a simplesmente falar no Procurador Geral da República como chefe da instituição. Por sua vez, com a Constituição democrática de 1946, a instituição retoma seu *status* constitucional com autonomia plena e regramento próprio.

Em 1967, com o regime militar, a carta outorgada retira novamente a autonomia da instituição e ela passa novamente a integrar o Judiciário como órgão. A EC 01/69, entretanto, transfere seu controle ao Poder Executivo, a fim de que a instituição passe a tutelar seus interesses.

Foi somente com a Constituição de 1988 que o Ministério Público adquire autonomia total, desvinculando-se dos demais entes federados, e passa a ter a função de tutelar a própria sociedade. O Ministério Público é erigido a órgão equiparado a poder de Estado[13], contando seus agentes (chamados de membros), com prerrogativas similares às dos magistrados. O artigo 127 da consagrada Constituição Federal traz o conceito e a finalidade do órgão: "... instituição permanente, essencial à função jurisdicional do Estado, incumbindo-lhe a defesa da ordem jurídica, do regime democrático e dos interesses sociais e individuais indisponíveis ". Com o advento dessa disposição, surge o conceito de que o Ministério Público é uma instituição perene cujos poderes não podem ser extintos ou reduzidos (60, § 4°, III, da CRFB/88). Sua existência não é somente essencial à função jurisdicional do Estado, mas também às extrajudiciais, como entende parte da doutrina[14].

5. FINALIDADE E ATRIBUIÇÕES DO MINISTÉRIO PÚBLICO DO TRABALHO

A finalidade do Ministério Público como um todo guarda assento no artigo 127, *caput*, da Constituição Federal de 1988 que, conforme dito anteriormente, incumbe-lhe a defesa da ordem jurídica, do regime democrático e dos interesses sociais e individuais indisponíveis.

A definição dessa finalidade remonta à Carta Curitibana de 21.6.1986[15], aprovada no 1° Encontro Nacional de Procuradores Gerais de Justiça e Presidentes de Associações de Ministérios Públicos, no qual seus membros estabeleceram anseios de organização, funções e atribuições que pretendiam ver acolhidos pelo constituinte originário que despontava. E pode-se dizer que a instituição logrou êxito em vê-los previstos no novo diploma constitucional – a Seção I do seu Capítulo IV – ou em obter permissivo para prevê-los infraconstitucionalmente.[16]

É de se destacar a cláusula de abertura prevista no artigo 3°, § 3°, do manifesto curitibano, que previa a possibilidade de lei conferir ao Ministério Público

---

13 "Com a Constituição de 1988, consolida-se a posição do Ministério Público como órgão que atua na defesa de interesses difusos e coletivos, com a previsão e ampliação de competências já previstas na Lei nº 7.347/85. Sua autonomia ficou garantida, seja por ter sido desvinculado de qualquer dos três Poderes do Estado, seja por ter recebido garantias de independência em tudo semelhantes às concedidas para os membros da Magistratura: vitaliciedade, inamovibilidade, irredutibilidade de subsídios, além das vedações previstas no art. 128, § 5º, II" (DI PIETRO, Maria Sylvia Zanella. O Ministério Público como instituição essencial à justiça. *In*: *Ministério Público*: reflexões sobre princípios e funções institucionais. RIBEIRO, Carlos Vinícius Alves (org.). São Paulo: Atlas, 2010. p. 6.

14 Parte da doutrina confere conceito menos ampliativo ao dizer que somente quando o interesse público primário (interesses sociais e individuais indisponíveis) assim o exigir é que o Ministério Público será essencial à função jurisdicional do Estado.

15 www.mazzilli.com.br/pages/informa/ccuritiba.pdf

16 ARAGÃO, Eugênio José Guilherme de. O Ministério Público na Encruzilhada: Parceiro entre Sociedade e Estado ou Adversário Implacável da Governabilidade. *In* Direito Constitucional Contemporâneo. Homenagem ao Professor Michel Temer. LUCCA, Newton De; MEYER-PFLUG, Samantha Ribeiro; NEVES, Mariana Barbosa Baeta. (coordenação). São Paulo: Quartier Latin, 2012. p. 241 e segs.

outras atribuições além daquelas elencadas nos §§ 1º e 2º do mesmo dispositivo. Dita cláusula de abertura restou admitida pela Constituição de 1988 no suscitado artigo 129, IX, tendo restado vedado ao Ministério Público, entretanto, apenas a representação judicial e a consultoria jurídica de entidades públicas.

Embora os membros presentes no encontro curitibano tenham tido, inicialmente, a ideia de fazer constar do manifesto as finalidades do Ministério Público do Trabalho, no fim, relegaram à legislação infraconstitucional essa tarefa. Assim, quase cinco anos após a promulgação da Constituição de 1988, mais precisamente em maio de 1993, restou aprovada a lei complementar que dispõe sobre a organização, as atribuições e o Estatuto do Ministério Público da União, o qual compreende o Ministério Público do Trabalho.

As atribuições do Ministério Público do Trabalho restaram previstas nos artigos 83 e 84 da Lei Complementar n. 85/1993, e do primeiro se infere as atribuições a serem exercidas junto aos órgãos da Justiça do Trabalho, e do segundo as atribuições que devem ser exercidas extrajudicialmente. Destaca-se do artigo 84 a existência de cláusula de abertura que possibilita à instituição o exercício de outras atribuições que lhe forem conferidas por lei, desde que compatíveis com sua finalidade[17].

É interessante notar que o diploma não veda a atuação dos membros do Ministério Público do Trabalho nos dissídios individuais, sendo ela obrigatória quando envolver interesses de menores, incapazes e índios (art. 83, V) ou quando o interesse público assim o exigir (art. 83, II). Sendo assim, é perfeitamente compatível com as finalidades do Ministério Público do Trabalho sua atuação como mediador junto aos órgãos da Justiça do Trabalho, tanto em dissídios individuais quanto coletivos, o que carece de previsão legislativa, mas é possível dadas as cláusulas de abertura suscitadas até aqui. Do mesmo modo, a atuação extrajudicial da instituição na mediação também é perfeitamente possível[18].

---

17 "Fato é que a instituição do Ministério Público, tal como se afigura atualmente no Brasil, foi concebida há pouco mais de 25 anos, razão pela qual se encontra ainda em franca construção, quer com relação à construção das suas relações internas, quer no que se refere a seus poderes e relações externos." (PIRES, Gabriel Lino de Paula. Ministério Público e Controle da Administração Pública: Enfoque sobre a atuação extrajudicial do *parquet*. Dissertação de Mestrado: Faculdade de Direito da USP, 2014.)

18 Cláudio Dias Lima Filho ressalva que o fato de não haver previsão normativa expressa a respeito não deve induzir, contudo, à conclusão de que o Ministério Público não pode exercer a função de mediador e destaca que o texto constitucional impõe ao Ministério Público a função de promover as medidas necessárias à garantia aos direitos assegurados na Constituição (art. 129, II), bem como lhe destina a possibilidade de "exercer outras funções que lhe forem conferidas, desde que compatíveis com sua finalidade" (art. 129, IX). Por assim observar, conclui que tendo em vista que ao Ministério Público cabe a tutela "dos interesses sociais e individuais indisponíveis", conforme disciplina do art. 127, *caput*, do texto constitucional, tem-se que o órgão poderá atuar como mediador sempre que a mediação estiver sedimentada nesses interesses. (LIMA FILHO, Cláudio Dias. Mediação nas Modalidades "Própria" e "Imprópria" no Âmbito do Ministério Público do Trabalho. In: Estudos Aprofundados – Ministério Público do Trabalho, vol. 2. MIESSA, Élisson e CORREIA, Henrique (org.). Salvador: JusPodivm, 2015, p. 659 e 660).

6. A LEI DE MEDIAÇÃO, O NOVO CPC E O MINISTÉRIO PÚBLICO DO TRABALHO

Nesse contexto surge uma nova proposta para o Ministério Público do Trabalho no Brasil, qual seja mediar conflitos trabalhistas, individuais e coletivos, em complementação à conciliação que já é praticada pelos órgãos da Justiça do Trabalho. Cumpre lembrar que o conhecimento técnico de um Procurador do Trabalho é equiparável ao de um Juiz do Trabalho, dada a similitude dos editais e processo seletivo dos concursos públicos de cada carreira. Por sua vez, a isenção que se espera de um Procurador do Trabalho também é a mesma que se espera de um Juiz do Trabalho, principalmente dada a atuação do primeiro como *custus legis*.

E nem se pense em dizer que a aprovação de uma proposta legislativa com esse viés se traduziria em ofensa ao princípio da separação dos poderes, vez que, conforme visto anteriormente, no Estado contemporâneo há uma complementariedade entre as funções e atividades do Estado. Não se está aqui a propor o exercício de competências conflitantes como o que ocorre entre o Ministério Público e a polícia, no tocante à investigação criminal[19].

Embora a instituição já esteja respaldada pelo texto constitucional para mediar conflitos (artigos 127, *caput*, e 129, IX, da CRFB/88), e já venha realizando procedimentos de mediação em certa medida[20], carece de regulamentação infraconstitucional que organize e legitime sua prática.

Ressalvadas as cláusulas de abertura constantes da lei de mediação e do Novo CPC para a criação de lei especial que discipline a mediação nas relações de trabalho, dos diplomas legais, contudo, também se observa a presença de alguns princípios informadores[21], que certamente deverão ser observados por ocasião da criação da nova lei. Dois deles merecem especial atenção em razão do que propõem: os princípios da informalidade e confidencialidade na mediação. Vejamos:

---

19 ARAGÃO, Eugênio José Guilherme de. O Ministério Público na Encruzilhada: Parceiro entre Sociedade e Estado ou Adversário Implacável da Governabilidade. *In* Direito Constitucional Contemporâneo. Homenagem ao Professor Michel Temer. LUCCA, Newton De; MEYER-PFLUG, Samantha Ribeiro; NEVES, Mariana Barbosa Baeta. (coordenação). São Paulo: Quartier Latin, 2012. p. 241 e segs.

20 Cláudio Dias Lima Filho compartilha a experiência da Procuradoria Regional do Trabalho da 5ª Região que lhe permite informar a existência de pelo menos duas modalidades corriqueiras de mediação: "1) aquelas que objetivam obter auxílio do MPT para a solução de impasse em negociação coletiva; e 2) aquelas que envolvem direitos de trabalhadores terceirizados da Administração Pública, circunstância que necessita da atuação ministerial para viabilizar o pagamento das suas verbas. A primeira modalidade é denominada "mediação própria", ao passo que a segunda, por conter particularidades que a distingue das demais, "mediação imprópria". (FILHO, Cláudio Dias Lima. Mediação nas Modalidades "Própria" e "Imprópria" no Âmbito do Ministério Público do Trabalho. In: Estudos Aprofundados – Ministério Público do Trabalho, vol. 2. MIESSA, Élisson e CORREIA, Henrique (org.). Salvador: JusPodivm, 2015, p. 666).

21 Art. 2°, Lei n° 13.140/2015.

O primeiro princípio a ser perquirido é o da informalidade na mediação. Segundo dispõe o artigo n° 166, § 4°, do Novo CPC, as regras procedimentais serão livremente definidas pelas partes, o que guarda congruência com o previsto no artigo 2°, IV, da Lei de Mediação (Lei n° 13.140/2015).

Ocorre que o Ministério Público do Trabalho, hoje, trata os procedimentos de mediação como processos administrativos, o que implica duas consequências: observar o procedimento preconizado na Lei n° 9.784/99 (art. 2°, parágrafo único, V e VIII), e conferir publicidade aos atos praticados (Lei n° 12.527/2011 – Lei de Acesso à Informação) [22]. Ousamos entender, entretanto, que a necessidade de informalidade até certa medida não prejudica o dever de publicidade dos atos administrativos, ressalvadas as hipóteses de sigilo previstas na Constituição Federal (art. 5°, XXXIII, LX, CF/88) e na própria Lei de Acesso à Informação (art. 31 da Lei n° 12.527/2011), ou seja, quando a defesa da intimidade ou o interesse social o exigirem.

O segundo princípio a ser analisado, o princípio da confidencialidade ou dever de sigilo (art. 166, §§ 1° e 2°, do Novo CPC), não permite ao mediador ou conciliador utilizar as informações produzidas no curso do procedimento para fim diverso daquele previsto por expressa deliberação das partes e divulgar ou depor acerca de fatos ou elementos oriundos da conciliação ou da mediação. A regra guarda correspondência na Lei de Mediação, disposta no artigo 2°, VII[23].

Nesse ponto, a atuação do membro do Ministério Público do Trabalho como mediador ou conciliador não é incompatível, senão inteligência que se extrai do disposto no artigo 8°, § 1°, da Lei n° 7.347/85. O membro do MP responde pessoalmente no foro cível e criminal pelo uso indevido das informações sigilosas a que tem acesso (art. 31, § 2°, da Lei n° 12.527/2011 c/c art. 181, do Novo CPC). E nem se diga que haveria quebra do sigilo ou confidencialidade quando o membro do Ministério Público do Trabalho encaminha os documentos produzidos no procedimento de mediação infrutífero para a coordenação da unidade "a fim de que esta promova a distribuição dessa documentação como nova notícia de fato, ficando sob incumbência do Procurador do Trabalho que receber essa distribuição a instauração de inquérito civil e posterior ajuizamento da

---

22 Cláudio Dias Lima Filho assevera que dada a lei de acesso à informação (Lei n. 12.527/2011), atualmente não se concebe outra maneira de viabilizar a mediação no âmbito do Ministério Público do Trabalho que não a sua processualização administrativa. Ele esclarece que a mediação no âmbito do MP não poderá se dar de forma absolutamente informal, vez que aquele possui o dever de observar a lei de acesso à informação, bem como deve disponibilizar acesso público para o acompanhamento de programas, ações, projetos e obras (art. 7, IV, da Resolução 89/2012 do Conselho Nacional do Ministério Público). (FILHO, Cláudio Dias Lima. Mediação nas Modalidades "Própria" e "Imprópria" no Âmbito do Ministério Público do Trabalho. *In* Estudos Aprofundados – Ministério Público do Trabalho, vol. 2. MIESSA, Élisson e CORREIA, Henrique (org.). Salvador: JusPodivm, 2015, p. 659 e 660).

23 "Art. 2° A mediação será orientada pelos seguintes princípios: (...) VII – confidencialidade;"

demanda"[24], já que o dever do membro do Ministério Público é equiparável ao de qualquer outro cidadão que esteja atuando como mediador e que, diante de uma notícia de crime ou ilegalidade, possui o dever de noticiá-la às autoridades competentes – inteligência do artigo 5°, § 3°, do CPP.

Por fim, é importante consignar que o Novo CPC e a Lei de Mediação preveem a possibilidade de mediação no âmbito da administração (art. 174 e seguintes do Novo CPC c/c capítulo II, da Lei de Mediação), o que reforça a ideia de compatibilidade do processo administrativo com os princípios elencados nos mesmos diplomas legais.

7. DA NOVA POLÍTICA PÚBLICA QUE SE PROPÕE AO MPT

Algumas vozes oriundas do próprio Ministério Público vêm admitindo que a instituição tem deixado em segundo plano sua função propositiva, promovendo sua função persecutória, em nítido prejuízo do trato de negociação, o que distorce o arcabouço constitucional proposto, acarretando embates com os atores políticos que outrora foram decisivos para o seu fortalecimento[25].

A nova política pública[26] que se propõe ao Ministério Público do Trabalho[27], por sua vez, visa aumentar seu papel e importância no Estado Democrático de Direito, bem como alavancar desenvolvimento interno.

---

24 Cláudio Dias Lima Filho esclarece que na praxe atual da instituição, o membro que atuou como mediador no procedimento que resultou infrutífero encaminha as peças da mediação à Coordenação da unidade para que esta promova a distribuição dessa documentação como nova notícia de fato, ficando sob incumbência do Procurador do Trabalho que receber essa distribuição a instauração de inquérito civil e posterior ajuizamento da demanda. (FILHO, Cláudio Dias Lima. Mediação nas Modalidades "Própria" e "Imprópria" no Âmbito do Ministério Público do Trabalho. *In* Estudos Aprofundados – Ministério Público do Trabalho, vol. 2. MIESSA, Élisson e CORREIA, Henrique (org.). Salvador: JusPodivm, 2015, p. 673).

25 *"Cada vez mais a atuação do ministério público tem sido mais sancionadora e menos propositiva, criando, assim, situações de frequentes confrontos com os atores políticos que outrora foram decisivos para seu fortalecimento. Suas iniciativas frequentemente encontram-se acompanhas de declarações públicas na mídia, acirrando ataques oposicionistas. (...) Há natural tendência de o ministério público tratar a garantia de direitos sob a ótica persecutória contra quem os tangencie, deixando, muitas vezes, de buscar o trato de negociação e parceria com a administração, por enxergá-la como potencialmente transgressora."* (ARAGÃO, Eugênio José Guilherme de. O Ministério Público na Encruzilhada: Parceiro entre Sociedade e Estado ou Adversário Implacável da Governabilidade. *In* Direito Constitucional Contemporâneo. Homenagem ao Professor Michel Temer. LUCCA, Newton De; MEYER-PFLUG, Samantha Ribeiro; NEVES, Mariana Barbosa Baeta. (coordenação). São Paulo: Quartier Latin, 2012. Pág. 241 e segs.)

26 Políticas Públicas: são "programas de ação" (Fábio Konder Comparato) com finalidades coletivas (Ronald Dworkin); programas de ação governamental visando coordenar os meios à disposição do Estado e as atividades privadas, para a realização de objetivos socialmente relevantes e politicamente determinados. (BUCCI, Maria Paula Dallari. O conceito de política pública em direito. *In* Políticas Públicas: reflexões sobre o conceito jurídico. São Paulo: Saraiva, 2006, pág. 38).

27 Ronaldo Porto Macedo Júnior ressalta que o Ministério Público brasileiro é uma instituição *sui generis*. E acrescenta que o papel da instituição é "fundamental em áreas como a proteção do meio ambiente, controle e defesa dos direitos constitucionais do cidadão e defesa da criança e do adolescente, o que não encontra paralelo senão em alguns poucos Ministérios Públicos do mundo". (MACEDO JUNIOR, Ronaldo Porto. Evolução Institucional do Ministério Público Brasileiro. *In* Ministério Público: instituição e processo. FERRAZ, Antônio Augusto Mello de Camargo (org.). São Paulo: Atlas, 1999. p. 37).

Para sua implementação, a instituição poderá contar com a cooperação internacional da OIT (agência especializada da ONU), com o que já conta em outros projetos (*Ex.:* "políticas públicas de proteção à criança do campo[28]"), mediante, por exemplo, associação ao seu Programa de Trabalho Decente Por País (marco de assistência das Nações Unidas para o desenvolvimento).

A partir de 1999, a OIT deslocou seu foco institucional, até então concentrado na aprovação de convenções e recomendações, para as articulações voltadas aos espaços de definição das políticas econômicas internacionais e nacionais, com base no Programa de Trabalho Decente. A OIT poderá disponibilizar, inclusive, de forma complementar e convergente, apoio financeiro com recursos próprios e extra orçamentários (de doadores externos) para a cooperação técnica.

Isso porque a OIT enxerga instituições como o Ministério Público do Trabalho brasileiro típicas "autoridades do trabalho", que possibilitam e materializam a aplicação efetiva de normas, direitos e leis pertinentes. Por assim o ser, foi meta do Programa Trabalho Decente nas Américas (agenda 2006-2015) o fortalecimento das autoridades do trabalho (no Brasil, notadamente, o Ministério do Trabalho e Emprego) como política pública de Estado, de longo prazo[29].

O Programa sugere que o mundo acadêmico se envolva mais nessa tarefa[30].

8. A RESOLUÇÃO Nº 118 DO CONSELHO NACIONAL DO MINISTÉRIO PÚBLICO E O ARTIGO 175, *CAPUT*, DO NOVO CPC. CONCLUSÃO

No fim da Seção V, do Capítulo III, do Novo CPC, mais precisamente no seu artigo 175, *caput*, o legislador introduziu uma cláusula de abertura que permite a órgãos institucionais ou profissionais independentes, por intermédio de lei especial, criar outras formas de conciliação e mediação extrajudiciais. Sendo assim, não obstante o entendimento quanto à necessidade de observância dos princípios suscitados na Seção[31], é nítida a ampla liberdade conferida pelo dispositivo para a criatividade jurídica.

Certamente, a suscitada cláusula de abertura veio atender aos anseios da Secretaria de Reforma do Judiciário do Ministério da Justiça que, com o Conselho Nacional do Ministério Público, celebrou o Acordo de Cooperação Técnica nº 14/2012 para promover a conciliação e a mediação.

---

28 "pndt.jusbrasil.com.br/.../mpt-e-oit ..."

29 OIT, Secretaria Internacional do Trabalho no Brasil. Trabalho Decente nas Américas: uma agenda hemisférica, 2006-2015. XVI Reunião Regional Americana. Brasília: maio de 2006. Item 5.2 Aspectos institucionais dos programas de trabalho decente por país, p. 81.

30 OIT, Secretaria Internacional do Trabalho no Brasil. Trabalho Decente nas Américas: uma agenda hemisférica, 2006-2015. XVI Reunião Regional Americana. Brasília, maio de 2006. Item 5.2 Aspectos institucionais dos programas de trabalho decente por país. Subitem 266, p. 83.

31 O artigo 10, § 2º, da Resolução nº 118, do CNMP exige a "confidencialidade" quando necessária à intimidade.

Com base no compromisso firmado, e reconhecendo os bons resultados da aplicação dos meios extrajudiciais de solução de conflitos, o Conselho Nacional do Ministério Público, antes mesmo da publicação da Lei nº 13.105, de 16 de março de 2015, mais precisamente no fim do ano anterior, em 1º de dezembro de 2014, editou a Resolução de nº 118, que dispõe sobre a Política Nacional de Incentivo à Autocomposição no Âmbito do Ministério Público. Referida Resolução restou publicada em 27 de janeiro de 2015.

Das diretrizes traçadas pela Resolução destaca-se a intenção do Ministério Público de: capacitar seus membros para a conciliação e mediação (Art. 18); acompanhar os resultados dos procedimentos realizados (art. 2^0, II); e rever constantemente a política nacionalmente implementada (art. 2^0, III).

Para tanto, o Ministério Público demonstrou estar disposto a debater com os demais órgãos de poder do Estado (Judiciário, Executivo e Legislativo) o projeto de Lei que possa integrá-los na tarefa de difundir a cultura e a prática da resolução autocompositiva extrajudicial ou judicial consensual de conflitos (artigos 5^0 e 6^0).

Compete destacar, entretanto, a omissão da Resolução quanto à intenção de promover a mediação nas relações de trabalho, a contrário senso da mediação nas relações comunitárias e escolar que receberam destaque (art. 9^0).

Sendo assim, a partir da vigência do Novo CPC, estarão abertas as portas para que o Ministério Público coloque em prática a política pública traduzida na Resolução n º 118. Agora, cabe aos membros da instituição e ao legislador definir o melhor caminho.

9. REFERÊNCIAS BIBLIOGRÁFICAS

ARAGÃO, Eugênio José Guilherme de. O Ministério Público na Encruzilhada: Parceiro entre Sociedade e Estado ou Adversário Implacável da Governabilidade. In: Direito Constitucional Contemporâneo. Homenagem ao Professor Michel Temer. LUCCA, Newton De; MEYER-PFLUG, Samantha Ribeiro; NEVES, Mariana Barbosa Baeta. (coordenação). São Paulo: Quartier Latin, 2012.

BUCCI, Maria Paula Dallari. O conceito de política pública em direito. In: Políticas Públicas: reflexões sobre o conceito jurídico. São Paulo: Saraiva, 2006.

DI PIETRO, Maria Sylvia Zanella. O Ministério Público como instituição essencial à justiça. In: *Ministério Público:* reflexões sobre princípios e funções institucionais. RIBEIRO, Carlos Vinícius Alves (org.). São Paulo: Atlas, 2010

FEARN, Nicholas. Novas Respostas para Antigas Questões. Tradução de Maria Luiza X. de A. Borges. Rio de Janeiro: Editora Jorge Zahar, 2007.

FERRAZ, Antônio Augusto Mello de Camargo; GUIMARÃES JÚNIOR, João Lopes. A necessária elaboração de uma nova doutrina de Ministério Público, compatível com seu atual perfil constitucional. In: Ministério Público: instituição e processo. FERRAZ, Antônio Augusto Mello de Camargo (org.). São Paulo: Atlas, 1999.

GRAVATÁ, Isabelli. A Aplicação da Conciliação e da Mediação do Novo Código de Processo Civil no Processo do Trabalho, à Luz do Acesso à Justiça. *In* O Novo Código de Processo Civil e seus Reflexos no Processo do Trabalho. MIESSA, Élisson (org.). Ed. JusPodivm, 2015

LIMA FILHO, Cláudio Dias. Mediação nas Modalidades "Própria" e "Imprópria" no Âmbito do Ministério Público do Trabalho. In: Estudos Aprofundados – Ministério Público do Trabalho, vol. 2. MIESSA, Élisson e Correia, Henrique (org.). Salvador: JusPodivm, 2015.

MACEDO JUNIOR, Ronaldo Porto. Evolução Institucional do Ministério Público Brasileiro. In: Ministério Público: instituição e processo. FERRAZ, Antônio Augusto Mello de Camargo (org.). São Paulo: Atlas, 1999.

MONTESQUIEU, Charles Louis de Secondat, baron de la Brède et de. O espírito das leis. Introdução, tradução e notas de Pedro Vieira Mota. São Paulo: Saraiva, 1987.

MONTESSO, Cláudio José. STF suspende a obrigatoriedade das Câmaras de Conciliação Prévia. Associação Nacional dos Magistrados da Justiça do Trabalho – ANAMATRA. http://anamatra.jusbrasil.com.br/noticias/1059699/stf-suspende-obrigatoriedade-das-comissoes-de-conciliacao-previa

OIT, Secretaria Internacional do Trabalho no Brasil. Trabalho Decente nas Américas: uma agenda hemisférica, 2006-2015. XVI Reunião Regional Americana. Brasília: maio de 2006.

PIRES, Gabriel Lino de Paula. Ministério Público e Controle da Administração Pública: Enfoque sobre a atuação extrajudicial do *parquet*. Dissertação de Mestrado: Faculdade de Direito da USP, 2014.

TARGA, Maria Inês Corrêa de Cerqueira César. Mediação em Juízo. Campinas: Editora LTr, 2004.

Capítulo 24
REFLEXOS DO NOVO CÓDIGO DE PROCESSO CIVIL NA ATUAÇÃO DO MINISTÉRIO PÚBLICO DO TRABALHO

Bruno Gomes Borges da Fonseca[1]

SUMÁRIO: 1. INTRODUÇÃO; 2. ADVERTÊNCIA INICIAL: TEMOS UM NOVO CPC E NÃO UMA NOVA CLT OU UM CÓDIGO DE PROCESSO DO TRABALHO; 3. O NOVO CPC E O PERFIL CONSTITUCIONAL DO MINISTÉRIO PÚBLICO BRASILEIRO; 4. TÍTULO SOBRE O MINISTÉRIO PÚBLICO NO NOVO CPC; 5. COOPERAÇÃO DO MINISTÉRIO PÚBLICO DO TRABALHO COM A DURAÇÃO RAZOÁVEL DA TRAMITAÇÃO PROCESSUAL E A PROLAÇÃO DE DECISÃO MERITÓRIA; 6. PUNIÇÃO DOS AGENTES DO MINISTÉRIO PÚBLICO DO TRABALHO POR INOBSERVÂNCIA DE DEVERES PROCESSUAIS; 7. CONCILIAÇÃO E MEDIAÇÃO COMO MECANISMOS DESTACADOS NO NOVO CPC; 8. NULIDADE PROCESSUAL POR FALTA DE INTIMAÇÃO DO MINISTÉRIO PÚBLICO DO TRABALHO; 9. TUTELA INIBITÓRIA E SUA RELEVÂNCIA PARA A ATUAÇÃO DO MINISTÉRIO PÚBLICO DO TRABALHO; 10. LEGITIMIDADE DO MINISTÉRIO PÚBLICO DO TRABALHO PARA PROPOR AÇÃO RESCISÓRIA; 11. INCIDENTE DE RESOLUÇÃO DE DEMANDAS REPETITIVAS E SUA APLICAÇÃO NO PROCESSO DO TRABALHO; 12. *AMICUS CURIAE* E SUA APLICAÇÃO NO PROCESSO DO TRABALHO; 13. CONSIDERAÇÕES FINAIS; 14. REFERÊNCIAS.

1. INTRODUÇÃO

O direito processual, em certo sentido, foi contaminado pelo mito do cientificismo. Sua obsessão por autonomia oportunizou seu desprendimento da realidade, a criação de normas peculiares e extremamente tecnicistas, a formação de uma racionalidade instrumental e burocrática quase inviabilizante do seu manejo e, por fim, o seu afastamento do propósito de concretizar direitos.

Nessa perspectiva de autogestão, o processo se apresenta como relação jurídica idealista, abstrata e burocratizada, recheado de labirintos e armadilhas, cujos caminhar e resultados são incompreendidos pelas partes, pela população e, muitas vezes, por nós profissionais do direito.

Essa burocracia do processo patenteou-se sobremaneira no direito processual civil. O estudo dessa *ciência* tornou-se algo complexo, obscuro e gerador de infindáveis controvérsias. Discute-se exageradamente *questões* processuais e os direitos das pessoas envolvidas (leia-se, abstratamente, partes), inclusive os hu-

---

[1] Doutorando e Mestre em Direitos e Garantias Fundamentais pela Faculdade de Direito de Vitória (FDV). Especialista em Direito Constitucional pela Universidade Federal do Espírito Santo (UFES). Procurador do Trabalho na 17ª Região. Professor. Ex-Procurador do Estado do Espírito Santo. Autor do livro *Compromisso de ajustamento de conduta*. São Paulo: LTr, 2013. E-mail: bgbfonseca@yahoo.com.br.

manos e fundamentais, são olvidados, porquanto o direito processual, diante de sua plena autonomia e nessa visão reducionista, cumpre discutir as filigranas processuais em si e para si e, talvez, somente isso.

Essa discussão tecnicista e, na maioria das vezes, infrutífera, gera um processo legitimador de exclusão social, cujo epílogo abstém-se de apreciar o mérito ou o faz inadequadamente, pois, a determinados *processualistas,* cabe apenas debater questões formais e demonstrar que a *técnica processual* foi arranhada.

O novo Código de Processo Civil (NCPC), instituído pela Lei n. 13.105/2015, cuja entrada em vigor ocorrerá um ano após a data de sua publicação (art. 1.045), não extirpará nem minimamente relativizará esse lamentável cenário. Talvez, a situação seja até agravada, pois muitas *questões processuais,* anteriormente sedimentadas, serão reavaliadas com ressurgimento de debates findados, sem se olvidar das discussões em torno das novidades que o novo código trará. Mas, a alguns processualistas, tudo isso fará muito sentido.

O processo deveria ser drasticamente simples, quase como preencher um formulário, sem armadilhas e trocadilhos de erudição. Deveria ser algo de fácil compreensão a qualquer pessoa sem formação jurídica. O relevante desse processo, inexistente e quimérico, seria a observância das garantias fundamentais, como a ampla defesa, o contraditório, a fundamentação das decisões e a efetiva apreciação do direito apontado como violado. Além desse processo simplificado, urgiria um sistema educacional capaz de apresentar às pessoas outras possibilidades além da arena judicial, com a utilização de mecanismos extrajudiciais e dialógicos.

A perspectiva do direito processual do trabalho, diferentemente, por, na maioria dos casos, lidar com pretensões de trabalhadores e com um direito eminentemente social, como o direito do trabalho, em sua genealogia, optou por um procedimento mais simplificado. Por essa razão, conseguiu relativo êxito quanto à celeridade (ao menos na fase de conhecimento), sobretudo quando cotejado com o processo civil.

O processo laboral, por ser mais simples, admite o *ius postulandi* (CLT, arts. 791 e 839), a petição inicial possui menos requisitos (CLT, art. 840, §§ 1º e 2º), aposta na oralidade (CLT, art. 845) e na concentração dos atos em audiência (CLT, arts. 849 e 852-C), entre outras peculiaridades. Na visão de alguns *processualistas-cientistas*, é um processo menos sofisticado, sem técnica e com pouco material para controvérsia, enfim, bastante desinteressante.

Todavia, foi esse processo laboral simplificado que, ao longo dos anos, à sua maneira, concretizou o direito do trabalho em favor de milhões de trabalhadores. A minimização de formalismos permitiu, concomitantemente, maior celeridade e mais decisões meritórias, sem se esquecer da sua destacada via conciliatória.

Diante desse complexo contexto, a análise deste estudo recairá sobre os reflexos do NCPC na atuação do Ministério Público do Trabalho (MPT).

A análise é bastante arriscada, porque realizada imediatamente após sua aprovação e sem a experiência de sua aplicabilidade. Portanto, os apontamentos a serem realizados são indiciários, sem a pretensão de esgotamento e formulados a título de reflexões iniciais.

Esta pesquisa será dividida em diversos e curtos capítulos e, propositadamente, a abordagem será fragmentada. Cada qual verificará possíveis efeitos do NCPC na atuação do MPT. O objetivo, mais do que analisar as alterações processuais, é apresentar essas novas disposições e suas supostas influências na forma de agir do *Parquet* laboral.

2. ADVERTÊNCIA INICIAL: TEMOS UM NOVO CPC E NÃO UMA NOVA CLT OU UM CÓDIGO DE PROCESSO DO TRABALHO

Após as minirreformas do CPC, a partir da última década do fim do século passado, o direito processual do trabalho, na condição de *primo sem brilho* do direito processual civil, passou a importar esses novos textos processuais civis, acompanhados dos indissociáveis ranços tecnicistas e burocráticos, sem contar as inúmeras mudanças legislativas aplicadas diretamente ao processo do trabalho, cujo resultado foi a relativização da originalidade e da simplicidade do processo laboral.

Nesse caminho da *cientificidade* do direito processual do trabalho parece possível extrair, por aproximação, entre outros, dois encaminhamentos bastante antagônicos. O primeiro defende a manutenção da originalidade desse ramo, com a consequente conservação de sua simplicidade, o que, em tese, favorece seu uso por trabalhadores e pequenos empregadores. O segundo advoga a importação das normas do CPC para o processo do trabalho, com sua total descaracterização, por serem mais atuais e condizentes com a realidade[2].

Sigo a primeira linha e penso que eventuais aplicações do CPC no processo do trabalho deverão observar os dois requisitos previstos no art. 769 da CLT: (i) omissão; (ii) compatibilidade da norma importada do direito processual comum com os princípios do processo do trabalho. Logicamente, essa posição não impedirá a constitucionalização do direito processual do trabalho e a observância das garantias fundamentais.

A ideia de compatibilidade é muito cara ao processo do trabalho. Ocorrerá apenas na hipótese de o texto do processo comum afinar-se com o princípio da

---

2 Sobre as lacunas normativas, ontológicas e axiológicas no direito processual do trabalho: CHAVES, Luciano Athayde. **A recente reforma no processo comum**. Reflexos no direito judiciário do trabalho. São Paulo: LTr, 2006. p. 209-211.

proteção, regente de todo o direito do trabalho (inclusive o processo do trabalho). Do contrário, o texto do CPC, embora mais moderno e atual, deverá ser repelido[3].

O art. 769 da CLT foi projetado como uma garantia de que a reclamação trabalhista seria sempre apreciada, embora faltasse texto específico na CLT, porque, em último caso, haveria possibilidade de recorrer-se ao CPC. Este, portanto, é fonte supletiva, e não substitutiva, da CLT[4].

Em cenário no qual o Estado se afigura ineficiente para cumprir com suas tarefas mais essenciais, a Constituição perde força normativa, os ares neoliberais sufocam e o modo de produção capitalista adapta-se e apresenta novas versões cada vez mais cruéis, o primeiro pensamento é almejar por uma ruptura com a maneira organizacional política e social da modernidade[5]. Porém esse desiderato é árduo, temoroso, incerto e, talvez, irrealizável. Logo, uma alternativa a essa ideia inicial é a defesa da manutenção de conquistas sociais. Nesse ponto, há um discurso conservador, de permanência de um processo do trabalho que, sem embargo de seus inúmeros problemas, historicamente mostrou-se mais eficaz do que os outros ramos processuais brasileiros.

Se o processo civil, a todo instante, dá mostras de sua ineficiência, por que recorrer a suas disposições e desnaturar um ramo processual mais adequado ao direito do trabalho? O ponto de vista civilista é, em grande parte, incompatível com o direito laboral, e, mais do que este, tem como categoria central a propriedade privada.

Quando, em 1943, sobreveio a CLT (o processo do trabalho está previsto em seu bojo no Título X), sua parte processual teve muito mais inspiração no Decreto-Lei n. 1.237/1939[6] do que no CPC de 1939, cuja data era mais recente. Esse fato histórico é interessante por demonstrar que o compromisso histórico do processo do trabalho sempre foi diferente do processo comum[7].

A previsão de um único corpo (CLT) com normas de direito material e processual também evidencia o compromisso do processo laboral em concretizar o direito do trabalho e franquear acesso facilitado aos trabalhadores, sem criar duas esferas juridicamente separadas.

---

3 Em sentido próximo: LIMA, Francisco Gérson Marques de. **Fundamentos do processo do trabalho**: bases científicas e sociais de um processo de princípios e equidade para a tutela de direitos fundamentais do trabalho. Malheiros: São Paulo, 2010. p. 153.

4 LIMA, Francisco Gérson Marques de. *Op. cit.* p. 152.

5 Marx e Engels, em suas propostas transformadoras, combatem a existência de dualismos, abstrações artificiais e mediações indevidas. Esses motes, entre inúmeros outros, são explorados pelos autores para sustentarem a abolição do Estado: MARX, Karl; ENGELS, Friedrich. **A ideologia alemã**. Tradução Luis Claudio de Castro e Costa. São Paulo: Martins Fontes, 2008. p. 34 e 97.

6 A Justiça do Trabalho, segundo o Decreto-Lei n. 1.237/1939, foi alçada a órgão autônomo, com poder de executar suas decisões, e divididas em três instâncias: Junta de Conciliação e Julgamento, Conselhos Regionais do Trabalho e Conselho Nacional do Trabalho. O mesmo ato normativo criou a então Procuradoria da Justiça do Trabalho.

7 LIMA, Francisco Gérson Marques de. *Op. cit.* p. 46.

Esse cenário, contudo, é polemizado em razão do art. 15 do NCPC cujo texto previu que na ausência de normas regulamentadoras dos processos eleitorais, trabalhistas ou administrativos, as disposições do CPC aplicar-se-ão supletiva e subsidiariamente.

O art. 15 do NCPC admitiu aplicação subsidiária do CPC no processo do trabalho diante de lacuna, enquanto a CLT (art. 769), além da omissão, contemplou, cumulativamente, a compatibilidade entre a norma processual importada e os princípios do processo do trabalho. Há, portanto, diferença substancial entre os dois dispositivos. Com isso, questiona-se se o art. 769 da CLT será considerado tacitamente revogado com a vigência do art. 15 do NCPC.

O CPC, em relação ao processo do trabalho, é considerado lei geral. O processo civil tende a ser o *Código de Processo do direito brasileiro* e, nessa condição, funcionaria como manancial a todos os processos especializados. Parece ter sido essa a intenção do art. 15 do NCPC. Porém, na condição de lei geral, é incapaz de revogar lei específica, tal qual o processo do trabalho, que é um tipo processual especializado. Nesse sentido é clara a disposição do art. 2º, §2º, da Lei de Introdução às Normas do Direito Brasileiro (LINDB).

A previsão do art. 15 do NCPC, ademais, está adequada ao atual estágio do direito brasileiro pautado, entre outras características, pelo diálogo e pela multiplicidade de fontes. O paradigma do Estado democrático de direito, aplicado ao processo, parece conspirar para interação entre diversos diplomas normativos. A CLT, ilustrativamente, há tempos, dialoga com a Lei n. 7.347/1985(Lei de Ação Civil Pública) e a Lei n. 8.078/1990 (Código de Defesa do Consumidor), e, por conta dessa interlocução, o processo do trabalho introduziu de maneira mais efetiva sua versão coletivizada.

Outro argumento mais frágil, por fim, refere-se ao art. 9º da Lei Complementar 95/1988, referente à elaboração, à redação, à alteração e à consolidação das leis, que, sem prejuízo da possibilidade de revogação tácita, recomenda ao legislador inserir cláusula de revogação expressa. Inexiste, nesse ponto, qualquer revogação expressa do art. 769 da CLT, o que também funciona como um indicativo de sua vigência.

Este estudo, portanto, parte da premissa de que, a princípio, o NCPC não implicará (ou, talvez, não deveria implicar) reflexos de grande monta no processo do trabalho e, consequentemente, na atuação do MPT no Poder Judiciário laboral.

3. O NOVO CPC E O PERFIL CONSTITUCIONAL DO MINISTÉRIO PÚBLICO BRASILEIRO

O NCPC preocupou-se em compatibilizar suas disposições com o novo perfil constitucional do Ministério Público brasileiro desenhado a partir de 1988. A perspectiva do CPC de 1973 foi o então vigente arcabouço do *Parquet* decorrente da Constituição de 1967 e da EC n. 1/1969.

Em diversos dispositivos do NCPC houve supressão da palavra órgão do Ministério Público, como se verifica nos seguintes exemplos: arts. 144, I e III, 148, I, e 181, com a inserção da palavra *membro* ou *Ministério Público*. Muitas dessas redações são iguais ou bastante similares ao CPC de 1973, mas receberam esse aperfeiçoamento técnico.

A CF/1988 diluiu o vínculo do Ministério Público com o Poder Executivo e o afastou da função de representar judicialmente a União. Essas reminiscências arranhavam a autonomia institucional. A expressão *instituição* conformou o *Parquet* entre o órgão e a pessoa jurídica de direito público. É *menos* do que a última e mais do que o primeiro[8]. Ao Ministério Público, na condição de *instituição*, entretanto, foi reconhecida personalidade judiciária. A solução foi a mais adequada e contribuiu para explicitar seu caráter autônomo[9].

Ademais, no Título V do NCPC (arts. 176 a 181), alusivo ao Ministério Público, como se verá a seguir, houve tentativa de alinhar as disposições processuais com o texto dos arts. 127 e 129 da CF/1988.

4. TÍTULO SOBRE O MINISTÉRIO PÚBLICO NO NOVO CPC

O Título V do NCPC foi destinado ao Ministério Público. O CPC de 1973 também possui título (Título III) alusivo ao *Parquet*.

O art. 176 do NCPC[10], com objetivo de explicitar a tentativa de alinhamento do código processual com a CF/1988, repete parte do texto do art. 127 da CF/1988 ao ressaltar as funções do Ministério Públicas vinculadas à defesa da ordem jurídica, do regime democrático e dos interesses sociais e individuais indisponíveis. Inexiste no CPC de 1973 disposição similar.

O art. 177 do NCPC[11], em linha similar ao art. 81 do CPC de 1973, assegurou ao Ministério Público o exercício do direito de ação em conformidade com suas atribuições constitucionais.

O art. 178 do NCPC[12], ao enumerar as hipóteses de intervenção do Ministério Público, apresentou texto mais objetivo e enxuto do que o art. 82 do CPC de

---

8 GARCIA, Emerson. **Ministério público**. Organização, atribuições e regime jurídico. 3. ed. rev. ampl. atual. Rio de Janeiro: Lumen Juris, 2008. p. 41-43.

9 MAZZILLI, Hugo Nigro. **Regime jurídico do ministério público**. 6. ed. rev. ampl. e atual. São Paulo: Saraiva, 2007. p. 105.

10 "Art. 176. O Ministério Público atuará na defesa da ordem jurídica, do regime democrático e dos interesses sociais e individuais indisponíveis."

11 "Art. 177. O Ministério Público exercerá o direito de ação em conformidade com suas atribuições constitucionais."

12 " Art. 178. O Ministério Público será intimado para, no prazo de 30 (trinta) dias, intervir como fiscal da ordem jurídica nas hipóteses previstas em lei ou na Constituição Federal e nos processos que envolvam: I - interesse público ou social; II - interesse de incapaz; III - litígios coletivos pela posse de terra rural ou urbana. Parágrafo único. A participação da Fazenda Pública não configura, por si só, hipótese de intervenção do Ministério Público."

1973. Acerca do conteúdo, inexiste, a princípio, grandes novidades capazes de gerar reflexos na atuação do MPT no processo do trabalho, mas apenas aprimoramento textual e maior afinamento da nova disposição com a CF/1988.

Essas três previsões reforçam, no processo do trabalho, a ideia de que a interpretação jurídica deverá ser de *cima para baixo,* da Constituição para as leis (sem desconsiderar, obviamente, o contexto fático), e não o inverso, isto é, a atuação do MPT deverá observar a conformação constitucional do Ministério Público brasileiro e caberá ao direito processual adaptar-se às disposições constitucionais.

Duas grandes novidades do título alusivo ao Ministério Público, previstas no NCPC, referem-se à estipulação de prazo de trinta dias para intervir como *fiscal da ordem jurídica* (art. 178[13]) e à fixação de prazo em dobro para manifestação nos autos (art. 180[14]).

O CPC de 1973 não prevê prazo para emissão de parecer, diferentemente do NCPC cujo texto (art. 178) alude a trinta dias para a prática desse ato pelo *Parquet.* Essa inovação é interessante e realçará, ainda mais, a fragilidade das posições defensoras da inexistência de interregno para oferta de parecer pelo Ministério Público, com o discurso de que, nesse caso, haveria prazo dilatório e impróprio.

O processo do trabalho, em virtude da dinamicidade do seu rito em relação ao CPC, prevê prazo de oito dias para o MPT emitir parecer (art. 5º da Lei n. 5.584/1970). A previsão do NCPC robustecerá a necessidade de observância desse prazo no processo laboral.

O NCPC prevê, ainda, que, após o prazo para emissão de parecer, contado da intimação pessoal do Ministério Público, o juiz requisitará os autos e determinará a continuidade da tramitação processual (art. 180, §1º[15]). Essa regra parece aplicável ao processo do trabalho por contribuir com a celeridade processual, mas, talvez, seja desnecessária com a introdução dos *autos digitais.*

O art. 188 do CPC de 1973 prevê prazo em quádruplo para contestar e em dobro para recorrer quando a parte for o Ministério Público. O art. 180 do NCPC manteve apenas o prazo dobrado para manifestação nos autos pelo *Parquet.* Essa disposição aplica-se ao processo do trabalho, carente desse tipo de previsão.

---

13 "Art. 178. O Ministério Público será intimado para, no prazo de trinta dias, intervir como fiscal da ordem jurídica."

14 "Art. 180. O Ministério Público gozará de prazo em dobro para manifestar-se nos autos, que terá início a partir da sua intimação pessoal, nos termos do art. 183, § 1º."

15 "Art. 180. [...] §1º. Findo o prazo para manifestação do Ministério Público sem o oferecimento de parecer, o juiz requisitará os autos e dará andamento ao processo."

O NCPC, entretanto, excluiu o benefício da contagem do interregno dobrado quando a lei estabelecer de forma expressa prazo para o Ministério Público agir (art. 180, §2º[16]). Assim, no cômputo dos prazos para emissão de parecer (oito dias no processo do trabalho e trinta dias no processo civil) estaria excluída a contagem em dobro.

Segundo art. 219[17] do NCPC, na contagem do prazo em dias computar-se-ão apenas os úteis, diferentemente da previsão do art. 178 do CPC de 1973, cujo texto estabelece que os prazos são contínuos e sem interrupção nos feriados.

O art. 775 da CLT possui texto similar ao art. 178 do CPC de 1973. Logo, inexiste omissão justificante da introdução dessa sistemática de apenas contar o prazo em dias úteis no processo do trabalho, embora seja evidente que a sua adoção seria salutar aos profissionais envolvidos no processo, cujo trabalho aos sábados, domingos e feriados tornou-se praxe em virtude da ausência de suspensão do prazo nesses dias.

Caso inexistisse o texto do art. 775 da CLT, ainda assim, parece inaplicável o art. 219 do NCPC ao processo do trabalho. O processo do trabalho, a rigor, aborda verbas alimentares ou temas correlatos à vida e à saúde dos trabalhadores. Por corolário, deve comprometer-se com a celeridade na tramitação processual. A contagem de prazos em dias úteis parece desviar-se desse compromisso e contribuir para duração mais alongada do processo.

Ademais, o texto do art. 219 do NCPC parece atritar-se com a garantia fundamental de duração razoável da tramitação processual (CF/1988, art. 5º, LXXVIII). Logo, seria inconstitucional, o que também afastaria sua aplicabilidade no processo do trabalho.

5. COOPERAÇÃO DO MINISTÉRIO PÚBLICO DO TRABALHO COM A DURAÇÃO RAZOÁVEL DA TRAMITAÇÃO PROCESSUAL E A PROLAÇÃO DE DECISÃO MERITÓRIA[18]

A duração razoável da tramitação processual é uma garantia fundamental (CF/1988, art. 5º, LXXVIII). O NCPC também reconhece às partes esse direito e prevê que a elas cabe observar o dever de cooperar para esse fim, sem a utilização de mecanismos procrastinatórios (arts. 4º[19] e 6º[20]). Essas novas disposi-

---

16 "Art. 180. [...] §2º. Não se aplica o benefício da contagem em dobro, quando a lei estabelecer, de forma expressa, prazo próprio para a Fazenda Pública, o Ministério Público ou a Defensoria Pública."

17 "Art. 219. Na contagem de prazo em dias, estabelecido por lei ou pelo juiz, computar-se-ão somente os úteis."

18 Trechos e ideias deste capítulo foram extraídos de: COURA, Alexandre de Castro; FONSECA, Bruno Gomes Borges da. **Ministério público**: entre unidade e independência. São Paulo: LTr, 2015.

19 "Art. 4º. As partes têm direito de obter em prazo razoável a solução integral do mérito, incluída a atividade satisfativa."

20 "Art. 6º. Todos os sujeitos do processo devem cooperar entre si para que se obtenha, em tempo razoável, decisão de mérito justa e efetiva."

ções, expressamente, adotam o princípio da cooperação no direito processual civil brasileiro[21].

Esses dispositivos do NCPC (arts. 4º e 6º), além disso, prescrevem como direito das partes à solução integral da lide, com decisão satisfativa e meritória.

Assim, têm-se dois *novos* princípios fundamentais explicitamente acolhidos pelo NCPC (os dispositivos encontram-se no capítulo I, intitulado como *das normas fundamentais do processo civil*, do título único do livro I): (i) duração razoável da tramitação processual; (ii) direito das partes à decisão meritória. Esses princípios são extraídos diretamente da CF/1988 e o que o código fez foi reiterá-las e evidenciá-las como vetores a serem observados no processo civil.

Esse direcionamento do NCPC parece contribuir para reflexão sobre os atuais rumos do processo do trabalho, outrora mais simplificado e atualmente com propostas de cientificidade e formalismos exagerados, cujo epílogo, talvez seja, o atraso na tramitação processual e o aumento do número de julgamentos sem apreciação meritória, o que, em última análise, conspira contra a garantia fundamental de acesso à justiça e ao direito do trabalho.

O MPT, na condição de participante do processo do trabalho, certamente sofrerá reflexos em seu modo de atuação com essas disposições do NCPC. Ora, se um código processual, referente às normas civis e sobremaneira vinculado ao direito à propriedade, patenteou sua preocupação com a celeridade processual e conferiu às partes direito ao julgamento de mérito (o que já era possível extrair da CF/1988), o que se imaginar de um processo alusivo a normas eminentemente sociais[22], como o direito do trabalho, cujo objeto reporta-se a verbas alimentares de titularidade, na maioria dos casos, de trabalhadores desempregados e sem renda? O *Parquet* laboral não deverá se omitir nesse contexto.

A conformação constitucional do Ministério Público (CF/1988, art. 127) exige que a instituição atue em prol da celeridade da tramitação processual no Poder Judiciário, combata quaisquer atitudes protelatórias e abstenha-se de contribuir para a lentidão do rito dos processos. Esses nortes deverão ser observados, sem prejuízo do cumprimento de suas atribuições.

A observância de prazos processuais é uma maneira simples de contribuir para a duração razoável da tramitação processual. A divisão entre prazo direto (próprio) e indireto (impróprio) deve ser revista. O primeiro seria o peremptório, fatal, gerador da preclusão, enquanto o segundo, o recomendatório, o facultativo, o dilatório, cuja inobservância abstém-se de gerar penalidade processual.

---

21 Sobre o princípio da cooperação: DIDIER JR. Fredie. **Curso de direito processual civil**. Teoria geral do processo de conhecimento. 7. ed. Salvador: Podivm, 2007. v. I. p. 55-58.

22 CESARINO JR., A. F. **Direito social brasileiro**. 5. ed. ampl. atual. com a colaboração de M. A. Cardone. Rio de Janeiro e São Paulo: Freitas Bastos, 1963. v. 1. p. 23-37, ao apreciar a correção das nomenclaturas do direito do trabalho defendeu que apenas a elocução direito social teria o condão de demonstrar o seu real conteúdo.

Essa construção teórica justifica manifestações, petições e pareceres do *Parquet* protocolizados em *qualquer* prazo, pois, para alguns, há, nessas hipóteses, prazos indiretos. Desse modo, processos poderão permanecer sem tramitação por aguardarem manifestação do Ministério Público.

A Recomendação n. 8/2008 do CNMP, em busca de racionalização da intervenção do Ministério Público no processo judicial e da efetividade e celeridade processuais, recomendou fosse observado o art. 185 do CPC de 1973, isto é, à falta de cominação de prazo, seja pelo juiz, seja pela lei, caberá o *Parquet* manifestar-se em um prazo de cinco dias. Esse é um indicativo de que a defesa de prazos impróprios no processo está ultrapassada.

Urgirá também a conotação de um MPT comprometido com a busca de decisões meritórias, sobretudo na função de instituição interveniente e na emissão de pareceres. A alternativa à resolução do processo sem apreciação meritória por questões formais deverá ser excepcional, após tentativa de saná-la e exaustivamente justificada.

6. PUNIÇÃO DOS AGENTES DO MINISTÉRIO PÚBLICO DO TRABALHO POR INOBSERVÂNCIA DE DEVERES PROCESSUAIS

O NCPC aborda os deveres das partes e dos seus procuradores. O art. 77, §§1º a 5º, do aludido código, reporta-se à aplicação de multa pelo juiz aos praticantes de ato atentatório à dignidade da justiça. Esse valor deverá ser pago no prazo fixado pelo juiz, sob pena de ser inserido como dívida ativa da União ou do Estado.

O ponto precípuo para nossa exposição está previsto no art. 77, §6º[23], do NCPC. De acordo com essa disposição, os membros do Ministério Público, bem como os advogados, públicos e privados, e membros da Defensoria Pública, foram excluídos da possibilidade de aplicação de multa. Na hipótese de descumprirem deveres processuais, caberá ao juiz oficiar os órgãos de classe para que estes apurem a responsabilidade.

Essa disposição aplicar-se-á no processo do trabalho e na atuação judicial do MPT, bem como servirá para pacificar o entendimento a respeito. Logo, na eventualidade de algum membro do *Parquet* laboral descumprir dever processual, caberá ao juiz do trabalho, de ofício ou mediante provocação, oficiar a Corregedoria do MPT para apuração.

---

23 "Art. 77. [...] §6º. Aos advogados públicos ou privados e aos membros da Defensoria Pública e do Ministério Público não se aplica o disposto nos §§ 2º a 5º, devendo eventual responsabilidade disciplinar ser apurada pelo respectivo órgão de classe ou corregedoria, ao qual o juiz oficiará."

7. CONCILIAÇÃO E MEDIAÇÃO COMO MECANISMOS DESTACADOS NO NOVO CPC[24]

O NCPC destina seção nominada *Dos conciliadores e dos mediadores judiciais* (arts. 165 a 175), com nítida intenção de estimular a prática da conciliação e da mediação. Ao MPT cabe contribuir nesse sentido.

Diante do número de processos em trâmites no Poder Judiciário brasileiro e da evidente impossibilidade de equacionar, oportunamente, todos os conflitos *judicializados*, o NCPC apresentou uma via diferente ao apostar na conciliação e na mediação. Previu também que o juiz, ao despachar a petição inicial, designe audiência de conciliação ou de mediação (art. 334), que contará com atuação de conciliador ou de mediador (art. 334, §1º).

O NCPC, malgrado esse incentivo às vias amistosas, admitiu que o autor (art. 334, §5º) e o réu (art. 334, §4º, I) manifestam-se desinteresse na realização da audiência de conciliação ou de mediação, o que impedirá a sua ocorrência.

A heterocomposição, embora necessária e imprescindível, nem sempre se afigura como a melhor opção. Tem-se, assim, como outra via apresentável a autocopomposição, como forma de prevenção e equacionamento do conflito por decisão dos próprios litigantes[25], seja pela negociação, seja pela mediação, seja pela conciliação, isoladas ou conjuntamente.

As perspectivas de solução, consoante o meio empregado na resolução do conflito, são distintas. Na autotutela há decisão imposta por um dos litigantes. Na heterocomposição há delegação do ato decisório a terceiro imparcial. Na autocomposição há solução diretamente pelas partes circunscritas ao litígio[26] que podem, ainda, ser auxiliadas por mediador ou conciliador.

Essa busca conciliatória é antiga no processo do trabalho e está impregnada desde o direito corporativo do trabalho cujo, um dos papeis, foi assentar o trabalho com o capital, em típico alinhamento de interesses. O rito da CLT, nesse sentido, impõe ao juiz a realização de duas tentativas conciliatórias: uma antes da apresentação da defesa e outra após as razões finais (CLT, arts. 846 e 850, respectivamente).

A possibilidade de conciliação e mediação (e iriei abster-me, nesse momento, de analisar seus acertos e possíveis prejuízos) deverá nortear a atuação do MPT, sobretudo antes da *judicialização* do conflito. Talvez, esse seja o grande contributo da instituição. Aos meios judiciais e formais, por efeito, acresceram-

---

24 Trechos e citações deste capítulo foram extraídos de: FONSECA, Bruno Gomes Borges da. **Compromisso de ajustamento de conduta**. LTr: São Paulo, 2013.
25 CALMON, Petrônio. **Fundamentos da mediação e da conciliação**. Rio de Janeiro: Forense, 2007. p. 53.
26 CALMON, Petrônio. *Op. cit.* p. 54.

-se mecanismos extrajudiciais. Como instrumento dessa nova moldura, o compromisso de ajustamento de conduta (TAC[27]), de legitimidade ativa do Ministério Público, aflora como via compatível e de interessante expectativa.

Assim, nessa linha conciliatória de atuação, caberá ao MPT explorar exaustivamente todas as possibilidades de prevenção e equacionamento do conflito, sem necessidade de acionamento do Poder Judiciário. Caso a demanda seja imprescindível, ainda assim, deverá abrir-se ao diálogo no processo judicial e, em seu caminhar, tentar retomar, a todo instante, o caminho dialógico e do consenso.

8. NULIDADE PROCESSUAL POR FALTA DE INTIMAÇÃO DO MINISTÉRIO PÚBLICO DO TRABALHO

O art. 246 do CPC de 1973 considera nulo o processo quando o Ministério Público não for intimado a intervir nos autos nos quais deveria intervir. Esse dispositivo é aplicável ao processo do trabalho. Logo, caso haja omissão quanto à intimação do MPT para intervir, em hipóteses de intervenção obrigatória, haverá nulidade.

A jurisprudência laboral, porém, em muitas situações, tem conjugado o art. 246 do CPC de 1973 com o princípio da transcendência (CLT, art. 794), segundo o qual a nulidade somente será decretada caso gere prejuízo às partes. Nessa linha de raciocínio, à falta de intervenção do MPT, nos casos nos quais ela é obrigatória, poderá ser sanada caso *inexista prejuízo*.

Essa posição é bastante utilizada quando há omissão acerca da intimação do MPT – em um dos casos de intervenção obrigatória – durante a tramitação da reclamação trabalhista na Vara do Trabalho. Proferida a sentença e diante do recurso da parte, os autos são remetidos ao TRT. Nesse grau recursal, caso haja intervenção do MPT, para alguns, a nulidade seria sanada.

Essa fórmula é bem simplista. A intervenção obrigatória, antes da prolação da sentença, em tese, permitirá ao MPT requerer diligências e produzir e participar da coleta de provas. Ademais, com argumentos, poderá influenciar às partes e convencer o juiz a decidir de certa maneira. O contraditório deve ser encarado conjuntamente com o princípio da fundamentação das decisões jurisdicionais, isto é, a decisão será fruto do direito debatido pelas partes, inclusive o MPT, e nos fatos por elas reconstruídos[28]. A intervenção posterior, por sua vez, não permitirá sanar a nulidade por inadmitir o retorno da situação pretérita ou a prática desses atos acobertados pela preclusão, o que, geralmente, implicará ofensa aos princípios do devido processo constitucional, do contraditório e da ampla defesa.

---

27 Sobre o TAC: FONSECA, Bruno Gomes Borges da. *Op. cit.*

28 LEAL, André Cordeiro. **O contraditório e a fundamentação das decisões**: no direito processual democrático. Belo Horizonte: Mandamentos, 2002. p. 77.

O art. 279 do NCPC repete o texto do art. 246 do CPC de 1973, entrementes, houve inserção de um parágrafo no art. 279 (§2º[29]) cujo texto condiciona a decretação da nulidade a intimação do Ministério Público, a quem caberá manifestar-se, ou não, pela existência de prejuízo. Essa regra é mais equilibrada em cotejo com decisões que simplesmente aplicam o princípio da transcendência para sanar a falta de intervenção do *Parquet*. Parece, ainda, aplicável ao processo do trabalho diante da sua omissão em abordar esse tema.

9. TUTELA INIBITÓRIA E SUA RELEVÂNCIA PARA ATUAÇÃO DO MINISTÉRIO PÚBLICO DO TRABALHO

O NCPC destina uma seção ao julgamento das ações relativas às prestações de fazer, de não fazer e de entregar coisa (arts. 497 a 501). Similares previsões estão inseridas no CPC de 1973 (arts. 461 e 461-A).

Uma das inovações do NCPC, portanto, é intitular um capítulo no código com esse tema, o que, de certa forma, permitirá um realce dessas maneiras decisórias. Esse ponto parece carrear efeitos positivos para o processo do trabalho e na atuação do MPT, por haver, ainda, certo desconhecimento sobre essa matéria e resistência quanto ao seu manejo.

A tutela inibitória impede a violação do direito material da parte e permite ao autor usufrui-lo *in natura*. Labora, portanto, em perspectiva distinta da tutela sancionatória[30]. Contenta-se com prova indiciária e a regularização da conduta, após à afronta do direito, não retira do demandante o interesse na postulação nem a possibilidade de condenação do réu.

Esse tipo de tutela (inibitória) é prática comum e imprescindível nas atuações extrajudicial e judicial do MPT. A primeira forma é materializada nos TACs, enquanto a segunda, em ações civis públicas (ACPs).

Esse realce feito pelo NCPC, talvez, consiga aguçar a curiosidade de profissionais do direito no estudo sobre essa temática, o que poderá trazer corolários positivos ao processo do trabalho, cuja resistência à tutela inibitória, ainda, é comum e fator que gera decisões inadequadas.

10. LEGITIMIDADE DO MINISTÉRIO PÚBLICO DO TRABALHO PARA PROPOR AÇÃO RESCISÓRIA

Segundo art. 487, III, *a* e *b*, do CPC de 1973, o Ministério Público possui legitimidade para propor ação rescisória quando não foi ouvido no processo em

---

29 "Art. 279. [...] §2º. A nulidade só pode ser decretada após a intimação do Ministério Público, que se manifestará sobre a existência ou a inexistência de prejuízo."

30 SPADONI, Joaquim Felipe. **Ação inibitória**. A ação preventiva prevista no art. 461 do CPC. 2. ed. rev. atual. Revista dos Tribunais: São Paulo, 2007. p. 32.

que era obrigatória a sua intervenção e quando a decisão rescindenda decorre de colusão das partes com desiderato de fraudar a lei.

O texto do CPC de 1973, quando submetido ao processo do trabalho, mereceu interpretação ampliativa. A súmula n. 407 do TST consigna que as hipóteses de legitimidade ativa do MPT para propor ação rescisória, previstas no art. 487, III, *a* e *b*, do CPC, são exemplificativas. Logo, o *Parquet* laboral, no processo do trabalho, poderá aforar essa demanda com base nos outros incisos listados no art. 487, e não apenas no inciso III.

O art. 967, III, *a* a *c*, do NCPC repetiu o texto do CPC de 1973, com o acréscimo de que o Ministério Público possui legitimidade para propor ação rescisória em outros casos nos quais se imponha sua atuação, o que se mostra mais adequado diante da ampla atuação do *Parquet* no processo. Essa nova previsão não surtirá efeitos pragmáticos na atuação do MPT no processo do trabalho, pois essa nova redação do NCPC, acerca da ação rescisória, já está cristalizada na súmula n. 407 do TST.

11. INCIDENTE DE RESOLUÇÃO DE DEMANDAS REPETITIVAS E SUA APLICAÇÃO NO PROCESSO DO TRABALHO

O NCPC prevê o incidente de resolução de demandas repetitivas sempre que identificada, simultaneamente, efetiva repetição de processos que contenham controvérsia sobre a mesma questão unicamente de direito e risco de ofensa à isonomia e à segurança jurídica (art. 976, I e II).

O pedido de instauração do incidente será dirigido ao Presidente do Tribunal, pelo juiz, pelo relator, pelas partes, pelo Ministério Público ou pela Defensoria Pública (art. 977, I e II).

O Ministério Público, se não for o requerente, intervirá obrigatoriamente no incidente e poderá assumir sua titularidade em caso de desistência ou de abandono (art. 976, §2º).

Caberá ao órgão colegiado do tribunal exercer o juízo de admissibilidade do incidente de resolução de demandas repetitivas (art. 981). Admitido, haverá determinação de suspensão dos processos pendentes em primeiro e segundo graus de jurisdição (art. 982, I).

Haverá oitiva das partes e demais interessados (art. 983) e o julgamento determinará aplicação de tese jurídica a todos os processos que versem idêntica questão de direito e que tramitem na área de jurisdição do respectivo tribunal (art. 985, I) e aos casos futuros que versem idêntica questão de direito e venham a tramitar no território de competência do tribunal (art. 985, II).

O incidente de resolução de demandas repetitivas aplica-se ao processo do trabalho? Tenho inúmeras reservas a institutos como súmula vinculante, repercussão geral, recursos repetitivos e mantenho-as quanto a esse incidente previsto no NCPC. De maneira geral, esses mecanismos poderão favorecer a celeridade e a segurança jurídica das decisões judiciais, mas, por outro lado, oprimem a singularidade dos casos concretos e criam sistema de justiça de decisões em massa e de conteúdo, muitas vezes, incongruente com os contextos fáticos.

No processo do trabalho, os efeitos deletérios poderão ser ainda maiores com a adoção desses institutos. As questões fáticas nas demandas trabalhistas individuais são bastante singulares e significativas. O princípio do contrato realidade exige análise factual com pretensão de totalidade e dificilmente um caso é idêntico ao outro.

Além disso, ao juiz caberá promover as tentativas de conciliação e, talvez, esse intento seja mais útil e célere do que o incidente de resolução de demandas repetitivas. Por outro lado, o manejo desse incidente poderá incentivar posições, sobretudo dos reclamados, de não celebrarem transações.

Caso o incidente de resolução de demandas repetitivas seja aplicado ao processo do trabalho, algumas consequências advirão para a atuação do MPT: (i) possuirá legitimidade para requerê-lo e somente deverá fazê-lo em casos extremos nos quais o risco de afronta ao princípio da segurança jurídica seja inquestionável e injustificável; (ii) na condição de instituição interveniente, poderá repeli-lo e deverá ficar atento a todas as tentativas de aprisionamento dos conflitos entre trabalhadores e patrões por decisões gerais, idealizadas e sem contato com as singularidades do caso concreto.

A CLT, recentemente alterada, em virtude da promulgação da Lei n. 13.015, de 21 de junho de 2014[31], passou a adotar inúmeros institutos previstos no CPC, entre eles a sistemática dos recursos repetitivos. Essa alteração parece indicar um caminho diverso do que o defendido no primeiro capítulo deste estudo, com a introdução exacerbada, irrefletida e incompatibilizada de normas do processo civil.

O novo art. 896-B da CLT determina aplicação no recurso de revista das normas relativas ao julgamento dos recursos extraordinário e especial repetitivos. A CLT também, com essa nova essa alteração, determina aplicação aos recursos extraordinários perante o TST do procedimento previsto no art. 543-B do CPC (art. 896-C, §14º).

O art. 896-C da CLT, em sua nova redação, prescreve que quando houver multiplicidade de recursos de revista fundados em idêntica questão de direito, a questão poderá ser afetada à SDI ou ao pleno do TST, por decisão da maioria simples de seus membros, mediante requerimento de um dos ministros que

---

31 Segundo art. 3º da Lei n. 13.015/2014, as alterações introduzidas por essa lei vigorarão após decorridos sessenta dias de sua publicação oficial.

compõem a seção especializada, diante da relevância da matéria ou da existência de entendimentos divergentes entre os ministros dessa seção ou das turmas do tribunal.

Nesse caso, o Presidente da turma ou da seção especializada, por indicação dos relatores, afetará um ou mais recursos representativos da controvérsia para julgamento pela SDI ou pelo pleno do TST, sob o rito dos recursos repetitivos (CLT, art. 896-C, §1º), e ao Presidente do TST caberá oficiar os Presidentes dos TRTs para que suspendam os recursos interpostos em casos idênticos aos afetados como recursos repetitivos até o pronunciamento definitivo do TST (CLT, art. 896-C, §3º).

Caberá ao presidente do tribunal de origem admitir um ou mais recursos representativos da controvérsia, os quais serão encaminhados ao TST, ficando suspensos os demais recursos de revista até o pronunciamento definitivo do TST (CLT, art. 896-C, §4º). O relator no TST poderá determinar a suspensão dos recursos de revista ou de embargos que tenham como objeto controvérsia idêntica à do recurso afetado como repetitivo (CLT, art. 896-C, §5º).

Publicado o acórdão do TST, os recursos de revista sobrestados na origem: (i) terão seguimento denegado na hipótese de o acórdão recorrido coincidir com a orientação a respeito da matéria no TST; ou (ii) serão novamente examinados pelo tribunal de origem na hipótese de o acórdão recorrido divergir da orientação do TST a respeito da matéria. (CLT, art. 896-C, §11, I e II).

Caso a questão afetada e julgada sob o rito dos recursos repetitivos também contenha questão constitucional, a decisão proferida pelo pleno do TST não obstará o conhecimento de eventual recurso extraordinário sobre a questão constitucional (CLT, art. 896-C, §13º).

O art. 896-C, §17, da CLT, entretanto, permitiu a revisão da decisão firmada em julgamento de recursos repetitivos quando se alterar a situação econômica, social ou jurídica, caso em que será respeitada a segurança jurídica das relações firmadas sob a égide da decisão anterior, podendo o TST modular os efeitos da decisão que a tenha alterado. Essa previsão, talvez, amenize os riscos da introdução da sistemática de recursos repetitivos no processo do trabalho.

12. *AMICUS CURIAE* E SUA APLICAÇÃO NO PROCESSO DO TRABALHO

O NCPC prevê capítulo destinado ao *amicus curiae* (art. 138). Permite que o juiz, de ofício ou a requerimento das partes, solicite ou admita a manifestação de pessoa natural ou jurídica, órgão ou entidade especializada, com representatividade adequada, no prazo de quinze dias.

A CLT, recentemente alterada, como dito, em virtude da promulgação da Lei n. 13.015/2014, na sistemática de recurso repetitivos previu também o instituto do *amicus curiae*.

Essa alteração da CLT, na linha do NCPC, passa a admitir, expressamente, a figura do *amicus curiae* no processo do trabalho. Nesse sentido, o relator poderá admitir manifestação de pessoa, órgão ou entidade com interesse na controvérsia, inclusive como assistente simples (CLT, art. 896-C, §8º). Recebidas as informações, terá vista o MPT pelo prazo de quinze dias (CLT, art. 896-C, §9º).

A redação do NCPC (art. 138), no particular, é mais ampliada, por admitir o manejo do *amicus curiae* em qualquer situação processual, e não apenas como desdobramento do procedimento do recurso repetitivo, como previsto na atual redação da CLT (art. 896-C, §8º).

O *amicus curiae*, desde que adequadamente utilizado, é capaz de pluralizar o processo e trazer para seu bojo novos pontos de vista, capazes de permitir decisões mais adequadas à ordem jurídica e às circunstâncias do caso concreto.

Peter Häberle alerta que a interpretação constitucional se cingiu à sociedade fechada, limitada aos órgãos estatais. Sua proposta é franquear o ato interpretativo a qualquer pessoa – física e jurídica – atingida pelos efeitos da Constituição, em respeito à sociedade pluralista, aberta[32]. De leitura oficial do direito, passar-se-ia à perspectiva oficiosa, informal, mais próxima da realidade. Sua lição traz ínsito ideal democrático e participativo e aproxima-se, em tese, do instituto do *amicus curiae*.

Inexiste no processo do trabalho a previsão do *amicus curiae*, tal como estabelecido pelo NCPC. Há, portanto, omissão. Por outro lado, parece existir compatibilidade desse instituto com a natureza do processo laboral, cuja decisão almeja análise de todas as circunstâncias ao redor do caso concreto, o que poderá ser favorecido pela pluralidade de partes e de pontos de vista.

Caso o *amicus curiae* seja aplicado no processo do trabalho, o MPT poderá requerer seu manejo. Embora o art. 138 do NCPC refira-se à parte, esse vocábulo vem sendo estendido à instituição, seja na condição de autor, réu ou interveniente.

13. CONSIDERAÇÕES FINAIS

Esta pesquisa, sem pretensão de exaurimento e em perspectiva baseada em impressões incipientes, analisou os possíveis reflexos do NCPC na atuação do MPT.

O NCPC será insuficiente para resolver os problemas atualmente existentes no processo civil e seus reflexos na atuação do MPT serão, ao menos a princípio,

---

32 HÄBERLE, Peter. **Hermenêutica constitucional**. A sociedade aberta dos intérpretes da constituição: contribuição para a interpretação pluralista e procedimental da constituição. Tradução Gilmar Ferreira Mendes. Porto Alegre: Sergio Antonio Fabris, 1997. p. 12-13.

de pequena monta. A atuação judicial do *Parquet* laboral no Poder Judiciário do Trabalho, portanto, continuará (ou deveria) a receber maiores influências do direito processual do trabalho do que do CPC.

14. REFERÊNCIAS

CALMON, Petrônio. **Fundamentos da mediação e da conciliação**. Rio de Janeiro: Forense, 2007.

CESARINO JR., A. F. **Direito social brasileiro**. 5. ed. ampl. atual. com a colaboração de M. A. Cardone. Rio de Janeiro e São Paulo: Freitas Bastos, 1963. v. 1.

CHAVES, Luciano Athayde. **A recente reforma no processo comum**. Reflexos no direito judiciário do trabalho. São Paulo: LTr, 2006.

COURA, Alexandre de Castro; FONSECA, Bruno Gomes Borges da. **Ministério público**: entre unidade e independência. São Paulo: LTr, 2015.

DIDIER JR. Fredie. **Curso de direito processual civil**. Teoria geral do processo de conhecimento. 7. ed. Salvador: Podivm, 2007. v. I.

FONSECA, Bruno Gomes Borges da. **Compromisso de ajustamento de conduta**. LTr: São Paulo, 2013.

GARCIA, Emerson. **Ministério público**. Organização, atribuições e regime jurídico. 3. ed. rev. ampl. atual. Rio de Janeiro: Lumen Juris, 2008.

HÄBERLE, Peter. **Hermenêutica constitucional**. A sociedade aberta dos intérpretes da constituição: contribuição para a interpretação pluralista e procedimental da constituição. Tradução Gilmar Ferreira Mendes. Porto Alegre: Sergio Antonio Fabris, 1997.

LEAL, André Cordeiro. **O contraditório e a fundamentação das decisões**: no direito processual democrático. Belo Horizonte: Mandamentos, 2002.

LIMA, Francisco Gérson Marques de. **Fundamentos do processo do trabalho**: bases científicas e sociais de um processo de princípios e equidade para a tutela de direitos fundamentais do trabalho. Malheiros: São Paulo, 2010.

MARX, Karl; ENGELS, Friedrich. **A ideologia alemã**. Tradução Luis Claudio de Castro e Costa. São Paulo: Martins Fontes, 2008.

MAZZILLI, Hugo Nigro. **Regime jurídico do ministério público**. 6. ed. rev. ampl. e atual. São Paulo: Saraiva, 2007.

SPADONI, Joaquim Felipe. **Ação inibitória**. A ação preventiva prevista no art. 461 do CPC. 2. ed. rev. atual. Revista dos Tribunais: São Paulo, 2007.

Parte V

ATOS PROCESSUAIS

Capítulo 25

ATOS, TERMOS E PRAZOS PROCESSUAIS NO CPC/2015 E NO PROCESSO DO TRABALHO

Marcelo Moura[1]

SUMÁRIO: 1. ATOS PROCESSUAIS; 1.1. CONCEITO E CLASSIFICAÇÃO; 1.2. TEMPO DE REALIZAÇÃO DOS ATOS PROCESSUAIS; 2. FORMA DOS ATOS PROCESSUAIS; 3. ASSINATURA DAS PARTES; 4. TERMO: MOVIMENTAÇÃO DOS PROCESSOS; 5. INTIMAÇÃO: INICIO DO PRAZO; 6. CONTAGEM DO PRAZO; 6.1. CONTAGEM DO PRAZO EM DIAS ÚTEIS.; 6.2. RECESSO FORENSE: SUSPENSÃO DOS PRAZOS; 6.3. PRORROGAÇÃO DO PRAZO; 6.4. LITISCONSÓRCIO: PROCURADORES DISTINTOS; 6.5. FAZENDA PÚBLICA E MINISTÉRIO PÚBLICO DO TRABALHO; 6.6. EXTEMPORANEIDADE: MUDANÇA DE PARADIGMA; 7. CERTIDÃO DE VENCIMENTO DE PRAZOS.; 8. RETIRADO DOS AUTOS PARA CUMPRIMENTO DE PRAZOS.

1. ATOS PROCESSUAIS

1.1. CONCEITO E CLASSIFICAÇÃO

Atos processuais são manifestações de vontade oriundas das partes, do juiz e seus órgãos auxiliares, objetivando a produção de efeitos no processo, gerando sua formação, modificação ou extinção.

A **publicidade** é característica inerente ao ato processual (art. 93, IX, da CF), só se admitindo sua restrição quando "a defesa da intimidade ou o interesse social o exigirem." (art. 5º, LV, da CF). A segurança dos atos processuais depende, em boa medida, de sua publicidade.

No mesmo sentido da norma constitucional é a regra do art. 155 do CPC/73, aplicável ao processo do trabalho com as devidas adaptações: "Os atos processuais são públicos. Correm, todavia, em segredo de justiça os processos: I – em que o exigir o interesse público; (...) Parágrafo único. O direito de consultar os autos e de pedir certidões de seus atos é restrito às partes e a seus procuradores. O terceiro, que demonstrar interesse jurídico, pode requerer ao juiz certi-

---

[1] Juiz titular da 19ª Vara do Trabalho do Rio de Janeiro. Mestre em Direito do Trabalho (Universidade Antonio de Nebrija, Madrid). Coordenador Acadêmico do Curso de Direito da Universidade Candido Mendes – Ipanema e professor da disciplina de Direito do Trabalho na mesma instituição.

dão do dispositivo da sentença, bem como de inventário e partilha resultante do desquite."

A regra foi reproduzida, com algumas alterações, no art. 189 do CPC/2015, *in verbis:* "Art. 189. Os atos processuais são públicos, todavia tramitam em segredo de justiça os processos: I – em que o exija o interesse público ou social; II – que versem sobre casamento, separação de corpos, divórcio, separação, união estável, filiação, alimentos e guarda de crianças e adolescentes; III – em que constem dados protegidos pelo direito constitucional à intimidade; IV – que versem sobre arbitragem, inclusive sobre cumprimento de carta arbitral, desde que a confidencialidade estipulada na arbitragem seja comprovada perante o juízo. § 1º O direito de consultar os autos de processo que tramite em segredo de justiça e de pedir certidões de seus atos é restrito às partes e aos seus procuradores. § 2º O terceiro que demonstrar interesse jurídico pode requerer ao juiz certidão do dispositivo da sentença, bem como de inventário e de partilha resultantes de divórcio ou separação.".

O processo também admite a formação de **negócios jurídicos**. São negócios jurídicos processuais as manifestações de vontade destinadas à realização de um efeito, um resultado no processo. Distingue-se, portanto, o ato processual, do negócio processual, porque naquele os efeitos estão previstos em lei (ex: desistência da demanda, cujo ato leva à extinção do processo), e neste as partes podem determinar o resultado ou o efeito. A vontade, nestes atos, é tão só um instrumento para se atingir o fim querido pelas partes (ex: suspensão do processo por ajuste de vontades ou distribuição do ônus da prova de forma diferente da previsão legal). O cabimento desta categoria jurídica é controvertido na doutrina. Segundo os que negam sua existência, os atos de vontade manifestados pelas partes produzem apenas os efeitos previstos em lei (Câmara, Lições, Vol. I, 2007, p. 248).

Os atos processuais classificam-se pelo critério subjetivo, de quem os pratica, e objetivo, conforme a finalidade que se almeja.

Os **atos das partes**, segundo o critério acima, são classificados em postulatórios (requerimentos e pretensões), dispositivos (declarações de vontade unilaterais e bilaterais), instrutórios (de convencimento do julgador) e real ou de evento físico (ato material do processo, como é exemplo o pagamento de custas) (Câmara, Lições, Vol. I, 2007, p. 249-250).

Os **atos do órgão jurisdicional**, também segundo o critério proposto, se subdividem em atos do juízo e de seus órgãos auxiliares. Os atos do juiz são classificados em decisórios (decisões interlocutórias e sentenças, art. 162, § 1º e 2º, do CPC/73 e 203 do CPC/2015, que os denomina "pronunciamentos do juiz") e sem conteúdo decisório (despachos, art. 162, § 3º, do CPC/73 e 203, § 3º, do CPC/2015).

Os **atos do órgão auxiliar** são classificados em atos de mera movimentação (meramente ordinatórios, como a juntada e a vista obrigatória, CPC/73, art. 162, § 4º e CPC/2015, art. 203, § 4º) e de execução, decorrente do cumprimento de determinações do juízo, como a extração de peças e a expedição de mandados.

Existem atos jurídicos que embora não sejam praticados por nenhum dos sujeitos acima indicados, têm influência no processo; a esta categoria se denomina "**atos do processo**". São exemplos: as informações prestadas por gerentes de bancos, em resposta a oficio, os depoimentos de testemunhas e intérpretes em juízo.

1.2. TEMPO DE REALIZAÇÃO DOS ATOS PROCESSUAIS

Os atos processuais, quanto ao momento de sua realização, são classificados em ordinários e excepcionais (ou extraordinários).

São **ordinários** os atos que devem ser praticados nos dias úteis, de 6 (seis) às 20 (vinte) horas (art. 770, *caput*, da CLT), ou no horário de expediente forense previsto para a prática do ato, como nas petições nos protocolos integrados ao Tribunal, que possuem horário diferenciado. Neste sentido, serve de norte a regra do art. 172, § 3º, do CPC/73: "Quando o ato tiver que ser praticado em determinado prazo, por meio de petição, esta deverá ser apresentada no protocolo, dentro do horário de expediente, nos termos da lei de organização judiciária local. (Parágrafo acrescentado pela Lei nº 8.952, de 13.12.1994)". Esta regra foi reproduzida no CPC/2015, art. 212, § 3º, com poucas alterações: "Quando o ato tiver de ser praticado por meio de petição em autos não eletrônicos, essa deverá ser protocolada no horário de funcionamento do fórum ou tribunal, conforme o disposto na lei de organização judiciária local.".

Quanto aos **atos que devam ser praticados internamente**, como a entrega de petição em protocolo, o **Tribunal tem autonomia para determinar um horário diferente do previsto no art. 770 da CLT**. Esta autorização decorre da competência privativa dos Tribunais para organização o funcionamento de seus órgãos (art. 96, I, "a", da CF). Contudo, para a **prática de atos externos**, como leilões que ocorram fora da sede do Juízo, ou mesmo a penhora, **deve ser respeitado o horário previsto no art. 770 da CLT** (no mesmo sentido: Neves-Freire, CPC para Concursos, 2010, p. 204, interpretando a regra do art. 172, do CPC/73, que é praticamente idêntica ao art. 770 da CLT).

Os atos praticados por meio de **"fac-símile", ou similar**, tiveram regulamentação pela Lei nº 9.800/99, de aplicação ao processo do trabalho.

Quanto aos atos praticados por **meios eletrônicos**, a Lei nº 11.419/2006, em seu art. 3º, § único, considera tempestivas as petições eletrônicas transmitidas até às 24 horas do seu último dia. Esta regra especial se aplica plenamente ao processo do trabalho, considerando que o art. 770 da CLT não prevê a prática de atos por meios eletrônicos. A omissão autoriza a incidência da regra ora citada. A prática destes atos foi regulamentada pelo TST por meio da Instrução Normativa nº 30, aprovada pela Resolução nº 140, de 13.9.2007.

São **excepcionais, ou extraordinários**, os atos processuais praticados em dias de feriado, recesso forense e finais de semana ou em dias úteis, fora do horário previsto no art. 770, da CLT. A prática dos atos excepcionais está vinculada à autorização expressa do juízo competente. O § único, do art. 770 ("A penhora poderá realizar-se em domingo ou dia feriado, mediante autorização expressa do juiz ou presidente."), só se refere à penhora, mas a indicação deste ato processual é somente um exemplo, aplicando-se a regra para todo o qualquer ato extraordinário.

No mesmo sentido da CLT dispõe a norma do art. 172, § 2º, do CPC/73, a seguir transcrito: "A citação e a penhora poderão, em casos excepcionais, e mediante autorização expressa do juiz, realizar-se em domingos e feriados, ou nos dias úteis, fora do horário estabelecido neste artigo, observado o disposto no art. 5º, inciso Xl, da Constituição Federal. (Redação dada pela Lei nº 8.952, de 13.12.1994)".

O CPC/2015 inovou em seu artigo 212, § 2º, dispensando a autorização do juiz para a prática de atos extraordinários, ou seja, que se realizam nos feriados, recessos e finais de semana, ou em dias úteis fora do horário regular. Confira-se o teor da regra: "Independentemente de autorização judicial, as citações, intimações e penhoras poderão realizar-se no período de férias forenses, onde as houver, e nos feriados ou dias úteis fora do horário estabelecido neste artigo, observado o disposto no art. 5º, inciso XI, da Constituição Federal.".

2. FORMA DOS ATOS PROCESSUAIS

O conceito de termo processual, referido no art. 771 da CLT (Os atos e termos processuais poderão ser escritos a tinta, datilografados ou a carimbo), nos é trazido por Saad, CLT Comentada, 2009, p. 992: "Termo processual é, nada mais, nada menos, que a reprodução do ato processual. Não é, como pensam alguns, uma espécie de ato processual, mas apenas a forma pela qual este último se exterioriza.". Esta exteriorização do ato processual é admitida pelos modos descritos no art. 771 que, aos poucos, tendem a ser substituídos por meios eletrônicos.

O processo eletrônico já é uma realidade em muitos Tribunais do país.

Na Justiça Federal, onde predomina a matéria de direito, alguns processos já estão tramitando exclusivamente por meios eletrônicos. Aos poucos as dificuldades materiais de concretização deste ideal serão ultrapassadas e se tornará realidade, em todo o território nacional, a previsão do art. 154, § único, do CPC/73: Os tribunais, no âmbito da respectiva jurisdição, poderão disciplinar a prática e a comunicação oficial dos atos processuais por meios eletrônicos, atendidos os requisitos de autenticidade, integridade, validade jurídica e interoperabilidade da Infra-Estrutura de Chaves Públicas Brasileira – ICP – Brasil.

No âmbito da **Justiça do Trabalho**, a processo eletrônico já foi regulamentado pelo **TST**, por meio da **Instrução Normativa nº 30**, aprovada pela Resolução nº 140, de 13.9.2007.

3. ASSINATURA DAS PARTES

Prevê o art. 772 da CLT: "Os atos e termos processuais, que devam ser assinados pelas partes interessadas, quando estas, por motivo justificado, não possam fazê-lo, serão firmados a rogo, na presença de 2 (duas) testemunhas, sempre que não houver procurador legalmente constituído.".

A **regra deste artigo é totalmente desnecessária** e desatualizada. Os atos processuais normalmente são extraídos com cópias às partes, ou disponibilizado seu inteiro teor pela Internet, nos sítios das próprias varas e secretarias dos Tribunais. Dizer que o termo processual, que é a materialização do ato processual, precisa ser assinado pela parte, ou, na sua impossibilidade, por duas testemunhas, é atribuir enorme desconfiança aos juízes e servidores responsáveis pela formalização destes atos. Como afirma Sergio Pinto Martins, Comentários, 2010, p. 798, "a assinatura do juiz torna o termo válido, sendo dispensável a assinatura das partes".

De qualquer forma, a assinatura das testemunhas é plenamente substituível pela do advogado que assiste a parte.

4. TERMO: MOVIMENTAÇÃO DOS PROCESSOS

Prevê o art. 773 da CLT que: "Os termos relativos ao movimento dos processos constarão de simples notas, datadas e rubricadas pelos secretários ou escrivães.".

As "**simples notas**" que configuram os **termos de movimentação processual** dizem respeito às etapas do procedimento de responsabilidade do servidor. São exemplos: os carimbos de juntada de petições, de abertura de conclusão ao juiz, de remessa ao contador, etc. Muitos destes termos foram padronizados com textos prontos, arquivados no computador do servidor (ou na rede do órgão jurisdicional) para posterior uso.

O CPC/73, nos arts. 168 e 169, *caput*, contém regra semelhante à trabalhista, com a seguinte redação: "Art. 168. Os termos de juntada, vista, conclusão e outros semelhantes constarão de notas datadas e rubricadas pelo escrivão. Art. 169. Os atos e termos do processo serão datilografados ou escritos com tinta escura e indelével, assinando-os as pessoas que neles interviram. Quando estas não puderem ou não quiserem firmá-los, o escrivão certificará, nos autos, a ocorrência.".

O CPC/2015 reproduziu regra semelhante nos artigos 208 e 209, *caput*: "Art. 208. Os termos de juntada, vista, conclusão e outros semelhantes constarão de notas datadas e rubricadas pelo escrivão ou pelo chefe de secretaria. Art. 209. Os atos e os termos do processo serão assinados pelas pessoas que neles intervierem, todavia, quando essas não puderem ou não quiserem firmá-los, o escrivão ou o chefe de secretaria certificará a ocorrência.".

A restrição quanto às abreviaturas, contida no art. 169 § único do CPC/73 de forma ampla: "É vedado usar abreviaturas", não foi repetida no CPC/2015, que contém uma única restrição, em seu artigo 272, § 3º, quanto às publicações dos atos no órgão oficial: "A grafia dos nomes das partes não deve conter abreviaturas.".

Na omissão da CLT, aplica-se o art. 171 do CPC/73:" Não se admitem, nos atos e termos, espaços em branco, bem como entrelinhas, emendas ou rasuras, salvo se aqueles forem inutilizados e estas expressamente ressalvadas.".

A regra foi repetida no artigo 211 do CPC/2015: "Não se admitem nos atos e termos processuais espaços em branco, salvo os que forem inutilizados, assim como entrelinhas, emendas ou rasuras, exceto quando expressamente ressalvadas.'.

A **informatização do processo**, tão logo seja totalmente implementada, **dispensará a assinatura destes termos**. A certificação de autenticidade de quem realizou o termo processual, no processo eletrônico, será feita por meio de **senha e assinatura eletrônica**, ambas reconhecidas pelo próprio Tribunal. Neste sentido as regras dos **§§ 2º e 3º, do art. 169 do CPC/73**, de aplicação subsidiária ao processo do trabalho: "§ 2º Quando se tratar de processo total ou parcialmente eletrônico, os atos processuais praticados na presença do juiz poderão ser produzidos e armazenados de modo integralmente digital em arquivo eletrônico inviolável, na forma da lei, mediante registro em termo que será assinado digitalmente pelo juiz e pelo escrivão ou chefe de secretaria, bem como pelos advogados das partes. (Incluído pela Lei nº 11.419, de 2006). § 3º No caso do § 2º deste artigo, eventuais contradições na transcrição deverão ser suscitadas oralmente no momento da realização do ato, sob pena de preclusão, devendo o juiz decidir de plano, registrando-se a alegação e a decisão no termo. (Incluído pela Lei nº 11.419, de 2006).".

No **CPC/2015** estas regras estão reproduzidas nos §§ 1º e 2º, do art. 209: "§ 1º Quando se tratar de processo total ou parcialmente documentado em autos eletrônicos, os atos processuais praticados na presença do juiz poderão ser produzidos e armazenados de modo integralmente digital em arquivo eletrônico inviolável, na forma da lei, mediante registro em termo, que será assinado digitalmente pelo juiz e pelo escrivão ou chefe de secretaria, bem como pelos advogados das partes. § 2º Na hipótese do § 1º, eventuais contradições na transcrição deverão ser suscitadas oralmente no momento de realização do ato, sob pena de preclusão, devendo o juiz decidir de plano e ordenar o registro, no termo, da alegação e da decisão.".

5. INTIMAÇÃO: INICIO DO PRAZO

Prevê o art. 774 da CLT: "art. 774. Salvo disposição em contrário, os prazos previstos neste Título contam-se, conforme o caso, a partir da data em que for feita pessoalmente, ou recebida a notificação, daquela em que for publicado o edital no jornal oficial ou no que publicar o expediente da Justiça do Trabalho, ou, ainda, daquela em que for afixado o edital na sede da Junta, Juízo ou Tribunal. Parágrafo único. Tratando-se de notificação postal, no caso de não ser encontrado o destinatário ou no de recusa de recebimento, o Correio ficará obrigado, sob pena de responsabilidade do servidor, a devolvê-la, no prazo de 48 (quarenta e oito) horas, ao Tribunal de origem.".

O sentido específico do **vocábulo "notificação"**, não foi respeitado pelo legislador na redação do art. 774, da CLT.

A nomenclatura, **utilizada no *caput* do art. 774, se refere tanto à citação, quanto à intimação**.

Citação é o ato pelo qual se chama a juízo o réu ou o interessado a fim de se defender (CPC/73, art. 213). O CPC/2015 foi mais preciso quanto ao conceito de citação, descrito no artigo 238: "Citação é o ato pelo qual são convocados o réu, o executado ou o interessado para integrar a relação processual.". A citação na fase de conhecimento é praticada, no processo do trabalho, na forma do art. 841 da CLT.

Intimação é o ato pelo qual se dá ciência a alguém dos atos e termos do processo, para que faça ou deixe de fazer alguma coisa (CPC/73, art. 234). O CPC/2015, no art. 269, simplificou o conceito: "Intimação é o ato pelo qual se dá ciência a alguém dos atos e dos termos do processo.".

Dia de **inicio de prazo** (data da ciência do ato) é diferente do dia de **inicio da contagem** (1º dia útil após a ciência do ato processual, conforme art. 775, da CLT, logo a seguir comentado). A S. 262, I, do TST, bem interpretou esta distinção:

> "Intimada ou notificada a parte no sábado, o início do prazo se dará no primeiro dia útil imediato e a contagem, no subsequente".

Explico: no sábado, normalmente não há expediente burocrático nas empresas ou escritórios de advocacia; também não é muito fácil as pessoas físicas serem localizadas nestes dias. Assim, a Súmula prorrogou o dia de inicio do prazo para o primeiro dia útil após o sábado, quando, provavelmente, a parte tomará ciência da intimação ou citação postal, que foi entregue anteriormente ao porteiro ou responsável pelas correspondências. Já a contagem do prazo, que flui um dia após a ciência, é disciplinada pela regra do art. 775, da CLT.

Portanto, **inicio do prazo é o dia da ciência da intimação ou citação, que não é computado no prazo, e inicio da contagem do prazo é o primeiro dia em que começa a fluir o tempo previsto em lei, ou fixado pelo juiz, para a prática do ato processual** (neste sentido: Carrion, Comentários, 2010, p. 643; Martins, Comentários, 2010, p. 801 e Bezerra Leite, Curso, 2007, p. 346-347).

No processo civil a regra é diferente, porque o inicio do prazo (ciência do ato processual) só ocorre quando da juntada do aviso de recebimento ou do mandado aos autos, como prevê o art. 241 do CPC/73 (art. 231, I e II, do CPC/2015).

No processo do trabalho o inicio do prazo (ciência do ato processual) ocorre quando da prática da citação ou intimação, independentemente da data de juntada do aviso de recebimento ou do mandado aos autos (no mesmo sentido: Cairo Jr., Curso, 2010, p. 269; Bezerra Leite, Curso, 2007, p. 346; Martins, Comentários, 2010, p. 800 e Carrion, Comentários, 2010, p. 643). Referenda esta ideia a **OJ nº 146 da SBDI-2/TST**[2].

A notificação postal deve, obrigatoriamente, ter um aviso de recebimento (registro postal com franquia, na redação do art. 841, § 1º da CLT). Não sendo localizado o destinatário ou quando este opuser embaraços ao recebimento da notificação postal, **os correios devem devolvê-la, em 48 horas**, à secretaria da Vara. A redação do **§ único, do art. 774** deu origem à **Súmula 16 do TST**[3].

A presunção de que a notificação foi cumprida, quando não devolvida ao Juízo em 48 horas, é de eficácia relativa, pois admite prova em contrário. O destinatário tem o ônus de provar que não recebeu a notificação postal, ou que a recebeu fora do prazo determinado para a prática do ato processual. Não se trata de uma prova de fácil acesso, pois o fato é negativo. Recai sobre o destinatário, segundo a S. 16 do TST, um ônus probatório por demais excessivo. O

---

2 **OJ-SDI2-146/TST AÇÃO RESCISÓRIA. INÍCIO DO PRAZO PARA APRESENTAÇÃO DA CONTESTAÇÃO. Art. 774 DA CLT (DJ 10.11.2004)** A contestação apresentada em sede de ação rescisória obedece à regra relativa à contagem de prazo constante do art. 774 da CLT, sendo inaplicável o art. 241 do CPC.

3 **Súmula 16/TST. NOTIFICAÇÃO (nova redação) – Res. 121/2003, DJ 19, 20 e 21.11.2003.** Presume-se recebida a notificação 48 (quarenta e oito) horas depois de sua postagem. O seu não recebimento ou a entrega após o decurso desse prazo constitui ônus de prova do destinatário.

juiz não pode ser rígido quanto à prova produzida pelo destinatário, sob pena de tornar impossível a demonstração do fato alegado. A certeza quanto ao ato de intimação ou, com maior importância, da citação, é imprescindível para a segurança do processo. Na dúvida, o juiz deve determinar a renovação do ato processual.

Quanto ao **processo eletrônico**, o termo inicial da contagem do prazo, a partir da intimação, segue as regras dos artigos 4º e 5º da Lei nº 11.419/2006. O art. 4º prevê a criação, no âmbito dos Tribunais, de Diários de Justiça eletrônicos, locais onde serão publicados os atos processuais. Os DJe estão situados nos sítios dos próprios Tribunais, sempre respeitando a extensão "jus.br". O TST já criou o seu Diário de Justiça Eletrônico (www.tst.jus.br) e muitos Tribunais Regionais do Trabalho também já concretizaram a regra legal. A Lei nº 11.419/2006 considera realizado o ato de intimação (inicio do prazo) no dia em que o intimando efetuar a consulta eletrônica ao teor da intimação (art. 5º, § 1º). Para que o dia da consulta não fique vinculado exclusivamente à vontade do destinatário, **considera-se intimada a parte após o decurso de 10 dias do envio da comunicação eletrônica** (art. 5º, § 3º, da Lei nº 11.419).

6. CONTAGEM DO PRAZO

Prevê o art. 775, da CLT: "Os prazos estabelecidos neste Título contam-se com exclusão do dia do começo e inclusão do dia do vencimento, e são contínuos e irreleváveis, podendo, entretanto, ser prorrogados pelo tempo estritamente necessário pelo juiz ou tribunal, ou em virtude de força maior, devidamente comprovada.". Parágrafo único: Os prazos que se vencerem em sábado, domingo ou dia feriado, terminarão no primeiro dia útil seguinte.

O art. 774, como vimos acima, regula o inicio do prazo (cientificação da parte).

O art. 775 disciplina o inicio e o fim da contagem do prazo, ou seja, os dias necessários ao cumprimento do ato processual. O dia da intimação ou citação, conforme regra do art. 775, é excluído da contagem do prazo, pois este só começará a fluir no primeiro dia útil a partir do ato de cientificação.

Intimada a parte na segunda-feira, o prazo começará na terça-feira. **Intimada a parte na sexta, o prazo só começará na segunda feira (S. 1 do TST[4]). Notificada a parte no sábado**, por via postal, prorroga-se o inicio do prazo (ciência) para a segunda-feira, sendo **o inicio da contagem somente na terça (S. 262, I, do TST)**.

---

4 **SÚMULA 1/TST. RAZO JUDICIAL (mantida)** – *Res. 121/2003, DJ 19, 20 e 21.11.2003.* Quando a intimação tiver lugar na sexta-feira, ou a publicação com efeito de intimação for feita nesse dia, o prazo judicial será contado da segunda-feira imediata, inclusive, salvo se não houver expediente, caso em que fluirá no dia útil que se seguir.

O mesmo efeito que finais de semana e feriados provocam no inicio do prazo e sua contagem, também são vistos no final do prazo. Assim, recaindo o último dia do prazo no final de semana, em feriado ou dia de não funcionamento do Judiciário, prorroga-se o termo final para o primeiro dia útil imediato (CLT, art. 775, § único).

6.1. CONTAGEM DO PRAZO EM DIAS ÚTEIS.

O CPC de 2015, art. 219, contém disposição inovadora que exige a contagem do prazo somente em dias úteis: "Na contagem de prazo em dias, estabelecido por lei ou pelo juiz, computar-se-ão somente os dias úteis.".

A mudança foi radical, pois o art. 178 do CPC/73 prevê exatamente o oposto: "O prazo, estabelecido pela lei ou pelo juiz, é contínuo, não se interrompendo nos feriados.".

A CLT não possui disposição quanto à contagem dos prazos em dias úteis ou corridos, e tampouco existe qualquer lei especial para o processo do trabalho neste tema. Por conseguinte, a contagem dos prazos no processo do trabalho também observará a regra do artigo 219 do CPC/2015.

6.2. RECESSO FORENSE: SUSPENSÃO DOS PRAZOS

No processo do trabalho a jurisprudência já pacificou o entendimento de que o recesso forense tem a natureza jurídica de férias e, como tal, **suspende a contagem do prazo (TST, S. 262, II[5] c/c CPC/73, art. 179)**.

Assim dispõe o art. 179, do CPC/73: "A superveniência de férias suspenderá o curso do prazo; o que lhe sobejar recomeçará a correr do primeiro dia útil seguinte ao termo das férias.".

O **CPC/2015**, em seu **artigo 220**, é ainda mais claro: "**Suspende-se o curso do prazo processual** nos dias compreendidos entre 20 de dezembro e 20 de janeiro, inclusive.".

Portanto, iniciado um prazo antes do recesso, o tempo que restar quando o Tribunal retornar às suas atividades regulares, voltará a ser contado de onde parou, ou seja, desde o inicio do recesso.

A Justiça do Trabalho, antes da previsão do art. 220 do CPC/2015, aderiu à tese que havia sido adotada pela jurisprudência do extinto Tribunal Federal de Recursos (**TFR**), em sua **Súmula 105:** "Aos prazos em curso no período compreendido entre 20 de dezembro e 6 de janeiro, na Justiça Federal, aplica-se a regra do art. 179 do Código de Processo Civil.".

---

5 **SÚMULA 262, II/TST** - O recesso forense e as férias coletivas dos Ministros do Tribunal Superior do Trabalho suspendem os prazos recursais. (ex-OJ nº 209 da SBDI-1 - inserida em 08.11.2000)

O período de recesso de cada Tribunal Regional do Trabalho, até então, é disciplinado conforme seu Regimento Interno, pois o art. 96, I, "a", fixou a competência privativa dos Tribunais para disciplinar o funcionamento de seus órgãos. Tem sido utilizado pelos Tribunais do Trabalho o critério da Lei Federal nº 5.010, de 30.5.1966, que em seu art. 62, I, **fixou o recesso entre os dias vinte de dezembro e seis de janeiro**. Todavia, com a entrada em vigor do CPC/2015 o recessso forense deve observar o período previsto no art. 220, inclusive para a Justiça do Trabalho.

O **Regimento Interno do STF, art. 105, § 1º, determina a suspensão dos prazos durante os períodos de férias e recesso** ("...os prazos começam e continuam a fluir no dia de reabertura do expediente."). **Redação idêntica possui o Regimento Interno do STJ, art. 106, § 1º**.

Antes da disposição do CPC/2015, ainda havia divergência no processo civil quanto à natureza jurídica do recesso e, por conseguinte, quanto aos prazos processos. Neves-Freire, 2010, p. 209, defendem a aplicação do art. 179 do CPC/73 ao recesso forense. Em sentido contrário, Marinoni-Mitidiero, CPC Comentado, 2008, p. 204, afirmam que "O art. 179, do CPC/73, não foi recepcionado pela Emenda Constitucional nº 45, de 2004, haja vista a inexistência de férias forenses em todos os juízos cíveis (art. 93, XII, CRFB).".

Não me parece que a EC nº 45/2004 tenha terminado com o recesso forense. O art. 93, XII, da CF, com a redação da EC 45/2004, só acabou com as férias coletivas dos Tribunais, o que é muito diferente. Exige a norma constitucional referida que a atividade do Judiciário seja continua; portanto, mantido um regime de plantão para os atos urgentes, nenhuma inconstitucionalidade se pode atribuir ao recesso forense, pois a atividade jurisdicional não terá sido interrompida.

Pondo fim à discussão, o CPC/2015, em seu artigo 220, §§ 1º e 2º, complementa que: "§ 1º Ressalvadas as férias individuais e os feriados instituídos por lei, os juízes, os membros do Ministério Público, da Defensoria Pública e da Advocacia Pública e os auxiliares da Justiça exercerão suas atribuições durante o período previsto no *caput*. § 2º Durante a suspensão do prazo, não se realizarão audiências nem sessões de julgamento.".

A nosso ver, contudo, remanesce a seguinte questão: os prazos processuais estão suspensos durante o recesso (art. 220, *caput*, do CPC/2015); está vedada a realização de audiências e sessões neste período (art. 220, §2º, do CPC/2015); portanto, quais serão as "atribuições" que os juízes e desembargadores exercerão normalmente, como diz o art. 220, § 1º. A interpretação que me parece razoável é estabelecer um regime de plantão dos juízes e desembargadores durante o recesso, para atender às medidas de urgência, pois quaisquer outros pronunciamentos judiciais não podem ser praticados neste período.

Situação diferente diz respeito aos servidores do Judiciário que poderão, durante o recesso, praticar atos internos, de natureza administrativa-processual, como arquivamento de autos de processos findos, renumeração de autos, desentranhamento de peças já determinadas antes do recesso, etc.

6.3. PRORROGAÇÃO DO PRAZO

O art. 775 prevê que os prazos processuais poderão ser prorrogados "pelo tempo estritamente necessário" ou "por motivo de força maior". Cabe ao artigo a seguinte interpretação: **os prazos dilatórios podem ser prorrogados pelo juiz, sem maiores justificativas, mas para a prorrogação dos peremptórios é indispensável a motivação de força maior**.

Prazos dilatórios são aqueles que podem ser reduzidos ou prorrogados por convenção entre as partes (art. 181 do CPC/73), daí porque o juiz está autorizado a modificá-los, mesmo sem requerimento das partes, como é exemplo o prazo para manifestação sobre documentos, determinado pelo juízo.

No CPC/2015 o juiz continua autorizado a prorrogar os prazos dilatórios, como prevê o artigo 437, § 2º: "Poderá o juiz, a requerimento da parte, dilatar o prazo para manifestação sobre a prova documental produzida, levando em consideração a quantidade e a complexidade da documentação.".

Não há no CPC/2015, todavia, autorização para reduzir os prazos dilatórios, como claramente estava disposto no CPC/73, art. 181. Esta afirmação é corroborada pela norma do art. 139, VI, do CPC/2015: "Art. 139. O juiz dirigirá o processo conforme as disposições deste Código, incumbindo-lhe: VI – dilatar os prazos processuais e alterar a ordem de produção dos meios de prova, adequando-os às necessidades do conflito de modo a conferir maior efetividade à tutela do direito;".

Prazos peremptórios são aqueles que não podem ser reduzidos ou prorrogados por acordo entre as partes (art. 182 do CPC/73), como é exemplo o prazo recursal. O CPC/2015, art. 222, § 1º, modificou a disciplina dos prazos peremptórios, vedado somente a redução, mas não a ampliação dos mesmos: "Ao juiz é vedado reduzir prazos peremptórios sem anuência das partes.".

Consequentemente, tanto os prazos dilatórios quanto os peremptórios podem ser prorrogados, ainda que se possa exigir, para esta última espécie, justificativa específica quanto ao motivo da prorrogação, em respeito ao devido processo legal.

Aplica-se ao processo do trabalho, por omissão a respeito do tema, a **regra do art. 180 do CPC/73**, a seguir transcrita: "Suspende-se também o curso do prazo por obstáculo criado pela parte ou ocorrendo qualquer das hipóteses do art. 265, I e III; casos em que o prazo será restituído por tempo igual ao que faltava para a sua complementação.".

O **CPC/2015, art. 221**, contém disposição praticamente idêntica: "Suspende-se o curso do prazo por obstáculo criado em detrimento da parte ou ocorrendo qualquer das hipóteses do art. 313, devendo o prazo ser restituído por tempo igual ao que faltava para sua complementação.".

6.4. LITISCONSÓRCIO: PROCURADORES DISTINTOS

Não é aplicável ao processo do trabalho a regra especial quanto ao litisconsórcio, prevista no art. **191 do CPC/73**: "Quando os litisconsortes tiverem diferentes procuradores, ser-lhes-ão contados em dobro os prazos para contestar, para recorrer e, de modo geral, para falar nos autos." O **CPC/2015, art. 229**, contém disposição semelhante: "Os litisconsortes que tiverem diferentes procuradores, de escritórios de advocacia distintos, terão prazos contados em dobro para todas as suas manifestações, em qualquer juízo ou tribunal, independentemente de requerimento.".

A **OJ nº 310 da SBDI-1/TST**[6] sustenta a inaplicabilidade do art. 191 do CPC/73 sob o fundamento de que o benefício viola o princípio da celeridade. Também acho que a norma do CPC é inaplicável, mas não pelo motivo indicado na OJ citada. Dizer que a regra especial de prazo viola o princípio da celeridade é afirmar, indiretamente, que o processo civil não se apóia no mesmo princípio, o que é inadmissível. Vejo que a regra do art. 191 é inaplicável ao processo do trabalho porque é incompatível com o procedimento da CLT.

Os atos processuais na Justiça do Trabalho se concentram na audiência, sendo raras as oportunidades em que são praticados fora deste momento. Seguindo-se rigorosamente o procedimento trabalhista, seja no rito ordinário, sumário ou sumaríssimo, não haverá sequer necessidade de se praticar qualquer ato fora da audiência, salvo se ocorrer seu adiamento. Sendo assim, os advogados contratados pelas partes terão as mesmas oportunidades de defenderem os interesses de seus clientes na audiência. Sempre que o ato processual for praticado, na fase de conhecimento, fora da audiência, não vejo porque se deva negar aplicação ao dispositivo do art. 191 do CPC/73 (CPC/2015, art. 229).

Nossa interpretação é corroborada pela regra do art. 229, § 2º do CPC/2015, que não aplica o prazo em dobro aos processos eletrônicos. Nestes processos, da mesma forma que na audiência trabalhista, advogados diferentes podem ter acesso aos autos ao mesmo tempo, não se justificando, portanto, o prazo em dobro.

---

6 **OJ 310 SDI-1/TST. LITISCONSORTES. PROCURADORES DISTINTOS. PRAZO EM DOBRO. Art. 191 DO CPC. INAPLICÁVEL AO PROCESSO DO TRABALHO (DJ 11.08.2003).** A regra contida no art. 191 do CPC é inaplicável ao processo do trabalho, em decorrência da sua incompatibilidade com o princípio da celeridade inerente ao processo trabalhista.

6.5. FAZENDA PÚBLICA E MINISTÉRIO PÚBLICO DO TRABALHO

O Decreto-Lei nº 779/69, em seu artigo 1º, II, prevê o **prazo em quádruplo para a contestação pelas Pessoas Jurídicas de Direito Público** (União, Estados, Municípios, Distrito Federal, Autarquias e Fundações Públicas). A doutrina interpreta o prazo do art. 841, da CLT, de 5 (cinco) dias, como sendo destinado à preparação da defesa a ser apresentada em audiência. Portanto, a Fazenda Pública terá o prazo de 20 dias para preparar sua defesa (Bezerra Leite, Curso, 2007, p. 345 e Cordeiro, Curso, 2009, p. 540).

Como o artigo 900 da CLT prevê que a notificação do recorrido deve observar o mesmo prazo que o recorrente teve para apresentar suas razões, forçoso é concluir que a **Fazenda terá prazo de 20 dias para contrarrazões** (neste sentido: Rodrigues Pinto, Processo, 2005, p. 225). A **Fazenda também terá prazo em dobro para recorrer** (DL nº 779/69, art. 1º, III).

O **Ministério Público do Trabalho,** segundo o **art. 188 do CPC/73,** tem prazo em quádruplo para contestar e em dobro para recorrer. Defendem a aplicação subsidiária deste dispositivo ao processo do trabalho: Mauro Schiavi, Manual, 2008, p. 299-300 e Bezerra Leite, Curso, 2007, p. 345, sendo que este último sustenta que os prazos são aplicáveis na atuação do Ministério Público tanto como parte (órgão agente), como na qualidade de fiscal da lei (*custos legis*). Todavia, o **CPC/2015** não reproduziu esta prerrogativa. Somente há previsão de **prazo em dobro para o Ministério Público se manifestar nos autos**, conforme art. 180.

6.6. EXTEMPORANEIDADE: MUDANÇA DE PARADIGMA.

Cumprir o prazo para a prática de qualquer prazo processual, em especial os peremptórios, com o prazo para recorrer, significa apresentara petição, por meio físico ou eletrônico, exatamente dentro da dilação legal.

A prática do ato prazo processual antes do seu inicio, significa a perda do direito de praticar o ato processual, diante da preclusão temporal. A jurisprudência resolveu atribuir a este ato a qualidade de "extemporâneo", como se vê na Súmula nº 434, do TST:

> **Súmula nº 434 do TST.** Recurso. Interposição antes da publicação do acórdão impugnado. Extemporaneidade (conversão da Orientação Jurisprudencial nº 357 da SBDI-1 e inserção do item II à redação) – Res. 177/2012, DEJT divulgado em 13, 14 e 15.02.2012 I – É extemporâneo recurso interposto antes de publicado o acórdão impugnado.(ex-OJ nº 357 da SBDI-1 – inserida em 14.03.2008) II – A interrupção do prazo recursal em razão da interposição de embargos de declaração pela parte adversa não acarreta qualquer prejuízo àquele que apresentou seu recurso tempestivamente.

O TST reafirmou sua posição em diversas oportunidades, como demonstram os julgamentos a seguir destacados:

Recurso ordinário. Interposição antes da publicação da decisão proferida em embargos de declaração da própria parte. Ausência de extemporaneidade. Súmula n° 434, I, do TST. Inaplicabilidade.

O entendimento consubstanciado no item I da Súmula nº 434 do TST é direcionado aos acórdãos proferidos pelos Tribunais Regionais, não tornando extemporâneos os recursos interpostos contra decisões prolatadas em primeiro grau, que possuem natureza jurídica distinta. Assim, não vislumbrando contrariedade à Súmula nº 434, I, do TST, a SBDI-I, à unanimidade, não conheceu dos embargos do reclamante, mantendo a decisão da Turma que afastou a intempestividade do recurso ordinário interposto prematuramente, pela própria parte recorrente, antes da publicação dos embargos de declaração opostos contra a sentença. TST-E-RR-71400-38.2009.5.03.0006, SBDI-I , rel. Min. Luiz Philippe Vieira de Mello Filho, 15.8.2013 (*CF. Informativo TST n.º 4) (Infor- mativo nº 55)

Recurso interposto antes da publicação da sentença no DEJT. Intempestividade não configurada. Súmula nº 434, I, do TST. Não incidência.

A interposição de recurso ordinário antes de publicada a sentença no Diário Eletrônico da Justiça do Trabalho não atrai a incidência da Súmula nº 434, item I, do TST, porquanto a extemporaneidade a que alude o referido verbete dirige-se apenas a acórdãos, cuja publicação em órgão oficial é requisito de validade específico, e não a sentenças, as quais podem ser disponibilizadas às partes independentemente de publicação. Com esse entendimento, a SBDI-I, por maioria, vencido o Ministro Brito Pereira, relator, conheceu dos embargos, por divergência jurisprudencial, e, no mérito, ainda por maioria, negou-lhes provimento, vencidos os Ministros Brito Pereira, relator, e Ives Gandra Martins Filho. TST-EEDRR-43600-77.2009.5.18.0051, SBDI-I, rel, Min. Brito Pereira, red. p/ acórdão Min. Renato de Lacerda Paiva, 18.10.2012 (Informativo nº 26)

Recurso interposto antes da publicação da decisão recorrida. Inexistência. Segundo recurso interposto no momento processual oportuno. Princípio da unirrecorribilidade. Não incidência.

O recurso interposto antes da publicação da decisão recorrida é inexistente, não se podendo utilizar o princípio da unirrecorribilidade para impedir o conhecimento do recurso interposto no momento processual oportuno. Com esse entendimento, a SBDI-I, pelo voto prevalente da Presidência, conheceu dos embargos por divergência jurisprudencial e, no mérito, deu-lhes provimento para, reformando o acórdão embargado, determinar o retorno dos autos à Turma de origem a fim de que, afastada a intempestividade, prossiga no julgamento do recurso de revista. Vencidos os Ministros Augusto César Leite de Carvalho, relator, Ives Gandra Martins Filho, Brito Pereira, Renato de Lacer- da Paiva, Alberto Luiz Bresciani de Fontan Pereira e Delaíde Miranda Arantes. Na hipótese, a Turma não conheceu da primeira revista, nos termos da Orientação Jurisprudencial no 357 da SBDI- I, e deixou de analisar o segundo recurso ao fundamento de que a parte não interpôs agravo de instrumento da decisão do TRT que não admitiu o seu processamento. Ressaltou-se a ilegalidade do procedimento do juízo de admissibilidade do Regional que, desatendendo ao requerimento da parte para que o recurso inicialmente interposto fosse desconsiderado em face da sua prematuridade, admitiu o primeiro recurso e denegou o segundo, com fundamento no princípio da unirrecorribilidade, trazendo manifesto prejuízo à recorrente. TST-E-ED-RR-9951600- 38.2005.5.09.0095, SBDI-I, rel. Min. Augusto César Leite de Carvalho, red. p/ acórdão Min. Lelio Bentes Corrêa, 9.8.2012 (informativo nº 17)

Todavia, o CPC/2015, em seu art. 218, § 4º, mudou radicalmente esta perspectiva, como se percebe do texto a seguir transcrito:

> Art. 218. Os atos processuais serão realizados nos prazos prescritos em lei.
>
> (...) § 4º Será considerado tempestivo o ato praticado antes do termo inicial do prazo.

A mudança, a meu ver, foi bastante salutar, porque não se pode punir aquele que se antecipou à intimação, imprimindo maior celeridade ao processo.

7. CERTIDÃO DE VENCIMENTO DE PRAZOS

Prevê o art. 776 da CLT: "O vencimento dos prazos será certificado nos processos pelos escrivães ou secretários.".

Diretor de secretaria é a atual denominação dos secretários referidos neste artigo. Ao ocupante deste cargo e ao escrivão no cível, quanto ao Juiz de Direito investido de jurisdição trabalhista, incumbem a certificação do cumprimento dos atos processuais pelas partes, pelos próprios servidores e pelo Juiz.

Na atualidade o diretor de secretaria é responsável pelos relatórios mensais enviados à Corregedoria Regional dos Tribunais, retratando toda a movimentação dos atos processuais na Vara do Trabalho. Na secretaria das Turmas ou dos Gabinetes dos Desembargadores a atribuição será de quem o Regimento Interno determinar (art. 96, I, "a", da CF, que atribui competência privativa aos Tribunais para regular o funcionamento de seus órgãos).

As sentenças, na Justiça do Trabalho, são proferidas em audiência (art. 852 da CLT). A prática, contudo, vem tornando quase letra morta a formalidade legal, pois as sentenças são elaboradas, em sua grande maioria, nos gabinetes dos juízes ou em suas residências; nesse caso devem ser observados os prazos do CPC/73, art. 189 (CPC/2015, art. 226).

8. RETIRADO DOS AUTOS PARA CUMPRIMENTO DE PRAZOS

Prevê o art. 778 da CLT: "Os autos dos processos da Justiça do Trabalho, não poderão sair dos cartórios ou secretarias, salvo se solicitados por advogado regularmente constituído por qualquer das partes, ou quando tiverem de ser remetidos aos órgãos competentes, em caso de recurso ou requisição.".

Os autos do processo são **remetidos ao órgão do Ministério Público, podendo ser retirados por peritos, assistentes técnicos das partes e outros órgãos auxiliares**.

A norma do artigo 778, que só permite a retirada dos autos por advogado regularmente constituído, já havia sido revogada, tacitamente, pelo Estatuto da OAB, Lei nº 4.215/63.

O atual estatuto, no mesmo sentido, mantém a possibilidade do advogado retirar os autos de processo findo, mesmo sem procuração, pelo prazo de 10 dias (art. 7º, XVI, da Lei nº 8.906/94, Estatuto da OAB).

O art. 37 do CPC/73 (art. 104, do CPC/2015) permite ao advogado atuar sem procuração para a prática de atos urgentes, inclusive retirando os autos se isso for necessário para atender à realização do ato. Neste caso, contudo, estará obrigado a juntar aos autos o instrumento de mandato no prazo de 15 dias e a ratificar os atos praticados, sob a consequência de serem considerados como inexistentes (art. 37, *caput*, e § único do CPC/73; o art. 104, § 2º, do CPC/2015 diz que **o ato não ratificado pelo advogado será tido como ineficaz**).

O **estagiário também poderá retirar os autos do processo**, mas somente se estiver **regularmente constituído** para tanto, tendo recebido poderes do advogado, ou quando o cliente outorgar poderes ao advogado e ao estagiário conjuntamente (art. 3º, § 2º, da Lei nº 8.906/94).

Quando o **prazo** para a prática do ato processual for **comum às partes**, será permita uma rápida retirada pelos advogados de cada parte, que poderão providenciar, pelo prazo de 1 (uma) hora, fotocópia das peças do processo (CPC/73, art. 40, § 2º). Este procedimento é chamado por alguns de "**carga rápida**" (neste sentido: Neves-Freire, 2010, p. 40).

O **CPC/2015, art. 107, §§ 2º e 3º**, possui previsão semelhante: "§ 2º Sendo o prazo comum às partes, os procuradores poderão retirar os autos somente em conjunto ou mediante prévio ajuste, por petição nos autos. § 3º Na hipótese do § 2º, é lícito ao procurador retirar os autos para obtenção de cópias, pelo prazo de 2 (duas) a 6 (seis) horas, independentemente de ajuste e sem prejuízo da continuidade do prazo.".

O advogado que retirar os autos e **não restituí-los no prazo** determinado pelo juiz poderá **perder o direito de vista dos autos fora da secretaria**, caso não restitua os autos, tendo sido intimado para tanto no prazo de 24 horas (art. 196 do CPC/73).

O **art. 234, § 2º, do CPC/2015** ampliou o prazo para 3 (três) dias, e fixou multa de meio salário mínimo pela não devolução dos autos, além de ter mantido a possibilidade de perda do direito de vista dos autos fora da secretaria.

Percebida essa atitude o juiz poderá oficiar à Seccional da OAB responsável por fiscalizar a atividade profissional do advogado, que, em procedimento disciplinar, poderá impor a multa prevista no art. 196, *caput*, do CPC/73 (metade de um salário-mínimo). A multa somente será imposta pela OAB e não pelo juiz (neste sentido: STJ, 1ª T., Resp 1.063.330, Min. Denise Arruda, j 5.11.09, DJ 2.12.09, *in* Theotonio Negrão, 2010, p. 292).

Independentemente da multa prevista no CPC/73, art. 196, o advogado se sujeita às regras da Lei nº 8.906/94, passível, portanto, de sofrer sanção disciplinar, a ser aplicada pela Ordem dos Advogados do Brasil da Seccional a que o mesmo estiver vinculado, diante da retenção abusiva dos autos do processo (art. 34, XXII, da Lei nº 8.906/94).

Segundo o mesmo estatuto legal, a sanção prevista para a referida infração administrativa varia de 30 (trinta) dias a 12 (doze) meses de suspensão da atividade profissional (art. 37, parágrafo primeiro, do Estatuto da OAB). Há também a possibilidade da multa em pecúnia, cumulada com a suspensão, caso exista alguma circunstância agravante apurada pela OAB (art. 39 do Estatuto).

Como o advogado fica impedido de exercer o mandato neste período de suspensão (art. 42 do Estatuto), o processo deverá ser suspenso (CPC/73, art. 265, I e art. 313, I, do CPC/2015), para que outro profissional seja constituído pela parte, ou poderá a mesma valer-se do *jus postulandi,* na forma do art. 791, da CLT, atuando por conta própria até a cessação da suspensão do seu advogado.

Capítulo 26

CONVENÇÕES PROCESSUAIS: DISCIPLINA NO CÓDIGO DE PROCESSO CIVIL DE 2015 E APLICABILIDADE NO PROCESSO DO TRABALHO

Wânia Guimarães Rabêllo de Almeida[1]

SUMÁRIO: 1. INTRODUÇÃO; 2. GESTÃO PROCESSUAL COMO PODER/DEVER DO JUIZ NA PERSPECTIVA DA CLT E DO CPC DE 1973. FLEXIBILIDADE PROCEDIMENTAL E CONVENÇÕES PROCESSUAIS NO DIREITO PROCESSUAL DO TRABALHO E NO DIREITO PROCESSUAL CIVIL (SOB A ÓTICA DA CLT E DO CPC DE 1973, RESPECTIVAMENTE); 2.1. A GESTÃO PROCESSUAL NA SUA CONCEPÇÃO AMPLA; 3. O CPC DE 2015 E A GESTÃO PROCESSUAL: CONSIDERAÇÕES INTRODUTÓRIAS; 3.1. AS CONVENÇÕES PROCESSUAIS NO CPC DE 2015; 4. AS CONVENÇÕES PROCESSUAIS E O PROCESSO DO TRABALHO; 4.1. BREVES ANOTAÇÕES SOBRE O DIREITO DO TRABALHO ; 4.2. O DIREITO AO PROCESSO JUSTO E À TUTELA JURISDICIONAL ADEQUADA, EFETIVA E TEMPESTIVA DOS DIREITOS TRABALHISTAS; 4.3. AS CONVENÇÕES PROCESSUAIS SEGUNDO O ESTABELECIDO NO CPC DE 2105 E O PROCESSO DO TRABALHO; 5. REFERÊNCIAS BIBLIOGRÁFICAS.

1. INTRODUÇÃO

A atuação do direito processual civil como fonte subsidiária do direito processual do trabalho sempre suscitou acalorados debates doutrinários, que ganharam força com a edição da Lei n. 13.105/15 (novo CPC).

O presente ensaio versa sobre a aplicabilidade das convenções processuais de que tratam os arts. 190, 191, 357, §2º, e 471 do CPC de 2015 no processo do trabalho.

2. GESTÃO PROCESSUAL COMO PODER/DEVER DO JUIZ NA PERSPECTIVA DA CLT E DO CPC DE 1973. FLEXIBILIDADE PROCEDIMENTAL E CONVENÇÕES PROCESSUAIS NO DIREITO PROCESSUAL DO TRABALHO E NO DIREITO PROCESSUAL CIVIL (SOB A ÓTICA DA CLT E DO CPC DE 1973, RESPECTIVAMENTE)

A CLT e o CPC de 1973 atribuem ao juiz o poder, que é também dever, de gestão do processo.

---

[1] Doutora e mestra em Direito do Trabalho pela PUC-MG. Professora e advogada.

Nos citados textos normativos, a gestão processual é traduzida pela direção do processo, ou seja, neles, *gestão processual significa direção do processo*.

Nesse sentido, a CLT prevê: nos arts. 765 e 769, que o juiz deve velar pelo rápido andamento do processo, valendo-se, se for o caso, do direito processual comum como fonte subsidiária do direito processual do trabalho; no art. 832, § 1º, que o juiz, na sentença condenatória, deverá fixar o prazo e as condições para o seu cumprimento; no art. 852-D, que o juiz determinará as provas a serem produzidas, considerando o ônus probatório de cada litigante, e limitará ou excluirá as provas excessivas, impertinentes ou protelatórias, por exemplo.

A CLT autoriza, ainda, a *flexibilização do procedimento*, para sua adaptação às particularidades do caso concreto, como se tem, por exemplo, no art. 852-H, § 1º, que permite o juiz, no procedimento sumaríssimo, a conceder vista de documentos fora de audiência, quando necessário, bem como no art. 879, § 2º, da CLT, segundo o qual cabe ao juiz definir a forma de realização da liquidação de sentença.

No entanto, a CLT dá um passo adiante, na medida em que atribui às partes o poder para, *mediante convenção*, definir, por exemplo, a responsabilidade pelo pagamento das custas processuais (art. 789, § 3º, da CLT). A CLT, portanto, admite a convenção processual, valendo acrescentar que até mesmo o acesso à justiça pode ser objeto de convenção entre as partes, quando se trate de dissídio coletivo de natureza econômica (*comum acordo* exigido pelo art. 114, § 2º, da Constituição da República).

O CPC de 1973 também confere ao juiz o poder/dever de gestão processual, estabelecendo que ele deve zelar pela rápida solução do litígio e prevenir ou reprimir ato contrário à dignidade da justiça, por exemplo (art. 125 do CPC/1973[2]) e permite *convenções processuais*, que podem se referir ao adiamento de audiência (453, I[3]), aos prazos dilatórios (art. 181[4]) e à suspensão do processo (art. 265, II[5]).

A necessidade de o juiz realizar a gestão do processo é manifestada no princípio n. 14.1 dos Princípios ALI/UNIDROIT do Processo Civil Transnacional, segundo o qual "o tribunal deverá conduzir o procedimento ativamente,

---

2 "O juiz dirigirá o processo conforme as disposições deste Código, competindo-lhe: I - assegurar às partes igualdade de tratamento; II - velar pela rápida solução do litígio; III - prevenir ou reprimir qualquer ato contrário à dignidade da Justiça; IV - tentar, a qualquer tempo, conciliar as partes".

3 "A audiência poderá ser adiada: I - por convenção das partes, caso em que só será admissível uma vez".

4 "Podem as partes, de comum acordo, reduzir ou prorrogar o prazo dilatório; a convenção, porém, só tem eficácia se, requerida antes do vencimento do prazo, se fundar em motivo legítimo. § 1º O juiz fixará o dia do vencimento do prazo da prorrogação. § 2º As custas acrescidas ficarão a cargo da parte em favor de quem foi concedida a prorrogação".

5 "Suspende-se o processo: [...]; II – pela convenção das partes".

exercendo sua liberdade de atuação para lograr a solução do litígio de maneira justa, eficiente e com rapidez razoável", constando do princípio n. 11.2 que, "na medida em que seja razoavelmente possível, o tribunal deverá conduzir o procedimento consultando as partes" (trata-se de verdadeira *gestão compartilhada do processo*).

2.1. A GESTÃO PROCESSUAL NA SUA CONCEPÇÃO AMPLA

A gestão processual é limitada, pela CLT e pelo CPC de 1973, à ideia de direção do processo pelo juiz, embora, ainda que de forma tímida, ambos admitam a realização de convenções processuais, ao passo que a CLT contempla, também de forma tímida, a flexibilização procedimental.

A doutrina processual vem ampliando o alcance da gestão processual.

Nesse sentido, Érico Andrade assinala que "a gestão ou gerenciamento, ou o assim chamado *case management*, importa na enucleação de três importantes instrumentos para sua concretização: (a) flexibilização processual, com mudança na estruturação dos procedimentos judiciais; (b) criação do calendário do processo; (c) 'contratualização' do processo", sendo por ele esclarecido, em relação a cada um destes instrumentos, que:

> a) *flexibilização procedimental*: o procedimento é definido mediante análise prévia do processo concreto, "para apurar o grau de complexidade do feito, bem como a necessidade de instrução probatória, ou seja, qual o tipo de prova que é necessário produzir no processo para esclarecimento dos fatos. É propriamente a maior ou menor complexidade do litígio que comanda a orientação procedimental", além do que "no curso do processo, se a causa se complicar ou se simplificar, ou seja, se se apurar que o circuito adotado não é adequado, o sistema processual deve permitir a instituição de pontes de passagem de um procedimento a outro [...], a fim de que o procedimento possa ser reorientado para o circuito ou procedimento adequado, sem que tudo tenha de voltar ao começo", o exige que "que se deixe de lado a concepção estática de procedimento judicial, previsto abstratamente na lei, e se passe para uma concepção dinâmica do procedimento, a fim de permitir o melhor gerenciamento do processo pelo juiz";
>
> b) *calendário processual*: "cada causa deve receber tratamento individualizado, dentro dos circuitos processuais previstos, de forma flexível, na legislação processual. Com isso, o juiz deve, sob medida, regular os prazos para a prática de atos processuais de determinado processo, atento à natureza de cada causa, ao grau de urgência e à sua complexidade. Com base nestes dados, o juiz, em conjunto com os advogados das partes, fixa o calendário do processo, em que se preveem as datas para prática dos atos processuais de instrução e troca de peças de defesa, bem como da própria decisão [...] o calendário é fixado em cada processo de acordo com as peculiaridades da causa concretamente considerada [...]. O calendário [...] é de grande importância como instrumento de gestão processual e para oferecer às partes a previsão inicial da duração do processo [...]. O calendário não é fixado uni-

lateralmente pelo juiz, mas com a participação negocial das partes, estabelecendo-se verdadeiro contrato de procedimento. Com isso, permite-se um clima de maior cooperação entre partes e juízo, além de se introduzir a prática negocial ou os acordos procedimentais";

c) *contratualização do processo*: "surge no direito francês a 'contratualização' do processo, de modo a permitir ajustes entre partes e juiz a respeito da forma de condução do processo e fixação dos termos do seu desenvolvimento. Parte-se, nitidamente, para a efetivação do clima de cooperação entre partes e juiz, para a gestão processual [...]. Preconiza-se, modernamente, a possibilidade de partes e juiz, em clima de cooperação, ajustarem acordo de natureza nitidamente processual a respeito da condução do processo e do momento da prática de determinados atos processuais [...]. Todo esse quadro leva, ao menos em tese, à maior eficácia da ação pública, com a possibilidade de melhor aceitação das decisões judiciais, em razão da abertura democrática que se produz no Judiciário, tornando a justiça mais 'cidadã' e enquadrando a função judiciária no novo modelo de Estado que se desenha neste início de Século XXI: o Estado mediador. Ademais, a partir do clima consensual também se combate um dos males modernos do processo, os recursos. Como o ajustamento de pontos importantes no processo se dá por meio de consenso, as partes tendem a não apresentar recursos contra decisões proferidas em tal contexto [...]. O contrato de procedimento coloca, então, a lógica contratual ou negocial (= consensual) no âmbito judicial, modificando a forma de relacionamento entre partes/advogados e juiz, que se afasta do esquema vertical impositivo e passa a ser horizontal, dando lugar a situações procedimentais acordadas, em concreto, num determinado processo, entre partes e juiz". (ANDRADE, 2011, p. 167-169).

Para Érico Andrade, portanto, a gestão processual se manifesta na *flexibilização procedimental*, no *calendário processual* e na *contratualização do processo*.

Repita-se que o CPC de 1973 admite, de forma tímida, como foi registrado, a *contratualização do processo*, por meio da admissão da eleição de foro (art. 111) e distribuição negociada do ônus da prova (art. 333, parágrafo único). Note-se, inclusive, que nestes dois artigos o CPC faz uso da expressão *convenção*, admitindo, portanto, as *convenções processuais*, celebradas *antes* (eleição de foro) e *durante* o processo (distribuição do ônus da prova).

Neil Andrews, considerando a experiência inglesa, afirma que os juízes, "principalmente os de primeira instância", têm responsabilidades gerenciais, que são as seguintes:

Cooperação e acordo: encorajar a cooperação entre as partes; auxiliar as partes a chegar a um acordo, quanto à controvérsia, ou quanto a parte dela; encorajar soluções alternativas para a controvérsia; se necessário, promover a suspensão do processo para permitir que tais negociações ou discussões fora dos tribunais ocorram [...]; *determinar o que é relevante e o que é prioritário*: ajudar a identificar as questões do caso; definir a ordem de resolução das questões; decidir quais questões exigem julgamento integral e quais podem ser tratadas de forma sumária; *tomar decisões sumárias*:

decidir sobre o início de uma audiência sumária [...]; ou se a petição inicial (ação) ou a defesa devem ser inadmitidas por não serem viáveis (inclusive tornando esta inadmissão o resultado automático da falta de cumprimento à ordem dos procedimentos); ou se o processo deve ser extinto na fase do exame das questões preliminares; desconsiderar questões; *promover o fluxo ágil do processo*: fixar prazos e controlar o andamento do processo de outras maneiras; dar instruções que levarão o caso a julgamento o mais rápido e efetivamente possível; *controlar as custas*: decidir se determinada providência durante o processo é economicamente viável, levando em conta a importância do pedido formulado ('proporcionalidade'). (ANDREWS, 2012, p. 140-141).

Acrescenta Neil Andrews que "os tribunais têm amplos poderes de gestão de casos ou gestão de procedimentos [...]. O tribunal deve garantir que os assuntos sejam focados de forma adequada, que a disciplina seja supervisionada, que os custos sejam reduzidos, que o andamento seja acelerado, e que resultados sejam facilitados e concedidos". (ANDREWS, 2012, p. 139)

Assim, Neil Andrews inclui na gestão processual a (a) *cooperação*, inclusive para a realização de acordos e utilização de meios alternativos de solução de controvérsias, a (b) *determinação do que é relevante e prioritário* no que comporta à definição das questões de fato e de direito relevantes para solução do conflito e das situações que exigem julgamento integral ou que podem ser tratadas de forma sumária, a (c) *tomada de decisões sumárias*, quando justificadas, a (d) *promoção do fluxo ágil do procedimento* (o que inclui a flexibilização procedimental[6]) e o (e) *controle dos custos do processo* (trata-se da gestão dos custos do processo, em obediência ao princípio da economia processual).

Loïc Cadiet, aludindo às convenções processuais a partir do modelo francês, afirma que elas se inscrevem "dentro de uma tendência muito clara, a contratualização contemporânea das relações sociais, ligada à decadência do centralismo estatal e seu corolário na categoria da produção normativa, o legicentrismo" e que a reflexão sobre a contratualização da justiça e do processo, que se desenvolveu a partir dos anos 60, "se inscreve na corrente que explica a emergência de uma ordem jurídica negociada entre os atores sociais, ao lado da ordem jurídica imposta pelo Estado, que identificamos com a referência ao conceito de posmodernidade. Isto tem a ver com o aumento da importância das lógicas '*management*' no sentido da instituição judicial, influenciado pela ideologia liberal que chega a pensar a justiça como um modelo competitivo; se pode falar da 'mercantilização' da justiça". (CADIET, 2012, p. 4-5).

---

6   Segundo Fernando da Fonseca Gajardoni, "dois princípios implícitos informam todo o sistema brasileiro de flexibilização do procedimento: o da adequação e da adaptabilidade. Fala-se em princípio da adequação para designar a imposição sistemática dirigida ao legislador federal e estadual para que construa modelos procedimentais aptos para a tutela especial de certas partes ou do direito material; e princípio da adaptabilidade (ou da elasticidade processual) – que é subsidiário ao primeiro – para designar a atividade do juiz de flexibilizar o procedimento legal inadequado ou de reduzida utilidade para melhor atendimento das peculiaridades da causa". (GAJARDONI, 2008, p. 226).

Conforme Loïc Cadiet, antes que surja o litígio entre as partes, "o princípio da liberdade contratual lhes oferece a possibilidade de prever, dentro de sua convenção, cláusulas relativas à solução de um litígio eventual, cláusulas contratuais relativas à ação na justiça, também chamadas, simplificando, cláusulas relativas ao regramento das discrepâncias, cláusulas relativas aos litígios ou, de maneira ainda mais concisa, cláusulas de discrepância" (CADIET, 2012, p. 7). Sob este prisma, a contratualização do processo é uma decorrência do *princípio da liberdade contratual*.

Para Loïc Cadiet, o princípio da liberdade contratual permite às partes, por meio de convenção, evitar o processo ou "programar a solução judicial de sua possível querela", sendo por ele realçado que "o direito de ação é uma prerrogativa jurídica da qual as partes podem, em princípio, dispor livremente. A convenção entre as partes pode alcançar então os principais aspectos do exercício da ação na justiça". (CADIET, 2012, p. 7). Nota-se, agora, a vinculação da contratualização do processo ao *poder dispositivo das partes*, o que implica afirmar que, quem pode dispor da ação, pode dispor sobre a forma do seu exercício em juízo.

Loïc Cadiet afirma que as convenções das partes se convertem, com isso, "em uma técnica de gestão da instância judicial", que os acordos processuais se "convertem em técnica complementar de gestão do processo civil" e "estão em harmonia com o princípio da cooperação entre o juiz e as partes, que é, junto com o princípio do contraditório, um dos princípios diretores do procedimento" (CADIET, 2012, p. 7). Tem-se, agora, a atribuição às convenções processuais da condição de instrumento da gestão processual e, à contratualização do processo, da condição de manifestação do *princípio da colaboração*.

Digno de destaque que também Érico Andrade relaciona a contratualização do processo ao combate ao centralismo estatal referido por Loïc Cadiet, afirmando que a possibilidade de participação das partes na alteração de procedimentos, para ajustá-lo às especificidades da causa, significa, de certa forma, a "perda da importância do poder de autoridade, mediante abertura para outros tipos de atividade estatal, permeadas, por exemplo, pelo consenso", pois o procedimento instrumentaliza os princípios constitucionais da imparcialidade e da democracia, e assinalando que o procedimento "é instrumento que permite a objetivação da função administrativa, reduzindo o âmbito de atuação autoritária", pois, com a participação do interessado por meio do procedimento, "se permite maior inserção democrática do privado", criando-se "uma espécie de limite jurídico para a chamada 'tirania da maioria', decorrente da prevalência da lei editada pelo parlamento. A chamada democracia procedimental não suplanta, evidentemente, a democracia legislativa, nem subtrai a incidência dos vínculos legais, mas permite, consensualmente, o tempero da imperatividade, com a participação direta do interessado". (ANDRADE, 2010, p. 300-301).

Vale ressaltar que a convenção processual não se refere ao direito material objeto do litígio, mas ao próprio exercício do direito de ação (*eleição de foro*), desenvolvimento do procedimento (*flexibilidade procedimental*) e custos do exercício do direito de ação (*convenção sobre custas*), por exemplo, observando-se que já têm sido admitidas na praxe forense convenções concernentes ao direito de recorrer (renúncia, acordada entre as partes, ao prazo recursal) e à prova pericial (as partes escolhem, de comum acordo, o perito).

Acrescente-se que as convenções processuais abrem espaço para a cooperação[7] e a maior participação das partes no processo, o que resulta na concretização do princípio democrático.[8]

Quanto ao desenvolvimento da doutrina sobre as convenções processuais, anota Antônio Cabral que a "grande virada" do tema convenções processuais se deu, de um lado, pelo resgate da doutrina alemã de algumas premissas do processo privatístico, no final do século XIX, e, de outro lado, veio da jurisprudência:

> [...] Os juízes começaram a perceber que havia uma necessidade de flexibilização do procedimento; que o procedimento 'ordinarizado', padronizado, tal qual os sonhos da era das codificações, não resolvia todos os problemas práticos. Por outro lado, o estilhaçamento da legislação com procedimentos especiais pulverizados também não nos atribuía uma uniformidade, que era o ideal. Então, havia uma necessidade de inserções de flexibilização dentro do procedimento padronizado. Isso começou a ser feito na jurisprudência europeia também a partir de acordos e a jurisprudência francesa foi a que mais avançou nessa temática. Na França, esses acordos começaram como acordos de índole coletiva ou protocolos coletivos. Os tribunais começaram a fazer acordos com a Ordem dos Advogados ou com associação de peritos, regulamentando informatização do processo e questões instrutórias. (CABRAL, 2015, p. 28).[9]

---

7   Antônio Cabral assevera que o processo cooperativo "é uma premissa para além da dicotomia público-privada no processo, que permite a conciliação dos espaços públicos com os espaços privados. Digo que a diversidade de procedimentos numa serventia existe hoje. O procedimento comum e ordinário deve entrar no Código, mas não sabemos, de antemão, se haverá réplica ou se haverá ou não ação declaratória incidental. No processo civil, assim como no processo do trabalho, cada procedimento vai sendo construído ao longo da caminhada sem que antes possamos saber se ele terá certos tipos de instrumentos, o instrumento negocial tornar-se-á um instrumento que atribuirá à serventia uma previsibilidade muito maior do que temos hoje no procedimento 'ordinarizado'". (CABRAL, 2015, p. 35).

8   Anote-se que "o diálogo entre os sujeitos do processo, que caracteriza o processo democrático, é que torna possível a construção participada do direito no caso concreto. Esse diálogo, para ser verdadeiro, exige liberdade, sendo essa uma condição da própria democracia e para o exercício de qualquer direito (a democracia, como assinala Ernest Wolfgang Böckenförde, 'contem em si a ideia de liberdade'). Partes e juízes são livres na medida em que estão submetidos apenas às regras de procedimento prévia e democraticamente estabelecidas. É a liberdade que permite a ação criativa e inovadora do juiz e das partes na busca de solução para a lide. Por isso, processo é liberdade." (ALMEIDA, 2014, p.863).

9   Acrescenta Antônio Cabral que "essa prática, que começou na década de 80 do século passado, em 1982 ou 1983, ganhou tanta repercussão que, em 2005, o legislador francês inseriu o calendário do processo no CPC. Isso foi tão popularizado que, depois, outras legislações europeias na Noruega e na Itália foram incorporando, o que foi a grande inspiração do nosso legislador." (CABRAL, 2015, p. 28).

3. O CPC DE 2015 E A GESTÃO PROCESSUAL: CONSIDERAÇÕES INTRODUTÓRIAS

O CPC de 2015, seguindo a tradição do direito processual civil brasileiro, atribui ao juiz o poder/dever de gestão processual, enquanto direção do processo, como se vê no seu art. 139.[10]

No entanto, o CPC de 2015 adotou um *modelo cooperativo de processo*, ressaltando Leonardo Carneiro da Cunha, neste sentido, que:

> Nos termos do seu art. 6º, todos os sujeitos do processo devem cooperar entre si, cabendo ao juiz zelar pelo efetivo contraditório (CPC, art. 7º), de modo a não proferir decisão contra uma parte sem que esta seja previamente ouvida (CPC, art. 9º). Enfim, o juiz não pode valer-se de fundamento a respeito do qual não se tenha oportunizado manifestação das partes (CPC, art. 10). Há, no novo CPC, uma valorização do consenso e uma preocupação em criar no âmbito do Judiciário um espaço não apenas de *julgamento*, mas de *resolução de conflitos*. Isso propicia um redimensionamento e democratização do próprio papel do Poder Judiciário e do modelo de prestação jurisdicional pretendido. O distanciamento do julgador e o formalismo típico das audiências judiciais, nas quais as partes apenas assistem ao desenrolar dos acontecimentos, falando apenas quando diretamente questionadas em um interrogatório com o objetivo de obter sua confissão, são substituídos pelo debate franco e aberto, com uma figura que pretende facilitar o diálogo: o mediador ou o conciliador. (CUNHA, 2015, p. 322).

Assim, no CPC de 2015 são prestigiados a liberdade das partes (*princípio da liberdade*) e o equilíbrio das funções dos sujeitos do processo, o que implica reconhecimento do *direito ao autorregramento*, que Fredie Didier Jr assevera conter o *princípio do respeito ao autorregramento da vontade no processo*, que define como "complexo de poderes que podem ser exercidos pelos sujeitos de direito, em níveis de amplitude variada, de acordo com o ordenamento jurídico. Do exercício desse poder, concretizado nos atos negociais, resultam, após a inci-

---

[10] "O juiz dirigirá o processo conforme as disposições deste Código, incumbindo-lhe: I – assegurar às partes igualdade de tratamento; II – velar pela duração razoável do processo; III – prevenir ou reprimir qualquer ato contrário à dignidade da justiça e indeferir postulações meramente protelatórias; IV – determinar todas as medidas indutivas, coercitivas, mandamentais ou sub-rogatórias necessárias para assegurar o cumprimento de ordem judicial, inclusive nas ações que tenham por objeto prestação pecuniária; V – promover, a qualquer tempo, a autocomposição, preferencialmente com auxílio de conciliadores e mediadores judiciais; VI – dilatar os prazos processuais e alterar a ordem de produção dos meios de prova, adequando-os às necessidades do conflito de modo a conferir maior efetividade à tutela do direito; VII – exercer o poder de polícia, requisitando, quando necessário, força policial, além da segurança interna dos fóruns e tribunais; VIII – determinar, a qualquer tempo, o comparecimento pessoal das partes, para inquiri-las sobre os fatos da causa, hipótese em que não incidirá a pena de confesso; IX – determinar o suprimento de pressupostos processuais e o saneamento de outros vícios processuais; X – quando se deparar com diversas demandas individuais repetitivas, oficiar o Ministério Público, a Defensoria Pública e, na medida do possível, outros legitimados a que se referem o art. 5º da Lei n. 7.347, de 24 de julho de 1985, e o art. 82 da Lei n. 8.078, de 11 de setembro de 1990, para, se for o caso, promover a propositura da ação coletiva respectiva".

dência da norma jurídica, situações jurídicas (gênero do qual as relações jurídicas são espécie). Pode-se localizar o poder de autorregramento da vontade em quatro zonas de liberdade: a) liberdade de negociação (zona das negociações preliminares, antes da consumação do negócio); b) liberdade de criação (possibilidade de criar novos modelos negociais atípicos que mais bem sirvam aos interesses dos indivíduos); c) liberdade de estipulação (faculdade de estabelecer o conteúdo do negócio); d) liberdade de vinculação (faculdade de celebrar ou não o negócio)". (DIDIER, 2015, p. 1).

O *princípio do respeito ao autorregramento da vontade* propicia às partes, por meio do processo, exercerem a autonomia da vontade em relação ao bem litigioso e ao procedimento e a sua adoção pode ser inferida dos arts. 3º, §§ 2º e 3º, 165-175, 190, 334, 515, III e §2º, 695, 725, VIII, do CPC de 2015.

Fredie Didier Jr assevera que este princípio não tem, no direito processual civil, a mesma "roupagem dogmática" que se reveste no direito civil, "por envolver o exercício de uma função pública (a jurisdição), a negociação processual é mais regulada e o seu objeto, mas restrito", mas que isso "não diminui a sua importância, muito menos impede que se lhe atribua o merecido destaque de ser um dos princípios estruturantes do direito processual civil brasileiro, uma de suas *normas fundamentais*", não havendo razão para "minimizar o papel da liberdade no processo, sobretudo quando se pensa a liberdade como fundamento de um Estado Democrático de Direito e se encara o processo jurisdicional como método de exercício de um poder", havendo uma "ampliação dos limites da autonomia privada na regulamentação do processo civil". (DIDIER JR, 2015, p. 1).[11]

Já Antônio Cabral, adotando posição mais radical, chega a afirmar que "deveria haver um princípio de liberdade *in dubio pro libertate* e o magistrado só poderia atuar nos espaços em que as partes não tivessem atuado". (CABRAL, 2015, p. 28), sendo por ele acrescentado que "a ordem jurídica negocial, ao invés de uma ordem legislativa, imposta, etc., é muito mais adequada ao formato de atuação do Estado contemporâneo, que é um Estado menos repressor e sancionador e mais indutor de comportamentos, é um Estado que não pensa apenas no passado, no que aconteceu para sancionar, e atua, também, prospectivamente, pensando em orientações, em formulação de políticas que transcen-

---

11 Adverte Fredie Didier Jr que "o princípio do devido processo legal deve garantir, ao menos no ordenamento jurídico brasileiro, o exercício do poder de autorregramento ao longo do processo. Um processo que limite injustificadamente o exercício da liberdade não pode ser considerado um processo devido. Um processo jurisdicional hostil ao exercício da liberdade não é um processo devido, nos termos da Constituição brasileira [...]. Defender o autorregramento da vontade no processo não é necessariamente defender um processo estruturado em um modelo adversarial. O respeito à liberdade convive com a atribuição de poderes ao órgão jurisdicional, até mesmo porque o poder de autorregramento da vontade no processo não é ilimitado, como, aliás, não o é em nenhum outro ramo do direito. Se não existe autonomia da vontade ilimitada nos demais ramos do Direito, não faria sentido que logo no Direito Processual Civil ela aparecesse". (DIDIER JR, 2015, p. 2).

dem a interpretação de um determinado caso e tentam estabelecer padrões de conduta para outros casos". (CABRAL, 2015, p. 33).

3.1. AS CONVENÇÕES PROCESSUAIS NO CPC DE 2015

As convenções processuais passaram a contar com disciplina expressa no CPC de 2015, como se infere dos comandos legais que a seguir serão examinados.

O art. 190, dispõe, *in verbis*:

> Versando o processo sobre direitos que admitam autocomposição, é lícito às partes plenamente capazes estipular mudanças no procedimento para ajustá-lo às especificidades da causa e convencionar sobre os seus ônus, poderes, faculdades e deveres processuais, antes ou durante o processo.
>
> Parágrafo único. De ofício ou a requerimento, o juiz controlará a validade das convenções previstas neste artigo, recusando-lhes aplicação somente nos casos de nulidade ou de inserção abusiva em contrato de adesão ou em que alguma parte se encontre em manifesta situação de vulnerabilidade.

O art. 191 prevê que:

> De comum acordo, o juiz e as partes podem fixar calendário para a prática dos atos processuais, quando for o caso.
>
> § 1º O calendário vincula as partes e o juiz, e os prazos nele previstos somente serão modificados em casos excepcionais, devidamente justificados.
>
> §2º Dispensa-se a intimação das partes para a prática de ato processual ou a realização de audiência cujas datas tiverem sido designadas no calendário.

Conforme o art. 357, § 2º, "as partes podem apresentar ao juiz, para homologação, delimitação consensual das questões de fato e de direito a que se referem os incisos II e IV, a qual, se homologada, vincula as partes e o juiz", observando-se que os incisos II e IV do art. 357 referidos tratam da delimitação das questões de fato sobre as quais recairá a atividade probatória, especificando os meios de prova admitidos, e das questões de direito relevantes para a decisão do mérito da demanda.

Já o art. 471 do CPC de 2015 estabelece que "as partes podem, de comum acordo, escolher o perito, indicando-o mediante requerimento desde que: I – sejam plenamente capazes; II – a causa possa ser resolvida por autocomposição". O §1º deste dispositivo legal estabelece que "as partes, ao escolher o perito, já devem indicar os respectivos assistentes técnicos para acompanhar a realização da perícia, que se realizará em data e local previamente anunciados". O §3º deste dispositivo legal prevê que "a perícia consensual substitui, para todos os efeitos, a que seria realizada por perito nomeado pelo juiz".

O que se verifica dos citados comandos legais é que:

a) a convenção processual apenas alcança os processos sobre direitos que admitem autocomposição.

O primeiro requisito estabelecido no art. 190 do CPC de 2015 para a aceitação das convenções processuais diz respeito à natureza do direito objeto da demanda. Conforme o citado comando legal, a convenção processual somente pode ser celebrada nos processos sobre direitos que admitem autocomposição, ou seja, direitos que podem ser ou não livremente exercidos pelo seu titular, que são aqueles de caráter estritamente patrimonial, consoante o art. 852 do Código Civil.

Observe-se que o art. 190 do CPC de 2015 tem em vista, quando se refere à possibilidade de autocomposição, ao direito material objeto da disputa judicial. Se o direito material pode ser fruto de autocomposição, é lícita a convenção relativa ao processo do qual constitui objeto. Assim, se o direito material é indisponível (o seu titular não pode deixar de exercê-lo livremente), o processo que o tem por objeto não comportará convenção processual. Lembre-se que disponível é o direito que pode ser ou não exercido livremente pelo seu titular, sem que exista norma cogente determinando o cumprimento do preceito, sob pena de nulidade ou anulabilidade do ato que a infringiu.[12][13]

A *autocomposição é a solução de conflito que é realizada pelos sujeitos dos interesses contrapostos e pode assumir três formas: a) desistência (renúncia à pretensão de prevalência do próprio interesse); b) submissão ou reconhecimento (renúncia à resistência oposta à pretensão do outro sujeito do conflito ou submissão do interesse próprio ao interesse alheio); c) transação (as partes solucionam o conflito por meio da realização de concessões recíprocas).*[14]

---

12 As causas envolvendo os interesses do Estado são regidas pela regra geral da disponibilidade do direito, quando se avalia a possibilidade de existir compromisso das partes (CC, art. 852), "na medida em que o Estado participa das relações sociais, civis e econômicas, contratando na ordem privada, é possível se submeter – de acordo com a sua vontade, exprimida pelos agentes competentes – à autonomia privada. Impossível seria apenas ampliar esta possibilidade aos casos em que o Estado se envolve em disputas relativamente a bens da vida que, protegidos por normas de natureza cogente, não podem ser objeto de disposição, 'sob pena de nulidade ou anulabilidade do ato praticado com sua infringência.'" (MACHADO, 2014, p.347).

13 Registre-se, sobre os direitos indisponíveis, a seguinte decisão: "VALIDADE DO ACORDO COLETIVO. SUPRESSÃO DO DIREITO À INDENIZAÇÃO DE 40% DO FGTS E AO AVISO-PRÉVIO. FLEXIBILIZAÇÃO DOS DIREITOS TRABALHISTAS. A interpretação dada pela Corte de origem, no tocante à invalidade do acordo que suprime direitos à indenização de 40% do FGTS e ao aviso prévio, é consentânea com os princípios norteadores do Direito do Trabalho. A flexibilização dos direitos trabalhistas deve sempre observar limites, sendo certo que as normas convencionais não podem se sobrepor àquelas oriundas de fontes legais, formadoras de um patamar mínimo de tutela ao trabalhador. Desse modo, conquanto o artigo 7º, XXVI, da Constituição da República consagre o reconhecimento das convenções e acordos coletivos de trabalho, daí não se extrai autorização para a negociação de direitos indisponíveis do empregado, elevados a patamar constitucional. Recurso de revista não conhecido. (TST, Processo: RR-208800-74.1999.5.01.0241 Data de Julgamento: 30/03/2011, Relator Ministro: Lelio Bentes Corrêa, 1ª Turma, DEJT 08/04/2011).

14 Para Gustavo Filipe Barbosa Gontijo, "a autocomposição significa a solução do conflito pelas próprias partes, de forma pacífica e negociada, sem a imposição dessa solução por um terceiro. Pode-se classificar

Francesco Carnelutti assevera que "a autocomposição é a expressão do poder reconhecido à vontade dos interessados para a tutela de seus interesses" (CARNELUTTI, 2004, p. 269) e afirma que a renúncia e o reconhecimento são espécies de autocomposição unilateral, constituindo a transação um "contrato bilateral, mediante o qual cada um dos contratantes dispõe da própria situação jurídica" (CARNELUTTI, 2004, p. 271-272).

A autocomposição pode assumir a forma de transação. O art. 840 do Código Civil define transação como sendo o negócio jurídico pelo qual as partes previnem ou resolvem conflitos de interesses mediante concessões recíprocas. A transação não se confunde com a conciliação. A transação é a composição amigável na qual o conflito é solucionado por meio de concessões mútuas. A conciliação é a composição amigável que não decorre necessariamente de concessões recíprocas, como se dá, por exemplo, quando constitui resultado do reconhecimento do pedido pelo réu, sendo acertado entre as partes as formas de liquidação do crédito respectivo.

Além disto, a autocomposição pode ser judicial ou extrajudicial e assistida ou não assistida. A autocomposição será assistida ou não quando as partes contarem, ou não, com o auxílio de um terceiro, respectivamente.

Cumpre ter em mente que, como aduz Cleber Lúcio de Almeida:

> A autocomposição depende da vontade e da atividade dos sujeitos do conflito e seu sucesso é, em muito, prejudicado pela forte influência das condições econômico-financeiras de cada um deles (a discrepância das condições econômico-financeiras pode significar maior necessidade de um sujeito e maior poder de negociação do outro, em detrimento da justa solução do conflito), além de ser autorizada apenas em relação aos direitos disponíveis. (ALMEIDA, 2014, p. 10).

b) a validade da convenção pressupõe partes plenamente capazes.

Somente pessoas plenamente capazes podem celebrar convenção processual. A convenção processual, como espécie de negócio jurídico, tem a sua validade condicionada à capacidade das partes (art. 104 do Código Civil).

A capacidade exigida será a estabelecida nos arts. 2º e 5º do Código Civil, quando se tratar de convenção celebrada antes do processo, e, no caso de convenção celebrada durante o processo, o que se exige é a capacidade processual, disciplinada no art. 70 do CPC de 2015, *in verbis*: "Toda pessoa que se encontre no exercício dos seus direitos tem capacidade para estar em juízo".

---

a autocomposição em unilateral e bilateral. A autocomposição unilateral ocorre quando se verifica a renúncia de uma das partes de sua pretensão, ou o reconhecimento da pretensão da parte contrária. A bilateral, por sua vez, é aquela que se observam concessões recíprocas, com natureza de transação. No âmbito das relações de trabalho, a autocomposição merece destaque, por se tratar de relevante forma de solução dos conflitos". (GARCIA, 2015, p. 67).

c) a convenção processual pode versar sobre o procedimento, para ajustá-lo às especificidades da causa, e também sobre os ônus, poderes, faculdades e deveres processuais das partes, e ser celebrada antes ou durante o processo.

A convenção processual, como espécie de negócio jurídico, tem a sua validade condicionada à licitude do objeto (art. 104 do Código Civil).

O art. 190 do CPC de 2015, disciplinando os limites objetivos da convenção, aponta como seu objeto o procedimento e os ônus, poderes, faculdades e deveres processuais das partes. Assim, somente é válida a convenção que tenha por objeto o procedimento e os ônus, poderes, faculdades e deveres das partes.

Por meio da convenção, as partes podem estipular mudanças no procedimento para ajustá-lo às especificidades da causa, ou seja, proceder à *flexibilização do procedimento*.

A *flexibilização do procedimento* pode ocorrer por meio do diálogo entre o juiz e as partes ou, mediante convenção processual. O art. 190 do CPC de 2015 trata desta segunda forma de flexibilização, sem obstar a primeira.

A convenção pode versar sobre *ônus* (faculdade de praticar determinado ato para evitar um prejuízo processual; o exercício da faculdade se dá no interesse da parte dela titular)[15], *poderes* (capacidade de produzir efeitos sobre a esfera jurídica alheia; trata-se dos chamados direitos potestativos, valendo mencionar, por exemplo, o direito de recorrer)[16], *faculdades* (liberdade de conduta, tais como apresentar o recurso no primeiro ou no último dia do prazo recursal)[17] e

---

15 Acrescente-se que "há ônus quando o cumprimento de uma faculdade é necessário ou ao menos conveniente para a obtenção de uma vantagem ou para evitar uma situação desvantajosa. Os ônus não são impostos para o bem de outro sujeito, senão do próprio sujeito ao qual se dirigem. O descumprimento de um deles não causa malefício algum, ou diminuição patrimonial, nem frustra expectativas de outra pessoa. A parte tem plena liberdade de optar pela conduta ou pela omissão (daí, ser o cumprimento ou descumprimento do ônus uma *faculdade*), sabendo no entanto que, omitindo-se, agravará sua situação no processo (daí, trata-se de um *ônus*)". (DINAMARCO, 2009, p. 209).

16 Segundo Cândido Rangel Dinamarco, "poder é *capacidade de produzir efeitos sobre a esfera jurídica alheia*", sendo bastante "ilustrativo o *poder de recorrer*: a parte vencida tem a *faculdade* de optar entre recorrer ou não recorrer, mas se optar por fazê-lo isso criará para o órgão jurisdicional superior o *dever* de proferir nova decisão. Como todos os poderes, o de recorrer inclui uma faculdade, que, no entanto, não é *pura* faculdade", e que "os poderes do juiz não se confundem com os das partes. Os destas têm por fundamento as garantias constitucionais inerentes à participação e à defesa, enquanto aqueles constituem desdobramentos técnicos do próprio *poder estatal*. Para poder decidir imperativamente e depois impor suas decisões os litigantes segundo as regras do direito material e mediante um processo bem estruturado, o juiz precisa impor sua autoridade sobre eles. Daí os grandes poderes que o juiz tem no processo, cada um dos quais se resolve na *capacidade de produzir efeitos sobre a esfera jurídica das partes*." (DINAMARCO, 2009, p. 211).

17 Anote-se que "o princípio da liberdade segundo a lei, expresso na fórmula constitucional *ninguém é obrigado a fazer ou deixar de fazer alguma coisa senão em virtude de lei* (Const., art. 5º, inc. II), é um dos mais significativos pilares do Estado-de-direito e assegura a cada um a liberdade de agir segundo

deveres (condutas obrigatórias cujo descumprimento resulta na imposição de sanções, destacando-se, dentre eles, a lealdade e a boa-fé)[18] processuais.

As convenções devem ser analisadas "na perspectiva do regime da renúncia aos direitos fundamentais", sendo nulas quando importarem em "violação do núcleo essencial dos direitos fundamentais processuais são nulas", assim como são nulas as convenções "irrevogáveis" e "que envolvem a integralidade do direito", o mesmo ocorrendo com convenções "que importem renúncias sem benefício correlato proporcional". (MARINONI; ARENHART; MITIDIERO, 2015, p. 190). O respeito à liberdade contratual não pode significar possibilidade de renúncia a direitos, notadamente a direitos fundamentais, assim como à própria liberdade (convenções irrevogáveis).

Além dos limites estabelecidos no art. 190 do CPC de 2015, não se pode olvidar que a convenção processual não pode violar o devido processo legal, ou seja, afastar garantias processuais acobertadas pelo devido processo legal, assim como não pode contrariar preceitos de ordem pública (art. 2.035, parágrafo único, do Código Civil e art. 17 da LINDB[19]).[20] Assim, por exemplo, por meio de convenção não pode ser estabelecido que o processo se desenvolverá sem contraditório ou que nele serão admitidas provas ilícitas, da mesma forma ela não

---

suas próprias vontades e escolhas [...]. Quando o exercício de uma faculdade importa vantagens às quais possam corresponder desvantagens alheias, a liberdade começa a ser limitada e quem a limita são as normas. Por isso é que na vida do processo, que em si mesmo é uma miniatura da vida dos povos sob o Estado, existem normas a regular a liberdade de conduta das pessoas e, com isso, delimitar-lhe a extensão. As *faculdades processuais puras* são muito poucas e revelam-se em atos de menor importância para a definição do processo. As partes têm a faculdade de esmerar-se em citações jurisprudenciais e doutrinárias ou, se preferirem, redigir suas alegações de modo conciso e limitando-se ao essencial [...]; cada uma delas pode fazer-se representar por um advogado só, ou mais; podem optar por apresentar sua defesa no primeiro dia do prazo ou no último etc. Em nenhum desses casos fica aumentada a carga de deveres do juiz perante a parte nem agravada ou favorecida a posição do adversário". (DINAMARCO, 2009, p. 207-208).

18 Registre-se que "são raros os deveres das partes. A natureza *duelística* do processo conduz o legislador a optar prioritariamente pela técnica do *ônus*, impondo consequências nefastas à parte que nesse combate *baixe a guarda*, sem revidar adequadamente aos golpes do adversário e sem assumir em seu próprio benefício as condutas legitimamente indispensáveis ou convenientes. Não existe o *dever de contestar* nem a revelia é um ilícito, ou *rebeldia*; a parte não tem sequer o dever de comparecimento, quando intimada a comparecer para a tentativa de conciliação, ou para depoimento pessoal [...]. Tudo são ônus, cujo descumprimento pode produzir desvantagens mas não constitui ilícito processual [...]. O mais amplo e expressivo dos deveres das partes é o de *lealdade*, cuja transgressão a lei sanciona mediante repressão à *litigância de má-fé e aos atos atentatórios à dignidade da Justiça* [...], na execução por quantia o devedor tem o dever de indicar quais são e onde se encontram seus bens penhoráveis, sob pena de sofrer as repressões inerentes ao atentado à dignidade da Justiça." (DINAMARCO, 2009, p. 214-215).

19 "As leis, atos e sentenças de outro país, bem como quaisquer declarações de vontade, não terão eficácia no Brasil, quando ofenderem a soberania nacional, a ordem pública e os bons costumes".

20 Vedação semelhante contém a Lei de Arbitragem, em seu art. 2º, §1º: "Poderão as partes escolher, livremente, as regras de direito que serão aplicadas na arbitragem, desde que não haja violação aos bons costumes e à ordem pública".

pode versar sobre competência absoluta, nem sobre a utilização de outra língua que não seja a portuguesa em todos os atos e termos do processo, por exemplo.

A convenção somente pode versar sobre ônus, poderes, faculdades e deveres das partes, não podendo, portanto, incidir sobre os poderes do juiz, tais como "aqueles vocacionados à verificação da veracidade das alegações de fato, sob pena de indevida restrição da possibilidade de obtenção de uma decisão justa para a causa. Daí que os acordos processuais não podem ter por objeto os poderes do juiz". (MARINONI; ARENHART; MITIDIERO, 2015, p. 190).

Anote-se que, para Marcelo Pacheco Machado, as convenções processuais não deveriam recair sobre poderes e deveres, "por esbarrarem majoritariamente na ordem pública, e em princípios fundamentais como a inafastabilidade, o contraditório e a moralidade no processo, dificilmente poderiam ser objeto de transação." (MACHADO, 2014, p. 357). O CPC de 2015, no entanto, adotou postura diversa, autorizando a convenção sobre poderes e deveres.

A convenção também não pode implicar criação de dificuldades invencíveis para o exercício de direitos ou cumprimento de deveres ou ônus processuais, como o indica o art. 373, § 3º, II, do CPC de 2015.

Segundo Antônio Cabral: "o Novo Código será previdente da possibilidade de citação por e-mail, mas, por *whatsapp*, não sei se essa possibilidade de extensão ao e-mail abrangeria outros meios de comunicação instantânea. Limitação a dois números de testemunhas e dizer que seus depoimentos podem ser colhidos por escrito; escolha do nome do perito ou outros acordos probatórios como convenção sobre o ônus da prova. [...]. Um grande campo de negociação processual é no campo probatório. Renúncia: todos os recursos, salvo um deles. Pode-se optar por recurso ordinário ou recurso de revista ou qualquer que seja e podemos discutir as possibilidades de supressão de instâncias intermedias ou jurisdição *per saltum* nos recursos. Isso poderia ser convencionado. Em alguns países admite-se supressão de instâncias por convenção". (CABRAL, 2014, p. 26).

O CPC de 2015 não exige forma especial para as convenções processuais.

> **d) a convenção está sujeita ao controle judicial, mas o juiz somente pode recusar-lhe aplicação nos casos de nulidade, inserção abusiva em contrato de adesão ou se alguma parte se encontrar em manifesta situação de vulnerabilidade.**

A convenção processual não está isenta de controle judicial, podendo este ser realizado de ofício ou a requerimento. Este controle representa, para o juiz, um verdadeiro dever.

Apesar da previsão de controle judicial das convenções processuais, o art. 190, parágrafo único, do CPC de 2015 estabelece que o juiz somente poderá recusar-lhe aplicação nos casos de nulidade ou de inserção abusiva em contratos de adesão ou em que alguma parte se encontre em manifesta situação de vulnerabilidade. Assim, o controle realizado pelo juiz versará sobre o atendimento dos requisitos de validade da convenção (não atendidos tais requisitos, o juiz deverá declarará a nulidade da convenção), a boa-fé das partes na sua celebração e a necessidade de paridade de tratamento das partes (não existe liberdade sem igualdade).

Como é registrado pela doutrina, "quando o art. 190, parágrafo único, CPC, fala em 'nulidade', 'inserção abusiva em contrato de adesão' ou 'manifesta situação de vulnerabilidade', ele está manifestamente preocupado em tutelar a boa-fé (art. 5º, CPC) e a necessidade de paridade de tratamento no processo civil (art. 7º, CPC)". (MARINONI; ARENHART; MITIDIERO, 2015, p. 245).

Para Antônio Cabral, o juiz exerce uma função de controle da admissibilidade e validade das convenções, sendo, normalmente "um controle a *posteriori*, até porque as convenções podem ser feitas lá, antes do litígio, no contrato. Então, dizer que o juiz vai exercer um controle é dizer que ele vai participar, sim, é dizer que isso se insere na ideia de processo cooperativo, sim, mas não que as partes tenham que ir lá pedir a benção do juiz para toda e qualquer convenção para que ele tenha que homologar ou deferir. As convenções processuais de regra independem de homologação". (CABRAL, 2015, p. 40).

O CPC de 2015 manifestou, expressamente, preocupação com a proteção das pessoas em situação de vulnerabilidade, na medida em que esta situação compromete a livre manifestação da vontade e as convenções processuais constituem manifestação do princípio da liberdade.

A validade das convenções processuais está vinculada à ausência de violação às normas estruturantes do direito ao processo justo, dentre as quais a igualdade/simetria das partes. Destarte, o juiz deve rechaçar a convenção processual quando alguma parte se encontre em manifesta situação de vulnerabilidade. O desequilíbrio de forças entre os contratantes justifica o tratamento diferenciado da parte que está em posição mais fraca (*desigualdade técnica, jurídica, fática e informacional*).[21][22]

---

[21] Falando sobre a vulnerabilidade do consumidor, assevera Claudia Lima Marques que: "a vulnerabilidade é multiforme, conceito legal indeterminado, um estado de fraqueza sem definição precisa, mas com muitos efeitos na prática, em especial, pois presumida e alçada a princípio de proteção dos consumidores [...]. Interessante notar que os novos estudos europeus sobre a vulnerabilidade, como noção, procuram distingui-la de sua fonte ou base filosófica: a igualdade ou desigualdade entre sujeitos. Isso porque a igualdade é uma visão macro, do homem e da sociedade, noção mais objetiva e consolidada, em que a desigualdade se aprecia sempre pela comparação de situações e pessoas: aos iguais, trata-se igualmente; aos desiguais, trata-se desigualmente para alcançar a justiça. Já a vulnerabilidade é filha deste princípio, mas com noção flexível e não consolidada, que apresenta traços de subjetividade que a caracterizam: a vulnerabilidade não necessita sempre de uma comparação entre situações e sujeitos. Poderíamos afirmar, assim, que a vulnerabilidade é mais um estado da pessoa, um estado inerente de risco ou um sinal de confrontação excessiva de interesses identificados no mercado, é uma situação permanente ou provisória, individual ou coletiva, que fragiliza, enfraquece o sujeito de direitos, desequilibrando a relação, ". (MARQUES, 2011, p. 322-323).

[22] Segundo Cláudia Lima Marques, existem quatro tipos de vulnerabilidade: a *técnica*, a *jurídica ou científica*, a *fática ou socioeconômica* e a *informacional*: "na *vulnerabilidade técnica* o comprador não possui conhecimentos específicos sobre o objeto que está adquirindo e, portanto, é mais facilmente enganado

Interessante registrar a proposta feita por Antônio Cabral, no sentido de "incorporação de cláusulas padrão nos escritórios modelos das faculdades, permitindo que pessoas que não têm acesso a uma advocacia de elite possam incorporar nos seus contratos cláusulas que lhes sejam favoráveis. Acho que, no processo do trabalho, isso tem um campo de aplicação muito interessante, não só para esses superempregados, ou empregados do alto escalão, funcionário de grandes empresas que, evidentemente, não são hipossuficientes, mas, também, no campo dos sindicatos". (CABRAL, 2015, p. 38).

e) a convenção pode ser celebrada antes ou durante o processo

As convenções podem ser pré-processuais (pactuadas antes da propositura da ação) ou processuais (acordadas no curso do processo). As convenções ajustadas no curso do processo podem ser celebradas em juízo ou fora dele. As convenções que forem celebradas extrajudicialmente devem ser levadas ao conhecimento do juiz o mais rápido possível, para que este realize o seu controle de validade.

A possibilidade de convenção pré-processual permite a inclusão das denominadas "cláusulas de paz" em instrumentos coletivos, estabelecendo-se que, antes do ajuizamento de qualquer ação, deve ser tentada a solução com a mediação do Ministério do Trabalho e Emprego, por exemplo.

f) calendário processual

O juiz e as partes poderão, de comum acordo, fixar calendário para a prática de atos processuais, na hipótese de o caso permitir.

O calendário estabelecido pelo juiz e pelas partes é vinculante tanto para o juiz quanto para as partes.

Fixado o calendário, é desnecessária a intimação das partes para a prática dos atos processuais ou para a realização das audiências nele convencionados.

A "calendarização do procedimento"[23] é uma técnica processual que objetiva à gestão eficiente do tempo no processo, em sintonia com os arts. 4º e 8º do CPC

---

quanto às características do bem quanto à sua utilidade, o mesmo ocorrendo em matéria de serviços"; a *vulnerabilidade jurídica ou científica* "é a falta de conhecimento jurídicos específicos, conhecimentos de contabilidade ou de economia; a fática ou socioeconômica, "em que o ponto de concentração é o outro parceiro contratual, o fornecedor que, por sua posição de monopólio, fático ou jurídico, por seu grande poder econômico ou em razão da essencialidade do serviço, impõe sua superioridade a todos que com ele contratam"; a vulnerabilidade fática, "a hipossuficiência (econômica), que leva a considerar abusivas as cláusulas de eleição do foro e impor foro privilegiado ao consumidor (art. 101, I, CDC) [...]. A doutrina brasileira defende, igualmente, que os consumidores desfavorecidos (ou pobres) podem ser chamados de hipossuficientes, criando assim uma graduação (econômica) da vulnerabilidade em direito material. Efetivamente, como ensina a doutrina francesa, a 'fraqueza' ou fragilidade pode ser inerente às pessoas individualmente consideradas; pode ser relativa, quando o outro é muito forte, ou quando o bem ou serviço desejado é essencial e urgente, comportando assim graduações subjetivas comparáveis às graduações subjetivas da menoridade, que iriam dos consumidores mais desfavorecidos ou vulneráveis (idosos, crianças, superendividados, doentes, mutuários do SFH etc)". (MARQUES, 2011, p. 333).

23 Expressão utilizada por Luiz Guilherme Marinoni, Sérgio Cruz Arenhart e Daniel Mitidiero na obra *Código de Processo Civil comentado*, citada neste ensaio.

de 2015, ou seja, "o juiz e as partes, em regime de diálogo, podem acertar datas para realização dos atos processuais. É imprescindível que exista acordo entre o juiz e as partes para que o calendário possa ser estabelecido (o art. 191, CPC, fala em 'comum acordo'). (MARINONI; ARENHART; MITIDIERO, 2015, p. 245).

A fixação de calendário para a prática de atos processuais propicia a economia de tempo, por dispensar a intimação das partes para a realização dos atos processuais agendados previamente, ressaltando-se que podem ser objeto de calendarização todos os atos do procedimento, inclusive a data para publicação da decisão.[24] Além disto, o calendário evita a prática de atos protelatórios, podendo ser utilizado para acelerar o andamento do processo, propiciar a previsibilidade e organização do processo.

O calendário pode ser ajustado na fase cognitiva e na executiva ("execução negociada").

O calendário deve ser negociado (depende da vontade do autor, do réu e do juiz), não podendo ser imposto às partes ou ao juiz.[25]

Registra Julio Guilherme Müller que "um calendário acordado entre partes e juiz tende a propiciar melhores condições para a concretização do princípio da eficiência do serviço jurisdicional nos processos em que neles se convencionar. Constitui uma máxima de experiência a afirmação de que o planejamento adequado de qualquer empreitada humana tem a potencialidade de produzir resultados mais eficazes se comparada a simples participação descompromissada no desenrolar dos acontecimentos". (MÜLLER, 2014, p. 155).

O descumprimento dos prazos ajustados no calendário gera a perda do direito processual cujo exercício foi agendado (*preclusão temporal*), bem como a perda da vantagem que poderia ser obtida pelo seu cumprimento (*desempenho de ônus calendarizado*).

Observe-se, em sintonia com Luiz Guilherme Marinoni, Sérgio Cruz Arenhart e Daniel Mitidiero, que:

> A violação do calendário obviamente não dispensa a parte do cumprimento de deveres previamente marcados, mas a violação do calendário expõe a parte à litigância de má-fé, notadamente por frustação da confiança dos demais participantes do processo. A violação do calendário processual pelo

---

[24] Acrescente-se que, "a atividade cartorial e os riscos de nulidades na comunicação dos atos processuais também potencialmente podem diminuir, proporcionando economia de tempo e de recursos públicos. O mesmo ocorre no que tange à hipótese de impugnações e de arguições de cerceamento de defesa por violação à normas procedimentais ou processuais. O ajuste consensual a respeito do procedimento e do calendário apresenta um campo menor para a ocorrência das nulidades". (MÜLLER, 2014, p. 155).

[25] O calendário processual previsto no art. 191 do CPC de 2015 não se confunde com o calendário pericial do art. 357, §8º, deste mesmo dispositivo legal ("Caso tenha sido determinada a produção de prova pericial, o juiz deve observar o disposto no art. 465 e, se possível, estabelecer, desde logo, calendário para sua realização").

juiz não acarreta consequência processuais, mas a falta com o seu dever certamente deve ser levada em consideração para efeitos administrativos, influenciando, por exemplo, promoções na carreira por merecimento". (MARINONI; ARENHART; MITIDIERO, 2015, p. 245).

A alteração do calendário pode ocorrer tão-somente em situações excepcionais e de forma fundamentada. Luiz Guilherme Marinoni, Sérgio Cruz Arenhart e Daniel Mitidiero aduzem que, "analogicamente, é possível invocar o conceito de justa causa para caracterização da excepcionalidade (art. 223, §1º, CPC)". (MARINONI; ARENHART; MITIDIERO, 2015, p. 245).

g) a convenção processual pode versar sobre o ônus da prova (art. 373, §3º, I e II, CPC)

A convenção processual pode ter por objeto o ônus da prova, observando-se que não há impedimento para que as partes convencionem, "no plano do direito material, que, caso venha a ocorrer qualquer litígio relativo ao contrato, a prova de determinado fato deve ser produzida por este ou aquele contratante. Da mesma forma, se já existe o conflito, ou mesmo se ele já foi levado ao Judiciário, podem as partes estabelecer, de comum acordo, que determinado fato deva ser provado por essa ou aquela parte". (MARINONI; ARENHART; MITIDIERO, 2015, p. 389).

Existem, porém, duas situações em que é vedada a convenção processual em relação ao ônus da prova:

a) quando o processo versar sobre direito indisponível da parte (art. 190 e art. 373, § 3º, CPC). Isso se deve ao fato de que, "se fosse viável estabelecer que o titular de um direito indisponível tem o ônus de produzir uma prova, que a princípio não lhe cabe, poder-se-ia camuflar a disposição de um direito que, em nossa ordem jurídica, é indisponível". (MARINONI; ARENHART; MITIDIERO, 2015, p. 398);

b) quando ela tornar excessivamente difícil o exercício de um direito. Admitir a distribuição negociada do ônus de forma a tornar excessivamente difícil o exercício do direito, "é o mesmo que negar o direito à tutela jurisdicional adequada e efetiva". (MARINONI; ARENHART; MITIDIERO, 2015, p. 398).

As convenções processuais sobre o ônus da prova podem ser judiciais ou extrajudiciais e podem ser firmadas antes ou no curso do processo (art. 373, §4º, CPC).

h) a convenção pode tratar do objeto da prova, dos meios probatórios a serem utilizados e também pode conter delimitação das questões de direito relevantes para a decisão do mérito da demanda

O art. 357, § 2º, do CPC de 2015 autoriza as partes a apresentar ao juiz, para homologação, delimitação consensual das questões de fato sobre as quais recairá a atividade probatória, especificando os meios de prova admitidos, bem como delimitar as questões de direitos relevantes para a decisão do mérito.

Vale observar que a organização do processo, prevista no art. 357 do CPC de 2015 tem uma dupla direção: "a primeira é retrospectiva, tendo por objeto eventuais óbices processuais capazes de impedir a apreciação do mérito da causa ('definição das questões processuais pendentes', art. 357, I, CPC). A segunda é prospectiva, tendo por objeto a delimitação do *thema probandum* (art. 357, II, CPC), a especificação dos meios de prova (art. 357, II, CPC), a distribuição do ônus da prova (art. 357, III, CPC), a delimitação do *thema decidendum* ('questões de direito relevantes para a decisão do mérito, art. 357, IV, CPC) e a designação da audiência de instrução e julgamento, em sendo o caso (art. 357, V, CPC). A primeira tem por objeto questões capazes de impedir a apreciação do mérito a fim de, em sendo possível, saneá-las; a segunda tem por objeto questões capazes de preparar uma adequada apreciação do mérito". (MARINONI; ARENHART; MITIDIERO, 2015, p 382).

As partes e o juiz devem colaborar no sentido de obter uma decisão o mais justa possível, ou seja, mais próxima da realidade e em consonância com a ordem jurídica.[26]

No entanto, é preciso ter presente que "o consenso entre as partes não afasta a possibilidade de o juiz determinar prova diversa daquela acordada (é ineficaz a disposição das partes sobre os poderes instrutórios do juiz, art. 370, CPC)". (MARINONI; ARENHART; MITIDIERO, 2015, p 382).

É pertinente a advertência de José Carlos Barbosa Moreira, no sentido de que:

> Tentar de novo reduzir o juiz à posição de espectador passivo e inerte do combate entre as partes é anacronismo que não encontra fundamento no propósito de assegurar aos litigantes o gozo de seus legítimos direitos e garantias. Deles hão de valer-se as partes e seus advogados, para defender os interesses privados em jogo. Ao juiz compete, sem dúvida, respeitá-los e fazê-los respeitar; todavia, não é só isso que lhe compete. Incumbe-lhe dirigir o processo de tal maneira que ele sirva bem àqueles a quem se destina a servir. E o processo deve, sim, servir às partes; mas devem também servir à sociedade. (BARBOSA MOREIRA, 2005, p. 279).

Anota Cleber Lúcio de Almeida que:

---

26 Anota Andrea Proto Pisani que, "para que seja assegurada a tutela jurisdicional de uma determinada situação de vantagem, não basta que no plano de direito processual seja predisposto um procedimento qualquer, sendo necessário que o titular da situação de vantagem violada (ou que seja ameaçada de violação) possa utilizar um procedimento (ou vários procedimentos) estruturado de modo tal a fornecer uma tutela efetiva e não meramente formal ou abstrata do seu direito". (PISANI, 2003, p. 6.)

> *No processo, ao lado do interesse privado das partes está o interesse público no respeito à ordem jurídica democraticamente instituída, como fator de segurança e estabilidade nas relações sociais e de justiça social. A sociedade, embora não tenha interesse no litígio, tem interesse na sua solução. Por conta desse interesse, ao juiz deve ser conferida liberdade para determinar as diligências necessárias ao esclarecimento dos fatos relevantes para a solução do conflito de interesses a ser julgado. Com isto, o interesse privado (das partes) e o interesse público (da sociedade) devem ser harmonizados, na busca da realização concreta do direito assegurado pela ordem jurídica democraticamente instituída. Às partes cabe a iniciativa da ação e da defesa, mas o juiz deve participar ativamente da produção das provas necessárias ao esclarecimento dos fatos da causa, não tendo esta sua postura um valor per se, mas como norte o cumprimento da promessa constitucional de tutela efetiva dos direitos assegurados pela ordem jurídica. (ALMEIDA, 2014, p. 766).*

i) a convenção pode se resumir à escolha do perito

É possível, por meio das convenções processuais, que as partes indiquem, de comum acordo, o perito responsável pela prova pericial.

Apesar de a previsão do §3º do art. 471 do CPC/2015 ("a perícia consensual substitui, para todos os efeitos, a que seria realizada por perito nomeado pelo juiz") sugerir que o juiz não pode recusar a indicação do perito, esta não é a melhor interpretação de referido dispositivo legal, pelos motivos seguintes:

> A uma, porque os acordos processuais estão sempre sujeitos à análise judicial (art. 190, parágrafo único, CPC). A duas, porque a perícia consensual não inibe o poder instrutório de ofício do magistrado, que sempre poderá determinar a produção das provas que entender necessárias, inclusive a pericial (art. 370, CPC). A três, porque ainda que entendida como obrigatória essa indicação, isso jamais poderia impedir o juiz de determinar a realização da segunda perícia (art. 480, CPC), caso em que, inegavelmente, teria discricionariedade para a nomeação do perito de sua escolha. A quatro, porque o juiz é o destinatário último da prova, sendo irracional que se lhe imponha, sem possibilidade de rejeição, perito ou perícia que não goza de sua confiança. Por tudo isso, é de se concluir que a perícia consensual, mesmo assim está sujeita à analise judicial, podendo o juiz rejeitar o perito indicado pelas partes, nomeando outro de sua confiança. (MARINONI; ARENHART; MITIDIERO, 2015, p 474).

A perícia consensual, se for aceita, terá o mesmo valor da perícia judicial.

De outro lado, nada impede que o juiz determine a realização de segunda perícia, o que, inclusive, é expressamente previsto (art. 480, CPC de 2015).

j) limites das convenções processuais

As convenções processuais visam à simplificação dos procedimentos, a duração razoável do processo e a economia processual, o que está em sintonia com a ideia de processo justo.

As convenções permitem a gestão compartilhada do processo, com ganhos de eficiência e garantia de previsibilidade, favorecendo, ainda, a organização programada e a administração do Poder Judiciário, que podem ser realizadas em várias direções: "alocação de recursos, controle de custos, que é importante em termos orçamentários, para fixação de metas. Se tivermos a possibilidade de combinar isso com sistemas informatizados, poderemos ter até mesmo metas espacialmente diferenciadas, metas para uma região ou para algumas serventias de uma determinada sub-região ou subseção judiciária dentro de uma seção judiciária". (CABRAL, 2015, p. 36).

As convenções processuais devem atuar no sentido de garantir a tutela adequada, efetiva e tempestiva dos direitos assegurados pela ordem jurídica, observando-se que "o acordo processual e a gestão compartilhada do processo exigem, como condição de factibilidade, que sejam levados a sério o direito e o processo". (MÜLLER, 2014, p. 156).[27]

No entanto, as convenções processuais não são isentas de limites, muitos dos quais já foram apontados.

Além dos limites impostos pelos arts. 190 e 191 do CPC de 2015, as convenções processuais possuem outras limitações, apontando Marcelo Pacheco Machado, a este título, que "o núcleo essencial previsto pelo devido processo legal", ou seja, "na necessidade dos princípios do processo serem preservados no seu mínimo essencial", não sendo possível "acordar pela criação de novas regras e procedimentos, ou mesmo pela supressão destes, caso a vontade das partes entre em colisão com as garantias constitucionais do processo, neutralizando-as". (MACHADO, 2014, p. 349).[28][29]

---

27 Acrescenta referido doutrinador que "as exigências fundamentais são o consenso, o comprometimento dos sujeitos processuais com o novo modelo e a pertinência das alterações com as especificidades da causa. A gestão do procedimento, nestes casos, deixa de ser ato de incumbência direta do juiz para ser de responsabilidade compartilhada por este com as partes, numa interessante e valorosa participação mais igualitária e democrática no processo". (MÜLLER, 2014, p. 154).

28 Lembre-se que "o devido processo legal é um princípio base, sobre o qual todos os demais princípios do processo se sustentam. Ele nos remete, em sua moderna concepção, a dois conceitos distintos: *(i)* devido processo legal processual ou *procedural due process of law*; e *(ii)* devido processo legal substancial ou *substantive due process of law*. O primeiro conceito representa a ideia clássica, que enfoca o *due process* como conjunto de garantias individuais contra os abusos do Estado (princípio-síntese), sintetizando uma série de garantias processuais, tais como a segurança jurídica, a previsibilidade, o contraditório, a ampla defesa, a publicidade, a isonomia, a fundamentação das decisões judiciais, a vedação da prova ilícita, o princípio do juiz natural, entre outros. Na segunda acepção, o devido processo legal diz respeito, não exatamente ao processo judicial, administrativo ou legislativo, analisado sob o prisma formal, mas ao conteúdo das normas (concretas ou abstratas) postas pelo Estado, ao fim destes procedimentos". (MACHADO, 2014, p. 349).

29 Acrescenta Marcelo Pacheco Machado que: "pela ponderação, estas garantias podem ceder uma a outra, e quando valores se confrontarem diretamente. Assim temos na lei processual casos em que a publicidade recebe restrições face à dignidade da pessoa humana (CPC, art. 155, II; Projeto, art. 189, II e III) ou mesmo casos em que o contraditório é mitigado pela efetividade e celeridade do processo,

Conclui Marcelo Pacheco Machado que:

> Nas faculdades e ônus, podemos pensar na privatização da técnica processual. O mesmo, todavia, não ocorre nos deveres e poderes processuais. Apenas alguns 'poderes da parte, como o poder de recorrer ou mesmo o poder de desistir do processo e do recurso, poderiam ser objeto de transação, com a renúncia ao recurso ou com a renúncia ao direito de desistir do processo antes da citação (hipótese de pequeno valor prático) ou de desistir do recurso interposto. Estes casos estão diretamente ligados ao interesse privado das partes, e não colidiriam com as exigências mínimas do devido processo legal. Os poderes e deveres do juiz (relacionados ao exercício da função jurisdicional), bem como os demais poderes (como o 'poder de ação') e os deveres das partes, relacionados a um comportamento ético no processo, não poderiam ser objeto de transação. (MACHADO, 2014, p. 353).

Para Fernando da Fonseca Gajardoni, são requisitos/limites indispensáveis à *flexibilização procedimental* ("sob pena de tornarmos nosso sistema imprevisível e inseguro, com as partes e o juiz não sabendo para onde o processo vai nem quando ele vai acabar": a) a *finalidade* (propiciar a aptidão para a tutela eficaz do direito reclamado, a dispensa de alguns empecilhos formais irrelevantes para a composição do *iter* e viabilizar a proteção do hipossuficiente e equilíbrio dos contendores), b) o *contraditório útil* (conhecimento-participação-influência) e c) a *motivação* (necessidade de fundamentação da decisão que altera o *iter* legal). (GAJARDONI, 2008, p.88-94).[30]

Como adverte Cândido Rangel Dinamarco: "o que precisa ficar bem claro, como fator de segurança para as partes e como perene advertência ao juiz, é a substancial exigência de preservação das fundamentais garantias constitu-

---

admitindo-se decisões sem a prévia possibilidade de manifestação do afetado (CPC, art. 273, I e 461, §3º; Projeto, art. 301, §2º). Ocorre que, com fundamento na simples autonomia privada e liberdade de estipulação contratual, nenhuma lei teria 'competência normativa' para autorizar *a priori* as partes a renunciarem (absolutamente) à gama de princípios processuais acobertada pelo devido processo legal, tais quais a publicidade, a imparcialidade, a motivação das decisões judiciais, o contraditório, a vedação da prova ilícita e a inafastabilidade". (MACHADO, 2014, p. 349).

30 Fernando da Fonseca Gajardoni noticia que no direito português, "onde a adequação formal é expressamente permitida (art. 265-A do CPC luso), apontam-se como requisitos condicionantes da flexibilização: (a) prévia oitiva dos interessados; (b) alteração procedimental pautada e fundamentada em critérios objetivos fundados no direito material: não se pode admitir que o juízo afira a necessidade de adequação conforme os sujeitos, já que não se espera que através deste instrumento ele assegure igualdade substancial das partes; (c) a alteração não pode servir para determinar o afastamento da preclusão já verificada: tal regra, além de subverter a lógica do sistema e beneficiar às escâncaras a parte desidiosa, oportunizaria retardamento do curso processual; (d) estabelecimento de uma sequência procedimental em princípio rígida, que oferte um mínimo de certeza aos litigantes: a necessidade de segurança e o próprio acesso à justiça impõem que se garanta um conhecimento efetivo e prévio de todo o procedimento que se seguirá; e (e) respeito aos demais princípios fundamentais do processo: como o do contraditório, da ampla defesa (não pode haver restrição aos articulados previstos em lei), do dispositivo, da economia processual (a fixação não pode contemplar atos inúteis, sendo ilegal a assim prevista) e da fundamentação (sem o que a parte não poderá controlar a pertinência da flexibilização)." (GAJARDONI, 2008, p. 87).

cionais do processo, expressas no contraditório, igualdade, inafastabilidade de controle jurisdicional e na cláusula do *due processo of law*. Cada ato do procedimento há de ser conforme a lei, não em razão de estar descrito na lei nem na medida do rigor das exigências legais, mas na medida da necessidade de se cumprir certas funções do processo e porque existem funções a cumprir". (DINAMARCO, 1996, p. 129-130).

k) a intepretação dos dispositivos que tratam da gestão do processo realizada pelos operadores do direito

O CPC de 2015 tem sido objeto de amplos debates.

Com intenção apenas informativa, abaixo são apontados enunciados sobre o tema objeto do presente ensaio, adotados em dois importantes fóruns.

No Fórum Permanente de Processualistas, realizado em Vitória/ES, nos dias 01 a 03 de maio de 2015, foram aprovados os seguintes enunciados:

> **N. 6**: O negócio jurídico processual não pode afastar os deveres inerentes à boa-fé e à cooperação;
>
> **N. 16**: O controle dos requisitos objetivos e subjetivos de validade da convenção de procedimento deve ser conjugado com a regra segundo a qual não há invalidade do ato sem prejuízo;
>
> **N 17**: As partes podem, no negócio processual, estabelecer outros deveres e sanções para o caso do descumprimento da convenção 13;
>
> **N. 18**: Há indício de vulnerabilidade quando a parte celebra acordo de procedimento sem assistência técnico-jurídica;
>
> **N. 19:** São admissíveis os seguintes negócios processuais, dentre outros: pacto de impenhorabilidade, acordo de ampliação de prazos das partes de qualquer natureza, acordo de rateio de despesas processuais, dispensa consensual de assistente técnico, acordo para retirar o efeito suspensivo de recurso, acordo para não promover execução provisória; pacto de mediação ou conciliação extrajudicial prévia obrigatória, inclusive com a correlata previsão de exclusão da audiência de conciliação ou de mediação prevista no art. 334; pacto de exclusão contratual da audiência de conciliação ou de mediação prevista no art. 334; pacto de disponibilização prévia de documentação (*pacto de disclosure*), inclusive com estipulação de sanção negocial, sem prejuízo de medidas coercitivas, mandamentais, sub-rogatórias ou indutivas; previsão de meios alternativos de comunicação das partes entre si;
>
> **N. 20:** Não são admissíveis os seguintes negócios bilaterais, dentre outros: acordo para modificação da competência absoluta, acordo para supressão da primeira instância;
>
> **N. 21:** São admissíveis os seguintes negócios, dentre outros: acordo para realização de sustentação oral, acordo para ampliação do tempo de sustentação oral, julgamento antecipado do mérito convencional, convenção sobre prova, redução de prazos processuais;

N. 107: O juiz pode, de ofício, dilatar o prazo para a parte se manifestar sobre a prova documental produzida;

N. 115: O negócio jurídico celebrado nos termos do art. 190 obriga herdeiros e sucessores;

N. 129: A autorização legal para ampliação de prazos pelo juiz não se presta a afastar preclusão temporal já consumada;

N. 131: Aplica-se ao processo do trabalho o disposto no art. 190 no que se refere à flexibilidade do procedimento por proposta das partes, inclusive quanto aos prazos;

N. 132: Além dos defeitos processuais, os vícios da vontade e os vícios sociais podem dar ensejo à invalidação dos negócios jurídicos atípicos do art. 190;

N. 133: Salvo nos casos expressamente previstos em lei, os negócios processuais do art. 190 não dependem de homologação judicial;

N. 134: Negócio jurídico processual pode ser invalidado parcialmente;

N. 135: A indisponibilidade do direito material não impede, por si só, a celebração de negócio jurídico processual;

N. 252: O descumprimento de uma convenção processual válida é matéria cujo conhecimento depende de requerimento;

N. 253: O Ministério Público pode celebrar negócio processual quando atua como parte;

N. 254: É inválida a convenção para excluir a intervenção do Ministério Público como fiscal da ordem jurídica;

N. 255: É admissível a celebração de convenção processual coletiva;

N. 256: A Fazenda Pública pode celebrar negócio jurídico processual;

N. 257: O art. 190 autoriza que as partes tanto estipulem mudanças do procedimento quanto convencionem sobre os seus ônus, poderes, faculdades e deveres processuais;

N. 258: As partes podem convencionar sobre seus ônus, poderes, faculdades e deveres processuais, ainda que essa convenção não importe ajustes às especificidades da causa;

N. 259: A decisão referida no parágrafo único do art. 190 depende de contraditório prévio;

N. 260: A homologação, pelo juiz, da convenção processual, quando prevista em lei, corresponde a uma condição de eficácia do negócio;

N. 261: O art. 200 aplica-se tanto aos negócios unilaterais quanto aos bilaterais, incluindo as convenções processuais do art. 190;

N. 262: É admissível negócio processual para dispensar caução no cumprimento provisório de sentença;

N. 392: As partes não podem estabelecer, em convenção processual, a vedação da participação do *amicus curiae*";

N. 402: A eficácia dos negócios processuais para quem deles não fez parte depende de sua anuência, quando lhe puder causar prejuízo;

N. 403: A validade do negócio jurídico processual, requer agente capaz, objeto lícito, possível, determinado ou determinável e forma prescrita ou não defesa em lei;

N. 404: Nos negócios processuais, atender-se-á mais à intenção consubstanciada na manifestação de vontade do que ao sentido literal da linguagem;

N. 405: Os negócios jurídicos processuais devem ser interpretados conforme a boa-fé e os usos do lugar de sua celebração;

N. 406: Os negócios jurídicos processuais benéficos e a renúncia a direitos processuais interpretam-se estritamente;

N. 407: Nos negócios processuais, as partes e o juiz são obrigados a guardar nas tratativas, na conclusão e na execução do negócio o princípio da boa-fé;

N. 408: Quando houver no contrato de adesão negócio jurídico processual com previsões ambíguas ou contraditórias, dever-se-á adotar a interpretação mais favorável ao aderente;

N. 409: A convenção processual é autônoma em relação ao negócio em que estiver inserta, de tal sorte que a invalidade deste não implica necessariamente a invalidade da convenção processual;

N. 410: Aplica-se o Art. 142 do CPC ao controle de validade dos negócios jurídicos processuais;

N. 411: O negócio processual pode ser distratado;

N. 412: A aplicação de negócio processual em determinado processo judicial não impede, necessariamente, que da decisão do caso possa vir a ser formado precedente;

N. 413: O negócio jurídico processual pode ser celebrado no sistema dos juizados especiais, desde que observado o conjunto dos princípios que o orienta, ficando sujeito a controle judicial na forma do parágrafo único do art. 190 do CPC;

N. 414: O disposto no §1º do artigo 191 refere-se ao juízo.

A Escola Nacional de Formação e Aperfeiçoamento de Magistrados – ENFAM, promoveu o seminário "O Poder Judiciário e o novo CPC", no qual foram aprovados os seguintes enunciados:

N. 35: Além das situações em que a flexibilização do procedimento é autorizada pelo art. 139, VI, do CPC/2015, pode o juiz, de ofício, preservada a previsibilidade do rito, adaptá-lo às especificidades da causa, observadas as garantias fundamentais do processo;

N. 36: A regra do art. 190 do CPC/2015 não autoriza às partes a celebração de negócios jurídicos processuais atípicos que afetem poderes e deveres do juiz, tais como os que: a) limitem seus poderes de instrução ou de sanção à litigância ímproba; b) subtraiam do Estado/juiz o controle da legitimidade das partes ou do ingresso de *amicus curiae*; c) introduzam novas hipóteses de recorribilidade, de rescisória ou de sustentação oral não previstas em lei; d) estipulem o julgamento do conflito com base em lei diversa da nacional vigente; e e) estabeleçam prioridade de julgamento não prevista em lei;

N. 37: São nulas, por ilicitude do objeto, as convenções processuais que violem as garantias constitucionais do processo, tais como as que: a) autorizem o uso de prova ilícita; b) limitem a publicidade do processo para além das hipóteses expressamente previstas em lei; c) modifiquem o regime de competência absoluta; e d) dispensem o dever de motivação;

N. 38: Somente partes absolutamente capazes podem celebrar convenção pré-processual atípica (arts. 190 e 191 do CPC/2015);

N. 39: Não é válida convenção pré-processual oral (art. 4º, § 1º, da Lei n. 9.307/1996 e 63, § 1º, do CPC/2015).

4. AS CONVENÇÕES PROCESSUAIS E O PROCESSO DO TRABALHO

Antes de examinar a aplicabilidade das soluções adotadas pelo CPC de 2015 em relação às convenções processuais, no processo do trabalho, cumpre estabelecer algumas premissas.

4.1. BREVES ANOTAÇÕES SOBRE O DIREITO DO TRABALHO

O Direito do Trabalho é fruto de um árduo processo de construção, o que não pode ser desprezado quando se trate da tutela dos direitos por ele assegurado aos trabalhadores, notadamente os de estatura de direitos humanos e fundamentais.[31]

Deve ser lembrado que, como aduz Gustav Radbruch, o Direito do Trabalho, não

> [...] não é simplesmente a ideia de um Direito especial destinado às classes baixas da sociedade, mas envolve um alcance muito maior. Se trata, na realidade, de uma nova forma estilística do Direito, em geral. O Direito social é o resultado de uma nova concepção do homem pelo Direito. (RADBRUCH, 1997, p. 157).

Gustav Radbruch denomina direito social, no qual inseri o Direito do Trabalho, as

> [...] modificações de direito público da igualdade jurídica formal, da liberdade jurídica de contratação e propriedade, em poucas palavras, do direito privado individualista, modificações que servem para equilibrar as diferenças de poder entre os economicamente frágeis e os fortes, entre os trabalhadores e os empresários. (RADBRUCH, 1992, p. 15-16).

---

31 Assinala Mario de la Cueva que "a história do direito do trabalho é um dos episódios mais dramáticos da luta de classes, por seu profundo sentido de reivindicação dos valores humanos, talvez o mais profundo de todos, porque é a luta pela libertação e dignificação do trabalho, o que é o mesmo que dizer a libertação e dignificação do homem em sua integridade". (CUEVA, 1972, p. 12).

O Direito do Trabalho "é a expressão de um humanismo moderno. Se apresenta em sua totalidade como uma série de limitações ao poder do chefe da empresa para proteger a pessoa do trabalhador" (CAMERLYNCK; LYON-CAEN, 1969, p. 26).

O Direito do Trabalho possui caráter tutelar, que se manifesta no reconhecimento de direitos materiais, como forma de compensar a desigualdade existente na relação entre empregado e empregador. Ressalte-se que a "legislação tuitiva é uma forma de compensar a desigualdade da relação empregado e empregador, sendo assim uma manifestação do princípio constitucional da isonomia, a que se refere o artigo 5º, II, da Constituição Federal. A autonomia da vontade, ao contrário do que sucede nos contratos civis, aqui é sobrepujada pelo regramento legal, numa intervenção deliberada do Estado para equilibrar a relação laboral e atribuir-lhe uma dimensão equânime". (CAVALCANTE, 2008, p. 142).

Lembre-se que a Constituição da República de 1988 inclui entre os fundamentos da República a dignidade da pessoa humana e o valor social do trabalho, além de eleger como objetivo fundamental da República a justiça social, realçando, com isso, a importância do trabalho humano e, por conseguinte, das normas que visam protegê-lo, observando-se, por ser de suma importância, que os direitos nela assegurados aos trabalhadores foram incluídos no rol dos direitos com *status* fundamental.

A proteção do trabalhador é também uma exigência da atribuição à dignidade da pessoa humana da condição de fundamento da ordem jurídica, econômica e social (art. 1º, inciso III, da Constituição Federal de 1988).

Valorizar o trabalho humano não se resume ao reconhecimento formal da titularidade de direitos, sendo indispensável a criação de instrumentos que assegurem a sua efetividade.

4.2. O DIREITO AO PROCESSO JUSTO E À TUTELA JURISDICIONAL ADEQUADA, EFETIVA E TEMPESTIVA DOS DIREITOS TRABALHISTAS

O processo do trabalho atua em razão do desrespeito ao Direito do Trabalho e sua finalidade primeira é realizar concretamente os direitos que por ele são reconhecidos aos trabalhadores.

A Constituição da República, diante da relevância social da concretização dos direitos, em especial os de natureza fundamental, estabelece o que Luigi Paolo Comoglio, Corrado Ferri e Michele Taruffo denominam "modelo-base de processo", fixando as diretrizes para um processo justo. (COMOGLIO; FERRI; TARUFFO, 2006, p. 63).

A Constituição de 1988, com isso, reconhece, com a natureza de direito fundamental, o direito a um processo justo, que é o que se desenvolve publicamente, perante juiz previamente apontado como competente, imparcial e independente, com respeito ao direito das partes ao exercício, em simétrica paridade, do contraditório e da ampla defesa e promova a solução do conflito de interesses em tempo razoável.[32]

O direito ao processo justo é reconhecido na intenção de assegurar tutela jurisdicional adequada, efetiva e tempestiva, reafirmando a necessidade de criar um processo capaz de produzir resultados concretos na vida social, no menor espaço de tempo e com o menor dispêndio econômico possíveis. Em suma, a Constituição Federal de 1988 garantiu aos cidadãos a efetividade, tempestividade e justiça do processo, sem as quais não é politicamente legítimo o sistema processual de um país, consoante adverte Cândido Rangel Dinamarco. (DINAMARCO, 2003, p. 29).

Definindo o modo de ser do processo, a Constituição assegura o direito ao contraditório, à ampla defesa, à motivação das decisões, ao juiz natural (art. 5º, XXXVII e LIII), à igualdade, nela compreendida a paridade de armas, a publicidade do processo (art. 93, IX) e proíbe as provas obtidas por meios ilícitos (art. 5º, LVI), além de consagrar regras de tutela jurisdicional de direitos (como por exemplo, a legitimidade dos sindicatos e das associações civis: art. 8º, III, e 5º, XXI, respectivamente), e a duração razoável do processo (art. 5º,), não podendo ser esquecida, ainda, a ampliação da legitimidade para agir em relação à ação direta de inconstitucionalidade.

A Carta Magna persegue, segundo afirma Cândido Rangel Dinamarco, "a oferta de uma tutela jurisdicional que efetivamente tutele as pessoas, cuidando de remover ou mitigar os óbices que se oponham à celeridade da produção desse resultado desejado". (DINAMARCO, 2003, p. 29).

A partir da Constituição da República de 1988, o processo deixou de ser um mecanismo de defesa de interesse privados (*processo privatista*), para ser um mecanismo à disposição do Estado para a realização da justiça, que é um valor eminentemente social, voltando-se para a tutela de uma ordem superior de princípios e valores que estão acima dos interesses controvertidos das partes e que, no todo, estão voltados para a realização do bem comum (*processo publi-*

---

[32] Registre-se, em sintonia com Érico Andrade, que "o processo hoje, permeado pela principiologia constitucional, é um processo atento ao direito material e às suas necessidades, preocupado em prestar tutela efetiva, concreta, a esse mesmo direito material, em tempo razoável, sem perder de vista o contraditório. No âmbito processual, o cenário moderno é evidente: o primeiro esforço doutrinário, a partir de meados do século passado, foi no sentido de estruturar o processo de garantias/princípios constitucionais, situando-o como instrumento do direito material, e instrumento efetivo. Agora, num segundo momento, cristalizadas as garantias constitucionais do processo, na fórmula-síntese do 'justo processo', parte a doutrina, abertamente, para pôr em prática nos processos o cenário constitucional. Noutras palavras, em sede de garantias constitucionais do processo, uma vez cristalizadas na Constituição, se deve partir para sua efetivação, concretização, ou seja, sair do mundo do dever-ser para o mundo do ser; sair do mundo jurídico para o mundo da realidade fática" (ANDRADE, 2010, p. 4).

cista), afirmando Eduardo Cambi que "a prevalência da ordem pública sobre os interesses privados está em vários pontos da dogmática processual, como é o caso da garantia constitucional da inafastabilidade da jurisdição, da garantia do juiz natural, do impulso oficial, no conhecimento de ofício (objeções), na autoridade do juiz, na liberdade de valoração das provas, no dever de fundamentação das decisões judiciais, nas nulidades absolutas, nas indisponibilidades, no contraditório efetivo e equilibrado, na ampla defesa, no dever de veracidade e de lealdade, na repulsa à litigância de má-fé, entre outros, concluindo que os fins públicos buscados pelo processo, como instrumento democrático de poder jurisdicional, ultrapassam os interesses individuais das partes na solução do litígio. A visão publicista, para esse autor, foi imposta pela constitucionalização dos direitos e garantias processuais, não se esgotando na sujeição das partes ao processo. (CAMBI, 2006, p.674).

Ao tutelar o processo, a Constituição da República de 1988 reconhece a existência de verdadeiros direitos fundamentais processuais.

Anote-se que constitui obrigação do Estado criar condições necessárias a uma tutela adequada, efetiva e tempestiva dos direitos materiais, notadamente os de estatura humana e fundamental, entre eles os que se digam respeito à relação de emprego. Essa obrigação constitui corolário do direito humano e fundamental de acesso à justiça, que é reconhecido, respectivamente, nos art. 8º da *Declaração Universal dos Direitos Humanos*, art. 8º da *Convenção Americana sobre Direitos Humanos (Pacto de San José da Costa Rica* – 07 a 22.11.1969)[33] firmada pelo Brasil em 07.09.1992, art. 18 da *Declaração Interamericana de Direitos e Deveres do Homem*[34] aprovada em Bogotá em 1948, e no art. 5º, XXXV, da Constituição da República.

O direito à tutela adequada está assegurado nos incisos XXXV e LIX do art. 5º da CR/88, que significa a necessidade de existência de "(i) de procedimentos com nível de cognição apropriado à tutela do direito pretendida; (ii) de distribuição adequada do ônus da prova, inclusive com possibilidade de dinamização e inversão; (iii) de técnicas antecipatórias idôneas a distribuir isonomicamente o ônus do tempo no processo, seja em face da urgência, seja em face da evidência; (iv) de formas de tutela jurisdicional com executividade intrínseca; (v) de técnicas executivas idôneas; e (vi) de *standards* para valoração pro-

---

[33] "Art. 8. Toda pessoa tem direito a ser ouvida, com as devidas garantias e dentro de um prazo razoável, por um juiz ou tribunal competente, independente e imparcial, estabelecido com anterioridade pela lei, em sua sustentação de qualquer acusação penal formulada contra ela, ou para a determinação de seus direitos e obrigações de ordem civil, laboral, fiscal ou de qualquer outra natureza."

[34] "Art. 18. Toda pessoa pode recorrer aos tribunais para fazer valer seus direitos. Assim deve dispor de um procedimento simples e breve pelo qual a justiça o ampare contra atos de autoridade que violar, em prejuízo seu, algum dos direitos fundamentais consagrados constitucionalmente."

batória pertinentes à natureza do direito material debatido em juízo". (MARINONI; MITIDIERO; 2012, p. 630-631).

Pode ser alinhado, ainda como elemento da tutela adequada, a capacidade do processo de atender às especificidades do direito objeto de disputa judicial. Cada direito deve contar com uma proteção jurisdicional que atenda a suas especificidades. O reconhecimento do direito à tutela adequada, "mediante a consideração das várias necessidades de direito substancial, dá ao juiz o poder-dever de encontrar a técnica processual idônea à proteção (ou à tutela) do direito material." (MARINONI, 2009, p. 125-126). Note-se, nesse sentido, por exemplo, que o art. 798 do CPC de 1973 e 297 do CPC de 2015 permitem ao juiz deferir medidas não previstas de forma expressa, mas que sejam adequadas à garantia da utilidade prática do processo, em uma clara demonstração da existência do poder-dever a que se refere Luiz Guilherme Marinoni. O mesmo pode ser dito em relação ao disposto no art. 461 do CPC de 1973[35] e no art. 84 do CDC, segundo os quais o juiz poderá tomar as medidas necessárias para garantir a efetivação da tutela específica.

J. J. Gomes Canotilho inclui entre as condições da tutela adequada:

> (1) a proibição de requisitos processuais desnecessários ou desviados de um sentido conforme ao direito fundamental de acesso aos tribunais;
>
> (2) a existência de fixação legal prévia dos requisitos e pressupostos processuais dos recursos e ações;
>
> (3) a *sanação* de irregularidades processuais como exigência do direito à tutela judicial. (CANOTILHO, 2003, p. 499).

Ainda de acordo com J. J. Gomes Canotilho, compõem o direito à tutela adequada a tutela jurisdicional eficaz e temporalmente adequada e a execução das decisões judiciais, na medida em que ao demandante de tutela jurisdicional "deve ser reconhecida a possibilidade de, em *tempo útil* ('adequação temporal', 'justiça temporalmente adequada'), obter uma sentença executória com *força de caso julgado.*" Acrescente-se

> [...] uma proteção jurídica eficaz pressupõe o direito à execução das sentenças ('fazer cumprir as sentenças') dos tribunais através dos tribunais (ou de outras autoridades públicas), devendo o Estado fornecer todos os meios jurídicos e materiais necessários e adequados para dar cumprimento às sentenças dos juízes. (CANOTILHO, 2003, p. 499-500).[36]

De outro lado, a tutela, além de adequada, deve ser efetiva, ou seja, ser aquela que alcança os resultados perseguidos pela ordem jurídica. Nessa linha de ra-

---

35 O artigo correspondente no CPC de 2015 é o de número 497.

36 Tutelar um direito não é apenas confirmar a sua existência, mas fazê-lo valer concretamente, o que já constitui uma diretriz do direito processual do trabalho, inferida, por exemplo, da autorização para que o juiz execute de ofício as suas decisões.

ciocínio, Kazuo Watanabe adverte sobre a "máxima coincidência entre a tutela jurisdicional e o direito que assiste à parte." (WATANABE, 2005, p. 41).

Luigi Paolo Comoglio, Corrado Ferri e Michele Tarufo, após assinalarem que a simples afirmação de que o processo serve para tutelar direitos é abstrata e muito genérica, asseveram que essa tutela deve ser efetiva, possuindo essa efetividade duas dimensões, quais sejam:

O primeiro aspecto deriva da exigência de que os remédios processuais sejam acessíveis a todo aquele que deles necessite para fazer atuar direito próprio, que sejam razoavelmente eficientes em termos de tempo, custos e atividade necessária para colocá-los em prática e que, enfim, garantam resultados adequados à natureza da situação concreta merecedora de tutela [...]. O segundo importante aspecto da efetividade da tutela jurisdicional deriva do fato que, diante da proliferação e da evolução contínua de situações concretas que necessitam de tutela, cada um dos quais apresenta conteúdo e características estruturais e necessidades diferentes, o uso de algumas formas simples e técnicas processuais é cada vez mais inadequado. Por um lado, as técnicas processuais tradicionais, baseadas em conceitos relacionados com situações subjetivas clássicas do direito privado, não parecem ser capazes de assegurar uma tutela efetiva a situações novas e estruturalmente diferentes [...]. Por conseguinte, a tendência à criação de procedimentos de vários modos 'especiais', que se ofereçam como parcial ou total alternativa em relação ao procedimento ordinário, que satisfaçam a necessidade de assegurar formas eficientes de tutela cautelar e que ensejem a oportunidade de articular as formas de tutela executiva de modo a garantir também o êxito concreto da tutela jurisdicional. (COMOGLIO; FERRI; TARUFFO, 2006, p. 34-35).

O Direito Internacional dos Direitos Humanos consagra, expressamente, o direito à efetividade da jurisdição, como se vê em seu art. VIII, segundo o qual "toda pessoa tem o direito de receber dos Tribunais nacionais competentes recurso efetivo para os atos que violem os direitos fundamentais que lhe sejam reconhecidos pela Constituição ou pela lei." (MAZZUOLI, 2013, p. 798).

4.3. AS CONVENÇÕES PROCESSUAIS SEGUNDO O ESTABELECIDO NO CPC DE 2105 E O PROCESSO DO TRABALHO. NOTAS CONCLUSIVAS

Segundo o art. 769 da CLT, a adoção do direito processual comum como fonte subsidiária do direito processual do trabalho pressupõe omissão do direito processual do trabalho e a compatibilidade da norma a ser importada para a solução do caso concreto com as normas do direito processual do trabalho.

O direito processual do trabalho não dispõe de normas regulamentando a utilização das convenções processuais, sendo, então, caso de omissão legislativa, autorizando a adoção do CPC para disciplinar a matéria, desde que compatíveis com as suas normas.

No entanto, a exigência de compatibilidade da norma a ser importada com o direito processual do trabalho torna certo que a aplicação subsidiária do CPC ao processo do trabalho não é automática, mas limitada, eis que condicionada à dupla compatibilidade: formal (inexistência de disposição legal acerca da matéria no direito processual do trabalho); e b) material (a regra do Código de Processo Civil só será aplicável se não ferir o espírito do direito processual do trabalho).

Observe-se, contudo, que, como já foi esclarecido na Introdução deste ensaio, o direito processual do trabalho admite a *flexibilização do procedimento* e também convenções processuais, o que torna a celebração de convenções processuais compatíveis com o direito processual do trabalho.

Nesse compasso, as normas do direito processual do trabalho devem dialogar com as do CPC de 2015, mas este diálogo deve ser realizado considerando algumas premissas básicas, além, é claro, dos limites da possibilidade da celebração de convenções processuais apontados no corpo do presente ensaio.

A aplicação das convenções processuais no processo do trabalho deve ocorrer em sintonia com a relevância social da efetividade do Direito do Trabalho. As convenções somente são admitidas quando voltadas à realização concreta dos direitos trabalhistas, especialmente daqueles com estatura de direitos humanos e fundamentais.

As convenções processuais devem respeitar o modelo constitucional de processo justo, visto que a "Constituição é, sempre, não só o ponto de partida, mas a 'lente' com a qual se deve obrigatoriamente ler todo o sistema legislativo infraconstitucional do processo, o que leva, inclusive, a mudança de perspectiva no modo de entender e expor cientificamente o processo". (ANDRADE, 2010, p. 57).

As convenções processuais não podem perder de vista a necessidade de combater o reiterado descumprimento das normas trabalhistas.[37] As conven-

---

[37] Sobre este assunto, anota José Roberto Freire Pimenta que "o deliberado descumprimento generalizado das obrigações trabalhistas constitucionais e infraconstitucionais asseguradas a cada empregado (a denominada síndrome do descumprimento das obrigações, que caracteriza típico exemplo de lesões em massa a direitos individuais homogêneos, de inegável relevância social, que hoje gera um número cada vez maior de reclamações individuais de conteúdo praticamente idêntico e repetitivo, por si sós incapazes de ressarcir plenamente os direitos fundamentais sociais descumpridos por uma única conduta ilícita do mesmo empregador e geradoras de insegurança jurídica, por poderem produzir resultados díspares e anti-isonômicos, em virtude da pluralidade dos processos e respectivos órgãos judiciais perante os quais tramitarão) finalmente poderá ser adequadamente enfrentado tão logo as lesões tenham sido praticadas (ou estejam prestes a sê-lo), por uma parte ideológica que não tenha o natural receio que cada empregado brasileiro hoje razoavelmente tem de perder seu emprego, caso ajuíze sua reclamação no curso de seu contrato de trabalho." (PIMENTA, 2009, p. 42).

ções processuais não podem resultar na inviabilidade do direito fundamental à tutela adequada, efetiva e tempestiva, notadamente de direitos que são reconhecidos com vistas à melhoria da condição humana, social, econômica e política dos trabalhadores e de sua família.[38]

A realização concreta de direitos trabalhistas exige uma justiça mais humana, seja no que comporta ao papel desempenhado pelo juiz e pelas partes no processo, seja colocando o ser humano como fundamento e finalidade da ordem jurídica.

A vulnerabilidade técnica e socioeconômica não pode ser desconsiderada no exame das convenções processuais, lembrando-se que o trabalhador depende da celebração do contrato de emprego e da sua manutenção para o atendimento das suas necessidades próprias e familiares.

O Direito do Trabalho adota como diretriz, inclusive, a presunção de ausência de livre manifestação de vontade quando o trabalhador dispõe de direitos que lhe são assegurados pela ordem jurídica, como se vê, por exemplo, no art. 468 da CLT. Tal presunção também deve ser aplicada em relação às convenções processuais, principalmente daquelas que precedem ao processo.

A vulnerabilidade técnica e socioeconômica do trabalhador é compensada pela adoção de técnicas processuais que visam facilitar o seu acesso à justiça, simplificar as formas e procedimentos e garantir a satisfação rápida e plena dos seus direitos, o que não pode ser prejudicado em nome do respeito ao *princípio da liberdade contratual*.[39]

As convenções processuais podem ser adotadas no âmbito dos conflitos coletivos de trabalho, notadamente se obtidas por meio da mediação ou da arbitragem junto ao Ministério do Trabalho e Emprego e até mesmo junto ao Ministério Público do Trabalho, conforme autorização contida no art. 114, §§ 1º e 2º, da CR/88 e Lei n. 10.101/2000.[40] Além disto, nos instrumentos coletivos podem ser ajustadas convenções processuais para facilitar, se for o caso, a concretização dos direitos trabalhistas quando feitos valer em juízo.

---

38 Devem ser interpretados conjuntamente os arts. 6º a 11º e 5, §§ 2º e 3º, 7º, *caput*, e 170, *caput*, da CR/88, as várias disposições legais que procuram facilitar a conciliação da vida profissional e da vida familiar, em matéria de tempo de trabalho, de faltas ou de férias, denotam uma preocupação da lei com a importância do fenômeno do trabalho numa perspectiva humana e sociológica; já a exigência de pagamento de um salário mínimo nacional (art. 7º, IV), e a tutela da remuneração encontrada nas várias leis trabalhistas, materiais e processuais, demonstram a presença do valor econômico do trabalho pela lei, com vistas a tutelar o trabalhador individual e coletivamente enquanto merecedor de uma vida digna (art. 170, *caput*). Está plenamente justificada, portanto, a referência à melhoria da condição humana, social, econômica e política do trabalhador.

39 Como aduz Antônio Cabral, "se o acordo de vontade for celebrado em um contexto em que o indivíduo imponha a sua vontade unilateralmente a outro indivíduo, é claro que essa convenção deve ser, como qualquer contato, considerada inválida e ineficaz". (CABRAL, 2015, p. 36).

40 Esta Lei prevê em seu art. 4º, I, a mediação como forma de fixar a participação nos lucros ou resultados.

Em suma, as convenções processuais devem ser recebidas e aplicadas no processo do trabalho, mas com reservas. A principal delas decorre da constatação de que o Direito do Trabalho e o processo que tem por objetivo torná-lo efetivo servem ao ser humano que vive da alienação da sua força de trabalho, com vistas à melhoria da sua condição humana, social, econômica e política, bem como da sua família.

5. REFERÊNCIAS BIBLIOGRÁFICAS

ALMEIDA, Cleber Lúcio. **Direito processual do trabalho**. 5 ed. Belo Horizonte: Del Rey, 2014.

ANDRADE, Érico. **O mandado de segurança**: a busca da verdadeira especialidade. Rio de Janeiro: Lumen Juris, 2010.

ANDRADE, Érico. As novas perspectivas do gerenciamento e da 'contratualização' do processo. **Revista de Processo**, ano 36, v. 193. São Paulo: RT, março/2011.

ANDREWS, Neil. **O moderno processo civil. Formas judiciais e alternativas de resolução de conflitos na Inglaterra**. 2 ed. Tradução do Autor. Orientação e revisão da tradução Teresa Arruda Alvim Wambier. São Paulo: RT, 2012.

ARENHART, Sérgio Cruz; MITIDIERO, Daniel; MARINONI, Luiz Guilherme. **Código de Processo Civil comentado**. São Paulo: RT, 2015

ASSIS, Araken de. **Manual do Processo de Execução**. 15 ed. São Paulo: RT, 2013.

BARBOSA MOREIRA, José Carlos. **O processo, as partes e a sociedade**. *RePro* 125, São Paulo: RT, jul. 2005.

BRASIL. TRIBUNAL Superior do Trabalho. Processo: RR-208800-74.1999.5.01.0241. Relator Min. Lelio Bentes Corrêa, 1ª Turma, **DEJT** 08/04/2011

CABRAL, Antônio. **Negociação processual**. Palestra proferida na Escola Nacional de Formação e Aperfeiçoamento de Magistrados do Trabalho – ENAMAT, no dia 15 de setembro de 2014, às 9hs. Disponível no "site" http://www.enamat.gov.br/wp-content/uploads/2014/09/Degrava%C3%A7%C3%A3o-do-Simp%C3%B3sio_CPC.pdf. Acesso em 15.10.2015.

CADIET, Loïc. Los acuerdo procesales em derecho francês: situación actual de la contractualización del proceso y de la justicia en Francia. **Civil Procedure Review**, v. 3, n. 3: 3-35, aug.-dec.; 2012. Disponível no "site" www.civilprocedurereview.com Acesso em 30.10.2015.

CAMERLYNCK, G. H.; LYON-CAEN, Gérar. **Droit du Travail**. 3. ed. Paris: Dalloz, 1969.

CANOTILHO, J.J GOMES. **Direito constitucional e teoria da constituição**. 7. ed. Coimbra: Almedina, 2003.

CARNELUTTI, Francesco. **Sistema de direito processual civil**. Tradução de Hiltomar Martins Oliveira. 2. ed. São Paulo: Lemos e Cruz, 2004. v. I.

CAVALCANTE, Ricardo Tenório. **Jurisdição, direitos sociais e proteção do trabalhador**: a efetividade do direito material e processual do trabalho desde a teoria dos princípios. Porto Alegre: Livraria do Advogado, 2008.

COMOGLIO, Luigi Paolo; FERRI, Corrado; TARUFFO, Michele. **Lezioni sul processo civile**. 4. ed. Bologna: Il Mulino, 2006.

CUEVA, Mario de la. **El nuevo derecho mexicano del trabajo**. México: Porrúa, 1972.

CUNHA, Leonardo Carneiro da. Comentários ao art. 190 do CPC. In **Comentários ao novo Código de Processo Civil**. CABRAL, Antonio do Passo; CRAMER, Ronaldo (Coords.). Rio de Janeiro: Forense, 2015.

DIDIER JR, Fredie. **Aspectos gerais do novo CPC**. Palestra proferida na Escola Nacional de Formação e Aperfeiçoamento de Magistrados do Trabalho – ENAMAT, no dia 15 de setembro de 2014, às 9hs. Disponível no "site" http://www.enamat.gov.br/wp-content/uploads/2014/09/Degrava%C3%A7%C3%A3o-do-Simp%C3%B3sio_CPC.pdf. Acesso em 15.10.2015.

DIDIER JR, Fredie. Princípio do respeito ao autorregramento da vontade no processo civil. 2015. **Revista de Direito**. Porto Alegre, ano 15, nº 1250, 01 de junho de 2015. Disponível em: http://www.tex.pro.br/index.php/artigos/306-artigos-jun-2015/7187-principio-do-respeito-ao-autorregramento-da-vontade-no-processo-civil. Acesso em 30.10.2015.

DINAMARCO, Cândido Rangel. **A reforma da reforma**. 4. ed. São Paulo: Malheiros, 2003.

DINAMARCO, Cândido Rangel. **Instituições de direito processual civil**. 6 ed. v. II. São Paulo: Malheiros, 2009.

GARCIA, Gustavo Filipe Barbosa. **Curso de direito processual do trabalho**. 4 ed. ver., atual. e ampl. Rio de Janeiro: Forense, 2015.

GRECO, Leonardo. Os atos de disposição processual – primeiras reflexões. **Revista eletrônica de Direito Processual**. Disponível no "site" www.revistaprocessual.com, 2007, v. 1'. Acesso em 15.10.2015.

LARENZ, Karl. **Metodologia da ciência do direito**. Tradução de José Lamego. Lisboa: Fundação Calouste Gulbenkian, 1997.

MACHADO, Marcelo Pacheco. A privatização da técnica processual no projeto de novo Código de Processo Civil. In **Novas tendências do processo civil. Estudos sobre o projeto do novo Código de Processo Civil**. v. III. FREIRE, Alexandre *et al* (Orgs.). Salvador: JusPODIVM, 2014, p. 339-361.

MARINONI, Luiz Guilherme; ARENHART, Sérgio Cruz; MITIDIERO, Daniel. **Código de Processo Civil comentado**. São Paulo: RT, 2015

MARINONI, Luiz Guilherme; MITIDIERO, Daniel. **Curso de direito constitucional.** SARLET, Ingo Wolfgang; MARINONI, Luiz Guilherme; MITIDIERO, Daniel. São Paulo: RT, 2012.

MARINONI, Luiz Guilherme. **Manual do processo de conhecimento. A tutela jurisdicional através do processo de conhecimento.** 2. ed. São Paulo: RT, 2005.

MARQUES, Claudia Lima. **Contratos no código de defesa do consumidor. O novo regime das relações contratuais.** 6. ed. São Paulo: RT, 2011.

MAZZUOLI, Valerio de Oliveira. **Coletânea de direito internacional.** São Paulo: RT, 2013.

MOREIRA, José Carlos Barbosa. O neoprivatismo no Processo Civil. **RePro**, v. 30, n. 122. São Paulo: RT, 2005, p. 279.

MÜLLER, Julio Guilherme. Acordo processual e gestão compartilhada do procedimento. In **Novas Tendências do processo civil. Estudos sobre o projeto do novo Código de Processo Civil.** FREIRE, Alexandre *et al* (Orgs.). vol. 3. Salvador: *Jus*PODIVM, 2014, p. 147-159.

OLIVEIRA, Carlos Alberto Alvaro. O processo civil na perspectiva dos direitos fundamentais. In: OLIVEIRA, Carlos Alberto Alvaro (Org.). **Processo e Constituição.** Rio de Janeiro: Forense, 2004.

PIMENTA, José Roberto Freire. A tutela metaindividual dos direitos trabalhistas: uma exigência constitucional. In: PIMENTA, José Roberto Freire; BARROS, Juliana Augusta Medeiros de; FERNANDES, Nádia Soraggi (Coord.). **Tutela metaindividual trabalhista. A defesa coletiva dos direitos dos trabalhadores em juízo.** São Paulo: LTr, 2009.

PISANI, Andrea Proto. **Le tutele giurisdizionali dei diritti.** Studi. Napoli: Jovene, 2003.

RADBRUCH, Gustav. **Introdución a la filosofia del derecho.** Santa Fé de Bogotá: Fondo de Cultura Económica, 1997.

RADBRUCH, Gustav. **Relativismo y derecho.** Santa Fé de Bogotá: Temis, 1992.

TRUEBA URBINA, Alberto. **Nuevo derecho procesal del trabajo.** 4. ed. México: Porrua, 1978.

WATANABE, Kazuo. **Da cognição no processo civil.** 3. ed. São Paulo: Perfil, 2005.

Capítulo 27

A APLICAÇÃO DAS CONVENÇÕES PROCESSUAIS DO NOVO CPC AO PROCESSO DO TRABALHO NA PERSPECTIVA DOS DIREITOS FUNDAMENTAIS

Gabriela Neves Delgado[1] e Renata Queiroz Dutra[2]

SUMÁRIO: 1. INTRODUÇÃO; 2. RESGATE HISTÓRICO; 3. O PRINCÍPIO DA PROTEÇÃO E O PROCESSO DO TRABALHO; 4. OS DIREITOS FUNDAMENTAIS COMO CRITÉRIO VETOR DE APLICAÇÃO DAS NORMAS PROCESSUAIS TRABALHISTAS; 5. CONSIDERAÇÕES FINAIS; 6. REFERÊNCIAS.

1. INTRODUÇÃO

O novo Código de Processo Civil revoluciona muitos dos institutos processuais e procedimentais até então vigentes e polemiza a respeito das soluções que cria, ao racionalizar algumas práticas em detrimento dos novos problemas que surgem, a partir da implementação de uma cultura diferenciada em relação aos litígios cíveis.

Interessa particularmente aos estudiosos do Direito e do Processo do Trabalho pensar em que medida se dará a incidência da nova perspectiva do CPC que, em sua essência, amplia a autonomia da vontade das partes em relação ao procedimento e restringe os poderes do juiz na condução do processo, mitigando o caráter publicista até então observado no rito civil.

Para tanto, é preciso apreender as peculiaridades que envolvem o Direito do Trabalho, e que o distinguem do Direito Civil – ramo do Direito do qual ele contraditoriamente se originou e do qual firmemente se desgarrou[3]. Também

---

1 Professora Adjunta de Direito do Trabalho da Universidade de Brasília (UnB).
2 Doutoranda e Mestre em "Direito, Estado e Constituição" pela Universidade de Brasília (UnB).
3 MELLO FILHO, Luiz Philippe Vieira de; DUTRA, Renata Queiroz. Contrato de locação de serviços, contrato de prestação de serviços e contrato de trabalho: um retorno às origens? *In:* TEPEDINO, Gustavo José Mendes; MELLO FILHO, Luiz Philippe Vieira de; FRAZÃO, Ana de Oliveira; DELGADO, Gabriela Neves (Org.). *Diálogos entre o Direito do Trabalho e o Direito Civil.* 1.ed. São Paulo: Revista dos Tribunais, 2013, v. 1, p. 215-247.

não se pode perder de vista que o lugar destinado ao processo, na Constituição Federal de 1988, e, por consequência, em todo o ordenamento jurídico, é de instrumento assecuratório da solução de conflitos, sempre com vistas à concretização dos direitos fundamentais. Isto é, um processo que dificulta a concretização das garantias fundamentais da pessoa humana ou que caminha para trás, impedindo a ampliação dessas garantias, é um processo que não atende ao escopo constitucional.

Assim, interpretar o novo Código de Processo Civil e sua compatibilidade com o Processo do Trabalho passa, necessariamente, pela aferição da aptidão dos institutos do novo CPC para concretizar os direitos fundamentais trabalhistas, com destaque para os direitos sociais previstos nos artigos 7º a 9º da Constituição. Mais do que compatibilizar-se com a disciplina celetista infraconstitucional, que efetivamente molda uma estrutura própria e peculiar para o Processo do Trabalho, o desafio do novo CPC, para alcançar a dimensão dos litígios trabalhistas, é se adaptar ao bem jurídico singularíssimo que é tutelado pelo processo trabalhista: o trabalho humano e sua dimensão inerente de assegurador de dignidade ao ser humano que trabalha.

Nesse sentido, o objetivo desse ensaio será problematizar a aptidão de algumas regras do novo CPC para concretizar a proteção ao trabalho digno, à luz dos direitos fundamentais dos trabalhadores e da sua via de efetivação, que é o processo.

E a proposta é fazê-lo a partir do recorte de um princípio que está difundido em diversos dispositivos do novo Código de Processo Civil: a autonomia da vontade das partes para convencionar a respeito das mais diversas regras processuais - desde a fixação dos prazos, até a distribuição do ônus da prova e a suspensão do processo, por exemplo. Tal autonomia foi maximizada no novo diploma, permitindo que muitos dispositivos outrora cogentes sejam afastados pela vontade das partes em sede de comum acordo.

Evidentemente, os processualistas civis não desconsideram, ao prever e defender tal inovação que, em relações assimétricas, nas quais fique demonstrado que a desproporção real de forças entre as partes conduziu a uma convenção processual francamente desfavorável ao hipossuficiente, tais convenções não serão validadas.

Entretanto, há claramente uma mudança de perspectiva: o que antes era exceção passa a ser a regra e a intervenção publicista do julgador se torna excepcional. Especialmente no que toca ao domínio das relações de trabalho, operar-se-ia a desconstrução de uma sistemática de funcionamento do rito processual, marcado pela intervenção principal do juiz compensando a hipossuficiência do trabalhador - o que é potencializado pelo fato de ainda hoje ser admitido o *jus postulandi* na Justiça do Trabalho -, para que fosse implantado o novo modelo.

Enfrentar tal questão, que não se refere a aspectos formais, mas certamente ao conteúdo tensionado das relações entre capital e trabalho, pressupõe perpassar alguns questionamentos: a mitigação da autonomia da vontade das partes no âmbito do direito material do trabalho se transfere ao âmbito do processo do trabalho? É possível chancelar uma norma convencional em matéria de processo, que torne menos oneroso o exercício da defesa pelo trabalhador? Padece de nulidade uma norma convencional processual que dificulte ou que restrinja algumas das faculdades processuais do trabalhador, em prol da celeridade? Qual o procedimento para o questionamento da validade das convenções processuais? Qual o papel das partes coletivas numa possível aplicação das convenções processuais ao Processo do Trabalho? A autonomia plena é um valor pretendido pelo sistema jurídico trabalhista, composto de direito material e processual?

Para elucidar tais questões, inicialmente será feito um breve resgate da gênese do Direito do Trabalho e da construção jurídica que levou à mitigação da autonomia da vontade das partes no seu âmbito. Em seguida, será analisada a possibilidade de extensão das razões que levaram a uma construção jurídica diferenciada para o Direito do Trabalho às relações processuais apresentadas perante a Justiça do Trabalho. Por fim, ainda serão apresentadas reflexões sobre o que parece potencializar os direitos fundamentais trabalhistas e o que parece pô-los em risco na proposta do novo CPC, apresentando a efetivação e a prospecção dos direitos fundamentais como o mais relevante critério para a compatibilização das novas normas processuais civis com o Processo do Trabalho.

2. RESGATE HISTÓRICO[4]

As origens do Direito do Trabalho coincidem com a afirmação do trabalho livre. O capitalismo, a partir do advento da Revolução Industrial, representou a superação do modelo feudal e de suas práticas de servidão moduladas pela sujeição pessoal do trabalhador ao tomador de serviços. Foi no contexto da Revolução Industrial que se apresentou uma massa de trabalhadores livres, juridicamente subordinados, prestando serviços sob a condição de assalariados e compondo uma nova classe social: o proletariado[5].

Entretanto, embora a modificação das relações de exploração do trabalho, no plano normativo, tenha representado uma qualificação positiva da condição jurídica dos trabalhadores, não representou, numa perspectiva sociológica, a melhoria das condições de vida dessa classe.

---

4 Para as ideias desenvolvidas nesse tópico, consultar: MELLO FILHO, Luiz Philippe Vieira de; DUTRA, Renata Queiroz. Contrato de locação de serviços, contrato de prestação de serviços e contrato de trabalho: um retorno às origens? In: TEPEDINO, Gustavo José Mendes; MELLO FILHO, Luiz Philippe Vieira de; FRAZÃO, Ana de Oliveira; DELGADO, Gabriela Neves (Org.). *Diálogos entre o Direito do Trabalho e o Direito Civil*. 1.ed. São Paulo: Revista dos Tribunais, 2013, v. 1, p. 215-247.

5 DELGADO, Mauricio Godinho. *Curso de Direito do Trabalho*. 13.ed. São Paulo: 2014, p. 86.

As condições degradantes de trabalho que foram vislumbradas nessa fase inicial do capitalismo revelaram que o mecanismo incessante de reprodução do capital não consideraria, em sua lógica, as necessidades materiais e subjetivas dos indivíduos envolvidos no processo produtivo, conduzindo os trabalhadores, nesse primeiro momento, à miséria e à marginalidade.

Baylos conceituou esse processo como um "paradoxo curioso", em que os trabalhadores entregam sua liberdade, mediante seu consentimento voluntário, e submetem-na a outro, sem coerção, "no uso da sua razão autônoma e somente em virtude deste consentimento". Todavia, a condição advinda dessa transação voluntária também implicava, nas palavras do autor, alguma sujeição, porque o trabalhador agora livre era também "livre" em relação aos meios de produção, dispondo tão somente da opção de alienar sua forma de trabalho para sobreviver[6].

A intervenção do Estado, então, se mostrou imprescindível: o estabelecimento de regras que garantissem a própria sobrevivência física da classe trabalhadora, de um lado, e a garantia da paz social, de outro. Isso porque se a ausência de limites da exploração do trabalho pelo capital colocava em risco a própria integridade, saúde e sobrevivência dos trabalhadores, esse processo de degradação também demonstrava animar reações coletivas, a ponto de tornar temerário um confronto coletivo direto.

O conflito que se colocava então perante o Estado revelou-se peculiar. Os instrumentos jurídicos até então disponíveis foram aos poucos demonstrando sua aptidão a responder adequadamente ao complexo conflito entre capital e trabalho.

As perspectivas individualistas foram consideradas inaptas a dialogar com a essência coletiva das relações de trabalho. A ideia de igualdade formal teve sua insuficiência demonstrada em face da assimetria material entre empregado e empregador. E o primado da autonomia da vontade presente no Direito Civil precisou ser mitigado, tendo em vista a situação de vulnerabilidade dos trabalhadores em face dos seus tomadores de serviços.

Em meio a um cenário complexo, marcado por conflitos diretos e por influências sociais, religiosas, intelectuais e de cooperação internacional, surge e se afirma autonomamente o Direito do Trabalho.

Compreender a autonomia do Direito do Trabalho em relação ao Direito Civil fornece subsídios importantes para fixar suas peculiaridades em contraponto ao ramo civilista.

A primeira peculiaridade que merece destaque é a impossibilidade de tratar o objeto do contrato de trabalho (a força de trabalho) como se distinto fosse de

---

6   BAYLOS, Antonio. *Direito do trabalho: modelo para armar.* São Paulo: LTr, 1999. p. 61.

um dos sujeitos da relação contratual, o trabalhador. Ao celebrar contrato de trabalho, o trabalhador vincula apenas a sua força de trabalho em proveito contratante, estando superada a noção de sujeição pessoal. Entretanto, a inapartabilidade entre sujeito e objeto impossibilita, como tendencialmente pretende a lógica do sistema capitalista, que o bem jurídico transacionado se submeta à lei das coisas. Isto é, sendo o trabalho dimensão inerente à vida e à dignidade do ser humano, ele não pode ser transacionado como se mercadoria fosse.

Proceder diversamente implica colocar a integridade física e psíquica do ser humano à mercê da oscilação dos interesses instáveis do capital. Justamente por isso, o Direito do Trabalho veio a suprir a necessidade de uma ação estatal que, por meio de "contramovimentos" protetores que limitassem o mecanismo autodestrutivo do mercado capitalista, obstando a transformação do trabalho humano em mercadoria[7] e cumprindo a sua missão de resistência.

Portanto, negar a ideia de trabalho como mercadoria, recusando a incidência da regulação jurídica das coisas ao contrato de trabalho pressupõe a compreensão de que o trabalho é mecanismo essencial à afirmação de identidade social e emancipação coletiva por parte do ser humano que trabalha. Como preconizou Castel, o trabalho é a chave para a inserção do indivíduo em círculos de socialidade que permitem a sua afirmação como sujeito social e também o amparo em situações de enfermidade, infortúnio e velhice.

Para a maioria dos trabalhadores, uma grande quantidade de valores se encontra em jogo quando oferecem sua força de trabalho aos detentores dos meios de produção em troca do provimento de sua subsistência. A conjuntura socioeconômica subjuga a condição jurídica do trabalhador em face ao empregador-contratante, não apenas no momento da contratação, mas durante todo o curso da relação contratual, na medida em que o fim da relação empregatícia representa para o obreiro o risco de se expor à marginalidade, à exclusão e a um sentido de desvalor social subjetivamente perturbador.

É dessa conjuntura social complexa que se extraem as vulnerabilidades materiais e subjetivas dos trabalhadores. E também é a partir daí que se conclui pela impossibilidade de se cogitar de liberdade plena do trabalhador na pactuação do contrato de trabalho.

Nesse caso, a liberdade do obreiro de decidir sobre os termos do contrato ao qual precisa aderir é praticamente nula, razão pela qual autores como Orlando Gomes qualificam o contrato de trabalho como um verdadeiro contrato de adesão[8], com ênfase para uma autonomia da vontade extremamente mitigada no que toca ao trabalhador.

---

7 POLANYI, Karl. *A grande transformação: as origens de nossa época*. Rio de Janeiro: Elsevier, 2011.
8 GOMES, Orlando. *Direito do Trabalho*: Estudos. 3.ed. Bahia, 1954.

Além da mitigação da autonomia da vontade, a relação contratual trabalhista também suplanta a noção de igualdade formal dos contratantes, então vigente no Direito Civil.

Tratar igualmente partes economicamente tão distintas equivaleria a submeter o empregado indiscriminadamente à vontade de seu empregador. O Direito do Trabalho, em resposta, assume o papel de compensar as desigualdades, viabilizando o estabelecimento artificial de uma relação jurídica equilibrada. Baylos corrobora essa compreensão ao afirmar que o Direito do Trabalho "existe para corrigir e remediar a real desigualdade econômica e jurídica", qualificando-se como o "direito que põe limites ao sistema capitalista"[9].

E o vetor adequado para efetivar essa equiparação é o princípio protetivo, que opera por meio da regulação protegida e não mercantilizada do trabalho humano[10], e a partir do qual se desdobram os demais princípios específicos do Direito do Trabalho.

Com base nesses pressupostos teóricos é que o contrato de trabalho pode ser afirmado como o "principal veículo de inserção do trabalhador na arena socioeconômica capitalista, visando propiciar-lhe um patamar consistente de afirmação individual, familiar, social, econômica e, até mesmo, ética", afigurando-se decisivo para a construção da cidadania, na esfera pública, e da dignidade, no plano individual[11].

Ou seja, somente a partir do tratamento singular conferido ao trabalho humano pelo contrato de trabalho, nos moldes do Direito do Trabalho, é que foi possível o prestígio à condição digna do sujeito trabalhador e o tratamento adequado ao trabalho, em sua complexidade socioeconômica.

Diante de uma relação contratual de trabalho, tem-se por pressuposta a mitigação da autonomia da vontade do sujeito trabalhador, a desigualdade material entre as partes e a função integradora e civilizatória da relação de emprego, a determinar a exegese das disposições contratuais, desde a pactuação até mesmo após a ruptura da relação de emprego.

A consequência da reconhecida mitigação da autonomia da vontade do trabalhador é o caráter refratário do Direito do Trabalho a atos de renúncia individuais e a alterações contratuais lesivas[12].

---

9   BAYLOS, Antonio. *Direito do trabalho: modelo para armar*, cit., p. 69.

10 SILVA, Sayonara Grillo Coutinho Leonardo da; HORN, Carlos Henrique. O princípio da proteção e a regulação não-mercantil do mercado e das relações de trabalho. In: *Revista de Direito do Trabalho (RDT)*. Editora Revista dos Tribunais, ano 34, vol. 32, out/dez de 2008, p. 185-205.

11 DELGADO, Maurício Godinho. *Capitalismo, Trabalho e Emprego*. São Paulo: LTr, 2006. p. 30 e 142.

12 Sobre o princípio da indisponibilidade, consultar: DELGADO, Mauricio Godinho. *Curso de Direito do Trabalho*. 13. ed. São Paulo: LTr, 2014. p. 199-200.

Assim, a manifestação de vontade do trabalhador é tomada como nula sempre que o ato por meio dela praticado resultar para o trabalhador na renúncia a direitos decorrentes da ordem justrabalhista, da normatização coletiva ou das disposições contratuais individuais, ou se, ainda que não implique redução de direitos, se traduza em recrudescimento das condições de trabalho.

Portanto, a envoltura protecionista do contrato de trabalho pelas normas peculiares a esse ramo especializado do Direito é a mais ampla e a mais atenta às especificidades e necessidades decorrentes da relação entre trabalhador e tomador, representando, certamente, um patamar civilizatório diferenciado a ser assegurado pelo Estado[13].

3. O PRINCÍPIO DA PROTEÇÃO E O PROCESSO DO TRABALHO

A peculiaridade da relação entre trabalho e capital no âmbito material não parece se dissolver diante de sua representação por meio de uma relação jurídica processual perante o estado-juiz.

As diversas circunstâncias que envolvem o acesso à justiça e que se cruzam marcadamente com fatores econômicos, sociais e culturais implicam posições diferenciadas para empregado e empregador dentro dos processos judiciais.

O acesso mais dificultoso a informações a respeito dos seus direitos, a assistência jurídica por parte de advogados e à própria fluência pública das relações institucionais é díspar em relação ao exercício do acesso à justiça por parte de empregadores ou tomadores de serviços que, via de regra, são acostumados a tais procedimentos e, mesmo que não o sejam, ostentam condições econômicas de se fazerem acompanhar por profissionais que os auxiliem plenamente.

O trabalhador, por outro lado, regra geral costuma fazê-lo sem domínio da logística envolvente da questão judicial e, na maior parte das vezes, imbuído da premência de receber suas verbas trabalhistas com agilidade.

Não é demais lembrar que desde a universalização do regime do FGTS e do fim da estabilidade no emprego (ressalvadas apenas as estabilidades provisórias, em situações excepcionais), quando dispensar trabalhadores sem justa causa passou a ser um direito potestativo do empregador, observa-se que a maioria das reclamações trabalhistas propostas refere-se a contratos de trabalho extintos, quando o trabalhador, desempregado ou já inserido em uma nova relação de trabalho, resolve postular judicialmente verbas que entende devidas em relação ao contrato de trabalho anterior. Assim, é rara a hipótese de ajuizamento de reclamação trabalhista ainda no curso do contrato de trabalho, diante do legítimo temor dos empregados de serem retaliados com uma dispensa imotivada.

---

13 DELGADO, Mauricio Godinho. *Curso de Direito do Trabalho*. 13. ed. São Paulo: LTr, 2014.

Portanto, ainda que o ajuizamento da reclamação, após a ruptura do vínculo, potencialmente possa retirar o temor reverencial que o empregado possa ter em relação ao seu empregador, a situação de desemprego dos reclamantes, à evidência mitiga seu poder de barganha e de defesa plena das suas concepções de justiça dentro do processo, já que o processo judicial passa a ser uma batalha contra o tempo para que ele possa receber verbas alimentares.

E, antes que se possa defender a validade dessa "escolha" do trabalhador entre receber com rapidez uma parcela dos haveres a que faria jus, em detrimento de perceber o valor total que entenderia devido ao final do processo, é preciso ter em mente que, mais que uma escolha individual do trabalhador num processo judicial específico, essa circunstância possui reflexos coletivos perversos.

É que, a partir da reiteração dos casos, a transação de direitos trabalhistas em juízo tende a induzir comportamentos empresariais de inadimplência (na medida em que se torna racionalmente rentável não pagar os direitos trabalhistas ao tempo certo, para fazê-los com mais prazo e com "desconto", perante a Justiça do Trabalho) e provoca efeitos deletérios na regulação social do trabalho, como observou Filgueiras[14], o que alcançará inclusive aqueles trabalhadores que não escolheram previamente ser submetidos a essas práticas empresariais.

Na regulação social do trabalho – processo social coletivo por excelência –, o enfretamento de casos individuais não pode ser distanciado de suas repercussões coletivas. O sistema processual trabalhista, ao adotar certos princípios regentes dos conflitos havidos nesse campo, certamente considera esse dado ao ampliar poderes condutores ao juiz encarregado da solução desse conflito entre desiguais, submetendo ao seu crivo a validade de atos de renúncia e transação que porventura ocorram[15].

Assim, o papel que o estado é chamado a desempenhar na regulação dos conflitos judicializados não se distancia do papel estatal cuja necessidade historicamente se afirmou, no sentido de evitar a reprodução destrutiva do capital e a mercantilização do trabalho humano.

Por regulação social do trabalho, Krein entende o conjunto de normas e instituições que foram criadas num determinado país no sentido de reduzir o desequilíbrio presente na relação capital-trabalho[16].

---

14 FILGUEIRAS, Vitor Araújo. *Estado e direito do trabalho no Brasil:* regulação do emprego entre 1988 e 2008. (Tese de Doutorado). Faculdade de Filosofia e Ciências Humanas da UFBA. Orientadora: Graça Druck. 2012.

15 PIMENTA, José Roberto Freire. A Conciliação na Esfera Trabalhista – Função, Ricos e Limites. In: PIMENTA, Adriana Campos de Souza Freire; LOCKMANN, Ana Paula Pellegrina (Coord.). *Conciliação judicial individual e coletiva e formas extrajudiciais de solução dos conflitos trabalhistas.* São Paulo: LTr, 2014. p.22-73.

16 KREIN, José Dari. *Debates contemporâneos: economia social e do trabalho, 8:* as relações de trabalho na era do neoliberalismo no Brasil. São Paulo: LTr, 2013, p. 21.

Assim, a Justiça do Trabalho cumpre importante papel na reparação dos direitos sonegados aos trabalhadores, na medida em que seus julgamentos ajudam a balizar comportamentos dos agentes sociais, entendendo-se, ainda, que a interpretação da legislação pode produzir novas regulamentações do trabalho[17].

Mauricio Godinho Delgado também observa que ao Poder Judiciário Trabalhista foram atribuídos importantes papéis na regulação social do trabalho, notadamente "solucionar conflitos surgidos no âmbito da sociedade civil e do Estado" e também "fixar parâmetros relativamente claros acerca do sentido da ordem jurídica imperante nessas realidades sociais e institucionais"[18].

Por meio do processo essa função civilizatória e agregadora de direitos fundamentais se instrumentaliza e se aperfeiçoa, interferindo na forma de condução prescrita para o procedimento judicial trabalhista.

Aliás, o processo de judicialização de direitos trabalhistas após 1988, e notadamente após a ampliação da competência da Justiça do Trabalho por meio da EC nº 45/2004, apresentou o processo como *locus* privilegiado de afirmação do direito fundamental ao trabalho digno, por meio da conquista de perspectivas cada vez mais atentas à dignidade da pessoa humana do trabalhador na solução de conflitos trabalhistas. Assim, as condições de julgamento e instrução processuais não poderiam ser consideradas em apartado do cumprimento dessa finalidade especial do Estado-juiz em face das relações trabalhistas.

Não é por outra razão que a doutrina processual trabalhista é majoritária no sentido de considerar o princípio da proteção aplicável ao Processo do Trabalho: entende-se que a hipossuficiência do trabalhador também repercute no plano processual, razão pela qual diversas normas processuais da CLT atribuem ao empregador encargos diferenciados (notadamente em relação ao ônus da prova) e ao magistrado deveres de zelo pelo alcance da igualdade real entre os litigantes assimétricos, o que somente se faz por meio do tratamento diferenciado aos desiguais (o exemplo clássico é o impulso oficial da execução, que se desdobra em diversas condutas de dirigismo do magistrado em relação à satisfação do direito[19]).

Portanto, a compreensão de que no âmbito processual se desfazem as desigualdades verificadas nas relações materiais e a proposta de, para render

---

17 *Idem*, p. 62.

18 DELGADO, Mauricio Godinho. Justiça do Trabalho e sistema trabalhista: elementos para a efetividade do Direito do Trabalho e do Direito Processual do Trabalho no Brasil. *In:* DELGADO, Mauricio Godinho; DELGADO, Gabriela Neves. *Constituição da República e Direitos Fundamentais*: dignidade da pessoa humana, justiça social e direito do trabalho. São Paulo, LTr, 2012. p. 167.

19 Aliás, fugirá ao escopo desse artigo tratar sobre a questão da desconsideração da personalidade jurídica empresarial, mas cumpre registrar esse como ponto delicado de incômodo dos processualistas civis em relação à conduta proativa da magistratura trabalhista em relação à execução.

maior autonomia ao direito processual, autonomizar as partes e tornar menos publicístico o processo, sem assumir que isso interfere na regulação social dos conflitos de direito material em questão, parecem contra fáticas em relação à realidade observada na Justiça do Trabalho.

Mais que isso, cumpre registrar que os postulados da CLT e do sistema processual trabalhista que dão contornos a uma atuação mais destacada dos magistrados e que retiram validade de manifestações de vontade das partes, quando elas decorrem de situações de vulnerabilidade, longe de serem resquícios ultrapassados e pouco modernos da CLT de 1943, são atualíssimas manifestações de uma resposta pertinente à peculiaridade dos conflitos de trabalho, que, mesmo com todas as transformações técnicas e tecnológicas recentes, não deixam de ostentar sua principal característica: a disparidade de forças entre capital e trabalho e a tendência à mercantilização da força de trabalho obreira num sistema capitalista que encontra no Direito do Trabalho seu vetor de resistência.

Também vale dizer que a simples mudança de ótica, no sentido de admitir a negociação das partes como regra, refutando-a nos casos em que verificados abusos, em detrimento da opção vigente, que presume o vício das negociações estabelecidas por empregado e empregador, e submete uma eventual e excepcional validade a prova, produz uma drástica mudança de perspectiva no sistema e passa a onerar material e processualmente o trabalhador, caminhando contrariamente ao princípio da proteção.

4. OS DIREITOS FUNDAMENTAIS COMO CRITÉRIO VETOR DE APLICAÇÃO DAS NORMAS PROCESSUAIS TRABALHISTAS

Longe de tornar esse debate um palco de conflitos entre Processo do Trabalho e Processo Civil, como uma tentativa de afirmar a superioridade deste ou daquele grupo de normas, o que se tem em mente aqui, partindo da ideia de diálogo das fontes, é buscar compreender a *ratio* da morfologia de cada um dos sistemas processuais e estabelecer o que pode ser aproveitado em termos de inovações e o que efetivamente não se adequa à instrumentalidade de cada um desses sistemas.

O critério para fazê-lo, como apontado anteriormente, deve ser a aptidão das novas normas processuais à garantia dos direitos fundamentais, respeitadas as peculiaridades e especificidades das relações de trabalho. Não se trata, pois, de um mero apego à normatização infraconstitucional vigente, sobretudo diante do consagrado no novo CPC, ao prever aplicação supletiva e subsidiária do novo regramento ao Processo do Trabalho, ou seja, não apenas nos casos de omissão, mas nos casos de avanço na disciplina processual.

Se cuida aqui de compreender o porquê das disposições originárias da CLT e o seu atrelamento à consecução dos princípios, valores e objetivos maiores do

Direito do Trabalho, os quais foram albergados constitucionalmente na medida em que protegem os direitos fundamentais dos trabalhadores e que estabelecem, na própria Constituição, alternativas para que soluções menos burocráticas e autônomas sejam alcançadas nessa esfera.

Nesse sentido, o critério constitucional foi remeter questões passíveis de flexibilização e determinadas negociações de direitos ao âmbito da autonomia coletiva. Note-se que a solução negociada foi apontada pela Constituição de 1988 excepcionalmente, nas hipóteses apontadas no art. 7º, VI, XIII e XIV, sempre com o crivo das instituições de representação coletiva dos trabalhadores. Revelou também o constituinte ter adotado como premissa que a melhor forma de consecução dos direitos fundamentais sociais ali arrolados seria pela via da regulação pública estatal, por meio das instituições de proteção ao trabalho e das entidades coletivas de representação dos trabalhadores.

Não nos parece que outro critério possa vir a ser adotado pela legislação adjetiva a pretexto de modernizar ou renovar o Processo do Trabalho, se tais medidas colidem frontalmente com o aparato eleito constitucionalmente como o mais amoldado à proteção dos direitos sociais fundamentais dos trabalhadores.

Desse modo, se a proposta de convenções processuais pode parecer interessante para otimizar determinados processos e até mesmo viabilizar a certificação de certos direitos, não parece ser o contrato individual de trabalho *locus* adequado para a fixação dessas regras privadas, na medida em que todo acordo, ainda que processual, implica vantagens e riscos e que não há amparo, na principiologia que rege o Direito do Trabalho e o Direito Processual do Trabalho, para que se chancele que o trabalhador vulnerável no momento pré-contratual os assuma. A figura do contrato de trabalho como contrato de adesão também milita contra o efeito pretendido.

Se se pretende trazer a dinâmica das convenções processuais ao Processo do Trabalho, elas deverão ser submetidas ao crivo da negociação coletiva, espaço constitucionalmente indicado para o exercício da autonomia negocial dos trabalhadores. Portanto, se assim compreenderem conveniente, as entidades sindicais poderão colocar em sua pauta de negociação demandas quanto à disciplina processual dos direitos previstos nas próprias normas coletivas ou, quiçá, prevendo formas alternativas de trato processual dos direitos assegurados na legislação trabalhista heterônoma, desde que o façam de modo a otimizar a satisfação dos direitos trabalhistas.

Não é demais lembrar que as normas provenientes da negociação coletiva também são submetidas ao crivo do Poder Judiciário, a quem compete assegurar que a via negocial coletiva não seja utilizada indevidamente para legitimar atos de renúncia a direitos de indisponibilidade absoluta já assegurados na legislação heterônoma. Fora das hipóteses em que a própria Constituição prescreveu excepcional e expressamente a possibilidade de flexibilização (art. 7º, VI, XIII e XIV), o papel do Poder Judiciário Trabalhista tem sido o de assegurar que a negociação coletiva não se preste a conduzir os trabalhadores para aquém do patamar civilizatório mínimo circunscrito na legislação heterônoma.

Ademais, sendo o sentido de progressividade social o grande vetor da Constituição de 1988, mesmo naquelas hipóteses em que a flexibilização de direitos pela via negocial coletiva seja autorizada constitucionalmente, é imprescindível que esta negociação opere um sistema de compensação, com ganhos efetivos para os trabalhadores como contrapartida à flexibilização realizada[20].

Decerto que as garantias processuais não foram indicadas na Constituição de 1988 como direitos passíveis de flexibilização. Dessa forma, eventuais convenções para dispor sobre essas garantias processuais devem necessariamente ser prospectivas, ou seja, ampliativas de direitos em relação ao que já consta da legislação e, ainda assim, devem ser feitas pela via da negociação coletiva, com a observância de que os impactos coletivos de dinâmicas processuais sejam previstos, considerados e administrados pelos sujeitos coletivos obreiros.

5. CONSIDERAÇÕES FINAIS

Vive-se tempo de grandes transformações no mundo do trabalho, com o avanço de medidas de precarização, hostilidade do sistema capitalista em relação aos trabalhadores, situação de sujeição, rotatividade e instabilidade arraigadas por parte dos trabalhadores[21]. Adicione-se a isso a fragilização e a debilidade das organizações coletivas na defesa dos direitos trabalhistas. A pressão pela absorção de posturas neoliberais negligentes com relação ao trabalho, por parte do Estado, também é crescente.

É, portanto, muito delicado, nesse contexto, projetar alterações no sistema de regulação do trabalho buscando trazer para dentro dele, além da preocupação com a celeridade a qualquer custo, uma postura menos ativa do estado-regulador, absorvendo, também aqui, de alguma maneira, a ideia de estado mínimo e de autonomia das partes na solução de conflitos.

Diante desse contexto, entende-se que o novo Código de Processo Civil deve ser recebido com o crivo dos direitos fundamentais. Entretanto, forma e conteúdo andam de mãos dadas e a nova perspectiva processual civil, caso não asse-

---

20 DELGADO, Gabriela Neves; PEREIRA, Ricardo José Macedo Britto. Acordos Coletivos de Trabalho: possibilidades e limites fixados pela Constituição Federal de 1988. In: Gabriela Neves Delgado; Ricardo José Macêdo de Britto Pereira. (Org.). *Trabalho, Constituição e Cidadania:* a dimensão coletiva dos direitos sociais trabalhistas. 1ed.São Paulo: LTr, 2014, v. 1, p. 367-379.

21 SENNETT, Richard. *A corrosão do caráter:* o desaparecimento das virtudes com o novo capitalismo. Rio de Janeiro: Bestbolso, 2012.

gure a concretização dos princípios fundantes do Direito do Trabalho, sempre na perspectiva do trabalho digno, deverá ser recusada.

6. REFERÊNCIAS

BAYLOS, Antonio. *Direito do trabalho: modelo para armar.* São Paulo: LTr, 1999.

CASTEL, Robert. *As metamorfoses da questão social.* Rio de Janeiro: Vozes, 1998.

DELGADO, Gabriela Neves; PEREIRA, Ricardo José Macedo Britto. Acordos Coletivos de Trabalho: possibilidades e limites fixados pela Constituição Federal de 1988. In: Gabriela Neves Delgado; Ricardo José Macêdo de Britto Pereira. (Org.). *Trabalho, Constituição e Cidadania:* a dimensão coletiva dos direitos sociais trabalhistas. 1.ed. São Paulo: LTr, 2014.

DELGADO, Mauricio Godinho. *Capitalismo, Trabalho e Emprego.* São Paulo: LTr, 2006.

DELGADO, Mauricio Godinho. *Curso de Direito do Trabalho.* 13.ed. São Paulo: LTr, 2014.

DELGADO, Mauricio Godinho. *Curso de Direito do Trabalho.* 10.ed. São Paulo: LTr, 2011.

DELGADO, Mauricio Godinho. Justiça do Trabalho e sistema trabalhista: elementos para a efetividade do Direito do Trabalho e do Direito Processual do Trabalho no Brasil. In: DELGADO, Mauricio Godinho; DELGADO, Gabriela Neves. *Constituição da República e Direitos Fundamentais*: dignidade da pessoa humana, justiça social e direito do trabalho. São Paulo, LTr, 2012.

FILGUEIRAS, Vitor Araújo. *Estado e direito do trabalho no Brasil:* regulação do emprego entre 1988 e 2008. (Tese de Doutorado). Faculdade de Filosofia e Ciências Humanas da UFBA. Orientadora: Graça Druck. 2012.

GOMES, Orlando. *Direito do Trabalho*: Estudos. 3.ed. Bahia, 1954.

KREIN, José Dari. *Debates contemporâneos: economia social e do trabalho, 8:* as relações de trabalho na era do neoliberalismo no Brasil. São Paulo: LTr, 2013.

MELLO FILHO, Luiz Philippe Vieira de; DUTRA, Renata Queiroz. Contrato de locação de serviços, contrato de prestação de serviços e contrato de trabalho: um retorno às origens? In: TEPEDINO, Gustavo José Mendes; MELLO FILHO, Luiz Philippe Vieira de; FRAZÃO, Ana de Oliveira; DELGADO, Gabriela Neves (Org.). *Diálogos entre o Direito do Trabalho e o Direito Civil.* 1ª ed. São Paulo: Revista dos Tribunais, 2013. 215-247.

PIMENTA, José Roberto Freire. A Conciliação na Esfera Trabalhista – Função, Ricos e Limites. In: PIMENTA, Adriana Campos de Souza Freire; LOCKMANN, Ana Paula Pellegrina (Coord.). *Conciliação judicial individual e coletiva e formas extrajudiciais de solução dos conflitos trabalhistas.* São Paulo: LTr, 2014.

POLANYI, Karl. *A grande transformação:* as origens de nossa época. Rio de Janeiro: Elsevier, 2011.

SENNETT, Richard. *A corrosão do caráter:* o desaparecimento das virtudes com o novo capitalismo. Rio de Janeiro: Bestbolso, 2012.

SILVA, Sayonara Grillo Coutinho Leonardo da. / HORN, Carlos Henrique. *O princípio da proteção e a regulação não-mercantil do mercado e das relações de trabalho*. In: Revista de Direito do Trabalho (RDT), Editora Revista dos Tribunais, ano 34, vol. 32, out/dez de 2008, p. 185-205.

Capítulo 28
O NOVO CPC E A INFORMATIZAÇÃO DO PROCESSO JUDICIAL TRABALHISTA

Otavio Pinto e Silva[1]

SUMÁRIO: 1. INTRODUÇÃO; 2. MOMENTO DE TRANSIÇÃO; 3. PRINCIPAIS CONCEITOS LEGAIS DO PROCESSO ELETRÔNICO; 4. REGULAMENTAÇÃO DO PROCESSO ELETRÔNICO NO ÂMBITO DA JUSTIÇA DO TRABALHO E O NOVO CPC; 5. CONCLUSÃO; 6. BIBLIOGRAFIA.

1. INTRODUÇÃO

A tecnologia envolve a aplicação sistemática do conhecimento científico ou outro conhecimento organizado a tarefas práticas, como explica John Kenneth Galbraith[2], e sua consequência mais importante, pelo menos para fins de ordem econômica, é forçar a divisão e subdivisão de qualquer dessas tarefas a entrar em suas partes componentes.

Isso exige especialização da mão de obra (pois o conhecimento só pode ser aplicado por aqueles que o possuem), organização do trabalho dos especialistas (visando um resultado final coerente) e planejamento (uma vez que as condições de término das tarefas precisam ser previstas, tanto quanto as ocorrências durante o processo).

A história da civilização humana é profundamente marcada pela constante evolução tecnológica, que repercute diretamente no modo de ser e de viver das pessoas: como demonstra Fabio Konder Comparato, as grandes etapas históricas de invenção dos direitos humanos coincidem com as mudanças nos princípios básicos da ciência e da técnica[3].

A informatização do processo judicial nos leva à necessidade de refletir acerca do uso das inovações tecnológicas no Direito Processual do Trabalho, tendo em vista os reflexos trazidos para o exercício da advocacia trabalhista.

---

1   Advogado trabalhista, representante da OAB/SP no Comitê Gestor Regional do PJe-JT do TRT da 2ª Região, Professor Associado da Faculdade de Direito da USP
2   John Kenneth GALBRAITH. *O novo Estado industrial*, pp. 22-24.
3   Fabio Konder COMPARATO. *A afirmação histórica dos direitos humanos*, p. 50.

De acordo com a regra do artigo 5º, inciso LXXVIII, da Constituição Federal, *"a todos, no âmbito judicial e administrativo, são assegurados a razoável duração do processo e os meios que garantam a celeridade de sua tramitação".*

Trata-se de um compromisso político do Estado com seus cidadãos, de modo que a informatização deve ser vista como um instrumento para a efetividade do processo, visando garantir a celeridade da prestação jurisdicional.

2. MOMENTO DE TRANSIÇÃO

A transição do modelo tradicional de processo em papel para o novo modelo de processo eletrônico não será fácil e é preciso levar em consideração as críticas que vem sendo formuladas pelos advogados.

Entidades de representação da advocacia como a Ordem dos Advogados do Brasil, a Associação dos Advogados Trabalhistas – ABRAT, a Associação dos Advogados de São Paulo – AASP, manifestam sua preocupação com a transição segura do processo em papel para o eletrônico, apontando sistematicamente diversas providências que precisam ser observadas pela Justiça do Trabalho na implantação do PJE-JT.

Wolney de Macedo Cordeiro observa que a adoção de uma tramitação integral por meios eletrônicos torna os autos intangíveis do ponto de vista físico, pois se resumem a dados lógicos codificados por meio de *softwares* específicos. Não significa apenas uma facilitação do manuseio, mas sim uma modificação ontológica nos fundamentos procedimentais até então vigentes, com reflexos na prática de diversos atos processuais[4].

Vivemos um momento de transição da antiga "cultura do papel" para a moderna "cultura digital": as formas tradicionais utilizadas pelo Poder Judiciário para a solução dos conflitos jurídicos devem conviver, durante certo tempo, com as novidades que surgem em decorrência do notável progresso da tecnologia (mas sem reproduzir certas práticas antes utilizadas, se agora podem ser cumpridas de forma eficiente pelos sistemas informatizados).

Com a entrada em vigor do novo CPC, se faz fundamental que o diálogo entre todos os envolvidos na operação do sistema se intensifique cada vez mais, para que o aperfeiçoamento do processo eletrônico aconteça em benefício dos jurisdicionados.

3. PRINCIPAIS CONCEITOS LEGAIS DO PROCESSO ELETRÔNICO

A Lei nº 11.419/06 buscou regular o uso de meio eletrônico na tramitação de processos judiciais, na comunicação de atos e na transmissão de peças processuais, sendo aplicável ao processo civil, penal ou trabalhista.

---

4   Wolney de Macedo CORDEIRO, *Novas tecnologias e o processo do trabalho*, pp. 161-173.

Meio eletrônico é *"qualquer forma de armazenamento ou tráfego de documentos e arquivos digitais"*[5].

Houve importante inovação legislativa, na medida em que se regulou de forma bem mais abrangente do que em normas legais anteriores o armazenamento de documentos e arquivos digitais, superando o conceito de mera transmissão.

Abriu-se a perspectiva de utilização diferenciada de sistemas de informática (ou similares) e de procedimentos para a preservação dos documentos que comprovam a realização dos atos processuais.

Superou-se assim alguns limites impostos por normas como os artigos 169 do antigo Código de Processo Civil (quando exigia que os atos e termos do processo fossem "datilografados ou escritos com tinta escura e indelével") e 771 da Consolidação das Leis do Trabalho (quando previa que "os atos e termos processuais poderão ser escritos a tinta, datilografados ou a carimbo").

Afinal, tais dispositivos já não atendiam mais as necessidades do processo do trabalho, pois agora a informação processual pode deixar o papel e ganhar expressão em meio digital, independente do suporte físico até então utilizado.

O CPC de 2015 passou então a contar com uma série de normas que regulam a prática eletrônica de atos processuais[6], prevendo no artigo 193 que os atos processuais podem ser total ou parcialmente digitais, de forma a permitir que sejam produzidos, comunicados, armazenados e validados por meio eletrônico, na forma da lei; e o art. 195 estabelecendo que o registro de ato processual eletrônico deverá ser feito em padrões abertos, que atenderão aos requisitos de autenticidade, integridade, temporalidade, não repúdio, conservação e, nos casos que tramitem em segredo de justiça, confidencialidade, observada a infraestrutura de chaves públicas unificada nacionalmente, nos termos da lei.

A mudança do mundo dos átomos para o mundo dos bits é irrevogável e não há como detê-la[7], de modo que deve ser vista como algo que certamente vem trazer significativas alterações no quotidiano do Poder Judiciário, na medida em que o formato digital admite diferentes interfaces na interação entre os sujeitos da relação jurídica processual.

Transmissão eletrônica é *"toda forma de comunicação à distância com a utilização de redes de comunicação, preferencialmente a rede mundial de computadores"*[8].

A ideia fundamental é a de facilitação da comunicação entre o jurisdicionado e o Judiciário, por meio do uso de computadores.

---

5   Artigo 1º, §2º, I, da Lei nº 11.419/06
6   Seção II do Capítulo I do Título I do Livro IV
7   Nicholas NEGROPONTE. *A vida digital*, p. 10.
8   artigo 1º, § 2º, II, da Lei nº 11.419/06.

Essa variedade de formas de comunicação à distância com o uso de redes de computadores é, ao mesmo tempo, solução e problema para os usuários de tecnologia da informação.

Quando a comunicação se dá em condições ideais, seguindo o fluxo normal e desejado, trata-se de uma solução, pois abrevia os caminhos e facilita a vida dos usuários, como se pode imaginar com o exemplo da transmissão de uma petição pelo advogado ao Judiciário, sem a necessidade de se deslocar fisicamente até o fórum.

Porém, quando as condições ideais de comunicação não são satisfeitas, o usuário estará diante de algum problema que pode trazer desdobramentos indesejados.

Para garantia das transmissões eletrônicas, assim, faz-se necessária a adoção de medidas de segurança, que evitem a ocorrência desses problemas. Seis requisitos são apontados para tanto: disponibilidade, integridade, confidencialidade, autenticidade, irretratabilidade (ou não repúdio) e facilidade[9].

A disponibilidade está ligada à não interrupção do acesso ao sistema de transmissão, de tal modo a garantir que os dados transmitidos cheguem ao destino.

A integridade se relaciona com a garantia de validade do conteúdo, no sentido de que os dados não venham a sofrer alteração no processo de transmissão da origem ao destino. É a disponibilidade de informações confiáveis, corretas e dispostas em formato compatível com o de utilização.

A confidencialidade visa assegurar que somente as partes envolvidas no processo de transmissão de dados tenham efetivo acesso ao conteúdo, garantindo assim a privacidade. É a garantia do resguardo das informações dadas pessoalmente em confiança e a proteção contra sua revelação não autorizada.

A autenticidade deve ser entendida como a garantia da origem dos dados, de tal forma que originados por quem se espera que efetivamente os tenha produzidos. É a certeza de que a mensagem provém da fonte anunciada e que não foi objeto de mutações.

Irretratabilidade, ou não repúdio, é uma garantia do destinatário em relação à origem: o emissor não pode se recusar a reconhecer a produção dos dados recebidos pelo destinatário. O não repúdio é assim um efeito da confidencialidade e autenticidade, de forma a tornar a transmissão eletrônica irretratável.

Por fim, a facilidade de uso significa a incorporação das políticas de segurança aos procedimentos de transmissão de dados, da forma mais barata e simples possível, a fim de assegurar sua observância.

---

9 Marcus Vinicius Brandão SOARES. *Breve introdução à assinatura digital para operadores do direito*. In: José Eduardo de Resende CHAVES JÚNIOR (Coord). Comentários à lei do processo eletrônico, p. 42.

Não há como negar, portanto, que o êxito do uso dos meios eletrônicos para a comunicação de atos e transmissão de peças processuais depende da observância desses requisitos técnicos, razão pela qual tanto os tribunais quanto os advogados deverão ter a preocupação constante com o aperfeiçoamento dos seus respectivos sistemas de transmissão de dados.

No artigo 8º a Lei nº 11.419/06 estabeleceu que os órgãos do Poder Judiciário poderão desenvolver sistemas eletrônicos de processamento de ações judiciais por meio de autos total ou parcialmente digitais, utilizando, preferencialmente, a rede mundial de computadores e acesso por meio de redes internas e externas.

Com o advento do CPC/2015, a regra do artigo 194 disciplina que os sistemas de automação processual respeitarão a publicidade dos atos, o acesso e a participação das partes e de seus procuradores, inclusive nas audiências e sessões de julgamento, observadas as garantias da disponibilidade, independência da plataforma computacional, acessibilidade e interoperabilidade dos sistemas, serviços, dados e informações que o Poder Judiciário administre no exercício de suas funções.

Por sua vez, o artigo 196 diz que compete ao Conselho Nacional de Justiça e, supletivamente, aos tribunais, regulamentar a prática e a comunicação oficial de atos processuais por meio eletrônico e velar pela compatibilidade dos sistemas, disciplinando a incorporação progressiva de novos avanços tecnológicos e editando, para esse fim, os atos que forem necessários, respeitadas as normas fundamentais do Código.

Vejamos, então, como se deu essa regulamentação até agora.

4. REGULAMENTAÇÃO DO PROCESSO ELETRÔNICO NO ÂMBITO DA JUSTIÇA DO TRABALHO E O NOVO CPC

Tanto o TST quanto os vinte e quatro Tribunais Regionais do Trabalho criaram regras específicas para o processo eletrônico para regulamentar a aplicação da Lei nº 11.419/06 no âmbito da Justiça do Trabalho, disciplinando o uso de meio eletrônico na tramitação de processos judiciais, na comunicação de atos e na transmissão de peças processuais.

É importante estabelecer procedimentos comuns de linguagem de programação e da estrutura da base de dados: o que cada TRT fizer precisa se tornar cada vez mais compatível com o que outro já fez, levando em conta ainda a atuação do TST, pois são todos componentes da mesma estrutura judiciária.

Como bem destacam Nelson Nery Jr e Rosa Maria de Andrade Nery, a total digitalização do processo ainda encontra alguns desafios de ordem técnica, daí a relevância de unificação dos procedimentos.[10]

---

10 Nelson NERY Jr e Rosa Maria de Andrade NERY. *Comentários ao CPC*, p. 710

Visando concentrar em um único projeto todas as iniciativas desenvolvidas nos diversos TRT's, o Conselho Superior da Justiça do Trabalho instituiu o PJe, inicialmente por meio da Resolução n° 94/2012; mas as alterações surgem com muita velocidade, tendo em vista a dinâmica da implantação do processo eletrônico, de modo que a referida Resolução foi revogada em abril de 2014 e substituída por uma nova, que é a 136/2014.

Diante disso, a tramitação do processo judicial no âmbito da Justiça do Trabalho, a prática de atos processuais e sua representação por meio eletrônico, serão realizadas exclusivamente por intermédio do Sistema Processo Judicial Eletrônico da Justiça do Trabalho - PJe-JT, regulamentado pela citada Resolução CSJT nº 136/2014.

Os atos processuais passam a ter registro, visualização, tramitação e controle exclusivamente em meio eletrônico e são assinados digitalmente, contendo elementos que permitem identificar o usuário responsável pela sua prática.

Para o acesso ao PJe a assinatura digital é obrigatória e isso trouxe como consequência a necessidade dos advogados providenciarem seus certificados digitais, nas seguintes hipóteses: I – assinatura de documentos e arquivos; II – serviços com a exigência de identificação ou certificação digital; e III – consultas e operações que tramitem em sigilo ou em segredo de justiça.

Excetuados os casos acima citados, será ainda possível acesso ao sistema por meio de utilização de usuário (login) e senha, exclusivamente para visualização de autos.

Partes ou terceiros interessados desassistidos de advogados poderão apresentar peças processuais e documentos em papel, segundo as regras ordinárias, nos locais competentes para recebê-los, que serão digitalizados e inseridos no processo pela Unidade Judiciária.

Essa regra também pode ser estendida aos advogados e membros do Ministério Público do Trabalho, em casos urgentes, devidamente comprovados, em que não for possível a prática de atos diretamente pelo sistema, ou em qualquer outra hipótese de justo impedimento de acesso, a critério do magistrado.

Tecnicamente, o padrão da assinatura digital é considerado mais seguro, em razão do momento de sua geração e da forma de armazenamento, envolvendo o uso da criptografia assimétrica (com uma chave pública para cifrar a mensagem, de tal modo que apenas com o uma chave privada, que lhe faz par, consegue-se efetuar a decifração).

O sistema permite ao receptor da mensagem certificar-se tanto da autoria quanto da integridade da comunicação recebida, conferindo a chave privada do transmissor sem conhecer o seu exato conteúdo.

O credenciamento se dá pela simples identificação do usuário por meio de seu certificado digital e remessa do formulário eletrônico, devidamente preenchido e assinado digitalmente.

Isso implica a aceitação das normas previstas na Resolução (assim como das demais normas que vierem a regulamentar o uso do processo eletrônico no âmbito dos Tribunais), bem como a assunção da responsabilidade do credenciado pelo seu uso indevido.

Os órgãos da Justiça do Trabalho ficam obrigados a manter instalados equipamentos à disposição das partes, advogados e interessados para consulta aos autos digitais, digitalização e envio das peças processuais e documentos em meio eletrônico, bem como garantir auxílio técnico presencial às pessoas com deficiência ou que comprovem idade igual ou superior a 60 (sessenta anos).

Aos peticionários, inclusive advogados, com deficiência física impeditiva do uso adequado do sistema, será assegurado o direito de peticionamento físico, devendo as peças e documentos serem digitalizados e juntados ao sistema PJe-JT por servidor da unidade judiciária competente.

Os órgãos da Justiça do Trabalho poderão celebrar convênios com a Ordem dos Advogados do Brasil ou outras associações representativas de advogados, bem como com outros órgãos públicos, para compartilhar responsabilidades na disponibilização de tais espaços, equipamentos e auxílio técnico presencial.

À vista do disposto no artigo 213 do CPC/2015, a prática eletrônica de ato processual pode ocorrer em qualquer horário até as 24 (vinte e quatro) horas do último dia do prazo.

Sendo assim, o PJe deve ficar disponível 24 horas por dia, ininterruptamente, ressalvados os períodos de manutenção do sistema (sempre informados com antecedência mínima de cinco dias e realizados, preferencialmente, das 0h dos sábados às 22h dos domingos, ou entre 0h e 06h nos demais dias da semana).

De acordo com o artigo 197 do CPC/2015, os tribunais divulgarão as informações constantes de seu sistema de automação em página própria na rede mundial de computadores, gozando a divulgação de presunção de veracidade e confiabilidade. O parágrafo único desse dispositivo assegura que nos casos de problema técnico do sistema e de erro ou omissão do auxiliar da justiça responsável pelo registro dos andamentos, poderá ser configurada a justa causa (prevista no artigo 223, caput e §1º), para demonstração da existência de evento alheio à vontade da parte e que a impediu de praticar o ato por si ou por mandatário

Considera-se indisponibilidade dos sistemas de tramitação eletrônica de processos a falta de oferta ao público externo de qualquer um dos seguintes serviços: I - consulta aos autos digitais; II - transmissão eletrônica de atos processuais; III

- acesso a citações, intimações ou notificações eletrônicas feitas via sistema; ou IV - impossibilidade de utilização de equipamentos disponibilizados pelos Tribunais Regionais do Trabalho para acesso dos usuários externos ao sistema.

As falhas de transmissão de dados entre as estações de trabalho do público externo e a rede de comunicação pública, assim como a impossibilidade técnica que decorra de falhas nos equipamentos ou programas dos usuários, não caracterizam indisponibilidade.

Toda indisponibilidade dos sistemas de tramitação eletrônica de processos será registrada em relatório de interrupções de funcionamento a ser divulgado ao público na rede mundial de computadores, devendo conter, pelo menos, as seguintes informações: I - data, hora e minuto de início da indisponibilidade; II - data, hora e minuto de término da indisponibilidade; III - serviços que ficaram indisponíveis; IV - assinatura digital do responsável pela unidade de Tecnologia da Informação ou Informática do Tribunal Regional do Trabalho, com efeito de certidão, devendo estar acessível, preferencialmente, em tempo real ou, no máximo, até às 12h do dia seguinte ao da indisponibilidade.

Os prazos que vencerem no dia da ocorrência de indisponibilidade de quaisquer dos serviços serão prorrogados para o dia útil seguinte à retomada de funcionamento, quando: I - a indisponibilidade for superior a 60 minutos, ininterruptos ou não, se ocorrida entre 06h e 23h; e II - ocorrer indisponibilidade entre 23h e 23h59.

Os prazos fixados em hora ou minuto serão prorrogados até às 24 horas do dia útil seguinte quando: I – ocorrer indisponibilidade superior a 60 (sessenta) minutos, ininterruptos ou não, nas últimas 24 (vinte e quatro) horas do prazo; ou II – ocorrer indisponibilidade nos 60 (sessenta) minutos anteriores ao término.

Claudio Mascarenhas Brandão pondera que o sistema de processo eletrônico deve provocar uma sensível mudança na dimensão temporal do processo, na medida em que a ampla disponibilidade é um dos seus princípios estruturantes. Isto se conclui pela circunstância de ser concebido em ambiente *web*, de forma que os sistemas devem estar acessíveis ininterruptamente por meio da rede mundial de computadores, bem como pelo estabelecimento do conceito de horário útil para as 24 horas do dia[11].

As partes ou os advogados poderão juntar quantos arquivos se fizerem necessários à ampla e integral defesa de seus interesses, mas desde que observados os limites de tamanho em megabytes, resolução e formatação exigidos pela regulamentação.[12]

---

11 Claudio Mascarenhas BRANDÃO, *Processo Eletrônico na Justiça do Trabalho*, p. 668.
12 Art. 18 da Resolução 136/14: O sistema receberá arquivos com tamanho máximo de 1,5 megabyte, com resolução máxima de 300 dpi e formatação A4.

O sistema de armazenamento dos documentos digitais deverá conter funcionalidades que permitam identificar o usuário que promover exclusão, inclusão e alteração de dados, arquivos baixados, bem como o momento de sua ocorrência.

São restrições que vêm sendo bastante criticadas, pois podem levar ao cerceamento do direito de defesa da parte, com violação ao princípio constitucional da ampla defesa.

A Resolução do CSJT prevê que os Tribunais precisam manter equipamentos instalados e à disposição das partes, advogados e interessados, tanto para consulta ao conteúdo dos autos digitais quanto para o envio de peças processuais e documentos em meio eletrônico.

Essa regra ganha ainda maior relevância diante do disposto no artigo 198 do CPC/2015, pois este prevê que as unidades do Poder Judiciário deverão manter gratuitamente, à disposição dos interessados, equipamentos necessários à prática de atos processuais e à consulta e ao acesso ao sistema e aos documentos dele constantes. Para evitar que o descumprimento dessa obrigação cause prejuízos aos jurisdicionados, o parágrafo único admite a prática de atos por meio não eletrônico no local onde não estiverem disponibilizados os equipamentos previstos no caput do mesmo artigo.

Os Tribunais devem manter, no âmbito de suas atribuições, estruturas de atendimento e suporte aos usuários do PJe. Seria muito importante que essas estruturas funcionassem adequadamente para que os usuários adquirissem confiança no sistema, mas infelizmente até agora são inúmeros os relatos de problemas identificados nos TRT's pelo Brasil.

Já o artigo 199 assegura às pessoas com deficiência a acessibilidade aos sítios do Poder Judiciário na rede mundial de computadores, ao meio eletrônico de prática de atos judiciais, à comunicação eletrônica dos atos processuais e à assinatura eletrônica.

A Resolução 136/2014 prevê algumas formalidades para a juntada de documentos que podem trazer muitos incidentes processuais. Os documentos digitalizados e anexados às petições eletrônicas devem ser "adequadamente" classificados e organizados por quem os juntar, a fim de "facilitar" a consulta dos autos eletrônicos. Para isso, as partes devem utilizar descrições dos arquivos por elas juntados que identifiquem, resumidamente, os documentos neles contidos e, se for o caso, os períodos a que se referem.

Os documentos juntados eletronicamente em autos digitais e que posteriormente forem reputados manifestamente impertinentes pelo Juízo terão sua visualização tornada indisponível por expressa determinação judicial, observado o contraditório.

A Resolução estipula ainda que os documentos da mesma espécie, individualmente considerados, devem ser ordenados cronologicamente, com o preenchimento dos campos "Descrição" e "Tipo de Documento" (exigido pelo sistema para anexação de arquivos à respectiva petição, sendo que o documento deve guardar correspondência com a descrição conferida ao arquivo).

O não cumprimento dessas determinações pode ensejar a retirada da visibilidade do documento. Será necessária muita cautela da parte dos juízes na aplicação dessas regras, para não prejudicar os interesses dos demais sujeitos da relação jurídica processual.

No que se refere à comunicação dos atos processuais, o instrumento de notificação ou citação indicará a forma de acesso ao inteiro teor da petição inicial no endereço referente à consulta pública do PJe-JT, cujo acesso também será disponibilizado nos sítios do Conselho Superior da Justiça do Trabalho e dos TRT's na rede mundial de computadores.

Quanto à contagem dos prazos, o artigo 224 do CPC/2015 prevê que, salvo disposição em contrário, será excluído o dia do começo e incluído o dia do vencimento. Mas o § 1º estabelece que os dias do começo e do vencimento do prazo serão protraídos para o primeiro dia útil seguinte, se coincidirem com dia em que o expediente forense for encerrado antes ou iniciado depois da hora normal ou houver indisponibilidade da comunicação eletrônica.

Considera-se como data de publicação o primeiro dia útil seguinte ao da disponibilização da informação no Diário da Justiça eletrônico (§2º do artigo 224) e a contagem do prazo terá início no primeiro dia útil que seguir ao da publicação (§ 3º do artigo 224).

As intimações endereçadas aos advogados nos módulos de primeiro e segundo graus (cuja ciência não exija vista pessoal), as inclusões em pauta de órgão julgador colegiado, a publicação de acórdãos e de decisões monocráticas, deverão ser feitas por meio do Diário Eletrônico da Justiça do Trabalho.

Mas à vista do artigo 5º da Lei nº 11.419/06, o PJe prevê também a realização das intimações por meio eletrônico, em portal próprio, dispensando assim a publicação em diário oficial. Nesse caso, considerar-se-á realizada a intimação no dia em que o intimando efetivar a consulta eletrônica do seu teor no tal portal, certificando-se nos autos a sua realização.

Para que o procedimento não dê ensejo à procrastinação do andamento do feito, a consulta ao portal deverá ser feita em até 10 (dez) dias corridos contados da data do envio da intimação, sob pena de considerar-se a intimação automaticamente realizada na data do término desse prazo.

A contagem do prazo observará os seguintes parâmetros: I - o marco inicial é o dia seguinte ao da disponibilização do ato de comunicação no sistema, independentemente desse dia ser, ou não, de expediente forense no órgão comunicante; II - a consumação da intimação ou comunicação é o décimo dia a partir da data inicial, caso seja de expediente judiciário, ou o primeiro dia útil seguinte. A intercorrência de feriado, interrupção de expediente ou suspensão de prazo entre o dia inicial e o dia final do prazo para conclusão da comunicação não terá nenhum efeito sobre sua contagem.

Entendo que não foi feliz o legislador ao imaginar essa forma de comunicação dos atos processuais: a meu ver, não havia necessidade de criação de sistema alternativo ao Diário Eletrônico, pois este funciona adequadamente e já está adaptado à rotina dos usuários.

Mas há quem considere se tratar de medida benéfica aos profissionais, quando comparada com o método tradicional, pois em tese lhes permitirá organizar melhor as datas de acesso e consequente intimação, não precisando consultar o diário oficial todos os dias[13].

A distribuição da petição inicial e a juntada da contestação, dos recursos e das petições em geral, todos em formato digital, devem ser feitas diretamente pelos advogados (ou por aqueles que detiverem capacidade postulatória) nos autos de processo eletrônico, sem necessidade da intervenção da secretaria judicial: a autuação é automática, com recibo eletrônico de protocolo disponível permanentemente para guarda do peticionante.

No caso de petição inicial, o sistema fornecerá, imediatamente após o envio e juntamente com a comprovação de recebimento, informações sobre o número atribuído ao feito, o órgão julgador para o qual foi distribuída a ação e, se for o caso, a data da audiência inicial designada automaticamente (e da qual será o autor imediatamente intimado).

Quanto à contestação, os advogados devidamente credenciados deverão encaminhá-la eletronicamente, com os documentos, antes da realização da audiência, mas sem prescindir de sua presença à sessão em que será formalizado o ato processual. De todo modo, fica facultada a apresentação de defesa oral (em até 20 minutos, conforme artigo 847 da CLT que permanece em vigor).

A parte reclamada poderá, justificadamente, atribuir sigilo à contestação, reconvenção ou exceção e aos respectivos documentos juntados. Essa regra gerou muita controvérsia quanto às hipóteses que justificariam o sigilo, pois este não se confunde com o conceito de segredo de justiça.

Diante disso, por meio da Resolução CSJT nº 154, de 28 de agosto de 2015, foi alterado o artigo 37 da Resolução CSJT nº 136/14 para aperfeiçoar o tratamento aos temas do segredo de justiça e do sigilo: assim, na propositura da ação, o autor poderá requerer segredo de justiça para os autos processuais

---

13 Dárlen Prietsch MEDEIROS, *Comentários à lei do processo eletrônico*, p. 98.

ou sigilo para um ou mais documentos ou arquivos do processo, por meio da indicação em campo próprio.

Em toda e qualquer petição poderá ser requerido sigilo, seja para o conteúdo da própria petição, seja para documento ou arquivo a ela vinculado.

Requerido o segredo de justiça ou sigilo de documento ou arquivo, este permanecerá sigiloso até que o magistrado da causa decida em sentido contrário, de ofício ou a requerimento da parte contrária.

Pela nova redação atribuída ao § 3º do artigo 37, assim, nos casos em que o rito processual autorize a apresentação de resposta em audiência, faculta-se a sua juntada antecipada aos autos eletrônicos, juntamente com os documentos, hipótese em que permanecerão ocultos para a parte contrária, a critério do advogado peticionante, até a audiência. Com isso, evita-se o confronto da regulamentação do processo eletrônico com o teor da CLT, uma vez que esta prevê a apresentação da defesa e dos documentos apenas em audiência e o peticionante poderá exigir que fiquem ocultos até o momento oportuno.

Atas e termos de audiência serão assinados digitalmente apenas pelo juiz, assim como os arquivos produzidos no caso de gravação audiovisual de audiências, os quais passarão a integrar os autos digitais, mediante registro em termo.

Na hipótese de celebração de acordo e havendo requerimento da parte, a ata deverá ser impressa pela Secretaria da Vara do Trabalho e assinada manualmente e, então, digitalizada para inserção no PJe-JT. É uma medida sensata, pois assegura aos interessados maior confiança e afasta as incertezas que poderiam surgir quanto ao teor do que foi efetivamente combinado.

Ainda em relação à audiência, a nova regra do parágrafo 5º do artigo 357 do CPC/2015 poderá trazer grandes benefícios para o registro dos trabalhos, pois autoriza a gravação integral da audiência em imagem e em áudio, em meio digital ou analógico, desde que assegure o rápido acesso das partes e dos órgãos julgadores, observada a legislação específica. No parágrafo 6º, prevê ainda que a gravação pode ser realizada diretamente por qualquer das partes, independentemente de autorização judicial.

A gravação pelas unidades do Judiciário é uma medida capaz de propiciar maior agilidade nos procedimentos de audiência e de garantir fidelidade no registro das ocorrências, com vantagens para a futura revisão por parte das instâncias superiores e redução do nível de tensão entre as partes e o juiz.

Wagner Giglio, em artigo publicado em 1962, já clamava por reformas nos métodos de registros dos atos em audiência, criticando a transcrição datilografada dos depoimentos e propondo a gravação sonora, em fitas eletromagnéticas[14].

---

14 Wagner GIGLIO, *Mundo novo – novas idéias – novo direito*, pp. 5-10.

Embora a Resolução que trata do PJe não aborde especificamente o tema, é de se esperar investimentos do Judiciário no adequado aparelhamento dos órgãos de primeira instância, a fim de que possam desfrutar das vantagens trazidas pelo novo CPC: afinal, essa é uma tecnologia amplamente disseminada, como se vê pelo sucesso dos diferentes tipos de vídeos divulgados em sítios na internet (a exemplo do Youtube).

Aliás, no que se refere à forma da oitiva das testemunhas, modificação substancial está prevista no CPC/2015 e guarda consonância com a gravação audiovisual: com efeito, o artigo 459 agora prevê que as perguntas serão formuladas pelas partes diretamente à testemunha, começando pela que a arrolou, não admitindo o juiz aquelas que puderem induzir a resposta, não tiverem relação com as questões de fato objeto da atividade probatória ou importarem repetição de outra já respondida.

Certamente, esse novo procedimento é muito mais ágil e eficiente do que o tradicional (em que perguntas são formuladas pelos advogados e reformuladas pelo juiz, para a testemunha responder, seguindo-se com a transcrição em ata em conformidade com o que é ditado pelo magistrado). A tecnologia, portanto, poderá auxiliar na maior fluidez dos depoimentos e no registro fidedigno das palavras das testemunhas.

No que se refere à consulta ao inteiro teor dos documentos juntados ao PJe, necessário se faz o credenciamento no sistema, sendo que somente estará disponível pela rede mundial de computadores para as respectivas partes processuais, os advogados em geral, o Ministério Público e os magistrados, sem prejuízo da possibilidade de visualização de qualquer interessado nas secretarias dos órgãos julgadores (à exceção daqueles feitos que tramitarem em segredo de justiça), o que significa uma restrição à publicidade[15].

Em caso de uso inadequado do sistema, que cause prejuízo às partes ou à atividade jurisdicional, o juiz poderá determinar o bloqueio total do usuário, de forma preventiva ou temporária.

Considera-se uso inadequado do sistema as atividades que configurem ataques ou uso desproporcional dos ativos computacionais, devidamente comprovados. Nessa hipótese deverá ser procedido imediato contato com o usuário bloqueado para identificação da causa do problema e reativação no sistema; em caso de advogado, também para a comunicação à respectiva Seccional da Ordem dos Advogados do Brasil.

Foi vedada a criação de novas soluções de informática para o processo judicial, bem como a realização de investimentos nos sistemas eventualmente existentes nos tribunais e implantações em unidades judiciárias de primeiro e

---

15 com fundamento na Resolução nº 121/2010 do CNJ

segundo graus (vedação que não se aplica às manutenções necessárias ao funcionamento dos sistemas já implantados).

Com essa regra, portanto, o CSJT sinaliza que o PJe veio para ser o sistema único de processamento de ações judiciais em toda a Justiça do Trabalho no Brasil e é interessante que seja assim, mas é preciso aprimorá-lo a partir das experiências regionais, buscando uma padronização como resultado natural da junção das boas práticas e da eliminação dos problemas já encontrados anteriormente.

Para enfrentar o grande desafio que se apresenta com a implantação do PJe e com o advento do CPC/2015 é fundamental que o Poder Judiciário mantenha diálogo franco e aberto com a advocacia trabalhista, pois o êxito de uma transformação cultural tão relevante como a que se avizinha depende do apoio dos advogados.

5. CONCLUSÃO

São inúmeras as transformações que o direito processual do trabalho brasileiro passa a enfrentar a partir da adoção do processo eletrônico, e o que se espera é que elas levem ao seu aperfeiçoamento, de modo a significar maior efetividade para o próprio direito material do trabalho.

Não se pode negar que um modelo processual nasce da combinação de opções ideológicas e de instrumentos técnicos. Michele Taruffo demonstra que essa combinação se dá em função da variedade das opções ideológicas, que são influenciadas por valores considerados dominantes em um determinado contexto sócio-político. A técnica serve para produzir os institutos processuais, enquanto a ideologia define os escopos que o processo deve alcançar. A técnica sem a ideologia é vazia; a ideologia sem a técnica é impotente.

Vale dizer, a análise de um modelo processual deve levar em conta principalmente sua dimensão ideológica, tendo em vista os escopos do processo, o que influencia diversas questões técnicas como a distribuição dos papéis reservados ao juiz e às partes, a estrutura do procedimento, a disciplina das provas[16].

O processo eletrônico, por si só, não tem o dom de transformar substancialmente o modo como Estado, trabalhadores e empregadores lidam com as intrincadas questões trabalhistas. Mas com a evolução do tratamento processual iniciado com a lei nº 11.419/2006 e que agora se segue com inúmeros dispositivos do CPC/2015, pode-se afirmar que a perspectiva ideológica da informatização do processo judicial leva necessariamente a modificações práticas no direito processual do trabalho.

---

16 Michele TARUFFO. *Cultura e Processo*, pp. 63-92.

Essas alterações vem sendo implantadas pelos Tribunais do Trabalho e certamente influenciam a atuação de todos os envolvidos na aplicação da legislação trabalhista.

São modificações que acompanham a evolução da tecnologia e que chegam com muita rapidez, causando apreensão; mas o que se espera é que possam colaborar para o objetivo de produção de decisões justas, fundamentadas na aplicação adequada da lei e amparadas na verdade dos fatos.

6. BIBLIOGRAFIA

BRANDÃO, Claudio Mascarenhas. Processo Eletrônico na Justiça do Trabalho. In: CHAVES, Luciano Athayde (org.). *Curso de Processo do Trabalho*. São Paulo: LTr, 2009

COMPARATO, Fabio Konder. *A afirmação histórica dos direitos humanos*. São Paulo: Saraiva, 2001

CORDEIRO, Wolney de Macedo. Novas tecnologias e o processo do trabalho. *Revista do Advogado*, São Paulo: ano XXX, nº 110, dezembro de 2010

GALBRAITH, John Kenneth. *O Novo Estado Industrial*. São Paulo: Livraria Pioneira Editora, 1983

GIGLIO, Wagner. Mundo novo – novas idéias – novo direito. *Legislação do Trabalho*. São Paulo: nº 293, jan/fev. 1962

MEDEIROS, Dárlen Prietsch. Art. 4º. In: CHAVES JÚNIOR, José Eduardo de Resende (Coord). *Comentários à lei do processo eletrônico*. São Paulo: LTr, 2010

NEGROPONTE, Nicholas. *A vida digital*. São Paulo: Companhia das Letras, 2006

NERY Jr, Nelson e NERY, Rosa Maria de Andrade. *Comentários ao CPC*. São Paulo: RT, 2015

SILVA, Otavio Pinto e. *Processo Eletrônico Trabalhista*. São Paulo: LTr, 2013

TARUFFO, Michele. Cultura e Processo. *Rivista Trimestrale di Diritto e Procedura Civile*. Milano: Giuffrè Editore, março/2009

Capítulo 29
NULIDADES NO NOVO CPC E O PROCESSO DO TRABALHO

Vicente de Paula Maciel Júnior[1]

SUMÁRIO: 1. INTRODUÇÃO; 2. AS NULIDADES NO SISTEMA PROCESSUAL DE 1973 E NO NOVO CPC; 2.1. DIFERENÇAS ENTRE AS NULIDADES NO DIREITO CIVIL E NO DIREITO PROCESSUAL; 2.2. OS PRINCÍPIOS E A ORGANIZAÇÃO DAS NULIDADES NO CÓDIGO DE PROCESSO CIVIL DE 1973 E QUE CONTINUAM NO NOVO CPC; 2.2.1. OS PRINCÍPIOS; 2.2.2. O SISTEMA DAS NULIDADES DO CPC/73 PERMANECE NA NOVA LEI; 2.2.2.1. ATOS INEXISTENTES; 2.2.2.2. NULIDADE ABSOLUTA, RELATIVA E ANULABILIDADE; 2.3. O MOMENTO DA ARGÜIÇÃO E OS EFEITOS DAS NULIDADES; 2.3.1. O MOMENTO DE ARGUIÇÃO DAS NULIDADES; 2.3.2. OS EFEITOS DAS NULIDADES; 3. AS NULIDADES NO PROCESSO DO TRABALHO NA CLT; 4.CONCLUSÃO; 5. BIBLIOGRAFIA.

1. INTRODUÇÃO

A edição de um novo código de processo civil é fato que causa verdadeiro reboliço no mundo jurídico em razão da repercussão que tem na vida de todos que direta ou indiretamente precisam recorrer ao Poder Judiciário.

O novo CPC, entretanto, não é daquelas mudanças que nos fazem rever conceitos, reestruturar bibliotecas... Isso porque muitas das mudanças já faziam parte do cotidiano jurídico, incorporadas como práticas jurídicas dos tribunais.

Estruturalmente o novo CPC é muito pior do que o anterior, com uma sistemática por vezes ilógica, como já tivemos oportunidade de escrever a respeito[2]. A promessa de uma nova lei que venha redimir o Poder Judiciário de suas mazelas e resgatar a celeridade de uma tão sonhada Justiça célere atende mais a retóricos e políticos do que a juristas.

Desse modo é preciso serenidade para receber a nova lei sabendo que ela não "reinventou a roda" e coragem para romper o invólucro do antigo sistema e compreender que essa nova lei veio porque o processo estava em crise e por isso tentou-se uma mudança (mesmo que o resultado não tenha sido o esperado...).

---

1   O autor é doutor em direito pela UFMG, pós-doutor em direito processual civil pela Universitá di Roma (La Sapienza), professor dos cursos de graduação e pós-graduação da PUC/Minas desde 2000, Juiz do trabalho desde 1993, atualmente presidente da 2ª.Vara do Trabalho de Nova Lima/MG

2   MACIEL JÚNIOR, Vicente de Paula. *A tutela antecipada no projeto do novo CPC*. In:FREIRE, Alexandre; DANTAS, Bruno; NUNES, Dierle; et alli Novas Tendências do Processo Civil: estudos sobre o projeto do novo código de processo civil. Salvador: Ed.Jus Podivm. 2013. P.305-332.

Mudar leis é sempre mais fácil que mudar os homens em sua forma de pensar. Em primeiro lugar porque elegemos um inimigo que está fora de nós e que nos põe a salvo: a lei reputada ruim. Em segundo plano, se a lei não vier continuamos a salvo porque falta a lei. Se a lei vier podemos sempre dizer que ela é insuficiente, como de resto todas são.

Portanto, caro leitor, seja esta ou outra lei, proponho assumirmos nosso próprio destino, aquele que somente nós mesmos poderemos construir e começarmos a aplicar as leis que temos e a cumpri-las. De outro modo nunca sairemos desse moto contínuo de discursos vazios de um porvir que nunca chega...

Já dizia o querido professor Dr.José Carlos Barbosa Moreira sobre a proposta de reforma no CPC/73, que antes de se pensar em reforma ele gostaria ao menos que o CPC/73 fosse aplicado uma única vez na forma como foi concebido...

2. AS NULIDADES NO SISTEMA PROCESSUAL DE 1973 E NO NOVO CPC

O sistema geral das nulidades no processo foi inserido no CPC de 1973 no Título V, relativo aos atos processuais, merecendo no Capítulo V (art.243 a 250) tratamento próprio. No novo CPC o tema das nulidades foi posicionado no Livro IV, intitulado "Dos Atos Processuais"; no Título III (art.276 a 283).

Da análise comparativa entre o texto do CPC/73 e do novo CPC em tema de nulidade não se vislumbra qualquer alteração significativa em seu conteúdo normativo. Como constatam os comentaristas Nelson Nery Júnior e Rosa Maria de Andrade Nery[3], o tema das nulidades tratado no novo CPC no Livro IV dedicado aos atos processuais, Título III (art.276 a 283) em nada difere daquilo que vigorava no CPC de 1973[4].

Desse modo, fizemos o quadro comparativo abaixo, de modo que o leitor possa identificar comparativamente os textos do CPC/73 e do novo CPC. Na coluna dedicada ao novo CPC colocamos em negrito no texto dos artigos as modificações que foram inseridas pelo legislado.

NULIDADES NO CPC/73	NULIDADES NO NOVO CPC
Art.243. Quando a lei prescrever determinada forma, sob pena de nulidade, a decretação desta não pode ser requerida pela parte que lhe deu causa.	**Art.276.** Quando a lei prescrever determinada forma, sob pena de nulidade, a decretação desta não pode ser requerida pela parte que lhe deu causa.

---

3   Nery Júnior, Nelson; Nery, Rosa Maria de Andrade. Comentários ao Código de Processo Civil. São Paulo: Editora Revista dos Tribunais, 2015. Págs.819-827.

4   Assim ressaltam também os comentaristas Nelson Nery Júnior e Rosa Maria de Andrade Nery que o tema das nulidades tratado no novo CPC no Livro IV dedicado aos atos processuais, Título III (art.276 a 283) em nada difere daquilo que vigorava no CPC de 1973. Vide ainda: Didier Jr, Fredie. Curso de direito processual civil: introdução ao direito processual civil, parte geral e processo de conhecimento. Salvador: Ed. Jus Pódivm, 2015. Págs.397-417.

NULIDADES NO CPC/73	NULIDADES NO NOVO CPC
Art.244. Quando a lei prescrever determinada forma, sem cominação de nulidade, o juiz considerará válido o ato se, realizado de outro modo, lhe alcançar a finalidade	**Art.277.** Quando a lei prescrever determinada forma, sem cominação de nulidade, o juiz considerará válido o ato se, realizado de outro modo, lhe alcançar a finalidade
Art.245. A nulidade dos atos deve ser alegada na primeira oportunidade em que couber à parte falar nos autos, sob pena de preclusão. **Parágrafo único.** Não se aplica esta disposição às nulidades que o juiz deva decretar de ofício, nem prevalece a preclusão, provando a parte legítimo impedimento.	**Art.278.** A nulidade dos atos deve ser alegada na primeira oportunidade em que couber à parte falar nos autos, sob pena de preclusão. **Parágrafo único.** Não se aplica **o disposto no** *caput* às nulidades que o juiz deva decretar de ofício, nem prevalece a preclusão, provando a parte legítimo impedimento.
Art.246. É nulo o processo, quando o Ministério Público não for intimado a acompanhar o feito em que deva intervir. **Parágrafo único.** Se o processo tiver corrido, sem conhecimento do Ministério Público, o juiz o anulará a partir do momento em que o órgão devia ter sido intimado.	**Art.279.** É nulo o processo quando **o membro do** Ministério Público não for intimado a acompanhar o feito em que deva intervir. **Parágrafo único.** Se o processo tiver **tramitado** sem conhecimento **do membro** do Ministério Público, o juiz **invalidará os atos praticados** a partir do momento em que o órgão devia ter sido intimado.
Art.247. As citações e as intimações serão nulas quando feitas sem observância das prescrições legais.	**Art.280.** As citações e as intimações serão nulas quando feitas sem observância das prescrições legais.
Art.248. Anulado o ato, reputam-se de nenhum efeito todos os subsequentes, que dele dependam; todavia, a nulidade de uma parte do ato não prejudicará as outras, que dela sejam independentes.	**Art.281.** Anulado o ato, reputam-se de nenhum efeito todos os subsequentes, que dele dependam**,** todavia, a nulidade de uma parte do ato não prejudicará as outras, que dela sejam independentes.
Art.249. O juiz, ao pronunciar a nulidade, declarará que atos são atingidos, ordenando as providências necessárias, a fim de que sejam repetidos, ou retificados. §1º. O ato não se repetirá nem se lhe suprirá a falta quando não prejudicar a parte. §2º. Quando puder decidir o mérito a favor da parte a quem aproveite a declaração da nulidade, o juiz não a pronunciará nem mandará repetir o ato, ou suprir-lhe a falta.	**Art.282. Ao pronunciar a nulidade, o juiz** declarará que atos são atingidos **e ordenará** as providências necessárias, a fim de que sejam repetidos, ou retificados. §1º. O ato não se repetirá nem se lhe suprirá a falta quando não prejudicar a parte. §2º. Quando puder decidir o mérito a favor da parte a quem aproveite a declaração da nulidade, o juiz não a pronunciará nem mandará repetir o ato, ou suprir-lhe a falta.

NULIDADES NO CPC/73	NULIDADES NO NOVO CPC
Art.250. O erro de forma do processo acarreta unicamente a anulação dos atos que não possam ser aproveitados, devendo praticar-se os que forem necessários, a fim de se observarem, quando possível, as prescrições legais. **Parágrafo único.** Dar-se-á o aproveitamento dos atos praticados, desde que não resulte prejuízo à defesa.	**Art.283.** O erro de forma do processo acarreta unicamente a anulação dos atos que não possam ser aproveitados, devendo **ser praticados** os que forem necessários a fim de se observarem, quando possível, as prescrições legais. **Parágrafo único.** Dar-se-á o aproveitamento dos atos praticados desde que não resulte prejuízo à defesa **de qualquer parte.**

Optamos por tratar unificadamente a matéria, partindo da análise da teoria das nulidades processuais no CPC/73, que continuou prevalecendo na íntegra no novo CPC.

A redação do sistema das nulidades do CPC/73 tem recebido severas críticas da doutrina[5], que vem demonstrando que a escrita adotada em nosso estatuto processual induz a equívocos. Entretanto, o processualista Aroldo Plínio Gonçalves, em valioso trabalho sobre as nulidades no processo[6] ressalta que, apesar de algumas impropriedades de linguagem do legislador, houve o aspecto positivo no tratamento legal das nulidades ao se promover a uniformidade em uma teoria geral sobre o tema. Mas o Mestre mineiro acentua alguns defeitos gerados pela redação equivocada, tais como o de se conceber a nulidade como se fosse o próprio vício do ato e não uma sanção ao ato praticado em desacordo com o modelo normativo e, ainda, de se entender a nulidade como algo *inerente* ao ato viciado.

Em uma abordagem correta dada à matéria, Gonçalves[7] situa as nulidades como consequência jurídica[8], inserindo-as na categoria das sanções. Com a existência das nulidades, o Direito estaria intentando restabelecer a situação anterior diante da violação ao ato praticada perante a norma.[9]

A nulidade não é, portanto, o próprio defeito do ato, mas sim sua consequência.[10] O defeito não seria do ato que se considera imperfeito ou desviado

---

5   Cf. Aragão, Egas Moniz de. "Comentário ao Código de Processo Civil". Rio de Janeiro, Forense, 1992, pág.357; Tornaghi, Hélio. "Comentários ao Código de Processo Civil", São Paulo:Revista dos Tribunais, 1978, pág.221; Valle Ferreira. "Subsídios para o estudo das nulidades". In Revista da Faculdade de Direito da UFMG, Belo Horizonte, Ano XIV, n.3 (nova fase), outubro de 1963, págs.29-38; Gonçalves, Aroldo Plínio. "Nulidades no processo" Belo Horizonte: Del Rey, 2012, págs.02 e 03.
6   Gonçalves, Aroldo Plínio. 2012, págs.02 e 03.
7   Gonçalves, Aroldo Plínio. 2012, pág.03.
8   Gonçalves, Aroldo Plínio. 2012, págs.03-08.
9   Gonçalves, Aroldo Plínio. 2012, pág.04.
10 Gonçalves, Aroldo Plínio. 2012, págs.04.

de seu modelo normativo. Tomando-se a nulidade como consequência jurídica, somente poderíamos dizer corretamente que ela é decretável ou não, que é aplicável ou declarável[11]. Isso se dá porque a nulidade não preexiste à sua própria declaração. Em processo, para que a nulidade seja reconhecida, tem de haver a sua declaração judicial. O ato processual não é nulo por si só.

Em conceituação das nulidades Gonçalves entende que:

> *"Nulidade é a consequência jurídica prevista para o ato praticado em desconformidade com a lei que o rege, que consiste na supressão dos efeitos jurídicos que ele se destinava produzir.*
>
> *Como consequência jurídica, a nulidade se integra na categoria das sanções"*[12]

O ato processual deve estar adequado ao modelo normativo previsto pelo Direito positivo, sob pena de poder incidir a nulidade como consequência ao desvio da finalidade do ato. Os parâmetros de conduta processual são definidos na lei, que estabelece os critérios pelos quais será aferida a cadeia de atos do processo e que determinarão as consequências a serem aplicadas aos mesmos.

Cada ordenamento jurídico vai traçar os critérios que servirão para a composição do sistema de nulidades processuais de um país, prevendo as sanções de acordo com os critérios definidos pelo legislador em sua política legislativa.

2.1. DIFERENÇAS ENTRE AS NULIDADES NO DIREITO CIVIL E NO DIREITO PROCESSUAL

No Direito Civil a nulidade é classificada normalmente em absoluta, que é aquela que não admite que o ato seja sanado ou ratificado, porquanto prevaleceria o interesse público[13]. Há ainda a nulidade relativa, que a doutrina equipara à anulabilidade, onde prevalece o interesse particular, no sentido de que é facultado ao interessado requerer a obtenção da ineficácia do ato ou deixar que os seus efeitos ocorram. E o ato inexistente, que seria aquele que não se realizou ou que foi feito sem os requisitos mínimos de sua configuração legal.[14]

No processo, as normas são imperativas, editadas pelo Estado, que fixa os critérios de conduta no procedimento. Inexistem normas de interesse particular, visto que o processo é constituído de normas de cunho publicístico. Ocorre a distribuição, pela norma, dos ônus que incumbem a cada parte no processo e elas podem ou não praticar o ato previsto no contraditório, assumindo os resultados gerados em caso de ausência de seus atos necessários.

---

11 Gonçalves, Aroldo Plínio. 2012, págs.50-51.
12 Gonçalves, Aroldo Plínio. 2012, págs.03.
13 Vide *In*: MACIEL JR., Vicente de Paula. Teoria das ações coletivas: As ações coletivas como ações temáticas. São Paulo: LTR, 2006. Pág.19-68. A análise crítica das expressões direito e interesse e em especial ao termo interesse público.
14 Gonçalves, Aroldo Plínio. 2012, págs.12-13

No que se refere à nulidade dentro do processo ela somente existe depois de declarada judicialmente. Não se concebe a hipótese da existência de uma nulidade nascida com o ato processual. O ato processual pode ter um vício de origem, pode ser imperfeito desde o nascedouro, mas a sua nulidade somente existirá em processo a partir do momento em que o juiz expressamente a declarar.[15]

A nulidade no processo pode decorrer do distanciamento da forma legal prevista para o ato, bem como de defeito sobre os elementos essenciais de validade do ato ou de violação do paradigma legal pela falta de ato essencial ao procedimento.

Seriam casos de nulidade por falta de condições de regularidade do ato processual no CPC/73: a declaração de incompetência absoluta (art.113, §2º); a ausência de intervenção do Ministério Público (art.246) e a nulidade da execução por falta de citação do devedor (art.618, II, do CPC)

O processo, como é uma sequência de atos lógicos e em contraditório normativamente prevista, estabelece uma relação de dependência entre os atos processuais. Dessa forma, se um dos atos da cadeia do procedimento não é realizado ou é produzido com defeito, pode haver a declaração judicial da nulidade do ato ou até mesmo do processo. Cada processo tem seu próprio andamento e a importância e necessidade do ato é avaliada pelo juiz no curso da cadeia de atos, sem necessidade de que exista uma previsão legal exaustiva de nulidade para cada ato do processo. A averiguação da importância do ato se dá em função do processo em curso. Por exemplo, o indeferimento de uma prova pericial pelo juiz quando do despacho saneador pode caracterizar o cerceamento do direito à prova e à ampla defesa, podendo ocasionar a nulidade do processo a partir do momento em que a prova deveria ter sido produzida. Entretanto, o requerimento da produção de prova pericial pode ter sido feito em processo cuja solução não dependeria dessa espécie probatória, que seria inócua e apenas encareceria o processo, agindo o juiz corretamente no indeferimento da prova inútil. A declaração da nulidade pelo vício do procedimento seria, pois, declarada no primeiro caso e rejeitada na segunda hipótese.

A avaliação da existência das nulidades na cadeia de atos do processo é feita contingencialmente pelo juiz ou turma do Tribunal, observando-se a necessidade de cada processo e o direito das partes na participação da formação do provimento final. A parte, que é o fiscal de seu próprio interesse[16], deve manifestar-se e apontar o prejuízo sofrido para que haja a avaliação da regularidade do procedimento.

---

15 Vale Ferreira, em precioso estudo sobre as nulidades, já esclarecera que "Não há nulidade *pleno iure*, tudo porque, mesmo inquinado do vício mais grave, o ato quase sempre conserva uma aparência de regularidade, que só pode ser destruída pela declaração do juiz" (vide in Vale Ferreira, 1963, pág.33).

16 Barbi, Celso Agrícola. "Comentários ao Código de Processo Civil", Rio de Janeiro: Forense, Vol.I, 1988.

Não há uma relação causal entre os atos da cadeia procedimental. Ocorre, em verdade, uma relação normativa[17], visto que a lei é que estabelece a sequência de atos a serem praticados e a ausência de um deles gera o defeito em um momento processual. A impossibilidade de salvamento do ato pela sua essencialidade ensejará a decretação da nulidade do ato ou do processo pelo juiz ou pelo tribunal.

O processo, como cadeia de atos, tem de ter seus pressupostos e requisitos observados para que seja válido. Os pressupostos são as premissas lógicas que antecedem necessariamente ao ato[18]. Para que o ato seja válido têm de ser efetivados os seus pressupostos lógicos. Por exemplo, para que haja requerimento de realização de prova pericial em um processo, deve haver uma matéria que necessite de avaliação técnica da qual as partes e o juiz não tenham conhecimento específico. Portanto, o pressuposto da prova pericial é que o objeto da prova envolva matéria que o juiz e as partes não tenham condições técnicas para conclusão. Caso não esteja presente esse pressuposto, a prova requerida seria indeferida e não ocorreria qualquer nulidade. A parte, que é o fiscal de seu próprio interesse, teria de invocar e demonstrar o prejuízo que a ausência da prova lhe acarretaria. Caso não fossem demonstrados prejuízos, o juiz teria agido corretamente em negar a produção da prova.

Já os requisitos aparecem e participam simultaneamente na formação do ato processual. Não são condições prévias ou antecedentes lógicos do ato como os pressupostos. Os requisitos dos atos processuais são, por exemplo, os requisitos da petição inicial ou da sentença, onde a lei processual exige que, no momento da realização do ato, aqueles elementos por ela definidos se façam presentes sob pena de restar caracterizado o vício do ato. Nula seria a sentença sem relatório, fundamentação ou parte dispositiva. Inepta seria a petição à qual faltasse pedido.

2.2. OS PRINCÍPIOS E A ORGANIZAÇÃO DAS NULIDADES NO CÓDIGO DE PROCESSO CIVIL DE 1973 E QUE CONTINUAM NO NOVO CPC

2.2.1. Os princípios

Dois princípios básicos permeiam e orientam o sistema das nulidade no CPC/73, que seriam o da finalidade e da ausência de prejuízo.

Pelo princípio da finalidade, o ato é considerado válido mesmo que, embora desviado de seu modelo normativo, tenha atingido sua finalidade dentro do processo. Esse princípio contém também em si a consagração de outro princí-

---

17 Gonçalves, Aroldo Plínio. 2012, págs.21.
18 Gonçalves, Aroldo Plínio. 2012, págs.30.

pio processual conhecido, que é o da instrumentalidade das formas. Por esse princípio entende-se que a forma do ato é importante, uma vez que estabelecida pela lei como parâmetro de conduta dentro do processo. Entretanto, a forma não é mais importante que o conteúdo do ato em si. O valor da forma é relativizado e ela é instrumental. É a forma do ato que serve para a construção do processo válido e não o contrário. Não estamos mais no processo formulário, em que a inobservância de um ato exatamente como previsto geraria a nulidade de todo o processo. A norma processual reconhece a importância da forma, mas não a superestima.

O princípio da ausência de prejuízo relaciona-se intimamente com os princípios da finalidade e do contraditório.[19] O processo é constituído de uma série de atos em que as partes participam em contraditório para a formação do provimento final. O ato, mesmo atingindo o seu fim, pode ter causado prejuízo ao contraditório pela completa ausência de participação de um dos sujeitos do processo. Nesse caso, o prejuízo estaria caracterizado e culminaria com a decretação da nulidade para a preservação da paridade entre as partes. Aqueles que sofrerão os efeitos do provimento têm o direito de participar no curso do procedimento em contraditório.

O princípio da economia processual também pode ser detectado e inferido desses dois princípios básicos. Ora, se o ato atingiu sua finalidade e não houve prejuízo à participação das partes no processo, a repetição de atos seria injustificável. Haveria um desperdício de tempo e encarecimento do processo com a repetição de um ato que, embora não praticado com perfeição, atingiu seu objetivo no processo.

A causalidade como princípio significa que o desrespeito à cadeia de atos do processo ocasiona a contaminação dos atos posteriores, provocando o vício no procedimento e a necessidade de decretação da invalidação dos atos praticados. Para Aroldo Plínio Gonçalves[20] inexiste o princípio da causalidade no processo. Para esse prestigiado autor, o que realmente ocorre é que a falta de um pressuposto do ato gera um vício nos atos posteriores da cadeia procedimental. Mas se o ato é autônomo e não dependeria de outros atos na sequência do processo, não ocorreria vício ensejador de decretação de nulidade. Entretanto, o que permeia o princípio da causalidade é também o critério do prejuízo e do atingimento da finalidade do ato. Se o ato praticado (ou sua ausência) não gerou prejuízo à parte, ou se o processo, embora não seguindo a linha reta do procedimento, tivesse alcançado sua finalidade, inexistiria motivação para se decretar a nulidade do ato (ou sua ausência), bem como dos atos posteriores ao

---

19 Gonçalves, Aroldo Plínio. 2012, págs.29-36.
20 Gonçalves, Aroldo Plínio. 2012, págs.30.

alegado vício. Portanto, pelo que se verifica da análise dos princípios que regem as nulidades, o pano de fundo de todo o sistema das nulidades está plasmado no norteamento dado pelos princípios da finalidade e da ausência de prejuízo. Esses são os grandes princípios norteadores do sistema das nulidades. O objetivo do ato processual é o alcance da construção do processo em contraditório segundo o modelo normativo estabelecido. Se o contraditório foi preservado, permitindo no seu todo a participação das partes na formação do provimento, não há prejuízo, sendo desnecessária a decretação de nulidade de atos ou do próprio processo. Finalidade e ausência de prejuízo na formação do contraditório são os critérios umbilicalmente unidos e inseparáveis, que necessariamente devem orientar o intérprete para o entendimento e correta aplicação do sistema das nulidades processuais.

2.2.2. O SISTEMA DAS NULIDADES DO CPC/73 PERMANECE NA NOVA LEI

O que normalmente se ensina nos livros de processo é que há um critério para a classificação das nulidades que é fundado em um grau de importância atribuído a cada vício. Entretanto, vale lembrar que a nulidade não se confunde com o vício. A nulidade, conforme já esclarecido no primeiro item desse trabalho, é sanção, é consequência legal prevista para a desconformidade do ato com o seu modelo legal. Os vícios apenas motivam o legislado a estabelecer em norma as consequências para o ato processual, mas não se pode confundir o vício (motivo) com a sua sanção (conseqüência)[21].

Portanto, o vício existe em gradação na lei como um pressuposto para a distribuição legal das consequências que serão conferidas a cada ato descrito na norma como irregular.

Dessa forma, constata-se que classificação em atos inexistentes, nulos e anuláveis, terá por fulcro a análise das consequências jurídicas previstas na lei e não o critério do grau de gravidade do ato viciado.

2.2.2.1. Atos inexistentes

O ato inexistente, no plano fático, é aquele que não teve existência material. Por exemplo, se o processo é julgado antecipadamente, sem a realização da instrução processual. Se o processo já estivesse devidamente instruído e não dependesse de prova a ser produzida em audiência, inexistiria prejuízo à parte e o procedimento estaria correto. Caso fosse necessária a produção de prova em audiência e o processo tivesse sido julgado sem a oportunidade da produção probatória, haveria evidente prejuízo à parte e a inexistência do ato previsto legalmente causaria fatalmente vício do procedimento, o que poderia gerar a

---

21 Gonçalves, Aroldo Plínio. 2012, págs.37

decretação da nulidade pela instância superior. Atente-se que a nulidade não existe automaticamente. A parte prejudicada teria de recorrer e somente haveria nulidade pela inexistência do ato após o reconhecimento do vício procedimental, que poderia ser declarado nulo pelo próprio juiz se a matéria fosse alegada em embargos declaratórios com efeito modificativo ou agravo de instrumento, ou pelo tribunal em grau de recurso.

No plano jurídico, o ato inexistente é aquele que, embora tivesse sido praticado, não teve a observância de seus requisitos mínimos de validade. Seriam exemplos clássicos a petição inicial sem pedido, ou mesmo a sentença judicial à qual faltasse a parte dispositiva, ou ainda, em âmbito maior, considerando-se o procedimento legalmente previsto, a supressão de algum ato da cadeia procedimental legal que gerasse prejuízo a alguma das partes.

O ato inquinado de vício que pode gerar nulidade não se confunde, entretanto, com ato inexistente. Nulidade é a consequência para o ato irregular e ato inexistente é o que não chegou a se formar ou que foi realizado sem a observância dos requisitos mínimos exigidos por lei. O ato inexistente, se causar prejuízos, pode desencadear a decretação de nulidade.

Mas a inexistência do ato nem sempre gera a decretação de nulidade. Mesmo a inexistência de um ato fundamental ao procedimento contraditório, como a citação, admite, em certos casos, reparo. Se a parte, embora não citada formalmente, tem ciência da propositura da demanda e comparece espontaneamente para oferecer sua defesa, não há que ser decretada a nulidade do procedimento. Assim também a ausência de intimação de testemunha arrolada que comparece à audiência trazida pela parte e presta depoimento. A prática extemporânea de atos pelas partes também é causa de inexistência do ato[22]. Não é o caso de o juiz pronunciar a nulidade desses atos. Basta que mande desentranhar e devolva à parte a peça técnica juntada a fora o prazo.

2.2.2.2. Nulidade absoluta, relativa e anulabilidade

Tomando por base o equivocado critério da gradação do vício para a distribuição do sistema das nulidades, a doutrina se divide, ora admitindo a nulidade absoluta e a relativa como insanável e a anulabilidade como única forma sanável; ora atribuindo à nulidade absoluta a condição de insanabilidade e à nulidade relativa e à anulabilidade a possibilidade de convalidação do ato. Ainda, há os que dividem em apenas duas hipóteses de nulidades, que seriam a nulidade relativa e a anulabilidade[23].

---

22 Gonçalves, Aroldo Plínio. 2012, págs.38-42.
23 Gonçalves, Aroldo Plínio. 2012, págs.63-68.

Mas essa classificação não é pertinente, porquanto o que pode ou não ser sanado é o vício, mas nunca a nulidade. A nulidade é a sanção que incide sobre o ato e é decretada judicialmente, porque o vício do ato causou prejuízo de tal monta que não pode ser relevado. O vício pode ser ou não sanado, mas a nulidade, uma vez reconhecida e aplicada no processo, demonstra que o ato viciado não tinha recuperação.[24]

Se o juiz reconhece e aplica a nulidade, fica patenteada a gravidade do vício dentro da estrutura processual. Não existe diferença entre espécies de nulidade em virtude da gravidade do vício. Uma vez acatada a nulidade o ato é nulo, ineficaz para o processo, e deve haver a sua repetição ou repetição dos atos a partir de onde houve o reconhecimento da nulidade. Decretada a nulidade o ato é nulo, e não absolutamente nulo, relativamente nulo, ou anulável...

A classificação dos atos em absolutamente nulos, relativamente nulos e anuláveis é insustentável, visto que, dentro da estrutura do processo o vício vai ser avaliado pelo juiz e, se tiver havido prejuízo comprovado, o juiz decretará a sanção de nulidade.[25]

A gradação do vício somente é importante no momento da elaboração da lei, quando o legislador vai correlacionar atos e, ao seu descumprimento, conferir a sanção de nulidade. O grau do vício tem relevo apenas como determinação dos motivos que vão contribuir para que o legislador fixe, na lei, as sanções para os atos desconformes. A nulidade, como sanção, comente será aplicada, dentro do processo, após o reconhecimento do vício do ato ou do procedimento. A gradação do vício ocorre em um momento anterior, quando o legislador vai definir, em um plano abstrato, o conteúdo da norma. Pode, inclusive, após a promulgação da lei, e sob sua égide, ter havido um vício fundamental em um contrato, como a falta de outorga uxória, e o contrato ser cumprido fielmente e não haver qualquer reclamação dos interessados. Haverá um contrato que padece de um vício fundamental, mas não existirá contrato nulo. Já a nulidade surgirá em um momento muito posterior, quando a dinâmica da vida está seguindo seu curso e é movida uma demanda judicial, quando a lei está sendo aplicada e interpretada pelo juiz em um processo. A nulidade não existe antes do processo e da avaliação do magistrado daqueles atos que são apontados e reconhecidos judicialmente como nulos. Em suma, a nulidade é um fenômeno endoprocessual.

Também não se apresenta correto o critério de classificação das nulidades segundo o interesse em jogo, se público ou privado; ou em função da natureza da norma violada, se dispositiva ou cogente[26]. Criou-se a ideia errônea na dou-

---

24 Gonçalves, Aroldo Plínio. 2012, págs.47.
25 Gonçalves, Aroldo Plínio. 2012, págs.58-61.
26 LACERDA, Galeno. "Despacho saneador." 3ª.ed., Porto Alegre: Fabris, 1985, págs.72-73.

trina de que o interesse protegido definiria o destino da decretação da nulidade. Se o vício tivesse ofendido um interesse público, a nulidade seria absoluta. Caso o vício tivesse incidido sobre questão de interesse particular das partes, a nulidade seria relativa.

Entretanto, esse pensamento de classificar as nulidades tendo por fulcro o interesse protegido pela norma não encontra guarida no processo, porque todas as normas processuais são normas de ordem pública. Repita-se, o chamado interesse público prevalece em todas as normas processuais. O sistema processual é uma lei vigente para todas as pessoas que atuam no processo e que têm de cumprir uma função prevista na lei. Assim, o juiz o Ministério Público, o escrivão, o perito, os advogados e as partes têm um papel definido na norma processual, que impõe um modelo de conduta possível aos atores do processo.

O fato de a parte poder ou não praticar o ato previsto na norma não confere a ela o caráter de proteção específica do interesse privado, tendo natureza dispositiva. A norma continua de ordem pública, cogente, e a parte terá o ônus decorrente de sua situação desfavorável gerada pela inércia. Inclusive as próprias consequências da inércia da parte na prática de um ato processual encontram-se previstas na norma. O interesse da parte existe, porque ela participa em contraditório na formação do provimento final. Mas ela apenas se desincumbe dos ônus que a lei lhe impôs, sob pena de ficar em situação desfavorável dentro do iter processual.[27]

2.3. O MOMENTO DA ARGÜIÇÃO E OS EFEITOS DAS NULIDADES

2.3.1. O MOMENTO DE ARGUIÇÃO DAS NULIDADES

Existem as nulidade cominadas, que são aquelas que estão expressamente previstas na lei e as nulidades não-cominadas, que são aquelas que, apesar de não previstas expressamente na lei, decorrem da inobservância do modelo legal traçado para o processo.[28]

Como as nulidades são sanções aplicadas dentro do processo e como ele, embora possa ser lento, não é eterno e caminha em busca do provimento final, da execução dos atos e da extinção, existem momentos em que as nulidades podem ser arguidas. Isso se dá porque se o processo chegar ao seu fim e a nulidade, mesmo grave, não tiver sido suscitada, não haverá a possibilidade de exame da questão, excetuando-se a hipótese de alegação em embargos do devedor da nulidade de citação, prevista no art.741 do CPC/73.[29]

---

27 Gonçalves, Aroldo Plínio. 2012, págs.54.
28 Gonçalves, Aroldo Plínio. 2012, págs.25-28.
29 Gonçalves, Aroldo Plínio. 2012, págs.47-58.

As nulidades cominadas podem ser examinadas de ofício pelo juiz e também arguidas pelas partes. Já nas nulidades não cominadas, a parte deve alegar o vício para que o juiz examine se há ou não ofensa à finalidade do ato no processo e o efetivo prejuízo.

2.3.2. Os efeitos das nulidades

O reconhecimento do vício em um ato em virtude do prejuízo causado e a consecutiva decretação de sua nulidade vão suscitar o problema dos efeitos da decretação da nulidade.

As nulidades no processo produzem efeitos que retroagem a partir de sua decretação. São os efeitos *ex tunc*[30], que retornam para anular o ato viciado e todos que dele dependam. Isso se dá porque a nulidade é sanção aplicada a um ato viciado e esse ato somente pode ser considerado nulo a partir da declaração da nulidade no processo. Antes, o ato, mesmo viciado, não poderia ser considerado nulo por falta de decisão que reconhecesse a sua nulidade. O ato viciado produz efeitos até que seja reconhecido o defeito e aplicada a sanção de nulidade. Mas a nulidade do ato retroagirá para atingi-lo no nascedouro, bem como aos demais atos que o tinham como pressuposto na cadeia do procedimento.

Uma vez acatada a nulidade do ato viciado, todos os atos que foram praticados e que o têm como pressuposto serão considerados prejudicados.

3. AS NULIDADES NO PROCESSO DO TRABALHO NA CLT

Na CLT as nulidades foram tratadas no Título X (Do processo Judiciário do Trabalho), no capítulo II (Do Processo em Geral), seção V (Das Nulidades), art.794 a 798.

A aplicação de normas do processo civil ao processo do trabalho é possível e deve seguir importantes critérios dados pelo art.769 da CLT, que são a omissão e a compatibilidade. Ou seja, somente se o processo do trabalho não tiver regra específica para o caso sob julgamento é que se pode recorrer ao processo civil comum. E ainda assim a norma processual do processo civil será aproveitada para o processo do trabalho se não for incompatível com este.

Em recente e precioso artigo em obra erigida em sua homenagem, o Mestre Aroldo Plínio Gonçalves[31] esclarece que a força da aplicação subsidiária do processo civil ao processo do trabalho tem por fonte que o legitima o próprio art.769 da CLT e não os princípios gerais ou especiais do Direito.

---

30 Gonçalves, Aroldo Plínio. 2012, págs.52-53.
31 GONÇALVES, Aroldo Plínio. O que há de novo em processo do trabalho: homenagem ao professor Aroldo Plínio Gonçalves./coordenadores Luiz Otávio Linhares Renault.[et al.].- São Paulo: LTR, 2015. P.706.

Como ressalta o processualista Cléber Lúcio de Almeida, é digno de destaque que no processo do trabalho não existe nulidade de pleno direito. A invalidação do ato processual depende de declaração judicial de sua nulidade.[32]

Decorre do art.794 da CLT o princípio do prejuízo ou da transcendência, que tem o sentido de que a nulidade somente deve ser declarada quando for demonstrado manifesto prejuízo à parte que a invoca.

Conforme art.795,§ 1º. da CLT vigora como regra que a nulidade no processo do trabalho depende de provocação da parte, não devendo ser apreciada de ofício. Somente quando houver constatação de incompetência de foro é que a nulidade poderá ser decretada de ofício.

Como bem adverte Cléber Lúcio de Almeida[33], a nulidade que pode ser declarada de ofício é a absoluta, fundada na matéria regulamentada no art.111 e 113 do CPC/73. A incompetência relativa depende de provocação das partes.

Nos termos do art.795, §1º. da CLT a decretação da nulidade absoluta atinge apenas os atos decisórios, devendo o juiz remeter os autos para a autoridade competente. Por princípio de economia processual os atos praticados no processo podem ser aproveitados, atingindo-se apenas os atos decisórios.

Nos processos trabalhistas normalmente as petições iniciais contêm pedidos em cumulação objetiva. Pode ocorrer que a incompetência atinja apenas um ou alguns desses pedidos, mas não todos. Nesse caso os pedidos abrangidos pela incompetência deverão ser extintos sem julgamento do mérito. Isso permite que os demais pedidos para os quais o juízo tenha competência possam ser processados e julgados, não se extinguindo todo o processo. Desse modo, não há necessidade de remessa dos autos ao juízo que seria competente para a análise dos pedidos extintos sem julgamento do mérito.

O momento para arguição da nulidade coincide, no processo trabalhista, com a primeira vez que a parte tiver de falar nos autos. Pela sistemática do procedimento trabalhista que tem rito sumarizado esse momento coincide com a audiência inicial, onde também é facultada a apresentação da defesa.

Se a parte não suscita a nulidade no momento oportuno ocorre a preclusão temporal e dá-se a convalidação do ato, consoante art.795 da CLT.

Segundo o art.796, a, da CLT a nulidade não será declarada quando for possível suprir a falta ou repetir o ato.

O art.796, b, da CLT estabelece a regra de que não se declara a nulidade quando arguida por quem lhe tiver dado causa. É a regra que decorre dos princípios gerais de direito traduzida na máxima de que a ninguém é dado beneficiar-se da alegação da própria torpeza.

---

32 ALMEIDA, Cléber Lúcio de. Direito Processual do Trabalho. Belo Horizonte: Del Rey. 2006. Págs.444-445.
33 ALMEIDA, Cléber Lúcio de. Direito Processual do Trabalho. Belo Horizonte: Del Rey. 2006. Págs.445.

O art.797 da CLT prevê que o juiz ou tribunal, ao apreciar a nulidade, deverá declarar os atos aos quais ela se aplica. Como ressalta Cléber Lúcio de Almeida, há a nulidade derivada ou decorrente, que é aquela que contagia os atos que dele dependam ou que sejam consequência dele.[34]

Complementando essa ideia, o art.798 da CLT prevê que a nulidade de um ato não prejudicará os atos que dele não dependam ou que dele não sejam conseqüência.

Essas regras são as linhas gerais da CLT a respeito das nulidades e seu tratamento permanece inalterado em face do novo CPC e devem guiar o intérprete e o aplicador da norma cuja reforma praticamente manteve íntegra a antiga redação do CPC/73.

4. CONCLUSÃO

Em tema de nulidades não ocorreram modificações dignas de nota entre o que vigorava no antigo sistema processual de 1973 e o novo código de processo civil.

Deste modo a relação do processo do trabalho com o novo CPC mantém-se inalterada.

Poderão ser aplicados os artigos do novo CPC desde que sejam respeitadas as particularidades e limites impostos pela legislação especial que instituiu o processo do trabalho na CLT.

Essa possibilidade de aplicação subsidiária continua a observar dois princípios fundamentais, que são a existência de omissão na CLT na matéria sobre o processo do trabalho e que demande a aplicação subsidiária do processo civil comum. Além disso deve haver compatibilidade entre as legislações, de modo a respeitar as especificidades do processo do trabalho.

5. BIBLIOGRAFIA

ALMEIDA, Cléber Lúcio de. *Direito Processual do Trabalho*. Belo Horizonte: Del Rey. 2006.

ARAGÃO, Egas Moniz de. Comentário ao Código de Processo Civil. Rio de Janeiro, Forense, 1992

BARBI, Celso Agrícola. *Comentários ao Código de Processo Civil*, Rio de Janeiro: Forense, Vol.I, 1988.

DIDIER Jr., Fredie. *Curso de direito processual civil: introdução ao direito processual civil, parte geral e processo de conhecimento*. Salvador: Ed. Jus Pódivm, 2015.

---

34 ALMEIDA, Cléber Lúcio de. Direito Processual do Trabalho. Belo Horizonte: Del Rey. 2006. Págs.446.

GONÇALVES, Aroldo Plínio. *Nulidades no processo* Belo Horizonte: Del Rey, 2012.

GONÇALVES, Aroldo Plínio. O que há de novo em processo do trabalho: homenagem ao professor Aroldo Plínio Gonçalves./coordenadores Luiz Otávio Linhares Renault.[et al.].- São Paulo: LTR, 2015.

LACERDA, Galeno. *Despacho saneador*. 3ª.ed., Porto Alegre: Fabris, 1985.

MACIEL JR., Vicente de Paula. *Teoria das ações coletivas: As ações coletivas como ações temáticas*. São Paulo: LTR, 2006.

MACIEL JÚNIOR, Vicente de Paula. *A tutela antecipada no projeto do novo CPC.* In:FREIRE, Alexandre; DANTAS, Bruno; NUNES, Dierle; et alli *Novas Tendências do Processo Civil: estudos sobre o projeto do novo código de processo civil.* Salvador: Ed.Jus Podivm. 2013. P.305-332.

NERY JÚNIOR, Nelson; NERY, Rosa Maria de Andrade. *Comentários ao Código de Processo Civil*. São Paulo: Editora Revista dos Tribunais, 2015.

TORNAGHI, Hélio. *Comentários ao Código de Processo Civil*, São Paulo:Revista dos Tribunais, 1978

VALLE FERREIRA. *Subsídios para o estudo das nulidades. In* Revista da Faculdade de Direito da UFMG, Belo Horizonte, Ano XIV, n.3 (nova fase), outubro de 1963

Parte VI

TUTELA PROVISÓRIA

Capítulo 30

NOÇÕES CONCEITUAIS SOBRE A TUTELA PROVISÓRIA NO NOVO CPC E SUAS IMPLICAÇÕES NO PROCESSO DO TRABALHO

Danilo Gonçalves Gaspar[1]

SUMÁRIO: 1. INTRODUÇÃO; 2. A APLICAÇÃO SUPLETIVA E SUBSIDIÁRIA DO NOVO CÓDIGO DE PROCESSO CIVIL AO PROCESSO DO TRABALHO; 3. NOÇÕES INTRODUTÓRIAS SOBRE O TRATAMENTO CONFERIDO PELO NOVO CPC AO TEMA; 4. A TUTELA PROVISÓRIA DE ACORDO COM A SISTEMÁTICA DA LEI Nº 13.105/15 – O NOVO CPC; 4.1. A EXISTÊNCIA DE UM LIVRO PRÓPRIO; 4.2. AS ESPÉCIES DE TUTELA PROVISÓRIA NO NOVO CPC; 4.3. AS ESPÉCIES DE TUTELA DE URGÊNCIA; 4.3.1. TUTELA PROVISÓRIA DE URGÊNCIA CAUTELAR E ANTECIPADA; 4.3.2. TUTELA PROVISÓRIA DE URGÊNCIA ANTECEDENTE OU INCIDENTAL; 4.4. AS REGRAS PROCEDIMENTAIS GERAIS; 4.4.1. CUSTAS PROCESSUAIS; 4.4.2. CONSERVAÇÃO DA EFICÁCIA DA DECISÃO; 4.4.3. A ADOÇÃO DE MEDIDAS ADEQUADAS À EFETIVIDADE DO PROVIMENTO; 4.4.4. MOTIVAÇÃO DA DECISÃO; 4.4.5. FORMA DE IMPUGNAÇÃO; 4.4.6. A QUESTÃO DA COMPETÊNCIA ORIGINÁRIA; 4.5. A SISTEMÁTICA DA TUTELA PROVISÓRIA DE URGÊNCIA; 4.5.1. REQUISITOS PARA CONCESSÃO; 4.5.2. A PRESTAÇÃO DE CAUÇÃO; 4.5.3. A POSSIBILIDADE DE CONCESSÃO LIMINAR DA TUTELA DE URGÊNCIA; 4.5.4. MEDIDAS IDÔNEAS PARA EFETIVAÇÃO DA TUTELA DE URGÊNCIA CAUTELAR; 4.5.5. A RESPONSABILIDADE DO CREDOR PELOS PREJUÍZOS CAUSADOS; 4.5.6. DA POSSIBILIDADE DE POSTULAÇÃO DA TUTELA PROVISÓRIA DE URGÊNCIA ANTECIPADA ANTECEDENTE; 4.5.6.1. CONCESSÃO DA TUTELA ANTECIPADA E ADITAMENTO DA PETIÇÃO INICIAL; 4.5.6.2. O INDEFERIMENTO DA TUTELA PRETENDIDA E A EMENDA DA PETIÇÃO INICIAL; 4.5.7. DA POSSIBILIDADE DE POSTULAÇÃO DA TUTELA PROVISÓRIA DE URGÊNCIA CAUTELAR ANTECEDENTE; 4.6. A SISTEMÁTICA DA TUTELA PROVISÓRIA DE EVIDÊNCIA; 5. CONCLUSÃO; 6. REFERÊNCIAS.

1. INTRODUÇÃO

O novo código de processo civil, aguardado ansiosamente por todos os operadores do direito, produz mudanças substanciais no processo civil até então vigente no ordenamento jurídico brasileiro.

A Lei 13.105/15 sistematiza, de forma peculiar, dentre outros temas, o instituto da antecipação de tutela, provocando significativas alterações na sistemática então vigente.

Dessa forma, além de exigir um estudo didático das mudanças produzidas pelo novo código de processo civil, enfrentando como ficará a sistemática da tutela provisória com a aprovação final da referida lei, faz-se necessário, outrossim, identificar e enfrentar as principais implicações dessas mudanças no processo do trabalho.

---

1   Juiz do Trabalho Substituto do Tribunal Regional do Trabalho da 05ª Região. Mestre em Direito Privado e Econômico (UFBA). Pós-Graduado em Direito e Processo do Trabalho (Curso Preparatório para Carreira Jurídica JUSPODIVM Salvador/BA). Bacharel em Direito (Faculdade Ruy Barbosa Salvador/BA). Professor de Direito do Trabalho e de Direito Processual do Trabalho do Curso DIPA.

Isso porque, prevendo o artigo 769 da CLT que, "Nos casos omissos, o direito processual comum será fonte subsidiária do direito processual do trabalho, exceto naquilo em que for incompatível com as normas deste Título." e o artigo 15 do novo código de processo civil que "Na ausência de normas que regulem processos eleitorais, trabalhistas ou administrativos, as disposições deste Código lhes serão aplicadas supletiva e subsidiariamente.", a aplicação subsidiária da nova sistemática da tutela provisória que está por vir requer uma análise de conhecimento de compatibilidade da nova roupagem do instituto e o processo do trabalho.

É, pois, justamente o que se pretende fazer através deste artigo.

2. A APLICAÇÃO SUPLETIVA E SUBSIDIÁRIA DO NOVO CÓDIGO DE PROCESSO CIVIL AO PROCESSO DO TRABALHO

Espera-se, de fato, intensos debates acadêmicos, doutrinários e jurisprudenciais acerca da previsão contida no artigo 15 do novo CPC, no sentido de que "Na ausência de normas que regulem processos eleitorais, trabalhistas ou administrativos, as disposições deste Código lhes serão aplicadas supletiva e subsidiariamente.".

Já há quem sustente a tese de que o referido dispositivo fere a autonomia científica do processo do trabalho, de modo que caberia somente à própria CLT ou outra norma específica do processo do trabalho contemplar a possibilidade de aplicação do código de processo civil ao processo trabalhista, como, atualmente, faz o artigo 769 da CLT.

Outros, como este autor, identificam no artigo 15 do novo código de processo civil um avanço que ajudará e muito o amadurecimento, atualização e eficiência do processo do trabalho.

Isso porque, em primeiro lugar, não vislumbro qualquer lesão à autonomia científica do direito processual do trabalho, afinal o artigo 15 do novo CPC não possui o condão de revogar o artigo 769 da CLT, conforme disposto no art. 2º, §2º, da Lei de Introdução às normas do Direito Brasileiro.

Assim, ao prever a aplicação supletiva e subsidiária do novo CPC ao processo do trabalho, não se elimina a necessidade de compatibilização da norma com o processo do trabalho, tal qual previsto na CLT.

Portanto, a aplicação subsidiária das disposições do novo CPC ao processo do trabalho continuam exigindo a satisfação de dois requisitos, quais sejam: omissão da norma processual trabalhista e compatibilidade entre o dispositivo processual civil e o processo do trabalho.

A grande contribuição do novo CPC, nesse particular, reside, portanto, na possibilidade de aplicação supletiva das normas processuais civis ao processo do trabalho.

Trata-se da possibilidade, portanto, de aplicação das normas do processo civil ao processo do trabalho quando, em que pese não haja omissão normativa (ausência de norma acerca de um determinado instituto), a norma processual trabalhista seja incompleta ou não mais atenda à sua finalidade (vazio teleológico).

Assim, por exemplo, tem-se que a aplicação das normas relativas à tutela antecipada, mesmo na sistemática do CPC/73 (art. 273), provoca a aplicação subsidiária do CPC ao processo do trabalho, afinal a norma processual trabalhista não trata do tema, havendo, portanto, um vazio legislativo no ordenamento jurídico processual trabalhista que justifica, dada a compatibilidade do instituto com o processo do trabalho, a sua aplicação subsidiária.

Noutro sentido, a aplicação supletiva permitiria o que, atualmente, se busca fazer através das figuras das omissões ontológicas e axiológicas. Isso porque, para se admitir, por exemplo, a aplicação da penalidade prevista no artigo 475-J do CPC/73 ao processo do trabalho, parte-se da premissa de que existem três tipos de omissão: omissão normativa (vazio legislativo sobre o instituto); omissão ontológica (a lei existe, mas não mais corresponde à realidade social, de modo que a norma estaria, assim, desatualizada, não apresentando mais compatibilidade com os fatos sociais e com o desenvolvimento técnico) e; omissão axiológica (a lei existe, mas não é uma norma justa para solução do caso concreto, de modo que a aplicação da norma processual acabaria por levar a uma solução injusta ou insatisfatória).

Dessa forma, como a CLT possui um capítulo próprio sobre execução (Capítulo V), em que pese não haja omissão normativa (vazio legislativo) que justifique a aplicação de normas processuais civis sobre o tema (artigo 475-J, do CPC/73, por exemplo), omissões ontológicas e axiológicas da norma processual trabalhista justificariam a aplicação do referido preceito do CPC, posição, contudo, rejeitada pela jurisprudência do Tribunal Superior do Trabalho (RR 1576-32.2011.5.08.0119 / RR 1590-22.2011.5.08.0117 / RR 193700-96.2009.5.15.0093) e pela jurisprudência de muitos Tribunais Regionais do Trabalho, a exemplo do Tribunal Regional do Trabalho da 05ª Região (Súmula n. 16).

De acordo com a sistemática do novo CPC, contudo, a aplicação de normas do processo civil ao processo do trabalho se justificam, expressamente, na ocorrência de lacunas ontológicas e axiológicas, afinal as normas do processo civil podem ser aplicadas tanto diante de um vazio normativo (aplicação subsidiária), quanto diante de uma incompletude ou vazio teleológico da norma processual trabalhista (aplicação supletiva), justamente o que ocorre, atualmente, com a sistemática da fase de cumprimento da sentença, justificando, assim, caso se entenda compatível (esse requisito também é imprescindível para aplicação supletiva do CPC), a aplicação de disposições do CPC acerca da fase de cumprimento da sentença, mesmo possuindo a norma processual trabalhista tratamento próprio sobre o tema (art. 876 e seguintes).

3. NOÇÕES INTRODUTÓRIAS SOBRE O TRATAMENTO CONFERIDO PELO NOVO CPC AO TEMA

A redação final do novo CPC contemplou a tutela provisória como um gênero que engloba tutela de urgência e tutela de evidência.

Por sua vez, a tutela de urgência se refere a uma espécie de tutela provisória que compreende duas subespécies, quais sejam: tutela provisória de urgência cautelar e tutela provisória de urgência antecipada.

Importante destacar, contudo, que no Substitutivo da Câmara dos Deputados ao Projeto de Lei nº 8.046-A de 2010 do Senado Federal (PLS Nº 166/10 na Casa de origem), o tema fora tratado de forma diferente.

Naquela oportunidade, o gênero era a tutela antecipada, que admitia duas espécies: a) tutela antecipada satisfativa (eficácia satisfativa, hipótese na qual haveria coincidência de efeitos com o provimento final) e; tutela antecipada cautelar (eficácia conservadora/preventiva).

Assim, de acordo com o Substitutivo da Câmara dos Deputados, se de eficácia conservadora ou preventiva, a tutela antecipada seria do tipo cautelar; se de eficácia satisfativa (coincidência de efeitos com o provimento final), a tutela antecipada seria do tipo satisfativa.

Na conjuntura do texto final, contudo, consolidou-se uma sistemática distinta, sendo a tutela provisória um gênero que engloba tutela de urgência e tutela de evidência e a tutela de urgência uma espécie de tutela provisória que compreende duas subespécies (tutela provisória de urgência cautelar e tutela provisória de urgência antecipada), cujos termos serão abordados a partir das próximas linhas.

4. A TUTELA PROVISÓRIA DE ACORDO COM A SISTEMÁTICA DA LEI Nº 13.105/15 – O NOVO CPC

4.1. A EXISTÊNCIA DE UM LIVRO PRÓPRIO

O novo código de processo civil, inovando com relação à sistemática do CPC/73, que trata de tutelas de natureza provisória em dispositivos esparsos (artigos 273, 489, por exemplo), traz um livro próprio (Livro V da parte geral) para tratar do tema tutela.

O Livro V do novo CPC, portanto, intitulado "Da Tutela Provisória", divide-se da seguinte maneira: Título I (Das disposições gerais), Título II (Da tutela de urgência), que é dividido no Capítulo I (Disposições gerais), Capítulo II (Do procedimento da tutela antecipada requerida em caráter antecedente) e Capítulo III (Do procedimento da tutela cautelar requerida em caráter antecedente) e; Título III (Da Tutela de Evidência).

Seguindo a sistematização prevista no texto do NCPC, passa-se, inicialmente, a enfrentar as disposições gerais trazidas no Título I do Livro V da Lei nº 13.105/15 (novo CPC).

4.2. AS ESPÉCIES DE TUTELA PROVISÓRIA NO NOVO CPC

O novo CPC, tratando do instituto da tutela provisória, classifica, no artigo 294, caput, a tutela provisória, quanto ao fundamento, em tutela de urgência e de evidência, classificando, no parágrafo único, a tutela provisória de urgência quanto ao tipo (cautelar ou antecipada) e, por fim, quanto ao momento da concessão, podendo a tutela provisória de urgência, nesse caso, ser antecedente ou incidental.

Nesse particular, prevê o artigo 294 do novo código de processo civil que:

> Art. 294. A tutela provisória pode fundamentar-se em urgência ou evidência.
>
> Parágrafo único. A tutela provisória de urgência, cautelar ou antecipada, pode ser concedida em caráter antecedente ou incidental.

Assim, conforme texto acima, o caput do artigo 294 do novo CPC diferencia, quanto ao fundamento principal da concessão, a tutela provisória em tutela provisória de urgência e tutela provisória de evidência.

Assim, será de urgência a tutela provisória que tenha como <u>principal</u> fundamento o *periculum in mora*, ou seja, quando haja probabilidade do direito e o perigo de dano ou o risco ao resultado útil do processo. (artigos 300 a 310 do novo CPC).

Em contrapartida, a tutela provisória será de evidência caso o <u>principal</u> fundamento do pedido for a alta probabilidade de acolhimento da pretensão, aquilo que se costuma denominar de *fumuns boni iuris* (art. 311 do novo CPC), independentemente da demonstração de perigo de dano ou de risco ao resultado útil do processo.

4.3. AS ESPÉCIES DE TUTELA DE URGÊNCIA

O artigo 294, agora no parágrafo único, traz uma segunda classificação, diferenciando a tutela provisória de urgência quanto ao tipo (cautelar ou antecipada) e, por fim, quanto ao momento da concessão, podendo a tutela provisória de urgência, nesse caso, ser antecedente ou incidental.

4.3.1. Tutela Provisória de Urgência Cautelar e Antecipada

Como se viu, a primeira parte do parágrafo único do artigo 294 do novo CPC diferencia dois tipos de tutela provisória de urgência, quais sejam: cautelar e antecipada, confirmando, portanto, que há distinções entre os institutos.

Inicialmente, importante destacar a diferença principal existente entre aquilo que se chama de tutela cautelar e aquilo que se denomina tutela antecipada.

Pois bem. A tutela cautelar é uma espécie de tutela jurisdicional, ao lado da tutela cognitiva e da tutela executiva. A tutela cautelar não visa a satisfação de um direito, visa, em verdade, assegurar a futura satisfação de um direito, protegendo-o.

Já a antecipação de tutela (tutela antecipada) é uma técnica de concessão da tutela jurisdicional, tanto que, nesse caso, se pode conceder tanto tutela cognitiva (na grande maioria dos casos), quanto tutela executiva ou até mesmo cautelar, como no caso de concessão liminar de uma medida cautelar – antecipação de tutela cautelar, conforme se pode extrair da previsão contida no artigo 804 do atual CPC:

> Art. 804. É lícito ao juiz conceder liminarmente ou após justificação prévia a medida cautelar, sem ouvir o réu, quando verificar que este, sendo citado, poderá torná-la ineficaz; caso em que poderá determinar que o requerente preste caução real ou fidejussória de ressarcir os danos que o requerido possa vir a sofrer.

Em outras palavras, pode-se afirmar que a tutela cautelar é uma tutela que não busca satisfazer diretamente o direito material afirmado (bem da vida pretendido), mas sim se destina a garantir a efetividade futura da tutela de conhecimento ou de execução.

A tutela antecipada, por sua vez, é uma tutela do tipo provisória, dando "eficácia imediata à tutela definitiva (satisfativa ou cautelar), permitindo sua pronta fruição. E, por ser provisória, será necessariamente substituída por uma tutela definitiva – que a confirme, revogue ou modifique". (DIDIER JR., Fredie; BRAGA, Paula Sarno; OLIVEIRA, Rafael. **Curso de direito processual civil**. 7. ed. Salvador: Editora Jus Podivm, 2012, p. 466, v. 2.).

A tutela antecipada, assim, é marcada por uma cognição sumária, a partir de uma análise superficial do objeto da causa, que leva o Juiz a um juízo apenas de probabilidade.

A partir dessas distinções, extrai-se, como consequência lógica, o principal fundamento da antecipação de tutela, qual seja: a duração razoável do processo (art. 5º, LXVIII, da CRFB/88), afinal, "A grande luta do processualista moderno é contra o tempo". (BEDAQUE. José Roberto dos Santos. **Tutela cautelar e tutela antecipada**: tutelas sumárias e de urgência (tentativa de sistematização), 2 ed. São Paulo: Malheiros, 2001, p. 115.).

O novo CPC, inclusive, em seu artigo 4º, dispõe que "As partes têm o direito de obter em prazo razoável a solução integral do mérito, incluída a atividade satisfativa.".

Assim, destinando-se a tutela antecipada à antecipação dos efeitos próprios da tutela definitiva satisfativa (o mais comum) ou não satisfativa (antecipação de uma tutela cautelar), trata-se de um instituto que pretende, nos casos previstos em lei, livrar o cidadão dos efeitos, muitos vezes nefastos, do tempo do processo, dando, assim, efetividade ao provimento jurisdicional.

4.3.2. Tutela Provisória de Urgência Antecedente ou Incidental

Quanto ao momento da concessão, a tutela provisória de urgência poderá ser antecedente ou incidental, na forma da parte final do parágrafo único do artigo 294 do novo CPC.

Assim, será antecedente (ou preparatória) quando concedida antes da apresentação/formulação da postulação principal.

Por sua vez, será incidental se concedida no curso do processo, após a formulação da postulação principal

4.4. AS REGRAS PROCEDIMENTAIS GERAIS

O novo CPC prevê, em seus artigos 295 a 299, regras procedimentais gerais acerca da tutela provisória, a seguir examinadas individualmente.

4.4.1. Custas processuais

Prevê o artigo 295 do novo CPC que "A tutela provisória requerida em caráter incidental independe do pagamento de custas.".

Nesse particular, cumpre destacar que se trata de dispositivo irrelevante para a sistemática processual trabalhista, uma vez que a CLT adota um procedimento de pagamento das custas somente ao final, conforme se extrai do artigo 789, §1º, da CLT: "As custas serão pagas pelo vencido, após o trânsito em julgado da decisão. No caso de recurso, as custas serão pagas e comprovado o recolhimento dentro do prazo recursal.".

4.4.2. Conservação da eficácia da decisão

O artigo 296 do novo CPC, por sua vez, prevê que "A tutela provisória conserva sua eficácia na pendência do processo, mas pode, a qualquer tempo, ser revogada ou modificada.".

A partir desse dispositivo, se pode extrair a regra de que a tutela provisória conserva sua eficácia até decisão posterior, afinal é o mesmo artigo contempla a característica da mutabilidade ou revogabilidade da decisão que confere uma tutela de natureza provisória, regra que possui redação semelhante no CPC/73, especificamente no artigo 273, §4º e no artigo 807, a saber:

Art. 273

(...)

§ 4o A tutela antecipada poderá ser revogada ou modificada a qualquer tempo, em decisão fundamentada.

Art. 807. As medidas cautelares conservam a sua eficácia no prazo do artigo antecedente e na pendência do processo principal; mas podem, a qualquer tempo, ser revogadas ou modificadas.

Prevê ainda o referido artigo 296 do novo CPC, em seu parágrafo único, a conservação dos efeitos da tutela antecipada, como regra, durante o período de suspensão do processo: "Salvo decisão judicial em contrário, a tutela provisória conservará a eficácia durante o período de suspensão do processo.".

4.4.3. A ADOÇÃO DE MEDIDAS ADEQUADAS À EFETIVIDADE DO PROVIMENTO.

Ainda na parte relativa às disposições gerais (regras de procedimento), o novo CPC, em seu artigo 297, contempla as denominadas medidas adequadas, prevendo que "O juiz poderá determinar as medidas que considerar adequadas para efetivação da tutela provisória.".

No CPC/73 é encontrada redação semelhante no §5º do artigo 461, que utiliza, contudo, a expressão "medidas necessárias":

Art. 461

(...)

§ 5o Para a efetivação da tutela específica ou a obtenção do resultado prático equivalente, poderá o juiz, de ofício ou a requerimento, determinar as medidas necessárias, tais como a imposição de multa por tempo de atraso, busca e apreensão, remoção de pessoas e coisas, desfazimento de obras e impedimento de atividade nociva, se necessário com requisição de força policial.

O dispositivo em comento é de vital importância para garantir a efetividade do provimento jurisdicional de tutela provisória, contemplando um conjunto extremamente amplo de medidas (medidas adequadas) que podem/devem ser adotas pelo Juiz para cumprimento da decisão.

No âmbito do Judiciário Trabalhista, tutelas provisórias destinadas à reintegração de empregados e restabelecimento de plano de saúde são exemplos de decisões que necessitam, muitas vezes, da adoção das atuais "medidas necessárias" (artigo 461, §5º, do CPC/73), futuras "medidas adequadas" (artigo 297 do novo CPC).

Quanto ao procedimento para efetivação da tutela provisória, prevê ainda o artigo 297 do novo CPC, já em seu parágrafo único, que "A efetivação da tutela provisória observará as normas referentes ao cumprimento provisório da sentença, no que couber.".

Merece destaque, nesse particular, quanto ao tema relativo às medidas adequadas que podem/devem ser adotadas pelo Juiz para efetivar a decisão de tutela provisória, o fato de que o texto final do novo CPC não manteve os limites trazidos pelo então artigo 298, parágrafo único, do texto do novo CPC fruto do Substitutivo da Câmara dos Deputados ao Projeto de Lei nº 8.046-A de 2010 do Senado Federal (PLS Nº 166/10 na Casa de origem), que possuía a seguinte redação:

> Art. 298 (...)
>
> Parágrafo único. A efetivação da tutela antecipada observará as normas referentes ao cumprimento provisório da sentença, no que couber, <u>vedados o bloqueio e a penhora de dinheiro, de aplicação financeira ou de outros ativos financeiros</u>.

Como se vê, a redação do parágrafo único do então artigo 298 do Substitutivo da Câmara dos Deputados vedava o bloqueio e a penhora de dinheiro, de aplicação financeira ou de outros ativos financeiros como instrumentos a serem adotados pelo Juiz para efetivação da tutela provisória.

Assim, se mantida tal redação no texto final, não seriam consideradas medidas adequadas para os fins do artigo 297 (numeração final) do novo CPC o bloqueio e a penhora de dinheiro, de aplicação financeira ou de outros ativos financeiros.

Importante destacar ainda que tratava-se de limite que encontraria sintonia com a atual jurisprudência sumulada do Tribunal Superior do Trabalho em matéria de execução provisória, conforme se pode extrair do teor da Súmula n. 417, III, do TST:

> "Em se tratando de execução provisória, fere direito líquido e certo do impetrante a determinação de penhora em dinheiro, quando nomeados outros bens à penhora, pois o executado tem direito a que a execução se processe da forma que lhe seja menos gravosa, nos termos do art. 620 do CPC.".

Todavia, com a devida venia ao entendimento pacífico do Tribunal Superior do Trabalho, a vedação de bloqueio e penhora de dinheiro, de aplicação financeira ou de outros ativos financeiros como instrumentos a serem adotados pelo Juiz para efetivação da tutela provisória, nos moldes propostos pelo Substitutivo da Câmara dos Deputados, não se compatibiliza com a natureza alimentar do crédito trabalhista, prevista constitucionalmente (art. 100, §1º, da CRFB/88).

Imagine-se, por exemplo, o caso de um dirigente sindical, cuja garantia de emprego é prevista no artigo 8º, VIII, da CRFB/88, dispensado de forma irregular, que ajuíza uma Reclamação Trabalhista pretendendo sua reintegração, e formula pedido de tutela provisória de urgência (do tipo antecipada) para que seu empregador seja compelido a reintegrá-lo e a pagar-lhe os salários vencidos.

Assim, uma vez deferida a tutela provisória pretendida, não somente a reintegração garantiria ao trabalhador a sua subsistência e de sua família, mas sobretudo o pagamento dos salários vencidos. Ocorre que, de acordo com o texto proposto pelo Substitutivo da Câmara dos Deputados e com o item III da Súmula n. 417 do TST, não se faz possível que o Juiz determine o bloqueio e a penhora de dinheiro, de aplicação financeira ou de outros ativos financeiros para garantir a efetividade de sua decisão, no caso, de pagamento dos salários vencidos.

Dessa forma, fica evidente que a integral efetividade da tutela provisória pode, em muitos casos, depender de bloqueio e penhora em dinheiro, o que, contudo, de acordo com o quanto proposto pelo Substitutivo da Câmara dos Deputados, seria vedado.

É de se louvar, assim, que o texto final do novo CPC não contemple os referidos limites no artigo 297, parágrafo único, permitindo, assim, que o Juiz, para efetivar uma tutela provisória, determine eventual bloqueio e penhora em dinheiro.

Trata-se, assim, de uma medida inteiramente compatível com o processo do trabalho, justificando, assim, a sua aplicação subsidiária – afinal a norma processual trabalhista possui um vazio legislativo sobre o tema da tutela provisória – ao processo do trabalho.

4.4.4. Motivação da decisão

A necessidade de motivação das decisões judiciais encontra guarida na Carta Magna, em seu artigo 93, IX, estando previsto, também, no artigo 298 do novo CPC, com a seguinte redação: "Na decisão que conceder, negar, modificar ou revogar a tutela provisória, o juiz motivará seu convencimento de modo claro e preciso.".

Importante destacar que o novo CPC traz uma expressão importante no sentido de que o juiz justificará as razões de seu convencimento de modo claro e preciso, certamente como forma de evitar que o Juiz defira uma tutela provisória dizendo tão somente que "presentes os requisitos do artigo (...) defiro (...)".

Caberá, assim, ao Juiz, ao deferir, modificar ou revogar a tutela provisória, ser claro e específico, demonstrando a presença de cada um dos requisitos e elementos fundantes de sua decisão.

No CPC/73, é possível encontrar redação semelhante no artigo 273, §1º, que prevê que "Na decisão que antecipar a tutela, o juiz indicará, de modo claro e preciso, as razões do seu convencimento".

No âmbito da CLT, também há previsão específica no sentido de fundamentação das decisões judiciais, quando há previsão, no artigo 832, de que "Da decisão deverão constar o nome das partes, o resumo do pedido e da defesa, a apreciação das provas, **os fundamentos da decisão** e a respectiva conclusão".

4.4.5. Forma de impugnação

O Substitutivo da Câmara dos Deputados previa, em seu artigo 299 (redação final – artigo 298), parágrafo único, que a decisão que defere, revoga ou modifica uma tutela antecipada é impugnável por agravo de instrumento.

No texto final, o então artigo 299 (298 no texto final) passou a não mais contemplar a referida disposição, deixando isso a cargo tão somente do artigo 1.015, I, do texto final, que prevê que "Cabe agravo de instrumento contra as decisões interlocutórias que versarem sobre: I – tutelas provisórias;".

Contudo, trata-se de dispositivo inaplicável ao processo do trabalho que, neste particular, possui regra específica (art. 893, §1º, da CLT), no sentido de que "Os incidentes do processo são resolvidos pelo próprio Juízo ou Tribunal, admitindo-se a apreciação do merecimento das decisões interlocutórias somente em recursos da decisão definitiva.".

Não por outra razão, o TST, através da Súmula n. 414, II, prevê a possibilidade de ajuizamento de mandado de segurança contra a decisão que defere uma tutela antecipada antes da sentença: "No caso da tutela antecipada (ou liminar) ser concedida antes da sentença, cabe a impetração do mandado de segurança, em face da inexistência de recurso próprio.".

Se, contudo, concedida na sentença, a decisão que deferiu a tutela antecipada será passível de impugnação via recurso ordinário, com eventual ação cautelar para atribuição de efeito suspensivo ao recurso, nos termos do item I da Súmula n. 414 do TST: "A antecipação da tutela concedida na sentença não comporta impugnação pela via do mandado de segurança, por ser impugnável mediante recurso ordinário. A ação cautelar é o meio próprio para se obter efeito suspensivo a recurso.".

Por fim, cumpre destacar que, de acordo com o entendimento consolidado pelo TST (Súmula n. 418), a decisão que indefere uma tutela antecipada não seria passível sequer de mandado de segurança, por constituir faculdade do Juiz: "A concessão de liminar ou a homologação de acordo constituem faculdade do juiz, inexistindo direito líquido e certo tutelável pela via do mandado de segurança.".

Neste último caso, caberia à parte buscar a reconsideração da decisão do Juiz a partir de uma mera petição.

4.4.6. A questão da competência originária

Por fim, o novo CPC, em seu artigo 299, prevê que "A tutela provisória será requerida ao juízo da causa e, quando antecedente, ao juízo competente para conhecer do pedido principal.".

Nesse particular, não há nenhuma inovação, já havendo previsão no CPC/73 em seu artigo 800: "As medidas cautelares serão requeridas ao juiz da causa; e, quando preparatórias, ao juiz competente para conhecer da ação principal.".

Outrossim, quanto ao disposto no parágrafo único do artigo 299 do novo CPC, que prevê que "Ressalvada disposição especial, na ação de competência originária de tribunal e nos recursos a tutela provisória será requerida ao órgão jurisdicional competente para apreciar o mérito.", regra idêntica se extrai da redação do parágrafo único do artigo 800 do CPC/73: "Interposto o recurso, a medida cautelar será requerida diretamente ao tribunal.".

No processo trabalhista, deve ser seguida a mesma regra.

4.5. A SISTEMÁTICA DA TUTELA PROVISÓRIA DE URGÊNCIA

Conforme já apontado, será de urgência a tutela provisória que tenha como principal fundamento o *periculum in mora*, ou seja, receio de que a demora da decisão judicial cause um dano grave ou de difícil reparação ao bem jurídico tutelado.

Pois bem. O novo CPC, através dos artigos 300 a 304, disciplina a sistemática da tutela antecipada de urgência ou simplesmente tutela de urgência.

4.5.1. REQUISITOS PARA CONCESSÃO

O artigo 300 do novo CPC traz os requisitos necessários para a concessão da tutela provisória de urgência ou, simplesmente, tutela de urgência. São eles: a) probabilidade do direito (*fumus boni iuris*); b) perigo da demora (*periculum in mora*).

Assim, dispõe o artigo 300 do novo CPC que: "A tutela de urgência será concedida quando houver elementos que evidenciem a probabilidade do direito e o perigo de dano ou o risco ao resultado útil do processo.".

Como se vê, a urgência requer a existência de elementos que evidenciem a probabilidade do direito e decorre do perigo de dano, em face do tempo do processo, ao processo ou ao direito material, ou ainda de receio de ineficácia do provimento final.

Requisitos semelhantes podem ser extraídos da leitura do caput e do inciso I do artigo 273 do CPC/73, quando exige que o Juiz se convença da verossimilhança da alegação e haja fundado receio de dano irreparável ou de difícil reparação.

É também requisito para a concessão da tutela provisória de urgência aquele previsto no artigo 300, §3º, do novo CPC, qual seja: o perigo de irreversibilidade dos efeitos da decisão. Assim, prevê o referido dispositivo que: "A tutela de urgência de natureza antecipada não será concedida quando houver perigo de irreversibilidade dos efeitos da decisão.".

Com redação semelhante àquela prevista no §2º do artigo 273 do CPC/73, o dispositivo em questão impede que o Juiz conceda a tutela antecipada de urgência quando houver perigo de irreversibilidade dos efeitos da decisão.

Trata-se, contudo, de dispositivo que deve ser analisado e interpretado pelo Juiz no caso concreto, a partir do postulado da proporcionalidade em sua tripla dimensão (adequação, necessidade e proporcionalidade em sentido estrito), afinal, levado a cabo, o referido dispositivo poderia impedir a concessão de uma série de tutelas antecipadas pretendidas.

Por exemplo, poder-se-ia alegar que a reintegração do trabalhador ao emprego traria um perigo de irreversibilidade dos efeitos da decisão, afinal, com a reintegração, o trabalhador iria ser reintegrado aos quadros do seu empregador e logo iniciaria a prestação dos serviços, fazendo jus ao recebimento da contraprestação pactuada, não sendo possível, assim, após esse tempo, determinar a devolução do trabalho prestado e, por consequência, da contraprestação paga.

Contudo, não é este o raciocínio que se amolda ao dispositivo em comento, afinal, caso o trabalhador seja reintegrado e reinicie a prestação dos serviços, o empregador estará se beneficiando dos serviços prestados, não havendo, assim, perigo de irreversibilidade dos efeitos da decisão, afinal não teria havido nenhum prejuízo a nenhuma das partes com a determinação da reintegração.

Caso, ao final, seja concluído que o empregado não possuía razão à reintegração, será considerado cessado o contrato de trabalho e paralisada a prestação de serviços. Quanto ao tempo trabalhado após a concessão da tutela antecipada e até a decisão final, não há falar em prejuízo ao empregador, afinal este se beneficiou da prestação dos serviços do empregado e pagou por esta em face do caráter sinalagmático do contrato de trabalho, não podendo argumentar que, agora, não poderá reaver os valores pagos, afinal o pagamento nada mais é do que a contraprestação de um serviço já prestado (caráter pós-retributivo do salário).

Assim, o dispositivo em questão destina-se a situações de demolições de imóveis, por exemplo, medida que, muitas vezes, possui o risco de irreversibilidade dos efeitos da decisão.

4.5.2. A PRESTAÇÃO DE CAUÇÃO

O artigo 300, §1º, do novo CPC, prevê que "Para a concessão da tutela de urgência, o juiz pode, conforme o caso, exigir caução real ou fidejussória idônea para ressarcir os danos que a outra parte possa vir a sofrer, podendo a caução ser dispensada se a parte economicamente hipossuficiente não puder oferecê-la.".

Os artigos 804 e 805 do CPC/73 trazem semelhante hipótese, nos termos a seguir:

> Art. 804. É lícito ao juiz conceder liminarmente ou após justificação prévia a medida cautelar, sem ouvir o réu, quando verificar que este, sendo citado, poderá torná-la ineficaz; caso em que poderá determinar que o requerente preste caução real ou fidejussória de ressarcir os danos que o requerido possa vir a sofrer.
>
> Art. 805. A medida cautelar poderá ser substituída, de ofício ou a requerimento de qualquer das partes, pela prestação de caução ou outra garantia menos gravosa para o requerido, sempre que adequada e suficiente para evitar a lesão ou repará-la integralmente.

Trata-se, portanto, de hipótese já prevista, de forma semelhante, no CPC/73, que requer do Juiz, na análise do caso concreto, a avaliação da necessidade ou não de prestação de caução real ou fidejussória idônea para ressarcir os danos que a outra parte devedora possa vir a sofrer.

Vale destacar ainda que a parte final do artigo 300, §1º, do novo CPC, se aproxima e muito da realidade trabalhista, quando prevê que a caução pode ser dispensada se parte economicamente hipossuficiente não puder oferecê-la.

Assim, como, sobretudo nos conflitos decorrentes da relação de emprego, o trabalhador ostenta uma posição de hipossuficiência frente ao empregador, na grande maioria dos casos, a exigência da referida caução pode prejudicar a concessão da tutela antecipada pretendida, em razão da impossibilidade econômica do empregado ou desempregado oferecê-la.

4.5.3. A POSSIBILIDADE DE CONCESSÃO LIMINAR DA TUTELA DE URGÊNCIA

De forma técnica e didática, o novo CPC prevê, em seu artigo 300, §2º, que "A tutela de urgência pode ser concedida liminarmente ou após justificação prévia.".

Assim, a concessão liminar da tutela de urgência reflete a hipótese de concessão da tutela de urgência sem oitiva da parte contrária (*inaudita altera pars*), ou após oitiva da parte contrária (após justificação prévia).

A concessão liminar da tutela de urgência possui admissibilidade em face da urgência decorrente do perigo da demora do provimento jurisdicional, que pode afetar o processo ou o direito material pretendido.

Entretanto, caso seja possível, sem risco de afetar de forma fulminante o processo ou o direito material pretendido, a oitiva da parte contrária, é prudente que o Magistrado designe audiência de justificação prévia, com uma brevidade considerável, ou simplesmente ouça, através de prazo fixado para tanto, a parte contrária acerca do pedido de tutela de urgência formulado.

Há casos, todavia, nos quais a oitiva da parte contrária pode prejudicar a efetividade da tutela pretendida, situação na qual, caso o Juiz esteja convencido da probabilidade do direito e do perigo da demora, deverá conceder a tutela de urgência liminarmente, ou seja, *in limine litis* (no início da lide), sem oitiva da parte contrária.

Confirma-se a possibilidade de concessão liminar da tutela de urgência a partir da leitura do artigo 9º, parágrafo único, do novo CPC, no sentido de que "Não se proferirá decisão contra uma das partes sem que ela seja previamente ouvida. **Parágrafo único. O disposto no caput não se aplica: I – à tutela provisória de urgência;**".

4.5.4. Medidas idôneas para efetivação da tutela de urgência cautelar

O artigo 301 do novo CPC, tratando especificamente da tutela de urgência cautelar, prevê que "A tutela de urgência de natureza cautelar pode ser efetivada mediante arresto, sequestro, arrolamento de bens, registro de protesto contra alienação de bem e qualquer outra medida idônea para asseguração do direito.".

Trata-se, portanto, de um rol meramente exemplificativo (qualquer outra medida idônea) previsto pela nova lei para que o Juiz assegure o direito objeto da tutela de urgência de natureza cautelar.

4.5.5. A responsabilidade do credor pelos prejuízos causados

Com redação semelhante àquela contida no artigo 811 do CPC/73, o artigo 302 do novo CPC prevê que:

> Independentemente da reparação por dano processual, a parte responde pelo prejuízo que a efetivação da tutela de urgência causar à parte adversa, se:
>
> I – a sentença lhe for desfavorável;
>
> II – obtida liminarmente a tutela em caráter antecedente, não fornecer os meios necessários para a citação do requerido no prazo de 5 (cinco) dias;
>
> III – ocorrer a cessação da eficácia da medida em qualquer hipótese legal;
>
> IV – o juiz acolher a alegação de decadência ou prescrição da pretensão do autor.

Como se vê, o dispositivo em questão contempla uma responsabilidade por prejuízo do tipo objetiva e independente da responsabilidade por dano processual, nas hipóteses acima elencadas, todas relativas à tutela provisória de urgência cautelar.

Prevê, por fim, o parágrafo único do referido artigo que "A indenização será liquidada nos autos em que a medida tiver sido concedida, sempre que possível.", redação semelhante àquela prevista no parágrafo único do artigo 811 do CPC/73.

Caso não seja possível liquidar a indenização nos autos em que a medida tiver sido concedida, deverá ser instaurado um processo autônomo com tal objetivo, de modo a quantificar a indenização em questão.

4.5.6. DA POSSIBILIDADE DE POSTULAÇÃO DA TUTELA PROVISÓRIA DE URGÊNCIA ANTECIPADA ANTECEDENTE

O novo CPC, de forma inovadora quanto à sistemática da tutela antecipada, prevê a possibilidade de postulação da tutela antecipada satisfativa antecedente.

Neste sentido, prevê o artigo 303 do novo CPC que:

> Nos casos em que a urgência for contemporânea à propositura da ação, a petição inicial pode limitar-se ao requerimento da tutela antecipada e à indicação do pedido de tutela final, com a exposição da lide, do direito que se busca realizar e do perigo de dano ou do risco ao resultado útil do processo.

Assim, quando a urgência já existe, ou seja, seja contemporânea à propositura da ação principal, se possibilita ao autor a postulação da tutela antecipada de forma antecedente à postulação principal, limitando-se a petição inicial, neste caso, ao requerimento da tutela antecipada e à indicação do pedido de tutela final.

Nesse caso, a petição inicial pode limitar-se ao requerimento da tutela antecipada e à indicação do pedido de tutela final, com a exposição da lide, do direito que se busca realizar e do perigo de dano ou do risco ao resultado útil do processo, devendo ainda indicar o valor da causa, que deve levar em consideração o pedido de tutela final, nos termos do §4º do artigo 303 do novo CPC.

Ressalte-se, nesse particular, que a exigência da indicação do valor da causa deve ser aplicada também ao processo do trabalho, em que pese o artigo 840, §1º, da CLT, não a exija. Isso porque, em virtude da existência do procedimento sumaríssimo, introduzido pela Lei n. 9.957/2000, já se faz necessária a indicação do valor da causa nas petições iniciais trabalhistas, como forma de fixar o rito sob o qual se processará a ação.

4.5.6.1. Concessão da tutela antecipada e aditamento da petição inicial

Caso a tutela antecipada antecedente seja concedida, o §1º do artigo 303 prevê que:

> Concedida a tutela antecipada a que se refere o caput deste artigo:
>
> I – o autor deverá aditar a petição inicial, com a complementação de sua argumentação, a juntada de novos documentos e a confirmação do pedido de tutela final, em 15 (quinze) dias ou em outro prazo maior que o juiz fixar;
>
> II – o réu será citado e intimado para a audiência de conciliação ou de mediação na forma do art. 334;
>
> III – não havendo autocomposição, o prazo para contestação será contado na forma do art. 335.

Assim, nesse caso, após a concessão da tutela antecipada antecedente, caberá ao autor, no prazo de quinze dias ou outro maior que o órgão jurisdicional fixar, aditar a petição inicial, com a complementação da sua argumentação, juntada de novos documentos e a confirmação do pedido de tutela final.

Vale destacar que, nos termos do §3º do artigo 303 do novo CPC, o aditamento em questão dar-se-á nos mesmos autos, sem incidência de novas custas processuais, ressalvando, desde já, que, no caso do processo trabalhista, as custas, de toda forma, não seriam devidas quando do ajuizamento da reclamação trabalhista.

Quanto ao réu, este será citado imediatamente após a concessão da tutela antecipada antecedente, mas o seu prazo de resposta somente começará a correr após a intimação do aditamento efetuado pela parte autora.

Caso, entretanto, a parte autora não promova o aditamento no prazo legal (quinze dias) ou no prazo maior fixado pelo órgão jurisdicional, o processo será extinto sem resolução do mérito, na forma do §2º do artigo 303 do novo CPC.

Por fim, deve ainda o autor, nos termos do §5º do artigo 303 do novo CPC, indicar, na petição inicial, que pretende valer-se do benefício previsto no caput do artigo 303, ou seja, da tutela antecipada antecedente.

4.5.6.2. O indeferimento da tutela pretendida e a emenda da petição inicial

Diante do indeferimento da tutela antecipada antecedente à ação principal, o órgão jurisdicional determinará a emenda da petição inicial, em até cinco dias, nos termos do §6º do artigo 303 do novo CPC.

Caso, entretanto, a petição inicial não seja emendada neste prazo, a petição inicial será indeferida e o processo extinto sem resolução de mérito, nos termos da parte final do referido dispositivo.

A sistemática em questão, em face de sua peculiaridade, será também admissível no processo trabalhista, quando deverá ser feita a notificação da parte ré somente após a emenda da petição inicial.

4.5.7. DA POSSIBILIDADE DE POSTULAÇÃO DA TUTELA PROVISÓRIA DE URGÊNCIA CAUTELAR ANTECEDENTE

O artigo 305 do novo CPC prevê ainda a possibilidade de se pretender a provisória de urgência cautelar antecedente, situação na qual "A petição inicial da ação que visa à prestação de tutela cautelar em caráter antecedente indicará a lide e seu fundamento, a exposição sumária do direito que se objetiva assegurar e o perigo de dano ou o risco ao resultado útil do processo.".

Assim, como requisitos intrínsecos da petição inicial da ação que almeja tutela cautelar antecedente prevê: indicação da lide; indicação do fundamento;

exposição sumária do direito que se visa assegurar e; o perigo de dano ou o risco ao resultado útil do processo.

Seguindo a mesma diretriz do CPC/73 (art. 273, §7º), o parágrafo único do artigo 305 do novo CPC prevê que "Caso entenda que o pedido a que se refere o caput tem natureza antecipada, o juiz observará o disposto no art. 303.".

Assim, caso o órgão jurisdicional entenda que a tutela cautelar pretendida, na verdade, possui natureza de tutela antecipada (satisfativa), deverá ser adotado o procedimento da tutela antecipada antecedente (art. 303).

Em se tratando de tutela cautelar propriamente dita, deve-se adotar o procedimento previsto no artigo 306 do novo CPC, citando o réu para, no prazo de cinco dias, contestar o pedido e indicar as provas que pretende produzir.

Caso o réu não conteste o pedido, os fatos alegados pelo autor presumir-se-ão aceitos pelo réu como ocorridos, caso em que o juiz decidirá dentro de cinco dias (art. 307, caput, do novo CPC).

Entretanto, contestado o pedido no prazo legal, observar-se-á o procedimento comum, nos termos do parágrafo único do artigo 307 do novo CPC.

Uma vez efetivada a tutela cautelar, o pedido principal terá de ser formulado pelo autor no prazo de trinta dias, nos mesmos autos em que veiculado o pedido de tutela cautelar, não dependendo do adiantamento de novas custas processuais, nos termos do artigo 308 do novo CPC.

Nos termos do §3º do referido artigo, apresentado o pedido principal, as partes serão intimadas para a audiência de conciliação ou de mediação na forma do art. 334, por seus advogados ou pessoalmente, sem necessidade de nova citação do réu.

Sendo infrutífera a autocomposição, será iniciado prazo para contestação do pedido principal, nos termos do §4º do artigo 308.

De forma semelhante ao artigo 808 do CPC/73, o artigo 309 do novo CPC prevê que "Cessa a eficácia da tutela concedida em caráter antecedente, se: I – o autor não deduzir o pedido principal no prazo legal; II – não for efetivada dentro de 30 (trinta) dias; III – o juiz julgar improcedente o pedido principal formulado pelo autor ou extinguir o processo sem resolução de mérito.".

O parágrafo único do artigo 309 do novo CPC prevê ainda que "Se por qualquer motivo cessar a eficácia da tutela cautelar, é vedado à parte renovar o pedido, salvo sob novo fundamento.".

Por fim, o artigo 310 do novo CPC, com redação semelhante àquela existente no artigo 810 do CPC/73, contempla a autonomia do processo antecedente, salvo em caso de prescrição ou decadência, prevendo que "O indeferimento da tutela cautelar não obsta a que a parte formule o pedido principal, nem influi no julgamento desse, salvo se o motivo do indeferimento for o reconhecimento de decadência ou de prescrição.".

4.6. A SISTEMÁTICA DA TUTELA PROVISÓRIA DE EVIDÊNCIA

O artigo 311 do novo CPC traz a possibilidade de concessão da tutela provisória de evidência, ou, simplesmente, tutela de evidência, ocasião na qual a tutela jurisdicional será concedida de forma antecipada em face do quadro de alta probabilidade de concessão da tutela definitiva.

Nessa hipótese, a tutela de evidência será concedida independentemente da demonstração de perigo de dano ou de risco ao resultado útil do processo, quando: I – ficar caracterizado o abuso do direito de defesa ou o manifesto propósito protelatório da parte; II – as alegações de fato puderem ser comprovadas apenas documentalmente e houver tese firmada em julgamento de casos repetitivos ou em súmula vinculante; III – se tratar de pedido reipersecutório fundado em prova documental adequada do contrato de depósito, caso em que será decretada a ordem de entrega do objeto custodiado, sob cominação de multa; IV – a petição inicial for instruída com prova documental suficiente dos fatos constitutivos do direito do autor, a que o réu não oponha prova capaz de gerar dúvida razoável.

A primeira hipótese (ficar caracterizado o abuso do direito de defesa ou o manifesto propósito protelatório da parte) contempla situação semelhante àquela prevista no artigo 273, II, do CPC/73, mas inova ao falar em "parte" e não simplesmente réu.

Assim, a conduta abusiva da **parte** traduz quadro de evidência, pois demonstra alta probabilidade de prevalência da pretensão da parte adversa, o que permite ao órgão jurisdicional conceder a tutela de evidência nesse caso.

A segunda hipótese (as alegações de fato puderem ser comprovadas apenas documentalmente e houver tese firmada em julgamento de casos repetitivos ou em súmula vinculante) é inovadora, exigindo dois requisitos: a) direito baseado em alegações de fato que podem ser comprovadas apenas documentalmente e; b) houver tese firmada em julgamento de casos repetitivos ou em súmula vinculante.

Essa segunda hipótese possui, desde já, total consonância com o processo trabalhista, sobretudo a partir da entrada em vigência da Lei n. 13.015/2014 que, alterando a sistemática recursal trabalhista, passou a prever, de forma expressa, a aplicação, aos recursos de revista, da sistemática relativa aos julgamentos dos recursos extraordinário e especial repetitivos (art. 896-B da CLT).

A terceira hipótese (se tratar de pedido reipersecutório fundado em prova documental adequada do contrato de depósito) certamente não será de habitual aplicação no processo trabalhista, mas será possível em face do inciso I do artigo 114 da CRFB/88, cabendo nos casos nos quais uma parte reivindica a posse ou a propriedade sobre uma coisa.

A quarta e última hipótese (a petição inicial for instruída com prova documental suficiente dos fatos constitutivos do direito do autor, a que o réu não oponha prova capaz de gerar dúvida razoável) também contempla uma situação importante, na qual se busca reduzir os efeitos do tempo do processo, diante da inexistência de fatos extintivos, impeditivos ou modificativos do direito do autor capazes de gerar uma dúvida razoável.

Importante destacar que, ao contrário da sistemática do CPC/73, que prevê como hipótese de tutela antecipada a ausência de controvérsia com relação a um ou mais dos pedidos cumulados, ou parcela deles, o novo CPC, corrigindo o erro técnico existente no CPC/73 (art. 273, §6º), traz a referida possibilidade não como hipótese de tutela antecipada, mas sim como situação que autoriza uma sentença parcial de mérito, nos termos do artigo 356 do novo CPC: "O juiz decidirá parcialmente o mérito quando um ou mais dos pedidos formulados ou parcela deles: I – mostrar-se incontroverso;".

5. CONCLUSÃO

Apresentadas, didática e sistematicamente, as regras acerca das tutelas provisórias na Lei n. 13.105/15, demostrou-se que o novo CPC implementará algumas mudanças acerca do assunto.

A partir de uma nova classificação das tutelas, o novo CPC busca sistematizar e simplificar o regramento das tutelas provisórias, contemplando importantes dispositivos.

Em suma, a nova sistemática proposta pelo novo CPC pretende, sem dúvidas, conferir celeridade e efetividade ao processo judicial, adequando-se, assim, ao processo trabalhista, que, de forma peculiar, demanda um provimento jurisdicional rápido e efetivo, dado o caráter alimentar do crédito trabalhista (art. 100, §1º, da CRFB/88).

Caberá, assim, ao processo do trabalho, incorporar a nova sistemática das tutelas provisórias, sem perder de vista que, na aplicação da lei, o juiz atenderá aos fins sociais a que ela se dirige e às exigências do bem comum, conforme previsto no artigo 5º da Lei de Introdução às normas do Direito Brasileiro.

6. REFERÊNCIAS

BEDAQUE. José Roberto dos Santos. **Tutela cautelar e tutela antecipada: tutelas sumárias e de urgência (tentativa de sistematização)**, 2 ed. São Paulo: Malheiros, 2001, p. 115.

BODART, Bruno Vinícius da Rós Bodart. **O Processo Civil Participativo – A Efetividade Constitucional e o Projeto do Novo Código de Processo Civil**. Revista de Processo, São Paulo: Revista dos Tribunais, IBDP, v. 205, p. 333-345, março, 2012.

DIDIER JR., Fredie; BRAGA, Paula Sarno; OLIVEIRA, Rafael. **Curso de direito processual civil**. 7. ed. Salvador: Editora Jus Podivm, 2012, p. 466, v. 2.

DONIZETTI, Elpídio. **Curso Didático de Direito Processual Civil**. 15. ed. São Paulo: Atlas, 2011.

Capítulo 31

A TUTELA PROVISÓRIA NO NOVO CÓDIGO DE PROCESSO CIVIL E OS IMPACTOS NO PROCESSO DO TRABALHO

Cristiano Lourenço Rodrigues[1]

SUMÁRIO: 1. INTRODUÇÃO; 2. O PROCESSO TRABALHISTA E O CABIMENTO DAS TUTELAS PROVISÓRIAS ; 3. AS MODERNAS TENDÊNCIAS REGEDORAS DAS TUTELAS PROVISÓRIAS; 4. AS DIFERENÇAS ENTRE A TUTELA CAUTELAR E A TUTELA ANTECIPADA; 5. DA TUTELA CAUTELAR E DE SUA APLICAÇÃO NO PROCESSO DO TRABALHO; 6. DA TÉCNICA ANTECIPATÓRIA DE TUTELA DE URGÊNCIA E DE SUA APLICAÇÃO NO PROCESSO DO TRABALHO; 7. DA TÉCNICA ANTECIPATÓRIA DE TUTELA DE EVIDÊNCIA E DE SUA APLICAÇÃO NO PROCESSO DO TRABALHO; 8. CONCLUSÃO; 9. BIBLIOGRAFIA.

1. INTRODUÇÃO

O processo do trabalho foi concebido na década de 1940 para resolver de forma célere e deformalizada os conflitos entre capital e trabalho.

A sumarização procedimental é marca do processo trabalhista. No auge do cientificismo do processo civil, característica do Código de Processo Civil de 1973, o processo do trabalho refletia a contrariedade ao apego processual exagerado, característica que passou a ser celebrada a partir da década de 1990, na esteira das reformas processuais que buscaram eliminar barreiras formais de acesso à ordem jurídica justa[2].

Certo que a cláusula de abertura contida do artigo 769 da CLT permitiu ao processo trabalhista colmatar lacunas normativas, ontológicas e axiológicas, de

---

[1] Procurador do Trabalho da 15ª Região. Ex-Procurador Federal da Procuradoria Federal Especializada do INSS. Graduado e Especialista em Direito do Trabalho pela Faculdade de Direito da Universidade de São Paulo - Largo de São Francisco. Mestrando em Direito Negocial na Universidade Estadual de Londrina. Professor de Direito Processual do Trabalho no Centro Universitário Toledo de Presidente Prudente - SP.

[2] "A heterointegração pressupõe, portanto, existência não apenas das tradicionais lacunas normativas, mas, também, das lacunas ontológicas e axiológicas. Dito de outro modo, a heterointegração dos dois subsistemas (processo civil e trabalhista) pressupõe a interpretação evolutiva do artigo 769 da CLT, para permitir a aplicação subsidiária do CPC não somente na hipótese (tradicional) de lacuna normativa do processo laboral, mas, também, quando a norma do processo trabalhista apresentar manifesto envelhecimento que, na prática, impede ou dificulta a prestação jurisdicional justa e efetiva deste processo especializado" (LEITE, Carlos Henrique Bezerra. Curso de Direito Processual do Trabalho. 11. ed. São Paulo: Ltr, 2013, p. 103).

modo a suprir carências de ordem técnica e social evolutiva das regras adjetivas trabalhistas[3].

Com a Constituição da República de 1988 e a evolução jurisprudencial garantidora de direitos fundamentais sociais e individuais, o maior desafio processual trabalhista é dotar o jurisdicionado de ferramentas e possibilidades que o conduza ao caminho de realização do direito material tutelado, com a entrega de uma tutela jurisdicional célere e adequada.

A celeridade constante do texto constitucional do artigo 5°, inciso LXXVIII, da CF e da norma fundamental do artigo 4° do novo Código de Processo Civil não significa solução açodada e rápida, mas sim o direito à satisfação da pretensão em prazo razoável.

Tendo em vista que o processo trabalhista sofre críticas fundadas pela ausência de sistematização e pela lacunosidade crônica, nada obstante tenha reconhecida a sua autonomia - inclusive em virtude da disposição do artigo 15 do novo CPC -, a recepção e aplicação das novas normas jurídicas processuais civis devem ter como norte a ideia de um processo verdadeiramente democrático, em que o objetivo maior seja a igualdade processual nas perspectivas formal e material, com contraditório efetivo[4].

Se o artigo 15 do novo CPC não derrogou o artigo 769 da CLT, e nos parece que não, a incompatibilidade não pode servir a resistências indevidas e de viés autoritário, uma vez que o embate entre capital e trabalho exige um processo justo e equânime, sem descurar das peculiaridades que envolvem a relação de trabalho e, em especial, a relação de emprego, no que o princípio da proteção ilumina a legislação trabalhista.

---

3   "*Do abstrato ao concreto*. As normas processuais buscam hoje a plea satisfação do direito material, ou seja, um processo de resultados (efetividade do processo). Inserem-se nessa linha os novos dispositivos do Código de Processo Civil e certas leis extravagantes que disciplinam a chamada tutela jurisdicional diferenciada, ou seja, procedimentos sumários e de cognição superficial necessários a assegurar a fruição do bem antes que o tempo corroa o direito ou seu objeto (como a tutela antecipada) ou a encurtar o tempo do processo (p. ex., mandado de segurança). Inserem-se também nessa linha os provimentos jurisdicionais destinados a oferecer tutela específica, atribuindo ao vencedor o adimplemento da obrigação, em espécie e não em seu equivalente monetário (obrigações de fazer ou não fazer, obrigações de entregar coisa)" (DINAMARCO, Cândido Rangel; CINTRA, Antonio Carlos de Araújo; GRINOVER, Ada Pellegrini. *Teoria geral do processo*. 30ª ed., São Paulo: Malheiros Editora, 2014, p. 145).

4   "Não e mais possível reduzir o processo a uma relação jurídica vista como um mecanismo no qual o Estado-juiz implementa sua posição de superioridade de modo que o debate processual é relegado a segundo plano. Essa visão olvida que o processo deve se desgarrar dessa concepção de mecanismo de dominação e deve ser percebido em perspectiva democrática e garantidora de direitos fundamentais, permitindo, de um lado, uma blindagem (limite) às atividades equivocadas das partes, advogados e juízes e, de outro, garantindo a participação e influência de todos os envolvidos e de seus argumentos nas decisões por ele (processo) formadas. O processo deve garantir a implementação dos direitos especialmente fundamentais" (THEODORO JÚNIOR, Humberto, NUNES, Dierle, BAHIA, Melo Franco, PEDRON, Flávio Quinaud. *Novo CPC - Fundamentos e sistematização*. 2. ed. rev., atual. e ampl., Rio de Janeiro: Forense, 2015, p. 90-91).

A realidade do século XXI não é mais aquela da década de 1940. As relações trabalhistas sofreram profundas transformações e a preocupação com a tutela específica dos direitos fundamentais sociais correlatos anima os debates no foro trabalhista, com o abandono de uma visão monetarista. Com a Emenda Constitucional 45/2004, o Poder Judiciário Trabalhista teve sua competência material ampliada, ainda que diante de grande resistência jurisprudencial, notadamente no âmbito do Supremo Tribunal Federal e Superior Tribunal de Justiça[5]. Este quadro exige o avançar em técnicas processuais adequadas e condignas da satisfação de direitos sociais.

Neste contexto, a disciplina das tutelas provisórias, rearranjadas no Novo Código de Processo Civil, traz técnicas de sumarização cognitiva para neutralizar os males do tempo no processo, o aspecto temporal patológico, que impõe ao titular do direito provável frustração e insatisfação.

A disciplina das tutelas provisórias - cautelar e antecipatória da tutela de mérito no Novo Código de Processo Civil se encontra nos artigos 294 a 311 do novo Código de Processo Civil.

Compreende-se por tutelas provisórias, como o próprio caráter léxico revela, aquelas caracterizadas pela provisoriedade, passíveis de antecipação no curso do processo. Têm como função resguardar o resultado útil de outro processo ou antecipar total ou parcialmente os efeitos meritórios pretendidos ao final do processo, regulando provisoriamente determinada situação de maneira a evitar danos irreparáveis ou de difícil reparação.

A questão terminológica, semântica, do termo provisoriedade deve ser entendida como algo que será substituído por uma tutela definitiva, seja esta satisfativa ou cautelar.

A tutela provisória foi dividida em tutela de urgência (artigos 300 a 310) e tutela de evidência (artigo 311), consagrando a classificação doutrinária acerca das modernas tendências das tutelas jurisdicionais diferenciadas.

No que concerne às tutelas de urgência, tratou o novo Código da tutela antecipada e da tutela cautelar, que podem ser concedidas de forma antecedente ou incidental.

---

5   As lutas para o reconhecimento da vontade constitucional desde a edição da Emenda Constitucional são demostrativas desta realidade, basta lembrar a recusa inicial do STF para assegurar a competência material trabalhista decorrente de acidentes de trabalho causadores de danos material e moral; a recusa na leitura que conferiria competência para julgar as causas envolvendo servidores estatutários (ADI 3395); a recusa na competência criminal da Justiça do Trabalho pelo STF (ADI 3684); a mitigação da competência no caso de greve (Súmula vinculante nº 23 do STF); recusa na competência para julgar ações de cobrança de honorários advocatícios (Súmula 363 do STJ); possibilidade dos herdeiros do empregado postularem indenização por danos morais e materiais decorrentes de acidente do trabalho (cancelamento da Súmula 366 do STJ após decisão do STF no RE-ED 482797-SP); e tantas outras que ainda se colocam, tal como a competência para autorizar o trabalho infantil artístico (ADI 5326).

O novo CPC não possui mais um livro dedicado ao processo cautelar. Disciplina a tutela cautelar como uma das espécies de tutela provisória de urgência. Continua a tratar da possibilidade de concessão de medida cautelar em caráter antecedente, através da ação cautelar preparatória (artigos 305 a 310) e em caráter incidental, mediante simples pedido de deferimento de uma providência de natureza cautelar (artigo 301).

Igualmente, a tutela antecipada pode ser concedida de forma antecedente (artigos 303 e 304) ou incidental (artigo 300, parágrafo 2º).

A tutela de evidência, contemplada pelo CPC de 1973 no artigo 273, inciso II, para os casos de abuso do direito de defesa e propósito meramente protelatório do réu, e parágrafo 6º, que tratava da antecipação de tutela no caso de pedidos incontroverso, passa a um regramento minudente e ampliado no artigo 311 do novo CPC.

Em meio a esta sistematização, há a indagação sobre os contornos e problemas da estabilização da tutela de urgência antecipatória no novo CPC.

Refletir sobre o cabimento deste regramento processual no processo trabalhista é o objetivo das poucas linhas a serem aqui desenvolvidas.

2. O PROCESSO TRABALHISTA E O CABIMENTO DAS TUTELAS PROVISÓRIAS

Ao reconhecer a autonomia de um ramo do direito, extrai-se a espinha dorsal que lhe dá feição própria e peculiar, buscam-se os postulados, os princípios que lhe são caros e específicos.

Não se mostra fácil, nem mesmo incontroverso, extrair do processo trabalhista evidências principiológicas típicas e bem definidas conceitualmente. Concebido em 1943, para atender aos reclamos de uma legislação trabalhista consolidada e representativa dos direitos sociais duramente conquistados na era moderna e que estivesse pronta para atender aos reclamos de uma classe operária consolidada na nova cena urbana brasileira, optou-se pela simplicidade e ausência de formalidades, com a adoção de um rito procedimental sumarizado, forte na oralidade e avesso a incidentes.

Nada obstante a ausência de traços principiológicos expressos, tão comuns à ideia jurídica contemporânea que apregoa a sobrelevação dos princípios e seu caráter normativo[6], certo que existem características que realçam sua simplicidade e preocupação com a verdade real.

---

6 "A passagem dos princípios da especulação metafísica e abstrata para o campo concreto e positivo do Direito, com baixíssimo teor de densidade normativa; a transição crucial da ordem jusprivatista (sua antiga inserção nos Códigos) para a órbita juspublicística (seu ingresso nas Constituições); a suspensão da distinção clássica entre princípios e normas; o deslocamento dos princípios da esfera da

Aceita sua autonomia e compreendida as peculiaridades do processo trabalhista, surgem dois caminhos possíveis: insistir na preservação daquilo que parte da doutrina denomina princípios, se não exclusivos do processo trabalhista, de elevada importância e força normativa, com abertura suficiente para a integração com as normas jurídicas constitucionais e do processo comum; ou ensimesmá-lo, rejeitando a aplicação das regras do processo comum, crente na sua autossuficiência.

O segundo caminho não parece promissor, porque as lacunas normativas, ontológicas e axiológicas do processo do trabalho são evidentes. O direito não deve ignorar a realidade que o cerca, sob pena de inefetividade.

O primeiro caminho se coaduna com a evolução da humanidade e da ciência, com a evolução do pensamento jurídico, crítico ao cienticismo e ao positivismo exacerbado. O caráter pós-moderno trouxe para a ciência do direito o reavivamento dos aspectos sociológico e axiológico que devem pautar as normas jurídicas[7].

A interpretação e a integração do ordenamento jurídico mediante aplicação dos princípios têm como objetivo colmatar (preencher) as lacunas normativa, ontológica e axiológica das regras processuais trabalhistas constantes da CLT.

Os princípios assumiram caráter normativo e axiológico na pós-modernidade, em perspectiva bem mais avançada do que a meramente informativa apregoada pelo pensamento dogmático acrítico.

A verticalidade e horizontalidade dos direitos fundamentais postos e decorrentes da ordem constitucional exigem que o direito de ação transborde o aspecto formal e assuma feição substancial voltada à efetividade, totalizante do sentido teleológico contido na consagrada expressão "acesso à ordem jurídica justa".

A desvinculação do instrumento da solução de direito material pretendida pelo demandante decorre da crítica pós-positivista, em que os valores éticos e

---

jusfilosofia para o domínio da Ciência Jurídica; a proclamação de sua normatividade; a perda de ser caráter de normas programáticas; o reconhecimento definitivo de sua positividade e concretude por obra sobretudo das Constituições; a distinção entre regras e princípios, como espécies diversificadas do gênero norma, e, finalmente, por expressão máxima de todo esse desdobramento doutrinário, o mais significativo de seus efeitos: a total hegemonia e preeminência dos princípios" (BONAVIDES, Paulo. *Curso de Direito Constitucional*, 13ª ed. São Paulo: Malheiros, 2003, p. 294).

7   Sérgio Alves Gomes exalta qual deve ser a finalidade da Hermenêutica Jurídica Constitucional: "... Isto porque a finalidade desta hermenêutica pode ser assim resumida: *compreender e concretizar a ordem jurídica à luz de valores, princípios e regras constitucionais do Estado Democrático de Direito, no qual a defesa da dignidade da pessoa humana é objetivo central*. Em face da decisão livre e democraticamente tomada em Assembleia Constituinte de que os caminhos da convivência social devem respeitar os *princípios fundamentais* que caracterizam o aludido paradigma estatal, então é o respeito a estes que passa a garantir a *legitimidade e a constitucionalidade de normas, atos e fatos jurídicos* de qualquer natureza e hierarquia" (sublinhados do autor) (GOMES, Sérgio Alves. Hermenêutica constitucional: um contributo à construção do Estado Democrático de Direito. Curitiba: Juruá, 2011, p. 213-214).

morais guiam os caminhos da ciência do Direito. O processo tem a função precípua de realização do seu objetivo político e social de pacificação dos conflitos, com justiça, sua concepção normativa deve necessariamente voltar-se para a satisfação das pretensões jurídicas de direito material, de forma célere e efetiva (vide artigo 5°, inciso LXXVIII, da CF, e artigo 4° do NCPC).

Neste contexto, a ideia de subsidiariedade extraída da leitura do artigo 769 da CLT é complementada pelo mandamento do artigo 15 do NCPC, no sentido de que as normas processuais comuns devem incidir sempre que mais adequadas à efetivação dos direitos sociais trabalhistas, em uma interpretação conforme o texto constitucional, na verdade mediante uma interpretação sistemática, verticalmente e horizontalmente afinada com os direitos sociais fundamentais.

Diversos os posicionamentos em torno dos impactos trazidos pelo artigo 15 do NCPC. Há defensores da tese de que a referida norma jurídica derrogou o artigo 769 da CLT e outros (majoritariamente) defendem a harmonização e o caráter complementar da nova regra processual[8]. O artigo 15 do NCPC não traz nada de novo, não há como defender qualquer derrogação, porque significaria negar a prevalência da especialidade como critério para a resolução de conflito de normas e, com mais força, defender que qualquer norma processual civil se aplica ao processo do trabalho, independentemente de compatibilização sistêmica.

Se a moderna ciência processual defende a instrumentalidade como cara ao direito fundamental de ação, em que o jurisdicionado tem o direito fundamental de valer-se de técnicas processuais capazes de assegurar a tutela jurisdicional de direito material, de forma específica[9], não há como subverter ou romper com a estrutura sistêmica do direito processual do trabalho, porque a CLT de 1943 criou regras condizentes com o direito material trabalhista a ser tutelado, de modo a responder de forma célere e adequada às respectivas controvérsias. A questão do envelhecimento e descompasso das regras existentes exige integra-

---

[8] Na presente obra, Edilton Meireles conclui expressamente no sentido de que o artigo 15 do novo CPC revogou o artigo 769 da CLT, nada obstante exija a compatibilidade das regras supletivas ou subsidiárias ao processo do trabalho, conforme conclusões postas ao final (MIESSA, Élisson (Org.). *O novo Código de Processo Civil e seus reflexos no processo do trabalho*. 1ª ed., Editora JusPODIVM, 2015, p. 52-54).
Por sua vez, Mauro Schiavi, corrobora a visão aqui defendida (*Ibidem*, p. 65-74).

[9] "A preocupação com a tutela dos direitos não diz respeito apenas à idoneidade do processo para atender aos direitos, pois é uma questão que se coloca, já em um primeiro momento, no âmbito do direito material. E, no plano do direito material, implica a adoção de uma postura dogmática que retira o foco das normas ditas atributivas de direitos para jogar luz sobre a esfera das tutelas, local em que se encontram as formas de tutela ou de proteção que os direitos reclamam quando são violados ou expostos a violação.
As formas de tutela são garantidas pelo direito material, mas não equivalem aos direitos ou às suas necessidades. É possível dizer, considerando-se um desenvolvimento linear lógico, que as formas de tutela estão em um local mais avançado: é preciso partir dos direitos, passar pelas suas necessidades, para então encontrar as formas capazes de atendê-las" (MARINONI, Luiz Guilherme. *Teoria geral do processo*. 2. ed., São Paulo: Ed. Revista dos Tribunais, 2007, p. 247).

ção do ordenamento jurídico, com a aplicação de normas do processo comum, em especial o civil, em caráter subsidiário e supletivo, o que, por sinal, já é recorrente e usual na jurisprudência trabalhista.

Os princípios (ou regras) peculiares ao processo do trabalho são claros na concepção da simplicidade (artigo 840 da CLT), da oralidade (artigos 847 e 850 da CLT) e da busca da verdade real (artigo 765 da CLT), guiados pelas normas constitucionais de direito processual, pelos princípios da instrumentalidade, da efetividade e do não retrocesso social. Neste sentido, a interpenetração de regras processuais civis ao processo trabalhista ocorre com frequência, notadamente a partir da década de 1990, porque as alterações que modernizaram o processo civil e otimizaram o princípio da efetividade da prestação jurisdicional vão ao encontro da gênese trabalhista processual.

O princípio da simplicidade dos atos processuais caracteriza o processo do trabalho desde a criação da CLT e se contrapôs ao processo comum durante muito tempo. A sumarização do rito procedimental, com a simplificação dos atos processuais, vide o disciplinamento da petição inicial, da defesa e a irrecorribilidade das decisões interlocutórias (artigos 840 a 840 e 899 da CLT) evidenciam esta peculiaridade. Ressalte-se que esta técnica de sumarização condiz com a realidade material que envolve o direito material do trabalho, que, no mais das vezes, envolve crédito de natureza alimentar.

A oralidade é igualmente marcante no processo do trabalho, prioriza-se a prática dos atos processuais de forma oral, com a finalidade de facilitar a entrega da prestação jurisdicional. A possibilidade de reclamação verbal (artigo 840 da CLT), a concentração dos atos na audiência (artigos 847 e 850 da CLT), o contato direto do Juiz com as partes, a identidade física do juiz e a irrecorribilidade das decisões interlocutórias (artigo 893, parágrafo 1°, da CLT) são desdobramentos deste princípio.

Importante destacar que tais princípios (ou regras) podem servir de escudo à aplicação das normas processuais civis e angariar simpatizantes a resistências indevidas, uma vez que comum repetir-se que o processo trabalhista é avesso a incidentes e a soluções que impliquem comprometer a sumarização procedimental que lhe é típica, sem que haja reflexão aprofundada sobre a igualdade material típica do contraditório efetivo cunhado no novo Código de Processo Civil e aplicável aos demais ramos da ciência processual (vide artigos 4° e 10 - só para ficar nas normas fundamentais).

O que deve ser assegurada é uma cognição exauriente, plena, através de um contraditório substancial efetivo e assecuratório do viés democrático que grava o direito fundamental de ação e de desenvolvimento do processo, com compartilhamento de oportunidades e motivação plena das decisões judiciais - vide artigos 9°, 10, 489, parágrafo 1°, do NCPC.

O processo civil, ainda que timidamente, na onda reformista da década de 1990, buscou conferir ao rito sumário, neste aspecto, característica similar ao processo trabalhista, sem que houvesse renúncia ao devido processo legal. O NCPC, por sua vez, elimina a divisão do processo comum em ordinário e sumário, prevendo o procedimento comum, os procedimentos especiais e o processo de execução (artigo 318). Importante destacar que a fase de saneamento processual - formalmente ausente no processo do trabalho - é muito importante para a pretensão de contraditório material e efetivo do NCPC (vide artigo 357).

O princípio da busca da verdade real (artigo 765 da CLT) vai ao encontro dos pilares que sustentam o direito material do trabalho, o princípio protetor e o princípio da primazia da realidade. A prevalência dos fatos jurídicos em detrimento da forma (artigo 9º da CLT) exige do magistrado a busca da verdade, o processo do trabalho não se contenta com condução meramente formal. Esta ideia se coaduna com a busca de um processo efetivo, formalmente e materialmente justo, sem o abandono do devido processo legal, contraditório e ampla defesa assegurados para as partes da relação jurídica processual em igualdade de condições.

Aqui, também cabe atenção e ressalva, porque o artigo 765 da CLT não pode e não deve ser salvo-conduto para posições autoritárias no âmbito processual trabalhista, vedadas manobras das partes e decisões surpresas e não motivadas pelos magistrados.

A busca da verdade real se insere na ideia de processo cooperativo (artigos 5º e 6º do NCPC) - não se ignora que o processo se baseia em um modelo adversarial - e deve ser buscada a todo custo - desde que ético e leal -, a fim de produzir coisa julgada material com justiça. Por sinal, o artigo 378 do NCPC prescreve: "Ninguém se exime do dever de colaborar com o Poder Judiciário para o descobrimento da verdade". Por sinal, dizer de coisa julgada material sem que o processo se aproxime da verdade real é aceitar a ideia de um processo materialmente injusto, portanto, inconstitucional.

A roupagem do processo trabalhista não ilide a aplicação das regras processuais civis que lhe sejam úteis e apropriadas, muito pelo contrário, serve à compatibilização e conformação dos institutos, em uma simbiose que leve em conta a entrega de tutelas específicas e socialmente adequadas, auxiliando na promoção da justiça social, finalidade do direito trabalhista.

Há como defender a heterointegração das normas jurídicas processuais, se e quando a atividade interpretativa estiver guiada pelo postulado axiológico de realização dos direitos fundamentais dos trabalhadores. Neste desiderato, a celeridade e efetividade são valores comuns aos dois ramos processuais, independentemente de simpatias ao processo publicizado ou ao processo cooperativo em que as partes assumem protagonismo (sempre regrado pela atividade do juiz), e impõem preservação das conquistas e características procedimentais sumarizadas do processo trabalhista, sem deixar de lado o devido processo legal formal e substancial.

A solução sugerida responde igualmente ao fenômeno da mutação constitucional e interpretação valorativa conforme a Constituição Federal, que coloca o valor social do trabalho como fundamento republicano (artigo 1°, inciso IV), sendo o processo instrumento voltado para a garantia do direito ao trabalho digno, seguro e decente (artigo 1°, inciso III) e para a melhoria da condição social do trabalhador (artigo 7°, *caput*, c/c o artigo 193)[10].

Com a devida contextualização, compreendido o papel e as tendências que caracterizam as tutelas provisórias, não há como afastar o novo regramento processual civil, porque útil e valoroso às pretensões que envolvem e decorrem das relações do trabalho, notadamente a nova ordem valorativa contida na leitura dos direitos fundamentais sociais.

3. AS MODERNAS TENDÊNCIAS REGEDORAS DAS TUTELAS PROVISÓRIAS

Há tempos, a doutrina consolidou posição de defesa da utilidade e da sobrelevada importância das tutelas cautelar e antecipada - técnica antecipatória da tutela meritória -, como instrumentos neutralizantes das mazelas do tempo no processo.

Daniel Mitidiero enumera as características e tendências das tutelas provisórias, conforme denominação do novo Código de Processo Civil: fundamentalização; atipicização; mobilidade; plasticidade; prestação à vista da urgência ou evidência; disciplina diferenciada; compreensão à luz da tutela jurisdicional dos direitos[11].

A fundamentalização deflui do direito constitucional de ação, de assegurar ao jurisdicionado acesso à ordem jurídica justa, com o poder-dever do Estado--Juiz entregar uma tutela jurisdicional adequada, efetiva e tempestiva, entendi-

---

10 Mais uma vez, Sérgio Alves Gomes: "..., a perspectiva humanista do estudo do Direito revela cada vez mais que, sem a inclusão dos valores no âmbito jurídico, o Direito se resumiria a um arcabouço de normas passíveis de qualquer conteúdo, inclusive daqueles que ao invés de dignificar o ser humano poderiam convertê-lo em mera "coisa", como foi típico dos tempos da escravidão oficial sempre disciplinada e "legitimada" pelo ordenamento jurídico. Também não basta dizer que o Direito envolve valores, para que este seja um direito justo. Há que se verificar qual a pauta de valores com a qual o Direito se compromete. No Estado Democrático de Direito, tais valores estão explicitados no texto constitucional e todos eles – segundo a consciência ético-jurídica que os selecionou - são fundamentais ao pleno desenvolvimento e expressão democrática de todo ser humano" (GOMES, Sérgio Alves. op. cit., p. 215-216).

11 MITIDIERO, Daniel. *Tendências em Matéria de Tutela Sumária: Da Tutela Cautelar à técnica Antecipatória*. Revista de Processo- REPRO 197, 2011.

do o direito à técnica antecipatória como um direito fundamental, extraído do conjunto das normas constitucionais.

Igualmente, o direito fundamental à técnica adequada deflui do corolário do direito individual fundamental de inafastabilidade da jurisdição (artigo 5°, inciso XXXV, da CF) e do devido processo legal (artigo 5°, inciso LIV, da CF), bem como dos princípios do contraditório e da ampla defesa (artigo 5°, inciso LV, da CF).

O instrumento, as normas adjetivas processuais, nelas incluída a técnica antecipatória, devem servir ao direito material, ou seja, de satisfação do direito material, seja em situações de urgência, seja em situações em que demonstrada a probabilidade do direito do autor em vista do direito improvável do réu.

Aos valores axiológicos retratados nas normas constitucionais deve corresponder uma tutela cautelar ou uma tutela satisfativa capaz de evitar o perecimento do direito e/ou impedir o propósito protelatório do réu (abuso do direito).

Tem-se a atipicização como a possibilidade do Juiz agir em conformidade com a especificidade da situação fático-jurídica invocada e carente de proteção no plano do direito material. Trata-se de entregar a tutela específica pleiteada pelo demandante, com o dever de conformação do direito à realidade.

Neste sentido, os atuais artigos 461 e 461-A do Código de Processo Civil (artigos 496, 497, 536, 537 e 538 do NCPC), em que o Poder Judiciário deverá buscar a solução mais consentânea com as reais necessidades da situação substancial posta na ação pelas partes. Ao juiz cabe escolher a técnica processual cabível à satisfação do direito material (tutela jurisdicional dos direitos).

O parágrafo único do artigo 497 do NCPC consagra a doutrina atinente à tutela inibitória, voltada a evitar a ocorrência do ilícito, uma tutela voltada para o futuro e desapegada do aspecto ressarcitório/indenizatório/compensatório - tutela voltada para o dano e suas consequências: "Para a concessão da tutela específica destinada a inibir a prática, a reiteração ou a continuação de um ilícito, ou a sua remoção, é irrelevante a demonstração da ocorrência de dano ou da existência de culpa ou dolo".

Por sua vez, o juiz permanece vinculado aos termos da regra processual que determina a entrega da tutela específica ou do resultado prático equivalente (artigo 461, par. 5°, do CPC, e artigo 536, caput, e parágrafo 1°, do NCPC), sendo que se confere liberdade ao juiz para que a escolha dos meios aptos à satisfação da pretensão (espécies de tutelas jurisdicionais).

A fim de dotar a decisão judicial provisória ou definitiva de coerção, o NCPC sistematiza a questão da fixação da multa (*astreintes*) em caso de descumprimento, conforme disciplina contida no novo artigo 537. Poderá ser fixada independentemente de requerimento da parte, na fase de conhecimento - em tutela provisória ou na sentença - ou de execução.

Outra característica que marca o regramento das tutelas provisórias é a mobilidade, quando e no momento em que se fizer necessária a entrega de uma tutela jurisdicional impeditiva do perecimento do direito (tutela de urgência) ou quando se fizer necessário o impedimento de uma atitude protelatória do réu ante o direito provável do autor (tutela de evidência – distribuição isonômica do ônus do tempo no processo), deve haver a concessão da medida acautelatória ou satisfativa do direito invocado.

Da ideia de mobilidade decorre o traço da plasticidade, técnicas processuais diferenciadas e capazes de conferir efetividade à tutela jurisdicional.

A prestação à vista da urgência ou da evidência resta eleita e disciplinada pelo novo Código de Processo Civil a partir do artigo 294, que estabelece: "A tutela provisória pode fundamentar-se em urgência ou evidência". Tem como escopo redimensionar de forma mais eficaz a distribuição isonômica do ônus do tempo entre as partes no processo civil[12].

Haja vista o reconhecimento de que a técnica antecipatória tanto serve para a tutela satisfativa quanto para a tutela cautelar, para fazer frente a situações de urgência ou de evidência, é importante que sua disciplina legal seja diferenciada, para se evitar confusões conceituais.

Só há como compreender a técnica antecipatória como aquela capaz de conformar a tutela jurisdicional à tutela de direitos, o processo como instrumento voltado à satisfação dos direitos materiais.

Tendo em vista a neutralidade da tutela de cognição sumária, há a necessidade de a mesma ser conformada e direcionada pelo direito material (tutela de direitos), a fim de que seja entregue a tutela jurisdicional adequada, em tempo razoável, o que implica a efetividade tão desejada pela sociedade.

O novo Código de Processo Civil adora a terminologia tutelas provisórias, dividindo-as em tutela de urgência (artigos 300 a 310) e tutela de evidência (artigo 311).

Entre as tutelas de urgência, há a tutela antecipatória do mérito (artigos 300 a 303) e a tutela cautelar (artigos 300 a 303). Ressalte-se que o NCPC não possui mais livro próprio para disciplina dos processos cautelares, todavia, manteve a previsão no capítulo das tutelas provisórias, até mesmo porque se trata de es-

---

12 Daniel Mitidiero esclarece: "A técnica antecipatória fundada na urgência sempre visa a combater um perigo na demora da prestação jurisdicional. Esse perigo pode consubstanciar-se na possibilidade de um ilícito, na sua reiteração ou continuação, pode visar à remoção de um ilícito ou a reparação de um fato danoso. Quanto ao dano, a técnica antecipatória pode desde logo satisfazer o direito ou simplesmente acautelá-lo, se exposta a tutela do direito a um perigo de infrutuosidade" (MITIDIERO, Daniel. op. cit., p. 38).

pécie de tutela jurisdicional, sumarizada e parcial, cujo objetivo é resguardar o resultado útil do provimento jurisdicional que se quer definitivo.

No caso das tutelas de urgência, podem ser obtidas em caráter antecedente e incidental. A novidade fica por conta da tutela antecipada antecedente, regulada nos artigos 303 e 304 do NCPC, mantidas as possibilidades de ação cautelar antecedente e de tutela cautelar e antecipada incidentais.

4. AS DIFERENÇAS ENTRE A TUTELA CAUTELAR E A TUTELA ANTECIPADA

Quanto à natureza, as tutelas podem ser cognitiva, cautelar e executiva.

No âmbito das tutelas provisórias, que tem como escopo tratar provisoriamente de situações que representem perigo de dano irreparável ou de difícil reparação, mostra-se possível antecipar a tutela de natureza cautelar e a tutela de mérito.

A técnica antecipatória de tutela pode basear-se na urgência e na evidência, com a entrega de tutela cautelar e de tutela antecipada - melhor dizer aplicação da técnica antecipatória - liminarmente (no início do processo e antes da citação do réu), no decorrer do processo (superada a fase postulatória), na sentença e no âmbito recursal.

A técnica antecipatória diz com o momento da concessão da tutela pretendida e a tutela antecipada diz com o resguardo da situação de direito material necessária para regular os efeitos do tempo no processo e assegurar a eficácia da tutela definitiva a ser entregue ao final.

Por sua vez, o traço característico e decisivo da tutela cautelar é a sumarização da atividade cognitiva e a provisoriedade, conforme lição de Piero Calamandrei"[13]. A ideia da tutela cautelar é evitar a ocorrência de um dano jurídico ao processo de conhecimento ou de execução, no que se evidencia o seu caráter acessório e instrumental.

Antes da introdução da técnica antecipatória de tutela, discutia-se a possibilidade de cautelares satisfativas. Certo que a propensão cientificista da análise do direito, de cunho positivista, gerava acaloradores debates em torno da diferenciação e da impossibilidade de tomar uma pela outra.

Entre célebres processualistas, Ovídio Baptista da Silva[14] tratou de demonstrar aspecto distintivo de natureza estrutural, a cautelar assecuratória da utilidade do processo principal - instrumentalmente destinada a assegurar a fruição eventual e futura do direito acautelado, ao passo que a tutela antecipatória des-

---

13 MITIDIERO, Daniel. op. cit. p. 30-31.
14 *Ibidem*, p. 32.

de logo possibilita a imediata realização do direito, com antecipação meritória, coincidente com o provimento jurisdicional que se deseja definitivo[15].

Por outro lado, parte da doutrina buscou estabelecer distinções focadas em aspectos funcionais, caso de Daniel Mitidiero, defensor da tese que cada qual - tutela cautelar e tutela antecipada - opera de forma definitiva, condicionadas a partir da situação fático-jurídica descrita, enquanto houver necessidade de acautelar o direito, persiste a necessidade e utilidade da tutela cautelar - função substancial da cautela, noutro aspecto segurança para a execução -, enquanto se mostrar necessário proteger o direito em face de uma situação de urgência ou evidência, persiste a antecipação da tutela de mérito - execução para segurança[16].

A contraposição destas visões acerca da tutela cautelar é quanto ao foco estrutural e funcional, Calamandrei baseava-se em uma visão tradicional que enxerga o juiz como figura determinante dos rumos do processo e responsável pela entrega de uma tutela jurisdicional definitiva, no que a tutela cautelar é meramente adjetiva e instrumental; Ovídio e de forma mais avançada Mitidiero, vislumbram a autonomia e utilidade da tutela cautelar, direito material e substancial à cautela. A segunda posição é mais afeita ao processo democrático e cooperativo.

Sem olvidar a discussão, pode-se afirmar que a tutela cautelar se baseia em um juízo de cognição sumária e parcial, com a concessão de uma medida cautelar cujo propósito é assegurar o resultado útil do processo principal. Suas características marcantes são a referibilidade a uma outra ação e a instrumentalidade. Funda-se na ideia de plausibilidade do direito invocado e referido na ação principal e na demonstração de perigo de dano ao direito acautelado. Trata-se de tutela não satisfativa, provisória - será substituída por uma tutela definitiva e satisfativa - vigorará e terá eficácia até que sobrevenha a tutela definitiva obtida mediante cognição plena e exauriente.

O disciplinamento da tutela cautelar se encontrava nos artigos 796 e seguintes do CPC/73, com destaque para o artigo 798, que tratava do poder geral de cautela (cautelares atípicas), seguindo-se as cautelares típicas regradas

---

[15] Aduzem Marinoni e Arenhart: "No plano do direito material, a tutela antecipatória dá ao autor tudo aquilo que ele esperaria obter através do processo de conhecimento. A tutela antecipatória, ao contrário da tutela cautelar, embora seja caracterizada pela provisoriedade, não é caracterizada pela instrumentalidade, ou melhor, não é instrumento que se destina a assegurar a utilidade da tutela final" (MARINONI, Luiz Guilherme; ARENHART, Sérgio Cruz. Curso de processo civil: processo de conhecimento. 6. ed. rev. atual. e ampl. São Paulo: Ed. Revista dos Tribunais, 2007. v. 2. p. 204).

[16] Afirma Mitidiero: "A tutela cautelar e a tutela satisfativa não são distinguíveis pela estrutura de seus provimentos - como supõe a doutrina em peso. Tanto a tutela cautelar como a tutela satisfativa são tutelas finais que visam a disciplinar de forma definitiva determinada situação fático-jurídica" (MITIDIERO, Daniel. op..cit. 36).

minuciosamente no Código. O novo CPC prevê a tutela cautelar, antecedente e incidental, nos artigos 294 e seguintes, mantendo suas características, inova ao abolir um capítulo próprio para o seu tratamento e não prevê mais as tutelares típicas, o que não quer dizer que o juiz não possa conceder medida cautelar adequada à situação a ser prevenida.

A tutela antecipada, tratada pelo CPC de 1973 no artigo 273, incisos I (de urgência) e II e parágrafo 6º (evidência), tem caráter não satisfativo e antecipa parcial ou totalmente os efeitos da tutela meritória a ser entregue ao final. Em vista da necessidade de reversibilidade da medida, entendida como uma reversibilidade fática, não haverá definitividade e satisfatividade, regulará provisoriamente determinada situação para impedir dano irreparável ou de difícil reparação passível de ser causado se houver demora no trâmite processual ou para reconhecer a evidência do direito invocado pelo demandante - prova dos fatos e probabilidade de acolhimento da pretensão processual (tutela de evidência - não requer comprovação da existência de urgência). Requer a comprovação da plausibilidade do direito invocado e do perigo de dano. Diferentemente da cautelar, não tem natureza instrumental preventiva, e não há referibilidade a uma ação principal.

As diferenças apontadas voltaram a ser pertinentes, porque o NCPC insere elemento inédito na legislação processual brasileira, a estabilização da tutela antecipada concedida em caráter antecedente, conforme artigos 303 e 304. A estabilização caberá tão-somente para a tutela de mérito. Não há que se falar em estabilização da tutela cautelar.

Desta forma, se a discussão havia perdido o sentido, principalmente após o advento da característica de fungibilidade entre as tutelas cautelar e antecipada, a partir do acréscimo do parágrafo 7° do artigo 273, a partir de agora, será necessária a definição para o fim da estabilização.

5. DA TUTELA CAUTELAR E DE SUA APLICAÇÃO NO PROCESSO DO TRABALHO

O novo Código de Processo Civil dispõe sobre a tutela cautelar como tutela de urgência, que poderá ser requerida em caráter antecedente e em caráter incidental.

O poder geral de cautela foi mantido, conforme se evidencia do estabelecido no artigo 301 do NCPC: "A tutela de urgência de natureza cautelar pode ser efetivada mediante arresto, sequestro, arrolamento de bens, registro de protesto contra alienação de bem e qualquer outra medida idônea para asseguração do direito".

Para a sua concessão, cabe levar ao conhecimento do juiz elementos que evidenciem a probabilidade do direito e o perigo de dano ou a existência de risco ao resultado útil do processo (artigo 300 do CPC). O NCPC pôs fim às discussões em torno de expressões existentes no CPC de 1973, como "verossimilhança da alegação", "fundado receio", "lesão grave", "difícil reparação".

Se a ação cautelar for antecedente, o demandante deverá indicar a lide e seu fundamento na petição inicial, a exposição sumária do direito que se objetiva assegurar e o perigo de dano ou o risco ao resultado útil do processo (artigo 305 do NCPC).

O réu será citado para, no prazo de 5 (cinco) dias, contestar o pedido e indicar as provas que pretende produzir. Segue-se a instrução e, após, o juiz terá 5 (cinco) dias para prolatar a sentença (artigos 306 e 307 do NCPC).

Efetivada a tutela cautelar, o requerente terá 30 (trinta) dias para deduzir o pedido principal, nos mesmos autos em que deduzido o pedido cautelar, facultado formular os pedidos conjuntamente - no momento da distribuição da ação cautelar (artigo 308, *caput*, e parágrafos 1° e 2°,do NCPC).

O NCPC criou a audiência de conciliação ou de mediação (artigo 334), dispensável apenas na hipótese de recusas expressas do autor e do réu - a recusa de um dos sujeitos processuais citados não tem o condão de impedir a realização da referida audiência. O parágrafo 3° do artigo 308 diz da intimação para a audiência após a dedução do pedido principal, o que não se aplica ao processo do trabalho, que possui ritualística própria e incompatível com a introdução do mecanismo alternativo de resolução de conflitos - naquilo que a doutrina chama de modelo multiportas para resolução mais adequada dos conflitos.

A eficácia da tutela cautelar concedida em caráter antecedente cessará se: o autor não deduzir o pedido principal no prazo legal; não for efetivada dentro de 30 (trinta) dias; o juiz julgar improcedente o pedido principal formulado pelo autor ou extinguir o processo sem resolução de mérito (artigo 309, incisos I, II e III, do NCPC).

Exceção ao fim dos procedimentos cautelares específicos, não houve inovações no disciplinamento da concessão da tutela cautelar do novo Código de Processo Civil, mantido o regramento dos artigos 796 a 811 do CPC de 1973.

A possibilidade de pedido incidental de tutela cautelar resta mantida, conforme parágrafo 2° do artigo 300 do NCPC.

O processo do trabalho sempre conviveu com a tutela cautelar, amplamente admitida, inclusive preservada a sua ritualística própria, conforme artigo 1° da Instrução Normativa n° 25 do Tribunal Superior do Trabalho. Assim como o mandado de segurança, *habeas corpus*, *habeas data*, ação rescisória, ação de consignação em pagamento, trata-se de ação que não tramita pelo rito ordinário ou pelo rito sumaríssimo previsto na CLT.

Tanto no processo individual, como no processo coletivo, a tutela cautelar foi absorvida pelo sistema processual trabalhista, haja vista a lacuna normativa existente na CLT e plena compatibilidade sistêmica[17]. Ademais, a tutela cautelar possui utilidade manifesta no Estado Constitucional de Direito que privilegia as técnicas assecuratórias da entrega célere e efetiva da tutela jurisdicional de direitos fundamentais.

6. DA TÉCNICA ANTECIPATÓRIA DE TUTELA DE URGÊNCIA E DE SUA APLICAÇÃO NO PROCESSO DO TRABALHO

A possibilidade de tutela antecipada no processo trabalhista decorre de manifestação expressa contida na própria CLT, conforme dispõem os incisos IX e X do artigo 659 da CLT[18].

Estabelecem os referidos artigos que os Juízes Trabalhistas têm competência para: IX - conceder medida liminar, até decisão final do processo, em reclamações trabalhistas que visem a tornar sem efeito transferência disciplinada pelos parágrafos do artigo 469 desta Consolidação; X - conceder medida liminar, até decisão final do processo, em reclamações trabalhistas que visem reintegrar no emprego dirigente sindical afastado, suspenso ou dispensado pelo empregador.

As hipóteses contemplam medidas antecipatórias da tutela em situação de urgência, a primeira para anular transferência provisória do local de trabalho constante do contrato de trabalho, sem que haja a anuência do empregado, uma vez que consistente em modificação lesiva de caráter unilateral, conforme disciplina do artigo 469 da CLT; a segunda diz da garantia provisória de emprego dos dirigentes sindicais prevista no artigo 543, parágrafo 3°, da CLT.

A hipótese contemplada pelo inciso IX do artigo 659 da CLT foi incluída pela Lei n° 6.203/75 e a do inciso X pela Lei n° 9.270/1996. O artigo 273 do CPC/73 foi introduzido pela Lei n° 8.952/1994, portanto, a CLT tratou de antecipação da tutela em caráter liminar antes da lei reformista e que revolucionou o tratamento das técnicas processuais no CPC e também após a criação do instituto da tutela antecipada.

---

17 Aduz Carlos Henrique Bezerra Leite: "A doutrina francamente majoritária, no entanto, e corretamente, acabou admitindo a aplicação supletiva do CPC, tendo em vista a lacunosidade do texto obreiro a respeito das ações cautelares e ausência de incompatibilidade da migração do instituto para os domínios do processo laboral. Aliás, é justamente nesse setor especializado do direito processual pátrio (CLT, art. 769), dada a sua função precípua de realização do direito material do trabalho, que as ações cautelares encontram terreno fértil para larga utilização (LEITE, Carlos Henrique Bezerra, op. cit., p. 1453).

18 Concebem-se tais dispositivos como relacionados ao mérito do direito dos empregados de não serem vítimas de atos abusivos dos empregadores, o direito de impedir alteração unilateral lesiva no contrato de trabalho e o direito de preservar a garantia provisória do emprego, desvinculados das tutelas ressarcitórias eventualmente buscadas no processo trabalhista.

Somente pelo aspecto dogmático, poder-se-ia afirmar a compatibilidade das regras que trouxeram a técnica antecipatória da tutela para o processo do trabalho.

Não fosse este caráter, o caráter teleológico do processo trabalhista, assim como a necessidade ontológica e o aspecto axiológico da ação e do processo de feição constitucional democrática, exigiriam a aplicabilidade plena da técnica antecipatória de tutela, liminarmente e na sentença, com a entrega de tutelas jurisdicionais compatíveis com o resultado prático pretendido, incluídas as tutelas executivas *lato-sensu* e mandamental e diferenciadas.

O novo regramento manteve a estrutura do CPC de 1973, corrigindo impropriedades terminológicas e racionalizando os aspectos processuais comuns às tutelas provisórias de urgência. Mantida a possibilidade de concessão da tutela antecipada de urgência liminarmente e incidentalmente (artigo 294, parágrafo único, do NCPC).

A grande novidade é a criação da tutela provisória de urgência em caráter antecedente, com base em um direito provável e perigo de dano, em que se mostra necessária a obtenção de uma providência judicial antecipatória - antes mesmo da dedução do pedido de tutela final (artigo 303, *caput*, do NCPC)[19].

Na perspectiva das normas fundamentais que gravam o NCPC, processo formalmente e materialmente justo, com entrega de tutela jurisdicional célere, efetiva e ajustada à realidade, cooperação das partes e valoração do papel de sujeitos processuais que não o juiz, faz todo o sentido assegurar possibilidades de satisfação de direitos substanciais do jurisdicionado, ainda que a cognição não seja plena e exauriente[20].

Assim como no regramento da tutela cautelar antecedente, a tutela antecipada antecedente requererá petição inicial em que deduzido o pedido de tutela antecipada e indicado o pedido de tutela final, com a exposição da lide, do di-

---

19 Em vista do caráter peremptório e expresso do artigo 303 do NCPC, a possibilidade é conferida somente ao autor/reclamante e não ao réu/reclamado, nem mesmo em caso de reconvenção, porque se trata de providência a ser requerida de forma antecedente no bojo de uma petição inicial. A estabilização referida no artigo 304 do NCPC não pode ser obtida no decorrer do processo principal, oportunidade em que será apresentada a contestação, em vista da sistematização legal do instituto.

20 Afirmam Frederico Augusto Gomes e Rogério Rudiniki Neto: "Entretanto, hoje essa compreensão carece de base filosófica. Em primeiro lugar porque, como demostrado por Heidegger, a possibilidade de cognição humana é limitada pela universalidade das coisas (Weltlichkeit der sache). Explica-se: nada é definido por aquilo que é, mas também pelo conjunto infinito daquilo que não é, de modo que em razão da compreensão finita do ser humano, é impossível uma cognição completa. Como consequência dessa complexidade sem fim do mundo e da limitada capacidade do homem, é possível peremptoriamente afirmar-se: cognição exauriente não há" (DIDIER, Freire (Coord. Geral); MACÊDO, Lucas Buril de; PEIXOTO, Ravi; FREIRE, Alexandre (Orgs.). *Novo CPC doutrina selecionada, v. 4: procedimentos especiais, tutela provisória e direito transitório*. Salvador: Juspodivm, 2015, p. 167).

reito que se busca realizar e do perigo de dano ou do risco ao resultado útil do processo (artigo 303, *caput*, do NCPC)[21].

Deferido o pedido de tutela antecipada, o autor terá 15 (quinze) dias, no mínimo (podendo o juiz fixar prazo maior), para aditar a petição inicial, com a juntada de novos documentos e a confirmação do pedido de tutela final (artigo 303, parágrafo 1°, inciso I, do NCPC).

O réu será citado dos termos da ação e intimado da concessão da tutela antecipada. A defesa será apresentada na audiência de conciliação ou de mediação prevista no artigo 334 do NCPC ou, caso não ocorra - o que requer recusa de ambas as partes -, o prazo para contestação será contado na forma do artigo 335 do NCPC (artigo 303, parágrafo 1°, incisos II e III, do NCPC).

Caso não haja o aditamento da petição inicial pelo autor, o processo será extinto sem resolução do mérito (artigo 303, parágrafo 2°, do NCPC)[22].

Caso seja indeferido o pedido de tutela antecipada em caráter antecedente, caberá aditamento da petição inicial, no prazo de 5 (cinco) dias, sob pena de extinção do processo sem julgamento do mérito.

Até aqui, sem maiores problemas, uma vez que a operacionalização da tutela antecipada de urgência em caráter antecedente segue, na essência, o procedimento da tutela cautelar em caráter antecedente.

A grande novidade fica por conta da possibilidade de estabilização da tutela se: a) o autor tenha expressamente requerido e obtido a providência em caráter antecedente; b) citado e intimado o réu da concessão da tutela antecipada, deixa de impugnar a decisão proferida através de cognição sumária e parcial, o que na prescrição expressa do artigo 304, *caput*, do NCPC, exige a interposição de recurso.

A referida estabilização tem outro efeito processual importante, a extinção do processo (artigo 304, parágrafo 1°, do NCPC). Aqui, adianta-se uma questão,

---

21 Heitor Vitor Mendonça Sica afirma: "Em outras palavras: claramente o art. 303 dá duas alternativas ao autor: (a) pleitear, exclusivamente, a tutela provisória urgente satisfativa (e apenas 'indicar' o pedido de tutela final); ou (b) desde logo, pedir, concomitantemente, a tutela provisória urgente satisfativa e a tutela final. Apenas na primeira hipótese é que se cogitaria da possibilidade de aplicação da tese da estabilização. Isso porque o autor que formula desde logo o pedido de tutela final, a meu ver, manifesta inequivocamente a vontade no sentido de que não se contentará apenas com a tutela provisória estabilizada" (Idem, p. 182-183).

22 Como será tratado abaixo, o artigo 304 do NCPC traz a possibilidade de estabilização da tutela antecipada de urgência concedida em caráter antecedente. A conjugação dos artigos 303 e 304 traz alguns problemas de compreensão, uma vez que o pedido de tutela em caráter antecedente tem sentido próprio e independe do ajuizamento de uma ação principal. Pode o autor desejar tão-somente a providência antecipatória e a estabilização. Assim, a necessidade de aditamento da petição inicial só faria sentido se o réu interpusesse recurso e impedisse a estabilização da tutela, bem como a necessidade de complementação da argumentação, juntada de novos documentos e confirmação do pedido de tutela final trata-se de faculdade processual, nada obstante a expressão "deverá" (Idem, p. 182-183, inclusive nota de rodapé 14).

a extinção se dá sem ou com julgamento do mérito? Para respondê-la, cabe consultar os artigos 485 e 487 do NCPC, o primeiro traz as hipóteses de extinção sem julgamento do mérito e o segundo com resolução do mérito. O artigo 487 não faz referência à extinção decorrente da estabilização da tutela antecipada de urgência em caráter antecedente e ausência de recurso do réu. Por sua vez, o artigo 485 do NCPC não faz referência expressa à hipótese, mas contempla cláusula de abertura no inciso X, ao estabelecer que dar-se-á a extinção do processo sem julgamento do mérito nos demais casos previstos no Código[23].

A decisão antecipatória estabilizada em virtude da inércia do réu poderá ser revista, caso qualquer das partes demande a outra, com o propósito de rever, reformar ou invalidar a decisão que deferiu a tutela antecipada satisfativa, no prazo de 2 (dois) anos, a contar da ciência da decisão que extinguiu o processo em vista da inércia do réu, que não a impugnou mediante interposição de recurso (artigo 304, parágrafos 2°, 3°, e 5°, do NCPC). A decisão concessiva não faz coisa julgada, portanto, a estabilização não se equipara à coisa julgada material (artigo 304, parágrafo 6°, do NCPC) – também em razão disto afirmou-se no parágrafo acima que a extinção do processo em que concedida a tutela antecipada em caráter antecedente se dá sem julgamento do mérito – só decisões meritórias produzem coisa julgada material.

A pergunta inevitável é se a antecipação da tutela meritória de urgência antecedente cabe no processo do trabalho? A resposta parece ser positiva.

O instituto da tutela antecipada foi recepcionado pelo processo do trabalho, porque há lacuna normativa, ontológica e axiológica quanto à temática.

A CLT prevê possibilidades de concessão de liminares para situações de urgência, caso do artigo 659, incisos IX e X, da CLT, contudo, não traz disciplina ou regramento para a utilização da técnica capaz de assegurar liminarmente a antecipação de tutela de natureza satisfativa, coincidentemente com o mérito discutido.

Ontologicamente, a evolução da sociedade impôs a criação de respostas jurisdicionais condizentes com a tutela de direitos fundamentais sociais trabalhistas, o processo tido como meio para a satisfação do direito material e entrega de

---

23 Compartilho do posicionamento de Heitor Vitor Mendonça Sica, entende que se a decisão antecipatória de urgência em caráter antecedente não for impugnada pelo réu, haverá a estabilização e extinção do processo sem julgamento do mérito, o que reflete na questão da existência de diferenciação entre estabilização e coisa julgada material: "Para se chegar a essa conclusão, constato, primeiramente, que o par. 1° do art. 304 preceitua que a estabilização da tutela provisória produz após 'a extinção do processo', sem informar com ou sem resolução do mérito. O art. 487 (que basicamente reproduz as hipóteses do art. 269 do CPC de 1973) não inclui essa hipótese, ao passo que o art. 485 (equivalente ao art. 267 do CPC de 1973) poderia abarcar a situação em seu inciso X (que torna o dispositivo meramente exemplificativo ao nele incluir os 'demais casos prescritos neste Código'). Assim, é mais fácil encaixar essa situação nas hipóteses de sentenças terminativas, o que afastaria o art. 502 (que reserva a formação da coisa julgada material à sentença de mérito) - DIDIER, Freire (Coord. Geral); MACÊDO, Lucas Buril de; PEIXOTO, Ravi; FREIRE, Alexandre (Orgs.). op. cit., p. 187.

tutelas específicas, tão próximas quanto possível da realidade. Nada obstante a sumarização procedimental da CLT, a elevação absurda das demandas - país culturalmente predisposto ao litígio - e a ausência de proteção contra as dispensas abusivas e arbitrárias, em vista da inércia injustificada na regulamentação do artigo 7º, inciso I, da CF, fizeram prevalecer na Justiça do Trabalho a tutela de natureza ressarcitória (monetização do direito do trabalho), índole indenizatória e compensatória da situação de desemprego[24].

A ausência de mecanismos assecuratórios do emprego e verdadeiramente protetivos aliado à ausência de técnicas processuais adequadas e efetivas contribuíram para o distanciamento do direito trabalhista dos anseios sociais. Esta lacuna ontológica foi suprida, em parte, pela assimilação da técnica antecipatória de tutela.

Sob o ponto de vista axiológico, o sistema processual trabalhista deve estar preparado para assumir e concretizar os direitos constitucionais sociais trabalhistas decorrentes da ordem social e econômica, em que os postulados da dignidade humana e valor social do trabalho convergem para a promoção da justiça social (artigos 1º, incisos III e IV, 6º, 7º, 170 e 193 da CF).

Assim, não há como rechaçar a possibilidade de tutela antecipada de urgência em caráter antecedente no âmbito do sistema processual trabalhista. Aceitar a estabilização desta tutela implica considerar que o requerente tem o direito fundamental de ação para salvaguardar, com alguma segurança, o direito ameaçado de lesão em situação de urgência, podendo escolher e querer tão-somente a pronta resposta judicial para uma situação fática e jurídica que viola a sua esfera subjetiva de direitos.

Ora, aquele que é vítima de uma conduta ilícita e/ou danosa repentina pode optar por uma solução que lhe poupe das mazelas de um processo longo e dispendioso. Assim, a dispensa do empregado que possua garantia provisória de emprego (estabilidade na acepção usual da doutrina trabalhista) poderá ensejar do prejudicado o pedido de reintegração, que atendido, bastará por si só. Aquele que for vítima de um ato discriminatório e abusivo por parte do empregador, poderá requerer a reintegração e condenação em obrigações de não fazer[25]. Aquele que estiver em situação de perigo em virtude da não observância

---

[24] A ADI nº 1.625 do Supremo Tribunal Federal questiona a constitucionalidade do Decreto Presidencial nº 2.100/1996, que denunciou a Convenção 158 da Organização Internacional do Trabalho (OIT), esta, por sua vez, proíbe a demissão imotivada do trabalhador. Contudo, o entendimento prevalecente no STF - vide ADI nº 1.480-3 - foi no sentido de que mesmo que conclua-se pela inconstitucionalidade do Decreto nº 2.100/1996, o artigo 7º, inciso I, da CF exige lei complementar para estabelecer a garantia geral de emprego no Brasil. Inerte o Congresso Nacional por longos 27 (vinte e sete) anos, incorporado e consolidado o sistema do FGTS, o Judiciário Trabalhista continuará a atender majoritariamente demandas de desempregados.

[25] O artigo 4º, inciso I, da Lei nº 9.029/95 confere a possibilidade de pedido de reintegração para os casos de discriminação tratados na lei. Parte da doutrina e a jurisprudência fazem uma leitura ampliativa das hipóteses para abarcar quaisquer atos discriminatórios praticados no curso da relação de emprego.

de normas de saúde e segurança trabalhista, poderá querer uma ordem judicial para que seja respeitado o direito de resistência ambiental, garantida a paralisação da prestação de serviços e impedida a dispensa arbitrária imotivada enquanto perdurar o risco[26].

As hipóteses são variadas e se coadunam com a nova ordem constitucional social, portanto, o instrumento, a técnica processual que reforça o combate as mazelas do tempo no processo, devem ser incorporadas ao processo do trabalho. A simplicidade deve ser entendida como antídoto para regras que impedem a efetividade processual. O simples fato de alargar o *iter* processual não deve implicar, por si só, a recusa de heterointegração.

Qual seria o recurso trabalhista à disposição do reclamado para impedir a estabilização da tutela antecipatória? O requerido poderia impedir a estabilização da tutela mediante outros meios de impugnação?

As decisões interlocutórias são irrecorríveis no processo do trabalho, conforme artigo 893, parágrafo 1°, da CLT[27]. A norma se coaduna com o rito procedimental sumarizado do processo trabalhista, sem dúvida, traço distintivo importante que passou a ser bastante celebrado pelos juristas, principalmente em

---

26 Direito subjetivo expressamente assegurado na legislação trabalhista, cite-se alguns exemplos:
Vide o artigo 13 da Convenção 155 da OIT: De conformidade com a prática e as condições nacionais, deverá ser protegido, de consequências injustificadas, todo trabalhador que julgar necessário interromper uma situação de trabalho por considerar, por motivos razoáveis, que ela envolve um perigo iminente e grave para sua vida ou sua saúde.
Vide itens 1 e 2 do artigo 18 da Convenção 170 da OIT: 1. Os trabalhadores deverão ter o direito de se afastar de qualquer perigo derivado da utilização de produtos químicos quando tiverem motivos razoáveis para acreditar que existe um risco grave e iminente para a sua segurança ou a sua saúde, e deverão indicá-la sem demora ao seu supervisor; 2. Os trabalhadores que se afastem de um perigo, em conformidade com as disposições do parágrafo anterior, ou que exerçam qualquer outro direito em conformidade com esta Convenção, deverão estar protegidos contra as consequências injustificadas desse ato.
Vide o item 9.6.3 da Norma Regulamentadora n° 9 do Ministério do Trabalho e Emprego (Programas de Prevenção de Riscos Ambientais): O empregador deverá garantir que, na ocorrência de riscos ambientais nos locais de trabalho que coloquem em situação de grave e iminente risco um ou mais trabalhadores, os mesmos possam interromper de imediato as suas atividades, comunicando o fato ao superior hierárquico direto para as devidas providências.
Vide alínea "d" do item 31.3.5 da Norma Regulamentadora n° 31 do Ministério do Trabalho e Emprego (Segurança e Saúde no Trabalho na Agricultura, Pecuária Silvicultura, Exploração Florestal e Aquicultura): "quando houver motivos para considerar que exista grave e iminente risco para sua segurança e saúde, ou de terceiros, informar imediatamente ao seu superior hierárquico, ou membro da CIPATR ou diretamente ao empregador, para que sejam tomadas as medidas de correção adequadas, interrompendo o trabalho se necessário.

1. 27 Súmula 214 do TST: Decisão interlocutória. Irrecorribilidade (nova redação) - Res. 127/2005, DJ 14, 15 e 16.03.2005. Na justiça do trabalho, nos termos do art. 893, § 1º, da CLT, as decisões interlocutórias não ensejam recurso imediato, salvo nas hipóteses de decisão: a) de tribunal regional do trabalho contrária à súmula ou orientação jurisprudencial do tribunal superior do trabalho; b) suscetível de impugnação mediante recurso para o mesmo tribunal; c) que acolhe exceção de incompetência territorial, com a remessa dos autos para tribunal regional distinto daquele a que se vincula o juízo excepcionado, consoante o disposto no art. 799, § 2º, da CLT.

vista do burocrático processo civil que convivia com o agravo de instrumento e o agravo retido (o NCPC manteve o agravo de instrumento e extinguiu a figura do agravo retido - avanço pequeno sob o prisma da celeridade processual, diga-se o mesmo em relação à timidez com que trata a questão do efeito suspensivo conferido aos recursos).

Se no processo civil o agravo de instrumento é o recurso cabível contra as decisões interlocutórias que versem sobre tutelas provisórias (artigo 1015, inciso I, do NCPC), no processo do trabalho não há recurso cabível para as tutelas provisórias proferidas, sejam aquelas em caráter antecedente ou incidental, sejam de urgência ou de evidência.

No que concerne ao momento atual, em que o processo do trabalho convive com a tutela antecipada de caráter incidental, a jurisprudência trabalhista editou a Súmula 414 do TST, que merece transcrição, dada a sua importância:

> MANDADO DE SEGURANÇA. ANTECIPAÇÃO DE TUTELA (OU LIMINAR) CONCEDIDA ANTES OU NA SENTENÇA (conversão das Orientações Jurisprudenciais 50, 51, 58, 86 e 139 da SBDI-2) - Res. 137/2005, DJ 22, 23 e 24.08.2005
>
> I - A antecipação da tutela concedida na sentença não comporta impugnação pela via do mandado de segurança, por ser impugnável mediante recurso ordinário. A ação cautelar é o meio próprio para se obter efeito suspensivo a recurso (ex-OJ n° 51 da SBDI-2 - inserida em 20.09.2000).
>
> II - No caso da tutela antecipada (ou liminar) ser concedida antes da sentença, cabe a impetração do mandado de segurança, em face da inexistência de recurso próprio (ex-OJs 50 e 58 da SBDI-2 - inseridas em 20.09.2000).
>
> III - A superveniência da sentença, nos autos originários, faz perder o objeto do mandado de segurança que impugnava a concessão da tutela antecipada (ou liminar) (ex-Oj da SBDI-2 86 - inserida em 13.03.2002 - e 139 - DJ 04.05.2004).

No caso da tutela antecipada de urgência em caráter antecedente, inexistente recurso próprio para atacar a decisão liminar concessiva, a solução, com base no item II da Súmula 414 do TST seria a impetração do mandado de segurança dirigido ao Tribunal Regional do Trabalho respectivo ou ao Tribunal Superior do Trabalho (ações originárias dos TRTs), única maneira de evitar a estabilização prevista no artigo 304 do NCPC. Será o único meio de cassar a decisão, válida também para a hipótese de não concessão da liminar antecipatória[28].

---

28 Depois de tudo quanto exposto neste trabalho, dizer da impossibilidade de utilização da ação de mandado de segurança para os casos em que a decisão antecipatória deixa de ser concedida, seria o mesmo que dizer da violação da igualdade substancial no processo, seria mesmo recusar qualquer sentido ao instituto criado pelo artigo 304 do NCPC. Por sinal, se a decisão de indeferimento do pedido de tutela for revertida no órgão jurisdicional "ad quem", caberá a estabilização se ainda não houver sido aditada a petição inicial pelo reclamante (artigo 303, par. 1°, inciso I, do NCPC). Não se pode ignorar que o aditamento, neste caso, equivale à vontade de busca de uma tutela final definitiva e formadora de coisa julgada material, não há mais que falar da possibilidade de estabilização da tutela provisória.

Entretanto, restringir a possibilidade de impugnação da decisão pelo réu/reclamado à impetração de mandado de segurança significaria restringir em demasia a possibilidade de agir para impedir a estabilização da tutela - notadamente no processo do trabalho que não prevê recorribilidade imediata das decisões interlocutórias -, de modo que a questão deve ser analisada sob duplo aspecto, a vontade manifesta do réu em impedir a estabilização e a vontade de obter provimento de natureza reversiva (suspensiva) da decisão.

Assim, simples petição dirigida ao próprio Juízo prolator da decisão, com pedido de reconsideração, poderá impedir a estabilização da decisão concessiva da tutela antecipada. Ainda, qualquer medida impugnativa se mostra válida para o propósito de evitar a estabilização.

Contudo, caso se pretenda suspender ou revogar a decisão concessiva, ausente o recurso cabível, o reclamado terá que impetrar mandado de segurança, com o que também impedirá a estabilização[29].

Não se vê óbice à solução, seja porque o processo trabalhista tem como princípios a simplicidade, deformalidade e irrecorribilidade das decisões interlocutórias - de modo a evitar tanto quanto possível incidentes e interposição de recursos, seja porque confere tratamento igualitário - prismas formal e substancial - ao reclamado, com preservação do devido processo legal, contraditório e ampla defesa, sem prejudicar e esvaziar o direito substancial de tutela antecipada de urgência conferido ao demandante.

Ainda, poder-se-ia argumentar que na ausência de impugnação ou recurso do réu/reclamado, estabilizada a tutela antecipada, com aditamento da petição inicial pelo autor/reclamante - questão de escolha, porque poderá contentar-se com a decisão antecipatória da tutela estabilizada, designada a audiência para a apresentação de defesa (artigos 843 e seguintes da CLT), na contestação impugnaria a decisão concebida da tutela satisfativa.

Admitir esta saída processual significaria negar qualquer utilidade para a técnica processual criada no novo Código de Processo Civil, uma vez que esvaziaria a sua principal finalidade, a estabilização de uma decisão voltada à proteção de uma situação fático-jurídica que não pode esperar as delongas do processo, sob risco de perecimento do direito invocado. Ressalte-se que o au-

---

[29] Há que adaptar a ideia ao processo trabalhista, simplificado e deformalizado, com desestímulo a soluções que implicam medidas e recursos aos órgãos jurisdicionais superiores, tais como a via do mandado de segurança. Heitor Vitor Mendonça Sica defende esta possibilidade de ampliação dos meios impugnativos: Uma última observação de faz necessária. Há que se considerar ainda a necessidade de interpretação sistemática e extensiva do artigo 304, de modo a considerar que não apenas o manejo do recurso propriamente dito (cujas modalidades são arroladas pelo art. 994) impediria a estabilização, mas igualmente de outros meios de impugnação às decisões judiciais (em especial a suspensão de decisão contrária ao Poder Público e entes congêneres e a reclamação) - DIDIER, Freire (Coord. Geral); MACÊDO, Lucas Buril de; PEIXOTO, Ravi; FREIRE, Alexandre (Orgs.). op. cit., p. 184.

tor/reclamante poderá ter interesse jurídico somente na antecipação da tutela e sua estabilização. Submetê-lo necessariamente ao processo dito principal e permitir ao réu evitar a estabilização no momento da apresentação de defesa, que no processo do trabalho ocorre na audiência UNA (ou inicial - como exceção - artigo 849 da CLT), retira a utilidade da novidade criada pelo NCPC.

Em meio à discussão, cabe dizer da diferenciação entre estabilização e coisa julgada material, questão também controversa na doutrina processual civilista[30]. A diferença existe até mesmo em face do caráter dogmático presente na disposição do parágrafo 6° do artigo 304 NCPC[31].

Cabe destacar que imutabilidade e estabilidade não se confundem, toda decisão judicial é dotada de eficácia imediata e enseja execução provisória, entretanto, a estabilização permitirá a execução definitiva se o reclamado não impugnar a decisão a fim de evitá-la, com a extinção do processo - artigo 304, parágrafo 1°, do NCPC (defendeu-se aqui que a extinção se dá sem julgamento do mérito, o que reforça a inexistência de coisa julgada material).

Outra importante distinção se dá entre imutabilidade e estabilidade, tanto que o novo Código de Processo Civil declara expressamente que a estabilização não restará acobertada pela coisa julgada material. A imutabilidade se extrai da coisa julgada material, após cognição ampla e exauriente, após o trânsito em julgado a única via possível para desconstituição é a ação rescisória, cujo espectro de hipóteses para ajuizamento é bastante limitado.

Cabe destacar que a estabilidade produzida pela ausência de recurso (ou impugnação) do réu/reclamado e a negativa em reconhecer a coisa julgada material não deve causar espécie, porque a doutrina majoritária entende que não há coisa julgada no processo monitório[32] quando o réu deixa de opor embargos e se forma o título executivo judicial[33].

---

30 Heitor Sica defende a diferenciação e apresenta diversos argumentos para tanto (DIDIER, Freire (Coord. Geral); MACÊDO, Lucas Buril de; PEIXOTO, Ravi; FREIRE, Alexandre (Orgs.). op. cit., p. 185-188).
Na mesma obra citada, Frederico Augusto Gomes e Rogério Rudiniki Neto defendem que "a decisão concessiva de tutela de urgência pode ser encarada como decisão de mérito e, após decorridos os dois anos para sua rediscussão, nada impede que lhe seja atribuída a qualidade de coisa julgada" (Ibidem, p. 168-170).

31 A ideia de estabilização não é nova no processo civil brasileira, vide a ação monitória - admitida no processo do trabalho - em que o juiz baseado em juízo cognitivo sumário analisa a prova escrita trazida na petição inicial e expede mandado para pagamento, se o réu não opuser embargos, ocorre a conversão em título executivo judicial. A questão que se coloca é sustentar a inexistência de coisa julgada em relação à decisão antecipatória após o prazo decadencial de 2 (dois) anos previsto no parágrafo 2° do artigo 304 do NCPC (Ibidem, p. 187-188).

32 A doutrina majoritária trabalhista aceita o cabimento da ação monitória no processo do trabalho (LEITE, Carlos Henrique Bezerra, op. cit., p. 1469-1471).

33 É o que sustenta EduardoTalamini, porque inexistente cognição exauriente. A decisão de conversão em título executivo judicial é parcial e sumária, portanto, não se mostra razoável admitir imutabilidade total (TALAMINI, Eduardo. *Tutela de urgência no projeto de novo Código de Processo Civil: a estabilização da medida urgente e a "monitorização" do processo civil brasileiro*. Revista de Processo 209, p. 13-34).

Se não houver o ajuizamento da ação autônoma prevista no parágrafo 2º do artigo 304 do NCPC, no prazo decadencial de 2 (dois) anos após a ciência da decisão que extinguiu o processo, a estabilização será definitiva e o réu não poderá revê-la[34].

Em apanhado crítico e final da questão da estabilização, o presente artigo se esforçou em defender a aplicação da técnica processual ao processo do trabalho, a fim de dotar os reclamantes de nova possibilidade consistente na concretização da pretensão *prima facie* decorrente de uma situação de urgência, sem necessariamente se socorrerem do processo dito principal. Não há como saber se no cotidiano do foro a providência terá utilidade e até mesmo se será aplicada pelos magistrados trabalhistas, que podem simplesmente negar a aplicação em vista da incompatibilidade com o processo trabalhista e sua "aversão" a incidentes.

Entretanto, na ausência de uma regra no processo do trabalho que possibilite a pronta e rápida tutela de controvérsias não patrimoniais decorrente da fundamentalidade que grava inexoravelmente os direitos sociais trabalhistas, a criação contida nos artigos 303 e 304 do NCPC parece se ajustar como uma luva ao propósito de desvinculação da reclamação trabalhista típica de sua perversa faceta ressarcitória, antagônica do modelo constitucional de tutela específica de direitos humanos fundamentais no âmbito das relações de trabalho.

Guilherme Guimarães Feliciano propõe a criação de regramento próprio na CLT para a tutela destes direitos fundamentais, com a inserção da "ação promocional trabalhista" de natureza interdital: "Nessa alheta, propõe-se um rito processual célere e descomplicado, malgrado a sua aptidão para medidas de força e urgência, que possam fazer frente as situações de grave perigo a direitos fundamentais não patrimoniais da pessoa trabalhadora. Dele se apartam, entretanto, os interesses de ordem estritamente patrimonial, porque esses serão – i.e., continuarão sendo -, por excelência, o objeto das ações reclamatórias trabalhistas"[35].

Enquanto não vem a solução processual trabalhista de *lege ferenda*, cabe a aplicação da solução de *lege lata* do NCPC, cuja utilidade parece manifesta para a tutela específica de direitos fundamentais trabalhistas desvinculados de sua natureza exclusivamente patrimonial.

---

34 Heitor Sica vê na ausência de uma feição positiva traço distintivo entre a coisa julgada material e a estabilização. A feição positiva da coisa julgada material impõe a observância da decisão proferida e transitada em julgado em processos futuros entre as mesmas partes. O professor equipara a estabilização ao instituto da preclusão "pro judicato" (DIDIER, Freire (Coord. Geral); MACÊDO, Lucas Buril de; PEIXOTO, Ravi; FREIRE, Alexandre (Orgs.). op. cit., p. 187-188).

35 PISTORI, Gerson Lacerda; SOUTO MAIOR, Jorge Luiz; TOLEDO FILHO, Manoel Carlos; FELICIANO, Guilherme Guimarães (Orgs.). Fênix: por um novo processo do trabalho. São Paulo: LTr, 2011, p. 63.

7. DA TÉCNICA ANTECIPATÓRIA DE TUTELA DE EVIDÊNCIA E DE SUA APLICAÇÃO NO PROCESSO DO TRABALHO

A tutela de evidência não é um tipo de tutela diferenciada no que tange à sua efetividade e nem mesmo um tipo de tutela diverso em relação à natureza - cautelar, cognitiva ou executiva. Trata-se de uma técnica processual, que diferencia o procedimento, em razão da evidência com que determinadas alegações se apresentam em juízo. A evidência se caracteriza com a conjugação de dois pressupostos: prova das alegações de fato e probabilidade de acolhimento da pretensão processual.

A evidência pode servir às tutelas definitivas ou provisórias. No caso da tutela provisória, não há necessidade de demonstração de perigo, haja vista que seu objetivo é precipuamente o de redistribuir o ônus do tempo no processo, privilegiando o demandante que possui um direito provável embasado em fatos devidamente comprovados - estado processual em que as afirmações estão comprovadas.

No CPC de 1973, o artigo 273, inciso II, trazia a hipótese em que ficar caracterizado o abuso do direito de defesa ou o manifesto propósito protelatório da parte, o que a doutrina intitula como tutela de evidência punitiva.

Outrossim, a tutela de evidência vai bem além do regramento do CPC de 1973. Naqueles casos em que os fatos se evidenciam em virtude da notoriedade, da ausência de controvérsia, confessados pela parte adversa em outro processo, demonstrados inequivocamente por prova emprestada ou antecipada eficaz, decorrem de prescrição ou decadência ou derivem de presunção absoluta, possível a concessão da tutela provisória de evidência.

De acordo com o NCPC, a tutela de evidência é espécie de tutela provisória. Pode ser concedida, independentemente da demonstração de perigo de dano ou de risco ao resultado útil do processo, quando: I - ficar caracterizado o abuso do direito de defesa ou o manifesto propósito protelatório da parte; II - as alegações de fato puderem ser comprovadas apenas documentalmente e houver tese firmada em julgamento de casos repetitivos ou em súmula vinculante; III - se tratar de pedido reipersecutório fundado em prova documental adequada do contrato de depósito, caso em que será decretada a ordem de entrega do objeto custodiado, sob cominação de multa; IV - a petição inicial for instruída com prova documental suficiente dos fatos constitutivos do direito do autor, a que o réu não oponha prova capaz de gerar dúvida razoável.

Como espécie de tutela provisória, com objetivo de regular provisoriamente determinada situação - evidenciada *prima facie* - até que sobrevenha a tutela definitiva, a tutela de evidência é uma modalidade de antecipação da tutela de natureza satisfativa.

No caso dos incisos II e III, poderá ser concedida liminarmente, ou seja, antes da apresentação da contestação pelo réu.

Nada obstante a sumarização procedimental típica do processo trabalhista, as hipóteses de tutelas de evidência, exceção ao inciso III do artigo 311, são cabíveis, porque há lacuna e compatibilidade com o sistema processual trabalhista[36].

No caso do inciso II, a antecipação da tutela poderá ser concedida liminarmente, *inaudita altera parte*. Nos demais casos aplicáveis ao processo do trabalho, incisos I e IV do artigo 311 do NCPC, não cabe a concessão liminar.

Ressalte-se que diante da sumarização procedimental do processo trabalhista (artigos 840 e seguintes da CLT), a antecipação da tutela após o encerramento da instrução processual, notadamente para os casos de adoção de uma única audiência (audiência UNA - artigo 849 da CLT), levará à antecipação na sentença, reforçando a aplicação das técnicas executivas *lato sensu* e mandamental de pronto.

Ainda, diga-se da possibilidade do juiz antecipar decisões meritórias na própria audiência, após o recebimento da contestação e produção das provas, o que poderá levar à efetivação de direitos substanciais do reclamante, sejam não patrimoniais ou patrimoniais. Portanto, a utilidade da tutela de evidência no processo do trabalho é evidente (com escusas pelo trocadilho e pela expressão redundante)

Quanto às hipóteses, a primeira, já concebida no artigo 273, inciso II, do CPC/73, tem como objetivo evitar empecilhos ao andamento processual, de modo a não comprometer a sua lisura e a celeridade[37]. Trata-se, sempre, de situações cujo contornos não são fáceis de serem apreendidos pelo magistrado, razão pela qual acabam por conduzir no processo civil a um julgamento antecipado do mérito e não à antecipação. No processo do trabalho, o julgamento meritório definitivo ocorre após o encerramento da instrução, concentrada na audiência.

Quanto à hipótese do inciso II do artigo 311, tida pela doutrina como tutela de evidência documentada fundada em precedente obrigatório, tem-se que a prova documental ou documentada apta a gerar no juízo convencimento pode ser amparada em prova emprestada ou prova produzida antecipadamente.

---

36 O Judiciário Trabalhista não possui competência processar e julgar pedidos decorrentes de controvérsias do contrato de depósito.

37 "É nestes termos que se consagra modalidade de tutela da lealdade e seriedade processuais. Quando se observar que a parte está exercendo abusivamente o seu direito de defesa, lançando mão de argumentos e meios protelatórios, no intuito único de retardar o andamento do processo, presume-se a falta de consistência e desvalia evidente da sua atuação, em contrapartida, configura-se a probabilidade de veracidade do que afirma o adversário e a evidência do direito respectivo. Isso autorizaria o juiz a antecipar provisoriamente os efeitos da tutela" (DIDIER Jr., Fredie; BRAGA, Paula Sarno; Oliveira, Rafael Alexandria de. *Curso de direito processual civil: teoria da prova, direito probatório, ações probatórias, precedente, coisa julgada e antecipação da tutela*. 10 ed., Salvador: Editora Juspodivim, 2015, v. 2, p. 622).

Sobre a questão dos precedentes, enumerados no artigo 927 do NCPC, capazes de apontarem para a probabilidade de acolhimento da pretensão processual, há que ressaltar que as hipóteses dos incisos I e II do artigo citado se aplicam ao processo do trabalho, vinculação decorrente das decisões do Supremo Tribunal Federal em controle concentrado de constitucionalidade e dos enunciados de súmula vinculante, conforme artigos 894, inciso II, e parágrafos 2° e 3°, inciso I, e 896, alínea "a", e parágrafo 7°, da CLT.

No caso do precedente referido no inciso III do artigo 927 do NCPC tudo aponta para a possibilidade de admissão no processo trabalhista do incidente de resolução de demandas repetitivas e incidente de assunção de competência (artigos 947 e 976 do NCPC) em vista das disposições contidas nos artigos 896, parágrafo 3°, e 896-A, e 896-C, parágrafo 4°, da CLT.

A hipótese concernente ao julgamento de recursos extraordinário e especial repetitivo, também prevista no referido inciso III do artigo 927 se aplica perfeitamente ao processo trabalhista em razão da previsão do recurso de revista repetitivo no artigo 896-C da CLT, introduzido pela Lei n° 13.015/2014.

Somente a técnica de distinção ou superação poderá inviabilizar a aplicação do precedente viabilizador da tutela antecipada de evidência[38].

Sobeja o inciso IV do artigo 311 do NCPC, tutela de evidência documentada na ausência de contraprova documental suficiente.

São dois os pressupostos para a hipótese: fatos comprovados pelo autor/reclamante de plano (documentos, prova emprestada, produzida antecipadamente, fatos notórios, incontroversos ou confessados) aliado à inexistência de contraprova documental do réu que infirme as alegações e provas apresentadas pelo demandante.

O problema que se coloca, mais uma vez, é a possibilidade de concessão da tutela antecipada no decorrer do processo e antes da sentença, uma vez que só se mostra possível concluir pela inexistência de prova documental do réu ou ausência de outras provas aptas a informar a prova documental do autor, no processo do trabalho, após o encerramento da instrução processual. A mesma dificuldade se coloca no processo civil, que possui o instituto do julgamento antecipado do mérito (artigo 355, inciso I, do NCPC).

---

38 "Devidamente preenchidos os pressupostos que autorizam essa tutela de evidência documentada, a decisão concessiva não poderá limitar-se a apontar o lastro documental de comprovação das alegações de fato e invocar o precedente ou o enunciado de súmula onde foi firmada a tese invocada. É necessário que identifique os fundamentos determinantes (*ratio decidendi*) do precedente utilizado e demonstre que o caso sob julgamento se assemelha ao caso que lhe deu origem, ajustando-se aos seus fundamentos (art. 489, parágrafo 1°, V, do NCPC).
Por outro lado, a decisão denegatória dessa tutela de evidência documentada não poderá deixar de seguir o precedente ou enunciado de súmula invocado pela parte, 'sem demonstrar a existência de distinção no caso em julgamento ou a superação do entendimento" (DIDIER Jr., Fredie; BRAGA, Paula Sarno; Oliveira, Rafael Alexandria de. op. cit., p. 626).

Portanto, ampliadas as hipóteses concessivas em razão de situações fático-jurídicas de evidência, a assimilação pelo processo trabalhista, deformalizado e procedimentalmente sumarizado, é manifesta.

8. CONCLUSÃO

O novo regramento das tutelas provisórias encontra no processo do trabalho terreno fértil para assimilação e aplicação, de modo a consolidar um instrumento que vai ao encontro da tão desejada efetividade processual.

As técnicas processuais no Estado Constitucional de direitos devem convergir ao propósito de satisfação dos direitos materiais buscados pelos demandantes.

No campo trabalhista, em que o processo do trabalho restou criticado pela sua conformação não preciosista em termos científicos, característica típica do paradigma filosófico da consciência - puramente racionalista e instrumental -, e na onda pós-positivista de resgate do caráter axiológico do direito restou celebrado pela simplicidade e celeridade, a ausência de meios aptos a assegurar direitos fundamentais sociais trabalhistas não patrimoniais criou um paradoxo - mais por culpa do direito material que não prevê medidas para impedir a dispensa imotivada arbitrária.

A lacunosidade normativa, ontológica e axiológica do direito processual trabalhista exige a heterointegração sistêmica do ordenamento jurídico de índole processual, no que o novo regime para as tutelas provisórias tutela especificamente os direitos dos reclamantes em situações de urgência e evidência.

Neste contexto, a novidade da estabilização da tutela antecipada de urgência em caráter antecedente prevista no artigo 304 do NCPC se impõe como mais uma forma de tutela meritória dos direitos trabalhistas, notadamente os fundamentais não patrimoniais. As dificuldades em torno do instituto não podem, por si só, alimentar resistências indevidas no processo trabalhista.

O processo trabalhista passa a contar com instrumento revigorado e de situações ampliadas. Não é preciso abandonar as suas características, mas é preciso ampliar as possibilidades instrumentais de tutela dos direitos humanos fundamentais trabalhistas, sem deixar de submeter o réu/reclamado a um contraditório efetivo e substancial - o que não depõe contra o caráter publicista que lhe é peculiar, antes o fortalece e o enobrece.

9. BIBLIOGRAFIA

ALEXY, Robert. *Teoria da Argumentação Jurídica:* a Teoria do Discurso Racional como Teoria da Justificação Jurídica. Trad. Zilda Hutchinson Schild Silva. São Paulo: Landy, 2001.

BONAVIDES, Paulo. *Curso de Direito Constitucional,* 13ª ed. São Paulo: Malheiros, 2003.

CAPPELLETTI, Mauro; GARTH, Bryant. *Acesso à Justiça*. Tradução de Ellen Gracie Northfleet, Porto Alegre, fabris, 1988.

DIDIER, Freire (Coord. Geral); MACÊDO, Lucas Buril de; PEIXOTO, Ravi; FREIRE, Alexandre (Orgs.). *Novo CPC doutrina selecionada, v. 4: procedimentos especiais, tutela provisória e direito transitório*. Salvador: Juspodivm, 2015.

_____; BRAGA, Paula Sarno; Oliveira, Rafael Alexandria de. *Curso de direito processual civil: teoria da prova, direito probatório, ações probatórias, precedente, coisa julgada e antecipação da tutela*. 10 ed., Salvador: Editora Juspodivim, 2015, v. 2.

DINAMARCO, Cândido Rangel; CINTRA, Antonio Carlos de Araújo; GRINOVER, Ada Pellegrini. *Teoria geral do processo*. 30ª ed., São Paulo: Malheiros Editora, 2014.

GOMES, Sérgio Alves. *Hermenêutica constitucional: um contributo à construção do Estado Democrático de Direito*. Curitiba: Juruá, 2011.

LEITE, Carlos Henrique Bezerra. *Curso de Direito Processual do Trabalho*. 7 ed. São Paulo: LTr, 2009.

MARINONI, Luiz Guilherme. *Teoria geral do processo*. 2. ed., São Paulo: Ed. Revista dos Tribunais, 2007.

_____; ARENHART, Sérgio Cruz. *Curso de processo civil*: processo de conhecimento. 6. ed. rev. atual. e ampl. São Paulo: Ed. Revista dos Tribunais, 2007. v. 2.

MIESSA, Élisson (Org.). *O novo Código de Processo Civil e seus reflexos no processo do trabalho*. 1ª ed., Editora JusPODIVM, 2015.

MITIDIERO, Daniel. *Tendências em Matéria de Tutela Sumária: Da Tutela Cautelar à Técnica Antecipatória*. Revista de Processo - REPRO 197, 2011.

PISTORI, Gerson Lacerda; SOUTO MAIOR, Jorge Luiz; TOLEDO FILHO, Manoel Carlos; FELICIANO, Guilherme Guimarães (Orgs.). *Fênix: por um novo processo do trabalho*. São Paulo: LTr, 2011.

TALAMINI, Eduardo. *Tutela de urgência no projeto de novo Código de Processo Civil: a estabilização da medida urgente e a "monitorização" do processo civil brasileiro*. Revista de Processo 209.

THEODORO JÚNIOR, Humberto, NUNES, Dierle, BAHIA, Melo Franco, PEDRON, Flávio Quinaud. *Novo CPC - Fundamentos e sistematização*. 2. ed. rev., atual. e ampl., Rio de Janeiro: Forense, 2015.

Parte VII

PROCESSO DE CONHECIMENTO

Capítulo 32

A IMPROCEDÊNCIA LIMINAR DO ART. 332 DO NOVO CPC, E SEUS REFLEXOS NO PROCESSO DO TRABALHO

Eduardo Simões Neto[1] e Rodrigo Cândido Rodrigues[2]

SUMÁRIO: 1. INTRODUÇÃO; 2. O CONTEXTO EM QUE FOI ELABORADO O ART. 332 DO NOVO CÓDIGO DE PROCESSO CIVIL; 3. O NOVO ART. 332 E A SUA APLICAÇÃO AO DIREITO PROCESSUAL DO TRABALHO; 3.1. INCOMPATIBILIDADE PARCIAL; 3.2. O NOVEL ARTIGO 332 E O PROCESSO DO TRABALHO.; 3.3. PRESCRIÇÃO E DIREITO DO TRABALHO; 3.4. PRESCRIÇÃO DE OFÍCIO; 4. CONCLUSÃO; 5. BIBLIOGRAFIA.

1. INTRODUÇÃO

De acordo com o art. 769 da Consolidação das Leis do Trabalho "nos casos omissos, o direito processual comum será fonte subsidiária do direito processual do trabalho, exceto naquilo em que for incompatível com as normas deste Título".

Há divergência na doutrina e na jurisprudência sobre o alcance do art. 769, gerando insegurança jurídica. À guisa de exemplo, persistem os debates sobre a possibilidade de aplicação da multa do art. 475-J e da prescrição de ofício prevista no art. 219, § 5º, ambos do CPC/73, ao processo do trabalho, mesmo após aproximadamente dez anos[3] de vigência dos referidos dispositivos legais. Mas essas divergências pontuais não se comparam com o que enfrentaremos em março de 2016: um Novo Código de Processo Civil com mais de mil artigos, com seus inúmeros incisos e parágrafos.

Acreditamos que a aplicação aos processos trabalhistas de parte do novo CPC será sumariamente descartada. A insurgência contra a sentença de primeira instância, por exemplo, continuará sendo realizada pelo recurso ordinário, no prazo de 8 dias. Da mesma forma, outras normas serão adotadas sem grandes controvérsias, afinal, à guisa de exemplo, a CLT não traz normas sobre a contradita das testemunhas. Resta um terceiro grupo de normas, de aplicação polêmica.

---

1 Advogado, Professor, especialista pelo CAD – Centro de Atualização em Direito, Mestre em Direito pela PUC – Pontifícia Universidade Católica de MG.

2 Juiz do Tribunal Regional do Trabalho da 3ª Região, Professor, Mestre em Direito pela PUC – Pontifícia Universidade Católica de MG.

3 O artigo foi escrito no segundo semestre de 2015.

O presente artigo busca analisar a aplicação aos processos trabalhistas de institutos que pertencem a esse terceiro grupo: a possibilidade de o juiz indeferir liminarmente os pedidos, conforme previsto no art. 322 do Novo Código de Processo Civil, bem como a possibilidade de reconhecimento da prescrição de ofício, inserida no parágrafo primeiro do mesmo artigo.

2. O CONTEXTO EM QUE FOI ELABORADO O ART. 332 DO NOVO CÓDIGO DE PROCESSO CIVIL

Antes de se investigar a compatibilidade deste instituto com o Processo do Trabalho, é necessário observar que este já é objeto de boa dose de polêmica, mesmo se analisado dentro da própria sistemática processual civilista.

Tal dispositivo é uma evolução dos institutos criados pelas Leis 11.277 e 11.280, ambas de 2006, que introduziram, no CPC de 1973, o art. 285-A e o parágrafo 5º. do art. 219, possibilitando, na fase de conhecimento, o julgamento liminar de mérito, ou seja, o julgamento de uma ação - sempre pela improcedência -, sem que sequer fosse ouvido o réu.

Estas alterações, introduzidas quase que simultaneamente, em 2006, no CPC de 1973, causaram enorme repúdio em boa parcela dos processualistas. Afinal, não podiam ser explicadas através do arcabouço teórico que já havia se formado em torno daquele Código. Quanto ao art. 285-A, há quem afirme que viole o acesso à justiça[4], dentre outros princípios, o que levou ao questionamento quase que imediato, acerca de sua constitucionalidade, na ADI 3695 (ainda em curso de julgamento); porém, as críticas mais impiedosas dizem respeito ao parágrafo 5º. do art. 219, quanto à imposição do pronunciamento de ofício da prescrição[5].

Afinal, diferente do que ocorre com a decadência, que é uma objeção substancial (um "fato"), e, portanto, sempre pôde ser conhecida de ofício pelo juiz, a prescrição é, tecnicamente, uma exceção substancial. As exceções, sejam processuais ou substanciais, não se tratam de meros fatos, mas de direitos subjetivos do réu[6], que podem impedir ou retardar a eficácia do direito do autor de determinada ação. Operando apenas no plano da eficácia, não buscam a extinção da obrigação pretendida contra o réu, mas apenas que esta seja tornada inexigível. A exceção é um direito, repita-se, do réu, e somente ele pode, querendo – e sob pena de preclusão - contrapô-lo ao direito do autor.

---

4 CÂMARA, Alexandre Freitas. "Lições de Direito Processual Civil", vol. I. 18ª. edição. Rio de Janeiro: Editora Lumen Juris, 2008, pg. 315.

5 E uma destas é a de CÂMARA, Alexandre Freitas. "Reconhecimento de Ofício da Prescrição: Uma Reforma Descabeçada e Inócua". Texto disponível no sítio da internet <http://www.abdpc.org.br/artigos/artigo1020.htm>. Acesso em 30/10/2015.

6 DIDIER JR., Fredie. "Curso de Direito Processual Civil", vol. 1. 11ª. edição. Salvador: Editora JusPODIVM, 2009, pg. 479.

Por exemplo: o direito do réu, de que o processo seja julgado pelo juiz com jurisdição no local de trabalho do Autor, somente pode por ele ser exercido, e apenas caso ele queira, pois lhe pode ser mais conveniente que o processo seja julgado onde ajuizado (CLT, art. 651: trata-se, aqui, de uma exceção processual apta a retardar a eficácia da pretensão do Autor).

Da mesma forma, apenas o réu detém e pode exercer o direito de tornar determinada pretensão inexigível, sem extingui-la, mas tão somente encobrindo sua eficácia, ao invocar a prescrição (CFRB, art. 7º., inciso XXIX: trata-se, aqui, de exceção substancial apta a impedir eficácia da pretensão do autor). Tal direito, ou melhor, "contra direito" do réu, é - como todos os demais direitos -, de exercício facultativo. Nada impede que o réu, mesmo ciente de que tem o direito de opor a prescrição contra determinada pretensão do autor, prefira simplesmente não fazê-lo, por razões particulares, como, por exemplo, a curiosidade no aprofundamento da discussão, ou simplesmente a simples vontade de adimplir a pretensão.

Assim, o legislador, ao não apenas permitir, mas, sobretudo, determinar que o juiz declarasse a prescrição (conforme par. 5º. do art. 219), introduziu no ordenamento jurídico um instituto sem precedentes teóricos, impondo ao juiz que julgue o mérito sem se importar com a vontade do detentor do direito à prescrição – que é o réu.

Esta escolha legislativa se deu por razões práticas. Em 2004, já reconhecido o notável assoberbamento do Judiciário brasileiro – cujo vertiginoso número de ações por juiz não encontra par nos países desenvolvidos – foi firmado o Pacto Republicano entre os Três Poderes da República, cujo objetivo foi tornar o Judiciário mais célere[7], através de medidas diversas, como esta. Assim, prevaleceu o pensamento utilitarista, no sentido de criar, para o juiz, uma fantasiosa presunção de que todo réu exerceria seu direito de opor a exceção substancial da prescrição, eliminando-se tantos processos quanto possíveis em seu nascedouro, liberando-se, com isso, mais tempo e recursos para o impulso de outros processos em que a prescrição não pudesse incidir.

Voltando, agora, ao art. 332 do novo CPC, pode-se dizer que é uma evolução das Leis 11.277 e 11.280, ambas de 2006, não porque tivesse tornado tais institutos mais palatáveis aos teóricos do processo, mas porque teve o mérito de sistematizar, neste único dispositivo, todas as hipóteses de julgamento liminar de mérito, e de harmonizá-lo com o microssistema de valorização da jurisprudência iterativa dos tribunais superiores.

Mesmo após a sistematização, tal julgamento liminar de mérito continua apenas sendo possível nos casos de improcedência das pretensões, ou seja, jamais poderá se operar se resultar em julgamento desfavorável ao réu. Nas causas em que se dispense fase instrutória, a pretensão será liminarmente julgada

---

7   STF. Texto disponível em no sítio da internet <http://www2.stf.jus.br/portalStfInternacional/cms/verConteudo.php?sigla=portalStfDestaque_pt_br&idConteudo=173547>. Acesso em 30/10/2015.

improcedente se contrariar, nos termos dos incisos I a IV, determinados julgamentos de instâncias superiores. Mas é possível, também, o julgamento liminar de mérito mesmo nas causas em que não se dispense fase instrutória, desde que o juiz verifique a ocorrência de decadência ou prescrição da pretensão.

Houve notável melhora técnica na redação dos dispositivos, sendo que a declaração do encobrimento da eficácia da ação, pela prescrição, ou da extinção do direito, pela decadência, deixam de ser impositivas, ao juiz.

E, como dito, o art. 332 representa o alinhamento à preocupação geral, notável no novo CPC, quanto à segurança jurídica, através do respeito e observância, na primeira instância, à jurisprudência pacificada nas instâncias superiores. Nisto, o dispositivo em nada se parece com o solipsista art. 285-A, do CPC de 1973, que, alheio às possibilidades que a teoria dos precedentes oferece, remetia o juiz de primeiro grau aos próprios julgamentos da unidade em que atua, em vez de remetê-lo aos julgamentos das instâncias superiores.

Estes avanços não impedirão que o art. 332 do novo CPC continue provocando arrepios nos teóricos, especialmente àqueles que o contrapuserem às normas fundamentais deste mesmo Código, em especial, a consubstanciada no art. 10, que é claro ao impor que "o juiz não pode decidir, em grau algum de jurisdição, com base em fundamento a respeito do qual não se tenha dado às partes oportunidade de se manifestar, ainda que se trate de matéria sobre a qual deva decidir de ofício". De fato, tamanha contradição entre um instituto e um princípio fundamental da mesma lei, em benefício do pragmatismo, nos remetem a Marx, mas o Groucho, que dizia (em tradução livre), "estes são meus princípios; se não lhes agrada, eu tenho outros".

A realidade, porém, é que o novo CPC dependerá bastante destes seus poucos arroubos de pragmatismo, para não tornar o Judiciário brasileiro ainda mais atrasado do que já foi tornado pelo CPC de 1973. De fato, as possibilidades de julgamento liminar de mérito em sede de conhecimento, sistematizadas no art. 332, do novo CPC, são ferramentas que contribuem para um Judiciário mais célere. Esta escolha política do legislador, no sentido de fazer o juiz presumir que o réu de uma ação objetiva não ser condenado, não pode ser honestamente considerada "fantasiosa"; pelo contrário: é em tudo razoável e adequada à realidade do que diuturnamente se observa, nos tribunais.

De qualquer forma, ainda é mais razoável privilegiar este dispositivo, em nome da celeridade, do que eliminá-lo, em favor de réus excêntricos que preferiram adimplir pretensões cuja ação já foi encoberta pela prescrição, ou que já foram julgadas definitivamente improcedentes pelos tribunais superiores. Estes réus, para cumprirem suas vontades, não precisam de provimento jurisdicional; são livres para espontaneamente pagar o que não precisam, ou fazer mesmo aquilo que não são obrigados, satisfazendo autonomamente, assim, quaisquer que sejam seus anseios mais íntimos.

Conclui-se, então, que o art. 332, do novo CPC, carrega amplo potencial no auxílio à concretização do princípio da celeridade, insculpido no inciso LXXVIII do art. 5º., da CFRB – ao menos, no âmbito da Justiça Comum.

Porém, a possibilidade de utilização deste dispositivo, no Processo do Trabalho, é questão bem mais tortuosa, da qual se ocupa a seguir.

3. O NOVO ART. 332 E A SUA APLICAÇÃO AO DIREITO PROCESSUAL DO TRABALHO

O art. 332 do novo CPC prevê a possibilidade de o juiz reconhecer a improcedência liminar do pedido, inclusive em função da prescrição ou decadência.

Como exposto, tais ideais já estavam presentes no CPC de 1973.

Comparativamente:

LEI Nº 13.105, DE 16 DE MARÇO DE 2015.	LEI Nº 5.869, DE 11 DE JANEIRO DE 1973.
Art. 332. Nas causas que dispensem a fase instrutória, o juiz, independentemente da citação do réu, julgará liminarmente improcedente o pedido que contrariar: I - enunciado de súmula do Supremo Tribunal Federal ou do Superior Tribunal de Justiça; II - acórdão proferido pelo Supremo Tribunal Federal ou pelo Superior Tribunal de Justiça em julgamento de recursos repetitivos; III - entendimento firmado em incidente de resolução de demandas repetitivas ou de assunção de competência; IV - enunciado de súmula de tribunal de justiça sobre direito local; (...) § 2º Não interposta a apelação, o réu será intimado do trânsito em julgado da sentença, nos termos do art. 241; § 3º Interposta a apelação, o juiz poderá retratar-se em 5 (cinco) dias; § 4º Se houver retratação, o juiz determinará o prosseguimento do processo, com a citação do réu, e, se não houver retratação, determinará a citação do réu para apresentar contrarrazões, no prazo de 15 (quinze) dias.	Art. 285-A. Quando a matéria controvertida for unicamente de direito e no juízo já houver sido proferida sentença de total improcedência em outros casos idênticos, poderá ser dispensada a citação e proferida sentença, reproduzindo-se o teor da anteriormente prolatada. (Incluído pela Lei nº 11.277, de 2006) § 1º Se o autor apelar, é facultado ao juiz decidir, no prazo de 5 (cinco) dias, não manter a sentença e determinar o prosseguimento da ação. (Incluído pela Lei nº 11.277, de 2006) § 2º Caso seja mantida a sentença, será ordenada a citação do réu para responder ao recurso. (Incluído pela Lei nº 11.277, de 2006)
§ 1º O juiz também poderá julgar liminarmente improcedente o pedido se verificar, desde logo, a ocorrência de decadência ou de prescrição.	Art. 219. § 5º O juiz pronunciará, de ofício, a prescrição. (Redação dada pela Lei nº 11.280, de 2006)

Note-se que o novo CPC manteve a tendência de privilegiar os precedentes, dando um passo em direção ao common law e ao stare decises.

Houve aprimoramento da nova redação, em contraposição com o "antigo" art. 285-A, especialmente para esclarecer que o juiz irá proferir sentença apreciando o pedido, tratando-se, portanto, de sentença de mérito. O deslocamento do reconhecimento da prescrição de ofício para este artigo confirma esse entendimento.

Passamos à análise da sua compatibilidade e consequente aplicação na seara justrabalhista.

3.1. INCOMPATIBILIDADE PARCIAL

Ao se analisar a compatibilidade, com o processo do trabalho, de determinado instituto do processo comum, é essencial analisar, nos termos do art. 769, da CLT, se há omissão quanto à matéria, e se tal instituto não violará os princípios da técnica processual trabalhista.

Antes, porém, é necessário apontar que vivemos uma época de utilitarismo processual quase benthamita, ou seja, de notável flexibilidade de princípios processuais em nome da promessa de algum pragmatismo (que por vezes se cumpre, por vezes não). Este fenômeno, já acima ilustrado com o chiste de Groucho Marx, não tem acometido apenas o legislador processual, mas também o próprio Judiciário. Basta verificarmos quantas normas processuais trabalhistas estão sendo violadas ou simplesmente ignoradas, com a conivência dos tribunais superiores, para que o Processo Judicial eletrônico (PJe) possa funcionar no âmbito da Justiça do Trabalho – tudo em nome de um Judiciário que melhor atenda ao inciso LXXVIII do art. 5º., da CFRB.

Assim, também não faltará quem, a fim de instrumentalizar as possibilidades do julgamento liminar de mérito, em favor de maior celeridade processual, utilize o art. 332, do CPC, no processo do trabalho, bastando, para tanto apenas a reorganização de certos procedimentos internos da secretaria judicial, para aplicar o mesmo método de análise prévia da petição inicial utilizado nos casos em que há pedido de tutela de urgência – mas, desta vez, para abranger todas as ações, e não apenas aquelas cuja petição inicial já vem previamente sinalizada acerca da necessidade de análise da citada tutela.

Tecnicamente, porém, boa parte do procedimento regulado no art. 332 do novo CPC viola a sistemática do processo do trabalho. Isto porque, conquanto haja omissão no que diz respeito ao instituto do julgamento liminar de mérito, o art. 841, da CLT, interpõe-se como óbice, ao impor que o servidor, dentro de 48 horas, deflagre a citação do réu para que compareça à primeira audiência desimpedida da pauta do juiz – ou seja, em regra, o juiz não tem qualquer contato com a petição inicial antes da primeira audiência[8]. Esta primeira audiência, por sua vez, deve necessariamente ser aberta com a proposta, pelo juiz de que as partes se conciliem (CLT, *caput* do art. 846). Logo, a ação pode, em tese, ser solucionada antes mesmo que o juiz tenha a oportunidade de pronunciar-se acerca de alguma das hipóteses dos incisos I a IV, ou parágrafo primeiro, do art. 332, do CPC.

Não se trata de mera formalidade legal, mas de questão principiológica. Da mesma forma que, em 2006, o legislador processual comum entendeu que a hipótese do julgamento de mérito, antes mesmo da citação do réu, serviria ao aperfeiçoamento da jurisdição, desde 1943 o legislador trabalhista já havia preconizado outro caminho que elegeu ser mais célere: notificar o réu imediatamente, para que compareça a uma audiência, que deverá ocorrer o mais rápido possível. Nesta audiência, havendo alguma sorte, boa vontade e inteligência das partes, o processo pode, em tese, ser finalizado através de um acordo, que atinge o mérito sem que o juiz sequer tenha lido os termos da defesa.

Não há elementos suficientes para que aqui se discuta qual solução legislativa melhor atende, na prática, ao inciso LVXXXIII do art. 5º., da CFRB; tal discussão, de qualquer forma, seria inócua, afinal, os arts. 841 e 846, da CLT, foram recepcionados pela Constituição, da mesma forma que o art. 285-A, do CPC, não foi ainda considerado inconstitucional, e com ainda menos probabilidade o será o art. 332, do CPC. Tratam-se, enfim, de escolhas legislativas distintas, uma feita pelo legislador para o processo comum, outra para o processo do trabalho.

Não se ignora que, na prática, o juiz do trabalho já manuseia inúmeras petições iniciais previamente à primeira audiência, em função dos já citados casos de requerimento de tutelas de urgência. Assim, as secretarias judiciais há tempos já se veem obrigadas a flexibilizar o disposto no art. 841, da CLT, quando, em rápida leitura da petição, o servidor detecta o citado requerimento (o que ficou ainda mais fácil, no Processo Eletrônico, pois tal requerimento é sinalizado no sistema, se o advogado tiver marcado tal opção). Neste caso, não é possível nem desejável que a citação do réu ocorra em 48 horas; o processo será concluso ao magistrado, nos termos do art. 190, do CPC, para que o juiz decida acerca da tutela de urgência no prazo de 10 dias (inciso II do art. 189, do CPC); apenas após cumpridas as determinações da decisão, o processo estará pronto para a citação do réu.

Observa-se, então, que, nestes casos, a notificar do réu poderá demorar semanas, o mesmo tempo que, em muitas Varas do Trabalho, já se realizou a primeira audiência, que em muitos casos já resulta em resolução do mérito através da conciliação.

---

8 TEIXEIRA FILHO, Manoel Antônio. "Curso de direito processual do trabalho". vol II. São Paulo, LTr, 2009. Pg. 722

Porém, ao generalizar este método de trabalho, para que o servidor passe, previamente à citação, a remeter ao juiz todas as petições iniciais para análise (e não apenas as sinalizadas com requerimento de tutelas de urgência), a sistemática do legislador trabalhista - que elegeu a análise em audiência como o meio mais célere de solução dos processos - necessariamente fenecerá, resultando, na maioria das Varas do Trabalho, em alongamento da marcação das audiências, para tempo até mesmo superior aos 15 dias que o legislador impôs no inciso III do art. 852-B, da CLT, para os casos em que for cabível o procedimento sumaríssimo.

Deve-se, entretanto, atentar para uma questão fundamental: o fato de o procedimento adotado no art. 332 do CPC não se adequar, em parte, à sistemática trabalhista arquitetada nos arts. 841 e 846, da CLT (e até mesmo arriscar o descumprimento, pelo juiz, do art. 852-B, nos procedimentos sumaríssimos), não significa que o instituto do julgamento liminar de mérito não possa em nada se utilizado no processo do trabalho.

Basta que se adeque o procedimento, de forma que não viole os princípios processuais trabalhistas. Assim, nada impede que haja o julgamento pela improcedência das pretensões logo após ser recusada, na primeira audiência, a possibilidade de conciliação. Conquanto o réu já tenha sido citado, em respeito ao art. 841 da CLT, o juiz não terá sequer recebido, ainda, a defesa (de cujo teor somente toma ciência em audiência, e nunca antes da tentativa de conciliação, nos termos dos arts. 846, *caput*, e art. 847, ambos da CLT). Assim, o julgamento realizado em audiência, e naquele momento, ou seja, após a tentativa de conciliação, mas antes da produção da defesa, pelo réu, não deixa de ser liminar, pois, embora presente o réu, ele sequer foi ouvido, não tendo sido oportunizada, a ele, a possibilidade de apresentar suas exceções e objeções à pretensão do autor.

Conclui-se, portanto, que o instituto preconizado no art. 332, do novo CPC, pode ser utilizado no processo do trabalho, desde que após a tentativa inaugural de conciliação, em respeito ao art. 846, *caput*, e art. 847, ambos da CLT, o que, necessariamente, implica na impossibilidade do julgamento pela improcedência antes da citação do réu.

Dito isto, passa-se à análise das hipóteses de sua aplicação, relativamente aos incisos I a IV do art. 331, e, sobretudo, da polêmica possibilidade de aplicação de seu parágrafo 1º., no âmbito da jurisdição trabalhista.

3.2. O NOVEL ARTIGO 332 E O PROCESSO DO TRABALHO

Os incisos I, II e III do art. 332 do novo CPC preveem a possibilidade do juiz julgar improcedentes os pedidos que estiverem em desacordo (I) com enunciado de súmula do Supremo Tribunal Federal ou do Superior Tribunal de Justiça, (II) acórdão proferido por estes tribunais em julgamento de recursos repetitivos ou (III) entendimento firmado em incidente de resolução de demandas repetitivas ou de assunção de competência.

Os incisos podem – e devem – ser utilizados no processo do trabalho, desde que devidamente adequados. Como já explicado no tópico anterior, devem ser precedidos pela notificação da reclamada e tentativa inaugural de conciliação, conforme imposição da lei específica (arts. 841 e 846, da CLT). Ademais, devemos substituir o Superior Tribunal de Justiça pelo Tribunal Superior do Trabalho, pois, conforme artigos 112 e seguintes da Constituição, as decisões dos Tribunais Regionais do Trabalho podem ser revistas pelo Tribunal Superior do Trabalho e pelo Supremo Tribunal Federal, nunca pelo Superior Tribunal de Justiça.

Ressalte-se que a tendência de privilegiar os precedentes judiciais recebeu "reforço" do novel art. 927, que, na mesma esteira, determina que sejam observadas pelos magistrados "I - as decisões do Supremo Tribunal Federal em controle concentrado de constitucionalidade; II - os enunciados de súmula vinculante; III - os acórdãos em incidente de assunção de competência ou de resolução de demandas repetitivas e em julgamento de recursos extraordinário e especial repetitivos; IV - os enunciados das súmulas do Supremo Tribunal Federal em matéria constitucional e do Superior Tribunal de Justiça em matéria infraconstitucional; V - a orientação do plenário ou do órgão especial aos quais estiverem vinculados".

O inciso IV do art. 322 também pode ser aplicado, desde que também adequado à organização judiciária, ou seja, utilizando "enunciado de súmula do tribunal regional do trabalho" ao invés de "enunciado de súmula de tribunal de justiça".

Ainda sobre o inciso IV, importante destacar que menciona enunciado "sobre direito local". Ora, o art. 22 da CFRB atribui à União competência privativa para legislar sobre Direito do Trabalho e Direito Processual do Trabalho, assim, apesar de compatível, o inciso provavelmente não irá gerar fartos efeitos práticos. Entretanto, a sua incidência não está afastada, pois o parágrafo único do art. 22 permite que lei complementar federal autorize os Estados-membros e o Distrito Federal a legislar sobre determinado tema de Direito do Trabalho ou de Direito Processual do Trabalho, o que ocorreu, por exemplo, com a permissão para que instituam piso salarial[9]. Também será possível a sua aplicação em função de direito previsto em norma coletiva, cuja incidência estará restrita ao âmbito de representação do(s) sindicato(s).

3.3. PRESCRIÇÃO E DIREITO DO TRABALHO

Conforme esclarecemos acima, a prescrição é, tecnicamente, uma exceção substancial.

---

9 Lei complementar nº 103, de 14 de julho de 2000.

Na seara trabalhista, o inciso XXIX do art. 7º da CFRB assegura aos trabalhadores urbanos e rurais, além de outros que visem à melhoria de sua condição social, a "ação, quanto aos créditos resultantes das relações de trabalho, com prazo prescricional de cinco anos para os trabalhadores urbanos e rurais, até o limite de dois anos após a extinção do contrato de trabalho".

Registre-se, e isso é de suma importância para o presente artigo, que apesar do inciso XXIX ter sido alterado pela Emenda Constitucional nº 28, de 25/05/2000, a sua redação original já previa a possibilidade de prescrição dos direitos trabalhistas. Essa alteração, por sua vez, limitou-se a reduzir o prazo de prescrição do empregado rural. Assim, a prescrição dos direitos trabalhistas é possível para o empregado urbano e rural, tendo o Congresso emendado a CFRB apenas para alterar os prazos da prescrição do empregado rural.

Para parte da doutrina a opção constitucional merece severas críticas, já que a prescrição tem como fundamentos o decurso de tempo e a inércia, sendo esta inexistente em função do obreiro não poder efetivamente ingressar em juízo durante a relação de emprego sob pena de comprometer promoções ou até mesmo a existência da relação empregatícia, violando o direito ao trabalho, assegurado no art. 6º da CFRB. Ou, na feliz síntese de Márcio Túlio Viana[10], os empregados, por serem "pessoas tolhidas em seu acesso à Justiça", apenas engolem seco, tal como fazem "com as suas raivas".

Na mesma esteira Maurício Godinho Delgado[11] destaca "na sociedade contemporânea a vasta maioria das pessoas vive dos rendimentos propiciados por seu trabalho". Assim, a sua ausência, com a consequente perda da remuneração, representaria para essa imensa maioria a impossibilidade de arcar com os seus gastos básicos, gerando violação a um sem número de direitos fundamentais.

Mas, muito além dos benefícios econômicos, o trabalho pode ser – e geralmente é – também fonte de prazer. O homem moderno, de certa forma, não existe sem o trabalho[12]. Possui outros interesses e necessidades, como a família, a saúde, os esportes a procriação e artes[13], mas não confirma a sua identidade

---

10 VIANA, Márcio Túlio. OS PARADOXOS DA PRESCRIÇÃO. Quando o trabalhador se faz cúmplice involuntário da perda de seus direitos . Texto disponível em no sítio da internet: http://www.trt3.jus.br/escola/download/revista/rev_77/Marcio_Viana.pdf

11 DELGADO, Maurício Godinho. Relação de emprego e relações de trabalho: a retomada do expansionismo do direito trabalhista. In: SENA, Adriana Goulart; DELGADO, Gabriela Neves; NUNES, Raquel Portugal (Coord.). **Dignidade e inclusão social**: caminhos para a efetividade do Direito do Trabalho no Brasil. São Paulo: LTr, 2010, p. 16.

12 JARDIM, Sílvia Rodrigues. O trabalho e a construção do sujeito. In: SILVA FILHO, João Ferreira da; JARDIM, Sílvia Rodrigues (Org.) **A danação do trabalho:** relações de trabalho e sofrimento. Rio de Janeiro. Te Corá Editora, 1997, p. 79-87.

13 Yves Clot identifica todas essas dimensões, afirmando que o ser humano é policêntrico. O que se defende é que o trabalho é um dos aspectos essenciais para a plenitude do ser humano. (CLOT, Yves. **A função psicológica do trabalho**. Petrópolis: Editora Vozes, 2006, 50 p.)

sem trabalho. Se excesso e em ambiente hígido, o trabalho é, ou pelo menos pode ser, fonte de orgulho e prazer.

Entretanto, apesar de criticável, a norma constitucional não pode ser ignorada: há prescrição na seara trabalhista, com início antes mesmo do término do contrato de trabalho (art. 7, XXIX, CFRB). E, como pacificado pelo Supremo Tribunal Federal, por tratar-se de norma criada poder constituinte originário, ou seja, norma contida na redação original da CFRB, não é possível a declaração de inconstitucionalidade[14].

Ademais, a CFRB de 1988 consagrou a separação dos poderes, inclusive erigida à cláusula pétrea, (art. 2º e art. 60, 4º), não podendo o operador do direito legislar nem ignorar o direito posto.

Desta forma, apesar das fundamentadas críticas, a opção do ordenamento jurídico inaugurado pelo poder constituinte originário foi de considerar a prescrição um instituto compatível com o Direito do Trabalho.

Superada a compatibilidade da prescrição com o ramo justrabalhista resta enfrentar outra questão: pode o juiz trabalhista aplicá-la de ofício?

3.4. PRESCRIÇÃO DE OFÍCIO

O CPC de 1973 determina, em tom imperativo, que "o juiz pronunciará, de ofício, a prescrição" (art. 219, § 5º, com redação dada pela Lei nº 11.280, de 2006). O novo CPC manteve a norma no art. 232, § 1º, que determina que "o juiz também poderá julgar liminarmente improcedente o pedido se verificar, desde logo, a ocorrência de decadência ou de prescrição". Apesar de utilizar a expressão "poderá", não se trata de faculdade: o magistrado deve julgar de acordo com o ordenamento jurídico.

A possibilidade de o juiz trabalhista reconhecer a prescrição de ofício foi objeto de inúmeros e calorosos debates, não havendo, nem mesmo após mais de dez anos da criação da norma, entendimento pacificado.[15]

Uma primeira corrente defende a inaplicabilidade da prescrição de ofício aos processos trabalhistas[16] [17]. Argumentam, em apertada síntese, que o reconhecimento da prescrição de ofício importaria em subversão de toda a estru-

---

14 No julgamento da ADI 815 / DF, em 28/03/1996, o STF rejeitou a tese de normas constitucionais originárias inconstitucionais, afastando a doutrina de Otto Bachof.

15 Como já mencionamos, com o novo CPC certamente o número de dúvidas será ainda maior, causando grande insegurança jurídica no jurista e no jurisdicionado. Seria benvinda uma nova revisão de todas as suas Súmulas e Orientações Jurisprudenciais pelo Tribunal Superior do Trabalho, adequando-as ao novo Código e, se for o caso, revendo alguns posicionamentos.

16 SCHIAVI, Mauro. Manual de Direito Processual do Trabalho. 8ª ed. São Paulo: LTr, 2015. P.494 e seguintes.

17 BARROS, Alice Monteiro de. Curso de Direito do Trabalho. 9 ed. São Paulo: LTr, 2013, p. 811.

tura protetiva; não propiciaria melhoria na qualidade de vida do trabalhador, como determina o caput do art. 7º da CFRB; afrontaria a máxima efetividade dos direitos trabalhistas; configuraria redução do alcance do art. 7º por lei ordinária; aprofundaria as desigualdades sociais, subvertendo a proteção; configuraria a vedação ao retrocesso social; quebraria a isonomia e o princípio dispositivo; ao aplicar a lei o juiz deve atentar aos seus fins sociais e às exigências de bem comum, conforme o art. 5º, LINDB.

Esse primeiro entendimento prevalece atualmente no TST.

Em sentido contrário uma segunda corrente[18][19] defende a sua possibilidade. Justificam o entendimento com os seguintes argumentos: há interesse social no reconhecimento de ofício da prescrição; a CLT é omissa; a lei processual deve cuidar do momento de sua alegação; a norma é compatível com o ramo laboral; o reconhecimento da prescrição de ofício foi inserido no ordenamento jurídico após a previsão civilista de que a parte beneficiada pode renunciar à prescrição; as críticas à aplicação de ofício são genéricas, podendo ser aplicadas também à existência da prescrição trabalhista, que está inegavelmente consagrada na CFRB; são praticados excessos em nome da hipossuficiência; há direitos trabalhistas que não são irrenunciáveis; trata-se de norma que traz "importante contribuição científica para o Direito Processual", pois retira da prescrição o "status de exceção"[20].

Acrescentamos aos argumentos da segunda doutrina o princípio da separação dos poderes, não podendo o juiz se furtar de aplicar norma compatível com a Constituição.

Resta a pergunta central: o fato de a CFRB considerar a aplicação da prescrição aos direitos trabalhistas traz, por arrastamento, todas as particularidades do instituto? Especificamente: esta previsão permite a aplicação da prescrição de ofício ou há vedações à importação de tal medida aos processos trabalhistas?

Entendemos que as críticas à prescrição trabalhista e à sua aplicação de ofício nos processos do trabalho possuem fortes argumentos. O instituto, especialmente para o trabalhador que ainda se encontra empregado, é falho e deve ser revisto. Entretanto, não podemos ignorar o fato de estar expressamente inserido na norma constitucional, não podendo o juiz ignorar o direito posto. Isso traria procedimentos casuísticos com insegurança jurídica superior à própria aplicação de ofício do instituto e violação ao princípio do devido processo legal.

---

18 MARTINS, Sergio Pinto. Direito processual do trabalho. 27ª ed. São Paulo: Atlas, 2007. P. 737;

19 EÇA, Vitor Salino de Moura. COGNOSCIBILIDADE DA PRESCRIÇÃO INTERCORRENTE NO PROCESSO DO TRABALHO CONSTITUCIONALIZADO. Tese de doutorado disponível no sítio da internet http://www.biblioteca.pucminas.br/teses/Direito_ECAVS_1.pdf

20 Frases da tese de doutorado do Dr. Vitor Salino de Moura Eça.

A legalidade assume especial relevância no presente debate, pois o juiz não é um cidadão qualquer, mas de um profissional cuja tarefa é, especificamente, a aplicação das normas jurídicas ao caso concreto.

Essa necessidade de observância do direito vigente, especialmente pelo magistrado, é o essencial para o estado Democrático de Direito. As críticas, mesmo bem fundamentadas, não podem substituir a separação dos poderes e a existência de norma legal que não viola a Constituição.

Nesse sentido o art. 8º da CLT que determina que nenhum interesse particular ou de classe pode prevalecer sobre o interesse público. Não se nega o direito – e, por que não, dever – do jurista criticar o direito posto. Mas não pode simplesmente negar a sua aplicação em função de discordar do seu conteúdo.

Portanto, concordarmos com as críticas formuladas à forma como a prescrição foi talhada no ordenamento jurídico. O direito posto pode – e deve – ser objeto de reforma. Entretanto, até que isso ocorra o magistrado deve aplicá-lo, sob pena de perigosa invasão da esfera legislativa.

Assim, não obstante o peso dos argumentos contrários ao reconhecimento de ofício da prescrição pelo juiz trabalhista, concluímos que a declaração de ofício da prescrição é compatível com o processo do trabalho.

4. CONCLUSÃO

O novo CPC traz alguns avanços, mas não é perfeito. Longe disso. Possui dispositivos que irão causar arrepios nos teóricos e que podem trazer problemas na sua aplicação prática.

O art. 332 do novo CPC repete o recado do "antigo" art. 285-A, tentando impor maior celeridade ao processo e reduzir o notável assoberbamento do Judiciário brasileiro, mas com notável melhora técnica na redação.

O novel 332 pode ser utilizado no processo do trabalho, desde que após a tentativa inaugural de conciliação, em respeito ao art. 846, *caput*, e art. 847, ambos da CLT, o que, necessariamente, implica na impossibilidade do julgamento pela improcedência antes da citação do réu.

A prescrição está prevista na CFRB desde o seu surgimento e a sua aplicação de ofício, é compatível com o processo do trabalho.

O direito posto, criação humana, é como o seu criador: repleto de falhas e imperfeições. Pode – e deve – ser objeto de reforma e aprimoramento. Entretanto, até que isso seja feito pelo legislativo, o magistrado deve aplicar o direito posto, sob pena de violação à separação dos poderes.

5. BIBLIOGRAFIA

BARROS, Alice Monteiro de. Curso de Direito do Trabalho. 9 ed. São Paulo: LTr, 2013.

CÂMARA, Alexandre Freitas. "Lições de Direito Processual Civil", vol. I. 18ª. edição. Rio de Janeiro: Editora Lumen Juris, 2008, pg. 315.

CÂMARA, Alexandre Freitas. "Reconhecimento de Ofício da Prescrição: Uma Reforma Descabeçada e Inócua". Texto disponível no sítio da internet <http://www.abdpc.org.br/artigos/artigo1020.htm>. Acesso em 30/10/2015.

CLOT, Yves. A função psicológica do trabalho. Petrópolis: Editora Vozes, 2006, 50 p.)

DELGADO, Maurício Godinho. Relação de emprego e relações de trabalho: a retomada do expansionismo do direito trabalhista. In: SENA, Adriana Goulart; DELGADO, Gabriela Neves; NUNES, Raquel Portugal (Coord.). Dignidade e inclusão social: caminhos para a efetividade do Direito do Trabalho no Brasil. São Paulo: LTr, 2010, p. 16.

DIDIER JR., Fredie. "Curso de Direito Processual Civil", vol. 1. 11ª. edição. Salvador: Editora JusPODIVM, 2009, pg. 479.

EÇA, Vitor Salino de Moura. COGNOSCIBILIDADE DA PRESCRIÇÃO INTERCORRENTE NO PROCESSO DO TRABALHO CONSTITUCIONALIZADO. Texto disponível no sítio da internet http://www.biblioteca.pucminas.br/teses/Direito_ECAVS_1.pdf

JARDIM, Sílvia Rodrigues. O trabalho e a construção do sujeito. In: SILVA FILHO, João Ferreira da; JARDIM, Sílvia Rodrigues (Org.) A danação do trabalho: relações de trabalho e sofrimento. Rio de Janeiro. Te Corá Editora, 1997, p. 79-87.

MARTINS, Sergio Pinto. Direito processual do trabalho. 27ª ed. São Paulo: Atlas, 2007.

SCHIAVI, Mauro. Manual de Direito Processual do Trabalho. 8ª ed. São Paulo: LTr, 2015.

STF. Texto disponível em no sítio da internet <http://www2.stf.jus.br/portalStfInternacional/cms/verConteudo.php?sigla=portalStfDestaque_pt_br&idConteudo=173547>. Acesso em 30/10/2015.

TEIXEIRA FILHO, Manoel Antônio. "Curso de direito processual do trabalho". vol II. São Paulo, LTr, 2009. Pg. 722

VIANA, Márcio Túlio. OS PARADOXOS DA PRESCRIÇÃO. Quando o trabalhador se faz cúmplice involuntário da perda de seus direitos . Texto disponível em no sítio da internet: http://www.trt3.jus.br/escola/download/revista/rev_77/Marcio_Viana.pdf

Capítulo 33

A NOVA DEFESA DO RECLAMADO: ANÁLISE DAS PRINCIPAIS ALTERAÇÕES PROMOVIDAS PELO NOVO CPC E SUA APLICABILIDADE NO PROCESSO DO TRABALHO

Bruno Klippel[1]

SUMÁRIO: 1. INTRODUÇÃO; 2. APLICAÇÃO SUBSIDIÁRIA DO CPC AO PROCESSO DO TRABALHO; 3. PRINCÍPIOS DO NOVO CPC E COMPATIBILIDADE COM OS IDEAIS DO PROCESSO DO TRABALHO; 4. NOVO REGRAMENTO DA DEFESA DO RÉU NO CPC E POSSÍVEL APLICAÇÃO NO PROCESSO DO TRABALHO; 5. CONCLUSÕES; 6. REFERÊNCIAS.

1. INTRODUÇÃO

A possível aprovação do Novo Código de Processo Civil em futuro breve faz com que sejam iniciadas as análises acerca dos efeitos de sua aplicação subsidiária ao processo do trabalho, sobretudo diante da autorização presente no art. 769 da CLT, que prevê a aplicação do direito processual comum quando da ocorrência de lacunas na legislação trabalhista, o que é entendida atualmente como algo necessário diante da crescente complexidade dos processos trabalhistas e a singeleza das normas prescritas na CLT, que na época de sua criação não se preocupou tanto com a parte processual, destacando maior parte para o direito material do trabalho.

A análise que será aqui realizada parte do estudo acerca da aplicação subsidiária do CPC, do conceito de lacuna e da real necessidade de aplicação do Novo CPC para resolução de questões processuais e, sobretudo, a simplificação dos procedimentos. Posteriormente serão analisados, mesmo que superficialmente, os princípios do Novo CPC, de forma a verificarmos se os anseios do legislador, quando da redação dos dispositivos do novel código, estão em conformidade

---

[1] Doutor em Direito do Trabalho pela PUC/SP, Mestre em Direito pela FDV/ES, Professor da Faculdade de Direito de Vitória – FDV/ES, Universidade de Vila Velha – UVV/ES, Faculdade Estácio de Vitória/ES, IOB/Marcato Concursos/SP, Estratégia Concursos/DF, Aprova Concursos/PR, Educação Avançada/DF e Centro de Evolução Profissional/CEP em Vitória e Vila Velha/ES. Autor de diversos livros jurídicos pela Editora Saraiva, em especial, *Direito Sumular TST Esquematizado*.

com o que se espera do processo do trabalho em prol da efetivação dos direitos dos trabalhadores. Por fim, serão analisados os dispositivos do Novo CPC que estão diretamente relacionados à apresentação da defesa, verificando-se a conformidade dos mesmos com o processo do trabalho, concluindo pela possibilidade ou não de sua aplicação. Assuntos como contestação, exceções e reconvenção serão devidamente analisados no momento próprio.

Finalizando o estudo, teceremos comentários e conclusões às mudanças e à possibilidade dos novos institutos/alterações serem ou não recepcionados pela doutrina e jurisprudência trabalhistas.

2. APLICAÇÃO SUBSIDIÁRIA DO CPC AO PROCESSO DO TRABALHO

O Novo Código de Processo Civil trará inúmeras discussões no âmbito do direito processual civil e, por consequência, no direito processual do trabalho, diante da permissão legal para a aplicação dos dispositivos do direito processual comum aos processos do trabalho, conforme redação do art. 769 da CLT, transcrita a seguir:

> "Art. 769 - Nos casos omissos, o direito processual comum será fonte subsidiária do direito processual do trabalho, exceto naquilo em que for incompatível com as normas deste Título".

Percebe-se que ao longo das três grandes etapas de reforma do CPC – 1994/1995, 2001/2002 e 2005/2006, o tema central das alterações legislativas sempre foi a *efetividade do processo*, o que fez com que todas as alterações tivessem como propósito efetivar o princípio da duração razoável do processo, talhado no art. 5º, LXXVIII da CRFB/88. O pensamento do legislador vem sendo desenvolvido sempre no intuito de analisar os "gargalos" do processo, ou seja, aqueles pontos/momentos em que os atos processuais se tornam mais morosos, difíceis de serem realizados.

Dois principais "gargalos" já foram alterados, sendo que muitas das regras atuais do processo, modificadas nas etapas de reforma a que nos referimos, são aplicadas no processo do trabalho: fase recursal e fase de cumprimento/execução da obrigação contida no título executivo. Ocorre que, nas palavras de CARLOS HENRIQUE BEZERRA LEITE[2], capixaba que muito orgulha o nosso Estado, *"importante assinalar que a terceira fase da reforma do CPC ainda não terminou, o que somente ocorrerá com a conversão em lei dos projetos que se encontram em tramitação no Congresso Nacional".*

Como já dito, a efetividade do processo, aliada à *celeridade processual*, que é um dos caminhos mais importantes para que o processo se mostre efetivo e

---

2 BEZERRA LEITE, Carlos Henrique. Curso de Direito Processual do Trabalho. 12ª ed, LTr: São Paulo, 2014, p. 104.

justo, foi tema central de todas as alterações promovidas nos últimos 20 anos na legislação processual pátria. Tal afirmação faz com que, de imediato, pensássemos na clara aplicação ao processo do trabalho de todas as normas de processo civil criadas visando a efetivação do processo. Ocorre que nem sempre isso ocorre! A culpa, que nesse caso não é das estrelas[3], mais se liga a uma interpretação equivocada dos requisitos cujo preenchimento se mostra necessário para a utilização subsidiária do direito processual comum, a saber: existência de lacuna e compatibilidade da norma com o direito processual do trabalho.

O problema acerca da aplicação ao processo do trabalho das alterações promovidas no CPC nas "etapas de reforma" já afirmadas, foi sintetizada por MAURO SCHIAVI[4] da seguinte forma:

> "Atualmente, diante das recentes alterações do Código de Processo Civil, levadas a efeito, principalmente, pelas Leis ns. 11.187/05, 11.232/05, 11.267/06, 11.277/06, 11.280/06 e 11.382/06, que imprimiram maior efetivada e simplicidade ao processo civil, crescem as discussões sobre a aplicação subsidiária do Código de Processo Civil ao Processo do Trabalho, e se é possível a aplicação da regra processual civil se há regra expressa em sentido contrário na CLT".

Há duas formas de ser interpretada a possibilidade ou não da aplicação subsidiária do processo comum ao processo do trabalho, principalmente no que toca à lacuna da legislação laboral:

a. Restritiva: a primeira maneira de interpretar o tema "lacuna" pode ser entendida como mais tradicional, atrelada tão somente à lacuna normativa, que seria a ausência de norma sobre determinado caso, na lição de MARIA HELENA DINIZ[5].

b. Ampliativa: também pode ser conceituada como moderna, que leva em consideração não apenas a lacuna normativa, mas também a análise acerca da utilidade ou não da norma existente, ou ainda, de eventual envelhecimento ou não da norma prevista no sistema. Consoante ensinamento de MARIA HELENA DINIZ[6], as lacunas também podem ser:

   i. Ontológicas: a norma jurídica, apesar de existir, não se mostra mais adequada à realidade por ter sofrido envelhe-

---

[3] Em alusão ao livro, que depois virou filme e que se consagraram com um grande sucesso nos anos de 2013 e 2014, "A culpa é das estrelas", de John Green, que pode ser melhor conhecido no site a seguir: http://www.aculpaedasestrelas.com.br/

[4] SCHIAVI, Mauro. Manual de Direito Processual do Trabalho. 4ª ed. LTr: São Paulo, 2011, p. 123.

[5] DINIZ, Maria Helena. Compêndio de introdução à ciência do direito, 14ª ed, São Paulo: saraiva, 2001, p. 437.

[6] DINIZ, Maria Helena. Compêndio de introdução à ciência do direito, 14ª ed, São Paulo: saraiva, 2001, p. 437.

cimento. Em outras palavras, a norma existe mas não deve mais ser aplicada, sobretudo por existir norma mais recente e mais adequada à realidade social, ao que se espera do processo judicial, por trazer maior celeridade e econômica processuais, propiciando um resultado efetivo e justo quando da entrega da tutela jurisdicional.

ii. Axiológicas: novamente a norma existe, mas não se mostra justa, não traz um resultado justo para a situação conflituosa.

Certamente que a análise a ser feita à luz do art. 769 da CLT não deve ser puramente normativa, ou seja, não se deve buscar a existência ou não de lacunas normativas, mas sobretudo de lacuna ontológicas e axiológicas, sob pena da interpretação tornar-se um grande entrave ao processo do trabalho, que envelhecerá sem a possibilidade de serem aplicadas novas e melhores normas processuais. Em uma analogia simples, seria como não ministrar um novo e melhor medicamente a um doente, sob o simples motivo do mesmo já estar tomando outro medicamente. Ora, se o medicamento (norma jurídica) é melhor, mais apropriado, melhor para o doente, porque não utilizá-lo? A análise restritiva pode levar o nosso processo do trabalho à morte "lenta e gradual", sem a possibilidade de aplicarmos ao mesmo um novo tratamento, efetivo, célere e justo. Tal situação, nas palavras do Professor CARLOS HENRIQUE BEZERRA LEITE[7] traz resultados perniciosos, pois prejudica os mais fracos, os empregados, em detrimento dos mais fortes, os empregadores, pois a demora na entrega da prestação jurisdicional prejudica diretamente aquele que reclama uma providência. Vejamos as palavras do autor:

> "Há certo consenso no sentido de que todas as fases reformistas tiveram por escopo a efetividade do processo, o que implica, em certa medida, o reconhecimento da relativização do dogma da autonomia do processo do trabalho nos casos em que o art. 769 da CLT representar, na prática, descompromisso com a efetividade, porquanto a morosidade processual favorece o mais ricos (empregadores) em detrimento dos mais pobres (trabalhadores), sendo estes últimos, certamente, os mais prejudicados com a intempestividade da prestação jurisdicional".

A interpretação restritiva, de que apenas a lacuna normativa é que deve ser objeto de análise para se concluir pela aplicação ou não de determinada norma do CPC, pode gerar conclusões um tanto quanto inadequadas, que não estejam de acordo com os anseios e princípios do processo do trabalho. É o que ocorre, *permissa vênia* com as decisões da Justiça do Trabalho, sobretudo do Tribunal Superior do Trabalho, que entendem pela inaplicabilidade do art. 475-J do CPC/73, que impõe multa de 10% ao devedor que intimado para cumprir a

---

7 BEZERRA LEITE, Carlos Henrique. Curso de Direito Processual do Trabalho. 12ª ed, LTr: São Paulo, 2014, p. 104.

obrigação pecuniária, não o faz em determinado prazo. As decisões dos TST que assim entendem, estão fundamentadas em um único argumento: inexistência de lacuna no processo do trabalho, haja vista que o art. 880 da CLT regula o início do processo de execução, com determinação para que a quantia seja paga em 48 horas, sob pena de penhora de bens. Como existe norma regulando a matéria, descabe em falar em lacuna, restando afastada a aplicação do dispositivo do CPC/73, criado em 2005 e que possui o claro intuito de impor maior efetividade ao processo, já que o devedor, levado pela clara possibilidade de aumento significativo do débito, acabaria por cumprir a obrigação constante no título executivo judicial.

Na situação, há clara lacuna ontológica, diante do envelhecimento da norma presente da CLT, que não mais deve ser utilizada diante da existência de técnica processual mais nova e efetiva, que espelha o anseio de todos aqueles que lidam com o processo, que é visualizar o fim breve e justo daquele instrumento de pacificação social.

A discussão que hoje é verificada em relação ao art. 457-J do CPC/73, tanto no plano doutrinário quanto jurisprudencial, também pode ser enfrentada quando entrarem em vigor das normas do Novo CPC, principalmente em relação à defesa do reclamado, objeto principal de nosso estudo, já que as normas do NCPC serão mais simples e efetivas, mas as normas obsoletas ainda estarão presentes da CLT, o que pode fazer com que se entenda que, apesar de melhores e mais atuais, aquelas novas normas não podem ser aplicadas ao processo do trabalho, diante da ausência de lacuna normativa. Tal possibilidade é séria e real, já que grandes doutrinadores continuam a pensar o processo apenas sob a ótica daquela espécie de lacuna, como o faz o Prof. JOSÉ CAIRO JR[8] em relação ao tema em estudo:

> "Apesar de considerar que o referido procedimento confere mais efetividade à execução, não há como reconhecer a omissão na CLT que permitiria a sua aplicação supletiva no processo do trabalho, incluindo a multa pelo não cumprimento espontâneo da obrigação contida na sentença, conforme previsão contida no art. 475-J do CPC".

Em síntese, a interpretação evolutiva conforme o Prof. MAURO SCHIAVI[9], deve ser utilizada para que o conceito de lacuna não possa ser encarado como um entrave à efetivação dos princípios constitucionais do processo, em especial, a dignidade da pessoa humana, o acesso à justiça e a razoável duração do processo. Se existem normas mais efetivas, que demonstram estar o processo do trabalho defasado, envelhecido, aquelas devem ser utilizadas nas lides trabalhistas, pois não basta possibilitar o acesso à justiça com a simplificação das

---

8 CAIRO JR, José. Curso de Direito Processual do Trabalho. 6ª ed. Juspodivm: Salvador, 2013, p. 857.
9 SCHIAVI, Mauro. Manual de Direito Processual do Trabalho. 4ª ed. LTr: São Paulo, 2011, p. 123.

normas relacionadas ao ajuizamento das ações trabalhistas – *jus postulandi,* petição inicial oral, inexigibilidade de custas processuais prévias – se não possibilitar a "saída da justiça", com a resolução do mérito em tempo hábil, em conformidade com a redação do art. 6º do NCPC, abaixo transcrita:

> "Art. 6º Todos os sujeitos do processo devem cooperar entre si para que se obtenha, em tempo razoável, decisão de mérito justa e efetiva".

3. PRINCÍPIOS DO NOVO CPC E COMPATIBILIDADE COM OS IDEAIS DO PROCESSO DO TRABALHO

A importância de se incluir um capítulo próprio para o estudo dos princípios do Novo Código de Processo Civil se dá por dois fundamentos:

a. A importância atual dos princípios, reconhecida por FREDIE DIDIER JR[10] quando afirma que *"uma das principais características da metodologia jurídica contemporâneo é o reconhecimento da força normativa dos princípios".*

b. Demonstrar que os novos institutos criados pelo NCPC, bem como as alterações promovidas nos já existentes, tem por única finalidade simplificar o procedimento e, por consequência, promover a maior celeridade e efetividade do processo, o que se mostra em conformidade com a intenção do aplicador do processo do trabalho, nas palavras de GUSTAVO FILIPE BARBOSA GARCIA[11], quando afirma que *"não há como afastar o processo do trabalho dos estudos mais amplos da ciência processual, enfocando valores e objetivos a serem alcançados, com o fim de obter a pacificação social com justiça e efetividade da decisão judicial".*

Como já dito, apesar de ser não a finalidade do trabalho, os princípios do Novo CPC devem ser analisados, mesmo que sumariamente, para demonstrar a total compatibilidade entre as bases que levaram à criação do novo código e o que se espera do processo do trabalho. A análise é importante pois, além da existência da lacuna, já analisada no tópico 2, a compatibilidade entre o direito processual comum e o trabalhista também é requisito para a aplicação subsidiária do primeiro, conforme o já mencionado art. 769 da CLT.

Nos 12 primeiros artigos do Novo CPC temos a exposição das denominadas "normas fundamentais do processo civil", em que são expostas as bases no novo

---

10 DIDIER JR, Fredie. MOUTA, José Henrique. KLIPPEL, Rodrigo (Coord). O Projeto do Novo Código de Processo Civil: Estudos em homenagem ao Professor José de Albuquerque Rocha. Juspodivm, Salvador, 2011, p. 145.

11 GARCIA, Gustavo Filipe Barbosa. Curso de Direito Processual do Trabalho. Forense: Rio de Janeiro, 2012, p. 24.

código, destacando-se a preocupação com a *inafastabilidade (art. 3º), tempestividade na entrega da tutela (art. 4º), boa-fé (art. 5º), justiça e efetividade da tutela de mérito (art. 6º), paridade de tratamento (art. 7º), atendimento aos fins sociais e a exigência do bem comum, assim como o respeito à dignidade da pessoa humana, além da eficiência (art. 8º), contraditório (art. 9º e 10º), publicidade dos atos processuais e fundamentação das decisões judiciais (art. 11), obediência à ordem cronológica de conclusão para julgamento (art. 12).*

Analisando-se o conceito e finalidade do direito processual do trabalho, conforme descrito por MAURO SCHIAVI[12], percebemos a total compatibilidade entre o que se espera do direito processual do trabalho e as bases em que estão fincados os pilares do Novo CPC. Acerca do processo do trabalho, o Professor destaca que:

> "Assim como o Direito do Trabalho visa a proteção do trabalhador e a melhoria de sua condição social (art. 7º, caput da CF), o Direito Processual do Trabalho tem sua razão de existência em propiciar o acesso dos trabalhadores à justiça, visando a garantir os valores sociais do trabalho, a composição justa do conflito trabalhista, bem como resguardar a dignidade da pessoa humana do trabalhador".

A simplificação do procedimento, nota típica das alterações do CPC, notadamente no tocante à apresentação da defesa, demonstram a aproximação entre os "dois processos", que apesar de se mostrarem autônomos um em relação ao outro, possuem base e finalidade comuns, que é a existência de um litígio e a necessidade de pacificação através de um procedimento igualitário, célere, efetivo e justo.

4. NOVO REGRAMENTO DA DEFESA DO RÉU NO CPC E POSSÍVEL APLICAÇÃO NO PROCESSO DO TRABALHO

As alterações promovidas no Novo CPC e que estão relacionadas a defesa do réu, no caso do processo do trabalho, do reclamado, estão totalmente relacionadas com a simplificação dos atos processuais, pois não mais se fala em apresentação de exceção de suspeição e impedimento, bem como de incompetência relativa, mencionando o art. 146 do NCPC que a suspeição e o impedimento serão alegados em petição específica ao Juiz da causa, podendo ser alegados os dois vícios na mesma peça, sem qualquer formalidade. A incompetência relativa, conforme será demonstrado a seguir, pode ser alegada como uma preliminar de mérito da contestação, o que é explicado pelo Professor GUSTAVO FILIPE BARBOSA GARCIA[13] como uma *"(...) proposta de alteração em consonância com a simplificação dos atos processuais".*

---

12 SCHIAVI, Mauro. Manual de Direito Processual do Trabalho. 4ª ed. LTr: São Paulo, 2011, p. 99.

13 GARCIA, Gustavo Filipe Barbosa. Curso de Direito Processual do Trabalho. Forense: Rio de Janeiro, 2012, p. 403.

A ideia de simplificação do procedimento adotada pelo NCPC quer evitar a formalidade ainda exigida por alguns Juízes de que as peças de defesa sejam apresentadas em petições separadas, conforme pensado pelo legislador do CPC/73, o que não mais se adequa à necessária facilitação de acesso ao Poder Judiciário e a celeridade de tramitação dos feitos.

A maior mudança, contudo, é em relação à apresentação da contestação e da reconvenção, pois as matérias que antes mereciam peças separadas, como a incompetência relativa e o contra-ataque do réu ao autor, serão formulados na própria contestação, o que significa dizer que reduzimos as peças de defesa de 3 para 1, pois em vez de apresentarmos contestação, exceção de incompetência e reconvenção, apresentaremos tão somente a contestação, nos termos do art. 337 do CPC, que trata das preliminares de mérito, bem como o art. 343, que trata da reconvenção como se fosse um pedido contraposto, formulado naquela mesma peça de defesa.

No que toca à incompetência relativa, dispõe o art. 337, II do NCPC que:

> *"Art. 337. Incumbe ao réu, antes de discutir o mérito, alegar: (...) II – **incompetência absoluta e relativa**".*

A alteração é totalmente aplicável no processo do trabalho, já que não é mais possível de se aceitar que a formalidade seja um entrave ao reconhecimento de um vício. Não mais será exigido do reclamado a apresentação de exceção de incompetência, bastando menção ao vício em preliminar de mérito da contestação. O que se mantém é a necessidade de alegação da incompetência relativa, ou seja, a impossibilidade do Juiz reconhecer o vício de ofício, já que o §5º do art. 337 diz que *"excetuada a incompetência relativa, o juiz conhecerá de ofício das matérias enumeradas neste artigo".*

Atualmente já é possível reconhecer-se a iincompetência relativa quando alegada em contestação, conforme ensina GUSTAVO FILIPE BARBOSA GARCIA[14] quando corretamente afirma que *"ainda assim, se apresentada como preliminar na contestação, cabe ao Juiz apreciar a matéria, considerando o princípios da instrumentalidade das formas".* Após a entrada em vigor do Novo CPC, mais razão teremos para descomplicar o processo, principalmente o trabalhista, desvinculado das formalidades desde há muito tempo.

Norma que continua a não se aplicar no processo do trabalho, que atualmente se encontra no art. 305, § único do CPC/73 e que consta no art. 340 do NCPC, é a possibilidade da exceção de incompetência (no NCPC a contestação) ser apresentada no domicílio do réu, tendo em vista que nos procedimentos adotados no processo do trabalho as peças de defesa são apresentadas em audiência, conforme art. 847 da CLT.

---

14 GARCIA, Gustavo Filipe Barbosa. Curso de Direito Processual do Trabalho. Forense: Rio de Janeiro, 2012, p. 403.

Ainda sobre a contestação do réu/reclamado, poderá continuar este a alegar a sua ilegitimidade como preliminar de mérito, com a diferença de que o NCPC prevê a possibilidade genérica do autor alterar o polo passivo após tal alegação, reconhecendo que o réu por ele escolhido é realmete ilegítimo. Tal conduta prevista nos arts. 338 e 339 do NCPC, mostra-se adequada ao processo do trabalho, pois a substituição do réu ilegítimo evita a extinção do processo sem resolução do mérito, conforme art. 267 do CPC/73, que na seara trabalhista recebe o nome de arquivamento. Tal possibilidade de substituição está prevista da seguinte forma:

> *"Art. 338. Alegando o réu, na contestação, ser parte ilegítima ou não ser o responsável pelo prejuízo invocado, o juiz facultará ao autor, em quinze dias, a alteração da petição inicial para substituição do réu. Parágrafo único. Realizada a substituição, o autor reembolsará as despesas e pagará honorários ao procurador do réu excluído, que serão fixados entre três e cinco por cento do valor da causa ou, sendo este irrisório, nos termos do art. 85, § 8º".*
>
> *"Art. 339. Quando alegar sua ilegitimidade, incumbe ao réu indicar o sujeito passivo da relação jurídica discutida sempre que tiver conhecimento, sob pena de arcar com as despesas processuais e de indenizar o autor pelos prejuízos decorrentes da falta de indicação. § 1º O autor, ao aceitar a indicação, procederá, no prazo de 15 (quinze) dias, à alteração da petição inicial para a substituição do réu, observando-se, ainda, o parágrafo único do art. 338. § 2º No prazo de 15 (quinze) dias, o autor pode optar por alterar a petição inicial para incluir, como litisconsorte passivo, o sujeito indicado pelo réu.".*

Vejam que o réu pode alegar a sua ilegitimidade, devendo indicar quem é o réu legítimo, se souber. Indicando ou simplesmente arguindo o vício, pode o autor entender que realmente errou e providenciar a substituição. Pode simplesmente manter-se inerte, entendendo que a alegação do réu não tem fundamento ou, por fim, pode incluir aquele que foi indicado pelo réu como um litisconsorte passivo. Quaisquer das condutas podem ocorrer na seara trabalhista, mesmo a inclusão de litisconsorte passivo, pois não há que se admitir o instituto por partes, ou seja, admitir o cabimento do *caput* e não aplicar o §2º. Numa análise global do dispositivo, verifica-se que o mesmo está amplamente relacionado ao que se espera de um julgamento, que é o julgamento do mérito, já que evita ou reduz as chances do processo ser extinto sem resolução do mérito por ausência da condição da ação legitimidade das partes.

Ademais, no que toca à contestação, também servirá para a arguição de erro em relação ao valor da causa, dispensando-se a apresentação de petição sob o nome de "impugnação ao valor da causa", como usualmente ocorre. O art. 337, III do NCPC também traz a alegação de incorreção do valor da causa como uma das preliminares de mérito a serem arguidas pelo réu.

Por fim, mais um instituto atualmente possível de ser utilizado no processo do trabalho e que tem seu procedimento simplificado – a reconvenção – com a retirada da obrigação de ser apresentada em petição inicial própria, já que o art. 343 do NCPC possibilita a sua apresentação na própria contestação, como um pedido contraposto, como já ocorre nos atuais ritos sumário (art. 278 do atual CPC) e sumaríssimo (Lei nº 9.099/95 – Juizados Especiais). Vejamos a redação do novel dispositivo:

> "Art. 343. Na contestação, é lícito ao réu propor reconvenção para manifestar pretensão própria, conexa com a ação principal ou com o fundamento da defesa".

A simplificação do procedimento passava obrigatoriamente pela desvinculação da reconvenção à forma de petição inicial, como ocorre atualmente, já que se mostrava como um contrassenso afirmar que o instituto está intimamente ligado aos princípios da celeridade e economia, por evitar o ajuizamento de ação autônoma e mantê-la extremamente formal. Sobre a relação entre a espécie de defesa e os princípios afirmados, CARLOS HENRIQUE BEZERRA LEITE[15] é enfático ao dizer que:

> "Ademais, o processamento simultâneo da ação e da reconvenção repousa nos princípios da celeridade processual e da economia processual, os quais, no processo do trabalho, devem encontrar acolhida com muito mais ênfase".

Ainda sobre o tema *forma da defesa do réu*, indispensável é a leitura de artigo de autoria de BRUNO REGIS BANDEIRA FERREIRA MACEDO[16], para quem:

> "Algo interessante a ser analisado no projeto é a extinção dos incidentes processuais em virtude da questão qualitativa processual, ou seja, menor acúmulo possível de apensos nos autos principais evidencia-se a certeza na busca da prestação jurisdicional mais rápida e sem empecilhos ao julgamento final".

O próprio TST já vinha reconhecendo a possibilidade de apresentação da contestação e da reconvenção em peça única, por entender não haver mais justificativa para a manutenção da regra do art. 299 do CPC/73, que trata das peças separadas, ainda mais porque o julgamento de ambas será realizado pelo mesmo juízo e por meio de única sentença, conforme atual art. 318 do CPC/73.

Apesar da simplificação do procedimento, o réu deverá, ao oferecer a reconvenção, deixar claro qual é a sua pretensão econômica que se busca por meio daquele incidente, já que o art. 292 do NCPC fala em valor da causa constante da

---

15 BEZERRA LEITE, Carlos Henrique. Curso de Direito Processual do Trabalho. 12ª ed, LTr: São Paulo, 2014, p. 637.

16 DIDIER JR, Fredie. MOUTA, José Henrique. KLIPPEL, Rodrigo (Coord). O Projeto do Novo Código de Processo Civil: Estudos em homenagem ao Professor José de Albuquerque Rocha. Juspodivm, Salvador, 2011, p. 92.

reconvenção. Ademais, em relação ao pedido formulado na reconvenção, este deve ser determinado como regra, aplicando-se a regra do art. 324 do NCPC.

5. CONCLUSÕES

A conclusão a que podemos chegar após rápido estudo sobre o Novo Código de Processo Civil, em especial no que toca à defesa do réu/reclamado, tópico a que era dirigida a análise, é que as alterações promovidas pelo legislador estão em conformidade com que os princípios que norteiam o processo do trabalho, inclusive aqueles que são sempre levados em consideração quando da realização de alterações na CLT, como a recente Lei nº 13.015/14, que alterou alguns pontos relacionados aos recursos trabalhistas.

Quando se pensa em processo do trabalho, na teoria ou na prática, lembra-se em primeiro plano de agilidade, em prestação jurisdicional rápida. Tal qualidade decorre de vários aspectos, como a estrutura enxuta, ágil e informatizada da justiça especializada, o número sempre crescente de Servidores e Magistrados, a celeridade como pensamento inato à todos os que fazem a Justiça do Trabalho atuar e a legislação processual nitidamente mais simples e descomplicada, se comparada à comum. A proteção que é necessariamente conferida por meio do princípio da proteção[17] no plano matéria, também ocorre no processo, por meio da efetivação daquelas normas.

Tal simplicidade, por muitos elogiada, veio aos poucos "contaminando" o processo civil, como um "vírus do bem", que hoje está totalmente disseminado pelo Novo CPC, que tem em seus pilares a celeridade, efetividade, proteção da dignidade da pessoa humana, dentre outros tão caros ao processo e que permitem a aplicação ampla dos dispositivos relacionados a defesa do reclamado.

Tais dispositivos não podem deixar de ser aplicados sob a alegação de existência de lacuna normativa, já que demonstrada que a análise deve ser macroscopicamente realizada, para também serem visualizadas as lacunas ontológicas e axiológicas, existentes em alguns pontos do direito processual do trabalho.

6. REFERÊNCIAS

BEZERRA LEITE, Carlos Henrique. Curso de Direito Processual do Trabalho. 12ª ed, LTr: São Paulo, 2014.

DINIZ, Maria Helena. Compêndio de introdução à ciência do direito, 14ª ed, São Paulo: saraiva, 2001, p. 437.

SCHIAVI, Mauro. Manual de Direito Processual do Trabalho. 4ª ed. LTr: São Paulo, 2011.

---

17 KLIPPEL, Bruno. Direito Sumular TST Esquematizado, 4ª ed. Saraiva: São Paulo, 2014, p. 218.

GARCIA, Gustavo Filipe Barbosa. Curso de Direito Processual do Trabalho. Forense: Rio de Janeiro, 2012.

CAIRO JR, José. Curso de Direito Processual do Trabalho. 6ª ed. Juspodivm: Salvador, 2013.

DIDIER JR, Fredie. MOUTA, José Henrique. KLIPPEL, Rodrigo (Coord). O Projeto do Novo Código de Processo Civil: Estudos em homenagem ao Professor José de Albuquerque Rocha. Juspodivm, Salvador, 2011.

KLIPPEL, Bruno. Direito Sumular TST Esquematizado, 4ª ed. Saraiva: São Paulo, 2014.

Capítulo 34
JULGAMENTO ANTECIPADO PARCIAL DO MÉRITO

Edilton Meireles[1]

SUMÁRIO: 1. INTRODUÇÃO; 2. UMA DISTINÇÃO NECESSÁRIA: AÇÃO E PROCESSO; 3. DO JULGAMENTO ANTECIPADO PARCIAL NA LEGISLAÇÃO ANTERIOR AO CPC/15; 4. DO JULGAMENTO ANTECIPADO PARCIAL DE MÉRITO NO ART. 356 DO CPC/15; 4.1. OUTRAS HIPÓTESES DE JULGAMENTO PARCIAL ANTECIPADO DE MÉRITO; 5. DO RECURSO; 6. DOS HONORÁRIOS ADVOCATÍCIOS; 7. DA ORDEM CRONOLÓGICA; 8. NO PROCESSO DO TRABALHO; 9. CONCLUSÃO.

1. INTRODUÇÃO

Preocupado com o princípio da duração razoável do processo (celeridade), o legislador, em boa hora, tratou de regular de forma expressa a hipótese de julgamento antecipado parcial do mérito no processo civil brasileiro no novo CPC.

Com essa regulamentação o legislador não só procurou dispor expressamente sobre essa possibilidade - que não se constitui novidade na legislação processual -, como quis corrigir uma atecnia existente no CPC de 1973, quando trata da antecipação da tutela na hipótese de pedido incontroverso (§ 6º do art. 273 do CPC/73).

Adiante procuramos tratar deste tema, em todas as suas vertentes. Deixamos de lado, porém, a hipótese de julgamento antecipado parcial sem resolução de mérito, que, mais uma vez, não foi objeto de regulamentação especifica pelo legislador.

2. UMA DISTINÇÃO NECESSÁRIA: AÇÃO E PROCESSO

Antes de adentrarmos, todavia, na hipótese de julgamento antecipado parcial e mérito, é preciso relembrar uma distinção muito cara ao direito processual e que nem sempre é lembrada, inclusive pelo legislador. Queremos nos referir à distinção entre ação e processo.

---

[1] Pós-doutor em Direito pela Faculdade de Direito da Universidade de Lisboa. Doutor em Direito pela Pontifícia Universidade Católica de São Paulo (PUC/SP). Professor de Direito Processual Civil na Universidade Federal da Bahia (UFBa). Professor de Direito na Universidade Católica do Salvador (UCSal). Membro do IBDP. Membro da Associacion Iberoamericana de Derecho del Trabajo. Membro do Instituto Brasileiro de Direito Social Cesarino Júnior. Desembargador do Trabalho na Bahia (TRT 5ª Região).

Como é sabido, em expressão já clássica, para todo direito corresponde uma ação judicial. Ou seja, para cada direito subjetivo, o seu titular dispõe do direito de ação correspondente. Isso é, ele pode propor uma ação exigindo do Estado a prestação de um serviço jurisdicional tendente a lhe assegurar a satisfação do direito subjetivo que alega possuir.

Assim, por exemplo, se alguém deve o aluguel (os alimentos, o salário, etc) do mês de janeiro, o credor pode propor uma ação judicial cobrando a prestação respectiva.

Pode ocorrer, porém, de a pessoa ser titular de diversos direitos subjetivos em face da mesma pessoa (ou diversas pessoas). Neste caso, ela pode propor tantas ações judiciais quanto sejam seus direitos subjetivos. Por exemplo: se a pessoa é credora dos alugueres devidos em janeiro, fevereiro e março, pode propor três distintas ações, cobrando em cada uma delas a prestação devida em cada mês.

A ação judicial, por sua vez, é instrumentalizada em um processo. Processo aqui entendido, ao menos para fins didáticos, como o instrumento ou meio adequado pelo qual o Estado presta a tutela jurisdicional. Instrumento através do qual se exercer a função jurisdicional e a parte exerce seu direito de ação.

Assim, para cada ação o seu respectivo processo.

O direito, porém, por economia e até para melhor gestão do serviço público, acaba por admitir que o titular do direito subjetivo possa reunir todas essas suas ações num único procedimento judicial. Para tanto, o interessado pode propor então uma ação com cumulação de pedidos (art. 327 do CPC/15). São várias ações reunidas.

Todas essas ações, por suas vezes, são reunidas em um único processo. Ou, se assim quiser entender, são vários processos (ação) reunidos em um único processo.

Todas ações reunidas em um único processo, porém, tanto pode ser tratado pelo direito processual de forma autônoma entre si (diversas ações/processos reunidos distintos entre si), como pode ser regulada procedimentalmente de forma dependente uma da outra (como se fosse apenas uma ação/processo). Aqui cuida-se de uma opção legislativa.

Nada impede, ainda, que mesmo em relação a uma única ação (demanda de apenas um direito subjetivo), o legislador permita que ela possa ser fracionada, autorizando ao juiz apreciar parcela do pedido, destacando-o do restante.

Tais lições, portanto, devemos ter em mente ao apreciarmos o instituto processual do julgamento antecipado parcial de mérito.

3. DO JULGAMENTO ANTECIPADO PARCIAL NA LEGISLAÇÃO ANTERIOR AO CPC/15

À primeira vista, poder-se-ia pensar que o julgamento antecipado parcial, ainda que do mérito, é uma das novidades disciplinadas no CPC de 2015. Ledo engano.

Em verdade, mesmo diante do CPC de 1973 encontramos diversas hipóteses de julgamento antecipado do mérito. Para tanto, podemos começar por citar a hipótese de julgamento "de plano" da ação de consignação proposta contra duas ou mais pessoas fundada "em dúvida sobre quem deva legitimamente receber" a prestação.

Nesta hipótese, diz o CPC de 1973, em seu art. 898, que, "não comparecendo nenhum pretendente, converter-se-á o depósito em arrecadação de bens de ausentes; comparecendo apenas um, o juiz decidirá de plano; comparecendo mais de um, o juiz declarará efetuado o depósito e extinta a obrigação, continuando o processo a correr unicamente entre os credores; caso em que se observará o procedimento ordinário".

Em outras palavras, nesta hipótese, proposta a demanda contra dois ou mais réus, o juiz pode declarar extinta a obrigação cuja prestação foi consignada pelo autor, extinguindo o processo em face deste, "continuando o processo a correr unicamente entre os credores".

Vejam, então, que, nesta hipótese, o juiz julga antecipadamente o mérito, declarando a extinção da obrigação cuja prestação foi consignada pelo autor da consignação. Em outras palavras, julga procedente a consignação, certificando a satisfação da obrigação.

Mais outros exemplos, mesmo de mérito, podem ser lembrados, ainda que não regulados expressamente na legislação. E aqui queremos nos referir as hipóteses em que o juiz homologa acordo judicial derredor de parte do pedido. Não é raro, em demanda judicial, as partes conciliarem derredor de parte do pleito da inicial, prosseguindo-se o processo no restante. Logo, aqui temos um julgamento antecipado do mérito.

Igual fenômeno, por sua vez, já percebido pela doutrina, verifica-se, à luz do CPC/73, quando o juiz concede a tutela antecipada do pedido incontroverso (§ 6º do art. 273). Neste caso, diante da incontrovérsia, o juiz, em juízo exauriente, oferta a tutela final da demanda. Ou seja, julga parcialmente o mérito.

Já quanto ao julgamento antecipado sem resolução de mérito podemos citar, mesmo à luz do CPC/73 a hipótese em que o juiz homologa o pedido de desistência parcial do pedido ou da demanda em face de um dos litisconsortes passivo.

No processo do trabalho e nos juizados especiais podemos citar a hipótese de arquivamento (extinção sem resolução de mérito) da demanda proposta pelo litisconsorte ativo que não comparece à audiência, prosseguindo o processo apenas com os autores presentes. Aqui há extinção parcial do processo, em face de um dos autores.

Situação semelhante a esta, cuida-se daquela na qual o juiz impõe a limitação do litisconsórcio ativo (parágrafo único do art. 46 do CPC/73). Neste caso, o juiz, ao determinar a limitação pode adotar dois procedimentos alternativos: primeiro, extinguir o processo como um todo, determinando que novas ações sejam propostas com a limitação de litisconsortes; ou, segundo, extinguir o processo em relação a alguns demandantes, prosseguindo em relação aos remanescentes, permitindo-se que aqueles primeiros proponham outras demandas.

No CPC de 2015, por sua vez, além dos exemplos acima mencionados, expressamente menciona outra hipótese de julgamento antecipado parcial. Trata-se da extinção da demanda contra réu originário quando este alega sua ilegitimidade ou que não é o responsável pelo prejuízo invocado (art. 338).

Vejam, que, neste caso, o autor pode pedir a substituição do réu (parágrafo único do art. 338). Logo, ele estaria desistindo da demanda proposta em face do réu originariamente ilegítimo, prosseguindo do mesmo processo contra o novo réu (substituto).

E no caso de substituição do réu originário quando este alega que não é o responsável pelo prejuízo invocado, podemos até concluir que o autor, ao pedir a substituição, estaria reconhecendo a improcedência da demanda em face daquele primeiro, prosseguindo com o processo em face do réu substituto.

Em suma, com os diversos exemplos acima mencionados, verificamos que o julgamento antecipado parcial com ou sem resolução do mérito não se constitui nenhuma novidade no processo civil brasileiro. De novidade mesmo apenas sua expressa regulamentação no art. 356 do CPC de 2015.

4. DO JULGAMENTO ANTECIPADO PARCIAL DE MÉRITO NO ART. 356 DO CPC/15.

Como dito na introdução, preocupado com a duração razoável do processo (em verdade, da ação judicial), o legislador processual tratou de regulamentar expressamente as hipóteses de julgamento antecipado do mérito, sem prejuízo das hipóteses tratadas especificamente, a exemplo da ação de consignação proposta contra credores duvidosos.

Assim é que, no art. 356 do CPC/15, está estabelecida a possibilidade do julgamento parcial antecipado do mérito "quando um ou mais dos pedidos formulados ou parcela deles":

a) "mostrar-se incontroverso";
b) "não houver necessidade de produção de outras provas";
c) ou quando o réu for revel, presumindo-se "por verdadeiras as alegações de fato formuladas pelo autor" (art. 344 do CPC/15) e não haja requerimento de produção de prova pelo demandado.

Observem que, seguindo a regra da tutela antecipada de pedido incontroverso, previsto no § 6º do art. 273 do COC/73, o legislador repetiu a fórmula quanto a possibilidade de julgamento de um ou mais pedido ou de parcela deles. Por exemplo, diante de dois ou mais pedidos, o juiz pode julgar, desde logo, um deles, prosseguindo o processo em suas fases posteriores com o outro ou demais pedidos.

Pode, ainda, em relação a um dos pedidos, julgar apenas uma parcela dele, prosseguindo na demanda em suas fases posteriores para posteriormente apreciar o restante do mesmo pedido, em sua parcela ainda não apreciada. Exemplo que se tem é aquela no qual o autor pede a condenação do réu em determinada quantia e este reconhece dever um valor inferior ao demandado na inicial. Logo, diante da incontrovérsia de parcela do pedido, o juiz está autorizado a julgar antecipadamente uma parcela do pedido.

Os exemplos se avolumam, sendo que, no processo do trabalho, que se caracteriza pelo fato de que na inicial, em geral, o autor formula diversos pedidos, muitas vezes ultrapassando a casa da unidade (dez ou mais pedidos), essa possibilidade ganha contornos de ampla utilidade.

O pedido se revela incontroverso quando o réu não contesta ou reconhece a procedência do pedido. Também aqui se enquadra a hipótese na qual o autor renúncia à pretensão formulada na ação, pois, neste caso, o pedido se torna incontroverso como não sendo (mais) devido.

Hipótese em que não há necessidade de produção de outras provas se tem quando o fato resta comprovado pela prova documental exibida pelo autor ou réu, ou quando diante da realização da perícia ou mesmo quando diante da confissão da parte.

Também se terá oportunidade para o julgamento antecipado parcial do mérito quando, em não havendo contestação, ter-se "por verdadeiras as alegações de fato formuladas pelo autor" (art. 344 do CPC/15) e não haja, por parte do demandado, o requerimento de produção de prova.

Vale lembrar, todavia, que a falta de contestação não induz a veracidade das alegações de fato postas na inicial se, conforme art. 345 do CPC/15,

"I – havendo pluralidade de réus, algum deles contestar a ação;

II – o litígio versar sobre direitos indisponíveis;

III – a petição inicial não estiver acompanhada de instrumento que a lei considere indispensável à prova do ato;

IV – as alegações de fato formuladas pelo autor forem inverossímeis ou estiverem em contradição com prova constante dos autos".

A legislação, por sua vez, não limita a natureza da decisão. Logo, ela pode se referir ao um pedido meramente declaratório, constitutivo ou condenatório.

Da mesma forma, a lei não limita a quantidade de decisões antecipadora parcial do mérito. Daí porque o juiz pode proferir diversas decisões de antecipação parcial do mérito, à medida que, em relação ao pedido, esteja preenchido o pressuposto para seu julgamento. Uma vez encerrada a fase de instrução, todavia, descabe o julgamento parcial dos pedidos. Neste caso, o julgamento deverá ser "em bloco", sob pena de verdadeira fraude à lei.

A decisão, por sua vez, "poderá reconhecer a existência de obrigação líquida ou ilíquida" (§ 1º do art. 356 do CPC/15).

A parte, outrossim, está autorizado a "liquidar ou executar, desde logo, a obrigação reconhecida na decisão que julgar parcialmente o mérito, independentemente de caução, ainda que haja recurso contra essa interposto" (§ 2º do art. 356 do CPC/15).

Vejam que, mesmo diante do cumprimento provisório, foi dispensada a exigência da caução.

Essa liquidação ou cumprimento da decisão, por sua vez, poderão ser processados em autos suplementares, a requerimento da parte ou a critério do juiz (§ 4º do art. 356 do CPC/15). Melhor será, ao certo, formar autos apartados ou procedimento virtual autônomo para evitar tumultos processuais, com perda do benefício buscado (celeridade).

4.1. OUTRAS HIPÓTESES DE JULGAMENTO PARCIAL ANTECIPADO DE MÉRITO

As hipóteses nas quais o juiz pode julgar antecipadamente o mérito da demanda de forma parcial, porém, não se limita às hipóteses elencadas no art. 356 do CPC/15.

Outras hipóteses, aliás, expressamente mencionadas, estão apontadas no parágrafo único do art. 354 do CPC/15, que permite ao juiz, extinguir com resolução de mérito, ainda que parcialmente, os pedidos quando, "de ofício ou a requerimento" verificar a "ocorrência de decadência ou prescrição" (inciso II do art. 487 c/c art. 354 do CPC/15) ou acolher o pedido quando haja "o reconhecimento da procedência do pedido formulado na ação ou na reconvenção", as partes transacionem parcialmente ou o autor renuncie parcialmente "à pretensão formulada na ação ou na reconvenção" (inciso III do art. 487 c/c art. 354 do CPC/15).

É bem verdade, porém, que em todas essas hipóteses, o juiz estará diante de uma situação na qual ou o pedido de mostra incontroverso (alínea "a" do art. 356 do CPC/15) ou não haja mais "necessidade de produção de outras provas" (alínea "b" do art. 356 do CPC/15). Logo, todas essas hipóteses se enquadram no art. 356 do novo CPC, ao regular o julgamento antecipado do mérito.

Outras hipóteses que podem ser mencionadas são aquelas que permitem o julgamento liminar de improcedência da demanda, tal como previsto no art. 332 do CPC. Neste dispositivo, o CPC prevê a possibilidade de o juiz julgar, por inteiro, a improcedência da demanda. Pode ocorrer, porém, de apenas um dos pedidos ou parte dele se enquadrar nas hipóteses ali mencionadas. Logo, neste caso, quando parcialmente o pedido se revela, prima facie, improcedente, pode o juiz, de forma antecipada, julgar parcialmente o mérito.

Assim, também cabe julgar improcedente de forma antecipada e parcial o pedido que contrariar:

> "I – enunciado de súmula do Supremo Tribunal Federal ou do Superior Tribunal de Justiça;
>
> II – acórdão proferido pelo Supremo Tribunal Federal ou pelo Superior Tribunal de Justiça em julgamento de recursos repetitivos;
>
> III – entendimento firmado em incidente de resolução de demandas repetitivas ou de assunção de competência;
>
> IV – enunciado de súmula de tribunal de justiça sobre direito local".

Diga-se, ainda, que o § 1º do art. 332 do CPC/15 repete a possibilidade de o juiz julgar de forma antecipada o pedido quando verificar "a ocorrência de decadência ou de prescrição".

Vale ressaltar, porém, que quando o juiz julga liminarmente o pedido em face da decadência ou prescrição, na forma permitida no art. 332 do CPC/15, ele está dispensado de ouvir o autor sobre essas questões. Essa conclusão se extrai da leitura do parágrafo único do art. 487 do CPC. Já quando decide ao final da fase de conhecimento, mas não liminarmente, reconhecendo a ocorrência da decadência ou prescrição, cabe ao juiz, antes, dar oportunidade para que as partes se manifestem a respeito (parágrafo único do art. 487 do CPC).

A distinção tem lógica. Isso porque, ao julgar liminarmente, ainda que não tenha dado oportunidade ao autor para se manifestar sobre a decadência ou prescrição aplicada de ofício, diante da apelação, o juiz poderá se retratar (§ 3º do art. 332 do CPC/15). Aqui, então, preferiu o legislador diferir o contraditório. Ao invés de ouvir antes o autor, para depois julgar liminarmente a demanda, preferiu o legislador permitir ao juiz julgar de logo o pedido e depois, se for o caso, diante da apelação, se retratar em face da manifestação do autor. E caso o réu renuncie a prescrição em contrarrazões (contraditório em face do réu), caberá ao tribunal prover o recurso, retornando a demanda ao seu curso natural.

Já diante da decisão final, como contra este provimento cabe apelação sem direito de retratação, correto é assegurar o contraditório "antecipado".

Mas a dúvida, porém, fica em relação ao julgamento antecipado parcial de mérito quando o juiz reconhece, de ofício, a ocorrência da prescrição ou decadência. A princípio, podemos pensar que caberia assegurar o contraditório prévio à decisão judicial nesta hipótese, já que não se trata de julgamento liminar. Logo, não se aplica a exceção prevista no parágrafo único do art. 487 do CPC. Contudo, é preciso lembrar que contra a decisão que julga de forma parcial o pedido cabe agravo de instrumento (§ 5º do art. 356 do CPC/15). E, diante do agravo de instrumento, o juiz também tem o juízo de retratação (§ 1º do art. 1.018 do CPC/15).

Assim, podemos fazer a interpretação de que, também neste caso, descaberia assegurar o contraditório prévio, diante da possibilidade de retratação. Contudo, na dúvida, preferimos ficar com a literalidade do parágrafo único do art. 487 do novel CPC que somente abre exceção ao contraditório quando diante de decisão liminar de improcedência, adotada na forma do art. 332 do CPC.

5. DO RECURSO

A decisão que julga antecipadamente de forma parcial o mérito é, no conceito do CPC/15, de natureza interlocutória (art. 203, § 2º). Isso porque ela não põe fim a fase de conhecimento em seu todo. Daí porque, dentro da lógica do novo CPC/15, o § 5º do art. 356 estabelece que essa decisão é impugnável por agravo de instrumento. Tal regra se repete, em outras palavras, no inciso II do art. 1.015 do CPC/15, já que cuida de decisão que "mérito do processo".

Tal agravo de instrumento, por sua vez, tem verdadeira natureza de apelação. E tanto assim o é que o próprio CPC o tratou dessa forma ao estabelecer a incidência da técnica de julgamento prevista do art. 942 do CPC quando, no agravo de instrumento, "houver reforma da decisão que julgar parcialmente o mérito" (inciso II do § 3º).

Em suma, tal como na apelação, quando o resultado não for unânime, "o julgamento [do agravo de instrumento] terá prosseguimento em sessão a ser designada com a presença de outros julgadores, que serão convocados nos termos previamente definidos no regimento interno, em número suficiente para garantir a possibilidade de inversão do resultado inicial, assegurado às partes e a eventuais terceiros o direito de sustentar oralmente suas razões perante os novos julgadores" (art. 942, caput, CPC/15).

Vejam, ainda, que, da aplicação deste dispositivo, extrai-se outra regra própria da apelação, somente estendida ao agravo de instrumento por norma expressa. Estamos a nos referir do direito de sustentação oral.

Vejam que o CPC, em seu art. 937, não estabelece expressamente a possibilidade de a parte poder fazer sustentação oral em agravo de instrumento interposto contra decisão que julga antecipadamente de forma parcial o mérito. Há previsão para a sustentação oral "no agravo de instrumento interposto contra decisões interlocutórias que versem sobre tutelas provisórias de urgência ou da evidência" (inciso VIII). Olvidaram de mencionar, no entanto, o agravo de instrumento interposto contra decisão que julga antecipadamente de forma parcial o mérito.

Pelas vias transversas, no entanto, em face da incidência do art. 942 do CPC/15, podemos concluir que também é assegurada a sustentação oral no agravo de instrumento interposto contra decisão que julga de forma antecipada parcialmente o mérito. Isso porque por este dispositivo está "assegurado às partes e a eventuais terceiros o direito de sustentar oralmente suas razões perante os novos julgadores" (art. 942, caput, CPC/15). Se tem direito de sustentar perante os novos julgadores, ao certo tem perante os "antigos" (originários) julgadores.

Destaque-se, porém, que, mesmo diante de uma decisão com natureza de sentença (pois resolve em definitivo o mérito, ainda que parcialmente) e de um recurso com natureza de apelação, o legislador retirou o efeito suspensivo a este (recurso). E tal decorre da própria lógica do cabimento do julgamento antecipado parcial, já que com esse instituto o que se busca é a maior celeridade processual, "incluída a atividade satisfativa" (art. 4º do CPC/15). Não teria lógica, assim, estabelecer o efeito suspensivo ao recurso. Aqui se seguiu a lógica do agravo de instrumento, que não é dotado de efeito suspensivo.

Entendemos, porém, que o legislador andou mal ao regulamentar esse instituto. Deveria ter feito de forma mais técnica, de modo a evitar confusões. Para tanto, e mesmo para sua melhor compreensão, teria sido melhor que o legislador tivesse sido expresso em conceder poderes ao juiz para "dividir" o processo. Separar as ações ou dividi-la em caso de parcela julgada parcialmente de forma antecipada.

Em suma, o que ocorre no julgamento antecipado parcial, seja de mérito, seja sem resolução de mérito, é uma verdadeira separação das ações reunidas no mesmo processo ou da divisão da ação quando se julga apenas uma parcela do (de um) pedido. Separação ou divisão ex officio.

Esse fenômeno, aliás, repete-se quando da limitação "do litisconsórcio facultativo quanto ao número de litigantes na fase de conhecimento, na liquidação de sentença ou na execução, quando este comprometer a rápida solução do litígio ou dificultar a defesa ou o cumprimento da sentença" (§ 1º do art. 113 do CPC).

Vejam que o que ocorre, nesta hipótese, é uma verdadeira separação de ações reunidas em um único processo. Quando o juiz determina a limitação do litisconsórcio, ele, em outras palavras, manda dividir o processo. Isso fica claro em especial na fase de liquidação de sentença e na de seu cumprimento. Aqui se tem um processo que é divido de acordo com o número de litisconsórcio, desdobrando-se em quantos seja determinado pelo juiz.

A partir dessa percepção, então, deveria ter o legislador previsto, de forma expressa, que o juiz estaria autorizado a dividir o processo, presentes os pressupostos para julgamento antecipado parcial do mérito. Dividido, formando-se um novo processo, dar-se-ia a este o mesmo tratamento dado à sua decisão definitiva. Ou seja, teríamos uma sentença a reclamar apelação, etc.

Tal regramento, por sua vez, teria a vantagem de evitar dúvidas quanto ao processamento do recurso. Isso porque, na forma estabelecida no CPC/15, em se tratando de agravo de instrumento com natureza de sentença, restam dúvidas quanto a aplicação das regras próprias do agravo de instrumento, a exemplo do juízo de retratação do órgão recorrido (§ 1º do art. 1.018 do CPC/15).

De qualquer forma, ainda que assim não tenha sido previsto em lei, é fato que ao agravo de instrumento interposto contra a decisão que julga antecipadamente de forma parcial o mérito deve ser dado o mesmo tratamento dispensado à apelação, salvo o seu efeito suspensivo, em face de regra expressa (§ 2º do art. 356 do CPC/15).

Mas, de qualquer forma, algumas dúvidas restam. Por exemplo, o recurso deve ser interposto diretamente perante o tribunal (art. 1.016 do CPC/15) ou perante o juízo recorrido (art. 1.010 do CPC/15)? Cabe-lhe exigir o preparo próprio da apelação ou não? São dúvidas que somente a jurisprudência irá sanar de forma definitivo. Até lá, cabe a aplicação do princípio da fungibilidade. De nossa parte, entendemos que cabe aplicar, a este agravo de instrumento, as regras próprias da apelação.

E uma das grandes e sérias dúvidas se têm é quanto à possibilidade do exercício do poder de retratação quando diante do agravo de instrumento interposto contra a decisão que julga de forma antecipada parcialmente o mérito. A dúvida surge a partir da possibilidade de o juiz, quando diante do agravo de instrumento, cabível contra esta decisão parcial, poder se retratar (§ 1º do art. 1.018 do CPC/15).

O CPC prevê três hipóteses nas quais o juiz pode se retratar quando diante de recurso contra suas decisões. Elas são: quando julga improcedente de forma liminar a demanda (§ 3º do art. 332), quando indefere a peça inicial (art. 331) e quando diante do agravo de instrumento (§1º do art. 1.018 do CPC/15).

Vejam, então, que pela lógica do Código a possibilidade de juízo de retratação em apelação, nas duas primeiras hipóteses, somente é admitida quando ainda não inaugurado o contraditório, com a citação do réu. No julgamento antecipado parcial de mérito, porém, o contraditório já terá sido instalado. Essa distinção é relevante para não igualar as três hipóteses.

Contudo, ainda assim, podemos ter entendimentos diversos. Isso porque se pode querer, como acima defendido, igualar o agravo de instrumento à apelação, o que excluiria o juízo de retratação no recurso contra a decisão que julga antecipadamente de forma parcial o mérito, como se pode defender essa possibilidade diante da regra expressa do § 1º do art. 1.018 do CPC/15.

Como, porém, o agravo de instrumento tem cabimento em diversas outras hipóteses nas quais o juiz pode prolatar decisão resolvendo o mérito também de forma definitiva, após instalado o contraditório (v. g., quando decide o incidente de desconsideração da personalidade jurídica; rejeita o benefício da justiça gratuita, etc), cabendo a retratação em todas elas, na dúvida, para não gerar insegurança jurídica, é melhor optar pela possibilidade de o juiz poder se retratar também na hipótese de recurso contra a decisão que julga antecipadamente de forma parcial o mérito. O princípio da segurança jurídica, aliada a literalidade do texto legal, induz essa conclusão.

6. DOS HONORÁRIOS ADVOCATÍCIOS

Outra questão duvidosa se refere aos honorários advocatícios.

Na dicção do art. 85 do CPC/15 os honorários advocatícios devem ser fixados na "sentença".

Se se adotar a literalidade deste dispositivo, quando do julgamento antecipado parcial do mérito, descaberá ao juiz decidir quanto aos honorários advocatícios. Restaria deixar essa questão para ser enfrentada quando do último julgamento, isto é, quando da prolação da sentença (decisão que põe fim à fase de conhecimento).

A questão aqui, porém, é duvidosa. Partindo do pressuposto acima sustentado que caberia ter esse julgamento antecipado parcial como uma decisão que impõe a "divisão" do processo, haveríamos de apreciar cada uma das partes divididas como verdadeira ação autônoma, de modo a atrair a condenação em honorários.

E se assim se entender ou interpretar as normas do CPC, a questão dos honorários advocatícios estaria resolvida.

O novo CPC, porém, parece que segue outra lógica, permitindo o julgamento parcial, mas sem considerar a parte decidida como "demanda" autônoma, que se separa em definitivo do processo original (dos "autos principais").

Em sendo assim, parece-nos que, de fato, o procedimento a ser adotado e de somente decidir os honorários advocatícios quando da prolação da sentença.

Isso porque, em relação aos honorários advocatícios, o juiz haveria de ter em conta a atuação do advogado em todo o processo ajuizado. Da inicial à sentença. Descaberia, assim, ao juiz condenar o vencido de forma antecipa.

A princípio se poderia pensar no contrário. Essa divisão, porém, traria uma dificuldade.

Vejam a hipótese de sucumbência mínima do pedido. Neste caso, a regra é condenar a outra parte, por inteiro, pelas despesas e honorários advocatícios (parágrafo único do art. 86 do CPC). Imaginem, então, que a parte mínima seja justamente aquela acolhida em julgamento antecipado parcial de mérito, mas somente assim definida após o julgamento dos demais pedidos. Se nesta oportunidade do julgamento antecipado o juiz tiver que decidir quanto aos honorários advocatícios, haveria de condenar o vencido nos honorários incidentes sobre a parcela objeto da condenação antecipada. Se, no entanto, ao julgar o restante dos pedidos o juiz concluir que o derrotado na decisão antecipada somente foi vencido em parte mínima considerando todos os pedidos, que seria justamente aquela antecipada, teríamos criado uma situação na qual a regra do parágrafo único do art. 86 do CPC teria sido fraudada. Isso porque, uma vez condenado o vencido em parte mínima do pedido nos honorários incidente sobre a parcela antecipada, não se teria mais como aplicar a regra do parágrafo único do art. 86 do CPC.

Aqui estamos, pois, diante de outra questão a ser resolvida pela jurisprudência. De lamentar, todavia, esse outro vacilo do legislador.

7. DA ORDEM CRONOLÓGICA

Outra dificuldade temos em relação ao julgamento na ordem cronológica de conclusão.

O art. 12 do novo CPC estabelece que "os juízes e os tribunais atenderão, preferencialmente, à ordem cronológica de conclusão para proferir sentença ou acórdão".

E, mais uma vez, adotando-se a interpretação literal do caput do art. 12, teríamos que a decisão interlocutória que antecipa parcialmente o mérito não está sujeita à apreciação conforme a ordem cronológica de conclusão, já que este dispositivo somente menciona as sentenças e acórdãos. E tanto seria assim, pois, ao mencionar os procedimentos ou atos que estão excluídos desta regra, o legislador não incluiu o julgamento antecipado (§ 2º do art. 12). Ou seja, teria distinguido a decisão interlocutória que antecipa parcialmente o mérito da sentença em si.

Assim pode até ser, mas essa interpretação acaba por tratar de forma contraditória o mesmo instituto processual. Isso porque, ora teria a decisão que antecipa parcialmente o mérito como simples decisão interlocutória, afastando-o da regra do art. 12 do CPC, ora teria essa mesma decisão como de natureza de sentença ao dar ao agravo de instrumento contra ela interposto o tratamento dispensado à apelação (que pressupõe uma sentença).

Creio, porém, que o sentido do art. 12 do CPC é estabelecer uma ordem de cronológica para prolação de decisão de mérito, seja interlocutoriamente, seja ao final da fase de conhecimento, lembrando que a decisão que extingue o processo sem resolução do mérito está na exceção do § 2º do art. 12 (inciso IV).

Assim, a decisão que antecipa parcialmente o mérito somente deve ser prolatada em obediência à ordem cronológica a que se refere o caput do art. 12 do novo CPC.

Não temos dúvidas, porém, em afirmar, numa interpretação teleológica deste instituto do processo civil, que, no mínimo, deve haver respeito à ordem cronológica de conclusão dos processos nos quais o juiz pode prolatar decisão antecipada parcial de mérito. Isso de modo a evitar os "privilégios", que é o que justamente essa norma – que impõe o respeito à ordem cronológica - busca por fim.

8. NO PROCESSO DO TRABALHO

Afirmamos acima que a possibilidade de julgamento antecipado parcial de mérito cai como uma luva no processo do trabalho, considerando que, em geral, na inicial da demanda trabalhista, são formulados inúmeros pedidos, aumentando a probabilidade da adoção deste procedimento de apreciação dos pleitos.

A isso se acresça o fato de que, na demanda trabalhista, em geral, o autor é pessoa vulnerável, com parcos recursos econômicos, a demandar parcela de natureza alimentar (salários), o que atraia a incidência do princípio da duração razoável do processo com fortes cores. O julgamento antecipado parcial do mérito, portanto, vai ao encontro dos anseios do trabalhador demandante.

Podemos, assim, concluir que este instituto processual é plenamente aplicável ao processo do trabalho e chegaria em boa hora.

Mas uma dificuldade há de ser superada. E para tanto um "dogma" do processo do trabalho há de ser quebrado, reinterpretando-se uma de suas regras de ouro. Refiro-me à regra do § 1º do art. 893 da CLT, que admite "a apreciação do merecimento das decisões interlocutórias somente em recurso da decisão definitiva", entendendo-se esta como a sentença que põe fim à fase de conhecimento.

Está consagrado nas doutrina e jurisprudência trabalhistas o entendimento de que contra decisão interlocutória descabe a interposição de imediato de recurso. A decisão interlocutória seria, assim, objeto de recurso somente quando da decisão definitiva ou terminativa do feito (art. 895, inciso I, da CLT). Mas, repito: entendendo-se a decisão terminativa ou definitiva como aquela que põe fim à fase de conhecimento.

Mas esse entendimento tem toda a sua lógica à luz do CPC de 1973. Com o novo CPC, no entanto, não se pode mais ter a sentença como a única decisão definitiva ou terminativa do feito. Isso porque a decisão interlocutória que julga antecipadamente de forma parcial o pedido também é uma decisão definitiva. É definitiva em relação ao pedido apreciado antecipadamente. E uma vez proferida, não cabe mais ao juiz de primeiro grau voltar a apreciar a mesma questão.

Daí se tem que cabe reinterpretar o § 1º do art. 893 da CLT de modo a se entender que a "apreciação do merecimento das decisões interlocutórias" somente caberá em recurso interposto contra a sentença se aquela (decisão interlocutória) não for definitiva (não for de mérito).

Em assim não se entendendo, seria mínimo o ganho com o julgamento antecipado parcial do mérito no processo do trabalho. Em outras palavras, ele seria mera "antecipação da tutela" em seus efeitos práticos, ainda que não sujeito à confirmação na "decisão definitiva" (sentença).

A grande vantagem do julgamento antecipado é justamente permitir a formação da coisa julgada antecipadamente ou mesmo o processamento de eventual recurso de imediato. Se for para aguardar o fim do processo como um todo para que esses fenômenos possam ocorrer, o julgamento antecipado de mérito do CPC de 2015 irá se igualar à tutela antecipada do CPC de 73.

Pensamos, porém, que cabe a reinterpretação, tal como já procedida pelo TST em situações semelhantes, quando passou a admitir o recurso contra decisão interlocutória de decisão "a) de Tribunal Regional do Trabalho contrária à Súmula ou Orientação Jurisprudencial do Tribunal Superior do Trabalho; b) suscetível de impugnação mediante recurso para o mesmo Tribunal; c) que acolhe exceção de incompetência territorial, com a remessa dos autos para Tribunal Regional distinto daquele a que [qual] se vincula o juízo excepcionado, consoante o disposto no art. 799, § 2º, da CLT" (Súmula n. 214).

Vejam que, nessas três hipóteses, a CLT não admite a interposição de recurso contra a decisão interlocutória. Mesmo na hipótese do § 2º do art. 799 da CLT, o que ali está dito é que, se o juiz acolher a exceção de incompetência e julgar extinta a demanda (decisão "terminativa do feito"), ao invés de remeter o processo para o juízo competente, caberia o recurso ordinário. A menção a este dispositivo, aliás, é um grande equívoco interpretativo do TST. Isso porque, neste dispositivo, em momento algum se diz que cabe recurso contra a decisão que determina a remessa dos autos para outro juízo, até porque ela não é terminativa do feito.

O TST, porém, inovando, passou a admitir o recurso contra a decisão interlocutória que, acolhendo a exceção de incompetência territorial, determina a remessa dos autos para juízo vinculado à Tribunal Regional distinto daquele a qual se vincula o juízo excepcionado.

Em suma, no que nos interessa, é fato que o próprio TST já inovou, reinterpretando a CLT, de modo a admitir o recurso contra decisão interlocutória ao menos em três hipóteses. E em relação à segunda hipótese (decisão ""suscetível de impugnação mediante recurso para o mesmo Tribunal"), generalizou-se a possibilidade da interposição do recurso de agravo previsto no CPC ou instituído por Regimento Interno (em norma inconstitucional, já que os Tribunais não têm competência para legislar em matéria de direito processual).

Cabe, pois, apenas ter a coragem de romper com esse "dogma" de modo que processo do trabalho possa avançar.

E avançando, diria que o recurso cabível contra a decisão definitiva que antecipa de forma parcial o mérito no processo do trabalho é o ordinário. E, como tal, ele atrai a incidência de todas as regras relativas ao preparo recursal, inclusive a exigência do depósito recursal, se for o caso.

Como no processo do trabalho não se aplica a regra da sucumbência mínima para fixação dos honorários advocatícios, nada impede, ainda, da sua condenação em decisão antecipada parcial de mérito.

Caberia, ainda, ao juiz do trabalho, ao julgar antecipadamente de forma parcial o mérito, caso acolha o pedido, impor, desde logo, a condenação do demandado no pagamento das custas parciais do processo. Caso, porém, rejeite integralmente o pedido de forma antecipada em decisão parcial, deve deixar a decisão quanto as custas para o final do processo. Isso porque, caso o autor venha a ser vencedor em qualquer outro pedido, ainda que mínimo, essa despesa deve ser arcada pelo demandado. Isso se entender que continua a ser um mesmo processo, ainda que repartido, mas não dividido.

Uma dificuldade teríamos quanto ao depósito recursal. Isso porque a lei estabelece um limite a este depósito. Pode ocorrer, porém, que com o recurso interposto contra a decisão que antecipa parcialmente o mérito a empresa efetue o total deste limite. Fica a dúvida: quando da interposição de novo recurso, contra acolhimento dos demais pedidos, cabe novo depósito?

A questão se resolve pela definição que que significa a decisão que antecipa parcialmente o mérito. Se se tem que se trata de um fenômeno que divide o processo, separando as ações, passaríamos a ter duas ou mais demandas, que devem ser tratadas como feitos autônomos um do outro. Se se entender que se trata apenas de uma repartição de pedidos, sem divisão das ações em vários processos, continuando a existir apenas um procedimento, a lógica será tratar os "autos suplementares" (procedimento de antecipação) como parte de um todo. Neste caso, teríamos apenas um processo, o que asseguraria o aproveitamento do depósito recursal que eventualmente foi antecipado quando da interposição do recurso contra a decisão que julgou de forma parcial o mérito.

9. CONCLUSÃO

Para finalizar, podemos então concluir com as seguintes teses:

a) o julgamento antecipado parcial do processo, com ou sem resolução de mérito, não é nenhuma novidade no direito processual civil brasileiro;

b) a decisão que julga antecipadamente de forma parcial o mérito é, no conceito do CPC/15, definida como interlocutória (art. 203, § 2º), mas tem natureza de sentença;

c) essa decisão é impugnável por agravo de instrumento, que, por sua vez, tem verdadeira natureza de apelação;

d) a este agravo de instrumento devem ser aplicadas todas as regras procedimentais que incidem sobre a apelação;

e) com o julgamento antecipado parcial de mérito o juiz estabelece verdadeira separação das ações reunidas no mesmo processo ou a divisão da ação quando se julga apenas uma parcela de um pedido;

f) o julgamento antecipado parcial de mérito é plenamente aplicável ao processo do trabalho;

g) no processo do trabalho, contra a decisão de primeiro grau que julga antecipadamente de forma parcial o mérito, cabe recurso ordinário, incidindo as regras pertinentes, inclusive quanto a exigência do preparo.

Capítulo 35

PROVA EMPRESTADA NO NOVO CPC E O PROCESSO DO TRABALHO

Júlio César Bebber[1]

SUMÁRIO: 1. CONSIDERAÇÕES INICIAIS; 2. DIREITO À PROVA; 3. FORMAS DE PROVA; 4. TÉCNICAS PROBATÓRIAS; 5. PROVA EMPRESTADA; 5.1. FUNDAMENTOS; 5.2. ADMISSÃO DA PRODUÇÃO; 5.3. FORMA DE INGRESSO DA PROVA EMPRESTADA; 5.4. NATUREZA JURÍDICA; 5.5. REQUISITOS DA EFICÁCIA PROBATÓRIA; 5.6. CONTRADITÓRIO DA PROVA EMPRESTADA; 5.7. VALORAÇÃO DA PROVA EMPRESTADA; 6. CONSIDERAÇÕES FINAIS.

1. CONSIDERAÇÕES INICIAIS

A chamada prova emprestada é de uso corrente em demandas judiciais. A doutrina e a jurisprudência de longa data dela se ocupam, embora nem sempre de modo harmônico quanto à admissibilidade, à validade e à eficácia probatória.

O novo CPC inovou ao positivar a possibilidade de uso da prova por empréstimo (NCPC, art. 372). Entretanto, não a disciplinou com a extensão e a profundidade necessárias, deixando à doutrina e à jurisprudência a tarefa de fazê-lo.

Com o escopo de suscitar o debate e tentar encontrar soluções, então, ocupar-me-ei desse tema nesse brevíssimo ensaio.

2. DIREITO À PROVA

Direito à prova, para este estudo, pode ser definido (sinteticamente) como o direito assegurado às partes em processo judicial de praticar atos (atividade) destinados à demonstração da veracidade de suas afirmações.

Embora não haja uma afirmação expressa e formal na Constituição Federal, o direito à prova é um dos mais respeitados direitos com *status* constitucional, que decorre, entre outros:

a) *do princípio da inafastabilidade da jurisdição (direito de ação)*, compreendido como o direito (fundamental) de invocar a tutela jurisdicional (CF, 5º, XXXV). De nada adiantaria garantir aos jurisdicionados o direito de ação sem lhes garantir, também, o direito de demonstrar a veracidade de suas afirmações.

---

[1] Juiz do Trabalho - Doutor em Direito

Importante ressaltar, também, que do *direito à prova* emerge o *direito à apreciação judicial da prova produzida* (manifestação judicial expressa e fundamentada), uma vez que seria inócuo garantir às partes o direito de demonstrar a veracidade de suas afirmações se ao juiz fosse autorizado ignorar essa atividade;

b) *do princípio do contraditório*, compreendido como o direito à *ciência dos atos* e termos do processo, agregada de garantia de *oportunidade* quantitativa e qualitativa de *intervir e influenciar* o espírito do julgador (CF, 5º, LV). "A garantia do contraditório significa, antes de mais nada, que a ambas as partes se hão de conceder iguais oportunidades de pleitear a produção de provas: seria manifestamente inadmissível a estruturação do procedimento por forma tal, que qualquer dos litigantes ficasse impossibilitado de submeter ao juiz a indicação dos meios de prova de que pretende valer-se"[2].

c) *do princípio político sob as vertentes:*

— *do direito de participação efetiva*. Como o princípio político enuncia que às partes deve-se assegurar na defesa de direitos a máxima garantia social com o mínimo de sacrifício da liberdade individual, em uma de suas vertentes a elas assegura o direito de participação mediante a produção de provas com vistas à demonstração da veracidade das alegações, tendo por finalidade última influenciar no convencimento do magistrado;[3]

— *do controle social*, uma vez que a solução do litígio com justiça interessa não só às partes e ao Estado, mas também à sociedade que disso depende para haver paz e prosperidade coletiva. Como ressalta Mauro Schiavi, "o direito à prova transcende o aspecto individual para adquirir feição publicista, pois não interessa somente às partes do processo, mas também a toda a sociedade que os fatos discutidos em juízo sejam esclarecidos".[4]

O direito fundamental à prova é tão evidente que sequer há necessidade de ser requerido ao juiz. Não é por outra razão que o art. 840 da CLT não exige tal requerimento, e o art. 845, e com ênfase, o art. 852-H, *caput*, ambos da CLT,

---

2 BARBOSA MOREIRA. José Carlos. *Temas de Direito Processual*. São Paulo: Saraiva, 1984, p. 67.

3 Tratando do princípio político, Grinover-Dinamarco-Watanabe ressaltam que: a) na democracia participativa, o processo, além de garantir as liberdades públicas, é instrumento político relevante de participação; b) toda decisão do juiz é compromisso político e ético, pois, como detentor do poder político, tem as responsabilidades a ele inerentes; c) é preciso reintroduzir o direito no conceito social: o direito está no fato, reafirmando assim sua dimensão política; d) a moderna concepção do processo evidencia, além do escopo jurídico, os escopos políticos (preservação do princípio do poder, garantia da liberdade e oportunidade de participação); e) o direito de ação apresenta conotação política evidente na medida em que se relaciona com o exercício da função estatal; f) tal característica é bastante acentuada nas demandas concernentes à tutela de interesses difusos e coletivos. Nas hipóteses da ação popular constitucional e da ação direta declaratória de inconstitucionalidade, pode-se falar em autêntico direito político de ação (GRINOVER, Ada Pellegrini. DINAMARCO, Cândido Rangel. WATANABE, Kazuo. *Participação e Processo*. São Paulo: RT, 1988, p. 412).

4 SCHIAVI, Mauro. *Provas no processo do Trabalho*. 3. ed. São Paulo: LTr, 2013. p. 30.

estabelecem que "todas as provas serão produzidas na audiência de instrução e julgamento, ainda que não requeridas previamente".

Como todos os demais direito, o direito à prova, evidentemente, não é um direito absoluto. Possui limitações físicas (materiais) e legais – práticas e lógicas (ex.: CF, 5º, LVI; CLT, 459; NCPC, 369, 370, 374).

3. FORMAS DE PROVA

Formas (fontes) de prova são os elementos externos ao processo (pessoas e coisas), materiais ou imateriais (pessoas, animais, papéis, fotografias, odor *etc.*), utilizados para investigação e dos quais se podem extrair informações capazes de comprovar a veracidade de alegações sobre fatos.

As normas legais não ditam exclusões de formas de provas (NCPC, 369), embora haja limitação à produção de algumas delas com base em determinados fatores (ex.: CLT, 829; NCPC, 447).

4. TÉCNICAS PROBATÓRIAS

A norma positivada estabelece exemplificativamente modos de atuação de algumas das formas de prova. Vale dizer: estabelece exemplificativamente algumas técnicas probatórias de algumas das formas de prova (ex.: CLT, 818 e ss.; Lei n. 5.584/1970, 3º). Há, por isso, técnicas probatórias atípicas, como, *v.g.*, da prova emprestada, objeto desse estudo.

5. PROVA EMPRESTADA

Prova emprestada é a prova produzida em determinado processo e transportada para outro para nele ser valorada.[5]

O NCPC positivou a possibilidade (pacificamente aceita pela doutrina e pela jurisprudência) de uso da prova emprestada. *In litteris*:

> NCPC, 372. O juiz poderá admitir a utilização de prova produzida em outro processo, atribuindo-lhe o valor que considerar adequado, observado o contraditório.

---

[5] "Muito comum é o oferecimento em um processo de provas produzidas em outro. São depoimentos de testemunhas, de litigantes, são exames, traslados, por certidão, de uns autos para outros, com o fim de fazer prova. Tais são as chamadas *provas emprestadas*, denominação consagrada entre os escritores e pelos tribunais do país. É a prova que 'já foi feita juridicamente, mas em outra causa, da qual se extrai para aplicá-la à causa em questão', define Benthan" (SANTOS, Moacyr Amaral. *Prova Judiciária no Cível e Comercial*. 2 ed. São Paulo: Max Limonad, 1952. p. 293).
A "prova é criada para formar convencimento, dentro de determinado processo; porém, não são raros os casos em que ela é produzida em um processo e trasladada para outro" (RIBEIRO, Darci Guimarães. *Provas Atípicas*. Porto Alegre: Livraria do Advogado, 1998. p. 110).

5.1. FUNDAMENTOS

A utilização de prova por empréstimo tem fundamento, entre outros, nos princípios:

a) *da unidade da jurisdição* — que enuncia que a jurisdição é una (única; uma só), assim como una é a soberania, da qual decorre. Ao exercer a jurisdição, cada juiz o faz em nome do Estado, manifestando a vontade deste. Falar em diversas jurisdições num mesmo Estado, então, "significaria afirmar a existência, aí, de uma pluralidade de soberanias, o que não faria sentido; a jurisdição é, em si mesma, tão una e indivisível quanto o próprio poder soberano".[6] Todos os juízes, portanto, independentemente do ramo do Poder Judiciário a que pertencem, são investidos da mesma jurisdição. Vale dizer: exercem a mesma atividade, possuem os mesmos poderes e são incumbidos do mesmo dever estatal;

b) *econômico (ou da economia)* — que enuncia a necessidade de se obter o máximo de rendimento com o mínimo de atividade jurisdicional, no menor tempo possível e com o menor custo, respeitadas as garantias das partes e as regras procedimentais e legais que governam o processo. De acordo com o princípio econômico, então, o processo deve ser racionalizado numa fórmula em que o binômio *custo-benefício* seja o centro de tudo: processo rápido e barato e que assegure a justiça;[7]

b) *da tempestividade processual* (duração razoável do processo — CF, 5º, LXXVIII) — que enuncia a garantia da tramitação do processo dentro de um tempo razoável; dentro de um tempo apto ao gozo do direito.

5.2. ADMISSÃO DA PRODUÇÃO

A expressão *"O juiz poderá admitir"*, embora literalmente possa sugerir, não corresponde à admissão da produção da prova emprestada como faculdade do magistrado.

A utilização do verbo *poder* deve-se, unicamente, ao princípio da livre investigação das provas pelo juiz – ou do amplo poder instrutório do juiz, ou, ainda, do amplo poder probatório do juiz (CLT, 765; NCPC, 370, parágrafo único), que enuncia o poder a ele concedido para:

---

[6] CINTRA, Antônio Carlos de Araújo. GRINOVER, Ada Pellegrini. DINAMARCO, Cândido Rangel. *Teoria Geral do Processo*. 12. ed. São Paulo: RT, 1996, p. 141.

[7] "A repetição de uma prova já produzida (ou qualquer outro ato processual) traz prejuízos para a administração da justiça e para as partes. A repetição exige que se dispenda nova atividade judiciária em detrimento de outros serviços"(ALVIM, arruda. *Prova emprestada*. São Paulo: Revista de Processo, 2011. v. 202. p. 408).

"Trata-se de evitar, com isso, a repetição inútil de atos processuais, otimizando-se, ao máximo, as provas já produzidas perante a jurisdição, permitindo-se, por consequência, seu aproveitamento em demanda pendente" (MARINONI, Luiz Guilherme e ARENHART, Sérgio Cruz. *Curso de Processo Civil*. 7 ed. São Paulo: Revista dos Tribunais, vol. II, 2008. p. 292).

a) *indeferir os pedidos para produção das provas que considere inúteis, desnecessárias, impertinentes, protelatórias ou simplesmente excessivas*. Não se enquadrando nessas hipóteses, a parte tem direito à produção da prova emprestada (*supra*, n. 2). O veto judicial à sua produção, por isso, ensejará nulidade em razão do cerceamento do direito de defesa;

b) *determinar, de ofício, a produção das provas que considere necessárias, úteis e pertinentes*. Afirmada a publicização do processo, o juiz passou a ter o dever de assumir posição ativa, incumbindo-lhe determinar (de ofício) a produção das provas necessárias, úteis e pertinentes. Desse modo, tendo conhecimento de determinada prova produzida em outros autos (*fato notório judicial*), o juiz deverá determinar a sua produção nos autos sob sua direção.[8] Tal comportamento não revela parcialidade.[9] Ao contrário. Como ressalta Eduardo Talamini, "deixando de determinar o empréstimo, o juiz estará sendo parcial em favor daquele que seria prejudicado pela prova".[10]

Importante destacar, ainda, que a produção da prova emprestada prescinde do assentimento da parte adversária (quando requerida por parte) ou das partes (quando determinada oficialmente pelo juiz). É descabida, então, a pergunta dirigida por alguns magistrados para saber se a parte ou as partes concordam com o requerimento ou a determinação oficial de produção da prova emprestada.

5.3. FORMA DE INGRESSO DA PROVA EMPRESTADA

A prova produzida em determinado processo e utilizada por empréstimo em outro é para este transportada documentalmente, independentemente da sua natureza.

O traslado das peças processuais deve ser total (integral). Vale dizer: devem ser transferidas as peças com o conteúdo integral da prova produzida, não sendo suficiente a transferência parcial (ex.: parte das declarações da testemunha; conclusão do laudo pericial). A necessidade de traslado integral é indispensável para que o juiz possa valorar a prova em seu conjunto.[11]

---

[8] No sistema inspirado por concepções publicistas prevalece o interesse público na descoberta da verdade e na solução do conflito de interesses. A sociedade, embora não tenha interesse no litígio, tem interesse na solução, uma vez que a composição do litígio é um "meio para a proveitosa convivência social" (CARNELUTTI, Francesco. *Sistema de direito processual civil*. São Paulo: Lemos e Cruz, 2004, v. I, p. 371).

[9] A atuação do juiz jamais poderá ser vista como sinal de parcialidade, pois enquanto as partes agem em defesa de seus interesses, o "juiz agirá na busca de uma justa decisão e da realização prática do direito assegurado às partes pelo ordenamento jurídico democraticamente instituído" (ALMEIDA, Cleber Lúcio de. *Elementos da teoria geral da prova*. São Paulo: LTr, 2013, p. 83).

[10] TALAMINI, Eduardo. *Prova emprestada no processo civil e penal*. Revista de Informação Legislativa, n. 140, Brasília, out./dez. 2008. p. 156.

[11] No mesmo sentido: TALAMINI, Eduardo. *Prova emprestada no processo civil e penal*. Revista de Informação Legislativa, n. 140, Brasília, out./dez. 2008. p. 152.

Além do traslado integral, a cópia de documento extraída dos autos digitais deverá conter elementos que permitam verificar a sua autenticidade no endereço referente à consulta pública do PJe-JT, cujo acesso também será disponibilizado nos sítios do Conselho Superior da Justiça do Trabalho, do Tribunal Superior do Trabalho e dos Tribunais Regionais do Trabalho na rede mundial de computadores (CSJT-Resolução n. 136/2014, 4º, § 1º).

Havendo mais de um elemento de prova na mesma peça processual exibida, a parte deverá indicar expressamente o que deseja utilizar por empréstimo. Não é incomum a parte requerer a juntada de cópia de atas de audiências com diversos depoimentos de partes e de testemunhas sem indicar quais as declarações que deseja utilizar por empréstimo.

5.4. NATUREZA JURÍDICA

A prova emprestada possui a mesma natureza que possuía no processo em que foi produzida.[12] "Mesmo sendo apresentada no segundo processo pela forma documental, a prova emprestada não valerá como mero documento. Terá a *potencialidade* de assumir exatamente a eficácia probatória que obteria no processo em que foi originariamente produzida. Ficou superada a concepção de que a prova emprestada receberia, quando muito, valor de documento, 'prova inferior' ou 'ato extrajudicial'. O juiz, ao apreciar as provas, poderá conferir à emprestada precisamente o mesmo peso que esta teria se houvesse sido originariamente produzida no segundo processo. Eis o aspecto essencial da prova trasladada: apresentar-se sob a forma documental, mas poder manter seu valor originário".[13]

5.5. REQUISITOS DA EFICÁCIA PROBATÓRIA

Para que a prova emprestada goze de eficácia probatória, deverá preencher alguns requisitos (condições). São eles:

a) *tem de ter sido produzida em processo judicial (civil — comum, trabalhista, eleitoral — ou penal)*. Nesse sentido a expressa dicção legal: "O juiz poderá admitir a utilização de prova produzida em outro processo (...)" (NCPC, 372). Esse requisito tem de ser analisado sob duas vertentes:

- *somente as provas constituídas no processo são suscetíveis de empréstimo* (ex.: declarações de testemunha inquirida; laudo

---

[12] No mesmo sentido: SCHIAVI, Mauro. *Provas no processo do Trabalho*. 3. ed. São Paulo: LTr, 2013. p. 66. Em sentido contrário: ALVIM, arruda. *Prova emprestada*. São Paulo: Revista de Processo, 2011. v. 202. p. 413.

[13] TALAMINI, Eduardo. *Prova emprestada no processo civil e penal*. Revista de Informação Legislativa, n. 140, Brasília, out./dez. 2008, p. 147.

pericial de exame realizado). A exibição de cópia de documento extraído de autos de processo (como regra) não se insere no conceito de prova emprestada. A prova documental não é constituída nos autos do processo. Como regra são pré-constituídas. Vale dizer: já existiam no mundo jurídico antes da sua apresentação em juízo;[14]

- *somente as provas constituídas em processo judicial são suscetíveis de empréstimo (civil – comum, trabalhista, eleitoral – ou penal)*. Essa restrição deve-se ao fato de que o processo judicial é obrigatoriamente orientado pelos princípios da *publicidade* (CF, 5º, LX e 93, IX) e do *contraditório* (CF, 5º, LV). Destaca-se, ainda, o seguinte:

    — *as provas produzidas em processo administrativo*, sempre que seu processamento tiver observado os princípios da publicidade (CF, 5º, 37, *caput*) e do contraditório (CF, 5º, LV), gozam da mesma eficácia probatória das provas produzidas judicialmente, sendo suscetíveis, portanto, de empréstimo;

    — *as provas produzidas em inquérito policial* (procedimento preliminar ou preparatório da ação penal) possuem eficácia probatória reduzida (precária). O inquérito policial é unilateral e está marcado pela inquisitoriedade. Vale dizer: não está sujeito aos princípios do contraditório e da ampla defesa. Ainda que possa assegurar o direito de informação, não garante o direito de reação ou, no máximo, garante esse direito de forma mitigada. Daí porque as provas produzidas em inquérito policial têm de ser repetidas em juízo,[15] desde que não haja outras provas judiciais apontando na mesma direção. Em outras palavras: não há formação legítima da convicção judicial lastreada exclusivamente nos elementos informativos de inquérito policial;

---

14 "Consideram-se emprestadas apenas as provas casuais e não as pré-constituídas porventura já utilizadas em processo anterior. Quanto a estas últimas, seu valor probatório será sempre o mesmo, qualquer que seja a natureza do processo em que ela se produza, independentemente do número de vezes em que isto aconteça. Uma escritura pública, ou mesmo um documento particular, ainda que já empregado como prova em processo anterior, não serão considerados prova emprestada quando novamente forem produzidas em processo subseqüente; apenas aquelas formadas no curso do processo anterior serão consideradas tais, quando utilizadas novamente num segundo processo" (DA SILVA, Ovídio A. Baptista. *Curso de Processo Civil*. Porto Alegre: Fabris, 1987, vol. I, p. 296).

15 "A unilateralidade das investigações desenvolvidas pela Polícia Judiciária na fase preliminar da persecução penal (*informatio delicti*) e o caráter inquisitivo que assinala a atuação da autoridade policial não autorizam, sob pena de grave ofensa à garantia constitucional do contraditório e da plenitude de defesa, a formulação de decisão condenatória cujo único suporte seja a prova, não reproduzida em juízo, consubstanciada nas peças do inquérito" (RTJ-143/306-307, Rel. Min. Celso De Mello).

— *as provas produzidas em inquérito civil público* (procedimento preliminar ou preparatório da ação civil pública)[16] possuem eficácia probatória reduzida (precária). Assim como o inquérito policial, o inquérito civil público é unilateral e está marcado pela inquisitoriedade (CF, 129, III; Lei n. 7.347/1985, 8º, 1º; Lei n. 8.625/1993, 26), valendo para este as mesmas considerações já feitas àquele. Ressalto haver quem diga que o contraditório facultado no inquérito civil público o transforma em processo administrativo e as provas nele produzidas, então, teriam eficácia probatória. Penso, entretanto, que a natureza jurídica do inquérito civil público é uma só e não se altera casuisticamente.

b) *tem de ter sido produzida em processo entre as mesmas partes ou no qual figurou a parte contra quem se deseja utilizar a prova.* O escopo desse requisito é a observância do contraditório, como expressa a dicção legal: "O juiz poderá admitir a utilização de prova produzida em outro processo (...) observado o contraditório" (NCPC, 372).

Não há necessidade de que o contraditório *tenha sido efetivamente exercido pela parte contra quem se deseja utilizar a prova.* O que é imprescindível é que o contraditório tenha sido *oportunizado.*[17] Desse modo, a prova oral produzida em audiência sem a presença de uma das partes preenche esse requisito, desde que tenha sido intimada da realização do ato. Em outras palavras: se a parte foi intimada da data de audiência e nela deixou de comparecer, a prova oral que for colhida poderá ser utilizada por empréstimo em demanda deduzida em outro processo de que também seja parte a parte ausente.

Embora a jurisprudência dos tribunais superiores aponte em sentido contrário, *não basta que o contraditório seja oportunizado* à parte contra quem se deseja utilizar a prova *apenas nos autos do processo em que será utilizada por*

---

16 "A rigor, o inquérito civil não é processo administrativo e sim procedimento; nele não há uma acusação nem nele se aplicam sanções; nele não se decidem nem impõem limitações, restrições ou perda de direitos (...). No inquérito civil não se decidem interesses; não se aplicam penalidades ou sanções, não se extinguem nem se criam novos direitos. Apenas serve para colher elementos ou informações, basicamente com o fim de formar-se a convicção do órgão do Ministério Público para eventual propositura de ação civil pública ou coletiva" (MAZZILLI, Hugo Nigro. *O Inquérito Civil*. 2. ed. São Paulo: Saraiva, 2000. p. 55-6).

17 "(...) não se exige que o contraditório seja sempre efetivo, salvo em processos civis cujo objeto envolva direitos indisponíveis, não individualizando, destarte, a possibilidade de emprestar a prova de processo em que a parte, embora regularmente citada ou intimada, não exercitou o seu direito à prova (*v.g.*, quando o réu revel ou quando deixa de comparecer à audiência de instrução)" (CAMBI, Eduardo. *A prova civil. Admissibilidade e relevância*. São Paulo: RT, 2006. p. 54-5).
Em sentido contrário: "Não basta a mera participação no processo anterior daquele a quem a prova transportada desfavorecerá. É preciso que o grau de contraditório e de cognição do processo anterior tenha sido, no mínimo, tão intenso quanto o que haveria no segundo processo"(TALAMINI, Eduardo. *Prova emprestada no processo civil e penal*. Revista de Informação Legislativa, n.140, Brasília, out./dez. 2008. p. 149).

empréstimo. O que é imprescindível é que o contraditório tenha sido oportunizado, também, nos autos do processo em que a prova foi produzida. É preciso que a parte contra quem se deseja utilizar a prova tenha tido a oportunidade de participar (interferir) da sua produção.[18]

Se os princípios político e do contraditório garantem às partes o direito de influenciar *"eficazmente na convicção do juiz"* (NCPC, 369), têm elas o direito de participar da produção da prova que será utilizada.[19]

As partes "possuem deveres a cumprir, mas também direitos a fazer respeitar".[20] O processo, por isso, somente assume feição (perfil) democrática e a qualificação de processo justo se aos destinatários diretos dos efeitos da decisão judicial (que definirá os direitos e as obrigações) for assegurada a participação imediata (direta), efetiva e útil na produção da prova judicial. Vale dizer: quando lhes for assegurada a participação na reconstrução da situação fática.

Como ressaltava Couture, então, as "pruebas de otro juicio civil pueden ser válidas, si en el anterior la parte ha tenido la posibilidad de hacer valer contra ellas todos los medios de verificación y de impugnación que la ley le otorga

---

[18] "As partes do segundo processo têm de haver participado em contraditório do processo em que se produziu a prova que se visa aproveitar. Mais precisamente, é imprescindível que a parte contra qual vai ser usada essa prova tenha sido parte no primeiro processo. (...) Haverá de se verificar se aquele a quem desfavorece a prova emprestada participou de ambos" (TALAMINI, Eduardo. *Prova emprestada no processo civil e penal*. Revista de Informação Legislativa, n. 140, Brasília, out./dez. 2008. p. 148).
Em sentido contrário a jurisprudência da SBDI-1 do TST: "Em face do objetivo precípuo da prova, que é a formação da convicção do julgador, é permitida a utilização da prova emprestada, inclusive a pericial, desde que seja possibilitado o exercício do contraditório. No caso, considerando a oportunidade que teve a reclamada para se manifestar acerca do laudo pericial "emprestado" dos autos de ação acidentária movida junto ao INSS não há falar em cerceamento de defesa, afronta ao contraditório ou ao devido processo legal. No caso, é de se ressaltar que a prova é oriunda dos autos de ação acidentária movida junto ao INSS e que tem por objeto os mesmos fatos discutidos na presente reclamação, inclusive no que diz respeito ao exame da existência de nexo causal entre a doença e o trabalho da reclamante, consoante asseverou o Tribunal Regional" (TST-E-ED-RR-257600-16.2002.5.02.0431, SBDI-1, Rel. Min. João Batista Brito Pereira, DJ 18-12-2009).
Também em sentido contrário a jurisprudência da Corte Especial do STJ: "9. Em vista das reconhecidas vantagens da prova emprestada no processo civil, é recomendável que essa seja utilizada sempre que possível, desde que se mantenha hígida a garantia do contraditório. No entanto, a prova emprestada não pode se restringir a processos em que figurem partes idênticas, sob pena de se reduzir excessivamente sua aplicabilidade, sem justificativa razoável para tanto. 10. Independentemente de haver identidade de partes, o contraditório é o requisito primordial para o aproveitamento da prova emprestada, de maneira que, assegurado às partes o contraditório sobre a prova, isto é, o direito de se insurgir contra a prova e de refutá-la adequadamente, afigura-se válido o empréstimo" (STJ-EREsp-617.428/SP, CE, Rel. Ministra Nancy Andrighi, DJ 17-6-2014).

[19] As partes têm direito de participar da produção da prova. Trata-se de direito "a efetividade do contraditório, não somente pela presença das partes nos atos instrutórios, mas especialmente pela prerrogativa de intervenção na colheita de dados" (GRINOVER, Ada Plellegrini. *O processo em evolução*. 2. ed. Rio de Janeiro: Forense Universitária, 1988, p. 326).
As partes têm direito de "far valere sul piano probatorio le proprie ragione e di influire sullo svolgimento della controversia" (TROCKER, Nicolò. *Processo Civile e costituzione*. Milão: Giffrè, 1974, p. 514).

[20] CALAMANDREI, Piero. *Proceso y democracia*. Lima: Ara, 2006, p. 130.

en el juicio en que se produjeron. Esas pruebas producidas con todas las garantías, son eficaces para acreditar los hechos que fueron motivo de debate en el juicio anterior y que vuelven a repetirse en el nuevo proceso. No son eficaces, si no han podido ser debidamente fiscalizadas en todas las etapas de su diligenciamiento".[21]

c) *tem de dizer respeito às alegações fáticas controvertidas da demanda deduzida no processo em que será utilizada por empréstimo.* A prova produzida entre as partes ou com a participação daquele contra quem se pretende utilizá-la tem de dizer respeito aos fatos controvertidos na demanda deduzida no processo para a qual será trasladada. Em outras palavras: tem de haver identidade fática. Somente assim poderá ser considerada relevante e pertinente.[22] Caso contrário, tratar-se-á de *res inter alios acta*, ou seja, não terá valor algum fora dos autos em que foi produzida;[23]

d) *tem de ter sido produzida em processo regido pela publicidade*.[24] Não é legítimo, portanto, o empréstimo de prova produzida em processo que tramita em segredo de justiça (CF, 5º, LX; NCPC, 189; CPP, 792), salvo se entre as mesmas partes.[25] Não sendo essa a hipótese, a utilização de prova emprestada

---

21 COUTURE, Eduardo Juan. *Fundamentos de derecho procesal civil*. Buenoa Aires: Depalma, 1990. p. 255-6.

22 Nesse sentido: RIBEIRO, Darci Guimarães. Provas Atípicas. Porto Alegre: Livraria do Advogado, 1998. p. 114. Eduardo Talamine entende que a identidade fática não é requisito específico da prova emprestada, mas "pressuposto genérico de pertinência e relevância a ser considerado para a admissibilidade de qualquer meio probatório" (TALAMINI, Eduardo. *Prova emprestada no processo civil e penal*. Revista de Informação Legislativa, n. 140, Brasília, out./dez. 2008, p. 153).

23 RECURSO DE EMBARGOS (...). De todo viável, portanto, a adoção, como prova emprestada, de laudo relativo a trabalhador exercente da mesma função do reclamante, no mesmo local de trabalho e sob as mesmas condições (TST-E-RR-603307-06.1999.5.05.5555, SBDI-1, Rel. Min. Rosa Maria Weber Candiota da Rosa, DJ 17-4-2009).
ADICIONAL DE INSALUBRIDADE. PROVA EMPRESTADA. A lei não exige que o laudo pericial por meio do qual se constatou a insalubridade no trabalho do reclamante seja elaborado exclusivamente para cada caso concreto. Com efeito, tanto a doutrina quanto a jurisprudência têm se manifestado no sentido de ser admissível a prova pericial emprestada, desde que caracterizada a identidade dos fatos (TST-RR-1308-86.2012.5.06.0122, 1ª T., Rel. Min. Lelio Bentes Corrêa, DJ 14-3-2014).

24 Embora a interceptação telefônica não possa ser determinada em processo trabalhista (Lei n. 9.296/1996, 1º), produzida em processo criminal poderá para ele ser transportada. "Produzida no processo penal, a prova obtida mediante interceptação telefônica lícita (autorizada pela CF e pela LIT) pode servir como prova emprestada no processo civil. Trata-se de prova obtida licitamente, razão por que é eficaz no processo civil. O que a CF 5º, LVI veda é a eficácia da prova obtida ilicitamente. Como prova, no processo penal, terá sido obtida licitamente, sua transposição para o processo civil, por intermédio do instituto da prova emprestada não ofende o dispositivo constitucional que proíbe a prova obtida ilicitamente" (NERY JR., Nélson. NERY, Rosa Maria. *Código de Processo Civil Comentado*. 7ª Edição. São Paulo: RT, 2003, p. 1513).

25 A interceptação telefônica, desde que não haja decreto de segredo de justiça na investigação policial ou no processo penal, pode ser utilizada como prova emprestada. "A cláusula final do inciso XII do artigo 5º da Constituição Federal '... na forma que a lei estabelecer para fins de investigação criminal ou instrução processual penal' não é óbice à consideração de fato surgido mediante a escuta telefônica para efeito diverso, como é exemplo o processo administrativo-disciplinar" (STF-RMS 24956/DF, 1ª T., Rel. Min. Marco Aurélio, DJ 18-11-2005).

de processo de terceiros que tramita em segredo de justiça poderá caracterizar o tipo penal de quebra do sigilo da justiça (Lei n. 9.296/1996, 10).

Alguns juristas ainda relacionam entre as condições necessárias para que a prova emprestada goze de eficácia probatória, *a impossibilidade de reprodução ou de renovação da prova, sob pena de infração ao princípio da imediatidade.*[26]

Referido entendimento, entretanto, encontra-se superado.

O princípio da imediatidade é fundamental, mas não é absoluto e as vezes se perde, como nos casos: (i) da produção de prova por meio de carta (NCPC, 236); (ii) da utilização da prova produzida diante de juiz absolutamente incompetente (NCPC, 64, § 4º); (iii) do exame de provas pelos órgãos ordinários em atividade recursal.

A impossibilidade de reprodução ou de renovação da prova, portanto, não é condição necessária à eficácia probatória da prova emprestada.

5.6. CONTRADITÓRIO DA PROVA EMPRESTADA

Embora tenha sido produzida em contraditório, a prova utilizada por empréstimo submete-se ao contraditório nos autos do processo para o qual foi trasladada (CF, 5º, LV). Vale dizer: "está sujeita às contra-argumentações e às contraprovas da parte adversária, que pode impugnar a utilização da prova emprestada, em razão da ausência dos requisitos de admissibilidade, bem como negar a existência do fato ou a eficiência a qual se pretende extrair a partir do meio de prova utilizado".[27]

5.7. VALORAÇÃO DA PROVA EMPRESTADA

Atendidos os requisitos de eficácia probatória, a prova emprestada será valorada como se nos autos para o qual foi trasladada houvesse sido produzida, cabendo ao magistrado dar-lhe o valor que merecer segundo seu poder de convencimento (NCPC, 370 e 372).[28]

---

26 LOPES, João Batista. *A Prova no Direito Processual Civil*. 2 ed. São Paulo: RT, 2002. p. 64.

27 CAMBI, Eduardo. *A prova civil. Admissibilidade e relevância*. São Paulo: RT, 2006. p. 57.

28 Todo "o elemento probatório, trazido a um processo, deverá ser estimado e avaliado. Cumpre ao juiz pesá-lo não só isoladamente, nas suas condições objetivas e subjetivas, como no conjunto, com as demais provas, atendendo ao fato probando, às alegações das partes, ao direito violado, à norma jurídica invocada, enfim às circunstâncias que influem na formação do convencimento" (SANTOS, Moacyr Amaral. *Prova Judiciária no Cível e Comercial*. 2 ed. São Paulo: Max Limonad, 1952. p. 298).
A "valoração da prova tem por finalidade esclarecer até que ponto merecem fé diversos elementos probatórios (declarações, documentos, indícios). O julgador quer verificar se esses elementos proporcionam uma base suficiente para dar por assentados os fatos que constituem o verdadeiro objetivo do saber" (DÖHRING, Erich. *La prueba*. 2. ed. Buenos Aires: Valletta, 2007, p. 24).

A prova emprestada, portanto, não tem *eficácia vinculante*. Vale dizer: não obriga o magistrado a atribuir o mesmo poder de convicção a ela atribuído nos autos do processo em que fora produzida.[29] *"É importante ter presente que o que se empresta é a prova (...), e não a sua valoração,* vale dizer, o 'uso' que foi dado à prova no processo originário não vincula o juízo dos autos que recebe a prova emprestada (...). Não é o convencimento do juiz originário que se transporta: apenas a prova fiscamente concretizada".[30]

6. CONSIDERAÇÕES FINAIS

A prova emprestada é instituto de grande importância no *processo do trabalho* (*civil, eleitoral e penal*). Para gozar de eficácia probatória, entretanto, tem de: a) ter sido produzida em processo judicial ou administrativo; b) ter sido produzida em processo entre as mesmas partes ou no qual figurou a parte contra quem se deseja utilizar; c) tem de dizer respeito às alegações fáticas controvertidas da demanda deduzida no processo em que será utilizada por empréstimo; d) tem de ter sido produzida em processo regido pela publicidade. Além disso, submete-se ao contraditório nos autos do processo para o qual foi trasladada e não tem eficácia vinculante, cabendo ao magistrado atribuir-lhe o valor que possa merecer.

---

29 Assim, não importa qual foi a influência da prova no convencimento do juiz do primeiro processo. (...) Por isso, é irrelevante se o processo anterior recebeu ou não julgamento de mérito e, em caso positivo, qual a valoração que nele mereceu a prova objeto do empréstimo – até porque a regra geral é a de que não se revestem da autoridade da coisa julgada as conclusões acerca da existência ou inexistência de fatos contidas na motivação da sentença (...). Pode-se até emprestar prova de processo que ainda nem se encerrou" (TALAMINI, Eduardo. *Prova emprestada no processo civil e penal*. Revista de Informação Legislativa, n. 140, Brasília, out./dez. 2008. p. 156).

30 ALVIM, arruda. *Prova emprestada*. São Paulo: Revista de Processo, 2011. v. 202. p. 413.

Capítulo 36

A INFLUÊNCIA DO NOVO CPC NO ÔNUS DA PROVA TRABALHISTA

Paulo Sérgio Jakutis[1]

> *Portanto, o que se conclui do acima exposto é que o operador do processo do trabalho deve, na difícil tarefa posta diante dele, aplicar dois diplomas (na execução três) para a solução das controvérsias processuais. O norte a seguir é esse mesmo: a compatibilidade com a eficácia das normas de direito material do trabalho e, em última instância, a promoção da melhoria da condição social dos trabalhadores (art. 7º da Constituição Federal). Para tanto, uma postura possível a se adotar está sugerida pelo antigo mote antropofagista de Oswald de Andrade, que, em Memórias, declarava: "desde cedo guardo a noção de que mesmo as coisas espantosas nunca me espantaram. Encaixo tudo, somo, incorporo". Isso significa, portanto, que não se precisa lutar contra o processo civil, nem há necessidade de ignorá-lo, na intenção de fortalecer o processo trabalhista. Tampouco há sentido em copiá-lo, reproduzindo o que não se encaixa na realidade que emerge do conflito entre o capital e o trabalho. O ponto de equilíbrio dessa equação está em degluti-lo – em termos modernistas/antropofágicos --, utilizando-o naquilo em que ele interessa às necessidades do direito do trabalho, isto é, remodelando-o dentro dos horizontes que o direito material fixa para o direito processual do trabalho e deixando de lado as arestas em que a adequação não é possível.*[2]

SUMÁRIO: 1. QUAL O TEXTO DE QUE SE TRATA AQUI?; 2. O QUE VEM A SER ESSA TEORIA, AFINAL?; 3. COMPATIBILIDADE COM O PROCESSO DO TRABALHO; 4. O PRINCÍPIO DA NORMA MAIS FAVORÁVEL E O PROCESSO DO TRABALHO; 5. CONCLUSÕES.

---

1   Juiz do trabalho, titular da 18ª VT/SP.
2   JAKUTIS, Paulo Sérgio. O ônus da prova no processo protetivo do trabalho. 841 f. 2014. Tese (Doutorado) – Faculdade de Direito da Universidade de São Paulo, São Paulo, 2014, p. 37.

1. QUAL O TEXTO DE QUE SE TRATA AQUI?

Já foram apresentadas muitas versões do que poderia vir a ser o novo CPC, sendo que o texto sofreu alterações na Câmara dos Deputados e, depois, no Senado. Por conta disso, registro que a versão com que trabalho é a que consta da Lei 13.105 de 16-03-2015, onde a questão do ônus da prova foi disciplinada no artigo 373, que tem a seguinte redação:

> Art. 373. O ônus da prova incumbe:
>
> I – ao autor, quanto ao fato constitutivo do seu direito;
>
> II – ao réu, quanto à existência de fato impeditivo, modificativo ou extintivo do direito do autor.
>
> § 1º Nos casos previstos em lei ou diante de peculiaridades da causa relacionadas à impossibilidade ou à excessiva dificuldade de cumprir o encargo nos termos do *caput* ou à maior facilidade de obtenção da prova do fato contrário, poderá o juiz atribuir o ônus da prova de modo diverso, desde que o faça por decisão fundamentada, caso em que deverá dar à parte a oportunidade de se desincumbir do ônus que lhe foi atribuído.
>
> § 2º A decisão prevista no § 1º deste artigo não pode gerar situação em que a desincumbência do encargo pela parte seja impossível ou excessivamente difícil.
>
> § 3º A distribuição diversa do ônus da prova também pode ocorrer por convenção das partes, salvo quando:
>
> I - recair sobre direito indisponível da parte;
>
> II - tornar excessivamente difícil a uma parte o exercício do direito.
>
> § 4º A convenção de que trata o § 3º pode ser celebrada antes ou durante o processo.

O texto em questão apresenta, como se pode perceber, inicialmente a repetição do que consta do artigo 333 do CPC de 1973. Nos parágrafos, entretanto, é que a novidade surge. O legislador processualista teria optado por incorporar ao nosso sistema a teoria que ficou conhecida como do "ônus dinâmico da prova" e essa opção, embora com redações diferentes, tem resistido às mudanças que o texto legal vem sofrendo, nos vários estágios de transformação do novo código. Ao que tudo indica, portanto, nós teremos, em breve, a possibilidade de o juiz distribuir o ônus da prova de acordo com o caso concreto, libertando-se da pré-concebida (e por isso mesmo nem sempre adequada) orientação do legislador quanto ao ponto.

2. O QUE VEM A SER ESSA TEORIA, AFINAL?

Muito resumidamente, a teoria do ônus dinâmico da prova defende a noção de que a prova do fato deve ser imposta à parte com melhores condições de produzi-la, examinando-se, para tanto, no caso concreto (e não em abstrato) quais são os limites do conflito e quais as condições (econômicas, sociais, etc.) com as quais a parte conta para produzir elementos que venham a convencer o julgador sobre as razões que apresenta. Essa alteração – em relação às tradicionais teorias estáticas do encargo probatório – tem como maiores entusiastas aqueles que a consideram verdadeiro antídoto para a prova impossível. Esta, como se sabe, é aquela em que a parte, por força de uma lei concebida de forma genérica, acaba se encontrando sem condições de fazer valer o direito material, pois não tem como realizar a prova do fato que alicerça o pedido. Como exemplo, pode-se pensar no consumidor que tem que provar que comprou o remédio de uso contínuo do lote defeituoso (um anticoncepcional, v.g.), ou o trabalhador que recebe salário clandestino através de depósitos não identificados em conta corrente e se exige dele, justamente, a identificação do depositante.

As críticas contra essa forma de elaborar a distribuição do ônus da prova são, normalmente, da seguinte ordem: a) o autor pode abusar da vantagem que a lei concede a ele e, assim, elaborar pedidos com prova impossível, mas sem fundamento real, como, por exemplo, a autora que se diz vítima de tentativa de estupro e busca indenização contra o agressor, aduzindo que estava sozinha com ele, quando houve a tentativa em questão; b) pelas mesmas razões, a teoria em questão não se caracterizaria como um facilitador do acesso ao judiciário, mas sim como um incentivo à criação de ações frívolas, onde o autor tentaria uma loteria, apostando na possibilidade de obter uma indenização, ou benefício equivalente, por conta dos mecanismos do encargo probatório.

O legislador do CPC parece prevenido contra tais colocações. Por isso mesmo, apresentou ressalva expressa, no próprio artigo 373, no sentido de que "[A] decisão prevista no § 1º deste artigo não pode gerar situação em que a desincumbência do encargo pela parte seja impossível ou excessivamente difícil". Assim, a ideia final que deriva do texto legal é no sentido de que a existência de prova impossível para uma parte não pode levar o juiz a criar situação de dificuldade semelhante para a outra parte. Em outras palavras: a prova impossível não deve existir para nenhum dos demandantes.

3. COMPATIBILIDADE COM O PROCESSO DO TRABALHO

Parece fácil concluir que o que consta do artigo 373, do novo CPC, é previsão mais do que compatível com o processo trabalhista. Aliás, não creio existir exagero ao afirmar que, em verdade, essa teoria já vem sendo adotada pela jurisprudência trabalhista em alguns tópicos pertinentes à relação de emprego, principalmente nas questões envolvendo jornada e vínculo de emprego, dois pontos dos mais caros para o direito protetivo do trabalho.

O exemplo relacionado à relação de emprego pode ser percebido pelo que consta da súmula 212 do TST:

> Súmula nº 212 do TST
>
> DESPEDIMENTO. ÔNUS DA PROVA (mantida) - Res. 121/2003, DJ 19, 20 e 21.11.2003
>
> O ônus de provar o término do contrato de trabalho, quando negados a prestação de serviço e o despedimento, é do empregador, pois o princípio da continuidade da relação de emprego constitui presunção favorável ao empregado

Já na questão da jornada, merece menção a previsão da súmula 338 do TST, nos seguintes termos:

> Súmula nº 338 do TST
>
> JORNADA DE TRABALHO. REGISTRO. ÔNUS DA PROVA (incorporadas as Orientações Jurisprudenciais nºs 234 e 306 da SBDI-1) - Res. 129/2005, DJ 20, 22 e 25.04.2005
>
> I - É ônus do empregador que conta com mais de 10 (dez) empregados o registro da jornada de trabalho na forma do art. 74, § 2º, da CLT. A não--apresentação injustificada dos controles de frequência gera presunção relativa de veracidade da jornada de trabalho, a qual pode ser elidida por prova em contrário. (ex-Súmula nº 338 – alterada pela Res. 121/2003, DJ 21.11.2003)
>
> II - A presunção de veracidade da jornada de trabalho, ainda que prevista em instrumento normativo, pode ser elidida por prova em contrário. (ex-OJ nº 234 da SBDI-1 - inserida em 20.06.2001)
>
> III - Os cartões de ponto que demonstram horários de entrada e saída uniformes são inválidos como meio de prova, invertendo-se o ônus da prova, relativo às horas extras, que passa a ser do empregador, prevalecendo a jornada da inicial se dele não se desincumbir. (ex-OJ nº 306 da SBDI-1- DJ 11.08.2003)

Como se percebe, os dois balizadores transcritos acima esforçam-se por desprezar o que consta do artigo 818 da CLT. Neste, sabemos todos, há disposição expressa sobre o ônus da prova, no sentido de que cabe a quem alega convencer o julgador a respeito do alegado. Tratando-se de previsão expressa da CLT, seria impraticável o recurso a outro diploma legal qualquer, vez que a subsidiariedade só teria lugar nos casos de omissão do diploma celetista.

Sem embargo disso, as súmulas, transcritas acima, expressamente adotam postura diversa daquela constante do artigo 818 da CLT. Embora, em relação à súmula 212 do TST, possa-se imaginar uma hipótese onde o trabalhador tenha alegado que era empregado e que foi imotivadamente despedido, o TST consagrou a posição de que, nesse caso, feita a prova concernente à relação de emprego, cabe ao empregador a prova das razões do desligamento. Da mesma forma, no caso da jornada, onde o empregado alegue prática constante de horas extras, se a empregadora não apresentar os cartões de ponto, passa a ser dela o encargo de convencer o julgador sobre a jornada praticada pelo obreiro.

Claro está que, com a publicação do novo CPC, ficará muito mais fácil justificar as súmulas 212 e 338 do TST, na medida em que a prova das razões do desligamento e da jornada seriam, em princípio, mais fáceis para o empregador (que é quem tem, como regra, a documentação pertinente ao vínculo de emprego) do que para o empregado. Mas um problema central – que já existe hoje, mas que, ao que parece, não tem inibido o TST[3] de atuar – continuaria existindo: seria possível aplicar-se o artigo 373 do (novo) CPC com o artigo 818 em vigor?

A resposta, no meu sentir ao menos, deve ser positiva. Nos itens que se seguem, tentarei, ainda que de forma breve, explicar as razões para essa convicção.

4. O PRINCÍPIO DA NORMA MAIS FAVORÁVEL E O PROCESSO DO TRABALHO

Este princípio, no direito material trabalhista, dá novos ares às noções de hierarquia normativa e também, aos critérios de especificidade (a norma mais específica, afasta a genérica).

Postas, brevemente, tais premissas, tem-se, agora, condições de retomar a análise da compatibilidade do novo artigo sobre o ônus da prova, previsto no não menos novo CPC, com a antiga CLT e, da mesma forma, com todo o processo trabalhista. Para tanto, o núcleo da questão reside na análise do artigo 769 da CLT e no caráter protetivo que este dispositivo tem.

É comum fazer-se referência ao artigo em questão em relação às lacunas legais, partindo-se das teorias a respeito das lacunas axiológicas e ontológicas e esboçando-se a possibilidade de uma "terceira via", relacionada especificamente às condições particulares que são reunidas pelas disposições que unem o processo civil (matriz) e o processo do trabalho (dissidência parcial).

A abordagem que se pretende utilizar aqui é ligeiramente diversa e está relacionada, em verdade, a uma visão mais ampla do direito processual do trabalho, transcendendo-se o aspecto simplesmente legal para se perceber – e apreender -- o direito processual do trabalho também em relação às questões dos princípios que informam esse ramo do conhecimento jurídico. Nesse diapasão, pode-se afirmar que a Constituição Federal brasileira funcionará como parâmetro final para a solução da questão da compatibilidade dos diplomas legais considerados.

---

3   Veja-se o que consta da súmula 6 do TST, por exemplo, onde se faz referência expressa à linguagem utilizada pelo artigo 333 do CPC (fatos extintivos, impeditivos e modificativos do direito do autor), como se o artigo 818 da CLT não existisse e não impedisse a aplicação do CPC quanto ao ponto.

Começa-se a exposição do ponto, pois, partindo da utilização de uma pequena analogia com o que ocorre no mundo da informática, na esperança de que ela possa ser útil para clarear o que foi dito – e agora está sendo detalhado – a respeito do artigo 769 da CLT. É comum encontrarmos redes de computadores, em que vários usuários do sistema interagem. A rede dos computadores do Tribunal Regional do Trabalho da Segunda Região, por exemplo, é um desses sistemas complexos, que são utilizados por milhares de pessoas, diariamente. Todas essas pessoas, bastando que estejam utilizando um computador conectado a um provedor da rede mundial, têm acesso à primeira página do endereço do TRT/SP, sem que exista nenhum requisito para a visualização das informações ali constantes, salvo o conhecimento do endereço do sítio, e a digitação dessa informação no espaço adequado. Todavia, para que o usuário consiga ter acesso a informações específicas, como as constantes da *intranet*, o sistema exige uma senha, que precisa estar cadastrada previamente e, mais que isso, ter sido aprovada pelos administradores do próprio sistema para que, então, se consiga contato com as informações desejadas. Como se percebe, tanto as informações da primeira página, quanto as da *intranet*, fazem parte do mesmo sítio (acessado pelo endereço do TRT/SP), mas nem todos os dados são visíveis a todos os usuários. Graficamente, a situação poderia ser representada por dois círculos sobrepostos, como na ilustração abaixo, onde o usuário comum "B" tem acesso apenas às informações gerais, constantes do círculo "B", enquanto o usuário com senha pré-aprovada, chamado de "A", tem acesso a essas informações gerais (constantes do círculo "B") e às informações qualificadas, constantes do círculo "A".

O que acontece na relação entre o processo do trabalho e o processo civil é uma situação bastante parecida, embora não idêntica, a essa. O gráfico entre os dois ramos processuais teria a seguinte conformação:

A diferença está em que, enquanto no gráfico anterior, o usuário "A" (com senha) tinha acesso a todo o conteúdo existente em "A" e "B", na relação entre os ramos do direito processual, nem o operador do direito processual civil, "C", nem o do direito processual do trabalho, "T", têm acesso a toda a legislação processual existente (T + C). Aqui, porque os dois círculos estão apenas parcialmente sobrepostos, percebe-se que ambos os operadores processuais podem utilizar uma parcela comum de normas jurídicas, espaço chamado de "D", mas há outras duas parcelas que são acessíveis apenas aos especialistas de cada área. Destarte, nem o operador do direito trabalhista utiliza a parte "C", nem o operador do processo civil utiliza a parte "T" do espectro.

O que interessa compreender, porém, não é essa realidade, apenas, mas por qual razão isso é assim. É nessa percepção que pode estar a chave para a solução da subsidiariedade do processo civil, em relação ao processo do trabalho, assim como para a melhor interpretação do artigo 769 da CLT (que nos permite aplicar essa regra em relação aos artigos que regulam o ônus da prova, na atualidade do processo trabalhista brasileiro). E a metáfora com os sistemas de informática, mais uma vez, pode colaborar nesse intento.

Tudo somado, qual seria a finalidade de uma senha, no mundo da informática? Por que criar um obstáculo de acesso a certas informações, permitindo que certas pessoas consigam adentrar a um determinado espaço virtual e outras não? A resposta mais óbvia, ao que tudo indica, é esta: segurança. Quando quero proteger a informação, posso optar, como estratégia para tanto, em selecionar as pessoas que podem conhecê-la, de sorte a controlar o uso que se faz desse material, ou possíveis alterações que possam ser feitas nele pelos usuários. Então, dificulto o acesso a determinado destino, criando uma porta e franqueando a chave (senha) apenas para quem eu confio (ou controlo). Deixemos o universo da informática e retornemos para o direito processual do trabalho, nos idos de 1943, quando a CLT entrou em vigor. Qual era o cenário daquele momento? O que vinha a ser o Processo Judiciário do Trabalho, que dá nome ao título X da CLT? A resposta não é difícil de ser encontrada: muito pouco, quase nada[4]. Não havia, entre nós, nenhuma tradição de um processo do trabalho. Até pouco antes da CLT ser publicada, os conflitos trabalhistas eram resolvidos em bases quase inteiramente derivadas do direito instrumental comum, lastreado no código de processo civil de 1939. Se o código de 1973 é, reconhecem-no os mais eméritos processualistas brasileiros[5], calcado em um direito civil cheio de ideais liberais

---

4 Autores como Wagner Giglio (Direito Processual do Trabalho, op. cit. p. 3), Tostes Malta (Prática do Processo Trabalhista. São Paulo: LTr, 1992, p. 130-135) e Campos Batalha (Tratado de Direito Judiciário do Trabalho. São Paulo: LTr, p. 260-267) indicam a criação em São Paulo, em 1922, através da Lei 1.869/22, dos tribunais rurais – compostos de um juiz de direito e outros dois membros, um indicado pelos locadores de serviço e outros pelos locatários (o tribunal se destinava a dirimir conflitos derivados dos contratos de locação de serviços agrícolas) -- como a primeira (e frustrada) experiência brasileira a representar uma dissociação entre o processo do trabalho e o processo civil. Após esse primeiro momento, "o Decreto 22.132/1932, modificado pelo Decreto 24.742/1934 instituiu Juntas de Conciliação e Julgamento para dirimir os dissídios individuais, e o Decreto 21.396/1932 instituiu as Comissões Mistas de Conciliação, para dirimir os dissídios coletivos" (Campos Batalha, op. cit. p. 261). "A Constituição de 1934 não as incluía entre os órgãos do Poder Judiciário, mas previa sua composição no art. 122, parágrafo único" (Giglio, op. cit. p. 3). Essa situação era curiosa, porque, naquela altura "[N]ão ficou a Justiça do Trabalho incluída no Poder Judiciário, muito embora tenha o Supremo Tribunal Federal proclamado a natureza jurídica de suas decisões" (Tostes Malta, op. cit. 131), contradição que só foi minorar em 1940 quando do Decreto-lei 1.237, modificado pelo de número 2.851, deu nova estrutura à justiça trabalhista, que passou então a executar as decisões que proferia com autonomia (idem). A entrada em vigor da CLT, em 1943, não altera os traços fundamentais da composição da Justiça do Trabalho que, em 1946, passa a fazer parte, formalmente, do poder judiciário, conforme reconhecido pela Constituição Federal daquele mesmo ano (Tostes Malta, op. cit., p. 132).

5 "Não há dúvidas de que a construção brasileira em torno dos processos coletivos, do ponto de vista da processualística clássica, derrubou muitos dogmas. Nem assim poderia deixar de ser, segundo as observações dos processualistas italianos que primeiro se debruçaram sobre o tema (Mauro Cappelletti, Andrea Proto Pisani, Vittorio Denti, Vincenzo Vigoriti). Era preciso adaptar os esquemas de um processo individualista, pensado apenas para acudir os conflitos de interesses intra-individuais, às exigências

e individualistas, obviamente que o código de 1939 não apresentava situação muito diversa. Contrapondo-se a esse quadro, portanto, surge o diploma celetista, pretendendo, na parte substantiva, reunir as esparsas normas trabalhistas existentes, bem como implementar outras situações de vantagem para o trabalhador, na relação capital *versus* trabalho, fazendo acompanhar esse manancial de dispositivos materiais de um título destinado a instrumentalizar a resolução jurisdicional dos conflitos obreiros. O título do capitulo X não deixa dúvidas de que havia, efetivamente, a intenção de se criar um direito processual distinto daquele existente à época. Quer pelo formalismo exacerbado, quer pela duração dilatada dos procedimentos, quer por outros motivos menores, a publicação da CLT deixa evidente que já se tinha a compreensão de que o processo civil não atendia, adequadamente, às necessidades da prestação jurisdicional especializada no conflito do trabalho. Entrementes, não se constrói, do dia para a noite, todo um ramo do saber jurídico. Era preciso evoluir, em relação ao processo civil existente, mas era, também e talvez com mais premência, indispensável resolver os conflitos que nasciam a todo o instante. A solução, então, foi abrir um canal de comunicação (uma porta) entre o direito processual especializado, que se pretendia consolidar, e o direito processual consagrado pela longa história de evolução doutrinária e legislativa do direito processual civil, de sorte que o processo novo pudesse recorrer à experiência do velho, sempre que isso fosse indispensável, ou interessante. E é nesse contexto, imbuído nessa realidade, que surge o artigo 769 celetista, que parece indagar ao intérprete, como fazem as palavras ao poeta, com mil faces secretas sob a face neutra, sem interesse pela resposta: trouxeste a chave?

O 769 é, pois, uma porta de proteção, como essas que pretendem cortar o fogo, nos grandes edifícios de nossas metrópoles. Foi isso, a exemplo do que ocorreu no nosso atual contexto informatizado, exatamente o que fez o legislador celetista: ele criou uma porta corta fogo, uma barreira de acesso ao universo trabalhista, de sorte a evitar que todas as normas do processo civil pudessem ser importadas para o instrumental de resolução de conflitos obreiros, na intenção óbvia de manter um sistema diferenciado do outro. Por quê? A resposta também parece óbvia: porque o sistema processual trabalhista tem particularidades que podem se perder, se, sem qualquer critério, franquear-se a entrada de qualquer dispositivo processual ao sistema. Essas constatações, percebe-se, deixam claro que: a) a importação não apenas é possível, mas indispensável para que o sistema consiga funcionar; b) a proteção é feita pelo e para o sistema especial (não em prol do genérico) e tem intenção de preservá-lo diferenciado

---

de uma sociedade em transformação, em que surgem, a cada passo, interesses e conflitos de massa, igualmente dignos de tutela jurisdicional." (GRINOVER, Ada Pellegrini. **O processo em evolução**. Rio de Janeiro: Forense Universitária, 1996, p. 120)

do sistema geral (porque o processo do trabalho, enquanto conjunto de normas e princípios destinado à aplicação do direito protetivo do trabalho, não pode deixar de ser também protetivo, sob pena de se tornar obstáculo à realização do direito material, em lugar de colaborar para a efetivação deste[6]); c) como consequência, todo o arcabouço teórico e legislativo pertencente ao processo civil é, também e em geral, pertencente ao processo do trabalho (porque o artigo 769 da CLT não faz restrição a determinado diploma, capítulo, título, ou artigo do processo comum, colocando – em tese -- todo o aparato processual ao alcance do operador trabalhista), embora nem todo ele possa ser aplicado à resolução de todos os casos práticos trabalhistas. É o artigo 769, mais uma vez, quem soluciona o ponto, informando que – e isso, quero crer, deve ser verificado à luz do caso concreto e não *a priori*, genericamente – a importação estará liberada toda vez que tal procedimento não trouxer perigo para o sistema processual especializado. É essa a conclusão a que a análise aqui desenvolvida leva, obrigatoriamente.

Em outras palavras, temos que a senha que permite o acesso do universo do processo civil para o processo do trabalho, a chave para a porta de segurança criada pelo artigo 769, é simplesmente essa: a preservação do sistema processual do trabalho, com as particularidades e especificidades típicas dele, no caso concreto. Logo, se se tem dúvida da aplicação de uma norma processual civil a um conflito trabalhista, a única pergunta pertinente a ser feita para sanar-se essa insegurança, à luz de uma interpretação teleológica do artigo 769 – e não meramente gramatical --, é: a solução oferecida por esse dispositivo está de acordo com o que o processo do trabalho pretende ser, enquanto instrumento de aplicação do direito material do trabalho e ferramenta destinada a dar eficácia aos objetivos de elevação da condição social dos trabalhadores, traçados pelo artigo 7º da Constituição Federal? Sendo positiva a resposta, a senha está aceita e franqueada a porta, sendo irrelevante qualquer outra consideração, inclusive a relacionada à existência de norma celetista tratando, especificamente, do ponto. E não há desrespeito à primeira parte do artigo 769 da CLT nessa colocação, pois os casos omissos, referidos pelo dispositivo em questão, são uma das causas da aplicação subsidiária do direito processual comum. A lógica desenvolvida até aqui, porém, demonstra que esta não é a única ocasião em que o recurso à norma estrangeira ao sistema obreiro pode – ou deve – ser usada. Quando o legislador diz que havendo omissão está aberta a porta para a importação de recursos do

---

[6] Não se tem qualquer pretensão, aqui, em afirmar que o legislador celetista tivesse, em 1943, a completa compreensão dessa situação. É bem provável, ao contrário, que optasse por agir na busca de um processo diverso apenas por conta de vislumbrar no processo do trabalho a necessidade de um procedimento mais simples e célere. Isso, obviamente, não impede considerar que, nos dias que correm, as necessidades mais prementes do processo trabalhista, quero crer, estão ligadas à aplicação integral do direito material do trabalho, com todas as particularidades que caracterizam esse ramo jurídico.

sistema não especializado (geral), não proíbe que a importação ocorra em outras situações. Não fosse assim, estaríamos fadados a uma aplicação tão obtusa e literal do preceito que nos veríamos forçados – por uma questão de coerência – a concluir que ausente dispositivo apto à solução do problema no processo do trabalho e no processo civil, não seria possível se recorrer a nenhum outro diploma legal (nem mesmo à Constituição Federal) ou outra fonte de direito, vez que o 769 não faz menção a tais hipóteses. A situação tange o absurdo, além de ferir o texto expresso do artigo 8º do próprio diploma consolidado.

Contrapondo-se a esse quase irracional posicionamento, tem-se a constatação insofismável de que a legislação processual civil emana do mesmo legislador das normas processuais trabalhistas, o que permite perceber que a aplicação subsidiária das disposições estrangeiras, ligadas ao direito comum, não se configurariam em nenhum exercício arbitrário de quem quer que fosse (inclusive do julgador). Quando o legislador do processo civil dá origem a um dispositivo novo, o faz com respaldo na tramitação regular dos diplomas legais, como fruto do sistema de representação que nossa sociedade elegeu como possível para o estágio em que se encontra nossa democracia. A única distinção entre o procedimento pertinente a essa norma e aquela publicada como, por exemplo, alteração ao texto da CLT, está em que esta última deverá alojar-se a um texto logicamente estruturado e com alicerce nas particularidades próprias do direito trabalhista, dentre as quais está a desigualdade de forças entre empregado e empregador. Logo, se o legislador do processo civil cria norma que, embora voltada para realidade própria do processo civilista, não desrespeita os traços específicos do processo do trabalho, nenhum embaraço existiria na utilização desse preceito, pelo operador trabalhista. Isso é da lógica do nosso sistema processual, que está ancorado em um oceano de normas comuns, permitindo, inclusive, que se estude esse agrupamento conjunto como uma teoria geral do processo[7].

Agora, se a nova norma atende de forma ainda mais adequada às especificações da instrumentalidade do processo do trabalho, superando um antigo artigo celetista, em eficiência e, mais importante, na configuração de um processo mais apto a conferir ao trabalhador e ao capital um provimento jurisdicional mais justo (porque derivado de uma situação artificialmente equilibrada e destinada a compensar uma realidade desigual), qual seria a razão para se prestigiar o artigo celetista, em detrimento daquele novo dispositivo? Só se se defendesse a tese de que o novo dispositivo legal só pode ser aplicado -- ainda que traga disposições genéricas -- aos casos imaginados pelo legislador que concebeu o preceito (hipótese inaceitável quando o conflito não é referido pela lei). Contrariando esse

---

7   Veja-se o que foi dito anteriormente sobre a parcialidade da independência do processo do trabalho e a transcrição das lições dos Professores Cintra, Grinover e Dinamarco no que toca à unidade da jurisdição e, por conseguinte, do processo, enquanto instrumento de realização desta última.

raciocínio obscuro, a utilização do novo dispositivo pelo operador trabalhista não configuraria ato de arbitrariedade, porquanto derivado, o preceito legal, do sistema legislativo, com todas as garantias respectivas; nem ofenderia qualquer elemento fundamental do sistema processual brasileiro, porquanto, como visto, o artigo 769 da CLT tem a finalidade de proteger o processo do trabalho (para que este não se descaracterize e deixe de viabilizar a proteção ao hipossuficiente) e não de inviabilizá-lo, ou torná-lo obsoleto. Se a nova norma favorece mais à vocação protetiva do processo do trabalho, do que aquela existente na própria CLT, a correta – e finalística -- interpretação do artigo 769 celetista, não deve sugerir a prevalência do texto consolidado, porque isso não está de acordo com o processo judiciário do trabalho, descrito em linhas básicas pelo título X. A melhor interpretação, consentânea com a verdadeira proteção ao sistema processual trabalhista (que é o escopo do artigo 769, como demonstrado), está na sobreposição do texto novo ao antigo, passando-se a aplicar o preceito mais favorável à atuação do processo do trabalho, de sorte que ele consiga realizar as especificidades que o distinguem, quando, no caso concreto do conflito obreiro, estas se fizerem necessárias. Portanto, a questão que deve inquietar o operador do processo do trabalho – única aceitável, diante do quadro descrito acima – não é se existe, ou não, um dispositivo na CLT que regule a situação fática de forma diferente daquela normatizada pelo preceito derivado de um novo diploma processual. Faz parte da "cultura trabalhista" a noção de que a norma mais favorável, em caso de conflito de normas, prevalece. A adaptação desse princípio para o processo depende, apenas, da percepção de qual a verdadeira função do artigo 769 da CLT, sendo que esta não é, e certamente nunca foi, a de tornar o processo trabalhista uma ferramenta de proteção ao devedor.[8]

Basta, portanto e tão somente, ao operador do processo trabalhista, decidir qual dos preceitos se presta a mais e melhor resolver o conflito laboral nos moldes preconizados pela Constituição Federal (com elevação da condição social dos trabalhadores) e pelo Direito do Trabalho (com proteção ao trabalhador, diante da maior força econômica do capital).

5. CONCLUSÕES

Encerra-se esse breve artigo, listando as conclusões que se pretendeu fundamentar no transcurso do texto. São elas:

---

[8] Situação que, embora paradoxal com tudo o que vem sendo exposto neste texto, em relação à própria essência do processo do trabalho, está sendo consagrada em decisões de tribunais trabalhistas, quando estes tratam, principalmente, de execuções do título judicial, vez que, amparadas no apego excessivo à interpretação gramatical do artigo 769, da CLT, esquecem, tais veredictos, que o processo trabalhista nasceu para oferecer uma resposta mais consentânea com a realidade, às aflições da classe obreira, inatingidas pelo formalismo e pela equidistância do processo comum.

1 – O novo CPC consagra a hipótese de o juiz fixar, de acordo com o caso concreto, o ônus da prova, desde que confira às partes a oportunidade para se desincumbirem desse encargo;

2 – Em que pese a presença do artigo 818 da CLT, que expressamente regula o ônus da prova, no universo do processo trabalhista, há ampla possibilidade de aplicação, pelos operadores do direito trabalhista, das disposições do novo CPC às causas envolvendo as relações de trabalho. Isso ocorre, fundamentalmente, porque o sistema processual trabalhista se diferencia do processo comum, porquanto visa se tornar instrumento de aplicação plena do direito material do trabalho. Nessa intenção, o artigo 769 da CLT deve ser interpretado como uma válvula de proteção ao processo do trabalho e não como obstáculo a que as normas -- mais adequadas a fazer valer, no caso concreto, o direito material trabalhista -- atuem. Por conta disso, a solução para a questão relacionada à compatibilidade de qualquer dispositivo processual legal com o sistema trabalhista se resolve, em síntese, pela análise do que consta do artigo 7º da Constituição Federal, ou seja, pela utilização da norma que permita, de forma mais eficaz, buscar a aplicação do texto material, naquilo em que ele contempla a elevação da condição social dos trabalhadores.

Capítulo 37
A TEORIA DINÂMICA DO ÔNUS DA PROVA

Wânia Guimarães Rabêllo de Almeida[1]

SUMÁRIO: 1. INTRODUÇÃO; 2. PROVA E DIREITO; 3. ÔNUS DA PROVA E DISTRIBUIÇÃO DO ÔNUS DA PROVA: ASPECTOS GERAIS; 3.1. DISTRIBUIÇÃO DO ÔNUS DA PROVA NO CPC DE 1973; 3.2. DISTRIBUIÇÃO DINÂMICA DO ÔNUS DA PROVA; 4. A OPÇÃO DO NOVO CPC; 4.1. LIMITES À DISTRIBUIÇÃO DINÂMICA DO ÔNUS DA PROVA; 5. A DISTRIBUIÇÃO DINÂMICA OU FLEXÍVEL DO ÔNUS DA PROVA E O PROCESSO DO TRABALHO; 6. CONCLUSÃO; 7. BIBLIOGRAFIA.

1. INTRODUÇÃO

Este ensaio versa sobre a teoria dinâmica do ônus da prova, que é consagrada pelo novo CPC (Lei n. 13.105/15) nos parágrafos 1º e 2º do seu art. 373, na perspectiva da sua influência no direito processual do trabalho.

2. PROVA E DIREITO

Antes de examinar a distribuição da prova nos moldes estabelecidos pelo novo CPC, cumpre anotar que, "quem pretende ver confirmada em juízo a existência de um direito deve produzir a prova da ocorrência do fato de que ele decorre, o que permite afirmar que, no processo, é a prova do fato de que decorre o direito que permite confirmar a sua existência e, com isso, conferir-lhe vida". (ALMEIDA, 2013, p. 26). A prova tem, portanto, estreita relação com a possibilidade de gozo efetivo do direito assegurado pela ordem jurídica, o que exige cuidado especial na definição da parte à qual caberá o ônus da sua produção, observando-se que o "problema dos ônus probatórios é daqueles em que mais se percebe o diálogo entre o direito material e o processo." (CARPES, 2010, p. 51).

Atribuir o ônus da prova à parte que não tem condições de produzi-la é a ela negar acesso ao direito que lhe reconhece a ordem jurídica.

3. ÔNUS DA PROVA E DISTRIBUIÇÃO DO ÔNUS DA PROVA: ASPECTOS GERAIS

Às partes cabe alegar os fatos que sustentam as pretensões manifestadas na ação e na defesa. Neste sentido, prevê o art. 6º do Código de Processo Civil

---

[1] Doutora e mestra em Direito do Trabalho pela PUC-MG. Professora e advogada.

francês que, "para sustentar suas pretensões, as partes têm o ônus de alegar os fatos próprios para fundamentá-las". Com isso, o autor e o réu devem apontar na petição inicial e na defesa, respectivamente, os fatos que fundamentam as suas pretensões, o que traduz o denominado ônus da alegação.

Não basta às partes alegar fatos, cumprindo-lhes demonstrar a sua ocorrência, quando esta for colocada em dúvida, tornando-se controversa.

Destarte, as partes têm, ao lado do ônus da afirmação, o ônus de produzir a prova dos fatos que alegam como fundamento de suas pretensões e que sejam controversos, isto é, o ônus da prova.

James Goldschmidt assevera que ônus são

> [...] situações de necessidade de realizar determinado ato para evitar que sobrevenha um prejuízo processual. Em outras palavras, se trata de 'imperativos do próprio interesse'. Os ônus processuais se encontram em estreita relação com as 'possibilidades' processuais, posto que toda 'possibilidade' impõe às partes o ônus de ser diligente para evitar sua perda. (GOLDSCHMIDT, 1936, p. 203, tradução nossa).

A parte que tem o ônus de provar determinado fato suporta o risco da ausência desta prova. Fala-se em *risco*, na medida em que a parte contrária pode confessar a ocorrência do fato contra ela alegado, deixar de negar a sua ocorrência, o que implicará admissão de sua veracidade, ou mesmo produzir prova de sua ocorrência, lembrando-se que o julgamento da demanda se dá com esteio na prova constante dos autos, independentemente da parte que a tenha produzido (princípio da aquisição da prova).

Destarte, distribuir o ônus da prova entre as partes do processo judicial significa definir aquela à qual caberá produzir prova de determinado fato e que arcará com os riscos da sua insuficiência.

A distribuição do ônus da prova pode ocorrer segundo vários critérios, valendo mencionar, dentre eles: a) ao autor incumbe toda a prova; b) quem afirma um fato deve prová-lo; c) cada parte deve provar os fatos que constituem o pressuposto de incidência da norma jurídica que invoca em favor da sua pretensão; d) quem tem o ônus de alegar um fato tem o ônus de provar a sua ocorrência; e) quem tem interesse em afirmar o fato tem o ônus de prová-lo; f) a prova do fato cabe à parte que estiver em melhores condições de produzi-la.

3.1. DISTRIBUIÇÃO DO ÔNUS DA PROVA NO CPC DE 1973.

O CPC de 1973 optou por uma *distribuição rígida do ônus da prova*. Com efeito, de acordo com o seu art. 333:

a) ao autor cabe o ônus da prova do fato constitutivo do direito deduzido em juízo;

b) compete ao réu o ônus da prova de fato impeditivo, extintivo ou modificativo do direito cuja existência é afirmada pelo autor da demanda.

O CPC de 1973 adotou, assim, uma distribuição rígida do ônus da prova, no sentido de que desconsidera, ao realizá-la, as especificidades do caso concreto e, em especial, a real capacidade de as partes produzirem prova dos fatos controversos.

Esta opção está em sintonia com a *concepção individualista e liberal do processo*, que atribui às partes a responsabilidade pela realização, ou não, do direito objeto da demanda.

Consoante já foi assinalado, "a intenção do legislador de 1973 foi primar pela segurança jurídica e pela igualdade puramente formal entre as partes, caracterizando, assim, visão puramente liberal do fenômeno. O caráter fechado da regra prevista no art. 333 do CPC deixa o juiz sem margem para construir outra disciplina que não aquela positivada na lei, imaginando-se que esta pudesse continuar tendo a virtude de prever toda e qualquer situação conflituosa apresentada em juízo." (CARPES, 2010, p. 68).[2]

É certo que a rigidez do art. 333 do CPC de 1973 é abrandada pelo legislador em determinadas situações, por meio da técnica da inversão do ônus da prova (art. 6º do Código de Defesa do Consumidor, por exemplo)[3], o que, no entanto, não é suficiente para negar que, como regra, a distribuição do ônus da prova entre as partes se dá na forma estática estabelecida pelo art. 333 do CPC, ou seja, a partir da *posição das partes no processo* (autor ou réu) e da *natureza do fato controverso* (constitutivo, impeditivo, extintivo ou modificativo).

3.2. DISTRIBUIÇÃO DINÂMICA DO ÔNUS DA PROVA.

O CPC de 1973 distribui o ônus da prova considerando a posição da parte no processo e a natureza do fato controverso, com total desconsideração das especificidades do caso concreto e da capacidade de as partes produzirem prova dos fatos por ela alegados.

---

2   Anota Artur Carpes que, "ao positivar distribuição geral, abstrata e fechada, isto é, sem comportar exceções, o legislador, no seu ilusionismo liberal, pensou estar resolvendo todo e qualquer problema relacionado a tão importante aspecto da regulação do formalismo processual, qual seja, o procedimento probatório. A generalidade e abstracionismo característicos da lei reduziram a distribuição dos ônus probatórios e a um dos símbolos da igualdade formal, ao qual não importava a vida real das pessoas e eventuais distinções concretas existentes entre elas. Pretendeu garantir-se, desta forma, a imparcialidade no tratamento das partes – que por serem 'iguais' deveriam ser tratadas sem discriminação – e a segurança jurídica, outorgando às partes a tão prestigiada previsibilidade do procedimento." (CARPES, 2010, p. 69).

3   A inversão do ônus da prova prevista no art. 6º do CDC não fica a critério do juiz, na medida em que é exigido o atendimento de determinadas condições para que ela ocorra.

Em defesa da solução adotada pelo CPC, é afirmado que a distribuição rígida do ônus de prova atende à necessidade de segurança jurídica das partes e previsibilidade.

No entanto, a aplicação da fórmula adotada pelo art. 333 do CPC pode conduzir à negativa de direito assegurado pela ordem jurídica em razão da impossibilidade ou excessiva dificuldade de a parte produzir a prova dos fatos de que decorre aquele direito.

Por este motivo é que vem ganhando força a doutrina da *distribuição dinâmica do ônus da prova*.

De acordo com esta doutrina, a distribuição do ônus da prova não deve ocorrer de forma rígida, mas ser realizada levando em conta a parte que está em melhores condições de produzi-la, isto é, de forma flexível.

Segundo Danilo Knijnik:

> É para fazer frente à eventual iniquidade a que a aplicação do art. 333, *caput*, do CPC poderia conduzir, que se insinuou a teoria do ônus dinâmico da prova, 'uma nova doutrina que tratou de flexibilizar a rigidez em que haviam incidido as regras sobre o ônus da prova e a consequente dificuldade que sua aplicação apresentou em certos casos'. De fato, parte-se da compreensão segundo a qual a regra consagrada no art. 333 do CPC estabeleceu uma distribuição estática do ônus probatório, construída em atenção à sintaxe da norma e independentemente das circunstâncias do caso concreto, o que não excluiria, porém, a distribuição dinâmica, na qual um 'giro epistemológico fundamental no modo de observar o fenômeno probatório, em que o mesmo é visto na perspectiva da finalidade do processo e do valor justiça, e não sob o ângulo do mero cumprimento de formas processuais abstratas [...]. A construção em análise pressupõe uma visão cooperatória e publicista do processo. (KNIJNIK, 2006, p. 945).

Conclui Danilo Knijnik que

> [...] a doutrina do ônus dinâmico é legítima perante o direito brasileiro, nos casos em que a aplicação estática do art. 333, I e II, do CPC se revele desconforme à Constituição Federal acarretando a inutilidade da ação judiciária e a vedação oculta de acesso efetivo ao Poder Judiciário. Em isso ocorrendo, deve-se aplicar ao *caput* do art. 333 do CPC seu parágrafo único, inc. II, dinamizando, pois o ônus probatório. São pressupostos para sua aplicação que a incidência do ônus estático redunde em *probatio diabolica*, estando o litigante estaticamente não-onerado em posição privilegiada quanto ao episódio controvertido, seja por deter conhecimento especial, seja por deter as provas relevantes. Ainda, a dinamização poderá ter lugar se a provar tornar-se inacessível à parte estaticamente onerada, seja por força de conduta culposa, seja por violação dos deveres de colaboração pela parte adversa. (KNIJNIK, 2006, p. 950-951).

Embora o tema tenha ganhado maior relevo na contemporaneidade, vale mencionar que a doutrina clássica do direito processual civil já admitia a distribuição do ônus da prova segundo a capacidade de sua produção pelas partes.

Neste sentido, Jeremias Bentham assevera que o "ônus da prova deve ser imposto, em cada caso concreto, àquela parte que possa produzi-la com menos inconvenientes, isto é, com menos dilações, incômodos e gastos", admitindo, contudo, a dificuldade de, no caso concreto, ser estabelecida a parte que deve produzir a prova. (BENTHAM, 2001, p. 445).

No mesmo compasso, já foi assinalado por Francesco Carnelutti que o ônus da prova deve ser atribuído à parte que "mais provavelmente esteja em condições de contribuir [...], com base em uma regra de experiência que estabeleça qual das partes esteja em condições melhores para este fim. Somente assim o ônus da prova constituiria um instrumento para alcançar a finalidade do processo, que não é a simples composição, mas a composição justa do litígio" (CARNELUTTI, 2004, p. 132), ressaltando-se que também, Piero Calamandrei afirma a possibilidade de o juiz "atenuar a rigidez das regras legais de distribuição do ônus da prova", ainda que, com base em um juízo de verossimilhança. (CALAMANDREI, 1996, p. 337).

A distribuição dinâmica do ônus da prova implica flexibilização da rigidez das regras de distribuição do ônus da prova.

Ou, nas palavras de Jorge W. Peyrano:

> Constitui-se doutrina já aceita a das cargas probatórias dinâmicas. A mesma importa em afastamento excepcional das normas legais sobre a distribuição da carga da prova, a que resulta procedente recorrer somente quando a aplicação daquela produza consequências manifestamente desvaliosas. Dito afastamento se traduz em novas regras de acordo com a distribuição da imposição probatória fechadas às circunstâncias do caso e relutantes a enfoques a priori (tipo de fato a provar, papel do autor ou réu, etc). Entre as referidas novas regras se destaca aquele consistente em fazer recair o *onus probandi* sobre a parte que está em melhores condições profissionais, técnicas ou fáticas para produzir a prova respectiva. Deve ser especialmente cuidadoso e restrito na hora de valorar a prova alegada pela parte que se encontra em melhor situação para produzi-la porque, normalmente, a mesma também está em condições de desvirtuá-la ou desnaturá-la em seu próprio benefício. (PEYRANO, 2004, p. 80. Tradução nossa).

Esta doutrina não desconhece a regra clássica de distribuição da carga da prova adotada pelo CPC de 1973 e no art. 373, I e II do novo CPC (que reproduz a regra do art. 333, I e II do CPC de 1973), mas promove a sua flexibilização no caso concreto, com o objetivo principal de assegurar a satisfação plena dos direitos assegurados pela ordem jurídica.

A aplicação desta doutrina pressupõe uma situação de desigualdade entre as partes, em que uma delas está em melhores condições para produzir a prova dos fatos controversos, o que significa que "o sujeito a quem se atribui a carga probatória ocupa uma posição privilegiada ou destacada com relação ao material probatório no confronto com a outra parte [...], por estar em posse da coisa ou instrumento probatório ou por ser o único que 'dispõe' da prova, etc, se encontra em melhor posição para revelar a verdade." (BARBERIO, 2004, p. 101).

Observe-se que não se trata de inversão do ônus da prova, mas da atribuição da produção da prova, no caso concreto, a quem se encontra em melhores condições de produzi-la, por razões profissionais, técnicas ou qualquer outra circunstância de fato.[4]

Em suma, por força desta doutrina, são abandonadas, como critério de definição da carga probatória, a posição da parte no processo e a natureza do fato controverso (*distribuição estática do ônus da prova*), em favor do critério da capacidade probatória das partes no caso concreto (*distribuição dinâmica do ônus da prova*). Este "tipo de regra ao distribuir a carga da prova dos fatos controvertidos em um processo atende ao tipo de fatos que devem ser provados e não à posição do autor ou demandado no processo." (AIRASCA, 2004, p. 136, tradução nossa).

Inés Lépori White aponta como fundamentos da distribuição dinâmica do ônus da prova:

> A *justiça* aplicada ao caso concreto, isto é, a *equidade*, resulta então, no meu entender, o principal fundamento da doutrina do ônus probatório dinâmico. Mas, se bem que é o principal, de nenhuma maneira é o único, posto que do mesmo derivam outros fundamentos da maior importância. Um deles é a *atividade das partes no processo* [...]. As partes, em um processo dispositivo como é o nosso e em que o que faz sua defesa, somente tem ônus e obrigações. Tanto é assim que nem sequer têm obrigação de comparecer quando são chamadas pelo tribunal. Mas este processo tem sempre um ator encaminhado a pedir uma sentença que reconheça seu direito e satisfaça convenientemente a pretensão que deduz no mesmo. E se exercendo o direito de contradição, o demandado comparece no processo e solicita, assim como o autor, uma sentença que lhe dê razão, isto significa que ambas as partes por igual requerem ou exigem do Estado, através da atividade jurisdicional, *conheça* a *decida* o tem ou questão que elas não foram capazes de evitar ou que foram incapazes de solucionar. Assim, pois, toda vez que alguém se atribui o caráter de *parte processual* não é somente para fazer uso de seus direitos, mas também que assume também determinados *deveres*. E assim é porque, enquanto dentro do processo, tanto as partes como seus defensores têm o *dever processual* de proceder com *lealdade* e *boa fé* por disposição expressa da lei [...]. A limitação definida pelos deveres legais de conduzir-se com lealdade, probidade e boa fé alcança o dever de colaborar em matéria de prova para que o juiz possa alcançar a verdade. Outro dos fundamentos do ônus dinâmico das provas é a *responsabilidade*

---

[4] Anote-se que "não há na distribuição dinâmica do ônus da prova uma inversão, nos moldes previstos no art. 6º, inc. VIII, do CDC, porque só se poderia falar em inversão caso o ônus fosse estabelecido prévia e abstratamente. Não é o que acontece com a técnica da distribuição dinâmica, quando o magistrado, avaliando as peculiaridades do caso concreto, com base em máximas de experiência (art. 335 do CPC), irá determinar quais fatos devem ser provados pelo demandante e pelo demandado." (CAMBI, 2006, p. 341).

do juiz no processo [...]. Quando a lei processual diz, por exemplo, que o debate judicial é dirigido pelo juiz, que deverá adotar *todas as medidas que estime conducente ao esclarecimento dos fatos*, o quando afirma que os juízes devem cuidar do *decoro e ordem* nos juízos, o *respeito* à sua autoridade e investidura e o *recíproco* que se devem as partes, não se pode inferir que dita lei coloque os magistrados somente no papel de simples guardião da ordem e da compostura [...]. Entendo que refere-se a algo muito mais importante que isso. É da essência da magistratura impedir que o mais forte, o que tem uma posição mais vantajosa, seja econômica, social ou jurídica, tanto na relação substancial ou processo, tire proveito dele no processo, em detrimento do mais fraco. (WHITE, 2004, p. 35-73, tradução nossa).

Assim, para a referida doutrinadora, a distribuição dinâmica do ônus da prova decorre da exigência de justiça e equidade no caso concreto, dos deveres de lealdade, probidade, boa fé e de colaboração das partes e do papel ativo do juiz na condução do processo.

Acrescenta Inés Lépori White que os fundamentos dados pelos distintos tribunais para a aplicação da teoria dinâmica do ônus da prova podem ser resumidos em:

> Concepção dinâmica do processo, brindar a objetiva concretização da justiça, perseguir uma resolução justa, busca de uma solução justa para o caso, encontrar o justo equilíbrio entre as partes, critério de equidade na relação processual, deveres de lealdade, probidade e boa fé, dever das partes de colaborar com o esclarecimento da verdade, dever das partes de colaborar com a verdade jurídica objetiva, dever de cooperação dos profissionais. (WHITE, 2004, p. 69. Tradução nossa).

Para Cleber Lúcio de Almeida:

> A doutrina da distribuição dinâmica ou flexível do ônus da prova encontra respaldo na necessidade de assegurar às partes litigantes paridade concreta de armas, observando que tal paridade, além de ser um direito reconhecido expressamente pela Declaração Universal dos Direitos Humanos (art. 10), constitui uma exigência da democracia processual. Lembre-se que, como aduz Ireneu Cabral Barreto, um processo justo 'exige, como elemento conatural, que cada parte tenha possibilidades razoáveis de defender os seus interesses numa posição não inferior à da parte contrária; ou, de outro modo, a parte deve deter a garantia de apresentar o seu caso perante o tribunal em condições que a não coloquem em substancial desvantagem face ao seu oponente'. Ademais, a participação na construção dos provimentos jurisdicionais 'é problema que se coloca entre iguais, não só juridicamente, mas também e, sobretudo, cultural e economicamente', com o que o reconhecimento do direito à participação das partes na formação do provimento pressupõe igualdade concreta de armas na produção de provas. (ALMEIDA, 2013, p. 61).

Vale acrescentar, em favor desta doutrina, a responsabilidade das partes em relação à efetividade da ordem jurídica e dos direitos por ela assegurados, em especial quando se trata de direitos inerentes à dignidade humana (direitos humanos e fundamentais) e aos quais correspondam créditos de caráter alimentar.

Não se olvide que, no caso concreto, a distribuição o ônus da prova de forma rígida poderá violar o direito fundamental à ampla defesa e operar contra uma das primordiais do processo, que é a pacificação social com justiça.

Para Augusto M. Morello, a justificativa para a dinamização do ônus da prova repousa sobre a visão solidarista do ônus da prova, que deriva do princípio da cooperação (ou da efetiva colaboração) e do princípio da solidariedade e da boa-fé. (MORELLO, 2001, p. 85).

Já para Carlos Alberto Reis de Paula "a aplicação no ônus da prova do princípio da aptidão atende ao escopo social do processo, que é eliminar conflitos mediante critérios justos". (PAULA, 2001, p. 142).

Para Jorge Galdós, os fundamentos da teoria dinâmica dos ônus da prova constituem a efetiva colaboração com base no principio da solidariedade e no dever de cooperação no esclarecimento da verdade. (GALDÓS apud PEYRANO, 2004, p. 86)[5].

4. A OPÇÃO DO NOVO CPC

O novo CPC prevê, no art. 373, que o ônus da prova incumbe:

> I – ao autor, quanto ao fato constitutivo do seu direito;
>
> II – ao réu, quando à existência de fato impeditivo, modificativo ou extintivo do direito do autor.
>
> § 1º Nos casos previstos em lei ou diante de peculiaridades da causa relacionadas à impossibilidade ou à excessiva dificuldade de cumprir o encargo nos termos do *caput* ou à maior facilidade de obtenção da prova do fato contrário, poderá o juiz atribuir o ônus da prova de modo diverso, desde que o faça por decisão fundamentada, caso em que deverá dar à parte a oportunidade de se desincumbir do ônus que lhe foi atribuído.
>
> § 2º A decisão prevista no § 1º deste artigo não pode gerar situação em que a desincumbência do encargo pela parte seja impossível ou excessivamente difícil.
>
> § 3º A distribuição diversa do ônus da prova também pode ocorrer por convenção das partes, salvo quando:
>
> I - recair sobre direito indisponível da parte;
>
> II - tornar excessivamente difícil a uma parte o exercício do direito.
>
> § 4º A convenção de que trata o § 3º pode ser celebrada antes ou durante o processo.[6]

---

5 GALDÓS, Jorge. Prueba, culpa médica y cargas probatórias dinâmicas (en la doctrina de la Corte Suprema de Buenos Aires), em Revista del Colegio de Abogados de La Plata, n. 56, p. 36.

6 Esta mesma solução é anotada na Espanha, posto que, consoante o art. 217 da *Ley de Enjuiciamiento Civil* (*Ley* 1/2000): "Ônus da prova: 1. Quando, no momento de proferir a sentença ou solução semelhante, o tribunal considerar duvidosos os fatos relevantes para a decisão, recusará as pretensões do autor ou do

Destarte:

a) foi consagrada a regra clássica, fundada na posição das partes e na natureza do fato controverso (art. 373, I e II);

b) foi autorizada a distribuição *diversa do ônus da prova* (expressão utilizada pelo novo CPC), pelo legislador e pelo juiz;

c) o juiz poderá flexibilizar a regra clássica de distribuição do ônus da prova com fundamento na impossibilidade ou excessiva dificuldade de a parte cumprir o encargo estabelecido a partir da natureza do fato controverso **ou** na maior facilidade de obtenção da prova do fato contrário;

d) o juiz deverá fundamentar a distribuição diversa do ônus da prova, ou seja, demonstrar a presença de uma das situações que a autorizam, ou seja, a impossibilidade ou excessiva dificuldade de uma parte cumprir o encargo estabelecido a partir da natureza do fato controverso **ou** na maior facilidade de obtenção da prova do fato contrário pela parte adversa.

Assim, a distribuição dinâmica do ônus da prova atende à capacidade probatória das partes, registrando-se que a segunda situação prevista (maior facilidade de obtenção da prova do fato contrário) permite falar em produção da prova pela parte que tem o seu domínio (*princípio do domínio da prova*).

A adoção da distribuição dinâmica do ônus da prova pelo novo CPC representa uma evolução consagrada na doutrina nacional e estrangeira, significando um salto qualitativo em matéria processual, notadamente porque não se pode "hoje em dia ignorar a plena vigência desta nova doutrina e a pujança de um processo civil moderno mais preocupado por encontrar a verdade e a justiça do caso concreto." (BARBERIO, 2004, p. 106).

Nas palavras de Héctor E. Leguisamón, "o conceito da carga da prova tem evoluído no Direito Processual, tendo recebido um sentido mais flexível e facilitador de colaboração e boa fé do direito a provar." (LEGUISAMÓN, 2004, p. 115). Conclui esse doutrinador que:

---

reconvinte, ou as do réu ou reconvindo, segundo corresponda a uns ou outros o ônus de provar os fatos que permanecem incertos e fundamentem as pretensões.

2. Corresponde ao autor e ao réu reconvinte o ônus de provar a certeza dos fatos de que ordinariamente decorrem, segundo as normas jurídicas a eles aplicáveis, os efeitos jurídicos correspondentes às pretensões da demanda e da reconvenção.

3. Incumbe ao réu e ao autor reconvindo o ônus de provar os fatos que, conforme as normas que lhes sejam aplicáveis, impedem, extinguem ou neguem a eficácia jurídica dos fatos a que se refere o item anterior.

4. Nos processos sobre concorrência desleal e sobre publicidade ilícita corresponderá ao demandado o ônus da prova da exatidão e veracidade das indicações e manifestações realizadas e dos dados materiais que a publicidade expresse, respectivamente.

5. As normas contidas nos itens precedentes se aplicam sempre que uma disposição expressa não distribua com critérios especiais o ônus da prova dos fatos relevantes.

6. Para a aplicação do disposto nos itens precedentes deste artigo o tribunal deverá ter presente a disponibilidade e a facilidade probatória que corresponde a cada uma das partes do litígio.

> Assim aparece um novo conceito de *carga probatória compartida*, como manifestação de uma nova cultura do processo judicial caracterizada pela vigência do princípio da solidariedade e do dever de cooperação de todos na procura de um rendimento do serviço da justiça mais eficiente que o atual, onde se encontra aceitável que, em boa medida, a tarefa probatória é comum a ambas as partes. (LEGUISAMÓN, 2004, p. 115).

Para esta teoria, o processo deixa de se desenvolver à maneira de uma luta, passando para uma colaboração das partes com o juiz.

Por outro lado, a distribuição dinâmica do ônus da prova não viola o direito da ampla defesa ao devido processo legal, pois visa manter a igualdade material e real das partes no processo, se fundamenta na busca da verdade real e da justiça para o caso concreto, além de "consolidar uma visão amplamente solidarista do ônus *probandi*, supera a visão individualista (patrimonialista) do processo civil clássico e, destarte, permite facilitar a tutela judicial dos bens" jurídicos. (CAMBI, 2006, p. 343-344).

Ainda segundo Eduardo Cambi, "a tutela do direito material não pode ser prejudicada pela dificuldade ou impossibilidade da prova, sob pena de valorizar mais o meio (prova) que o fim (proteção dos direitos)." (CAMBI, 2006, p. 346).

4.1. LIMITES À DISTRIBUIÇÃO DINÂMICA DO ÔNUS DA PROVA.

A liberdade conferida ao juiz para distribuir de forma dinâmica o ônus da prova não é absoluta, como resulta dos parágrafos 1º e 2º do art. 373 do novo CPC. Com efeito, o que resulta de tais comandos legais é que a distribuição dinâmica tem como pressupostos a impossibilidade ou a excessiva dificuldade de uma parte cumprir o seu ônus probatório ou a maior facilidade de obtenção da prova do fato contrário ao que foi alegado por aquela parte (para o empregador, quando obrigado ao registro da jornada, é mais fácil a prova da ausência de horas extras).

Vale mencionar que, como assinala Sergio José Barberio, o dever de colaboração cabe a ambas as partes, de forma que "a parte cuja carga é aliviada deve desenvolver esforços e também atividade" probatória. (BARBERIO, 2004, p. 103).

A previsão no sentido de que o juiz deverá dar à parte oportunidade de se desincumbir do ônus que lhe foi atribuído deixa claro que a distribuição diversa do ônus da prova não poderá ocorrer na decisão (*distribuição do ônus da prova como critério de decisão*), mas deve ser realizada no curso da instrução, visando evitar surpresa para a parte que, se fosse observada a regra geral, estaria dispensada da produção da prova (*distribuição da prova como ato procedimental*). A rigidez na distribuição do ônus da prova não pode ser afastada em prejuízo do direito de participar de forma útil do processo, o que exige respeito ao direito ao contraditório e à ampla defesa, ao passo que, assegurar à parte oportunidade para produção da prova cujo ônus não lhe competia segundo a regra geral também atende à necessidade de segurança e previsibilidade.

Lembre-se que "é sobre o contraditório, principalmente, que – conforme PROTO PISANI – o moderno processo justo atua, ao exigir que, invariavelmente, o juiz nada decida sem antes ensejar às partes a oportunidade de desenvolver um 'efetivo contraditório', ainda quando exerça o poder de apreciar de ofício certas questões de fato e de direito." (THEODORO JÚNIOR, 2014, p. 183).

A exigência de fundamentação da flexibilização da regra de distribuição do ônus da prova permite o seu controle, não podendo ser olvidado que o princípio da colaboração alcança o juiz no sentido de que a ele cumpre esclarecer às partes sobre os seus ônus (dever se esclarecimento).[7]

Como assevera Andrea Proto Pisani:

> Sempre que a lei atribua ao juiz o poder de apreciação de ofício de questões de direito ou de fato, ele, antes de usá-lo para fundamentar a decisão da questão examinada de ofício, deve submetê-la às partes, dando-lhes, desse modo, a possibilidade efetiva de desenvolver um contraditório a seu respeito: contraditório que pode consistir não apenas na produção de argumentações de fato e de direito, mais ainda no exercício de poderes processuais capazes de modificar a demanda, de propor exceções, provas. (PROTO PISANI, 1999, p. 219, tradução nossa).

Acrescente-se que o litigante deve assegurada a oportunidade de produzir ou não a prova cujo ônus de produção lhe foi atribuído. Isto porque "o art. 5º, inc. LXIII, da Constituição Federal preceitua que ninguém pode ser forçado a produzir prova contra si mesmo (privilégio contra a autoincriminação: *nemo tenetur se detegere*). Pode a parte incumbida de provar silenciar. O que não é possível é suprimir o seu direito de provar, caso resolva fazê-lo." (CAMBI, 2011, p. 678).

De outro lado, da distribuição diversa do ônus da prova não pode decorrer situação em que a desincumbência do encargo pela parte seja impossível ou excessivamente difícil, ou seja, a vedação à *probatio diabólica* deve ser considerada também na distribuição dinâmica do ônus da prova.

O poder de flexibilização concedido ao juiz não implica reconhecimento da possibilidade do agir arbitrário, o que exige a distribuição diversa do ônus da

---

[7] Observe-se que, "em Portugal, prevalece o entendimento de que o processo para merecer o qualificativo de justo, como se almeja no Estado Democrático de Direito, deverá desenvolver-se mediante colaboração recíproca entre o órgão judicial e as partes, tocando ao juiz, perante os litigantes, um dever funcional, que se desdobra, segundo MIGUEL TEIXEIRA DE SOUZA, em quatro deveres essenciais, configuradores em seu conjunto da necessária conduta leal e de boa-fé esperada do magistrado: 'dever de esclarecimento, dever de prevenção, dever de consultar as partes e dever de auxiliar as partes'." (THEODORO JÚNIOR, Humberto, 2014, p. 180).

prova seja, não apenas fundamentada, mas pautada em critérios objetivos, decorrentes das regras e experiências (Carnelutti) ou do juízo de verossimilhança (Calamandrei), sendo certo que, a aplicação indiscriminada desta teoria pode levar a outro extremo: "a soluções desvaliosas e injustas, que precisamente são as que se trata de evitar." (LEGUISAMÓN, 2004, p. 123, tradução nossa).

É também necessário trazer à tona a advertência de Ivana María Airasca, no sentido de que:

> O juiz, na hora de valorar as provas produzidas pela parte que está em melhores condições técnicas, fáticas ou profissionais de produzi-la, deverá ter em conta que esta parte também está em melhores condições de destruí-la, ou adulterá-la em seu favor, portanto deverá ser muito cuidadoso em sua apreciação e deverá cotejá-la com as demais provas reunidas em juízo, se as teve, e sempre à luz das regras de 'sana' crítica. (AIRASCA, 2004, p. 151, tradução nossa).

5. A DISTRIBUIÇÃO DINÂMICA OU FLEXÍVEL DO ÔNUS DA PROVA E O PROCESSO DO TRABALHO

Estabelece o art. 818 da CLT que a prova das alegações incumbe à parte que as fizer. Sem dúvidas, cada parte deve provar o que alega como fundamento de sua pretensão.

No entanto, também no processo do trabalho, o juiz está autorizado a fixar o ônus da prova respeitando as peculiaridades da causa, relacionadas à impossibilidade **ou** à excessiva dificuldade de cumprir o encargo estabelecido a partir da natureza do fato controverso **ou** à maior facilidade de obtenção da prova do fato contrário, na medida em que:

a) ao juiz é imposto o dever de proferir decisão justa e équa (art. 852-I, §1º, da CLT), o que conduz à exigência de justiça no processo e na decisão;

b) é de todos a responsabilidade pela plena satisfação dos direitos inerentes à dignidade humana decorrentes da relação de emprego (direitos humanos e fundamentais trabalhistas), sendo relevante mencionar que, como assinala Augusto M. Morello, duas são as ideias forças do processo justo, quais sejam, "o princípio de solidariedade e o dever de colaboração." (MORELLO, 1994, p. 659, tradução nossa). Vale ressaltar que a Constituição da República de 1988 consagra o princípio da solidariedade, quando define como objetivo da República a construção de uma sociedade solidária, ao passo que o princípio da colaboração é expressamente consagrado no art. 378 do novo CPC, segundo o qual "ninguém se exime do dever de colaborar com o Poder Judiciário para o descobrimento da verdade", o que implica dizer que partes e juízes devem cooperar entre si visando à justiça no caso concreto.

Anote-se que, este novo papel atribuído ao juiz o transforma em "um verdadeiro interlocutor que aceita a cooperação para a formação da decisão, e não um simples representante do poder público que do alto emite um pronunciamento vinculante. Em tal sentido o diálogo se torna garantia de democratização do processo e impede que o princípio do *iura novit curia* seja fonte de uma atitude autoritária ou instrumento de opressão." (TROCKER, 1974, p. 670, tradução nossa).

Digno de nota, ainda, que o novo CPC tem como uma das metas a implementação do *processo justo*, inclusive com inspiração em normas constitucionais, quais sejam:

> a) A previsão de que o processo civil será ordenado, disciplinado e interpretado, antes de tudo, de conformidade com 'as normas e os valores consagrados na Constituição (...); b) A garantia de pleno acesso à justiça (...); c) A garantia de duração razoável do processo (...); d) A sujeição de todos os participantes do processo ao Princípio da Boa-fé (..); e) O dever do juiz de aplicar o Ordenamento Jurídico segundo os 'fins sociais e as exigências do bem comum' (...); f) A garantia de tratamento paritário dos litigantes, cabendo ao juiz 'velar pelo efetivo contraditório' (...); g) O dever de todos os sujeitos do processo de 'cooperar entre si para que se obtenha, com efetividade e em tempo razoável, a justa solução do mérito' (...); h) Garantia de que nenhuma sentença ou decisão contra a parte será proferida sem sua prévia audiência (...); i) Garantia de que nenhuma decisão, em qualquer grau de jurisdição, será pronunciada com base em fundamento não debatido com as partes, 'ainda que se trate de matéria sobre a qual tenha que decidir de ofício'. (THEODORO JÚNIOR, 2014, p.184).

c) a desigualdade econômica e social das partes exige, em nome da igualdade substancial, uma distribuição do ônus da prova que atenda a esta desigualdade;

Destaca José Carlos Barbosa Moreira, neste sentido, que

> [...] no propósito de contribuir para a mitigação das desigualdades substanciais entre as partes, tem-se cogitado de conferir ao juiz a faculdade (o mesmo o dever) de prestar-lhes informações sobre o ônus que lhes incumbem, convidando-as, por exemplo, a esclarecer e a complementar suas declarações acerca dos fatos, ou chamando-lhes a atenção para a necessidade de comprovar alegações. (BARBOSA MOREIRA, 1985, p. 52).

d) o art. 15 do novo CPC dispõe que, "na ausência de normas que regulem processos eleitorais, trabalhistas ou administrativos, as disposições deste Código lhes serão aplicadas supletiva e subsidiariamente."

Como aduz Edilton Meireles:

> A regra subsidiária visa preencher a lacuna integral (omissão absoluta) do corpo normativo. Já a regra supletiva tem por objeto dar complementação normativa ao que foi regulado de modo incompleto (omissão parcial). Ali falta a regra, aqui a regra é incompleta. Ali, supre-se a ausência da regra; aqui, complementa-se a regra que não esgota a matéria. (MEIRELES, 2014, p. 137).[8]

---

[8] Acrescenta Edilton Meireles que "a aplicação da regra subsidiária e da regra supletiva pressupõe a compatibilidade com o que se pretende integrar ou complementar, sob pena de, ou se revogar na prática a regra principal (omissa ou incompleta) ou se criar uma antinomia." (MEIRELES, 2014, p. 137).

Equivale a dizer que os parágrafos 1º e 2º do art. 373 do novo CPC são aplicáveis ao processo do trabalho, posto que a CLT é omissa no tratamento da distribuição dinâmica do ônus da prova.

Sobre o tema, Diogo Campos Medina Maia assevera que:

> Quanto à prova, foi prestigiada pelo Projeto o princípio da *carga dinâmica*, segundo o qual o ônus da prova recai sobre a parte que estiver em melhores condições de produzi-la. A proposta foi comedida e resguarda com muita propriedade o direito dos litigantes, pois, uma vez decidido pelo magistrado que a carga da prova deve ser invertida, deve ser garantido à parte que recebeu o encargo a efetiva oportunidade do desempenho adequado do ônus que lhe foi atribuído. Ainda prevê o Projeto que não é possível a inversão do *onus probandi* se se tornar excessivamente difícil a uma parte o exercício do direito. A carga dinâmica da prova não é prevista expressamente no Processo do Trabalho, mas é vista com certa habitualidade na prática. É o exemplo da Súmula n. 338, item I, do TST, que passa ao empregador com mais de dez anos empregados o ônus de provar que a jornada do trabalhador é diversa daquela por ele alegada no processo. Trata-se de uma exceção à regra prevista no artigo 818 da CLT, que impõe à parte que alega o ônus de provar o seu direito. Assim como na teoria da carga dinâmica da prova, o fundamento desse entendimento jurisprudencial reside na notória melhor condição do empregador em produzir a prova, pois quando emprega mais de dez trabalhadores é obrigada a manter o registro expresso da jornada de seus empregados. Neste aspecto, a vantagem para o Processo do Trabalho será gozar de um instrumento normativo genérico, não restrito às hipóteses já sumuladas e, principalmente, balizado pelo princípio do devido processo legal, que impedirá inversões de ônus da prova inadequadas, desnecessárias e desproporcionais [...]. Se ainda não chegou de fato o momento de se inserir o Processo do Trabalho em um sistema autônomo de reformas, é certo que se deve colher de todas as normas que lhe são subsidiárias os seus melhores frutos, com o desiderato de oxigenar e revigorar ferramenta de tutela dos direitos laborais. O Projeto de Código de Processo Civil traz consigo inúmeros instrumentos de importantíssima valia, que podem e devem ser aproveitados pelo Processo do Trabalho, respeitando-se sempre o seu sistema de valência das normas subsidiárias. (MAIA, 2011, p. 587-588).

e) os arts. 8º e 769 da CLT permitem que o juiz do trabalho supra omissões existentes do direito processual do trabalho, recorrendo ao direito processual comum, exceto naquilo em que for incompatível com as suas normas.[9]

---

9 Segundo o art. 769 da Consolidação das Leis do Trabalho, a adoção do direito processual comum como fonte subsidiária do direito processual do trabalho pressupõe: omissão do direito processual do trabalho e compatibilidade da norma a ser importada para a solução do caso concreto com as normas do direito processual do trabalho. Como observa Luciano Athayde Chaves, "não há dificuldade para a aplicação da subsidiariedade quando, de fato, não existe norma correspondente na legislação especializada". (CHAVES, 2009, p. 226). Nesse caso, "para chegar a uma resolução juridicamente satisfatória, o juiz precisa preencher a lacuna de regulação legal e, por certo, em concordância com a intenção reguladora a ela subjacente e com a teleologia da lei", consoante assevera Karl Larenz. (LARENZ, 2005, p. 528).

Assim, a CLT admite a possibilidade de lacunas e indica uma forma para solucioná-las, elegendo o direito processual comum como fonte subsidiária do direito processual do trabalho. A integração do direito processual do trabalho – afastamento de suas lacunas – se impõe ao juiz, ao qual é vedado deixar de julgar, e, também, aos juristas, que não devem deixar sem resposta as questões jurídicas.

Digno de nota que o art. 15 do novo CPC não revoga total ou parcialmente o art. 769 da CLT. É que o art. 769 da CLT considera como fonte subsidiária do direito processual do trabalho o direito processual comum, o que inclui, por exemplo, a Lei n. 12.016/09, ao passo que o art. 15 do novo CPC só faz referência a este.

Em resumo, o art. 769 da CLT é muito mais amplo do que o art. 15 do novo CPC. Ademais, o CPC somente será fonte supletiva ou subsidiária do direito processual do trabalho naquilo que for compatível com as suas normas, por força do art. 769 da CLT.

Não pode ser esquecido que o processo do trabalho tem como diretriz fundamental a facilitação do acesso à justiça e à defesa em juízo dos direitos decorrentes da relação de emprego, o que favorece a incidência do art. 373 e seus parágrafos 1º e 2º do novo CPC ao processo do trabalho.

A utilização da melhor técnica processual para a concretização do direito se reflete na efetividade da jurisdição, anotando-se que:

> Efetividade e técnica não são valores contrastantes ou incompatíveis, que dêem origem a preocupações reciprocamente excludentes, senão, ao contrário, valores complementares, ambos os quais reclamam a nossa mais cuidadosa atenção [...], a técnica bem aplicada pode constituir instrumento precioso a serviço da própria efetividade. Tais os termos em que se deve formular a equação. Ponhamos em relevo o papel instrumental da técnica; evitemos escrupulosamente quanto possa fazer suspeitar de que, no invocá-la, se esteja dissimulando mero pretexto para a reentronização do velho e desacreditado formalismo; demos a cada peça do sistema o lugar devido, na tranquila convicção de que, no mundo do processo, há pouco espaço para absolutos, e muito para o equilíbrio recíproco de valores que não deixem de o ser apenas porque relativos. (MOREIRA, 2006, p. 588).

A teoria dinâmica do ônus da prova já vinha sendo acolhida pela jurisprudência, tanto cível quanto trabalhista, como demonstram as decisões abaixo transcritas:

> **AGRAVO DE INSTRUMENTO EM RECURSO DE REVISTA. RESPONSABILIDADE SUBSIDIÁRIA. ENTE PÚBLICO. COMPROVAÇÃO DA CULPA - IN VIGILANDO-. ÔNUS DA PROVA. PRINCÍPIO DA APTIDÃO DA PROVA.** Nos termos do acórdão regional, a condenação do órgão público, tomador da mão de obra, decorreu da inversão do ônus da prova, visto ser a ECT a detentora dos documentos capazes de demonstrar sua efetiva fiscalização. O Juízo -a quo- pautou-se no princípio da aptidão para prova. Verifica-se,

ademais, que o Regional não se afastou do entendimento exarado pelo STF, no julgamento da ADC n.º 16/DF, o qual previu a necessidade da análise da culpa -in vigilando- do ente público tomador de serviços. Atribuiu, no entanto, à segunda Reclamada o ônus de demonstrar que fiscalizou a primeira Reclamada no adimplemento das obrigações trabalhistas. E a decisão que confirmou a responsabilização subsidiária do órgão público calcada no princípio da aptidão para a prova está em consonância com a atual jurisprudência desta Corte Superior. Precedentes. Agravo de Instrumento conhecido e não provido. (TST, Processo: AIRR - 290-82.2012.5.09.0013. Relatora Min. Maria de Assis Calsing, 4ª Turma, **DEJT** de 04/04/2014).

RECURSO ORDINÁRIO EM MANDADO DE SEGURANÇA. REQUISIÇÃO PARA APRESENTAÇÃO DE DOCUMENTOS FUNCIONAIS DEFERIDA PELO TRIBUNAL MAS NÃO CUMPRIDA PELA ADMINISTRAÇÃO. EXTINÇÃO DO FEITO POR DEFICIÊNCIA DO ACERVO PROBATÓRIO. CERCEAMENTO DE ACESSO À PROVA CARACTERIZADO. TEORIA DAS CARGAS PROBATÓRIAS DINÂMICAS. ESTATUTO DO IDOSO. GARANTIAS NÃO ATENDIDAS. CASSAÇÃO DO ACÓRDÃO RECORRIDO. 1- Preliminares de ilegitimidade passiva, ausência de interesse de agir e decadência afastadas. 2- O impetrante, nascido em 21 de agosto de 1918 e aposentado desde 1969, por tempo de serviço, informou, na exordial, o cargo que ocupava quando de seu jubilamento e o cargo para o qual foi reclassificado, em decorrência de leis posteriores. Disse que as reclassificações o colocaram, na carreira, em patamar inferior ao que desfrutava quando em atividade, de modo que experimenta, por isso "dissabores e prejuízos financeiros". Juntou cópia do comprovante de pagamento de seus proventos, cujo documento faz prova da existência de vínculo com a administração e sua condição de inativo. Requereu a apresentação, pela impetrada, de seus assentamentos funcionais, com fundamento no art. art. 6º, §§ 1º e 2º da Lei 12.016/2009, cuja requisição judicial restou deferida pela Desembargadora Relatora. 3- Mesmo diante dessa requisição, a autoridade coatora não trouxe aos autos os assentamentos funcionais do impetrante nem tampouco revelou o motivo pelo qual deixou de fazê-lo, do que resultou a denegação da segurança por deficiência do acervo probatório (falta de prova pré-constituída). 4- Ao denegar o writ, extinguindo o feito sem resolução do mérito porque faltantes os documentos que a própria Corte Estadual determinara fossem trazidos aos autos pela parte impetrada, o acórdão recorrido acabou por cercear o direito de acesso à prova pelo impetrante, beneficiando, indevidamente, à parte impetrada, a quem, como dito, incumbia ter dado primário cumprimento à requisição judicial, mediante a entrega da documentação funcional da parte autora ou, não sendo assim, justificando a impossibilidade de fazê-lo, quedando, entretanto, por não fazer nem uma coisa nem outra. 5- **Cumpre perceber que a requisição judicial de documentos, como prescrita no art. 6º, § 1º, da Lei nº 12.010/09, guarda estreita afinidade com a moderna Teoria das cargas probatórias dinâmicas, segundo a qual, nas palavras de Eduardo Cambi, cabe ao magistrado, enquanto gestor do concerto probatório, "verificar, no caso concreto, quem está em melhores condições de produzir a prova e, destarte, distribuir este ônus entre as partes", cuja técnica "encontra respaldo imediato na dimensão objetiva do direito fundamental à tutela jurisdicional adequada e efetiva"** (in Curso de direito probatório. **Curitiba: Juruá, 2014, p. 227 e 229).** 6- Noutro passo, para além de desatender ao princípio do amplo acesso à prova, o acórdão hostilizado também acabou por desmerecer aos princípios e garantias decorrentes da combinada exegese dos artigos 2º, 3º e 71 da Lei n. 10.741/2003 (Estatuto do Idoso), no que asseguram aos litigantes maiores de 60 (sessenta) anos facilidade na produção de provas e a efetivação concreta desse direito, mediante, sobretudo, o efetivo cumprimento de diligências probatórias judicialmente determinadas. 5- Recurso ordinário conhecido e provido para, cassando-se o acórdão recorrido, fazer retornar os autos ao Tribunal de origem, para os fins indicados no dispositivo da presente decisão colegiada. (STJ-RMS 38025/BA. RECURSO ORDINÁRIO EM MANDADO DE SEGURANÇA 2012/0101925-0. Relator Min. Sérgio Kukina. Primeira Turma. **DJe** 01/10/2014. Grifo nosso).

CIVIL E PROCESSO CIVIL. PEDIDO. INTERPRETAÇÃO. CRITÉRIOS. PROVA. ÔNUS. DISTRIBUIÇÃO. LITIGÂNCIA DE MÁ FÉ. COBRANÇA DE DÍVIDA JÁ PAGA. LIMITES DE INCIDÊNCIA. DISPOSTIVOS LEGAIS ANALISADOS: ARTS. 17, 18, 125, I, 282, 286, 333, I E II, 339, 355, 358, 359, 460 E 512 DO CPC; E 1.531 DO CC/16 (940 DO CC/02). 1. Ação indenizatória ajuizada em 16.02.2001. Recurso especial concluso ao gabinete em 21.10.2011 2. Recurso especial em que se discute os limites da responsabilidade civil das rés pelo apontamento indevido para protesto de notas promissórias. 3. Não há como se considerar presente na espécie: (i) a litigância de má-fé (art. 17 do CPC), pois a resistência da parte compreendeu apenas a juntada de alguns documentos contábeis, que não se mostraram indispensáveis à realização do trabalho pericial – tanto que não houve a instauração de incidente de exibição de documentos - e cuja recusa na apresentação guardou coerência com a tese de defesa; tampouco (ii) o dolo na cobrança de dívida já paga (art. 1.531 do CC/16), ante a existência de dúvida razoável quanto à efetiva quitação do débito, tendo a própria devedora admitido a possibilidade de haver saldo em aberto, visto que as transferências de dinheiro por ela efetuadas não eram discriminadas e as partes mantinham complexas e diversificadas relações jurídicas, oriundas da celebração de vários contratos, muitos deles entrelaçados e prejudiciais uns aos outros, originando diferentes débitos, garantias e obrigações, parte deles sem nenhuma relação com as notas promissórias apontadas para protesto. Ademais, sendo uma só a conduta supostamente caracterizadora tanto da litigância de má-fé quanto do dolo na cobrança de dívida já paga - qual seja, a recusa de submeter parte dos livros contábeis à análise pericial - e não tendo o Tribunal Estadual enquadrado esse comportamento nas hipóteses do art. 17 do CPC, deve-se, por coerência, afastar também a incidência da sanção do art. 1.531 do CC/16. 4. No particular, não há como considerar incluído na indenização decorrente do protesto indevido das notas promissórias o pedido de compensação pelos prejuízos derivados da declaração de falência, na medida em que: (i) por ocasião da propositura da ação indenizatória, o pedido de falência sequer havia sido ajuizado, de sorte que as pretensões contidas na inicial certamente não abrangeram os danos advindos da quebra; (ii) o acórdão que decretou a falência ainda não transitou em julgado; (iii) a iniciativa de propor o pedido de falência foi exclusivamente de uma das empresas que figuram no polo passivo da ação indenizatória; e, mais importante, (iv) a autora ajuizou ação indenizatória autônoma objetivando especificamente o ressarcimento dos prejuízos advindos da decretação da sua falência, cujo pedido foi julgado improcedente em primeiro grau de jurisdição e que aguarda o julgamento da apelação interposta. 5. O pedido deve ser extraído da interpretação lógico-sistemática da petição inicial, a partir da análise de todo o seu conteúdo. 6. Nos termos do art. 333, II, do CPC, recai sobre o réu o ônus da prova da existência de fato impeditivo, modificativo ou extintivo do direito do autor. **7. Embora não tenha sido expressamente contemplada no CPC, uma interpretação sistemática da nossa legislação processual, inclusive em bases constitucionais, confere ampla legitimidade à aplicação da teoria da distribuição dinâmica do ônus da prova, segundo a qual esse ônus recai sobre quem tiver melhores condições de produzir a prova, conforme as circunstâncias fáticas de cada caso.** 8. A litigância de má-fé deve ser distinguida da estratégia processual adotada pela parte que, não estando obrigada a produzir prova contra si, opta, conforme o caso, por não apresentar em juízo determinados documentos, contrários à suas teses, assumindo, em contrapartida, os riscos dessa postura. O dever das partes de colaborarem com a Justiça, previsto no art. 339 do CPC, deve ser confrontado com o direito do réu à ampla defesa, o qual inclui, também, a escolha da melhor tática de resistência à pretensão veiculada na inicial. Por isso, o comportamento da parte deve sempre ser analisado à luz das peculiaridades de cada caso. 9. O art. 1.531 do CC/16, mantido pelo CC/02 em seu art. 940, institui uma autêntica pena privada, aplicável independentemente da existência de prova do dano, sanção essa cuja aplicação fica sujeita, pois, a uma exegese restritiva. 10. A aplicação da sanção prevista no artigo 1.531 do CC/16 - cobrança de dívida já paga - depende da demonstração de má-fé, dolo ou malícia, por parte do credor. Precedentes. 11. Recurso especial da autora a que se nega provimento. Recursos especiais das rés parcialmente providos. (STJ- REsp 1286704/SP. Relatora Min. Nancy Andrighi. Terceira turma. **DJe de** 28/10/2013. Grifo nosso).

DIREITO CIVIL. DIREITO DE IMAGEM. REPRODUÇÃO NÃO AUTORIZADA DE FOTOGRAFIA DO AUTOR, NA PASSEATA LGBT, EM SÃO PAULO. PEDIDO DE INDENIZAÇÃO. PROCEDÊNCIA. RECURSO NÃO PROVIDO. 1. A ausência de juntada, com a inicial, da reportagem publicada em portal de Internet na qual consta fotografia dos autores na manifestação popular favorável à causa LGBT, na Avenida Paulista, não impede o conhecimento da ação que pleiteia indenização, desde que demonstrada a repercussão social do fato. 2. A Internet é um veículo de comunicação fluído. Uma página acessível em um dia pode perfeitamente ser irrecuperável pelo cidadão no dia seguinte. Para o administrador do Portal que a publicou, contudo, tanto a matéria quanto a foto são sempre perfeitamente recuperáveis. **Assim, ainda que, pelo critério de distribuição estática, o ônus da prova quanto à existência e o conteúdo da reportagem seja do autor, na hipótese dos autos é admissível promover-se uma distribuição dinâmica desse ônus, de modo que a juntada da reportagem seja dispensada**. 3. É lícito a uma pessoa se autodeterminar, apoiando a causa LGBT ou mantendo-se neutro. Se os autores optam por manterem-se neutros, sua foto relacionada à passeata LGBT dá lugar a reparação por dano moral. 4. O valor da indenização por dano moral só comporta revisão nesta sede em situações de claro exagero ou excessiva modicidade. 5. Recurso especial não provido.

(STJ - REsp 1135543/SP. Relatora Min. Nancy Andrighi. Terceira Turma. **DJe** de 07/11/2012. Grifo nosso).

HORAS EXTRAS - PRINCÍPIO DA DISPONIBILIDADE DA PROVA - SISTEMA DE DISTRIBUIÇÃO DINÂMICA DO ÔNUS DA PROVA- CONTROLES DE PONTO - MARCAÇÃO SIMÉTRICA - INVALIDADE - Pela combinação dos artigos 333, inciso I, do CPC, 74, parágrafo 2º, e 818 da CLT, em se tratando de pedido de horas extras, deve-se proceder à inversão do encargo probatório, assim como à distribuição dinâmica do ônus da prova, posto que compete ao empregador constituir, preservar e exibir a prova pré-constituida idônea acerca da jornada de trabalho do autor. Assim, possuindo a empresa mais de dez empregados no estabelecimento, seu é o ônus de provar o horário de trabalho do empregado, o que deve fazer documentalmente, mediante a apresentação dos registros idôneos e verossímeis que, por lei, está obrigado a manter. É o princípio da disponibilidade da prova, e do sistema de distribuição dinâmica do ônus probatório, acolhido pelo C. TST, com a nova redação da Súmula 338 do TST. Destarte, com espeque na segunda parte do item I da Súmula 338, do Colendo TST, "a não apresentação injustificada dos controles de freqüência gera presunção relativa de veracidade da jornada de trabalho", prevalecendo a jornada indicada, na petição inicial, desde que, intrínsecamente, não contrariada por outros elementos ou instrumentos de prova, idôneos e verossímeis, constantes dos autos, o que não é o caso de controles de ponto com marcação simétrica. (TRT 3ª Região; Proc. 0000860-96.2013.5.03.0014 RO. Relator Des. Luiz Otávio Linhares Renault. Terceira Turma. **DEJT** de 14/03/2014).

INVERSÃO DO ÔNUS DA PROVA. TÉCNICA DE JULGAMENTO CONSENTIDA PELA DOUTRINA E JURISPRUDÊNCIA. DISTRIBUIÇÃO DINÂMICA DO ÔNUS DA PROVA. ATIVAÇÃO JUNTO AO DIREITO PROCESSUAL DO TRABALHO. A despeito da natural disparidade de forças que existe entre empregado e empregador, na maioria dos feitos processados perante esta Justiça Especializada, a norma processual do trabalho que trata da distribuição do ônus da prova não contempla expressamente a possibilidade da inversão do ônus da prova. Embora haja sua positivação em outros diplomas processuais, assim não ocorre entre nós. Isso, no entanto, não a afasta do Direito Processual do Trabalho. E, assim, a Justiça do Trabalho não está impedida de se valer dessa técnica de julgamento, podendo utilizá-la sempre que a distribuição dinâmica do ônus da prova assim recomendar. Sua aplicação encontra sólido suporte doutrinário e jurisprudencial, pelo que seu uso é não só possível, mas também recomendável, como imperativa medida de justiça. (TRT 3ª Região; Processo 0023500-82.2009.5.03.0063 RO. Relator Juiz Convocado Vitor Salino de Moura Eça. Sexta Turma. **DEJT** de 06/12/2010).

DISTRIBUIÇÃO DINÂMICA DO ÔNUS DA PROVA. VÍNCULO EMPREGATÍCIO. PRESTAÇÃO DE SERVIÇOS ADMITIDA. Depois de vinte e cinco anos de contrato de trabalho, com vínculo empregatício, decidem as partes transformar o ajuste em contrato civil de prestação de serviços, situação que persistiu por mais dez anos. Extinto o contrato, o trabalhador vem a esta Especializada postular a unicidade, com os efeitos daí decorrentes. A tese defensiva admite a prestação de serviços no pacto derradeiro, mas nega o vínculo. Tal situação processual importa no deslocamento do ônus da prova, que deixa de ser do trabalhador e passa a ser do empresário, seja como empregador, seja como tomador de serviços. E considerando-se que o ordinário se presume e o extraordinário carece de prova, temos que na relação em exame, a alteração do objeto do contrato, de modo a afastar o liame empregatício fica com a entidade que orienta a prestação de serviços, até porque, é ela que exerce o poder empregatício e/ou de fiscalização das atividades, sendo a mais abalizada a produzir a prova da natureza do ajuste, enquadrando-se a questão na teoria da distribuição dinâmica do ônus da prova, aplicável no campo de atuação do Direito Processual do Trabalho. (TRT 3ª Região. Proc. 0001416-19.2010.5.03.0139 RO. Relator Juiz Convocado Vitor Salino de Moura Eca. Terceira Turma. **DEJT** de 18/07/2011).

CONFISSÃO FICTA DE AMBAS AS PARTES. CONSEQUÊNCIAS. ÔNUS DA PROVA. Sendo o Reclamante confesso, porque deixou de comparecer à audiência de instrução na qual prestaria depoimento pessoal, embora ciente de que sua ausência implicaria confissão ficta; e sendo também a Reclamada confessa, porque descumpriu a determinação judicial de juntar todos os controles de freqüência do empregado sob as penas do art. 359 do CPC; ambas as confissões se anulam, cabendo ao intérprete solucionar a controvérsia pela distribuição do ônus da prova. Destarte, pelo princípio da disponibilidade ou aptidão para a prova, apregoado por Carnelutti e Chiovenda, cabe à parte que detém, por imperativo legal, a prova de apresentá-la em juízo, sob pena de admitir-se como verdadeira a alegação contida na exordial. (TRT 3ª Região. Proc. 11242/01. Relator Des. Luiz Otávio Linhares Renault. Terceira Turma. DJMG de 06/10/2001).

Não se olvide, em sintonia, com José Carlos Barbosa Moreira que:

> Fique bem claro que não estou atribuindo a processo algum, por mais efetivo que seja, a virtude de tornar por si só menos iníquas as estruturas sociais, de corrigir-lhes as tristes deformidades que as marcam em países como o nosso. Não se promove uma sociedade mais justa, ao menos primariamente, por obra do aparelho judicial. É todo o edifício, desde as fundações, que para tanto precisa ser revisto e reformado. Pelo prisma jurídico, a tarefa básica inscreve-se no plano do direito material. Não se deve inferir daí, porém, que o processo, enquanto tal, não tenha o que fazer no trabalho de renovação. Há quem encare com total cepticismo a possibilidade de qualquer contribuição processual nesse terreno e prefira aguardar as grandes mudanças do ordenamento desde as raízes mais profundas. É uma posição só aparentemente progressista: renuncia a um pouco do que se pode tentar conseguir hoje ou amanhã, em nome do muito que, em hipótese otimística, apenas a longo prazo se tem razoável expectativa de ver acontecer. Seja como for, vale a advertência de que, nesta oportunidade, é mais o *caminho*, em si, do que a *meta*, que me atrai a mirada. Estarei de olhos postos antes na estrada que no ponto final do itinerário, sem que isso signifique, é claro, minimizar-lhe a importância. (MOREIRA, 2004, p. 15-27).

6. CONCLUSÃO

A distribuição do ônus da prova não pode ocorrer de forma rígida, fundada apenas na posição das partes e na natureza dos fatos controversos, mas deve ser realizada de forma dinâmica, atendendo às particularidades do caso concreto, assim como a exigência de justiça e equidade no processo e na decisão, o favorecimento do acesso à justiça e à defesa em juízo dos direitos decorrentes da relação de emprego, de assegurar às partes paridade de armas, do cumprimento dos deveres de lealdade, probidade, boa fé e de colaboração das partes e da maior participação do juiz na condução do processo.

A realização concreta dos direitos trabalhistas, principalmente humanos e fundamentais, não pode ser prejudicada pela dificuldade da parte de produzir prova dos fatos controversos.

As opções do novo CPC que contribuam para a maior efetividade do direito do trabalho e do processo e da jurisdição devem ser adotadas no processo do trabalho, seja por força do art. 15 do novo CPC, seja em razão do art. 769 da CLT, ressaltando-se que este artigo da CLT não é revogado pelo art. 15 do novo CPC, na medida em que, enquanto este se refere apenas ao CPC como fonte supletiva e subsidiária do direito processual do trabalho, aquele como tal considera todo o direito processual comum.

A distribuição dinâmica do ônus da prova é compatível com o direito processual do trabalho, que adota várias medidas voltadas a facilitar a plena satisfação dos direitos assegurados pela ordem jurídica, valendo lembrar, por exemplo, do favorecimento ao julgamento do mérito da demanda, o que é demonstrado pela disciplina das nulidades, e a exigência de realização de depósito recursal, que reforça a eficácia das decisões judiciais.

Neste compasso, com esteio nos arts. 15 do novo CPC e 769 da CLT, deve ser aplicado no processo do trabalho o disposto no art. 373, §§ 1º e 2º, do novo CPC, segundo o qual, nos casos previstos em lei ou diante de peculiaridades da causa que digam respeito à impossibilidade ou à excessiva dificuldade de cumprir o ônus probatório que lhe atribui o seu *caput* ou à maior facilidade de obtenção da prova do fato contrário, poderá o juiz atribuir o ônus da prova de modo diverso.

Devem ser observadas também no processo do trabalho as exigências de fundamentação da distribuição dinâmica do ônus da prova e de garantia da oportunidade de a parte se desincumbir do ônus que lhe foi atribuído, bem como que a distribuição dinâmica do ônus da prova não pode gerar situações em que a desincumbência do encargo pela parte seja impossível ou excessivamente difícil.

O respeito à dignidade da pessoa humana e a realização da justiça social constituem pressupostos para a construção de uma sociedade livre, justa e solidária e pressupõe, de sua feita, o acesso e gozo dos direitos trabalhistas, voltados que são para a realização de condições materiais compatíveis com a dignidade humana e exigida pela justiça social, o que exige a adoção de técnicas processuais que permitam a adequada e efetiva tutela dos direitos deduzidos perante o Poder Judiciário por aquele que sobrevive da alienação da sua força de trabalho.

7. BIBLIOGRAFIA

AIRASCA, Ivana María. Reflexiones sobre la doctrina de las cargas probatorias dinámicas. In **Cargas probatórias dinámicas**. PEYRANO, Jorge W. (Dir.). WHITE, Inés Lépori (Coord.). Santa Fe: Rubinzal-Culzoni, 2004, p. 125-152.

ALMEIDA, Cleber Lúcio de. **Elementos de teoria geral da prova**: a prova como direito humano e fundamental das partes do processo judicial. Belo Horizonte: Del Rey, 2013.

BARBERIO, Sergio José. Cargas probatorias dinámicas. ?Qué debe probar el que puede probar? In **Cargas probatórias dinámicas**. PEYRANO, Jorge W. (Dir.). WHITE, Inés Lépori (Coord.). Santa Fe: Rubinzal-Culzoni, 2004, p. 99-107.

BARBOSA MOREIRA, José Carlos. **Temas de direito processual**. 3 ed. São Paulo: Saraiva, 1984.

BENTHAM, Jeremias. **Tratado de las pruebas judiciales**. Granada: Comares, 2001.

BOBBIO, Norberto. **Teoria do ordenamento jurídico**. Brasília: Editora UnB, 1997

CALAMANDREI, Piero. **Instituciones de derecho procesal civil**. v. III. Tradução de Santiago Sentís Melendo. Buenos Aires: El Foro, 1996.

CAMBI, Eduardo. **A prova civil**. Admissibilidade e relevância. São Paulo: Revista dos Tribunais, 2006.

CAMBI, Eduardo. Prova – Nova dinâmica da distribuição do ônus. In **O futuro do processo civil no Brasil**. Uma análise crítica ao projeto do novo CPC. ROSSI, Fernando et al (Coords.). Belo Horizonte: Fórum, 2011, p. 675-679.

CARNELUTTI, Francesco. **Sistema de direito processual civil**. 2 ed. v. II. São Paulo: Lemos e Cruz, 2004.

CARPES, Artur. Ônus dinâmico da prova. Porto Alegre: Livraria do Advogado, 2010.

CHAVES, Luciano Athayde. **Estudos de direito processual do trabalho**. São Paulo: LTr, 2009.

GOLDSCHMIDT, James. **Derecho procesal civil**. Buenos Aires: Editorial Labor, 1936.

KNIJNIK, Danilo. As (perigosíssimas) doutrinas do "ônus dinâmico da prova" e da "situação de senso comum" como instrumentos para assegurar o acesso à justiça e a superar a probatio diabólica. In: FUX, Luiz; NERY JR, Nelson; WAMBIER, Tereza Arruda Alvim (Coord.). **Processo e Constituição**: estudos em homenagem ao prof. José Carlos Barbosa Moreira. São Paulo: Revista dos Tribunais, 2006.

LARENZ, Karl. **Metodologia da ciência do direito**. Lisboa: Calouste Gulbenkian, 2005.

LEGUISAMÓN, Héctor E. La necesaria madurez de las cargas probatorias dinámicas. In **Cargas probatorias dinámicas**. Jorge W. (Dir.). WHITE, Inés Lépori (Coord.). Santa Fe: Rubinzal-Culzoni, 2004, p. 109-124.

MAIA, Diogo Campos Medina. Movimentos de reforma: o anteprojeto de código de processo civil e a tutela trabalhista. In **O novo processo civil brasileiro. Direito em expectativa**. FUX, Luiz (Coord.). Rio de Janeiro: Forense, 2011.

MEIRELES, Edilton. O novo CPC e as regras supletiva e subsidiária ao processo do trabalho. In **Revista de direito do trabalho**. RDT. Ano 40. 157. MANUS, Pedro Paulo Teixeira (Direção), maio-junho de 2014, p. 129-137.

MOREIRA, José Carlos Barbosa. Efetividade do processo e técnica processual. **Revista Forense Direito Processual Civil. Comemorativa de 100 anos**. MOREIRA, José Carlos Barbosa (Coord.). Rio de Janeiro: Forense. 2006, tomo V.

MOREIRA, José Carlos Barbosa. Por um processo socialmente efetivo. **Temas de direito processual.** Oitava série. São Paulo: Saraiva, 2004.

MORELLO, Augusto M. **La prueba**: tendências modernas. Buenos Aires: Abeledo-Perrot, 2001.

PAULA, Carlos Alberto Reis de. **A Especificidade do Ônus da prova no processo do trabalho**. São Paulo: LTr, 2001.

PEYRANO, Jorge W. La doctrina de las cargas probatorias dinámicas y la máquina de impedir en materia jurídica. In **Cargas probatorias dinámicas**. Jorge W. (Dir.). WHITE, Inés Lépori (Coord.). Santa Fe: Rubinzal-Culzoni, 2004, p. 75-98.

PROTO PISANI, Andrea. **Lezioni di diritto processuale civile**. 3 ed. Napoli: Jovene, 1999.

THEODORO JÚNIOR, Humberto. A constitucionalização do processo no Estado Democrático de Direito. In **Novo CPC:** reflexões e perspectivas. GAIO JÚNIOR, Antônio Pereira; CÂMARA, Alexandre Freitas (Coords.). Belo Horizonte: Del Rey, 2014, p. 161-192.

TROCKER, Nicolò. **Processo civile e costituzione – Problemi di diritto tedesco e italiano**. Milano: Giuffrè, 1974, p. 670.

WHITE, Inés Lépori. Cargas probatorias dinámicas. In **Cargas probatórias dinámicas**. PEYRANO, Jorge W. (Dir.). WHITE, Inés Lépori (Coord.). Santa Fe: Rubinzal-Culzoni, 2004, p. 35-73.

Capítulo 38

O NOVO CPC E A PROVA PERICIAL NO PROCESSO DO TRABALHO

João Humberto Cesário[1]

SUMÁRIO: 1. CONCEITO E GENERALIDADES; 2. OBJETO DA PROVA PERICIAL E MOMENTO DE ORDENAÇÃO DA SUA REALIZAÇÃO; 3. A CAUSA DE PEDIR E O OBJETO DA PERÍCIA; 4. CLASSIFICAÇÃO DAS PERÍCIAS; 5. O PROBLEMA DA OBRIGATORIEDADE DA PERÍCIA; 6. PROVA TÉCNICA SIMPLIFICADA; 7. O PERITO, A SUA NOMEAÇÃO, OS SEUS ENCARGOS, A SUA SUBSTITUIÇÃO E OS SEUS HONORÁRIOS PERICIAIS; 8. AS CONCLUSÕES DO PERITO, OS PODERES DE INSTRUÇÃO E DECISÃO DO MAGISTRADO E A POSSIBILIDADE DE REALIZAÇÃO DE NOVA PERÍCIA; 9. PROCEDIMENTO DA PROVA PERICIAL; 10. BIBLIOGRAFIA.

1. CONCEITO E GENERALIDADES

De acordo com o artigo 156 do CPC/2015 o juiz será assistido por perito quando a prova do fato depender de conhecimento técnico ou científico. Prova pericial, por corolário, é aquela produzida com o escopo de dirimir questões fáticas que por possuírem certo grau de complexidade demandam conhecimentos especializados para o seu aclaramento.

Como é fácil intuir, as discussões travadas em juízo por vezes resvalam em matérias cujo conhecimento não se pode exigir do profissional do direito. Nesses casos será imprescindível que o magistrado se valha do auxílio de um experto na temática debatida, o qual lhe descortinará os meandros e especificidades do assunto, emprestando-lhe os subsídios necessários para bem distribuir justiça.

A prova pericial possui ampla incidência no Processo do Trabalho, sendo largamente utilizada, *v.g.*, para a apuração da existência de insalubridade ou periculosidade no ambiente de trabalho, para a aferição da extensão da perda da capacidade laborativa de trabalhadores vitimados por acidente de trabalho, ou ainda para atestar a autenticidade ou a falsidade de documento.

---

1 Juiz Titular de Vara no Tribunal Regional do Trabalho da 23ª Região. Membro do Comitê Executivo do Fórum de Assuntos Fundiários do Conselho Nacional de Justiça de 2013 a 2014. Coordenador Acadêmico da Pós-graduação em Direito e Processo do Trabalho da Escola Superior da Magistratura Trabalhista de Mato Grosso nos biênios 2011 a 2013 e 2013 a 2015. Mestre em Direito Agroambiental pela Universidade Federal de Mato Grosso. Professor das disciplinas Teoria Geral do Processo, Direito Processual do Trabalho e Direito Ambiental do Trabalho. Tem atuado ultimamente como Professor convidado na Escola Nacional de Formação e Aperfeiçoamento de Magistrados do Trabalho (ENAMAT) e nas Escolas Judiciais dos TRTs da 5ª, 6ª, 9ª, 18ª e 23ª Regiões. Professor do Instituto JHC (Justiça, Humanismo e Cidadania) de Direito e Processo do Trabalho.

Nos termos do artigo 464, *caput*, do CPC/2015, a prova pericial consiste em exame, vistoria ou avaliação. No exame o perito se debruça sobre pessoas ou bens móveis; já na vistoria sobre bens imóveis. Na avaliação, de sua vez, o experto se pronuncia sobre o valor atribuível a determinado bem, seja ele móvel ou imóvel.

Vale pontuar que existirão situações em que o juiz, por possuir outra formação universitária além do direito, possuirá conhecimentos técnicos suficientes para o deslinde da controvérsia que reclama a realização de perícia. Em hipóteses que tais, entrementes, não lhe será lícito deixar de determinar a produção da prova pericial, por dois motivos básicos.

Primeiramente em respeito ao contraditório, somente alcançável quando aos litigantes se garante a possibilidade de influir na produção da prova. Em segundo lugar visando a preservação das potencialidades do duplo grau de jurisdição, já que se a matéria for submetida a recurso, os julgadores - que muito provavelmente não possuirão a mesma formação técnica do juiz de primeira instância - necessitarão de elementos para a revisão da matéria[2].

Sem embargo, essa conclusão não implica em dizer que o juiz, diante dos casos que demandem a produção de prova pericial, não poderá se valer das regras da experiência técnica. Essas podem ser apreendidas pela repetição de casos corriqueiros como aqueles relativos a insalubridade, periculosidade ou redução da capacidade laborativa do trabalhador. A realização de perícia, nessas hipóteses, será imprescindível para o desate do imbróglio. Nada obstará, contudo, que as máximas da experiência técnica apreendidas pelo magistrado no exercício da profissão sejam utilizadas na subministração da justiça, até mesmo para fins de inversão do ônus da prova, se for o caso.

2. OBJETO DA PROVA PERICIAL E MOMENTO DE ORDENAÇÃO DA SUA REALIZAÇÃO

Seria de se concluir, numa leitura mais apressada, que o objeto da prova pericial se restringiria aos fatos que reclamam conhecimento técnico ou científico para o esclarecimento. Essa conclusão, na realidade, não chega a ser precisa. Melhor será dizer que a prova pericial possui um objeto nuclear e outro perifé-

---

2   Sobre o assunto não custa destacar a lição de TEIXEIRA FILHO, Manoel Antônio. *A prova no processo do trabalho*. 8 ed. São Paulo: LTr, 2003, p. 384 e 385, que continua irretocável embora faça remissão aos artigos do CPC/1973: *"Ainda que, eventualmente, o juiz possuísse conhecimentos técnicos a respeito da matéria, não lhe seria permitido agir como perito, pois estaria, em última análise, funcionando como uma espécie de assessor do litigante, cuja parcialidade seria sobremaneira censurável. Esses conhecimentos especializados, o juiz poderia utilizar na apreciação do laudo, a fim de convencer-se, ou não, da conclusão que chegou o perito. Aliás, a possibilidade de o juiz atuar como perito está vedada, dentre outros dispositivos legais, pelo art. 145 do CPC, cuja expressão é imperativa: quando a prova do fato depender de conhecimento técnico ou científico, o juiz será assistido por perito, segundo o disposto no art. 421"*

rico. O objeto nuclear, por suposto, são os tais fatos que demandam o domínio de conhecimento não-vulgar. Já o objeto periférico são os fatos não-complexos que residem no entorno dos primeiros.

Pense-se, por exemplo, no caso de um trabalhador, vítima de acidente de trabalho, que tenha sofrido a mutilação de parte do seu corpo, vindo a ajuizar ação na qual postule, em face do seu empregador, pedido de indenização por danos materiais, morais e estéticos. Em defesa o réu aduz que não teve culpa pela ocorrência do acidente, uma vez que forneceu ao empregado todos os equipamentos de proteção individual, hábeis a resguardá-lo dos efeitos do infortúnio, aduzindo, ainda, que a máquina operada pelo obreiro atendia a todos os requisitos de segurança no trabalho.

Da situação descrita, extrai-se, facilmente, aquilo que chamamos de objeto nuclear e objeto periférico da prova pericial: a) o objeto nuclear, naturalmente, reside na extensão da perda da capacidade laborativa do obreiro e no atendimento, ou não, dos requisitos de segurança do trabalho que tornariam a máquina confiável para a operação; b) o objeto periférico, por outra vertente, encontra morada no fornecimento, ou não, dos EPIs ao empregado, bem como na correta fiscalização do respectivo uso (artigo 158, II, b, da CLT).

Pois bem. Ao contrário do que se possa imaginar irrefletidamente, nada obsta e antes tudo recomenda que o perito se manifeste globalmente sobre todas essas questões no laudo, pronunciando-se, via de consequência, sobre os aspectos nucleares e periféricos envolvidos na prova.

Não é por outra razão que o artigo 473, § 3º do CPC/2015 estabelece que para o desempenho de sua função o perito pode valer-se de todos os meios necessários, ouvindo testemunhas, obtendo informações, solicitando documentos que estejam em poder da parte, de terceiros ou em repartições públicas, bem como instruir o laudo com planilhas, mapas, plantas, desenhos, fotografias ou outros elementos necessários ao esclarecimento do objeto da perícia.

O preceito em comento é elucidativo e demonstra que o perito não somente pode como deve adentrar nos aspectos periféricos da matéria pericial submetida à sua apreciação. Assim é que o experto, cioso dos poderes que lhe são conferidos pelo § 3º do artigo 473 do CPC/2015, poderá, sem cometer qualquer deslize, por exemplo, solicitar ao empregador os documentos capazes de comprovar a entrega de EPIs ao empregado, bem como ouvir "testemunhas" para saber se o empresário fiscalizava a utilização de tais equipamentos.

Vale ressaltar, portanto, que o § 2º do artigo 473 do CPC/215, quando preconiza ser vedado ao perito ultrapassar os limites de sua designação, bem como emitir opiniões pessoais que excedam o exame técnico ou científico do objeto da perícia, não pode ser interpretado na sua literalidade, devendo, antes, ser compreendido em perspectiva lógico-sistemática, para, com efeito, receber o adensamento proveniente do § 3º do artigo 473 do CPC/2015.

É evidente que a prova assim produzida deverá ser submetida ao crivo do contraditório perante o Estado-juiz. Justamente por isso é que o magistrado intimará as partes para falarem sobre o laudo pericial, devendo, se necessário, reinquirir em juízo as "testemunhas"[3] ouvidas durante as diligências realizadas pelo experto, caso as suas respectivas informações tenham sido impugnadas na manifestação do interessado.

Uma boa indagação, correlata à matéria ora estudada, diz respeito ao momento em que o magistrado deverá determinar a realização da prova pericial, se antes ou depois da sessão instrutória destinada à oitiva das partes e testemunhas.

De tudo o quanto já foi estudado, parece-nos trivial que a perícia, em regra[4], deva ser realizada antes da instrução[5], já que o perito, na oitiva preliminar dos seus informantes, poderá trazer para os autos elementos preciosíssimos a serem explorados pelo magistrado durante a oitiva das partes e das testemunhas.

É certo que a CLT não é das mais claras quanto ao afirmado, já que o seu artigo 848, de modo um tanto lacônico, assevera que uma vez terminada a defesa, seguir-se-á a instrução do processo, podendo o juiz interrogar os litigantes (*caput*), ouvindo, a seguir, as testemunhas, os peritos e os técnicos, se houver (§ 2º). Há de se ver, contudo, que o artigo 359 do CPC/2015, de modo muito mais técnico, estabelece que as provas serão produzidas na audiência na seguinte ordem: a) o perito e assistentes técnicos responderão aos quesitos de

---

[3] Devemos registrar, por oportuno, que o § 3º do artigo 472 do CPC/2015 teria se valido de melhor técnica legislativa se, ao contrário de usar a expressão "testemunhas", tivesse usado a palavra "informantes". Colhemos, a propósito, a lição de TEIXEIRA FILHO, Manoel Antônio. Op. cit. p. 405, que embora correlata ao artigo 429 do CPC/1973, continua inteiramente válida: *"Quer nos parecer que a referência legal às testemunhas que poderão ser ouvidas pelo perito e pelos assistentes não tenha a acepção técnica que se possa imaginar, porquanto somente poderá funcionar como testemunha quem, não sendo incapaz, impedido ou suspeito, prestar o compromisso legal (CPC, art. 415, caput) e for advertido quanto às sanções penais que incidirão no caso de fazer afirmação falsa, calar ou ocultar a verdade (ibidem, parágrafo único). Somente o juiz, como se sabe, tem poderes para tomar o compromisso e formular a advertência; daí por que entendemos que o art. 429 do CPC há de ser interpretado no sentido de que o perito e os assistentes poderão ouvir informantes a respeito do objeto da perícia. Caso essas pessoas se recusem, sem motivo justificado, a prestar as informações solicitadas, poderá o perito ou os assistentes comunicar o fato ao juiz, requerendo-lhe a intimação, como o objetivo de compeli-las àquilo a que, voluntariamente se negaram"*

[4] Utilizamos a expressão "em regra" já que esta não é uma prática sem exceções. Naqueles casos, por exemplo, em que o trabalhador postule adicional de insalubridade e o reclamado negue o vínculo de emprego, esta última matéria, embora prejudicial ao pleito veiculado na exordial, não poderá ser considerada como objeto periférico da prova técnica. Em situações que tais, nada obstará que o juiz instrua primeiramente o feito, para somente ao depois, convencido da existência do liame empregatício, determinar a realização da perícia.

[5] Conferir, nesse mesmo sentido, LEITE, Carlos Henrique Bezerra. *Curso de direito processual do trabalho*. 6 ed. São Paulo: LTr, 2008, p. 590.

esclarecimentos, requeridos no prazo e na forma do art. 477; b) o juiz tomará os depoimentos pessoais, primeiro do autor e depois do réu; c) finalmente, serão inquiridas as testemunhas arroladas pelo autor e pelo réu.

O que na realidade a CLT (menos técnica) e o CPC/2015 (mais preciso) preconizam quando lidos em perspectiva dialógica, é que os litigantes, as testemunhas e os peritos serão ouvidos em uma única assentada[6], sendo certo, entretanto, que este último (perito) será ouvido antes mesmo que aqueles primeiros (litigantes e testemunhas), já que poderá trazer para o interior dos autos alguns elementos periféricos que em sendo bem explorados durante a coleta da prova oral, contribuirão decisivamente para a formação adequada do convencimento judicial, além de prestigiarem a economia dos atos processuais.

Vale realçar, corroborando tudo o quanto antes afirmado, que o artigo 477, *caput* do CPC/2015 estabelece, incisivamente, que o perito protocolará o laudo em juízo, no prazo fixado pelo juiz, pelo menos 20 (vinte) dias antes da audiência de instrução e julgamento. E não poderia ser diferente, pois se a perícia for realizada depois da instrução, o Poder Judiciário correrá grande risco de ter que realizar uma segunda sessão instrutória para complementar a inquirição dos expertos (artigos 477, § 3º do CPC/2015 e 827 da CLT) e mesmo dos informantes ouvidos durante as diligências periciais (artigo 473, § 3º do CPC/2015).

Afigurasse-nos elementar, via de consequência, que a perícia, abordando os aspectos nucleares e periféricos da matéria discutida, deverá preferencialmente estar pronta por ocasião da realização da sessão instrutória, de modo a se viabilizar a oitiva de todos os atores processuais, inclusive o experto, durante o seu transcurso. Pensar de modo contrário seria o mesmo que conspirar contra o princípio da economia processual, que clama pelo máximo de atividade jurisdicional com a menor produção possível de atos processuais.

3. A CAUSA DE PEDIR E O OBJETO DA PERÍCIA

Pode-se aqui dizer, já de plano, que o objeto da perícia não necessariamente se subsumirá aos contornos da causa de pedir descrita na petição inicial.

Como muito bem ensina Wagner Giglio, um dos princípios mais notórios do Processo do Trabalho, capaz de diferenciá-lo com eloquência da sistemática do Processo Civil, é aquele chamado de princípio da ultrapetição, que permite ao magistrado, em alguns casos extravagantes, conceder ao autor mais ou mesmo algo diverso do que o pleiteado na exordial. Por oportuno, transcrevemos fragmento da sua preleção, na qual se reporta a doutrinadores alienígenas de nomeada:

---

6 Conferir, mais uma vez, LEITE, Carlos Henrique Bezerra. Id.

Mariano Tissembaum, Nelson Nicoliello e Hélios Sarthou se referem ao princípio da ultrapetição (cf., do último, Proposiciones, Revista de Derecho Laboral, cit., p. 864). Eduardo Stafforini admite que alguns dos princípios do direito processual comum não se apliquem ao processo trabalhista, entre eles o de que o magistrado deve ater-se ao alegado e provado (Derecho procesal social, Ed. TEA, 1995, p. 34), o que vale a sancionar a ultrapetição, ou melhor, a extrapetição. O direito positivo brasileiro já contém alguns preceitos autorizando que o julgador conceda mais que o pleiteado, ou coisa diversa daquela que foi pedida. E a jurisprudência vem acolhendo e ampliando as hipóteses de ultra e extrapetição.[7]

Pois bem. Uma das hipóteses em que a jurisprudência expressamente alberga o postulado processual trabalhista da extra ou ultra petição reside justamente nas perícias alusivas à insalubridade. Reproduzimos, acerca do quanto afirmado, a Súmula 293 do TST:

> S. 293 do TST. ADICIONAL DE INSALUBRIDADE. CAUSA DE PEDIR. AGENTE NOCIVO DIVERSO DO APONTADO NA INICIAL. A verificação mediante perícia de prestação de serviços em condições nocivas, considerado agente insalubre diverso do apontado na inicial, não prejudica o pedido de adicional de insalubridade.

Como se pode ver, o objeto da prova pericial poderá, excepcionalmente, até mesmo ser mais amplo do que aquele sugerido pelos estritos limites da *litiscontestatio*, nada obstando que o perito conclua, no seu laudo, pela existência de insalubridade, ainda que lastreada em agente nocivo diverso daquele apontado na primígena.

Tal constatação reforça o posicionamento sustentado no tópico anterior, no sentido de que a perícia deva ser realizada antes da sessão instrutória, pois se na prova pericial for detectada a existência de condições ambientais diversas das alinhavadas na petição inicial, tudo recomendará que esses aspectos periciais, até então ausentes dos limites do contraditório, sejam efetivamente controlados em dilação probatória oral, precedida, naturalmente, da manifestação das partes, tudo na perspectiva de um devido processo justo, chamado, no nosso livro Técnica Processual e Tutela Coletiva de Interesses Ambientais Trabalhistas de 'devido processo constitucionalmente estruturado e ambientalmente justo'[8].

Pensamos, todavia, que a questão comporta limites. Não nos parece correto, por exemplo, que o pedido seja de insalubridade e, em sendo constatada periculosidade na perícia, o juiz a defira sem pedido expresso. Ocorre que a súmula 293 do TST carrega consigo uma exceção, que não pode ser interpretada ampliativamente.

---

7 GIGLIO, Wagner Drdla. *Direito Processual do Trabalho*. 10 ed. São Paulo: Saraiva, 1997, p. 69.

8 CESÁRIO, João Humberto. *Técnica processual e tutela coletiva de interesses ambientais trabalhistas*. São Paulo: LTr, 2012, p. 91 a 95.

Na realidade, o espírito do mencionado verbete jurisprudencial quer apenas dizer que o empregado não pode ser obrigado, diante do elemento técnico que orienta o tema, a indicar com precisão o agente agressivo que provoca a insalubridade. Nesse sentido, o professor Henrique Correia preleciona que *"não seria justo nem razoável impor ao trabalhador que soubesse exatamente a classificação da atividade insalubre, pois esse enquadramento exige conhecimentos técnicos"*[9]. Circunstância muito diversa, evidentemente, seria dizer que um ambiente é insalubre quando na verdade ele é periculoso. Tudo isso evidencia que o teleologismo da S. 293 do TST não pode ser alargado em demasia.

4. CLASSIFICAÇÃO DAS PERÍCIAS

As perícias, basicamente, são classificadas em judiciais ou extrajudiciais, simples ou complexas.

As judiciais, obviamente, são aquelas realizadas por determinação judicial, como, por exemplo, naqueles casos previstos no § 2º do artigo 195 da CLT, a dizer que uma vez arguida em juízo insalubridade ou periculosidade, seja por empregado, seja por sindicato em favor de grupo de associado, o juiz designará perito habilitado e, onde não houver, requisitará perícia ao órgão competente do Ministério do Trabalho.

Extrajudiciais, como não poderia deixar de ser, são aquelas realizadas fora do âmbito jurisdicional, como na hipótese do § 1º do artigo 195 da CLT, ao apregoar ser facultado às empresas e aos sindicatos das categorias profissionais interessadas requererem ao Ministério do Trabalho a realização de perícia em estabelecimento ou setor deste, com o objetivo de caracterizar e classificar ou delimitar as atividades insalubres ou perigosas.

As perícias simples, de sua vez, são aquelas que envolvem apenas um campo do saber especializado, sendo realizadas, portanto, por apenas um perito, como naqueles casos corriqueiros na Justiça do Trabalho, nos quais se discute a existência de insalubridade ou periculosidade.

As complexas, outrossim, estão previstas no artigo 475 do CPC/2015, e são as que abrangem mais de uma área do conhecimento especializado, de modo a permitir que o juiz nomeie mais de um perito para a realização das diligências e confecção do laudo conclusivo, caso em que as partes, naturalmente, estarão autorizadas a indicar mais de um assistente técnico.

O Processo do Trabalho, aparentemente, rejeita a realização de perícias complexas, já que o artigo 3º da Lei 5.584-70, de aplicação específica a este

---

[9] MIESSA, Élisson; CORREIA, Henrique. *Súmulas e orientações jurisprudenciais do TST: comentadas e organizadas por assunto*. 3 ed. rev., ampl. e atual. Salvador: JusPODIVM, 2013, p. 371.

campo do saber jurídico, estabelece que os exames periciais serão realizados por perito único designado pelo Juiz. A legislação, contudo, não pode ignorar a realidade, se não desejar ser por esta ignorada. Quanto ao tema, o Processo do Trabalho possui inequívoca lacuna ontológica, que demanda colmatação consoante a melhor regra do artigo 475 do CPC/2015.

Pense-se, mais uma vez, no exemplo alhures ventilado, relativo a acidente de trabalho, no qual o objeto nuclear da perícia resida na apuração da extensão da perda da capacidade laborativa do obreiro e no atendimento, ou não, dos requisitos de segurança do trabalho que tornariam a máquina geradora do infortúnio confiável para a operação.

No caso, à toda evidência, a perícia, embora única, engloba dois campos do saber especializado, um dominado pelo médico do trabalho e outro pelo engenheiro do trabalho. Em hipóteses que tais, nada obstará e antes tudo recomendará, que o Juiz do Trabalho, arrimado na dicção do artigo 475 do CPC/2015, determine a realização de perícia complexa, nomeando dois peritos, que elaborarão laudo pericial preferencialmente conjunto, para a adequada apuração dos fatos.

5. O PROBLEMA DA OBRIGATORIEDADE DA PERÍCIA

Costuma-se dizer que quando os fatos debatidos em juízo desbordam dos temas apreensíveis pelo homem médio, adentrando, assim, no âmbito do conhecimento especializado não exigível do profissional do direito, a realização de prova pericial torna-se obrigatória para o deslinde da matéria, nenhuma outra podendo suprir-lhe a falta.

Diz-se corriqueiramente, de tal arte, que a prova pericial é sempre imperiosa. Por isso é que o § 2º do artigo 195 da CLT aduz, *v.g.*, que uma vez arguida em juízo insalubridade ou periculosidade, seja por empregado, seja por sindicato em favor de grupo de trabalhadores, o juiz designará perito habilitado, e, onde não houver, requisitará perícia ao órgão competente do Ministério do Trabalho. Nesse campo, nem mesmo a confissão ficta emanada da revelia serviria de base para o julgamento da temática, sendo inarredável, pois, a realização da perícia.

Esta é acertadamente a regra geral. Pensamos, todavia, que a aludida diretriz não deva ser patologicamente respeitada em todas as situações da vida processual. Basta notar que o artigo 464, § 1º, II e III do CPC/2015 estabelece que o juiz indeferirá a perícia quando for desnecessária em vista de outras provas produzidas ou a verificação for impraticável. Corroborando a inteligência de tais preceitos, temos, aliás, as Súmulas 39 e 453 do TST e as Orientações Jurisprudenciais 278 e 385 da SDI-1 do TST cujos conteúdos reproduzimos:

> S. 39 – PERICULOSIDADE. Os empregados que operam em bomba de gasolina têm direito ao adicional de periculosidade (Lei nº 2.573, de 15.08.1955).
>
> S. 453 - ADICIONAL DE PERICULOSIDADE. PAGAMENTO ESPONTÂNEO. CARACTERIZAÇÃO DE FATO INCONTROVERSO. DESNECESSÁRIA A PERÍ-

CIA DE QUE TRATA O ART. 195 DA CLT. O pagamento de adicional de periculosidade efetuado por mera liberalidade da empresa, ainda que de forma proporcional ao tempo de exposição ao risco ou em percentual inferior ao máximo legalmente previsto, dispensa a realização da prova técnica exigida pelo art. 195 da CLT, pois torna incontroversa a existência do trabalho em condições perigosas.

OJ 278 - ADICIONAL DE INSALUBRIDADE. PERÍCIA. LOCAL DE TRABALHO DESATIVADO. A realização de perícia é obrigatória para a verificação de insalubridade. Quando não for possível sua realização, como em caso de fechamento da empresa, poderá o julgador utilizar-se de outros meios de prova.

OJ 385 - ADICIONAL DE PERICULOSIDADE. DEVIDO. ARMAZENAMENTO DE LÍQUIDO INFLAMÁVEL NO PRÉDIO. CONSTRUÇÃO VERTICAL. É devido o pagamento do adicional de periculosidade ao empregado que desenvolve suas atividades em edifício (construção vertical), seja em pavimento igual ou distinto daquele onde estão instalados tanques para armazenamento de líquido inflamável, em quantidade acima do limite legal, considerando-se como área de risco toda a área interna da construção vertical.

Ora, existem situações, como, entre outras, a dos frentistas que trabalham direta e permanentemente na operação de bombas de gasolina, em que o direito à percepção do adicional de periculosidade é tão cristalino, que a determinação judicial para a realização de perícia, além de encarecer desnecessariamente os custos do processo, constitui-se em verdadeiro atentado ao direito fundamental do trabalhador a uma tutela jurisdicional sem dilações temporais excessivas.

Do mesmo modo, não se revela minimamente racional a ordenação de perícia no contexto em que a empresa pagava regularmente determinado adicional, seja de insalubridade ou de periculosidade (ainda que a S. 453 do TST a rigor só fale de periculosidade), deixando-o pura e simplesmente de observá-lo a partir de determinada data, sem sequer alegar que tivesse tomado medidas de adequação capazes de neutralizar ou eliminar os agentes nocivos do meio ambiente de trabalho.

Como se não bastasse, naquelas ocasiões em que não for possível a realização da perícia, como, *v.g.*, no caso de fechamento de empresa, não será razoável supor que o direito dos trabalhadores deva ser desprezado em nome de uma formalidade absurda. Nesses casos, nada obstará que o julgador forme a sua convicção com base em outros elementos de prova e, excepcionalmente, até mesmo com supedâneo nas máximas da experiência técnica angariada nos seus anos de judicatura (artigo 375 do CPC/2015).

Imagine-se, ademais, o caso em que o sindicato dos empregados tenha requerido ao Ministério do Trabalho, com fulcro no § 1º do artigo 195 da CLT, a realização de perícia em estabelecimento ou setor deste, com o objetivo de caracterizar e classificar ou delimitar as atividades insalubres ou perigosas.

Ora, uma vez realizada a perícia e constado o direito dos trabalhadores de determinados setores à insalubridade ou à periculosidade, nada impedirá que o sindicato no âmbito de ação civil pública, ou mesmo o empregado em demanda individual, venha a juízo para com estribo na perícia extrajudicial produzida postular a percepção das verbas pertinentes.

No caso, embora não produzida nos autos do processo em curso, a prova pericial imprescindível ao reconhecimento do direito à insalubridade ou à periculosidade existirá. Em decorrência, tudo recomendará que o Juiz do Trabalho, em honra ao postulado constitucional da razoável duração do processo (artigo 5º, LXXVIII, da CRFB), submeta a prova extrajudicial ao crivo do contraditório, utilizando-a, na hipótese do vindicado não conseguir elidi-la com a sua impugnação, como fundamento de eventual condenação.

Não é por outra razão que o artigo 472 do CPC/2015 estabelece que o juiz poderá dispensar a prova pericial quando as partes, na inicial e na contestação, apresentarem, sobre as questões de fato, pareceres técnicos ou documentos elucidativos que considerar suficientes. Nesse sentido temos a súmula nº 54 da 1ª Jornada de Direito Material e Processual do Trabalho (ressalte-se que o aludido verbete faz menção ao artigo 427 do CPC/1973):

> PROVA PERICIAL. POSSIBILIDADE DE DISPENSA. Aplica-se o art. 427 do Código de Processo Civil no processo do trabalho, de modo que o juiz pode dispensar a produção de prova pericial quando houver prova suficiente nos autos.

Registramos, por oportuno, que o âmbito pericial é campo fertilíssimo para a utilização de prova judicial emprestada, que, inclusive, poderá ser produzida antecipadamente com fulcro no artigo 381 do CPC/2015, fato que corrobora a desnecessidade da produção de prova pericial em todo e qualquer processo que clame por essa modalidade probatória. Há de se ficar claro, contudo, que prova extrajudicial não é sinônimo de prova emprestada, haja vista que esta última, ao contrário daquela primeira, será necessariamente produzida no interior de autos de processual judicial regularmente instaurado e trasladada para outro de igual natureza (vide, a propósito, o artigo 372 do CPC/2015)[10].

6. PROVA TÉCNICA SIMPLIFICADA

Como não bastasse tudo o quanto dissemos no tópico anterior, devemos lembrar agora da possibilidade de realização da chamada 'prova técnica simplificada', que de ofício ou a requerimento das partes poderá ser determinada pelo

---

10 Para aprofundamento do tema indicamos o estudo de livro da nossa autoria: CESÁRIO, João Humberto. *Provas no processo do trabalho: de acordo com o novo código de processo civil*. Cuiabá: JHC, 2015, p. 383 *et seq.*

juiz em substituição à perícia típica, quando o ponto controvertido for de menor complexidade (artigo 464, § 2º do CPC/2015).

Note-se que tal hipótese, que muitos têm afirmado ser uma novidade do CPC/2015, na realidade não passa da explicitação do que dizia o § 2º do artigo 421 do CPC/1973, quando estatuía ser lícito ao juiz, naquelas situações em que a natureza do fato permitisse, meramente inquirir o perito, por ocasião da sessão de instrução, a respeito das coisas que houvesse informalmente examinado ou avaliado.

Doravante, tal modalidade probatória (prova técnica simplificada) consistirá, nos termos dos §§ 3º e 4º do artigo 464 do CPC/2015, na inquirição de especialista, pelo juiz, durante a audiência, sobre ponto controvertido da causa que demande especial conhecimento científico ou técnico. Nessa hipótese, o especialista, que deverá ter formação acadêmica específica na área objeto de seu depoimento, poderá valer-se durante a arguição de qualquer recurso tecnológico de transmissão de sons e imagens com o fim de esclarecer os pontos controvertidos da causa.

Como exemplos de utilização dessa modalidade probatória, podemos elencar a possibilidade de um especialista vir a juízo apenas para responder a perguntas sobre a potencialidade que uma determinada máquina possui para gerar acidentes de trabalho, ou, ainda, de o experto responder em audiência, perante o juiz e as partes, a indagações sobre a avaliação e o valor de mercado de um determinado bem móvel ou imóvel.

No caso, as partes não necessitarão produzir quesitos prévios, já que terão oportunidade de inquirir o perito, por intermédio do magistrado, durante a sessão instrutória. Demais disso, não haverá necessidade de o perito elaborar um laudo pericial, sendo meramente reduzidas a termo a suas respostas e esclarecimentos na ata de audiência. É necessário ficar claro, finalmente, a 'prova técnica simplificada' não se confunde com a situação inserta no § 3º do artigo 477 do CPC/2015 (que será mais à frente tratada), quando o perito, depois de realizar uma perícia típica e elaborar um laudo pericial conclusivo, vem ainda a juízo para prestar esclarecimentos.

7. O PERITO, A SUA NOMEAÇÃO, OS SEUS ENCARGOS, A SUA SUBSTITUIÇÃO E OS SEUS HONORÁRIOS PERICIAIS

De acordo com o *caput* do artigo 156 do CPC/2015, quando a prova do fato depender de conhecimento técnico ou científico, o juiz será assistido por perito. Na esteira de tal preceito, a cabeça do artigo 465 do CPC/2015 estabelece que o magistrado, nessas circunstâncias, nomeará perito especializado no objeto da perícia e fixará de imediato o prazo para a entrega do laudo. Incumbe-nos nessa quadra do estudo, com efeito, discorrer primeiramente sobre quem poderá atuar como perito em Juízo.

Segundo o artigo 478 do CPC/2015, quando o exame tiver por objeto a autenticidade ou falsidade de documento ou for de natureza médico-legal, o perito será escolhido, de preferência, entre os técnicos dos estabelecimentos oficiais especializados, a cujos diretores o juiz autorizará a remessa dos autos, bem como material sujeito a exame.

No caso específico da perícia grafotécnica que vise elucidar controvérsia acerca da autenticidade da letra e/ou da firma, o perito poderá requisitar, para efeito de comparação, documentos existentes em repartições públicas e, na falta destes, poderá requerer ao juiz que a pessoa a quem se atribuir a autoria do documento lance em folha de papel, por cópia ou sob ditado, dizeres diferentes, para fins de comparação (artigo 478, § 3º do CPC/2015).

Por sua vez, a parte inicial do artigo 195 da CLT fixa que a caracterização e a classificação da insalubridade e da periculosidade, segundo as normas do Ministério do Trabalho, far-se-ão através de perícia a cargo de Médico do Trabalho ou Engenheiro do Trabalho, registrados no Ministério do Trabalho.

Como se vê, pelo menos no campo da periculosidade e da insalubridade e dentro do rigorismo celetista, o perito apto a atuar perante a Justiça do Trabalho deverá ser um médico ou engenheiro do trabalho, que esteja devidamente registrado no Ministério do Trabalho. O fato, entrementes, é que além de desnecessariamente formalista, o prefalado preceito legal não esgota a matéria, já que não regulamenta o tema relativamente a outras modalidades periciais comuns no Judiciário Trabalhista, como a contábil, a documental, a grafotécnica e a médica de sentido estrito.

Assim é que a utilização subsidiária do § 1º do artigo 156 do CPC/2015 deve ganhar espaço no Processo do Trabalho, para se entender que os peritos serão nomeados entre os profissionais legalmente habilitados e devidamente inscritos em cadastro mantido pelo tribunal ao qual o juiz está vinculado, sendo lícito, ademais, que nos termos do § 2º do artigo 157 do CPC/2015, seja organizada lista de peritos na vara ou na secretaria, com disponibilização dos documentos exigidos para habilitação à consulta de interessados, para que a nomeação seja distribuída de modo equitativo, observadas a capacidade técnica e a área de conhecimento.

Conclui-se, assim, que os expertos serão a princípio escolhidos entre profissionais de nível universitário, devidamente inscritos nos órgãos de classe competentes, independentemente de estarem registrados no Ministério do Trabalho, bastando que comprovem perante o juiz a especialidade na matéria que deverão opinar, mediante certidão do órgão profissional em que estiverem inscritos. Trazemos, a corroborar pelo menos implicitamente o raciocínio aqui defendido, a OJ 165 da SDI-1 do TST:

> PERÍCIA. ENGENHEIRO OU MÉDICO. ADICIONAL DE INSALUBRIDADE E PERICULOSIDADE. VÁLIDO. ART. 195 DA CLT. O art. 195 da CLT não faz qualquer distinção entre o médico e o engenheiro para efeito de caracterização e classificação da insalubridade e periculosidade, bastando para a elaboração do laudo seja o profissional devidamente qualificado.

Ao bem da verdade, todos aqueles que exercem ou já exerceram a judicatura nos rincões mais afastados do país sabem da dificuldade de se encontrar profissionais com todos esses atributos para atuação em juízo. Justamente por isso é que o § 5º do artigo 156 do CPC/2015 diz que na localidade onde não houver inscrito no cadastro disponibilizado pelo tribunal, a nomeação do perito é de livre escolha pelo juiz e deverá recair sobre profissional ou órgão técnico ou científico comprovadamente detentor do conhecimento necessário à realização da perícia. Tal disposição, essencial para a prestação da jurisdição a tempo e modo, deve ser interpretada da maneira mais abrangente o possível.

Em sendo assim, nas localidades onde não exista, por exemplo, um engenheiro, fato nada raro nos locais mais remotos do país (o que podemos atestar devido aos nossos anos de exercício da magistratura no interior profundo de Mato Grosso, Rondônia e Acre), nada obstará que o juiz nomeie um técnico em segurança do trabalho para a realização de uma perícia menos complexa. Do mesmo modo, onde não houver um psiquiatra, um psicólogo poderá realizar satisfatoriamente certas perícias. Dentro da mesma lógica, ainda exemplificativamente falando, onde não existir um médico do trabalho, um fisioterapeuta será capaz, eventualmente, de dirimir certas controvérsias de caráter técnico. Nunca custa sublinhar acerca do afirmado, que o Código de Processo Penal[11] quando fala do exame de corpo de delito, *v.g.*, anuncia no *caput* do seu artigo 159 que o exame de corpo de delito e outras perícias serão realizados por perito oficial, portador de diploma de curso superior, ressalvando, porém, no seu § 1º que na falta de perito oficial, o exame será realizado por *'duas pessoas idôneas, portadoras de diploma de curso superior preferencialmente na área específica'*, dentre as que tiverem habilitação técnica relacionada com a natureza do exame". Tais possibilidades garantirão, na perspectiva da concordância prática, que se harmonize o direito à produção de provas, a razoável duração do processo, a redução dos custos processuais e, sobretudo, o acesso substancial à jurisdição.

O fundamental será sempre que o perito, no prazo que lhe for assinalado, empregue toda a sua diligência no cumprimento do ofício (artigo 157 do

---

[11] Sobre as possibilidades de diálogo do Processo do Trabalho como o Processo Penal, vide: CESÁRIO, João Humberto. *O processo do trabalho e o novo Código de Processo Civil: critérios para uma leitura dialogada dos artigos 769 da CLT e 15 do nCPC*. Revista do Tribunal Superior do Trabalho, v. 81, nº 3, p. 70-94, jul/set 2015.

CPC/2015). Desse modo, o louvado que, por dolo ou culpa, prestar informações inverídicas, responderá pelos prejuízos que causar à parte e ficará inabilitado para atuar em outras perícias no prazo de 2 (dois) a 5 (cinco) anos, independentemente das demais sanções previstas em lei, devendo o juiz comunicar o fato ao respectivo órgão de classe para adoção das medidas que entender cabíveis (artigo 158 do CPC/2015).

Além disso, haverá situações, regradas pelo artigo 468 do CPC/2015, em que o juiz promoverá a substituição do perito no curso do processo, como naqueles casos em que ele se demonstrar carecedor de conhecimento técnico ou científico, ou, sem legítimo motivo, deixar de cumprir o encargo no prazo em que lhe foi assinado. Nesta última hipótese, o magistrado comunicará a ocorrência à corporação profissional respectiva, podendo, ainda, impor multa ao experto, fixada tendo em vista o valor da causa e o possível prejuízo decorrente do atraso do processo[12].

Sem embargo, todas as vezes que o perito exercitar adequadamente o seu mister fará jus à percepção dos honorários periciais que forem arbitrados pelo juiz, os quais ficarão a cargo da parte sucumbente na pretensão objeto da perícia, salvo se beneficiária de Justiça Gratuita (artigo 790-B da CLT).

Nesse último caso, em que a parte sucumbente tiver direito aos benefícios da Justiça Gratuita (artigo 790, § 3º, da CLT), os honorários periciais, nos termos do artigo 49 da Consolidação dos Provimentos da Corregedoria-Geral da Justiça do Trabalho e da OJ 387 da SDI-1 do TST, poderão ser suportados por recursos do orçamento dos Tribunais Regionais do Trabalho (com subsídios orçamentários repassados pela União, naturalmente), nos limites e condições estabelecidos nas normas regulamentares vigentes.

Corroborando a solução processual trabalhista para os honorários periciais de responsabilidade dos beneficiários da Justiça Gratuita, o artigo 95, § 3º, I e II, do CPC/2015 esclarece que quando o pagamento da perícia for de responsabilidade de beneficiário de gratuidade da justiça, ela poderá ser custeada com recursos alocados no orçamento do ente público e realizada por servidor do

---

12 Em comentário ao artigo 146 do CPC/1973, MARINONI, Luiz Guilherme; MITIDIERO, Daniel. *Código de processo civil comentado artigo por artigo*. São Paulo: Editora Revista dos Tribunais, 2008, p.187, alinhavam a seguinte preleção: *"A responsabilidade do perito pelos prejuízos que causar à parte deve ser buscada em ação própria. A inabilitação deve ser aplicada pelo juiz da causa em que as informações inverídicas foram prestadas. Inconformado com a aplicação da pena de inabilitação, pode o perito recorrer como terceiro prejudicado do capítulo da sentença em que teve a sua situação jurídica apreciada, legitimando-se, ainda, concorrendo os demais requisitos, a impetrar mandado de segurança da decisão judicial."* Acreditamos, no entanto, que a primeira parte do escólio (no sentido de que a responsabilidade do perito deva ser buscada em ação própria), *data venia*, possa ser questionada. Ocorre que uma vez interpretado o artigo 158 do CPC/2015 em perspectiva sistemática com o § 1º do artigo 468 do CPC/2015, o interprete poderá chegar à conclusão de que os possíveis prejuízos causados à parte serão arbitrados e executados nos próprios autos do processo em curso, prescindindo, pois, do ajuizamento de ação própria.

Poder Judiciário ou por órgão público conveniado (§ 3º, I) ou paga com recursos alocados no orçamento da União, do Estado ou do Distrito Federal, no caso de ser realizada por particular, hipótese em que o valor será fixado conforme tabela do tribunal respectivo ou, em caso de sua omissão, do Conselho Nacional de Justiça (§ 3º, II).

A propósito do quanto estudado nos parágrafos anteriores, insta notar que não têm sido raras as ocasiões em que trabalhadores, fiados nos benefícios da Justiça Gratuita, que em tese os eximiria do custeio de honorários periciais, vêm apresentando pedidos dependentes de prova pericial para o acolhimento, que muito mais se assemelham a verdadeiras aventuras judiciais.

A Justiça Gratuita, naturalmente, é um direito importantíssimo, mas que deve ser reconhecido apenas a quem litiga com seriedade. Com efeito, naquelas situações em que restar evidenciada a má-fé na veiculação de pleito dependente de prova pericial, nada obstará e antes tudo recomendará que o magistrado indefira a Justiça Gratuita ao litigante faltoso, impondo-lhe o custeio dos honorários periciais. Pensar o contrário será o mesmo que estimular a litigância desenfreada e compulsiva, com a consequente oneração indevida do erário. Não é por outra razão, aliás, que o artigo 49 da Consolidação dos Provimentos da Corregedoria-Geral da Justiça do Trabalho diz que os honorários 'poderão' e não 'deverão' ser suportados por recursos do orçamento dos Tribunais Regionais do Trabalho.

Parece-nos relevantíssimo apontar, aliás, que o CPC/2015 esclarece, em disposição manifestamente compatível com o Processo do Trabalho, que o beneficiário da Justiça Gratuita poderá ser compelido a arcar com os custos da perícia, não importando se litigou de boa ou má-fé. Nesse sentido o artigo 98, §§ 2º e 3º do CPC/2015 é claro ao dizer que a concessão de gratuidade não afasta a responsabilidade do beneficiário pelas despesas processuais (entre elas, obviamente, os honorários periciais), sendo certo que uma vez vencido o beneficiário, as obrigações decorrentes de sua sucumbência ficarão sob condição suspensiva de exigibilidade e somente poderão ser executadas se, nos 5 (cinco) anos subsequentes ao trânsito em julgado da decisão que as certificou, o credor demonstrar que deixou de existir a situação de insuficiência de recursos que justificou a concessão de gratuidade, extinguindo-se, somente após ultrapassado esse prazo, tais obrigações do beneficiário.

Complementando tais disposições no que diz respeito especificamente aos honorários periciais, o § 4º do artigo 95 do CPC/2015 estabelece que na hipótese do seu § 3º (que trata do custeio da perícia pelo setor público em prol dos que tenham recebido o benefício da Justiça Gratuita), o juiz, após o trânsito em julgado da decisão final, oficiará a Fazenda Pública para que promova, contra quem tiver sido condenado ao pagamento das despesas processuais, a execução dos valores gastos com a perícia particular ou com a utilização de servidor público ou da estrutura de órgão público, observando-se, caso o responsável pelo pagamento das despesas seja beneficiário de gratuidade da justiça, o disposto no art. 98, § 2º (que, juntamente com o § 3º, como visto, permitem a execução das despesas processuais, no caso de a situação de insuficiência de recursos deixar de existir nos cinco anos subsequentes ao trânsito em julgado da decisão que as certificou).

Já por outro lado, mas ainda dentro da questão relativa aos honorários periciais, mostra-se importante registrar que no Processo do Trabalho, onde na maioria das vezes o ônus da prova pericial pertence ao trabalhador, sujeito em regra hipossuficiente do ponto de vista econômico, não há margem, a princípio, para a observância da regra inserta no artigo 95, *caput*, do CPC/2015, no sentido de que a remuneração do perito será adiantada pela parte que houver requerido a perícia ou rateada quando a perícia for determinada de ofício ou requerida por ambas as partes. Nesse sentido, a OJ 98 da SDI-2 do TST, *verbis*:

> MANDADO DE SEGURANÇA. CABÍVEL PARA ATACAR A EXIGÊNCIA DE DEPÓSITO PRÉVIO DE HONORÁRIOS PERICIAIS. É ilegal a exigência de depósito prévio para custeio dos honorários periciais, dada a incompatibilidade com o processo do trabalho, sendo cabível o mandado de segurança visando à realização da perícia independentemente de depósito.

Tal regra, por suposto, tem aplicação restrita às ações onde se discutam direitos relativos a relações de emprego *stricto sensu*, não se espraiando para as demais ações relativas a relações de trabalho *lato sensu*, que vieram para a competência da Justiça do Trabalho por força da E.C. nº 45. Reproduzimos, a propósito, o artigo 6º da IN 27/TST:

> *Art. 6º - Os honorários periciais serão suportados pela parte sucumbente na pretensão objeto da perícia, salvo se beneficiária de Justiça Gratuita*
>
> *Parágrafo único - Faculta-se ao juiz, em relação à perícia, exigir depósito prévio dos honorários, ressalvadas as lides decorrentes da relação de emprego.*

Parece-nos, ainda, que mesmo nas ações alusivas às relações de emprego será possível, em circunstâncias especiais, determinar-se o adiantamento dos honorários periciais. Como se sabe o ônus da prova pode ser invertido em determinados contextos - inclusive com precedentes do TST - nos quais discutimos temas que potencialmente demandam prova pericial para a sua resolução. Tal se dá, por exemplo, nos casos em que um empregado que trabalhou em mina de amianto se veja acometido de neoplasia maligna no pulmão ou em que um digitador padeça de lesão por esforço repetitivo.

Cremos que nestas situações será lícito ao juiz determinar que o empregador - mormente em sendo uma empresa com forte lastro econômico - adiante os honorários periciais com base no artigo 95 do CPC/2015, presumindo-se, caso não cumpra a determinação no prazo estipulado, que desistiu de produzir a prova cujo encargo pesava sobre os seus os ombros, assumindo todas as consequências processuais advindas da sua omissão.

Tal possibilidade, naturalmente, tem justificativa no princípio da isonomia, que recomenda tratar os iguais de modo igual e os desiguais de modo desigual na exata medida das suas desigualdades. Com efeito, se o ônus da prova for daquele considerado economicamente hipossuficiente, não será legítima a exigência do adiantamento dos honorários. Caso contrário, se o ônus subjetivo pertencer àquele que possua sustentação econômica inequívoca, a determinação será recomendável, até mesmo porque viabilizará a prova, já que não são raras as situações em que os peritos, principalmente quando têm que se deslocar de uma cidade para outra, recusam-se a realizar a perícia pelo receio de não serem adequadamente remunerados pelo trabalho prestado (não sendo, na realidade, sequer ressarcidos das despesas com o transporte, a alimentação e a hospedagem).

É claro que o adiantamento poderá eventualmente gerar situações de difícil enfrentamento prático. Basta pensar naquelas hipóteses em que tendo adiantado os honorários, o empregador se veja vitorioso no ponto da demanda que reclamava a produção de prova pericial. Nesse caso, seria o empregado que ao final do processo se veria obrigado a custear os honorários periciais (artigo 790-B da CLT). Como, então, que poderíamos cogitar da legítima restituição dos honorários adiantados pelo empregador?

Para que não haja maiores embaraços na dissolução do imbróglio, pensamos que uma boa medida seria a de se limitar o adiantamento aos valores que possam ser custeados pelo Poder Público no caso da concessão de Justiça Gratuita à parte sucumbente no objeto da perícia (parte final do artigo 790-B da CLT). Tal medida, ao mesmo tempo em que estimularia o perito a se deslocar, já que não lhe imporia logo no início do processo o risco de custear o deslocamento, permitiria no plano objetivo a restituição dos valores adiantados pelo empregador.

A aludida solução, ademais, amolda-se perfeitamente ao disposto nos artigos 465, § 4º, do CPC/2015 e 95, § 2º do CPC/2015, que juntos permitem que o juiz autorize o pagamento de 'até' cinquenta por cento dos honorários arbitrados a favor do perito no início do trabalho, devendo eventual remanescente ficar recolhido em conta bancária à ordem do juízo com correção monetária, para ser pago apenas ao final, depois de entregue o laudo e prestados todos os esclarecimentos necessários.

Nada obstante, o fato é que a jurisprudência do TST, ao argumento de que o efetivo pagamento de honorários é devido somente ao final do processo, já que não se pode saber de antemão qual parte será sucumbente no objeto da perícia (inteligência do artigo 790-B da CLT), não vem distinguindo, para fins de incidência da OJ 98 da SDI-2 do TST, se o adiantamento, no caso concreto, pesará sobre os ombros do empregado ou do empregador. Tome-se, a propósito, o seguinte excerto decisório colhido de decisão tomada à unanimidade pela SDI-2 do TST:

> Verifica-se que não procede o fundamento utilizado pelo acórdão recorrido no sentido de que a prerrogativa de pagar os honorários periciais ao final da demanda decorre do princípio da gratuidade que norteia o processo do trabalho e que, por tal motivo, seria direcionado ao empregado, porquanto a ilegalidade e arbitrariedade do ato decorrem da imposição de ônus não autorizado pela lei, existindo a possibilidade de prejuízo para ambas as partes, tanto empregado quanto empregador. Logo, a determinação judicial alusiva ao depósito prévio dos honorários periciais feriu o direito líquido e certo da Impetrante, nos termos do verbete supracitado. Ante o exposto, dou provimento ao recurso ordinário para, concedendo a segurança, cassar o ato coator, determinando a realização de perícia independentemente do depósito dos honorários periciais.[13]

Pensamos, *data venia*, que o entendimento do TST pode e deve ser adequado aos moldes que preconizamos mais atrás. Por ora, entretanto, prevalece naquela corte uma visão diferente na nossa.

8. AS CONCLUSÕES DO PERITO, OS PODERES DE INSTRUÇÃO E DECISÃO DO MAGISTRADO E A POSSIBILIDADE DE REALIZAÇÃO DE NOVA PERÍCIA

Genericamente falando o artigo 371 do CPC/2015 estabelece que o juiz apreciará a prova constante dos autos, independentemente do sujeito que a tiver promovido, e indicará na decisão as razões da formação do seu convencimento. No campo técnico específico, a antedita disposição é adensada pelo artigo 479 do CPC/2015, que estatui que o juiz, na apreciação da prova pericial indicará na sentença os motivos que o levaram a considerar ou a deixar de considerar as conclusões do laudo, levando em conta o método utilizado pelo perito.

Como se denota da última parte do parágrafo anterior, o artigo 479 do CPC/2015, embora não o tenha dito com tintas mais claras, manteve a essência do artigo 436 do CPC/1973, quando dizia que o Juiz ao julgar não ficaria necessariamente adstrito ao laudo pericial, podendo formar a sua convicção com outros elementos ou fatos provados nos autos. Eis aí aquilo que a doutrina denomina como princípio da unidade probante, que recomenda que as provas - inclusive a pericial - sejam analisadas dentro do contexto maior de todo o acervo probatório.

---

13 TST-RO-9941-39.2011.5.01.0000, Ac. SDI-2 - Rel. Min. Alexandre Agra Belmonte – Julgamento: 23.04.2013.

É evidente que a prova pericial, em virtude das peculiaridades que lhe são inerentes, carrega consigo uma enorme potência persuasória. O fato, entretanto, é que dentro do critério da persuasão racional, o juiz poderá demonstrar por via do vigor argumentativo da sua decisão, que as conclusões periciais, quando unitariamente consideradas, não resolveram adequadamente o caso submetido ao crivo do seu poder jurisdicional, podendo, assim, rechaçá-las, bastando que o faça fundamentadamente. Pensar o contrário seria permitir que o perito e não o Estado-juiz decidisse.

A propósito do tema, faz-se necessário pontuar, por exemplo, que os artigos 190 e 193 da CLT aduzem, em essência, que será o Ministério do Trabalho quem estabelecerá, administrativamente, aquilo que se deverá tomar por atividade insalubre ou periculosa[14]. Tal circunstância tem levado a jurisprudência sumulada do TST a estabelecer, em harmonia com o disposto no artigo 479 do CPC/2015, uma série de exemplos onde o laudo pericial deverá ser desprezado, ainda que conclua pela ocorrência da insalubridade ou periculosidade. Trazemos, para exemplificação do afirmado, alguns verbetes:

> Súmula nº 448 do TST - ATIVIDADE INSALUBRE. CARACTERIZAÇÃO. PREVISÃO NA NORMA REGULAMENTADORA Nº 15 DA PORTARIA DO MINISTÉRIO DO TRABALHO Nº 3.214/78. INSTALAÇÕES SANITÁRIAS.
>
> I - Não basta a constatação da insalubridade por meio de laudo pericial para que o empregado tenha direito ao respectivo adicional, sendo necessária a classificação da atividade insalubre na relação oficial elaborada pelo Ministério do Trabalho.
>
> II – A higienização de instalações sanitárias de uso público ou coletivo de grande circulação, e a respectiva coleta de lixo, por não se equiparar à limpeza em residências e escritórios, enseja o pagamento de adicional de insalubridade em grau máximo, incidindo o disposto no Anexo 14 da NR-15 da Portaria do MTE nº 3.214/78 quanto à coleta e industrialização de lixo urbano.
>
> OJ 173 da SDI-1 do TST - ADICIONAL DE INSALUBRIDADE. ATIVIDADE A CÉU ABERTO. EXPOSIÇÃO AO SOL E AO CALOR.
>
> I – Ausente previsão legal, indevido o adicional de insalubridade ao trabalhador em atividade a céu aberto, por sujeição à radiação solar (art. 195 da CLT e Anexo 7 da NR 15 da Portaria Nº 3214/78 do MTE).
>
> II – Tem direito ao adicional de insalubridade o trabalhador que exerce atividade exposto ao calor acima dos limites de tolerância, inclusive em ambiente externo com carga solar, nas condições previstas no Anexo 3 da NR 15 da Portaria Nº 3214/78 do MTE.

---

14 Reproduzimos, a respeito, parte dos mencionados preceitos: *Art. 190 - O Ministério do Trabalho aprovará o quadro das atividades e operações insalubres e adotará normas sobre os critérios de caracterização da insalubridade, os limites de tolerância aos agentes agressivos, meios de proteção e o tempo máximo de exposição do empregado a esses agentes. Art. 193 - São consideradas atividades ou operações perigosas, na forma da regulamentação aprovada pelo Ministério do Trabalho, aquelas que, por sua natureza ou métodos de trabalho, impliquem risco acentuado em virtude da exposição permanente do trabalhador a inflamáveis, explosivos ou energia elétrica (...).*

Calcados no livre exercício da nossa cátedra, não estamos a dizer aqui que concordamos com a orientação do TST (principalmente a contida no item I da S. 448 e a inserta no item I da OJ 173), no sentido de que as conclusões periciais devam ser desprezadas naqueles casos em que a atividade, embora a rigor insalubre ou periculosa, como tal não esteja classificada na relação oficial elaborada pelo Ministério do Trabalho (ressalvando disciplinadamente, que como juízes em um sistema de precedentes, temos que nos curvar à orientação advinda dos tribunais superiores – art. 489, VI, do CPC/2015).

Acreditamos, antes, que a mencionada jurisprudência esteja a perpetrar grave ofensa ao princípio juslaboral da primazia da realidade sobre as formalidades, conspirando, como se não bastasse, contra o fundamento constitucional da dignidade da pessoa humana, premissa axiológica central do Estado Democrático de Direito.

O que desejamos realçar, a bem da verdade, é que abstraído o desacerto da linha jurisprudencial do TST sobre o tema (em parte corrigido, felizmente, pelo item II da S. 448 e pelo item II da OJ 173), o fato concreto é que os verbetes sumulares retro transcritos são ótimos exemplos da aplicação prática do artigo 479 do CPC/2015, na parte em que permite ao juiz deixar de considerar as conclusões do laudo pericial.

Prosseguindo nesta senda exemplificativa, há de se registrar, ainda, que o juiz deverá decidir de modo contrário às conclusões periciais naqueles casos em que o perito, *v.g.*, verberar que o trabalhador não faz jus ao adicional de periculosidade por laborar apenas intermitentemente em situação de risco. Trazemos mais uma vez, acerca do quanto afirmado, a jurisprudência sumulada do TST:

> Súmula nº 364 do TST - ADICIONAL DE PERICULOSIDADE. EXPOSIÇÃO EVENTUAL, PERMANENTE E INTERMITENTE. Tem direito ao adicional de periculosidade o empregado exposto permanentemente ou que, de forma intermitente, sujeita-se a condições de risco. Indevido, apenas, quando o contato dá-se de forma eventual, assim considerado o fortuito, ou o que, sendo habitual, dá-se por tempo extremamente reduzido.

Vale pontuar, finalmente, que sempre que a matéria não lhe parecer suficientemente esclarecida, o julgador deverá determinar, de ofício ou a requerimento, a realização de nova perícia (artigo 480, *caput,* do CPC/2015). A segunda perícia terá por objeto os mesmos fatos sobre os quais recaiu a antecedente, destinando-se a corrigir eventual omissão ou inexatidão dos resultados que esta conduziu (artigo 480, § 1º do CPC/2015), sendo regida pelas disposições estabelecidas para a primeira (artigo 480, § 2º do CPC/2015). Este exame, entretanto, não substituirá o primeiro, cabendo ao magistrado apreciar o valor de um e de outro, dentro do espírito racional-persuasivo da unidade probante (artigo 480, § 3º do CPC/2015).

9. PROCEDIMENTO DA PROVA PERICIAL

Ao se deparar com matéria que demande a produção de prova técnica, o juiz deverá, de ofício ou a requerimento, determinar a realização de perícia, nomeando, para tanto, o perito, ao qual fixará de imediato o prazo para a entrega do laudo (artigos 465 do CPC/2015 e 195, § 2º, da CLT). Quando a prova tiver de realizar-se por carta, a nomeação do perito poderá ser feita pelo juízo deprecado (artigo 465, § 6º do CPC/2015).

Segundo o § 1º do artigo 465 do CPC/2015, uma vez nomeado o perito, incumbirá às partes, dentro de quinze dias contados da respectiva intimação, arguir o impedimento ou a suspeição do perito (se for o caso); indicar assistente técnico e apresentar quesitos. Pensamos, todavia, que o prazo excessivamente alargado que o CPC/2015 prevê (15 dias), não se mostra compatível com a celeridade que orienta o Processo do Trabalho.

Basta ver que o § 7º do artigo 852-H da CLT estabelece que uma vez interrompida a audiência (como no caso de determinação de perícia), o seu prosseguimento e a solução do processo dar-se-ão em no máximo de trinta dias, prazo que evidentemente não será respeitado se as partes tiverem quinze dias para arguição de suspeição e ou impedimento, apresentação de quesitos e indicação de assistentes técnicos. Cremos, assim, que no Processo do Trabalho deverá ser utilizado à hipótese, por analogia, o prazo de cinco dias previsto na parte final do *caput* do artigo 841 da CLT. Logo, uma vez intimadas da nomeação do perito (o que no Processo do Trabalho em regra se dá durante a própria audiência), as partes terão cinco dias para arguirem a suspeição ou o impedimento do perito, apresentarem quesitos e indicarem assistentes técnicos.

De outro tanto, o § 2º do artigo 465 do CPC/2015 estatui que, ciente da nomeação, o perito apresentará em 5 (cinco) dias proposta de honorários; currículo, com comprovação de especialização e os contatos profissionais, em especial o endereço eletrônico, para onde serão dirigidas as intimações pessoais. Ato subsequente, nos termos do § 3º do mesmo dispositivo legal, as partes serão intimadas da proposta de honorários para, querendo, manifestar-se no prazo comum de 5 (cinco) dias, após o que o juiz arbitrará o valor, intimando-se novamente as partes.

É mais que evidente que toda essa via-crúcis imposta pelo CPC/2015 é altamente incompatível com a celeridade que norteia o Processo do Trabalho. Pensamos, assim, que o Juiz do Trabalho está mais que autorizado a manter o rito desde sempre observado na Justiça do Trabalho, onde além de os dados do perito permanecem depositados permanentemente em cartório à disposição de todos, os honorários são arbitrados em regra na sentença (onde, aliás, o juiz poderá se pronunciar com muito mais propriedade sobre a deficiência ou mesmo a inconclusividade da perícia - § 5º do artigo 465 do CPC/2015), ficando submetidos ao duplo grau de jurisdição pela via do recurso ordinário.

Outra possibilidade que o CPC/2015 descortina é a da chamada 'perícia consensual', pela qual as partes podem em comum acordo, com arrimo no artigo 471 do CPC/2015, escolher o perito, indicando-o mediante requerimento, bastando, para tanto, que elas sejam plenamente capazes e a causa possa ser resolvida por autocomposição. Nessa hipótese, a 'perícia consensual' substitui, para todos os efeitos, a que seria realizada por perito nomeado pelo juiz.

Tal possibilidade possui nítida inspiração no modelo processual adversarial, próprio do direito anglo-saxônico, que é o exato oposto do padrão inquisitivo que caracteriza o Processo do Trabalho[15]. Somente isso recomenda, a mancheias, que a sua utilização seja descartada pelo Processo do Trabalho, o que não impedirá que o Juiz do Trabalho acate eventual sugestão das partes, fazendo-o com suporte único e exclusivo no seu poder de direção processual (artigo 765 da CLT), sem jamais ficar vinculado ou se dobrar aos caprichos dos litigantes.

Discutidas e superadas algumas das 'novidades' do CPC/2015, passamos propriamente a tratar do procedimento que será observado nas provas periciais determinadas no Processo do Trabalho. Como já visto, uma vez nomeado o perito, o que em regra ocorre na audiência trabalhista, as partes terão cinco dias para contraditá-lo, apresentarem quesitos e indicarem assistentes técnicos. Cumpridas tais formalidades e não sendo o profissional rejeitado pelos contendores, o perito cumprirá escrupulosamente o encargo que lhe for confiado, independentemente de termo de compromisso (artigo 466, *caput*, do CPC/2015), ressalvando-se, sempre, que o experto poderá escusar-se ou ser recusado por impedimento ou suspeição (artigo 467 do CPC/2015 c/c artigo 148, II do CPC/2015), circunstância que poderá resultar na nomeação de outro profissional (artigo 467, parágrafo único, do CPC/2015).

Devidamente apresentados os quesitos dos litigantes, incumbirá ao juiz indeferir os impertinentes, além de formular aqueles que entender necessários ao esclarecimento da causa (artigo 470, I e II do CPC/2015). As partes, naturalmente, terão ciência da data e do horário designados pelo perito para ter início a produção da prova pericial (artigo 474 do CPC/2015), na medida em que têm a princípio o direito de acompanhar a diligência, ressalvadas, como adiante se verá, aquelas hipóteses em que a preservação da intimidade do pe-

---

15 Sobre o afirmado, remetemos o leitor, mais uma vez, ao texto publicado na Revista do TST onde traçamos as bases dialógicas de convivência do Processo do Trabalho com o CPC/2015. Vide: CESÁRIO, João Humberto. *O processo do trabalho e o novo Código de Processo Civil: critérios para uma leitura dialogada dos artigos 769 da CLT e 15 do nCPC*. Revista do Tribunal Superior do Trabalho, v. 81, nº 3, p. 70-94, jul/set 2015.

riciado sobressair, quando, então, somente os assistentes técnicos das partes acompanharão o ato.

Tal regra geral, calcada obviamente na necessidade de preservação do contraditório e da ampla defesa com os meios e recursos que lhes são inerentes, se justifica, por exemplo, na possibilidade de os litigantes apresentarem 'quesitos suplementares durante a diligência' (artigo 469 do CPC/2015). Fica claro, assim, que os chamados 'quesitos suplementares' deverão ser apresentados 'durante a realização da perícia', sob pena de 'preclusão', razão pela qual não haverá qualquer cerceio de defesa quando o juiz indeferir os que forem veiculados fora do prazo.

Uma boa indagação a propósito do tema em debate é se o advogado e a parte contrária podem acompanhar a perícia médica. A resposta é negativa. Ocorre que na perícia médica a intimidade do periciado é demasiadamente devassada, sendo necessárias, com efeito, a adoção de determinadas cautelas para preservá-la. Os médicos, no caso em estudo, estarão sempre submetidos ao dever de sigilo profissional, razão pela qual responderão criminalmente se o violarem (artigo 154 do Código Penal). O mesmo não ocorre com a parte contrária e o seu advogado. A primeira por motivos óbvios. O segundo porque está obrigado, em tese, a preservar somente os segredos do seu constituinte.

Parece-nos, assim, que uma solução capaz de garantir o contraditório e a ampla defesa das partes, além de preservar a intimidade do periciado, é a possibilidade de os litigantes indicarem assistentes técnicos para acompanharem a diligência, haja vista que esses poderão formular quesitos suplementares no momento apropriado, além de ficarem vinculados para fora dos limites do processo ao dever de sigilo, por serem profissionais da medicina. Não é por outra razão, aliás, que o artigo 466, § 2º, do CPC/2015 é tão incisivo ao dispor que o perito deve assegurar aos 'assistentes das partes' o acesso e o acompanhamento das diligências e dos exames que realizar.

Quanto aos quesitos suplementares, duas observações merecem ser alinhavadas. A primeira delas é no sentido de que tal modalidade de quesitação não se confunde com os chamados esclarecimentos, haja vista que esses últimos (esclarecimentos) deverão ser veiculados após a apresentação do laudo pericial no caderno processual (artigo 477, §§ 2º e 3º do CPC/2015) enquanto que aqueles (quesitos suplementares), como visto, são apresentados 'durante a diligência' (artigo 469 do CPC/2015)[16]. A segunda reside na constatação de que por se prestarem ao aclaramento de contingências correlatas ao curso da diligência pericial, os quesitos suplementares não são vinculados à veiculação

---

16 Segundo MARINONI, Luiz Guilherme; MITIDIERO, Daniel. Código de processo civil comentado artigo por artigo. São Paulo: Revista dos Tribunais, 2008, p. 407, *"enquanto os quesitos suplementares visam a melhor elaboração do laudo pericial, os esclarecimentos objetivam a sua melhor compreensão"*.

prévia dos quesitos iniciais. Dito de modo mais claro, o que se afirmou é que se a parte não aviar quesitos prévios, não ficará impedida de aviventar quesitos complementares durante a diligência pericial[17].

Elaborada a perícia, o perito apresentará o laudo em cartório, no prazo fixado pelo juiz, pelo menos vinte dias antes da audiência de instrução e julgamento (artigo 477, *caput*, do CPC/2015). Se por motivo justificado não puder observar o prazo originalmente fixado, o juiz conceder-lhe-á, por uma vez, prorrogação pela metade do prazo inicialmente fixado (artigo 476 do CPC/2015). O laudo dos assistentes das partes, de sua vez, deverá ser apresentado no mesmo prazo assinalado para o perito, sob pena de ser desentranhado dos autos (parágrafo único do artigo 3º da Lei 5.584-70)[18].

Sobreleva sublinhar que de acordo com o artigo 473 do CPC/2015 o laudo pericial deverá conter necessariamente os seguintes pontos: a) a exposição do objeto da perícia; b) a análise técnica ou científica realizada pelo perito; c) a indicação do método utilizado, esclarecendo-o e demonstrando ser predominantemente aceito pelos especialistas da área do conhecimento da qual se originou; d) a resposta conclusiva a todos os quesitos apresentados pelo juiz, pelas partes e pelo órgão do Ministério Público. Além disso, segundo o artigo 473, § 1º do CPC/2015, o perito deverá apresentar no laudo a sua fundamentação em linguagem simples e com coerência lógica, indicando como alcançou suas conclusões.

Uma vez apresentado o laudo do perito do juízo, os litigantes serão intimados para manifestação, pelo prazo comum e preclusivo de quinze dias de acordo com o § 1º do artigo 477 do CPC/2015. Tal prazo, pelos motivos já suficientemente expostos ao longo da presente explanação, deverá ser de cinco dias no Processo do Trabalho. Com efeito, uma vez intimadas, as partes poderão impugnar o laudo, requerendo ao magistrado, inclusive, que intime o experto para esclarecer ponto sobre o qual exista divergência ou dúvida de qualquer das partes, do juiz ou do ministério público; ou que seja divergente do parecer atempadamente apresentado pelo assistente técnico da parte (artigo 477, § 2º, I e II do CPC/2015).

Mesmo depois de todos esses procedimentos, se ainda houver a necessidade de esclarecimentos, a parte poderá requerer ao juiz que mande intimar o perito ou o assistente técnico a comparecer à audiência de instrução e julgamento, formulando, desde logo, as perguntas, sob a forma de quesitos (artigo 477, § 3º CPC/2015). Em sendo deferido o pleito pelo magistrado, o perito ou o assisten-

---

17 Nesse sentido MARINONI, Luiz Guilherme; MITIDIERO, Daniel. Ibid. p. 406.
18 Como se pode ver, a regra própria do Processo do Trabalho inviabiliza, no caso, a incidência do disposto no artigo 477, § 1º, do CPC/2015.

te técnico será intimado por meio eletrônico, com pelo menos 10 (dez) dias de antecedência da audiência para vir prestar os esclarecimentos (artigo 477, § 4º CPC/2015). Após todas essas diligências e uma vez encerrada a dilação probatória, o processo finalmente estará maduro para a prolatação de sentença.

10. BIBLIOGRAFIA

CESÁRIO, João Humberto. *O processo do trabalho e o novo Código de Processo Civil: critérios para uma leitura dialogada dos artigos 769 da CLT e 15 do nCPC*. Revista do Tribunal Superior do Trabalho, v. 81, nº 3, jul/set 2015.

_____. *Provas no processo do trabalho: de acordo com o novo código de processo civil*. Cuiabá: JHC, 2015.

_____. *Técnica processual e tutela coletiva de interesses ambientais trabalhistas*. São Paulo: LTr, 2012.

GIGLIO, Wagner Drdla. *Direito Processual do Trabalho*. 10 ed. São Paulo: Saraiva, 1997.

LEITE, Carlos Henrique Bezerra. *Curso de direito processual do trabalho*. 6 ed. São Paulo: LTr, 2008.

MARINONI, Luiz Guilherme; MITIDIERO, Daniel. *Código de processo civil comentado artigo por artigo*. São Paulo: Editora Revista dos Tribunais, 2008.

MIESSA, Élisson; CORREIA, Henrique. *Súmulas e orientações jurisprudenciais do TST: comentadas e organizadas por assunto*. 3 ed. rev., ampl. e atual. Salvador: JusPODIVM, 2013.

TEIXEIRA FILHO, Manoel Antônio. *A prova no processo do trabalho*. 8 ed. São Paulo: LTr, 2003.

Capítulo 39

A FUNDAMENTAÇÃO DAS DECISÕES JUDICIAIS NO PROCESSO DO TRABALHO: EXAME DA APLICABILIDADE DO ART. 489, § 1º, DO CPC DE 2015 NO PROCESSO DO TRABALHO

Cleber Lúcio de Almeida[1]

SUMÁRIO: 1. INTRODUÇÃO; 2. A RELAÇÃO ENTRE O ART. 769 DA CLT E O ART. 15 DO CPC DE 2015; 3. A FUNDAMENTAÇÃO DAS DECISÕES JUDICIAIS COMO DIREITO DAS PARTES E DEVER DO JUIZ; 4. CONTEÚDO E ALCANCE DA FUNDAMENTAÇÃO DAS DECISÕES JUDICIAIS NO DIREITO PROCESSUAL DO TRABALHO; 5. O CONTEÚDO E ALCANCE DA FUNDAMENTAÇÃO DAS DECISÕES JUDICIAIS NO DIREITO PROCESSUAL CIVIL; 6. ENUNCIADOS APROVADOS NO SEMINÁRIO DA ESCOLA NACIONAL DE FORMAÇÃO E APERFEIÇOAMENTO DE MAGISTRADOS. ENUNCIADOS DO FÓRUM PERMANENTE DE PROCESSUALISTAS CIVIS; 7. CONCLUSÃO.

1. INTRODUÇÃO

O presente trabalho tem por objetivo verificar a possibilidade de aplica*ção* do art. 489, § 1º, do CPC de 2015, que trata da fundamentação das decisões judiciais, no processo do trabalho. O texto é dividido em seis partes. Na primeira parte, será examinada a relação entre o art. 769 da CLT e o art. 15 do CPC de 2015. Na segunda, ter-se-á em perspectiva a fundamentação das decisões judiciais como direito das partes e dever do juiz. A terceira e quarta partes se-*rão reservadas à definição do conteúdo e alcance da fundamentação das decisões judiciais no direito processual do trabalho e no direito processual civil, respectivamente.* Na quinta parte, serão mencionados as Enunciados sobre a fundamentação das decisões judiciais aprovados em Seminário da Escola Nacional de Formação e Aperfeiçoamento de Magistrados e no V Encontro do Fórum Permanentes de Processualistas Civis. Ao final, serão apresentadas as conclusões sobre o tema colocado em destaque, na intenção de fornecer subsídios para enfrentar a problemática que ele envolve.

---

1 Juiz do Trabalho. Professor dos cursos de graduação e pós-graduação da PUC/MG. Pós-doutor em Direito pela Universidad Nacional de Córdoba/ARG. Doutor em Direito pela UFMG. Mestre em Direito pela PUC/SP.

2. A RELAÇÃO ENTRE O ART. 769 DA CLT E O ART. 15 DO CPC DE 2015

Ante de examinar a possibilidade de aplicação do art. 489, § 1º, do CPC de 2015 no processo do trabalho, cumpre esclarecer a relação entre o art. 769 da CLT e o art. 15 do CPC de 2015, na medida em que ambos tratam das formas e condições para afastar eventuais lacunas do direito processual do trabalho.

Dispõe o art. 769 da CLT que "Nos casos omissos, o direito processual comum será fonte subsidiária do direito processual do trabalho, exceto naquilo em que for incompatível com as normas deste Título", ao passo que, consoante o art. 15 do CPC de 2015, "Na ausência de normas que regulem processos eleitorais, trabalhistas ou administrativos, as disposições deste Código lhes serão aplicadas supletiva e subsidiariamente".

Por força dos arts. 769 da CLT e 15 do CPC de 2015, a aplicação do direito processual comum como fonte do direito processual do trabalho pressupõe a existência de omissão do direito processual do trabalho e dar-se-á de forma subsidiária (o que ocorrerá quando o direito processual do trabalho não disciplinar um instituto ou uma situação específica) e supletiva (o que se dará quando o direito processual do trabalho disciplinar um instituto ou uma situação específica, mas o fizer de forma incompleta, do ponto de vista da garantia de acesso à justiça e da adequada, efetiva e tempestiva tutela dos direitos assegurados pela ordem jurídica, o que equivale dizer que fonte supletiva é aquela que atua na hipótese da denominada omissão ontológica).

Como as normas jurídicas constituem gênero de que são espécies as regras e os princípios, os arts. 769 da CLT e 15 do CPC de 2015 devem ser entendidos no sentido de que, nos casos omissos, o direito processual comum será fonte subsidiária e supletiva do direito processual do trabalho, exceto naquilo em que for incompatível com as suas regras e os seus princípios.

O CPC de 2015 não revogou, no particular, a CLT.

Primeiro, porque o CPC não regulou inteiramente as formas e condições para afastar lacunas do direito processual do trabalho. É que o art. 769 da CLT estabelece, como condição para a adoção do direito processual comum como fonte subsidiária do direito processual do trabalho, a realização de um controle axiológico prévio ou controle prévio de aptidão social, o que decorre da exigência, nele expressa, de compatibilidade entre o direito processual do trabalho e a norma de direito processual comum a ser importada para aplicação no processo do trabalho, o que não *é previsto* no art. 15 do CPC de 2015.[2]

---

[2] O art. 769 da CLT está em sintonia com a advertência de Maria do Rosário Palma Ramalho, no sentido de que "a aplicação das normas civis no domínio laboral não prescinde (...) de um controlo axiológico prévio, destinado a aferir da adequação, in concreto, da norma em questão aos valores laborais - é a operação que GAMILLSCHEG designou controlo prévio da 'aptidão social' (...) das normas civis na sua apli-

Segundo, porque o art. 769 da CLT define como fonte subsidiária do direito processual do trabalho, o direito processual comum, ao passo que o art. 15 do CPC como tal define o direito processual civil, observando-se que o direito processual civil não abarca todo o direito processual comum, no qual está incluído o direito processual penal.

Terceiro, porque o direito processual do trabalho *é* um direito processual especial[3], na medida em que disciplina a solução de conflitos de interesses de natureza especial - conflitos que envolvem a relação de trabalho, notadamente, da relação de trabalho subordinado -, e a norma especial prevalece sobre a comum, o significa que a compatibilidade exigida pelo art. 769 da CLT não é afastada pelo art. 15 do CPC de 2015.

A hipótese, portanto, não é de revogação do art. 769 da CLT pelo art. 15 do CPC de 2015, mas de uma relação de complementariedade entre eles. O art. 769 da CLT não foi revogado pelo art. 15 do CPC de 2015. Estes dois dispositivos legais são complementares: o art. 769 da CLT aduz à compatibilidade necessária para a aplicação do direito processual civil como fonte do direito processual do trabalho, o que é estranho ao art. 15 do CPC de 1973; o art. 15 do CPC permite a aplicação do direto processual civil como fonte não apenas subsidiária, como também supletiva do direito processual do trabalho, o que não é previsto, ao menos expressamente, no art. 769 da CLT.

Ademais adotando como parâmetro a doutrina do diálogo das fontes, *é afirmado que,* ao invés de fazer com que uma das normas em destaque se sobreponha à outra, devem elas dialogar entre si, para, a partir deste diálogo, ser estabelecida solução que conduza à realização concreta do direito de acesso à justiça e à tutela jurisdicional adequada, efetiva e tempestiva dos direitos assegurados pela ordem jurídica, notadamente dos direitos humanos e fundamentais.[4]

3. A FUNDAMENTAÇÃO DAS DECISÕES JUDICIAIS COMO DIREITO DAS PARTES E DEVER DO JUIZ

A Constituição da República de 1988 a todos reconhece o direito *à tutela jurisdicional (art. 5º, XXXV) e* dispõe, no art. 93, IX, que todos os julgamentos

---

cação laboral" (Da autonomia dogmática do direito do trabalho. Coimbra: Almedina, 200, p. 998-999), o que alcança as normas processuais. O controle axiológico prévio ou controle prévio de aptidão social, que é expressamente imposto pelo art. 769 da CLT, decorre do caráter especial do direito processual do trabalho e atua como fator de proteção das opções traduzidas pelas suas regras e princípios.

3 Ao aludir ao direito processual comum, o art. 769 da CLT deixa claro que o direito processual do trabalho é de natureza especial.

4 O critério da realização concreta dos direitos fundamentais para aferir a adequação e efetividade da tutela jurisdicional dos direitos, embora importante, não é satisfatório, na medida em que olvida os direitos humanos, que, assim como os direitos fundamentais, são inerentes à dignidade humana.

dos órgãos do Poder Judiciário serão públicos, e fundamentadas todas as suas decisões, sob pena de nulidade.

Destarte, o juiz, ao responder ao pedido de tutela jurisdicional deverá apontar as suas razões de decidir, em relação às questões, de fato e de direito, suscitadas pelas partes ou apreciáveis de ofício, sob pena de nulidade da decisão.

Isto significa que as partes têm o direito à fundamentação das decisões judiciais.

Além de expressamente reconhecido no art. 93, IX, da Constituição, o direito à fundamentação das decisões judiciais constitui um corolário do direito ao devido processo constitucional e legal e uma manifestação do Estado Democrático de Direito, compondo, ainda, o complexo de direitos que conformam o processo justo.[5]

A hipótese é de direito fundamental processual, que decorre dos princípios de direito processual adotados pela Constituição (art. 5º, § 2º, da Constituição), e, ainda, de um direito humano processual, como tal reconhecido, por exemplo, no art. X da Declaração Universal dos Direitos Humanos, dispositivo no qual a fundamentação apresenta-se como corolário do direito ao justo processo e uma das formas de sua manifestação, que é a publicidade do processo judicial, entendida a publicidade no seu sentido mais amplo, ou seja, para também englobar *a ciência das razões de decidir na fixação dos direitos e deveres das partes.*[6]

Ao direito das partes *à fundamentação das decisões judiciais* corresponde, para o juiz, o dever de proferir decisões fundamentadas. A fundamentação das decisões judiciais participa da legitimação da atuação do Poder Judiciário e serve de remédio contra decisões judiciais arbitrárias.

Estabelecida a existência do direito *à fundamentação* e do dever de fundamentar, cumpre definir as funções da fundamentação, como condição para precisar o conteúdo do direito e do dever já assinalados.

---

5 Entende-se por processo justo aquele ao qual se tem acesso fácil e simplificado e que se desenvolve, também de forma simplificada, publicamente, perante juiz previamente apontado como competente, independente e imparcial, em que sejam respeitados o direito das partes ao pleno exercício, com liberdade e em simétrica paridade, do contraditório e da ampla defesa e que seja informado pela finalidade de, em tempo razoável e sem dilações indevidas, com o menor dispêndio econômico possível e de forma fundamentada, concretizar o direito atribuído e garantido pelas normas constitutivas do ordenamento jurídico democraticamente instituído.

6 Estabelece o art. X da Declaração Universal dos Direitos Humanos que "Toda pessoa tem direito, em plena igualdade, a uma audiência justa e pública por parte de um Tribunal independente e imparcial, para decidir sobre de seus direitos e deveres ou do fundamento de qualquer acusação criminal contra ela". O direito à fundamentação das decisões judiciais compõe o *mínimo existencial processual* estabelecido pelas normas de Direito Internacional dos Direitos Humanos e pela Constituição. O conceito e o conteúdo do *mínimo existencial processual* foram examinados com mais profundidade em nosso *Elementos da teoria geral da prova: a prova como direito humano e fundamental das partes do processo judicial.* São Paulo: LTr, 2013.

A fundamentação das decisões possui: a) função endoprocessual, na medida em que é a ciência das razões de decidir que permite às partes exercer o controle das decisões, por meio do exercício do direito ao duplo grau de jurisdição, e, às instâncias superiores, exercer a sua função de controle das decisões das instâncias inferiores (a fundamentação *é* que torna possível o controle interno das decisões judiciais); b) função extraprocessual, posto que a fundamentação garante a possibilidade de controle da atividade jurisdicional pela sociedade (a fundamentação permite o controle externo das decis*ões* judiciais); c) função a um só tempo endo e extraprocessual, que é a de contribuir para a formação da jurisprudência e dos precedentes, e, com isto, para a definição do que constitui direito em determinadas situações fático-jurídicas, condição em que atua como orientação para as relações sociais.[7]

4. CONTEÚDO E ALCANCE DA FUNDAMENTAÇÃO DAS DECISÕES JUDICIAIS NO DIREITO PROCESSUAL DO TRABALHO.

A Constituição da República impõe a fundamentação das decisões judicias, mas não define o alcance e o significado dos fundamentos.

A CLT também inclui a fundamentação entre os requisitos essenciais da decisão judicial (art. 832, caput), observando-se que, embora a CLT faça, no art. 832, *caput*, distinção entre a *apreciação da prova* e *fundamentação*, estas operações fazem parte do processo de construção das razões de decidir a respeito das questões de fato e de direito suscitadas pelas partes ou apreciáveis de ofício. Com mais propriedade, portanto, o art. 458, II, do CPC de 1973 prevê que, nos fundamentos, o juiz analisará as questões de fato (o que envolve a apreciação da prova) e de direito.

Na busca de parâmetros fornecidos pelo direito processual do trabalho para aferir o cumprimento do mandamento constitucional de fundamentação das decisões judiciais, nos deparamos com o art. 897-A da CLT, que, admitindo a interposição de embargos de declaração na hipótese de obscuridade, contradição ou omissão, fornece um valioso indicativo do conteúdo necessário da fundamentação: a fundamentação deve ser clara e precisa, isto é, definir, com clareza e precisão, as razões que levaram ao estabelecimento dos direitos e obrigações das partes, e, ainda, ser completa, no sentido de não ser omissa em relação a

---

[7] Não se confundem *jurisprudência*, *súmula* e *precedentes*. A jurisprudência é formada, nos tribunais, por meio de reiteradas decisões em um mesmo sentido. A *súmula* contém o enunciado correspondente à jurisprudência predominante no tribunal que a edita. O *precedente* corresponde aos fundamentos, fáticos e jurídicos, determinantes da decisão. Os tribunais devem uniformar a sua jurisprudência, cujo enunciado pode ser traduzido em uma súmula. No entanto, apenas os tribunais superiores criam precedentes. Registre-se, ainda, que o art. 927, III, do CPC de 2015 estabeleceu uma espécie de *jurisprudência vinculante*, que é a traduzida por acórdãos proferidos em incidente de assunção de competência ou de resolução de demandas repetitivas e em julgamento de recursos repetitivos.

ponto ou questão sobre o qual deveria pronunciar-se o juiz diante da sua relevância sobre a solução da demanda.[8]

A completude da fundamentação é também estabelecida pelo art. 852-I da CLT, segundo o qual a sentença mencionará os elementos de convicção do juiz, o que significa que devem ser apontadas na decisão todas as razões de decidir do juiz, o que constitui, inclusive, uma da exigência da publicidade dos atos processuais decisórios. Assim, a completude da fundamentação significa a falta de omissão quanto a ponto ou questão relevante para a decisão do conflito de interesses submetido ao Poder Judiciário e o esclarecimento de todas as razões de decidir do juiz.

A esta altura, pode ser afirmado que, no processo do trabalho, a fundamentação deverá conter as razões de decidir em relação às questões de fato e de direito, suscitadas pelas partes ou apreciáveis de ofício, e que estas razões de decidir devem ser claras, precisas e completas.

A CLT dá um passo adiante, quando, no art. 895, § 1º, IV, estabelece que o acórdão, no caso de ser a sentença proferida no procedimento sumaríssimo reformada, consistirá unicamente na certidão de julgamento, com a indicação suficiente das razões de decidir do voto prevalente.

Destarte, a CLT exige a suficiência da fundamentação. Portanto, a fundamentação deve conter, de forma suficiente, as razões de decidir do juiz.

No entanto, n*ão se pode olvidar* que o direito processual do trabalho prima pela concisão, como o demonstram, na CLT, o art. 840, § 1º, (segundo o qual a petição inicial deverá conter um breve relato dos fatos de que resulte), o art. 852-I (que dispensa o relatório nas sentenças proferidas no procedimento sumaríssimo) e o art. 895, § 1º, IV (que estabelece, em relação ao julgamento de recurso ordinário concernente ao procedimento sumaríssimo, que, se a sentença for confirmada pelos seus próprios fundamentos, a certidão de julgamento, registrando tal circunstância, servirá de acórdão).[9]

Nesta perspectiva, é lícito concluir que, no processo do trabalho, a fundamentação deve conter, de forma clara, precisa, completa, suficiente e concisa, as razões de decidir do juiz sobre as questões, de fato e de direito, enfrentadas na decisão.

Existe outro parâmetro para aferir a suficiência da fundamentação das decisões judiciais, que é inferida do art. 794 da CLT, segundo o qual, nos processos

---

8 É omissa a decisão que não se manifesta sobre pontos ou questões relevantes para a solução do conflito de interesses levado ao Poder Judiciário.

9 O CPC de 1973, no art. 165, estabelece que as decisões interlocutórias serão fundamentadas, ainda que de modo *conciso*, o que não foi repetido no CPC de 2015. O direito processual do trabalho, como foi acima demonstrado, prima pela concisão dos atos processuais. Assim, enquanto no CPC de 2015 é exigida *fundamentação exaustiva*, no direito processual do trabalho o que se exige é a *fundamentação suficiente e concisa*.

sujeitos à apreciação da Justiça do Trabalho, *só haverá nulidade quando resultar dos atos inquinados* manifesto prejuízo às partes litigantes. Sob este prisma e considerando as funções da fundamentação, esta será insuficiente quando não permitir a controlabilidade interna e externa da decisão. Não se olvide que não há nulidade quando o ato processual, em que pese não atender a todos os seus requisitos de eficácia jurídica, atende à finalidade a que se destina (princípio da instrumentalidade das formas).

De outro lado, cumpre recordar que, no direito processual do trabalho, eventual contrariedade a súmula, jurisprudência ou precedente não é causa de nulidade, como deixa claro o art. 896, alínea a e § 10, da CLT, quando autoriza a interposição de recurso de revista na hipótese de contrariedade a súmula, inclusive vinculante, e divergência jurisprudencial.

Importa acrescentar, por fim, a exigência de adequação da decisão ao caso concreto, constante do art. 852-I, § 1º, da CLT, que deixa clara a restrição do direito processual do trabalho às decisões genéricas.

Como assinala Michele Taruffo, o respeito aos precedentes e à jurisprudência está inserido no debate entre o *universalismo jurídico*, fundado "essencialmente sobre a ideia de que existem regras gerais destinadas a serem aplicadas de forma uniforme pelos tribunais, e que a respectiva decisão se justifica apenas se o caso particular que é objeto da decisão pode ser 'subsumido' em uma norma geral que deve se aplicar do mesmo modo em todos os casos iguais ou semelhantes" e que "se refere à justiça como a correta interpretação dos dispositivos normativos, ou seja, aquela que se poderia chamar 'justiça da norma' identificada de modo autoritativo, possivelmente vinculante, com as formulações gerais, da parte dos órgãos de vértice do sistema judiciário", e o *particularismo jurídico*, segundo o qual a decisão não é "fruto da aplicação mecânica das normas gerais, e, ao invés, a aplicação da norma não pode ser feita sem a referência à complexidade do caso particular sobre o qual se refere a decisão" e que se refere à "'justiça da decisão', relativa ao singular caso concreto, ou seja, à justiça substancial em que o juiz relaciona as normas às situações reais e efetivas, vistas em todos os seus aspectos relevantes, que são objeto de decisão".[10]

Sob este prisma, o direito processual do trabalho, considerando a exigência de adequação da decisão ao caso concreto, optou pelo particularismo jurídico.

Em suma, a CLT exige que a fundamentação seja clara, precisa, completa, suficiente, concisa e adequada ao caso concreto, considera insuficiente a fundamentação que cause manifesto prejuízo *à possibilidade d*o controle interno e externo da decisão judicial e afasta a possibilidade de equiparar o fato de o juiz

---

10 As funções da uniformidade e justiça das cortes supremas, palestra proferida no *I Colóquio Brasil-Itália de Direito Processual Civil*, realizado em São Paulo em agosto de 2014.

deixar de aplicar súmula, jurisprudência ou procedente à ausência de fundamentação. Destarte, não há omissão do direito processual do trabalho, quanto aos parâmetros para aferir o cumprimento do mandamento constitucional de fundamentação das decisões judiciais, a ser suprida por meio do recurso ao art. 489, § 1º, do CPC, como sua fonte subsidiária ou supletiva.

5. O CONTEÚDO E ALCANCE DA FUNDAMENTAÇÃO DAS DECISÕES JUDICIAIS NO DIREITO PROCESSUAL CIVIL

O CPC de 1973 trata dos requisitos essenciais da sentença no art. 458, incluindo dentre eles os fundamentos, esclarecendo que, neles, o juiz analisará as questões de fato e de direito, o que é repetido no art. 489, II, do CPC de 2015.

O CPC de 2015 reitera, expressamente, a exigência de fundamentação das decisões judicias (art. 11: "Todos os julgamentos dos órgãos do Poder Judiciário serão públicos, e fundamentadas todas as decisões, sob pena de nulidade") e aponta no sentido de que ela deve ser clara e precisa (art. 298).

O CPC (de 1973 e de 2015), ao tratar dos embargos de declaração, também define as situações de deficiência de fundamentação, apontando no sentido de que ela deve ser, além de clara, precisa e completa.

No entanto, o CPC de 2015 foi muito além, estabelecendo, no art. 489, § 1º, as situações de ausência de fundamentação, cuja consequência é a nulidade da decisão.

Com efeito, dispõe o art. 489, § 1º, do CPC de 2015 que não se considera fundamentada a decisão judicial, seja ela interlocutória, sentença ou acórdão, que:

I - se limitar à indicação, à reprodução ou à paráfrase de ato normativo, sem explicar sua relação com a causa ou a questão decidida. Cumpre ao juiz, sob este prisma, proceder à individualização dos atos normativos aplicados na solução das questões de fato e de direito enfrentadas na decisão, ou, dito de outra forma, demonstrar a pertinência dos atos normativos invocados na decisão com a causa ou a questão decidida;

II – empregar conceitos jurídicos indeterminados, sem explicar o motivo concreto de sua incidência no caso. Trata-se de exigência de *esclarecimento do sentido* atribuído a conceito jurídico indeterminado (termos vagos utilizados em atos normativos, tais como "bem comum" e "boa-fé") invocado na decisão, o que constitui exigência relacionada com a pertinência de tal conceito com a causa ou a questão decidida;

III – invocar motivos que se prestariam a justificar qualquer outra decisão. Do juiz é exigido que adote razões de decidir (motivos) que atendam às especificidades do caso concreto;

IV – não enfrentar todos os argumentos deduzidos no processo capazes de, em tese, infirmar a conclusão adotada pelo julgador. Sob este enfoque, cabe ao juiz enfrentar todos os argumentos deduzidos pelas partes, inclusive aqueles que, ao menos em tese, serviriam para infirmar as suas conclusões;

V – se limitar a invocar precedente ou enunciado de súmula, sem identificar seus fundamentos determinantes nem demonstrar que o caso sob julgamento se ajusta àqueles fundamentos. Ao invocar um precedente ou súmula como razão de decidir, o juiz deve identificar os seus fundamentos, fáticos e jurídicos, determinantes e demonstrar a sua pertinência ao caso concreto, ou, dito de outra forma, demonstrar *a inexistência distinção* entre aqueles fundamentos e o caso concreto (art. 489, § 2º, do CPC de 2015);[11]

VI – deixar de seguir enunciado de súmula, jurisprudência ou precedente invocado pela parte sem demonstrar a existência de distinção no caso em julgamento ou a superação do entendimento". Ao juiz é vedado deixar de seguir súmula, jurisprudência ou precedente invocado pelas partes sem demonstrar a *existência de distinção* entre os seus fundamentados determinantes e o caso concreto (*distinguishing*) ou a sua *superação* (*overruling*).[12]

---

11   Por força desta previsão legal, os tribunais devem apontar nas suas decisões, preferencialmente nas respectivas ementas, os fundamentos, fáticos e jurídicos, determinantes de suas decisões, observando que os motivos determinantes da decisão a serem considerados para efeito de definição do procedente são aqueles adotados pela maioria dos membros do colegiado, tenha sido este entendimento sumulado ou não.

12   A *jurisprudência* referida no citado comando legal é aquela representada pelos acórdãos proferidos em incidente de assunção de competência ou de resolução de demandas repetitivas e em julgamento de recursos repetitivos e não a *jurisprudência* traduzida por decisões reiteradas de um tribunal no mesmo sentido, como permite afirmar o art. 927, III, do CPC de 2015, que ordena a observância daquele e não desta. Anote-se que: a) o *incidente de assunção de competência* é regulado pelo art. 947 do CPC de 2015, sendo admissível quando o julgamento de recurso, de remessa necessária ou de processo de competência originária, envolver relevante questão de direito, com grande repercussão social, sem repetição em múltiplos processos e, por força da sua instauração, o recurso será julgado pelo órgão colegiado que o regimento interno do tribunal definir, vinculando o acórdão proferido todos os juízes e órgãos fracionários, exceto se houver revisão de tese (este incidente já era previsto no CPC de 1073, como se vê do seu art. 555, § 1º); b) o *incidente de julgamento de demandas repetitivas* é disciplinado nos arts. 976 a 987 do CPC de 2015 e constitui procedimento de julgamento de causas repetitivas de competência dos tribunais (não dos tribunais superiores, como decorre do art. 976, § 4º, de acordo com o qual o incidente não será instaurado quando um dos *tribunais superiores* já tiver afetado recurso para definição de tese sobre a questão de direito material ou processual repetitiva). Neste caso, o órgão colegiado incumbido de julgar o incidente e de fixar a tese jurídica julgará igualmente o recurso, a remessa obrigatória ou o processo de competência originária de onde se originou o incidente. Julgado o incidente, a tese jurídica será aplicada a todos os processos individuais ou coletivos que versem sobre idêntica questão de direito e que tramitem na área de jurisdição do respectivo tribunal e aos casos futuros que versem idêntica questão de direito e que venham a tramitar no território de competência do tribunal, salvo se ocorrer a sua revisão; c) do *julgamento de recursos repetitivos* tratam os arts. 1.036 a 1.041 do CPC de 2015, sendo relevante observar que: a) decididos os recursos afetados, os órgãos colegiados declararão prejudicados os demais recursos versando sobre idêntica controvérsia ou os decidirão aplicando a tese firmada; b) publicado o acórdão paradigma, o presidente ou vice-presidente do tribunal de origem negará seguimento aos recursos sobrestados na origem, se o acórdão recorrido coincidir com a orientação do tribunal superior; c) o órgão colegiado que proferiu o acórdão recorrido, na origem, reexaminará o processo de competência

Nota-se, assim, que, tanto no direito processual do trabalho quanto no direito processual civil, a fundamentação deve ser clara, precisa e completa e ser adequada ao caso concreto, mas o primeiro faz opção pela fundamentação suficiente e concisa, enquanto o segundo exige a fundamentação exaustiva.

6. ENUNCIADOS APROVADOS NO SEMINÁRIO DA ESCOLA NACIONAL DE FORMAÇÃO E APERFEIÇOAMENTO DE MAGISTRADOS. ENUNCIADOS DO FÓRUM PERMANENTE DE PROCESSUALISTAS CIVIS

No sentido de dar a conhecer os embates sob a fundamentação das decisões judiciais no contexto do CPC de 2015 serão apontados, em seguida, enunciados aprovados por magistrados e processualistas civis sobre temas a ela relacionados.

A Escola Nacional de Formação e Aperfeiçoamento de Magistrados realizou, nos dias 26 a 28 de agosto de agosto de 2015, seminário denominado "o Poder Judiciário e o Novo Código de Processo Civil", no qual foram aprovados vários enunciados, alguns dos quais relativos à fundamentação das decisões judiciais.

Também no V Encontro do Fórum Permanente de Processualistas Civis, realizado nos dias 1º a 3 de outubro de 2015, foram aprovados enunciados sobre o tema.

Neste sentido, merecem referência os seguintes enunciados aprovados no Seminário da Escola Nacional de Formação e Aperfeiçoamento de Magistrados:

> 1. Entende-se por "fundamento" referido no art. 10 do CPC/2015 o substrato fático que orienta o pedido, e não o enquadramento jurídico atribuído pelas partes.
>
> 2. Não ofende a regra do contraditório do art. 10 do CPC/2015, o pronunciamento jurisdicional que invoca princípio, quando a regra jurídica aplicada já debatida no curso do processo é emanação daquele princípio.
>
> 6. Não constitui julgamento surpresa o lastreado em fundamentos jurídicos, ainda que diversos dos apresentados pelas partes, desde que embasados em provas submetidas ao contraditório.
>
> 7. O acórdão, cujos fundamentos não tenham sido explicitamente adotados como razões de decidir, não constitui precedente vinculante.
>
> 8. Os enunciados das súmulas devem reproduzir os fundamentos determinantes do precedente.
>
> 9. É ônus da parte, para os fins do disposto no art. 489, § 1º, V e VI, do CPC/2015, identificar os fundamentos determinantes ou demonstrar a

---

originária, a remessa obrigatória ou o recurso anteriormente julgado, se o acórdão recorrido contrariar a orientação do tribunal superior; d) os processos suspensos em primeiro e segundo graus de jurisdição retomarão o curso para julgamento e aplicação a tese firmada no tribunal superior (o julgamento de recursos repetitivos já era previsto no CPC de 1973, como se vê do seu art. 543-B).

existência de distinção no caso em julgamento ou a superação do entendimento, sempre que invocar jurisprudência, precedente ou enunciado de súmula.

10. A fundamentação sucinta não se confunde com a ausência de fundamentação e não acarreta a nulidade da decisão se forem enfrentadas todas as questões cuja resolução, em tese, influencie a decisão da causa.

11. Os precedentes a que se referem os incisos V e VI do § 1º do art. 489 do CPC/2015 são apenas os mencionados no art. 927 e no inciso IV do art. 332.

12. Não ofende a norma extraível do inciso IV do § 1º do art. 489 do CPC/2015 a decisão que deixar de apreciar questões cujo exame tenha ficado prejudicado em razão da análise anterior de questão subordinante.

13. O art. 489, § 1º, IV, do CPC/2015 não obriga o juiz a enfrentar os fundamentos jurídicos invocados pela parte, quando já tenham sido enfrentados na formação dos precedentes obrigatórios.

19. A decisão que aplica a tese jurídica firmada em julgamento de casos repetitivos não precisa enfrentar os fundamentos já analisados na decisão paradigma, sendo suficiente, para fins de atendimento das exigências constantes no art. 489, § 1º, do CPC/2015, a correlação fática e jurídica entre o caso concreto e aquele apreciado no incidente de solução concentrada.

40. Incumbe ao recorrente demonstrar que o argumento reputado omitido é capaz de infirmar a conclusão adotada pelo órgão julgador.

42. Não será declarada a nulidade sem que tenha sido demonstrado o efetivo prejuízo por ausência de análise de argumento deduzido pela parte.

No V Encontra do Fórum Permanente de Processualistas Civis foram aprovados os seguintes enunciados relacionados à fundamentação das decisões judiciais:

162. (art. 489, §1º) Para identificação do precedente, no processo do trabalho, a decisão deve conter a identificação do caso, a suma do pedido, as alegações das partes e os fundamentos determinantes adotados pela maioria dos membros do colegiado, cujo entendimento tenha ou não sido sumulado.

166. (art. 926) A aplicação dos enunciados das súmulas deve ser realizada a partir dos precedentes que os formaram e dos que os aplicaram posteriormente.

167. (art. 926; art. 947, § 3º; art. 976; art. 15) Os tribunais regionais do trabalho estão vinculados aos enunciados de suas próprias súmulas e aos seus precedentes em incidente de assunção de competência ou de resolução de demandas repetitivas.

168. (art. 927, I; art. 988, III) Os fundamentos determinantes do julgamento de ação de controle concentrado de constitucionalidade realizado pelo STF caracterizam a *ratio decidendi* do precedente e possuem efeito vinculante para todos os órgãos jurisdicionais.

169. (art. 927) Os órgãos do Poder Judiciário devem obrigatoriamente seguir os seus próprios precedentes, sem prejuízo do disposto nos § 9º do art. 1.037 e §4º do art. 927.

170. (art. 927, *caput*) As decisões e precedentes previstos nos incisos do *caput* do art. 927 são vinculantes aos órgãos jurisdicionais a eles submetidos.

171. (art. 927, II, III e IV; art. 15) Os juízes e tribunais regionais do trabalho estão vinculados aos precedentes do TST em incidente de assunção de competência em matéria infraconstitucional relativa ao direito e ao processo do trabalho, bem como às suas súmulas.

172. (art. 927, § 1º) A decisão que aplica precedentes, com a ressalva de entendimento do julgador, não é contraditória.

173. (art. 927) Cada fundamento determinante adotado na decisão capaz de resolver de forma suficiente a questão jurídica induz os efeitos de precedente vinculante, nos termos do Código de Processo Civil.

174. (art. 1.037, § 9º) A realização da distinção compete a qualquer órgão jurisdicional, independentemente da origem do precedente invocado.

306. (art. 489, § 1º, VI). O precedente vinculante não será seguido quando o juiz ou tribunal distinguir o caso sob julgamento, demonstrando, fundamentadamente, tratar-se de situação particularizada por hipótese fática distinta, a impor solução jurídica diversa.

307. (arts. 489, §1º, 1.013, §3º, IV) Reconhecida a insuficiência da sua fundamentação, o tribunal decretará a nulidade da sentença e, preenchidos os pressupostos do §3º do art. 1.013, decidirá desde logo o mérito da causa.

308. (arts. 489, § 1º, 1.046). Aplica-se o art. 489, § 1º, a todos os processos pendentes de decisão ao tempo da entrada em vigor do CPC, ainda que conclusos os autos antes da sua vigência.

314. (arts. 926 e 927, I e V). As decisões judiciais devem respeitar os precedentes do Supremo Tribunal Federal, em matéria constitucional, e do Superior Tribunal de Justiça, em matéria infraconstitucional federal.

316. (art. 926). A estabilidade da jurisprudência do tribunal depende também da observância de seus próprios precedentes, inclusive por seus órgãos fracionários.

317. (art. 927). O efeito vinculante do precedente decorre da adoção dos mesmos fundamentos determinantes pela maioria dos membros do colegiado, cujo entendimento tenha ou não sido sumulado.

319. (art. 927). Os fundamentos não adotados ou referendados pela maioria dos membros do órgão julgador não possuem efeito de precedente vinculante.

320. (art. 927). Os tribunais poderão sinalizar aos jurisdicionados sobre a possibilidade de mudança de entendimento da corte, com a eventual superação ou a criação de exceções ao precedente para casos futuros.

326. (arts. 927 e 15). O órgão jurisdicional trabalhista pode afastar a aplicação do precedente vinculante quando houver distinção entre o caso sob

julgamento e o paradigma, desde que demonstre, fundamentadamente, tratar-se de situação particularizada por hipótese fática distinta, a impor solução jurídica diversa.

335. (arts. 947 e 15). O incidente de assunção de competência aplica-se ao processo do trabalho.

453. (arts. 926 e 1.022, parágrafo único, I) A estabilidade a que se refere o *caput* do art. 926 consiste no dever de os tribunais observarem os próprios precedentes.

454. (arts. 926 e 1.022, parágrafo único, I) Uma das dimensões da coerência a que se refere o *caput* do art. 926 consiste em os tribunais não ignorarem seus próprios precedentes (dever de autorreferência).

455. (art. 926) Uma das dimensões do dever de coerência significa o dever de não-contradição, ou seja, o dever de os tribunais não decidirem casos análogos contrariamente às decisões anteriores, salvo distinção ou superação.

456. (art. 926) Uma das dimensões do dever de integridade consiste em os tribunais decidirem em conformidade com a unidade do ordenamento jurídico.

457. (art. 926) Uma das dimensões do dever de integridade previsto no *caput* do art. 926 consiste na observância das técnicas de distinção e superação dos precedentes, sempre que necessário para adequar esse entendimento à interpretação contemporânea do ordenamento jurídico.

458. (arts. 926, 927, §1º, e 10) Para a aplicação, de ofício, de precedente vinculante, o órgão julgador deve intimar previamente as partes para que se manifestem sobre ele.

459. (arts. 927, §1º, 489, §1º, V e VI, e 10) As normas sobre fundamentação adequada quanto à distinção e superação e sobre a observância somente dos argumentos submetidos ao contraditório são aplicáveis a todo o microssistema de formação dos precedentes.

460. (arts. 927, §1º, 138) O microssistema de aplicação e formação dos precedentes deverá respeitar as técnicas de ampliação do contraditório para amadurecimento da tese, como a realização de audiências públicas prévias e participação de *amicus curiae*.

Registre-se que os processualistas que participaram do Encontra acima mencionado aprovaram, inclusive, um enunciado sobre a aplicação do art. 489 do CPC de 2015 no processo do trabalho, qual seja, o Enunciado n. 304, *in verbis*: As decisões judiciais trabalhistas, sejam elas interlocutórias, sentenças ou acórdãos, devem observar integralmente o disposto no art. 499, sobretudo o seu §1º, sob pena de se reputarem não fundamentadas e, por conseguinte, nulas.

7. CONCLUSÃO

As decisões proferidas pelos órgãos da Justiça do Trabalho devem ser fundamentadas, visto que também no contexto do processo do trabalho a fundamentação das decisões constitui direito das partes e dever do juiz.

O art. 769 da CLT não foi revogado pelo art. 15 do CPC de 2015. Estes dois dispositivos legais são *complementares*: o art. 769 da CLT aduz à compatibilidade necessária para a aplicação do direito processual civil como fonte do direito processual do trabalho, o que é estranho ao art. 15 do CPC de 1973; o art. 15 do CPC permite a aplicação do direto processual civil como fonte não apenas subsidiária, como também supletiva do direito processual do trabalho, o que não é previsto, ao menos expressamente, no art. 769 da CLT.

A CLT estabelece que a fundamentação deve ser *clara, precisa, completa, suficiente, concisa* e *adequada ao caso concreto*, considera insuficiente somente a fundamentação que cause manifesto prejuízo à possibilidade de controle interno e externo das decisões judiciais e afasta a possibilidade de equiparar o fato de o juiz deixar de aplicar súmula, jurisprudência ou procedente à ausência de fundamentação.

Não há omissão do direito processual do trabalho, no que comporta ao alcance e significado da fundamentação, a ser suprida por meio do recurso ao art. 489, § 1º, da CLT. No entanto, este fato não significa que o direito processual do trabalho e o direito processual civil não podem dialogar entre si, visando encontrar o ponto de equilíbrio entre a *fundamentação suficiente* e *concisa*, imposta pelo direito processual do trabalho, e a *fundamentação exaustiva*, exigida pelo direito processual civil.

De qualquer forma, cumpre observar que:

a) não há necessidade de explicar a pertinência do ato normativo invocado na decisão como razão de decidir com o caso concreto quando ela não houver sido objeto de controvérsia entre as partes;

b) o juiz não está obrigado a mencionar, a cada questão de direito enfrentada, os atos normativos em que sustenta a sua decisão, valendo lembrar, por exemplo, a hipótese de decisão em que, reconhecida a identidade de função e a ausência de fatos impeditivos, extintivos ou modificativos do direito à equiparação salarial, o autor tem reconhecido o direito às diferenças salariais por ele pleiteadas, situação em que não há necessidade de expressa referência ao art. 461 da CLT como ato normativo que autoriza a conclusão do juiz;

c) não havendo controvérsia sobre o sentido do conceito jurídico indeterminado invocado no debate entre as partes e na decisão, não há necessidade de que nesta o seu sentido seja explicitado;

d) desde que a decisão seja adequada ao caso concreto, não há nulidade pelo fato da possibilidade de as razões de decidir nela invocadas serem passíveis de utilização em demandas similares. Aliás, o instituto do julgamento de recursos repetitivos e a valorização dos precedentes demonstram que uma mesma razão de decidir pode ser utilizada em vários processos, desde que eles versem sobre a mesma situação fática e jurídica;

e) ao juiz é lícito enfrentar apenas os *argumentos principais* (argumentos capazes de, por si só, determinar o acolhimento ou a rejeição de uma pretensão), não sendo razoável examinar argumentos que, *apenas em tese*, permitiram infirmar a conclusão adotada quando outros existem que, *concretamente*, são suficientes para justificá-la;[13]

f) a referência a precedentes e súmulas de domínio comum dispensa a identificação, na decisão, dos seus fundamentos determinantes, notadamente quando aqueles forem autoexplicativos ou não exista controvérsia entre as partes sobre a pertinência de seus fundamentos determinantes com o caso concreto;

g) a imposição da obrigação de respeito a *súmula, jurisprudência* ou *precedente* invocado pela parte afronta a Constituição da República, que somente atribuiu caráter vinculante a determinadas súmulas do STF (*súmula vinculante*), cuja edição atende, inclusive, a rígidos requisitos (art. 103-A, da Constituição da República).[14] Ademais, se as partes já debateram sobre a súmula, jurisprudência ou precedente invocado por uma delas ou levado ao debate pelo juiz, a este é lícito, optando pela sua aplicação, apenas indicá-lo na decisão.[15]

Não podem ser confundidas *ausência de fundamentação* com *fundamentação não convincente*, vez que o direito à fundamentação das decisões judicias não comporta o direito ao seu acerto e, notadamente no direito processual do

---

13 Aliás, o CPC de 2015 deixa claro, no art. 1.013, §§ 1º e 2º, que *não há nulidade* quando o juiz não examina todas as questões suscitadas e discutidas no processo ou todos os fundamentos do pedido e da defesa. Se a hipótese fosse de nulidade, ao tribunal caberia anular a decisão e determinar o seu retorno à instância de origem. É relevante anotar, inclusive, que, nas hipóteses dos §§ 1º e 2º do art. 1.013 do CPC de 2015, sequer há necessidade de interposição de recurso (independente ou adesivo) pela parte vencedora, como condição do exame de questão ou fundamento não examinado pela instância superior, posto que a hipótese é de devolução automática (*ex vi legis*) do seu exame à esta instância. Somente quando determinado pedido não foi examinado é que há necessidade de apresentação de recurso pelo vencedor (a devolução automática acima referida diz respeito a questão e fundamento não enfrentado).

14 De acordo com o art. 489, § 1º, VI, do CPC de 2015, o juiz somente está autorizado a deixar de seguir súmula, jurisprudência ou precedente quando demonstrar a existência de *distinção* com o caso concreto ou a *superação* do entendimento pelo tribunal que o adotou ou por tribunal superior, o que está em sintonia com art. 927, também do CPC de 2013, segundo o qual os *juízes* e *tribunais observarão*: a) decisões do STF em controle concentrado de constitucionalidade. Note-se que as decisões proferidas pelo STF em controle concentrado de constitucionalidade possuem eficácia contra todos e feito vinculante relativamente *aos demais órgãos do Poder Judiciário*, nos termos do art. 102, § 2º, da Constituição da República, o que significa que o inciso I do art. 927 do CPC de 2015 somente pode estar se referindo aos precedentes representados pelos fundamentos, fáticos e jurídicos, determinantes da decisão - *ratio decidendi* ou *holding* – proferida pelo STF ao realizar o controle concentrado de constitucionalidade. Este precedentes passam a vincular, por força do art. 927, I, também o STF, o que é reforçado pelo inciso V do mesmo dispositivo legal); b) súmula vinculantes; c) acórdãos em incidentes de assunção de competência (IAC) ou de resolução de demandas repetitivas (IRDR) e em julgamento de recursos extraordinário e especial repetitivos; d) súmulas do STF e matéria constitucional e do STJ em matéria infraconstitucional; e) orientação do plenário ou do órgão especial aos quais estiverem vinculados, o que, pelas razões já expostas, é de constitucionalidade discutível.

15 Note-se que o texto legal em destaque alude, genericamente, à *jurisprudência*, sem esclarecer se se trata da jurisprudência que se manifesta na forma do art. 927 do CPC de 2015.

trabalho, com *fundamentação concisa*, ou seja, fundamentação em que, embora de forma concisa, sejam enfrentadas todas as questões relevantes para a resolução do conflito de interesses submetido ao Poder Judiciário.

O formalismo exagerado em relação as exigências apontadas no art. 489, § 1º, do CPC de 2015 pode conduzir ao formalismo, também exagerado, na exigência de cumprimento, pelas partes, dos itens I, II, V e VI do art. 489, §1º, do CPC de 2015, em prejuízo aos princípios da facilitação do acesso à justiça, da simplificação de formas e procedimentos e do favorecimento do julgamento do mérito da demanda ou da satisfação do crédito objeto da execução.

A afirmação da suficiência do direito processual do trabalho em relação à fundamentação das decisões judiciais não implica relegar a segundo plano o diálogo entre as partes e entre estas e o juiz, o que não impede considerar que o diálogo não vale por si mesmo, mas em razão da sua seriedade e transparência e da sua contribuição para a participação útil das partes na construção da decisão a cujos efeitos estarão sujeitas e a plena realização do direito à uma tutela adequada, efetiva e tempestiva, notadamente quando se trate da realização prática de direitos humanos e fundamentais.

Capítulo 40

HIPOTECA JUDICIÁRIA E PROTESTO DA DECISÃO JUDICIAL NO NOVO CPC E SEUS IMPACTOS NO PROCESSO DO TRABALHO

Élisson Miessa[1]

SUMÁRIO: 1. INTRODUÇÃO; 2. HIPOTECA JUDICIÁRIA; 2.1. QUADRO COMPARATIVO; 2.2. DEFINIÇÃO DO INSTITUTO; 2.3. O QUE MUDOU COM O NOVO CPC; 2.4. APLICAÇÃO NO PROCESSO DO TRABALHO; 3. PROTESTO; 3.1. QUADRO COMPARATIVO; 3.2. DEFINIÇÃO DO INSTITUTO; 3.2.1. PROTESTO DE DECISÃO INTERLOCUTÓRIA; 3.3. APLICAÇÃO NO PROCESSO DO TRABALHO; 4. REFERÊNCIAS BIBLIOGRÁFICAS.

1. INTRODUÇÃO

O atual estudo do Processo Civil é marcado pelo enfoque do acesso à justiça. Dessa forma, nas últimas décadas, principalmente a partir de 1965, tornou-se papel de destaque o modo de efetivação dos direitos. Nesse sentido, Mauro Capelletti e Bryant Garth destacam três ondas renovatórias da teoria do acesso efetivo à Justiça[2].

A primeira onda consistiu na ampliação da assistência judiciária fornecida aos menos favorecidos financeiramente. Nesse sentido, os autores salientam que diversos países adotaram, como primeiros esforços à concretização do acesso à justiça, programas com o objetivo de proporcionar serviços jurídicos aos hipossuficientes. No Brasil, destaca-se o benefício da justiça gratuita concedida às pessoas que não tenham condições de arcar com as despesas processuais, em razão de sua miserabilidade.

A segunda onda compreendeu os esforços na solução dos problemas relacionados à representação dos interesses difusos, os quais não possuem titula-

---

[1] Procurador do Trabalho. Professor de Direito Processual do Trabalho do curso CERS on line. Autor e Coordenador de obras relacionadas à seara trabalhista, entre elas: "Súmulas e Orientações Jurisprudenciais comentadas e organizadas por assunto" e "Recursos Trabalhistas", publicadas pela editora *JusPODIVM*.

[2] CAPPELLETTI, Mauro; GARTH, Bryant. *Acesso à Justiça*. Tradução de Ellen Gracie Northfleet. Porto Alegre: Sergio Antonio Fabris Editor, 1988.

ridade identificável. Desse modo, foram necessários mecanismos processuais que fossem capazes de tutelar direitos que não correspondessem apenas às controvérsias entre duas partes a respeito de seus interesses individuais, mas sim que atendessem à coletividade. Essa segunda onda teve influência nas diversas leis relacionadas ao processo coletivo, como, por exemplo, a Lei da Ação Civil Pública (Lei nº 7.347/85).

O terceiro movimento renovatório compreendeu a efetividade e o resultado do processo, ou seja, consistiu em uma concepção mais ampla do acesso à justiça. A terceira onda de reforma, de acordo com os autores, incluiria todo o conjunto institucional e procedimental utilizados no processo com o principal objetivo de satisfazer o jurisdicionado. Observa-se que as últimas reformas ocorridas no processo civil tiveram como objetivo a concretização da efetividade e do resultado no processo, idealizando, portanto, essa terceira onda.

Nesse mesmo sentido, o Novo Código de Processo Civil buscou, por meio da adoção de diversos instrumentos, dar maior efetividade ao processo. Como exemplo, podemos citar o princípio da cooperação (art. 6º) que representa a necessária cooperação do juiz e das partes para facilitar a obtenção de um processo mais justo e efetivo. Também podem ser destacadas a valorização das técnicas de autocomposição na resolução dos conflitos (art. 3º), a tutela provisória, dentre outros instrumentos previstos na referida legislação.

Ademais, conforme será demonstrado a seguir, os instrumentos da hipoteca judiciária e do protesto da decisão judicial também podem reforçar os objetivos dessa terceira onda renovatória do acesso à justiça, possibilitando maior efetividade do processo judicial.

2. HIPOTECA JUDICIÁRIA

2.1. QUADRO COMPARATIVO

CPC/73 (Lei nº 5.869/73)	Novo CPC (Lei nº 13.105/15)
Art. 466. A sentença que condenar o réu no pagamento de uma prestação, consistente em dinheiro ou em coisa, valerá como título constitutivo de hipoteca judiciária, cuja inscrição será ordenada pelo juiz na forma prescrita na Lei de Registros Públicos.	Art. 495. A **decisão** que condenar o réu ao pagamento de prestação consistente em **dinheiro** e a que determinar a **conversão de prestação de fazer, de não fazer ou de dar coisa em prestação pecuniária** valerão como título constitutivo de hipoteca judiciária.

CPC/73 (Lei nº 5.869/73)	Novo CPC (Lei nº 13.105/15)
Parágrafo único. A sentença condenatória produz a hipoteca judiciária: I - embora a condenação seja genérica; II - pendente arresto de bens do devedor; III - ainda quando o credor possa promover a execução provisória da sentença.	§ 1º A **decisão** produz a hipoteca judiciária: I – embora a condenação seja genérica; II – ainda que o credor possa promover o cumprimento provisório da sentença ou esteja pendente arresto sobre bem do devedor; **III – mesmo que impugnada por recurso dotado de efeito suspensivo.** § 2º A hipoteca judiciária poderá ser realizada mediante apresentação de cópia da **sentença** perante o cartório de registro imobiliário, **independentemente de ordem judicial, de declaração expressa do juiz ou de demonstração de urgência.** § 3º No prazo de até 15 (quinze) dias da data de realização da hipoteca, a parte informá-la-á ao juízo da causa, que determinará **a intimação** da outra parte para que tome **ciência do ato.** § 4º A hipoteca judiciária, uma vez constituída, implicará, para o credor hipotecário, **o direito de preferência**, quanto ao pagamento, em relação a outros credores, observada a prioridade no registro. § 5º Sobrevindo a reforma ou a invalidação da decisão que impôs o pagamento de quantia, a parte responderá, **independentemente de culpa**, pelos danos que a outra parte tiver sofrido em razão da constituição da garantia, devendo o valor da indenização ser liquidado e executado nos próprios autos (grifos nossos).

2.2. DEFINIÇÃO DO INSTITUTO

A hipoteca representa um direito real de garantia sobre coisa alheia e permite que um bem pertencente ao devedor possa assegurar o cumprimento de obrigação pecuniária.

Há no ordenamento jurídico pátrio, quatro espécies de hipoteca: convencional, legal, cedular e judiciária. Em todos os tipos de hipoteca, é necessário que ela seja registrada na matrícula do bem hipotecado para que seja oponível contra terceiros (princípio da publicidade). Portanto, "hipoteca não registrada é hipoteca não existente"[3].

A hipoteca judiciária, prevista no art. 167, I, 2, da Lei nº 6.015/1973 (Lei de Registros Públicos) e no art. 495 do NCPC (art. 466 do CPC/73), corresponde a um dos principais efeitos secundários da sentença condenatória. Referido instituto, no CPC/73, possuía como finalidade garantir o êxito da futura execução de sentenças que tinham por objeto o pagamento de quantia ou a entrega de coisa evitando, especialmente, a fraude à execução.

De acordo com grande parte da doutrina, em razão de corresponder a um dos efeitos anexos da sentença condenatória, a hipoteca judiciária não representa uma faculdade das partes, mas decorre de forma automática. Não é necessário, portanto, que a hipoteca judiciária esteja expressa na sentença nem que haja decisão posterior que a defira, não sendo nem mesmo necessário o prévio requerimento da parte interessada. Em razão disso, os autores Marçal Justen Filho, Egon Bockmann Moreira e Eduardo Talamini concluem que "o 'fato gerador' da hipoteca judiciária não é o pedido da parte ou a decisão do juiz, mas a existência fática de uma sentença condenatória".[4] Nas palavras do doutrinador Cândido Rangel Dinamarco:

> Não é incomum a lei instituir certos *efeitos externos* que acompanharão as sentenças, independentemente de a respeito haverem as partes feito qualquer pedido e mesmo de ter havido uma explícita manifestação do juiz – ao qual não é sequer lícito negar tais efeitos externos, por acima de seu poder está a lei que os institui. Esses são os *efeitos secundários* da sentença, em oposição aos efeitos principais, ou *primários*, que são necessariamente explícitos e dependem de prévio pedido em regular demanda. A sentença é, para os efeitos que a lei lhe agrega, tomada como *mero fato jurídico* (Enzo Enriques). – grifos no original[5]

Em outras palavras, é possível dizer que a hipoteca judiciária não depende de prévio requerimento das partes ou até mesmo da discricionariedade do juiz, uma vez que decorre da publicação de sentença condenatória. Desse modo, o ato do juiz que determina a inscrição da hipoteca judiciária manifesta-se apenas por mero despacho, não havendo cunho decisório[6].

---

3 Lacerda de Almeida apud TARTUCE, Flávio. *Manual de Direito Civil volume único*. Rio de Janeiro: Forense; São Paulo: MÉTODO, 2011. p. 955.

4 JUSTEN FILHO, Marçal; MOREIRA, Egon Bockmann; TALAMINI, Eduardo. *Sobre a Hipoteca Judiciária*. Disponível em: http://www2.senado.leg.br/bdsf/bitstream/handle/id/197/r133-09.PDF?sequence=4. Acesso em: 19 fev. 2015.

5 DINAMARCO, Cândido Rangel. Instituições de Direito Processual Civil: vol III. 6ª ed. Malheiros Editores Ltda, 2009. p. 212.

6 DIDIER JR, Fredie; BRAGA, Paula Sarno; OLIVEIRA, Rafael Alexandria de. *Curso de Direito Processual Civil: volume 2*. 8.ed. Salvador: Editora JusPodivm, 2013. p. 413.

Ademais, embora no processo do trabalho os recursos tenham efeito meramente devolutivo (CLT, art. 899), não há diferenças práticas em razão de a sentença estar ou não sujeita a recurso com efeito suspensivo, considerando que a hipoteca judiciária decorre automaticamente da sentença condenatória. Para Justen Filho, Moreira e Talamini, a hipoteca judiciária pode ocorrer mesmo no caso de interposição de recurso com efeito suspensivo[7]. Nesse mesmo sentido, Fredie Didier acredita que o recurso com efeito suspensivo apenas suspende os efeitos principais da sentença, não atingindo seus efeitos secundários, como é o caso da hipoteca judiciária[8].

Cumpre esclarecer que, como visto, a hipoteca representa um direito real de garantia. Dentre as principais características dos direitos reais, cabe destacar o direito de sequela e o direito de preferência.

O primeiro corresponde à aderência do direito real à coisa, possibilitando que o titular do direito real possa perseguir o bem independentemente de este estar com terceiros e de onde esteja localizado. Exemplificando: Empregado A registra sentença condenatória proferida em face da empresa B, hipotecando o imóvel Y. Caso a empresa B venha a alienar o aludido bem em favor de C, antes de realizar o pagamento da decisão judicial, esta alienação será ineficaz em relação ao empregado A, possibilitando a execução do bem.

O direito de preferência, por sua vez, confere àquele que tem garantia real preferência no pagamento em relação aos outros credores, ressaltando que essa preferência é apenas em relação ao produto da venda do bem dado em garantia real[9].

Alguns autores, na época do CPC de 1973, sustentava que, na hipoteca judiciária, apenas se verificava o direito de sequela, inexistindo o direito de preferência. Nesse sentido, Humberto Theodoro Junior, ao destacar os ensinamentos de Amílcar de Castro, salientava que a hipoteca judiciária possuía como objetivos a prevenção de fraudes e não a constituição de preferência ao credor[10]. Esse era o entendimento expresso no art. 824 do Código Civil de 1916[11].

Entretanto, considerando que referido dispositivo não foi incluído no Código Civil de 2002, parte da doutrina passou a sustentar que a hipoteca judiciária,

---

7   JUSTEN FILHO, Marçal; MOREIRA, Egon Bockmann; TALAMINI, Eduardo. op. cit.
8   DIDIER JR, Fredie; BRAGA, Paula Sarno; OLIVEIRA, Rafael Alexandria de. op cit. p. 414.
9   FARIAS, Cristiano Chaves de; ROSENVALD, Nelson. *Curso de Direito Civil: volume 5 – Reais*. 9 ed. Salvador: Editora Jus Podivm, 2013. p. 864.
10 THEODORO JÚNIOR, Humberto. *Curso de Direito Processual Civil – Teoria geral do direito processual civil e processo de conhecimento – vol. 1*. Rio de Janeiro: Forense, 2013. p. 564.
11 Art. 824. Compete ao exeqüente o direito de prosseguir na execução da sentença contra os adquirentes dos bens do condenado; mas, para ser oposto a terceiros, conforme valer, e sem importar preferência, depende de inscrição e especialização.

além do efeito de sequela também gera o direito de preferência ao credor, aplicando-se o disposto no art. 1.422 do CC/02[12]:

> Art. 1.422. O credor hipotecário e o pignoratício têm o direito de executar a coisa hipotecada ou empenhada, e preferir, no pagamento, a outros credores, observada, quanto à hipoteca, a prioridade no registro.

Cabe ressaltar que, mesmo perante a vigência do Código Civil de 1916, alguns autores já destacavam o direito de preferência no instituto da hipoteca judiciária, considerando as disposições do Código de Processo Civil de 1973[13].

Outra discussão doutrinária existente durante a vigência do CPC/73, dizia respeito às decisões que permitiam a hipoteca judiciária, uma vez que o artigo 466 do CPC/73 apenas previa o mencionado instrumento nas sentenças condenatórias ao pagamento de quantia ou para a entrega de coisa. O Código Civil de 1916, entretanto, dispunha que qualquer obrigação poderia ser convertida em pecúnia[14], o que permitiu que a interpretação quanto ao cabimento da hipoteca judiciária fosse realizada de forma ampliativa, abrangendo as obrigações de pagar quantia, entregar coisa e fazer e não-fazer.

Em sentido oposto, todavia, considerando o cumprimento específico das obrigações de fazer, não fazer e de dar coisa, Fredie Didier lecionava: "parece que a interpretação do art. 466 do CPC deve ser mais restritiva: a hipoteca judiciária é efeito anexo da decisão que certifica um direito ao pagamento de *quantia* e só."[15] Isto porque, o objetivo da hipoteca judiciária é a constrição sobre o bem para que este, posteriormente, possa ser alienado em hasta pública, satisfazendo o credor. Como exceção, admite-se a aplicação dos institutos nas obrigações de fazer, não fazer e de dar coisa quando estas forem convertidas em perdas e danos, seja por impossibilidade de seu cumprimento na forma específica, seja por requerimento do credor, nos termos do artigo 461, §1º do CPC/73.

Para Humberto Theodoro Junior, a hipoteca judiciária não depende de uma sentença tipicamente condenatória, podendo ser deferida em sentenças declaratórias ou constitutivas "sempre que nelas se der o acertamento da existência de obrigação cuja prestação seja a entrega de coisa ou o pagamento de soma de dinheiro"[16].

Por fim, é válido destacar que o princípio da proporcionalidade estabelece que caso haja diversos bens, deve ser hipotecado aquele cujo valor mais se aproxime do total da condenação ou, caso os valores sejam próximos, deve ser

---

12 DIDIER JR, Fredie; BRAGA, Paula Sarno; OLIVEIRA, Rafael Alexandria de. op. cit. p. 414.

13 JUSTEN FILHO, Marçal; MOREIRA, Egon Bockmann; TALAMINI, Eduardo. *op. cit.*

14 Art. 1.534. Se o devedor não puder cumprir a prestação na espécie ajustada, substituir-se-á pelo seu valor, em moeda corrente, no lugar onde se execute a obrigação.

15 DIDIER JR, Fredie; BRAGA, Paula Sarno; OLIVEIRA, Rafael Alexandria de. op cit. p. 412.

16 THEODORO JÚNIOR, Humberto. op. cit. p. 565.

hipotecado o bem oferecido pelo devedor[17]. Deve-se também levar em consideração que a hipoteca somente poderá recair sobre bens penhoráveis. Nesse sentido, Theodoro Junior assevera que o STJ já decidiu que a impenhorabilidade do bem de família impede que sobre ele seja constituída a hipoteca judiciária, mesmo porque, em caso contrário, a hipoteca judiciária não alcançaria seu objetivo de garantia ao credor, uma vez que não seria permitida a futura expropriação desse bem[18].

2.3. O QUE MUDOU COM O NOVO CPC

O Novo Código de Processo Civil ampliou a disciplina jurídica da hipoteca judiciária e solucionou diversas controvérsias doutrinárias. O instituto passou a ser previsto no art. 495 do novo diploma legislativo.

O *caput* do artigo, com a nova redação, passou a dispor que a hipoteca judiciária será constituída pela *decisão* que condenar o réu ao pagamento de prestação consistente em dinheiro e a que determinar a conversão de prestação de fazer, de não fazer ou de dar coisa em prestação pecuniária.

Inicialmente, observa-se a utilização do termo **decisão** e não mais do termo sentença. Destaca-se ainda que todo o dispositivo referiu-se à decisão, com exceção do §2º que ainda utilizou o termo sentença. Ao realizar essa alteração, nos parece que o legislador teve como objetivo elevar a hipoteca judiciária não somente às sentenças condenatórias, como aos acórdãos, às decisões monocráticas e também às decisões interlocutórias suscetíveis de execução de quantia certa, como é o caso da tutela antecipada. Dessa forma, parece ter ocorrido uma falha técnica no tocante ao §2º do artigo 495 do NCPC.

É certo que a hipoteca judiciária sempre foi vista como um efeito secundário da **sentença**. Contudo, a criação deste instituto é anterior à existência da tutela antecipada que passou a dar uma nova faceta às decisões interlocutórias, possibilitando, inclusive, sua execução e, no Novo CPC, a formação de coisa julgada em alguns casos, vez que a decisão interlocutória também pode ser uma decisão de mérito.

Com efeito, mesmo que não tenha sido o objetivo do legislador inserir a hipoteca judiciária como efeito das decisões interlocutórias, a leitura do dispositivo permite que seja feita essa interpretação ampliativa, possibilitando a hipoteca judiciária também dessas decisões[19].

---

17 NEVES, Douglas Ribeiro. *Hipoteca Judiciária*. Dissertação (Mestrado em Direito) – Faculdade de Direito, Universidade de São Paulo, São Paulo, 2011. p. 59.
18 THEODORO JÚNIOR, Humberto. op. cit. p. 564.
19 No mesmo sentido, já analisando o Novo CPC, DIDIER JR., Fredie; BRAGA, Paula Sarno; OLIVEIRA, Rafael Alexandria de. *Curso de Direito Processual Civil: teoria da prova, direito probatório, decisão, precedente, coisa julgada e tutela provisória, vol. 2.* 10.ed. Salvador: Editora JusPODIVM, 2015, p. 434.

A partir do *caput*, percebe-se ainda que a discussão no tocante às decisões que possibilitam a hipoteca judiciária foi solucionada com o novo dispositivo, seguindo o entendimento que já era majoritário na doutrina de que a hipoteca judiciária é decorrente das decisões condenatórias ao pagamento de **quantia** e das decisões que convertem as obrigações de fazer, de não fazer ou de dar coisa em **prestação pecuniária. É importante atentar-se para a observa**ção feita pelo **doutrinador Fredie Didier Jr.**:

> A decisão que impõe fazer, não-fazer ou dar coisa distinta de dinheiro *não gera* a hipoteca judiciaria. Entretanto, se a obrigação imposta for convertida em perdas e danos, a decisão que, encerrando o incidente de liquidação, certificar o montante a ser pago (*quantum debeatur*) impõe a obrigação de pagar *quantia*. Sendo assim, por determinação do art. 495 do CPC, essa decisão é apta à constituição da hipoteca judiciária[20].

Nos mesmos moldes do parágrafo único do artigo 466 do CPC/73, o NCPC, no art. 495, §1º, estabelece que a hipoteca judiciária decorre também das sentenças condenatórias genéricas (sentenças ilíquidas ou sem a exata individualização do objeto), pendentes de arresto do devedor e ainda quando o credor possa promover a execução provisória da sentença. Entretanto, pacificando o entendimento doutrinário já mencionado, determinou que a hipoteca judiciária subsiste mesmo no caso de a decisão ter sido impugnada por recurso dotado de efeito suspensivo.

Com o objetivo de obter maior efetividade na utilização da hipoteca judiciária, o NCPC inovou no §2º do art. 495 ao dispor que a hipoteca judiciária poderá ser realizada mediante a apresentação de cópia da sentença perante o cartório de registro imobiliário, independentemente de ordem judicial, de declaração expressa do juiz ou de demonstração de urgência. Dessa forma, não há mais a necessidade de despacho ordenado pelo Juiz na forma prescrita na Lei de Registros Públicos, como disposto no *caput* do art. 466 do CPC/73.

Observa-se que, diferentemente das demais disposições do artigo 495 do NCPC, o §2º faz referência à cópia da sentença. Entretanto, conforme já explicado, a melhor interpretação ao dispositivo possibilita a hipoteca judiciária também das decisões interlocutórias. Assim, a inscrição da hipoteca judiciária poderá ser realizada pela própria parte interessada, bastando a apresentação de cópia da sentença ou da decisão no cartório de registro de imóveis.

Outra inovação trazida pelo NCPC corresponde ao fato de que, após a realização da hipoteca, a parte deverá informá-la ao juízo da causa, no prazo de 15 dias, para que a outra parte tome ciência do ato (art. 495, §3º).

O NCPC inovou ainda na redação do §4º do artigo 495 que solucionou a divergência doutrinária quanto à geração do direito de preferência do credor hipotecário, solucionando, por fim, o impasse causado pelo art. 824 do CC/16.

---

20 DIDIER JR., Fredie; BRAGA, Paula Sarno; OLIVEIRA, Rafael Alexandria de. *op. cit.*, 2015, p. 432.

Estabeleceu, assim, que a hipoteca judiciária assegura também o direito de preferência sobre o bem[21].

O §5º do artigo 495 do NCPC instituiu a responsabilidade objetiva da parte beneficiada pela hipoteca judiciária no caso de reforma ou invalidação da decisão que impôs o pagamento de quantia. No tocante à referida disposição, devem ser realizadas algumas observações. O §5º abrange apenas as situações de execução provisória, pois versa sobre a **reforma ou invalidação** da decisão, objetivos primordiais dos recursos. Dessa forma, não nos parece adequado que eventual ação rescisória que altere a sentença condenatória imponha a responsabilidade objetiva à parte beneficiada pela hipoteca judiciária, tendo esta ocorrida durante execução definitiva.

2.4. APLICAÇÃO NO PROCESSO DO TRABALHO

A hipoteca judiciária não possui previsão específica na legislação trabalhista. Entretanto, em decorrência do artigo 15 do Novo Código de Processo Civil que estabelece sua aplicação supletiva e subsidiária ao processo do trabalho, referido instrumento passará a ser indiscutivelmente admitido na seara trabalhista. Cabe destacar que a aplicação supletiva corresponde à utilização do Código de Processo Civil quando a legislação trabalhista não abordar de forma completa determinado instituto. Já a aplicação subsidiária relaciona-se à aplicação do CPC quando houver lacunas na legislação processual trabalhista. Dessa forma, em razão de a hipoteca não ser prevista pela legislação trabalhista, a aplicação do NCPC ocorrerá de forma subsidiária.

Entretanto, mesmo antes do Novo Código de Processo Civil, a doutrina já entendia que a hipoteca judiciária era compatível[22] e, portanto aplicável ao processo trabalhista, em consonância com o parágrafo único do artigo 8º e com o artigo 769 da CLT, tendo em vista a omissão da CLT na aplicação do instituto e na compatibilidade com o direito processual do trabalho.

Em razão da importância da hipoteca judiciária na efetivação da tutela jurisdicional, tem-se que o instituto é plenamente compatível com o direito processual do trabalho, uma vez que, em geral, os créditos decorrentes das sentenças condenatórias trabalhistas possuem natureza alimentar, representando, a hipo-

---

21 Desse modo, Humberto Theodoro Jr alterou seu entendimento, acolhendo o direito de preferência. In : *Curso de Direito Processual Civil – Teoria geral do direito processual Civil, processo de conhecimento e procedimento comum*, vol. I. Rio de Janeiro: Forense, 2015, p. 1.080.

22 Nesse sentido: SILVA, Antônio Álvares da. Breves Reflexões sobre a Execução Trabalhista. In: MIESSA, Élisson; CORREIA, Henrique (org.). *Estudos Aprofundados: Magistratura do Trabalho*. Salvador: Editora JusPodivm, 2013. p. 722-723 e TEIXEIRA FILHO, Manoel Antonio. A súmula nº 375 do STJ e a fraude à execução – a visão crítica do Processo do Trabalho. In: MIESSA, Élisson; CORREIA, Henrique (org.). *Estudos Aprofundados: Magistratura do Trabalho, volume 2*. Salvador: Editora JusPodivm, 2014. p. 614-615.

teca judiciária uma medida do legislador para garantir a eficácia das decisões judiciais.

Cabe salientar que o TST, mesmo antes do NCPC, já possuía o entendimento de que a hipoteca judiciária é aplicável ao direito processual do trabalho, pois assegura a eficácia de futura execução, garantindo os créditos devidos à parte credora[23].

Assim, com a hipoteca judiciária, o credor trabalhista adquire o direito de sequela, possibilitando que persiga os bens hipotecados independentemente de onde estejam localizados e de quem os possua.

Ademais, garante-lhe o direito de preferência na execução do valor fixado na sentença condenatória (ou obrigação convertida em pecúnia), destacando que, na execução de crédito com garantia hipotecária, a penhora recairá preferencialmente sobre a coisa dada em garantia, conforme determina o §3º do art. 835 do NCPC.

A propósito, previne eventual fraude à execução, pois a hipoteca provoca a presunção absoluta de má-fé do adquirente.

No que tange ao direito de preferência cumpre fazer uma observação.

No caso de devedor solvente, tal direito garante a ordem de preferência de acordo com os registros apresentados, de modo que, havendo mais de um credor com garantia, prefere o que tiver feito primeiramente o registro.

Já no caso de devedor insolvente, a preferência na seara trabalhista perde um pouco a utilidade, embora ainda seja útil.

É que o ordenamento, para além das garantias reais, criou privilégios legais para alguns créditos, como é o caso do crédito trabalhista. Nesse caso, enquanto a garantia real protege apenas um determinado bem (p.e. hipotecado), o privilégio legal se estende, para todo o patrimônio do devedor. Desse modo, "no chamado concurso universal, seja na falência do comerciante ou na execução por quantia certa por insolvência contra o não-comerciante, sobressaem os privilégios legais"[24].

Assim, no caso de falência, o credor trabalhista terá preferência, independentemente da existência da hipoteca judiciária.

No entanto, conforme se verifica pelo art. 83, inciso I da Lei nº 11.101/05, a preferência apenas é observada no limite de 150 salários-mínimos. Dessa forma, o valor restante poderá ser analisado em consonância com o inciso II de referido dispositivo que determina que, logo após os créditos trabalhistas até o limite de 150 salários-mínimos, possuem preferência os créditos com garantia real até o limite do valor do bem gravado.

---

23   Nesse sentido: TST-RR-79000-86.2009.5.03.0111, Relator: Ministro Alexandre de Souza Agra Belmonte, 3.ª Turma, DEJT 24/10/2014, TST-RR-112700-96.2009.5.03.0129, Relator: Ministro José Roberto Freire Pimenta, 2.ª Turma, DEJT 21/11/2014.

24   FARIAS, Cristiano Chaves de; ROSENVALD, Nelson. *Curso de Direito Civil: volume 5 – Reais*. 9 ed. Salvador: Editora JusPodivm, 2013. p. 865.

Com efeito, na falência, a hipoteca judiciária produzirá duas preferências ao credor trabalhista. Uma em decorrência de seu crédito, limitada ao montante descrito na lei. E outra em razão da hipoteca, limitada ao valor do bem hipotecado.

Considerando todo o exposto, observa-se que a hipoteca judiciária representa um importante meio de efetividade no cumprimento de decisão condenatória.

Todavia, sua eficácia é limitada, pois atinge, como regra, apenas os bens imóveis[25]. Assim, faz-se necessária a utilização de outros instrumentos, como é o caso o protesto, que será analisado a seguir, para que se garanta de forma mais ampla a eficiência das decisões judiciais.

3. PROTESTO

3.1. QUADRO COMPARATIVO

CPC/73 (Lei nº 5.869/73)	Novo CPC (Lei n 13.105/15)
Sem Correspondência	Art. 517. A decisão judicial transitada em julgado poderá ser levada a protesto, nos termos da lei, depois de transcorrido o prazo para pagamento voluntário previsto no art. 523. § 1º Para efetivar o protesto, incumbe ao exequente apresentar certidão de teor da decisão. § 2º A certidão de teor da decisão deverá ser fornecida no prazo de 3 (três) dias e indicará o nome e a qualificação do exequente e do executado, o número do processo, o valor da dívida e a data de decurso do prazo para pagamento voluntário. § 3º O executado que tiver proposto ação rescisória para impugnar a decisão exequenda pode requerer, a suas expensas e sob sua responsabilidade, a anotação da propositura da ação à margem do título protestado. § 4º A requerimento do executado, o protesto será cancelado por determinação do juiz, mediante ofício a ser expedido ao cartório, no prazo de 3 (três) dias, contado da data de protocolo do requerimento, desde que comprovada a satisfação integral da obrigação.

---

25 Excepcionalmente, bens móveis podem ser hipotecados, como é o caso, por exemplo, de aeronaves, navios etc.

3.2. DEFINIÇÃO DO INSTITUTO

O artigo 1º da Lei nº 9.492/97 define o protesto como "o ato formal e solene pelo qual se prova a inadimplência e o descumprimento de obrigação originada em títulos e outros documentos de dívida".

Por sua vez, os documentos de dívida são entendidos pela doutrina como "todo e qualquer documento, público ou particular, que se torna protestável desde que represente uma dívida em dinheiro ou comprove 'a relação de débito de natureza pecuniária contra determinada pessoa'"[26].

Observa-se, dessa forma, que, embora não esteja previsto um rol dos documentos protestáveis, os documentos de dívida podem ser entendidos de forma ampliativa, incluindo-se, desse modo, a decisão transitada em julgado, considerada como um título executivo judicial (art. 876 da CLT e art. 515 do NCPC).

Todavia, em razão da ausência de dispositivo legal que permitisse o protesto de sentença, havia divergência doutrinária e jurisprudencial no tocante ao seu cabimento. Desse modo, o artigo 517 do NCPC resolveu a controvérsia, estabelecendo que a decisão judicial transitada em julgado poderá ser levada a protesto.

Apesar de o protesto ser dispensável à execução da sentença, sua utilização pode ampliar de forma expressiva a efetividade e a celeridade do processo judicial. Isto porque, há pouca efetividade da execução judicial principalmente em razão da morosidade e da resistência do devedor, dentre outros motivos. Nesse sentido, ao destacar a ampliação da possibilidade do protesto aos documentos de dívidas, Luiz Ricardo da Silva, citado por Themistocles Pinho e Ubirayr Ferreira Vaz, assevera:

> A 'Nova Ordem' põe à disposição de todos uma possibilidade mais viável. O credor, através de um procedimento mais rápido, eficiente e a um baixo custo, poderia haver o seu direito, não em três ou quatro anos, como ocorria normalmente, mas em uma semana ou um pouco mais de tempo. E ressalte-se que, no processo executório, a possibilidade de se obter êxito no recebimento do valor devido era muito pequena, pois dependeria da existência de patrimônio penhorável do devedor. No caso do procedimento extrajudicial, isto não ocorre. Pelo contrário, o temor pelo protesto que impede a obtenção de crédito, principalmente em instituições financeiras, tão necessário nos dias atuais, é muito maior do que um pedido de penhora que pode se protelar por anos[27].

---

26 OLIVEIRA, Eversio Donizete de. O Protesto Extrajudicial de Sentença Judicial Trabalhista. In: BARBOSA, Magno Luiz; BRITO, Cristiano Gomes de (org.). *Temas Contemporâneos de Direito Empresarial do Trabalho*. São Paulo: LTr, 2015. p. 31.

27 COSTA FILHO, José Batista da *apud* PINHO, Themistocles; VAZ, Ubirayr Ferreira. *Protesto de Títulos e Outros Documentos de Dívida: Princípios, Fundamentos e Execução*. Rio de Janeiro: Freitas Bastos Editora, 2007. p. 8-9.

A principal função do protesto é, portanto, probatória, pois comprova uma determinada relação jurídica e o seu não pagamento. Entretanto, a finalidade última do protesto corresponde ao pagamento da obrigação. Ademais, conforme o art. 2º da Lei nº 9.492/97, os serviços relacionados ao protesto são garantidores da autenticidade, publicidade, segurança e eficácia dos atos jurídicos.

A publicidade, apesar de, em regra, também estar presente nos atos judiciais, no protesto pode atingir outras dimensões. O tabelião pode, por exemplo, enviar a relação atualizada de títulos e documentos de dívida protestados para inscrição no cadastro dos órgãos de restrição ao crédito, como no SPC, Serasa e CADIN (artigo 29 da Lei nº 9.492/97). Desse modo, pela exposição social gerada ao devedor, bem como pela restrição de diversos tipos de crédito, o protesto tem como objetivo o estímulo ao pagamento, protegendo, dessa forma, os direitos dos credores.

Cabe destacar que com a disciplina jurídica trazida pelo NCPC, o protesto de sentença deverá ocorrer após o trânsito em julgado da decisão e após o não pagamento voluntário pelo devedor (art. 523 do NCPC). Para efetivar o protesto, o credor deverá apresentar certidão de teor da decisão (§1º do art. 517 do NCPC), contendo qualificação das partes, número do processo, valor da dívida e a data do decurso do pagamento voluntário (§2º do art. 514 do NCPC).

Ademais, caso tenha sido proposta ação rescisória pelo executado, este poderá requerer a anotação da propositura da ação à margem do título protestado, nos termos do §3º do art. 517 do NCPC. No caso de cumprimento da obrigação, o próprio executado deverá requerer o cancelamento do protesto ao juiz e, caso seja deferido, este deverá encaminhar ofício ao cartório no prazo de três dias (§4º do art. 517 do NCPC).

Observa-se, portanto, que o NCPC não somente solucionou a controvérsia quanto ao cabimento do protesto de sentença, como também disciplinou o instituto, equilibrando os interesses do executado com os interesses do exequente, possibilitando um meio de execução indireta que compreende um mecanismo adicional para a efetividade do processo e também a possibilidade de pagamento pelo devedor.

3.2.1. Protesto de decisão interlocutória

A redação do artigo 517 do NCPC deixa nítido que o protesto somente poderá ocorrer após o trânsito em julgado da sentença. Parece-nos, todavia que, o objetivo do protesto seria mais bem alcançado se houvesse sua permissão mesmo antes de seu trânsito em julgado.

Entretanto, como essa não foi a opção adotada pelo legislador, acreditamos que a melhor interpretação ao dispositivo deve possibilitar o protesto das decisões interlocutórias transitadas em julgado.

Isso porque o Novo CPC, condizente com a ideologia atual da decisão interlocutória, alterou inclusive seu conceito, deixando de considerá-la como aquela decisão que simplesmente resolve questão incidente (antigo art. 162, § 2º, do CPC/73). Passa a conceituá-la de forma residual, determinando que será decisão interlocutória o pronunciamento judicial de natureza decisória que não seja sentença (art. 203, § 2º, do NCPC).

Portanto, para se alcançar o conceito de decisão interlocutória, inicialmente, dever-se-á encontrar a definição de sentença, a qual foi definida pelo Novo CPC como "o pronunciamento por meio do qual o juiz, com fundamento nos arts. 485 e 487, põe fim à fase cognitiva do procedimento comum, bem como extingue a execução" (art. 203, § 1º, NCPC). Com efeito, no conceito de sentença conjugou-se o conteúdo da decisão (extinção com ou sem resolução do mérito), com o momento em que é proferida (põe fim à fase cognitiva ou extingue à execução).

Dessa forma, a decisão, por exemplo, que extingue o processo com resolução do mérito sem por fim à fase cognitiva é decisão interlocutória, o que significa que, seja a sentença, seja a decisão interlocutória podem ser decisões de mérito.

Com efeito, as decisões interlocutórias, em algumas situações, geram coisa julgada, como é o caso do julgamento antecipado de mérito quando um ou mais dos pedidos formulados ou parcela deles mostrar-se incontroverso (NCPC, art. 356, I)[28]. Nessa hipótese, quanto a tais pedidos, o magistrado "finaliza aquele assunto discutido durante a lide gerando uma decisão definitiva com características de coisa julgada sobre o pedido incontroverso, enquanto os demais prosseguirão na lide com base no procedimento legal" [29].

O NCPC, em seu artigo 356, § 3º, expressamente reconhece a coisa julgada do julgamento antecipado de mérito, permitindo a execução definitiva do julgado.

Ademais, no artigo 502, deixa claro o fato de a decisão interlocutória poder gerar coisa julgada ao dispor que se denomina "coisa julgada material a autoridade que torna imutável e indiscutível a **decisão** de mérito não mais sujeita a recurso" (Grifo Nosso).

Essa interpretação é ainda reforçada pelo fato de o NCPC ter possibilitado, de forma expressa, o trânsito em julgado das decisões interlocutórias, conforme se observa no art. 966 que dispõe que a *decisão de mérito* pode ser rescindida por meio da ação rescisória.

Dessa forma, o artigo 517 do NCPC deve ser interpretado em consonância com os artigos 356, 502 e 966, possibilitando, assim, o protesto de decisões interlocutórias transitadas em julgado.

---

28 Corresponde à tutela antecipada baseada em pedido incontroverso do CPC/73.
29 MACEDO, Bruno Regis Bandeira. *O Projeto do Novo CPC e a Execução Definitiva da Decisão Interlocutória do pedido incontroverso*. In: DIDIER JR, Fredie; BASTOS, Antonio Adonias Aguiar (coord.). *O Projeto do Novo Código de Processo Civil – Estudos em homenagem ao Professor José Joaquim Calmon de Passos: 2ª série*. Salvador: Editora JusPodivm, 2012, p. 213.

3.3. APLICAÇÃO NO PROCESSO DO TRABALHO.

Da mesma forma que a hipoteca judiciária, o protesto de sentença previsto no Novo Código de Processo Civil pode ser aplicado ao processo do trabalho. Em razão da ausência de previsão do instituto na legislação trabalhista e de sua compatibilidade com o direito processual do trabalho, o NCPC deve ser aplicado de forma subsidiária ao processo trabalhista.

Muitos doutrinadores podem entender que a aplicação do NCPC ocorrerá de forma **supletiva** (complementar), uma vez que a legislação trabalhista já disciplinava a certidão negativa de débitos trabalhistas, instituto semelhante ao protesto. De todo modo, considerando o teor do art. 15 do NCPC e o artigo 769 da CLT, entendo que o protesto de sentença corresponde a mais um mecanismo que amplia da efetividade e celeridade do processo trabalhista, de modo que não pode ser confundido ou substituído pela CNDT.

A compatibilidade do protesto de sentença judicial previsto no NCPC precisa, todavia, de uma análise mais aprofundada, notadamente no que tange à aplicação do procedimento previsto no artigo 523 do NCPC.

A aplicação do disposto no artigo 523 do NCPC provocará bastante discussão, tal como ocorrida com seu artigo correspondente no CPC/73, o plêmico art. 475-J. Para o TST, interpretando o art. 475-J do CPC/73, não há compatibilidade de referido dispositivo com o direito processual do trabalho, uma vez que este já possui disciplina no tocante à execução, mais especificamente o art. 880 da CLT[30]. Contudo, entendemos que referido dispositivo e, consequentemente, o novel dispositivo são plenamente aplicáveis ao processo trabalhista[31].

Isso porque o sincretismo buscado pelo legislador no CPC já era presente no processo trabalhista, sendo de conhecimento geral que o processo trabalhista na verdade impõe uma fase executiva, como na lei processual civil, tanto que pode ser iniciada *ex officio* pelo juiz.

Por sua vez, o artigo 523 do NCPC estabelece que, no caso de condenação em quantia certa, ou já fixada em liquidação, e no caso de decisão sobre parcela incontroversa, depois de intimado ao pagamento do débito, deve o executado efetuar o pagamento no prazo de 15 dias. Em caso de não pagamento voluntário, o débito será acrescido de multa de dez por cento sobre a condenação e de honorários advocatícios de dez por cento.

Vê-se que referido dispositivo incide em momento intermediário, entre a fase de conhecimento e a execução, possibilitando o pagamento voluntário com

---

[30] TST-E-RR-201-52.2010.5.24.0000, SBDI-I, rel. Min. Horácio Raymundo de Senna Pires. 22.3.2012 (Informativo nº 3º do TST).

[31] MIESSA, Élisson. : *A Multa do Artigo 475-J do CPC e sua aplicação no Processo do Trabalho*. In: Suplemento Trabalhista. LTr. ano 42. n. 103/06. p. 435-440.

coerção indireta, de modo que, não ocorrendo o pagamento, incidirá a multa de 10%. Noutras palavras, a multa incidirá antes de adentrar na fase executiva propriamente dita.

No processo do trabalho, a multa também poderá ser aplicada antes de se iniciar a fase executiva, seja no final da fase de conhecimento (quando a sentença for líquida), seja na fase de liquidação (quando a sentença for ilíquida).

Assim, observa-se que não há nenhuma incompatibilidade do prazo dessa multa com o art. 880, da CLT, que estabelece o prazo de 48 horas para pagamento ou garantia da execução, pois ela será aplicada antes da fase executiva trabalhista propriamente dita. Em outras palavras, enquanto o art. 880 da CLT incide na fase executiva, a multa prevista no artigo 523 do NCPC tem aplicação em momento anterior, que possibilita o pagamento voluntário da dívida. Podemos esquematizar o procedimento da seguinte forma:

Sentença líquida ➔ intimação para pagamento voluntário no prazo de 15 dias ➔ não pagamento ➔ multa do art. 523 do NCPC ➔ início da execução com citação para pagamento, nos termos do art. 880 da CLT

Dessa forma, não somente o protesto mostra-se compatível com o direito processual do trabalho, mas também a redação do artigo 523 do NCPC, constituindo-se os dois instrumentos mecanismos efetividade da tutela jurisdicional.

Assim, o protesto poderá ser efetivado após o prazo de 15 dias para cumprimento voluntário e antes de se iniciar a fase executiva propriamente dita.

De qualquer modo, considerando que o art. 880 CLT permite que, no prazo de 48 horas, o executado possa realizar o pagamento da execução, parte da doutrina e da jurisprudência entenderá que somente depois de decorrido tal prazo poderá ser realizado o protesto[32]. Embora não sejamos adepto a essa posição, vez que entendemos aplicável o art. 523 do NCPC ao processo do trabalho, o que mais interessa é que o protesto judicial seja aplicável na seara trabalhista, buscando o conteúdo da norma, a fim de tornar eficaz a tutela jurisdicional. Queremos dizer, aplicando-se o art. 523 do NCPC ou, isoladamente, o art. 880 da CLT, o importante é se valer do protesto judicial para tornar mais eficaz a decisão judicial.

Especificamente no processo trabalhista, a efetividade do protesto de sentença como meio de execução indireta pode ser verificado com a publicidade e inscrição dos devedores nos bancos de dados de proteção ao crédito, estimulando o pagamento pelo executado de forma voluntária. Isso ocorre, pois o devedor

---

[32] Cléber Lúcio entende que somente pode ser realizado depois da citação do executado para pagamento ou garantia da execução. ALMEIDA, Cléber Lúcio. *Direito processual do trabalho*. Belo Horizonte: Editora Del Rey Ltda, 2012. p. 909.

fica temeroso em associar a imagem de sua empresa ao protesto na área comercial e financeira o que dificulta também sua aquisição de créditos[33].

Cumpre ressaltar que, no processo do trabalho, o protesto pode ser realizado *ex officio*, "ainda que na sentença não tenha sido ventilada a possibilidade de sua realização" [34]. O ideal é que os juízes já constem na sentença determinação à secretaria de que, não havendo o pagamento no prazo do art. 523 do NCPC (ou do artigo 880 da CLT, se adotar essa tese), a decisão judicial seja encaminhada para protesto. Esse, sem dúvida, é o meio mais eficiente de se realizar o protesto da decisão judicial, dando, consequentemente, agilidade à prestação jurisdicional.

Antes de finalizar o presente artigo, faz-se necessário tecer alguns comentários acerca da certidão negativa de débitos trabalhistas.

Conforme já mencionado, instrumento semelhante ao protesto de sentença foi instituído pela Lei nº 12.440/11 que incluiu o art. 642-A na CLT e estabeleceu a certidão negativa de débitos trabalhistas (CNDT) também com o objetivo de ampliar a efetividade das decisões judiciais.

Referida lei impôs que somente poderá se habilitar nas licitações aquele que tiver regularidade trabalhista (Lei nº 8.666/93, art. 27, IV). Desse modo, para se habilitar no processo licitatório, deverá apresentar documentação relativa à regularidade trabalhista, a qual será feita por meio de prova de inexistência de débitos inadimplidos perante a Justiça do Trabalho, mediante a apresentação de certidão negativa (Lei nº 8666/93, art. 29, V).

Ademais, além de ser exigida para habilitação nas licitações, o Conselho Nacional de Justiça, por meio da Recomendação nº 03, orientou os tabeliães de nota para que cientificassem as partes envolvidas em transações imobiliárias e partilhas de bens imóveis sobre a possibilidade de obtenção da Certidão Negativa de Débitos Trabalhistas (CNDT).

Com o advento da CNDT, muitos doutrinadores questionaram a utilidade do protesto da sentença judicial trabalhista, acreditando que a Certidão Negativa de Débitos Trabalhistas poderia substituir a figura do protesto havendo, inclusive, decisões que dispensam o protesto extrajudicial nos casos em que há emissão da CNDT[35].

Destaca-se que há semelhanças entre os dois institutos, como, por exemplo, o fato de os dois ocorrerem apenas após o trânsito em julgado de decisão e o

---

33 OLIVEIRA, Eversio Donizete de. *O Protesto Extrajudicial de Sentença Judicial Trabalhista*. In: BARBOSA, Magno Luiz; BRITO, Cristiano Gomes de (org.).op. cit. p. 36.
34 ALMEIDA, Cléber Lúcio. op.cit . p. 909.
35 OLIVEIRA, Eversio Donizete de. *O Protesto Extrajudicial de Sentença Judicial Trabalhista*. In: BARBOSA, Magno Luiz; BRITO, Cristiano Gomes de (org.), op. cit. p. 33.

fator da publicidade dos débitos trabalhistas. Entretanto, não há que se falar em substituição do protesto pela CNDT, uma vez que ambos os institutos possuem finalidades diversas. A Certidão Negativa de Débitos Trabalhistas é muito eficaz para coagir as empresas que pretendem participar de licitações e concorrências públicas, enquanto o protesto extrajudicial pode coagir mesmo os devedores que não possuem esta pretensão. Ademais, assim como a hipoteca judiciária, a Recomendação nº 03 do CNJ passou a atingir apenas os bens imóveis, ao tempo em que o protesto é muito mais amplo assegurando o cumprimento de quaisquer obrigações.

Conclui-se, portanto, que os instrumentos apresentados no presente artigo (hipoteca judiciária, protesto de decisão judicial, CNDT e multa do art. 523 do NCPC) possuem grande importância na efetividade do processo judicial, reduzindo consideravelmente o tempo da fase executiva que, nos dias atuais, é sem dúvida a fase mais morosa do processo. Ademais, em razão das particularidades próprias de cada um dos institutos, deve-se pensar em aplicação sistemática dos mecanismos para que o objetivo buscado pela terceira onda renovatória de acesso à justiça seja alcançado.

4. REFERÊNCIAS BIBLIOGRÁFICAS

ALMEIDA, Cléber Lúcio. *Direito processual do trabalho*. Belo Horizonte: Editora Del Rey Ltda, 2012.

CAPPELLETTI, Mauro; GARTH, Bryant. *Acesso à Justiça*. Tradução de Ellen Gracie Northfleet. Porto Alegre: Sergio Antonio Fabris Editor, 1988.

COSTA FILHO, José Batista da apud PINHO, Themistocles; VAZ, Ubirayr Ferreira. *Protesto de Títulos e Outros Documentos de Dívida: Princípios, Fundamentos e Execução*. Rio de Janeiro: Freitas Bastos Editora, 2007.

DIDIER JR, Fredie; BRAGA, Paula Sarno; OLIVEIRA, Rafael Alexandria de. *Curso de Direito Processual Civil: Teoria da prova, direito probatório, teoria do procedente, decisão judicial, coisa julgada e antecipação dos efeitos da tutela*. 8.ed. Salvador: Editora JusPodivm, 2013.

_____. *Curso de Direito Processual Civil: teoria da prova, direito probatório, decisão, precedente, coisa julgada e tutela provisória, vol. 2*. 10.ed. Salvador: Editora JusPODIVM, 2015, p. 434.

DINAMARCO, Cândido Rangel. *Instituições de Direito Processual Civil*: vol. III. 6ª ed. Malheiros Editores Ltda, 2009.

FARIAS, Cristiano Chaves de; ROSENVALD, Nelson. *Curso de Direito Civil: volume 5 – Reais*. 9. ed. Salvador: Editora JusPodivm, 2013.

JUSTEN FILHO, Marçal; MOREIRA, Egon Bockmann; TALAMINI, Eduardo. *Sobre a Hipoteca Judiciária*. Disponível em: http://www2.senado.leg.br/bdsf/bitstream/handle/id/197/r133-09.PDF?sequence=4 Acesso em: 19 fev. 2015.

MACEDO, Bruno Regis Bandeira. O Projeto do Novo CPC e a Execução Definitiva da Decisão Interlocutória do pedido incontroverso. In: DIDIER JR, Fredie; BASTOS, Antonio Adonias Aguiar (coord.). *O Projeto do Novo Código de Processo Civil – Estudos em homenagem ao Professor José Joaquim Calmon de Passos: 2ª série*. Salvador: Editora JusPodivm, 2012.

MIESSA, Élisson. *A Multa do Artigo 475-J do CPC e sua aplicação no Processo do Trabalho*. In: Suplemento Trabalhista. LTr. ano 42. n. 103/06.

NEVES, Douglas Ribeiro. *Hipoteca Judiciária*. Dissertação (Mestrado em Direito) – Faculdade de Direito, Universidade de São Paulo, São Paulo, 2011.

OLIVEIRA, Eversio Donizete de. O Protesto Extrajudicial de Sentença Judicial Trabalhista. In: BARBOSA, Magno Luiz; BRITO, Cristiano Gomes de (org.). *Temas Contemporâneos de Direito Empresarial do Trabalho*. São Paulo: LTr, 2015.

SILVA, Antônio Álvares da. Breves Reflexões sobre a Execução Trabalhista. In: MIESSA, Élisson; CORREIA, Henrique (org.). *Estudos Aprofundados: Magistratura do Trabalho*. Salvador: Editora JusPodivm, 2013.

TARTUCE, Flávio. *Manual de Direito Civil volume único*. Rio de Janeiro: Forense; São Paulo: MÉTODO, 2011.

TEIXEIRA FILHO, Manoel Antonio. *A súmula nº 375 do STJ e a fraude à execução – a visão crítica do Processo do Trabalho*. In: MIESSA, Élisson; CORREIA, Henrique (org.). Estudos Aprofundados: Magistratura do Trabalho, volume 2. Salvador: Editora JusPodivm, 2014.

THEODORO JÚNIOR, Humberto. *Curso de Direito Processual Civil – Teoria geral do direito processual civil e processo de conhecimento – vol. 1*. Rio de Janeiro: Forense, 2013.

_____.*Curso de Direito Processual Civil – Teoria geral do direito processual Civil, processo de conhecimento e procedimento comum*, vol. I. Rio de Janeiro: Forense, 2015, p. 1.080.

Capítulo 41
DA REMESSA NECESSÁRIA

Luciano Rossato[1]

SUMÁRIO: 1. INTRODUÇÃO; 2. DA APELAÇÃO NECESSÁRIA À REMESSA NECESSÁRIA; 3. O EFEITO TRANSLATIVO DA REMESSA NECESSÁRIA; 4. A EXTENSÃO DO EFEITO TRANSLATIVO DA REMESSA NECESSÁRIA; 5. O EFEITO SUSPENSIVO DECORRENTE DA REMESSA NECESSÁRIA; 6. DAS LIMITAÇÕES À INCIDÊNCIA DA REMESSA NECESSÁRIA; 7. DA REMESSA NECESSÁRIA NA TUTELA COLETIVA; 8. REMESSA OFICIAL NO MANDADO DE SEGURANÇA; 9. REMESSA NECESSÁRIA E RECURSOS AOS TRIBUNAIS SUPERIORES; 10. TEMAS QUE FAZEM REFERÊNCIA À REMESSA NECESSÁRIA NO NOVO CPC; 11. CONCLUSÃO.

1. INTRODUÇÃO

A remessa necessária é um instituto presente há tempos no ordenamento jurídico brasileiro, variando a sua nomenclatura consoante o entendimento de sua própria essência. Inicialmente, era conhecido como apelação necessária ou recurso *ex officio*, passando por reexame necessário e chegando no Novo CPC como remessa necessária. A sua essência, contudo, sempre foi uma única: a de propiciar que as sentenças proferidas contra a Fazenda Pública, assim entendidas as pessoas jurídicas de direito público, fossem revistas pelos Tribunais, a fim de que o interesse público prevaleça frente ao interesse particular.

O Novo CPC, conforme já adiantado, manteve o instituto, porém, seguindo uma linha de coerência, diminuiu a sua incidência, aumentando consideravelmente os valores das condenações que seriam aptas a ensejar que a sentença obrigatoriamente fosse revista pelo Tribunal mediato, ou seja, aquele a que o juízo está diretamente vinculado.

Tal previsão é razoável, pois o panorama hoje existente é totalmente diferente do presente quando de sua instituição, ou mesmo quando do Código de Processo Civil de 1973. À época, a defesa do Estado em Juízo não contava com o aparato jurídico hoje existente, notadamente pelo número de advogados públicos à disposição da Administração Pública, profissionais aptos a levarem as matérias ao conhecimento dos tribunais e fazerem com que o interesse da cole-

---

[1] Doutorando em Direito pela Pontifícia Universidade Católica de São Paulo. Mestre em Direitos Difusos. Procurador do Estado de São Paulo. Professor do Complexo de Ensino Renato Saraiva – CERS. Autor de livros jurídicos. Instagram: @lucianorossato1 – Periscope: @lucianorossato – blog: www.lucianorossato.pro.br

tividade prevaleça aos interesses particulares, primando pela indisponibilidade do interesse público e, consequentemente, dos recursos públicos.

Outro fator favorável à mitigação da remessa necessária consiste no entendimento de que mesmo a prevalência do interesse público sobre o particular deve seguir determinadas balizas, pois princípios basilares do processo, como o da própria preclusão, são caros à processualística e ensejam a observância por todos. Em outras palavras, o desnível da balança deve ser corrigido, mas também deve observar determinados limites.

Por isso, a prerrogativa processual da remessa necessária – e, defende-se aqui, ser uma prerrogativa, e não um privilégio – embora ainda deva permanecer presente, de fato merecia mitigação em relação às hipóteses de incidência.

Com efeito, não era proporcional sujeitar o particular à remessa necessária para condenações de baixo valor, como aquelas um pouco acima dos sessenta salários mínimos, como também não é razoável a sociedade suportar uma condenação de quinhentos mil salários mínimos decorrente de um lapso do agente público de não haver interposto o recurso adequado. Há necessidade de encontrar-se o meio termo.

E a mudança decorrente do Novo CPC, ao que parece, encontrou esse meio termo, justamente por haver majorado consideravelmente os valores da condenação que levam à incidência da remessa necessária, bem como por ratificar que o instituto não será aplicado se a sentença se fundar em precedente vinculativo.

Na sequência, serão realizados apontamentos sobre a inserção do instituto no ordenamento jurídico brasileiro, o seu efeito e outros aspectos importantes.

2. DA APELAÇÃO NECESSÁRIA À REMESSA NECESSÁRIA

Parafraseando Araken de Assis, "o direito brasileiro imprimiu vocação bem diversa e precisa ao mecanismo"[2] do reexame necessário, inicialmente previsto como apelação necessária ou recurso *ex officio*.[3] A Lei de 04.10.1831, por sua vez, não só fez previsão do recurso *ex officio* como também o transferiu para o processo civil, competindo ao magistrado interpô-lo das sentenças proferidas contra a Fazenda Nacional. Posteriormente, foi previsto também para outras causas, como a nulidade de casamento ou do suprimento da vontade do representante judicial do menor que quisesse contrair bodas. Foi previsto textual-

---

2 ASSIS, Araken de. *Manual dos recursos*. 3ª ed. São Paulo: RT, 2011, p. 880.

3 "Na realidade, apelação necessária ou *ex officio* e duplo grau obrigatório são institutos com idêntica função, a saber, a de operar, por força de lei, a devolução plena ao Tribunal da matéria objeto das sentenças a que se aplicam, na medida do sucumbimento da pessoa cujo interesse se quer por esses meios proteger". CINTRA, Antônio Carlos de Araujo. *Comentários ao Código de Processo Civil*. 2ª ed. Vol. IV. Rio de Janeiro: Forense, 2003, p. 324.

mente nas Constituições de 1934 e 1937, como, também, em códigos estaduais, como ocorreu com o CPC de São Paulo.[4]

O CPC de 1939 também mencionou o recurso *ex officio* (art. 822), sendo disciplinado no título II, relativo à apelação, do Livro III (referente aos recursos), muito embora já se negasse, mesmo naquela época, a condição de recurso.

Apesar da expressa previsão no CPC de 1939, o reexame também foi indicado em leis extravagantes, como ocorreu com o Decreto-lei 3.365/41, a revogada Lei 1.533/51 e a Lei da Ação Popular, "todas em vigor e adaptadas ao CPC de 1973".[5]

No CPC de 1973, apesar da discordância inicial de Alfredo Buzaid, o instituto permaneceu presente, previsto no art. 475, deslocado da parte atinente aos recursos para a da sentença e coisa julgada, posteriormente modificado pela Lei 10.352/01, que restringiu as hipóteses de obrigatoriedade do reexame necessário.[6]

No âmbito da Justiça Laboral, foi previsto no Decreto-Lei nº 779/1969, art. 1º, V, segundo o qual à União, aos Estados, ao Distrito Federal, aos Municípios, às autarquias e fundações de direito público, é assegurado o recurso ordinário "ex officio" das decisões que lhe sejam total ou parcialmente contrárias.

Com o advento da Constituição Federal, questionou-se a constitucionalidade do reexame, em particular do Decreto-Lei nº 779/69, art. 1º, V, sob o fundamento de que era violador do princípio da igualdade, posicionamento esse, contudo, não acatado pelo Tribunal Superior do Trabalho, em vista dos relevantes interesses das pessoas jurídicas de direito público que representam o interesse público, justificando-se que a sentença seja revista obrigatoriamente em determinados casos.

O Novo Código de Processo Civil (Lei nº 13.105/2015), por sua vez, também previu o instituto como **remessa necessária**, consoante se vê de seu artigo 496 e que se passa a transcrever para facilitar a leitura:

> Art. 496. Está sujeita ao duplo grau de jurisdição, não produzindo efeito senão depois de confirmada pelo tribunal, a sentença:
>
> I – proferida contra a União, os Estados, o Distrito Federal, os Municípios e suas respectivas autarquias e fundações de direito público;
>
> II – que julgar procedentes, no todo ou em parte, os embargos à execução fiscal.
>
> § 1º Nos casos previstos neste artigo, não interposta a apelação no prazo legal, o juiz ordenará a remessa dos autos ao tribunal, e, se não o fizer, o presidente do respectivo tribunal avocá-los-á.

---

4   ASSIS, Araken de. *Manual dos recursos*. 3ª ed. São Paulo: RT, 2011, p. 880.
5   ASSIS, Araken de. *Op. Cit.*, p. 881.
6   Idem, ibidem, p. 882.

§ 2º Em qualquer dos casos referidos no § 1º, o tribunal julgará a remessa necessária.

§ 3º Não se aplica o disposto neste artigo quando a condenação ou o proveito econômico obtido na causa for de valor certo e líquido inferior a:

I – 1.000 (mil) salários-mínimos para a União e as respectivas autarquias e fundações de direito público;

II – 500 (quinhentos) salários-mínimos para os Estados, o Distrito Federal, as respectivas autarquias e fundações de direito público e os Municípios que constituam capitais dos Estados;

III – 100 (cem) salários-mínimos para todos os demais Municípios e respectivas autarquias e fundações de direito público.

§ 4º Também não se aplica o disposto neste artigo quando a sentença estiver fundada em:

I – súmula de tribunal superior;

II – acórdão proferido pelo Supremo Tribunal Federal ou pelo Superior Tribunal de Justiça em julgamento de recursos repetitivos;

III – entendimento firmado em incidente de resolução de demandas repetitivas ou de assunção de competência;

IV – entendimento coincidente com orientação vinculante firmada no âmbito administrativo do próprio ente público, consolidada em manifestação, parecer ou súmula administrativa.

É verdade que o instituto tende a ser extirpado do sistema processual, principalmente pelo sentimento de inobservância do princípio da igualdade processual, bem como em vista do fortalecimento da Advocacia Pública como um todo. A propósito, as Leis 10.259/2001 e 12.153/2009, respectivamente dos Juizados Especiais Federais e Juizados Especiais da Fazenda Pública, já excluíram a remessa necessária de forma expressa, de modo que a subida ao órgão jurisdicional *ad quem* (para julgamento de recurso inominado) somente pode se dar por meio de recurso, em que é guardada a voluntariedade.

O próprio Novo Código de Processo Civil ampliou a restrição da incidência do reexame necessária, aumento consideravelmente o limite mínimo para que a sentença produza efeitos tão somente se reavaliada pelo Tribunal.

Também em conformidade com o Novo CPC, manteve-se a natureza jurídica do instituto, que se trata de **condição de eficácia da sentença**, que somente poderá produzir plenos efeitos - e plenos pois há possibilidade da execução provisória – após a reanálise pelo Tribunal a que o juízo estiver vinculado.

As mudanças que serão incorporadas serão aplicadas às sentenças proferidas quando já vigente o Novo CPC, consoante o Enunciado 311 do Fórum Permanente de Processualistas Civis: "A regra sobre remessa necessária é aquela vigente ao tempo da prolação da sentença, se modo que a limitação de seu cabimento no CPC não prejudica os reexames estabelecidos no regime do art. 475 CPC/73".

3. O EFEITO TRANSLATIVO DA REMESSA NECESSÁRIA

A remessa necessária, ainda que não ostente a natureza jurídica de recurso, importa na devolução integral da sentença à análise do Tribunal, condicionando a produção de efeitos a tal ato.

Assim, "enquanto não for procedida à reanálise da sentença, esta não transita em julgado, não contendo plena eficácia".[7] Nesse sentido, a súmula 423, do STF, segundo a qual "não transita em julgado a sentença por haver omitido o recurso *ex officio*, que se considera interposto *ex lege*".

Reitere-se: a devolução da matéria se faz de forma plena, posto que o Tribunal poderá reanalisar a causa em sua integralidade. Porém, não se trata propriamente de efeito devolutivo.

Com efeito, o efeito devolutivo dos recursos atribui ao "juízo recursal o exame da matéria analisada pelo órgão jurisdicional recorrido (juízo *a quo*)".[8] Possui duas dimensões: uma horizontal – efeito devolutivo em extensão – e outra vertical – efeito devolutivo em profundidade.

Em decorrência da primeira dimensão (horizontal), o recurso importará na atribuição da apreciação do Tribunal à matéria impugnada, ou seja, aquela que foi objeto do recurso, incidindo o brocardo *tantum devolutum quantum appellatum*.

De outro lado, por força da dimensão vertical, muito embora o Tribunal esteja vinculado à matéria impugnada pelo recorrente, "*quanto aos fundamentos desse 'pedido', é livre para examinar a todos, ainda que não tenham sido expressamente referidos nas razões do recurso interposto*".[9]

Pois bem. Se de um lado o recurso devolve ao Tribunal o conhecimento da matéria impugnada, com a delimitação da extensão da matéria a ser apreciada, muito embora esteja livre para apreciar os fundamentos do pedido, é certo que há uma restrição que não se aplica à remessa necessária.

E assim o é, pois, a remessa necessária devolve a matéria em toda a sua extensão ao Tribunal, de modo que, havendo condenação, por exemplo, será devolvido o reexame de todas as parcelas da condenação suportadas pela Fazenda Pública, inclusive dos honorários de advogado (súmula 325, do STJ).

Note-se, assim, que não há incidência do efeito devolutivo próprio dos recursos e do *tantum devolutum quantum appellatum*, posto que o Tribunal reanali-

---

7 DIDIER JUNIOR, Fredie. CUNHA, Leonardo Carneiro da. *Curso de Direito Processual Civil. Meios de impugnação às decisões judiciais e processo nos Tribunais*. 10ª ed. Salvador: Juspodivm, 2012, p. 515.

8 MARINONI, Luiz Guilherme. ARENHART, Sérgio Cruz. *Processo de conhecimento*. 10ª ed. São Paulo: RT, 2011, p. 512.

9 Idem, ibidem, p. 513.

sará a sentença em sua integralidade. Diferentemente, conforme já discorreram Nery e Nery, "na remessa necessária não há efeito devolutivo, que é manifestação do princípio dispositivo, mas sim *efeito translativo* pleno".[10]

Ou, nas palavras dos mesmos autores, "na remessa necessária há os efeitos suspensivo e devolutivo (impróprio) pleno, vale dizer, efeito *translativo*. A decisão do Tribunal, ainda que confirme a sentença, substitui o julgamento de primeiro grau".[11]

Não obstante toda essa argumentação, a apreciação feita pelo Tribunal por meio da remessa necessária também tem limites.

4. A EXTENSÃO DO EFEITO TRANSLATIVO DA REMESSA NECESSÁRIA

Conforme explicitado no item anterior, a remessa necessária devolverá integralmente a matéria ao conhecimento do Tribunal, ainda que não haja recurso voluntário da Fazenda Pública (e, se houver recurso voluntário, será necessário o conhecimento da remessa), de modo que, em princípio, não haveria qualquer matéria sujeita à preclusão e que não pudesse ser analisada pelo Tribunal.

Porém, não é toda e qualquer matéria que admite o conhecimento de ofício pelo Tribunal. Em outras palavras, "a translatividade abrange a matéria decidida e a que deveria ter sido decidida de ofício pelo juiz de primeiro grau; não alcança questões dispositivas, a cujo respeito se exige a iniciativa da parte".[12]

Nesse sentido, o Tribunal não poderá, em remessa necessária, conhecer de nulidade relativa que prejudica a Fazenda Pública, pois esta depende de ser alegada no primeiro momento em que for se manifestar nos autos, não podendo ser conhecida de ofício pelo juiz. A prescrição, por sua vez, poderá ser conhecida, pois, atualmente, é matéria que poderá ser conhecida de ofício pelo juiz.

A propósito do tema, há interessante julgado emanado do Superior Tribunal de Justiça, proferido no Recurso Especial 959.338/SP, relatado pelo Ministro Napoleão Nunes Maia Filho e submetido ao regime do art. 543-C do CPC/73 e da Res. 8/STJ, cujo trecho da ementa, pela sua importância, passa-se a transcrever:

> "(...) 3. A remessa necessária, expressão do poder inquisitivo que ainda ecoa no ordenamento jurídico brasileiro, porque de recurso não se trata objetivamente, mas de condição de eficácia da sentença, como se dessume da súmula 423 do STF e ficou claro a partir da alteração do art. 475 do CPC pela Lei 10.352/2001, é instituto que visa a proteger o interesse público; dentro desse contexto, é possível alargar as hipóteses de seu conhecimen-

---

10 NERY JUNIOR, Nelson. NERY, Rosa Maria de Andrade. *Código de Processo Civil comentado e legislação extravagante*. 12ª ed. São Paulo: RT, 2012, p. 854, comentário 7 ao artigo 475.

11 Idem, ibidem, p. 855.

12 NERY JUNIOR, Nelson. NERY, Rosa Maria de Andrade. *Código de Processo Civil comentado e legislação extravagante*. 12ª ed. São Paulo: RT, 2013, p. 859.

to, atribuindo-lhe mais do que o efeito devolutivo em sua concepção clássica (delimitado pela impugnação do recorrente), mas também o chamado efeito translativo, quando se permite ao órgão judicial revisor pronunciar-se de ofício, independentemente de pedido ou requerimento da parte ou interessado, em determinadas situações, como, por exemplo, para dirimir questões de ordem pública.

4. Esse efeito translativo amplo admitido pela doutrina e pela jurisprudência não autoriza a conclusão de que toda e qualquer questão passível de ofender, em tese, o interesse público deva ou possa ser examinada, de ofício, pelo Tribunal *ad quem*. O reexame necessário nada mais é do que a permissão para um duplo exame da decisão proferida pelo juiz Singular em detrimento do ente público, a partir das teses efetivamente objeto de contraditório ou de pronunciamento judicial anterior, **sendo que o Tribunal somente pode conhecer de ofício daquelas matérias que também poderiam sê-lo pelo Julgador solitário**.

5. A questão da suficiência da documentação acostada com a inicial para fins de deferimento do pedido deveria ter sido objeto de contraditório, uma vez que envolve a exegese dos arts. 283 e 284 do CPC.

(...)." (REsp 959.338/SP, Rel. Ministro Napoleão Nunes Maia Filho, Primeira Seção, julgado em 29/02/2012, DJe 08/03/2012).

[grifo nosso]

Portanto, em decorrência do efeito translativo, poderá o Tribunal, em remessa necessária, conhecer integralmente da matéria que poderia sê-lo de ofício pelo juiz de primeiro grau.

Além disso, a conclusão do Tribunal não poderá importar em situação de piora à Fazenda Pública, proibindo-se, portanto, a *reformatio in pejus* (súmula 45, STJ), a não ser que a alteração da sentença decorra de conhecimento de matéria de ordem pública.

5. O EFEITO SUSPENSIVO DECORRENTE DA REMESSA NECESSÁRIA

No âmbito do processo civil, a questão da incidência ou não do efeito suspensivo na remessa necessária é de fácil solução.

Com efeito, a remessa necessária é condição de eficácia da sentença, que não produzirá efeitos enquanto não analisada a sentença pelo Tribunal. Portanto, é implícito à remessa o seu efeito suspensivo (efeito suspensivo próprio, porque decorre diretamente da própria lei, sem necessidade de que haja manifestação nesse sentido).

Porém, se o magistrado antecipar a tutela por meio de decisão interlocutória ou na própria sentença, deve-se admitir que a sentença, no ponto que a confirmar, produzirá efeitos jurídicos imediatos, sob pena de total esvaziamento da efetividade da tutela jurisdicional concedida. Em outros termos: "Mesmo que a sentença proferida contra a Fazenda Pública se sujeite ao reexame necessário, parece-nos que, tendo havido antecipação de tutela confirmada pela sentença de procedência da ação, ou tendo sido a tutela antecipada na própria sentença, deve-se admitir que o reexame necessário convive com as providências referentes à efetivação provisória do que tiver sido antecipado. Por outras palavras, afigura-se-nos perfeitamente possível compatibilizar a ideia do reexame necessário com a efetivação imediata da antecipação de tutela via decisão interlocutória ou concedida na sentença".[13]

Por esse motivo, muito embora não interposto o recurso de apelação, mas estando pendente o julgamento da remessa necessária, a tutela antecipada produzirá efeitos imediatos.

No que tange ao direito processual trabalhista, contudo, deve ser feita uma importante observação.

Como regra, o recurso ordinário não possui efeito suspensivo, o qual poderá ser concedido pelo Tribunal. E, dessa maneira, a sentença proferida produz efeitos jurídicos imediatos.

Por esse motivo, enquanto não obtido efeito suspensivo por meio de medida cautelar, a sentença produzirá efeitos imediatos, permitindo-se a sua execução provisória, apesar da incidência da remessa necessária.

6. DAS LIMITAÇÕES À INCIDÊNCIA DA REMESSA NECESSÁRIA

De acordo com o art. 496 do Novo Código de Processo Civil, existem algumas regras importantes quanto à incidência ou não da remessa necessária, assim enumeradas:

i) Incidência da remessa necessária quando o valor da condenação ou o proveito econômico obtido na causa for de valor certo e líquido superior a 1.000 salários mínimos para a União; 500 salários mínimos para os Estados e o Distrito Federal e os Municípios que forem capitais; e, 100 salários mínimos para os demais municípios. A mesma regra vale para as respectivas autarquias e fundações públicas:

Como se nota, o Novo CPC abandonou o critério único de valor para fins de fixação da necessidade da remessa necessária, pois enquanto o CPC 1973 fixava o valor de sessenta salários mínimos, a Lei nº 13.105/2015 indicou valores diferentes.

A diferenciação existente entre os entes públicos é razoável, pois a União tem mais possibilidade de suportar uma condenação se compararmos com o poderio financeiro de um pequeno Município.

---

13   ALVIM, Arruda. ASSIS, Araken de. ALVIM, Eduardo Arruda. *Comentários ao Código de Processo Civil*. 2ª ed. São Paulo: RT, 2013.

Nesse passo, agiu bem o legislador ao prever faixas diferentes, consistentes em: a) mil salários mínimos para a União e suas Autarquias; b) quinhentos salários mínimos para os Estados e o Distrito Federal; c) quinhentos salários mínimos para as capitais dos Estados; d) cem salários mínimos para os demais Municípios.

Tais limites também se aplicam aos embargos à execução fiscal (procedimento previsto na Lei nº 6.830/1980, com aplicação subsidiária do Código de Processo Civil).

Contudo, não haverá a remessa para os casos em que não houver acolhimento de embargos (ou impugnação, como será visto), na execução promovida contra a Fazenda Pública.

No regime do CPC de 1973, a execução de pagar quantia certa contra a Fazenda Pública importa em exceção à regra do princípio do sincretismo, na medida em que ainda persistiu a dualidade processo de conhecimento *versus* processo de execução, sendo a pessoa jurídica de direito público citada para, no prazo de 30 dias, oferecer os seus embargos à execução.

Ocorre que o Novo Código de Processo Civil modificou a regra, encampando também o princípio do sincretismo para a execução contra a Fazenda Pública, pois, após apresentados os cálculos, será esta intimada para oferecer impugnação.

Assim, do pronunciamento jurisdicional que decidir a impugnação, aplicando-se o precedente já consolidado, não estará sujeito à remessa oficial.

Os limites constantes do artigo em comento também são aplicáveis aos processos trabalhistas, aplicando-se precedente já consolidado no Tribunal Superior do Trabalho a respeito do tema, que pode ser resumido na seguinte ementa:

> 1. REMESSA NECESSÁRIA. AÇÃO RESCISÓRIA. VALOR INFERIOR A 60 SALÁRIOS MÍNIMOS. INVIABILIDADE. Nos termos do artigo 475, § 2º, do Código de Processo Civil, para que as decisões proferidas contra a Fazenda Pública estejam sujeitas ao duplo grau de jurisdição é necessário que a condenação ou o direito controvertido seja valor certo ou superior a 60 (sessenta) salários mínimos. Na hipótese dos autos, o direito apontado na inicial como o pretendido pela parte autora, está aquém do montante exigido legalmente para o conhecimento da remessa necessária. Inteligência da letra -a-, item I, da Súmula nº 303 do Tribunal Superior do Trabalho. Remessa necessária não conhecida. (...). (ReeNec e RO - 889200-87.2008.5.07.0000 , Relator Ministro: Emmanoel Pereira, Data de Julgamento: 12/04/2011, Subseção II Especializada em Dissídios Individuais, Data de Publicação: DEJT 19/04/2011)".

Ora, mantendo-se a integridade da jurisprudência, o que, aliás, será exigido pelo Novo CPC (art. 926), tem-se que a regra também será aplicável de acordo com os novos limites indicados.

Consoante previsto no parágrafo terceiro, do art. 496 do Novo CPC, tal valor deve ser líquido e certo, surgindo a discussão se, no caso de ser a sentença ilíquida, haverá a incidência da remessa necessária.

Sobre o tema, o Superior Tribunal de Justiça fixou regra no sentido de que o valor que fundamenta o cabimento ou não do reexame necessário é o da condenação e não o da causa, fixando que, sendo ilíquida a sentença, há a remessa necessária (Súmula 490 STJ).

Élisson Miessa, em obra no prelo, tem entendimento no sentido de que a Súmula 490 do STJ não é aplicável à seara trabalhista. Ensina o prestigiado autor: " Isso porque, na seara laboral, a sentença deverá declinar o valor da condenação, ainda que a sentença seja ilíquida (CLT, art. 789, § 2º). Com efeito, não se buscará o valor estabelecido na petição inicial, mas sim o valor da condenação descrito na sentença, atendendo, dessa forma, o disposto no art. 496, § 3º, do NCPC. Tanto é assim, que, na redação da súmula em comentário, que deverá ser mantida, o TST expressamente dispõe "quando a condenação não ultrapassar", fazendo referência, pois ao valor da condenação, independentemente do valor ser líquido ou ilíquido".

Nesse sentido, entende-se ser indiferente o fato da sentença ser líquida ou ilíquida para a incidência da remessa necessária.

ii) Aplicação dos precedentes:

Também não haverá a remessa oficial se a sentença proferida estiver em conformidade com súmula de tribunal superior, acórdão proferido pelo Supremo Tribunal Federal ou pelo Superior Tribunal de Justiça em julgamento de recursos repetitivos, ou, ainda, entendimento firmado em incidente de resolução de demandas repetitivas ou assunção de competência.

Ora, não se mostra razoável exigir-se que a sentença seja revista pelo Tribunal a que o juízo estiver vinculado, se o pronunciamento jurisdicional de primeiro grau já for fundado em precedente obrigatório, principalmente pela observância da coerência da jurisprudência.

Ocorre, e isso não pode passar despercebido, que a própria Advocacia Pública deverá estar muita atenta à questão da aplicação dos precedentes, na medida em que um princípio jurídico consolidado nos tribunais pode ser aplicado a um caso concreto, quando, na verdade, a hipótese tratada nos autos baseia-se em aspecto fático diverso ou mesmo em norma jurídica fundante diferente, o que ensejaria a aplicação das técnicas da distinção ou da superação do precedente.

Porém, como é possível notar, sentindo o julgador de primeiro grau que determinado precedente deva ser aplicável ao caso concreto, o fato é que a remessa necessária estará obstada e, salvo por recurso voluntária, não será possível a aplicação das técnicas da distinção ou da superação, o que acarretará a formação da coisa julgada, abrindo-se apenas a discussão sobre a possibilidade ou não de ajuizamento de futura ação rescisória.

iii) Entendimento coincidente com orientação vinculante firmada no âmbito administrativo do próprio ente público, consolidada em manifestação, parecer ou súmula administrativa:

A redução da litigiosidade vem sendo uma preocupação constante dos órgãos administrativos e da própria Advocacia Pública, de modo que é proveniente da própria Administração Pública a previsão de situações em que o advogado público está dispensado de recorrer do pronunciamento jurisdicional.

A propósito do tema, várias são as iniciativas das Advocacias Públicas no sentido de buscar diminuir o número de recursos que são levados à superior instância, notadamente diante de precedentes já consolidados.[14] É certo que, enquanto houver posicionamento que ampare o entendimento fazendário, surge o dever constitucional de levar a matéria ao conhecimento dos tribunais. Porém, como dito, se tal entendimento já está totalmente afastado, não há motivo para assoberbar os tribunais com recursos obsoletos, que podem ocasionar maior prejuízo ao próprio interesse público.

Assim, se a sentença for proferida em conformidade com a orientação vinculante firmada no âmbito administrativo, ainda que imponha condenação superior ao mínimo legal, não incidirá a remessa oficial.

No âmbito da Advocacia Geral da União, está a Procuradoria-Geral da Fazenda Nacional dispensada a interpor recurso em determinadas situações, prestigiando os precedentes e a própria orientação emanada da Administração Federal (Lei 10.522/2002, art. 19).

Uma importante observação deve ser registrada, especialmente para este trabalho.

O Novo CPC, ao referir-se à dispensa da remessa necessária quando a sentença estiver fundada em súmula de tribunal superior, acórdão proferido pelo STF ou STJ, também deve estar incluído o Tribunal Superior do Trabalho, guardando-se o devido paralelismo.

7. DA REMESSA NECESSÁRIA NA TUTELA COLETIVA

A remessa necessária tem por finalidade, conforme já se registrou, a defesa do interesse público, razão de ser do instituto.

---

14 Entre os tantos exemplos existentes, pode ser citada a atual iniciativa da Procuradoria Geral do Estado de São Paulo, que acabou de implantar o Programa Litigar Menos e Melhor (http://www.pge.sp.gov.br/visualizanoticia2.aspx?id=3457).

Não é por outro motivo que na Lei da Ação Popular – Lei 4.717/65, em seu art. 19, determinou-se que a "sentença que concluir pela carência ou pela improcedência da ação está sujeita ao duplo grau de jurisdição, não produzindo efeito senão depois de confirmada pelo Tribunal (...)".

Nota-se que, sendo a Fazenda Pública sucumbente ou não, haverá o reexame necessário no caso de carência ou de improcedência da ação popular, pois há presunção de que o interesse público não foi tutelado.

Dessa maneira, ainda que não sucumbente a Fazenda Pública, a remessa necessária devolverá ao Tribunal o conhecimento da questão como forma de tutelar o interesse público. Portanto, incidirá o efeito translativo, na hipótese, mesmo que a Fazenda Pública não seja propriamente sucumbente na demanda.

A mesma regra que importa na remessa necessária no caso de extinção sem análise de mérito ou de improcedência da demanda, prevista no art. 17, da Lei da Ação Popular, não foi repetida na Lei da Ação Civil Pública.

Não obstante, o Superior Tribunal de Justiça, conforme noticiado no informativo de jurisprudência 395 (período de 18 a 22 de maio de 2009), decidiu, no REsp 1.108.542-SC, Rel. Min. Castro Meira, julgado em 19/5/2009, que

> "Na ausência de dispositivo sobre remessa oficial na Lei da Ação Civil Pública (Lei 7.347/1985), busca-se norma de integração dentro do microssistema da tutela coletiva, aplicando-se, por analogia, o art. 19 da Lei 4.717/65. Embora essa lei refira-se à ação popular, tem sua aplicação nas ações civis públicas, devido a serem assemelhadas as funções a que se destinam (a proteção do patrimônio público e do microssistema processual da tutela coletiva), de maneira que as sentenças de improcedência devem sujeitar-se indistintamente à remessa necessária. De tal sorte, a sentença de improcedência, quando proposta a ação pelo ente de Direito Público lesado, reclama incidência do art. 475 do CPC, sujeitando-se ao duplo grau obrigatório de jurisdição. Ocorre o mesmo quando a ação for proposta pelo Ministério Público ou pelas associações, incidindo, dessa feita, a regra do art. 19 da Lei da Ação Popular, uma vez que, por agirem os legitimados em defesa do patrimônio público, é possível entender que a sentença, na hipótese, foi proferida contra a União, estado ou município, mesmo que tais entes tenham contestado o pedido inicial. Com esse entendimento, a Turma deu provimento ao recurso do Ministério Público, concluindo ser indispensável o reexame da sentença que concluir pela improcedência ou carência da ação civil pública de reparação de danos ao erário, independentemente do valor dado à causa ou mesmo da condenação." REsp 1.108.542-SC, Rel. Min. Castro Meira, julgado em 19/5/2009.

Portanto, pelo entendimento encampado pelo Superior Tribunal de Justiça, no caso de improcedência ou carência da ação civil pública de reparação de danos ao erário, estará a sentença sujeita à remessa necessária, ainda que não sucumbente propriamente a Fazenda Pública, como forma de defesa do interesse público.

8. REMESSA OFICIAL NO MANDADO DE SEGURANÇA

Também incide a remessa necessária no mandado de segurança, quando concedida a ordem, quando a autoridade impetrada estiver vinculada diretamente às pessoas jurídicas de direito público, consoante determina o art. 14 da Lei 12.016/2009.

Com efeito, o polo passivo no mandado de segurança não é a autoridade coatora, mas a pessoa jurídica a que ela faz presente. Esta pessoa jurídica pode ser de direito público, ou mesmo de direito privado, como ocorre, por exemplo, no caso de serviços delegados.

Tratando-se de ré pessoa jurídica de direito público, sendo concedida a ordem e reconhecida, portanto, a ilegalidade do ato praticado (ou da própria omissão), deve incidir a remessa necessária, não sendo aplicável as exceções previstas no art. 496 do Novo CPC, uma vez que a Lei 12.016/2009 é lei geral sobre o tema.

9. REMESSA NECESSÁRIA E RECURSOS AOS TRIBUNAIS SUPERIORES

Uma vez julgada a remessa necessária pelo Tribunal, discute-se se seria possível ao Poder Público interpor recursos aos Tribunais Superiores com a finalidade de reverter o julgamento.

Sobre o assunto, divergem o Superior Tribunal de Justiça e o Tribunal Superior do Trabalho.

E isso, pois o STJ admite a interposição do recurso especial na hipótese, defendendo que não há preclusão para tanto.

De outro lado, o TST, consoante a Orientação Jurisprudencial nº 334, da SDI – I, entende ser incabível a remessa necessária, ressalvado, contudo, se a condenação foi agravada em segunda instância, o que ocorrerá em razão de recurso voluntário do reclamante.

10. TEMAS QUE FAZEM REFERÊNCIA À REMESSA NECESSÁRIA NO NOVO CPC

Vários dispositivos do Novo CPC fazem referência à remessa necessária, afora os aqui já indicados. Merecem ser destacados:

> **a) art. 936** - durante a sessão de julgamento, a remessa necessária será julgada juntamente com os recursos e os processos de competência originária, observando-se a seguinte ordem: I - aqueles nos quais houver sustentação oral, observada a ordem dos requerimentos; II - os requerimentos de preferência apresentados até o início da sessão de julgamento; III - aqueles cujo julgamento tenha iniciado em sessão anterior; e IV - os demais casos.

b) art. 942, § 4º, II – não aplicação da técnica de julgamento consistente na ampliação do número de julgadores, para o caso de não ser o resultado unânime;

c) art. 947 – possibilidade de admissão da assunção de competência quando o julgamento da remessa necessária envolver relevante questão de direito, com grande repercussão social, sem repetição em múltiplos processos

11. CONCLUSÃO

Como visto nas linhas acima, as mudanças do instituto da remessa necessária encontram guarida na proporcionalidade e na razoabilidade, pois, ao mesmo tempo, asseguram a observância do interesse público e a sua indisponibilidade, mas o faz para os casos mais relevantes, cujo montante da condenação pode comprometer consideravelmente os cofres públicos.

Trata-se, então, de uma prerrogativa processual das pessoas jurídicas de direito público que se justifica e que deve ser mantida, sendo, no entanto, muito bem-vindas as alterações ocorridas.

Capítulo 42
ASPECTOS DA COISA JULGADA NO NOVO CPC

Marcos Scalércio[1] e Tulio Martinez Minto[2]

SUMÁRIO: 1. INTRODUÇÃO; 2. MODALIDADES DA COISA JULGADA: FORMAL E MATERIAL; 3. EFICÁCIA EXTRAPROCESSUAL DA COISA JULGADA FORMAL; 4. COISA JULGADA SOBERANA; 5. COISA JULGADA PROGRESSIVA; 6. LIMITES DA COISA JULGADA E A NOVIDADE SOBRE A QUESTÃO PREJUDICIAL; 7. RELAÇÕES JURÍDICAS CONTINUATIVAS; 8. IMUTABILIDADE E RELATIVIZAÇÃO DA COISA JULGADA; 9. CONCLUSÃO.

1. INTRODUÇÃO

A coisa julgada modernamente consiste na qualidade especial da decisão a qual torna imutável e indiscutível as questões já decididas no processo, conforme enuncia o artigo 502 do Novo CPC.

> Art. 502. Denomina-se coisa julgada material a autoridade que torna imutável e indiscutível a decisão de mérito não mais sujeita a recurso.

Seu objetivo é evitar que questões já decididas retornem à discussão perante o poder judiciário, o que abalaria a soberania do *decisum*.

É vista pela Constituição Federal como um direito fundamental, conforme artigo 5º, XXXVI e visa garantir a segurança jurídica e a não eternização da lide.

> Art. 5º Todos são iguais perante a lei, sem distinção de qualquer natureza, garantindo-se aos brasileiros e aos estrangeiros residentes no País a inviolabilidade do direito à vida, à liberdade, à igualdade, à segurança e à propriedade, nos termos seguintes:
>
> (...)
>
> XXXVI - a lei não prejudicará o direito adquirido, o ato jurídico perfeito e a coisa julgada;

A coisa julgada pode ser conceituada, ainda, como um pressuposto processual previsto no artigo 337, VII do Novo CPC, sendo que a mesma configura-se

---

[1] Juiz do Trabalho no TRT da 2ª Região (São Paulo), aprovado nos Concursos Públicos para ingresso na magistratura trabalhista do TRT da 1ª Região (Rio de Janeiro) e do TRT da 24ª Região (Mato Grosso do Sul), professor em curso preparatório para as carreiras trabalhistas e para o Exame da OAB, palestrante em todo o Brasil sobre os mais diversos temas jurídico-laborais e autor de obras jurídicas

[2] Advogado especialista em Direito e Processo do Trabalho, consultor de escritórios de advocacia em matérias trabalhistas e autor de obras jurídicas.

quando se verificar a reprodução (mesmas partes, causa de pedir e pedido) de ação anteriormente ajuizada e que já foi decidida por decisão transitada em julgado.

> Art. 337. Incumbe ao réu, antes de discutir o mérito, alegar:
>
> (...)
>
> VII - coisa julgada;

2. MODALIDADES DA COISA JULGADA: FORMAL E MATERIAL

Na doutrina a coisa julgada é dividida em duas principais modalidades, a coisa julgada formal e a coisa julgada material.

A coisa julgada formal é a preclusão máxima no processo, ocorrendo de forma endoprocessual, ou seja, quando da sentença prolatada não couber mais qualquer recurso, impedindo, assim qualquer reexame ou impugnação.

Trata-se da estabilidade da sentença no processo em que fora proferida, atingida tanto pelas sentenças terminativas (artigo 485 do Novo CPC), quanto pelas definitivas (artigo 487 do Novo CPC). Ela não impede o ajuizamento de uma nova ação idêntica.

> Art. 485. O juiz não resolverá o mérito quando:
>
> I - indeferir a petição inicial;
>
> II - o processo ficar parado durante mais de 1 (um) ano por negligência das partes;
>
> III - por não promover os atos e as diligências que lhe incumbir, o autor abandonar a causa por mais de 30 (trinta) dias;
>
> IV - verificar a ausência de pressupostos de constituição e de desenvolvimento válido e regular do processo;
>
> V - reconhecer a existência de perempção, de litispendência ou de coisa julgada;
>
> VI - verificar ausência de legitimidade ou de interesse processual;
>
> VII - acolher a alegação de existência de convenção de arbitragem ou quando o juízo arbitral reconhecer sua competência;
>
> VIII - homologar a desistência da ação;
>
> IX - em caso de morte da parte, a ação for considerada intransmissível por disposição legal; e
>
> X - nos demais casos prescritos neste Código.
>
> § 1º Nas hipóteses descritas nos incisos II e III, a parte será intimada pessoalmente para suprir a falta no prazo de 5 (cinco) dias.
>
> § 2º No caso do § 1º, quanto ao inciso II, as partes pagarão proporcionalmente as custas, e, quanto ao inciso III, o autor será condenado ao pagamento das despesas e dos honorários de advogado.

> § 3º O juiz conhecerá de ofício da matéria constante dos incisos IV, V, VI e IX, em qualquer tempo e grau de jurisdição, enquanto não ocorrer o trânsito em julgado.
>
> § 4º Oferecida a contestação, o autor não poderá, sem o consentimento do réu, desistir da ação.
>
> § 5º A desistência da ação pode ser apresentada até a sentença.
>
> § 6º Oferecida a contestação, a extinção do processo por abandono da causa pelo autor depende de requerimento do réu.
>
> § 7º Interposta a apelação em qualquer dos casos de que tratam os incisos deste artigo, o juiz terá 5 (cinco) dias para retratar-se.
>
> Art. 487. Haverá resolução de mérito quando o juiz:
>
> I - acolher ou rejeitar o pedido formulado na ação ou na reconvenção;
>
> II - decidir, de ofício ou a requerimento, sobre a ocorrência de decadência ou prescrição;
>
> III - homologar:
>
> a) o reconhecimento da procedência do pedido formulado na ação ou na reconvenção;
>
> b) a transação;
>
> c) a renúncia à pretensão formulada na ação ou na reconvenção.
>
> Parágrafo único. Ressalvada a hipótese do § 1º do art. 332, a prescrição e a decadência não serão reconhecidas sem que antes seja dada às partes oportunidade de manifestar-se.

Já a coisa julgada material ocorre de forma pan-processual (atua além do processo) para as sentenças com resolução de mérito, impedindo o ajuizamento de uma nova ação idêntica, evitando a eternização da lide e prestigiando a segurança jurídica em prol da justiça. Salvo exceção do §2º do artigo 966 do Novo CPC, apenas em relação à coisa julgada material é cabível a ação rescisória prevista no artigo citado.

> Art. 966. A decisão de mérito, transitada em julgado, pode ser rescindida quando:
>
> I - se verificar que foi proferida por força de prevaricação, concussão ou corrupção do juiz;
>
> II - for proferida por juiz impedido ou por juízo absolutamente incompetente;
>
> III - resultar de dolo ou coação da parte vencedora em detrimento da parte vencida ou, ainda, de simulação ou colusão entre as partes, a fim de fraudar a lei;
>
> IV - ofender a coisa julgada;
>
> V - violar manifestamente norma jurídica;

VI - for fundada em prova cuja falsidade tenha sido apurada em processo criminal ou venha a ser demonstrada na própria ação rescisória;

VII - obtiver o autor, posteriormente ao trânsito em julgado, prova nova cuja existência ignorava ou de que não pôde fazer uso, capaz, por si só, de lhe assegurar pronunciamento favorável;

VIII - for fundada em erro de fato verificável do exame dos autos.

§ 1º Há erro de fato quando a decisão rescindenda admitir fato inexistente ou quando considerar inexistente fato efetivamente ocorrido, sendo indispensável, em ambos os casos, que o fato não represente ponto controvertido sobre o qual o juiz deveria ter se pronunciado.

§ 2º Nas hipóteses previstas nos incisos do caput, será rescindível a decisão transitada em julgado que, embora não seja de mérito, impeça:

I - nova propositura da demanda; ou

II - admissibilidade do recurso correspondente.

§ 3º A ação rescisória pode ter por objeto apenas 1 (um) capítulo da decisão.

§ 4º Os atos de disposição de direitos, praticados pelas partes ou por outros participantes do processo e homologados pelo juízo, bem como os atos homologatórios praticados no curso da execução, estão sujeitos à anulação, nos termos da lei.

Até então, o novo diploma processual não alterou a sistemática do anterior de 1973.

3. EFICÁCIA EXTRAPROCESSUAL DA COISA JULGADA FORMAL

A inovação trazida pelo Novo CPC foi a de ter alterado parcialmente a visão anterior sobre a eficácia apenas endoprocessual da coisa julgada formal.

Isso porque conforme artigo 486, §1º do CPC de 2015, no caso de extinção em razão de litispendência; indeferimento da petição inicial; ausência de pressupostos processuais; ausência de legitimidade ou interesse processual; ou acolhimento da alegação de existência de convenção de arbitragem ou quando o juízo arbitral reconhecer sua competência, a propositura da nova ação dependerá da correção do vício que levou à sentença sem resolução do mérito.

Art. 486. O pronunciamento judicial que não resolve o mérito não obsta a que a parte proponha de novo a ação.

§ 1º No caso de extinção em razão de litispendência e nos casos dos incisos I, IV, VI e VII do art. 485, a propositura da nova ação depende da correção do vício que levou à sentença sem resolução do mérito.

§ 2º A petição inicial, todavia, não será despachada sem a prova do pagamento ou do depósito das custas e dos honorários de advogado.

§ 3º Se o autor da causa, por 3 (três) vezes, a sentença fundada em abandono da causa, não poderá propor nova ação contra o réu com o mesmo objeto, ficando-lhe ressalvada, entretanto, a possibilidade de alegar em defesa o seu direito.

Nota-se que restou proibida a repetição da ação com o mesmo vício existente no processo anteriormente extinto sem resolução do mérito. Ou seja, a sentença anterior terminativa que produziu a coisa julgada formal está produzindo efeitos além do processo em que foi declarada, já que obriga o autor da nova ação a corrigir o erro declarado na primeira.

Referido efeito já era discutido doutrinariamente antes do novo diploma, contudo este agora foi positivado.

4. COISA JULGADA SOBERANA

Ainda sobre a classificação da coisa julgada a doutrina cita a chamada coisa julgada soberana, sendo esta a coisa julgada material que se dá após transcorridos os dois anos do prazo decadencial para o ajuizamento da ação rescisória inscrito no artigo 975 do Novo CPC, salvo exceção trazida pela nova lei adjetiva civil de prazo quinquenal quando tratar-se de prova nova, conforme §2º do dispositivo citado.

> Art. 975. O direito à rescisão se extingue em 2 (dois) anos contados do trânsito em julgado da última decisão proferida no processo.
>
> § 1º Prorroga-se até o primeiro dia útil imediatamente subsequente o prazo a que se refere o caput, quando expirar durante férias forenses, recesso, feriados ou em dia em que não houver expediente forense.
>
> § 2º Se fundada a ação no inciso VII do art. 966, o termo inicial do prazo será a data de descoberta da prova nova, observado o prazo máximo de 5 (cinco) anos, contado do trânsito em julgado da última decisão proferida no processo.
>
> § 3º Nas hipóteses de simulação ou de colusão das partes, o prazo começa a contar, para o terceiro prejudicado e para o Ministério Público, que não interveio no processo, a partir do momento em que têm ciência da simulação ou da colusão.

5. COISA JULGADA PROGRESSIVA

Há, ainda, a chamada coisa julgada progressiva (ou coisa julgada parcial/parcelada), esta, atualmente apenas na seara trabalhista, prevista na Súmula 100, II do TST, que é a que se da em momentos diferentes devido à existência de recurso parcial, ou seja, quando a parte sucumbente recorre apenas de alguns capítulos da decisão, deixando que outros transitem em julgado.

> Súmula 100 do TST - Ação Rescisória. Decadência
>
> II - Havendo recurso parcial no processo principal, o trânsito em julgado dá-se em momentos e em tribunais diferentes, contando-se o prazo deca-

dencial para a ação rescisória do trânsito em julgado de cada decisão, salvo se o recurso tratar de preliminar ou prejudicial que possa tornar insubsistente a decisão recorrida, hipótese em que flui a decadência a partir do trânsito em julgado da decisão que julgar o recurso parcial.

Oportuno ressaltar que o STJ possui a Súmula 401 em sentido contrário à coisa julgada progressiva para fins de ação rescisória, pois defende que o prazo decadencial somente se inicia quando não mais couber qualquer recurso do último pronunciamento judicial, não existindo, portanto, o trânsito em julgado de apenas alguns capítulos da sentença.

> Súmula 401 do STJ
>
> O prazo decadencial da ação rescisória só se inicia quando não for cabível qualquer recurso do último pronunciamento judicial.

O Novo CPC, no artigo 975 num primeiro olhar parece adotar o entendimento insculpido na Súmula 401 do STJ, ao mencionar a contagem do biênio para a ação rescisória do trânsito em julgada da "última decisão proferida no processo".

Contudo, nos parece que não foi esta a intenção do legislador. O artigo 502 do novo diploma ao dispor sobre a coisa julgada, a atribui não mais à sentença, como ocorria no artigo 467 do CPC de 1973, mas sim à decisão de mérito. Esta decisão de mérito pode ser tanto a sentença, como a decisão interlocutória, decisão monocrática do relator ou acórdão.

> Art. 467. Denomina-se coisa julgada material a eficácia, que torna imutável e indiscutível a sentença, não mais sujeita a recurso ordinário ou extraordinário.

É possível, ainda, o julgamento antecipado da lide de forma parcial, a homologação de acordo parcial e o reconhecimento da prescrição e decadência também parcial, na forma dos artigos 354, parágrafo único e 356 do Novo CPC.

> Art. 354. Ocorrendo qualquer das hipóteses previstas nos arts. 485 e 487, incisos II e III, o juiz proferirá sentença.
>
> Parágrafo único. A decisão a que se refere o caput pode dizer respeito a apenas parcela do processo, caso em que será impugnável por agravo de instrumento.
>
> Art. 356. O juiz decidirá parcialmente o mérito quando um ou mais dos pedidos formulados ou parcela deles:
>
> I - mostrar-se incontroverso;
>
> II - estiver em condições de imediato julgamento, nos termos do art. 355.
>
> § 1º A decisão que julgar parcialmente o mérito poderá reconhecer a existência de obrigação líquida ou ilíquida.
>
> § 2º A parte poderá liquidar ou executar, desde logo, a obrigação reconhecida na decisão que julgar parcialmente o mérito, independentemente de caução, ainda que haja recurso contra essa interposto.

§ 3º Na hipótese do § 2º, se houver trânsito em julgado da decisão, a execução será definitiva.

§ 4º A liquidação e o cumprimento da decisão que julgar parcialmente o mérito poderão ser processados em autos suplementares, a requerimento da parte ou a critério do juiz.

§ 5º A decisão proferida com base neste artigo é impugnável por agravo de instrumento.

Cabe, ainda, o recurso parcial (artigo 1.002 do Novo CPC).

Art. 1.002. A decisão pode ser impugnada no todo ou em parte.

Reforça a tese do cabimento da coisa julgada progressiva, também o artigo 966, *caput* e seu §3º ao mencionar, respectivamente, o cabimento de ação rescisória em face de decisão de mérito (não mencionando que cabe apenas em caso de sentença), bem como que a ação rescisória pode ter por objeto apenas um capítulo da decisão (o que leva à conclusão do cabimento de diversas ações rescisórias em face da mesma decisão).

Sendo assim, entendemos que o Novo CPC adotou a tese há muito tempo presente na justiça do trabalho (Súmula 100, II do TST) quanto há existência da coisa julgada progressiva.

6. LIMITES DA COISA JULGADA E A NOVIDADE SOBRE A QUESTÃO PREJUDICIAL

Diz-se, ainda que a coisa julgada possui limites subjetivos e objetivos.

Quanto aos limites subjetivos, vale destacar que, em regra, ela só gera efeitos para as partes da causa. Sobre os limites objetivos, apenas o dispositivo transita em julgado, sendo que a doutrina defende que a definição do dispositivo não deve ser meramente formal, mas material, podendo o comando do juiz ser encontrado em outras partes da sentença. Neste sentido é o artigo 504 do Novo CPC ao dispor que não fazem coisa julgada os motivos e a verdade dos fatos.

Art. 504. Não fazem coisa julgada:

I - os motivos, ainda que importantes para determinar o alcance da parte dispositiva da sentença;

II - a verdade dos fatos, estabelecida como fundamento da sentença.

As principais questões decididas pela sentença equivalem a lei entre as partes, conforme *caput* do artigo 503 do Novo CPC, ou seja tem força de lei nos limites da lide.

Art. 503. A decisão que julgar total ou parcialmente o mérito tem força de lei nos limites da questão principal expressamente decidida.

§ 1º O disposto no caput aplica-se à resolução de questão prejudicial, decidida expressa e incidentemente no processo, se:

I - dessa resolução depender o julgamento do mérito;

II - a seu respeito tiver havido contraditório prévio e efetivo, não se aplicando no caso de revelia;

III - o juízo tiver competência em razão da matéria e da pessoa para resolvê-la como questão principal.

§ 2º A hipótese do § 1º não se aplica se no processo houver restrições probatórias ou limitações à cognição que impeçam o aprofundamento da análise da questão prejudicial.

Neste ponto destacamos outra novidade do Novo CPC sobre o tema aqui discutido. Nota-se no §1º do artigo 503 a possibilidade de questão prejudicial ter força de lei, ou seja, transitar em julgado, o que é totalmente novo quando comparado ao artigo 469, III do CPC de 1973 que determinava que a apreciação de questão prejudicial (questão de direito material) decidida incidentalmente no processo não fazia coisa julgada.

Art. 469. Não fazem coisa julgada:

I - os motivos, ainda que importantes para determinar o alcance da parte dispositiva da sentença;

II - a verdade dos fatos, estabelecida como fundamento da sentença;

III - a apreciação da questão prejudicial, decidida incidentemente no processo.

No regramento anterior a única hipótese da apreciação da questão prejudicial fazer coisa julgada seria com o ajuizamento de ação declaratória incidental, ação acessória que ampliava o objeto do processo, conforme previsão no artigo 470 do CPC de 1973.

Art. 470. Faz, todavia, coisa julgada a resolução da questão prejudicial, se a parte o requerer (arts. 5º e 325), o juiz for competente em razão da matéria e constituir pressuposto necessário para o julgamento da lide.

Neste caso o §1º do artigo 503 citado fixa os requisitos nos incisos I, II e III.

O inciso I trata da necessidade do julgamento do mérito da causa depender da resolução desta questão, o que nada mais é do que o próprio conceito de questão prejudicial, não sendo necessariamente um requisito, pois se não for questão prejudicial sequer se aplicaria a regra do §1º.

O inciso II determina a necessidade de ter havido contraditório prévio e efetivo, não cabendo em caso de revelia, quando não há a ampla defesa da parte contrária.

Já o inciso III aborda a competência do juízo em razão da matéria e da pessoa (parte) para resolver a questão prejudicial na qualidade de questão principal.

O §2º trata, ainda de requisito adicional que é a necessidade de robusta cognição e conjunto probatório, possibilitando o aprofundamento da análise da questão prejudicial.

Sendo assim, o CPC de 2015 extinguiu a necessidade da ação declaratória incidental ao abarcar a questão prejudicial dentro do âmbito da coisa julgada, o que acabou por ampliar o limite objetivo da coisa julgada.

7. RELAÇÕES JURÍDICAS CONTINUATIVAS

Outro aspecto sobre a coisa julgada é o disposto no artigo 505 do Novo CPC que deixa certo que o juiz pode decidir novamente a lide em se tratando de relação jurídica continuativa, quando ocorrer modificação do estado de fato ou de direito como por exemplo no caso das condições de saúde da vítima se agravarem, gerando descompasso com valor da pensão mensal originária fixada em sentença.

> Art. 505. Nenhum juiz decidirá novamente as questões já decididas relativas à mesma lide, salvo:
>
> I - se, tratando-se de relação jurídica de trato continuado, sobreveio modificação no estado de fato ou de direito, caso em que poderá a parte pedir a revisão do que foi estatuído na sentença;
>
> II - nos demais casos prescritos em lei.

Referido tema já era tratado no antigo artigo 471 do CPC de 1973. Sobre este aspecto, parte da doutrina afirma que em caso de relação jurídica continuativa sequer forma-se a coisa julgada material.

> Art. 471. Nenhum juiz decidirá novamente as questões já decididas, relativas à mesma lide, salvo:
>
> I - se, tratando-se de relação jurídica continuativa, sobreveio modificação no estado de fato ou de direito; caso em que poderá a parte pedir a revisão do que foi estatuído na sentença;
>
> II - nos demais casos prescritos em lei.

8. IMUTABILIDADE E RELATIVIZAÇÃO DA COISA JULGADA

No tocante à imutabilidade da coisa julgada, há casos em que ela se choca com outros direitos fundamentais de grande relevância na Lei Maior, sendo inconcebível a proteção da coisa julgada em tal circunstância.

Na hipótese de ofensa à Constituição Federal, há quem defenda que não há uma coisa julgada, vez que pode ser relativizada a qualquer momento, inclusive em fase de execução. Neste sentido são os artigos 884, §5º da CLT e 525, §12º do Novo CPC.

> Art. 884 - Garantida a execução ou penhorados os bens, terá o executado 5 (cinco) dias para apresentar embargos, cabendo igual prazo ao exeqüente para impugnação.
>
> (...)

§ 5º Considera-se inexigível o título judicial fundado em lei ou ato normativo declarados inconstitucionais pelo Supremo Tribunal Federal ou em aplicação ou interpretação tidas por incompatíveis com a Constituição Federal.

Art. 525. Transcorrido o prazo previsto no art. 523 sem o pagamento voluntário, inicia-se o prazo de 15 (quinze) dias para que o executado, independentemente de penhora ou nova intimação, apresente, nos próprios autos, sua impugnação.

(...)

§ 1º Na impugnação, o executado poderá alegar:

(...)

III - inexequibilidade do título ou inexigibilidade da obrigação;

(...)

§ 12. Para efeito do disposto no inciso III do § 1º deste artigo, considera-se também inexigível a obrigação reconhecida em título executivo judicial fundado em lei ou ato normativo considerado inconstitucional pelo Supremo Tribunal Federal, ou fundado em aplicação ou interpretação da lei ou do ato normativo tido pelo Supremo Tribunal Federal como incompatível com a Constituição Federal, em controle de constitucionalidade concentrado ou difuso.

Já na hipótese de decisão contrária à lei infraconstitucional esta faz coisa julgada, tendo em vista a previsão no ordenamento jurídico da possibilidade da ação rescisória nos termos do artigo 966, V do Novo CPC (acima transcrito) ao tratar da violação manifesta à norma jurídica.

Logo, se o pedido possui vedação expressa em lei infraconstitucional haverá o trânsito em julgado. Já se a vedação ocorrer em texto constitucional ela é nula não havendo o trânsito em julgado, sendo possível questioná-la inclusive após o prazo decadencial da ação rescisória.

Além disso, há quem defenda a possibilidade de se relativizar a coisa julgada em caso de manifesta injustiça, como é o caso do clássico exemplo da ação de investigação de paternidade reconhecendo a filiação anterior à existência do teste de DNA o qual posteriormente comprovou que o réu de fato não é o pai.

Cabe mencionar que a relativização da coisa julgada deve ser vista de forma excepcional, tendo em mente a necessidade de valorização das decisões judiciais para se manter o equilíbrio, o estado democrático de direito e a segurança jurídica

Vale citar corrente contrária que critica a relativização da coisa julgada, uma vez que esta tem a proteção da Constituição Federal como direito fundamental e não pode ser violada ou atacada, devendo a segurança jurídica prevalecer em face da inconstitucionalidade ou da injustiça.

9. CONCLUSÃO

Sendo assim, podemos afirmar que o Novo CPC inovou o instituto da coisa julgada ao trazer positivado uma forma de eficácia extraprocessual à coisa julgada formal, conforme artigo 486, §1º da nova lei adjetiva civil.

Além disso, o Novo CPC adotou a tese há muito tempo presente na justiça do trabalho (Súmula 100, II do TST) quanto há existência da coisa julgada progressiva.

Outra inovação é a extinção da necessidade da ação declaratória incidental quanto às questões prejudiciais, já que o §1º do artigo 503 do Novo CPC disciplina o trânsito em julgado destas questões. Ou seja, o CPC de 2015 ampliou o limite objetivo da coisa julgada.

Importante citar que a CLT é omissa no tocante à temática da coisa julgada e os assuntos aqui abordados, sendo as inovações aqui discutidas aplicáveis à seara laboral por força dos artigos 769 da CLT e 15 do Novo CPC.

> Art. 769 - Nos casos omissos, o direito processual comum será fonte subsidiária do direito processual do trabalho, exceto naquilo em que for incompatível com as normas deste Título.
>
> Art. 15. Na ausência de normas que regulem processos eleitorais, trabalhistas ou administrativos, as disposições deste Código lhes serão aplicadas supletiva e subsidiariamente.

Parte VIII

Cumprimento da sentença e processo de execução

Capítulo 43

MULTA DO ART. 523 DO NOVO CPC (ANTIGO ART. 475-J)

Wolney de Macedo Cordeiro[1]

SUMÁRIO: 1. NOTAS INTRODUTÓRIAS; 2. A SUPLETIVIDADE ORGÂNICA NO NCPC E SEUS LIMITES PERANTE O DIREITO PROCESSUAL DO TRABALHO; 3. DA APLICAÇÃO DE MEDIDAS COERCITIVAS PARA O CUMPRIMENTO DAS OBRIGAÇÕES DE PAGAR PREVISTAS EM TÍTULOS JUDICIAIS; 4. REFERÊNCIAS BIBLIOGRÁFICAS.

1. NOTAS INTRODUTÓRIAS

A evolução da norma processual cível tem sido notável nas últimas duas décadas. A partir da mudança de alguns paradigmas relevantes de regulação do processo judiciário, o arcabouço normativo, construído nos limites do direito procedimental cível, alterou radicalmente sua tessitura, legando um sistema com acentuadas diferenças em face daquele edificado pelo Código de Processo Civil de 1973.

Essa verdadeira "exuberância" dogmática do direito processual civil gerou muitos pontos de tensão com o direito processual do trabalho que, ao contrário do seu congênere, não produziu relevantes modificações normativas nos últimos tempos. A partir da disparidade entre os ritmos de mudanças dos dois sistemas normativos, a construção do direito processual do trabalho passou a ser feita a partir de uma análise prévia de reflexos e de influência dos novos paradigmas do processo civil[2].

Com a aprovação do novo Código de Processo Civil (Lei n.º 13.105, de 16 de março de 2015) a abrangência das modificações é bem mais ampla, repercutindo, de forma direta e inequívoca, no agravamento das tensões entre o processo laboral e o cível. Há, entretanto, temas que adquirem um caráter verdadeiramente emblemático nesse debate e, até pela intensidade pela qual foram en-

---

1 Desembargador do Tribunal Regional do Trabalho da 13ª Região, mestre e doutor em Direito, Professor Titular do UNIPÊ – Centro Universitário de João Pessoa e da ESMAT-13 – Escola Superior da Magistratura Trabalhista da Paraíba.

2 Nesse particular ver CORDEIRO, Wolney de Macedo. **Manual de execução trabalhista, 2. ed.** Forense: Rio de Janeiro, 2010, p. 07 e segs.; CHAVES, Luciano Athayde. **A recente reforma no processo comum e seus reflexos no direito judiciário do trabalho, 2. ed.** São Paulo: LTr, 2006; SCHIAVI, Mauro. **Manual de direito processual do trabalho - De acordo com o novo CPC, 9. ed.** São Paulo: LTr, 2015.

frentados, permanecem como referência fundamental na fixação dos limites de interação entre o sistema cível e o trabalhista.

Mesmo antes da aprovação do NCPC, a doutrina processual trabalhista dedicou-se com afinco ao estudo da possibilidade de aplicação do disposto no art. 475-J do Código de Processo anterior, especialmente no que concerne à incidência da multa de 10% sobre o montante devido pelo executado recalcitrante. O debate contaminou, de forma contundente, a jurisprudência, gerando quase que um monopólio nas discussões acerca da interação entre o processo civil e o trabalhista no plano da tutela executiva.

O tema, que será objeto de análise neste trabalho, embora apresente solução consolidada nos limites da jurisprudência do Tribunal Superior do Trabalho, ressurge com a vigência do NCPC. A partir da previsão de instituto similar, o NCPC, no seu art. 523, § 1º remanesce na perspectiva de cominar um instrumento de pressão para as execuções de obrigações de pagar. O instituto em nada discrepa do anterior, mas modificaram-se as bases para aplicação do processo comum ao laboral, pois agora previstas as técnicas de **subsidiariedade** e de **supletividade** (NCPC, art. 15).

Nessa perspectiva, o objeto do presente trabalho será o de proceder a uma análise quanto à recepção da multa preconizada pelo NCPC, art. 523, § 1º ao processo do trabalho, em face do manejo das técnicas de subsidiariedade e de supletividade.

2. A SUPLETIVIDADE ORGÂNICA NO NCPC E SEUS LIMITES PERANTE O DIREITO PROCESSUAL DO TRABALHO.

O tema da aplicação do direito processual comum ao processo do trabalho ganha uma nova dimensão com a vigência do NCPC, em especial a partir da redação do seu art. 15. Pela primeira vez na história do direito processual brasileiro, um código passa a ser, de forma explícita e incontestável, a fonte prioritária do processo não criminal. Obviamente essa situação de preponderância dogmática do direito processual civil já era implicitamente reconhecida no plano doutrinário. Sempre se teve em mente que a norma de processo civil era o fundamento lógico para os demais ramos da processualística, sendo adotada como fonte subsidiária pelo direito processual do trabalho (CLT, arts. 769 e 889), direito processual consumerista (CDC, art. 90), processo coletivo em geral (Lei n.º 7.347/1985, art. 19) e direito processual da infância e juventude (ECA, art. 152).

Do ponto de vista ideológico, a questão assume novos contornos, na medida em que, após a vigência do NCPC, a própria codificação processual civil passou a assumir seu papel de regulador geral dos procedimentos não criminais, impondo sua aplicação de caráter subsidiário e supletivo. A grande novidade está na inserção de um novo instituto, até então não reconhecido de forma explícita: a **supletividade**.

Sendo o NCPC supletivo em relação ao direito processual do trabalho, sua atuação não é de mero coadjuvante na regulação das questões procedimentais, mas sim de verdadeiro provedor de uma consistência dogmática inexistente na CLT. O caráter supletivo da estrutura processual civil visa a conferir coerência sistêmica ao conjunto normativo de regulação do processo do trabalho que não é capaz de satisfazer integralmente as demandas contemporâneas dos conflitos trabalhistas.

Essa acepção da supletividade fica bem delineada quando se verifica que o alvo de atuação do NCPC, art. 15 foi, além do processo do trabalho, o processo eleitoral e o administrativo. Esses dois últimos têm seus próprios princípios, todavia se ressentem de uma normatização sistemicamente estruturada. Não perdem sua autonomia, mas, diante da ausência de uma adequada sistematização para seus procedimentos, são supletivamente estruturados pela norma processual civil codificada.

Observe-se que **supletivo** não significa exclusivo ou impositivo[3], mas sim adjetivo capaz de indicar algo que complementa, agrega ou destaca. Ou seja, o caráter supletivo do NCPC funciona como uma ferramenta de adequação das estruturas procedimentais lacônicas e minimalistas às demandas sociais complexas não integralmente reguladas pela norma original. Pela atuação supletiva do NCPC em relação à execução trabalhista, aplicar-se-ão as normas do processo comum a fim de implementar o correto significado dos institutos de processo do trabalho que não mais se adequam às estruturas procedimentais vigentes.

A aplicação supletória não significa, conforme afirmamos anteriormente, o afastamento integral da norma processual trabalhista, mas sim sua modelação às necessidades contemporâneas. Como não se trata de uma **substituição**, são preservadas as estruturas ideológicas do sistema processual trabalhista, que remanescem **dosando**, **mitigando** e **contendo** a aplicação do processo comum[4].

---

3   Segundo o Dicionário Houaiss, supletivo é adjetivo masculino que significa "[...] que completa ou que serve de suplemento; supletório.".

4   Em artigo recente, publicado antes mesmo da promulgação do NCPC, Ílina Cordeiro de Macedo Pontes já estabelecia as diretrizes de relacionamento entre a CLT e o NCPC, sob a égide a supletividade: "Cabe ressaltar que ambos permanecem com suas respectivas peculiaridades e individualidades, mesmo havendo uma troca maior de normas. Essas foram respeitadas pelo fato de que o próprio sistema, representado por seus doutrinadores, admitiram essa coexistência. A válvula de entrada da CLT foi claramente ampliada, mas por elementos internos ao sistema, permitindo, assim, que este permaneça evoluindo, em contato com aquilo que lhe permita apenas o seu crescimento. Essas trocas entre as legislações tendem, por outro lado, a mudar severamente caso seja aprovado o Novo Código de Processo Civil com a redação que possui atualmente." (*In:* **Da autofagia à heterofagia do processo laboral: possíveis consequências da redação do novo CPC sobre a interpretação processual na esfera Trabalhista.** João Pessoa: Tribunal Regional do Trabalho da 13ª Região, 2014, p. 449).

O processo de aplicação supletória deve ser conduzido com bastante prudência, a fim de que algumas características do processo comum, naturalmente desarmônicas com as do processo do trabalho, não sejam absorvidas. A atuação do intérprete consiste em preservar a base ideológica do processo do trabalho e complementar a norma laboral deficiente.

Não é possível partir-se de premissa simplista de que a previsão de aplicação supletiva preconizada pelo NCPC, art. 15 não apresenta nenhuma significação para a construção de tessitura procedimental do processo do trabalho. Há um claro comando normativo no sentido de estabelecer dois procedimentos autônomos de complementação do sistema processual trabalhista. Ao contrário do que alguns argumentam, a absorção dos institutos de direito processual civil não pode significar *a priori* uma descaracterização ideológica do processo laboral, mas sim o aprimoramento dos seus institutos diante das profundas modificações sociais das últimas décadas. O núcleo principiológico do processo laboral apresenta bases sólidas e perenes, não sendo passível de uma dissolução apenas por causa da inserção de alguns institutos do processo civil de forma supletiva.

Não é apenas a influência do direito material do trabalho que viabiliza a edificação de uma principiologia própria e específica do processo laboral, mas sim o reconhecimento de seus institutos a partir de necessidades específicas do fenômeno processual. É equivocada a repulsa na aplicação do direito processual civil apenas porque sua finalidade precípua é efetivar os institutos de direito civil[5], pois inegável é a natureza instrumental do processo laboral na composição dos conflitos envolvendo trabalhadores. A lide trabalhista apresenta contornos bem próximos da lide cível. O elemento substancialmente díspar entre os dois conflitos reside na necessidade de serem reconhecidos institutos de proteção do trabalhador na relação processual, sem abrir mão das estruturas procedimentais edificadas nos limites do direito processual civil. A convivência entre os dois subsistemas é viável e não descaracteriza a natureza tuitiva do processo laboral[6].

---

5   Nessa perspectiva, Jorge Luiz Souto Maior revela uma posição absolutamente defensiva em face da absorção das normas de direito processual civil ao afirmar que existe: "[...] um enorme equívoco histórico e de metodologia em buscar compreender o processo do trabalho a partir do processo civil [...] mesmo com tais pressupostos extremamente reduzidos do alcance atual da fase do Direito o processo do trabalho seria derivado do direito do trabalho e não do processo civil." (sic) (*In*: **Relação entre o processo civil e o processo do trabalho**. Salvador: JusPodivm, 2015, p. 161). A premissa usada pelo autor é absolutamente equivocada e conduziria o intérprete à falsa conclusão de absoluta incompatibilidade entre o processo civil e o processo do trabalho. Ora, a origem dos regramentos processuais é a mesma, sendo ao processo do trabalho atribuída uma postura tuitiva em relação ao trabalhador que consta na relação processual. O reconhecimento desse caráter tuitivo da norma processual trabalhista não lhe retira a natureza de ramo da disciplina processual e seu compromisso com a solução dos conflitos de natureza laboral que emergem no meio social. O direito processual do trabalho não **nasce** do direito do trabalho, mas é instrumento deste. Assim sendo, a atuação supletória do processo comum não é um desvirtuamento das finalidades do processo do trabalho.

6   Nesse particular, merece destaque a referência de João Humberto Cesário *verbis*: "Não há como negar, neste contexto, que a combinação dialógica dos arts. 769 da CLT e 15 do CPC/2015 [...], pensados ao encontro e não de encontro, realizada com cuidado e método científico, pode potencializar a instrumentali-

A maturação do conceito de supletividade levará algum tempo, especialmente porque a dogmática do processo do trabalho ainda não dispõe de elementos suficientes para assimilar os institutos de direito processual civil respeitando o conteúdo ideológico laboral. Há uma série de ferramentas processuais do processo civil que, caso usadas com razoabilidade, podem permitir a construção de uma estrutura procedimental trabalhista mais lógica e racional. No campo da tutela de execução a aplicação **supletiva** do direito processual comum pode render excelentes frutos, afastando a repulsa natural da jurisprudência laboral em face do tema. Por conta de postura de recusa apriorística, deixamos de absorver no processo laboral uma série de inovações trazidas pelas Leis n.º 11.232/2005 e 11.382/2006 que poderiam aprimorar de maneira contundente os mecanismos de efetividade da execução laboral.

Com a possibilidade de ampliação da inserção das normas de processo comum, mediante a aplicação da técnica da supletividade, poderemos reiniciar o debate, reavaliando a reconstrução da execução trabalhista. A observância de um novo paradigma permitirá a construção de uma discussão mais ampla e profícua sobre o tema. Para essa finalidade escolhemos alguns institutos da tutela executiva, a fim de analisar a possibilidade de aplicação do processo do trabalho, com as devidas adaptações.

3. DA APLICAÇÃO DE MEDIDAS COERCITIVAS PARA O CUMPRIMENTO DAS OBRIGAÇÕES DE PAGAR PREVISTAS EM TÍTULOS JUDICIAIS

De acordo com o procedimento executivo previsto no NCPC, transcorrido o prazo para o cumprimento voluntário da obrigação preconizada no título judicial, o devedor, na forma do art. 523, § 1º, incorrerá em uma multa de dez por cento sobre o valor executado, independentemente de prévia cominação na sentença. Essa alteração, isoladamente, não garante o sucesso das execuções, no entanto significa um rompimento importante de uma tradição no âmbito da tutela executiva. Normalmente, as execuções de obrigações de pagar eram baseadas em atos sub-rogatórios, tendo em vista única e precipuamente o patrimônio do devedor. Essa modalidade executória sempre se operou por intermédio de meios diretos de ataque ao conjunto patrimonial de devedor. Os meios indiretos de execução buscando o cumprimento das obrigações por parte do devedor, sempre foram utilizados para a efetivação de obrigações de fazer, não fazer e de entregar coisa[7].

---

dade do Processo do Trabalho, sem nem de longe desnaturar sua essência. " (*In*: **O processo do trabalho e o novo Código de Processo Civil: critérios para uma leitura dialogada dos arts. 769 da CLT e 15 do CPC/2015**. São Paulo: LTr, 2015, p. 137)

[7] Conforme lição de Araken de Assis: "Os meios que abstraem a participação do executado, genericamente designados de 'sub-rogatórios', e a execução em que atuam, chamada de direta, ostentam, todavia determinadas diferenças no modo de penetração na esfera patrimonial do devedor."(*In:* **Manual do processo de execução, 5.ed**. São Paulo: Revista dos Tribunais, 1998, p. 111).

A diferença entre a execução direta e a indireta repousa apenas na possibilidade ou não de responsabilização do patrimônio do devedor. No entanto, o direito brasileiro, no regime anterior ao da Lei nº. 11.232/2005, optou pela adoção quase que exclusiva dos meios sub-rogatórios para a concretização das execuções de obrigação de pagar[8]. Essa opção do legislador, por outro lado, não significa a exclusão *a priori* dos meios indiretos para a concretização dos comandos jurisdicionais consistentes em obrigações de pagar. Trata-se apenas de opção do sistema normativo e não incompatibilidade dogmática dos institutos.

O que se busca da tutela executiva em relação às sentenças condenatórias é a obtenção de um resultado prático, que possa concretizar a determinação contida no título judicial. A natureza da obrigação executada não é elemento determinante da natureza das medidas a serem adotadas pelo Poder Judiciário para a concretização de seus comandos[9].

O sistema normativo vigente é que colocará à disposição do magistrado e dos credores os meios executórios destinados à obtenção do resultado prático e objetivo da tutela executiva. A atividade jurisdicional, portanto, deverá ser operada no âmbito da autorização legal para a prática das medidas de força, sejam elas de caráter coercitivo ou sub-rogatório. Existe, por conseguinte, uma postura finalística da atividade executiva que só será exaurida mediante a entrega ao credor do bem reconhecido no plano material[10].

As medidas destinadas a concretizar a prestação jurisdicional, portanto, representam, tão somente, o caminho e não a finalidade da tutela executiva. Desde que referendadas pelo ordenamento jurídico, revelam-se aptas para a concretização das obrigações reconhecidas jurisdicionalmente. Essa mudança de enfoque pode muito bem ser detectada no âmbito da previsão da multa de dez por cento preconizada pelo art. 523, § 1º do NCPC. É, induvidosamente, o meio de pressão indireto infligido ao devedor, com o escopo de cumprir voluntariamente a obrigação. Serve como instrumento cominatório e sancionatório pelo descumprimento, sem integrar, por outro lado, o núcleo da obrigação executada.

---

8   Tradicionalmente o direito processual prevê uma medida de pressão especifica para as obrigações de pagar alimentos, onde se corrompeu moderadamente o sistema de prevalência das medidas sub-rogatórias nessas modalidades de execução. Trata-se, portanto, da prisão civil do devedor, preconizada exclusivamente para o descumprimento involuntário de pensão alimentícia (CF, art. 5º, LXVII; NCPC, art. 528, § 3º).

9   "[...]a execução por coerção é modalidade de tutela jurisdicional executiva, nada impedindo que esta modalidade de execução ocorra em decorrência da sentença condenatória. Não é a modalidade de sentença que permite distinguir a medida executiva que será realizada, mas sim, o bem devido que se pretenda obter com tal atividade jurisdicional." (MEDINA, José Miguel Garcia. **Execução civil – teoria geral e princípios fundamentais, 2. ed.** São Paulo: Revista dos Tribunais, 2004, p. 403).

10 Segundo Teori Zavascki: "A atividade jurisdicional executiva consiste, assim, em efetivar, coativamente, no plano dos fatos, o resultado previsto no ordenamento jurídico, exigível em razão do fenômeno da incidência, que deveria ter sido alcançado, mas não foi, pelo atendimento espontâneo por parte do sujeito obrigado." (*In:* **Processo de execução – parte geral, 3. ed.** São Paulo, Revista dos Tribunais, 2004, p. 29).

Nesse caso, o legislador modificou a postura habitualmente ostentada para a execução de obrigação de pagar e atribuiu ao juiz uma forma adicional de pressão para o seu cumprimento. A medida, portanto, não pode ser taxada de ilegal, inconstitucional ou incongruente do ponto de vista dogmático, mas sim uma salutar inovação legislativa que amplia o espectro de instrumentos de pressão à disposição do Poder Judiciário. Revela-se, por conseguinte, um meio adicional de pressão em face do devedor, a fim de tornar não atraente o descumprimento das obrigações reconhecidas no título judicial[11].

O caráter instrumental da multa preconizada pelo NCPC, art. 523, § 1º facilita sobremaneira a sua aplicabilidade ao direito processual do trabalho. Embora a vetusta legislação processual trabalhista não traga nenhuma disposição acerca do tema, não se pode afastar sua aplicabilidade. Com efeito, conforme exposto anteriormente, a penalidade em análise visa a pressionar o cumprimento das obrigações reconhecidas pelo órgão jurisdicional. Não se trata da imposição de qualquer tipo de conduta ao devedor, mas sim da utilização de um instrumento de pressão adicional para a concretização da tutela jurisdicional.

As medidas coercitivas por parte do direito processual do trabalho sempre foram assimiladas de maneira unânime pela doutrina e pela jurisprudência. Nunca se questionou a aplicação das penas pecuniárias diárias (*astreintes*) para o descumprimento das obrigações de fazer e não fazer, conforme preceituado pelo art. 461 do antigo CPC. No caso das obrigações de fazer e de não fazer, assimilou-se integralmente todo o conjunto normativo concernente aos instrumentos de pressão do devedor. Não se impôs ao devedor trabalhista de obrigação de fazer ou não fazer nenhum tipo de dever não previsto em lei, mas apenas municiou-se o judiciário trabalhista de mais um instrumento de pressão para o cumprimento de tais obrigações.

Atualmente, vamos nos deparar com situação análoga àquela motivada pela assimilação das *astreintes* no âmbito do direito processual do trabalho. Ou seja, o direito processual civil criou novos mecanismos de pressão em face do devedor,

---

[11] Como preleciona Athos Gusmão Carneiro, referindo-se ao antigo art. 475-J do CPC: "A multa de dez por cento, prevista no texto legal, incide de modo automático caso o devedor não efetue o pagamento no prazo concedido em lei. Visa, evidentemente, compeli-lo ao pronto adimplemento de suas obrigações no plano de direito material, desestimulando as usuais demoras 'para ganhar tempo. Assim, o tardio cumprimento da sentença, ou eventuais posteriores cauções, não livram o devedor da multa já incidente [...]"*In:* **Do "cumprimento da sentença", conforme a Lei nº. 11.232/2005. Parcial retorno ao medievalismo? Por que não?** São Paulo, Revista dos Tribunais, 2006, p. 69. De maneira mais explícita, quanto à teleologia das sanções aplicáveis ao cumprimento das obrigações de pagar, afirma Sidney Palharini Júnior: "Considerando que essa determinação legal se dá após percorrido todo o processo de conhecimento, com amplo debate sobre o direito em disputa, sob as vista do contraditório e ampla defesa, não nos resta dúvida de que com a multa em questão pretendeu o legislador reformista incentivar o devedor (coagindo-o) ao cumprimento da condenação que lhe foi imposta judicialmente, pois tal conduta é o que se espera do sucumbente de boa-fé." (*In:* **Algumas reflexões sobre a multa do art. 475-J do CPC.** São Paulo: Revista dos Tribunais, 2007, p. 269-270).

objetivando o cumprimento das obrigações. Quebrou-se, como já foi afirmado anteriormente, o monopólio das medidas sub-rogatórias como meios executivos das obrigações de pagar. Inexiste, por conseguinte, qualquer óbice legal ou dogmático para absorção de tais medidas no âmbito do direito processual do trabalho.

É certo que a doutrina trabalhista não se apresentou muito receptiva à assimilação da multa preconizada pelo atual art. 523, § 1º do NCPC. O argumento basilar dos opositores da assimilação dessa regra ao direito processual do trabalho reside no fato de inexistir previsão legal de multa na nossa legislação, sendo, portanto, inviável sua oposição sob pena de ferimento do princípio da legalidade[12]. Na verdade, é necessário que seja estabelecida a natureza jurídica do instrumento imposto pela norma processual civil, para só assim ser avaliada a compatibilidade ao direito processual do trabalho. Tratando-se de simples medida de coerção, proveniente da atividade executiva do juiz, não se pode dar ao referido instituto a pecha de verdadeira "pena" a ser prevista de forma expressa pela legislação. Por outro lado, admitindo-se a **supletividade** da norma processual civil, o fato de se assimilar um mecanismo **adicional** de pressão contra o devedor recalcitrante encontra-se na linha dogmática traçada pelo NCPC, art.15.

No plano jurisprudencial a questão sempre provocou profundas cizânias, que não serão resolvidas de forma simples. Muitos Tribunais Regionais do Trabalho apresentam entendimento consolidado acerca da possibilidade de aplicação do atual art. 523, § 1º do NCPC à sistemática do processo do trabalho[13]. No

---

12 Trata-se de orientação propugnada por Manoel Antônio Teixeira Filho (vide Processo do trabalho – embargos à execução ou impugnação à sentença? - A propósito do art. 475-J, do CPC. In: **Revista LTr, v.70, nº. 10,**. São Paulo: LTr, out. 2006, p. 1179-1182); Edilton Meireles (vide A nova execução cível e seus impactos no processo do trabalho. In: **Revista LTr, v. 70, nº. 03,**. São Paulo: LTr, mar. 2006, p. 347-351); José Augusto Rodrigues Pinto (vide **Execução trabalhista, 11. ed.** São Paulo: LTr, 2006, p. 39); entre outros.

13 Nesse sentido, devem ser citados recentes julgados: "[...] 6. Art. 475-J do CPC. Aplicabilidade ao processo do trabalho. Considerando que as normas de direito processual (CLT e Lei nº 6.830/80) que regem a execução trabalhista revelam-se ultrapassadas e inadequadas à efetividade da prestação jurisdicional trabalhista (omissão teleológica), cujo objeto. o crédito do trabalhador. tem natureza alimentar e em homenagem ao princípio constitucional da razoável duração do processo, encartado no art. 5º, inciso LXXVIII da nossa Lei Maior, totalmente aplicável, no âmbito da Justiça do Trabalho, o art. 475-J do CPC. 7. Recurso ordinário a que se dá parcial provimento. [...]. (TRT 21ª R.; RO 77100-74.2012.5.21.0010; Ac. 137.475; Segunda Turma; Relª Juíza Isaura Maria Barbalho Simonetti; DEJTRN 24/09/2014)".
"[...] Multas dos arts. 475-J, 600, IV, e 601, todos do CPC. Aplicação no processo do trabalho. As multas dos arts. 475-J, 600, IV e 601, todos do CPC, guardam compatibilidade com os princípios basilares do processo do trabalho, bem como com a efetividade da prestação jurisdicional e razoável duração do processo, por influenciar a conduta do obrigado a cumprir, com maior brevidade, o comando consignado na sentença. Suas aplicações no processo do trabalho estão autorizadas pelo comando do art. 832, § 1º da CLT, segundo o qual a sentença condenatória determinará o prazo e as condições para o seu cumprimento. Ademais, a questão da aplicação da multa prevista no art. 475-J do CPC ao processo do trabalho já está pacificada pela Súmula nº 13 deste e. Regional, aprovada pelo tribunal pleno em sessão do dia 17.02.2011. Recurso improvido. (TRT 8ª R.; RO 0001057-68.2013.5.08.0125; Quarta Turma; Rel. Des. Fed. Walter Roberto Paro; DEJTPA 19/09/2014; Pág. 175)"

âmbito do Tribunal Superior do Trabalho, após algumas divergências pontuais, a posição dominante é foi no sentido de negar a aplicação da mencionada penalidade aos limites do direito processual do trabalho[14].

> "MULTA DO ART. 475-J DO CPC. PROCESSO DO TRABALHO. APLICABILIDADE. Não há óbice à aplicação da multa prevista no art. 475-J do CPC no processo trabalhista. Ao contrário, além de compatível com as normas processuais da execução trabalhista, tal penalidade contribui para o cumprimento da garantia constitucional da célere tramitação dos feitos. (TRT 1ª R.; AP 0046700-85.2005.5.01.0008; Primeira Turma; Rel. Des. Gustavo Tadeu Alkmim; DORJ 18/09/2014).
> "AGRAVO DE PETIÇÃO. MULTA DO ART. 475-J DO CPC. APLICAÇÃO AO PROCESSO DO TRABALHO. A multa estabelecida no art. 475-J do CPC é perfeitamente compatível com as disposições da CLT, considerando a omissão da legislação trabalhista quanto à aplicação de multas pelo retardamento no cumprimento do título judicial no processo do trabalho. (TRT 3ª R.; AP 0001093-86.2013.5.03.0081; Rel. Juiz Conv. Paulo Maurício Ribeiro Pires; DJEMG 12/09/2014; Pág. 213)".
> "MULTA PREVISTA NO ART. 475-J DO CPC. A multa prevista no art. 475-j do CPC é compatível com o processo do trabalho (OJ. Nº 13 desta seex) e tem aplicação quando não comprovado o pagamento do crédito do exequente no prazo estabelecido. (TRT 4ª R.; AP 0203800-59.2009.5.04.0403; Seção Especializada em Execução; Relª Desª Rejane Souza Pedra; DEJTRS 08/09/2014; Pág. 150)".
> "MULTA DO ART. 475-J DO CPC. APLICAÇÃO AO PROCESSO DO TRABALHO. O art. 475-J do CPC é norma processual perfeitamente aplicável ao processo do trabalho, seja porque mais favorável, seja porque prima pelo princípio da celeridade, coadunando-se inclusive com a garantia constitucional da razoável duração do processo (art. 5º, lxxviii, cf). Redirecionamento da execução. Devedora subsidiária. Notória inexistência de bens da devedora principal. Regularidade. O redirecionamento da execução para o devedor subsidiário não ofende o direito ao benefício de ordem (art. 827 do CC e 595 do cpc), quando constatada a extinção da devedora principal. Cabe ao devedor subsidiário, na hipótese, o ônus de comprovar o contrário, bem como informar bens livres e desembaraçados suficientes para suportar a execução. Agravo de petição conhecido e não provido. (TRT 16ª R.; AP 0033800-13.2011.5.16.0018; Primeira Turma; Rel. Des. José Evandro de Souza; Julg. 20/08/2014; DEJTMA 29/08/2014; Pág. 22)"
> "HORAS EXTRAS. CARTÕES DE PONTO INVÁLIDOS. FIXAÇÃO DA JORNADA. ADEQUAÇÃO À PROVA E AO PRINCÍPIO DA RAZOABILIDADE. Constatando-se irregularidade na forma de registro da jornada de trabalho do reclamante e tratando-se de empreendimento onde é notório o elasticemento da jornada, a fixação da quantidade de horas extras prestadas deve ser feita com base nos depoimentos prestados em audiência e observando-se o princípio da razoabilidade. Multa do art. 475-j do CPC. Aplicação ao processo trabalhista. Necessidade de intimação. No processo trabalhista, é cabível a aplicação do art. 475-j do CPC, fazendo-se necessária, para aplicação da multa, além do trânsito em julgado, a devida intimação da parte para o cumprimento da sentença. (TRT 13ª R.; RO 0114800-96.2013.5.13.0002; Segunda Turma; Rel. Des. Edvaldo de Andrade; Julg. 29/07/2014; DEJTPB 30/07/2014; Pág. 7"

[14] "Os seguintes julgados demonstram o entendimento predominante no TST, todavia com ressalvas dos próprios relatores: RECURSO DE REVISTA. MULTA DO ART. 475-J DO CPC. PROCESSO DO TRABALHO. INCOMPATIBILIDADE. 1. Conquanto recomendável, *de lege ferenda*, a aplicação da multa do art. 475-J do CPC no processo do trabalho encontra óbice intransponível em normas específicas por que se rege a execução trabalhista. 2. Se, de um lado, o art. 475-j do CPC determina ao devedor o depósito obrigatório do valor devido, o art. 882 da CLT abre para o executado a faculdade de garantia do juízo com outro tipo de bem. Manifesto que, se a CLT assegura ao executado o direito à nomeação de bens à penhora, isso logicamente exclui a ordem para imediato pagamento da dívida, sob pena de incidência da multa de 10%. 3. A aplicação à risca do procedimento do art. 475-J do CPC igualmente conflita com a CLT no tocante à exigência de citação, visto que, pela atual sistemática do processo civil, não há mais citação do executado em execução de sentença condenatória para pagamento de dívida, tampouco citação para pagar ou nomear bens à penhora, como se dava outrora. No entanto, esse ainda é o modelo ou o rito abraçado pela CLT para a execução trabalhista (art. 880 da CLT). 4. Outro contraste manifesto entre o procedimento do art. 475-J do CPC e o da CLT repousa nos embargos do devedor: garantido o juízo pela penhora, o art. 884 da CLT assegura ao executado o prazo de cinco dias para opor embargos à execução, ao passo que o § 1º do art. 475-J do CPC faculta ao executado apenas impugnar o título judicial, querendo, no prazo de quinze dias [...] (TST; RR 0094500-21.2010.5.13.0002; Quarta Turma; Rel. Min. João Oreste Dalazen; DEJT 19/09/2014)".

Entendemos que o debate não mereceria tantas polêmicas. A assimilação das normas de direito processual comum ao processo do trabalho revela-se em função, principalmente, do seu grau de concretização de uma prestação jurisdicional rápida e flexível. Não há dúvidas de que esta medida de pressão estatuída pela legislação processual civil cumpre nobremente esta finalidade, sendo plenamente possível sua aplicação ao direito processual do trabalho.

Admitida a aplicação da multa preconizada no art. 523, § 1º do NCPC, algumas questões de ordem dogmática ainda devem ser resolvidas. Verifica-se, inicialmente, que a aplicação da multa em questão é feita *ope legis*, não dependendo de deliberação jurisdicional para sua concretização. A cominação já é estabelecida de maneira genérica pela legislação e, ao contrário das *astreintes* típicas, incidirá uma única vez sobre o montante da condenação.

A incidência da multa de dez por cento, além de se operar uma única vez, não é relevada por força do pagamento ou garantia posterior da execução. Transcorrido o prazo legal de quinze dias sem que o devedor esboce qualquer reação no sentido de adimplir a obrigação, a incidência da multa dar-se-á de forma automática, passando a integrar a obrigação principal[15].

"[...] Multa prevista no artigo 475-J do CPC. Inaplicabilidade ao processo do trabalho. Entendimento majoritário. Ressalvado o meu posicionamento quanto ao tema, de acordo com a jurisprudência prevalecente desta corte, a multa prevista no artigo 475-J do CPC não se aplica ao processo do trabalho, já que a CLT não é omissa e possui disciplina própria, consubstanciada nos seus artigos 880 e seguintes, que estabelecem a garantia da dívida por depósito ou pela penhora de bens bastantes ao pagamento da condenação. Precedentes. Recurso de revista de que se conhece e a que se dá provimento. (TST; RR 0000815-85.2011.5.06.0012; Sétima Turma; Rel. Min. Cláudio Mascarenhas Brandão; DEJT 12/09/2014)"

"[...] Multa do artigo 475-J do código de processo civil. Inaplicabilidade ao processo do trabalho. Esta corte, com ressalva do entendimento do relator, tem decidido pela inaplicabilidade do artigo 475-J do CPC ao processo do trabalho, ante a existência de previsão legislativa expressa na CLT sobre o tema, porquanto os artigos 880 e 883 da CLT regulam o procedimento referente ao início da fase executória do julgado, sem cominação de multa pelo não pagamento espontâneo das verbas decorrentes da condenação judicial, motivo por que sua aplicação acarretaria ofensa ao devido processo legal, de que trata o artigo 5º, inciso LIV, da Constituição Federal. Recurso de revista conhecido e provido. (TST; RR 0001186-23.2011.5.01.0001; Segunda Turma; Rel. Min. José Roberto Freire Pimenta; DEJT 19/09/2014)"

15 Não é demais citar que, parte da doutrina civilista advogada a tese de exoneração do devedor pelo pagamento da multa, quando provar tentativas de alienar patrimônio para a satisfação da obrigação. Nesse sentido, é a lição de Marcelo Abelha, *verbis*: "[...] em nosso sentir, não poderá o devedor sofrer a incidência da multa de 10% sobre o valor da condenação, se quando tiver sido intimado da sentença não tiver tempo suficiente para transformar bens de seu patrimônio em dinheiro suficiente para pagamento do débito." (*In*: **Manual de execução civil, 3.ed.** Rio de Janeiro: Forense Universitária, 2008, p. 319). A inserção de um elemento subjetivo da inadimplência do devedor, entretanto, não se apresenta viável no âmbito estrutural da tutela executiva. Trata-se do estabelecimento de um contraditório de incerta concretização e de resultados imprevisíveis. Nessa perspectiva é a relutância de Jorge Eustácio da Silva Frias: "É devida essa multa se não houver cumprimento voluntário nos 15 dias seguintes à intimação da parte quanto à condenação ao pagamento de quantia certa ou de quando a condenação genérica é liquidada, independentemente das razões pessoais por que o devedor deixa de cumprir tal obrigação. A lei não prevê sua dispensa em caso de dificuldades econômicas do devedor [...] (*In*: **A multa pelo descumprimento da condenação em quantia certa e o novo conceito de sentença**. São Paulo: Revista dos Tribunais, 2007, p. 161).

A incidência da multa operar-se-á sobre o total da condenação, inclusive em relação a honorários advocatícios, custas processuais, penas de litigância de má-fé e outros acessórios contemplados na sentença. O objetivo da cominação da multa é compelir o devedor ao cumprimento da obrigação de pagar, devendo a referida pena abranger todo o conjunto da condenação[16].

Nesse sentido, não apenas o núcleo obrigacional propugnado inicialmente pelo credor será a base de incidência da multa de dez por cento, mas sim todo e qualquer acréscimo efetuado na condenação. Nesse acréscimo devemos incluir os honorários periciais. Na sistemática de nosso direito processual, os honorários periciais integram o conteúdo da sentença, ocasião em que o juiz irá determinar a responsabilidade pelo respectivo pagamento (CLT, art. 790-B). Sendo assim, o pagamento dos honorários periciais integrará o montante da condenação, muito embora não faça parte do núcleo primitivo da obrigação.

Não há, portanto, qualquer motivo para que os honorários periciais sejam afastados do campo de incidência da multa do art. 523, § 1º do NCPC. Não podemos ignorar o fato de que, a necessidade da realização da prova pericial decorrerá da própria intransigência do devedor em reconhecer o referido débito. Nesse caso, a inadimplência dos honorários é, por via reflexa, a inadimplência da obrigação principal reconhecida em juízo. O fato de a condenação em honorários periciais ter outro beneficiário também não é motivo para refutar a aplicação da multa, tendo em vista que, conforme já exaustivamente expusemos, o objetivo da cominação é evitar o descaso e a inadimplência do devedor. Entretanto, como o sujeito ativo da obrigação representada pelos honorários periciais é o perito, o resultado financeiro da multa a este reverterá.

O mesmo raciocínio pode ser aplicado em relação aos créditos previdenciários, exigíveis na forma da CF, art. 114, VIII e CLT, 831, § 4º. O crédito previdenciário nasce da própria condenação trabalhista, mas ostenta devedor diverso. Muito embora, do ponto de vista teórico componha um novo título executivo, o cumprimento dar-se-á juntamente com o do respectivo crédito trabalhista. Assim, o devedor tem de cumprir, no prazo da lei, todas as obrigações descritas na sentença, inclusive aquelas de natureza previdenciária. A inadimplência, portanto, importará na aplicação da penalidade preconizada pelo NCPC, art. 523, § 1º. Da mesma forma como ocorre em relação aos honorários periciais, o resultado financeiro da aplicação da multa de dez por cento reverterá em favor da União e não do credor trabalhista.

---

16 Como adverte Cássio Scarpinella Bueno: "Acredito que a melhor forma de interpretar o dispositivo – até como forma de criar condições as mais objetivas possíveis para o cumprimento 'voluntário' da obrigação, mesmo depois de jurisdicionalmente chancelada – é entender como 'montante da condenação' tudo aquilo que deve ser pago pelo devedor, em função do proferimento da sentença em seu desfavor [...]"*In:* **Variações sobre a multa do caput do art. 475-J do CPC na redação da Lei 11.232/2005**. São Paulo: Revista dos Tribunais, 2006, p. 147-148.

Caso o devedor cumpra parcialmente a obrigação, a multa incidirá apenas sobre o montante da execução não adimplido, conforme expressamente estabelece o NCPC, art. 523, § 2º[17]. Esse cumprimento parcial da obrigação poderá acontecer pelo pagamento espontâneo realizado pelo devedor, situação certamente antevista pelos autores da alteração legislativa.

Entretanto, no âmbito do direito processual do trabalho, podem ocorrer situações em que existam nos autos depósitos recursais, realizados durante a tramitação da fase cognitiva, nos termos da CLT, art. 899, § 1º e segs. Esses depósitos realizados pelo réu da ação trabalhista obviamente representam uma antecipação do montante da condenação e, obrigatoriamente, devem ser abatidos do montante geral de incidência da multa de dez por cento. Aliás, não se deve nem cogitar a manutenção dos depósitos recursais após o trânsito em julgado da decisão, tendo em vista a determinação legal (muitas vezes não observada) de imediata liberação, tão logo exauridas as instâncias recursais (CLT, art. 899, § 1º, *in fine*).

A lei determina a incidência do procedimento preconizado pelo NCPC, art. 523, § 1º para todas as hipóteses de títulos executivos judiciais. Nesse sentido, a aplicação da multa de dez por cento tem repercussão na execução dos demais títulos judiciais admitidos pela processualística laboral. Essa incidência, por outro lado, merece uma maior atenção em relação à execução das sentenças homologatórias de acordos judiciais. Os acordos judiciais normalmente contemplam cláusulas penais, aplicáveis em face da inadimplência do devedor. Essa cláusula penal integra a obrigação primitiva e a ela se agrega, formando o valor total a ser executado. Nesse sentido, o fato de adicionar a essa condenação a multa de dez por cento preconizada pelo NCPC, art. 523, § 1º poderia representar um *bis in idem*?

Pensamos que não. Já vimos que a multa em análise é um instrumento de execução direta em face do devedor, buscando o cumprimento das obrigações reconhecidas jurisdicionalmente. Esses instrumentos de pressão, da mesma forma como ocorre com as *astreintes* típicas, não integram a obrigação principal, nem dele podem ser abatidos. Situam-se fora do âmbito obrigacional e representam apenas uma maneira de fortalecer a efetivação dos atos jurisdicionais de viés executivo[18].

---

17 "Art. 523. § 2º Efetuado o pagamento parcial no prazo previsto no caput, a multa e os honorários previstos no § 1º incidirão sobre o restante."

18 Como bem observa José Miguel Garcia Medina: "O valor da multa, deste modo, não é limitado ao valor da obrigação. A multa não tem por finalidade substituir a obrigação, mas pressionar o executado no sentido de que a satisfaça." (*In*: **Execução civil – teoria geral e princípios fundamentais, 2. ed**. São Paulo: Revista dos Tribunais, 2004, p. 447. Essa reflexão, embora dirigida às multas fixadas no âmbito do cumprimento das obrigações de fazer, revela-se pertinente à análise da teleologia da multa preconizada pelo NCPC, art. 523, §1º.

Ora, se a natureza dos acréscimos apresenta-se diferente, não há como se defender a tese da ocorrência do *bis in idem*. Este só poderia ser caracterizado caso ambas as parcelas integrassem a obrigação cobrada judicialmente. A cláusula penal constante do acordo judicial é objeto de ajuste entre os litigantes e não decorre de determinação legal ou jurisdicional. Muito embora não aconteça no quotidiano forense, não se afigura impossível a efetivação de transação judicial sem o estabelecimento de cláusula penal. Não sendo adimplida a obrigação de pagar prevista em acordo judicial, haverá a incidência da cláusula penal prevista no referido instrumento. Detectada a inadimplência, disporá o devedor ainda do prazo preconizado no NCPC, art. 523, §1º para cumprir voluntariamente o montante integral da obrigação. Transcorrido o mencionado prazo, operar-se-á a incidência da multa de dez por cento sobre o valor integral da obrigação inadimplida, sendo posteriormente adotadas as medidas executivas necessárias ao cumprimento do título.

Finalmente, nos restaria analisar o cabimento da multa de dez por cento em sede de execução provisória. Não existem diferenças ontológicas entre a execução definitiva e a provisória. O elemento diferenciador mais importante entre as duas questões reside apenas na extensão dos atos executivos a serem praticados. Em se tratando de execução provisória, nas hipóteses em que a lei autoriza a sua efetivação, os atos de disposição patrimonial ficam vinculados à concessão de caução ou da ocorrência das hipóteses previstas no NCPC, art. 521.

Ora, se a estrutura funcional da execução provisória é a mesma da execução definitiva, não existe argumento suficiente forte para afastar a incidência integral do contido no NCPC, art. 523, §1º. A recalcitrância do devedor em cumprir a obrigação de pagar é a mesma, seja a execução provisória ou definitiva, sendo, portanto, passível de incidência da multa de dez por cento sobre o total da condenação[19].

Sendo a execução provisória portadora dos mesmos atributos da definitiva, logicamente será aberta ao devedor a oportunidade de voluntariamente quitar a obrigação exigida judicialmente. Cientificado o devedor da pendência da execução provisória, caso não cumpra voluntariamente a obrigação de pagar no prazo legal, haverá a incidência da multa de dez por cento sobre o montante total da obrigação executada.

---

19 Como ressalta Cassio Scarpinella Bueno: "[...] a circunstância de a execução ser 'provisória' não significa que ela não seja uma verdadeira execução em todo o sentido da palavra. Está-se a falar, mesmo nestes casos, da necessidade de exercício da atividade jurisdicional substitutiva da vontade do devedor para realizar concretamente o direito tal qual reconhecido em prol do devedor."(*In*: **Variações sobre a multa do caput do art. 475-J do CPC na redação da Lei 11.232/2005.** São Paulo: Revista dos Tribunais, 2006, p. 128. p. 150).

A sistemática vigente do NCPC resolveu toda a questão relacionada à aplicação da multa prevista no art. 523, § 1º na execução provisória, conforme disposição expressa contida no seu art. 520, § 2º[20].

4. REFERÊNCIAS BIBLIOGRÁFICAS

ASSIS, Araken de. **Manual do processo de execução, 5. ed.** São Paulo: Revista dos Tribunais, 1998.

BUENO, Cassio Scarpinella Bueno. Variações sobre a multa do caput do art. 475-J do CPC na redação da Lei 11.232/2005. *In*: Teresa Arruda Alvim Wambier (Org.) **Aspectos polêmicos da nova execução de título judiciais-3 – Lei 11.232/2005.** São Paulo: Revista dos Tribunais, 2006, p. 128-166.

CESÁRIO, João Humberto. O processo do trabalho e o novo Código de Processo Civil: critérios para uma leitura dialogada dos arts. 769 da CLT e 15 do CPC/2015. *In*: **Revista Trabalhista – Direito e Processo. São Paulo: LTr, Ano 14, nº 53**, 2015, p. 134-151

CHAVES, Luciano Athayde. **A recente reforma no processo comum e seus reflexos no direito judiciário do trabalho, 2. ed.** São Paulo: LTr, 2006.

CORDEIRO, Wolney de Macedo. **Manual de execução trabalhista, 2. ed.** Forense: Rio de Janeiro, 2010, p. 07 e segs.

MEDINA, José Miguel Garcia. **Execução civil – teoria geral e princípios fundamentais, 2. ed.** São Paulo: Revista dos Tribunais, 2004.

PONTES, Ílina Cordeiro de Macedo. Da autofagia à heterofagia do processo laboral: possíveis consequências da redação do novo CPC sobre a interpretação processual na esfera trabalhista. *In*: **Revista do TRT da 13ª Região, v. 20, n.01**, João Pessoa: Tribunal Regional do Trabalho da 13ª Região, 2014, p. 439-454.

SCHIAVI, Mauro. **Manual de direito processual do trabalho - De acordo com o novo CPC, 9. ed.** São Paulo: LTr, 2015.

SOUTO MAIOR, Jorge Luiz. Relação entre o processo civil e o processo do trabalho. *In*: Elisson Messia (Org.) **O novo Código de Processo Civil e seus reflexos no processo do trabalho.** Salvador: JusPodivm, 2015, p. 159-164.

ZAVASCKI, Teori Albino. **Processo de execução – parte geral, 3. ed.** São Paulo: Revista dos Tribunais, 2004.

---

20 "Art. 520, § 2º. A multa a que se refere o § 1º do art. 520 é devida no cumprimento provisório de sentença condenatória ao pagamento de quantia certa."

Capítulo 44

A TUTELA DA CONFIANÇA E A PRESCRIÇÃO INTERCORRENTE NA EXECUÇÃO TRABALHISTA

Raphael Miziara[1]

SUMÁRIO: 1. INTRODUÇÃO; 2. A TUTELA DA CONFIANÇA E O *VENIRE CONTRA FACTUM PROPRIUM* EM AMBIENTES PROCESSUAIS; 3. *SUPRESSIO – VERWIRKUNG* COMO FATOR ENSEJADOR DA PRESCRIÇÃO INTERCORRENTE; 4. APLICABILIDADE PRESCRIÇÃO INTERCORRENTE NA EXECUÇÃO TRABALHISTA E A POSIÇÃO DOS TRIBUNAIS SUPERIORES; 5. REQUISITOS PARA DECLARAÇÃO DA PRESCRIÇÃO INTERCORRENTE NA EXECUÇÃO TRABALHISTA A PARTIR DO NOVO CPC; 6. A PRESCRIÇÃO INTERCORRENTE A PARTIR DO NOVO CPC E DO PROJETO DE LEI Nº 606/2011 DO SENADO FEDERAL; 7. NOTAS CONCLUSIVAS; 8. REFERÊNCIAS.

1. INTRODUÇÃO

O presente trabalho tem por escopo justificar a possibilidade de incidência do princípio de proibição ao comportamento contraditório (*nemo potest venire contra factum proprium*) e da tutela da confiança no âmbito das relações processuais trabalhistas, notadamente no tocante ao instituto da prescrição intercorrente.

A partir da entrada em vigor da Lei nº 13.105/2015 – Novo Código de Processo Civil e também dos influxos do Projeto de Lei do Senado nº 606/2011 – reforma da execução trabalhista, a prescrição intercorrente no processo do trabalho sofrerá um significativo giro. Excluir-se-á, por exemplo, a aplicação subsidiária da Lei de Execuções Fiscais para, em seu lugar, aplicar-se como fonte subsidiária primária o Novo CPC. Daí a importância do estudo da nova legislação processual civil que, por certo, provocará grandes influências na execução trabalhista.

Outrossim, almeja-se demonstrar que a tutela da confiança, consectária da boa-fé objetiva, deve servir de norte para o enfrentamento das relações intersubjetivas no campo do Direito Processual, levando-se em consideração que o

---

[1] Professor em cursos de graduação e pós-graduação em Direito. Advogado. Mestrando em Direito. Pós-Graduado em Direito do Trabalho e Processual do Trabalho. Presidente do Instituto Piauiense de Direito Processual – IPDP. Membro do CONPEDI – Conselho Nacional de Pesquisa e Pós-Graduação em Direito. Editor do site http://www.ostrabalhistas.com.br

novo modelo estabelece critérios objetivos de conduta, dentro de um ambiente processual cooperativo – processo como comunidade de trabalho –, que impera como *standard* jurídico para todos os que participam da relação jurídica processual.

A partir dessas ideias, o presente ensaio perscrutará o fenômeno da *supressio* (*verwirkung*) como sendo um caso especial da inadmissibilidade do exercício de um direito por contrariedade à boa-fé e como fator desencadeador da prescrição intercorrente na execução trabalhista, aliado à análise dos pressupostos para a declaração desse fenômeno jurídico-temporal a partir da legislação vigente e futura.

2. A TUTELA DA CONFIANÇA E O *VENIRE CONTRA FACTUM PROPRIUM* EM AMBIENTES PROCESSUAIS

A processualística moderna encampou os valores do processo como comunidade de trabalho, impondo a todos aqueles que participam do processo o desenvolvimento uma conduta cooperativa, de modo a encarar o processo não como um campo de batalha, mas sim como um método de trabalho comparticipativo, tendente à realização de um fim comum, que é a entrega da prestação jurisdicional em tempo razoável, conforme expressamente previsto no art. 6º do Novo CPC.

A ideia de processo como comunidade de trabalho – entendido este como o ambiente no qual todos os sujeitos processuais devem atuar em viés interdependente, auxiliar e cooperativo – induz a assunção de que todo aquele que de qualquer forma participar do processo deve comportar-se de acordo com a boa-fé (art. 5º do Novo CPC) e, por consequência, de acordo com seus deveres anexos.

Nesse ponto, imperioso observar que, na interpretação dos princípios da cooperação e da boa-fé, o intérprete deve partir do pressuposto e ter a consciência a partir da qual o ambiente processual, por sua própria natureza, é não cooperativo. Nesse sentido, alertam Lênio Streck e Lúcio Delfino:

> "É um modelo que não deve ser pensado à distância da realidade, sem considerar que no processo há verdadeiro embate (luta, confronto, enfrentamento), razão pela qual as partes e seus advogados valem-se – e assim deve ser – de todos os meios legais a seu alcance para atingirem um fim parcial. Não é crível (nem constitucional), enfim, atribuir aos contraditores o dever de colaborarem entre si a fim de perseguirem uma "verdade superior", mesmo que contrária aquilo que acreditam e postulam em juízo, sob pena de privá-los da sua necessária liberdade para litigar, transformando-os, eles mesmos e seus advogados, em meros instrumentos a serviço do juiz na busca da tão almejada "justiça". Inexiste um tal espírito filantrópico que enlace as partes no âmbito processual, pois o que cada uma delas ambicio-

na é resolver a questão da melhor forma possível, desde que isso signifique favorecimento em prejuízo do adversário [...]"[2]

Nessa linha, como bem advertem Dierle Nunes e Humberto Theodoro Júnior, não se pode exigir das partes que hajam de maneira contrária à sua própria condição de "parte", isto é, que defendam de maneira *parcial* seus pontos de vista e, inclusive, por exemplo, omitam provas que não lhe sejam interessantes e outras coisas típicas de um agir estratégico. Assim, a cooperação não pode ser lida como dever ético da parte agir contra seus interesses, mas sim a partir da criação de um ambiente procedimental em que, realmente, as partes possam contribuir para a construção do provimento.[3]

Pois bem, retornando ao paradigma da boa-fé, expressamente inserida no art. 5° do novo CPC, observa-se que ela tem sido aplicada no campo processual como sendo a vedação de posições contraditórias e de condutas incoerentes no processo (*venire contra factum proprium*). Nesse sentido:

> "Os princípios da segurança jurídica e da boa-fé objetiva, bem como a vedação ao comportamento contraditório (*venire contra factum proprium*), impedem que a parte, após praticar ato em determinado sentido, venha a adotar comportamento posterior e contraditório" (STJ, 5ª Turma, AgRg no REsp 1.099.550/SP, Rel. Min. Arnaldo Esteves Lima, *DJe* 20.03.2010).

> "O princípio da boa-fé objetiva proíbe que a parte assuma comportamentos contraditórios no desenvolvimento da relação processual, o que resulta na vedação do *venire contra factum proprium*, aplicável também ao Direito Processual" (STJ, 2ª Turma, AgRg no REsp 1.280.482/SC, Rel. Min. Herman Benjamin, DJe 13.04.2012).

O Tribunal Superior do Trabalho também tem acolhido a tutela da confiança e da boa-fé nas relações processuais trabalhistas:

> Verifica-se que a própria reclamada dispensou a prova pericial e, além disso, os elementos da *litiscontestatio* não abarcam as atividades exercidas pelo reclamante, pois apenas houve impugnação acerca da não habitualidade do contato com o agente insalubre, da entrega de EPI› s e da obrigatoriedade da realização da perícia. **Ressalte-se que a alegação da ré a respeito do cerceamento de defesa, quando ela mesma dispensou a prova pericial, configura má-fé processual. Há que ser invocado, aqui, o princípio da vedação do comportamento contraditório, mais conhecido pela expressão em latim *venire contra factum proprium*, que repele que a atitude de alguém venha a contradizer comportamento anterior. Tal vedação encontra-se fundamentada na <u>boa-fé objetiva</u> e na <u>tutela da confiança</u>, ao <u>impedir que sejam violadas legítimas expectativas despertadas em outrem, com a inesperada mudança de comportamento</u>.**

---

2 STRECK, Lênio. DELFINO, Lúcio. (et al). *A cooperação processual do novo CPC é incompatível com a Constituição*. Consultor Jurídico, 23.12.2014. Disponível em: <http://www.conjur.com.br/2014-dez-23/cooperacao-processual-cpc-incompativel-constituicao>.

3 THEODORO JUNIOR, Humberto, NUNES, Dierle. (*et al*). *Novo CPC fundamentos e sistematização*. Rio de Janeiro: Forense, 2015. p. 61.

Não se vislumbra, portanto, ofensa aos artigos 192 e 195, caput e § 2º, da CLT e 5º, LIV e LV, da Constituição Federal. (RR - 1369-75.2012.5.08.0126, Relator Ministro: Cláudio Mascarenhas Brandão, Data de Julgamento: 16/09/2015, 7ª Turma, Data de Publicação: DEJT 02/10/2015)

A boa-fé, inserta no rol das normas fundamentais do Novo CPC, deve ser encarada como um dos grandes pilares do processo cooperativo. Como visto, ela traz como desdobramento a vedação do comportamento contraditório, no sentido de que os sujeitos que participam do processo devem manter, ao longo do *iter* procedimental, um comportamento coerente conduta após conduta. Sobre o assunto, Antônio do Passo Cabral afirma que

> Com a consideração do processo como ambiente de colaboração, passou-se a exigir comportamentos coerentes dos sujeitos do processo: a eles é vedado sinalizar uma conduta em determinado sentido e depois contradizer a expectativa criada com o comportamento anterior. [...] Hoje, a proteção às expectativas legitimamente criadas, derivada da boa-fé objetiva, abrange vários institutos dela decorrentes, como o abuso a direitos processuais e o *estoppel*, muito utilizados nos sistemas do *common law*, bem assim o **princípio da proteção da confiança**, a ***verwirkung***, a **proibição do comportamento contraditório**, o *tu quoque*, dentre outros, todos os conceitos que possuem objetivos comuns e fazem parte de uma constelação de ideias **proibindo condutas incompatíveis com comportamentos anteriores**.[4] (gn)

Como se vê, da cláusula geral da boa-fé deriva a proibição do comportamento contraditório em razão da tutela da confiança criada na parte *ex adversa*. Assim, a função precípua do *nemo potest venire contra factum proprium* é a tutela da confiança nas relações jurídicas. É esta o principal fundamento da proibição do comportamento contraditório.

Referida proibição visa proteger uma parte contra aquele que pretende exercer uma posição jurídica em contradição com o comportamento anteriormente assumido. Há um dever de não se comportar de forma lesiva ás expectativas despertadas na parte contrária, sob pena de violação da confiança.

Deflui desse princípio que a parte, depois de criar na outra certa expectativa, em virtude da conduta (*factum proprium*) indicativa de determinado comportamento futuro, incorre em quebra dos princípios da confiança e da lealdade ao se portar de modo contrário à primeira conduta.

Vale transcrever, mais uma vez, as lições de Antônio do Passo Cabral que, com a clareza de sempre, aponta como pressupostos de aplicação do *venire*: *(1)* A existência de dois atos sucessivos no tempo (o fato próprio e um segundo comportamento) praticados com identidade subjetiva, ou seja, pela mesma pessoa; *(2)* A incompatibilidade da segunda conduta com o comportamento an-

---

4 CABRAL, Antonio do Passo. *Coisa julgada e preclusões dinâmicas.* Salvador: JusPodivm, 2013. p. 127-128.

terior; *(3)* A verificação de uma legítima confiança pela contradição comportamental; *(4)* A quebra da confiança pela contradição comportamental.[5]

Portanto, pode-se afirmar com tranquilidade que a confiança é um valor que deve ser tutelada também em âmbito processual, partindo-se da ideia de cooperação intersubjetiva e de boa-fé, encarada esta como norma de conduta que impõe aos participantes da relação um agir consentâneo com as expectativas legitimamente criadas.

3. *SUPRESSIO* – *VERWIRKUNG* COMO FATOR ENSEJADOR DA PRESCRIÇÃO INTERCORRENTE

Como visto, a boa-fé reprime toda pretensão que, embora lícita em si, é contraditória em relação ao comportamento anterior praticado pelo mesmo agente. Veda-se, assim, também no plano processual, o exercício inadmissível de posições jurídicas contraditórias.

Diante disso, a doutrina desenvolveu técnicas que visam à paralisação ou coibição do exercício de direitos quando estes são violadores de uma confiança legitimamente suscitada e que podem levar à supressão de direitos (*suppressio* ou *verwirkung*[6]).

Segundo Menezes Cordeiro, a *suppressio* consiste na "situação do direito que, não tendo sido, em certas circunstâncias, exercido durante um determinado lapso de tempo, não possa mais sê-lo, por, de outra forma, se contrariar a boa-fé".[7] É, segundo o mesmo autor, uma forma de exercício inadmissível de direitos por *venire contra factum proprium*.

Nesse ponto, avulta asseverar que a *suppressio* atua não só quando o *factum proprium* é comissivo. O instituto também encontra espaço a partir de comportamentos omissivos que, em função da inércia, tem a aptidão de impedir o exercício de um direito subjetivo (até então reconhecido como legítimo), em virtude do seu longo e concludente não exercício.

---

5 CABRAL, Antonio do Passo. *Coisa julgada e preclusões dinâmicas.* Salvador: JusPodivm, 2013. p. 132.

6 A expressão *Verwirkung* tem origem na jurisprudência tedesca e é conhecida pela doutrina dos países latinos como *supressio*. Atualmente, representa a ideia de afastamento da exigência de uma obrigação cujo titular quedou-se inerte por período tal capaz de provocar no outro a legítima expectativa de que a posição jurídica de vantagem não seria mais exercida. Nesse sentido, Anderson Schreiber afima que: "*Na Verwirkung, a inadmissibilidade do exercício do direito vem como consequência de ter a conduta omissiva – a inatividade, o retardamento – do titular deste direito gerado em outrem a confiança de que aquele direito não seria mais exercido. O que se tutela é também, na versão hoje mais aceita da Verwirkung, a confiança no comportamento coerente daquele que se retardou em fazer valer seu direito*" (SCHREIBER, Anderson. *A proibição de comportamento contraditório*: tutela da confiança e *venire contra factum proprium*. 2. ed. Rio de Janeiro: Renovar, 2007).

7 MENEZES CORDEIRO, António Manuel da Rocha. *Da boa-fé no direito civil*. Coimbra: Almedina, 2007. p. 833.

Nessa linha de ideias, Menezes Cordeiro assim pontua:

> "a não atuação de um direito subjetivo é, pois, fato próprio do seu titular. A realidade social da *suppressio*, que o direito procura orientar, está na ruptura das expectativas de continuidade da autoapresentação praticada pela pessoa, que, tendo criado, no espaço jurídico, uma imagem de não exercício, rompe, de súbito, o estado gerado. É precisamente o que se viu ocorrer no *venire contra factum proprium* [...] o decurso do tempo é a expressão da inatividade traduzindo, com tal, o *factum proprium*".[8]

No mesmo sentido, Judith Martins-Costa, citada por Dierle Nunes, afirma que a *suppressio* indica o encobrimento de uma pretensão, coibindo-se o exercício do direito em razão do seu não exercício, por determinado período de tempo, com a consequente criação da legítima expectativa, à contraparte, de que o mesmo não seria utilizado.[9]

Logo, a *Verwirkung* comporta a perda do direito ante a inatividade injustificada do titular da pretensão, durante um período de tempo capaz de gerar, no outro, expectativas legítimas. Segundo a doutrina, exige-se, para sua configuração, *a)* o decurso de prazo sem exercício do direito com indícios objetivos de que o direito não mais será exercido e, *b)* o desequilíbrio pela ação o tempo, entre o benefício do credor e o prejuízo do devedor.[10]

A partir dessa ordem de ideias e da exata concepção da *supressio* pode-se afirmar, com certeza, que ela dá suporte ao reconhecimento do fenômeno prescricional, entendido este como o encobrimento (ou extinção, na letra do art. 189 do CC) da eficácia de determinada pretensão, por não ter sido exercitada no prazo legal.[11] Logo, a prescrição neutraliza a pretensão, obstando que o credor exerça uma posição jurídica de vantagem. Em outros termos, prescrição é a perda do direito de ação ocasionada pelo transcurso do tempo, em razão de seu titular não o ter exercido.

Na verdade, a inércia injustificada e por determinado período do titular da pretensão constitui o *factum proprium*. Depois, ao procurar exercer seu direito de ação, configura-se o ato contrário, violador da confiança gerada na parte *ex adversa*. Ora, a conduta omissiva inicial do titular gerou na outra parte uma confiança de que aquela pretensão não seria mais exercida.

---

8 MENEZES CORDEIRO, António Manuel da Rocha. *Da boa-fé no direito civil*. Coimbra: Almedina, 2007. p. 845.

9 MARTINS-COSTA, Judith; BRANCO, Gerson Luiz Carlos. *Diretrizes teóricas do novo Código Civil brasileiro*. São Paulo: Saraiva, 2002. p. 217-219 in THEODORO JUNIOR, Humberto, NUNES, Dierle. (et al). *Novo CPC fundamentos e sistematização*. Rio de Janeiro: Forense, 2015. p. 183-184.

10 MARTINS-COSTA, Judith; BRANCO, Gerson Luiz Carlos. *Diretrizes teóricas do novo Código Civil brasileiro*. São Paulo: Saraiva, 2002. p. 218 in THEODORO JUNIOR, Humberto, NUNES, Dierle. (et al). *Novo CPC fundamentos e sistematização*. Rio de Janeiro: Forense, 2015. p. 183-184.

11 DIDIER JÚNIOR, Fredie. NOGUEIRA, Pedro Henrique Pedrosa. *Teoria dos fatos jurídicos processuais*. Salvador: JusPodivm, 2011. p. 173.

Assim, merece tutela a confiança no comportamento coerente daquele que se retardou em fazer valer seu direito. Eis exatamente os contornos da *verwirkung*: a) não exercício *injustificado* de sua situação jurídica de vantagem; b) decurso do tempo; c) criação de legítima expectativa na contraparte.

Aqui, necessário abrir um parênteses para que não haja interpretações dúbias. Entende-se que só haverá o fenômeno prescricional caso o não exercício do direito de ação ou a conduta omissiva seja *injustificada*, ou seja, a ocorrência do fenômeno prescricional supõe a possibilidade plena de agir do titular do direito.[12]

Com efeito, há tempos a doutrina clássica brasileira afirma que a prescrição se fundamenta, basicamente: a) no interesse social de que as relações jurídicas não permaneçam indefinidamente incertas – segurança jurídica e pacificação social; b) na presunção de que quem descura do exercício do próprio direito não tinha vontade de conservá-lo; c) na utilidade de punir a negligência do titular do direito (*dormientibus non succurrit jus*); d) na ação deletéria do tempo que tudo destrói.[13]

Vale notar que a prescrição é um instituto universalmente aceito *pro bono publico*. Para Teixeira de Freitas, citado por Cahali, a prescrição "é filha do tempo e da paz", imprescindível para segurança das relações jurídicas.

De fato, uma das mais importantes funções do transcorrer do tempo é a de proporcionar a pacificação social e a segurança dela advinda. Como bem lembra Luciano Martinez, os eventos não devem, em regra, ter força suficiente de produzir efeitos depois de passado um longo e considerável período de reflexão.

Sobre o tema, Gustavo Tepedino leciona que

> A estabilidade das relações sociais e a segurança jurídica compõem o fundamento da prescrição, uma vez que o instituto visa a impedir que o exercício de uma pretensão fique pendente de uma forma indefinida. Estabelece-se um lapso temporal para que a pretensão seja exercida. Transcorrido esse prazo sem qualquer diligência por parte de seu titular, o próprio ordenamento jurídico, que tutela a pretensão, concede a aquele que suporta a pretensão a possibilidade de obstruí-la, em nome da estabilidade das relações sociais.[14]

Portanto, desde já, pode-se concluir que a prescrição é um claro exemplo de aplicação do princípio da boa-fé na seara processual[15], na sua vertente proi-

---

12 Para consultar a tese do impedimento do curso da prescrição no curso da relação de emprego e a posição do autor acerca do tema: <http://www.ostrabalhistas.com.br/2015/09/a-tese-do-impedimento--do-curso-da.html>
13 CAHALI, Yussef Said. *Prescrição e decadência*. Sao Paulo: RT, 2008. p. 18.
14 TEPEDINO, Gustavo. et al. *Código Civil Interpretado*, Vol. I, 3. ed. Rio de Janeiro: Renovar, 2014.
15 Não se olvida que a prescrição é instituto relacionado ao direito material e ocorre fora do processo. No entanto, pode ser reconhecida no mais das vezes, dentro de um processo.

bição do comportamento contraditório, que tem por fundamento a tutela da confiança.

A prescrição poderá ocorrer também depois de instaurada a relação jurídica-processual, já em sua fase executiva, quando será então chamada de prescrição intercorrente. É espécie prescricional que tem o *dies a quo* de sua contagem após o último ato do processo que a interrompeu, sendo ocasionada pela paralisação do processo de modo injustificado. Nela, o curso do prazo prescricional, antes interrompido pelo ajuizamento da ação trabalhista, recomeça por inteiro.

Mauro Schiavi, ao discorrer sobre a prescrição intercorrente, assim se manifesta:

> Chama-se intercorrente a prescrição que se dá no curso do processo, após a propositura da ação, mais especificamente após o trânsito em julgado, pois, na fase de conhecimento, se o autor não promover os atos do processo, o juiz o extinguirá sem resolução do mérito, valendo-se do disposto no art. 267 do CPC.[16]

A prescrição intercorrente apoia-se nos mesmos fundamentos da prescrição que ocorre fora do processo, quais sejam, no interesse social de que as relações jurídicas não permaneçam incertas; na presunção de que quem descura do exercício do próprio direito não tinha vontade de conservá-lo; na utilidade de punir a negligência do titular do direito; na ação deletéria do tempo.

Enfim, todos esses fundamentos, notadamente o da presunção de que, quem não exerce seu direito, não tem vontade em conservá-lo, revelam-se como protetores da confiança de que o titular da posição jurídica ativa continuará se comportando da maneira como estava.

4. APLICABILIDADE PRESCRIÇÃO INTERCORRENTE NA EXECUÇÃO TRABALHISTA E A POSIÇÃO DOS TRIBUNAIS SUPERIORES

Existem três fortes argumentos em favor da não aplicabilidade da prescrição intercorrente[17] no Processo do Trabalho. Inicialmente, invoca-se o argumento de que a execução é promovida de ofício pelo Juiz do Trabalho (art. 878, CLT), não havendo espaço para aplicabilidade de tal instituto. Ainda, também é possível invocar o princípio protetor, visto sob o aspecto instrumental (igualdade substancial das partes no processo do trabalho). Por fim, afirma-se que exis-

---

16 SCHIAVI, Mauro. *Execução no processo do trabalho*. 7. ed. Sao Paulo: LTr, 2015. p. 85.
17 Parte da doutrina prefere a nomenclatura prescrição "intracorrente", o que se justifica em razão da ausência de solução de continuidade entre as fases processuais de conhecimento e da execução. Nesse sentido: Homero Batista Mateus da Silva *in* Curso de direito do trabalho aplicado. Volume 10. Execução. São Paulo: RT, 2015. p. 257, que afirma utilizar a expressão "intercorrente" em face da consagração de seu uso e não pela tomada de posição sobre a independência da fase de execução.

tência do *jus postulandi* da parte na execução trabalhista é condição que impede o reconhecimento da prescrição intercorrente.

Demonstrar-se-á que todos esses argumentos não tem o condão de impedir o reconhecimento da prescrição intercorrente no curso da execução trabalhista. No entanto, antes, importa esclarecer que a *prescrição intercorrente* é instituto diverso da *prescrição da execução*. A prescrição da execução ocorre quando esta não é promovida no prazo em que poderia tê-lo sido. Nesse ponto, de fato, raro será o reconhecimento da prescrição da execução, já que compete ao juiz, de ofício, a providência executiva, nos termos do art. 878 da CLT, a não ser que o impulso da execução dependa de providência exclusiva da parte[18]. Já a prescrição intercorrente é aquela que se verifica durante o processo de execução, ficando este paralisado por mais de dois anos por motivo imputável ao exequente[19], caso em que será possível seu reconhecimento com mais frequência.

A mesma diferenciação é feita por Ísis de Almeida, ao destacar duas possíveis incidências da prescrição: a da propositura ou instauração da execução, e a prescrição intercorrente, ou seja, aquela que vai fulminar a execução durante a sua tramitação.[20]

É claro que a execução é promovida de ofício pelo Juiz do Trabalho (art. 878, CLT) o que, em princípio, impede o reconhecimento da prescrição intercorrente. Não obstante, há espaço para situações nas quais o prosseguimento da execução dependerá de providência exclusiva da parte e, via de consequência, será possível o pronunciamento da prescrição intercorrente. Pensar de outra forma é negar vigência ao o art. 884, § 1º, da CLT, que consagra prescrição como "matéria de defesa" nos embargos à execução.

Levando-se em consideração esses aspectos, boa parte da doutrina e da jurisprudência admite a aplicação da prescrição intercorrente no processo do trabalho. O STF entende aplicável a prescrição intercorrente no processo do trabalho, como disposto na Súmula nº 327. Por sua vez, o TST parece afirmar

---

18 Nesse sentido, irretocável o pensamento de Mauro Schiavi que entende aplicável a prescrição intercorrente após o trânsito em julgado nas fases processuais em que a iniciativa de promover os atos do processo depende exclusivamente do autor, como na fase em que o reclamante é intimado para apresentar os cálculos e se mantém inerte pelo prazo de dois anos. Já na execução propriamente dita, a não apresentação, pelo reclamante, dos documentos necessários para o registro da penhora, no prazo de dois anos após a intimação judicial, faz gerar a prescrição intercorrente (*in* Execução no processo do trabalho. 7. ed. Sao Paulo: LTr, 2015. p. 87)

19 MALTA, Christovão Piragibe Tostes. *Prática do processo trabalhista*. 35. ed. São Paulo: LTr, 2008. p. 593.

20 ALMEIDA, Ísis de. *Manual de direito processual do trabalho*. 2º Volume. 9. ed. São Paulo: LTr, 1998. Também faz essa diferenciação Carlos Henrique Bezerra Leite, para quem *"prescrição superveniente à sentença, ou seja, prescrição da ação de execução, não se confunde com a prescrição intercorrente, pois esta ocorre em razão da paralisação do processo de execução, após ter sido iniciado, pelo prazo prescricional previsto para a relação de direito material em virtude da inércia do exequente"* (*in* Curso de direito processual do trabalho. 13. ed. São Paulo: Saraiva, 2015. p. 1346-1347).

em sentido contrário, pela sua não aplicação (súmula nº 114). Ocorre que essa contradição entre as súmulas é apenas aparente.

Os precedentes que deram origem à súmula 327 do TST eram no sentido de que a incidência da prescrição intercorrente apenas se viabilizaria quando a paralisação do curso do processo decorresse *exclusivamente da inércia da parte exequente*, isto é, quando esta deixasse de praticar os atos necessários ao desenvolvimento da marcha processual, e que só por ela poderiam ser praticados.[21]

Assim, as súmulas 114 do TST e 327 do STF devem ser lidas em conjunto. O TST também entende que caso inerte a parte, quando o andamento do feito somente a ela competia, provoca a declaração de prescrição intercorrente. Recentemente, a Seção de Dissídios Individuais do C. TST sinalizou ser aplicável a prescrição intercorrente no processo do trabalho caso a inércia se de em razão de providência atribuída exclusivamente à parte:

> Tratando-se de condenação ao pagamento de créditos oriundos da relação de trabalho, não se aplica a prescrição intercorrente, pois, nos termos do art. 878 da CLT, o processo do trabalho pode ser impulsionado de ofício. Ademais, a pronúncia da prescrição intercorrente nas execuções trabalhistas esvaziaria a eficácia da decisão judicial que serviu de base ao título executivo, devendo o direito reconhecido na sentença prevalecer sobre eventual demora para a satisfação do crédito. Inteligência da Súmula nº 114 do TST. De outra sorte, no caso concreto, ao declarar a incidência da prescrição intercorrente, a decisão rescindenda baseou-se nos princípios da boa-fé objetiva e da segurança jurídica, firmando a premissa genérica de ocorrência de inércia do exequente por mais de dois anos, **sem registrar, todavia, se o ato que a parte teria deixado de praticar era de responsabilidade exclusiva dela**, *condição indispensável para a incidência da prescrição intercorrente*, conforme entendimento do Ministro relator (Informativo TST nº 11 – Execução – RO-14-17.2014.5.02.0000, Relator Ministro: Douglas Alencar Rodrigues, Data de Julgamento: 24/02/2015, Subseção II Especializada em Dissídios Individuais, Data de Publicação: DEJT 06/03/2015).[22]

Nesse sentido a lição de Maurício Godinho Delgado, para quem inexiste incompatibilidade entre as súmulas do STF e do TST:

---

21 A súmula é de 13.12.1963 e os precedentes que deram origem ao verbete são: RE 53881, Publicações: DJ de 17/10/1963 e RTJ 30/32; RE 52902, Publicações: DJ de 19/07/1963 e RTJ 29/329; RE 50177, Publicação: DJ de 20/08/1962; RE 32697, Publicações: DJ de 23/07/1959 e RTJ 10/94; RE 30990, Publicação: DJ de 05/07/1958; RE 22632, Publicação: DJ de 08/11/1956; AI 14744, Publicação: DJ de 14/06/1951.

22 No mesmo sentido a SDI-1 do TST adotou a tese da prescrição intercorrente nos autos do processo nº 693039-80.2000.5.10.0004. João de Lima Teixeira Filho aponta que em antigo precedente, mas que se mostra extremamente atual, o TST decidiu que não seria razoável inadmitir a prescrição intercorrente "àqueles casos em que o estancamento do processo acontece ante a inércia do autor em praticar atos de sua responsabilidade sob pena de permanecerem os autos nas secretarias esperando pela iniciativa das partes *ad eternum*, prejudicando sobremaneira um dos princípios básicos do processo trabalhista, ou seja, a celeridade processual" (TST, 5ª Turma, RR-153.542/94, rel. Min. Armando de Brito, DJU de 16.02.96) (*in* SÜSSEKIND, Arnaldo. (et. al) *Instituições de direito do trabalho*. 19. ed. São Paulo: LTr, 2000).

> "Na fase de liquidação e execução também não incide, em princípio, regra geral, a prescrição intercorrente. O impulso oficial mantém-se nessa fase do processo, justificando o prevalecimento do critério sedimentado na súmula do tribunal maior trabalhista. Contudo, **há uma exceção que torna viável, do ponto de vista jurídico, a decretação da prescrição na fase executória do processo do trabalho - situação que permite harmonizar, assim, os dois verbetes de súmula acima especificados (Súmula 327, STF, e Súmula 114, TST). Trata-se da omissão reiterada do exequente no processo, em que ele abandona, de fato, a execução, por um prazo superior a dois anos, deixando de praticar, por exclusiva omissão sua, atos que tornem fisicamente possível a continuidade do processo.** Nesse específico caso, arguida a prescrição, na forma do art. 884, § 1º, CLT, pode ela ser acatada pelo juiz executor, em face do art. 7º, XXIX, CF/88, combinado com o referido preceito celetista (ressalvada a pronúncia de ofício, a teor da Lei n. 11.280/2006, se for o caso).[23]

Na mesma direção caminha a doutrina de Manoel Antônio Teixeira Filho:

> (...) Ninguém desconhece, por suposto, que em determinadas situações o Juiz do Trabalho fica tolhido de realizar *ex officio* certo ato do procedimento, pois este somente pode ser praticado pela parte, razão por que a incúria desta reclama a sua sujeição aos efeitos da prescrição (intercorrente), sob pena de os autos permanecerem em um infindável trânsito entre a secretaria e o gabinete do Juiz, numa sucessão irritante e infrutífera de certificações e despachos. Exemplifiquemos com os artigos de liquidação. Negligenciando o credor no atendimento ao despacho judicial que lhe ordenou a apresentação desses artigos, consistiria despautério indisfarçável imaginar que, diante disso, caberia ao próprio juiz deduzir os artigos de liquidação, substituindo, dessa maneira, o credor na prática do ato; não menos desarrazoada seria a opinião de que, na espécie, deveria o juiz transferir ao próprio devedor o encargo de realizar o ato. Que o devedor pode apresentar artigos de liquidação, disso não se duvida; daí a compeli-lo a tanto vai uma ousada agressão à lei. A solução, portanto, seria aguardar-se o decurso, em branco, do prazo de dois anos, contado da data em que o credor foi intimado a oferecer os artigos de liquidação, para, em seguida - e desde que haja alegação do devedor nesse sentido -, pronunciar-se a prescrição intercorrente e, em virtude disso, extinguir-se o processo de execução com exame de mérito.[24]

Vale a transcrição das palavras do mestre Homero Batista Mateus da Silva que, com a clareza solar de sempre, muito bem explica a compatibilidade entre as súmulas do STF e do TST:

> "Então, uma solução intermediária propõe que as duas súmulas sejam lidas sob a mesma premissa. A redação da Súmula 114 do TST passaria a ser: 'É inaplicável na Justiça do Trabalho a prescrição intercorrente, *supondo-se que a providência seja concorrente*', ao passo que a Súmula 327 do STF ficaria assim: 'O direito trabalhista admite a prescrição intercor-

---

[23] DELGADO, Maurício Godinho. *Curso de direito do trabalho*. 13. ed. São Paulo: LTr, 2014. p. 282.
[24] TEIXEIRA FILHO, Manoel Antônio. *Execução no processo do trabalho*. 10. ed. Sao Paulo: RT, 2011. p. 297.

rente, **supondo que a providência seja exclusiva da parte.**' Afinal, foram realmente essas as premissas sobre as quais as súmulas se assentaram em suas origens, mas por falta de maior clareza, a redação dos verbetes ficou incompleta, gerando a ambiguidade. **Conclui-se, sem medo de errar, que ambas as súmulas trazem a mesma mensagem, mas representam um raro caso de discórdia na aparência e concórdia no subterrâneo"**[25] (sem grifos no original).

Fora dessas hipóteses excepcionais, quais sejam, decurso do tempo, somado a inatividade imputável exclusivamente ao exequente, não se mostra razoável o reconhecimento da prescrição intercorrente na Justiça do Trabalho.

Como leciona Homero Batista "a prescrição só terá espaço quando a própria parte interessada abandona seus direitos, não os reivindica e agem com inércia injustificada, incompatível com o comportamento esperado".[26]

Com efeito, releva observar que o consagrado autor utiliza a expressão *"comportamento esperado"*, ou seja, espera-se que o titular do direito aja de determinada maneira e, assim não agindo, desperta no outro a expectativa legítima de que permanecerá inerte. A prescrição intercorrente tutela, pois, a confiança despertada, em razão da vedação ao comportamento contraditório.

5. REQUISITOS PARA DECLARAÇÃO DA PRESCRIÇÃO INTERCORRENTE NA EXECUÇÃO TRABALHISTA A PARTIR DO NOVO CPC

Aos trâmites e incidentes do processo da execução são aplicáveis, naquilo em que não contrariar as normas celetistas, os preceitos que regem o processo dos executivos fiscais para a cobrança judicial da dívida ativa da Fazenda Pública Federal (art. 889 da CLT).

Logo, quando a CLT for omissa acerca de determinado assunto, o intérprete deverá se socorrer das normas previstas na Lei de Execuções Fiscais (Lei nº 6.830/80). Bom lembrar que o art. 889 da CLT deve ser interpretado sistematicamente ao art. 769 da CLT. Assim, além da omissão normativa (regras e princípios) é preciso que haja compatibilidade entre os textos do direito comum e as peculiaridades do processo do trabalho.

---

25 SILVA, Homero Batista Mateus da. *Curso de direito do trabalho aplicado.* V. 10. Execução trabalhista. 2. ed. Sao Paulo: RT, 2015. p. 262.

26 SILVA, Homero Batista Mateus da. *Curso de direito do trabalho aplicado.* V. 10. Execução trabalhista. 2. ed. Sao Paulo: RT, 2015. p. 257-258. No mesmo sentido sentido também se manifesta Ísis de Almeida: *"Se a parte tem o dever legal de praticar determinado ato – não apenas ônus para o prosseguimento da execução, ato que não possa ser suprido pelo juiz, de ofício – e a execução fica paralisada por mais de dois anos, apesar de cientificada e advertida, a respeito, a parte omissa –, aí, parece-nos, seria o caso da extinção do processo executório, pela ocorrência da preclusão máxima"* (in Manual de direito processual do trabalhado. 2º volume. 9. ed. São Paulo: LTr, 2008, p.442).

A CLT é omissa no tocante à prescrição intercorrente e, atualmente, deverá o aplicador do direito buscar solução normativa no art. 40, § 4º, da Lei nº 6.830/80, *verbis*:

> **Art. 40** O Juiz suspenderá o curso da execução, enquanto não for localizado o devedor ou encontrados bens sobre os quais possa recair a penhora, e, nesses casos, não correrá o prazo de prescrição.
>
> § 1º Suspenso o curso da execução, será aberta vista dos autos ao representante judicial da Fazenda Pública.
>
> § 2º Decorrido o prazo máximo de 1 (um) ano, sem que seja localizado o devedor ou encontrados bens penhoráveis, o Juiz ordenará o arquivamento dos autos.
>
> § 3º Encontrados que sejam, a qualquer tempo, o devedor ou os bens, serão desarquivados os autos para prosseguimento da execução.
>
> § 4º Se da decisão que ordenar o arquivamento tiver decorrido o prazo prescricional, o juiz, depois de ouvida a Fazenda Pública, poderá, de ofício, reconhecer a prescrição intercorrente e decretá-la de imediato. (Incluído pela Lei nº 11.051, de 2004)

Portanto, a partir do ordenamento jurídico hoje em vigor, o Juiz do Trabalho deverá suspender o curso da execução, enquanto não for localizado o devedor ou encontrados bens passíveis de penhora. Durante esse prazo de suspensão, não fluirá o prazo de prescrição. Após, decorrido o prazo máximo de 1 (um) ano, sem que seja localizado o devedor ou encontrados bens penhoráveis, o Juiz ordenará o arquivamento dos autos. Nesse caso, caso sejam encontrados, a qualquer tempo, bens do devedor, os autos serão desarquivados para prosseguimento da execução. Ocorre que, a partir da decisão que ordenar o arquivamento começa a fluir o prazo prescricional. Decorrido esse prazo, o juiz, depois de ouvido o credor e caso esse permanece inerte, comportando-se de maneira desinteressada, poderá reconhecer a prescrição intercorrente e decretá-la de imediato.

Observe-se que a aplicação do art. 40 da LEF ao processo do trabalho deve passar por filtro adaptativo, pois, como dito, a prescrição intercorrente no processo do trabalho só será decretada quando preenchidos dois requisitos: a) decurso do prazo prescricional após o arquivamento do feito; b) inércia injustificada e desinteressada do exequente. Assim, decorrido o prazo de 2 (dois) anos após o arquivamento, o juiz deverá ouvir o titular do crédito e, somente caso este permaneça inerte, deverá decretar a prescrição.

Sobre os influxos do Novo Código de Processo Civil na prescrição intercorrente do processo do trabalho é preciso reconhecer que esta não sofrerá modificações. Isso porque o artigo 15 do novo CPC[27] não revoga o art. 889 da CLT,

---

27 **Art. 15 do Novo CPC** – Na ausência de normas que regulem processos eleitorais, trabalhistas ou administrativos, as disposições deste Código lhes serão aplicadas <u>supletiva</u> e <u>subsidiariamente</u>. Sobre a diferença entre aplicação supletiva e subsidiária vide BRAGA, Roberto Wanderley. *O bom vizinho só entra na sua casa quando convidado! O art. 15, do NCPC, e sua implicação no Processo do Trabalho.* Parlatório Jurídico, 14.10.2015. Disponível em: < http://parlatoriojuridico.com.br/parlatoriojuridico/pagina/90>

mas com ele convive harmoniosamente. Isso se dá pelo simples fato de que o art. 889 da CLT é norma especial em relação ao Novo CPC. É lição básica de hermenêutica, lembrada por Emilio Betti, que *lex posterior generalis non derogat legi priori speciali*.[28]

Até os defensores mais ferrenhos da revogação do art. 769 da CLT pelo art. 15 do novo CPC afirmam que o disposto no art. 889 da CLT, por ser norma especial em relação à regra da subsidiariedade, não foi afetado pelo novo CPC.

Assim, no que se refere à fase de execução, a fonte subsidiária principal continua sendo a Lei de Execuções Fiscais. O CPC, neste caso, funcionaria como fonte subsidiária secundária e passaria também a atuar como fonte supletiva na execução trabalhista.[29]

Portanto, forçoso concluir que, mesmo a partir da entrada em vigor do Novo CPC, os requisitos para o pronunciamento da prescrição intercorrente no processo do trabalho continuam sendo os mesmos já tratados anteriormente, quais sejam: decurso do tempo, aliado a conduta omissiva e injustificada do titular da pretensão.

6. A PRESCRIÇÃO INTERCORRENTE A PARTIR DO NOVO CPC E DO PROJETO DE LEI Nº 606/2011 DO SENADO FEDERAL

Tramita na Câmara dos Deputados o Projeto de Lei nº 3146/2015, que teve origem no Senado Federal como sendo o PLS nº 606. Referido projeto *"altera o Capítulo V do Título X da Consolidação das Leis do Trabalho (CLT), aprovada pelo Decreto-Lei nº 5.452, de 1º de maio de 1943, para disciplinar o cumprimento das sentenças e a execução de títulos extrajudiciais na justiça do trabalho"*. É, pois, o projeto de reforma da execução trabalhista, que já foi aprovado no Senado Federal e encontra-se na Câmara dos Deputados aguardando parecer do Relator na Comissão de Trabalho, de Administração e Serviço Público.[30]

O projeto estabelece, em seu art. 1º, que o Capítulo V do Título X da CLT, passará a vigorar com as seguintes alterações:

> **"Art. 876-A.** Aplicam-se ao cumprimento de sentença e à execução de título extrajudicial as regras contidas no presente Capítulo e, naquilo em que não forem incompatíveis, **subsidiariamente**, as regras do **Código de Processo Civil.**" (gn)

---

28 BETTI, Emilio. *Interpretação da lei e dos atos jurídicos*. São Paulo: Martins Fontes, 2007. p. 38.

29 MEIRELES, Edilton. *O novo CPC e sua aplicação supletiva e subsidiária no processo do trabalho*. In *O novo código de processo civil e seus reflexos no processo do trabalho*. Org: Élisson Miessa. Salvador: Juspodivm, 2015. p. 44-45.

30 Conforme informações obtidas e atualizadas em 03.11.2015, no sítio eletrônico da Câmara dos Deputados. Para acompanhamento do Projeto de reforma da execução trabalhista acesse: <http://www2.camara.leg.br/proposicoesWeb/fichadetramitacao?idProposicao=1805807>.

Da redação do dispositivo pode-se concluir que, a partir da reforma da execução trabalhista, a Lei de Execuções Fiscais – Lei nº 6.830/80 – deixará de ser a fonte subsidiária primária da execução trabalhista para ceder lugar à aplicação subsidiária do Código de Processo Civil. Aí sim estudo da prescrição intercorrente tratada pelo novo CPC será de grande importância para o operador do processo trabalhista.

Mas, não obstante, a reforma da execução trabalhista deixa claro que o Código de Processo Civil será aplicado apenas subsidiariamente, ou seja, na ausência de normas e naquilo que não for incompatível com a principiologia e peculiaridades próprias do processo do trabalho.

O projeto também cuida da prescrição intercorrente. Caso aprovado, a CLT passará a contar com o seguinte dispositivo:

> "**Art. 889-D.** Não localizados bens para garantir o débito, serão os credores intimados para indicá-los em 30 (trinta) dias.
>
> § 1º Silentes os credores, os autos serão arquivados provisoriamente, pelo prazo de 1 (um) ano, após a inclusão do nome dos obrigados no Banco Nacional de Devedores Trabalhistas (BNDT).
>
> § 2º Decorrido o prazo estabelecido no § 1º, os credores serão novamente intimados, e, não havendo indicação, o juiz determinará nova realização de todos os procedimentos legais disponíveis para a constrição de bens."

Observe-se que, com a reforma da execução, não mais haverá previsão para a hipótese de suspensão do processo pelo prazo de 1 (um) ano, tal qual é previsto no art. 40, §§ 1º e 2º, da LEF. Agora, caso não localizados os bens e não havendo indicação pelos credores, os autos serão *arquivados provisoriamente*, pelo prazo de 1 (um) ano.

Esse arquivamento provisório não provocará a fluência do prazo prescricional intercorrente, pois haverá uma segunda chance, já que, após o decurso do prazo do arquivamento provisório os credores serão novamente intimados para indicar bens e, caso permaneçam silentes, tal providencia caberá ao Juiz do Trabalho, que deverá determinar nova realização de todos os procedimentos legais disponíveis para constrição de bens.

Peca o projeto ao deixar um limbo normativo após essa segunda tentativa de penhora, caso a mesma se frustre. O que não se pode admitir, tampouco seria razoável, é que o Juiz do Trabalho tenha que repetir tal procedimento de forma cíclica e eternamente. Assim, como proceder após a segunda tentativa frustrada prevista no § 2º do art. 889-D? Diante da omissão, encontra perfeita aplicação supletiva[31] o Código de Processo Civil.

---

31 Segundo Mauro Schiavi, "*haverá aplicação supletiva do CPC quando, apesar da lei processual trabalhista disciplinar o instituto processual, não for completa. Nesta situação, o Código de Processo Civil será aplicado de forma complementar, aperfeiçoando e propiciando maior efetividade e justiça ao processo do traba-*

Interessante seria que o Projeto trouxesse expressamente solução legal caso frustrada a segunda tentativa de penhora, o que se recomenda, *de lege ferenda*. No entanto, caso assim não ocorra, é preciso lembrar que o novo CPC traz regras expressas acerca da prescrição intercorrente, que deverão colmatar as lacunas que, por certo, ainda existirão após a reforma da execução trabalhista, caso nenhuma emenda seja feita ao Projeto.

Sobre a prescrição intercorrente, assim estabelece o novo CPC, *verbis*:

> **Art. 921.** Suspende-se a execução:
>
> [...]
>
> **III** - quando o executado não possuir bens penhoráveis;
>
> § 1º Na hipótese do inciso III, o juiz suspenderá a execução pelo prazo de 1 (um) ano, durante o qual se suspenderá a prescrição.
>
> § 2º Decorrido o prazo máximo de 1 (um) ano sem que seja localizado o executado ou que sejam encontrados bens penhoráveis, o juiz ordenará o arquivamento dos autos.
>
> § 3º Os autos serão desarquivados para prosseguimento da execução se a qualquer tempo forem encontrados bens penhoráveis.
>
> § 4º Decorrido o prazo de que trata o § 1º sem manifestação do exequente, começa a correr o prazo de prescrição intercorrente.
>
> § 5º O juiz, depois de ouvidas as partes, no prazo de 15 (quinze) dias, poderá, de ofício, reconhecer a prescrição de que trata o § 4º e extinguir o processo.
>
> **Art. 924.** Extingue-se a execução quando: [...]
>
> **V** - ocorrer a prescrição intercorrente.

Portanto, após o procedimento previsto no § 2º do art. 889-D da CLT, com a redação que será dada pela reforma, deverá o juiz do trabalho aplicar supletivamente os artigos 921 e 924 do novo CPC.

De acordo com o que foi até aqui exposto, pode-se concluir que, a partir da reforma da execução trabalhista e da entrada em vigor do novo CPC, o procedimento, em caso de ausência de bens será o seguinte:

1 – não localizados bens para garantia do juízo, os credores serão intimados para tanto. Caso permaneçam silentes, serão os autos arquivados provisoriamente pelo prazo de 1 (um) ano (art. 889-D, § 1º);

2 – decorrido o prazo de arquivamento provisório, os credores serão novamente intimados para indicação de bens e, caso permaneçam silentes, o juiz

---

lho" (*in A aplicação supletiva e subsidiária do código de processo civil ao processo do trabalho*. Salvador: JusPodivm, 2015. p. 55-56. No caso, com a reforma da execução, a CLT passará a disciplinar os casos de paralisação da execução por ausência de bens, mas o fará de forma incompleta, o que atrairá a aplicação do Código de Processo Civil então em vigor.

determinará nova realização de todos os procedimentos legais disponíveis para a constrição de bens (art. 889-D, § 2º);

3 – persistindo a execução infrutífera, o juiz suspenderá a execução pelo prazo de 1 (um) ano, durante o qual não fluirá a prescrição (art. 921, § 1º, do NCPC);

4 – Decorrido o prazo máximo de 1 (um) ano sem que sejam encontrados bens penhoráveis, o juiz ordenará o arquivamento dos autos, data a partir da qual começará a fluir o prazo prescricional de 2 (dois) anos (art. 921, §§ 2º e 4º, NCPC)[32];

5 – Decorrido o prazo de 2 (dois) anos, o juiz, depois de ouvidas as partes, poderá reconhecer a prescrição e extinguir o processo (art. 921, § 5º, NCPC), caso o exequente não comprove que, nesse período, movimentava-se em busca de bens.

Come feito, mesmo com a reforma da execução e com a entrada em vigor do Novo CPC, para que seja pronunciada a prescrição intercorrente é preciso que haja uma inércia injustificada e desinteressada do exequente. Do contrário, caso demonstrado pelo exequente que ainda buscava bens passíveis de penhora, não poderá o juiz extinguir o processo[33], já que as normas processuais do Novo CPC continuarão a passar pelo filtro adaptativo antes de serem aplicadas no processo do trabalho.

Nessa diretriz, também passou a prevalecer de um modo geral na jurisprudência do Superior Tribunal de Justiça entendimento no sentido de que o reconhecimento da prescrição intercorrente fica condicionado ao desleixo do exequente mesmo após a sua intimação pessoal. Realmente, a 4ª Turma, no julgamento do Agravo Regimental no Recurso Especial 1.245.412-MT, de relatoria do ministro Luis Felipe Salomão, decidiu, com arrimo em anterior acórdão, que:

> "[...] De acordo com precedentes do Superior Tribunal de Justiça, a prescrição intercorrente só poderá ser reconhecida no processo executivo se, após a intimação pessoal da parte exequente para dar andamento ao feito,

---

32   Nesse sentido Enunciado 452 do Fórum Permanente de Processualistas Civis: (art. 921, § 4º; enunciado 314 da súmula do STJ). **O prazo de prescrição intercorrente previsto no art. 921, § 4º, tem início automaticamente um ano após a intimação da decisão de suspensão de que trata o seu § 1º**. (Grupo: Execução)

33   A prescrição intercorrente é sanção ante a falta de tramitação injustificada ante a inércia do titular da pretensão. Ocorrerá sempre que o credor deixar transcorrer o mesmo prazo determinado para a prescrição da ação, *sem praticar qualquer ato no sentido de demonstrar que ainda tem interesse no prosseguimento do feito*. Portanto, coadunamos com o pensamento de Arlete Inês Aurelli, para quem "*só se poderá falar em prescrição intercorrente, caso ficar caracterizada a efetiva inércia do credor, ou seja, a demonstração de sua falta de vontade em continuar com a execução ou dar encaminhamento ao cumprimento da sentença*" in: Execução. Coleção Novo CPC: doutrina selecionada. Volume 5. Salvador: JusPodivm, 2015. p. 238. No mesmo sentido, nos seus comentários ao novo CPC, afirma Nelson Nery Júnior que "*esta condição para a verificação da prescrição intercorrente, de inércia do exequente na persecução da satisfação do crédito, foi sedimentada na jurisprudência e acabou sendo acolhida pelo atual CPC*" in Comentários ao cpc. São Paulo: RT, 2015. p. 1898.

a mesma permanece inerte (AgRg. no AREsp. 131.359-GO, relator ministro Marco Buzzi, 4ª Turma, julgado em 20 de novembro de 2014, DJe 26 de novembro de 2014). Na hipótese, não tendo havido intimação pessoal da parte exequente para dar andamento ao feito, não há falar em prescrição" (v. u., j. 8.8.2015, DJe 31 de agosto de 2015).[34]

Portanto, após todo trâmite acima descrito, o juiz deverá ouvir o titular do crédito e, somente caso este não comprove que tomou providências no sentido buscar bens passíveis de penhora, deverá ser pronunciada a prescrição. Caso contrário, não teria sentido a prévia oitiva da parte antes do pronunciamento da prescrição.

7. NOTAS CONCLUSIVAS

A prescrição intercorrente no processo do trabalho deve atualmente ser encarada a partir do princípio da tutela da confiança, que fundamenta o fenômeno da *suppressio*, originária da boa-fé objetiva, e que tem como conteúdo a perda de um direito não exercido durante um lapso temporal considerável, que, por conta da inação, perde sua eficácia.

A razão desta supressão é a confiança em um dado comportamento de não exercer o direito. Tal confiança gera na outra parte uma expectativa legítima de que a posição jurídica contraditória não mais será exercida.

Nessa ordem de ideias, conclui-se que a inércia deliberada, injustificada e desinteressada do titular do direito (*factum proprium*), por um determinado período de tempo, cria na contraparte uma expectativa de que a posição jurídica de vantagem (*venire*) não mais será exercida, o que suprime do titular a possibilidade de exigência dessa pretensão.

Demonstrou-se que o fenômeno da prescrição intercorrente é exemplo claro de ocorrência da *suppressio* no processo do trabalho, já que, para sua ocorrência, exigem-se os seguintes pressupostos: decurso do tempo e inatividade imputável exclusivamente ao exequente. Logo, perfeitamente aplicável a prescrição intercorrente no processo do trabalho, uma vez que as súmulas 114 do TST e 327 do STF devem ser lidas em conjunto, ante a sua compatibilidade.

Observou-se também que, como a entrada em vigor do novo CPC, a disciplina da prescrição intercorrente no processo do trabalho permanecerá inaltera-

---

[34] Ao comentar referida decisão José Rogério Cruz e Tucci afirmou que "*Importa anotar que essa linha orientativa, na prática, acaba exterminando a prescrição intercorrente, visto que, a depender da intimação pessoal do exequente, basta qualquer manifestação deste para impedir o seu reconhecimento.*" Discordamos do referido autor. Na verdade, não basta qualquer manifestação do exequente para impedir o seu reconhecimento. Como dito, é preciso que este demonstre que estava em movimento e na busca pela satisfação de seu crédito, como, por exemplo, juntando aos autos comprovantes de pesquisas de bens e diligências nesse sentido. Prescrição pressupõe inércia.

da, vez que o art. 889 da CLT é norma especial em relação ao artigo 15 do novo CPC.

O mesmo não se poderá dizer a partir da reforma da execução trabalhista que, como visto, provocará significativa mudança na matéria. Com a reforma, o Novo CPC encontrará espaço suficiente para aplicação supletiva, ante a expressa previsão no PLS nº 606/2011.

Por fim, forçoso concluir que o projeto da reforma da execução é falho ao deixar um vazio normativo no tocante a situação na qual não forem encontrados bens passíveis de penhora após a segunda tentativa procedimental. Nesse ponto, recomenda-se uma emenda ao Projeto para que a omissão seja suprida. Caso contrário, deverá ser aplicado o Novo CPC de maneira supletiva, já que a reforma da execução tratará apenas parcialmente da prescrição intercorrente.

8. REFERÊNCIAS

ALMEIDA, Isis de. *Manual de direito processual do trabalho*. 2º volume. 9. Ed. São Paulo: LTr, 1998.

AURELLI, Arlete Inês. *Uma revisita ao tema da prescrição intercorrente no âmbito do processo civil em ênfase no Novo CPC. In: Novo CPC doutrina selecionada*. Volume. 5. Execução. Salvador: JusPodivm, 2015.

BETTI, Emilio. *Interpretação da lei e dos atos jurídicos*. São Paulo: Martins Fontes, 2007.

BRAGA, Roberto Wanderley. *O bom vizinho só entra na sua casa quando convidado! O art. 15, do NCPC, e sua implicação no Processo do Trabalho*. Parlatório Jurídico, 14.10.2015. Disponível em: <http://parlatoriojuridico.com.br/parlatoriojuridico/pagina/90>

CABRAL, Antônio do Passo. *Coisa julgada e preclusões dinâmicas*. Salvador: JusPodivm, 2013.

CAHALI, Yussef Said. *Prescrição e decadência*. São Paulo: RT, 2008.

DELGADO, Mauricio Godinho. *Curso de direito do trabalho*. 13. ed. São Paulo: LTr, 2014.

DIDIER JÚNIOR, Fredie. NOGUEIRA, Pedro Henrique Pedrosa. *Teoria dos fatos jurídicos processuais*. Salvador: JusPodivm, 2011.

LEITE, Carlos Henrique. *Curso de direito processual do trabalho*. 13. ed. São Paulo: Saraiva, 2015.

MALTA, Christovão Piragibe Tostes. *Prática do processo trabalhista*. 35. ed. São Paulo: LTr, 2008.

MARTINEZ, Luciano. *Curso de direito do trabalho*. 6. ed. São Paulo: Saraiva, 2015.

MEIRELES, Edilton. *O novo CPC e sua aplicação supletiva e subsidiária no processo do trabalho*. In *O novo código de processo civil e seus reflexos no processo do trabalho*. Org: Élisson Miessa. Salvador: Juspodivm, 2015.

MENEZES CORDEIRO, António Manuel da Rocha Menezes. *Da boa-fé no direito civil*. Coimbra: Almedida, 1997.

MIZIARA, Raphael. BRAGA, Roberto Wanderley. *Informativo do TST Comentados*. Teresina: Dinâmica Jurídica, 2014.

NERY JUNIOR, Nelson. NERY, Rosa Maria de Andrade. Comentários ao código de processo civil - novo CPC. 1. ed. São Paulo: RT, 2015.

SCHIAVI, Mauro. *Execução no processo do trabalho*. 7. ed. São Paulo: LTr, 2015.

____. *O novo CPC e sua aplicação supletiva e subsidiária no processo do trabalho*. In: *O novo código de processo civil e seus reflexos no processo do trabalho*. Org: Élisson Miessa. Salvador: Juspodivm, 2015.

SILVA, Homero Batista Mateus da. *Curso de direito do trabalho aplicado*. V. 10. Execução trabalhista. 2. ed. São Paulo: RT, 2015.

SCHREIBER, Anderson. *A proibição de comportamento contraditório: tutela da confiança e venire contra factum proprium*. 2. ed. Rio de Janeiro: Renovar, 2007.

STRECK, Lênio. DELFINO, Lúcio. (*et. al.*). *A cooperação processual do novo CPC é incompatível com a Constituição*. Consultor Jurídico, 23.12.2014. Disponível em: <http://www.conjur.com.br/2014-dez-23/cooperacao-processual-cpc-incompativel-constituicao>.

SUSSEKIND, Arnaldo. MARANHAO, Délio. VIANNA, Segadas. TEIXEIRA FILHO, João de Lima. *Instituições de direito do trabalho*. Volume II. 19. ed. São Paulo: LTr, 2000.

TEIXEIRA FILHO, Manoel Antônio. *Execução no processo do trabalho*. 10. ed. São Paulo: RT, 2011.

TEPEDINO, Gustavo. *et. al. Código Civil Interpretado*. Vol. I. 3. ed. Rio de Janeiro: Renovar, 2014.

THEODORO JUNIOR, Humberto, NUNES, Dierle, BAHIA, Alexandre Melo Franco, PEDRON, Flavio Quinaud. *Novo CPC fundamentos e sistematização*. Rio de Janeiro: Forense, 2015.

TUCCI, José Rogério Cruz e. *STJ traz nova orientação sobre reconhecimento da prescrição intercorrente*. Consultor Jurídico, 03.11.2015. Disponível em: < http://www.conjur.com.br/2015-nov-03/paradoxo-corte-stj-traz-orientacao-prescricao-intercorrente-execucao>

Capítulo 45

RESPONSABILIDADE SOLIDÁRIA/ SUBSIDIÁRIA E A NECESSIDADE DE INCLUSÃO DAS EMPRESAS NA FASE DE CONHECIMENTO DO PROCESSO TRABALHISTA

Paulo Henrique Tavares da Silva[1] e Caio Victor Nunes Marques[2]

SUMÁRIO: 1. INTRODUÇÃO; 2. UM PESO: DUAS MEDIDAS...; 3. SÓLIDOS IMPERFEITOS; 4. *PATCHWORK* JURÍDICO; 5. CONCLUSÕES; 6. REFERENCIAS.

1. INTRODUÇÃO

Abordaremos aqui a necessidade (ou não), de se incluir as empresas supostamente devedoras solidárias (ou subsidiárias) no polo passivo da demanda trabalhista, logo na fase de conhecimento, considerando o cenário que se descortina a partir da vigência do novo CPC (doravante denominado pela sigla NCPC). Não é demais lembrar que na jurisprudência do Tribunal Superior do Trabalho (TST) havia entendimento sumulado no sentido que o "responsável solidário, integrante do grupo econômico, que não participou da relação processual como reclamado e que, portanto, não consta no título executivo judicial como devedor, não pode ser sujeito passivo na execução" (Sum. 205, cancelada em 2003). Exsurge então a questão principal: a partir da vigência do NCPC, isso pode ser alterado?

A resposta dessa instigante questão passa por três momentos.

Primeiramente, é preciso entender que sentido se dá a solidariedade no âmbito trabalhista e porque há tratamento diverso entre a situação do grupo

---

[1] Doutor e Mestre em Direitos Humanos e Desenvolvimento pela UFPB; Professor dos cursos de graduação e pós-graduação do Unipê, Esmat 13 e ESA-PB; Vice-Diretor da Escola Judicial do TRT da 13ª Região; Coordenador do Centro de Pesquisas do Judiciário Trabalhista Paraibano; Juiz do Trabalho, titular da 5ª. Vara do Trabalho de João Pessoa.

[2] Graduando em Direito pela UFPB, pesquisador do Centro de Pesquisas do Judiciário Trabalhista Paraibano (CPJ TRT 13).

de empresas (diante do entendimento sumular cancelado), e as hipóteses que envolvem contratos de empreitada e subempreitada, bem como as terceirizações, onde expressamente há exigência de prévia integração no polo passivo da demanda, ainda na fase cognitiva, sob pena de lesão à coisa julgada e ao contraditório.

Num segundo momento, a partir de daquilo que se conclui na parte precedente, há que investigar se o devedor solidário, que não participou da demanda na fase cognitiva, poderia ingressar na execução como parte? Ou apenas detém responsabilidade patrimonial? Sendo relevante o problema diante das mais variadas possibilidade de defesa que se abrem ao prejudicado, seja ele considerado parte ou terceiro.

Enfim, a partir da vigência do NCPC, o que há de novo quanto ao tema? Teremos, enfim, uma solução para a essa duplicidade de tratamento entre esses tipos de solidariedade?

Já podemos adiantar que as posições que ora assumimos neste ensaio, a partir da análise doutrinária e jurisprudencial, apontam para a necessidade de uniformidade de tratamento, dada a importância que o novo sistema processual empresta ao precedente judicial, sendo impensável a convivência de figuras similares com abordagens distintas.

Eis aqui, nossa pequena contribuição quanto ao tema, que tanta importância desfruta na ambiência laboral, centrada na efetividade das decisões judiciais, tantas vezes maltratada pelo desvio patrimonial e a insolvência dos devedores principais.

2. UM PESO: DUAS MEDIDAS...

É curioso notar como o direito do trabalho enfrenta o tema da solidariedade patronal. O fenômeno da corresponsabilidade pelos débitos trabalhistas comparece logo no vestíbulo da CLT, ao apresentar aquele diploma a figura do grupo econômico empresarial, proclamando:

> Sempre que uma ou mais empresas, tendo, embora, cada uma delas, personalidade jurídica própria, estiverem sob a direção, controle ou administração de outra, constituindo grupo industrial, comercial ou de qualquer outra atividade econômica, serão, para os efeitos da relação de emprego, solidariamente responsáveis a empresa principal e cada uma das subordinadas. (art. 2º, § 2º, CLT).

Noutra passagem da CLT, desta feita abordando os contratos de empreitada e subempreitada, em seu art. 455, "caput", prevê:

> Nos contratos de subempreitada responderá o subempreiteiro pelas obrigações derivadas do contrato de trabalho que celebrar, cabendo, todavia, aos empregados, o direito de reclamação contra o empreiteiro principal pelo inadimplemento daquelas obrigações por parte do primeiro.

Nesta seara, o TST, através da sua SDI-1, editou a Orientação Jurisprudencial nº 191, nestes termos:

> Diante da inexistência de previsão legal específica, o contrato de empreitada de construção civil entre o dono da obra e o empreiteiro não enseja responsabilidade solidária ou subsidiária nas obrigações trabalhistas contraídas pelo empreiteiro, salvo sendo o dono da obra uma empresa construtora ou incorporadora.

De outro lado, em relação à terceirização, a Lei nº 6.019/74, em seu art. 16, ao referir-se acerca da relação entre tomador e prestador dos serviços, em decorrência do inadimplemento das verbas trabalhistas dos empregados envolvidos, esclarece:

> No caso de falência da empresa de trabalho temporário, a empresa tomadora ou cliente é solidariamente responsável pelo recolhimento das contribuições previdenciárias, no tocante ao tempo em que o trabalhador esteve sob suas ordens, assim como em referência ao mesmo período, pela remuneração e indenização previstas nesta Lei.

Temos aqui quatro situações que envolvem um mesmo tema, i.e., a solidariedade patronal. Porém, há diversidade de tratamento seja quanto à extensão dessa solidariedade, se subsidiária ou não, bem assim, e aí já entrando no objeto deste estudo, quando do cumprimento da sentença, se há necessidade da presença daqueles devedores solidários ainda na fase de cognitiva, ou não.

Acerca do segundo problema elencado, o TST havia editado a Súmula nº 205, que prescrevia: "O responsável solidário, integrante do grupo econômico, que não participou da relação processual como reclamado e que, portanto, não consta no título executivo judicial como devedor, não pode ser sujeito passivo na execução". Tal precedente restou cancelado em 2003, daí porque, o redirecionamento da execução em relação aos demais integrantes do grupo de empresas passou a ser admitido no processo do trabalho, sem maiores problemas. A esse respeito, seguem algumas decisões da Corte Superior Trabalhista:

> **AGRAVOS DE INSTRUMENTO EM RECURSOS DE REVISTA INTERPOSTOS PELAS EXECUTADAS. ANÁLISE CONJUNTA. EXECUÇÃO. INCLUSÃO DA EMPRESA NO POLO PASSIVO DA DEMANDA EM FASE DE EXECUÇÃO. GRUPO ECONÔMICO. POSSIBILIDADE.** I. Considerando que a decisão regional está intrinsecamente amparada no contexto fático-probatório constante dos autos, para infirmar as conclusões lançadas no acórdão vergastado, no tocante à existência de grupo econômico entre as executadas, seria necessário o reexame dos fatos e das provas, o que é defeso na instância extraordinária, nos termos da Súmula nº 126 do TST. II. A circunstância de a recorrente ter sido incluída no polo passivo apenas na fase de execução não caracteriza, por si, violação do direito ao contraditório e à ampla defesa, porque além de terem sido garantidos à agravante todos os meios de defesa a ela inerentes no atual panorama processual, a execução contra a reclamada originária restou infrutífera, o que justifica o redirecionamento dos atos executórios em face de outra empresa pertencente ao grupo

> comercial. Entendimento que se deduz pelo cancelamento da Súmula 205 do TST. Precedentes desta Corte. Processamento da revista que encontra óbice no artigo 896, §7º, da CLT. III. Não há como se cogitar de violação do artigo 170, caput, da norma constitucional, na medida em que a decisão Regional que manteve a responsabilidade da empresa pertencente ao mesmo grupo econômico da reclamada pelo adimplemento do crédito trabalhista atende aos princípios gerais de proteção do trabalho e encontra amparo no próprio artigo 2º, §2º, da CLT. Agravo de instrumento a que se nega provimento. (AIRR - 4-07.2011.5.01.0064, Relator Desembargador Convocado: André Genn de Assunção Barros, Data de Julgamento: 05/08/2015, 7ª Turma, Data de Publicação: DEJT 07/08/2015)
>
> [...] **EXECUÇÃO DE SENTENÇA. GRUPO ECONÔMICO. REDIRECIONAMENTO DA EXECUÇÃO. OFENSA AO ART. 5º, II, LIV E LV, DA CONSTITUIÇÃO FEDERAL INEXISTENTE**. Tratando-se de processo em fase de execução de sentença, a interposição de recurso de revista somente é admissível em face da demonstração de ofensa direta e literal de dispositivo da Constituição da República, consoante os termos do artigo 896, §2º, da CLT e da Súmula n. 266 do TST. Configurado o grupo econômico, não há nenhum óbice para que a execução seja direcionada também às empresas que não participaram do processo na fase de conhecimento, não caracterizando ofensa ao princípio do contraditório e da ampla defesa. Agravo de instrumento não provido. (AIRR - 51800-22.1995.5.01.0024, Relator Desembargador Convocado: José Rêgo Júnior, Data de Julgamento: 23/09/2015, 5ª Turma, Data de Publicação: DEJT 02/10/2015)

Curiosamente, nos casos de terceirização e, por extensão, naquelas situações empreitada e subempreitada, o TST exige para a execução que ambos, contratado e cliente, sejam citados e ocupem o polo passivo da decisão exequenda, aquilo que se expressa no item IV, da Sum. 331, do TST:

> O inadimplemento das obrigações trabalhistas, por parte do empregador, implica a responsabilidade subsidiária do tomador dos serviços quanto àquelas obrigações, desde que haja participado da relação processual e conste também do título executivo judicial.

Ora, uma vez estabelecida tal diferença de tratamento, há que se buscar sua razão de ser. Trata-se de questão importante, até porque, com a vigência do NCPC, o peso de precedente judicial cresce em significância, a teor dos artigos 489, § 1º, e 927 daquele diploma. Logo surge uma indagação que carece de resposta. Se, quando da obrigatoriedade de inclusão do devedor solidário no polo passivo da demanda ainda na fase de conhecimento, fala-se da necessidade de preservar o contraditório e ampla defesa, estaremos diante de um litisconsórcio unitário?

Ora, não seria o caso de litisconsórcio necessário, por inocorrência de imposição legal nesse sentido, mas sim unitário, pela natureza da relação discutida em juízo, a demandar solução uniforme para o caso. Logo, a modalidade de solidariedade imporia essa forma de tratamento e, por óbvio, no caso diverso, naquela do grupo econômico, teríamos outra situação que não vulneraria nem o contraditório, tampouco a ampla defesa, ao promover-se o ingresso do devedor solidário somente na execução, podendo o prejudicado, na hipótese, defender-se por meio dos embargos de terceiro ou mesmo embargos à execução, caso seja integrado de plano como parte para responder pela dívida. Vejamos se realmente existe essa dicotomia derivada do litisconsórcio.

3. SÓLIDOS IMPERFEITOS

Vimos na parte antecedente que a jurisprudência do TST enfrenta duas situações ditas de solidariedade de maneira distintas quando se trata da inserção de codevedora no polo passivo da demanda, quanto ao momento, vedando, nos casos de terceirização e afins, a inserção posterior do devedor subsidiário, na fase do cumprimento da sentença. Se tal vedação existe, não seria uma faculdade dada ao credor propor a ação contra o devedor principal, reservando a provocação ao devedor subsidiário num momento posterior, uma vez constatado o inadimplemento. Não seria o caso, pois, de litisconsórcio facultativo. Tampouco seria um litisconsórcio necessário, pois inexiste obrigação legal quanto ao credor assim proceder, integrando ambos os devedores no polo passivo. Estaríamos lidando com um litisconsórcio unitário?

No CPC de 1973, essas duas modalidades litisconsorciais convivem em um mesmo dispositivo, que assim dispõe:

> Art. 47. Há litisconsórcio necessário, quando, por disposição de lei ou pela natureza da relação jurídica, o juiz tiver de decidir a lide de modo uniforme para todas as partes; caso em que a eficácia da sentença dependerá da citação de todos os litisconsortes no processo.
>
> Parágrafo único. O juiz ordenará ao autor que promova a citação de todos os litisconsortes necessários, dentro do prazo que assinar, sob pena de declarar extinto o processo.

O litisconsórcio necessário é aquele que se impõe por força legal, o unitário, pela natureza da relação jurídica, a exigir decisão uniforme para todas as partes. No NCPC, a matéria encontra disciplinamento semelhante, porém mais claro, instituindo artigo específico para cada uma dessas figuras, dispondo que "o litisconsórcio será unitário quando, pela natureza da relação jurídica, o juiz tiver de decidir o mérito de modo uniforme para todos os litisconsortes" (Art. 116). Os efeitos da não-citação se encontram disciplinados no artigo antecedente:

> Art. 115. A sentença de mérito, quando proferida sem a integração do contraditório, será:
>
> I - nula, se a decisão deveria ser uniforme em relação a todos que deveriam ter integrado o processo;
>
> II - ineficaz, nos outros casos, apenas para os que não foram citados.

Portanto, no caso da modalidade unitária, sob o novo regime processual, a decisão proferida sem a citação do réu é nula de pleno direito, por lesão ao contraditório, reservando-se a ineficácia aos demais casos de coerção legal na formação do polo passivo, mas sem essa característica de uniformidade decisional.

De pronto, adiantamos que não se trata aqui de hipótese de integração litisconsorcial unitária. A lição é bem antiga vem pelas palavras de Liebman:

> [...] o litisconsórcio deve ser considerado necessário todas as vezes em que o provimento que se pede for de tal natureza que só possa ser emitido se for simultaneamente eficaz para vários sujeitos; e isso acontece quando o pedido visa à prolação de uma sentença constitutiva destinada a realizar a uma transformação em uma relação ou estado jurídico que seja único para várias pessoas, uma vez que a modificação ou extinção só poderá mesmo ocorrer para todos os seus participantes. Em todos os outros casos o litisconsórcio não é necessário, porque uma sentença declaratória ou condenatória, ainda quando proferida para apenas alguns dos titulares da relação jurídica, teria sempre alguma utilidade; e, na ausência de um vínculo legal, não se pode limitar a liberdade de agir do autor. (LIEBMAN, 2005, p. 144).

Está patente que no caso da terceirização (ou subempreitada análoga) não se está pretendendo qualquer constituição de estado novo. A condição de devedora solidária (seja em caráter principal ou subsidiário) decorre da expressa disposição legal e, no caso do credor, segundo dicção do art. 275 do Código Civil, este tem "o direito a exigir e receber de um ou de alguns dos devedores, parcial ou totalmente, a dívida comum". Há mais, pois resta dito no parágrafo único daquele dispositivo que "não importará renúncia da solidariedade a propositura de ação pelo credor contra um ou alguns dos devedores". Pergunta-se: onde está patente a obrigação do credor em propor a ação contra devedor principal e subsidiário, vedando o acesso deste último na fase executória, se assim não o fizer?

Mas a ideia de solidariedade como um todo indivisível atrai certas ilusões. É como pretendi figurar, ao intitular esta parte do ensaio, um "sólido imperfeito", isto porque embora sob o aspecto externo, aos olhos do credor, tenha ele o direito de exigir a totalidade da dívida de parte ou de todos os obrigados; mas, internamente, podem existir significativas diferenças, o que justifica a diversidade de tratamento quanto ao pagamento.

Orlando Gomes já indicava a presença de duas modalidades de obrigação solidária no direito civil brasileiro, a perfeita, decorrente da vontade dos coobrigados; a imperfeita, quando oriunda da vontade legal (1986, p. 76), esclarecendo que nesta segunda hipótese ocorre uma diversidade de vínculos entre o credor e os devedores, o que explicaria a possibilidade da solidariedade ser para um dos devedores o tipo direto e para o outro condicional ou a termo, do mesmo modo restaria igualmente explicada a desnecessidade de litisconsórcio no caso (GOMES, 1976, p. 79).

Castro Corrêa, em magistral estudo do direito romano acerca do tema, acena para essa possibilidade na vetusta lei civil, distinguindo a obrigação *correal* daquela dita *in solidum*, embora o objeto de ambas fosse o mesmo e o pagamento da totalidade da dívida por parte de um dos devedores exonerava os demais. Esta segunda modalidade surgiu do direito penal e gradualmente foi sendo absorvida pelo direito civil, desatrelada, portanto, do aspecto convencional. Segundo ele:

> Quando um prejuízo é injustamente causado a alguém por várias pessoas, cada culpado deve repará-lo integralmente, pois a responsabilidade de cada um não deve ser diminuída pela dos outros. Mas, o pagamento feito por um exonera os demais, pois, pelo pagamento o prejuízo é reparado. (CORRÊA, p. 230).

Modernamente, Silvio de Salvo Venosa (2004, p. 132) indica que essa modalidade de solidariedade não se perdeu no tempo, estando presente em nosso sistema jurídico civil, apresentando como suas características o fato de serem oriundas da lei, a exemplo da responsabilidade solidária que une o motorista ao proprietário do veículo, ou entre o proprietário do imóvel e a seguradora, acentuando que a origem do dever de pagar não reside em causa comum, mas sim na própria obrigação. No caso, os devedores são totalmente independentes um dos outros, embora ligados por um mesmo fato, circunstancia que faz os prazos prescricionais correrem distintamente, a interpelação feita por um não aproveite aos demais, o mesmo acontecendo com a remissão dada a um dos coobrigados não exonera os demais (isso, aliás, bem expresso no art. 282, par. único, do CCB).

Este é o caso de todas as modalidades de solidariedade existentes na legislação trabalhista. O que une os devedores solidários, seja no grupo econômico, terceirização ou empreitada (e subempreitada) é a vontade da lei, em decorrência de um fato específico: o inadimplemento das obrigações oriundas do contrato de trabalho por parte do empregador ostensivo, atraindo a responsabilidade dos demais corresponsáveis. A responsabilidade é imperfeita (*In solidum*), o que justifica a presença do benefício de ordem estabelecido entre o devedor principal e o dito subsidiário, haja vista a distinção de vínculo que une o credor aos devedores. O acionamento do devedor-garante desnecessita de maiores cautelas quando está configurada a relação-base, isto é, a terceirização, via contrato formal, como manda a lei, ou o grupo econômico empresarial, a partir da atuação conjugada e manifesta em determinado mercado. É o que se precisa provar para justificar a invasão na esfera patrimonial desse devedor solidário, sem a necessidade de malferirmos qualquer preceito constitucional atrelado ao contraditório.

Se a lei processual cria alguma possibilidade referente à presença dos demais devedores solidários diz respeito ao uso do chamamento ao processo, disciplinado no código processual de 1973, no art. 77, especificamente na hipótese do item III (no NCPC, há regramento similar a partir do art. 130). Há no instituto manifesta similitude com a denunciação da lide, destinada, prioritariamente, aos casos relacionados com direito de regresso. A vantagem em se fazer uso do chamamento, consoante lição de Cândido Dinarmarco (2006, p. 158), residiria, para o réu, em fazer uso da sentença como título executivo em favor daquele que satisfizesse a dívida para obrigar os demais insertos na lide paga quitar sua parte na obrigação. E, para o credor, decerto que também já abrevia uma etapa, portando título executivo contra devedores já certificados na obrigação, abreviando discussões ulteriores na fase de cumprimento da decisão judicial.

Ocorre que tanto no sistema vigente como no vindouro, a figura do chamamento ao processo é privativa do réu. Em relação ao autor, dita-se aqui que o mesmo possui o direito (jamais obrigação) de cobrar a dívida de um, alguns, ou todos os devedores solidários, seja de que tipo for a obrigação originária na seara trabalhista. Embora seja recomendável ao demandante, caso tenha fundados motivos, promover o litisconsórcio passivo facultativo simples ou, pretendendo, em futura execução, constritar bens dos integrantes da sociedade empresária (sócios individuais ou mesmo empresas), lançar mão do procedimento inserto no art. 134, § 2º, do NCPC, com as margens alargadas que iremos descrever adiante.

Similar conclusão chega Mauro Schiavi, ao afirmar que "o devedor subsidiário tem responsabilidade patrimonial secundária. Seus bens podem estar sujeitos à execução. Não se trata de responsabilidade processual, mas, sim, patrimonial (SCHIAVI, 2015, p. 1074). Conclui pela responsabilidade patrimonial secundária.

Vejamos como se dá a inserção do devedor solidário na execução trabalhista.

4. *PATCHWORK* JURÍDICO

Patchwork é aquele tecido feito com retalhos retangulares de outros tecidos de cores ou estampas diferentes, unidos entre si (FERREIRA, 2004, p. 1506). Assim vemos a execução trabalhista. Ao revés, quando nos deparamos com um código novo, apresenta-se aos nossos olhos um tecido nobre e íntegro, como linho, puro, uma trama uniforme, perfeita, harmônica. Frente ao novo, há uma tendência de desmerecermos o velho. É preciso resgatarmos a beleza do artesanato que une peças diversas, criando algo inusitado e funcional. Digo isso porque diante do novo CPC, percebo inúmeros analistas do processo do trabalho que simplesmente relegam ao esquecimento aquilo que temos quanto à regulação de determinados institutos, como é o caso da execução.

A evolução histórica indica uma gradual e persistente influência do processo civil nos domínios do processo do trabalho, em parte mesmo pelo laconismo deste sistema em determinados temas. Noutros casos, o silencio foi lido de forma errônea, isso porque a CLT trouxe em seus procedimentos muito daquele rito administrativo que inspirava a atuação da fiscalização do trabalho dos anos 40. A noção sincrética, por exemplo, ali já existia, bem antes de ser introduzida no processo civil, concebendo a execução como uma sequência da fase de conhecimento, e não um procedimento autônomo.

Ocorre que o NCPC apresenta interessante inovação no art. 513, § 5º, nestes termos: "o cumprimento da sentença não poderá ser promovido em face do fiador, do coobrigado ou do corresponsável que não tiver participado da fase de conhecimento". Isto altera algo naquilo que dissemos até então? A resposta é negativa.

De início, vale notar que o termo "participar" mencionado naquele dispositivo não impõe a presença do codevedor como parte, devidamente citada sob tal condição, mas isso pode ocorrer, por exemplo, através do incidente de desconsideração da personalidade jurídica inserto no próprio código (art. 133 e ss.). A propósito, mesmo superada a fase cognitiva, a introdução de novos devedores pode ocorrer justamente a partir da utilização desse procedimento, consoante dispõe o art. 134 daquele diploma. Portanto, aquela vedação deve ser considerada em termos bem reservados. Em verdade, o que se pretendeu foi acoplar à legislação o entendimento do Superior Tribunal de Justiça (STJ) especificamente quanto ao fiador, veiculado pela Súmula 268 daquela Corte.

Entretanto, isso não pode impressionar aos que manejam com o processo do trabalho. Quando se trata do permanente debate entre a aplicação subsidiária ou supletiva do processo comum ao especializado, não se pode desprezar que, acerca da execução, há precedência de outro sistema diverso, qual seja o da execução fiscal (Lei 6.830/80), isto por força do art. 889 consolidado.

No terreno da execução fiscal, que se funda na Certidão da Dívida Ativa (CDA), a possibilidade de cambiamento ou redirecionamento do devedor inscrito naquela peça é perfeitamente admissível, inclusive consagrada por Súmula do STJ, nestes termos: "Presume-se dissolvida irregularmente a empresa que deixar de funcionar no seu domicílio fiscal, sem comunicação aos órgãos competentes, legitimando o redirecionamento da execução fiscal para o sócio-gerente» (Sum. 435). Acresço, ainda, a decisão que segue:

> **TRIBUTÁRIO. NÃO-LOCALIZAÇÃO DA EMPRESA. DISSOLUÇÃO IRREGULAR. RESPONSABILIDADE DO GESTOR. ART. 135, III, DO CTN.**
>
> 1. Hipótese em que o Tribunal a quo decidiu pela responsabilidade dos sócios-gerentes, reconhecendo existirem indícios concretos de dissolução irregular da sociedade por "impossibilidade de se localizar a sede da empresa, estabelecimento encontrado fechado e desativado, etc.".
>
> 2. Dissídio entre o acórdão embargado (segundo o qual a não-localização do estabelecimento nos endereços constantes dos registros empresarial e fiscal não permite a responsabilidade tributária do gestor por dissolução

irregular da sociedade) e precedentes da Segunda Turma (que decidiu pela responsabilidade em idêntica situação).

3. O sócio-gerente que deixa de manter atualizados os registros empresariais e comerciais, em especial quanto à localização da empresa e à sua dissolução, viola a lei (arts. 1.150 e 1.151, do CC, e arts. 1º, 2º, e 32, da Lei 8.934/1994, entre outros). A não-localização da empresa, em tais hipóteses, gera legítima presunção *iuris tantum* de dissolução irregular e, portanto, responsabilidade do gestor, nos termos do art. 135, III, do CTN, ressalvado o direito de contradita em Embargos à Execução.

4. Embargos de Divergência providos. (EREsp 716.412/PR, Rel. Ministro HERMAN BENJAMIN, PRIMEIRA SEÇÃO, julgado em 12/09/2007, DJe 22/09/2008, com grifo nosso)

A satisfação do crédito tributário, de inegável espectro transindividual, carece dessa maleabilidade no trato com os devedores, alargando as situações de cabimento e uso da responsabilidade patrimonial. "É o direito material que determina quem é o responsável pela obrigação. Uma norma de direito material é uma norma de decisão: serve para a solução do problema jurídico posto à apreciação do órgão jurisdicional" (DIDIER et al., 2013, p. 267). O mesmo é aplicável ao direito do trabalho, ainda por ser este dotado de superprivilégio, sobrepondo-se, inclusive, ao crédito fiscal/tributário (Código Tributário Nacional, art. 186).

Nas partes anteriores deste estudo, vimos que não há justificativa teórica para a diversidade de tratamento entre as modalidades de solidariedade que usualmente utilizamos nas lides trabalhistas, em um caso desnecessitando da inclusão do codevedor na fase de cognição e, noutro se exigindo, sob pena de preclusão máxima. Conforme dito, não há necessidade dessa inclusão prévia, aliás, nunca houve, com todas as vênias daqueles que entendem contrariamente.

Contudo, pugnar pela desnecessidade da inclusão do devedor solidário na fase de conhecimento não elimina todos os nossos problemas. Bem ao contrário. Há outro tema que deve ser enfrentado, alusivo ao debate da natureza do papel exercido pelo devedor na execução. Ele teria apenas responsabilidade patrimonial; ou é legitimado passivo pelo débito?

Conforme a resposta que se dê, teremos diversidade de tratamento quanto à forma de proceder a execução quanto ao devedor solidário, chegando até aos mecanismos de defesa a serem utilizados por este, podendo manejar, a depender do caso, embargos de terceiro ou embargos do devedor. As matérias a serem veiculadas no contraditório também mudam, destacando-se que nos embargos de terceiro o rol de alegações autorais é restrito.

Também há outro problema importante, a depender da opção escolhida. Se o devedor solidário detém apenas responsabilidade patrimonial, certamente, o credor poderá ter que se submeter ao procedimento prévio da desconsideração da personalidade jurídica incidental, previsto no NCPC a partir do art. 133, haja vista que na execução, a responsabilidade patrimonial de eventuais responsáveis ali não elencados exige tal incidente, nos termos do art. 790, item VII, daquele novo diploma.

De fato, a separação entre as figuras do débito e da responsabilidade patrimonial marcam a evolução do direito processual civil naquilo que tange à execução, superando a degradante prisão por dívidas. Nesse sentido, afirma Marcelo Abelha que "o devedor é ao mesmo tempo o sujeito que deve e o sujeito responsável; mas isso comporta exceções, pois o direito, aprimorando as relações de crédito, permite que a responsabilidade patrimonial seja suportada por um garantidor da prestação inadimplida" (2007, p. 67).

O termo "garantidor" sempre vem associado à responsabilidade patrimonial, pois é da sua essência, ao vincular o patrimônio de outrem por um débito que não é seu. Por isso, costumeiramente, busca-se guarida naquele instituto quando se fala de redirecionamento ou inserção de novos devedores no polo passivo de uma demanda executória. Nesse sentido, o Superior Tribunal de Justiça, recentemente, adotou posição restritiva, a exigir que o nome do devedor e codevedor figurasse no polo passivo:

> **PROCESSO CIVIL. RECURSO ESPECIAL. DEVEDOR SOLIDÁRIO NÃO INTEGRANTE DO POLO PASSIVO DA AÇÃO DE COBRANÇA. ARRESTO. IMPOSSIBILIDADE.**
>
> 1. O art. 275 do Código Civil - que prevê a solidariedade passiva - é norma de direito material, restringindo-se sua aplicação ao momento de formação do processo cognitivo, quando então o credor pode incluir no polo passivo da demanda todos, alguns ou um específico devedor; <u>sendo certo que a sentença somente terá eficácia em relação aos demandados, não alcançando aqueles que não participaram da relação jurídica processual, nos termos do art. 472 do Código de Processo Civil.</u>
>
> 2. <u>A responsabilidade solidária precisa ser declarada em processo de conhecimento, sob pena de tornar-se impossível a execução do devedor solidário, ressalvados os casos previstos no art. 592 do mesmo diploma processual.</u> Desse modo, o arresto cautelar que atinge bem de terceiro é passível de impugnação mediante a propositura dos embargos de terceiro (art. 1.046 do CPC).
>
> 3. No caso, não tendo a recorrente figurado no polo passivo da ação de cobrança <u>nem estando incluída no rol do referido art. 592 do CPC, não podem os seus bens ser atingidos pelo arresto determinado em medida cautelar incidente à ação de cobrança, tampouco por futura execução.</u> Aplicação analógica da Súmula 268 do STJ.
>
> 4. Recurso especial provido. (REsp 1423083/SP, Rel. Ministro LUIS FELIPE SALOMÃO, QUARTA TURMA, julgado em 06/05/2014, DJe 13/05/2014, grifamos)

Sob a ótica processual civil, a decisão daquela Corte Superior é indene a recortes, frente os elementos básicos que devem compor o título executivo, especialmente a certeza daquilo que se tem por credor e devedor. Nesse mesmíssimo sentido, Cândido Dinamarco, em antiga monografia, já assinalava que:

> a) em princípio, só quem estiver indicado no título como devedor é legitimado passivo à execução (legitimidade ordinária primária); b) tal regra constitui projeção da exigência legal de título para executar, porque contra quem não está indicado neste, em princípio, inexiste título; c) existem casos em que, excepcionalmente, admite-se a legitimidade passiva de pessoas não incluídas no título (arts. 568 e 592); d) para submetê-las à execução é indispensável um prévio ato judicial que lhes estenda eficácia do título executivo; e) esse pronunciamento judicial pode ter lugar na própria execução, incidentemente, quando existir prova documental inconcussa da situação de legitimante; f) inexistindo situação clara e controvertendo as partes seriamente sobre os pressupostos da desconsideração da personalidade jurídica, será indispensável que o reconhecimento desses pressupostos seja buscado alhures pelo credor;[...].(DINAMARCO, 2001, p. 1198)

Se é bem verdade, como dissemos, que o devedor solidário não precisa, necessariamente, compor a demanda na fase de formação do título, assume o credor um problema adicional na execução, que é o de tipificar o novo devedor como parte ou responsável patrimonial. Se ele possuir provas documentais acerca da existência do grupo econômico, da terceirização ou da empreitada, o ingresso do coobrigado far-se-á por petição simples do credor, citando aquele para responder aos termos da demanda, ingresso como litisconsorte na execução, cabendo ao prejudicado exercitar sua defesa através dos meios reservados à parte envolvida em tal procedimento. Isso é bem similar ao que já acontece na desconsideração da personalidade jurídica no âmbito do processo do trabalho, consoante a Consolidação dos Provimentos da Corregedoria-geral da Justiça do Trabalho:

> Art. 68. Ao aplicar a teoria da desconsideração da personalidade jurídica, por meio de decisão fundamentada, cumpre ao juiz que preside a execução trabalhista adotar as seguintes providências:
>
> I - determinar a reautuação do processo, a fim de fazer constar dos registros informatizados e da capa dos autos o nome da pessoa física que responderá pelo débito trabalhista;
>
> II - comunicar imediatamente ao setor responsável pela expedição de certidões no Judiciário do Trabalho a inclusão do sócio no pólo passivo da execução, para inscrição no cadastro das pessoas com reclamações ou execuções trabalhistas em curso;
>
> III - determinar a citação do sócio para que, no prazo de 48 (quarenta e oito) horas, indique bens da sociedade (artigo 596 do CPC) ou, não os havendo, garanta a execução, sob pena de penhora, com o fim de habilitá-lo à via dos embargos à execução para imprimir, inclusive, discussão sobre a existência ou não da sua responsabilidade executiva secundária. (BRASIL, 2012, p. 29).

Essa simplicidade na admissão do devedor solidário decorre da natural condição de que sua responsabilidade advém da conjugação de dois fatos bem específicos: a caracterização da condição de obrigado (inconteste, na hipótese) e o inadimplemento das obrigações por parte do devedor legitimado em caráter primário. A propósito, o contraditório acerca da inclusão do litisconsorte na execução somente deverá girar em torno desses temas, nada mais, sem prejuízo de, superada a questão prévia de ingresso, ocorrer a discussão acerca do montante da dívida e demais aspectos da execução. E em tais circunstâncias, advogamos que até mesmo o juiz, de ofício, poderá determinar a ampliação do polo passivo, à luz do art. 878, "caput", consolidado.

Haveremos que encontrar complicações maiores quando o suporte fático não transparece de forma tão simples assim, bem naquelas situações em que realmente há que se desconsiderar a personalidade jurídica. Com o advento do NCPC a situação ganha um novo e interessante ingrediente. É que o artigo 790 do NCPC, substituto do art. 592 do CPC/73, traz inovação ao agregar um novo item nas situações de responsabilidade patrimonial. Vejamos:

> Art. 790. São sujeitos à execução os bens:
>
> I a VI omitidos;
>
> VII - do responsável, nos casos de desconsideração da personalidade jurídica.

Atribui-se aqui um uso adicional ao incidente descrito a partir do art. 133 daquele novo ordenamento, qual seja o de atribuir responsabilidade patrimonial. E nesse caso, engana-se aquele que interpreta esse uso de maneira restritiva, apenas apontando essa necessidade para a hipótese de mero levantamento do escudo jurídico que guarnece do ente econômico com a finalidade de se promover a constrição patrimonial. Há casos, como veremos abaixo, que até mesmo a noção de fraude é relegada, em benefício do interesse qualificado do credor (BRUSCHI, 2009, p. 66).

Volto aqui a noção de *patchwork* jurídico que descrevemos acima. É cediço que a versão da desconsideração da personalidade jurídica contida no art. 50 do CCB é insuficiente para abarcar a problemática daquelas demandas que envolvem partes em estado de sujeição ao poder econômico, sendo necessário recorrermos a formulações mais completas. Trata-se da utilização da chamada teoria objetiva (ou menor), no campo da desconsideração, que se contrapõe à teoria civil de recorte subjetivo (ou maior), aquela residente na Lei 9.605/98 e no Código de Defesa do Consumidor (ALMEIDA, 2015, p. 284).

No caso do processo do trabalho, com frequência se faz alusão tanto ao Código Tributário Nacional, em seus arts. 134 e 135, quanto, e aí nosso maior interesse, pelo uso do mencionado Código de Defesa do Consumidor. Neste último diploma, iremos encontrar o seguinte:

Art. 28. O juiz poderá desconsiderar a personalidade jurídica da sociedade quando, em detrimento do consumidor, houver abuso de direito, excesso de poder, infração da lei, fato ou ato ilícito ou violação dos estatutos ou contrato social. <u>A desconsideração também será efetivada quando houver falência, estado de insolvência, encerramento ou inatividade da pessoa jurídica provocados por má administração.</u>

§ 1º (Vetado).

§ 2º <u>As sociedades integrantes dos grupos societários e as sociedades controladas, são subsidiariamente responsáveis pelas obrigações decorrentes deste código.</u>

§ 3º <u>As sociedades consorciadas são solidariamente responsáveis pelas obrigações decorrentes deste código.</u>

§ 4º As sociedades coligadas só responderão por culpa.

§ 5º <u>Também poderá ser desconsiderada a pessoa jurídica sempre que sua personalidade for, de alguma forma, obstáculo ao ressarcimento de prejuízos causados aos consumidores.</u>

Comentando tal dispositivo, Bruschi ressalta:

> Os §§ 2º, 3º e 4º tratam da responsabilidade solidária nas sociedades integrantes de grupos societários, nas consorciadas e nas coligadas, de forma principal ou solidária. Nestas, a tarefa do juiz é valorativa dos interesses em conflito, além de criativa de novas normas.
>
> Entre as normas componentes de um grupo societário existe a responsabilidade subsidiária. Portanto, o consumidor que se sentir lesado diante de uma sociedade que não disponha de bens suficientes e que faça parte de um grupo societário, poderá continuar com a cobrança em face dos demais integrantes, de modo subsidiário. (2009, p. 65).

Isto é, em todos os casos acima haveremos de ter espaço à desconsideração da personalidade jurídica. Note que sob esse "guarda-chuva" serão discutidos não apenas problemas a envolver a responsabilidade dos sócios, como também os problemas fazem parte deste ensaio, acerca da responsabilidade solidária ou subsidiária. Isso não é de causar surpresa, posto que logo de início, o novo código estabelece ser "assegurada às partes paridade de tratamento em relação ao exercício de direitos e faculdades processuais, aos meios de defesa, aos ônus, aos deveres e à aplicação de sanções processuais, <u>competindo ao juiz zelar pelo efetivo contraditório</u>" (art. 7º).

Com isso, há sem dúvida a superação daqueles problemas originariamente levantados pelo Tribunal Superior do Trabalho e que levaram à inserção do item IV da Sum. 331, possibilitando o exercício do contraditório por parte do devedor subsidiário, agora na fase de cumprimento da sentença.

A propósito, mesmo cuidando-se de autêntico grupo econômico documentado por contrato, a utilização do incidente de desconsideração da personalidade não deixará de ser importante.

Tome-se, como exemplo, as Sociedades de Propósito Específico (SPE), introduzidas no ordenamento jurídico brasileiro através da Lei 8.987/93 (Lei das Concessões Públicas) e posteriormente pelas Leis 8.666/93 (com alteração promovida Lei 9.074/95), 11.079/04 (Lei da Parcerias Público Privadas) e Lei Complementar 128/08, esta última possibilitando a criação de SPEs por microempresas e empresas de pequeno porte, exclusivamente.

Esta nova formação societária veio possibilitar a criação, no ramo da construção civil, a criação de empresas específicas para atuar por obra (cada condomínio, uma empresa), isto com a finalidade de prevenir riscos ao patrimônio da empresa maior (construtora, patrocinadora do consórcio), assim como permitir que esta possa participar de licitações, pois seu CNPJ não estaria envolvido em casos de ações trabalhistas e previdenciárias capazes de incluí-la nos cadastros negativos respectivos.

Em síntese, uma SPE representa a formalização de um grupo empresarial trabalhista, composto seja por empresários individuais ou sociedades empresárias. De logo, já se estabelece uma dificuldade para o atingimento de seus integrantes, uma vez que a responsabilidade dos sócios se limita ao patrimônio societário integralizado por cada um. Apesar de estarmos diante de um grupo econômico, nos moldes do art. 2º, § 2º, consolidado, a extensão da responsabilidade para empresas e empresários individuais que o compõe não pode prescindir do contraditório, somente residente no incidente específico que estamos a considerar.

5. CONCLUSÕES

Ainda não temos um processo do trabalho calcado na sintonia e na harmonia. Tudo está em contínuo ajuste e aprimoramento. E nesse cadinho jurídico ingressam inúmeros diplomas legais, despontando, decerto, o NCPC, que se apresenta como uma alternativa para enfrentamento dos velhos problemas relacionados com a prestação jurisdicional, a partir da hipervalorizacão dos partícipes da relação processual, lastreada nos princípios da cooperação, lealdade e contraditório.

Mas a vigência desse novo código, peça harmoniosa, fruto de intenso debate nacional, não pode ser instrumento capaz de subverter aquilo que, no nosso entender, representa a grande virtude do processo do trabalho, a partir da possibilidade de dialogar com as mais variadas fontes, objetivando preservar e promover a dignidade da relação de emprego, algo somente obtenível a partir de decisões céleres e eficazes.

Além dessa versatilidade, igualmente não podemos esquecer que se trata de um procedimento que deve priorizar a simplicidade no atendimento de seus objetivos primordiais. Logo, impedir que o devedor solidário não possa comparecer na execução para solver crédito trabalhista inadimplido por outro codevedor, a partir de premissas equivocadas oriundas do processo comum, representa óbice a ser superado por todos aqueles que manejam esse ramo especializado procedimental.

Em apertada síntese, aqui defendemos:

a) Considerando as peculiaridades do crédito trabalhista, especialmente sua preferência perante os demais, a desatenção ao disposto no art. 513, § 5º, do NCPC, não pode servir de óbice ao redirecionamento dos atos executivos em relação ao devedor solidário (ou subsidiário) na fase cumprimento da sentença trabalhista.

b) A não obrigatoriedade da integração do devedor solidário/subsidiário ao feito durante a fase cognitiva, embora seja recomendável que isso ocorra, sempre que existam motivos para tanto, a critério do autor, oportunidade em que se utilizará do litisconsórcio passivo facultativo simples ou, para questões mais complexas, a envolver uma futura invasão no patrimônio daqueles que integram à sociedade empresária ou grupo econômico, a integração do(s) responsável(eis) nos termos do art. 134, § 2º, do NCPC.

c) A possibilidade do ingresso do devedor solidário/subsidiário na fase de cumprimento da sentença (ou execução de título extrajudicial), que poderá ocorrer por dois caminhos: c.1) provocação do credor por simples petição (ou mesmo de ofício pelo juiz), naqueles casos em que o suporte documental é verossímil acerca da condição do coobrigado; c.2) a utilização do incidente de desconsideração da personalidade jurídica, iniciativa privativa do credor, naquelas hipóteses em que há necessidade de uma dilação probatória mais elaborada, fincada em todos meios de prova legalmente admissíveis.

Por essa razão é que propomos neste ensaio a utilização do incidente de desconsideração da personalidade jurídica, a partir do novo tratamento que lhe dá NCPC, como uma ferramenta capaz de resolver os dilemas causados pela dúplice interpretação que nossas cortes dão ao mesmo fenômeno da solidariedade patronal, a partir da ampliação de seu cabimento, tomando por premissa não o direito civil, mas sim o direito do consumidor, isso com base num uso que inclusive já vem sendo feito quando se trata de enfrentar o problema da invasão patrimonial por responsabilidade sem débito. Essa conjugação de elementos é salutar quando se trata do direito do trabalho.

6. REFERENCIAS

ABELHA, Marcelo. **Manual de execução civil**. 2ed. Rio de Janeiro: Forense Universitária, 2007.

ALMEIDA, Cléber Lúcio de. Incidente de desconsideração da personalidade jurídica. In: MIESSA, Elisson (org.). **O novo Código de Processo Civil e seus Reflexos no processo do trabalho**. Salvador: *Jus Podivm*, 2015.

BRASIL. Tribunal Superior do Trabalho. Corregedoria-geral da Justiça do Trabalho. **Consolidação dos provimentos da Corregedoria-geral da Justiça do Trabalho** (2012). Brasília, DF, 2012.

BRUSCHI, Gilberto Gomes. **Aspectos processuais da desconsideração da personalidade jurídica**. 2ed. São Paulo: Saraiva, 2009.

CORRÊA, Alexandre Augusto de Castro. **As obrigações solidárias e m Direito Romano**. In: Revista da Faculdade de Direito da Universidade de São Paulo. V 55, 1960, p 197-240. São Paulo: 1960.

DIDIER JR., Fredie; CUNHA, Leonardo Carneiro da; BRAGA, Paula Sarno; OLIVEIRA, Rafael Alexandria de. **Curso de Direito Processo Civil**. 5ed. v5. Salvador: Jus Podivm, 2013.

DINAMARCO, Cândido Rangel. **Fundamentos do processo civil moderno**. 4ed. v2. São Paulo: Malheiros, 2001.

___**Intervenção de terceiros**. 4ed. São Paulo: Malheiros, 2006.

FERREIRA, Aurélio Buarque de Holanda. **Novo dicionário Aurélio da língua portuguesa**. 3ed. Curitiba: Positivo, 2004.

GOMES, Orlando. **Obrigações**. 8ed. Forense: Rio de Janeiro, 1986.

LIEBMAN, Enrico Tullio. **Manual de Direito Processual Civil**. 3ed, v. I. São Paulo: Malheiros, 2005.

SCHIAVI, Mauro. **Manual de Direito Processual do Trabalho**: de acordo com o novo CPC. 9ed. São Paulo: LTr, 2015.

VENOSA, Silvio de Salvo. **Direito Civil**: teoria geral das obrigações e teoria geral dos contratos. 4ed, v2. São Paulo: Atlas, 2004.

Capítulo 46

O REGIME DA FRAUDE DE EXECUÇÃO DO NOVO CPC E SEUS REFLEXOS NO PROCESSO DO TRABALHO

Wolney de Macedo Cordeiro[1]

SUMÁRIO: 1. NOTAS INTRODUTÓRIAS; 2. CONSTRUÇÃO CONCEITUAL DA FRAUDE DE EXECUÇÃO; 3. COMPARAÇÃO GENÉRICA ENTRE OS REGRAMENTOS DA FRAUDE DE EXECUÇÃO NO CPC DE 1973 E NA NOVA REDAÇÃO; 4. DAS HIPÓTESES CARACTERIZADORAS DA FRAUDE DE EXECUÇÃO NO NOVO CÓDIGO DE PROCESSO CIVIL; 4.1. FRAUDE DE EXECUÇÃO RELACIONADA À MODALIDADE DA AÇÃO MOVIDA CONTRA RÉU OU DEVEDOR (NCPC, ART. 792, I); 4.2. FRAUDE DE EXECUÇÃO BASEADA NA EXISTÊNCIA DE PRÉVIO GRAVAME DO BEM OU DO PATRIMÔNIO DO DEVEDOR (NCPC, ART. 792, II E III); 4.3 FRAUDE DE EXECUÇÃO RELACIONADA AO LIMITE TEMPORAL DA ALIENAÇÃO OU ONERAÇÃO DOS BENS (NCPC, ART. 792, IV); 5. INSTRUMENTOS DE PRESERVAÇÃO DO INTERESSE DE TERCEIROS DIANTE DA FRAUDE DE EXECUÇÃO (NCPC, ART. 792, § 4º); 6. CONSIDERAÇÕES FINAIS; 7. REFERÊNCIAS BIBLIOGRÁFICAS.

1. NOTAS INTRODUTÓRIAS

A aprovação do novo texto do Código de Processo Civil tem sido aguardada ansiosamente pela classe jurídica, tendo em vista a quantidade de modificações propostas. As intensas incursões do parlamento na modificação do direito processual civil, que culminaram com o novo código, revelam o coroamento de uma legislação procedimental sintonizada com os postulados processuais contemporâneos. Nessa perspectiva, o laconismo crônico, do qual é acometido o direito processual do trabalho, faz com que as alterações na norma processual civil sejam fundamentais para a reconstrução do rito procedimental laboral.

Não se pode deixar de destacar o fato de que o imobilismo na construção de uma norma processual trabalhista própria, abrangente e sistematicamente orientada tem produzido efeitos absolutamente nefastos para o amadurecimento da disciplina. As poucas e pontuais modificações legislativas[2] havidas na

---

[1] O autor é Desembargador do Tribunal Regional do Trabalho da 13ª Região, mestre e doutor em Direito, Professor Titular do UNIPÊ – Centro Universitário de João Pessoa e da ESMAT-13 – Escola Superior da Magistratura Trabalhista da Paraíba.

[2] Não se pode deixar de reconhecer recentes modificações na legislação processual trabalhista, em especial a Lei n.º 13.015, de 21 de julho de 2014, que alterou o procedimento dos embargos à Seção Especializada do Tribunal Superior do Trabalho e do recurso de revista, bem como estabeleceu parâmetros para a uniformização da jurisprudência nos Tribunais Regionais do Trabalho. A mencionada norma, no entanto, refere-se a um universo muito específico da processualística e, de fato, teve uma escopo de

norma instrumental trabalhista conduzem, inexoravelmente, o direito processual do trabalho a uma situação de dependência do Código de Processo Civil.

Nesse sentido, avoluma-se a importância do novo Código de Processo Civil para o aprimoramento do direito processual do trabalho, em especial, na fase de execução. Desde a implementação das modificações legislativas anteriores, em especial as Leis n. 11.232/2005 e 11.382/2006, o debate acerca da construção de um novo modelo para a execução trabalhista tem ocupado um papel significativo na doutrina processual do trabalho.

A tarefa de análise da compatibilidade das diretrizes do novo Código de Processo Civil é extensa e árdua, até porque não existe uma linha doutrinária e jurisprudencial determinante para a composição de um sistema adequado de recepção das normas processuais cíveis ao sistema laboral. Certamente as dimensões deste trabalho não comportam uma visão ampla desse problema, logo optamos por eleger uma temática em particular: a fraude de execução.

Tema essencial para a condução da tutela executiva laboral, a fraude de execução não ostenta nenhum tipo de regramento na norma processual trabalhista. Dessa forma, a modificação estrutural na regulação, promovida pelo CPC, conduzirá necessariamente a uma alteração da abordagem da temática no âmbito laboral.

No presente artigo, buscaremos, após tecer algumas considerações doutrinárias acerca do instituto, estabelecer a repercussão, na esfera do processo do trabalho, das principais modificações encampadas pelo novo Código de Processo Civil.

2. CONSTRUÇÃO CONCEITUAL DA FRAUDE DE EXECUÇÃO.

A tutela executiva, cujo objeto relaciona-se com a obrigação de pagar, é baseada em procedimentos sub-rogatórios, mediante os quais a atuação estatal sobrepõe-se a dos particulares impondo a quitação das dívidas. Incide essa modalidade de tutela executiva essencialmente sobre o patrimônio do devedor, que deve ser capaz de satisfazer integralmente as obrigações reconhecidas no título executivo[3]. A ausência ou insuficiência de patrimônio do devedor impossibilita e frustra a satisfação do crédito, tornando inócua a prestação jurisdicional.

---

aproximar o regramento do recurso de revista ao do recurso especial, especialmente no que concerne ao represamento das demandas repetitivas. Ressente-se a comunidade jurídica de um conjunto consistente e abrangente de normas processuais construídas para a realidade procedimental da ação trabalhista.

3 É assim, de forma absolutamente certeira, que prelecionava Ovídio Baptista: "O objeto da execução, portanto, não é a pessoa do devedor, e sim os seus bens, compreendido este conceito em seu sentido amplo, como qualquer valor jurídico capaz de ser transferido do patrimônio do obrigado para o patrimônio do credor, para a satisfação do direito de crédito." (*In*: **Curso de processo civil, v. 02 – Execução obrigacional, execução real, ações mandamentais, 4. ed.** . São Paulo: Revista dos Tribunais, 2000, p. 70)

Essa importância fundamental do patrimônio do devedor conduz à adoção de uma série de medidas destinadas a garantir a tutela executiva diante da prática de condutas capazes de comprometer a solvabilidade do título executivo. Entre essas medidas, pode ser destacado o instituto da fraude de execução, devidamente regulado no âmbito do art. 792 do NCPC, todavia sem qualquer regramento específico na norma processual trabalhista.

Diversamente da fraude contra credores, instituto de direito material regulado no âmbito da legislação civil (CC, art. 158 e segs.), a fraude de execução opera-se exclusivamente nos limites processuais, incidindo sobre os atos de disposição patrimonial capazes de comprometer a execução. Trata-se de medida incidental apta a atingir negócios jurídicos que, por sua natureza, tragam prejuízos para a continuidade da atividade executiva.

O aspecto mais relevante da fraude de execução reside no fato de que a atuação jurisdicional baseia-se em critérios estritamente objetivos, determinados pelo marco temporal no qual os atos de disposição patrimonial foram praticados. Para a configuração da fraude de execução não há necessidade de se perquirir a **intenção** dos envolvidos no negócio jurídico[4], mas apenas o momento no qual foram concretizados. Muito embora, conforme vamos observar mais adiante, o novo regramento da fraude de execução, em alguns aspectos, tenha inserido o elemento volitivo do negócio jurídico, a característica fundamental da objetividade permanece intacta.

3. COMPARAÇÃO GENÉRICA ENTRE OS REGRAMENTOS DA FRAUDE DE EXECUÇÃO NO CPC DE 1973 E NA NOVA REDAÇÃO.

Para que se compreenda a amplitude na normatização da fraude de execução no NCPC, devemos proceder, inicialmente, a uma análise comparativa entre os dois regramentos. O enfrentamento geral das convergências e divergências do instituto nos permitirá compreender os aspectos peculiares da nova regulamentação e os seus desdobramentos nos limites do direito processual do trabalho.

O quadro abaixo, pelo menos como visão topográfica, nos permite entender, em termos genéricos, a amplitude das alterações.

---

4 Talvez esse seja o referencial distintivo mais importante entre a fraude de execução e fraude contra credores. Nesta é indispensável a identificação do elemento subjetivo ou intencional presente no negócio jurídico de disposição patrimonial, ou ainda, conforme a doutrina tradicional nomina o *consilium fraudis*. Conforme lição clássica de José Frederico Marques: "Com a fraude contra credores, não se confunde a *fraude de execução*. No primeiro caso, a alienação é anulável, e, no segundo ineficaz. A fraude pauliana exige o *consilium fraudis,* enquanto que na de execução a fraude está *in re ipsa.* (*In*: **Manual de direito processual civil, v. 04**, São Paulo: Saraiva, 1974, p. 47). Em outras palavras, a fraude de execução é construída em bases estritamente objetivas, levando em consideração o momento de efetivação dos negócios jurídicos de disposição patrimonial, pelo menos no plano doutrinário.

Quadro comparativo entre as disposições do CPC DE 1973 e do NCPC acerca da fraude de execução	
CPC de 1973	*NCPC*
Art. 593. Considera-se em fraude de execução a alienação ou oneração de bens:	Art. 792. A alienação ou a oneração de bem é considerada fraude à execução:
I - quando sobre eles pender ação fundada em direito real;	I – quando sobre o bem pender ação fundada em direito real ou com pretensão reipersecutória, desde que a pendência do processo tenha sido averbada no respectivo registro público, se houver;
Sem correspondência	II – quando tiver sido averbada, no registro do bem, a pendência do processo de execução, na forma do art. 828; III – quando tiver sido averbado, no registro do bem, hipoteca judiciária ou outro ato de constrição judicial originário do processo onde foi arguida a fraude;
II - quando, ao tempo da alienação ou oneração, corria contra o devedor demanda capaz de reduzi-lo à insolvência;	IV – quando, ao tempo da alienação ou da oneração, tramitava contra o devedor ação capaz de reduzi-lo à insolvência;
III - nos demais casos expressos em lei.	V – nos demais casos expressos em lei.
Sem correspondência	§ 1º A alienação em fraude à execução é ineficaz em relação ao exequente. § 2º No caso de aquisição de bem não sujeito a registro, o terceiro adquirente tem o ônus de provar que adotou as cautelas necessárias para a aquisição, mediante a exibição das certidões pertinentes, obtidas no domicílio do vendedor e no local onde se encontra o bem. § 3º Nos casos de desconsideração da personalidade jurídica, a fraude à execução verifica-se a partir da citação da parte cuja personalidade se pretende desconsiderar. § 4º Antes de declarar a fraude à execução, o juiz deverá intimar o terceiro adquirente, que, se quiser, poderá opor embargos de terceiro, no prazo de 15 (quinze) dias.

Em uma visão geral, pode-se afirmar que o NCPC manteve a mesma estrutura regulatória anterior, com a apresentação das hipóteses de caracterização da fraude de execução. O novo texto, entretanto, revelou-se mais analítico e casuístico ao abordar o tema, demonstrando uma preocupação adicional com os efeitos da fraude de execução em face de terceiros, bem como privilegiando os procedimentos prévios de registro ou averbação de atos executivos.

Por outro lado, há uma nítida tendência no sentido de se inserir a necessidade de demonstração do elemento volitivo na fraude de execução. Talvez a postura de preservar o direito dos terceiros envolvidos na transação patrimonial fez com que o caráter primitivamente objetivo da fraude de execução tenha sofrido uma mudança substancial[5].

Também no detalhamento das hipóteses de cabimento há uma preocupação em vincular a declaração da fraude de execução à publicidade dada ao trâmite das ações ensejadoras da insolvência patrimonial. Nesse particular, há referência explícita à averbação, perante os registros imobiliários, das execuções promovidas contra o devedor.

A redação do NCPC, art. 828[6], seguindo a diretriz já traçada pelo art. 615-A do CPC anterior, estabeleceu procedimento de concretização de gravame no patrimônio do executado. Todavia, no parágrafo terceiro[7] do mencionado dispositivo legal, mantendo a incongruência do texto anterior, estabelece de forma redundante, dos pontos de vista sistêmico e doutrinário, a presunção de fraude de execução quando ocorrer a alienação de bem gravado previamente a requerimento do credor. O uso inadequado do verbo *presumir* desqualifica por completo a essência do instituto. A fraude de execução, principalmente lastreada pela alienação de bem gravado, nos termos do NCPC, art. 828, não é **presumida**, mas sim caracterizada, salvo se incapaz de conduzir o devedor à insolvência, o que, entretanto, não pode ser demonstrado aprioristicamente.

A novel sistemática trazida no ordenamento jurídico aflora uma transição importante na delimitação da fraude de execução. A distinção fundamental entre a fraude de credores e fraude de execução foi severamente mitigada, remanescendo, tão somente, como diferença fundamental, o caráter incidental desta. Da maneira pela qual se construiu o sistema atual, há uma nítida preponderância na identificação da motivação do ato de disposição patrimonial, exigindo-se do credor a árdua tarefa de demonstrar a má-fé dos adquirentes e beneficiários.

---

5 Aliás, essa tendência já podia ser observada pela Súmula 375 do Superior Tribunal de Justiça, *verbis*: "O reconhecimento da fraude à execução depende do registro da penhora do bem alienado ou da prova de má-fé do terceiro adquirente.". Ao inserir o elemento da "[...] prova de má-fé do adquirente [...]", o verbete sumular agrega ao procedimento de caracterização da fraude de execução a aferição do teor da manifestação volitiva do negócio inquinado de vício. Essa postura, embora amplamente aceita na jurisprudência cível, modifica radicalmente a essência objetiva do instituto.

6 "Art. 828. O exequente poderá obter certidão de que a execução foi admitida pelo juiz, com identificação das partes e do valor da causa, para fins de averbação no registro de imóveis, de veículos ou de outros bens sujeitos a penhora, arresto ou indisponibilidade."

7 "Art. 828. § 3º: Presume-se em fraude à execução a alienação ou a oneração de bens efetuada após a averbação."

A transposição dessa característica fundamental para o processo do trabalho apresenta efeitos verdadeiramente devastadores. A execução trabalhista ostenta um credor invariavelmente hipossuficiente, em relação ao qual a demonstração concreta de má-fé por parte dos adquirentes ou beneficiários, bem como a efetivação dos registros preconizados pelo NCPC, art. 828, representam tarefas, na maioria dos casos, inexequíveis.

O problema crônico do laconismo da norma processual trabalhista, aliado à letargia nos procedimentos de atualização legislativa[8], cria sérios obstáculos para o desenvolvimento de uma concepção própria da fraude de execução, voltada à solvabilidade do crédito trabalhista. A facilidade pela qual os devedores trabalhistas lançam mão de subterfúgios de blindagem patrimonial torna a busca de bens um verdadeiro calvário para o credor trabalhista. Assim sendo, o recrudescimento dos requisitos de caracterização da fraude de execução apresenta um efeito nefasto na efetividade da tutela executiva.

Passemos à análise dos regramentos do NCPC acerca do tema e seus reflexos na dinâmica da execução trabalhista.

4. DAS HIPÓTESES CARACTERIZADORAS DA FRAUDE DE EXECUÇÃO NO NOVO CÓDIGO DE PROCESSO CIVIL

O NCPC, embora tenha mantido a estrutura regulatória anterior, adotou, conforme afirmamos previamente, uma postura mais analítica em face das hipóteses de ocorrência da fraude de execução. As situações de cabimento da fraude de execução estão enumeradas em cinco incisos, sendo possível agrupá-las em três estruturas distintas[9]. A primeira encontra-se relacionada à natureza do bem objeto da fraude de execução, sendo tipificada a partir da modalidade de ação movida contra o réu ou devedor. A segunda centra-se na existência de prévio gravame do bem ou do patrimônio do devedor a quem se imputa fraude de execução. Finalmente, a última hipótese relaciona-se, especificamente, ao limite temporal da alienação ou oneração dos bens.

Façamos um estudo das hipóteses e seus eventuais reflexos no processo do trabalho.

---

8   Não é demais mencionar que as normas processuais da execução trabalhista, previstas no corpo da CLT, são contemporâneas ao CPC de 1939. De lá para cá, já foram aprovados dois novos Códigos, além de inumeráveis atualizações legislativas, sem que nenhuma alteração contundente tenha sido promovida na execução trabalhista. Nesse particular, ver o nosso **Manual de execução trabalhista – Aplicação ao processo do trabalho das Leis n. 11.232/2005 (Cumprimento da sentença) e 11.382/2006 (Execução de títulos extrajudiciais), 2.ed.** Rio de Janeiro: Forense, 2010, p. 5-32.

9   O próprio NCPC, mantendo a tradição do anterior, abriu a possibilidade de reconhecimento de hipótese de fraude de execução, nos termos da lei. Na seara trabalhista, não há evidências de aplicação de outras hipóteses, além daquelas previstas no NCPC, art. 792, I a IV.

4.1. FRAUDE DE EXECUÇÃO RELACIONADA À MODALIDADE DA AÇÃO MOVIDA CONTRA RÉU OU DEVEDOR (NCPC, ART. 792, I).

São passíveis de fraude de execução as alienações ou onerações de bens objeto de **ações reais** ou de **natureza reipersecutória**. O dispositivo em questão já se encontrava no texto anterior da norma processual codificada (CPC, art. 593, I), todavia foi detalhado com a finalidade de tornar mais claro seu âmbito de incidência. Observe-se, nesse particular, não ser necessária, para fins de ineficácia do ato de disposição patrimonial, a insolvência do devedor, pois o bem se encontra ligado de forma indelével à natureza da própria pretensão posta em juízo. Deixa claro o novo regramento a necessidade de averbação no respectivo cartório da pendência da ação, ocasião em que será desnecessária a demonstração da má-fé do adquirente[10], bem como a aferição do resultado dessa operação no patrimônio total do devedor.

Mesmo antes do NCPC não visualizamos qualquer aplicação prática do mencionado dispositivo legal ao direito processual do trabalho. A especificidade da competência material atribuída a Justiça do Trabalho torna quase nula a possibilidade de manejo de ações reais ou de natureza reipersecutória neste ramo especializado do judiciário brasileiro[11].

4.2. FRAUDE DE EXECUÇÃO BASEADA NA EXISTÊNCIA DE PRÉVIO GRAVAME DO BEM OU DO PATRIMÔNIO DO DEVEDOR (NCPC, ART. 792, II E III).

O NCPC sistematizou as hipóteses de fraude de execução fundadas na existência de registro prévio de gravame em face do patrimônio do devedor. Assim sendo, estabelece, em termos objetivos, a caracterização de fraude de execução quando ocorrer o gravame nos termos do art. 828 do NCPC[12]. O mencionado

---

10 Como aliás, preconizada Fátima Nancy Andrighi em recente artigo, *verbis*: "Em conclusão, a fraude a execução disciplinada no art. 808, I, do novo CPC restará caracterizada diante da pendência de pretensão reipersecutória, com averbação no registro público competente, independentemente de cognição acerca do elemento subjetivo do vendendor-devedor." (*In*: **Fraude de execução: o Enunciado 375 da Súmula/ STJ e o Projeto do novo Código de Processo Civil**. São Paulo: Revista dos Tribunais, 2014, p. 360).

11 Nesse sentido, a veemente afirmação de Manoel Antônio Teixeira Filho: "A nossa convicção de ser impossível, no processo do trabalho, a ocorrência de fraude de execução com fulcro no inc. I do art. 593 do CPC deriva do fato de a Justiça do Trabalho ser incompetente para apreciar demanda em direito real (*ratione materiae*)". (*In*: **Execução no processo do trabalho, 7. ed.** São Paulo: LTr, 2001, p. 248). Também merece destaque a assertiva objetiva de Mauro Schiavi *verbis*: " O inciso I do art. 593 não se aplica ao direito processual do trabalho, pois a Justiça do Trabalho não detém competência material para as ações fundadas em direito real." (*In*: **Execução no processo do trabalho, 6.ed.** São Paulo: LTr, 2014, p. 118).

12 "Art. 828. O exequente poderá obter certidão de que a execução foi admitida pelo juiz, com identificação das partes e do valor da causa, para fins de averbação no registro de imóveis, de veículos ou de outros bens sujeitos a penhora, arresto ou indisponibilidade. § 1º No prazo de dez dias de sua concretização, o exequente deverá comunicar ao juízo as averbações efetivadas. § 2º Formalizada penhora sobre bens

dispositivo legal reproduziu quase integralmente o disposto no art. 615-A do CPC anterior, resultado das alterações promovidas pela Lei n.º 11.382/2006.

O sistema de averbação da execução tem a função apriorística de garantir a publicidade da pendência da pretensão executiva, bem como de resguardar o interesse do eventual terceiro adquirente do patrimônio do devedor. Nesse caso, concretizada a averbação, estabelece-se a presunção absoluta de conhecimento, por parte dos eventuais adquirentes, acerca da pendência da execução em face do executado[13].

Não há grandes controvérsias acerca do cabimento dessa forma de averbação no âmbito do direito processual do trabalho, até porque não existe qualquer impedimento para o credor trabalhista obter tal provimento. Observe-se que o exercício da prerrogativa inserida no NCPC, art. 828 é um verdadeiro direito potestativo do credor, que poderá submeter sua vontade aos interesses do devedor sem qualquer restrição, salvo o abuso do próprio exequente (NCPC, art. 828, § 4º)[14].

O fundamental do debate não é, entretanto, a **possibilidade** de aplicação do disposto no NCPC, art. 828, mas sim a viabilidade de se inserir um procedimento oneroso e formal em um processo marcado pela desigualdade estrutural de suas partes. Não é factível que o credor trabalhista, com todas as limitações inerentes à sua condição, tenha meios concretos de proceder à averbação da execução nos cartórios imobiliários específicos dos bens do devedor, bem como acompanhar de forma direta a eventual realização da penhora e a necessidade de liberar a averbação. Ora, tal procedimento pode implicar a responsabilidade do credor, na hipótese de não cancelamento da averbação, ou mesmo de averbação indevida[15].

---

suficientes para cobrir o valor da dívida, o exequente providenciará, no prazo de dez dias, o cancelamento das averbações relativas àqueles não penhorados. O juiz determinará o cancelamento das averbações, de ofício ou a requerimento, caso o exequente não o faça no prazo. § 3º Presume-se em fraude à execução a alienação ou a oneração de bens efetuada após a averbação. § 4º O exequente que promover averbação manifestamente indevida ou não cancelar as averbações nos termos do § 2º indenizará a parte contrária, processando-se o incidente em autos apartados."

13 Nessa perspectiva esclarece Araken de Assis: "[...] feita a averbação há eficácia perante o terceiro que não poderá alegar o desconhecimento da pendência. Logo, a presunção de fraude é *jure et de jure*. A disposição antecipa a eficácia perante terceiros que se originaria da averbação da penhora." (*In*: **Manual do processo de execução, 11. ed**. São Paulo: Revista dos Tribunais, 2007, p. 260)

14 A natureza potestativa do direito de averbação da execução é matéria pacificada na doutrina processual civil, conforme escólio de José Miguel Garcia Medina: " A faculdade referida no art. 615-A consiste, segundo pensamos, em um direito potestativo conferido ao exequente, que pode ser realizado independentemente de decisão judicial, ao qual corresponde um estado de sujeição do executado aos efeitos dele decorrentes." (*In*: **Processo de execução e cumprimento de sentença, 4.ed**. São Paulo: Revista dos Tribunais, 2014, p. 123).

15 Relevante observar, nesse particular, que o regime do NCPC, art. 844, § 4º agrava a situação do devedor que exorbita no intento de averbar a execução indevidamente, estabelecendo a possibilidade de uma indenização sem limites específicos. Nesse sentido, a doutrina recente estabelece que: "[...] o projeto do novo Código de Processo Civil traz o instituto da averbação do ajuizamento da execução no art. 844, prevendo mudanças significativas. A redação do § 4º do dito artigo prevê que a averbação indevida resultará

A viabilidade prática dessa medida de averbação para o contexto do direito processual do trabalho é contestável, especialmente quanto à complexidade de sua concretização, bem como as consequências advindas do seu uso. No quotidiano das execuções trabalhistas essa medida tem sido de pouca relevância ou repercussão para os credores laborais.

Por outro lado, a fraude de execução também poderá ser caracterizada quando houver averbação da hipoteca judiciária, nos termos do NCPC, art. 495[16]. Nessa situação, não há a necessidade de início da tutela executiva, bastando a prolação de sentença que preveja o cumprimento de obrigação de pagar. Logo, a alienação de patrimônio afetado pela hipoteca judiciária conduz inexoravelmente à fraude de execução, independentemente de demonstração de má-fé do adquirente, ou mesmo de insolvência do devedor[17].

Transpondo mais uma vez o debate para o âmbito do processo do trabalho, não há qualquer impedimento de índole sistêmica na aplicação da hipoteca judiciária, tendo inclusive essa possibilidade sido chancelada pela recente jurisprudência do Tribunal Superior do Trabalho, inclusive por atuação de ofício do órgão judicial prolator da decisão[18].

---

indenização para o executado, entretanto, diversamente da previsão do atual § 4º do art. 615-A, ela não está atrelada ao patamar de 20% sobre o valor da causa, previsto para os casos de litigância de má-fé (art. 18, § 2º)" (LAMY, Eduardo de Avelar et al. **A responsabilidade do exequente pela averbação indevida do ajuizamento da ação.** São Paulo: Revista dos Tribunais, 2014, p. 249).

16 Art. 495. A decisão que condenar o réu ao pagamento de prestação consistente em dinheiro e a que determinar a conversão de prestação de fazer, de não-fazer ou de dar coisa em prestação pecuniária valerão como título constitutivo de hipoteca judiciária. § 1º A decisão produz a hipoteca judiciária: I – embora a condenação seja genérica; II – ainda que o credor possa promover o cumprimento provisório da sentença ou esteja pendente arresto sobre bem do devedor; III – mesmo que seja impugnada por recurso dotado de efeito suspensivo. § 2º A hipoteca judiciária poderá ser realizada mediante apresentação de cópia da sentença perante o cartório de registro imobiliário, independentemente de ordem judicial, de declaração expressa do juiz ou de demonstração de urgência. § 3º No prazo de até quinze dias da data de realização da hipoteca, a parte informá-la-á ao juízo da causa, que determinará a intimação da outra parte para que tome ciência do ato. § 4º A hipoteca judiciária, uma vez constituída, implicará, para o credor hipotecário, o direito de preferência quanto ao pagamento, em relação a outros credores, observada a prioridade no registro. § 5º Sobrevindo a reforma ou a invalidação da decisão que impôs o pagamento de quantia, a parte responderá, independentemente de culpa, pelos danos que a outra parte tiver sofrido em razão da constituição da garantia, devendo o valor da indenização ser liquidado e executado nos próprios autos."

17 Assim se pronuncia a recente doutrina processual: " No art. 808, III o Projeto institui mais hipóteses de fraude à execução *ipso jure*, em outras palavras, independentemente de prova de má-fé, quando no registro público estiver averbada a hipoteca judiciária ou outro ato judicial de constrição originária do processo onde foi arguida a fraude." (ANDRIGHI, Fátima Nancy. *Op. cit. p. 361)*.

18 Nesse particular merecem destaque os seguintes julgados: "[...] **Hipoteca judiciária. Aplicabilidade na justiça do trabalho**. 1. Hipótese em que o tribunal regional decreta a hipoteca judiciária dos bens do devedor, na forma da Lei dos registros públicos. 2. Alegação recursal de nulidade do acórdão, porque inexistente pedido específico do reclamante quanto à hipoteca. **3. É pacífico o entendimento deste tribunal superior, de que aplicável o artigo 466 do CPC ao processo trabalhista, sendo possível ao magistrado, em qualquer grau de jurisdição e independentemente de pedido da parte interessada, declarar a hipoteca judiciária, não havendo falar, pois, em julgamento fora dos limites da lide.**

Essa facilidade quanto ao reconhecimento do instituto da hipoteca judiciária não afasta os problemas operacionais relacionados à sua averbação. Observe-se que, para os efeitos do art. 792, III, não é suficiente o reconhecimento do efeito da hipoteca judiciária, sendo indispensável sua **averbação** para os fins de caracterização da fraude de execução.

4.3. FRAUDE DE EXECUÇÃO RELACIONADA AO LIMITE TEMPORAL DA ALIENAÇÃO OU ONERAÇÃO DOS BENS (NCPC, ART. 792, IV)

A hipótese de caracterização da fraude de execução amolda-se com perfeição às diretrizes da execução trabalhista, na medida em que reconhece a ineficácia da alienação ou oneração de bens na pendência de ação capaz de conduzir à insolvência o devedor (NCPC, art. 792, IV). A nova redação do dispositivo legal pouco discrepa em relação ao antigo art. 593, II, havendo apenas a substituição do verbo *correr* por *tramitar* na composição do respectivo tipo legal. Assim sendo, permanecem praticamente as mesmas discussões doutrinárias e jurisprudenciais sobre a questão, especialmente quando se transpõe o debate para a dinâmica do direito processual do trabalho.

De fato, essa modalidade pressupõe a ocorrência de dois fatores determinantes: a **pendência de ação em face do devedor** e a **inexistência de patrimônio suficiente para cobrir o montante do objeto da ação interposta**.

Significa dizer que nem toda alienação ou oneração patrimonial havida durante o trâmite da ação poderá conduzir à fraude de execução. Logo, a mera disposição do bem no curso da ação não é, *a priori*, elemento hábil inquinar de ineficácia o negócio jurídico. Apenas o ato de disposição patrimonial capaz de levar à insolvência o devedor atrai a caracterização da fraude de execução.

Obviamente, há de se perquirir a quem compete demonstrar a potencialidade da insolvência em face do ato de disposição praticado pelo devedor. No caso da fraude contra credores, a demonstração da insolvência do devedor é ônus dos autores da ação pauliana respectiva, até porque não há, ainda, a pendência

---

4. Decisão regional em harmonia com a iterativa jurisprudência desta corte superior. 5. Incidência da Súmula nº 333 e do artigo 896, § 4º, da CLT. Recurso de revista integralmente não conhecido. (TST; RR 0001563-12.2011.5.08.0126; Primeira Turma; Rel. Min. Hugo Carlos Scheuermann; DEJT 05/09/2014)"
"[...] 6. Hipoteca judiciária. A hipoteca judiciária é efeito da sentença condenatória proferida, estatuído em Lei, daí decorrendo a possibilidade de sua concessão de ofício pelo julgador. Inteligência do art. 466 do CPC, de aplicação subsidiária ao processo do trabalho. Recurso de revista não conhecido. (TST; Ag-RR 0000431-70.2012.5.04.0521; Terceira Turma; Rel. Min. Alberto Bresciani; DEJT 29/08/2014)"
"[...]**A jurisprudência desta corte adota o entendimento de que a hipoteca judiciária de que trata o artigo 466 do CPC é compatível com o processo do trabalho, não havendo óbice para sua declaração**. Esta corte também firmou a tese da possibilidade da declaração de ofício da hipoteca judiciária. Dessa forma, como este tribunal adota o entendimento de que é aplicável a hipoteca judiciária, prevista no artigo 466 do CPC, ao processo trabalhista, conforme a jurisprudência transcrita, não se verifica ofensa ao artigo 899, § 1º, da CLT. **Por outro lado, como é possível a declaração de ofício da hipoteca judiciária, conforme exposto, não há falar em julgamento extra petita e**, em consequência, em ofensa aos artigos 128 e 460 do CPC e 899 da CLT. Precedentes.[...] (TST; RR 0053100-08.2009.5.03.0045; Segunda Turma; Rel. Min. José Roberto Freire Pimenta; DEJT 22/08/2014)"

de demanda judicial pugnando pelo cumprimento das obrigações respectivas. Perspectiva diversa é a da fraude de execução, pois a pendência do procedimento executivo conduz inexoravelmente à presunção de insolvência do devedor, salvo a indicação precisa e inequívoca da existência de outros bens capazes de permitir a solvabilidade do crédito exequendo.

Não é, portanto, razoável imputar ao credor o ônus da demonstração da insolvência do devedor, que deverá comprovar perante juízo a higidez da transação realizada no curso da ação[19]. Logo, nem todo ato negocial de disposição patrimonial, realizado no curso do procedimento judicial em face do devedor, pode ser considerado em fraude de execução, desde que o devedor demonstre que a transação não o conduziu à insolvência. Caso não proceda dessa forma, há de se presumir a insolvência.

Ressalte-se, igualmente, a desnecessidade, no âmbito da fraude de execução, da mensuração da intenção do devedor quando da realização da transação patrimonial. É suficiente a demonstração de que o negócio jurídico indicativo da insolvência ocorreu no marco temporal fixado pela norma, não havendo a imposição de se demonstrar a má-fé das partes envolvidas no negócio jurídico.

Há algumas questões relacionadas à fixação do marco temporal destinado à caracterização da fraude de execução na perspectiva do processo do trabalho. A norma processual, ao se reportar ao tema, estabelece que a fraude se caracteriza quando ao tempo da alienação "[...] *tramitava contra o devedor demanda capaz de reduzi-lo à insolvência*" (NCPC, art. 792, IV). Assim sendo, só quando efetivamente **proposta** a ação, os atos de disposição patrimonial do réu podem ser considerados em fraude de execução.

A imprecisão do tema permaneceu com o novo Código e se traduz em uma severa cizânia entre os processualistas cíveis, especialmente quando o negócio jurídico de disposição patrimonial ocorre no período compreendido entre a propositura da ação e a citação do réu. O grande problema, nesse particular, repousa no fato de que os efeitos do ingresso da ação, em sua maioria, só são observáveis com a citação do réu (NCPC, art. 240, *caput*)[20]. Esse debate, no entanto, não apresenta qualquer reflexo diante da tessitura do direito processual do trabalho.

---

19 Em relação ao tema, Cândido Rangel Dinamarco é extremamente específico: "Não sendo encontrados outros bens a penhorar além daqueles que o devedor alienou ou gravou já no curso do processo, a *insolvência é presumida* por lei (CPC, art. 750, inc. I; v. também a presunção do inciso II) ao meirinho, então, só restará mesmo lançar a constrição sobre ele." (*In*: **Execução civil, 7. ed.** São Paulo: Malheiros, 2000, p. 282).

20 No campo da doutrina processual civil não existe uma convergência muito clara entre os autores. De um lado se sustenta a impossibilidade de a ação proposta gerar os efeitos da fraude de execução antes da concretização da citação válida (vide, nesse sentido: ZAVASCKI, Teori Albino. **Comentários ao Código de Processo Civil, v. 08 – Do processo de execução – arts. 566 a 645.** São Paulo: Revista dos Tribunais, 2000, 280-281; SALAMACHA, José Eli. **Fraude à execução: proteção do credor e do adquirente de boa-fé.** São Paulo: Revista dos Tribunais, 2007, p. 24). Por outro lado, configura-se corrente no sentido de relativizar a obrigatoriedade da citação válida se, pela situação apresentada, o réu tinha conhecimento do ajuizamento da demanda (vide, nesse sentido: DINAMARCO, Cândido Rangel. **Execução civil, 7. ed.** São Paulo: Malheiros, 2000, p. 283 e segs.; ASSIS, Araken de. **Manual do processo de execução, 11. ed.** São

Com efeito, na nossa sistemática, a citação, embora tenha uma importância ímpar na integralização da relação processual, não é fundamental para o reconhecimento dos efeitos da ação proposta. A notificação inicial não depende de deliberação jurisdicional (CLT, art. 841), sendo que a mera propositura da ação já é suficiente para caracterizar todos os efeitos processuais relacionados à litispendência, prevenção e interrupção da prescrição[21]. Ora, se o comportamento da notificação inicial no processo do trabalho não apresenta os mesmos atributos do processo civil, não é viável exigir-se a concretização da citação para que os efeitos da fraude de execução sejam observados no rito laboral. Assim sendo, a concretização da fraude de execução, à luz da dinâmica procedimental trabalhista, pressupõe apenas a propositura da respectiva ação, sem que seja exigida a integração da relação processual, por intermédio da citação do réu[22-23].

Paulo: Revista dos Tribunais, 2007, p. 246 e segs.; ABELHA, Marcelo. **Manual de execução cível, 3.ed.** Rio de Janeiro: Forense Universitária, 2008, p. 86 e segs.). Não visualizamos fundamentos dogmáticos ou mesmo práticos capazes de referendar a tese de vinculação da fraude contra credores à concretização da citação. O espaço temporal existente entre a data da distribuição e da efetiva citação do devedor, no âmbito da Justiça Comum, é, por vezes substancial, não sendo incomuns os mandados de citação que levam meses para ser cumpridos. Não é razoável presumir-se que o devedor não tinha conhecimento da propositura da ação antes de sua citação, mormente quando o ato de disposição conduz à insolvência. Além do mais, não podemos reconhecer a existência de efeitos da demanda proposta mesmo antes da citação (NCPC, art. 240, §§ 1º e 2º). Nesse sentido, a fixação de regra rígida acerca da efetivação da citação consubstancia-se em uma visão excessivamente formalista do processo e um distanciamento injustificável da realidade fática.

21 Conforme entendimento manso e pacífico da jurisprudência dos tribunais do trabalho: "INTERRUPÇÃO DA PRESCRIÇÃO. AJUIZAMENTO DE RECLAMATÓRIA ANTERIOR. DESNECESSIDADE DE CITAÇÃO VÁLIDA DA RECLAMADA. SÚMULA Nº 268 DO C. TST. No processo do trabalho, não há necessidade de citação válida do reclamado para fins de interrupção da prescrição, considerando que, nos termos da Súmula nº 268 do c. TST, **basta a propositura de uma ação trabalhista anterior, ainda que arquivada, para constituir causa de interrupção da prescrição, em relação aos pedidos idênticos.** Recurso ordinário conhecido, porém desprovido. (TRT 11ª R.; RO 0001899-64.2012.5.11.0007; Terceira Turma; Rel. Des. Jorge Álvaro Marques Guedes; DOJTAM 09/05/2014; Pág. 12)".
"LITISPENDÊNCIA. PREVENÇÃO. Uma vez identificada a litispendência, o processo deve prosseguir perante o juízo prevento. No processo civil, entre juízos de mesma competência territorial, considera-se prevento aquele que despacha em primeiro lugar (artigo 106 do CPC) e, entre juízos de competências territoriais distintas, aquele em que ocorre a primeira citação válida (artigo 219 do CPC). **No processo do trabalho, como não existe o despacho inicial de citação, a prevenção é definida pela data de distribuição das ações (artigos 783 e 841 da CLT)**. (TRT 3ª R.; RO 0031400-35.2008.5.03.0069; Rel. Juiz Conv. Mauro Cesar Silva; DJEMG 14/03/2014; Pág. 239)"

22 Aliás, é essa a linha entendimento trilhada na tradicional lição de Manoel Antônio Teixeira Filho: "[...] esse ilícito processual estará tipificado sempre que a venda, a doação ou a oneração de bens, pelo devedor ocorrer ao tempo em que a inicial já se encontrava posta em juízo, ou distribuída, pouco importando, para isso, que ele ainda não se encontrasse citado." (*In*: **Execução no processo do trabalho, 7. ed.** São Paulo: LTr, 2001, p. 252). Nesse mesma perspective posiciona-se Mauro Schiavi: "[...] no Direito processual do trabalho, a expressão demanda pendente deve ser interpretada como a propositura da ação, uma vez que não há despacho de recebimento da notificação inicial ato do Diretor de Secretaria (art. 841 da CLT)." (*In*: **Execução no processo do trabalho, 6.ed.** São Paulo: LTr, 2014, p. 119).

23 Daí porque não se apresenta consentâneo com a realidade procedimental trabalhista alguns julgados afastando a fraude de execução, quando o negócio jurídico ocorre após a propositura da ação, mas antes da citação:
"A alienação do bem após a distribuição da ação, mas antes da citação válida, não caracteriza fraude à execução, vez que esta somente ocorre após ter havido a citação do executado. Agravo de petição a que se

Essa solução atende de maneira mais específica e teleológica às demandas próprias da tutela de execução, pois o objetivo primordial dessa atuação jurisdicional é o cumprimento das obrigações reconhecidas no título executivo. A conduta do réu, ainda no âmbito do processo de conhecimento, pode apresentar reflexos diretos na solvabilidade do crédito. Logo, é suficiente a propositura da ação para que se tenha fixado o marco temporal para reconhecimento da fraude de execução. É nesse momento processual que todos os efeitos da apresentação da demanda trabalhista serão observados, inclusive concernentes à invalidade dos atos de disposição patrimonial.

Tratando-se de fraude de execução, conforme temos insistido, o elemento subjetivo, ou seja, a intenção dos envolvidos no negócio jurídico, é secundário e, em algumas situações, até irrelevante. A característica fundamental do instituto reside na objetividade do seu reconhecimento. Doutrina e jurisprudência, por outro lado, têm enfrentado questão absolutamente tormentosa, consistente na preservação do interesse dos terceiros de boa-fé. Dentro dessa perspectiva, o Superior Tribunal de Justiça editou, em 2009, a Súmula 375, reconhecendo a necessidade de registro da penhora para a caracterização da fraude de execução[24].

Muito embora sob a louvável justificativa de resguardar o interesse de terceiro, o entendimento sumulado do STJ afronta um paradigma relevante da fraude de execução que é a objetividade na sua caracterização. Conceitualmente falando, não há que se pesquisar acerca da intenção dos agentes no âmbito do negócio jurídico travado entre o devedor e o terceiro. A tipificação da má-fé do adquirente é elemento absolutamente estranho ao universo da fraude de execução que pressupõe, tão somente, a potencialidade de conduzir o devedor à situação de insolvência.

---

dá provimento. (TRT 2ª R.; AP 0022900-94.1990.5.02.0341; Ac. 2013/1041708; Décima Oitava Turma; Relª Desª Fed. Regina Vasconcelos; DJESP 30/09/2013)"
"ALIENAÇÃO DE IMÓVEL ANTES DA CITAÇÃO DO EXECUTADO. FRAUDE À EXECUÇÃO NÃO CARACTERIZADA. O inciso II do art. 593 do CPC estatui que se considera em fraude à execução a alienação ou oneração de bens quando, ao tempo da alienação ou oneração, corria contra o devedor demanda capaz de reduzi-lo à insolvência. O entendimento majoritário na jurisprudência é no sentido de que para se considerar a existência de demanda capaz de reduzir o devedor à insolvência é necessário não apenas a existência de ação ajuizada contra ele, mas também a sua citação válida, ou seja, para caracterizar a fraude à execução deve haver ação ajuizada e citação válida. No caso concreto, a Exequente alegou que o Executado alienou imóvel de sua propriedade após o ajuizamento da execução e, por consequência, pediu o reconhecimento de fraude à execução e a ineficácia da alienação, no entanto, seguindo a linha daquele entendimento, não se há falar em fraude à execução nos moldes previstos no art. 593, II, do CPC, haja vista que a alienação do imóvel ocorreu antes da citação do Executado para integrar o polo ativo da execução. (TRT 23ª R.; AP 00052.2009.031.23.00-5; Primeira Turma; Rel. Juiz Conv. Nicanor Fávero; DEJTMT 08/03/2012; Pág. 17)".
O modelo proposto pelos julgados acima cria um verdadeiro paradoxo jurídico, na medida em que confere efeitos à citação trabalhista não observáveis no âmbito da tutela de conhecimento.

24 O mencionado verbete jurisprudencial é redigido nos seguintes termos: "O reconhecimento da fraude à execução depende do registro da penhora do bem alienado ou da prova de má-fé do terceiro adquirente."

Obviamente não se pode esquecer o fato de que, de conformidade com o disposto no NCPC, art. 799, IV[25], a penhora de bens imóveis pressupõe, como condição de oponibilidade absoluta perante terceiros, o registro imobiliário respectivo. Esse fato, entretanto, não pode ser determinante para desconstruir a fraude de execução, mormente quando sua caracterização se opera antes mesmo da penhora do bem[26].

Conforme se tem insistido, a discussão acerca do desvio de finalidade dos atos de disposição patrimonial do devedor, para fins de fraude de execução, é debate que jamais integrou a sua estrutura conceitual. Trata-se de severo desvirtuamento de um elemento fundamental para garantir a efetividade da tutela executiva. Some-se a essa ponderação o fato de que a adoção do entendimento jurisprudencial do Superior Tribunal de Justiça agride frontalmente a estrutura principiológica da execução trabalhista, voltada, fundamentalmente, para a solvabilidade do crédito laboral[27]. Lamentavelmente, a jurisprudência vem trilhando o caminho fixado pelo referido verbete, talvez até pela timidez da regulação processual de caráter tipicamente trabalhista [28].

---

25 "Art. 799. Incumbe ainda ao exequente:[...] IX – proceder à averbação em registro público do ato de propositura da execução e dos atos de constrição realizados, para conhecimento de terceiros."

26 Aliás, a doutrina reconhece, no caso de alienação de bem penhora, um vício mais grave ainda denominado de fraude de penhora, conforme preconiza Cândido Rangel Dinamarco, verbis: "A *disposição de bem já penhorado*, em razão de sua gravidade ainda maior, não depende de haver criado ou agravado a insolvência alguma e muito menos do intencional envolvimento do adquirente na fraude [...]" (*In*: **Instituições de direito processual civil, v. 04.** São Paulo: Malheiros, 2004, p. 373-374). A criação de uma modalidade específica de fraude de execução não se sustenta metodologicamente, em face de não produzir efeitos diversos da fraude de execução. No entanto, o reconhecimento explícito da gravidade da conduta da alienação do bem penhorado coloca em xeque o conteúdo da Súmula 375 do STJ.

27 Em recente trabalho, o processualista laboral Manoel Antônio Teixeira Filho, com bastante propriedade, alerta para o equívoco de se assimilar tal entendimento na seara trabalhista: "É necessário, portanto, que a doutrina e a jurisprudência trabalhistas se conscientizem das consequências danosas que a Súmula acarretará nos domínios do processo do trabalho, especialmente, na esfera jurídica do credor, sem ignorarmos, ainda, essas consequências no tocante à credibilidade da Justiça do Trabalho. Não estaremos perdendo o senso do comedimento se dissermos que a Súmula estimula a prática de atos dolosos pelo devedor, em detrimento do credor, sem que aquele seja punido – o que é, sobremaneira, lamentável.". (*In*: **Súmula n. 375 do STJ e a fraude à execução – A visão crítica do processo do trabalho.** Salvador: Juspodivm, 2014, p. 612).

28 É o que se observa dos seguintes julgados: "AGRAVO DE PETIÇÃO. FRAUDE À EXECUÇÃO. NÃO CARACTERIZADA. ALIENAÇÃO DE IMOVEL ANTERIOR AO REGISTRO DA PENHORA. TERCEIRO ADQUIRENTE DE BOA-FÉ. O reconhecimento de existência de fraude à execução depende do registro da penhora do bem ou da comprovação de má-fé do terceiro adquirente, conforme posição jurisprudencial consolidada pela Súmula nº 375 do STJ. Ou seja, adquirido o bem antes da constrição judicial, ou após esta, mas sem que tenha havido o devido registro, não há que se falar que o terceiro agiu com má-fé. Imperioso é o registro da penhora para que o adquirente possa tomar conhecimento sobre a situação do bem que pretende comprar, uma vez que o registro dá publicidade produz eficácia *erga omnes*, conforme artigo 659, parágrafo 4º do Código de Processo Civil. No presente caso, por ocasião do registro do imóvel em nome das embargantes (ora agravadas), não havia qualquer constrição judicial anterior registrada em Cartório. Assim, não havendo qualquer prova concreta de fraude ou má-fé, especialmente quanto aos terceiros adquirentes (ora agravadas), não há que se falar em fraude à execução. (TRT 6ª R.; AP

Finalmente, a caracterização da fraude de execução deve ser vista com certas restrições diante das hipóteses de responsabilização do devedor após a formação do título executivo. Nesse caso, não se pode admitir a ocorrência de efeitos retroativos ao ponto de nulificar ato de disposição patrimonial de pessoa que sequer integrava a relação processual quando da realização do negócio jurídico. O marco temporal, nessa hipótese, não será a pendência da ação de cognição contra o devedor originariamente reconhecido no título executivo, mas sim o ato judicial que determinou a integração do legitimado extraordinariamente.

Ora, a responsabilização *a posteriori*, viabilizada por meio da legitimação passiva extraordinária, não é dotada de efeitos pretéritos, pois fundamentada na própria insolvência do devedor originalmente constante do título executivo. Só por intermédio de ação própria, seria possível a desconstituição dos atos de alienação realizados pelos novos devedores integrados na relação processual executiva[29]. Nesse particular, a recente norma processual civil tornou clara a questão

---

0001389-52.2013.5.06.0008; Segunda Turma; Rel. Des. Acácio Júlio Kezen Caldeira; Julg. 11/06/2014; DOEPE 18/06/2014)".
"FRAUDE À EXECUÇÃO. NÃO RECONHECIMENTO. BEM IMÓVEL SITUADO EM ESTADO DIVERSO DO QUAL SE TRAMITA A EXECUÇÃO TRABALHISTA. Ausência de gravame no registro do bem imóvel - o inciso II do artigo 593 do CPC dispõe que ocorre fraude à execução na hipótese em que o devedor aliena ou onera bens quando existente demanda capaz de reduzi-lo à insolvência. Demonstrada a boa-fé objetiva da adquirente, pois não se fez presente registro de penhora na matrícula do imóvel e também foram adotadas as precauções necessárias em relação ao executado, no sentido de se obterem as certidões de distribuição de processos em nome deste último na circunscrição da cidade em que o imóvel está situado. Não há como se exigir do comprador que diligencie em outras localidades além daquela em que se situa o imóvel. Aplicável, caso, o disposto na Súmula nº 375 do STJ, de que "o reconhecimento da fraude à execução depende do registro da penhora do bem alienado ou da prova de má-fé do terceiro adquirente". Fraude à execução não demonstrada. (TRT 9ª R.; AP 2310400-57.1998.5.09.0002; Seção Especializada; Rel. Des. Edmilson Antonio de Lima; DEJTPR 06/06/2014)".

29 "AGRAVO DE PETIÇÃO. FRAUDE DE EXECUÇÃO. Como os sócios da empresa reclamada não foram incluídos no polo passivo da ação por ocasião da propositura da reclamação trabalhista, não corria a partir de então demanda capaz de reduzi-los à insolvência. O direcionamento da execução em face dos sócios da empresa tem como pressuposto a desconsideração da personalidade jurídica, que somente é autorizada quando presentes as hipóteses do artigo 50 do Código Civil (desvio de finalidade ou confusão patrimonial), de sorte que a responsabilização do sócio com seu patrimônio particular pelas dívidas da empresa não se presume, somente restando configurada nos termos em que autorizado pela legislação. Ocorrendo a doação mais de quatro anos antes da inclusão dos sócios no pólo passivo da execução, não há se falar em fraude de execução. (TRT 2ª R.; AP 0191800-93.2002.5.02.0446; Ac. 2014/0508516; Terceira Turma; Redª Desig. Desª Fed. Margoth Giacomazzi Martins; DJESP 18/06/2014)".
"AGRAVO DE PETIÇÃO. DESCONSIDERAÇÃO DA PERSONALIDADE JURÍDICA. EXECUÇÃO DE BENS DOS SÓCIOS. FRAUDE À EXECUÇÃO. Não se considera em fraude à execução a alienação do bem imóvel ocorrida antes do redirecionamento da execução aos sócios. Agravo de petição interposto pelo réu a que se dá provimento, no item. (TRT 4ª R.; AP 0000807-53.2012.5.04.0522; Seção Especializada em Execução; Rel. Des. João Alfredo Borges Antunes de Miranda; DEJTRS 09/06/2014; Pág. 89)".
"AGRAVO DE PETIÇÃO. IRRETROATIVIDADE DOS EFEITOS DA RESPONSABILIZAÇÃO PELA DESCONSIDERAÇÃO DA PERSONALIDADE JURÍDICA DO DEVEDOR. FRAUDE À EXECUÇÃO NÃO CONFIGURADA. LIBERAÇÃO DA PENHORA. Não configura fraude à execução alienação de bens em datas anteriores à responsabilização processual em face da desconsideração judicial da personalidade jurídica do devedor, que somente produz efeitos *ex nunc*. O patrimônio de quem não era parte no polo passivo do feito quando da alienação de bens não deve ser considerado indisponível preventivamente, razão pela qual não se presume

e determinou a impossibilidade de se caracterizar a fraude de execução antes da citação do sócio da realização da despersonalização (NCPC, art. 792, § 3º). A solução apontada pela norma pode ser aplicada a todas as outras hipóteses de responsabilização de devedor diverso daquela que consta do título executivo.

5. INSTRUMENTOS DE PRESERVAÇÃO DO INTERESSE DE TERCEIROS DIANTE DA FRAUDE DE EXECUÇÃO (NCPC, ART. 792, § 4º)

Há uma nítida preocupação do novo Código em preservar o interesse do terceiro adquirente de boa-fé diante da fraude de execução. Essa postura pode ter sido exacerbada, pois, conforme temos insistido no presente trabalho, há um claro desvirtuamento da fraude de execução, mediante a revelação da tendência de se atribuir ao exequente o ônus de demonstrar a má-fé do terceiro adquirente.

Por outro lado, a nova codificação apresenta uma solução absolutamente interessante ao permitir a concretização do contraditório em face do terceiro adquirente. Nos termos do NCPC, art. 792, § 4º[30], a decretação da fraude de execução tem como pressuposto básico a prévia intimação do terceiro adquirente, a fim de que possa manejar os embargos de terceiro (NCPC, art. 674, II[31]).

Não surtirá a fraude de execução os seus efeitos antes da intimação do terceiro adquirente, para que possa manejar os seus instrumentos de defesa, especialmente os embargos de terceiro. A ausência de notificação do terceiro implicará a nulidade absoluta da declaração de fraude de execução, pois, pela imperatividade do dispositivo legal em análise, trata-se de pressuposto de validade da decretação de ineficácia do negócio jurídico impugnado pelo credor.

Observe-se que o mencionado pressuposto é aplicável a qualquer das hipóteses de cabimento da fraude de execução, mesmo quando houver a devida averbação da execução ou da hipoteca judiciária. A norma não fez qualquer distinção, pois o seu objetivo fundamental é a garantia do contraditório para o adquirente.

Não vislumbramos qualquer incompatibilidade do novo dispositivo legal com o processo do trabalho. Mesmo reconhecendo a necessidade de se instituírem ferramentas garantidoras da solvabilidade do crédito trabalhista, não é

---

que a alienação de bens tenha decorrido da tentativa de se esquivar da responsabilidade imposta. Reforma-se a decisão para determinar a liberação da penhora. (TRT 8ª R.; AP 0000630-04.2013.5.08.0115; Quarta Turma; Relª Desª Fed. Pastora do Socorro Teixeira Leal; DEJTPA 23/05/2014; Pág. 208)".

30 "§ 4º Antes de declarar a fraude à execução, o órgão jurisdicional deverá intimar o terceiro adquirente, que, se quiser, poderá opor embargos de terceiro, no prazo de quinze dias."

31 "Art. 674. Quem, não sendo parte no processo, sofrer ameaça de constrição ou constrição sobre bens que possua ou sobre os quais tenha direito incompatível com o ato constritivo, poderá requerer sua inibição ou seu desfazimento por meio de embargos de terceiro. [...] II – o adquirente de bens que foram constritos em razão de decisão que declara a ineficácia da alienação em fraude à execução;".

viável ignorar que a decretação da fraude de execução pode ocasionar severos prejuízos a terceiros. A garantia de um contraditório prévio, da forma idealizada pelo novo Código, é medida salutar e conveniente, inclusive para a dinâmica do direito processual do trabalho.

6. CONSIDERAÇÕES FINAIS

O laconismo crônico que acomete o direito processual do trabalho torna cada vez mais imprescindível a aplicação das disposições do direito processual civil. Sem observar uma evolução dogmática consistente, o processo do trabalho vem se tornando um mero apêndice do processo civil, disciplina dotada de um forte apelo evolutivo-teórico.

A edição do novo Código de Processo Civil faz com que esse quadro se agudize, com a necessidade de uma incursão nas diretrizes do processo comum. Tratando-se da tutela de execução e, em especial, quanto ao tema de fraude de execução, a dependência do direito instrumental trabalhista é praticamente total. Assim sendo, o único caminho possível é a inserção das normas processuais comuns sobre a matéria.

As disposições acerca da fraude de execução não sofreram severas modificações com o NCPC, mas há uma nítida tendência do legislador em privilegiar o interesse do terceiro adquirente. Logo, foram destacadas as formas de averbação prévia do patrimônio do devedor, bem como a garantia do terceiro ao contraditório.

A maior parte das novas disposições acerca da fraude de execução tem ampla aplicação no âmbito do direito processual do trabalho, obviamente mediante algumas adaptações rituais indispensáveis.

7. REFERÊNCIAS BIBLIOGRÁFICAS.

ABELHA, Marcelo. **Manual de execução cível, 3.ed.** Rio de Janeiro: Forense Universitária, 2008.

ANDRIGHI, Fátima Nancy et al. Fraude de execução: o Enunciado 375 da Súmula/STJ e o Projeto do novo Código de Processo Civil. *In*: Arruda Alvim et al (Orgs.) **Execução civil e temas afins – Do CPC/1973 ao novo CPC – Estudos em homenagem ao Professor Araken de Assis.** São Paulo: Revista dos Tribunais, 2014, p. 354-364.

ASSIS, Araken de. **Manual do processo de execução, 11. ed.** São Paulo: Revista dos Tribunais, 2007

CORDEIRO, Wolney de Macedo. **Manual de execução trabalhista – Aplicação ao processo do trabalho das Leis n. 11.232/2005 (Cumprimento da sentença) e 11.382/2006 (Execução de títulos extrajudiciais), 2.ed.** Rio de Janeiro: Forense, 2010.

DINAMARCO, Cândido Rangel. **Execução civil, 7. ed.** São Paulo: Malheiros, 2000.

____. **Instituições de direito processual civil, v. 04.** São Paulo: Malheiros, 2004.

LAMY, Eduardo de Avelar et al. A responsabilidade do exequente pela averbação indevida do ajuizamento da ação. *In*: Arruda Alvim et al (Orgs.) **Execução civil e temas afins – Do CPC/1973 ao novo CPC – Estudos em homenagem ao Professor Araken de Assis.** São Paulo: Revista dos Tribunais, 2014, p. 236-251.

MARQUES, José Frederico. **Manual de direito processual civil, v. 04**, São Paulo: Saraiva, 1974.

MEDINA, José Miguel Garcia. **Processo de execução e cumprimento de sentença 4.ed.** São Paulo: Revista dos Tribunais, 2014.

SALAMACHA, José Eli. Fraude à execução: proteção do credor e do adquirente de boa-fé. *In*: Ernani Fidélis dos Santos et al (Orgs.) **Execução civil – Estudos em homenagem ao Professor Humberto Theodoro Júnior.** São Paulo: Revista dos Tribunais, 2007, p. 13-47.

SCHIAVI, Mauro. **Execução no processo do trabalho, 6.ed.** São Paulo: LTr, 2014.

SILVA, Ovídio Baptista A. **Curso de processo civil, v. 02 – Execução obrigacional, execução real, ações mandamentais, 4.ed.** São Paulo: Revista dos Tribunais, 2000.

TEIXEIRA FILHO, Manoel Antônio. **Execução no processo do trabalho, 7. ed.** São Paulo: LTr, 2001.

____. Súmula n. 375 do STJ e a fraude à execução – A visão crítica do processo do trabalho. *In*: Élisson Méssia e Henrique Correia (Orgs.) **Estudos aprofundados da magistratura do trabalho.** Salvador: Juspivum, 2014, p. 601-616.

ZAVASCKI, Teori Albino. **Comentários ao Código de Processo Civil, v. 08 – Do processo de execução – arts. 566 a 645.** São Paulo: Revista dos Tribunais, 2000.

Capítulo 47

A PENHORA DE BENS E SEUS EFEITOS À LUZ DO NOVO CPC – AVANÇOS, RETROCESSOS E A DERROCADA DE ALGUNS MITOS

Iuri Pereira Pinheiro[1]

SUMÁRIO: 1. BREVES CONSIDERAÇÕES SOBRE A EXECUÇÃO E PENHORA DE BENS; 2. NOÇÕES CONCEITUAIS E EFEITOS DA PENHORA; 2.1. GARANTIA DO JUÍZO; 2.2. INDIVIDUALIZAÇÃO DOS BENS E DIREITO DE PREFERÊNCIA; 2.3. PERDA DA POSSE DIRETA E INVESTIDURA NA CONDIÇÃO DE DEPOSITÁRIO; 2.4. HIPÓTESE EXCEPCIONAL DE INVESTIDURA DO EXECUTADO COMO DEPOSITÁRIO INFIEL E SUAS CONSEQUÊNCIAS; 2.5. INEFICÁCIA DOS ATOS DE ALIENAÇÃO OU ONERAÇÃO DOS BENS (FRAUDE À EXECUÇÃO); 3. INTIMAÇÃO DA PENHORA; 4. ORDEM DE PENHORA; 5. BENS IMPENHORÁVEIS – A DERROCADA DE ALGUNS MITOS; 5.1. PENHORA DE SALÁRIO; 5.2. PENHORA DE VALORES EM CADERNETA DE POUPANÇA; 5.3 IMPENHORABILIDADE DO BEM DE FAMÍLIA; 5.4. PENHORA DE BEM COM ALIENAÇÃO FIDUCIÁRIA; 5.5. PENHORA DA RESTITUIÇÃO DO IMPOSTO DE RENDA?; 5.6. PENHORA DE BENS DE TERCEIRO?; 6. RESTRIÇÕES À PENHORA DE DINHEIRO; 7. CONCLUSÃO.

1. BREVES CONSIDERAÇÕES SOBRE A EXECUÇÃO E PENHORA DE BENS

Em tempos bem mais remotos, a execução incidia sobre a pessoa do devedor, revestindo-se de caráter pessoal e não patrimonial, o que apenas foi modificado com a "Lex Poetelia Papiria", em Roma, em 326 aC[2].

Consagrou-se, assim, o Princípio da Patrimonialidade ou Natureza Real da Execução, enunciativo de que o cumprimento da decisão judicial recai sobre o patrimônio do executado, conforme previsão do art. 789 do Novo Código de Processo Civil, de teor assemelhado ao que já constava no art. 591 do Código de Processo Civil de 1973.

---

[1] Juiz do Trabalho no Tribunal Regional do Trabalho da 15ª Região, Mestrando em Direito pela Faculdade Autônoma de Direito de São Paulo, Especialista em Direito e Processo do Trabalho pela Universidade Anhanguera, Ex-Assessor de Desembargador no Tribunal Regional do Trabalho da 7ª Região, Ex-Chefe de Gabinete de Desembargador no Tribunal Regional do Trabalho da 2ª Região, Ex-Assistente no Gabinete da Presidência do Tribunal Superior do Trabalho e no Gabinete do Ministro Rider Nogueira de Brito, Ex-Assistente de Juiz nos Tribunais Regionais do Trabalho da 7ª e da 2ª Região, Ex-servidor do Tribunal Regional do Trabalho da 9ª Região, Escritor de Artigos Científicos e do livro "Apontamentos sobre a Execução Trabalhista" (ISBN 978-85—7872-185-5), Coautor-Colaborador da obra Estudos Aprofundados da Magistratura do Trabalho, V. 2. Salvador: JusPodivm, 2014.

[2] BONFANTE, Pedro. Instituciones de Derecho Romano. 2. Ed. Madrid, Reus, 1951.

Cumpre esclarecer que a possibilidade excepcional de prisão civil por dívida para o devedor de prestação alimentícia (art. 5º, LXVII, da CF/88) não constitui exceção a tal postulado, já que é apenas medida de coerção indireta, não satisfazendo o débito, o qual continua a existir.

Ao lado da natureza real da execução, também não se pode descurar que, hodiernamente, o processo deve ser enfocado por uma visão holística, em que todas as fases processuais sejam efetivamente realizadas e em que a obrigação consagrada no título executivo deixe de ser uma mera declaração para ser um direito regularmente fruído por ser titular.

Exatamente em função disso é que já se reconhece a existência do direito fundamental à tutela executiva como corolário do direito de ação em sua concepção ampla (3ª onda de acesso à Justiça), o que impõe até mesmo a revisão do conceito clássico de jurisdição, de modo a deixar de enxergá-lo como o mero ato de dizer o direito ("juris-dictio") para assimilá-lo como a sua efetiva satisfação (juris-satisfação). Nesse sentido, transcreve-se a lição de Cassio Scarpinella Bueno[3]:

> O processo Civil deve ser lido e relido à luz da Constituição Federal. Há uma correlação necessária entre ambos e uma inegável dependência daquele nesta. Tutela jurisdicional não é só dizer o direito, é também *realizá-lo*. Ao lado de uma 'jurisdição' tem que haver uma 'juris-satisfação'.

Diante da patrimonialidade da execução e da crise de satisfação cada vez mais recorrente nos processos judiciais é que se mostra necessário refletir sobre a penhorabilidade dos bens e o seu tratamento no Novo CPC, já que a CLT determina a observância direta da ordem de constrição do diploma processual civil (art. 882 da CLT).

Além disso, ainda que a CLT proclame a Lei de Execuções Fiscais como fonte subsidiária preferencial na execução (art. 889 da CLT), o seu regramento é deveras lacônico em vários aspectos, não sendo objeto de atualização legislativa há considerável tempo, o que potencializa o estudo do diálogo das fontes com o Código de Processo Civil.

Nesse contexto de possível heterointegração, uma das temáticas que borbulham no âmbito laboral diz respeito ao art. 15 do Novo CPC, que determina a sua aplicação supletiva e subsidiária ao processo do trabalho diante de mera lacuna normativa:

> Art. 15. Na ausência de normas que regulem processos eleitorais, trabalhistas ou administrativos, as disposições deste Código lhes serão aplicadas supletiva e subsidiariamente.

---

[3] BUENO, Cassio Scarpinella. A nova etapa da reforma do código de processo civil, volume 1: comentários sistemáticos às Leis n. 11.187, de 19-10-2005, e 11.232, de 22-12-2005, 2ª ed. rev., atual. e ampl. – São Paulo: Editora Saraiva, 2006, p. 323.

Não se pode olvidar que o direito processual do trabalho constitui ramo dotado de autonomia científica, tendo se desgarrado do direito processual comum para adquirir vida própria, informada e permeada por princípios e regramentos peculiares para bem regular as especificidades do seu campo de atuação.

Por isso é que a colmatação de lacunas no campo trabalhista impõe sempre uma compatibilidade ideológica, tal qual proclama o art. 769 da CLT, no que refere à fase cognitiva, e o art. 889 da CLT, no que toca à fase executiva.

Assim, a despeito da previsão simplista do Novo CPC, a sua aplicação ao processo trabalhista irá se operar apenas diante de sintonia principiológica, sob pena de mácula à autonomia do ramo processual especializado.

Ademais, as disposições especiais dos arts. 769 e 889 da CLT prevalecem sobre a regra geral do art. 15 do CPC, na conformidade do art. 2, § 2º, da LINDB.

Pelos debates legislativos, percebe-se que a intenção de inclusão do termo "supletiva" seria a de aplicar a norma processual civil mesmo nos casos em que houvesse tratamento da matéria, caso o regramento fosse considerado insuficiente.

É certo, contudo, que o intérprete não se condiciona à intenção dos legisladores, devendo realizar a análise teleológica e finalística.

Supletivo segundo o vernáculo traz a ideia de suplemento, complementação de sentido. Como não é possível complementar com sentido de contrariedade, é lícito concluir que a aplicação supletiva demanda a compatibilidade.

Desse modo, a bem da verdade, não há antinomia, já que a regra do CPC traz a previsão de aplicação subsidiária (lacuna) e supletiva (compatibilidade), guardando perfeita sintonia com a regra do art. 769 da CLT.

De qualquer forma, conforme destacou o Desembargador do Tribunal Regional do Trabalho da 15ª Região, Manoel Carlos Toledo Filho, em palestra promovida naquele Sodalício, devemos destacar que estamos diante de um importante marco referencial. A legislação processual civil pela primeira vez reconheceu de forma expressa a autonomia do processo trabalhista, já que previu que o CPC a ele se aplica subsidiariamente.

2. NOÇÕES CONCEITUAIS E EFEITOS DA PENHORA

A penhora de bens representa o ato material que o Estado realiza com o objetivo de ensejar a expropriação e a consequente satisfação do direito do exequente. É um típico ato de império do juízo da execução e que produz efeitos processuais e materiais.

Como efeitos processuais, podemos elencar: I – Garantia do juízo; II – Individualização dos bens; III – Instituição do direito de preferência.

Por sua vez, como efeitos materiais, temos: I – Possibilidade de perda da posse direta (ressalvada a hipótese do devedor constar como depositário dos bens); II – Ineficácia dos atos de alienação ou oneração dos bens penhorados (controvérsia acerca da necessidade registro da penhora, conforme diretriz da Súmula 375 do STJ).

2.1. GARANTIA DO JUÍZO

No que concerne ao efeito processual da penhora como garantia do juízo e pressuposto para apresentação de embargos à execução (art. 475-J do CPC), esta característica deixa de existir no cumprimento de sentença de título judicial no novo CPC, conforme previsão do seu art. 525.

> Art. 523. No caso de condenação em quantia certa, ou já fixada em liquidação, e no caso de decisão sobre parcela incontroversa, o cumprimento definitivo da sentença far-se-á a requerimento do exequente, sendo o executado intimado para pagar o débito, no prazo de 15 (quinze) dias, acrescido de custas, se houver.
>
> [...]
>
> Art. 525. Transcorrido o prazo previsto no art. 523 sem o pagamento voluntário, inicia-se o prazo de 15 (quinze) dias para que o executado, independentemente de penhora ou nova intimação, apresente, nos próprios autos, sua impugnação.
>
> [...]
>
> § 6º A apresentação de impugnação não impede a prática dos atos executivos, inclusive os de expropriação, podendo o juiz, a requerimento do executado e desde que garantido o juízo com penhora, caução ou depósito suficientes, atribuir-lhe efeito suspensivo, se seus fundamentos forem relevantes e se o prosseguimento da execução for manifestamente suscetível de causar ao executado grave dano de difícil ou incerta reparação.
>
> [...]
>
> § 11º As questões relativas a fato superveniente ao fim do prazo para apresentação da impugnação, assim como aquelas relativas à validade e à adequação da penhora, da avaliação e dos atos executivos subsequentes, podem ser arguidas pelo executado por simples petição. Em qualquer dos casos, o executado tem o prazo de quinze dias para formular esta arguição, contado da comprovada ciência do fato ou da intimação do ato.

É certo que a desnecessidade de realização da penhora para apresentação de impugnação (antigos embargos à execução) pode, de certo modo, desburocratizar e acelerar a resolução da fase executiva, evitando a utilização adicional em certas ocasiões do instituto da exceção de pré-executividade, concebido por Pontes de Miranda justamente para impugnar a execução sem necessidade de garantia do juízo.

Sucede que, no âmbito do direito processual do trabalho, existe regra própria (art. 884 da CLT), que protege o credor trabalhista de forma mais satisfatória. Isso porque é exigida a garantia da execução para que o executado possa se insurgir contra a execução e renovar irresignações de decisões interlocutórias anteriores de modo a vê-las reapreciadas pelo segundo grau de jurisdição, como as questões relacionadas à conta de liquidação e que não são recorríveis de imediato, salvo em casos excepcionais em que estejamos diante de decisão revestida de caráter terminativo, tal qual na hipótese de liquidação de valor igual a zero.

Diante da existência de regramento próprio e mais benéfico no processo trabalhista, inexiste lacuna apta a legitimar a aplicação supletiva da regra do CPC, até mesmo sob o viés axiológico e ontológico, subsistindo em nossa seara processual a garantia do juízo como efeito processual da penhora.

2.2. INDIVIDUALIZAÇÃO DOS BENS E DIREITO DE PREFERÊNCIA

Os efeitos processuais da individualização dos bens e instituição de direito de preferência pela penhora (art. 612 do CPC de 1973) remanesce na mesma conformidade, a teor do art. 797 do Novo CPC:

> Art. 797. Ressalvado o caso de insolvência do devedor, em que tem lugar o concurso universal, realiza-se a execução no interesse do exequente que adquire, pela penhora, o direito de preferência sobre os bens penhorados.

2.3. PERDA DA POSSE DIRETA E INVESTIDURA NA CONDIÇÃO DE DEPOSITÁRIO

O efeito material da possibilidade de perda da posse direta, antes disciplinado no art. 666 do CPC de 1973, é objeto de ampliação no novel art. 840, II, do Novo CPC, que agora traz a perda da posse também para os imóveis urbanos, antes assegurada ao executado.

Por oportuno, transcreve-se o novo texto:

> Art. 840. Serão preferencialmente depositados:
>
> I – as quantias em dinheiro, os papéis de crédito e as pedras e os metais preciosos, no Banco do Brasil, na Caixa Econômica Federal ou em banco do qual o Estado ou o Distrito Federal possua mais da metade do capital social integralizado, ou, na falta desses estabelecimentos, em qualquer instituição de crédito designada pelo juiz;
>
> II – os móveis, os semoventes, os imóveis urbanos e os direitos aquisitivos sobre imóveis urbanos, em poder do depositário judicial;
>
> III – os imóveis rurais, os direitos aquisitivos sobre imóveis rurais, as máquinas, os utensílios e os instrumentos necessários ou úteis à atividade agrícola, mediante caução idônea, em poder do executado.

> § 1º No caso do inciso II do caput, se não houver depositário judicial, os bens ficarão em poder do exequente.
>
> § 2º Os bens poderão ser depositados em poder do executado nos casos de difícil remoção ou quando anuir o exequente.
>
> § 3º As joias, as pedras e os objetos preciosos deverão ser depositados com registro do valor estimado de resgate.

Como se infere da leitura do dispositivo, importante destacar que agora o depósito de bens na pessoa do executado se limita aos casos de anuência do exequente ou dificuldades de remoção, além da hipótese excepcional enfocada abaixo.

2.4. HIPÓTESE EXCEPCIONAL DE INVESTIDURA DO EXECUTADO COMO DEPOSITÁRIO INFIEL E SUAS CONSEQUÊNCIAS

Interessante novidade é a determinação de elaboração de lista de bens eventualmente não penhorados e que deverão ter o executado como depositário provisório.

Cuida-se do art. 836 do Novo CPC:

> Art. 836. Não se levará a efeito a penhora quando ficar evidente que o produto da execução dos bens encontrados será totalmente absorvido pelo pagamento das custas da execução.
>
> § 1º Quando não encontrar bens penhoráveis, independentemente de determinação judicial expressa, o oficial de justiça descreverá na certidão os bens que guarnecem a residência ou o estabelecimento do executado, quando este for pessoa jurídica.
>
> § 2º Elaborada a lista, o executado ou seu representante legal será nomeado depositário provisório de tais bens até ulterior determinação do juiz.

Referida disposição tem o salutar propósito de evitar a ocultação de bens que posteriormente possam vir a ser úteis para o processo em conjunto com outros bens que venham a ser encontrados.

Isso porque, ao investir o executado na condição de depositário, o sumiço de tais bens poderá trazer as consequências processuais de ato atentatório à dignidade da justiça, o qual foi, de certa maneira, repaginado para sanar algumas controvérsias e incertezas que pairavam na comunidade jurídica, conforme art. 774 do Novo CPC:

> Art. 774. Considera-se atentatória à dignidade da justiça a conduta comissiva ou omissiva do executado que:
>
> I – frauda a execução;
>
> II – se opõe maliciosamente à execução, empregando ardis e meios artificiosos;

III – dificulta ou embaraça a realização da penhora;

IV – resiste injustificadamente às ordens judiciais;

V – intimado, não indica ao juiz quais são e onde estão os bens sujeitos à penhora e seus respectivos valores, não exibe prova de sua propriedade e, se for o caso, certidão negativa de ônus.

Parágrafo único. Nos casos previstos neste artigo, o juiz fixará multa ao executado em montante não superior a vinte por cento do valor atualizado do débito em execução, a qual será <u>revertida em proveito do exequente, exigível na própria execução</u>, <u>sem prejuízo de outras sanções de natureza processual ou material</u>.

Como se vê, é disposto de forma expressa que a multa do ato atentatório à dignidade da justiça é revertida ao exequente e exigível na própria execução.

Mas não é só. A investidura na condição de depositário fiel atrai também a possibilidade de responsabilidade criminal. Muito se fala que com o reconhecimento da natureza supralegal do Pacto de São José da Costa Rica pelo Pretório Excelso não haveria mais a possibilidade de prisão do depositário infiel.

Ocorre que a Constituição Federal (art. 5º, LXVII) e o referido Pacto Internacional disciplinam a **prisão civil** do depositário infiel, não atingindo as prisões criminais:

LXVII - não haverá **prisão civil** por dívida, salvo a do responsável pelo inadimplemento voluntário e inescusável de obrigação alimentícia e a do depositário infiel;

E a configuração da condição de depositário infiel pode implicar a caracterização do crime de apropriação indébita ou de peculato, a depender das condições e da natureza do bem, conforme se extrai do Código Penal Brasileiro:

Apropriação indébita

Art. 168. Apropriar-se de coisa alheia móvel, de que tem a posse ou a detenção:

Pena - reclusão, de um a quatro anos, e multa. (Redação alterada para adequar-se ao disposto no art. 2º da Lei nº 7.209, de 11.7.1984, DOU 13.7.1984, em vigor seis meses após a data da publicação)

Aumento de pena

§ 1º A pena é aumentada de um terço, quando o agente recebeu a coisa:

I - em depósito necessário;

II - na qualidade de tutor, curador, síndico, liquidatário, inventariante, testamenteiro ou <u>depositário judicial</u>;

III - em razão de ofício, emprego ou profissão.

Percebe-se que o § 1º do art. 168 do Código Penal expressamente prevê como aumento de pena a apropriação de bem recebido na qualidade de depositário judicial.

É certo que a caracterização de um crime depende de vários fatores e elementos, mas não há como se negar a possibilidade jurídica de cometimento de crime em tal hipótese, sob pena de fazer tábula rasa da expressa dicção do Código Penal.

A hipótese do peculato também pode ser caracterizada no caso concreto, senão vejamos:

> Peculato
>
> Art. 312. Apropriar-se o funcionário público de dinheiro, valor ou qualquer outro bem móvel, público ou particular, de que tem a posse em razão do cargo, ou desviá-lo, em proveito próprio ou alheio:
>
> Pena - reclusão, de dois a doze anos, e multa. (Redação alterada para adequar-se ao disposto no art. 2º da Lei nº 7.209, de 11.7.1984, DOU 13.7.1984, em vigor seis meses após a data da publicação)
>
> § 1º Aplica-se a mesma pena, se o funcionário público, embora não tendo a posse do dinheiro, valor ou bem, o subtrai, ou concorre para que seja subtraído, em proveito próprio ou alheio, valendo-se de facilidade que lhe proporciona a qualidade de funcionário.
>
> [...]
>
> Funcionário público
>
> Art. 327. Considera-se funcionário público, para os efeitos penais, quem, embora transitoriamente ou sem remuneração, exerce cargo, emprego ou função pública.

Embora, inicialmente, possa causar estranheza o enquadramento no crime de peculato, por ser restrito aos funcionários públicos, não se pode olvidar que o art. 327 do Código Penal equipara para esses fins qualquer pessoa que exerça função pública, ainda que transitoriamente ou sem remuneração. E esse é o caso do depositário judicial, já que é legalmente considerado um auxiliar da justiça, conforme previsão do art. 139 do CPC de 1973, disposição mantida no Novo CPC (art. 149).

Nesse contexto, importante destacar que o legislador parece ter atentado na reforma processual para a diferença de natureza das infrações, eis que o parágrafo único do art. 161 do Novo CPC expressamente diferencia o aspecto civil da responsabilidade criminal do depositário infiel:

> Art. 161. O depositário ou o administrador responde pelos prejuízos que, por dolo ou culpa, causar à parte, perdendo a remuneração que lhe foi arbitrada, mas tem o direito a haver o que legitimamente despendeu no exercício do encargo.
>
> Parágrafo único. <u>O depositário infiel responde civilmente</u> pelos prejuízos causados, <u>sem prejuízo de sua responsabilidade penal e da imposição de sanção por ato atentatório à dignidade da justiça</u>.

É certo que o magistrado trabalhista não é investido de competência penal, mas a prática de intimação para apresentação de bens, sob pena de envio de ofício ao órgão policial competente e/ou ao Ministério Público vem se revelando exitosa por parte de alguns colegas da judicatura.

Não se pode conceber uma igualdade de tratamento entre um depósito particular de bens, comuns nos recorrentes contratos de alienação fiduciária e arrendamento mercantil, com o depósito judicial, em que há a investidura de um "múnus" público.

Não se trata de ofensa privada, mas de profundo desrespeito ao Poder Judiciário enquanto instituição depositária das expectativas sociais de pacificação dos conflitos, configurando muitas vezes um deboche à função jurisdicional, verdadeiro desrespeito à corte ("contempt ou court").

2.5. INEFICÁCIA DOS ATOS DE ALIENAÇÃO OU ONERAÇÃO DOS BENS (FRAUDE À EXECUÇÃO)

A última consequência material da penhora (ineficácia dos atos de alienação ou oneração dos bens penhorados) também é temática de relevante incursão, disciplinando controvérsias que pairavam no cenário jurídico.

Assim restou consagrada a nova conformação legal:

> Art. 792. A alienação ou a oneração de bem é considerada fraude à execução:
>
> I – quando sobre o bem pender ação fundada em direito real ou com pretensão reipersecutória, desde que a pendência do processo tenha sido averbada no respectivo registro público, se houver;
>
> II – quando tiver sido averbada, no registro do bem, a pendência do processo de execução, na forma do art. 828;
>
> III – quando tiver sido averbado, no registro do bem, hipoteca judiciária ou outro ato de constrição judicial originário do processo onde foi arguida a fraude;
>
> IV – quando, ao tempo da alienação ou da oneração, tramitava contra o devedor ação capaz de reduzi-lo à insolvência;
>
> V – nos demais casos expressos em lei.
>
> § 1º A alienação em fraude à execução é ineficaz em relação ao exequente.
>
> § 2º No caso de aquisição de bem não sujeito a registro, o terceiro adquirente tem o ônus de provar que adotou as cautelas necessárias para a aquisição, mediante a exibição das certidões pertinentes, obtidas no domicílio do vendedor e no local onde se encontra o bem.
>
> § 3º Nos casos de desconsideração da personalidade jurídica, a fraude à execução verifica-se a partir da citação da parte cuja personalidade se pretende desconsiderar.
>
> § 4º Antes de declarar a fraude à execução, o juiz deverá intimar o terceiro adquirente, que, se quiser, poderá opor embargos de terceiro, no prazo de 15 (quinze) dias.

Em tal dispositivo, encontramos alguns avanços e outros retrocessos.

Inicialmente, é necessário revisitar as noções conceituais da fraude à execução, que constitui criação genuinamente brasileira e que representa uma das espécies de alienação fraudulenta de bens prevista na ordem jurídica.

Trata-se de instituto de direito processual, que sempre trouxe como requisitos a existência de demanda judicial, fundada em direito real ou não, cognitiva ou executória, que corra contra o devedor ao tempo da alienação ou oneração de bens e que seja capaz de levá-lo à insolvência, a luz do art. 593 do Código "Buzaid" (CPC de 1973).

Diferentemente da fraude contra credores (art. 158 e seguintes do Código Civil), que se traduz em vício do negócio jurídico e que deve ser objeto de anulação por intermédio de ação pauliana (homenagem ao Pretor Paulus, seu criador no Direito Justiniano), a fraude à execução pode ser reconhecida no processo em curso e não necessita da anulação do próprio negócio jurídico, reconhecendo-se, simplesmente, a ineficácia da alienação para aquele processo.

O tratamento especial conferido ao presente instituto em relação à fraude contra credores se justifica pela circunstância de que o prejuízo não se limita apenas ao credor, mas também ao Poder Judiciário, eis que a conduta do devedor conduz à inutilidade da função jurisdicional, comprometendo a tutela do bem da vida almejado e a própria efetividade processual como um todo.

Por tal razão é que Cândido Rangel Dinamarco[4] o define como sendo "ato de rebeldia à autoridade estatal exercida pelo juiz no curso do processo".

Também como decorrência de tais circunstâncias é que a conduta é enquadrada como ato atentatório à dignidade da Justiça, conforme dispositivo já transcrito e, a depender da constatação de requisitos próprios ao Direito Penal, como delito (art. 179 do Código Penal).

À luz de tais premissas, infere-se que a fraude à execução demandava apenas a ocorrência de evento danoso com processo em curso, não sendo necessária a conjugação do requisito do conluio fraudulento. Ocorre que o Superior Tribunal de Justiça vinha entendendo que o reconhecimento da fraude à execução dependia do registro da penhora do bem alienado ou prova da má-fé do terceiro adquirente, a teor da sua Súmula 375:

> Súmula nº 375. O reconhecimento da fraude à execução depende do registro da penhora do bem alienado ou da prova de má-fé do terceiro adquirente. (DJe 30/3/2009)

Conquanto a eticidade, materializada sobretudo pela boa fé objetiva e deveres laterais de conduta (doutrina germânica do "treu und glauben" absorvida

---

4 DINAMARCO, Instituições de direito processual civil, vol. III. 6ª edição. São Paulo: Malheiros, 2009.

no art. 113 do Código Civil Brasileiro), se constitua em um dos pilares da atual ordem jurídica, a fraude à execução é um instituto que classicamente nunca demandou a prova de má-fé do terceiro, ante suas características especiais, máxime a dificuldade do credor para provar referida má-fé e a extensão do dano para além deste, atingindo a credibilidade do Estado-Juiz.

Nesse contexto, o entendimento consolidado do Superior Tribunal de Justiça findava por reformular a conceituação doutrinária clássica da fraude à execução, exigindo a comprovação da má-fé ou registro da penhora, introduzindo o requisito da "scientia fraudis", ou seja, a presunção de que a potencialidade de insolvência era ou pelo menos deveria ser de conhecimento do terceiro adquirente.

Diante disso, após intensos debates, o texto final do CPC de 2015 acabou por manter a possibilidade de configuração da fraude à execução mesmo sem o registro da penhora (art. 792, IV, CPC 2015), o que se harmoniza com o processo trabalhista em que a vulnerabilidade do credor, em regra, impede a efetivação de averbações, sejam premonitórias (averbação de execução extrajudicial - art. 615-A do CPC de 1973 e art. 828 do CPC de 2015), de hipoteca judiciária (art. 466 do CPC de 1973 e art. 495 do CPC de 2015) ou da própria penhora, dado que retratam procedimentos extremamente burocratizados e custosos.

Importante registrar que diante da falta de precisão categórica do art. 792 também há espaço para a defesa do entendimento consagrado na Súmula 375 do STJ, eis que o § 2º daquele dispositivo prevê que o terceiro deve exibir certidões pertinentes no caso de bem não sujeito a registro.

De toda sorte, deve-se louvar a delimitação de que é ônus do terceiro adquirente provar sua boa-fé, já que a Súmula 375 do STJ indicava inclinação contrária.

Como afirmado acima, ainda que a boa-fé seja um dos parâmetros da atual ordem jurídica, a fraude à execução é um instituto de direito processual e sua comprovação deve levar em consideração a viabilidade prática desoneração dos ônus processuais, sendo extremamente dificultoso, senão impossível, que o autor comprove um estado subjetivo fraudulento de terceiro, situação que conduziria praticamente ao estado da prova diabólica.

Ao revés, ao terceiro é plenamente factível a demonstração de condutas positivas suas que revelem indícios de boa-fé, atraindo os influxos do Princípio da Aptidão da Prova.

Destaca-se como novidade a necessidade intimação prévia do terceiro adquirente antes da declaração de ineficácia (art. 792, § 4º, do CPC de 2015), o que se mostra afinado com os ideais de segurança jurídica e ampla defesa.

Importante questão, disciplinada de forma inédita, é o marco definidor da fraude à execução por alienação de bens dos sócios.

Havia quem sustentasse que a alienação dos seus bens caracterizava fraude à execução no processo trabalhista desde quando já houvesse ação contra a sociedade, já que a desconsideração da personalidade jurídica da empresa em nossa seara é decorrente do simples inadimplemento da empresa (teoria menor – art. 28, § 5º, do CDC).

Contudo, o entendimento majoritário, inclusive no C. TST, era no sentido de que apenas com a desconsideração, redirecionamento da execução em face dos sócios e inclusão no polo passivo é que se poderia cogitar da fraude à execução.

Isso porque, a desconsideração é que faria o sócio passar a compor o polo passivo e ser incluído como executado nos registros processuais, de maneira que o pedido de certidão negativa do terceiro adquirente diligente não o apontaria, antes disso, como devedor, consoante se infere da Consolidação dos Provimentos da Corregedoria Geral do TST:

> Art. 46. As Secretarias das Varas do Trabalho providenciarão, quando necessário, a retificação das informações cadastrais dos processos, bem como as referentes às partes e procuradores, observados os critérios estabelecidos no art. 45.
>
> § 1º Nos casos em que for desconsiderada a personalidade jurídica da parte executada, proceder-se-á à inclusão dos nomes de eventuais sócios no pólo passivo da ação, na autuação e nos respectivos registros do sistema informatizado de dados.

Assim, não haveria como se exigir que o terceiro adquirente tivesse ciência da demanda, já que eventual pedido de certidão nesta Justiça apontaria como devedor apenas a sociedade empresária, que possui personalidade jurídica própria e autonomia patrimonial, não se confundindo com a pessoa de seus sócios.

Exigir do terceiro a ciência de que o alienante era sócio de determinada empresa e que esta não cumpriria com suas obrigações equivaleria, de certo modo, a presumir a má-fé, atentando, ainda, contra a segurança das relações jurídicas e causando intranquilidade social.

Nesse sentido, caminhava a jurisprudência do C. TST:

> RECURSO DE REVISTA. EXECUÇÃO. PROTEÇÃO AOS ADQUIRENTES TERCEIROS DE BOA-FÉ. ALIENAÇÃO DO IMÓVEL CONSTRITO ANTES DA DESCONSIDERAÇÃO DA PERSONALIDADE JURÍDICA DA EMPRESA EXECUTADA FRAUDE À EXECUÇÃO NÃO CONFIGURADA. Não há dúvida de que a alienação de bens pelo devedor, podendo reduzi-lo à insolvência, pode gerar a presunção de fraude. No entanto, o direito não desconsidera a posição jurídica do terceiro de boa-fé, devendo ser reputado válido e eficaz o negócio jurídico celebrado entre as partes. Em não provada a existência de constrição judicial sobre o imóvel ou ação em nome do proprietário vendedor e considerando que os terceiros-embargantes adquiriram o bem perante o ex-sócio da pessoa jurídica em data anterior à decisão judicial que desconsiderou a personalidade jurídica da empresa executada, impossível

> presumir a fraude. Portanto, restando comprovado documentalmente que os embargantes de terceiro alienaram a posse do imóvel, e que as condições para a cessão do seu domínio ao adquirente foram implementadas antes da desconsideração da personalidade jurídica, bem assim da penhora realizada, o reconhecimento de que se tratou de ato jurídico perfeito e com efeitos válidos é medida que se impõe, motivo pelo qual deve ser levantado o gravame judicial da penhora. Recurso de revista conhecido e provido. (Tribunal Superior do Trabalho TST; RR 0002539-93.2010.5.02.0005; Sétima Turma; Rel. Des. Vieira de Mello Filho; DEJT 13/09/2013; Pág. 1823)

Sucede que o CPC de 2015 adotou a tese de que a fraude à execução ocorre desde a citação da parte cuja personalidade se pretende desconsiderar:

> Art. 792. A alienação ou a oneração de bem é considerada fraude à execução:
>
> [...]
>
> § 3º Nos casos de desconsideração da personalidade jurídica, a fraude à execução verifica-se a partir da citação da parte cuja personalidade se pretende desconsiderar.

Se assim o é no âmbito do processo civil, com muito mais razão deve sê-lo na seara do processo laboral, em que se busca, como regra, a satisfação de créditos alimentares que carecem da maior amplitude de efetividade possível.

Dessarte, conquanto entendamos que até seria razoável a tese até então prestigiada na Justiça do Trabalho, deve ser respeitada a política legislativa adotada por bem cumprir a finalidade social subjacente ao processo trabalhista e por medida de razoabilidade no cotejo com o processo civil.

A citada previsão de que antes do reconhecimento da fraude à execução deve ser oportunizada a apresentação de embargos de terceiro pelo adquirente (§ 4º do art. 792 do CPC de 2015) para que este possa se desincumbir de que adotou as cautelas exigíveis do "homem médio" confere segurança jurídica ao processo e às relações sociais.

Nesse tocante de desconsideração da personalidade jurídica, não se pode deixar de censurar a instituição pelo Novo CPC do denominado incidente de desconsideração da personalidade jurídica (art. 133), em relação ao qual entendemos pela inaplicabilidade ao processo do trabalho por absoluta incompatibilidade com a processualística laboral, que tem como vigas mestras a Informalidade, Simplicidade e Instrumentalidade.

> Art. 133. O incidente de desconsideração da personalidade jurídica será instaurado a pedido da parte ou do Ministério Público, quando lhe couber intervir no processo.
>
> § 1º O pedido de desconsideração da personalidade jurídica observará os pressupostos previstos em lei.
>
> § 2º Aplica-se o disposto neste Capítulo à hipótese de desconsideração inversa da personalidade jurídica.

> Art. 134. O incidente de desconsideração é cabível em todas as fases do processo de conhecimento, no cumprimento de sentença e na execução fundada em título executivo extrajudicial.
>
> § 1º A instauração do incidente será imediatamente comunicada ao distribuidor para as anotações devidas.
>
> § 2º Dispensa-se a instauração do incidente se a desconsideração da personalidade jurídica for requerida na petição inicial, hipótese em que será citado o sócio ou a pessoa jurídica.
>
> § 3º A instauração do incidente suspenderá o processo, salvo na hipótese do § 2º.
>
> § 4º O requerimento deve demonstrar o preenchimento dos pressupostos legais específicos para desconsideração da personalidade jurídica.
>
> Art. 135. Instaurado o incidente, o sócio ou a pessoa jurídica será citado para manifestar-se e requerer as provas cabíveis no prazo de quinze dias.

Até se afigura possível que o legislador processual civil tenha pretendido fazer uma conexão entre a pretensão de desconsideração da personalidade já na fase de conhecimento (art. 134 do CPC de 2015) e a caracterização de fraude à execução dos bens dos sócios a partir da citação da pessoa jurídica, mas o fato é que na redação final do art. 792, § 4º não se fez a delimitação de que apenas se consideraria a alienação fraudulenta desde a citação da pessoa jurídica caso fosse pleiteada a desconsideração na fase cognitiva.

O aspecto positivo do citado incidente é o reconhecimento expresso da possibilidade de desconsideração inversa da personalidade jurídica (art. 133, § 2º, do CPC de 2015).

3. INTIMAÇÃO DA PENHORA

O Novo CPC traz importante medida de desburocratização ao consagrar a intimação da penhora por intermédio do advogado ou sociedade de advogados, sendo realizada a intimação postal apenas na hipótese de inexistência de causídico constituído e sendo considerada realizada a intimação no endereço do registro processual se promovida mudança sem comunicação nos autos.

> Art. 841. Formalizada a penhora por qualquer dos meios legais, dela será imediatamente intimado o executado.
>
> § 1º A intimação da penhora será feita ao advogado do executado ou à sociedade de advogados a que este pertença.
>
> § 2º Se não houver constituído advogado nos autos, o executado será intimado pessoalmente, de preferência por via postal.
>
> § 3º O disposto no § 1º não se aplica nos casos em que a penhora se tiver realizado na presença do executado, que se reputa intimado.

§ 4º Considera-se realizada a intimação a que se refere o § 2º quando o executado houver mudado de endereço sem prévia comunicação ao juízo, observado o disposto no parágrafo único do art. 274.

Diferentemente da citação executória, em que existe regra celetista de cumprimento do ato por mandado (art. 880, § 2º, da CLT), inexiste no texto consolidado a previsão do modo de intimação da penhora, sendo plenamente aplicável a disposição do direito processual civil.

4. ORDEM DE PENHORA

Na diretriz exposta nas linhas introdutórias, o art. 882 da CLT proclama expressamente a observância da ordem de penhora do CPC, que, sob a redação da codificação de 1973, tinha o seguinte teor:

> Art. 655. A penhora observará, preferencialmente, a seguinte ordem: (Redação dada pela Lei nº 11.382, de 2006).
>
> I - dinheiro, em espécie ou em depósito ou aplicação em instituição financeira; (Redação dada pela Lei nº 11.382, de 2006).
>
> II - veículos de via terrestre; (Redação dada pela Lei nº 11.382, de 2006).
>
> III - bens móveis em geral; (Redação dada pela Lei nº 11.382, de 2006).
>
> IV - bens imóveis; (Redação dada pela Lei nº 11.382, de 2006).
>
> V - navios e aeronaves; (Redação dada pela Lei nº 11.382, de 2006).
>
> VI - ações e quotas de sociedades empresárias; (Redação dada pela Lei nº 11.382, de 2006).
>
> VII - percentual do faturamento de empresa devedora; (Redação dada pela Lei nº 11.382, de 2006).
>
> VIII - pedras e metais preciosos; (Redação dada pela Lei nº 11.382, de 2006).
>
> IX - títulos da dívida pública da União, Estados e Distrito Federal com cotação em mercado; (Redação dada pela Lei nº 11.382, de 2006).
>
> X - títulos e valores mobiliários com cotação em mercado; (Redação dada pela Lei nº 11.382, de 2006).
>
> XI - outros direitos. (Incluído pela Lei nº 11.382, de 2006).
>
> § 1º Na execução de crédito com garantia hipotecária, pignoratícia ou anticrética, a penhora recairá, preferencialmente, sobre a coisa dada em garantia; se a coisa pertencer a terceiro garantidor, será também esse intimado da penhora. (Redação dada pela Lei nº 11.382, de 2006).
>
> § 2º Recaindo a penhora em bens imóveis, será intimado também o cônjuge do executado. (Redação dada pela Lei nº 11.382, de 2006).

O novel art. 835 mantém o dinheiro como bem preferencialmente penhorável, mas promove alterações no restante da ordem de preferência:

> Art. 835. A penhora observará, preferencialmente, a seguinte ordem:
>
> I – dinheiro, em espécie ou em depósito ou aplicação em instituição financeira;
>
> II – títulos da dívida pública da União, dos Estados e do Distrito Federal com cotação em mercado;
>
> III – títulos e valores mobiliários com cotação em mercado;
>
> IV – veículos de via terrestre;
>
> V – bens imóveis;
>
> VI – bens móveis em geral;
>
> VII – semoventes;
>
> VIII – navios e aeronaves;
>
> IX – ações e quotas de sociedades simples e empresárias;
>
> X – percentual do faturamento de empresa devedora;
>
> XI – pedras e metais preciosos;
>
> XII – direitos aquisitivos derivados de promessa de compra e venda e de alienação fiduciária em garantia;
>
> XIII – outros direitos.
>
> § 1º É prioritária a penhora em dinheiro; nas demais hipóteses, o juiz pode alterar a ordem prevista no caput de acordo com as circunstâncias do caso concreto.
>
> § 2º Para fim de substituição da penhora, equiparam-se a dinheiro a fiança bancária e o seguro garantia judicial, desde que em valor não inferior ao do débito constante da inicial, mais trinta por cento.
>
> § 3º Na execução de crédito com garantia real, a penhora recairá sobre a coisa dada em garantia; se a coisa pertencer a terceiro garantidor, este também será intimado da penhora.

Inicialmente, merece destaque o caráter prioritário do dinheiro, prestigiando-se o Princípio da Máxima Efetividade da Execução em detrimento do Princípio da Menor Onerosidade, facultando-se, contudo, a alteração pontual da ordem quanto aos demais bens à luz do caso concreto.

Oportuno observar, também, que os veículos deixaram de ser elencados como o segundo bem preferencial, o que nos afigura acertado, já que são bens de alta depreciação e que muitas vezes acabam sendo dilacerados, enquanto os títulos da dívida pública e valores mobiliários muitas vezes possuem maior liquidez.

Digno de nota, ainda, a previsão de que a fiança bancária e o seguro garantia judicial são equiparados a dinheiro, mas desde que em valor não inferior ao do débito constante da inicial, acrescido trinta por cento.

5. BENS IMPENHORÁVEIS - A DERROCADA DE ALGUNS MITOS

Acerca da instigante temática da penhorabilidade de bens, o Novo CPC descortina um cenário de relativização de bens anteriormente erigidos praticamente à condição de dogmas inquebrantáveis.

Vejamos a redação do seu art. 832:

> Art. 832. Não estão sujeitos à execução os bens que a lei considera impenhoráveis ou inalienáveis.
>
> Art. 833. São impenhoráveis:
>
> I - os bens inalienáveis e os declarados, por ato voluntário, não sujeitos à execução;
>
> II - os móveis, os pertences e as utilidades domésticas que guarnecem a residência do executado, salvo os de elevado valor ou os que ultrapassem as necessidades comuns correspondentes a um médio padrão de vida;
>
> III - os vestuários, bem como os pertences de uso pessoal do executado, salvo se de elevado valor;
>
> IV - os vencimentos, os subsídios, os soldos, os salários, as remunerações, os proventos de aposentadoria, as pensões, os pecúlios e os montepios, bem como as quantias recebidas por liberalidade de terceiro e destinadas ao sustento do devedor e de sua família, os ganhos de trabalhador autônomo e os honorários de profissional liberal, ressalvado o § 2º;
>
> V - os livros, as máquinas, as ferramentas, os utensílios, os instrumentos ou outros bens móveis necessários ou úteis ao exercício da profissão do executado;
>
> VI - o seguro de vida;
>
> VII - os materiais necessários para obras em andamento, salvo se essas forem penhoradas;
>
> VIII - a pequena propriedade rural, assim definida em lei, desde que trabalhada pela família;
>
> IX - os recursos públicos recebidos por instituições privadas para aplicação compulsória em educação, saúde ou assistência social;
>
> X - a quantia depositada em caderneta de poupança, até o limite de 40 (quarenta) salários-mínimos;
>
> XI - os recursos públicos do fundo partidário recebidos por partido político, nos termos da lei;
>
> XII - os créditos oriundos de alienação de unidades imobiliárias, sob regime de incorporação imobiliária, vinculados à execução da obra.
>
> § 1º A impenhorabilidade não é oponível à execução de dívida relativa ao próprio bem, inclusive àquela contraída para sua aquisição.
>
> § 2º O disposto nos incisos IV e X do *caput* não se aplica à hipótese de penhora para pagamento de prestação alimentícia, independentemente de

> sua origem, bem como às importâncias excedentes a 50 (cinquenta) salários-mínimos mensais, devendo a constrição observar o disposto no art. 528, § 8º, e no art. 529, § 3º.
>
> § 3º Incluem-se na impenhorabilidade prevista no inciso V do *caput* os equipamentos, os implementos e as máquinas agrícolas pertencentes a pessoa física ou a empresa individual produtora rural, exceto quando tais bens tenham sido objeto de financiamento e estejam vinculados em garantia a negócio jurídico ou quando respondam por dívida de natureza alimentar, trabalhista ou previdenciária.
>
> Art. 834. Podem ser penhorados, à falta de outros bens, os frutos e os rendimentos dos bens inalienáveis.

Em primeiro lugar, deve-se louvar a exclusão da expressão "absolutamente impenhoráveis" constante na redação do CPC de 1973, já que a noção relacional dos direitos e as constantes tensões entre os mais diversos bens jurídicos impõem o reconhecimento de que inexistem direitos absolutos, devendo o exegeta estar sempre preparado para uma harmonização e concordância prática por meio da técnica da ponderação de interesses no caso concreto.

Prova maior de que não se deve proclamar a existência de direitos absolutos é que até mesmo o mais sagrados dos direitos – direito à vida - é objeto de expressa relativização excepcional pelo Constituinte, no caso de guerra declarada (art. 5º, XLVII, a, CF/88).

Andou bem, portanto, o legislador ao suprimir referida expressão.

Passemos à análise individualizada do novo tratamento legal da impenhorabilidade.

5.1. PENHORA DE SALÁRIO

Uma das mais acirradas controvérsias da tramitação do Novo CPC consistiu no debate acerca da possibilidade excepcional de penhora de salário fora da hipótese que já era consentida na legislação anterior (débitos de prestação alimentícia).

Trata-se, em verdade, de reflexão que vinha sendo amadurecida há bastante tempo pela comunidade jurídica, sendo farta e plurissignificativa a jurisprudência nesse tocante.

Até mesmo no seio da sociedade civil, o tema gerava certa inquietação, tendo sido aprovada pelo Congresso Nacional, em 2006, a Lei 11.382/2006, que promovia duas alterações no art. 649 do CPC de 1973. Uma modulando a proteção dos salários e outra do bem de família para permitir a penhora a partir de determinados patamares. Tais alterações foram aprovadas no Congresso, mas restaram vetadas pelo Presidente da República, que chegou a afirmar ser razoável, mas que a tradição jurídica brasileira era a da proteção absoluta do salário e do bem de família:

MENSAGEM Nº 1.047, DE 6 DE DEZEMBRO DE 2006.

Senhor Presidente do Senado Federal, Comunico a Vossa Excelência que, nos termos do § 1º do art. 66 da Constituição, decidi vetar parcialmente, por contrariedade ao interesse público, o Projeto de Lei n 51, de 2006 (n 4.497/04 na Câmara dos Deputados), que "Altera dispositivos da Lei n 5.869, de 11 de janeiro de 1973 - Código de Processo Civil, relativos ao processo de execução e a outros assuntos".

Ouvidos, o Ministério da Justiça e a Casa Civil da Presidência da República manifestaram-se pelo veto aos seguintes dispositivos:

§ 3º do art. 649 e o parágrafo único do art. 650 da Lei n 5.869, de 11 de janeiro de 1973 - Código de Processo Civil, alterados pelo art. 2º do Projeto de Lei

"§ 3º Na hipótese do inciso IV do caput deste artigo, será considerado penhorável até 40% (quarenta por cento) do total recebido mensalmente acima de 20 (vinte) salários mínimos, calculados após efetuados os descontos de imposto de renda retido na fonte, contribuição previdenciária oficial e outros descontos compulsórios."

"Parágrafo único. Também pode ser penhorado o imóvel considerado bem de família, se de valor superior a 1000 (mil) salários mínimos, caso em que, apurado o valor em dinheiro, a quantia até aquele limite será entregue ao executado, sob cláusula de impenhorabilidade."

Razões dos vetos

"O Projeto de Lei quebra o dogma da impenhorabilidade absoluta de todas as verbas de natureza alimentar, ao mesmo tempo em que corrige discriminação contra os trabalhadores não empregados ao instituir impenhorabilidade dos ganhos de autônomos e de profissionais liberais. Na sistemática do Projeto de Lei, a impenhorabilidade é absoluta apenas até vinte salários mínimos líquidos. Acima desse valor, quarenta por cento poderá ser penhorado.

A proposta parece razoável porque é difícil defender que um rendimento líquido de vinte vezes o salário mínimo vigente no País seja considerado como integralmente de natureza alimentar. Contudo, pode ser contraposto que a tradição jurídica brasileira é no sentido da impenhorabilidade, absoluta e ilimitada, de remuneração. Dentro desse quadro, entendeu-se pela conveniência de opor veto ao dispositivo para que a questão volte a ser debatida pela comunidade jurídica e pela sociedade em geral.

Na mesma linha, o Projeto de Lei quebrou o dogma da impenhorabilidade absoluta do bem de família, ao permitir que seja alienado o de valor superior a mil salários mínimos, 'caso em que, apurado o valor em dinheiro, a quantia até aquele limite será entregue ao executado, sob cláusula de impenhorabilidade'. Apesar de razoável, a proposta quebra a tradição surgida com a Lei n 8.009, de 1990, que 'dispõe sobre a impenhorabilidade do bem de família', no sentido da impenhorabilidade do bem de família independentemente do valor. Novamente, avaliou-se que o vulto da controvérsia em torno da matéria torna conveniente a reabertura do debate a respeito mediante o veto ao dispositivo."

Após incessantes debates na tramitação do Projeto do Novo CPC, a versão inicial aprovada pelo Senado (Projeto 166/2010) trazia a possibilidade de penhora de salário excedente a 50 (cinquenta) salários mínimos mensais, mas tal hipótese foi suprimida na votação final da Câmara dos Deputados (Projeto 8.046/2010).

E eis que, na votação final da Casa Iniciadora, a versão inicial foi restaurada e, assim, restou consagrada no atual art. 833, § 2º, do Novo CPC:

> § 2º O disposto nos incisos IV e X do *caput* não se aplica à hipótese de penhora para pagamento de prestação alimentícia, independentemente de sua origem, bem como às importâncias excedentes a 50 (cinquenta) salários-mínimos mensais, devendo a constrição observar o disposto no art. 528, § 8º, e no art. 529, § 3º.

Cuida-se de inovação que merece ser festejada pela comunidade jurídica trabalhista e que representa um dos maiores avanços obtidos em termos de efetividade processual.

Com efeito, a impenhorabilidade do salário tem como fundamento a necessidade de manutenção da subsistência e o não aviltamento do devedor, que deve ter assegurado um patrimônio mínimo (Estatuto Jurídico do Patrimônio Mínimo).

Ocorre que a praxe forense trabalhista revela, não raro, a preservação de valores extremamente vultosos, muito além das necessidades ordinárias de vida, em detrimento da satisfação de parcos créditos salariais, que, segundo o entendimento dominante, cristalizado na Orientação Jurisprudencial 153 da SBDI-2 do C. TST, não se confundiria com prestação alimentícia em sentido estrito.

Importante realçar que a regra do Novo CPC está a tratar de uma penhora parcial e excepcional de salário, eis que apenas o excedente a 50 (cinquenta) salários mínimos será objeto de penhora, assegurando a intangibilidade do valor atualmente equivalente a R$ 39.400,00.

Especificamente no que concerne aos créditos trabalhistas, cumpre consignar que a Lei 10.820/2003 prevê a possibilidade de restrição parcial até 30% do salário para pagamento de empréstimos e financiamentos, de modo que seria um contrassenso não permitir também a constrição parcial para pagamento de verbas trabalhistas, que, como regra, ostentam natureza salarial.

Para além disso, a constrição parcial de salário concretiza o Princípio da Harmonização e Concordância Prática, evitando o sacrifício integral de um dos créditos em detrimento do outro, que, no caso, equivaleria a assegurar a primazia do crédito alimentar do ofensor com desprezo total ao crédito alimentar do ofendido.

Por essas razões, o Tribunal Regional do Trabalho da 9ª Região já tinha verbete sumular no sentido de que seria possível a penhora de até 30%, de acordo com as circunstâncias de cada caso, quando não encontrados outros bens, sendo esse também o entendimento que havia sido prestigiado nas Jornadas Trabalhistas:

> OJ EX SE -36: PENHORA E BEM DE FAMÍLIA
>
> VIII -Penhora de salários. É possível a penhora de salários para pagamento exclusivamente do crédito trabalhista, desde que inexistentes outros bens passíveis de penhora, observando-se os seguintes parâmetros:
>
> a) é possível a penhora de até 30% (trinta por cento) do valor do salário, garantido sempre que remanesça ao executado o valor mensal equivalente ao dobro do teto do salário-de-contribuição do segurado do RGPS (Lei 8.212/91, art.28, § 5º, e Lei 8.213/91, artigo 41-A, parágrafo 1º), fixado pelos Ministérios da Fazenda e da Previdência Social;
>
> b) a penhora incidirá sobre o valor líquido do salário, assim considerado o montante resultante das deduções legais (tais como, INSS, imposto de renda) e eventuais empréstimos consignados;
>
> c) será considerado o valor do teto do salário-de-contribuição vigente na data da penhora;
>
> d) equiparam-se a salário as verbas relacionadas no art. 649, inciso IV, do CPC.
>
> e) provado pelo devedor que o salário está comprometido com outras despesas pessoais ou familiares impositivas e indeclináveis, a exemplo de doença, o juiz poderá reduzir os percentuais ou considerar o salário totalmente impenhorável.
>
> Jornada de Direito Material e Processual do Trabalho
>
> 70. EXECUÇÃO. PENHORA DE RENDIMENTOS DO DEVEDOR. CRÉDITOS TRABALHISTAS DE NATUREZA ALIMENTAR E PENSÕES POR MORTE OU INVALIDEZ DECORRENTES DE ACIDENTE DO TRABALHO. PONDERAÇÃO DE PRINCÍPIOS CONSTITUCIONAIS. POSSIBILIDADE. Tendo em vista a natureza alimentar dos créditos trabalhistas e da pensão por morte ou invalidez decorrente de acidente do trabalho (CF, art. 100, § 1º-A), o disposto no art. 649, inciso IV, do CPC deve ser aplicado de forma relativizada, observados o princípio da proporcionalidade e as peculiaridades do caso concreto. Admite-se, assim, a penhora dos rendimentos do executado em percentual que não inviabilize o seu sustento.
>
> Jornada de Execução
>
> 21. EXECUÇÃO PROVISÓRIA. PENHORA EM DINHEIRO. POSSIBILIDADE. É válida a penhora de dinheiro na execução provisória, inclusive por meio do Bacen Jud. A Súmula nº 417, item III, do Tribunal Superior do Trabalho (TST), está superada pelo art. 475-O do Código de Processo Civil (CPC).

Considerando que o atual posicionamento consolidado do C. TST (OJ 153 da SBDI-2) se escora justamente na redação do art. 649 do CPC de 1973 e que o Novo CPC reconfigura a matéria, é natural a revisão do referido verbete.

OJ 153 SBDI-2/TST "MANDADO DE SEGURANÇA. EXECUÇÃO. ORDEM DE PENHORA SOBRE VALORES EXISTENTES EM CONTA SALÁRIO. art. 649, IV, do CPC. ILEGALIDADE. (DEJT divulgado em 03, 04 e 05.12.2008)

> Ofende direito líquido e certo decisão que determina o bloqueio de numerário existente em conta salário, para satisfação de crédito trabalhista, ainda que seja limitado a determinado percentual dos valores recebidos ou a valor revertido para fundo de aplicação ou poupança, visto que o art. 649, IV, do CPC contém norma imperativa que não admite interpretação ampliativa, sendo a exceção prevista no art. 649, § 2º, do CPC espécie e não gênero de crédito de natureza alimentícia, não englobando o crédito trabalhista."

Ora, se o salário pode ser penhorado em qualquer tipo de dívida civil, foge à lógica do razoável (Recaséns Siches) não sê-lo em dívidas trabalhistas.

Em que pese consideremos excessivo o valor estipulado no Novo CPC, cuida-se de inequívoco avanço no tratamento da matéria, afastando os contornos até então praticamente absolutos.

Demais disso, esse importe de 50 salários mínimos pode ser concebido como um primeiro juízo de proporcionalidade realizado pelo legislador, que não excluiria uma segunda ponderação pelo órgão julgador à luz do caso concreto para permitir uma restrição proporcional que permita a satisfação do título judicial com preservação da dignidade do executado, o que apenas pode vir a ser mensurado à luz das premissas e condições específicas de cada caso e cada litigante.

Por fim, impende salientar que é ônus do devedor a prova da natureza salarial dos valores bloqueados, nos termos do que dispõe o art. 854, § 3º, I, do Novo CPC.

5.2 PENHORA DE VALORES EM CADERNETA DE POUPANÇA

Em sintonia com o CPC de 973, a nova codificação mantém a impenhorabilidade das quantias depositadas em caderneta de poupança até o limite de 40 salários mínimos (art. 832, X, do CPC de 2015).

Entendemos que tal disposição não é aplicável ao crédito trabalhista privilegiado, já que seria uma dupla e injustificada proteção, salvaguardando-se o salário necessário à subsistência e, contraditoriamente, o seu excesso que não foi necessário à manutenção da existência digna e, assim, pôde ser objeto de reserva.

A despeito de nosso entendimento de rejeição de tal dispositivo, cumpre reconhecer, por honestidade intelectual, que o C. TST já vinha entendendo que o dispositivo semelhante constante no CPC de 1973 é aplicável aos processos trabalhistas:

> REEXAME NECESSÁRIO. MANDADO SE SEGURANÇA. ORDEM DE PENHORA EM EXECUÇÃO FISCAL SOBRE VALORES PROVENIENTES DE SALÁRIO PERCEBIDO PELO EXECUTADO, DEPOSITADOS EM CONTA POUPANÇA. ILEGALIDADE. Os valores pagos a título de salários são alcançados pela impenhorabilidade absoluta prevista no artigo 649, inciso IV, do código de processo civil. Ademais, o inciso X desse mesmo dispositivo legal prevê a impenhorabilidade absoluta da quantia de até quarenta salários mínimos depositada em conta poupança. Configurada, portanto, a ilegalidade do ato que determinou o bloqueio sobre os valores existentes na conta do impetrante para garantia de execução fiscal. Registro que, por se tratar de execução fiscal, não tenho ressalvas quanto ao entendimento firmado por esta corte. Reexame necessário a que se nega provimento. (Tribunal Superior do Trabalho TST; ReeNec 0000664-40.2012.5.09.0000; Rel. Min. Cláudio Mascarenhas Brandão; DEJT 19/12/2013; Pág. 604) CPC, art. 649

De toda maneira, deve-se ficar atento para fraudes recorrentes na praxe forense, como os casos em que se a conta poupança é utilizada para movimentações próprias de conta corrente, tal qual elucidado na ementa abaixo:

> PENHORA DE QUANTIA DEPOSITADA EM CADERNETA DE POUPANÇA. COMPROVAÇÃO DE FRAUDE NA MOVIMENTAÇÃO. POSSIBILIDADE. Diante do comando do art. 649, X, do CPC, não se autoriza a penhora de quantia depositada em caderneta de poupança, até o limite de 40 salários mínimos, sob pena de ofensa a direito líquido e certo do devedor. Contudo, a movimentação fraudulenta da poupança, como se conta corrente fosse, pode ensejar o afastamento da proteção legal, desde que comprovada a fraude. (TRT 18ª R.; AP 1288-56.2010.5.18.0082; Terceira Turma; Rel. Des. Paulo Canagé de Freitas; DJEGO 01/10/2012; Pág. 41)

5.3 IMPENHORABILIDADE DO BEM DE FAMÍLIA

O bem de família é legalmente considerado como impenhorável pela Lei 8.009/90, circunstância que pode ser oponível em qualquer processo de execução civil, fiscal, previdenciária, trabalhista ou de qualquer outra natureza, excetuados os casos previstos no art. 3º de tal diploma:

> Art. 3º A impenhorabilidade é oponível em qualquer processo de execução civil, fiscal, previdenciária, trabalhista ou de outra natureza, salvo se movido:
>
> I - em razão dos créditos de trabalhadores da própria residência e das respectivas contribuições previdenciárias;
>
> II - pelo titular do crédito decorrente do financiamento destinado à construção ou à aquisição do imóvel, no limite dos créditos e acréscimos constituídos em função do respectivo contrato;
>
> III -- pelo credor de pensão alimentícia;
>
> IV - para cobrança de impostos, predial ou territorial, taxas e contribuições devidas em função do imóvel familiar;

> V - para execução de hipoteca sobre o imóvel oferecido como garantia real pelo casal ou pela entidade familiar;
>
> VI - por ter sido adquirido com produto de crime ou para execução de sentença penal condenatória a ressarcimento, indenização ou perdimento de bens.
>
> VII - por obrigação decorrente de fiança concedida em contrato de locação. (Incluído pela Lei nº 8.245, de 1991)

No âmbito dos estudos para reforma do CPC chegou-se a discutir a possibilidade de se restringir essa proteção do bem de família, limitando-a determinado patamar mínimo.

Cuidava-se da Emenda n. 358, de autoria do Deputado Federal Júnior Coimbra, que sugeria a inclusão do seguinte dispositivo legal no novo CPC:

> "Art. 790 - (...)
>
> XII - o bem imóvel de residência do devedor e sua família até o limite de 1.000 salários-mínimos."

Ocorre que tal proposta foi rejeitada pela Câmara, mantendo-se a impenhorabilidade do bem de família sem restrição de valores.

A matéria é objeto de extrema polêmica, dada a finalidade social da norma e os valores que busca proteger - direito à moradia, dignidade da pessoa humana e humanização da execução.

Contudo, com o devido respeito aos entendimentos em contrário, entendo que não deveria se permitir uma proteção, sem limites, do bem de família, eis que o princípio da dignidade humana não pode ser vista apenas sob a ótica do executado e em prejuízo da dignidade dos exequentes.

A lei deveria resguardar a subsistência digna, o padrão médio de vida, mas não bens suntuosos quando no confronto com o crédito alimentar de outrem.

Muitas vezes presenciamos na práxis forense casos em que o executado concentra todas as suas riquezas num único bem de família diante da ciência de que este será inalcançável.

Dever-se-ia ter cuidado para proteção excessiva e desproporcional maliciosamente levada a efeito pelo devedor para construção de patrimônio à custa de aviltamento da força de trabalho.

Além disso, nos afigura extremamente desproporcional que se consinta com a penhora do bem de família para assegurar o pagamento de débito de decorrente de fiança concedida em contrato de locação (art. 3º, VII, da Lei 8.009/90) e se negue a penhora de bens suntuosos para pagamentos de créditos alimentares, não raro irrisórios para o devedor, mas extremamente essenciais para o trabalhador.

A lei, nesse particular, não se compatibiliza com a Constituição Federal por atentar contra a natureza privilegiada do crédito trabalhista (art. 100, CF).

Considerando que o STF já se manifestou pela constitucionalidade da restrição do bem de família no caso de fiança de contrato de locação (RE 407688), é imperioso que se realize uma interpretação conforme à Constituição para que a impenhorabilidade do bem de família não seja absoluta quando em confronto com o crédito trabalhista.

Nessa ordem de ideias, cumpre destacar a perniciosa revogação do art. inciso I do art. 3º da Lei 8.009/90 (dispositivo que autorizava a penhora do bem de família para trabalhadores da própria residência) promovida pelo art. 46 da Lei Complementar 150/2015.

O desprestígio ao caráter preferencial do crédito alimentar aqui é potencializado pela circunstância de que restou mantida a penhorabilidade do bem de família para créditos relativos a tributos, financiamentos bancários e hipoteca associados ao bem, mas não para créditos trabalhistas, despontando de maneira clarividente a inconstitucionalidade de tal dispositivo da Lei Complementar.

Além do desrespeito ao caráter preferencial, causa espécie que uma lei destinada a assegurar efetividade aos direitos trabalhistas dos domésticos elimine um consagrado mecanismo de proteção à solvabilidade de tais créditos, contrariando frontalmente a finalidade de alargamento de proteção buscada pela Emenda Constitucional n. 72/2013, reforçando a sua patente inconstitucionalidade no particular.

Em abono à ausência de caráter absoluto do bem de família, pode-se citar que o Superior Tribunal de Justiça, embora mantenha, como regra geral, a impenhorabilidade do bem de família, consolidou o entendimento acerca da possibilidade de constrição da garagem que tenha matrícula própria (Súmula 449) e admitiu a possibilidade de penhora de fração do imóvel em casos pontuais, como na hipótese de desmembramento do bem de família quando não descaracterizado o imóvel e não haja prejuízo para área residencial.

> PROCESSUAL CIVIL. EMBARGOS DO DEVEDOR. INÉPCIA DA INICIAL. NÃO CARACTERIZAÇÃO. BEM DE FAMÍLIA. PENHORA DE PARTE COMERCIAL DO IMÓVEL. POSSIBILIDADE.
>
> II - É possível a penhora de parte do bem que não se caracteriza como bem de família quando, levando-se em conta as peculiaridades do caso, não houver prejuízo para a área residencial do imóvel também utilizado para o exercício de comércio.
>
> III - Hipótese em que o andar inferior do imóvel é ocupado por duas lojas, ficando restrita a moradia dos recorridos ao andar superior. Recurso Especial provido.(STJ, REsp 1018102 / MG, SIDNEI BENETI, 3 TURMA, DJE 23/08/10)

"PROCESSUAL CIVIL. LEI 8.009/90. BEM DE FAMÍLIA. IMÓVEL RESIDENCIAL. DESMEMBRAMENTO. POSSIBILIDADE. CIRCUNSTÂNCIAS DE CADA CASO. DOUTRINA. PRECEDENTE. RECURSO DESACOLHIDO .

I - Como residência do casal, para fins de incidência da Lei n. 8.009/90, não se deve levar em conta somente o espaço físico ocupado pelo prédio ou casa, mas também suas adjacências. A própria lei afirma que "a impenhorabilidade compreende o imóvel sobre o qual se assentam a construção, as plantações, as benfeitorias de qualquer natureza..."

II – Admite-se, no entanto, a penhora de parte do imóvel quando possível o seu desmembramento sem descaracterizá-lo, levando em consideração, com razoabilidade, as circunstâncias e peculiaridades do caso.' (REsp 326.171/ GO, Rel. Min. SÁLVIO DE FIGUEIREDO TEIXEIRA, 4ª Turma, DJ 22/10/2001)

"EMBARGOS DE TERCEIRO. PENHORA. LEI N. 8.009/90. BEM DE FAMÍLIA. IMÓVEL RESIDENCIAL. QUATRO IMÓVEIS CONTÍGUOS. MATRÍCULAS DIFERENTES. POSSIBILIDADE DO DESMEMBRAMENTO .

Pelas peculiaridades da espécie, preservada a parte principal da residência em terreno com área superior a 2.200 m2, com piscina, churrasqueira, gramados, não viola a Lei 8.009/90 a decisão que permite a divisão da propriedade e a penhora sobre as áreas sobejantes. Recurso especial não conhecido.› (REsp 139.010/ SP, Rel. Min. CESAR ASFOR ROCHA , 4ª Turma, DJ 20/05/2002)

À título ilustrativo, transcreve-se também o seguinte julgado do Tribunal Regional do Trabalho da 2ª Região, pautando-se pelo primado da razoabilidade:

> O imóvel penhorado à fl. 05, da carta precatória executória nº 01584.2009.301.02.00-7, embora seja o único de propriedade do Agravante e destinado à sua moradia, conforme fazem prova a declaração de imposto de renda encartada às fl. 359/367 e os documentos de fl. 368, 369, 371, 375 e 376, não está ao abrigo da Lei nº 8.009/90.
>
> Teria razão a Agravante se não se tratasse de moradia suntuosa, localizada em condomínio nobre, com elevado valor de mercado (avaliada em R$ 1.200.000,00, em 13/08/2010 - fl. 5, da Carta Precatória), medindo 525 m² de área total e 231,83 m² de área construída, como consta da Certidão do Departamento de Administração do Município do Guarujá (fl. 356/357).
>
> Como se vê, trata-se de um imóvel residencial de alto padrão, muito além do padrão médio da sociedade brasileira, possibilitando a sua expropriação a satisfação integral da dívida em execução, que em 01/06/2009 importava em R$ 41.285,00 (fl. 296), remanescendo numerário suficiente à aquisição de um imóvel mais modesto para a moradia do devedor e de sua família, que seria, então, caracterizado como bem de família.
>
> Indubitavelmente, não foi a intenção do legislador, ao introduzir na legislação pátria o instituto do bem de família, assegurar ao devedor habitação

luxuosa, mas garantir-lhe o direito de moradia, que não pode ser confundido com ostentação, em detrimento dos credores, mormente o detentor de crédito trabalhista, essencial à própria subsistência. A impenhorabilidade prevista na lei em destaque há de se conter nas fronteiras do razoável, de modo que o que seja suntuoso ou supérfluo para se amoldar à exceção legal deve ser definido à luz dos valores em conflito.

O Pode Judiciário não pode fechar os olhos para deturpações praticadas por devedores ao invocarem o benefício concedido pela norma em debate, tal como se verifica no caso sob análise, em que se tem, de um lado, um devedor vivendo confortavelmente em sua bela casa no Jardim Acapulco - Guarujá, e, do outro lado, um trabalhador humilde que espera pelo adimplemento de seu crédito trabalhista, de natureza eminentemente alimentar, há mais de 10 anos.

Assim, a constrição questionada legitima-se plenamente, impondo-se a manutenção, garantindo-se, contudo, na hasta pública, alienação por valor não inferior a 60% do valor da avaliação atualizada ao valor de mercado do imóvel, destinando-se a sobra para garantir a aquisição de moradia digna ao Agravante e sua família. (TRT2, CPE 01584.2009.301.02.00-7)

Causa estranheza, contudo, que o Tribunal Superior do Trabalho, enquanto Corte Suprema tutelar de direitos sociais, adote diretriz mais conservadora que o Superior Tribunal de Justiça, corte que lida geralmente com partes em situação de igualdade.

Veja-se acórdão do TST assegurando impenhorabilidade de bem luxuoso:

> I - AGRAVO DE INSTRUMENTO. RECURSO DE REVISTA. EXECUÇÃO. IMPENHORABILIDADE. BEM DE FAMÍLIA. IMÓVEL SUNTUOSO. Verifica-se possível violação dos arts. 5º, XXII, e 6º da Constituição Federal no que concerne a impenhorabilidade do bem de família. Agravo de instrumento a que se dá provimento, nos termos da Resolução nº 1.418/2010. II - RECURSO DE REVISTA. EXECUÇÃO. IMPENHORABILIDADE. BEM DE FAMÍLIA. IMÓVEL SUNTUOSO. 1 - Em que pese a restrição imposta pelo art. 896, § 2º da CLT e a questão do bem de família ser regida especificamente pela legislação infraconstitucional (Lei nº 8.009/90), esta Corte tem admitido a análise da matéria quando, no caso concreto, houver interpretação restritiva que sugira afronta ao princípio ao princípio constitucional da dignidade da pessoa humana, do direito à moradia e de proteção à família. 2 - A Lei nº 8.009/90 tem conteúdo de essência humanitária, que garante a existência digna da família por meio de um patrimônio mínimo, principalmente se considerarmos o papel do Estado de preservar e promover o amparo e proteção da família (art. 226 da CF/88). 3 - As exceções para penhora do bem de família estão na própria Lei nº 8.009/90 (art. 3º)entre as quais não se inclui a hipótese de o imóvel ser de elevado valor, luxuoso ou suntuoso. 4 - Logo, não se pode fazer uma interpretação restritiva da lei que limite o conceito de bem de família aos imóveis de padrão médio, ou tampouco uma interpretação extensiva das exceções quanto à impenhorabilidade do imóvel, uma vez que estão previstas taxativamente na Lei nº 8.009/90. 5 - No caso dos autos, o Tribunal Regional manteve a penhora do imóvel do executado, sob o fundamento de que era suntuoso e de alto padrão, mesmo tendo reconhe-

cido que era utilizado como moradia e se tratava do único imóvel do recorrente. 6 - Portanto, deve ser reformada a decisão do Regional, levando-se em consideração uma interpretação sistemática do ordenamento jurídico, especialmente o princípio da dignidade da pessoa humana, o direito à propriedade, concomitante com a proteção à família e à moradia, previstos nos arts. 1º, III, 5º, XXII e 6º, caput, da Constituição da República. (RR - 108000-89.2000.5.02.0042 , Relatora Ministra: Kátia Magalhães Arruda, Data de Julgamento: 27/06/2012, 6ª Turma, Data de Publicação: 06/07/2012)

No trecho abaixo, explicita-se que a suntuosidade para aquela Corte se limita aos bens que guarnecem a residência:

> "Porém, as exceções para penhora do bem de família estão na própria Lei nº 8.009/90 (art. 3º)entre as quais não se inclui a hipótese do imóvel ser de elevado valor, luxuoso ou suntuoso. Na verdade, o art. 2º da referida lei exclui da impenhorabilidade somente os "os veículos de transporte, obras de arte e adornos suntuosos", mas não faz referência ao fato do imóvel ser suntuoso. Logo, não se pode fazer uma interpretação restritiva da lei que limite o conceito de bem de família aos imóveis de padrão médio, tampouco uma interpretação extensiva das exceções quanto à impenhorabilidade do imóvel, uma vez que estão previstas taxativamente na Lei nº 8.009/90."

Como visto no tópico relativo à penhora de salário, a Lei 11.382/2006 (última reforma do CPC) chegou a promover uma parcial relativização do bem de família, mas restou vetada pelo Presidente da República.

Destaca-se, ainda, que, diante do escopo humanitário, o bem de família continua sendo matéria de ordem pública, passível de conhecimento a qualquer tempo:

> RECURSO DE REVISTA. PROCESSO DE EXECUÇÃO. BEM DE FAMÍLIA. ARGUIÇÃO A QUALQUER MOMENTO, INDEPENDENTEMENTE DO AJUIZAMENTO DE EMBARGOS À EXECUÇÃO. MATÉRIA DE ORDEM PÚBLICA. AFRONTA AO ART. 5.º, LIV E LV, DA CONSTITUIÇÃO FEDERAL. CONFIGURADA. PROVIMENTO. Cinge-se a controvérsia em se determinar a forma e o prazo para a arguição da impenhorabilidade do bem de família. Na forma dos arts. 1.º e 3.º da Lei n.º 8.009/90, o bem de família é impenhorável e não responderá por nenhuma dívida contraída, inclusive de natureza trabalhista. Trata-se, portanto, de uma garantia absoluta conferida ao devedor, sendo apenas afastada nos expressos casos previstos em lei. Dessarte, é firme o entendimento do STJ e desta Corte Trabalhista, a impenhorabilidade do bem de família de que constitui matéria de ordem pública, que pode ser arguida a qualquer tempo até o fim da execução, independentemente do manejo dos Embargos à Execução. Dessarte, tendo a Corte de origem reputado intempestivos os Embargos à Execução aviados pela parte executada, na qual havia a arguição da impenhorabilidade do bem de família, sua decisão acabou por vulnerar o art. 5.º, LIV e LV, da Constituição Federal, visto que a referida matéria pode ser veiculada por meio de mera petição e até o exaurimento da execução. Recurso de Revista conhecido e provido.(RR - 3470-14.2010.5.02.0000 , Relatora Ministra: Maria de Assis Calsing, Data de Julgamento: 20/06/2012, 4ª Turma, Data de Publicação: 22/06/2012)

O julgado abaixo, da SBDI-2, em Ação Rescisória mostra que o C. TST admite a alegação até em sede de ação rescisória:

> "RECURSO ORDINÁRIO. AÇÃO RESCISÓRIA. PENHORA. BEM DE FAMÍLIA. IMÓVEL DE ALTO VALOR. IMPENHORABILIDADE ABSOLUTA. MITIGAÇÃO. 1. Trata-se de ação rescisória que busca desconstituir o acórdão proferido no julgamento do agravo de petição, por meio do qual foi mantida a decisão que determinou a penhora do imóvel caracterizado como bem de família, sob o fundamento de que este era suntuoso, razão pela qual deve ser afastada a garantia da impenhorabilidade absoluta. 2. O Tribunal a quo decidiu rescindir a decisão e, em juízo rescisório, deu parcial provimento ao agravo de petição, determinando a reserva em favor dos autores de 50% do produto da alienação do imóvel, a fim de possibilitar a aquisição de nova residência. 3. A Lei nº 8.009/90 foi promulgada com o propósito de proteger a família, assegurando o bem estar dos seus integrantes, uma vez que confere efetividade ao direito social à moradia, elevado ao patamar constitucional pela Emenda nº 26/2000, ao incluí-lo no rol previsto no artigo 6º, caput, da Constituição Federal. 4. O artigo 1º, caput, da Lei nº 8.009/1990 dispõe que o -imóvel residencial próprio do casal, ou da entidade familiar, é impenhorável e não responderá por qualquer tipo de dívida civil, comercial, fiscal, previdenciária ou de outra natureza, contraída pelos cônjuges ou pelos pais ou filhos que sejam seus proprietários e nele residam, salvo nas hipóteses previstas nesta lei-. Verifica-se, assim, que é impenhorável o imóvel da entidade familiar destinada a sua moradia, não havendo qualquer ressalva quanto ao valor, tampouco quanto à sua suntuosidade. 5. As exceções à impenhorabilidade, referidas no supracitado dispositivo legal, encontram-se albergadas no artigo 3º da Lei nº 8.009/1990, no qual não há qualquer restrição ao valor do imóvel ou a sua luxuosidade, razão pela qual se o legislador não a elencou como exceção, não compete ao interprete fazê-lo, utilizando-se de critérios subjetivos para aferir o que vem a ser imóvel suntuoso ou de alto valor. 6. Registre-se, inclusive, que no projeto de Lei nº 51/2006 foi proposta a ressalva ao valor do imóvel, no qual se pretendia incluir um parágrafo ao artigo 650 do CPC dispondo acerca da penhorabilidade do -imóvel considerado bem de família, se de valor superior a 1000 (mil) salários mínimos, caso em que, apurado o valor em dinheiro a quantia até aquele limite será entregue ao executado, sob cláusula de impenhorabilidade-. Contudo, tal proposta foi vetada sob o fundamento de que estaria violando a impenhorabilidade absoluta do bem de família e o direito social à moradia. 7. É bem verdade que o artigo 2º da Lei nº 8.009/1990 exclui da impenhorabilidade os veículos de transporte, obras de arte e adornos suntuosos, mas essa não é a discussão do caso em análise, tendo em vista que o Tribunal Regional decidiu mitigar a garantia assegurada no citado diploma legal sob o fundamento de que o imóvel possuía área considerável e estava avaliado em valor bastante alto, qual seja, R$ 420.000,00, ainda mais se levando em consideração o montante devido ao réu (R$ 6.436,58 em 04.02.2009). 8. Recurso ordinário a que se dá provimento para, em juízo rescisório, dar provimento ao agravo de petição." (RO-89100-18.2009.5.04.0000, Relator Ministro: Guilherme Augusto Caputo Bastos, Data de Julgamento: 30/08/2011, Subseção II Especializada em Dissídios Individuais, Data de Publicação: 02/09/2011)

Por fim, segue interessante julgado que, a despeito de reconhecer a impenhorabilidade do bem de família, condicionou a retirada do gravame ao pagamento de despesas judiciais causadas pela incúria do executado:

> 35047031 - BEM DE FAMÍLIA. LIBERAÇÃO DA PENHORA. PAGAMENTO DE HONORÁRIOS PERICIAIS. Considerando que, mesmo sabendo que o imóvel rural de sua propriedade estava sendo perseguido judicialmente, a executada omitiu-se quanto ao fato de ser o referido bem impenhorável, contribuindo para a realização de atos executórios desnecessários, entre eles a perícia para demarcação da fração que lhe cabia no imóvel, deve responder pelas despesas advindas de sua omissão. Assim, mesmo comprovando que o imóvel enquadra-se como bem de família, a liberação da penhora fica condicionada ao pagamento dos honorários periciais. (TRT 18ª R.; AP 194600-62.2009.5.18.0007; Primeira Turma; Rel. Des. Gentil Pio de Oliveira; DJEGO 17/10/2012; Pág. 76)

5.4. PENHORA DE BEM COM ALIENAÇÃO FIDUCIÁRIA

A penhora de bem gravado com alienação fiduciária reflete uma grande cizânia no âmbito da doutrina e da jurisprudência.

Para melhor compreensão sobre a matéria e do tratamento conferido pela nova legislação, cumpre traçar algumas palavras sobre o instituto, assim conceituado por Melhim Namem Chalhub[5]:

> A alienação fiduciária em garantia consiste na transferência feita pelo devedor ao credor da propriedade resolúvel e da posse indireta de um bem infungível (CC, art. 1.361) ou de um bem imóvel (Lei n. 9.514/97, arts. 22 a 33), como garantia de seu débito, resolvendo-se o direito do adquirente com o adimplemento da obrigação, ou melhor, com o pagamento da dívida garantida.

Percebe-se, portanto, que o devedor-fiduciante não possui a plena propriedade sobre o bem.

Justamente em função da propriedade, ainda que resolúvel, permanecer com o credor-fiduciário é que boa parte da jurisprudência vinha entendendo pela impossibilidade de penhora de tais bens.

Ocorre que a alienação fiduciária é um contrato oneroso e sinalagmático, gerando direitos e obrigações para ambas as partes. Se por um lado o credor fiduciário tem direito ao recebimento dos valores decorrentes da operação financeira celebrada e à posse indireta/propriedade do bem, o devedor fiduciante tem o direito de extinguir a propriedade com a quitação da dívida (propriedade resolúvel), denotando que o propósito contratual do primeiro é apenas a percepção dos valores devidos no financiamento.

---

5   CHALHUB, Melhim Namem. Negócio Fiduciário. 2ª edição. São Paulo: Renovar, 2000, p. 222.

Percebe-se, assim, que o devedor-fiduciante possui, no mínimo, um direito básico que gravita em torno do contrato de alienação fiduciária, qual seja, a extinção da propriedade resolúvel do credor fiduciário mediante pagamento da dívida.

É justamente sobre esse direito do devedor-fiduciante que incidiria a possibilidade de penhora, constritando-se o bem, mas com a ressalva no edital da hasta pública de que a alienação apenas se perfectibilizaria com a percepção integral do crédito do credor-fiduciário, disponibilizando-se o que sobejar à execução, mediante aplicação do art. 1364 do Código Civil. Com isso, se prestigiaria a propriedade resolúvel e a penhora de direitos, prevista no art. 11. VIII, da Lei 6.830/80.

Importante frisar que o art. 1.361 do Código Civil autoriza a venda judicial ou extrajudicial do bem, assegurando a sub-rogação da propriedade fiduciária ao terceiro que pagar a dívida, conforme art. 1.368 do Código Civil:

> Art. 1.361. Considera-se fiduciária a propriedade resolúvel de coisa móvel infungível que o devedor, com escopo de garantia, transfere ao credor.
>
> § 1º Constitui-se a propriedade fiduciária com o registro do contrato, celebrado por instrumento público ou particular, que lhe serve de título, no Registro de Títulos e Documentos do domicílio do devedor, ou, em se tratando de veículos, na repartição competente para o licenciamento, fazendo-se a anotação no certificado de registro.
>
> § 2º Com a constituição da propriedade fiduciária, dá-se o desdobramento da posse, tornando-se o devedor possuidor direto da coisa.
>
> § 3º A propriedade superveniente, adquirida pelo devedor, torna eficaz, desde o arquivamento, a transferência da propriedade fiduciária.
>
> [...]
>
> Art. 1.364. Vencida a dívida, e não paga, fica o credor obrigado a vender, judicial ou extrajudicialmente, a coisa a terceiros, a aplicar o preço no pagamento de seu crédito e das despesas de cobrança, e a entregar o saldo, se houver, ao devedor.
>
> [...]
>
> Art. 1.368. O terceiro, interessado ou não, que pagar a dívida, se sub-rogará de pleno direito no crédito e na propriedade fiduciária.

Nesse sentido, aliás, já era possível encontrar precedentes no C. TST e no C. STJ:

> RECURSO DE REVISTA DA UNIÃO. EXECUÇÃO FISCAL DE PENALIDADE ADMINISTRATIVA APLICADA PELA FISCALIZAÇÃO DO TRABALHO. BEM ALIENADO FIDUCIARIAMENTE. IMPOSSIBILIDADE DE PENHORA DO BEM. POSSIBILIDADE DE PENHORA DOS DIREITOS DO EXECTUADO NO CONTRATO DE ALIENAÇÃO FIDUCIÁRIA. O bem alienado fiduciariamente não integra a propriedade do devedor, não podendo, por isso mesmo, ser objeto da execução. Entretanto, tratamento diverso merecem os direitos que o executado ostenta em razão do contrato de alienação fiduciária e do eventual adimplemento das obrigações inerentes a esse contrato. A penhora, nesse caso, incide sobre direitos e ações, tal como autorizado pelo art. 11, VIII, da Lei nº 6.830/80. Aplica-se o disposto no art. 591, do CPC,

segundo a qual o devedor responde, para o cumprimento de suas obrigações, com todos os seus bens presentes e futuros. Precedentes do Superior Tribunal de Justiça. Recurso de revista conhecido e provido. (Tribunal Superior do Trabalho TST; RR 0000574-73.2011.5.03.0084; Sétima Turma; Rel. Min. Vieira de Mello Filho; DEJT 15/04/2014; Pág. 3289) LEI 6830-1980, art. 11 CPC, art. 591

> PROCESSUAL CIVIL. PENHORA. ALIENAÇÃO FIDUCIÁRIA. CONTRATO. DIREITOS. POSSIBILIDADE. INTELIGÊNCIA DO ARTIGO 655, XI, DO CPC. RECURSO ESPECIAL CONHECIDO E PROVIDO. 1. "O bem alienado fiduciariamente, por não integrar o patrimônio do devedor, não pode ser objeto de penhora. Nada impede, contudo, que os direitos do devedor fiduciante oriundos do contrato sejam constritos." (REsp 679821/DF, Rel. Min. Felix Fisher, Quinta Turma, unânime, DJ 17/12/2004 p. 594) 2. Recurso especial conhecido e provido. (REsp 1171341 / DF - RECURSO ESPECIAL 2009/0243850-3; Relator(a) Ministra MARIA ISABEL GALLOTTI (1145); Órgão Julgador: T4 - QUARTA TURMA; Data do Julgamento: 06/12/2011; Data da Publicação/Fonte DJe 14/12/2011)

E justamente em harmonia com o entendimento que perfilhávamos é que encontramos um dos mais significativos avanços do CPC de 2015, permitindo a penhora de bem alienado fiduciariamente para que se possa constritar os direitos do devedor-fiduciante que gravitam em torno da alienação fiduciária, desde que intimado o credor-fiduciário:

> Art. 835. A penhora observará, preferencialmente, a seguinte ordem:
>
> [...]
>
> XII – direitos aquisitivos derivados de promessa de compra e venda e de alienação fiduciária em garantia;
>
> Art. 799. Incumbe ainda ao exequente:
>
> I - requerer a intimação do credor pignoratício, hipotecário, anticrético ou fiduciário, quando a penhora recair sobre bens gravados por penhor, hipoteca, anticrese ou alienação fiduciária;
>
> Art. 804. A alienação de bem gravado por penhor, hipoteca ou anticrese será ineficaz em relação ao credor pignoratício, hipotecário ou anticrético não intimado.
>
> [...]
>
> § 3º A alienação de direito aquisitivo de bem objeto de promessa de venda, de promessa de cessão ou de alienação fiduciária será ineficaz em relação ao promitente vendedor, ao promitente cedente ou ao proprietário fiduciário não intimado.
>
> Art. 889. Serão cientificados da alienação judicial, com pelo menos 5 (cinco) dias de antecedência:
>
> [...]
>
> V - o credor pignoratício, hipotecário, anticrético, fiduciário ou com penhora anteriormente averbada, quando a penhora recair sobre bens com tais gravames, caso não seja o credor, de qualquer modo, parte na execução;

Diante disso, não enxergamos mais possibilidade de que a jurisprudência trabalhista negue a penhora de bem gravado com alienação fiduciária, já que a Lei Adjetiva Civil expressamente a reconhece no próprio dispositivo que elenca a ordem preferencial de penhora e que é objeto de referência expressa na CLT (art. 882).

Além disso, mais uma vez socorremo-nos da válida exegese de que se é permitida a penhora de tais bens para satisfação de créditos que não ostentam caráter privilegiado, com muito mais razão há de se admitir quando a destinação é para créditos alimentares como o é o trabalhista, em observância à parêmia romana hermenêutica "ubi eadem ratio ibi eadem jus" (onde há a mesma razão deve haver o mesmo direito).

Por fim, registra-se que uma outra possibilidade seria a assunção do financiamento pelo exequente ou por terceiro interessado em arrematar o bem e continuar a pagar o saldo devedor.

O Código é silente acerca dessa possibilidade, não disciplinando a necessidade de concordância do credor-fiduciário para tanto.

Sem embargos de opinião em contrário, entendemos que é necessário o assentimento do credor-fiduciário para o ingresso de terceira pessoa no financiamento, já que este é elaborado segundo avaliação e análise cadastral, que inclusive pode impactar na taxa de juros pactuada.

5.5. PENHORA DA RESTITUIÇÃO DO IMPOSTO DE RENDA?

O Novo CPC perdeu grande oportunidade de regulamentar algumas questões controversas, tal qual a da penhora de restituição do imposto de renda.

A natureza da restituição do Imposto de Renda é a mesma da parcela sobre a qual esse imposto incidiu. Desse modo, se o imposto incidiu apenas sobre salário, o que a Fazenda está devolvendo para o contribuinte é salário que foi recolhido indevidamente (indevidamente em sentido amplo). Se o foi sobre outros tipos de rendas (ex. alugueres), seria penhorável.

Nessa linha exegética os seguintes precedentes:

> PENHORA DOS VALORES RELATIVOS À RESTITUIÇÃO DO IMPOSTO DE RENDA. Valores decorrentes da restituição do imposto de renda que detém a mesma natureza alimentar dos salários, porquanto referentes àquela parte que sofreu, de forma incorreta, a incidência de retenção fiscal, devidamente apurada na declaração de ajuste anual. Parcelas impenhoráveis, nos termos do artigo 649, IV, do CPC. (TRT 04ª R.; AP 0075400-03.2009.5.04.0702; Seção Especializada em Execução; Rel. Des. João Ghisleni Filho; Julg. 23/10/2012; DEJTRS 29/10/2012; Pág. 532) CPC, art. 649
>
> RESTITUIÇÃO DO IMPOSTO DE RENDA. AUSÊNCIA DE ÓBICE LEGAL À CONSTRIÇÃO JUDICIAL. Não há óbice legal à constrição judicial de valores relativos à restituição do imposto de renda, que decorre de ajuste de

cálculo procedido na declaração anual e não tem a mesma natureza das parcelas sobre o qual incidiu o tributo. Agravo desprovido. (TRT 04ª R.; AP 0099100-34.2001.5.04.0202; Primeira Turma; Rel. Des. Ana Luiza Heineck Kruse; Julg. 28/03/2012; DEJTRS 02/04/2012; Pág. 24) CPC, art. 649

PENHORA SOBRE VALOR PROVENIENTE DE RESTITUIÇÃO DO IMPOSTO SOBRE A RENDA. ILEGALIDADE. Por se tratar de mera devolução de parcela do salário ou vencimento, a penhora incidente sobre os valores provenientes da restituição do imposto sobre a renda recolhido é ilegal, na forma do artigo 649, inc. IV, do CPC. (TRT 10ª R.; AP 0120600-79.1996.5.10.0004; Rel. Des. José Leone Cordeiro Leite; DEJTDF 14/09/2012; Pág. 433) CPC, art. 649

MANDADO DE SEGURANÇA. RESTITUIÇÃO DE IMPOSTO DE RENDA. IMPOSSIBILIDADE DE PENHORA. ESTA C. Seção especializada afasta a penhora sobre rendimentos provenientes de restituição de imposto de renda, por se tratar de mera devolução de desconto indevidamente efetuado sobre as verbas de natureza salarial, atraindo a incidência do inciso IV do art. 649 do CPC e da oj nº. 153 da SDI-II do c. TST. Segurança concedida. (TRT 09ª R.; Proc. 00754-2010-909-09-00-1; Ac. 23185-2011; Seção Especializada; Rel. Des. Luiz Celso Napp; DJPR 17/06/2011)

5.6. PENHORA DE BENS DE TERCEIRO?

Outra temática pouco explorada na literatura jurídica e que deixou de ser disciplinada no CPC de 2015 é aquela relativa à possibilidade de penhora de bem oferecido por terceiro.

Com efeito, o art. 790 do CPC de 2015 disciplina os bens que se sujeitam à execução e não elenca a possibilidade de constrição de bem de terceiros que sejam oferecidos no processo:

Art. 790. São sujeitos à execução os bens:

I - do sucessor a título singular, tratando-se de execução fundada em direito real ou obrigação reipersecutória;

II - do sócio, nos termos da lei;

III - do devedor, ainda que em poder de terceiros;

IV - do cônjuge ou companheiro, nos casos em que seus bens próprios ou de sua meação respondem pela dívida;

V - alienados ou gravados com ônus real em fraude à execução;

VI - cuja alienação ou gravação com ônus real tenha sido anulada em razão do reconhecimento, em ação autônoma, de fraude contra credores;

VII - do responsável, nos casos de desconsideração da personalidade jurídica.

Ocorre que a Lei 6.830/80 admite que o executado indique bens oferecidos por terceiros, caso aceito pela Fazenda Pública (art. 9º, IV, do CPC):

Art. 9º - Em garantia da execução, pelo valor da dívida, juros e multa de mora e encargos indicados na Certidão de Dívida Ativa, o executado poderá:

[...]

IV - indicar à penhora bens oferecidos por terceiros e aceitos pela Fazenda Pública.

[...]

§ 1º - O executado só poderá indicar e o terceiro oferecer bem imóvel à penhora com o consentimento expresso do respectivo cônjuge.

§ 2º - Juntar-se-á aos autos a prova do depósito, da fiança bancária ou da penhora dos bens do executado ou de terceiros.

Considerando a aplicação subsidiária permitida pelo art. 889 da CLT e estando em sintonia com a efetividade da jurisdição, entendemos pela aplicabilidade do dispositivo ao processo do trabalho, desde que com a concordância do exequente.

6. RESTRIÇÕES À PENHORA DE DINHEIRO

O Código de Processo Civil de 1973 não dispunha acerca da vedação de penhora de dinheiro no âmbito do cumprimento de tutela antecipada ou de execução provisória, preceituando, ao revés, que esta se procederia do modo que a definitiva:

Art. 475-O. A execução provisória da sentença far-se-á, no que couber, do mesmo modo que a definitiva, observadas as seguintes normas:

Durante a tramitação do Novo CPC, chegou-se a negar expressamente a possibilidade de penhora de dinheiro, aplicação financeira ou ativos financeiros no cumprimento da antecipação de tutela e limitar a penhora em dinheiro na execução provisória aos casos em que já haja decisão de tribunal e o recurso não seja dotado de efeito suspensivo.

O principal argumento utilizado nos debates para aprovação de tal emenda era de que estaria havendo o bloqueio inconsequente e desenfreado por parte de alguns juízos, em sede de cognição sumária ou quando ainda pendente, a decisão, de reforma judicial.

É certo que tal diretriz se coaduna com o entendimento consolidado do C. Tribunal Superior do Trabalho, conforme se pode extrair do teor da Súmula n. 417, III, do TST:

III - Em se tratando de execução provisória, fere direito líquido e certo do impetrante a determinação de penhora em dinheiro, quando nomeados outros bens à penhora, pois o executado tem direito a que a execução se processe da forma que lhe seja menos gravosa, nos termos do art. 620 do CPC.

Felizmente, a redação final dos arts. 297 e 854 do Novo CPC não acolheram tais restrições, com o que concordamos e entendemos que deverá provocar a revisão da Súmula 417, III, do C. TST.

Isso porque a antecipação de tutela se reveste da qualidade de decisão judicial e como tal passa pelo requisito constitucional da motivação (art. 93, IX, da CF/88).

Além disso, vedar a possibilidade de penhora em dinheiro equivale a reduzir ou esvaziar a efetividade do mandamento antecipatório, premissas estas que servem, com muita mais razão, para execução provisória por já estarmos diante de uma decisão em sede de cognição exauriente.

Não bastasse isso, a execução é regida pelo Princípio da Efetividade, reconhecido na seara processual laboral como Primazia do Credor Trabalhista, de maneira que apenas se pode invocar o Princípio do Meio Menos Gravoso quando este não trouxer prejuízos para execução.

Ocorre que realizar a penhora de um bem diverso do dinheiro pode trazer bem mais problemas do que benefícios à execução, promovendo-se diversos atos custosos para constrição e tentativas de expropriação e que, quando da convolação em execução definitiva, representarão mais alguns entraves.

Até se poderia admitir uma previsão no sentido de que a penhora em dinheiro não deveria ser a via preferencial, mas negá-la por inteiro é consagrar em absoluto a primazia do Princípio do Meio Menos Gravoso em detrimento do Princípio da Efetividade da Execução, o que não é concebido doutrinariamente e nem pelo Novo CPC:

> Art. 805. Quando por vários meios o exequente puder promover a execução, o juiz mandará que se faça pelo modo menos gravoso para o executado.
>
> Parágrafo único. Ao executado que alegar maior gravosidade da medida executiva incumbe indicar outros meios mais eficazes e menos onerosos, sob pena de manutenção dos atos executivos já determinados.

7. CONCLUSÃO

Após a análise circunstanciada de diversos aspectos concernentes à penhora, pode-se concluir que ocorreram alguns avanços, destacando-se de forma substancial a possibilidade de penhora excepcional de salário, o que representa a gênese da derrocada de um dogma outrora quase absoluto, bem como a possibilidade de penhora de bem gravado com alienação fiduciária.

Lamenta-se que questões controversas e alguns mitos processuais tratados como dogmas intransponíveis, tal qual o bem de família, deixaram de ser objeto de abordagem nos projetos.

Por fim, alerta-se para a nocividade que pode se gerar ao processo do trabalho caso acolhida a interpretação de que o art. 15 do Código de Processo Civil de 2015 conduziria à a aplicação da Lei Adjetiva Civil ao processo do trabalho mediante mera lacuna normativa, desprezando-se o crivo da compatibilidade atualmente reconhecida para o diálogo das fontes com a CLT.

Capítulo 48

PENHORA DE SALÁRIOS: INTERPRETAÇÃO E APLICAÇÃO DO ART. 833, §2º DO NOVO CPC NO PROCESSO DO TRABALHO

Bruno Klippel[1]

SUMÁRIO: 1. INTRODUÇÃO; 2. PENHORA DE SALÁRIOS COMO FORMA DE EFETIVAÇÃO DO PRINCÍPIO DA FUNÇÃO SOCIAL DO PROCESSO; 3. ENTENDIMENTOS ATUAIS SOBRE A PENHORA DE SALÁRIOS NO PROCESSO DO TRABALHO; 4. DISPOSIÇÕES CONTIDAS NO ART. 833, §2º DO NOVO CPC; 4.1. ANÁLISE DO NOVEL DISPOSITIVO LEGAL; 5. CONCLUSÕES; 6. REFERÊNCIAS.

1. INTRODUÇÃO

Talvez um dos temas mais tormentosos do direito processual do trabalho na atualidade, seja a possível (ou impossível) penhora de salários para pagamento de dívidas trabalhistas, uma vez que inúmeras são as decisões judiciais que determinam a penhora de percentual razoável do salário de devedores, ao passo que o entendimento do TST, seguido por vários TRTs, cristalizado na Orientação Jurisprudencial nº 153 da SDI-2 do TST, seja em sentido totalmente contrário, de que não há possibilidade de ser penhorado qualquer valor dos salários, por seguir à risca o que determina o art. 649, IV do CPC/73.

Se de um lado o entendimento do TST se fez no sentido de aplicar a literalidade do art. 649, IV do CPC, que diz ser absolutamente impenhorável o salário, por outro temos o sentimento prático de que em milhares de processos de execução a única forma de efetivar o comando jurisdicional e entregar o bem da vida ao credor trabalhista, seria através da efetivação de penhora sobre percentual dos recebimentos mensais do devedor, haja vista que aquele seria o único bem do devedor.

Analisar o cabimento de um instituto previsto no Novo CPC, como a novel penhora de salários, não é uma tarefa simples, pois a in(compatibilidade) entre

---
[1] Doutor em Direito do Trabalho pela PUC/SP, Mestre em Direito pela FDV/ES, Professor da Faculdade de Direito de Vitória – FDV/ES, Universidade de Vila Velha – UVV/ES, Faculdade Estácio de Vitória/ES, IOB/Marcato Concursos/SP, Estratégia Concursos/DF, Aprova Concursos/PR, Educação Avançada/DF e Centro de Evolução Profissional/CEP em Vitória e Vila Velha/ES. Autor de diversos livros jurídicos pela Editora Saraiva, em especial, *Direito Sumular TST Esquematizado*.

as normas de processo comum e processo do trabalho, principal requisito para a aplicação subsidiária daquelas, depende da análise dos princípios que regem o processo, dentre outros, o princípio da efetividade, tão caro principalmente ao processo de execução e que não consegue ser visualizado por muitos credores trabalhistas, que tem seu direito reconhecido por sentença mas nunca efetivado na execução.

Certamente que a penhora de salário prevista no art. 833, IV e §2º do Novo CPC contribui para a efetivação do processo de execução trabalhista, cabendo analisar em qual das duas situações previstas no dispositivo legal podemos encaixar os créditos trabalhistas:

a. Em *prestações alimentícias, independentemente de sua origem*, que possibilita a penhora independentemente do valor do salário;

b. Em *outros créditos*, que possibilitam a penhora apenas para os valores superiores a 50 (cinquenta) salários mínimos, o que praticamente inviabiliza qualquer penhora, pois são poucos os devedores que recebem, de forma declarada, salário superior àquele patamar, que chega hoje a praticamente R$40.000,00 (quarenta mil reais).

O presente artigo terá início com a análise acerca da importância da penhora de salários como forma de efetivação do princípio da função social do processo, passando pelos entendimentos existentes na atualidade sobre tal penhora, chegando às disposições contidas no Novo CPC (Lei 13105/15) para, ao final, concluir pela compatibilidade ou não com o processo de trabalho.

2. PENHORA DE SALÁRIOS COMO FORMA DE EFETIVAÇÃO DO PRINCÍPIO DA FUNÇÃO SOCIAL DO PROCESSO

O processo – penal, civil ou trabalhista – tem seu início marcado com um desejo, que é o mesmo para partes e Estado-Juiz: chegar ao fim com a prolação de uma sentença justa e que seja efetivada, ou seja, que não seja tão somente reconhecida por meio do processo de conhecimento, sem efetivação no plano prático.

Tal princípio é reconhecido por MAURO SCHIAVI[2], para quem *"em razão do caráter publicista do processo do trabalho e do relevante interesse social envolvido na satisfação do crédito trabalhista, a moderna doutrina tem defendido a existência do princípio da função social do processo trabalhista".*

Também BEZERRA LEITE[3] reconhece a incidência do princípio em destaque, ao afirmar que no processo do trabalho "(...) *permite-se que o juiz tenha*

---

2   P. 135
3   P. 96

uma atuação mais ativa, na medida em que auxilia o trabalhador, em busca de uma solução justa, até chegar ao momento de proferir a sentença".

Claro que o termo "solução justa", nos dá conta de que não basta o proferimento da sentença, mas a sua efetivação por meio do processo de execução, se necessário, já que a solução justa somente é vislumbrada quando o credor consegue receber a quantia devida, o que infelizmente por vezes não ocorre por problemas da prática, como a ausência de patrimônio.

Tal ausência de patrimônio, aliada à regra do art. 649, IV do CPC/73, reforçada com o entendimento da OJ 153 da SDI-2 do TST, que impõe a impenhorabilidade absoluta dos salários, são os responsáveis, na maioria das vezes, pelo insucesso do processo de execução, que não consegue entregar a "solução justa" a que alude Carlos Henrique Bezerra Leite.

A efetividade que tanto se busca no processo de execução e que pode ser alcançada através da penhora de salários, é resumida por SCHIAVI[4] da seguinte forma:

> "Há efetividade da execução trabalhista quando ela é capaz de materializar a obrigação consagrada no título que tem força executiva, entregando, no menor prazo possível, o bem da vida ao credor, ou materializando a obrigação consagrada no título".

O princípio acima referido – efetividade – junto a tantos outros como duração razoável do processo, economia, respeito à dignidade da pessoa humana, etc, mostra-se como base do direito processual do trabalho e está previsto no art. 8º do Novo CPC, sendo que na visão da melhor doutrina processual do trabalho – por todos, BEZERRA LEITE[5] - devem ser integralmente aplicados na seara trabalhista, "(...) *especialmente nas ações oriundas da relação de emprego, e sim a promoção de um diálogo franco e virtuoso entre este dois importantes setores do edifício jurídico que passe, necessariamente, pela função precípua de ambos (processo civil e processo trabalhista): realizar os direitos fundamentais e a justiça social em nosso País, de forma adequada, tempestiva e efetiva".*

3. ENTENDIMENTOS ATUAIS SOBRE A PENHORA DE SALÁRIOS NO PROCESSO DO TRABALHO

Dois são os atuais entendimentos acerca da penhora de salários:
a. Impenhorabilidade absoluta, seguindo-se a literalidade do exposto no art. 649, IV do CPC/73, que somente autoriza a penhora para pagamento de dívida alimentícia, entendimento consagrado na OJ 153 da SDI-2 do TST, que segue transcrita:

---

4 P...1023
5 P...1695

> *"Ofende direito líquido e certo decisão que determina o bloqueio de numerário existente em conta salário, para satisfação de crédito trabalhista, ainda que seja limitado a determinado percentual dos valores recebidos ou a valor revertido para fundo de aplicação ou poupança, visto que o art. 649, IV, do CPC contém norma imperativa que não admite interpretação ampliativa, sendo a exceção prevista no art. 649, § 2º, do CPC espécie e não gênero de crédito de natureza alimentícia, não englobando o crédito trabalhista".*

b. Possibilidade excepcional, diante da ausência de bens penhoráveis, de penhora sobre percentual razoável do salário do devedor, haja vista tratar-se o salário de verba alimentar, que nas palavras de CAIRO JR[6], quando trata do §2º do art. 649 do CPC/73:

> "A razão que levou o legislador a excetuar a impossibilidade da constrição judicial para o pagamento de prestação alimentícia também pode ser utilizada, de forma analógica, para autorizar a penhora do salário nas execuções trabalhistas de sentença condenatória de obrigação de idêntica natureza".

Analisando o posicionamento consagrado na OJ 153 da SDI-2 do TST, ELISSON MIESSA e HENRIQUE CORREIA[7] destacam que o Tribunal Superior interpretou a matéria restritivamente, afirmando que o §2º do art. 649 do CPC/73 permitiria a penhora apenas para pagamento de alimentos, que seriam tão somente aqueles decorrentes de ação de alimentos.

Os autores acima referidos, assim como Bezerra Leite, Renato Saraiva, Mauro Schiavi, entendem pela necessidade de ponderação dos interesses que estão em jogo na execução trabalhista, uma vez que as regras sobre impenhorabilidade absoluta visam garantir o mínimo de dignidade ao devedor, ao passo que ao credor também deve ser garantida a mesma dignidade, que é efetividade no processo com o entrega do bem da vida antes violado. Assim, MIESSA e CORREIA[8] discorrem afirmando que:

> "Com efeito, na penhora da conta-salário do executado na Justiça do Trabalho, devem ser compatibilizados os direitos do executado e os do exequente. Ao executado é garantida a proteção à sua dignidade. O exequente, por sua vez, também possui a mesma garantia de sobrevivência digna".

Tal posicionamento também foi consagrado em 2007 durante a 1ª Jornada de Direito Material e Processual da Justiça do Trabalho, em Brasília, sendo que na oportunidade foi criado o Enunciado nº 70, com a seguinte redação:

> *"70. EXECUÇÃO. PENHORA DE RENDIMENTOS DO DEVEDOR. CRÉDITOS TRABALHISTAS DE NATUREZA ALIMENTAR E PENSÕES POR MORTE OU INVALIDEZ DECORRENTES DE ACIDENTE DO TRABALHO. PONDERAÇÃO*

---

6   P..883

7   P. 1165

8   P. 1166

> *DE PRINCÍPIOS CONSTITUCIONAIS. POSSIBILIDADE. Tendo em vista a natureza alimentar dos créditos trabalhistas e da pensão por morte ou invalidez decorrente de acidente do trabalho (CF, art. 100, § 1º-A), o disposto no art. 649, inciso IV, do CPC deve ser aplicado de forma relativizada, observados o princípio da proporcionalidade e as peculiaridades do caso concreto. Admite-se, assim, a penhora dos rendimentos do executado em percentual que não inviabilize o seu sustento".*

Dentro da ponderação de interesses necessária ao caso em análise, deve o Juiz do Trabalho determinar a penhora sobre determinado percentual, que não ultrapasse o que geralmente é utilizado para pagamento de itens dispensáveis e supérfluos, relacionados à lazer e outros, já que o indispensável não pode ser retirado do devedor/executado.

Apesar de se tratar de posicionamento razoável, ainda é considerado minoritário, como alerta GUSTAVO FILIPE BARBOSA GARCIA[9] ao dizer que *"como o crédito trabalhista também tem natureza alimentar, há entendimento, atualmente minoritário, que defende a possibilidade de penhora de um percentual do salário do executado".*

O entendimento minoritário a que alude o autor pode ser considerado em relação à jurisprudência, muito em decorrência do entendimento exposto pelo TST na OJ 153 da SDI-2, uma vez que a doutrina da penhorabilidade se expande rapidamente, com tendência a um maior crescimento com a entrada em vigor do Novo CPC, em março de 2016, uma vez que permite a penhora de salários em qualquer situação desde que o salário seja superior a 50 (cinquenta) salários mínimos, conforme será verificado no item a seguir.

4. DISPOSIÇÕES CONTIDAS NO ART. 833, §2º DO NOVO CPC

4.1. ANÁLISE DO NOVEL DISPOSITIVO LEGAL

O art. 649 do CPC/73, que tratava das impenhorabilidades absolutas no processo de execução, tem seu correspondente no art. 833 do CPC/2015, sendo que o §2º dos dois dispositivos tratam da exceção à impenhorabilidade salarial.

Comparando as duas redações, temos que:

CPC/73	CPC/2015
§2º: O disposto no inciso IV do *caput* deste artigo não se aplica nno caso de penhora para pagamento de prestação alimentícia.	§2º: O disposto nos incisos IV e X do *caput* não se aplica à hipótese de penhora para pagamento de prestação alimentícia, independentemente de sua origem, bem como às importâncias excedentes a 50 (cinquenta) salários mínimos mensais

---

9   P. 739

Duas significativas modificações foram implementadas pelo legislador no §2º do art. 833 do Novo CPC, a saber:

a. Inclusão acerca da natureza jurídica da prestação alimentícia que permite a penhora do salário, que independe da sua origem, ou seja, podem ser alimentos derivados de decisão decorrente da Vara de Família, que determina o pagamento de pensão alimentícia entre parentes, alimentos fixados como decorrência de condenação por ato ilícito, oriundo da Vara Cível, dentre outros.

b. Inclusão da possibilidade de penhora de salários, em qualquer hipótese, quando o salário do executado for superior a 50 (cinquenta) salários mínimos, sendo possível a penhora da totalidade dos valores que excedam o valor referido.

As duas alterações são extremamente importantes para o processo do trabalho, pois podem acarretar reflexos importantes na seara trabalhista. A primeira alteração foi comentada por CÁSSIO SCARPINELLA BUENO[10] da seguinte forma:

> "Também cabe sublinhar a novidade trazida pelo §2º ao excepcionar a penhorabilidade de vencimentos, salários e afins (inciso IV) e dos depósitos feitos em caderneta de poupança até quarenta salários mínimos (inciso X)) para pagamento de alimentos, acrescentando tratar-se de alimentos 'independentemente de sua origem', isto é, não só os legítimos, mas também os indenizativos".

A interpretação de que as verbas trabalhistas seriam espécie de alimentos indenizativos ou indenizatórios, é razoável, na medida em que não haveria sentido permitir a penhora para pagamento de alimentos decorrentes de indenização por danos fixados no Juízo Cível e não permitir para as verbas trabalhistas, que são utilizadas para a subsistência do trabalhador e seus familiares.

A interpretação é razoável, assim como deve ser interpretado todo o art. 833 do Novo CPC, conforme afirmado por MAURO SCHIAVI[11]:

> "Não obstante, pensamos que o Juiz do Trabalho deve interpretar a cláusula de impenhorabilidade dos incisos do art. 833 do CPC com reservas, utilizando-se do bom-senso e da razoabilidade, considerando-se o caráter alimentar do crédito trabalhista bem como as vicissitudes que enfrenta o exequente na execução trabalhista".

Sobre os valores depositados em caderneta de poupança, que estão abrangidos pela relativização imposta pelo §2º, entendemos que não haverá modificação no entendimento atual dos Magistrados Trabalhistas, que entendem não se aplicar o dispositivo que impõe a impenhorabilidade absoluta dos valores

---

10 P. 508
11 P. 1175

depositados em poupança, uma vez que a sobra salarial pode e deve ser penhorada para pagamento de dívidas trabalhistas. Sobre o assunto, MIESSA e CORREIA[12] são enfáticos ao afirmar que:

> "Entendemos que a impenhorabilidade do salário utiliza-se de critério mensal, não atingindo as sobras salariais. Se o executado poupou determinada quantia ou se sobrou do mês anterior é porque não necessita para sua sobrevivência, tornando-se penhorável".

Por fim, para afirmarmos a aplicabilidade do §2º do art. 833 do Novo CPC, a permitir a penhora de salário para o pagamento de débitos trabalhistas, temos que analisar os art. 15 do NCPC e 769 da CLT, que permitem a aplicação subsidiária das normas de processo comum ao processo trabalhista. Dispõe o art. 15 do NCPC que *"na ausência de normas que regulem processos eleitorais, trabalhistas, administrativos, as disposições deste código lhes serão aplicadas supletiva e subsidiariamente".*

A relação entre os dispositivos é analisada pelo Professor capixaba CARLOS HENRIQUE BEZERRA LEITE[13] da seguinte maneira: *"Mas ambos os dispositivos – art. 769 da CLT e art. 15 do Novo CPC – devem estar em harmonia com os princípios e valores que fundamentam o Estado Democrático de Direito".*

Percebe-se que a aplicação subsidiária do art. 833, §2º do Novo CPC ao processo do trabalho não viola os princípios e valores do Estado Democrático de Direito, muito pelo contrário, busca a efetividade do processo e a realização do princípio da função social do processo.

5. CONCLUSÕES

Ao longo da Exposição de Motivos do Novo Código de Processo Civil – Lei 13.105/15 – em vigor a partir de março de 2016, leem-se por diversas vezes as palavras "efetividade" e "celeridade", que são princípios basilares do processo do trabalho.

As alterações implementadas no art. 833, §2º do NCPC refletem a intenção do legislador de facilitar a fase mais complexa e demorada do processo, muito em decorrência de impedimentos à penhora, que fazem com que os devedores costumeiros mantenham em seu patrimônio apenas os bens considerados absolutamente impenhoráveis, além de outros subterfúgios que caracterizam má-fé processual, bem como fraude à execução.

A penhora dos salários, a partir da vigência do Novo CPC – em março de 2016 – deve ser implementada pelos Juízes do Trabalho para efetivação de suas decisões, sempre que não houver qualquer outro bem a ser penhorado, utili-

---

12 P.1167

13 P...1696

zando-se a razoabilidade para definir um percentual que possa ser pago pelo devedor sem aviltar a sua dignidade. Assim, a penhora do salário não deve ser a primeira alternativa a ser aplicada pelo Magistrado, mas quando aplicada, deve ser pautada na razoabilidade, de forma a permitir a efetivação do comando sentencial sem prejudicar a subsistência do devedor e de sua família, já que credor e devedor fazem jus à incidência do princípio da dignidade da pessoa humana.

6. REFERÊNCIAS

1. BEZERRA LEITE, Carlos Henrique. **Curso de Direito Processual do Trabalho**, 13ª ed. Saraiva: São Paulo, 2015.

2. SCHIAVI, Mauro. **Manual de Direito Processual do Trabalho**, 9ª ed, LTr: São Paulo, 2015.

3. SCARPINELLA BUENO, Cássio. **Manual de Direito Processual Civil: Volume Único.** Saraiva: São Paulo, 2015.

4. _____. Novo Código de Processo Civil Anotado. Saraiva: São Paulo, 2015.

5. GARCIA, Gustavo Filipe Barbosa. Curso de Direito Processual do Trabalho. Forense: Rio de Janeiro, 2012.

6. CAIRO JR, José. Curso de Direito Processual do Trabalho. 6ª ed. Juspodivm: Salvador, 2013.

7. SANTOS, Elisson Miessa dos; CORREIA, Henrique. Súmulas e Orientações Jurisprudenciais do TST. 2ª ed. Juspodivm: Salvador, 2012.

Capítulo 49

EMBARGOS DO EXECUTADO NO CPC VINDOURO E SEUS REFLEXOS NO DIREITO PROCESSUAL DO TRABALHO

Vitor Salino de Moura Eça[1]

SUMÁRIO: 1. INTRODUÇÃO; 2. PANORAMA NA SISTEMÁTICA ATUAL; 3. CONCEITO E NATUREZA JURÍDICA DOS EMBARGOS À EXECUÇÃO; 4. CUMPRIMENTO DA SENTENÇA – AMBIENTE DOS EMBARGOS; 5. CAUSAS DE COMPETÊNCIA ORIGINÁRIA; 6. LIVRO DAS EXECUÇÕES; 7. DEVER DE COLABORAÇÃO; 8. FATOS EXECUTIVOS; 9. EMBARGOS À EXECUÇÃO; 10. CONCLUSÃO.

1. INTRODUÇÃO

O novo Código de Processo Civil – doravante "NCPC" se autoproclama ordenado, disciplinado e interpretado conforme os valores e os princípios fundamentais estabelecidos pela Constituição da República[2]. E isso significa um importante avanço, pois sua aplicação fica jungida às garantias fundamentais dos cidadãos insculpidas na Carta Magna, o que representa real democratização do processo.

Os valores constitucionais processualmente relevantes são incorporados no diploma vindouro, como a obtenção da integral solução da lide em tempo adequado, a participação ativa das partes no processo e a atenção do magistrado aos fins sociais da norma, quando se sua aplicação.

Juízes, servidores, partes e procuradores ganham especial relevo, com o dever de mútua colaboração, atuando todos, doravante, como agentes inseridos na construção do provimento. Temos, todos, de contribuir para a rápida solução da lide, em uníssona colaboração, a fim de que o processo alcance a desejada efetividade.

---

1 Pós-doutor pela UCLM – Espanha. Doutor em Direito Processual. Mestre em Direito do Trabalho. Especialista em Direito Empresarial. Professor Permanente do Programa de Pós-graduação *Stricto Sensu* – Mestrado e Doutorado em Direito da PUC-Minas – CAPES 6. Líder do Grupo de Pesquisa *Execução Trabalhista no Plano da Efetividade dos Direitos Sociais*, reconhecido pelo CNPq. Juiz do Trabalho no TRT da 3ª Região.

2 Esclarecemos ao leitor que cogitamos para a elaboração deste estudo o texto encaminhado à sanção presidencial, tratando dos assuntos organicamente, e cogitando da aplicação dos institutos no campo do Direito Processual do Trabalho.

A boa-fé é verdadeiramente consagrada, bem como explicitada a responsabilidade pelo dano processual.

Podemos dizer que passaremos a ter um código ético. E se há um espaço processual em que dela nos ressentimos é na execução, que, aliás, foi generosamente aquinhoada. São cerca de 150 artigos a disciplinar a execução, sem contar com um título próprio que trata do cumprimento da sentença. Esta última parte não está contemplada nesta investigação, devido aos critérios genuínos que informam o Direito Processual do Trabalho no particular.

Esta longa sequencia regula o procedimento da execução fundado em título extrajudicial, mas suas disposições aplicam-se, também, aos atos executivos inerentes ao cumprimento da sentença, bem como aos efeitos de atos ou fatos processuais a que a lei atribuir força executiva. Sendo assim, a influência que exerce sobre a execução trabalhista é de extraordinária extensão, porquanto o artigo 769/CLT segue em pleno vigor, assim como a LEF.

O processo de execução está no Livro III, com um parte propedêutica, que dispõe do *Dever de Colaboração*, uma novidade, que vai além cooperação dos atores sociais envolvidos diretamente com o processo. As pessoas naturais ou jurídicas indicadas pelo exequente podem ser intimadas pelo Juiz para que forneçam informações relacionadas com o objeto da execução, tais como documentos e dados que tenham em seu poder, com o exclusivo fito de se encontrar bens passíveis de garantir a satisfação do julgado.

Neste estudo fazemos um recorte para focar nos embargos à execução, diante da grande zona de influência deste instituto no campo do Direito Processual do Trabalho.

A comparação com os institutos atuais é utilizada para nos situar nas considerações do novo diploma processual, assim como buscamos outros elementos de investigações, como o Direito Processual do Trabalho Estrangeiro, pois isto nos permite conferir a eficiência de nosso sistema processual.

2. PANORAMA NA SISTEMÁTICA ATUAL

O processo de execução e a fase executiva são deflagrados a partir da certeza e liquidez de um título executivo. E isso mina, absolutamente, as possibilidades de defesa do executado em tais situações, assim como a incrível concentração de atos processuais em sede de embargos do executado dificulta abrevia qualquer chance defensiva.

Nada obstante, os embargos do executado se constituem na única possibilidade real deste se opor à ação do exequente.

Disciplinados nos artigos 884 e seguintes da CLT, pontue-se que sua natureza jurídica é de incidente à execução, e o seu processamento no âmbito do Direito Processual do Trabalho se dá nos próprios autos em que processada a execução.

Sua oposição pressupõe a garantia integral do juízo, ou seja, cabe ao executado depositar à disposição do Juiz do Trabalho que processar a execução valor igual ou maior ao total devido, que importa em: a) principal (valor da condenação ou título executivo extrajudicial); b) juros e atualização monetária; c) custas, honorários sem houver, e demais despesas processuais; d) outros tributos incidentes, em geral o imposto de renda, além das contribuições sociais para-fiscais, devidas à Previdência Social (INSS).

A matéria defensiva fica jungida a alegação de cumprimento do julgado, quitação ou prescrição da dívida. Nas duas primeiras situações é imprescindível a juntada do documento correspondente. Na terceira modalidade o implemento temporal é suficiente.

Convém destacar que esta última possibilidade corresponde, tecnicamente, à prescrição da pretensão executiva, ou seja, quando o exequente não instar a execução em tempo adequado. Entretanto, entre nós, trata-se de hipótese raríssima, diante do impulso oficial e a obrigatoriedade da cobrança dos créditos previdenciários.

Na mesma cogitação prescricional está a prescrição intercorrente, cuja declaração é autorizada pela Súmula 327/STF, c/c o § 4º, do artigo 40/LEF.

A jurisprudência se encarregou de ampliar o referido conjunto de possibilidades, admitindo, por exemplo, o questionamento da própria higidez do título executivo, como é perfeitamente aceitável, pois outro espaço processual não haveria.

Igualmente plausível a alegação de ilegitimidade da parte, que, dependendo da argumentação pode também ensejar os embargos de terceiros. O excesso de execução também é comumente aceito como argumento de bloqueio, dentre outras hipóteses.

Não é despropositado se falar em suspeição e impedimento do Juiz do Trabalho, ou de vícios de penhora. Logo, o rol do § 1º, do artigo 884/CLT, não é *numerus clausus*.

Importante notar que a validação dos embargos do executado está sempre condicionados pelos elementos caracterizadores para o desenvolvimento válido e regular de qualquer processo, a serem aferidos nos próprios embargos.

O prazo é de 5 dias, contados da garantia do juízo. Ele é peremptório, ou seja, indisponível por vontade das partes. E a despeito no NCPC admitir eventual convenção das partes em torno disso, tal regra não se aplica ao Direito Processual do Trabalho[3].

---

3 O NCPC preconiza que as partes podem, de comum acordo, reduzir ou ampliar o prazo dilatório, mas a convenção só tem eficácia se, requerida antes do vencimento o prazo, se fundar em motivo legítimo. Pontuamos que o prazo dos embargos é peremptório, e que esta convenção referida não se amolda aos objetivos do Direito Processual do Trabalho, nos termos do artigo 769/CLT, face à incompatibilidade com maior celeridade preconizada entre nós.

Está legitimado para a oposição de embargos quem constar do título executivo, seja ele judicial ou extrajudicial. Convém se observar atentamente os casos de despersonalização do ente executado[4], mas, nesta hipótese, se pressupõe prévio pronunciamento judicial e a inclusão no polo passivo da nova pessoa. Naturalmente que os terceiros também podem manejar os respectivos embargos, cuja cogitação está fora do objeto deste estudo.

A petição na qual o executado apresentar os seus embargos deve atender aos requisitos comuns de toda exordial, no respectivo procedimento e culminar com o pedido de declaração de inexistência total ou parcial do título ou do crédito que ele representar.

Embargos ineptos, intempestivos e sem a garantia integral do juízo sujeitam-se à extinção *in limine*, com o prosseguimento da execução. Entretanto, cabe agravo de petição da decisão que os rejeitar.

Admitido o processamento dos embargos, o primeiro passo é intimar o embargado para pronunciamento, sob pena de nulidade da decisão. Cabe-lhe sustentar o título e os atos processuais correlatos, além de toda matéria que lhe possa ser útil, ante a incidência do princípio da eventualidade. Lado outro, a ausência de impugnação não enseja a revelia, porquanto não lhe compete praticar qualquer ato defensivo, e induz o julgamento imediato dos embargos.

A decisão que resolver o incidente de embargos do executado deve contemplar estrutura formal, com exame de preliminares e mérito, e a declaração de validade ou não do processado. E abre a possibilidade de interposição de agravo de petição.

Após o seu trânsito em julgado há incidência dos efeito de coisa julgada, não podendo o executado jamais se opor àquela execução com idênticos argumentos. Atos processuais posteriores podem dar lugar a novos embargos, entretanto, repita-se, desde que seja aventada matéria ulterior.

3. CONCEITO E NATUREZA JURÍDICA DOS EMBARGOS À EXECUÇÃO

Não é raro se constar que parte da doutrina e da jurisprudência utilizam as expressões *embargos à execução*, *embargos do executado* e *embargos do devedor* como expressões equivalentes.

---

4   O NCPC confere um capítulo ao que chama de *incidente de desconsideração da personalidade jurídica*, para os casos de abuso da personalidade jurídica, sempre que fique *caracterizado na forma da lei*, podendo o juiz decidir, *a requerimento da parte ou do Ministério Público*, que os efeito de certas e determinadas obrigações sejam estendidos aos bens particulares dos administradores ou dos sócios da pessoa jurídica ou aos bens de empresa do mesmo grupo econômico. Ora tal situação processual oferece menos do que hoje já se pratica no âmbito do Direito Processual do Trabalho, em especial pela limitação da desconsideração *ex officio*, tão largamente aceita nos pretório trabalhistas. Daí porque, a norma processual civil, no particular, implica em vedado retrocesso e não deve ser aplicada.

A primeira é a mais técnica, pois *embargos* são entraves, obstáculos que se interpõem à execução, não importando quem toma a iniciativa. Naturalmente que quem tem maior interesse em obstar o curso da execução é mesmo o executado (não há de se falar em devedor – situação jurídica atinente ao direito material – na execução a condição da parte é mesmo de executado), mas o anteparo (embargos) volta-se para a execução, daí porque o seu *nomen iuris* é *embargos à execução*.

Conceituando em sede doutrinária podemos asseverar que os embargos à execução se constituem em incidente processual, tendente desconstituir o título exequendo e são processados nos próprios autos.

4. CUMPRIMENTO DA SENTENÇA – AMBIENTE DOS EMBARGOS

Convém destacar desde logo que a CLT, originalmente, não elencava qualquer título executivo extrajudicial. Estes somente se inseriram entre nós por meio da Lei 9.958/2000, que alterou a redação do artigo 876/CLT. E no caso dos títulos executivos judiciais, a nossa execução sempre foi sincrética.

Estas observações são importantes porque o novo CPC institui um revolucionário regime de embargos à execução, por meio do qual o executado, *independente de penhora, depósito ou caução*, poderá opor-se à execução por meio de embargos.

É importante esclarecer que tal disposição foi normatizada, a fim de assegurar o contraditório. Isto porque, este regime de embargos é próprio das execuções lastradas em títulos executivos extrajudiciais, onde a constituição do mesmo é feita ao exclusivo talante do exequente. E sendo assim, buscou-se garantir ao executado o justo espaço de discursividade, sem o prévio comprometimento de patrimônio, exatamente em respeito à garantia maior que é o contraditório constitucionalmente assegurado. Trata-se, pois, de ponderação de valores.

Nada obstante, no campo do cumprimento da sentença, ou seja, quando se persegue a satisfação do crédito judicialmente constituído, a mesma oportunidade não é dada ao executado. Ele é apenas intimado para *cumprir a sentença*, isto é, sem possibilidade defensiva, sequer onerosa, eis que o propalado contraditório, a essa altura, já se esgotou na fase de conhecimento. Desnecessária, pois, qualquer discussão em relação ao *an debeatur*. E mais ainda, recomenda o novel código que nessa fase o magistrado aplique os regramentos próprios das tutelas de urgência, justamente para viabilizar o ágil cumprimento do julgado, sem qualquer retardamento.

Diferente é a situação processual quando o título é constituído fora do processo, ou seja, nos casos de execução extrajudicial. Entretanto a CLT só conhece dois títulos extrajudiciais, o TAC- Termo de Ajustamento de Conduta, firmado perante o Ministério Público do Trabalho – MPT, e o Termo de Conciliação, firmado perante a Comissão de Conciliário Prévia, com assistência sindical. E em ambos os casos, a presunção de higidez do título milita em proveito da execução.

Note-se que no campo do Direito Processual do Trabalho não se encontra a amplitude de hipóteses executivas reconhecida pelo processo comum, alguma delas onde o título é de lavra do próprio credor, com privados interesses, cuja cautela inspirou o novo código.

De qualquer modo, o sistema executivo trabalhista é oneroso, razão pela qual qualquer possibilidade de se desonerar o executado não se acomoda bem em nosso âmbito. Ademais, em geral, o executado trabalhista é um empresário, cuja miserabilidade a lei jamais pode presumir, por total incompatibilidade com o seu papel socioeconômico.

Por fim, neste contexto de apresentação do novo código, sua divisão orgânica. Há um capítulo para tratar do cumprimento provisório de sentença condenatória de quantia certa (antiga execução provisória); outro se ocupa com o cumprimento definitivo de sentença condenatória, também de quantia certa.; mais um abordando o cumprimento de obrigação de pagar quantia certa pela Fazenda Pública; há a parte, da mesma forma um capítulo, que se ocupa com a sentença condenatória de fazer, não fazer e entrega de coisa, além dos procedimentos especiais, muitos deles comuns à processualidade trabalhista.

Todas as modalidades referidas são coincidentes com a competência da Justiça do Trabalho.

5. CAUSAS DE COMPETÊNCIA ORIGINÁRIA

Inova completamente o NCPC quando atribui competência aos tribunais para o cumprimento de suas decisões, nas causa de competência originária.

Segundo a organização judiciária trabalhista, tanto os Tribunais Regionais do Trabalho - TRT, quanto o Tribunal Superior do Trabalho – TST julgam causas de competência originária, por meio de suas Seções Especializadas.

Vamos nos valer no Regimento Interno – RI, do TST, de nacional abrangência, para apontar algumas ações que podem ser aforadas diretamente nos tribunais e que ensejam cumprimento. Na Seção de Dissídios Coletivos - SDC, os dissídios coletivos e as anulatórias de acordos e convenções coletivas; na SDI – Seção de Dissídios Individuais, os mandados de segurança, ações cautelares, e os *habeas corpus*.

Talvez os tribunais trabalhistas resistam a esta norma, vez que importa em atribuição inédita, e para a qual as cortes não estão aparelhadas. Entretanto, em boa técnica seria o caso de se adotar integralmente o preceito, pois a CLT não dispõe de regra específica. Ademais, tal fato em nada obsta os princípios de Direito Processual do Trabalho, pelo que se amolda com o artigo 769/CLT.

Além disso, outro fator a recomendar a aplicação da nova norma é que a praxe dará mais agilidade aos feitos trabalhistas processados perante os juízes de primeiro grau, na medida em que estes terem menos afazeres, o que significa maior velocidade na tramitação originária.

6. LIVRO DAS EXECUÇÕES

Após tratar do cumprimento das sentenças, o NCPC apresenta o seu Livro III, do processo de execução. Nesta modalidade se inserem não só as execuções dos títulos extrajudiciais, mas uma sistemática comum às execuções e, por óbvio, também ao cumprimento das sentenças. E tudo isso é muito útil para nós, porquanto o sincretismo do Direito Processual do Trabalho e a ausência de fases com delimitação contundente faz com que ambas as execuções se processem de modo parecido nos feitos submetidos à jurisdição trabalhista.

Com efeito, não é muito distinta a realidade no processo comum. Por esta razão, a primeira norma do Livro referido assim dispõe: "Este Livro regula o procedimento da execução fundada em título extrajudicial. Suas disposições aplicam-se, também, no que couber, aos atos executivos realizados no procedimento de cumprimento de sentença, bem como aos efeitos dos atos ou fatos processuais a que a lei atribuir força executiva".

7. DEVER DE COLABORAÇÃO

Uma das grandes novidades do NCPC é o chamamento, não só dos atores processuais, mas também de terceiros que possam, de algum modo, se envolver com o objeto da lide e dos bens passíveis de execução, para um esforço conjunto na realização de justiça.

É o que se passa a denominar *Dever de Colaboração*, por meio do qual todos precisam se ativar mais no processo.

O juiz, assim como antes, mas o novo código é enfático, pode ordenar o comparecimento das partes, tanto no cumprimento da sentença, quanto da execução. Isso serve para a prestação de esclarecimentos, para que sejam concitadas para a rápida satisfação do julgado, para tentativa de conciliação, em fim, quaisquer atos cuja intermediação pessoal possa ser proveitosa. Ele também pode advertir o executado, quanto aos atos e efeitos caracterizadores de afronta à dignidade da justiça.

A inovação digna de elogios e que se amolda magistralmente ao Direito Processual do Trabalho é a possibilidade do magistrado determinar que pessoas naturais ou jurídicas indicadas pelo credor forneçam informações em geral relacionadas com o objeto da execução, tais como documentos e dados que tenham em seu poder, assinalando-lhes prazo razoável.

Pode-se aduzir que o artigo 765/CLT há décadas já autoriza o Juiz do Trabalho a diligenciar para esclarecimento dos fatos das causas em que oficiar. É verdade, mas o NCPC vai mais longe, pois antes a dever era apenas do juiz, e o novo código impõe deveres a terceiros, no sentido de estes fiquem comprometidos com a rápida solução do processo.

Os terceiros mudam de uma postura passiva, para uma condição definitivamente ativa na realização de um dever comum de justiça.

A norma cria um dever ético para toda sociedade. Todos têm o *Dever de Colaboração* com a justiça. Este o novo padrão. As pessoas passam a atuar como agentes inseridos e comprometidos com o cumprimento do julgado. A sentença que eventualmente não estiver ser cumprida voluntariamente passa a interessar à comunidade, pois quem não é parte no litígio tem o dever de, na medida de suas condições, promover justiça indicando bens do devedor para a satisfação do julgado.

8. FATOS EXECUTIVOS

Muitos são os fatos executivos. Partes, competência, título e sua exigibilidade, assim como os limites de responsabilidade patrimonial do executado e seus sucessores, com a expressa incorporação da figura dos sócios. Entretanto, nada disso merece destaque especial, com vistas ao nosso objetivo de analisar os embargos do executado.

Dignos de nota alguns fatos: a) a citação válida interrompe a prescrição[5]; b) é nula a execução quando o título extrajudicial não corresponder à obrigação certa, líquida e exigível; quando o devedor não tiver sido regularmente citado; c) instaurada antes de se verificar a condição ou de ter ocorrido o termo.

O princípio de se executar pelo modo menos gravoso é integralmente mantido, mas ressalte-se que este somente terá lugar quando a execução puder de efetivar de múltiplas formas. Ademais o Dever de Colaboração, inclusive da parte, está mais ativado. O simples fato do executado não indicar bens[6] já configura situação jurídica de possibilidade de persecução do modo mais acessível, naturalmente que no interesse do credor, exceto em casos de abusos, a critério do julgador.

O NCPC é bem analítico no tocante aos regramentos da execução para a entrega de coisa, seja ela certa ou incerta. Idem em relação às obrigações de fazer e não fazer. Novas normas para a penhora, depósito e avaliação, bem como para

---

5 A interrupção da prescrição retroagirá à data da propositura da ação.

6 O NCPC incorpora uma regra insculpida em seu artigo 769, pelo qual "Qualquer das partes poderá, em três dias impugnar a escolha (de bens) feita pela outra, e o juiz decidirá de plano ou, se necessário, ouvindo perito de sua nomeação".

a documentação exigível e para as formalidades de registro. Também não faltou detalhamento para a fase de avaliação e expropriação de bens, doravante ainda mais normatizada. Tudo isso representa garantia para todos, todavia deixamos de esmiuçar tais parâmetros pelo escopo deste artigo, que visa apenas os embargos do executado.

9. EMBARGOS À EXECUÇÃO

No texto final do novo código encaminhado para o autógrafo presidencial, que consiste na última versão disponível e que serviu de base para este estudo, o NCPC trata dos Embargos à Execução nos artigos 914 e seguintes.

Eles reproduzem, sem alterações, algumas regras do código atual, como por exemplo os artigos 736, 747 entre outros, apenas os colocando sequencialmente. Ganha em organicidade.

Pontue-se que pela regra do NCPC os embargos devem ser distribuídos por dependência e autuados em apenso. No espaço procedimental trabalhista sua interposição vem encartada nos próprios autos e, nisso, nada será alterado nos feitos trabalhistas, seguindo incólume a nossa sistemática.

O NCPC positiva alguns posicionamentos já adotados pela jurisprudência, com suporte doutrinário, no tocante à execução por carta, bem assim no julgamentos dos respectivos embargos, doravante formalmente divididos. Segundo a novel norma do § 2º, do artigo 914, na execução por carta, isto é, fora da sede do juízo executor, os embargos podem ser oferecidos tanto no juízo deprecante, quanto no juízo deprecado, variando conforme o juízo do qual o ato censurado emanar.

O ônus de julgar os embargos obedecerá antiga praxe forense. Se o ato reputado inválido tiver sido exarado pelo juízo deprecante, este ficará responsável pela revisão, enquanto se o apontado miasma tiver como fato originário alguma decisão do juízo deprecado, a este cabe sua sustentação ou reconsideração. À guisa de exemplo, do rol de situações processuais passíveis de revisão no juízo deprecado estarão os atos atinentes à penhora[7], avaliação e alienação.

No processo civil o prazo de interposição do embargos é diverso do estabelecido no Direito Processual do Trabalho, ficando ambos inalterados. Nada obstante, o novo código cria um bem delimitado regime de abertura de prazos, conforme os atos processuais praticados. Ele está disposto no artigo 231/NCPC, cuja conferência é útil.

Havendo mais de um embargado, o que não é raro em seara trabalhista, diz o NCPC que o prazo de embargos será contado da juntada do respectivo manda-

---

[7] Esclareça-se que se bem a ser penhora tiver sido individualizado pelo juízo deprecante, eventual questionamento deverá ser respondido pelo juiz que indicou o bem – deprecante.

do. Note-se que não é esta a sistemática laboral. Destarte, permanecerá íntegra a regra do artigo 884/CLT.

Alerta especial deve ser dado aos cônjuges e companheiros (estes com idêntico tratamento), quando solidariamente atiçados em execução. A nova regra estabelece que o prazo para embargos somente se inicia quando juntado o último mandado. Bem, apesar de nosso prazo ter tratamento diverso, nos casos de se excutir *bens imóveis* é indispensável que haja ciência do cônjuge, o que vale para o companheiro, como se aduziu. Em sendo assim, cabendo ao Juiz do Trabalho cientificar ambos, quer nos parecer que a nova regra, no particular, se aplica ao Direito Processual do Trabalho. Sendo os embargos individuais ou em conjunto – isso pode variar pelo regime de casamento ou por vontade das partes – é razoável que o prazo somente se inicia após a inequívoca ciência do derradeiro cônjuge.

O novo artigo 916 incorpora a possibilidade de fracionamento preconizada no atual artigo 745-A/CPC, trazendo-a justamente para o momento dos embargos à execução. A regra mais moderna aduz que: "no prazo para embargos, reconhecendo o crédito do exequente e comprovando o depósito de trinta por cento do valor em execução, acrescido de custas e de honorários de advogado, o executado poderá requerer que lhe seja permitido pagar o restante em até 6 (seis) parcelas mensais, acrescidas de correção monetária e de juros de um por cento ao mês".

Particularmente temos resistência em afirmar que esta regra seja aplicada no processo do trabalho, porque diante da ausência de previsão nesse sentido, o devedor trabalhista somente pode quitar o seu débito à vista, e esta é a melhor condição para o trabalhador-credor. Entretanto, temos percebido que a jurisprudência tem sido bem condescendente com os executados trabalhistas, permitindo-lhes o pagamento fracionado sem maiores rebuços. Parece mesmo ser uma tendência. E se assim for, a regra vindoura há de contar com boa recepção no pretórios trabalhistas. Ademais, em tempos de grande prestígio da conciliação, uma forma mais cômoda de pagamento e com a demonstração de boa vontade sinalizada com o prévio pagamento de 30%, possivelmente será agasalhado perante a Justiça do Trabalho.

A chance de fracionamento da dívida que está sendo legalmente concedida alinha-se com os propósitos modernos do processo, com envolvimento das partes e supressão de embargos, o que beneficia o credor. Pela nova sistemática, nada será feito sem o consentimento do exequente, e enquanto não chancelado o parcelamento, o executado terá de depositar as parcelas vincendas, facultado ao interessado o seu levantamento. Uma vez deferida a proposta, o exequente levantará a quantia depositada, e serão suspensos os atos executivos. Lado outro, se indeferida a proposta, seguir-se-ão os atos executivos, mantido o depósito, que será convertido em penhora, situação proveitosa para o credor. Além disso, o não pagamento de qualquer das prestações acarretará cumulativamente o vencimento das prestações subsequentes e o prosseguimento do processo, com o imediato reinício dos atos executivos, e ainda a imposição ao executado de multa de dez por cento sobre o valor das prestações não pagas.

O equilíbrio é de fácil constatação, há proveito para ambas as partes. E mais ainda, a opção pelo parcelamento importa em renúncia ao direito de opor embargos, abreviando o tempo de execução.

Questão grave e muito tormentosa é a matéria oponível em sede de embargos do executado. A CLT andou muito bem em restringir ao máximo, entretanto, a doutrina e a jurisprudência se encarregaram de alargar exageradamente as hipóteses de cabimento, quase que descaracterizando o texto celetista. O NCPC traz, naturalmente, chances mais ampliadas de embargos. Assim, no campo do processo civil são alegáveis os seguintes fatos: I – inexequibilidade do título ou inexigibilidade da obrigação; II – penhora incorreta ou avaliação errônea; III – excesso de execução ou cumulação indevida de execuções; IV - incompetência absoluta ou relativa do juízo da execução; VI – qualquer matéria que lhe seria lícito deduzir como defesa em processo de conhecimento[8].

O rol parece imenso, mas não podemos olvidas que todas essas cogitações são deduzidas nos embargos do executado opostos perante a Justiça do Trabalho. São matérias comumente aceitas, e que estão completamente amalgamadas com as garantias processuais conferidas aos cidadãos pela Constituição da República. Quer nos parecer impossível a supressão de quaisquer delas, pelo que opinamos desde já pela mais cômoda aceitação pelo Direito Processual do Trabalho, com segura, aplicação judicial.

A contraditório é muito concentrado no âmbito dos embargos do executado, inexiste espaço cognitivo, mas não menos certo que pode haver excesso de execução. É assim quando o exequente pleiteia quantia superior à do título; quando ela recai sobre coisa diversa daquela declarada no título; quando ela se processa de modo diferente do que foi determinado no título; quando o exequente, sem cumprir a prestação que lhe corresponde, exige o adimplemento da prestação do executado; e ainda quando o exequente não prova que a condição se realizou.

O direito de defesa emerge cristalino. Deve ser dado espaço de resistência. A justiça jamais pode confundir o legítimo direito de defesa, com o deletério ânimo do mau pagador que quer ser desvincular indevidamente da dívida construída. A primeira postura enseja acolhimento, enquanto a segunda a mais contundente repulsa. E ambas as situações estão processualmente previstas.

---

8   Foi propositalmente suprimida uma das hipóteses, pois totalmente inaplicável ao Direito Processual do Trabalho.

O NCPC cuida disso com esmero. Quando o executado alegar que o exequente, em excesso de execução, pleiteia quantia superior à do título, o embargante declarará desde logo, isto é, na petição inicial, o valor que entende correto, apresentando demonstrativo discriminado e atualizado de seu cálculo, em franca demonstração de boa-fé, instituto jurídico muito valorizado também no diploma vindouro. A solução judicial é severa. Se o embargante não apontar o valor correto ou não apresentado o demonstrativo, os embargos à execução serão liminarmente rejeitados, sem resolução de mérito, se o excesso de execução for o seu único fundamento; e serão processados, se houver outro fundamento, mas o juiz não examinará mais a alegação de excesso de execução.

Nos embargos também poderá a parte argüir o impedimento ou a suspeição do magistrado, quando específica remessa aos artigos do código que regem essa matéria, quais sejam os artigos 146 e 148/NCPC, com naturalmente amalgamento em terreno trabalhista.

O juiz rejeitará liminarmente os embargos quando intempestivos, bem como nos casos de indeferimento da petição inicial e de improcedência liminar do pedido. Também contarão com idêntica reprovação os embargos manifestamente protelatórios. E em prestígio à lealdade processual, doravante será considerada conduta atentatória à dignidade da justiça o oferecimento de embargos manifestamente protelatórios, com a devida imposição de multa, situações processuais que se ajustam perfeitamente com o Direito Processual do Trabalho.

O novo código, em linha com a CLT, não tribui efeito suspensivo à execução quando dos embargos, apesar de, em senso de realidade, muitas vezes verificarmos o sobrestamento da execução ante à interposição de embargos. Abre-se, contudo, um espaço para que o magistrado faça bom uso de seu poder geral de cautela.

O código de 2015 afirma que o juiz poderá, a requerimento do embargante, atribuir efeito suspensivo aos embargos quando verificados os requisitos para a concessão da tutela provisória e desde que a execução já esteja garantida por penhora, depósito ou caução suficientes.

Não verificamos qualquer prejuízo para o credor, é faz-se necessária justiça para com o executado-embargante. Pensamos que deverá ser de aplicação comum.

Cessando as circunstâncias que a motivaram, a decisão relativa aos efeitos dos embargos poderá ser, de ofício ou a requerimento da parte modificada ou revogada a qualquer tempo, em decisão fundamentada.

Sob nítida inspiração com o que ordinariamente se faz na Justiça do Trabalho, a regra processual mais moder aduz que, quando o efeito suspensivo atribuído aos embargos disser respeito apenas a parte do objeto da execução, esta prosseguirá quanto à parte restante.

Em prática que redunda em agilidade e justeza, assevera no NCPC que a concessão de efeito suspensivo aos embargos oferecidos por um dos executados não suspenderá a execução contra os que não embargaram quando o respectivo fundamento disser respeito exclusivamente ao embargante. Medida elogiável.

Igualmente meritória a afirmação de que a concessão de efeito suspensivo não impedirá a efetivação dos atos de substituição, de reforço ou de redução da penhora e de avaliação dos bens.

10. CONCLUSÃO

Inegavelmente o Código de Processo Civil continuará a representar suplementação para a normatividade processual trabalhista, especialmente agora, com um acervo legislativo tão exauriente. Aliás, um recorde mundial. Nenhum outro diploma estrangeiro tem cobertura maior em termos de execução. Entretanto, sua aplicação está a carecer de critério ainda mais acurado, diante das contundentes discrepâncias sistêmicas.

No CPC o cumprimento de sentença é absolutamente ágil. Some a possibilidade de embargos à execução (remanesce em sede de execução extrajudicial). Entre nós não é tão rápido, porquanto remanescem os embargos, entretanto invariavelmente onerosos.

No campo dos títulos executivos extrajudiciais, poder-se-ia falar em eventual coincidência, contudo esta é apenas aparente. Os títulos executivos extrajudiciais conhecidos no Direito Processual do Trabalho não ficam à exclusiva mercê do exequente. Eles são elaborados pelo Ministério Público do Trabalho, no caso dos TAC, contando com presunção legal de justeza, ou pelas Comissões de Conciliação Prévia, instituídas pelas partes, por intermédio dos respectivos sindicatos, com idêntica previsão de legalidade.

Por estas razões os regimes de embargos do processo civil e do processo do trabalho doravante caminharão parcialmente separados, posto que as distinções ficassem ainda mais marcantes, e o aproveitamento de atos processuais coincidentes se tornou especialmente difícil no tocante aos embargos. Entretanto, inúmeras outras situações processuais, inclusive atinentes aos demais incidentes de execução seguem dispondo de utilidade compartilhada.

O NCPC não irá acabar com os problemas da justiça brasileira, seja ela comum ou especial, mas certamente tem o nítido objetivo de torná-la mais célere. E avança quando propõe a responsabilização compartilhada de todos os atores sociais que se ocupam do processo, com deveres bem distribuídos, em prol da consagração das garantias processuais constitucionais assentadas na Constituição da República.

Capítulo 50

EXECUÇÃO DE OBRIGAÇÕES DE FAZER E DE NÃO FAZER: REPERCUSSÕES DAS REGRAS DO NOVO CPC NO MODELO PROCESSUAL DO TRABALHO

Sérgio Torres Teixeira[1]

SUMÁRIO: 1. INTRODUÇÃO; 2. TUTELA ESPECÍFICA ENVOLVENDO PRESTAÇÕES DE FAZER E DE NÃO FAZER; 3. CUMPRIMENTO DE PRESTAÇÕES DE FAZER E NÃO FAZER NO ÂMBITO DAS RELAÇÕES DE TRABALHO; 4. TUTELA ESPECÍFICA DE PRESTAÇÕES DE FAZER E DE NÃO FAZER NA LEI Nº 13.105 DE 2015 (NOVO CPC) E SUAS REPERCUSSÕES NO PROCESSO DO TRABALHO; 5. DISCIPLINA DO NOVO CPC ENVOLVENDO O CUMPRIMENTO DE SENTENÇA QUE RECONHEÇA A EXIGIBILIDADE DE OBRIGAÇÃO DE FAZER OU DE NÃO FAZER E SEUS REFLEXOS NO PROCESSO LABORAL; 6. DISCIPLINA DO NOVO CPC ACERCA DA EXECUÇÃO DAS OBRIGAÇÕES DE FAZER OU DE NÃO FAZER EM PROCESSO DE EXECUÇÃO AUTÔNOMO E SEUS IMPACTOS SOBRE O MODELO PROCESSUAL TRABALHISTA; 7. CONCLUSÕES; 8. REFERÊNCIAS.

1. INTRODUÇÃO

A Lei nº 13.105 de 16 de março de 2015, que constitui o novo Código de Processo Civil brasileiro, a partir da sua vigência vai gerar intensos impactos no modelo processual trabalhista desenvolvido perante a Justiça do Trabalho no país. Mesmo antes da entrada em vigor do novo diploma processual, a "dependência" do processo do trabalho nos elementos do processo civil, provocado pela incompletude normativa que caracteriza a legislação processual trabalhista e pela necessidade de proceder a uma heterointegração de regras de forma a permitir a integralização do sistema processual laboral, já causa grande expectativas por parte dos "operários" do processo trabalhista, ansiosos para utilizar os novos "instrumentos" previstos no Código principiante.

As repercussões que serão geradas pelo novo CPC sobre a fase executiva (ou de "cumprimento de sentença", para utilizar uma terminologia mais adequada à atual fase do processualismo pátrio) do processo do trabalho, por sua vez, são objeto de grande expectativa por parte dos que atuam diante da Justiça do Trabalho e reconhecem na execução trabalhista o seu "calcanhar de Aquiles".

---

[1] Doutor em Direito. Desembargador do TRT6. Professor Adjunto da UNICAP e FDR/UFPE. Diretor da ESMATRA 6. Coordenador do Curso de Direito da Faculdade Marista do Recife. Titular da cadeira nº 33 da Academia Brasileira de Direito do Trabalho.

O artigo 4º da Lei nº 13.105/2015, ao proceder à densificação normativa no plano infraconstitucional dos direitos fundamentais a um processo de razoável duração e a uma tutela jurisdicional efetiva originalmente previsto no artigo 5º, inciso LXXVIII, da Constituição da República (a todos, no âmbito judicial e administrativo, são assegurados a razoável duração do processo e os meios que garantam a celeridade de sua tramitação), faz expressa menção à inclusão em tal dimensão instrumental da atividade concretizador própria da fase executiva:

> Art. 4º As partes têm o direito de obter em prazo razoável a solução integral do mérito, incluída a atividade satisfativa.

A "inclusão" da atividade satisfativa dentro dimensão das garantias constitucionais a um processo de razoável duração e a uma tutela jurisdicional efetiva, por sua vez, evidencia a preocupação do legislador ordinário em enfatizar a missão instrumentalista do processo judicial, com este servindo de meio (e não fim) à resolução do mérito da causa e veículo para a satisfação do destinatário da tutela estatal.

A finalidade da tutela executiva é a materialização de um direito que, apesar de previsto em um título judicial ou extrajudicial, não foi espontaneamente aplicado por uma das partes em face da outra. O grau de efetividade do processo judicial, a sua eficiência na consecução das suas metas originalmente planejadas, se encontra diretamente vinculada à capacidade do sistema de alcançar a satisfação do jurisdicionado cuja pretensão foi acolhida pelo magistrado. Ao atender as expectativas do destinatário da tutela jurisdicional, concretizando o seu direito por meio do cumprimento de prestação geradora de efeitos equiparados ao do adimplemento da obrigação original, o processo consegue alcançar um patamar de efetividade que justifica a sua existência diante da sociedade.

Sem tal satisfação, por outro lado, o sistema processual se apresenta como inapto a servir como meio para ser alcançado a justiça ... e, portanto, sem efetividade.

A aferição da grau de efetividade do modelo processual pela sua aptidão em atender às expectativas dos "vencedores" da demanda judicial, aliás, tende a ser um dos critérios mais adequados para uma análise crítica acerca das várias dimensões de acesso à justiça. Somente com a satisfação do destinatário da tutela jurisdicional, pois, é que será possível apresentar um modelo processual realmente "efetivo".

Nem sempre é de fácil obtenção, contudo, tal contentamento do jurisdicionado que ao final de um processo judicial se tornou o "receptor" de uma tutela executiva.

Especialmente quando a prestação jurisdicional a ser cumprida pelo litigante condenado a adimplir a respectiva obrigação consiste em uma conduta comissiva ou omissiva, ou seja, quando o objeto da tutela executiva envolve uma prestação de fazer ou de não fazer.

O cumprimento de tal espécie de prestação pelo devedor usualmente impõe ao Estado-Juiz a superação de diversas dificuldades e variados empecilhos, desde as limitações relacionadas aos meios de coerção que podem ser utilizados para incentivar o adimplemento da obrigação até a própria dependência do Judiciário na colaboração do devedor para se obter o cumprimento específico da prestação. Em virtude de tais obstáculos, o legislador pátrio tem oferecido aos usuários do sistema processual uma série de ferramentas destinadas exatamente a garantir a entrega de uma tutela executiva satisfatória quando a obrigação a ser cumprida envolve prestação de fazer ou de não fazer.

Esta providência legislativa envolvendo uma disciplina diferenciada para a tutela executiva envolvendo prestações de fazer e de não fazer, se é bastante útil no âmbito das relações civis em geral, se apresenta como essencialmente imprescindível na seara das relações laborais. As peculiaridades que caracterizam as relações de emprego, especialmente a natureza *intuitu personae* (pessoalidade) inerente ao respectivo contrato, dificultam a atuação dos juízes do trabalho na concretização da tutela de prestações de fazer e não fazer.

O presente texto, por sua vez, almeja servir de estudo preliminar dos (prováveis) impactos que o novo Código de Processo Civil vai produzir sobre as técnicas de concretização da tutela envolvendo prestações de fazer e não fazer no âmbito do modelo processual do trabalho.

2. TUTELA ESPECÍFICA ENVOLVENDO PRESTAÇÕES DE FAZER E DE NÃO FAZER

Uma vez acolhida a pretensão de um demandante e iniciada a fase executiva na qual se almeja concretizar o comando constante na sentença exequenda, o objetivo principal do magistrado deve ser a entrega da chamada "tutela específica", ou seja, a tutela jurisdicional destinada a produzir a materialização do direito do jurisdicionado reconhecido como "vencedor" mediante o adimplemento da obrigação pelo jurisdicionado "vencido", nos exatos moldes previstos em lei ou no contrato que os une.

Conforme lecionam Luiz Guilherme Marinoni e Sérgio Cruz Arenhart,

> em se tratando de obrigação contratual, a tutela específica, em princípio, é aquela que confere ao autor o cumprimento da obrigação inadimplida, seja a obrigação de entregar coisa, pagar soma em dinheiro, fazer ou não fazer. A tutela que confere ao autor o desfazimento daquilo que não deveria ter sido feito é tutela específica da obrigação de não fazer. Quando se teme a reiteração do descumprimento de uma obrigação de fazer ou não fazer, a tutela que se

destina a impedir o devedor de voltar a inadimplir também é tutela específica. (2001, p. 449)

Como modalidade preferencial de tutela a ser entregue pelo Estado-Juiz, acima da chamada "tutela de equivalência" (tutela não específica mas que produz resultado prático equivalente, como por exemplo a construção de algo por terceiro às expensas do devedor originário) e a denominada "tutela ressarcitória" (conversão da obrigação original em uma obrigação de para perdas e danos pelo inadimplemento), a tutela específica representa a melhor forma de ser alcançada a plena satisfação do credor e destinatário da tutela estatal. Como leciona Ada Pelegrini Grinover, a tutela específica deve ser

> entendida como conjunto de remédios e providências tendente a proporcionar àquele em cujo benefício se estabeleceu a obrigação o preciso resultado prático que seria pelo adimplemento. Assim, o próprio conceito de tutela específica é praticamente coincidente com a ideia da efetividade do processo e da utilidade das decisões, pois nela, por definição, a atividade jurisdicional tende a proporcionar ao credor o exato resultado prático atingível pelo adimplemento. Essa coincidência leva a doutrina a proclamar a preferência de que goza a tutela específica sobre qualquer outra. (1995, p. 1.026)

Dentro de tal contexto, a tutela específica é exatamente aquela proteção estatal que promove o adimplemento da obrigação devida ao credor, conforme previsto em lei ou em contrato, para reparar o dano já materializada (quando uma tutela reparatória) ou prevenir o dano que ameaçava se materializar (quando uma tutela preventiva). Nesse sentido, ocorre a entrega de uma tutela específica quando o jurisdicionado recebe exata e precisamente aquilo que, segundo o ordenamento jurídico, deveria ter recebido desde antes do surgimento do litígio, quando o seu direito ainda não havia sido violado.

Tal modalidade de tutela jurisdicional se harmoniza com a lição de Giuseppe Chiovenda (1998, p. 67), segundo o qual "o processo deve dar, quanto for possível praticamente, a quem tenha um direito, tudo aquilo e exatamente aquilo que ele tenha direito de conseguir".

Nesse mesmo sentido, o pensamento de Cândido Rangel Dinamarco:

> o direito moderno vem progressivamente impondo a tutela específica, a partir da idéia de que *na medida do que for possível na prática, o processo deve dar a quem tem um direito tudo aquilo e precisamente aquilo que ele tem o direito de obter*. Essa sapientíssima lição (Giuseppe Chiovenda), lançada no início do século, figura hoje como verdadeiro *slogan* da moderna escola do *processo civil de resultados*, que puna pela efetividade do processo como meio de acesso à justiça e proscreve toda imperfeição evitável. (2001, p. 153).

A entrega da tutela específica, por conseguinte, representa o objetivo de qualquer modelo processual que almeja ser efetivo, pois é por seu intermédio que a atuação do Estado-juiz resulta em efetivo acesso à justiça.

Quando a prestação a ser cumprida a corresponde a uma reparação pecuniária, os obstáculos enfrentados pelo Judiciário para assegurar a entrega da tutela específica usualmente são de mais fácil superação (ao menos em se tratando de um devedor solvente), pois para gerar a consequência almejada (o pagamento do valor devido ao vencedor da demanda), o Estado-Juiz em princípio não depende da colaboração do devedor. Havendo resistência deste no cumprimento da obrigação de pagar a quantia devida, podem ser utilizadas medidas executivas que resultem na apropriação judicial de uma quantia em dinheiro (como o gerado pelo bloqueio de uma conta bancária) ou na alienação judicial de um bem penhorado em hasta pública, com a subsequente transferência do numerário ao respectivo credor.

Obviamente a colaboração do devedor facilita tal procedimento em busca da tutela específica, como ocorre quando o mesmo voluntariamente cumpre a sentença ao pagar o dinheiro devido ao credor ou (ao menos) indica bens para penhora. Mesmo com a recusa do devedor em colaborar, entretanto o magistrado dispõe de ferramentas processuais eficientes para proporcionar a tutela específica ao credor, encontrando dificuldades apenas quando o devedor consegue de alguma forma "encobrir" ou "camuflar" o seu patrimônio, ou, então, quando o mesmo revela um estado de insolvência que simplesmente impede o cumprimento da prestação de pagar a quantia devida.

Tal conduta colaborativa do devedor, no entanto, usualmente se revela prescindível à consecução da tutela específica quando esta envolver uma prestação de pagar uma quantia em pecúnia. Os instrumentos processuais que se encontram à disposição do juiz normalmente são aptas a permitir a entrega da tutela específica envolvendo o pagamento em dinheiro por meio de medidas de coerção típicas da fase executiva.

Tal realidade também ocorre quando a prestação a ser cumprida envolve uma prestação de entregar uma coisa. Caso o devedor não colabore, o Judiciário pode utilizar medidas de constrição para obter a concretização da tutela específica independentemente da vontade deste. Uma medida de busca e apreensão do bem a ser entregue, por exemplo, usualmente resolve qualquer obstáculo decorrente da falta de colaboração do devedor. Como a prestação se resume à colocação de um bem dentro do domínio do respectivo credor, basta ao Estado--Juiz localizar o respectivo objeto e transferir o mesmo para o poder do destinatário da tutela jurisdicional.

Com as prestações de fazer e de não fazer, contudo, a realidade é outra. A tutela específica envolvendo prestações de fazer e de não fazer pode, facilmente, encontrar obstáculos de difícil transposição. A não são quando fungíveis, as prestações de fazer e de não fazer dependem diretamente da colaboração do respectivo devedor para o seu adequado cumprimento. Sem essa cooperação quando diante de uma barreira decorrente da falta de fungibilidade do seu objeto, a entrega da tutela específica envolvendo prestação de fazer e de não fazer se torna uma meta praticamente inalcançável. (POPP, 1995).

Em sendo infungível a prestação jurisdicional de fazer ou de não fazer, unicamente o próprio jurisdicionado "vencido" na disputa judicial pode adimplir a respectiva obrigação mediante a sua própria conduta comissiva ou omissiva. Tão somente o próprio devedor, em tais casos, pode praticar o ato ou se abster de praticar determinado ato. O cumprimento da respectiva prestação, portanto, se encontra essencialmente condicionado à colaboração do próprio litigante condenado. Sem a sua cooperação, a tutela específica da prestação de fazer ou de não fazer se apresenta como inalcançável.

E é tal quadro de dependência que leva o legislador a tratar de forma diferenciada a tutela específica envolvendo ações que tenham por objeto prestações de fazer e de não fazer.

3. CUMPRIMENTO DE PRESTAÇÕES DE FAZER E NÃO FAZER NO ÂMBITO DAS RELAÇÕES DE TRABALHO

Quando a prestação de fazer ou de não fazer é fungível, ou seja, quando a respectiva obrigação pode ser cumprida por outro sujeito que não o devedor, a entrega da tutela específica normalmente se encontra ao alcance do magistrado condutor da fase executiva. Quando não contar com a colaboração do devedor, mesmo quando este for "estimulado" por medidas sancionatórias como as multas "astreintes" (sanções pecuniárias fixadas com base em alguma unidade de tempo com o intuito de persuadir o devedor a cumprir a obrigação), poderá o juiz providenciar o cumprimento da prestação por um terceiro, de modo a garantir o adimplemento da obrigação em favor do credor.

A pintura de uma casa ou a conduta de abstenção relativa à não poluição do ar com a fumaça oriunda de uma chaminé de fábrica, por exemplo, são prestações que, se o devedor não as cumprir, ainda assim o Judiciário pode alcançar a tutela específica sem maiores dificuldades (pelo menos em tese). Um magistrado pode determinar que um terceiro pinte a casa por conta do devedor, que depois deverá arcar com as despesas respectivas, e, eventualmente, se sujeitar a medidas executivas aptas a gerar o dinheiro necessário para pagar tais despesas. De igual forma, se a prestação de não poluir o ar com a fumaça depender exclusivamente do ato de colocar um filtro na chaminé, o juiz pode determinar que outro sujeito realize tal ato para alcançar a prestação de "não poluir".

Diferente é a situação, por outro lado, quando a prestação de fazer ou de não fazer a ser cumprida se apresenta como material ou contratualmente infungível. Ou seja, quando apenas o devedor originário é quem pode cumprir a respectiva prestação pela própria natureza da obrigação ou, então, pro expressa previsão contratual.

A composição de uma música especial por um compositor famoso de talento ímpar ou a cessação de um comportamento hostil e abusivo como o de discriminar pessoas em virtude de sua origem social, por exemplo, envolvem prestações evidentemente infungíveis. Noutras palavras, são prestações que somente podem ser cumpridas pelos próprios devedores (o compositor contratado para criar uma música segundo o seu estilo musical e o sujeito preconceituoso e ofensivo que estaria praticando os atos hostis e abusos de discriminação), sendo inadmissível atribuir o cumprimento das mesmas a um terceiro. Somente o compositor contratado para criar a música especial segundo seu talento único pode cumprir a respectiva prestação de fazer de forma a proporcionar uma tutela específica na hipótese de uma tutela jurisdicional com tal objeto. Em idêntico sentido, unicamente o próprio devedor poderia deixar de praticar as condutas discriminatórias que anteriormente estava praticando.

A falta de fungibilidade das respectivas prestações, assim, impõe a exclusividade no cumprimento da prestação destinada a entregar a tutela específica: apenas o próprio devedor é quem pode adimplir a respectiva obrigação mediante o cumprimento da prestação de fazer ou de não fazer.

No campo das relações laborais, várias são as espécies de prestações infungíveis envolvendo atos de fazer ou de não fazer. A falta de fungibilidade pode decorrer de algum aspecto material da respectiva conduta, ou, então, pelo simples aspecto contratual que vincula especificamente aquele empregado àquele empregador.

Tal quadro prevalece mesmo quando se reconhece que a prestação de fazer mais frequentemente postulada em demandas trabalhistas, a de efetuar anotações/retificações na Carteira de Trabalho do empregado, é uma prestação perfeitamente fungível, pois o respectivo registro pode ser feito pelo Diretor da Vara do Trabalho ou por outro servidor, por ordem do magistrado. Esta exceção não se sobrepõe à regra da ausência de fungibilidade, no entanto, uma vez que na maior parte dos casos de prestações de fazer ou de não fazer no âmbito laboral, tais prestações são essencialmente infungíveis.

A promoção para um novo cargo, a alteração funcional e a reintegração de um empregado são atos próprios do empregador e típicas prestações de fazer infungíveis. A imposição de uma conduta não-discriminatória na admissão de empregados, a vedação à prática de uma transferência de local de trabalho e a proibição de práticas contrárias à segurança no ambiente de trabalho, por outro lado, são próprias do ambiente laboral e típicas prestações de não fazer. E é exatamente por envolver condutas peculiares à figura do empregador, assim, que hipóteses como essas mencionadas (desde a promoção do retorno de um empregado reintegrado até a abstenção de transferir o empregado para outro local laboral) somente podem ser cumpridas pela própria entidade patronal.

Talvez o melhor exemplo de tal ausência de fungibilidade seja a hipótese da reintegração no emprego. A prestação envolvendo o retorno físico do empregado ao seu antigo posto empregatício após ser ilegalmente despojado do emprego, trata-se de uma prestação de fazer tanto materialmente como contratualmente infungível. Como a principal prestação decorrente da reintegração no emprego é a restituição do vínculo ilegalmente rompido mediante o retorno ao *status quo ante*, ou seja, a volta do obreiro ao seu emprego com a restauração plena da relação irregularmente rompida, apenas o próprio empregador que despediu o empregado pode promover a sua reintegração no seu antigo posto.

A ausência de fungibilidade da prestação é patente. Não há como imaginar um empregado sendo reintegrado ... em outro emprego diante de outro empregador. É da essência da reintegração a restauração do vínculo primitivo, restituindo integralmente o que antes foi irregularmente destruído ressuscitando o elo ilicitamente rompido. Dentro desse contexto, a única ressalva envolve uma situação realmente excepcionalíssima: quando uma empresa é sucedida por outra (como no caso de uma incorporação de uma empresa a outra) e a sucedida é quem deve assumir a obrigação de reintegrar o obreiro. Nos demais casos, não há como fugir à regra da infungibilidade da respectiva prestação, pois só o próprio empregador pode reintegrar o seu antigo empregado, reestabelecendo o vínculo original, fazendo retornar o liame empregatício aos mesmos moldes de antes ao promover a restauração do contrato de emprego anteriormente dissolvido.

Por outro lado, prestações de não fazer na seara laboral, especialmente aquelas relacionadas à uma medida de inibição a uma conduta patronal abusiva e ilícita, tem sido objeto de várias demandas processadas na Justiça do Trabalho. Variando de vedações como as de não discriminar até proibições como as de não constranger o empregado ao praticar este ou aquele ato (como o de fiscalizar a atuação dos seus empregados ou praticar a revista íntima na saída do local de trabalho), tais prestações de abstenção lamentavelmente hoje fazem parte do cotidiano das empresas do Brasil, e em alguns casos em virtude de uma condenação judicial imputando tal prestação de não fazer.

Merece uma atenção especial a prestação de não fazer correspondente à ordem de vedação, dirigida ao empregador, quanto à promoção de uma transferência considerada abusiva, deslocando o seu empregado em violação a algum dos dispositivos do artigo 469 consolidado. A falta de fungibilidade de tal prestação de não fazer é patente, pois apenas o próprio empregador pode se abster de transferir abusivamente o seu empregado.

Em todos os casos mencionados, como tais condutas são impostas à própria entidade patronal, que corresponde ao único sujeito apto a cumprir a respectiva prestação de não fazer, não há como negar a ausência de fungibilidade que as caracteriza.

Diante de tal quadro de ausência de fungibilidade de uma prestação de fazer ou de não fazer no âmbito das relações empregatícias, como promover a entrega de uma tutela específica?

Já que o Estado moderno assume uma contundente repulsa pelo uso de medidas de coerção física para impor o cumprimento de uma prestação de fazer ou de não fazer (como castigos físicos), e como as medidas de privação de liberdade para combater a inércia do devedor de tais prestações são igualmente recusadas, há uma evidente dependência na colaboração do devedor ... mesmo que tal cooperação tenha que ser "estimulada" por ameaças de sanções financeiras que possam atingir o bolso do devedor. (TALAMINI, 2001).

Em decorrência de tal realidade de prevalência da ausência de fungibilidade quanto aos atos comissivos e omissivos correspondentes na seara laboral, não há como negar que os órgãos da Justiça do Trabalho na prática dependem da cooperação dos devedores para entregar a tutela específica envolvendo prestação de fazer ou de não fazer.

4. TUTELA ESPECÍFICA DE PRESTAÇÕES DE FAZER E DE NÃO FAZER NA LEI Nº 13.105 DE 2015 (NOVO CPC) E SUAS REPERCUSSÕES NO PROCESSO DO TRABALHO

O novo Código de Processo Civil brasileiro (Lei nº 13.105 de 2015), contém uma disciplina própria para a tutela específica de prestações de fazer e não fazer em três setores distintos do seu corpo, todas encontradas na Parte Especial do novo diploma.

Primeiro, a Seção IV do Capítulo XIII (Da Sentença e da Coisa Julgada) do Título I (Do Procedimento Comum) do Livro I (Do Processo de Conhecimento e do Cumprimento de Sentença).

Em seguida, a Seção I (Do Cumprimento de Sentença que Reconheça a Exigibilidade de Obrigação de Fazer ou de Não Fazer) do Capítulo VI (Do Cumprimento de Sentença que Reconheça a Exigibilidade de Obrigação de Fazer, de Não Fazer ou de Entregar Coisa) do Título II (Do Cumprimento da Sentença) do mesmo Livro I da Parte Especial.

Por fim, as Seções I, II e III do Capítulo III (Da Execução das Obrigações de Fazer ou de Não Fazer) do Título II (Das Diversas Espécies de Execução) do Livro II (Do Processo de Execução) da Parte Especial do novo CPC.

Formada pelos artigos 497 a 501, a Seção IV do Capítulo XIII do Título I do Livro I da Parte Especial do novo CPC é adequadamente denominada de "Do Julgamento das Ações Relativas às Prestações de Fazer, de Não Fazer e de Entregar Coisa.

O artigo 497 do novo CPC, no seu *caput*, segue a mesma diretriz antes adotada pelo *caput* dos artigos 84 do Código de Defesa do Consumidor e 461 do Código de Processo Civil de 1973 (com a redação dada pela Lei nº 8.952 de 1994), estabelecendo uma ordem hierarquia preferencial quanto à espécie de tutela que o magistrado deve proporcionar ao jurisdicionado vencedor da demanda: primeiro, a tutela específica; em não sendo possível esta, então uma tutela de equivalência, apta a gerar um resultado prático equivalente ao do adimplemento da obrigação pelo devedor.

Nesse sentido, a identidade das letras do texto dos respectivos dispositivos é quase absoluto:

> Na ação que tenha por objeto o cumprimento da obrigação de fazer ou não fazer, o juiz concederá a tutela específica da obrigação ou determinará providências que assegurem o resultado prático equivalente ao do adimplemento. (Artigo 84, *caput*, do CDC)

> Na ação que tenha por objeto o cumprimento de obrigação de fazer ou não fazer, o juiz concederá a tutela específica da obrigação ou, se procedente o pedido, determinará providências que assegurem o resultado prático equivalente ao do adimplemento. (Artigo 461, *caput*, do CPC de 1973, com redação dada pela Lei nº 8.952, de 13.12.1994)

> Na ação que tenha por objeto a prestação de fazer ou de não fazer, o juiz, se procedente o pedido, concederá a tutela específica ou determinará providências que assegurem a obtenção de tutela pelo resultado prático equivalente. (Artigo 497 do CPC de 2015)

O legislador ordinário, ao editar o CPC de 2015, prosseguiu no mesmo caminho já consagrado em 1990 com o Código de Defesa do Consumidor e ratificado no CPC de 1973 por meio da nova redação dada ao *caput* do seu artigo 461 pela Lei 8.952 de 1994, conforme se deduz pela semelhança dos respectivos textos legais, deixando em evidente que o órgão jurisdicional, ao julgar uma demanda na qual se reconhece o direito do jurisdicionado vencedor ao benefício de uma prestação de fazer ou de não fazer a ser cumprida pelo litigante vencido, deve procurar em primeiro lugar proporcionar ao vitorioso a tutela específica, isto é, exatamente aquela tutela jurisdicional adequada, conforme previsão em lei ou em contrato, para reparar o dano já causado (quando uma tutela reparatória) ou prevenir o dano que ameaçava se materializar (quando uma tutela preventiva).

Em não sendo possível proporcionar a tutela específica, por outro lado, deve o magistrado proporcionar uma tutela de equivalência como segunda opção, gerando um resultado prático equivalente ao do adimplemento da obrigação.

Trata-se de uma tutela substitutiva (ou seja, não específica) que, mesmo que não proporcionando exata e precisamente aquilo que, segundo o ordenamento jurídico, o vencedor da demanda deveria ter recebido desde o início (ou seja, caso tivesse surgido o conflito), proporciona um resultado final que, empiricamente, produz os mesmos efeitos do cumprimento da obrigação.

Um exemplo típico de tal fórmula de preferência na tutela jurisdicional proporcionada ocorre, conforme anteriormente destacado, em casos como o de anotação da carteira profissional do empregado. Acolhida a respectiva pretensão em uma demanda judicial proposta pelo empregado, a primeira opção de tutela a ser concedida pelo órgão jurisdicional será, naturalmente, a tutela específica, com o próprio empregador efetuando os respectivos registros, inclusive com o eventual uso de carimbos ou outros instrumentos personalizados da entidade patronal. Ao cumprir a respectiva prestação de fazer ao qual foi condenado a adimplir, o empregador realizará o ato apto a proporcionar exatamente aquilo que o empregado tem direito a obter.

Agora, em caso de impossibilidade do empregador de efetuar as anotações na CTPS (seja em face a uma recusa insuperável da entidade patronal, seja em virtude de hipóteses como o falecimento do empregador pessoa física ou o total desparecimento de uma empresa que sequer deixou sócios responsáveis), a segunda opção será a de uma tutela de equivalência, que ocorrerá quando a anotação for efetuada pelo diretor da Vara ou um outro servidor, cumprindo a determinação do juiz. Nesta última hipótese, a tutela específica não foi alcançada uma vez que a anotação não saiu das mãos do próprio empregador ... mas a anotação pelo Diretor ou servidor produz um resultado prático equivalente ao do adimplemento.

Se a tutela almejada envolver uma prestação de fazer como a reintegração no emprego, no entanto, a troca da tutela específica por uma tutela inespecífica, como a alternativa relativa a uma tutela de equivalência, será mais difícil de ser materializada, considerando a natureza infungível da respectiva prestação no plano material e no âmbito pessoal ...

Uma exceção em tal sentido é a hipótese de uma empresa que despediu ilegalmente um empregado estável e posteriormente foi incorporado a um outra empresa. A reintegração na antiga empregadora é impossível, pois a mesma não existe mais ... sendo impossível assim promover a entrega de uma tutela específica. Mas com a reintegração do empregado no quadro funcional da empresa sucessora, o resultado final produz efeitos práticos ao menos próximos do adimplemento pelo empregador original. E, assim, restará materializada uma tutela de equivalência.

Outro exemplo de uma tutela de equivalência no âmbito da reintegração no emprego de um trabalhador ocorre no caso de extinção do cargo primitivo do empregado a ser reintegrado, quando foi extinto o setor no qual antes trabalhava o obreiro ilegalmente despedido e a sua reintegração tiver que ocorrer em um outro setor e em um novo posto empregatício. Novamente, ocorre uma tutela "substitutiva", pois com a impossibilidade material de promover a tutela específica (reintegração no posto empregatício primitivo), surge como alternativa uma tutela não específica, de equivalência, pois o vínculo será restabelecido diante da empresa sucessora (no primeiro exemplo) ou com um novo emprego em novo setor da empresa (no segundo exemplo), com efeitos práticos bastante próximos aos do adimplemento típico que ocorreria no caso de uma tutela específica.

Nas duas hipóteses de exceções, assim, a tutela específica não foi possível ... mas tanto a reintegração do empregado na empresa sucessora como em um novo posto em outro setor da mesma empresa representa uma medida que produz um efeito prático final correspondente ao do adimplemento da obrigação de reintegrar pelo empregador primitivo, constituindo uma verdadeira tutela de equivalência.

Quando a concretização de uma tutela exige uma prestação de não fazer e não há a cooperação do devedor em adotar uma conduta de abstinência mesmo quando utilizado mecanismos de persuasão como as "astreintes" e outras medidas ("necessárias" ou "adequadas", segundo a terminologia adotada pelo legislador o CPC de 2015), normalmente resta ao magistrado apenas recorrer a uma tutela inespecífica de índole ressarcitória, convertendo a respectiva obrigação de não fazer em uma obrigação de pagar uma indenização por perdas e danos. Apenas excepcionalmente é possível proporcionar uma tutela de equivalência em tais quais casos ... quando a respectiva prestação é fungível, ou seja, pode ser substituída por outra.

É o caso de uma condenação de uma empresa na obrigação de não poluir o ambiente de trabalho, quando a respectiva prestação de não fazer (não poluir) deve ser precedida por uma ato de fazer (colocar um filtro que elimina as toxinas oriundas de máquina, por exemplo). Se o empregador não colocar o filtro, o magistrado pode ordenar que outro sujeito o instale às custas do devedor, para então obter o resultado prática equivalente ao do adimplemento da respectiva obrigação patronal.

Normalmente, contudo, as obrigações envolvendo prestações de não fazer não permitem a opção pela tutela de equivalência. Nas hipóteses envolvendo prestações de não fazer infungíveis, assim, a opção secundária por uma tutela de equivalência é na prática impossível. Se apenas o próprio devedor pode cumprir a prestação de se abster de praticar determinado ato, não há como obter um resultado prática equivalente ao do adimplemento por outro meio.

Como regra geral, portanto, apenas o próprio sujeito condenado a cumprir uma prestação de não fazer pode se abster de praticar a conduta indesejada. Somente o empregador pode deixar de praticar aos discriminatórios ou constrangedores contra seus empregados. Unicamente o empregado pode adotar uma conduta omissiva de forma a não praticar atos que geram danos ao seu empregador.

Dentro de tal quadro, o legislador de 2015 apresentou uma inovação no novo Código de Processo Civil. Com o intuito de garantir ao órgão jurisdicional maior facilidade na busca pelo cumprimento do dever estatal de proporcionar, prioritariamente, a tutela específica ao jurisdicionado vencedor em casos de tutela inibitória envolvendo prestação de fazer para evitar ilicitudes, o parágrafo único do artigo 497 do novo diploma processual expôs de forma explícita a prescindibilidade de ser evidenciada nos autos a materialização do lesão ou a conduta culposa ou dolosa do respectivo destinatário da ordem mandamental de abstenção:

> Parágrafo único. Para a concessão da tutela específica destinada a inibir a prática, a reiteração ou a continuação de um ilícito, ou a sua remoção, é irrelevante a demonstração da ocorrência de dano ou da existência de culpa ou dolo.

Como consequência, quando a tutela específica a ser concretizada envolver a abstenção de uma conduta para evitar o ilícito (ou seja, para não ocorrer o prosseguimento, a repetição ou a efetiva prática de uma atividade ilícita), inexiste a necessidade de demonstrar que já ter ocorreu qualquer lesão nem a exigência de ser evidenciada a intenção ou a negligência/imprudência do agente cujo comportamento se almeja inibir. Suficiente é o receio de dano decorrente de um comportamento tipificado como ilícito para que o magistrado conceda uma tutela específica por meio do qual o destinatário da ordem terá que cumprir uma prestação de não fazer, ou seja, abster-se de praticar, prosseguir ou reiterar uma conduta tida como ilícita pelo juízo.

Esta fórmula procedimental simplificada, prevista para disciplinar a concessão da tutela específica inibitória envolvendo prestação de fazer, evidentemente se destina a facilitar a atuação do órgão jurisdicional na prevenção do dano. Assim, por exemplo, se for apresentada uma pretensão judicial para impedir que um empregador prossiga explorando determinada atividade considerada como nociva à saúde dos seus empregados, para a concessão de uma tutela inibitória com o objetivo de prevenir a lesão mediante a imposição de uma conduta de abstenção envolvendo um prestação de não fazer, não haverá necessidade de demonstrar a ocorrência de dano ou a existência de culpa ou dolo da entidade patronal. A simples constatação do justificado receio de ocorrência de uma lesão já será suficiente par autorizar ao magistrado a concessão da respectiva tutela específica.

E tal fórmula simplificada de concessão de uma tutela se revela perfeitamente adequada às necessidades de urgência e às peculiaridades próprias do ambiente no qual se desenvolvem as relações de trabalho.

O artigo 498 do novo Código de Processo Civil, por sua vez, disciplina a tutela envolvendo prestação de entregar coisa:

> Art. 498. Na ação que tenha por objeto a entrega de coisa, o juiz, ao conceder a tutela específica, fixará o prazo para o cumprimento da obrigação.
>
> Parágrafo único. Tratando-se de entrega de coisa determinada pelo gênero e pela quantidade, o autor individualizá-la-á na petição inicial, se lhe couber a escolha, ou, se a escolha couber ao réu, este a entregará individualizada, no prazo fixado pelo juiz.

Mesmo não envolvendo imediatamente a tutela de prestações de fazer e de não fazer, tal dispositivo do novo diploma processual revela relevância no sentido de destacar a preocupação do legislador em estabelecer a prioridade pela concessão da tutela específica, almejando providências tendentes a proporcionar àquele em cujo benefício se estabeleceu a obrigação o preciso resultado prático que seria pelo adimplemento.

O artigo subsequente, por outro lado, disciplina exatamente uma das questões essenciais à tutela específica das prestações de fazer e de não fazer. Nesse sentido, no artigo 498 do novo CPC são expostas as condições para a conversão de tais prestações em prestações de pagar em pecúnia uma indenização por perdas e danos:

> A obrigação somente será convertida em perdas e danos se o autor o requerer ou se impossível a tutela específica ou a obtenção de tutela pelo resultado prático equivalente.

Segundo a regra oriunda do processo civil, assim, a conversão da tutela específica em uma tutela inespecífica envolvendo uma indenização em perdas e danos (tutela ressarcitória *stricto sensu*), assim, somente pode ocorrer por provocação do próprio credor ou, então, se o magistrado reconhecer como inalcançável a tutela de equivalência. (ASSIS, 2006).

A Consolidação das Leis do Trabalho estabelece uma diretriz semelhante mas não idêntica. O artigo 496 consolidado ao prevê que o magistrado poderia converter a prestação de reintegrar um empregado (tutela específica reintegratória) em uma prestação de indenizar o empregado (tutela ressarcitória *stricto sensu*) quando entender temerário o retorno do empregado à empresa em virtude do grau de hostilidade decorrente do conflito entre as partes:

> Quando a reintegração do empregado estável for desaconselhável, dado o grau de incompatibilidade resultante do dissídio, especialmente quando for o empregador pessoa física, o tribunal do trabalho poderá converter aquela obrigação em indenização devida nos termos do artigo seguinte.

Não há, assim, expressa previsão na legislação trabalhista consolidada de que o empregado poderá optar diretamente pela tutela ressarcitória *stricto sensu* ... já que o artigo 496 atribui ao magistrado decidir acerca da conveniência ou não do retorno do empregador. Para muitos juízes do trabalho, portanto, o empregado não goza da mesma liberdade desfrutada pelo credor nos termos previstos no artigo 498 do novo CPC, pois na CLT a conversão da reintegração em perdas e danos é decisão privativa do magistrado. Segundo tal linha de raciocínio, um empregado cuja dispensa fosse eivada de vício de nulidade não poderia ingressar em juízo já postulando a indenização, a não ser como pedido subsidiário diante de um pedido principal de reintegração no emprego ... ficando eventual conversão a critério do magistrado.

Não parece razoável, entretanto, entender que a opção imediata pela reintegração deve ser negada a um empregado já consciente da total incompatibilidade com o seu empregador e convencido que o seu retorno seria nocivo ...

Tanto que o legislador, por meio do artigo 4º da Lei 9.029 de 13 de abril de 1995, com a redação dada pela Lei nº 12.288 de 2010, assegura ao empregado despedido por motivo discriminatório a opção entre postular a sua reintegração no emprego (apesar do legislador utilizar erroneamente a expressão "admissão") e pleitear uma indenização ressarcitória:

> Art. 4º O rompimento da relação de trabalho por ato discriminatório, nos moldes desta Lei, além do direito à reparação pelo dano moral, faculta ao empregado optar entre:
>
> I - a readmissão com ressarcimento integral de todo o período de afastamento, mediante pagamento das remunerações devidas, corrigidas monetariamente, acrescidas dos juros legais;
>
> II - a percepção, em dobro, da remuneração do período de afastamento, corrigida monetariamente e acrescida dos juros legais.

Perfeitamente sustentável, assim, o entendimento segundo o qual o empregado pode optar por uma indenização (tutela ressarcitória *stricto sensu*) ao invés da tutela específica envolvendo a reintegração no emprego, desde que fundamente a sua escolha em elementos que evidenciem a inconveniência do restabelecimento do contrato de emprego. Imagine impor a postulação da reintegração no emprego de uma empregada gestante despedida após sofrer assédio sexual do seu empregador pessoa física ou do superior hierárquico ... É razoável?

De qualquer forma, para o magistrado condutor do processo, prossegue prevalecendo o entendimento acerca da sua submissão a ordem hierárquica preferencial de tutelas na qual há a primazia da busca pela concessão da tutela específica, sendo a segunda opção do órgão jurisdicional a via substitutiva da tutela de equivalência, e, por fim, como terceira e última opção, a tutela ressarcitória em sentido estrito.

O artigo 500 do novo Código de Processo Civil, por sua vez, estipula que a conversão em perdas e danos não exclui a admissibilidade de uma sanção cominatória pecuniária:

> Art. 500 - A indenização por perdas e danos dar-se-á sem prejuízo da multa fixada periodicamente para compelir o réu ao cumprimento específico da obrigação.

O respectivo dispositivo, portanto, ao permitir a cumulação da reparação por perdas e danos com uma multa cominatória para incentivar o devedor a cumprir a prestação de fazer ou de não fazer, prevê a possibilidade da estipulação de *astreintes*, nos moldes já expressamente previstos no âmbito da CLT para estimular o empregador a cumprir as prestações de fazer ordenadas em decisões mandamentais estabelecendo o período de concessão de férias (artigo 139, §2º) ou a reintegração do empregado (artigo 729), seguindo a diretriz antes adotada no CPC de 1973 no §4º do seu artigo 461.

O último dispositivo da Seção IV, o artigo 501 do novo Código de Processo Civil, estipula que, com o trânsito em julgado da sentença que tenha por objeto um conteúdo meramente declaratório envolvendo a emissão de declaração de vontade, serão considerados como produzidos todos efeitos da declaração não emitida, sendo desnecessária qualquer atividade executiva *a posteriori*:

> Na ação que tenha por objeto a emissão de declaração de vontade, a sentença que julgar procedente o pedido, uma vez transitada em julgado, produzirá todos os efeitos da declaração não emitida.

Se os artigos da Seção IV do Capítulo XIII do Título I (Do Procedimento Comum) do Livro I (Do Processo de Conhecimento e do Cumprimento de Sentença) do novo CPC, ao abordar a tutela específica de obrigações de fazer e não fazer, já apresenta um notável disciplina normativa acerca de tal espécie de tutela jurisdicional, as normas do Título II do mesmo livro, ao disciplinarem o cumprimento de sentença envolvendo as mesmas espécies de obrigações, traduzem um regramento ainda mais peculiar.

5. DISCIPLINA DO NOVO CPC ENVOLVENDO O CUMPRIMENTO DE SENTENÇA QUE RECONHEÇA A EXIGIBILIDADE DE OBRIGAÇÃO DE FAZER OU DE NÃO FAZER E SEUS REFLEXOS NO PROCESSO LABORAL

Apenas dois artigos do novo CPC, os de números 536 e 537, formam o conteúdo da Seção I do Capítulo VI do Título II, tratando especificamente do tema objeto do seu título: Cumprimento de Sentença que Reconheça a Exigibilidade de Obrigação de Fazer ou de Não Fazer.

A expressão "cumprimento de sentença" é típica dessa nova fase do modelo processual civil brasileiro inaugurado pela Lei nº 11.232 de 2005, que alterou a fórmula tradicional com a introdução ao CPC de 1973 de um sistema de processo sincrético, que permite a coexistência de uma tutela cognitiva e uma subsequente tutela executiva em uma mesma relação processual sem a autonomia clássica antes existente entre o Processo de Conhecimento e o Processo de Execução. Como ocorre, aliás, no modelo processual trabalhista desde a sua origem, já que no processo laboral brasileiro a execução da sentença sempre foi promovido numa fase posterior à fase de conhecimento, mas sempre dentro de um mesmo processo judicial.

A disciplina geral do cumprimento de sentença, portanto, se revela perfeitamente compatível ao sistema processual do trabalho.

O artigo 536 do novo CPC, no seu *caput*, disciplina um dos instrumentos processuais de maior relevância na busca pela consecução da tutela específica, as chamadas "medidas necessárias" para promover a tutela específica ou a tutela de equivalência envolvendo prestações de fazer ou de não fazer:

> Art. 536 - No cumprimento de sentença que reconheça a exigibilidade de obrigação de fazer ou de não fazer, o juiz poderá, de ofício ou a requerimento, para a efetivação da tutela específica ou a obtenção de tutela pelo resultado prático equivalente, determinar as medidas necessárias à satisfação do exequente.

As "medidas necessárias", portanto, correspondem a provimentos judiciais definidos pelo magistrado como aptos a proporcionar os efeitos materiais necessários à promoção da tutela específica ou tutela de equivalência envolvendo as respectivas modalidades de obrigação. Trata-se de uma verdadeira cláusula geral, por meio da qual o legislador assegura ao magistrado um poder discricionário de amplo alcance na definição de quais os provimentos adequados para atender às necessidades de concretização da tutela jurisdicional.

Importante destacar que tais "medidas necessárias" podem ser decretadas *ex officio* ou em atendimento a requerimento da parte interessada, ou seja, podem ser objeto de provocação do credor ou oriundos de uma atuação de ofício do magistrado. Tendo como objetivo final a satisfação do exequente, tais provimentos almejam proporcionar preferencialmente a tutela específica e, se esta não for possível, uma tutela de equivalência apta a produzir um resultado prático correspondente ao do adimplemento.

Os parágrafos do mesmo artigo 536, por outro lado, apresentam uma disciplina destinada a assegurar o cumprimento de tal objetivo. O §1º, por exemplo, apresenta uma relação meramente exemplificativa de provimentos que podem ser decretados como medidas necessárias:

> §1º - Para atender ao disposto no caput, o juiz poderá determinar, entre outras medidas, a imposição de multa, a busca e apreensão, a remoção de pessoas e coisas, o desfazimento de obras e o impedimento de atividade nociva, podendo, caso necessário, requisitar o auxílio de força policial.

O dispositivo apresenta um elenco exemplificativo de várias medidas judiciais aptas a serem utilizadas como "medidas necessárias", desde sanções pecuniárias até a destruição de obras construídas, passando por ordens inibitórias e até a retirada forçada de pessoas de determinado ambiente. Com base em tal ordem normativa, por exemplo, uma sentença trabalhista pode fixar, para assegurar a reintegração no emprego do empregado, além de uma multa diária em caso de mora no cumprimento da respectiva prestação de fazer, a previsão de uma reintegração *manu militari*, cumprida por oficiais de justiça com reforço policial.

É evidente que tal hipótese se apresenta com uma medida extrema ... e como tal desaconselhável. Como forma de manifestação de coerção estatal, a reintegração *manu militari* não tem tido boa receptividade na experiência brasileira, em virtude das evidentes e inevitáveis consequências negativas. (PAMPLONA FILHO e SOUZA, 2013, p. 580)

A criatividade do magistrado na edição de outras medidas além dessas nominadas no §1º do artigo 536 do novo CPC, entretanto, encontra limites apenas à luz dos critérios do devido processo legal e do escopo estatal de proporcionar uma tutela satisfativa, inexistindo vedação à concessão de provimentos que, mesmo não usuais, conseguem proporcionar o cumprimento da prestação de fazer ou de não fazer sem ultrapassar as linhas da razoabilidade. Medidas como o bloqueio de ativos financeiros para conseguir o cumprimento de uma prestação de fazer ... ou uma ordem vedando o funcionamento de um setor da empresa enquanto a entidade patronal não promover a adoção de medidas de segurança no ambiente de trabalho ... ou quem sabe uma medida proibindo a entrada de diretores nas suas salas na sede da empresa até que efetivada a reintegração do obreiro?

A dimensão das "medidas necessárias" é, assim, de limites para além da imaginação ainda tímida de boa parte dos magistrados brasileiros, muitas vezes carentes de maior criatividade quando se trata de determinar provimentos eficazes mais "inusitados" ... .

Outro parágrafo do artigo 536 do novo diploma processual, por seu turno, prevê expressamente que a recusa do devedor em cumprir a sua obrigação pode resultar ... na prisão do devedor.

Não se trata de uma nova forma de prisão processual, mas de uma advertência constante do §3º do citado artigo que a inércia sem justificativa do devedor, recusando-se sem motivo a cumprir a prestação de fazer (como a de reintegrar um empregado) ou a de não fazer (como a de não transferir um empregado para outro local de trabalho) pode até acabar ... com o empregador na cadeia em virtude da prática do crime de desobediência.

Nesse sentido, que o respectivo dispositivo estipula que o descumprimento injustificado da prestação de fazer ou de não fazer enseja, além da aplicação das sanções próprias da litigância de má fé, a possível configuração do crime de desobediência, enfatizando a seriedade com a qual o legislador tratou a disciplina legal da matéria:

> §3º - O executado incidirá nas penas de litigância de má-fé quando injustificadamente descumprir a ordem judicial, sem prejuízo de sua responsabilização por crime de desobediência.

A previsão explícita de tal possibilidade é inovadora e de grande valor simbólico, uma vez que advertência semelhante não existe no âmbito da CLT e tampouco no artigo 461 do CPC de 1973 (em que pese o parágrafo único do seu artigo 14 do CPC de 1973, conforme redação da Lei nº 10.358 de 2001, ao tratar da sanção por ato atentatório ao exercício da jurisdição, utilizou a expressão "... sem prejuízo de sanções criminais ...").

Representa, assim, um passo em direção à efetiva responsabilidade criminal processual ... prevendo de modo expressa a possibilidade de criminalização do ato de descumprir sem justificativa de uma sentença judicial estipulando uma prestação de fazer ou de não fazer.

Os outros três parágrafos do artigo 536 do novo CPC, por sua vez, tratam de questões procedimentais secundárias (§§2º e 4º) e a aplicabilidade da disciplina do mencionado artigo, no que couber, às decisões que reconhecem deveres de fazer e de não fazer de natureza não obrigacional (§5º):

> § 2º O mandado de busca e apreensão de pessoas e coisas será cumprido por 2 (dois) oficiais de justiça, observando-se o disposto no art. 846, §§ 1º a 4º, se houver necessidade de arrombamento.
>
> § 4º No cumprimento de sentença que reconheça a exigibilidade de obrigação de fazer ou de não fazer, aplica-se o art. 525, no que couber.
>
> § 5º O disposto neste artigo aplica-se, no que couber, ao cumprimento de sentença que reconheça deveres de fazer e de não fazer de natureza não obrigacional.

Há no §2º, assim, uma exigência de que a medida de busca e apreensão (seja de pessoas ou coisas) seja cumprida por dois oficiais de justiça e, na hipótese de necessidade de arrombamento, haja a observância do procedimento disciplinado nos parágrafos do artigo 846 do novo CPC, incluindo a necessidade de serem lavrados um ato circunstanciado do arrombamento assinado por duas testemunhas e um auto de ocorrência em duas vias e com a indicação de rol de testemunhas devidamente qualificadas.

O §4º do artigo 536 apenas estipula que, no cumprimento de sentença envolvendo prestação de fazer ou de não fazer, sejam observados no que couber os mesmos passos procedimentais iniciais seguidas no cumprimento de obrigação de pagar uma quantia em dinheiro.

E o §5º do citado artigo apenas determina que as regras procedimentais estipuladas no artigo 536 sejam aplicadas, no que for adequado, ao cumprimento de sentença que venha a abranger deveres de índole não obrigacional, como os chamados "deveres negativos", quando a lei estabelece alguma conduta do sujeito em decorrência de um liame não obrigacional.

O artigo subsequente do novo Código de Processo Civil, de número 537, apresenta uma disciplina cujo objeto é a aplicação de sanções pecuniárias (ou seja, as multas astreintes) em casos de prestações de fazer ou de não fazer:

> Art. 537. A multa independe de requerimento da parte e poderá ser aplicada na fase de conhecimento, em tutela provisória ou na sentença, ou na fase de execução, desde que seja suficiente e compatível com a obrigação e que se determine prazo razoável para cumprimento do preceito.
>
> § 1º O juiz poderá, de ofício ou a requerimento, modificar o valor ou a periodicidade da multa vincenda ou excluí-la, caso verifique que:
>
> I - se tornou insuficiente ou excessiva;
>
> II - o obrigado demonstrou cumprimento parcial superveniente da obrigação ou justa causa para o descumprimento.
>
> § 2º O valor da multa será devido ao exequente.
>
> §3º A decisão que fixa a multa é passível de cumprimento provisório, devendo ser depositada em juízo, permitido o levantamento do valor após o trânsito em julgado da sentença favorável à parte.
>
> § 4º A multa será devida desde o dia em que se configurar o descumprimento da decisão e incidirá enquanto não for cumprida a decisão que a tiver cominado.
>
> § 5º O disposto neste artigo aplica-se, no que couber, ao cumprimento de sentença que reconheça deveres de fazer e de não fazer de natureza não obrigacional.

A análise da respectiva disciplina normativa, por sua vez, revela a ampla dimensão de liberdade do magistrado na aplicação de tais penas pecuniárias, seja em casos de tutela provisória ou de cumprimento de sentença e mesmo em processos autônomos de execução. O juiz pode fixar, alterar ou excluir tais sanções de ofício ou mediante provocação da parte interessada, sendo os respectivos valores devidos ao litigante prejudicado pelo descumprimento da respectiva prestação. O órgão jurisdicional também terá liberdade para fixar o quantum, o prazo e a periodicidade das sanções, mas sempre em harmonia com a obrigação que se almeja fazer cumprir.

Esta nova disciplina das astreintes, por sua vez, se apresenta em perfeita harmonia com aquela encontrada nos artigos 137, §2º, e 729 da CLT:

> Art. 137, § 2º - A sentença dominará pena diária de 5% (cinco por cento) do salário mínimo da região, devida ao empregado até que seja cumprida.

> Art. 729 - O empregador que deixar de cumprir decisão passada em julgado sobre a readmissão ou reintegração de empregado, além do pagamento dos salários deste, incorrerá na multa de Cr$ 10,00 (dez cruzeiros) a Cr$ 50,00 (cinquenta cruzeiros) por dia, até que seja cumprida a decisão.

Enquanto o §2º do artigo 137 da CLT prevê uma multa astreinte para estimular o empregador a cumprir a obrigação de conceder férias constante em uma sentença trabalhista, o artigo 729 estipula uma sanção pecuniária para incentivar o empregador a cumprir decisão reintegratória do seu seu empregado. Nenhum dos respectivos da legislação trabalhista consolidada, contudo, estabelece regras mais precisas acerca da fórmula de aplicação das sanções quanto a questões como mutabilidade dos valores e da periodicidade das multas.

E como consequência, dentro de tal contexto é perfeitamente admissível a aplicação supletiva das regras do artigo 537 do novo CPC para complementar o conteúdo normativo ainda carente de maio densidade do diploma trabalhista.

Os artigos 536 e 537 do novo diploma processual, assim, tratam da disciplina do cumprimento de sentença condenatória que tenha por objeto prestação de fazer ou não fazer. A disciplina envolvendo tais prestações em um processo de execução, contudo, foi prevista no Livro II da parte especial do novo Código.

6. DISCIPLINA DO NOVO CPC ACERCA DA EXECUÇÃO DAS OBRIGAÇÕES DE FAZER OU DE NÃO FAZER EM PROCESSO DE EXECUÇÃO AUTÔNOMO E SEUS IMPACTOS SOBRE O MODELO PROCESSUAL TRABALHISTA

Os últimos dispositivos do novo CPC a tratarem da fórmula processual de concretização das tutelas envolvendo prestações de fazer e de não fazer são os seus artigos 814 a 823, que formam as Seções I a III do Capítulo III do Título II do Livro II da Parte Especial, que apresentam a disciplina da execução das obrigações de fazer e de não fazer.

Os artigos 536 e 537 do novo CPC, anteriormente examinados, tratam do cumprimento de sentença que tenham por objeto prestações de fazer e de não fazer, e, assim, os respectivos dispositivos se dirigem a uma fase executiva endoprocessual, própria de um processo sincrético. (LEITE, 2011, p. 988).

Os artigos 814 a 823, por outro lado, se dirigem a processos autônomos de execução, não precedidos por uma fase cognitiva de jurisdição, e fundados em títulos executivos extrajudiciais. Mas os seus dispositivos podem ser aplicados subsidiária e supletivamente à fase de cumprimento de sentença, conforme estabelece o primeiro artigo do Livro II da parte especial do novo CPC (intitulado Do Processo de Execução):

> Art. 771. Este Livro regula o procedimento da execução fundada em título extrajudicial, e suas disposições aplicam-se, também, no que couber, aos procedimentos especiais de execução, aos atos executivos realizados no procedimento de cumprimento de sentença, bem como aos efeitos de atos ou fatos processuais a que a lei atribuir força executiva.

No âmbito do modelo processual do trabalho existente no país, execuções fundadas em títulos executivos judiciais na Justiça do Trabalho são uma exceção ... considerando que o artigo 876 da CLT, na redação dada pela Lei nº 9.958 de 2000, limitou os títulos executivos extrajudiciais admissíveis no processo trabalhista aos termos de ajuste de conduta celebrado pelo Ministério Público do Trabalho e aos termos de conciliação celebrado perante comissões de conciliação prévia.

Eventualmente, para aqueles que admitem tal fórmula alternativa à jurisdição estatal para solucionar conflitos individuais trabalhistas, uma sentença arbitral tendo por objeto uma prestação de fazer ou de não fazer, seria submetida à respectiva disciplina legal (mesmo sendo tipificada pelo legislador como título executivo judicial, na realidade a sentença arbitral é de origem extrajudicial).

Mesmo considerando tais limitações, a disciplina dos artigos 814 a 823 do novo CPC ainda apresenta considerável relevância, especialmente em virtude de sua aplicabilidade, no que couber, à fórmula de concretização das sentenças condenatórias conhecida como cumprimento de sentença ... inclusive no âmbito do modelo processual trabalhista.

O primeiro artigo do respectivo elenco estabelece o protocolo que deve ser seguido pelo magistrado ao receber uma petição inicial de um processo de execução fundado em título executivo extrajudicial:

> Art. 814. Na execução de obrigação de fazer ou de não fazer fundada em título extrajudicial, ao despachar a inicial, o juiz fixará multa por período de atraso no cumprimento da obrigação e a data a partir da qual será devida.
>
> Parágrafo único. Se o valor da multa estiver previsto no título e for excessivo, o juiz poderá reduzi-lo.

O artigo 814, no seu *caput*, portanto, estabelece que, ao iniciar uma execução fundada em título executivo extrajudicial envolvendo obrigação de fazer ou de não fazer, o magistrado deverá fixar uma sanção pecuniária em caso de mora no adimplemento e definir a data a partir da qual a mesma será devida. Mesmo inexistindo pedido expresso em tal sentido, o juiz deve de ofício estipular tais condições e prazos, à semelhança e em perfeita sintonia com o comando previsto no artigo 832, §1º, da CLT:

> § 1º - Quando a decisão concluir pela procedência do pedido, determinará o prazo e as condições para o seu cumprimento.

Segundo o parágrafo único do mesmo artigo 814, o magistrado pode (novamente de ofício) reduzir o valor da multa se este estiver prevista no título, caso entenda que o respectivo montante é excessivo:

Os seis artigos subsequentes, de números 815 a 820, por outro lado, disciplinam peculiaridades procedimentais afetas à execução de título extrajudicial envolvendo prestação de fazer, inclusive a fórmula de obter um resultado prático correspondente ao do adimplemento mediante a realização da obrigação por terceiro ou pelo próprio credor.

O artigo 815 estabelece que o executado deverá ser citado para cumprir a respectiva obrigação de fazer ou não fazer, satisfazendo a prestação no prazo definido no título executivo ou estabelecido pelo magistrado:

> Art. 815. Quando o objeto da execução for obrigação de fazer, o executado será citado para satisfazê-la no prazo que o juiz lhe designar, se outro não estiver determinado no título executivo.

O respectivo dispositivo, deve ser destacado, se encontra em perfeita harmonia com a primeira parte do conteúdo do artigo 880 da CLT:

> Art. 880. Requerida a execução, o juiz ou presidente do tribunal mandará expedir mandado de citação do executado, a fim de que cumpra a decisão ou o acordo no prazo, pelo modo e sob as cominações estabelecidas ou, quando se tratar de pagamento em dinheiro, inclusive de contribuições sociais devidas à União, para que o faça em 48 (quarenta e oito) horas ou garanta a execução, sob pena de penhora

O artigo subsequente do novo CPC, de número 816, simplesmente estabelece em favor do exequente o direito de optar por uma tutela inespecífica, caso o executado não venha a cumprir a obrigação de fazer ou de não fazer no prazo definido.

> Art. 816. Se o executado não satisfizer a obrigação no prazo designado, é lícito ao exequente, nos próprios autos do processo, requerer a satisfação da obrigação à custa do executado ou perdas e danos, hipótese em que se converterá em indenização.
>
> Parágrafo único. O valor das perdas e danos será apurado em liquidação, seguindo-se a execução para cobrança de quantia certa.

O credor, assim, poderá escolher a via de uma tutela de equivalência com a obrigação sendo cumprida às expensas do devedor, ou então optar pela via da tutela ressarcitória em sentido estrita, postulando uma indenização por perdas e danos, cujo valor será apurada em uma liquidação que será sucedida por uma execução envolvendo quantia em pecúnia.

O artigo 817 prossegue na mesma linha de raciocínio, estabelecendo que se for materialmente possível, o magistrado poderá autorizar um terceiro a satisfazer a obrigação de fazer ou de não fazer, após aprovar um orçamento apresentado pelo terceiro que tenha sido submetido à análise de ambas as partes, ficando o executado responsável pelas respectivas despesas:

> Art. 817. Se a obrigação puder ser satisfeita por terceiro, é lícito ao juiz autorizar, a requerimento do exequente, que aquele a satisfaça à custa do executado.
>
> Parágrafo único. O exequente adiantará as quantias previstas na proposta que, ouvidas as partes, o juiz houver aprovado.

O parágrafo único do artigo 817, por sua vez, estipula que incumbirá ao exequente antecipar os valores constantes na proposta apresentada pelo terceiro ... algo de difícil aplicabilidade prática na Justiça do Trabalho diante do usual quadro de hipossuficiência dos empregados postulantes da tutela jurisdicional.

O artigo 818 do novo CPC ainda assegura às partes o direito de, uma vez realizada a prestação, oferecer pronunciamentos ao magistrado e, caso não sejam apresentadas impugnações, deverá o juiz considera como realizada a respectiva prestação e extinta a obrigação correspondente:

> Art. 818. Realizada a prestação, o juiz ouvirá as partes no prazo de 10 (dez) dias e, não havendo impugnação, considerará satisfeita a obrigação.
>
> Parágrafo único. Caso haja impugnação, o juiz a decidirá.

Segundo o parágrafo único, entretanto, na hipótese de impugnação, deverá o magistrado resolver a questão para responder ao inconformismo manifestado.

O artigo 819, por seu turno, estipula que, caso o terceiro não cumpra adequadamente a prestação, no prazo de quinze dias o próprio exequente poderá solicitar ao juiz a oportunidade para concluir a prestação incompleta ou reparar o prestação defeituosa, às expensas do terceiro contratado.

> Art. 819. Se o terceiro contratado não realizar a prestação no prazo ou se o fizer de modo incompleto ou defeituoso, poderá o exequente requerer ao juiz, no prazo de 15 (quinze) dias, que o autorize a concluí-la ou a repará-la à custa do contratante.
>
> Parágrafo único. Ouvido o contratante no prazo de 15 (quinze) dias, o juiz mandará avaliar o custo das despesas necessárias e o condenará a pagá-lo.

Conforme previsto no parágrafo único do artigo 819, entretanto, o magistrado deverá ouvir o contratado dentro do prazo de quinze dias e determinar a realização de uma avaliação das despesas necessárias para somente então condenar o terceiro a pagar ao exequente pelo trabalho realizado por este último.

O direito preferencial do exequente para a realização da prestação é assegurado no artigo 820 do novo CPC.

> Art. 820. Se o exequente quiser executar ou mandar executar, sob sua direção e vigilância, as obras e os trabalhos necessários à realização da prestação, terá preferência, em igualdade de condições de oferta, em relação ao terceiro.

Parágrafo único. O direito de preferência deverá ser exercido no prazo de 5 (cinco) dias, após aprovada a proposta do terceiro.

De acordo com o respectivo dispositivo, se o próprio credor desejar promover o cumprimento da prestação que não foi originalmente cumprida pelo devedor após o mesmo ser citado para tanto, terá o respectivo exequente preferência sobre o terceiro em uma disputa com igualdade nas condições de oferta. Tal direito de preferência, entretanto, deve ser exercida no prazo de cinco dias contado da aprovação da proposta do terceiro pelo magistrado.

O artigo 821 do novo CPC, por outro lado, estipula que quando for avençado satisfação pessoal da obrigação de fazer pelo próprio executado, o exequente poderá solicitar ao magistrado a definição de um prazo para que ocorra o cumprimento da respectiva prestação pelo devedor:

Art. 821. Na obrigação de fazer, quando se convencionar que o executado a satisfaça pessoalmente, o exequente poderá requerer ao juiz que lhe assine prazo para cumpri-la.

Parágrafo único. Havendo recusa ou mora do executado, sua obrigação pessoal será convertida em perdas e danos, caso em que se observará o procedimento de execução por quantia certa.

O parágrafo único do citado artigo 821 apenas estipula que, caso haja em tal hipótese a recusa ou a mora do executado na satisfação pessoal da prestação, haverá uma dupla conversão: a) da obrigação de fazer em uma obrigação de pagar uma indenização a título de perdas e danos; e b) do procedimento executivo, antes de obrigação de fazer ou de não fazer e que passará então a ser de execução por quantia certa.

Os artigos 822 e 823 do novo CPC, por fim, disciplinam a execução de título executivo extrajudicial envolvendo obrigação de não fazer, prevendo a possibilidade de proceder ao desfazimento do ato ou à conversão em perdas e danos na hipótese de recusa ou mora do executado:

Art. 822. Se o executado praticou ato a cuja abstenção estava obrigado por lei ou por contrato, o exequente requererá ao juiz que assine prazo ao executado para desfazê-lo.

Art. 823. Havendo recusa ou mora do executado, o exequente requererá ao juiz que mande desfazer o ato à custa daquele, que responderá por perdas e danos.

Parágrafo único. Não sendo possível desfazer-se o ato, a obrigação resolve-se em perdas e danos, caso em que, após a liquidação, se observará o procedimento de execução por quantia certa.

Se o executado não cumpriu a sua obrigação de se abster de determinada conduta a qual estava obrigado por lei ou por contrato, o exequente deverá solicitar ao magistrado a definição de um prazo para que o executado desfaça o respectivo ato. É evidente, contudo, que tal procedimento de desfazer somente poderá ocorrerá se o ato praticado puder ser materialmente desfeito ...

Em não havendo cooperação do executado, nas hipóteses de recusa ou mora, deverá o exequente solicitar ao juiz que ordene o desfazimento do ato às expensas do respectivo devedor, que ainda responderá por eventuais lesões decorrente de sua inércia. E, caso não seja possível desfazer o ato, a obrigação de não fazer será convertida em perdas e danos e a concretização da respectiva obrigação de pagar seguirá o procedimento de execução por quantia certa.

Trata-se de uma disciplina normativa relativamente simples e objetiva e, em que pese a excepcionalidade do processamento na Justiça do Trabalho de execuções autônomas envolvendo títulos executivos extrajudiciais cujos objeto sejam obrigações de fazer ou de não fazer, a aplicação das regras constantes dos artigos 814 a 823 do novo CPC se revela plenamente admissível no âmbito do modelo processual do trabalho, em virtude da omissão da legislação especializada e da plena compatibilidade de tal disciplina com as normas e princípios que regem o sistema brasileiro de processo laboral

7. CONCLUSÕES

A Lei 13.105 de 2015, ao instituir o novo Código de Processo Civil, propõe mudanças de variadas dimensões no âmbito do modelo processual civil brasileiro. Mas como o o sistema processual trabalhista se apoia na disciplina normativa do processual, utilizando suas normas como elementos para preencher as lacuna da legislação processual do trabalho (aplicação subsidiária) e melhor densificar seus pontos de excessiva abstração normativa (aplicação supletiva), as mudanças geradas pelo novo CPC vão naturalmente repercutir no processo judicial desenvolvido perante a Justiça do Trabalho.

Haverá, assim, uma necessária (re)construção do modelo processual trabalhista.

A análise dos vários dispositivos do novo Código de Processo Civil que disciplinam a tutela específica de prestações de fazer e de não fazer, sejam aquelas normas próprios da fase cognitiva originária, sejam aquelas regras típicas da fase de cumprimento de sentença (efetivação endoprocessual ou fase executiva de uma relação processual sincrética) ou de uma execução autônoma de título executivo extrajudicial, revela uma inequívoca harmonia entre tais diretrizes normativas do processo comum e os (poucos) dispositivos da legislação processual trabalhista consolidada que tratam de idêntica matéria.

Os artigos 137 e 729 da CLT, por exemplo, ao estipularem multas astreintes como ferramentas para buscar a tutela específica em execuções trabalhistas envolvendo a concessão de férias ou a reintegração no emprego. E o artigo 496 consolidado, que autoriza o magistrado a converter em perdas e danos a obrigação de reintegrar quando esta se revela desaconselhável. Todos os dispositivos encontrados na legislação processual trabalhista guardam sintonia com a disciplina consagrada na Lei nº 13.105 de 2015 quanto às fórmulas procedimentais previstas para assegurar a tutela específica das prestações de fazer e de não fazer.

A aplicabilidade da nova ordem processual será inevitável dentro da respectiva dimensão do modelo processual trabalhista. Seja a ordem hierárquica preferencial das tutelas (primeiro a tutela específica, em seguida a tutela de equivalência e como última opção a tutela ressarcitória *stricto sensu*), seja no uso de ferramentas como as multas diárias e as "medidas necessárias" para promover a entrega da tutela específica, as normas do novo CPC vão integrar o corpo normativo do modelo processual do trabalho, servindo como fonte subsidiária (preenchendo as lacunas decorrentes das omissões normativas, ontológicas e axiológicas) e fonte supletiva (complementando o sistema processual trabalhista mediante a maior densificação das normas incompletas de tal legislação especializada), de forma a permitir uma melhor atuação jurisdicional dos órgãos da Justiça do Trabalho.

As regras que compõem a disciplina das fórmulas de concretização das tutelas de fazer e de não fazer no novo CPC, assim, devem ser bem-vindas ao processo do trabalho, pois fornecem ferramentas úteis aos juízes do trabalho no cumprimento de suas atribuições jurisdicionais;

Esta fórmula de heterointegração, com o uso de institutos oriundos de uma disciplina processual própria das prestações de fazer e de não fazer encontrdas no novo diploma de processo civil para integrar o modelo processual trabalhista que serve de instrumento para os magistrados do trabalho cumprirem suas funções judicantes, é absolutamente imprescindível à consecução da sua da missão de proporcionar uma tutela jurisdicional efetiva, entregando ao jurisdicionado cuja pretensão foi acolhida exata e precisamente aquilo que lhe é devido mediante o adimplemento da obrigação correspondente.

Somente assim será possível atingir plenamente o escopo e promover a satisfação dos destinatários dos serviços judiciais no âmbito das demandas que envolvem tutelas diferenciadas como as que tenham por objeto prestações de fazer e de não fazer.

8. REFERÊNCIAS

ASSIS, Araken de. **Cumprimento de Sentença**. Rio de Janeiro: Forense, 2006.

CHIOVENDA, Giuseppe. **Instituições do Direito Processual Civil**. Vol. I. Campinas: Bookseller, 1998.

DINAMARCO, Cândido Rangel. **Instituições de Direito Processual Civil**. Vol. I. São Paulo: Malheiros, 2001.

GAIO JÚNIOR, Antônio Pereira. **Tutela Específica das Obrigações de Fazer.** Rio de Janeiro: Forense, 2.000.

GRINOVER, Ada Pellegrini. *Tutela Jurisdicional das Obrigações de Fazer e Não Fazer.* **Revista LTr**. Vol. 59., nº 08. São Paulo, agosto/1995.

LEITE, Carlos Henrique Bezerra. **Curso de Direito Processual do Trabalho.** 9ª edição. São Paulo: LTr, 2011.

MARINONI, Luiz Guilherme e ARENHART, Sérgio Cruz. **Manuel do Processo de Conhecimento.** São Paulo: Editora Revista dos Tribunais, 2001.

PAMPLONA FILHO, Rodolfo e SOUZA, Tércio. **Curso de Direito Processual do Trabalho.** São Paulo: Marcial Pons, 2013.

POPP, Carlyle. **Execução de Obrigação de Fazer de Não Fazer**. Curitiba: Juruá, 1995.

TALAMINI, Eduardo. **Tutela Relativa aos deveres de Fazer e de Não Fazer.** São Paulo: Editora Revista dos Tribunais, 2001.

PARTE IX

PROCEDIMENTOS ESPECIAIS

Capítulo 51
OS PROCEDIMENTOS ESPECIAIS NO PROCESSO COMUM E SUA APLICAÇÃO NO PROCESSO DO TRABALHO: UM OLHAR A PARTIR DO NOVO CÓDIGO DE PROCESSO CIVIL

Luciano Athayde Chaves[1]

> *"O Brasil clama por um processo mais ágil, capaz de dotar o país de um instrumento que possa enfrentar de forma célere, sensível e efetiva, as misérias e as aberrações que passam pela Ponte da Justiça".*
>
> **Luiz Fux**
>
> *(texto de encaminhamento do anteprojeto do novo Código de Processo Civil ao Senado Federal)*

SUMÁRIO: 1. ALGUMAS NOTAS SOBRE O NOVO CÓDIGO DE PROCESSO CIVIL E OS OBJETIVOS DESTE CAPÍTULO; 2. *OVERVIEW* SOBRE OS PROCEDIMENTOS ESPECIAIS NO NOVO CÓDIGO DE PROCESSO CIVIL E A CLÁUSULA DE SUBSIDIARIEDADE DAS NORMAS DO PROCEDIMENTO COMUM; 3. DOS PROCEDIMENTOS ESPECIAIS EM ESPÉCIE COM POTENCIAL DE OCORRÊNCIA NA JUSTIÇA DO TRABALHO; 3.1. DOS PROCEDIMENTOS ESPECIAIS DE JURISDIÇÃO CONTENCIOSA; 3.1.1. *DA AÇÃO DE CONSIGNAÇÃO EM PAGAMENTO*; 3.1.2. *DA AÇÃO DE EXIGIR CONTAS*; 3.1.3. *DAS AÇÕES POSSESSÓRIAS*; 3.1.4. *DOS EMBARGOS DE TERCEIRO*; 3.1.5. *DA OPOSIÇÃO*; 3.1.6. *DA HABILITAÇÃO*; 3.1.7. *DA AÇÃO MONITÓRIA*; 3.1.8. *DA RESTAURAÇÃO DE AUTOS*; 3.2. DOS PROCEDIMENTOS ESPECIAIS DE JURISDIÇÃO VOLUNTÁRIA; 3.2.1. AÇÃO DE ALVARÁ; 3.2.2. *HOMOLOGAÇÃO DE AUTOCOMPOSIÇÃO EXTRAJUDICIAL, DE QUALQUER NATUREZA OU VALOR*; 4. REFERÊNCIAS.

1. ALGUMAS NOTAS SOBRE O NOVO CÓDIGO DE PROCESSO CIVIL E OS OBJETIVOS DESTE CAPÍTULO

Sancionada em 16 de março de 2015, a Lei Federal n. 13.105 (DOU DE 17.03.2015) introduziu o novo *Código de Processo Civil* brasileiro. Considerado o período de um ano, equivalente a *vacatio legis* (art. 1.045), teremos em 17.03.2016 a vigência da nova lei processual geral.

---

[1] Juiz do Trabalho da 21ª. Região (RN). Titular da 2ª. Vara do Trabalho de Natal. Professor da Universidade Federal do Rio Grande do Norte (UFRN). Doutorando em Direito Constitucional (UNIFOR). Mestre em Ciências Sociais (UFRN). Membro do Instituto Brasileiro de Direito Processual (IBDP).

Torna-se, assim, de suma importância, por conseguinte, fazer uso do curto intervalo de tempo de que dispomos para obtermos, em prazo ótimo, a suficiente reflexão científica sobre a nova legislação processual, seu conteúdo, seus propósitos, seus valores, seus enunciados normativos, seus princípios.

Nesse propósito, considero que a chegada de um novo código, ainda que apresente méritos, talvez não seja capaz de resolver a maior parte dos problemas enfrentados pela justiça brasileira, mergulhada em avalanches de processos, resultante de uma litigiosidade de natureza complexa e multifatorial: só a Justiça do Trabalho recebeu, em 2013, cerca de 4 milhões de novas demandas, de acordo com o *Relatório Justiça em Números*, do Conselho Nacional de Justiça.

O excesso de judicialização da vida no nosso país reclama um enfrentamento interdisciplinar e a adoção de políticas públicas – inclusive judiciárias – que não somente racionalizem o acesso à justiça, mas também ofereça meios para o incremento do capital jurídico, emprestando maior equilíbrio aos contratos e maior eficácia à legislação.[2]

Portanto, o problema da morosidade da máquina judiciária, e de déficit na efetividade de suas decisões, não se resume apenas no ancilosamento das leis processuais – domínio normativo que sempre pode avançar, mercê da pesquisa e da reflexão sobre o farto material empírico oferecido pela práxis judiciária. Também envolve outras dimensões sociais, como bem procurou delinear *Boaventura de Sousa Santos*, ao classificar a morosidade como *ativa* e *sistêmica*.[3]

De outro lado, tenho a convicção de que as diversas reformas levadas a cabo nos últimos 15 anos dotaram o Código de Processo Civil de 1973 de importantes aperfeiçoamentos que ainda não foram inteiramente absorvidos e aplicados em seu potencial, como, a meu juízo, sucedeu com as atualizações perpetradas pelas Leis 11.232/2005 e 11.382/2006, que alteraram profundamente a fase de cumprimento de sentença e execução forçada.[4]

Nada obstante, ao argumento de que as sucessivas mini-reformas fizeram o código perder sua coesão e sistematicidade, gestou-se, a partir de uma Comissão de Juristas designada no âmbito do Senado Federal, um novo projeto de um novo código, agora tornado realidade, e que, em sua exposição de motivos, apresenta como fios condutores a) a concretização de um tecido normativo-processual em sintonia com a Constituição Federal e b) a instrumentalidade do pro-

---

2 Sobre o tema, cf.: GICO JUNIOR, Ivo Teixeira. *A tragédia do judiciário: subinvestimento em capital jurídico e sobreutilização do judiciário*. Tese (Doutorado em Economia). Universidade de Brasília -UNB, Brasília, 2012.

3 Cf.: *Para uma revolução democrática da justiça*. São Paulo: Cortez, 3ª. Ed. 2011.

4 Examinei o potencial de efetividade contido nessa reforma de 2005 e 2006, tanto no processo comum como Processo do Trabalho, em CHAVES, Luciano Athayde. *A recente reforma do processo comum e seus reflexos no direito judiciário do trabalho*. São Paulo: LTr. 3ª edição, 2007.

cesso, com foco no princípio do resultado, estampado pela satisfação integral do bem jurídico buscado em Juízo.[5]

Todo esse fundamento para a substituição do Código de 1973 pode ser resumido nas seguintes passagens da Exposição de Motivos do Anteprojeto, apresentado em 2010:

> "Um sistema processual civil que não proporcione à sociedade o reconhecimento e a realização dos direitos, ameaçados ou violados, que têm cada um dos jurisdicionados, não se harmoniza com as garantias constitucionais de um Estado Democrático de Direito. Sendo ineficiente o sistema processual, todo o ordenamento jurídico passa a carecer de real efetividade. De fato, as normas de direito material se transformam em pura ilusão, sem a garantia de sua correlata realização, no mundo empírico, por meio do processo [...].
>
> O enfraquecimento da coesão entre as normas processuais foi uma conseqüência natural do método consistente em se incluírem, aos poucos, alterações no CPC, comprometendo a sua forma sistemática. A complexidade resultante desse processo confunde-se, até certo ponto, com essa desorganização, comprometendo a celeridade e gerando questões evitáveis (= pontos que geram polêmica e atraem atenção dos magistrados) que subtraem indevidamente a atenção do operador do direito.
>
> Nessa dimensão, a preocupação em se preservar a forma sistemática das normas processuais, longe de ser meramente acadêmica, atende, sobretudo, a uma necessidade de caráter pragmático: obter-se um grau mais intenso de funcionalidade.
>
> Sem prejuízo da manutenção e do aperfeiçoamento dos institutos introduzidos no sistema pelas reformas ocorridas nos anos de 1.992 até hoje, criou-se um Código novo, que não significa, todavia, uma ruptura com o passado, mas um passo à frente. Assim, além de conservados os institutos cujos resultados foram positivos, incluíram-se no sistema outros tantos que visam a atribuir-lhe alto grau de eficiência [...].
>
> Com evidente redução da complexidade inerente ao processo de criação de um novo Código de Processo Civil, poder-se-ia dizer que os trabalhos da Comissão se orientaram precipuamente por cinco objetivos: 1) estabelecer expressa e implicitamente verdadeira sintonia fina com a Constituição Federal; 2) criar condições para que o juiz possa proferir decisão de forma mais rente à realidade fática subjacente à causa; 3) simplificar, resolvendo problemas e reduzindo a complexidade de subsistemas, como, por exemplo, o recursal; 4) dar todo o rendimento possível a cada processo em si mesmo considerado; e, 5) finalmente, sendo talvez este último objetivo parcialmente alcançado pela realização daqueles mencionados antes, imprimir maior grau de organicidade ao sistema, dando-lhe, assim, mais coesão (BRASIL. Congresso Nacional. Senado Federal. Comissão de Juristas

---

5   Da Exposição de Motivos, colho o seguinte trecho que ilustra essa idéia de satisfatividade como valor buscado na construção de um novo ordenamento processual: *"essencial que se faça menção a efetiva satisfação, pois, a partir da dita terceira fase metodológica do direito processual civil, o processo passou a ser visto como instrumento, que deve ser idôneo para o reconhecimento e a adequada concretização de direitos"*.

Responsável pela Elaboração de Anteprojeto de Código de Processo Civil. Brasília: Senado Federal, Presidência, 2010, passim).

Como procurei indicar em outro estudo (CHAVES, 2013, p. 470), as justificativas apresentadas pela comissão de juristas refletem que a apresentação de um novo tecido normativo processual geral estampa sua aproximação com uma *Teoria do Direito* mais contemporânea, nomeadamente quanto ao caráter de *supralegalidade* exercido pela Constituição Federal na atmosfera de um direito processual que busca se renovar a partir de uma abordagem metodológica mais ajustada com o movimento teórico denominado de *neoconstitucionalismo*.[6]

Por certo que os preceitos processuais contidos na Constituição Federal não carecem de regulamentação infraconstitucional, já que, como normas abertas, podem ser concretizadas diretamente pelo intérprete/aplicador. No entanto, não se pode minimizar os efeitos positivos que uma legislação processual atualizada pode provocar no nível de internalização normativa (*H. Hart*), em especial porque o novo texto do CPC toca em temas até então ausentes na nossa tradição processual, como a assunção da *teoria do precedente judicial*, aspecto que reputo como uma das grandes inovações do atual código.

Descortina-se, assim, diante de todos os atores do processo e da própria sociedade o grande desafio de recepcionar o novo texto, estudá-lo e dele extrair o máximo de seus valores e escopos.

Nesse sentido, o presente *capítulo* busca refletir sobre os procedimentos especiais no novo CPC e suas possíveis implicações no Processo do Trabalho.

2. *OVERVIEW* SOBRE OS PROCEDIMENTOS ESPECIAIS NO NOVO CÓDIGO DE PROCESSO CIVIL E A CLÁUSULA DE SUBSIDIARIEDADE DAS NORMAS DO PROCEDIMENTO COMUM

Como sublinhado, a Exposição de Motivos que apresentou a proposição do novo código ao Senado Federal assentou que um dos grandes pilares sobre os quais os trabalhos de elaboração se sustentaram foi o do oferecimento de organicidade ao sistema processual civil, imprimindo-o, desse modo, *mais coesão*.

---

6 Sobre a influência da Constituição Federal sobre o terreno processual, cf., dentre outras obras: MITIDIERO, Daniel. *Colaboração no processo civil*: aspectos sociais, lógicos e éticos. São Paulo: Editora Revista dos Tribunais, 2011; DANTAS, Ivo. *Novo processo constitucional brasileiro*. Curitiba: Juruá, 2010; HOFFMAN, Paulo. *Duração razoável do processo*. São Paulo: Quatier Latin, 2006; HOMMERDING, Adalberto Narciso. *Valores, processo e sentença*. São Paulo: LTr, 2003; MARINONI, Teoria geral do processo. São Paulo: Revista dos Tribunais, 2006; NERY JUNIOR, Nelson. *Princípios do processo civil na Constituição Federal*. São Paulo: Revista dos Tribunais, 2004; NOJIRI, Sergio. *Interpretação judicial do direito*. São Paulo: Revista dos Tribunais, 2005; OLIVEIRA, Carlos Alberto Alvaro de. *Os direitos fundamentais à efetividade e à segurança em perspectiva dinâmica*. Revista de Processo, São Paulo: Revista dos Tribunais, n. 155, p. 21, 2008; PORTO, Sérgio Gilberto. *Lições fundamentais no processo civil*: o conteúdo processual da Constituição Federal. Porto Alegre: Livraria do Advogado Editora, 2009.

De acordo, ademais, com o relatório produzido pela Comissão Especial destinada a proferir parecer ao projeto de novo código processual, formada no âmbito da Câmara dos Deputados, outro grande objetivo visado pelo Projeto de Lei 8.046 de 2010 (PLS n. 166 de 2010, no Senado Federal), foi o de afinar o processo civil brasileiro às mudanças normativas, científicas, tecnológicas e sociais pelas quais o Brasil tem passado desde o início da vigência da Lei 5.869 de 1973.

Com amparo, especialmente, nesses dois grandes objetivos, foram construídas as transformações nos *procedimentos especiais* regulados pela lei processual civil.

Nesse sentido, houve as mudanças de caráter organizacional desenvolvidas no novo texto. Os procedimentos especiais são tratados, agora, no Título III do Livro I (*Do processo de conhecimento e do cumprimento de sentença*). Corrigir-se-á, destarte, inclusive, falha científica cometida no Código revogado, que alojava os procedimentos especiais em livro específico, tal como os procedimentos cautelares[7], como se não constituíssem processos de conhecimento.

Além disso, ainda no que toca o caráter organizacional do Código, é salutar citar que os procedimentos de jurisdição voluntária e os de jurisdição contenciosa serão, agora, todos tratados em um mesmo Título da *Parte Especial*, mais precisamente no **Título III – "Procedimentos Especiais"** (arts. 539 e ss.).

Para além das alterações motivadas pelo objetivo de garantir organização e coesão ao sistema processual, ademais, é necessário mencionar as mudanças balizadas pelo supramencionado objetivo de alinhar o processo pátrio às mudanças pelas quais o país passou desde a data de promulgação do atual Código.

Nesse diapasão, uma das mudanças de citação inolvidável é a da inserção de novos procedimentos especiais no Código de Processo Civil. São procedimentos com o condão de cuidar de situações já existentes na praxe, porém, desprovidas de regulação legal específica.

As ações inseridas pelo novo Código, especificamente, são: as *ações de família* (com a fusão dos procedimentos de jurisdição voluntária) a *ação de dissolução parcial de sociedade*; a *homologação do penhor legal*; e a *regulação de avaria grossa*.

Por outro lado, com efeito, alguns procedimentos especiais previstos na vigente legislação processual caíram em desuso. Por esse motivo, em concordância com o objetivo de atualizar a legislação processual, deixam de existir como procedimentos especiais e passam a ser regulados pelo procedimento comum.[8]

---

[7] O novo CPC simplesmente extinguiu o processo cautelar (outrora tratado no Livro III do código revogado), incluindo a tutela cautelar como espécie de tutela provisória, tratada no Livro V da Parte Geral do texto agora em vigor.

[8] Da *Exposição de Motivos*, colho a seguinte passagem, que indica a referência na literatura especializada que teria inspirado o trabalho da Comissão, ao propor a redução do número de procedimentos especiais: ""EGAS MONIZ DE ARAGÃO, comentando a transição do Código de 1939 para o Código de 1973, já cha-

São eles: o da *ação de depósito*; o da *ação de anulação e substituição de títulos ao portador*; o da *ação de nunciação de obra nova*; o da *ação de usucapião de terras particulares*; e o da *ação de vendas a crédito com reserva de domínio*.

No geral, contudo, na linha do que assinalado no Parecer da Comissão Especial da Câmara dos Deputados, o novo texto não traz em seu bojo modificações radicais aos procedimentos especiais então previstos no código revogado, em especial no que concerne àqueles habitualmente assimilados na Justiça do Trabalho.

Analisadas, desta feita, as alterações pelas quais os procedimentos especiais, considerados de maneira geral e organizacional, sofreram com a nova regulação processual, passaremos a estudar, individualmente, alguns dos procedimentos especiais em espécie, nomeadamente aqueles que podem ocorrer no âmbito da Justiça do Trabalho, e, portanto, despertam interesse do Direito Processual do Trabalho em razão da cláusula de subsidiariedade (art. 769, CLT).

A propósito do tema da insuficiência normativa, anoto que o novo CPC, em seu art. 318, parágrafo único, estabelece que "*o procedimento comum aplica-se subsidiariamente aos demais procedimentos especiais e ao processo de execução*", o que implica dizer que o estudo dos procedimentos especiais não pode ser feito de forma isolada, sem considerar as normas da parte geral e da parte especial do Código, que lhes são subsidiárias.

3. DOS PROCEDIMENTOS ESPECIAIS EM ESPÉCIE COM POTENCIAL DE OCORRÊNCIA NA JUSTIÇA DO TRABALHO

No exame dos procedimentos especiais dispostos no novo Código de Processo Civil com possibilidade de aplicação subsidiária no Processo do Trabalho serão destacados os aspectos de relevo, em especial aquelas inovações trazidas pelo novo ordenamento jurídico-processual comum, a fim de não estender em demasiado este capítulo com repetições de aspectos dos institutos processuais já de amplo conhecimento.

Afinal, o que desperta interesse neste momento é o inédito, o novo, o desconhecido.

---

mava a atenção para a necessidade de refletir sobre o grande número de procedimentos especiais que havia no primeiro e foi mantido, no segundo diploma. Nesse sentido: "*Ninguém jamais se preocupou em investigar se é necessário ou dispensável, se é conveniente ou inconveniente oferecer aos litigantes essa pletora de procedimentos especiais; ninguém jamais se preocupou em verificar se a existência desses inúmeros procedimentos constitui obstáculo à 'efetividade do processo', valor tão decantado na atualidade; ninguém jamais se preocupou em pesquisar se a existência de tais e tantos procedimentos constitui estorvo ao bom andamento dos trabalhos forenses e se a sua substituição por outros e novos meios de resolver os mesmos problemas poderá trazer melhores resultados. Diante desse quadro é de indagar: será possível atingir os resultados verdadeiramente aspirados pela revisão do Código sem remodelar o sistema no que tange aos procedimentos especiais?*" (Reforma processual: 10 anos. Revista do Instituto dos Advogados do Paraná. Curitiba, n. 33, p. 201-215, dez. 2004, p. 205)."

Colocada essa premissa metodológica, passemos aos procedimentos em espécie, apresentados, de acordo com a ordem em que aparecem no Código, em dois grupos: os procedimentos de jurisdição contenciosa e os de jurisdição voluntária, em consonância com a arquitetura do CPC de 2015, que, no particular, manteve o traço organizacional dos institutos contido no ordenamento revogado.

3.1. DOS PROCEDIMENTOS ESPECIAIS DE JURISDIÇÃO CONTENCIOSA

3.1.1. *DA AÇÃO DE CONSIGNAÇÃO EM PAGAMENTO*[9]

No código revogado, a ação de consignação em pagamento estava disposta nos arts. 890 a 900, sendo o primeiro procedimento especial em espécie ali relacionado.

Trata-se de instituto processual muito transformado na primeira onda de mini-reformas do CPC (cf.: Lei n. 8.951/94), por se tratar de procedimento então muito utilizado nos litígios envolvendo contratos de locação de imóvel, freqüentemente atingidos por controvérsias geradas pela espiral inflacionária da época.

O novo CPC cuida da matéria, agora, no art. 539, também inaugurando os procedimentos especiais em espécie, estatuindo o instituto da mesma forma como o fazia o ordenamento revogado: *"nos casos previstos em lei, poderá o devedor ou terceiro requerer, com efeito de pagamento, a consignação da quantia ou da coisa devida"*.

Assim, a ação de consignação em pagamento é cabível quando o devedor, ou o *terceiro interessado*, pretende quitar obrigação (pagar ou entregar coisa) e o credor, por sua vez, não se dispõe a receber o pagamento. Com o objetivo de adimplir a obrigação, o devedor ingressa com ação de consignação em pagamento.

A respeito desta ação de procedimento especial, assevera Edilton Meireles, que, *"dentre todos os procedimentos especiais previstos no CPC, com processamento no primeiro grau de jurisdição, talvez o que mais seja utilizado na Justiça do Trabalho é o relativo à ação de consignação"* (MEIRELES, 2012, p. 1240).

O novo CPC mantém a possibilidade de *consignação extrajudicial*, disciplinando-a, sem modificações substanciais, nos §§ 1º a 4º do art. 539, e conservando a possibilidade de manejo dessa modalidade de consignação apenas para as obrigações em dinheiro.

---

9 Este e alguns outros tópicos deste capítulo se beneficiaram das colaborações de Gustavo Henrique de Araújo e Silva.

Vejamos o texto dos referidos dispositivos legais:

> § 1º Tratando-se de obrigação em dinheiro, poderá o valor ser depositado em estabelecimento bancário, oficial onde houver, situado no lugar do pagamento, cientificando-se o credor por carta com aviso de recebimento, assinado o prazo de 10 (dez) dias para a manifestação de recusa.
>
> § 2º Decorrido o prazo do § 1º, contado do retorno do aviso de recebimento, sem a manifestação de recusa, considerar-se-á o devedor liberado da obrigação, ficando à disposição do credor a quantia depositada.
>
> § 3º Ocorrendo a recusa, manifestada por escrito ao estabelecimento bancário, poderá ser proposta, dentro de 1 (um) mês, a ação de consignação, instruindo-se a inicial com a prova do depósito e da recusa.
>
> § 4º Não proposta a ação no prazo do § 3º, ficará sem efeito o depósito, podendo levantá-lo o depositante.

Em que pese a compatibilidade desse instituto com as obrigações trabalhistas, vê-se ainda pouco sua utilização.

O art. 540 manteve a mesma regra do revogado art. 891, que fixa a competência do Juízo do lugar do pagamento[10], assim como mantém as regras para a propositura da ação (art. 542 e seguintes).

Destaco que o art. 542, inciso I, estabelece que "*o depósito da quantia ou da coisa devida, a ser efetivado no prazo de 5 (cinco) dias contados do deferimento*", o que sugere que o Juiz do Trabalho tenha que despachar o pedido, o que normalmente não sucede, em razão da dinâmica processual trabalhista, que não demanda intervenção judicial para a tramitação das ações.

Ademais, os atuais mecanismos eletrônicos de geração de guias judiciais de depósito não carecem de prévia autorização judicial para a sua efetivação.

Por isso, creio que o mais adequado e célere é que, juntamente com o ajuizamento da demanda, já apresente a parte autora o depósito da quantia que pretende consignar.[11]

---

10 Nesse ponto, houve a supressão do texto do antigo parágrafo único do artigo 891 do CPC, assim redigido: "*quando a coisa dada for corpo que deva ser entregue no lugar em que está, poderá o devedor requerer a consignação no foro em que ela se encontra*". Esta é alteração que não abriga capacidade alguma de produzir efeitos na realidade prática do processo do trabalho, pois que, no âmbito da Justiça do Trabalho, a competência é determinada pelo art. 651 da Consolidação das Leis do Trabalho, segundo o qual a ação deve ser proposta, via de regra, no local de prestação de serviços.

11 Nesse sentido, tendo por inaplicável a regra do CPC quanto ao tempo do depósito: "AÇÃO DE CONSIGNAÇÃO EM PAGAMENTO - DEPÓSITO PRÉVIO DO VALOR CONSIGNADO. No Processo do Trabalho, a citação do reclamado possui regramento próprio, conforme preceitua o artigo 841 da CLT, segundo o qual o réu será notificando para comparecer à audiência de julgamento. Dessa forma, na ação de consignação em pagamento ajuizada na Justiça do Trabalho, não se procederá à citação do réu para levantar o depósito ou oferecer resposta, razão pela qual o consignante deverá instruir a inicial com o compro-

Essa é, inclusive, a posição do Tribunal Superior do Trabalho, como espelham os seguintes arestos:

> "RECURSO DE REVISTA. AÇÃO DE CONSIGNAÇÃO EM PAGAMENTO AJUIZADA NA JUSTIÇA DO TRABALHO. PRAZO PARA EFETUAR O DEPÓSITO. NÃO APLICAÇÃO AO PROCESSO DO TRABALHO. No processo do trabalho os atos processuais são praticados, regra geral, em audiência. Na hipótese de ação de consignação, não há citação do réu para levantar o depósito, na forma que estipula o art. 893, II, do CPC, pois, nos termos do art. 841 da CLT, recebida e protocolada a ação, o consignado é notificado para comparecer à audiência inaugural e, se for o caso, receber a quantia, de modo que o comprovante do depósito já deverá acompanhar a petição inicial. É o procedimento usual nesses casos, como a prática demonstra. Portanto, não há espaço para aplicação do que previsto no art. 893, I, do CPC. Recurso de revista parcialmente conhecido e a que se nega provimento" (RR- 28140-21.2004.5.05.0008, Relator Ministro: Walmir Oliveira da Costa, 1ª Turma, DEJT 19/11/2010).
>
> "RECURSO DE REVISTA. AÇÃO DE CONSIGNAÇÃO EM PAGAMENTO. PRAZO PARA EFETUAR O DEPÓSITO DO VALOR CONSIGNADO. Na Justiça do Trabalho o empregador-consignante, que busca se isentar da multa por atraso no pagamento das verbas rescisórias, prevista no § 8º do art. 477 da CLT, deve instruir a inicial da ação de consignação em pagamento com o comprovante do depósito da quantia devida, mesmo no procedimento de que trata o art. 893 do CPC. O empregador que, de boa-fé, ajuíza a ação de consignação em pagamento não deve esperar que o juiz determine um prazo para que esse efetue a consignação do valor devido, ou que o depósito se faça após a audiência, mesmo porque, caso não houvesse a necessidade de ajuizar a ação, teria efetuado o pagamento no prazo do § 6º do art. 477 da CLT, ou seja, o primeiro dia útil imediato ao término do contrato de trabalho, ou até o décimo dia da notificação da demissão. Recurso de revista conhecido e desprovido" (RR-92400-19.2005.5.05.0026, Relator Ministro: Aloysio Corrêa da Veiga, 6ª Turma, DEJT 7/4/2009).

Nada obstante, como sublinha Edilton Meireles, não se pode olvidar que, "*na Justiça do Trabalho,* há uma tendência em se tolerar que esse depósito seja

---

vante de depósito, não havendo falar em concessão de prazo pelo juiz, para efetivação do depósito da quantia designada, sendo inaplicável, à espécie, o artigo 893, I, do CPC (TRT da 3.ª Região; Processo: 0000114-88.2014.5.03.0017 RO; Data de Publicação: 15/07/2014; Disponibilização: 14/07/2014, DEJT/TRT3/Cad.Jud, Página 445; Órgão Julgador: Quinta Turma; Relator: Marcus Moura Ferreira); "AÇÃO DE CONSIGNAÇÃO EM PAGAMENTO - MOMENTO DO DEPÓSITO - No processo civil o prazo para a efetiva consignação do valor reconhecido é de cinco dias, a partir do deferimento da inicial, conforme inciso I do art. 893 do CPC. Já no processo do trabalho a citação da parte contrária se faz por simples ato de expediente da Secretaria da Vara, podendo se afirmar que o deferimento da petição vestibular é automático. Assim, o depósito deve ser feito desde logo pelo consignante, uma vez que a notificação inicial tem de se realizar no prazo de 48 horas do ajuizamento da ação, na forma do art. 841 da CLT. Não realizado pelos consignantes o depósito da quantia devida, na forma do art. 893 do CPC, mantém-se a r. sentença de origem, que extinguiu o processo, sem resolução do mérito" (TRT da 3.ª Região; Processo: 00785-2008-041-03-00-5 RO; Data de Publicação: 08/11/2008; Órgão Julgador: Quarta Turma; Relator: Julio Bernardo do Carmo).

efetivado até o momento da audiência de conciliação, instrução e julgamento" (MEIRELES, 2012, p. 1241).[12]

Quanto a essa questão do depósito, novo CPC fez a adição de um parágrafo único ao art. 542, que diz: *"se deferido o depósito, o autor não o fizer, o processo será extinto sem resolução de mérito".*

Trata-se de regra que concretiza *costume judicial,* positivando, assim, aquilo que, na prática, já acontecia, vez que presente a interpretação de que a comprovação do depósito configura *pressuposto processual,* sem o qual a pretensão deve ser resolvida, em exame de mérito.[13]

O novo CPC também conserva o *caráter dúplice* da pretensão consignatória, introduzida pela Lei n. 8.951/94, e que permite que seja deduzido *pedido contraposto.* É do que agora cuida o § 2º do art. 545 (§ 2º do art. 899 do código revogado): *"a sentença que concluir pela insuficiência do depósito determinará, sempre que possível, o montante devido e valerá como título executivo, facultado ao credor promover-lhe o cumprimento nos mesmos autos, após liquidação, se necessária".*[14]

Para além de tudo isso, há, apenas, algumas mudanças de caráter pontual, a exemplo da alteração da redação de alguns dispositivos normativos, com pouco ou nenhum acréscimo semântico; e da alteração de lugar de alguns artigos. São

---

12 Admitindo essa hipótese, o seguinte aresto: "AÇÃO DE CONSIGNAÇÃO EM PAGAMENTO - DEPÓSITO DA QUANTIA DEVIDA - PRAZO. A ação de consignação em pagamento objetiva a declaração de liberação do devedor com respeito ao depósito da quantia ou da coisa devida (art. 890 c/c art. 897, ambos do CPC), finalidade esta que não pode ser olvidada, mormente quando a própria parte consignatária se manifesta pelo prosseguimento do feito, em que pese o depósito da quantia devida tenha ultrapassado o prazo legal" (TRT da 3.ª Região; Processo: 0002149-10.2013.5.03.0129 RO; Data de Publicação: 15/09/2014; Órgão Julgador: Quarta Turma; Relator: Julio Bernardo do Carmo).

13 Nesse sentido, aduz Edilton Meireles: "E, o credor não o fazendo no prazo consignado, deve o juiz extinguir a ação de consignação" (MEIRELES, 2012, p. 1241).

14 "CONSIGNAÇÃO EM PAGAMENTO. PEDIDO CONTRAPOSTO: A ação de consignação em pagamento é regulada pelos artigos 890 a 900 do CPC, aplicáveis ao processo trabalhista por força do art. 769 da CLT. De acordo com o art. 896 do CPC, ao contestá-la, o consignatário pode alegar que o depósito não foi efetuado integralmente (inciso IV). Daí se infere a natureza dúplice da ação, sendo, pois, desnecessário que o réu apresente reconvenção ou postule, através de reclamação autônoma, os direitos que entenda fazer jus. Na própria defesa, portanto, o consignatário pode formular pedido contraposto, hipótese em que o juiz promoverá a instrução processual e analisará as questões relativas à existência ou não dos direitos vindicados" (TRT da 3.ª Região; Processo: 0001067-27.2013.5.03.0069 RO; Data de Publicação: 05/02/2014; Disponibilização: 04/02/2014, DEJT, Página 42; Órgão Julgador: Primeira Turma; Relator: Cristiana M.Valadares Fenelon). No entanto, para que esse pedido contraposto seja admitido como tal é preciso haver paralelismo quanto às respectivas causas de pedir. Nesse sentido, vejamos precedente: "AÇÃO DE CONSIGNAÇÃO EM PAGAMENTO. PEDIDO CONTRAPOSTO. AUSÊNCIA DE PARALELISMO. NECESSIDADE DE RECONVENÇÃO. No caso de inexistir paralelismo entre o objeto da consignatória e o pedido contraposto, diante da formulação de pretensão mais ampla do que a discutida nos autos da consignatória, sua análise não se revela possível, sendo, de fato, necessária a apresentação de reconvenção (TRT da 3.ª Região; Processo: 0000831-39.2014.5.03.0005 RO; Data de Publicação: 22/10/2014; Disponibilização: 21/10/2014, DEJT/TRT3/Cad.Jud, Página 115; Órgão Julgador: Segunda Turma; Relator: Sebastiao Geraldo de Oliveira).

estas transformações seguramente ligadas aos propósitos de impressão de organicidade e de simplificação do processo civil.

Ademais, a regulação da ação de consignação em pagamento da nova lei não traz significativas alterações para o processo civil. Tampouco o faz para o processo do trabalho, no qual as regras da ação em consignação em pagamento atuam de forma subsidiária, com os destaques de incompatibilidade já registrados.

3.1.2. DA AÇÃO DE EXIGIR CONTAS

A matéria estava anteriormente disciplinada pelos arts. 914 e ss. do código revogado, que dispunha sobre a "ação de prestação de contas", assim denominada porque a regulação superada admitia a pretensão de prestar contas e de exigi-las.

O novo CPC inovou ao reduzir as hipóteses de cabimento desta ação, pois que, agora, ela só pode ser ajuizada por aqueles que têm o direito de exigir contas, e não mais por aqueles que têm o direito de prestá-las.

Colhe-se do Relatório da Comissão Especial que essa modificação buscou aperfeiçoar o instituto, objetivando *"impedir o abuso do uso do procedimento especial"* (2015, p. 65).

Por certo que aquele que pretende prestar contas não perdeu o acesso à justiça, até mesmo em razão do direito fundamental que lhe assegura o art. 5º, inciso XXXV, CF, mas doravante não poderá o interessado em prestar contas se valer de um procedimento especial, devendo recorrer ao *rito ordinário*.

O novo art. 550 do CPC agora caracteriza o procedimento da seguinte forma: *"aquele que afirmar ser titular do direito de exigir contas requererá a citação do réu para que as preste ou ofereça contestação no prazo de 15 (quinze) dias"*.

A partir dessa mudança no perfil desse procedimento, que passa a ser denominado de *"ação de exigir contas"*, foi ajustado o respectivo regramento em relação ao ordenamento revogado, retirando-se o conteúdo do antigo art. 916, que tratava da "prestação de contas".

Os §§ do art. 550 fixam o novo procedimento, exigindo, agora, que o autor especifique, *detalhadamente*, sua pretensão, inclusive com documentos, se houver. No mais, não houve significativas mudanças substanciais, apenas aprimoramento redacional, ajustando-se o instituto aos novos paradigmas processuais. Exemplo disso é a nova redação do art. 552, que diz: *"a sentença apurará o saldo e constituirá título executivo judicial"*, sugerindo, assim, cumprimento da sentença; ao contrário do que dispunha o revogado art. 918, que fazia alusão à execução forçada.

O procedimento tem lugar na Justiça do Trabalho, por integração ao seu processo, e, tradicionalmente, a literatura faz alusão à pretensão de exigir contas em casos bem conhecidos, como lembra Sérgio Pinto Martins:

"Normalmente, a ação de prestação de contas resulta de controvérsia entre empregado vendedor ou cobrador e seu empregador. Poderia também ocorrer em relação ao empregado comprador que pretende prestar contas à empresa de que comprou dos fornecedores, hipótese essa quase inexistente na prática" (MARTINS, 2010, p. 528):

A casuística, mercê da ampliação da competência da Justiça do Trabalho, vem indicando outras tantas hipóteses, como se vê, a título de mera amostragem, de arestos colhidos junto ao Tribunal Regional do Trabalho da 3a. Região:

"AÇÃO DE PRESTAÇÃO DE CONTAS CUMULADA COM AÇÃO DE COBRANÇA - DESCONTO INDEVIDO DE VALORES A TÍTULO DE HONORÁRIOS ADVOCATÍCIOS EM RECLAMAÇÃO TRABALHISTA MOVIDA PELO SINDICATO DA CATEGORIA PROFISSIONAL, COMO SUBSTITUTO PROCESSUAL - COMPETÊNCIA DE JUSTIÇA DO TRABALHO. Ainda que, reiteradamente, intentem os requeridos fazer crer que o caso vertente retrata relação consumeirista para os fins almejados, a declaração de incompetência desta Justiça Especializada, a presente ação de prestação de contas, cumulada com ação de cobrança, não diz respeito, singelamente, à postulação de honorários advocatícios decorrentes de eventual contrato firmado. Não se trata, propriamente, de ação de cobrança de honorários advocatícios, mas, pelo contrário, de discussão concernente a desconto indevido de valores a esse título, pela associação profissional, em reclamação trabalhista movida como substituto processual em que o trabalhador, ora requerente, figurou como substituído. A pretensão, em última análise, tem fundamento na relação jurídica havida entre o Sindicato, como substituto processual, o procurador que atuou como representante da Entidade e um de seus filiados, substituído naquele feito, tornando induvidosa, em assim sendo, a competência da Justiça do Trabalho, como albergado nos incisos I e III, do art. 114 da Carta Magna, para correlato exame e julgamento" (TRT da 3.ª Região; Processo: 0128400-22.2008.5.03.0041 RO; Data de Publicação: 25/03/2013; Órgão Julgador: Quarta Turma; Relator: Julio Bernardo do Carmo).

"AÇÃO DE PRESTAÇÃO DE CONTAS - NATUREZA DÚPLICE - AUSÊNCIA DE OBRIGATORIEDADE DE EXPRESSO PEDIDO DE RESTITUIÇÃO DO VALOR APURADO. Diante da natureza dúplice da ação de prestação de contas, não se faz necessário qualquer pedido pela condenação do Réu ao pagamento do saldo devedor apurado, já que esta condenação se impõe como consequência natural em caso de reconhecimento de crédito em favor do Autor" (TRT da 3.ª Região; Processo: 0000796-27.2012.5.03.0045 RO; Data de Publicação: 25/03/2013; Órgão Julgador: Quinta Turma; Relator: Paulo Roberto Sifuentes Costa).

"AÇÃO DE PRESTAÇÃO DE CONTAS - LEGITIMIDADE PASSIVA. Legitimado para responder à ação de prestação de contas é quem esteja obrigado a prestá-las (art. 914 do CPC). Não se enquadra nessa hipótese o simples empregado que, auxiliando na elaboração da folha de pagamento, encontra-se submetido ao controle e ordens emanadas do supervisor contábil e do próprio gerente da empresa. Aí não se verifica a relação jurídica de administração ou gestão de bens alheios, que obrigaria o empregado a exibir as contas" (TRT da 3.ª Região; Processo: 0001526-42.2010.5.03.0034 RO; Data de Publicação: 08/08/2012; Disponibilização: 07/08/2012, DEJT, Página 61; Órgão Julgador: Segunda Turma; Relator: Sebastião Geraldo de Oliveira).

"PRESTAÇÃO DE CONTAS - CABIMENTO - COBRANÇA INDEVIDA DE HONORÁRIOS PELO PATRICÍNIO DE AÇÃO PARA O SUBSTITUÍDO PROCESSUALMENTE - RESTITUIÇÃO. A ação de prestação de contas é, sem dúvidas, meio hábil para que o empregado, substituído processualmente pelo seu sindicato em ação movida contra sua empregadora, conheça da lisura da conta envolvendo o pagamento do seu crédito ali obtido, em repasse feito pelo substituto, podendo, ademais, ser cumulada com o pedido de pagamento relativo ao crédito detectado em favor daquele. Ação que se julga procedente, inclusive quanto ao pedido de ressarcimento nela feito, quando evidenciado que o desconto de honorários cobrados pelo patrocínio da demanda pelo sindicato foi ilegal, por ser, a princípio, vedado pela legislação e não ter havido, no caso concreto, autorização do substituído para o seu desconto" (TRT da 3.ª Região; Processo: 0156900-56.2008.5.03.0152 RO; Data de Publicação: 19/09/2011; Órgão Julgador: Sexta Turma; Relator: Jorge Berg de Mendonça)

"AÇÃO DE PRESTAÇÃO DE CONTAS. SUBSTITUIÇÃO PROCESSUAL. PARTE DO CRÉDITO RETIDA PELO SINDICATO PROFISSIONAL PARA PAGAMENTO DE HONORÁRIOS A ADVOGADOS. COMPETÊNCIA. Por força do art. 114, inc. III, da Constituição Federal de 1988, é da Justiça do Trabalho a competência para julgar ação de prestação de contas, ajuizada por substituído processual em confronto com o sindicato profissional, que, nos autos de reclamatória trabalhista, reteve parte do crédito do trabalhador para pagamento de honorários a advogados" (TRT da 3.ª Região; Processo: 0209600-72.2009.5.03.0152 RO; Data de Publicação: 04/08/2010; Órgão Julgador: Segunda Turma; Relator: Sebastião Geraldo de Oliveira).

Assim, não somente continua sendo cabível a ação de exigir contas no Processo do Trabalho, como também se descortina um leque muito amplo de outras possibilidades, como: demonstração contábil de lucro, para efei0to de pagamento de parcela de participação nos resultados (PLR); informação sobre base de cálculo de vendas, para efeito de comissões; dentre outras hipóteses.

3.1.3. *Das ações possessórias*

O novo Código de Processo Civil continuou a prestigiar as ações possessórias no rol de procedimentos especiais, dotando-lhes de algumas características rituais próprias, dedicando-lhes todo o capítulo III do Título III da Parte Especial, a partir do art. 554.

Também quanto à arquitetura normativa, o novo texto manteve a estrutura anterior, qual seja uma *parte geral* (Seção I - Disposições Gerais) e as *ações possessórias em espécie* (art. 560 e seguintes), não incluindo nesse rol a pretensão de *imissão de posse*[15], que continua a se reger pelo procedimento comum.[16]

---

15 Recorda Nery Junior & Nery que a *"ação de imissão de posse não é possessória. É ação do proprietário, fundada em jus possidendi [...] Deve ser intentada pelo procedimento comum (art. 272 [CPC 17973]). Aquele que nunca teve a posse, não poderá servir-se dos interditos possessórios para obtê-la. O adquirente que não recebe a posse do vendedor poderá utilizar-se da ação de imissão de posse"* (2006, p. 989, nota 8).

16 Por essa razão, não é adequado cuidar da imissão de posse, no Processo do Trabalho, decorrente da aquisição de bens por expropriação judicial, em favor do arrematante, como tutela possessória. Além de

O art. 554[17], que inaugura a parte geral das ações possessórias, reproduz o *princípio de fungibilidade* anteriormente previsto no revogado art. 920, e assim comentado por Nelson Nery Junior e Rosa Maria Nery:

> "O CPC art. 920 [atual 554] estabelece que a propositura de uma ação possessória em lugar de outra não impede que o juiz conheça do pedido e conceda a proteção que entender adequada, desde que os requisitos para essa concessão estejam provados nos autos. É o que se denomina em doutrina de *'princípio da fungibilidade dos interditos possessórios'*. É preciso mencionar, entretanto, que o juiz deverá conhecer do pedido na exata medida em que se encontra deduzido pelo autor ou réu (já que a ação é dúplice), não podendo ser alterada a causa de pedir. Essa fungibilidade é válida para qualquer um dos três interditos" (NERY JUNIOR & NERY, 2006, p. 989, nota 3).

Como a pretensão possessória é, em linha de princípio, passível de aplicação no Processo do Trabalho, adianto-me em assinalar que essa mesma ideia

---

não ser necessário o ajuizamento de ação específica, já que é competente o Juízo da Execução para imitir o arrematante na posse, não ser trata de tutela possessória. Sobre o tema, colho precedente do Tribunal Superior do Trabalho, o qual, ainda que trate da tutela como possessória, o que não nos parece ajustado ao entendimento prevalente na literatura processual, assenta corretamente a competência da Justiça do Trabalho: "AGRAVO EM AGRAVO DE INSTRUMENTO EM RECURSO DE REVISTA. EXECUÇÃO. ARREMATAÇÃO DE IMÓVEL. IMISSÃO NA POSSE. COMPETÊNCIA DA JUSTIÇA DO TRABALHO. A Constituição Federal, em seu artigo 114, inciso I, alterado pela Emenda Constitucional nº 45 de 2004, determina que a Justiça do Trabalho é competente para analisar as ações oriundas da relação de trabalho e demais controvérsias dela decorrentes, o que insere as questões referentes ao contrato de trabalho firmado e as relacionadas à execução trabalhista. A competência material já foi definida na fase de conhecimento, de modo que, na fase de execução, não cabe a modificação, até porque seria o mesmo que admitir a possibilidade de as decisões já transitadas em julgado nesta Especializada fossem reapreciadas e modificadas no Juízo Cível. O artigo 877 da CLT, ao dispor que -é competente para a execução das decisões o Juiz ou Presidente do Tribunal que tiver conciliado ou julgado originariamente o dissídio-, não deixa dúvidas quanto ao fato de a competência não se modificar em face de incidente havido em razão da execução de suas decisões. Acrescente-se que execução é jurisdição e somente a tem o órgão a quem é outorgada de modo expresso. Para fins de determinação da competência desta Corte não importa se a solução da lide depende da aplicação do Direito Civil, tampouco da qualidade das partes, no caso, terceiro que pretende a imissão na posse de bem adjudicado. Importa apenas que a lide esteja fundamentada na relação de trabalho e seu conteúdo. Precedentes do STF e do STJ. Logo, o juízo exequente é competente para apreciar os incidentes possessórios da execução trabalhista. Agravo a que se nega provimento (TST. Ag-AIRR - 31500-69.2005.5.03.0109 , Relator Ministro: Cláudio Mascarenhas Brandão, Data de Julgamento: 10/12/2014, 7ª Turma, Data de Publicação: DEJT 12/12/2014). É de sublinhar, contudo, que a competência da Justiça do Trabalho cessa com a imissão de posse. Eventual esbulho ou turbação da posse assegurada ao arrematante deve ser hostilizada pelo detentor da posse na Justiça Comum, eis que, a essa altura, a questão já está desvinculada da posse decorrente da aquisição (imissão). Sobre essa hipótese, eis precedente: "REINTEGRAÇÃO DE POSSE. INCOMPETÊNCIA DA JUSTIÇA DO TRABALHO. Concluída a adjudicação do bem imóvel nesta especializada, com a imissão na posse do adjudicante, tem-se que a Justiça do Trabalho é incompetente para dirimir conflitos que envolvam a posterior discussão sobre a posse direta sobre o bem, decorrente de esbulho possessório praticado por terceiros no imóvel e ocorrido anos após a conclusão do procedimento de adjudicação, uma vez, que já exauridos os atos de execução" (TRT da 3.ª Região; Processo: 0000652-22.2011.5.03.0099 RO; Data de Publicação: 13/09/2013; Disponibilização: 12/09/2013, DEJT, Página 144; Órgão Julgador: Oitava Turma; Relator: Sercio da Silva Peçanha).

17 Art. 554 (CPC/2015): "A propositura de uma ação possessória em vez de outra não obstará a que o juiz conheça do pedido e outorgue a proteção legal correspondente àquela cujos pressupostos estejam provados".

de fungibilidade deve igualmente ser considerada para admissão de cumulação de pretensão possessória incidentalmente em ritos processuais trabalhistas. É dizer: a jurisdição para tutelas possessórias não fica obstada caso a matéria seja deduzida em cumulação a outros pedidos, em rito processual mais abrangente (como o rito ordinário trabalhista). O procedimento especial é uma facilidade oferecida pela ordem jurídico-processual, com normas mais específicas e céleres. Não é uma formalidade essencial para a prestação da tutela.

E mais: considerando que é muito comum na Justiça do Trabalho a propositura de demandas com cumulação objetiva de pedidos, e presente as regras de modificação de competência (conexão, continência e unidade de convicção), em razão da causa de pedir, eventual propositura de demanda possessória relacionada com demanda trabalhista de causa de pedir comum (despedida por falta grave cumulada com reintegração de posse, por exemplo), é de se esperar a distribuição por dependência para o mesmo Juízo, nos termos do atual art. 286 do CPC (antigo art. 253), inciso I.

Colocadas essas observações, prossigo no exame do procedimento em tela, destacando que inova o CPC de 2015 ao dispor sobre o problema da validade e eficácia da citação, na hipótese de multiplicidade de atores do esbulho ou turbação da posse, problema prático que já era enfrentado pela jurisprudência.[18]

Acrescentaram-se dispositivos para atender essa particular dificuldade de formação processual diante de uma coletividade de atores sociais apontados como protagonistas do esbulho ou turbação.

Trata-se dos §§ 1º a 3º do art. 554, que passo a transcrever, para melhor visualização do tema:

> "Art. 554 ....
>
> § 1º No caso de ação possessória em que figure no polo passivo grande número de pessoas, serão feitas a citação pessoal dos ocupantes que forem encontrados no local e a citação por edital dos demais, determinando-se, ainda, a intimação do Ministério Público e, se envolver pessoas em situação de hipossuficiência econômica, da Defensoria Pública.
>
> § 2º Para fim da citação pessoal prevista no § 1º, o oficial de justiça procurará os ocupantes no local por uma vez, citando-se por edital os que não forem encontrados.

---

18 "CITAÇÃO. EDITAL. POSSESSÓRIA. Ação de reintegração de posse proposta contra grande número de pessoas que invadiram a área. Despacho determinando ao autor fosse providenciada a indicação de nomes, qualificação e endereços de todos os ocupantes. Impossibilidade. Citação válida e perfeita. Cassada a revogação da liminar concessiva da reintegração de posse da área invadida. Agravo provido para esse fim" (1º TACIVIL - 11ª Câm.; Ag. de Instr. nº 734.900-4-São Paulo; Rel. Juiz Antonio Marson; j. 27.06.1997; v.u.); "POSSESSÓRIA. INTERDITO PROIBITÓRIO. DIVERSIDADE DE REQUERIDOS. INDIVIDUALIZAÇÃO DESNECESSÁRIA, ASSIM COMO PRESCINDIBILIDADE DE CITAÇÃO DE TODOS OS INVASORES. INEXISTÊNCIA DE ILEGITIMIDADE DE PARTE PASSIVA OU DE NULIDADE A SER SANADA" (TJ-SP - Apelação n. 02106527920068260100, Data de publicação: 19/08/2014).

§ 3º O juiz deverá determinar que se dê ampla publicidade da existência da ação prevista no § 1º e dos respectivos prazos processuais, podendo, para tanto, valer-se de anúncios em jornal ou rádio locais, da publicação de cartazes na região do conflito e de outros meios.

Na Seção II, destinada à disciplinar a *manutenção e reintegração de posse* (arts. 560 a 566), houve poucas alterações no CPC de 2015. Apenas inseriram-se regras atinentes ao litígio coletivo pela posse de imóvel, de improvável incidência no mundo do trabalho.

Assim, restam inalteradas as premissas de cabimento de manutenção e, principalmente, reintegração de posse, esta última mais comum na Justiça do Trabalho, em especial em demandas envolvendo a ocupação de imóveis, a título oneroso (locação) ou gratuito (comodato), relacionada com o contrato de trabalho.

Como ilustração das hipóteses de cabimento, trago alguns precedentes:

"AGRAVO DE INSTRUMENTO EM RECURSO DE REVISTA. CONTRATO DE CESSÃO DE IMÓVEL PARA EMPREGADO. AÇÃO DE REINTEGRAÇÃO DE POSSE AJUIZADA PELA VALE S.A. DESRESPEITO À CLÁUSULA CONTRATUAL. A Vale S.A. celebrou contrato de cessão de imóvel de sua propriedade para moradia de seu empregado e, posteriormente, ingressou com a ação de reintegração de posse, ao argumento de que o trabalhador desrespeitou cláusula desse contrato. O Tribunal *a quo* registrou que o requerido, além de não residir no imóvel, transferiu a posse deste à sua ex-esposa, consoante a prova produzida nos autos. Desse modo, o Regional concluiu que foi desrespeitada a Cláusula 7.3.3, que vedava expressamente a transferência ou cessão dos direitos oriundos do contrato de cessão, confirmando a sentença pela qual foi julgado procedente o pedido de reintegração de posse. Nessas circunstâncias, a alegação do agravante de que residia no imóvel possui nítido caráter fático, insuscetível de apreciação por esta Corte, em face do disposto na Súmula nº 126 do TST. Por outro lado, verifica-se que foi produzida prova no sentido de amparar a pretensão da Vale S.A., como registrado no acórdão regional, razão pela qual não há falar em ofensa aos artigos 818 da CLT e 333, do CPC. O único aresto colacionado no recurso de revista denegado é oriundo de Turma desta Corte, o que não autoriza a demonstração de divergência jurisprudencial, por falta de previsão na alínea -a- do artigo 896 da CLT. Agravo de instrumento a que se nega provimento" (TST, AIRR - 838-57.2010.5.08.0126, Relator Ministro: José Roberto Freire Pimenta, Data de Julgamento: 06/03/2013, 2ª Turma, Data de Publicação: DEJT 15/03/2013).

"RECURSO ORDINÁRIO. MANDADO DE SEGURANÇA. DECISÃO QUE INDEFERIU LIMINAR DE REINTEGRAÇÃO DE POSSE. PERDA DO OBJETO COM A SUPERVENIÊNCIA DA SENTENÇA DE MÉRITO. Perde o objeto o mandado de segurança que buscava reformar a decisão que indeferiu o pedido liminar de reintegração de posse de moradia cedida a trabalhador aposentado por invalidez, quando superveniente a decisão de mérito, haja vista a existência de recurso próprio interponível. Aplicação do item III da Súmula nº 414 desta Corte. Processo extinto, sem apreciação do mérito, com fundamento no artigo 267, VI, do Código de Processo Civil" (TST, RO-785-32.2011.5.08.0000, Relator Ministro: Pedro Paulo Manus, Data de Julgamento: 12/06/2012, Subseção II Especializada em Dissídios Individuais, Data de Publicação: DEJT 15/06/2012).

"RECURSO DE REVISTA. COMPETÊNCIA DA JUSTIÇA DO TRABALHO. REINTEGRAÇÃO DE POSSE DE IMÓVEL RESIDENCIAL HABITADO PELO TRABALHADOR, POR FORÇA DO CONTRATO DE TRABALHO. Tratando-se de recurso de revista arrimado apenas em dissenso jurisprudencial, não há como conhecer do recurso de revista quando a parte se insurge com base em divergência jurisprudencial não específica. Súmula nº 296 do c. TST. Recurso de revista não conhecido" (TST, RR-22700-42.2006.5.02.0401, Relator Ministro: Aloysio Corrêa da Veiga, Data de Julgamento: 26/09/2007, 6ª Turma, Data de Publicação: DJ 11/10/2007).

"JUSTIÇA DO TRABALHO. COMPETÊNCIA MATERIAL. AÇÃO DE REINTEGRAÇÃO DE POSSE Inscreve-se na competência material da Justiça do Trabalho solucionar dissídio entre empregador e empregado, cujo objeto seja pretensão patronal de reintegrar-se na posse de imóvel residencial cedido ao empregado por força do contrato de trabalho. Inteligência do art. 114, da Constituição Federal. Recurso de revista conhecido e provido" (RR - 561972-07.1999.5.05.5555 , Relator Ministro: João Oreste Dalazen, Data de Julgamento: 23/08/2000, 1ª Turma, Data de Publicação: DJ 29/09/2000).

Cogita, ainda, o Capítulo III do *interdito proibitório*, procedimento que ganhou relevo na Justiça do Trabalho nos últimos anos, em especial após a Emenda Constitucional n. 45/2004, que agregou à competência da Justiça do Trabalho "*as ações que envolvem o exercício do direito de greve*" (art. 114, II, CF).

A partir de então, toda a dinâmica dos movimentos grevistas, em sua extensão, tornou-se potencial causa *litigiogênica* na Justiça do Trabalho, como destaca André L. Spies:

> "O que pode ser dito, de plano, é que o tom genérico do dispositivo do inciso II abre espaços para uma sorte de demandas, desde aquelas apresentadas por terceiro prejudicado por movimento paredista, exigindo reparações por prejuízos sofridos, até petições empresariais reclamando da conduta abusiva de piqueteiros; desde querelas entre colegas trabalhadores denunciando impropérios mútuos, até ações de patrões exigindo indenizações por maquinário quebrado [...]". (SPIES, 2005, p. 302).

Ponto alto dessa nova litigiosidade na Justiça do Trabalho é a propositura de *interditos proibitórios*, previstos, no CPC de 2015, no art. 567[19], normalmente com o fito de obter judicialmente tutela para uso de força policial na defesa da posse de estabelecimento empresarial, no cenário de greves.

19　Art. 567 (CPC, 2015): "*o possuidor direto ou indireto que tenha justo receio de ser molestado na posse poderá requerer ao juiz que o segure da turbação ou esbulho iminente, mediante mandado proibitório em que se comine ao réu determinada pena pecuniária caso transgrida o preceito*".

Ainda que tenha, em princípio, alguma resistência em reconhecer essa lide como possessória, em razão da natureza particular dos movimentos sociais[20], fato é que o Supremo Tribunal Federal estabilizou essa possibilidade, inclusive apontando a competência da Justiça do Trabalho, em *leading case* (Repercussão Geral) assim ementado:

> "CONSTITUCIONAL. COMPETÊNCIA JURISDICIONAL. JUSTIÇA DO TRABALHO X JUSTIÇA COMUM. AÇÃO DE INTERDITO PROIBITÓRIO. MOVIMENTO GREVISTA. ACESSO DE FUNCIONÁRIOS E CLIENTES À AGÊNCIA BANCÁRIA: "PIQUETE". ART. 114, INCISO II, DA CONSTITUIÇÃO DA REPÚBLICA. JURISPRUDÊNCIA DO SUPREMO TRIBUNAL FEDERAL. COMPETÊNCIA DA JUSTIÇA DO TRABALHO. 1. "A determinação da competência da Justiça do Trabalho não importa que dependa a solução da lide de questões de direito civil" (Conflito de Jurisdição n. 6.959), bastando que a questão submetida à apreciação judicial decorra da relação de emprego. 2. Ação de interdito proibitório cuja causa de pedir decorre de movimento grevista, ainda que de forma preventiva. 3. O exercício do direito de greve respeita a relação de emprego, pelo que a Emenda Constitucional n. 45/2003 incluiu, expressamente, na competência da Justiça do Trabalho conhecer e julgar as ações dele decorrentes" (art. 114, inciso II, da Constituição da República). 4. Recurso extraordinário conhecido e provido para fixar a competência da Justiça do Trabalho (RE 579648, Min. Menezes Direito, Relator(a) p/ Acórdão: Min. Cármen Lúcia, Tribunal Pleno, julgado em 10/09/2008, Repercussão Geral - Mérito DJe-043).

Consolidando a matéria, editou o mesmo Supremo Tribunal Federal a Súmula Vinculante n. 23, assim vazada: *"A Justiça do Trabalho é competente para processar e julgar ação possessória ajuizada em decorrência do exercício do direito de greve pelos trabalhadores da iniciativa privada"*.

Ainda sobre o tema dos interditos proibitórios, o CPC de 2015 manteve a mesma arquitetura do instituto, ao dispor apenas sobre a caracterização do cabimento do procedimento especial, em um único artigo de lei (art. 567), fixando cláusula geral de subsidiariedade das regras atinentes à reintegração e manutenção de posse (art. 566).

3.1.4. Dos embargos de terceiro

O CPC de 2015 manteve os embargos de terceiro no panorama dos procedimentos especiais, com regulação legal definida pelos arts. 674 e seguintes de seu tecido normativo.

---

20 Sobre o tema, publiquei texto, de onde extraio o seguinte fragmento: "[...] *Assim, embora respeitando os entendimentos contrários, bem como as próprias decisões judiciais em debate, parece-nos razoável compreender que os mecanismos de ação utilizados em uma greve e historicamente desenvolvido no seio dos movimentos reivindicatórios dos trabalhadores (como manifestações na porta das empresas, passeatas, piquetes), não podem ser considerados, em princípio, afronta ao direito de propriedade. Mesmo este, na atual regência constitucional, não é considerado absoluto, devendo observar os fins sociais a que se destina. Acreditamos que a concessão de liminares que autorizam o uso da força policial contra a ação dos grevistas, inclusive com notícias já publicadas de prisões de diversos dirigentes sindicais, não contribuirá para um harmônico epílogo do conflito trabalhista, tampouco faz jus aos ventos democráticos que a tão duras penas respiramos nos dias de hoje*" (A greve e os interditos proibitórios. Disponível em: <www.gazetadigital.com.br>. Acesso em 17.3.2015).

Os embargos de terceiro, muito embora tenham recebido grandes modificações em seu procedimento com o novo Código, mantiveram conservados os seus propósitos, razão pela qual os decantados conceitos ainda são válidos para caracterizá-lo.

Daniel Amorim Assumpção Neves assenta que *"o objetivo da ação de embargos de terceiro é desconstituir a constrição judicial com a consequente liberação do bem. Também pode ser utilizada preventivamente, com o propósito de evitar a realização da constrição"* (2012, p. 1.419).

Trata-se, assim, de procedimento especial aplicável quando o terceiro – ou seja, aquele que não integra quaisquer dos polos da relação processual executiva – vê seu patrimônio ser objeto de constrição judicial em processo judicial do qual não faz parte e com o qual alega não ter qualquer ligação.

Os embargos consistem, justamente, no meio hábil para garantir a proteção de terceiro defronte de tal natureza de situação.

No tocante ao cabimento, uma primeira modificação, logo no art. 674, fixou a possibilidade de oposição preventiva dos embargos, tema que ainda não estava bem delineado no Código revogado. O novo texto, contudo, assevera que a pessoa prejudicada pode opor embargos quando sofre *constrição ou ameaça de constrição* sobre seu patrimônio, normatizando, assim, interpretação que já fazia a jurisprudência sobre o então art. 1.046. Colho precedente:

> EMBARGOS DE TERCEIRO. CARÁTER PREVENTIVO. CABIMENTO. Os embargos de terceiro são admissíveis não apenas quando tenha ocorrido a efetiva constrição (esbulho), mas, também preventivamente, nos casos de ameaça de ofensa à posse (turbação) (TRT 2ª Região. AP-0002859-93.2013.5.02.0020, Rel. Álvaro Alves Nôga, Data de Julgamento: 08/04/2014, 17ª Turma, Data de Publicação: 23/04/2014).

Em adição a essa questão conceitual e de cabimento dos embargos de terceiro, observo que houve um interessante número de mudanças, pelo que focaremos neste estudo naquelas com repercussões práticas de maior impacto, apresentadas em *quatro grupos*.

O primeiro deles, nessa linha de intelecção, é atinente ao tema da *legitimidade ativa*. É dizer: da legitimidade para a proposição dos embargos de terceiro em juízo.

Com efeito, no Código de Processo Civil de 1973, este era assunto regulado pelos §§ do art. 1.046, de acordo com os quais os legitimados consistiam em terceiro senhor e possuidor, ou apenas possuidor (§ 1º); na parte do processo que defende bens que, pelo título de sua aquisição ou pela qualidade em que os possuir, não podem ser atingidos pela apreensão judicial (§ 2º); e em cônjuge imerso em situação específica, qual seja: a de defesa da posse de bens dotais, próprios, reservados ou de sua meação (§ 3º).

Na nova norma processual, por seu turno, a regulação legal é positivada pelo § 1º e pelos incisos do § 2º do art. 674.

> Art. 674. Quem, não sendo parte no processo, sofrer constrição ou ameaça de constrição sobre bens que possua ou sobre os quais tenha direito incompatível com o ato constritivo, poderá requerer seu desfazimento ou sua inibição por meio de embargos de terceiro.
>
> § 1º. Os embargos podem ser de terceiro proprietário, inclusive fiduciário, ou possuidor.
>
> § 2º. Considera-se terceiro, para ajuizamento dos embargos:
>
> I - o cônjuge ou companheiro, quando defende a posse de bens próprios ou de sua meação, ressalvado o disposto no art. 843;
>
> II - o adquirente de bens cuja constrição decorreu de decisão que declara a ineficácia da alienação realizada em fraude à execução;
>
> III - quem sofre constrição judicial de seus bens por força de desconsideração da personalidade jurídica, de cujo incidente não fez parte;
>
> IV - o credor com garantia real para obstar expropriação judicial do objeto de direito real de garantia, caso não tenha sido intimado, nos termos legais dos atos expropriatórios respectivos.

Houve, portanto, ampliação do rol de legitimados ativos trazida pelo novo tratamento normativo. O novo Código traz, a rigor, *quatro novos legitimados ativos*. São eles: a) o proprietário, cujo bem foi objeto de constrição judicial; b) o adquirente de bens, cuja constrição decorreu de decisão que declara a ineficácia da alienação realizada em fraude à execução; c) aquele que sofre constrição judicial de seus bens por força de desconsideração da personalidade jurídica, de cujo incidente não fez parte; e d) o credor com garantia real para obstar expropriação judicial do objeto de direito real de garantia, caso não tenha sido intimado, nos termos legais dos atos expropriatórios respectivos.

Com a inclusão do primeiro dos legitimados supramencionados, qual seja o proprietário do bem constrito, o Código de 2015 põe termo à divergência na literatura processual (cf. NEVES, 2012, p. 1.422), que, em parte, defendia a possibilidade de proprietário não possuidor propor embargos de terceiro[21]. O

---

[21] Nesse sentido, isto é, defendendo que ao proprietário não possuidor somente resta a ação reivindicatória, destaco precedente do Superior Tribunal de Justiça: "DIREITO PROCESSUAL CIVIL. AGRAVO REGIMENTAL NOS EMBARGOS DE DECLARAÇÃO NO RECURSO ESPECIAL. DIREITO SUCESSÓRIO. AÇÃO REIVINDICATÓRIA. BEM INTEGRANTE DE QUINHÃO HEREDITÁRIO CEDIDO A TERCEIRO. LEGITIMIDADE ATIVA. TEORIA DA ASSERÇÃO. 1. Tem prevalecido na jurisprudência desta Corte o entendimento de que as condições da ação, aí incluída a legitimidade para a causa, devem ser aferidas com base na teoria da asserção, isto é, à luz das afirmações deduzidas na petição inicial. 2. Assim, faltará legitimidade quando possível concluir, desde o início, a partir do que deduzido na petição inicial, que o processo não se pode desenvolver válida e regularmente com relação àquele que figura no processo como autor ou como réu. Quando, ao contrário, vislumbrada a possibilidade de sobrevir pronunciamento de mérito relativamente a tais pessoas, acerca do pedido formulado, não haverá carência de ação. 3. No caso dos autos, a petição

novo Código, evidentemente, se põe ao lado desta corrente para, com efeito, transformar o proprietário em legitimado ativo previsto em lei.

O segundo grupo de transformações de destaque quanto aos embargos de terceiro diz respeito aos sujeitos contra os quais o autor deve ingressar com embargos. Neste ponto, o tema é o da *legitimidade passiva*.

O Código revogado não traz, em nenhum de seus dispositivos normativos, contra quem o autor de embargos deve litigar. É bem verdade, por outro lado, que a literatura (cf., por todos, NEVES, 2012, p. 1.424-5) se encarregou de definir a legitimidade passiva em matéria de embargos de terceiro. A legislação, todavia, era carente.

A Lei 13.105/2015 supriu essa carência, de acordo com o que nos informa o § 4º do seu art. 677: "*será legitimado passivo o sujeito a quem o ato de constrição aproveita, assim como o será seu adversário no processo principal quando for sua a indicação do bem para a constrição judicial*".

Esse já era, em realidade, o costume firmado na práxis forense, na medida em que o exequente, no processo executivo (ou de cumprimento da sentença), era aquele beneficiário do esforço constritivo que os embargos de terceiro buscavam desfazer.

O terceiro tema de inovação está relacionado ao procedimento dos embargos. Neste ponto, usando o critério prático como balizador, duas inovações podem ser elencadas. A primeira delas guarda relação com o prazo para contestar a ação de embargos, acrescido, pela lei processual civil de 2015, em 05 (cinco) dias. Agora, a parte embargada disporá não mais de 10, mas de 15 dias para contraminutar os embargos (art. 679).

A outra inovação procedimental encontra morada no parágrafo único do art. 675 da nova lei, de acordo com o qual: "*caso identifique a existência de terceiro titular de interesse em embargar o ato, o juiz mandará intimá-lo pessoalmente*". Isto é, com a vigência do Código de 2015, o Juízo, fazendo uso dos elementos que o estudo do processo o oferecerá, poderá se permitir não esperar a iniciativa de terceiro interessado e, de ofício, intimá-lo, fazendo-o integrar a lide.

---

inicial afirma que o de cujos era o legítimo proprietário do imóvel. Nesses termos, impossível sustentar, a partir do que fixado pela teoria da asserção, que o espólio seja parte ilegítima para ajuizar ação reivindicatória quanto a esse bem. 4. A alegação trazida em sede de contestação, no sentido de que o imóvel integrava quinhão hereditário cedido a terceira pessoa denota circunstância que deve ser sopesada no momento do julgamento do próprio mérito da demanda. O fato de o espólio ser ou não o proprietário do bem repercute na procedência ou improcedência do pedido, não na análise das condições da ação. 5. Agravo regimental a que se nega provimento" (STJ, AgRg nos EDcl no REsp 1035860/MS, Rel. Ministro Antonio Carlos Ferreira, Quarta Turma, julgado em 25/11/2014, DJe 02/12/2014). Por outro lado, defendendo a possibilidade do senhor, mas não possuidor, manejar os embargos de terceiro, cf. THEODORO JÚNIOR, 2006, p. 299.

O quarto e último grupo de modificações no instituto dos embargos de terceiro trata da fixação do Juízo competente para o processamento dos embargos, em caso de a apreensão judicial ser realizada em cumprimento de carta precatória.

O Código de Processo Civil em vigência silencia a respeito do tema. Sentindo os efeitos do silêncio, entretanto, o novo Código traz, no parágrafo único de seu art. 676, a seguinte norma: *"nos casos de ato de constrição realizado por carta, os embargos serão oferecidos no juízo deprecado, salvo se indicado pelo juízo deprecante o bem constrito ou se já devolvida a carta"*.

O mecanismo, no entanto, apenas mimetiza regra já em vigor para os embargos à execução, e prevista no art. 747 do Código revogado (e reproduzido, com pequenas modificações, no art. 914, § 2º do Código de 2015).

A propósito, a aplicação da regra já estava decantada na jurisprudência trabalhista, como se vê da *Súmula n. 419 do TST*: "*Na execução por carta precatória, os embargos de terceiro serão oferecidos no juízo deprecante ou no juízo deprecado, mas a competência para julgá-los é do juízo deprecante, salvo se versarem, unicamente, sobre vícios ou irregularidades da penhora, avaliação ou alienação dos bens, praticados pelo juízo deprecado, em que a competência será deste último*".

Assim, se a ordem executiva deprecada não indicou o patrimônio a ser constrito, a oposição de embargos atrai a competência do Juízo deprecado. No entanto, se a ordem deprecada determinou o processamento da execução contra o patrimônio de determinada pessoa, que não integrava, até então, a lide principal, a oposição de embargos de terceiro atrai a competência do Juízo deprecante, já que foi ele que deliberou pelo (re)direcionamento do esforço executivo contra o agora embargante.

Vale, ainda, sublinhar, para além do que já aduzido quanto às mudanças trazidas ao instituto pelo Código de 2015, algumas modificações mais pontuais, a exemplo do que ocorre nos arts. 677 (excetuando o seu § 4º) e 675, *caput*, em relação aos quais houve pequenas mudanças redacionais, sem quaisquer efeitos semânticos realmente destacáveis.

Em algumas oportunidades, as alterações de redação significam, apenas, a adaptação do dispositivo a outra alteração, a exemplo do mencionado *caput* do art. 677, cuja redação, no novo Código, traz a expressão "domínio", que reflete, notadamente, a existência do proprietário como novo legitimado ativo para propor embargos de terceiro.

Algumas outras modificações, por seu turno, trouxeram maior teor de inovação. O art. 681 do novo CPC traz norma inexistente no antigo Código, especificando os efeitos da decisão que acolhe a pretensão deduzida nos embargos, indicando o seguinte: *"acolhido o pedido inicial, o ato de constrição judicial indevida será cancelado, com o reconhecimento do domínio, da manutenção da posse ou da reintegração definitiva do bem ou do direito ao embargante".*

Quanto ao prazo para a oposição dos embargos, o novo art. 675 reproduziu, na essência, o mesmo conteúdo do revogado art. 1.048 do CPC de 1973, apenas atualizando alguns aspectos que marcam o processo comum renovado, como o procedimento de cumprimento da sentença e outras formas de expropriação, consagradas desde a Lei Federal n. 11.382/2006. Eis a redação do novo dispositivo:

> "Art. 675. Os embargos podem ser opostos a qualquer tempo no processo de conhecimento enquanto não transitada em julgado a sentença e, no cumprimento de sentença ou no processo de execução, até 5 (cinco) dias depois da adjudicação, da alienação por iniciativa particular ou da arrematação, mas sempre antes da assinatura da respectiva carta."

Logo, o prazo para oposição dos embargos continua sendo de cinco dias, tendo como *dies a quo* o ato de expropriação, qualquer que seja a sua modalidade.

A arquitetura normativa do Código para o problema do prazo para a oposição dos embargos de terceiro, contudo, não resolve algumas questões muito comuns, como, por exemplo, a fluência do prazo quando a penhora recai sobre dinheiro ou ativos financeiros, que, curiosamente, é a modalidade preferencial de constrição (cf. art. 835 do CPC de 2015).

Essa lacuna revela a tradição conservadora que ainda marca o marco regulatório da execução, ainda conectada com meios de satisfação dos créditos judiciais por intermédio de constrição de bens levados a efeito a partir da expedição de mandados judiciais (automóveis, máquinas, imóveis). Trata-se, contudo, de instrumento gradativamente residual, já que são muitos hoje os mecanismos de satisfação dos créditos exeqüendos por caminhos mais líquidos e efetivos (penhora eletrônica de créditos junto a instituições financeiras, penhora de ativos das empresas executadas junto a administradoras de cartões de crédito, penhora de ações, dentre outras possibilidades).

Assim, qual o prazo para a oposição dos embargos quando a garantia do juízo não está assegurada por bens passíveis de procedimento expropriatório, mas líquidos por sua natureza, como dinheiro?

Tenho que estamos diante de uma *lacuna superveniente, de natureza ontológica*[22], compete ao intérprete e aplicador do Direito buscar a *auto* ou *heterointegração* do sistema, em ordem a conservá-lo hígido, eficaz e operacional.

Nesse diapasão, observo que a teleologia da norma não foi a de assegurar ao terceiro prazo para opor embargos a partir da estabilidade da constrição

---

22 Sobre o tema, cf. CHAVES, L. A. 'As lacunas no direito processual do trabalho'. In: CHAVES, L. A (org.). *Direito processual do trabalho*: reforma e efetividade. São Paulo: LTr, 2007(b), p. 52-96.

(como, por exemplo, a partir do trânsito em julgado da decisão dos embargos que julgou subsistente a penhora), mas mesmo após a expropriação judicial, desde que antes da expedição da Carta, que é o título judicial que legitima a posse e o domínio do bem adquirido judicialmente.

Assim, não se pode considerar, como *dies a quo* para a oposição dos embargos de terceiro o momento em que se concretiza o bloqueio eletrônico de ativos, como, aliás, vem-se posicionando fundamentada jurisprudência, mas sim quando os valores são efetivamente disponibilizados para a parte beneficiada, ato que se assemelha (argumento de analogia, portanto) aos atos de expropriação ou remição que estão descritos no art. 1048 do CPC.

Vejamos alguns precedentes sobre o tema:

> EMBARGOS DE TERCEIRO. PRAZO PARA OPOSIÇÃO. PENHORA EM DINHEIRO. Tratando-se de apreensão de valores através do sistema BACEN-JUD, o prazo para oposição dos embargos de terceiro conta-se, por analogia à regra contida no artigo 1048 do CPC, a partir da liberação do dinheiro penhorado, tendo em vista que este é o momento em que se dá a transferência do bem (TRT da 3.ª Região; Processo: 00670-2011-048-03-00-0 AP; Data de Publicação: 03/10/2011; Órgão Julgador: Sexta Turma; Relator: Anemar Pereira Amaral).

> EMBARGOS DE TERCEIRO. PRAZO PARA INTERPOSIÇÃO. O entendimento da Eg. 6ª. Turma do TRT da 3a Região tem sido no sentido de que, conforme dispõe o art. 1048 do CPC, em execução, o prazo para oposição de embargos de terceiro é de até cinco dias após a arrematação, adjudicação ou remição, antes da assinatura da respectiva carta. Em se tratando de penhora sobre dinheiro, é entendimento da mesma turma que o prazo em questão conta-se a partir da liberação do valor penhorado em favor do credor (TRT da 3.ª Região; Processo: 01048-2010-055-03-00-7 AP; Data de Publicação: 09/05/2011; Órgão Julgador: Sexta Turma; Relator: Convocada Maria Cristina Diniz Caixeta).

> EMBARGOS DE TERCEIRO. CONSTRIÇÃO DE DINHEIRO. PRAZO PARA OPOSIÇÃO. O prazo para a oposição dos embargos de terceiro, em se tratando de apreensão de valores através do sistema BACEN-JUD, conta-se a partir da liberação do dinheiro penhorado (TRT da 3.ª Região; Processo: AP - 4527/07; Data de Publicação: 20/09/2007; Órgão Julgador: Sexta Turma; Relator: João Bosco Pinto Lara).

A jurisprudência do Superior Tribunal de Justiça também parece palmilhar esse mesmo caminho, como espelha o seguinte precedente da 3ª. Turma:

> [...] 3. Em hipótese de utilização do sistema BACEN-JUD, considera-se realizada a penhora no momento em que se dá a apreensão do dinheiro depositado ou aplicado em instituições financeiras, mas a alienação somente ocorre com a colocação do dinheiro à disposição do credor, o que acontece com a autorização de expedição de alvará ou de mandado de levantamento em seu favor, devendo este ser o termo *ad quem* do prazo de 5 (cinco) dias para apresentação dos embargos de terceiro [...]" (STJ, REsp 1.298.780-ES. Rel. Min. Otávio Noronha, 19.03.2015).

No mais, alguns dispositivos são mera repetição dos já existentes no Código processual de 1973, a exemplo do art. 680.

Quanto à aplicação deste procedimento especial no âmbito do processo laboral, trata-se de questão já bastante sedimentada, no esteio das cláusulas de subsidiariedade contidas nos arts. 769 e 889 da Consolidação das Leis do Trabalho:

> RECURSO ORDINÁRIO EM MANDADO DE SEGURANÇA. DECISÃO JUDICIAL EM QUE INDEFERIDO PEDIDO DE SOBRESTAMENTO DA EXECUÇÃO ORIGINÁRIA, NÃO OBSTANTE A OPOSIÇÃO DE EMBARGOS DE TERCEIRO (ART. 1052 DO CPC). SUPERVENIÊNCIA DO TRÂNSITO EM JULGADO DA DECISÃO EM QUE JULGADOS EXTINTOS, SEM RESOLUÇÃO DE MÉRITO, OS EMBARGOS DE TERCEIRO. PERDA SUPERVENIENTE DO INTERESSE PROCESSUAL. Pretensão mandamental direcionada contra decisão judicial na qual indeferido o sobrestamento da execução trabalhista, não obstante a oposição de embargos de terceiro (art. 1052 do CPC). Operado o trânsito em julgado da decisão em que extintos os embargos de terceiro, resta prejudicada a impetração, em razão da perda superveniente do interesse processual (art. 6º, § 5º, da Lei 12.016/2009 c/c art. 267, VI, do CPC). Segurança denegada. (TST. ROMS-91683020125020000, Relator: Douglas Alencar Rodrigues, Data de Julgamento: 24/02/2015, Subseção II Especializada em Dissídios Individuais, Data de Publicação: DEJT 06/03/2015).
>
> AGRAVO DE PETIÇÃO EM EMBARGOS DE TERCEIRO. Se a intenção da embargante não era a propositura de ação, recebida a petição como embargos de terceiro, deve ser concedido prazo para juntada de documentos essenciais à propositura de Embargos de Terceiro. (TRT 2ª Região, AP-0002186-53.2013.5.02.0068 Rel. Margoth Giacomazzi Martins, Data de Julgamento: 02/09/2014, 3ª Turma, Data de Publicação: 09/09/2014).
>
> AGRAVO DE INSTRUMENTO. EXECUÇÃO. EMBARGOS DE TERCEIRO. SÓCIO. PARTE ILEGÍTIMA. O Tribunal Regional deixou claro que a executada é parte ilegítima para a interposição dos embargos de terceiro, tendo em vista que a mesma não ostenta a condição de 'terceiro', na forma do artigo 1.046 do CPC, pois é sócia de uma das empresas executadas. Agravo de instrumento não provido (TST. AIRR- 761-45.2011.5.02.0202, Relator: Augusto César Leite de Carvalho, Data de Julgamento: 17/12/2013, 6ª Turma, Data de Publicação: DEJT 19/12/2013).

3.1.5. *DA OPOSIÇÃO*

Para melhor compreensão das questões trazidas pelo Código de 2015 sobre o instituto, é de significância trazer à baila o conceito da oposição.

Com efeito, ensina Cândido Rangel Dinamarco que "*a oposição é a demanda por meio da qual terceiro deduz em juízo pretensão compatível com os interesses conflitantes de autor e réu de um processo cognitivo pendente*" (*Instituições de direito processual* civil. São Paulo: Malheiros, 4ª. ed., 2004, p. 381-382).

O Código de Processo Civil de 1973, em seu art. 56, confere o seguinte conceito ao instituto da oposição: "*quem pretender, no todo ou em parte, a coisa ou o direito sobre controvertem autor e réu, poderá, até ser proferida a sentença, oferecer oposição contra ambos".*

Cuida-se, assim, de procedimento do qual terceiro pode se valer, até a prolação da sentença pelo juízo competente, para pretender, no todo ou em parte, direito ou coisa que, malgrado esteja sendo objeto de litígio em processo judicial do qual não faz parte, julga ser seu.

A grande inovação trazida pelo novo Código de Processo Civil ao respeito do tema e que guarda, a rigor, estreita ligação com o estudo da *natureza jurídica* do procedimento, relaciona-se com a *topologia* do instituto no novo texto. No CPC revogado, era-lhe reservado o espaço compreendido entre os seus arts. 56 e 61, inserindo-o em capítulo que disciplina a temática das *intervenções de terceiro*. O novo Código, por seu turno, regula a matéria nos dispositivos legais previstos entre os seus artigos 682 e 686, escolhendo enumerá-la como uma das hipóteses de *procedimentos especiais* previstas no Capítulo VIII, Título III, Livro I da Parte Especial da Lei.

A verdade é que a *mens legistoris* presente quando das discussões parlamentares anteriores ao advento do novo Código foi, indubitavelmente, diversa daquela verificada nos estudos que precederam o advento da Lei 5.869 de 1973.

Desta vez, o processo legislativo decidiu optar pela primeira das três correntes processuais que se ocupam da natureza jurídica da oposição, apresentadas por Daniel Amorim Assumpção Neves, da seguinte forma

> "(a) os que defendem não se tratar de intervenção de terceiro, mas de demanda autônoma movida pelo opoente contra autor e réu de processo já instaurado, em hipótese de cumulação objetiva de lides;
>
> (b) os que defendem tratar-se sempre de uma espécie de intervenção de terceiro;
>
> (c) os que defendem que a natureza jurídica dependerá do momento de interposição da oposição: se realizada antes do início da audiência de instrução será uma espécie de intervenção de terceiro; após esse momento, será uma demanda autônoma" (NEVES, 2012, p. 233).

Para a nova Lei, portanto, a oposição terá, em todas as hipóteses, a natureza de *ação autônoma*.

O Código antigo não disciplina a matéria da mesma forma. Em consonância com o que é possível depreender da análise de seus arts. 59 e 60, a corrente que adota é a terceira das elencadas acima. A natureza jurídica, para o antigo Código, varia de acordo com o momento da oferta da oposição.

Em caso de oferecida em momento anterior ao da audiência de instrução e julgamento, a oposição receberia a natureza de intervenção de terceiro e seria apensada aos autos da ação principal (art. 59). Já, por outro lado, se oferecida após a audiência de instrução e julgamento, teria natureza de ação autônoma (art. 60).

O art. 685 do novo Código Processo Civil e seu parágrafo único nos evidenciam o que virá a ser a nova regra:

> Art. 685. Admitido o processamento, a oposição será apensada aos autos e tramitará simultaneamente à ação originaria, sendo ambas julgadas pela mesma sentença.
>
> Parágrafo único: Se a oposição for proposta após o início da audiência de instrução, o juiz suspenderá o curso do processo ao fim da produção das provas, salvo se concluir que a unidade de instrução atende melhor ao princípio da duração razoável do processo".

Extinta, assim, a hipótese de a oposição fazer uso de processo preexistente para tramitar, de acordo com o que acontece com os casos de intervenção de terceiros. A grande diferença prática trazida por esta alteração será, justamente, a necessidade de propositura, em todas oportunidades, de novo processo, mediante propositura da oposição que, agora, sempre virá na forma de ação autônoma.

Ademais, o Código de 2015 não trouxe modificações de grande relevância, tendo, inclusive, repetido a redação de alguns dispositivos normativos, ao exemplo do que inaugura e do que encerra a matéria.

A aplicação da oposição no processo do trabalho, embora não muito freqüente, é perfeitamente possível, especialmente em temas como o da representação sindical, como espelham alguns julgados, a seguir colacionados:

> AGRAVO DE INSTRUMENTO. OPOSIÇÃO. INTERVENÇÃO DE TERCEIROS. CABIMENTO. ARTIGO 56 DO CPC. RECURSO DE REVISTA. ADMISSIBILIDADE. Hipótese em que o sindicato autor requerente, em sede cautelar e em ação principal, postula a declaração de nulidade de ato constitutivo do sindicato requerido e SINDEEPRES, na condição de opositor, pretende discutir -representação sindical. O instituto da oposição, previsto no artigo 56 do CPC, não autoriza a ampliação do pedido, senão a alteração dos sujeitos da relação jurídica. Daí por que o acórdão regional mantém a sentença, no que reputa incabível o manejo da oposição, na medida em que o sindicato, ora agravante, outro opoente, pretende intervir no processo para, nessa condição, questionar -representação sindical-, nos autos de ação em que se requer a declaração de -nulidade do edital de convocação para a assembléia de constituição do sindicato requerido-. Evidenciado o manejo da oposição, objetivando a ampliação do objeto da demanda, o acórdão recorrido, no que reputa incabível a intervenção do sindicato opositor, não viola o artigo 56 do CPC. Inadmissível o recurso de revista que, em semelhantes condições, o presente agravo de instrumento visa a destrancar. Agravo de instrumento a que se nega provimento. (TST - AIRR: 886405320055150133 88640-53.2005.5.15.0133, Relator: Emmanoel Pereira, Data de Julgamento: 01/12/2010, 5ª Turma, Data de Publicação: DEJT 10/12/2010)
>
> DISSÍDIO COLETIVO - INTERVENÇÃO DE TERCEIROS - OPOSIÇÃO - REPRESENTAÇÃO DA CATEGORIA PROFISSIONAL. Em decisões pretéritas, sustentou-se que a ação de oposição não se mostra cabível no processo de

dissídio coletivo, mormente quando visa à discussão em torno da legitimidade de representação de determinada categoria profissional. Entretanto, o Colendo TST, por meio da sua Seção Especializada em Dissídios Coletivos, vem alterando o seu posicionamento acerca da questão de forma a amparar a pretensão do sindicato opoente, quando fundada em decisão já proferida pela Justiça Comum, que tenha dirimido a controvérsia em torno da representatividade da categoria. (TRT 3ª Região. AO-23002-2001-000-03-00-0, Relator: Alice Monteiro de Barros, Seção Especializada de Dissídios Coletivos, Data de Publicação: 18/08/2001 DJMG).

Considerada, assim, a possibilidade de aplicação da oposição no Processo do Trabalho, a questão que remanesce, diante da novidade procedimental trazida no novo CPC, diz respeito à (im)possibilidade de admissão da oposição nos mesmos autos da ação trabalhista, como forma de atender ao princípio da simplificação dos atos processuais.

3.1.6. DA HABILITAÇÃO

Os dispositivos legais alusivos a este procedimento especial, no CPC de 1973, eram os dispostos entre os artigos 1.055 e 1.062.

Em conformidade com o que a leitura desses dispositivos nos oferece, a habilitação é o meio pelo qual se torna possível *"regularizar a sucessão processual quando ocorre a morte de qualquer uma das partes"* (NEVES, 2012, p. 1431).

Essa regularização, de acordo com o que o revogado CPC nos informa, pode ser processualmente materializada por intermédio de duas formas, quais sejam a incidental e a direta nos autos do próprio processo principal. Esta, com efeito, prescinde de processo contencioso, pode ser admitida, de plano, pelo Juízo competente e tem hipóteses de cabimento previstas nos artigos 1.060 e 1.061. Aquela, por sua vez, pressupõe litigiosidade, é processada em autos apartados e é regulada pelo procedimento previsto nos artigos 1.057 e 1.058.

Essa última forma, notadamente, é o ponto em que se insere a grande inovação trazida pelo Novo Código de Processo Civil, eis que, em conformidade com as lições retiradas de seus artigos 687 e seguintes, a habilitação direta nos autos do processo principal ganha irrefragável destaque.

Em realidade – e é de salutar significância mencionar - *todo o procedimento contencioso trazido pelos artigos 1.057 e 1.058 do velho Código deixa de existir.*

O CPC de 2015 transforma o processo de habilitação previsto nos artigos 1.060 e 1.061 da Lei de 1973 em regra. A esse respeito, eis a redação do art. 689 do novo Código: *"Proceder-se-á à habilitação nos autos do processo principal, na instância em que estiver, suspendendo-se a partir de então, o processo"*.

A única exceção a esta regra, a rigor, é a prevista na parte segunda do artigo 691 do novo Código, em consonância com o qual: *"o juiz decidirá o pedido de habilitação imediatamente, salvo se este for impugnado e houver necessidade de dilação probatória diversa da documental, caso em que determinará que o pedido seja autuado em apartado e disporá sobre a instrução*" (grifos acrescidos).

Sem ressuscitar, portanto, a processualística prelecionada na velha Lei, o novo CPC prevê o comportamento a ser adotado em caso de existência de litigiosidade, que desemboca, somente nesta hipótese, em autos suplementares, com rito contencioso. Por isso, não é possível classificar a habilitação como *procedimento especial de jurisdição voluntária*, já que contém, ainda que, agora, de forma excepcional, o potencial contencioso.

Assim, é possível concluir que, no novo Código de Processo Civil, em regra, o pedido de habilitação da parte será processado nos próprios autos do processo principal, ocasião em que o Juízo, de plano, poderá, ao seu respeito, decidir. Somente por exceção, em caso de contrariedade, oportunizar-se-á o contraditório por meio de instrução sobre a qual disporá o Juízo.

No mais, não há mudanças significativas. Cabe tão-somente pontuar a exclusão do disposto no art. 1.059 da antiga regulação, cujo conteúdo indicava o responsável – o relator - pelo processamento da habilitação em caso de a causa estar no tribunal.

É importante registrar que, no Processo do Trabalho, esse procedimento é suplementado pelo contido na Lei Federal n. 6.858/80, que disciplina de forma distinta a legitimidade dos credores habilitandos, não observando, necessariamente, a sucessão civil do *de cujus*, pois prestigia a destinação dos créditos trabalhistas aos dependentes, dado o seu caráter alimentar.

Esse aspecto é de importante destaque, eis que, não raro, os sucessores civis buscam sua habilitação em concorrência (por cabeça ou por estirpe) com os dependentes do *de cujus*, o que não admite a Lei n. 6.858/80.[23]

Ainda quanto a esse aspecto, assinalo que a exigência da condição de dependente do *de cujus* junto à Previdência Social *não é uma condição formal exigível atualmente para o processamento do pedido de habilitação*.

Com efeito, a Lei n. 6.858/80 *deve ser interpretada à luz da Constituição Federal*. Ao tempo de sua edição, em 1980, *o sistema de saúde não era universal*, e o portador da Carteira de Trabalho e Previdência Social precisava registrar seus dependentes para que estes pudessem usufruir do atendimento de saúde que lhes era garantido pelas contribuições do trabalhador. Afora isso, essa ha-

---

23 Essa conclusão decorre da dicção normativa do art. 1º da referida Lei, que apenas autoriza o pagamento de créditos são sucessores civis na ausência de dependentes do *de cujus*. Eis a norma: "*os valores devidos pelos empregadores aos empregados e os montantes das contas individuais do Fundo de Garantia do Tempo de Serviço e do Fundo de Participação PIS-PASEP, não recebidos em vida pelos respectivos titulares, serão pagos, em quotas iguais, aos dependentes habilitados perante a Previdência Social ou na forma da legislação específica dos servidores civis e militares, e, na sua falta, aos sucessores previstos na lei civil, indicados em alvará judicial, independentemente de inventário ou arrolamento*".

bilitação era fundamental para a percepção do benefício do salário-família, hoje praticamente desprezível, em razão dos valores pagos pela Previdência Social.

Da enciclopédia livre e digital, colho um interessante resumo desse período anterior à CF/88:

> Antes da instituição do Sistema Único de Saúde (SUS), a atuação do Ministério da Saúde se resumia às atividades de promoção de saúde e prevenção de doenças, (como, por exemplo, a vacinação), realizadas em caráter universal, e à assistência médico-hospitalar para poucas doenças; servia aos indigentes, ou seja, a quem não tinha acesso ao atendimento pelo Instituto Nacional de Assistência Médica da Previdência Social (INAMPS).
>
> O INAMPS, por sua vez, era uma autarquia federal vinculada ao Ministério da Previdência e Assistência Social (hoje Ministério da Previdência Social), e foi criado pelo regime militar em 1974 pelo desmembramento do Instituto Nacional de Previdência Social (INPS), que hoje é o Instituto Nacional de Seguridade Social (INSS). O Instituto tinha a finalidade de prestar atendimento médico/dentário aos que contribuíam com a previdência social, ou seja, somente aos contribuintes de toda forma e seus dependentes.

Analisando o período, Felipe Asensi expõe que:

> a utilização dos serviços de saúde se encontrou vinculada à situação empregatícia, ocasionando a exclusão de uma parcela relevante da população desempregada, seja por deficiências físicas, seja por insuficiências na educação ou, mesmo, por inacessibilidade estrutural ao mercado de trabalho formal.
>
> O INAMPS dispunha de estabelecimentos próprios, ou seja, de hospitais públicos, mas a maior parte do atendimento era realizado pela iniciativa privada; os convênios estabeleciam a remuneração pelo governo por quantidade de procedimentos realizados. Já os que não tinham a carteira assinada utilizavam, sobretudo, as Santas Casas, instituições filantrópico-religiosas que amparavam cidadãos necessitados e carentes (Disponível em: www.wikipedia.org. Acesso em 11.09.2013).

Essa situação foi profundamente alterada com a Norma Fundamental de 1988, que instituiu, em seus arts. 196 e seguintes, o preceito da universalização da saúde, regulamentada pela Lei 8.080/90.

Assim, a vinculação, antes de 1988, entre o liame de trabalho e os dependentes habilitados formal e publicamente, era quase que obrigatória, constituindo, assim, *uma fonte bastante confiável* e, mais do que isso, de fácil acesso e disponível para diversos fins, inclusive para os efeitos de identificação rápida, pelo empregador, na hipótese de óbito do trabalhador, quando aos dependentes.

Hoje, o quadro é outro. Muitas vezes, essa habilitação perante a Previdência Social só acontece quando o trabalhador vem a óbito, para efeito de pagamento do benefício da pensão por morte.

E não é o caso de se colocar a questão sob o manto do direito das sucessões, uma vez que, em linha de princípio, *as verbas alimentares não se constituem patrimônio jungido à vocação hereditária*, porquanto destinadas à subsistência de seus protagonistas: *o trabalhador ou aquele que vivia sob a sua dependência*.

Reitero: as verbas trabalhistas não são, a rigor, submetidas às regras da sucessão (por cabeça ou estirpe), salvo se inexistente, ao tempo do óbito do *de cujus*, dependente direto dos alimentos que se constituem as verbas remuneratórias, habituais ou rescisórias. E, neste caso, sequer se faz necessária a conclusão de inventário ou arrolamento, como já sublinhado.

Por isso que, a meu ver, na hipótese do *de cujus* deixar herdeiros dependentes (incluídos, aqui, os beneficiados com alimentos judiciais) e não dependentes, *somente àqueles devem ser destinados os direitos trabalhistas remanescentes e devidos ao espólio*, já que a remuneração auferida pelo *de cujus* lhes provia a subsistência, o que não sucedia com herdeiros capazes e maiores.

Em síntese, tenho particular compreensão de que os direitos trabalhistas deixados pelo *de cujus* não constituem, em princípio, herança, ainda que admita a transmutação dessa natureza especial e alimentar na hipótese do *de cujus* não deixar dependentes ao tempo do óbito[24]. Neste caso, repiso, o montante deixado deve observar o concurso de herdeiros, por influxo da lei civil, ainda que em exame incidental no curso do processo, independentemente, pois, de inventário ou arrolamento, judicial ou extrajudicial.

No mais, a jurisprudência tem evidenciado a recorrente aplicação deste procedimento especial no campo da Justiça do Trabalho. Nessa esteira, é oportuno destacar os seguintes julgados:

> HABILITAÇÃO DE DEPENDENTES. PROCESSO TRABALHISTA. A Lei 6.858/80 prevê que os dependentes habilitados perante a Previdência Social recebam os créditos trabalhistas do empregado falecido. Portanto, não havendo prova da condição de dependentes do "de cujus", não pode ser habilitada no processo trabalhista. (TRT da 5ª Região; Processo: 0004200-75.2006.5.05.0131 RO; Data de publicação: 11/11/2007; Órgão Julgador: Quarta turma; Relator: Valtércio de Oliveira).
>
> HABILITAÇÃO DO DE CUJUS. Comprovada que a representante do de cujus, foi de fato sua companheira por mais de 23 anos, e com ele teve um filho que já tem maior idade e não pleiteou qualquer direito, há de se considerar que a mesma é a verdadeira titular de direito, sendo assim a parte legítima para pleitear, em nome próprio, os direitos trabalhistas do *de cujus*. É que para habilitação no processo trabalhista não são necessárias todas as formalidades exigidas no processo civil, mormente quando não há qualquer disputa em relação aos créditos, ressalte-se, reconhecidos pela empregadora e tão pouco existem herdeiros menores. (TRT da 6ª Região; Processo: RO 214200120106005 PE 2001.201.06.00.5; Data de publica-

---

24 Como sucede, ademais, quando o *de cujus* não deixa herdeiros, hipótese em que a vocação hereditária cede lugar à *herança jacente*, esta regulada pelos arts. 738 e seguintes do CPC de 2015.

ção: 30/12/2003; Órgão Julgador: Primeira Turma; Relator: Carmen Lucia Vieira do Nascimento).

INCIDENTE PROCESSUAL DA HABILITAÇÃO. FALECIMENTO DO RECLA-MANTE. Falecendo o reclamante, no curso da reclamatória trabalhista, impõe-se a sucessão processual com resolução do incidente processual da habilitação para que, então, o processo prossiga, com regularidade, nos seus ulteriores termos. (TRT da 5ª Região; Processo: 0030900-53.2005.5.05.0251 RO; Data de publicação: 09/11/2012; Órgão Julgador: 5ª Turma; Relator: Esequias de Oliveira).

IRREGULARIDADE DA REPRESENTAÇÃO PROCESSUAL. FALECIMENTO DO RECLAMANTE NO CURSO DA AÇÃO. O falecimento do reclamante no curso da ação acarreta a sucessão por morte, a qual na esfera trabalhista dá-se mediante a habilitação dos sucessores legais conforme artigo 1.056 do Código de Processo Civil e Lei nº 6.858/80, regulamentada pelo Decreto nº 85.845/81. Não havendo a regularização da representação processual, os atos realizados em nome do falecido serão nulos, pois este já perdeu sua capacidade postulatória, nos termos do artigo 682, II, do Código Civil e art. 43 do CPC. (TRT da 2ª Região; Processo: 00008919-72.2011.5.02.0052 RO; Data de publicação: 28/08/2013; Órgão Julgador: 3ª Turma; Relator: Mercia Tomazinho).

Por fim, como verificável mediante leitura dos julgados acima dispostos, a habilitação continua gozando de farta aplicabilidade no processo trabalhista. É de salutar significância reparar, inclusive, que, com o privilégio garantido à habilitação processada nos autos principais, o novo Código de Processo Civil se aproximou da prática trabalhista, no âmbito da qual, em consonância com um dos julgados colados acima, a informalidade tem sido priorizada já de há muito, em razão do influxo da multicitada Lei n. 6.858/80.

3.1.7. DA AÇÃO MONITÓRIA

A Lei n. 13.105/2015 foi responsável por dar nova arquitetura legal a este procedimento especial, dispondo sobre o tema nos arts. 700 e 702.

A ação monitória, com efeito, consiste em procedimento cujo objetivo é o de abreviar processo judicial no âmbito do qual determinado credor quer executar seu crédito e, embora não possua título executivo, detém prova escrita com o condão de representar a respectiva obrigação.

Este é, a rigor, o instrumento oferecido pela legislação pátria para sumarizar uma demanda que, ao mesmo tempo, tem a pretensão de prescindir de cognição exauriente e, por outro lado, não tem arcabouço probatório suficiente para a instauração de processo executivo – notadamente por motivo de ausência de título executivo, tal como definido em lei (cf. arts. 783 e 784 do CPC de 2015).

Tratando do instituto, Daniel Amorim Neves pontua:

"Trata-se, portanto, de uma espécie de tutela diferenciada, que por meio da adoção de técnica de cognição sumária (para concessão do mandado monitório) e do contraditório diferido (permitindo a prolação de decisão antes da oitiva do réu), busca facilitar em termos procedimentais a obtenção de um título executivo quando o credor tiver prova suficiente para convencer o juiz, em cognição não exauriente, da provável existência de seu direito." (NEVES, 2012, p. 1445).

Dentre as variadas transformações capitaneadas pelo novo texto, uma primeira guarda relação com as hipóteses de cabimento da ação monitória.

No Código de Processo Civil vigente, as hipóteses em que este procedimento especial é cabível estão elencadas no artigo 1.102-A, de acordo com o qual a ação monitória pode ser proposta por credor que pretenda pagamento de *soma em dinheiro, entrega de coisa fungível ou de determinado bem móvel*.

A literatura processual, a esse respeito, convencionou afirmar que, por conseqüência, o CPC não permitia a aplicação da ação monitória em relação à obrigação de fazer e não fazer; e à entrega de coisa infungível e de bem imóvel (cf., por todos, MARTINS, 2010, p. 585).

O CPC de 2015, diante dessa realidade, amplia consideravelmente o leque de obrigações em relação ao qual ação monitória pode ser manejada.

Os incisos I a III do art. 700 tratam dessa nova configuração, mais elástica, de cabimento de ação monitória:

> Art. 700. A ação monitória pode ser proposta por aquele que afirmar, com base em prova escrita sem eficácia de título executivo, ter direito de exigir do devedor capaz:
>
> I - o pagamento de quantia em dinheiro;
>
> II - a entrega de coisa fungível ou infungível ou de bem móvel ou imóvel;
>
> III - o adimplemento de obrigação de fazer ou de não fazer.

Outro tema de interesse, no cenário das inovações trazidas pelo novo CPC, prende-se à natureza da prova da qual a ação monitória carece.

O art. 700, reproduzindo o teor do revogado art. 1.102-A, faz referência à *prova escrita*. No entanto, o novo § 1º estabelece: "*a prova escrita pode consistir em prova oral documentada, produzida antecipadamente nos termos do art. 381*". Este último dispositivo trata do procedimento que veio a substituir a superada medida cautelar para produção prova antecipada, agora tratada como mecanismo incidente, disciplinado no Capítulo XII do Título destinado, na parte especial, ao procedimento comum.

Há avanços aqui, pois, no regime do código revogado, não se admitia a validade da prova oral para dar suporte probatório ao procedimento especial em análise.

Outro aspecto inovador na legislação diz respeito ao cabimento da ação monitória contra a Fazenda Pública, de que trata o § 6º do art. 700. O tema, conduto, já merecera uniformização pelo Superior Tribunal de Justiça, como se observa da Súmula n. 339: "É cabível ação monitória contra a Fazenda Pública", o que, mais uma vez, indica que o processo de modernização da legislação observa a força indutiva das interpretações dadas aos institutos processuais pelos juízes e tribunais.

Portanto, o novo Código de Processo Civil, no particular, positivou aquilo que, no âmbito jurisprudencial, já era realidade.

Ainda sobre o tema, o CPC de 2015 estabelece, ainda, em seu art. 701, § 4º, que está sujeita ao duplo grau de jurisdição a decisão que não for objeto dos embargos previstos pela cabeça do artigo.

De outro lado, o art. 702 do Código de 2015 traz a possibilidade de oposição de embargos à monitória e regula todo o procedimento que, então, pode se seguir.

Este dispositivo trouxe, em seus desdobramentos, uma série de regras inexistente no Código revogado, dando densidade a essa espécie de impugnação, já que o revogado art. 1.102-C não especificava sequer as matérias argüíveis pelo réu na ação monitória.

Como exemplo, vejamos o seu § 1º: "*os embargos podem se fundar em matéria passível de alegação como defesa no procedimento comum*"; e o seu § 6º, que admite, expressamente, "*a reconvenção, sendo vedado o oferecimento de reconvenção à reconvenção*".

O § 2º obriga o embargante a indicar a quantia que entende devida, caso sustente, em sua resposta, que o autor pleiteia quantia superior.

No intuito de salvaguardar a eticidade no manejo da monitória, o novo CPC traz duas regras sancionatórias, previstas nos §§ 10 e 11 no mesmo art. 702:

> "Art. 702 . ...
>
> § 10. O juiz condenará o autor da ação monitória proposta indevidamente e de má-fé ao pagamento, em favor do réu, de multa de até dez por centro sobre o valor da causa.
>
> § 11. O juiz condenará o réu que de má-fé opuser embargos à ação monitória ao pagamento de multa de até dez por centro sobre o valor atribuído à causa, em favor do autor".

Cuida-se, pois, de enunciados legais que têm o fito de evitar a proposição de demandas e/ou de embargos evidentemente incabíveis. Ambas constituem meio com a pretensão de desafogar o Poder Judiciário, qualificando a atuação dos jurisdicionados, ativa e passivamente. Tendo o Código sido elaborado à luz do objetivo de alcance da celeridade processual, estes são dispositivos de citação indispensável.

Quanto à aplicação deste procedimento especial na seara trabalhista, trata-se de uma questão aparentemente decantada.[25]

Colho alguns julgados sobre o tema:

> AGRAVO DE INSTRUMENTO. RITO SUMARÍSSIMO. CONTRIBUIÇÃO SINDICAL RURAL. AÇÃO MONITÓRIA. CABIMENTO. DESPROVIMENTO. Diante da ausência de violação dos dispositivos constitucionais invocados, não há como admitir o recurso de revista. Agravo de instrumento desprovido. (TST. AIRR-4491820135080110, Relator: Aloysio Corrêa da Veiga, Data de Julgamento: 11/12/2013, 6ª Turma, Data de Publicação: DEJT 13/12/2013).

> AÇÃO MONITÓRIA. DOCUMENTOS. PROVA. Nos termos do artigo 1.102-A do CPC, é facultada a utilização da ação monitória ao credor que possua prova escrita do débito, sem eficácia de título executivo. Entretanto, há que se lembrar que a inicial deveria vir instruída com essa prova, a qual também deveria ter credibilidade e força probatória, não servindo para tanto o documento de fls. 08/09, que sequer se encontram assinados pela empresa, com bem acentuou o MM. Juízo de origem. Recurso a que se nega provimento. (TRT 2ª Região. RO-0015953620115020012, Rel. Odette Silveira Moraes, Data de Julgamento: 18/02/2014, 11ª Turma, Data de Publicação: 25/02/2014).

> AÇÃO MONITÓRIA. NOTAS PROMISSÓRIAS. PRESCRIÇÃO. Ainda que se trate de ação monitória, para a cobrança de notas promissórias sem força executiva, a origem da dívida remonta uma relação de emprego entre credor e devedor. E assim sendo, a prescrição a ser observada é aquela prevista na Constituição Federal, em seu artigo 7º, inciso XXIX, alínea a. (TRT 1ª Região. RO-6234420105010072 RJ , Relator: Dalva Amelia de Oliveira, Data de Julgamento: 19/03/2013, Nona Turma, Data de Publicação: 11/04/2013).

> AÇÃO MONITÓRIA. EMBARGOS. EXECUÇÃO. Os embargos interpostos na fase de execução não correspondem àquele previsto no artigo 1102-C do CPC, que independe de prévia segurança do juízo. Ao contrário, a norma consolidada é clara ao dispor que o executado terá cinco dias para apresentar embargos, após garantida a execução, o que não ocorreu no presente caso. Logo, ante a ausência de garantia da execução, não se conhece do presente apelo. Agravo de Petição que não se conhece. (TRT 2ª Região. AP- 02105009520025020033, Rel. Odette Silveira Moraes, Data de Julgamento: 25/03/2014, 11ª TURMA, Data de Publicação: 01/04/2014).

Como se vê, diante da análise dos julgados colacionados, a aplicabilidade da ação monitória é possível e as regras contidas no novo CPC não criam obstáculo para que esse cabimento tenha curso na Justiça do Trabalho.

3.1.8. *Da restauração de autos*

O procedimento especial em destaque tem disciplina positivada entre os artigos 1.063 e 1.069 do Código de 1973. Dele também se ocupa o CPC de 2015, disciplinando o instituto entre os arts. 712 e 718.

---

25 Em sentido contrário, Sérgio Pinto Martins assevera: *"entendo que a ação monitória é incabível no processo do trabalho, por ser incompatível com as suas determinações"* (MARTINS, 2010, p. 583).

A partir de seu desenho legal, é possível afirmar que *a restauração de autos nada mais é do que o instrumento do qual se poderá fazer uso em caso de desaparecimento dos autos* de determinado processo judicial *motivado por variadas circunstâncias*, considerado o vocábulo "autos" como o *conjunto ordenado de peças de um processo judicial*. Não é o processo, na acepção jurídico-processual, mas sim sua materialização, sua documentação.

Ao respeito dos objetivos deste procedimento especial, Daniel Amorim Assumpção Neves salienta: "*é claro que sem os autos não há como o processo prosseguir, de forma que sua restauração tem como objetivo imediato a reconstrução dos escritos que exteriorizam os atos processuais e como objetivo mediato a continuação do processo*" (NEVES, 2012, p. 1436).

O novo Código de Processo Civil não foi responsável por numerosas mudanças de significância substancial no que atine a regulação deste procedimento especial. Algumas das pontuais modificações notáveis, contudo, instigam reflexões.

De início, faz-se mister enxergar as alterações realizadas na redação do primeiro dispositivo do capítulo (art. 712), que diz: "*verificado o desaparecimento dos autos, eletrônicos ou não, pode o juiz, de ofício, qualquer das partes ou o Ministério Público, se for o caso, promover-lhes a restauração*".

Neste ponto, duas modificações de inegável importância devem ser destacadas.

A primeira delas guarda relação com o tema da legitimidade para a proposição da ação de restauração de autos. O Código de 1973 (*caput* do art. 1.063) atribui a legitimidade para a promoção da restauração dos autos às partes, sem cogitar da legitimidade dos juízes e do Ministério Público.

O novo Código, por seu turno, faz expressa menção à possibilidade de o juiz, de ofício, e o Ministério Público promoverem à restauração de autos. Com isso, inclusive, algumas divergências na literatura processual[26] encontram o seu termo, que indicavam, a partir do texto legal, que o juiz e Ministério Público não eram legitimados para a instauração do processo de restauração.

---

26 Humberto Theodoro Júnior, por exemplo, não admitia a possibilidade de atuação de ofício para a restauração, ao afirmar: "*não autoriza o código a restauração por ato de ofício do juiz. Em se tratando de ação, o procedimento estará sempre na dependência de provocação da parte*" (*Curso de direito processual civil*. Rio de Janeiro: Forense, 2006, p. 327). Trata-se, contudo, de leitura literal da legislação, que não leva em conta o caráter inquisitorial do processo. A inércia foi quebrada pela parte, ao propor a demanda. O Estado-Juiz é o principal responsável pela custódia dos autos. Seu desaparecimento, portanto, não recoloca a lide sob o círculo dispositivo da parte, como se a ação não tivesse sido intentada. A restauração não é o mesmo que o processo principal, mas apenas um procedimento de (re)materialização dos atos processuais até então praticados. É procedimento contencioso porque demanda a concorrência das partes, na medida em que elas precisam participar ativamente dessa (re)construção do novo processado, que substituirá o anterior, extraviado.

A segunda modificação que se observa no art. 712, em comparação com o seu correspondente no texto revogado, diz respeito à menção que faz quanto à possibilidade de restauração de *autos eletrônicos*.

Neste ponto, o novo Código de Processo Civil se alinha ao que dispõe a Lei n. 11.419/2006 e a toda revolução técnica pela qual o processo brasileiro tem passado – a superação da utilização dos processos físicos em um caminhar que nos leva a um tempo de processos integralmente eletrônicos.

Esta é a mudança, aliás, em que repousam as mais importantes reflexões sobre a restauração de autos. Ora, que utilidade terá este procedimento especial em uma realidade na qual os processos físicos não mais existirão? É dizer: no âmbito do processo judicial eletrônico, a realização das cópias de segurança (*back-ups*) é, seguramente, capaz de suprir a necessidade de restauração de quaisquer autos.

Contudo, ainda que presente essa nova realidade, tenho que o novo texto acertou. É que, como se vê na experiência com processos eletrônicos em curso, é possível que, nos fluxos de trabalho, eventualmente algo, no todo ou em parte, seja perdido, ou, ainda, por questões técnicas (compatibilidade de formato de arquivo, arquivos corrompidos, dentre outras hipóteses) simplesmente documentos não possam ser acessados, visualizados ou recuperados.

Nada obstante, tendo em conta o esperado avanço das tecnologias de segurança da informação, é possível enxergar um futuro próximo, no qual a restauração de autos, talvez, não tenha mais razão alguma para existir. Eis, aqui, portanto, um objeto de atenciosas observações.

Para além disso, o novo Código não protagonizou grandes alterações na regulação deste procedimento especial. Além de pontuais mudanças de redação, a única alteração merecedora de destaque é a relativa à exclusão do § 2º do artigo 1.067 do texto revogado, em conformidade com o qual "*os autos suplementares serão restituídos ao cartório, deles se extraindo certidões de todos os atos e termos a fim de completar os autos originais*". Este, no novo Código, não mais existe.

No mais, continua o processo comum a prever contraditório (art. 714) e a reprodução das provas colhidas (art. 715).

Na hipótese de aparecerem os autos originais, quando já levada a efeito a restauração em novos autos, há a preferência legal para o prosseguimento da demanda naqueles primeiros (art. 716, parágrafo único). Creio, contudo, que essa condição merece temperos, caso o ressurgimento dos autos originais tenha lugar em momento bem posterior, quando os autos restaurados já tenham protagonizado muitos atos processuais, quando será recomendável o apensamento dos originais.

Na *Justiça do Trabalho*, o instituto tem sido aplicável com inegável subsidiariedade, sem diferir, no que toca a processualística, de maneira substancial, do que está disposto no processo comum[27], ainda que presente maior inquisitoriedade do juiz na determinação da restauração, em especial na execução (art. 878, CLT).

Exemplos de aplicabilidade podem ser verificados mediante leitura e interpretação dos julgados a seguir colacionados:

> "AÇÃO DE RESTAURAÇÃO DE AUTOS. RECLAMAÇÃO TRABALHISTA. PROCESSADA NO JUÍZO CÍVEL INVESTIDO EM JURISDIÇÃO TRABALHISTA. POSTERIOR INSTALAÇÃO DE VARA DO TRABALHO NA COMARCA. COMPETÊNCIA DA JUSTIÇA DO TRABALHO. Dispõe o § 1º, do art. 1.067 do CPC, que a restauração far-se-á no juízo de origem quanto aos atos que neste se tenham realizado. No entanto, verifica-se a desnecessidade de que a ação se processe na Comarca de Regeneração, quando existem elementos suficientes ao prosseguimento do feito nesta Justiça Especializada, que, com a edição da Lei nº 10.770/2003, passou a ter jurisdição sobre aquela região. O retorno dos autos ao juízo cível mostra-se um obstáculo ao rápido andamento da causa, contrariando os princípios da economia e celeridade processuais que orientam o processo trabalhista. Afasta-se a incompetência declarada na decisão recorrida. Recurso ordinário conhecido e provido." (TRT da 22.ª Região; RO nº 00601/2008-106-22-00-4; Data de Publicação: 05/08/2009; Órgão Julgador: Primeira Turma; Relator: Arnaldo Boson Paes).

> "RESTAURAÇÃO DE AUTOS. PEÇAS PROCESSUAIS. ELEMENTOS SUFICIENTES À COMPREENSÃO E PROSSEGUIMENTO DA LIDE. HOMOLOGAÇÃO. Com efeito, ocorrendo à reunião das principais peças a ensejar à compreensão da lide e considerando, ainda, a anuência das partes no tocante a presente restauração, nada opondo no tocante às peças colacionadas, submete-se os presentes autos à homologação pelo pleno desta Corte." (TRT da 19ª Região; Processo: 00032.2009.000.19.00-8; Data de publicação: 09/12/2009; Órgão julgador: Quinta turma ; Relator: Antônio Catão).

> "RESTAURAÇÃO DE AUTOS. AUSÊNCIA DE JUNTADA DE DOCUMENTOS QUE COMPROVEM OS PODERES DO ADVOGADO. Nos termos dos arts. 1.064 e 1.066 do CPC, aplicáveis subsidiariamente ao processo trabalhista, compete à parte interessada diligenciar a juntada de cópia dos documentos anteriormente existentes nos autos ou requerer as providências necessárias para reproduzi-los. Não tendo o sindicato-autor juntado os documentos comprobatórios dos poderes do subscritor da petição que interpõe este recurso ordinário nem os devidos requerimentos, impõe-se não conhecê-lo." (TRT da 3ª Região; Processo: 00856-2005-089-03-00-7; Data de publicação: 23/03/2006; Órgão julgador: Sexta turma; Relator: Ricardo Antônio Mohallem).

> "AGRAVO DE PETIÇÃO. EXECUÇÃO FISCAL. RESTAURAÇÃO DOS AUTOS - Encontrando-se nos autos as peças necessárias e havendo concordância das partes, a homologação da restauração se impõe, nos termos do §

---

27 Uma diferença é percebida por Sérgio Pinto Martins, de acordo com quem *"o processo do trabalho não prevê autos suplementares, podendo ocorrer de o juízo de Direito os ter, ocasião em que nestes se prosseguirá"* (2010, p. 535).

1° do artigo 1.065 do CPC, seguindo o processo os seus termos." (TRT da 1ª Região; Processo: 0000292-40.2012.5.01.0283; Data de publicação: 27/11/2012; Órgão julgador: Oitava turma; Relatora: Edith Maria Corrêa Tourinho).

"RESTAURAÇÃO DE AUTOS. INSTRUÇÃO REGULAR. HOMOLOGAÇÃO. Regularmente instruído o procedimento de restauração de autos, com as cópias das peças essenciais à apreciação da controvérsia instaurada, e não havendo manifestação contrária de qualquer dos interessados, cumpre homologar a restauração, processada em conformidade com o art. 1.065, § 1º, do CPC c/c art. 235 do RITRT. CONFLITO NEGATIVO DE COMPETÊNCIA. CONEXÃO ENTRE AÇÕES NÃO PENDENTES. PREVENÇÃO. CONFIGURAÇÃO. Hipótese em que ação anterior de consignação em pagamento, proposta pelo ex-empregador, é extinta sem exame do mérito, sobrevindo o ajuizamento de reclamação trabalhista pelo ex-empregado. Situação sujeita à regência do art.253, II, do CPC, fixando-se, segundo a compreensão dada pelo legislador ao postulado do juízo natural, a competência do juízo que recebeu em distribuição regular a primeira ação. Conflito de competência julgado improcedente." (TRT da 10ª Região; Processo: 03173-2011-000-10-00-6; Data de publicação: 08/06/2012; Órgão julgador: Tribunal Pleno; Relator: Douglas Alencar Rodrigues).

Como se vê, a aplicabilidade deste procedimento especial ao processo do trabalho pode ser exemplificada por meio do estudo de farta gama de casos práticos. A grande novidade a, doravante, ser analisada, como já aludido anteriormente, é atinente ao uso deste procedimento defronte da realidade eletrônica.

3.2. DOS PROCEDIMENTOS ESPECIAIS DE JURISDIÇÃO VOLUNTÁRIA

O CPC de 2015 reproduz uma tradição do processo brasileiro, ao dividir os procedimentos especiais em *contenciosos* e de *jurisdição volunt*ária, ainda que presente uma crítica em relação a existência de procedimentos ditos "voluntários", na medida que invoca jurisdição sem o propósito de compor litígios (THEODORO JÚNIOR, 2006, p. 376).

No entanto, ainda que não exista parte adversa, a legislação atribui à jurisdição à atividade de resolução do problema, tendo em vista o valor impregnado no negócio e o inegável interesse público. Daí porque, como lembra Theodoro Júnior, na jurisdição voluntária o Estado-Juiz exerce uma função de natureza essencialmente administrativa, mas com exteriorização jurisdicional. Dito de outra forma, com apoio de Pietro-Castro, *"há procedimento voluntário quando os órgãos judiciais são convocados a desempenhar uma função administrativa destinada a tutelar a ordem jurídica mediante a constituição, asseguramento, desenvolvimento e modificação de estado e relações jurídicas em caráter geral, ou seja, frente a todos"* (THEODORO JÚNIOR, 2006, *ibidem*).

Muitos são os procedimentos especiais de jurisdição voluntária no CPC de 2015. O art. 725 dispõe sobre alguns e, nas seções que se iniciam no art. 726, há o disciplinamento de outros procedimentos mais complexos, como a notificação e interpelação (art. 726 e ss.), alienação judicial (art. 730 e ss.), divórcio e separação consensuais (art. 731 e ss.), testamentos e codicilos (art. 735 e ss.), herança jacente (art. 738 e ss.), dentre outros.

Esses procedimentos mais densos não são de ocorrência subsidiária no Processo do Trabalho. Somente aqueles cogitados na parte geral do Capítulo XV (Seção I) podem ser cogitados de aproveitamento.

Com efeito, dispõe o art. 725 do Código de Processo Civil de 2015:

> Art. 725. Processar-se-á na forma estabelecida nesta Seção o pedido de:
>
> I - emancipação;
>
> II - sub-rogação;
>
> III - alienação, arrendamento ou oneração de bens de crianças ou adolescentes, de órfãos e de interditos;
>
> IV - alienação, locação e administração da coisa comum;
>
> V - alienação de quinhão em coisa comum;
>
> VI - extinção de usufruto, quando não decorrer da morte do usufrutuário, do termo da sua duração ou da consolidação, e de fideicomisso, quando decorrer de renúncia ou quando ocorrer antes do evento que caracterizar a condição resolutória;
>
> VII - expedição de alvará judicial;
>
> VIII - homologação de autocomposição extrajudicial, de qualquer natureza ou valor.

Na interpretação do texto revogado, esse rol não vinha sendo considerado como taxativo, podendo ser admitidas em outras situações em ralação às quais o ordenamento jurídico indica "*interferência judicial para administrar interesses privados não contenciosos*" (THEODORO JÚNIOR, 2006, p. 379), hipótese em que é possível adotar o rito alusivo ao procedimento comum indicado nas disposições gerais, agora regulamentadas pelos arts. 719 e seguintes do CPC de 2015.[28]

Como lembra Edilton Mereles, "*na Justiça do Trabalho podem ter curso as ações de jurisdição voluntária*", ainda que poucas sejam as possibilidades de ocorrência, já que, em regra, "*esses procedimentos são voltados para debates que envolvem questões relacionadas ao estado da pessoa*" (MEIRELES, 2012, p. 1300), destacando, como uma ocorrência possível, a ação de alvará judicial.

---

[28] Nesse mesmo sentido, o magistério de Marinoni e Mitidiero: "*trata-se de rol exemplificativo. Entre outros, seguem igualmente o procedimento comum de jurisdição voluntária o pedido de suprimento judicial e outorga uxória (arts. 11, CPC [1973], e 1.648, CC), de consentimento para casamento (art. 1.519, CC) e de homologação de casamento nuncupativo (art. 1.540, CC). De um modo geral, o procedimento comum de jurisdição voluntária serve para tutela de posições jurídicas ainda não reconhecidas expressamente pelo legislador infraconstitucional*" (MARINONI, L. G & Mitidiero, D. *Código de processo civil*. São Paulo: RT, 2008, p. 938, nota 2 ao art. 1.112).

Nesta parte deste capítulo, trataremos apenas dos procedimentos de jurisdição voluntária que entendemos recorrentes no âmbito da jurisdição da Justiça do Trabalho.

3.2.1. Ação de alvará

No texto revogado, a ação de alvará não constava do rol exemplificativo do art. 1.112, sendo, portanto, sua tipificação como procedimento especial uma novidade do CPC de 2015, em que pese seu larguíssimo uso no cenário processual, como procedimento especial atípico.

No novo ordenamento processual, trata-se de procedimento típico, previsto no art. 725, inciso VII.

A *ação de alvará*, de jurisdição voluntária, não possui regramento específico no Capítulo XV, razão pela qual deve observar o procedimento comum, previsto no art. 719 e seguintes do CPC de 2015, que é simples, indicando, em síntese, que o interessado deve promover o pedido instruído dos documentos necessários a justificar a providência judicial pretendida.

O pedido de alvará judicial é sempre cabível quando o(s) interessado(s), denominado(s) de requerente(s), deduz(em) pretensão dirigida à autoridade judicial competente com o fito de dela obter uma ordem que tutele o interesse jurídico de que afirma ser titular, de modo a autorizar a realização de um determinado ato jurídico que não pode ser concretizado sem a intervenção judicial.

O CPC de 2015 reproduziu, embora em dispositivo autônomo, a *regra de equidade* expressamente autorizada nesse rito especial, assentando, no parágrafo único do art. 723: "*o juiz não é obrigado a observar critério de legalidade estrita, podendo adotar em cada caso a solução que considerar mais conveniente ou oportuna*".[29]

---

29 Aplicando esse preceito, ainda sob a égide do texto revogado (art. 1.109), precedentes do Superior Tribunal de Justiça, jungindo essa equidade, no entanto, à substantividade da decisão, e não em relação a aspectos indispensáveis do procedimento: "PROCESSO CIVIL. RECURSO ESPECIAL. INTERDIÇÃO. SUPRESSÃO DO PRAZO DE IMPUGNAÇÃO PREVISTO NO ART. 1.182 DO CPC COM FUNDAMENTO NO ART. 1.109 DO MESMO DIPLOMA LEGAL. INVIABILIDADE. - O art. 1.109 do CPC abre a possibilidade de não se obrigar o juiz, nos procedimentos de jurisdição voluntária, à observância do critério de legalidade estrita, abertura essa, contudo, limitada ao ato de decidir, por exemplo, com base na equidade e na adoção da solução mais conveniente e oportuna à situação concreta. - Isso não quer dizer que a liberdade ofertada pela lei processual se aplique à prática de atos procedimentais, máxime quando se tratar daquele que representa o direito de defesa do interditando. Recurso especial provido. (REsp 623.047/RJ, Rel. Ministra Nancy Andrighi, Terceira Turma, julgado em 14/12/2004, DJ 07/03/2005, p. 250); "PROCESSUAL CIVIL. EMBARGOS DECLARATÓRIOS. PREQUESTIONAMENTO. OMISSÃO. ART. 535 DO CPC. JURISDIÇÃO VOLUNTÁRIA. ALVARÁ. EXPEDIÇÃO IMEDIATA. POSSIBILIDADE. I – Não é nula a decisão que rejeita os embargos declaratórios, opostos com a finalidade de prequestionamento, se não havia omissão a ser suprida, não se caracterizando, dessa forma, a recusa à apreciação da matéria. II – Em se tratando de procedimento de jurisdição voluntária, em que não há necessidade de se observar a legalidade estrita, podendo o juiz decidir por eqüidade (art. 1.109 do CPC), a expedição imediata de alvará, antes do térmi-

O *Sistema de Gestão de Tabelas Processuais Unificadas*, instituído pelo Conselho Nacional de Justiça prevê esse procedimento, sob o cód. 1295, inclusive para manejo pela Justiça do Trabalho.

Uma primeira hipótese de cabimento da ação de alvará judicial, e bastante comum, relaciona-se com a liberação do saldo existente em conta vinculada do Fundo de Garantia do Tempo de Serviço (FGTS) e o processamento do pedido de seguro-desemprego pelo trabalhador, em especial na hipótese de inexistente a documentação administrativa habilitadora da liberação do saldo do FGTS e de ingresso no programa do seguro-desemprego (ou quando extrapolado o prazo de 120 dias de que trata o art. 9º da Resolução 19/91 do CODEFAT) ou na hipótese de sucessão do crédito do FGTS e abono do Programa de Integração Social (PIS) (Lei n. 6.858/80).

A propósito da Lei n. 6.858/80, dispõe o seu art. 1º:

> Art. 1º - Os valores devidos pelos empregadores aos empregados e os montantes das contas individuais do Fundo de Garantia do Tempo de Serviço e do Fundo de Participação PIS-PASEP, não recebidos em vida pelos respectivos titulares, serão pagos, em quotas iguais, aos dependentes habilitados perante a Previdência Social ou na forma da legislação específica dos servidores civis e militares, e, na sua falta, aos sucessores previstos na lei civil, indicados em alvará judicial, independentemente de inventário ou arrolamento.

Note-se que não se trata, na *jurisdição voluntária*, do cumprimento de decisão judicial, proferida pelos órgãos da Justiça do Trabalho, em jurisdição contenciosa. Nesta hipótese, as decisões podem contemplar a expedição de ordens judiciais, na forma de alvará, ou ofícios com força de alvará, para os fins acima destacados. Aqui, em jurisdição voluntária, cuida-se de pedido autônomo não contencioso.

No tocante ao FGTS e habilitação no seguro-desemprego[30], o tema não é pacífico no que se refere à competência da Justiça do Trabalho para processar e decidir sobre o pedido.

Entre os enunciados aprovados na *1ª Jornada de Direito Material e Processual na Justiça do Trabalho* (Brasília, 2007), destaca-se o de nº 63:

---

no do prazo para a interposição de recurso, não configura ofensa à lei processual. (Precedente.) Recurso não conhecido. (REsp 251.693/GO, Rel. Ministro Felix Fischer, Quinta Turma, julgado em 19/02/2002, DJ 18/03/2002, p. 281).

30 Note-se que o pedido que se cogita aqui é apenas o de habilitação do trabalhador desempregado no programa do seguro-desemprego, uma vez que a concessão do benefício depende da verificação dinâmica das condições do requerente no momento do requerimento e do pagamento das parcelas, mesmo porque o benefício pode até mesmo ser cancelado, nos termos do art. 8º da Lei Federal n. 7.998/90. Logo, não existe possibilidade de pedido de alvará para "pagamento" do seguro-desemprego, sendo a hipótese mais comum o pedido de habilitação pelo transcurso do prazo administrativo de 120 dias para a solicitação do benefício, precisamente porque o trabalhador não obteve do seu empregador a documentação necessária para a apresentação do pedido, pelo que buscou a intervenção judicial pela via da ação de alvará.

63. COMPETÊNCIA DA JUSTIÇA DO TRABALHO. PROCEDIMENTO DE JURISDIÇÃO VOLUNTÁRIA. LIBERAÇÃO DO FGTS E PAGAMENTO DO SEGURO-DESEMPREGO. Compete à Justiça do Trabalho, em procedimento de jurisdição voluntária, apreciar pedido de expedição de alvará para liberação do FGTS e de ordem judicial para pagamento do seguro-desemprego, ainda que figurem como interessados os dependentes de ex-empregado falecido.

E, após a Emenda Constitucional n. 45/2004, essa tem sido a orientação da jurisprudência da Justiça do Trabalho, como se colhe dos seguintes arestos:

ALVARÁ JUDICIAL PARA SAQUE DE FGTS. JURISDIÇÃO VOLUNTÁRIA. COMPETÊNCIA MATERIAL DA JUSTIÇA DO TRABALHO. Inscreve-se na competência material da Justiça do Trabalho, no exercício de jurisdição voluntária, apreciar pretensão de sucessores do *de cujus*, ex-empregado, referente a expedição de alvará judicial para fins de saque dos depósitos de FGTS junto à CAIXA, tendo em vista a vinculação do pleito a uma relação de emprego, espécie da relação de trabalho de que cogita o novel art. 114, I, da CF/88, com a nova redação que lhe foi conferida pela Emenda n.º 45/04. (TRT 5ª. Região, Proc. 0024200-56.2007.5.05.0521, ac. nº 027690/2007, Relatora Desembargadora Graça Boness, 4ª. TURMA, DJ 11/10/2007).

I - AGRAVO DE INSTRUMENTO. RECURSO DE REVISTA. COMPETÊNCIA DA JUSTIÇA DO TRABALHO. EXPEDIÇÃO DE ALVARÁ JUDICIAL PARA SAQUE DOS DEPÓSITOS DO FGTS NA CONTA VINCULADA DO TRABALHADOR. I. A Corte Regional considerou que -não compete a esta Justiça do Trabalho processar e julgar demanda entre o trabalhador e a CEF, objetivando a expedição de alvará para saque do FGTS-. II. A decisão parece contrariar o art. 114, I, da Constituição Federal. III. Agravo de instrumento de que se conhece e a que se dá provimento, para determinar o processamento do recurso de revista, observando-se o disposto na Resolução Administrativa nº 928/2003. II - RECURSO DE REVISTA. COMPETÊNCIA DA JUSTIÇA DO TRABALHO. EXPEDIÇÃO DE ALVARÁ JUDICIAL PARA SAQUE DOS DEPÓSITOS DO FGTS NA CONTA VINCULADA DO TRABALHADOR. Está consolidado no âmbito desta Corte que se insere na competência da Justiça do Trabalho processar e julgar o pedido de expedição de alvará judicial para o fim de saque dos depósitos do FGTS junto à CEF, estabelecida a relação processual diretamente ente o trabalhador titular da conta vinculada e a CEF, na qualidade de órgão gestor do FGTS, ainda que não haja demanda entre empregado e empregador. Recurso de revista de que se conhece e a que se dá provimento (TST. RR-962-44.2011.5.05.0011, Relator Ministro: Fernando Eizo Ono, Data de Julgamento: 03/12/2014, 4ª Turma, Data de Publicação: DEJT 05/12/2014).

AGRAVO DE INSTRUMENTO EM RECURSO DE REVISTA. COMPETÊNCIA MATERIAL DA JUSTIÇA DO TRABALHO. FGTS. ALVARÁ. Evidenciada a afronta ao art. 114, I, da Constituição Federal, dá-se provimento ao Agravo de Instrumento para determinar o processamento do Recurso de Revista. RECURSO DE REVISTA. DA COMPETÊNCIA DA JUSTIÇA DO TRABALHO. ART. 114, I, CF - EMENDA CONSTITUCIONAL N.º 45/2004. EXPEDIÇÃO DE ALVARÁ JUDICIAL PARA SAQUE DOS DEPÓSITOS NA CONTA VINCULADA DO TRABALHADOR. 1- Inscreve-se na competência material da Justiça do Trabalho apreciar pretensão de ex-empregado para expedição de alvará judicial para fins de saque dos depósitos do FGTS junto à CAIXA ECONÔMICA FEDERAL - CEF, tendo em vista a vinculação do pleito a uma relação de emprego, espécie da relação de trabalho de que cogita o art. 114, inciso I, da Constituição Federal de 1988, com a redação da Emenda Constitucional n.º 45/04. 2- O núcleo central para a determinação da nova competência material da Justiça do Trabalho, desde o advento da EC n.º 45/04, está na circunstância de o pedido e a causa de pedir emanarem de uma relação de trabalho, ainda que não entre os respectivos sujeitos. Superada a vinculação de tal competência meramente aos dissídios entre empregado e empregador. 3- Cancelamento da Súmula 176 do TST (TST, IUJ-RR-619.872/00, DJ-26/8/2005). Recurso de Revista conhecido e provido(RR - 50740-67.2006.5.01.0011 , Relatora Ministra: Maria de Assis Calsing, Data de Julgamento: 06/08/2008, 4ª Turma, Data de Publicação: DJ 22/08/2008)

Note-se que essa posição do Tribunal Superior do Trabalho implicou, inclusive, na *revogação* da Súmula n. 176 de sua jurisprudência uniformizada, que dizia: "FUNDO DE GARANTIA. LEVANTAMENTO DO DEPÓSITO. A Justiça do Trabalho só tem competência para autorizar o levantamento do depósito do Fundo de Garantia do Tempo de Serviço na ocorrência de dissídio entre empregado e empregador".[31]

O tema, contudo, não está pacificado no cenário dos tribunais superiores.

Com efeito, a posição do Superior Tribunal de Justiça é divergente daquela atualmente em vigor na Justiça do Trabalho, como se pode observar dos seguintes precedentes:

> PROCESSUAL CIVIL. CONFLITO NEGATIVO DE COMPETÊNCIA. PEDIDO DE ALVARÁ JUDICIAL. LEVANTAMENTO DE VERBAS DO FGTS. RESISTÊNCIA DA CEF. JURISDIÇÃO CONTENCIOSA. COMPETÊNCIA DA JUSTIÇA FEDERAL.
>
> 1. A jurisprudência da Primeira Seção do STJ firmou-se no sentido de que, sendo, em regra, de jurisdição voluntária a natureza dos feitos que visam à obtenção de alvarás judiciais para levantamento de importâncias relativas a FGTS, PIS/PASEP, seguro-desemprego e benefícios previdenciários, a competência para julgá-los é da Justiça Estadual.
>
> 2. Por outro lado, havendo resistência da CEF, competente para processar e julgar a causa é a Justiça Federal, tendo em vista o disposto no art. 109, I, da CF/1988.
>
> 3. *In casu*, verifico que houve obstáculo por parte da Caixa Econômica Federal quanto ao levantamento do FGTS requerido pelo autor, o que evidencia a competência da Justiça Federal para o julgamento da demanda, nos termos do art. 109, I, da Constituição da República.
>
> 4. Constatada a competência de um terceiro Juízo, estranho aos autos, admite-se-lhe a remessa do feito.

---

31 Cf. Resolução n. 130/2005, DJ 13.05.2005.

5. Conflito conhecido para declarar competente a Justiça Federal de Santos/SP, apesar de não integrar o presente conflito.

(CC 105.206/SP, Rel. Ministro Herman Benjamin, Primeira Seção, julgado em 26/08/2009, DJe 28/08/2009).

CONFLITO NEGATIVO DE COMPETÊNCIA. JUSTIÇA DO TRABALHO E JUSTIÇA FEDERAL. PIS/PASEP. FALECIMENTO. ALVARÁ DE LEVANTAMENTO. EMENDA CONSTITUCIONAL Nº 45/2004. INEXISTÊNCIA DE RELAÇÃO DE TRABALHO. DEMANDA CONTENCIOSA. INAPLICABILIDADE DA SÚMULA 161 DO STJ. COMPETÊNCIA DA JUSTIÇA FEDERAL.

1. Não se enquadra na competência da Justiça do Trabalho, nem mesmo com a ampliação da competência da Justiça do Trabalho promovida pela EC nº 45/2004, causa relativa a levantamento de saldo de PIS, movida por herdeiros do titular do benefício, contra a Caixa Econômica Federal. Além de os depósitos efetuados na conta vinculada decorrerem de obrigação de natureza estatutária (imposta pela Lei nº 9.715/98) e não contratual, não há vínculo trabalhista entre os sujeitos da relação jurídica litigiosa, nem qualquer espécie de relação de trabalho. Por isso a competência é da Justiça Comum.

2. O STJ firmou entendimento de que o pedido de levantamento do FGTS, do PIS, do PASEP, em sede de jurisdição voluntária, sem haver litígio, deve ser apreciado e julgado pela Justiça Estadual, uma vez que incide, por analogia, o teor da Súmula 161/STJ: AgRg no CC 60374/RJ, 1ª S., Min. Castro Meira, DJ de 11.09.2006; RMS 22663/SP, 2ª T., Min. João Otávio de Noronha, DJ de 29.03.2007; CC 67153/SP, 1ª S., Min. Luiz Fux, DJ de 30.04.2007. Sendo contenciosa a demanda, a competência para o processamento e julgamento da causa é da Justiça Federal, de acordo com a regra de competência do art. 109, I, da CF/88.

3. Conflito conhecido para declarar competente o Juízo Federal da 3ª Vara da Subseção Judiciária de Piracicaba - SP, o suscitado.

(CC 88.633/SP, Rel. Ministro Teori Albino Zavascki, Primeira Seção, julgado em 14/11/2007, DJ 10/12/2007, p. 276)

Tenho como insustentável essa posição do Superior Tribunal de Justiça, notadamente diante do método de repartição de competência adotado pelo Supremo Tribunal Federal, denominado de *unidade de convicção* (cf., por todos, STF, CC 7204-MG, 29.06.2005, Min. Ayres Britto).

Com efeito, não faz o menor sentido atribuir a outro ramo do Poder Judiciário essa competência quando, em ações contenciosas, a Justiça do Trabalho já tem prestado tutela quando aos temas que envolvem o FGTS e o seguro-desemprego.[32]

Nas ações trabalhistas contenciosas em geral, a Justiça do Trabalho já tem expedido alvarás para liberação do FGTS e habilitação no seguro-desemprego,

---

32 Em sentido contrário, cf. MEIRELES, 2012, p. 1301; BASEGGIO, Alexandre Ramos. *A emenda constitucional 45 e a competência para julgamento de alvarás judiciais de FGTS*. Disponível em: <www.egov.ufsc.br/portal/sites/default/files/anexos/23282-23284-1-PB.pdf. Acesso em: 31.3.2015.

por se tratar de tema diretamente relacionado com o contrato de trabalho, direta ou reflexamente. De outro lado, nas ações de consignação em pagamento (e nos pedidos contrapostos e/ou reconvenção) cabe à Justiça do Trabalho decidir quanto aos beneficiários dos créditos trabalhistas, inclusive dependentes (eventualmente sucessores, como já expusemos neste capítulo).

Vejamos precedentes:

> RECURSO ORDINÁRIO. AÇÃO RESCISÓRIA. VIOLAÇÃO LITERAL DE DISPOSITIVO DE LEI. CONFIGURADO. A ora recorrente, inconformada com a procedência do pedido rescisório, interpõe recurso ordinário. Contudo, no caso em tela, constata-se, de fato, violação aos artigos 3º, 6º, 8º e 12, inciso V, do Código de Processo Civil, haja vista que, no âmbito da Ação de Consignação em Pagamento, caberia à filha menor, por meio de sua genitora, a legitimidade processual passiva. Note-se, ademais, que a Lei 6.858/80, que dispõe sobre o pagamento, aos dependentes ou sucessores, de valores não recebidos em vida, disciplina que: -Art. 1º - Os valores devidos pelos empregadores aos empregados e os montantes das contas individuais do Fundo de Garantia do Tempo de Serviço e do Fundo de Participação PIS-PASEP, não recebidos em vida pelos respectivos titulares, serão pagos, em quotas iguais, aos dependentes habilitados perante a Previdência Social ou na forma da legislação específica dos servidores civis e militares, e, na sua falta, aos sucessores previstos na lei civil, indicados em alvará judicial, independentemente de inventário ou arrolamento-. Assim, atestada a concessão de pensão por morte à filha do obreiro, Aline da Silva Santos, o genitor configura-se como parte ilegítima para atuar em juízo e conceder a referida quitação. Nesse diapasão, ao se reconhecer que a autora, na qualidade de genitora da filha do obreiro e representante legal do espólio, está alcançada pelos efeitos do acordo celebrado nos autos da ação por pessoa distinta e todos eles exercendo direito próprio, estar-se-á atribuindo à coisa julgada amplitude maior do que lhe é própria e, mais, atingindo o direito constitucional de ação de pessoa que não fez parte da lide. Por conseguinte, correta a decisão regional que julgou procedente a ação rescisória. Recurso ordinário a que se nega provimento (TST, RO-35500-17.2012.5.17.0000, Relator Ministro: Cláudio Mascarenhas Brandão, data de Julgamento: 13/05/2014, Subseção II Especializada em Dissídios Individuais, Data de Publicação: DEJT 16/05/2014).

> AÇÃO DE CONSIGNAÇÃO EM PAGAMENTO. TRABALHADOR FALECIDO. LEGITIMIDADE PASSIVA DA MÃE DO DE CUJUS. A mãe do *de cujus*, pretende o recebimento dos valores depositados em Juízo, em razão de ação de consignação e pagamento ajuizada pela ex-empregadora. A controvérsia, portanto, refere-se à legitimidade passiva *ad causam* da ré para, em nome próprio, receber da ex-empregadora do de cujus as parcelas rescisórias depositadas em Juízo. Nos termos dos arts. 12, inciso V, 990, incisos II e III, e 991 do CPC, tem legitimidade passiva para o recebimento de parcelas rescisórias devidas ao empregado falecido o espólio, representado em Juízo pelo inventariante. No caso de valores devidos pelos empregadores aos empregados e aqueles relativos ao FGTS e PIS-PASEP, de acordo com o art. 1º da Lei nº 6.858/80, esses serão pagos aos dependentes habilitados ou, na sua falta, aos sucessores previstos na lei civil, indicados em alvará

judicial, independentemente de inventário. De acordo com o quadro fático delineado no acórdão regional, verifica-se que a mãe do *de cujus* não atendeu a nenhum dos requisitos legais. Ou seja, não demonstrou ter sido nomeada inventariante, ser dependente habilitada perante a Previdência Social, tampouco apresentou alvará judicial na qual constasse como sucessora. Nesse contexto, devem ser mantidas as decisões proferidas nas instâncias ordinárias, pelas quais foi extinto o processo sem resolução de mérito, ante a ausência de demonstração de violação de dispositivos legais ou de divergência jurisprudencial válida e específica. Recurso de revista não conhecido (TST, RR - 1709800-21.2009.5.09.0028 , Relator Ministro: José Roberto Freire Pimenta, Data de Julgamento: 30/10/2013, 2ª Turma, Data de Publicação: DEJT 14/11/2013).

Assim, não faz sentido afastar da Justiça do Trabalho a pretensão de alvará para esses créditos (FGTS, seguro-desemprego ou, ainda, o abono anual do Programa de Integração Social – PIS), a depender do tipo de ação em questão ou do titular da pretensão (se originário ou sucessor).

Aliás, esse aspecto foi expressamente enfrentado pelo Supremo Tribunal Federal em situação semelhante (ação de indenização proposta por sucessores do *de cujus*), ao aplicar o método da unidade de convicção. Refiro-me ao Conflito de Competência n. 7545-SC, que apresenta a seguinte ementa:

> EMENTA: CONFLITO DE COMPETÊNCIA. CONSTITUCIONAL. JUÍZO ESTADUAL DE PRIMEIRA INSTÂNCIA E TRIBUNAL SUPERIOR. COMPETÊNCIA ORIGINÁRIA DO SUPREMO TRIBUNAL FEDERAL PARA SOLUÇÃO DO CONFLITO. ART. 102, I, "O", DA CB/88. JUSTIÇA COMUM E JUSTIÇA DO TRABALHO. COMPETÊNCIA PARA JULGAMENTO DA AÇÃO DE INDENIZAÇÃO POR DANOS MORAIS E MATERIAIS DECORRENTES DE ACIDENTE DO TRABALHO PROPOSTA PELOS SUCESSORES DO EMPREGADO FALECIDO. COMPETÊNCIA DA JUSTIÇA LABORAL. 1. Compete ao Supremo Tribunal Federal dirimir o conflito de competência entre Juízo Estadual de primeira instância e Tribunal Superior, nos termos do disposto no art. 102, I, "o", da Constituição do Brasil. Precedente [CC n. 7.027, Relator o Ministro CELSO DE MELLO, DJ de 1.9.95] 2. A competência para julgar ações de indenização por danos morais e materiais decorrentes de acidente de trabalho, após a edição da EC 45/04, é da Justiça do Trabalho. Precedentes [CC n. 7.204, Relator o Ministro CARLOS BRITTO, DJ de 9.12.05 e AgR-RE n. 509.352, Relator o Ministro MENEZES DIREITO, DJe de 1º.8.08]. 3. O ajuizamento da ação de indenização pelos sucessores não altera a competência da Justiça especializada. A transferência do direito patrimonial em decorrência do óbito do empregado é irrelevante. Precedentes. [ED-RE n. 509.353, Relator o Ministro SEPÚLVEDA PERTENCE, DJ de 17.8.07; ED-RE n. 482.797, Relator o Ministro RICARDO LEWANDOWSKI, DJe de 27.6.08 e ED-RE n. 541.755, Relator o Ministro CÉZAR PELUSO, DJ de 7.3.08]. Conflito negativo de competência conhecido para declarar a competência da Justiça do Trabalho (STF, CC 7545, Rel. Min. Eros Grau, Tribunal Pleno, julgado em 03/06/2009).

Agrego à crítica à posição do STJ o fato que este ainda cinde a competência em razão da natureza do conflito. Se voluntário, seria a ação de alvará da competência da Justiça Comum. Se contenciosa a lide, o art. 109 da Constituição atrairia a competência da Justiça Federal. Incompreensível essa jurisprudência, diante do método da unidade de convicção utilizado pelo Supremo Tribunal Federal, na medida em que acaba resultando na possibilidade de exame da temática por vários ramos do Poder Judiciário, o que retira a unidade e a harmonia do sistema judiciário.

Logo, é de se esperar que o Supremo Tribunal Federal ponha fim a essa divergência, concretizando uma leitura de política judiciária, evitando-se, assim, que a competência para ação de alvará, nas hipóteses comentadas, passe por essa instabilidade.

Em pesquisa junto à jurisprudência do STF disponível para consulta, foi possível identificar um precedente recente, mas que não mereceu exame de mérito pela Suprema Corte, ainda que tenha afirmado que o art. 109, inciso I, da Constituição, não poderia ser simplesmente alegado na espécie. Trago a baila a decisão monocrática:

> DECISÃO: Trata-se de recurso extraordinário interposto contra acórdão da Sétima Turma do Tribunal Superior do Trabalho, assim ementado: "AGRAVO DE INSTRUMENTO EM RECURSO DE REVISTA. COMPETÊNCIA DA JUSTIÇA DO TRABALHO. A Justiça do Trabalho é competente para dirimir controvérsias decorrentes de relação de trabalho referentes ao Fundo de Garantia do Tempo de Serviço – FGTS, ainda que não se reporte a dissídio entre empregado e empregador. Interpretação do artigo 114 da Constituição Federal, com alteração conferida pela Emenda Constitucional nº 45/04 e cancelamento da Súmula 176 deste Tribunal. Agravo de instrumento a que se nega provimento." O recurso extraordinário busca fundamento no art. 102, III, a, da Constituição. A parte recorrente alega ofensa aos arts. 109, I, 114 e 239 da Constituição. Requer seja reconhecida a Justiça Federal para "o julgamento de pedido de levantamento de alvará de FGTS perante a CAIXA ECONÔMICA FEDERAL" (fls. 299/300). A Procuradoria-Geral da República, em parecer às fls. 328/331, opina pela negativa de seguimento do recurso. O recurso extraordinário é inadmissível. Inicialmente, observo que os arts. 109, I, e 239 da Constituição não foram objeto de análise pelo Tribunal de origem. Tampouco foram opostos embargos de declaração para suprir eventual omissão, de modo que o recurso, no ponto, carece de prequestionamento (Súmulas 282 e 356/STF). A jurisprudência do Supremo Tribunal Federal é firme no sentido de que a simples alegação de existência de interesse de um dos entes enumerados no art. 109, I, da Constituição Federal não justifica o deslocamento da competência para a Justiça Federal (RE 172.708, Rel. Min. Moreira Alves; RE 588.134 AgR, Rel.ª Min.ª Ministra Cármen Lúcia; e AI 857.924, Rel. Min. Luiz Fux). Ademais, para dissentir da conclusão do Tribunal de origem, seriam imprescindíveis a análise da legislação infraconstitucional aplicada ao caso e o reexame do conjunto fático-probatório dos autos (Súmula 279/STF), o que torna inviável o processamento do recurso extraordinário. Diante do exposto, com base no art. 557, caput, do CPC e no art. 21, § 1º, do RI/STF, nego seguimento ao recurso extraordinário. Publique-se. Brasília, 25 de novembro de 2014. Ministro Luís Roberto Barroso Relator (RE 696721, Rel. Min. Roberto Barroso, julgado em 25/11/2014).

Há, no entanto, decisão mais antiga do Supremo Tribunal Federal que admite a jurisdição voluntária da Justiça do Trabalho no que tange ao Fundo de Garantia do Tempo de Serviço. Eis o aresto, de 1977, ainda, portanto, no regime da Constituição de 1967/69:

> CONFLITO NEGATIVO DE JURISDIÇÃO. COMPETÊNCIA DA JUSTIÇA DO TRABALHO PARA JULGAR OS DISSIDIOS RELATIVOS AO FUNDO DE GARANTIA DO TEMPO DE SERVIÇO (LEI N 5.107/66, ART. 21): COMPREENDE-SE NESSA COMPETÊNCIA A CONCERNENTE A JURISDIÇÃO ADMINISTRATIVA. CONFLITO CONHECIDO E DECLARADA A COMPETÊNCIA DO TRIBUNAL REGIONAL DO TRABALHO DA 2ª. REGIAO (CJ 5953, Rel. Min. Leitão de Abreu, Tribunal Pleno, julgado em 18/05/1977).

De outro lado, não estou sustendo que algumas lides sejam de competência da Justiça Federal, ainda que relativamente ao FGTS. Controvérsias sobre a liberação do saldo do fundo, em hipóteses descritas no art. 20 da Lei n. 8.036/90, como financiamentos habitacionais ou amortização de saldo devedor (inciso V e VI); aplicação em fundos mútuos de privatização (inciso XII), necessidades em decorrência de desastres naturais (inciso XVI) ou calamidades públicas ou situação de emergência (inciso XVI); e integralização de cotas de fundo de investimento (inciso XVII).

Nesses casos, a pretensão tende a ser contenciosa e, se for deduzida na modalidade voluntária, inspira a oitiva do agente financeiro gestor do FGTS (art. 722, CPC de 2015), na espécie a Caixa Econômica Federal (CEF).

E não haveria qualquer problema de violação ao método da unidade de convicção, pois referidos temas não teriam mesmo como ser levados a efeito em sede de ação trabalhista contenciosa, pelo que não poderiam ser contemplados em jurisdição voluntária. O sistema judicial permaneceria, assim, íntegro e harmônico.

Diante desse cenário, entendo que é da competência da Justiça do Trabalho e podem ser processados, mediante *ação de alvará*, os pedidos de:

a) liberação do saldo do FGTS, formulado por ex-empregado e/ou seus dependentes e/ou sucessores, nas hipóteses do art. 20, incisos I, II, III, IV, IX, X, XI, XIII, XIV e XV;

b) processamento do pedido de habilitação do seguro-desemprego, nomeadamente quando ultrapassado o prazo de apresentação da solicitação, que é de 120 dias;

c) liberação do abono anual do PIS pelos sucessores ou dependentes do *de cujus*.

Também têm chegado à Justiça do Trabalho outras pretensões que podem ser processadas mediante *ação de alvará*.

Refiro, por exemplo, a pedidos de retificação de anotações na CTPS e/ou de informações constantes no Cadastro Nacional de Informações Sociais – CNIS[33], quando se mostra inviável a forma contenciosa da solução, pelo encerramento do estabelecimento ou por erro da informação lançada no CNIS, o que, normalmente, impede o (ex)trabalhador de obter benefícios sociais, como o próprio seguro-desemprego, ou benefícios previdenciários.

Na 21ª. Região, por exemplo, esses pleitos têm chegado sob a forma de ação trabalhista contenciosa, com graves contornos: a) o trabalhador normalmente é encaminhado à Justiça do Trabalho pelo Ministério do Trabalho, pelo Instituto Nacional do Seguro Social ou pela Caixa Econômica Federal, e a pretensão é recebida por *jus postulandi*, lavrando-se *termo de reclamação*; b) não se indica o paradeiro do ex-empregador ou simplesmente não há essa indicação, como no caso de erro nas informações do CNIS; b) o sistema do processo judicial eletrônico (PJe-JT) inclui o feito no fluxo de trabalho relativo a "valor incompatível", já que o valor da causa, normalmente estimado em um salário mínimo, implica em cadastramento sob o rito sumaríssimo, mas a demanda é cadastrada como de rito ordinário, pois só assim se acredita que se poderia expedir edital.

Sucede que, por um lado, o edital publicado no diário eletrônico é praticamente uma certeza de ineficácia[34]. De outro lado, uma eventual citação editalícia não resolveria o problema, já que, em alguns casos, a providência pendente sequer estaria sob o domínio da atuação do empregador, como acontece com os erros de informações disponíveis no CNIS.

Nessas hipóteses, tenho admitido a pretensão sob a forma de jurisdição voluntária (ação de alvará), apreciando as provas trazidas pela parte requerente, e adotando, conforme o caso, o provimento judicial adequado para tutelar o interesse jurídico. Se o caso for de retificação do CNIS, com dados positivos ou negativos de contratação, a providência tem sido a expedição de ordem judicial para que o Ministério do Trabalho, por meio do sistema do CAGED (Cadastro Geral de Empregados e Desempregados). Se o caso reclamar anotação de baixa na CTPS, a medida é implementada pelo Juízo e complementada com a comunicação ao CAGED.[35]

---

33 O CNIS é um importante banco de dados multialimentado, que serve de referência para a concessão de diversos benefícios sociais. É, em realidade, uma base de dados, instituído pela legislação, integrado pelas informações enviadas por vários gestores (Banco do Brasil, CEF, Receita Federal e MPAS), de acordo com informações obtidas no sítio: www.dataprev.gov.br/serviços/cnis.

34 Sobre o tema da ineficácia da citação editalícia e possibilidades de adaptação dos ritos processuais à realidade do processo eletrônico, cf.: CHAVES, L. A. *Juiz deve usar ferramentas eletrônicas para localizar a parte*. Disponível em: www.conjur.com.br. Acesso em 31.3.2015.

35 A título de ilustração, reproduzo a seguir trechos de decisão proferida nos autos do Proc. 134500-70.2012.5.21.0002 – 2ª. Vara do Trabalho de Natal/RN – Juiz Titular: "1. Considerando que se trata de pedido jungido a uma tutela de jurisdição voluntária, pela natureza como foi deduzido em Juízo, não há necessidade de realização de audiência. 2. Formula a parte autora pretensão para este Juízo adote provi-

Precisamente para dar conta dessas hipóteses, a Corregedoria Regional do Tribunal do Trabalho da 21ª. Região editou, em 2008, a Recomendação TRT CR n. 01, de seguinte teor:

> dências no sentido de expurgar do Cadastro Nacional de Informações Sociais – CNIS dados que indicam a subsistência de liame de emprego com a empresa [...], de onde se desligou desde [...], e que atualmente se encontra em estado falimentar, sem condições de proceder aos registros de baixa extrajudicialmente. 3. Argumenta que a ausência dessa providência de baixa na CTPS está lhe causando dificuldades na obtenção de benefícios sociais junto aos órgãos de Seguridade Social do país, nomeadamente em relação ao Seguro-Desemprego. 4. A cópia da CTPS da parte autora [...] comprova suas alegações, posto que indica a ausência de baixa no contrato com a referida empresa, o que presume que esse dado também conste do CNIS. É que, sem a baixa, e a comunicação da empresa por meio do CAGED, hígido permanece o contrato nos registros do CNIS, o que resulta no indeferimento de qualquer pedido de pagamento de Seguro-Desemprego, vez que projeta a idéia de um contrato de trabalho em execução. 5. O CNIS, não é demais ressaltar, é uma base de dados, instituído pela legislação, integrado pelas informações enviadas por vários gestores (Banco do Brasil, CEF, Receita Federal e MPAS), de acordo com informações obtidas no sítio: www.dataprev.gov.br/serviços/cnis. 6. Logo, não é possível à parte autora deduzir demanda contra um órgão em especial. Por isso, pela natureza indeclinável e acessível da tutela jurisdicional, alguma providência há de ser tomada e admitida, mormente quando a ordem legal permite que a Justiça do Trabalho proceda às anotações na CTPS de quem busca sua proteção jurisdicional, inclusive em procedimentos de jurisdição voluntária. 7. Vejamos o que dispõe, a respeito, o art. 39 da Consolidação das Leis do Trabalho – CLT: [...] 8. Por analogia, invoco o entendimento esculpido no Enunciado n. 63 da I Jornada de Direito Material e Processual do Trabalho (Brasília, 2007), assim vazado: "63. COMPETÊNCIA DA JUSTIÇA DO TRABALHO. PROCEDIMENTO DE JURISDIÇÃO VOLUNTÁRIA. LIBERAÇÃO DO FGTS E PAGAMENTO DO SEGURO-DESEMPREGO. Compete à Justiça do Trabalho, em procedimento de jurisdição voluntária, apreciar pedido de expedição de alvará para liberação do FGTS e de ordem judicial para pagamento do seguro-desemprego, ainda que figurem como interessados os dependentes de ex-empregado falecido!". 9. Tem-se avolumado perante este Juízo os pleitos, ainda que em jurisdição voluntária, visando a correção de informações constantes no CNIS que prejudicam trabalhadores na obtenção de benefícios (seguro-desemprego, benefícios previdenciários, etc.). Há casos em que o CNIS registra a existência de relação de emprego ativa, nada obstante o completo desconhecimento desta pelo trabalhador, mercê do que consta de sua própria CTPS. 10. E, para esses casos, não podemos simplesmente reconhecer o caráter kafkiano do CNIS, de modo que nada pode ser feito porque ninguém o controla ou o corrige. Algum modo de resolução do problema precisa ser adotado. 11. Com efeito, os dados alusivos às contratações e dispensas de trabalhadores são próprios do CAGED - CADASTRO GERAL DE EMPREGADOS E DESEMPREGADOS, que também alimenta o CNIS. Se houve erro na alimentação do sistema (input), passa a ter direito de ação o trabalhador que se sentir lesado.
> 12. No caso concreto, a CTPS da parte autora, cujas informações produzem presunção *juris tantum* (Súmula n. 12, Tribunal Superior do Trabalho), não deixa dúvida sobre a existência de relação de emprego com a empresa já mencionada, ao passo em que os documentos juntados aos autos [...] informam a extinção do contrato de trabalho já com outra empresa, em momento posterior. 14. Ante todo o exposto, com espeque no art. 296, parágrafo único, do Código de Processo Civil, em aplicação analógica ao caso concreto e supletiva ao Processo do Trabalho, bem assim observando o contido na Recomendação TRT CR n. 01/2008, defiro o pleito formulado perante este Juízo, determinando: a) a expedição de ofício judicial à Coordenação Geral de Estatística do Trabalho – Ministério do Trabalho e Emprego, com endereço arquivado na Secretaria, a fim de que proceda, por meio do CAGED, a inclusão no CNIS das informações alusivas à extinção do vínculo de emprego do autor com a empresa [...], com data de [...]; b) que a Secretaria proceda à referida anotação de baixa às fls. [...] da CTPS da parte autora; c) a intimação para que o autor deposite sua CTPS em Secretaria, para providências de baixa; d) a expedição, em seguida, de alvará para processamento de Seguro-Desemprego, fazendo-se acompanhar de cópia desta decisão; 15. Envie-se, em anexo ao ofício de que trata o item "14.a", da cópia da CTPS com baixa, bem como cópia desta decisão. 16. Concedo os benefícios da justiça gratuita e dispenso a parte requerente das custas [...]. 17. Cumpridas as diligências, arquive-se, lançando-se o feito como solucionado no sistema, atribuindo-lhe baixa definitiva".

1011

> Considerando que o Cadastro Nacional de Informações Sociais – CNIS (Decreto n. 97.936/89) é uma base integrada de dados utilizada por vários órgãos públicos para a concessão de benefícios sociais previstos em lei;
>
> Considerando que têm sido freqüentes os pedidos de tutela jurisdicional, nesta 21ª Região, relacionados com a incorreção de dados referentes a contratos de trabalho dispostos no CNIS, cuja ocorrência inviabiliza, por exemplo, o pagamento do seguro-desemprego ao trabalhador;
>
> Considerando que as informações presentes no CNIS somente podem ser alteradas por meio de uma de suas fontes, dentre as quais se destaca o CAGED – Cadastro Geral de Empregados e Desempregados, gerenciado pelo Ministério do Trabalho;
>
> Considerando, por fim, o que constou das reuniões promovidas pela Presidência do Tribunal Regional do Trabalho da 21ª Região, nos meses de outubro e novembro de 2008, com vários órgãos governamentais para tratar desse e de outros temas vinculados à base de dados do CNIS;
>
> RESOLVE:
>
> I – RECOMENDAR aos Juízes do Trabalho da 21ª Região que nas causas de jurisdição contenciosa ou voluntária em que se discuta a necessidade de correção de informações relativas ao vínculo de emprego (admissão, demissão, etc.), para fins de percepção do benefício do seguro-desemprego, seja, caso procedente o pedido, oficiado à Superintendência do Trabalho e Emprego no Rio Grande do Norte, para que promova às retificações necessárias no CNIS através da alteração dos dados alusivos ao CAGED.

Cabe, ainda, mencionar a possibilidade de cabimento da ação de alvará para obter provimento judicial de autorização de trabalho de pessoas menores de 16 anos, com base no Estatuto da Criança e do Adolescente, que prevê a necessidade, *mediante alvará*, da respectiva autorização para a realização de determinadas atividades (art. 149, ECA), dentre as quais se tem incluído o trabalho, inclusive na condição de aprendiz.

Embora o Superior Tribunal de Justiça tenha firmado posição que o tema refoge à competência da Justiça do Trabalho[36], há um forte movimento, encimado pelo Tribunal Superior do Trabalho, a partir da constituição da Comissão de Erradicação do Trabalho Infantil e de Proteção ao Trabalho Decente do Adolescente, para que o tema fique jungido à competência laboral.[37]

---

36 Cf., por todos: "CONFLITO NEGATIVO DE COMPETÊNCIA. JUSTIÇA ESTADUAL E DO TRABALHO. ALVARÁ JUDICIAL. AUTORIZAÇÃO PARA TRABALHO DE MENOR DE IDADE. 1. O pedido de alvará para autorização de trabalho a menor de idade é de conteúdo nitidamente civil e se enquadra no procedimento de jurisdição voluntária, inexistindo debate sobre qualquer controvérsia decorrente de relação de trabalho, até porque a relação de trabalho somente será instaurada após a autorização judicial pretendida. 2. Conflito conhecido para declarar a competência do Juízo de Direito, suscitado" (CC 98.033/MG, Rel. Ministro Castro Meira, Primeira Seção, julgado em 12/11/2008, DJe 24/11/2008).

37 Para uma abordagem contemporânea do tema, cf.: BRAGA, Roberto Wanderley & MIZIARRA, Raphael. *Competência da justiça do trabalho para expedição de alvará de autorização para o trabalho do menor de 16 anos*: uma conclusão inafastável. Disponível em: www.tst.jus.br. Acesso em 01.04.2015.

Fruto desse esforço foi a instituição de diversos Juízos Auxiliares da Infância e Adolescência em diversos Tribunais Regionais do Trabalho.[38]

Já existe, inclusive, precedentes apontando a competência da Justiça do Trabalho para a expedição de alvará de autorização, com espeque na arquitetura competencial instituída pela Emenda n. 45/2004, como se pode observar dos seguintes arestos:

> CONSTITUCIONAL. PROCESSUAL CIVIL. AUTORIZAÇÃO PARA TRABALHO DE MENOR. JUSTIÇA DO TRABALHO. COMPETÊNCIA RECURSAL. Após a Emenda Constitucional nº 45, fica evidente a competência da Justiça do Trabalho para dirimir conflito relativo à fiscalização do trabalho de menores. Competência declinada à Justiça do Trabalho. (TRF 4ª. Região, AC 2005.04.01.033601-0, Terceira Turma, Relator José Paulo Baltazar Junior, DJ 03/05/2006).

> COMPETÊNCIA PARA APRECIAÇÃO DO PLEITO DE AUTORIZAÇÃO JUDICIAL PARA TRABALHO INFANTIL. É da Justiça do Trabalho a competência para apreciar pedido de autorização para ocorrência de trabalho por menores, que não guardam a condição de aprendizes nem tampouco possuem a idade mínima de dezesseis anos. Entendimento que emana da nova redação do artigo 114, inciso I, da Lex Fundamentalis (TRT 2ª. Região, Proc. 00017544-49.2013.5.02.0063, 3ª Turma, DOE/TRT2 07.01.2014; Pub. 10.01.2014).

Como se pode observar, há um campo relativamente amplo de possibilidades de cabimento do procedimento especial de alvará na Justiça do Trabalho, e que, a meu juízo, está em expansão.

3.2.2. *Homologação de autocomposição extrajudicial, de qualquer natureza ou valor*

O art. 725, inciso VIII do CPC de 2015 cogita da possibilidade de subsunção, como procedimento especial de rito geral, de pretensão voluntária de "*homologação de autocomposição extrajudicial, de qualquer natureza ou valor*".

Essa hipótese não fazia parte da previsão contida no art. 1.112 do texto revogado, sendo, portanto, uma inovação trazida pelo novo Código, seguramente decorrente de uma posição da literatura[39] e da jurisprudência[40] por seu cabi-

---

38 Na 21ª. Região, esse Juízo Auxiliar funciona junto à 10ª Vara do Trabalho de Natal/RN.

39 Cf. MAIA, Daniel Netto. *Homologação de acordo extrajudic*ial. Revista Jus Navigandi, Teresina, ano 18, n. 3733, 20 set. 2013. Disponível em: <http://jus.com.br/artigos/25347>. Acesso em: 1 abr. 2015.

40 Cf., por todos: "APELAÇÃO CÍVEL – HOMOLOGAÇÃO DE ACORDO – INEXISTÊNCIA PRÉVIA DE LIDE EM JUÍZO – POSSIBILIDADE – OBTENÇÃO DE TITULO EXECUTIVO JUDICIAL – ART. 57 DA LEI 9.099/95 E ART. 475-N, V DO CÓDIGO DE PROCESSO CIVIL – INTERESSE DE AGIR EVIDENCIADO – RECURSO PROVIDO – Independentemente de se tratar a transação de título executivo extrajudicial, pretendendo as partes sua homologação, a fim de que lhe seja conferida força de título executivo judicial, não há falar em ausência de interesse de agir" (TJMS – AC 2009.019958-6/0000-00 – Campo Grande – 1ª T.Cív. – Rel. Des. Joenildo de Sousa Chaves – J. 11.01.2011).

mento, seguramente influenciadas pela dicção do art. 57 da Lei n. 9.099/95 (Lei dos Juizados Especiais)[41] e do art. 475-N do CPC de 1973, com redação dada pela Lei n. 11.232/05.[42]

Prestigiou-se, assim, a possibilidade dos interessados submeterem suas transações e avenças à chancela judicial, supostamente para que o negócio adquira maior segurança ou garantia.

Esse procedimento, com o CPC de 2015, ganha as cores de rito especial típico, subsumido, contudo, às disposições genéricas do art. 719 e seguintes, já que não há um rito específico.

Na substância, no entanto, tenho profundas reservas ao procedimento, pois enxergo nele uma via a mais de *judicialização da vida*, mormente num judiciário já tão assoberbado de demandas. Afora isso, a capacidade do julgador, em jurisdição voluntaria, de examinar adequadamente os contornos da avença é bastante limitada, o que pode implicar a homologação de negócios que não passariam de simulação ou fraude a credores, com todo o ônus para o prejudicado buscar o desfazimento de um ato que, agora, é *título judicial*.

Na Justiça do Trabalho, a resistência a esse procedimento há de ser ainda mais larga.

Não raro, vê-se pedidos de homologação de acordo extrajudicial, protocolados na forma de jurisdição voluntária (alvará judicial) e que tratam, em grande medida, de verbas rescisórias, que deveriam ser pagas na forma do art. 477 da Consolidação das Leis do Trabalho.

Nos casos que tive conhecimento, os valores do acordo, inclusive, já teriam sido pagos, cabendo ao Juiz apenas a chancela de algo que já ocorrera.

Na espécie, entendo que não é possível o deferimento do pedido de homologação, uma vez que a legislação trabalhista prevê um procedimento extrajudicial específico, junto ao sindicato profissional, que atua como ente paraestatal justamente para averiguar a regularidade do distrato, observadas não somente as regras cogentes legais, mas também as normas convencionais autônomas.[43]

---

41 Art. 57 (Lei n. 9.099/95): *"O acordo extrajudicial, de qualquer natureza ou valor, poderá ser homologado, no juízo competente, independentemente de termo, valendo a sentença como título executivo judicial"*.

42 Art. 475-N (CPC 1973): *"São título executivos judiciais: [...] V – o acordo extrajudicial, de qualquer natureza, homologado judicialmente"*.

43 Neste sentido, cf. decisão proferida no Proc. 18700-57.2013.5.21.0002 (2ª. Vara do Trabalho de Natal – Juiz Titular): "1. Trata-se de demanda de jurisdição voluntária (alvará judicial), por meio da qual o demandante, alegando dificuldades financeiras, pugna pela homologação de acordo extrajudicial, com a consequente expedição de alvará para liberação do seguro desemprego e FGTS, dispensada a multa de 40%. 2. A pretensão não merece prosseguir. 3. Com efeito, não se tratando de lide (no sentido que lhe atribui Carnellutti, ou seja, da existência de uma pretensão resistida), é de se assinalar que não se insere nas atribuições da Justiça do Trabalho exercer a jurisdição voluntária de chancela de rescisões contratuais ou mesmo de transações relativamente a elas, conforme se vê do art. 114 da Constituição Fe-

A jurisprudência também não tem admitido o procedimento de mera homologação, como indicam os seguintes precedentes:

> ACORDO EXTRAJUDICIAL - HOMOLOGAÇÃO NA JUSTIÇA DO TRABALHO - ART. 57 DA LEI Nº 9.099/95 - APLICAÇÃO SUBSIDIÁRIA - JURISDIÇÃO VOLUNTÁRIA - INDEVIDA - ART. 769 DA CLT. O art. 114 da Constituição Federal, combinado com os artigos 643/649 da CLT, ambos evidenciam que a jurisdição voluntária, qual seja, o exercício, pelo Juízo, da função administrativa de interesses privados, para sua validade, não foi atribuída à Justiça do Trabalho, motivo pelo qual refoge à sua competência homologar acordos extrajudiciais. O art. 57 da Lei nº 9.099/95, que prevê a homologação de acordos extrajudiciais no âmbito dos Juizados Especiais, porque incompatível com o contexto normativo supra, não se aplica ao processo do Trabalho. Inteligência do art. 769 da CLT. Agravo não provido (TST. AIRR-33340-67.2008.5.24.0031, Relator Ministro: Milton de Moura França, Data de Julgamento: 27/04/2011, 4ª Turma, Data de Publicação: DEJT 06/05/2011).
>
> AGRAVO DE INSTRUMENTO EM RECURSO DE REVISTA. PROCESSO SUJEITO AO RITO SUMARÍSSIMO. HOMOLOGAÇÃO DE ACORDO EXTRAJUDICIAL. AUSÊNCIA DE CONTENCIOSO. INCOMPETÊNCIA DA JUSTIÇA DO TRABALHO. Segundo a diretriz do art. 114, IX, da CF, compete à Justiça do Trabalho processar e julgar outras controvérsias decorrentes da relação de trabalho. "In casu", as partes postulam, conjuntamente, a homologação de

---

deral e art. 659 da Consolidação das Leis do Trabalho. 4. Quanto às rescisões de contrato de trabalho, as condições de obrigatoriedade de chancela estão delineadas no art. 477 da CLT, que a eleva a condição de validade para os contratos de mais um ano. 5. Por outro lado, os direitos trabalhistas, na ótica da ordem jurídica vigente, estão protegidos pelo manto da indisponibilidade, competindo ao empregador promover os atos de cumprimento das normas trabalhistas, realizando o pagamento da rescisão contratual, facultada ou não a homologação, nos termos legais. Ao trabalhador compete averiguar a regularidade desses atos, com apoio do sindicato profissional ou de advogado particular, promovendo a devida ação trabalhista, no caso de divergência não corrigida voluntariamente pelo empregador (lide). 6. Outrossim, assinalo que admitir o prosseguimento da pretensão projetaria um quadro de expressiva judicialização das relações sócio-trabalhistas, retirando do Poder Judiciário e da Justiça do Trabalho a centralidade de seu efetivo papel jurisdicional, relegando-o a uma atribuição administrativa. 7. Noutro pórtico, admitir, como regra, a possibilidade de transação extrajudicial de direitos sociais reduziria ainda mais a expectativa de eficácia [no sentido fenomenológico ou de faticidade a que lhe atribui Bobbio (*Teoria das Normas Jurídicas*. São Paulo: Edipro, 2005, p. 48)], nomeadamente num cenário sócio-econômico já bastante conhecido como de acentuada informalidade e inobservância das normas trabalhistas (sobre o tema, cf., por todos, CARDOSO, Adalberto. *As normas e os fatos*. Rio de Janeiro: FGV, 2007). E, nesse contexto, é dever da Justiça do Trabalho exercer sua função pedagógica, em ordem e minimizar esse quadro, e fomentar o prestígio aos direitos fundamentais do trabalho e sua eficácia no bojo das relações sociais, construindo-se, desse modo, um *ethos* (Weber) de inclusão social e de fortalecimento das instituições do trabalho e da seguridade social. 8. Noutra banda, não há legitimidade do autor para ajuizar tal tipo de demanda de jurisdição voluntária. Quando muito, poder-se-ia considerar a legitimidade da empresa, mas não de seu representante legal, figuras que, no campo do Direito, não se confundem. 9. Assim, ausentes pressupostos de constituição válida e interesse de agir, indefiro a petição inicial e, por conseqüência, extingo o feito sem exame de mérito, com espeque no art. 267, IV e VI do Código de Processo Civil, de aplicação supletiva. 10. Custas no importe de R$ 30,91, calculadas sobre o valor atribuído à causa, a encargo pólo ativo da demanda. 11. Por fim, considerando a ausência de comprovação do cumprimento do disposto no art. 477 da CLT, determino o envio de cópia dos presentes autos à Superintendência Regional do Trabalho e Emprego (SRTE), a fim de que exerça suas atribuições legais, se for o caso".

acordo extrajudicial. Nesse contexto, conclui-se pela incompetência desta Especializada para apreciar o feito, na medida em que, na hipótese, não há controvérsia, ou seja, não há litígio oriundo de relação de trabalho, pois as partes limitam-se a requerer, conjuntamente, a referida homologação. Agravo de instrumento conhecido e não provido. (Processo: AIRR - 132700-20.2007.5.15.0076 Data de Julgamento: 24/09/2008, Relatora Ministra: Dora Maria da Costa, 8ª Turma, Data de Publicação: DJ 26/09/2008).

AGRAVO DE INSTRUMENTO. RECURSO DE REVISTA. ACORDO EXTRAJUDICIAL. HOMOLOGAÇÃO. INCOMPETÊNCIA DA JUSTIÇA DO TRABALHO. A homologação de acordo realizado extrajudicialmente escapa à competência da Justiça do Trabalho. Violações legais e constitucional não caracterizadas. Arestos inespecíficos (Súmula 296, I, do TST). Agravo de instrumento conhecido e desprovido" (TST-AIRR-162/2003-015-15-40.0, Rel. Min. Alberto Bresciani, 3a Turma, DJ de 11/10/2007).

Noutros arestos, o Tribunal Superior do Trabalho tem negado os efeitos da coisa julgada a acordos extrajudiciais, ainda que homologados em sede de jurisdição voluntária:

RECURSO DE REVISTA INTERPOSTO PELA RECLAMADA. COISA JULGADA. Eqüivale à coisa julgada apenas a transação extrajudicial ocorrida na pendência de processo judicial, celebrada com o fim de extinguir o processo (art. 831, parágrafo único, da CLT) (RR-530528/1999;Rel. Min. João Batista Brito Pereira; DJ 17/06/2005)

TRANSAÇÃO HOMOLOGADA EM PROCEDIMENTO DE JURISDIÇÃO VOLUNTÁRIA. COISA JULGADA. Não há que se atribuir efeitos de coisa julgada a acordo extrajudicial homologado em procedimento de jurisdição voluntária, sob pena de se negar vigência ao disposto no art. 831, parágrafo único, da CLT, que confere eficácia de decisão irrecorrível apenas à conciliação ocorrida nos processos de jurisdição contenciosa. Precedentes. (RR 601027/1999; Ac. 3ª T.; Rel. Min. Maria Cristina Irigoyen Peduzzi; DJ 4.3.2005).

DA HOMOLOGAÇÃO DE ACORDO. INEXISTÊNCIA DE PROCESSO CONTENCIOSO. COISA JULGADA. O artigo 652 da Consolidação das Leis do Trabalho é um preceito de ordem restritiva, elencando as únicas hipóteses em que detém a Junta competência para exercer atividade jurisdicional. E, somente lhe compete conciliar dissídios, isto é, exercer sua atividade precípua sobre um contencioso, uma lide caracterizada pela pretensão resistida, não se incluindo neste rol a atividade jurisdicional em homologação de acordos que não resultem de uma controvérsia submetida à apreciação do Judiciário, como é o caso dos presentes autos. Assim, ao ser conferido "status" de sentença irrecorrível a um acordo administrativo meramente homologado pela JCJ, restou violado o contido no parágrafo único do artigo 831, Consolidado, devendo os presentes autos serem devolvidos para a JCJ de origem, a fim de que esta, afastando a existência de coisa julgada, aprecie a reclamatória como entender de direito. Embargos conhecidos e providos. (E-RR-380.802/1997; Ac. SBDI-1; Rel. Min. José Luiz Vasconcellos; DJ 3.9.1999).

Logo, em se tratando de relação de emprego, não me parece possível a mera submissão de um pedido de homologação de acordo perante a Justiça do Trabalho, até mesmo porque esse negócio pode ser feito com a assistência sindical, o que tem sido considerado como regular e possível (diria até que o desejável, já que a assistência jurídica é função do sindicato profissional):

> TRANSAÇÃO EXTRAJUDICIAL. ASSISTÊNCIA DA ENTIDADE SINDICAL. VALIDADE. A transação, judicial e extrajudicial, é forma juridicamente prevista, válida e eficaz para prevenir ou extinguir litígios ou dúvidas sobre direitos. Deve ser lida e interpretada não apenas nos seus termos gerais, mas também no conjunto do seu conteúdo e circunstâncias. O A. foi inicialmente dispensado por justa causa. Rebelou-se contra isso, pelo que não recebeu os valores da rescisão. Malograda uma primeira tentativa de acordo, na DRT, marcou-se outra, na qual se decidiu, por consenso entre as partes, ambas transigindo, que a dispensa seria transformada em desmotivada, por iniciativa unilateral do empregador, com todas as conseqüências daí advindas: pagamento de aviso-prévio e respectivos acréscimos nos duodécimos de cálculos, liberação do FGTS e adição dos 40%, desoneração do empregado e empregador de percorrerem a via judicial para discutirem a justa causa, economizando tempo e gastos com advogados etc. Em troca, o empregado daria quitação ampla e definitiva, nada mais reclamando da empresa. O que constitui a essência da transação: ambos os lados cedem e ganham, sendo as renúncias e os benefícios não obrigatoriamente iguais ou da mesma natureza. De tal forma que se as partes assim combinaram, e o fizeram sob forma prevista e não defesa em lei, devidamente assistidos por órgãos público e sindical a que a lei atribui competência para o ato, não tendo sido alegada qualquer coação ou vício substancial - ao contrário, o A. até mesmo, de modo contrário à lei e à ética processual, omitiu a circunstância na petição inicial - o ato jurídico é válido e tem o alcance que os signatários pretenderam (TRT da 3.ª Região; Processo: 00646-2004-003-03-00-1 RO; Data de Publicação: 11/06/2005; Órgão Julgador: Terceira Turma; Relator: Paulo Araujo).

> ACORDO EXTRAJUDICIAL - VALIDADE. É nula a quitação pelo extinto contrato de trabalho passada em sede de acordo extrajudicial não homologado pela Justiça do Trabalho e que não contou com a assistência da entidade sindical organizada na localidade, sendo ineficaz, para o efeito liberatório do empregador, a assistência prestada pela autoridade do Ministério do Trabalho. Embora a lei, ao tempo de sua edição, fosse indiferente a respeito de por quem devesse ser prestada (CLT, art. 477, parágrafo primeiro), a vigente ordem constitucional impõe a prevalência do sindicato profissional para a assistência do ato, dado o reconhecimento de seu amplo poder representativo (CR, art. 5o., LXX; art. 7o., XXVI; art. 8o.; art. 103, IX). A orientação do Enunciado 330 do Colendo Tribunal Superior do Trabalho induz a interpretar a competência do Ministério do Trabalho sob o enfoque apenas supletivo. Nula a quitação, nula é toda a transação da qual se originou (CC, art. 1.026, "caput")._ DECISÃO: A Turma, unanimemente, rejeitou as preliminares suscitadas; sem divergência, negou provimento a ambos os recursos (TRT da 3.ª Região; Processo: RO - 1436/96; Data de Publicação: 19/07/1996; Órgão Julgador: Segunda Turma; Relator: Hiram dos Reis Correa).

É de se cogitar, no entanto, como possível um pedido de homologação de transação extrajudicial se se tratar de trabalhador que não esteja submetido ao

regime de emprego, como autônomos ou dirigentes de companhia, sem vínculo de emprego, já que, nessas hipóteses, não haveria a previsão de atuação do sindicato profissional.

Nas demais situações, a via da homologação é deveras estreita.

4. REFERÊNCIAS

BASEGGIO, Alexandre Ramos. *A emenda constitucional 45 e a competência para julgamento de alvarás judiciais de FGTS*. Disponível em: <www.egov.ufsc.br/portal/sites/default/files/anexos/23282-23284-1-PB.pdf. Acesso em: 31.3.2015.

BRAGA, Roberto Wanderley & MIZIARRA, Raphael. Competência da justiça do trabalho para expedição de alvará de autorização para o trabalho do menor de 16 anos: uma conclusão inafastável. Disponível em: www.tst.jus.br. Acesso em 01.04.2015.

BRASIL. Anteprojeto do Novo Código de Processo Civil. Disponível em: <http://www.senado.gov.br/senado/novocpc/pdf/Anteprojeto.pdf>. Aces-so em: 09 mar. 2015.

BRASIL. Relatório. Projeto de Lei n. 8046/2010. Disponível em: < http://s.conjur.com.br/dl/redacao-final-aprovada-camara.pdf>. Acesso em 09 mar. 2015.

CHAVES, Luciano Athayde. *A recente reforma do processo comum e seus reflexos no direito judiciário do trabalho*. São Paulo: LTr. 3ª edição, 2007.

_____'As lacunas no direito processual do trabalho'. In: CHAVES, L. A (org.). *Direito processual do trabalho*: reforma e efetividade. São Paulo: LTr, 2007(b), p. 52-96

_____. O processo eletrônico no projeto do novo código de processo civil e seus efeitos no direito processual do trabalho. In MARTINS FILHO, Ives Gandra; MANNRICH, Nelson & PRADO, Ney. *Os pilares do direito do trabalho*. São Paulo: Lex Magister, 2013, p. 460-93.

_____. *A greve e os interditos proibitórios*. Disponível em: <www.gazetadigital.com.br>. Acesso em 17.3.2015.

_____. *Juiz deve usar ferramentas eletrônicas para localizar a parte*. Disponível em: www.conjur.com.br. Acesso em 31.3.2015.

DANTAS, Ivo. *Novo processo constitucional brasileiro*. Curitiba: Juruá, 2010.

DIAS, Luciano Souto. *Projeto do novo Código de Processo Civil: perspectivas e desafios*. Disponível em: <http://jus.com.br/artigos/25012/projeto-do-novo-codigo-de-processo-civil-perspectivas-e-desafios>. Acesso em: 09 mar. 2015.

DINAMARCO, Cândido Rangel. *Instituições de direito processual* civil. São Paulo: Malheiros, 4ª. ed., 2004.

GICO JUNIOR, Ivo Teixeira. *A tragédia do judiciário: subinvestimento em capital jurídico e sobreutilização do judiciário*. Tese (Doutorado em Economia). Universidade de Brasília UNB, Brasília, 2012.

HOFFMAN, Paulo. *Duração razoável do processo*. São Paulo: Quatier Latin, 2006.

HOMMERDING, Adalberto Narciso. *Valores, processo e sentença*. São Paulo: LTr, 2003.

MAIA, Daniel Netto. *Homologação de acordo extrajudicial*. Revista Jus Navigandi, Teresina, ano 18, n. 3733, 20 set. 2013. Disponível em: <http://jus.com.br/artigos/25347>. Acesso em: 1 abr. 2015.

MARINONI, L. G. *Teoria geral do processo*. São Paulo: Revista dos Tribunais, 2006.

MARINONI, L. G & Mitidiero, D. *Código de processo civil*. São Paulo: RT, 2008.

MARTINS, Sérgio Pinto. *Direito Processual do Trabalho*. São Paulo: Atlas, 2010.

MEIRELES, Edilton. 'Procedimentos especiais na Justiça do Trabalho'. In CHAVES, Luciano Athayde (org). *Curso de Processo do Trabalho*. São Paulo LTr, 2ª. ed., 2012.

MITIDIERO, Daniel. *Colaboração no processo civil*: aspectos sociais, lógicos e éticos. São Paulo: Editora Revista dos Tribunais, 2011.

MORAES, Carlos Eduardo Guerra de. *Procedimento Especial no anteprojeto de Novo CPC*. Disponível em <http://cartaforense.com.br/conteudo/artigos/procedimento-especial-do-novo-cpc/5770>. Acesso em: 09 mar. 2015.

NERY JUNIOR, Nelson. *Princípios do processo civil na Constituição Federal*. São Paulo: Revista dos Tribunais, 2004.

_____ & NERY, Rosa Maria de Andrade. *Código de processo civil comentado*. São Paulo: RT, 2006.

NEVES, Daniel Amorim Assumpção. *Manual de Direito Processual Civil*. São Paulo: Método, 2012.

NOJIRI, Sergio. *Interpretação judicial do direito*. São Paulo: Revista dos Tribunais, 2005.

OLIVEIRA, Carlos Alberto Alvaro de. Os direitos fundamentais à efetividade e à segurança em perspectiva dinâmica. *Revista de Processo*, São Paulo: Revista dos Tribunais, n. 155, 2008.

PORTO, Sérgio Gilberto. *Lições fundamentais no processo civil*: o conteúdo processual da Constituição Federal. Porto Alegre: Livraria do Advogado Editora, 2009.

SANTOS, Boaventura de Sousa. *Para uma revolução democrática da justiça*. São Paulo: Cortez, 3ª. Ed. 2011.

SPIES, André Luís. 'As ações que envolvem o exercício do direito de greve: primeiras impressões da emenda constitucional n. 45'. In Revista do Tribunal Superior do Trabalho. Ano 71, nº 01, jan-abr 2005, p. 302.

THEODORO JÚNIOR, Humberto. Curso de direito processual civil. Rio de Janeiro: Forense, 2006.

Capítulo 52

NOVO CPC: OPOSIÇÃO COMO PROCEDIMENTO ESPECIAL NO PROCESSO TRABALHO

Gustavo Filipe Barbosa Garcia[1]

SUMÁRIO: 1. INTRODUÇÃO; 2. PARTE NO PROCESSO E PARTE NA DEMANDA; 3. OPOSIÇÃO; 4. CONCLUSÃO; 5. BIBLIOGRAFIA.

1. INTRODUÇÃO

O tema a ser aqui analisado refere-se à *oposição*, conforme a sua previsão no *novo Código de Processo Civil*, em especial quanto à sua aplicabilidade no Direito Processual do Trabalho.

No Código de Processo Civil de 2015, a intervenção de terceiros é gênero que tem por espécies a assistência, a denunciação da lide, o chamamento ao processo, o *amicus curiae* e a desconsideração da personalidade jurídica (arts. 119 e seguintes).

A oposição, por sua vez, passou a ser disciplinada como *procedimento especial* (arts. 682 a 686).

O art. 15 do novo CPC é expresso ao determinar que, *na ausência de normas que regulem processos* eleitorais, *trabalhistas* ou administrativos, as disposições do referido Código são aplicadas *supletiva e subsidiariamente*.

Portanto, diante da regra do art. 765 da Consolidação das Leis do Trabalho, torna-se relevante saber se há compatibilidade da atual disciplina da oposição com o sistema do processo trabalhista.

Faz-se necessário, assim, o estudo da referida figura, verificando a sua adequação ao âmbito da Justiça do Trabalho, tendo em vista, principalmente, a delimitação de sua competência constitucional.

---

[1] Livre-Docente pela Faculdade de Direito da Universidade de São Paulo. Doutor em Direito pela Faculdade de Direito da Universidade de São Paulo. Especialista em Direito pela *Universidad de Sevilla*. Pós-Doutorado em Direito pela *Universidad de Sevilla*. Membro da Academia Brasileira de Direito do Trabalho, Titular da Cadeira nº 27. Membro Pesquisador do IBDSCJ. Professor Universitário em Cursos de Graduação e Pós-Graduação em Direito. Advogado. Foi Juiz do Trabalho das 2ª, 8ª e 24ª Regiões, Ex-Procurador do Trabalho do Ministério Público da União e Ex-Auditor-Fiscal do Trabalho.

Ainda com esse objetivo, devem ser analisados aspectos mais genéricos, pertinentes ao conceito de *parte* na relação processual, para a melhor compreensão da oposição em específico.

2. PARTE NO PROCESSO E PARTE NA DEMANDA

No Código de Processo Civil de 2015, a intervenção de terceiros (Parte Geral, Livro III, Título III) é gênero que tem por espécies a assistência, a denunciação da lide, o chamamento ao processo, o *amicus curiae* e a desconsideração da personalidade jurídica (arts. 119 e seguintes).

Na vigência do Código de Processo Civil de 1973, as modalidades de intervenção de terceiros eram a assistência, a oposição, a nomeação à autoria, a denunciação da lide e o chamamento ao processo.

O Código de Processo Civil de 1939 previa, ainda, o chamamento à autoria, expressão que é utilizada pela Consolidação das Leis do Trabalho, em seu art. 486, § 1º.

Registre-se que o chamamento à autoria previsto na CLT, ao versar sobre o *factum principis*, não se identifica com as modalidades de intervenção de terceiros reguladas no Código de Processo Civil em vigor, nem com a figura, de mesmo nome, do CPC de 1939.

Para a correta compreensão da natureza jurídica da oposição, é importante examinar os conceitos de partes e de terceiro no Direito Processual.

O conceito puramente processual de partes é o de "sujeitos *interessados* da relação processual"[2].

Logo, pode-se dizer que o interveniente, ainda que não seja parte principal, é sujeito interessado no processo, detendo a titularidade de certas situações jurídicas, "sob sujeição ao poder estatal exercido pelo juiz"[3].

Identificado o conceito de *parte no processo*, são partes na demanda, por seu turno, "aquele que pede (autor), aquele em cujo nome se pede (autor representado) e aquele em face de quem se pede (réu) o provimento jurisdicional"[4].

Em certas hipóteses de intervenção de terceiros, o interveniente passa a figurar como *parte na demanda* (autor ou réu), o que não se verifica, entretanto, na assistência simples.

---

2 DINAMARCO, Cândido Rangel. *Instituições de direito processual civil*. São Paulo: Malheiros, 2001. v. 2, p. 246-247, destaques do original.

3 DINAMARCO, Cândido Rangel. *Execução civil*. 5. ed. São Paulo: Malheiros, 1997. p. 357, nota 24.

4 DINAMARCO, Cândido Rangel. *Execução civil*, cit., p. 357, nota 24.

Em algumas modalidades de intervenção de terceiros, como no chamamento ao processo, observa-se a formação de litisconsórcio, confirmando a existência de situações em que o terceiro passa a figurar como parte na própria demanda[5].

Além disso, como esclarece Cândido Rangel Dinamarco, "deduzindo a oposição, o terceiro adquire a qualidade de parte"[6].

3. OPOSIÇÃO

A oposição era prevista no Código de Processo Civil de 1973 como intervenção voluntária de terceiro em processo alheio, por pretender a coisa ou o direito discutidos (arts. 56 a 61 do CPC de 1973).

Isso foi modificado pelo novo Código de Processo Civil, no qual a *oposição* figura como *procedimento especial*.

Desse modo, quem pretender, no todo ou em parte, *a coisa ou o direito sobre que controvertem autor e réu*, pode, até ser proferida a sentença, oferecer oposição contra ambos (art. 682 do novo CPC).

O opoente deve deduzir o seu pedido em observação aos requisitos exigidos para propositura da ação (art. 683 do novo CPC).

Uma vez distribuída a oposição por dependência, devem ser os opostos citados, na pessoa de seus respectivos advogados (caso a hipótese não seja de *jus postulandi*), para contestar o pedido.

No processo civil, a contestação deve ser apresentada no prazo comum de quinze dias. No processo do trabalho, caso a oposição seja admitida, o mais adequado é a designação de audiência, para a tentativa de conciliação, oferecimento de resposta, instrução e julgamento[7].

Segundo Cassio Scarpinella Bueno, a oposição possui *natureza jurídica de ação*, por meio da qual se deduz "pedido de tutela jurisdicional em relação ao mesmo bem que as partes originárias disputam"[8], pretensão esta incompatível com aquela das partes da ação originária[9].

A oposição é admitida apenas "até ser proferida a sentença", o que afasta o seu cabimento na execução[10].

---

5   DINAMARCO, Cândido Rangel. *Litisconsórcio*. 5. ed. São Paulo: Malheiros, 1997. p. 42.
6   DINAMARCO, Cândido Rangel. *Intervenção de terceiros*. São Paulo: Malheiros, 1997. p. 73.
7   Cf. GARCIA, Gustavo Filipe Barbosa. *Curso de direito processual do trabalho*. 3. ed. Rio de Janeiro: Forense, 2014. p. 405-410.
8   BUENO, Cassio Scarpinella. *Partes e terceiros no processo civil brasileiro*. São Paulo: Saraiva, 2003. p. 177.
9   Cf. DINAMARCO, Cândido Rangel. *Instituições de direito processual civil*, cit., v. 2, p. 378-379.
10 Cf. MARTINS, Sergio Pinto. *Direito processual do trabalho*. 30. ed. São Paulo: Atlas, 2010. p. 215.

Como destaca Cândido Rangel Dinamarco, "a pretensão do terceiro à *coisa* é pretensão fundada em *direito real*, que ele afirma ter sobre ela ao negar que o tenham as partes originárias; e pretender *o direito* controvertido é afirmar-se titular de direito pessoal sobre o bem"[11].

Na época do Código de Processo Civil de 1973, a oposição podia ser classificada em: *interventiva*, se deduzida antes da audiência (art. 59 do CPC de 1973), hipótese em que corria simultaneamente com a ação principal, com julgamento pela mesma sentença; e *autônoma*, se formulada após o início da audiência (art. 60 do CPC de 1973), seguindo o procedimento ordinário, sendo julgada sem prejuízo da causa principal, embora o juiz possa sobrestar o andamento do processo principal, pelo prazo de até 90 dias, para o julgamento conjunto com a oposição[12].

Na realidade, apenas a primeira hipótese era de modalidade de intervenção de terceiro, tratando-se de incidente ao processo pendente. A oposição autônoma dava origem a um novo processo.

No Código de Processo Civil de 2015, uma vez admitido o processamento da oposição, esta deve ser apensada aos autos e tramitar simultaneamente à ação originária, sendo ambas julgadas pela mesma sentença (art. 685 do novo CPC).

Se a oposição for proposta após o início da audiência de instrução, o juiz deve suspender o curso do processo ao fim da produção das provas, salvo se concluir que a unidade da instrução (da ação principal e da oposição) atende melhor ao princípio da duração razoável do processo (art. 685, parágrafo único, do novo CPC).

Cabendo ao juiz decidir simultaneamente a ação originária e a oposição, desta deve conhecer em primeiro lugar (art. 686 do novo CPC).

Merece destaque a controvérsia a respeito da aplicabilidade da oposição no processo do trabalho[13].

No âmbito trabalhista, em processo que tenha como partes certo empregador e empregado (ou trabalhador e respectivo tomador de serviços, em relação jurídica abrangida pelo art. 114, inciso I, da Constituição Federal de 1988, com redação determinada pela Emenda Constitucional 45/2004)[14], cujo objeto seja determinada coisa ou direito, deve-se analisar a hipótese de um terceiro, também empregado (ou trabalhador), ajuizar ação pretendendo este mesmo bem jurídico a respeito do qual controvertem autor e réu.

---

11 DINAMARCO, Cândido Rangel. *Intervenção de terceiros*, cit., p. 57, destaques do original.

12 Cf. DINAMARCO, Cândido Rangel. *Intervenção de terceiros*, cit., p. 38-39, 46-48; TEIXEIRA FILHO, Manoel Antonio. *Litisconsórcio, assistência e intervenção de terceiros no processo do trabalho*, cit., p. 170-171.

13 Cf. GARCIA, Gustavo Filipe Barbosa. *Intervenção de terceiros, litisconsórcio e integração à lide no processo do trabalho*. São Paulo: Método, 2008. p. 38-43.

14 Cf. GARCIA, Gustavo Filipe Barbosa. *Competência da Justiça do Trabalho*: da relação de emprego à relação de trabalho. Rio de Janeiro: Forense, 2012. *passim*.

Com o oferecimento da oposição, mesmo tendo natureza de ação (arts. 682 e 686 do novo CPC), forma-se um litisconsórcio passivo necessário entre os opostos, partes da ação originária, os quais são réus na ação de reconvenção (art. 682 do novo CPC)[15].

No caso da Justiça do Trabalho, quanto à pretensão trazida pela oposição, tem-se o empregado e o empregador como réus (ou trabalhador e tomador de serviços), e o opoente (outro empregado ou trabalhador) como autor.

Isso resulta na existência de conflito entre dois trabalhadores, o que não está incluído na competência da Justiça do Trabalho, conforme art. 114 da Constituição Federal, seja na redação anterior, seja na atual[16].

Aliás, caso ocorresse a hipótese do art. 684 do CPC, e o empregador (um dos opostos) reconhecer a procedência do pedido do opoente, este prosseguiria contra o outro oposto, ficando bem nítida a controvérsia entre dois trabalhadores, a ser solucionada *principaliter*, "sobre o direito real ou pessoal afirmado pelo autor inicial e pelo opoente e, como é natural, receberá a *auctoritas rei judicatae* quanto a isso"[17].

A Justiça Laboral, no entanto, não é competente para decidir, de forma principal, o referido conflito entre empregados[18] ou trabalhadores.

É certo que, com a atual redação do art. 114, inciso I, da Constituição da República, compete à Justiça do Trabalho processar e julgar as "ações oriundas da relação de trabalho", evidenciando tratar-se de competência em razão da matéria.

A relação de trabalho é uma modalidade de relação jurídica[19], tendo por objeto, justamente, o trabalho. Trata-se de gênero, que tem como uma de suas espécies a relação de emprego. Seu objeto imediato (prestação) é o ato de trabalhar, enquanto o objeto mediato (objeto da prestação ou bem jurídico) é o próprio trabalho[20]. Seus sujeitos são: a pessoa que trabalha e aquele em favor de quem se trabalha.

---

15 Cf. BUENO, Cassio Scarpinella. *Partes e terceiros no processo civil brasileiro*, cit., p. 181182.
16 Cf. LEITE, Carlos Henrique Bezerra. *Curso de direito processual do trabalho*. 9. ed. São Paulo: LTr, 2011. p. 448: "Não há, por conseguinte, previsão constitucional ou infraconstitucional para a Justiça do Trabalho processar e julgar ações entre dois tomadores de serviço ou entre dois trabalhadores, pois, em ambas as hipóteses, não há relação de trabalho ou relação de emprego entre eles".
17 DINAMARCO, Cândido Rangel. *Intervenção de terceiros*, cit., p. 59.
18 Cf. TEIXEIRA FILHO, Manoel Antonio. *Litisconsórcio, assistência e intervenção de terceiros no processo do trabalho*. 3. ed. São Paulo: LTr, 1995. p. 182-186.
19 Cf. RUSSOMANO, Mozart Victor. *Curso de direito do trabalho*. 6. ed. Curitiba: Juruá, 1997. p. 51: "A relação de trabalho e a relação de emprego [...] são relações jurídicas".
20 Cf. GOMES, Orlando. *Obrigações*. 12. ed. rev. e atual. por Humberto Theodoro Júnior. Rio de Janeiro: Forense, 1999. p. 14: "Objeto *mediato*, [é] o bem ou o serviço a ser prestado, a coisa que se dá ou se pratica". No caso da relação de trabalho, como mencionado, o objeto mediato é o trabalho (serviço) prestado.

Assim, fica evidente que a relação jurídica entre dois trabalhadores, ou entre duas empresas, não configura relação de trabalho, estando fora do alcance do art. 114 da Constituição Federal, mesmo na redação em vigor[21].

No caso, não se pode acolher a possibilidade de decisão meramente incidental a respeito, pois, segundo esclarece Dinamarco, havendo "julgamento de mérito, a coisa julgada material abrangerá todos os efeitos substanciais do julgamento da demanda inicial e da oposição"[22].

Além disso, pode-se entender que a oposição revela-se incompatível com o procedimento oral trabalhista e com os princípios da celeridade e da simplificação dos atos processuais, incidentes de forma acentuada no processo do trabalho (art. 769 da CLT), até mesmo em razão da natureza preponderantemente alimentar do direito material em discussão[23].

Como destaca Jorge Luiz Souto Maior, o "procedimento trabalhista" é "oral" e, "normalmente, não comporta intervenção de uma terceira pessoa, alheia ao conflito delimitado, inicialmente, dada a sumarização da cognição estabelecida, como pressuposto da efetiva prestação jurisdicional para o tipo de controvérsia que visa instrumentalizar"[24].

Portanto, mesmo em ação ajuizada por empregado, pleiteando certo direito em face do empregador, por exemplo, prêmio por ter sido o melhor vendedor ou por ter criado uma invenção, caso outro trabalhador alegue ser o titular desse direito pretendido, a oposição não se mostrava aplicável.

Como pondera Raymundo Antonio Carneiro Pinto, "nenhum obstáculo haveria para a Justiça do Trabalho decidir a respeito de lide envolvendo o primeiro empregado x empresa e o segundo empregado x empresa. Ocorre, porém, que existe também um litígio entre os dois trabalhadores (opoente x autor da reclamação)". Referido autor destaca que esse último aspecto não é abrangido pela competência da Justiça do Trabalho, tornando incabível a oposição no processo do trabalho. Além disso, "o empregado que se sente prejudicado não necessitaria utilizar o tortuoso caminho da oposição", nada impedindo que "fizesse uma reclamação – até mesmo a termo – com fundamentos e pedido idênticos aos que figuraram na inicial do colega. Como é evidente a conexão, o juiz determinaria a

---

21 Em sentido contrário, cf. TUPINAMBÁ, Carolina. *Competência da Justiça do Trabalho à luz da reforma constitucional*. Rio de Janeiro: Forense, 2006. p. 377.

22 DINAMARCO, Cândido Rangel. *Intervenção de terceiros*, cit., p. 115-116.

23 Cf. MENEZES, Cláudio Armando Couce de. Breves notas sobre a intervenção de terceiros no processo civil e no processo do trabalho. *Revista de Direito do Trabalho*, São Paulo, n. 90, p. 16, jun. 1995: "Outro argumento, forte aliás, para aqueles que entendem ser impraticável a oposição no processo trabalhista, residiria nos princípios da economia e da celeridade processual".

24 SOUTO MAIOR, Jorge Luiz. *Direito processual do trabalho*: efetividade, acesso à justiça e procedimento oral. São Paulo: LTr, 1998. p. 296.

reunião dos processos (art. 842 da CLT) e, numa sentença única, decidiria quem, afinal, é o verdadeiro inventor ou o ganhador do prêmio. Se pode ser assim tão simples, por que complicar?"[25].

Por todos esses argumentos, a oposição, na maior parte dos casos, é incompatível com o processo do trabalho[26].

Discute-se, ainda, a questão da aplicabilidade da oposição em dissídio coletivo[27], para que o terceiro, no caso, outro ente sindical, defenda sua legitimidade de representação da categoria[28].

Na realidade, a disputa pela representação da categoria entre dois entes sindicais, o que pode gerar reflexos na legitimidade *ad causam* para o dissídio coletivo, não é abrangida pela sistemática da oposição, tal como prevista no Código de Processo Civil (art. 684). O ente sindical que pretende a intervenção na relação processual coletiva, nessas hipóteses, não está a pleitear, para si, direito pessoal ou real em discussão propriamente (no caso, as reivindicações apresentadas pela categoria profissional), mas apenas procurando sustentar que detém a representação da categoria[29].

A legitimidade de parte deve ser apreciada pela Justiça do Trabalho até mesmo de ofício, por se tratar de questão de ordem pública, podendo assim decidir, ainda que incidentalmente, a questão referente à representação da categoria pelo ente sindical.

Aliás, antes da Emenda Constitucional 45/2004, a Justiça do Trabalho era incompetente para decidir, de forma principal, a respeito de disputa intersindical pela representação de certa categoria (Orientação Jurisprudencial 04 da SDC do TST), o que confirmava a incompatibilidade da oposição com o processo trabalhista.

Especificamente quanto ao cabimento da oposição, mesmo diante do atual inciso III do art. 114 da Constituição Federal, a conclusão não se altera. Primeiro, porque o objetivo da oposição, como já destacado, é distinto da solução de conflito de representação, o qual remete à legitimidade de parte. Segundo, uma

---

25 PINTO, Raymundo Antonio Carneiro. Intervenção de terceiro no processo do trabalho. In: PAMPLONA FILHO, Rodolfo (Coord.). *Processo do trabalho*: estudos em homenagem ao professor José Augusto Rodrigues Pinto. São Paulo: LTr, 1997. p. 258.

26 Em sentido divergente, cf. NASCIMENTO, Amauri Mascaro. *Curso de direito processual do trabalho*. 16. ed. São Paulo: Saraiva, 1996. p. 202-204; GIGLIO, Wagner D.; CORRÊA, Claudia Giglio Veltri. *Direito processual do trabalho*. 16. ed. São Paulo: Saraiva, 2007. p. 145-147; MALTA, Christovão Piragibe Tostes. *Prática do processo trabalhista*. 29. ed. São Paulo: LTr, 1999. p. 171-172.

27 Cf. AROUCA, José Carlos. *Curso básico de direito sindical*. São Paulo: LTr, 2006. p. 383: "Tornou-se comum a instauração de dissídio coletivo por sindicato paralelo, dando causa à intervenção do detentor da representação".

28 Cf. MARTINS FILHO, Ives Gandra da Silva. *Processo coletivo do trabalho*, cit., p. 111112.

29 Cf. TEIXEIRA FILHO, Manoel Antonio. *Litisconsórcio, assistência e intervenção de terceiros no processo do trabalho*, cit., p. 288-289.

vez que o art. 114, § 2º, da Constituição da República, na redação determinada pela Emenda Constitucional 45, passou a exigir o consenso das partes para "ajuizar dissídio coletivo de natureza econômica".

No caso, se o ente sindical está pretendendo, unilateralmente, ingressar em dissídio coletivo já ajuizado, certamente é porque não contou com o acordo da parte contrária para essa intervenção.

Quanto às adaptações e adequações do instituto em questão, tornandoo compatível com o processo coletivo do trabalho[30], resultariam em figura diversa[31], não mais se referindo à oposição, tal como prevista na legislação processual, o que confirma a sua inaplicabilidade no processo do trabalho[32].

Apesar do exposto, sabendo-se que a oposição não configura mais modalidade de intervenção de terceiro, pode-se entender pelo seu cabimento, na Justiça do Trabalho, quando a ação principal for ajuizada por entidade sindical, em face de empresa, com pedido de pagamento de contribuição sindical.

Nesse caso, outro ente sindical pode oferecer oposição contra ambos, alegando ser o legítimo representante da categoria e, assim, titular do direito sobre que controvertem autor e réu, até ser proferida a sentença relativa à ação principal (art. 682 do novo CPC).

Observa-se, aqui, a competência da Justiça do Trabalho, nos termos do art. 114, inciso III, segunda parte, da Constituição Federal de 1988, inclusive para decidir a oposição, que tem natureza de ação e dá origem a procedimento de natureza especial.

Na hipótese em questão, como visto acima, admitido o processamento da oposição, esta deve ser apensada aos autos e tramitar simultaneamente à ação originária, sendo ambas julgadas pela mesma sentença.

Cabendo ao juiz decidir simultaneamente a ação originária e a oposição, esta deve ser conhecida em primeiro lugar, por ser prejudicial em relação àquela.

4. CONCLUSÃO

O presente estudo teve por objeto a análise da oposição, conforme prevista no novo Código de Processo Civil, e sua aplicabilidade no Direito Processual do Trabalho.

---

30 Cf. MARTINS FILHO, Ives Gandra da Silva. *Processo coletivo do trabalho*. 4. ed. São Paulo: LTr, 2009. p. 111; CADETTI, Rubens Fernando. A oposição. In: CRUZ NETO, Eurico; XAVIER, Alberto Moreira; CADETTI, Rubens Fernando. *Temas relevantes no processo do trabalho*. São Paulo: LTr, 2003. p. 146.

31 Cf. AROUCA, José Carlos. *Curso básico de direito sindical*, cit., p. 383-384: "O sindicato tem o direito de representação sindical [...]. Mas nem sempre uma associação concorrente disputa com o sindicato patronal ou com a empresa um direito, e muitas vezes viu-se esta prestar-lhe apoio. Deste modo é mais apropriada a figura da assistência qualificada, se bem que o dissídio coletivo ofereça peculiaridades próprias e a intervenção em causa bem poderá ser mais uma criação do processo do trabalho".

32 Cf. TEIXEIRA FILHO, Manoel Antonio. *Litisconsórcio, assistência e intervenção de terceiros no processo do trabalho*, cit., p. 289.

Apesar do tema ainda ser controvertido na doutrina e na jurisprudência, verificou-se que a mencionada figura deixou de ter natureza de intervenção de terceiro, passando a ser disciplinada na esfera dos procedimentos especiais.

Em diversas hipóteses, a oposição é inaplicável no processo do trabalho, principalmente em razão da delimitação da competência da Justiça Laboral pela Constituição da República (art. 114), bem como do procedimento trabalhista.

Entretanto, sabendo-se que a oposição não configura mais modalidade de intervenção de terceiro, tornou-se cabível quando a ação originária é ajuizada por sindicato, em face de empresa, com pedido de pagamento de contribuição sindical.

Nesse caso, outro ente sindical pode oferecer oposição contra as partes da ação principal, alegando fazer jus ao direito sobre que controvertem autor e réu.

Observa-se, assim, a competência da Justiça do Trabalho, inclusive para decidir o pedido formulado na oposição, que passou a dar origem a procedimento de natureza especial.

5. BIBLIOGRAFIA

AROUCA, José Carlos. *Curso básico de direito sindical*. São Paulo: LTr, 2006.

BUENO, Cassio Scarpinella. *Partes e terceiros no processo civil brasileiro*. São Paulo: Saraiva, 2003.

CADETTI, Rubens Fernando. A oposição. In: CRUZ NETO, Eurico; XAVIER, Alberto Moreira; CADETTI, Rubens Fernando. *Temas relevantes no processo do trabalho*. São Paulo: LTr, 2003.

DINAMARCO, Cândido Rangel. *Execução civil*. 5. ed. São Paulo: Malheiros, 1997.

_____. *Intervenção de terceiros*. São Paulo: Malheiros, 1997.

_____. *Litisconsórcio*. 5. ed. São Paulo: Malheiros, 1997.

_____. *Instituições de direito processual civil*. São Paulo: Malheiros, 2001. v. 2.

GARCIA, Gustavo Filipe Barbosa. *Intervenção de terceiros, litisconsórcio e integração à lide no processo do trabalho*. São Paulo: Método, 2008.

_____. *Competência da Justiça do Trabalho*: da relação de emprego à relação de trabalho. Rio de Janeiro: Forense, 2012.

_____. *Curso de direito processual do trabalho*. 3. ed. Rio de Janeiro: Forense, 2014.

GIGLIO, Wagner D.; CORRÊA, Claudia Giglio Veltri. *Direito processual do trabalho*. 16. ed. São Paulo: Saraiva, 2007.

GOMES, Orlando. *Obrigações*. 12. ed. rev. e atual. por Humberto Theodoro Júnior. Rio de Janeiro: Forense, 1999.

LEITE, Carlos Henrique Bezerra. *Curso de direito processual do trabalho*. 9. ed. São Paulo: LTr, 2011.

MALTA, Christovão Piragibe Tostes. *Prática do processo trabalhista*. 29. ed. São Paulo: LTr, 1999.

MARTINS FILHO, Ives Gandra da Silva. *Processo coletivo do trabalho*. 4. ed. São Paulo: LTr, 2009.

MARTINS, Sergio Pinto. *Direito processual do trabalho*. 30. ed. São Paulo: Atlas, 2010.

MENEZES, Cláudio Armando Couce de. Breves notas sobre a intervenção de terceiros no processo civil e no processo do trabalho. *Revista de Direito do Trabalho*, São Paulo, n. 90, p. 9-23, jun. 1995.

NASCIMENTO, Amauri Mascaro. *Curso de direito processual do trabalho*. 16. ed. São Paulo: Saraiva, 1996.

PINTO, Raymundo Antonio Carneiro. Intervenção de terceiro no processo do trabalho. In: PAMPLONA FILHO, Rodolfo (Coord.). *Processo do trabalho*: estudos em homenagem ao professor José Augusto Rodrigues Pinto. São Paulo: LTr, 1997.

RUSSOMANO, Mozart Victor. *Curso de direito do trabalho*. 6. ed. Curitiba: Juruá, 1997.

SOUTO MAIOR, Jorge Luiz. *Direito processual do trabalho*: efetividade, acesso à justiça e procedimento oral. São Paulo: LTr, 1998.

TEIXEIRA FILHO, Manoel Antonio. *Litisconsórcio, assistência e intervenção de terceiros no processo do trabalho*. 3. ed. São Paulo: LTr, 1995.

TUPINAMBÁ, Carolina. *Competência da Justiça do Trabalho à luz da reforma constitucional*. Rio de Janeiro: Forense, 2006.

Parte X

PRECEDENTES JUDICIAIS

Capítulo 53
UTILIZAÇÃO DO PRECEDENTE JUDICIAL NO ÂMBITO DO PROCESSO TRABALHISTA

Paulo Henrique Tavares da Silva[1] e Juliana Coelho Tavares da Silva[2]

SUMÁRIO: 1. INTRODUÇÃO; 2. NOTAS ACERCA DO *STARE DECISIS* NO *COMMON LAW*; 3. CONSTRUINDO O *COMMON LAW* TUPINIQUIM; 4. EFEITOS DA PADRONIZAÇÃO DECISIONAL PARA O PROCESSO TRABALHISTA; 5. CONCLUSÃO; 6. REFERÊNCIAS.

1. INTRODUÇÃO

Dentre as inovações advindas com o novo Código de Processo Civil desponta a atenção especial dada ao denominado "precedente judicial" e com ele a adoção de técnicas decisórias que nos aproximam do *common law*. Essa aproximação indica que estamos construindo estratégias para resolução de demandas em grande escala a partir de institutos gestados no direito costumeiro anglo-saxão, fato que pode produzir a ocorrência de problemas adaptativos seja no âmbito do processo civil ou quando se pretende transpor tal modelo para o processo do trabalho.

É curioso afirmar que teríamos problemas em adotar um sistema de resolução de demandas massificado numa disciplina processual como aquela adotada na Justiça do Trabalho, que há muito tempo opera com súmulas, orientações jurisprudenciais e precedentes, particularmente centralizados na cúpula do sistema (o Tribunal Superior do Trabalho), atuando conforme padrões decisórios, estes que rebatem com força maior na primeira instância, nas Varas do Trabalho.

---

[1] Doutor e Mestre em Direitos Humanos e Desenvolvimento pela UFPB; professor dos cursos de graduação e pós-graduação do Unipê-JP, ESMAT 13 e ESA-PB; Juiz do Trabalho, Titular da 5ª Vara do Trabalho de João Pessoa-PB; Vice-diretor da Escola Judicial do TRT da 13ª Região e Coordenador do Centro de Pesquisas sobre o Judiciário Trabalhista Paraibano (CPJ-TRT13).

[2] Pesquisadora bolsista do CNPq (PIBIC) vinculada ao grupo de pesquisa "Marxismo e Direito" e do Centro de Pesquisas sobre o Judiciário Trabalhista Paraibano (CPJ-TRT13), graduanda em Direito pela Universidade Federal da Paraíba (UFPB).

Mas esses problemas decorrem justamente dessa maior aproximação com o *common law*, pois não importamos apenas o caminho da solução, mas também passamos a conviver com os problemas decorrentes do uso dos precedentes na resolução das demandas. Daí porque há que se questionar se realmente a incorporação dessas inovações poderá nos trazer algum ganho em termos de eficiência, ou simplesmente estaremos a introduzir um modismo capaz de tornar o processo do trabalho tormentoso desde a fase decisória e ainda mais na prática recursal. Em síntese, trataremos aqui do problema da compatibilidade dessas novas medidas com o processo do trabalho.

Num primeiro momento, necessário se faz uma incursão, embora breve, acerca de como se constitui o sistema do precedente judicial nos países que são modelares como se fala do *common law*, Estados Unidos e Inglaterra, emprestando-se ênfase aos institutos que estão à mercê de serem incorporados ao nosso ordenamento processual, a exemplo da *ratio decidendi* e da técnica do *distinguishing*.

Uma vez de posse daquelas noções fundamentais, há que se compreender de que maneira o processo civil pátrio tende a assimilar aqueles elementos do direito costumeiro, adaptando-os a um sistema ontologicamente impregnado de institutos do direito legislado (*civil law*). Obviamente nesse passo haveremos de questionar as razões extrassistêmicas, de política judiciária, que nos levaram à adoção dessas inovações na técnica decisória e recursal, elementos tendentes ao esclarecimento daquelas opções incorporadas no novo código, representando a intensificação de uma tendência inaugurada desde a Reforma do Judiciário, com a Emenda Constitucional 45/04.

Por fim, considerando que não pode haver uma incorporação imediata e plena dessas inovações legislativas no processo do trabalho, há que se submeter o novo modelo a algum tipo de teste de compatibilidade, a partir dos princípios que norteiam o processo do trabalho, especialmente a celeridade e a simplicidade que devem presidir as lides trabalhistas. Contrapõe-se nossa realidade com aquela vivenciada no cenário do processo civil, juntamente com o sistema decisório/recursal de uma e de outra esfera operacional.

Evidentemente, estamos engatinhando num campo muito rico em perspectivas, inspirados sempre pelo desejo de aprimorar nosso processo do trabalho, já tão carente de mudanças, mas nunca poderemos nos apartar do pensamento crítico, ainda mais quando se pretende adotar uma via que, potencialmente, pode nos trazer mais problemas que soluções.

2. NOTAS ACERCA DO *STARE DECISIS* NO *COMMON LAW*

O principal ponto que diferencia os sistemas de *common law* dos de *civil law* é a importância dispensada a certas decisões judiciais como fonte do Direito. Passam, então, a serem denominadas precedentes e a possuir efeito vinculante em casos futuros. A doutrina do precedente é alicerçada e tem como norte os ideais de previsibilidade e estabilidade do Direito e das relações sociais; justiça, ao evitar decisões contraditórias sobre casos análogos, garantindo a aparência de neutralidade do julgamento; bem como a eficiência, tendo em vista que o julgador pode utilizar como guia os casos decididos anteriormente acerca das mesmas questões judiciais (FINE, 2011, p.67, 77).

De forma geral, uma sentença nos moldes anglo-saxônicos é constituída de uma sucinta exposição do fato, da decisão e do motivo que levou o juiz a decidir naquele sentido (LOSANO, 2007, p.338). Todavia, em um sistema de precedentes, muito além de analisar os aspectos formais do julgamento, há que se examinar profundamente a jurisdição e a hierarquia da Corte que emitiu a opinião, a data, o histórico e a situação processual e os fatos considerados importantes para o caso e para a decisão (fatos materiais) (FINE, 2011, p.71).

Duas das marcas registradas do processo decisório em questão são a *consistência* e a *certeza*, alicerçadas na doutrina do *stare decisis* de que se deve tratar da mesma forma os casos similares (*treat like cases alike*) (BAILEY et al, 2007, p.474,475), ou seja, *o julgador deve se perguntar como os casos análogos anteriores foram decididos*. Em um sistema jurídico de *common law*, nos moldes ingleses, uma proposição determinada ou derivada de um caso A é vinculante em um caso B se:

> (1) é um argumento de direito; (2) faz parte da *ratio decidendi* do caso A; (3) o caso A foi decidido numa corte cujas decisões são vinculantes para o juízo que está decidindo o caso B; (4) não há nenhuma diferença relevante entre o caso A e o B que permita uma distinção[3]. (BAILEY *et al*, 2007, p. 475, em tradução nossa).

Se uma decisão pode vincular um órgão, seja ele o juiz singular ou tribunal, é imperativo que haja algum modo racional de determinar qual parte do precedente é vinculante. Daí a doutrina dividir o precedente entre *ratio decidendi* e *obiter dicta*, ressaltando-se que tal contraposição é imprecisa, sendo foco de inúmeras correntes de interpretação[4], visando a identificação do significado formal das suas partes, para que seja possível extrair o efeito vinculante.

---

3   No original: "Under English system, a proposition stated in or derived from case A is binding in case B if: (1) it is a proposition of law; (2) it forms part of the ratio decidendi of a case A (the reason or ground upon which the decision is based); (3) Case A was decided in a court whose decisions are binding on the court that is deciding case B; and (4) there is no relevant difference between cases A and B which renders case A "distinguishable""

4   Refere-se aqui, por exemplo, a técnica de Eugene Wambaugh, intitulada de "Teste de Wambaugh" pautada na ideia de que um enunciado é razão de decidir se quando invertido, implicar uma mudança da conclusão final Cf. DUXBURY, Neil. **The nature and authority of precedent.** Cambridge: Cambridge University Press, 2008, p.76. Ou, ainda, ao "método de Goodhart" baseado na análise dos fatos considerados como importantes na causa Cf. STONE, Julius. The ratio of ratio decidendi. **The Modern Law Review**, n. 6, vol. 22, nov. 1959, p. 605.

O primeiro elemento, a *ratio decidendi*, para o Direito inglês ou *holding*, no Direito norte americano, é a parte da decisão com capacidade de obrigar o processo de decisão de um tribunal posterior (BAILEY *et al*, 2007, p.477), a depender da posição que ocupe na sistemática dos tribunais. Ou seja, é o fundamento jurídico que sustenta a decisão, sem a qual a decisão não teria sido proferida como foi.

Simon Whittaker (2008, p. 50) afirma que a *ratio* de um caso traça as proposições de direito discutidas na sentença com os fatos e reclamações das partes, o que significa que:

> [...] a análise acerca dos fatos de um caso excede um simples contexto, tendo função decisiva na determinação da força futura do processo, de modo que a obrigatoriedade de um precedente reconhece a particularidade inerente a todo desenvolvimento jurídico efetuado no curso do litígio, no qual os juízes têm em mente as circunstâncias e o resultado do pleito que conhecem[5]

Já as *obiter dicta* não obrigariam, apesar de deterem certa autoridade persuasiva (WHITTAKER, 2008, p.49,50), posto que seriam proposições constantes da decisão que não são necessárias ao resultado do caso ou da questão, como por exemplo àquelas relativas às alegações que nenhuma das partes arguiu, declarações acerca de fatos hipotéticos e questões que o julgado não está de fato decidindo. Embora tais preposições não sirvam como precedente, por excelência, elas não podem ser desprezadas, especialmente se levarmos em conta que é impossível definir o que o conteúdo e a abrangência precisos da *ratio* ou o seu grau de vinculação e universalização de forma apartada de seu contexto de justificação na decisão judicial. Outro ponto importante a se considerar é que em um juízo posterior, caso tenham sido atentamente consideradas, podem receber efeito vinculante e não só constituir simples observações.

Assevera Toni Fine (2011, p.70) que o papel do *dictum*, na prática forense não deve ser subestimado, seja pelos advogados ou pelos juízes. Com efeito, aos procuradores das partes é dada a oportunidade de arguir que certas declarações anteriores não são vinculantes, por ser *dicta*. Ao juiz, por outro lado, é permitido delimitar se o que foi proferido em casos passados devem ser tratados como parte do *holding* ou como *dictum* não vinculante.

Quanto as fronteiras entre *ratio* e *dicta*, clarifica Neil MacCormick (2008, p. 211, grifos no original) que:

---

[5] No original: "esto significa, primero, que los hechos de un caso componen algo que excede con mucho um simple contexto: ellos juegan uma función decisiva al determinar la fuerza futura del processo. Asi, la fuerza obligatória del precedente reconoce la particularidad inherente de todo desarrollo jurídico efectuado em el curso del litígio, en el cual los jueces tienen em mente las circunstancias y, puede decirse, el resultado deseado del pleito de que conocen".

O que pode ser vinculante ou fortemente persuasivo, conforme já explicado, é a *ratio*, ou seja, a solução cuidadosamente produzida após ampla argumentação sobre o ponto que precisa ser solucionado, e que é suficiente – e não mais do que suficiente- para decidir tal questão concreta. De resto, as *obiter dicta* não devem ser desconsideradas simplesmente por não serem vinculantes. Afinal de contas, elas incluem as discussões judiciais sobre os valores inerentes do Direito, seu sopesamento de princípios e suas tentativas de formular os princípios jurídicos menos explícitos. Muitas discussões jurídicas dizem respeito a questões como essa, e a falta de força estritamente vinculante em tais *dicta* é irrelevante para seu valor mais amplo como elemento do discurso jurídico.

Observe-se que para os próprios juízes "common lawyers" tal diferenciação apresenta alto nível de imprecisão. Seja pela possibilidade de excesso de *rationes* como acontece, por exemplo, quando há causas de pedir cumuladas, ou pela sua ausência (BAILEY et al, 2007, p.481,482); seja pelo fato de que em certos casos a *obiter dictum* pode ter efeito persuasivo de intensidade tão forte quanto à do efeito obrigatório particular à *ratio decidendi*[6], ou ainda pela incerteza quanto a quem definiria a *ratio decidendi* (se o órgão que instituiu o precedente ou o que o está analisando), posto que o seu escopo só poderia ser determinado ou determinável após decisões posteriores (STONE, 1959, p.607).

Decerto é passível de questionamento o fato de que a teoria do *stare decisis,* por se basear em adesão e vinculação ao que foi decidido anteriormente através da *ratio decidendi*, implicaria em engessamento da atividade judicial, baseada na adaptação de regras antigas a situações novas. Entretanto, ressalta Toni Fine (2011, p.76) que se por um lado a aplicação dos precedentes restringe os juízes, especialmente os de primeira instância, por outro, não devem ser utilizados de forma acrítica e mecânica, pois, aos julgadores é dada a liberdade de interpretar e determinar o alcance do *holding* em casos anteriores, o que é de grande relevância para a aplicação dos princípios do *common law*.

Percebe-se ainda que a prática judiciária baseada no *stare decisis* requer que se enunciem na *ratio* o mínimo possível de fatos tidos como relevantes, a fim de facilitar a adaptação dos precedentes aos casos futuros (MACCORMICK, 2008, p. 202-204). Outrossim, não se pode olvidar que o *stare decisis* representa uma *tendência de seguir os casos análogos anteriormente decididos e não uma regra inflexível.* Dessa forma é que encontramos maneiras de superar a aplicação do caso anterior, sendo as mais usadas a distinção (*distinguishing*) e a revogação (*overruling*).

O precedente, mesmo que vinculante, pode não ser aplicado se houver distinção relevante entre os fatos da decisão anterior e os do caso presente (BAI-

---

6 Cf. HOUSE OF LORDS. **Perry v. Kendricks Transport.** [1956] WLR 85. Disponível em: << http://www.e-lawresources.co.uk/cases/Perry-v-Kendricks-Transport.php>> Acesso em: 05 de setembro de 2014.

LEY *et al*, 2007, p. 515). Após a detecção de que o caso *sub judice* é passível de distinção, abrem-se dois caminhos: restringir ou estender a *ratio decidendi*. Pode-se optar por firmar o entendimento de que as peculiaridades da hipótese em questão não permitem a aplicação da tese jurídica anterior e interpretar a *ratio decidendi* restritivamente (*restrictive distinguishing*), não estando, portanto, vinculado ao precedente. Também é viável ampliar a solução conferida na decisão anterior, apesar das especificidades do caso concreto, aplicando a tese jurídica (*ampliative distinguishing*).

Observe-se que o órgão julgador, independente da sua posição no sistema judicial, opera a distinção a partir da reformulação factual do precedente, baseando-se em argumentação fundamentalmente analógica, sendo possível também a reinterpretação do que foi julgado anteriormente à luz das circunstancias específicas do caso em deslinde.

Aduz Toni Fine (2011, p.85), em análise pragmática da decisão proferida pela Suprema Corte Norte Americana no caso *Planned Parenthood of Southeastern, Pa. v.Casey, 505 U.S. 833, 854 (1992)* que os critérios para que os precedentes sejam revogados são:

1. As regras mostraram-se impossíveis de aplicar na prática.
2. A regra está sujeita a um tipo de condicionante que trará uma dificuldade ou iniquidade se for revogada.
3. Um princípio legal sofreu tantas mudanças que transformou a regra antiga em nada além de uma reminiscência de uma doutrina abandonada.
4. Os fatos mudaram tanto, ou passaram a ser interpretados de forma tão diferente, que a norma original perdeu uma aplicação ou justificativa significativa.

Em todo sistema que se prega o respeito aos precedentes, estes só são (ou devem ser) revogados excepcionalmente, sendo possível, inclusive, a fim de garantir a estabilidade do sistema que uma corte revogue seu precedente implicitamente e até mesmo em notas de rodapé (FINE, 2011, p.84). O *overruling* expresso só deve ocorrer quando, por exemplo, o desenvolvimento da teoria demonstra que o entendimento está equivocado, ou quando o próprio Judiciário, através das suas decisões, indica o surgimento de novos valores ou novas circunstâncias fáticas que impõe a redefinição.

Essa breve incursão no direito anglo-americano afasta a impressão de que os magistrados do *common law* são servos das decisões que manejam a título de precedentes. Pelo contrário, essas decisões fazem parte do constante exercício de ajustamento das condições fáticas de cada caso concreto ao dito nas razões de cada decisão paradigma, o que lhes empresta, desde as instâncias inferiores, razoável parcela de discricionariedade no ato de construir a decisão. O próximo passo é aferir se o modelo que se apresenta hoje para o Brasil com a ampla reforma processual, inspira-se nos mesmos objetivos.

3. CONSTRUINDO O *COMMON LAW* TUPINIQUIM

A estrutura do Poder Judiciário passou por modificações importantes, destinadas a equipá-lo ao enfrentamento dos novos temas decorrentes da judicialização das relações sociais, isto é, não apenas o Direito se modificou, mas a estrutura orgânica do poder teve que se adaptar a essas novas responsabilidades.

Houve a introdução de diversos aspectos do toyotismo, que foram implantados, substancialmente, a partir da Reforma do Judiciário, em dezembro 2004, tendo por característica essencial o estabelecimento do *centralismo decisional* em dois eixos: o *jurisdicional* e o *administrativo*, visando o atingimento daqueles objetivos estratégicos traçados pelo Banco Mundial, fundados na busca da *segurança jurídica* para o desenvolvimento e a ampliação das relações alusivas ao capital (interno e externo).

O centralismo decisional manifesta-se na vertente jurisdicional, através da intensificação do papel desempenhado pelo Supremo Tribunal Federal, como órgão de cúpula do Judiciário brasileiro, com a introdução da súmula vinculante, nos termos do art. 103-A da Constituição Federal, adiante transcrito:

> O Supremo Tribunal Federal poderá, de ofício ou por provocação, mediante decisão de dois terços dos seus membros, após reiteradas decisões sobre matéria constitucional, aprovar súmula que, a partir de sua publicação na imprensa oficial, terá efeito vinculante em relação aos demais órgãos do Poder Judiciário e à administração pública direta e indireta, nas esferas federal, estadual e municipal, bem como proceder à sua revisão ou cancelamento, na forma estabelecida em lei.

Em 2006, através da Lei nº 11.417, restou definido o procedimento visando editar, revisar e cancelar tais entendimentos jurisprudenciais cristalizados e se estabeleceu como mecanismo de prevenção o uso da figura da reclamação, com a possibilidade de editar provimentos liminares, com o objetivo de suspender ou cassar os atos praticados pelas instâncias inferiores supostamente em desconformidade com a diretriz vinculante[7].

---

7   Art. 7º Da decisão judicial ou do ato administrativo que contrariar enunciado de súmula vinculante, negar-lhe vigência ou aplicá-lo indevidamente caberá reclamação ao Supremo Tribunal Federal, sem prejuízo dos recursos ou outros meios admissíveis de impugnação.
§ 1º Contra omissão ou ato da administração pública, o uso da reclamação só será admitido após esgotamento das vias administrativas.
§ 2º Ao julgar procedente a reclamação, o Supremo Tribunal Federal anulará o ato administrativo ou cassará a decisão judicial impugnada, determinando que outra seja proferida com ou sem aplicação da súmula, conforme o caso.

No âmbito do processo civil esse sistema foi disseminado pela onda reformatória de 2006, que, através da Lei 11.277, instituiu o julgamento de plano de demandas repetitivas[8]. Ademais, a presença da súmula vinculante potencializou seu caráter impeditivo de recursos, hipótese prevista no art. 518, § 1º, do CPC[9] ainda vigente, algo igualmente pretendido na reforma do Judiciário, frente ao caráter de repercussão geral que foi dado ao Recuso Extraordinário, através do art. 102, § 3º, da Constituição Federal[10].

O Supremo Tribunal Federal (STF) passa a ser o catalisador dos influxos que vêm da sociedade civil e ingressam no sistema jurídico, do mesmo modo que cuida de disseminar concepções jurídicas novas, que passam a influenciar a vida das pessoas, com a prática dos juízes e dos tribunais que lhe são subordinados, ou seja, embora os Ministros daquela Corte não sejam eleitos, mas escolhidos por um procedimento manifestamente político, praticamente nivelam-se aos legisladores, considerando os poderes que ostentam na sociedade contemporânea quanto à predição dos valores constitucionais a partir da aferição das condições materiais existentes para a interpretação.

O atual sistema constitucional brasileiro concentra poderes em sua Corte constitucional, numa dimensão maior do que a Suprema Corte Americana, considerando o grau de contenção institucional a que são submetidos os organismos a ele subordinados e a quantidade absurda de matérias que a ela podem chegar, por apresentar dimensão constitucional capaz de desafiar um esforço interpretativo por parte dos onze ministros que integram o STF.

Logo abaixo do Supremo Tribunal, ainda vamos encontrar os órgãos de cúpula das justiças especializadas, com destaque para o papel exercido pelo Superior Tribunal de Justiça (STJ) e pelo Tribunal Superior do Trabalho (TST), cada um com a incumbência de uniformizar a jurisprudência no plano infraconstitucional, igualmente dispondo de um sistema de acesso baseado em entendimentos sumulados ou orientações jurisprudenciais (no caso do TST) em profusão.

Com efeito, o sistema moldado pela novel sistemática do CPC, já transforma o ato decisório, especialmente a sentença, por estar na base da pirâmide hierár-

---

8   Art. 285-A. Quando a matéria controvertida for unicamente de direito e no juízo já houver sido proferida sentença de total improcedência em outros casos idênticos, poderá ser dispensada a citação e proferida sentença, reproduzindo-se o teor da anteriormente prolatada.

9   Art. 518. Interposta a apelação, o juiz, declarando os efeitos em que a recebe, mandará dar vista ao apelado para responder. (Redação dada pela Lei nº 8.950, de 1994)
    § 1º O juiz não receberá o recurso de apelação quando a sentença estiver em conformidade com súmula do Superior Tribunal de Justiça ou do Supremo Tribunal Federal.

10 Art. 102. Compete ao Supremo Tribunal Federal, precipuamente, a guarda da Constituição, cabendo-lhe:
    § 3º No recurso extraordinário o recorrente deverá demonstrar a repercussão geral das questões constitucionais discutidas no caso, nos termos da lei, a fim de que o Tribunal examine a admissão do recurso, somente podendo recusá-lo pela manifestação de dois terços de seus membros.

quica do judiciário, num exercício burocratizado e extremamente delicado, pois restam estabelecidas, como componentes necessários à inteireza da fundamentação de qualquer decisão (seja ela interlocutória, sentença ou acórdão), balizas importantes, tais como: limitar-se a invocar precedente ou enunciado de súmula, sem identificar seus fundamentos determinantes nem demonstrar que o caso sob julgamento se ajusta aqueles fundamentos; deixar de seguir enunciado de súmula, jurisprudência ou precedente invocado pela parte, sem demonstrar a existência de distinção no caso em julgamento ou superação do entendimento (ver itens V e VI do § 1º, art. 489). As consequências da desatenção daquilo que está estatuído podem ser diversas ordens, não apenas referentes à sujeição de ataque, legítimo, diga-se, pelas vias recursais apropriadas.

Se a decisão, consoante a dicção do dispositivo acima mencionado, apresenta deficiência na fundamentação, elemento essencial à decisão judicial, o caminho óbvio será postular a decretação da nulidade do julgado, com o retorno dos autos para nova entrega da prestação jurisdicional. Mas isso, além de trazer repercussões no âmbito administrativo, pois a presença de um número expressivo de decisões anuladas pode contribuir para o retardo duma eventual promoção funcional do magistrado sentenciante (e a primeira instância certamente é a mais atingida), oferece a sistemática do código um novo e absurdo sucedâneo recursal, baseado na genética da vigente Reclamação para o STF (inserta no art. 13 da Lei 8.038/90). O código que chega apresenta-nos também sua "Reclamação", a partir do art. 988, cuja legitimidade pertence à parte interessada ou ao Ministério Público, para: preservar a competência do tribunal; garantir a autoridade das decisões do tribunal; garantir a observância decisão do STF em controle concentrado de constitucionalidade e, *garantir a observância de enunciado de súmula vinculante e de precedente proferido em julgamento de casos repetitivos ou em incidente de assunção de competência.* Sucedâneo recursal sim, pois não está elencado dentre os recursos, na forma do art.994, mas que, se "julgada" procedente, levará o tribunal a *cassar* a decisão exorbitante de seu julgado ou *determinará medida adequada à solução da controvérsia* (art. 992).

A práxis do STF já bem indica a quantidade elevada de reclamações cujo teor veicula manifesta pretensão recursal. Imagine-se essa figura ampliada, possibilitando, por um caminho de índole flagrantemente administrativa, a retirada de uma decisão do mundo jurídico, ou mesmo sua reapreciação noutro sentido, mesmo que o recurso referente àquela decisão já tenha sido julgado (ver o disposto no art. 998, § 5º). Converte-se o poder judiciário, num *bureau*, numa corporação firmemente baseada numa hierarquia rígida, onde nem mesmo as figuras tradicionais da preclusão e da coisa julgada subsistem em nome dessa ferrenha disciplina imposta pelas instâncias superiores. Enfim, superados todos os caminhos recursais, ainda restará ao litigante o uso da instância administrativa, provocando mais o judiciário a rediscutir sua tese suplantada pelo caminho natural do processo. Pergunta-se: em que isso contribui para a celeridade e a estabilidade das relações sociais?

Voltemos para o sistema dos precedentes.

Há necessidade, previamente, de estabelecermos a distinção entre súmula e precedente, sendo as lições de Marinoni, neste particular, de grande valia. Diz ele, sinteticamente, que o "precedente é a primeira decisão que elabora a tese jurídica ou é a decisão que definitivamente a delinea, deixando-a cristalina" (2013, p. 214). Já as súmulas, não derivam de um processo onde as partes, no livre uso do contraditório, cuidaram de forjar a tese jurídica vencedora[11], a ser usada como paradigma, são elas "uma metalinguagem" acerca daquilo que já estava enunciado noutras decisões da corte (2013, p. 215).

O novel diploma processual, aprofunda o disciplinamento do precedente judicial, a partir do seu art. 926, ao tratar da ordem dos processos de competência originária dos tribunais prescrevendo que "os tribunais devem uniformizar sua jurisprudência e mantê-la estável, íntegra e coerente", isso em nome dos princípios *da segurança jurídica, da proteção da confiança e da isonomia*, todos elencados no art. 927, § 4º, parte final. Como nossa preocupação aqui é operacional - voltada para a adequação de tal sistema ao processo do trabalho-, pouparemos o leitor da discussão acerca de tais princípios, embora deva ficar marcado que se trata de tema igualmente importante, haja vista ser bastante questionável que o *common law* que esse código constrói realmente esteja sintonizado com boa parte daqueles enunciados principiológicos.

No entanto, não podemos nos furtar de transcrever, até com finalidade didática, da íntegra dos incisos que compõem o art. 927, já com grifos nossos, que serão importantes para a argumentação que segue:

> Art. 927. Os juízes e os tribunais **observarão**:
>
> **I – as decisões do Supremo Tribunal Federal em controle concentrado de constitucionalidade;**
>
> **II – os enunciados de súmula vinculante;**
>
> **III – os acórdãos em incidente de assunção de competência ou de resolução de demandas repetitivas e em julgamento de recursos extraordinário e especial repetitivos;**

---

11 "No procedimento de elaboração da súmula não estão presentes as partes que deram origem à formação da tese jurídica. Alguém poderia dizer que a presença das partes também não confere legitimidade a um precedente, já que a eficácia deste diz respeito a pessoas que nada têm a ver com o processo em que foi editado. Não obstante, a legitimidade da coisa julgada não pode ser confundida com a legitimidade do *stare decisis* ou do precedente com força obrigatória. O precedente obrigatório, embora se relacione com pessoas que não participaram do processo, **tem a sua legitimidade condicionada a ter sido proferido em processo com adequada participação dos litigantes em contraditório, os quais zelam para que a tese jurídica não seja desfigurada**. Assim, a preocupação, como parte, com os efeitos da decisão, ou, mais precisamente, com a coisa julgada, curiosamente, confere legitimidade à eficácia do precedente obrigatório em relação a terceiros." (MARINONI, 2003, p. 215, negrito nosso).

IV – os enunciados das súmulas do Supremo Tribunal Federal em matéria constitucional e do Superior Tribunal de Justiça em matéria infraconstitucional;

V – a orientação do plenário ou do órgão especial aos quais estiverem vinculados.

§ 1º Os juízes e os tribunais observarão o disposto no art. 10 e no art. 489, § 1º, quando decidirem com fundamento neste artigo.

§ 2º A alteração de tese jurídica adotada em enunciado de súmula ou em julgamento de casos repetitivos poderá ser precedida de audiências públicas e da participação de pessoas, órgãos ou entidades que possam contribuir para a rediscussão da tese.

§ 3º Na hipótese de alteração de jurisprudência dominante do Supremo Tribunal Federal e dos tribunais superiores ou daquela oriunda de julgamento de casos repetitivos, **pode haver modulação dos efeitos da alteração no interesse social e no da segurança jurídica.**

§ 4º A modificação de enunciado de súmula, de jurisprudência pacificada ou de tese adotada em julgamento de casos repetitivos **observará a necessidade de fundamentação adequada e específica, considerando os princípios da segurança jurídica, da proteção da confiança e da isonomia.**

§ 5º Os tribunais darão publicidade a seus precedentes, organizando-os por questão jurídica decidida e divulgando-os, preferencialmente, na rede mundial de computadores.

Primeiramente, observa-se que a geração de precedentes não se limita a matérias fechadas, algumas são especialmente destacadas apenas no intuito de emprestar ênfase ao aspecto hierárquico do uso do precedente, conforme acima realçado. No topo, encontramos os precedentes STF em controle concentrado de constitucionalidade, as súmulas vinculantes (ou de matéria constitucional) e os acórdãos em incidente de assunção de competência ou de resolução de demandas repetitivas e em julgamento de recursos extraordinários repetitivos. Oriundos do STJ, as súmulas em matéria infraconstitucional, os acórdãos em incidente de assunção de competência ou de resolução de demandas repetitivas ou recursos especiais dessa mesma ordem. Há ainda ali disposição de técnica duvidosa ao introduzir como precedente as *orientações* do plenário ou órgão especial aos quais estiverem vinculados. Onde estariam encartadas tais orientações, seria algo semelhante às nossas OJs, no âmbito do TST?

Já adiantamos que na parte seguinte deste trabalho iremos detalhar como se dará a adequação do disposto nesse sistema no âmbito do processo do trabalho, desde já firmando que a Justiça do Trabalho se antecipou em larga medida ao disposto no novel CPC, a partir das inovações adotadas pela Lei 13.015/2014.

De forma muito sucinta e discreta, o § 4º do artigo em comento aponta que o efeito vinculante do precedente surge a partir da *ratio decidendi*, desconsideradas as *obiter dicta*, até porque fala-se em *fundamentação adequada e específica*, ao passo que a técnica da *distinção*, oposto lógico, é toscamente esboçada no item VI, § 1º., do art. 489, cuja admissibilidade nos tribunais decorre do § 1º do dispositivo acima citado. Note-se que essa lacuna no trato dessas três figuras, tão caras ao modelo do *common law*, até porque conferem uma discricionariedade fundamental ao julgador, são tratadas com pouca ênfase pelo código não por acaso. O estímulo aqui é pelo tratamento mecânico das causas, com sua eliminação em massa, a partir dos ditames gerais prescritos pelas cortes superiores.

Vejamos, pois, como se articulam tais inovações no âmbito do processo do trabalho.

4. EFEITOS DA PADRONIZAÇÃO DECISIONAL PARA O PROCESSO TRABALHISTA

Inegavelmente, a decisão judicial que produz o precedente detém virtudes importantes, a maioria relacionada com os princípios da segurança jurídica e o da aplicação isonômica das normas jurídicas. Também não iremos advogar aqui que o precedente representa uma lesão ao estado democrático de direito, criando um sistema paralelo em que a lei, ponto de partida, é relegada a um segundo plano, encoberta pela prevalência das decisões judiciais. A propósito, Kelsen já advertia:

> A teoria, nascida no terreno do *common law* anglo-americano, segundo o qual somente os tribunais criam direito, é tão unilateral como a teoria, nascida no terreno no Direito legislado da Europa Continental, segundo a qual os tribunais não criam de forma alguma Direito, mas apenas aplicam Direito já criado. Esta teoria implica a ideia de que só há normas jurídicas individuais. A verdade está no meio. Os tribunais criam direito, a saber – em regra – Direito individual; mas, dentro de uma ordem jurídica que institui um órgão legislativo ou reconhece o costume como facto produtor de Direito, fazem-no aplicando o Direito geral já de antemão criado pela lei ou pelo costume. A decisão judicial é a continuação, não o começo, do processo de criação jurídica. (KELSEN, 1984, p. 349).

O sistema de precedentes, particularmente aquele que gradualmente vem se instalando em nosso país, despreza o caráter individual da produção jurídica a ser realizada pelos juízes e tribunais, a partir das nuances do caso concreto, adotando como ponto de partida as uniformizações gerais, vistas pelo alto, termo este com dupla significação, seja "alto" oriundo de cortes superiores; ou "alto" frente as características gerais em detrimento das particularidades do caso.

No entanto, no terreno das relações trabalhistas, o judiciário viu-se obrigado a exercitar atividade, bem antes daquilo que ora estamos a tratar, ultrapassando as balizas do caso concreto para estipular condições gerais, nitidamente ocupando espaços que deveriam ser previamente utilizados pelo legislador. Isso mesmo foi percebido por Karl Larenz, em relação do sistema jurídico germânico:

> Na jurisprudência do Tribunal Federal de Trabalho e do Tribunal Social Federal encontram-se acórdãos em que estes tribunais concretizaram uma pauta, que carecia de ser concretizada, não só para os casos a resolver, mas também para todos os casos análogos, com a observação de que em todos os casos futuros haveriam de proceder do mesmo modo. Os tribunais adoptaram aqui, em lugar de uma resolução do caso particular, uma *regulação geral* que desce ao pormenor, como só o legislador costuma adoptar. Não pode ignorar-se que a delimitação numérica de quantidades, prazos e percentagens, realizada aqui pelos tribunais, comporta uma certa medida de arbitrariedade. [...] Não se pode ignorar-se que esse procedimento possa conduzir a uma esquematização insatisfatória. Mas este perigo há-de admitir-se no interesse da praticabilidade e de um tratamento na medida do possível igual de todos os que buscam o Direito. A justificação deste procedimento divisam-na os seus partidários em que nestes casos se trata de acontecimentos que em grande número se repetem sempre do mesmo modo; e, além disso, em que aos participantes do processo importa aqui menos uma resolução individual do caso concreto submetido casualmente aos tribunais do que conseguir uma regra fixa a que possam ater-se daí em diante em todos os casos análogos. Isto não poderá refutar-se totalmente. A massificação de acontecimentos e a necessidade que daí decorre de uma legislação simples, detalhada, fácil de ter à mão, deveriam induzir o legislador a criar uma tal regulação, em vez de se dar por satisfeito com a cláusula geral. A ausência aqui dessa regulação representa uma falha da ordem jurídica, que os tribunais se sentiram obrigados a remediar. Todavia, não se deve ignorar que os tribunais ultrapassaram aqui a sua missão genuína, administrar a justiça no caso concreto e, de certo modo, actuaram substituindo o legislador. (LARENZ, 1997, p. 619-620).

Pode-se assim explicar porque o Tribunal Superior do Trabalho, desde a sua criação, vem editando enunciados, precedentes, súmulas, orientações jurisprudenciais, como forma de suprir a mesma carência identificada no ordenamento jurídico alemão, de um maior detalhamento de questões a partir do direito legislado do trabalho. Alie-se aqui, também, o fato de a Justiça do Trabalho derivar, até mesmo em seu primitivo funcionamento e estruturação, de organismos administrativos (e não jurisdicionais), a exemplo da reminiscência do termo "reclamação" ao invés de ação, "reclamante" como autor e "notificação" como autêntica citação. Daí decorrer uma certa necessidade por uma organização hierárquica nos moldes do antigo serviço público brasileiro, com normas gerais emitidas pelos organismos de cúpula para controlar as atividades dos entes subordinados.

Esse movimento de produção normativa paralela culmina com uma produção, ao tempo do fechamento deste ensaio, da existência de quatrocentos e cinquenta e oito súmulas, sem falar outras centenas de orientações jurisprudenciais das Subseções de Direito Individual e Coletivo do TST, tratando de temas variados, seja de direito material ou direito processual do trabalho, produção jurisprudencial igualmente incrementada no âmbito do Tribunais Regionais do Trabalho.

Mas é interessante notar que mesmo a existência desse magnífico arsenal jurisprudencial não impediu o atolamento da corte superior e dos tribunais regionais do trabalho, com um espantoso número de recursos. Este fato, o congestionamento da máquina judiciária, passa a ser o moto da adoção do sistema de precedentes, seja no processo civil ou trabalhista. Francamente, há muito pouco aqui de vontade em se estabelecer um tratamento isonômico aos litigantes, mas em compensação, existe um enorme desejo em se criar a alternativa mais simples para derrubar as montanhas de recursos, preferindo-se dar uma resposta a eles, mesmo que padronizada, do que prestigiar as instâncias inferiores, com uma drástica redução dos meios de impugnação, a partir de padrões concretos de eficiência.

Cremos que o novo disciplinamento da sentença, na parte referente à fundamentação, simplesmente irá criar um aumento em proporções geométricas dos embargos de declaração, ao argumento de omissão naquilo que tange às distinções, ou mesmo adequação de precedentes ao caso concreto.

Chegamos a ponto claro de divergência entre o espírito que preside o processo civil e aquele que rege o processo do trabalho. Se é verdade que temos uma pletora de precedentes advindos de nossa corte superior, seu uso é restrito à admissibilidade ou não das instancias recursais. Não é possível assimilar de forma direta todas as inovações previstas no novo CPC, mesmo que, aparentemente, se inspirem nos mais elevados propósitos constitucionais.

Com efeito, o processo do trabalho sempre regeu-se pela diretriz maior da simplicidade e da eficiência[12], obviamente sem descurar-se do zelo pela aplicação das normas e do respeito aos entendimentos sumulados pelas instâncias superiores, até porque, graças ao sistema de restrição recursal já existente, acrescido dos refinamentos contidos nas alterações da CLT através da Lei 13.015/2014, não se pode nutrir o jurisdicionado com falsas expectativas, decidindo, por bel-prazer, contra aquilo que está consolidado no degrau jurisdicional superior.

O filtro a presidir essa admissibilidade, ou não, reside no art. 769 consolidado, prescrevendo que "nos casos omissos, o direito processual comum será fonte subsidiária do direito processual do trabalho, exceto naquilo em que for

---

12 Nesse sentido, o artigo 765 da CLT impõe: "Os juízos e Tribunais do Trabalho terão ampla liberdade na direção do processo e velarão pelo andamento rápido das causas, podendo determinar qualquer diligência necessária ao esclarecimento delas."

incompatível com as normas deste Título". E o uso dos precedentes nas instâncias trabalhistas reveste-se mais por razões de utilidade do que propriamente normativas.

A utilidade aqui decorre de algo que há muito vem sendo desenhado no âmbito do processo trabalho, acerca do uso dos entendimentos consolidados como mecanismo destinado a tolher o acesso às instâncias recursais, a padronizar o tratamento do julgamento em bloco dos recursos análogos que povoam aos milhares o TST e alguns tribunais regionais. Toda a construção legal referente ao uso dos entendimentos consolidados nos TRTs é voltada, essencialmente, para seu relacionamento com o TST, embora isso não exclua que os regimentos internos adotem, para processamento interno, regras de padronização. Aqui vale destacarmos a hipótese descrita no novo artigo 896-C da CLT, em seus parágrafos 11 e seguintes, quanto aos recursos de revista múltiplos, fundados em idêntica questão de direito:

> Art. 896-C. Quando houver multiplicidade de recursos de revista fundados em idêntica questão de direito, a questão poderá ser afetada à Seção Especializada em Dissídios Individuais ou ao Tribunal Pleno, por decisão da maioria simples de seus membros, mediante requerimento de um dos Ministros que compõem a Seção Especializada, considerando a relevância da matéria ou a existência de entendimentos divergentes entre os Ministros dessa Seção ou das Turmas do Tribunal.
>
> ...
>
> § 11. Publicado o acórdão do Tribunal Superior do Trabalho, os recursos de revista sobrestados na origem:
>
> I - terão seguimento denegado na hipótese de o acórdão recorrido coincidir com a orientação a respeito da matéria no Tribunal Superior do Trabalho; ou
>
> II - serão novamente examinados pelo Tribunal de origem na hipótese de o acórdão recorrido divergir da orientação do Tribunal Superior do Trabalho a respeito da matéria.
>
> § 12. Na hipótese prevista no inciso II do § 11 deste artigo, mantida a decisão divergente pelo Tribunal de origem, far-se-á o exame de admissibilidade do recurso de revista.
>
> § 13. Caso a questão afetada e julgada sob o rito dos recursos repetitivos também contenha questão constitucional, a decisão proferida pelo Tribunal Pleno não obstará o conhecimento de eventuais recursos extraordinários sobre a questão constitucional.
>
> § 14. Aos recursos extraordinários interpostos perante o Tribunal Superior do Trabalho será aplicado o procedimento previsto no art. 543-B da Lei nº 5.869, de 11 de janeiro de 1973 (Código de Processo Civil), cabendo ao Presidente do Tribunal Superior do Trabalho selecionar um ou mais recursos representativos da controvérsia e encaminhá-los ao Supremo Tribunal Federal, sobrestando os demais até o pronunciamento definitivo

> da Corte, na forma do § 1º do art. 543-B da Lei nº 5.869, de 11 de janeiro de 1973 (Código de Processo Civil).
>
> § 15. O Presidente do Tribunal Superior do Trabalho poderá oficiar os Tribunais Regionais do Trabalho e os Presidentes das Turmas e da Seção Especializada do Tribunal para que suspendam os processos idênticos aos selecionados como recursos representativos da controvérsia e encaminhados ao Supremo Tribunal Federal, até o seu pronunciamento definitivo.
>
> § 16. A decisão firmada em recurso repetitivo não será aplicada aos casos em que se demonstrar que a situação de fato ou de direito é distinta das presentes no processo julgado sob o rito dos recursos repetitivos.
>
> § 17. Caberá revisão da decisão firmada em julgamento de recursos repetitivos quando se alterar a situação econômica, social ou jurídica, caso em que será respeitada a segurança jurídica das relações firmadas sob a égide da decisão anterior, podendo o Tribunal Superior do Trabalho modular os efeitos da decisão que a tenha alterado."

Ora, se bem observamos os dispositivos acima, veremos elementos similares ao modelo de precedentes contido no CPC vindouro, a exemplo da técnica da distinção e a revisão, insertas, respectivamente, nos parágrafos 16 e 17. Porém, mesmo quando aplicado tal mecanismo de padronização, ainda se garante ao TRT de origem o direito à divergência, consoante o disposto no parágrafo 12.

Em relação aos julgados proferidos pela primeira instância, a incompatibilidade ainda se revela bem mais profunda. Isto porque há casos, dentro do próprio universo do processo civil, onde o disciplinamento acerca da sentença é menos detalhado, até porque isso se afina com escopo do procedimento especial que se está operando. Tome-se como exemplo o procedimento dos Juizados Especiais Cíveis, previsto na Lei 9.099/95, que contém, acerca dos requisitos da sentença, o seguinte: "A sentença mencionará os elementos de convicção do Juiz, com breve resumo dos fatos relevantes ocorridos em audiência, dispensado o relatório" (art. 38). Aquela minudência acerca do uso ou não dos precedentes, na forma do art. 489, § 1º, V e VI, do NCPC, ali não caberia.

Observemos agora o regramento previsto para o processo do trabalho. Existem dois dispositivos cuidando daquilo que deverá conter a sentença, a depender do procedimento ordinário ou sumaríssimo. São eles, nessa ordem:

> Art. 832 - Da decisão deverão constar o nome das partes, o resumo do pedido e da defesa, a apreciação das provas, os fundamentos da decisão e a respectiva conclusão.
>
> Art. 852-I. A sentença mencionará os elementos de convicção do juízo, com resumo dos fatos relevantes ocorridos em audiência, dispensado o relatório.
>
> § 1º O juízo adotará em cada caso a decisão que reputar mais justa e equânime, atendendo aos fins sociais da lei e as exigências do bem comum.

As redações são similares quanto ao disposto na Lei dos Juizados Especiais Cíveis (até porque esta colheu inspiração do procedimento trabalhista), ou seja, as decisões proferidas pela instância devem ser pautadas pela simplicidade, o que não implica em serem simplórias, pobres na fundamentação, deverão indicar ali os motivos determinantes à adoção do resultado aplicado ao caso concreto.

Conforme já afirmado, o papel dos precedentes no processo do trabalho, ao menos no momento que antecede à edição do novo CPC, é reservado e bem demarcado ao tratamento recursal, disciplinando o fluxo especialmente daquilo que vai ou não ao TST, bem como, modernamente, servindo para eliminar em bloco recursos residentes nas instâncias intermediárias. Portanto, pelas razões acima expostas, não há como entender compatíveis alterações que somente privilegiarão a demora na prestação jurisdicional, sujeitando os ritos a debates desnecessários quanto à validade ou não provimentos, por deficiência de fundamentação.

A rigor, vislumbramos apenas as seguintes hipótese em que as prescrições atinentes ao uso de precedentes teriam cabimento no processo do trabalho, a partir do texto constitucional. A primeira, aquela que se atrela ao disposto no art. 102, § 2º, da CF, a estatuir:

> § 2º As decisões definitivas de mérito, proferidas pelo Supremo Tribunal Federal, nas ações diretas de inconstitucionalidade e nas ações declaratórias de constitucionalidade produzirão eficácia contra todos e efeito vinculante, relativamente aos demais órgãos do Poder Judiciário e à administração pública direta e indireta, nas esferas federal, estadual e municipal. (Redação dada pela Emenda Constitucional nº 45, de 2004)

Mais adiante, a súmula vinculante, assim disposta no art. 103-A da norma maior:

> Art. 103-A. O Supremo Tribunal Federal poderá, de ofício ou por provocação, mediante decisão de dois terços dos seus membros, após reiteradas decisões sobre matéria constitucional, aprovar súmula que, a partir de sua publicação na imprensa oficial, terá efeito vinculante em relação aos demais órgãos do Poder Judiciário e à administração pública direta e indireta, nas esferas federal, estadual e municipal, bem como proceder à sua revisão ou cancelamento, na forma estabelecida em lei.
>
> § 1º A súmula terá por objetivo a validade, a interpretação e a eficácia de normas determinadas, acerca das quais haja controvérsia atual entre órgãos judiciários ou entre esses e a administração pública que acarrete grave insegurança jurídica e relevante multiplicação de processos sobre questão idêntica.
>
> § 2º Sem prejuízo do que vier a ser estabelecido em lei, a aprovação, revisão ou cancelamento de súmula poderá ser provocada por aqueles que podem propor a ação direta de inconstitucionalidade.
>
> § 3º Do ato administrativo ou decisão judicial que contrariar a súmula aplicável ou que indevidamente a aplicar, caberá reclamação ao Supremo Tribunal Federal que, julgando-a procedente, anulará o ato administrativo ou cassará a decisão judicial reclamada, e determinará que outra seja proferida com ou sem a aplicação da súmula, conforme o caso.

Por serem normas que afligem a todo Judiciário, o juiz de primeira instância está jungido à observância daqueles entendimentos cristalizados, razão pela qual, aí sim, em caráter subsidiário, dá-se a atração da disciplina dos itens V e VI, do art. 489, do novo CPC. E só.

5. CONCLUSÃO

Na primeira parte deste ensaio, procuramos identificar os elementos essenciais daquilo que forma o modelo do precedente judicial no direito americano e inglês para casos predominantemente civis, denominado pela sintética expressão de *stare decisis*. Numa síntese apertada: deixe como está. O termo não traduz plenamente a essência desse sistema, trazendo a ideia de que ali se pratica mais a estática do que a dinâmica procedimental, aferrados que estão as instâncias subordinadas aos ditames daquelas subordinantes. No entanto, calha aqui a observação de Fine:

> A doutrina do *stare decisis* está firmemente estabelecida nos Estados Unidos, mas é um fenômeno complexo, e é melhor pensá-la como uma arte, e não como uma ciência. Como ela é aplicada em um caso particular, é largamente produto de critério judicial. Em alguns casos o sistema do *stare decisis* restringe os juízes. Para alcançar a certeza, limita a atuação discricionária judicial, no sentido de que a Corte deve seguir princípios e regras estabelecidos em casos anteriores. Por outro lado, um sistema de precedentes vinculantes dá aos juízes grande liberdade. Por exemplo, eles podem interpretar e determinar o alcance do holding em casos anteriores, o que é de grande relevância para a aplicação dos princípios do *stare decisis*. Um sistema de *stare decisis* também dá grande poder aos juízes em grau de recurso, uma vez que casos em fase de apelação podem e normalmente vinculam as cortes em casos futuros. (FINE, 2011, p. 76-77).

O sistema que se desenha para o processo civil brasileiro, ao contrário do modelo americano, não privilegia o papel criativo do julgador. É fortemente centralizado na atividade uniformizadora dos tribunais nacionais (STF e STJ), com a pretensão de se transpor a mesma característica para o TST. A dinâmica essencial do *stare decisis*, construída a partir do jogo que se estabelece entre a fundamentação e a distinção, aqui é substituída pelo caráter imperativo na aplicação dos entendimentos consolidados, na intenção de se obstar a via recursal e desafogar as instâncias superiores.

Noutro lado, esse indisfarçável desejo de fazer uma limpeza profunda nos quantitativos recursais existentes nos tribunais, atrai um malefício extra, consistente no apego excessivo ao formalismo, na demonstração que se está respeitando, detalhadamente, as ordens emanadas das cortes superiores, em detrimento da análise dos fatos frente o texto legal, essência, no *civil law*, da atividade judicante.

Preocupa-nos, sobremaneira, a utilização imediata e pouco refletida dessas inovações no âmbito do processo do trabalho brasileiro. E não se quer aqui negar que nosso procedimento ancilar, anacronicamente inserido no mesmo diploma que regulamenta a base do direito material do trabalho (na CLT), já não careça de profunda reformulação, ao invés de se prestigiar pequenas maquiagens em pontos cirurgicamente identificados. Contudo, a constância recorrência ao procedimento civil pode não representar avanço. Note-se o quanto ficou burocratizado o acesso ao judiciário trabalhista, com a introdução de técnicas e incidentes civis, incompatíveis com a simplicidade que deve presidir os ritos de decisão laborais. O excesso de técnica não representa um procedimento melhor. Procedimento melhor é que, com o mínimo de tempo possível e menor dispêndio de recursos, entrega uma prestação jurisdicional efetiva.

O uso do precedente no processo do trabalho esbarra, logo na base, por contar esse ramo de disciplinamento específico quanto ao formato da sentença, que se conforma, tão só, com a indicação dos motivos determinantes que levaram ao resultado corporificado na parte dispositiva, descabendo-se de maiores detalhamentos, tampouco das prescrições minudentes previstas no Novo CPC. Afinal, vale destacar que a audiência trabalhista deveria ser una, ao final encerrada por uma decisão, oralmente produzida pelo magistrado, até como forma de elevar ao máximo a aplicação do princípio da oralidade nesse procedimento. A complexidade que criamos, pela falta de um disciplinamento próprio e pela tentativa de aproximação sem critério com as instituições do processo civil, levaram à perda desse atributo tão interessante.

Até que ponto o transporte integral da disciplina dos precedentes para o trabalho irá propiciar um avanço temporal da tramitação das causas, ou uma melhor entrega da prestação jurisdicional? Para nós, pelas razões expostas, em pouco irá acrescentar, além daquilo que já consta da nossa seara, particularmente após a última onda renovatória da parte recursal da CLT, levada a cabo ainda neste ano. Somente nos casos em que, por força constitucional, o sistema dos precedentes integra o processo do trabalho, a partir da Reforma do Judiciário de 2004, é que se pode falar na utilização das normas do processo do comum no ambiente procedimental trabalhista, ainda assim, com as maiores cautelas. No mais, deixemos tudo como está!

6. REFERÊNCIAS

BAILEY, S.H et al. **The modern english legal system**. London:Thomson Sweet & Maxwell, 2007, 5. Ed.

DUXBURY, Neil. **The nature and authority of precedent**. Cambridge: Cambridge University Press, 2008

FINE, Toni M. **Introdução ao sistema jurídico anglo-americano**. São Paulo: WMF Martins Fontes, 2011.

KELSEN, Hans. **Teoria Pura do Direito**. 6ed. Coimbra: Armenio Amado, 1984.

LARENZ, Karl. **Metodologia da Ciência do Direito**. 3ed. Lisboa: Fundação Calouste Gulbenkian, 1997.

LOSANO, Mario G. **Os grandes sistemas jurídicos**. São Paulo: Martins Fontes, 2007.

MACCORMICK, Neil. **Retórica e o estado de direito**. Rio de Janeiro: Elsevier, 2008.

MARINONI, Luiz Guilherme. **Precedentes obrigatórios**. 3ed. São Paulo: Revista dos Tribunais, 2013.

STONE, Julius. The ratio of ratio decidendi. **The Modern Law Review**, n. 6, vol. 22, pp. 597-620, nov. 1959.

WHITTAKER, Simon. El precedente en el derecho inglés: una vision desde la ciudadela. **Revista Chilena de Derecho**. Santiago, n.1 v.35, pp. 37-83, 2008 Disponível em: <http://dx.doi.org/10.4067/S0718-34372008000100003 >. Acesso em: 10 fev. 2014.

Capítulo 54
NOVA REALIDADE: TEORIA DOS PRECEDENTES JUDICIAIS E SUA INCIDÊNCIA NO PROCESSO DO TRABALHO

Élisson Miessa[1]

SUMÁRIO: 1. INTRODUÇÃO; 2. FAMÍLIAS JURÍDICAS; 2.1. *CIVIL LAW* (FAMÍLIA ROMANO-GERMÂNICA); 2.2. *COMMON LAW* (FAMÍLIA ANGLO-SAXÔNICA); 2.3. APROXIMAÇÃO ENTRE O *CIVIL LAW* E O *COMMON LAW*; 3. PRECEDENTES JUDICIAIS; 3.1. CONCEITO; 3.2. NATUREZA JURÍDICA DOS PRECEDENTES JUDICIAIS; 3.3. CLASSIFICAÇÃO DOS PRECEDENTES; 3.4. ESTRUTURA DOS PRECEDENTES; 3.4.1. *RATIO DECIDENDI* OU *HOLDING*; 3.4.2. *OBTER DICTUM*; 3.5. PRECEDENTE, JURISPRUDÊNCIA E SÚMULA; 3.6. PRECEDENTES JUDICIAIS NO DIREITO BRASILEIRO; 3.6.1. REGRAS E PRINCÍPIOS ATINGIDOS; 3.6.2. ROL DOS PRECEDENTES OBRIGATÓRIOS NO NOVO CPC; 3.6.2.1. SÚMULAS; 3.6.2.2. DECISÃO JUDICIAL; 3.6.3. DEVERES GERAIS DOS TRIBUNAIS; 3.6.4. OUTROS EFEITOS DOS PRECEDENTES ; 3.6.5. CONSTITUCIONALIDADE DOS PRECEDENTES OBRIGATÓRIOS NO DIREITO BRASILEIRO; 3.7. TÉCNICAS PARA UTILIZAÇÃO DOS PRECEDENTES; 3.7.1. *DISTINGUISHING* ; 3.7.2. SUPERAÇÃO DOS PRECEDENTES JUDICIAIS; 3.7.2.1. *OVERRULING*; 3.7.2.1.1. FUNDAMENTAÇÃO; 3.7.2.1.2. HIPÓTESES DE SUPERAÇÃO; 3.7.2.1.2.1. SUPERVENIÊNCIA DE LEI NOVA (NOVO CPC); 3.7.2.1.3. QUEM PODE REALIZAR A SUPERAÇÃO ; 3.7.2.2. *SIGNALING* (SINALIZAÇÃO); 3.7.2.3. *OVERRIDING* ; 3.7.2.4. EFICÁCIA TEMPORAL NA SUPERAÇÃO DO PRECEDENTE; 4. RECLAMAÇÃO; 5. APLICAÇÃO DA TEORIA DOS PRECEDENTES JUDICIAIS NO PROCESSO DO TRABALHO; 5.1. INTEGRAÇÃO (ART. 15 DO NCPC); 5.1.1. AS LACUNAS NO DIREITO PROCESSUAL DO TRABALHO; 5.1.2. SUBSIDIARIEDADE E SUPLETIVIDADE; 5.1.3. ANTINOMIAS ; 5.1.4. DIÁLOGO DAS FONTES; 5.1.5. OMISSÃO NA CLT; 5.1.6. COMPATIBILIDADE COM O PROCESSO DO TRABALHO; 6. CONCLUSÃO; 7. BIBLIOGRAFIA.

1. INTRODUÇÃO

O Novo Código de Processo Civil concede grande destaque à teoria dos precedentes judiciais proveniente da família jurídica do *common law*, conforme se observa, principalmente nos artigos 926 e 927. Contudo, deve-se ressaltar que o sistema jurídico brasileiro, em razão da colonização portuguesa e espanhola, possui forte inspiração da família do *civil law* e que há inúmeras diferenças entre as características das duas famílias jurídicas.

Desse modo, é essencial que se compreenda a teoria dos precedentes judiciais, para que haja a correta adaptação dessa teoria ao direito processual pá-

---

[1] Procurador do Trabalho. Professor de Direito Processual do Trabalho do curso CERS online. Autor e coordenador de obras relacionadas à seara trabalhista, entre elas: "Súmulas e Orientações Jurisprudenciais do TST comentadas e organizadas por assunto", "Recursos Trabalhistas" e "Impactos do Novo CPC nas Súmulas e Orientações Jurisprudenciais do TST", publicadas pela editora *Jus*PODIVM.

trio, principalmente no que tange ao processo do trabalho, com respeito aos princípios próprios do ordenamento jurídico brasileiro.

Assim, após serem estudadas as principais características das famílias jurídicas romano-germânica (*civil law*) e anglo-saxônica (*common law*) e a tendência de aproximação entre os dois sistemas jurídicos, será realizada uma análise da teoria dos precedentes judiciais, com ênfase na estrutura dos precedentes, nos princípios afetados pela adoção de referida teoria no direito processual brasileiro, nas técnicas para a utilização e para a superação dos precedentes e dos dispositivos do NCPC que versam sobre o tema. Também será analisado o instituto da reclamação, contemplado nos artigos 988 a 993 do NCPC, que, embora não seja direcionado apenas aos precedentes descritos no art. 927 do NCPC, torna-se mais um meio de garantir sua aplicação.

Por fim, faz-se necessário o estudo da aplicação dos precedentes judiciais no processo do trabalho, principalmente com base nos artigos 15 do NCPC e 769 da CLT, que impõem a necessidade de diálogo entre as normas do processo civil e de processo do trabalho, desde que haja, além da omissão, compatibilidade com os princípios próprios da seara trabalhista.

2. FAMÍLIAS JURÍDICAS

Há uma grande variedade de modos de manifestação do direito em todo o mundo, uma vez que, de acordo com a estrutura de cada sociedade, muda-se o teor das regras e os instrumentos jurídicos disponíveis para efetivá-las. Todavia, se considerarmos os elementos principais desses ordenamentos jurídicos, que são utilizados na interpretação e aplicação do direito, a diversidade é reduzida consideravelmente, o que possibilita o agrupamento dos direitos existentes em "famílias jurídicas".

O modo de classificação em famílias jurídicas, todavia, não é unânime entre os autores. De acordo com René David, atualmente, os principais grupos de direito são: a família romano-germânica (*civil law*), a família anglo-saxônica (*common law*) e a família dos direitos socialistas. Ao lado dessas grandes famílias, é possível ainda o agrupamento do direito muçulmano, hindu e judaico, o direito do Extremo Oriente e o direito da África negra e Madagascar[2].

Considerando que nosso ordenamento jurídico recebeu grande influência da família romano-germânica (*civil law*) e que o Novo CPC passará a dar destaque aos precedentes judiciais provenientes do *common law*, a seguir serão analisadas as principais características dessas duas famílias jurídicas.

---

2 DAVID, René. *Os grandes sistemas do Direito Contemporâneo*. Tradução de Hermínio A. Carvalho. 4.ed. São Paulo: Martins Fontes, 2002. p. 23.

2.1. *CIVIL LAW* (FAMÍLIA ROMANO-GERMÂNICA)

A família romano-germânica engloba os direitos constituídos com fundamento no direito romano e foi formada "graças aos esforços das universidades europeias, que elaboraram e desenvolveram a partir do século XII, com base em compilações do imperador Justiniano, uma ciência jurídica comum a todos"[3]. Em razão de ter sido criado nas universidades latinas e germânicas, o sistema recebeu a denominação de sistema romano-germânico (*civil law*).

O *civil law* concede papel de destaque às normas escritas e legisladas, defende a completude do direito codificado e, consequentemente, coloca em segundo plano as demais fontes do direito, como a jurisprudência e os costumes.

No tocante à sistematização, no *civil law*, "as leis básicas são organizadas em códigos, por matéria ou ramo do Direito, de forma ordenada, lógica e compreensível, com a concentração das formações jurídicas por meio dos órgãos estatais politicamente dominantes"[4].

O sistema romano-germânico busca, portanto, a ideia de previsibilidade do ordenamento jurídico, baseada no fundamento de que todas as situações devem estar previstas na lei. Essa ideia de completude do direito legislado tem como objetivo original a aplicação da lei de forma estrita pelo julgador.

Em razão de a tradição jurídica romano-germânica acreditar que o sistema de regras codificadas basta a si próprio, em geral, os precedentes como criadores do direito possuem caráter secundário.

O Brasil e os demais países da América Latina têm forte influência da tradição romano-germânica em razão das colonizações espanhola e portuguesa. Todavia, conforme será analisado posteriormente, a aproximação entre o *civil law* e os diversos institutos do *common law* é cada vez mais nítida, principalmente se analisado o ordenamento jurídico brasileiro.

2.2. *COMMON LAW* (FAMÍLIA ANGLO-SAXÔNICA)

Diferentemente do *civil law*, que teve origem nas universidades europeias, o *common law* foi criado pelos próprios juízes na resolução de determinados litígios, "principalmente pela ação dos Tribunais Reais de Justiça"[5]. Em razão dessa

---

[3] DAVID, René. *Os grandes sistemas do Direito Contemporâneo*. Tradução de Hermínio A. Carvalho. 4.ed. São Paulo: Martins Fontes, 2002. p. 24.

[4] ALMEIDA, Wânia Guimarães Rabêllo de. *Direito Processual Metaindividual do Trabalho: a adequada e efetiva tutela jurisdicional dos direitos de dimensão transindividual*. Salvador: Editora JusPODIVM, 2016. p. 91.

[5] DAVID, René. *Os grandes sistemas do Direito Contemporâneo*. Tradução de Hermínio A. Carvalho. 4.ed. São Paulo: Martins Fontes, 2002. p. 351.

diferença histórica, a própria formação dos juristas no *common law* baseou-se na atividade prática.

Segundo Ronald Dworkin o termo *common law*

> designa o sistema de direito de leis originalmente baseadas em leis costumeiras e não escritas da Inglaterra, que se desenvolveu a partir da doutrina do precedente. De maneira geral, a expressão refere-se ao conjunto de leis que deriva e se desenvolve a partir das decisões dos tribunais, em oposição às leis promulgadas através de processo legislativo.[6]

Prevalece, portanto, o direito casuístico, fundamentado nos precedentes judiciais. A obrigação de se recorrer às regras que já foram estabelecidas pelos juízes é denominada de *stare decisis*.

Nas palavras da doutrinadora Wânia Guimarães Rabêllo de Almeida

> No sistema do *common law*, o Direito pode ser definido como o conjunto de normas de caráter jurídico, não escritas, sancionadas e acolhidas pelos costumes e pela jurisprudência. Nele, a jurisprudência dos tribunais superiores vincula os tribunais inferiores, pois, ao julgarem os casos concretos, os juízes declaram o direito comum aplicável. Os julgados proferidos são registrados nos arquivos das Cortes e publicados em coletâneas (*reports*) e adquirem a força obrigatória de regras de precedentes (*rules of precedents*), razão pela qual atuam como parâmetro para os casos futuros. Os juízes e juristas abstraem destes julgados princípios e regras para, no futuro, ampliarem os limites do *common law*, propiciando a sua evolução.
>
> Não existindo precedente ou norma escrita, os tribunais podem criar uma norma jurídica para aplicá-la ao caso concreto, predominando a forma de raciocínio analógico a partir de "precedentes judiciários"[7].

Porém, nada obsta de existirem leis nesse sistema. Todavia, como o "precedente jurisprudencial é a principal fonte do Common Law, os juízes sempre interpretaram de modo restritivo a legislação (Statute Law), limitando ao máximo a incidência desta no Common Law"[8]. Nesse sentido, assevera Luiz Guilherme Marinoni:

> No *common law*, os Códigos não tem a pretensão de fechar os espaços para o juiz pensar; portanto, não se preocupam em ter todas as regras capazes de solucionar os casos conflitivos. Isto porque, no *common law*, jamais se acreditou ou se teve a necessidade de acreditar que poderia existir um Código que eliminasse a possibili-

---

6 DWORKIN, Ronald apud ALMEIDA, Wânia Guimarães Rabêllo de. *Direito Processual Metaindividual do Trabalho: a adequada e efetiva tutela jurisdicional dos direitos de dimensão transindividual*. Salvador: Editora JusPODIVM, 2016. p. 91. nota 66.

7 ALMEIDA, Wânia Guimarães Rabêllo de. *Direito Processual Metaindividual do Trabalho: a adequada e efetiva tutela jurisdicional dos direitos de dimensão transindividual*. Salvador: Editora JusPODIVM, 2016. p. 96.

8 LOSANO, Mário G. *Os grandes sistemas jurídicos: introdução aos sistemas jurídicos europeus e extraeuropeus*. Tradução de Marcela Varejão. Revisão da tradução de Silvana Cobucci Leite. São Paulo: Martins Fontes, 2007. p. 334.

dade de o juiz interpretar a lei. Nunca se pensou em negar ao juiz do *common law* o poder de interpretar a lei. De modo que, se alguma diferença há, no que diz respeito aos Códigos, entre o *civil law* e o *common law*, tal distinção está no valor ou na ideologia subjacente à ideia de Código[9].

Desse modo, a preocupação do *common law* não se baseia na necessidade de o juiz aplicar, de forma estrita, a legislação, mas na possibilidade de o próprio juiz interpretar o direito.

2.3. APROXIMAÇÃO ENTRE O *CIVIL LAW* E O *COMMON LAW*

Atualmente, observa-se a tendência de aproximação dos dois sistemas jurídicos, com a adoção de normas codificadas em países do *common law* e com a valorização dos precedentes nos países do *civil law*. Como descreve Rodolfo de Camargo Mancuso:

> a dicotomia entre as famílias jurídicas *civil law/common law* hoje não é tão nítida e radical como o foi outrora, sendo visível *uma gradativa e constante aproximação* entre aqueles regimes: o direito legislado vai num *crescendo*, nos países tradicionalmente ligados à regra do precedente judicial e, em sentido inverso, é a jurisprudência que vai ganhando espaço nos países onde o primado recai na norma legal[10]. (destaque no original)

No Brasil, em que o modelo adotado se baseia no paradigma do *civil* law, a aproximação entre os dois sistemas jurídicos é ainda mais evidente, uma vez que diversos instrumentos previstos no ordenamento jurídico são claramente inspirados na tradição jurídica do *common law* como, por exemplo, o controle de constitucionalidade difuso e concentrado, as súmulas vinculantes do STF, os recursos repetitivos etc.

Essas características próprias do ordenamento jurídico brasileiro fazem com que, de acordo com Fredie Didier, seja necessário "romper com o 'dogma da ascendência genética', não comprovado empiricamente, segundo o qual o Direito brasileiro se filia a essa ou àquela tradição jurídica"[11].

Com o Novo Código de Processo Civil, os precedentes judiciais passarão a ter maior destaque, aproximando-se o direito brasileiro ainda mais das técnicas utilizadas no sistema do *common law*. Todavia, em razão de a cultura jurídica pátria ter suas raízes muito ligadas à tradição do *civil law*, o próprio mo-

---

9   MARINONI, Luiz Guilherme. *Aproximação crítica entre as jurisdições de civil law e de common law e a necessidade de respeito aos precedentes no Brasil*. Revista da Faculdade de Direito - UFPR. Curitiba, n.49, p. 11-58, 2009.

10 MANCUSO, Rodolfo de Camargo. *Divergência jurisprudencial e súmula vinculante*. 3. ed. rev., atual. e ampl. São Paulo: Editora Revista dos Tribunais, 2007. p. 183.

11 DIDIER JR., Fredie. *Curso de Direito Processual Civil: introdução ao direito processual civil, parte geral e processo de conhecimento*. 17.ed. Salvador: JusPODIVM, 2015. p. 60.

delo de precedentes adotado possui grandes diferenças em relação ao modelo anglo-saxão.

3. PRECEDENTES JUDICIAIS

3.1. CONCEITO

De acordo com Fredie Didier, Paula Sarno Braga e Rafael Alexandria de Oliveira, o precedente, em sentido amplo, "é a decisão judicial tomada à luz de um caso concreto, cujo elemento normativo pode servir como diretriz para o julgamento posterior de casos análogos"[12]. Em um sentido ainda mais amplo, "o precedente é um evento passado que serve como um guia para a ação presente"[13].

Percebe-se por tal conceito que, havendo decisão judicial, é possível a existência do precedente, de modo que em todos sistemas jurídicos há precedentes, diferenciando-se, porém, quanto à forma e à importância que lhe é dado em cada sistema.

Em sentido estrito, precedente pode ser entendido como a razão de decidir ou norma do precedente, sendo denominado de *ratio decidendi*.

O precedente tem **visão retrospectiva**, já que incumbe ao julgador um olhar para trás. "A função de decidir a partir de precedentes estaria, assim, ligada ao passado, eis que o fato de uma decisão ter sido dada em determinada matéria anteriormente é significante para a solução do caso presente."[14]

Ademais, também deve ser visto sob o **aspecto prospectivo**, já que no momento da prolação da decisão, especialmente as Cortes Superiores, devem ter a dimensão de que seus julgados serão observados no futuro. Essa perspectiva ganha relevância no direito brasileiro, já que, como será analisado posteriormente, a definição da decisão que servirá como precedente decorre do próprio criador da decisão e não simplesmente daqueles que a analisam no futuro.

Por fim, consigne-se que os precedentes podem versar sobre questões de direito material e de direito processual[15].

---

12 DIDIER JR., Fredie; BRAGA, Paula Sarno; OLIVEIRA, Rafael Alexandria de. *Curso de Direito Processual Civil: teoria da prova, direito probatório, decisão, precedente, coisa julgada e tutela provisória. vol.2*, 10.ed. Salvador: JusPODIVM, 2015. p. 441.

13 DUXBURY, Neil apud MACÊDO, Lucas Buril de. *Precedentes judiciais e o direito processual civil.* Salvador: JusPODIVM, 2015. p. 88.

14 DUXBURY, Neil apud MACÊDO, Lucas Buril de. *Precedentes judiciais e o direito processual civil.* Salvador: JusPODIVM, 2015. p. 93.

15 No mesmo sentido, o enunciado nº 327 do Fórum Permanente de Processualistas Civis: "os precedentes vinculantes podem ter por objeto questão de direito material ou processual" e o art. 928, parágrafo único, do Novo CPC.

3.2. NATUREZA JURÍDICA DOS PRECEDENTES JUDICIAIS

No tocante à natureza jurídica dos precedentes judiciais, há divergências na doutrina: uns entendendo que se trata de ato-fato-jurídico e outros de ato-jurídico.

De acordo com Didier, Braga e Oliveira, o precedente judicial deve ser analisado como um ato-fato-jurídico, pois, "embora esteja encartado na fundamentação de uma decisão judicial (que é um ato jurídico), é tratado como um *fato* pelo legislador. Assim, os efeitos de um precedente produzem-se independentemente da manifestação do órgão jurisdicional que o produziu. São efeitos *ex lege*. São, pois, efeitos *anexos* da decisão" ou seja, "produz efeitos jurídicos, independentemente da vontade de quem o pratica" [16].

Todavia, de acordo com Lucas Buril Macêdo, o precedente, em sentido amplo, "pode ser classificado como ato jurídico, é decisão que pode ter por eficácia a geração de normas, em outras palavras, é fonte do direito"[17]. Já no sentido estrito, possui a natureza de princípio ou regra, pois corresponde à própria norma contida no texto da decisão judicial.

Independentemente da posição a ser adotada é certo que, quanto ao efeito, ambos reconhecem que precedente é **efeito anexo da decisão judicial**, transformando-a em **fonte de direito** para os casos subsequentes.

3.3. CLASSIFICAÇÃO DOS PRECEDENTES

A principal classificação dos precedentes está ligada ao grau de eficácia que possuem dentro de um ordenamento, podendo ser dividido em: persuasivos ou obrigatórios (vinculantes).

Os **precedentes persuasivos** são aqueles que, apesar de não precisarem necessariamente ser seguidos pelos juízes, podem constituir os fundamentos em outras decisões. Sua observância, portanto, não é obrigatória, possuindo apenas o caráter argumentativo para tomada de posição em determinado sentido. O juiz o segue não porque é obrigatório, mas porque está convencido de que o entendimento do precedente está correto.

Por sua vez, os **precedentes vinculantes** (*binding precedent*) são aqueles que, obrigatoriamente, devem ser observados pelo julgador ao proferir decisão em casos semelhantes, "sob pena de incorrer em erro quanto à aplicação

---

16 JR. DIDIER, Fredie; BRAGA, Paula Sarno; OLIVEIRA, Rafael Alexandria de. *Curso de Direito Processual Civil: teoria da prova, direito probatório, decisão, precedente, coisa julgada e tutela provisória*. vol.2, 10.ed. Salvador: JusPODIVM, 2015. p. 453.

17 MACÊDO, Lucas Buril de. *Precedentes judiciais e o direito processual civil*. Salvador: JusPODIVM, 2015. p. 99.

do direito, que pode se revelar tanto como *error in judicando* como *error in procedendo*"[18].

3.4. ESTRUTURA DOS PRECEDENTES

Estruturalmente, os precedentes judiciais são compostos pelos fundamentos fáticos que embasam a controvérsia e pelos fundamentos jurídicos utilizados na motivação da decisão, denominando-se *ratio decidendi* ou *holding*.

Percebe-se por essa afirmação uma diferença essencial entre a lei e os precedentes. A lei, como norma geral e abstrata, desliga-se dos fundamentos que a originaram, passando as discussões levantadas antes de sua criação a serem um elemento histórico que, embora tenham alguma relevância interpretativa, em regra, não são determinantes. Por sua vez, o precedente está umbilicalmente vinculado ao caso concreto que lhe deu fundamento, não se admitindo a análise tão somente da tese jurídica criada, mas essencialmente do(s) caso(s) que lhe deu (deram) origem.

Ademais, o precedente pode contar, na sua estrutura, com colocações que reforcem a tese jurídica defendida, porém sem integrar a *ratio decidendi*. Essas colocações acessórias são denominadas de *obter dictum.*

Portanto, compreender e diferenciar *ratio decidendi* de *obter dictum* é de suma importância para realizar o manejo dos precedentes judiciais.

3.4.1. *Ratio decidendi* ou *holding*

A *ratio decidendi* ou *holding* consiste na razão para a decisão ou a razão de decidir. Para as Cortes brasileiras são os fundamentos determinantes da decisão[19]. Como descrito pelo TST, em decisão proferida sob a vigência da Lei 13.015/14 e já invocando a teoria dos precedentes, "a *ratio decidendi* é entendida como os fundamentos determinantes da decisão, ou seja, a proposição jurídica, explícita ou implícita, considerada necessária para a decisão"[20].

Trata-se, pois, do precedente em sentido estrito[21], uma vez que corresponde ao elemento que vinculará o julgamento posterior de casos semelhantes, ou seja, é a norma criada pela decisão.

---

18 MACÊDO, Lucas Buril de. *Precedentes judiciais e o direito processual civil.* Salvador: JusPODIVM, 2015. p. 102.

19 STF (Rcl 5216 Agr/PA; RE 630705 AgR/MT); STJ (MS 15920/DF; AgRg no REsp 786612).

20 TST - EEDRR 160100-88.2009.5.03.0038, TP - Min. José Roberto Freire Pimenta. DEJT 14.04.2015/J-24.03.2015 - Decisão por maioria.

21 DIDIER JR., Fredie; BRAGA, Paula Sarno; OLIVEIRA, Rafael Alexandria de. *Curso de Direito Processual Civil: teoria da prova, direito probatório, decisão, precedente, coisa julgada e tutela provisória.* 10. ed. Salvador: JusPODIVM, 2015. v. 2, p. 441.

No *common law*, as decisões não têm apenas importância para as partes, mas também para os juízes e jurisdicionados, uma vez que podem servir como precedentes. Daí a relevância do aspecto prospectivo do precedente, de modo que os juízes devem ter dimensão de que seus julgados serão observados no futuro.

Nesse sistema jurídico há diversas teorias para que se encontre a *ratio decidendi* de determinado precedente. Em estudo de Karl Llewellyn, citado por Lucas Buril de Macêdo, há o apontamento de 64 formas para se encontrar a *ratio decidendi* dos precedentes judiciais[22], sendo os principais os métodos desenvolvidos por Wambaugh, Oliphant e Goodhart.

O método de Wambaugh baseia-se na ideia de que a *ratio decidendi* consiste na regra geral e que, sem ela, a decisão seria totalmente diferente. De acordo com o jurista, deve ser encontrada a proposição de direito e, inserida antes dela, uma palavra que negue o seu significado. Caso a decisão se mantenha, chega-se à conclusão de que a proposição não corresponde à *ratio decidendi*, pois não foi fundamental à decisão. Por outro lado, se a conclusão da decisão for alterada pela palavra inserida, tem-se a norma geral, extraindo-se o precedente. Essa tese, porém, só tem relevância quando há um fundamento determinante, não sendo útil quando a decisão tem dois ou mais fundamentos que, isoladamente, podem alcançar a mesma solução.

A teoria de Oliphant, denominada de teoria realista, defende a ideia de que a busca da *ratio decidendi* é impossível, pois as reais razões da decisão não são verdadeiramente expostas pelo julgador. Ademais, as proposições criadas na decisão somente poderão ser definidas pelos juízes posteriores.

Para Goodhart, a *ratio decidendi* apenas é encontrada após o levantamento de todos os fatos fundamentais da decisão tomada pelo juiz, ou seja, devem ser destacados todos os fatos utilizados pelo julgador e, em seguida, devem ser identificados quais foram substanciais (materiais) para a decisão. Essa tese tem a virtude de valorizar os fatos para a definição do precedente, mas acaba ignorando a fundamentação da decisão[23].

Embora possa ser importante a definição de um método para se alcançar a *ratio decidendi*, é praticamente impossível definir um único método infalível[24], até porque a *ratio decidendi* é norma que pressupõe interpretação, seja para criá-la, seja para aplicá-la no futuro.

Noutras palavras, a norma do precedente difere de seu texto. Este é um símbolo gráfico, isto é, aquilo que é descrito literalmente na decisão. A norma tem no texto o seu ponto de partida, mas vai muito além dele, decorrendo da inter-

---

22 MACÊDO, Lucas Buril de. *Precedentes judiciais e o direito processual civil*. Salvador: *JusPODIVM*, 2015. p. 317.

23 PEIXOTO, Ravi. *Superação do precedente e segurança jurídica*. Salvador: *JusPODIVM*, 2015. p. 175.

24 No mesmo sentido, PEIXOTO, Ravi. *Superação do precedente e segurança jurídica*. Salvador: JusPODIVM, 2015, p. 183.

pretação do texto, que pode gerar diversos significados e não somente o literal descrito no texto. Disso resulta que a extração da *ratio decidendi* pressupõe interpretação do texto no caso concreto.

De qualquer maneira, para que se busque a *ratio decidendi*, deve-se investigar, primordialmente, a fundamentação utilizada no julgamento, que compreende as razões que fizeram com que o julgador proferisse determinado dispositivo. Isso porque a essência da decisão, ou seja, o que deverá ser aplicado pelos demais juízes, em regra, encontra-se na fundamentação.

E nesse aspecto ganha relevância a fundamentação exaustiva descrita no art.489, § 1º, do Novo CPC. Queremos dizer que a fundamentação da decisão judicial sempre teve muita importância, tanto que seu regramento vem disposto na Constituição Federal (CF/88, art. 93, IX). Isso se justifica, dentre outros aspectos, para que as partes tenham conhecimento das razões que levaram o juiz a decidir desta ou daquela forma, possibilitando o contraditório em âmbito recursal, e permitindo que o Tribunal *ad quem* possa compreender os motivos da decisão. Contudo, no contexto do CPC de 1973, a decisão sempre foi pensada *inter partes*, não produzindo reflexos para o futuro, sendo incapaz, como regra, de beneficiar ou prejudicar terceiros.

Já na ideologia dos precedentes, a decisão, reconhecida como precedente, produz efeitos prospectivos atingindo casos semelhantes. Além disso, para que um precedente não seja aplicado em determinado caso futuro, é necessário que a decisão posterior fundamente demonstrando que ele se distingue do caso concreto ou que o precedente está ultrapassado. Verifica-se, portanto, que a fundamentação ganha ambiente de destaque na decisão judicial com o Novo CPC, seja para produzir efeitos no futuro, seja para afastar a incidência dos precedentes em casos concretos.

Conquanto a *ratio decidendi* seja identificada, em regra, na fundamentação, na análise dos fundamentos não se deve ignorar as razões fáticas que embasaram a decisão (relatório) e o dispositivo. A propósito, o art. 489, § 3º, do NCPC é expresso ao declinar que "a decisão judicial deve ser interpretada a partir da conjugação de todos os seus elementos e em conformidade com o princípio da boa-fé".

Desse modo, para que se possa extrair o alcance e significado da *ratio decidendi,* deve-se analisar, cuidadosamente, todos os elementos da decisão: relatório, fundamentação e dispositivo.

Cabe destacar que, no *commom law*, a *ratio decidendi* não é definida pela decisão original. Isso porque quem define que uma decisão é um precedente são os julgados posteriores que, analisando a decisão anterior, extraem a norma geral que poderá ser aplicada a casos semelhantes. Não se pode negar, porém, que o julgado original já possui interpretação, sendo assim um ponto inicial da interpretação do texto. Nas palavras de Ravi Peixoto:

Aquele precedente gerado em uma primeira decisão vai sendo paulatinamente interpretado, seja pela Corte que o editou, seja pelas demais Cortes nos julgados futuros, que irão, de forma inexorável, mesmo que restritivamente, por se basearem no texto de precedentes anteriores, aumentar ou restringir o seu âmbito de aplicação. A delimitação da *ratio decidendi* será realizada pelos julgados posteriores, atuando aquele julgado original como um parâmetro inicial do texto a ser interpretado. Ou seja, há um trabalho conjunto tanto da Corte competente para estabelecer o precedente, como dos demais julgados que vão interpretar aquele texto e incorporar novos elementos à *ratio decidendi*. Não se tem nem um domínio completo por parte da Corte que emitiu o precedente originário e nem uma liberdade absoluta nos julgados que o interpretam[25].

Por fim, temos que fazer ainda duas observações.

Primeira: é possível extrair mais de uma *ratio decidendi* de um precedente, especialmente quando se tratar de cumulação de pedidos, admitindo-se tantas normas do precedente quanto são os capítulos da decisão[26].

Segundo: o precedente ou a súmula não são estáticos, permitindo sua reconstrução com a evolução do direito, com as mudanças sociais etc., o que significa que a *ratio decidendi*, por ser uma norma, pode ser interpretada diferentemente com o passar do tempo. Isso demonstra "que a regra extraída dos precedentes nunca está acabada, tendo um caráter permanentemente incompleto, que paulatinamente evolui em conjunto com as demais modificações ocorridas no direito e na sociedade"[27].

3.4.2. *Obter dictum*

Em determinadas situações, o juiz pode levantar elementos jurídicos e realizar colocações que, embora possam servir como reforço da tese apresentada, não compõem propriamente a *ratio decidendi*. Essas colocações acessórias são denominadas de *obter dictum*. Trata-se, pois, de conceito residual, ou seja, é tudo aquilo que não se considera como *ratio decidendi*.

A *obter dictum* representa, portanto, as argumentações incidentais sem as quais os fundamentos determinantes da decisão se manterão. São questões levantadas pelo juiz que não precisariam ser enfrentadas para que se chegasse à conclusão.

É válido destacar que o *obter dictum*, apesar de não compor a *ratio decidendi*, pode, em casos posteriores, ser transformado em *ratio decidendi*. "Nessa hipótese, o julgador subsequente, ao observar determinado precedente, torna o seu *ob-*

---

25 PEIXOTO, Ravi. *Superação do precedente e segurança jurídica*. Salvador: *JusPODIVM*, 2015. p.185-186.
26 MACÊDO, Lucas Buril de. *Precedentes judiciais e o direito processual civil*. Salvador: JusPODIVM, 2015. p.333.
27 PEIXOTO, Ravi. *Superação do precedente e segurança jurídica*. Salvador: *JusPODIVM*, 2015. p.187.

ter dictum do caso passado a *ratio decidendi* de sua própria decisão, o que enseja a sua elevação ao *status* da norma"[28]. No mesmo sentido Didier, Braga e Oliveira[29]:

> (...) o *obter dictum*, embora não sirva como precedente, não é desprezível. O *obter dictum* pode sinalizar uma futura orientação do tribunal, por exemplo. Além disso, o voto vencido em um julgamento colegiado (...) tem a sua relevância para que se aplique a técnica de julgamento da apelação, do agravo de instrumento contra decisão de mérito e da ação rescisória, cujo resultado não seja unânime, na forma do art. 942 do CPC, bem como tem eficácia persuasiva para uma tentativa futura de superação do precedente.

Por derradeiro, consigne-se que o *obter dictum*, embora não gere o efeito vinculativo do precedente, pode servir de elemento persuasivo para decisões posteriores. "A sua força depende do tribunal do qual emanou, da argumentação que lhe fundamenta, das características de sua formação, do seu acolhimento na doutrina e da influência e autoridade do julgador de quem a emanou."[30]

3.5. PRECEDENTE, JURISPRUDÊNCIA E SÚMULA

Precedente, jurisprudência e súmula são termos distintos, embora intimamente ligados. Objetivamente analisado, precedente é uma decisão judicial, da qual se retira a *ratio decidendi*. Quando o precedente é reiteradamente aplicado, tem-se a jurisprudência que, sendo predominante em um tribunal, poderá gerar a formação da súmula, que consiste no resumo da jurisprudência dominante do tribunal a respeito de determinada matéria.

Trata-se, pois, de um processo evolutivo: precedente ➔ jurisprudência ➔ súmula[31].

3.6. PRECEDENTES JUDICIAIS NO DIREITO BRASILEIRO

3.6.1. Regras e princípios atingidos

Embora o direito brasileiro, há algum tempo, tenha se aproximado do *common law*, como se verifica, por exemplo, pelas ações de controle concentrado no STF, súmula vinculante, recursos especial, extraordinário e de revista repe-

---

28 MACÊDO, Lucas Buril de. *Precedentes judiciais e o direito processual civil*. Salvador: JusPODIVM, 2015. p.340.

29 DIDIER JR., Fredie; BRAGA, Paula Sarno; OLIVEIRA, Rafael Alexandria de. *Curso de Direito Processual Civil: teoria da prova, direito probatório, decisão, precedente, coisa julgada e tutela provisória*. vol.2, 10.ed. Salvador: JusPODIVM, 2015. p. 445-446.

30 ATAÍDE JR, Jaldemiro Rodrigues de apud MACÊDO, Lucas Buril de. *Precedentes judiciais e o direito processual civil*. Salvador: JusPODIVM, 2015. p.339.

31 DIDIER JR., Fredie; BRAGA, Paula Sarno; OLIVEIRA, Rafael Alexandria de. *Curso de Direito Processual Civil: teoria da prova, direito probatório, decisão, precedente, coisa julgada e tutela provisória*. 10. ed. Salvador: JusPODIVM, 2015. v. 2, p.487.

titivos, o Novo CPC introduz, efetivamente, a teoria dos precedentes no sistema processual brasileiro, impondo que alguns princípios sejam repensados e reinterpretados para que se adequem à nova realidade.

O princípio da legalidade (art. 8º do NCPC) deve ser entendido não como a necessidade de o juiz decidir apenas conforme a lei (ou princípios), mas em conformidade com todas as demais fontes do ordenamento jurídico, o que inclui os precedentes obrigatórios.

Do mesmo modo, o princípio da igualdade deve ser observado não apenas frente à lei, mas frente ao direito, inclusive perante as decisões judiciais. "É preciso que, na leitura do *caput* do art. 5º da Constituição Federal, o termo 'lei' seja interpretado como 'norma jurídica', entendendo-se que todos são iguais, ou que devem ser tratados como iguais, perante a 'norma jurídica', qualquer que seja ela, de quem quer que ela emane."[32]

O dever de motivar as decisões judiciais também passa a ter papel de destaque na teoria dos precedentes, vez que, como dito, a *ratio decidendi* é extraída, primordialmente, da fundamentação, de modo que as decisões devem delimitar com precisão os fatos e fundamentos que as embasam, não se limitando a aplicar leis ou súmulas. A decisão judicial, na teoria dos precedentes, amplia seu efeito extraprocessual, atingindo situações futuras em casos semelhantes.

Nessa ordem de ideia, o princípio do contraditório também deve ser analisado em um viés mais amplo, já que a norma criada com o precedente atingirá outras situações, de modo que se torna relevante a figura do *amicus curiae*.

Por fim, o princípio da segurança jurídica deixa de ser visto apenas como a consolidação de situações passadas, mas como previsibilidade da atuação do Estado-juiz, contemplando, assim, o princípio da confiança legítima (NCPC, art. 927, § 4º).

3.6.2. Rol dos precedentes obrigatórios no Novo CPC

O Novo CPC elenca os precedentes no artigo 927, *in verbis*:

> Art. 927. Os juízes e os tribunais observarão:
>
> I - as decisões do Supremo Tribunal Federal em controle concentrado de constitucionalidade;
>
> II - os enunciados de súmula vinculante;
>
> III - os acórdãos em incidente de assunção de competência ou de resolução de demandas repetitivas e em julgamento de recursos extraordinário e especial repetitivos;

---

32 DIDIER JR., Fredie; BRAGA, Paula Sarno; OLIVEIRA, Rafael Alexandria de. *Curso de Direito Processual Civil: teoria da prova, direito probatório, decisão, precedente, coisa julgada e tutela provisória*. 10.ed. Salvador: JusPODIVM, 2015. v.2, p.445.

IV - os enunciados das súmulas do Supremo Tribunal Federal em matéria constitucional e do Superior Tribunal de Justiça em matéria infraconstitucional;

V - a orientação do plenário ou do órgão especial aos quais estiverem vinculados.

Pelo *caput* do aludido dispositivo, percebe-se que os juízes e os tribunais "observarão" tais precedentes, o que significa que não se trata da faculdade de o juiz aplicar ou não o precedente, mas sim dever de observá-lo, criando, portanto, precedentes obrigatórios e não meramente persuasivos. Nesse sentido, o enunciado nº 170 do Fórum Permanente de Processualistas Civis:

> As decisões e precedentes previstos nos incisos do *caput* do art. 927 são vinculantes aos órgãos jurisdicionais a eles submetidos.

Por serem vinculantes, as decisões que não contenham manifestação sobre referidos precedentes obrigatórios provocam decisões com erro de julgamento ou de procedimento, sendo consideradas inclusive omissas, nos termos do art. 1.022, parágrafo único, II, do NCPC.

Cabe destacar que os precedentes obrigatórios vinculam não somente o tribunal que proferiu a decisão, mas também os órgãos a ele subordinados.

Pela redação do art. 927 do NCPC é interessante notar que o legislador adaptou a teoria dos precedentes à realidade brasileira, admitindo que a eficácia obrigatória possa decorrer de um precedente ou da jurisprudência (sumulada ou não), a depender do caso[33], **mas sempre decorrente de uma decisão colegiada**.

Com efeito, analisaremos esse dispositivo, para fins didáticos, de dois enfoques: súmulas e decisão judicial.

3.6.2.1. Súmulas

Nos incisos II e IV, o art. 927 impõe a observância dos enunciados de súmula vinculante e dos enunciados das súmulas do Supremo Tribunal Federal em matéria constitucional e do Superior Tribunal de Justiça em matéria infraconstitucional. Incluímos, no inciso IV, as súmulas do TST.

Essa imposição de observar súmulas ocorre porque o direito brasileiro, desde 1963, é baseado em súmulas. Desse modo, ao criar a súmula, o tribunal a define como "precedente" a ser observado no futuro.

Não se nega a diferença técnica de súmulas e precedentes, mas a realidade brasileira e a forma como foi contextualizada a ideia de precedentes no Novo

---

[33] DIDIER JR., Fredie; BRAGA, Paula Sarno; OLIVEIRA, Rafael Alexandria de. *Curso de Direito Processual Civil: teoria da prova, direito probatório, decisão, precedente, coisa julgada e tutela provisória*. 10.ed. Salvador: JusPODIVM, 2015. v.2, p. 442.

CPC impõem-nos afirmar que as súmulas são um **mecanismo objetivo** para gerar a obrigatoriedade dos precedentes.

Em outros termos, na criação da súmula buscam-se decisões reiteradas acerca de determinado tema, o que a afasta da ideia genuína de precedentes, que não exige reiteração de decisões. Contudo, a súmula cria uma norma a ser observada no futuro, aproximando-se dos precedentes. Ademais, na súmula, a Corte realiza o resumo da jurisprudência dominante (precedentes reiterados), nada mais fazendo do que definir **objetivamente** a *ratio decidendi* para os casos futuros.

Conquanto a *ratio decidendi* seja extraída objetivamente da súmula, como já dito, o texto não pode ser confundido com a norma existente na súmula, a qual pressupõe interpretação pelo aplicador do direito. Isso nos leva à conclusão de que, do mesmo modo que o juiz não é mera boca da lei, ele também não será mero aplicador das súmulas, impondo interpretá-las no caso concreto. É por isso que o art. 489, § 1º, do NCPC veda a simples reprodução do texto da súmula.

Cabe consignar que, em razão das particularidades do sistema de precedentes no Brasil, principalmente no tocante à atribuição do caráter dos precedentes às súmulas, a doutrina apresenta diversas críticas.

A principal corresponde ao fato de as súmulas se apresentarem como autônomas em relação à situação fática das decisões que as originaram, o que as transforma em enunciados gerais e abstratos[34].

Ademais, em interessante pesquisa realizada pela UFMG, na qual se investigou empiricamente a prática de se seguirem precedentes judiciais e súmulas no direito brasileiro, constatou-se que, em alguns casos, a edição das súmulas do STF e do STJ não levaram em conta decisões reiteradas.

> Tal constatação, ao que parece, decorre da dificuldade hermenêutica de quantificar e conceber o que seja "reiteradas decisões".
>
> A título de exemplificação, das 35 súmulas analisadas junto ao Superior Tribunal de Justiça, duas tinham como pano de fundo entre dois e três julgados, respectivamente, como fundamentos de criação. Não obstante, das 20 súmulas sem efeitos vinculantes analisadas junto ao Supremo Tribunal Federal, quatro apresentaram dois e um julgado como fundamentos de criação.
>
> O que mais chamou atenção foi a edição das súmulas vinculantes, pois estas estão vinculadas ao pressuposto constitucional e legal de "reiteradas decisões sobre casos análogos" para suas respectivas criações. Neste caso, das 15 súmulas vinculantes analisadas três fundamentavam sua criação em três ou até mesmo um precedente, como é o caso, por exemplo, da sú-

---

34 LIMA Júnior, Cláudio Ricardo Silva. *Precedentes Judiciais no Processo Civil Brasileiro: aproximação entre civil law e common law e aplicabilidade do stare decisis*. Rio de Janeiro: Lumen Juris, 2015. p. 325.

mula vinculante n. 28, que teve como fundamento apenas a Ação Direita de Inconstitucionalidade n. 1074[35].

Critica-se também a técnica de elaboração dos textos das súmulas, uma vez que a *ratio decidendi* é criada com o objetivo de solucionar casos concretos, não podendo apresentar, em sua redação, conceitos muito vagos. Todavia, muitas súmulas dos tribunais superiores apresentam redação ampla e com conceitos jurídicos indeterminados, o que dificulta sua concretude.

Essas críticas também atingem as súmulas vinculantes, uma vez que, mesmo com a participação e manifestação dos interessados, elas permanecem sem o vínculo com a realidade fática a que deu origem a tese jurídica concretizada e podem contar com conceitos jurídicos abstratos[36].

O NCPC, na tentativa de evitar o distanciamento das súmulas em relação ao contexto em que se originaram, passou a estabelecer que "ao editar enunciados de súmula, os tribunais devem ater-se às circunstâncias fáticas dos precedentes que motivaram sua criação" (art. 926, § 2º).

Portanto, incumbe aos tribunais uma nova postura na criação das súmulas, não podendo ignorar os fatos que levaram à sua edição. Do mesmo modo, na interpretação da súmula, incumbe ao intérprete partir dos precedentes que lhe deram ensejo, não podendo, pois, desvincular-se desse elemento histórico.

Não se pode negar, porém, que, nesse momento inicial de implementação da teoria dos precedentes no direito brasileiro, a existência de súmula facilitará consideravelmente a tarefa de definir qual o entendimento deverá ser observado.

3.6.2.2. Decisão judicial

O art. 927 não limitou a eficácia obrigatória às súmulas. Contemplou, ainda, decisões judiciais que deverão ser observadas nos casos futuros, adotando, nesse ponto, o sentido original do conceito de precedente. Desse modo, deverão ser observadas:

> I - as decisões do Supremo Tribunal Federal em controle concentrado de constitucionalidade; (...)
>
> III - os acórdãos em incidente de assunção de competência ou de resolução de demandas repetitivas e em julgamento de recursos extraordinário e especial repetitivos; (...)

---

35 Justiça Pesquisa - *A força normativa do direito judicial. Uma análise da aplicação prática do precedente no direito brasileiro e dos seus desafios para a legitimação da autoridade do Poder Judiciário.* https://www.academia.edu/13250475/A_for%C3%A7a_normativa_do_direito_judicial_-_Justi%C3%A7a_Pesquisa_-_UFMG.

36 DIDIER JR., Fredie; BRAGA, Paula Sarno; OLIVEIRA, Rafael Alexandria de. *Curso de Direito Processual Civil: teoria da prova, direito probatório, decisão, precedente, coisa julgada e tutela provisória.* 10.ed. Salvador: JusPODIVM, 2015. V.2. p. 489.

V - a orientação do plenário ou do órgão especial aos quais estiverem vinculados.

No inciso I, esclarece o enunciado nº 168 do Fórum Permanente de Processualistas Civis o que segue:

> Os fundamentos determinantes do julgamento de ação de controle concentrado de constitucionalidade realizado pelo STF caracterizam a *ratio decidendi* do precedente e possuem efeito vinculante para todos os órgãos jurisdicionais.

Atente-se para o fato de que **não se deve confundir efeito obrigatório do precedente com o efeito vinculante** decorrente da coisa julgada *erga omnes*.

O efeito vinculante das ações de controle de constitucionalidade alcança todos os órgãos jurisdicionais do País e, ainda, a administração pública direta e indireta, nas esferas federal, estadual e municipal. Nesse caso, o Poder Público, em razão de expressa disposição legal, vincula-se ao dispositivo da decisão do controle concentrado, que reconhece ou não a constitucionalidade de determinada norma. Portanto, o efeito vinculante decorre do dispositivo, enquanto o efeito obrigatório do precedente deriva da *ratio decidendi*. Para elucidar o tema, o doutrinador Fred Didier Jr. exemplifica:

> No julgamento de uma ADI, o STF entende que uma lei estadual (n. 1000/2007, p. ex.) é inconstitucional por invadir matéria de competência da lei federal. A coisa julgada vincula todos à seguinte decisão: a lei estadual n. 1000/2007 é inconstitucional; a eficácia do precedente recai sobre a seguinte *ratio decidendi*: 'a lei estadual não pode versar sobre determinada matéria, que é da competência de lei federal'. Se for editada outra lei estadual, em outro Estado, haverá necessidade de propor nova ADI, sobre a nova lei, cuja decisão certamente será baseada no precedente anterior; arguida a sua inconstitucionalidade em sede de controle difuso, deverá ser observado esse precedente prévio e obrigatório do STF sobre a matéria[37].

O inciso III congrega decisões dos tribunais superiores e dos tribunais regionais. No primeiro caso, quando admite como precedente as decisões proferidas nos recursos extraordinário (STF), especial (STJ) e, incluímos, de revista (TST)[38] repetitivos e os incidentes de assunção de competência a serem julgados pelas Cortes Superiores. No segundo caso (tribunais regionais), quando reconhece como precedente as decisões proferidas em incidente de assunção de competência ou de resolução de demandas repetitivas. Nessas situações, "há previsão de incidente processual para elaboração do precedente obrigatório (arts. 489, §

---

37 DIDIER JR., Fredie; BRAGA, Paula Sarno; OLIVEIRA, Rafael Alexandria de. *Curso de Direito Processual Civil: teoria da prova, direito probatório, decisão, precedente, coisa julgada e tutela provisória*, 10.ed. Salvador: JusPODIVM, 2015. v.2, p. 464.

38 Nesse sentido, dispõe o enunciado nº 346 do Fórum Permanente de Processualistas Civis: "A Lei nº 13.015, de 21 de julho de 2014, compõe o microssistema de solução de casos repetitivos".

1º, 984, § 2º e 1.038, § 3º do NCPC), com natureza de processo objetivo"[39], o que permite a realização de audiências públicas e a possibilidade de participação do *amicus curiae* (art. 927, § 2º do NCPC).

Por fim, também são considerados como precedentes a orientação do plenário ou do órgão especial aos quais estiverem vinculados (art. 927, V do NCPC). Esse inciso cria uma hipótese de cláusula de abertura para contemplar a obrigatoriedade de diversas orientações firmadas no plenário ou órgão fracionário, que pode decorrer de uma decisão ou decisões reiteradas.

Essa obrigatoriedade deve ser vista sob os aspectos horizontal e vertical. Noutras palavras, os membros e órgãos fracionários de um tribunal devem observar os precedentes proferidos pelo plenário ou órgão especial do próprio tribunal (horizontal), assim como os demais órgãos de instância inferior (vertical).

No processo do trabalho, a interpretação desse inciso é facilitada, compreendendo as orientações jurisprudenciais da Seção de Dissídios Coletivos (SDC), da Seção de Dissídios Individuais (SDI-I e SDI-II) e do Tribunal Pleno do TST. Ademais, pensamos que nesse inciso se inserem as súmulas dos tribunais regionais, as quais obrigam o próprio tribunal e os juízes a ele vinculados. Nesse caminho, o enunciado 167 do Fórum Permanente de Processualistas Civis:

> Os tribunais regionais do trabalho estão vinculados aos enunciados de suas próprias súmulas e aos seus precedentes em incidente de assunção de competência ou de resolução de demandas repetitivas.

Antes de finalizar este tópico, necessário fazer duas observações.

A primeira consiste em definir a natureza do rol do art. 927 do NCPC. Parte da doutrina entende que se trata de rol meramente exemplificativo, admitindo inclusive a obrigatoriedade das decisões de turmas ou seções dos tribunais superiores[40], com fulcro no art. 926 do NCPC. Pensamos de forma diversa.

Embora o art. 926 absorva a teoria dos precedentes, impondo que os tribunais devem manter a jurisprudência estável, íntegra e coerente, bem como o art. 927, V, crie uma norma mais aberta, pensamos que o rol é taxativo, não se permitindo a existência de precedentes obrigatórios decorrentes de decisões de turmas, seções[41] e muito menos decisões monocráticas e sentenças.

Isso ocorre porque, conquanto a ideia originária de precedentes não se vincule a esta ou aquela decisão, definindo a *ratio decidendi* e sua capacidade obri-

---

39 DIDIER JR., Fredie; BRAGA, Paula Sarno; OLIVEIRA, Rafael Alexandria de. *Curso de Direito Processual Civil: teoria da prova, direito probatório, decisão, precedente, coisa julgada e tutela provisória*. 10. ed. Salvador: JusPODIVM, 2015. v.2, p. 465. No mesmo sentido, PEIXOTO, Ravi. *Superação do precedente e segurança jurídica*. Salvador: *JusPODIVM*, 2015. p. 167.

40 Por todos PEIXOTO, Ravi. *Superação do precedente e segurança jurídica*. Salvador: *JusPODIVM*, 2015. p. 168.

41 Salvo no caso de orientações, por estarem incluídas no inciso V.

gatória em momento futuro, pensamos que o legislador pátrio não importou, genuinamente, os precedentes como no *common law*, fazendo as adaptações necessárias para que a teoria pudesse se enquadrar em nosso ordenamento. Desse modo, como já visto, a definição legal de quais decisões são consideradas como precedentes obrigatórios tem o condão, nesse momento inicial, de facilitar sua identificação e minimizar discussões doutrinárias e processuais que poderiam gerar instabilidade ao sistema buscado. Nada obsta que, em momento futuro, adote-se uma cláusula aberta de precedentes obrigatórios, mas, no estágio atual, acreditamos que o rol taxativo trará a segurança jurídica pretendida com a implementação desse novo sistema no ordenamento brasileiro.

A segunda observação está relacionada ao sentido de precedentes no direito brasileiro, o qual é diferente do sentido no *common law*.

Nos países de tradição anglo-saxônica, os precedentes são considerados como tal somente em momento posterior ao julgamento do caso, ou seja, no momento da utilização da *ratio decidendi* em outro caso. Queremos dizer, a decisão não nasce como precedente, passando a ter esse "status", posteriormente, quando em um caso concreto se define que o caso pretérito gerou um precedente.

No direito brasileiro, em razão da própria tradição jurídica do *civil law*, o caráter obrigatório é concedido pelo próprio julgador de determinado caso, ou seja, no momento presente. Com efeito, ao criar uma súmula, seu criador já a define como obrigatória. Do mesmo modo, ao julgar o incidente de assunção de competência ou os recursos repetitivos, já se define que essa decisão é um precedente obrigatório.

3.6.3. Deveres gerais dos tribunais

Com a introdução da teoria dos precedentes nos tribunais, passa a ter extrema relevância a uniformização da jurisprudência, ao não se admitir que casos semelhantes sejam decididos de modos opostos, exaltando o princípio da igualdade.

A uniformização da jurisprudência garante maior segurança jurídica aos jurisdicionados, uma vez que estes poderão pautar suas condutas segundo o entendimento já decidido no passado.

Desse modo, o art. 926 do NCPC impõe que "os tribunais devem uniformizar sua jurisprudência e mantê-la estável, íntegra e coerente".

O dever de uniformizar impõe **atuação comissiva** dos tribunais diante de divergência interna, devendo obrigatoriamente disseminá-la. É o que dispôs o art. 896, §3º, da CLT, criando a Lei 13.015/14, o que denominamos de incidente de uniformização trabalhista no art. 896, §§ 4º a 6º, da CLT[42].

---

42 MIESSA, Élisson. *Recursos Trabalhistas*. Salvador: JusPODIVM, 2015. p. 273-280.

Seguindo o mecanismo de objetivar os precedentes por meio de súmulas, o legislador, no § 1º do art. 926 do NCPC, descreveu que "na forma estabelecida e segundo os pressupostos fixados no regimento interno, os tribunais editarão enunciados de súmula correspondentes a sua jurisprudência dominante".

Noutras palavras, insere-se no dever de uniformizar o dever de sintetizar a jurisprudência, sumulando-a[43].

Já o dever de manter estável a jurisprudência consiste na impossibilidade de mudanças de posicionamento sem justificativa adequada e na necessidade de modulação dos efeitos da decisão nos casos de alteração de posicionamento.

Por sua vez, o dever de integridade versa que o tribunal precisa estar alinhado em sua atuação[44], trilhando o caminho de suas decisões em uma linha reta.

Disso resulta o dever de coerência, o qual institui que o tribunal seja compreendido como um órgão único, coeso em suas decisões.

Portanto, esse dispositivo legaliza a chamada disciplina judiciária, vez que impõe aos desembargadores observância à jurisprudência dominante do tribunal, reconhecendo a vinculação horizontal de seus precedentes.

Por fim, o art. 927, § 5º, do NCPC prevê o dever de dar publicidade dos precedentes do tribunal, descrevendo que "os tribunais darão publicidade a seus precedentes, organizando-os por questão jurídica decidida e divulgando-os, preferencialmente, na rede mundial de computadores". No mesmo sentido, o art. 979 do NCPC, que trata do incidente de demandas repetitivas.[45]

3.6.4. OUTROS EFEITOS DOS PRECEDENTES

No direito brasileiro, além dos efeitos obrigatório e persuasivo dos precedentes, em algumas hipóteses, eles produzem **efeito obstativo**, impedindo a revisão judicial das decisões, seja para não admitir a demanda, o recurso ou o reexame necessário, seja para negar de plano o postulado.

Nesse sentido, estabelece o art. 496, § 4º do NCPC que não estão sujeitas ao duplo grau de jurisdição as sentenças fundadas em súmula de tribunal superior, em acórdão proferido pelo STF ou pelo STJ (incluímos pelo TST) em julgamento

---

43 DIDIER JR. Fredie; BRAGA, Paula Sarno; OLIVEIRA, Rafael Alexandria de. *Curso de Direito Processual Civil: teoria da prova, direito probatório, decisão, precedente, coisa julgada e tutela provisória*, 10. ed. Salvador: JusPODIVM, 2015. v.2, p. 474.

44 MACÊDO, Lucas Buril de. *Precedentes judiciais e o direito processual civil.* Salvador: JusPODIVM, 2015. p.433.

45 "Art. 979. A instauração e o julgamento do incidente serão sucedidos da mais ampla e específica divulgação e publicidade, por meio de registro eletrônico no Conselho Nacional de Justiça.
§ 1º Os tribunais manterão banco eletrônico de dados atualizados com informações específicas sobre questões de direito submetidas ao incidente, comunicando-o imediatamente ao Conselho Nacional de Justiça para inclusão no cadastro. (...)"

de recursos repetitivos; em entendimento firmado em incidente de resolução de demandas repetitivas ou de assunção de competência ou em entendimento coincidente com orientação vinculante firmada no âmbito administrativo do próprio ente público, consolidada em manifestação, parecer ou súmula administrativa. Nesse mesmo sentido, dispõe o art. 932, IV, do NCPC, *in verbis*:

> Art. 932. Incumbe ao relator:
>
> IV - negar provimento a recurso que for contrário a:
>
> a) súmula do Supremo Tribunal Federal, do Superior Tribunal de Justiça ou do próprio tribunal;
>
> b) acórdão proferido pelo Supremo Tribunal Federal ou pelo Superior Tribunal de Justiça[46] em julgamento de recursos repetitivos;
>
> c) entendimento firmado em incidente de resolução de demandas repetitivas ou de assunção de competência.

Na CLT, o art. 894, § 3º, é expresso no sentido de que "o Ministro Relator denegará seguimento aos embargos: I - se a decisão recorrida estiver em consonância com súmula da jurisprudência do Tribunal Superior do Trabalho ou do Supremo Tribunal Federal, ou com iterativa, notória e atual jurisprudência do Tribunal Superior do Trabalho, cumprindo-lhe indicá-la; (...)".

Além disso, o Novo CPC, alterando, consideravelmente, a sistemática da improcedência liminar, passa a declinar no art. 332 o que segue:

> Art. 332. Nas causas que dispensem a fase instrutória, o juiz, independentemente da citação do réu, julgará liminarmente improcedente o pedido que contrariar:
>
> I - enunciado de súmula do Supremo Tribunal Federal ou do Superior Tribunal de Justiça;
>
> II - acórdão proferido pelo Supremo Tribunal Federal ou pelo Superior Tribunal de Justiça em julgamento de recursos repetitivos;
>
> III - entendimento firmado em incidente de resolução de demandas repetitivas ou de assunção de competência;
>
> IV - enunciado de súmula de tribunal de justiça sobre direito local. (...)

Do mesmo modo que o precedente é capaz de obstar determinada demanda, recurso ou reexame necessário, ele pode autorizar a admissão ou acolhimento de determinado ato processual, sendo chamado de **eficácia autorizante do precedente**[47]. É o que ocorre, por exemplo, na possibilidade de se conceder a

---

46 Incluímos o Tribunal Superior do Trabalho.

47 DIDIER JR. Fredie; BRAGA, Paula Sarno; OLIVEIRA, Rafael Alexandria de. *Curso de Direito Processual Civil: teoria da prova, direito probatório, decisão, precedente, coisa julgada e tutela provisória*, 10. ed. Salvador: JusPODIVM, 2015. v.2, p. 458.

tutela de evidência (NCPC, art. 311, II[48]), dar provimento monocrático do recurso (NCPC, art. 932, V[49]), admitir o recurso de revista com base em divergência jurisprudencial, contrariedade à súmula do TST ou orientação jurisprudencial (CLT, art. 896, a).

O precedente pode ainda produzir **efeito rescindente**, tendo a eficácia de rescindir decisão transitada em julgado[50]. É o caso de a decisão do STF, em controle concentrado ou difuso, reconhecer a inconstitucionalidade de lei ou ato normativo que embasou uma decisão judicial. Nessa hipótese, se o reconhecimento é posterior ao trânsito em julgado, o art. 525, § 15, do NCPC admite o ajuizamento de ação rescisória, cujo prazo será contado da decisão proferida pelo STF. Do mesmo modo, com o Novo CPC será rescindível decisão que contrarie os precedentes obrigatórios, como se extrai do art. 966, V, do NCPC[51], pois, como visto, o precedente obrigatório é considerado fonte de direito e, portanto, norma jurídica.

3.6.5. Constitucionalidade dos precedentes obrigatórios no direito brasileiro

O art. 927 do NCPC provoca questionamento na doutrina acerca de sua constitucionalidade, uma vez que estabelece precedentes obrigatórios que devem ser observados por juízes e tribunais. Desse modo, argumenta-se que o dispositivo desconsiderou as diferenças entre as súmulas vinculantes e as demais súmulas dos tribunais superiores e ampliou a competência dos tribunais[52].

Parece-nos, todavia, que o art. 927 do NCPC, ao estabelecer os precedentes obrigatórios no direito brasileiro, não viola a Constituição Federal, principalmente no que tange à competência dos tribunais superiores.

O Supremo Tribunal Federal exerce a função de Corte Constitucional, tendo, consequentemente, como principal competência julgar e interpretar as ma-

---

48 "Art. 311. A tutela da evidência será concedida, independentemente da demonstração de perigo de dano ou de risco ao resultado útil do processo, quando: (...)II - as alegações de fato puderem ser comprovadas apenas documentalmente e houver tese firmada em julgamento de casos repetitivos ou em súmula vinculante; (...)"

49 "Art. 932. V - depois de facultada a apresentação de contrarrazões, dar provimento ao recurso se a decisão recorrida for contrária a: a) súmula do Supremo Tribunal Federal, do Superior Tribunal de Justiça ou do próprio tribunal; b) acórdão proferido pelo Supremo Tribunal Federal ou pelo Superior Tribunal de Justiça em julgamento de recursos repetitivos; c) entendimento firmado em incidente de resolução de demandas repetitivas ou de assunção de competência; (...)"

50 DIDIER JR. Fredie; BRAGA, Paula Sarno; OLIVEIRA, Rafael Alexandria de. *Curso de Direito Processual Civil: teoria da prova, direito probatório, decisão, precedente, coisa julgada e tutela provisória*, 10. ed. Salvador: JusPODIVM, 2015. v.2, p. 459.

51 Art. 966. A decisão de mérito, transitada em julgado, pode ser rescindida quando: (...) V - violar manifestamente norma jurídica.

52 Nesse sentido: THEODORO JÚNIOR, Humberto et al. *Novo CPC – Fundamentos e sistematização*, 2. ed. Rio de Janeiro: Forense, 2015. p. 359.

térias constitucionais (art. 102 da CF/88). Do mesmo modo, cabe ao Superior Tribunal de Justiça julgar e interpretar as questões relacionadas à legislação federal –infraconstitucional – (art. 105 da CF/88). Por fim, o Tribunal Superior do Trabalho, que representa o órgão de cúpula do Poder Judiciário Trabalhista, é responsável por conferir a palavra final em matéria trabalhista infraconstitucional, tendo a função de uniformizar a interpretação da legislação trabalhista no âmbito de sua competência (art. 111-A da CF/88).

Observa-se, dessa forma, que, sendo as Cortes Superiores responsáveis pelo julgamento das matérias constitucionais e infraconstitucionais, cabe a elas o dever de proferir a última palavra sobre tais temas, o que não impõe necessariamente a reiteração de decisões, podendo surgir evidentemente de uma decisão (precedente), como ocorre, por exemplo, nas ações de controle concentrado e recursos repetitivos.

Agora indaga-se: qual a lógica de se terem Cortes Superiores com o poder de proferir a palavra final se elas não necessitam ser observadas pelas instâncias inferiores? O mesmo se diga dos tribunais regionais: qual a utilidade da uniformização obrigatória de jurisprudência implantada pela Lei 13.015/14, se o próprio tribunal ou as instâncias inferiores não adotarem o entendimento consolidado?

A resposta está na teoria dos precedentes, que é eminentemente ligada à estrutura hierarquizada do Poder Judiciário, já definida constitucionalmente. Desse modo, não há nenhuma restrição quanto à possibilidade de estabelecerem os precedentes obrigatórios que devem ser utilizados pelo próprio tribunal criador do precedente e pelos juízes e tribunais hierarquicamente inferiores.

Aliás, já advertia Kelsen:

> A teoria, nascida no terreno do *common law* anglo-americano, segundo o qual somente os tribunais criam direito, é tão unilateral como a teoria, nascida no terreno do direito legislado da Europa Continental, segundo a qual os tribunais não criam de forma alguma Direito, mas apenas aplicam Direito já criado. Esta teoria implica a ideia de que só há normas jurídicas individuais. A verdade está no meio. Os tribunais criam direito, a saber – em regra – Direito individual; mas, dentro de uma ordem jurídica que institui um órgão legislativo ou reconhece o costume como facto produtor de Direito, fazem-no aplicando o Direito geral já de antemão criado pela lei ou pelo costume. A decisão judicial é a continuação, não o começo, do processo de criação[53].

Ademais, a utilização dos precedentes judiciais, conforme já mencionado, serve como meio de concretização de princípios e regras constitucionais, tais como a segurança jurídica, a igualdade, a eficiência e economia processual.

---

53 KELSEN apud SILVA, Paulo Henrique Tavares da; SILVA, Juliana Coelho Tavares da. *Utilização do precedente judicial no âmbito do processo trabalhista*. In: *O Novo Código de Processo Civil e seus reflexos no processo do trabalho*. MIESSA, Élisson (Org.). Salvador: JusPODIVM, 2015. p. 558.

No tocante à segurança jurídica, o respeito aos precedentes é capaz de, além de tornar a aplicação do direito mais segura e coerente, reforçar sua previsibilidade e estabilidade[54]. Isso porque o sistema de precedentes torna mais seguro o modo de aplicação das normas jurídicas e deixa, estabelecida de forma clara, que solução jurídica será aplicada a determinado caso concreto, garantindo assim o respeito às três facetas da segurança jurídica: cognoscibilidade, estabilidade e previsibilidade.

Ressalte-se ainda que a necessidade de observância das decisões pretéritas representa importante instrumento na proteção da confiança legítima.

Além disso, a teoria dos precedentes possui fundamentação no princípio da igualdade, uma vez que preza que os casos atuais sejam tratados da mesma maneira que os casos passados, desde que haja semelhança fática. Assim, o sistema de precedentes faz com que a decisão, "uma vez tomada, gere o dever de que os julgamentos seguintes sejam no mesmo sentido"[55]. A garantia da igualdade, pois, reforça ainda o dever de imparcialidade do juiz, uma vez que este estará vinculado à observação dos precedentes obrigatórios.

A teoria dos precedentes está ainda relacionada aos princípios da eficiência jurisdicional e da economia processual, uma vez que os precedentes obrigatórios evitam que os juízes tenham que se preocupar em encontrar soluções para as questões jurídicas já resolvidas. Ademais, a previsibilidade das decisões desestimula o ajuizamento de recursos, pois há considerável chance de o tribunal repetir a *ratio decidendi* invocada pelo juízo *a quo*[56]. Observa-se, desse modo, que os precedentes judiciais também possuem efeitos diretos na duração razoável do processo.

Portanto, a nosso juízo, os arts. 926 e 927 do NCPC são constitucionais.

3.7. TÉCNICAS PARA UTILIZAÇÃO DOS PRECEDENTES

3.7.1. *DISTINGUISHING*

Na utilização dos precedentes, inicialmente, deve-se extrair a *ratio decidendi*, afastando-se os elementos acidentais (*obter dictum*), que não são obrigatórios. Ato contínuo, o órgão julgador deve confrontar o caso em julgamento com o precedente, analisando se ele possui semelhanças com o precedente.

---

54 MACÊDO, Lucas Buril de. *Precedentes judiciais e o direito processual civil*. Salvador: JusPODIVM, 2015. p.149.
55 MACÊDO, Lucas Buril de. *Precedentes judiciais e o direito processual civil*. Salvador: JusPODIVM, 2015. p.155.
56 MACÊDO, Lucas Buril de. *Precedentes judiciais e o direito processual civil*. Salvador: JusPODIVM, 2015. p.161.

Havendo similitude, o julgador deverá interpretar a norma do precedente, aplicando-a ao caso, salvo na hipótese de superação (*overruling*).

Por outro lado, entendendo o julgador que há distinção entre a tese do precedente e o caso em julgamento, ele poderá: a) não aplicá-lo; ou b) interpretá-lo de forma ampliativa ou restritiva, incidindo no caso.

Essa análise comparativa, com o objetivo de distinguir o precedente do caso *sub judice*, é chamada de *distinguishing* ou *distinguish*. Trata-se de técnica de confronto, de interpretação (da norma) e de aplicação dos precedentes.

As distinções (*distinguishing*) constituem-se como a principal forma de operacionalização dos precedentes judiciais, podendo "evitar ou trazer a aplicação de um precedente no caso subsequente"[57].

A técnica do *distinguishing* deve ser realizada por qualquer julgador, porque é considerada como uma técnica de aplicação do direito. Nesse sentido, o enunciado nº174 do Fórum Permanente de Processualistas Civis:

> A realização da distinção compete a qualquer órgão jurisdicional, independentemente da origem do precedente invocado.

Obviamente, não se exige, para a aplicação do precedente, que os casos sejam totalmente idênticos, uma vez que, se fosse necessária essa exigência, não haveria como se julgar com base no precedente. "O raciocínio é eminentemente *analógico*."[58]

Desse modo, na aplicação do precedente, "é preciso observar os fatos que foram decisivos para que a decisão anterior fosse efetivamente prolatada e, em seguida, analisar as similaridades com o caso subsequente, especificando se os fatos categorizados que foram considerados juridicamente importantes estão presentes e quais fatos não possuem relevância para o Direito"[59]. Impõe, portanto, a análise das diferenças entre os dois casos analisados e a verificação da importância destas a ponto de justificar a não aplicação do precedente.

O *distinguishing* pode ser analisado de dois enfoques. O primeiro, mais amplo, corresponde à técnica de comparação realizada entre dois casos para que se verifique as diferenças e similaridades. Na concepção mais estrita, o *distinguishing* corresponde ao resultado propriamente obtido com a comparação, na qual se conclui pela utilização ou não do precedente, em razão de divergências

---

57 MACÊDO, Lucas Buril de. *Precedentes judiciais e o direito processual civil*. Salvador: JusPODIVM, 2015. p.351.

58 MARINONI, Luiz Guilherme; ARENHART, Sérgio Cruz; MITIDIERO, Daniel. *Novo Curso de Processo Civil: tutela dos direitos mediante procedimento comum*, São Paulo: Editora Revista dos Tribunais, 2015. v.2, p.615.

59 MACÊDO, Lucas Buril de. *Precedentes judiciais e o direito processual civil*. Salvador: JusPODIVM, 2015. p. 353.

substanciais. Na realidade, a técnica ocorre em momentos sucessivos: primeiro, compara-se para, em seguida, verificar o resultado dessa comparação.

Tendo em vista que a interpretação do precedente só é realizada em momento posterior, ao realizar o *distinguishing,* o juiz pode ampliar a extensão e os limites da decisão utilizada como paradigma (*leading case*). Nesses casos, a distinção será ampliativa (*ampliative distinguishing*).

Nas hipóteses em que a aplicação do precedente é muito ampla, e o juiz, ao realizar o *distinguishing,* especifica determinadas situações fáticas de aplicação da *ratio decidendi,* é realizada a distinção restritiva (*restrictive distinguishing*). Nesse caso, é interessante notar que parte da doutrina entende que o precedente será aplicado ao caso concreto de forma restritiva[60]. Para outros, o processo de restrição tem como finalidade restringir a tese jurídica do precedente para que não seja aplicado ao caso concreto[61]. A nosso juízo, a restrição pode gerar tanto a aplicação do precedente de forma diminuta quanto afastar sua incidência do caso concreto; nessa última hipótese, quando no processo de restrição o precedente distanciar-se dos fatos substanciais do caso concreto. Como advertido por Ravi Peixoto, essa "técnica deve ser realizada com cuidado, sob pena de haver tentativa de superação do órgão jurisdicional incompetente para tanto"[62].

De qualquer maneira, observa-se que a *ratio decidendi* de um precedente paradigmático (*leading case*) muitas vezes precisará de outros precedentes posteriores para a delimitação do alcance de seus efeitos. Ademais, essa técnica afasta o julgador da ideia de que é mero aplicador de precedentes ou súmulas, devendo interpretá-los em cada caso concreto.

Contudo, é preciso ficar claro: havendo precedente obrigatório (ou súmula, se for o caso) sobre determinada tese, o juiz deve aplicá-lo, se não existirem distinções, ou não aplicá-lo, se verificar diferenças substanciais. O que não se permite é que, mesmo existindo um precedente obrigatório, o julgador simplesmente o desconsidere (decisão *per incuriam*). Nesse caso, a decisão é considerada omissa, por força do art. 1.022, parágrafo único, I e II, do NCPC.

A propósito, o NCPC, no art. 966, §§ 5º e 6º descreve que:

> § 5º Cabe ação rescisória, com fundamento no inciso V do caput deste artigo, contra decisão baseada em enunciado de súmula ou acórdão proferido em julgamento de casos repetitivos que não tenha considerado a existência

---

60 MACÊDO, Lucas Buril de. *Precedentes judiciais e o direito processual civil.* Salvador: JusPODIVM, 2015. p 362.

61 DIDIER JR. Fredie; BRAGA, Paula Sarno; OLIVEIRA, Rafael Alexandria de. *Curso de Direito Processual Civil: teoria da prova, direito probatório, decisão, precedente, coisa julgada e tutela provisória.* 10. ed. Salvador: JusPODIVM, 2015. v.2, p. 491.

62 PEIXOTO, Ravi. *Superação do precedente e segurança jurídica.* Salvador: *JusPODIVM*, 2015. p. 216.

de distinção entre a questão discutiva no processo e o padrão decisório que lhe deu fundamento.

§ 6º Quando a ação rescisória fundar-se na hipótese do § 5º deste artigo, caberá ao autor, sob pena de inépcia, demonstrar, fundamentadamente, tratar-se de situação particularizada por hipótese fática distinta ou de questão jurídica não examinada, a impor outra solução jurídica.

Ademais, pode-se observar a técnica da distinção no Novo CPC em diversos dispositivos, como se constata nos artigos 489, §1º, incisos V e VI, 1.037, § 9º e 1.029, §1º. Do mesmo modo, a Lei 13.015/14 incluiu essa técnica na CLT, passando a prever no art. 896-C, § 16, que "a decisão firmada em recurso repetitivo não será aplicada aos casos em que se demonstrar que a situação de fato ou de direito é distinta das presentes no processo julgado sob o rito dos recursos repetitivos".

3.7.2. SUPERAÇÃO DOS PRECEDENTES JUDICIAIS

A teoria dos precedentes judiciais, como visto, impõe que o princípio da segurança jurídica deixe de ser analisado apenas como a consolidação de situações passadas, mas também como previsibilidade da atuação do Estado-juiz, dando origem ao princípio da confiança legítima. Isso significa que os jurisdicionados passarão a confiar em que, em casos semelhantes, o Poder Judiciário proferirá julgamentos semelhantes.

Contudo, o direito deve estar em constante modificação para se adequar às mudanças sociais, políticas e econômicas da sociedade, de modo que, embora a jurisprudência deva ser estável, nada obsta a alteração de entendimento. Todavia, a superação dos precedentes e súmulas deve ser realizada de acordo com determinadas formalidades, para que seja assegurada a segurança jurídica, a igualdade e a confiança legítima.

Ademais, a superação deve ocorrer sempre de forma excepcional. Para se ter um parâmetro do *common law*, a Suprema Corte americana, de 1789 a 2009, realizou apenas 210 superações[63]. Na Inglaterra, a Suprema Corte, de 1898 a 1966, não admitia superação. De 1966 a 1991, a doutrina faz menção à utilização da superação de forma inequívoca apenas oito vezes[64]. Infelizmente, essa lógica não é adotada pelas Cortes brasileiras na alteração de seus posicionamentos, mas que fique como padrão a ser seguido, a partir de agora, com a introdução efetiva dos precedentes na sistemática processual brasileira.

Nesse contexto, iremos analisar as técnicas existentes para a adequada superação dos precedentes ou súmulas.

---

63 GERHARDT, Michael. *Apud* PEIXOTO, Ravi. *Superação do precedente e segurança jurídica*. Salvador: JusPODIVM, 2015. p. 202.

64 CROSS, Rupert; HARRIS, J. W. *apud* PEIXOTO, Ravi. *Superação do precedente e segurança jurídica*. Salvador: JusPODIVM, 2015. p. 202.

3.7.2.1. *Overruling*

A *overruling* consiste na substituição de um precedente por outro em momento posterior, perdendo o precedente inicial sua força obrigatória. Desse modo, a *ratio decidendi* deixa de ser considerada como uma fonte de direito, podendo, contudo, ser utilizada como precedente persuasivo.

A *overruling* pode ocorrer de forma:

1) **expressa**: quando, expressamente, o tribunal adota nova fundamentação e substitui a *ratio decidendi* anterior, ou seja, passa a adotar de forma expressa um novo entendimento;

2) **tácita (implícita)**: quando é adotado novo entendimento, contrário ao precedente, sem que, todavia, haja expressa substituição da *ratio decidendi* anterior.

No ordenamento brasileiro, a doutrina tem negado a *overruling* tácita (*implied overruling*), uma vez que o art. 927, § 4º, do NCPC exige fundamentação adequada e específica para a superação de determinado precedente, ou seja, impõe atuação expressa[65].

Nesse ponto, é importante diferenciar a superação implícita (*overruling* tácito) da transformação (*transformation*).

Na **transformação**, embora ocorra uma superação implícita, o tribunal busca compatibilizar o novo entendimento com o precedente anterior, dando a ideia de que ele não foi superado. Contudo, trata-se de superação implícita ao quadrado[66], pois, "além de revogar a orientação anterior de forma implícita, ainda tenta compatibilizá-la com o novo precedente"[67].

De acordo com Lucas Buril Macêdo, a transformação não deve ser considerada como uma técnica, mas como uma prática que deve ser evitada, uma vez que confronta o princípio da segurança jurídica ao superar determinado precedente sem as formalidades necessárias[68].

No Brasil, o *overruling* pode ocorrer de forma:

---

65 Nesse sentido, DIDIER JR. Fredie; BRAGA, Paula Sarno; OLIVEIRA, Rafael Alexandria de. *Curso de Direito Processual Civil: teoria da prova, direito probatório, decisão, precedente, coisa julgada e tutela provisória*. 10. ed. Salvador: JusPODIVM, 2015. v.2, p. 494; PEIXOTO, Ravi. *Superação do precedente e segurança jurídica*. Salvador: JusPODIVM, 2015. p. 199.

66 PEIXOTO, Ravi. *Superação do precedente e segurança jurídica*. Salvador: JusPODIVM, 2015. p. 200.

67 DIDIER JR. Fredie; BRAGA, Paula Sarno; OLIVEIRA, Rafael Alexandria de. *Curso de Direito Processual Civil: teoria da prova, direito probatório, decisão, precedente, coisa julgada e tutela provisória*. 10. ed. Salvador: JusPODIVM, 2015. v.2, p. 495.

68 MACÊDO, Lucas Buril de. *Precedentes judiciais e o direito processual civil*. Salvador: JusPODIVM, 2015. P. 371.

1) **difusa**: quando um processo chega ao tribunal, e a decisão nele proferida supera o precedente anterior. Nesse caso, tem-se a vantagem de permitir que qualquer pessoa possa contribuir para promover a revisão do entendimento já consolidado[69];

2) **concentrada**: quando há instauração de um procedimento autônomo direcionado a revisar ou cancelar o entendimento já consolidado no tribunal.

A *overruling* concentrada pode ocorrer, por exemplo, com as súmulas vinculantes (Lei nº 11.417/06, art. 3º) ou nas teses firmadas nos incidentes de resolução de demandas repetitivas, de que o artigo 986 do NCPC expressamente dispõe:

> Art. 986. A revisão da tese jurídica firmada no incidente far-se-á pelo mesmo tribunal, de ofício ou mediante requerimento dos legitimados mencionados no art. 977, inciso III.

No tocante às súmulas, orientações jurisprudenciais e precedentes normativos do Tribunal Superior do Trabalho, seu procedimento vem estabelecido no Regimento Interno do Tribunal, o qual descreve no art. 158:

> Art. 158. A revisão ou cancelamento da jurisprudência uniformizada do Tribunal, objeto de Súmula, de Orientação Jurisprudencial e de Precedente Normativo, será suscitada pela Seção Especializada, ao constatar que a decisão se inclina contrariamente a Súmula, a Orientação Jurisprudencial ou a Precedente Normativo, ou por proposta firmada por pelo menos dez Ministros da Corte, ou por projeto formulado pela Comissão de Jurisprudência e Precedentes Normativos.
>
> § 1.º Verificando a Seção Especializada que a maioria se inclina contrariamente a Súmula, a Orientação Jurisprudencial ou a Precedente Normativo, deixará de proclamar o resultado e encaminhará o feito à Comissão de Jurisprudência e Precedentes Normativos para, em trinta dias, apresentar parecer sobre a sua revisão ou cancelamento, após o que os autos irão ao Relator para preparação do voto e inclusão do feito em pauta do Tribunal Pleno.
>
> § 2.º A determinação de remessa à Comissão de Jurisprudência e Precedentes Normativos e ao Tribunal Pleno é irrecorrível, assegurada às partes a faculdade de sustentação oral por ocasião do julgamento. (...)

O pedido de revisão ou cancelamento também poderá ser proposto pelas partes (TST-RI, art. 157 c/c 156, § 2º) e pelo Ministério Público do Trabalho (LC nº 75/93, art. 83, VI; TST-RI, art. 157 c/c 156, § 2º). Ao Tribunal Pleno compete rever ou cancelar súmula, orientação jurisprudencial ou precedente normativo, caso a deliberação ocorra por maioria absoluta (arts. 62, §1º, IV; 68, VII e XI).

---

69 DIDIER JR. Fredie; BRAGA, Paula Sarno; OLIVEIRA, Rafael Alexandria de. *Curso de Direito Processual Civil: teoria da prova, direito probatório, decisão, precedente, coisa julgada e tutela provisória*. 10. ed. Salvador: JusPODIVM, 2015. v.2, p. 496.

Ademais, a Lei nº 13.015/14, ao introduzir, no processo do trabalho, o recurso de revista repetitivo, tratou expressamente do *overruling*, como se verifica pelo disposto no art. 896-C, § 17, *in verbis*:

> § 17. Caberá revisão da decisão firmada em julgamento de recursos repetitivos quando se alterar a situação econômica, social ou jurídica, caso em que será respeitada a segurança jurídica das relações firmadas sob a égide da decisão anterior, podendo o Tribunal Superior do Trabalho modular os efeitos da decisão que a tenha alterado.

O doutrinador Fredie Didier, ao comentar o referido artigo, faz algumas observações que, pela relevância e objetividade, são dignas de transcrição:

> Essa superação somente pode ser feita pelo Tribunal Superior do Trabalho. Demais tribunais e juízes não poderiam suplantar entendimento de órgão hierarquicamente superior. O TST só poderá partir para o *overruling* a partir de "critérios argumentativos-procedimentais já enumerados, respeitando os seguintes aspectos: 1) o substancial, o tribunal precisa demonstrar que a *ratio decidendi* em voga causa injustiças ou é inadequada, e que determinado princípio determina sua mudança por uma norma que demonstre ser mais adequada ou justa para a situação; 2) o formal, o tribunal precisa demonstrar que as razões substanciais para a mudança superam as razões formais para a continuidade, isto é, que é mais importante a prevalência do princípio material do que a segurança jurídica fornecida pela continuidade da tese; 3) o da segurança na mudança, aspecto final, que consiste na proteção da confiança legítima, ou seja, depois de o tribunal posicionar-se pela necessidade de mudança, deve passar a se preocupar com a proteção dos jurisdicionados que atuaram com expectativa legítima na aplicação dos precedentes, seja determinando um regime de transição ou aplicando o chamado *prospective overruling*, fazendo a nova tese incidir apenas sobre relações jurídicas que se deem a partir de certo momento[70].

Cumpre consignar que o art. 927, § 2º, do NCPC[71] impõe modificação do Regimento Interno do TST, a fim de que permita, expressamente, debates públicos[72] na alteração de súmulas, orientações, precedentes normativos ou julgamentos de casos repetitivos, por meio de audiências públicas e participação de pessoas, órgãos ou entidades que possam contribuir para a rediscussão da tese, incluindo-se aqui a participação do *amicus curiae*.

---

[70] MACÊDO, Lucas Buril. *Reforma no processo trabalhista brasileiro em direção aos precedentes obrigatórios: a Lei nº13.015/2014. apud* DIDIER JR. Fredie; BRAGA, Paula Sarno; OLIVEIRA, Rafael Alexandria de. Curso de Direito Processual Civil: teoria da prova, direito probatório, decisão, precedente, coisa julgada e tutela provisória. 10. ed. Salvador: JusPODIVM, 2015. v.2, p. 498.

[71] NCPC, art. 927, § 2º. A alteração de tese jurídica adotada em enunciado de súmula ou em julgamento de casos repetitivos poderá ser precedida de audiências públicas e da participação de pessoas, órgãos ou entidades que possam contribuir para a rediscussão da tese.

[72] Sem prejuízo, em 2012 promoveu amplo debate na "II semana do TST" acerca das alterações da sua jurisprudência consolidada.

Nesse último aspecto, é importante destacar que, na pesquisa realizada pela UFMG, constatou-se que "tanto o Superior Tribunal de Justiça, quanto o Supremo Tribunal Federal não disponibilizam os debates sobre a instituição das súmulas sem efeitos vinculantes, mesmo eles existindo e tendo previsão no Regimento Interno de ambas as Cortes. A ausência de publicação dos debates também tornou impossível a identificação do *leading case*, o que de certa forma prejudica o intérprete em sua tarefa de aplicar as técnicas do *distinguish* e do *overruling*"[73].

3.7.2.1.1. Fundamentação

O NCPC, apesar de claramente permitir a superação dos precedentes, exige que a decisão seja devidamente fundamentada, com observância dos princípios da segurança jurídica, da proteção da confiança e da isonomia, conforme se observa no art. 927, § 4º:

> § 4º A modificação de enunciado de súmula, de jurisprudência pacificada ou de tese adotada em julgamento de casos repetitivos observará a necessidade de fundamentação adequada e específica, considerando os princípios da segurança jurídica, da proteção da confiança e da isonomia.

Verifica-se, assim, que a decisão que tiver como objetivo a *overruling* deverá possuir "uma carga de motivação maior, que traga argumentos até então não suscitados e a justificação complementar da necessidade de superação do precedente"[74], ou seja, não basta a fundamentação corriqueira, devendo ser identificados com clareza os elementos que levaram à revogação do precedente anterior, sob pena de a decisão ser decretada nula[75].

É importante destacar que, enquanto a superação do precedente impõe um maior esforço argumentativo, a manutenção do entendimento anterior e sua aplicação em casos futuros atenuam o dever de fundamentação, sem prejuízo de o magistrado demonstrar que aquele precedente se adapta ao caso concreto. Trata-se do chamado **princípio da inércia argumentativa**[76]. Nas palavras do doutrinador Ravi Peixoto:

> "o princípio da inércia argumentativa, relacionado com a própria manutenção do precedente estabelecido anteriormente, também atua na diminuição do ônus argumentativa (sic) de quem atua com base no entendimento

---

73 Justiça Pesquisa - *A força normativa do direito judicial. Uma análise da aplicação prática do precedente no direito brasileiro e dos seus desafios para a legitimação da autoridade do Poder Judiciário*. https://www.academia.edu/13250475/A_for%C3%A7a_normativa_do_direito_judicial_-_Justi%C3%A7a_Pesquisa_-_UFMG.

74 DIDIER JR. Fredie; BRAGA, Paula Sarno; OLIVEIRA, Rafael Alexandria de. *Curso de Direito Processual Civil: teoria da prova, direito probatório, decisão, precedente, coisa julgada e tutela provisória*. 10. ed. Salvador: JusPODIVM, 2015. v.2, p. 497.

75 PEIXOTO, Ravi. *Superação do precedente e segurança jurídica*. Salvador: JusPODIVM, 2015. p. 201.

76 ATAÍDE JR., Jaldemiro Rodrigues de. *O princípio da inércia argumentativa diante de um sistema de precedentes em formação no direito brasileiro*. Revista de processo. São Paulo: RT, n. 229, mar-2014.

atual e mitiga a necessidade de motivação do magistrado, a quem se requer basicamente a demonstração de aplicação"[77].

Trata-se, pois, de atenuação e não ausência de fundamentação, impondo que o magistrado argumente no sentido de que o precedente se enquadra no contexto fático apresentado em julgamento.

3.7.2.1.2. Hipóteses de superação

O *overruling* pode ocorrer quando o precedente deixa de corresponder aos padrões de congruência social e de consistência sistêmica, ou seja, quando determinada *ratio decidendi* passa a ser incompatível com os valores da sociedade ou com o próprio ordenamento jurídico. Ademais, também pode ocorrer quando a isonomia e a segurança jurídica impõem a superação do precedente[78].

Observa-se, portanto, que as hipóteses são restritas, o que justifica a necessidade do maior esforço argumentativo nas decisões que impliquem a superação dos precedentes judiciais. O STF, na ADIN 4.071, indicou que a mudança no entendimento jurisdicional "pressupõe a ocorrência de significativas modificações de ordem jurídica, social ou econômica, ou, quando muito, a superveniência de argumentos nitidamente mais relevantes do que aqueles antes prevalecentes"[79].

Nesse sentido, dispõe o enunciado nº 322 do Fórum Permanente de Processualistas Civis:

> A modificação de precedente vinculante poderá fundar-se, entre outros motivos, na revogação ou modificação da lei em que ele se baseou, ou em alteração econômica, política, cultural ou social referente à matéria decidida.

3.7.2.1.2.1. Superveniência de lei nova (Novo CPC)

A necessidade de superação de determinado precedente também pode surgir com a superveniência de lei nova que com ele seja incompatível. Essa hipótese será verificada com o Novo CPC, uma vez que, com a nova legislação processual civil, diversos entendimentos consolidados na jurisprudência dos tribunais, inclusive no TST, deverão ser superados, adequando-se às novas regras do direito processual comum.

Salienta-se que, de acordo com a doutrina, na hipótese de modificação da legislação, não ocorre propriamente a superação dos precedentes[80]. Nesse caso,

---

77 PEIXOTO, Ravi. *Superação do precedente e segurança jurídica*. Salvador: JusPODIVM, 2015. p. 202.

78 EISENBERG, Melvin apud PEIXOTO, Ravi. *Superação do precedente e segurança jurídica*. Salvador: JusPODIVM, 2015. p. 203.

79 ADI 4071 AgR, Relator(a): Min. MENEZES DIREITO, Tribunal Pleno, julgado em 22/04/2009, DJe-195 DIVULG 15-10-2009 PUBLIC 16-10-2009.

80 Nesse sentido: PEIXOTO, Ravi. *Superação do precedente e segurança jurídica*. Salvador: JusPODIVM, 2015. p. 209 e JR. DIDIER, Fredie; BRAGA, Paula Sarno; OLIVEIRA, Rafael Alexandria de. *Curso de Direito Processual Civil: teoria da prova, direito probatório, decisão, precedente, coisa julgada e tutela provisória*. 10. ed. Salvador: JusPODIVM, 2015. v.2, p. 498.

a não aplicação do precedente poderá ser realizada por qualquer juiz e não vai necessitar de reforço da argumentação da decisão[81]. Nesse sentido, o enunciado nº 324 do Fórum Permanente de Processualistas Civis:

> Lei nova, incompatível com o precedente judicial, é fato que acarreta a não aplicação do precedente por qualquer juiz ou tribunal, ressalvado o reconhecimento de sua inconstitucionalidade, a realização de interpretação conforme ou a pronúncia de nulidade sem redução de texto.

A não aplicação do precedente por qualquer juiz ou tribunal é permitida nesse caso, porque a alteração de textos normativos é realizada pelo Poder Legislativo e, portanto, de forma externa aos tribunais, não se tratando de descumprimento do entendimento jurisprudencial, mas de aplicação da norma vigente. Ademais, a alteração legislativa modifica a própria base (razão de existir) do precedente (ou súmulas). Nesses casos, o novo entendimento, consolidado pelo texto normativo, passará a ser aplicado a partir da data de sua vigência no ordenamento jurídico[82].

3.7.2.1.3. Quem pode realizar a superação

Os precedentes constantes no rol do art. 927 do NCPC são obrigatórios, o que significa que necessariamente deverão ser aplicados pelos juízes e tribunais, ainda que estes não concordem com sua *ratio decidendi*. Assim, "sendo a norma válida e eficaz, os juízes subsequentes precisam aplicá-la, concordem ou não. É justamente nisso que consiste a obrigatoriedade dos precedentes judiciais".[83]

Os precedentes judiciais poderão deixar de ser aplicados se houver distinção ou quando forem efetivamente superados. Nesse sentido, dispõe o art. 489, § 1º, VI, do NCPC, *in verbis*:

> § 1º Não se considera fundamentada qualquer decisão judicial, seja ela interlocutória, sentença ou acórdão, que:
>
> (...)
>
> VI - deixar de seguir enunciado de súmula, jurisprudência ou precedente invocado pela parte, sem demonstrar a existência de distinção no caso em julgamento ou a superação do entendimento.

Salienta-se, contudo, que, ao contrário do que ocorre no *distinguishing* (distinção), no qual a diferenciação dos casos pode ser realizada por qualquer magistrado, independentemente de sua hierarquia, a **superação só é permitida**

---

81 DIDIER JR., Fredie; BRAGA, Paula Sarno; OLIVEIRA, Rafael Alexandria de. *Curso de Direito Processual Civil: teoria da prova, direito probatório, decisão, precedente, coisa julgada e tutela provisória*. 10. ed. Salvador: JusPODIVM, 2015. v.2, p. 498.

82 PEIXOTO, Ravi. *Superação do precedente e segurança jurídica*. Salvador: JusPODIVM, 2015. p. 210.

83 MACÊDO, Lucas Buril de. *Precedentes judiciais e o direito processual civil*. Salvador: JusPODIVM, 2015. p. 381.

ao próprio tribunal prolator do precedente ou ao tribunal hierarquicamente superior[84].

Desse modo, o art. 489, § 1º, VI, do NCPC deve ser interpretado de forma a permitir que a distinção (*distinguishing*) seja realizada por qualquer juiz, mas que a superação dos precedentes judiciais seja apenas realizada pelo tribunal criador do precedente ou hierarquicamente superior. Isso ocorre pela própria ideologia dos precedentes obrigatórios, vez que, se fosse admitida a superação pelos órgãos inferiores, o precedente não seria aplicado a casos semelhantes, deixando, pois, de ser obrigatório.

Cabe fazer nesse ponto duas observações.

Primeira, como visto, a superveniência de texto legislativo que altere a base do precedente, súmula ou orientação jurisprudencial não é considerada como forma de superação de precedentes, uma vez que decorrente de atos externos ao Tribunal, podendo ser realizada, portanto, por qualquer juízo.

Segunda, a utilização da técnica de **superação antecipada** (*anticipatory overruling*) permite a não aplicação pelos juízes de 1ª instância ou de tribunais inferiores de determinado precedente formado pelos tribunais hierarquicamente superiores. Essa situação ocorre quando, apesar de o precedente não ter sido superado pelos tribunais superiores, já há a sinalização pelo tribunal criador do precedente ou hierarquicamente superior de que o entendimento será modificado.

Com efeito, é possível concluir que os juízos e tribunais inferiores, diante de um precedente obrigatório não superado pelo tribunal criador ou hierarquicamente superior, somente deixarão de aplicá-lo em três hipóteses:

1) *distinguishing*;
2) superveniência de texto legislativo que altere a base do precedente, da súmula ou de orientação jurisprudencial; ou
3) superação antecipada (sinalização).

3.7.2.2. *Signaling* (Sinalização)

A *signaling* consiste na técnica utilizada quando um tribunal, apesar de aplicar determinado precedente, ao perceber sua desatualização, sinaliza sua futura superação. A técnica tem como objetivo conceder segurança jurídica aos jurisdicionados, uma vez que evita a superação do precedente de forma repentina.

A sinalização de possível mudança nos precedentes tem como função, além da preservação da segurança jurídica e da confiança aos jurisdicionados, a provocação de novo debate público no tocante ao entendimento sinalizado, conforme previsão do § 2º do art. 927 do NCPC, *in verbis*:

---

[84] MACÊDO, Lucas Buril de. *Precedentes judiciais e o direito processual civil*. Salvador: JusPODIVM, 2015. p. 388.

§ 2º A alteração de tese jurídica adotada em enunciado de súmula ou em julgamento de casos repetitivos poderá ser precedida de audiências públicas e da participação de pessoas, órgãos ou entidades que possam contribuir para a rediscussão da tese.

Não se pode negar que a sinalização gera insegurança momentânea aos jurisdicionados, já que, não sendo expressa, não se sabe exatamente qual o caminho a ser seguido pela Corte. Nesse contexto, como declina Lucas Buril, "a segurança é um importante objetivo a se alcançar em qualquer sistema jurídico, todavia, ela não é absoluta, pelo que a antecipação da superação, embora reduza a segurança, promove uma mudança desejada no Direito, atendendo a exigências sociais, e, assim, ao próprio sistema jurídico"[85].

3.7.2.3. Overriding

O *overriding* é a possibilidade de reduzir o alcance de um precedente anterior pela existência de um precedente posterior. Por exemplo, o STF indica na Súmula 343 que não cabe ação rescisória por violação de dispositivo de lei, mas logo em seguida a interpreta no sentido de que ela não se aplica à norma constitucional, como expressamente declara o TST na Súmula 83.

É, portanto, a revogação (superação) parcial do precedente anterior.

Percebe-se que muito se assemelha à transformação, porque o tribunal busca manter o precedente antigo, dando-lhe nova interpretação. A diferença entre a transformação e o *overriding* é que este é uma superação parcial, enquanto aquele é total.

Ele difere ainda da distinção restritiva (*restrictive distinguishing*), pois nesta se busca uma diferenciação fática, enquanto no *overriding* tem-se uma questão de direito que leva à restrição do alcance do precedente.

De qualquer modo, e seguindo as palavras do doutrinador Lucas Buril, "no direito brasileiro não se faz necessário importar um conceito que possui pouca utilidade e eleva desnecessariamente a complexidade do sistema jurídico"[86].

3.7.2.4. Eficácia temporal na superação do precedente

A eficácia temporal na hipótese de alteração do precedente tem como objetivo definir a seguinte indagação: sendo um precedente superado, os efeitos são *ex tunc* (retroativos) ou *ex nunc*?

No Brasil, o entendimento clássico é no sentido de que a modificação da jurisprudência (sumulada ou não) tem efeitos retroativos, abrangendo os fatos

---

85 MACÊDO, Lucas Buril de. *Precedentes judiciais e o direito processual civil*. Salvador: JusPODIVM, 2015. p. 415.

86 MACÊDO, Lucas Buril de. *Precedentes judiciais e o direito processual civil*. Salvador: JusPODIVM, 2015. p. 408.

passados ainda não transitados em julgado. Isso porque a modificação decorre de decisões reiteradas que passam a decidir de modo diverso do precedente originário, o que significa que seu caminho já é iniciado em momento pretérito. Ademais, o novo entendimento passa a ser entendido como mais adequado, atingindo o contexto atual e o passado.

No entanto, esse entendimento é criticado, porque afasta a segurança jurídica e a confiança dos jurisdicionados nos posicionamentos das Cortes. A crítica é majorada quando se pensa em precedentes obrigatórios, considerados como fonte de direito, invocando, por vezes, analogicamente, a irretroatividade das leis, a fim de abarcar as normas jurídicas que abrangem os precedentes.

De qualquer modo, a melhor solução às divergências da eficácia temporal dos precedentes judiciais corresponde à modulação de seus efeitos pelo tribunal prolator. É o que passa a dispor o artigo 927, § 3º do NCPC, *in verbis*:

> §3º Na hipótese de alteração de jurisprudência dominante do Supremo Tribunal Federal e dos tribunais superiores ou daquela oriunda de julgamento de casos repetitivos, pode haver modulação dos efeitos da alteração no interesse social e no da segurança jurídica.

No mesmo sentido, o disposto no § 17 do artigo 896-C da CLT:

> § 17. Caberá revisão da decisão firmada em julgamento de recursos repetitivos quando se alterar a situação econômica, social ou jurídica, caso em que será respeitada a segurança jurídica das relações firmadas sob a égide da decisão anterior, podendo o Tribunal Superior do Trabalho modular os efeitos da decisão que a tenha alterado.

Nas palavras do doutrinador Fred Didier, ao analisar o referido dispositivo do Novo CPC:

> Uma interpretação constitucional e sistemática dessa regra, com base na própria segurança jurídica e na boa-fé, impõe admitir que esse poder de modular a eficácia da decisão de *overruling* seja exercido quando estiver em jogo a alteração de qualquer precedente, jurisprudência ou enunciado de súmula, de qualquer tribunal, desde que tenha eficácia normativa[87].

No entanto, existem diversas teses acerca da modulação dos efeitos, dentre as quais podem-se destacar[88]:

a) aplicação retroativa pura: o novo entendimento abrange todos os fatos passados, inclusive os transitados em julgado, permitindo-se a ação rescisória;

---

[87] DIDIER JR. Fredie; BRAGA, Paula Sarno; OLIVEIRA, Rafael Alexandria de. *Curso de Direito Processual Civil: teoria da prova, direito probatório, decisão, precedente, coisa julgada e tutela provisória*. 10. ed. Salvador: JusPODIVM, 2015. v.2, p. 503.

[88] ATAÍDE JUNIOR apud DIDIER JR. Fredie; BRAGA, Paula Sarno; OLIVEIRA, Rafael Alexandria de. *Curso de Direito Processual Civil: teoria da prova, direito probatório, decisão, precedente, coisa julgada e tutela provisória*. 10. ed. Salvador: JusPODIVM, 2015. v.2, p. 504.

b) aplicação retroativa clássica: o novo precedente é aplicável aos fatos passados ainda não transitados em julgado;

c) aplicação prospectiva pura: o novo precedente é aplicado apenas aos fatos posteriores, não valendo para o caso que deu origem ao precedente;

d) aplicação prospectiva clássica: o novo precedente aplicado aos fatos novos, inclusive ao caso concreto que originou a superação;

e) aplicação prospectiva a termo: quando o tribunal define uma data ou condição para que produza efeito o precedente.

De plano, não se deve definir um único critério como prevalecente, dependendo de cada caso concreto. Porém, a nosso juízo, não devemos invocar a retroatividade para atingir situações consolidadas pela coisa julgada[89].

Ademais, de acordo com Didier, Braga e Oliveira, a data inicial da revogação do precedente anterior poderá ser considerada como a data da sinalização de que o precedente poderá ser revogado. Assim, quando a efetiva superação do precedente for precedida pela sinalização (*signaling*), será considerada esta o parâmetro inicial da revogação[90].

Cabe ressaltar, que nas hipóteses nas quais a não utilização dos precedentes ocorrer em razão de alterações nos textos normativos que sustentavam sua *ratio decidendi*, o novo entendimento deverá começar a ser aplicado a partir da data de vigência do novo texto legal. Assim, "o novo entendimento terá como eficácia temporal inicial a data da entrada em vigência da alteração do texto"[91].

4. RECLAMAÇÃO

A teoria dos precedentes não impõe a existência de um mecanismo específico para fazer valer sua obrigatoriedade. Isso porque a não aplicação do precedente, quando era o caso de aplicá-lo, provocará um julgamento com *error in judicando* ou *error in procedendo*[92], possibilitando sua anulação ou modificação em grau recursal.

Contudo, o NCPC passa a disciplinar a reclamação, em seus artigos 988 a 993, que, embora não seja direcionada tão somente aos precedentes descritos no art. 927 do NCPC, torna-se mais um meio de garantir sua aplicação.

---

89 Exceto quanto ao disposto no art. 525, § 15 do NCPC.
90 DIDIER JR. Fredie; BRAGA, Paula Sarno; OLIVEIRA, Rafael Alexandria de. *Curso de Direito Processual Civil: teoria da prova, direito probatório, decisão, precedente, coisa julgada e tutela provisória*, 10. ed. Salvador: JusPODIVM, 2015. v.2, p. 505.
91 PEIXOTO, Ravi. *Superação do precedente e segurança jurídica*. Salvador: JusPODIVM, 2015. p. 210.
92 MACÊDO, Lucas Buril de. *Precedentes judiciais e o direito processual civil*. Salvador: JusPODIVM, 2015. p. 102.

A reclamação já era prevista na Constituição Federal de 1988 para a preservação da competência do STJ e do STF e para a preservação da autoridade de suas decisões (arts. 102, I, "l" e 105, I, "f"), bem como para anular o ato administrativo ou cassar a decisão judicial que contrariar súmula vinculante aplicável ao caso (art. 103-A, § 3º).

O Novo CPC amplia, consideravelmente, o cabimento da reclamação, permitindo seu ajuizamento em **qualquer tribunal** (art. 988, § 1º), seja para manter sua competência, seja para garantir a autoridade de sua decisão.

"A previsão tem alcance prático significativo, em especial quanto aos tribunais de segundo grau."[93] Esse alcance tem maior enfoque na seara trabalhista, uma vez que a Lei 13.015/14 implantou efetivamente o mecanismo de uniformização obrigatório da jurisprudência em segundo grau, por meio de súmulas regionais ou teses prevalentes (CLT, art. 896, §§ 4º a 6º), impondo, consequentemente, sua observância no âmbito do tribunal, seja pelo próprio tribunal (dever de coerência e/ou autorreferência), seja pelos órgãos inferiores.

De acordo com o artigo 988 do NCPC, a parte interessada ou o Ministério Público poderão propor a reclamação para preservar a competência do tribunal, garantir a autoridade das decisões do tribunal, a observância de enunciado de súmula vinculante e de decisão do STF em controle concentrado de constitucionalidade e a observância de acórdão proferido em julgamento de incidente de resolução de demandas repetitivas ou de incidente de assunção de competência.

Assim, a reclamação poderá ser proposta em qualquer tribunal, mas o seu julgamento competirá ao órgão jurisdicional cuja competência se busca preservar ou cuja autoridade se pretenda garantir (artigo 988, §1º, do NCPC). A reclamação deverá ainda ser dirigida ao presidente do tribunal e instruída com prova documental (art. 988, §2º, do NCPC).

Cabe ressaltar que, sempre que possível, assim que recebida, a reclamação será autuada e distribuída ao relator do processo principal (art. 988, § 3º).

Como não possui natureza de ação rescisória, a reclamação deverá ser proposta antes do trânsito em julgado da decisão[94] (art. 988, § 5º, I). Ademais, é inadmissível que a reclamação seja proposta para garantir a observância de acórdão de recurso extraordinário com repercussão geral reconhecida ou de acórdão proferido em julgamento de recursos extraordinário ou especial repetitivos, quando não esgotadas as instâncias ordinárias (art. 988, § 5º, II).

De acordo com o STF[95], a reclamação não possui natureza de recurso, ação ou incidente processual, mas de direito de petição (art. 5º, XXXIV, da CF/88).

---

93 NEVES, Daniel Amorim Assumpção. *Novo Código de Processo Civil – Lei 13.105/2015*. Rio de Janeiro: Forense; São Paulo: MÉTODO, 2015. p. 521

94 Nesse mesmo sentido dispõe a súmula nº 734 do STF: "Não cabe reclamação quando já houver transitado em julgado o ato judicial que se alega tenha desrespeitado decisão do Supremo Tribunal Federal".

95 ADI 2212, Relator(a): Min. ELLEN GRACIE, Tribunal Pleno, julgado em 02/10/2003, DJ 14-11-2003 PP-00011 EMENT VOL-02132-13 PP-02403.

Desse modo, não há impedimentos para que a mesma decisão seja impugnada por meio recursal e pela reclamação[96]. Nesse sentido, o § 6º do artigo 988 do NCPC estabelece: "a inadmissibilidade ou o julgamento do recurso interposto contra a decisão proferida pelo órgão reclamado não prejudica a reclamação".

Esse entendimento deve ser visto com cautela, pois a utilização desenfreada da reclamação provocará um inevitável sucateamento das vias recursais, possibilitando a ampliação considerável do número de processos nos tribunais, afastando-se inclusive da segurança jurídica, eficiência e economia processual almejadas com os precedentes.

Nesse contexto, não se pode negar que, embora possua natureza de direito de petição, a reclamação tem o objetivo de impugnar determinadas decisões. É, portanto, um meio de impugnação de decisão judicial. Desse modo, tendo em vista a irrecorribilidade das decisões interlocutórias prevista no art. 893, § 1º, da CLT, deve-se entender que, no âmbito laboral, as decisões interlocutórias não são passíveis de reclamação, com exceção das hipóteses previstas na súmula nº 214 do TST[97].

Ademais, válido destacar que, diferentemente da previsão da CF/88, o NCPC não faz referência aos atos administrativos, mas apenas aos atos jurisdicionais. Assim, com exceção das súmulas vinculantes, somente caberá reclamação dos atos emanados por órgãos do Poder Judiciário, excluindo-se, portanto, a Administração Pública Direta e Indireta.

Nas situações nas quais a reclamação tiver como objeto a garantia da observância de decisão do Supremo Tribunal Federal, em controle concentrado de constitucionalidade, e a garantia da observância de enunciado de súmula vinculante e de precedente proferido em julgamento de casos repetitivos ou em incidente de assunção de competência, deverão ser analisadas a aplicação indevida da tese jurídica e a sua não aplicação aos casos que a ela correspondam (art. 988, § 4º do NCPC).

Ao despachar a reclamação, o relator deverá requisitar informações da autoridade a quem for imputada a prática do ato impugnado, que as prestará no prazo de dez dias; se necessário, deverá ordenar a suspensão do processo ou do ato impugnado para evitar dano irreparável e determinará a citação do beneficiário da decisão impugnada, que terá o prazo de quinze dias para a apresentação da contestação (art. 989 do NCPC).

---

96 MARINONI, Luiz Guilherme; ARENHART, Sérgio Cruz; MITIDIERO, Daniel. *Novo Curso de Processo Civil: tutela dos direitos mediante procedimento comum, volume II.* São Pulo: Editora Revista dos Tribunais, 2015. p. 603.

97 **Súmula nº 214 do TST.** Decisão Interlocutória. Irrecorribilidade
Na Justiça do Trabalho, nos termos do art. 893, § 1º, da CLT, as decisões interlocutórias não ensejam recurso imediato, salvo nas hipóteses de decisão: a) de Tribunal Regional do Trabalho contrária à Súmula ou Orientação Jurisprudencial do Tribunal Superior do Trabalho; b) suscetível de impugnação mediante recurso para o mesmo Tribunal; c) que acolhe exceção de incompetência territorial, com a remessa dos autos para Tribunal Regional distinto daquele a que se vincula o juízo excepcionado, consoante o disposto no art. 799, § 2º, da CLT.

Registra-se que qualquer interessado poderá impugnar o pedido do reclamante (art. 990 do NCPC) e que, quando não tiver formulado a reclamação, o Ministério Público terá vista do processo por cinco dias, após o decurso do prazo para informações e para o oferecimento da contestação pelo beneficiário do ato impugnado (art. 991 do NCPC).

Caso a reclamação seja julgada procedente, o tribunal cassará a decisão exorbitante de seu julgado ou determinará medida adequada à solução da controvérsia (art. 992 do NCPC). O presidente do tribunal determinará o imediato cumprimento da decisão, lavrando-se o acórdão posteriormente (art. 993).

Na Justiça do Trabalho, a reclamação era prevista no Regimento Interno do TST (arts. 190 a 194). Todavia, o STF no Recurso Extraordinário nº 405.031[98] entendeu que a reclamação somente pode ser criada ou regulada pela lei em sentido formal e material. Dessa forma, em razão da ausência de previsão na CF/88 e de disposição legal, o STF entendeu que a reclamação prevista no Regimento Interno era inconstitucional.

Entretanto, como o NCPC não restringe os tribunais passíveis de reclamação, entendemos que a reclamação será permitida na Justiça Trabalhista, para a garantia da observância das súmulas e orientações jurisprudenciais do TST, súmulas dos Tribunais Regionais do Trabalho, decisões proferidas em julgamento de casos repetitivos e em incidência de assunção de competência, entre outras, como forma de garantir as decisões do tribunal, conforme dispõe o inciso II do artigo 988.

5. APLICAÇÃO DA TEORIA DOS PRECEDENTES JUDICIAIS NO PROCESSO DO TRABALHO

Nos tópicos anteriores, buscamos analisar, de forma global, a teoria dos precedentes judiciais, fazendo, de qualquer modo, alguns apontamentos acerca do processo do trabalho. Nesse tópico, o intuito é ser mais específico sobre a incidência dos art. 926 e 927 do Novo CPC na seara trabalhista.

5.1. INTEGRAÇÃO (ART. 15 DO NCPC)

O Novo Código de Processo Civil, além das mudanças no direito processual civil, também ocasionará diversas alterações na seara trabalhista. Um dos dispositivos que trará muitas discussões no direito processual do trabalho corresponde ao artigo 15 do NCPC, *in verbis*:

---

[98] RE 405031, Relator(a): Min. MARCO AURÉLIO, Tribunal Pleno, julgado em 15/10/2008, DJe-071 DIVULG 16-04-2009 PUBLIC 17-04-2009 EMENT VOL-02356-06 PP-01114 RTJ VOL-00210-02 PP-00733 RDDP n. 76, 2009, p. 170-175 LEXSTF v. 31, n, 364, 2009, p. 172-184.

Art. 15. Na ausência de normas que regulem processos eleitorais, trabalhistas ou administrativos, as disposições deste Código lhes serão aplicadas supletiva e subsidiariamente.

Conforme se observa pela leitura do dispositivo, o Novo CPC deverá ser aplicado de forma **subsidiária e supletiva** ao processo do trabalho na ausência de normas próprias. Referido artigo trouxe, portanto, uma abordagem diferente daquela prevista nos artigos 769[99] e 889[100] da CLT, uma vez que estes determinam que o direito processual comum deve ser aplicado de forma subsidiária ao processo do trabalho naquilo em que for compatível.

Assim, verifica-se que o dispositivo do NCPC contempla duas diferenças substanciais em relação aos artigos celetistas: 1) exige apenas omissão da legislação trabalhista para sua incidência, nada versando sobre a compatibilidade; 2) permite sua aplicação em caráter supletivo à legislação trabalhista.

Dessa forma, necessária uma análise detida do novel dispositivo para que seja possível delimitar sua abrangência, alcance e, consequentemente, suas implicações no direito processual do trabalho.

5.1.1. As lacunas no direito processual do trabalho

O estudo do direito compreende duas posições no tocante à existência ou não de lacunas no sistema jurídico. A primeira corrente é baseada na ideia de "plenitude lógica do Direito", não admitindo, portanto, a existência de lacunas no ordenamento jurídico. A segunda posição admite a existência de lacunas e, consequentemente, as diversas formas possíveis de integração da norma jurídica, de modo que se garanta a completude do ordenamento jurídico[101].

Considerando a dinâmica da sociedade e a constante alteração de valores e direitos por ela preconizados, entendemos que o sistema legal possui lacunas, havendo a necessidade da integração normativa. Nesse sentido, Rizzato Nunes afirma que o alto grau de complexidade presente na sociedade contemporânea oferece aos indivíduos diversas possibilidades de ação, não conseguindo as normas jurídicas disciplinar todas as situações existentes nas relações sociais[102].

De acordo com Paulo Nader, "as lacunas são imanentes às codificações (...). Somente quando os fatos se repetem assiduamente, tornam-se conhecidos e as

---

99 Art. 769. Nos casos omissos, o direito processual comum será fonte subsidiária do direito processual do trabalho, exceto naquilo em que for incompatível com as normas deste Título.

100 Art. 889 - Aos trâmites e incidentes do processo da execução são aplicáveis, naquilo em que não contravierem ao presente Título, os preceitos que regem o processo dos executivos fiscais para a cobrança judicial da dívida ativa da Fazenda Pública Federal.

101 SILVA, José Antônio Ribeiro de Oliveira; COSTA, Fábio Natali; BARBOSA, Amanda. *Magistratura do Trabalho: formação humanística e temas fundamentais do direito*. São Paulo: LTr, 2010. p. 63.

102 NUNES, Rizzato, *Manual de Introdução ao Estudo do Direito*. São Paulo: Saraiva, 2011. p. 322.

leis não são modificadas para alcançá-los, é que poderá inculpar o legislador ou os juristas".[103]

As lacunas podem ser classificadas em:

1) **normativas**: quando não existe normas em determinadas situações;

2) **ontológicas**: quando a norma existe, mas não corresponde à realidade social, em razão de sua incompatibilidade histórica com o desenvolvimento social;

3) **axiológicas**: quando a norma é prevista, mas, se aplicada, a solução do caso será injusta.

Apesar do reconhecimento da existência de lacunas no ordenamento jurídico, é vedado ao juiz pronunciar *non liquet*, ou seja, independentemente do caso submetido ao julgamento, deverá haver apreciação judicial, em decorrência da ideia de completude do ordenamento jurídico (art. 140 do NCPC). Assim, nos casos omissos, faz-se necessária a integração do ordenamento, conforme dispõe o artigo 4º da Lei de Introdução às Normas do Direito Brasileiro (LINDB): "quando a lei for omissa, o juiz decidirá o caso de acordo com a analogia, os costumes e os princípios gerais de direito".

Portanto, a integração relaciona-se à ideia de completude/suprimento das lacunas existentes no ordenamento jurídico, permitindo o julgamento de determinado caso, ainda que inexistente norma jurídica específica a ser utilizada. Nas palavras de Carlos Henrique Bezerra Leite, "a integração, pois, constitui uma autorização do sistema jurídico para que o intérprete possa valer-se de certas técnicas a fim de solucionar um caso concreto, no caso de lacuna"[104].

Nesse contexto, havendo lacuna na legislação trabalhista, estará permitida a aplicação do processo comum.

Cabe destacar que, como visto, a aplicação subsidiária e supletiva da legislação processual civil ocorrerá não somente em casos de omissão da legislação processual do trabalho, ou seja, na presença de lacunas normativas, mas também nos casos em que se verifica a presença das lacunas ontológicas e axiológicas.

Nesse sentido, Carlos Henrique Bezerra Leite acredita que o próprio conceito de lacuna deve ser repensado, possibilitando uma heterointegração dos subsistemas do direito processual civil e do direito processual do trabalho, sempre que houver a finalidade de aumento de efetividade deste último:

---

103 NADER, Paulo. *Introdução ao Estudo do Direito*. Rio de Janeiro: Forense, 2008. p. 193.

104 LEITE, Carlos Henrique Bezerra. *Curso de Direito Processual do Trabalho*. 12. ed. São Paulo: LTr, 2014. p. 101.

A heterointegração pressupõe, portanto, existência não apenas das tradicionais lacunas normativas, mas, também, das lacunas ontológicas e axiológicas. Dito de outro modo, a heterointegração dos dois subsistemas (processo civil e trabalhista) pressupõe a interpretação evolutiva do art. 769 da CLT, para permitir a aplicação subsidiária do CPC não somente na hipótese (tradicional) de lacuna normativa do processo laboral, mas, também, quando a norma do processo trabalhista apresentar manifesto envelhecimento que, na prática, impede ou dificulta a prestação jurisdicional justa e efetiva deste processo especializado[105].

Destaca-se ainda o enunciado nº 66, aprovado na 1ª Jornada de Direito Material e Processual do Trabalho, realizada em Brasília-DF, que permite a aplicação do CPC quando houver lacunas axiológicas e ontológicas, *in verbis*:

> **Enunciado nº 66.** Aplicação subsidiária de normas do Processo Comum ao Processo Trabalhista. Omissões ontológica e axiológica. Admissibilidade.
>
> Diante do atual estágio de desenvolvimento do processo comum e da necessidade de se conferir aplicabilidade à garantia constitucional da duração razoável do processo, os artigos 769 e 889 da CLT comportam interpretação conforme a Constituição Federal, permitindo a aplicação de normas processuais mais adequadas à efetivação do direito. Aplicação dos princípios da instrumentalidade, efetividade e não-retrocesso social.

Seguindo a mesma linha, leciona o doutrinador Mauro Schiavi:

> (...) a moderna doutrina vem defendendo um diálogo maior entre o processo do trabalho e o processo civil, a fim de buscar, por meio de interpretação sistemática e teleológica, os benefícios obtidos na legislação processual civil e aplicá-los ao processo do trabalho. Não pode o juiz do trabalho fechar os olhos para normas de Direito Processual Civil mais efetivas que a Consolidação das Leis do Trabalho, e, se omitir sob o argumento de que a legislação processual do trabalho não é omissa, pois estão em jogo interesses muito maiores que a aplicação da legislação processual trabalhista. O Direito Processual do Trabalho deve ser um instrumento célere, efetivo, confiável e que garanta, acima de tudo, a efetividade da legislação processual trabalhista e a dignidade da pessoa humana[106].

Ademais, referido autor, reconhecendo a chamada vertente evolutiva da doutrina, permite a aplicação do direito processual comum também quando a previsão da CLT mostra-se prejudicial aos princípios da efetividade e acesso à justiça do direito processual trabalhista. Nesse contexto, o autor assevera que, como o direito processual do trabalho possui o objetivo de possibilitar e ampliar o acesso do trabalhador à Justiça, os princípios basilares desse ramo do direito devem ser observados a todo o momento, descrevendo:

> Não é possível, a custa de se manter a autonomia do processo do trabalho e a vigência de suas normas, sacrificar o acesso do traba-

---

[105] LEITE, Carlos Henrique Bezerra. *Curso de Direito Processual do Trabalho*. 12. ed. São Paulo: LTr, 2014, p. 105.

[106] SCHIAVI, Mauro. *Manual de Direito Processual do Trabalho*. 7. ed. São Paulo: LTr, 2014. p. 165.

lhador à Justiça do Trabalho, bem como o célere recebimento de seu crédito alimentar.

Diante dos princípios constitucionais que norteiam o processo e também da força normativa dos princípios constitucionais, não é possível uma interpretação isolada da CLT, vale dizer: divorciada dos princípios constitucionais do processo, máxime o do acesso efetivo e real à justiça do trabalho, duração razoável do processo, bem como a uma ordem jurídica justa, para garantia acima de tudo, da dignidade da pessoa humana do trabalhador e melhoria da sua condição social.[107]

Do exposto, reconhece-se a aplicação do direito processual comum ao processo do trabalho nas hipóteses de lacunas normativas, ontológicas e axiológica.

5.1.2. Subsidiariedade e supletividade

A subsidiariedade e a supletividade representam duas formas de preenchimento de lacunas, com o fim de garantir a completude do ordenamento jurídico.

A **subsidiariedade corresponde à aplicação do direito comum quando a legislação trabalhista não disciplina determinado instituto ou situação**. Como exemplos da necessidade de aplicação subsidiária do processo civil ao processo trabalhista, destaca-se a disciplina das tutelas de provisórias, o rol de bens impenhoráveis, inspeção judicial, dentre outros.

O artigo 15 do Novo Código de Processo Civil inovou, possibilitando sua aplicação ao processo trabalhista não somente de forma subsidiária, mas também de forma supletiva.

A **supletividade determina a aplicação do NCPC quando, apesar de a legislação trabalhista disciplinar determinado instituto, não o faz de modo completo**. Como exemplos da aplicação supletiva, podemos destacar as hipóteses de suspeição e impedimento, uma vez que a CLT, em seu artigo 801, disciplina apenas a suspeição, pois foi baseada no CPC de 1939, que não previa o instituto do impedimento de forma separada, sendo necessária, portanto, a aplicação supletiva da disciplina processual civil. Outros exemplos consistem nas matérias que podem ser alegadas nos embargos à execução (art. 917 do NCPC c/c art. 884, § 1º, da CLT), nas regras do ônus da prova (art. 373 do NCPC c/c art. 818 da CLT), dentre outros.

Ressaltando as diferenças entre as expressões subsidiariedade e supletividade, o relator-parcial da Comissão Especial destinada a proferir parecer ao Projeto de Lei nº 6.025, de 2005, do Senado Federal, deputado Efraim Filho, sintetizou: "a alteração da parte final é por opção técnica: aplicação subsidiária visa ao preenchimento de lacuna; aplicação supletiva, à complementação normativa."[108]

---

107 SCHIAVI, Mauro. *Manual de Direito Processual do Trabalho*. 7. ed. São Paulo: LTr, 2014. p. 150.

108 FILHO, Efraim. *Comissão Especial destinada a proferir parecer ao Projeto de Lei n.º 6.025, de 2005, do Senado Federal, e apensados, que tratam do "Código de Processo Civil" (revoga a lei N.º 5.869, de 1973): Relatório Parcial*. Disponível em: http://www2.camara.leg.br/atividade-legislativa/comissoes/comis-

Portanto, percebe-se, até esse momento da explanação, que tanto os arts. 769 e 889 da CLT como o art. 15 do NCPC tratam do preenchimento de lacunas, de modo que surge a indagação: existe conflito entre tais dispositivos?

5.1.3. ANTINOMIAS

As antinomias são verificadas na presença de normas conflitantes, não se podendo definir, de plano, qual delas deve ser aplicada na resolução do caso concreto. Desse modo, quando houver um conflito (ou colusão) "entre duas normas, dois princípios ou de uma norma e um princípio geral de direito em sua aplicação prática a um caso particular"[109] estará configurada a antinomia entre referidas normas. De acordo com Tércio Sampaio Ferraz Jr., a antinomia jurídica pode ser definida como:

> (...) a oposição que ocorre entre duas normas contraditórias (total ou parcialmente), emanadas de autoridades competentes num mesmo âmbito normativo, que colocam o sujeito numa posição insustentável pela ausência ou inconsistência de critérios aptos a permitir-lhe uma saída nos quadros de um ordenamento dado.[110]

Nos casos de antinomias jurídicas são utilizados critérios para a definição da norma a ser aplicada no caso concreto:

a) **Critério hierárquico:** estabelece que, nos casos de antinomias, deve prevalecer a norma hierarquicamente superior.

b) **Critério da especialidade:** determina que, havendo conflito, a norma especial deve prevalecer nos conflitos com a norma geral.

c) **Critério cronológico:** declina que a norma mais recente prevalece nas situações de antinomias, ou seja, a norma posterior revoga a norma anterior.

Com a nova disposição trazida pelo artigo 15 do NCPC, parte da doutrina pode acreditar que, por apresentar a CLT norma específica, não teria ocorrido a revogação dos arts 769 e 889 da CLT. Desse modo, essa corrente dará prevalência à regra da especialidade em detrimento da norma geral descrita no NCPC.

Todavia, o artigo 15 do NCPC não regula o processo eleitoral, trabalhista e administrativo. Trata-se, portanto, de norma de sobredireito, pois indica a norma que deve ser aplicada em casos de omissão das legislações no âmbito processual como um todo. Em sentido semelhante, Edilton Meireles:

> (...) lembramos que o art. 15 do novo CPC é regra de processo do trabalho e não de processo civil. Este novo dispositivo somente topograficamente está

---

soes-temporarias/especiais/54a-legislatura/8046-10-codigo-de-processo-civil/arquivos/parecer_deputado-efraim-filho. Acesso em 27 fev. 2015.

109 DINIZ, Maria Helena. *Compêndio de Introdução à Ciência do* Direito. 20. ed. São Paulo: Saraiva, 2009. p. 484.

110 FERRAZ JUNIOR, Tercio Sampaio. *Introdução ao estudo do direito: técnica, decisão, dominação.* 5. ed. São Paulo: Atlas, 2007. p. 212.

inserido no CPC, mas não se cuida de regra do processo civil (em sentido estrito), tanto que a ele não se aplica[111].

Com efeito, não há falar em aplicação do critério da especialidade.

Para a outra parte, defender-se-á a revogação dos arts. 769 e 889 da CLT pelo art. 15 do NCPC em razão do critério da cronologia. Nesse contexto, invoca-se o artigo 2º, §1º, da LINDB, que dispõe: "a lei posterior revoga a anterior quando expressamente o declare, quando seja com ela incompatível ou quando regule inteiramente a matéria de que tratava a lei anterior" (*lex posterior derrogat legi priori*). Com efeito, sendo o NCPC cronologicamente mais recente que a CLT, o disposto nos artigos 769 e 889 da CLT seriam revogados pelo art. 15 do NCPC.

Também não nos parece correto esse entendimento.

Primeiro, porque nosso ordenamento jurídico privilegia a revogação expressa, em detrimento da revogação tácita[112], como se depreende do art. 9º da Lei Complementar nº 95/98, *in verbis*:

> Art. 9º A cláusula de revogação deverá enumerar, expressamente, as leis ou disposições legais revogadas.

Segundo, porque, a nosso juízo, não existe antinomia entre os referidos dispositivos, devendo ser aplicados de forma coordenada, possibilitando um verdadeiro "diálogo das fontes", como será demonstrado no tópico seguinte.

De qualquer modo, não podemos deixar de tecer uma observação para aqueles que são adeptos do critério cronológico.

Caso realmente houvesse a revogação tácita do artigo 769 da CLT, seria importante o questionamento da necessidade de compatibilização na aplicação do NCPC ao processo do trabalho. Isto porque o artigo 769 da CLT exige, para a aplicação do processo comum, dois requisitos cumulativos: omissão e compatibilidade, enquanto o artigo 15 do NCPC exige apenas omissão da legislação trabalhista.

No entanto, para que a aplicação supletiva ou subsidiária ocorra de forma harmônica com o sistema normativo lacunoso, sempre deve haver compatibilização com os princípios e normas da própria legislação a ser integrada, no caso, do direito processual trabalhista. Caso isso não ocorra, a integração pelos referidos métodos poderia, em vez de possibilitar a completude do ordenamento jurídico, provocar maiores antinomias e prejuízos ao sistema integrado.

Queremos dizer, toda norma inserida em um microssistema, necessariamente, deve ser compatível com ele, sob pena de quebrar a identidade e ide-

---

111 MEIRELES, Edilton. O novo CPC e sua aplicação supletiva e subsidiária no processo do trabalho. In: *O Novo Código de Processo Civil e seus reflexos no processo do trabalho*. MIESSA, Élisson (Org.). Salvador: JusPODIVM, 2015. p. 46, nota 13.

112 FARIAS, Cristiano Chaves; ROSENVALD, Nelson. *Curso de Direito Civil: Parte Geral e LINDB*. 11. ed. Salvador: JusPodivm, 2013. p.132.

ologia do sistema que está integrando a norma. Desse modo, utilizando-se do critério cronológico, ainda assim, não se pode afastar a necessidade de compatibilização com o processo do trabalho das normas do processo civil que lhe serão aplicadas.

5.1.4. Diálogo das fontes

Em alguns casos não se faz necessária a aplicação dos critérios hierárquico, cronológico e especial. Isto porque, em determinadas situações, além de não se verificar verdadeiras antinomias, há necessidade de harmonização entre as normas do ordenamento jurídico e não de sua exclusão[113].

Nessas hipóteses, faz-se necessária a coordenação das diferentes normas para que ocorra o chamado "diálogo das fontes", possibilitando uma aplicação "simultânea, coerente e coordenada das plúrimas fontes legislativas convergentes."[114]

Noutras palavras, no diálogo das fontes, as normas não se excluem, mas se complementam, permitindo uma visão unitária do ordenamento jurídico.

De acordo com Cláudia Lima Marques[115], são três as possibilidades de diálogo entre as fontes:

1) diálogo sistemático de coerência: quando aplicada simultaneamente duas leis, uma serve de base conceitual da outra.
2) diálogo sistemático de complementariedade e subsidiariedade: quando uma norma pode completar a outra, de forma direta (complementariedade) ou indireta (subsidiariedade).
3) diálogo de coordenação e adaptação sistemática: quando "os conceitos estruturais de uma determinada lei sofrem influências da outra."[116]

Nesse contexto, parece-nos que os arts. 769 e 889 da CLT não conflitam com o art. 15 do NCPC, devendo conviver harmoniosamente e ser aplicados de forma coordenada e simultânea, por força do diálogo sistêmico de complementariedade e subsidiariedade.

---

113 MARQUES, Cláudia Lima. Diálogo entre o Código de Defesa do Consumidor e o Novo Código Civil: do "Diálogo das fontes" no combate às cláusulas abusivas. *Revista de Direito do Consumidor n. 45*. São Paulo, p. 71-99, jan.-mar. 2003.

114 MARQUES, Cláudia Lima. Diálogo entre o Código de Defesa do Consumidor e o Novo Código Civil: do "Diálogo das fontes" no combate às cláusulas abusivas. *Revista de Direito do Consumidor n. 45*. São Paulo, p. 71-99, jan.-mar. 2003.

115 MARQUES, Cláudia Lima. Diálogo entre o Código de Defesa do Consumidor e o Novo Código Civil: do "Diálogo das fontes" no combate às cláusulas abusivas. *Revista de Direito do Consumidor n. 45*. São Paulo, p. 71-99, jan.-mar. 2003.

116 TARTUCE, Flávio. *O diálogo das fontes e a hermenêutica consumerista no Superior Tribunal de Justiça*. Disponível em: http://www.flaviotartuce.adv.br/index2.php?sec=artigos. Acesso em: 11 mar. 2015.

Portanto, acreditamos que os dispositivos do NCPC e da CLT devem ser interpretados em conjunto, entendendo-se que, para a aplicação subsidiária e supletiva do NCPC ao processo trabalhista, devem estar presentes dois requisitos: omissão e compatibilidade.

Em resumo, o que muda com a chegada do Novo CPC é simplesmente o fato de que, a partir de agora, de forma expressa, passa a ser admitida a aplicação supletiva (complementar) do CPC, mantendo-se intactos os requisitos dos arts. 769 e 889 da CLT.

Partindo dessa premissa, voltamos aos precedentes judiciais para verificar se existe omissão na CLT quanto ao tema e se há compatibilidade com o processo trabalhista a permitir sua invocação de forma subsidiária e supletiva.

5.1.5. OMISSÃO NA CLT

A Lei nº 13.015/14, dando ênfase à teoria dos precedentes judiciais, atraiu para o processo do trabalho o julgamento por amostragem (seriado), incluindo nos art. 896-B e 896-C da CLT o recurso de revista repetitivo, acompanhando o que já existia no âmbito dos recursos extraordinário e especial.

Além de trazer para a seara trabalhista mecanismo já existente no ordenamento, a CLT foi além, implementando a imposição de uniformização de jurisprudência nos Tribunais Regionais do Trabalho, que denominamos de incidente de uniformização trabalhista[117]. Nesse contexto, estabeleceu o art. 896, §§ 4º, 5º e 6º:

> § 4º Ao constatar, de ofício ou mediante provocação de qualquer das partes ou do Ministério Público do Trabalho, a existência de decisões atuais e conflitantes no âmbito do mesmo Tribunal Regional do Trabalho sobre o tema objeto de recurso de revista, o Tribunal Superior do Trabalho determinará o retorno dos autos à Corte de origem, a fim de que proceda à uniformização da jurisprudência.
>
> § 5º A providência a que se refere o § 4º deverá ser determinada pelo Presidente do Tribunal Regional do Trabalho, ao emitir juízo de admissibilidade sobre o recurso de revista, ou pelo Ministro Relator, mediante decisões irrecorríveis.
>
> § 6º Após o julgamento do incidente a que se refere o § 3º, unicamente a súmula regional ou a tese jurídica prevalecente no Tribunal Regional do Trabalho e não conflitante com súmula ou orientação jurisprudencial do Tribunal Superior do Trabalho servirá como paradigma para viabilizar o conhecimento do recurso de revista, por divergência.

Desse modo, é sabido que uma das hipóteses de cabimento do recurso de revista é o caso de divergência jurisprudencial, que consiste em decisões divergentes sobre a mesma norma analisando fatos idênticos ou semelhantes. Um

---

117 MIESSA, Élisson. *Recursos trabalhistas.* Salvador: JusPODIVM, 2015. p. 273-280.

dos casos de divergência acontece quando o acórdão de um TRT julga de forma divergente de acórdão de outro TRT. Com o advento da referida lei, essa regra foi frontalmente atingida.

Isso porque, caso exista uma divergência interna no TRT, ele obrigatoriamente terá que uniformizar seu entendimento, com a criação de súmulas regionais. A propósito, caso o TRT não faça a uniformização, espontaneamente, o TST poderá determinar o retorno dos autos à origem para que se proceda à uniformização (CLT, art.896, § 4º).

Assim, a partir da criação da súmula regional (TRT), somente ela ou a tese jurídica prevalente servirá para viabilizar a divergência no recurso de revista.

Percebe-se, pelas alterações introduzidas pela Lei nº 13.015/14, o nítido intuito de dar prevalência aos precedentes judiciais, seja para uniformizar o julgamento dos casos repetitivos, seja para impor o dever de uniformização aos tribunais regionais, inserindo-se, nesse último caso, o dever de sintetizar a jurisprudência, sumulando-a.

No entanto, a própria CLT reconhece sua incompletude, impondo, no que couber, a aplicação do CPC (CLT, arts. 896, § 3º, e 896-B).

A propósito, tais dispositivos não contemplam os diversos precedentes descritos no art. 927 do NCPC, nem mesmo as diretrizes do art. 926 do NCPC, o que gera algumas incongruências no sistema como, por exemplo, o descumprimento da súmula regional pelo próprio tribunal criador.

Queremos dizer, a CLT impõe o dever de uniformizar a jurisprudência regional, mas não impede que o próprio regional possa julgar contra suas súmulas. Agora com o Novo CPC, o dever de coerência, descrito no art. 926, institui que o tribunal seja compreendido como um órgão único, coeso em suas decisões. Portanto, esse dispositivo legaliza a chamada disciplina judiciária, vez que impõe aos desembargadores observância à jurisprudência dominante do tribunal, reconhecendo a vinculação horizontal de seus precedentes.

Presente, pois, a omissão da CLT, ainda que do aspecto da supletividade (complementariedade).

5.1.6. COMPATIBILIDADE COM O PROCESSO DO TRABALHO

A utilização de instrumentos típicos do *common law* na seara trabalhista ganha maior relevância, porque a própria lei sempre impôs a essa seara a atuação uniforme, já que, desde 1943, rege por meio de "súmulas", chamadas na ocasião de prejulgados, conforme declinava o at. 902 da CLT. É interessante notar que o referido artigo não previa a súmula como a existente atualmente no TST, pois, além de ser vinculante, ela antevia os fatos, afastando assim a ideia de decisões reiteradas, ou seja, de uniformização da jurisprudência. Noutros termos, ela poderia nascer antes mesmo da aplicação da norma, sendo mera interpretação da regra jurídica pelo órgão. Isso ocorria porque a Justiça do Trabalho, na época, era órgão do Poder Executivo.

Com o advento da Constituição Federal de 1946, a Justiça do Trabalho integrou o Poder Judiciário de modo que a aplicação dos prejulgados passou a ser impugnada. Contudo, apenas em 1963, com a efetiva elaboração do primeiro prejulgado, eles foram questionados de forma incisiva, fazendo com que o Supremo Tribunal Federal declarasse a sua inconstitucionalidade em 12.5.77, retirando a força vinculativa do instituto. Em 1982, a Lei nº 7.033 revogou expressamente o art. 902 da CLT, mas os prejulgados existentes se mantiveram, pois foram transformados nas Súmulas nº 130 a 179 do TST, estando em vigência algumas delas até os dias atuais.

Cabe registrar que a criação da súmula no direito brasileiro, como uniformização da jurisprudência, é concedida ao ministro Victor Nunes Leal[118], e foi instituída pelo Supremo Tribunal Federal, ao alterar seu Regimento Interno em 1963 e publicar, de imediato, 370 súmulas, inclusive no tocante a matéria trabalhista.

Entretanto, com o advento da Emenda Constitucional nº 16/65, que alterou o art. 17 da Constituição Federal de 1946, as decisões do TST tornaram-se irrecorríveis, salvo na hipótese de matéria constitucional, o que afastou a aplicação das súmulas do STF no que tange à matéria estritamente trabalhista.

Nesse contexto, no âmbito da Justiça do Trabalho, o Tribunal Superior do Trabalho criou a súmula de jurisprudência uniforme, em 1969, concretizando-se no art.180 do regimental interno daquele órgão então vigente.

Tal criação teve como incentivo ainda o Decreto-Lei nº 229 de 28.2.67, que introduziu como pressuposto de admissibilidade recursal que a decisão impug-

---

118 "A Súmula, o próprio Victor [Nunes Leal] contaria em conferência de 1981, em Santa Catarina, minimizando-lhe, embora, as dificuldades da aceitação: 'Por falta de técnicas mais sofisticadas, a Súmula nasceu – e colateralmente adquiriu efeitos de natureza processual – da dificuldade, para os Ministros, de identificar as matérias que já não convinha discutir de novo, salvo se sobreviesse algum motivo relevante. O hábito, então, era reportar-se cada qual a sua memória, testemunhando, para os colegas mais modernos, que era tal ou qual a jurisprudência assente na Corte. Juiz calouro, com o agravante da falta de memória, tive que tomar, nos primeiros anos, numerosas notas e bem assim sistematizá-las, para pronta consulta durante as sessões de julgamento. Daí surgiu a ideia da Súmula, que os colegas mais experientes – em especial os companheiros da Comissão de Jurisprudência, Ministros Gonçalves de Oliveira e Pedro Chaves – tanto estimularam. E se logrou, rápido, o assentamento da Presidência e dos demais Ministros. Por isso, mais de uma vez, tenho mencionado que a Súmula é subproduto de minha falta de memoria, pois fui eu afinal o Relator não só da respectiva emenda regimental como dos seus primeiros 370 enunciados. Esse trabalho estendeu-se até as minúcias da apresentação gráfica da edição oficial, sempre com o apoio dos colegas da Comissão, já que nos reuníamos, facilmente, pelo telefone." (ALMEIDA, Fernando Dias Menezes de. *Memória jurisprudencial:* Ministro Victor Nunes: Série Memória Jurisprudencial. Brasília: Supremo Tribunal Federal, 2006. p. 33).

nada estivesse em desconformidade com a jurisprudência uniforme do TST. Assim, para facilitar a identificação da jurisprudência uniforme, foram criadas as súmulas, as quais, em 1985, passaram a ser chamadas de enunciados, por meio da Resolução nº 44/85, que perdurou até o ano de 2005, quando novamente se retomou a expressão súmula (Resolução nº 129/2005).

Posteriormente, o Tribunal Superior do Trabalho editou a Súmula nº 42, que foi substituída pela Súmula nº 333, a qual possuía a seguinte redação:

> Não ensejam recursos de revista e de embargos decisões superadas por iterativa, notória e atual jurisprudência da Seção Especializada em Dissídios Individuais[119].

Criou-se, pois, mais um requisito de admissibilidade dos recursos extraordinários, ou seja, somente seriam admitidos os recursos de revista e o de embargos para a SDI – I do TST se a decisão recorrida não fosse superada por iterativa, notória e atual jurisprudência da Seção Especializada em Dissídios Individuais. No entanto, para concretizar tal requisito, fazia-se necessário definir o que era decisão superada por iterativa, notória e atual jurisprudência. Surgem, então, as orientações jurisprudências com o intuito de preencher referida lacuna.

Contudo, a utilização das orientações jurisprudenciais como requisito de admissibilidade recursal passou a ser questionada, uma vez que impunha restrição maior do que a disposta no art. 896, "a", da CLT, pois tal artigo descrevia como obstrução do recurso de revista tão somente a súmula de jurisprudência do TST.

Assim, como forma de afastar referida ilegalidade, a Lei nº 9.756/98 alterou o artigo 896 da CLT, estabelecendo em seu § 4º o que segue:

> a divergência apta a ensejar o recurso de revista deve ser atual, não se considerando como tal a ultrapassada por súmula, ou superada por iterativa e notória jurisprudência do Tribunal Superior do Trabalho[120].

Além disso, o art. 894, II, da CLT, declina expressamente que cabem os embargos para a SDI:

> II - das decisões das Turmas que divergirem entre si ou das decisões proferidas pela Seção de Dissídios Individuais, ou contrárias a súmula ou orientação jurisprudencial do Tribunal Superior do Trabalho ou súmula vinculante do Supremo Tribunal Federal.

---

119 Atualmente a redação da Súmula foi alterada pela Resolução nº 155/2009, com o intuito de adequar-se ao art. 896, § 7º, da CLT, tendo a seguinte redação: "Não ensejam recurso de revista decisões superadas por iterativa, notória e atual jurisprudência do Tribunal Superior do Trabalho".

120 Com o advento da Lei nº 13.015/14, essa norma encontra-se topograficamente no § 7º, do art. 896, tendo a seguinte redação: "A divergência apta a ensejar o recurso de revista deve ser atual, não se considerando como tal a ultrapassada por súmula do Tribunal Superior do Trabalho ou do Supremo Tribunal Federal, ou superada por iterativa e notória jurisprudência do Tribunal Superior do Trabalho".

Com efeito, as orientações jurisprudenciais passaram a ter papel tão importante quanto as súmulas na unificação da jurisprudência do Tribunal Superior do Trabalho.

Portanto, percebe-se a nítida influência da jurisprudência consolidada no âmbito trabalhista, dando papel de destaque às decisões da Corte trabalhista. O mesmo se diga do recurso de revista repetitivo (CLT, art. 896-B e 896-C) e do incidente de uniformização trabalhista.

Nesse contexto, parece-nos compatível com o processo do trabalho as diretrizes do Novo CPC, de modo que, existindo omissão na CLT e compatibilidade com a seara trabalhista, imperativa a incidência dos arts. 926 e 927 do NCPC ao processo do trabalho.

Desse modo, a partir de agora, em diversos casos, a posição dos órgãos hierarquicamente superiores torna-se obrigatória, impondo uma maior reflexão e estudo sobre o tema, especialmente quanto às súmulas e orientações jurisprudenciais do TST.

A propósito, com a chegada do Novo CPC, diversas súmulas e orientações serão impactadas, sabendo-se que, nesse caso, qualquer juízo poderá afastar a incidência da jurisprudência consolidada pelo advento da nova legislação.

6. CONCLUSÃO

O Novo Código de Processo Civil, ao enfatizar a utilização dos precedentes judiciais, segue uma tendência já verificada no ordenamento jurídico, de aproximação com os institutos típicos do *common law*. Cria, porém, uma nova realidade ao ampliar consideravelmente os precedentes obrigatórios, além de torná-los fonte de direito (norma jurídica).

De qualquer modo, a teoria dos precedentes judiciais deve ser adaptada aos princípios e às características próprias do direito processual brasileiro. No próprio NCPC, é possível observar que o legislador adaptou a teoria dos precedentes à realidade nacional, uma vez que o art. 927 admite que a eficácia obrigatória pode decorrer de um precedente ou da jurisprudência (sumulada ou não). Nesse contexto, referido dispositivo contempla um rol taxativo de precedentes, declinando que os juízes e os tribunais observarão: I - as decisões do Supremo Tribunal Federal em controle concentrado de constitucionalidade; II - os enunciados de súmula vinculante; III - os acórdãos em incidente de assunção de competência ou de resolução de demandas repetitivas e em julgamento de recursos extraordinário e especial repetitivos; IV - os enunciados das súmulas do Supremo Tribunal Federal em matéria constitucional e do Superior Tribunal de Justiça em matéria infraconstitucional; V - a orientação do plenário ou do órgão especial aos quais estiverem vinculados.

Ademais, apesar de a teoria advinda do *common law* diferenciar os institutos dos precedentes das súmulas, acreditamos que, nesse momento inicial de implementação da teoria dos precedentes no direito brasileiro, a existência de súmula facilitará consideravelmente a tarefa de definir que entendimento deverá ser observado.

A nova realidade dos precedentes fica nítida, porque, com o advento do Novo CPC, o julgador não poderá simplesmente deixar de aplicar o precedente obrigatório, sob pena de produzir uma decisão com *error in judicando* ou com *error in procedendo*, podendo ser questionada em grau recursal ou até mesmo pelo instituto da reclamação.

A partir do Novo CPC, os juízos e tribunais inferiores somente deixarão de aplicar o precedente obrigatório em três hipóteses: 1) *distinguishing;* 2) superveniência de texto legislativo que altere a base do precedente, da súmula ou de orientação jurisprudencial; ou 3) superação antecipada (sinalização).

No tocante ao direito processual do trabalho, a aplicação dos precedentes obrigatórios deve ser observada, vez que há omissão na CLT e compatibilidade com o processo do trabalho, pois há clara influência da jurisprudência no âmbito trabalhista, com destaque às decisões do TST, ao recurso de revista repetitivo e ao incidente de uniformização trabalhista, de modo que acreditamos que as diretrizes previstas nos arts. 926 e 927 devem ser aplicadas ao direito processual do trabalho.

Dessa forma, com o NCPC, o entendimento dos tribunais hierarquicamente superiores passará a ser obrigatório em diversas hipóteses, o que impõe um estudo aprofundado sobre a teoria dos precedentes, notadamente, no processo do trabalho, quanto às súmulas e orientações jurisprudenciais do TST, que passarão a ter ainda mais destaque na aplicação do direito.

7. BIBLIOGRAFIA

ALMEIDA, Fernando Dias Menezes de. *Memória jurisprudencial: Ministro Victor Nunes.* Série Memória Jurisprudencial. Brasília: Supremo Tribunal Federal, 2006.

ALMEIDA, Wânia Guimarães Rabêllo de. *Direito Processual Metaindividual do Trabalho: a adequada e efetiva tutela jurisdicional dos direitos de dimensão transindividual.* Salvador: Editora JusPODIVM, 2016.

ATAÍDE JR., Jaldemiro Rodrigues de. *O princípio da inércia argumentativa diante de um sistema de precedentes em formação no direito brasileiro. Revista de processo.* São Paulo: RT, n. 229, mar-2014.

BUSTAMANTE, Thomas da Rosa de (coord.) et. al. *A força normativa do direito judicial - Justiça Pesquisa – UFMG.* Disponível em: https://www.academia.edu/13250475/A_for%C3%A7a_normativa_do_direito_judicial_-_Justi%C3%A7a_Pesquisa_-_UFMG.

DAVID, René. *Os grandes sistemas do Direito Contemporâneo*. Tradução de Hermínio A. Carvalho. 4. Ed. São Paulo, Martins Fontes, 2002.

DIDIER JR., Fredie; BRAGA, Paula Sarno; OLIVEIRA, Rafael Alexandria de. *Curso de Direito Processual Civil: teoria da prova, direito probatório, decisão, precedente, coisa julgada e tutela provisória, vol. 2*. 10. ed. Salvador: JusPODIVM, 2015.

DIDIER JR., Fredie. *Curso de Direito Processual Civil: introdução ao direito processual civil, parte geral e processo de conhecimento*. 17ª ed. Salvador: Ed. JusPODIVM, 2015.

DINIZ, Maria Helena. *Compêndio de Introdução à Ciência do Direito*. 20.ed. São Paulo: Saraiva, 2009.

FARIAS, Cristiano Chaves; ROSENVALD, Nelson. *Curso de Direito Civil: Parte Geral e LINDB*. 11. ed. Salvador: JusPodivm, 2013.

FERRAZ JUNIOR, Tercio Sampaio. *Introdução ao estudo do direito: técnica, decisão, dominação*. 5. ed. São Paulo: Atlas, 2007.

FILHO, Efraim. *Comissão Especial destinada a proferir parecer ao Projeto de Lei n.º 6.025, de 2005, do Senado Federal, e apensados, que tratam do "Código de Processo Civil" (revoga a lei N.º 5.869, de 1973): Relatório Parcial*. Disponível em: http://www2.camara.leg.br/atividade-legislativa/comissoes/comissoes-temporarias/especiais/54a-legislatura/8046-10-codigo-de-processo-civil/arquivos/parecer_deputado-efraim-filho. Acesso em 27 fev. 2015.

LEITE, Carlos Henrique Bezerra. *Curso de Direito Processual do Trabalho*. 12. ed. São Paulo: LTr, 2014.

LIMA JÚNIOR, Cláudio Ricardo Silva. *Precedentes Judiciais no Processo Civil Brasileiro: aproximação entre civil law e common law e aplicabilidade do stare decisis*. Rio de Janeiro: Lumen Juris, 2015.

LOSANO, Mário G. *Os grandes sistemas jurídicos: introdução aos sistemas jurídicos europeus e exra-europeus*. Tradução de Marcela Varejão. Revisão da tradução de Silvana Cobucci Leite. São Paulo: Martins Fontes, 2007.

MACÊDO, Lucas Buril de. *Precedentes judiciais e o direito processual civil*. Salvador: Editora JusPODIVM, 2015.

MANCUSO, Rodolfo de Camargo. *Divergência jurisprudencial e súmula vinculante*. 3. ed. rev., atual. e ampl. São Paulo: Editora Revista dos Tribunais, 2007.

MARINONI, Luiz Guilherme. *Aproximação crítica entre as jurisdições de civil law e de common law e a necessidade de respeito aos precedentes no Brasil*. Revista da Faculdade de Direito - UFPR. Curitiba, n. 49, p. 11-58, 2009.

MARINONI, Luiz Guilherme; ARENHART, Sérgio Cruz; MITIDIERO, Daniel. *Novo Curso de Processo Civil: tutela dos direitos mediante procedimento comum, volume II*. São Pulo: Editora Revista dos Tribunais, 2015.

MARQUES, Cláudia Lima. Diálogo entre o Código de Defesa do Consumidor e o Novo Código Civil: do "Diálogo das fontes" no combate às cláusulas abusivas. *Revista de Direito do Consumidor n. 45*. São Paulo, p. 71-99, jan.-mar. 2003.

MEIRELES, Edilton. O novo CPC e sua aplicação supletiva e subsidiária no processo do trabalho. In: *O Novo Código de Processo Civil e seus reflexos no processo do trabalho*. MIESSA, Élisson (Org.). Salvador: Editora JusPODIVM, 2015.

MIESSA, Élisson (org.). *O Novo Código de Processo Civil e seus Reflexos no Processo do Trabalho*. Salvador: JusPODIVM, 2015.

MIESSA, Élisson. *Recursos Trabalhistas*. Salvador: JusPODIVM, 2015.

NADER, Paulo. *Introdução ao Estudo do Direito*. Rio de Janeiro: Forense, 2008.

NEVES, Daniel Amorim Assumpção. *Novo Código de Processo Civil – Lei 13.105/2015*. Rio de Janeiro: Forense; São Paulo: MÉTODO, 2015.

NUNES, Rizzato, *Manual de Introdução ao Estudo do* Direito. São Paulo: Saraiva, 2011.

PEIXOTO, Ravi. *Superação do precedente e segurança jurídica*. Salvador: Editora JusPODIVM, 2015.

SCHIAVI, Mauro. *Manual de Direito Processual do Trabalho*. 7. ed. São Paulo: LTr, 2014.

SILVA, José Antônio Ribeiro de Oliveira; COSTA, Fábio Natali; BARBOSA, Amanda. *Magistratura do Trabalho: Formação Humanística e Temas Fundamentais do Direito*. São Paulo: LTr, 2010.

SILVA, Paulo Henrique Tavares da; SILVA, Juliana Coelho Tavares da. *Utilização do precedente judicial no âmbito do processo trabalhista*. In: *O Novo Código de Processo Civil e seus reflexos no processo do trabalho*. MIESSA, Élisson (Org.). Salvador: Editora JusPODIVM, 2015.

TARTUCE, Flávio. *O diálogo das fontes e a hermenêutica consumerista no Superior Tribunal de Justiça*. Disponível em: http://www.flaviotartuce.adv.br/index2.php?sec=artigos. Acesso em: 11 mar. 2015.

THEODORO JÚNIOR, Humberto et al. *Novo CPC – Fundamentos e sistematização*, 2. ed. Rio de Janeiro, Forense, 2015.

Parte XI

PROCESSOS NOS TRIBUNAIS E MEIOS DE IMPUGNAÇÃO

Capítulo 55
OS PODERES DO RELATOR

Leonardo Dias Borges[1]

SUMÁRIO: 1. CONSIDERAÇÕES PROPEDÊUTICAS SOBRE OS PODERES DO JUIZ; 2. OS PODERES DO MAGISTRADO E A CONVENÇÃO PROCESSUAL; 3. DO CALENDÁRIO PROCESSUAL; 4. DOS PROCESSOS NOS TRIBUNAIS: O PODER DO MAGISTRADO NA CONDUÇÃO PROCESSUAL EM SEGUNDA INSTÂNCIA; 5. REFERÊNCIAS BIBLIOGRÁFICAS.

1. CONSIDERAÇÕES PROPEDÊUTICAS SOBRE OS PODERES DO JUIZ

Houve época em que o processo não existia, ao menos como conhecemos hoje. Aliás, sequer se pensava no processo como uma forma de promover o ordenamento e a solução dos conflitos para além da esfera do direito material.

Em momento histórico remoto o processo era visto como um apêndice do direito material, não foi por outra razão que se buscava a sua compreensão através da lente do direito privado, como se o processo fosse um contrato, pois para que o mesmo pudesse se concretizar era necessária a realização de um consenso prévio entre as partes interessadas. A sua natureza jurídica era privada.

Diante do pretor as partes interessadas firmavam um trato, no qual se comprometiam a aceitar a decisão que fosse então tomada. O nome que se dava ao referido compromisso era de *litis contestatio*.[2]

Como na *litis contestatio* as partes se comprometiam a participar de um processo, bem como ao acatamento do que viesse a ser decidido pelo *iudex*, dentro de parâmetros pré-fixados quanto aos limites do litígio e de seu objeto, era possível, por conseguinte, se perceber que, não obstante prevalecesse a vontade das partes quanto ao que restou compromissado (*litis contestatio*), ao pretor competia a condução do processo, evidentemente que dentro das regras fixadas pelo ideário de um processo visto a partir do direito privado.[3]

Com o passar dos tempos passou a se perceber que os conflitos gerados nos domínios do direito material e que tomavam como palco lugar diverso daquele

---

[1] Professor Universitário (Graduação e Pós-graduação), Pós-graduado (lato e stricto sensu), autor de diversos livros e artigos na área processual, Desembargador no Rio de Janeiro, membro do IAB – Instituto dos Advogados do Brasil/RJ.

[2] Neste sentido são claras as explicações que nos são fornecidas por Luiz Guilherme Marinoni, in Tutela Inibitória, p. 350.

[3] É o que se deflui de Goldschimdt, in Principios generales del processo, v. 1, p. 49.

destinado as relações privadas, não poderiam escapar das mãos do Estado, o que levou ao deslocamento ótico, quanto ao campo de visão que até então era dado as questões processuais. Foi quando o processo passou a ser tratado como algo que interessava ao direito público, delineando-se, a partir de então, a lógica de sua autonomia, quando comparado ao direito material.

O direito material não era visto separado do direito processual. Até que Oskar Von Bullow logrou êxito na reorganização das ideias, pois através de sua teoria da relação jurídica processual, em 1968, pela obra que recebeu o nome de Teoria dos Pressupostos Processuais e das Exceções Dilatórias[4], conseguiu demonstrar que há no processo uma relação jurídica distinta daquela existente no direito material, ocasião em que o processo passa a impor o poder estatal, através da atividade jurisdicional.

O fato é que se na época em que processo era visto como um apêndice do direito material, alguém já cuidava de sua direção[5], com mais razão agora, em que processo foi consagrado como autônomo e a jurisdição passou a ser vista como uma forma de resolução conflitual[6] posta à disposição das partes, mas inafastável do exercício do poder estatal. Em outras palavras: sempre houve um indivíduo que cuidava de dirigir o processo: o juiz.[7]

A partir do momento em que o processo passou a ser visto como autônomo, em relação ao direito material, e a jurisdição a ser entendida como uma modalidade de composição conflitual através da aplicação da lei sob a ótica dos princípios constitucionais, a atividade jurisdicional passou a ser considerada, em definitivo, uma das principais funções do Estado. A ideia clássica da construção da lógica do campo de atuação da atividade jurisdicional levou em consideração que a sua função precípua, através do processo, seria a de estabelecer a paz social, na medida em que nos processos se encontra uma parcela dos conflitos sociais.

---

4   Interessante que Bulow, ao desenvolver seu raciocínio, enfrenta as exceções dilatórias, que eram enxergadas como argumentações feitas pelo réu nas quais buscavam demonstrar a existência de vícios inerentes a uma relação que escapava ao direito material – o processo. Com tal premissa, ficou claro que havia uma relação jurídica completamente distinta daquela encontrada em uma relação jurídica material.

5   Ainda que não se fizesse, naquela época, qualquer diferenciação entre o procedimento e o processo, pois a distinção somente ganhou força a partir do momento em que o processo ganhou autonomia e passou a ser entendido como tendo caráter público.

6   Vale chamar a atenção para as críticas que são, contemporaneamente, feitas ao processo como uma forma de resolução dos conflitos. Isto porque existem teses no campo da antropologia jurídica, defendidas, por exemplo, por Kant de Lima, no sentido de que o processo não é capaz de resolver conflitos, máxime em uma sociedade capitalista como a nossa, em que o conflito é imanente a ela. Os adeptos de tais ideias entendem que o processo não resolve conflito algum, pois, quando muito, resolvem a si mesmo, nos moldes do artigo 267 do CPC/73 ou artigo 485 do NCPC. O processo poderia administrar conflitos, mas não resolvê-los. Enfim...

7   Claro que nem sempre, na História da humanidade, o juiz foi entendido como hoje o conhecemos. Todavia, não há possibilidade, no curto espaço que aqui temos, de discorrer sobre a história da magistratura.

O processo, por consequência, cuida de refletir um momento estruturado pela política econômica -- e até mesmo filosófica -- de um determinado momento vivido por uma sociedade. "As épocas de pujança e de melhora geral e de cada um, ainda que insuficientemente, pois a evolução humana é um constante vir-a-ser, mantém ou criam o processo contraditório, nas suas feições mais típicas, como, no plano criminal, o processo acusatório. Nos momentos de decadência, ou de regressão caracterizada, a inquisitoriedade exsurge, aqui e ali, como erva daninha."[8]

O processo é como um carro, pois assim como este precisa de um condutor, que é o seu motorista; o processo, igualmente, necessita de um, que é o magistrado.

Como lembrado certa feita por Pontes de Miranda: "*a pessoa ou grupo de pessoas a que se dirige a atividade processual representa o Estado: são os juízes, singulares ou coletivos (tribunais)... Juízes e tribunais são sujeitos processuais... Não só o juiz declara a incidência do direito; não só ele o aplica, pois que não foi aplicado, a despeito da incidência. Mas só ele o declara e aplica autoritativamente. ... A pessoa encarregada dessa declaração autoritativa é o juiz. O poder de fazê-lo é a jurisdição.*"[9]

Ao tempo do Código de Processo Civil de 1939[10] já era possível encontrar clara disposição processual quanto a direção do processo. Preconizava o seu artigo 112, a saber:

> "*Art. 112. O juiz dirigirá o processo de forma que assegure à causa andamento rápido, sem prejuízo da defesa dos interessados.*"

No mesmo diapasão temos o Código de Processo Civil de 1973, vejamos:

> "*Art. 125. O juiz dirigirá o processo conforme as disposições deste Código, competindo-lhe:*
>
> *I – assegurar às partes igualdade de tratamento;*
>
> *II – velar pela rápida solução do litígio;*
>
> *III – prevenir ou reprimir qualquer ato atentatório à dignidade da Justiça.*"

O Novo Código de Processo Civil também se encarregou do tema, como se extrai de seu artigo 139, **in verbis:**

> "*Art. 139. O juiz dirigirá o processo conforme as disposições deste Código, incumbindo-lhe:*
>
> *I – assegurar às partes igualdade de tratamento;*

---

8   Pontes de Miranda, in Comentários ao CPC de 1939, Vol. 1, p. 403.

9   Ob. Cit. P. 406.

10 Tomei como base o Código de Processo Civil de 1939 porque foi o primeiro Código de Processo Civil unificado brasileiro.

II – velar pela duração razoável do processo;

III – prevenir ou reprimir qualquer ato contrário à dignidade da justiça e indeferir postulações meramente protelatórias;

IV – determinar todas as medidas indutivas, coercitivas, mandamentais ou sub-rogatórias necessárias para assegurar o cumprimento de ordem judicial, inclusive nas ações que tenham por objeto prestação pecuniária;

V – promover, a qualquer tempo, a autocomposição, preferencialmente com auxílio de conciliadores e mediadores judiciais;

VI – dilatar os prazos processuais e alterar a ordem de produção dos meios de prova, adequando-os às necessidades do conflito de modo a conferir maior efetividade à tutela do direito;

VII – exercer o poder de polícia, requisitando, quando necessário, força policial, além da segurança interna dos fóruns e tribunais;

VIII – determinar, a qualquer tempo, o comparecimento pessoal das partes, para inquiri-las sobre os fatos da causa, hipótese em que não incidirá a pena de confesso;

IX – determinar o suprimento de pressupostos processuais e o saneamento de outros vícios processuais;

X – quando se deparar com diversas demandas individuais repetitivas, oficiar ao Ministério Público, a Defensoria Pública e, na medida do possível, outros legitimados a que se referem o artigo 5º., da Lei n. 7.347, de 24 de julho de 1985, e o artigo 82 da Lei n. 8.078, de 11 de setembro de 1990, para, se for o caso, promover a propositura de ação coletiva respectiva.

Parágrafo único. A dilação de prazo prevista no inciso VI somente pode ser determinada antes de encerrado o prazo regular.

O processo do trabalho também produziu regra clara de direção do processo, consoante disposto no artigo 765 da Consolidação das Leis do Trabalho:

> "Art. 765. Os juízos e Tribunais do Trabalho terão ampla liberdade na direção do processo e velarão pelo andamento rápido das causas, podendo determinar qualquer diligência necessária ao esclarecimento delas."

Poder-se-ia dizer que na linha do tempo os poderes dos magistrados foram aumentando[11]. Mas a verdade é que as legislações posteriores simplesmente cuidaram de ratificar essa premissa, como é possível se verificar, claramente, de todos os dispositivos legais acima transcritos.

A direção formal do processo é do juiz e ponto! A lógica é no sentido de que a atividade jurisdicional é do Estado, exercida através do Poder Judiciário, encarnado na pessoa do juiz. Logo, por uma questão de coerência inclusive, a atividade condutora do processo pelo juiz tem por finalidade administrar, ordenar e manter o processo dentro da normalidade, em sua marcha. Daí porque a gama de poderes que é outorgada pelo legislador ao magistrado.

---

11   Em razão da natureza pública do processo.

A partir do momento em que as pessoas dão início à atividade jurisdicional, considerando-se que o processo não começa por iniciativa do juiz, é natural que o Estado tenha todo o interesse em que um dos seus produtos, qual a jurisdição, seja desenvolvida e entregue de modo mais correto e rápido.[12]

Como consequência dessa lógica, faz-se mister que o processo seja mesmo dirigido pelo próprio órgão judicial, que cuidará de manter a equidistância das questões, dos interesses das partes e de fazer valer os princípios processuais e os valores e as normas fundamentais estabelecidos na própria Constituição Federal.[13] [14]

Existem, contudo, algumas questões que merecem uma reflexão quanto a direção do processo pelo juiz. Isso porque é nítido que o magistrado na direção do processo tem em mira ao menos três diretrizes muito bem delineadas[15]: a) a preocupação com a rápida solução do processo; b) evitar qualquer ato processual que possa afetar a eticidade processual, prevenindo ou reprimindo qualquer ato contrário a esse ideário e, por fim; c) assegurar a igualdade de tratamento por entre as partes contendoras.

Com relação as duas primeiras preocupações ('a' e 'b') não tenho dúvidas de sua aplicação nos domínios do processo do trabalho, sem maiores dificuldades. A reflexão diz respeito a terceira preocupação, qual a de assegurar a igualdade de tratamento às partes, ou seja, até que ponto deve ser entendida esta igualdade considerando-se a notória desigualdade econômica existente nas relações jurídicas processuais trabalhistas, ao menos em se tratando de matéria de relação empregatícia, para excluirmos matérias relacionadas com a nova competência material do Judiciário trabalhista.

As balizas que cuidaram de sedimentar, em termos legais, a preocupação judicial com a igualdade de tratamento, tem lugar nos próprios princípios informadores do processo. Em primeiro lugar, a igualdade é apontada para o legislador, para que este tenha cuidado na elaboração de leis processuais, de modo que fixe bem essa igualdade. Em segundo lugar, a ideia da igualdade formal (processual) é dirigida para o magistrado, para que ele cuide de observar a igualdade de oportunidade no processo para as partes.

Ocorre que nem sempre essa igualdade é observada pelo legislador e, portanto, pode colocar em dúvida o não tratamento igualitário do magistrado na

---

12 À propósito, basta uma breve leitura dos primeiros artigos do Novo Código de Processo Civil para verificar o interesse que o legislador teve em legitimar a atividade jurisdicional em consonância com essas premissas.

13 Nesse particular, vale a transcrição do artigo primeiro do NCPC, a saber: "O processo civil será ordenado, disciplinado e interpretado conforme os valores e as normas fundamentais estabelecidos na Constituição da República Federativa do Brasil, observando-se as disposições deste Código."

14 Vale lembrar que o princípio da cooperação, uma novidade do NCPC, em nada altera essa premissa.

15 Evidentemente que sem falar de outras, que não vem ao caso, em razão do propósito deste estudo.

condução dos processos. No próprio campo do processo civil, há situações em que o legislador apontou com o tratamento desigual para as partes no processo, como é o caso da Fazenda Pública, que desfruta de prazos mais dilatados para atuar no processo, sem que isso tenha sido considerado uma ofensa ao princípio da igualdade, constitucionalmente assegurado.

Ora, se os valores e as ideias que supostamente dão amparo ao tratamento desigual para a Fazenda Pública, no campo da processualística, são consideradas como legítimas; com mais razão isso ocorre quando se pensa no processo do trabalho, máxime quando se leva em conta os valores que se encontram nas relações jurídicas de direito material do trabalho, mais especificamente aquelas vistas dentro da ótica da relação empregatícia.[16]

Em tais circunstâncias podemos extrair algumas situações processuais em que há uma aparente desigualdade de tratamento, sem contudo, ocorrer qualquer violação constitucional. É o caso do não comparecimento do reclamante à primeira audiência, situação em que o processo é 'arquivado'[17]; ao passo que a ausência do reclamado, importará na aplicação da revelia e confissão presumida. Em havendo, para lembrarmos de outro exemplo, julgamento de parcial procedência, quanto aos pedidos do reclamante, este poderá recorrer sem promover o pagamento das custas processuais; ao passo que o mesmo não se dá com a reclamada; o reclamante terá o prazo prescricional para a propositura de sua ação, enquanto que a reclamada terá, segundo a CLT, cinco dias para apresentar a sua defesa.[18]

Todas essas situações acima lembradas estão dentro da ótica da paridade de tratamento processual com origem na legislação. Em casos que tais, não me parece que o juiz, ao agir conforme a vontade do legislador, tenha deixado de cumprir com o comando constitucional ou mesmo processual que lhe obriga a dar tratamento igual. Pelo simples fato de que a aparente desigualdade de tratamento partiu do campo legislativo e não do agir do juiz. O que nos parece que pretendeu o legislador processual dizer é que o magistrado deve, quando não houver norma em sentido contrário, assegurar, rigorosamente, a igualdade tratamento. Assim, por exemplo, observando a igualdade, dando as mesmas oportunidades às partes no processo.

---

16 Destaco, nesta oportunidade, apenas as relações empregatícias porque o aumento da competência da Justiça do Trabalho, por força da Emenda Constitucional n. 45, de 2004, trouxe outras questões de direito material para este ramo do Judiciário. Todavia, enfrentar a igualdade processual com vistas as demais questões competenciais seria promover o elasticimento do presente estudo para muito além da ideia central.

17 Aqui temos uma sentença de extinção do processo sem resolução do mérito e não a guarda dos autos físicos em um escaninho judiciário.

18 Ainda que o prazo realmente venha a ser maior do que os cinco dias fixados na CLT, que é o que se dá no mundo empírico, o mesmo será muito mentor do que o do reclamante.

Quando o legislado buscou, através do artigo 765 da Consolidação das Leis do Trabalho, assegurar ao juiz do trabalho, uma 'ampla liberdade na direção do processo', não lhe deu um cheque em branco para promover iniquidades. A ideia foi justamente a de compatibilizar um processo, com altíssima carga de valores sociais, com os ideais de justiça, máxime se considerarmos que no processo do trabalho é dado as partes comparecerem sem advogado, ao menos em tese, não obstante isto não ocorra na prática. Daí porque ser plenamente aceito, nos domínios do processo do trabalho, que o juiz autorize, de ofício, a liberação do FGTS em favor do trabalhador, o pagamento de seguro desemprego, entre outras medidas, sem que isso constitua violação ao princípio da igualdade.

Em verdade, além dos poderes na perseguição da prova, para a formação de seu convencimento[19], é autorizado ao juiz do trabalho promover atos decisórios interlocutórios para velar pelo andamento rápido da causa. Dentro desta lógica, tem o juiz do trabalho, 'ampla liberdade na direção do processo' e, assim, livre para agir.

2. OS PODERES DO MAGISTRADO E A CONVENÇÃO PROCESSUAL

Não poderíamos deixar de abordar a questão relativa a convenção processual. Trata-se de novidade trazida pelo NCPC, mais especificamente em seu artigo 190, a saber:

> "Art. 190. Versando o processo sobre direitos que admitam autocomposição, é lícito às partes plenamente capazes estipular mudanças no procedimento para ajustá-lo às especificidades da causa e convencionar sobre os seus ônus, poderes, faculdades e deveres processuais, antes ou durante o processo.
>
> Parágrafo único. De ofício ou a requerimento, o juiz controlará a validade das convenções previstas neste artigo, recusando-lhes aplicação somente nos casos de nulidade ou de inserção abusiva em contrato de adesão ou em que alguma parte se encontre em manifesta situação de vulnerabilidade."

A inserção dessa novidade, nos domínios do processo civil, não implica em retrocesso, não significa um retorno 'saudosista' ao modelo do processo desenvolvido no Estado liberal, de tradições jurídicas inerentes ao absolutismo e do *ancien régime*. A ideia foi a de permitir que as partes possam estabelecer um procedimento que mais se adeque as suas necessidades, diante do caso concreto. Partiu-se da premissa de que existem situações cujas peculiaridades não estariam abarcadas pelo procedimento comum.[20]

---

19 Não obstante a enorme discussão que vem se travando acerca da formação livre ou não do convencimento do juiz, diante dos termos do artigo 371 do Novo CPC, em comparação com a redação do artigo 131 do CPC/73, que antes continha a expressão 'livremente', agora retirada.

20 Vale lembrar que o NCPC não distingue mais o procedimento comum em ordinário e sumário, agora, segundo disposto no artigo 318, *'aplica-se a todas as causas o procedimento comum...'*.

A impossibilidade de adequação de um procedimento genérico a todas as situações da vida levaram a flexibilização procedimental, como, aliás, já é permitido no juízo arbitral. Ora, se neste juízo, qual o arbitral funciona, por que não funcionaria nas relações cíveis levadas ao Poder Judiciário?

No que diz respeito ao tema ora proposto para estudo, a possibilidade de convenção processual ou de convenção procedimental, em nada altera os poderes do juiz. Qualquer que seja a opção tomada pelas partes, quanto as mudanças procedimentais, continuará o juiz no controle. Apenas no lugar de fazer cumprir a lei, ou seja, as normas constantes no Código de Processo, cuidará de zelar pelo cumprimento das normas que foram combinadas pelas partes.[21] Aliás, no caso de convenção processual, o juiz pode ir além dos termos disposto na lei processual. Vale dizer: a lei não pode ser declarada inválida pelo magistrado – salvo nos casos de sua inconstitucionalidade[22] –, mas a validade das convenções pode. Portanto, o juiz continua sendo o condutor absoluto do processo.

Em nossa opinião a regra estabelecida pelo artigo 190 do NCPC, que cuida da convenção processual (ou procedimental), não tem lugar nos domínios do processo do trabalho. As peculiaridades que envolvem as relações jurídicas materiais trabalhistas, desautorizam a sua utilização, inclusive para as questões relativas a chamada nova competência material do Judiciário trabalhista, ao menos de um modo geral.

Mas mesmo para aqueles que acreditam ser possível a utilização da convenção processual (ou procedimental) no processo do trabalho, isso em nada afetará os poderes do magistrado do trabalho na condução processual.

3. DO CALENDÁRIO PROCESSUAL

Outra novidade trazida pelo NCPC diz respeito a possibilidade das partes fixarem um calendário de prazo para a prática de atos processuais, conforme se verifica do artigo 191, vejamos:

> "Art. 191. De comum acordo, o juiz e as partes podem fixar calendário para a prática dos atos processuais quando for o caso.
>
> Parágrafo primeiro. O calendário vincula as partes e o juiz, e os prazos nele previstos somente serão modificados em casos excepcionais, devidamente justificados.
>
> Parágrafo segundo. Dispensa-se a intimação das partes para a prática de ato processual ou a realização de audiência cujas datas tiverem sido designadas no calendário."

---

21 Neste sentido é claro o parágrafo único, do artigo 190, já transcrito.

22 E mesmo nos casos de inconstitucionalidade existem regras que devem ser observadas para a sua declaração, máxime pelo Tribunal, consoante, inclusive, dispõe a Súmula Vinculante n. 10 do Supremo Tribunal Federal.

A ideia de se criar um calendário que melhor atenda as necessidades das partes contendoras é boa. Mas não acredito que irá funcionar. Qualquer Vara (cível ou trabalhista) encontra-se abarrotada de processos e, diga-se de passagem, já é muito difícil administrá-los com um calendário fixado pelo legislador ordinário, cujas regras são as mesmas para todos. Imagine a possibilidade de se ter centenas ou mesmo milhares de processos, cada um com prazos e peculiaridades específicas!?! Quem propôs tal dispositivo legal, com todo respeito, não tem ideia do que é o dia-a-dia de uma Vara judicial.

Mas vale lembrar que mesmo em casos que tais, o juiz estará não só envolvido na combinação do calendário, como também cuidará de zelar pelo seu cumprimento. Vale dizer: continua no comando da situação.

4. DOS PROCESSOS NOS TRIBUNAIS: O PODER DO MAGISTRADO NA CONDUÇÃO PROCESSUAL EM SEGUNDA INSTÂNCIA

Uma das bases filosóficas que o NCPC busca impor, de forma clara, é a hierarquização da jurisprudência, com evidente prevalência das decisões tomadas pelos Tribunais, aumentando a importância das mesmas na medida em que se sobe na escala organizacional judiciária.[23]

Isso ficou claro mesmo antes da edição do NCPC nos domínios do processo do trabalho, em que no ano de 2014 foi editada a Lei n. 13.015, buscando por em prática a chamada "disciplina judiciária", na qual criou regras de obediência para o Judiciário trabalhista, em termos jurisdicionais, salvo em matéria fática, já que, no particular, a segunda instância é absoluta.

O NCPC trilhou o mesmo caminho. Assim, os tribunais não só devem uniformizar a sua jurisprudência, mas também mantê-la estável, íntegra e coerente, como se a coerência não fizesse parte da lógica decisória! Da mesma forma, não só os tribunais de segunda instância deverão observar a jurisprudência firmada, como também os juízes (de primeiro grau), máxime, quanto a estes, a orientação firmada pelo plenário ou do órgão especial aos quais estiverem vinculados.

A fim de dar condição de possibilidade para que o referido ideário se materializasse, o NCPC deixou muito clara as atribuições do desembargador designado relator, nos domínios recursais, consoante dispõe o artigo 932, ***in verbis***:

> "*Art. 932. Incumbe ao relator:*
>
> I – dirigir e ordenar o processo no tribunal, inclusive em relação à produção de prova, bem como, quando for o caso, homologar autocomposição das partes;
>
> II – apreciar o pedido de tutela provisória nos recursos e nos processos de competência originária do tribunal;

---

23 Não estou dizendo que isso é bom. Apenas constatando uma realidade!

III – não conhecer de recurso inadmissível, prejudicado ou que não tenha impugnado especificamente os fundamentos da decisão recorrida;

IV – negar provimento a recurso que for contrário a:

a) Súmula do Supremo Tribunal Federal, do Superior Tribunal de Justiça ou do próprio tribunal;

b) Acórdão proferido pelo Supremo Tribunal Federal ou pelo Superior Tribunal de Justiça em julgamento de recursos repetitivos;

c) Entendimento firmado em incidente de resolução de demandas repetitivas ou de assunção de competência;

V – depois de facultada a apresentação de contrarrazões, dar provimento ao recurso se ad decisão recorrida for contrária a:

a) Súmula do Supremo Tribunal Federal, do Superior Tribunal de Justiça ou do próprio tribunal;

b) Acórdão proferido pelo Supremo Tribunal Federal ou pelo Superior Tribunal de Justiça em julgamento de recursos repetitivos;

c) Entendimento firmado em incidente de resolução de demandas repetitivas ou de assunção de competência;

VI – decidir o incidente de desconsideração da personalidade jurídica, quando este for instaurado originariamente perante o tribunal;

VII – determinar a intimação do Ministério Público, quando for o caso;

VIII – exercer outras atribuições estabelecidas no regimento interno do tribunal.

Parágrafo único. Antes de considerar inadmissível o recurso, o relator concederá o prazo de 5 (cinco) dias ao recorrente para que seja sando vício ou complementada a documentação exigível.

Inúmeras seriam as considerações a tecer sobre o artigo 932 que trata dos poderes do relator[24]. Todavia, a quantidade de linhas disponíveis para o que se propõe no presente estudo impede o desenvolvimento das ideias de modo mais elasticido, lamentavelmente. Por conseguinte, vamos destacar apenas algumas questões.

A primeira diz respeito a topografia. O CPC/73 resolveu estabelecer um conjunto de normas, que trata do tema em apreço, após os dispositivos que cuidavam dos recursos, quando o melhor teria sido mesmo a sua antecipação. No particular, ponto positivo para o NCPC.

Para nós um dos destaques do cardápio normativo estabelecido pelo artigo 932, seus incisos e suas diversas alíneas, além de um parágrafo único, tem lugar no firmamento da ideia de que o relator é o condutor do processo em segundo grau de jurisdição. Enquanto o processo encontra-se em primeiro lugar, não há dúvida de que o condutor é o juiz. A dúvida poderia ocorrer quando o feito che-

---

24 Ou da incumbência, como dito pelo **caput**.

ga em segundo grau, pois o julgamento é feito em colegiado, não obstante seja a proposta inicial de julgamento do relator.

Por uma questão de lógica afigura-se razoável que o relator devesse ser mesmo o condutor do processo, ficando para o colegiado apenas a tarefa de julgar. A ideia proposta pelo artigo 932 do NCPC não deixa a menor dúvida quanto a isso. Aliás, sequer o regimento interno do tribunal tem capacidade para mudar tal situação. O regimento interno poderá elastecer a gama de poderes do relator na condução do processo; mas nunca diminuir (inciso VIII).

O CPC/73 até trazia algumas questões que ficavam na conta do relator; poderes, por assim dizer, explícito. Mas na prática não demorou muito para se perceber que esses poderes explícitos eram insuficientes para a condução do processo em segundo grau, pelo relator, levando-o a praticar atos não expressos na lei, passando a ser conhecidos como poderes implícitos. Mas nem todos muito bem aceitos ou que, no mínimo, não trouxessem uma enorme controvérsia. É o caso da possibilidade do relator converter o feito em diligência para a realização de prova. Qualquer prova: pericial, testemunhal ou outra que achar necessária.

Muitos entendiam que tal não era possível, pois o processo já deveria se encontrar maduro, pronto, para julgamento, devendo o relator decidir com o material colhido pelo juiz da instrução, em primeiro grau de jurisdição. Se a prova não tivesse sido bem colhida, na visão do desembargador, a ele nada mais caberia, para os adeptos desta tese. Apenas julgar. Até porque as partes estiveram presentes e assistidas por seus respectivos advogados e entenderam que instrução estaria bem feita. Logo, nada mais restaria ao relator fazer.

Ocorre que nem sempre isso acontece. É possível que em certas situações o processo não tenha sido bem instruído, pelas mais variadas e aceitas razões. A decisão (de primeiro ou de outros graus) pode até ser razoável, mas melhor se for ideal. Inúmeras situações, na prática, têm levado o relator a promover nova diligência processual, não raro, determinando a realização de prova, geralmente complementar.

A jurisprudência do Superior Tribunal de Justiça vinha permitindo a conversão do feito em diligência pelo relator, para a designação de prova. Agora, de acordo com o NCPC, as eventuais divergências sobre o tema caem por terra. O inciso I, do artigo 932 é claro, ao submeter ao relator não só a direção do processo, como possibilitou que o mesmo ordene a conversão do feito em diligência para produção de prova. Mas não é só. De modo um tanto quanto contundente, a ideia se repete, no parágrafo terceiro, do artigo 938, cuja transcrição vale pena conferir:

> Art. 938. ....
> ....
>
> Parágrafo terceiro. Reconhecida a necessidade de produção de prova, o relator converterá o julgamento em diligência, que se realizará no tribunal ou em primeiro grau de jurisdição, decidindo-se o recurso após a conclusão da instrução."

O tema foi tratado com tanta importância pelo legislador no NCPC, que caso o relator não converta o feito em diligência para a produção da prova que entender cabível, o colegiado competente para julgamento poderá decidir em sessão, ainda que contra a vontade do relator, pela conversão do feito em diligência, consoante disposto no parágrafo quarto do artigo 938, vejamos:

> "Art. 938. ....
>
> ....
>
> Parágrafo quarto. Quando não determinadas pelo relator, as providências indicadas nos parágrafos primeiro e terceiro poderão ser determinadas pelo órgão competente para julgamento do recurso."

À propósito, veja notícia retirada do site Migalhas[25], em 27 de agosto de 2015, a saber:

> "Para suprir deficiências relevantes na instrução processual, o Tribunal pode converter julgamento em diligência e determinar a baixa dos autos para realização de nova perícia, mesmo em grau de apelação. A 4ª turma do STJ firmou este entendimento ao julgar um caso de pedido de indenização por erro médico em que as provas periciais não serviram para formar o entendimento do julgador.
>
> Uma clínica médica no Ceará foi acionada por uma paciente para reparação de danos materiais e morais decorrentes de cirurgias malsucedidas. Segundo os autos, ela foi submetida a três cirurgias devido a uma fratura no braço direito. Após os procedimentos, a paciente perdeu o movimento dos dedos de sua mão direita e passou a não ter mais sensibilidade na região. De acordo com exames específicos, ficou constatado que ocorrera o corte do nervo radial do braço em virtude de erro médico.
>
> Em primeiro grau, o juiz negou o pedido, alegando não ter sido comprovado o erro médico. Na apelação, o TJ/CE suscitou questão de ordem para suprir as deficiências na instrução processual, abrindo a possibilidade de sua complementação por iniciativa do órgão julgador. Na ocasião, o tribunal determinou a baixa dos autos para realização de novas diligências em busca de provas para formação do convencimento.
>
> Inconformada, a clínica recorreu ao STJ, alegando haver prova documental e técnica suficientes para a instrução do processo. A clínica mencionou que as partes, ao serem intimadas acerca das provas, concordaram com todas elas, praticando o exercício pleno do contraditório. Com as informações prestadas, segundo a clínica, não havia razões para o tribunal converter o julgamento em diligência para que fosse elaborada nova prova pericial.
>
> O relator do processo no STJ, ministro Luis Felipe Salomão, apontou que o tribunal de origem afirmou expressamente que não foram realizadas as oitivas da suposta vítima do erro médico, das testemunhas e do próprio médico. Essa colheita de provas se fazia imprescindível, segundo o TJ/CE, para responder às várias indagações evidenciadas no processo. Por isso, as provas produzidas até então não serviriam para a instrução processual.

---

25 http://www.migalhas.com.br/Quentes/17,MI121622,91041-STJ+pode

O ministro afirmou que o juiz é o principal destinatário da prova, cabendo a ele determinar as diligências que entenda necessárias para a formação de seu convencimento. O relator abordou que tal aplicação se faz indispensável na busca da verdade real, a fim de que se alcance um correto e justo julgamento da causa.

Em outro ponto, o ministro Salomão esclareceu que o julgador não poderia suprir deficiência da parte, violando o princípio da imparcialidade. Porém, diante da dúvida surgida com a prova colhida nos autos, compete a ele aclarar os pontos obscuros, de modo a formar adequadamente sua convicção. A turma seguiu o entendimento do relator."

Do referido processo[26] é possível se extrair a seguinte ementa:

"EMENTA

PROCESSUAL CIVIL. AÇÃO INDENIZATÓRIA . ALEGAÇÃO DE ERRO MÉDICO. JUIZ QUE DETERMINA A BAIXA DOS AUTOS PARA REALIZAÇÃO DE NOVAS PROVAS. POSSIBILIDADE. PRINCÍPIO DA INVESTIGAÇÃO E DA VERDADE REAL. RECURSO ESPECIAL NÃO PROVIDO.

1. O artigo 130 do CPC permite ao julgador, em qualquer fase do processo, ainda que em sede de julgamento da apelação no âmbito do Tribunal local, determinar a realização das provas necessárias à formação do seu convencimento, mesmo existente anterior perícia produzida nos autos.

2.Contudo, não é possível ao Julgador suprir a deficiência probatória da parte, violando o princípio da imparcialidade, mas, por óbvio, diante da dúvida surgida com a prova colhida nos autos, compete-lhe aclarar os pontos obscuros, de modo a formar adequadamente sua convicção."

Além da decisão acima transcrita, outros inúmeros precedentes são encontrados no site do STJ, vejamos:

"AGRAVO REGIMENTAL. RECURSO ESPECIAL. CIVIL E PROCESSO CIVIL. DISSÍDIO JURISPRUDENCIAL. AUSÊNCIA DE DEMONSTRAÇÃO. EMBARGOS DE DECLARAÇÃO. NEGATIVA DE PRESTAÇÃO JURISDICIONAL. INOCORRÊNCIA. PRODUÇÃO DE PROVAS. INICIATIVA DO JUIZ. POSSIBILIDADE. INEXISTÊNCIA DE AFRONTA AOS PRINCÍPIOS CONTIDOS NO ECA (LEI 8.069/90). (...)

3. Esta Corte Superior, ao interpretar o art. 130 do CPC, consagrou o entendimento de que "a iniciativa probatória do juiz, em busca da verdade real, com realização de provas de ofício, é amplíssima, porque é feita no interesse público de efetividade da Justiça" (REsp 1.012.306/PR, Rel. Min. NANCY ANDRIGHI, DJe 07.05.2009).

4. Agravo regimental não provido. (AgRg no REsp 294.609/RJ, Rel. Ministro VASCO DELLA GIUSTINA (DESEMBARGADOR CONVOCADO DO TJ/RS), TERCEIRA TURMA, julgado em 08/06/2010, DJe 24/06/2010) PROCESSO CIVIL - RECURSO ESPECIAL - REALIZAÇÃO DE PROVAS POR INICIATIVA DO JUIZ - ARTIGO 130 DO CPC - POSSIBILIDADE - PRECEDENTES STJ E STF. - O juiz tem o poder de iniciativa probatória, inclusive para determi-

---

26 Processo: Nº 906.794 - CE (2006/0261469-5)

nar a produção das provas que julgar necessária à solução da lide. Esta prerrogativa pode ser utilizada em qualquer fase do processo. - Recurso especial conhecido e provido.(REsp 382.742/PR, Rel. Ministro FRANCISCO PEÇANHA MARTINS, SEGUNDA TURMA, julgado em 16/02/2006, DJ 26/04/2006 p. 198) PROVA. DISPENSA PELAS PARTES. DILAÇÃO PROBATÓRIA DETERMINADA PELA 2ª INSTÂNCIA. ADMISSIBILIDADE. INEXISTÊNCIA DE PRECLUSÃO. – Em matéria de cunho probatório, não há preclusão para o Juiz. Precedentes do STJ. Recurso especial não conhecido. (REsp 262.978/MG, Rel. Ministro BARROS MONTEIRO, QUARTA TURMA, julgado em 06/02/2003, DJ 30/06/2003 p. 251). DIREITOS CIVIL E PROCESSUAL CIVIL. INVESTIGAÇÃO DE PATERNIDADE. PROVA GENÉTICA. DNA. REQUERIMENTO FEITO A DESTEMPO. VALIDADE. NATUREZA DA DEMANDA. AÇÃO DE ESTADO. BUSCA DA VERDADE REAL. PRECLUSÃO. INSTRUÇÃO PROBATÓRIA. INOCORRÊNCIA PARA O JUIZ. PROCESSO CIVIL CONTEMPORÂNEO. CERCEAMENTO DE DEFESA. ART. 130, CPC. CARACTERIZAÇÃO. DISSÍDIO CARACTERIZADO. PRECEDENTE. RECURSO PROVIDO.

I - Tem o julgador iniciativa probatória quando presentes razões de ordem pública e igualitária, como, por exemplo, quando está diante de causa que tenha por objeto direito indisponível(ações de estado), ou quando, em face das provas produzidas, se encontra em estado de perplexidade ou, ainda, quando há significativa desproporção econômica ou sócio-cultural entre as partes.

II – Além das questões concernentes às condições da ação e aos pressupostos processuais, a cujo respeito há expressa imunização legal (CPC, art. 267, § 3º), a preclusão não alcança o juiz em se cuidando de instrução probatória.

III - Diante do cada vez maior sentido publicista que se tem atribuído ao processo contemporâneo, o juiz deixou de ser mero espectador inerte da batalha judicial, passando a assumir uma posição ativa, que lhe permite, dentre outras prerrogativas, determinar a produção de provas, desde que o faça com imparcialidade e resguardando o princípio do contraditório.

IV - Na fase atual da evolução do Direito de Família, não se justifica inacolher a produção de prova genética pelo DNA, que a ciência tem proclamado idônea e eficaz. (REsp 222.445/PR, Rel. Ministro SÁLVIO DE FIGUEIREDO TEIXEIRA, QUARTA TURMA, julgado em 07/03/2002, DJ 29/04/2002 p. 246)."

Ao dialogar com a jurisprudência, infelizmente, nada encontrei no site do Tribunal Superior do Trabalho sobre o tema ora em estudo. Mas entendemos que isso não impossibilita a conversão do feito em diligência para a realização de prova complementar pelo relator, no campo do processo do trabalho.

A doutrina também apoia essa ideia, vejamos, por exemplo, o que diz Antônio Carlos Marcato:

"A visão publicista deste exige um juiz comprometido com a efetivação do direito material. Isto é, o juiz pode, a qualquer momento e de ofício determinar sejam produzidas provas necessárias a seu convencimento. Trata-se de atitude não apenas admitida pelo ordenamento, mas também desejada por quem concebe o processo como instrumento efetivo de acesso à ordem jurídica justa."[27]

Com efeito, o consagrado pelo campo Moacyr Amaral Santos também comungava de tal opinião:

> "Será lícito determinar, de ofício, diligências instrutórias naqueles casos em que se encontrar em dificuldade na formação de sua convicção quanto à verdade dos fatos cuja prova tenha sido dada pelas partes interessadas."[28]

Fredie Didier Júnior e Leonardo José Carneiro da Cunha, ainda ao tempo do CPC/73[29], afirmaram que:

> "Aplica-se ao tribunal o art. 130 do CPC, que confere poderes instrutórios ao juiz — e em tribunal também há juízes; com competência funcional diversa, é claro, mas juízes. Nada justifica restringir a incidência do artigo à atuação do juízo de primeira instância. Não se pode restringir o exercício da função jurisdicional do tribunal, em competência recursal. Se a causa há de ser re-julgada no procedimento recursal, não se pode retirar do órgão ad quem a possibilidade de produzir provas que fundamentem o seu convencimento."

Outras questões importantes foram trazidas pelo artigo 938 do NCPC quanto aos poderes do magistrado na condução do processo em segundo grau, como a expressa determinação de que o relator (e não o colegiado) promova a homologação de acordo feito pelas partes após a interposição do recurso[30]; a tomada de decisão quanto aos requerimentos de tutela provisória em segundo grau, quando já houver designação de relator; o elastecimento das hipóteses de julgamento monocrático[31].

Da mesma opinião Nelson Nery Júnior[32], *in verbis*:

> "Essa atividade probatória do juiz nas ações que versam sobre direitos indisponíveis é admissível também no segundo grau de jurisdição –tanto nas causas de competência originária ou em grau de recurso -, podendo o tribunal, ex officio ou a requerimento do MP ou de qualquer das partes,

---

27 MARCATO, Antonio Carlos. **Código de Processo Civil Interpretado**. São Paulo: Atlas, 2004. p. 363.

28 SANTOS, Moacyr Amaral. **Primeiras Linhas de Direito Processual Civil**. 20. ed. São Paulo: Saraiva, 1999. v. III, p. 77.

29 DIDIER Jr., Fredie; CUNHA, Leonardo José Carneiro da. **Curso de Direito Processual Civil**. 6. ed. Bahia: *Jus*PODIVM, 2008. v. II, p. 504.

30 Muitos entendiam que não competia ao Tribunal a homologação de acordo, determinando, assim, o recambiamento dos autos à vara de origem para as medidas cabíveis.

31 Diga-se de passagem que o julgamento monocrático tem sido uma excelente alternativa em favor do tempo razoável de duração do processo. Dados estatísticos feitos por mim, através de meu gabinete, levaram-me a conclusão de como é importante tal medida. Em média apenas 17% das decisões monocráticas, tomadas por mim, são levadas à apreciação, pela via do agravo regimental, ao colegiado. Isso demonstra como é útil tal procedimento monocrático, pois a decisão, em casos que tais, evita o abarrotamento desnecessário da pauta, tomando tempo de todos, além de outras questões práticas.

32 NERY JUNIOR, Nelson; ANDRADE NERY, Rosa Maria de. **Código de Processo Civil Comentado**. 10. *ed.* São Paulo: Revista dos Tribunais, 2008. p. 389.

determinar a realização da prova diretamente ou converter o julgamento em diligência para a realização da prova."

Com relação a observância das decisões tomadas pelos tribunais superiores e sua 'vinculação', o tema é matéria versada pela Lei n. 13.015, de 2014, específica para o sistema recursal trabalhista. Assim, por exemplo, o NCPC autoriza o relatar a negar provimento ao recurso nos casos de simples súmula do Supremo Tribunal Federal; ao passo que a referida Lei n. 13.015, exige que a Súmula seja vinculante. A observância de súmula não vinculante, pelo relator no processo do trabalho, é uma questão que merece reflexão, pois há casos em que o TST edita súmula em um sentido e o STF em outro. E aí: qual delas deve se seguir? Como pela Lei n. 13.015, de 2014, estabelece a obrigatoriedade sistêmica trabalhista apenas quanto ao cumprimento da súmula vinculante, confrontos de entendimentos, não raro, surgem, como é o caso da prescrição intercorrente, em que o Supremo sumulou a questão no sentido de que não há tal prescrição nas ações trabalhistas e, em sentido contrário, sumulou o TST[33]. Enfim...

5. REFERÊNCIAS BIBLIOGRÁFICAS

ALEXY, Robert. Teoria da argumentação jurídica. São Paulo: Landy, 2011.

AMARAL, Guilherme Rizzo. A polêmica em torno da ação de direito material. Revista de Direito Processual Civil, Curitiba: Genesis, v. 33, 2004.

ARENHART, Sérgio Cruz. A tutela inibitória da vida privada. São Paulo: Ed. RT, 2000.

ARRUDA ALVIM, José Manoel. Manual de direito processual civil. São Paulo: ED RT, 2003, v. 1.

BANDEIRA DE MELLO, Celso Antônio. O conteúdo jurídico do princípio da igualdade. 3ª. Ed. São Paulo: Malheiros, 1999.

BARBOSA MOREIRA, José Carlos. Os poderes do juiz na direção e na instrução do processo. Temas de direito processual – 4ª. Série. São Paulo: Saraiva, 1989

BEDAQUE, José Roberto dos Santos. Direito e processo. São Paulo: Malheiros, 1995.

CHIOVENDA, Giuseppe. Instituições de direito processual civil. São Paulo: Saraiva, 1965, v. 1.

COUTURE, Eduardo. Fundamentos del derecho procesal civil. 17ª. Reimpr. Da 3ª. Ed (1958). Buenos Aires: D-palma, 1993.

LUHMANN, Niklas. Legitimação pelo procedimento. Trad. Maria da Conceição Côrte-Real. Brasília:UnB, 1980.

---

33 Súmula 114 do TST e Súmula 327 do STF.

PONTES DE MIRANDA, F.C. Tratado das ações. São Paulo: Ed. RT, 1970, t. I.

ROSEMBERG, Leo. Tratado de derecho procesal civil. Buenos Aires: Ejea, 1955, v. 1.

ZAVASCKI, Teori Albino. Eficácia das sentenças na jurisdição constitucional. São Paulo: Ed RT, 2001.

DINAMARCO, Cândido Rangel. Instituições de Direito Processual Civil. 4ª ed. São Paulo: Malheiros, 2004. v. III.

MACHADO, Antônio Cláudio da Costa. Código de Processo Civil Interpretado. 2. ed. Barueri/SP: Manole, 2008.

MARCATO, Antonio Carlos. Código de Processo Civil Interpretado. São Paulo: Atlas, 2004.

MONTENEGRO FILHO, Misael. Código de Processo Civil comentado e interpretado. 1. ed. São Paulo: Atlas, 2008.

NERY JUNIOR, Nelson; ANDRADE NERY, Rosa Maria de. Código de Processo Civil Comentado. 10. ed. São Paulo: Revista dos Tribunais, 2008.

SANTOS, Moacyr Amaral. Primeiras Linhas de Direito Processual Civil. 20. ed. São Paulo: Saraiva, 1999. v. III.

Capítulo 56

A ASSUNÇÃO DE COMPETÊNCIA NO NOVO CPC E SEUS REFLEXOS NO PROCESSO DO TRABALHO

Carlos Henrique Bezerra Leite[1]

SUMÁRIO: 1. INTRODUÇÃO; 2. O INCIDENTE DE ASSUNÇÃO DE COMPETÊNCIA NO CPC/73; 3. ASSUNÇÃO DE COMPETÊNCIA NO NOVO CPC DE 2015; 4. EXTENSÃO DA FORÇA VINCULANTE DO ACÓRDÃO PROFERIDO EM INCIDENTE DE ASSUNÇÃO DE COMPETÊNCIA; 5. ASSUNÇÃO DE COMPETÊNCIA NO PROCESSO DO TRABALHO; 6. CONCLUSÃO.

1. INTRODUÇÃO

O incidente de assunção de competência, que estava previsto no § 1º do art. 555 do CPC de 1973, era um instituto praticamente desconhecido da doutrina e da jurisprudência trabalhista.

Na verdade, esse novel incidente processual já vinha sendo adotado no Superior Tribunal de Justiça em seu regimento interno, que facultava a Turma submeter à Seção ou à Corte Especial, ou a Seção à Corte Especial, os feitos da respectiva competência, "quando convier pronunciamento [...] em razão da relevância da questão, e para prevenir divergência entre as Turmas da mesma Seção" (RISTJ, art. 14, II) ou "entre as Seções" (idem, art. 16, IV). Em ambos os casos, a remessa independerá da lavratura de acórdão, nos termos dos parágrafos únicos dos arts. 14, 16 e 100 e do § 1º do art. 127 do RISTJ.

O art. 555 do CPC/73, portanto, estendeu a técnica aos tribunais de segundo grau.

O Novo CPC de 2015, que entrará em vigor em março de 2016, proscreveu o incidente de uniformização de jurisprudência, porquanto não reproduziu as regras que estavam previstas nos arts. 476 a 479 do CPC/73. Em contrapartida, reforçou o papel do incidente de assunção de competência como um dos meca-

---

[1] Mestre e Doutor em Direito das Relações Sociais (PUC/SP). Professor Adjunto do Departamento de Direito (UFES). Professor de Direitos Metaindividuais do Mestrado (FDV). Desembargador Federal do Trabalho do Tribunal Regional do Trabalho da 17ª Região/ES. Ex-Procurador Regional do Ministério Público do Trabalho/ES. Diretor da Escola de Magistratura do Trabalho no Estado do Espírito Santo. Membro da Academia Nacional de Direito do Trabalho. Medalha do Mérito Judiciário do Trabalho (Comendador). Ex-coordenador Estadual da Escola Superior do MPU/ES.

nismos para compelir os tribunais a "uniformizar sua jurisprudência e mantê-la estável, íntegra e coerente" (NCPC, art. 926) e editar "enunciados de súmula correspondentes a sua jurisprudência dominante" (idem, § 1º), atendo-se "às circunstâncias fáticas dos precedentes que motivaram sua criação" (idem, § 2º).

Na verdade, o NCPC introduziu, em suspeitável inconstitucionalidade (formal e material) por violação aos princípios da independência funcional dos magistrados, da separação dos poderes, do juiz natural, do duplo grau de jurisdição, da vedação ao retrocesso social e da democracia, novos institutos de direito processual, além dos previstos na Constituição Federal (NCPC, art. 927, I e II), com efeitos vinculantes para juízes de tribunais.

Dentre os novos institutos de direito processual cujas decisões neles proferidas obrigarão a todos os juízes e tribunais destaca-se o incidente de assunção de competência.

Com efeito, dispõe o art. 927, III, do NCPC que os "juízes e os tribunais observarão (...) III - os acórdãos em incidente de assunção de competência ou de resolução de demandas repetitivas e em julgamento de recursos extraordinário e especial repetitivos".

2. O INCIDENTE DE ASSUNÇÃO DE COMPETÊNCIA NO CPC/73

O incidente de assunção de competência guarda semelhança com o antigo incidente de uniformização da jurisprudência previsto nos arts. 476 a 479 do CPC/73, "de limitadíssimo emprego em nossa prática forense", visando, contudo, a superá-lo, "com grande vantagem técnica e operacional"[2].

Trata-se de um "mecanismo destinado a compor dissídios jurisprudenciais internos de um dado tribunal, função equivalente ao do incidente de uniformização de jurisprudência"[3], porém, "ainda mais eficiente na prevenção ou composição dos dissídios"[4], pois, ao contrário do incidente de uniformização em que ocorre uma cisão de competência funcional para apreciar uma questão incidental, limitando-se o Pleno a adotar tese jurídica a ser aplicada, no instituto ora focalizado, há uma assunção da competência do Pleno (ou órgão regimental equivalente) para julgar por inteiro o recurso.

Importa assinalar que o relator exerce monocraticamente o juízo de oportunidade e conveniência para submeter à Turma a sua proposta de transferência da competência para o Pleno. Essa conveniência

---

2   JULIANI, Cristiano Reis. A nova redação do art. 555, do CPC e a uniformização de jurisprudência. Disponível em: http://www.planalto.gov.br/ccivil_03/revista/Rev_73/artigos/Cristiano_rev73.htm. Acesso em: 12 mar. 2010.

3   CÂMARA, Alexandre Freitas. Lições de direito processual civil. V. II. 16. ed. Rio de Janeiro: Lumen Juris, 2008. p. 47.

4   CÂMARA, Alexandre Freitas, op. cit., mesma página.

pode ter por objeto prevenir ou compor divergência. Os dois termos têm, cada qual, seu sentido. Prevenir indica a inexistência prévia de decisões divergentes sobre o tema, ao contrário de compor, que remete à ideia de já haver soluções díspares anteriores[5].

A lei aprimorou a técnica em relação à uniformização da jurisprudência (CPC/73, arts. 476 e segs.), ao empregar esses dois verbos, já que o primeiro deles não faz parte da disciplina do incidente de uniformização.

Com efeito, no julgamento de apelação ou de agravo, a decisão será tomada, na câmara ou turma, pelo voto de 3 (três) juízes, mas, nos termos do § 1º do art. 555 do CPC/73, se ocorrer

> "relevante questão de direito, que faça conveniente prevenir ou compor divergência entre câmaras ou turmas do tribunal, poderá o relator propor seja o recurso julgado pelo órgão colegiado que o regimento indicar; reconhecendo o interesse público na assunção de competência, esse órgão colegiado julgará o recurso".

3. ASSUNÇÃO DE COMPETÊNCIA NO NOVO CPC DE 2015

O incidente de assunção de competência está previsto no Título I do Livro III da Parte Especial do Novo CPC, inserido no Capítulo IIII, que é destinado à ordem dos processos e aos processos de competência originária dos tribunais.

De acordo com o art. 947 do NCPC:

> É admissível a assunção de competência quando o julgamento de recurso, de remessa necessária ou de processo de competência originária envolver relevante questão de direito, com grande repercussão social, sem repetição em múltiplos processos.

Vê-se, assim, que o incidente de assunção de competência só pode ser instaurado no julgamento de qualquer recurso, de remessa necessária ou de ações originárias dos tribunais nos casos em que o órgão fracionário do tribunal entender que a questão de direito em julgamento for relevante e com grande repercussão social, desde que não esteja prevista em múltiplos processos.

Vale dizer, não tem lugar o incidente de assunção de competência quando a questão de direito, embora relevante e de grande repercussão social, possa ser objeto do incidente de resolução de demandas repetitivas previsto no art. 976 do NCPC, *in verbis*:

> Art. 976. É cabível a instauração do incidente de resolução de demandas repetitivas quando houver, simultaneamente:

---

[5] JULIANI, Cristiano Reis. A nova redação do art. 555, do CPC e a uniformização de jurisprudência. Disponível em: http://www.planalto.gov.br/ccivil_03/revista/Rev_73/artigos/Cristiano_rev73.htm. Acesso em: 12 mar. 2010.

I - efetiva repetição de processos que contenham controvérsia sobre a mesma questão unicamente de direito;

II - risco de ofensa à isonomia e à segurança jurídica.

O incidente de assunção de competência também pode ser instaurado com a finalidade de prevenir ou compor divergência jurisprudencial entre órgãos fracionários do tribunal. É o que prevê expressamente o § 4º do art. 947 do NCPC: "Aplica-se o disposto neste artigo quando ocorrer relevante questão de direito a respeito da qual seja conveniente a prevenção ou a composição de divergência entre câmaras ou turmas do tribunal".

O incidente de assunção de competência pode ser provocado por proposta do relator na sessão de julgamento, "de ofício ou a requerimento da parte, do Ministério Público ou da Defensoria Pública, que seja o recurso, a remessa necessária ou o processo de competência originária julgado pelo órgão colegiado que o regimento indicar" (NCPC, art. 947, § 1º).

Vê-se, pois, que se for aceita (na Turma, Câmara ou Seção) a proposta de instauração do incidente de assunção de competência, passará a ser funcionalmente competente para julgá-lo o órgão colegiado previsto no Regimento Interno, geralmente o Tribunal Pleno ou o Órgão Especial.

A aceitação da proposta de instauração do incidente de assunção na Turma (Câmara ou Seção) não vincula o órgão colegiado para onde serão remetidos os autos do processo. Vale dizer, o Pleno (ou outro órgão colegiado indicado no regimento interno) poderá não admitir o incidente, uma vez que o § 2º do art. 947 dispõe que: "O órgão colegiado julgará o recurso, a remessa necessária ou o processo de competência originária **se reconhecer interesse público na assunção de competência**" (grifos nossos). Dito doutro modo, se o órgão colegiado entender inexistir interesse público não admitirá o incidente de assunção de competência.

Dispositivo de suspeitável constitucionalidade, pelos fundamentos já expostos em linhas transatas, é o § 3º do art. 947 do NCPC, segundo o qual: "O acórdão proferido em assunção de competência vinculará todos os juízes e órgãos fracionários, exceto se houver revisão de tese". Segundo Nelson Nery Junior, A vinculação mencionada no dispositivo comentado carece de legitimidade constitucional, porquanto não existe texto expresso na Constituição autorizando-a, como seria de rigor. Fez-se tábua rasa ao *due process f law*.[6]

---

6   NERY JUNIOR, Nelson; NERY, Rosa Maria de Andrade. *Comentários ao código de processo civil: novo CPC – Lei 13.105/2015*. São Paulo: Revista dos Tribunais, 2015, 1841.

4. EXTENSÃO DA FORÇA VINCULANTE DO ACÓRDÃO PROFERIDO EM INCIDENTE DE ASSUNÇÃO DE COMPETÊNCIA

A força vinculante dos acórdãos proferidos em incidente de assunção de competência foi extremamente prestigiada no NCPC (art. 927, III), como nos casos de:

- **improcedência liminar do pedido**, uma vez que o art. 332, III, do NCPC dispõe que nas causas que dispensem a fase instrutória, o juiz, independentemente da citação do réu, julgará liminarmente improcedente o pedido que contrariar "entendimento firmado em incidente de resolução de demandas repetitivas ou de assunção de competência";
- remessa necessária, porquanto o art. 496, § 4º, III, do NCPC afasta a sujeição da sentença contrárias às pessoas jurídicas de direito público ao duplo grau de jurisdição obrigatório quando estiver fundada em entendimento firmado em incidente de resolução de demandas repetitivas ou de assunção de competência.

Além disso, foi ampliada a competência do Relator (NCPC, art. 932, IV, c) para negar provimento a recurso que for contrário a entendimento firmado em incidente de resolução de demandas repetitivas ou de assunção de competência, bem como para, nos termos do art. 955, parágrafo único, II, do mesmo Código, julgar de plano o conflito de competência quando sua decisão se fundar em "tese firmada em julgamento de casos repetitivos ou em incidente de assunção de competência".

De outro giro, o art. 942, *caput*, do NCPC prevê que:

> "Quando o resultado da apelação for não unânime, o julgamento terá prosseguimento em sessão a ser designada com a presença de outros julgadores, que serão convocados nos termos previamente definidos no regimento interno, em número suficiente para garantir a possibilidade de inversão do resultado inicial, assegurado às partes e a eventuais terceiros o direito de sustentar oralmente suas razões perante os novos julgadores".

Entretanto, nos termos do § 4º, I, do referido artigo 942: "Não se aplica o disposto neste artigo ao julgamento: I - do incidente de assunção de competência e ao de resolução de demandas repetitivas".

Ademais, houve ampliação do cabimento dos embargos de declaração (NCPC, art. 1.022, parágrafo único, I), na medida em que passa a ser considerada omissa a decisão que: "deixe de se manifestar sobre tese firmada em julgamento de casos repetitivos ou em incidente de assunção de competência aplicável ao caso sob julgamento".

Finalmente, o NCPC cria a figura da reclamação (art. 988, IV) da parte interessada ou do Ministério Público para: "garantir a observância de enunciado de súmula vinculante e de precedente proferido em julgamento de casos repetitivos ou em incidente de assunção de competência".

5. ASSUNÇÃO DE COMPETÊNCIA NO PROCESSO DO TRABALHO

Parece-nos fora de dúvida a possibilidade de aplicação supletiva e subsidiária do incidente de assunção de competência prevista no art. 947 do NCPC no processo do trabalho, seja pela existência de lacuna da CLT, seja pela ausência de incompatibilidade de tal incidente com a principiologia que fundamenta esse setor especializado do direito processual brasileiro (CLT, art. 769; NCPC, art. 15).

Pode-se inferir, então, que no processo do trabalho o incidente de assunção de competência poderá ser instaurado no julgamento do recurso ordinário ou do agravo (de petição, de instrumento ou interno), de remessa necessária ou de processo de competência originária quando:

- envolver relevantes questões de direito e com grande repercussão social, sem repetição em múltiplos processos (NCPC, art. 947, *caput*); e/ou
- ocorrer relevante questão de direito a respeito da qual seja conveniente a prevenção ou a composição de divergência entre câmaras ou turmas do tribunal (NCPC, art. 947, § 4º).

Caberá ao relator, verificando que a adoção de tese jurídica acerca da questão de direito discutida no processo é conveniente para prevenir ou compor divergência jurisprudencial em relevantes questões de direito, propor ao órgão fracionário ao qual pertence o deslocamento da competência funcional para o Pleno ou órgão equivalente julgar o recurso.

Se na Turma for acolhida a proposta do relator, será lavrada simples certidão pela Secretaria, sendo os autos encaminhados ao Tribunal Pleno (ou órgão equivalente previsto no regimento interno). Tal decisão turmária é irrecorrível, mormente no processo do trabalho (CLT, art. 893, § 1º).

No Tribunal Pleno, será relator do feito o relator originário da Turma[7].

Se o Tribunal Pleno reconhecer a relevância da questão jurídica e a grande repercussão social do julgamento de maior amplitude, processará e julgará o todo o recurso, lavrando-se o correspondente acórdão que, nos termos do § 3º do art. 947 do NCPC, "vinculará todos os juízes e órgãos fracionários, exceto se houver revisão de tese".

---

7   O RISTJ (art. 118, § 3º), ao disciplinar a distriubição no caso da uniformização da jurisprudência, dispõe que "o relator, ainda que não integre a Corte Especial, dela participará no julgamento do incidente, excluindo-se o Ministro mais moderno". Parece-nos que tal regra pode ser adotada analogicamente à espécie.

Trata-se de regra reproduzida nos arts. 332, III, 496, § 4º, III, 927, III, 932, IV, *c*, todos do NCPC, que provocará grande debates doutrinários e jurisprudenciais, especialmente porque ela pode conter o vício da inconstitucionalidade formal, já que, a rigor, somente emenda constitucional poderia instituir efeitos vinculantes para as decisões judiciais, a exemplo do que ocorre com a súmula vinculante e os acórdãos do STF proferidos em controle concentrado de constitucionalidade.

No processo do trabalho, a decisão plenária que admite a assunção de competência e julga o restante do recurso é suscetível de ataque por meio de recurso de revista, nos termos do art. 896 da CLT.

Caso não seja admitida a assunção de competência pelo Tribunal Pleno, os autos retornam à Turma para prosseguir no julgamento do recurso, sendo tal decisão plenária irrecorrível.

6. CONCLUSÃO

Creio que o incidente de assunção de competência, por ser mais simples que o "sub-utilizado e incompreendido" incidente de uniformização de jurisprudência do CPC/73 e da CLT (art. 896, § 3º), pode contribuir eficazmente para a racionalização e celeridade da prestação jurisdicional e, consequentemente, para a efetividade do acesso à justiça.

Capítulo 57

AÇÃO RESCISÓRIA: ANÁLISE DAS PRINCIPAIS ALTERAÇÕES INTRODUZIDAS PELO NOVO CPC E SUAS IMPLICAÇÕES NO PROCESSO DO TRABALHO[1]

Flávio Henrique Freitas Evangelista Gondim[2]

> **SUMÁRIO:** 1. CONSIDERAÇÕES PRELIMINARES; 2. DISCIPLINAMENTO DA AÇÃO RESCISÓRIA NO PROCESSO DO TRABALHO; 3. DISCIPLINAMENTO DA AÇÃO RESCISÓRIA NO NOVO CPC; 3.1. BREVES NOTAS SOBRE O REGIME DE FORMAÇÃO DA COISA JULGADA NO NOVO CPC; 3.2. PRINCIPAIS MODIFICAÇÕES INTRODUZIDAS PELO NOVO CPC QUANTO AO INSTITUTO DA AÇÃO RESCISÓRIA; 3.2.1. AMPLIAÇÃO DO ROL DAS DECISÕES "ATACÁVEIS" POR AÇÃO RESCISÓRIA (OU "RESCINDÍVEIS"); 3.2.2. MODIFICAÇÕES NO ELENCO LEGAL DOS FUNDAMENTOS/HIPÓTESES DE RESCINDIBILIDADE; 3.2.2.1. SUPRESSÃO DA HIPÓTESE DE RESCINDIBILIDADE PREVISTAS NO INCISO VIII DO ART. 485 DO CPC/73; 3.2.2.2. APERFEIÇOAMENTO DA REDAÇÃO DOS INCISOS I, II E VI DO ART. 485 DO CPC/73 (SEM ALTERAÇÃO SUBSTANCIAL DO CONTEÚDO DE TAIS DISPOSIÇÕES); 3.2.2.3. ACRÉSCIMO DAS HIPÓTESES DE *"COAÇÃO DA PARTE VENCEDORA EM DETRIMENTO DA PARTE VENCIDA"* E *"SIMULAÇÃO"*; 3.2.2.4. AMPLIAÇÃO DO ALCANCE DA HIPÓTESE DE RESCISÓRIA FUNDADA EM VIOLAÇÃO; 3.2.2.5. SUBSTITUIÇÃO DA EXPRESSÃO "DOCUMENTO NOVO" POR "PROVA NOVA" ; 3.2.2.6. AMPLIAÇÃO DO ALCANCE DA HIPÓTESE DE RESCISÓRIA FUNDADA EM *ERRO DE FATO*; 3.2.2.7. IMPOSSIBILIDADE DE ESTIPULAÇÃO DE NOVOS FUNDAMENTOS DE RESCINDIBILIDADE POR MEIO DE NEGÓCIOS JURÍDICOS PROCESSUAIS; 3.2.3. ALTERAÇÕES RELATIVAS À CONTAGEM DO PRAZO PARA PROPOSITURA DA AÇÃO RESCISÓRIA; 3.2.3.1. FLEXIBILIZAÇÃO DO TERMO INICIAL DO PRAZO NOS CASOS DE "PROVA NOVA" (ART. 975, § 2º) E SIMULAÇÃO/COLUSÃO DAS PARTES (975, § 3º); 3.2.3.2. TERMO INICIAL DA CONTAGEM DO PRAZO NOS CASOS QUE ENVOLVAM "TRÂNSITO EM JULGADO PROGRESSIVO"; 3.2.3.3. RECONHECIMENTO DA POSSIBILIDADE DE PRORROGAÇÃO DO PRAZO DECADENCIAL, CASO O RESPECTIVO TERMO FINAL RECAIA SOBRE DIA EM QUE NÃO HAJA EXPEDIENTE FORENSE; 3.2.3.4. CONTAGEM DO PRAZO EM RELAÇÃO A DECISÕES TRANSITADAS EM JULGADO ANTES DO INÍCIO DA VIGÊNCIA DO NOVO CPC; 3.2.4. AMPLIAÇÃO DO ROL DE LEGITIMADOS ATIVOS; 3.2.5. ALTERAÇÕES RELACIONADAS A ASPECTOS PROCEDIMENTAIS; 3.2.5.1. INSTITUIÇÃO DE TETO PARA O VALOR DO DEPÓSITO PRÉVIO E CRIAÇÃO DE NOVAS HIPÓTESES DE ISENÇÃO; 3.2.5.2. CONSEQUÊNCIA PROCESSUAL DO AJUIZAMENTO DA AÇÃO RESCISÓRIA PERANTE TRIBUNAL INCOMPETENTE; 3.2.5.3. TUTELA DE URGÊNCIA; 3.2.5.4. PRODUÇÃO DE PROVAS; 3.2.5.5. CRITÉRIO PARA ESCOLHA DO RELATOR; 3.2.5.6. JULGAMENTO; 4. IMPLICAÇÕES DO NOVO CPC NO REGRAMENTO DA AÇÃO RESCISÓRIA NO PROCESSO DO TRABALHO; 5. CONCLUSÕES; 6. REFERÊNCIAS BIBLIOGRÁFICAS.

1. CONSIDERAÇÕES PRELIMINARES

A atividade jurisdicional tem como escopo o equacionamento de litígios e a pacificação social.

O cumprimento dessa desafiadora missão exige a harmonização de duas preocupações fundamentais, em latente estado de tensão: de um lado, *a bus-*

---

[1] Texto disponibilizado para publicação em 16/12/2015.

[2] Master em Direito Constitucional pela Universidade de Sevilha (Espanha). Procurador do Trabalho desde 2005.

ca pela justiça das decisões; de outro, *a garantia de estabilidade das relações jurídicas*.

Os conflitos de interesse não podem se prolongar indefinidamente no tempo. Uma vez provocado, o aparato jurisdicional do Estado deve oferecer resposta às partes contendentes, produzindo, a partir do quadro fático-probatório desvelado no processo e em consonância com as balizas preestabelecidas pelo ordenamento jurídico, uma solução para o litígio.

Conquanto não se discuta que, sob o prisma ético, a atuação do Poder Judiciário deve estar sempre direcionada à busca pela solução mais justa para a lide, vigora nos sistemas processuais contemporâneos o consenso de que, por imperativo de segurança jurídica e estabilidade das relações sociais, o veredicto judicial, mesmo quando não seja o mais justo ou ainda que dissociado da chamada verdade substancial, deverá, em algum momento da marcha processual, se tornar insuscetível de reexame, sob pena de nefasta e intolerável eternização da controvérsia.

Impedir a perpetuação do litígio: eis o relevantíssimo papel cumprido pelo instituto da coisa julgada, garantia constitucional detentora do *status* de direito fundamental[3], autêntico corolário do princípio da segurança jurídica.

Sem descurar dessa legítima preocupação, os sistemas processuais da atualidade contemplam certas "válvulas de escape", considerando que mesmo decisões acobertadas pelo manto da coisa julgada podem, quando impregnadas de determinados vícios reputados de maior gravidade, ser rediscutidas – e, eventualmente, desconstituídas.

Na experiência brasileira, o principal[4] instrumento de "ataque" à coisa julgada viciada é a ação rescisória. Trata-se de mecanismo autônomo de impugnação a decisões já transitadas em julgado, passível de utilização em hipóteses excepcionalíssimas, taxativamente previstas na legislação processual.

A ação rescisória não se presta, como se sabe, à mera correção de injustiças ou à reavaliação de aspectos fático-probatórios embasadores da decisão impugnada. Cuida-se, inelutavelmente, de medida de exceção, que possibilita, em determinadas situações, e desde que respeitado um determinado limite temporal[5], a desconstituição da coisa julgada viciada – e, em algumas hipóteses específicas, a emissão de novo julgamento sobre o mérito da demanda originária.

---

3   Constituição Federal, art. 5°, XXXVI: *"a lei não prejudicará o direito adquirido, o ato jurídico perfeito e a coisa julgada;"*

4   Embora o mais importante e mais frequentemente utilizado, a ação rescisória não é o único mecanismo processual viabilizador da flexibilização/relativização da coisa julgada. Também estão inseridos nesse contexto a ação declaratória de nulidade insanável (*"querella nulitatis insanabilis"*) e o incidente de impugnação a título executivo fundado em lei inconstitucional (arts. 475-L, § 1°, e 741, parágrafo único, do CPC/73; art. 884, § 5°, da CLT; arts. 525, § 12 e 535, § 5°, do novo CPC).

5   Imperioso sublinhar que há, segundo a doutrina, vícios processuais que, de tão graves, atingem a própria existência da relação processual, comprometendo a válida formação da coisa julgada, e que, por esse motivo, são passíveis de reconhecimento a qualquer tempo, mesmo após o decurso do prazo para ajui-

2. DISCIPLINAMENTO DA AÇÃO RESCISÓRIA NO PROCESSO DO TRABALHO

Houve, no passado, enorme resistência ao cabimento da ação rescisória no processo do trabalho[6].

Foi apenas com o advento do Decreto-lei n.º 229/67 – cujo art. 27 alterou a redação do art. 836 da CLT[7] – que se passou a admitir o manejo da ação rescisória no âmbito da Justiça do Trabalho, aplicando-se, de maneira subsidiária, o regramento contido no CPC/39[8].

Com a superveniência do CPC/73, a redação do art. 836 da CLT precisou ser modificada, o que foi feito por meio da Lei Federal n.° 7.351/85[9].

Alterado posteriormente pela Medida Provisória n.° 2.180-35/01 e pela Lei Federal n.° 11.495/07, o art. 836 da CLT ostenta, atualmente, o seguinte teor:

> "É vedado aos órgãos da Justiça do Trabalho conhecer de questões já decididas, excetuados os casos expressamente previstos neste Título e a ação rescisória, que será admitida na forma do disposto no Capítulo IV do Título IX da Lei nº 5.869, de 11 de janeiro de 1973 – Código de Processo Civil, sujeita ao depósito prévio de 20% (vinte por cento) do valor da causa, salvo prova de miserabilidade jurídica do autor. Parágrafo único. A execução da decisão proferida em ação rescisória far-se-á nos próprios autos da ação que lhe deu origem, e será instruída com o acórdão da rescisória e a respectiva certidão de trânsito em julgado."

Como se observa, a CLT trata da ação rescisória de maneira absolutamente lacônica. Limita-se a reconhecer o cabimento desse meio autônomo de impug-

---

zamento da ação rescisória. É o que se convencionou denominar de "vícios transrescisórios". No regime do CPC/73, tem prevalecido o entendimento de que tais situações devem ser atacadas por meio de ação declaratória de nulidade insanável (*"querella nulitatis insanabilis"*). Nesse sentido o seguinte precedente do Supremo Tribunal Federal: *"Ação declaratória de nulidade de sentença por ser nula a citação do réu revel na ação em que ela foi proferida. 1. Para a hipótese prevista no artigo 741, I, do atual CPC – que é a da falta ou nulidade de citação, havendo revelia – persiste, no direito positivo brasileiro - a "querela nullitatis", o que implica dizer que a nulidade da sentença, nesse caso, pode ser declarada em ação declaratória de nulidade, independentemente do prazo para a propositura da ação rescisória, que, em rigor, não é a cabível para essa hipótese".* (STF – Pleno – RE 97589/SC – Rel. Min. Moreira Alves – DJ 03.06.1983

6 Constituem evidências da relutância à admissão da ação rescisória no processo do trabalho o antigo enunciado 338 da Súmula de Jurisprudência do STF (aprovado em 1963) e o ex-Prejulgado 10 do TST.

7 Decreto-lei n.° 229/67, art. 27: *"O art. 836 da Seção X - "Da Decisão e sua Eficácia" - do Capítulo II do Título X da CLT passa a vigorar com a seguinte redação: 'Art. 836. É vedado aos órgãos da Justiça do Trabalho conhecer de questões já decididas, excetuados os casos expressamente previstos neste Título e a ação rescisória, que será admitida, no prazo de 2 (dois) anos, nos têrmos dos arts. 798 a 800 do Código de Processo Civil.'"*

8 Por força dessa alteração legislativa, o TST editou o ex-prejulgado 16, posteriormente transformado no enunciado 144 (cancelado no ano de 2003).

9 Lei Federal n.° 7.351/85, art. 1°: *"O art. 836 da Consolidação das Leis do Trabalho – CLT (...) passa a vigorar com a seguinte redação: 'Art. 836 - É vedado aos órgãos da Justiça do Trabalho conhecer de questões já decididas, excetuados os casos expressamente previstos neste Título e a ação rescisória, que será admitida na forma do disposto no Capítulo IV do Título IX da Lei nº 5.869, de 11 de janeiro de 1973 - Código de Processo Civil, dispensado o depósito referido nos arts. 488, inciso II, e 494 daquele diploma legal.'"*

nação a decisões judiciais no processo do trabalho e condicionar sua utilização à realização de um depósito prévio em montante correspondente a 20% do valor da causa[10], remetendo à legislação processual cível o disciplinamento dos demais aspectos do instituto.

Diante disso, coube à jurisprudência a definição de parâmetros para nortear o processamento da ação rescisória na seara laboral. Foi determinante, nesse contexto, a produção jurisprudencial do TST, geradora de dezenas de verbetes (súmulas e orientações jurisprudenciais) a respeito da matéria.

Essa construção pretoriana, no entanto, sempre esteve atrelada ao regramento contido no CPC/73, regramento esse sensivelmente alterado com o advento da Lei Federal n.º 13.105/15.

3. DISCIPLINAMENTO DA AÇÃO RESCISÓRIA NO NOVO CPC

O regime de formação dos efeitos da coisa julgada – nele incluídos os mecanismos destinados a eventual revisão/desconstituição da autoridade da coisa julgada – ocupa posição de centralidade em qualquer ordenamento jurídico-processual.

O tratamento dispensado a tais institutos espelha o (maior ou menor) grau de compromisso de cada sistema com os valores da segurança e da estabilidade das relações jurídicas.

Dada a sua crucial importância, esses temas foram objeto de profunda e detida reflexão por parte da comissão de juristas encarregada da elaboração do novo CPC.

O resultado disso foram numerosas alterações em relação à sistemática vigente no regime do CPC/73, grande parte delas fruto da incorporação de críticas doutrinárias reiteradamente dirigidas ao modelo antecedente.

Antes de examinar as alterações diretamente relacionadas à figura da ação rescisória, mostra-se prudente, do ponto de vista didático, realizar uma brevíssima incursão nas disposições do novo CPC que tratam do regime de formação da coisa julgada.

3.1. BREVES NOTAS SOBRE O REGIME DE FORMAÇÃO DA COISA JULGADA NO NOVO CPC

Extrapola o objeto do presente estudo a análise minuciosa das modificações trazidas pelo novo CPC quanto ao regime de formação da coisa julgada. Não obstante, dada a íntima e indissociável relação do tema com o instituto da

---

10 Percentual superior ao previsto na legislação processual civil (5%).

ação rescisória, convém noticiar, ainda que telegraficamente, algumas das inovações mais expressivas no regramento da coisa julgada. Merecem destaque, nesse contexto, as seguintes disposições do novo CPC: art. 502[11] (apresenta o conceito de coisa julgada, reconhecendo a possibilidade de produção de coisa julgada material por decisões interlocutórias de mérito – não apenas por sentenças/acórdãos); § 1°[12] do art. 503 (inovando em relação ao art. 469, III, do CPC/73, admite a possibilidade[13] de questões prejudiciais serem acobertadas pelos efeitos da coisa julgada, sem a necessidade de ajuizamento de ação declaratória incidental, desde que observados alguns requisitos); e art. 506[14] (trata dos limites subjetivos da coisa julgada, reconhecendo a possibilidade de a coisa julgada beneficiar terceiros não integrantes da lide – situação expressamente vedada pelo art. 472 do CPC/73)[15].

3.2. PRINCIPAIS MODIFICAÇÕES INTRODUZIDAS PELO NOVO CPC QUANTO AO INSTITUTO DA AÇÃO RESCISÓRIA

O Livro III do novo CPC (*"Dos processos nos tribunais e dos meios de impugnação das decisões judiciais"*) trata, em seu Título I, da *"Ordem dos processos e dos processos de competência originária dos tribunais"*. Esse título, por sua vez, conta com um capítulo específico destinado à ação rescisória (capítulo VII, que compreende os arts. 966 a 975).[16]

Apresentar-se-á, a seguir, com a objetividade possível, as principais alterações trazidas pelo novo CPC com relação ao instituto da ação rescisória.

---

11 "Art. 502. Denomina-se coisa julgada material a autoridade que torna imutável e indiscutível a decisão de mérito não mais sujeita a recurso."

12 "Art. 503. A decisão que julgar total ou parcialmente o mérito tem força de lei nos limites da questão principal expressamente decidida. § 1º O disposto no caput aplica-se à resolução de questão prejudicial, decidida expressa e incidentemente no processo, se: I - dessa resolução depender o julgamento do mérito; II - a seu respeito tiver havido contraditório prévio e efetivo, não se aplicando no caso de revelia; III - o juízo tiver competência em razão da matéria e da pessoa para resolvê-la como questão principal. § 2º A hipótese do § 1º não se aplica se no processo houver restrições probatórias ou limitações à cognição que impeçam o aprofundamento da análise da questão prejudicial."

13 Nos termos do art. 1.054 do novo CPC, a sistemática prevista no § 1º do art. 503 aplicar-se-á apenas aos processos iniciados após a vigência do novo diploma, sendo os processos anteriores regidos pelo disposto nos arts. 5º, 325 e 470 do CPC/73.

14 "Art. 506. A sentença faz coisa julgada às partes entre as quais é dada, não prejudicando terceiros."

15 Ao invés de estabelecer – como fazia o diploma anterior – que a decisão transitada em julgado não beneficiará e nem prejudicará terceiros, o art. 506 do novo CPC apenas dispõe que a coisa julgada não prejudicará terceiros. A discreta alteração promove uma aproximação entre o sistema processual e o direito material em casos como o de credores solidários, os quais se beneficiam de eventual sentença favorável obtida por qualquer dos credores em relação ao devedor comum, conforme previsto no art. 274 do Código Civil.

16 Sublinhe-se que há, ao longo do texto do novo CPC, diversas disposições esparsas que impactam, de algum modo, o disciplinamento conferido ao instituto da ação rescisória, a exemplo dos arts. 425, § 1º, 517, § 3º, 525, § 15, 535, § 8º, e 942, § 3º.

3.2.1. Ampliação do rol das decisões "atacáveis" por ação rescisória (ou "rescindíveis")

O art. 485 do CPC/73 alude à possibilidade de rescisão da "sentença de mérito".

Rompendo com esse restritivo – e inapropriado – paradigma, o art. 966 do novo CPC estabelece que é passível de rescisão a "decisão de mérito" contaminada por qualquer dos vícios enunciados nos seus diversos incisos.

Trata-se de alteração absolutamente pertinente e que reflete algo há muito defendido pela doutrina: o fato de que decisões interlocutórias também podem, ainda que excepcionalmente, conter pronunciamento sobre o mérito da causa, produzindo coisa julgada e projetando efeitos preclusivos para fora do processo, tornando-se, por esse motivo, suscetíveis de rescisão.

Ou seja: no regime do novo CPC, não apenas sentenças/acórdãos poderão ser impugnadas mediante ação rescisória, mas também decisões interlocutórias de mérito[17], tais como decisões antecipatórias dos efeitos da tutela jurisdicional e decisões monocráticas proferidas no âmbito dos tribunais (também denominadas decisões unipessoais)[18] [19].

E o legislador foi muito mais além.

Proclamou, no § 2º[20] do art. 966 do novo CPC, a rescindibilidade de decisões que, embora não sendo de mérito, impeçam nova propositura da demanda ou admissibilidade do recurso correspondente. Isso equivale a dizer que, com o advento do novo código, também poderão dar azo à rescisória sentenças terminativas que obstaculizem a repropositura da demanda originária, assim como decisões que neguem conhecimento a recurso.

Tal entendimento – há muito defendido por Pontes de Miranda[21] – se mostra inteiramente correto. Fundamenta-se na premissa de que a rescisão da coisa

---

17 Categórico, nesse sentido, o enunciado 336 do Fórum Permanente de Processualistas Civis: *"Cabe ação rescisória contra decisão interlocutória de mérito".*

18 Confira-se, a propósito do tema, o enunciado 436 do Fórum Permanente de Processualistas Civis: *"Preenchidos os demais pressupostos, a decisão interlocutória e a decisão unipessoal (monocrática) são suscetíveis de fazer coisa julgada."*

19 Nesse contexto da rescindibilidade de decisões interlocutórias de mérito, há uma interessante aspecto, bastante controvertido, que já começa a ser discutido no meio acadêmico: o cabimento, ou não, de ação rescisória em face de *decisão de estabilização de tutela antecipada* (figura disciplinada no art. 304 do novo CPC). A Escola Nacional de Formação de Magistrados (ENFAM) editou, a respeito do assunto, o enunciado 27, com o seguinte conteúdo: *"Não é cabível ação rescisória contra decisão estabilizada na forma do art. 304 do CPC/2015"*. Corrobora essa diretriz o enunciado 33 do Fórum Permanente de Processualistas Civis: *"Não cabe ação rescisória nos casos estabilização da tutela antecipada de urgência".*

20 "§ 2º Nas hipóteses previstas nos incisos do caput, será rescindível a decisão transitada em julgado que, embora não seja de mérito, impeça: I - nova propositura da demanda; ou II - admissibilidade do recurso correspondente."

21 *In* Tratado da ação rescisória das sentença e de outras decisões. Rio de Janeiro: Forense, 1976, p. 144.

julgada, a despeito de se tratar de medida excepcional, deve alcançar toda e qualquer decisão que irradie efeitos substanciais para fora do processo, obstaculizando a rediscussão do mérito em nova demanda, o que pode, de fato, suceder com algumas decisões meramente terminativas[22].

Aspecto procedimental que deverá gerar acirrada controvérsia é a questão da admissibilidade, ou não, de juízo rescisório (rejulgamento da causa) nas rescisórias que tenham com objeto decisão denegatória de admissibilidade a recurso. Questiona-se, nessa hipótese, se o tribunal, acolhendo o pedido de rescisão, poderia, ato contínuo, passar ao exame do recurso indevidamente inadmitido na demanda originária. Inexiste, por ora, definição quanto a essa matéria, sendo o tema trazido a lume apenas a título provocativo, como forma de estimular o debate.

3.2.2. Modificações no elenco legal dos fundamentos/ hipóteses de rescindibilidade

Alterando o disposto no art. 485 do CPC/73, o art. 966 do novo CPC traz diversas e significativas alterações no que se refere ao elenco legal dos fundamentos de rescindibilidade da coisa julgada. Tais modificações podem ser assim sintetizadas:

> - supressão da hipótese de rescindibilidade prevista no inciso VIII do art. 485 do CPC/73 (*"quando houver fundamento para invalidar confissão, desistência ou transação, em que se baseou a sentença"*);
>
> - aperfeiçoamento da redação dos incisos I (*prevaricação, concussão ou corrupção do juiz*), II (*impedimento do magistrado ou incompetência absoluta*[23]) e VI (*prova falsa*) do art. 485 do CPC/73, sem alteração substancial do conteúdo de tais disposições;
>
> - acréscimo, ao inciso III, das hipóteses de *"coação da parte vencedora em detrimento da parte vencida"* e *"simulação"*;
>
> - ampliação do alcance da hipótese de rescisória fundada em violação (substituição da expressão *"violar literal disposição de lei"* pela expressão *"violar manifestamente norma jurídica"*);
>
> - substituição da hipótese de *"documento novo"* por *"prova nova"*;
>
> - ampliação do alcance da hipótese de rescisória fundada em *erro de fato* (inciso IX do art. 485 do CPC/73 e inciso VIII do art. 966 do novo CPC).

Examinar-se-á adiante, de forma individualizada, cada uma das modificações acima referidas.

---

22 Registre-se que a 2ª Turma do STJ, mesmo sob a égide do CPC/73, já havia admitido o cabimento de rescisória em face de decisão terminativa (REsp 1217.321/SC – Rel. p/ acórdão Min. Mauro Campbell Marques – Julgado em 18/10/2012 – Noticiado no Informativo 509, disponibilizado em dezembro de 2012).

23 Havia, no projeto de lei do novo CPC, a pretensão de suprimir do elenco legal de fundamentos de rescindibilidade a hipótese de decisão proferida por juízo absolutamente incompetente, investida que, felizmente, não veio a prevalecer.

3.2.2.1. Supressão da hipótese de rescindibilidade previstas no inciso VIII do art. 485 do CPC/73

O art. 485 do CPC/73 reconhece, em seu inciso VIII, a possibilidade de rescisão da coisa julgada quando *"houver fundamento para invalidar confissão, desistência ou transa*ção, em que se baseou a sentença".

Tal dispositivo sempre foi alvo de severas críticas por parte da doutrina. A principal delas resulta da dificuldade de harmonizá-lo – sobretudo no trecho que alude a *transação* – com a previsão constante do art. 486 do mesmo diploma, o qual estabelece que os atos judiciais que não dependam de sentença, ou em que esta for meramente homologatória, estão sujeitos a anulação, nos termos da lei civil, devendo ser impugnados por meio de ação anulatória, como os atos jurídicos em geral.

Curvando-se às admoestações da doutrina, o legislador do novo CPC houve por bem suprimir a referida previsão do rol dos fundamentos de rescindibilidade, assinalando, no § 4° do art. 966, que os atos de disposição de direitos, praticados pelas partes ou por outros participantes do processo e homologados pelo juízo, bem como os atos homologatórios praticados no curso da execução, estão sujeitos a anulação, nos termos da lei[24].

A alteração legislativa sob exame coloca o novo CPC em rota de colisão com a diretriz consagrada na Súmula 259[25] do TST, a qual define a ação rescisória como o único meio processual cabível para impugnar a validade de decisão judicial homologatória de conciliação entabulada entre as partes.

Embora permaneça incólume a previsão constante do parágrafo único do art. 831 da CLT, que assenta a irrecorribilidade dos termos de conciliação judicial (salvo para a Previdência Social quanto às contribuições que lhe forem devidas), o natural seria que a jurisprudência consolidada do TST fosse revista, passando a admitir, com fundamento no art. 966, § 4°, do novo CPC, o uso da ação anulatória – e não mais da rescisória – para impugnação de decisões homologatórias de acordo judicial.

3.2.2.2. Aperfeiçoamento da redação dos incisos I, II e VI do art. 485 do CPC/73 (sem alteração substancial do conteúdo de tais disposições)

Os incisos I, II e VI do art. 485 do CPC/73 sofreram aperfeiçoamentos redacionais que não implicam alteração substancial de seu conteúdo. Essas discretas alterações redacionais podem ser visualizadas na tabela abaixo:

---

24 A inovação legislativa está em perfeita consonância com as lições de Pontes de Miranda. Obra citada, p. 204

25 Súmula 259 do TST: *"TERMO DE CONCILIAÇÃO. AÇÃO RESCISÓRIA.* Só por ação rescisória é impugnável o termo de conciliação previsto no parágrafo único do art. 831 da CLT".

	CPC/73	Novo CPC
Inciso I	se verificar que foi **dada por** prevaricação, concussão ou corrupção do juiz;	se verificar que foi **proferida por força** de prevaricação, concussão ou corrupção do juiz;
Inciso II	proferida por juiz impedido ou absolutamente incompetente;	for proferida por juiz impedido ou **por juízo** absolutamente incompetente;
Inciso VI	se fundar em prova, cuja falsidade tenha sido apurada em processo criminal ou seja provada na própria ação rescisória;	for fundada em prova cuja falsidade tenha sido apurada em processo criminal ou **venha a ser demonstrada** na própria ação rescisória;

Há, porém, um indispensável registro a ser feito com relação à rescindibilidade de decisão proferida por juiz impedido (art. 966, II).

Conquanto tal previsão já constasse da codificação anterior, cumpre observar que art. 144 do novo CPC amplia o elenco das circunstâncias ensejadoras de impedimento do magistrado, acrescentando duas novas hipóteses: (a) o fato de figurar como parte no processo instituição de ensino com a qual mantenha relação de emprego ou decorrente de contrato de prestação de serviços (inciso VII)[26]; e (b) o fato de figurar como parte no processo cliente do escritório de advocacia de seu cônjuge, companheiro ou parente, consanguíneo ou afim, em linha reta ou colateral, até o terceiro grau, inclusive, mesmo que patrocinado por advogado de outro escritório (inciso VIII)[27].

Evidenciada qualquer dessas hipóteses, sem que tenha sido reconhecido/declarado o impedimento do magistrado, a decisão ilegitimamente proferida poderá ser objeto de ação rescisória.

3.2.2.3. Acréscimo das hipóteses de *"coação da parte vencedora em detrimento da parte vencida"* e *"simulação"*

O inciso III do art. 485 do CPC/73 define como rescindível a "sentença" resultante *"de dolo da parte vencedora em detrimento da parte vencida, ou de colusão entre as partes, a fim de fraudar a lei"*.

---

26 Aspecto que tem ensejado controvérsia é se tal previsão se aplica, ou não, aos casos que envolvam vínculos com instituições públicas de ensino. Para alguns, haveria, na esfera pública, sensível mitigação da subordinação existente entre o professor e a direção da instituição, o que justificaria a não incidência do impedimento acima mencionado.

27 Tal previsão tem sido alvo de críticas. Há quem sustente que não seria razoável exigir que o magistrado conheça todos os clientes do escritório de advocacia de seu parente. Para os defensores desse ponto de vista, a norma legal estaria baseada numa presunção de má fé das partes, o que, à luz do ordenamento constitucional, não seria admissível.

O novo CPC aperfeiçoou a previsão constante do diploma anterior, aditando-a para reconhecer a rescindibilidade das decisões resultantes de *"coação da parte vencedora em detrimento da parte vencida"* ou de *"simulação entre as partes, a fim de fraudar a lei"*, acréscimos que têm sido vistos com bons olhos pela doutrina especializada.

3.2.2.4. Ampliação do alcance da hipótese de rescisória fundada em violação

O inciso V do art. 485 do CPC/73 prevê a possibilidade de rescisão de "sentenças" que contenham violação a literal disposição de lei. Trata-se, sem dúvida, do fundamento de rescindibilidade mais frequentemente invocado e, por isso mesmo, destinatário de maior atenção por parte dos doutrinadores.

O dispositivo sob análise sempre foi alvo de severas críticas, por desconsiderar a inolvidável premissa de que o direito não se resume ao que consta da literalidade do texto da lei.

A violação ao sistema jurídico, nos dias de hoje, pode se traduzir não apenas no malferimento de regras jurídicas positivadas, mas também na vulneração a outras fontes normativas, a exemplo dos princípios[28] (reconhecidos atualmente como espécie do gênero normas jurídicas).

O novo CPC buscou corrigir essa distorção, substituindo a expressão *"violar literal disposição de lei"* por *"violar manifestamente norma jurídica"*.

A maior parte da doutrina tem encarado a alteração como um elogiável avanço, o que não torna a novel disposição imune a críticas.

A principal delas está relacionada ao emprego do advérbio *"manifestamente"*, vocábulo vago, marcado por perigosa dose de subjetivismo – diferentemente da expressão *"literal"*, constante do texto antecedente.

Essa imprecisão semântica desafia a adoção de extrema cautela por parte dos tribunais, sob pena de desvirtuamento do caráter excepcional da ação rescisória, cujo papel, como sabido, não se destina à mera correção de injustiças.

Caberá, pois, à jurisprudência a definição do alcance da expressão, afastando o perigoso cenário de insegurança jurídica a que ela dá margem.

Há um outro aspecto paradigmático envolvendo o inciso V do art. 966 do novo CPC.

---

28 A despeito da restritiva redação do CPC/73, o STJ já admitiu o cabimento de rescisória por violação a princípio com fundamento na *"violação a literal disposição de lei"*, o que pode ser evidenciado pelo seguinte precedente: *"A expressão 'violar literal disposição de lei', contida no inciso V do art. 485 do CPC, deve ser compreendida como violação do direito em tese, e abrange tanto o texto estrito do preceito legal, como a ideia de manutenção da integridade do ordenamento jurídico que não se consubstancie, numa determinada norma legal, mas que dela possa ser extraída, a exemplo dos princípios gerais do direito."* (STJ – 3ª Turma – REsp 329.267/RS – Rel. Min. Nancy Andrighi – Julgado em 26.08.2002 – DJU 14.10.2002, p. 225).

Um dos marcos ideológicos do novo CPC consiste na implementação de uma cultura de respeito à força dos precedentes judiciais, como forma de conferir maior segurança e previsibilidade às relações jurídicas.

Ilustram esse esforço, inspirado na tradição dos regimes de Common Law, os mecanismos previstos nos arts. 926 a 927[29] da nova codificação.

Afigura-se necessário, nesse contexto, aquilatar se a expressão *"violar manifestamente norma jurídica"*, constante do inciso V do art. 966, respalda, ou não, a possibilidade de rescisão de decisão violadora de precedente judicial (na peculiar acepção emprestada ao termo pelo novo CPC).

A versão originária da Lei Federal n.° 13.105/15 não tratava expressamente desse ponto.

Essa lacuna normativa está na iminência de ser suprida.

No dia 15/12/2015 (um dia antes da disponibilização do presente texto para publicação), foi aprovado pelo Senado Federal o Projeto de Lei da Câmara (PLC) n. ° 168/15, que introduz várias alterações no texto do novo CPC, entre as quais o acréscimo de dois parágrafos ao art. 966 (§§ 5° e 6°), dotados do seguinte teor:

> "§ 5º Cabe ação rescisória, nos termos do inciso V do caput deste artigo, contra decisão baseada em enunciado de súmula, acórdão ou precedente previsto no art. 927, que não tenha considerado a existência de distinção entre a questão discutida no processo e o padrão decisório que lhe deu fundamento.
>
> § 6º Quando a ação rescisória fundar-se na hipótese do § 5º deste artigo, caberá ao autor, sob pena de inépcia, demonstrar, fundamentadamente, tratar-se de situação particularizada por hipótese fática distinta ou questão jurídica não examinada, a impor outra solução jurídica."

---

29 "Art. 926. Os tribunais devem uniformizar sua jurisprudência e mantê-la estável, íntegra e coerente. § 1º Na forma estabelecida e segundo os pressupostos fixados no regimento interno, os tribunais editarão enunciados de súmula correspondentes a sua jurisprudência dominante. § 2º Ao editar enunciados de súmula, os tribunais devem ater-se às circunstâncias fáticas dos precedentes que motivaram sua criação; Art. 927. Os juízes e os tribunais observarão: I - as decisões do Supremo Tribunal Federal em controle concentrado de constitucionalidade; II - os enunciados de súmula vinculante; III - os acórdãos em incidente de assunção de competência ou de resolução de demandas repetitivas e em julgamento de recursos extraordinário e especial repetitivos; IV - os enunciados das súmulas do Supremo Tribunal Federal em matéria constitucional e do Superior Tribunal de Justiça em matéria infraconstitucional; V - a orientação do plenário ou do órgão especial aos quais estiverem vinculados. § 1º Os juízes e os tribunais observarão o disposto no art. 10 e no art. 489, § 1º, quando decidirem com fundamento neste artigo. § 2º A alteração de tese jurídica adotada em enunciado de súmula ou em julgamento de casos repetitivos poderá ser precedida de audiências públicas e da participação de pessoas, órgãos ou entidades que possam contribuir para a rediscussão da tese. § 3º Na hipótese de alteração de jurisprudência dominante do Supremo Tribunal Federal e dos tribunais superiores ou daquela oriunda de julgamento de casos repetitivos, pode haver modulação dos efeitos da alteração no interesse social e no da segurança jurídica. § 4º A modificação de enunciado de súmula, de jurisprudência pacificada ou de tese adotada em julgamento de casos repetitivos observará a necessidade de fundamentação adequada e específica, considerando os princípios da segurança jurídica, da proteção da confiança e da isonomia. § 5º Os tribunais darão publicidade a seus precedentes, organizando-os por questão jurídica decidida e divulgando-os, preferencialmente, na rede mundial de computadores;".

Como se vê, a legislação passará a prever, de modo expresso, o cabimento de ação rescisória em face de decisão vulneradora de precedente judicial.

Ressalte-se, entretanto, que a inovação ainda depende de sanção presidencial para se tornar efetiva.

Para melhor compreensão das razões inspiradoras da modificação legislativa, transcreve-se elucidativo trecho do parecer da Comissão de Constituição, Justiça e Cidadania do Senado Federal que opinou pela aprovação do PLC n.º 168/15:

> "O inciso V do art. 966 do novo CPC prevê o cabimento de ação rescisória no caso de manifesta violação a normas jurídicas. A amplitude hermenêutica do texto poderá ensejar muitas dúvidas na jurisprudência e na doutrina, razão por que convém que o legislador se antecipe a se pronunciar sobre uma situação importantíssima a ser considerada como causa de rescisão.
>
> É que, entre as várias diretrizes teóricas que inspiraram o novo Código, o respeito à jurisprudência pelas instâncias inferiores desempenha um papel de destaque, do que dá prova o art. 927 do novo CPC, que, além de exigir dos juízes e tribunais observância a manifestações jurisprudenciais vinculantes ou procedentes do plenário ou dos órgãos especiais dos respectivos tribunais, impõe que o magistrado exponha textualmente a pertinência ou não dos precedentes citados pelas partes.
>
> Naturalmente, se o magistrado decidir o caso violando essas manifestações jurisprudenciais, isso deve ser interpretado como uma manifesta violação a norma jurídica."

Trata-se de inovação verdadeiramente revolucionária, que, por seu ineditismo, atrairá, certamente, enorme atenção da comunidade acadêmica.

3.2.2.5. Substituição da expressão "documento novo" por "prova nova"

O inciso VII do art. 485 do CPC/73 prevê a possibilidade de ajuizamento de ação rescisória quando, *"depois da sentença, o autor obtiver documento novo, cuja existência ignorava, ou de que não pôde fazer uso, capaz, por si só, de lhe assegurar pronunciamento favorável"*.

Esse fundamento de rescindibilidade foi mantido no novo CPC, mas com um importante acréscimo, que, conforme se verá, não se restringe a mero aperfeiçoamento redacional.

O legislador de 2015 houve por bem substituir a expressão *"documento novo"* por *"prova nova"*, indiscutivelmente mais abrangente, capaz de abarcar elementos probatórios de natureza não documental.

A mudança é extremamente positiva, não devendo – ao contrário do que alardeado por alguns – infundir receio de banalização da ação rescisória.

A exemplo do que defendido em relação ao *"documento novo"* no regime anterior, a *"prova nova"* há de ser compreendida como aquela cuja existência a parte ignorava ou de que não podia fazer uso e que seja capaz, por si só, de lhe assegurar pronunciamento favorável. Não pode ser visualizada, obviamente, como mais um elemento a ser adicionado ao conjunto probatório e, sim, como um elemento capaz, por si só, de superar ou infirmar o quadro probatório considerado na decisão a ser rescindida.

Como bem pontuado por Welder Queiroz dos Santos[30], incumbe ao autor da rescisória, nesse caso, informar o momento em que obteve a prova nova, demonstrando que teve acesso a tal elemento probatório após o trânsito em julgado da decisão rescindenda ou em momento em que já não era permitida a sua apresentação nos autos do processo originário[31].

Essa hipótese de rescindibilidade guarda uma peculiaridade com relação à sistemática de contagem do prazo para ajuizamento da ação rescisória, aspecto que será esmiuçado mais adiante (item 3.2.3.1).

3.2.2.6. Ampliação do alcance da hipótese de rescisória fundada em *erro de fato*

O inciso IX do art. 485 do CPC/73 define como rescindível a "sentença" *fundada em erro de fato, resultante de atos ou de documentos da causa*.

O legislador de 2015 reproduziu essa previsão no inciso VIII do art. 966 do novo CPC, mas substituiu a expressão *"resultante de atos ou de documentos da causa"* por *"verificável do exame dos autos"*.

Trata-se, mais uma vez, de alteração que não se confunde com simples aperfeiçoamento redacional. A modificação abre espaço para o reconhecimento, como *"erro de fato"*, de erros verificáveis a partir de depoimentos pessoais, dos depoimentos das testemunhas e de outros meios de provas, sem a necessidade de que tais erros sejam *"resultantes"* de atos ou de documentos da causa.

Os §§ 1º e 2º do art. 485 do CPC/73 ostentam, por sua vez, o seguinte conteúdo:

> "§ 1º Há erro, quando a sentença admitir um fato inexistente, ou quando considerar inexistente um fato efetivamente ocorrido.
>
> § 2º É indispensável, num como noutro caso, que não tenha havido controvérsia, nem pronunciamento judicial sobre o fato."

O novo CPC conservou a essência de tais previsões, compilando-as, contudo, numa única disposição (§ 1º do art. 966), assim redigida:

---

[30] *In* Ação Rescisória: de Pontes de Miranda ao Projeto de novo CPC. (Vários) Pontes de Miranda e o Direito Processual. Edições JusPodivm. 2013.

[31] Essa segunda hipótese é expressamente defendida por Pontes de Miranda, relativamente ao *"documento novo"*, ao interpretar o alcance da previsão constante do inciso VII do art. 485 do CPC/73.

"§ 1º Há erro de fato quando a decisão rescindenda admitir fato inexistente ou quando considerar inexistente fato efetivamente ocorrido, sendo indispensável, em ambos os casos, que o fato não represente ponto controvertido sobre o qual o juiz deveria ter se pronunciado."

3.2.2.7. Impossibilidade de estipulação de novos fundamentos de rescindibilidade por meio de negócios jurídicos processuais

Convém abordar um último aspecto em relação aos fundamentos de rescindibilidade previstos no novo CPC.

Uma das mais expressivas inovações trazidas pelo CPC/15 foi a autorização para que as partes, nas causas que versem sobre direitos que admitam autocomposição, estipulem, de maneira consensual, por meio dos chamados *negócios jurídicos processuais*, mudanças procedimentais destinadas a ajustar o rito do processo às especificidades do caso concreto (art. 190[32]).

O tema, absolutamente inédito no sistema processual brasileiro, já suscita muitos debates acadêmicos e, fatalmente, empolgará acirradas controvérsias, sobretudo quanto aos limites do instituto.

Entre os vários aspectos sensíveis já vislumbrados pela doutrina, há um diretamente relacionado ao tema objeto do presente estudo: saber ser seria possível, ou não, o elastecimento, por meio de negócio jurídico processual, do rol de fundamentos de rescindibilidade previsto no art. 966.

O tema já foi debatido no âmbito da Escola Nacional de Formação e Aperfeiçoamento de Magistrados (ENFAM), tendo prevalecido a conclusão de que o novo instituto não pode ser empregado com essa finalidade, uma vez que a matéria (rol de fundamentos de rescindibilidade) não está inserida na esfera de disponibilidade das partes. Tal entendimento, absolutamente correto, restou sintetizado no enunciado 36 da ENFAM, cujo teor segue transcrito:

"36) A regra do art. 190 do CPC/2015 não autoriza às partes a celebração de negócios jurídicos processuais atípicos que afetem poderes e deveres do juiz, tais como os que: a) limitem seus poderes de instrução ou de sanção à litigância ímproba; b) subtraiam do Estado/juiz o controle da legitimidade das partes ou do ingresso de amicus curiae; c) **introduzam novas hipóteses** de recorribilidade, **de rescisória** ou de sustentação oral não previstas em lei; d) estipulem o julgamento do conflito com base em lei diversa da nacional vigente; e e) estabeleçam prioridade de julgamento não prevista em lei."

---

32 "Art. 190. Versando o processo sobre direitos que admitam autocomposição, é lícito às partes plenamente capazes estipular mudanças no procedimento para ajustá-lo às especificidades da causa e convencionar sobre os seus ônus, poderes, faculdades e deveres processuais, antes ou durante o processo. Parágrafo único. De ofício ou a requerimento, o juiz controlará a validade das convenções previstas neste artigo, recusando-lhes aplicação somente nos casos de nulidade ou de inserção abusiva em contrato de adesão ou em que alguma parte se encontre em manifesta situação de vulnerabilidade."

Em outras palavras, remanesce incólume a ideia de taxatividade dos fundamentos de rescindibilidade previstos no art. 966 do novo CPC.

3.2.3. Alterações relativas à contagem do prazo para propositura da ação rescisória

3.2.3.1. Flexibilização do termo inicial do prazo nos casos de "prova nova" (art. 975, § 2º) e simulação/colusão das partes (975, § 3º)

Assim como no CPC/73, o prazo estabelecido no novo CPC para propositura da ação rescisória é de 2 (dois) anos, contados do trânsito em julgado da decisão rescindenda.

No regime atualmente em vigor no processo do trabalho, já havia, por obra da jurisprudência, o reconhecimento de uma hipótese de flexibilização do termo inicial da contagem desse prazo. Trata-se da hipótese de ajuizamento, pelo Ministério Público do Trabalho, de rescisória fundada em colusão, quando o *Parquet* não tenha intervindo nos autos da demanda em que proferida a decisão rescindenda[33]. Nesse caso, considera-se que o biênio legal só começa a fluir a partir do momento em que o MPT teve ciência da fraude (item VI da súmula 100 do TST).

O novo CPC incorporou essa salutar diretriz jurisprudencial, preceituando, em seu art. 975, § 3º, que, nas hipóteses de *simulação* ou de *colusão das partes*, o prazo começa a contar, para o terceiro prejudicado e para o Ministério Público, que não interveio no processo, a partir do momento em que têm ciência da *simulação* ou da *colusão*.

E o legislador foi ainda mais além, reconhecendo outra hipótese de flexibilização do *dies a quo* do prazo para ajuizamento da ação rescisória.

Trata-se da hipótese de rescisória fundada em "prova nova" (art. 966, inciso VII). Para essa situação específica, a fórmula adotada foi a de que o termo inicial do prazo será a data de descoberta da prova nova, observado o prazo máximo de 5 (cinco) anos, contado do trânsito em julgado da última decisão proferida no processo (art. 975, § 2º).

Embora tal alteração deva ser encarada como um importante aperfeiçoamento do sistema, a ela têm sido direcionadas algumas críticas, dentre as quais a de que a flexibilização do termo inicial da contagem do biênio legal deveria haver sido estendida a rescisórias fundadas em outros incisos do art. 966 e a de que o limite temporal de cinco anos fixado pelo legislador poderia ser menor.

---

33 Há precedentes ainda mais flexíveis, que consideraram a ciência da fraude como termo inicial do prazo para ajuizamento da ação rescisória, mesmo tendo havido intervenção do MPT na demanda originária (TST – ROAR 698667/2000 – Rel. Min. Barros Levenhagen – DJ 23.05.2003).

Merece realce o fato de que uma das versões do projeto legislativo do novo CPC pretendia fixar sistemática diferenciada de contagem do prazo decadencial em relação às rescisórias que tenham como objeto decisão proferida por força de *prevaricação, concussão ou corrupção do juiz* ou de *prova falsa*. A ideia era condicionar a deflagração da contagem do biênio legal ao trânsito em julgado da sentença penal condenatória correlata, sugestão que acabou refutada, não tendo sido incorporada ao texto finalmente aprovado pelo Congresso Nacional.

3.2.3.2. Termo inicial da contagem do prazo nos casos que envolvam "trânsito em julgado progressivo"

A legislação processual brasileira[34] admite a *cumulação objetiva de pedidos*, isto é, a cumulação de vários pleitos num único processo, em face do mesmo réu, ainda que entre eles não haja conexão. Tal circunstância faz com que, muitas vezes, a decisão judicial contenha pronunciamento sobre múltiplas pretensões de direito material.

Quando isso se verifica, exsurge o que os processualistas italianos denominam de "capítulos de sentença"[35]. Embora possa ocorrer de distintos capítulos de uma decisão judicial guardarem entre si uma relação de dependência lógica[36], há também um grande número de situações em que esses capítulos se mostram absolutamente autônomos e independentes[37].

Essa segunda hipótese (decisão judicial contendo capítulos autônomos e independentes) pode dar lugar a um fenômeno bastante peculiar, no que concerne ao momento de formação da coisa julgada. Isso se dá quando, existindo capítulos de sentença autônomos, a decisão judicial é alvo de recurso parcial (recurso que não impugna o *decisum* em sua totalidade).

Entende-se, nesse caso, que a interposição de recurso parcial precipita o trânsito em julgado em relação às matérias não impugnadas, dando ensejo ao que se convencionou chamar de "formação progressiva da coisa julgada material", "trânsito em julgado fracionado" ou "trânsito em julgado progressivo".

---

34 Art. 292 do CPC/73 e 327 do CPC/15.

35 Expressão difundida na prática processual brasileira por Cândido Rangel Dinamarco.

36 Haverá relação de dependência lógica sempre que se tratar de questões preliminares e prejudiciais que possam tornar insubsistente a decisão recorrida. Imagine-se, como exemplo, a situação em que se pleiteie, em reclamação trabalhista individual, reconhecimento de vínculo empregatício e pagamento de verbas rescisórias. Ainda que tais matérias constituam capítulos distintos da decisão judicial a ser proferida na causa, não há como negar a existência de relação de dependência lógica entre elas. Como é fácil visualizar, eventual rejeição do pedido de reconhecimento de vínculo empregatício (questão prejudicial) acarretaria, automaticamente, a perda do objeto de pleito de pagamento de verbas rescisórias.

37 É o caso da reclamação trabalhista individual em que se pleite, de maneira cumulativa, o pagamento de horas extras e de adicional de insalubridade.

Esse tipo de contexto suscita intrigantes questionamentos, com reflexos sobre o eventual ajuizamento de ação rescisória. São três, basicamente, os aspectos que podem gerar controvérsia: (a) possibilidade de a rescisória ter por objeto apenas um dos capítulos da decisão rescindenda; (b) forma de contagem do prazo bienal; e (c) competência funcional para processamento da rescisória.

O primeiro ponto não ostenta maior complexidade. Tem-se admitido, sem maiores questionamentos, a possibilidade de a rescisória atacar um único capítulo da decisão rescindenda.

A despeito da inexistência de celeuma quanto à matéria, o legislador de 2015 reputou oportuno dispor de maneira expressa sobre o tema, consignando, no § 3º do art. 966, que a rescisória *"pode ter por objeto apenas 1 (um) capítulo da decisão"*.

O aspecto que tem, tradicionalmente, dividido opiniões é a identificação do termo inicial da fluência do prazo decadencial nessas hipóteses.

O STF já teve oportunidade de proclamar que, *"os capítulos autônomos do pronunciamento judicial precluem no que não atacados por meio de recurso, surgindo, ante o fenômeno, o termo inicial do biênio decadencial para a propositura da rescisória."*[38]

Ou seja: para o STF, cada capítulo autônomo da decisão está sujeito a um prazo decadencial autônomo, entendimento esse que implica a possibilidade de manejo de ação rescisória antes do encerramento da demanda originária, bem como a possibilidade de ajuizamento de múltiplas ações rescisórias tendo como base um mesmo processo principal.

Essa é a orientação preconizada na jurisprudência do TST, como se infere da parte final do inciso II da Súmula 100, abaixo reproduzido:

> "II - Havendo recurso parcial no processo principal, o trânsito em julgado dá-se em momentos e em tribunais diferentes, contando-se o prazo decadencial para a ação rescisória do trânsito em julgado de cada decisão, salvo se o recurso tratar de preliminar ou prejudicial que possa tornar insubsistente a decisão recorrida (...)"

Não é essa, contudo, a diretriz sedimentada na jurisprudência do STJ, conforme evidencia a súmula 401 daquela Corte Superior, dotada do seguinte teor: *"O prazo decadencial da ação rescisória só se inicia quando não for cabível qualquer recurso do último pronunciamento judicial."*

Para o STJ, mesmo nos casos de cumulação objetiva de pedidos, com interposição de recurso parcial, não haveria formação progressiva da coisa julgada. Prevaleceria, para efeito de contagem do prazo para ajuizamento de rescisória, a ideia de indivisibilidade da coisa julgada. O prazo decadencial para ajuiza-

---

38   RE 666.589/DF – Rel. Min. Marco Aurélio – DJe em 03/06/2014.

mento da rescisória seria um só, deflagrável apenas a partir do momento em que não couber qualquer recurso em face do último pronunciamento judicial proferido na demanda originária.

Nesse aspecto, o novo CPC aderiu à linha de entendimento esposada pelo STJ, estabelecendo no *caput* de seu art. 975, de forma expressa, que o *"direito à rescisão se extingue em 2 (dois) anos contados do trânsito em julgado da **última decisão proferida no processo."***

É possível dizer, pois, que o novo CPC adotou, nesse particular, a premissa da indivisibilidade da coisa julgada, segundo a qual o trânsito em julgado ocorreria somente uma vez em cada processo, após a interposição do último recurso cabível.

A opção do legislador de 2015 pelo posicionamento defendido pelo STJ, nesse ponto, tem sido tachada de retrógrada e incoerente pela doutrina, por contradizer a previsão constante do § 3º do art. 966, que, prestigiando a noção de "capítulo de sentença", reconhece a possibilidade de a rescisória impugnar apenas um capítulo da decisão rescindenda.

A forma categórica com que o *caput* do art. 975 do novo CPC se encontra redigido demandará, ao que tudo indica, a revisão do item II da Súmula 100 do TST, o que representa, para a maior parte dos doutrinadores, um nítido e censurável retrocesso.

Cumpre observar, por fim, que a opção pela admissão, ou não, da tese da *"coisa julgada progressiva"* repercute diretamente sobre a identificação do juízo competente para processamento da rescisória[39], tarefa por vezes complexa e intrincada[40].

3.2.3.3. Reconhecimento da possibilidade de prorrogação do prazo decadencial, caso o respectivo termo final recaia sobre dia em que não haja expediente forense

O prazo para ajuizamento de ação rescisória possui natureza decadencial.

Nos termos do art. 207[41] do Código Civil, prazos decadenciais não estão, como regra, sujeitos a suspensão ou interrupção, ressalvada a existência de disposições legais em sentido contrário.

---

39 Confira-se, a esse respeito, o enunciado 337 do Fórum Permanente de Processualistas Civis: *"A competência para processar a ação rescisória contra capítulo de decisão deverá considerar o órgão jurisdicional que proferiu o capítulo rescindendo."*

40 A conservadora opção feita pelo CPC/15, embora censurável sob diversos prismas, tem a "virtude" de eliminar o risco de possíveis controvérsias a esse respeito.

41 "Art. 207. Salvo disposição legal em contrário, não se aplicam à decadência as normas que impedem, suspendem ou interrompem a prescrição."

A jurisprudência já vinha reconhecendo que o prazo para ajuizamento da ação rescisória pode ser prorrogado para o primeiro dia útil subsequente, caso o respectivo termo final recaia em férias forenses, feriados, finais de semana ou em dia em que não houver expediente forense. Nesse sentido o item IX da Súmula 100 do TST:

> "IX - Prorroga-se até o primeiro dia útil, imediatamente subseqüente, o prazo decadencial para ajuizamento de ação rescisória quando expira em férias forenses, feriados, finais de semana ou em dia em que não houver expediente forense. Aplicação do art. 775 da CLT."

Tal entendimento também já havia sido sustentado pela Primeira Seção do STJ[42].

A posição do TST, particularmente, decorre de interpretação conjugada entre a ressalva constante do art. 207 do Código Civil e o disposto no parágrafo único do art. 775[43] da CLT.

O art. 975, § 1º, do novo CPC trata expressamente da questão, incorporando o entendimento jurisprudencial acima mencionado e pondo fim a eventuais dúvidas. Eis a redação do dispositivo:

> "Prorroga-se até o primeiro dia útil imediatamente subsequente o prazo a que se refere o caput, quando expirar durante férias forenses, recesso, feriados ou em dia em que não houver expediente forense".

3.2.3.4. Contagem do prazo em relação a decisões transitadas em julgado antes do início da vigência do novo CPC

Como sucede com o advento de qualquer nova codificação, o início da vigência da Lei Federal n.º 13.105/15 fará emergir importantes questões de direito intertemporal.

Imperioso examinar, entre outros aspectos, se as novidades referentes à sistemática de contagem do prazo para ajuizamento de ação rescisória (previsões constantes dos §§ 2º e 3º do art. 975, por exemplo) deverão ser aplicadas em relação a decisões transitadas em julgado no curso da vigência do CPC/73.

A resposta é negativa.

O prazo para ajuizamento de ação rescisória deve ser estabelecido com base na legislação vigente à data do trânsito em julgado da decisão rescindenda. Nesse sentido o enunciado 341 do Fórum Permanente de Processualistas Civis:

---

42 AgRg na AR 3691/MG – Rel. Min. Denise Arruda – Julgado em 27/08/2007.

43 "Art. 775 - Os prazos estabelecidos neste Título contam-se com exclusão do dia do começo e inclusão do dia do vencimento, e são contínuos e irreleváveis, podendo, entretanto, ser prorrogados pelo tempo estritamente necessário pelo juiz ou tribunal, ou em virtude de força maior, devidamente comprovada. Parágrafo único - Os prazos que se vencerem em sábado, domingo ou dia feriado, terminarão no primeiro dia útil seguinte."

"O prazo para ajuizamento de ação rescisória é estabelecido pela data do trânsito em julgado da decisão rescindenda, de modo que não se aplicam as regras dos §§ 2º e 3º do art. 975 do CPC à coisa julgada constituída antes de sua vigência." (Grupo: Direito intertemporal e disposições finais e transitórias)

3.2.4. Ampliação do rol de legitimados ativos

O art. 967 do novo CPC trata da legitimidade para propositura da ação rescisória, ostentando o seguinte teor:

> "Art. 967. Têm legitimidade para propor a ação rescisória:
>
> I - quem foi parte no processo ou o seu sucessor a título universal ou singular;
>
> II - o terceiro juridicamente interessado;
>
> III - o Ministério Público:
>
> a) se não foi ouvido no processo em que lhe era obrigatória a intervenção;
>
> b) quando a decisão rescindenda é o efeito de simulação ou de colusão das partes, a fim de fraudar a lei;
>
> c) em outros casos em que se imponha sua atuação;
>
> IV - aquele que não foi ouvido no processo em que lhe era obrigatória a intervenção.
>
> Parágrafo único. Nas hipóteses do art. 178, o Ministério Público será intimado para intervir como fiscal da ordem jurídica quando não for parte."

Conquanto não traga modificações substanciais, o dispositivo exibe dois acréscimos em relação ao seu equivalente no CPC/73 (art. 487).

O primeiro deles foi a inclusão, no inciso III, que trata especificamente da legitimidade do Ministério Público, de uma cláusula de abertura (alínea 'c': *"em outros casos em que se imponha sua atuação"*) que autoriza o *Parquet* a mover ação rescisória com base em qualquer dos fundamentos de rescindibilidade legalmente previstos[44].

O segundo acréscimo consta do inciso IV, o qual inclui entre os legitimados ativos para propositura da ação rescisória a parte que não tenha sido ouvida em processo em que sua intervenção era obrigatória.

Esse último aspecto tem sido objeto de censura por parte da doutrina. Para muitos, o ajuizamento de rescisória nessa hipótese seria desnecessário, por-

---

44 O que já era reconhecido, mesmo na vigência do CPC/73, pela súmula 407 do TST: *"(...) A legitimidade "ad causam" do Ministério Público para propor ação rescisória, ainda que não tenha sido parte no processo que deu origem à decisão rescindenda, não está limitada às alíneas "a" e "b" do inciso III do art. 487 do CPC, uma vez que traduzem hipóteses meramente exemplificativas."*

quanto impossível a válida formação de coisa julgada sem a perfeita angularização da relação processual. Sustentam que eventual decurso do prazo bienal não poderia jamais significar a convalidação do vício, que poderia ser atacado, a qualquer tempo, por meio de *"querella nulitatis insanabilis"*.

3.2.5. Alterações relacionadas a aspectos procedimentais

3.2.5.1. Instituição de teto para o valor do depósito prévio e criação de novas hipóteses de isenção

O art. 488 do CPC/73 condiciona o ajuizamento da ação rescisória ao depósito da importância de 5% sobre o valor da causa – montante que será revertido ao réu, a título de multa, caso a ação seja, por unanimidade de votos, declarada inadmissível ou improcedente. Nos termos do parágrafo único do mencionado dispositivo, são isentos da realização do citado depósito a União, os Estados, os Municípios e o Ministério Público.

O novo CPC manteve a exigência de depósito prévio, no percentual de 5% sobre o valor da causa, sob pena de indeferimento da petição inicial da ação rescisória (art. 968, § 3º), mas instituiu um teto, estabelecendo que tal depósito não poderá ultrapassar o valor correspondente a mil salários mínimos (art. 968, § 2º). Além disso, ampliou os casos de isenção, estendendo-a, de modo expresso, ao Distrito Federal (não mencionado no dispositivo equivalente do CPC/73), às autarquias e fundações de direito público da União, Estados, Distrito Federal e Municípios, à Defensoria Pública e aos beneficiários de gratuidade da justiça (art. 968, § 1º).

Sob a ótica da facilitação do acesso à justiça, tais alterações se mostram justificáveis, afigurando-se razoável o patamar em que o teto foi fixado, com o que restou preservado o caráter excepcional da isenção do depósito prévio.

A estipulação do teto ostenta, por outro lado, a virtude de impedir, em caso de inadmissibilidade ou improcedência do pedido de rescisão, a imposição de sanção exorbitante, capaz de gerar enriquecimento injustificado do réu.

Registre-se que há quem sustente que tal isenção deve ser compreendida como mera dispensa do ônus de depositar previamente, não obstando a incidência da sanção legal nos casos de inadmissibilidade ou improcedência da rescisória (declaradas mediante decisão unânime).

Não parece ter sido essa, contudo, a disciplina idealizada pelo legislador.

3.2.5.2. Consequência processual do ajuizamento da ação rescisória perante tribunal incompetente

A rescisória é, como se sabe, uma ação da competência originária dos tribunais.

A competência para o seu processamento é, via de regra, do órgão jurisdicional prolator da decisão rescindenda.

Tal regra é excepcionada nos casos em que se pretenda rescindir decisão cujo trânsito em julgado tenha ocorrido em primeiro grau de jurisdição, hipótese em que a rescisória será processada originariamente pelo tribunal de segunda instância a que vinculado o magistrado prolator da decisão.

Há, no regime do CPC/73, algumas situações em que não se afigura fácil a tarefa de identificar, entre as diversas decisões proferidas na demanda originária, aquela que deve ser atacada na ação rescisória[45]. Isso se dá, sobretudo, em situações nas quais negado conhecimento a recurso – circunstância que pode gerar dúvida quanto à ocorrência, ou não, de substituição da decisão recorrida pelo pronunciamento do órgão jurisdicional *ad quem*.

Imperioso destacar, nesse contexto, o entendimento consagrado no item III da súmula 192 do TST, abaixo transcrito:

> "(...) III - Em face do disposto no art. 512 do CPC, é juridicamente impossível o pedido explícito de desconstituição de sentença quando substituída por acórdão de Tribunal Regional ou superveniente sentença homologatória de acordo que puser fim ao litígio."

Como salientado em linhas anteriores, eventual equívoco na identificação da decisão a ser rescindida pode levar ao direcionamento da ação rescisória a juízo incompetente.

Surge daí o seguinte dilema: qual o encaminhamento a ser dado a esses casos pelo tribunal a que foi indevidamente dirigida a ação rescisória?

O entendimento que vinha prevalecendo, no âmbito da Justiça do Trabalho, era o de que, em caso de manifesto e inescusável equívoco de direcionamento, o processo deveria ser extinto sem julgamento de mérito. Confira-se, nesse sentido, a orientação jurisprudencial n.º 70 da SBDI-2 do TST:

> "Ação rescisória. Manifesto e inescusável equívoco no direcionamento. Inépcia da inicial. Extinção do processo. O manifesto equívoco da parte em ajuizar ação rescisória no TST para desconstituir julgado proferido pelo TRT, ou vice-versa, implica a extinção do processo sem julgamento do mérito por inépcia da inicial."

O novo CPC não trilhou esse caminho, tendo estabelecido que, em algumas situações específicas, sendo reconhecida a incompetência do tribunal para julgar a ação rescisória, deverá o autor ser intimado para emendar a petição ini-

---

45 Constitui evidência dessa dificuldade a edição, pelo STF, das súmulas 249 (*"É competente o Supremo Tribunal Federal para a ação rescisória, quando, embora não tendo conhecido do recurso extraordinário, ou havendo negado provimento ao agravo, tiver apreciado a questão federal controvertida."*) e 515 (*"A competência para a ação rescisória não é do Supremo Tribunal Federal, quando a questão federal, apreciada no recurso extraordinário ou no agravo de instrumento, seja diversa da que foi suscitada no pedido rescisório"*).

cial, a fim de adequar o objeto da ação rescisória (art. 968, § 5º). Tal providência deverá ser observada em duas situações, quando a decisão apontada como rescindenda: (a) não tiver apreciado o mérito e não se enquadrar na situação prevista no § 2º do art. 966[46]; e (b) tiver sido substituída por decisão posterior.[47]

Havendo emenda, será permitido ao réu complementar os fundamentos de defesa e, em seguida, os autos serão remetidos ao tribunal competente (art. 968, § 6º).

Esse inovador mecanismo está alinhado com a matriz axiológica que norteou a concepção do novo CPC, devendo ser visualizado como corolário do *princípio da primazia do julgamento de mérito*, previsto, com status de norma geral, no art. 4º[48], e reforçado nos arts. 317[49] e 321[50] da Lei Federal n.º 13.105/15[51].

3.2.5.3. Tutela de urgência

O art. 489 do CPC/73 preceitua que o ajuizamento da ação rescisória não impede o cumprimento da decisão rescindenda, ressalvada a concessão, caso imprescindíveis e sob os pressupostos previstos em lei, de medidas de natureza cautelar ou antecipatória de tutela.

A previsão rendeu ensejo a um acalorado debate doutrinário e jurisprudencial acerca da natureza jurídica da medida liminar destinada a suspender a execução da decisão rescindenda, tendo o TST editado, a esse respeito, a súmula 405, com o seguinte conteúdo:

> "AÇÃO RESCISÓRIA. LIMINAR. ANTECIPAÇÃO DE TUTELA (...)
>
> I - Em face do que dispõe a MP 1.984-22/2000 e reedições e o artigo 273, § 7º, do CPC, é cabível o pedido liminar formulado na petição inicial de ação rescisória ou na fase recursal, visando a suspender a execução da decisão rescindenda.

---

46 Ou seja: quando não se tratar de decisão que impeça nova propositura da demanda ou admissibilidade do recurso correspondente.

47 "§ 5º Reconhecida a incompetência do tribunal para julgar a ação rescisória, o autor será intimado para emendar a petição inicial, a fim de adequar o objeto da ação rescisória, quando a decisão apontada como rescindenda: I - não tiver apreciado o mérito e não se enquadrar na situação prevista II - tiver sido substituída por decisão posterior."

48 "Art. 4º. As partes têm o direito de obter em prazo razoável a solução integral do mérito, incluída a atividade satisfativa".

49 "Art. 317. Antes de proferir decisão sem resolução de mérito, o juiz deverá conceder à parte oportunidade para, se possível, corrigir o vício."

50 "Art. 321. O juiz, ao verificar que a petição inicial não preenche os requisitos dos arts. 319 e 320 ou que apresenta defeitos e irregularidades capazes de dificultar o julgamento de mérito, determinará que o autor, no prazo de 15 (quinze) dias, a emende ou a complete, indicando com precisão o que deve ser corrigido ou completado. Parágrafo único. Se o autor não cumprir a diligência, o juiz indeferirá a petição inicial."

51 Enunciado 284 do Fórum Permanente de Processualistas Civis: *"Aplica-se à ação rescisória o disposto no art. 321."*

II - O pedido de antecipação de tutela, formulado nas mesmas condições, será recebido como medida acautelatória em ação rescisória, por não se admitir tutela antecipada em sede de ação rescisória."

O art. 969 do novo CPC reproduz tal sistemática – segundo a qual o ajuizamento da ação rescisória não acarreta automaticamente a suspensão da execução da decisão rescindenda –, mas, ao invés de falar em *"medidas de natureza cautelar ou antecipatória de tutela"*, faz alusão à genérica expressão *"tutela provisória"*, esquivando-se, com isso, da celeuma acerca da natureza jurídica da medida destinada ao sobrestamento da execução da decisão rescindenda.

Outra controvérsia digna de destaque se refere à aplicabilidade, ou não, do mecanismo de estabilização previsto no art. 304[52] do novo código à tutela antecipada deferida em ação rescisória.

O Fórum Permanente de Processualistas Civis editou, a respeito do tema, o enunciado 421[53], o qual refuta o cabimento de estabilização de tutela antecipada em ação rescisória.

A questão, no entanto, está longe de ser pacífica.

3.2.5.4. Produção de provas

O art. 492 do CPC/73 exibe o seguinte conteúdo:

"Se os fatos alegados pelas partes dependerem de prova, o relator delegará a competência ao juiz de direito da comarca onde deva ser produzida, fixando prazo de 45 (quarenta e cinco) a 90 (noventa) dias para a devolução dos autos.

O novo CPC contém disposição análoga, embora inovando em dois aspectos: (a) substituição da expressão *"juiz de direito da comarca onde deva ser produzida"* por *"órgão que proferiu a decisão rescindenda"*; e (b) substituição da expressão *"45 (quarenta e cinco) a 90 (noventa) dias"* por *"1(um) a 3 (três) meses"*.

A segunda alteração é autoexplicativa, dispensando maiores comentários.

A primeira alteração, por sua vez, tem sido alvo de críticas, por desconsiderar a hipótese de que a prova deva ser produzida, em função de critérios territoriais de repartição de competência, perante juízo diverso daquele que proferiu decisão rescindenda, situação devidamente contemplada pela redação do CPC/73.

Atento a essa questão, o Fórum Permanente de Processualistas Civis editou o enunciado 340[54], no qual se reconhece a possibilidade de delegação da colhei-

---

52 "Art. 304. A tutela antecipada, concedida nos termos do art. 303, torna-se estável se da decisão que a conceder não for interposto o respectivo recurso."
53 Enunciado 421: *"Não cabe estabilização de tutela antecipada em ação rescisória"*.
54 Enunciado 340: *"Observadas as regras de distribuição, o relator pode delegar a colheita de provas para juízo distinto do que proferiu a decisão rescindenda"*.

ta de prova a juízo distinto do que prolatou a decisão rescindenda, desde que observadas as regras de distribuição.

3.2.5.5. Critério para escolha do relator

O CPC/73 não dispõe, de modo expresso, sobre critérios para escolha do relator da ação rescisória.

O novo CPC, de maneira inovadora, estatui que a escolha do relator deverá recair, sempre que possível, em juiz que não haja participado do julgamento rescindendo (art. 971, parágrafo único).[55]

3.2.5.6. Julgamento

No regime do novo CPC, as decisões de inadmissibilidade ou improcedência da pretensão deduzida na ação rescisória podem ser tomadas por unanimidade ou por maioria[56].

Já decisões de procedência, que impliquem a desconstituição da coisa julgada, estão sujeitas a disciplinamento diverso.

O § 3º do art. 942[57] do novo CPC estabelece que havendo, em ação rescisória processada perante órgão fracionário de tribunal, decisão não unânime no sentido do acolhimento do pedido (e consequente rescisão da coisa julgada), deverá a sessão de julgamento ser suspensa, transferindo-se a deliberação a órgão de maior composição previsto no regimento interno da corte.

Isso não significa, porém, que não possa haver, em hipótese alguma, decisão não unânime de procedência em ação rescisória.

---

55 A previsão não conflita com o teor da súmula 252 do STF, segundo a qual não constitui impedimento à participação no julgamento da rescisória o fato de o magistrado haver participado do julgamento da demanda originária (*"Na ação rescisória, não estão impedidos juízes que participaram do julgamento rescindendo"*.)

56 Nesse segundo caso, porém, não ocorre a reversão do valor do depósito prévio em favor do réu, sendo tal montante restituído ao autor (inteligência do art. 974, parágrafo único, do novo CPC).

57 "Art. 942. Quando o resultado da apelação for não unânime, o julgamento terá prosseguimento em sessão a ser designada com a presença de outros julgadores, que serão convocados nos termos previamente definidos no regimento interno, em número suficiente para garantir a possibilidade de inversão do resultado inicial, assegurado às partes e a eventuais terceiros o direito de sustentar oralmente suas razões perante os novos julgadores. § 1º Sendo possível, o prosseguimento do julgamento dar-se-á na mesma sessão, colhendo-se os votos de outros julgadores que porventura componham o órgão colegiado. § 2º Os julgadores que já tiverem votado poderão rever seus votos por ocasião do prosseguimento do julgamento. § 3º A técnica de julgamento prevista neste artigo aplica-se, igualmente, ao julgamento não unânime proferido em: I - ação rescisória, quando o resultado for a rescisão da sentença, devendo, nesse caso, seu prosseguimento ocorrer em órgão de maior composição previsto no regimento interno; II - agravo de instrumento, quando houver reforma da decisão que julgar parcialmente o mérito. § 4º Não se aplica o disposto neste artigo ao julgamento: I - do incidente de assunção de competência e ao de resolução de demandas repetitivas; II - da remessa necessária; III - não unânime proferido, nos tribunais, pelo plenário ou pela corte especial."

O que se exige é que, em caso de decisão não unânime de procedência proferida por órgão fracionário de tribunal, seja observada a técnica de julgamento acima descrita, o que não impede que, ao final, venha a prevalecer uma decisão não unânime de procedência.

Cumpre reconhecer, ademais, que a própria lei ressalva que a técnica de julgamento acima descrita não se aplica a decisões não unânimes proferidas pelo plenário da corte ou por órgão especial (inciso III do § 4º do art. 942).

Essa modificação revela nítida preocupação do legislador com a preservação da autoridade da coisa julgada e da estabilidade das relações jurídicas, marcando o caráter excepcional com que a rescisão da *res judicata* deve ser tratada no novo sistema.

Note-se que a mudança ora analisada implicará, inexoravelmente, a reformulação dos regimentos internos dos tribunais.

4. IMPLICAÇÕES DO NOVO CPC NO REGRAMENTO DA AÇÃO RESCISÓRIA NO PROCESSO DO TRABALHO

O art. 15[58] do novo CPC autoriza a aplicação supletiva e subsidiária de suas disposições ao processo do trabalho, condicionando tal possibilidade unicamente à ausência de norma específica na legislação processual trabalhista.

Muito se tem discutido sobre o alcance que deve ser conferido a essa cláusula de supletividade e subsidiariedade, à luz do disposto no art. 769[59] da CLT.

O tema, além de denso, possui transcendente importância, reclamando acurada reflexão por parte dos operadores do processo do trabalho.

No que concerne à ação rescisória, há, contudo, a peculiaridade de o art. 836 da CLT conter expressa remissão ao regramento da legislação processual civil, o que acaba por facilitar – especificamente em relação ao instituto – a operacionalização do "diálogo" entre as fontes normativas.

Isso não significa que a nova disciplina da ação rescisória no processo civil deva ser transposta para o processo do trabalho de maneira automática e irrefletida. Tal operação não pode prescindir de uma filtragem principiológica (e, eventualmente, de adaptações procedimentais), sobretudo porque o art. 769 da CLT não foi revogado, estando em pleno vigor.

A impressão a que se chegou no presente estudo – fruto de um primeiro contato com a matéria – é a de que, no que atine ao instituto da ação rescisória,

---

58 "Art. 15. Na ausência de normas que regulem processos eleitorais, trabalhistas ou administrativos, as disposições deste Código lhes serão aplicadas supletiva e subsidiariamente."

59 Art. 769: "Nos casos omissos, o direito processual comum será fonte subsidiária do direito processual do trabalho, exceto naquilo em que for incompatível com as normas deste Título."

tendo em vista a ausência de regramento específico e a expressa remissão constante do art. 836 da CLT, devem, em princípio, ser incorporadas ao processo do trabalho as inovações trazidas pelo novo CPC, exatamente como vinha sendo feito durante o período de vigência do código de 73.

A aplicação da legislação processual civil deverá ser refutada, obviamente, em relação a aspectos que estejam disciplinados de forma diversa em normas específicas do processo do trabalho – o que ocorre, por exemplo, com o percentual de 20% do depósito prévio, previsto, de maneira expressa, no texto da CLT[60] – ou em situações de flagrante e incontornável dissonância entre o processo comum e a principiologia própria da processualística laboral.

A prevalecer a linha de interpretação defendida no presente estudo, far-se-á necessária, como já asseverado em passagens anteriores do texto, a revisão de alguns verbetes da jurisprudência consolidada do TST diretamente impactados por disposições do novo CPC, a exemplo das súmulas 100 (itens II e V) e 259 e da orientação jurisprudencial n.º 70 da SBDI-2.

5. CONCLUSÕES

O presente artigo, concebido como parte integrante de obra coletiva destinada a avaliar os impactos do novo CPC no processo do trabalho, não teve o propósito de examinar, de maneira exauriente, todos os aspectos jurídicos relacionados ao instituto da ação rescisória. Tal tarefa, além de distanciada dos objetivos que inspiraram a elaboração do texto, seria absolutamente incompatível com a sua limitada extensão.

O foco do estudo foi compilar, com a objetividade possível, as principais inovações trazidas pelo novo CPC em relação à figura da ação rescisória. Diante do grande número de mudanças referentes ao tema, priorizou-se a adoção de uma abordagem mais descritiva, visando propiciar ao leitor uma visão panorâmica do conjunto de alterações legislativas implementadas, deixando-se para outra oportunidade a realização de análise crítica mais aprofundada sobre os possíveis avanços e retrocessos promovidos pelo legislador.

À guisa de conclusão, destaca-se a seguir algumas das premissas teóricas que puderam ser extraídas dessa primeira leitura do disciplinamento conferido à ação rescisória pelo novo CPC:

(a) o novo CPC trouxe vários aperfeiçoamentos para o instituto da ação rescisória, preenchendo lacunas e corrigindo distorções existentes no sistema do CPC/73, há muito alardeadas pela doutrina;

(b) além de promover numerosas inovações de ordem procedimental, o novo CPC alarga, consideravelmente, o campo para utilização da ação rescisó-

---

60   O novo CPC, reproduzindo a codificação anterior, estabelece o percentual de 5%.

ria, seja ampliando o rol de decisões rescindíveis (fazendo com que este passe a abranger, por exemplo, decisões interlocutórias de mérito e decisões terminativas que neguem conhecimento a recurso ou que obstaculizem a repropositura da demanda), seja elastecendo o alcance das hipóteses de rescindibilidade da coisa julgada (casos de manifesta violação a norma jurídica – aí incluída a violação a precedentes[61] – e "prova nova", por exemplo), seja flexibilizando, em algumas situações, o termo inicial da contagem do prazo decadencial, seja reconhecendo novas hipóteses de isenção de depósito prévio. Em outros aspectos, porém, o novo diploma estabelece mecanismos (impossibilidade de rescisão de capítulo autônomo de decisão enquanto pendente a demanda originária e transferência de julgamento para órgão de maior composição em caso de decisão não unânime de procedência proferida por órgão fracionário de tribunal, por exemplo) que dificultam o acolhimento do pedido de rescisão, reforçando a proteção conferida à autoridade da *res judicata* e prestigiando, em última análise, a estabilidade das relações jurídicas;

(c) a expressiva ampliação das hipóteses de manejo da ação rescisória não deve ser encarada como banalização do instituto, tampouco como atentado ao ideal de segurança jurídica ou prejuízo à efetividade da prestação jurisdicional. É preferível ter um sistema transparente, que preestabeleça, de modo claro, as hipóteses de utilização da ação rescisória, ainda que relativamente amplas, a ter um sistema aparentemente rigoroso, que restrinja demasiadamente o uso da ação rescisória mas oportunize, paralelamente, outros expedientes para indiscriminada relativização da coisa julgada;

(d) apesar do choque cultural e das naturais perplexidades que possa suscitar, próprios de qualquer processo de transição, o novo CPC precisa ser encarado com abertura de espírito, mesmo quando represente visceral reformulação da tradição processual anteriormente vigente. O debate em torno do alcance e da aplicabilidade dos institutos processuais criados pelo novo código deve ser travado de maneira serena e desapaixonada, sem a influência de componentes ideológicos maniqueístas e autolimitantes;

(e) a despeito do espírito de desconfiança com que o novo CPC tem sido recebido por grande parte dos operadores do processo do trabalho e da imprescindibilidade de profunda reflexão acerca do alcance da cláusula de supletividade e subsidiariedade contemplada no art. 15 daquele diploma, há de se reconhecer a peculiaridade da situação da ação rescisória, tendo em vista a ausência de disciplinamento específico sobre o tema na CLT e a categórica remissão constante do art. 836 consolidado. Isso não significa que a nova disciplina da ação rescisória no processo civil deva ser transposta para o processo do trabalho de manei-

---

61 Alteração legislativa ainda pendente de sanção presidencial.

ra automática e irrefletida. Tal operação não pode prescindir de uma filtragem principiológica (e, eventualmente, de adaptações procedimentais), sobretudo porque o art. 769 da CLT não foi revogado, estando em pleno vigor;

(f) em princípio, devem ser incorporadas ao processo do trabalho as inovações trazidas pelo novo CPC quanto ao instituto da ação rescisória, salvo em relação a aspectos que estejam disciplinados de forma diversa em normas específicas do processo do trabalho – a exemplo do percentual de 20% do depósito prévio – ou em situações de flagrante e incontornável dissonância entre o processo comum e a principiologia própria da processualística laboral;

(g) a prevalecer a linha de interpretação defendida no presente estudo, far-se-á necessária a revisão de alguns verbetes da jurisprudência consolidada do TST diretamente impactados por disposições do novo CPC, a exemplo das súmulas 100 (itens II e V) e 259 e da orientação jurisprudencial n.º 70 da SBDI-2;

(h) o regime de transição ora vivenciado impõe a cautelosa observância das regras de direito intertemporal, especialmente no que se refere à sistemática de contagem do prazo para propositura de ação rescisória; e

(i) a consolidação de um novo sistema processual constitui processo lento e complexo, cuja concretização demanda o engajamento de várias gerações. Somente o transcurso do tempo e a gradativa aplicação da novel legislação a casos concretos poderá descortinar os verdadeiros erros e acertos cometidos pelo legislador de 2015.

6. REFERÊNCIAS BIBLIOGRÁFICAS

BARIONI, Rodrigo. A Ação Rescisória no novo cpc: propostas de alteração. Revista de Processo, vol. 207, mai. 2012.

DOS SANTOS, Welder Queiroz. Ação Rescisória: de Pontes de Miranda ao Projeto de novo CPC. In: (Vários) Pontes de Miranda e o Direito Processual. Edições JusPodivm. 2013.

PONTES DE MIRANDA, Francisco Cavalcanti. Tratado da ação rescisória das sentença e de outras decisões. Rio de Janeiro: Forense, 1976.

TEIXEIRA FILHO, Manoel Antônio. Ação rescisória no Processo do trabalho. São Paulo: LTr, 1991.

Capítulo 58

INCIDENTE DE RESOLUÇÃO DE DEMANDA REPETITIVA. O NOVO CPC E APLICAÇÃO NO PROCESSO DO TRABALHO

Marcelo Freire Sampaio Costa[1]

SUMÁRIO: 1. RESUMO; 2. À GUISA DE INTRÓITO. ; 3. FASES DA SUBSIARIEDADE: 1) CLÁSSICA; 2) CONFORME A CONSTITUIÇÃO; 3) SISTEMÁTICA; 4) SUBSIDIARIEDADE E O NOVO CPC; 3.1. DO VIÉS CLÁSSICO DO PRINCÍPIO DA SUBSIDIARIEDADE NO PROCESSO DO TRABALHO; 3.2. LEITURA CONFORME A CONSTITUIÇÃO À TÉCNICA DA SUBSIDIARIEDADE; 3.3. DA NECESSÁRIA LEITURA SISTEMÁTICA; 3.4. A SUBSIDIARIEDADE E O NOVO CÓDIGO DE PROCESSO CIVIL; 4. DO INCIDENTE DE RESOLUÇÃO DE DEMANDA REPETITIVA; 4.1. TEXTO LEGAL; 4.2. CONTEXTUALIZAR, PROBLEMATIZAR E COMPARAR COM O SISTEMA DAS *CLASS ACTIONS*; 4.3. FINALIDADE, CONCEITO E BREVE DESENVOLVIMENTO LEGAL; 4.4. ALGUNS ASPECTOS DE DEMANDAS SERIADAS, O PROCESSO DO TRABALHO E A LEI. N. 13.015/2014; 5. CONCLUSÃO. VISÃO MODERNA DA SUBSIDIARIEDADE E COMPATIBILIDADE DO INSTITUTO COM O PROCESSO DO TRABALHO.

1. RESUMO

O presente trabalho objetiva delimitar, brevemente, o novel instituto de incidente de resolução de demanda repetitiva disposto no novo Código de Processo Civil, confrontando com possível aplicação no processo do trabalho.

2. À GUISA DE INTRÓITO

Com muita satisfação participo dessa obra coletiva, convidado pelo ilustre organizador, meu valoroso companheiro de Ministério Público do Trabalho, também tendo a honra de estar (muito bem) acompanhado de tantos processualistas de escol de diversos cantos desse país.

A relevância dessa obra coletiva é inquestionável, considerando o grande desafio a ser enfrentando de compreensão dos institutos que serão incorporados pela novel codificação do processo civil, exatamente como o é o objetivo desse breve estudo - o estudo do incidente de demanda repetitiva e a sua possível aplicação no processo laboral.

---

[1] Doutor em Direito pela PUC/SP. Mestre em Direito pela UFPA. Especialista em Direito Material e Processual do Trabalho pela UNAMA/PA. Autor de seis livros e dezenas de artigos publicados. Professor-convidado de Pós-Graduação em diversas instituições. Membro do Ministério Público do Trabalho.

Aliás, o desafio aos processualistas do trabalho pode ser considerado dobrado. Primeiro; obviamente compreender os limites e a potência desse novo livro processual. Segundo; modular e (hetero)integrar os institutos desse código com o processo do trabalho.

Portanto, saúdo o organizador desse trabalho, vindo, como já mencionado, em uma ocasião extremamente alvissareira, logo após a sanção presidencial do texto legal.

O presente estudo tem como objetivo geral desenhar, em tintas breves, o instituto do incidente de demandas repetitivas previsto no novo Código de Processo Civil, e, como objetivo específico, desenvolver a possível adequação desse instituto ao processo do trabalho.

Para isso, iniciar-se-á construindo a ideia da técnica da subsidiariedade sistemática do processo civil no processo do trabalho, já desenvolvida em estudos anteriores[2], pois se acredita imprescindível enfrentar inicialmente essa técnica do processo laboral, antes de desenvolver o instituto em enfoque, e qualquer outro disposto no novel CPC.

3. FASES DA SUBSIARIEDADE: 1) CLÁSSICA; 2) CONFORME A CONSTITUIÇÃO; 3) SISTEMÁTICA; 4) SUBSIDIARIEDADE E O NOVO CPC

Dividiu-se a técnica da subsidiariedade (arts. 769 e 889 do texto consolidado[3]) em quatro partes. A primeira, incidente tão somente nas lides individuais, sendo chamada de leitura clássica. A segunda, denominada de leitura da subsidiariedade conforme a Constituição. A terceira, uma inovação e de certa forma um reposicionamento doutrinal do já apresentado em trabalhos anteriores, conforme será defendido oportunamente, trata da que será alcunhada de leitura sistemática à técnica da subsidiariedade. A última será apreciar o regramento dessa técnica no novel Código de Processo do Trabalho.

Antes de avançar no desenvolvimento proposto, vale esclarecer que a técnica da subsidiariedade dispõe acerca da possibilidade da heterointegração

---

2   COSTA, Marcelo Freire Sampaio. *Reflexos da reforma do CPC no processo do trabalho*: leitura constitucional do princípio da subsidiariedade. 2. ed. São Paulo: Método, 2014; Id. *Execução Provisória no processo do trabalho*. São Paulo: LTr, 2009; Id. *Eficácia dos direitos fundamentais entre particulares*: juízo de ponderação no processo do trabalho. São Paulo: LTr, 2010.

3   "Art. 769 - Nos casos omissos, o direito processual comum será fonte subsidiária do direito processual do trabalho, exceto naquilo em que for incompatível com as normas deste capítulo; Art. 889 – Aos trâmites e incidentes do processo da execução são aplicáveis, naquilo em que não contravierem ao presente Título, os preceitos que regem o processo dos executivos fiscais para a cobrança judicial da dívida ativa da Fazenda Pública Federal".

de dispositivos normativos estranhos ao processo do trabalho, principalmente aqueles pertencentes ao processo comum, primordialmente o processo civil[4].

3.1. DO VIÉS CLÁSSICO DO PRINCÍPIO DA SUBSIDIARIEDADE NO PROCESSO DO TRABALHO

Em insuficiente interpretação literal[5] dos art. 769 e 889 do texto consolidado, estudos doutrinais vêm apontado usualmente dois elementos primordiais e necessários à incidência supletória do CPC no processo do trabalho: 1- omissão da lei processual trabalhista; 2- ausência de "incompatibilidade entre os textos do direito comum e o processo do trabalho"[6].

Nesse eito, para que aconteça a transposição de determinado regramento da norma processual civil ao processo do trabalho bastaria, simultaneamente, como primeiro passo, a ausência de previsão na ritualística laboral daquela hipótese específica e, como segundo passo, a inocorrência de incompatibilidade da sua aplicação em relação ao ideário deste ramo[7]. Portanto, a concatenação de dois passos decorrentes de um "critério lógico"[8].

Para os acólitos dessa linha[9] o importante é o preenchimento, ou não, daqueles dois requisitos citados anteriormente. Basta isso. A subsunção legal.

---

4   Quando o art. 769 menciona processo comum, significa dizer primordialmente o processo civil, sem descurar, por exemplo, da ligação com o direito civil e o processo penal, por exemplo.

5   Acerca da modalidade de interpretação literal, vale transcrever íntegra de nota de pé de página de livro de Luiz Roberto Barroso: "Em passagem deliciosamente espirituosa, o ex-Ministro Luiz Gallotti, do Supremo Tribunal Federal, ao julgar recurso ordinário naquela Corte assinalou: De todas a interpretação literal é a pior. Foi por ela que Clélia, na *Chartreuse de Parme*, de *Stendhal*, havendo feito um voto a Nossa Senhora de que não mais veria seu amante Fabrício, passou a recebê-lo na mais absoluta escuridão, supondo que assim estaria cumprindo o compromisso" (citado de memória, sem acesso ao texto do acórdão, que, aparentemente, não foi publicado)". In: BARROSO, Luiz Roberto. *Interpretação e aplicação da Constituição*: fundamentos de uma dogmática constitucional transformadora. 2. ed. São Paulo: Saraiva, 1998. p. 120.

6   Vide, dentre outros, NASCIMENTO, Amauri Mascaro. *Curso de direito processual do trabalho*. 16. ed. São Paulo: Saraiva, 1996. p. 53; TEIXEIRA FILHO, Manoel Antônio. As novas leis alterantes do processo civil e sua repercussão no processo do trabalho. *Revista LTr*, São Paulo, ano 70, n. 03, p. 274, mar. 2006.

7   Veja seguinte excerto: "A aplicação da norma processual civil no processo do trabalho só é admissível se houve omissão da CLT. Ademais, ainda que ocorra, caso a caso é preciso verificar se aplicação do dispositivo do processo civil não gera incompatibilidade com os princípios e nem as peculiaridades do processo do trabalho. Se assim ocorrer, há de se proceder a aplicação do Instituto do processo comum, adaptando-o à realidade. Tal circunstância implica critérios nem sempre uniformes entre os vários juízos, ensejando discussões e divergências até certo ponto inevitáveis". In: MANUS, Pedro Paulo Teixeira; ROMAR, Carla Teresa Martins. *CLT e legislação complementar em vigor*. 6. ed. São Paulo: Malheiros Ed., 2006. p. 219.

8   MARTINS, Sérgio Pinto. Omissão da CLT e a aplicação subsidiária de outros diplomas legais. *Revista do TRT da 2ª Região*, São Paulo, n. 6, p. 88, 2010.

9   Dentre tantos, temos ALMEIDA, Isis de. *Curso de direito processual do trabalho*. 1. ed. São Paulo: Sugestões Literárias, 1981. p. 6; OLIVEIRA, Francisco Antônio de. *Execução na Justiça do Trabalho*: doutrina, jurisprudência, súmulas e orientações jurisprudenciais. 6. ed. São Paulo: Ed. Revista dos Tribunais, 2007. p. 30; PINTO, José Augusto Rodrigues. A polêmica trabalhista em torno da Lei n. 11.232/2005 – fase de cumprimento das sentenças no processo de conhecimento. *Revista LTr*, São Paulo, ano 71, n. 11, p. 1296, nov. 2007

3.2. LEITURA CONFORME A CONSTITUIÇÃO À TÉCNICA DA SUBSIDIARIEDADE

Há pelo menos três justificativas à defesa dessa posição, todas já desenvolvidas com mais vagar em trabalhos anteriores. A primeira diz acerca do desafio imposto ao intérprete de construir balizamentos interpretativos necessariamente vinculados à busca da efetividade da tutela jurisdicional, rechaçando, por consequência, a simplicidade dos modelos prontos decorrentes de raciocínios aprioristicos, tão comuns ao pensamento positivista. A segunda refere-se à importância da compreensão do processo a partir do regramento principiológico inscrito na Lei Maior, isto é, todo e qualquer esforço interpretativo deverá ser realizado à luz da Constituição[10]; é o que a doutrina vem qualificando de modelo constitucional do processo[11]. A terceira trata da imposição de integrar, efetivamente, o processo do trabalho com a teoria geral do processo, com o direito constitucional (compatibilidade vertical) e com os demais ramos infraconstitucionais (compatibilidade horizontal).

O reconhecimento desse citado modelo principiológico constitucional de processo, ou seja, a compreensão do processo consoante o Texto Maior impõe a necessidade de atribuir ao disposto nos art. 769 e 889 da CLT técnica de interpretação conforme a Constituição[12], isto é, em consonância com os princípios constitucionais (aqui tomados como modalidades de normas jurídicas dotadas de eficácia deôntica, portanto, capazes de alterar a realidade fática, exsurgidas a partir do trabalho do intérprete), notadamente o da razoável duração do processo e da eficácia da tutela jurisdicional ou acesso à jurisdição (art. 5, inc. XXXV, da CF/88).

A técnica da leitura conforme encontra previsão legal expressa no parágrafo único do art. 28 da Lei n. 9.868/1999[13]. Confere a qualquer magistrado a possibilidade de "deixar de declarar a lei inconstitucional e realizar a única interpretação conforme a Constituição"[14]. Em outras palavras, o magistrado, na

---

10 "A lei, como é sabido, perdeu seu posto de supremacia, e hoje é subordinada à Constituição". In: MARINONI, Luiz Guilherme. *Teoria geral do processo*. 5. ed. São Paulo: Ed. Revista dos Tribunais. 2011, p. 21.

11 Tal expressão parece ter sido cunhada por Cássio Scarpinella Bueno. "É neste misto de finalidades que repousa um conceito mais amplo – e mais correto, mormente quando analisada a questão a partir do modelo constitucional de processo – da função jurisdicional". In: BUENO, Cassio Scarpinella. *A nova etapa da reforma do Código de Processo Civil*. São Paulo: Saraiva, 2006, v. 1, p. 4.

12 Sobre essa técnica, vide com vagar e bastante proveito, em BARROSO, Luís Roberto. *Interpretação e aplicação da Constituição:* fundamentos de uma dogmática constitucional transformadora, cit., p. 175.

13 "A declaração de constitucionalidade ou de inconstitucionalidade, inclusive a interpretação conforme a Constituição e a declaração parcial de inconstitucionalidade sem redução de texto, tem eficácia contra todos e efeito vinculante em relação aos órgãos do Poder Judiciário e à Administração Pública federal, estadual ou municipal".

14 MARINONI, Luiz Guilherme. Teoria geral do processo, cit., 59.

sua rotina jurisdicional, poderá (deverá[15]) averiguar a compatibilidade da lei frente à Constituição, deixando de aplicá-la em caso de inconstitucionalidade ou realizando-a (conformando-a) por intermédio de interpretação à luz do texto constitucional. Nessa linha, cada vez mais consolidada, acaba por abraçar uma vertente de "interpretação conformadora, e, pois, efetivadora do Texto Constitucional. É paradigma de interpretação classificado como técnica de leitura vertical, pois confronta e conforma as disposições infraconstitucionais com a Carta Constitucional.

Há vários exemplos de aplicação da técnica de interpretação conforme (e conformadora) na rotina jurisprudencial do Tribunal Superior do Trabalho. Um relevante está disposto na Súmula 425[16]. Nessa, a prerrogativa do *jus postulandi* na Justiça do Trabalho, isto é, a possibilidade de as partes poderem praticar pessoalmente, desacompanhadas de advogados, os atos processuais relativos à pretensão ou à defesa, foi nitidamente limitada (conformada) ao primeiro e segundo grau de jurisdição, além de serem nomeados outros atos específicos que não podem ser praticados diretamente pelos litigantes. Registre-se, ainda, que o dispositivo celetista sobre o *jus postulandi* afirma a possibilidade de as partes acompanharem suas demandas "até o final", contudo, em razão do disposto no art. 133 da Carta Constitucional de 1988, o Tribunal Superior do Trabalho, em nítida aplicação da técnica da interpretação conforme, acabou por limitar, acertadamente, a força originária do art. 791 da CLT, nos termos do texto sumular já citado.

A leitura insulada e a interpretação literal dos pressupostos (omissão e compatibilidade) da técnica da subsidiariedade estão vinculadas a um paradigma positivista que não se impõe mais correto nessa quadra evolutiva da ciência processual. Isto significa a necessidade de integrar os dispositivos legais transcritos anteriormente ao aqui defendido modelo constitucional do processo.

A regra apta a conduzir a possível aplicação do processo civil no processo laboral cinge-se à incidência das disposições legais daquele neste, não apenas quando houver omissão, no sentido de falta de enunciado normativo do texto celetista apto a reger determinada matéria, mas sempre que a resposta do CPC, se comparada com a do texto celetista, mostrar-se mais eficaz ao resultado da tutela jurisdicional laboral. Portanto, o requisito da omissão escrito nos já citados

---

15 Na verdade trata-se de "dever-poder" e não, simplesmente, "poder-dever", como bem explica Celso Antônio Bandeira de Mello, em obra clássica: "Segue-se que tais poderes são *instrumentais: servientes* do dever de bem cumprir a finalidade a que estão indissoluvelmente atrelados. Logo, aquele que desempenha função tem, na realidade, *deveres-poderes*. Não poderes simplesmente. Nem mesmo satisfaz configurá-los como "poderes-deveres", nomenclatura divulgada a partir de Santi Romano". In: BANDEIRA DE MELLO, Celso Antônio. *Curso de direito administrativo*. 21. ed. São Paulo: Malheiros Ed., 2006. p. 95.

16 *JUS POSTULANDI* NA JUSTIÇA DO TRABALHO. ALCANCE. O *jus postulandi* das partes, estabelecido no art. 791 da CLT, limita-se às Varas do Trabalho e aos Tribunais Regionais do Trabalho, não alcançando a ação rescisória, a ação cautelar, o mandado de segurança e os recursos de competência do Tribunal Superior do Trabalho.

arts. 769 e 889 da CLT deixa de ser visualizado como mera carência de dispositivo legal (lacuna normativa) apto a reger dada situação, para se transmudar em "algo mais sutil e grandioso: em omissão principiológica, em "deficiência procedimental"[17], em ausência, enfim, de efetividade ao consumidor final da jurisdição.

Nesse eito, a omissão deixa de ser vista como deficiência de enunciado normativo e passa a ser encarado como falta de eficácia social do dispositivo originário celetista vigente em confrontação com o regramento processual forâneo, o que acaba por justificar, principiologicamente, a aplicação deste em detrimento daquele. O "critério lógico" citado no item anterior mostra-se, por consequência, insuficiente e superado.

Dessa feita, o citado modelo constitucional de processo impõe a necessidade de conferir ao disposto nos art. 769 e 889 da CLT a técnica de interpretação conforme a Constituição, isto é, em consonância com os princípios constitucionais processuais, notadamente aqueles prevendo a duração razoável do processo[18] e a eficácia da tutela jurisdicional. A leitura insulada e a interpretação literal dos pressupostos (omissão e compatibilidade) da técnica da subsidiariedade não se impõem mais como corretas nesta quadra da evolução da processualística, nem muito menos podem, "à custa de se manter a autonomia do processo do trabalho e a vigência de suas normas, sacrificar o acesso do trabalhador à Justiça do Trabalho, bem como o célere recebimento de seu crédito alimentar"[19].

Aliás, há corrente doutrinal engrossando cada vez mais tal posição[20]. A jurisprudência do Tribunal Superior do Trabalho, por sua vez, não vem acompanhando com tanto vigor esse movimento[21].

Como salientado antes, esse paradigma de interpretação conforme a Constituição foi classificado como técnica de leitura vertical, pois confronta e principalmente conforma as disposições infraconstitucionais com a Carta Constitucional. Com o fito de conferir amplitude maior à posição ora apresentada, o próximo item tratará da aqui chamada leitura sistemática da subsidiariedade, apta a abranger, consoante se pretende demonstrar no próximo item, uma compreensão e conexão também horizontal entre os ramos infraconstitucionais.

---

17 BARBOSA, Andrea Carla. *A nova execução trabalhista de sentença.* São Paulo: LTr, 2010. p. 27.

18 A propósito, o novo Código de Processo Civil, em seu art. 4º, reconhece que as "partes têm direito de obter em prazo razoável a solução integral do litígio, incluída a atividade satisfativa".

19 SCHIAVI, Mauro. *Manual de direito processual do trabalho.* 7. ed. São Paulo: LTr, 2014. p. 121.

20 Dentre tantos vide LEITE, Carlos Henrique Bezerra. *Curso de direito processual do trabalho.* 6. ed. São Paulo: LTr, 2008; *A recente reforma no processo comum:* reflexos no processo do trabalho. 3. ed. São Paulo: LTr, 2007; FAVA, Marcos Neves. *Ação civil pública trabalhista.* São Paulo: LTr, 2005.

21 Por exemplo, em dois precedentes da c. SDI.1 (E-RR 38300-47.2005.5.01.0052 e E-RR 1568700-64.2006.5.09.00), ambos relatados pelo ministro Aloysio Correa da Veiga, com maioria apertada, foi afastada a incidência da multa do art. 475-J do CPC no processo do trabalho. Extrato de julgamento lido no sítio virtual do TRIBUNAL SUPERIOR DO TRABALHO. Disponível em: <http://www.tst.gov.br/>. Acesso em: 18 jan. 2014.

3.3. DA NECESSÁRIA LEITURA SISTEMÁTICA

Considera-se a técnica de leitura sistemática à aplicação subsidiária uma evolução em relação à proposta de leitura conforme apresentada no item anterior, inobstante ambas possuírem a mesma visada, isto é, "a manutenção da ausência de contradição no interior do sistema"[22], bem como a tentativa de ser buscado maior diálogo entre os ramos da ciência jurídica. Tem-se, contudo, que a técnica sistemática é mais ampla em relação à interpretação conforme a Constituição, pois esta nada mais é "do que uma das facetas"[23] daquela.

A interpretação conforme conduz ao confronto do(s) texto(s) normativo(s) pretendido(s) ao caso concreto com o Texto Maior, numa relação nitidamente de prevalência hierárquica da Constituição sobre a legislação infraconstitucional. Seria uma operação de avaliação vertical de dispositivos dotados de hierarquia normativa distinta - normas constitucionais confrontadas com as infraconstitucionais.

A técnica da interpretação sistemática, por outro lado, como descrito anteriormente, tem perspectiva mais ampla, pois, além de albergar a operação vertical citada, pretende ser uma técnica também horizontal, de ponderação de dispositivos hierarquicamente idênticos, porque para a resolução de um dado caso concreto, reclama a exegese da totalidade dos princípios, regras e valores[24] componentes desse ordenamento jurídico; o direito "não pode ser interpretado em tiras, aos pedaços"[25]. Trata-se, portanto, da somatória da técnica vertical e horizontal.

Em outros termos a leitura vertical e horizontal significa que o intérprete, ao buscar a resolução de dada contenda, deverá debruçar-se sobre a totalidade do direito, hierarquizando topicamente (sobre o caso concreto) as modalidades normativas citadas anteriormente, em busca da melhor (ótima) interpretação, e, principalmente considerando a abertura, incompletude e mobilidade desse sistema. O movimento interpretativo, repita-se, para ser completo, deverá ser concomitantemente vertical e horizontal.

Nesse eito, além do cotejo do caso concreto com textos infraconstitucionais a serem lidos em conformidade com o Texto Maior (leitura vertical), a técnica sistemática propõe tal cotejo a ser realizado também com toda a ordem jurídi-

---

22 FREITAS, Juarez. *A interpretação sistemática do direito*. 5. ed. São Paulo: Malheiros Ed., 2010. p. 82.

23 Id. Ibid., p. 82.

24 Aliás, o art. 1º do novo Código de Processo Civil serve para confirmar a distinção entre valores e princípios, consoante corrente doutrinária anteriormente apontada. Diz ele: "O processo civil será ordenado, disciplinado e interpretado conforme os valores e os princípios fundamentais estabelecidos na Constituição da República Federativa do Brasil, observando-se as disposições deste Código".

25 GRAU, Eros Roberto. *Ensaio e discurso sobre a interpretação/aplicação do direito*. 2. ed. São Paulo: Malheiros Ed., 2003. p. 122.

ca infraconstitucional (diversos ramos da ciência jurídica), não apenas com a Constituição.

As premissas da leitura sistemática (abertura, incompletude e mobilidade) conferem substancial suporte teórico ao intérprete para a realização dessa operação mais ampla, visando a "um diálogo maior"[26] entre as vertentes coletiva e individual do processo do trabalho e do civil, além das demais disposições normativas componentes do sistema jurídico.

Portanto, a premissa da busca da efetividade é idêntica na leitura conforme e na técnica sistemática, contudo, esta possui proposta de maior abrangência (maior visada) em relação àquela.

3.4. A SUBSIDIARIEDADE E O NOVO CÓDIGO DE PROCESSO CIVIL

O novo Código de Processo Civil entabula no art. 15 o seguinte regramento: "Na ausência de normas que regulem processos penais, eleitorais, administrativos ou trabalhistas, as disposições deste Código lhes serão aplicadas supletivamente".

Esse dispositivo abre outra perspectiva de integração dessa nova legislação processual civil, e as sensíveis e substanciais mudanças nele dispostas, inclusive o instituto ora em apreço, com o rito processual laboral.

Veja-se que a redação desse dispositivo permite a (hetero)integração no processo do trabalho das alterações desse novo Código de Processo Civil exigindo apenas ausência de regulação similar no processo laboral.

Assim, a única exigência necessária à transposição de algum novel instituto ou regramento ao processo do trabalho, seria a ausência de regulamentação similar neste; logo, a questão da compatibilidade (disposta na leitura clássica do processo do processo do trabalho como segundo passo) não deveria ser objeto de ponderação, porque a única exigência seria a omissão.

E essa "omissão", "ausência", como já mencionado anteriormente, deverá ser compreendida como falta de dispositivo legal com a mesma eficácia social no processo do trabalho, em comparação ao regramento do processo civil que se pretende integrar naquele.

---

26 Nessa mesma linha caminha Mauro Schiavi: "Além disso, atualmente, a moderna doutrina vem defendendo um **diálogo maior** entre o Processo do Trabalho e o Processo Civil, a fim de buscar, por meio de interpretação sistemática e teleológica, os benefícios obtidos na legislação processual civil e aplicá-los ao Processo do Trabalho. Não pode o Juiz do Trabalho fechar os olhos para normas de Direito Processual Civil mais efetivas que a CLT, e se omitir sob o argumento de que a legislação processual do trabalho não é omissa, pois estão em jogo interesses muito maiores que a aplicação da legislação processual trabalhista e sim a importância do Direito Processual do Trabalho, com sendo instrumento célere, efetivo, confiável que garanta, acima de tudo, a efetividade da legislação processual trabalhista e a dignidade da pessoa humana". SCHIAVI, Mauro. op. cit., p. 100, grifo nosso.

Significa, inquestionavelmente, o reconhecimento, a *priori*, de compatibilidade de todo o processo civil com o processo do trabalho. E também a chancela do já citado "maior diálogo" entre os ramos legislativos do direito, pelo consequente reconhecimento da correção da proposta de leitura sistemática (vertical e horizontal) apresentada, pois o requisito da "compatibilidade" deixa de ser óbice a esse maior trânsito entre institutos da ciência processual.

A propósito, também o citado art. 1º do NCPC coaduna-se à perfeição com o paradigma moderno de ciência do direito[27], pois sugere a integração de normas-regras, princípios e valores.

A questão da subsidiariedade apresentada nos itens anteriores pode receber o seguinte fecho argumentativo: em 1943, ano do advento do Texto Celetista, essa regra, nos moldes clássicos apresentados, lograva atender ao escopo idealizado pelo legislador, isto é, servia como eficiente mecanismo de proteção contra os excessos formalistas do anterior Código de Processo Civil, de 1939, contudo, com as recentes reformas da processualística civil e com o advento da aprovação do novel CPC, o processo do trabalho vem sendo atropelado, daí porque ou se cruzam comodamente os braços aguardando possível evolução legislativa do processo laboral[28], ou se busca proceder a uma leitura sistemática e instrumental visando à integração dessas mudanças neste. Prefere-se essa segunda alternativa, inobstante as dificuldades dela decorrentes ao operador do direito.

Como fecho desse item. Não somente em relação ao instituto em apreço, mas toda em qualquer discussão envolvendo heterointegração do novo CPC no processo do trabalho, deveria enfrentar inicialmente a questão da técnica da subsidiariedade prevista no processo do trabalho.

4. DO INCIDENTE DE RESOLUÇÃO DE DEMANDA REPETITIVA

4.1. TEXTO LEGAL

Alguns dispositivos legais que dão forma ao instituto em testilha são os seguintes:

> Art. 976. É cabível a instauração do incidente de resolução de demandas repetitivas quando houver, simultaneamente:
>
> I – efetiva repetição de processos que contenham controvérsia sobre a mesma questão unicamente de direito;
>
> II – risco de ofensa à isonomia e à segurança jurídica.

---

27 Em sentido similar tem-se MONTENEGRO FILHO, Misael. *Projeto do novo Código de Processo Civil*: confronto entre o CPC atual e projeto do novo CPC. São Paulo: Atlas, 2011. p. 226.

28 A outra discussão, que ultrapassa as lindes do presente, seria a adequação da edição de um novel Código de Processo do Trabalho. Não é a solução para todos os males. A compreensão sistemática da ciência jurídica certamente ajuda a suprir tal suposta necessidade.

§ 1º A desistência ou o abandono do processo não impede o exame de mérito do incidente.

§ 2º Se não for o requerente, o Ministério Público intervirá obrigatoriamente no incidente e deverá assumir sua titularidade em caso de desistência ou de abandono.

§ 3º A inadmissão do incidente de resolução de demandas repetitivas por ausência de qualquer de seus pressupostos de admissibilidade não impede que, uma vez satisfeito o requisito, seja o incidente novamente suscitado.

§ 4º É incabível o incidente de resolução de demandas repetitivas quando um dos tribunais superiores, no âmbito de sua respectiva competência, já tiver afetado recurso para definição de tese sobre questão de direito material ou processual repetitiva.

§ 5º Não serão exigidas custas processuais no incidente de resolução de demandas repetitivas.

Art. 977. O pedido de instauração do incidente será dirigido ao presidente de tribunal:

I – pelo juiz ou relator, por ofício;

II – pelas partes, por petição;

III – pelo Ministério Público ou pela Defensoria Pública, por petição.

Parágrafo único. O ofício ou a petição será instruído com os documentos necessários à demonstração do preenchimento dos pressupostos para a instauração do incidente.

----

§ 3º Aplica-se o disposto neste artigo ao julgamento de recursos repetitivos e da repercussão geral em recurso extraordinário.

Art. 982. Admitido o incidente, o relator:

I – suspenderá os processos pendentes, individuais ou coletivos, que tramitam no Estado ou na região, conforme o caso;

II – poderá requisitar informações a órgãos em cujo juízo tramita processo no qual se discute o objeto do incidente, que as prestarão no prazo de 15 (quinze) dias;

III – intimará o Ministério Público para, querendo, manifestar-se no prazo de 15 (quinze) dias.

§ 1º A suspensão será comunicada aos órgãos jurisdicionais competentes.

§ 2º Durante a suspensão, o pedido de tutela de urgência deverá ser dirigido ao juízo onde tramita o processo suspenso.

§ 3º Visando à garantia da segurança jurídica, qualquer legitimado mencionado no art. 977, incisos II e III, poderá requerer, ao tribunal competente para conhecer do recurso extraordinário ou especial, a suspensão de todos os processos individuais ou coletivos em curso no território nacional que versem sobre a questão objeto do incidente já instaurado.

Art. 985. Julgado o incidente, a tese jurídica será aplicada:

I – a todos os processos individuais ou coletivos que versem sobre idêntica questão de direito e que tramitem na área de jurisdição do respectivo tribunal, inclusive àqueles que tramitem nos juizados especiais do respectivo Estado ou região;

II – aos casos futuros que versem idêntica questão de direito e que venham a tramitar no território de competência do tribunal, salvo revisão na forma do art. 986.

§ 1º Não observada a tese adotada no incidente, caberá reclamação.

§ 2º Se o incidente tiver por objeto questão relativa a prestação de serviço concedido, permitido ou autorizado, o resultado do julgamento será comunicado ao órgão, ao ente ou à agência reguladora competente para fiscalização da efetiva aplicação, por parte dos entes sujeitos a regulação, da tese adotada.

Art. 986. A revisão da tese jurídica firmada no incidente far-se-á pelo mesmo tribunal, de ofício ou mediante requerimento dos legitimados mencionados no art. 977, inciso III.

Art. 987. Do julgamento do mérito do incidente caberá recurso extraordinário ou especial, conforme o caso.

§ 1º O recurso tem efeito suspensivo, presumindo-se a repercussão geral de questão constitucional eventualmente discutida.

§ 2º Apreciado o mérito do recurso, a tese jurídica adotada pelo Supremo Tribunal Federal ou pelo Superior Tribunal de Justiça será aplicada no território nacional a todos os processos individuais ou coletivos que versem sobre idêntica questão de direito.

4.2. CONTEXTUALIZAR, PROBLEMATIZAR E COMPARAR COM O SISTEMA DAS *CLASS ACTIONS*

O aumento cada vez mais acentuado de litígios repetitivos, tão comuns em sociedades de naturais conflitos massificados, acarreta a consequente necessidade de serem buscadas formas de composição mais céleres e efetivas dessas demandas.

Daí o surgimento de filtros[29] visando a contenção dessa citada litigiosidade repetitiva e de massa, com o objetivo de evitar tais demandas unitárias desne-

---

29 Expressão extraída da obra de VIAFORE, Daniele. *ações repetitivas no direito brasileiro*. Porto Alegre: Livraria do Advogado, 2014.

cessárias. Como exemplo desses filtros tem-se o instituto da repercussão geral, recurso extraordinário repetitivo, recurso especial repetitivo (art. 543-A, art. 543-B, e art. 543-C, todos do CPC), súmulas vinculantes (art. 103-A da Cf/88), julgamento de improcedência sem citação do réu (art. 285-A do CPC), e, especificamente no processo do trabalho, o recurso de revista repetitivo (arts. 898-B e art. 896-C, ambos da CLT), com aplicação supletiva dos dispositivos do processo civil já citados. Também quanto ao processo do trabalho não se pode esquecer da polêmica questão da transcendência nos recursos de revista (art. 896-CLT). Esta funcionaria (porque ainda pendente de regulamentação) também como filtro e verdadeira prejudicial de mérito[30] desse recurso.

Para melhor contextualizar o tipo de demandas albergadas pelo instituto em apreço, vale ressaltar divisão tripartida da litigiosidade feita pela doutrina. Na primeira identifica-se a litigiosidade individual clássica, tão comuns no processo do trabalho, sendo instrumentalizadas pelas ações individuais. Na segunda, tem-se a litigiosidade coletiva em sentido estrito, abrangendo a defesa de direitos difusos e coletivos em sentido estrito, cuja defesa é veiculada pelas ações coletivas. Na terceira, esta objeto do instituto em apreço, tem-se a "litigiosidade em massa ou em alta intensidade"[31], instrumentalizadas por intermédio de ações individuais repetitivas, caracterizadas por questões fáticas e/ou jurídicas similares, exatamente como são caracterizados os direitos individuais homogêneos, aptos a serem também manejados nas ações coletivas.

Aliás, considerando a potência e a eficácia que as ações coletivas podem atingir para a defesa de direitos individuais homogêneos, sob o prisma da economia processual, a capacidade de concentrar essa litigiosidade em massa e repetitiva numa única ação, evitando, por consequência, a pulverização em demandas individuais com questões similares de fato e de direito[32], poderia ser buscado justamente o incremento da sistemática legal das ações coletiva ao invés da criação do instituto ora em apreço. Raciocínio eminentemente lógico: busca-se resolver o problema no seu nascedouro, concentrando demandas individuais seriais em ações coletivas, ao invés de serem construídos filtros recursais visando agilizar o julgamento dessas ações individuais repetidas.

Contudo, não se pode deixar de reconhecer a deficiência das ações coletivas no cenário pátrio, que acabaram por abrir espaço à criação do instituto ora em apreço, por pelo menos dois motivos aqui resumidos. O modelo legal de legiti-

---

[30] Sobre esse assunto, e com mais profundidade, vide SCHIAVI, Mauro. *Recursos no processo do trabalho*. São Paulo: LTr, 2012. p. 207-210.

[31] Sobre esse classificação tripartida vide THEODORO JÚNIOR, Humberto; NUNES, Dierle; BAHIA, Alexandre. Litigiosidade em massa e repercussão geral no recurso extraordinário. R*evista de Processo,* São Paulo, v. 34, n. 177, p. 20-21, nov. 2009.

[32] No mesmo sentido MENDES, Aluisio Gonçalves de Castro. *Ações coletivas no direito comparado e nacional.* 2. ed. São Paulo: Revista dos Tribunais, 2010, p. 24.

mação do direito brasileiro é bastante restritivo, com rol indicado previamente pelo legislador, fazendo com que tais entes não alcancem "todas as situações massificadas que se apresentam a cada momento"[33]. A segunda razão, essa mais complexa, tem relação com o modelo de coisa julgada que se mostra insuficiente para evitar a multiplicação de demandas individuais repetitivas, pois a coisa julgada coletiva atinge as pretensões coletivas dos legitimados legais (*pro et contra*), contudo, a improcedência desse via coletiva não impede a instrumentalização de demandas individuais para todos os singulares que não tiverem intervido naquela ação coletiva; é a chamada coisa julgada *secundum eventum litis,* com extensão *in utilibus* para a esfera individual dos membros do grupo.

Registre-se que o modelo das *class actions* não enfrenta tais deficiências. Primeiro porque não há rol de legitimados previsto em lei. O legitimado será aquele (qualquer pessoa física) que melhor representar os interesses dos demais membros do grupo; chama-se *adequacy of representation.* O segundo, e talvez mais importante, tem assento na solução estadunidense para a coisa julgada. Nesta, o efeito da coisa julgada *erga omnes* à decisão coletiva independe do resultado da demanda, vinculando todos os membros individuais, ainda que ausentes na ação coletiva, salvo se o individual requerer expressamente a sua exclusão (*right to opt out*) do alcance dessa ação coletiva[34].

O sistema da coisa julgada coletiva na *class actions* é bastante complexo. Não caberia aqui neste ensaio desenvolver esse assunto com a necessário profundidade. Dai porque opta-se por citar trecho de obra doutrinária da maior autoridade acadêmica nesse assunto, senão vejamos:

> "A coisa julgada coletiva do ordenamento americano é diferente. Por um lado, ela é mais inflexível que a do direito brasileiro. Se todos os requisitos impostos pela lei forem respeitados durante a condução do processo coletivo (a saber, adequação do representante e do advogado, tipicidade da lide, notificação aos membros ausentes etc.), a coisa julgada coletiva se formará em face de todos os membros do grupo (tal qual delimitado na sentença ou no acordo) independentemente do resultado da demanda (*erga omnes* e *pro et contra*). Por outro lado, o ordenamento americano dispõe de técnicas e instrumentos que tornam o processo coletivo mais adequado e flexibilizam a incidência da coisa julgada coletiva, se tais normas não forem respeitadas"[35].

---

33 CUNHA, Leonardo José Carneiro da. Anotações sobre o incidente de resolução de demandas repetitivas previsto no projeto do novo Código de Processo Civil. *Revista de Processo,* São Paulo, v. 36, n. 193, p.256, mar. 20011.

34 Usando argumento similar TESHEINER, José Maria Rosa. Ações coletivas no Brasil - atualidade e tendências. *In* TESHEINER, José Maria Rosa; MILHORANZA, Mariângela Guerreiro (orgs.). *Temas de direito e processos coletivos.* Porto Alegre: HS Editora, 2010. p. 46.

35 GIDI, Antonio. *A class action como instrumento de tutela coletiva dos direitos. As ações coletivas em uma perspectiva comparada.* São Paulo: Ed. Revista dos Tribunais, 2007, p. 287.

Nesse eito, conclui-se, parcialmente, que o instituto do incidente de resolução de demandas repetitivas poderá representar uma importante ferramenta para resolver o excesso de demandas de massa individualizadas, enquanto o modelo legislativo de ações coletivas não conseguir lograr "eficácia, no mínimo igual aquela que pode ser alcançada em processos individuais"[36].

4.3. FINALIDADE, CONCEITO E BREVE DESENVOLVIMENTO LEGAL

Como mencionado, o incidente de demanda repetitiva, inicialmente denominado "incidente de coletivização de demandas", busca operacionalizar formas de uniformização da jurisprudência dos tribunais pátrios, além de criar ambiente capaz de conferir celeridade e reduzir o número de recursos que tramitam pelo Poder Judiciário.

A finalidade dessa técnica de julgamento será estabelecer "decisão paradigma com conteúdo de norma geral e abstrata, cuja aplicação pelos órgãos judiciários competentes revela-se obrigatória"[37], para "todos os processos individuais ou coletivos que versem sobre idêntica questão de direito e que tramitem na área de jurisdição do respectivo tribunal" (art. 985, I), bem como aos casos futuros que também versem sobre igual questão de direito no âmbito daquele tribunal (art. 985, II).

O primeiro dispositivo legal aponta o cabimento do instituto em voga em casos de controvérsias de idênticas questões de direito (art. 976, I), com potencial para gerar "relevante multiplicação de processos" seriais, causando em consequência grave insegurança jurídica decorrente do natural risco de surgirem decisões conflitantes.

Portanto, os requisitos para instauração do incidente serão a existência de "questões unicamente de direito com risco de ofensa à isonomia e à segurança jurídica proveniente da efetiva existência de repetição de processos"[38], além de que seja suscitado na pendência de qualquer causa de competência do respectivo Tribunal de Justiça ou Tribunal Regional Federal.

Óbvio que no sítio processual laboral tal incidente será de competência originária dos Tribunais Regionais do Trabalho.

Uma vez admitido o incidente, o relator competente determinará a suspensão dos processos pendentes, individuais e coletivos, em primeiro e segundo grau de jurisdição, que versem sobre a mesma questão de direito (art. 982, I).

---

36 GRINOVER, Ada Pellegrini. Das *class actions for damages* à ação de classe brasileira: os requisitos de admissibilidade. *Ação civil pública:* Lei n. 7.347/1985 - 15 anos. São Paulo: Ed. Revista dos Tribunais, 2001. p. 19.

37 VIAFORE, Daniele. Op. cit., p. 18.

38 VIAFORE, Daniele. Op. cit., p. 102.

Essa suspensão já vem sendo questionada por parte da doutrina em razão de violação do princípio do acesso à jurisdição, disposto no art. 5, XXXV, da Carta Maior[39].

Aliás, essa mesma questão vem sendo enfrentada pela jurisprudência, com alguma frequência, quando se pretende suspender ações individuais laborais quando em curso ação coletiva com pedido similar. Via de regra tal suspensão das ações individuais não vem sendo acolhida. O argumento é o mesmo: violação do direito de acesso à Justiça.

O julgamento do incidente ensejará a vinculação do resultado em todos os processos que versem sobre idêntica questão de direito e que tramitem na área de jurisdição do respectivo tribunal.

Portanto, a decisão prolatada no incidente possui natureza de verdadeira súmula vinculante de tribunal local. Por consequência o resultado dessa deverá ser aplicado em todos os processos pendentes desse tribunal com a mesma questão de direito, sob pena de reclamação[40].

Por fim, vale registrar que o instituto do incidente de demandas seriais é plenamente compatível com o processo do trabalho, aplicando-se a ideia de subsidiariedade sistemática do processo do trabalho, conforme já apresentado no início do presente ensaio. Aliás, essa técnica de julgamento serial não é inédita no processo laboral, pois a recente Lei n. 13.015/2014, instrumentalizando grande alterações no regime recursal laboral, já aportou essa técnica, consoante será melhor desenvolvido no próximo item.

4.4. ALGUNS ASPECTOS DE DEMANDAS SERIADAS, O PROCESSO DO TRABALHO E A LEI. N. 13.015/2014

Como acabou de ser afirmado, a Lei n. 13.015/2014, com vigência desde o final do mês de setembro, alterou e adicionou importantes aspectos ao sistema recursal laboral.

Óbvio que não há espaço neste para desenvolver integralmente tais questões advindas do novel texto legal recursal[41]. Nesta ocasião, far-se-á apenas a necessária ligação entre o instituto objeto desse estudo e alguns aspectos envolvendo o incidente de recursos reiterativos de revista, previsto no art. 896-B e art. 896-C da CLT, com adoção supletória expressa do CPC.

---

39 Neste sentido temos TESHEINER, José Maria Rosa. Op. cit., p. 29.

40 No mesmo sentido COSTA, Ana Surany Martins. As luzes e sombras do incidente de resolução de demandas seriadas no novo projeto do Código de Processo Civil. *Revista Síntese de Direito Civil e Processo Civil*, Porto alegre, n. 75, p. 48, jan./fev. 2012. e VIAFORE, Daniele. Op. cit., p. 105.

41 Sobre esse assunto, vide, dentre outros, TEIXEIRA FILHO, Manoel Antônio. *Comentários à Lei n. 13.015/2014*. São Paulo: LTR, 2014.

Como destacado na cabeça do art. 896-B, da CLT, alterada pelo diploma legal em testilha, a sistemática legal de julgamento de recursos extraordinário e especial seriais é aplicada aos recursos de revista, também repetitórios.

Esse regramento envolvendo os recursos de fundamentação vinculada (extraordinário, especial e de revista) tem conformação e finalidades similares ao incidente de demanda repetitória prevista no novel CPC, com a diferença apenas no grau da jurisdição. Naqueles os tribunais albergados são o STJ, STF e TST. O incidente de resolução de demanda serial ficará restrito aos Tribunais de Justiça, Tribunais Regionais Federais e Tribunais Regionais do Trabalho.

Contudo, como dito, a finalidade é mesma. Buscar, na medida do possível, privilegiar a segurança jurídica por intermédio de interpretação uniforme para questões jurídicas idênticas, bem como funcionar como uma espécie de "filtro das controvérsias sobre questões de direito"[42].

Nesse eito, registra-se que o processo do trabalho já possui regramento similar ao disposto no novel Código de Processo Civil, com concepções e finalidades próximas, daí mais uma razão para considerar o incidente de demanda reiterada plenamente compatível com o processo do trabalho.

5. CONCLUSÃO. VISÃO MODERNA DA SUBSIDIARIEDADE E COMPATIBILIDADE DO INSTITUTO COM O PROCESSO DO TRABALHO

A conclusão será realizada singelamente em três tópicos:

1. A técnica moderna da subsidiariedade sistemática, conforme apresentada, admite plena compatibilização do instituto do incidente de demandas repetitivas do CPC no processo do trabalho.

2. O incidente de demanda repetitiva é alternativa adequada à solução de questões de massa, considerando a insuficiência da sistemática legal brasileira das ações coletivas, incapaz de alcançar com efetividade tais demandas seriais.

3. O incidente de demanda repetitiva tem concepção e finalidade próximas ao regime de julgamento de recursos de revista repetitivos disposto na Lei n. 13.015/2014.

---

42 TEIXEIRA FILHO, Manoel Antônio. *Comentários à Lei n. 13.015/2014*, cit., p. 46.

Capítulo 59
A LEI 13.015/2014 E O INCIDENTE DE RESOLUÇÃO DE DEMANDAS REPETITIVAS: UMA VISÃO

Luiz Philippe Vieira de Mello Filho[1] e Luiz Philippe Vieira de Mello Neto[2]

SUMÁRIO: 1. INTRODUÇÃO; 2. O PROCESSO DO TRABALHO E O NOVO CPC; 3. A LEI 13.015/2014 E O IRDR; 4. O INCIDENTE DE RESOLUÇÃO DE DEMANDAS REPETITIVAS: NOÇÕES GERAIS; 4.1. NATUREZA JURÍDICA; 4.2. INSTAURAÇÃO; 4.2.1. LEGITIMADOS; 4.2.2. ADMISSIBILIDADE; 4.2.3. PROCEDIMENTO; 4.2.4. PUBLICIDADE; 4.2.5. SUSPENSÃO DOS CASOS; 4.2.6. JULGAMENTO; 4.2.7. FUNDAMENTAÇÃO; 4.2.8. RECORRIBILIDADE; 4.3. APLICAÇÃO DA TESE JURÍDICA; 4.4. POSSIBILIDADE DE REVISÃO; 5. A UNIFORMIZAÇÃO DA JURISPRUDÊNCIA NO ÂMBITO DOS TRIBUNAIS REGIONAIS E A LEI Nº 13.015/14; 6. O INCIDENTE DE UNIFORMIZAÇÃO DA JURISPRUDÊNCIA E SUA COMPATIBILIZAÇÃO COM A LEI 13.015/2014; 7. CONCLUSÃO; 8. REFERÊNCIAS BIBLIOGRÁFICAS.

1. INTRODUÇÃO

O Tribunal Superior do Trabalho, ao longo das últimas décadas, vem enfrentando constante acúmulo de ações e recursos no âmbito de sua jurisdição, aqui compreendidos em sua acepção ampla. Em face disso, é inevitável a conclusão de que o cumprimento de sua finalidade precípua de promover a unidade da interpretação do direito federal do trabalho e da uniformização da jurisprudência resta comprometida pelo excessivo volume de processos, pela anacrônica assimetria recursal e, em especial, pela impossibilidade formal e material de atingir o seu desiderato.

Ao nos referirmos à impossibilidade formal e material para a consecução da atuação finalística do Tribunal Superior do Trabalho, significa dizer que este órgão jurisdicional não se constitui como terceira instância trabalhista, muito embora na sistemática vigente venha sendo tratado como tal, pois diante do anacronismo jurisprudencial, grande número de demandas, sobretudo aquelas alimentadas por litigantes economicamente saudáveis, tem como endereço certo de sua litigiosidade o Tribunal Superior do Trabalho, que deixa de ser uma instância eminentemente extraordinária para tornar-se uma instância ordinária sob o ponto de vista jurídico-processual.

---

1   Ministro do Tribunal Superior do Trabalho

2   Advogado e co-autor do appncpc

Daí decorre que as ações e recursos que nele desaguam, no mais das vezes, apresentam acórdãos impugnados com fundamentos parciais e recursos elaborados tecnicamente de forma deficiente diante dos rigorosos pressupostos de admissibilidade dos recursos extraordinários trabalhistas, considerados por isso de fundamentação vinculada e de estrito direito. É difícil defrontar-se com recursos em que se tenha, por inteiro ou ao menos de forma bem abrangente, a questão controvertida em todas as suas circunstâncias de fato ou de direito. São raras as hipóteses, como dito, porque é necessária a superação da barreira da motivação das decisões regionais com o exame dos argumentos expendidos pela parte – referimo-nos àqueles imprescindíveis à procedência ou improcedência do pedido – e objeto do prequestionamento, sem o temor da imposição de multas pela interposição de embargos de declaração de natureza protelatória. Além disso, o próprio preenchimento dos pressupostos extrínsecos e intrínsecos de fundamentação vinculada visando à sua admissibilidade, em especial a demonstração da violação a dispositivo da lei ou da Constituição da República ou a caracterização da divergência jurisprudencial, para fins de possibilitar o "conhecimento" do recurso e a análise da questão federal ou constitucional controvertida, são requisitos que, embora complexos, não intimidam ou reduzem a recorribilidade justamente em face da instabilidade jurisprudencial e da possibilidade de êxito nesse ambiente.

Nesse contexto, incertezas afloram. As partes não se contentam com as decisões proferidas pelos Tribunais Regionais, que por isso perdem densidade jurídica; as decisões são prolatadas com a consciência da sua pouca higidez institucional, porque cotejadas com decisões em contrário desde a sua publicação; a imprevisibilidade assim caracterizada incentiva a recorribilidade externa nos Tribunais, que por sua vez emperra as execuções que não se consumam, e as Cortes Superiores, no caso específico do TST, impotente para uniformizar a jurisprudência, decide atomisticamente e de forma reativa e com olhos no passado, não conseguindo, material ou processualmente, estabilizar a jurisprudência ou a unidade na interpretação da lei, porque ela já nasce rebelde, divergente e contraditória dentro dos próprios Tribunais Regionais.

Tudo isso que foi dito nos remete a outra grave questão: aquela que diz respeito a assimetria recursal. Relembre-se que em 1998 fora editada a lei nº 9.756, cujo teor alterou a redação do artigo 896 da CLT, suas alíneas e parágrafos. Até a edição da referida lei, a alínea 'a' preconizava que era cabível o recurso de revista contra decisão proferida em grau de recurso ordinário, em dissídio individual, quando as decisões:

> "derem ao mesmo dispositivo de lei federal interpretação diversa da que lhe houver dado **o mesmo ou outro** Tribunal Regional, através do Pleno ou de Turmas, ou a Seção de Dissídios Individuais do Tribunal Superior do Trabalho, salvo se a decisão recorrida estiver em consonância com Enunciado de Súmula de Jurisprudência Uniforme do Tribunal Superior do Trabalho" (grifo nosso).

Após a edição da lei, suprimiu-se a expressão **mesmo**, mantendo-se a referência apenas ao pronome indefinido **outro**, ou seja, a outro Tribunal, não mais se referindo a dissonância jurisprudencial endógena, dentro de um mesmo Tribunal, a cuja uniformização relegou-se à facultatividade (§ 3º do art. 896) e, na prática e consequentemente, ao mais absoluto oblívio.

Em seguida, os Tribunais, visando alcançar maior celeridade nos seus julgamentos, fracionaram-se em múltiplos órgãos jurisdicionais – Turmas –, algumas delas com composições pares (04 membros) e atuação alternada de seus membros, o que acarretou a explosão da distonia jurisprudencial, configurando a real imprevisibilidade das decisões, acentuando a insegurança jurídica e levando ao descrédito o judiciário trabalhista. Pior, tornou-se, a nosso ver, inalcançável a tarefa de uniformizar a jurisprudência a ser empreendida pelo Tribunal Superior do Trabalho, porque ausentes instrumentos jurídicos capazes de contornar a assimetria recursal consubstanciada na divergência interna dentro dos Tribunais. Não foram poucas as questões que eram solucionadas num sentido jurídico e, em julgamento imediatamente posterior, noutro sentido, embora idênticas as circunstâncias de fato e de direito.

Diante desse quadro, algo precisava ser feito visando à preservação da unidade, integridade e coerência sistêmica e social do direito.

2. O PROCESSO DO TRABALHO E O NOVO CPC

Com muita propriedade, relembra-nos o Ministro Cláudio Mascarenhas Brandão que, por intermédio da Resolução Administrativa nº 1.448/2011, foi instituída, em sua primeira edição, a "Semana do TST", no período de 16 a 20 de maio de 2011, tendo como justificativa a "necessidade de promover no Tribunal Superior do Trabalho uma ampla e profunda reflexão destinada ao aprimoramento institucional da Corte, sobretudo da sua prestação jurisdicional. Para tanto, foram criados dois grupos: i) grupo de jurisprudência e, ii) grupo de normatização, incumbindo a este último a "análise e elaboração de propostas de revisão das normas internas do Tribunal Superior do Trabalho, inclusive os Regimentos Internos do próprio Tribunal e do Conselho Superior da Justiça do Trabalho" e a "discussão e a elaboração de anteprojetos de lei, com prioridade para a execução trabalhista"[3].

A partir dos debates empreendidos no âmbito desse grupo normativo veio à balha novamente a questão da adoção ou não do critério da transcendência para a admissibilidade dos recursos extraordinários de índole trabalhista. Após novos e exaustivos debates e inúmeras comissões já reunidas para esse fim, in-

---

[3] BRANDÃO, Cláudio Mascarenhas. **Reforma do Sistema Recursal Trabalhista – Comentários à Lei 13.015/2014**, São Paulo: ed. LTR, 2015, p.17.

clusive anteriormente, não se chegou a resultado útil quanto à regulamentação da transcendência, muito embora a redação do art. 896-A da CLT já a autorizasse desde a edição da MP-nº 2.226. de 04/09/01, chancelada válida e eficaz por decisão do Supremo Tribunal Federal. O problema estava, como sempre esteve, na regulamentação dos critérios do que haveria de entender por transcendência de natureza econômica, política, social ou jurídica. Não eram encontrados parâmetros seguros ou com algum critério que possibilitasse o controle externo daquilo que poderia ser examinado pela Corte que não fosse por um viés subjetivista e, assim, longe do alcance do princípio democrático a que deve se submeter o judiciário e dos princípios constitucionais que norteiam e inspiram o processo judicial. A ideia conduzia a uma subjetivação extrema e perigosa dos requisitos de admissibilidade dos recursos no âmbito do Tribunal Superior, algo como se se lhe houvesse sido dado um "cheque em branco".

Preocupados com a inconsistência do conteúdo desses critérios e a consolidação de conceitos quanto à natureza do que poderia ser transcendência econômica, social, política ou jurídica, deliberou-se no sentido da promoção de estudos em torno do projeto do novo Código de Processo Civil, então em tramitação no Congresso Nacional, para buscar alternativas à crise instalada no âmbito do Tribunal Superior em função da crescente demanda de recursos, da assimetria recursal e da impossibilidade de cumprimento da missão institucional daquele Corte, inclusive para tornar simétrica a solução dos recursos nos Tribunais Superiores, que passavam por experiências semelhantes e já se utilizavam de algumas categorias jurídicas, como os recursos repetitivos, como instrumento de contenção de questões recorrentes e repetitivas.

Com inspiração nesses novos instrumentos jurídicos, optou-se por voo mais elevado com vistas ao projeto do novo Código de Processo Civil e, em seguida, veio a lume o projeto da Lei nº 13.015/14, cujo embrião era a adoção da obrigatoriedade da uniformização da jurisprudência no âmbito dos Tribunais – ao contrário do que se continha no parágrafo 3º do art. 896 da CLT, que facultava a uniformização – e a adoção pura e simples do Incidente de Resolução de demandas Repetitivas e dos Recursos Extraordinários e Especiais Repetitivos, inclusive quanto aos procedimentos gerais e especiais de julgamento. Eis aí a gênese da lei e o alinhamento com o sistema de julgamento dos recursos nos Tribunais Superiores, em face do novo diploma processual civil.

3. A LEI 13.015/2014 E O IRDR

É importante observar a redação do parágrafo 3º do art. 896 com a redação dada pela Lei nº 13.015/14:

> "Os Tribunais Regionais do Trabalho **procederão, obrigatoriamente**, à uniformização de sua jurisprudência e aplicarão, nas causa da competên-

cia da Justiça do Trabalho, no que couber, o incidente de Uniformização de Jurisprudência previsto nos termos do Capítulo I do Título IX do Livro I da Lei nº 5.869, de 11 de janeiro de 1973 (Código de Processo Civil)" (grifo nosso).

Pois bem, *prima facie* extrai-se expressamente da aludida norma que o Código de Processo Civil vigente é norma de aplicação subsidiária para a instauração do incidente de uniformização de jurisprudência no âmbito dos Tribunais Regionais do Trabalho. Aqui é fácil verificar que a matéria está disciplinada nos artigos 476 a 479 do CPC/73 vigente, competindo aos Tribunais e também com fincas em seus Regimentos Internos a fixação dos procedimentos para instauração, processamento e julgamento dos referidos incidentes, inclusive no que toca ao órgão competente e ao número de membros da Corte local, ou seja, por seu Pleno ou Órgão Especial.

Importante frisar que essas decisões devem observar em seus regulamentos internos um processo democrático de elaboração da Uniformização da Jurisprudência, mediante ampla divulgação da sessão de julgamento na comunidade local, permissão da intervenção do *amicus curiae* e plena discussão dos argumentos deduzidos nos feitos em que há debate da questão. Vale dizer, nos Tribunais Regionais é possível o acesso a todo o acervo probatório, possibilitando assim maior segurança e maior número de participantes e informações na consolidação do entendimento prevalecente ou da respectiva Súmula. Não se pode, a nosso ver, simplesmente reproduzir a sistemática anterior, por meio da qual esses julgamentos buscavam o resultado da tese sem a preocupação com a fixação dos fatos e ou dos motivos determinantes para a formação da decisão matriz. Embora a uniformização utilize-se de instrumento jurídico-processual do diploma anterior, estamos inseridos em nova fase em que a modernidade exige a democratização da decisão como instrumento de legitimação e convencimento. Decidir e impor suas decisões nos moldes pretéritos é permanecer no mesmo...

Portanto, enquanto vigente o Código de 1973, à exceção do que fora dito acima quanto à procedibilidade, não há novidades na adoção do Incidente de Uniformização. Resta saber a partir da vigência do novo Código de Processo Civil. Qual o caminho a se adotar?

Parece evidente que afastada a referência ao CPC/73 no texto do parágrafo 3º do art. 896 da CLT, com a edição do novo diploma, há que se perquirir acerca da sua integração pela nova ordem processual. A exigência de obrigatoriedade da uniformização da jurisprudência permanece hígida no texto, atraindo a necessidade de manutenção de previsão regimental a viabilizar o aludido escopo normativo, traduzido na imprescindibilidade da estabilização e coerência da jurisprudência local. Substituído o diploma processual legal, a referência contida no § 3º do art. 896 ao anterior diploma é afastada e subsidiariamente integrada pelos artigos 926 a 928 do novo Código, que inserem no ordenamento vigente o sistema que tem manifestado profunda preocupação com a integridade da jurisprudência, que se caracteriza por sua coerência e estabilidade, na exata medida do que preconizara, por linhas simples, a nossa legislação especial acerca do recurso de revista.

Daí em diante, a subsidiariedade e a supletividade de que cogita o art. 15 do novo CPC é importante instrumento integrativo da nova sistemática recursal trabalhista.

Em conclusão, a uniformização é obrigatória no seio dos Tribunais Regionais do Trabalho, sobretudo quando divididos em órgãos julgadores fracionários e suas decisões devem observar a coerência, a estabilidade e a integridade a que alude o artigo 926 do CPC. Almeja-se criar e preservar a formação de uma jurisprudência estável no âmbito dos Tribunais Federativos Regionais, que possibilite o fortalecimento de suas decisões, construídas em bases sólidas e democráticas, e que sejam respeitadas no futuro e objeto de pacificação dos conflitos, salvo, evidentemente, a ocorrência de eventos importantes de ordem jurídica, política, econômica ou social, que obriguem uma nova, profunda e séria reflexão acerca do entendimento até então sufragado naquela jurisdição. Não podemos mais conviver com a incerteza, imprevisibilidade e com o caráter lotérico da decisão judicial, objeto de desprestígio para o poder judiciário como um todo, sobretudo perante a sociedade para com a qual tenta prestar sua função como poder do estado.

Dito isso, resta nítida a conclusão de que a primeira compatibilidade perceptível entre a Lei 13.015/14 e o Novo Código de Processo Civil diz respeito ao seu art. 926, que expressamente estabelece o dever dos Tribunais de "uniformizar sua jurisprudência e mantê-la estável, íntegra e coerente".

Qual seria, então, a relação do Incidente de Resolução de Demandas Repetitivas (regulado pelos artigos 976 a 987, do novo CPC) com a novel legislação trabalhista? Seriam contraditórios, complementares ou totalmente desconexos?

A resposta para tal questionamento é quase intuitiva, e se baseia na harmonização das finalidades almejadas pela novel legislação trabalhista e pelo incipiente instituto de direito processual civil. De todo modo, coerente que se faça uma breve explanação sobre o instituto do IRDR para, somente depois, explicitar o posicionamento adotado neste trabalho.

4. O INCIDENTE DE RESOLUÇÃO DE DEMANDAS REPETITIVAS: NOÇÕES GERAIS

O aumento populacional aliado à distribuição em série de produtos e serviços resultou em verdadeira massificação de relações jurídicas, fazendo com que diferentes pessoas se encontrassem em situações idênticas. Assim, como reflexo imediato da complexidade das relações sociais e do monopólio do Estado para resolução de conflitos, o Poder Judiciário se tornou receptor de inúmeros conflitos padronizados, os quais se distinguem, unicamente, pelo sujeito que pleiteia sua intervenção.

Em suma: vive-se, hoje, em uma sociedade de massa, que, no âmbito do Poder Judiciário, traduz-se na existência de conflitos de massa.

A par de tal circunstância, e sabendo que o significativo volume de demandas é um dos motivos da morosidade do Judiciário, o ordenamento jurídico vigente já prevê alguns instrumentos específicos de controle, tais como a edição de súmulas vinculantes (art. 103-A, da CF/88) e os recursos extraordinários e especiais repetitivos (respectivamente, arts. 543-B e 543-C, do CPC).

Incontroverso, entretanto, que, até que a questão alcance a pauta das instâncias extraordinárias, muitos anos se passaram e decisões nas mais variadas direções já foram proferidas, mantendo-se por longo período de tempo estado de completa insegurança jurídica e tratamento anti-isonômico.

Reconhecendo-se, pois, a insuficiência das técnicas existentes, o Novo Código de Processo Civil regulamentou o Incidente de Resolução de Demandas Repetitivas (IRDR), a ser instaurado perante os tribunais de segunda instância (regionais ou estaduais).

Possível afirmar, portanto, ser não só uma das grandes novidades do emergente diploma processual civil, como também uma das maiores apostas do legislador infraconstitucional no combate a duas mazelas que assolam o Poder Judiciário: a multiplicação de demandas e o tratamento desigual de jurisdicionados.

Assim, fundamental que se faça breve explanação sobre as principais características deste novel instituto, para que se compreenda, em seguida, qual sua exata relação e influência no conteúdo da Lei 13.015/2014.

4.1. NATUREZA JURÍDICA

Como o próprio nome já indica, o incidente de resolução de demandas repetitivas (IRDR) possui a natureza de *incidente autônomo*, caracterizado pelo "julgamento *abstrato* – ou objetivo – das questões de direito controvertidas, comuns às demandas seriadas"[4].

Define-se como "julgamento abstrato" aquele que não se destina à resolução do caso concreto, mas sim da questão puramente jurídica que dele se extrai. Sig-

---

4   MENDES, Aluisio Gonçalves de Castro; TEMER, Sofia. **O incidente de resolução de demandas repetitivas do Novo Código de Processo Civil**. Revista de Processo – vol. 243. Ano 40. São Paulo: Editora Revista dos Tribunais, maio 2015, p. 290.

nifica, em outras palavras, que o incidente não visa julgar a causa propriamente dita, mas apenas a questão unicamente de direito que, abstratamente, se repete em outras demandas.

Em virtude desta peculiaridade, tem-se sustentado que o IRDR é marcado por uma *cisão da cognição*, "ou seja, um incidente no qual são apreciadas somente questões comuns a todos os casos similares, deixando a decisão de cada caso concreto para o juízo do processo originário, que aplicará o padrão decisório em consonância com as peculiaridades fático-probatórias de cada caso".[5]

Embora se esteja em período de *vacatio legis* – momento precipitado para se buscar conclusões definitivas –, existem vários indícios no texto legal que corroboram tal assertiva.

O §2º do art. 982, por exemplo, é claro ao afirmar que, durante a suspensão dos processos (que ocorre após a admissão do incidente pelo Tribunal), o pedido de tutela de urgência será dirigido ao juízo onde tramita o processo suspenso, e não ao órgão colegiado competente para julgar o incidente. E correto que assim o seja, haja vista que a urgência é ligada ao caso concreto, e não à tese que se pretende fixar.

Outra evidência desta cisão cognitiva, que concede ao incidente autonomia e independência em relação aos pedidos descritos na causa-piloto, é a determinação de que a desistência ou abandono da causa pela parte não impede o exame do mérito do incidente[6] (976, §1º).

Sobre este ponto, interessante esclarecer que a determinação do NCPC não impede a desistência do processo pela parte, mas apenas garante que tal desistência não comprometerá o julgamento da questão jurídica nele inserida, comprovando-se o caráter abstrato e autônomo do IRDR. Além disso, tal regra se mostra plenamente coerente com o interesse institucional de definição da tese que será aplicável a inúmeros processos.

Tem gerado grande controvérsia doutrinária, entretanto, a redação do parágrafo único do art. 978, que estabelece expressamente que "o órgão colegiado incumbido de julgar o incidente e de fixar a tese jurídica **julgará igualmente o recurso, a remessa necessária ou o processo de competência originária** de onde se originou o incidente" (grifo nosso).

Não obstante tal ponto seja mais bem trabalhado em tópico posterior (4.2.6), sua menção neste momento é essencial apenas para evidenciar ser possível se

---

5 NUNES, Dierle. **O IRDR do novo CPC: este "estranho" que merece ser compreendido**. Disponível em: http://justificando.com/2015/02/18/o-irdr-novo-cpc-este-estranho-que-merece-ser-compreendido. Acesso: 30/09/2015.

6 MENDES, Aluisio Gonçalves de Castro; TEMER, Sofia. **O incidente de resolução de demandas repetitivas do Novo Código de Processo Civil**. Revista de Processo – vol. 243. Ano 40. São Paulo: Editora Revista dos Tribunais, maio 2015, p. 291.

falar em natureza *híbrida* do IRDR, uma vez que o órgão competente não apenas fixará a tese jurídica em abstrato, como também promoverá sua aplicação ao caso concreto descrito no recurso, na remessa necessária ou mesmo na ação originária de onde se originou o incidente.

De toda sorte, imperioso explicitar que tal entendimento não retira sua natureza incidental e autônoma, que nitidamente prepondera. Isto, porque o julgamento do "recurso, da remessa necessária ou da ação originária que originou o incidente" tem como única função a formação de um padrão decisório[7] a ser seguido, para que os demais julgadores (verdadeiros aplicadores da tese fixada aos casos concretos) conheçam os limites e extensão do entendimento firmado, estimulando sua aplicação fidedigna, sem distorções.

Em outras palavras, afirma-se que o julgamento do caso concreto serve apenas para estimular a correta aplicação do julgamento abstrato realizado no incidente, em caráter verdadeiramente acessório e complementar. Por esta razão, conclui-se que o IRDR possui natureza *híbrida*, mas preponderantemente incidental autônoma e abstrata.

4.2. INSTAURAÇÃO

Para que se instaure o incidente de resolução de demandas repetitivas (IRDR), o art. 976, do NCPC, exige a presença de dois requisitos cumulativos: a efetiva repetição de processos que contenham controvérsia sobre a mesma questão unicamente de direito (inc. I); e o risco de ofensa à isonomia e à segurança jurídica (inc. II).

Em outras palavras, pode-se dizer ser cabível o IRDR quando se estiver diante de questão comum de direito que acabe gerando efetiva repetição de processos e risco de decisões conflitantes – implicando tratamento diferenciado a casos idênticos.

Importante notar que o termo "efetiva" se traduz na exigência de que já exista multiplicidade de processos para sua instauração, não sendo cabível o IRDR ante mero *potencial* de multiplicação. Vale dizer, o instituto de resolução de demandas repetitivas não possui caráter *preventivo*, não servindo para *se evitar* a multiplicação de demandas.

Curioso salientar, neste momento, que o projeto originário do NCPC atribuía ao IRDR este caráter preventivo (art. 930, do PLS 166/2010), buscando-se estancar a repetição de demandas já em seu nascedouro. Não foi este, entretanto, o entendimento que se consagrou no texto legal sancionado.

---

[7] WAMBIER, Teresa Arruda Alvim Wambier...[et al.], coordenadores. **Breves Comentários ao Novo Código de Processo Civil**. São Paulo: Editora Revista dos Tribunais, 2015, p. 2185.

Permitindo-nos avançar um pouco mais nesta discussão, afigura-nos mais adequada a estratégia adotada pelo NCPC. Com maestria já ressaltaram os professores Luiz Guilherme Marinoni, Daniel Mitidiero e Sérgio Cruz Arenhart a importância da divergência, qual seja, a de evidenciar a amplitude da questão trabalhada, abarcando todos os possíveis pontos de vista para obtenção da solução mais amadurecida pelo diálogo e pela experiência judiciária[8]. A instauração do incidente antes mesmo da maturação do debate é prejudicial ao encontro da melhor interpretação, exatamente por se desconhecer toda a problemática que circunda o tema. A política de prevenção nem sempre é, portanto, a melhor opção.

A consequência desse raciocínio, entretanto, é exigir dos legitimados prudente juízo de ponderação para que se instaure o incidente depois de exaurido o saudável papel da divergência, mas antes que esta configure pura e simples violação à segurança jurídica.

Outro ponto que merece destaque – e agora retornando aos requisitos para instauração do IRDR – é o fato de a repetição abarcar tanto questões de direito material, quanto processual (art. 928, parágrafo único), desde que unicamente de direito. Significa, portanto, não ser cabível o incidente para repetição de questões fáticas, mas apenas jurídicas, com consequente fixação de tese a ser adotada em todos os processos afetados.

Por fim, importante ressaltar que, além dos dois requisitos positivos de cabimento do incidente, o §4º do art. 976 prevê um terceiro requisito, de caráter negativo: a inexistência de afetação de recurso, pelos Tribunais Superiores, para definição de tese sobre aquela questão repetitiva.

A contrario sensu, portanto, pode-se afirmar ser incabível o IRDR imediatamente após a afetação do recurso representativo da controvérsia pelo relator do Tribunal Superior.

Natural que assim o seja, haja vista que a tese firmada em sede de recursos repetitivos tem abrangência nacional, abarcando todos os estados e regiões que seriam abrangidos por eventual IRDR, além da hierarquia e respeito à função das Cortes de vértice de dar unidade ao direito.

4.2.1. Legitimados

De acordo com o art. 977, do NCPC, são legitimados para instaurar o incidente o juiz da causa ou relator do recurso, *ex officio* (inc. I); as próprias partes (inc. II), o Ministério Público e a Defensoria Pública (inc. III).

---

[8] MARINONI, Luiz Guilherme; MITIDIERO, Daniel; ARENHART, Sérgio Cruz. **Novo Código de Processo Civil Comentado**. São Paulo: Editora Revista dos Tribunais, 2015, p. 869.

Sendo a iniciativa advinda de juiz ou relator, a instauração se dará por meio de ofício; sendo das partes, do Ministério Público ou da Defensoria Pública, por petição.

De todo modo, tanto o ofício quanto a petição devem ser direcionados ao Presidente do Tribunal, além de devidamente acompanhados dos documentos necessários à demonstração dos pressupostos para instauração do incidente, descritos no art. 976 do NCPC.

Desta forma, deve haver prova pré-constituída tanto da existência de múltiplas demandas com a mesma questão de direito (o que se comprova com a juntada de cópias integrais de peças processuais tratando da mesma questão de direito), quanto do risco de ofensa à isonomia e à segurança jurídica (demonstrado através da juntada de cópias de decisões conflitantes proferidas por órgãos do Judiciário).

Oportuno, neste momento, ressaltar questão tormentosa envolvendo a legitimidade do juiz de primeiro grau para instauração do incidente.

A polêmica advém do parágrafo único do art. 978, do NCPC, que dispõe que "o órgão colegiado incumbido de julgar o incidente e de fixar a tese jurídica julgará igualmente o recurso, a remessa necessária ou o processo de competência originária de onde se originou o incidente". Tal redação suscitou o seguinte questionamento: o incidente pode ser instaurado num processo em trâmite apenas no 1º grau de jurisdição, ou se exige a existência de causa pendente no Tribunal?

A corrente que defende a possibilidade de instauração independentemente da existência de causa pendente no Tribunal se baseia, principalmente, em interpretação histórica e sistemática da novel legislação. Isto, porque afirma que o preceito que expressamente exigia esta condição (constante do Substitutivo 8.046/2010) foi suprimido na redação atual, além de ressaltar que tal interpretação comprometeria a previsão expressa de legitimidade do juiz (art. 977, I) para instauração do incidente.

Noutro giro, corrente diversa sustenta que a instauração sem qualquer causa pendente no Tribunal criaria espécie de avocação de causa, instaurando hipótese de competência originária dos Tribunais sem qualquer previsão constitucional. Além disso, sustentam ser mais prudente para maturação do debate que se aguarde a chegada da discussão na segunda instância de jurisdição.

Vislumbramos como ideal, entretanto, corrente intermediária capitaneada pelo doutrinador Daniel Amorim de Assumpção Neves, que harmoniza de forma brilhante os dois lados da controvérsia. Segundo afirma o eminente processualista, a legitimidade do juiz estaria adstrita ao momento entre a interposição da apelação e o seu envio ao Tribunal, haja vista que, sob tais circunstâncias, a causa já estaria virtualmente no Tribunal (afastando a avocação atípica da causa), mas, faticamente, sob a jurisdição de primeiro grau, assegurando a competência ao magistrado para instauração do incidente[9].

4.2.2. Admissibilidade

O julgamento do IRDR envolve duas etapas distintas, quais sejam, o momento de admissão do incidente e o momento de construção da tese jurídica. Saliente-se desde logo, contudo, que a competência para ambas as etapas é sempre do Tribunal.

Desta forma, apesar de endereçado ao Presidente, o IRDR sempre será admitido e apreciado por órgão colegiado, que, por sua vez, será indicado pelo regimento interno do tribunal. Interessante ressaltar que o NCPC prevê expressamente a condição de que o órgão indicado pelo regimento interno seja um dos responsáveis pela uniformização de jurisprudência. Tal exigência já nos indica, portanto, que o órgão competente será ou corte especial, ou o próprio pleno do Tribunal.

Retomando, pois, ao objeto a ser trabalhado neste tópico, o incidente será endereçado ao Presidente do Tribunal e remetido ao órgão competente descrito no regimento interno, com consequente distribuição a um relator. Devidamente distribuído, o órgão colegiado procederá ao seu juízo de admissibilidade, que se cinge à análise da presença dos pressupostos (positivos e negativos) previstos no art. 976. Verifica-se, assim, a existência de efetiva repetição de processos que contenham controvérsia sobre a mesma questão unicamente de direito (976, I); o risco de ofensa à isonomia e à segurança jurídica (976, II); e a inexistência de recurso afetado pelos tribunais superiores para definição de tese sobre questão de direito material ou processual repetitiva (976, §4º).

Como tais requisitos são cumulativos, a ausência de qualquer deles acarretará na inadmissibilidade do incidente. Destaca-se, contudo, que a rejeição do IRDR não impede que, uma vez satisfeito o requisito, seja o incidente novamente suscitado (art. 976, §3º).

Noutro giro, caso presentes os pressupostos, o incidente será admitido e, consequentemente, iniciam-se as providências para fixação da tese jurídica.

4.2.3. Procedimento

Diante do que já fora exposto, possível a conclusão de que o procedimento do IRDR deve favorecer a ampliação e pluralidade do debate, visando o exauri-

---

9 Entendimento explicitado em aula expositiva ministrada pelo Prof. Daniel Amorim Assumpção Neves no "Curso de Aperfeiçoamento sobre o Novo Código de Processo Civil", realizado na Fundação Escola Superior do Ministério Público do Distrito Federal e Territórios – FESMPDFT entre os dias 02/09/2015 a 11/09/2015.

mento do tema em análise. Por esta razão, contará com a participação não apenas das partes, como também de demais pessoas, órgãos, entidades e instituições interessadas que possam, de qualquer forma, contribuir com a discussão.

Comprovando tal assertiva – e destacando alguns importantes pontos do procedimento adotado no IRDR –, deve-se ressaltar, primeiramente, a participação obrigatória do Ministério Público, que, caso não seja o próprio requerente do incidente (art. 977, III), será intimado pelo relator para se manifestar no feito no momento oportuno.

Além disso, caso julgue necessário, pode o relator do incidente requisitar informações a órgãos em cujo juízo tramita processo no qual se discute o objeto do incidente, que as prestarão também no prazo de 15 (quinze) dias (art. 982, II).

O art. 983, por sua vez, revela a possibilidade de oitiva, durante a instrução do incidente, das partes e demais interessados (inclusive pessoas, órgãos e entidades com interesse na controvérsia), para que possam compartilhar a experiência e conhecimento que detêm sobre a matéria *sub judice*.

Admite-se, também, a intervenção de assistentes simples e de *amicus curiae* no IRDR, que podem juntar documentos e solicitar diligências que julgarem necessárias no prazo comum de 15 (quinze) dias.

Neste momento, interessante destacar a possibilidade de o relator, notoriamente em razão da ampla participação desejada no IRDR, designar audiência pública para que os *amici curiae* e demais interessados devidamente se manifestem, em conformidade com o disposto no §1º do art. 983.

O objetivo de se permitir todas essas intervenções, como mencionado, é o enriquecimento do debate, para que os julgadores tenham ciência de toda a problemática que envolve o tema discutido e, consequentemente, estejam aptos a elaborar a melhor tese jurídica – uma vez que será aplicada em inúmeros processos[10].

Finalizada a instrução e colhidas todas as informações possíveis, abrir-se-á vista ao Ministério Público (caso não seja o próprio requerente), para que se manifeste no prazo de 15 (quinze) dias. Logo depois, o relator solicitará dia para o julgamento do incidente (art. 983, §2º).

4.2.4. PUBLICIDADE

Em virtude da relevância da matéria discutida no IRDR – haja vista se tratar de questão atinente a uma multiplicidade de processos e de fixação de tese jurí-

---

[10] MATOSO, Alex; BALEEIRO, Diógenes; LOPES, Joana; NETO, Luiz Philippe; PAOLIELLO, Patrícia; CÂMARA, Thaís. **APPNCPC – Novo Código de Processo Civil Comentado, Comparado e Debatido**. Editora APPS-BOOKS, 2015.

dica de caráter vinculativo, visando a preservação da segurança jurídica –, o art. 979 estabelece que tanto a instauração quanto o julgamento do incidente serão sucedidos da mais ampla e específica divulgação e publicidade, permitindo aos jurisdicionados e operadores do direito acompanhar todo o seu trâmite.

Tal divulgação se dará por meio de registro eletrônico no Conselho Nacional de Justiça, que divulgará cadastro contendo as questões de direito objeto da análise do incidente, além de todas as informações referentes ao seu julgamento. Para que tais informações cumpram sua finalidade, devem conter, ao menos, os fundamentos determinantes da decisão e os dispositivos normativos a ela relacionados (979, §2°).

Em caráter auxiliar, os tribunais deverão manter banco eletrônico de dados atualizados com informações específicas sobre as questões de direito submetidas ao incidente, comunicando-o imediatamente ao CNJ para inclusão no cadastro (art. 979, §1º).

Por fim, e se baseando na mesma ideia de relevância da matéria, o §3º do artigo 979 determina expressamente que seu conteúdo não se restringe ao IRDR, sendo aplicável, também, ao julgamento de recursos especiais repetitivos e da repercussão geral em recurso extraordinário.

4.2.5. Suspensão dos casos

Admitido o incidente, o relator, obrigatoriamente, determinará a suspensão de todos os processos que versem sobre idêntica questão de direito e que tramitem na área de jurisdição (Estado ou Região) do respectivo tribunal (inc. I).

A suspensão, a princípio, durará 1 (um) ano – período estabelecido pelo diploma processual para julgamento do IRDR (art. 980) –, devendo ser comunicada aos órgãos jurisdicionais competentes (§1º), quais sejam, os juízos de primeira instância e as câmaras que contenham ações de competência originária ou recursos que tratem da questão debatida.

No entanto, caso o julgamento não se encerre em um ano, cessa-se a suspensão dos processos afetados, devendo retomar seu regular processamento em seus respectivos juízos, salvo se houver decisão fundamentada do relator do incidente em sentido contrário.

Desta forma, há a possibilidade de prorrogação do prazo para julgamento, com consequente manutenção da suspensão dos processos, desde que proferida decisão devidamente fundamentada pelo relator do incidente.

Sabe-se que a suspensão, em regra, restringe-se aos processos que tramitam no território de jurisdição do tribunal. O §3º, todavia, prevê a possibilidade das partes, do Ministério Público e da Defensoria Pública requererem ao STJ ou ao STF que a suspensão se estenda a todo o território nacional. Interessante salientar que pode fazer tal requerimento parte de processo que tramite em outro estado ou região (§4º), desde que, por óbvio, trate da mesma questão comum de direito.

Na verdade, deve-se salientar que a hipótese do §4º possui, inclusive, maior coerência do que o requerimento feito pelas próprias partes, uma vez que seu processo já estaria sobrestado com a instauração do IRDR[11]. Perante tal circunstância, possível se questionar, até mesmo, se as partes teriam interesse em tal pretensão.

Por fim, proferida a decisão do IRDR e não sendo interposto recurso especial ou extraordinário que a impugne, encerra-se a suspensão e passa-se à aplicação da tese firmada em todos os processos que haviam sido sobrestados (§5º).

4.2.6. Julgamento

Conforme explicitado em tópico anterior (4.2.2), o julgamento possui dois momentos distintos: o de admissão e o de fixação da tese jurídica. Como o juízo de admissibilidade já foi objeto de discussão neste artigo, trata-se agora do julgamento que objetiva firmar a tese aplicável aos processos afetados.

O art. 980 estabelece o prazo de 1 (um) ano para julgamento do IRDR, a contar da admissão do incidente pelo órgão colegiado competente. A exiguidade do prazo se justifica em razão da relevância que a fixação da tese jurídica acarretará à sociedade, além do respeito à duração razoável do processo, uma vez que os processos que tratem da questão de direito objeto do incidente são suspensos (art. 982, I).

Assim, visando estimular o cumprimento do prazo legal estabelecido, o NCPC garante a preferência do julgamento do IRDR em detrimento dos demais feitos, ressalvados os que envolvam réu preso e os pedidos de *habeas corpus*.

Iniciado, pois, o julgamento, o relator fará exposição do objeto do incidente. Em seguida, o Presidente do órgão julgador oportunizará ao autor e ao réu do processo originário e ao Ministério Público que sustentem suas razões pelo prazo de 30 (trinta) minutos.

Havendo a presença de demais interessados, também poderão sustentar suas razões, dividindo entre si o prazo de mais 30 (trinta) minutos. Na hipótese de haver número significativo de inscritos, tal prazo poderá ser ampliado (art. 984, §1º).

Satisfeitas todas as etapas, passa-se à efetiva discussão, entre os julgadores, sobre qual a tese jurídica a ser adotada.

---

[11] MATOSO, Alex; BALEEIRO, Diógenes; LOPES, Joana; NETO, Luiz Philippe; PAOLIELLO, Patrícia; CÂMARA, Thaís. **APPNCPC – Novo Código de Processo Civil Comentado, Comparado e Debatido**. Editora APPS--BOOKS, 2015.

Fixada a tese, esta possuirá caráter vinculativo, devendo ser observada pelo próprio Tribunal e por todos os juízes em exercício sob sua jurisdição.

Polêmica envolvendo o julgamento do IRDR consta do parágrafo único do art. 978, que expressamente dispõe que "o órgão colegiado incumbido de julgar o incidente e de fixar a tese jurídica julgará igualmente o recurso, a remessa necessária ou o processo de competência originária de onde se originou o incidente".

Diante de tal disposição legal, parte da doutrina tem a interpretado como mera regra de prevenção, por meio da qual o órgão que julgou o IRDR ficaria prevento para o julgamento do recurso, remessa necessária ou processo de competência originária que originou o incidente[12]; ao passo que a outra parcela entende se tratar de determinação que exige que o órgão, quando do julgamento do incidente, não apenas fixe abstratamente a tese, como a explicite no caso paradigma, formulando verdadeiro padrão decisório a ser seguido[13].

Entendemos mais plausível a segunda corrente, por acreditarmos que o objetivo desta regra é fazer com que o próprio órgão que construiu a tese fixe um padrão decisório a ser seguido, já amoldado ao caso concreto, para que os demais julgadores conheçam seus exatos limites e extensão[14].

Frise-se, contudo, que tal entendimento não retira o caráter incidental autônomo e abstrato do IRDR, na medida em que seu objetivo precípuo é a definição da tese a ser adotada nos processos presentes e futuros, sendo o julgamento do "recurso, da remessa necessária ou da ação originária que originou o incidente" unicamente para que os demais julgadores (verdadeiros aplicadores da tese fixada aos casos concretos) conheçam os limites de tal entendimento.

Por esta razão é que já se mencionou, neste artigo, que o julgamento do instrumento principal (do qual se derivou o incidente) possui cunho verdadeiramente acessório, uma vez que sua principal utilidade é explicitar a correta aplicação da tese abstrata fixada em sede incidental.

4.2.7. Fundamentação

O art. 984, em seu §2º, destaca o dever de fundamentação do acórdão proferido em sede de IRDR, devendo abarcar a análise de todos os fundamentos suscitados, sejam eles favoráveis ou contrários à tese discutida – buscando atri-

---

[12] Neste sentido: MARINONI, Luiz Guilherme; MITIDIERO, Daniel; ARENHART, Sérgio Cruz. **Novo Curso de Processo Civil – vol. 2**. São Paulo: Editora Revista dos Tribunais, 2015, p. 580.

[13] WAMBIER, Teresa Arruda Alvim Wambier...[et al.], coordenadores. **Breves Comentários ao Novo Código de Processo Civil**. São Paulo: Editora Revista dos Tribunais, 2015, p. 2185.

[14] MATOSO, Alex; BALEEIRO, Diógenes; LOPES, Joana; NETO, Luiz Philippe; PAOLIELLO, Patrícia; CÂMARA, Thaís. **APPNCPC – Novo Código de Processo Civil Comentado, Comparado e Debatido**. Editora APPS-BOOKS, 2015.

buir maior legitimidade (e, consequentemente, aceitação) à tese adotada pelo tribunal.

Tal norma é inspirada pelo dever de fundamentação das decisões, consolidado neste novo diploma processual civil em seu art. 489, §1°, e ampliado por se tratar de tese que será aplicada a inúmeros processos, extrapolando o limite subjetivo das partes do processo originário que deu origem ao incidente.

Neste momento, interessante mencionar a brilhante observação dos doutrinadores Humberto Theodoro Júnior, Dierle Nunes, Alexandre Melo Franco Bahia e Flávio Quinaud Pedron, no sentido de que essa forma de decidir é, na verdade, a regra geral do Novo Código (arts. 10 e 489) para qualquer decisão[15].

4.2.8. Recorribilidade

Como o incidente de resolução de demandas repetitivas é de competência originária dos tribunais, do seu julgamento de mérito caberá recurso especial ou extraordinário às cortes superiores, a depender do caso.

Neste ponto, imperioso destacar que os recursos extraordinário e especial, em regra, não são dotados de efeito suspensivo. Todavia, caso se trate de recurso especial ou extraordinário interposto contra decisão proferida em sede de incidente de resolução de demandas repetitivas, possuirá efeito suspensivo automático e, no caso específico do recurso extraordinário, ainda terá por presumida a repercussão geral de questão constitucional eventualmente discutida (art. 987, §1º).

Por fim, e seguindo a lógica de que a decisão em sede de IRDR será aplicada por todo o território de competência do tribunal que a proferiu, sendo o STJ ou STF tribunais de abrangência nacional, a tese jurídica por eles adotada deverá ser observada em todos os processos individuais ou coletivos que versem sobre idêntica questão de direito em todo o país (art. 987, §2º).

Assim, caso algum magistrado com jurisdição no território brasileiro não adote a tese firmada pelo STJ ou STF, será cabível reclamação diretamente àquele tribunal superior, conforme art. 988, do NCPC.

4.3. APLICAÇÃO DA TESE JURÍDICA

Julgado o incidente, tem-se por firmada a tese jurídica pelo tribunal competente. A partir deste momento, esta deverá ser aplicada a todos os processos (individuais ou coletivos, presentes ou futuros) que versem sobre idêntica

---

15 THEODORO JR., Humberto; NUNES, Dierle; BAHIA, Alexandre Melo Franco; PEDRON, Flávio Quinaud. **NOVO CPC – Fundamentos e Sistematização**. Rio de Janeiro: Forense, 2015, p. 337.

questão de direito e que tramitem na área de jurisdição (Estado ou Região) do respectivo tribunal – abarcando, inclusive, os juizados especiais.

Percebe-se, portanto, que a tese tem caráter vinculativo, devendo ser obrigatoriamente observada pelos magistrados ligados ao tribunal.

A vinculação do entendimento se justifica, principalmente, para se garantir o tratamento isonômico e a segurança jurídica advindas do julgamento igual de casos idênticos. A não adoção da tese pelo magistrado autoriza a proposição de reclamação diretamente ao tribunal (§1º).

Por fim, visando garantir o amplo cumprimento de sua decisão, caberá ao tribunal, sempre que o incidente tiver por objeto questão relativa a prestação de serviço concedido, permitido ou autorizado, comunicar o resultado do julgamento ao órgão, ente ou agência reguladora competente para fiscalização da efetiva aplicação da tese adotada (§2º).

4.4. POSSIBILIDADE DE REVISÃO

O fato da tese jurídica firmada em sede de IRDR ser vinculativa não significa que não pode ser modificada.

Apesar da estabilidade pretendida com seu caráter vinculativo, possível que a tese apresentada não mais se adeque às perspectivas e valores sociais, econômicos ou políticos, bem como não mais se apresente coerente com o próprio arcabouço normativo em vigor (modificações normativas).

Perante tais circunstâncias, o mesmo tribunal, agindo de ofício ou mediante requerimento do Ministério Público ou da Defensoria Pública (através de seu Procurador-Geral ou Defensor Público-Geral), poderá promover revisão da tese jurídica estabelecida.

Interessante perceber que nem todos os legitimados para requerer a instauração do incidente possuem legitimidade para solicitar a revisão da tese firmada. Em conformidade com o disposto no art. 986, os juízes de primeira instância e as partes são ilegítimos para formular tal requerimento.

5. A UNIFORMIZAÇÃO DA JURISPRUDÊNCIA NO ÂMBITO DOS TRIBUNAIS REGIONAIS E A LEI Nº 13.015/14

A partir da edição da Lei nº 13.015/14 tornou-se obrigatória a uniformização da jurisprudência no âmbito dos Tribunais Regionais do Trabalho.

Todavia, é importante relembrar relativamente aos pressupostos de admissibilidade do recurso de revista, que desde a edição da Lei nº 9.756/98, a divergência jurisprudencial apta a empolgar o referido recurso somente se viabiliza mediante a comprovação de dissenso analítico **entre** decisões de Tribunais

Regionais do Trabalho na interpretação de dispositivo de lei federal, por suas Turmas ou Pleno, ou em confronto com decisão da Seção de Dissídios individuais do TST. Significa dizer: a função estabilizadora da jurisprudência nacional somente opera seus efeitos por meio da atuação do Tribunal Superior do Trabalho se houver distonia jurisprudencial **entre** Tribunais Regionais e não **divergência interna** de jurisprudência, ou seja, **dentre** os julgados de um mesmo Tribunal Federativo do Trabalho.

A consequência dessa alteração legislativa pretérita e reproduzida na Lei nº 13.015/14 foi relevante para a jurisprudência nacional no que tange à estabilização dos entendimentos adotados pelos Tribunais Regionais do Trabalho, muito embora sob o prisma semântico essa modificação parecesse quase imperceptível, sob o prisma de seus efeitos práticos o Tribunal Superior do Trabalho não pode mais exercer o controle da jurisprudência interna dos Tribunais, como anteriormente previra o artigo 896, alínea "a" da CLT. [16]

Portanto, a uniformização da jurisprudência interna dos Tribunais Regionais ficou à mercê da iniciativa dos próprios Tribunais, como recomendava o parágrafo 3º do artigo 896 da CLT, com a redação anterior à edição da Lei nº 13.015/14. Nessa altura, visando a maior celeridade em seus julgamentos, os Tribunais Regionais multiplicaram seus órgãos fracionários – turmas ou câmaras -, acentuando a divergência interna entre seus julgados e afastando, de vez, a previsibilidade, estabilidade e segurança jurídica necessária de suas decisões. Houve julgados que conflitavam sobre uma mesma hipótese de fato e de direito numa mesma sessão de julgamento e essa circunstância se reproduzia no âmbito do TST, em hipótese em que ambos os recursos de revista interpostos não eram objeto de conhecimento ou trancados e não providos os respectivos agravos de instrumento por força de aspectos técnicos no aparelhamento e exame dos respectivos recursos.

Essa instabilidade tornou-se rotina, acentuando a natureza atomizada dos julgamentos na esfera do Tribunal Superior do Trabalho e a função revisional de suas decisões, tendo a jurisprudência, nesta última hipótese, servido como meio de controle das decisões regionais e não como fim, de molde a possibilitar a estabilização do entendimento jurisprudencial e a fixação de uma decisão-modelo com vistas à criação de um comportamento a ser adotado pela sociedade e, em especial, pelas partes em casos semelhantes. Além disso, os recursos se multiplicaram em face da instabilidade das decisões, com efeitos devastadores para o Tribunal Superior do Trabalho, considerando a existência de vinte e quatro Tribunais Regionais e nenhuma previsibilidade de suas decisões.

---

16 Art. 896, alínea a da CLT: "derem ao mesmo dispositivo de lei federal interpretação diversa da que lhe houver dado **o mesmo** ou outro Tribunal Regional, através do Pleno ou de Turmas, ou a Seção do Dissídios Individuais do Tribunal Superior do Trabalho, salvo se a decisão recorrida estiver em consonância com Enunciado de Súmula de jurisprudência Uniforme do Tribunal Superior do Trabalho".(grifo nosso)

Mesmo assim, os Tribunais resistiram à uniformização da jurisprudência porque, embora naquela época a legislação já aludisse à obrigatoriedade da uniformização da jurisprudência, não havia instrumentos para realizá-la nem uma alteração paradigmática na cultura jurídica e processual, como se procedeu a partir da vigência da Lei nº 13.015/14 e da perspectiva da vigência do novo Código de Processo Civil.

Com efeito, antecipando-se ao novo Código de Processo Civil, a Lei nº 13.015/14, além de reiterar a obrigatoriedade da uniformização da jurisprudência no âmbito dos Tribunais Regionais do Trabalho, estabeleceu um mecanismo de operacionalização dessa conduta. Dispôs que o incidente de uniformização da jurisprudência é o procedimento previsto para esse fim na esfera dos Tribunais Regionais, como concedeu poderes ao Relator do recurso no TST para determinar o retorno dos autos à origem para a adoção do procedimento de uniformização, caso constatada a existência de decisões atuais e conflitantes no âmbito de um mesmo Tribunal Regional[17]. Reforçando a obrigatoriedade da uniformização, também as partes e o Ministério Público poderão suscitar a existência da divergência e a necessidade de estabilização do entendimento sobre o tema objeto do recurso[18].

Não bastassem essas hipóteses, o parágrafo 5º do artigo 896 da CLT impõe aos Presidentes dos Tribunais Regionais do Trabalho, ou aos seus Vice-Presidentes o dever de obstaculizar o seguimento do recurso de revista, quando da realização da respectiva admissibilidade, se houver a constatação atual de divergência no âmbito de seus órgãos fracionários no tema objeto do recurso, de maneira a transformá-los nos gestores da uniformização da jurisprudência interna, afastando a interferência hierárquica do Tribunal Superior do Trabalho e promovendo a pacificação do entendimento segundo as necessidades do Tribunal Regional e a sua autonomia administrativa e judicial.

Assim, como visto, na atualidade, a uniformização da jurisprudência ganha novos colores na Justiça do Trabalho, operando-se um giro legislativo, de maneira a tornar evidente que o incidente de uniformização não é de uma simples conveniência para o Tribunal Regional, mas uma realidade imposta com vistas à estabilidade, integridade e coerência sistêmica e social das decisões judiciais.

Fixadas essas questões, cabe-nos analisar a compatibilização do incidente de uniformização com a Lei nº 13.015/14, e a questão da uniformização após a revogação do CPC de 1973.

---

17 Parágrafo 4º do artigo 896 da CLT.
18 idem

6. O INCIDENTE DE UNIFORMIZAÇÃO DA JURISPRUDÊNCIA E SUA COMPATIBILIZAÇÃO COM A LEI 13.015/2014

A lei nº 13.015/14 refere-se expressamente ao incidente de uniformização da jurisprudência a que alude o Código de Processo Civil de 1973, Lei nº 5.869, topicamente inserido no Capítulo I do Título IX do Livro I, em especial, nos termos dos artigos 476 a 479 daquele diploma.

Hoje, essa é a regra para os Tribunais Regionais. Refiro-me até a edição do novo Código de Processo Civil.

Nesse hiato de tempo, deverão ser observadas algumas peculiaridades acerca do processamento e julgamento do incidente de uniformização, pois foi ele concebido para a prevenção da divergência jurisprudencial pelos Tribunais e não para a eliminação da divergência já existente.

Com efeito, o incidente de uniformização, tal como concebido, tem natureza preventiva, é facultativo, não tem natureza recursal e seu requerimento pela parte não vincula o órgão julgador.[19] Sua adequação aos fins previstos na legislação processual trabalhista conduz à sua utilização como instrumento para alcançar o desiderato legal, que é o de uniformizar a jurisprudência já reconhecida divergente no âmbito dos Tribunais Regionais.

Destarte, aplica-se a legislação processual de forma supletiva *ex vi legis*, pois reconhecidamente há omissão na CLT e intencionalmente determinou-se a incidência da legislação processual, cabendo apenas observar que a iniciativa amplia-se para além da figura do Juiz, alcançar as partes, cujo requerimento vincula em face do disposto na Lei nº 13.015/14, o Ministério Público, o Presidente ou Vice-presidente, quando exarar a decisão primeira de admissibilidade e o Relator do recurso no Tribunal Superior do Trabalho. Ainda segundo a legislação trabalhista, não obstante possa ser suscitado preventivamente nos termos em que concebido na lei instrumental civil, assume prioritariamente feição repressora da instabilidade da divergência interna nos tribunais. Isto por que, embora mantenha como característica sua natureza não recursal é pressuposto geral de admissibilidade do recurso de revista, pois constatada a divergência endógena não se abre ao relator no TST a possibilidade de prosseguir no julgamento, mas impõe-se a ele a determinação de retornar o feito ao Tribunal de origem para eliminar, suprimir, ou melhor, uniformizar a jurisprudência sobre o tema objeto do recurso. Daí se dizer que os Tribunais Regionais, a exemplo dos Tribunais Regionais Federais e de Justiça, passam a ter a função uniformizadora da jurisprudência, antes reservada apenas aos Tribunais Superiores[20].

---

19 MARINONI, Luiz Guilherme; MITIDIERO, Daniel. **Código de Processo Civil – Comentado artigo por artigo**. São Paulo: Editora Revista dos Tribunais, 2008, p.485.

20 MARINONI, Luiz Guilherme; MITIDIERO, Daniel; ARENHART, Sérgio Cruz. **Novo Código de Processo Civil Comentado**. São Paulo: Editora Revista dos Tribunais, 2015, p. 868-869.

No que concerne ao julgamento, é importante frisar que o procedimento insere-se na órbita da autonomia dos Tribunais Regionais, inclusive quanto ao disposto em seus Regimentos Internos, por isso que os Atos e Instruções Normativas editados pelo Tribunal Superior do Trabalho não dispuseram acerca do incidente de uniformização da jurisprudência, sob pena de invadir-se a esfera normativa das respectivas unidades jurisdicionais.

Não obstante esse aspecto, o julgamento será levado a efeito pelo Tribunal Pleno ou Órgão Especial, o que couber, havendo a distribuição para um Relator que, após a instrução do incidente e a oitiva do Ministério Público, proferirá decisão que, se acolhida pela maioria dos membros da Corte poderá ser convertida em Súmula ou se, por maioria simples, fixará a interpretação predominante a ser observada no processo em julgamento, como também pelos demais órgãos fracionários da Corte a partir de então.

Não se discute aqui a questão da constitucionalidade dos efeitos da decisão proferida pelo Tribunal Pleno ou Órgão Especial. A nosso juízo, segundo a sistemática imposta pela Lei nº 13.015/14, a decisão proferida no incidente substitui a decisão anterior do órgão fracionário, naquilo que se revela incompatível ou a confirme e, daí em diante, se em novo julgamento o órgão fracionário reiterar sua decisão superada pelo entendimento prevalecente ou a Súmula a respeito do tema objeto da decisão, caberá novamente ao órgão competente proceder à uniformização da jurisprudência antes de remeter o processo ao Tribunal Superior do Trabalho para análise do recurso de revista ou agravo de instrumento que impugna o tema objeto da decisão recalcitrante. Não há mais a possibilidade de se transferir ao Tribunal Superior do Trabalho essa divergência endógena, pois, através de decisão irrecorrível, o relator determinará, como já dito, a devolução dos autos ao Tribunal para uniformizar internamente o entendimento sobre a questão jurídica.

Impõe-se adotar, quando se trata da uniformização regional, a adoção, quando for o caso, da presença do amigo da corte ou amicus curiae, de forma a subsidiar e legitimar a decisão com a demonstração dos aspectos fáticos e jurídicos essenciais ao deslinde da controvérsia, além do amplo debate sobre a questão promovida não só pelas partes como pelos amici curiae.

Ao fim, é relevante salientar que para efeito do julgamento, a decisão deverá ser tomada em dois momentos distintos: o primeiro, a saber, para a apuração do resultado do julgamento, pela maioria constituída; o segundo, para a fixação dos motivos determinantes da tese consolidada pela maioria, para que se possa estabelecer as circunstâncias fáticas do precedente que motivaram sua edição. Com isso se possibilitará a sua adoção ou não em casos repetitivos ou semelhantes pelos demais órgãos jurisdicionais do respectivo Tribunal.

Resta agora apurar o que se sucederá em face da edição do novo Código de Processo Civil com a revogação do Código de 1973 e a supressão formal do Incidente de Uniformização da jurisprudência.

A remissão à supletividade da aplicação da legislação processual comum ao processo do trabalho impõe, de plano, o reconhecimento de que o § 3º do artigo 896 da CLT não é restritivo quanto à incidência supletiva dos institutos do processo civil. Como vimos acima, o Incidente de Resolução de Demandas Repetitivas passa a incidir no processo do trabalho, nos moldes da Lei nº 13.105/15. Ao lado dele, o Incidente de Assunção de Competência, previsto no § 4º do artigo 947 do novo diploma e o próprio incidente de uniformização, agora gizado pelos Regimentos Internos dos Tribunais, por exigência da Lei 13.015/14, como também já abordado acima.

Resta-nos uma breve exposição sobre o incidente de assunção de competência previsto no novo diploma processual.

José Miguel Garcia Medina leciona que o incidente de uniformização da jurisprudência não foi previsto no novo CPC, mas observa que o novo diploma dá *"nova configuração à assunção de competência (referida no art. 555, §§ 1º a 3º do CPC/73). O NCPC prevê a assunção de competência obrigatória, ampla e vinculante"*.[21]

De fato, trata-se de poderosa ferramenta processual que permite aos tribunais, independentemente da repetição de questões ou demandas, como quer a lei, a uniformização do entendimento acerca de questão jurídica relevante na esfera da jurisdição do Tribunal respectivo. Vale observar que o novo CPC impõe a observância das decisões proferidas tanto nas hipóteses do Incidente de Resolução de Demandas Repetitivas, quanto na Assunção de Competência (arts. 489, § 1º, incisos V e VI; 927, § 3º; 947, § 3º e 985, incisos I e II).

Eis aí uma breve anotação das implicações da uniformização da jurisprudência no âmbito dos Tribunais Regionais do Trabalho e a sua compatibilização com a vigente legislação processual e a vindoura. Trata-se de tema novo e complexo que demandará a prudência e a inteligência de juízes, advogados e cultores do direito e, as linhas ora traçadas não têm o intuito ou a pretensão de esgotar o tema, mas apenas de provocar a reflexão e a visão de um novo horizonte, onde muito ainda há a percorrer.

7. CONCLUSÃO

A Lei nº 13.015/14 descerrou um novo horizonte. Precursora de uma nova era, antecipa-se ao novo Código de Processo Civil, cuja estrutura, concepção e princípios introduzem no sistema jurídico nacional os precedentes, rompendo

---

21 MEDINA, José Miguel Garcia. **CPC – Código de Processo Civil Comentado**. São Paulo: Editora Revista dos Tribunais, 2011, p. 481-482.

assim com a tradição romano-germânica do direito, em especial, com a vinculação exclusiva do juiz à lei, que agora se soma aos precedentes, como fontes formais primárias.

A exigência de um novo judiciário que dê vazão às novas demandas da sociedade de massas, à rapidez necessária à formulação de relações obrigacionais sólidas e eficazes, à solução ágil de conflitos e, sobretudo, à estabilidade e previsibilidade das relações jurídicas de um modo geral, tem evidenciado que é imprescindível a descoberta de novos caminhos jurídicos para enfrentar a crise que assola o judiciário desde a década de 1980 no Brasil. Cada vez menos responde aos anseios da sociedade brasileira, comprometendo sua legitimidade e credibilidade, o que justifica a utilização crescente de equivalentes jurisdicionais como forma de fuga do estrangulamento a que se submetem os Tribunais brasileiros.

A introdução dos princípios constitucionais com a sua força normativa, a abertura das cláusulas gerais e dos conceitos indeterminados no sistema infraconstitucional e, sobretudo, a mudança do papel do juiz - de intérprete legal amparado na clássica subsunção para o juiz que cria a norma do caso concreto - conduziram à formulação de uma legislação instrumental que se preocupasse com a segurança jurídica e a igualdade de todos perante a lei. Nessas circunstâncias, o ingresso dos precedentes pode produzir um resultado satisfatório para o judiciário nacional, mas muito mais eficiente o será para o jurisdicionado, que hoje vive à mercê da insegurança e da máxima conflituosidade.

É preciso uma mudança cultural e de paradigmas para que possamos experimentar o novo tempo. Como está não é possível mais. Sob o dogma inafastável do livre convencimento motivado, o juiz tornou-se mais importante do que a própria função jurisdicional, que se traduz na pacificação dos conflitos na sociedade e que se revela na estabilidade das relações intersubjetivas e prospecta verdadeira evolução econômica e social, quando não no patamar de civilidade e de evolução de uma nação. É preciso pensar assim, senão não seremos capazes de compreender o momento pelo qual passamos.

Há críticas acendradas contra a lei e o novo código, mas não devemos esquecer que as piores críticas são aquelas que revelam a ineficiência, frise-se, não desejada pelos seus membros, de um poder do estado sobrecarregado e afetado por toda uma nova gama de direitos e mutações relacionais céleres.

Na esfera do Processo do Trabalho, como visto, há instrumentos que possibilitam alcançar esse desiderato. Aos Tribunais Regionais mantêm-se o incidente de uniformização da jurisprudência, o incidente de resolução de demandas repetitivas e a assunção de competência. Delega-se aos Tribunais a importante tarefa de uniformizar a jurisprudência na esfera de sua jurisdição, aproximando-o dos seus jurisdicionados e de seus conflitos locais que, muitas vezes, sequer alcançarão o Tribunal Superior do Trabalho em face da nova conformação jurídica, valorizando com isso a formulação e a certificação do direito mediante profundo debate nas instâncias ordinárias, que possuem a ampla possibilidade de aferir as circunstâncias de fato e de direito. Fortalecem-se, assim, as decisões prolatadas pelos Tribunais Regionais, hoje objeto de um sem número de recursos, postergando indefinidamente a solução dos conflitos que afluem para o Tribunal Superior do Trabalho. São eles ainda capazes de gerenciar e resolver seus próprios conflitos sem uma intervenção de controle de legalidade da instância extraordinária, por seus próprios órgãos jurisdicionais.

É preciso compreender que se não apostarmos no novo, os caminhos trilhados até então não nos levarão a lugar algum. A partir do momento em que se tem a certeza quanto à completa falibilidade do sistema atual, há de se ter coragem para assumir a incerteza da mudança, já que os riscos são também esperanças.

8. REFERÊNCIAS BIBLIOGRÁFICAS

BRANDÃO, Cláudio Mascarenhas. **Reforma do Sistema Recursal Trabalhista – Comentários à Lei 13.015/2014**, São Paulo: ed. LTR, 2015.

MARINONI, Luiz Guilherme; MITIDIERO, Daniel. **Código de Processo Civil – Comentado artigo por artigo.** São Paulo: Editora Revista dos Tribunais, 2008.

MARINONI, Luiz Guilherme; MITIDIERO, Daniel; ARENHART, Sérgio Cruz. **Novo Código de Processo Civil Comentado– vol. 1 e 2**. São Paulo: Editora Revista dos Tribunais, 2015.

MATOSO, Alex; BALEEIRO, Diógenes; LOPES, Joana; NETO, Luiz Philippe; PAOLIELLO, Patrícia; CÂMARA, Thaís. **APPNCPC – Novo Código de Processo Civil Comentado, Comparado e Debatido**. Editora APPS-BOOKS, 2015.

MEDINA, José Miguel Garcia. **CPC – Código de Processo Civil Comentado.** São Paulo: Editora Revista dos Tribunais, 2011.

MENDES, Aluisio Gonçalves de Castro; TEMER, Sofia. **O incidente de resolução de demandas repetitivas do Novo Código de Processo Civil**. Revista de Processo – vol. 243. Ano 40. São Paulo: Editora Revista dos Tribunais, maio 2015.

MENDES, Aluisio Gonçalves de Castro; TEMER, Sofia. **O incidente de resolução de demandas repetitivas do Novo Código de Processo Civil**. Revista de Processo – vol. 243. Ano 40. São Paulo: Editora Revista dos Tribunais, maio 2015.

NUNES, Dierle. **O IRDR do novo CPC: este "estranho" que merece ser compreendido**. Disponível em: http://justificando.com/2015/02/18/o-irdr-novo-cpc-este-estranho-que-merece-ser-compreendido. Acesso: 30/09/2015.

THEODORO JR., Humberto; NUNES, Dierle; BAHIA, Alexandre Melo Franco; PEDRON, Flávio Quinaud. **NOVO CPC – Fundamentos e Sistematização**. Rio de Janeiro: Forense, 2015.

WAMBIER, Teresa Arruda Alvim Wambier...[et al.], coordenadores. **Breves Comentários ao Novo Código de Processo Civil**. São Paulo: Editora Revista dos Tribunais, 2015.

Capítulo 60

INCIDENTE DE JULGAMENTO DE RECURSOS DE REVISTA REPETITIVOS

Cláudio Brandão[1]

SUMÁRIO: 1. INTRODUÇÃO; 2. APLICAÇÃO SUPLETIVA DO CPC; 3. FORMAÇÃO DO PRECEDENTE – UNIDADE SISTÊMICA: RACIONALIDADE DO SISTEMA – E REGRAS GERAIS; 3.1. ORDEM CRONOLÓGICA DE JULGAMENTOS; 4. PROCESSAMENTO DO INCIDENTE; 4.1. EFEITOS DA DECISÃO DE AFETAÇÃO; 4.2. INSTRUÇÃO; 4.3. JULGAMENTO E EFEITOS: VINCULAÇÃO, DISTINÇÃO E SUPERAÇÃO; 4.4. QUESTÃO CONSTITUCIONAL; 5. REFERÊNCIAS.

1. INTRODUÇÃO

Entre as muitas características que marcam a sociedade atual, notadamente no Brasil, destaca-se o elevado grau de litigiosidade, fenômeno que, há muito, provoca o crescimento exponencial do número de processos que chegam às portas do Poder Judiciário, o que pode ser facilmente comprovado pelos dados anualmente divulgados pelo Conselho Nacional de Justiça, por meio do Programa Justiça em Números, relacionados às demandas que ingressam na primeira instância, as quais se desdobram em recursos interpostos das decisões proferidas e abarrotam os escaninhos – ainda que digitais – dos tribunais de segundo grau e superiores, e justificam a manifestação contida no relatório "Justiça em Números – 2014":

> "Tramitaram aproximadamente 95,14 milhões de processos na Justiça, sendo que, dentre eles, 70%, ou seja, 66,8 milhões já estavam pendentes desde o início de 2013, com ingresso no decorrer do ano de 28,3 milhões de casos novos (30%). É preocupante constatar o progressivo e constante aumento do acervo processual, que tem crescido a cada ano, a um percentual médio de 3,4%. Some-se a isto o aumento gradual dos casos novos, e se tem como resultado que o total de processos em tramitação cresceu, em números absolutos, em quase 12 milhões em relação ao observado em

---

[1] Ministro do Tribunal Superior do Trabalho. Mestre em Direito pela Universidade Federal da Bahia – UFBA. Membro da *Associacion Iberoamericana de Derecho del Trabajo* e do Instituto Baiano de Direito do Trabalho. Membro eleito da Academia Brasileira de Direito do Trabalho. Professor convidado da Escola Nacional de Formação e Aperfeiçoamento de Magistrados do Trabalho – ENAMAT e da Escola Judicial do Tribunal Regional do Trabalho da 5ª Região. Professor convidado da Pós-Graduação da Faculdade Baiana de Direito.
Disponível em: < ftp://ftp.cnj.jus.br/Justica_em_Numeros/relatorio_jn2014.pdf>. Acesso em: 30 Mai. 2015.

2009 (variação no quinquênio de 13,9%). Apenas para que se tenha uma dimensão desse incremento de processos, a cifra acrescida no último quinquênio equivale a soma do acervo total existente, no início do ano de 2013, em dois dos três maiores tribunais da Justiça Estadual, quais sejam: TJRJ e TJMG."[2]

Não é objeto do presente trabalho a análise das causas desse fenômeno, mas, entre muitas, pode ser apontada a ocorrência de lesões de massa – compreendidas como as que atingem, de uma só vez, grupos ou coletividade de pessoas –, motivadas pelos mais diversos fatores, a exemplo das que atingem consumidores[3] e trabalhadores.[4]

Esse estado de coisas quase caótico, de outro modo, compromete o princípio constitucional que assegura a cada cidadão o direito fundamental à duração razoável do processo (art. 5º, LXXVIII[5]) e contribui para o crescimento do sentimento de injustiça, diante da ausência de solução rápida e efetiva, e de descrença no Judiciário, como Poder do Estado, pela impossibilidade de responder às demandas, além de afetar o modelo de tutela individual, clássica do processo dos séculos XVIII e XIX, como assinala Raimundo Simão de Melo:[6]

> "As relações interpessoais na sociedade contemporânea se intensificaram e tornaram o tecido social, antes apenas individualista, numa sociedade de massa e os grupos organizados ganharam voz e força. Hoje os movimentos sociais instigam as massas e o vigor de sua coesão, incentivando sua atuação e fortalecimento. Com isso, surgiu a necessidade da tutela coletiva, com instrumentos de defesa dos interesses da coletividade, por meio das ações coletivas."

O fenômeno aludido – da coletivização das ações como modalidade de resposta para as demandas de massa –, segundo abalizada doutrina,[7] é criação judicial alemã, nas décadas de 1960, 1970 e 1980, com a adoção do denominado

---

[2] Disponível em: < ftp://ftp.cnj.jus.br/Justica_em_Numeros/relatorio_jn2014.pdf>. Acesso em: 30 Mai. 2015.

[3] Recordem-se as milhares, quiçá milhões, de ações ajuizadas na década de 1990, nas quais foram discutidos percentuais de reajustes das prestações dos contratos de financiamento habitacional atrelados à equivalência salarial.

[4] Exemplo típico foram as demandas relacionadas ao direito aos reajustes salariais suprimidos ou alterados pelos Planos Econômicos das décadas de 1980 a 2000.

[5] "LXXVIII a todos, no âmbito judicial e administrativo, são assegurados a razoável duração do processo e os meios que garantam a celeridade de sua tramitação." (Incluído pela Emenda Constitucional nº 45, de 2004)

[6] MELO, Raimundo Simão de. *Coletivização das ações individuais no âmbito da Justiça do Trabalho*. Disponível em: < http://www.conjur.com.br/2014-out-03/reflexoes-trabalhistas-coletivizacao-acoes-individuais-ambito-justica-trabalho>. Acesso em: 30 Mar. 2015.

[7] A afirmação constou de palestra proferida no TST por Aluísio Gonçalves de Castro Mendes, Desembargador Federal do TRF da 2ª Região, sob o título "Sistema de Solução dos Recursos Repetitivos", durante o simpósio "O Novo CPC e o Processo do Trabalho", organizado pela Escola Nacional de Formação e Aperfeiçoamento de Magistrados – ENAMAT, nos dias 15 e 16 de setembro de 2014.

Musterverfahren, procedimento-modelo,[8] forma de reação ao elevado número de objeções formuladas por pessoas contrárias à construção de centrais nucleares e aeroportos em várias cidades importantes da Alemanha, as quais chegaram a alcançar 100.000 impugnações administrativas, perante a administração pública, e, posteriormente, ao Poder Judiciário.

Ainda segundo Aluísio Gonçalves de Castro Mendes, o Tribunal de 1º grau de Munique recebeu 5.724 reclamações voltadas contra a obra do aeroporto daquela Cidade e adotou o aludido procedimento-modelo, consistente na seleção de trinta casos como amostra representativa, nos quais foram apreciadas as questões jurídicas e fixada a *ratio decidendi*,[9] aplicada aos demais processos que se encontravam suspensos.

A iniciativa despertou intenso debate no meio jurídico. De um lado, críticas, sob o fundamento de não haver sido observado o devido processo legal, no julgamento dos demais processos; de outro, elogios, em especial pela criatividade, capaz de solucionar o problema, sem o risco de decisões contraditórias.

Em 1980, a Corte Constitucional Alemã pronunciou-se no sentido da constitucionalidade do procedimento da escolha dos casos e de suspensão dos demais processos. Finalmente, em 1991, o legislador chancelou-o, para a justiça administrativa, em 2005, regulamentou-o no âmbito do mercado mobiliário[10] e, em 2008, para toda a Justiça Social, responsável pelos casos de previdência social na Alemanha.[11]

O autor, em texto de autoria com Larissa Clare Pochmann da Silva, também menciona a previsão, nos Estados Unidos, desde 1968, do *Multidristrict Litigation Panel*, órgão encarregado da solução coletiva de conflitos, procedimento próprio para demandas de massa, envolve um ou mais ações com questões comuns de fato e de direito em matérias como desastres aéreos ou comuns, propriedade intelectual, responsabilidade por produtos colocados no mercado e relações de trabalho, e, em 2000, na Inglaterra, a previsão, no primeiro Código de Processo Civil editado, das decisões de litígios de grupo (*Group Litigation*

---

8   Também chamado de causas-piloto ou processos-teste.

9   Segundo Fredie Didier Jr., Paula Sarno Braga e Rafael Alexandria de Oliveira: "A *ratio decidendi* – ou, para os norte-americanos, a *holding* – são os fundamentos jurídicos que sustentam a decisão; a opção hermenêutica adotada na sentença, sem a qual a decisão não teria sido proferida como foi; trata-se da tese jurídica acolhida pelo órgão julgador no caso concreto. 'A *ratio decidendi* (...) constitui a essência da tese jurídica suficiente para decidir o caso concreto (*rule of law*)". Ela é composta: (i) da indicação dos fato relevantes da causa (*statement of material facts*), (ii) do raciocínio lógico-jurídico da decisão (*lesal reasoning*) e (iii) do juízo decisório (*judgement*)." (DIDIER Jr., Fredie; BRAGA, Paula Sarno; DE OLIVEIRA, Rafael Alexandria. *Curso de direito processual civil*. V. 2. 9ª ed. Salvador: JusPodivm, 2015. p. 406-407).

10 Lei de Introdução do Procedimento-Modelo para os investidores em mercados de capitais (*Gesetz zur Einführung von Kapitalanleger-Musterverfahren*, abreviada para KapMuG)

11 Informações extraídas da palestra mencionada acima.

Order) e demanda-teste (*test claim*) que envolvem questões comuns de fato ou de direito[12].

No Brasil, procedimento semelhante teve lugar com a repercussão geral, introduzida pela Emenda Constitucional n° 45/2004, que acrescentou o § 3° ao art. 102 da Constituição, e, posteriormente, por meio da Lei n° 11.418/2006, que introduziu o art. 543-B no CPC, em cujo § 1° é prevista a possibilidade de o Tribunal de origem selecionar, para remessa ao Supremo Tribunal Federal, um ou mais recursos representativos, quando houver multiplicidade deles com fundamento em idêntica controvérsia,[13] o que foi regulamentado pela Emenda Regimental n° 21, de 03/05/2007 e pela Portaria n° 138, de 23/07/2009, ambas do STF.

Posteriormente, também no âmbito do Superior Tribunal de Justiça e em outra reforma pela qual passou o CPC, neste caso por intermédio da Lei nº 11.672/2008, o procedimento passou a fazer parte do julgamento dos recursos especiais, em face da alteração do art. 543-C,[14] objeto de regulamentação por meio das Resoluções n° 08, de 07/08/2008, do STJ e n° 160, de 19/12/2012, do CNJ, esta última sobre a organização do Núcleo de Repercussão Geral e Re-

---

[12] MENDES, Aluisio Gonçalves de Castro; SILVA, Larissa Clare Pochmann da. Precedente e IRDR: algumas considerações. In.: DIDIER Jr., et al (coord.). *Precedentes*. Coleção Grandes Temas do CPC. v. 3. Salvador: Juspodivm, 2015. p. 574-575.

[13] "Art. 543-B. Quando houver multiplicidade de recursos com fundamento em idêntica controvérsia, a análise da repercussão geral será processada nos termos do Regimento Interno do Supremo Tribunal Federal, observado o disposto neste artigo." (Incluído pela Lei nº 11.418, de 2006).
§ 1° Caberá ao Tribunal de origem selecionar um ou mais recursos representativos da controvérsia e encaminhá-los ao Supremo Tribunal Federal, sobrestando os demais até o pronunciamento definitivo da Corte. (Incluído pela Lei nº 11.418, de 2006).

[14] "Art. 543-C. Quando houver multiplicidade de recursos com fundamento em idêntica questão de direito, o recurso especial será processado nos termos deste artigo. (Incluído pela Lei nº 11.672, de 2008).
§ 1° Caberá ao presidente do tribunal de origem admitir um ou mais recursos representativos da controvérsia, os quais serão encaminhados ao Superior Tribunal de Justiça, ficando suspensos os demais recursos especiais até o pronunciamento definitivo do Superior Tribunal de Justiça. (Incluído pela Lei nº 11.672, de 2008).
§ 2° Não adotada a providência descrita no § 1° deste artigo, o relator no Superior Tribunal de Justiça, ao identificar que sobre a controvérsia já existe jurisprudência dominante ou que a matéria já está afeta ao colegiado, poderá determinar a suspensão, nos tribunais de segunda instância, dos recursos nos quais a controvérsia esteja estabelecida. (Incluído pela Lei nº 11.672, de 2008).
§ 3° O relator poderá solicitar informações, a serem prestadas no prazo de quinze dias, aos tribunais federais ou estaduais a respeito da controvérsia. (Incluído pela Lei nº 11.672, de 2008).
§ 4° O relator, conforme dispuser o regimento interno do Superior Tribunal de Justiça e considerando a relevância da matéria, poderá admitir manifestação de pessoas, órgãos ou entidades com interesse na controvérsia. (Incluído pela Lei nº 11.672, de 2008).
§ 5° Recebidas as informações e, se for o caso, após cumprido o disposto no § 4° deste artigo, terá vista o Ministério Público pelo prazo de quinze dias. (Incluído pela Lei nº 11.672, de 2008).
§ 6° Transcorrido o prazo para o Ministério Público e remetida cópia do relatório aos demais Ministros, o processo será incluído em pauta na seção ou na Corte Especial, devendo ser julgado com preferência sobre os demais feitos, ressalvados os que envolvam réu preso e os pedidos de *habeas corpus*. (Incluído pela Lei nº 11.672, de 2008).

cursos Repetitivos, não apenas nesse Tribunal, como também nos demais Tribunais Superiores, Tribunais de Justiça dos Estados e do Distrito Federal e nos Tribunais Regionais Federais.

Em 2014, mais uma iniciativa na direção do conhecido sistema do *common law*. Foi editada a Lei nº 13.015/2014 que, além de antecipar algumas das novidades contempladas no Novo CPC,[15] introduziu-o de modo pioneiro e definitivo na Justiça do Trabalho e certamente inspirada na ideia de criar solução de massa para as demandas igualmente de massa, marca da sociedade brasileira, como assinalado.

Finalmente, em 2015, aprovado o novo Código de Processo Civil (Lei n. 13.105/2015) que consolida, de modo definitivo, o sistema, regulamentando de forma exaustiva o julgamento de casos repetitivos.

A análise comparativa dos reflexos produzidos pelo Novo CPC no processamento dos Recursos de Revista repetitivos permite concluir, inicialmente, que muito pouco consistirá verdadeiramente novidade e por vários motivos.

O primeiro deles é a inspiração comum de ambos: introdução de forma plena, no sistema jurídico brasileiro, da teoria dos precedentes judiciais e a sua força obrigatória.

O segundo, são os princípios igualmente semelhantes que orientaram o legislador. Procura-se alcançar a segurança jurídica; a igualdade entre os cidadãos; a previsibilidade e coerência na atuação do Poder Judiciário, como consequência da interpretação idêntica para a mesma regra jurídica; o respeito à hierarquia, diante da tese jurídica fixada pelos Tribunais Superiores; a economia processual e a maior eficiência, neste caso, em face da possibilidade de julgamento de grande número de processos.

O terceiro diz respeito à grande semelhança de conteúdo entre os dois diplomas legais, observadas algumas singularidades da lei processual trabalhista.

Quarto, o fato de haver sido editado o Ato nº 491/2014 que, a título de regulamentar, em linhas gerais, o novo procedimento, complementou-o com disposições contidas no Novo CPC, cuja vigência transportará para o plano da lei as

---

§ 7º Publicado o acórdão do Superior Tribunal de Justiça, os recursos especiais sobrestados na origem: (Incluído pela Lei nº 11.672, de 2008).I - terão seguimento denegado na hipótese de o acórdão recorrido coincidir com a orientação do Superior Tribunal de Justiça; ou (Incluído pela Lei nº 11.672, de 2008).
II - serão novamente examinados pelo tribunal de origem na hipótese de o acórdão recorrido divergir da orientação do Superior Tribunal de Justiça. (Incluído pela Lei nº 11.672, de 2008).
§ 8º Na hipótese prevista no inciso II do § 7º deste artigo, mantida a decisão divergente pelo tribunal de origem, far-se-á o exame de admissibilidade do recurso especial. (Incluído pela Lei nº 11.672, de 2008).
§ 9º O Superior Tribunal de Justiça e os tribunais de segunda instância regulamentarão, no âmbito de suas competências, os procedimentos relativos ao processamento e julgamento do recurso especial nos casos previstos neste artigo." (Incluído pela Lei nº 11.672, de 2008).

15 Lei n. 13.105, de 16 de março de 2015.

regras que, de forma antecedente, foram originadas de ato interno do Tribunal Superior do Trabalho.

Esse Ato foi complementado e parcialmente retificado pela Instrução Normativa n. 38, instituída por meio da Resolução n. 201, de 10 de novembro de 2015, que, para resolver questões ainda pendentes referentes à tramitação do novo incidente, cuidou de ampliar a incorporação de dispositivos previstos no CPC aplicáveis no âmbito do TST, observadas as peculiaridades do processo do trabalho, trabalho este a cargo de Comissão composta pelos Ministros Aloysio Corrêa da Veiga, que a presidiu, Luiz Philippe Vieira de Mello Filho e José Roberto Freire Pimenta.

Portanto, no presente trabalho, não se fará a análise da Lei nº 13.015/2014, objeto, aliás, de obra anteriormente publicada.[16] Optou-se pela apreciação dos dispositivos do Novo CPC que afetam o procedimento trabalhista ou com ele são incompatíveis, de maneira a aferir o grau de interseção da sistemática adotada nos dois diplomas normativos.

2. APLICAÇÃO SUPLETIVA DO CPC

> Art. 15. Na ausência de normas que regulem processos eleitorais, trabalhistas ou administrativos, as disposições deste Código lhes serão aplicadas supletiva e subsidiariamente.

Esse é um dos dispositivos do NCPC que mais debates tem suscitado na seara trabalhista entre magistrados e doutrinadores e, em torno dele, diversas teses têm ocupado lugar de destaque em palestras, artigos e livros que analisam o tema.

Cite-se, a respeito, a lição de Edilton Meireles, para quem não há como serem estudadas as regras de competência, legitimidade, capacidade, invalidade processual, procedimento, jurisdição, ação, relação jurídica processual, provas, impugnações, dentre outros institutos no processo do trabalho, de maneira diversa do que se faz no processo civil e, especificamente quanto ao dispositivo em foco, após afirmar ser a subsidiariedade caracterizada pela possibilidade de aplicação de normas provenientes de outras fontes, diante da ausência plena de dispositivo específico capaz de solucionar o impasse, ou lacuna absoluta, afirma, quanto ao caráter supletivo, também previsto no dispositivo citado:

> "Para fins de direito processual, no entanto, essa definição não se adequa aos fins previstos no art. 15 do novo CPC. Daí porque se pode ter que a regra supletiva processual é aquela que visa a complementar uma regra principal (a regra mais especial incompleta). Aqui não se estará diante de uma lacuna absoluta do complexo normativo. Ao contrário, estar-se-á diante da

---

16 BRANDÃO, Cláudio. *Reforma do sistema recursal trabalhista: comentários à Lei n. 13.015/2014*. São Paulo: LTr, 2015.

presença de uma regra, contida num determinado subsistema normativo, regulando determinada situação/instituto, mas cuja disciplina não se revela completa, atraindo, assim, a aplicação supletiva de outras normas."[17]

Pensadores como Sérgio Torres[18] apontam que o comando da incidência de normas alienígenas será traçado a partir do artigo 769 da CLT, no sentido da observância dos princípios e limites específicos do processo do trabalho.

Há muito, Luciano Athayde Chaves, assinalava a importância do diálogo das fontes próprias do processo do trabalho com as provenientes do processo civil, em busca da maior efetividade e alcance dos seus objetivos. Para ele, a omissão mencionada no art. 769 da CLT deve ser interpretada à luz das modernas teorias das lacunas, de modo a preservar a efetividade do Direito Processual do Trabalho e permitir a sua revitalização, a partir do influxo de novos valores, princípios, técnicas, institutos e ferramentas que lhe conservem a celeridade e viabilizem o atingimento dos seus objetivos.[19]

Esse pensamento é compartilhado por Carolina Tupinambá, que sintetiza:

> "Com frequência, os termos "aplicação supletiva" e "aplicação subsidiária" têm sido usados como sinônimos, quando, na verdade, não o são. Aplicação subsidiária significa a integração da legislação subsidiária na legislação principal, de modo a preencher as lacunas da lei principal, enquanto a aplicação supletiva remete à complementação de uma lei por outra.
>
> A integração do Direito a serviço do preenchimento de lacunas do ordenamento poderá neutralizar (i) lacunas normativas, quando ausente norma para subsunção ao caso concreto; (ii) lacunas ontológicas, em casos de existência de lei envelhecida e incompatível com a realidade e respectivos valores sociais, políticos e econômicos; e (iii) lacunas axiológica, se a aplicação da lei existente revelar-se manifestamente injusta para solução do caso.
>
> A aplicação supletiva e subsidiária determinada pelo artigo 15, portanto, atendidos os *standarts* acima contextualizados, importa admitir, em prol da efetividade como fim unitário do direito processual, que a regulamentação do novo CPC colmatará lacunas normativas, ontológicas e axiológicas das demais legislações especiais de índole processual, as quais não se acomodarão com interpretações isoladas ou apegadas à eventual reputação de autonomia de seus respectivos ramos de processo. Doravante, a partir da literalidade do artigo 15 do Código, a construção de soluções de aparentes antinomias do ordenamento do direito processual como um todo não se desvendará exclusivamente pelo critério de especialidade.

---

17 MEIRELES, Edilton. *O novo CPC e sua aplicação supletiva e subsidiária no processo do trabalho*. In.: BRANDÃO, Cláudio; MALLET, Estêvão (org.). *Repercussões do novo cpc: processo do trabalho*. Salvador: Juspodivm, 2015. p. 15..

18 Desembargador do Trabalho do TRT de Pernambuco, Professor e Doutor em Direito, em aula proferida para servidores do meu Gabinete sobre Tutela Antecipada.

19 CHAVES, Luciano Athayde. Interpretação, aplicação e integração do direito processual do trabalho. In.: CHAVES, Luciano Athayde (org.). *Curso de direito processual do trabalho*. 2ª ed. São Paulo: LTr, 2012. p. 69.

A partir do artigo 15 do novo Código de Processo Civil, inaugura-se diálogo sistemático de complementariedade e subsidiariedade de antinomias aparentes ou reais, permitindo-se, ainda, o reconhecimento de uma relação complementar entre leis integrantes de microssistemas supostamente conflitantes. Exsurge, portanto, dinâmica de coordenação entre as leis, culminando até mesmo na possibilidade de aproveitamento recíproco de disposições."[20]

Com maior ou menor amplitude, porém, não há como se negar que o cenário é novo, ou seja, a linha evolutiva traçada, há algum tempo, pela doutrina especializada trabalhista[21] foi encampada pelo legislador, e o julgador, doravante, dispõe de um rico arsenal normativo do qual pode se valer para tornar efetivo o processo do trabalho, observado o alerta feito por Edilton Meireles:

"Contudo, duas ressalvas devem ser postas de modo a não incidir a regra supletiva mesmo quando diante de uma suposta omissão. Primeiro porque, da norma mais especial se pode extrair a impossibilidade de aplicação da regra supletiva dada a própria disciplina da matéria. Tal ocorre quando a legislação mais especial esgota a matéria, não deixando margem para aplicação supletiva.

[...]

A segunda ressalva a ser destacada é quando estamos de uma omissão que configura o silêncio eloquente. Silêncio eloquente é aquela situação na qual "a hipótese contemplada é a única a que se aplica o preceito legal, não se admitindo, portanto, aí o emprego da analogia" (STF, in RE 0130.552-5, ac. 1ª. T., Rel. Min. Moreira Alves, in LTr 55-12/1.442) ou de qualquer regra supletiva ou subsidiária."[22]

Some-se, como argumento final, que o art. 1.046, § 2º, do CPC expressamente preserva as "disposições especiais dos procedimentos regulados em outras leis", o que pode ser compreendido como a incluir a CLT e outras normas, tais como as Leis n. 5.584/70, 7.347/85, 8.078/90, 9.099/95 e 12.016/09, aos quais serão aplicados supletivamente os demais dispositivos nele previstos, segundo dicção do mesmo dispositivo.

Portanto, a meu sentir, no novo cenário normativo se observará o procedimento previsto na CLT, ou nas demais leis especiais aplicáveis ao processo do trabalho, e a compatibilidade com os princípios que lhe são inerentes,

---

20 TUPINAMBÁ, Carolina. *A aplicação do CPC ao processo do trabalho*. In.: BRANDÃO, Cláudio; MALLET, Estêvão (org.). *Repercussões do novo CPC: processo do trabalho*. Salvador: Juspodivm, 2015. p. 263-264..

21 Enunciado n. 66 aprovado na Primeira Jornada de Direito Material e Processual do Trabalho: "APLICAÇÃO SUBSIDIÁRIA DE NORMAS DO PROCESSO COMUM AO PROCESSO TRABALHISTA. OMISSÕES ONTOLÓGICA E AXIOLÓGICA. ADMISSIBILIDADE. Diante do atual estágio de desenvolvimento do processo comum e da necessidade de se conferir aplicabilidade à garantia constitucional da duração razoável do processo, os artigos 769 e 889 da CLT comportam interpretação conforme a Constituição Federal, permitindo a aplicação de normas processuais mais adequadas à efetivação do direito. Aplicação dos princípios da instrumentalidade, efetividade e não-retrocesso social."

22 MEIRELES, Edilton. Obra citada, p. 96-97.

a exemplo da oralidade, concentração dos atos processuais, inquisitoriedade, simplicidade, informalidade, economia processual e celeridade.

3. FORMAÇÃO DO PRECEDENTE – UNIDADE SISTÊMICA: RACIONALIDADE DO SISTEMA – E REGRAS GERAIS

Como afirmei em outra oportunidade, importante ponto a ser considerado na compreensão da reforma recursal diz respeito ao que se pode denominar de **Unidade Sistêmica**, introduzida na Lei nº 13.015/2014 e relacionada à imprescindibilidade de fixação de **tese jurídica prevalecente** nos tribunais sobre uma mesma questão jurídica. A partir da análise dos novos incidentes processuais por ela criados, ou dos antigos que foram alterados, pode-se concluir que, uma vez provocado, caberá ao tribunal eliminar a diversidade de interpretações possíveis em torno da questão jurídica posta ao seu exame e fixar uma única, a qual se imporá, de modo obrigatório, nos planos **horizontal** (internamente ao tribunal) e **vertical** (instâncias inferiores).

Tal assertiva é comprovada a partir do exame do sistema concentrado de formação de precedentes por ela concebido, o que nada mais é do que a antecipação do previsto no Novo CPC.

Leonardo Carneiro da Cunha e Fredie Didier Jr, ao dissertarem sobre o incidente de assunção de competência e nele identificarem pontos de contato com o julgamento de recursos repetitivos, assinalam comporem, ambos, o *microssistema de formação concentrada de precedentes obrigatórios*:

> "Há uma unidade e coerência sistêmicas entre o incidente de assunção de competência e o julgamento de casos repetitivos, cumprindo lembrar que o termo 'julgamento de casos repetitivos' abrange a decisão proferida em incidente de resolução de demandas repetitivas e em recursos repetitivos (CPC, art. 928).
>
> Em outras palavras, existe um *microssistema de formação concentrada de precedentes obrigatórios,* formado pelo incidente de assunção de competência e pelo julgamento de casos repetitivos. Suas respectivas normas intercomunicam-se e formam um microssistema, garantindo, assim, unidade e coerência. Para que se formem precedentes obrigatórios, devem ser aplicadas as normas que compõem esse microssistema, tal como se passa a demonstrar nos subitens a seguir destacados.
>
> O incidente de assunção de competência *não* pertence ao microssistema de gestão e julgamento de casos repetitivos (CPC, art. 928). A informação é relevante. O julgamento de casos repetitivos é gênero de incidentes que possuem natureza híbrida: servem para gerir e julgar casos repetitivos e, também, para formar precedentes obrigatórios. Por isso, esses incidentes pertencem a *dois* microssistemas: o de gestão e julgamento de casos repetitivos e o de formação concentrada de precedentes obrigatórios; o incidente de assunção de competência pertence apenas ao último desses microssistemas. Por isso, apenas as normas que dizem respeito à função de forma-

ção e aplicação de precedentes obrigatórios devem aplicar-se ao incidente de assunção de competência; as normas relativas à gestão e julgamento de casos repetitivos (como a paralisação de processos a espera da decisão paradigma) não se lhe aplicam."[23]

Portanto, vários são os aspectos semelhantes dos diversos incidentes processuais criados no NCPC, embora a análise se limite ao julgamento de recursos de revista repetitivos.

Embora seja inteiramente desnecessário, mostra-se prudente enfatizar que não se trata de um novo recurso, mas de incidente processual relativo à tramitação e julgamento do recurso de revista, com a peculiaridade de serem idênticas as questões nele veiculadas, que se repetem em diversos outros e autoriza a tramitação sob rito especial.

Em outro texto, Fredie Didier Jr. e Lucas Buril de Macêdo sinalizam para a alteração da concepção do julgamento sob a sistemática procedimental referida, ao destacarem o objetivo de definição da tese jurídica a ser adotada para julgá-los:

> "Não se decidem, apenas, os casos concretos trazidos ao Tribunal Superior do Trabalho, mas sim as questões jurídicas versadas em grande número de recursos de revista, repetitivamente. Há, em outras palavras, um procedimento que tem por principal objetivo a geração de um precedente, isto é, o que é efetivamente decidido no procedimento para julgamento de recursos repetitivos não são os casos em si, mas a tese que deve ser utilizada para julgá-los. Trata-se, portanto, de um **processo voltado à facilitação da decisão de um grupo de casos**."[24] (destaques postos)

A coerência e a força normativa do precedente judicial, se dúvidas pudessem haver, foram expressamente previstas no art. 926 do NCPC, que não apenas afirmou o dever de os tribunais uniformizarem a sua jurisprudência, à semelhança do que ocorre com o art. 896, § 3º, da CLT,[25] como o ampliou para que seja mantida "estável, íntegra e coerente":

> "Art. 926. Os tribunais devem uniformizar sua jurisprudência e mantê-la estável, íntegra e coerente.
>
> § 1º Na forma estabelecida e segundo os pressupostos fixados no regimento interno, os tribunais editarão enunciados de súmula correspondentes a sua jurisprudência dominante.

---

23 CUNHA, Leonardo Carneiro da. Didier Jr., Fredie. *Incidente de assunção de competência e o processo do trabalho*. In.: BRANDÃO, Cláudio; MALLET, Estêvão (org.). *Repercussões do novo cpc: processo do trabalho*. Salvador: Juspodivm, 2015. p. 593-594.

24 DIDIER Jr. Fredie; MACÊDO, Lucas Buril de. Reforma no processo trabalhista brasileiro em direção aos precedentes obrigatórios: a Lei n. 13.015/2014. *Revista do Tribunal Superior do Trabalho*. V. 21, n. 1. Rio de Janeiro: Imprensa Nacional, 2015. p. 153-154.

25 "§ 3º Os Tribunais Regionais do Trabalho procederão, obrigatoriamente, à uniformização de sua jurisprudência e aplicarão, nas causas da competência da Justiça do Trabalho, no que couber, o incidente de uniformização de jurisprudência previsto nos termos do Capítulo I do Título IX do Livro I da Lei nº 5.869, de 11 de janeiro de 1973 (Código de Processo Civil)".

§ 2º Ao editar enunciados de súmula, os tribunais devem ater-se às circunstâncias fáticas dos precedentes que motivaram sua criação."

Tais predicados possuem relação intrínseca com a garantia de isonomia na criação e interpretação dos precedentes. O primeiro, a **estabilidade**, diz respeito à necessidade de sua fiel observância, a fim de que sejam evitadas mudanças ocasionais de posicionamentos ou julgados que destoem do entendimento hegemônico, a exemplo do que se denomina, pejorativamente, no jargão forense, de "jurisprudência de verão", ou ocasional. A **integridade**, por sua vez, se relaciona com a preservação, na sua inteireza, da *ratio decidendi* neles contida; finalmente, a **coerência** toca à interpretação de temas conexos, pois, conquanto não decorram diretamente do que já foi decidido, devem guardar correspondência com os precedentes editados e seguir a mesma linha decisória neles adotada.

"Art. 927. Os juízes e os tribunais observarão:

I - as decisões do Supremo Tribunal Federal em controle concentrado de constitucionalidade;

II - os enunciados de súmula vinculante;

III - os acórdãos em incidente de assunção de competência ou de resolução de demandas repetitivas e em julgamento de recursos extraordinário e especial repetitivos;

IV - os enunciados das súmulas do Supremo Tribunal Federal em matéria constitucional e do Superior Tribunal de Justiça em matéria infraconstitucional;

V - a orientação do plenário ou do órgão especial aos quais estiverem vinculados.

§ 1º Os juízes e os tribunais observarão o disposto no art. 10 e no art. 489, § 1º, quando decidirem com fundamento neste artigo.

§ 2º A alteração de tese jurídica adotada em enunciado de súmula ou em julgamento de casos repetitivos poderá ser precedida de audiências públicas e da participação de pessoas, órgãos ou entidades que possam contribuir para a rediscussão da tese.

§ 3º Na hipótese de alteração de jurisprudência dominante do Supremo Tribunal Federal e dos tribunais superiores ou daquela oriunda de julgamento de casos repetitivos, pode haver modulação dos efeitos da alteração no interesse social e no da segurança jurídica.

§ 4º A modificação de enunciado de súmula, de jurisprudência pacificada ou de tese adotada em julgamento de casos repetitivos observará a necessidade de fundamentação adequada e específica, considerando os princípios da segurança jurídica, da proteção da confiança e da isonomia."

No art. 927, a unidade do sistema é reafirmada, ao prever a necessidade de serem observados os precedentes firmados pelo Supremo Tribunal Federal e Tribunais Superiores. Observe-se a referência expressa no inciso III aos acórdãos proferidos no julgamento de recursos especiais repetitivos, o que pode ser lido como recursos de revista repetitivos, diante da equivalência havida entre o Superior Tribunal de Justiça, que aprecia os primeiros, e o Tribunal Superior do Trabalho, que julga os últimos, com a peculiaridade de também examinar matéria constitucional.

Por aperfeiçoarem a regra contida na CLT, aplicam-se também ao processo do trabalho, como mandamento de otimização dirigido aos tribunais, no sentido de traçar uma linha de coerência com as teses fixadas e os julgamentos que se lhe seguirem.

De logo, destaco a regra prevista no § 1º do art. 489, mencionada no § 1º do citado art. 927, também dirigida aos tribunais. Tal como o art. 15, tem sido alvo de acirradas críticas, que chegam até mesmo a proclamar a sua inconstitucionalidade.

> "§ 1º Não se considera fundamentada qualquer decisão judicial, seja ela interlocutória, sentença ou acórdão, que:
>
> I - se limitar à indicação, à reprodução ou à paráfrase de ato normativo, sem explicar sua relação com a causa ou a questão decidida;
>
> II - empregar conceitos jurídicos indeterminados, sem explicar o motivo concreto de sua incidência no caso;
>
> III - invocar motivos que se prestariam a justificar qualquer outra decisão;
>
> IV - não enfrentar todos os argumentos deduzidos no processo capazes de, em tese, infirmar a conclusão adotada pelo julgador;
>
> V - se limitar a invocar precedente ou enunciado de súmula, sem identificar seus fundamentos determinantes nem demonstrar que o caso sob julgamento se ajusta àqueles fundamentos;
>
> VI - deixar de seguir enunciado de súmula, jurisprudência ou precedente invocado pela parte, sem demonstrar a existência de distinção no caso em julgamento ou a superação do entendimento."

Sinceramente, tenho outra opinião.

Em primeiro lugar, não vislumbro inconstitucionalidade no dispositivo em foco. Isso porque não indica ao magistrado como fundamentar a sua decisão, nem tolhe ou cerceia o exercício da função jurisdicional, especificamente quanto ao ato de julgar. Apenas indica o que não constitui fundamento de decisão judicial ou, em outras palavras, relaciona defeitos de natureza grave nela contidos, capazes de levar à sua nulidade.

A ausência de fundamentação, muito mais do que simples nulidade, constitui violação de expresso direito fundamental contido no art. 93, IX, da Constituição,[26] pois todo cidadão tem o direito inalienável de saber qual foi a motivação

---

26 "IX - todos os julgamentos dos órgãos do Poder Judiciário serão públicos, e fundamentadas todas as decisões, sob pena de nulidade, podendo a lei limitar a presença, em determinados atos, às próprias partes e a seus advogados, ou somente a estes, em casos nos quais a preservação do direito à intimidade do interessado no sigilo não prejudique o interesse público à informação;" (Redação dada pela Emenda Constitucional nº 45, de 2004)

adotada pelo julgador para condená-lo, para lhe impor o cumprimento de determinada prestação contida na decisão.

E a pergunta que deve ser feita é: o que verdadeiramente significa fundamentar uma decisão? A resposta não pode ser outra: fundamentar é indicar como, a partir dos elementos contidos no processo, o julgador, singular ou colegiado, chegou a determinada conclusão em detrimento de outras possíveis, com amparo no sistema jurídico; significa dizer ao cidadão quais foram os motivos, contidos nos autos e amparados no sistema jurídico, que levaram o Estado-juiz a pronunciar determinada solução da controvérsia posta à sua apreciação, em função de regras previamente estabelecidas, sejam de direito material, sejam de direito processual.

Fundamentar não é construir decisão de forma vaga e imprecisa de tal modo que não explique onde, nos autos, se encontra a conclusão; não é, por exemplo, o emprego de textos genéricos nos quais a simples inserção da negativa conduziria a solução distinta, tais como: "a prova dos autos permite concluir que o autor tem razão" ou, em sentido contrário, "a prova dos autos permite concluir que o autor não tem razão". Nas duas situações não há fundamento; **são decisões inconstitucionais**.

E o que indicam os incisos do questionado parágrafo? Informam que não é fundamento e que, portanto, atingem a Constituição:

a) decisão genérica, construída ou não sob a forma de paráfrase de lei ou qualquer outro ato normativo (inciso I), de enunciado de súmula de jurisprudência de tribunal superior (inciso V) ou mediante a utilização de motivação aplicável em qualquer caso (inciso III). Decisão, portanto, aplicável a qualquer caso porque não aprecia os elementos efetivos da controvérsia, mas construída a partir de fórmulas pré-concebidas e se limita a dizer com outras palavras o que está dito no texto normativo que, supostamente, se aplicaria ao caso;

b) decisão que se vale de conceitos jurídicos indeterminados sem promover a necessária e imprescindível adequação ao caso concreto (inciso II), como ocorre, por exemplo, com a utilização dos princípios da razoabilidade e proporcionalidade, sem indicar porque é razoável e porque é proporcional a solução adotada, a alternativa escolhida. Neste caso, é a aquela que se resume a repetir o conceito sem particularizar a sua incidência no caso concreto;

c) decisão que não analisa todos os argumentos relevantes da causa, capazes de conduzir a solução diversa (inciso IV). A respeito desse inciso, aliás, tem-se dito que, a partir dele, o julgador estará obrigado a analisar, um a um, os argumentos contidos na petição inicial e na defesa, tal qual um autômato, olvidando, quem assim pensa, que menciona "argumentos deduzidos no processo capazes de, em tese, infirmar a conclusão adotada pelo julgador". Não são, portanto, todos, mas aqueles que, se fossem acolhidos, possibilitariam solução distinta, ou seja, **argumentos relevantes** e, nesse aspecto, nada há de novo.

Não houve inovação significativa na forma de apreciação da prova pelo julgador, quando comparada a atual redação do art. 131 do CPC/73[27] com a do art. 371 do NCPC.[28] Neste último, menciona-se que o julgador, ao fazê-lo – no seu conjunto ("apreciará a prova constante dos autos") –, deverá indicar "as razões da formação do seu convencimento" e, naquele, embora houvesse referência à apreciação livre da prova produzida nos autos, também se diz que lhe incumbe "indicar, na sentença, os motivos que lhe formaram o convencimento". Em ambos os casos se mantém a prerrogativa do julgador quanto à interpretação dos fatos e aplicação da norma, a sua autonomia e liberdade de **valoração da prova**, de lhe atribuir o significado que os autos permitem e igualmente em ambos se identifica o dever de apontar a motivação.

Na essência, o debate havido em torno da mudança promovida no citado dispositivo decorre de equivocada compreensão do princípio do livre convencimento motivado, previsto no primeiro dos dispositivos citados, isto é, a liberdade de apreciação e valoração da prova, com o dever de indicar, na decisão, as razões que o levaram a adotar determinada conclusão. Ao longo da vigência do diploma processual de 1973, identificaram-se, em algumas decisões, distorções na aplicação desse princípio, ao ser compreendido como a total e completa ausência de fundamentação ou a possibilidade de o juiz decidir da forma como bem lhe aprouvesse, distanciado dos elementos contidos nos autos revelados pela prova produzida. Liberdade para interpretar confundida com liberdade para decidir.

Isso nunca houve no Código, nem haverá agora. A exclusão da expressão "livremente", identificada na comparação entre as duas realidades normativas, não alterará o cenário, pois qualquer espécie de desvirtuamento na constatação do que as provas demonstraram nunca foi nem será autorizado por lei, diante do direito fundamental contido no art. 93, IX, da Constituição. Livre convencimento motivado não se confunde com a liberdade de escolha da decisão e não encontra óbice na força vinculante da tese do precedente judicial, no novo cenário normativo.

Evidentemente, também é necessário que os argumentos das partes sejam coerentes entre si e guardem pertinência com a questão jurídica controvertida. Argumentação irrelevante, ainda que faça parte da defesa ou da petição inicial, carecerá de exame, pois não será capaz de alterar a decisão; se o for, a obrigação de hoje será a de amanhã: apreciá-la e nisso não há nada de novo, repita-se.

---

27 "Art. 131. O juiz apreciará livremente a prova, atendendo aos fatos e circunstâncias constantes dos autos, ainda que não alegados pelas partes; mas deverá indicar, na sentença, os motivos que lhe formaram o convencimento." (Redação dada pela Lei nº 5.925, de 1973)

28 "Art. 371. O juiz apreciará a prova constante dos autos, independentemente do sujeito que a tiver promovido, e indicará na decisão as razões da formação de seu convencimento.

Uma palavra também deve ser dirigida aos argumentos genéricos formulados pelas partes, lançados sem qualquer correlação com o tema controvertido. Em quase todos os recursos de revista interpostos consta preliminar de nulidade por negativa de prestação jurisdicional, sem que seja indicado, de modo preciso, o defeito contido na decisão, como também faz parte dos agravos de instrumento a alegação de usurpação de competência por parte do Presidente do TRT, ao negar seguimento ao recurso de revista. Evidente que, para tais afirmações, a resposta deve ser prestada de maneira idêntica;

d) decisão que deixar de observar a força obrigatória do precedente judicial, sem apontar as razões da distinção ou da superação, elementos comuns à teoria consagrada, de modo expresso, desde a Lei nº 13.015/2014, e que constitui a grande inovação do dispositivo: impor ao magistrado o dever de apontar as razões com base nas quais o caso por ele examinado não se enquadra no precedente sobre o tema expedido pelo tribunal e a este último indicar os fundamentos que evidenciam a superação do precedente, técnicas próprias do sistema de precedentes judiciais. Portanto, a novidade do NCPC faz parte do processo do trabalho desde setembro de 2014.

Nesse último aspecto, convém assinalar que o Código inova e o faz de modo a deixar clara a força obrigatória dos precedentes judiciais ao prever que caberá reclamação nas hipóteses previstas no art. 985, § 1º, e art. 988.

Retornando ao art. 927, a realização de audiências públicas na fase de revisão do precedente judicial (§ 2º) é prevista no processo do trabalho desde a etapa inicial de formação (art. 10 da IN n 38/2015, anterior art. 16 do Ato n. 491/2014).[29] Constitui mais um exemplo da proximidade dos dois diplomas normativos e, por dedução lógica, faz com que também possa ser aplicado na seara laboral, diante de, na essência, ser o mesmo sistema de composição do precedente. Significa dizer, em sendo adotado o procedimento, que o Ministro Relator, no TST, ao se deparar com a possibilidade de superação do precedente, pela modificação dos fatos que o originaram, pode realizar audiências públicas e permitir o ingresso de *amici curiae*.

Saliente-se, nesse aspecto, que a adoção dessa regra provocará impacto no Regimento Interno do TST, especificamente nos arts. 156 e 157, que disciplinam

---

[29] "Art. 10. Para instruir o procedimento, pode o relator fixar data para, em audiência pública, ouvir depoimentos de pessoas com experiência e conhecimento na matéria, sempre que entender necessário o esclarecimento de questões ou circunstâncias de fato subjacentes à controvérsia objeto do incidente de recursos repetitivos.
§ 1º O relator poderá também admitir, tanto na audiência pública quanto no curso do procedimento, a manifestação, como amici curiae, de pessoas, órgãos ou entidades com interesse na controvérsia, considerando a relevância da matéria e assegurando o contraditório e a isonomia de tratamento.
§ 2º A manifestação de que trata o § 1º somente será admitida até a inclusão do processo em pauta."

o procedimento de revisão de suas súmulas, orientações jurisprudenciais e precedentes normativos.[30]

---

30 "Art. 156. O incidente de uniformização reger-se-á pelos preceitos dos arts. 476 a 479 do Código de Processo Civil.
§ 1.º O incidente será suscitado quando a Seção Especializada constatar que a decisão se inclina contrariamente a reiteradas decisões dos órgãos fracionários sobre interpretação de regra jurídica, não necessariamente sobre matéria de mérito.
§ 2.º O incidente somente poderá ser suscitado por Ministro ao proferir seu voto perante a Seção Especializada, pela parte, ou pelo Ministério Público do Trabalho, pressupondo, nos dois últimos casos, divergência jurisprudencial já configurada.
§ 3.º A petição da parte e do Ministério Público, devidamente fundamentada, poderá ser apresentada até o momento da sustentação oral, competindo à Seção Especializada apreciar preliminarmente o requerimento.
§ 4.º Verificando a Seção Especializada que a maioria conclui contrariamente a decisões reiteradas de órgãos fracionários sobre tema relevante de natureza material ou processual, deixará de proclamar o resultado e suscitará o incidente de uniformização de jurisprudência ao Tribunal Pleno. A decisão constará de simples certidão.
§ 5.º A determinação de remessa ao Tribunal Pleno é irrecorrível, assegurada às partes a faculdade de sustentação oral por ocasião do julgamento.
§ 6.º Será Relator no Tribunal Pleno, o Ministro originariamente sorteado para relatar o feito em que se verifica o incidente de uniformização; se vencido, o Ministro que primeiro proferiu o voto prevalecente. Caso o Relator originário não componha o Tribunal Pleno, o feito será distribuído a um dos membros deste Colegiado.
§ 7.º Os autos serão remetidos à Comissão de Jurisprudência para emissão de parecer e apresentação da proposta relativa ao conteúdo e redação da Súmula ou do Precedente Normativo a ser submetido ao Tribunal Pleno, e, após, serão conclusos ao Relator para exame e inclusão em pauta.
§ 8.º As cópias da certidão referente ao incidente de uniformização e do parecer da Comissão de Jurisprudência serão remetidas aos Ministros da Corte, tão logo incluído em pauta o processo.
§ 9.º Como matéria preliminar, o Tribunal Pleno decidirá sobre a configuração da contrariedade, passando, caso admitida, a deliberar sobre as teses em conflito.
§ 10. A decisão do Tribunal Pleno sobre o tema é irrecorrível, cabendo à Seção Especializada, na qual foi suscitado o incidente, quando do prosseguimento do julgamento, aplicar a interpretação fixada.
§ 11. A decisão do Tribunal Pleno sobre o incidente de uniformização de jurisprudência constará de certidão, juntando-se o voto prevalecente aos autos. As cópias da certidão e do voto deverão ser juntadas ao projeto de proposta formulado pela Comissão de Jurisprudência e Precedentes Normativos para redação final da Súmula ou do Precedente Normativo que daí decorrerá.
Art. 157. Observar-se-á, no que couber, o disposto no art. 156 quanto ao procedimento de revisão da jurisprudência uniformizada do Tribunal, objeto de Súmula, de Orientação Jurisprudencial e de Precedente Normativo.
Art. 158. A revisão ou cancelamento da jurisprudência uniformizada do Tribunal, objeto de Súmula, de Orientação Jurisprudencial e de Precedente Normativo, será suscitada pela Seção Especializada, ao constatar que a decisão se inclina contrariamente a Súmula, a Orientação Jurisprudencial ou a Precedente Normativo, ou por proposta firmada por pelo menos dez Ministros da Corte, ou por projeto formulado pela Comissão de Jurisprudência e Precedentes Normativos.
§ 1.º Verificando a Seção Especializada que a maioria se inclina contrariamente a Súmula, a Orientação Jurisprudencial ou a Precedente Normativo, deixará de proclamar o resultado e encaminhará o feito à Comissão de Jurisprudência e Precedentes Normativos para, em trinta dias, apresentar parecer sobre a sua revisão ou cancelamento, após o que os autos irão ao Relator para preparação do voto e inclusão do feito em pauta do Tribunal Pleno.
§ 2.º A determinação de remessa à Comissão de Jurisprudência e Precedentes Normativos e ao Tribunal Pleno é irrecorrível, assegurada às partes a faculdade de sustentação oral por ocasião do julgamento.

Outra regra compatível com o processo do trabalho está contida no § 3º do mesmo art. 927,[31] em que se permite (mais do que permissão, constitui recomendação, digo eu) a modulação de efeitos, quando houver modificação da jurisprudência até então dominante.

Esse dispositivo, todavia, não encontra lugar no processo do trabalho, em face da existência de regra específica no § 17 do art. 896-C da CLT.[32] Vale ressaltar a maior amplitude dos fundamentos que a justificam, pois, enquanto no CPC somente se prevê o interesse social, no caso da CLT, além desse, também foram incluídos os de natureza econômica ou jurídica. Em ambos, todavia, deve ser preservada a segurança jurídica.

Ainda no campo das disposições gerais, o § 4º do comentado art. 927 prevê a necessidade de "fundamentação adequada e específica" da decisão que fixa o precedente, o que já constava do art. 12 da IN n. 38/2015[33] (anterior art. 17 do Ato nº 491/2014).

Como disse em outra oportunidade, é necessário para que se possa conhecer a interpretação atribuída à questão jurídica por cada julgador e, com isso, dimensionar o alcance da tese jurídica firmada pela Corte mediante a análise de todos os fundamentos integrantes do debate, favoráveis ou contrários. Deve ser, por conseguinte, exaustiva a fundamentação, para definir a abrangência da tese fixada e, com isso, permitir que, a partir dela, seja solucionado o maior número possível de recursos.

O legislador inspirou-se na imprescindível observância dos princípios da segurança jurídica, proteção da confiança e da isonomia, que, conquanto não tenham sido expressamente mencionados no citado Ato, se incorporam como pilares de sustentação do regulamento nele contido.

---

§ 3.º Será relator no Tribunal Pleno o Ministro originariamente sorteado para relatar o feito em que se processa a revisão ou o cancelamento da Súmula, da Orientação Jurisprudencial ou do Precedente Normativo; se vencido, o Ministro que primeiro proferiu o voto prevalecente. Caso o relator originário não componha o Tribunal Pleno, o feito será distribuído a um dos membros deste Colegiado.

§ 4.º As cópias da certidão referente à revisão ou cancelamento da Súmula, da Orientação Jurisprudencial ou do Precedente Normativo, e do parecer da Comissão de Jurisprudência e Precedentes Normativos serão remetidas aos Ministros da Corte, tão logo incluído em pauta o processo."

31 "§ 3º Na hipótese de alteração de jurisprudência dominante do Supremo Tribunal Federal e dos tribunais superiores ou daquela oriunda de julgamento de casos repetitivos, pode haver modulação dos efeitos da alteração no interesse social e no da segurança jurídica."

32 "§ 17. Caberá revisão da decisão firmada em julgamento de recursos repetitivos quando se alterar a situação econômica, social ou jurídica, caso em que será respeitada a segurança jurídica das relações firmadas sob a égide da decisão anterior, podendo o Tribunal Superior do Trabalho modular os efeitos da decisão que a tenha alterado."

33 Art. 12. O conteúdo do acórdão paradigma abrangerá a análise de todos os fundamentos da tese jurídica discutida, favoráveis ou contrários.
Parágrafo único. É vedado ao órgão colegiado decidir, para os fins do artigo 896-C da CLT, questão não delimitada na decisão de afetação.

Completa o arcabouço geral da formação do precedente a necessária e imprescindível divulgação das teses fixadas pelo tribunal, contemplada, antes, no art. 21 da IN n. 38/2015[34] (anterior art. 22 do Ato nº 491/2014), e, agora, no § 5o do art. 927:

> "§ 5º Os tribunais darão publicidade a seus precedentes, organizando-os por questão jurídica decidida e divulgando-os, preferencialmente, na rede mundial de computadores."

Por mim denominado como "banco de teses", representa o registro na rede mundial de computadores das decisões do tribunal que definiram a tese jurídica prevalecente, além das já conhecidas orientações jurisprudenciais das Subseções Especializadas e súmulas do Tribunal Pleno.

Adotou-se o Banco Nacional de Jurisprudência Uniformizadora – BANJUR, criado originariamente para divulgar os precedentes fixados pelos TRTs nos julgamentos dos incidentes de uniformização de jurisprudência. Passará, então, a ter alcance ampliado e conterá a jurisprudência consolidada (súmulas, orientações jurisprudenciais – estas no caso do TST – e teses jurídicas prevalecentes) dos tribunais trabalhistas brasileiros.

O inciso II do art. 928 corresponde, na essência, ao *caput* do art. 896-C, ao definir o procedimento de julgamento de casos repetitivos, neles incluindo os recursos especiais repetitivos:

> Art. 928. Para os fins deste Código, considera-se julgamento de casos repetitivos a decisão proferida em:
>
> I - incidente de resolução de demandas repetitivas;
>
> II - recursos especial e extraordinário repetitivos.
>
> Parágrafo único. O julgamento de casos repetitivos tem por objeto questão de direito material ou processual.

O seu parágrafo único fixa o seu objeto – questão de direito material ou processual –, o qual, apesar de compatível e, pois, aplicável ao processo do trabalho, nada representa de novidade, na medida em que não se pensa de modo contrário, diante da inexistência de qualquer interpretação restritiva da legislação regente. É, pois, dispositivo irrelevante, quanto à repercussão na seara processual laboral.

---

[34] Art. 21. O Tribunal Superior do Trabalho deverá manter e dar publicidade às questões de direito objeto dos recursos repetitivos já julgados, pendentes de julgamento ou já reputadas sem relevância, bem como daquelas objeto das decisões proferidas por sua composição plenária, nos termos do § 13 do artigo 896 da CLT e do artigo 20 desta Instrução Normativa.
Parágrafo único. As decisões, organizadas por questão jurídica julgada, serão divulgadas, preferencialmente, na rede mundial de computadores e constarão do Banco Nacional de Jurisprudência Uniformizadora – BANJUR, instituído pelo artigo 7º da Instrução Normativa nº 37/2015, aprovada pela Resolução nº 195, de 02.03.2015, do Tribunal Superior do Trabalho.

3.1. ORDEM CRONOLÓGICA DE JULGAMENTOS

Outro dispositivo que poderia afetar o procedimento adotado na lei processual trabalhista diz respeito à ordem cronológica dos julgamentos, determinada pelo art. 12 do CPC, na sua redação original, a ser observada, ainda consoante o que nele se contém, também nos tribunais, como se constata no *caput*. Contudo, além de encontrar-se entre as exceções nele contempladas o julgamento de recursos repetitivos (§ 2º, III), o que afastaria qualquer repercussão, a Lei n. 13.256/2016 modificou o citado dispositivo para torná-la facultativa, e não mais imperativa:

> "Art. 12. Os juízes e os tribunais atenderão, **preferencialmente**, à ordem cronológica de conclusão para proferir sentença ou acórdão.
>
> § 1º A lista de processos aptos a julgamento deverá estar permanentemente à disposição para consulta pública em cartório e na rede mundial de computadores.
>
> § 2º Estão excluídos da regra do *caput*:
>
> [...]
>
> III - o julgamento de recursos repetitivos ou de incidente de resolução de demandas repetitivas;

4. PROCESSAMENTO DO INCIDENTE

Existem diferenças substanciais no processamento do incidente de julgamento dos recursos repetitivos no processo do trabalho e no processo civil, o que tornará incompatíveis diversas regras contidas do NCPC. Isso porque, fundamentalmente, o primeiro nasce e se processa no âmbito do TST, enquanto o segundo pode originar-se dos Tribunais de Justiça e Regionais Federais.

Essa diferença afeta o arcabouço normativo, em que pese, na essência, como afirmado em várias passagens, sejam ambos bastante semelhantes, objetivem o mesmo fim e possuam os mesmos pressupostos: multiplicidade de recursos e fundamento em idêntica questão de direito (*caput* dos arts. 896-C da CLT[35] e 1.036 do NCPC).

> "Art. 1.036. Sempre que houver multiplicidade de recursos extraordinários ou especiais com fundamento em idêntica questão de direito, haverá afetação para julgamento de acordo com as disposições desta Subseção, observado o disposto no Regimento Interno do Supremo Tribunal Federal e no do Superior Tribunal de Justiça"

---

35 "Art. 896-C. Quando houver multiplicidade de recursos de revista fundados em idêntica questão de direito, a questão poderá ser afetada à Seção Especializada em Dissídios Individuais ou ao Tribunal Pleno, por decisão da maioria simples de seus membros, mediante requerimento de um dos Ministros que compõem a Seção Especializada, considerando a relevância da matéria ou a existência de entendimentos divergentes entre os Ministros dessa Seção ou das Turmas do Tribunal."

Por essas razões, afasta-se a incidência dos §§ 1º a 4º do art. 1.036 do NCPC, ora transcritos, relativamente à iniciativa, e como no TST é provocado pelo relator na Turma ou na SBDI-1, evidentemente que somente o fará em recursos cuja inadmissibilidade tenha sido superada e torna prejudicada a discussão em torno do não conhecimento por intempestividade e respectivo recurso cabível da decisão que a indeferir (§§ 2º a 4º):

> "§ 1º O presidente ou o vice-presidente de tribunal de justiça ou de tribunal regional federal selecionará 2 (dois) ou mais recursos representativos da controvérsia, que serão encaminhados ao Supremo Tribunal Federal ou ao Superior Tribunal de Justiça para fins de afetação, determinando a suspensão do trâmite de todos os processos pendentes, individuais ou coletivos, que tramitem no Estado ou na região, conforme o caso.
>
> § 2º O interessado pode requerer, ao presidente ou ao vice-presidente, que exclua da decisão de sobrestamento e inadmita o recurso especial ou o recurso extraordinário que tenha sido interposto intempestivamente, tendo o recorrente o prazo de 5 (cinco) dias para manifestar-se sobre esse requerimento.
>
> § 3º Da decisão que indeferir o requerimento referido no § 2º caberá apenas agravo interno.
>
> § 4º A escolha feita pelo presidente ou vice-presidente do tribunal de justiça ou do tribunal regional federal não vinculará o relator no tribunal superior, que poderá selecionar outros recursos representativos da controvérsia.
>
> § 5º O relator em tribunal superior também poderá selecionar 2 (dois) ou mais recursos representativos da controvérsia para julgamento da questão de direito independentemente da iniciativa do presidente ou do vice-presidente do tribunal de origem.
>
> § 6º Somente podem ser selecionados recursos admissíveis que contenham abrangente argumentação e discussão a respeito da questão a ser decidida."

Os demais parágrafos (5º e 6º) encontram correspondência nos § 1º do art. 896-C[36] e 4º da IN n. 38/2015[37] (anterior art. 8º do Ato nº 491/2014), respectivamente. O primeiro permite ao relator, no TST, selecionar os recursos representativos da controvérsia – um ou mais –, e o segundo indica a abrangência da argumentação e discussão a respeito da questão a ser decidida como parâmetro a ser observado, ainda pelo relator, ao promover a escolha dos casos.

---

36 "§ 1º O Presidente da Turma ou da Seção Especializada, por indicação dos relatores, afetará um ou mais recursos representativos da controvérsia para julgamento pela Seção Especializada em Dissídios Individuais ou pelo Tribunal Pleno, sob o rito dos recursos repetitivos."

37 Art. 4º Somente poderão ser afetados recursos representativos da controvérsia que sejam admissíveis e que, a critério do relator do incidente de julgamento dos recursos repetitivos, contenham abrangente argumentação e discussão a respeito da questão a ser decidida.
Parágrafo único. O relator desse incidente não fica vinculado às propostas de afetação de que trata o artigo anterior, podendo recusá-las por desatenderem aos requisitos previstos no *caput* deste artigo e, ainda, selecionar outros recursos representativos da controvérsia.

Apesar desse fato, o *caput* do citado art. 1.036, ao autorizar a regência do incidente pelo Regimento Interno do Superior Tribunal de Justiça, torna-se importante por chancelar as normas expedidas pelo Tribunal Superior do Trabalho com iguais natureza e objetivo, no caso específico, o Ato nº 491/04, da Presidência, e as Resoluções nºs 195 e 201, ambas de 2015, do Órgão Especial, que aprovaram as Instruções Normativas n.ˢ 37 e 38, e afastar qualquer dúvida quanto à legalidade; por isso, aplicável ao processo do trabalho.

Iniciado o incidente, passo seguinte é a identificação precisa da questão controvertida, etapa fundamental para que se possa delimitar, com exatidão, os temas que comporão o precedente judicial a ser emitido e todas as suas variáveis, o que ocorre por meio da decisão de afetação, prevista no *caput* do art. 1.037 do NCPC e no 5º da IN n. 38/2015[38] (anterior art. 11 do Ato nº 491/2014), normas de conteúdo idêntico e, por isso mesmo, não representa inovação:

> Art. 1.037. Selecionados os recursos, o relator, no tribunal superior, constatando a presença do pressuposto do caput do art. 1.036, proferirá decisão de afetação, na qual:

Esse importante ato delineia o universo preliminar da questão jurídica contida nos recursos repetitivos, a ser resolvida pelo Tribunal.

Os seus efeitos e as consequências produzidas são disciplinados na longa série de parágrafos do art. 1.037 do NCPC, cujos temas são objeto de disciplina específica – igual, em alguns, e incompatível, em outros – no processo do trabalho (na CLT e nas normas regulamentadoras). Por isso, a análise será agrupada conforme o tema versado.

4.1. EFEITOS DA DECISÃO DE AFETAÇÃO

> Art. 1.037. Selecionados os recursos, o relator, no tribunal superior, constatando a presença do pressuposto do *caput* do art. 1.036, proferirá decisão de afetação, na qual:
>
> I - identificará com precisão a questão a ser submetida a julgamento;

---

[38] Art. 5º Selecionados os recursos, o relator, na Subseção Especializada em Dissídios Individuais ou no Tribunal Pleno, constatada a presença do pressuposto do *caput* do art. 896-C da CLT, proferirá decisão de afetação, sempre fundamentada, na qual:
I – identificará com precisão a questão a ser submetida a julgamento;
II – poderá determinar a suspensão dos recursos de revista ou de embargos de que trata o § 5º do artigo 896-C da CLT;
III – poderá solicitar aos Tribunais Regionais do Trabalho informações a respeito da controvérsia, a serem prestadas no prazo de 15 (quinze) dias, e requisitar aos Presidentes ou Vice-Presidentes dos Tribunais Regionais do Trabalho a remessa de até dois recursos de revista representativos da controvérsia;
IV – concederá o prazo de 15 (quinze) dias para a manifestação escrita das pessoas, órgãos ou entidades interessados na controvérsia, que poderão ser admitidos como *amici curiae*.
V – informará aos demais Ministros sobre a decisão de afetação;
VI – poderá conceder vista ao Ministério Público e às partes, nos termos e para os efeitos do § 9º do artigo 896-C da CLT.

II - determinará a suspensão do processamento de todos os processos pendentes, individuais ou coletivos, que versem sobre a questão e tramitem no território nacional;

III - poderá requisitar aos presidentes ou aos vice-presidentes dos tribunais de justiça ou dos tribunais regionais federais a remessa de um recurso representativo da controvérsia.

§ 1º Se, após receber os recursos selecionados pelo presidente ou pelo vice-presidente de tribunal de justiça ou de tribunal regional federal, não se proceder à afetação, o relator, no tribunal superior, comunicará o fato ao presidente ou ao vice-presidente que os houver enviado, para que seja revogada a decisão de suspensão referida no art. 1.036, § 1º.

§ 2º É vedado ao órgão colegiado decidir, para os fins do art. 1.040, questão não delimitada na decisão a que se refere o inciso I do *caput*.

§ 3º Havendo mais de uma afetação, será prevento o relator que primeiro tiver proferido a decisão a que se refere o inciso I do *caput*.

§ 4º Os recursos afetados deverão ser julgados no prazo de 1 (um) ano e terão preferência sobre os demais feitos, ressalvados os que envolvam réu preso e os pedidos de *habeas corpus*.

§ 5º REVOGADO

§ 6º Ocorrendo a hipótese do § 5º, é permitido a outro relator do respectivo tribunal superior afetar 2 (dois) ou mais recursos representativos da controvérsia na forma do art. 1.036.

§ 7º Quando os recursos requisitados na forma do inciso III do *caput* contiverem outras questões além daquela que é objeto da afetação, caberá ao tribunal decidir esta em primeiro lugar e depois as demais, em acórdão específico para cada processo.

§ 8º As partes deverão ser intimadas da decisão de suspensão de seu processo, a ser proferida pelo respectivo juiz ou relator quando informado da decisão a que se refere o inciso II do *caput*.

§ 9º Demonstrando distinção entre a questão a ser decidida no processo e aquela a ser julgada no recurso especial ou extraordinário afetado, a parte poderá requerer o prosseguimento do seu processo.

§ 10. O requerimento a que se refere o § 9º será dirigido:

I - ao juiz, se o processo sobrestado estiver em primeiro grau;

II - ao relator, se o processo sobrestado estiver no tribunal de origem;

III - ao relator do acórdão recorrido, se for sobrestado recurso especial ou recurso extraordinário no tribunal de origem;

IV - ao relator, no tribunal superior, de recurso especial ou de recurso extraordinário cujo processamento houver sido sobrestado.

§ 11. A outra parte deverá ser ouvida sobre o requerimento a que se refere o § 9º, no prazo de 5 (cinco) dias.

§ 12. Reconhecida a distinção no caso:

I - dos incisos I, II e IV do § 10, o próprio juiz ou relator dará prosseguimento ao processo;

II - do inciso III do § 10, o relator comunicará a decisão ao presidente ou ao vice-presidente que houver determinado o sobrestamento, para que o recurso especial ou o recurso extraordinário seja encaminhado ao respectivo tribunal superior, na forma do art. 1.030, parágrafo único.

§ 13. Da decisão que resolver o requerimento a que se refere o § 9º caberá:

I - agravo de instrumento, se o processo estiver em primeiro grau;

II - agravo interno, se a decisão for de relator.

Na essência, a regra contida nos três incisos do *caput* do art. 1.037 do NCPC foi prevista na IN n. 38/2015 e no art. 896-C da CLT. A análise comparativa de ambos os diplomas normativos permite extrair algumas conclusões importantes quanto aos efeitos produzidos pela denominada "decisão de afetação" neles tratada e a existência de pequenas, mas importantes, diferenças no procedimento:

a) em ambos, cabe ao relator identificar com precisão a questão controvertida objeto do incidente, o que significa não deixar dúvida quanto ao seu núcleo, alcance e premissas fáticas a serem analisadas (inciso I do art. 1.037 do NCPC e inciso I do art. 5º da Instrução Normativa mencionada,[39] com redação idêntica);

b) no processo civil, o relator, de maneira compulsória, "determinará a suspensão do processamento de todos os processos pendentes, individuais ou coletivos, que versem sobre a questão e tramitem no território nacional" (inciso II); de maneira diversa, no processo do trabalho cabe, inicialmente, ao Presidente do TST comunicar a instauração do incidente aos Presidentes dos TRTs, antes mesmo da designação do relator, conforme previsão do § 3º do art. 896-C,[40] e a suspensão alcança, como regra, os processos em segunda instância, neste caso em face da disposição contida no art. 6º da IN n. 38/2015 (anterior art. 10 do Ato n. 491/04),[41] ao mencionar "bem como os recursos ordinários interpostos contra as sentenças proferidas em casos idênticos aos afetados como recursos repetitivos."

Ao relator, no TST, é facultado fazê-lo em relação aos recursos de revista ou de embargos (inciso II do art. 5º da Instrução Normativa mencionada).[42] Essa

---

39 "I - identificará com precisão a questão a ser submetida a julgamento;"

40 "§ 3º O Presidente do Tribunal Superior do Trabalho oficiará os Presidentes dos Tribunais Regionais do Trabalho para que suspendam os recursos interpostos em casos idênticos aos afetados como recursos repetitivos, até o pronunciamento definitivo do Tribunal Superior do Trabalho."

41 Art. 6º O Presidente do Tribunal Superior do Trabalho oficiará os Presidentes dos Tribunais Regionais do Trabalho, com cópia da decisão de afetação, para que suspendam os recursos de revista interpostos em casos idênticos aos afetados como recursos repetitivos e ainda não encaminhados a este Tribunal, bem como os recursos ordinários interpostos contra as sentenças proferidas em casos idênticos aos afetados como recursos repetitivos, até o pronunciamento definitivo do Tribunal Superior do Trabalho..

42 "II - poderá determinar a suspensão dos recursos de revista ou de embargos de que trata o § 5º do art. 896-C da CLT;"

providência, apesar de facultativa, em regra será recomendável, diante da necessidade de uniformização da tese no TST e para evitar que sejam proferidas decisões que, posteriormente, se revelem contrárias ao posicionamento final quanto ao tema.

A continuidade da tramitação na primeira instância também se mostra necessária em virtude da característica dos processos na Justiça do Trabalho de serem multitemáticos. Geralmente são múltiplos pedidos, com diversos temas e questões fáticas e jurídicas, muitos deles não atingidos pela tese discutida nos recursos repetitivos. A paralisação causaria grande prejuízo aos jurisdicionados.

O procedimento, como se vê, é distinto. Não há, como regra geral, repercussão na tramitação dos processos na primeira instância. Fica sobrestada a remessa de novos processos que contenham matéria idêntica para o TST e o julgamento dos recursos no âmbito dos TRTs, até que seja solucionada a controvérsia.

Contudo, de maneira excepcional, nada impede que, comunicada aos Presidentes dos TRTs a decisão de afetação, no âmbito das respectivas jurisdições, determinem eles a paralisação dos processos nos quais seja discutida matéria pertinente à controvérsia objeto do incidente em curso no TST e que se encontrem em fase de julgamento no primeiro grau. A instrução pode ser concluída, pois, como visto, pode haver pedidos não afetados pela decisão do Relator no TST, mas não deve alcançar a fase de julgamento, para que não se amplie, ainda mais, a possibilidade de divergência de teses.

Essa afirmação não consta da Lei, mas, pelas mesmas razões já expostas, especialmente pela força vinculante do precedente judicial, não é prudente que os processos continuem sendo julgados.

Também pode ser extraída da interpretação do inciso III do art. 14 da IN aludida, ao prever, uma vez publicado o acórdão paradigma, isto é, aquele que resolveu o incidente e firmou a tese do TST, a retomada do curso para julgamento dos processos que se encontravam paralisados:

> "III - os processos suspensos em primeiro e segundo graus de jurisdição retomarão o curso para julgamento e aplicação da tese firmada pelo Tribunal Superior do Trabalho".

Admite-se, portanto, a possibilidade de suspensão na primeira instância, mas não como medida inexorável; ao contrário, deve ser em casos excepcionais;

c) quanto à requisição de recursos representativos da controvérsia pelo Ministro Relator junto aos TRTs, ocorria o inverso, pois enquanto no NCPC é prevista de maneira facultativa junto aos Tribunais de Justiça e Regionais Federais ("poderá requisitar" – inciso III[43]), no TST o verbo utilizado pelo legislador

---

43 "III - poderá requisitar aos presidentes ou aos vice-presidentes dos tribunais de justiça ou dos tribunais regionais federais a remessa de um recurso representativo da controvérsia."

refletia caráter de imperatividade ("requisitará" – inciso III do art. 11 do Ato nº 491/2014[44]). Contudo, no inciso III do art. 5º da aludida IN, foram equiparados os procedimentos dos dois diplomas processuais e, em ambos, tornou-se faculdade do relator.[45]

Há, como visto, diferenças de procedimento entre os processos civil e do trabalho: no primeiro, inicia-se na segunda instância com a seleção e remessa dos recursos representativos da controvérsia; no segundo, nasce e é exclusivo da instância extraordinária, ao constatar a presença da mesma premissa ("constatada a presença do pressuposto do caput do art. 896-C da CLT", isto é, "multiplicidade de recursos de revista fundados em idêntica questão de direito" ... "considerando a relevância da matéria ou a existência de entendimentos divergentes entre os Ministros" do TST).

4.2. INSTRUÇÃO

Não há diferenças importantes entre as regras de instrução do incidente. Como enfatizado, o que não era contemplado na Lei nº 13.015/2014, o TST normatizou por ato interno e, com isso, aproximou-as substancialmente do NCPC, o que torna desnecessária sua aplicação supletiva ou subsidiária.

Assim, possuem idêntico conteúdo, observadas as respectivas peculiaridades e remissões:

NOVO CPC	PROCESSO DO TRABALHO (CLT OU IN n. 38/2015)
§ 1º do art. 1.037: "§ 1º Se, após receber os recursos selecionados pelo presidente ou pelo vice-presidente de tribunal de justiça ou de tribunal regional federal, não se proceder à afetação, o relator, no tribunal superior, comunicará o fato ao presidente ou ao vice-presidente que os houver enviado, para que seja revogada a decisão de suspensão referida no art. 1.036, § 1º"	Art. 8º da IN: "Art. 8º Se, após receber os recursos de revista selecionados pelo Presidente ou Vice-Presidente do Tribunal Regional do Trabalho, não se proceder à sua afetação, o relator, no Tribunal Superior do Trabalho, comunicará o fato ao Presidente ou Vice-Presidente que os houver enviado, para que seja revogada a decisão de suspensão referida no artigo 896-C, § 4º, da CLT."

---

44 "III - requisitará aos Presidentes ou Vice-Presidentes dos Tribunais Regionais do Trabalho a remessa de até dois recursos de revista representativos da controvérsia;"

45 III – poderá solicitar aos Tribunais Regionais do Trabalho informações a respeito da controvérsia, a serem prestadas no prazo de 15 (quinze) dias e requisitar aos Presidentes ou Vice-Presidentes dos Tribunais Regionais do Trabalho a remessa de até dois recursos de revista representativos da controvérsia;

NOVO CPC	PROCESSO DO TRABALHO (CLT OU IN n. 38/2015)
§§ 8º a 13 do art. 1.037: "§ 8º As partes deverão ser intimadas da decisão de suspensão de seu processo, a ser proferida pelo respectivo juiz ou relator quando informado da decisão a que se refere o inciso II do *caput*. § 9º Demonstrando distinção entre a questão a ser decidida no processo e aquela a ser julgada no recurso especial ou extraordinário afetado, a parte poderá requerer o prosseguimento do seu processo. § 10. O requerimento a que se refere o § 9º será dirigido: I - ao juiz, se o processo sobrestado estiver em primeiro grau; II - ao relator, se o processo sobrestado estiver no tribunal de origem; III - ao relator do acórdão recorrido, se for sobrestado recurso especial ou recurso extraordinário no tribunal de origem; IV - ao relator, no tribunal superior, de recurso especial ou de recurso extraordinário cujo processamento houver sido sobrestado. § 11. A outra parte deverá ser ouvida sobre o requerimento a que se refere o § 9º, no prazo de 5 (cinco) dias. § 12. Reconhecida a distinção no caso: I - dos incisos I, II e IV do § 10, o próprio juiz ou relator dará prosseguimento ao processo; II - do inciso III do § 10, o relator comunicará a decisão ao presidente ou ao vice-presidente que houver determinado o sobrestamento, para que o recurso especial ou o recurso extraordinário seja encaminhado ao respectivo tribunal superior, na forma do art. 1.030, parágrafo único.	Art. 9º, *caput*, e §§ da IN: "Art. 9º As partes deverão ser intimadas da decisão de suspensão de seu processo, a ser proferida pelo respectivo relator.. § 1º A parte poderá requerer o prosseguimento de seu processo se demonstrar a intempestividade do recurso nele interposto ou a existência de distinção entre a questão de direito a ser decidida no seu processo e aquela a ser julgada sob o rito dos recursos repetitivos. § 2º O requerimento a que se refere o § 1º será dirigido: I – ao juiz, se o processo sobrestado estiver em primeiro grau; II – ao relator, se o processo sobrestado estiver no tribunal de origem; III – ao relator do acórdão recorrido, se for sobrestado recurso de revista no tribunal de origem; IV – ao relator, no Tribunal Superior do Trabalho, do recurso de revista ou de embargos cujo processamento houver sido sobrestado. § 3º A outra parte deverá ser ouvida sobre o requerimento, no prazo de cinco dias. § 4º Reconhecida a distinção no caso: I – dos incisos I, II e IV do § 2º, o próprio juiz ou relator dará prosseguimento ao processo; II – do inciso III do § 2º, o relator comunicará a decisão ao presidente ou ao vice-presidente que houver determinado o sobrestamento, para que este dê normal prosseguimento ao processo.

As lacunas existentes quanto à definição da competência para apreciar o requerimento de distinção formulado pela parte que desejasse excluir o seu processo dos efeitos da decisão de afetação e as consequências do seu acolhimento, disciplinados nos §§ 10 e 12 do art. 1.037, foram sanadas na IN mencionada, que incluiu dispositivos semelhantes aplicáveis ao processo do trabalho. A única distinção reside no § 13, quanto ao cabimento do recurso da decisão que aprecia o requerimento de distinção, pois, enquanto no CPC é cabível agravo de instrumento ou agravo interno, conforme o processo se encontre em primeira ou segunda instância, na seara trabalhista segue a regra geral de irrecorribilidade imediata da decisão, prevista no art. 893, § 1º, da CLT (art. 5º da IN). Confira-se:

NCPC:

§ 13. Da decisão que resolver o requerimento a que se refere o § 9º caberá:

I - agravo de instrumento, se o processo estiver em primeiro grau;

II - agravo interno, se a decisão for de relator.

IN n. 38/2015:

§ 5º A decisão que resolver o requerimento a que se refere o § 1º é irrecorrível de imediato, nos termos do artigo 893, § 1º, da CLT.

Enfatize-se, de igual modo, caber ao Presidente ou Vice-Presidente do Tribunal o exame da admissibilidade do recurso de revista, uma vez proferido o acórdão pela Turma do TRT, ato também mantido no processo civil (art. 1.030 e seus parágrafos[46]), diante das alterações promovidas pela Lei n. 13.256/2016. Portanto, o pedido de que trata o inciso III será a ele endereçado.

---

46 Art. 1.030. Recebida a petição do recurso pela secretaria do tribunal, o recorrido será intimado para apresentar contrarrazões no prazo de 15 (quinze) dias, findo o qual os autos serão conclusos ao presidente ou ao vice-presidente do tribunal recorrido, que deverá:
I – negar seguimento:
a) a recurso extraordinário que discuta questão constitucional à qual o Supremo Tribunal Federal não tenha reconhecido a existência de repercussão geral ou a recurso extraordinário interposto contra acórdão que esteja em conformidade com entendimento do Supremo Tribunal Federal exarado no regime de repercussão geral;
b) a recurso extraordinário ou a recurso especial interposto contra acórdão que esteja em conformidade com entendimento do Supremo Tribunal Federal ou do Superior Tribunal de Justiça, respectivamente, exarado no regime de julgamento de recursos repetitivos;
II – encaminhar o processo ao órgão julgador para realização do juízo de retratação, se o acórdão recorrido divergir do entendimento do Supremo Tribunal Federal ou do Superior Tribunal de Justiça exarado, conforme o caso, nos regimes de repercussão geral ou de recursos repetitivos;
III – sobrestar o recurso que versar sobre controvérsia de caráter repetitivo ainda não decidida pelo Supremo Tribunal Federal ou pelo Superior Tribunal de Justiça, conforme se trate de matéria constitucional ou infraconstitucional;
IV – selecionar o recurso como representativo de controvérsia constitucional ou infraconstitucional, nos termos do § 6º do art. 1.036;
V – realizar o juízo de admissibilidade e, se positivo, remeter o feito ao Supremo Tribunal Federal ou ao Superior Tribunal de Justiça, desde que:
a) o recurso ainda não tenha sido submetido ao regime de repercussão geral ou de julgamento de recursos repetitivos;
b) o recurso tenha sido selecionado como representativo da controvérsia; ou
c) o tribunal recorrido tenha refutado o juízo de retratação.

Outro ponto no qual o procedimento é diferente e afasta a aplicação do NCPC se refere à competência, quando mais de um ministro proferir decisão de afetação. O NCPC define ser aquele que primeiro a tiver proferido (§ 3º do art. 1.037):

> § 3º Havendo mais de uma afetação, será prevento o relator que primeiro tiver proferido a decisão a que se refere o inciso I do *caput*.

Na esfera trabalhista, não se mostra possível, pois a designação do relator e revisor ocorre posteriormente à admissão do procedimento para julgamento sob a forma de recursos repetitivos (§ 6º do art. 896-C),[47] o que afasta a possibilidade de afetação por ministros diferentes; a admissibilidade ocorre por decisão da maioria simples da SBDI-1 (art. 896-C, *caput*).[48]

As providências gerais a cargo do relator previstas no art. 1.038 do NCPC possuem disciplina semelhante na esfera processual trabalhista, o que afasta a necessidade de remissão ao Código e torna conveniente transcrever, em quadro comparativo, mais uma vez, ambas as regulamentações:

NOVO CPC	PROCESSO DO TRABALHO (CLT OU IN n. 38/2015)
Inciso I: "I - solicitar ou admitir manifestação de pessoas, órgãos ou entidades com interesse na controvérsia, considerando a relevância da matéria e consoante dispuser o regimento interno;"	§ 8º do art. 896-C: "§ 8º O relator poderá admitir manifestação de pessoa, órgão ou entidade com interesse na controvérsia, inclusive como assistente simples, na forma da Lei nº 5.869, de 11 de janeiro de 1973 (Código de Processo Civil)." Inciso IV do art. 5º da IN: IV – concederá o prazo de 15 (quinze) dias para a manifestação escrita das pessoas, órgãos ou entidades interessados na controvérsia, que poderão ser admitidos como *amici curiae*. § 1º do art. 1º da IN: § 1º O relator poderá também admitir, tanto na audiência pública quanto no curso do procedimento, a manifestação, como *amici curiae*, de pessoas, órgãos ou entidades com interesse na controvérsia, considerando a relevância da matéria e assegurando o contraditório e a isonomia de tratamento.

§ 1º Da decisão de inadmissibilidade proferida com fundamento no inciso V caberá agravo ao tribunal superior, nos termos do art. 1.042.

§ 2º Da decisão proferida com fundamento nos incisos I e III caberá agravo interno, nos termos do art. 1.021." (NR)

47 "§ 6º O recurso repetitivo será distribuído a um dos Ministros membros da Seção Especializada ou do Tribunal Pleno e a um Ministro revisor."

48 "Art. 896-C. Quando houver multiplicidade de recursos de revista fundados em idêntica questão de direito, a questão poderá ser afetada à Seção Especializada em Dissídios Individuais ou ao Tribunal Pleno, por decisão da maioria simples de seus membros, mediante requerimento de um dos Ministros que compõem a Seção Especializada, considerando a relevância da matéria ou a existência de entendimentos divergentes entre os Ministros dessa Seção ou das Turmas do Tribunal."

NOVO CPC	PROCESSO DO TRABALHO (CLT OU IN n. 38/2015)
Inciso II: "II - fixar data para, em audiência pública, ouvir depoimentos de pessoas com experiência e conhecimento na matéria, com a finalidade de instruir o procedimento;"	Art. 10 da IN: "Art. 10. Para instruir o procedimento, pode o relator fixar data para, em audiência pública, ouvir depoimentos de pessoas com experiência e conhecimento na matéria, sempre que entender necessário o esclarecimento de questões ou circunstâncias de fato subjacentes à controvérsia objeto do incidente de recursos repetitivos.."
Inciso III e § 1º: "III - requisitar informações aos tribunais inferiores a respeito da controvérsia e, cumprida a diligência, intimará o Ministério Público para manifestar-se." "§ 1º No caso do inciso III, os prazos respectivos são de 15 (quinze) dias, e os atos serão praticados, sempre que possível, por meio eletrônico."	§§ 7º e 9º do art. 896-C: "§ 7º O relator poderá solicitar, aos Tribunais Regionais do Trabalho, informações a respeito da controvérsia, a serem prestadas no prazo de 15 (quinze) dias. § 9º Recebidas as informações e, se for o caso, após cumprido o disposto no § 7º deste artigo, terá vista o Ministério Público pelo prazo de 15 (quinze) dias." Incisos III e VI da IN: "III – poderá solicitar aos Tribunais Regionais do Trabalho informações a respeito da controvérsia, a serem prestadas no prazo de 15 (quinze) dias, e requisitar aos Presidentes ou Vice-Presidentes dos Tribunais Regionais do Trabalho a remessa de até dois recursos de revista representativos da controvérsia;" VI – poderá conceder vista ao Ministério Público e às partes, nos termos e para os efeitos do § 9º do artigo 896-C da CLT.
§ 2º "§ 2º Transcorrido o prazo para o Ministério Público e remetida cópia do relatório aos demais ministros, haverá inclusão em pauta, devendo ocorrer o julgamento com preferência sobre os demais feitos, ressalvados os que envolvam réu preso e os pedidos de *habeas corpus*."	§ 10 do art. 896-C: "§ 10. Transcorrido o prazo para o Ministério Público e remetida cópia do relatório aos demais Ministros, o processo será incluído em pauta na Seção Especializada ou no Tribunal Pleno, devendo ser julgado com preferência sobre os demais feitos."

Pequena observação cabe em relação ao § 1º do artigo ora examinado do NCPC, ao estabelecer que "os atos serão praticados, sempre que possível, por meio eletrônico". Há muito, na Justiça do Trabalho, adotou-se a prática e se regulamentou a comunicação interna por meio de Malote Digital, previsto na Resolução nº 100 do CNJ.

Há que se assinalar, também, que no inciso VI do art. 5º da IN há referência à manifestação do Ministério Público do Trabalho como de caráter facultativo ("poderá conceder vista"). Contudo, trata-se de providência compulsória atribuída ao relator; o próprio § 9º do art. 896-C da CLT afirma peremptoriamente: "terá vista o Ministério Público pelo prazo de 15 (quinze) dias". Portanto, não lhe poderá ser negado.

Outra observação também cabe em relação à alteração promovida pela Lei n. 13.256/2016 ao § 3º do art. 1.038, analisado, relativamente à obrigatoriedade de que o conteúdo do acórdão, tal como consta no art. 12 da IN n. 38, contenha a análise de "todos os fundamentos da tese jurídica discutida, favoráveis ou contrários". O dispositivo passou a referir-se tão somente à necessidade de que aprecie os "fundamentos relevantes da tese jurídica discutida", mostrando-se, aliás, compatível com o quanto disposto no inciso IV do § 1º do art. 489, ao tornar obrigatória a manifestação na decisão sobre "todos os argumentos deduzidos no processo capazes de, em tese, infirmar a conclusão adotada pelo julgador", argumentos relevantes, portanto. Confira-se a redação:

NCPC:

"§ 3º O conteúdo do acórdão abrangerá a análise dos fundamentos relevantes da tese jurídica discutida." (NR)

IN n. 38/2015:

"Art. 12. O conteúdo do acórdão paradigma abrangerá a análise de todos os fundamentos da tese jurídica discutida, favoráveis ou contrários.

É mais um ponto em que, possivelmente, haverá alteração no ato normativo do TST.

4.3. JULGAMENTO E EFEITOS: VINCULAÇÃO, DISTINÇÃO E SUPERAÇÃO

Em mais um exemplo de proximidade entre os dois diplomas legais, as regras disciplinadoras dos efeitos produzidos pelo acórdão paradigma (definidor da tese jurídica) são bastante parecidas, o que justifica a elaboração, pela terceira vez, de quadro comparativo e a afirmação da ausência de repercussão do NCPC ao processo do trabalho:

NOVO CPC	PROCESSO DO TRABALHO (CLT OU IN n. 38)
§ 2º do art. 1.037: "§ 2º É vedado ao órgão colegiado decidir, para os fins do art. 1.040, questão não delimitada na decisão a que se refere o inciso I do *caput*."	Parágrafo único do art. 12 da IN: "Parágrafo único. É vedado ao órgão colegiado decidir, para os fins do artigo 896-C da CLT, questão não delimitada na decisão de afetação."

NOVO CPC	PROCESSO DO TRABALHO (CLT OU IN n. 38)
§§ 4º e 6º do art. 1.037: "§ 4º Os recursos afetados deverão ser julgados no prazo de 1 (um) ano e terão preferência sobre os demais feitos, ressalvados os que envolvam réu preso e os pedidos de *habeas corpus*. § 5º REVOGADO § 6º Ocorrendo a hipótese do § 5º, é permitido a outro relator do respectivo tribunal superior afetar 2 (dois) ou mais recursos representativos da controvérsia na forma do art. 1.036."	Art. 11, *caput*, e §§ 1º e 2º da IN: "Art. 11. Os recursos afetados deverão ser julgados no prazo de um ano e terão preferência sobre os demais feitos. § 1º Na hipótese de não ocorrer o julgamento no prazo de um ano a contar da publicação da decisão de que trata o artigo 5º desta Instrução Normativa, cessam automaticamente, em todo o território nacional, a afetação e a suspensão dos processos, que retomarão seu curso normal. § 2º Ocorrendo a hipótese do § 1º, é permitida, nos termos e para os efeitos do artigo 2º desta Instrução Normativa e do artigo 896-C da CLT, a formulação de outra proposta de afetação de processos representativos da controvérsia para instauração e julgamento de recursos repetitivos para ser apreciada e decidida pela SbDI-1 deste Tribunal.
§ 7º do art. 1.037: "§ 7º Quando os recursos requisitados na forma do inciso III do *caput* contiverem outras questões além daquela que é objeto da afetação, caberá ao tribunal decidir esta em primeiro lugar e depois as demais, em acórdão específico para cada processo."	Parágrafo único do art. 13 da IN: "Parágrafo único. Quando os recursos requisitados do Tribunal Regional do Trabalho contiverem outras questões além daquela que é objeto da afetação, caberá ao órgão jurisdicional competente, em acórdão específico para cada processo, decidir esta em primeiro lugar e depois as demais.."
Art. 1.040: "Art. 1.040. Publicado o acórdão paradigma: I - o presidente ou o vice-presidente do tribunal de origem negará seguimento aos recursos especiais ou extraordinários sobrestados na origem, se o acórdão recorrido coincidir com a orientação do tribunal superior; II - o órgão que proferiu o acórdão recorrido, na origem, reexaminará o processo de competência originária, a remessa necessária ou o recurso anteriormente julgado, se o acórdão recorrido contrariar a orientação do tribunal superior; III - os processos suspensos em primeiro e segundo graus de jurisdição retomarão o curso para julgamento e aplicação da tese firmada pelo tribunal superior;"	§ 11 do art. 896-C e art. 14 da IN: "§ 11. Publicado o acórdão do Tribunal Superior do Trabalho, os recursos de revista sobrestados na origem: I - terão seguimento denegado na hipótese de o acórdão recorrido coincidir com a orientação a respeito da matéria no Tribunal Superior do Trabalho; ou II - serão novamente examinados pelo Tribunal de origem na hipótese de o acórdão recorrido divergir da orientação do Tribunal Superior do Trabalho a respeito da matéria." "Art. 14. Publicado o acórdão paradigma: I – o Presidente ou Vice-Presidente do Tribunal de origem negará seguimento aos recursos de revista sobrestados na origem, se o acórdão recorrido coincidir com a orientação do Tribunal Superior do Trabalho; II – o órgão que proferiu o acórdão recorrido, na origem, reexaminará o processo de competência originária ou o recurso anteriormente julgado, na hipótese de o acórdão recorrido contrariar a orientação do Tribunal Superior do Trabalho; III – os processos porventura suspensos em primeiro e segundo graus de jurisdição retomarão o curso para julgamento e aplicação da tese firmada pelo Tribunal Superior do Trabalho."

NOVO CPC	PROCESSO DO TRABALHO (CLT OU IN n. 38)
Art. 1.041: "Art. 1.041. Mantido o acórdão divergente pelo tribunal de origem, o recurso especial ou extraordinário será remetido ao respectivo tribunal superior, na forma do art. 1.036, § 1º. § 1º Realizado o juízo de retratação, com alteração do acórdão divergente, o tribunal de origem, se for o caso, decidirá as demais questões ainda não decididas cujo enfrentamento se tornou necessário em decorrência da alteração. § 2º Quando ocorrer a hipótese do inciso II do caput do art. 1.040 e o recurso versar sobre outras questões, caberá ao presidente ou ao vice-presidente do tribunal recorrido, depois do reexame pelo órgão de origem e independentemente de ratificação do recurso, sendo positivo o juízo de admissibilidade, determinar a remessa do recurso ao tribunal superior para julgamento das demais questões."."	Art. 15 e §§ 1º a 3º da IN: "Art. 15. Para fundamentar a decisão de manutenção do entendimento, o órgão que proferiu o acórdão recorrido deverá demonstrar a existência de distinção, por se tratar de caso particularizado por hipótese fática distinta ou questão jurídica não examinada, a impor solução diversa. § 1º Na hipótese de que trata o *caput* deste artigo, o recurso de revista será submetido a novo exame de sua admissibilidade pelo Presidente ou Vice- Presidente do Tribunal Regional, retomando o processo o seu curso normal. § 2º Realizado o juízo de retratação, com alteração do acórdão divergente, o Tribunal de origem, se for o caso, decidirá as demais questões ainda não decididas, cujo enfrentamento se tornou necessário em decorrência da alteração. § 3º Quando for alterado o acórdão divergente na forma do § 1º e o recurso anteriormente interposto versar sobre outras questões, o Presidente ou Vice- Presidente do Tribunal Regional, independentemente de ratificação do recurso, procederá a novo juízo de admissibilidade, retomando o processo o seu curso normal."

O prazo para julgamento previsto no § 4º do art. 1.037 e reproduzido no *caput* do art. 11 da IN n. 38/2015 não foi afetado pelas alterações havidas no NCPC. Contudo, quanto aos efeitos, anteriormente previstos no § 5º do art. 1.037 para o caso de não ser observado, a revogação promovida pelo art. 3º, II, da Lei n. 13.256/2016 tornou distinta a disciplina prevista no § 1º do art. 11 da citada IN[49], o que poderá vir a ser alterado, de igual modo pelo TST, para compatibilizar a regra geral com a específica do processo laboral, embora, a meu sentir, deva ser preservada, mesmo porque o referido prazo poderá ser ampliado, caso haja afetação de outros recursos, o que, na prática, corresponderá ao mesmo efeito.

Registre-se, quanto a esse último aspecto, pequena diferença de procedimento entre a regra prevista no § 6º do art. 1.037 do NCPC e o § 2º do art. 11 da IN. No primeiro, uma vez superado o prazo, outro relator poderá afetar, de logo, dois ou mais recursos, ao passo que no segundo caberá a formulação de nova proposta de afetação perante a SbDI-1.

Cabe uma palavra em torno do inciso IV e parágrafos do art. 1.040 do NCPC:

---

49   § 1º Na hipótese de não ocorrer o julgamento no prazo de um ano a contar da publicação da decisão de que trata o artigo 5º desta Instrução Normativa, cessam automaticamente, em todo o território nacional, a afetação e a suspensão dos processos, que retomarão seu curso normal.

IV - se os recursos versarem sobre questão relativa a prestação de serviço público objeto de concessão, permissão ou autorização, o resultado do julgamento será comunicado ao órgão, ao ente ou à agência reguladora competente para fiscalização da efetiva aplicação, por parte dos entes sujeitos a regulação, da tese adotada.

§ 1º A parte poderá desistir da ação em curso no primeiro grau de jurisdição, antes de proferida a sentença, se a questão nela discutida for idêntica à resolvida pelo recurso representativo da controvérsia.

§ 2º Se a desistência ocorrer antes de oferecida contestação, a parte ficará isenta do pagamento de custas e de honorários de sucumbência.

§ 3º A desistência apresentada nos termos do § 1º independe de consentimento do réu, ainda que apresentada contestação.

Quanto ao inciso, estabelece que o resultado do julgamento deve ser comunicado ao órgão, ao ente ou à agência reguladora, se os recursos versarem sobre questão relativa a prestação de serviço público objeto de concessão, permissão ou autorização, para fiscalização da efetiva aplicação, por parte dos entes sujeitos a regulação, da tese adotada.

Apesar de não haver incompatibilidade e, portanto, ser admitida a regra, trata-se de hipótese que identifico no processo do trabalho nos casos em que se debate a responsabilidade do ente público no dever de fiscalização quanto ao cumprimento das obrigações trabalhistas decorrentes dos contratos de terceirização de serviços, quando forem executados nas atividades indicadas no dispositivo, o que pode servir como medida de cautela para evitar que a lesão se perpetue e aumente, ainda mais, o prejuízo do erário público.

Os três parágrafos tratam dos efeitos da desistência da ação, ainda no primeiro grau, quando o objeto contiver questão jurídica idêntica à decidida por meio dos recursos repetitivos e pode ser assim resumido:

a) pode ocorrer antes de proferida a sentença;

b) independe da concordância do réu, mesmo após a contestação;

c) ficará isenta do pagamento de custas, se ocorrer antes do ato mencionado no item anterior.

Diante da ausência de previsão no processo do trabalho e de sua inteira compatibilidade, os dispositivos foram reproduzidos no art. 16 da IN n. 38, observada, quanto ao § 2º, a regra da gratuidade, se demonstrada a carência de recursos ou presumida a miserabilidade jurídica (arts. 790 e 790-A da CLT):[50]

---

50 "Art. 790. Nas Varas do Trabalho, nos Juízos de Direito, nos Tribunais e no Tribunal Superior do Trabalho, a forma de pagamento das custas e emolumentos obedecerá às instruções que serão expedidas pelo Tribunal Superior do Trabalho. (Redação dada pela Lei nº 10.537, de 27.8.2002)
§ 1º Tratando-se de empregado que não tenha obtido o benefício da justiça gratuita, ou isenção de custas, o sindicato que houver intervindo no processo responderá solidariamente pelo pagamento das custas devidas. (Redação dada pela Lei nº 10.537, de 27.8.2002)

Art. 16. A parte poderá desistir da ação em curso no primeiro grau de jurisdição, antes de proferida a sentença, se a questão nela discutida for idêntica à resolvida pelo recurso representativo da controvérsia.

§ 1º Se a desistência ocorrer antes de oferecida a defesa, a parte, se for o caso, ficará dispensada do pagamento de custas e de honorários de advogado.

§ 2º A desistência apresentada nos termos do *caput* deste artigo independe de consentimento do reclamado, ainda que apresentada contestação.

Fixado o precedente e definidas as consequências imediatas geradas nos processos em andamento nas diversas instâncias, cabe analisar os efeitos futuros, produzidos pela força obrigatória do precedente judicial.

Assinale-se, nesse campo, o ineditismo da legislação processual trabalhista, que antecipou institutos do Novo CPC por meio da distinção, também constatado na autorização para superação do precedente, técnicas conhecidas como *distinguishing*,[51] *overruling*[52] e *overriding*,[53] previstas nos §§ 16 e 17 do

---

§ 2º No caso de não-pagamento das custas, far-se-á execução da respectiva importância, segundo o procedimento estabelecido no Capítulo V deste Título. (Redação dada pela Lei nº 10.537, de 27.8.2002)

§ 3º É facultado aos juízes, órgãos julgadores e presidentes dos tribunais do trabalho de qualquer instância conceder, a requerimento ou de ofício, o benefício da justiça gratuita, inclusive quanto a traslados e instrumentos, àqueles que perceberem salário igual ou inferior ao dobro do mínimo legal, ou declararem, sob as penas da lei, que não estão em condições de pagar as custas do processo sem prejuízo do sustento próprio ou de sua família. (Redação dada pela Lei nº 10.537, de 27.8.2002)

Art. 790-A. São isentos do pagamento de custas, além dos beneficiários de justiça gratuita: (Incluído pela Lei nº 10.537, de 27.8.2002)

I – a União, os Estados, o Distrito Federal, os Municípios e respectivas autarquias e fundações públicas federais, estaduais ou municipais que não explorem atividade econômica; (Incluído pela Lei nº 10.537, de 27.8.2002)

II – o Ministério Público do Trabalho. (Incluído pela Lei nº 10.537, de 27.8.2002)

Parágrafo único. A isenção prevista neste artigo não alcança as entidades fiscalizadoras do exercício profissional, nem exime as pessoas jurídicas referidas no inciso I da obrigação de reembolsar as despesas judiciais realizadas pela parte vencedora." (Incluído pela Lei nº 10.537, de 27.8.2002)

51 Em publicação de minha autoria: "[...] representa a presença do que se pode denominar de "elementos de distinção", ou *distinguishing* (ou *distinguish*) no *common law*, ao recurso sobrestado. É a ausência de identidade entre as questões debatidas no recurso paradigma e no afetado, ônus a cargo da parte que teve o seu recurso paralisado." BRANDÃO, Cláudio. *Reforma do sistema recursal trabalhista: comentários à Lei n. 13.015/2014*. São Paulo: LTr, 2015. p . 176.

52 Da mesma fonte: caracteriza-se "quando o próprio tribunal que firmou o precedente decide pela perda de sua força vinculante, por haver sido substituído (*overruled*) por outro. Assemelha-se à revogação de uma lei por outra e pode ocorrer de forma expressa (*express overruling*), quando resolve, expressamente, adotar uma nova orientação e abandonar a anterior, ou tácita (*implied overruling*), quando essa nova orientação é adotada em confronto com a anterior, embora sem que o faça de modo expresso. Em ambos os casos, exige-se uma carga de motivação maior, que contenha argumentos até então não suscitados e justificação complementar capaz de incentivar o Tribunal a modificar a tese jurídica – *ratio decidendi*, ou razão de decidir –, o que, convenha-se, não deve ocorrer com frequência, em virtude da necessidade de preservação da segurança jurídica". Obra citada, p. 180.

53 Da mesma fonte: "É a técnica de superação que se diferencia da anterior por ser de menor alcance. Neste caso, o tribunal apenas limita o âmbito de incidência do precedente, em função da superveniência de uma regra ou princípio legal. Não há superação total, mas parcial do precedente, semelhante ao que ocorre com a revisão das súmulas vinculantes". Obra citada, p. 181.

art. 896-C,[54] observando-se, ainda, o rigor definido no art. 15 da IN n. 38/2015 para a primeira hipótese[55], em que se exige do órgão julgador a demonstração clara de que se trata de "caso particularizado por hipótese fática distinta ou questão jurídica não examinada, a impor solução diversa", além da possibilidade da modulação de efeitos, para os casos de superação.

Destaco o maior (e melhor) detalhamento ou, no mínimo, a maior clareza das regras no processo do trabalho, considerando que, no NCPC, se encontram dispersas no art. 927, ao tratar do dever de observância, pelos órgãos julgadores, dos acórdãos proferidos no incidente em análise, e, para o que interessa, transcrevo:

> "Art. 927. Os juízes e os tribunais observarão:
>
> [...]
>
> III - os acórdãos em incidente de assunção de competência ou de resolução de demandas repetitivas e em julgamento de recursos extraordinário e especial repetitivos;
>
> [...]
>
> § 1º Os juízes e os tribunais observarão o disposto no art. 10 e no art. 489, § 1º, quando decidirem com fundamento neste artigo.
>
> § 2º A alteração de tese jurídica adotada em enunciado de súmula ou em julgamento de casos repetitivos poderá ser precedida de audiências públicas e da participação de pessoas, órgãos ou entidades que possam contribuir para a rediscussão da tese.
>
> § 3º Na hipótese de alteração de jurisprudência dominante do Supremo Tribunal Federal e dos tribunais superiores ou daquela oriunda de julgamento de casos repetitivos, pode haver modulação dos efeitos da alteração no interesse social e no da segurança jurídica.
>
> § 4º A modificação de enunciado de súmula, de jurisprudência pacificada ou de tese adotada em julgamento de casos repetitivos observará a necessidade de fundamentação adequada e específica, considerando os princípios da segurança jurídica, da proteção da confiança e da isonomia."

4.4. QUESTÃO CONSTITUCIONAL

Cabe, por último, mencionar distinção entre os dois sistemas na hipótese de o tema, objeto dos recursos repetitivos, envolver questão constitucional, não examinada pelo STJ.

---

54 "§ 16. A decisão firmada em recurso repetitivo não será aplicada aos casos em que se demonstrar que a situação de fato ou de direito é distinta das presentes no processo julgado sob o rito dos recursos repetitivos. § 17. Caberá revisão da decisão firmada em julgamento de recursos repetitivos quando se alterar a situação econômica, social ou jurídica, caso em que será respeitada a segurança jurídica das relações firmadas sob a égide da decisão anterior, podendo o Tribunal Superior do Trabalho modular os efeitos da decisão que a tenha alterado."

55 "Art. 15. Para fundamentar a decisão de manutenção do entendimento, o órgão que proferiu o acórdão recorrido deverá demonstrar a existência de distinção, por se tratar de caso particularizado por hipótese fática distinta ou questão jurídica não examinada, a impor solução diversa."

O art. 13 do art. 896-C da CLT prevê que a decisão proferida pelo Tribunal Pleno (ou Subseção I da Seção Especializada em Dissídios Individuais) não impedirá o reexame pelo STF, [56], objeto, também, dos arts. 18 e 19 da IN n. 38/2015, o último deles específico para a disciplina do procedimento relativo aos recursos extraordinários repetitivos interpostos perante o TST:

> Art. 18. Caso a questão afetada e julgada sob o rito dos recursos repetitivos também contenha questão constitucional, a decisão proferida pelo Tribunal Pleno não obstará o conhecimento de eventuais recursos extraordinários sobre a questão constitucional.
>
> Art. 19. Aos recursos extraordinários interpostos perante o Tribunal Superior do Trabalho será aplicado o procedimento previsto no Código de Processo Civil para o julgamento dos recursos extraordinários repetitivos, cabendo ao Presidente do Tribunal Superior do Trabalho selecionar um ou mais recursos representativos da controvérsia e encaminhá-los ao Supremo Tribunal Federal, sobrestando os demais até o pronunciamento definitivo da Corte, na forma ali prevista.

Observados os pressupostos específicos e independentemente do quanto decidido pelo Tribunal Pleno do TST e da tese jurídica por ele sufragada, nada obsta que a parte interponha o recurso extraordinário para a última instância do Poder Judiciário brasileiro. Não pode a decisão proferida obstar a apreciação da questão jurídica pelo STF, diante da competência a ele conferida de proferir a última palavra em matéria constitucional, conforme previsto no art. 102, III, *a* a *d*, da Constituição Federal.[57]

Observa-se o procedimento descrito no § 14 do art. 896-C:[58] a) o Presidente do TST selecionará um ou mais recursos representativos da controvérsia e os encaminhará ao STF; b) determinará, na sequência, o sobrestamento dos demais, até o pronunciamento da Corte, na forma prevista no art. 1.036 e seguintes do NCPC.[59]

---

[56] § 13. Caso a questão afetada e julgada sob o rito dos recursos repetitivos também contenha questão constitucional, a decisão proferida pelo Tribunal Pleno não obstará o conhecimento de eventuais recursos extraordinários sobre a questão constitucional.

[57] Art. 102. Compete ao Supremo Tribunal Federal, precipuamente, a guarda da Constituição, cabendo-lhe:
[...]
III - julgar, mediante recurso extraordinário, as causas decididas em única ou última instância, quando a decisão recorrida:
a) contrariar dispositivo desta Constituição;
b) declarar a inconstitucionalidade de tratado ou lei federal;
c) julgar válida lei ou ato de governo local contestado em face desta Constituição.
d) julgar válida lei local contestada em face de lei federal. (Incluída pela Emenda Constitucional nº 45, de 2004)

[58] § 14. Aos recursos extraordinários interpostos perante o Tribunal Superior do Trabalho será aplicado o procedimento previsto no art. 543-B da Lei n. 5.869, de 11 de janeiro de 1973 (Código de Processo Civil), cabendo ao Presidente do Tribunal Superior do Trabalho selecionar um ou mais recursos representativos da controvérsia e encaminhá-los ao Supremo Tribunal Federal, sobrestando os demais até o pronunciamento definitivo da Corte, na forma do § 1º do art. 543-B da Lei n. 5.869, de 11 de janeiro de 1973 (Código de Processo Civil).

[59] O dispositivo, de maneira originária, se refere ao art. 543-B. No NCPC, o procedimento é disciplinado nos arts. 1.036 e seguintes.

5. REFERÊNCIAS

BRANDÃO, Cláudio. *Reforma do sistema recursal trabalhista: comentários à Lei n. 13.015/2014*. São Paulo: LTr, 2015.

BRASIL. Conselho Nacional de Justiça. Relatório Justiça em Números – 2014. Disponível em: < ftp://ftp.cnj.jus.br/Justica_em_Numeros/relatorio_jn2014.pdf>. Acesso em: 30 Mai. 2015.

CHAVES, Luciano Athayde. Interpretação, aplicação e integração do direito processual do trabalho. In.: CHAVES, Luciano Athayde (org.). *Curso de direito processual do trabalho*. 2a ed. São Paulo: LTr, 2012.

CUNHA, Leonardo Carneiro da. Didier Jr., Fredie. *Incidente de assunção de competência e o processo do trabalho*. In.: BRANDÃO, Cláudio; MALLET, Estêvão (org.). *Repercussões do novo CPC: processo do trabalho*. Salvador: Juspodivm, 2015.

DIDIER Jr., Fredie; BRAGA, Paula Sarno; DE OLIVEIRA, Rafael Alexandria. *Curso de direito processual civil*. V. 2. 9ª ed. Salvador: JusPodivm, 2015.

_____; MACÊDO, Lucas Buril de. Reforma no processo trabalhista brasileiro em direção aos precedentes obrigatórios: a Lei n. 13.015/2014. *Revista do Tribunal Superior do Trabalho*. V. 21, n. 1. Rio de Janeiro: Imprensa Nacional, 2015.

MEIRELES, Edilton. *O novo CPC e sua aplicação supletiva e subsidiária no processo do trabalho*. In.: BRANDÃO, Cláudio; MALLET, Estêvão (org.). *Repercussões do novo CPC: processo do trabalho*. Salvador: Juspodivm, 2015.

MELO, Raimundo Simão de. *Coletivização das ações individuais no âmbito da Justiça do Trabalho*. Disponível em: < http://www.conjur.com.br/2014-out-03/reflexoes-trabalhistas-coletivizacao-acoes-individuais-ambito-justica-trabalho>. Acesso em: 30 Mar. 2015.

TUPINAMBÁ, Carolina. *A aplicação do CPC ao processo do trabalho*. In.: BRANDÃO, Cláudio; MALLET, Estêvão (org.). *Repercussões do novo CPC: processo do trabalho*. Salvador: Juspodivm, 2015.

Capítulo 61

O NOVO CÓDIGO DE PROCESSO CIVIL E SEUS POSSÍVEIS IMPACTOS NOS RECURSOS TRABALHISTAS

Ricardo José Macêdo de Britto Pereira[1]

SUMÁRIO: 1. CONSIDERAÇÕES GERAIS; 2. SÍNTESE DAS ALTERAÇÕES PROMOVIDAS PELA LEI 13.015/2014; 3. SÍNTESE DO SISTEMA RECURSAL PREVISTO NO NOVO CPC.; 4. INCIDÊNCIA DAS DISPOSIÇÕES DO NOVO CPC AO SISTEMA RECURSAL TRABALHISTA.; 5. CONSIDERAÇÕES FINAIS.; 6. REFERÊNCIAS BIBLIOGRÁFICAS.

1. CONSIDERAÇÕES GERAIS

Por meio do presente texto, busca-se analisar os possíveis impactos do novo Código de Processo Civil no sistema recursal trabalhista. O cotejo da nova disciplina processual civil nessa matéria deve dar-se com as disposições da Consolidação das Leis do Trabalho, a partir das alterações promovidas pela Lei 13.015, de 21.07.2014, que ainda dá margem a inúmeras dúvidas.

É fato que experimentamos um momento de grandes alterações no sistema recursal trabalhista, em que há um acentuado grau de incertezas acerca de sua aplicação e sentido, o que provavelmente dará margem a prolongadas e intensas discussões.

Com o novo CPC, antes mesmo de completado o período de doze meses após a publicação para iniciar sua vigência, iniciou-se um tormentoso processo de avaliação em torno da possível incidência dos diversos dispositivos que buscam conferir novos perfil e dinâmica ao processo civil brasileiro, que necessariamente terá impacto do âmbito do processo do trabalho.

O nexo entre o processo do trabalho e o processo civil é o art. 769 da CLT, que determina a aplicação subsidiária da legislação processual comum nos casos omissos, exceto no que for incompatível com as normas da CLT que tratam do processo do trabalho. A doutrina vem ampliando o conceito de casos omissos, para nele incluir a previsão que não se apresenta atual (omissão ontológica)

---

[1] Subprocurador Geral do Trabalho. Professor Titular do UDF-Brasília. Doutor pela Universidade Complutense de Madri. Mestre pela Universidade de Brasília. Pesquisador colaborador do Programa de Pós-graduação da Faculdade de Direito da Universidade de Brasília. Colíder do Grupo de Pesquisa da Faculdade de Direito da UNB "Trabalho, Constituição e Cidadania".

ou não mais adequada para propiciar a tutela perseguida (omissão axiológica). Se no passado o art. 769 da CLT serviu como cláusula de barreira para disposições de um processo comum marcado pelo caráter liberal e individualista, os avanços dos últimos tempos no processo civil, visando à tutela célere e efetiva, impõem a releitura do citado art. 769 para, em lugar de fechamento do processo do trabalho para o processo civil, determinar sua abertura, a fim de que o processo do trabalho possa cumprir sua função. A tendência atual é que as disposições normativas do processo civil mais atuais ou adequadas prevaleçam em relação as do processo do trabalho[2].

O art. 15 do novo CPC, que prevê a aplicação supletiva e subsidiária de suas disposições na ausência de normas que regulem processos eleitorais, trabalhistas ou administrativos, facilita essa abertura, ao ampliar a incidência das disposições processuais civis no processo do trabalho, sem afetar a exigência de compatibilidade como determina o art. 769 da CLT. Os princípios do direito processual do trabalho seriam totalmente descaracterizados, caso se extraísse o entendimento de aplicação automática do processo civil no processo do trabalho, sem a observância da tutela efetiva do patamar de direitos aplicável às relações de trabalho. Daí que a incidência das disposições normativas do novo CPC deve ser aferida em cada caso. Além disso, a verificação de compatibilidade do processo civil com o processo do trabalho não é direta ou horizontalizada, mas passa necessariamente pela Constituição, em especial pelos os princípios de proteção ao trabalho. Ou seja, trata-se de uma operação mediada pela Constituição e, portanto, verticalizada.

Durante a tramitação no Senado do novo Código de Processo Civil, foram apresentadas emendas para excluir a referência de aplicação de suas disposições ao processo do trabalho. O parecer do relator pela rejeição das emendas posicionou-se no sentido de que não havia justificativa plausível para excluir a aplicação supletiva e subsidiária do novo Código ao processo do trabalho. Segundo o parecer

> é no CPC, e não na CLT, que se encontram os fundamentos do processo do trabalho, tais como princípios (contraditório, ampla defesa, devido processo legal, juiz natural), conceitos básicos de competência e jurisdição, cooperação internacional, teoria geral da prova, disciplina das audiências, leis processuais no tempo, sujeitos do processo (inclusive modalidades de intervenção de terceiros), cognição, preclusão, atos processuais, nulidades, sentença (conceito, espécies etc.), coisa julgada, teoria geral dos recursos, dentre outros.
>
> Além do mais, o dispositivo em pauta irmana-se com o art. 769 da CLT, que assim dispõe:

---

[2] LEITE, Carlos Henrique Bezerra. *Curso de Direito Processual do Trabalho*. 12ª. Ed. São Paulo, LTr, 2014, págs. 101 a 111.

Art. 769. Nos casos omissos, o direito processual comum será fonte subsidiária do direito processual do trabalho, exceto naquilo em que for incompatível com as normas deste Título.[3]

Não é possível fechar os olhos para um problema que o referido art. 769 contém. Nos casos omissos o direito processual comum será aplicado subsidiariamente, desde que compatível com as normas do direito processual do trabalho. Contudo, se há omissão e se considera que as normas do direito processual comum não são compatíveis, o que aplicar? Cria-se a norma? Por isso que deve ser reforçado o entendimento de que a aplicação do direito processual comum não se verifica a partir de uma análise ponto a ponto, mas de um conjunto normativo que vem sendo aplicado e é necessário avaliar se a disciplina inovadora traz vantagens para a resolução do conflito submetido ao Judiciário trabalhista, de forma célere e efetiva. Em caso negativo, deve permanecer a disciplina anterior.

De qualquer forma, é inegável que o novo CPC irá alterar, com maior ou menor intensidade, o processo do trabalho. Na jurisprudência trabalhista, há vários dispositivos do processo civil que incidem no âmbito recursal trabalhista, como, só para mencionar alguns deles nesse sentido, o efeito devolutivo do recurso ordinário (Súmula 393 do TST), a exigência de fundamentar os recursos (Súmula 422 do TST), bem como o procedimento recursal abreviado (Súmula 435 do TST).

É importante destacar que a determinação da norma aplicável, tanto no campo do Direito do Trabalho quanto no do Processual do Trabalho, constitui uma tarefa que se localiza no campo principiológico, ou seja, sujeito a critérios de razoabilidade e de proporcionalidade, cujo eixo é sempre o caso concreto.

O propósito de abstrair no intuito de precisar o conceito de normas *aplicadas supletiva e subsidiariamente*, mediante parâmetros rígidos, não parece ser a melhor opção metodológica para examinar as possíveis implicações do alcance do art. 15 do novo CPC.

O próprio art. 769, que condiciona a aplicação do direito comum à hipótese de omissão do processo do trabalho, não impediu que a jurisprudência admitisse a incidência do direito processual comum, a despeito de previsão expressa no processo do trabalho.[4]

Consequentemente, a partir de agora parece necessário que na realização de qualquer estudo sobre os recursos trabalhistas seja levado em consideração o impacto das disposições normativas do direito processual comum, que interferirão no procedimento, alcance e efeitos desses recursos.

---

3 Disponível em http://www.senado.gov.br/atividade/materia/getPDF.asp?t=157884&tp=1. Acesso em 19.02.2015.

4 Carlos Henrique Bezerra Leite, na obra citada, menciona o exemplo da Súmula 303 do TST.

Nesse contexto, a ideia é destacar alguns pontos da possível aplicação dos novos dispositivos do CPC, sem pretensão de análise exaustiva ou de afirmações definitivas, embora a apresentação das propostas seja positiva sob o ponto de vista da ampliação dos debates.

São inúmeras as disposições do novo CPC que incidirão no processo do trabalho. Este estudo vai focar apenas nas disposições gerais sobre os recursos, os recursos em espécie, bem como em alguns incidentes que terão repercussão direta na fase recursal. São os incidentes de assunção de competência e o de demandas repetitivas. Além disso, será abordada a figura do *amicus curiae*.

Antes, porém, será feito um apanhado das alterações feitas pela Lei 13.015/2014 para, ao final, examinar as possíveis disposições do novo CPC que incidirão no sistema recursal trabalhista.

2. SÍNTESE DAS ALTERAÇÕES PROMOVIDAS PELA LEI 13.015/2014[5]

A Lei 13.015, de 21 de julho de 2014, trouxe mudanças significativas no sistema recursal trabalhista, bem como incorporou na legislação entendimentos consolidados na jurisprudência do Tribunal Superior do Trabalho.

A reforma dirigiu-se basicamente à tramitação dos recursos no TST e foi iniciada mediante proposta apresentada pelo próprio tribunal (Resolução 1451, de 24.05.2011), com alterações de redação durante a tramitação do projeto, principalmente na Câmara dos Deputados.

Os dispositivos alterados da parte recursal da CLT foram os arts. 894, II, 896, 897-A e 899. Embora não tenha havido modificação no recurso ordinário, a reforma afeta a tramitação dos recursos nos tribunais regionais do trabalho, no tocante à uniformização de jurisprudência.

Os dispositivos da Lei 13.015/2014 buscam agilidade no julgamento dos recursos no TST, com a redução do número de feitos que chegam a esse tribunal, e com a uniformização da jurisprudência nos tribunais trabalhistas. A tendência de objetivação apresenta-se clara, embora não tenha havido qualquer intento de vincular a decisão dos magistrados na apreciação das demandas submetidas ao Poder Judiciário.

A redação atual do art. 894, II, da CLT, amplia as hipóteses de cabimento do recurso de embargos. Além da divergência entre turmas ou SDI, o novo texto inclui as decisões contrárias a súmula ou orientação jurisprudencial do TST ou súmula vinculante do STF. A alteração cumpre função esclarecedora, numa parte, ao dar respaldo ao que já vinha entendendo o TST acerca da admissibilidade

---

[5] Pereira, Ricardo José Macêdo de Britto. "Primeiras impressões sobre a reforma recursal trabalhista – Lei n. 13.015, de 2014. *Revista LTr.* Vol. 78, nº 09, setembro de 2014, 78-09/1061-1068.

de recurso de embargos por contrariedade a súmula ou orientação jurisprudencial[6]. Em relação à súmula vinculante do STF, sua previsão no novo texto decorre do próprio efeito vinculante previsto no art. 103-A da Constituição.

Foram incluídos três parágrafos ao art. 894, II, da CLT. O primeiro corresponde à aplicação do entendimento consolidado na Súmula nº 333 do TST, com adição da súmula do STF. A súmula não vinculante do STF não autoriza a interposição do recurso de embargos, mas é determinante do não cabimento desse recurso, ao dar respaldo à decisão da Turma do TST que a observa. O segundo aplica aos embargos o que já constava do § 5º do art. 896 da CLT, em relação ao recurso de revista, embargos e agravo de instrumento, que acabou não sendo incluído no texto aprovado, uma vez que o TST o deslocou para o art. 896-B no anteprojeto e no projeto aprovado adquiriu conteúdo distinto. É a possibilidade de o relator negar seguimento ao recurso, quando a decisão recorrida estiver de acordo com súmula do TST ou do STF e com interativa, atual e notória jurisprudência do TST, bem como na hipótese de ausência de pressupostos extrínsecos de admissibilidade. O último parágrafo prevê o recurso de agravo no caso de decisão denegatória, no prazo de oito dias. O anteprojeto previa multa na hipótese de agravo manifestamente inadmissível ou infundado, mas o dispositivo foi suprimido no Congresso Nacional.

A reforma no recurso de revista (art. 896 da CLT) abrange a obrigatoriedade da uniformização da jurisprudência nos tribunais regionais do trabalho, que, se não foi providenciada anteriormente, será assegurada na tramitação do recurso de revista.

O art. 896 da CLT foi alterado na alínea "a" e acrescido de oito parágrafos. Além disso, incluíram-se os dispositivos correspondentes ao "Art. 896-B" e "Art. 896-C", este último com dezessete parágrafos.

Em relação à alínea "a" do art. 896 da CLT, não houve modificação substancial, a não ser o cabimento do recurso de revista por contrariedade a súmula vinculante do STF, ao lado da súmula do TST.

No § 1º-A, são introduzidas exigências formais para o conhecimento do recurso de revista. São elas: a indicação do trecho da decisão recorrida que contém o pré-questionamento; a apresentação da contrariedade, de forma explícita e fundamentada, a dispositivo de lei, súmula ou orientação jurisprudencial do TST, que conflite com a decisão recorrida; e as razões do pedido de reforma, impugnando todos os fundamentos da decisão recorrida, mediante demonstração

---

6 OJ-SDI1-219. RECURSO DE REVISTA OU DE EMBARGOS FUNDAMENTADO EM ORIENTAÇÃO JURISPRUDENCIAL DO TST (inserida em 02.04.2001)
É válida, para efeito de conhecimento do recurso de revista ou de embargos, a invocação de Orientação Jurisprudencial do Tribunal Superior do Trabalho, desde que, das razões recursais, conste o seu número ou conteúdo.

analítica dos dispositivos de lei, da Constituição Federal, de súmula ou orientação jurisprudencial contrariados.

Os novos §§ 3º a 6º do art. 896 da CLT passam a tratar da uniformização da jurisprudência nos tribunais regionais do trabalho, que estarão obrigados a observá-la, nos termos do Capítulo I do Título IX do Livro I do Código de Processo Civil. Aliás, isso já constava da redação dada pela Lei nº 9.756, de 1998. O que muda, no caso, é o estabelecimento de mecanismos para tornar a obrigatoriedade realidade.

O incidente de uniformização de jurisprudência poderá ser provocado de ofício, pelas partes ou pelo Ministério Público, hipótese em que o TST determinará o retorno dos autos ao tribunal de origem para as providências nesse sentido. Além disso, o incidente poderá ser determinado pelo Presidente do TRT, por ocasião do exame da admissibilidade do recurso de revista, ou pelo ministro relator no TST. As decisões que impuserem o retorno do feito ao regional para proceder à uniformização de jurisprudência são irrecorríveis.

Julgado o incidente pelo regional, apenas a súmula regional ou a tese jurídica prevalecente, e não conflitante com súmula ou orientação jurisprudencial do TST, é que viabiliza o conhecimento do recurso de revista por divergência.

O § 7º reproduz o anterior § 4º, que trata da atualidade da divergência. O único acréscimo é que não se considera atual a divergência ultrapassada por súmula do STF.

O § 8º refere-se à prova da divergência jurisprudencial, o que é importante, pois, até então, o tema estava a cargo da jurisprudência. Segundo o novo dispositivo, o ônus da prova do dissenso de julgados compete ao recorrente e será feita "mediante certidão, cópia ou citação do repositório de jurisprudência, oficial ou credenciado, inclusive em mídia eletrônica, em que houver sido publicada a decisão divergente, ou ainda pela reprodução do julgado disponível na internet, com indicação da respectiva fonte, mencionando, em qualquer caso, as circunstâncias que identifiquem ou assemelhem os casos confrontados".

O § 9º trata do cabimento do recurso de revista nas causas sujeitas ao procedimento sumaríssimo, mantendo a mesma redação do anterior § 6º, com inclusão da súmula vinculante do STF.

O § 10 prevê o cabimento do recurso de revista, "por violação a lei federal, por divergência jurisprudencial e por ofensa à Constituição Federal nas execuções fiscais e nas controvérsias da fase de execução que envolvam a Certidão Negativa de Débitos Trabalhistas (CNDT), criada pela Lei nº 12.440, de 7 de julho de 2011."

Já o § 11 contém importante garantia contra o formalismo exagerado, que inviabiliza o exame do mérito dos recursos de revista. No caso de recurso tempestivo, o defeito formal, não reputado grave, poderá ser desconsiderado ou sanado, julgando-se o mérito. Este dispositivo foi incluído na Câmara dos Deputados e baseou-se no projeto do novo CPC.

O § 12 parece estar solto, pois não esclarece qual decisão monocrática denegatória a que se refere. Ele também foi incluído na Câmara dos Deputados e não está bem conectado ao § 11, que não faz menção a decisão monocrática denegatória.

Da mesma forma, pouco claro é o § 13, incluído na Câmara dos Deputados, ao fazer menção ao julgamento a que se refere o § 3º. Este parágrafo trata da uniformização de jurisprudência pelos tribunais regionais do trabalho ao passo que o § 13 trata de matéria relevante que pode ser deslocada da seção especializada em dissídios individuais do TST para o Pleno.

A nova redação do art. 897-A, que trata dos embargos de declaração, acrescentou novos parágrafos ao *caput*. Na redação anterior, só havia o parágrafo único, que se converteu no § 1º, com igual redação. O § 2º prevê a possibilidade de concessão eventual de efeito modificativo em virtude da correção de vício na decisão embargada, desde que ouvida a parte contrária, no prazo de cinco dias, como já havia sido consagrado na jurisprudência dos tribunais[7]. O § 3º esclarece que os "embargos de declaração interrompem o prazo para interposição de outros recursos, por qualquer das partes, salvo quando intempestivos, irregular a representação da parte ou ausente a sua assinatura". Tal qual em relação ao agravo, o Congresso Nacional não aprovou o texto do anteprojeto que previa a aplicação de multa nos embargos de declaração manifestamente protelatórios.

Foi incluído, ainda, o § 8º no art. 899 da CLT, que dispensa a obrigatoriedade de efetuar o depósito recursal no agravo de instrumento interposto para destrancar recurso de revista "que se insurge contra decisão que contraria a jurisprudência uniforme do Tribunal Superior do Trabalho, consubstanciada nas suas súmulas ou em orientação jurisprudencial".

Os art. 896-B e 896-C tratam do julgamento dos recursos de revista repetitivos e da possibilidade de o julgamento dos recursos múltiplos fundados em idêntica questão de direito, considerando a relevância da matéria ou a existência de entendimentos divergentes entre os Ministros da seção ou das turmas do TST, deslocando-se o julgamento para a SDI ou o Tribunal Pleno, por decisão da maioria simples de seus membros. O requerimento deve ser de um dos Ministros que compõe a SDI.

---

7   OJ 142 da SBDI1 TST
    I - É passível de nulidade decisão que acolhe embargos de declaração com efeito modificativo sem que seja concedida oportunidade de manifestação prévia à parte contrária.
    II - Em decorrência do efeito devolutivo amplo concedido ao recurso ordinário, o item I não se aplica às hipóteses em que não se concede vista à parte contrária para se manifestar sobre os embargos de declaração opostos contra a sentença.

O art. 896-C e todos os seus parágrafos foram acrescentados durante a tramitação do projeto na Câmara dos Deputados. O deslocamento da competência da turma para a seção ou para o pleno inicia-se por provocação dos relatores aos presidentes da turma ou da seção (§ 1º), que comunicarão aos presidentes das turmas ou da seção, a fim de que possam afetar outros casos, de modo que o órgão julgador tenha uma noção geral da situação (§ 2º). O Presidente do TST oficiará os tribunais regionais para a suspensão dos casos idênticos até o julgamento do recurso representativo (§ 3º). Os tribunais regionais encaminharão um ou mais recursos representativos da controvérsia, suspendendo os demais até o julgamento pelo TST (§ 4º). O § 5º prevê a suspensão dos recursos de revista e dos embargos cujo objeto seja idêntico ao recurso repetitivo. A distribuição do recurso repetitivo será feita a ministro da SDI ou ao pleno e terá ministro revisor (§ 6º).

O § 7º prevê a possibilidade de o relator solicitar informações aos tribunais regionais, bem como a intervenção de pessoa, órgão ou entidade que tenham interesse na controvérsia, inclusive como assistente simples (§ 8º).

Após essas providências, os autos serão encaminhados ao Ministério Público, que terá vista pelo prazo de quinze dias (§ 9º). Transcorrido esse prazo, o relatório será distribuído aos demais ministros e o processo incluído em pauta da SBDI ou do pleno, tendo preferência em relação aos demais feitos (§10º).

O julgamento do recurso com a respectiva publicação acarreta, para os recursos sobrestados, a denegação de seu seguimento, caso a decisão recorrida coincida com o resultado do julgamento no TST. Ou então, serão reexaminados, caso haja divergência entre a decisão recorrida e a decisão do TST. Se não houver alteração da decisão recorrida que destoa do entendimento no TST, aí sim, será apreciada a admissibilidade do recurso de revista (§§ 11 e 12).

Na hipótese de o recurso repetitivo contemplar matéria constitucional, eventual recurso extraordinário interposto terá prosseguimento, caso satisfeitos os seus pressupostos.

Aos recursos extraordinários, aplica-se o disposto no art. 543-B do CPC, em que serão encaminhados ao STF um ou mais recursos representativos da controvérsia e sobrestados os demais. Nesse caso, o Presidente do TST poderá oficiar os presidentes dos tribunais regionais, das turmas e da seção especializada do TST, para que suspendam os processos.

O § 16 prevê a possibilidade de demonstração de distinção das questões de fato e de direito, autorizando o afastamento da decisão do recurso repetitivo.

O § 17 trata da revisão da tese adotada no julgamento do recurso repetitivo, caso haja alteração da situação econômica, social ou jurídica, autorizando o tribunal a modular os efeitos da nova decisão que alterar a anterior.

O TST baixou o Ato 491, de 23.09.2014, por meio do qual o tribunal adotou uma espécie de regulamentação da Lei 13.015, de 2014, que foi parcialmente modificado pela Instrução Normativa nº 38/2015 (Resolução nº 201, de 10.11.2015.")

3. SÍNTESE DO SISTEMA RECURSAL PREVISTO NO NOVO CPC.

A parte recursal do novo CPC inicia-se no Livro III, que trata "dos processos nos tribunais e dos meios de impugnação das decisões", que, por sua vez, compreende dois Títulos, o I, que se refere à ordem dos processos e dos processos de competência originária dos tribunais, e o Título II, que enumera os recursos. Houve alterações promovidas pela Lei 13.256, de 4 de fevereiro de 2016, sobretudo no tocante ao recurso extraordinário e recurso especial.

Alguns aspectos acerca da ordem dos processos nos tribunais e os processos de competência originária merecem destaque. Vale notar que, antes mesmo da entrada em vigor do novo CPC, alguns dispositivos foram revogados ou tiveram a redação alterada. Para mencionar apenas algumas das mudanças, elas tratam da exigência de observância da ordem cronológica para proferir sentença e acórdão, passando a ser preferencial esse critério, da hipótese de cabimento da ação rescisória, da reclamação, e mais detalhadamente dos procedimentos dos recursos extraordinário e especial.

Nas versões anteriores da tramitação do projeto do novo CPC, havia previsão do denominado "precedente judicial", que consistia no pronunciamento judicial que os juízes e tribunais deveriam seguir. O procedente judicial estava localizado fora do Livro III, mas acabou sendo integrado na parte que trata da uniformização da jurisprudência, em que há menção ao termo precedente, mas não em capítulo à parte como antes (art. 926 a 928 do novo CPC).

Os tribunais devem uniformizar sua jurisprudência e "mantê-la estável, íntegra e coerente", editando enunciados de súmula que correspondam a jurisprudência dominante, atendo-se às circunstâncias fáticas dos julgados precedentes a sua criação (art.926, *caput,* §§ 1º e 2º, novo CPC).

Os juízes e tribunais observarão: as decisões do STF em controle concentrado de constitucionalidade; os enunciados de súmula vinculante; os acórdãos em incidente de assunção de competência ou de resolução de demandas repetitivas e em julgamento de recursos extraordinário e especial repetitivos; os enunciados da súmula do STF em matéria constitucional e do Superior Tribunal de Justiça em matéria infraconstitucional; a orientação do plenário ou do órgão especial aos quais estiverem vinculados (art. 927 do novo CPC).

Para a alteração de tese jurídica adotada em súmula ou julgamento de casos repetitivos poderão ser realizadas audiências públicas e contar com a participação de pessoas, órgãos ou entidades que contribuam para a rediscussão da tese (art. 927, § 2º, do novo CPC).

Por ocasião da alteração da jurisprudência predominante do STF e dos tribunais superiores ou de julgamento de casos repetitivos, admite-se a modulação dos efeitos da alteração no interesse social e no da segurança jurídica (art. 927, § 3º, do novo CPC).

A revisão de enunciado de súmula, de jurisprudência pacificada ou de tese adotada em julgamento de casos repetitivos sujeita-se à "fundamentação adequada e específica", em atenção aos princípios da segurança jurídica, da proteção da confiança e da isonomia (art. 927, § 4º, do novo CPC),

Os precedentes dos tribunais terão publicidade e serão organizados por questão jurídica decidida e divulgados preferencialmente na rede mundial de computadores (art. 927, § 5º, do novo CPC).

Por último, esclarece-se que se considera julgamento de casos repetitivos o incidente de resolução de demandas repetitivas e os recurso especial e extraordinário repetitivos, seja a questão de direito material ou processual (art. 928 do novo CPC).

O novo CPC ampliou a margem decisória do relator, conforme previsto no seu art. 932. A condução do processo no tribunal está a cargo do relator, incluindo-se em suas atribuições a produção da prova e a homologação da autocomposição das partes, a apreciação do pedido de tutela provisória nos recursos e nos processos de competência originária do tribunal. A previsão do procedimento abreviado de julgamento, pelo relator monocraticamente, foi igualmente ampliada. O relator não conhecerá do recurso inadmissível, prejudicado ou carente de impugnação específica dos fundamentos da decisão recorrida, e não mais negará seguimento, como na redação anterior (art. 557, CPC). Além disso, o relator negará provimento a recurso que for contrário a súmula do STF, do STJ ou do próprio tribunal, a acórdão do STF ou do STJ proferido em julgamento de recursos repetitivos, bem como a tese adotada em incidente de resolução de demandas repetitivas ou de assunção de competência. Por último, após abrir prazo para apresentação de contrarrazões, quando for o caso, o relator dará provimento ao recurso se a decisão recorrida for contrária a súmula do STF, do STJ ou do próprio tribunal, a acórdão do STF ou STJ proferido em julgamento de recursos repetitivos, bem como a tese adotada em incidente de resolução de demandas repetitivas ou de assunção de competência. Também cabe ao relator decidir o incidente de desconsideração da personalidade jurídica, quando este for instaurado originalmente perante o tribunal, determinar a intimação do Ministério Público, quando for o caso, e exercer outras atribuições previstas no regimento interno do tribunal.

Ainda dentro das atribuições do relator, o parágrafo único do art. 932 do novo CPC prevê que ele concederá prazo de cinco dias para o recorrente sanar vício ou complementar documentação exigível. De acordo com o caput do art.

933 do novo CPC, constatando o relator fato superveniente à decisão recorrida ou questão não suscitada até aquele momento que possa ser pronunciada de ofício e devam ser consideradas no julgamento, intimará as partes para que se manifestem em cinco dias. Se constatados em sessão, o julgamento será suspenso, para que as partes se manifestem especificamente (art. 933. § 1º, do novo CPC). Se tais ocorrências forem identificadas por ocasião de vista dos autos, estes serão encaminhados ao relator para as providências previstas no caput do citado art. (art. 933, § 2º, do novo CPC).

Na mesma linha de adoção de procedimento mais informal, com vistas ao exame do mérito recursal, o art. 938, § 1º, do novo CPC prevê que o vício sanável poderá ser corrigido pela realização ou renovação do ato processual por determinação do relator, no próprio tribunal ou no primeiro grau, intimando-se as partes. O julgamento do recurso prosseguirá sempre que possível, após o cumprimento da diligência. Da mesma forma, se houver necessidade de produção de prova, o relator converterá o julgamento em diligência, a ser realizada no tribunal ou no primeiro grau de jurisdição. Após a conclusão da instrução, o recurso será julgado. Se não determinadas pelo relator, as medidas mencionadas nos §§ 1º e 2º do citado art. 938, poderão ser providenciadas pelo órgão competente para o julgamento do recurso (§ 4º).

Deve-se ressaltar o disposto no art. 76 do novo CPC, que prevê a possibilidade de concessão de prazo para regularização de representação na fase recursal (§ 2º do art. 76 do novo CPC).

Pelo art. 941, § 3º, do novo CPC o voto vencido será necessariamente declarado, integrando o acórdão para todos os fins, inclusive de pré-questionamento.

Outra inovação que merece destaque é a prevista no art. 942 do novo CPC. Se o resultado da apelação não for unânime, o julgamento prosseguirá em nova sessão a ser designada e com a presença de novos julgadores, convocados nos termos do regimento interno, em número que garanta a inversão do resultado inicial, assegurada às partes e a terceiros a possibilidade de sustentar oralmente perante os novos julgadores. O julgamento pode seguir na mesma sessão, com voto de outros julgadores que porventura componham o colegiado, podendo os que já tiverem votado rever o voto anteriormente proferido.

Esse mesmo procedimento também se aplica na ação rescisória, se o resultado é a rescisão da sentença, que prosseguirá em órgão de maior composição, e no agravo de instrumento, quando houver reforma da decisão que julgar parcialmente o mérito.

Por outro lado, ele não se aplica no incidente de assunção de competência, no de resolução de demandas repetitivas, no julgamento da remessa necessária, nem nos julgamentos do plenário ou da corte especial dos tribunais.

O novo CPC estabelece que o acórdão deverá ser publicado no prazo de trinta dias contados do julgamento. Se isso não ocorrer, as notas taquigráficas substituirão o teor do acórdão, independentemente de revisão, para todos os fins legais, cabendo ao presidente do tribunal lavrar as conclusões e a ementa e mandar publicá-lo (art. 944 do novo CPC).

Havia inovado também o novo CPC ao prever, no art. 945, o julgamento por meio eletrônico dos recursos e das causas de competência originária que não admitem sustentação oral. Porém, referido dispositivo foi integralmente revogado.

O art. 947 do novo CPC prevê o incidente de assunção de competência. Referido incidente é admissível em julgamento de recurso, remessa necessária ou causa de competência originária que envolvam relevante questão de direito, com grande repercussão social, sem repetição em diversos processos. O incidente poderá ser proposto pelo relator, de ofício ou a requerimento da parte, pelo Ministério Público ou Defensoria Pública e será julgado pelo órgão colegiado que o regimento indicar, que o julgará, caso reconheça interesse público na assunção de competência (§§ 1º e 2º). O acórdão proferido vinculará todos os juízes e órgãos fracionários, salvo se houver revisão de tese (§ 3º). Esse procedimento se aplica a feitos com relevante questão de direito em que seja conveniente prevenir ou compor divergência entre câmaras ou turmas do tribunal (§ 4º).

Outro incidente previsto de forma inovadora no novo CPC é o de resolução de demandas repetitivas, a partir do art. 976. Tal incidente busca resguardar a isonomia e a segurança jurídica, na hipótese de repetição de processos com mesma questão de direito e pode ser suscitado perante tribunal de justiça ou tribunal regional federal, na pendência de qualquer causa de sua competência.

A instauração do incidente pode dar-se por iniciativa do relator ou órgão colegiado, por ofício; pelas partes, pelo Ministério Público, pela Defensoria Pública, pela pessoa jurídica de direito público ou por associação civil que inclua entre suas finalidades institucionais a defesa do interesse objeto do incidente, por petição.

Se o Ministério Público não figurar como requerente, intervirá obrigatoriamente, devendo assumir a titularidade, no caso de desistência ou abandono do requerente.

A ausência de algum dos pressupostos para a admissibilidade do incidente não impede ser novamente suscitado, se presente o pressuposto antes ausente.

O incidente não é cabível se um tribunal superior tiver afetado recurso para definição de tese sobre questão de direito material ou processual repetitiva.

Dar-se-á ampla divulgação e publicidade à instauração e ao julgamento do incidente, por meio de registro eletrônico no CNJ. Os tribunais manterão banco eletrônico de dados atualizados, com informações das questões de direito objeto do incidente, comunicando ao CNJ para inclusão no cadastro. O mesmo procedimento deve ser observado no julgamento de recursos extraordinários e especiais repetitivos e da repercussão geral em recurso extraordinário.

Com a admissão do incidente pelo órgão colegiado, o relator determinará a suspensão dos processos pendentes, individuais ou coletivos, que tramitam no estado ou na região; requisitará informações a órgãos onde tramita processo em que se discute o tema objeto do incidente, para prestá-las no prazo de quinze dias; intimará o MP para, querendo, manifestar no prazo de quinze dias. Por razões de segurança jurídica, os legitimados para o incidente de demandas repetitivas, bem como a parte em processo em curso com questão jurídica objeto do incidente, poderão requerer a suspensão de todos os processos individuais ou coletivos em curso no território nacional que versem sobre a mesma questão jurídica. Cessa a suspensão dos processos se não forem interpostos os recursos especial ou extraordinário, contra a decisão proferida no incidente.

O interessado poderá requerer o prosseguimento ou a suspensão de seu processo se demonstrar a distinção de seu caso ou que está abrangido pelo incidente, mediante requerimento dirigido ao juízo onde tramita o processo. A decisão denegatória poderá ser impugnada por agravo de instrumento.

O relator instruirá o incidente, ouvindo as partes e interessados, inclusive entidades e órgãos, e determinará as diligências para elucidar a questão de direito controvertida, havendo manifestação do Ministério Público. Poderá ainda designar audiência pública, para ouvir pessoas com experiência e conhecimento na matéria.

A tese jurídica resultante do julgamento do incidente será aplicada a todos os processos individuais ou coletivos que versem sobre idêntica questão de direito e que venham a tramitar no território da competência do tribunal, ressalvada a revisão da tese jurídica. Caso não seja observada a tese adotada no incidente, caberá reclamação.

O entendimento consagrado poderá ser revisto pelo próprio tribunal ou ser impugnada por recurso especial ou extraordinário, conforme o caso. Se houver exame do mérito pelo STF ou pelo STJ, a tese jurídica firmada será aplicada a todos os processos individuais ou coletivos que versem sobre idêntica questão de direito e que tramitem no território nacional.

O novo CPC institui o mecanismo da reclamação, prevista na Constituição para o STF e para o STJ. A reclamação pode ser utilizada pela parte interessada ou pelo Ministério Público para preservar a competência do tribunal ou garantir a autoridade das decisões do tribunal, bem como a observância de decisão ou precedente do STF no controle concentrado de constitucionalidade, súmula vinculante e acórdão procedente proferido em julgamento de casos repetitivos ou em incidente de assunção de competência (art. 988 a 993 do novo CPC).

A reclamação será proposta perante qualquer tribunal, antes do trânsito em julgado da decisão, mas após esgotar as instâncias ordinárias, no caso de acórdão em recurso extraordinário com repercussão geral reconhecida ou em julgamento de recursos extraordinário ou especial repetitivos, e será julgada pelo órgão cuja competência se busca preservar ou autoridade se pretenda garantir. O relator requisitará informações de quem praticou o ato atacado, que as prestará no prazo de dez dias, determinará a suspensão do processo ou do ato atacado, se for o caso, para evitar dano irreparável, e determinará a citação do beneficiário para contestar o pedido em quinze dias. Qualquer interessado poderá impugnar o pedido do reclamante. O Ministério Público terá vista, se não figurar como reclamante.

Se julgada procedente a reclamação, o tribunal cassará a decisão e adotará a medida para solucionar a controvérsia. O cumprimento da nova decisão é imediato e o acórdão será lavrado posteriormente. No que couber, será aplicado o procedimento do mandado de segurança.

Deve-se fazer menção a previsão que está fora do Livro III, mas que afeta o procedimento recursal.

Trata-se da figura do *amicus curiae*, no art. 138 do novo CPC, consistente na possibilidade de o juiz ou relator, em matéria relevante e tema específico ou cuja controvérsia possua repercussão geral, determinar, por decisão irrecorrível, de ofício ou a requerimento das partes ou de quem pretenda manifestar-se, "solicitar ou admitir a manifestação de pessoa natural ou jurídica, órgão ou entidade especializada, com representatividade adequada, no prazo de quinze dias de sua intimação."

A intervenção do *amicus curiae* não altera a competência nem admite interposição de recursos, a não ser os embargos de declaração. O juiz ou relator definirá os poderes do *amicus curiae*. Poderá recorrer, contudo, da decisão que julgar o incidente de resolução de demandas repetitivas.

Já no referente aos recursos, importa destacar na parte geral alguns dispositivos.

O prazo para a interposição do recurso conta-se da data da intimação da decisão. Se na audiência for proferida decisão, considera-se feita a intimação na data de sua realização. A data de interposição do recurso enviado pelo correio será a data da postagem. O prazo para os recursos fica unificado em 15 (quinze) dias, salvo embargos de declaração, cujo prazo permanece de 5 (cinco) dias. Os feriados locais serão comprovados pelo recorrente (art.1003 do novo CPC). Alteração relevante, refere-se ao computo dos prazos em geral. De acordo com o art. 219 do novo CPC, os prazos em dias, fixado por lei ou pelo juiz, serão contados apenas os dias úteis. O parágrafo único estabelece que tal previsão aplica-se somente aos prazos processuais.

O preparo, inclusive porte de remessa e retorno, quando exigido, será comprovado no ato de interposição do recurso (art. 1007 do novo CPC). Na linha do CPC anterior, a insuficiência de preparo pode ser suprida com o complemento do valor no prazo de cinco dias, que, se não providenciada, acarretará a deserção (art. 1007, § 2º, do novo CPC). Já em relação à ausência de comprovação do recolhimento do preparo, a novidade é a possibilidade de recolhimento em dobro antes de ser considerado deserto o recurso (art. 1007, §4º, do novo CPC). Nessa última hipótese, de recolhimento em dobro, se houver insuficiência parcial do preparo ou do porte de remessa, não se admite a complementação (art. 1007, § 5 º, do novo CPC). No caso de justo impedimento, o relator relevará a pena de deserção, fixando o prazo de cinco dias para o recorrente efetuar o preparo (art. 1007, § 6, do novo CPC). O equívoco no preenchimento da guia de custas não enseja deserção, podendo o relator, no caso de dúvida, intimar o recorrente para sanar o vício em cinco dias (art. 1007, §7º, do novo CPC).

Em relação aos recursos em espécie, a apelação inicia com uma modificação substancial nas questões resolvidas na fase de conhecimento. No CPC anterior, foi criada a figura do agravo retido para evitar a preclusão das questões resolvidas e não impugnadas pelo agravo de instrumento. Estabeleceu-se, inclusive, a figura do agravo oral em audiência apresentado em seguida às decisões dos incidentes verificados por ocasião de sua realização.

Eliminou-se o agravo retido, assegurando-se que as questões resolvidas na fase de conhecimento, se não comportarem agravo de instrumento, não incide a preclusão, devendo ser suscitadas em preliminar de eventual apelação ou contrarrazões, intimando-se, neste último caso, o recorrente para manifestar-se sobre elas. Nas versões anteriores do projeto, chegou-se a adotar figura que sempre foi utilizada no processo do trabalho: o protesto. Porém, na redação final, optou-se pela não preclusão (art. 1009, §§ 1º e 2º do novo CPC).

Outra modificação é que após o prazo para apresentar contrarrazões, o juiz remeterá os autos ao tribunal, independentemente de juízo de admissibilidade (art. 1010, § 3º, do novo CPC).

O novo CPC preservou o efeito suspensivo da apelação, como regra geral, enumerando os casos em que o efeito é meramente devolutivo (art. 1012, do novo CPC). O pedido de efeito suspensivo, nesses casos, será dirigido ao tribunal, no período entre a interposição da apelação e sua distribuição, ficando o relator prevento para o julgamento da apelação. Se já distribuída a apelação, o pedido de efeito suspensivo será dirigido ao relator (art. 1012, §§ 2º e 3 º, do novo CPC).

Em relação ao efeito devolutivo da apelação (art. 1013 do novo CPC), foram mantidas as previsões do caput, §§ 1º e 2º do art. 515 do CPC anterior, com pequena modificação de redação e o acréscimo de que as questões a serem apreciadas e julgadas pelo tribunal limitam-se ao capítulo impugnado. Já em relação ao § 3º, houve significativa ampliação, indicando o novo dispositivo que "se a causa estiver em condições de imediato julgamento, o tribunal deve decidir desde logo o mérito", nas seguintes situações: reformar a sentença com base no art. 485, que enumera os casos em que o órgão jurisdicional não resolverá o mérito; decretar a nulidade da sentença, quando não seja congruente com os limites do pedido ou da causa de pedir; constatar omissão no exame dos pedidos, podendo julgá-los; decretar a nulidade de sentença por falta de fundamentação. Quando reformar sentença que pronuncie a decadência ou prescrição, o tribunal prosseguirá no julgamento, examinando as demais questões, para resolver a matéria de fundo.

Por fim, no § 5º do art. 1013 do novo CPC, esclarece-se que o capítulo da sentença que confirma, concede ou revoga a tutela antecipada é impugnável na apelação, merecendo ressaltar que a sentença, neste caso, produz efeitos imediatos após a sua publicação, nos termos do art. 1012 do novo CPC.

Na parte do agravo de instrumento, não há mais o agravo retido, como já mencionado, e o art. 1015 do novo CPC enumera as decisões interlocutórias em que o recurso é cabível, além de outras previstas em lei. São elas: tutelas provisórias; mérito do processo; rejeição da alegação de convenção de arbitragem; incidente de desconsideração da personalidade jurídica; rejeição do pedido de gratuidade da justiça ou acolhimento do pedido de sua revogação; exibição ou posse de documento ou coisa; exclusão de litisconsorte; rejeição do pedido de limitação do litisconsórcio; admissão ou inadmissão da intervenção de terceiros; concessão, modificação ou revogação do efeito suspensivo aos embargos à execução; redistribuição do ônus da prova nos termos do art. 373, § 1º; e outros casos expressamente referidos em lei. Também cabe o agravo de instrumento das decisões interlocutórias na fase de liquidação de sentença ou de cumprimento de sentença, no processo de execução e no processo de inventário (art. 1015, parágrafo único).

Da mesma forma que o CPC anterior, o agravo de instrumento é dirigido diretamente ao tribunal competente (art. 1016 do novo CPC), sendo a petição instruída com os documentos obrigatórios e facultativos (art. 1017 do novo CPC). Na falta de peça ou diante de qualquer vício que inviabilize a admissibilidade do agravo de instrumento, o relator deverá conceder o prazo de cinco dias para sanar o vício ou completar a documentação exigível (art. 1017, § 3º, do novo CPC). O agravo de instrumento poderá ser interposto, no prazo previsto, por: protocolo realizado diretamente no tribunal competente para julgá-lo; realizado na própria comarca, seção ou subseção judiciárias; postagem, sob registro com aviso de recebimento; transmissão de dados tipo fac-símile nos termos da lei, devendo a documentação ser juntada com os originais; e por outra forma prevista na lei. No processo eletrônico, são dispensadas as peças obrigatórias (art. 1017, §§ 2º e 4º, do novo CPC).

Cabe ao agravante juntar nos autos do processo cópia da petição do agravo de instrumento, do comprovante de sua interposição e da relação de documentos que instruíram o recurso, no prazo de três dias a contar da interposição do recurso. A não observância da exigência, desde que arguido e provado pelo agravado, importa inadmissibilidade do agravo de instrumento (art. 1018 do novo CPC).

No tribunal, o agravo de instrumento será distribuído e o relator poderá atribuir efeito suspensivo ou deferir, total ou parcialmente, em antecipação de tutela a pretensão recursal, comunicando ao juiz a decisão. O agravado será intimado para responder no prazo de quinze dias, sendo facultada a juntada da documentação que entender necessária ao julgamento do recurso. Se for o caso de sua intervenção, o Ministério Público será intimado para manifestar (art. 1019 do novo CPC) e o julgamento deverá ocorrer em prazo não superior a um mês da intimação do agravado (art. 1020 do novo CPC).

O art. 1021 do novo CPC trata do agravo interno contra decisão proferida pelo relator para o respectivo órgão colegiado, devendo ser observadas, para o seu processamento, as regras do regimento interno do tribunal. O agravante deve impugnar especificadamente os fundamentos da decisão agravada, dirigindo a petição ao relator, que intimará o agravado para manifestar no prazo de quinze dias. Se não houver retratação, o recurso será levado a julgamento, com inclusão em pauta. O relator não poderá reproduzir os fundamentos da decisão agravada para julgar improcedente o agravo interno. Se o agravo interno for manifestamente inadmissível ou improcedente em votação unânime, o órgão colegiado, em decisão fundamentada, condenará o agravante a pagar ao agravado multa entre um e cinco por cento do valor da causa atualizado, cujo depósito é condição para a interposição de qualquer outro recurso, à exceção do beneficiário da gratuidade da justiça e da Fazenda Pública, que farão o pagamento ao final.

Os embargos de declaração (art. 1022 a 1026 do novo CPC) seguem para esclarecer obscuridade, eliminar contradição, suprir omissão e corrigir erro material. Optou-se por enumerar os casos de omissão, que são os seguintes: não manifestar sobre tese firmada no julgamento de casos repetitivos ou em incidente de assunção de competência aplicável ao caso sob julgamento; limitar-se à indicação, à reprodução ou à paráfrase de ato normativo, sem explicar sua relação com a causa ou a questão decidida; utilizar conceitos jurídicos indeterminados, sem explicar sua incidência no caso; invocar motivos que se prestariam a justificar qualquer outra decisão; não enfrentar todos os argumentos que, em tese, sejam capazes de infirmar a conclusão do julgador; invocar precedente ou enunciado de súmula, sem demonstrar que o caso a eles se ajusta; e deixar de seguir enunciado de súmula, jurisprudência ou precedente invocado pela parte, sem demonstrar distinção ou superação do entendimento.

O órgão jurisdicional intimará o embargado para manifestar no prazo de cinco dias se vislumbrar a possibilidade de modificação da decisão embargada. Os embargos opostos contra decisão do relator ou unipessoal serão decididos monocraticamente. O órgão julgador conhecerá dos embargos de declaração como agravo interno, se entender ser este o recurso cabível, intimando o recorrente para complementar as razões recursais em cinco dias, a fim de impugnar especificamente os fundamentos da decisão. Se modificada a decisão e o embargado houver interposto outro recurso contra a decisão originária, possui o direito de complementar ou alterar suas razões, nos limites da modificação, no prazo de quinze dias, contados da intimação da decisão dos embargos de declaração. A rejeição dos embargos ou a não alteração da conclusão do julgamento anterior levam ao processamento e julgamento do recurso da outra parte, independentemente de ratificação.

O novo CPC incorpora o pré-questionamento ficto no art. 1025, ao considerar incluídos no acórdão os elementos que o embargante pleiteou, para fins de pré-questionamento, mesmo que os embargos de declaração sejam inadmitidos ou rejeitados, se o tribunal superior detectar erro, omissão, contradição ou obscuridade.

Incluiu-se, também, a possibilidade de o juiz ou relator concederem efeito suspensivo à decisão, diante da probabilidade de provimento do recurso ou, sendo relevante a fundamentação, houver risco de dano grave ou de difícil reparação.

Nos embargos manifestamente protelatórios, o embargante será condenado a pagar ao embargado multa não excedente a dois por cento sobre o valor atualizado da causa. Se reiterados, a multa será elevada até dez por cento sobre o valor atualizado da causa, ficando a interposição de qualquer outro recurso condicionada ao depósito prévio da multa, exceto o beneficiário da justiça gratuita e a Fazenda Pública, que recolherão ao final.

No tocante aos recursos extraordinário e especial (art. 1029 e ss do novo CPC) havia a previsão do recurso fundado em dissenso jurisprudencial, em que foi mantida a forma de prova da divergência, que estabelece que é vedado sua não admissão "com base em fundamento genérico de que as circunstâncias fáticas são diferentes, sem demonstrar a existência da distinção" (art. 1029, § 2º, do novo CPC). Porém, esse dispositivo foi revogado.

O vício formal de recurso tempestivo não reputado grave poderá ser desconsiderado ou determinada sua correção pelo STF ou STJ (art. 1029, § 3º, do novo CPC).

Inicialmente, o texto original previa que, após a intimação para apresentação de contrarrazões pelo recorrido, os autos seriam remetidos ao tribunal superior respectivo, independentemente do juízo de admissibilidade (art. 1.030, parágrafo único, do novo CPC). Posteriormente, essa redação foi alterada para reintroduzir o juízo de admissibilidade do órgão perante o qual esses recursos são interpostos.

Admitido o recurso extraordinário ou especial, o STF ou o STJ "julgará a causa, aplicando o direito" (art. 1034 do novo CPC). Relevante notar que a admissão desses recursos devolve ao tribunal superior o conhecimento dos demais fundamentos, se interpostos com base em um deles, e de todas as questões relevantes para a solução do capítulo impugnado.

Em relação à repercussão geral (art. 1035 do novo CPC), uma vez reconhecida a sua existência, o relator no STF determinará a suspensão do processamento de todos os processos pendentes, individuais ou coletivos, que versem sobre a questão e tramitem no território nacional. Poderão ser excluídos do sobrestamento, a requerimento do interessado, o recurso extraordinário intempestivo, ouvida a outra parte, cuja decisão denegatória pode ser impugnada por agravo. Negada a repercussão geral, os recursos extraordinários sobrestados terão o seguimento denegado pelo presidente ou vice-presidente do tribunal de origem. O recurso em que a repercussão geral for conhecida será julgado no prazo de um ano, com preferência sobre os demais feitos, exceto os que envolvam réu preso e *habeas corpus*. A súmula da decisão sobre a repercussão geral será registrada em ata e publicada no diário oficial, valendo como acórdão.

Os recursos extraordinário e especial repetitivos (art. 1036) serão selecionados pelo presidente ou vice-presidente do tribunal de justiça ou tribunal regional federal, suspendendo-se o processamento de todos os processos pendentes, individuais ou coletivos, que tramitem no estado ou na região, conforme o caso. O relator em tribunal superior também poderá selecionar recursos representativos da controvérsia, não se vinculando à escolha feita pelo presidente ou vice-presidente do tribunal de origem.

O relator no tribunal superior, selecionados os recursos, proferirá decisão de afetação, identificando com precisão a questão a ser submetida a julgamento, determinará a suspensão do processamento de todos os processos pendentes, individuais ou coletivos, que tramitem no território nacional sobre a questão. Além disso, poderá requisitar a todos os tribunais de justiça e tribunais regionais federais a remessa de um recurso representativo da controvérsia. Os recursos afetados serão julgados em um ano e terão preferência sobre os demais feitos, exceto os que envolvam réu preso e *habeas corpus*.

O agravo em recurso especial e em recurso extraordinário caberá contra decisão que não admitir recurso extraordinário ou especial, salvo quando se referir a entendimento firmando em repercussão geral ou julgamento de recursos repetitivos.

Por fim, também relevante mencionar algumas alterações dos embargos de divergência (art. 1043 e 1044 do novo CPC) em julgamento de recurso extraordinário ou especial e nas causas de competência originária de tribunal. Os embargos podem ser interpostos por divergência no mérito, e entre um acórdão de mérito e outro que não o seja, embora tenha apreciado a controvérsia, desde que a divergência seja de qualquer outro órgão do mesmo tribunal, ou da mesma turma, se sua composição foi alterada em mais da metade de seus membros. Além disso, a divergência apta à interposição dos embargos de divergência pode referir-se a direito material ou processual. Por fim, a interposição de embargos de divergência no Superior Tribunal de Justiça interrompe o prazo para a interposição do recuso extraordinário por qualquer das partes.

4. INCIDÊNCIA DAS DISPOSIÇÕES DO NOVO CPC AO SISTEMA RECURSAL TRABALHISTA.

O primeiro ponto em relação ao qual provavelmente prevalecerá o entendimento de aplicação do novo CPC refere-se à ampliação da margem do relator.

A Lei 13015/2014 estendeu a possibilidade de julgamento abreviado pelo relator aos recursos de embargos, no tocante à denegação de seguimento, que já estava previsto no § 5º do art. 896 da CLT. Como já mencionado, esse parágrafo foi deslocado no anteprojeto encaminhado pelo TST para o art. 896-B, que recebeu redação distinta no Congresso Nacional. O texto aprovado acabou suprimindo tal previsão. Com efeito, na redação atual da CLT só há previsão expressa de o relator denegar seguimento ao recurso de embargos. Nenhum óbice porém foi levantado à possibilidade de julgamento abreviado mais amplo, como previsto no art. 557 do antigo CPC, inclusive, na aplicação de multa em razão da interposição do recurso de agravo infundado, como aliás é a jurisprudência do TST[8].

A supressão do § 5º do art. 896 da CLT provavelmente não vai alterar esse quadro e as novas disposições do CPC serão aplicadas, com ampliação significativa das atribuições do relator, além do alargamento da margem para o julgamento abreviado, considerando que poderá não conhecer do recurso ou negar-lhe provimento.

É possível que surja questionamento a respeito da aplicação de multa no caso do agravo manifestamente incabível, bem como dos embargos de decla-

---

8   SUM-435 ART. 557 DO CPC. APLICAÇÃO SUBSIDIÁRIA AO PROCESSO DO TRABALHO (conversão da Orientação Jurisprudencial n.º 73 da SBDI-2 com nova redação) - Res. 185/2012, DEJT divulgado em 25, 26 e 27.09.2012
   Aplica-se subsidiariamente ao processo do trabalho o art. 557 do Código de Processo Civil.

ração protelatórios, considerando a supressão do projeto que resultou na Lei 13.015/2014 de todas as multas aplicáveis a recursos manifestamente protelatórios ou incabíveis. De qualquer forma, é provável que a jurisprudência do TST se firme no sentido da aplicação subsidiária do CPC, como já ocorria. Porém, deve-se observar que o relator não poderá reproduzir os fundamentos da decisão agravada para rejeitar as alegações do agravo. Já o entendimento de que até a pessoa jurídica de direito pública está sujeita ao recolhimento da multa ali prevista para recorrer[9], não está de acordo com o novo CPC, que, neste caso, é inquestionavelmente aplicável ao processo do trabalho.

Agora, a ampliação da margem do relator implica a adoção de providências expressamente previstas, como a abertura de prazo para sanar vícios ou complementar documentação exigível e a intimação das partes para manifestarem sobre questão que pode ser pronunciada de ofício, entre outras.

O novo CPC possui uma linha caracterizada pela maior instrumentalidade das formas e simplicidade. Na fase recursal, há uma opção clara no sentido de se chegar ao exame meritório, mediante a desconsideração ou correção de alguns vícios não reputados graves. Aliás, essa é a marca do processo do trabalho. Porém, no que se refere à Lei 13.015/2014, percebe-se uma ambiguidade nesse aspecto. De um lado, a parte incluída pelo Congresso Nacional, durante a tramitação do projeto, consagrou a simplicidade, ao determinar a possibilidade de desconsiderar ou sanar as irregularidades não reputadas graves nos recursos tempestivos. De outro, houve um exagerado formalismo nas exigências do recurso de revista estabelecidas no art. 896, § 1º-A, que vai de encontro com a nova sistemática processual civil, bem como com os princípios do direito processual do trabalho. O TST vem propugnando a observância das novas formalidades, mas com imensa divergência entre os seus órgãos julgadores. A exigência de indicação do trecho recorrido que contenha o pré-questionamento é objeto de leituras discrepantes. Alguns órgãos aceitam a indicação do número das folhas onde o trecho se encontra, enquanto outros exigem a transcrição. Em geral, não se aceita a transcrição integral do acórdão recorrido, a menos que seja sintético ao abordar as questões debatidas. Por outro lado, se o recorrente não destaca todos os trechos relevantes para o julgamento, o recurso não é conhecido. Há também controvérsia sobre a aceitação de transcrição da ementa. Em síntese, é absurdamente alto o número de recursos não conhecidos por não observância do artigo 896, § 1º - A, sobre cujo teor os próprios órgãos do tribunal não se entendem.

---

9 OJ-SDI1-389 MULTA PREVISTA NO ART. 557, § 2º, DO CPC. RECOLHIMENTO. PRESSUPOSTO RECURSAL. PESSOA JURÍDICA DE DIREITO PÚBLICO. EXIGIBILIDADE. (DEJT divulgado em 09, 10 e 11.06.2010)
   Está a parte obrigada, sob pena de deserção, a recolher a multa aplicada com fundamento no § 2º do art. 557 do CPC, ainda que pessoa jurídica de direito público.

Não é só no aspecto da simplicidade. A própria proposta uniformizadora, que impregna todo o novo CPC e a própria Lei 13.015/2014, fica severamente comprometida com o grau de exigências para o conhecimento do recurso de revista. A opção por ampliar o juízo de admissibilidade em detrimento do juízo de mérito, ao estabelecer uma série de condicionamentos para o recurso ser conhecido, esvazia o mérito recursal, reforçando a sistemática adotada pelo TST, que não é mais a utilizada no STF[10]. Esse excesso processual configura denegação de acesso à justiça[11]. Além disso, o novo CPC, ao tratar do recurso especial e extraordinário faz menção ao fato de que conhecido o recurso, deve ser aplicado o direito ao caso. Trata-se de nítida distinção entre admissibilidade e mérito recursal.

Dois aspectos que também contribuem para a celeridade e informalidade na tramitação dos recursos dizem respeito à integração do voto vencido ao acórdão e sua validade para fins de pré-questionamento e a publicação do acórdão no prazo de trinta dias, que, se não tiver sido redigido, será substituído pelas notas taquigráficas, cabendo ao presidente do tribunal inserir as conclusões e ementa. Sem dúvida alguma, são previsões perfeitamente aplicáveis ao processo do trabalho.

Provavelmente, prevalecerá o entendimento de não aplicação no processo do trabalho da hipótese de julgamento não unânime da apelação, que acarretará o seu prosseguimento, para a possível inversão do resultado inicial. Esse mesmo procedimento se aplica à ação rescisória procedente e ao agravo de instrumento, quando houver reforma da decisão que julgar parcialmente o mérito. Foi a maneira encontrada para inserir parte do procedimento antes previsto para os embargos infringentes.

Tal dilação da tramitação recursal, em princípio, seria de duvidosa utilidade no processo do trabalho, especialmente porque o valor perseguido no caso da

---

10 EMENTA: I. Recurso extraordinário: letra a: possibilidade de confirmação da decisão recorrida por fundamento constitucional diverso daquele em que se alicerçou o acórdão recorrido e em cuja inaplicabilidade ao caso se baseia o recurso extraordinário: manutenção, lastreada na garantia da irredutibilidade de vencimentos, da conclusão do acórdão recorrido, não obstante fundamentado este na violação do direito adquirido. II. Recurso extraordinário: letra a: alteração da tradicional orientação jurisprudencial do STF, segundo a qual só se conhece do RE, a, se for para dar-lhe provimento: distinção necessária entre o juízo de admissibilidade do RE, a - para o qual é suficiente que o recorrente alegue adequadamente a contrariedade pelo acórdão recorrido de dispositivos da Constituição nele prequestionados - e o juízo de mérito, que envolve a verificação da compatibilidade ou não entre a decisão recorrida e a Constituição, ainda que sob prisma diverso daquele em que se hajam baseado o Tribunal a quo e o recurso extraordinário. III. Irredutibilidade de vencimentos: garantia constitucional que é modalidade qualificada da proteção ao direito adquirido, na medida em que a sua incidência pressupõe a licitude da aquisição do direito a determinada remuneração. IV. Irredutibilidade de vencimentos: violação por lei cuja aplicação implicaria reduzir vencimentos já reajustados conforme a legislação anterior incidente na data a partir da qual se prescreveu a aplicabilidade retroativa da lei nova. RE 298.694, DJ de 23.04.2004.

11 PEREIRA, Ricardo José Macêdo de Britto Pereira. *Ação civil pública no processo do trabalho*. Salvador, Juspodium, 2014, págs. 47 e 320 e ss.

apelação, que corresponde ao recurso ordinário, seria a unanimidade, independentemente do resultado e da matéria. Em relação ao agravo de instrumento, seu cabimento no processo do trabalho é bem mais restrito, limitando-se a atacar as decisões denegatórias de recursos para outros tribunais. Além do que, o recurso de embargos infringentes no TST permanece, de modo que o novo procedimento não incidirá nas hipóteses em que ele é cabível. Portanto, tudo indica que tal previsão não encontrará acolhida nos tribunais trabalhistas.

Igualmente, seria de duvidosa aplicação no processo do trabalho é a previsão de julgamento por meio eletrônico dos recursos e causas de competência originária que não admitem sustentação oral. Aliás, a novidade é seria de questionável utilidade e constitucionalidade, na medida em que o art. 93, IX, da Constituição prevê a publicidade de todos os julgamentos dos órgãos do Poder Judiciário. No âmbito trabalhista, a medida alcançaria sobretudo o TST, que possui número elevado de agravos de instrumento, para os quais não há sustentação oral. Mesmo assim, o julgamento dos agravos de instrumento, em que não há requerimento de preferência, se dá por meio de planilhas, o que propicia agilidade ao julgamento. Já nos tribunais regionais do trabalho, o número de recursos sem sustentação oral é bem mais reduzido. A alteração do procedimento para, em tese, lograr celeridade não é compatível com a publicidade assegurada constitucionalmente. Dessa forma, andou bem o legislador ordinário em revogar tal possibilidade.

O incidente de assunção de competência aplica-se para o julgamento de recurso, remessa necessária ou causa de competência originária envolvendo relevante questão de direito, com grande repercussão social, sem repetição em diversos processos. Previsão similar já havia no art. 555, § 1º, do CPC, de assunção da competência em questões relevantes de direito, para prevenir ou compor divergências.

A Lei 13.015/2014 também faz menção à assunção da competência, embora não tenha ficado muito clara a hipótese de seu cabimento. É o § 13, incluído na Câmara dos Deputados, que alude ao julgamento a que se refere o § 3º do mesmo artigo. Este último parágrafo trata da uniformização de jurisprudência pelos tribunais regionais do trabalho ao passo que o § 13 trata de matéria relevante que pode ser deslocada da Seção Especializada em Dissídios Individuais do TST para o Pleno. Como incidente em recurso de revista, por se localizar no art. 896 e não 894, II, da CLT, deveria iniciar na Turma e não na Seção de Dissídios Individuais. Daí, seria possível cogitar a seguinte situação: o relator na Turma, em recurso de revista que resulte do incidente de uniformização da jurisprudência do TRT ou em matéria relevante, poderia provocar a Seção de Dissídios Individuais que, por sua vez, mediante a maioria de seus membros, deslocaria o julgamento do recurso para o Pleno. Em princípio, não há, na lei sancionada, indício de que tenha havido a modificação da competência para julgar esses casos, como foi expressamente previsto no incidente de recursos repetitivos, que estabelece a competência da SDI. Diante da dúvida acerca da redação do mencionado § 13, o TST, no artigo 7º do ato 491, de 2014, acabou por restringir a assunção de competência ali prevista para os recursos que tramitam na SDI. Esse dispositivo, contudo, foi expressamente revogado pela Instrução Normativa nº 38/2015. De qualquer forma, fica a possibilidade de aplicação das disposições do novo Código de Processo Civil, sobre a assunção de competência, em qualquer recurso trabalhista, desde que presentes os pressupostos estabelecidos, observando-se que, havendo repetição da questão relevante e diversos processos, o incidente não será cabível.

O incidente que dará margem a muitas controvérsias, não só no processo do trabalho, é o de resolução de demandas repetitivas. Embora instaurado no tribunal, ele afeta os processos pendentes, individuais ou coletivos, que tramitam no estado ou região. Caso admitido o incidente, a suspensão desses processos é determinada pelo relator. A tese jurídica resultante do julgamento do incidente será aplicada a todos os processos individuais ou coletivos que tramitam ou venham a tramitar no âmbito da competência do tribunal.

O problema desse incidente, cuja constitucionalidade é também duvidosa, é vincular os juízes de primeiro grau, antes mesmo de que haja número significativo de decisões. Basta o risco de ofensa à isonomia ou à segurança jurídica pela repetição de processos com a mesma questão jurídica que será cabível. Trata-se de uma antecipação, ou mesmo avocatória pelo tribunal, que afeta radicalmente a função jurisdicional. A possibilidade de o tribunal se antecipar e proferir tese vinculativa a órgãos jurisdicionais distintos pode provocar inúmeras discussões. Não há na Constituição previsão nesse sentido, de que decisões dos tribunais em geral possam ser aplicadas com efeito vinculante e eficácia *erga omnes*. Algumas decisões do STF possuem, de fato, essas características, porém justamente em razão de sua competência expressamente prevista, bem como dos instrumentos existentes no texto constitucional para o referido tribunal realizar sua missão.

Fora as hipóteses expressamente previstas, deve ser resguardada a garantia prevista no art. 5º, II, da Constituição no sentido de que "ninguém será obrigado a fazer ou deixar de fazer alguma coisa senão em virtude de lei". A vinculação do juiz de primeiro grau à tese acolhida pelo tribunal na resolução das demandas repetitivas resulta na obrigatoriedade de condutas no plano geral por ato do poder Judiciário e não do Legislativo.

Além disso, o processo do trabalho possui uma peculiaridade, que é a cumulação objetiva. Em geral, as reclamações trabalhistas contêm vários pedidos, o que dificulta a extração de questões jurídicas comuns aos casos que tramitam na justiça do trabalho. Ainda que a tentativa se desse, haveria uma suspensão de feitos, para tratar de apenas alguns pontos em discussão nos diversos processos, o que poderia acarretar grande confusão processual. Portanto, caso ultrapassada a discussão acerca da constitucionalidade do incidente de resolução de demandas repetitivas, na forma como prevista no novo CPC, ela em nada contribui para proporcionar maior racionalidade às decisões da justiça do trabalho. Numa interpretação conforme à Constituição, deve-se entender que a tese consagrada no incidente possui efeito apenas indicativo e não vinculativo.

O novo CPC institui a figura do *amicus curiae*, que consiste na possibilidade de o juiz relator, em matéria relevante e tema específico ou na controvérsia que possua repercussão geral, determinar a manifestação no processo de pessoa natural ou jurídica, órgão ou entidade especializada com representatividade adequada.

Isso vem sido utilizado com frequência no STF e a partir do novo CPC será também possível em outros tribunais. A Lei 13.015/2014, no § 8º do art. 896-C, prevê a participação de pessoa, órgão ou entidade que tenham interesse na controvérsia, inclusive como assistente simples. Esse parágrafo integra a disciplina do incidente de recursos repetitivos no recurso de revista.

O novo CPC estabelece que os juízes e tribunais seguirão as decisões do STF na ADI e ADC, os enunciados de súmula vinculante, os acórdãos em incidente de assunção de competência ou de resolução de demandas repetitivas e as decisões em resolução de recursos extraordinário e especial repetitivos, as súmulas do STF em matéria constitucional e do STJ em matéria infraconstitucional e a orientação do plenário ou do órgão especial aos quais estiverem vinculados. Como já mencionado, não é admissível a interpretação de que se atribuiu efeito vinculante por lei a decisões que, segundo a Constituição, não as detêm. Em relação às decisões em ADI e ADC, bem como aos enunciados da súmula vinculante não há nenhum problema em estabelecer previsão nesse sentido. Porém, em relação às demais decisões dos tribunais, o novo CPC extrapola. A determinação de sentido dos marcos normativos, de cima para baixo, constitui afronta aos princípios democráticos. O poder do magistrado de adotar contraponto de vista é fundamental na dinâmica jurídica, embora seja possível estabelecer limites em momento posterior. A eliminação do dissenso na base, por meio da antecipação dos julgamentos pelos tribunais, não assegura, repita-se, racionalidade às decisões judiciais.

Daí que a adoção da reclamação como instrumento geral, que resguarda a competência e autoridade das decisões de todos os tribunais, seja também questionável. Em relação ao acórdão em incidente de casos repetitivos ou no de assunção de competência, é de questionável constitucionalidade o efeito vinculativo, bem como a reclamação que o assegura.

Por fim, há a previsão de distinção das situações, o que permite não seguir o precedente, bem como de sua revisão, com alteração das súmulas ou não dos tribunais. A decisão que altera o entendimento dominante poderá ter os seus efeitos modulados. As mesmas possibilidades (distinção e modulação dos efeitos) foram reconhecidas para o TST na Lei 13.015/2014, no julgamento do incidente de recursos de revista repetitivos.

No que se refere aos recursos em geral, aplica-se a regra de interposição pelo correio, considerando como data de sua ocorrência a da postagem. Já em relação ao preparo, não parece ser possível o recolhimento em dobro antes de ser considerado deserto, em razão das peculiaridades do processo do trabalho. Da mesma forma, não se aplica a possibilidade de suprir a insuficiência de preparo.[12] Porém, perfeitamente cabível a possibilidade de sanar o vício em caso de equívoco no preenchimento das guias, bem como a complementação da documentação obrigatória no agravo de instrumento, além da possibilidade de regularização da representação na fase recursal, até mesmo em razão do novo § 11 do art. 896 da CLT. Da mesma forma, apresenta-se desproporcional o não conhecimento do recurso por diferença de centavos no preparo, como prevê a OJ 140 da SBDI-1. Já em relação ao cômputo dos prazos processuais, entre eles os recursais, é possível que haja resistência a sua aceitação no processo do trabalho, em razão de disposições expressas sobre contagem de prazos, mas que não traria prejuízos em termos de celeridade, considerando o acréscimo de alguns dias para a prática dos atos. A uniformidade da contagem dos prazos em todos os órgãos do Judiciário possui reflexos no exercício da advocacia e o aumento de poucos dias não justifica a sua rejeição.

Na parte dos recursos em espécie, a primeira alteração que cabe verificar a compatibilidade com o processo do trabalho é a remessa ao tribunal do recurso de apelação, após o prazo para apresentação das contrarrazões, independentemente de juízo de admissibilidade. Em relação ao recurso ordinário, parece conveniente a adoção do novo procedimento, considerando a jurisprudência restritiva do TST em relação ao não cabimento de recurso de revista contra acórdão regional em agravo de instrumento[13].

A ampliação da disciplina do efeito devolutivo da apelação deverá incidir também para o recurso ordinário, embora o TST não tenha zelado pelo rigor conceitual que se extrai do anterior art. 515 do CPC anterior, ao tratar não apenas do efeito devolutivo em profundidade, mas também em extensão, além de

---

12 Ver a propósito comentário à OJ nº 140 da SDI-1 do TST. MIESSA, Élisson e CORREIA, Henrique. *Súmulas e Orientações Jurisprudenciais do TST. Comentadas e organizadas por assunto.* 4ª. Ed revista, ampliada e atualizada, Salvador, Juspodium, 2014, p. 894. Ver também Miessa, Élisson. *Recursos trabalhistas.* Salvador, Ed. Juspodium, 2014, pág. 122.

13 Súmula nº 218 *do TST*
RECURSO DE REVISTA. ACÓRDÃO PROFERIDO EM AGRAVO DE INSTRUMENTO (mantida) - Res. 121/2003, DJ 19, 20 e 21.11.2003.É incabível recurso de revista interposto de acórdão regional prolatado em agravo de instrumento.

referir-se à disposição que trata das questões suscitadas e discutidas, como se o fizesse em relação aos fundamentos[14].

Acerca do agravo de instrumento, o processo do trabalho possui especificidades, tendo em conta que referido recurso, como já tratado, aplica-se apenas à decisão que denega seguimento a recurso para outro tribunal.

Porém, alguns problemas procedimentais vêm ocorrendo em razão de sua não previsão para as decisões interlocutórias que concedem ou negam a tutela antecipada. Nesses casos, o remédio previsto é o mandado de segurança, quando concedida[15], devendo ser a via também para quando é negada, a despeito da dubiedade da jurisprudência nesse aspecto[16].

A impetração de mandado de segurança na espécie tem feito com que a matéria seja apreciada por órgão distinto do que julgará o eventual recurso interposto da sentença, acarretando desvios procedimentais e antecipação de posições. Daí que, de *lege ferenda,* melhor seria a ampliação do agravo de instrumento, para que tenha cabimento na hipótese, substituindo o mandado de segurança que, inclusive, vem sendo admitido, na maioria dos casos, como sucedâneo recursal.

Deve ser aplicado ao agravo de instrumento no processo do trabalho o dispositivo do novo CPC que prevê o protocolo em outras localidades, além do

---

14 Súmula nº 393 do TST
RECURSO ORDINÁRIO. EFEITO DEVOLUTIVO EM PROFUNDIDADE. ART. 515, § 1º, DO CPC (redação alterada pelo Tribunal Pleno na sessão realizada em 16.11.2010) - Res. 169/2010, DEJT divulgado em 19, 22 e 23.11.2010.

O efeito devolutivo em profundidade do recurso ordinário, que se extrai do § 1º do art. 515 do CPC, transfere ao Tribunal a apreciação dos fundamentos da inicial ou da defesa, não examinados pela sentença, ainda que não renovados em contrarrazões. Não se aplica, todavia, ao caso de pedido não apreciado na sentença, salvo a hipótese contida no § 3º do art. 515 do CPC.

15 Súmula nº 414 do TST
MANDADO DE SEGURANÇA. ANTECIPAÇÃO DE TUTELA (OU LIMINAR) CONCEDIDA ANTES OU NA SENTENÇA (conversão das Orientações Jurisprudenciais nºs 50, 51, 58, 86 e 139 da SBDI-2) - Res. 137/2005, DJ 22, 23 e 24.08.2005
I - A antecipação da tutela concedida na sentença não comporta impugnação pela via do mandado de segurança, por ser impugnável mediante recurso ordinário. A ação cautelar é o meio próprio para se obter efeito suspensivo a recurso. (ex-OJ nº 51 da SBDI-2 - inserida em 20.09.2000)
II - No caso da tutela antecipada (ou liminar) ser concedida antes da sentença, cabe a impetração do mandado de segurança, em face da inexistência de recurso próprio. (ex-OJs nºs 50 e 58 da SBDI-2 - inseridas em 20.09.2000)
III - A superveniência da sentença, nos autos originários, faz perder o objeto do mandado de segurança que impugnava a concessão da tutela antecipada (ou liminar). (ex-Ojs da SBDI-2 nºs 86 - inserida em 13.03.2002 - e 139 - DJ 04.05.2004)

16 Súmula 418 do TST
MANDADO DE SEGURANÇA VISANDO À CONCESSÃO DE LIMINAR OU HOMOLOGAÇÃO DE ACORDO (conversão das Orientações Jurisprudenciais nºs 120 e 141 da SBDI-2) - Res. 137/2005, DJ 22, 23 e 24.08.2005
A concessão de liminar ou a homologação de acordo constituem faculdade do juiz, inexistindo direito líquido e certo tutelável pela via do mandado de segurança. (ex-Ojs da SBDI-2 nºs 120 - DJ 11.08.2003 - e 141 - DJ 04.05.2004)

tribunal que julgará o agravo, bem como a postagem e o envio fac-símile. Da mesma forma, o que determina a concessão de prazo para a juntada de peças ou correção de outros vícios. Aliás, a CLT não contém dispositivo que impeça a interposição do agravo de instrumento contra a denegação de seguimento do recurso ordinário diretamente no tribunal. Essa previsão existe expressamente apenas para o recurso de revista (art. 896, § 1º, CLT).

Sobre os embargos de declaração, a enumeração das hipóteses de omissão contribui para afastar algumas alegações comuns ao seu não acolhimento pelo Judiciário. A conversão dos embargos de declaração em agravo propiciará a abertura de prazo para a apresentação das razões que impugnam a decisão agravada. Assim como no agravo, os dispositivos que previam a aplicação de multa por embargos de declaração manifestamente protelatórios, bem como por sua reiteração, darão ensejo a intensa discussão, considerando que, como já comentado, a multa estava prevista no anteprojeto encaminhado pelo TST, mas que foi retirada durante a tramitação do projeto no Congresso Nacional que resultou na Lei 13.015/2014. De qualquer forma, como a matéria é infraconstitucional, é o TST que determinará a interpretação prevalecente.

As alterações nos embargos de divergência (art. 1043 e 1044 do novo CPC) em julgamento de recurso extraordinário ou especial e nas causas de competência originária de tribunal podem ter influência na jurisprudência do TST sobre os embargos para a SDI1. Os embargos, no novo CPC, podem ser interpostos por divergência no mérito, entre um acórdão de mérito e outro que não o seja, embora tenha apreciado a controvérsia, desde que a divergência seja de qualquer outro órgão do mesmo tribunal, ou da mesma turma, se sua composição foi alterada em mais da metade de seus membros. Além disso, a divergência apta à interposição do recurso pode referir-se a direito material ou processual. As novas disposições reforçam o entendimento de que não mais pode prosperar as restrições da SDI1 ao recurso de embargos por contrariedade a súmula ou orientação jurisprudencial de direito processual.

O próprio art. 894, II, da CLT não dá espaços para o entendimento, atualmente prevalecente. A jurisprudência assim se firmou, conforme se verifica no trecho da ementa a seguir transcrita:

> (...) RECONHECIMENTO DE VÍNCULO EMPREGATÍCIO. RECURSO DE REVISTA DA RECLAMADA NÃO CONHECIDO. APLICAÇÃO DA SÚMULA Nº 126 DO TST PELA TURMA. SÚMULA DE CARÁTER PROCESSUAL. DIVERGÊNCIA JURISPRUDENCIAL NÃO DEMONSTRADA. SÚMULAS Nºs 296, ITEM I, E 337, ITEM III, DO TST. O conhecimento do recurso de embargos, de acordo com a nova redação do art. 894 da CLT, dada pela Lei nº 11.496/2007, restringe-se à demonstração de divergência jurisprudencial entre Turmas do TST, entre essas e as Subseções de Dissídios Individuais ou de confronto com súmula desta Corte. Assim, imprópria a indicação de ofensa a preceito de lei ou da Constituição Federal para viabilizar os embargos à SBDI-1, ra-

zão pela qual é liminarmente rejeitada a alegação de violação dos arts. 818 da CLT e 333 do CPC. Ademais, o conhecimento do recurso de embargos por contrariedade à Súmula nº 126 do TST é, em princípio, incompatível com a nova função exclusivamente uniformizadora desta SBDI-1, prevista no art. 894 da CLT. O que, na verdade, pretende a parte embargante é que esta Subseção profira decisão revisora e infringente daquela prolatada por uma das Turmas desta Corte, em que não se conheceu do seu recurso de revista ante o óbice da Súmula nº 126 do TST. No entanto, somente por violação do art. 896 da CLT, seria possível o conhecimento de embargos quando se fundassem esses em má aplicação de súmula de Direito Processual, como a Súmula nº 126 do TST, indicada como contrariada pelo ora embargante. Não cabem mais embargos por violação de dispositivos de lei, e, ante a vigência da Lei nº 11.496/2007, não se pode, via de regra, conhecer dos embargos por contrariedade a súmula ou orientação jurisprudencial de conteúdo processual, invocadas como óbice ao conhecimento do recurso de revista, haja vista a atual e exclusiva função uniformizadora da jurisprudência trabalhista da Subseção I Especializada em Dissídios Individuais do TST. (...) (E-ED-RR - 118300-85.2006.5.17.0009 , Relator Ministro: José Roberto Freire Pimenta, Data de Julgamento: 29/05/2014, Subseção I Especializada em Dissídios Individuais, Data de Publicação: DEJT 06/06/2014)

Como se percebe na ementa acima, esse posicionamento surgiu com a alteração promovida pela Lei 11.496, de 2007, que restringiu o cabimento do recurso de embargos apenas à hipótese de divergência jurisprudencial. O TST entendeu que o conhecimento do recurso por contrariedade a súmula ou orientação jurisprudencial em matéria processual seria o mesmo que conhecê-lo por violação ao art. 896 da CLT. Observa-se que na redação anterior do art. 894, II, da CLT não havia menção expressa à contrariedade a súmula e orientação jurisprudencial, de modo que a admissibilidade apenas na hipótese de contrariedade de súmula e OJ de direito material não era de todo incompatível com o texto. Ainda assim, a SDI1 passou a afastar esse entendimento em casos específicos, pelos quais admitiu o conhecimento por contrariedade a súmula de direito processual[17].

---

17 Como exemplo cita-se o E-ED-RR 142200-62.2000.5.01.007
RECURSO DE EMBARGOS REGIDO PELA LEI 11.496/2007. PRESCRIÇÃO. COMPENSAÇÃO ORGÂNICA. SITUAÇÃO EXCEPCIONAL DE CONTRARIEDADE À SÚMULA 126 DO TST. Hipótese em que a Turma transcreve a decisão regional consubstanciada em apenas dois parágrafos. O primeiro explicando a impossibilidade de alteração da sentença, na qual pronunciada apenas a prescrição parcial da pretensão relativa à inclusão da compensação orgânica na parte variável da remuneração obreira. E o segundo, com registro expresso de que -*a parcela 'compensação orgânica' jamais deixou de ser paga pela recorrente*-, não se tratando de ato único. Nesse último, o Colegiado, inclusive, após grifo sublinhando tal assertiva regional. Após esses registros, a Turma conclui restar evidenciada a contrariedade à Súmula 294 do TST, consignando que a compensação orgânica -*foi suprimida pela reclamada em julho de 1991, ... conforme registrado na sentença, à fl. 171*-. O Colegiado pronunciou, então, a prescrição total da pretensão. Ao julgar os embargos declaratórios obreiros, assevera que -*o acórdão embargado tomou por base os pressupostos fáticos descritos na decisão do Regional*-, e conclui que -*não foi contrariada, pois, a Súmula nº 126*- do TST. A situação enquadra-se na circunstância excepcional em que esta Subseção Especializada tem admitido o conhecimento do recurso de embargos regido pela Lei 11.496/2007, por contrariedade à súmula de natureza processual, qual seja, quando -do conteúdo da própria decisão da Turma, se verifica afirmação

Com a redação autorizando expressamente o recurso de embargos por contrariedade a súmula e orientação jurisprudencial, sem ressalvas, deve-se entender que o processo de uniformização é amplo, alcançando toda a jurisprudência do tribunal, independentemente de a decisão contrariar súmula ou orientação jurisprudencial de direito material ou processual. O fato de em algumas situações o conhecimento do recurso produzir o mesmo efeito da violação ao art. 896 da CLT parece ser totalmente irrelevante diante da redação introduzida pela Lei 13.015/2014.

Nesse aspecto, o novo CPC ao prever a possibilidade de configuração do dissenso em matéria processual reforça a necessidade de ampliação das hipóteses de conhecimento do recurso de embargos, repita-se, independentemente de a decisão contrariar súmula ou orientação jurisprudencial de direito processual.

Por fim, é também aplicável ao processo do trabalho a previsão de que o recurso de embargos de divergência interrompe o prazo para interposição do recurso extraordinário. Por ausência de previsão nesse sentido, passou-se a adotar, no TST, a prática de interposição simultânea do recurso de embargos e do recurso extraordinário.

5. CONSIDERAÇÕES FINAIS.

O sistema recursal trabalhista passa por um momento de profunda alteração, iniciada pela Lei 13.015/2014 e complementada pelo novo Código de Processo Civil. No atual contexto, vive-se um quadro de grande incerteza e expectativa acerca da interpretação e aplicação das novas disposições normativas, bem como de seu reflexo na tramitação dos recursos e na racionalidade das decisões dos tribunais trabalhistas.

O art. 769 da CLT segue sendo o ponto de conexão entre processo do trabalho e processo civil, não mais como cláusula de fechamento, como em outros tempos, mas de abertura, reforçada pelo art. 15 do novo CPC. Os avanços do processo civil devem ser levados em conta para suprir as lacunas da legislação processual trabalhista, incluindo-se as lacunas ontológicas e teleológicas. A incidência das disposições normativas do novo CPC no processo do trabalho deve ser examinada caso a caso, mediante a aferição de sua compatibilidade e ser mediada pela Constituição.

---

ou manifestação que diverge do teor da súmula indicada como mal aplicada pela parte- (E-RR 45100-37.2000.5.09.0669, Relator Ministro Vantuil Abdala, DEJT de 13/3/2009). Imperioso destacar que a decisão embargada diverge da jurisprudência desta Corte pacificada na Súmula 126. Afinal, asseverado que o verbete não foi contrariado porque o fundamento decisório tomou por base os pressupostos fáticos descritos na decisão regional e, ao mesmo tempo, atribuída à sentença assertiva frontalmente contrária ao que consta da transcrição regional, tudo podendo ser constatado da própria decisão recorrida. Recurso de embargos conhecido e provido.

Tanto na Lei 13.015/2014, quanto no novo CPC, adotou-se uma linha em direção à objetivação dos recursos nos tribunais, o que pode ser positivo se houver uma mudança de cultura para a aceitação ampla das ações coletivas. A resolução das questões repetitivas na saída em perspectiva coletiva pressupõe uma abertura para que os problemas possam ser levados ao Poder Judiciário, também coletivamente.

Porém, em várias partes do novo CPC houve a atribuição de caráter vinculativo a decisões de tribunais em relação a outros órgãos, o que se apresenta de duvidosa constitucionalidade.

De pelo menos três mecanismos criados pelo novo CPC, que são os precedentes, a reclamação e o incidente de resolução de demandas repetitivas, extrai-se o atributo da obrigatoriedade de decisões judiciais sem previsão constitucional, o que viola o princípio da legalidade previsto no art. 5º, II, da Constituição.

Não fosse o vício de inconstitucionalidade desses mecanismos, há grande dificuldade de estabelecer a perseguida resolução em bloco dos feitos na Justiça do Trabalho, considerando a cumulação de pedidos que é bastante frequente neste âmbito.

Por outro lado, não há dúvida de que os instrumentos visando superar os dissensos jurisprudenciais nos próprios tribunais cumprem função relevante para o acesso à justiça, propiciando isonomia, segurança jurídica e confiança.

As contradições e dúvidas que se apresentam no sistema recursal trabalhista, a partir das novas disposições incluídas pela Lei 13.015/2014 e do novo CPC, devem ser enfrentadas pelos órgãos do judiciário trabalhista, ainda que num primeiro momento dificulte a celeridade tão almejada. Com o tempo, a própria jurisprudência se encarregará de superar os diversos impasses criados pela nova sistemática.

6. REFERÊNCIAS BIBLIOGRÁFICAS

LEITE, Carlos Henrique Bezerra. *Curso de Direito Processual do Trabalho.* 12ª. Ed. São Paulo, LTr, 2014

Pereira, Ricardo José Macêdo de Britto. *Recursos de natureza extraordinária no TST. Recurso de revista e embargos por divergência.* Salvador, Juspodivm, 2015.

Pereira, Ricardo José Macêdo de Britto. "Primeiras impressões sobre a reforma recursal trabalhista – Lei n. 13.015, de 2014. *Revista LTr.* Vol. 78, nº 09, setembro de 2014, 78-09/1061-1068.

Pereira, Ricardo José Macêdo de Britto Pereira. *Ação civil pública no processo do trabalho.* Salvador, Juspodivm, 2014.

Miessa, Élisson e Correia, Henrique. *Súmulas e Orientações Jurisprudenciais do TST. Comentadas e organizadas por assunto.* 4ª. Ed revista, ampliada e atualizada, Salvador, Juspodivm, 2014.

Miessa, Élisson. *Recursos trabalhistas.* Salvador, Ed. Juspodivm, 2014

Capítulo 62
EXTINÇÃO DO JUÍZO DE ADMISSIBILIDADE RECURSAL *A QUO* E TÉCNICAS DE JULGAMENTO NOS TRIBUNAIS NO NOVO CPC E O PROCESSO DO TRABALHO

Júlio César Bebber[1]

SUMÁRIO: 1. CONSIDERAÇÕES INICIAIS; 2. JUÍZO DE ADMISSIBILIDADE; 2.1. JUÍZO DE ADMISSIBILIDADE RECURSAL NO PROCESSO CIVIL; 2.2. JUÍZO DE ADMISSIBILIDADE RECURSAL NO PROCESSO DO TRABALHO; 3. TÉCNICAS DE JULGAMENTO NOS TRIBUNAIS; 3.1. PREVENÇÃO DO RELATOR; 3.2. DISTRIBUIÇÃO E ENCAMINHAMENTO IMEDIATOS; 3.3. PODERES-DEVERES DO RELATOR; 3.4. REVISOR; 3.5. INCLUSÃO DO RECURSO EM PAUTA DE JULGAMENTO; 3.6. SUSTENTAÇÃO ORAL; 3.7. PROCEDIMENTO DE JULGAMENTO NA SESSÃO; 3.8. ACÓRDÃO; 3.9. PUBLICAÇÃO DO ACÓRDÃO; 3.10. VISTA NA SESSÃO DE JULGAMENTO; 3.11. RECONSIDERAÇÃO DO VOTO; 3.12. VOTO VENCIDO; 3.13. ORDEM DE JULGAMENTO DO RECURSO; 3.13.1. ORDEM LÓGICA NO JUÍZO DE ADMISSIBILIDADE; 3.13.2. ORDEM LÓGICA NO JUÍZO DE MÉRITO; 3.14. AMPLIAÇÃO DO *QUORUM* DE JULGAMENTO

1. CONSIDERAÇÕES INICIAIS

O CPC-2015 inovou ao eliminar o juízo de admissibilidade *a quo*, bem como ao promover algumas alterações nas técnicas de julgamento de recursos nos tribunais.

Suscitar o debate acerca dos impactos dessas alterações no direito processual do trabalho mediante as primeiras impressões, então, é o escopo deste breve texto.

2. JUÍZO DE ADMISSIBILIDADE

Juízo de admissibilidade é o exame realizado para aferir a existência de pressupostos de admissibilidade do pronunciamento de mérito. Em outras palavras: é o exame realizado para aferir a viabilidade técnico-jurídica que autoriza a emissão de pronunciamento sobre o mérito.

---

1   Juiz do Trabalho - Doutor em Direito

Cronológica e logicamente, então, o juízo de admissibilidade precede o juízo de mérito. Desse modo:

a) na sentença ou em acórdão de demanda originária de tribunal, o órgão julgador examinará a presença de pressupostos processuais, da legitimidade de parte e do interesse de agir (esses dois últimos não mais como condições da ação). Estando presentes, abre-se a possibilidade de emissão de pronunciamento de mérito da demanda (mérito da causa);

b) no recurso, o órgão julgador examinará a presença dos pressupostos recursais (ou condições de admissibilidade recursais). Presentes estes, estará aberta a possibilidade de emissão de pronunciamento de mérito do recurso (que pode ou não coincidir com o mérito da demanda).[2]

2.1. JUÍZO DE ADMISSIBILIDADE RECURSAL NO PROCESSO CIVIL

O direito processual civil brasileiro, na vigência do CPC-1973, instituiu duas técnicas acerca do juízo de admissibilidade recursal:

a) a da interposição do recurso perante o mesmo órgão jurisdicional que proferiu a decisão impugnada (ressalvado, a partir de 1995, o agravo de instrumento no – CPC-1973, 524), com o escopo de facilitar o acesso aos órgãos recursais;

b) a do duplo exame de pressupostos recursais (ressalvado, a partir de 1995, o agravo de instrumento), com o escopo de otimizar (economia) os serviços judiciários. Desse modo:

 (i) o primeiro (juízo de admissibilidade *a quo*), de natureza precária (mas com poder de investir o órgão recursal no poder de examinar o recurso), deve ser proferido pelo órgão prolator da decisão impugnada; e

 (ii) o segundo (juízo de admissibilidade *ad quem*), de natureza definitiva, deve ser proferido pelo órgão competente para julgar o recurso (Súmulas STF n. 292 e 528 e TST n. 285).[3]

---

2   Juízo de mérito é a atividade em que se examinam as alegações de erro de procedimento (desrespeito à forma: *error in procedendo*) e de julgamento (injustiça da decisão: *error in judicando*).

3   "O juízo positivo de admissibilidade, proferido pelo órgão perante o qual se interpôs o recurso, não basta para assegurar ao recorrente, desde logo, a obtenção do novo julgamento pleiteado. Primeiro, porque pode sobrevir algum fato que *torne* inadmissível o recurso; ademais, porque, ainda fora dessa hipótese, não fica preclusa a reapreciação da matéria pelo órgão *ad quem*, onde se procederá livremente ao controle da admissibilidade, inclusive, se for o caso, para declarar insatisfeito algum (ou mais de um) dos que no órgão de interposição se tinham dado como cumpridos" (MOREIRA, José Carlos Barbosa. *Comentários ao Código de Processo Civil*. 11. ed. Rio de Janeiro: Forense, 2003. v. V, p. 266).

O CPC-2015 manteve a primeira técnica (inclusive a ressalva quanto ao agravo de instrumento – CPC-2015, 1.016) e alterou a segunda para instituir o juízo de admissibilidade único nos recursos de natureza ordinária,[4] a ser proferido pelo órgão competente para julgar o recurso (CPC-2015, 1.010, § 3º, 1.028, § 3º). Com isso, garante maior tempestividade (economia de tempo) e racionalização (economia de atos), na medida em que a técnica do duplo exame de pressupostos recursais, entre outras consequências, acarreta a permanência dos autos do processo por mais tempo no órgão recorrido, a cisão da competência para julgamento de eventual demanda cautelar destinada a emprestar efeito suspensivo ao recurso interposto (Súmulas STF ns. 634 e 635; CPC-1973, 800, parágrafo único), bem como o manejo de mais um recurso (agravo de instrumento) no processo para a hipótese de emissão de juízo de admissibilidade *a quo* negativo.

2.2. JUÍZO DE ADMISSIBILIDADE RECURSAL NO PROCESSO DO TRABALHO

As normas processuais trabalhistas não dispõem sobre as técnicas do juízo de admissibilidade recursal, exceto quanto ao recurso de revista (CLT, 896, § 1º) e ao recurso de agravo de petição (CLT, 897, § 2º). Daí por que nos valemos subsidiariamente das regras do CPC (CLT, 769; CPC-2015, 15), cuja inovação introduzida repercute diretamente na tramitação dos recursos no processo do trabalho.

Desse modo, os recursos *ordinários em demandas individuais e coletivas* (CLT, 895, I e II), de *embargos em recurso de revista* (CLT, 894, II), de *embargos infringentes* (CLT, 894, I) e de *revisão* (Lei n. 5.584/1970, 2º, § 1º) devem ser interpostos no mesmo órgão jurisdicional que proferiu a decisão impugnada. Este, após colher as contrarrazões (dos recursos independe e adesivo), remeterá os autos ao órgão recursal sem proferir juízo de admissibilidade.

Especificamente quanto aos recursos:

a) de *revista* – nada muda. O art. 896, § 1º, da CLT estabelece que o recurso de revista "será apresentado ao Presidente do Tribunal recorrido, que poderá recebê-lo ou denegá-lo, fundamentando, em qualquer caso, a decisão".[5] Continuará, diante disso, sendo interposto no TRT que proferiu

---

[4] Essa técnica, inicialmente adotada para a generalidade dos recursos, retroagiu em parte com a alteração do art. 1.030 do NCPC (antes mesmo da sua vigência), restabelecendo-se os dois juízos de admissibilidade para os recursos especial e extraordinário.

[5] Note-se que no juízo de admissibilidade *a quo* há autorização para investida sobre o mérito do recurso. "Nos termos do artigo 896, § 1.º, da CLT, os Tribunais Regionais do Trabalho possuem competência para negar ou dar seguimento ao Recurso de Revista, fundamentando a decisão, cabendo-lhes o exame tanto dos pressupostos extrínsecos quanto intrínsecos de admissibilidade. Assevere-se, ademais, que

a decisão impugnada, cabendo ao presidente (ou vice-presidente) do tribunal emitir o primeiro juízo de admissibilidade (de natureza precária). Mantém-se, igualmente, a cisão da competência para eventual pedido cautelar destinado a emprestar efeito suspensivo ao recurso (Súmula TST n. 414, I, *in fine*; Súmulas STF ns. 634 e 635; CPC-1973, 800, parágrafo único), bem como o manejo do recurso de agravo de instrumento para a hipótese de emissão de juízo de admissibilidade *a quo* negativo;

b) de *agravo de petição* (CLT, 897, *a*) – nada muda. O art. 897, § 2º, da CLT sugere a emissão de juízo de admissibilidade *a quo* ao dispor que: "O agravo de instrumento interposto contra o despacho que não receber agravo de petição não suspende a execução da sentença";

c) de *agravo de instrumento* (CLT, 897, *b*) – seu cabimento ficará confinado às hipóteses de emissão de juízo de admissibilidade *a quo* negativo em *recurso de revista* (e sua disciplina continuará regida pela Instrução Normativa do TST n. 16/1999 e pela Resolução Administrativa do TST n. 1.418/2010) e em *recurso de agravo de petição*;

d) de *embargos de declaração* (CLT, 897-A) – nada muda. Em sua disciplina especial, o recurso de embargos de declaração já é dotado de juízo de admissibilidade único.

3. TÉCNICAS DE JULGAMENTO NOS TRIBUNAIS

As normas processuais trabalhistas, salvo em raras situações, não dispõem sobre as técnicas de julgamento dos recursos nos tribunais. Daí por que, por força do art. 769 da CLT (e art. 15 do CPC-2015), uma vez mais nos valemos subsidiariamente das regras processuais comuns (CPC-2015, 926 a 946), cujas inovações (a seguir relacionadas) repercutem diretamente na tramitação dos recursos no processo do trabalho.

3.1. PREVENÇÃO DO RELATOR

Há prevenção do relator:

a) *a quem for distribuído o primeiro recurso interposto no processo* – para todos os recursos subsequentes interpostos no mesmo processo ou em processo conexo (CPC-2015, 930, parágrafo único). Houve aqui, na ver-

---

o juízo prévio realizado pelo Tribunal não traz nenhum prejuízo à parte, visto que a admissibilidade do Recurso está sujeita a duplo exame. Traçadas tais premissas, o entendimento que se consolidou nesta Quarta Turma é de que a alegação de incompetência dos Tribunais Regionais do Trabalho para denegar seguimento ao Recurso de Revista com base no mérito da decisão recorrida configura litigância de má-fé, nos termos dos incisos I e VII do artigo 17 do CPC, que tratam de pretensão contrária a texto expresso de lei e de recurso com intuito manifestamente protelatório, respectivamente" (TST--AIRR-1311-07.2012.5.04.0022, 4ª T., Rel. Min. Maria de Assis Calsing, DJ 18-9-2015).

dade, a positivação de regra já adotada por muitos tribunais em seus regimentos internos;

b) *a quem for distribuída a petição de pedido de concessão de efeito suspensivo a recurso, dele destituído* (CPC-2015, 1.012, § 1º) – no período compreendido entre a interposição do recurso e sua distribuição (CPC-2015, 1.012, § 3º, I e 1.029, § 5º, I).

3.2. DISTRIBUIÇÃO E ENCAMINHAMENTO IMEDIATOS

O veto ao represamento de recursos após a distribuição e o seu encaminhamento imediato ao relator decorrem do art. 93, XV, da CF, tendo o CPC-2015 atendido a esse comando ao determinar a distribuição imediata dos autos (art. 929, *caput*), com sua também imediata conclusão ao relator (art. 931).

Evidentemente que à distribuição (pública, alternativa e por sorteio) e encaminhamento dos autos ao relator há providências administrativas prévias (sobretudo em autos físicos – art. 929). A imediatidade exigida, portanto, é relativizada exclusivamente pelo tempo necessário para a prática dos atos administrativos indispensáveis, que no CPC-1973 era estimado em 48h (art. 549, *caput*).

3.3. PODERES-DEVERES DO RELATOR

Os poderes-deveres do relator descritos no art. 557 do CPC-1973 foram reproduzidos e ampliados no CPC-2015. A ele incumbe, mediante decisão unipessoal:

a) *julgar o recurso, dele não conhecendo* – caso não preencha os pressupostos de admissibilidade extrínsecos, intrínsecos e especiais.[6] Antes de considerar inadmissível o recurso, entretanto, por força dos princípios da cooperação (CPC-2015, 6º) e da primazia do mérito (CPC-2015, 139, IX), deverá o relator conceder o prazo de 5 dias ao recorrente para saneamento do vício ou complementação da documentação exigível, desde que esses atos sejam possíveis (CPC-2015, 932, parágrafo único);[7]

---

[6] Essa hipótese está enunciada no inc. III do art. 932, da seguinte forma: *não conhecer de recurso inadmissível, prejudicado ou que não tenha impugnado especificamente os fundamentos da decisão recorrida*. O texto, evidentemente, é meramente exemplificativo de pressupostos recursais (no caso: recorribilidade, interesse recursal, regularidade formal). Esse dispositivo escancara, ainda, a incorreção da jurisprudência sumulada do TST ao restringir a regularidade formal exclusivamente aos recursos para aquele tribunal (Súmula n. 422, I e III). A questão parte de suposto de base: o efeito translativo (ou devolutivo em profundidade – transferência/devolução de todos os fundamentos de defesa) somente opera se o recurso for conhecido, sendo indispensável, para tanto, a regularidade formal.

[7] Enunciado n. 106 do FPPC. Não se pode reconhecer a deserção do recurso, em processo trabalhista, quando houver recolhimento insuficiente das custas e do depósito recursal, ainda que ínfima a diferença, cabendo ao juiz determinar a sua complementação.

b) *julgar o recurso, negando-lhe provimento* – se ele for contrário a:

   (iii) súmula do STF (vinculante ou não vinculante), do STJ ou do próprio tribunal (CPC-2015, 932, IV, *a*). No processo do trabalho: (i.i) exclui-se a possibilidade de o relator negar provimento ao recurso contrário a súmula do STJ. As decisões deste tribunal não irradiam efeitos para a jurisdição trabalhista; (i.ii) inclui-se a possibilidade de o relator negar provimento ao recurso contrário a súmula e a orientação jurisprudencial do TST (CLT, 896, § 1º, II) e, por analogia, a do próprio tribunal;

   (iv) acórdão proferido pelo STF e pelo STJ em julgamento de recursos repetitivos (CPC-2015, 932, IV, *b*). No processo do trabalho: (ii.i) exclui-se a possibilidade de o relator negar provimento ao recurso contrário a acórdão proferido em julgamento de recursos repetitivos pelo STJ. As decisões deste tribunal não irradiam efeitos para a jurisdição trabalhista; (ii.ii) inclui-se a possibilidade de o relator negar provimento ao recurso contrário a acórdão proferido em julgamento de recursos repetitivos pelo TST;

   (v) entendimento firmado em incidente de resolução de demandas repetitivas ou de assunção de competência pelo STF, pelo TST ou pelo próprio tribunal (CPC-2015, 932, IV, *c*);

c) *julgar o recurso, dando-lhe provimento* – se a decisão recorrida for contrária a:[8]

   (i) súmula do STF (vinculante ou não vinculante), do STJ ou do próprio tribunal (CPC-2015, 932, V, *a*). No processo do trabalho: (i.i)

Enunciado n. 214 do FPPC. Diante do §2º do art. 1.007, fica prejudicada a OJ **nº 140 da** SDI-I do TST ("*Ocorre deserção do recurso pelo recolhimento insuficiente das custas e do depósito recursal, ainda que a diferença em relação ao "quantum" devido seja ínfima, referente a centavos*").

Enunciado n. 219 do FPPC. O relator ou o órgão colegiado poderá desconsiderar o vício formal de recurso tempestivo ou determinar sua correção, desde que não o repute grave.

Enunciado n. 332 do FPPC. Considera-se vício sanável, tipificado no art. 938, §1º, a apresentação da procuração e da guia de custas ou depósito recursal em cópia, cumprindo ao relator assinalar prazo para a parte renovar o ato processual com a juntada dos originais.

Enunciado n. 333 do FPPC. Em se tratando de guia de custas e depósito recursal inseridos no sistema eletrônico, estando o arquivo corrompido, impedido de ser executado ou de ser lido, deverá o relator assegurar a possibilidade de sanar o vício, nos termos do art. 938, §1º.

Enunciado n.353 do FPPC. No processo do trabalho, o equívoco no preenchimento da guia de custas ou de depósito recursal não implicará a aplicação da pena de deserção, cabendo ao relator, na hipótese de dúvida quanto ao recolhimento, intimar o recorrente para sanar o vício no prazo de cinco dias.

[8] O poder dado ao relator de julgar unipessoalmente e não conhecer, não prover ou prover o recurso constitui "técnica processual que visa compatibilizar horizontal e verticalmente as decisões judiciais, racionalizar a atividade judiciária e promover o direito fundamental à razoável duração do processo" (MARINONI, Luiz Guilherme. ARENHART, Sérgio Cruz. MITIDIERO, Daniel. Novo Curso de Processo Civil. São Paulo: RT, 2015, v. 2, p. 563).

exclui-se a possibilidade de o relator dar provimento ao recurso de decisão contrária a súmula do STJ. As decisões deste tribunal não irradiam efeitos para a jurisdição trabalhista; (i.ii) inclui-se a possibilidade de o relator dar provimento ao recurso de decisão contrária a súmula e a orientação jurisprudencial do TST (CLT, 896, § 1º, II) e, por analogia, a do próprio tribunal;

(ii) acórdão proferido pelo STF e pelo STJ em julgamento de recursos repetitivos (CPC-2015, 932, V, *b*). No processo do trabalho: (ii.i) exclui-se a possibilidade de o relator dar provimento ao recurso de decisão contrária a acórdão proferido em julgamento de recursos repetitivos pelo STJ. As decisões deste tribunal não irradiam efeitos para a jurisdição trabalhista; (ii.ii) inclui-se a possibilidade de o relator negar provimento ao recurso de decisão contrária a recurso proferido em julgamento de recursos repetitivos pelo TST;

(iii) entendimento firmado em incidente de resolução de demandas repetitivas ou de assunção de competência pelo STF, pelo TST ou pelo próprio tribunal (CPC-2015, 932, V, *c*);

d) *julgar o pedido de tutela provisória* – do recurso da competência do tribunal (CPC-2015, 932, II);

e) *julgar o pedido de desconsideração da personalidade jurídica* – quando o incidente for instaurado originariamente perante o tribunal (CPC-2015, 932, VI).

Além dos poderes-deveres decisórios unipessoais do relator, incumbe a ele, também, dirigir e ordenar o processo no tribunal (CPC-2015, 932, I), atribuições essas que compreendem, entre outras (CPC-2015, 932, VIII):

a) *homologar a autocomposição das partes* (CPC-2015, 932, I)

b) *determinar a intimação do Ministério Público*, quando for o caso (CPC-2015, 932, VII);

c) *converter o julgamento em diligência e determinar a produção de prova cerceada* (CPC-2015, 932, I), bem como *o saneamento de vícios processuais* (CPC-2015, 938, §§ 1º e 3º) – evitando, com isso, decisão de simples cassação;[9]

d) *determinar a intimação das partes para que se manifestem no prazo de 5 dias* – caso constate a ocorrência de fato superveniente à decisão recorrida ou a existência de questão apreciável de ofício (ex.: matérias de ordem pública; possibilidade de enquadramento jurídico diverso dos

---

[9] Enunciado n. 340 do FPPC. Observadas as regras de distribuição, o relator pode delegar a colheita de provas para juízo distinto do que proferiu a decisão rescindenda.

sustentados pelas partes)[10] ainda não examinada que devam ser considerados no julgamento (CPC-2015, 10 e 933, *caput*). Dispensa essa providência o fato documentado (prova) nos autos sob o contraditório.[11]

Não sendo o caso de julgamento unipessoal do recurso e sendo desnecessárias ou findas as providências preparatórias (instrutórias; de ordenação), o relator elaborará seu voto e restituirá os autos à secretaria no prazo de 30 dias (CPC-2015, 931). Esse prazo, entretanto, é impróprio. Vale dizer: não preclusivo.

3.4. REVISOR

O CPC-2015 não reproduziu o texto do art. 551 do CPC-1973. Com isso, restou suprimida a exigência de revisor em recursos e em demandas originárias. Essa supressão, aliás, já ocorria nos processos com tramitação pelo sistema eletrônico (PJe – Lei n. 11.419/2006).

No processo do trabalho a exigência de revisor já havia sido suprimida dos recursos ordinários em tramitação física sob o rito sumaríssimo (CLT, 895, § 1º, II) e dos recursos em tramitação no TST (Regimento Interno, 105, parágrafo único). Doravante, somente nos recursos submetidos ao rito dos recursos repetitivos haverá designação de revisor, por expressa determinação do art. 896-C, § 6º, da CLT.

3.5. INCLUSÃO DO RECURSO EM PAUTA DE JULGAMENTO

Estando apto ao julgamento, o recurso deverá ser incluído em pauta, preferencialmente segundo a ordem cronológica de conclusão (CPC-2015, 12 e 934, primeira parte).[12]

---

10 Em sentido diverso:
Enunciado n. 1 da ENFAM. Entende-se por "fundamento" referido no art. 10 do CPC/2015 o substrato fático que orienta o pedido, e não o enquadramento jurídico atribuído pelas partes.
Enunciado n. 3 da ENFAM. É desnecessário ouvir as partes quando a manifestação não puder influenciar na solução da causa.

11 Enunciado n. 5 da ENFAM. Não viola o art. 10 do CPC/2015 a decisão com base em elementos de fato documentados nos autos sob o contraditório.
Enunciado n. 6 da ENFAM. Não constitui julgamento surpresa o lastreado em fundamentos jurídicos, ainda que diversos dos apresentados pelas partes, desde que embasados em provas submetidas ao contraditório.

12 Não me parece adequado o restritivo o Enunciado n. 32 da ENFAM ("O rol do art. 12, § 2º, do CPC/2015 é exemplificativo, de modo que o juiz poderá, fundamentadamente, proferir sentença ou acórdão fora da ordem cronológica de conclusão, desde que preservadas a moralidade, a publicidade, a impessoalidade e a eficiência na gestão da unidade judiciária"), sendo precisa, entretanto, a tese do Enunciado n. 34. A violação das regras dos arts. 12 e 153 do CPC/2015 não é causa de nulidade dos atos praticados no processo decidido/cumprido fora da ordem cronológica, tampouco caracteriza, por si só, parcialidade do julgador ou do serventuário.

A pauta de julgamento deverá ser publicada (CPC-2015, 934, segunda parte), observado o interstício de 5 dias (prazo ampliado em relação ao CPC-1973, que no art. 552, § 1º fixava o prazo de 48h) entre a data da sua publicação e a data da sessão de julgamento (CPC-2015, 935), sob cominação de nulidade.

Os processos incluídos em pauta e não julgados na sessão designada deverão ser incluídos em nova pauta a ser publicada. Dispensam a inclusão em nova pauta, entretanto, os recursos sobre os quais, na sessão de julgamento designada, houver expresso adiamento de seu julgamento para a primeira sessão seguinte (CPC-2015, 935, *in fine*).

3.6. SUSTENTAÇÃO ORAL

A parte que desejar proferir sustentação oral presencial nos processos que a admitem (CPC-2015, 937, *caput*, § 3º; 1.021 e 1.042, § 5º; Regimento Interno dos Tribunais) deverá proceder a sua inscrição até o início da sessão de julgamento (CPC-2015, 937, § 2º).

Os interessados (excetuadas as partes do processo originário) em sustentar oralmente de forma presencial no julgamento de recursos submetidos ao rito dos recursos repetitivos deverão fazer sua inscrição com dois dias de antecedência ao da sessão de julgamento (CPC-2015, 937, § 1º e 984, II, *b*).

Ainda que a inscrição não seja feita no prazo e na forma legal, poderão as partes e os interessados, no momento em que o julgamento do recurso for anunciado, dirigirem-se à tribuna para sustentarem oralmente. A falta de inscrição ou a inscrição intempestiva acarreta, unicamente, a perda na preferência do julgamento.[13]

---

13 CERCEAMENTO DO DIREITO DE DEFESA (...) 1. Aos advogados assiste o direito público subjetivo de, em processo judicial, valer-se da prerrogativa de utilizar a palavra, da tribuna, em favor de seus clientes, mesmo nas hipóteses em que não externada tal intenção mediante inscrição prévia para o exercício da sustentação oral. Trata-se de "prerrogativa jurídica de essencial importancia", que "compõe o estatuto constitucional do direito de defesa" (STF, HC 109098/RJ, 2ª Turma, Rel. Min. Ricardo Lewandowski, DJe 24/8/2012). 2. O Regimento Interno do TST assegura aos advogados a garantia de assomar à tribuna e exercer o direito à sustentação oral, "no momento em que houverem de intervir" (art. 140 do RITST). O fato de o advogado não efetuar inscrição, nos moldes do art. 141 do RITST, significa apenas que não terá precedência na ordem de julgamento. 3. O indeferimento do pedido de sustentação oral, formulado por advogado devidamente habilitado, no momento em que apregoado o processo de seu interesse profissional, importa em cerceamento do direito de defesa e acarreta a nulidade do julgamento. 4. Vício procedimental nascido no julgamento de recurso de revista, a prescindir de prequestionamento. Inadequada invocação da Súmula nº 297 do TST como óbice à admissibilidade de embargos. 5. Agravo a que se dá provimento para determinar o regular processamento dos embargos. Embargos conhecidos, por divergência jurisprudencial, e providos para anular o acórdão impugnado e determinar o retorno dos autos à Turma de origem, a fim de que promova novo julgamento do recurso de revista, após assegurado ao advogado o exercício do direito à sustentação oral (TST-Ag-ED-E-ED-RR-131000-35.2005.5.03.0004, SBDI-1, Red. Ministro: João Oreste Dalazen, DJ 1º-7-2013).

A parte ou interessado domiciliado em cidade diversa daquela onde está sediado o tribunal poderá sustentar oralmente por meio de sistema de videoconferência ou por outro recurso tecnológico de transmissão de sons e imagens em tempo real. Nesse caso, a inscrição deverá ser feita até o dia anterior ao da sessão de julgamento (CPC-2015, 937, § 4º) ou com dois dias de antecedência, no caso de interessados em sustentar oralmente no julgamento de recursos submetidos ao rito dos recursos repetitivos (CPC-2015, 937, § 1º e 984, II, *b*).

3.7. PROCEDIMENTO DE JULGAMENTO NA SESSÃO

Na sessão, o julgamento dos recursos, da remessa necessária e das demandas de competência originária observará a seguinte ordem:

a) *processos com preferências legais* (CPC-2015, 936, *caput*);[14]

b) *processos com preferências regimentais* (CPC-2015, 936, *caput*);

c) *processos com sustentação oral* – seguindo-se a ordem de inscrição (CPC-2015, 936, I).

d) *processos com pedidos de preferência* – apresentados até o início da sessão de julgamento (CPC-2015, 936, II), seguindo a ordem dos requerimentos;

e) *processos cujo julgamento tenha iniciado em sessão anterior* (CPC-2015, 936, III);

f) *demais processos* (CPC-2015, 936, IV).

Anunciado o julgamento do recurso, o presidente da sessão dará a palavra ao relator, que deverá fazer uma exposição da pretensão recursal (CPC-2015, 937, *caput*).

Terminada a exposição do relator, e desde que seja admitida a sustentação oral (CPC-2015, 937, *caput*, § 3º; 1.021 e 1.042, § 5º; Regimento Interno dos Tribunais), o presidente da sessão dará a palavra sucessivamente ao recorrente e ao recorrido pelo prazo improrrogável mínimo de 15min (CPC-2015, 937; Lei n. 8.906/1994, 7º, IX). Esse prazo é inalterável, ainda que em um dos polos haja litisconsortes com procuradores distintos, diante na inaplicabilidade do art. 229 do CPC-2015 (TST-OJ-SBDI-1 n. 310). Se houver assistente (simples ou litisconsorcial), o procurador deste deverá fazer sua sustentação oral no prazo

---

14 Entre as preferências legais: *habeas corpus, mandado de segurança* (Lei n. 12.016/2009, 20), *habeas data* (Lei n. 9.507/97, 1919), recursos em que a parte ou interessado seja pessoa com idade igual ou superior a 60 anos ou portadora de doença grave, assim compreendida qualquer das enumeradas no art. 6º, inciso XIV, da Lei nº 7.713, de 22 de dezembro de 1988 (CPC, 1.048, I), recursos que versem sobre pagamento de salário, que derivarem da falência do empregador ou cuja decisão tiver de ser executada perante o Juízo da falência (CLT, 652, parágrafo único e 768).

de que o assistido dispuser. Em ambos os casos, a distribuição do tempo deverá ser ajustada entre os procuradores e, se não o fizerem, tal distribuição será repartida proporcionalmente.

No julgamento dos recursos submetidos ao rito dos recursos repetitivos o prazo das partes do processo originário e do Ministério Público para sustentação oral é de 30 minutos (CPC-2015, 984, II, *a*). Esse mesmo prazo (30min) é destinado aos demais interessados, que deverão dividi-lo entre si (CPC-2015, 984, II, *b*). Conforme o número de interessados inscritos, entretanto, poderá o órgão julgador ampliar esse tempo (CPC-2015, 984, § 1º).

Feita a sustentação oral (ou não requerida sua realização), o relator proferirá o seu voto, seguindo-se da tomada dos votos dos demais integrantes do colegiado conforme dispuser o regimento interno dos tribunais (normalmente em ordem decrescente de antiguidade). No recurso submetido ao rito dos recursos repetitivos no TST segue-se ao voto do relator a tomada de voto do revisor (CLT, 896-C, § 6º) e, em seguida, a dos votos dos demais integrantes do colegiado.

Colhidos todos os votos, o presidente anunciará o resultado do julgamento e designará o redator do acórdão, que será o relator, ou, se este for vencido, o autor do primeiro voto vencedor (CPC-2015, 941).[15]

Lavrado o acórdão, os autos serão encaminhados ao serviço de acórdãos que providenciará a sua publicação, enviando-os, a seguir, à secretaria do órgão fracionário onde permanecerá aguardando o transcurso do prazo recursal.

3.8. ACÓRDÃO

O acórdão deverá, necessariamente:

a) *ser lavrado no prazo de 30 dias contados da data da sessão de julgamento*. Findo esse prazo sem que o acórdão tenha sido lavrado, as notas taquigráficas o substituirão para todos os fins legais, independentemente de revisão (CPC-2015, 944, *caput*). Taquigrafia é apenas uma das modalidades de registros utilizados em julgamentos. É com esse escopo, então, que o CPC-2015 faz referência a notas taquigráficas, o que importa dizer que a regra vale, também, para as hipóteses de registros audiovisuais, em áudio, por meio de estenotipia *etc*. Caberá ao presidente do tribunal,

---

[15] Essa mesma regra estava inscrita no art. 556 do CPC-1973. Cássio Scarpinella Bueno, comentando-a, dizia que se houver, "por qualquer motivo, antecipação do voto por algum dos membros do colegiado, o acórdão será redigido pelo magistrado que, na ordem de antiguidade, suceder ao relator, isto é, observando-se a ordem regular de votação" (BUENO, Cássio Scarpinella. *Curso sistematizado de direito processual civil*. São Paulo: Saraiva, 2008. v. 5, p. 113). Dele, entretanto, discordava, uma vez que não era possível extrair essa regra do texto da cabeça do art. 556 do CPC, nem tampouco havia razão científica ou de equidade que a justificava. Mantidas as mesmas premissas do CPC-1973, mantenho, então, a mesma conclusão.

nessa hipótese, lavrar imediatamente as conclusões do julgamento e sua ementa;[16]

b) *conter ementa* (CPC-2015, 943, § 1º) – que nada mais é do que o resumo da tese jurídica adotada pelo colegiado. A ausência de ementa dará ensejo à interposição de embargos de declaração para saneamento da omissão.

Os votos e o acórdão poderão ser registrados em documento eletrônico inviolável e assinados eletronicamente, observadas as exigências da Lei n. 11.419/2006. Se assim se fizer em processo de autos convencionais, tais atos deverão ser impressos para que sejam juntados aos autos físicos (CPC-2015, 943, *caput*).

3.9. PUBLICAÇÃO DO ACÓRDÃO

Lavrado e assinado o acórdão pelo redator ou lavrada as conclusões do julgamento e sua ementa pelo presidente do tribunal, deverão estes (ementa e conclusões do acórdão) ser publicados no órgão oficial, para ciência das partes e de eventuais terceiros, no prazo de 10 dias (CPC-2015, 943, § 2º).

3.10. VISTA NA SESSÃO DE JULGAMENTO

O relator ou outro integrante do colegiado que na sessão de julgamento não se considerar habilitado para proferir imediatamente seu voto poderá pedir vista dos autos do processo. Nesse caso, terá de restitui-los no prazo de 10 dias (CPC-2015, 940, *caput*), contados da data em que os recebeu (data da conclusão). Esse prazo, entretanto, poderá ser prorrogado pelo prazo (agora improrrogável) de 10 dias, mediante requerimento dirigido ao presidente do colegiado (CPC-2015, 940, § 1º).

Se os autos recebidos em razão do pedido de vista:

a) *forem restituídos no prazo* – o julgamento do recurso prosseguirá na primeira sessão ordinária subsequente à data da devolução, com inserção em pauta para publicação (CPC-2015, 940, *caput*);[17]

b) *não forem restituídos no prazo legal (simples ou prorrogado) e não houver requerimento de prorrogação* – o presidente do órgão julgador os requisitará e determinará sua inclusão na pauta da sessão ordinária subsequente, que será publicada (CPC-2015, 940, § 1º). Nesse caso, se aquele que pediu vista ainda não se sentir habilitado a votar, o presidente convocará substituto para proferir voto, na forma estabelecida no regimento interno do tribunal (CPC-2015, 940, § 2º).

---

16   O CPC-2015 adotou a mesma técnica do art. 17 da Lei n. 12.016/2009. A transmutação das notas taquigráficas para acórdão ocorrerá automaticamente no 31º dia, sendo dispensável a intimação das partes.

17   O CPC-1973 determinava o julgamento do recurso, após restituídos os autos, na primeira sessão ordinária subsequente, com dispensa de nova publicação em pauta (art. 555, § 2º, primeira parte).

3.11. RECONSIDERAÇÃO DO VOTO

O relator ou qualquer integrante do colegiado, desde que não tenha sido afastado ou substituído após proferir o seu voto, poderá reconsiderá-lo (total ou parcialmente) até o momento da proclamação do resultado pelo presidente (CPC-2015, 941, § 1º).

Essa regra no CPC-2015 extirpa em parte uma anomalia nascida na jurisprudência do STF, que autorizava a modificação do voto de integrante do colegiado, desde que o fizesse no curso da sessão, ainda que o resultado já houvesse sido proclamado pelo presidente.[18]

3.12. VOTO VENCIDO

O integrante do colegiado que ficar vencido terá, obrigatoriamente, de exarar os fundamentos de seu voto.

O voto vencido pode ser juntado aos autos separadamente do acórdão ou pode estar a ele integrado (situação comum para as hipóteses em que o redator do acórdão é quem proferiu o voto vencido). Em qualquer hipótese, o voto vencido será considerado parte integrante do acórdão para todos os fins legais, inclusive para o pré-questionamento (CPC-2015, 941, § 3º).

Essa regra provoca uma guinada em relação à jurisprudência que:

a) *não considerava o voto vencido como parte do acórdão* – e não admitia, por isso, a interposição de embargos de declaração que buscavam obter os fundamentos deste;[19]

b) *impedia que a verdade fática e o enquadramento jurídico (prequestionamento) fossem extraídos do voto vencido* (Súmula STJ n. 320).[20]

---

18 STF-ADI-903 MC, TP, Rel. Min. Celso de Mello, DJ 24.10.1997. p. 54155.

19 EMBARGOS DE DECLARAÇÃO (...). Não existindo omissão a ser sanada na decisão embargada, em que se analisaram todas as matérias arguidas por inteiro e de forma fundamentada, e, diante da ausência de previsão legal que obrigue o órgão julgador a consignar o teor do voto vencido, são absolutamente descabidos e meramente procrastinatórios os embargos de declaração quando a embargante visa a apenas polemizar com o julgador naquilo que por ele já foi apreciado e decidido de forma clara, coerente e completa (TST-E-D-AIRR e RR-405300-09.2009.5.12.0031, 2ª T., Rel. Min. José Roberto Freire Pimenta, DJ 21-8-2015).

20 Súmula STJ n. 320. A questão federal somente ventilada no voto vencido não atende ao requisito do prequestionamento.
ECT (...). Os fatos consignados no voto vencido não podem ser utilizados, na medida em que, tendo sido juntado em separado, não integra o acórdão (TST-RR-1044-16.2010.5.15.0146, 5ª T., Rel. Min. Emmanoel Pereira, DJ 26.3.2013).
DIREITO ADMINISTRATIVO (...). Em casos semelhantes ao dos presentes autos, esta Corte tem se posicionado no sentido de que não se configura o prequestionamento se, no acórdão recorrido, apenas o voto vencido cuidou do tema suscitado no recurso extraordinário, adotando fundamento independente, sequer considerado pela maioria. Incidência da Súmula STF 282 (STF-AI-740527-AgR, 2ª T., Rel. Min. Ellen Gracie, DJ 18.8.2011).

3.13. ORDEM DE JULGAMENTO DO RECURSO

O julgamento deve seguir uma ordem lógica (princípio lógico). Por isso, realiza-se primeiro o juízo de admissibilidade (preliminares) e, após, o juízo de mérito.

Questão mal compreendida nos tribunais (por conta da redação do art. 560 do CPC-1973, repetida no art. 938 do CPC-2015) diz respeito à identificação das preliminares e do mérito do recurso.

Preliminares do recurso são os pressupostos recursais.[21] Mérito, por sua vez, *é a pretensão (o pedido) que o recorrente dirige ao tribunal*.[22] Essa pretensão pode, ou não, coincidir com o mérito da demanda (mérito da causa).[23] Daí a razão pela qual algumas matérias que na sentença são tratadas como preliminares no recurso passam a constituir o mérito deste.[24]

3.13.1. Ordem lógica no juízo de admissibilidade

Salvo situações que decorrem de particularidades de certos recursos, não há determinação legal ou lógica para análise dos pressupostos de admissibilidade recursal.

---

21 O "mérito, no recurso, não coincide necessariamente com o mérito da causa, nem as preliminares do recurso se identificam com as preliminares da causa" (MOREIRA, José Carlos Barbosa. *Comentários ao Código de Processo Civil*. 11. ed. Rio de Janeiro: Forense, 2003. v. V, p. 262).

22 "O mérito recursal corresponde ao próprio conteúdo da impugnação dirigida à decisão recorrida" (BUENO, Cássio Scarpinella. *Curso sistematizado de direito processual civil*. São Paulo: Saraiva, 2008. v. 5, p. 71).

23 Aquele "que recorre, dirige ao tribunal uma pretensão. Essa pretensão pode ser a mesma que constitui o mérito do processo pendente, ou não ser" (DINAMARCO, Cândido Rangel. *Fundamentos do processo civil moderno*. 3. ed. São Paulo: Malheiros, 2000. v. I, p. 261).
"Não há necessária coincidência entre o 'mérito *recursal*' e o 'mérito da *demanda*'. Pode até ser que ela se verifique, quando, por exemplo, o autor volta-se à sentença que rejeitou o seu pedido de tutela jurisdicional e pretende aquela outorga com o acolhimento de seu recurso, mas não se trata de uma constante teórica ou prática. O mérito do recurso pode ser o reconhecimento da ilegitimidade de uma das partes, o que, para o plano do processo, é questão *preliminar*" (BUENO, Cássio Scarpinella. *Curso sistematizado de direito processual civil*. São Paulo: Saraiva, 2008. v. 5, p. 71).

24 "Certas matérias, pois, que, com *relação ao processo* globalmente considerado, são *preliminares* (matéria preliminar ao julgamento de mérito da causa), às vezes acabam ficando integradas no mérito do recurso. Isso acontece porque, como visto, a pretensão devolvida ao tribunal pelo recurso interposto não é invariavelmente (...) a pretensão fundamental do processo" (DINAMARCO, Cândido Rangel. *Fundamentos do processo civil moderno*. 3. ed. São Paulo: Malheiros, 2000. v. I, p. 262).
Pode "ocorrer que, levantada uma questão preliminar perante o juízo *a quo*, como, por exemplo, a ilegitimidade *ad causam*, e apreciando o juiz tal questão na sentença (extinguindo ou não o processo, passando ou não à análise do pedido), a parte prejudicada venha a insurgir-se contra a decisão recorrida, quanto a tal aspecto. Nesse caso, aquela questão, considerada preliminar em relação ao juízo de primeiro grau, será considerada como mérito do recurso interposto" (MEDINA, José Miguel Garcia; WAMBIER, Teresa Arruda Alvim. *Processo civil moderno* — recursos e ações autônomas de impugnação. São Paulo: RT, 2008. v. 2, p. 70).
Determinada "questão, com a passagem de um a outro grau de jurisdição, pode deslocar-se do terreno das *preliminares*, onde se inscrevia, para vir a constituir, no procedimento recursal, o próprio *mérito*" (MOREIRA, José Carlos Barbosa. *Comentários ao Código de Processo Civil*. 11. ed. Rio de Janeiro: Forense, 2003. v. V, p. 262).

Assim, por julgar didaticamente mais compreensível, embora reconheça tratar-se de preferência pessoal, creio que a ordem de análise no juízo de admissibilidade deve ser dos pressupostos recursais intrínsecos (recorribilidade, adequação, legitimação para recorrer, capacidade, interesse em recorrer), extrínsecos (tempestividade, regularidade formal, representação, depósito, preparo e inexistência de fato impeditivo ou extintivo do poder de recorrer) e especiais.

Verificada a ausência de pressuposto recursal, sem que o relator tenha determinado o saneamento, caberá ao órgão julgador fazê-lo, suspendendo o julgamento (CPC-2015, 6º, 10, 139, IX; 932, parágrafo único e 938, § 4º).

3.13.2. Ordem lógica no juízo de mérito

Antes de qualquer consideração, relembro que preliminares do recurso dizem respeito aos pressupostos recursais (analisados no juízo de admissibilidade) e que o mérito do recurso nem sempre se identifica com o mérito da causa. Essas noções são fundamentais para que, desde logo, se compreenda que o vocábulo *preliminar* utilizado nos arts. 938 e 939 do CPC-2015 não possui sentido técnico indicativo de pressupostos processuais. Sua significação é de questões prévias (questões com precedência lógica) dentro do exame de mérito, ainda que nessas questões prévias possam estar encartados os pressupostos processuais.

O julgamento do mérito do recurso, então, deve iniciar com o exame das questões prévias (questões com precedência lógica) e somente prosseguirá se não restar obstado por uma destas. O roteiro do órgão recursal, na verdade, não difere daquele seguido pelo juízo *a quo*, com exceção do fato de que o realiza integralmente no mérito do recurso.

Se a questão prévia disser respeito a uma arguição de nulidade processual, sendo ela:

a) *rejeitada* – seguir-se-á no julgamento dos demais capítulos do mérito, colhendo-se, também, o voto dos magistrados vencidos na rejeição daquela (CPC-2015, 939);

b) *acolhida* – seguir-se-á no julgamento se o processo admiti-lo, como nas hipóteses de nulidade da sentença pela falta de congruência com os limites do pedido ou da causa de pedir, pela omissão no exame de um dos pedidos ou por falta de fundamentação (CPC-2015, 1.013, II a IV);[25]

---

25 Enunciado n. 307 do FPPC. Reconhecida a insuficiência da sua fundamentação, o tribunal decretará a nulidade da sentença e, preenchidos os pressupostos do §3º do art. 1.013, decidirá desde logo o mérito da causa.
Enunciado n. 10 da ENFAM. A fundamentação sucinta não se confunde com a ausência de fundamentação e não acarreta a nulidade da decisão se forem enfrentadas todas as questões cuja resolução, em tese, influencie a decisão da causa.

c) *sanável* – o órgão julgador suspenderá o julgamento e determinará a realização ou a renovação do ato processual no próprio tribunal ou no primeiro grau de jurisdição, intimando as partes (CPC-2015, 938, §§ 1º e 4º). Cumprida a diligência, retomar-se-á o julgamento do recurso (CPC-2015, 938, § 2º);

d) *relacionada à prova (cerceada)* – o órgão julgador suspenderá o julgamento e determinará a sua realização no tribunal ou em primeiro grau de jurisdição, intimando as partes (CPC-2015, 938, §§ 3º e 4º). Cumprida a diligência, retomar-se-á o julgamento do recurso (CPC-2015, 938, § 3º). Tanto nesta, quanto na hipótese anterior, cria-se "um *incidente processual* na fase recursal",[26] diante do dever imposto ao tribunal de criar todas as condições para julgar o recurso, evitando proferir decisões de mera cassação;

e) *sanável* – mas não havendo aptidão do órgão recursal para superá-la sem comprometer a eficiência do processo (como se dá, *v. g.*, no cerceio à apresentação da contestação, uma vez que se retroage quase ao início do procedimento com toda atividade instrutória em sequência), o tribunal concluirá o julgamento (desde que não haja outros capítulos a julgar) e determinará o retorno dos autos ao juízo *a quo*.

Se no julgamento do mérito houver necessidade de pronunciamento sobre fato superveniente à decisão recorrida ou sobre questão apreciável de ofício (ex.: matérias de ordem pública; possibilidade de enquadramento jurídico diverso dos sustentados pelas partes) ainda não examinados e sobre os quais o relator não intimou as partes para se manifestarem, caberá ao órgão julgador fazê-lo, suspendendo o julgamento (CPC-2015, 6º, 10 e 933, §§ 1º e 2º).

3.14. AMPLIAÇÃO DO QUORUM DE JULGAMENTO

O CPC-2015 extirpou do sistema processual o recurso de embargos infringentes (CPC-1973, 496, III e 530 a 534). Deixou em seu lugar, entretanto, a técnica de ampliação do *quorum* de votação (CPC-2015, 942) para a hipótese de resultado não unânime no julgamento da apelação, de ação rescisória (quando o resultado for a rescisão da sentença) e de agravo de instrumento (quando houver reforma da decisão que julgar parcialmente o mérito).

O processo do trabalho possui o recurso de embargos infringentes com objeto e conformação específicos (CLT, 894, I, *a*), de modo que nunca se valeu do recurso de embargos infringentes então previsto nos arts. 530 a 534 do CPC-1973. Desse modo, a substituição destes pela técnica de ampliação do *quorum* de julgamento nenhum reflexo produzirá no processo do trabalho.

---

26 BUENO, Cássio Scarpinella. *Curso sistematizado de direito processual civil*. São Paulo: Saraiva, 2008. v. 5, p. 104.

Capítulo 63

A TEORIA DA CAUSA MADURA NO NOVO CÓDIGO DE PROCESSO CIVIL: CONSIDERAÇÕES SOBRE OS IMPACTOS NO PROCESSO DO TRABALHO

Ítalo Menezes de Castro[1]

SUMÁRIO: 1. INTRODUÇÃO ; 2. A TEORIA DA CAUSA MADURA NO ORDENAMENTO JURÍDICO BRASILEIRO; 3. A COMPATIBILIDADE DA TEORIA DA CAUSA MADURA COM O PROCESSO TRABALHISTA; 4. A TEORIA DA CAUSA MADURA NO NOVO CÓDIGO DE PROCESSO CIVIL E SEUS REFLEXOS NO PROCESSO DO TRABALHO; 4.1. REFORMA DE SENTENÇA QUE EXTINGUE O PROCESSO SEM RESOLUÇÃO DO MÉRITO; 4.2. DECISÕES INCONGRUENTES COM O PEDIDO OU COM A CAUSA DE PEDIR; 4.3. DECISÕES OMISSAS QUANTO À ANÁLISE DE UM DOS PEDIDOS; 4.4. DECISÕES NULAS POR FALTA DE FUNDAMENTAÇÃO; 4.5. DECISÕES QUE RECONHECEM A PRESCRIÇÃO OU A DECADÊNCIA; 5. CONSIDERAÇÕES FINAIS; 6. REFERÊNCIAS BIBLIOGRÁFICAS.

1. INTRODUÇÃO

A promulgação da Lei n. 13.105, de 16 de março de 2015, instituindo o novo Código de Processo Civil, representou importante alteração no cenário jurídico-legislativo brasileiro, uma vez que procedeu a uma série de mudanças nas regras que balizam o desenrolar do processo civil, bem como inseriu diversas inovações no referido regramento.

Dentre as matérias que mereceram especial atenção do legislador, cabe destacar, por representar o foco do presente artigo, as regras trazidas no art. 1.013 do novo Código, ao normatizar o efeito devolutivo do recurso de apelação, reafirmando a adoção pelo ordenamento jurídico pátrio da chamada *teoria da causa madura*.

Com efeito, as regras trazidas no referido dispositivo visaram a esclarecer e ampliar as hipóteses de aplicabilidade da referida teoria, suplantando problemas que vinham sendo vivenciados até então sob a égide do Código de 1973, bem como incorporando alguns critérios que já vinham sendo proclamados pela jurisprudência.

---

[1] Juiz do Trabalho Substituto do Tribunal Regional do Trabalho da 2ª Região. Mestrando em Direito do Trabalho e da Seguridade Social pela Faculdade de Direito da Universidade de São Paulo (USP). Pós-graduando em Direito Constitucional. Bacharel em Direito pela Universidade Federal do Ceará. Professor de cursos preparatórios para ingresso na magistratura do trabalho.

Cite-se, por exemplo, a disposição inequívoca e importante trazida pelo novo Código acerca do dever – e não de mera faculdade – de o órgão *ad quem* proceder ao julgamento do mérito da causa, quando esta tiver em condições de imediato julgamento.

Destarte, as inovações trazidas se constituem em importantes ferramentas para a solução de situações bastante controversas e corriqueiras no cotidiano dos recursos trabalhistas, o que, indubitavelmente, gerará forte impacto no desenrolar do processo laboral.

2. A TEORIA DA CAUSA MADURA NO ORDENAMENTO JURÍDICO BRASILEIRO

Em 26 de dezembro de 2001, no contexto da segunda onda de reforma do processo civil brasileiro, foi promulgada a Lei n. 10.352, que visou a resolver diversos problemas de morosidade na tramitação de processos em fase recursal, dotando o processo de maior celeridade em seu caminhar.

Uma das novidades[2] trazidas pelo novo diploma normativo foi a inclusão do § 3º no art. 515 do Código de Processo Civil de 1973, estabelecendo:

> § 3º Nos casos de extinção do processo sem julgamento do mérito (art. 267), o tribunal pode julgar desde logo a lide, se a causa versar questão exclusivamente de direito e estiver em condições de imediato julgamento.

Com efeito, a referida regra previu que, se o processo tivesse sido extinto sem resolução de mérito no primeiro grau de jurisdição, o juízo *ad quem* poderia julgar, desde logo, a demanda, caso esta versasse sobre questão exclusivamente de direito e estivesse em condições de imediato julgamento. Tal disposição normatizou o que ficou concebido na doutrina como a *teoria da causa madura*.

É verdade que essa inovação legislativa incorporou noção semelhante àquela que já vinha sendo sustentada por parcela da doutrina e esposada por alguns precedentes dos tribunais, quanto aos casos de recursos interpostos contra decisões meritórias que não apreciavam integralmente todas as pretensões do recorrente, como, por exemplo, as que pronunciavam a prescrição[3], pois:

---

2   Embora nas Ordenações Filipinas, Livro III, Título LXVIII, já constasse: "Quando alguma das partes appellar da sentença, que contra elle fôr dada...e depois que o feito fôr concluso, vejam-no os Julgadores, a que o conhecimento de tal appellação pertencer; e se fôr appellado da sentença interlocutória, e acharem que foi bem appellado, e que o appellante foi aggravado pelo Juiz, assi o determinam, e não mandem tornar o feito ao Juiz, de que foi appellado, mas vão por elle em diante, e o determinem finalmente, como acharem por Direito, salvo, se o
    appellante e o appellado ambos requererem, que se torne o feito á terra perante o Juiz, de que foi appellado, porque então se tornará, e será assinado termo, a que o vão lá seguir" apud MALLET, Estêvão. *Reforma de sentença terminativa e julgamento imediato do mérito no processo do trabalho*. **Revista do TST**. Brasília, v. 68, n. 3, p. 77-95, jul./dez. 2002.

3   PRESCRIÇÃO DA AÇÃO. ACOLHIMENTO PELA SENTENÇA E REJEIÇÃO PELO ACÓRDÃO. JULGAMENTO DO MÉRITO. POSSIBILIDADE. SE A PRESCRIÇÃO É ACOLHIDA A FINAL, ISTO É, EM SENTENÇA DE MÉRITO, MAS REJEITADA NO JULGAMENTO DA APELAÇÃO, PODE O TRIBUNAL, PROSSEGUINDO, EXAMINAR A

Em tal hipótese, tanto o entendimento doutrinário como o jurisprudencial já apontavam, antes mesmo do advento da Lei nº 10.325/2001, para a possibilidade de o tribunal, ao desconsiderar, no exame do recurso, a prescrição ou decadência, prosseguir no julgamento para acolher ou rejeitar o pedido do autor. É que, nesse caso, a sentença apreciou o mérito, exatamente porque o reconhecimento da prescrição ou da decadência importa em extinção do processo com resolução do mérito (art. 269, IV, CPC). Não haveria, então, supressão de uma instância jurisdicional nem violação ao princípio do duplo grau de jurisdição.

Esse entendimento relativo à prescrição e à decadência restou transportado, com a inclusão do § 3º do art. 515 do CPC pela Lei nº 10.352/2001, para os casos de sentença terminativa.[4]

Destarte, vê-se que, ao conferir ao órgão revisor a possibilidade de julgar, pela primeira vez, o mérito da demanda, navegando por todas as questões de fato de e de direito, o legislador procedeu em nítida restrição ao princípio do duplo grau de jurisdição[5], permitindo ao órgão *ad quem* proceder ao *ius novorum*.

Ressalte-se, ademais, que tal restrição é perfeitamente válida, uma vez que o princípio do duplo grau de jurisdição não possui envergadura constitucional[6], por não decorrer da cláusula do devido processo legal, podendo o legislador definir e, inclusive, restringir os seus contornos.

A regra foi incluída através de acréscimo ao artigo 515 do CPC/73, o qual versa sobre a extensão e o alcance do efeito devolutivo no recurso de apelação, conferindo maior profundidade ao efeito devolutivo[7], apesar de a doutrina ser bastante dissonante nesse aspecto[8].

CAUSA. HIPÓTESE EM QUE TAL OCORREU, SEM OFENSA AO ART. 515 DO COD.DE PR. CIVIL. RECURSO ESPECIAL NÃO CONHECIDO. (STJ - REsp 2218/MT, 3ª Turma, Rel. Min. GUEIROS LEITE, Rel. p/ Acórdão Min. NILSON NAVES, DJ de 09/10/1990).

4 DIDIER JR., Fredie; CUNHA, Leonardo José Carneiro. **Curso de Direito Processual Civil**. Vol. 3. 8ª ed. Salvador: Jus Podivm, 2010, p. 108.

5 "A possibilidade de o Tribunal passar ao plano do direito material em sede de apelação, se afastada a extinção do processo sem julgamento de mérito, constitui escolha do sistema, que optou pela celeridade processual, em detrimento do duplo grau de jurisdição. Trata-se de preferência legítima do legislador, pois não implica ofensa ao devido processo constitucional". (BEDAQUE, José Roberto dos Santos. *Apelação: questões sobre admissibilidade e efeitos*. **Revista da Procuradoria Geral do Estado de São Paulo**. São Paulo, n. especial, p. 107-148, jan./dez. 2003). Para Estevão Mallet, todavia, não houve sequer ataque ao duplo grau de jurisdição, pois este, "embora possa ser concebido com maior ou menor amplitude, variando, portanto, de um ordenamento jurídico para o outro normalmente não assegura pelo menos dois juízos sobre todas as questões discutidas no processo. Garante simplesmente a possibilidade de a controvérsia, compreendida em sua integralidade, passar por duplo exame". MALLET, Estêvão. *Reforma de sentença terminativa e julgamento imediato do mérito no processo do trabalho*. **Revista do TST**. Brasília, v. 68, n. 3, p. 77-95, jul./dez. 2002.

6 STF - AI 513044 AgR, Relator(a): Min. CARLOS VELLOSO, Segunda Turma, julgado em 22/02/2005, DJ 08-04-2005 PP-00031 EMENT VOL-02186-08 PP-01496. Registre-se, entretanto, a posição doutrinária esposada por autores de nomeada, sustentando a envergadura constitucional do referido princípio: WAMBIER, Luiz Rodrigues; WAMBIER, Teresa Arruda Alvim. **Breves comentários à 2ª fase da reforma do Código de Processo Civil**. 2ª ed. São Paulo: RT, 2002, p. 131-141.

7 SCHIAVI, Mauro. **Manual de Direito Processual do Trabalho**. 6ª ed. São Paulo: LTr, 2013, p. 852.

8 No sentido de ser norma com natureza de ordem pública: NEVES, Daniel Amorim Assumpção. **Manual de Direito Processual Civil**. 2ª ed. São Paulo: Método, 2011, pp. 654-655. Entendendo se tratar de norma

Em primeiro lugar, revela-se importante frisar que o dispositivo previu a aplicação da teoria apenas para as hipóteses de extinção do feito sem resolução de mérito por parte do juízo *a quo*, ou seja, quando a decisão implicar em uma das hipóteses do art. 267 do CPC/73.

No entanto, como dito anteriormente, parte da doutrina já sustentava raciocínio semelhante para situações de decisões com resolução de mérito (como nos casos de reforma de sentença que acolhia a prescrição ou a decadência, por força do art. 515, § 1º, do CPC/73), tese que ganhou reforço com a inclusão do novel dispositivo no ordenamento jurídico[9]:

> PROCESSO CIVIL. PRESCRIÇÃO AFASTADA NO 2º GRAU. EXAME DAS DEMAIS QUESTÕES NO MESMO JULGAMENTO. POSSIBILIDADE, DESDE SUFICIENTEMENTE DEBATIDA E INSTRUÍDA A CAUSA. DIVERGÊNCIA DOUTRINÁRIA E JURISPRUDENCIAL. EXEGESE DO ART. 515, CAPUT, CPC. PRECEDENTES DO TRIBUNAL E DO SUPREMO TRIBUNAL FEDERAL. LEI N. 10.352/2001. INTRODUÇÃO DO § 3º DO ART. 515. EMBARGOS REJEITADOS.
>
> I - Reformando o tribunal a sentença que acolhera a preliminar de prescrição, não pode o mesmo ingressar no mérito propriamente dito, salvo quando suficientemente debatida e instruída a causa.
>
> II - Nesse caso, encontrando-se "madura" a causa, é permitido ao órgão ad quem adentrar o mérito da controvérsia, julgando as demais questões, ainda que não apreciadas diretamente em primeiro grau.
>
> II - Nos termos do § 3º do art. 515, CPC, introduzido pela Lei n. 10.352/2001, "o tribunal pode julgar desde logo a lide, se a causa versar questão exclusivamente de direito e estiver em condições de imediato julgamento".
>
> (STJ - EREsp 89.240/RJ, Corte Especial, Rel. Min. SÁLVIO DE FIGUEIREDO TEIXEIRA, DJ de 10/03/2003).

---

que amplia o efeito devolutivo em extensão: BEDAQUE, José Roberto dos Santos. *Apelação: questões sobre admissibilidade e efeitos*. **Revista da Procuradoria Geral do Estado de São Paulo**. São Paulo, n. especial, p. 107-148, jan./dez. 2003. No sentido de ser a norma decorrente do efeito translativo do recurso: OLIVEIRA, Alex Maia Esmeraldo de; PESSOA, Flávia Moreira Guimarães. *Teoria da causa madura e duplo grau de jurisdição no novo Código de Processo Civil*. **Revista Eletrônica de Direito Processual**. Rio de Janeiro, vol. 15, jan/jun de 2015, p. 195-212. Disponível em: http://www.e-publicacoes.uerj.br/index.php/redp/article/viewFile/16870/12516. Acesso em: 29/10/2015. Há também quem sustente se tratar do efeito desobstrutivo do recurso: LOPES JR., Gervásio. *Julgamento direto do mérito na instância recursal*. Salvador, Jus Podivm, 2007, p. 36, *apud* DIDIER JR., Fredie; CUNHA, Leonardo José Carneiro. **Curso de Direito Processual Civil**. Vol. 3. 8ª ed. Salvador: Jus Podivm, 2010, p.109. E ainda quem mencione ser decorrente do efeito expansivo: LEITE, Carlos Henrique Bezerra. **Curso de Direito Processual do Trabalho**. 8ª Ed. São Paulo: LTr, 2010, p. 770.

9 "Por tal razão, muito antes da inserção do § 3º no art. 515 do CPC/73, por meio da Lei nº 10.352/2001, a doutrina já aceitava que, nestes casos, o tribunal, ao reformar a sentença prolatada com base no art. 269, IV, prosseguisse no julgamento do mérito, desde que, é claro, o feito já estivesse suficientemente instruído. Tratava-se, apenas, de aplicar os §§ 1º e 2º do art. 515, que não restringem a profundidade do efeito devolutivo da apelação ao que foi efetivamente tratado na sentença, mas a todo o material cognitivo que estava à disposição do juízo *a quo*". (SIQUEIRA, Thiago Ferreira. *Duplo Grau de Jurisdição e "Teoria da Causa Madura" no Novo Código de Processo Civil*. In: DIDIER JR., Fredie (coord. geral); FREIRE, Alexandre; MACEDO, Lucas Buril de; PEIXOTO, Ravi (organizadores). **Coleção Novo CPC: Processos nos Tribunais e Meios de Impugnação às Decisões Judiciais**. vol. 6. Salvador: Jus Podivm, 2015, p. 607).

AGRAVO REGIMENTAL NO AGRAVO EM RECURSO ESPECIAL. PROCESSUAL CIVIL. PRESCRIÇÃO AFASTADA PELO TRIBUNAL A QUO. CAUSA MADURA. APLICAÇÃO DO ART. 515, § 3º, DO CPC. POSSIBILIDADE. PRECEDENTES. NECESSIDADE DE INSTRUÇÃO PROBATÓRIA. SÚMULA 7/STJ. AGRAVO NÃO PROVIDO.

1. O Superior Tribunal de Justiça possui orientação de que não há afronta ao art. 515, § 3º, do CPC, na situação em que afastada a prescrição, visto que o Tribunal, de imediato, julga o feito, quando a controvérsia se refira só a questão de direito, em razão da teoria da causa madura. Precedentes.

2. Ademais, é "... certo que a convicção acerca de estar o feito em condições de imediato julgamento compete ao Juízo a quo, porquanto a completude das provas configura matéria cuja apreciação é defesa na instância extraordinária conforme o teor da Súmula 7 do STJ.

Precedentes" (REsp 1.082.964/SE, Rel. Ministro LUIS FELIPE SALOMÃO, QUARTA TURMA, julgado em 5/3/2013, DJe de 1º/4/2013).

3. Agravo regimental não provido.

(STJ - AgRg no AREsp 472.098/RS, Rel. Ministro RAUL ARAÚJO, QUARTA TURMA, julgado em 18/06/2015, DJe 03/08/2015).

RECURSO DE EMBARGOS. PRESCRIÇÃO. ACÓRDÃO DE TURMA DO TST QUE, CONHECENDO DO RECURSO DE REVISTA OBREIRO, MODIFICA DECISÃO DO TRT QUE ACOLHEU A PRESCRIÇÃO EXTINTIVA REJEITADA EM PRIMEIRO GRAU DE JURISDIÇÃO E JULGA, DE IMEDIATO, PROCEDENTES AS DIFERENÇAS DE 40% SOBRE O FGTS, DECORRENTES DOS EXPURGOS INFLACIONÁRIOS, COM BASE NA JURISPRUDÊNCIA PACÍFICA DO TST. EFEITO DEVOLUTIVO AMPLO. TEORIA DA AÇÃO MADURA. CORRETA EXEGESE DO ART. 515, § 3.º, DO CPC. SUPRESSÃO DE INSTÂNCIA NÃO CARACTERIZADA. Inviável se mostra o conhecimento do Recurso de Embargos, calcado em violação dos arts. 128, 460, 512 e 515, § 3.º, do CPC e 5.º, LIV e LV, da CF, quando se verifica que a egr. 1.ª Turma, conhecendo do Recurso de Revista obreiro, deslindou a controvérsia nos exatos limites da jurisprudência sedimentada nesta col. Subseção Especializada. Com efeito, o posicionamento desta Corte segue no sentido de que não suprime instância ou viola o princípio constitucional do duplo grau de jurisdição a decisão de TRT ou de Turma do TST que, afastando a prescrição extintiva, originariamente pronunciada pela Vara do Trabalho, adentra o exame do mérito da controvérsia, para deferir as diferenças da multa de 40% sobre o FGTS, decorrentes dos expurgos inflacionários. Trata-se da correta exegese do art. 515, § 3.º, do CPC, que consagra a teoria da ação madura. Assim, nada obsta que o Tribunal Regional do Trabalho ou mesmo a Turma do TST, afastando o fundamento que ditou a extinção do processo, em face da prescrição, julgue de imediato a lide perante a nova metodologia traçada no art. 515, § 3.º, do CPC, acrescido pela Lei 10.352/2001, que visa diminuir a atividade processual, reduzindo as idas e voltas do processo do juízo de um grau para outro, em razão dos princípios da finalidade e utilidade processuais, assim como os da economia e celeridade. Quanto aos temas da prescrição e da ilegitimidade de parte, o Apelo, calcado em violação dos arts. 5.º, II e XXXVI, e 7.º, XXIX, da CF, encontra-se superado pela Súmula 333 do TST, na medida em que a egr. Turma julgou a demanda em perfeita harmonia com as Orientações Jurisprudenciais 341 e 344 da SBDI-1 desta Seção Especializada. Recurso de Embargos não conhecido.

(TST-E-ED-RR-532/2003-070-02-00, SBDI-1, Rel. Min. Maria de Assis Calsing, DJU de 18/03/2008).

Além desses requisitos, prevê a lei que a questão objeto da causa deve ser exclusivamente de direito[10] *e* estar em condições de imediato julgamento, isto é, não haver mais necessidade de dilação probatória (causa madura).

A doutrina e a jurisprudência[11], todavia, para além de uma interpretação meramente literal, vem proclamando que a norma se aplica igualmente às causas que discutam matéria fática, ainda que demandem ampla dilação probatória, desde que a causa já se encontre devidamente instruída e não sejam mais necessárias quaisquer diligências instrutórias, devendo o referido dispositivo ser lido sistematicamente à luz do art. 330 do CPC/73, que prevê as hipóteses de julgamento antecipado da lide (ou julgamento imediato do mérito):

> Nessa medida, a regra tem a mesma abrangência do artigo 330, inciso I do Código: o juiz deve julgar antecipadamente, suprimindo a fase probatória, sempre que a questão de mérito for unicamente de direito ou, havendo controvérsia fática, as provas forem suficientes para a formação do seu convencimento. Também o Tribunal, afastada a carência, deve prosseguir no exame do mérito, se presente qualquer dessas situações, e não apenas se a matéria versar questão exclusivamente de direito.[12]

Por conseguinte, a norma mencionou que o tribunal *pode* julgar a lide, aspecto que poderia levar o intérprete a concluir que, apesar de benfazejo e, inclusive, recomendável, o juízo *ad quem* não estaria obrigado a proceder ao mencionado julgamento.

No entanto, importante ponderar que, apesar de a redação do dispositivo remeter a essa ideia de possibilidade, entendemos que a norma extraída do pro-

---

10 Embora não se pretenda digredir sobre a matéria, importante alertar ao leitor para a impropriedade técnica da expressão "questão de direito", por inexistir lide sem substrato fático.

11 PROCESSUAL CIVIL. EMBARGOS DE DIVERGÊNCIA EM RECURSO ESPECIAL. DIVERGÊNCIA NA INTERPRETAÇÃO DO ART. 515, § 3º, DO CPC. TEORIA DA CAUSA MADURA. APLICAÇÃO DA REGRA AINDA QUE SEJA NECESSÁRIO O EXAME DO CONJUNTO PROBATÓRIO PELO TRIBUNAL. EMBARGOS REJEITADOS. 1. Divergência devidamente demonstrada. Segundo a Quarta Turma, conforme entendimento exposto no acórdão embargado, é possível a aplicação do art. 515, § 3º, do CPC, ainda que seja necessário o exame do conjunto probatório pelo Tribunal. No entanto, em sentido diametralmente contrário, para a Segunda Turma, a regra ali preconizada não se mostra cabível quando demandar essa providência. 2. A regra do art. 515, § 3º, do CPC deve ser interpretada em consonância com a preconizada pelo art. 330, I, do CPC, razão pela qual, ainda que a questão seja de direito e de fato, não havendo necessidade de produzir prova (causa madura), poderá o Tribunal julgar desde logo a lide, no exame da apelação interposta contra a sentença que julgara extinto o processo sem resolução de mérito. 3. Embargos de divergência rejeitados. (STJ - EREsp 874.507/SC, Rel. Ministro ARNALDO ESTEVES LIMA, CORTE ESPECIAL, julgado em 19/06/2013, DJe 01/07/2013).

12 BEDAQUE, José Roberto dos Santos. *Apelação: questões sobre admissibilidade e efeitos.* **Revista da Procuradoria Geral do Estado de São Paulo**. São Paulo, n. especial, p. 107-148, jan./dez. 2003.

cesso de interpretação do texto traduz efetivo dever do órgão *ad quem*, e não mera faculdade.

Ora, a compreensão da norma deve ser feita à luz dos princípios constitucionais que lhe dão substrato, por força da supremacia da Constituição e da máxima efetividade das normas constitucionais, conforme as lições do neoconstitucionalismo[13]. Assim, os reclamos da efetividade (art. 5º, XXXV, da CF) e da razoável duração do processo (art. 5º, LXXVIII, da CF) – este último, apesar de não expressamente positivado à época da edição da Lei n. 10.532/2001 – constituem-se nos vetores interpretativos da regra, razão pela qual não há como conceber que o juízo *ad quem* possa, sem qualquer motivação para tanto, determinar o retorno dos autos à instância inferior para a prolação de novo julgamento, atrasando desnecessariamente a resolução da lide.[14]

Fixados esses breves contornos acerca da matéria, cabe comentar ainda algumas questões controversas.

---

13 SARMENTO, Daniel. **O neoconstitucionalismo no Brasil: riscos e possibilidades**. Disponível em: http://empreendimentosjuridicos.com.br/docs/daniel_sarmento_o_neoconstitucionalismo_no_brasil1.pdf. Acesso em 3/10/2015.

14 No mesmo sentido: SCHIAVI, Mauro. **Manual de Direito Processual do Trabalho**. 6ª ed. São Paulo: LTr, 2013, p. 855; MALLET, Estêvão. *Reforma de sentença terminativa e julgamento imediato do mérito no processo do trabalho*. **Revista do TST**. Brasília, v. 68, n. 3, p. 77-95, jul./dez. 2002. Também assim: RECURSO DE EMBARGOS - INDENIZAÇÃO DE 40% DO FGTS SOBRE EXPURGOS INFLACIONÁRIOS - DECISÃO DE TURMA QUE AFASTA A PRESCRIÇÃO MAS DEIXA DE APRECIAR DE IMEDIATO O MÉRITO DA DEMANDA - DISCUSSÃO EMINENTEMENTE DE DIREITO - CAUSA MADURA - EFEITO DEVOLUTIVO DO RECURSO - VIOLAÇÃO DO § 3º DO ART. 515 DO CPC - EFETIVIDADE DO PRINCÍPIO CONSTITUCIONAL DA RAZOÁVEL DURAÇÃO DO PROCESSO. A nova redação do art. 515, § 3º, do CPC passou a autorizar o imediato julgamento do mérito da demanda quando o debate versar apenas sobre questão de direito, ainda que o processo tenha sido extinto pela instância inferior sem julgamento de mérito. É de se notar que o § 3º do art. 515 do CPC, ao dispor que o "o tribunal pode julgar desde logo a lide, se a causa versar questão exclusivamente de direito e estiver em condições de imediato julgamento", não atribui ao julgador a discricionariedade para aplicar, ou não, esse dispositivo legal quando presentes as suas hipóteses de incidência. A norma legal utiliza a expressão "pode" no sentido de que o Tribunal Regional passou a estar autorizado a julgar de imediato o processo, ainda que este tenha sido extinto sem julgamento de mérito, desde que a causa verse sobre questão exclusivamente de direito e esteja madura. Assim, uma vez satisfeitos os requisitos previstos no aludido preceito, quais sejam, que a discussão se restrinja à questão meramente de direito e a causa esteja madura para julgamento, o Tribunal está obrigado a enfrentar de plano a matéria de fundo, sob pena de descumprir os postulados da celeridade e da economia processual, alçados a nível constitucional (art. 5º, inciso LXXVIII). No caso específico dos autos, a discussão em torno do direito às diferenças da indenização de 40% do FGTS decorrentes dos expurgos inflacionários é meramente de direito e já está sedimentada nesta Corte Superior, através da Orientação Jurisprudencial nº 341 da Subseção I da Seção Especializada em Dissídios Individuais. Também com relação ao pedido de compensação, objeto da defesa, a causa está madura e não demanda nenhum reexame de fatos e prova. Isso porque, conforme ressaltado pela sentença de primeiro grau, as diferenças da indenização de 40% do FGTS, perseguidas nestes autos, não estão albergadas, naturalmente, pela indenização rescisória paga quando da extinção do contrato de trabalho, à medida que o direito do reclamante aos expurgos inflacionários somente foi reconhecido posteriormente e, conseqüentemente, essas diferenças não compuseram a base de cálculo da indenização paga naquela oportunidade. Recurso de embargos conhecido e provido. (TST - RR - 56640-78.2003.5.10.0013 , Redator Ministro: Luiz Philippe Vieira de Mello Filho, Data de Julgamento: 27/08/2007, Subseção I Especializada em Dissídios Individuais, Data de Publicação: DJ 07/12/2007).

A primeira delas diz respeito à necessidade ou não de o recorrente fazer constar requerimento expresso para que o juízo *ad quem* proceda ao julgamento da lide.

Com efeito, apesar de algumas vozes contrárias[15], a doutrina majoritária tem concebido ser desnecessário tal requerimento, devendo o tribunal, desde logo, caso presentes os requisitos do § 3º do art. 515 do CPC/73, proceder ao julgamento. Embora vigore no processo civil a parêmia *tantum devolutum quantum appellatum*, por força do *caput* do mencionado art. 515, cabe obtemperar que, quanto ao efeito devolutivo em profundidade – como é o caso da teoria da causa madura –, a devolução é ampla, correspondente a todas as questões suscitadas e discutidas no processo (§ 1º do art. 515 do CPC). Dessa forma, desnecessária a existência do requerimento expresso por parte do recorrente.

Outro ponto polêmico que a aplicação do dispositivo gera é a criação de exceção à proibição da *reformatio in pejus*.

Ora, dando provimento ao recurso e procedendo ao julgamento da lide na forma do § 3º do art. 515 do CPC, o juízo *ad quem* poderá, no exame do mérito da causa, concluir pela improcedência dos pedidos formulados pelo autor. Assim, este sairá em uma situação pior do que aquela em que estava quando interpôs o recurso, pois, doravante, poderá ter em seu desfavor uma decisão de improcedência, isto é, com a resolução do mérito e aptidão para gerar a coisa julgada, ao passo que antes possuía uma decisão meramente terminativa, sem a mencionada aptidão.

De fato, não há como negar que, num primeiro momento, a situação do recorrente poderá vir a ser piorada, podendo-se entender que, em razão disso, "*o sistema processual brasileiro passou a admitir, ainda que em caráter excepcional, a reformatio in pejus*"[16]. Esse é, inclusive, um dos argumentos utilizados por aqueles que defendem a necessidade de requerimento expresso do recorrente para que o tribunal aplique o § 3º do art. 515 do CPC, como forma de afastar essa reforma para pior.

Todavia, há de se considerar que a lei criou tal situação excetiva exatamente para potencializar a efetividade do processo, pois o que o tribunal fará é meramente antecipar a solução que seria dada definitivamente à demanda.

Ou seja, ao invés de o processo retornar ao juízo *a quo* para a prolação de nova decisão e, futuramente, voltar mais uma vez ao juízo *ad quem*, por força de recurso da parte eventualmente vencida na instância inferior, melhor que já se

---

15　DIDIER JR., Fredie; CUNHA, Leonardo José Carneiro. **Curso de Direito Processual Civil**. Vol. 3. 8ª ed. Salvador: Jus Podivm, 2010, p. 109.

16　BEDAQUE, José Roberto dos Santos. *Apelação: questões sobre admissibilidade e efeitos*. **Revista da Procuradoria Geral do Estado de São Paulo**. São Paulo, n. especial, p. 107-148, jan./dez. 2003.

emita o pronunciamento judicial que irá resolver definitivamente a demanda, evitando-se delongas desnecessárias.

Assim, sob uma ótica atomizada do recurso em si, haveria *reformatio in pejus*. Já se considerada uma visão instrumental e holística do processo, a conclusão seria negativa. Na realidade, a medida prestigiaria a economia processual e eliminaria os efeitos nefastos da movimentação da máquina judiciária sem utilidade.

Nas palavras de Alexandre de Freitas Câmara:

> Essa *reformatio in pejus* é absolutamente legítima, já que o tribunal nada mais estará fazendo do que emitir desde logo um pronunciamento sobre o mérito que, depois, seria emitido de qualquer modo. Tudo o que se tem aqui é uma aceleração do resultado do processo, já que ao mesmo resultado prático se chegaria (embora com menos rapidez) se o tribunal determinasse a baixa dos autos ao juízo de origem para que ali se proferisse julgamento sobre o mérito, vindo depois os autos novamente ao tribunal, por força de apelação interposta pelo vencido, para que então se pronunciasse sobre o objeto do processo. [17]

3. A COMPATIBILIDADE DA TEORIA DA CAUSA MADURA COM O PROCESSO TRABALHISTA

Apreendidas essas considerações gerais sobre a teoria da causa madura e sobre a interpretação da norma vazada no § 3º do art. 515 do CPC, cabe verificar a sua compatibilidade com o processo trabalhista.

Com efeito, a interação entre o processo do trabalho e o processo civil sempre foi fruto de acalorados debates doutrinários e jurisprudenciais, quanto aos mais diversos dispositivos e institutos[18], variando as posições, notadamente, conforme a compreensão dada à cláusula de contenção prevista no art. 769 da CLT[19], que prevê dois requisitos básicos para a importação de regras civilistas ao processo laboral: a existência de lacuna e a compatibilidade da regra com o processo trabalhista.

No tocante à teoria da causa madura, é inegável que a lacuna normativa existe. As disposições sobre os recursos no processo laboral, seja na CLT, seja na legislação esparsa, nada referem acerca da possibilidade de o tribunal proce-

---

17 CÂMARA, Alexandre de Freitas. **Lições de Direito Processual Civil**. Vol. 2. 16ª ed. Rio de Janeiro, Lumen Juris, 2008, p. 85.

18 Cite-se, por exemplo, a controvérsia sobre a aplicação ou não do art. 475-J do CPC/73 ao processo trabalhista.

19 A aplicação das normas de processo civil ao processo do trabalho sem um cuidadoso exame do art. 769 da CLT pode gerar o, muitas vezes, malfazejo fenômeno da "civitização" do processo laboral. Nesse sentido: MARQUES, Gerson. **Fundamentos do Direito Processual do Trabalho**. São Paulo: Malheiros, 2010.

der, de imediato, ao julgamento do mérito da demanda nos casos em que afastar eventual extinção do processo sem resolução do mérito. Despicienda, pois, qualquer discussão sobre as chamadas lacunas ontológicas e axiológicas.

Quanto à compatibilidade, também nos parece que a norma é plenamente acorde à estrutura e à principiologia do processo do trabalho, notadamente, às ideias de simplicidade (na dimensão de contraponto ao formalismo) e celeridade, bem como auxilia na concretização do comando do art. 765 da CLT, que obriga os juízes a velarem pelo rápido andamento das causas.

Essa também tem sido a posição da doutrina, colhendo-se, por todos, as palavras de Estevão Mallet:

> A possibilidade de julgamento imediato do mérito, em caso de reforma de sentença terminativa, é perfeitamente compatível com o processo do trabalho. O recurso ordinário do processo do trabalho, no tocante aos seus efeitos, não se distingue em nada da apelação regulada no direito comum. Trata-se exatamente do mesmo recurso, apenas com alteração nominal e com pequenas peculiaridades no tocante a certas condições de admissibilidade, tais como prazo e depósito recursal.[20]

No mesmo sentido, a jurisprudência do Tribunal Superior do Trabalho:

> Súmula 393 - O efeito devolutivo em profundidade do recurso ordinário, que se extrai do § 1º do art. 515 do CPC, transfere ao Tribunal a apreciação dos fundamentos da inicial ou da defesa, não examinados pela sentença, ainda que não renovados em contrarrazões. Não se aplica, todavia, ao caso de pedido não apreciado na sentença, salvo a hipótese contida no § 3º do art. 515 do CPC.
>
> RECURSO DE EMBARGOS NÃO REGIDO PELA LEI 11.496/2007. PRELIMINAR DE NULIDADE DO ACÓRDÃO DA TURMA POR NEGATIVA DE PRESTAÇÃO JURISDICIONAL. VIOLAÇÃO DOS ARTIGOS 93, IX, CF/88 E 832 DA CLT. NÃO CONFIGURAÇÃO. Verificado que a Turma dirimiu a controvérsia contemplando todos os temas objeto de insurgência no recurso, em decisão fundamentada, inexiste negativa de prestação jurisdicional. Não pode a parte confundir ausência de prestação jurisdicional com hipótese de julgamento desfavorável a sua pretensão, quando o órgão julgador apresenta a devida fundamentação do decisum. Incólumes os artigos 93, IX, da Constituição Federal, 832 da CLT e 458 do CPC. Recurso de embargos não conhecido. SUPRESSÃO DE INSTÂNCIA E CERCEAMENTO DE DEFESA. PRINCÍPIO DA AMPLA DEVOLUTIVIDADE E TEORIA DA -CAUSA MADURA- (CPC, ART. 515, § 3.º). EXAME DO MÉRITO PELO TRIBUNAL REGIONAL. POSSIBILIDADE. Hipótese em que o Tribunal Regional reformou a sentença declaratória de extinção do processo sem resolução de mérito e prosseguiu na análise da pretensão de índole condenatória relativa à responsabilidade subsidiária da segunda reclamada. Inexistência de supressão de instância

---

20 MALLET, Estêvão. *Reforma de sentença terminativa e julgamento imediato do mérito no processo do trabalho*. **Revista do TST**. Brasília, v. 68, n. 3, p. 77-95, jul./dez. 2002.

e cerceamento de defesa, tampouco de prejuízos aos litigantes (CLT, art. 794) a justificar o conhecimento da revista. Conduta regional autorizada pela regra da ampla devolutividade à luz da -teoria da causa madura- (CPC, art. 515, § 3.º), levando-se em conta os princípios da celeridade e economia processual (art. 5º, LXXVIII, da CF/88 c/c art. 125 do CPC) e a satisfação do devido processo legal (CF/88, art. 5.º, LIV). Recurso de embargos não conhecido.

(E-ED-RR - 749098-42.2001.5.17.0003 , Relator Ministro: Augusto César Leite de Carvalho, Data de Julgamento: 28/10/2010, Subseção I Especializada em Dissídios Individuais, Data de Publicação: DEJT 12/11/2010)

RECURSO DE EMBARGOS REGIDO PELA LEI 11.496/2007. PRESCRIÇÃO AFASTADA PELA TURMA. DEVOLUÇÃO DOS AUTOS À ORIGEM PARA APRECIAR A PRETENSÃO DE DIFERENÇAS DA INDENIZAÇÃO DE 40% DO FGTS DECORRENTES DA INCIDÊNCIA DOS EXPURGOS INFLACIONÁRIOS. POSSIBILIDADE DE EXAME IMEDIATO. ART. 515, § 3.º, DO CPC. MATÉRIA DE DIREITO. 1 - Discute-se acerca da possibilidade de exame, desde logo, da pretensão de diferenças da indenização de 40% do FGTS decorrentes da incidência dos expurgos inflacionários, quando a Turma desta Corte afasta a prescrição aplicada na origem. 2 - O art. 515, § 3.º, do CPC permite o imediato julgamento do mérito da demanda quando se tratar o debate de questão de direito, não obstante o processo tenha sido extinto pela instância inferior sem julgamento de mérito. 3 - No caso, a controvérsia é meramente de direito e encontra-se, inclusive, sedimentada na jurisprudência desta Corte nos termos da Orientação Jurisprudencial 341 da SBDI-1, o que viabiliza o seu julgamento de imediato. Precedente. Recurso de embargos conhecido e provido.

(E-ED-RR - 161500-60.2003.5.02.0464 , Relatora Ministra: Delaíde Miranda Arantes, Data de Julgamento: 04/10/2012, Subseção I Especializada em Dissídios Individuais, Data de Publicação: DEJT 15/10/2012)

Nesse contexto, entendemos plenamente aplicável o § 3º do art. 515 do CPC ao processo trabalhista, principalmente, por se constituir em mais um mecanismo de concretização da efetividade do processo.

Por conseguinte, pode-se afirmar que essa aplicabilidade se dá com o recurso ordinário trabalhista (art. 895 da CLT), o qual, *mutatis mutandis*, sujeita-se ao mesmo fim e à mesma estrutura do recurso de apelação. Lembre-se, apenas, da possibilidade de aplicação do mencionado dispositivo civilista também no âmbito do TST, por ocasião dos recursos ordinários interpostos contra as decisões de competência originária dos Tribunais Regionais, como, por exemplo, aquelas referentes ao julgamento de ações rescisórias, mandados de seguranças e dissídios coletivos.

Ademais, também é perfeitamente aplicável a referida regra ao recurso de agravo de petição (art. 897, "a", da CLT).

Nada obstante, a prática trabalhista tem infelizmente demonstrado que a aplicação da teoria da causa madura nos terrenos do processo laboral ainda não parece estar desempenhando plenamente seu importante papel, notadamente, no âmbito dos acórdãos proferidos pelos Tribunais Regionais do Trabalho.

Destarte, aqueles que operam com o processo trabalhista certamente já se devem ter deparado, por exemplo, com acórdãos em julgamento de recurso ordinário que, reformando sentença de extinção do processo sem resolução de mérito, ainda que quanto a uma única pretensão do reclamante, ou sentença que pronunciou a prescrição, determinam o retorno dos autos à primeira instância para julgamento do mérito da matéria, mesmo já estando a demanda pronta para o imediato julgamento, ao arrepio dos §§ 1º e 3º do art. 515 do CPC.

Aliás, os próprios recorrentes parecem não ter se atentado para este poderoso mecanismo de celeridade no andamento do feito, pois, no mais das vezes, não têm apresentado insurgência alguma nos casos em que se determina o retorno dos autos à instância inferior. Cabe ressaltar que essa postura inerte permite que se perca o enorme benefício trazido pela referida regra, prejudicando sobremaneira os trabalhadores reclamantes, principais interessados na rápida entrega da prestação jurisdicional.

Outrossim, importante destacar que a aplicação do mencionado dispositivo civilista também exige que o juízo da instância inferior proceda à necessária instrução da ação, deixando-a em condições de imediato julgamento, sob pena de inviabilizar a aplicação da teoria da causa madura por parte do juízo *ad quem*. Nessa hipótese, entendendo não ser o caso de extinção sem resolução de mérito e reformando a decisão, o juízo revisor não terá outra saída que não a anulação do processo, por *error in procedendo*, impondo-se o retorno dos autos para a complementação das diligências probatórias.

4. A TEORIA DA CAUSA MADURA NO NOVO CÓDIGO DE PROCESSO CIVIL E SEUS REFLEXOS NO PROCESSO DO TRABALHO

O novo Código de Processo Civil não só manteve a aplicação da teoria da causa madura, como também ampliou consideravelmente o seu raio de incidência. Melhorou também a redação do texto normativo e incorporou expressamente algumas noções que já estavam consagradas na jurisprudência.

A matéria veio tratada no art. 1.013 do novo Código com a seguinte redação:

> Art. 1.013. A apelação devolverá ao tribunal o conhecimento da matéria impugnada.
>
> § 1º Serão, porém, objeto de apreciação e julgamento pelo tribunal todas as questões suscitadas e discutidas no processo, ainda que não tenham sido solucionadas, desde que relativas ao capítulo impugnado.
>
> § 2º Quando o pedido ou a defesa tiver mais de um fundamento e o juiz acolher apenas um deles, a apelação devolverá ao tribunal o conhecimento dos demais.

§ 3º Se o processo estiver em condições de imediato julgamento, o tribunal deve decidir desde logo o mérito quando:

I - reformar sentença fundada no art. 485;

II - decretar a nulidade da sentença por não ser ela congruente com os limites do pedido ou da causa de pedir;

III - constatar a omissão no exame de um dos pedidos, hipótese em que poderá julgá-lo;

IV - decretar a nulidade de sentença por falta de fundamentação.

§ 4º Quando reformar sentença que reconheça a decadência ou a prescrição, o tribunal, se possível, julgará o mérito, examinando as demais questões, sem determinar o retorno do processo ao juízo de primeiro grau.

§ 5º O capítulo da sentença que confirma, concede ou revoga a tutela provisória é impugnável na apelação.

Vê-se que o assunto continuou a ser tratado no capítulo referente ao recurso de apelação, apesar de, à semelhança do processo do trabalho, a doutrina processual civil sempre ter defendido a sua aplicação a outras espécies recursais dotadas do mesmo espírito daquela, como, por exemplo, o recurso ordinário constitucional, tendo o novo Código incorporado expressamente essas lições (art. 1.027, § 2º).

Pois bem. Apesar de o legislador ter caminhado mal em diversos pontos do novo Código[21], é digno de aplausos o regramento trazido para a teoria da causa da madura.

Primeiramente, cabe anotar a melhora na redação do texto normativo. Certamente, por força das incisivas críticas da doutrina, o legislador retirou a expressão *questões de direito*, deixando apenas a lacônica, porém vibrante, *condições de imediato julgamento*. Ao assim dispor, o novo Código incorpora a interpretação que já vinha sendo dada ao art. 515, § 3º, do CPC/73, no sentido de que a teoria da causa madura pode ser aplicada a causas que versem questões de qualquer natureza, desde que não haja necessidade de serem produzidas outras provas. Há, aqui, um inequívoco diálogo com as disposições acerca do julgamento antecipado do mérito, previstas no art. 355 do novo Código (julgamento antecipado da lide – art. 330 do CPC/73).

Também é de se destacar a substituição da partícula *pode*, constante da redação do § 3º do art. 515 do CPC/73, pela expressão *deve*, presente no § 3º do

---

21 Cite-se, apenas, a título de exemplo, a contradição existente entre a regra do art. 379 do novo Código, que garante o direito de não produzir prova contra si, e a ideia de um processo cooperativo, positivada no seu art. 6º, no qual todas as partes devem contribuir para uma solução justa do litígio. Para uma visão crítica e panorâmica do novo CPC, bem como de algumas de suas inconsistências, conferir: MAIOR, Jorge Luiz Souto. *O conflito entre o novo CPC e o processo do trabalho*. **Revista Eletrônica do Tribunal Regional do Trabalho da 9ª Região**. Ano 4, n. 44, set. 2015. Disponível em: http://www.mflip.com.br/pub/escolajudicial/. Acesso em: 8/10/2015.

art. 1.013 do novo Código, reforçando a ideia de que a aplicação da teoria da causa madura não implica em faculdade do juízo *ad quem*; antes, constitui-se em uma obrigação do órgão revisor.

Ademais, entendemos também que a substituição dos verbos possui uma inequívoca aptidão de pacificar a acirrada controvérsia doutrinária anteriormente referida acerca da necessidade ou não de requerimento por parte do recorrente para que o juízo *ad quem* proceda ao julgamento do mérito. Tratando-se de efetivo dever do órgão revisor, não há mais espaço para que se deixe de aplicar a teoria da causa madura por falta de requerimento.

Nesse contexto, antes de examinar detidamente as hipóteses de incidência da teoria da causa madura trazidas pelo novo Código, importa pontuar questão que consideramos de suma relevância para a eficácia do dispositivo: o meio de impugnação da decisão do juízo *ad quem* que, ignorando a teoria da causa da madura, determina o retorno dos autos à origem para a análise do mérito. Sem que as partes disponham de um mecanismo de ataque a essa decisão, parece-nos que o *dever* almejado pelo novo Código poderá não colher os devidos frutos que pretende produzir.

Com efeito, mesmo sob a égide do CPC/73, a questão sobre a impugnação da decisão do juízo *ad quem* que, contrariando o regramento da teoria da causa madura, determina o retorno dos autos à origem não tem recebido a devida reflexão por parte da doutrina.

No âmbito do processo trabalhista, a matéria desperta ainda maiores dificuldades, já que a decisão que determina o retorno dos autos à origem para a prolação de novo julgamento ostenta nítida natureza interlocutória[22], por não encerrar o ofício jurisdicional do órgão prolator, não sendo, assim, recorrível de imediato (art. 893, § 1º, da CLT) – apesar de o novo CPC ter aproximado o processo civil do processo laboral nesse tocante (art. 1.009, § 1º).

Estevão Mallet, analisando a matéria, pontua:

> Se o tribunal nega a aplicação do § 3º, do art. 515, do CPC, determinando o retorno dos autos ao juízo de primeiro grau, qualquer que seja o motivo, seu pronunciamento reveste-se de caráter interlocutório e não comporta

---

22 AGRAVO EM AGRAVO DE INSTRUMENTO EM RECURSO DE REVISTA. DECISÃO INTERLOCUTÓRIA. RECONHECIMENTO DO VÍNCULO DE EMPREGO PELO TRIBUNAL REGIONAL. IRRECORRIBILIDADE IMEDIATA. Inquestionável o caráter interlocutório da decisão regional que reconhece o vínculo de emprego entre as partes e determina o retorno dos autos à Vara do Trabalho, para análise dos demais pedidos. Assim, incide a vedação insculpida no artigo 893, § 1º, da CLT, o qual não retira da parte o direito de recorrer da decisão interlocutória, apenas o posterga para quando for proferida a decisão definitiva. A Súmula nº 214 do TST, verbete que de forma alguma afronta a Constituição Federal, foi devidamente observada no despacho agravado, uma vez que não se verifica, no caso, a alegada contrariedade à Súmula nº 331, II e IV, do TST. Agravo a que se nega provimento. (TST - Ag-AIRR - 2200-46.2008.5.02.0251 , Relator Ministro: Pedro Paulo Manus, Data de Julgamento: 10/04/2013, 7ª Turma, Data de Publicação: DEJT 12/04/2013).

imediata impugnação por meio de recurso, como decorrência do disposto no art. 893, § 1º, da CLT, e Enunciado 214, do Tribunal Superior do Trabalho. Eventual equívoco será reparado posteriormente.

Determinando o tribunal o retorno dos autos ao juízo de primeiro grau, após reformar sentença terminativa, sem examinar a possibilidade de aplicação do § 3º, do art. 515, do CPC, tem-se por configurada omissão. Admite-se, na hipótese, a apresentação de embargos de declaração (CPC, art. 535, inciso II), os quais poderão revestir-se de efeito modificativo (Enunciado 278, do Tribunal Superior do Trabalho, combinado com Orientação Jurisprudencial nº 142, da, Subseção de Dissídios Individuais do Tribunal Superior do Trabalho) e, em conseqüência, propiciar a continuação do julgamento já no tribunal, independentemente da prolação de nova sentença.[23]

Em nosso sentir, todavia, se o recorrente só puder manifestar seu inconformismo, quanto à decisão que determina ao retorno dos autos ao juízo *a quo*, por ocasião da decisão final, nenhum proveito prático terá.

Pensemos, por exemplo, na hipótese de o Tribunal Regional determinar o retorno dos autos à Vara do Trabalho, não obstante presentes todos os requisitos para julgamento imediato do mérito. Nesse caso, o processo retornará ao juízo de primeira instância, que prolatará a sua sentença. Eventualmente, quando da nova remessa dos autos ao Tribunal – o que provavelmente ocorrerá por força de recurso da parte vencida –, julgar-se-á o mérito da causa, fazendo desaparecer à parte prejudicada com a primeira decisão interlocutória do sodalício qualquer utilidade em atacá-la, pois já obtido o pronunciamento de mérito pretendido.

Aliás, ainda que essa parte prejudicada valentemente interpusesse recurso de revista, calcado na violação literal de dispositivo de lei federal (art. 896, "c", da CLT), dificilmente, poder-se-ia obter êxito na insurgência, em razão da inexistência de prejuízo (art. 794 da CLT), já que houve julgamento do mérito pelo Tribunal Regional. Prover um recurso de revista com esse fundamento implicaria, em verdade, mero apego ao formalismo e maior prejuízo ainda à parte já prejudicada, pois o acórdão regional seria anulado para a prolação de um novo, que, certamente, repetiria a mesma solução dada anteriormente. Tudo com a movimentação vã da máquina judiciária, em manifesto descompasso com a economia processual e a eficiência.

Por outro lado, já sob a égide do CPC/73, como a aplicação da teoria da causa madura é dever do órgão revisor, são perfeitamente cabíveis embargos de declaração, uma vez que se trata de ponto sobre o qual o julgador estaria obrigado a se pronunciar. No entanto, pensamos que a oposição dos embargos pode não resultar efetiva, caso o juízo *ad quem*, não obstante a oposição dos aclaratórios,

---

23 MALLET, Estêvão. *Reforma de sentença terminativa e julgamento imediato do mérito no processo do trabalho*. **Revista do TST**. Brasília, v. 68, n. 3, p. 77-95, jul./dez. 2002.

permaneça recalcitrante sem qualquer razão para tanto. Não haveria, então, qualquer outra saída ao recorrente que não a resignação quanto à decisão flagrantemente contrária aos termos do § 3º do art. 1.013 do novo CPC.

Em nosso entender, essa decisão que determina o retorno dos autos ao juízo de origem, não obstante presentes todos os requisitos para aplicação da teoria da causa madura, poderia ser atacada pela via do mandado de segurança (art. 5º, LXIX, da CF c/c Lei n. 12.016/2009), mormente, com a redação dada ao § 3º do art. 1.013 do novo Código, que expressamente previu o – repita-se – *dever* de o órgão revisor julgar imediatamente o mérito.

Ora, tratando-se de disposição que consagra uma obrigação para o juízo *ad quem*, seu descumprimento acarreta ofensa a direito líquido e certo da parte prejudicada, que poderá atacar a decisão pela via do *writ*. Assim, o recorrente teria, uma vez recusada a aplicação da teoria da causa madura sem qualquer justificativa, direito líquido e certo de ver o mérito da causa imediatamente julgado pelo juízo *ad quem* e a ofensa a esse direito poderia ser tutelada pela via do mandado de segurança.

Feitas essas considerações, passemos à análise das hipóteses de incidência da teoria da causa madura previstas pelo novo Código.

4.1. REFORMA DE SENTENÇA QUE EXTINGUE O PROCESSO SEM RESOLUÇÃO DO MÉRITO

No inciso I do § 3º do art. 1.013, o novo Código apenas reafirmou a ideia que já estava positivada no CPC/73, quanto à aplicação da teoria da causa madura nas hipóteses de extinção do processo sem resolução do mérito, doravante previstas no art. 485 da nova legislação. Cabe-nos somente repisar os comentários já tecidos anteriormente, em razão da inexistência de qualquer alteração substancial quanto ao regramento anterior, com realce em apenas alguns aspectos.

Primeiramente, observe-se a possibilidade de o juiz indeferir a petição inicial, na forma do arts. 330 e 485, I, do novo Código. Nesse caso, havendo recurso por parte do autor e reformando o tribunal a decisão da instância inferior, revela-se evidente que o processo não estará em condições de imediato julgamento, uma vez que ainda não citado o réu, fazendo-se necessário o retorno dos autos para o regular seguimento do feito.

Embora o contato do juiz do trabalho com a demanda se dê, em regra, na audiência (art. 841 da CLT), nada impede que a hipótese venha a se concretizar no âmbito do processo trabalhista, caso o juiz, tomando conhecimento da causa antes da audiência, verifique que a situação enseja o indeferimento da petição inicial e decida extinguir o processo sem resolução de mérito.

No entanto, importante ressaltar uma exceção peculiar à regra que acima comentamos: a improcedência liminar do pedido.

No primeiro caso, *não* deve o tribunal invalidar a decisão. Como visto, não há o que ser invalidado; deve o tribunal determinar que o juízo *a quo* complete o julgamento, decidindo o pedido não examinado.[27]

Pensamos que melhor seria reunir as duas vertentes; não excluí-las.

Ora, pode ocorrer de o pedido não examinado vir a influenciar no resultado do julgamento dos demais, que já foram objeto de manifestação por parte juízo *a quo*, inviabilizando, pois, o mero retorno dos autos para a complementação do julgado, sob pena de poder acarretar até mesmo uma contradição.

No entanto, pode ser que o pedido não analisado não guarde qualquer relação de interdependência com os demais, abrindo-se, então, a possibilidade de mero retorno dos autos para a complementação do julgado.

Assim, a solução acerca da nulidade dependeria do caso concreto, especificamente, da relação de interdependência ou não do pedido não analisado com o restante da decisão, o que prestigia as regras insculpidas nos arts. 796, 797 e 798 da CLT.

De qualquer maneira, a inserção do inciso III no § 3º do art. 1.013 do novo CPC traz regra que pode diminuir a importância prática da controvérsia, uma vez que o órgão revisor deverá proceder ao imediato julgamento do mérito, sem que proceda à baixa dos autos.

No entanto, utilizamos a expressão *pode diminuir* em razão de questão interessante que pode se colocar na interpretação do dispositivo: a teoria da causa madura seria aplicável quando o juízo *a quo* se omitisse somente quanto a um único pedido ou teria lugar também em casos de omissões mais amplas, embora relativamente diminutas?

Com efeito, a questão, longe de ter contornos meramente acadêmicos, possui grande utilidade prática, notadamente, no âmbito do processo trabalhista, caracterizado por cumulação objetiva ampla, já que não é difícil prever a possibilidade de o julgador acabar vindo a se omitir quanto a dois ou mais pedidos.

Pensamos que, na hipótese de omissões mais amplas, não teria lugar a aplicação do mencionado dispositivo, sob pena de a interpretação ampliativa poder vir até a conferir competência originária para toda a demanda ao órgão revisor.

Veja-se, por exemplo, o caso de uma reclamação trabalhista onde se postula o reconhecimento da dispensa sem justa causa, o pagamento de aviso prévio, 13º salário, férias com 1/3, FGTS e indenização de 40%, horas extras e indenização por danos morais – o que, considerando o cotidiano da Justiça do Trabalho, sabe-se ser uma ação corriqueira e com pouca quantidade de pedidos.

---

27 DIDIER JR., Fredie; CUNHA, Leonardo José Carneiro. **Curso de Direito Processual Civil**. Vol. 3. 8ª ed. Salvador: Jus Podivm, 2010, p. 198-199.

Fazendo-se uma interpretação extensiva do dispositivo, poderia ocorrer de o juiz simplesmente declarar a dispensa sem justa causa pleiteada e se omitir quanto aos demais pedidos, tendo o tribunal de julgar todos estes, quando do eventual recurso do reclamante. Nesse caso, parece-nos que haveria efetiva ofensa às regras de competência travestida de aplicação da teoria da causa madura.

Ademais, importa lembrar que, tratando-se de norma de exceção, sua interpretação não comporta procedimentos hermenêuticos ampliativos, sendo certo também que a interpretação extensiva poderia gerar a ausência de um critério seguro acerca de qual o limite da omissão para a aplicação da teoria da causa madura.

Reforça esse argumento o fato de que, nos casos de omissões quanto à causa pedir, o legislador foi expresso ao possibilitar o julgamento pelo juízo *ad quem*, independente da extensão, por força da regra contida no inciso IV do §3º do art. 1.013 do novo CPC, a ser analisada adiante[28]. Todavia, hipótese distinta se vê aqui em seu inciso III, quanto a omissões referentes aos pedidos.

Por fim, cabe ressaltar que não há confundir a nova hipótese prevista na lei com o já pacífico caso de julgamento pelo juízo *ad quem* das demais pretensões formuladas na ação, quando o juízo *a quo* deixa de analisá-las em virtude da resolução de mérito dada a uma questão prejudicial. Nessas situações, o exame do mérito pelo órgão revisor, a despeito da teoria da causa madura, decorreria da profundidade em si do efeito devolutivo (art. 515, §§ 1º e 2º do CPC/73; art. 1.013, §§ 1º e 2º, do novo CPC).

A matéria é de há muito conhecida no âmbito do judiciário trabalhista, sendo seu mais clássico exemplo a reclamação em que se postula o reconhecimento de vínculo empregatício e consectários. Nessa hipótese, julgando improcedente o pedido de reconhecimento de vínculo, a sentença sequer precisaria examinar

---

[28] Nesse sentido, a justificativa apresentada pelo Deputado Hugo Leal em seu relatório ao anteprojeto do novo CPC, onde restaram desmembradas essas duas hipóteses: "A decisão *citra petita* pode ocorrer quando a) não ocorre o exame de um fundamento relevante, ou quando b) não se examinar um pedido. Na primeira hipótese, há vício de fundamentação, cujo dispositivo em comento prevê solução no inciso III. Na segunda hipótese é que deve incidir esse inciso II, mas não se trata de anulação da decisão, pois, rigorosamente, não há vício na decisão porque, simplesmente, não existe decisão. Assim, optou-se por alterar a redação do inciso II e criar o inciso III, abrangendo, dessa forma, as duas hipóteses mencionadas acima". Disponível em: http://www.migalhas.com.br/arquivo_artigo/art20120514-04.pdf. Acesso em: 28/10/2015. Os incisos II e III do anteprojeto referidos pelo parlamentar tinham a seguinte redação: "II – declarar a nulidade de sentença por não observância dos limites do pedido; III – declarar a nulidade de sentença por falta de fundamentação". Disponível em: http://www2.camara.leg.br/proposicoesWeb/prop_mostrarintegra;jsessionid=DF36B1580C71AF056AFDE2D90FC97172.proposicoesWeb2?codteor=831805&filename=PL+8046/2010. Acesso em 28/10/2015. Assim, optou-se por desmembrar as hipóteses de decisão *citra petita*, fazendo-se incluir expressamente a omissão na análise de um pedido em inciso separado, o que resultou no atual III do art. 1.013, § 3º, do novo Código.

madura. Procedendo em nítida supressão da instância, por força das mesmas razões subjacentes à adoção da teoria em nosso ordenamento (efetividade e celeridade), pretendeu o legislador resolver alguns problemas que vinham sendo causados pelas decisões *citra petita*.

Com efeito, sabe-se que as decisões *citra petita* são aquelas proferidas com a omissão na análise de uma dos pedidos ou de uma das causas pedir, as quais, a rigor, comportam ataque pela via dos embargos de declaração, conforme art. 535, II, do CPC/73 (art. 1.022, II, novo CPC). Opostos, cabe ao julgador sanar a omissão e, permanecendo inerte, o caso ensejaria a nulidade do julgado, por negativa de prestação jurisdicional, a qual pode ser suscitada no recurso ordinário.

Tal matéria também poderia ser igualmente suscitada no recurso, ainda que a parte não tivesse oposto os embargos de declaração, sendo que, nesse tocante, a doutrina diverge se a decisão recorrida seria nula ou se seria meramente insuficiente. Embora a consequência prática, em ambos os casos, fosse o retorno dos autos à origem, há substancial diferença, pois, na anulação, faz-se necessária a prolação de nova decisão; na incompletude, ficaria mantida a higidez dos demais capítulos.

No primeiro sentido:

> Quando a sentença vai além do pedido, isto é, quando a sentença dá ao autor mais do que ele pediu, é ela *ultra petita*. A sentença que concede ao autor providência não pleiteada (de natureza ou objeto diverso do requerido) é *extra petita*. Trata-se, nesse caso, de dar ao autor coisa diversa da que pediu ou, até mesmo, de julgar ação diversa da que foi ajuizada. Quando a sentença deixa de apreciar algum pedido formulado pelo autor, inclusive um dos cumulados (CPC, arts. 288, 289 e 292) ou parcela de pedido é ela *infra* ou *citra petita*.
>
> Todos esses casos são de nulidade absoluta da sentença que, se não corrigidos no processo em curso, dão ensejo à propositura de ação rescisória com esteio no art. 485, V, do CPC.[26]

Em sentido diverso:

> No primeiro caso, não se pode dizer que a decisão tem um vício. Não há vício naquilo que não existe. Só tem defeito aquilo que foi feito. Se um pedido não foi examinado, não houve decisão em relação a esse pedido e, portanto, não se pode falar de vício. Do mesmo modo, a solução dos demais pedidos, efetivamente resolvidos, não fica comprometida ou viciada pelo fato de um dos pedidos não ter sido examinado. Nesses casos, a decisão precisa ser *integrada* e não invalidada; *não se pode invalidar aquilo que não existe*. A *integração* da decisão é, como visto, uma das possíveis pretensões que podem ser deduzidas em um recurso. *Integrar* a decisão é torná-la inteira, completa, perfeita; *integrar* a decisão não é invalidá-la. [...]

---

26 *In:* MARCATO, Antonio Carlos (Coord.). **Código de processo civil interpretado**. São Paulo: Atlas, 2004. p. 1.399.

2. Agravo regimental não provido.

(STJ - AgRg no REsp 1194018/SP, Rel. Ministro RICARDO VILLAS BÔAS CUEVA, TERCEIRA TURMA, julgado em 07/05/2013, DJe 14/05/2013)

PROCESSUAL CIVIL E PREVIDENCIÁRIO. AGRAVO REGIMENTAL NO AGRAVO DE INSTRUMENTO. SENTENÇA EXTRA PETITA. ANULAÇÃO PELO TRIBUNAL DE ORIGEM. MATÉRIA DE MÉRITO, EXCLUSIVAMENTE DE DIREITO, DEVOLVIDA NO RECURSO DE APELAÇÃO. APLICAÇÃO DO § 3.º DO ART. 515 DO CPC. POSSIBILIDADE. PRECEDENTES. AGRAVO DESPROVIDO.

1. A despeito de ter havido decisão de mérito na sentença, sendo esta anulada por ser extra petita, a interpretação extensiva do § 3.º do art. 515 do Código de Processo Civil autoriza o Tribunal ad quem adentrar na análise do mérito da apelação, quando se tratar de matéria exclusivamente de direito, ou seja, quando o quadro fático-probatório estiver devidamente delineando, prescindindo de complementação. Precedentes.

2. Por força da preclusão consumativa, não se pode apreciar arestos apontados como paradigmas tão-somente quando da interposição do agravo regimental.

3. Na ausência de fundamento relevante que infirme as razões consideradas no julgado agravado, deve ser mantida a decisão hostilizada por seus próprios fundamentos.

4. Agravo regimental desprovido.

(STJ - AgRg no Ag 878.646/SP, Rel. Ministra LAURITA VAZ, QUINTA TURMA, julgado em 18/03/2010, DJe 12/04/2010)

No âmbito trabalhista, embora de forma mais tímida, também era possível encontrar essa mesma compreensão:

Ementa: As sentenças ultra petita ou extra petita não acarretam a nulidade da decisão, uma vez que são passíveis de adequação pelo órgão revisor sem afronta ao princípio do duplo grau de jurisdição.

(TRT-2, RO - 00004688820125020057, Rel. Des. Wilma Gomes da Silva Hernandes, 11ª Turma, Data de julgamento: 5/2/2013, Data de publicação: 19/2/2013).

De qualquer forma, a nova previsão explicita a aplicação da teoria da causa madura nessas hipóteses e cria efetiva obrigação para o órgão revisor, de forma a que proceda à adequação da condenação aos limites do postulado sem necessidade de retorno dos autos à instância inferior.

Outrossim, com essa inserção, a lei chancela a possibilidade de aplicação da teoria da causa madura também por força de recurso do réu.

4.3. DECISÕES OMISSAS QUANTO À ANÁLISE DE UM DOS PEDIDOS

Uma das importantes inovações do novo Código restou positivada no inciso III do § 3º do art. 1.013 e resultou de notável ampliação da teoria da causa

incomum verificar hipóteses de extinção parcial do processo sem resolução do mérito, notadamente, quanto a uma pequena parcela dos pedidos formulados pelo autor.

Nesse contexto, no âmbito trabalhista, com muito mais razão, urge-se disseminar a aplicação da teoria da causa madura, pois o retorno dos autos, em decorrência da extinção sem resolução de mérito de uma única pretensão, quando as outras dez ou quinze foram devidamente julgadas e apreciadas, torna ainda mais necessária e útil a regra do art. § 3º do novel art. 1.013.

4.2. DECISÕES INCONGRUENTES COM O PEDIDO OU COM A CAUSA DE PEDIR

Em seu inciso II, o § 3º do art. 1.013 do novo Código consagrou o dever de julgamento imediato do mérito pelo órgão revisor também na hipótese de a decisão recorrida ter sido proferida além (*ultra*) ou fora (*extra petita*) do pedido ou da causa de pedir.

Quanto às decisões *ultra petita*, já não havia grandes controvérsias doutrinárias ou jurisprudenciais em volta do tema, pois era relativamente unânime o entendimento de que tais decisões são nulas, por malferirem os arts. 128 e 460 do CPC/73, mas somente na parte em que excedem o pedido. Não era sequer o caso de aplicar a teoria da causa madura, mas de declarar a nulidade dessa parte excedente, decotando-a da decisão, mantida, todavia, a validade do restante.

Já no tocante à decisão *extra petita*, apesar de pacífico o entendimento acerca de sua nulidade, havia maior controvérsia quanto à necessidade ou não de retorno dos autos à origem.

Todavia, utilização da teoria da causa madura analogicamente para esses casos já vinha sendo esposada pela doutrina[25], bem como sedimentada na jurisprudência do Superior Tribunal de Justiça:

> AGRAVO REGIMENTAL NO RECURSO ESPECIAL. CIVIL E PROCESSUAL CIVIL. INDENIZAÇÃO. DANOS MATERIAIS. SENTENÇA DE MÉRITO DECOTADA. CAUSA MADURA. APLICAÇÃO DO ART. 515, § 3º, DO CPC. POSSIBILIDADE. PRECEDENTES.
>
> 1. A despeito de ter havido decisão de mérito na sentença, sendo esta decotada na parte extra petita, a interpretação extensiva do § 3.º do art. 515 do Código de Processo Civil autoriza o Tribunal local adentrar na análise do mérito da apelação, mormente quando se tratar de matéria exclusivamente de direito, ou seja, quando o quadro fático-probatório estiver devidamente delineando, prescindindo de complementação, tal como ocorreu na espécie. Precedentes.

---

[25] BEDAQUE, José Roberto dos Santos. *Apelação: questões sobre admissibilidade e efeitos*. **Revista da Procuradoria Geral do Estado de São Paulo**. São Paulo, n. especial, p. 107-148, jan./dez. 2003.

Com efeito, a matéria é regulada pelo art. 285-A do CPC/73, prevendo a possibilidade de, versando a causa sobre questão exclusivamente de direito e já havendo outras decisões de improcedência em casos idênticos no juízo, o magistrado pode julgar, desde logo, a improcedência *prima facie* da demanda. No novo Código, a matéria vem tratada no art. 332 com algumas alterações, mas mantida a mesma ideia de julgamento liminar.

De qualquer maneira, a questão que se coloca é: reformando o tribunal a decisão recorrida, por entender não ser o caso de indeferimento da inicial, mas, todavia, percebendo que não há necessidade de dilação probatória e a matéria já se encontra pacificada na jurisprudência dos Tribunais Superiores, pode julgar, desde logo, a improcedência da demanda, com espeque no novel art. 332 do CPC?

Pensamos que a resposta é positiva.

Veja-se, por exemplo, a hipótese de determinada empresa ingressar com ação em desfavor da União, visando à declaração da nulidade de um auto de infração lavrado por fiscais do Ministério do Trabalho e da Previdência Social, sob o argumento exclusivo de que a norma legal tida por descumprida seria inconstitucional. Suponha-se que, nesse caso, o juiz indefira a petição inicial, por entendê-la inepta, e, ato contínuo, haja recurso por parte do autor. Ora, o tribunal poderia, perfeitamente, afastando a inépcia, avançar no mérito e julgar pela improcedência liminar da ação, com base nos arts. 332 e 1.013, § 3º, I, do novo CPC, fundamentando-se, por exemplo, em súmula do Supremo Tribunal Federal sobre o assunto.

No mesmo sentido:

> Não vemos razão para uma resposta negativa. Afinal, é o próprio sistema processual quem permite tanto a improcedência liminar naquelas taxativas hipóteses quanto o julgamento imediato em segundo grau quando afastada a sentença terminativa.
>
> Se a conclusão parece adequada para o CPC/73, com mais acerto há de se aplicar ao Novo CPC, no qual, como dito, mudou-se o foco na improcedência liminar do entendimento repetido no juízo de primeiro grau para a jurisprudência pacificada nos Tribunais.
>
> Importa deixar claro, contudo, que uma decisão de tal molde precisa necessariamente fundamentar-se em algumas das hipóteses do art. 332 do Novo CPC, únicas em que o sistema processual admite a prolação de decisão de mérito, "*independentemente de citação do réu*".[24]

Por fim, é consabido que o processo trabalhista é marcado por uma ampla cumulação objetiva de pretensões por parte do reclamante. Assim, não é

---

24 SIQUEIRA, Thiago Ferreira. *Duplo Grau de Jurisdição e "Teoria da Causa Madura" no Novo Código de Processo Civil. In*: DIDIER JR., Fredie (coord. geral); FREIRE, Alexandre; MACEDO, Lucas Buril de; PEIXOTO, Ravi (organizadores). **Coleção Novo CPC: Processos nos Tribunais e Meios de Impugnação às Decisões Judiciais**. vol. 6. Salvador: Jus Podivm, 2015, p. 602-603.

as demais pretensões (aviso prévio, 13º salário, férias com 1/3, etc.). Todavia, recorrendo o reclamante, nada impediria que o órgão revisor analisasse imediatamente o mérito destas.

Nesse sentido:

> RECURSO DE EMBARGOS DO RECLAMADO. EMBARGOS REGIDOS PELA LEI Nº 11.496/2007. SUPRESSÃO DE INSTÂNCIA. INEXISTÊNCIA. RECONHECIMENTO DO VÍNCULO DE EMPREGO E DEFERIMENTO DAS VERBAS PLEITEADAS. INCIDÊNCIA DA TEORIA DA CAUSA MADURA. É entendimento prevalecente nesta Corte que o reconhecimento do vínculo de emprego pelo Tribunal Regional e o consequente deferimento das verbas rescisórias daí decorrentes não configura supressão de instância quando é possível a aplicação da denominada teoria da causa madura prevista no artigo 515, § 3º, do Código de Processo Civil. O efeito devolutivo de que trata o artigo 515, § 1º, do Código de Processo Civil possibilita ao Tribunal a análise imediata dos fundamentos da defesa, ainda que não examinados na sentença. Não há falar, assim, em supressão de instância quando o Regional reconhece o vínculo de emprego e analisa o restante do mérito, cuja apreciação apenas é condicionada à necessidade de que a causa esteja pronta para esse fim (teoria da causa madura). Releva-se anotar também que o artigo 515, § 3º, do CPC prevê a possibilidade de julgamento imediato da causa quando, afastado o decreto de extinção do processo sem resolução do mérito, o Tribunal depara-se com questão exclusivamente de direito - regra que a doutrina e a jurisprudência mais autorizadas, por identidade de razão, têm estendido para os casos em que as questões ainda não examinadas no primeiro grau, sejam de direito ou de fato, já tenham sido objeto de completa instrução, podendo ser apreciadas e decididas por inteiro pelo Juízo ad quem. Se há previsão legal para que o Tribunal adentre no exame da pretensão de fundo em hipóteses nas quais, indiscutivelmente, não existiu exame meritório na instância de origem, com maior razão deverá ser reconhecida ao Regional a possibilidade de exame da matéria de fundo, diante de reforma de sentença de mérito em que não se reconheceu a existência de vínculo empregatício. No caso, verifica-se, conforme consta do acórdão regional - soberano na análise do conjunto fático-probatório dos autos - transcrito na decisão recorrida, que as matérias apreciadas no acórdão embargado foram total e regularmente debatidas e instruídas pelas partes durante a instrução processual, o que afasta de forma irrefutável a alegação de supressão de instância. Decisão turmária que assim procedeu simplesmente deu a devida concretização ao artigo 5º, LXXVIII, da Constituição Federal, que assegura a duração razoável do processo. Há numerosos precedentes desta Corte, da SbDI-1 e de suas Turmas. Recurso de embargos conhecido e desprovido. [...]
>
> (E-ED-RR - 159900-73.2002.5.12.0039 , Relator Ministro: José Roberto Freire Pimenta, Data de Julgamento: 16/04/2015, Subseção I Especializada em Dissídios Individuais, Data de Publicação: DEJT 29/05/2015)

Aplica-se a essa hipótese o mesmo raciocínio do julgamento do mérito pelo tribunal em caso de reforma da decisão que acolhe a prescrição ou decadência, como já comentado anteriormente.

4.4. DECISÕES NULAS POR FALTA DE FUNDAMENTAÇÃO

Até onde aqui se viu, não há dúvidas acerca da intenção do legislador de valorizar a aplicação da teoria da causa madura. No entanto, a regra positivada no inciso IV do § 3º do art. 1.013 do novo Código é certamente a que despertará maiores polêmicas.

Com efeito, o dispositivo previu a possibilidade de o juízo *ad quem* julgar o mérito da demanda também nas hipóteses em que declarar a nulidade da sentença, por falta de fundamentação, desde que a causa já esteja em condições de julgamento.

Parece-nos que a norma aqui positivada visa dialogar com o polêmico art. 489, § 1º, do novo Código, notadamente, com a regra inserta no inciso IV, que prevê o dever de fundamentação exauriente nas sentenças, visando a evitar que as hipóteses de nulidade por falta de fundamentação aventadas no dispositivo sejam causa de indesejados retardos processuais.

Ora, já soa relativamente contraditório que o art. 1.013, §§ 1º e 2º, do novo diploma tenha mantido a noção do efeito devolutivo em profundidade, ou seja, a devolução de todas as questões suscitadas e discutidas no processo, ainda que não analisadas na sentença, mas ao mesmo tempo atribua a pecha de nulidade à decisão que não examina todos os argumentos deduzidos pelas partes.

Assim, a inserção dessa hipótese de aplicação da teoria da causa madura visa evitar que essa aparente contradição não cause qualquer prejuízo no caminhar do processo, pois, embora nula a sentença por falta de fundamentação, verifica-se ser desnecessário o retorno dos autos à instância inferior.

Importante ressaltar que a nulidade aqui retratada diz respeito, especificamente, àquela decorrente de falta de fundamentação, não se aplicando, evidentemente, a outras hipóteses de *error in procedendo*. Ademais, não se trata de relevar a nulidade da sentença não fundamentada, o que implicaria em patente inconstitucionalidade (art. 93, IX, CF); mas, sim, de, mesmo declarando a nulidade da decisão, o órgão revisor proceder imediatamente no julgamento do mérito:

> Não há, todavia, a nosso ver, qualquer ofensa àquela relevante garantia constitucional pelo fato de que a aplicação da técnica prevista no art. 1.013, § 3, IV, do Novo CPC pressupõe que o tribunal tenha, efetivamente, decretado, a nulidade da sentença por ausência de adequada fundamentação. [...]
>
> A questão, contudo, é saber qual a providência a ser adotada como consequência da decretação da nulidade. No sistema do CPC/73, ao menos de acordo com a literalidade da lei, a única solução viável seria a remessa dos autos ao juízo a quo para a prolação de nova decisão. Já no Novo CPC, o at. 1.013, § 3º, VI impõe ao órgão julgador do recurso o dever de verificar a viabilidade do julgamento imediato do mérito ante a desnecessidade da prática de qualquer outro ato instrutório.[29]

---

29 SIQUEIRA, Thiago Ferreira. *Duplo Grau de Jurisdição e "Teoria da Causa Madura" no Novo Código de Processo Civil. In*: DIDIER JR., Fredie (coord. geral); FREIRE, Alexandre; MACEDO, Lucas Buril de;

4.5. DECISÕES QUE RECONHECEM A PRESCRIÇÃO OU A DECADÊNCIA

No § 4º do art. 1.013, o novo Código explicitou situação que já estava consagrada na doutrina e na jurisprudência, regulando a possibilidade de o tribunal examinar, desde logo, todas as demais pretensões formuladas na ação, caso reforme decisão da instância inferior que reconheça a decadência ou prescrição.

Aqui, repisamos todos os comentários já tecidos anteriormente para essa situação, relembrando-se apenas que o julgamento do mérito pelo juízo *ad quem* nesse caso não decorre propriamente da teoria da causa madura, mas do próprio efeito devolutivo do recurso. Talvez, por isso, o novo Código tenha pretendido tratar a matéria no § 4º do art. 1.013, e não como mais um inciso do § 3º.

5. CONSIDERAÇÕES FINAIS

Dessas breves e incipientes linhas acerca dos contornos da teoria da causa madura no novo Código de Processo Civil, pode-se apreender que o legislador pretendeu alavancar sua aplicação, atendendo aos reclamos da efetividade e da razoável duração do processo. Não é de hoje a luta que o ordenamento jurídico vem travando contra a morosidade na tramitação dos feitos, mal que implica em verdadeiro cerceio ao direito constitucional de acesso à justiça (art. 5º, XXXV, da CF).

Nesse tocante, pensamos que a nova regulamentação possui aptidão para impactar positivamente o processo trabalhista, já tão imbuído desse espírito de celeridade, em razão da natureza alimentar e fundamental dos direitos cuja tutela instrumentaliza (arts. 7º e 100, §1º, da CF), fazendo-se necessário, entretanto, que a aplicação da teoria da causa madura seja mais e mais disseminada no cotidiano laboral, para atingir os resultados que pretende.

Por outro lado, os contornos da regulamentação da teoria no novo Código e a solução das questões que podem gerar maiores controvérsias interpretativas ainda sofrerão bastante influência dos trabalhos doutrinários e da jurisprudência, assim como já ocorria com o regramento anterior. Tal aspecto, todavia, na forma do jargão televisivo, constitui-se em cena para os próximos capítulos.

6. REFERÊNCIAS BIBLIOGRÁFICAS

BEDAQUE, José Roberto dos Santos. *Apelação: questões sobre admissibilidade e efeitos*. **Revista da Procuradoria Geral do Estado de São Paulo**. São Paulo, n. especial, p. 107-148, jan./dez. 2003.

BUENO, Cássio Scarpinella. *In:* MARCATO, Antonio Carlos (Coord.). **Código de processo civil interpretado**. São Paulo: Atlas, 2004.

PEIXOTO, Ravi (organizadores). **Coleção Novo CPC: Processos nos Tribunais e Meios de Impugnação às Decisões Judiciais**. vol. 6. Salvador: Jus Podivm, 2015, p. 606.

CÂMARA, Alexandre de Freitas. **Lições de Direito Processual Civil**. Vol. 2. 16ª ed. Rio de Janeiro, Lúmen Júris, 2008.

DIDIER JR., Fredie; CUNHA, Leonardo José Carneiro. **Curso de Direito Processual Civil**. Vol. 3. 8ª ed. Salvador: Jus Podivm, 2010.

LEITE, Carlos Henrique Bezerra. **Curso de Direito Processual do Trabalho**. 8ª Ed. São Paulo: LTr, 2010.

MAIOR, Jorge Luiz Souto. *O conflito entre o novo CPC e o processo do trabalho*. **Revista Eletrônica do Tribunal Regional do Trabalho da 9ª Região**. Ano 4, n. 44, set. 2015. Disponível em: http://www.mflip.com.br/pub/escolajudicial/.

MALLET, Estêvão. *Reforma de sentença terminativa e julgamento imediato do mérito no processo do trabalho*. **Revista do TST**. Brasília, v. 68, n. 3, p. 77-95, jul./dez. 2002.

MARQUES, Gerson. **Fundamentos do Direito Processual do Trabalho**. São Paulo: Malheiros, 2010.

NEVES, Daniel Amorim Assumpção. **Manual de Direito Processual Civil**. 2ª ed. São Paulo: Método, 2011.

OLIVEIRA, Alex Maia Esmeraldo de; PESSOA, Flávia Moreira Guimarães. *Teoria da causa madura e duplo grau de jurisdição no novo Código de Processo Civil*. **Revista Eletrônica de Direito Processual**. Rio de Janeiro, vol. 15, jan/jun de 2015, p. 195-212. Disponível em: http://www.e-publicacoes.uerj.br/index.php/redp/article/viewFile/16870/12516.

SARMENTO, Daniel. **O neoconstitucionalismo no Brasil: riscos e possibilidades**. Disponível em: http://empreendimentosjuridicos.com.br/docs/daniel_sarmento_o_neoconsti-tucionalismo_no_brasil1.pdf.

SCHIAVI, Mauro. **Manual de Direito Processual do Trabalho**. 6ª ed. São Paulo: LTr, 2013.

SIQUEIRA, Thiago Ferreira. *Duplo Grau de Jurisdição e "Teoria da Causa Madura" no Novo Código de Processo Civil*. *In*: DIDIER JR., Fredie (coord. geral); FREIRE, Alexandre; MACEDO, Lucas Buril de; PEIXOTO, Ravi (organizadores). **Coleção Novo CPC: Processos nos Tribunais e Meios de Impugnação às Decisões Judiciais**. vol. 6. Salvador: Jus Podivm, 2015, p. 602-603.

WAMBIER, Luiz Rodrigues; WAMBIER, Teresa Arruda Alvim. **Breves comentários à 2ª fase da reforma do Código de Processo Civil**. 2ª ed. São Paulo: RT, 2002.

Capítulo 64
OS EMBARGOS DE DECLARAÇÃO NO NOVO CPC E OS REFLEXOS NO PROCESSO DO TRABALHO

Lorena Vasconcelos Porto[1]

SUMÁRIO: 1. CONSIDERAÇÕES INICIAIS; 2. OS EMBARGOS DE DECLARAÇÃO NO NOVO CPC; 3. OS POSSÍVEIS REFLEXOS DA NOVA DISCIPLINA DOS EMBARGOS DE DECLARAÇÃO NO PROCESSO DO TRABALHO; 4. CONCLUSÃO; 5. BIBLIOGRAFIA.

1. CONSIDERAÇÕES INICIAIS

O projeto do novo Código de Processo Civil (CPC) originou-se de iniciativa do Senado Federal, que nomeou, por meio do Ato n. 379, de setembro de 2009, uma comissão de juristas presidida por Luiz Fux, à época Ministro do Superior Tribunal de Justiça (STF), e atualmente do Supremo Tribunal Federal (STF). Essa comissão submeteu ao Senado, em junho de 2010, o Anteprojeto, o qual, proposto por meio do PLS n. 166/2010 em dezembro do mesmo ano, foi aprovado com o substitutivo apresentado pelo Senador Valter Pereira e encaminhado à Câmara dos Deputados, na qual se converteu no PL n. 8.046/2010.

Na Câmara dos Deputados, o projeto foi submetido a intenso debate, tendo sido apresentadas 900 (novecentas) emendas e, ao final, o texto substitutivo proposto pelo Deputado Federal Paulo Teixeira em 2013 foi aprovado na Comissão Especial da Câmara. Em fevereiro de 2015, após a aprovação pelo Congresso Nacional, o texto final foi encaminhado à Presidência da República, que o sancionou em 16.03.2015, publicando-se a Lei n. 13.105/2015, que entra em vigor em 17.03.2016.

A reforma visou harmonizar o processo civil com os princípios e garantias constitucionais, além de torná-lo mais simplificado, econômico, célere e efetivo,

---

[1] Lorena Vasconcelos Porto é Procuradora do Ministério Público do Trabalho. Doutora em Autonomia Individual e Autonomia Coletiva pela Universidade de Roma II. Mestre em Direito do Trabalho pela PUC-MG. Especialista em Direito do Trabalho e Previdência Social pela Universidade de Roma II. Professora Titular do Centro Universitário UDF. Professora Convidada do Mestrado em Direito do Trabalho da Universidad Externado de Colombia, em Bogotá.

a fim de resgatar o prestígio do Poder Judiciário perante a sociedade brasileira[2]. Conforme declarado pela referida comissão, os objetivos buscados foram cinco:

> "1. Estabelecer expressa e implicitamente verdadeira sintonia fina com a Constituição Federal; 2) criar condições para que o juiz possa proferir decisão de forma mais rente à realidade fática subjacente à causa; 3) simplificar, resolvendo problemas e reduzindo a complexidade de subsistemas, como, por exemplo, o recursal; 4) dar todo o rendimento possível a cada processo em si mesmo considerado; e, 5) finalmente, sendo talvez este último objetivo parcialmente alcançado pela realização daqueles mencionados antes, imprimir maior grau de organicidade ao sistema, dando-lhe, assim, mais coesão"[3].

Visando harmonizar o processo civil à Constituição Federal, buscou-se reduzir o tempo de duração do processo e fortalecer a garantia do contraditório e o dever de fundamentação adequada das decisões judiciais.

No que tange especificamente ao sistema recursal, a referida comissão destacou que "no afã de atingir esse escopo [detectar as barreiras para a prestação de uma justiça rápida e legitimar democraticamente as soluções] deparamo-nos com o excesso de formalismos processuais, e com um volume imoderado de ações e de recursos."[4].

Desse modo, com relação ao sistema recursal, o objetivo buscado pela reforma teria sido o de propiciar segurança jurídica em tempo razoável. Ou seja, reconhecendo-se a falibilidade das decisões judiciais, permite-se às partes manifestar a sua irresignação contra os atos que lhe são lesivos, sem que se sacrifique demasiadamente o tempo de resolução do conflito, assegurando-lhes, e também à própria sociedade, confiabilidade na prestação jurisdicional. Nesse sentido, todo recurso deve ter como fundamento a existência de falha na prestação jurisdicional, não devendo ser admitida a sua utilização para simplesmente postergar a solução final do litígio.

Além dos objetivos acima referidos, a reforma visou incorporar ao novo CPC importantes entendimentos consagrados pela doutrina e jurisprudência pátrias, como bem demonstra a disciplina dos embargos de declaração, conforme veremos adiante.

---

2   JAYME, Fernando Gonzaga, OLIVEIRA, Mário Henrique de. Análise do sistema dos embargos de declaração no projeto de novo CPC como instrumento de acesso aos tribunais superiores. *Novas tendências do processo civil: estudos sobre o projeto do novo código de processo civil*. v. 2. org. FREIRE, Alexandre *et. al.* Salvador: JusPODIVM, 2014. p. 493-494.

3   BRASIL. Senado Federal. Presidência. *Anteprojeto do novo Código de Processo Civil*. Comissão de Juristas instituída pelo Ato do Presidente do Senado Federal n. 379, de 2009. Brasília: Senado Federal, 2010. p. 14. Disponível em: <http://www.senado.gov.br/senado/novocpc/pdf/anteprojeto.pdf> Acesso em 07 set. 2015.

4   BRASIL. Senado Federal. Presidência. *Anteprojeto do novo Código de Processo Civil*. p. 08.

O escopo do presente artigo é analisar a disciplina do recurso de embargos de declaração no novo CPC, comparando-a com o CPC anterior, para, em seguida, tratar de seus reflexos e aplicabilidade no processo do trabalho.

2. OS EMBARGOS DE DECLARAÇÃO NO NOVO CPC

O recurso pode ser conceituado como o "remédio voluntário idôneo a ensejar, dentro do mesmo processo, a reforma, invalidação, o esclarecimento ou a integração de decisão judicial que se impugna"[5].

Há na doutrina controvérsia acerca da natureza recursal dos embargos de declaração, sustentando aqueles que a negam que eles não são julgados por outro órgão judicial, mas sim pelo mesmo que proferiu a decisão embargada, além de não haver previsão para o contraditório e de eles não visarem à reforma da decisão.

A maioria da doutrina, no entanto, defende a sua natureza recursal, invocando a própria literalidade do CPC anterior (art. 496, IV), que os prevê no rol dos recursos cíveis. Também no novo CPC, os embargos de declaração encontram-se no mesmo rol (art. 994, IV), além de haver previsão expressa da possibilidade de o seu provimento ocasionar a modificação do julgado, hipótese em que haverá o contraditório, como veremos (art. 1023, §2º). Desse modo, a natureza recursal dos embargos de declaração torna-se ainda mais evidente no novo CPC.

Os embargos de declaração já se encontravam previstos no CPC de 1939 e mesmo nos Códigos estaduais que antecederam a federalização da legislação processual. É um recurso que encontra fundamento nos princípios constitucionais do devido processo legal e da inafastabilidade do controle jurisdicional (art. 5º, incisos XXXV e LIV, da Constituição Federal) [6].

Nos termos do CPC anterior (art. 535), a interposição dos embargos de declaração visa eliminar obscuridades ou contradições presentes na decisão judicial, ou suprir omissões que ela contenha. Trata-se, portanto, de um recurso de fundamentação vinculada, pois a sua oposição exige a vinculação a, no mínimo, uma das hipóteses legais. Obscuridade é a ausência de clareza em um raciocínio, fundamento ou conclusão constante da decisão (*v.g.*, condenar o réu a entregar o bem devido, sem esclarecer qual, quando a ação contém pedidos alternativos). Contradição é a colisão de dois pensamentos que se repelem (*e.g.*, negar a medida principal requerida e conceder a acessória, que dela depende). Omissão é a falta de exame de algum fundamento da demanda ou da defesa, ou de alguma

---

5   MOREIRA, José Carlos Barbosa. *Comentários ao Código de Processo Civil*. v. 5. 16ª ed. Rio de Janeiro: Forense, 2012. p. 233.

6   MOTA, Antonio. O recurso de embargos de declaração conforme o projeto do novo código de processo civil. *O projeto do novo código de processo civil*. 2ª série. org. Fredie Didier Júnior e Antônio Adonias. Salvador: JusPODIVM, 2012. p. 131.

prova ou pedido (*v.g.*, decidir sobre a medida principal sem se pronunciar sobre a acessória)[7].

O novo CPC traz, como hipóteses de cabimento dos embargos de declaração (art. 1022), além da obscuridade, contradição e omissão, a correção de erro material. Trata-se da positivação do entendimento doutrinário e jurisprudencial de que, mesmo não havendo previsão expressa no CPC anterior, são cabíveis os embargos para a correção de erro material[8]. Essa correção, no entanto, pode continuar a ser requerida por meio de simples petição ou mesmo efetuada de ofício pelo juiz, não sendo imprescindível, portanto, a interposição dos embargos de declaração, pois o novo CPC (art. 494) traz dispositivo semelhante ao art. 463 do CPC anterior[9].

No que tange à omissão, o novo CPC cuida de especificá-la, ao prever que é considerada omissa a decisão que não contém manifestação sobre tese firmada em julgamento de casos repetitivos ou em incidente de assunção de competência aplicável ao caso sob julgamento, ou que configure as hipóteses previstas no art. 489, §1º (parágrafo único do art. 1022)[10]. Nesse ponto, entendemos que o novo CPC se afasta do objetivo declarado por seus idealizadores de sintonizá-lo com as normas constitucionais e de reduzir o tempo de sua duração.

Para cumprir o dever de fundamentação imposto pela Carta Magna (art. 93, IX), o juiz deve apreciar, sob pena de omissão, apenas as questões relevantes, e não toda e qualquer questão suscitada pelas partes[11]. Deve ser esta, portanto, a interpretação do art. 489, §1º, IV, do novo CPC. Obrigar o juiz a se manifestar sobre todas as questões vai de encontro à norma constitucional que assegura a duração razoável do processo e a celeridade da sua tramitação (art. 5º, LXXVIII).

O mesmo raciocínio se aplica à previsão de que o juiz, ao invocar precedente ou enunciado de súmula, deve "identificar seus fundamentos determinantes".

---

7   DINAMARCO, Cândido Rangel. *Instituições de direito processual civil*. v. 3. 6ª ed. São Paulo: Malheiros, 2009. p. 719.

8   MOTA, Antonio. O recurso de embargos de declaração conforme o projeto do novo código de processo civil. p. 138.

9   "Art. 463. Publicada a sentença, o juiz só poderá alterá-la: I – para lhe corrigir, de ofício ou a requerimento da parte, inexatidões materiais, ou lhe retificar erros de cálculo; II – por meio de embargos de declaração".

10 "Art. 489. (...). §1º. Não se considera fundamentada qualquer decisão judicial, seja ela interlocutória, sentença ou acórdão, que: I – se limitar à indicação, à reprodução ou à paráfrase de ato normativo, sem explicar sua relação com a causa ou a questão decidida; II – empregar conceitos jurídicos indeterminados, sem explicar o motivo concreto de sua incidência no caso; III – invocar motivos que se prestariam a justificar qualquer outra decisão; IV – não enfrentar todos os argumentos deduzidos no processo capazes de, em tese, infirmar a conclusão adotada pelo julgador; V – se limitar a invocar precedente ou enunciado de súmula, sem identificar seus fundamentos determinantes nem demonstrar que o caso sob julgamento se ajusta àqueles fundamentos; VI – deixar de seguir enunciado de súmula, jurisprudência ou precedente invocado pela parte, sem demonstrar a existência de distinção no caso em julgamento ou a superação do entendimento".

11 Cf. MOREIRA, José Carlos Barbosa. *Comentários ao Código de Processo Civil*. p. 556.

Para que a decisão seja fundamentada, basta demonstrar que o caso concreto se enquadra na súmula ou precedente invocado, não sendo necessária a identificação acima referida. Percebe-se, portanto, que o novo CPC impõe exigências desnecessárias às decisões judiciais, o que contraria a Constituição e o próprio objetivo buscado por seus idealizadores.

O mesmo entendimento vale para a previsão de que, ao deixar de seguir súmula, jurisprudência ou enunciado invocado pela parte, o juiz, sob pena de omissão, deve "demonstrar a existência de distinção no caso em julgamento ou a superação do entendimento"[12].

Considerando que, nos termos da Constituição Federal de 1988, com exceção das decisões proferidas pelo STF nas ações diretas de inconstitucionalidade e nas ações declaratórias de constitucionalidade e das súmulas vinculantes da mesma Corte (arts. 102, §2º, e 103-A), as demais súmulas e decisões judiciais não têm efeito vinculante, pode-se sustentar a inconstitucionalidade desses dispositivos do novo CPC. Para cumprir o dever imposto pelo art. 93, IX, da Carta Magna, o juiz pode adotar entendimento diverso, desde que devidamente fundamentado, sem a necessidade de demonstração de eventual distinção no caso concreto ou superação do entendimento, como previsto no novo CPC.

Com relação à obscuridade e à contradição, o CPC anterior mencionava apenas sentença e acórdão (art. 535), excluindo, aparentemente, as decisões interlocutórias. Em razão disso, surgiu a controvérsia acerca do cabimento ou não dos embargos contra decisão interlocutória obscura ou contraditória. Visando superar essa controvérsia, o novo CPC prevê expressamente o cabimento dos embargos de declaração, em qualquer hipótese, "contra qualquer decisão judicial" (art. 1022, *caput*), incluindo, assim, as decisões interlocutórias.

O novo CPC assimilou, portanto, o entendimento doutrinário e jurisprudencial, construído sob a égide do CPC anterior, de que as decisões interlocutórias podem ser objeto de embargos de declaração, pois a Constituição, além de assegurar o acesso a uma prestação jurisdicional clara e completa (art. 5º, XXXV), exige que toda decisão seja devidamente fundamentada (art. 93, IX).

O novo CPC também incorporou o entendimento da doutrina e da jurisprudência, inclusive do STF, acerca da possibilidade de concessão de efeito modificativo ou infringente na sentença dos embargos de declaração, hipótese em que deve ser assegurado previamente o contraditório (art. 1023, §2º)[13]. A doutrina

---

[12] Ressalta-se que o tema dos precedentes judiciais (arts. 926 a 928 do novo CPC) é objeto de outro artigo da presente obra, de modo que não será abordado nesta sede com profundidade.

[13] "Art. 1023. Os embargos serão opostos, no prazo de 5 (cinco) dias, em petição dirigida ao juiz, com indicação do erro, obscuridade, contradição ou omissão, e não se sujeitam a preparo. (...). § 2º O juiz intimará o embargado para, querendo, manifestar-se, no prazo de 5 (cinco) dias, sobre os embargos opostos, caso seu eventual acolhimento implique a modificação da decisão embargada".

destaca que a modificação é possível no caso de contradição, pois o juiz acolherá uma proposição e afastará a outra, antagônica, e de omissão, pois um novo capítulo complementará a decisão impugnada. Já nas hipóteses de obscuridade e de erro material, o juiz irá apenas reexprimir o que já fora expresso, o que, em regra, não acarreta a modificação do julgado[14].

O novo CPC prevê expressamente, em seu art. 1025, o denominado prequestionamento implícito ou ficto[15]. Para a interposição de recurso excepcional dirigido aos tribunais superiores, o recorrente tem o ônus de opor embargos de declaração caso a questão federal ou constitucional não se encontre presente no acórdão recorrido, a fim de configurar o prequestionamento. Todavia, pode o tribunal *a quo* conhecer dos embargos, mas, no mérito, negar-lhe provimento, sem se pronunciar, portanto, sobre a questão federal ou constitucional. Nesse caso, a solução é interpor recurso especial para o STJ, alegando violação ao art. 535, inciso II, do CPC anterior, para que o tribunal superior determine que o tribunal *a quo* se manifeste acerca da questão federal ou constitucional.

Há, atualmente, o entendimento jurisprudencial minoritário que acolhe o denominado prequestionamento ficto, isto é, ainda que tenha sido negado provimento aos embargos de declaração opostos com finalidade prequestionadora, persistindo a omissão, considera-se realizado o prequestionamento, possibilitando a interposição do recurso excepcional. O novo CPC, portanto, vai de encontro à jurisprudência dominante, inclusive no STF e no STJ, e assimila esse entendimento, tornando mais célere e simplificada a prestação jurisprudencial[16].

A regra do CPC anterior era a atribuição de efeito suspensivo aos recursos, salvo determinação legal em sentido contrário (art. 497). O novo CPC, visando conferir maior celeridade e efetividade à tutela jurisdicional, acolhe a regra

---

14 MOTA, Antonio. O recurso de embargos de declaração conforme o projeto do novo código de processo civil. p. 140.

15 "Art. 1.025. Consideram-se incluídos no acórdão os elementos que o embargante suscitou, para fins de pré-questionamento, ainda que os embargos de declaração sejam inadmitidos ou rejeitados, caso o tribunal superior considere existentes erro, omissão, contradição ou obscuridade".

16 Como destaca a doutrina, "a jurisprudência da Corte Constitucional, atualmente, é uníssona e não compactua com a admissão de recurso extraordinário com base em prequestionamento implícito". *In* JAYME, Fernando Gonzaga, OLIVEIRA, Mário Henrique de. Análise do sistema dos embargos de declaração no projeto de novo CPC como instrumento de acesso aos tribunais superiores. p. 509. Confira-se trecho do seguinte acórdão: "O requisito do prequestionamento obsta o conhecimento de questões constitucionais inéditas. Esta Corte não tem procedido à exegese *a contrario sensu* da Súmula STF 356 e, por consequência, somente considera prequestionada a questão constitucional quando tenha sido enfrentada, de modo expresso, pelo Tribunal *a quo*. A mera oposição de embargos declaratórios não basta para tanto. Logo, as modalidades ditas implícita e ficta de prequestionamento não ensejam o conhecimento do apelo extremo. Aplicação da Súmula STF 282: 'É inadmissível o recurso extraordinário, quando não ventilada, na decisão recorrida, a questão federal suscitada'." (STF, Agravo Regimental no Recurso Extraordinário n. 591.961/RJ, 1ª Turma, Rel. Min. Rosa Maria Weber, julgado em 05.02.3013). No processo do trabalho, como veremos adiante, já se adota a tese do prequestionamento ficto, conforme a Súmula 297, III, do TST.

oposta, de modo que os recursos, salvo disposição em contrário, não impedem a eficácia da decisão impugnada (art. 995). É a norma já adotada no processo do trabalho (art. 899 da CLT). Mostra-se desnecessária, portanto, a previsão expressa contida no novo CPC (art. 1026, *caput*) de que os embargos de declaração não têm efeito suspensivo.

É prevista, no entanto, a possibilidade de concessão desse efeito pelo juiz se demonstrada a probabilidade de provimento do recurso, ou, sendo relevante a fundamentação, houver risco de dano grave ou de difícil reparação (art. 1026, §1º). No novo CPC, portanto, o efeito suspensivo dos embargos de declaração não decorre automaticamente da lei, mas depende de sua concessão pelo juiz a partir da análise do caso concreto.

No CPC anterior era prevista a possibilidade de condenação do embargante a pagar multa não excedente a 1% (um por cento) do valor da causa, no caso de embargos de declaração manifestamente protelatórios. Caso estes fossem reiterados, a multa era elevada a até 10% (dez por cento), devendo o seu valor ser depositado para a interposição de qualquer outro recurso (art. 538).

No novo CPC, a multa é elevada de 1% (um por cento) para 2% (dois por cento) sobre o valor da causa, que deve ser atualizado. É mantida a elevação da multa para até 10% (dez por cento), no caso de reiteração dos embargos protelatórios, bem como o depósito como condição para a interposição de outro recurso, do qual são excepcionados o beneficiário de justiça gratuita e a Fazenda Pública, que devem recolhê-la apenas ao final. O novo CPC também prevê que não serão admitidos embargos de declaração se os dois anteriores tiverem sido considerados protelatórios (art. 1026, §§ 2º a 4º), conforme o entendimento adotado por parte da doutrina atualmente[17].

Visando à simplificação procedimental, no novo CPC foi uniformizado o prazo para a interposição de todos os recursos, que passou a ser de 15 (quinze) dias, com exceção dos embargos de declaração, que permaneceu sendo de 5 (cinco) dias (arts. 1003, §5º, e 1023, *caput*).

O efeito interruptivo da oposição dos embargos sobre o prazo para a interposição de recurso (art. 538 do CPC anterior) foi mantido no novo CPC (art. 1026, *caput*). Este passou a prever expressamente o prazo em dobro para a oposição dos embargos no caso de litisconsortes com procuradores diferentes, de escritórios de advocacia distintos, o que não se aplica ao processo eletrônico (arts. 1023, §1º, c/c 229).

Do mesmo modo, a exemplo do CPC anterior (art. 537), no novo CPC continua a ser previsto que o juiz deve julgá-los em 5 (cinco) dias e, nos tribunais, que

---

17 DIDIER JÚNIOR, Fredie, CUNHA, Leonardo José Carneiro da. *Curso de direito processual civil*. v. 3. 5ª ed. Salvador: JusPODIVM, 2008. p. 206.

o relator deve apresentá-los em mesa na sessão subsequente, proferindo voto. A novidade trazida pelo novo CPC é que, caso não haja julgamento nessa sessão, os embargos deverão ser incluídos em pauta, permitindo, assim, a intimação prévia das partes (art. 1024, *caput* e §1º). Confere-se, portanto, previsibilidade ao julgamento dos embargos pelos tribunais, ao contrário do que ocorria sob a égide do CPC anterior, em que o julgamento poderia ocorrer em sessão sem a comunicação prévia das partes.

O novo CPC também prevê que os embargos serão julgados monocraticamente quando opostos contra decisão de relator ou outra decisão unipessoal proferida no tribunal. O julgador, no entanto, conhecerá dos embargos como agravo interno, se entender que este é o recurso cabível, devendo intimar previamente o recorrente para, no prazo de cinco dias, complementá-los, a fim de impugnar especificadamente os fundamentos da decisão agravada (arts. 1024, §3º, c/c 1021, §1º).

Com base no CPC anterior, não se admite, em regra, a oposição de embargos de declaração contra decisões monocráticas do relator, as quais devem ser impugnadas através de agravo, que possibilita o juízo de retratação e no qual podem ser deduzidas, inclusive, matérias admissíveis em embargos de declaração. Desse modo, o novo CPC, ao trazer a possibilidade de oposição dos embargos, cria mais uma hipótese de recorribilidade, até então inexistente, que poderá retardar desnecessariamente o processo, o que vai de encontro aos objetivos da própria reforma[18].

O novo CPC também prevê que, na hipótese de o acolhimento dos embargos de declaração gerar a modificação da decisão (efeito infringente), o embargado que já tiver interposto outro recurso contra a decisão originária tem o prazo de 15 (quinze) dias para complementar ou alterar as razões recursais, conforme o entendimento já adotado pela doutrina atualmente. Se os embargos forem rejeitados ou não gerarem a modificação da decisão originária, o recurso já interposto pelo embargado será processado, não sendo necessária a sua ratificação (art. 1024, §5º), o que colocará por terra a jurisprudência defensiva do STJ e do STF, prestigiando-se o acesso à justiça.

3. OS POSSÍVEIS REFLEXOS DA NOVA DISCIPLINA DOS EMBARGOS DE DECLARAÇÃO NO PROCESSO DO TRABALHO

Nos termos do art. 769 da CLT, o direito processual civil poderá ser aplicado subsidiariamente em caso de lacuna no direito processual do trabalho e desde

---

18 JAYME, Fernando Gonzaga, OLIVEIRA, Mário Henrique de. Análise do sistema dos embargos de declaração no projeto de novo CPC como instrumento de acesso aos tribunais superiores. p. 503.

que seja compatível com os princípios desse último[19]. Como, em regra, o autor da ação é a parte hipossuficiente da relação de emprego, o trabalhador, que por meio dela busca a satisfação de créditos de natureza alimentar, o processo do trabalho foi concebido para propiciar um acesso à justiça simples, célere e de baixo custo para os atores sociais. Eis o fundamento da regra que condiciona a aplicação subsidiária do processo civil à compatibilidade acima referida, pois o CPC de 1939 e, sobretudo, o de 1973 em sua redação originária, geravam um processo moroso, protetivo do devedor e custoso para o autor, preocupado em tutelar o patrimônio, e não os direitos sociais. Restavam prejudicadas as pessoas menos favorecidas, despossuídas de recursos para suportar a demora do processo.

Nesse cenário, foram idealizadas e concretizadas ao longo do tempo reformas do processo civil, com a criação de novos institutos e mecanismos para assegurar a efetividade da tutela jurisdicional, respaldadas e impulsionadas pela garantia fundamental da duração razoável do processo e da celeridade de sua tramitação, insculpida no art. 5º, LXXVIII, da Constituição, introduzido pela Emenda n. 45/2004.

Desse modo, considerando que, a partir das reformas implementadas, o processo civil tornou-se mais célere e efetivo, e que tais objetivos devem ser buscados pelo processo do trabalho, a doutrina mais avançada passou a defender a aplicação daquele nas hipóteses de lacunas ontológicas e axiológicas, isto é, a interpretação histórico-evolutiva do art. 769 da CLT.

Considerando que a CLT é de 1943, esse dispositivo foi criado na época em que o processo civil, em regra, ia de encontro aos objetivos buscados pelo processo do trabalho, razão pela qual condicionava a sua aplicação à lacuna normativa e à compatibilidade com os seus princípios. Todavia, em razão das reformas acima referidas, o processo civil tornou-se mais célere e efetivo e, em determinados pontos, mais avançado do que o processo do trabalho. Nesse contexto, para que seja atingido o objetivo buscado pelo art. 769 da CLT, isto é, assegurar maior simplicidade, celeridade, efetividade e economicidade ao processo do trabalho, não se pode limitar a aplicação do processo civil apenas no caso de lacuna normativa. Por vezes, há uma norma processual trabalhista específica, mas a regra do processo civil melhor se coaduna aos princípios do processo do trabalho, de modo que a sua aplicação atende ao objetivo almejado pelo art. 769 da CLT. Nesses casos, pode-se invocar a existência de lacunas ontológicas ou axiológicas para permitir a aplicação da norma processual civil apta a tornar mais simples, célere, econômico e efetivo o processo trabalhista.

---

19 O novo CPC, em seu artigo 15, prevê que "Na ausência de normas que regulem processos eleitorais, trabalhistas ou administrativos, as disposições deste Código lhes serão aplicadas supletiva e subsidiariamente.". Esse dispositivo é objeto de outros artigos da presente obra.

Quanto aos tipos de lacuna, a normativa corresponde à ausência de norma aplicável ao caso concreto, enquanto que, na ontológica, a norma, embora existente, não corresponde mais aos fatos sociais, em razão das mudanças políticas, econômicas e sociais ocorridas. A axiológica, por sua vez, se faz presente quando a aplicação da norma implicaria uma solução injusta[20].

Assim, ainda que haja norma específica na legislação processual trabalhista, não havendo, portanto, lacuna normativa, deve-se aplicar subsidiariamente o CPC se contiver norma mais adequada à efetividade e celeridade processuais, objetivos fundamentais do processo do trabalho, pois se estará presente outro tipo de lacuna, ontológica ou axiológica.

A partir dessas considerações, isto é, da interpretação histórico-evolutiva do art. 769 da CLT, será analisada a possibilidade de aplicação ao processo do trabalho das normas do novo CPC relativas aos embargos de declaração.

A CLT prevê, em seu art. 897-A, introduzido pela Lei n. 9.957/2000, que são cabíveis embargos de declaração "da sentença ou acórdão, no prazo de cinco dias, devendo seu julgamento ocorrer na primeira audiência ou sessão subsequente a sua apresentação, registrado na certidão, admitido efeito modificativo da decisão nos casos de omissão e contradição no julgado e manifesto equívoco no exame dos pressupostos extrínsecos do recurso".

Esse dispositivo acrescenta, em seu parágrafo único, que "os erros materiais poderão ser corrigidos de ofício ou a requerimento de qualquer das partes", o que revela que a correção desses erros, embora possa ser objeto dos embargos de declaração, pode também ser requerida por meio de simples petição ou efetuada de ofício pelo juiz. Como visto, a possibilidade de que essa correção seja pleiteada através dos embargos de declaração, já aceita pela doutrina e pela jurisprudência, encontra-se prevista expressamente no novo CPC.

O novo CPC, como acima referido, considera a decisão omissa e, portanto, passível de ser objeto de embargos de declaração, nas hipóteses previstas no art. 489, §1º. Nesse ponto, entendemos pela não aplicação do dispositivo ao processo do trabalho, pois obrigar o juiz a apreciar, não apenas as questões relevantes, mas toda e qualquer questão suscitada pelas partes, vai de encontro aos objetivos de maior simplicidade e celeridade buscados pelo processo do trabalho.

O mesmo entendimento se aplica à previsão contida no novo CPC de que o juiz, ao invocar precedente ou enunciado de súmula, deve "identificar seus fundamentos determinantes", pois lhe basta demonstrar que o caso concreto se enquadra na súmula ou precedente invocado, não sendo necessária essa identificação. Esse raciocínio vale também para a previsão de que, ao deixar de seguir súmula, jurisprudência ou precedente invocado pela parte, o juiz deve

---

20 LEITE, Carlos Henrique Bezerra. *Curso de direito processual do trabalho*. 11ª ed. São Paulo: LTr, 2013. p. 97-105.

"demonstrar a existência de distinção no caso em julgamento ou a superação do entendimento". Como visto, é questionável a constitucionalidade dos dispositivos do novo CPC relativos aos precedentes judiciais, e, de todo modo, pode-se defender a sua não aplicação ao processo do trabalho. Desde que devidamente fundamentado, pode o juiz adotar entendimento diverso, sem a necessidade de demonstrar a referida distinção ou superação.

O art. 897-A da CLT, como visto, menciona apenas "sentença ou acórdão", excluindo, aparentemente, as decisões interlocutórias, embora haja acertado entendimento doutrinário e jurisprudencial em sentido contrário. O novo CPC, acolhendo esse entendimento, prevê expressamente o cabimento dos embargos de declaração contra qualquer decisão judicial incluindo, assim, as decisões interlocutórias, o que pode se aplicar ao processo do trabalho, já que é perfeitamente possível que nelas estejam presentes os vícios impugnáveis por meio dos embargos.

A Lei n. 13.015/2014 alterou o art. 897-A da CLT, introduzindo dois novos parágrafos. Passou a se prever expressamente que os embargos de declaração interrompem o prazo para interposição de outros recursos, salvo se forem intempestivos, irregular a representação da parte ou ausente a sua assinatura, de modo que foi positivado entendimento já adotado pela jurisprudência trabalhista, inclusive do TST. Foi previsto também que os embargos somente poderão gerar a modificação da decisão em virtude da correção dos vícios nela presentes e desde que ouvida a parte contrária no prazo de 5 (cinco) dias.

Como visto, o novo CPC assimilou o entendimento doutrinário e jurisprudencial acerca da possibilidade de concessão de efeito modificativo na sentença dos embargos de declaração, o que já se encontrava previsto no art. 897-A da CLT antes da alteração acima referida. Nesse caso, como consta no novo CPC e passou a ser previsto expressamente na CLT, deve ser assegurado previamente o contraditório[21].

O denominado prequestionamento ficto, previsto no novo CPC, já é adotado no processo do trabalho, como revela a Súmula 297, III, do TST[22]. Como ressalta

---

21 Antes da alteração do art. 897-A da CLT pela Lei n. 13.015/2014, esse entendimento já havia sido acolhido, embora parcialmente, pela OJ 142 da SDI-I do TST: "*EMBARGOS DE DECLARAÇÃO. EFEITO MODIFICATIVO. VISTA À PARTE CONTRÁRIA. I - É passível de nulidade decisão que acolhe embargos de declaração com efeito modificativo sem que seja concedida oportunidade de manifestação prévia à parte contrária. II - Em decorrência do efeito devolutivo amplo conferido ao recurso ordinário, o item I não se aplica às hipóteses em que não se concede vista à parte contrária para se manifestar sobre os embargos de declaração opostos contra sentença*".

22 Súmula 297: "PREQUESTIONAMENTO. OPORTUNIDADE. CONFIGURAÇÃO (nova redação) - Res. 121/2003, DJ 19, 20 e 21.11.2003. I. Diz-se prequestionada a matéria ou questão quando na decisão impugnada haja sido adotada, explicitamente, tese a respeito. II. Incumbe à parte interessada, desde que a matéria haja sido invocada no recurso principal, opor embargos declaratórios objetivando o pronunciamento sobre o tema, sob pena de preclusão. III. Considera-se prequestionada a questão jurídica invocada no recurso principal sobre a qual se omite o Tribunal de pronunciar tese, não obstante opostos embargos de declaração".

a doutrina, "se o acórdão regional continuar omisso sobre a matéria de direito invocada nos embargos declaratórios, o TST tem-na como prequestionada para fins de admissibilidade do recurso de revista"[23]. Isso torna mais célere e simplificada a prestação jurisprudencial, o que vem ao encontro dos objetivos buscados pelo processo do trabalho.

O novo CPC, visando conferir maior celeridade e eficácia à tutela jurisdicional, acolhe a regra oposta à do CPC anterior, não atribuindo efeito suspensivo aos recursos, sendo esta a norma vigente no processo do trabalho (art. 899 da CLT).

No que tange à multa imposta na hipótese de embargos de declaração manifestamente protelatórios, a sua aplicação ao processo do trabalho já é defendida pela doutrina e pela jurisprudência, pois se coaduna com o objetivo de maior celeridade processual. Este é reforçado no novo CPC, que eleva essa multa e considera inadmissíveis os embargos se os dois anteriores tiverem sido considerados protelatórios, o que, por óbvio, também pode se aplicar ao processo do trabalho.

Com efeito, não deve ser permitida a utilização dos embargos pelo réu da ação trabalhista (invariavelmente, o empregador), observada frequentemente na prática, como meio de retardar injustificadamente a prestação jurisdicional.

A possibilidade contida no novo CPC de oposição de embargos de declaração contra decisão monocrática proferida no tribunal -, a qual não era admitida sob a égide do CPC anterior, pois o recurso cabível era o agravo -, poderá retardar desnecessariamente o processo, razão pela qual defendemos a sua não aplicação ao processo do trabalho, que deve primar pela celeridade[24].

Por outro lado, entendemos aplicável a regra do novo CPC de que, no caso de o acolhimento dos embargos de declaração gerar a modificação do julgado, o embargado que já tiver interposto outro recurso terá prazo (no caso do processo do trabalho, de oito dias) para complementá-lo ou alterá-lo. Também pode ser aplicada, por privilegiar o acesso à justiça, a regra de que, na hipótese de os embargos serem rejeitados ou não gerarem a modificação da decisão, o recurso já interposto pelo embargado deve ser processado, sem necessidade de ratificação[25].

---

23 LEITE, Carlos Henrique Bezerra. *Curso de direito processual do trabalho*. p. 794.

24 Em sentido contrário, isto é, admitindo a oposição de embargos de declaração contra decisão monocrática no tribunal, é a Súmula 421 do TST: "EMBARGOS DECLARATÓRIOS CONTRA DECISÃO MONOCRÁTICA DO RELATOR CALCADA NO ART. 557 DO CPC. CABIMENTO (conversão da Orientação Jurisprudencial nº 74 da SBDI-2) - Res. 137/2005, DJ 22, 23 e 24.08.2005. I - Tendo a decisão monocrática de provimento ou denegação de recurso, prevista no art. 557 do CPC, conteúdo decisório definitivo e conclusivo da lide, comporta ser esclarecida pela via dos embargos de declaração, em decisão aclaratória, também monocrática, quando se pretende tão-somente suprir omissão e não, modificação do julgado. II - Postulando o embargante efeito modificativo, os embargos declaratórios deverão ser submetidos ao pronunciamento do Colegiado, convertidos em agravo, em face dos princípios da fungibilidade e celeridade processual".

25 Nesse sentido, o item II da Súmula 434 do TST prevê que: "A interrupção do prazo recursal em razão da interposição de embargos de declaração pela parte adversa não acarreta qualquer prejuízo àquele que apresentou seu recurso tempestivamente.".

4. CONCLUSÃO

O objetivo buscado pelo novo CPC, como destacado por seus idealizadores, é o de harmonizar o processo civil com os princípios e garantias constitucionais, além de torná-lo mais simplificado, econômico, célere e efetivo. Verifica-se, no entanto, que algumas das regras relativas aos embargos de declaração contidas no novo CPC contrariam esse objetivo. A reforma também visou incorporar ao novo CPC entendimentos consagrados pela doutrina e jurisprudência pátrias, como bem demonstra a disciplina dos embargos de declaração.

Considerando que o processo do trabalho deve propiciar o acesso à justiça simples, célere e econômico para os atores sociais, a aplicação do processo civil não pode se limitar às hipóteses de lacuna normativa, devendo ocorrer também quando há lacunas ontológicas ou axiológicas. O art. 769 da CLT deve receber uma interpretação histórico-evolutiva, permitindo a aplicação de normas do CPC mais adequadas à efetividade e celeridade processuais, ainda que haja norma específica na legislação processual trabalhista.

A partir dessas considerações, foi analisada a possibilidade de aplicação ao processo do trabalho das normas do novo CPC relativas aos embargos de declaração, concluindo-se pela aplicação de algumas delas, que inclusive vêm ao encontro de entendimento já consagrado pela doutrina e jurisprudência trabalhistas. Podem ser citadas: a possibilidade de que a correção de erros materiais seja requerida através dos embargos; de que estes sejam opostos contra decisões interlocutórias; de que a decisão neles proferida gere efeitos modificativos, desde que assegurado previamente o contraditório (o que passou a constar expressamente na CLT com a alteração introduzida pela Lei n. 13.015/2014); a possibilidade do prequestionamento ficto; a aplicação de multa no caso de embargos manifestamente protelatórios e de sua inadmissibilidade se os dois anteriores tiverem sido assim considerados; a possibilidade de o embargado alterar o recurso já interposto no caso de modificação da decisão e, na hipótese de sua manutenção, a desnecessidade de ratificação do recurso.

Todavia, entendemos não serem aplicáveis algumas normas, por contrariarem os objetivos de celeridade, simplicidade e efetividade buscados pelo processo do trabalho. Podem ser citadas as regras que exigem que na decisão judicial, sob pena de omissão, sejam apreciadas, não apenas as questões relevantes, mas toda e qualquer questão suscitada pelas partes; que sejam identificados os fundamentos determinantes de precedente ou súmula aplicada, e não somente o enquadramento nessa última do caso concreto; e que seja demonstrada a existência de distinção ou superação do entendimento, no caso de não aplicação de súmula, jurisprudência ou precedente invocado pela parte, ainda que não vinculante, não bastando que o juiz fundamente o entendimento diverso adotado. Nesse ponto, é questionável a própria constitucionalidade dos dispositivos do novo CPC relativos aos precedentes judiciais. Seguindo a mesma lógica, não seria também aplicável a regra que prevê a possibilidade de oposição de embargos de declaração contra decisão monocrática proferida no tribunal, sendo o agravo o recurso cabível.

Como conclusão, as regras contidas no novo CPC acerca dos embargos de declaração, a exemplo das demais normas do processo civil, devem ser aplicadas caso tornem o processo do trabalho mais célere, efetivo, simplificado e menos custoso, conforme a interpretação histórico-evolutiva do art. 769 da CLT.

5. BIBLIOGRAFIA

BRASIL. Senado Federal. Presidência. *Anteprojeto do novo Código de Processo Civil*. Comissão de Juristas instituída pelo Ato do Presidente do Senado Federal n. 379, de 2009. Brasília: Senado Federal, 2010. p. 08. Disponível em: <http://www.senado.gov.br/senado/novocpc/pdf/anteprojeto.pdf> Acesso em 07 set. 2015.

CASTELO, Jorge Pinheiro. O projeto do novo CPC e reflexos no processo do trabalho – primeiras impressões. *Revista LTr*, São Paulo, LTr, v. 76, n. 06, p. 651-658, jun. 2012.

DIDIER JÚNIOR, Fredie, CUNHA, Leonardo José Carneiro da. *Curso de direito processual civil*. v. 3. 5ª ed. Salvador: JusPODIVM, 2008.

DINAMARCO, Cândido Rangel. *Instituições de direito processual civil*. v. 3. 6ª ed. São Paulo: Malheiros, 2009.

GRECO FILHO, Vicente. *Direito processual civil brasileiro*. v. 2. 22ª ed. São Paulo: Saraiva, 2013.

JAYME, Fernando Gonzaga, OLIVEIRA, Mário Henrique de. Análise do sistema dos embargos de declaração no projeto de novo CPC como instrumento de acesso aos tribunais superiores. *Novas tendências do processo civil: estudos sobre o projeto do novo código de processo civil*. v. 2. org. FREIRE, Alexandre *et. al*. Salvador: JusPODIVM, 2014. p. 493-494.

LEITE, Carlos Henrique Bezerra. *Curso de direito processual do trabalho*. 11ª ed. São Paulo: LTr, 2013.

MARINONI, Luiz Guilherme, ARENHART, Sérgio Cruz. *Curso de processo civil*. v. 2. 9ª ed., 2011.

MOREIRA, José Carlos Barbosa. Comentários ao Código de Processo Civil. v. 5. 16ª ed. Rio de Janeiro: Forense, 2012.

MOTA, Antonio. O recurso de embargos de declaração conforme o projeto do novo código de processo civil. *O projeto do novo código de processo civil*. 2ª série. org. Fredie Didier Júnior e Antônio Adonias. Salvador: JusPODIVM, 2012.

Parte XII

TEMAS GERAIS

Capítulo 65

TEMAS POLÊMICOS DO NOVO CPC E SUA APLICAÇÃO NO PROCESSO DO TRABALHO

José Antônio Ribeiro de Oliveira Silva[1]

SUMÁRIO: 1. NOTA INTRODUTÓRIA; 2. APLICAÇÃO SUPLETIVA E SUBSIDIÁRIA DO NOVO CPC; 3. FORÇA NORMATIVA DOS VALORES E PRINCÍPIOS; 3.1. OS PRINCÍPIOS NO PROCESSO DO TRABALHO; 3.2. O PRINCÍPIO INQUISITIVO E O NEGÓCIO JURÍDICO PROCESSUAL; 4. DESCONSIDERAÇÃO DA PERSONALIDADE JURÍDICA; 5. A FUNDAMENTAÇÃO DA DECISÃO JUDICIAL; 5.1. SENTENÇA OMISSA E EMBARGOS DE DECLARAÇÃO; 5.2. APLICAÇÃO NO PROCESSO DO TRABALHO.

1. NOTA INTRODUTÓRIA

Com a promulgação do novo Código de Processo Civil – Lei n. 13.105, de 16 de março de 2015 –, todos os atores jurídicos passaram a se preocupar com o estudo de sua extensa normativa, a fim de interpretá-la da melhor maneira possível, antes mesmo de sua entrada em vigor, que ocorrerá um ano após a data de sua publicação (art. 1.045 do novo CPC).

Essa preocupação é ainda mais evidente para os que atuam na Justiça do Trabalho porque nesta, além da necessidade de os atores jurídicos bem compreenderem o sentido e o alcance das regras do novo Código, surge a árdua tarefa de se verificar a possibilidade de aplicação *subsidiária ou supletiva* delas ao processo do trabalho.

Por certo que, tratando-se de um *novo* Código de Processo Civil, a expectativa é de que seja um ótimo Código, editado não apenas para atualizar as regras do CPC de 1973, mas também para atender aos anseios da sociedade brasileira, que tanto reclama da morosidade do Poder Judiciário, de sua ineficiência e de injustiças perpetradas em sua atuação.

---

[1] Juiz Titular da 6ª Vara do Trabalho de Ribeirão Preto (SP); Mestre em Direito Obrigacional Público e Privado pela UNESP; Doutor em Direito do Trabalho e da Seguridade Social pela Universidade de Castilla-La Mancha (UCLM), na Espanha; Membro do Conselho Técnico da Revista do TRT da 15ª Região (Subcomissão de Doutrina Internacional); Professor da Escola Judicial do TRT-15.
(**) Palestra proferida nos Ciclos Temáticos de Palestras de Direito do Trabalho e Direito Processual do Trabalho da Escola Judicial do TRT da 15ª Região, em Campinas, no dia 28 de abril de 2015.

Contudo, já numa primeira análise da normativa constante dos 1.072 artigos do novo CPC, a impressão não é das melhores, pelo menos sob a ótica do juiz verdadeiramente preocupado com a rápida e justa solução das demandas submetidas à apreciação do Judiciário. Com efeito, a par de conferir enfoque especial às *garantias constitucionais do processo*, concretizando os reclamos doutrinários de um processo constitucional, o novo Código promove uma *exacerbação do contraditório e da ampla defesa*, com um regramento extremamente burocrático, que tornará a prestação jurisdicional muito mais morosa, o que pode conduzir a severas injustiças.

Ademais disso, num aparente retorno ao séc. XIX, o novo CPC encampa teoria minoritária que conclama por uma maior participação das partes – que é salutar, sob a perspectiva da *cooperação* entre os atores processuais, prevista no art. 6º e tão insistentemente preconizada em vários outros dispositivos –, possibilitando a celebração de *negócios jurídicos processuais*, como se o processo não mais fosse um método estatal impositivo de solução de conflitos intersubjetivos de interesses, que deve funcionar mediante normas de ordem pública, posto que, em regra, as partes em conflito procurarão regras procedimentais que lhes sejam benéficas, ainda que isso conduza a uma amplitude de defesa incompatível com a *efetividade processual*, garantia constitucional (inciso LXXVIII do art. 5º da CF/88) agora normatizada também no âmbito do CPC (art. 4º).

Ora, pensar em negócio jurídico processual para alteração do procedimento a ser seguido, de modo a vincular o juiz da causa, que poderá *apenas controlar* a legalidade desse negócio, remonta à visão privatista do processo – ideia do processo como um contrato ou quase-contrato –, tão combatida ainda no séc. XIX, até que finalmente se entendeu o processo judicial como um instituto de natureza pública, composto de uma relação jurídica (processual) e de um procedimento. Ainda que o *publicismo* extremado deva ser combatido, não se resolve um problema criando outros mais graves. O que chama a atenção nessa primeira análise, inclusive pela comemoração de renomados processualistas civis e dos grandes advogados e/ou escritórios de advocacia, é que esse *"enquadramento" do juiz* atenderá muito mais aos que se beneficiam da burocratização do processo, bem como do "inchaço" do procedimento, do que aos legítimos interesses de mudança para se alcançar uma *justiça eficiente* (art. 8º).

O que se espera é que os atores do processo do trabalho, desde a doutrina aos que atuam na formação da jurisprudência trabalhista – juízes, desembargadores, ministros, advogados, membros do Ministério Público do Trabalho e outros –, não se iludam pelo fascínio da novidade, mas que *revigorem* a boa normativa da velha CLT, para que se proceda à utilização das normas do novo Código de Processo Civil apenas naquilo que, *efetivamente*, possa contribuir para uma Justiça do Trabalho ainda mais rápida e justa.

2. APLICAÇÃO SUPLETIVA E SUBSIDIÁRIA DO NOVO CPC

Por certo que a norma a despertar o maior interesse investigativo para os juslaboralistas é a do *novel* art. 15. Sobre esta norma muitas linhas doutrinárias serão escritas, quiçá teses, cada qual procurando nessa inovação processual pontos positivos ou negativos para sustentar seus posicionamentos. É, sem dúvida, a norma sobre a qual todos devemos nos debruçar, pois a interpretação prevalecente sobre ela será a *bússola* que guiará a aplicação subsidiária do novo Código de Processo Civil ao processo do trabalho.

Eis a dicção da norma:

> Art. 15. Na ausência de normas que regulem processos eleitorais, <u>trabalhistas</u> ou administrativos, as disposições deste Código lhes serão aplicadas <u>*supletiva e subsidiariamente*</u>. (destaquei)

Nesse passo, o legislador inova de forma surpreendente, pois, em regra, é a legislação especial que disciplina sobre a aplicação subsidiária da normativa geral, exemplificando-se com os arts. 769 e 889 da CLT, bem como com o art. 1º da Lei n. 6.830/80.

A boa notícia deste art. 15 é que, finalmente, o próprio legislador brasileiro reconheceu, formalmente, não somente a existência do processo do trabalho, mas sua *autonomia* em relação ao processo civil, ao disciplinar que somente na ausência de norma específica este poderá atuar sobre aquele. De modo que este artigo pode ser considerado como uma "certidão de reconhecimento" do processo trabalhista brasileiro. Afinal, na "orgulhosa família do direito processual", o processo do trabalho sempre "foi encarado como uma sorte de meio irmão" de ascendência duvidosa, cuja presença era conveniente ignorar, ainda que seu sucesso inspirasse a criação de outros "seres" – por exemplo, o procedimento da Lei n. 5.478/68, que disciplina a ação de alimentos, praticamente uma cópia do procedimento da CLT[2].

De se destacar que a menção ao processo do trabalho não constava no PL do Senado Federal, tendo surgido no PL substitutivo da Câmara dos Deputados, no qual se agregou a locução "supletiva e subsidiariamente". Se a doutrina por vezes utilizava estas expressões como sinônimas, doravante terá que empreender todo um *esforço hermenêutico* para deduzir que são distintas, cada qual com seu significado.

Manoel Carlos Toledo Filho[3] observa que, em conformidade com os léxicos, "o vocábulo supletivo se refere a servir de suplemento", sendo, assim, "a parte

---

[2] TOLEDO FILHO, Manoel Carlos. *Os poderes do juiz do trabalho face ao novo Código de Processo Civil*. In: O novo Código de Processo Civil e seus reflexos no Processo do Trabalho. Org. Élisson Miessa. Salvador: Juspodivm, 2015, p. 327-342.

[3] *Ibidem.*

que se junta a um todo para o ampliar ou aperfeiçoar", referindo-se também a "suprir, que, por sua vez, significa completar, inteirar ou preencher". De outra parte, "o vocábulo subsidiário se reportaria a subsídio, cujo significado é o de auxílio ou ajuda".

Em outras palavras, *subsidiário* é o que fortalece, que serve como um reforço, em situações ainda não normatizadas. Por isso, fala-se em aplicação subsidiária de normas nas lacunas jurídicas. A sua vez, *supletivo* é aquilo que completa, que complementa algo existente, servindo para os casos nos quais a norma existe, mas é insuficiente ou desatualizada.

A se pensar assim, estaríamos diante da doutrina das lacunas *primárias* e *secundárias*, atuando a expressão "subsidiária" na primeira hipótese e o termo "supletiva" na segunda. A propósito, Maria Helena Diniz[4], na monografia mais festejada sobre o tema na doutrina brasileira, após apontar a *incompletude do sistema jurídico*, diante de suas lacunas – porque o sistema não consegue prever regras, na lei ou no costume, para todos os fatos sociais –, assevera que existem as seguintes *espécies de lacuna:* 1ª) a normativa (não existe a norma); 2ª) a ontológica (a norma existe, mas está envelhecida ou anciolosada); e 3ª) axiológica (a norma existe, mas é injusta ou insatisfatória).

Com efeito, se houver lacuna primária (normativa) na legislação processual trabalhista, será possível a aplicação *subsidiária* da normativa do novo Código de Processo Civil. Contudo, ainda que não haja referida lacuna, em sendo a norma do processo do trabalho envelhecida ou insatisfatória (lacunas secundárias), seria possível a aplicação *supletiva* daquela normativa.

Como pondera Manoel Carlos[5], o que a norma do art. 15 claramente disciplina "é que os preceitos constantes do novo CPC deverão ser utilizados no âmbito do processo trabalhista sempre e quando tal utilização sirva para, *simultaneamente*, completá-lo e auxiliá-lo, é dizer, para agregar-lhe *eficiência*, para torná-lo mais *efetivo ou eficaz*" (destaques no original).

Entrementes, não pode o intérprete, jamais, olvidar-se da norma do art. 769 da CLT, *regra-matriz* que serve de *filtro* a todas as intromissões das normas do processo comum ao processo especial do trabalho. Esta norma é um verdadeiro *alicerce* cuja ignorância ou afastamento poderá fazer ruir todo o sistema processual trabalhista.

Para o devido cotejo, de se transcrever esta norma basilar:

> Art. 769. Nos casos <u>omissos</u>, o direito processual comum será fonte <u>subsidiária</u> do direito processual do trabalho, exceto naquilo em que for <u>incompatível</u> com as normas deste Título. (destaquei)

---

4   DINIZ, Maria Helena. *As lacunas no direito*. 8. ed. adaptada ao novo Código Civil (Lei n. 10.406, de 10-1-2002). São Paulo: Saraiva, 2007, p. 68-70 e 95.
5   TOLEDO FILHO, Manoel Carlos. *Os poderes do juiz do trabalho face ao novo Código de Processo Civil*.

Bem se vê que a norma *própria* do processo do trabalho já tratava, há muitos anos, da incompletude (*omissão*) do sistema processual laboral, prevendo a possibilidade de aplicação *subsidiária* (lacuna primária) da normativa do processo comum – do Código de Processo Civil e da vasta legislação esparsa –, desde que atendido o requisito *sine qua non* para tanto: a *compatibilidade* daquelas normas com as do processo do trabalho.

E agora, como ficamos, se uma regra posterior tratou da mesma matéria? Três *interpretações* possíveis: 1ª) o art. 15 do novo Código de Processo Civil revogou o art. 769 da CLT – lei posterior revoga lei anterior, no conflito de leis no tempo; 2ª) a norma do art. 15 serve de suplemento à do art. 769, complementando-a; 3ª) diante da norma do art. 769 – regra própria –, de se concluir pela inaplicabilidade do art. 15 ao processo do trabalho, que não é omisso quanto ao tema.

A primeira e a terceira interpretações, inclusive por sua radicalidade, devem ser afastadas. Não há falar em revogação do art. 769 da CLT, regra de uma legislação especial, que não seria revogada por uma lei geral. Outrossim, não há mais no sistema jurídico brasileiro – ou não deveria haver, diante dos descuidos de nosso legislador – revogações *tácitas* de normas, em conformidade com o art. 9º da Lei Complementar n. 107/2001.

De outra banda, se ficarmos presos à literalidade da norma do art. 769, perderíamos a grande oportunidade de trazer para o processo do trabalho as inovações do processo civil que conduzem a celeridade, efetividade, eficiência, enfim, ao *acesso à ordem jurídica justa*. Pensando dessa maneira, talvez a jurisprudência trabalhista, principalmente de sua mais alta Corte, passe a admitir a aplicação *supletiva* de normas que satisfazem plenamente aos cânones aqui invocados, como a do art. 523 e § 1º do novo Código de Processo Civil, correspondente à do atual art. 475-J, cuja aplicação em primeira instância tem conduzido a resultados extraordinários, na Justiça do Trabalho.

3. FORÇA NORMATIVA DOS VALORES E PRINCÍPIOS

O novo Código de Processo Civil contém avanços significativos – a despeito de normas que revelam grave retrocesso, como veremos, de forma exemplificativa, mais adiante. A começar pelo Livro I, que promove uma mudança de 180 graus em nosso sistema jurídico processual, o qual deverá nortear-se pelas *normas fundamentais*, que poderiam ser concebidas como normas de sobredireito em matéria processual.

Veja-se o teor do seu art. 1º:

> Art. 1º O processo civil será ordenado, disciplinado e interpretado conforme *os valores e as normas fundamentais* estabelecidos na Constituição da

República Federativa do Brasil, observando-se as disposições deste Código. (destaquei)

Este dispositivo revela a importância da construção doutrinária em torno da *força normativa dos valores e princípios*. Ao dispor que doravante o processo civil deve se pautar, em sua ordenação (procedimento a ser seguido), disciplina e inclusive em sua interpretação, pelos *valores* e pelas *normas fundamentais* insculpidos em nossa Constituição republicana, o CPC de 2015 evidencia a *supremacia* das normas constitucionais sobre as do próprio Código, sobretudo dos valores e dos princípios constitucionais. Com efeito, a *tríade normativa* – regras, princípios e valores – passa a guiar o intérprete e o aplicador das novas regras codificadas.

Paulo Bonavides[6] afirma que essa construção doutrinária – da *força normativa dos princípios* – fez com que a teoria dos princípios se convertesse no *coração* das Constituições. Assim, deixando de ser mera "fonte subsidiária de terceiro grau nos Códigos, os princípios gerais, desde as derradeiras Constituições da segunda metade do século XX, se tornaram fonte primária de normatividade". De modo que a jurisprudência dos princípios, enquanto "jurisprudência dos valores", interpenetra-se com a "jurisprudência dos problemas", formando a "espinha dorsal" da nova hermenêutica, na época do pós-positivismo. Com efeito, a jurisprudência dos princípios fornece "os critérios e meios interpretativos de que se necessita para um mais amplo acesso à tríade normativa – regra, princípio e valor". De se enfatizar que essa *tríade normativa* possui uma singular importância "para penetrar e sondar o sentido e a direção que o Direito Constitucional toma (no) tocante à aplicabilidade imediata de seus preceitos".

Resta, portanto, identificar quais são os valores e princípios constitucionais invocados pelo novo Código de Processo Civil, os quais irão, doravante, guiar o intérprete e o aplicador, na condução do processo comum.

Pois bem, alguns institutos jurídicos têm uma dimensão tão abrangente que podem ser classificados como princípios, fundamentos, direitos e inclusive *valores* de um sistema normativo.

O mais significativo desses institutos é o *princípio ontológico da dignidade da pessoa humana*, tão importante que há uma regra expressa no novo Código determinando a sua observância, a do art. 8º, segundo a qual o juiz, ao aplicar o ordenamento jurídico, deve resguardar e promover a dignidade da pessoa humana, além de outras diretrizes ali fixadas.

Amplamente sabido que a dignidade humana é um dos princípios *cardeais* de nossa Constituição (art. 1º, III), sendo um dos *fundamentos* da própria República Federativa do Brasil (*caput*). E há regras que mandam observar, resguar-

---

6   BONAVIDES, Paulo. *Curso de Direito Constitucional*. 19. ed. atual. São Paulo: Malheiros, 2006, p. 276-285.

Capítulo 68

O DIREITO CIVIL, O DIREITO DO TRABALHO E O CPC RENOVADO: CAMINHOS QUE SE CRUZAM[1]

Elaine Nassif[2] *e Márcio Túlio Viana*[3]

SUMÁRIO: 1. AS PALAVRAS QUE SE ESTRANHAM; 2. AS PRÁTICAS DIFERENTES; 3. AS TENDÊNCIAS QUE SE OPÕEM; 4. DE VOLTA AO CÁRCERE DO JUIZ ; 5. O PROCESSO CIVIL E A CONCILIAÇÃO; 6. O OUTRO LADO DA MOEDA; 7. BIBLIOGRAFIA.

1. AS PALAVRAS QUE SE ESTRANHAM

Diz uma velha frase, atribuída a Afonso Arinos: *"Liberdade, igualdade, fraternidade – palavras que se surpreendem de estarem juntas..."*

Surpresa igual, provavelmente, sentiram o Direito Civil e o Direito do Trabalho, quando - em fins do século XIX – viram-se em pé de igualdade pela primeira vez, opondo-se e compondo-se entre si.

De fato, tanto o Direito Civil como o Direito do Trabalho, cada qual a seu modo, deram ao capitalismo sua base jurídica e também ideológica; e, no entanto, desde o começo, cada um se mostrava quase o avesso do outro.

Embora com certo exagero, essa dualidade inspirou uma frase famosa, segundo a qual a igualdade seria, para o Direito Civil, "o ponto de partida", e para o Direito do Trabalho, "a meta de chegada".

O exagero se deve ao fato de que, na verdade, o Direito do Trabalho nunca pretendeu a igualdade plena, pois ela implicaria romper com um sistema do qual *ele é filho* – um filho rebelde, mas não desnaturado. O que o Direito do Trabalho sempre perseguiu, por isso, foi a igualdade *possível*.

---

1 Os **itens de 1 a 5** deste texto, escritos por Marcio Tulio Viana, foram publicados originalmente sob o título: "Direito Civil x Direito do Trabalho: caminhos que se cruzam", na obra coletiva "Trabalho e Justiça Social: um tributo a Mauricio Godinho Delgado", organizada por Daniela Muradas *et alii* (coord.) e editada em 2014 pela LTr, S. Paulo. O **item 6** foi escrito por Elaine Nassif Noronha.

2 Procuradora Regional do Trabalho em Minas Gerais. Doutora em Direito pela Universidade de Roma e PUC-Minas.

3 Professor no Programa de Pós Graduação em Direito da PUC-Minas. Doutor em Direito pela UFMG;

Quanto ao Direito Civil, talvez possamos dizer que não persegue, propriamente, uma "meta de chegada", mas a gestão cotidiana de liberdades individuais por ele mesmo instituídas.

Assim, normas imperativas de um lado, dispositivas de outro. Enquanto o Direito do Trabalho reconhecia desigualdades reais para compensar o desequilíbrio econômico-social[4], o Direito Civil basicamente refletia e reforçava a idéia da igualdade formal e da ordem existente.

É certo que no centro de um e de outro estava (e está) a figura do contrato. Mas o contrato *de trabalho* traz as cores da subordinação, o que abala a própria convicção de que seja mesmo o que diz ser[5]; e o seu principal sujeito – o empregado - não deixa de ter, no fundo, algo de objeto, o que também traz arrepios à tradição civilista.

A grosso modo, se retomarmos o lema da Revolução Francesa, talvez possamos dizer que o Direito Civil, especialmente em sua versão clássica, preferia enfatizar a liberdade e a igualdade formal – deixando para o Direito do Trabalho a fraternidade e um pouco de igualdade real.

Mas essa divisão meio a meio também poderia ser, por seu turno, fracionada. E assim teríamos, de uma parte, o Direito *Individual* do Trabalho, garantindo em alguma medida a igualdade real; e de outra o Direito *Coletivo* do Trabalho, construído pela fraternidade – ou solidariedade – entre os trabalhadores.

Por outro lado, as palavras que falam da origem do Direito do Trabalho também surpreendem as que descrevem o nascimento do Direito Comum. É que, como sabemos, quem construiu, basicamente, as normas trabalhistas, não foram os que detinham as rédeas do poder, mas aqueles que o poder oprimia. Nesse sentido, o Direito Coletivo, construído pela comunhão de lutas e identidades, foi também veículo de construção do próprio Direito Individual.

Tiros, mortes, bombas, pancadas e ameaças estão presentes ao longo da história do Direito do Trabalho, em proporção imensamente maior que na evolução do Direito Civil. E não é de se estranhar. Afinal, enquanto o Direito Civil pode ser *usado* da mesma forma por qualquer cidadão[6], o Direito do Trabalho serve a dois universos bem definidos, bem destacados, atuando como anteparo ao

---

4 Se o diagnóstico da "questão social" foi expresso muito bem numa frase de Lacordaire - *"entre o fraco e o forte, entre o rico e o pobre, é a liberdade que oprime, é a lei que liberta"* -, a terapêutica foi resumida na elegante fórmula de Galart Folch - *"superioridade jurídica para compensar a inferioridade econômica"*.

5 Entre os autores modernos que retomam essa discussão, cf. especialmente Baracat, Eduardo Milléo. A boa fé no contrato de trabalho. S. Paulo: LTr, 1998, *passim*

6 Naturalmente, nós nos referimos aqui ao aspecto formal dos dois ramos jurídicos. Um café no bar da esquina custa custa o mesmo para o pobre e o rico, mas apenas o empregado tem direito ao salário mínimo, enquanto só o patrão tem a seu dispor o poder diretivo. No Direito Civil, as posições jurídicas podem variar (hoje sou proprietario, amanhã sou inquilino), enquanto no Direito do Trabalho isso dificilmente acontece. .

choque profundo e sem fim entre o capital e o trabalho, vale dizer, entre os que têm e os que não têm os meios de produção.

O papel da classe operária na construção das normas protetivas está bem presente na greve, verdadeira metáfora da revolução e do conformismo[7]. Carnelutti a chamou certa vez de "direito contra direito". Ainda assim, o Estado teve de aceitá-la, fosse para domá-la, como a um potro bravio, fosse por ter sido, em alguma medida, também domado por ela. Mas a greve, mais que um direito, é "processo de criação de direitos"[8]. E também aqui o Direito do Trabalho mostra sua face rebelde – subversiva, mesmo - quebrando o monopólio estatal de ditar leis, através do acordo e da convenção coletiva.

E por ter sido construído assim, pela da pressão dos pobres, nada mais natural que o Direito do Trabalho fosse chamado, no início, de "Direito Operário". Essas palavras, que em si mesmas também traziam um paradoxo, não descreviam apenas o sujeito a ser protegido – quase sempre um trabalhador de fábrica – mas *a própria norma* que o protegia, e que tal como ele se mostrava simples, de pés no chão, rente à vida.

2. AS PRÁTICAS DIFERENTES

Mesmo entre nós não foi muito diferente. Ao criar a CLT, Vargas não apenas respondia a pressões emergentes da classe operária, mas tratava de evitá-las no futuro. De resto – e o que é mais importante - as normas que o país importava, um tanto ou quanto artificialmente, traziam traços de sangue dos trabalhadores europeus. Assim, fosse por uma razão ou por outra, o nosso Direito nasceu também *Operário*.

Como não poderia deixar de ser, o Processo do Trabalho refletiu a mesma origem do Direito Material, com sua tônica na conciliação, na celeridade e na simplicidade, ideais que hoje o Processo Civil incorpora com grande aparato e sem *citar a fonte*. Até mesmo a Justiça do Trabalho, por mais morosa e pomposa que possa parecer ao cidadão comum, sempre foi muito mais ágil, criativa e modesta que a Justiça Civil.

Na verdade, os próprios advogados *civilistas* costumam ser diferentes dos *trabalhistas* – especialmente os que defendem empregados. Os primeiros, habituados ao formalismo maior da Justiça Comum, tendem a se apresentar também mais formais. Entre os últimos, por várias razões, parecem ser mais numerosos os jovens e as mulheres, assim como – no outro ponto da linha – muitos profis-

---

[7] Revolução enquanto se movimenta na liberdade, negando não só a subordinação, mas o próprio trabalho, e conformismo enquanto repropõe a vida na fábrica, ou seja, o trabalho subordinado.

[8] A expressão é de Washington L. da Trindade (O superdireito nas relações de trabalho. Salvador: Editora Distribuidora de Livros Salvador, 1982, *passim*)

sionais que já cruzaram a meia idade, mas que por algum motivo *não deram certo,* e assim transitam de juiz em juiz com suas velhas pastas, seus paletós amassados e suas barbas por fazer, vivendo das migalhas de minguados acordos.

Analogamente, podemos dizer que o objeto do Direito do Trabalho – ou seja, o trabalho por conta alheia, subordinado, em geral prestado por pessoas pobres – contamina os sujeitos que o tocam. Por mais que isso tenha mudado com os tempos, até hoje o juiz, o advogado, o estagiário, o procurador, o servidor, o demandante, o professor e até mesmo o fórum, o livro de doutrina, a disciplina jurídica, as editoras trabalhistas e a própria CLT carregam em alguma medida a marca operária, que - aos olhos da sociedade - é a marca de uma vida e de um trabalho de *segunda classe.*

Mas não são essas, possivelmente, as únicas razões da distância entre o Direito Civil e o Direito do Trabalho, em termos de prestígio e força – dentro ou fora da área jurídica. Outras razões podem ser encontradas no modo positivista de se ver o Direito em geral, e na percepção de seu papel na sociedade.

Nesse sentido, observa Supiot que até à época da Declaração de Filadélfia, em 1944, os direitos sociais viviam sob o descaso ou a suspeita da doutrina conservadora. Afinal, superando a idéia do Direito como ciência pura, sem compromisso com a justiça, os novos juristas pareciam vê-lo como uma espécie de arte; em outras palavras, não mais apenas um "sistema de normas que não podiam ser desobedecidas", mas "um conjunto de objetivos a atender"[9].Tidas quase como "falsos direitos", ou direitos pela metade, muitas das normas sociais tendiam a ser consideradas apenas programáticas, virtualmente sem força normativa. E essa marca de origem talvez nunca tenha deixado completamente de existir.

Com o passar do tempo, porém, à semelhança de um sistema de vasos comunicantes, Direito Civil e Direito do Trabalho foram se contaminando mutuamente. Na verdade, essas misturas refletiam o metabolismo do próprio sistema, que passou a se horizontalizar, a terceirizar, a pejotizar, a quarterizar, a criar – mesmo à margem da lei - contratos de trabalho como se fossem contratos civis, de prestação de serviços, procurando o lucro fácil sem se onerar com os meios que levam a ele.

De outro lado, do ventre do Direito Civil, brotaram leis como as do inquilinato e mais tarde as do consumidor, incorporando traços daquele mesmo espírito tutelar e intervencionista das normas trabalhistas; ao passo que o Direito do Trabalho se tornava – por razões diferentes, como vimos – sempre mais permeável a direitos tipicamente civis, baseados na igualdade formal e na liberdade individual.

---

9 Supiot, Alain. L'esprit de Philadelphie: la justice sociale face au marché total. Paris: Seuil, 2010, p. 118-119

Um exemplo clássico desses implantes, no campo trabalhista, é a norma da equiparação salarial. Embora a discriminação, no caso, parta do empregador, a regra tem natureza antes comutativa que distributiva; toma em consideração dois trabalhadores entre si, e não o trabalhador em face de quem os explora.

Mais recentemente, esse processo de mistura se tornou ainda mais importante.

3. AS TENDÊNCIAS QUE SE OPÕEM

No que diz respeito ao seu conteúdo *civilista*, o Direito do Trabalho se expande; não se flexibiliza, não recua, não transige. Ao contrário, parece cada vez mais forte e coerente. É o caso, por exemplo, do combate às discriminações, assedios ou invasões de privacidade.

Mas é preciso notar que só por vias transversas ele cumpre, aqui, o seu próprio ideal de repartição de riquezas[10], pois o foco de luz que o atrai já não é o mesmo que ilumina as normas típicas de proteção.

Movimento inverso acontece, no entanto, quando se trata de outros tipos de normas – estas, sim, *trabalhistas* em sentido próprio, destinadas a reduzir a mais valia, distribuindo melhor as riquezas. Aqui, embora ainda possa ensaiar um ou outro passo à frente, o Direito do Trabalho recua ou no mínimo estremece, abalado pelas pressões que acompanham cada novo surto de crise.

Esse duplo fenômeno tem causas econômicas, políticas e ideológicas, mas também se relaciona com os novos modos de pensar e de sentir. Em tempos pós-modernos, marcados pela radicalização das ideias e aspirações de liberdade e igualdade, o homem se torna avesso a regras, ignora as hierarquias, questiona as instituições, hipervaloriza o contrato.

Além disso, como vivemos também um profundo processo de subjetivação, todos nós nos sentimos muito mais sensíveis a temas como discriminações, assédios e invasões de privacidade. E, na medida em que isso acontece, as normas que coíbem essas condutas também avançam para além do Direito Civil, invadindo, como dizíamos, as fronteiras do Direito do Trabalho.

O próprio neoliberalismo entra em sintonia com essas emoções, ao ressuscitar suas receitas de mercado autorregulado, autonomia da vontade e competição generalizada. Dentro desse contexto, o Direito do Trabalho fala em flexibilizar – exatamente o verbo que as pessoas, hoje, mais conjugam em suas vidas - e a política exige um Estado mínimo, o que soa aos nossos ouvidos como um Estado menos impositivo, mais aberto, mais libertário; uma verdadeira música.

---

10 A propósito desse importante papel do Direito do Trabalho, cf. Delgado, Maurício Godinho. Curso de Direito do Trabalho. S. Paulo: LTr, 2012; e Maior, Jorge Luiz Souto. Curso de Direito do Trabalho, vol. I., Parte I. São Paulo: LTr, 2011, *passim*.

E já que os sentimentos mais íntimos parecem coincidir com as idéias gerais, tudo então interage e se potencializa, reforçando-se mutuamente. Assim como acontece com os discursos em favor de um Direito mais flexível e de um Estado menos interventor, toda a lógica neoliberal parece atender aos desejos de liberdade e igualdade, antes restrito - em termos de intensidade e no plano concreto - a minorias como artistas, filósofos, poetas e *hippies*. Daí a sua força de atração e o seu inigualável charme.

Se fosse outro o nosso enfoque, poderíamos avançar alguns passos nessa discussão, lembrando, por exemplo, que também são elementos pós-modernos a maquiagem, o disfarce, a aparência, o *show*. Ou poderíamos, talvez, citar o velho Millor Fernandes, que ao longo dos anos 60, na antiga revista "O Cruzeiro", encantava semanalmente seus leitores com uma página de deliciosas charges, sob o título de *"As aparências enganam"*...

Mas o nosso tema é mais restrito. Assim, voltando a ele, parece-nos interessante notar que essas idéias e emoções pós-modernas podem estar presentes - no fundo da cena – até mesmo quando os autores do nosso tempo enfatizam a importância dos princípios, em detrimento das regras, pois isso significa dar mais liberdade e poder ao intérprete, sobretudo ao intérprete-juiz[11].

Assim, o fenômeno que hoje atinge o Direito do Trabalho é ambivalente: as pressões o tensionam de formas diferentes e contrárias, para cima e para baixo, para frente e para trás, o que o leva a repetir, curiosamente, os mesmos movimentos da linha de montagem toyotista.[12]

Já o Direito Civil vive outro tipo de dualidade. Tanto as suas normas típicas (como aquelas já referidas, ligadas à discriminação etc) avançam em forma e em força, como suas normas de natureza protetiva (como as que se dirigem ao consumidor) se mantêm firmes.

Quanto às primeiras, a tendência se explica pelas mesmas razões que as fizeram invadir o Direito do Trabalho. Como dizíamos, elas atendem – hoje, mais do que nunca – aos sentimentos e pensamentos da sociedade pós-moderna, ajustando-se ao movimento libertário geral (inclusive da economia) e o fortalecendo.

Quanto às segundas, a tendência talvez se explique pelo fato – já observado – de que o Direito Civil, ao contrário do que sucede com o Direito do Trabalho,

---

11 Anota Ferrarese que a tendência em favor de um Direito assim, mais *soft*, eleva a um patamar inédito a Constituição, na medida em que ela é reduto do geral, do político, do principiológico. (Ferrarese, M. R. Il diritto al presente: globalizzazione e tempo delle istituzioni. Bologna: Il Mulino, 2002, *passim*).

12 Nessa linha, segundo autores como Coriat, o fluxo de materiais desce do monte para o vale, enquanto as informações sobre as necessidades de cada segmento sobem do vale para o monte (Coriat, Benjamin. Penser à l'envers. Paris: C. Bourgois, 1991, *passim*)

serve a gregos e troianos - embora mais a gregos que a troianos, se pensarmos nos primeiros como *vencedores*.[13]

Em resumo, o mesmo contexto que impulsionou para frente aqueles direitos ligados à personalidade – inclusive lhes assegurando maior proteção constitucional – pressiona para trás os direitos trabalhistas. Como diriam os chineses, *yin* e *yang* andam juntos outra vez.

4. DE VOLTA AO CÁRCERE DO JUIZ

O juiz hoje se move com muito mais liberdade do que antes no direito positivo, transformando-se, de fato, num *operador* do Direito - com todos os significados (médicos, inclusive) que essa expressão, tão criticada, pode nos sugerir.

Tempos atrás, ensinava Eduardo Couture, num pequeno-grande livro, que

"O juiz é um homem que se move dentro do direito como o prisioneiro dentro de seu cárcere. Tem liberdade para mover-se e nisso atua sua vontade; o direito, entretanto, lhe fixa limites muito estreitos, que não podem ser ultrapassados. O importante, o grave, o verdadeiramente transcendental do direito não está no cárcere, isto é, nos limites, mas no próprio homem" [14]

De algumas décadas para cá, o cárcere do juiz se ampliou; ele pode dar passos mais largos, alcança espaços inéditos, inventa movimentos que antes pareciam impossíveis. Às vezes, como costumam fazer os presos – em fotos tão trágicas, exibidas nos jornais - ele enfia as mãos por entre as grades; e toca o mundo proibido, *de fora dos autos*, conhecendo o que antes não sabia e nesse ponto se rebelando contra o próprio cárcere.

Como dizíamos, a valorização dos princípios sobre as regras expressam bem essa tendência. Ela abre espaços quase inéditos à interpretação, e sob esse aspecto - para além de seus fundamentos teóricos – talvez responda aos anseios libertários *do próprio juiz,* que não são diferentes, basicamente, de seus anseios como homem comum, quando elege um canal de TV ou prefere certo relógio entre cem outros modelos na vitrine.

Essa liberdade maior – bem ao gosto dos novos tempos – pode ser usada para transformar a sociedade de forma positiva, mesmo porque nem tudo na pós-modernidade é mau, como nem tudo na modernidade foi bom. Mas também é possível, infelizmente, usá-la em sentido destruidor, mesmo com suporte

---

13 Queremos dizer, com isso, que um operário ou um engenheiro "usa" o mesmo direito para tomar um café, embora, naturalmente, o direito de propriedade seja "usado" de forma maior por quem detém o poder econômico. Outra observação, também simples, é a de que as posições jurídicas se misturam e se invertem com muito mais frequência no Direito Civil que no Direito do Trabalho: hoje sou credor, amanhã posso ser devedor (de uma obrigação civil), mas dificilmente passarei de operário a empresário, ou vice e versa.

14 Couture, Eduardo. Introdução ao Estudo do Processo Civil. Rio de Janeiro: José Konfino, 1951, p. 87.

em velhos e sólidos princípios: basta interpretá-los ao avesso, como às vezes tem sido feito[15], usando-se a mesma liberdade acrescida.

Escreve Eric Fromm[16], valendo-se do mito bíblico, que o primeiro ato realmente humano foi a desobediência: ao comer a maçã, Adão afirmou sua vontade, e a partir de então se viu condenado a andar sempre para diante, escolhendo, a cada passo, o seu caminho. Ainda que tentasse voltar, não poderia fazê-lo: dois anjos, com espadas flamejantes, guardam as portas do Paraíso.

Hoje, talvez mais do que nunca, o juiz *escolhe* – e ao fazê-lo assume, querendo ou não, o seu minúsculo (mas tão importante) grão de responsabilidade pelo que acontece no mundo.

No entanto, nem sempre essa liberdade maior costuma ser exercida. Às vezes, o peso da massificação, da produtividade e das exigências de eficiência o levam a delegar suas funções a serventuários, assessores e até estagiários, para se dedicar apenas às audiências, limitando-se, praticamente, ao seu aspecto exterior de juiz. Ao mesmo tempo, tantas vezes, a jurisprudência vai sendo recortada e colada, nem sempre com atenção às peculiaridades de cada caso.

5. O PROCESSO CIVIL E A CONCILIAÇÃO

Há não muitos anos, era comum o advogado ou juiz do Cível referir-se à Justiça do Trabalho – pejorativamente – como um "balcão de negócios". As tentativas de conciliação pareciam algo *não jurídico,* um verdadeiro "mercado persa", como também se costumava dizer.

De algum tempo para cá, como num doce castigo, não só a Justiça Civil como até mesmo a Justiça Penal aderiram – não sem um certo constrangimento – à mesma prática dos acordos. Mais do que isso, aliás, a busca de conciliação se tornou quase obsessiva, em todos os ramos do Judiciário, envolvendo desde pequenas causas até precatórios. E é também nessa linha que transitam as novas regras do CPC.

A razão mais óbvia dessa tendência é a busca de maior celeridade e efetividade. Mas a razão *dessa própria busca* transcende as questões processuais, nutrindo-se também de alguns elementos – já mencionados – da pós-modernidade, que envolvem a crise positivista.

De fato, num tempo que celebra mais do que nunca as liberdades e as igualdades formais, todas as instituições – como dizíamos – se desgastam aos olhos da sociedade; e o Estado, naturalmente, não foge à regra, menos ainda o Estado--juiz, autoritário e solene.

---

15 É o que se vê, por exemplo, na idéia de que, para proteger o empregado, é preciso proteger a fonte de emprego, o que significa, quase sempre, desproteger o empregado. Outros autores chegam a negar a própria existência do princípio protetor, o que também implica, na prática, afirmar o seu contrário.

16 Fromm, Eric. O medo à liberdade. S. Paulo: Zahar, (s.d.), pp. 37-38.

No caso da Justiça *do Trabalho*, a crise é ainda maior, na medida em que o próprio trabalho por conta alheia se desvaloriza de vários modos – veja-se, por exemplo, a incidência, até nos países de ponta, do trabalho escravo – e o ideário neoliberal pressiona contra os direitos sociais.

Ora, para recuperar esse *déficit* de legitimidade – e não tendo como mostrar a qualidade de suas decisões - a Justiça tenta responder com números. E a conciliação favorece as estatísticas, na medida em que aumenta o número de causas resolvidas e abre espaço para que as outras sejam resolvidas em menos tempo. Além disso, há ainda a já mencionada tendência à contratualização de tudo – e o acordo judicial traz dentro dele a semente do contrato.

A mediação se insere no mesmo contexto. Enquanto o Processo Civil a enfatiza e fortalece, aumentam as pressões para que ela invada o campo trabalhista.

Na verdade, o juiz conciliador já vem sendo, muitas vezes, mediador – pois as funções com frequência se misturam e se confundem. Como certa feita escrevemos[17], a conciliação costuma ser – na prática - algo *mais* do que conciliação. Transita da conciliação à mediação e de lá para a arbitragem. Pois quantas vezes não se vê o juiz interferindo e inventando uma terceira proposta, ou seja, *mediando*? E não acontece - em ocasiões menos freqüentes, é verdade - de as próprias partes lhe pedirem uma sugestão, aceitando até a priori o seu *arbitramento*?

Outras vezes, é o próprio conteúdo do acordo que escapa aos limites legais. Já então, o juiz concilia, medeia ou arbitra não o conflito aparente, mas o subjacente: o da empregada com mágoas do patrão, o do patrão que é parente do empregado, o da mulher que se viu assediada e tenta agora dar o troco, *assediando* judicialmente o assediador...[18] Daí a virtude do acordo quando abre possibilidade da fala – e inversamente sua deficiência quando a tolhe.

As comissões de conciliação prévia já sinalizavam a mesma tendência, embora, na aparência, também apenas conciliem. Mas nesse caso é preciso fazer nova distinção, pois enquanto na esfera civil as relações de poder são apenas casualmente assimétricas[19], no campo do trabalho a desigualdade entre as partes compõe a própria regra do jogo. E isso faz daquelas comissões uma oportunidade para a precarização *legal* dos direitos que a própria lei vai criando.

Na esfera coletiva, a mesma tendência à negociação justificou uma tentativa de substituição do *legislado* pelo *negociado*, primeiro através de uma PEC, de-

---

17 Viana, Marcio Tulio. Os paradoxos da conciliação:Quando a ilusão da igualdade formal esconde mais uma vez a desigualdade real. In: Revista do TRT da 3ª Região. B Horizont: TRT 3ª Região, junho 2007.

18 Nesse sentido, observou-me certa vez a querida colega Graça Maria Borges de Freitas, da 3ª Região, que o conflito pode estar todo na pessoa e não no objeto.

19 O que não significa que sejam raras: queremos dizer apenas é que podem ser ou não assimétricas.

pois mediante um projeto de lei. Agora, a tentativa renasce, embutida – como Cavalo de Tróia – na proposta de organizações nos locais de trabalho.

6. O OUTRO LADO DA MOEDA

Voltemos ao juiz. Para recuperar a segurança jurídica no sistema, elaborou-se o novo CPC, aprovado em 17 de dezembro de 2014 no Congresso Nacional. A tônica do sistema é o advento de uma disciplina judiciária. Por meio dela o juiz estará encarcerado, desta feita não mais na letra da lei, mas na letra da jurisprudência dos tribunais. E este novo encarceramento consiste na obediência ao que já tiver sido decidido nos tribunais regionais e nos tribunais superiores.

Vejamos: o sistema positivista, cujas referencias primordiais são as codificações iniciadas com Napoleão, veio para romper com a tradição. Após a Revolução francesa, dizia-se - para conter o hábito jurídico de julgar conforme a tradição local - que o juiz era escravo da lei. O juiz se fazia escravo da lei para romper com a tradição imposta pelas classes que anteriormente dominavam o direito: os senhores de terras, a nobreza, o clero.

E era importante que o fosse. Se prevalecesse a tradição, todas as decisões judiciais refletiriam uma continuidade imóvel do passado, e náo projetariam as regras ideais para a nova classe dominante, a burguesia. Para que fosse obedecida, a nova classe dominante politicamente - a burguesia - necessitava de um sistema escrito em que o aplicador da norma não julgasse conforme a tradição, mas conforme o que dizia aquele direito escrito, a lei. O próprio contrato – expressão da vontade das partes – se curvou ao seu império.

Temos sempre a sensação de que a revolução burguesa foi um avanço. Em certo sentido, é verdade. Mas para as mulheres, não tanto – pelo menos àquela época. As mulheres na França, por exemplo, que antes podiam gerir seus negócios e eram geralmente as matriarcas poderosas das grandes famílias monárquicas, foram impedidas de exercer o comércio.

Pode parecer que fosse o inverso, pois onde estaria a igualdade se as mulheres não tinham os mesmos poderes e direitos que os homens? Mas lá estão, no Código Napoleônico de 1904, as proibições para atividade econômica mulheres, exceto as viúvas e por motivo estrito de sobrevivência, e ainda assim desde que atuassem muito discretamente, amparadas por homens importantes que lhes dessem suporte político. Foi assim, por exemplo, que Veuve Clicquot se safou de ter que ficar no ostracismo destinado as damas da corte.

Mudar os costumes, só mesmo encarcerando o juiz na literalidade da lei. Nunca contra a lei. Nunca para além ou para aquém, mas exatamente aquilo que ela dizia. E também encarcerando-o no estrito princípio da demanda. Só assim estaria garantido o futuro do domínio político da burguesia.

Esse futuro projetado na lei durou bem duzentos anos. Até que o muro caiu. O pensamento hegemônico se fez. O futuro não só chegou, mas foi ultrapassado pelo presente, hipertrofiado. O rítmo do presente, frenético, imediato, totalizador, superou o ritmo do processo de elaboração das leis. Os juízes foram obrigados a enfrentar questões não regulamentadas, por força do *non liquet*. Deu-se um grande período de criatividade e uma inevitável aproximação com o sistema *common law*.

Daí a mudança, de volta à tradição. A tradição é o direito ditado pelo judiciário. Súmulas genéricas, reguladoras, abstratas, que efetivamente fixam o direito. E serão elas que governarão o Judiciário desde a primeira instancia, reunindo forçosamente os processos, os recursos, a interpretação sobre o direito. O direito que dá segurança e celeridade ao judiciário. Que é exigido pela nova classe dominante. A classe que especula, que dirige o capital financeiro, que financia campanhas políticas em todo o mundo e que dita normas aos bancos centrais, reguladores das crises capitalistas. Calcula-se, ao todo, com as fusões e incorporações, 147 empresas comandando 40% da renda mundial.

Desde que a revolução tecnológica, nas comunicações, nos transportes, permitiu a globalização da economia, com a concentração exacerbada de capital e na fusão de empresas fornecedoras de produtos e serviços atendendo a todo o mundo, o Judiciário assumiu – como dizíamos – um papel que até certo ponto o remete ao período anterior à Revolução Francesa: um formador de precedentes, preso à coerência dos julgados anteriores, próximo do que foi o *common law*. Claro que respeitadas as diferenças de época, mas de forma bastante coerente com um planeta em que as riquezas privadas são maiores que as públicas.

Assim, a uniformização de jurisprudência ganha grande relevo. A jurisprudência dos tribunais, orientações jurisprudenciais, direito jurisprudencial, disciplina judiciária, acórdãos paradigmas, precedentes, ementas, súmulas, convenções, contratos individuais, acordos judiciais, termos de ajustamento, cláusulas arbitrais... Tudo isso terá muito mais relevo após a entrada em vigor do novo CPC, com previsão para março de 2016 (um ano após sua publicação).

Com esta alteração, coloca-se um freio no juiz Hércules, no juiz inventivo, na argumentação jurídica, na postura de vanguarda, com o objetivo declarado de garantir isonomia, segurança e celeridade.

Na verdade, a vanguarda nunca foi pensada para o Judiciário – criado para garantir a superestrutura do sistema. Pois o sistema não tolera um Judiciário que avance sobre os negócios, e busque distribuir a renda por meio de direitos trabalhistas, direitos humanos, princípios. De todo modo, valerá o que sua cúpula disser. E em que pese, na esfera trabalhista, essa cúpula ter assumido, nos últimos anos, uma postura mais progressista, não se sabe o que virá mais tarde, já que a tendência das cortes mais altas, de um modo geral, tem sido, historicamente, a de respaldar as relações de poder. Não tardará que sua legitimidade seja questionada, evidentemente. Mas na medida em que se fizer mais azeitado para as questões econômicas, o Judiciário poderá também neutralizar as críticas a respeito de seu poder – tão grande e no entanto sem crivo das urnas.

As agências que medem a confiança de um país na ótica dos investidores internacionais, a verdadeira classe dominante, pressionam nesse sentido. Isso pode ser apenas uma falácia, mas, convenhamos, bastante coerente com a nova ordem mundial.

Apesar de suas misturas e contradições - ou talvez também em função delas – os que detêm as rédeas do poder no mundo pós-moderno buscam desesperadamente coerências. Modulações são toleradas. Mas não incoerências. Nessa ótica, nem políticos - do Executivo ou do Legislativo - nem o Judiciário conseguirão atender àqueles interesses econômicos globais se não forem previsíveis, e portanto, totalmente coerentes.

A coletivização das demandas e dos recursos repetitivos, com a suspensão de todas e todos que tiverem o mesmo objeto - mesmo que reunindo num mesmo pacote questões fáticas diversas, o que inevitavelmente acontecerá - garantirá essa previsibilidade desejada pelo mercado, do qual - nos fazem crer os economistas - todos dependem.

Assim, repetindo, a criação do direito se dará no topo da pirâmide do Poder Judiciário, e não mais nas suas bases. A criação inclui regras gerais e abstratas, que entrarão também naquelas funções. E inclui também a investigação de situações de relevância nacional, ou de repercussão geral, trazendo ainda para os tribunais superiores o poder de investigar questões coletivizadas, como faz o Ministério Público. Tudo isso o transformará, provavelmente, num superpoder da República, tendência que já se revela a cada dia.

Nesse novo processo criativo, a instrumentalidade dá lugar à formalidade processual. A materialidade das discussões é o que interessa ao novo núcleo de poder.

Os operadores do direito deslocarão suas atenções dos códigos para o estudo de técnicas somente conhecidas nos países de *common law*. Extrair a *ratio decidendi* de um precedente para contestar que sua ação seja sobrestada ou julgada conforme o precedente invocado pela parte contrária; distinguir *opter dictum*, dissecar precedentes judiciais e saber de cor precedentes ou súmulas de tribunais - regionais e superiores. Invocar o caso *Caio* contra *Júpiter* pode ser um exemplo.

O papel da dogmática e da doutrina também há de se alterar. Será inevitável que se passe a criticar, a comentar ou a estudar os *cases*, os julgamentos, os precedentes, e a doutrina será pautada pela jurisprudência.

A outra tônica do novo CPC é o enfoque na celeridade processual. Para este fim, copiou o Direito Processual do Trabalho, com o mesmo rito, em primeira instância, e promoveu algumas modificações, uma das quais a do exame da admissibilidade do recurso pela instância *ad quem*.

No entanto, não obstante as medidas processuais que visem obstruir dilações indevidas, o principal protagonista da celeridade é o controle do tempo pelo processo judicial eletrônico – com a indefectível participação das partes na composição das informações estatísticas de que o Judiciário necessita para atingir as *metas*.

Não se trata mais nem de fazer justiça, nem de promover longas argumentações sobre o direito. Agora tem início a corrida para respostas rápidas ao rítmo da nova economia mundial. Ou pelo menos é isso que se pretende.

O processo eletrônico também substitui as reformas mecânicas no gerenciamento das secretarias, pois o sistema gerencia tudo, para que práticas que se incorporaram no cotidiano dos cartórios sem qualquer funcionalidade possam ser racionalizadas ou banidas, fazendo desaparecer as pilhas de fascículos empoeirados nas estantes sempre insuficientes das varas e dos tribunais. Com ela desaparecerá também o próprio sentido do cartório. Tudo muito limpo. Sem gente.

Direito civil, Direito do Trabalho, Direito Processual do Trabalho, Direito Processual Civil:, todos estes, caminhos que prometem um direito jurisprudencial criador de precedentes normativos que se tornam paradigmas de ações conexas em busca da oferta de serviços jurisdicionais idealmente seguros e céleres, e flexíveis somente na modulação proporcional que as cúpulas consentirem.

E a conciliação continuará a convidar os grandes devedores a pagarem menos nas execuções, e assim mesmo quando for possível localizá-los no redemoinho das fusões de capital.

Nesse novo contexto, poderá a Justiça do Trabalho continuar atuando – ou atuar de forma mais positiva - como "instrumento de transformação social?"[20]

É uma pergunta cuja resposta também caberá formalmente às cúpulas, mas que talvez possa sofrer variações a partir das pressões informais das bases.

7. BIBLIOGRAFIA

CORIAT, Benjamin. Penser à l'envers. Paris: C. Bourgois, 1991

COUTURE, Eduardo. Introdução ao Estudo do Processo Civil. Rio de Janeiro: José Konfino, 1951,

DELGADO, Maurício Godinho. Curso de Direito do Trabalho. S. Paulo: LTr, 2012

---

20 Para lembrar o título de um belo livro de Jorge Luiz Souto Maior.

FERRARESE, Maria. Rosaria. Il diritto al presente: globalizzazione e tempo delle istituzioni. Bologna: Il Mulino, 2002

FROMM, Eric. O medo à liberdade. S. Paulo: Zahar, (s.d.),

MAIOR, Jorge Luiz Souto. Curso de Direito do Trabalho, vol. I., Parte I. São Paulo: LTr, 2011

MAIOR, Jorge Luiz Souto. O Direito do Trabalho como instrumento de transformação social. São Paulo: LTr, 2002

SUPIOT, Alain. L'esprit de Philadelphie: la justice sociale face au marché total. Paris: Seuil, 2010

TRINDADE, Washington L. da. O superdireito nas relações de trabalho. Salvador: Distribuidora de Livros Salvador, 1982

dar, promover e até interpretar outras regras com base nessa *máxima da dignidade humana*, como o art. 8º supramencionado e tantos outros. Sendo assim, a dignidade da pessoa humana se torna mais do que um princípio como quaisquer outros, erigindo-se num dos *valores fundamentais* da sociedade brasileira.

Outros valores podem ser lembrados, nessa ótica de *princípios fundantes*, como os *valores* da liberdade, da igualdade, da solidariedade – a famosa tríade que se busca concretizar desde a Revolução Francesa de 1789 –, da vida, da livre iniciativa, dentre outros.

Na seara trabalhista, um valor tão importante – e nem sempre lembrado – é o *valor social do trabalho humano*, insculpido em fundamento, princípio e valor no art. 1º, inciso IV, da Constituição da República Federativa do Brasil. Por isso, a doutrina justrabalhista mais abalizada enfatiza que o trabalho é, a um só tempo, direito fundamental, fundamento de nosso Estado Democrático (e social) de Direito e um valor que se encontra no ápice de nossa pirâmide normativa.

No tocante aos *princípios constitucionais*, de se pontuar aqueles que têm mais larga aplicação no âmbito processual. Por óbvio, nesse contexto – identificação dos princípios processuais *fundamentais* – não podem caber princípios que são específicos de determinada fase procedimental, como, por exemplo, o princípio da impugnação especificada – que se aplica à defesa –, o princípio da preclusão – que se refere aos prazos –, os princípios relacionados à prova – inclusive o da proibição da prova ilícita – e tantos outros. Por isso, sustenta-se que os chamados princípios *gerais*, como os princípios da demanda, da congruência, do livre convencimento, da oralidade, da lealdade, da instrumentalidade das formas e o princípio dispositivo não passam de regras técnicas, faltando-lhes o *caráter de generalidade* de que são dotados os *princípios de origem político-constitucional*, por referirem-se, aqueles, apenas a algum setor do direito processual e não ao processo como um todo[7].

Penso que os princípios *fundamentais* do sistema processual encontram-se previstos na própria Lei Fundamental do País e, portanto, podem ser denominados também de *princípios constitucionais do processo*.

Para Dinamarco[8], tais princípios *fundamentais* são os seguintes: a) do devido processo legal; b) da inafastabilidade do controle jurisdicional; c) da igualdade; d) da liberdade; e) do contraditório e da ampla defesa; f) do juiz natural; e g) da publicidade. Segundo este renomado autor, o princípio do duplo grau de jurisdição não tem os contornos de autêntica garantia constitucional, e a exigência de motivação das decisões judiciais trata-se, em verdade, de uma projeção do prin-

---

7   DINAMARCO, Cândido Rangel. *Instituições de Direito Processual Civil*. V. I. 4. ed., rev. atual. e com remissões ao Código Civil de 2002. São Paulo: Malheiros, 2004, p. 196-197.

8   *Ibidem*, p. 197-198.

cípio do devido processo legal. Para ele, em suma, a garantia de todo o sistema processual é o *princípio do acesso à justiça*, que é, portanto, *o princípio-síntese e o objetivo final do sistema*.

Entendo que boa parte dos princípios constitucionais processuais acaba reunida no princípio do devido processo legal. Como reconhece Dinamarco[9], "muitos desses princípios, garantias e exigências convergem a um núcleo central e comum, que é o *devido processo legal*". Ora, "observar os padrões previamente estabelecidos na Constituição e na lei é oferecer o contraditório, a publicidade, possibilidade de defesa ampla *etc*.". De modo que são "inegáveis as *superposições* entre os princípios constitucionais do processo, sendo impossível delimitar áreas de aplicação exclusiva de cada um deles" (destaques no original).

Destarte, é possível sustentar que, em verdade, há na Constituição Federal *três princípios processuais ontológicos*, que consubstanciam *valores* fundamentais e podem ser considerados como a *matriz* de todo o sistema processual, a saber:

a) *o princípio do acesso à justiça* – garantia preconizada no art. 5º, inciso XXXV, da Constituição da República Federativa do Brasil, segundo o qual *"a lei não excluirá da apreciação do Poder Judiciário lesão ou ameaça a direito"*, e que está agora assegurada também no art. 3º do novo Código de Processo Civil; b) *o princípio do devido processo legal* – de acordo com o art. 5º, LIV, da nossa Constituição, *"ninguém será privado da liberdade ou de seus bens sem o devido processo legal"*; e c) *o princípio da efetividade* – que foi positivado pela Emenda Constitucional n. 45/2004, ao inserir, no rol seleto de direitos e garantias fundamentais do art. 5º da CF/88, o inciso LXXVIII: *"a todos, no âmbito judicial e administrativo, são assegurados a razoável duração do processo e os meios que garantam a celeridade de sua tramitação"*. De se registrar que o princípio da efetividade agora está assegurado também no art. 4º do novo Código de Processo Civil.

Não obstante, a cláusula do devido processo legal consubstancia um instituto jurídico bastante abstrato, sendo que, por isso, a maneira mais segura de se buscar o seu sentido e alcance é a de se analisar os seus *subprincípios*, com as suas especificidades. Isso porque o princípio do devido processo legal só se concretiza quando asseguradas algumas *garantias constitucionais*, como as que seguem:

a) *do juiz natural* – garantia consubstanciada em duas normas constitucionais que exigem a fixação prévia das regras de competência e proíbem os tribunais ou juízos de exceção, respectivamente, os incisos LIII *("ninguém será processado nem sentenciado senão pela autoridade competente")* e XXXVII *("não haverá juízo ou tribunal de exceção")* do art. 5º da Constituição da República Federativa do Brasil;

---

9 *Ibidem*, p. 198.

b) *do contraditório e da ampla defesa* – garantias asseguradas no inciso LV do multicitado art. 5º, segundo o qual *"aos litigantes, em processo judicial e administrativo, e aos acusados em geral são assegurados o contraditório e ampla defesa, com os meios e recursos a ela inerentes"*;

c) *da motivação das decisões judiciais* – esta garantia constitucional se encontra no art. 93, inciso IX, da Constituição Federal, de acordo com o qual *"todos os julgamentos dos órgãos do Poder Judiciário serão públicos, e fundamentadas todas as decisões, sob pena de nulidade"* (primeira parte do inciso);

d) *da publicidade* – garantia prevista no inciso LX do referido art. 5º, quando se preconiza que *"a lei só poderá restringir a publicidade dos atos processuais quando a defesa da intimidade ou o interesse social o exigirem"*, também assegurada no inciso IX do citado art. 93 (parte final), ao se assegurar que todos os atos processuais devem ser públicos, salvo se o próprio interesse público exigir o contrário, nos termos fixados em lei, quando poderá ser limitada *"a presença, em determinados atos, às próprias partes e a seus advogados, ou somente a estes"*;

e) *da igualdade* – o direito processual constitucional não tem norma específica sobre o tratamento isonômico que deve ser dispensado às partes, buscando a doutrina fundamento para este princípio no *postulado geral da igualdade*, pois referido princípio, no campo do processo, estaria amparado no *caput* e no inciso I do art. 5º da Constituição Federal, *locus* onde se prevê a garantia genérica da igualdade, com a afirmação de que *"todos são iguais perante a lei"* (*caput*), e de que *"homens e mulheres são iguais em direitos e obrigações"* (inciso I).

3.1. OS PRINCÍPIOS NO PROCESSO DO TRABALHO

A questão é: aplica-se a norma do art. 1º do novo Código de Processo Civil ao processo do trabalho?

Pois bem, o *fundamento ideológico* do processo do trabalho é o *próprio direito do trabalho*, tendo em vista que o processo deve ser entendido como um instrumento do direito material ao qual serve. A natureza *instrumental* do direito processual "impõe sejam seus institutos concebidos em conformidade com as necessidades do Direito substancial". Desse modo, "a eficácia do sistema processual será medida em função de sua utilidade para o ordenamento jurídico material e para a pacificação social". Afinal, de que adianta "uma ciência processual conceitualmente perfeita, mas que não consiga atingir os resultados a que se propõe"[10].

Com efeito, se o processo do trabalho tem como *finalidade primordial* a concretização dos direitos materiais trabalhistas, quando violados, e sendo a

---

10 TOLEDO FILHO, Manoel Carlos. *Fundamentos e perspectivas do processo trabalhista brasileiro.* São Paulo: LTr, 2006, p. 29, 37 e 43.

grande maioria destes de natureza alimentar, não pode o processo laboral "importar" normas do novo Código de Processo Civil que venham burocratizar seu procedimento, tornando-o menos célere e, no final, menos efetivo.

Sendo assim, a regra do art. 1º do novo Código de Processo Civil, quando evoca a *transcendência dos valores e das normas fundamentais constitucionais*, sobretudo dos princípios processuais insculpidos na Constituição, tem *plena aplicabilidade* ao processo laboral, especialmente no que se refere ao respeito incondicional à dignidade da pessoa humana, ao acesso à ordem jurídica justa e ao binômio celeridade-efetividade.

Sem embargo, o princípio do devido processo legal, com seus *subprincípios* de concretização, deve ser "adaptado" ao ramo justrabalhista, sobretudo no tocante ao princípio da igualdade e à exacerbação dos princípios do contraditório e da ampla defesa. É que no processo do trabalho se aplicam dois princípios antagônicos a essa ordem de ideias, a saber: a) *o princípio da proteção*; b) *o princípio inquisitivo*.

Com efeito, no direito material do trabalho, a razão de ser do processo laboral, vigora um princípio diametralmente oposto ao da igualdade, o festejado *princípio da proteção*, a matriz ontológica e ideológica de todo o direito material trabalhista. E esse princípio irradia seus efeitos para o processo do trabalho, o que pode ser verificado pela análise da normativa deste, sobretudo de seu procedimento.

É dizer: torna-se necessário, na análise do direito fundamental ao devido processo, no âmbito da Justiça do Trabalho, pensar que o processo laboral é buscado como *instrumento de realização de direitos fundamentais sociais dos trabalhadores*, cuja concepção material exterioriza, em diversas ocasiões, *valores fundamentais* para o sistema jurídico, como o princípio da dignidade da pessoa humana e o valor social do trabalho.

Manoel Carlos Toledo Filho[11], investigando os fundamentos do processo trabalhista, também afirma que, tal como o direito substancial, o direito processual do trabalho deve assumir, igualmente, "uma ostensiva posição de proteção à parte mais débil da relação jurídica laboral". Ainda que isto significasse um rompimento drástico com os fundamentos dos cânones judiciários tão escrupulosamente cultivados no processo civil, o processo do trabalho, desde o seu nascedouro, como um processo inédito, *ideologicamente* foi pensado para reparar a disparidade processual entre trabalhador e empregador. O autor citado lembra Trueba Urbina, para quem o direito processual trabalhista reveste-se de uma nítida natureza tutelar, dada a influência nele perpetrada pelas normas de direito substancial. Lembra, ainda, Alfredo Montoya Melgar, segundo o qual

---

11 TOLEDO FILHO, Manoel Carlos. *Fundamentos e perspectivas do processo trabalhista brasileiro*, p. 45.

o caráter tuitivo historicamente agregado ao direito material deve impregnar, igualmente, o direito processual do trabalho, com vistas à efetivação de uma *igualdade real*, através da implementação de uma desigualdade formal. Daí porque o processo trabalhista surgiu como uma *reação histórica* à tradicional incapacidade manifestada pelo processo civil, no sentido de garantir uma justiça eficaz, rápida e gratuita.

Apesar das divergências doutrinárias, apontam-se os seguintes exemplos[12], nos quais se manifesta claramente a índole protecionista do processo laboral:

a) *a gratuidade processual* – de acordo com o art. 782 da CLT, *"são isentos de selo as reclamações, representações, requerimentos, atos e processos relativos à Justiça do Trabalho"*, de modo que não há dispêndio algum para o ajuizamento da ação trabalhista, ainda que o juiz não conceda liminarmente o benefício da gratuidade judiciária; além do mais, o benefício da justiça gratuita, inclusive quanto a traslados e instrumentos, pode ser concedido em qualquer grau de jurisdição *"àqueles que perceberem salário igual ou inferior ao dobro do mínimo legal, ou declararem, sob as penas da lei, que não estão em condições de pagar as custas do processo sem prejuízo do sustento próprio ou de sua família"*, nos termos do § 3º do art. 790 da CLT; ademais, em regra generalíssima, esse benefício só é concedido ao trabalhador e não ao empregador, embora a jurisprudência tenha admitido ultimamente a concessão do benefício a este, em situações excepcionais;

b) *a assistência judiciária gratuita* – que é mais ampla do que a gratuidade processual, de acordo com a Lei n. 1.060/1950, sendo concedida, no processo do trabalho, apenas ao empregado assistido pelo sindicato de sua categoria profissional, e não ao empregador (art. 14 da Lei 5.584/1970);

c) *a inversão do ônus da prova* – em muitas ocasiões se criam presunções favoráveis ao empregado, muitas decorrentes do princípio da proteção em sede material, assim como a inversão do ônus da prova, situações que nunca socorrem o empregador; de se notar, aliás, que a prática processual trabalhista inspirou o legislador quando da elaboração do Código de Proteção e Defesa do Consumidor, no qual se criou uma regra específica de proteção ao consumidor, com a previsão da inversão do ônus da prova em seu favor, mais precisamente no art. 6º, inciso VIII, da Lei n. 8.078/1990; aí se encontra a ideia de que se há um hipossuficiente, necessita ele de proteção, não se podendo contentar com a igualdade meramente formal;

d) *o impulso processual ex officio* – é da índole do processo do trabalho o princípio inquisitivo, o que se mostra com toda clareza na possibilidade de o

---

12 GIGLIO, Wagner D. *Direito processual do trabalho*. 12. ed. rev. atual. e ampl. São Paulo: Saraiva, 2002, p. 73. E também MARTINS, Sergio Pinto. *Direito processual do trabalho:* doutrina e prática forense; modelos de petições, recursos, sentenças e outros. 28. ed. São Paulo: Atlas, 2008, p. 41.

juiz iniciar a execução de ofício (art. 878 da CLT), sendo que esse fato beneficia invariavelmente o trabalhador, já que muito raramente o empregador obtém condenação a seu favor no processo do trabalho, tendo em vista que, via de regra, ele é demandado e não demandante;

e) *arquivamento da reclamação trabalhista* – a regra do art. 844 da CLT é uma das que se apresentam mais protetivas ao trabalhador, tendo em vista que se este não comparecer na audiência não sofrerá praticamente nenhuma consequência de ordem processual, pois haverá apenas a extinção do processo sem resolução do mérito e o arquivamento dos autos; por outro lado, se o empregador não comparecer à audiência inicial ou una, será declarado revel e confesso quanto à matéria de fato; é gritante a *disparidade de tratamento* dado às partes por este dispositivo legal, benefício que não existe em qualquer outro ramo do processo;

f) *regras de competência* – no processo do trabalho, a *regra geral* de competência territorial já é fixada em benefício do trabalhador, ainda que seja réu ou reclamado, tendo em vista que a competência das Varas do Trabalho é determinada, em regra, pelo local onde o empregado prestar serviços ao empregador, conforme o *caput* do art. 651 da CLT; no processo civil, a *regra geral* é a de que a ação fundada em direito pessoal e em direito real sobre bens móveis seja proposta no foro do domicílio do réu, nos termos do art. 94 do atual CPC – correspondente à do art. 46 do novo Código de Processo Civil –, a despeito de existirem regras protetivas nos demais dispositivos que tratam de competência territorial, naquele Código;

g) *a efetivação de depósito recursal* – por óbvio que o empregado não necessita efetivar depósito recursal para a interposição de recurso, ainda que seja condenado, por exemplo, por litigância de má-fé; assim, a regra do § 1º do art. 899 da CLT se aplica apenas ao empregador, até porque o depósito recursal, que tem a natureza jurídica de *garantia prévia da futura execução*, deverá ser efetivado na conta vinculada do empregado (§ 4º); no processo civil não se exige garantia prévia, ainda que parcial, da futura execução, para a interposição da apelação, o que denota a *enorme diferença procedimental* dos dois processos, o comum e o especializado.

3.2. O PRINCÍPIO INQUISITIVO E O NEGÓCIO JURÍDICO PROCESSUAL

Ainda que o princípio inquisitivo possa ser inferido do princípio da proteção, ele é tão importante para o processo do trabalho que se destaca como um *princípio autônomo e específico*, como se poderá perceber pela análise das considerações que seguem.

Vale questionar: a regra do art. 2º do novo Código de Processo Civil se aplica ao processo do trabalho? Eis a norma:

Art. 2º O processo começa por iniciativa da parte e *se desenvolve por impulso oficial*, salvo as exceções previstas em lei. (destaquei)

Quanto à iniciativa da parte para a propositura da demanda não há dúvida alguma, aplicando-se, nessa matéria, o princípio *dispositivo*. Também no que pertine ao exercício dos direitos, faculdades e ônus processuais relacionados à defesa, recursos, impugnações variadas, não pode haver dúvida. Agora, no que se refere à iniciativa na *produção das provas*, o processo do trabalho possui regras essenciais que bem revelam a *predominância do princípio inquisitivo* no seu âmbito, tanto que podemos afirmar ser este um princípio *específico* do processo laboral, dada sua concepção e modo de aplicação nos processos que correm na Justiça do Trabalho.

Vale dizer: o princípio inquisitivo se aplica mesmo é no processo do trabalho, no qual os arts. 765 e 852-D da CLT dão ao juiz *ampla liberdade* na direção do processo, bem como para velar pelo andamento rápido das causas, razão pela qual pode determinar *"qualquer diligência necessária ao esclarecimento delas"* (art. 765). No procedimento sumaríssimo – ainda aplicável no processo do trabalho, de acordo com o art. 852-A e seguintes da CLT –, pode o juiz do trabalho inclusive *limitar ou excluir* as provas que considerar excessivas, impertinentes ou protelatórias (art. 852-D). Veja-se, a propósito, a regra elucidativa do art. 4º da Lei n. 5.584/1970: *"Nos dissídios de alçada exclusiva das Varas e naqueles em que os empregados ou empregadores reclamarem pessoalmente, o processo poderá ser impulsionado de ofício pelo Juiz".*

Como reforço de argumento, de se recordar que a grande maioria dos direitos materiais trabalhistas é de caráter *indisponível;* daí porque o princípio da indisponibilidade, conquanto relacionado ao direito material do trabalho, ecoa no campo do processo, armando o juiz do trabalho de instrumentos pelos quais pode praticar inúmeros atos de ofício, em busca da verdade "real". Para tanto, não deve esperar pela iniciativa da parte trabalhadora no tocante às diligências probatórias, podendo determinar, de ofício, *quaisquer providências* que se façam necessárias. E se a verdade se encontrar do lado do trabalhador, poderá, na execução ou cumprimento da sentença, agir de ofício para a *plena satisfação* dos direitos materiais reconhecidos, nos moldes do art. 878 da CLT e outros dispositivos correlatos.

Com efeito, a *ampla possibilidade* de aplicação do princípio inquisitivo no processo do trabalho já revela o quanto este processo se distingue do processo civil, motivo pelo qual há de se ter muita cautela na aplicação das normas do novo Código de Processo Civil àquele ramo especializado do direito processual.

É com isso em mente que deve o intérprete verificar a possibilidade de aplicação, ao processo do trabalho, das normas que permitem o chamado *negócio jurídico processual*, especialmente a do art. 190 do novo Código de Processo

Civil. Merecem transcrição as normas dos arts. 190 e 191, para uma tomada de posição:

> Art. 190. Versando o processo sobre direitos que admitam autocomposição, é lícito às partes plenamente capazes estipular <u>mudanças no procedimento</u> para ajustá-lo às especificidades da causa e convencionar sobre os seus ônus, poderes, faculdades e deveres processuais, <u>antes ou durante o processo</u>.
>
> Parágrafo único. De ofício ou a requerimento, o juiz controlará a validade das convenções previstas neste artigo, recusando-lhes aplicação <u>somente nos casos de nulidade ou de inserção abusiva em contrato de adesão</u> ou em que alguma parte se encontre em <u>manifesta situação de vulnerabilidade</u>.
>
> Art. 191. De comum acordo, o juiz e as partes podem fixar <u>calendário para a prática dos atos processuais</u>, quando for o caso.
>
> § 1º O calendário <u>vincula as partes e o juiz</u>, e os prazos nele previstos somente serão modificados em casos excepcionais, devidamente justificados.
>
> § 2º <u>Dispensa-se a intimação das partes</u> para a prática de ato processual ou a realização de audiência cujas datas tiverem sido designadas no calendário. (destaquei)

Apesar de toda a aura de avanço de que é cercada essa normativa, penso que ela implica um *retorno* sem precedentes *ao séc. XIX*, no qual ainda havia séria dúvida sobre ser o processo um método estatal de solução de conflitos de interesses e acerca da natureza jurídica de suas normas. De todos sabido que já no final do referido século predominaram as correntes que defendiam a natureza de ordem pública para a normativa processual, *prevalecendo o publicismo* em detrimento do "privatismo" processual.

Como já ressaltado, o processo necessita de regras claras e previamente definidas porque as partes em conflito, na grande maioria dos casos, procurarão estabelecer regras procedimentais que lhes sejam benéficas, ou pelo menos que lhes garanta uma verdadeira amplitude de defesa, sendo muito comum notar-se, no curso do processo, a desigualdade das partes, principalmente quanto ao profissional contratado para a defesa de seus interesses, sem que isso importe em *manifesta situação de vulnerabilidade*. De modo que esse *negócio processual* somente teria sentido para as lides entre as grandes empresas, mas estas podem se valer da *arbitragem*, que será amplamente incentivada a partir da vigência do novo Código de Processo Civil (art. 3º, § 1º). Além disso, o juiz terá de conviver com vários "procedimentos" em sua unidade judiciária, inviabilizando uma padronização que é tão salutar para a *eficiência e celeridade* da prestação jurisdicional.

Essas mudanças no procedimento podem se referir, dentre outras, às seguintes hipóteses: a) *prazos* – majoração ou redução de prazos, numa corrente mais "avançada" inclusive de prazos peremptórios, até mesmo de prazos "regimentais", como o de fixação de tempo para sustentação oral nos tribunais; b) *penhora* – pacto de impenhorabilidade; c) *execução* – acordo para não se promover execução provisória, dispensa de caução; d) *provas* – dispensa de provas, não utilização de determinado meio de prova; e) *calendário processual*. Ademais, apenas o calendário processual dependerá de homologação judicial, nos termos do art. 191, ao passo que a mudança de procedimento seria *vinculante* para o juiz da causa, que poderá *apenas controlar* a legalidade desse negócio, recusando-lhe validade apenas e tão somente nos casos de *nulidade* (nulidades processuais, vícios de vontade e vícios sociais), de *inserção de cláusula abusiva em contrato de adesão* ou nos casos de *manifesta situação de vulnerabilidade* de uma das partes[13].

Ainda que a definição de calendário processual para a prática de *determinados* atos processuais já ocorra no processo do trabalho – que nunca precisou de regra expressa para autorizar a se fazer o que é bom e leva à celeridade –, o negócio jurídico processual, com toda a *extensão* pensada para o processo civil, é *manifestamente incompatível* com as normas do processo laboral, no qual se aplica o princípio inquisitivo, em busca da solução mais justa e mais rápida possível, nos moldes dos arts. 765, 852-D e 878 da CLT. Não podemos admitir que o processo do trabalho, um *processo pós-moderno*[14] – ainda que disciplinado na primeira metade do séc. XX – retroceda ao séc. XIX, no qual imperava uma visão privatista do processo, em que o processo era tido como um quase-contrato. O procedimento do processo do trabalho é todo envolto de *normas de ordem pública*, dado o direito material cuja análise e efetivação se propõe, não havendo espaços para amplos negócios jurídicos processuais em seu meio.

Enfim, a consagrada hipossuficiência do trabalhador já revela o quanto ele se encontra em situação de *manifesta vulnerabilidade*, motivo pelo qual não se poderia mesmo aplicar essa normativa, principalmente a norma do art. 190 do novo Código de Processo Civil, ao processo do trabalho.

4. DESCONSIDERAÇÃO DA PERSONALIDADE JURÍDICA

O novo Código de Processo Civil traz uma grande inovação no art. 133 e seguintes, criando o *incidente de desconsideração da personalidade jurídica*, regulamentando um procedimento *específico* ao referido incidente. Conquanto haja disciplina do instituto sob o prisma do direito material e robusto aporte doutrinário sobre o tema, não havia, no sistema processual, tratamento da matéria.

---

13   BUENO, Cassio Scarpinella. *Novo Código de Processo Civil anotado*. São Paulo: Saraiva, 2015, p. 162-165.
14   Sobre a pós-modernidade da CLT – e, por extensão, do processo do trabalho –, de se consultar a obra de Jorge Pinheiro Castelo, principalmente quanto este autor trata da desconsideração da personalidade jurídica (p. 349-363). CASTELO, Jorge Pinheiro. *O direito material e processual do trabalho e a pós-modernidade:* a CLT, o CDC e as repercussões do novo código civil. São Paulo: LTr, 2003.

Sem embargo, o *procedimento burocrático* criado pelo legislador, ainda que receba aplausos por parte da doutrina e tenha a clara intenção de proporcionar o contraditório pleno no exame da questão, bem como de evitar os chamados abusos judiciais na desconsideração de ofício e a penhora de bens de sócios que já não mais faziam parte da sociedade ou que não a administravam, proporcionando-lhes a ampla defesa antes de ver seu patrimônio constrito[15], parece-me que, na prática, o resultado será nefasto. A se aplicar rigidamente o ritual previsto para a desconsideração da personalidade jurídica da sociedade, a efetividade da medida processual, que por vezes se faz tão necessária à satisfação do crédito – também garantida no art. 4º do CPC de 2015 –, será próxima de zero. Nem se objete que o juiz poderá determinar medida cautelar (tutela provisória cautelar de urgência) de ofício, como o arresto (arts. 9º, parágrafo único, inciso I e 301), porque ela não tem o mesmo resultado prático.

Insta transcrever a norma do art. 133 e §§ do novo Código de Processo Civil, para que se possa investigar o seu sentido e alcance. Eis a norma:

> Art. 133. O incidente de desconsideração da personalidade jurídica será instaurado *a pedido da parte ou do Ministério Público*, quando lhe couber intervir no processo.
>
> § 1º O pedido de desconsideração da personalidade jurídica observará os *pressupostos* previstos em lei.
>
> § 2º Aplica-se o disposto neste Capítulo à hipótese de *desconsideração inversa* da personalidade jurídica. (destaquei)

Verifica-se, portanto, que o legislador criou um *incidente de cognição* – uma verdadeira ação incidental, a depender de "pedido" –, que deve ser instaurado *inclusive na execução*, nos moldes do art. 795, § 4º, do novo CPC. Mais que isso, trata-se de uma hipótese de *intervenção de terceiros* – e que por isso mesmo leva à suspensão do processo –, já que previsto o referido incidente no Capítulo IV do Título III do Livro III do novo Código, exatamente o Título que disciplina o *burocrático e procrastinatório* instituto da intervenção de terceiros. Ademais,

---

15 TUCCI, José Rogério Cruz e. *Supremacia da garantia do contraditório no Novo Código de Processo Civil*. Disponível em: <http://www.conjur.com.br/2015-abr-28/paradoxo-corte-supremacia-garantia-contraditorio-cpc>. Acesso em: 29 abr. 2015. Assevera este autor: "Este era mesmo um tema que reclamava tratamento legislativo. A existência de duas categorias bem nítidas de 'terceiros' impõe diferente solução na aferição da respectiva responsabilidade patrimonial. A situação na qual o sócio continua na administração da pessoa jurídica executada não é análoga àquela em que o sócio há muito tempo retirou-se do quadro social. A surpresa da desconsideração da personalidade jurídica para este último, supostamente responsável, recomenda a amplitude da defesa, centrada na sua participação efetiva no mencionado incidente processual".
Então, por que esse procedimento burocrático não foi reservado para essa situação, de retirada do sócio bem antes da desconsideração da personalidade jurídica? Quando o juiz toma essa medida, ele tem diante de si cópia do contrato social e de todas as alterações societárias da sociedade. Seria, portanto, mais salutar que esse procedimento fosse reservado para os casos em que se busque atingir sócios que não mais figuram no contrato social.

a instauração do incidente não poderá ser determinada de ofício, pois passa a depender de *pedido* da parte ou do Ministério Público, quando atue na condição de *custos legis*. E este pedido deve ser devidamente *fundamentado*, colacionando fatos e fundamentos jurídicos que revelem a presença de uma das hipóteses legais, sobretudo das previstas no art. 50 do Código Civil.

Veja-se o *procedimento* deste incidente, conforme os arts. 133 a 137 do novo Código de Processo Civil: 1º) um *pedido expresso* da parte ou do Ministério Público, que se assemelha a uma ação incidental, tanto que deverá haver comunicação imediata de sua instauração ao distribuidor, "para as anotações devidas (§ 1º do art. 134); 2º) a *suspensão do processo*, salvo se a desconsideração da personalidade jurídica for requerida na petição inicial (§ 2º deste artigo) – hipótese esdrúxula, pois nesse caso o que se tem é a formação de um litisconsórcio passivo facultativo, desde o início, não uma figura de intervenção de terceiros; 3º) a *citação* do sócio ou da pessoa jurídica – desta na desconsideração inversa, em que parte-se da pessoa do sócio para se atingir a sociedade da qual ele seja integrante –, que poderá apresentar *defesa*, tanto que o prazo fixado em seu favor é de 15 dias, o mesmo prazo de contestação (arts. 135 e 335); 4º) se houver requerimento de provas, será designada *audiência de instrução* (arts. 135 e 136); 5º) apenas após todo esse expediente é que o juiz ou o relator poderá proferir a *decisão interlocutória* sobre o incidente (art. 136 e parágrafo único); 6º) desta decisão cabe *agravo de instrumento* (art. 1.015, IV) ou *agravo interno* (parágrafo único do art. 136); 7º) na prática, o juiz será levado a determinar o arresto ou a penhora de bens do sócio ou da pessoa jurídica somente *após o trânsito em julgado* daquela decisão, para que possa, se necessário, declarar a ineficácia da alienação ou oneração de bens, após a citação para o incidente, por fraude de execução (art. 137).

Já é de se imaginar a *absoluta ineficácia* dessa medida, quando se tratar de arresto ou penhora de dinheiro, porque após a citação, ainda no prazo de defesa, não sobrará nada na conta bancária do terceiro (sócio) que, *por lei* (art. 795 e §§ do novo Código), é *responsável subsidiário* pelo adimplemento das obrigações da sociedade. Ora, ainda que não (mais) o seja, o procedimento de se determinar primeiramente a constrição de bens – de preferência dinheiro –, que jamais serão liberados em pagamento ou alienados sem o contraditório, que é apenas *diferido* para um momento posterior à constrição, não viola nenhuma das garantias fundamentais do processo. Repita-se: *o contraditório será pleno*, com possibilidade de defesa, suspensão do processo em relação ao terceiro, produção de provas, decisão, recurso etc., mas num momento ulterior ou subsequente (*contraditório diferido*), pois, na prática, sabe-se há muito tempo que, na situação inversa – de contraditório antecipado –, a eficácia da medida é seriamente comprometida.

No entanto, nos domínios do processo civil, assim será para toda e qualquer desconsideração da personalidade jurídica, a partir da vigência do novo Código de Processo Civil.

Pois bem, esse procedimento *burocrático* se aplica ao processo do trabalho? *Duas teses* podem surgir a respeito dessa questão: 1ª) não há norma sobre a desconsideração da personalidade jurídica no processo do trabalho e, diante dessa *lacuna*, há de se exigir esse procedimento; 2ª) ainda que a CLT seja omissa quanto ao tema, esse regramento todo é absolutamente *incompatível* com o processo do trabalho.

Penso que não se fazem necessárias maiores explicações para se concluir pelo acerto da segunda tese e pela total impertinência de se forjar argumentos (forçados) para a conclusão em sentido oposto, somente pelo gosto de se adotar a novidade.

Várias razões poderiam aqui ser alinhavadas para fundamentar a tese que ora se sustenta, mas três bastam a esse desiderato:

1ª) no processo do trabalho *não se exige* a demonstração inequívoca dos pressupostos previstos em lei, como os do art. 50 do Código Civil, porque podem ser utilizados os do art. 28 e §§ do CDC (Lei n. 8.078/90), além do que a jurisprudência trabalhista está solidificada no sentido de que *basta a insolvência* da sociedade devedora para que se promova a desconsideração da sua personalidade jurídica, tendo em vista que todos os sócios que participaram da sociedade *ao tempo* da constituição da obrigação trabalhista por ela respondem, por se tratar da satisfação de *crédito de natureza alimentar;*

2ª) o incidente de desconsideração da personalidade jurídica, como uma figura de *intervenção de terceiros*, é manifestamente *incompatível* com o processo do trabalho, no qual não se admite figura de intervenção que provoque a suspensão do processo – tanto que a hipótese de chamamento à autoria (denunciação da lide) pela ocorrência do *factum principis*, única intervenção prevista na CLT, em seu art. 486 e §§, praticamente não é mais aplicada na Justiça do Trabalho –, haja vista o direito material ao qual o processo do trabalho serve de mero instrumento;

3ª) no processo do trabalho predomina o *princípio inquisitivo* – que assim se torna um princípio *específico* e que dá *identidade* a este ramo processual –, não somente com fulcro no art. 765 da CLT, mas, nesse caso, com fundamento no art. 878 da Consolidação, segundo o qual o juiz do trabalho ou o tribunal pode iniciar a própria execução (ou cumprimento da sentença) *de ofício.*

Ora, é regra secular de hermenêutica a de que *"quem pode o mais, pode o menos".* Com efeito, o juiz do trabalho pode determinar, *de ofício*, a desconsideração da personalidade jurídica, ao verificar a insolvência da sociedade devedora, e o faz para a satisfação do crédito *alimentar* trabalhista, inclusive porque a responsabilidade do sócio é *ope legis*, restando escancarada no art. 795 e §§ do novo Código de Processo Civil, correspondentes ao art. 596 e §§ do CPC atual.

Nem se objete que estes dispositivos preconizam que a responsabilidade dos sócios esteja *prevista em lei* e que o art. 50 do CC/2002 exige a demonstração do abuso da personalidade jurídica, que deve ser consubstanciado numa situação concreta de desvio de finalidade do objeto social ou de confusão patrimonial entre os bens da sociedade e dos sócios. Como já explanado, este art. 50 é *incompatível* com o processo do trabalho e com o próprio direito material trabalhista, o *fundamento último* de haver um processo especial e uma Justiça especializada.

5. A FUNDAMENTAÇÃO DA DECISÃO JUDICIAL

É certo que desde a Constituição da República Federativa do Brasil de 1988 se exige a *fundamentação* da decisão judicial, *sob pena* de nulidade, *ex vi* do seu art. 93, inciso IX. Agora, o art. 11 do novo Código de Processo Civil também disciplina essa necessidade, que, aliás, é uma derivação do princípio fundamental do devido processo legal. De que adiantaria tecer regras e mais regras na configuração de um processo que atenda aos ditames constitucionais, assegurando-se às partes a plena participação em contraditório, se o juiz não tivesse de bem fundamentar suas decisões, sobretudo a que resolve o mérito da demanda a ele submetida.

Contudo, o que o legislador quis promover com esta extensa norma de fundamentação da decisão judicial (§ 1º do art. 489 do novo Código) é a necessidade de fundamentação *exaustiva*, inclusive para as *decisões interlocutórias*, o que se torna um verdadeiro disparate. Não é possível atingir a deseja eficiência jurisdicional, tampouco a sonhada efetividade processual – solução justa, no menor tempo possível, incluindo a atividade satisfativa –, se o juiz tiver de atender a todos os caprichos da doutrina, pois este dispositivo – inconstitucional, diga-se de passagem[16] –, é fruto da imaginação de quem nunca foi juiz ou de quem nunca sofreu com a demora da prestação jurisdicional. É *puro academicismo*. Esse interminável *checklist* que o juiz tem de observar, ao prolatar a sua

---

16 Houve um pedido de veto, feito pela ANAMATRA, pela AMB e pela AJUFE, aos arts. 12, 153 e 942, além dos §§ 1º, 2º e 3º do art. 489 e do § 1º do art. 927 do novo Código de Processo Civil. No entanto, infelizmente o pedido não foi atendido. Para a ANAMATRA, os §§ 2º e 3º do art. 489 e os incisos III, IV e V e § 1º do artigo 927 do novo CPC "exorbitam do poder de conformação legislativa do Parlamento, na medida em que terão impactos severos, de forma negativa, na gestão do acervo de processos, na independência pessoal e funcional dos juízes e na própria produção de decisões judiciais em todas as esferas do país, com repercussão deletéria na razoável duração dos feitos". Notícia: *Legislador não pode restringir conceito de fundamentação, diz Anamatra*. Disponível em: <http://www.conjur.com.br/2015-mar-09/legislador-nao-restringir-conceito-fundamentacao-anamatra>. Acesso em: 11 mai. 2015.

sentença ou redigir o seu voto para o acórdão, engessará de tal forma essa tão importante atividade e a tornará tão burocrática que o juiz não conseguirá, seguramente, proferir a metade das decisões que hoje, mesmo com tantas metas, consegue produzir.

DINAMARCO[17], em sua prestigiada obra, sempre citada, bem separa as hipóteses nas quais se exige uma decisão bem fundamentada, apontando, de outra banda, situações nas quais *não se pode exigir* do julgador fundamentação exauriente, sob pena de puro apego ao tecnicismo. Veja-se:

> Os tribunais brasileiros não são radicalmente exigentes no tocante ao grau de pormenorizações a que deve chegar a motivação da sentença, fazendo a distinção entre a sentença *mal motivada* e a sentença *não-motivada*. Toleram-se eventuais omissões de fundamentação no tocante a pontos colaterais ao litígio, pontos não-essenciais ou de importância menor, irrelevantes ou de escassa relevância para o julgamento da causa; não se toleram, contudo, omissões quanto ao essencial, sendo nula a sentença que deixe de se pronunciar sobre pontos que, se tivessem sido levados em consideração, poderiam ter conduzido o juiz a decidir de modo diferente. O dever de fundamentar é dimensionado, em cada caso concreto, em face das questões debatidas na instrução da causa e do grau de relevância de cada uma delas para a solução final. É sempre indispensável que o juiz faça, na motivação da sentença, (a) a interpretação das normas aplicadas, (b) o exame dos fatos e das provas, (c) a qualificação jurídica do conjunto dos fatos alegados e provados (*fatispecie*) e (d) a declaração das conseqüências jurídicas dos fatos que o juiz reconhece como ocorridos. Tais são a regra e a medida da *inteireza da motivação* (Michele Taruffo), que exige explicitude do juiz sobre todos os pontos relevantes e coerência entre os fundamentos e a conclusão. (destaques do autor citado)

O que se extrai dessa *verdadeira aula* é que o juiz precisa se pronunciar bem sobre todos os fatos e normas suscitadas que sejam *relevantes* para a decisão judicial. De se observar que o mestre paulista dá *igual importância* ao exame dos fatos e das provas – questão que não mereceu atenção do legislador tecnicista, que ficou apegado às questões jurídicas e aos inúmeros atos normativos –, porque isso é fundamental para o controle endoprocessual e extraprocessual da fundamentação da decisão judicial. Contudo, o juiz não precisa ficar tecendo considerações sobre fatos, questões jurídicas ou atos normativos não aplicáveis, irrelevantes ou impertinentes, porque *de modo algum* eles alterariam a conclusão judicial.

É curioso notar que *nenhuma menção* houve à *valoração da prova* sobre os fatos, como se o processo civil convivesse apenas com questões de direito. Nem se objete que isso estaria implícito em alguns dos seis incisos deste art. 489. Nesse ponto, a talvez singela norma do art. 832 da CLT se mostra muito mais

---

17 DINAMARCO, Cândido Rangel. *Instituições de Direito Processual Civil*. V. III. 4. ed., rev. atual. e com remissões ao Código Civil de 2002. São Paulo: Malheiros, 2004, p. 661-662.

completa, sem descer a particularismos que somente podem ser fruto do academicismo, porque prefiro imaginar que o objetivo desta norma não seja o de fomentar as nulidades processuais e, assim, procrastinar a solução das demandas. Todos aqueles que verdadeiramente atuam no Judiciário sabem o que é uma decisão bem fundamentada e, em contrapartida, o que é uma decisão mal elaborada, com desatenção aos fatos, provas e questões jurídicas importantes. Mas não há como enfeixar num dispositivo legal todas as hipóteses nas quais essas situações ocorrem, e nem é preciso. *É necessário confiar no Judiciário!* Apesar de suas mazelas, ainda é uma instituição merecedora de crédito e respeito. E a jurisprudência é rica em sedimentar hipóteses nas quais o julgador não observou o mandamento constitucional, com pronunciamentos de nulidade e determinação de retorno dos autos do processo à origem para que o órgão judicial profira nova decisão. Não havia a menor necessidade desse *checklist*, desse *manual de boa conduta* para o juiz fundamentar sua decisão, que, além de burocratizar o processo, vai desaguar em inúmeras provocações – e pronunciamentos – de nulidades.

Insisto: este artigo bem revela o quanto o legislador se preocupou muito mais com o formalismo processual, enfeixando inúmeras hipóteses de matéria de direito para a prolação da decisão judicial, como se o juiz não decidisse sobre fatos. Ora, a pior das decisões é aquela em que o julgador sintetiza: *pelo conjunto probatório, decido assim...* No entanto, nenhuma menção expressa à valoração da prova – tão ou mais importante do que os vários temas de direito ali previstos – foi feita pelo legislador que nos deu o novo Código de Processo Civil.

A cansativa leitura do § 1º do referido art. 489 fala por si:

> Art. 489. (...)
>
> § 1º Não se considera fundamentada qualquer decisão judicial, seja ela <u>interlocutória</u>, sentença ou acórdão, que:
>
> I – se limitar à indicação, à reprodução ou à paráfrase de ato normativo, <u>sem explicar sua relação</u> com a causa ou a questão decidida;
>
> II – empregar conceitos jurídicos indeterminados, <u>sem explicar o motivo concreto de sua incidência</u> no caso;
>
> III – invocar motivos que se prestariam a justificar <u>qualquer outra decisão</u>;
>
> IV – não enfrentar todos os argumentos deduzidos no processo capazes de, <u>em tese</u>, infirmar a conclusão adotada pelo julgador;
>
> V – se limitar a invocar precedente ou enunciado de súmula, <u>sem identificar seus fundamentos determinantes</u> nem demonstrar que o caso sob julgamento se ajusta àqueles fundamentos;
>
> VI – deixar de seguir enunciado de súmula, jurisprudência ou precedente invocado pela parte, <u>sem demonstrar a existência de distinção no caso em julgamento ou a superação do entendimento</u>. (todos os destaques são deste autor)

Algumas observações sobre estas normas:

1ª) a se exigir toda essa fundamentação *exaustiva* para toda e qualquer *decisão interlocutória*, será o fim do processo como instrumento de realização do direito material violado; portanto, de se exigir referida fundamentação – se exigível, porque inconstitucional – somente nas decisões interlocutórias com *conteúdo meritório*, como a decisão sobre tutela antecipada, a respeito de desconsideração da personalidade jurídica e, no processo do trabalho, decisão que declara sucessão empresarial ou formação de grupo econômico, por exemplo;

2ª) concordo que o juiz não deveria se limitar à indicação do artigo de lei, tampouco à sua reprodução no corpo da decisão, e que a simples paráfrase – o dizer com outras palavras – de um ato normativo não configura uma decisão bem fundamentada, se o juiz não *explicar a relação* do ato normativo com o caso concreto, com a questão jurídica (ou de fato) a ser decidida; contudo, há hipóteses em que a situação fática ou jurídica é tão clara que a simples transcrição de um ato normativo já possibilita a compreensão das partes, não havendo necessidade de maiores explicações, o que tomaria tempo desnecessário e impediria o exame de outros casos;

3ª) também concordo que o juiz não deve utilizar conceitos jurídicos indeterminados – aqueles em que há uma pluralidade semântica, por possuírem vários significados, como a boa-fé, a má-fé, a função social, a moralidade, a improbidade e um largo etcétera –, *sem explicitar às partes o motivo concreto de sua aplicação* naquele processo determinado; mas daí exigir-se do julgador uma fundamentação *exauriente* não seria lógico nem salutar, porque aquele que sair vencido em sua pretensão certamente entenderá que não houve a devida explicação para o uso de determinado conceito jurídico;

4ª) concordo, igualmente, que o juiz não deveria adotar uma motivação que poderia ser utilizada para julgar as situações jurídicas mais díspares possíveis – a doutrina tem se referido ao "pretinho básico", aquele vestido que serve para qualquer ocasião –, mas daí dispor que os fundamentos não poderiam se prestar a justificar *qualquer outra decisão*, uma locução tão larga que nela cabe qualquer coisa, é *flertar* com as invocações de nulidade;

5ª) inaceitável que o juiz tenha de enfrentar todos os argumentos apresentados pelas partes e terceiros intervenientes no curso do processo, e que sejam capazes de, somente *em tese*, propiciar outra solução para o caso concreto. *Isso é um disparate sem fim!* Se as petições – sobretudo as contestações dos grandes escritórios de advocacia – já são um amontoado de teses que em grande parte nada tem a ver com o caso concreto, ou retratam vários argumentos em série, mas com a mesma finalidade jurídica, a vingar essa absurda norma, *o juiz irá virar um consultor jurídico*, deixando de ser um julgador. As partes levarão o princípio da eventualidade *ao infinito*, tomando tempo precioso do juiz. Não se pode admitir essa extravagância de fundamentação *exauriente* sem preocupação com as premissas lógicas e concretas que conduzem à conclusão do juiz, porque a jurisprudência sedimentada no sentido de que o juiz não precisa rebater todos os argumentos deduzidos pelas partes, bastando que fundamente sua decisão, é uma jurisprudência que atende ao *princípio da eficiência* (art. 7º do novo Código de Processo Civil);

6ª) se toda a nova sistemática processual *endeusa* a aplicação dos precedentes jurisprudenciais e das súmulas dos tribunais, superiores e inferiores, e se estas súmulas doravante terão de ser exaustivas, por qual razão o juiz ainda terá de *identificar os fundamentos determinantes* desses precedentes e súmulas? Claro que o julgador deve demonstrar que o caso *sub judice* se amolda à situação jurídica definida no precedente ou na súmula, mas isso não requer tanto esforço assim, bastando que se identifique a questão jurídica, não sendo necessário, para tanto, analisar os acórdãos que deram origem ao precedente ou à súmula, *tampouco* seus fundamentos determinantes, que serão presumidos do próprio teor daqueles;

7ª) agora, ter que explicar à parte que o enunciado de súmula, a jurisprudência ou o precedente por ela invocado não é aplicável ao caso concreto, ou mesmo a superação do entendimento, quando as súmulas – e suas revisões – devem ser amplamente divulgadas, *aí já é demais!*

Espero, confio e torço, pelo bem do processo – concreto, não aquele das academias – que, a não vingar a tese da inconstitucionalidade levantada pelas associações de magistrados, o E. STF mantenha a sábia decisão tomada em 2010, com efeito de *repercussão geral*, a seguir transcrita:

> *Questão de ordem. Agravo de Instrumento. Conversão em recurso extraordinário (CPC, art. 544, §§ 3° e 4°). 2. Alegação de ofensa aos incisos XXXV e LX do art. 5º e ao inciso IX do art. 93 da Constituição Federal. Inocorrência. 3.* ***O art. 93, IX, da Constituição Federal exige que o acórdão ou decisão sejam fundamentados, ainda que sucintamente, sem determinar, contudo, o exame pormenorizado de cada uma das alegações ou provas, nem que sejam corretos os fundamentos da decisão.*** *4. Questão de ordem acolhida para reconhecer a repercussão geral, reafirmar a jurisprudência do Tribunal, negar provimento ao recurso e autorizar a adoção dos procedimentos relacionados à repercussão geral.* (Repercussão geral na questão de ordem no RE-AI nº 791.292/PE, Relator Ministro GILMAR FERREIRA MENDES, j. 23/06/2010, p. 13/08/2010)[18].

---

18 In VALENTE, José Alexandre Barra. *A Fundamentação das Decisões Judiciais no Novo Código de Processo Civil e sua Aplicação no Processo do Trabalho*. Revista Eletrônica do Tribunal Regional do Trabalho da 9ª Região, V. 4, n. 39, abr. 2015, p. 184. Disponível em: <http://www.mflip.com.br/pub/escolajudicial/>. Acesso em: 4 mai. 2015. De se registrar que este autor adota tese oposta, de aplicação do § 1º do art. 489 do novo Código de Processo Civil ao processo do trabalho.

5.1. SENTENÇA OMISSA E EMBARGOS DE DECLARAÇÃO

Como se não bastasse, o novo Código de Processo Civil ainda prevê o cabimento de embargos de declaração contra a sentença que deixe de esmiuçar todas as hipóteses do art. 489, § 1º, em conformidade com seu art. 1.022, parágrafo único, inciso II, o qual, num tom *ameaçador*, disciplina:

> Art. 1022. (...)
>
> Parágrafo único. Considera-se <u>omissa</u> a decisão que:
>
> I - deixe de se manifestar sobre tese firmada em julgamento de casos repetitivos ou em incidente de assunção de competência aplicável ao caso sob julgamento;
>
> II - <u>*incorra em qualquer das condutas descritas no art. 489, § 1º*</u>. (destaquei)

Sendo assim, pela lógica do novo Código de Processo Civil a sentença somente estará bem fundamentada se atendido todo o extenso *checklist* do § 1º do art. 489, já comentado. Faltando um dos itens, ela será omissa, por não entregar *in totum* a prestação jurisdicional invocada pelas partes, o que poderá ser objeto de *preliminar* do recurso de apelação, na qual a parte que se sentir prejudicada com a desatenção do julgador de 1º grau postulará ao tribunal a declaração da *nulidade da sentença*, inclusive com amparo no art. 93, inciso IX, da Constituição da República Federativa do Brasil.

Fosse esta a única solução possível adotada pelo sistema processual, a partir da vigência do novo Código de Processo Civil, até que seria coerente – conquanto não recomendável, pelas razões já expostas.

Sem embargo, o novo sistema que se quer inaugurar me parece deveras contraditório, porque continuará a permitir – tal qual o CPC de 1973 – a *devolutividade ampla* em matéria recursal (princípio da ampla devolutividade recursal). Veja-se – pela clareza das normas – o teor do art. 1.013 do novo Código, especialmente de seus §§ 1º, 2º e 3º, IV:

> Art. 1.013. A apelação devolverá ao tribunal o conhecimento da matéria impugnada.
>
> § 1º Serão, porém, objeto de apreciação e julgamento pelo tribunal todas as questões suscitadas e discutidas no processo, <u>*ainda que não tenham sido solucionadas*</u>, desde que relativas ao capítulo impugnado.
>
> § 2º Quando o pedido ou a defesa tiver mais de um fundamento e o juiz acolher apenas um deles, <u>*a apelação devolverá ao tribunal o conhecimento dos demais*</u>.
>
> § 3º Se o processo estiver em condições de imediato julgamento, o tribunal <u>*deve decidir desde logo o mérito*</u> quando:
>
> I - reformar sentença fundada no art. 485;
>
> II - decretar a nulidade da sentença por não ser ela congruente com os limites do pedido ou da causa de pedir;

III - constatar a omissão no exame de um dos pedidos, hipótese em que poderá julgá-lo;

IV - *decretar a nulidade de sentença por falta de fundamentação*. (destaquei)

Ora, se o tribunal, ao decretar a nulidade da sentença por falta de fundamentação exaustiva *deve, desde logo, julgar* o mérito do recurso, em estando o processo "maduro" – devidamente instruído e, portanto, em condições de imediato julgamento –, *qual o sentido lógico* de se obrigar o juiz de 1º grau, tão assoberbado de tantos processos e tantas atividades, com um olho no processo e outro nas metas que se avolumam cada vez mais, a proferir sentenças exaurientes? Não me parece haver lógica alguma nessa nova sistemática.

5.2. APLICAÇÃO NO PROCESSO DO TRABALHO

Seja como queiram, mas nos domínios do processo civil. No âmbito do processo do trabalho, somente por um *esforço hermenêutico* que se afeiçoe ao *novidadismo* se poderia cogitar da aplicação supletiva e/ou subsidiária das burocráticas regras do § 1º do art. 489 do novo Código de Processo Civil. Dito de outra maneira, o *pós-moderno* processo do trabalho não pode conviver com normas tão formais e procrastinadoras, mormente por já conter regras próprias que, a despeito de sua aparente simplicidade, sempre foram suficientes para a prestação jurisdicional trabalhista. Trata-se das normas do art. 832 e §§ da CLT:

> Art. 832 - Da decisão deverão constar o nome das partes, o resumo do pedido e da defesa, *a apreciação das provas, os fundamentos da decisão* e a respectiva conclusão.
>
> § 1º - Quando a decisão concluir pela procedência do pedido, *determinará o prazo e as condições para o seu cumprimento*.
>
> § 2º - A decisão mencionará sempre as custas que devam ser pagas pela parte vencida.
>
> § 3º - As decisões cognitivas ou homologatórias *deverão sempre indicar a natureza jurídica das parcelas constantes da condenação ou do acordo homologado, inclusive o limite de responsabilidade de cada parte pelo recolhimento da contribuição previdenciária*, se for o caso. (Incluído pela Lei nº 10.035, de 2000) (destaques do autor)

De se observar que as normas próprias do processo do trabalho levam em conta as peculiaridades deste, podendo ser destacados os seguintes aspectos: 1º) *a boa valoração das provas* – com o que não se preocupou o novo Código de Processo Civil –, tendo em vista que a prova oral, em decorrência do princípio da primazia da realidade – influência do direito material trabalhista no campo do processo –, é a mais importante das provas na Justiça do Trabalho; 2º) *os fundamentos jurídicos da decisão*, bastando que sejam apontados com clareza, tendo em vista a enormidade de fontes do direito do trabalho, *ex vi* do art. 8º e parágrafo único da CLT, com destaque especial para as normas convencionadas coletivamente e a jurisprudência específica, cujas súmulas e orientações jurisprudenciais, em sua grande maioria, são de clareza solar; 3º) *em havendo condenação*, sobretudo ao cumprimento de obrigações de fazer, considerando-se, ainda, que em regra as condenações, no âmbito da Justiça do Trabalho, são ao cumprimento de obrigações de natureza alimentar, há de se preocupar com *o prazo e as condições de cumprimento* ou satisfação dessas obrigações; 4º) a partir da Emenda Constitucional n. 20/98 a Justiça do Trabalho passou a ter competência para executar, de ofício, *as contribuições previdenciárias incidentes* sobre as verbas de natureza salarial objeto da condenação – singularidade sem paralelo no processo civil –, motivo pelo qual a sentença deve deliberar sobre todas essas questões, inclusive apontando a responsabilidade de cada uma das partes pela cota que lhe cabe.

Ademais disso, quem milita de fato na Justiça do Trabalho sabe que, na prática, há uma *infinidade de pedidos*, correlacionados a uma infinidade de fatos – e suas consequências jurídicas – que ocorrem no curso na relação de trabalho, que é sempre de trato sucessivo. Daí a *total impertinência* de todo aquele *checklist* para um processo que lida com ampla gama de questões, díspares, ao mesmo tempo. Outrossim, de se insistir, um processo cuja maioria dos direitos postulados corresponde a verbas trabalhistas de natureza alimentar. Por isso mesmo a *simplicidade* que sempre acompanhou a dinâmica processual trabalhista.

Agora, se alguém quiser ser "moderninho", por coerência, que sustente também a aplicação supletiva ou subsidiária dos arts. 319 e 320 do novo Código de Processo Civil, que tratam dos *requisitos indispensáveis da petição inicial*, ao processo do trabalho, jogando por terra toda uma construção doutrinária e jurisprudencial no sentido de ser *suficiente* a regra aparentemente simples do § 1º do art. 840 da velha e boa CLT. E não se poderia mais admitir *reclamação verbal* (§ 2º), que ainda é largamente utilizada nos Estados no Norte do país, dadas as peculiaridades que lhes são inerentes.

Pior, teria que sustentar também a incompletude – ou quiçá revogação – da norma específica do art. 897-A da CLT, que cuida das *hipóteses de cabimento* de embargos de declaração no processo do trabalho.

> Art. 897-A Caberão embargos de declaração da sentença ou acórdão, no prazo de cinco dias, devendo seu julgamento ocorrer na primeira audiência ou sessão subseqüente a sua apresentação, registrado na certidão, admitido efeito modificativo da decisão <u>*nos casos de omissão e contradição no julgado e manifesto equívoco no exame dos pressupostos extrínsecos do recurso*</u>. (Incluído pela Lei nº 9.957, de 2000)
>
> § 1º <u>*Os erros materiais*</u> poderão ser corrigidos <u>*de ofício*</u> ou a requerimento de qualquer das partes. (Redação dada pela Lei nº 13.015, de 2014) (destaques do autor)

Ora, aqui também temos norma própria no processo do trabalho, não se podendo cogitar da aplicação do art. 1.022 do novo Código de Processo Civil, muito menos de seu parágrafo único, menos ainda do inciso II deste parágrafo. A se pensar de forma diferente, que se aplique também no processo do trabalho as normas do art. 1.013 e §§ do novo Código, o que levará o tribunal regional do trabalho a *sempre ter de julgar o mérito do recurso ordinário*, quando a causa já estiver "madura", devidamente instruída e pronta para julgamento, ainda que considere a sentença nula por falta de fundamentação *exaustiva*.

Duas últimas considerações pela *inaplicabilidade* das regras do § 1º do art. 489 do novo Código de Processo Civil ao processo do trabalho: 1ª) na Justiça do Trabalho temos uma *vastidão de súmulas e orientações jurisprudenciais do TST*, e de súmulas dos TRTs, ao que se soma a realidade de processos envolvendo inúmeros pedidos e matérias, o que tornaria sufocante – e deveras morosa – a observância de todo aquele *checklist* na prolação da sentença pelo juiz do trabalho; 2ª) se para a adoção da *súmula vinculante* no sistema jurídico brasileiro houve a necessidade de uma emenda constitucional – n. 45, de 2004, que introduziu o art. 103-A e §§ na Constituição da República Federativa do Brasil –, como é que se pode considerar constitucional um simples Código de Processo Civil – sob o prisma da hierarquia normativa, apenas – adotar toda uma sistemática de *endeusamento* das súmulas e precedentes jurisprudenciais, tornando-os obrigatórios? *Muito discutível* a constitucionalidade de toda essa normativa.

Evidente que o juiz não é deus, nem semideus, e que deve, por uma questão de política judiciária, ressalvar seus entendimentos pessoais e não propiciar às partes expectativas vãs. Contudo, quantas e quantas "viradas" jurisprudenciais surgiram exatamente da *independência de julgar*, a qual possibilitou que juízes verdadeiramente preocupados com o senso de justiça – que não é incomum, a despeito de teorizações em sentido contrário –, contrariando a jurisprudência sedimentada e por vezes atos normativos, *construíssem normas jurídicas mais avançadas*, que mudaram para melhor a vida das pessoas, o que deve ser o centro das preocupações dos juristas e aplicadores do Direito. Muito tempo depois é que vieram as alterações legislativas correspondentes. Poderíamos desfiar um *rosário de hipóteses*, mas talvez seja suficiente recordar: a) a igualdade entre homens e mulheres; b) o divórcio; c) a união estável; d) a união homoafetiva; e) a adoção por pessoas do mesmo sexo; f) as várias hipóteses de responsabilidade objetiva e um largo etcétera. E, no campo do processo do trabalho, as guinadas em relação a: a) (não) redução do intervalo intrajornada por acordo ou convenção coletiva de trabalho; b) hora extra mais adicional para cortadores de cana-de-açúcar; c) responsabilidade objetiva por danos decorrentes de acidente do trabalho em atividades de risco etc.

Enfim, regras engessadoras como as do § 1º do art. 489 do novo Código de Processo Civil, e de tantas outras desse Código, *impedem o avanço positivo do*

Direito e não "consertam" os maus juízes, que sempre continuarão a existir, por mais que leis tentem "enquadrá-los". Os efeitos desse tipo de norma costumam ser inversos aos pretendidos, pois os bons juízes, já preocupados com a boa e justa prestação jurisdicional, sentem-se de tal forma "amedrontados" e preocupados em atender às novas exigências, que de duas uma: 1ª) de tão perfeccionistas passam a produzir menos; 2ª) tentam fazer sentenças perfeitas com a mesma exigência de produtividade – com "medo" das tantas metas – e acabam adoecendo. Na verdade, nada impede que estas duas situações estejam inter-relacionadas, o que pode agravar a situação.

É este o Judiciário que a sociedade quer? Está na hora de a sociedade, devidamente esclarecida, manifestar-se, pois se permanecem apenas juristas, juízes e advogados no campo de debate, os maiores interessados na solução do problema – os tais jurisdicionados – não terão sua voz ouvida. Talvez estes se interessem mais pelas verdadeiras *democracia* e *justiça* do que os juristas de plantão.

Capítulo 66

O CONFLITO ENTRE O NOVO CPC E O PROCESSO DO TRABALHO

Jorge Luiz Souto Maior[1]

SUMÁRIO: 1. O PROCESSO DO TRABALHO; 2 O PROCEDIMENTO ORAL TRABALHISTA E O ART. 769, DA CLT; 3. CONTEXTO DO ADVENTO DO NOVO CPC; 4. ANÁLISE DO NOVO CPC; 4.1. ALGUNS ELEMENTOS PARA O DIAGNÓSTICO; 4.2. "NORMAS FUNDAMENTAIS"?; 4.3. MIRANDO A JUSTIÇA DO TRABALHO; 4.4. PERIGO À VISTA; 4.5. O MAIOR PERIGO: ATAQUE À INDEPENDÊNCIA DO JUIZ; 4.6. CONTROLANDO OS JUÍZES E DESEMBARGADORES; 5. JURISPRUDÊNCIA DE CÚPULA E AFRONTA À CELERIDADE; 6. O INCONSTITUCIONAL ATAQUE À INDEPENDÊNCIA DO JUIZ; 7. NENHUM OTIMISMO; 8. CONCLUSÃO.

Sempre que há alterações no processo civil indaga-se sobre os efeitos dessas mudanças no processo do trabalho. Os títulos dos textos escritos a respeito, por consequência, geralmente são "impactos (ou reflexos) das alterações do CPC no processo do trabalho".

Proponho desta feita, no entanto, o título acima por considerar que o que se apresenta, de fato, entre o novo CPC e o processo do trabalho é um conflito incontornável, que vai exigir da Justiça do Trabalho uma firme postura de resistir à aplicação das regras do novo Código, sob pena de sofrer abalos muito graves que poriam em questão a sua própria sobrevivência enquanto instituição especializada no âmbito do Judiciário.

Mais do que nunca, portanto, é preciso situar de forma mais consistente o processo do trabalho na aludida enciclopédia jurídica, vez que os estudos na área tem se mostrado bastante deficientes, conferindo ao conhecimento do processo do trabalho uma indevida dependência do processo civil.

1. O PROCESSO DO TRABALHO

As regras de proteção aos trabalhadores surgiram como forma de tentar salvaguardar o capitalismo em um momento em que se reconheceram os efeitos nefastos da regulação de índole liberal do conflito capital x trabalho. As regras trabalhistas, em sentido amplo, abalaram a compreensão jurídica, atingindo, inclusive, a própria concepção de Estado, que deixa de ser Estado Liberal para se tornar Estado Social.

---

[1] Juiz do Trabalho, titular da 3ª. Vara do Trabalho de Jundiaí/SP. Professor livre-docente da Faculdade de Direito da USP.

Nesse contexto, o próprio Direito Civil se transformou, falando-se, à época, em "novo Direito Civil". A resistência à nova ideia ainda assim foi grande e os interesses econômicos se fizeram presentes para tentar preservar a liberdade ilimitada dos negócios, mantendo inabalável o Direito Civil.

De todo modo, sendo impossível negar a emergência dos direitos sociais, a nova racionalidade foi integrada aos "novos direitos", o Direito do Trabalho e o Direito Previdenciário, que seriam, para muitos, uma espécie de "tercius genius" do direito, ao lado dos direitos público e privado.

Esse conflito metodológico no Direito, fazendo coabitar uma racionalidade social em paralelo com uma racionalidade social, gerou, e ainda tem gerado, vários problemas de afirmação e de efetividade para os direitos sociais

Nesta linha dos complicadores à aplicação concreta dos direitos sociais está precisamente a integração dos estudos do processo do trabalho à linha dos estudos do processo civil. Ora, o processo é instrumento de efetivação do direito material e se o direito material ao qual o processo civil está voltado é o direito civil, com uma lógica pretensamente liberal, é óbvio que o processo civil reflete esse sentimento. Estudar o processo do trabalho a partir dessa raiz é desconsiderar a própria razão de afastar o direito do trabalho do direito civil, negando vida concreta aos direitos trabalhistas.

Se o modelo capitalista concedeu a possibilidade do advento do direito do trabalho, é mais que evidente que a instrumentalização desse direito não pode ser feita pela lógica liberal que invade o processo civil.

Há, portanto, um enorme equívoco histórico e de metodologia em buscar compreender o processo do trabalho a partir do processo civil. Mesmo partindo da questionável divisão do Direito por ramos que não se comunicam a partir de dois grandes grupos, o público e o privado, e, pior ainda, integrando o Direito do Trabalho ao campo do direito privado (o que é um total absurdo, mas enfim), o que se teria por consequência é o alinhamento do processo ao ramo do direito material que lhe é correspondente de forma específica. Assim, mesmo com tais pressupostos extremante reduzidos do alcance da atual fase do Direito o processo do trabalho seria derivado do direito do trabalho e não do processo civil.

Claro que os estudos do processo evoluíram para a construção de um ramo específico do Direito, o Direito Processual, mas se isso representou em uma época um passo importante para construção de uma teoria voltada à melhor compreensão da atuação processual, desvinculada do direito material, essa preocupação deixou de ser importante quando foram percebidos os riscos da consideração do processo como ciência autônoma, compreendido como um fim em si mesmo, retomando-se, então, o caráter instrumental do processo.

É importante não se perder a visão plena da relevância do processo como instrumento de efetivação do direito material. Neste sentido, o processo do trabalho só pode ser concebido como uma via de acesso à consagração das promessas do Estado Social e, mais propriamente, do direito material do trabalho.

Claro que existem conquistas processuais importantes, para proteção dos cidadãos do autoritarismo de Estado, estando entre elas, o contraditório, a ampla defesa, o juiz natural etc. Mas não se pode perder de vista que o conflito subjacente no processo do trabalho não se estabelece entre o cidadão e o Estado e sim entre o capital e o trabalho que é assimétrico, em detrimento do trabalhador, cumprindo ao Estado, precisamente, interferir nessa relação para impedir que o poder econômico subjugue a condição humana dos trabalhadores.

A desigualdade da relação material, ademais, permite que o empregador tenha aquilo que, na teoria processual, se denomina "autotutela". Ou seja, o empregador tem o poder de tutelar, por ato unilateral, o seu interesse, impondo ao empregado determinados resultados fático-jurídicos. Se o empregado não comparece ao trabalho, o empregador desconta seu salário; se atrasa, mesma coisa. Se o empregado age de modo que não atenda à expectativa do empregador este, mesmo que o direito, em tese, não lhe permita fazê-lo, multa, adverte e até dispensa o empregado...

O empregador, portanto, não precisa da tutela do Estado para a satisfação de seu interesse.

O mesmo, no entanto, não ocorre com o empregado, que diante da supressão de seus direitos, por ato do empregador, precisa, geralmente, se socorrer da via processual.

Se os direitos trabalhistas são essencialmente direitos dos trabalhadores e se o processo serve à efetivação desses direitos, resta evidenciado que o processo do trabalho é muito mais facilmente visualizado como um instrumento a serviço da classe trabalhadora. Trata-se de um instrumento pelo qual os trabalhadores tentam fazer valer os direitos que entendem tenham sido suprimidos pelo empregador.

E se o processo do trabalho tem essa finalidade real, é evidente que os institutos processuais trabalhistas não podem se constituir em empecilho ao propósito do processo. Como facilitadores do acesso à ordem jurídica justa, e não como obstáculos, os institutos processuais trabalhistas (petição inicial; distribuição do ônus da prova; recursos; execução – hoje, cumprimento da sentença), devem ser analisados e aplicados de modo a garantir a eficácia do Direito do Trabalho.

Para cumprimento dessa instrumentalidade não se pode ter resistência em aplicar no processo do trabalho os princípios do Direito do Trabalho, que partindo do reconhecimento da desigualdade material entre as partes, conferem ao trabalhador uma racionalidade protetiva. Ora, se o Direito do Trabalho é protetivo para conferir eficácia aos direitos e se os direitos trabalhistas, quando resistidos pelo empregador, só se tornam efetivos pela via processual, é mais que evidente que esta via, a do processo, deve se guiar pelos mesmos princípios extraídos da racionalidade protetiva, pois do contrário seria o mesmo que negar aos direitos trabalhistas a possibilidade de realização concreta.

Por exemplo, se por incidência do princípio da irrenunciabilidade, o trabalhador não pode renunciar aos seus direitos, vez que um permissivo neste sentido representaria a ineficácia plena dos direitos trabalhistas, dado o estado de dependência e de submissão econômica do empregado frente ao poder do empregador, caso se assumisse que no processo, porque ligado à lógica principiológica do processo civil, o empregado, transformado em reclamante, pode renunciar aos seus direitos, seria o mesmo que dizer que, de fato, o princípio da irrenunciabilidade do Direito do Trabalho não é mais que uma solerte mentira.

O certo é que o processo do trabalho deve se guiar pelos mesmos princípios que norteiam o Direito do Trabalho, cabendo ao juiz, como responsável pela direção do processo, imbuir-se dessa racionalidade, até porque não terá como separar, mental e praticamente, as atuações no campo material e processual.

O processo do trabalho será tão eficiente, como instrumento de efetivação do direito do trabalho, quanto for diligente o juiz no exercício de sua função de aplicador e construtor de um direito voltado à correção das injustiças e à promoção da justiça social, sendo que a tanto está obrigado por determinação legal (vide, a propósito, os artigos 8º, 9º e 765, da CLT).

Nesse contexto, o processo do trabalho não se volta apenas à solução do conflito no caso concreto, aplicando a norma ao fato. Impingi-lhe a obrigação de implementar uma política judiciária destinada à correção da realidade, de modo a impedir que novas agressões jurídicas, com mesmo potencial ofensivo, se realizem, valendo lembrar que o Direito do Trabalho não é um direito individual (ainda que a doutrina, de forma inadvertida lhe tenha cunhado esse título), constituindo, isto sim, um arcabouço de regulação do modo de produção capitalista. O descumprimento reiterado dos direitos trabalhistas desestabiliza toda a sociedade em detrimento da própria economia.

Assim, impõe-se ao processo do trabalho não apenas conferir ao trabalhador o que é seu por direito, na perspectiva individual, mas também gerar desestímulo às práticas ilícitas (reincidentes) que promovam desajuste na concorrência, geram vantagem econômica indevida ao agressor, agridam a dignidade humana do trabalhador e tenham o potencial de provocar o rebaixamento da relevância social da classe trabalhadora. Neste sentido, aliás, são expressos os artigos 832, § 1º. e 652, "d", da CLT.

A existência de princípios próprios do direito processual do trabalho é sustentada por Wagner Giglio[2] com base na teoria da instrumentalidade do proces-

---

2 GIGLIO, Wagner Drdla. *Direito processual do trabalho*. São Paulo: LTr, 1993, pp. 105-106.

so: "Ora, o Direito Material do Trabalho tem natureza profundamente diversa da dos demais ramos do direito, porque imbuído de idealismo, não se limita a regular a realidade da vida em sociedade, mas busca transformá-la, visando uma distribuição da renda nacional mais equânime e a melhoria da qualidade de vida dos trabalhadores e de seus dependentes; por que os conflitos coletivos do trabalho interessam a uma grande parcela da sociedade, e têm aspectos e repercussões sociais, econômicos e políticos não alcançados, nem de longe, pelos litígios de outra natureza; porque pressupõe a desigualdade das partes e, na tentativa de equipará-las, outorga superioridade jurídica ao trabalhador, para compensar sua inferioridade econômica e social diante do empregador; e porque diz respeito, é aplicado e vivido pela maioria da população. O Direito Civil aproveita aos proprietários de bens; o Direito Comercial, aos comerciantes; o Penal se aplica aos criminosos. Mas se nem todos possuem bens, são comerciantes ou criminosos, praticamente todos trabalham, e a maioria flagrante trabalha sob vínculo de subordinação."

Cristóvão Piragibe Tostes Malta[3] assevera que "O direito processual do trabalho é autônomo, pois tem campo, fundamentos e princípios que não se confundem, ao menos em parte, com os princípios etc., pertinentes ao processo comum. O princípio segundo o qual o empregado goza de mais privilégios no processo que o empregador, como se verifica, por exemplo, pela circunstância de fazer jus ao benefício da gratuidade processual sempre que perceber até duas vezes o salário mínimo (não tendo outras fontes de renda substanciais), de estar o empregador sujeito a depósito para efeito de recurso e o empregado não, de poder este receber diferenças de salários oriundas de sentenças, acordo ou convenções coletivas mediante iniciativa de seu sindicato de classe, que pode ajuizar a reclamação até mesmo sem consultar previamente a propósito o associado, são peculiaridades do processo trabalhista. Outros princípios, já consagrados pelo processo civil, apresentam características próprias no processo trabalhista. Este parte, inclusive, de uma premissa estranha ao processo civil, ou seja, de que devem ser introduzidas facilidades e simplificações no processo para atender-se à condição de economicamente fraco do empregado, de sua inferioridade prática diante do empregador"[4].

Trueba Urbina[5] nega qualquer relação do processo do trabalho com o processo civil, demonstrando, precisamente, como o processo é influenciado pela

---

3   MALTA, Christóvão Piragibe Tostes. *Prática do processo do trabalho*. São Paulo: LTr, 1993, p. 36.
4   MALTA, Christóvão Piragibe Tostes. *Prática do processo do trabalho*. São Paulo: LTr, 1993, p. 40.
5   "El ideario de los Códigos Civiles sobre libertad de contratación y autonomía de la voluntad, se trasplanta a los Códigos de Procedimentos, en que quedaron establecidos, como principios fundamentales de derecho público la jurisdicción, la acción, la prueba, el procedimiento, la sentencia, que se conjugan en dos ideales tradicionales: la *igualdad de las partes en el proceso y la imparcialidad del juzgador*; pero tan falsos son estos principios como el que los inspiró, de igualdad de los hombres ante la propria ley, y la

lógica do direito material, atribuindo a origem da desigualdade desses processos, principalmente, ao fato de que o processo do trabalho, ao contrário do processo civil, foi sensível à necessidade de transportar para o processo a desigualdade existente na relação de direito material[6].

E adverte Trueba Urbina[7]:

> ...al correr del tiempo hemos llegado a la convicción de que el processo es más bien un instrumento de lucha de los trajadores en defensa de sus derechos, pues generalmente son los trabajadores los que intentan las acciones procesales por violaciones al contrato o realción de trabajo y a las leyes y en pocas ocasiones ocurren los empresarios planteando conflictos.

2. O PROCEDIMENTO ORAL TRABALHISTA E O ART. 769, DA CLT

O artigo 769 da CLT prevê que o processo comum será fonte subsidiária do processo do trabalho. Na prática, diante de inovações ocorridas no processo civil, recorre-se ao artigo 769 da CLT, para atrair essas inovações ao processo do trabalho. Esquece-se, no entanto, que o procedimento trabalhista, inscrito na CLT, tem uma lógica e que primeiro esta deva ser entendida, para somente depois vislumbrar a aplicação subsidiária em questão, o que requer, também, uma contextualização histórica.

O procedimento adotado na CLT é o procedimento oral, cujas bases foram formadas a partir da necessidade de corrigir os defeitos do procedimento escrito que imperava na Idade Média. Na Idade Média o processo era sigiloso; com-

---

verdad de las cosas es que el derecho procesal fue dominado por el individualismo y el liberalismo, en prejuicio de los débiles. Todo lo cual constituyen los elementos de la *teoría general del processo*." (URBINA, Trueba. *Nuevo Derecho procesal del trabajo*. México: Porruá, 1975, p. 328).

6 "Desde mediados del siglo pasado se empezó a operar en el processo civil una verdadera crisis que estremeció sus principios esenciales. Esta crisis fue originada precisamente porque las mismas desigualdades que existían en la vida, también aparecían y en forma más cruel en el proceso.
Precisamente le crisis más aguda del derecho procesal individualista la originó la condición del obrero frente al patrón, cuya desgualdad económica en sus relaciones es evidente; en el proceso tampoco podía haber igualdad entre trabajador y el industrial, Otra de las crisis del derecho procesal individualista se contempla cuando litiga la mujer frente al marido, el menor frente al padre que lo abandona, el individuo frente al Estado, y consiguientemente aparecen preceptos procesales de excepción con objeto de compensar y reparar esas desigualdades, porque tuvo que reconocerse que una desigualdad sólo se compensa con otra, de modo que los sujetos débiles en el proceso tenían necesariamente que ser tutelados por leyes que los compensaram frente a los fuertes. Y lo mismo que ocurrió en el derecho civil, también sucedió en el derecho procesal: la libertad de contratación y la autonomía de la voluntad se quebraron y el principio teórico de igualdad de las partes en el proceso se fue substituyendo por nuevas normas de excepción en favor de los débiles para acercarse más al ideal de igualdad en la vida y en el proceso. Entonces las dificultades o pleitos que surgián entre los trabajadores y sus patrones se dirimían ante los tribunales judiciales, con sujeicón a los principios del proceso civil. La justicia civil era proteccionista del patrón. Y la revolución en el derecho y en la vida eram inminentes.» (URBINA, Trueba. *Nuevo Derecho procesal del trabajo*. México: Porruá, 1975, p. 328).

7 URBINA, Trueba. *Nuevo Derecho procesal del trabajo*. México: Porruá, 1975, p. 329.

plicado (a cada escrito correspondia um contra-escrito); formalista ("o que não está nos autos não está no mundo"); coisa das partes (só se desenvolvia por iniciativa das partes); e fragmentado (toda decisão era recorrível, e as provas eram colhidas por um juiz instrutor). Além disso, a atuação do juiz era limitada, imperando o sistema da prova legal (cada tipo de prova tinha um valor prévio determinado e o resultado da lide era baseado na quantificação das provas produzidas pelas partes).

O procedimento que se originou do princípio da oralidade, conhecido, por isso mesmo, por procedimento oral, fixou-se, por conseguinte, com as seguintes características: busca da simplicidade e da celeridade; prevalência da palavra sobre o escrito; provas produzidas perante o juiz julgador; juiz que instrui o processo é o juiz que julga; atos realizados em uma única audiência ou em poucas, umas próximas das outras; decisões interlocutórias irrecorríveis; impulso do processo por iniciativa do juiz; julgamento com base no sistema da persuasão racional.

O procedimento oral, portanto, não ocasionalmente, possui como características: a) a primazia da palavra; b) a imediatidade; c) identidade física do juiz; d) a concentração dos atos; f) a irrecorribilidade das decisões interlocutórias; g) a participação ativa do juiz.

A CLT foi publicada em 1943. Nessa época era vigente o Código de Processo Civil de 1939. Este Código, o de 39, foi formulado com base nos postulados da oralidade. A oralidade, por influência da obra de Chiovenda, era a coqueluche do momento. Aliás, não eram poucos os apologistas da oralidade. Quem se der ao trabalho de ler os exemplares da Revista Forense dos anos de 1938 e 1939 terá a perfeita noção do que se está falando.

A CLT foi naturalmente impregnada por essas idéias. Há, por isso, um fundamento para as regras procedimentais trabalhistas. Não se trata, a CLT, portanto, de um amontoado de regras sem sentido, criadas por um legislador maluco. Verifiquem-se, a propósito, a Exposição de Motivos do Anteprojeto da Justiça do Trabalho, de 11 de novembro de 1936[8], e a Exposição de Motivos da Comissão Elaboradora do Projeto de Organização da Justiça do Trabalho, em 30 de março de 1938[9].

A CLT, expressamente, privilegiou os princípios basilares do procedimento oral: a) primazia da palavra (arts. 791 e 839, "a" — apresentação de reclamação diretamente pelo interessado; artigo 840 — reclamação verbal; artigos 843 e 845 — presença obrigatória das partes à audiência; artigo 847 — apresentação de defesa oral, em audiência; artigo 848 — interrogatório das partes; artigo 850

---

8 *In* Waldemar Ferreira, *A Justiça do Trabalho: pareceres proferidos na Comissão de Constituição da Camara dos Deputados*. Rio de Janeiro: 1937, p. 243.

9 *In* Oliveira Vianna, *Problemas de Direito Corporativo*, Rio de Janeiro, José Olympio Editora, 1938, p. 287.

— razões finais orais; artigo 850, parágrafo único — sentença após o término da instrução); b) imediatidade (arts. 843, 845 e 848); c) identidade física do juiz (corolário da concentração dos atos determinada nos artigos 843 a 852); d) concentração dos atos (arts. 843 a 852); e) irrecorribilidade das interlocutórias (parágrafo 1º do art. 893); f) maiores poderes instrutórios ao juiz (arts. 765, 766, 827 e 848); e g) possibilitar a solução conciliada em razão de uma maior interação entre o juiz e as partes (arts. 764, parágrafos 2º e 3º, 846 e 850).

Assim, muitas das lacunas apontadas do procedimento trabalhista não são propriamente lacunas, mas um reflexo natural do fato de ser este oral. Em outras palavras, por que o procedimento oral prescinde de certas formalidades, visto que os incidentes processuais devem ser resolvidos em audiência de forma imediata, seguidos dos necessários esclarecimentos das partes, presentes à audiência, o procedimento trabalhista não apresenta formas específicas para solução de certos incidentes processuais, que devem ser, por isso, como regra, resolvidos informalmente em audiência e por isto a lei processual trabalhista transparece incorrer em lacunas, o que, muitas vezes, de fato não se dá[10].

Destaque-se que o atendimento da oralidade em um grau mais elevado no procedimento trabalhista, com relação ao procedimento ordinário civil, foi sensivelmente favorecido pela especialização do órgão judicial à solução de conflitos oriundos de uma única relação de direito material, a relação de emprego, regida por regras trabalhistas específicas. Daí porque a não observância dessa peculiaridade leva a uma aplicação muitas vezes indevida, porque desnecessária, de regras procedimentais comuns.

Conforme observa Antônio Álvares da Silva: "O processo trabalhista de primeira instância, cujo procedimento é dos mais simples e eficientes que se conhece no direito comparado, foi deturpado pela recorribilidade, irracional e ilógica, com que a CLT foi adotada. Quebrou-se a objetividade do processo e, em nome de uma falsa segurança, que não resiste a qualquer raciocínio com base na realidade que vivemos, a controvérsia trabalhista foi submetida a intoleráveis protelações. Organizou-se a estrutura da jurisdição nos moldes da comum, sem se atentar para a natureza do crédito a que serve de instrumento. A forma tomou o lugar da essência e a realidade deu lugar à abstração"[11].

Lembre-se, ademais, que o CPC foi alterado em 1973, e, em termos de procedimento adotou um critério misto, escrito até o momento do saneamento e oral a partir da audiência, quando necessária. Nestes termos, a aplicação subsidiária

---

10 Vide exemplo do indeferimento da inicial, da intervenção de terceiros, da oitiva de testemunha por carta precatória, etc, que, via de regra, não devem ocorrer no procedimento trabalhista.

11 SILVA, Antônio Álvares da. "Modernização da Justiça do Trabalho no Brasil". In: *Noções atuais de direito do trabalho*: estudos em homenagem ao professor Elson Gottschalk. Coordenação de José Augusto Rodrigues Pinto. São Paulo: LTr, 1995, p. 61.

de regras do procedimento ordinário do CPC à CLT mostra-se, naturalmente, equivocada e equívoco aumenta ainda mais quando vislumbramos o novo Código de Processo Civil de 2015, cuja lógica é totalmente distinta daquela que inspira o processo do trabalho, como veremos.

Na tentativa de melhor instrumentalizar a atividade do juiz neste sentido, já sustentei que:

> E como a regra do artigo 769, da CLT, deve ser vista como uma regra de proteção da CLT frente às ameaças do CPC, não é possível utilizar a mesma regra para impedir a aplicação de normas do CPC que, na evolução legislativa, tornam-se mais efetivas do que aquelas previstas na CLT. Ou seja, mesmo que a CLT não seja omissa, não se pode recusar a incidência do CPC, quando este esteja mais avançado no aspecto específico.[12]

Mas, pensando melhor, após análise detida de cada um dos artigos, parágrafos e incisos do novo CPC, que se apresenta como um organismo doente, vez que tentou abraçar valores contraditórios para satisfação de interesses não completamente revelados, tornando-se um instrumento complexo, desprovido de efetividade e alimento de incidentes processuais de toda ordem, não vejo como a aplicação subsidiária do novo CPC possa ser benéfica aos objetivos do processo do trabalho, até porque essa aplicação teria que ser extremamente cindida, seletiva, dando margens a discussões que apenas inibem a efetividade do processo, de modo, inclusive, a abrir a porta para a incidência de institutos extremamente danosos ao processo do trabalho como o incidente de desconsideração da personalidade jurídica.

Aliás, o próprio art. 769 é expresso no sentido de que a aplicação de normas do processo civil está condicionada a uma dupla condição: omissão e compatibilidade com as normas da CLT.

Verdade que interpretação do artigo 769 sofreu evolução bastante considerável quando se passou a admitir, diante das constantes alterações que o CPC vinha sofrendo por meio de legislação esparsa, no sentido de que seria possível aplicar ao processo do trabalho toda regra da legislação processual civil que servisse à melhoria da prestação jurisdicional trabalhista, mesmo que houvesse no processo do trabalho dispositivo regulando a matéria (teoria da "lacuna axiológica") e também no sentido de permitir a aplicação parcial da regra, de modo a "pinçar" dela tão somente o que servisse a esse objetivo, desprezando-se o restante.

Esse alcance atualmente dado ao artigo 769 da CLT poderia nos conferir a falsa ilusão de que bastaria, então, ver no CPC as regras que atendem a esse

---

12 SOUTO MAIOR, Jorge Luiz. *Relação entre o processo civil e o processo do trabalho*. In: O novo Código de Processo Civil e seus reflexos no processo do trabalho. Org. Elisson Miessa. Salvador: Editora JusPodivm, 2015, p. 164.

objetivo, aplicá-las e desprezar o restante. No entanto, a questão é bem mais profunda, como se procurará demonstrar, pois o novo CPC esconde um espírito anti-democrático, que seria legitimado por esse exercício de conveniência.

Fato é que não se pode compactuar com o autoritarismo em nenhum aspecto e por nenhuma razão. Além disso, as eventuais lacunas advindas de uma postura de negação completa do CPC, que não seriam nem tantas nem tão relevantes, supondo-se que se saibam utilizar as regras e os princípios do processo do trabalho, seria facilmente supridas com a incorporação das práticas processuais adotadas cotidianamente nas Varas como regras consuetudinárias e jurisprudenciais. Lembre-se que a jurisprudência no próprio novo CPC é extremamente valorizada e não seria próprio que se negasse a sua legitimidade para regular o próprio processo do trabalho, ainda mais estando de acordo com seus princípios próprios.

Não se pode deixar de considerar que a atração para o processo do trabalho da lógica de mercado enaltecida nos fundamentos do novo CPC implicaria, sem a menor dúvida, na destruição da própria razão de ser de um ramo do Direito com racionalidade social, voltada à valoração da condição humana do trabalhador, implicando na destruição institucional da Justiça do Trabalho.

3. CONTEXTO DO ADVENTO DO NOVO CPC

Diz-se que o novo CPC surgiu para recuperar a imagem do Judiciário desgastada junto à opinião pública, em razão da morosidade.

Esse pressuposto, primeiro, não serve para a Justiça do Trabalho, cuja imagem perante à sociedade, ou mais propriamente perante os seus consumidores imediatos, os trabalhadores, não tem a sua imagem desgastada, muito pelo contrário, a não ser, de forma mais generalizada, no que se refere aos casos de julgamento dos dissídios de greve.

O propósito do legislador, portanto, não seria pertinente com a realidade da Justiça do Trabalho.

De todo modo, há de duvidar que tenha sido este, efetivamente, o propósito do legislador, sendo de se duvidar mais ainda que, pelas regras criadas, se conseguirá atingi-lo.

Do que não há dúvida é o advento do novo CPC, cujos debates se iniciaram em 2009, com instalação de comissão coordenada pelo atual Ministro do STF, Luiz Fux, se insere no contexto da Reforma do Judiciário, preconizada e financiada pelo Banco Mundial, a partir de 1994 (e concluída do ponto de vista constitucional em 2004).

Essa reforma do Judiciário, inserida no contexto do projeto neoliberal, tinha como propósito impedir que o Direito, os juristas e os juízes constituíssem empecilhos à imposição da lógica de mercado.

Essa afirmação não é extraída de mera interpretação individual da história. Está consignada, com todas as letras, no Documento Técnico n. 319, do Banco Mundial: "O Setor Judiciário na América Latina e no Caribe - Elementos para Reforma", elaborado por Maria Dakolias, denominada "especialista no Setor Judiciário da Divisão do Setor Privado e Público de Modernização" (tradução de Sandro Eduardo Sardá, publicado em junho de 1996).

Ainda que no prefácio do Documento, elaborado por SriRam Aiyer, Diretor do Departamento Técnico para América Latina e Região do Caribe, haja a advertência de que "As interpretações e conclusões expressadas neste documento são de inteira responsabilidade dos autores e não devem de nenhuma forma serem atribuídas ao Banco Mundial, as suas organizações afiliadas ou aos membros de seu quadro de Diretores Executivos ou aos países que eles representam. O Banco Mundial não garante a exatidão dos dados incluídos nesta publicação e não se responsabiliza de nenhuma forma pelas conseqüências de seu uso", é mais que evidente que a sua publicação representa uma forma de influenciar as políticas internas dos diversos países, sobretudo aqueles considerados "em desenvolvimento", até porque o próprio prefaciador se revela quando diz ao final: "Esperamos que o presente trabalho auxilie governos, pesquisadores, meio jurídico o staff do Banco Mundial no desenvolvimento de futuros programas de reforma do judiciário."[13]

---

13 Os objetivos da Reforma são claros, conforme revelam as seguintes passagens do Documento:
"Estas recentes mudanças tem causado um repensar do papel do estado. Observa-se uma maior confiança no mercado e no setor privado, com o estado atuando como um importante facilitador e regulador das atividades de desenvolvimento do setor privado. Todavia, as instituições públicas na região tem se apresentado pouco eficientes em responder a estas mudanças.
...em muitos países da região, existe uma necessidade de reformas para aprimorar a qualidade e eficiência da Justiça, fomentando um ambiente propício ao comércio, financiamentos e investimentos.
A reforma econômica requer um bom funcionamento do judiciário o qual deve interpretar e aplicar as leis e normas de forma previsível e eficiente. Com a emergência da abertura dos mercados aumenta a necessidade de um sistema jurídico.
Neste contexto, um judiciário ideal aplica e interpreta as leis de forma igualitária e eficiente o que significa que deve existir: a) previsibilidade nos resultados dos processos; b) acessibilidade as Cortes pela população em geral, independente de nível salarial; c) tempo razoável de julgamento; d) recursos processuais adequados.
Devido ao atual estado de crise do Judiciário na América Latina, os objetivos e benefícios da reforma podem ser amplamente agrupados em duas estruturas globais: fortalecer e reforçar a democracia e promover o desenvolvimento econômico."
Para concluir que:
"A economia de mercado demanda um sistema jurídico eficaz para governos e o setor privado, visando solver os conflitos e organizar as relações sociais. Ao passo que os mercados se tornam mais abertos e abrangentes, e as transações mais complexas as instituições jurídicas formais e imparciais são de fundamental importância. Sem estas instituições, o desenvolvimento no setor privado e a modernização do setor público não será completo. Similarmente, estas instituições contribuem com a eficiência econômica e promovem o crescimento econômico, que por sua vez diminui a pobreza. A reforma do judiciário deve especialmente ser considerada em conjunto quando contemplada qualquer reforma legal, uma vez que sem um judiciário funcional, as leis não podem ser garantidas de forma eficaz. Como resultado, uma reforma racional do Judiciário pode ter um tremendo impacto no processo de modernização do Estado dando uma importante contribuição ao desenvolvimento global."

Os objetivos da Reforma são claros, conforme revelam as seguintes passagens do Documento:

> Estas recentes mudanças tem causado um repensar do papel do estado. Observa-se uma maior confiança no mercado e no setor privado, com o estado atuando como um importante facilitador e regulador das atividades de desenvolvimento do setor privado. Todavia, as instituições públicas na região tem se apresentado pouco eficientes em responder a estas mudanças.
>
> ...em muitos países da região, existe uma necessidade de reformas para aprimorar a qualidade e eficiência da Justiça, fomentando um ambiente propício ao comércio, financiamentos e investimentos.
>
> A reforma econômica requer um bom funcionamento do judiciário o qual deve interpretar e aplicar as leis e normas de forma previsível e eficiente. Com a emergência da abertura dos mercados aumenta a necessidade de um sistema jurídico.
>
> Neste contexto, um judiciário ideal aplica e interpreta as leis de forma igualitária e eficiente o que significa que deve existir: a) previsibilidade nos resultados dos processos; b) acessibilidade as Cortes pela população em geral, independente de nível salarial; c) tempo razoável de julgamento; d) recursos processuais adequados.[14]
>
> Devido ao atual estado de crise do Judiciário na América Latina, os objetivos e benefícios da reforma podem ser amplamente agrupados em duas estruturas globais: fortalecer e reforçar a democracia e promover o desenvolvimento econômico.

Para concluir que:

> A economia de mercado demanda um sistema jurídico eficaz para governos e o setor privado, visando solver os conflitos e organizar as relações sociais. Ao passo que os mercados se tornam mais abertos e abrangentes, e as transações mais complexas as instituições jurídicas formais e imparciais são de fundamental importância. Sem estas instituições, o desenvolvimento no setor privado e a modernização do setor público não será completo. Similarmente, estas instituições contribuem com a eficiência econômica e promovem o crescimento econômico, que por sua vez diminui a pobreza. A reforma do judiciário deve especialmente ser considerada em conjunto quando contemplada qualquer reforma legal, uma vez que sem um judiciário funcional, as leis não podem ser garantidas de forma eficaz. Como resultado, uma reforma racional do Judiciário pode ter um tremendo impacto no processo de modernização do Estado dando uma importante contribuição ao desenvolvimento global.

O projeto de Reforma do Judiciário, apresentado pelo Banco Mundial, preconizava a necessidade de remodelação dos cursos jurídicos para que fossem voltados à formação de profissionais "treinados" para a aplicação de técnicas tendentes a favorecer a lógica de mercado.

---

14 Buscaglia e Dakolias, "Judicial Reform", v. nota 3.

A Justiça do Trabalho, de forma mais específica, deve se perceber nesse contexto, pois a gana neoliberal, para favorecimento da lógica de mercado, incide essencialmente sobre os direitos trabalhistas e, portanto, não foi à toa que a Reforma do Judiciário, iniciada em 1994, previa a extinção da Justiça do Trabalho, e isso somente não se concretizou por conta de uma resistência extremamente forte sobretudo dos profissionais ligados a essa atuação e a essa ramo do conhecimento.

Claro que a não extinção da Justiça do Trabalho e, ademais, bem ao contrário, o seu fortalecimento com a ampliação da sua competência, não agradou a vários setores difusores do projeto neoliberal, e isso pode ser verificado na manifestação expressa do jornal O Estado de S. Paulo, que publicou, no dia 22 de novembro, de 2004, editorial com a seguinte reclamação: "Entre as diversas inovações introduzidas pela reforma do Judiciário, a que causou maior surpresa ocorreu no âmbito da Justiça do Trabalho. Em vez de ser esvaziada como se esperava, por ter sido criada há décadas sob inspiração do fascismo italiano e estar hoje em descompasso com as necessidades da economia, a instituição, graças à ação do seu poderoso lobby no Senado, especialmente no decorrer da votação dos destaques, conseguiu sair bastante fortalecida".

De todo modo, a diminuição da relevância jurídica do juiz atinge a toda a magistratura e se a Justiça do Trabalho não foi extinta, como previsto inicialmente, praticamente todas as demais fases da Reforma do Judiciário preconizadas no Documento do Banco Mundial já se concretizaram: criação do CNJ; introdução da súmula vinculante; aparelhamento do STF, por via legislativa, do Recurso Extraordinário com repercussão geral, que permite alteração de jurisprudência sem reiteração de julgados; implementação do sistema informatizado - PJe; desenvolvimento das estratégias de gestão; e difusão da prática de conciliação.

O que resulta desse quadro é uma magistratura fragilizada, impulsionada pela produtividade, que é, inclusive, avaliada segundo a lógica concorrencial. De julgadores, que exercem poder jurisdicional, qual seja, de dizer o direito, que é, na essência, construir o direito, os magistrados, para contribuírem com o problema central da morosidade, foram transformados em gestores, devendo, portanto, pensar com a mente do administrador, agir com a racionalidade econômica de índole privada e tratar os servidores como mera força de trabalho. Os servidores, então, se veem sobrecarregados com tarefas que se multiplicam no sistema informatizado, sob a pressão da concorrência e das estratégias que são utilizadas para que mais trabalho seja extraído deles dentro da mesma jornada.

Todos, juízes e servidores, se veem diante de um sistema informatizado que permite controle total sobre a quantidade (e o conteúdo) das atividades por eles exercidas, em tempo real, fazendo com que, inclusive, hora e local não sejam obstáculos ao trabalho.

O CNJ, como órgão disciplinar, expõe todos ao cumprimento de metas, que foram estabelecidas nos padrões da racionalidade das empresas privadas, subtraindo, por consequência, o conteúdo intelectivo e construtivo da atuação jurisdicional. Metas que, ademais, por si sós, constituem fator de desumanização, provocando assédios e adoecimentos, além de mecanização da atividade. Não é demais lembrar que os planos estratégicos para o Judiciário tiveram, em muitos aspectos, a contribuição intelectiva de profissionais da Administração da Fundação Getúlio Vargas, que, inclusive, participaram de diversas atividades de "treinamento" (leia-se, "adestramento") de juízes.

De fato, os juízes estão sendo incentivados a "produzir" decisões, com presteza e eficiência, respeitando a lógica de mercado, estando eles próprios inseridos nessa lógica na medida em que eventual promoção pessoal está submetida à comparação das "produções" de cada juiz. Destaque-se que na comparação da produção, segundo critérios do CNJ, terão peso o desempenho (20 pontos), a produtividade (30 pontos) e a presteza (25 pontos), sendo que apenas perifericamente interessará o aperfeiçoamento técnico (10 pontos)[15].

Interessante notar que embora a Resolução n. 106/10, do CNJ, que regula a promoção de juízes, diga que "Na avaliação do merecimento não serão utilizados critérios que venham atentar contra a independência funcional e a liberdade de convencimento do magistrado, tais como índices de reforma de decisões" (art. 10), este mesmo documento deixa claro, logo na sequência, que "A disciplina judiciária do magistrado, aplicando a jurisprudência sumulada do Supremo Tribunal Federal e dos Tribunais Superiores, com registro de eventual ressalva de entendimento, constitui elemento a ser valorizado para efeito de merecimento, nos termos do princípio da responsabilidade institucional, insculpido no Código Ibero-Americano de Ética Judicial (2006)."

Os próprios Tribunais se veem em situação de concorrência uns com os outros e grande fator para se "conquistar" uma "premiação" são os números atingidos em termos de conciliação, advindo daí as reiteradas "semanas da conciliação". O incentivo à conciliação, como forma de recompensar juízes e tribunais, no entanto, desvirtua tanto o instituto da conciliação quanto a própria função do Judiciário, entendida como instituição responsável pelo resgate da autoridade da ordem jurídica, o que no caso do Direito do Trabalho assume, inclusive, uma dimensão trágica se pensarmos na natureza alimentar e na condição de direito fundamental dos direitos trabalhistas, assim como na dificuldade cultural histórica que possuímos em torno do reconhecimento da relevância social e econômica desses direitos como forma de superarmos, enfim, a era escravista.

Fato concreto é que essa estrutura organizacional, idealizada no Documento n. 319 do Banco Mundial, favorece a sedimentação no âmbito do Judiciário

---

15 Art. 11, da Resolução n. 106, de 06 de abril de 2010, da lavra do Ministro Gilmar Mendes.

da racionalidade econômica, que constitui um grave risco para a construção e a efetividade dos direitos trabalhistas e dos direitos sociais, em geral. No contexto de um Judiciário trabalhista esfacelado, preocupado com a concorrência, sem desenvolver compreensões totalizantes que definam o seu papel institucional, abre-se a porta para que o Supremo Tribunal Federal, valendo-se, ainda, da força do CNJ, da súmula vinculante e da repercussão geral, sob o argumento formal de que as normas trabalhistas encontram-se na Constituição e que sua aplicação, portanto, envolve uma questão constitucional, passe a ditar as regras trabalhistas com um viés economicista.

Os efeitos dessa preocupação podem ser identificados no novo CPC, notadamente, no que se refere: ao incentivo à conciliação (arts. 2º, § 3º; 139, V; 165 a 175; 334; 932, I); na explicitação da lógica da eficiência (art. 8º); e na disciplina judiciária, direta ou indiretamente incentivada (art. 332, I; 489, VI; 927; 932; 947; 948; 950; 966; 976 a 987; 988 a 993; 1.011, I; 1.022).

O artigo 8º, por exemplo, faz, explicitamente, menção à "eficiência" como critério a nortear o princípio da proteção da dignidade humana em seu cotejo com outros valores, o que, certamente, se faz para extrair do juiz uma visão humanista e utópica do direito. Aliás, a compreensão principiológica e histórica do direito, além do papel do juiz, como responsável pela efetividade plena dos Direitos Humanos, são solenemente afastados do novo CPC, ferindo, neste aspecto, os compromissos assumidos pelo Brasil frente às Declarações e tratados internacionais, desde que firmada a Carta das Nações Unidas, em 1945.

4. ANÁLISE DO NOVO CPC

4.1. ALGUNS ELEMENTOS PARA O DIAGNÓSTICO

Quando se pensa em um Código a primeira ideia que vem à mente é a de um conjunto sistêmico, onde os elementos se interligam coerentemente e estão voltados a um objetivo comum, sendo possível na abstração jurídica extrair desse corpo valores que o norteiam, aos quais se confere o nome de princípios.

No entanto, quando se examinam os 1.072 artigos do novo Código (que, em concreto, representam muito mais porque a maioria dos artigos é subdividida em parágrafos, incisos e letras) tem-se logo a percepção de que se trata de um organismo doente, que sofre do mal da megalomania, mas que acaba, de fato, flertando com a esquizofrenia.

Na ânsia regulatória, o Código desce a minúcias tão profundas que acaba destruindo aquela que poderia ser sua ideia básica de constituir um instrumento para a melhoria da prestação jurisdicional, até porque começa prometendo às partes o direito de obterem "em prazo razoável a solução integral do mérito" (art. 4º).

Ora, qual a utilidade, passadas décadas de aprofundamentos teóricos, do Código se ocupar em trazer a definição de: despacho, decisão interlocutória, sentença e acórdão?

A leitura dos artigos correspondentes é de uma inutilidade estupenda. Senão, vejamos:

> Art. 203. Os pronunciamentos do juiz consistirão em sentenças, decisões interlocutórias e despachos.
>
> § 1º Ressalvadas as disposições expressas dos procedimentos especiais, sentença é o pronunciamento por meio do qual o juiz, com fundamento nos arts. 485 e 487, põe fim à fase cognitiva do procedimento comum, bem como extingue a execução.
>
> § 2º Decisão interlocutória é todo pronunciamento judicial de natureza decisória que não se enquadre no § 1º.
>
> § 3º São despachos todos os demais pronunciamentos do juiz praticados no processo, de ofício ou a requerimento da parte.
>
> § 4º Os atos meramente ordinatórios, como a juntada e a vista obrigatória, independem de despacho, devendo ser praticados de ofício pelo servidor e revistos pelo juiz quando necessário.
>
> Art. 204. Acórdão é o julgamento colegiado proferido pelos tribunais.
>
> Art. 205. Os despachos, as decisões, as sentenças e os acórdãos serão redigidos, datados e assinados pelos juízes.
>
> § 1º Quando os pronunciamentos previstos no caput forem proferidos oralmente, o servidor os documentará, submetendo-os aos juízes para revisão e assinatura.
>
> § 2º A assinatura dos juízes, em todos os graus de jurisdição, pode ser feita eletronicamente, na forma da lei.
>
> § 3º Os despachos, as decisões interlocutórias, o dispositivo das sentenças e a ementa dos acórdãos serão publicados no Diário de Justiça Eletrônico.

Os exemplos de dispositivos inúteis no Código são tantos que seria preciso elaborar outro texto (bastante grande) apenas para descrevê-los. De todo modo, não posso me furtar de apresentar alguns exemplos, dos quais o art. 208 se destaca:

> Art. 208. Os termos de juntada, vista, conclusão e outros semelhantes constarão de notas datadas e rubricadas pelo escrivão ou pelo chefe de secretaria.

Não é possível deixar de perceber, também, a extrema preocupação do legislador em regular a questão pertinente aos honorários advocatícios e periciais, que, embora importante, é tratada quase que por uma lei que se coloca dentro do Código, quebrando qualquer coerência. Com efeito, são ao todo 71 (setenta e um) dispositivos sobre o tema, dispersos em artigos, incisos e parágrafos extremamente minudentes (arts. 82 a 97).

No afã de dizer tudo, claro, acabou dizendo coisas também completamente despropositadas do ponto de vista da própria administração dos serviços judiciários, como o tempo que deve separar uma audiência da outra, que seria, para as audiências de conciliação, de 20 minutos, conforme § 12, do art. 334, e de uma hora, para as audiências de instrução, nos termos do § 9º, do artigo 357.

Aliás, do ponto de vista das atividades burocráticas o novo Código já nasceu velho, visto que traz inúmeros dispositivos que não terão qualquer aplicabilidade prática na media em que os processos já estão na fase virtual (ao menos na Justiça do Trabalho essa é a realidade da grande maioria das unidades judiciárias).

Ademais, mesmo em termos burocráticos o Código perde a chance de eliminar trabalhos inúteis, que só se justificam dentro de uma lógica de desconfiança recíproca entre os sujeitos do processo, como o previsto no art. 207:

> Art. 207. O escrivão ou o chefe de secretaria numerará e rubricará todas as folhas dos autos.
>
> Parágrafo único. À parte, ao procurador, ao membro do Ministério Público, ao defensor público e aos auxiliares da justiça é facultado rubricar as folhas correspondentes aos atos em que intervierem.

Vejam, no entanto, o que dizem os artigos 5º. e 6º:

> Art. 5º Aquele que de qualquer forma participa do processo deve comportar-se de acordo com a boa-fé.
>
> Art. 6º Todos os sujeitos do processo devem cooperar entre si para que se obtenha, em tempo razoável, decisão de mérito justa e efetiva.

A contradição da lógica contida no art. 207 com a que se extrai dos artigos 5º e 6º é tão gritante que revela o sentimento de que o legislador não crê nem um pouco nos valores que ele próprio expressa.

Ou seja, segundo o Código, todos agem de boa fé e em colaboração, mas para garantir é melhor numerar as folhas dos autos e ainda conferir o direito às partes de rubricá-las para que ninguém as suprimam.

A contradição é mesmo o princípio que parece fundar o novo Código, que se pretende célere, mas que é extremamente prolixo e complicado, obstando a celeridade; que pretende conferir maiores poderes ao juiz, mas que desconfia dos objetivos do juiz, não querendo, pois, concretamente, que o juiz exerça um poder instrutório e jurisdicional; que, notoriamente, tenta atribuir mais funções ao advogado, mas que, projetando os riscos que podem advir da enorme quantidade de incidentes que disponibiliza ao advogado, põe o juiz em ação para controlar o advogado...

Aliás, depois de tanto regular o Código vem e diz que as partes podem fixar o procedimento que melhor aprouver aos seus interesses particulares (art. 190) e que o juiz pode combinar com as partes prazos diversos dos estabelecidos no Código (art. 191). De todo modo, salta aos olhos a diferença entre o alcance que se confere à negociação das partes e aquela da qual participa o juiz. As partes podem tudo, desde controladas pelo juiz. Já o juiz e as partes só podem alterar prazos. Vai entender...

Na linha da contradição, verifique-se que o Código pretende regular tudo, mas acaba dizendo que se os atos forem praticados de outro modo e atingirem a finalidade serão considerados válidos (art. 188) e que o juiz, que deve se submeter à vontade das partes, pode "prevenir ou reprimir qualquer ato contrário à dignidade da justiça e indeferir postulações meramente protelatórias", "determinar todas as medidas indutivas, coercitivas, mandamentais ou sb-rogatórias necessárias para assegurar o cumprimento de ordem judicial, inclusive nas ações que tenham por objeto prestação pecuniária" e "dilatar os prazos processuais e alterar a ordem da produção dos meios prova adequando-os às necessidades do conflito de modo a conferir maior efetividade à tutela do direito" (art. 139, III, IV e VI).

Cumpre reparar que esses poderes conferidos ao juiz são limitados à produção e análise da prova, porque no que se refere ao ato de julgar propriamente dito o juiz, para o Código, é um autômato, que deve justificar e justificar, exaustivamente, sua decisão e que, além disso, deve seguir súmulas e jurisprudência, sob pena de nulidade da sentença (art. 489, analisado mais adiante).

Reforçando o diagnóstico da esquizofrenia, mesmo naquilo em que o novo Código aparenta progredir, quando, por exemplo, para garantir a dignidade da justiça permite ao juiz realizar as ações corretivas relativas à conduta processual das partes, trata logo de definir o alcance dessa "dignidade", fixando limites para a atuação do juiz (§§ 1º, 2º e 3º. do art. 77 e art. 81).

As fórmulas do CPC são tão contraditórias e, por consequência, tão estapafurdiamente complexas, que a cada leitura de um artigo, inciso ou parágrafo, o leitor vai se aprofundando em um verdadeiro emaranhado de normas apostas sobre um terreno movediço e dispostas na forma de um labirinto. Com isso vai se distanciando do conflito do direito material, que resta subtraído de sua mente. Ou seja, depois de vários anos do esforço teórico de tantos processualistas[16] para construir a noção do processo como instrumento, retorna-se à visão do processo como um fim em si mesmo, com o gravame de que sequer se sabe, verdadeiramente, qual o fim este almeja.

---

16 Vide, por exemplo, José Carlos Barbosa Moreira, Candido Rangel Dinamarco, Ada Pelegrini Grinover e Kasuo Watanabe, dentre outros.

4.2. "NORMAS FUNDAMENTAIS"?

Muitos dirão que estou exagerando, mas lhes garanto que o exagero na argumentação é proporcional ao tamanho do distúrbio do novo Código.

De plano, tratando exatamente das "normas fundamentais", o novo CPC parece dar um grande passo à frente ao dizer que "O processo civil será ordenado, disciplinado e interpretado conforme os valores e as normas fundamentais estabelecidos na Constituição da República Federativa do Brasil", reconhecendo, enfim, que a Constituição está acima da lei processual, algo que, concretamente, parte da ciência processual, exprimindo certa soberba, não conseguia admitir. No entanto, o legislador logo se trai ao preconizar que a Constituição será aplicada observando-se "as disposições deste Código" (art. 1º.).

Repare-se que a perspectiva constitucional é plenamente afastada no capítulo que trata dos "poderes, dos deveres e da responsabilidade do juiz" (arts. 139 a 143), vinculando a atuação do juiz às disposições "deste Código".

Na sequência, uma nova expectativa frustrada. Diz o artigo 2º. que o processo se "desenvolve por impulso oficial", fazendo crer que o legislador confia na atuação do juiz, mas já vem com a ressalva de que existem "as exceções previstas em lei" para essa atuação. E cumpre reparar que o mesmo artigo não abandona a tradição privatista de que "O processo começa por iniciativa da parte".

Ainda tratando das "normas fundamentais do processo", o legislador faz questão de "dar uma força" à atuação extraprocessual, pondo em relevo a arbitragem (§ 1º. do art. 3º), ao mesmo tempo em que, parecendo não confiar na eficácia das normas processuais criadas para conferirem a satisfação da pretensão jurídica com celeridade, estimula a conciliação, sem, ademais, estabelecer qualquer limite ou mesmo preceito valorativo sobre tal instituto, mesmo que tenha se dedicado nos seus 1.072 artigos, como já observado, a regular tudo, inclusive a forma da numeração das folhas dos autos, ou mesmo a trazer o conceito de acórdão, por exemplo.

No artigo 7º diz que as partes têm o direito a uma "paridade de tratamento", mas como serão tratadas com paridade se não forem materialmente iguais? A regra parece tentar afrontar a prática jurisdicional de tratar os desiguais de forma desigual na medida em que se desigualam para que a igualdade processual se perfaça em concreto.

O artigo 8º, "data venia, é um "show de horrores", pois parece não dizer nada quando trata das figuras abstratas dos "fins sociais" e "bem comum", mas logo confere ao princípio fundamental da República do Brasil, a proteção da dignidade humana, uma flexibilidade de índole neoliberal. O dispositivo processual em questão estabelece que a eficácia do princípio da dignidade humana deve observar a "proporcionalidade, a razoabilidade, a legalidade, a publicidade e a eficiência". Ou seja, para o legislador que desconfia do juiz caberá ao juiz, em cada caso, avaliar a pertinência da aplicação do princípio da proteção da dignidade humana, podendo, e até devendo, afastá-lo em homenagem, por exemplo, à lógica econômica da "eficiência".

E logo depois vem com a pérola, que até contraria o dispositivo anterior, no sentido de que "O juiz não pode decidir, em grau algum de jurisdição, com base em fundamento a respeito do qual não se tenha dado às partes oportunidade de se manifestar, ainda que se trate de matéria sobre a qual deva decidir de ofício" (art. 10).

Ora, mas se é uma atuação de ofício, prevista em lei, qual é o sentido de abrir oportunidade para as partes falarem sobre algo que já está previsto em lei? Claro que a medida apenas revela, mais uma vez, uma desconfiança sobre o juiz, que acaba evitando a própria atuação racional do processo.

Aliás, é com base em tal sentimento que até já se criou na jurisprudência a prática absurda de o juiz ter que dar oportunidade de fala à parte contrária quando sente que os embargos declaratórios modificativos interpostos por uma das partes pode ser acatado. Ora, se os embargos buscam corrigir a sentença e se todos os argumentos foram utilizados pelas partes antes do processo ir a julgamento e houve um erro de avaliação juiz que deve ser corrigido, conforme advertido pela parte, não tem o menor sentido reabrir um contraditório a respeito. Mas, enfim, o legislador agora considera que essa irracionalidade deve ser a regra na atuação processual...

E vamos em frente, se é que é possível!

Na sequência vem o artigo 11, que dá a impressão de dizer o óbvio, mas que se for conduzido pela irracionalidade que marca o novo CPC pode simplesmente travar o processo. Claro que todas as decisões do juiz devem ser fundamentadas, mas nem sempre a explicitação desse fundamento é atrativo para a melhor prestação jurisdicional. Imaginemos uma audiência na qual se faça ao juiz uma demanda totalmente desproposida, como, por exemplo, uma pergunta impertinente à testemunha. A decisão de indeferir a pergunta, muitas vezes sem maiores explicações, até para não causar constrangimentos pessoais, é a melhor forma de atuação, fazendo-se constar dos autos, é claro, o indeferimento. A necessidade de fundamentação apenas torna a audiência muito mais longa e mais conflituosa, sem qualquer utilidade para o contraditório, vez que não necessariamente a parte cuja pergunta foi indeferida se vê processualmente prejudicada, ainda mais se a pergunta for, de fato, impertinente. Então, o artigo fala demais e serve apenas para apontar uma espada sobre o juiz, que posta nas mãos de advogados habilidosos, servirá para causar incidentes processuais, valendo lembrar que a nulidade, mesmo para o novo Código, não se pronuncia automaticamente, estando atrelada ao efetivo prejuízo (§ 2º. art. 282).

E demonstrando que a fantasia dominou mesmo a mente do legislador, dispôs-se no artigo 12 que "os juízes e os tribunais deverão obedecer à ordem cronológica de conclusão para proferir sentença ou acórdão", como se essa fosse, inclusive, uma atuação em conformidade com o princípio da eficiência. Mas percebendo o absurdo da determinação, que desconsidera a realidade e mesmo as diferenças de dificuldades dos diversos processos, o próprio legislador, também para não deixar de evidenciar sua feição esquizofrênica, apresenta 9 (nove) exceções à regra, mas sem esclarecer a ordem das exceções, tornando, inclusive, inviável realizar a tal lista cronológica de processos para julgar sem que haja contestações de diversas naturezas. Assim, o juiz (e seus auxiliares) perderá muito mais tempo fazendo a lista e apreciando as impugnações do que propriamente julgando os processos.

Concluindo a leitura do Capítulo das "normas fundamentais" a pergunta que fica é: quais são, afinal, os valores considerados como fundamentais pelo Código? Resposta: nenhum. Dos artigos em questão não se extrai preceito fundamental algum. Por outro lado, muitos elementos para uma análise psiquiátrica estão presentes.

E por aí a coisa vai, e vem, e sobe, e desce, e desvia, na leitura dos demais artigos. Uma leitura que, afinal, só serve mesmo para reforçar a argumentação central da imprestabilidade normativa do novo Código, que, apesar de tudo, se mostra extremamente confiante para dar saltos espetaculares, normatizando o mundo jurídico a partir de si mesmo.

4.3. MIRANDO A JUSTIÇA DO TRABALHO

É assim que o art. 15 que o Código prevê que suas disposições serão aplicadas nos processos "eleitorais, trabalhistas ou administrativos" de forma supletiva e subsidiária.

A falta de técnica, no entanto, trai o legislador e a pretensão cai no vazio na medida em que vincula esta pretensão expansionista à "ausência de normas" que regulem os respectivos processos.

Ocorre que no caso do processo do trabalho, por exemplo, existem mais de 265 artigos na CLT regulando o processo do trabalho, sem falar nas normas extraídas de diversas leis que completam, de forma específica, a obra celetista, além das 278 Súmulas e Orientações Jurisprudenciais do TST cuidando o tema. Ou seja, o que não falta é norma regulando o processo trabalhista e, portanto, pelo critério adotado pelo novo CPC não se poderá aplicá-lo nas lides trabalhistas.

Não se pode deixar de considerar, também, que como o novo Código ao fazer referência, ainda que indireta, à teoria pós-positivista, já que explícita à ponderação como critério de julgamento, o legislador tem plena consciência do sentido que o termo "norma" adquire no contexto técnico dessa teoria, que considera norma o gênero do qual são espécies as regras e os princípios. Ora, o processo do trabalho não apenas possui inúmeras regras a regulá-los, mas também princípios que são absolutamente incompatíveis com os princípios que regem o novo Código Civil. Também por isso, portanto, seguindo a própria literalidade do art. 15, o novo Código não se aplica ao processo do trabalho.

Mas admitindo-se que essa interpretação literal não venha a ser acolhida, o que resta não é submeter-se ao inexorável, mas a necessidade de buscar outros argumentos para justificar a inaplicabilidade da totalidade dos dispositivos do novo CPC ao processo do trabalho, vez que a alternativa de uma aplicação parcial, pinçando exclusivamente os dispositivos que poderiam ser considerados eficientes para melhorar a prestação jurisdicional trabalhista (o que tecnicamente é possível e, ademais, já vem sendo feito) geraria o grave risco de atrair para o cotidiano das Varas do Trabalho uma profusão de incidentes, que constitui a marca do novo CPC, assim como o que está em sua base, que é o propósito de destruir a atuação jurisdicional do juiz.

Veja-se que as questões de megalomania e contradições, refletindo um estado de esquizofrenia, de fato acabam obscurecendo o propósito muito convicto e preciso do novo Código que é o do retirar dos juízes de primeiro grau (e, em certo sentido, também dos desembargadores) o poder jurisdicional, isto é, o poder de dizer e, portanto, construir o direito.

Aliás, os traços de esquizofrenia talvez estejam presentes como efeito exatamente da tentativa de não permitir que esse propósito se revele. Ora, como a Constituição consagra o Estado Democrático de Direito, do qual é essência a independência dos juízes, não se pode obrigar os juízes a abdicar de seu poder e não se pode punir juízes que defendam sua independência, sob pena de demonstração clara da lógica autoritária. Se o propósito é esse, mas não se pode explicitá-lo, surge, então, a estratégia de criar mecanismos de controle dos juízes que tenham a aparência de atender outros objetivos, como a "celeridade", a "segurança jurídica", a "previsibilidade", a "eficiência", só que esses mecanismos, não podendo excluir a vontade dos juízes, precisam ser ameaçadores e ao mesmo tempo, reconhecendo que apenas ameaça não basta, ainda mais porque velada, devem ser centralizadores, isto é, aptos para retirarem os próprios processos das mãos dos juízes, o que obriga a criação de procedimentos complexos, com muitos legitimados e repletos de recursos.

Diga-se de forma bastante clara que esse propósito de extrair o poder jurisdicional dos juízes toca de forma primordial a Justiça do Trabalho, já que é a Justiça do Trabalho a responsável pela regulação do conflito essencial da sociedade capitalista, que é o conflito entre o capital e o trabalho. Ora, se o novo

Código está embasado na racionalidade que busca extrair o poder jurisdicional dos juízes para atingir a ilusória, ou retórica, segurança negocial, é evidente que esse conflito e, por conseqüência, a atuação da Justiça do Trabalho, foram considerados. Assim ainda que se trate um Código de Processo Civil, elaborado por processualistas civis, com preocupações teóricas e práticas ligadas às lides que percorrem a Justiça comum, as atuações dos juízes do trabalho estiveram nas mentes desses "legisladores", sendo que isso, aliás, está confessado no próprio artigo 15 acima citado.

Não se pode, pois, entrar na discussão da aplicação do novo CPC ao processo do trabalho sem ter em mente essas percepções de ordem estrutural.

4.4. PERIGO À VISTA

O novo CPC, por certo, não se resume a regras contraditórias. Possui muitas regras com determinações claras, mas que representam graves riscos de danos irreparáveis à prestação jurisdicional trabalhista.

O artigo 77, nos seus §§ 1º. 2º. e 3º., claramente tenta limitar a atuação corretiva do juiz frente à atuação das partes, criando, de certo modo, um direito para que estas contrariem os objetivos do processo.

O artigo 78, que reproduz fórmula anterior é verdade, reforça a lógica autoritária em um processo que parece querer ser mais democrático. Ora, as partes devem ter o direito, inclusive, de criticar o juiz e de se expressar, sendo totalmente impróprio, na lógica democrática, abolir a fala. A fala, o escrito, não deve ser proibida. Atingindo a esfera jurídica alheia, pode gerar, por si, conseqüências jurídicas, mas isso não justifica que sejam banidas (riscadas dos autos).

O artigo 98 prevê a concessão dos benefícios da assistência judiciária gratuita para as pessoas jurídicas, mas no processo do trabalho a pessoa jurídica é o empregador e como ostenta a condição de capitalista, tendo, inclusive, explorado o trabalho alheio para o desenvolvimento de uma atividade, não é pertinente que venha a juízo dizer não possui condições financeiras para suportar os custos do processo, pois se é isso sequer poderia ter ostentado a condição de empregador.

O artigo 98, inclusive, chega a inserir no alcance dos benefícios em questão o não pagamento do depósito recursal, que é, como se sabe, no processo do trabalho, uma garantia da própria eficácia da execução, sendo certo que o mesmo argumento supra se repete para a hipótese.

Vide que o Código cria um procedimento, com concessão de prazo de 15 (quinze) dias, para impugnação e julgamento do pedido de assistência judiciária, fixando, ainda, que da decisão cabe agravo de instrumento (arts. 100 e 101).

Os artigos 103 a 107, 108 a 112, 113 a 118, tratando, respectivamente, dos procuradores, da sucessão das partes e dos procuradores, e do litisconsórcio, não têm incidência no processo do trabalho, sobretudo por conta de minúcias que pouca relevância possuem na sistemática processual trabalhista.

A intervenção de terceiros, regulada nos artigos 119 a 132, conforme prática corrente nas lides trabalhistas, não tem aplicação no processo do trabalho.

Destaquem-se, a propósito, os artigos 133 a 137. Ora, não está dito expressamente no texto (e por certo não estaria) que cria o **"incidente de desconsideração da personalidade jurídica"**, mas é muito claro que o legislador (ou o corpo de processualistas que opinou na formulação do Código) fez essa regulação pensando, exatamente, nos juízes do trabalho, para tentar impedi-los de continuarem atuando de modo a buscar os bens dos sócios quando os bens da pessoa jurídica não são suficientes para satisfazer a execução, sendo que o fazem da maneira necessária para que a medida tenha eficácia, penhorando primeiro e discutindo depois.

O procedimento estabelecido, no entanto, apenas contribui para a morosidade processual, além de ser um desserviço à efetividade da prestação jurisdicional. O incidente só interessa, portanto, ao mal pagador, que no caso do processo do trabalho é uma empresa ou um empresário que explorou, de forma irresponsável, o trabalho alheio, ferindo, por consequência, normas de direitos fundamentais.

Não tem o menor sentido falar em garantias de direitos fundamentais processuais ao infrator da ordem jurídica quando essas garantias destroem a eficácia de direitos fundamentais materiais, até porque na desconsideração da personalidade seguida da penhora de bens não se nega o contraditório apenas este é postergado para que as medidas processuais, que visam a garantir o direito fundamental material, tenham eficácia.

Cabe acrescentar que para o Direito do Trabalho o empregador é a empresa (art. 2º. da CLT), que está integrado, portanto, da figura do empresário, cuja responsabilidade não pode ser excluída justamente porque é sua a decisão de empreender por intermédio da exploração do trabalho alheio, sendo que o risco do negócio, nos termos do mesmo artigo 2º., não pertence aos empregados e sim aos empregadores.

Depois, no artigo 138, vem essa figura esdrúxula do "amicus curiae", sem qualquer objetividade concreta, a não ser a de complicar as lides processuais.

Nos artigos 165 a 175 regula-se a atuação dos conciliadores e mediadores fazendo vistas grossas à Constituição no que se refere à garantia da cidadania no que tange ao concurso público, sendo que para parecer que não se está contrariando a Constituição acaba incorrendo em outra irregularidade ao prever a realização de "trabalho voluntário, observada a legislação pertinente" (§ 1º, art. 169), cujos termos[17] não se encaixam na hipótese específica, sendo que a exploração sem direitos do trabalho também é vedada pela Constituição.

No que se refere à citação, o Código mais uma vez quer avançar, mas não tem coragem de fazê-lo. Prevê a possibilidade de citação pelo correio, com entrega da carta registrada no endereço indicado, exigindo, no entanto, que a pessoa que recebe a carta, não sendo o próprio citando, seja um "funcionário responsável pelo recebimento de correspondências" (§§ 2º e 3º do art. 248).

4.5. O MAIOR PERIGO: ATAQUE À INDEPENDÊNCIA DO JUIZ

Em seguida, o Código regula os poderes, os deveres e a responsabilidade do juiz, deixando claro, desde o título, a inclinação do legislador para muito mais fiscalizar o juiz do que confiar em sua atuação. Aliás, pode-se dizer mesmo que a linha mestra do novo CPC é o aprisionamento do juiz, de modo a retira-lhe o poder jurisdicional e transformá-lo em gestor e reprodutor da lógica empresarial econômica.

A fórmula inscrita no novo CPC de circunscrever o princípio da dignidade humana ao critério da eficiência (art. 8º.), de extrair do juiz o julgamento por equidade, de vincular a prestação jurisdicional ao pedido, de procedimentalizar ao extremo a atuação do juiz, de transformar o juiz em gestor e de incentivar a atuação pautada pela reprodução de súmulas, além de não fazer qualquer menção ao papel do juiz frente aos princípios jurídicos e aos direitos humanos e fundamentais, representa um esvaziamento pleno da atuação jurisdicional.

O juiz, ademais, é um gestor que não inspira confiança nem mesmo para exercer a tarefa de administrar, pois o Código, como visto, chega a dizer como o juiz deve organizar a sua pauta de audiências, e do qual, além disso, se requer uma atitude repressiva com relação aos servidores art. 233, § 1º. Aliás, se nada funcionar já se tem no Código o veredicto: "culpado, o servidor".

Interessante que o próprio novo CPC chega a reconhecer a uma amplitude ao direito para além da lei, ao estipular que "O juiz não se exime de decidir sob a alegação de lacuna ou obscuridade do ordenamento jurídico" (art. 140), mas logo na sequência limita essa atuação ao julgamento com equidade, mas que estará autorizado somente "nos casos previstos em lei" (parágrafo único do mesmo artigo).

Claro que por via da interpretação se poderá dizer que a vinculação ao pedido está restrita às demandas de natureza privada, atingindo, pois, os efeitos de ordem pública, já que o artigo 141 assim dispõe: "O juiz decidirá o mérito

---

17 Lei n. 9.608/98.

nos limites propostos pelas partes, sendo-lhe vedado conhecer de questões não suscitadas a **cujo respeito a lei exige iniciativa da parte**." – grifou-se. Ora, *a contrario sensu*, se poderia dizer que como para os efeitos de ordem pública a lei não exige iniciativa da parte, não haveria impedimento para que o juiz atribuísse tais efeitos para além dos pedidos formulados. No entanto, duvido muito de que esse alcance seja dado a referida norma.

No geral, o que se verifica é mesmo um incentivo para que o juiz não se proponha a interagir com a realidade social buscando corrigi-la e sim que elimine o processo, visto na lógica do conflito individual, dentro da maior previsibilidade possível.

Lembrando que o juiz está submetido ao cumprimento de metas e posto em comparação com outros juízes quando aos números produzidos, o art. 322 constitui um forte elemento para impulsionar a atuação do juiz na lógica da disciplina judiciária, ainda que não se o fale expressamente.

Nos termos desse artigo, o juiz poderá julgar liminarmente improcedente o pedido, isto é, sem formalizar a lide, quando o pedido contrariar: "I - enunciado de súmula do Supremo Tribunal Federal ou do Superior Tribunal de Justiça; II - acórdão proferido pelo Supremo Tribunal Federal ou pelo Superior Tribunal de Justiça em julgamento de recursos repetitivos; III - entendimento firmado em incidente de resolução de demandas repetitivas ou de assunção de competência; IV - enunciado de súmula de tribunal de justiça sobre direito local."

Com isso, aliás, dá-se mais peso jurídico à jurisprudência do que à própria lei, pois não há, no mesmo Código, e por certo não poderia mesmo haver, um efeito específico para quem formule uma pretensão que afronte a literalidade de uma lei, inquinando-a de inconstitucional.

Para satisfação de um julgamento célere, que satisfaz à lógica dos números, confere-se ao juiz, inclusive a possibilidade de "julgar liminarmente improcedente o pedido se verificar, desde logo, a ocorrência de decadência ou de prescrição" (§ 1º do art. 322). Ou seja, permite-se ao juiz, que não pode julgar fora do pedido, segundo o Código, julgar fora do pedido do réu para julgar improcedente... Mas, afinal, para quê coerência se o objetivo de produzir números se satisfez não é mesmo?

E já que estamos no art. 322, qual a finalidade do disposto no § 2o deste artigo? "Não interposta a apelação, o réu será intimado do trânsito em julgado da sentença, nos termos do art. 241." Como diria Renato Russo, "melhor nem comentar, mas a menina tinha tinta no cabelo".

Os artigos 489 a 495 constituem a sela do juiz, aprisionando-o exatamente no ato essencial da prestação jurisdicional, que é o do proferimento da sentença. O juiz, que pode quase tudo na fase instrutória, quando vai julgar deve seguir um padrão um roteiro extremamente prolixo, que vai muito além do necessário para cumpri o papel básico da sentença que é o de definir quem tem razão. De fato, o que resulta dos artigos em questão é a inviabilização prática da elaboração da sentença, sendo que o propósito disso é incentivar que o juiz se volte, com todo vigor, à atividade de conciliação ou punir o juiz que se arvore em ser juiz, forçando, na lógica da sobrevivência, a se submeter às súmulas.

Senão vejamos:

> Art. 489. São elementos essenciais da sentença:
>
> I - o relatório, que conterá os nomes das partes, a identificação do caso, com a suma do pedido e da contestação, e o registro das principais ocorrências havidas no andamento do processo;
>
> II - os fundamentos, em que o juiz analisará as questões de fato e de direito;
>
> III - o dispositivo, em que o juiz resolverá as questões principais que as partes lhe submeterem.
>
> § 1º **Não se considera fundamentada** qualquer decisão judicial, seja ela interlocutória, sentença ou acórdão, que:
>
> I - se limitar à indicação, à reprodução ou à paráfrase de ato normativo, sem explicar sua relação com a causa ou a questão decidida;
>
> II - **empregar conceitos jurídicos indeterminados**, sem explicar o motivo concreto de sua incidência no caso;
>
> III - invocar motivos que se prestariam a justificar qualquer outra decisão;
>
> IV - não enfrentar **todos os argumentos** deduzidos no processo capazes de, em tese, infirmar a conclusão adotada pelo julgador;
>
> V - **se limitar a invocar precedente ou enunciado de súmula**, sem identificar seus fundamentos determinantes nem demonstrar que o caso sob julgamento se ajusta àqueles fundamentos;
>
> VI - **deixar de seguir enunciado de súmula, jurisprudência ou precedente invocado pela parte**, sem demonstrar a existência de distinção no caso em julgamento ou a superação do entendimento.
>
> § 2º No caso de colisão entre normas, o juiz deve justificar o objeto e os **critérios gerais da ponderação efetuada**, enunciando as razões que autorizam a interferência na norma afastada e as premissas fáticas que fundamentam a conclusão.
>
> § 3º A decisão judicial deve ser interpretada a partir da conjugação de todos os seus elementos e em conformidade com o princípio da boa-fé.
>
> Art. 490. O juiz resolverá o mérito acolhendo ou rejeitando, no todo ou em parte, os pedidos formulados pelas partes.
>
> Art. 491. Na ação relativa à obrigação de pagar quantia, ainda que formulado pedido genérico, a decisão definirá desde logo a extensão da obrigação, o índice de correção monetária, a taxa de juros, o termo inicial de ambos e a periodicidade da capitalização dos juros, se for o caso, salvo quando:

I - não for possível determinar, de modo definitivo, o montante devido;

II - a apuração do valor devido depender da produção de prova de realização demorada ou excessivamente dispendiosa, assim reconhecida na sentença.

§ 1º Nos casos previstos neste artigo, seguir-se-á a apuração do valor devido por liquidação.

§ 2º O disposto no caput também se aplica quando o acórdão alterar a sentença.

Art. 492. É vedado ao juiz proferir decisão de natureza diversa da pedida, bem como condenar a parte em quantidade superior ou em objeto diverso do que lhe foi demandado.

Parágrafo único. A decisão deve ser certa, ainda que resolva relação jurídica condicional.

Art. 493. Se, depois da propositura da ação, algum fato constitutivo, modificativo ou extintivo do direito influir no julgamento do mérito, caberá ao juiz tomá-lo em consideração, de ofício ou a requerimento da parte, no momento de proferir a decisão.

Parágrafo único. Se constatar de ofício o fato novo, o juiz ouvirá as partes sobre ele antes de decidir.

Art. 494. Publicada a sentença, o juiz só poderá alterá-la:

I - para corrigir-lhe, de ofício ou a requerimento da parte, inexatidões materiais ou erros de cálculo;

II - por meio de embargos de declaração.

E vale reforçar: o artigo 489 é prática e logicamente inconcebível. Ora, se o juiz tiver mesmo que fazer todo esse exercício físico e mental para elaborar uma sentença, de 100 sentenças por mês passará a elaborar, no máximo, 10, desgastando-se, ainda, nos conseqüentes embargos, reclamações etc. No processo do trabalho o problema se potencializa porque quase todas as reclamações trabalhistas trazem uma acumulação bastante grande de pedidos, carregada, pois, de uma variedade enorme de questões jurídicas.

Com cerca de 3.500 processos novos a cada ano, pressionado pelos números ditados pelas metas e pela concorrência, elaborar sentenças com todos esses elementos seria um autêntico martírio, o que, de fato, torna a sentença um ato irrealizável.

Verifique-se que a impossibilidade da elaboração da sentença não se trata unicamente de um problema quantitativo, mas também de uma decorrência extraída da lógica.

Ora, o Código estipula que a sentença não será considerada fundamentada se "deixar de seguir enunciado de súmula, jurisprudência ou precedente invocado pela parte", mas atribui o mesmo efeito se a sentença "se limitar a invocar precedente ou enunciado de súmula, sem identificar seus fundamentos determinantes". Assim, o juiz, segundo o Código, mesmo não com o conteúdo de uma súmula está obrigado a segui-la, mas não poderá se limitar a indicá-la, devendo, isto sim, trazer os fundamentos da súmula, mas esses fundamentos não estão de acordo com o seu convencimento, vendo-se, então, obrigado a apresentar os seus fundamentos e divergir deles para justificar a incidência da súmula, com a qual não concorda. Ou seja, uma coisa de doido!

A gravidade jurídica dos termos do artigo 489, no entanto, vai bem além disso, já que afronta a pedra fundamental do Estado Democrático de Direito e ordem jurídica internacional pautada pela prevalência dos Direitos Humanos, não tendo, portanto, eficácia concreta, como se esclarecerá mais adiante.

Mas vale insistir. O § 1º do artigo 489 diz, textualmente, que "Não se considera fundamentada qualquer decisão judicial, seja ela interlocutória, sentença ou acórdão, que: (....) VI - deixar de seguir enunciado de súmula, jurisprudência ou precedente invocado pela parte, sem demonstrar a existência de distinção no caso em julgamento ou a superação do entendimento".

Ou seja, sentença que não segue enunciado de súmula, jurisprudência ou precedente invocado pela parte não é sentença. Mas então para que se quer um juiz afinal? Não seria melhor um computador, efetuando-se coleta de dados e expressando o resultado pré-programado?

Sim, se dirá, mas o juiz pode não seguir enunciado de súmula, jurisprudência ou precedente invocado pela parte, mas somente se "demonstrar a existência de distinção no caso em julgamento ou a superação do entendimento", o que quer dizer que sendo o caso idêntico e ainda estando em vigor o entendimento da súmula qualquer coisa que dizer será tido como não dito!

Lógico que a criatividade não se consegue evitar e o juiz fará, quando queira, uma interpretação da própria súmula e uma desvinculação ao caso, mas isso só exigirá esforço que dificulta exatamente o objetivo da celeridade processual, alimentando incidentes e forçando, na lógica do contexto de restrição da atuação do juiz, a profusão de novas súmulas.

É bem verdade, também, que esse mal já havia sido integrado ao processo do trabalho por intermédio de uma lei que, de forma bastante curiosa, é uma espécie de anagrama da lei do novo CPC. Nos termos da Lei n. 13.015 de 2014, caberá a interposição de embargos no TST, quando as decisões das Turmas forem "contrárias a súmula ou orientação jurisprudencial do Tribunal Superior do Trabalho ou súmula vinculante do Supremo Tribunal Federal".

Dispõe, também, que "O Ministro Relator denegará seguimento aos embargos: I - se a decisão recorrida estiver em consonância com súmula da jurisprudência do Tribunal Superior do Trabalho ou do Supremo Tribunal Federal, ou com iterativa, notória e atual jurisprudência do Tribunal Superior do Trabalho, cumprindo-lhe indicá-la".

No caso de recurso de revista, interposto das decisões dos Tribunais Regional, a lei em questão adiciona a seguinte hipótese de admissibilidade quando as decisões "contrariarem súmula de jurisprudência uniforme" do TST ou súmula vinculante do Supremo Tribunal Federal.

Obriga, ainda, que Tribunais Regionais do Trabalho procedem a uniformização de sua jurisprudência, cumprindo-lhe aplicar, o incidente de uniformização de jurisprudência previsto nos termos do Capítulo I do Título IX do Livro I da Lei nº 5.869, de 11 de janeiro de 1973 (Código de Processo Civil).

A lei em questão chega ao ponto de abrir a possibilidade de recurso de revista nas ações sujeitas ao procedimento sumaríssimo, o que até então não havia, "por contrariedade a súmula de jurisprudência uniforme do Tribunal Superior do Trabalho ou a súmula vinculante do Supremo Tribunal Federal e por violação direta da Constituição Federal" e passa a permitir a interposição de agravo de instrumento para "destrancar recurso de revista que se insurge contra decisão que contraria a jurisprudência uniforme do Tribunal Superior do Trabalho, consubstanciada nas suas súmulas ou em orientação jurisprudencial, não haverá obrigatoriedade de se efetuar o depósito referido no § 7º deste artigo".

Adota o procedimento para julgamento de recursos repetitivos, que, instaurado, ensejará a suspensão, também nos regionais, de todos "os recursos interpostos em casos idênticos aos afetados como recursos repetitivos, até o pronunciamento definitivo do Tribunal Superior do Trabalho", sendo que "Publicado o acórdão do Tribunal Superior do Trabalho, os recursos de revista sobrestados na origem: I - terão seguimento denegado na hipótese de o acórdão recorrido coincidir com a orientação a respeito da matéria no Tribunal Superior do Trabalho; ou II - serão novamente examinados pelo Tribunal de origem na hipótese de o acórdão recorrido divergir da orientação do Tribunal Superior do Trabalho a respeito da matéria."

Por fim, no caso de revisão da decisão firmada em julgamento de recursos repetitivos, o que será possível "quando se alterar a situação econômica, social ou jurídica", dispõe a lei que deverá ser "respeitada a segurança jurídica das relações firmadas sob a égide da decisão anterior, podendo o Tribunal Superior do Trabalho modular os efeitos da decisão que a tenha alterado".

Essa Lei, no entanto, não é um salvo-conduto para o novo CPC, significando apenas que o legislador está mesmo disposto a suprimir o poder jurisdicional dos juízes e nisto o novo CPC é, ao menos por ora, inigualável.

No âmbito dos tribunais dispõe o novo CPC que "Os tribunais devem uniformizar sua jurisprudência e mantê-la estável, íntegra e coerente" (art. 926), cumprindo-lhes editar "enunciados de súmula correspondentes a sua jurisprudência dominante" (§ 1º).

Complementa o artigo 927:

Os juízes e os tribunais observarão:

I - as decisões do Supremo Tribunal Federal em controle concentrado de constitucionalidade;

II - os enunciados de súmula vinculante;

III - os acórdãos em incidente de assunção de competência ou de resolução de demandas repetitivas e em julgamento de recursos extraordinário e especial repetitivos;

IV - os enunciados das súmulas do Supremo Tribunal Federal em matéria constitucional e do Superior Tribunal de Justiça em matéria infraconstitucional;

V - a orientação do plenário ou do órgão especial aos quais estiverem vinculados.

§ 1º Os juízes e **os tribunais observarão o disposto no art. 10 e no art. 489, § 1º, quando decidirem com fundamento neste artigo**.

§ 2º A alteração de tese jurídica adotada em enunciado de súmula ou em julgamento de casos repetitivos poderá ser precedida de audiências públicas e da participação de pessoas, órgãos ou entidades que possam contribuir para a rediscussão da tese.

§ 3º Na hipótese de alteração de jurisprudência dominante do Supremo Tribunal Federal e dos tribunais superiores ou daquela oriunda de julgamento de casos repetitivos, pode haver modulação dos efeitos da alteração no interesse social e no da segurança jurídica.

§ 4º A modificação de enunciado de súmula, de jurisprudência pacificada ou de tese adotada em julgamento de casos repetitivos observará a necessidade de fundamentação adequada e específica, considerando os princípios da segurança jurídica, da proteção da confiança e da isonomia.

§ 5º Os tribunais darão publicidade a seus precedentes, organizando-os por questão jurídica decidida e divulgando-os, preferencialmente, na rede mundial de computadores.

Percebe-se, pois, que o aprisionamento jurisdicional se pretende também com relação aos desembargadores.

Na ânsia de auferir um resultado processual qualquer, sem interferência do magistrado, o artigo 932 chama a conciliação de "autocomposição", impondo ao relator do recurso a incumbência de homologá-la, como se não pudesse recusar o resultado atingido pelas partes, desprezando, pois, as implicações de ordem pública, que no processo do trabalho são muitas, como se sabe.

Nos termos do mesmo artigo, incumbirá também ao relator: "IV - negar provimento a recurso que for contrário a: a) súmula do Supremo Tribunal Federal, do Superior Tribunal de Justiça ou do próprio tribunal; b) acórdão proferido pelo Supremo Tribunal Federal ou pelo Superior Tribunal de Justiça em julgamento de recursos repetitivos; c) entendimento firmado em incidente de resolução de demandas repetitivas ou de assunção de competência".

E, ainda, "depois de facultada a apresentação de contrarrazões, dar provimento ao recurso se a decisão recorrida for contrária a: a) súmula do Supremo Tribunal Federal, do Superior Tribunal de Justiça ou do próprio tribunal; b) acórdão proferido pelo Supremo Tribunal Federal ou pelo Superior Tribunal de Justiça em julgamento de recursos repetitivos; c) entendimento firmado em incidente de resolução de demandas repetitivas ou de assunção de competência".

4.6. CONTROLANDO OS JUÍZES E DESEMBARGADORES

O novo CPC, então, se dispõe a regular o **"incidente de assunção de competência"**, que é um eufemismo para o implemento de um expediente típico da ditadura, a **avocação**. Aqui, no entanto, não se fala em segurança nacional ou manutenção da ordem, mas em "relevante questão de direito, com grande repercussão social, sem repetição em múltiplos processos" (art. 947), como justificativa para excluir a construção coletiva da ordem jurídica por atuação dos juízes de primeiro grau, atribuindo tal tarefa a um "órgão especial", cujo entendimento "vinculará" a todos os juízes (§ 3º, art. 947).

Os artigos 948 a 950 regulam o incidente e **arguição de inconstitucionalidade**, quebrando a tradição brasileira do controle difuso da constitucionalidade, pelo qual os diversos juízes participam do processo democrático de construção da ordem jurídica.

E depois de superados todos os obstáculos procedimentais, chegando-se ao trânsito em julgado da decisão de mérito, esta poderá ser **rescindida** quando "**violar manifestamente norma jurídica**", (inciso V, art. 966), o que pode levar à interpretação de que também as súmulas e jurisprudências dominantes estariam inseridas no conceito de norma jurídica, valendo lembrar que o dispositivo do CPC atual é bem menos amplo, já que se refere a "violar literal disposição de lei (art. 485, V, do CPC).

Explicitando ainda mais a preocupação central do novo CPC, que é a de vislumbrar a prestação jurisdicional como suporte para a racionalidade econômica, mesmo que a democracia e os direitos fundamentais, humanos e sociais sofram abalo, cria-se o **"incidente de resolução de demandas repetitivas"**, como mecanismo de garantir "segurança jurídica" (art. 976, II).

É interessante perceber que existe aí de fato a preocupação em preservar o interesse do agressor da ordem jurídica. As alardeadas isonomia e segurança jurídica, proporcionadas pela adoção de um entendimento único para todos os casos, só interessam a quem se situa como réu em diversos processos, mas a esse o que se deve mesmo direcionar é a plena e total insegurança jurídica, pois está existe unicamente para quem cumpre regularmente a ordem jurídica.

Se a intenção fosse beneficiar as vítimas das agressões a direitos, o expediente, a exemplo do que prevê o Código de Defesa do Consumidor, só deveria gerar tais efeitos quando a decisão preservasse, com a maior potencialidade possível, o interesse do autor.

No fundo, trata-se, mais uma vez, de subtração do poder jurisdicional dos juízes de primeiro grau. Conforme dispõe o art. 985:

> Julgado o incidente, a tese jurídica será aplicada:
>
> I - a todos os processos individuais ou coletivos que versem sobre idêntica questão de direito e que tramitem na área de jurisdição do respectivo tribunal, inclusive àqueles que tramitem nos juizados especiais do respectivo Estado ou região;
>
> II - aos casos futuros que versem idêntica questão de direito e que venham a tramitar no território de competência do tribunal, salvo revisão na forma do art. 986.
>
> § 1º Não observada a tese adotada no incidente, caberá reclamação.

E a situação está longe de favorecer a celeridade por conta da complexidade do procedimento adotado, embora preveja o prazo de um ano para o julgamento (art. 980), porque "Do julgamento do mérito do incidente caberá recurso extraordinário ou especial, conforme o caso" (art. 987) e o recurso "tem efeito suspensivo, presumindo-se a repercussão geral de questão constitucional eventualmente discutida" (§ 1º.).

Mas é claro que a questão uma vez chegada ao Supremo não se restringe ao seu próprio objeto. Aliás, vale destacar que nesses procedimentos não há nenhuma vinculação da prestação jurisdicional ao pedido das partes e aos balizamentos para julgamento. Os tribunais, e mais precisamente o Supremo e os Tribunais Superiores, podem tudo. Podem julgar além do pedido e podem apoiar suas decisões em quaisquer fundamentos e ainda imporem o resultado para qualquer cidadão, parte, ou não, de um processo, além, é claro, de limitarem a atuação dos demais juízes.

É nessa linha que o § 2º, do art. 987 arremata:

> Apreciado o mérito do recurso, a tese jurídica adotada pelo Supremo Tribunal Federal ou pelo Superior Tribunal de Justiça será aplicada no território nacional a todos os processos individuais ou coletivos que versem sobre idêntica questão de direito.

Por fim, para garantir que nenhum juiz se rebele contra as diretrizes impostas, ou seja, se arvore em ser juiz, confere-se às partes e ao Ministério Público a possibilidade de apresentarem uma **Reclamação**, pode ser proposta perante qualquer tribunal (art. 988, § 1º.), para:

I - preservar a competência do tribunal;

II - garantir a autoridade das decisões do tribunal;

III - garantir a observância de decisão do Supremo Tribunal Federal em controle concentrado de constitucionalidade;

IV - garantir a observância de enunciado de súmula vinculante e de precedente proferido em julgamento de casos repetitivos ou em incidente de assunção de competência. (art. 988)

O procedimento específico, como todos os demais, estabelece prazos, intervenção do Ministério Público e suspensão do processo. Na Reclamação, além disso, "Qualquer interessado poderá impugnar o pedido do reclamante" (art. 990).

E, novamente, a figura do julgamento fora dos limites do pedido e sem qualquer balizamento legal aparece:

Art. 992. Julgando procedente a reclamação, o tribunal cassará a decisão exorbitante de seu julgado ou determinará medida adequada à solução da controvérsia.

Art. 993. O presidente do tribunal determinará o imediato cumprimento da decisão, lavrando-se o acórdão posteriormente.

Também no reforço da atuação jurisdicional em consonância com súmulas e jurisprudências dominantes, destaque o art. 1.011, que permite ao relator, em recurso de apelação, decidir monocraticamente quando for se pronunciar em conformidade com o inciso IV e V, do art. 932, acima citado.

Por fim, vale a referência ao art. 1022, que cuida dos embargos de declaração, os quais atingem, agora, qualquer decisão judicial, no sentido de que se considera omissa a decisão que: "I - deixe de se manifestar sobre tese firmada em julgamento de casos repetitivos ou em incidente de assunção de competência aplicável ao caso sob julgamento; II - incorra em qualquer das condutas descritas no art. 489, § 1º".

5. JURISPRUDÊNCIA DE CÚPULA E AFRONTA À CELERIDADE

Da análise desses dispositivos fica latente a desconfiança que o legislador tem da figura do juiz, mas é, certamente, mais que isso. Trata-se de uma forte incursão sobre a atuação do juiz, de modo a impedi-lo de se apresentar, socialmente, como um construtor do direito, o que acaba atingindo a todo o Judiciário. Repare-se que se o juiz, segundo preconizado no Código, deve seguir súmulas e jurisprudências dominantes de todos os órgãos superiores, a mesma atuação se impõe aos desembargadores com relação aos órgãos que lhe sejam superiores, até se atingir, em espiral ascendente, a esfera do Supremo Tribunal Federal.

Tudo for orquestrado para garantir que se extraia do Judiciário apenas entendimentos que possam servir de suporte necessário à lógica de mercado, que reclama previsibilidade e segurança jurídica. Mas no Estado democrático de direito não se pode dizer abertamente que os juízes não têm independência e que não podem julgar em conformidade com suas convicções. Então é preciso estabelecer um feixe de incidentes de natureza recursal que conduzam às instâncias superiores – e de forma mais específica ao Supremo Tribunal Federal – praticamente todas as questões debatidas em primeiro grau.

Repare-se que todos os incidentes estudados acima ("incidente de assunção de competência"; "arguição de inconstitucionalidade"; "incidente de resolução de demandas repetitivas" e "Reclamação"), postos a serviço da limitação dos poderes do juiz, conduzem o processo ao Supremo Tribunal Federal, sem qualquer limitação dos sujeitos legitimados: partes e Ministério Público (arts. 947, § 1º; 977 e 988)[18] e até mesmo entidades alheias ao processo (art. 950, §§ 1º, 2º e 3º).

Pois bem, essa esquizofrenia de centralizar o poder sem querer se assumir autoritário gera esse problema de ter que manter na base mais 16.000 juízes, julgando cerca de 1600 processos por ano[19], que dá um resultado total de 25.600.000 (vinte e cinco milhões e seiscentos mil) processos jogados a cada ano e considerar que é possível a um órgão com 11 Ministros (STF), mesmo auxiliado pelo CNJ e os demais Tribunais Superiores (STJ e TST), manter sob controle direto todos os juízes mediante o julgamento de reclamações e recursos extraordinário e especial.

Não é à toa que o Ministro Gilmar Mendes veio a público para solicitar uma *vacatio legis* de 05 (cinco) anos para a entrada em vigor do novo Código[20].

---

18 **Incidente de assunção de competência:** Art. 947. É admissível a assunção de competência quando o julgamento de recurso, de remessa necessária ou de processo de competência originária envolver relevante questão de direito, com grande repercussão social, sem repetição em múltiplos processos.
§ 1º Ocorrendo a hipótese de assunção de competência, o relator proporá, de ofício ou a requerimento da parte, do Ministério Público ou da Defensoria Pública, que seja o recurso, a remessa necessária ou o processo de competência originária julgado pelo órgão colegiado que o regimento indicar.
Incidente de resolução de demandas repetitivas: Art. 977. O pedido de instauração do incidente será dirigido ao presidente de tribunal: I - pelo juiz ou relator, por ofício; II - pelas partes, por petição;
III - pelo Ministério Público ou pela Defensoria Pública, por petição.
Reclamação: Art. 988. Caberá reclamação da parte interessada ou do Ministério Público.
Arguição de inconstitucionalidade: Art. 950. Remetida cópia do acórdão a todos os juízes, o presidente do tribunal designará a sessão de julgamento.
§ 1º As pessoas jurídicas de direito público responsáveis pela edição do ato questionado poderão manifestar-se no incidente de inconstitucionalidade se assim o requererem, observados os prazos e as condições previstos no regimento interno do tribunal.
§ 2º A parte legitimada à propositura das ações previstas no art. 103 da Constituição Federal poderá manifestar-se, por escrito, sobre a questão constitucional objeto de apreciação, no prazo previsto pelo regimento interno, sendo-lhe assegurado o direito de apresentar memoriais ou de requerer a juntada de documentos.
§ 3º Considerando a relevância da matéria e a representatividade dos postulantes, o relator poderá admitir, por despacho irrecorrível, a manifestação de outros órgãos ou entidades

19 http://politica.estadao.com.br/blogs/fausto-macedo/o-pais-dos-paradoxos-tem-os-juizes-mais-produtivos-do-mundo-mas-um-judiciario-dos-mais-morosos-e-assoberbados/, acesso em 24/06/15.

20 http://www1.folha.uol.com.br/poder/2015/06/1646465-gilmar-mendes-quer-adiar-prazo-do-novo-codigo-de-processo-civil.shtml, acesso em 24/06/15.

Lembre-se que do ponto de vista estrito do procedimento, as previsões do novo CPC, igualmente, não são nada animadoras, vez que cria várias possibilidades de incidentes, estabelecidas exatamente pelo princípio da desconfiança do juiz seja capaz de resolver as questões que lhe são apresentadas de forma adequada e com garantia do contraditório.

Destaquem-se, neste sentido, os procedimentos, com concessão de prazos e oportunidades de recursos, criados para: a) concessão da assistência judiciária gratuita (arts. 100 e 101); desconsideração da personalidade jurídica (arts. 133 a 137); argüição de falsidade (arts. 430 a 433); sem falar do bastante desnecessário incidente do *amicus curae* (art. 138).

Esses incidentes, combinados com uma regulação excessivamente minuciosa de cada passo do procedimento, demonstram o sentimento geral norteia o legislador: o pressuposto da existência de um conflito entre as partes e o juiz, tomando o legislador, claramente, o lado do interesse das partes, mas que não é, em geral, o da parte que tem razão, mas da parte que pretende postergar a solução final do processo e torná-lo sem efetividade, cumprindo lembrar neste aspecto as lições de José Carlos Barbosa Moreira, no sentido de que processo efetivo não é aquele que acaba rápido, mas o que consegue, com a maior brevidade possível, conferir a quem tem um direito material esse direito por inteiro, nem mais, nem menos.

O legislador chega a transformar o juiz em réu, impondo-lhe o pagamento de custas no procedimento se impedimento ou suspeição (§ 5º, art. 146) e fixando que "responderá, civil e regressivamente, por perdas e danos quando: I – no exercício de suas funções, proceder com dolo ou fraude; II – recusar, omitir ou retardar, sem justo motivo, providência que deva ordenar de ofício ou a requerimento da parte" (art. 143), sendo que não prevê nada equivalente com relação à atuação dos advogados.

Aliás, vai ao cúmulo de tornar o juiz uma peça descartável quando confere às partes o direito de estipularem as mudanças que quiserem no procedimento, ajustando, inclusive, ônus, poderes, faculdades e deveres processuais (art. 190). Embora confira ao juiz a possibilidade de, "ex officio", controlar a validade da convenção formalizada entre as partes, a sua atuação estará restrita à verificação das nulidades, do encargo abusivo em contratos de adesão ou na hipótese de uma das partes se encontrar em "manifesta situação de vulnerabilidade" (parágrafo único, art. 190), nenhum referência fazendo às questões de ordem pública, recuperando a noção de processo como "coisa das partes".

Sem qualquer vinculação à noção de efetividade, o legislador se satisfaz com o incentivo à conciliação e com uma atuação do juiz pautada pela extinção do processo por meio do pronunciamento "ex officio" da prescrição, inclusive da prescrição intercorrente (arts. 921, § 5º, e 924, V).

blico, cuja função é assegurar o respeito aos direitos subjetivos fundamentais, declarados na Constituição"[27].

Vários dispositivos dos instrumentos internacionais conferem ao Judiciário o relevante papel de efetivar os Direitos Humanos, no que se incluem, por óbvio, e com maior razão, os "direitos sociais". Vide, a respeito, o artigo 10, da Declaração Universal Dos Direitos do Homem, 1948 ("Todo o homem tem direito, em plena igualdade, a uma justa e pública audiência por parte de um tribunal independente e imparcial, para decidir de seus direitos e deveres ou do fundamento de qualquer acusação criminal contra ele"); o artigo XVIII, da Declaração Americana dos Direitos e Deveres do Homem, 1948 ("Toda pessoa pode recorrer aos tribunais para fazer respeitar os seus direitos. Deve poder contar, outrossim, com processo simples e breve, mediante o qual a justiça a proteja contra atos de autoridade que violem, em seu prejuízo, quaisquer dos direitos fundamentais consagrados constitucionalmente"); o artigo 8º., do Pacto de São José da Costa Rica, 1969 ("1. Toda pessoa terá o direito de ser ouvida, com as devidas garantias e dentro de um prazo razoável, por um juiz ou Tribunal competente, **independente** e imparcial, estabelecido anteriormente por lei, na apuração de qualquer acusação penal formulada contra ela, ou na determinação de seus direitos e obrigações de caráter civil, trabalhista, fiscal ou de qualquer outra natureza").

Também é possível verificar a consignação da idéia da independência dos juízes na Constituição de vários países, além, naturalmente, dos Estados Unidos, que fora o propulsor da garantia, na famosa decisão do juiz Marshall, no caso Marbury *versus* Madison, no ano de 1803: Alemanha: "Os juízes são independentes e somente se submetem à lei" (art. 97); Áustria: "Os juízes são independentes no exercício de suas funções judiciárias" (art. 87); Dinamarca: "No exercício de suas funções os magistrados devem se conformar à lei." (art. 64); Espanha: "A justiça emana do povo e ela é administrada em nome do rei por juízes e magistrados que constituem o poder judiciário e são independentes, inamovíveis, responsáveis e submetidos exclusivamente ao império da lei." (art. 117). "Toda pessoa tem o direito de obter a proteção efetiva dos juízes e tribunais para exercer seus direitos e seus interesses legítimos, sem que em nenhum caso esta proteção possa lhe ser recusada" (art. 24); França: "O presidente da República é garante da independência da autoridade judiciária. Ele é assistido pelo Conselho superior da magistratura. Uma lei orgânica traz estatuto dos magistrados. Os magistrados de carreira são inamovíveis." (art. 64); Grécia: "A justiça é composta por tribunais constituídos de magistrados de carreira que possuem independência funcional e pessoal." (art. 87-1). "No exercício de suas funções, os magistrados são submetidos somente à Constituição e às leis; eles não são, em nenhum caso, obrigados a se submeter a disposições contrárias à

---

27   O Poder Judiciário no regime democrático. Revista Estudos Avançados, 18 (51), 2004, p. 152.

Constituição." (art. 87-2); Irlanda: "Os juízes são independentes no exercício de suas funções judiciárias e submetidos somente à presente Constituição e à lei." (art. 35-2); Itália: "A justiça é exercida em nome do povo. Os juízes se submetem apenas à lei." (art. 101); Portugal: "Os juízes são inamovíveis. Eles não poderão ser multados, suspensos, postos em disponibilidade ou exonerados de suas funções fora dos casos previstos pela lei." (art. 218-1). "Os juízes não podem ser tidos por responsáveis de suas decisões, salvo exceções consignadas na lei." (art. 218-2)

Em nível supranacional também pode ser citada a Recomendação n. (94) 12, do Comitê dos Ministros do Conselho da Europa, de 13 de outubro de 1994, que trata da independência dos juízes[28].

A própria ONU, em 1994, aprovou a Recomendação número 41, que trata do assunto. Como explica Dalmo de Abreu Dallari, "Por esta resolução, a Comissão de Direitos Humanos decidiu recomendar a criação do cargo de relator especial sobre a independência do Poder Judiciário. Isso quer dizer que se considerava tão importante que houvesse o Judiciário independente, reconhecia-se que isso era indispensável para a garantia dos direitos, e por isso foi designado um Relator Especial permanente"[29].

Esclarece o mesmo autor:

> A Comissão de Direitos Humanos da ONU, que funciona em Genebra, fez esta recomendação ao ECOSOC — o Conselho Econômico e Social — e o Conselho aprovou a proposta. E desde então existe este relator. Anualmente ele apresenta o seu relatório, mas permanentemente faz o acompanhamento da situação da independência da magistratura no mundo. E é interessante verificar — eu sintetizo aqui em três itens — os objetivos que foram atribuídos a este Relator Especial: 1) investigar denúncias sobre restrições à independência da magistratura e informar o Conselho Econômico e Social sobre suas conclusões; 2) Identificar e registrar atentados à independência dos magistrados, advogados e pessoal auxiliar da Justiça, identificar e registrar progressos realizados na proteção e fomento dessa independência; 3) fazer recomendações para aperfeiçoar a proteção do Judiciário e da garantia dos direitos pelo Judiciário.
>
> Isso está implantado desde 1994 e, como uma seqüência procurando reforçar esse trabalho e dar publicidade a ele, a Comissão Internacional de Juristas, uma ONG com sede em Genebra que assessora a ONU para Direitos Humanos, no ano de 1971, criou um Centro para a Independência de Juízes e Advogados. Aliás, nesse caso juízes não é a expressão mais adequada. Melhor seria magistrados, porque tanto na Itália quanto na França, a

---

28 Riccardo MONACO, Droit et justice, mélanges en l'honneur de Nicolas VALTICOS, sous la direction de René-Jean DUPUY, Editions A. Pedone, Paris, p. 27.

29 *Independência da Magistratura e Direitos Humanos*. Disponível em: <http://www.dhnet.org.br/direitos/militantes/dalmodallari/dallari21.html>, acesso em 01/03/11.

magistratura incluiu também o Ministério Público. Então é o Centro para a Independência da Magistratura e dos Advogados.

Um dado importante é que anualmente a Comissão Internacional de Juristas publica uni relatório sobre a situação da independência de magistrados e advogados 110 mundo. O último publicado foi sobre o ano de 1999 e nele constam vários casos de ofensas, agressões, restrições a magistrados e advogados no Brasil.[30]

Segundo destaca Fábio Konder Comparato, "o sistema de direitos humanos está situado no ápice do ordenamento jurídico, e constitui a ponte de integração do direito interno ao direito internacional"[31].

Assim, quando se estabelece, no âmbito dos instrumentos internacionais de direitos humanos, que as autoridades internas estão obrigadas ao atendimento das normas e princípios neles contidos, incluem-se nesta obrigação também os juízes. Como adverte Fábio Konder Comparato, "Ao verificar que a aplicação de determinada regra legal ao caso submetido a julgamento acarreta clara violação de um princípio fundamental de direitos humanos, muito embora a regra não seja inconstitucional em tese, o juiz deve afastar a aplicação da lei na hipótese, tendo em vista a supremacia dos princípios sobre as regras." E, acrescenta: "quando estiver convencido de que um princípio constitucional incide sobre a matéria trazida ao seu julgamento, o juiz deve aplicá-lo, sem necessidade de pedido da parte."

A proteção dos direitos humanos, assim, transcende até mesmo ao poder do Estado. Por exemplo, o Estado brasileiro, como signatário da Declaração Interamericana de Direitos Humanos, o famoso Pacto de São José da Costa Rica, de 1969, deve responder à Comissão Interamericana de Direitos Humanos pelos seus atos e omissões que digam respeito às normas do referido tratado, podendo ser compelido pela Corte Interamericana de Direitos Humanos a inibir a violação dos direitos humanos e até a reparar as conseqüências da violação desses direitos mediante o pagamento de indenização justa à parte lesada (art. 63, Pacto São José da Costa Rica)[32].

Isto significa que se levada a juízo uma questão que diga respeito à violação de um direito humano, sequer o Judiciário brasileiro tem a última palavra, se sua decisão não foi eficiente para reparar o dano sofrido pela vítima. Ou em outros termos, em se tratando de direitos humanos, os juízes não podem manter uma postura indiferente e complacente com o agressor.

---

30   Idem.

31   Revista do Tribunal Regional do Trabalho da 15ª Região, Campinas, São Paulo, n. 14, 2001. Disponível em: <http://trt15.gov.br/escola_da_magistratura/Rev14Art5.pdf>. Acesso em: 4 nov. 2008

32   Para maiores esclarecimentos a respeito, vide Flávia Piovesan, "Introdução ao Sistema Interamericano de Proteção dos Direitos Humanos: a Convenção Americana sobre Direitos Humanos", in Sistema Interamericano de Proteção dos Direitos Humanos: legislação e jurisprudência. São Paulo: Centro de Estudos da Procuradoria Geral do Estado de São Paulo, 2001, pp. 70-104.

Exemplar neste sentido é o caso n. 12.201, encaminhado à Comissão Interamericana de Direitos Humanos, que reflete a situação de uma pessoa que teria sido discriminada por anúncio de emprego, publicado no Jornal Folha de São Paulo, de 02 de março de 1997, pelo qual se previa que a candidata ao emprego ofertado fosse "preferencialmente branca". A vítima apresentou queixa na Delegacia de Investigações sobre Crimes Raciais, mas o Ministério Público pediu arquivamento do processo, aduzindo que o ato não se constituiu crime de racismo, o que foi seguido pelo juiz, que determinou, enfim, o seu arquivamento.

A questão, no entanto, foi conduzida à Comissão Interamericana de Direitos Humanos, em 07 de outubro de 1997, tendo sido o caso aceito, com notificação do Estado brasileiro para apresentar sua defesa. Trata-se, portanto, da primeira situação em que o Estado brasileiro, nesta matéria, pode receber relatório final da Comissão, responsabilizando-o pela violação de dispositivos da Convenção Americana que cuidam de discriminação racial.

Este é um exemplo de inserção concreta de uma norma internacional no ordenamento interno para preservação dos direitos humanos. Mas, a nossa realidade está repleta de outros exemplos da pertinência da inserção das normas internacionais dos direitos humanos, o que, no entanto, não se realiza por absoluta falta de comprometimento dos aplicadores do direito do trabalho com o implemento de um crescimento econômico acompanhado de um necessário desenvolvimento social.

É neste sentido que se diz que a uma internacionalização das formas de produção corresponde, na mesma proporção, uma internacionalização mais intensa e precisa do Direito do Trabalho, com incentivo à sindicalização internacional e busca de uma normatização internacional de princípios éticos e sociais no trabalho, efetivando-se uma "mondialisation de la démocratie et de l'Etat de Droit"[33].

A idéia da supranacionalidade dos direitos humanos, mesmo dando ênfase à autodeterminação, é realçada pela Declaração e Programa de Ação, fruto da Conferência Mundial dos Direitos Humanos, realizada em Viena, em junho de 1993, quando, no item 15, resta estabelecido que "o respeito aos direitos humanos e liberdades fundamentais, sem distinções de qualquer espécie, é uma norma fundamental do direito internacional na área dos direitos humanos".

Aos direitos humanos integram-se, de forma indissolúvel e sem possibilidade de retrocesso, os direitos sociais. Nos termos dos instrumentos produzidos no final do século XX, não se concebe a integridade da condição humana sem a perspectiva da busca da justiça social. Conforme consta nos considerandos da Declaração de Viena, de 1993, não se deve olvidar a determinação, já contida

---

33 . Jacques Chevallier, *apud* Antoine Jeammaud, "La Mondialisation, épreuve pour le droit du travail", p. 2.

na Carta das Nações Unidas, no sentido de "preservar as gerações futuras do flagelo da guerra, de estabelecer condições sob as quais a justiça e o respeito às obrigações emanadas de tratados e outras fontes do direito internacional possam ser mantidos, de promover o progresso social e o melhor padrão de vida dentro de um conceito mais amplo de liberdade, de praticar a tolerância e a boa vizinhança e de empregar mecanismos internacionais para promover avanços econômicos e sociais em benefício de todos os povos".

A mesma Declaração destaca que "todos os direitos humanos são universais, indivisíveis, interdependentes e inter-relacionados", estabelecendo que "a comunidade internacional deve tratar os direitos humanos de forma global, justa e equitativa, em pé de igualdade e com a mesma ênfase. Embora particularidades nacionais e regionais devam ser levadas em consideração, assim como diversos contextos históricos, culturais e religiosos, é dever dos Estados promover e proteger todos os direitos humanos e liberdades fundamentais, sejam quais forem seus sistemas políticos, econômicos e culturais." (item 5)

No item 6, da referida Declaração, resta claro que "Os esforços do sistema das Nações Unidas para garantir o respeito universal e a observância de todos direitos humanos e liberdades fundamentais de todas as pessoas contribuem para a estabilidade e bem-estar necessários à existência de relações pacíficas e amistosas entre as nações e para melhorar as condições de paz e segurança e o desenvolvimento social e econômico, em conformidade com a Carta das Nações Unidas".

Extremamente relevante, ainda, o item 10 da Declaração em questão, que põe como ponto central das preocupações humanas a preservação dos direitos fundamentais e não o desenvolvimento econômico, sem desprezar, por óbvio, a importância do desenvolvimento para a efetivação desses direitos, evidenciando que mesmo a deficiência em termos de desenvolvimento não é motivo suficiente para negar a eficácia dos direitos fundamentais:

> A Conferência Mundial sobre Direitos Humanos reafirma o direito ao desenvolvimento, previsto na Declaração sobre Direito ao Desenvolvimento, como um direito universal e inalienável e parte integral dos direitos humanos fundamentais.
>
> Como afirma a Declaração sobre o Direito ao Desenvolvimento, a pessoa humana é o sujeito central do desenvolvimento.
>
> Embora o desenvolvimento facilite a realização de todos os direitos humanos, **a falta de desenvolvimento não poderá ser invocada como justificativa para se limitar os direitos humanos internacionalmente reconhecidos.**
>
> Os Estados devem cooperar uns com os outros para garantir o desenvolvimento e eliminar obstáculos ao mesmo. A comunidade internacional deve promover uma cooperação internacional eficaz visando à realização do direito ao desenvolvimento e à eliminação de obstáculos ao desenvolvimento.

O progresso duradouro necessário à realização do direito ao desenvolvimento exige políticas eficazes de desenvolvimento em nível nacional, bem como relações econômicas eqüitativas e um ambiente econômico favorável em nível internacional.

Há, como se vê, a atribuição de uma função relevante ao Direito e, consequentemente, ao juiz na construção desse instrumento, que não se confunde com a lei, estritamente considerada.

Neste contexto, os limites econômicos não podem ser o fio condutor das análises jurídica, até porque o desafio é, exatamente, o de superar esses limites quando agressivos à condição humana e obstáculos ao projeto da construção de uma sociedade justa. O direito, queira-se, ou não, se correlaciona com a realidade, e, nesta perspectiva, servirá tanto para conservá-la quanto para transformá-la. Tullio Ascarelli, que pinçara suas idéias sob a égide do Direito Social em formação, deixara claro desde então que "A idéia de que o direito não poderia transformar a economia era, pura e simplesmente, o reflexo de uma ideologia (reacionária), isto é, do desejo de que o direito não interviesse para a transformação vantajosa às classes deserdadas pelo sistema econômico existente. Era o reflexo da concepção que se apresentava como científica, mas que era, na realidade, política, segundo a qual existe uma economia natural, à qual corresponde a ideologia do direito natural."[34]

E, não se dedicou o autor citado à formulação da proposição em sentido da força transformadora do direito, dedicando-se a apresentar as modificações econômicas produzidas pelas mudanças legislativas, tendo, inclusive, participado ativamente de movimentos de reforma legislativa[35].

Esse reconhecimento é por demais importante para explicitar ao jurista, e também ao juiz, o tamanho de sua responsabilidade quando cria, por meio da interpretação, o direito. Neste sentido, Ascarelli exprimia, com toda razão, que "não há interpretação que não obrigue o intérprete a tomar posição diante desta ou daquela alternativa e, portanto, a expressar uma valoração pessoal"[36], a qual adviria no conjunto normativo, mas da vivência do jurista. Neste sentido, a interpretação não seria declarativa, mas criativa. Assim, "rejeitando as costumeiras metáforas da interpretação como cópia reprográfica ou como reflexo do direito já posto, ele adotou a metáfora da semente e da planta, segundo a qual o ordenamento jurídico cresce sobre si mesmo e desenvolve-se por meio do trabalho do intérprete, do qual a lei é o gérmen fecundador. Sem metáforas, a interpretação independentemente do que o jurista pense do próprio trabaloho,

---

34 *Apud* Norberto Bobbio. Da Estrutura à Função: novos estudos de teoria do direito. Barueri/SP: Manole, 2007, p. 250.
35 Cf. Bobbio, ob. cit., "Da Estrutura...", p. 250.
36 Cf. Bobbio, ob. cit., "Da Estrutura...", p. 253.

jamais é apenas desenvolvimento lógico de premissas, ou seja, mera explicitação do implícito, mas é sempre, também, acréscimo, adaptação, integração, em suma, trabalho contínuo de reformulação, e, portanto, de renovação do *corpus iuris*. O jurista não é um lógico que apenas manipula algumas regras, mas um engenheiro que se serve de regras para construir novas casas, novas fábricas, novas máquinas."[37]

Em sentido ainda mais revelador, Márcio Túlio Viana explica que por detrás da fantasia de que o direito está, todo ele, inscrito nas leis, esconde-se o próprio juiz que tenta fazer crer à sociedade que nada mais faz do que aplicar a lei ao fato, não assumindo, pois, qualquer responsabilidade sobre o resultado a que chega.

Em suas palavras: "como foi o legislador que fez a lei, o tribunal pode se eximir, aos olhos da sociedade, de qualquer responsabilidade – pois ela não conhece o seu segredo, não o percebe como coautor, não sabe que quem interpreta, recria. Como também não sabe, por isso mesmo, que o que ele fez foi uma escolha; que a sua aparente descoberta foi, na essência, uma invenção"[38].

Essa revelação, que demonstra, pois, a um só tempo, a responsabilidade do jurista e a própria função transformadora – ou reacionária – do direito, é por demais importante. Afinal, como dizia Ascarelli, "O chamado direito espontâneo, que se forma, ou se acredita formar-se, diretamente pelo livre jogo das forças em luta, é sempre o direito do mais forte."[39]

7. NENHUM OTIMISMO

Não se teria nenhum ponto positivo no novo Código?

Ora, como se trata de uma mente que flerta com a esquizofrenia, é evidente que também traz alguns dispositivos que, vistos isoladamente, podem conferir maiores poderes ao juiz e, por consequencia, maior possibilidade de se alcançar celeridade e efetividade.

Destaquem-se neste sentido os seguintes artigos: 1º; 4º; 5º; 6º; 67 a 69; 79; 80; 81; 98, §4º; 99; 99, 4º; 139, III, IV, VI e VIII; 142; 156, § 1º; 191; 202; 292, § 3º; 293; 300; 311; 370; 372; 373, § 1º; 375; 378; 385; 406; 481; 487, III, b; 497 a 501; 517; 520; 521, I, II, III e IV; 534; 535, § 3º, VI; 536; 537; 674 a 681; 794; 794, § 1º; 795, § 2º; 829; 833, § 2º.

---

37 Cf. Bobbio, ob. cit., "Da Estrutura...", pp. 252-253.
38 Prefácio à obra, Coleção O Mundo do Trabalho, volume 1: leituras críticas da jurisprudência do TST: em defesa do direito do trabalho. Organizadores: Grijalbo Fernandes Coutinho, Hugo Cavalcanti Melo Filho, Marcos Neves Fava e Jorge Luiz Souto Maior. São Paulo: LTr, 2009, p. 10.
39 Cf. Bobbio, ob. cit., "Da Estrutura...", p. 248.

São, ao todo, portanto, 54 artigos de um total de 1.072, sendo que mesmo os artigos destacados não são, todos, integralmente considerados.

O esforço de trazer esses dispositivos para cotidiano das Varas do Trabalho não vale a pena, sobretudo por conta dos enormes riscos que essa abertura traz, até porque se pode duvidar que o alcance benéfico desses dispositivos seja de fato incorporado à prática do processo civil, sobretudo no que ponto central neles identificado que é o da atuação "ex officio" do juiz na instrução do processo, conforme previsto, de forma específica nos artigos: 81; 139, III, IV, VI e VIII, 142, 292, § 2º; 300; 370; 372; 385 e 481:

> Art. 81. De ofício ou a requerimento, o juiz condenará o litigante de má-fé a pagar multa, que deverá ser superior a um por cento e inferior a dez por cento do valor corrigido da causa, a indenizar a parte contrária pelos prejuízos que esta sofreu e a arcar com os honorários advocatícios e com todas as despesas que efetuou.
>
> Art. 139. O juiz dirigirá o processo conforme as disposições deste Código, incumbindo-lhe:
>
> III - prevenir ou reprimir qualquer ato contrário à dignidade da justiça e indeferir postulações meramente protelatórias;
>
> IV - determinar todas as medidas indutivas, coercitivas, mandamentais ou sub-rogatórias necessárias para assegurar o cumprimento de ordem judicial, inclusive nas ações que tenham por objeto prestação pecuniária;
>
> VI - dilatar os prazos processuais e alterar a ordem de produção dos meios de prova, adequando-os às necessidades do conflito de modo a conferir maior efetividade à tutela do direito;
>
> Art. 142. Convencendo-se, pelas circunstâncias, de que autor e réu se serviram do processo para praticar ato simulado ou conseguir fim vedado por lei, o juiz proferirá decisão que impeça os objetivos das partes, aplicando, de ofício, as penalidades da litigância de má-fé.
>
> Art. 292...
>
> § 3º O juiz corrigirá, de ofício e por arbitramento, o valor da causa quando verificar que não corresponde ao conteúdo patrimonial em discussão ou ao proveito econômico perseguido pelo autor, caso em que se procederá ao recolhimento das custas correspondentes.
>
> Art. 300. A tutela de urgência será concedida quando houver elementos que evidenciem a probabilidade do direito e o perigo de dano ou o risco ao resultado útil do processo.
>
> Art. 370. Caberá ao juiz, de ofício ou a requerimento da parte, determinar as provas necessárias ao julgamento do mérito.
>
> Parágrafo único. O juiz indeferirá, em decisão fundamentada, as diligências inúteis ou meramente protelatórias.

Art. 372. O juiz poderá admitir a utilização de prova produzida em outro processo, atribuindo-lhe o valor que considerar adequado, observado o contraditório.

Art. 385. Cabe à parte requerer o depoimento pessoal da outra parte, a fim de que esta seja interrogada na audiência de instrução e julgamento, sem prejuízo do poder do juiz de ordená-lo de ofício.

Art. 481. O juiz, de ofício ou a requerimento da parte, pode, em qualquer fase do processo, inspecionar pessoas ou coisas, a fim de se esclarecer sobre fato que interesse à decisão da causa.

Os demais dispositivos mencionados, que teriam algum proveito positivo, não são assim tão relevantes, destacando-se o procedimento de cooperação nacional, fixado nos artigos 67 a 69:

DA COOPERAÇÃO NACIONAL

Art. 67. Aos órgãos do Poder Judiciário, estadual ou federal, especializado ou comum, em todas as instâncias e graus de jurisdição, inclusive aos tribunais superiores, incumbe o dever de recíproca cooperação, por meio de seus magistrados e servidores.

Art. 68. Os juízos poderão formular entre si pedido de cooperação para prática de qualquer ato processual.

Art. 69. O pedido de cooperação jurisdicional deve ser prontamente atendido, prescinde de forma específica e pode ser executado como:

I - auxílio direto;

II - reunião ou apensamento de processos;

III - prestação de informações;

IV - atos concertados entre os juízes cooperantes.

§ 1º As cartas de ordem, precatória e arbitral seguirão o regime previsto neste Código.

§ 2º Os atos concertados entre os juízes cooperantes poderão consistir, além de outros, no estabelecimento de procedimento para:

I - a prática de citação, intimação ou notificação de ato;

II - a obtenção e apresentação de provas e a coleta de depoimentos;

III - a efetivação de tutela provisória;

IV - a efetivação de medidas e providências para recuperação e preservação de empresas;

V - a facilitação de habilitação de créditos na falência e na recuperação judicial;

VI - a centralização de processos repetitivos;

VII - a execução de decisão jurisdicional.

§ 3º O pedido de cooperação judiciária pode ser realizado entre órgãos jurisdicionais de diferentes ramos do Poder Judiciário.

Já os problemas são muito grandes, sobretudo por conta dos retrocessos verificados no que se refere à antecipação da tutela e do cumprimento da sentença, especificamente no aspecto das previsões dos arts. 475-J e 475-O.

Neste aspecto relacionem-se os artigos: 2º; 3º; 7º; 8º; 9º; 10; 12; 15; 77, §§ 1º e 2º; 78; 82 a 97; 98; 98, VIII; 98. § 6º; 100; 101; 133 a 137; 138; 139; 139, II; 139, I, V, VI e IX; 140, parágrafo único; 141; 143; 146, § 4º; 156, § 1º; 157, § 2º; 162 a 164 (162, I); 165 a 175 (168, § 1º, 169 e 174); 188; 189, I; 190; 192, parágrafo único; 203; 204; 205; 212; 213; 217; 218; 220, § 1º; 222; 226; 227; 228; 229; 230 a 232; 233; 234; 235; 236; 237; 238; 242; 245; 248, § 2º; 260 a 268; 269; 275; 276; 277; 280; 291; 301 a 310; 313, § 2º; 317; 319; 332; 332, § 1º; 333; 335 a 342; 347 a 350; 357; 358; 361; 362; 362, II; 362, § 2º.; 362, § 6º; 363; 379, I; 385; 393; 396 a 404; 430 a 433; 489; 489, IV e VI; 489, § 2º; 491; 492; 513, § 5º; 520, parágrafo único; 522; 771 a 823 (792, § 3º; 795; 795, §§ 3º e 4º); 829, § 2º; 830, § 2º; 833, IV, X, XI e XII; 847 a 853; 854 a 869 (854, § 1º); 876; 921, §§ 4º e 5º; 924, IV e V; 926; 927; 929; 947; 949; 976 a 987; 988 a 993; 994; 995, parágrafo único a 1.044; 1.046, § 4º; 1.062.

Seriam indiferentes ou naturalmente inaplicáveis no processo do trabalho os artigos: 11; 13; 14; 16; 17; 18; 19; 20; 21 a 25; 42 a 66; 70 a 76; 103 a 107; 108 a 112; 113 a 118; 119 a 132; 144 a 148; 149; 159 a 161; 176 a 181; 182 a 184; 185 a 187; 193 a 199; 200 a 201; 206 a 211; 214; 224 a 225; 234 a 235; 284 a 290; 313 a 315; 322 a 331; 333; 334; 335 a 342; 343; 344; 347; 351 a 353; 355; 356; 381 a 384; 396 a 404; 405 a 429; 434 a 439; 442 a 462; 464 a 480; 482 a 488; 495; 502 a 508; 509 a 512; 513 a 516; 518; 519; 523 a 527; 528 a 533; 539 a 549; 550 a 553; 554 a 559; 560 a 566; 569 a 598; 599 a 609; 610 a 673; 682 a 686; 687 a 692; 693 a 699; 700 a 702; 703 a 706; 707 a 711; 712 a 718; 719 a 770; 771; 870 a 875; 876 a 878; 879 a 903; 910 a 920; 921; 951 a 959; 960 a 965; 966 a 975.

8. CONCLUSÃO

Por todos esses elementos quero crer que seja mesmo importante à Justiça do Trabalho, para preservar seu protagonismo na busca da efetividade dos direitos sociais, afastar-se da esquizofrenia do novo CPC, para não entrar em crise existencial.

Aliás, o que se apresenta, concretamente, é uma grande oportunidade para que os estudos do processo do trabalho retornem à sua origem e se possa, então, recuperar e reforçar a teoria jurídica específica das lides trabalhistas, extraindo da Justiça do Trabalho certo complexo de inferioridade, bastante identificado em alguns juízes que se sentem mais juízes quando citam em suas sentenças artigos do Código de Processo Civil, mesmo que já possuam nos 265 artigos da CLT as possibilidades plenas para a devida prestação jurisdicional.

Claro que muitas das inovações recentes do Código de Processo Civil, como a antecipação da tutela e o cumprimento da sentença (arts. 475-J e 475-O), serviram bastante à evolução do processo do trabalho, mas também não foram poucas as influências negativas, como os incidentes de intervenção de terceiros. O maior problema foi a fragilização no que tange à consolidação de uma teoria processual própria e esse problema ainda mais se potencializa com o recurso ao novo Código de Processo Civil.

Parece-me, pois, que é chegada a hora decisiva do processo do trabalho reencontrar a sua autonomia teórica, sendo que em termos de procedimento resta lançado à jurisprudência trabalhista o desafio de incorporar as práticas procedimentais até aqui adotadas, que favoreçam a efetividade processual, aprimorando-as, sempre com o respeito necessário ao princípio do contraditório.

Renove-se, a propósito, o argumento de que "o processo do trabalho é uma via de passagem das promessas do direito material (e do Estado Social) para a realidade, instituído com base no reconhecimento da desigualdade material entre os sujeitos da relação jurídica trabalhista, atraindo o princípio da proteção e impulsionando uma atuação ativa do juiz na tutela do interesse da justiça social, pouco ou mesmo nenhuma relevância possuem as discussões travadas no âmbito do processo civil que se desvinculam desses objetivos e dessa racionalidade"[40], mas para se chegar a conclusão diversa da anteriormente enunciada. Assim, o que se preconiza, presentemente, é que o novo CPC, por estar irremediavelmente contagiado, seja afastado completamente das lides trabalhistas, impondo-se aos juízes valerem-se, na sua intensidade plena, da teoria do Direito Social, dos princípios do Direito do Trabalho, da noção de instrumentalidade do processo do trabalho e dos dispositivos legais do procedimento trabalhista fixados na CLT, notabilizando-se o art. 765.

Diante do notório conflito conceitual existente entre o novo CPC e o processo do trabalho, não há saída conciliatória possível e os juízes precisarão escolher um lado e este lado deve ser, necessariamente, o da preservação da própria razão de ser da Justiça do Trabalho, que é a de tornar efetivos os direitos dos trabalhadores.

Na atuação voltada à efetividade dos direitos trabalhistas, cumpre reconhecer, sem traumas, que o juiz possui poderes para criar, em situações concretas, o

---

40 SOUTO MAIOR, Jorge Luiz. *Relação entre o processo civil e o processo do trabalho*. In: O novo Código de Processo Civil e seus reflexos no processo do trabalho. Org. Elisson Miessa. Salvador: Editora JusPodivm, 2015, p. 164.

procedimento necessário para conferir efetividade ao direito material, partindo do pressuposto, sobretudo, da desigualdade das partes.

Diante da situação real de retirada do Código de Processo Civil do cenário de atuação do juiz, devem ser incorporadas, com base na regra do direito consuetudinário e do princípio do não-retrocesso, as experiências processuais já adotadas comumente nas lides trabalhistas, baseadas, inclusive, em disposições do atual Código de Processo Civil, notadamente a tutela antecipada e os arts. 475-J e 475-O.

Garantindo, necessariamente, o contraditório, cumpre ao juiz zelar para que o processo não se constitua um obstáculo à concretização do direito material trabalhista, devendo, inclusive, agir com criatividade, inventividade e responsabilidade, sendo que tudo isso tem base legal específica (art. 765, da CLT):

> Art. 765 - Os Juízos e Tribunais do Trabalho terão ampla liberdade na direção do processo e velarão pelo andamento rápido das causas, podendo determinar qualquer diligência necessária ao esclarecimento delas.

De um ponto de vista ainda mais específico, no aspecto do procedimento, é urgente recuperar a compreensão de que a CLT traz uma regulação baseada no princípio da oralidade, que possui características que lhe são próprias, destacando-se o aumento dos poderes do juiz na condução do processo, que lhe permite atuar em conformidade com a situação que se apresente em concreto.

É impensável, dentro desse contexto, exigir do juiz do trabalho, norteado pelos princípios do Direito do Trabalho que estão fincados na raiz do Direito Social e impulsionado pelos ditames da ordem pública, ao qual, por isso mesmo, se atribuem amplos poderes instrutórios e de criação do direito, com apoio, inclusive, no princípio da extrapetição, que aplique no processo do trabalho as diretrizes do novo CPC que representam um grave retrocesso na própria concepção de Estado Democrático de Direito.

São Paulo, 1o de julho de 2015.

Capítulo 67

A LEGISLAÇÃO TRABALHISTA E AS RELAÇOES DE TRABALHO NO BRASIL E O NOVO CPC

José Luciano de Castilho Pereira[1]

SUMÁRIO: 1. ORIGENS; 2. O PROCESSO DO TRABALHO A PARTIR DA CONSTITUIÇÃO FEDERAL DE 1988; 3. QUE RUMO DEVE TOMAR O DIREITO E O PROCESSO DO TRABALHO; 4. CONCLUSÃO.

1. ORIGENS

1.1. Em 1936, na disputa pela Cátedra de Direito Civil da Universidade Federal da Bahia, ORLANDO GOMES fez um trabalho acadêmico sobre A CONVENÇÃO COLETIVA DE TRABALHO.

Em 1936, o Direito do Trabalho estava, no Brasil, em sua 1ª infância.

Não se admitia a interferência do Estado na liberdade contratual. A regra era, com rigor, o *pacta sunt servanda*, que como se sabe, provocou as mais graves injustiças em todo o mundo.

Por consequência, não se admitia nem a aplicação da cláusula *"rebus sic stantibus"*.

Nesse rumo caminhava, vitoriosa, a doutrina e a jurisprudência.

1.2. Nos seus comentários ao antigo Código Civil, ensinava CARVALHO SANTOS, que o artigo 1.091 do Código continha, em face da doutrina por ele adotada, uma formal condenação à admissibilidade da cláusula *rebus sic stantibus*, *salvo em casos expressos.*

E quais seriam tais casos expressos?

Ele mesmo respondia:

> "De fato, nos artigos 1.059, 1.190, o Código admite a imprevisão, permitindo a rescisão ou revisão dos contratos, mas isto é prova maior de que, em regra, ele não a tolera. Realmente, se a regra fosse a rescisão com fundamento na imprevisão, dispensado estaria o legislador de estatuir regras especiais bastando que se aplicasse a regra geral." (Código Civil Brasileiro Interpretado Ed. Freitas Bastos, 6ª. Ed. 1954, Vol. XV pp. 232).

---

[1] Ministro do TST- aposentado. Membro Efetivo do Instituto dos Advogados Brasileiros. Professor de Processo do Trabalho no IESB – Brasília- DF.

1.3. O mestre CARVALHO SANTOS, refletindo o pensamento da época, termina esta parte de seu estudo, citando um Acórdão da Corte de Apelação, datado de 06/07/1932, no qual se lê o seguinte:

> "Sem dúvida, é prejudicial à embargante a aludida cláusula 8ª do contrato, cuja execução pleiteia o embargado. Isto, porém, não a exime do cumprimento da obrigação assumida, por não haver dispositivo de lei que autorize a anulação de um contrato pelo fato de ser ele desfavorável a uma das partes. Na hipótese dos autos a aplicação da equidade baseada na teoria da imprevisão violaria o princípio do direito, em virtude do qual o contrato é considerado lei entre as partes." (op. cit. p. 234).

Como acentua ARNALDO WALD, o Código de 1916 foi feito para um Brasil estável, com moeda firme, em que os contratos não deveriam sofrer maiores alterações independentemente da vontade das partes. Era o mundo dos fisiocratas, do *laissez passer, laisser faire.* (cfr. Pereira, José Luciano de Castilho- A Teoria a Imprevisão e os Limites Sociais do Contrato no Novo Código Civil, in O Novo Código Civil, Homenagem ao Prof. Miguel Reale, *Coordenadores*: Domingos Franciulli Netto, Gilmar Ferreira Mendes e Ives Gandra da Silva Martins Filho- LTR- 2ª Edição-pág. 401).

1.4. Vigorava, no Brasil, um profundo sentimento individualista, com absoluta divinização do contrato. Era um Brasil rural, com população majoritariamente analfabeta, na qual o pensamento social, que provocou a questão social na Europa, na segunda metade do século XIX, e que aqui não havia chegado, nem por ouvir dizer.

Assim a Convenção Coletiva de Trabalho era objeto do Código Civil de 1916, daí ORLANDO GOMES poder disputar a Cátedra de Direito Civil com tese sobre matéria própria do Direito do Trabalho, que então estava sob a estrutura do individualismo do Direito Civil.

Mas, com a Revolução de 1930, o Brasil começou a entrar no século XX, rompendo com a ideia de o Estado não poder interferir na economia, já que esta estaria apenas sujeita às leis do mercado. O absenteísmo estatal não era do agrado do mestre baiano que além de jurista tinha sólida formação sociológica, o que lhe permitiu inquirir se as abstrações legais estavam ligadas à realidade que elas deveriam regular. Este é, em verdade, o objeto da sociologia jurídica, segundo lição de RENATO TREVES, na ênfase a um método experimental, estudando os fatores que influenciam as vicissitudes das leis, "*la naturaleza de los lugares, el clima, los costumbres, los hechos económicos...*" (in La sociologia del Derecho- Origenes, Investigaciones, Problemas- Ed.Ariel- Barcelona-1988- p. 32).

Em verdade, era preciso romper com a tradição de, no Brasil, o direito civil ter uma visão abstrata da realidade brasileira, que ele deveria regular.

Evidentemente, se o direito material era assim, não poderia ser diferente o direito processual que deveria instrumentaliza-lo.

De todo modo, como já anunciado, mesmo nesse propósito o novo Código não consegue avançar, pois para eliminar os poderes do juiz prevê o manejo de nada mais, nada menos, que nove tipos de recursos, que incidem em todas as fases do procedimento.

> Art. 994. São cabíveis os seguintes recursos:
>
> I - apelação;
>
> II - agravo de instrumento;
>
> III - agravo interno;
>
> IV - embargos de declaração;
>
> V - recurso ordinário;
>
> VI - recurso especial;
>
> VII - recurso extraordinário;
>
> VIII - agravo em recurso especial ou extraordinário;
>
> IX - embargos de divergência.

Ora, quisesse mesmo avançar na perspectiva da celeridade, com ampliação dos poderes do juiz, eliminaria o duplo grau de jurisdição em processos julgados procedentes. No mínimo, poderia ter eliminado a possibilidade de recurso em se tratando de questão fática.

6. O INCONSTITUCIONAL ATAQUE À INDEPENDÊNCIA DO JUIZ

A aplicação em concreto dos valores consignados nas Declarações de Direitos Humanos foi reconhecida como um desafio aos seres humanos e uma obrigação jurídica e política dos Estados Democráticos de Direito, conforme consignado nos próprios documentos relativos ao tema.

Destaque-se, a propósito, o célebre desabafo de Norberto Bobbio: "Deve-se recordar que o mais forte argumento adotado pelos reacionários de todos os países contra os direitos do homem, particularmente contra os direitos sociais, não é a sua falta de fundamento, mas a sua inexeqüibilidade. Quando se trata de enunciá-los, o acordo é obtido com relativa facilidade, independentemente do maior ou menor poder de convicção de seu fundamento absoluto; quando se trata de passar à ação, ainda que o fundamento seja inquestionável, começam as reservas e as oposições."[21] Assim, conclui: "O problema fundamental em relação aos direitos do homem, hoje, não é tanto o de *justificá-los*, mas o de *protegê-los*."

Lembre-se que por razões de poder e de interesses econômicos regionais, muitas vezes os valores expressos nas Declarações Internacionais não se inte-

---

21 BOBBIO, Norberto. A Era dos Direitos. 1 ed. 12. tir. Rio de Janeiro: Campus, 1992, p. 24.

gram aos ordenamentos internos, o que tem exigido uma autêntica luta na construção teórica do direito para admissão do valor normativo das Declarações, que se integrariam às realidades locais por atuação dos juízes.

Segundo Cançado Trindade, essa seria uma feição inevitável da atuação jurisdicional em razão da "abertura das Constituições contemporâneas – de que dão exemplo marcante as de alguns países latino-americanos e as de países tanto da Europa Oriental hodierna como da Europa Ocidental – à normativa internacional de proteção dos direitos humanos" [22] [23].

Conforme esclarece Cançado Trindade, "Tendo a si confiada a proteção primária dos direitos humanos, os tribunais internos têm, em contrapartida, que conhecer e interpretar as disposições pertinentes dos tratados dos direitos humanos." [24]

É neste sentido, ademais, que "assume importância crucial a autonomia do Judiciário, a sua independência de qualquer tipo de influência executiva"[25].

A independência dos juízes, portanto, é uma garantia do Estado de Direito. A independência do juiz, para dizer o direito, é estabelecida pela própria ordem jurídica como forma de garantir ao cidadão que o Estado de Direito será respeitado e usado como defesa contra todo o tipo de usurpação. Neste sentido, a independência do juiz é, igualmente, garante do regime democrático.

Conforme explica Jean-Claude Javillier, "não há nenhuma sociedade democrática sem uma independência da magistratura: ela é a garantia de uma efetividade das normas protetoras dos direitos essenciais do homem"[26].

Fábio Konder Comparato ensina: "A independência funcional da magistratura, assim entendida, é uma garantia institucional do regime democrático. O conceito institucional foi elaborado pela doutrina publicista alemã à época da República de Weimar, para designar as fontes de organização dos Poderes Pú-

---

22 Prefácio à obra, Instrumentos Internacionais de Proteção dos Direitos Humanos. Procuradoria Geral do Estado de São Paulo, Centro de Estudos, Série documentos n. 14, agosto de 1997, p. 24.

23 No mesmo sentido Carlos Henrique Bezerra Leite: "Não obstante, parece-me que a Constituição Federal de 1988, no seu Título II, positivou praticamente todos os direitos humanos, especialmente pela redação dos §§ 2º. e 3º. do artigo 5º., razão pela qual não há motivo para a distinção, pelo menos do ponto de vista do direito interno, entre direitos fundamentais e direitos humanos. Aliás, o próprio art. 4º., inciso II, da Constituição Federal, estabelece que, nas relações internacionais, o Brasil adotará o princípio da 'prevalência dos direitos humanos'." (LEITE, Carlos Henrique Bezerra. *Direitos Humanos*. São Paulo: Lumen Juris, 2010, p. 33.

24 Prefácio à obra, Instrumentos Internacionais de Proteção dos Direitos Humanos. Procuradoria Geral do Estado de São Paulo, Centro de Estudos, Série documentos n. 14, agosto de 1997, p. 24.

25 Prefácio à obra, Instrumentos Internacionais de Proteção dos Direitos Humanos. Procuradoria Geral do Estado de São Paulo, Centro de Estudos, Série documentos n. 14, agosto de 1997, pp. 24-25.

26 "Il n'est aucune société démocratique sans une indépendance de la magistrature : elle est la garantie d'une effectivité des normes protectrices des droits essentiels de l'homme." (" Recherche sur les Conflits du Travail»), thèse pour le doctorat en droit, à l'Université de Paris, p. 735.

Tudo, por consequência, deveria começar a ser modificado a partir da Revolução de 1930, como acima acentuado.

1.5. – Nesse quadro, vai sendo gestado o Direito do Trabalho, no Brasil, numa sociedade ainda marcada por forte herança colonial, na qual o trabalho era destinado a escravo, sendo o escravo uma "coisa" que estava no comércio e que poderia ser comprado, vendido, alugado, emprestado, sem nenhum traço de dignidade humana, apesar da formal abolição da escravatura em 1888.

O Direito do Trabalho, no Brasil, surge como decorrência de forte intervenção estatal.

E o Direito do Trabalho, aqui, como em toda parte, funda-se no princípio de que as partes, neste novo direito, não são iguais e, como doutrina COUTURE, *"el procedimiento lógico de corregir desigualdades es crear otras desigualdades. (...) Da misma manera, el derecho procesal del trabajo es um derecho elaborado totalmente en el propósito de evitar que el litigante más poderoso pueda desviar y entorpecer los fines de la justicia."* (cfr.Estúdios de Derecho Procesal Civil – Ed. Depalma- Buenos Aires- Tercera Edición-1989 – p.275/276).

1.6. Claramente, no Brasil, grande foi o escândalo causado por doutrina tão exótica, ao tratar desigualmente as partes litigantes, sempre favorecendo o litigante mais fraco...

Portanto, também ensinava COUTURE, era necessário criar uma jurisdição especial, subtraindo o litígio da esfera dos juízes de direito comum.

Para o mestre uruguaio

"o conflicto derivado de las relaciones del trabajo, por sua complejidad, por su finura, por sus propias necessidades, se escurre de la trama gruesa de la justicia ordinária.

Se necessitan para él jueces más ágiles, más sensibles y más dispuestos a abandonar las forma normales de garantia, para buscar un modo especial de justicia, que dé satisfacción al grave problema que se le propone.

La especialización del juez resulta, en este caso, uma exigencia impuesta por la naturaleza misma del conflito que es necesario resolver." (op. cit. pag. 276).

1.7. Mas os condicionamentos históricos que presidiram o nascimento da Justiça do trabalho no Brasil sempre levantaram certa desconfiança contra o direito e o processo do trabalho.

Se o Trabalho não dignificava o trabalhador, uma legislação que estabelecia desigualdade de tratamento para assegurar ás partes um tratamento diferenciado com a finalidade de preservar a Justiça, não poderia gozar, de imediato, com a admiração e o respeito dos que, militantes do elitismo importado da colônia, não suportavam processos e procedimentos muito simples, que até dispensavam a presença de um advogado, já que às partes se assegurou o *jus postulandi*.

Deve ser lembrado que somente com a Constituição Federal de 1946 é que a Justiça do Trabalho passou a integrar o Poder Judiciário da União.

1.8. Mas, de qualquer forma, o Processo do Trabalho sempre parecia dependente do Processo Civil.

Vale um exemplo: o art. 818 da CLT prescreve que "a prova das alegações incumbe à parte que as fizer". Entendeu-se que a forma simples colocada no art. 818 permitia a invocação do art.333 do CPC, por aplicação do art. 769 da CLT. Tal entendimento mereceu dura crítica do jurista MANOEL ANTÔNIO TEIXEIRA FILHO, que sustenta ser frontal a colisão do art. 333/CPC com o prescrito no art.818/CLT. (cfr.in Curso Direito Processual do Trabalho- Vol.- 2- Ed. LTR- Fevereiro de 2009- págs.974 e seguintes).

Realmente, tem razão o grande jurista paranaense, já que é impossível cogitar de equiparar o ônus da prova para partes legalmente desiguais.

É bem de ver que até hoje é assim. Basta ver a grande expectativa com que aguardamos o novo Código de Processo Civil, com suas implicações no Processo do Trabalho.

2. O PROCESSO DO TRABALHO A PARTIR DA CONSTITUIÇÃO FEDERAL DE 1988

2.1. Com a Constituição de 1988, houve radical alteração na concepção do Direito e do Processo do Trabalho.

Pela primeira vez, uma Constituição brasileira coloca como um dos princípios fundamentais da república os valores sociais do trabalho e da livre iniciativa, elencando ainda os direitos dos trabalhadores que visem à melhoria de sua condição social.

No seu artigo 170, a Carta de 1988, afirma que "**a ordem econômica, fundada na valorização do trabalho humano e na livre iniciativa, tem por fim assegurar a todos existência digna, conforme os ditames da justiça social.**".

A partir da nova Constituição, muita coisa mudou no direito brasileiro, privilegiando o campo social.

A primeira formal e importante alteração apareceu com o Código de Defesa do Consumidor, que é de 11/09/1990, chegou ao extremo de inverter o ônus da prova em favor da parte hipossuficiente, como se pode ler no artigo 6º, VIII, da lei 8.078/90, que afirma que é direito básico do consumidor: **a facilitação da defesa de seus direitos, inclusive com a inversão do ônus da prova, a seu favor, no processo civil, quando , a critério do juiz, for verossímil a alega-**

ção ou quando for ele hipossuficiente, segundo as regras ordinárias da experiências.

Essa posição legal não está na letra, mas está no espírito do Processo do Trabalho, cuja estrutura é de 1943.

Note-se o seguinte comentário do grande nome do Processo Civil, HUMBERTO THEODORO JUNIOR, sobre o Código de Defesa do Consumidor:

> "Se o homem vive em sociedade, tem de conviver em meio a relações sociais que não podem deixar de exercer influência sobre o comportamento individual. Não há, então, com divisar uma liberdade absoluta dentro de um quadro de recíproca e constante interdependência. De outro lado, falso também é o princípio da *igualdade* de todos na prática dos contratos. Os contratantes, em grande número de vezes e, até na maioria das vezes, encontram-se em posições de notório desequilíbrio, seja moral, seja econômico, seja técnico, seja mesmo de compreensão e discernimento. Soa fictícia, portanto, a afirmação de que é sempre justo o contrato porque fruto da vontade livre das partes iguais juridicamente. Não há, realmente, como se ignorar os desníveis, não raro absais, entre patrões e empregados, locadores e inquilinos, estipulantes e aderentes, profissionais e leigos, aproveitadores e necessitados, fornecedores e consumidores. Não há como se recusar no plano jurídico e econômico, a existência do forte e do débil. (...) Da indiferença do Estado liberal passou-se à intervenção protetiva do atual Estado Social. Além da preocupação com *a segurança*, a teoria contratual absorveu o compromisso com o justo. Segurança e justiça passaram a ser os dois valores a serem perseguidos em plano de harmonização efetiva." (in Direitos do Consumidor- Editora Forense- RJ- 2.000.- págs.16/17).

2.2. – No Direito Civil, ficou explícita a quebra da regra básica do *pacta sunt servanda*, ao ser estabelecido no art. 421, **que a liberdade de contratar será exercida em razão e nos limites da função social do contrato.**

E nas disposições finais, o § único do art. 2.035 afirma **que nenhuma convenção prevalecerá se contrariar preceitos de ordem pública, tais como estabelecidos por este Código para assegurar a função social da propriedade e dos contratos.**

Com estes exemplos, nota-se que não é mais possível perceber no Direito e no Processo do Trabalho como herança ditatorial de Vargas, inverdade ainda sustentada até hoje.

Mas esses importantes exemplos no campo do Direito Civil e no Processo Civil, como decorrência da aplicação da letra e do espírito da Carta de 1988, não têm chegado muito fortes no Processo do Trabalho, embora, como foi aprendido de COUTURE, **el procedimiento lógico de corregir desigualdades es crear otras desigualdades.**

Daí o professor ESTÊVÃO MALLET poder afirmar que as novidades do processo civil têm particular interesse em um campo como o do processo do trabalho, em que têm sido pouco significativos os avanços. (*in* Notas Sobre o Sistema Recursal do Projeto Civil e o Processo do Trabalho. – Revista do Tribunal Superior do Trabalho. Vol. 78 nº 4. Outubro/Dezembro 2012.- pág.53).

2.3. A Justiça do Trabalho, no princípio mostrou-se muito resistente na aplicação das normas da Constituição de 1988 ao processo do trabalho.

Dou alguns exemplos.

O primeiro está no artigo 8º, III, da Carta, que afirma que **ao sindicato cabe a defesa dos direitos e interesses coletivos ou individuais da categoria, inclusive em questões judiciais ou administrativas.**

Clara, portanto a consagração da substituição processual pelo sindicato.

Mas, o Tribunal Superior do Trabalho, em 1992, chegou a emitir Súmula 310, que, no seu inciso I, proclamava que o art. 8º, III, da Constituição da República não assegurava a substituição processual pelo Sindicato. Tal Súmula somente foi cancelada, em outubro de 2003, face a julgado do Supremo Tribunal Federal decidir exatamente o contrário. Logo, a Justiça do Trabalho demorou 15 anos para apreender a norma expressa da Constituição Federal.

Outro exemplo, agora do Processo Coletivo.

Segundo o § 2º, do art. 114, da Constituição Federal, na sua redação original, ao decidir o Dissídio Coletivo, a Justiça do Trabalho deveria respeitar as disposições convencionais e legais mínimas de proteção ao trabalho. Com a emenda 45, de dezembro de 2.004, alterou-se um pouco a redação da parte final do § 2º, do artigo 114, mantendo-se, contudo, a vedação de se alterar as previsões mínimas legais, bem como as convencionadas anteriormente.

Sustentei, em artigo doutrinário, que estava clara, no texto constitucional, a consagração da regra da ultratividade (conf. Justiça do Trabalho: competência ampliada- obra coletiva sob Coordenação de Grijalbo Fernandes Coutinho e Marcos Neves Fava- LTR- maio de 2005- pá. 255).

Outra, contudo, era a posição da Justiça do Trabalho, como se lê, no item 1, da Súmula 277/TST, declarando que as condições de trabalho alcançadas por força de sentença normativa, convenções ou acordos coletivos vigoram no prazo assinado, não integrando, de forma definitiva, os contratos individuais de trabalho.

Tal posição do Tribunal Superior do Trabalho somente foi alterada em 14 de setembro de 2013, afirmando: **As cláusulas normativas dos acordos ou convenções coletivas integram os contratos individuais de trabalho e somente poderão ser modificadas ou suprimidas mediante negociação coletiva de trabalho.**

Já há, no Supremo Tribunal, uma ADPF, contra a nova Súmula 277/TST, ainda não decidida.

Como já dito acima, tal alteração da Súmula decorre claramente do texto constitucional e não há como interpretar a Constituição restringindo direito fundamental nela previsto.

Vamos aguardar o julgamento que será feito pelo STF, pois dependerá dele o rumo a ser tomado pelo Direito e pelo Processo do Trabalho no Brasil.

Enquanto isso, ficamos todos a esperar o novo CPC, para saber sua importância para o Processo do Trabalho.

Mas o número de leis processuais alterando o CPC já é grande e estamos debatendo se elas se aplicam ou não ao Processo do Trabalho.

Um exemplo: a lei 11.187/2005, que altera o Agravo de Instrumento no CPC, gerou grande debate sobre sua aplicabilidade no Processo do Trabalho. Felizmente tem prevalecido o entendimento que ela incompatível com o Processo do Trabalho, que tem regra específica sobre tema. O mesmo tem acontecido com a decretação da prescrição trabalhista de ofício, pelo Juiz, que não tem contado com a Jurisprudência dos Tribunais do Trabalho.

3. QUE RUMO DEVE TOMAR O DIREITO E O PROCESSO DO TRABALHO.

3.1. – Examinarei alguns tópicos.

a) deve ser mantido o *IUS POSTULANDI*, no processo do Trabalho?

No ano de 2.010, definiu o Tribunal Superior do Trabalho, na Súmula n°. **425, que o *ius postulandi* das partes, estabelecido no art. 791 da CLT, limita-se às Varas do Trabalho e aos Tribunais Regionais do Trabalho, não alcançando a ação rescisória, a ação cautelar, o mandado de segurança e os recursos de competência de Tribunal Superior do Trabalho.**

Note-se que, no ano de 2001, a lei 10.288 previa que, não havendo acordo na audiência de conciliação, a partir daí era indispensável a assistência de advogado. Mas tal dispositivo foi vetado pelo senhor Presidente da República.

Com todo respeito, entendo que a lei que foi vetada era melhor do que a redação encontrada pela Súmula n°. 425.

Como é sabido, grande parte dos Recursos que chegam ao TST não podem ser conhecidos, pois a matéria de fato que os suportam não foi prequestionada.

Ou seja, a parte tem o ***ius postulandi***, mas, para tanto, precisa saber advogar, o que, é o que digo, com todo respeito, a consagração de um verdadeiro contrassenso.

b) Temo que o processo do trabalho que surgiu para, aplicando um direito novo, pudesse assegurar ao trabalhador a preservação de sua dignidade humana, vá perdendo sua razão de existir, ficando, às vezes, mais complexo e mais formalista do que o próprio Processo Civil.

Aqui, deve ser trazida à colação esta lição do mestre **MOZART VICTOR RUSSOMANO:**

> "Dotado desse extraordinário poder de direção do processo, o juiz é imparcial; mas a lei que ela aplica é *parcial* como todas as leis de proteção. A imparcialidade pessoal e funcional do magistrado não está prejudicada pelo fato de que ele deve aplicar uma lei parcial. (...) O caráter protetor da lei substantiva do trabalho, no entanto, se projeta sobre o procedimento e inspira o critério hermenêutico adotado pelo juiz, não, apenas, ao formular a sentença, mas, também, ao conduzir o processo. A interpretação da lei e da prova deve obedecer, portanto, a critérios peculiares à natureza e às finalidades do Direito do Trabalho. Dessa maneira, o juiz, durante o processo e na ocasião de proferir a decisão final, se comporta de forma distinta do juiz civil, em situações similares: o juiz do trabalho encara as partes da relação processual frente a frente, para identificá-las e conhecê-las, já que, em função desse conhecimento e daquela identidade, ele aplicará uma lei que, substancialmente, se justifica pela desigualdade social entre os contratantes." (cfr. O Direito Processual do Trabalho- Ed. Ltr- São Paulo- 2ª. Ed. 1977- pág. 43).

É cada dia mais difícil a presença de um juiz como sonhado pelo Ministro RUSSOMANO.

c) Hoje, todo esforço é para que o juiz julgue um número maior de processos, para diminuir o crescente volume dos que aguardam julgamento.

Este esforço não apreendeu a lição de BOAVENTURA DE SOUZA SANTOS, para quem:

> "... nós não podemos valorizar apenas a rapidez da justiça. A um magistrado treinado no positivismo jurídico exigirá mais estudo e mais tempo uma decisão que aceite uma concepção social da propriedade. A imposição da rapidez levá-lo-á à rotina, a evitar os processos e os domínios jurídicos que obriguem a decisões mais complexas, inovadoras ou controversas. Também por isso, o sistema de avaliação dos magistrados tem que ser totalmente modificado. Em Portugal, por exemplo, o magistrado é, sobretudo, avaliado pela quantidade de processos que despacha, não pela qualidade de suas sentenças. Enquanto a quantidade for o critério, como é que vamos ter bons magistrados? Eles não têm tempo para pensar. Não há incentivo, de facto, a que pensem. A que façam pesquisa para poderem produzir uma boa decisão." (Por uma Revolução Democrática da Justiça – Cortez Editora- São Paulo- 1977- pág.81.").

4. CONCLUSÃO

a) Volto ao início deste rápido estudo, para lembrar ORLANDO GOMES que, além de jurista, tinha sólida formação sociológica, o que lhe permitiu inquirir se as abstrações legais estavam ligadas à realidade que elas deveriam regular.

Este é, em verdade, o objeto da sociologia jurídica, segundo lição de RENATO TREVES, na ênfase a um método experimental, estudando os fatores que influenciam as vicissitudes das leis, *"la naturaleza de los lugares, el clima, los costumbres, los hechos económicos"*, como acima referido.

b) Entre nós, a lei tem considerado a realidade que ela deve regular?

A execução da lei tem levado em conta os condicionamentos sócio-históricos que o aplicador da lei deve considerar em ordem à justiça e à paz?

A prática responde, cada vez mais intensamente, que não, notadamente, no Brasil, multifacetado de realidades sociais bem diversas, indo do Vale do Jequitinhonha em Minas Gerais à Av. Paulista, em São Paulo.

Reconheço que aplicar a lei fazendo abstração da realidade que a cerca é mais fácil do que conduzir a solução da questão jurídica tendo em conta o mundo social, no qual ela está inserida.

c) Há ainda ser considerada, a profunda mudança- uma verdadeira revolução – provocada pela Constituição de 1988, como destacado neste trabalho. Neste ponto, muito importante foi a nova estruturação do MINISTÉRIO PÚBLICO, que não é mais um órgão do Poder Executivo, passando a ser uma instituição permanente essencial função jurisdicional, do Estado, incumbindo-lhe a defesa da ordem jurídica, do regime democrático e dos interesses sociais e individuais homogêneos, agindo com total independência. Este novo Ministério Público tem movimentado o Poder Judiciário, especialmente, o Ministério Público do Trabalho.

d) São estas algumas rápidas considerações sobre o tema proposto.

Lembro, por último, um estudo de AMÉRICO PLÁ RODRIGUEZ, sob o Título: Visión Crítica del Derecho Procesual del Trabajo, publicado em 1992, no qual ele defende contra tese apresentada por ALFREDO RUPRECHT, a autonomia do Processo do Trabalho, na mesma linha acima apresentada com fulcro nos ensinamentos de RUSSOMANO E COUTURE.

Penso que, com a Carta de 1988, o debate volta a ficar aberto.

EDITORA jusPODIVM

www.editorajuspodivm.com.br

Impressão e Acabamento
Prol